हिमाचल प्रदेश

JBT TET

जूनियर बेसिक ट्रेनिंग

अध्यापक पात्रता परीक्षा

लेखकगण
सुशील सिंह, प्रदीप श्रीवास्तव,
राजीव पाण्डेय, दीपाली

arihant
SUCCESS AND NOTHING LESS

arihant
SUCCESS AND NOTHING LESS

अरिहन्त पब्लिकेशन्स (इण्डिया) लिमिटेड

रजि. कार्यालय
'रामछाया' 4577/15, अग्रवाल रोड, दरिया गंज, नई दिल्ली- 110002
फोन: 011-47630600, 43518550

मुख्य कार्यालय
कालिन्दी, टी०पी० नगर, मेरठ (यूपी)– 250002
फोन: 0121-7156203, 7156204

शाखा कार्यालय
आगरा, अहमदाबाद, बरेली, बंगलुरु, चेन्नई, दिल्ली, गुवाहाटी, हैदराबाद, जयपुर, झाँसी, कोलकाता, लखनऊ, नागपुर तथा पुणे

मूल्य ₹ 485.00

PO No : TXT-XX-XXXXXXX-X-XX

PUBLISHED BY ARIHANT PUBLICATIONS (INDIA) LTD.

'अरिहन्त' की पुस्तकों के बारे में अधिक जानकारी के लिए हमारी वेबसाइट **www.arihantbooks.com** पर लॉग इन करें या **info@arihantbooks.com** पर सम्पर्क करें।

Follow us on...

विषय-सूची

करेण्ट अफेयर्स

करेण्ट अफेयर्स

☐ राष्ट्रीय ☐ अन्तर्राष्ट्रीय ☐ खेल खिलाड़ी ☐ पुरस्कार एवं सम्मान ☐ चर्चित व्यक्तित्व ☐ नवीनतम कौन–क्या

राष्ट्रीय

☐ UGC की ASMITA परियोजना का शुभारम्भ

- शिक्षा मन्त्रालय और विश्वविद्यालय अनुदान आयोग (UGC) ने 17 जुलाई, 2024 को उच्च शिक्षा में भारतीय भाषा साहित्य को बढ़ावा देने के लिए एक महत्त्वाकांक्षी परियोजना शुरू की।
- ASMITA का अर्थ ''अनुवाद और अकादमिक लेखन के माध्यम से भारतीय भाषाओं में अध्ययन सामग्री को बढ़ाना'' है।
- इस पहल का लक्ष्य अगले 5 वर्षों में भारतीय भाषाओं में 22000 पुस्तकें प्रकाशित करना है।
- ASMITA UGC और शिक्षा मन्त्रालय के अन्तर्गत भारतीय भाषा समिति के मध्य एक सहयोग है।
- इस परियोजना का उद्देश्य राष्ट्रीय शिक्षा नीति (NEP) के अनुरूप क्षेत्रीय भाषाओं में गुणवत्तापूर्ण शैक्षणिक संसाधन उपलब्ध कराकर शिक्षा में भारतीय भाषाओं को बढ़ावा देना है, जो बहुभाषी शिक्षा का समर्थन करती है और भारत की भाषाई विरासत को संरक्षित करती है।
- ASMITA का उद्देश्य विभिन्न उच्च शिक्षा विषयों में भारतीय भाषाओं में अनुवाद और मौलिक पुस्तक लेखन के लिए एक मजबूत ढाँचा स्थापित करना है।

☐ भारत शुरू करेगा पहली राष्ट्रीय टोल–फ्री एण्टी–नारकोटिक्स हेल्पलाइन

- भारत ने मादक पदार्थों से सम्बन्धित अपराधों से निपटने के लिए MANAS नाम से एक टोल-फ्री हेल्पलाइन 1933 शुरू की है, जिसकी घोषणा केन्द्रीय गृह मन्त्री अमित शाह ने 16 जुलाई, 2024 को की।
- इस हेल्पलाइन का उद्देश्य वर्ष 2047 तक 'नशा मुक्त भारत' बनाना है और इसे आधिकारिक तौर पर 18 जुलाई, 2024 को 7वीं नार्को-समन्वय केन्द्र बैठक में लॉन्च किया गया।
- MANAS नागरिकों को नशीली दवाओं से सम्बन्धित अपराधों की गोपनीय रूप से रिपोर्ट करने के लिए 24/7 मंच प्रदान करता है, जिसमें नशीले पदार्थों की तस्करी, अवैध बिक्री, भण्डारण, विनिर्माण और खेती शामिल है।
- रिपोर्ट फोन (1933), ईमेल (info.ncbmanas@gov.in) या वेबसाइट ncbmanas.gov.in के माध्यम से दी जा सकती है।
- इस पहल का उद्देश्य पुरानी तथा कम सुलभ रिपोर्टिंग प्रणाली को प्रतिस्थापित करके, रिपोर्टिंग प्रणाली में सुधार करना है।

☐ जवाहरलाल नेहरू विश्वविद्यालय में 3 नए केन्द्र

- जवाहरलाल नेहरू विश्वविद्यालय (JNU) ने 15 जुलाई, 2024 को अपने स्कूल ऑफ संस्कृत एण्ड इण्डिक स्टडीज के तहत हिन्दू अध्ययन, बौद्ध अध्ययन और जैन अध्ययन के लिए नए केन्द्र खोलने की घोषणा की है।
- यह निर्णय, जिसे 29 मई, 2024 को विश्वविद्यालय की कार्यकारी परिषद् द्वारा अनुमोदित किया गया था, राष्ट्रीय शिक्षा नीति (NEP), 2020 को लागू करने के लिए गठित समिति की सिफारिशों का अनुसरण करता है।
- समिति की सिफारिशों को मंजूरी दे दी गई, जिसके परिणामस्वरूप इन नए शैक्षणिक केन्द्रों का निर्माण हुआ, जिनका उद्देश्य पारम्परिक भारतीय ज्ञान प्रणालियों को बढ़ावा देना और उनकी जाँच करना था।

☐ NIRMAN पोर्टल का शुभारम्भ

केन्द्रीय कोयला एवं खान मन्त्री जी. किशन रेड्डी ने 2 जुलाई, 2024 को NIRMAN पोर्टल का शुभारम्भ किया। NIRMAN का पूर्ण रूप 'नोबल इनिशिएटिव फॉर रिवार्डिंग मेन्स एस्पिरेण्ट्स ऑफ नेशनल सिविल सर्विसेज एग्जामिनेशन' है।

यह, प्रधानमन्त्री मोदी के विजन 'मिशन कर्मयोगी' के अनुरूप, कोल इण्डिया लिमिटेड (CIL) द्वारा अपने परिचालन जिलों के मेधावी युवाओं के लिए एक अनूठी CSR योजना है।

जिन्होंने वर्ष 2024 में UPSC परीक्षा (सिविल सेवा और वन सेवा के लिए) के प्रारम्भिक दौर में सफलता प्राप्त की है।

☐ भारत ने क्रान्तिकारी विस्फोटक 'SEBEX 2' विकसित किया

भारत ने 1 जुलाई, 2024 को 'SEBEX 2' के विकास और प्रमाणन के साथ रक्षा प्रौद्योगिकी में एक महत्त्वपूर्ण उपलब्धि प्राप्त की।

'SEBEX 2' एक नया विस्फोटक है, जो मानक TNT (ट्राईनाइट्रोटोल्यूइन) से 2.01 गुना अधिक घातक है। यह उच्च प्रदर्शन वाला विस्फोटक वैश्विक स्तर पर सबसे शक्तिशाली गैर-परमाणु विस्फोटकों में से एक है।

भारत का 'SEBEX 2' विस्फोटक इकोनॉमिक एक्सप्लोसिव्स लिमिटेड (EEL) द्वारा विकसित किया गया है और भारतीय नौसेना द्वारा प्रमाणित है।

यह उच्च प्रदर्शन वाला विस्फोटक युद्ध सामग्री की विनाशकारी शक्ति को बढ़ाता है और भारत को वैश्विक रक्षा बाजार में एक प्रमुख खिलाड़ी के रूप में स्थापित करता है।

☐ देश में लागू हुए तीन नए आपराधिक कानून

सम्पूर्ण देश में 1 जुलाई, 2024 से तीन नए आपराधिक कानून लागू हो गए। ये तीन नए कानून भारतीय न्याय संहिता (BNS), भारतीय नागरिक सुरक्षा संहिता (BNSS) और भारतीय साक्ष्य अधिनियम (BSA) हैं। ये तीन नए कानून दिसम्बर, 2023 में संसद में पारित हुए थे।

इन तीन नए आपराधिक कानूनों ने क्रमशः मौजूदा भारतीय दण्ड संहिता (IPC), आपराधिक प्रक्रिया संहिता (CrPC) और भारतीय साक्ष्य अधिनियम का स्थान लिया है।

केन्द्रीय गृहमन्त्री अमित शाह के अनुसार, नए कानूनों में सजा की अपेक्षा न्याय, देरी की अपेक्षा त्वरित सुनवाई और त्वरित न्याय को प्राथमिकता दी जाएगी तथा पीड़ितों के अधिकारों की सुरक्षा सुनिश्चित की जाएगी।

नए कानूनों में पहली प्राथमिकता महिलाओं और बच्चों के खिलाफ अपराधों को दी गई है। बच्चों और महिलाओं के खिलाफ अपराधों पर एक नया अध्याय जोड़कर इसे और अधिक संवेदनशील बनाया गया है।

तीनों कानून पूरी तरह लागू होने पर देश की न्याय व्यवस्था विश्व की सबसे आधुनिक आपराधिक न्याय व्यवस्था बन जाएगी।

☐ भारत ने विश्व की पहली व्यापक जीव सूची जारी की

केन्द्र सरकार ने 30 जून, 2024 को 104561 लाख जानवरों की प्रजातियों को शामिल करते हुए पहली व्यापक जीव सूची जारी की।

यह सूची केन्द्रीय पर्यावरण, वन और जलवायु मन्त्री भूपेन्द्र यादव द्वारा कोलकाता में भारतीय प्राणी सर्वेक्षण (ZSI) के 109वें स्थापना दिवस के दौरान जारी की गई।

इस अवसर पर व्यापक चेकलिस्ट के लिए एक पोर्टल भी लॉन्च किया गया। भारत में 28000 से अधिक स्थानिक प्रजातियाँ पाई जाती हैं।

जीवों की यह चेकलिस्ट टैक्सोनोमिस्ट, शोधकर्ताओं, शिक्षाविदों, संरक्षण प्रबन्धकों और नीति निर्माताओं के लिए एक अमूल्य सन्दर्भ होगी। इसमें 36 फाइला को कवर करने वाले सभी ज्ञात टैक्सा की 121 चेकलिस्ट शामिल हैं। सूची में स्थानिक, संकटग्रस्त और अनुसूचित प्रजातियों को भी शामिल किया गया है।

☐ हिन्दी के प्रचार–प्रसार हेतु भारत का UN को $ 1.60 मिलियन का योगदान

भारत ने हिन्दी के प्रचार-प्रसार के लिए संयुक्त राष्ट्र को $ 1.16 मिलियन का योगदान दिया है। भारत के स्थायी मिशन के प्रभारी आर. रवीन्द्र ने 27 जून, 2024 को संयुक्त राष्ट्र के डिपार्टमेण्ट ऑफ ग्लोबल कम्युनिकेशन

(DGC) के न्यूज एण्ड मीडिया डिवीजन के निदेशक इयान फिलिप्स को संयुक्त राष्ट्र में हिन्दी के प्रयोग को बढ़ाने के 'हिन्दी @ UN' प्रोजेक्ट के लिए चेक सौंपा।

संयुक्त राष्ट्र प्रत्येक सप्ताह विश्व संगठन से जुड़े मामलों पर एक ऑडियो हिन्दी समाचार बुलेटिन तैयार करता है। वैश्विक निकाय एक समाचार वेबसाइट के अतिरिक्त X, इंस्टाग्राम और फेसबुक सोशल मीडिया अकाउण्ट भी हिन्दी में रखता है। संयुक्त राष्ट्र की बहुभाषावाद की सीमा को बढ़ाने के लिए प्रयास किए जा रहे हैं, लेकिन मुख्य बाधा वित्त है और यही कारण है कि भारत हिन्दी पहल के लिए योगदान कर रहा है। भारत की वर्ष 2018 से DGC के साथ साझेदारी है। 'हिन्दी @ UN' प्रोजेक्ट को हिन्दी भाषा में संयुक्त राष्ट्र की सार्वजनिक पहुँच बढ़ाने और सम्पूर्ण विश्व के लाखों हिन्दी भाषी लोगों के बीच वैश्विक मुद्दों के बारे में अधिक जागरुकता फैलाने के लिए वर्ष 2018 में शुरु किया गया था।

☐ कोझिकोड भारत का पहला UNESCO 'साहित्य का शहर' घोषित

अपनी समृद्ध सांस्कृतिक विरासत के लिए प्रसिद्ध उत्तरी केरल के कोझिकोड को आधिकारिक तौर पर भारत का पहला UNESCO 'सिटी ऑफ लिटरेचर' घोषित किया गया है।

केरल के स्थानीय स्वशासन मन्त्री एमबी राजेश ने 23 जून, 2024 को देश के पहले 'साहित्य शहर' के रूप में कोझिकोड की औपचारिक घोषणा की।

कोझिकोड को अक्टूबर, 2023 में, UNESCO क्रिएटिव सिटीज़ नेटवर्क (UCCN) की 'साहित्य' श्रेणी में जगह मिली थी।

ध्यातव्य है कि कोझिकोड, कोलकाता को पीछे छोड़कर देश का पहला UNESCO 'सिटी ऑफ लिटरेचर' बना है, जहाँ साहित्य की समृद्ध परम्परा है।

☐ लोकसभा चुनाव 2024

भारत में 18वीं लोकसभा के लिए सभी 543 सदस्यों का निर्वाचन करने के लिए 19 अप्रैल से 4 जून, 2024 तक सात चरणों में आम चुनाव 2024 सम्पन्न हुए।

आम चुनाव 2024 में BJP के नेतृत्व वाले राष्ट्रीय जनतान्त्रिक गठबन्धन (NDA) ने 292 सीटें जीतकर स्पष्ट बहुमत प्राप्त किया। विपक्षी INDIA (इण्डिया नेशनल डेवलपमेण्टल इन्क्लूसिव एलायन्स) ब्लॉक ने सामूहिक रूप से 232 सीटें जीतीं।

प्रधानमन्त्री नरेन्द्र मोदी और अन्य कैबिनेट मन्त्रियों ने 9 जून, 2024 को शपथ ग्रहण की।

शपथ ग्रहण समारोह में सात देशों के विदेशी गणमान्य व्यक्तियों ने उपस्थिति दर्ज कराई। इनमें शामिल थे–रानिल विक्रमसिंघे (राष्ट्रपति, श्रीलंका), डॉ. मोहम्मद मुइज्जू (राष्ट्रपति, मालदीव), अहमद आफिफ (उप-राष्ट्रपति, सेशेल्स), शेख हसीना (प्रधानमन्त्री, बांग्लादेश), प्रविन्द कुमार जगन्नाथ (प्रधानमन्त्री, मॉरीशस), पुष्प कमल दहल 'प्रचण्ड' (प्रधानमन्त्री, नेपाल), त्शेरिंग तोब्गे (प्रधानमन्त्री, भूटान)।

☐ 18वीं लोकसभा : महत्त्वपूर्ण तथ्य

- 18वीं लोकसभा में **करीब 280 सांसद पहली बार** चुनकर आए हैं। 17वीं लोकसभा (2019) में **267 सदस्य पहली बार सांसद** बने थे।
- कुल 263 नवनिर्वाचित सांसद पहले भी लोकसभा के सदस्य के रूप में कार्य कर चुके हैं।
- पुनः निर्वाचित सांसदों में से 8 ने अपना निर्वाचन क्षेत्र बदल दिया तथा एक को 2 निर्वाचन क्षेत्रों से पुनः निर्वाचित किया गया।
- चुनाव लड़ने वाले **53 मन्त्रियों में से 35 विजयी** हुए।
- कांग्रेस ने 20 वर्ष पश्चात् इलाहाबाद लोकसभा सीट पर फिर से कब्जा जमाया। लोकसभा में 37 सीटों के साथ **समाजवादी पार्टी** अब **संसद में तीसरी सबसे बड़ी पार्टी** है और उसने अब तक का अपना सबसे अच्छा चुनाव जीता है।
- वर्ष 2024 के लोकसभा चुनाव में, BJP को तमिलनाडु को छोड़कर भारत के हर राज्य में कम से कम एक लोकसभा सीट हासिल होगी।
- कांग्रेस ने वर्ष 2009 में 206 सीटें जीतने के बाद से 99 की अपनी उच्चतम सीटें हासिल की। केरल वह राज्य था जहाँ कांग्रेस ने सबसे अच्छा प्रदर्शन किया, जहाँ उसने 14 सीटें जीतीं।
- 17वीं लोकसभा में पुनः निर्वाचित 9 सांसद एक अलग पार्टी का प्रतिनिधित्व कर रहे थे, जबकि 8 अन्य सांसद उस पार्टी का प्रतिनिधित्व कर रहे थे जो अपनी पिछली पार्टी से अलग हुई थी।
- 4 'पुराने' योद्धाओं (पीयूष गोयल, अनिल देसाई, शाहू छत्रपति और किरसन नामदेव) ने इस वर्ष अपना पहला लोकसभा चुनाव जीता है। जबकि 3 वरिष्ठ नागरिक हैं।
- **कोडिकुन्निल सुरेश** (केरल के मावेलिक्कारा से कांग्रेस सांसद) सातवीं बार लोकसभा के लिए चुने गए हैं।
- 18वीं लोकसभा में सांसदों की **औसत आयु 56 वर्ष** है। केवल 11% सांसद 40 वर्ष या उससे कम आयु के हैं।
- 18वीं लोकसभा में 5% सांसदों के पास डॉक्टरेट की डिग्री है। इनमें 3 महिला सांसद भी हैं। 18वीं लोकसभा में 7% सांसद वकील हैं। 4% मेडिकल प्रैक्टिशनर हैं।
- नवनिर्वाचित सांसदों में से **78% ने स्नातक शिक्षा** पूरी कर ली है।
- 14% सांसद महिलाएँ हैं, वर्ष 2019 से कोई महत्त्वपूर्ण बदलाव नहीं।
- 41 पार्टियों के उम्मीदवार चुने गए हैं। वर्ष 2019 में, लोकसभा में 36 पार्टियों का प्रतिनिधित्व था।
- राष्ट्रीय दलों ने 346 सीटें (64%) जीती हैं। कम-से-कम एक राज्य में राज्य स्तरीय दल के रूप में मान्यता प्राप्त दलों ने 179 सीटें (33%) जीती हैं।
- 18वीं लोकसभा के लिए निर्वाचित सांसदों के बीच **कृषि** और **सामाजिक** कार्य सबसे आम पेशे हैं।
- उत्तर प्रदेश में अभिनेता अरुण गोविल (मेरठ), कांग्रेस नेता किशोरी लाल शर्मा (अमेठी) और चन्द्रशेखर आजाद (नगीना) सहित **45 सांसद पहली बार सदस्य** चुने गए।

लोकसभा चुनाव 2024 परिणाम

राजनीतिक दल	सीटें
भारतीय जनता पार्टी (BJP)	240
भारतीय राष्ट्रीय कांग्रेस (INC)	99
समाजवादी पार्टी (SP)	37
अखिल भारतीय तृणमूल कांग्रेस (AITC)	29
द्रविड़ मुनेत्र कझगम (DMK)	22
तेलुगू देशम (TDP)	16
जनता दल (यूनाइटेड) [JD (U)]	12
शिव सेना (उद्धव बालासाहेब ठाकरे) [SHSUBT]	9
राष्ट्रवादी कांग्रेस पार्टी (शरदचन्द्र पवार) [NCPSP]	8
शिव सेना (SHS)	7
लोक जनशक्ति पार्टी (राम विलास)	5
राष्ट्रीय जनता दल (RJD)	4
अन्य	58

☐ चार राज्यों में विधानसभा चुनाव

अप्रैल से जून, 2024 तक आन्ध्र प्रदेश, अरुणाचल प्रदेश, ओडिशा और सिक्किम राज्यों में विधानसभा चुनाव 2024 आयोजित हुए।

अरुणाचल प्रदेश और सिक्किम में 19 अप्रैल को एक ही चरण में मतदान हुआ और 2 जून को नतीजे घोषित किए गए। आन्ध्र प्रदेश में भी 13 मई को एक ही चरण में मतदान हुआ और 4 जून को नतीजे घोषित किए गए।

जबकि ओडिशा में 13, 20, 25 मई और 1 जून को चार चरणों में मतदान हुआ और 4 जून को नतीजे घोषित किए गए।

आन्ध्र प्रदेश आन्ध्र प्रदेश में, तेलुगू देशम पार्टी (TDP) के नेतृत्व में राष्ट्रीय जनतान्त्रिक गठबन्धन (NDA) ने 175 में से 164 सीटें जीतकर भारी जीत हासिल की। TDP अध्यक्ष **एन. चन्द्रबाबू नायडू** ने 12 जून को विजयवाड़ा में प्रधानमन्त्री नरेन्द्र मोदी की मौजूदगी में आन्ध्र प्रदेश के 18वें मुख्यमन्त्री के रूप में शपथ ली। वह चौथी बार आन्ध्र प्रदेश के मुख्यमन्त्री बने हैं।

ओडिशा ओडिशा में, भारतीय जनता पार्टी (BJP) ने बहुमत हासिल किया, जिससे नवीन पटनायक के नेतृत्व में राज्य में 25 वर्ष से चल रहा BJD शासन समाप्त हो गया। BJP ने चार बार के विधायक **मोहन चरण माझी** को ओडिशा का नया मुख्यमन्त्री घोषित किया।

उन्होंने 12 जून को ओडिशा के 16वें मुख्यमन्त्री के रूप में शपथ ली। कनक वर्धन सिंह देव और प्रभाती परिदा ने भी उप-मुख्यमन्त्री पद की शपथ ली। पहली बार BJP ने अपने दम पर सरकार बनाई है।

अरुणाचल प्रदेश अरुणाचल प्रदेश में BJP लगातार तीसरी बार सत्ता में लौटी है, पार्टी ने 46 सीटें जीतकर बहुमत हासिल किया है।

मौजूदा मुख्यमन्त्री **पेमा खाण्डू** ने 13 जून को लगातार तीसरी बार अरुणाचल प्रदेश के मुख्यमन्त्री के रूप में शपथ ली।

मेघालय के मुख्यमन्त्री कोनराड संगमा के नेतृत्व वाली NPP, जो कि नॉर्थ ईस्ट डेमोक्रेटिक अलायन्स (NEDA) की सहयोगी है, पेमा खाण्डू सरकार को समर्थन कर रही है।

सिक्किम सिक्किम में, सिक्किम क्रान्तिकारी मोर्चा (SKM) ने 32 में से 31 सीटें जीतकर चुनाव में जीत दर्ज की। SKM प्रमुख **प्रेम सिंह तमांग** ने 10 जून को लगातार दूसरी बार सिक्किम के मुख्यमन्त्री के रूप में शपथ ली।

☐ 'आपराधिक कानूनों का NCRB संकलन' मोबाइल ऐप लॉन्च

राष्ट्रीय अपराध रिकॉर्ड ब्यूरो (NCRB) ने 12 जून, 2024 को एक मोबाइल ऐप 'आपराधिक कानूनों का NCRB संकलन' लॉन्च किया, जो एक ही स्थान पर नए आपराधिक कानूनों के बारे में पूरी जानकारी प्रदान करने वाले एक व्यापक मार्गदर्शक के रूप में कार्य करेगा।

यह ऐप भारतीय न्याय संहिता, भारतीय नागरिक सुरक्षा संहिता और भारतीय साक्ष्य अधिनियम नामक नए आपराधिक कानूनों का संकलन है।

यह नए कानूनों के सभी अध्यायों और धाराओं को जोड़ने वाला एक सूचकांक प्रदान करता है।

इसमें पुराने और नए कानूनों के बीच धारा-वार तुलना के लिए एक संगत चार्ट भी है।

जिसमें त्वरित सूचना पुनर्प्राप्ति के लिए खोज और लिंकिंग सुविधा भी है।

यह ऐप आम जनता, न्यायालय अधिकारियों, अधिवक्ताओं, कानून के छात्रों के साथ-साथ पुलिस अधिकारियों के लिए भी नए आपराधिक कानूनों के बारे में ज्ञान बढ़ाने में उपयोगी है।

☐ भारत को ग्लोबल जेण्डर गैप इण्डेक्स 2024 में 129 वाँ स्थान

विश्व आर्थिक मंच (WEF) ने 11 जून, 2024 को ग्लोबल जेण्डर गैप रिपोर्ट 2024 जारी की। रिपोर्ट के अनुसार, ग्लोबल जेंडर गैप इण्डेक्स 2024 में भारत 146 देशों में 129वें स्थान पर है।

सूचकांक 2024 में आइसलैण्ड शीर्ष पर है, उसके बाद फिनलैण्ड और नॉर्वे क्रमशः दूसरे और तीसरे स्थान पर हैं।

इस साल ग्लोबल जेण्डर गैप इण्डेक्स का 18वाँ संस्करण जारी किया गया है। ग्लोबल जेण्डर गैप इण्डेक्स सालाना चार प्रमुख आयामों (आर्थिक भागीदारी और अवसर, शैक्षिक उपलब्धि, स्वास्थ्य और जीवन रक्षा, और राजनीतिक सशक्तिकरण) में लैंगिक समानता की वर्तमान स्थिति और विकास को मापता है।

☐ दुनिया की सबसे तेजी से बढ़ती अर्थव्यवस्था बना रहेगा भारत

विश्व बैंक की एक रिपोर्ट के अनुसार, भारत अगले तीन वित्तीय वर्षों में 6.7% की स्थिर वृद्धि दर के साथ विश्व की सबसे तेजी से बढ़ती अर्थव्यवस्था बना रहेगा।

विश्व बैंक ने अपनी वैश्विक आर्थिक संभावना रिपोर्ट में वित्त वर्ष 2024-25 के लिए भारत के लिए अपना विकास पूर्वानुमान 6.6% पर बरकरार रखा है।

यह अनुमान भारत की मजबूत आर्थिक गति को रेखांकित करता है, जो मजबूत घरेलू माँग, बढ़े हुए निवेश और सेवा क्षेत्र की जोरदार गतिविधि से प्रेरित है।

इससे पहले अन्तर्राष्ट्रीय मुद्रा कोष (IMF) ने मजबूत घरेलू माँग और बढ़ती कामकाजी आयु वाली आबादी के आधार पर 2024-25 के लिए भारत के विकास अनुमान को 6.5% से बढ़ाकर 6.8% कर दिया था।

☐ भारत शीर्ष वैश्विक रियल एस्टेट निवेश गन्तव्यों में शामिल

भारत सीमा पार रियल एस्टेट निवेश के लिए एक शीर्ष गंतव्य बन गया है, तथा मार्च तिमाही तक यह भूमि खरीदने और निर्माण के लिए दुनिया के शीर्ष पाँच स्थानों में शुमार हो गया है।

8 जून, 2024 को जारी कोलियर के एक अध्ययन से पता चला है कि इनमें से 55% निवेश विदेशी निवेशकों से आया, तथा 73% खरीदारी आय-उत्पादक परिसम्पत्तियों में हुई।

वर्ष 2023 में, भारतीय रियल एस्टेट में विदेशी निवेश कुल $ 3.6 बिलियन था, जो आने वाले सभी फण्डों का 67% था, जो मुख्य रूप से उपयोग के लिए तैयार या लगभग पूर्ण कार्यालय स्थानों की ओर निर्देशित था।

यह प्रवृत्ति वर्ष 2024 में भी जारी रही, जिसमें उच्च गुणवत्ता वाली, टिकाऊ कार्यालय परिसम्पत्तियों पर जोर दिया गया। इसके अतिरिक्त, निवेश के प्रकारों में लॉजिस्टिक्स, वैकल्पिक परिसंपत्तियों, आवासीय संपत्तियों और रियल एस्टेट ऋणों में विविधता लाई गई।

☐ इण्डिया एक्जिम बैंक द्वारा नैरोबी में प्रतिनिधि कार्यालय स्थापित

भारतीय निर्यात-आयात बैंक (इण्डिया एक्जिम बैंक) ने 8 जून, 2024 को नैरोबी (केन्या) में अपने पूर्वी अफ्रीका प्रतिनिधि कार्यालय का उद्घाटन किया।

इसका उद्देश्य पूर्वी अफ्रीका, जो संसाधनों से समृद्ध और युवा जनसांख्यिकी वाला क्षेत्र है, के साथ भारत के व्यापार और व्यवसाय सम्बन्धों को मजबूत करना है।

पिछले दशक में भारत और पूर्वी अफ्रीका के बीच व्यापार में भारी वृद्धि हुई है, जो वर्ष 2013 में $ 9.7 बिलियन से बढ़कर वर्ष 2022 में $ 12.9 बिलियन हो गया है। पूर्वी अफ्रीका को भारतीय निर्यात वर्ष 2013 में $ 8.6 बिलियन से बढ़कर वर्ष 2022 में $ 9.4 बिलियन हो गया, जो व्यापार सम्बन्धों में चल रहे सुधार का संकेत है।

☐ 'एक पेड़ माँ के नाम' अभियान की शुरुआत

प्रधानमन्त्री नरेन्द्र मोदी ने 5 जून, 2024 को विश्व पर्यावरण दिवस के उपलक्ष्य में 'एक पेड़ माँ के नाम' अभियान की शुरुआत की।

प्रधानमन्त्री मोदी ने दिल्ली के बुद्ध जयन्ती पार्क में पीपल का पौधा लगाया। उनके साथ केन्द्रीय पर्यावरण मन्त्री भूपेन्द्र यादव और दिल्ली के उप-राज्यपाल विनय कुमार सक्सेना भी थे। यह अभियान बच्चों को पौधे लगाने और उनकी देखभाल करने के लिए प्रोत्साहित करता है, जिसका उद्देश्य छोटी उम्र से ही पर्यावरण के प्रति जागरुकता और जिम्मेदारी पैदा करना है।

☐ नई मोबाइल नम्बर सीरीज की शुरुआत

केन्द्र सरकार ने 3 जून, 2024 को सेवा या लेन-देन सम्बन्धी कॉलों के लिए एक नई नम्बरिंग शृंखला, 160xxxxxxx, शुरू की।

इस कार्रवाई का उद्देश्य 10 अंकों वाले मोबाइल नम्बरों का उपयोग करने वाले टेलीमार्केटर्स से आने वाली अवांछित वॉयस कॉल को कम करना तथा वैध कॉलों की शीघ्र पहचान करने में नागरिकों सहायता करना है।

टेलीमार्केटर्स को लेन-देन, सेवा और प्रचार सम्बन्धी कॉलों के लिए 140xxxxxxx शृंखला सौंपी गई है।

☐ FBOs हटाएँगे '100% फलों का रस' का दावा

भारतीय खाद्य सुरक्षा एवं मानक प्राधिकरण (FSSAI) ने 3 जून, 2024 को एक निर्देश जारी किया, जिसमें सभी खाद्य व्यवसाय संचालकों (FBO) को अपने लेबल और विज्ञापनों से 'पुनर्गठित फलों का रस 100% फलों का रस' दर्शाने वाली सामग्री तुरन्त हटाने की आवश्यकता बताई है।

इसके अतिरिक्त, इसने अनिवार्य किया है कि सभी FBO 1 सितम्बर, 2024 तक अपनी सभी मौजूदा पूर्व-मुद्रित पैकेजिंग आपूर्ति का उपयोग कर लें।

☐ AICTE लेकर आया AI सर्टिफिकेट कोर्स

अखिल भारतीय तकनीकी शिक्षा परिषद् (AICTE) ने 2 जून, 2024 को डेटा विज्ञान और कृत्रिम बुद्धिमत्ता जैसे विकासशील क्षेत्रों में गुणवत्ता-सुधार कार्यक्रमों के तहत कोर इन्जीनियरिंग में संकाय सदस्यों को पढ़ाने के लिए अल्पकालिक पाठ्यक्रमों की घोषणा की।

तमिलनाडु के संस्थानों में दूसरा सबसे अधिक माँग वाला कोर्स AI और डेटा साइन्स है। तमिलनाडु के निजी कॉलेज कई सर्टिफिकेशन प्रोग्राम प्रदान करते हैं।

☐ अब आन्ध्र प्रदेश की राजधानी नहीं रहा हैदराबाद

हैदराबाद 1 जून, 2024 को विशेष रूप से तेलंगाना की राजधानी बन गया और आन्ध्र प्रदेश एवं तेलंगाना की संयुक्त राजधानी नहीं रहा। आन्ध्र प्रदेश पुनर्गठन अधिनियम, 2014 की शर्तों के तहत, हैदराबाद 10 वर्षों तक संयुक्त राजधानी के रूप में कार्य करता रहा।

भावी राजधानी पर अन्तिम निर्णय होने तक आन्ध्र प्रदेश अपनी विधानसभा और प्रशासन का संचालन हैदराबाद से कर सकेगा।

☐ भारत में दूसरा सबसे गर्म वर्ष दर्ज

भारत का वर्ष 2023 का तापमान इतनी तेजी से बढ़ा कि 1 जून, 2024 को यह 122 वर्ष पहले रिकॉर्ड शुरू होने के पश्चात् से दूसरा सबसे गर्म वर्ष बन गया। इस अवधि के दौरान, गर्मी और सर्दी सहित सभी 4 मौसमों में तापमान बहुत अधिक था।

वर्ष 2023 में, रिकॉर्ड संख्या में मौसम स्टेशनों ने गर्म तापमान दर्ज किया। विशेष रूप से 26 राज्यों और केन्द्रशासित प्रदेशों के 102 स्टेशनों ने एक ही दिन में उच्चतम तापमान के अपने रिकॉर्ड तोड़ दिए।

☐ भारतीय शान्ति सैनिक को 2023 संयुक्त राष्ट्र सैन्य जेण्डर अधिवक्ता पुरस्कार

29 मई, 2024 को कांगो लोकतान्त्रिक गणराज्य (DRC) में भारतीय शान्ति सैनिक मेजर राधिका सेन ने वर्ष 2023 का प्रतिष्ठित 'संयुक्त राष्ट्र जेण्डर एडवोकेट ऑफ द ईयर' पुरस्कार जीता।

यह पुरस्कार उन्हें संयुक्त राष्ट्र शान्ति अभियान मोनूस्को में जेण्डर-संवेदनशील परियोजनाओं में उनकी उत्कृष्ट सेवा व सक्रिय भागीदारी के कारण प्रदान किया गया।

☐ भारत में 18वीं लोकसभा चुनाव, 2024 परिणाम

भारत में 18वीं लोकसभा के लिए 7 चरणों में (19 अप्रैल से 1 जून, 2024 तक) चुनाव कराए गए, जिसके परिणाम 4 जून, 2024 को जारी किए गए।

इसके अन्तर्गत 543 सीटों पर नेशनल डेमोक्रेटिव एलायन्स (NDA) ने 292 सीटों के साथ बहुमत हासिल किया, जबकि इण्डियन नेशनल डेवलपमेण्ट इन्क्लूसिव एलायन्स (INDIA) ने 234 सीटों पर जीत दर्ज की। इसके अतिरिक्त 18 सीटें अन्य पार्टियों को मिली।

☐ भारत वर्ष 2025 में 81वीं IATA की वार्षिक बैठक की मेजबानी

वर्ष 2025 में भारत 81वीं अन्तर्राष्ट्रीय वायु परिवहन संघ (IATA) की वार्षिक बैठक की मेजबानी करेगा।

इस बैठक का आयोजन वर्ष 2025 में नई दिल्ली में किया जाएगा।

इस बैठक में भारत की अग्रणी एयरलाइन इण्डिगो, एजीएम व एयर इण्डिया इस सम्मेलन के लिए मेजबान

एयरलाइन के रूप में कार्य करेगी। ध्यातव्य है कि भारत तीसरी बार (वर्ष 1958 व वर्ष 1983 में) इस वार्षिक शिखर सम्मेलन की मेजबानी करेगा।

☐ 6.80 लाख मोबाइल कनेक्शन अवैध घोषित

दूरसंचार विभाग ने 23 मई, 2024 को लगभग 6.80 लाख मोबाइल कनेक्शनों को अवैध और धोखाधड़ी वाला घोषित कर दिया। एजेन्सी द्वारा ऑपरेटरों को इन चिह्नित मोबाइल नम्बरों को फिर से सत्यापित करने का निर्देश दिया गया है।

सभी दूरसंचार सेवा प्रदाताओं के लिए यह आवश्यक है कि वे 60 दिनों के भीतर पहचान किए गए कनेक्शनों की पुनः जाँच करें।

इसमें कहा गया है कि यदि दोबारा सत्यापन पूरा नहीं हुआ, तो प्रभावित मोबाइल नम्बर काट दिए जाएँगे।

☐ NHPC को 'द इकोनॉमिक टाइम्स HR वर्ल्ड फ्यूचर रेडी ऑर्गेनाइजेशन' द्वारा सम्मानित किया गया

भारत की अग्रणी जलविद्युत कम्पनी, NHPC को 23 मई, 2024 को सम्मानित 'द इकोनॉमिक टाइम्स HR वर्ल्ड फ्यूचर रेडी ऑर्गेनाइजेशन अवॉर्ड 2024-25' प्राप्त हुआ।

कर्मचारियों के कौशल बढ़ाने और 'पर्यावरण, सामाजिक एवं शासन' (ESG) कार्यों के लिए NHPC की तत्परता की स्वीकृति में कम्पनी को पुरस्कार से सम्मानित किया गया।

इसकी व्यापक कॉर्पोरेट प्रशासन विधियाँ, चल रही तकनीकी प्रगति, कर्मचारी जुड़ाव कार्यक्रम तथा विविधता, समानता और समावेशन (DEI) प्रयास सभी अपने सभी हितधारकों के मध्य एक विश्वसनीय ब्राण्ड के रूप में अपनी प्रतिष्ठा में योगदान करते हैं।

☐ आतंकवाद निरोध पर भारत-ब्रिटेन संयुक्त कार्य समूह की 16वीं बैठक

नई दिल्ली में 22 मई, 2024 को आतंकवाद निरोध पर भारत-ब्रिटेन संयुक्त कार्य समूह की 16वीं बैठक हुई।

चर्चा के दौरान दोनों देशों के आतंकवाद विरोधी सहयोग जारी रखने पर चर्चा की गई।

दोनों देशों ने आतंकवाद से व्यापक और लगातार लड़ने के लिए वैश्विक सहयोग बढ़ाने की आवश्यकता पर बल दिया।

दोनों पक्षों ने अन्तर्राष्ट्रीय स्तर पर स्वीकृत आतंकवादी संगठनों और लोगों द्वारा उत्पन्न खतरों के साथ-साथ अपने-अपने सम्बन्धित देशों और क्षेत्रों के अन्तर्गत चरमपन्थियों और आतंकवादियों द्वारा उत्पन्न खतरों के आकलन का आदान-प्रदान किया।

☐ CCI का 15वाँ स्थापना दिवस

भारतीय प्रतिस्पर्द्धा आयोग (CCI) ने 20 मई, 2024 को नई दिल्ली में अपना 15वाँ स्थापना दिवस मनाया।

भारत के अटॉर्नी जनरल आर वेंकटरमणी ने इस बात पर बल दिया कि डिजिटल मार्केटप्लेस में बढ़ती प्रवृत्ति विश्व स्तर पर सभी प्रतिस्पर्द्धा नियामकों के लिए एक चुनौती है। डेटा और गोपनीयता ने तत्काल प्रतियोगिता बहस में अधिक संकर्षण प्राप्त किया है।

उन्होंने डेटा सुरक्षा नियमों के महत्त्व और गोपनीयता के मौलिक अधिकार के मध्य सम्बन्ध पर बल दिया। इसके अतिरिक्त, वेंकटरमणी ने मानवीय प्राथमिकताओं को समझने में व्यावहारिक अर्थशास्त्र के मूल्य पर बल दिया।

☐ भारत में जिम्मेदार व्यवसाय आचरण कार्यशाला

भारत सरकार के कॉर्पोरेट मामलों के मन्त्रालय (MCA) के सहयोग से UNDP द्वारा भारत में जिम्मेदार व्यवसाय आचरण पर एक अन्तर-मन्त्रालयी कार्यशाला 20 मई, 2024 को नई दिल्ली में आयोजित की गई।

कार्यशाला का लक्ष्य विभिन्न मन्त्रालयों की नीतियों का मानचित्रण करना था, जो जिम्मेदार व्यवसाय का समर्थन करते हैं और इन नीतियों एवं योजनाओं के साथ हुई प्रगति पर चर्चा करते हैं।

उद्देश्यों में सहयोगात्मक कार्रवाई की आवश्यकता और विकसित भारत का समर्थन करने वाले जिम्मेदार व्यवसायों के बारे में पहलों के दस्तावेजीकरण करने के लिए जानकारी एकत्र करना भी शामिल था।

☐ राष्ट्रीय पिछड़ा वर्ग आयोग की रिपोर्ट

NCBC द्वारा 19 मई, 2024 को जारी रिपोर्ट के अनुसार, वर्ष 2014 और 2022 के मध्य SC छात्रों के लिए नामांकन में 44% की वृद्धि हुई। सरकारी आरक्षण नियमों के कारण ST, OBC और अल्पसंख्यक महिला नामांकन में भी उल्लेखनीय वृद्धि देखी गई।

अनुसूचित जाति (SC) छात्र नामांकन 4.61 मिलियन से बढ़कर 6.62 मिलियन हो गया, जो 44% की वृद्धि है। SC में महिला छात्रों के नामांकन में 51% की वृद्धि हुई।

इसके अतिरिक्त, नामांकित अनुसूचित जनजाति (ST) छात्रों की संख्या 65.2% से बढ़कर 1.641 मिलियन-2.71 मिलियन हो गई, महिला ST नामांकन में 80% की वृद्धि हुई।

नामांकित अल्पसंख्यक महिला छात्रों की संख्या में 42.3% की उल्लेखनीय वृद्धि हुई, जो 1.07 मिलियन-1.52 मिलियन हो गई।

NCBC के अध्यक्ष हंसराज गंगाराम अहीर ने शैक्षणिक संस्थानों में 27% आरक्षण के कार्यान्वयन सहित अन्य पिछड़ा वर्ग (OBC) के संवैधानिक अधिकारों को मजबूत करने के लिए सरकार की पहल पर बल दिया।

☐ ONDC स्टार्टअप महोत्सव

'स्टार्टअप इण्डिया प्रोग्राम' और 'ओपन नेटवर्क फॉर डिजिटल कॉमर्स' (ONDC) ने 17 मई, 2024 को नई दिल्ली में ONDC स्टार्टअप महोत्सव की मेजबानी करने के लिए साझेदारी की।

महोत्सव में 5000 से अधिक स्टार्टअप ने भाग लिया, जिसे उद्योग और आन्तरिक व्यापार संवर्द्धन विभाग (DPIIT) द्वारा हाइब्रिड शैली में आयोजित किया गया था। विभाग के अनुसार, 125 से अधिक फर्में और 12 यूनिकॉर्न ONDC नेटवर्क से जुड़ने के लिए प्रतिबद्ध हैं। DPIIT के सचिव राजेश कुमार सिंह ने नवाचार और स्टार्टअप विकास के लिए पारिस्थितिकी तन्त्र को बढ़ावा देने और समर्थन करने के लिए सरकार के दृढ़ समर्पण पर बल दिया। DPIIT के संयुक्त सचिव संजीव ने स्टार्टअप और ONDC के मध्य चल रहे सहयोग के सरकार के लक्ष्य पर बल दिया।

☐ वर्ल्ड हाइड्रोजन समिट 2024

भारत ने वर्ल्ड हाइड्रोजन समिट 2024 में पहली बार अपना मण्डप (पवेलियन) बनाया है, जो 13-15 मई, 2024 तक नीदरलैण्ड के रॉटरडैम में हुआ है।

विश्वव्यापी हरित हाइड्रोजन पारिस्थितिकी तन्त्र में वर्ल्ड हाइड्रोजन समिट एक प्रमुख अवसर है।

सम्पूर्ण विश्व से 15000 प्रतिनिधि शिखर सम्मेलन में शामिल हुए। भारत के पास 'इण्डिया पवेलियन' के माध्यम से सम्मेलन में हरित हाइड्रोजन के क्षेत्र में अपनी प्रगति को विश्व के सामने प्रदर्शित करने का अवसर है।

☐ वर्ष 2023-24 में भारत का निर्यात प्रदर्शन

केन्द्रीय मन्त्री पीयूष गोयल के नेतृत्व में व्यापारिक निर्यात में मामूली गिरावट के बावजूद 11 मई, 2024 को 115 देशों में भारत का निर्यात बढ़ गया।

वर्ष 2023-24 में भारत ने संयुक्त राज्य अमेरिका, संयुक्त अरब अमीरात, चीन और यूनाइटेड किंगडम जैसे प्रमुख बाज़ारों में महत्त्वपूर्ण लाभ के साथ 238 देशों/क्षेत्रों में से 115 में सकारात्मक निर्यात वृद्धि देखी गई।

सेवा निर्यात बढ़कर 341.1 बिलियन हो गया, जबकि व्यापारिक निर्यात 3% घटकर 437.06 बिलियन हो गया।

वैश्विक निर्यात बाजार में भारत की हिस्सेदारी वर्ष 2023 में मामूली रूप से बढ़कर 1.82% हो गई, जिससे इसकी रैंक सुधरकर 19वीं से 17वीं हो गई। इससे पता चलता है कि भारत की सम्पूर्ण विश्व में निर्यात क्षमता लगातार बढ़ रही है।

☐ ASEAN "भारत ट्रेड इन गुड्स एग्रीमेण्ट" संयुक्त समिति की चौथी बैठक

AITIGA (ASEAN-भारत ट्रेड इन गुड्स एग्रीमेण्ट) की समीक्षा के लिए संयुक्त समिति की चौथी बैठक 7-9 मई, 2024 को मलेशिया के पुत्रजया में आयोजित की गई।

अधिक व्यापार-अनुकूल और क्षेत्रीय व्यवसायों के लिए लाभप्रद बनाने के लिए AITIGA समीक्षा चर्चा मई, 2023 में शुरू हुई थी।

समीक्षा कार्य के प्रभारी संयुक्त समिति की 4 बैठकें हो चुकी हैं।

अपनी पहली 2 बैठकों में संयुक्त समिति ने अपने सन्दर्भ की शर्तों और समीक्षा वार्ता के लिए बातचीत संरचना को पूरा किया और AITIGA की समीक्षा के लिए बातचीत तीसरी बैठक में शुरू हुई, जो 18-19 फरवरी, 2024 को नई दिल्ली में हुई थी।

ASEAN भारत के सबसे बड़े व्यापारिक साझेदारों में से एक है, जो भारत के वैश्विक व्यापार का 11% हिस्सा है।

☐ IREDA हितधारकों की 16वीं बैठक आयोजित

भारतीय नवीकरणीय ऊर्जा विकास एजेन्सी लिमिटेड (IREDA) ने 4 मई, 2024 को नई दिल्ली में इण्डिया इण्टरनेशनल सेण्टर में अपनी 16वीं हितधारकों की बातचीत बैठक आयोजित की।

सौर ऊर्जा, पवन, पनबिजली, जैव ऊर्जा और नई एवं उभरती प्रौद्योगिकियों सहित नवीकरणीय ऊर्जा स्रोतों की एक विस्तृत शृंखला का प्रतिनिधित्व करने वाले व्यावसायिक साझेदारों ने हितधारकों की बैठक में उत्साहपूर्वक भाग लिया।

उल्लेखनीय रूप से 16 सत्रों में से यह दूसरी व्यक्तिगत बैठक थी; अन्य 14 को वर्चुअली आयोजित किया गया था।

IREDA की हालिया उपलब्धियों और वित्त वर्ष 2023-24 में इसके अभूतपूर्व वार्षिक प्रदर्शन की प्रस्तुति इस अवसर का हिस्सा थी।

□ 'रन फॉर सन' मैराथन का आयोजन

भारत सरकार ने सम्पूर्ण विश्व के साथ 3 मई, 2024 को इण्टरनेशनल सन डे मनाया, जो एक हरित और स्वस्थ ग्रह को बढ़ावा देने में सौर ऊर्जा के प्रमुख लाभों का एक वार्षिक अनुस्मारक है।

नई दिल्ली के जवाहरलाल नेहरू स्टेडियम में भारत सरकार के नवीन और नवीकरणीय ऊर्जा मन्त्रालय (MNRE) ने इस दिन 'रन फॉर सन' मैराथन की मेजबानी की।

'रन फॉर सन' मैराथन का उद्देश्य जलवायु परिवर्तन को कम करने और सभी के लिए एक स्वच्छ एवं स्वस्थ भविष्य को आगे बढ़ाने में सौर ऊर्जा की महत्त्वपूर्ण भूमिका के बारे में सार्वजानिक जागरुकता बढ़ाना है।

मैराथन ने नवीकरणीय ऊर्जा स्रोतों और पारिस्थितिक स्थिरता के लिए देश के अटूट समर्थन का प्रदर्शन किया।

शारीरिक फिटनेस और खुशहाली को प्रोत्साहित करने का सरकार का लक्ष्य आदर्श रूप से मैराथन के अनुरूप है।

□ ड्राफ्ट विस्फोटक विधेयक, 2024 प्रस्तावित

सरकार का इरादा 2 मई, 2024 को विस्फोटक अधिनियम, 1884 को ड्राफ्ट विस्फोटक विधेयक, 2024 से बदलने का है।

उद्योग और आंतरिक व्यापार संवर्धन विभाग (DPIIT) ने नियामक उल्लंघनों से जुड़े दंड को बढ़ाने और लाइसेंसिंग प्रक्रियाओं की प्रभावशीलता को अनुकूलित करने के लिए एक प्रस्ताव रखा है। गनपाउडर, नाइट्रोग्लिसरीन, नाइट्रोग्लिस्कोल, डाइनिट्रोटोल्यूनि और पिक्रिक एसिड विस्फोटकों के उदाहरण हैं।

उनकी अस्थिरता और अनुचित तरीके से संभाले जाने पर सार्वजनिक सुरक्षा के लिए संभावित जोखिम के कारण, ये सामग्रियाँ सख्त नियमों के अधीन हैं।

प्रस्तावित विस्फोटक विधेयक, 2024 केंद्र सरकार को नए कानून के तहत अन्य निर्दिष्ट कार्यों को करने के अतिरिक्त लाइसेंस जारी करने, निलंबित करने या रद्द करने की जिम्मेदारी प्रदान करेगा।

नियामक संगठन पेट्रोलियम और विस्फोटक सुरक्षा संगठन (PESO) है, जो DPIIT के भीतर स्थित है

□ IGNCA द्वारा कार्ल एरिच मुलर के लिथोग्राफ की प्रदर्शनी की मेजबानी

इंदिरा गाँधी राष्ट्रीय कला केंद्र (IGNCA) ने 1 मई, 2024 को इंटरनेशनल लेबर डे के सम्मान में, पीपल एंड प्लेसेज ऑफ इंडिया-एरेट्रोस्पेक्ट विषय पर एक प्रदर्शनी आयोजित की।

प्रसिद्ध जर्मन कलाकार कार्ल एरिच मुलर द्वारा IGNCA अभिलेखागार के लिथोग्राफ प्रदर्शन पर थे।

इस अवसर पर IGNCA के सदस्य सचिव सच्चिदानंद जोशी ने इस बात पर बल दिया कि कैसे लिथोग्राफ उनकी विशिष्टता, दुर्लभता और असली गुणवत्ता पर प्रकाश डालते हुए रोजमर्रा की जिंदगी के सार को पकड़ते हैं। उन्होंने दोहराया कि कार्ल एरिच मुलर अपने लिथोग्राफ का उपयोग इस विचार को व्यक्त करने के लिए करते हैं कि सभी अभिव्यक्तियों को बहुत अधिक संसाधनों की आवश्यकता नहीं होती है।

सच्चिदानंद जोशी ने सांस्कृतिक कलाकृतियों के भंडार के रूप में IGNCA के महत्त्व और प्रदर्शन में प्रदर्शित विवरणों पर ध्यान देते हुए इसे संरक्षित करने की आवश्यकता पर बल दिया।

□ मनाया गया आयुष्मान भारत दिवस 2024

आयुष्मान भारत दिवस 30 अप्रैल, 2024 को मनाया गया। प्रत्येक वर्ष 30 अप्रैल को लोग आयुष्मान भारत योजना और उसके उद्देश्यों के बारे में जागरुकता फैलाने के लिए आयुष्मान भारत दिवस' मनाते हैं।

केंद्र सरकार ने उच्च गुणवत्ता वाली उचित मूल्य वाली स्वास्थ्य सेवाओं तक पहुँच में सुधार के कार्यक्रम के लक्ष्य पर ध्यान आकर्षित करने के लिए यह दिन विशेष रूप से गरीबों के लिए बनाया है।

आयुष्मान भारत योजना (PM-JAY), वर्ष 2018 में प्रधानमंत्री नरेंद्र मोदी द्वारा शुरू की गई एक स्वास्थ्य सेवा पहल है, जो लगभग 10.74 करोड़ गरीब और वंचित परिवारों को वार्षिक ₹ 5 लाख का मुफ्त स्वास्थ्य बीमा प्रदान करती है।

कार्यक्रम यह सुनिश्चित करता है कि रोगियों को अस्पताल में भर्ती होने के 15 दिनों के उपचार और 3 दिनों की अस्पताल में भर्ती होने से पहले की देखभाल को कवर करके पूरी सहायता प्राप्त हो।

□ महत्त्वपूर्ण खनिज शिखर सम्मेलन आयोजित

खान मंत्रालय ने 29 अप्रैल, 2024 को प्रमुख खनिज प्रसंस्करण और लाभकारी के क्षेत्र में सहयोग, ज्ञान के आदान - प्रदान और नवाचार को बढ़ावा देने के लक्ष्य के साथ नई दिल्ली में एक शिखर सम्मेलन की मेजबानी की। खान मंत्रालय के सचिव वीएल कांथा राव ने कहा कि भारत के त्वरित आर्थिक विकास और स्वच्छ ऊर्जा की इच्छा की तत्काल आवश्यकता है। उन्होंने रेखांकित किया कि देश में महत्त्वपूर्ण संसाधनों की खोज कितनी महत्त्वपूर्ण है।

इसके अतिरिक्त, वीएल कांथा राव ने कहा कि नवंबर, 2023 में, सरकार ने सामरिक और महत्त्वपूर्ण खनिजों के 20 ब्लॉकों के लिए नीलामी प्रक्रिया शुरू की।

18 ब्लॉकों की दूसरी किश्त फरवरी, 2024 में आयोजित की गई थी। उन्होंने आगे कहा कि इस तरह की और नीलामी की उम्मीद है।

खान मंत्रालय और शक्ति सस्टेनेबल ने ऊर्जा, पर्यावरण और जल परिषद्, एवं भारतीय सतत् विकास संस्थान के साथ शक्ति सस्टेनेबल एनर्जी फाउंडेशन के साथ एक MoU पर हस्ताक्षर किए।

□ NSDC और ISKCON का जनजातीय कौशल विकास के लिए सहयोग

ISKCON और NSDC भारत में आदिवासी और गरीब युवाओं को व्यावसायिक प्रशिक्षण प्रदान करने के लिए मिलकर काम करेंगे।

साझेदारी का प्रारंभिक केंद्र उत्तर प्रदेश, महाराष्ट्र, राजस्थान, गुजरात और मध्य प्रदेश पर होगा, जिसका उद्देश्य वंचित लोगों को व्यावसायिक प्रशिक्षण प्रदान करना है।

इस रणनीतिक समझौते के अंतर्गत अल्पकालिक पाठ्यक्रम पेश किए जाएँगे, जो स्किल इंडिया डिजिटल हब प्लेटफॉर्म के माध्यम से उद्योग-मान्यता प्राप्त क्रेडेंशियल्स प्रदान करेंगे।

इसका उद्देश्य रोजगार में सुधार करना और कुशल व्यक्तियों को NSDC इंटरनेशनल के माध्यम से घरेलू और अंतर्राष्ट्रीय कार्य संभावनाओं तक पहुँच प्रदान करना है। अपने प्रयास के हिस्से के रूप में, ISKCON आस-पास के राज्यों और महाराष्ट्र के पालघर एवं गढ़चिरौली जैसे क्षेत्रों के युवा आदिवासी व्यक्तियों को सशक्त बनाने के व्यक्त लक्ष्य के साथ एक पाक विद्यालय की स्थापना कर रहा है।

2025 में, प्रयागराज में महाकुंभ रसोई प्रशिक्षित व्यक्तियों को काम पर रखेगी और दुनिया भर में NSDC उनके लिए संपूर्ण विश्व में पोस्टिंग की व्यवस्था करेगा।

□ DPIIT द्वारा महिला कार्यबल भागीदारी को सक्षम करने पर हितधारक परामर्श आयोजित

उद्योग और आंतरिक व्यापार संवर्द्धन विभाग (DPIIT) ने 23 मार्च, 2024 को नई दिल्ली में हितधारक परामर्श कार्यक्रम आयोजित किया।

इसका उद्देश्य महिलाओं को लॉजिस्टिक्स उद्योग में कर्मचारियों के रूप में भाग लेने में सक्षम बनाना है।

परामर्श में उद्योग संघों, MSMEs, बड़े उद्यमों, कौशल प्रशिक्षण संस्थानों, द्विपक्षीय और बहुपक्षीय संस्थानों के 50 से अधिक पेशेवरों को एक साथ लाया गया।

कार्यक्रम ने एक स्वस्थ पारिस्थितिकी तंत्र विकसित करने की आवश्यकता पर बल दिया, जो लॉजिस्टिक्स श्रृंखला के सभी चरणों में महिलाओं की भागीदारी को प्रोत्साहित और उनका समर्थन करता है।

□ सुप्रीम कोर्ट द्वारा ग्रेट इंडियन बस्टर्ड संरक्षण के लिए समिति नियुक्त

सुप्रीम कोर्ट के मुख्य न्यायाधीश डीवाई चंद्रचूड़ ने 26 मार्च, 2024 को ग्रेट इंडियन बस्टर्ड के गंभीर खतरे से निपटने के लिए एक विशेषज्ञ समिति नियुक्त की, जिसमें संरक्षण को संतुलित करने की आवश्यकता पर बल दिया गया है।

गुजरात और राजस्थान में शक्तिशाली बिजली तारों के साथ टकराव से ग्रेट इंडियन बस्टर्ड की आबादी विलुप्त हो सकती है। सुप्रीम कोर्ट ने पक्षियों की प्रजातियों की सुरक्षा के लिए भूमिगत बिजली तारों के अपने आदेश पर पुनर्विचार किया है।

समिति वन्यजीव, विशेषज्ञ, पर्यावरणविद् और संबंधित विभागों के सरकारी अधिकारी शामिल हैं।

समिति का कार्य यह निर्धारित करना है कि प्राथमिकता वाले पक्षियों के लिए आवासों में ओवरहेड और भूमिगत विद्युत लाइनें स्थापित करना संभव है या नहीं।

पक्षी संरक्षण सुनिश्चित करने के लिए समूह सतत् विकास विकल्पों की जाँच करेगा।

□ सार्वजनिक नीति और शासन पर चौथा प्रशिक्षण कार्यक्रम

नेशनल सेंटर फॉर गुड गवर्नेस ने 28 मार्च, 2024 को कंबोडिया के सिविल सेवकों के लिए सार्वजनिक नीति और शासन पर 2 सप्ताह के चौथे प्रशिक्षण कार्यक्रम की मेजबानी की।

यह कार्यक्रम 26 मार्च, 2024 से 6 अप्रैल, 2024 तक विदेश मंत्रालय (MEA) के सहयोग से आयोजित किया जा रहा है।

भारत सरकार की ''नेबरहुड फर्स्ट'' रणनीति क्षेत्रीय सहयोग विकसित करने और पड़ोसी देशों के साथ द्विपक्षीय संबंधों को और सुदृढ़ करने को प्राथमिकता देती है। क्षमता निर्माण कार्यक्रम का मुख्य लक्ष्य प्रतिभागियों को एक समृद्ध क्रॉस-कंट्री अनुभव और नीतियों पर चर्चा एवं नीतियों के आदान-प्रदान के लिए एक मंच प्रदान करना है।

□ GeM में सकल व्यापारिक मूल्य में उल्लेखनीय वृद्धि

गवर्नमेंट ई-मार्केटप्लेस (GeM) ने वित्तीय वर्ष 2023-24 में अपने सकल व्यापारिक मूल्य (GMV) को दोगुना कर ₹ 4 लाख करोड़ कर दिया, जो 30 मार्च, 2024 को एक अभूतपूर्व विकास को चिह्नित करता है।

CEO पीके सिंह ने इसके संभावित विकास के लिए विचारों का खुलासा किया, जिसमें सेवाओं में सुधार और ग्राहकों के लिए पोर्टल उपलब्ध कराना शामिल था।

1.5 लाख से अधिक सरकारी खरीदारों के साथ-साथ 21 लाख विक्रेताओं और सेवा प्रदाताओं को GeM द्वारा सेवा प्रदान की जाती है।

89421 पंचायतों और 760 से अधिक सहकारी समितियों को खरीद पारिस्थितिकी तंत्र में एकीकृत किया गया है।

GeM रक्षा हार्डवेयर और कार्यालय आपूर्ति सहित वस्तुओं और सेवाओं की एक विस्तृत शृंखला प्रदान करता है। सेवाओं में कचरा प्रबंधन, रसद और परिवहन शामिल हैं।

□ केन्द्र सरकार द्वारा नागरिकता संशोधन अधिनियम (CAA) लागू

11 मार्च, 2024 के केन्द्र सरकार द्वारा नागरिकता संशोधन अधिनियम (CAA) नियमों की अधिसूचना जारी कर दी गई। इस अधिनियम के लागू होने के बाद 31 दिसम्बर, 2014 तक बांग्लादेश, पाकिस्तान, अफगानिस्तान, श्रीलंका से आए लोगों को केन्द्र सरकार द्वारा भारतीय राष्ट्रीयता प्रदान की जाएगी।

उल्लेखनीय है कि दिसम्बर, 2019 में नागरिकता संशोधन अधिनियम (CAA) संसद द्वारा पारित हुआ था। लेकिन इसके खिलाफ देश के कई हिस्सों में हुए विरोध प्रदर्शन के कारण यह अधिनियम अब तक लागू नहीं किया जा सका।

□ राष्ट्रीय बागवानी मेला–2024

भारतीय बागवानी अनुसन्धान संस्थान (IIHR) द्वारा 5-7 मार्च, 2024 तक बेंगलुरु के हेसरघट्टा परिसर में 3 दिवसीय राष्ट्रीय बागवानी मेले का आयोजन किया गया।

इस मेले की थीम (विषय) 'Nextgen Technology- Led Horticulture for Sustainable Development' रही।

इस मेले में बागवानी क्षेत्र में देश की सबसे उन्नत व नवीनतम प्रौद्योगिकी का प्रदर्शन किया गया, जिसमें स्मार्ट सिंचाई प्रणाली, नियन्त्रित पर्यावरण प्रबन्धन, खड़ी खेती, डिजिटल बागवानी व टिकाऊ बागवानी के लिए पर्यावरण अनुकूल प्रथाएँ शामिल रहीं।

□ भारत द्वारा तेंदुए की जनसंख्या स्थिति रिपोर्ट जारी

29 फरवरी, 2024 को राष्ट्रीय बाघ संरक्षण प्राधिकरण (NTCA) ने भारत में तेंदुए की जनसंख्या स्थिति रिपोर्ट जारी की। इस रिपोर्ट के अन्तर्गत भारत में तेंदुए की अनुमानित आबादी 13,874 है, जो वर्ष 2018 के 12852 तेंदुओं की तुलना में 7.95% अधिक है।

भारत में सर्वाधिक तेंदुए मध्य प्रदेश (संख्या 3907) में हैं, इसके बाद क्रमशः महाराष्ट्र (1985) व कर्नाटक (1879) का स्थान है।

नागार्जुन सागर, श्री सैलम टाईगर रिजर्व (आन्ध्र प्रदेश), पन्ना टाईगर रिजर्व (मध्य प्रदेश) व सतपुड़ा टाईगर रिजर्व (मध्य प्रदेश) जैसे संरक्षित क्षेत्र व बाघ अभयारण्यों में तेंदुओं का उच्च जनसंख्या घनत्व है।

□ भारत टेक्स, 2024

26 फरवरी, 2024 को भारतीय प्रधानमन्त्री नरेन्द्र मोदी द्वारा नई दिल्ली के भारत मण्डपम् में भारत के अब तक सबसे बड़े वैश्विक कपड़ा कार्यक्रम भारत टेक्स, 2024 का शुभारम्भ किया गया।

यह चार दिवसीय कार्यक्रम है, जो न केवल भारत के विभिन्न राज्यों की प्रतिष्ठित हथकरघा व हस्तशिल्प परम्पराओं को प्रदर्शित करने हेतु एक मंच के रूप में कार्य करता है, बल्कि भारत की शिल्प कौशल, रचनात्मकता व नवीनता को प्रदर्शित करने हेतु एक मंच प्रदान करता है।

इस कार्यक्रम में उत्तर प्रदेश व महाराष्ट्र को 'साझेदार राज्य' के रूप में नामित किया गया है। जबकि गुजरात, तेलंगाना व मध्य प्रदेश को सहायक भागीदार राज्य के रूप में शामिल किया गया है।

□ सुदर्शन सेतु–भारत का सबसे लम्बा केबल आधारित पुल

24 फरवरी, 2024 को भारतीय प्रधानमन्त्री नरेन्द्र मोदी द्वारा गुजरात के द्वारका में स्थित ओखा मुख्य भूमि व बेट द्वारका को जोड़ने वाले देश के सबसे लम्बे केबल आधारित पुल 'सुदर्शन सेतु' का उद्घाटन किया गया।

इस ब्रिज को पूर्व में 'सिग्नेचर ब्रिज' के नाम से जाना जाता था।

यह ब्रिज ओखा मुख्य भूमि व गुजरात में बेट द्वारका द्वीप को जोड़ता है। इसकी लम्बाई 2.321 किमी है। यह कुल ₹ 978 करोड़ की लागत से तैयार किया गया है।

□ रायसीना डायलॉग सम्मेलन 2024

23 फरवरी, 2024 को प्रधानमन्त्री नरेन्द्र मोदी द्वारा मुख्य अतिथि के रूप में उपस्थित ग्रीस के प्रधानमन्त्री क्यारीकोस मित्सोटाकिस के साथ नई दिल्ली में वैश्विक मुद्दों पर केन्द्रित रायसीना डॉयलॉग सम्मेलन 2024 का उद्घाटन किया गया।

यह इस तीन दिवसीय कार्यक्रम का 9वाँ संस्करण था, जिसकी थीम (विषय) 'चतुरंगा संघर्ष, प्रतियोगिता, सहयोग व निर्माण' रही, जो वैश्विक अनिश्चितताओं व अशान्ति के साथ-साथ साझेदारी के माध्यम से अवसरों को समाहित करता है।

□ भारत का 57 बिलियन डॉलर का भविष्यवादी टैंक विकास कार्यक्रम

21 फरवरी, 2024 को भारतीय सेना द्वारा अपने पुराने रूसी मूल के T-72 बेड़ों को वर्ष 2030 के बाद बदलने हेतु 57 बिलियन डॉलर का भविष्यवाणी टैंक विकास कार्यक्रम प्रस्तुत किया।

इस कार्यक्रम के अन्तर्गत 1770 तकनीकी रूप से उन्नत फ्यूचर रेडी कॉम्बैट व्हीकल (FRCV) बनाने की योजना है। इन टैंकों में आर्टिफिशियल इण्टेलिजेन्स, नेटवर्क-केन्द्रित युद्ध क्षमताएँ, सक्रिय सुरक्षा प्रणाली व उन्नत इलेक्ट्रॉनिक्स जैसी क्षमताएँ शामिल होंगी।

□ प्रधानमन्त्री नरेन्द्र मोदी द्वारा आबूधाबी (यूएई) के पहले पारम्परिक हिन्दू मन्दिर का उद्घाटन

16 फरवरी, 2024 को भारतीय प्रधानमन्त्री नरेन्द्र मोदी ने संयुक्त अरब अमीरात की यात्रा के दौरान आबूधाबी स्थित पहले पारम्परिक हिन्दू मन्दिर का उद्घाटन किया। इस मन्दिर का नाम 'बीएपीएस हिन्दू मन्दिर आबूधाबी' रखा गया, जो बोवासनवासी अक्षर पुरुषोत्तम स्वामीनारायण (BAPS) के नाम पर रखा गया है।

□ भारत सरकार द्वारा SWATI पोर्टल लॉन्च

15 फरवरी, 2024 को भारत सरकार द्वारा SWATI (Science for Women-A Technology and Innovation) पोर्टल लॉन्च किया गया। यह पार्टल विज्ञान, प्रौद्योगिकी इन्जीनियरिंग, गणित व चिकित्सा क्षेत्र में भारतीय महिलाओं की उपलब्धियों को दर्शाने वाला डेटाबेस है।

यह पोर्टल विशेषज्ञता, योग्यता, प्रकाशन आदि को ध्यान में रखते हुए विभिन्न स्तरों पर महिला छात्रों, संकार्य व वैज्ञानिकों के प्रोफाइल के स्व-पंजीकरण की अनुमति देता है। डैशबोर्ड राज्यों व संस्थानों में STEMM भूमिकाओं में महिलाओं के वितरण पर गतिशील विश्लेषण प्रदान करता है।

□ भारत द्वारा वर्ष 2047 तक 6 मेगा बन्दरगाहों के विकास की घोषणा

14 फरवरी, 2024 को भारत सरकार के केन्द्रीय बन्दरगाह, जहाजरानी व जलमार्ग मन्त्रालय ने मैरीटाइम इण्डिया विजन के अनुरूप वर्ष 2047 तक 6 मेगा तटीय बन्दरगाहों के विकास की रूपरेखा (नीति) प्रस्तुत की।

यह नीति हिन्द महासागर क्षेत्र (IOR) में आर्थिक व रणनीतिक हितों के विस्तार पर बल देती है।

इस नीति का मूल उद्देश्य वर्ष 2047 तक वैश्विक समुद्री व्यापार में विस्तार करना व कनेक्टिविटी के माध्यम से 'एक्ट ईस्ट' के तहत क्षेत्रीय त्वरण को सक्षम बनाना है।

□ भारत व ओमान के बीच रक्षा सहयोग समझौता

3 फरवरी, 2024 को ओमान की राजधानी मस्कट में भारत-ओमान संयुक्त सैन्य सहयोग समिति (JMCC) की बैठक के दौरान दोनों देशों के बीच एक रक्षा समझौते पर हस्ताक्षर हुए।

यह समझौता सैन्य उपकरणों की खरीद व रक्षा जुड़ाव के नए क्षेत्रों में सहयोग से सम्बन्धित है। इस बैठक में भारतीय प्रतिनिधिमण्डल का नेतृत्व रक्षा सचिव गिरिधर अरामने ने किया।

□ भारत द्वारा मराठा सैन्य परिदृश्य को यूनेस्को की विश्व विरासत सूची हेतु नामांकन

31 जनवरी, 2024 को भारत ने वर्ष 2024-25 में यूनेस्को की विश्व विरासत सूची हेतु 'भारत के मराठा सैन्य परिदृश्य' को नामांकित किया है। ये स्थल 17वीं व 19वीं शताब्दी के बीच मराठा साम्राज्य की रणनीतिक सैन्य क्षमता को प्रदर्शित करते हैं। इसके लिए महाराष्ट्र के 390 किलो में से 12 प्रतिनिधि किलो को मराठा सैन्य परिदृश्य के अन्तर्गत विश्व धरोहर स्थल के नामांकन हेतु चुना गया है। ये स्थल सीधे तौर पर मराठा साम्राज्य के सैन्य विचारों, मान्यताओं व परम्पराओं का प्रतिनिधित्व करते हैं।

□ मनाया गया 75वाँ गणतन्त्र दिवस

नई दिल्ली के कर्त्तव्य पथ पर 26 जनवरी, 2024 को 75वें गणतन्त्र दिवस समारोह का आयोजन किया गया। समारोह में राष्ट्रपति द्रौपदी मुर्मू के साथ उपराष्ट्रपति जगदीप धनखड़ और प्रधानमन्त्री नरेन्द्र मोदी मौजूद थे। समारोह में मुख्य अतिथि के रूप में फ्रांस के राष्ट्रपति इमैनुएल मैक्रॉन उपस्थित थे। इस वर्ष की गणतन्त्र दिवस परेड में 'विकसित भारत' और 'भारत-लोकतन्त्र की मातृका' के दोहरे विषय प्रतिबिम्बित हुए, जिसमें 13000 विशेष अतिथियों की भागीदारी देखी गई।

☐ अयोध्या में श्री रामलला का भव्य प्राण प्रतिष्ठा समारोह

अयोध्या में 22 जनवरी, 2024 को रामलला का प्राण प्रतिष्ठा समारोह आयोजित किया गया, जिसमें प्रधानमन्त्री नरेन्द्र मोदी ने नवनिर्मित भव्य मन्दिर में अनुष्ठान का नेतृत्व किया। प्रधानमन्त्री ने मन्दिर के गर्भगृह में रामलला की मूर्ति का अनावरण भी किया। समारोह के दौरान उत्तर प्रदेश की राज्यपाल आनन्दीबेन पटेल, मुख्यमन्त्री योगी आदित्यनाथ और RSS प्रमुख मोहन भागवत ने भी रामलला की पूजा-अर्चना की। उद्योगपति मुकेश अंबानी, सुनील मित्तल और अनिल अंबानी, फिल्म अभिनेता अमिताभ बच्चन, रजनीकांत, रणबीर कपूर, चिरंजीवी, माधुरी दीक्षित, कैटरीना कैफ, आलिया भट्ट और कंगना रनौत के साथ-साथ खेल जगत की हस्तियाँ सचिन तेंदुलकर, अनिल कुंबले और साइना नेहवाल सहित जीवन के सभी क्षेत्रों के लोग राम जन्मभूमि पर मौजूद रहे।

☐ विंग्स इण्डिया 2024 आयोजित

हैदराबाद के बेगमपेट हवाई अड्डे पर 18-21 जनवरी, 2024 के बीच एशिया में नागरिक उड्डयन क्षेत्र का सबसे बड़ा कार्यक्रम 'विंग्स इण्डिया 2024' आयोजित किया गया। इसका आयोजन नागरिक उड्डयन मन्त्रालय, भारत सरकार और FICCI द्वारा किया गया। इस शो का मुख्य विषय ''अमृत काल में भारत को विश्व से जोड़ना: भारत नागरिक उड्डयन 2047 के लिए मंच तैयार करना'' था। इस कार्यक्रम को कई विचार-विमर्श, पैनल चर्चा, B2B बैठकों, प्रदर्शनियों, उड़ानों के स्थिर प्रदर्शन और एयर शो ने चिह्नित किया।

☐ भारत अन्तर्राष्ट्रीय विज्ञान महोत्सव 2023 आयोजित

फरीदाबाद (हरियाणा) में 17-20 जनवरी, 2024 तक भारत अन्तर्राष्ट्रीय विज्ञान महोत्सव (IISF) 2023 का 9वाँ संस्करण आयोजित किया गया। IISF 2023 की विषय-वस्तु 'अमृत काल में विज्ञान और प्रौद्योगिकी सार्वजनिक लोकसम्पर्क' थी। IISF 2023 का उद्देश्य व्यापक स्तर पर लोगों को प्रेरित करना और छात्रों, शिक्षकों, वैज्ञानिकों, शोधकर्ताओं, उद्योग के पेशेवरों, उद्यमियों तथा विज्ञान सम्प्रेषकों जैसे विविध स्तर के हितों वाले व्यक्तियों के लिए एक मंच प्रदान करना था।

☐ 'प्रधानमन्त्री सूर्योदय योजना' की घोषणा

प्रधानमन्त्री नरेन्द्र मोदी ने 22 जनवरी, 2024 को 'प्रधानमन्त्री सूर्योदय योजना' की घोषणा की, जिसके तहत एक करोड़ परिवारों को छत पर सौर प्रणाली मिलेगी। प्रधानमन्त्री मोदी ने कहा कि देश के लोगों के पास अपना सोलर रूफ टॉप सिस्टम होना चाहिए। इससे न केवल गरीबों और मध्यम वर्ग का बिजली बिल कम होगा, बल्कि भारत ऊर्जा क्षेत्र में आत्मनिर्भर भी बनेगा।

☐ बोइंग इण्डिया इंजीनियरिंग एण्ड टेक्नोलॉजी सेण्टर का उद्घाटन

प्रधानमन्त्री नरेन्द्र मोदी ने 19 जनवरी, 2024 को बेंगलुरु में नए 'बोइंग इण्डिया इंजीनियरिंग एण्ड टेक्नोलॉजी सेण्टर' का उद्घाटन किया और 'बोइंग सुकन्या' कार्यक्रम लॉन्च किया।

प्रधानमन्त्री ने बताया कि बेंगलुरु में बोइंग सुविधा 'मेक इन इण्डिया-मेक फॉर द वर्ल्ड' संकल्प को मजबूत करती है और भारत की प्रतिभा में दुनिया के विश्वास को मजबूत करती है। बोइंग सुकन्या कार्यक्रम 150 स्थानों पर STEM लैब बनाएगा। यह कार्यक्रम उन महिलाओं को छात्रवृत्ति भी प्रदान करेगा, जो पायलट बनने के लिए प्रशिक्षण ले रही हैं।

☐ भारत व क्यूबा के बीच डिजिटल सार्वजनिक अवसंरचना पर समझौता

इलेक्ट्रॉनिक्स और सूचना प्रौद्योगिकी मन्त्रालय ने 19 जनवरी, 2024 को नई दिल्ली में डिजिटल परिवर्तन के लिए जनसंख्या पैमाने पर लागू सफल डिजिटल समाधानों को साझा करने के क्षेत्र में सहयोग पर क्यूबा गणराज्य के संचार मन्त्रालय के साथ एक समझौता-ज्ञापन पर हस्ताक्षर किए।

समझौता-ज्ञापन का उद्देश्य दोनों देशों के डिजिटल पारिस्थितिकी तन्त्र को पारस्परिक रूप से लाभ पहुँचाने के लिए क्षमता निर्माण कार्यक्रमों, सर्वोत्तम प्रथाओं के आदान-प्रदान और अन्य सहयोगी गतिविधियों के माध्यम से डिजिटल परिवर्तन को बढ़ावा देना है।

☐ प्रधानमन्त्री आवास योजना-ग्रामीण की किस्त का शुभारम्भ

प्रधानमन्त्री नरेन्द्र मोदी ने 15 जनवरी, 2024 को वीडियो कॉफ्रेन्सिग के माध्यम से PM-JANMAN के तहत PM आवास योजना - ग्रामीण के एक लाख लाभार्थियों को पहली किस्त जारी की। लगभग ₹ 24000 करोड़ के बजट के साथ PM-JANMAN, 9 मन्त्रालयों के माध्यम से 11 महत्त्वपूर्ण अन्तःक्षेपों पर केन्द्रित है।

इस पहल का उद्देश्य आवास, शिक्षा, स्वास्थ्य देखभाल आदि जैसी आवश्यक सुविधाएँ प्रदान करके विशेष रूप से कमजोर जनजातीय समूहों (PVTGs) के लिए सामाजिक-आर्थिक स्थितियों को बढ़ाना है।

☐ भारत के पहले डार्क स्काई पार्क की घोषणा

महाराष्ट्र में पेंच टाइगर रिजर्व ने 14 जनवरी, 2024 को भारत के पहले डार्क स्काई पार्क के उद्घाटनकर्ता के रूप में मान्यता हासिल करके इतिहास रच दिया, जो एशिया में पाँचवें स्थान पर है।

रिज़र्व पार्क मध्य प्रदेश में सिवनी और छिन्दवाड़ा जिलों में सतपुड़ा पहाड़ियों के दक्षिणी हिस्से में स्थित है। ये पहाड़ियाँ नागपुर जिले में एक अलग अभयारण्य के रूप में मौजूद हैं।

☐ 'मुम्बई ट्रान्स हार्बर लिंक' का उद्घाटन

प्रधानमन्त्री नरेन्द्र मोदी ने 12 जनवरी, 2024 को मुम्बई ट्रान्स हार्बर लिंक (MTHL) का उद्घाटन किया। इसे अटल सेतु के रूप में भी जाना जाता है, जो भारत के अब तक के सबसे लम्बे समुद्री पुल के उद्घाटन को चिह्नित करता है। ₹ 17840 करोड़ से अधिक की लागत से निर्मित 21.8 किमी के लिंक का उद्देश्य दक्षिण मुम्बई और नवी मुम्बई के बीच यात्रा के समय को 120 मिनट से घटाकर केवल 20 मिनट करना है।

☐ 'एनजेण्डरिंग लैण्ड पोर्ट्स इन इण्डिया' रिपोर्ट जारी

भारतीय भूमि पत्तन प्राधिकरण (LPAI) ने 11 जनवरी, 2024 को नई दिल्ली में एनजेण्डरिंग लैण्ड पोर्ट्स इन इण्डिया' शीर्षक से एक रिपोर्ट जारी की। रिपोर्ट का प्राथमिक लक्ष्य देश में भूमि बन्दरगाहों के माध्यम से लिंग-समावेशी सीमा पार व्यापार और पर्यटन को बढ़ावा देने के लिए एक ढांचा तैयार करना है।

रिपोर्ट का उद्देश्य लिंग-सकारात्मक वातावरण को बढ़ावा देना है।

☐ भारत 2047 तक बन जाएगा 30 ट्रिलियन की अर्थव्यवस्था

वित्त मन्त्री निर्मला सीतारमण ने 11 जनवरी, 2024 को घोषणा की कि भारत वर्ष 2047 तक $ 30 ट्रिलियन की अर्थव्यवस्था बन जाएगा।

उन्होंने कहा कि देश वर्ष 2028 तक $ 5 ट्रिलियन की अर्थव्यवस्था बन जाएगा।

भारत को वर्ष 2023 तक 23 वर्षों में $ 919 बिलियन का प्रत्यक्ष विदेशी निवेश प्राप्त हुआ है। कुल 65% निवेश पिछले 9 वर्षों में आया है।

☐ वाइब्रेन्ट गुजरात ट्रेड शो का आयोजन

प्रधानमन्त्री नरेन्द्र मोदी ने 9 जनवरी, 2024 को गाँधीनगर में वाइब्रेण्ट गुजरात ग्लोबल ट्रेड शो का उद्घाटन किया। इस पाँच दिवसीय ट्रेड शो में कुल 100 देश विजिटिंग देशों के रूप में, जबकि 33 देश भागीदार के रूप में शामिल हुए। ट्रेड शो इलेक्ट्रिक वाहन, ग्रीन हाइड्रोजन, नवीकरणीय ऊर्जा, सेमीकण्डक्टर और साइबर सुरक्षा जैसे उभरते क्षेत्रों पर केन्द्रित था।

☐ इण्डियन रेलवेज कंस्ट्रक्शन मैनुअल 2023 लॉन्च

रेल मन्त्री अश्विनी वैष्णव ने 9 जनवरी, 2024 को नई दिल्ली में 'इण्डियन रेलवेज कंस्ट्रक्शन मैनुअल 2023' को लॉन्च किया। इस निर्माण नियमावली से भूमि अधिग्रहण, वन मंजूरी, पुल डिजाइन, अनुबंध प्रबन्धन, सुरंगों और अण्डर ब्रिज के निर्माण सहित कई गतिविधियों में मदद मिलेगी। यह मैनुअल विश्व के सबसे तेजी से बढ़ते रेल नेटवर्क को स्थापित करने में भी मदद करेगा।

☐ देश की पहली स्मार्ट लैब की शुरुआत

ऑल इण्डिया इन्स्टीट्यूट ऑफ मेडिकल साइंसेज (AIIMS) नई दिल्ली ने 5 जनवरी, 2024 को एक छत के नीचे परीक्षण सुविधाएं प्रदान करने के लिए अपने OPD ब्लॉक में देश की पहली स्मार्ट लैब शुरू की। यह सुविधा निर्बाध रूप से एकीकृत है, जो हेमेटोलॉजी, बायोकैमिस्ट्री, सीरोलॉजी, एण्डोक्रिनोलॉजी और विभिन्न प्रतिरक्षी परीक्षण सहित प्रयोगशाला परीक्षण सेवाओं की एक विस्तृत शृंखला प्रदान करती है। AIIMS की स्मार्ट लैब की 90% रिपोर्ट उसी दिन मिल जाती है, जिस दिन सैम्पल मिलता है।

☐ अयोध्या हवाई अड्डे का नाम परिवर्तित

केन्द्र सरकार द्वारा अनुमोदित उत्तर प्रदेश के अयोध्या हवाई अड्डे का नाम 5 जनवरी, 2024 को 'महर्षि वाल्मीकि अन्तर्राष्ट्रीय हवाई अड्डा, अयोध्याधाम' रखा गया। यह इस क्षेत्र के ऐतिहासिक और सांस्कृतिक महत्त्व को दर्शाता है।

यह निर्णय अयोध्या को एक प्रमुख आर्थिक केन्द्र और एक प्रमुख तीर्थ स्थल के रूप में स्थापित करने के सरकार के दृष्टिकोण के अनुरूप है।

☐ मथुरा में देश का पहला बालिका सैनिक स्कूल

रक्षा मन्त्री राजनाथ सिंह ने 2 जनवरी, 2024 को वृन्दावन (मथुरा), उत्तर प्रदेश में पहले बालिका सैनिक स्कूल का उद्घाटन किया। इसका नाम 'संविद गुरुकुलम गर्ल्स सैनिक स्कूल' है और इस स्कूल में लगभग 870 छात्राओं की क्षमता है।

केन्द्रीय माध्यमिक शिक्षा बोर्ड (CBSE) से सम्बद्ध यह स्कूल पूर्व सैनिकों के मार्गदर्शन में शिक्षा और प्रशिक्षण प्रदान करेगा।

इस स्कूल का सत्र अप्रैल 2024 से शुरू होगा और देश में ऐसे 100 स्कूल खोले जाएँगे।

☐ ISRO द्वारा पहला एक्स-रे पोलरिमीटर उपग्रह लॉन्च

भारतीय अन्तरिक्ष अनुसन्धान संगठन (ISRO) ने 1 जनवरी, 2024 को पोलर सैटेलाइट लॉन्च व्हीकल PSLV-C58 द्वारा एक्स-रे पोलरिमीटर सैटेलाइट (XPoSat) को सफलतापूर्वक लॉन्च किया। उपग्रह को आन्ध्र प्रदेश के श्रीहरिकोटा में सतीश धवन अन्तरिक्ष केन्द्र से लॉन्च किया गया था।

XPoSat के साथ 10 अन्य वैज्ञानिक पेलोड भी लॉन्च किए गए। अब, भारत संयुक्त राज्य अमेरिका के बाद आकाशगंगा में ब्लैक होल और न्यूट्रॉन सितारों का अध्ययन करने के लिए एक विशेष खगोल विज्ञान वैधशाला भेजने वाला विश्व का दूसरा देश बन गया है।

☐ केन्द्रीय बजट 2024-25

केन्द्रीय वित्त एवं कॉर्पोरेट मामलों की मन्त्री श्रीमती निर्मला सीतारमण ने 23 जुलाई, 2024 को संसद में केन्द्रीय बजट 2024-25 पेश किया। बजट का फोकस रोजगार, कौशल, एमएसएमई और मध्यम वर्ग पर है। केन्द्रीय बजट 2024-25 में सभी के लिए पर्याप्त अवसर पैदा करने के लिए 9 प्राथमिकताओं पर निरन्तर प्रयासों की परिकल्पना की गई है। 9 प्राथमिकता वाले क्षेत्र

1. कृषि में उत्पादकता और लचीलापन
2. रोजगार और कौशल
3. समावेशी मानव संसाधन विकास और सामाजिक न्याय
4. विनिर्माण और सेवाएँ
5. शहरी विकास
6. ऊर्जा सुरक्षा
7. बुनियादी ढाँचा
8. नवाचार, अनुसन्धान और विकास
9. अगली पीढ़ी के सुधार

☐ बजट अनुमान 2024-25

- उधार के अतिरिक्त कुल प्राप्तियाँ: ₹32.07 लाख करोड़
- कुल व्यय: ₹48.21 लाख करोड़
- शुद्ध कर प्राप्ति: ₹25.83 लाख करोड़
- राजकोषीय घाटा: सकल घरेलू उत्पाद का 4.9%

मुख्य विशेषताएँ

- पूँजीगत व्यय के लिए ₹11,11,111 करोड़ का आवण्टन।
- भारत की मुद्रास्फीति कम, स्थिर बनी हुई है और 4% लक्ष्य की ओर बढ़ रही है।
- 5 वर्षों में 4.1 करोड़ युवाओं को रोजगार, कौशल और अन्य अवसर प्रदान करने के लिए 2 लाख करोड़ रुपये के परिव्यय के साथ 5 योजनाओं और पहलों का प्रधानमन्त्री पैकेज।
- किसानों द्वारा खेती के लिए 32 खेत और बागवानी फसलों की 109 नई उच्च उपज वाली और जलवायु-लचीली किस्में जारी की जाएँगी।
- अगले 2 वर्षों में प्रमाणीकरण और ब्रांडिंग के साथ देश भर में 1 करोड़ किसानों को प्राकृतिक खेती में शामिल किया जाएगा।
- कृषि और सम्बद्ध क्षेत्रों के लिए ₹1.52 लाख करोड़ का आवण्टन।
- प्राकृतिक खेती के लिए 10000 जरूरत-आधारित जैव-इनपुट संसाधन केन्द्र स्थापित किए जाएँगे।
- 3 वर्षों में किसानों और उनकी भूमि को कवर करने के लिए कृषि के लिए डिजिटल सार्वजनिक अवसंरचना (DPI) लागू की जाएगी।
- 1000 औद्योगिक प्रशिक्षण संस्थानों को अपग्रेड किया जाएगा।
- नाबालिगों के लिए नई पेंशन योजना वात्सल्य की घोषणा की गई; माता-पिता और अभिभावकों द्वारा योगदान।
- सरकार बिहार, झारखण्ड, पश्चिम बंगाल, ओडिशा और आन्ध्र प्रदेश को कवर करते हुए पूर्वी क्षेत्र के सर्वांगीण विकास के लिए पूर्वोदय नामक योजना तैयार करेगी।
- महिलाओं के नेतृत्व वाले विकास को बढ़ावा देने के लिए, बजट में महिलाओं और लड़कियों को लाभान्वित करने वाली योजनाओं के लिए ₹3 लाख करोड़ से अधिक का आवण्टन किया गया है।
- इस वर्ष ग्रामीण बुनियादी ढांचे सहित ग्रामीण विकास के लिए ₹2.66 लाख करोड़ का प्रावधान किया गया है।
- मुद्रा ऋण की सीमा मौजूदा ₹10 लाख से बढ़ाकर ₹20 लाख की जाएगी।
- सरकार 5 वर्षों में 1 करोड़ युवाओं को 500 शीर्ष कम्पनियों में इण्टर्नशिप के अवसर प्रदान करने के लिए एक व्यापक योजना शुरू करेगी।
- पीएम आवास योजना शहरी 2.0 के तहत, ₹10 लाख करोड़ के निवेश से 1 करोड़ शहरी गरीब और मध्यम वर्गीय परिवारों की आवास आवश्यकताओं को पूरा किया जाएगा।
- जनजातीय समुदायों की सामाजिक-आर्थिक स्थिति में सुधार के लिए प्रधानमन्त्री जनजातीय उन्नत ग्राम अभियान की घोषणा।
- 25000 ग्रामीण बस्तियों को सभी मौसमों में कनेक्टिविटी प्रदान करने के लिए पीएमजीएसवाई का चरण IV शुरू किया जाएगा।
- सरकारी योजनाओं और नीतियों के तहत लाभ के लिए पात्र नहीं रहे युवाओं की मदद के लिए ₹10 लाख तक के उच्च शिक्षा ऋण के लिए वित्तीय सहायता।
- ₹1000 करोड़ के उद्यम पूँजी कोष के साथ अगले 10 वर्षों में अन्तरिक्ष अर्थव्यवस्था को 5 गुना बढ़ाने पर जोर।
- 4 करोड़ वेतनभोगी व्यक्तियों और पेंशनभोगियों को आयकर में बड़ी राहत।
- नई कर व्यवस्था में मानक कटौती ₹50000 से बढ़ाकर ₹75000 की गई।
- पारिवारिक पेंशन पर कटौती ₹15000 से बढ़ाकर ₹25000 की गई।
- नई व्यवस्था के तहत 58% से अधिक कॉर्पोरेट कर प्राप्तियाँ एकत्र की गईं।
- दो-तिहाई व्यक्तिगत आयकरदाताओं ने नई आयकर व्यवस्था को अपनाया।
- स्टार्ट-अप और निवेश को बढ़ावा देने के लिए सभी वर्ग के निवेशकों के लिए एंजल टैक्स समाप्त कर दिया गया।
- निवेश को आमन्त्रित करने के लिए विदेशी कम्पनियों पर कॉर्पोरेट टैक्स 40% से घटाकर 35% किया गया।
- कई भुगतानों पर 5% टीडीएस को 2% टीडीएस में मिला दिया गया।
- निम्न और मध्यम आय वर्ग को लाभ पहुँचाने के लिए पूँजीगत लाभ छूट सीमा बढ़ाकर ₹1.25 लाख प्रतिवर्ष कर दी गई।
- एक्स-रे पैनल, मोबाइल फोन और पीसीबीए पर सीमा शुल्क घटाकर 15% किया गया। सोना और चाँदी सहित कीमती धातुएँ सस्ती होंगी, सीमा शुल्क घटाकर 6% किया गया।
- भूमि सुधार और कार्यों को अगले 3 वर्षों के भीतर पूरा करने के लिए प्रोत्साहित किया जाएगा।
- समावेशी और व्यापक संसाधन विकास और सामाजिक न्याय के लिए संतृप्ति दृष्टिकोण अपनाया जाएगा।

सस्ती होती जा रही वस्तुएँ

- चमड़े के जूते
- कपड़े
- सोना-चाँदी
- मोबाइल फोन
- मोबाइल चार्जर
- इलेक्ट्रिक वाहन
- कैंसर की दवा
- प्लेटिनम
- बिजली के तार
- एक्स-रे मशीन
- सोलर सेट

महँगी होती जा रही वस्तुएँ

- सिगरेट
- हवाई जहाज से यात्रा
- प्लास्टिक के सामान
- पेट्रोकेमिकल्स
- दूरसंचार उपकरण

अन्तर्राष्ट्रीय

☐ बेलारूस की 35 यूरोपीय देशों के लिए वीजा-मुक्त नीति

- बेलारूस के विदेश मन्त्रालय ने 17 जुलाई, 2024 से 35 यूरोपीय देशों के लिए वीजा-मुक्त नीति की घोषणा की, जो 31 दिसम्बर, 2024 तक प्रभावी रहेगी।
- यूरोपीय संघ के सदस्यों और ब्रिटेन सहित इन देशों के नागरिक बिना वीजा के 30 दिनों तक बेलारूस में रह सकते हैं।
- इस नीति का उद्देश्य खुलेपन, शान्ति और अच्छे पड़ोसी के प्रति बेलारूस की प्रतिबद्धता को प्रदर्शित करना तथा कार्मिक आदान-प्रदान को सरल बनाना है।
- बेलारूसी राष्ट्रपति अलेक्जेण्डर लुकाशेंको इन देशों के नागरिकों को वीजा की आवश्यकता के बिना सड़क और रेल चौकियों के माध्यम से बेलारूस में प्रवेश करने एवं रहने की अनुमति देने का समर्थन करते हैं।

☐ दुबई द्वारा विश्व के पहले 3D प्रिण्टेड इलेक्ट्रिक एब्रा का परीक्षण शुरू

- दुबई के सड़क और परिवहन प्राधिकरण ने 16 जुलाई, 2024 को 3D प्रिण्टिंग तकनीक से निर्मित विश्व के पहले इलेक्ट्रिक एब्रा का परीक्षण संचालन शुरू किया।
- 20 यात्रियों को समायोजित करने में सक्षम यह अभिनव एब्रा, पारम्परिक एब्रा उद्योग को बरकरार रखता है।
- अबू धाबी स्थित AI सीर मरीन कम्पनी द्वारा निर्मित इस परियोजना में जापान की मित्सुबिशी जैसी वैश्विक संस्थाओं के साथ सहयोग शामिल था।
- यह पहल दुबई की 3D प्रिण्टिंग रणनीति के अनुरूप है, जिसका लक्ष्य विनिर्माण समय को 90% तक कम करना, लागत को 30% तक कम करना तथा परिचालन और रख-रखाव व्यय को 30% तक कम करना है।
- इसके अतिरिक्त, यह समुद्री परिवहन के लिए RTA के पर्यावरणीय स्थिरता लक्ष्यों का समर्थन करता है।

☐ 5G नेटवर्क में हुआवेई और ZTE को चरणबद्ध तरीके से हटाएगा जर्मनी

- जर्मनी ने 15 जुलाई, 2024 को राष्ट्रीय सुरक्षा चिन्ताओं का हवाला देते हुए चीनी दूरसंचार कम्पनियों हुआवेई और ZTE द्वारा बनाए गए 5G नेटवर्क उपकरणों को धीरे-धीरे हटाने की योजना की घोषणा की।
- यह कदम चीनी प्रौद्योगिकी पर अत्यधिक निर्भरता के कारण उत्पन्न होने वाले सम्भावित सुरक्षा जोखिमों के सम्बन्ध में यूरोपीय संघ के रुख के अनुरूप है।
- जर्मन अधिकारियों ने महत्वपूर्ण सूचना नेटवर्क की सुरक्षा के महत्त्व पर बल दिया तथा साइबर हमलों को अस्तित्व के लिए खतरा बताया।
- जर्मनी अपने 5G नेटवर्क प्रदाताओं के साथ मिलकर चीनी घटकों को सुरक्षित विकल्पों से बदलने के लिए सहयोग कर रहा है।
- हुआवेई ने आरोपों को स्पष्ट करते हुए कहा है कि इस बात का कोई सबूत नहीं है कि उनकी तकनीक सुरक्षा के लिए खतरा उत्पन्न करती है।
- इस बीच, बर्लिन स्थित चीनी दूतावास ने इस निर्णय की आलोचना करते हुए तर्क दिया कि यह निराधार आरोपों पर आधारित है।
- यह पहल बीजिंग पर आर्थिक निर्भरता कम करने की जर्मनी की व्यापक रणनीति का हिस्सा है।

☐ जापान में नए 3D होलोग्राफिक बैंकनोट

- जापान ने 3 जुलाई, 2024 को दो दशकों में पहली बार नए बैंक नोट जारी किए, जिनमें नकली नोटों से निपटने के लिए 3D होलोग्राम तकनीक का उपयोग किया गया है।
- प्रधानमन्त्री फुमियो किशिदा ने नए 10000 येन, 5000 येन और 1000 येन के नोटों की अत्याधुनिक नकली-रोधी विशेषताओं की ऐतिहासिक रूप से प्रशंसा की।
- 10000 येन के नोट पर इइची शिबुसावा का चेहरा है, जिन्हें 'जापानी पूँजीवाद के जनक' के रूप में जाना जाता है, जो जापान की आधुनिक अर्थव्यवस्था के निर्माण में एक प्रमुख व्यक्ति थे। उन्हें सैकड़ों कम्पनियों की स्थापना का श्रेय दिया जाता है।
- 5000 येन के नोट पर उमेको त्सुडा की तस्वीर है, जो एक अग्रणी नारीवादी और शिक्षिका हैं, जिन्होंने एक कॉलेज की स्थापना की।
- 1000 येन के नोट पर चिकित्सक और जीवाणुविज्ञानी शिबासाबुरो कितासातो की तस्वीर है, जिन्होंने टेटनस और ब्यूबोनिक प्लेग के अनुसन्धान में महत्त्वपूर्ण भूमिका निभाई थी।
- प्रत्येक नोट के पीछे क्रमशः टोक्यो स्टेशन, विस्टेरिया फूल और उकियो-ई कलाकार कात्सुशिका होकुसाई का माउण्ट फूजी अंकित है।

☐ G7 शिखर-सम्मेलन 2024 का आयोजन

- पुगलिया (इटली) में 13-15 जून, 2024 तक 50वाँ G7 नेताओं का शिखर सम्मेलन आयोजित किया गया। वर्ष 2024 में ग्रुप ऑफ 7 (G7) प्रेसीडेन्सी के रूप में इटली ने G7 नेताओं के शिखर सम्मेलन की मेजबानी की।
- यूरोपीय संघ के प्रतिनिधियों सहित सभी G7 सदस्य देशों (कनाडा, फ्रांस, जर्मनी, इटली, जापान, UK, USA) ने शिखर सम्मेलन में भाग लिया।
- शिखर सम्मेलन में अल्जीरिया, अर्जेंटीना, ब्राजील, भारत, जॉर्डन, केन्या, मॉरिटानिया (अफ्रीकी संघ), ट्यूनीशिया, तुर्किये, यूक्रेन, यूएई और वेटिकन सिटी के प्रतिनिधियों को आमन्त्रित किया गया था।
- प्रधानमन्त्री नरेन्द्र मोदी ने शिखर सम्मेलन में भारत का प्रतिनिधित्व किया। उन्होंने G7 शिखर सम्मेलन के दौरान ब्रिटेन के समकक्ष ऋषि सुनक, फ्रांस के राष्ट्रपति इमैनुएल मैक्रों, यूक्रेनी राष्ट्रपति वोलोडिमिर ज़ेलेंस्की और अन्य सहित विश्व नेताओं के साथ कई द्विपक्षीय बैठकें कीं।

☐ बॉन जलवायु सम्मेलन का आयोजन

- बॉन जलवायु परिवर्तन सम्मेलन, जिसे UNFCCC के सहायक निकायों के 60वें सत्र के रूप में जाना जाता है, 3-13 जून, 2024 तक आयोजित हुआ।
- यह बैठक बाकू (अजरबैजान) में होने वाले 29वें कॉन्फ्रेंस ऑफ़ पार्टीज़ (COP 29) की तैयारी के लिए महत्त्वपूर्ण थी, जहाँ एक नया जलवायु वित्त लक्ष्य निर्धारित किया जाएगा।
- UNFCCC के कार्यकारी सचिव साइमन स्टील ने जलवायु वित्तपोषण के लिए एक नया सामूहिक परिमाणित लक्ष्य (NCQG) स्थापित करने की तत्काल आवश्यकता पर बल दिया। NCQG का उद्देश्य गरीब देशों में जलवायु कार्रवाई का समर्थन करने के लिए विकसित देशों से वित्तीय प्रतिबद्धताएँ प्राप्त करना है।
- सम्मेलन में विकसित और विकासशील देशों के बीच मतभेदों पर विशेष रूप से वित्तीय मानकों और संरचनाओं पर, प्रकाश डाला गया।

☐ अमेरिका और यूक्रेन के बीच दीर्घकालिक सुरक्षा समझौता

- अमेरिका और यूक्रेन ने 13 जून, 2024 को इटली में G7 शिखर सम्मेलन के दौरान यूक्रेन के साथ अमेरिका के दीर्घकालिक सुरक्षा सम्बन्धों को रेखांकित करने वाले एक समझौते पर हस्ताक्षर किए।
- अमेरिकी राष्ट्रपति जो. विडेन और यूक्रेनी राष्ट्रपति वोलोडिमिर ज़ेलेंस्की ने द्विपक्षीय समझौते पर हस्ताक्षर किए, जो ब्रिटेन, फ्रांस और जर्मनी सहित 15 देशों द्वारा यूक्रेन के साथ इसी तरह के दीर्घकालिक सुरक्षा समझौते करने के पश्चात् आया है।
- यह समझौता सैन्य उपकरणों, प्रशिक्षण और युद्धाभ्यास सहित सभी सम्भावित स्तरों पर दोनों देशों के बीच सहयोग को व्यापक रूप से नियन्त्रित करता है। हालाँकि, समझौते में यूक्रेन को विशिष्ट हथियार प्रणालियों की आपूर्ति करने का कोई वादा नहीं किया गया है।

☐ रूस के नेतृत्व वाले CSTO से आर्मेनिया बाहर निकलेगा

- आर्मेनिया के प्रधानमन्त्री निकोल पाशिनयान ने 12 जून, 2024 को घोषणा की कि उनका देश सामूहिक सुरक्षा सन्धि संगठन (CSTO) से बाहर निकल जाएगा।
- CSTO रूस के प्रभुत्त्व वाला पूर्व सोवियत राज्यों का गठबन्धन है, जिन्होंने हमले की स्थिति में एक-दूसरे की रक्षा करने का संकल्प लिया है।
- पाशिनयान ने गठबन्धन के सदस्यों पर अजरबैजान का साथ देने का आरोप लगाया, जिसने सितम्बर, 2023 में नागोर्नो-करबाख क्षेत्र पर नियन्त्रण करने के लिए एक सैन्य अभियान शुरू किया था।
- रूस के साथ आर्मेनिया के सम्बन्ध तब से तनावपूर्ण हो गए हैं, जब से मॉस्को ने नागोर्नो-करबाख संघर्ष में हस्तक्षेप करने से इनकार कर दिया है। रूस ने तीन वर्ष पहले विवादित क्षेत्र को लेकर अजरबैजान के साथ 44 दिनों के युद्ध को समाप्त करने वाले शान्ति समझौते के गारण्टर के रूप में काम किया था।

☐ UNHCR ग्लोबल ट्रेण्ड्स रिपोर्ट 2024 जारी

- यूनाइटेड नेशन्स हाई कमिश्नर फॉर रिफ्यूजीज (UNHCR) ने जून, 2024 में अपनी नवीनतम ग्लोबल ट्रेण्ड्स रिपोर्ट प्रकाशित की, जो जबरन विस्थापन पर प्रमुख सांख्यिकीय रुझान प्रदान करती है।
- रिपोर्ट के अनुसार, वर्ष 2023 की शुरुआत से मई, 2024 के बीच वैश्विक स्तर पर रिकॉर्ड तोड़ 120 मिलियन लोग जबरन विस्थापित स्थिति में रह रहे थे। वर्ष 2023 के अन्त तक लगभग 117.3 मिलियन लोग जबरन विस्थापित रह गए, जिन्हें उत्पीड़न, संघर्ष, हिंसा, मानवाधिकार उल्लंघन और सार्वजनिक व्यवस्था को गम्भीर रूप से बाधित करने वाली घटनाओं के कारण भागने के लिए मजबूर होना पड़ा।
- म्यांमार, अफगानिस्तान, यूक्रेन, फिलिस्तीन, कांगो, सोमालिया, हैती, सीरिया और आर्मेनिया उन देशों में शामिल थे, जहाँ संघर्ष और हिंसा के कारण लोगों को कहीं और सुरक्षा की तलाश करनी पड़ी।

☐ इजरायल-गाजा युद्ध विराम योजना को मंजूरी

- संयुक्त राष्ट्र सुरक्षा परिषद् (UNSC) ने 10 जून, 2024 को अमेरिका द्वारा प्रस्तावित इजरायल-गाजा युद्ध विराम योजना को मंजूरी दी।
- इसमें 'पूर्ण और सम्पूर्ण युद्ध विराम' के लिए शर्तें रखी गई हैं, जिसमें हमास द्वारा बन्धक बनाए गए लोगों की रिहाई, मृत बन्धकों के अवशेषों की वापसी और फिलिस्तीनी कैदियों की अदला-बदली शामिल है।

- अमेरिका सहित सुरक्षा परिषद् के 15 सदस्यों में से 14 ने प्रस्ताव के पक्ष में मतदान किया। रूस ने मतदान में भाग नहीं लिया।
- प्रस्ताव में कहा गया है कि इजरायल ने युद्ध विराम प्रस्ताव को स्वीकार कर लिया है और हमास से भी इस पर सहमत होने का आग्रह किया है। योजना के तीन चरण हैं, जो गाजा के लिए एक प्रमुख पुनर्निर्माण योजना के साथ समाप्त होंगे, जो संघर्ष में काफी हद तक नष्ट हो गया है।

☐ भारत की मानवाधिकार आयोग की मान्यता पर रोक

भारत का राष्ट्रीय मानवाधिकार आयोग (NHRC) 23 मई, 2024 को अधिक ध्यान का केन्द्र रहा, क्योंकि इसे राष्ट्रीय मानवाधिकार संस्थानों के वैश्विक गठबन्धन (GANHRI) के साथ अपनी मान्यता की स्थिति बनाए रखने के लिए पेरिस सिद्धान्तों का पालन करना होगा।

भारत को संयुक्त राष्ट्र मानवाधिकार परिषद् में भाग लेने और वोट डालने में सक्षम होने के लिए, इस प्रकार की अनुमति महत्त्वपूर्ण है।

संयुक्त राष्ट्र संगठन GANHRI का आदेश है कि उसके सदस्य राष्ट्रीय मानवाधिकार संस्थान (NHRIs), जैसे NHRC, अपनी निरन्तर मान्यता सुनिश्चित करने के लिए आवर्ती मूल्यांकन से गुजरें।

यह पेरिस सिद्धान्तों का पालन सुनिश्चित करता है, जो NHRIs की निष्पक्षता, स्वतन्त्रता और क्षमता का मूल्यांकन करता है।

☐ AI सियोल शिखर सम्मेलन

दक्षिण कोरिया और यूनाइटेड किंगडम की सरकारों द्वारा 22 मई, 2024 को आयोजित AI सियोल शिखर सम्मेलन, मुख्य रूप से सम्भावित खतरों पर चर्चा करने और AI के लाभकारी अनुप्रयोगों को प्रोत्साहित करने पर केन्द्रित था। इन आश्वासनों में अत्यधिक उच्च जोखिमों के लिए आपातकालीन उपाय शामिल हैं, जैसे Kill Switch स्थापित करना।

शिखर सम्मेलन का एजेण्डा, जिसमें रचनात्मकता और समावेशिता के अतिरिक्त सुरक्षा पर व्याख्यान शामिल थे, ने AI के लिए एक सन्तुलित दृष्टिकोण की आवश्यकता पर प्रकाश डाला।

कृत्रिम बुद्धिमत्ता (AI) प्रौद्योगिकियों और अनुप्रयोगों पर विश्व की सबसे महत्त्वपूर्ण सभा को AI Sioul Summit कहा जाता है।

यह प्रतिवर्ष सियोल में आयोजित किया जाता है। यह कृत्रिम बुद्धिमत्ता में प्रगति, सामाजिक चिन्ताओं और रुझानों पर चर्चा करने के लिए विश्व भर के पेशेवरों, विद्वानों और कम्पनियों को एक साथ लाता है। रोबोट में कृत्रिम बुद्धिमत्ता, स्व-चालित कारें और डेटा सुरक्षा आम विषय हैं।

☐ NTPC को ATD BEST अवॉर्ड 2024 में तीसरी रैंक

NTPC ने 21 मई, 2024 को ATD बेस्ट अवॉर्ड्स 2024 में, सम्पूर्ण विश्व में तीसरा स्थान हासिल किया, जो किसी भी भारतीय कम्पनी की उच्चतम रेटिंग को चिह्नित करता है।

पिछले 8 वर्षों में 7 बार इस प्रतिष्ठित सम्मान को जीतने वाला एकमात्र PSU NTPC है।

न्यू ऑरलियन्स, USA में एक समारोह में NTPC की CGM (स्ट्रेटेजिक HR एण्ड टैलेण्ट मैनेजमेण्ट), रचना सिंह भाल को पुरस्कार मिला।

लर्निंग एण्ड डेवलपमेण्ट (LD) के विषय में सबसे प्रतिष्ठित अन्तर्राष्ट्रीय पुरस्कारों में से एक ATD BEST अवॉर्ड्स है, जिसकी स्थापना एसोसिएशन फॉर टैलेण्ट डेवलपमेण्ट (ATD), USA द्वारा स्थापित की गई थी।

यह उन कम्पनियों को मान्यता देता है, जो प्रतिभा विकास को एक सामरिक व्यवसाय उपकरण के रूप में उपयोग करते हैं और दिखाते हैं कि कैसे कुशल कर्मचारी विकास रणनीतियों से उद्यम-व्यापी सफलता मिल सकती है।

☐ ब्लूमबर्ग बिलियनेयर्स इण्डेक्स 2024

मुकेश अंबानी और गौतम अडानी को 20 मई, 2024 को ब्लूमबर्ग बिलियनेयर्स इण्डेक्स की विश्व के 15 सबसे अमीर लोगों की सूची में शामिल किया गया।

विशेष रूप से, शीर्ष 15 में प्रत्येक व्यक्ति की पहली बार शुद्ध सम्पत्ति कम-से-कम $ 100 अरब है।

$110 अरब की सम्पत्ति के साथ 12वें नम्बर पर रिलायन्स इण्डस्ट्रीज लिमिटेड (RIL) के चेयरमैन और प्रबन्ध निदेशक मुकेश अंबानी हैं।

14वें नम्बर पर, $ 100 अरब की सम्पत्ति के साथ, गौतम अडानी हैं।

अडानी समूह के आर्थिक हितों में खाद्य तेल, सीमेण्ट, रियल एस्टेट, बन्दरगाह, हवाई अड्डे, बिजली उत्पादन और ट्रान्समिशन और नवीकरणीय ऊर्जा शामिल हैं।

प्रसिद्ध लोरियल फर्म की मालिक बेटनकोर्ट मेयर्स अब $100 अरब की सम्पत्ति वाली पहली महिला हैं।

$106 अरब की सम्पत्ति के साथ, मैक्सिको के कार्लोस स्लिम इस सूची में 13वें स्थान पर हैं और वह पहली बार इस सूची में उपस्थित हुए हैं।

☐ मोरी ऑफ द वर्ल्ड का एक हिस्सा है 'सुल्ताना स ड्रीम'

बेगम रुकय्या सखावत हुसैन के 'सुल्ताना स ड्रीम' को 17 मई, 2024 को UNESCO की मेमोरी ऑफ द वर्ल्ड सूची में शामिल किया गया।

यह सम्मान उलानबटार, मंगोलिया में एशिया और प्रशान्त के लिए मेमोरी ऑफ़ द वर्ल्ड समिति की 10वीं आम बैठक के दौरान प्रदान किया गया।

'सुल्ताना स ड्रीम' वर्ष 1905 में ब्रिटिश भारत की नारीवादी लेखिका बेगम रुकय्या सखावत हुसैन द्वारा लिखी गई थी। यह अब तक लिखी गई पहली नारीवादी और विज्ञान कथा कृतियों में से एक थी।

UNESCO के मेमोरी ऑफ द वर्ल्ड रजिस्टर में सूचीबद्ध होना ऐतिहासिक और सांस्कृतिक रूप से 'सुल्ताना स ड्रीम' के महत्त्व को दर्शाता है।

☐ इण्डिया स्किल्स कम्पटीशन 2024 आयोजित

देश की सबसे बड़ी कौशल प्रतियोगिता, द इण्डिया स्किल्स कम्पटीशन 2024, जिसका उद्देश्य स्किलिंग के उच्चतम मानकों को प्रदर्शित करना है, 15 मई, 2024 को शुरू हुई।

यशोभूमि, द्वारका, नई दिल्ली में आयोजित एक उद्घाटन समारोह में, कौशल विकास और उद्यमिता मन्त्रालय (MSDE) 30 से अधिक राज्यों और केन्द्रशासित प्रदेशों के 900 से अधिक छात्रों के साथ-साथ 400 से अधिक उद्योग विशेषज्ञों की उम्मीद कर रहा है।

4 दिवसीय इण्डिया स्किल्स इवेण्ट के माध्यम से, प्रतिभागी पारम्परिक शिल्प से लेकर अत्याधुनिक प्रौद्योगिकियों तक 61 प्रतिभाओं के साथ एक राष्ट्रीय मंच पर अपनी व्यापक क्षमताओं और प्रतिभा का प्रदर्शन करने में सक्षम होंगे।

उपलब्ध सर्वोत्तम बुनियादी ढाँचे को ध्यान में रखते हुए ऑनसाइट आयोजित की जाने वाली 47 कौशल प्रतियोगिताओं के अतिरिक्त, गुजरात, कर्नाटक, हरियाणा और उत्तर प्रदेश में 14 कौशल प्रतियोगिताओं ऑफसाइट आयोजित की जाएँगी।

☐ प्रख्यात व्यक्तियों के 'समूह' की तीसरी बैठक

बहु-क्षेत्रीय तकनीकी और आर्थिक सहयोग के लिए बंगाल की खाड़ी पहल (BIMSTEC) की भविष्य की दिशाओं पर प्रख्यात व्यक्तियों के समूह (EPG) की तीसरी बैठक 12-13 मई, 2024 को आयोजित की गई।

बैठक ढाका, बांग्लादेश में BIMSTEC सचिवालय में आयोजित की गई और इसका नेतृत्व थाइलैण्ड के EPG सदस्य डॉ. सूनथॉर्न चैयिनदीपम ने किया।

थाइलैण्ड BIMSTEC का वर्तमान अध्यक्ष है। EPG को समृद्ध, लचीला और विकसित बंगाल की खाड़ी क्षेत्र को बढ़ावा देने के लिए BIMSTEC में सुधार, पुनरुद्धार और पुनः उपयोग के लिए सुझाव विकसित करने का कार्य सौंपा गया है।

EPG की स्थापना अपने सदस्य देशों की दीर्घकालिक व्यवहार्यता और सुरक्षा में सुधार के लिए क्षेत्रीय सहयोग को मजबूत करने और विस्तारित करने के लिए आवश्यक कदम उठाने की BIMSTEC की प्रतिबद्धता को दर्शाती है।

☐ भारत का संयुक्त राष्ट्र का पूर्ण सदस्य बनने के लिए फिलिस्तीन के प्रयास के पक्ष में मतदान

भारत ने 11 मई, 2024 को संयुक्त राष्ट्र महासभा द्वारा अनुमोदित एक मसौदा प्रस्ताव के पक्ष में मतदान करके संयुक्त राष्ट्र की पूर्ण सदस्यता के लिए फिलिस्तीन की महत्त्वाकांक्षा का समर्थन किया।

193-सदस्यीय महासभा ने एक आपातकालीन असाधारण सत्र बुलाया, जिसके दौरान संयुक्त अरब अमीरात ने संयुक्त राष्ट्र में फिलिस्तीन की पूर्ण सदस्यता का समर्थन करने वाले अरब समूह के प्रस्ताव को पारित किया।

प्रस्ताव में कहा गया है कि फिलिस्तीन योग्य है और उसे संयुक्त राष्ट्र के पूर्ण सदस्य के रूप में स्वीकार किया जाना चाहिए तथा सुरक्षा परिषद् को इस मामले पर अनुकूल रूप से विचार करना चाहिए।

फिलिस्तीन संयुक्त राष्ट्र में एक गैर-सदस्य पर्यवेक्षक राज्य है। वर्ष 2012 में आम सभा ने फिलिस्तीन को यह दर्जा दिया था।

भारत पहला गैर-अरब देश था, जिसने वर्ष 1974 में फिलिस्तीनी 'मुक्ति संगठन' को फिलिस्तीनी लोगों के एकमात्र वैध प्रतिनिधि के रूप में स्वीकार किया था।

☐ अरेबियन ट्रैवल मार्केट 2024 का 31वाँ संस्करण

भारतीय पर्यटन मन्त्रालय अरेबियन ट्रैवल मार्ट 2024' में भाग ले रहा है, जो 6-9 मई, 2024 को दुबई में होने वाला है।

यह अवसर मध्य पूर्वी यात्रा उद्योग में भारत की स्थिति को बढ़ाने की दिशा में एक महत्त्वपूर्ण कदम है।

अतुल्य भारत मण्डप का उद्घाटन दुबई में भारत के महावाणिज्य दूत सतीश कुमार सिवान द्वारा किया गया।

पूरे UAE बाजार पर कब्जा जमाने के इरादे से, मण्डप ने बड़ी धूम मचा दी है।

एक प्रतिनिधिमण्डल के प्रभारी, जिसमें ट्रैवल एजेन्सियाँ, 5 सितारा होटल, स्पा और भारतीय रेलवे खानपान एवं पर्यटन निगम शामिल हैं, भारत स्वयं को पूरे वर्ष यात्रा गन्तव्य के रूप में पेश करने के लिए तैयार है।

पर्यटन मन्त्रालय ने अरेबियन ट्रैवल मार्ट में कूल समर्स ऑफ इण्डिया अभियान शुरू किया है, जो कम प्रसिद्ध लेकिन नई तरह के यात्रा स्थलों को प्रदर्शित करता है।

यह डिजिटल विज्ञापन हिमालय जैसे पहाड़ी रिसॉर्ट्स में भारत की पेशकशों पर प्रकाश डालता है और इस विचार का खण्डन करता है कि देश गर्मियों की यात्रा के लिए बहुत गर्म है।

विज्ञापन का लक्ष्य भारत को पूरे वर्ष चलने वाले, सर्वव्यापी यात्रा गन्तव्य के रूप में प्रदर्शित करना है।

☐ वर्ल्ड प्रेस फ्रीडम इण्डेक्स 2024 जारी

रिपोर्ट्स विदाउट बॉर्डर्स (RSF) के वार्षिक वर्ल्ड प्रेस फ्रीडम इण्डेक्स में 4 मई, 2024 को भारत 180 देशों में से 159वें स्थान पर है।

यद्यपि यह इसकी पिछली रैंकिंग 161 में थोड़ी वृद्धि है, फिर भी यह उन प्रमुख बाधाओं को उजागर करता है, जिन्हें देश के पत्रकारों को दूर करना चाहिए।

वर्ल्ड प्रेस फ्रीडम इण्डेक्स में डेनमार्क को दूसरे स्थान पर और नॉर्वे को सूची में शीर्ष पर रखा गया है।

स्वीडन तीसरे स्थान पर है। पत्रकारों को कार्य करने और रिपोर्ट करने की फ्रीडम और स्वतन्त्रता के आधार पर वर्ल्ड प्रेस फ्रीडम इण्डेक्स द्वारा 180 देशों की रैंकिंग की जाती है।

सूचकांक में कोई भी एशियाई राष्ट्र शीर्ष 15 में नहीं था।

☐ वर्ल्ड आर्ट दुबई का 10वाँ संस्करण हुआ शुरू

वर्ल्ड आर्ट दुबई का 10वाँ संस्करण, जिसमें भारतीय कलाकारों और कला संगठनों की कलाकृतियाँ प्रदर्शित की गईं, 2 मई, 2024 को दुबई के वर्ल्ड ट्रेड सेंटर में शुरू हुआ।

5 मई तक चलने वाले प्रतिष्ठित एक्सपो, 60 से अधिक देशों का प्रतिनिधित्व करने वाले 400 से अधिक प्रतिष्ठित दीर्घाओं और एकल कलाकारों के साथ-साथ पेंटिंग, मूर्तियाँ, डिजिटल कला प्रतिष्ठानों और अधिक सहित कला के 10000 टुकड़े प्रदर्शित कर रहा है।

भारतीय कला को विश्व स्तर पर प्रदर्शित किया जा रहा है। क्षेत्र के सबसे बड़े समकालीन कला मेले का केन्द्र, इंडियन पवेलियन आधुनिक भारतीय कला से अभिप्रेत है। आगंतुक यहाँ पर गतिशील पॉप कला, इमर्सिव इंस्टॉलेशन एवं इंटीरियर डिजाइन और कला के अनूठे संयोजन का अनुभव करें।

ये प्रदर्शनियाँ, जिनमें ज्ञात और उभरते हुए दोनों कलाकारों की कलाकृतियाँ शामिल हैं, भारत के कला परिदृश्य की समकालीन भावना को उजागर करती हैं।

चीन, तुर्कीए, ईरान, अमेरिका, रूस, संयुक्त अरब अमीरात, यूरोप, ब्रिटेन और अरब विश्व के कलात्मक अभिव्यक्तियाँ प्रदर्शित करने वाले 12 राष्ट्रीय मंडप कलाकृतियों के साथ प्रदर्शित किए गए हैं।

यह अनुमान लगाया गया है कि हजारों कला प्रेमी, संग्रहकर्ता और आलोचक 4 दिवसीय मेले में भाग लेंगे।

☐ अप्रैल का GST कलेक्शन

सकल वस्तु और सेवा कर (GST) प्राप्तियाँ अप्रैल, 2024 में 2.10 लाख करोड़ के नए उच्च स्तर पर मई, 2024 को पहुँच गईं।

यह 12.4% की उल्लेखनीय वार्षिक वृद्धि को इंगित करता है, जो ज्यादातर घरेलू लेन-देन (13.4%) और आयात (8.3% ऊपर) दोनों में मजबूत वृद्धि के कारण है।

रिफंड को ध्यान में रखते हुए, अप्रैल, 2024 के लिए शुद्ध GST राजस्व ₹ 1.92 लाख करोड़ है, जो पिछले वर्ष की इसी अवधि की तुलना में उल्लेखनीय 15.5% की वृद्धि है।

केंद्र सरकार ने अप्रैल, 2024 में एकत्र किए गए IGST का उपयोग CGST को ₹ 50307 करोड़ और SGST को ₹ 41,600 करोड़ का भुगतान करने के लिए किया।

नियमित निपटान के पश्चात्, यह अप्रैल, 2024 के लिए CGST के लिए ₹ 94153 करोड़ और SGST के लिए ₹ 95138 करोड़ के कुल राजस्व के बराबर है।

☐ 2035 तक कोयला चरणबद्ध समाप्ति पर C7 देशों की चर्चा

G7 ऊर्जा मंत्रियों ने 30 अप्रैल, 2024 को जीवाश्म ईंधन से दूर जाने के लिए प्रतिबद्ध किया और ट्यूरिन, इटली में अपने शिखर सम्मेलन के दौरान कोयले से चलने वाले बिजली स्टेशनों को बंद करने की संभावित समय सीमा के बारे में बात की।

वार्ता दिसंबर में संयुक्त राष्ट्र की COP28 जलवायु बैठक के दौरान कोयला, तेल और गैस को छोड़ने की वैश्विक प्रतिबद्धता का पालन करती है।

G7 के ऊर्जा मंत्री कोयले से चलने वाले बिजली संयंत्रों को बंद करने के साझा लक्ष्य पर सहमत होने के लिए लगभग तैयार हैं।

यह सुझाव दिया जाता है कि कोयला बिजली उत्पादन को वर्ष 2035 तक या शायद वर्ष 2030 के दशक की पहली छमाही में चरणबद्ध रूप से समाप्त किया जाए।

सबसे हालिया G7 मसौदे के अनुसार, कोयला बिजली उत्पादन को वर्ष 2030 के दशक की पहली छमाही में या एक समय-सीमा में बिना किसी रुकावट के चरणबद्ध किया जाएगा, जो पहुँच के भीतर 1.5°C तापमान वृद्धि सीमा को बनाए रखने के अनुरूप है।

☐ इंटरनेशनल हेल्थ रेगुलेशन्स (2005) में संशोधन

वर्ल्ड हेल्थ ऑर्गेनाइजेशन (WHO) ने 29 अप्रैल, 2024 को कहा कि सदस्य राष्ट्र इंटरनेशनल हेल्थ रेगुलेशन्स (2005) में बदलावों के एक सेट पर लगभग आम सहमति पर थे, जो भविष्य में सार्वजनिक स्वास्थ्य आपात स्थितियों के लिये वैश्विक तत्परता को बढ़ाएगा।

WHO के प्रत्येक सदस्य राज्य सहित 196 देशों के मध्य एक कानूनी रूप से बाध्यकारी समझौता,

इंटरनेशनल हेल्थ रेगुलेशन्स (IHR) विश्व स्वास्थ्य के खतरों को रोकने और संबोधित करने के लिए सहकारी प्रयासों को अनिवार्य करता है।

विचाराधीन संशोधनों में निम्नलिखित हैं: प्रारंभिक चेतावनी और संभावित स्वास्थ्य जोखिमों का पता लगाने के तरीकों में सुधार।

यह आपात स्थिति से निपटने के लिए मानव संसाधन की क्षमता को बढ़ाएगा; जैसे- महामारी के मामले में वित्तीय तत्परता तथा अंतर्राष्ट्रीय सहयोग और सूचना विनिमय को बढ़ावा देना।

जटिल स्वास्थ्य जोखिम वाले वैश्वीकृत समाज में IHR को अधिक ''उद्देश्य के लिए उपयुक्त'' बनाना।

☐ भारतीयों के लिए नए शेंगेन वीजा नियम

यूरोपीय संघ ने भारतीयों के लिए नए शेंगेन वीज़ा नियम लागू किए हैं, जो 23 अप्रैल, 2024 को लागू हुए और उन्होंने भारतीय नागरिकों के लिए वीज़ा आवेदन प्रक्रिया को नाटकीय रूप से बदल दिया है।

अप्रैल, 2024 से प्रभावी, यह संशोधन शेंगेन क्षेत्र के अंतर्गत भारतीयों की यात्रा के तरीके को महत्त्वपूर्ण रूप से बदल देता है।

शेंगेन वीजा ऐतिहासिक रूप से कम वैधता अवधि के साथ जारी किए गए हैं, जिसने लगातार यात्रियों को प्रतिबंधित कर दिया है।

संशोधित नीति, जिसका उद्देश्य यात्रा को सुव्यवस्थित करना और भारत एवं यूरोपीय संघ के मध्य द्विपक्षीय संबंधों को मजबूत करना है, अब लंबे समय तक रहने और कई प्रविष्टियों की अनुमति देता है।

शेंगेन वीजा एक यात्रा दस्तावेज है जो शेंगेन क्षेत्र को बनाने वाले 25 देशों में से किसी में भी 180 दिनों की अवधि के दौरान 90 दिनों तक संक्षिप्त यात्राओं के लिए प्रवेश की अनुमति देता है।

इसे यूरोपीय भू-राजनीति और यात्रा व्यावहारिकताओं को ध्यान में रखकर डिजाइन किया गया था।

इनमें नॉर्वे और स्विट्जरलैंड जैसे गैर-यूरोपीय संघ के सदस्यों के साथ-साथ फ्रांस, जर्मनी और इटली जैसे महत्त्वपूर्ण यूरोपीय देश शामिल है।

एक या अधिक प्रविष्टियों की अनुमति देने में वीजा का लचीलापन व्यापार और पर्यटन सहित विभिन्न प्रकार की यात्रा व्यवस्थाओं की अनुमति देता है।

☐ शैक्षणिक वर्ष 2024-25 के लिए परमानेंट एजुकेशन नंबर अनिवार्य

शैक्षणिक वर्ष 2024-25 से शुरुआत करते हुए, राज्य के स्कूल शिक्षा विभाग ने 20 अप्रैल, 2024 को परमानेंट एजुकेशन नंबर (PENs) को अपनाना अनिवार्य कर दिया।

केंद्रीय शिक्षा मंत्रालय UDISE+ (यूनिफाइड डिस्ट्रिक्ट इंफॉर्मेशन सिस्टम फॉर एजुकेशन प्लस) पोर्टल के माध्यम से प्रत्येक छात्र को PEN या विशिष्ट पहचान संख्या प्रदान करता है, जो 14.89 लाख से अधिक स्कूलों, 95 लाख शिक्षकों और 26.5 करोड़ छात्रों को सेवा प्रदान करता है।

PEN की शुरुआत शैक्षणिक वर्ष 2024-25 के दौरान विद्यार्थियों के एक नए स्कूल में स्थानांतरण को सरल और तेज करने की प्रक्रिया को सुविधाजनक बनाएगी।

नया दृष्टिकोण माता-पिता को उनके चयनित स्कूल में छात्र के स्थानांतरण पर एक SMS नोटिस या स्वागत संदेश भेजकर एक सहज और सूचित संक्रमण सुनिश्चित करता है।

छात्रों के कक्षा 1 में प्रवेश लेने के पश्चात् केवल चाइल्ड ID (आधार) और PEN की जरूरत होग, क्योंकि सभी कागजी कार्रवाई कंप्यूटराइज्ड हो रही है।

प्रक्रिया को और तेज करने के लिए, अधिकारियों से कक्षा 1 से शुरू होने वाले प्रत्येक बच्चे के लिए डिजिलॉकर खाते खोलने का भी आग्रह किया गया है।

☐ हुरुन रिसर्च इंस्टीट्यूट रिपोर्ट

मुंबई 26 मार्च, 2024 को 92 अरबपतियों के साथ, अरबपतियों की एशियाई राजधानी के रूप में बीजिंग से आगे निकल गया।

चीन को अत्यधिक धनी व्यक्तियों की संख्या में कमी से निपटना होगा।

ग्लोबल रिच लिस्ट में 3279 व्यक्ति शामिल हैं। यह महत्त्वपूर्ण उपलब्धि संपूर्ण विश्व में धन के वितरण में भारत के बढ़ते महत्त्व को उजागर करती है और मुंबई के विकासशील आर्थिक वातावरण का प्रतिनिधित्व करती है। न्यूयॉर्क (119) और लंदन (97) के पश्चात्, मुंबई अब 92 अरबपतियों के साथ विश्व का तीसरा सबसे अमीर शहर है।

अडानी समूह के गौतम अडानी और रिलायंस इंडस्ट्रीज के मुकेश अंबानी मुंबई के अरबपति स्थिति के लिए जिम्मेदार 2 प्रमुख व्यक्ति हैं।

भारत की मज़बूत अर्थव्यवस्था, जिसका विस्तार वर्ष 2023 में 7.5% वार्षिक दर से हुआ, ने देश को 94 अरबपतियों का स्वागत करने में सक्षम बनाया, जो वर्ष 2013 के बाद से सबसे अधिक है।

☐ फ्लोरिडा द्वारा नाबालिगों के लिए सोशल मीडिया पर प्रतिबंध

एक कानून जो 14 वर्ष से कम आयु के किशोरों को सोशल मीडिया अकाउंट स्थापित करने से रोकता है, उसे 28 मार्च, 2024 को फ्लोरिडा के गवर्नर रॉन डेसेंटिस द्वारा कानून में अधिनियमित किया गया।

14 और 15 वर्ष के बच्चों के लिए मेटा, टिकटॉक और अन्य जैसी वेबसाइटों पर खाता पंजीकृत करने से पहले माता-पिता की सहमति प्राप्त करना कानूनी रूप से आवश्यक है। फ्लोरिडा के सभी सोशल मीडिया उपयोगकर्ताओं को अपनी उम्र साबित करने के लिए अब पहचान दस्तावेज प्रस्तुत करने की आवश्यकता होगी।

'फ्लोरिडा कानून' कुछ सरकारों द्वारा सोशल मीडिया कंपनियों पर प्रतिबंध लगाने के लिए एक व्यापक पहल का एक घटक है। स्पष्ट यौन जानकारी के प्रसार और युवा लोगों के मानसिक स्वास्थ्य पर इसके प्रभाव के बारे में चिंताएँ बढ़ रही हैं।

☐ 13वाँ WTO मन्त्रिस्तरीय सम्मेलन का आयोजन

26 फरवरी, 2024 को विश्व व्यापार संगठन (WTO) का 13वाँ मन्त्रिस्तरीय सम्मेलन आबूधाबी (संयुक्त अरब अमीरात) में आयोजित किया गया। यह चार दिवसीय मन्त्रिस्तरीय सम्मेलन 26 फरवरी से 2 मार्च, 2024 तक आयोजित किया गया।

इस कार्यक्रम में वैश्विक व्यापार को प्रभावित करने वाले प्रमुख मुद्दों पर बातचीत को आगे बढ़ाने हेतु WHO के 164 सदस्य देशों के मन्त्रियों ने हिस्सा लिया। इस सम्मेलन में व्यापार निगरानी प्रक्रियाओं को बढ़ाने की प्रतिबद्धता व मत्स्य पालन सब्सिडी व ई-कॉमर्स मे बाधाओं को कम करने हेतु चर्चा की गई।

☐ इजरायल को मानवीय पहुँच की अनुमति देने का आदेश

अन्तर्राष्ट्रीय न्यायालय (ICJ) ने 26 जनवरी, 2024 को एक ऐतिहासिक फैसले में इजरायल को मानवीय पहुँच की अनुमति देने का आदेश दिया।

संयुक्त राष्ट्र की शीर्ष अदालत ने यह भी फैसला सुनाया कि इजरायल को तत्काल प्रभाव से यह सुनिश्चित करने के लिए सभी उपाय करने चाहिए कि उसकी सेना कोई ऐसा कार्य न करे जो संयुक्त राष्ट्र नरसंहार कन्वेंशन 1948 के उल्लंघन का कारण बने।

अन्तर्राष्ट्रीय न्यायालय के 17-न्यायाधीशों के पैनल ने ऐसे उपाय जारी किए, जिसमें इजरायल को अपने सैन्य अभियान के कारण होने वाली मृत्यु और विनाश को सीमित करने के लिए कदम उठाने के साथ-साथ नरसंहार के लिए उकसाने को रोकने और दण्डित करने का आदेश दिया गया।

☐ 19वें NAM शिखर सम्मेलन का आयोजन

कम्पाला (युगाण्डा) में 15-20 जनवरी, 2024 तक गुटनिरपेक्ष आन्दोलन (NAM) का 19वाँ शिखर सम्मेलन आयोजित किया गया। इस शिखर सम्मेलन का मुख्य विषय 'Deepening Cooperation for Shared Global Affluence' था।

शिखर सम्मेलन ने 'कम्पाला डिक्लेरेशन' को अपनाया, जिसमें इजरायली सैन्य आक्रामकता की निन्दा की गई और घिरे गाजा पट्टी में मानवीय सहायता की अनुमति देने के लिए संयुक्त राष्ट्र सुरक्षा परिषद के प्रस्ताव को लागू करने का आह्वान किया गया।

शिखर सम्मेलन में भारतीय प्रतिनिधिमण्डल का नेतृत्व भारत के विदेश मन्त्री ने किया।

☐ दावोस में 54वाँ WEF शिखर सम्मेलन

स्विट्जरलैण्ड के दावोस में 15-19 जनवरी, 2024 तक वर्ल्ड इकोनॉमिक फोरम (WEF) की 54वीं वार्षिक बैठक आयोजित की गई।

इसका विषय 'रिबिल्डिंग ट्रस्ट' था, जो नई प्रौद्योगिकियों द्वारा सक्षम अवसरों की खोज और निर्णय लेने एवं वैश्विक साझेदारी पर उनके प्रभाव पर ध्यान केन्द्रीय करने पर जोर देता है।

इसमें जलवायु परिवर्तन, कृत्रिम बुद्धिमत्ता के खतरों, भू-राजनीतिक बिखराव के बीच सहयोग और विश्व भर में अन्य समस्याओं से सम्बन्धित मुद्दों पर चर्चा की गई। यूक्रेन युद्ध, इजरायल-हमास युद्ध जैसे चल रहे संघर्ष भी एजेण्डे का हिस्सा थे।

☐ क्राउन प्रिन्स फ्रेडरिक X बने डेनमार्क के राजा

क्राउन प्रिन्स फ्रेडरिक X 15 जनवरी, 2024 को डेनमार्क के राजा बने, उन्होंने अपनी माँ, रानी मार्गरेट II का स्थान लिया, जिन्होंने औपचारिक रूप से सम्राट के रूप में 52 वर्ष बाद पद त्यागा है। 83 वर्षीय मार्गरेट लगभग 900 वर्षों में स्वेच्छा से सिंहासन छोड़ने वाली पहली डेनिश सम्राट हैं।

उन्होंने नए वर्ष की पूर्व संध्या पर टेलीविजन पर पद छोड़ने की अपनी योजना की घोषणा करके देश को चौंका दिया था।

☐ विलियम लाई चिंग-ते ताइवान के राष्ट्रपति निर्वाचित

ताइवान के मतदाताओं ने 14 जनवरी, 2024 को विलियम लाई चिंग-ते को अपने राष्ट्रपति के रूप में चुना। वह डेमोक्रेटिक प्रोग्रेसिव पार्टी (DPP) से सम्प्रभुता समर्थक उम्मीदवार और वर्तमान उपराष्ट्रपति हैं। लाई ने अपने रूढ़िवादी प्रतिद्वन्द्वी, कुओमितांग (KMT) के होउ यू-इह को 900000 से अधिक मतों से हराकर DPP के लिए अभूतपूर्व लगातार तीसरा कार्यकाल हासिल किया।

☐ ग्लोबल वाटर मॉनिटर रिपोर्ट 2023 जारी

13 जनवरी, 2024 को जारी ग्लोबल वाटर मॉनिटर रिपोर्ट 2023 में जानकारी दी गई है कि 77 से अधिक देशों ने पिछले 45 वर्षों में अपने उच्चतम औसत वार्षिक तापमान को सहन किया। अभूतपूर्व गर्मी सभी मौसमों में प्रकट हुई, जो जल बजट के साथ वर्षा पैटर्न को प्रभावित करती है।

अध्ययन के अनुसार, पिछला वर्ष वैश्विक जल चक्र उभरते अल नीनो के उष्णकटिबन्धीय वर्षा क्षेत्रों से प्रभावित हुआ था। गर्म और शुष्क हवा के बावजूद, कृषि प्रथाओं को विकसित करने जैसे कई सम्भावित कारकों के कारण वार्षिक मिट्टी की नमी का स्तर वर्ष 1998-2005 के औसत से 3.5% बढ़ गया।

☐ दक्षिण कोरिया द्वारा कुत्ते के माँस के व्यापार पर प्रतिबन्ध

दक्षिण कोरिया की संसद ने 11 जनवरी, 2024 को कुत्ते के माँस को खाने और बेचने पर प्रतिबन्ध लगाने वाले एक अभूतपूर्व विधेयक को पारित करके इतिहास रच दिया।

यह कदम सदियों पुरानी प्रथा के अन्त का प्रतीक है, जिसकी पशु कल्याण के लिए बढ़ते समर्थन की तेजी से आलोचना की गई। सत्तारूढ़ पार्टी द्वारा प्रस्तावित और अपूर्व द्विदलीय समर्थन प्राप्त विधेयक 208 मतों के भारी बहुमत से पारित हो गया और एकल-कक्ष संसद में दो सदस्यों ने मतदान में भाग नहीं लिया।

☐ गैब्रियल एटल बने फ्रांस के प्रधानमन्त्री

राष्ट्रपति इमैनुएल मैक्रो ने 9 जनवरी, 2024 को गैब्रियल एटल को फ्रांस के नए प्रधानमन्त्री के रूप में नियुक्त किया। 34 वर्ष की आयु में, एटल फ्रांसीसी इतिहास में सबसे कम आयु के प्रधानमन्त्री हैं और इस प्रतिष्ठित पद को धारण करने वाले पहले आधिकारिक रूप से समलैंगिक व्यक्ति हैं। एटल की नियुक्ति ऐसे समय में हुई है, जब मैक्रो ने अपनी सरकार में नई जान फूँकने के लिए मन्त्रिमण्डल में फेरबदल शुरू किया है।

☐ बांग्लादेश की प्रधानमन्त्री बनीं शेख हसीना

शेख हसीना 9 जनवरी, 2024 को पाँचवीं बार बांग्लादेश की प्रधानमन्त्री चुनी गईं। बांग्लादेश की प्रधानमन्त्री शेख हसीना वर्ष 2009 से सत्ता में हैं और वह अवामी लीग पार्टी से सम्बन्ध रखती हैं।

हसीना की पार्टी अवामी लीग ने 300 सीटों वाली संसद में 223 सीटें हासिल की हैं। विपक्षी दल बांग्लादेश नेशनलिस्ट पार्टी ने चुनावों का बहिष्कार किया है।

☐ हिम तेन्दुआ बना किर्गिस्तान का राष्ट्रीय प्रतीक

मध्य एशियाई देश किर्गिस्तान ने 8 जनवरी, 2024 को हिम तेन्दुए को राष्ट्रीय प्रतीक के रूप में घोषित किया। राष्ट्रपति झापारोव का आदेश पारिस्थितिक सन्तुलन बनाए रखने में हिम तेन्दुओं की महत्त्वपूर्ण भूमिका पर प्रकाश डालता है। जंगल में इन शानदार प्राणियों की हानि पर्वतीय पारिस्थितिक तन्त्र के नाजुक सन्तुलन के लिए एक महत्त्वपूर्ण खतरा पैदा करती है। किर्गिस्तान ने वर्ष 2013 में 'ग्लोबल स्नो लेपर्ड फोरम' की मेजबानी की थी।

खेल खिलाड़ी

☐ ICC T20 बल्लेबाजी रैंकिंग में भारतीय पुरुष खिलाड़ियों को बड़ा फायदा

- 17 जुलाई, 2024 को जारी नवीनतम ICC पुरुष T20 बल्लेबाजी रैंकिंग में भारत के सूर्यकुमार यादव अपने दूसरे स्थान पर बने हुए हैं, जबकि यशस्वी जायसवाल छठे स्थान पर पहुँच गए हैं।
- रितुराज गायकवाड़ रैंकिंग में 8वें स्थान पर खिसक गए हैं। जिम्बाब्वे के विरुद्ध T20 शृंखला में 4-1 की जीत के पश्चात् भारतीय खिलाड़ियों को यह बढ़त मिली है।
- पुरुष T20 ऑलराउण्डर रैंकिंग में हार्दिक पण्ड्या शीर्ष 10 में शामिल एकमात्र भारतीय हैं, जो छठे स्थान पर हैं। श्रीलंका के वानिंदु हसरंगा शीर्ष पर बने हुए हैं।

- पुरुषों की टेस्ट बल्लेबाजी रैंकिंग में भारतीय कप्तान रोहित शर्मा छठे स्थान पर हैं, यशस्वी जायसवाल 8वें स्थान पर खिसक गए हैं और पूर्व कप्तान विराट कोहली दसवें स्थान पर खिसक गए हैं।

क्रिकेट

☐ T20 क्रिकेट विश्वकप 2024

आईसीसी टी 20 विश्व कप 2024 का आयोजन यू.एस.ए. व वेस्टइंडीज में किया गया। इस क्रिकेट टूर्नामेण्ट का आयोजन 2-29 जून, 2024 के मध्य किया गया।

इस टूर्नामेण्ट में कुल 20 देशों की टीमों ने भाग लिया। फाइनल मुकाबले में भारत ने दक्षिण अफ्रीका को 7 रन से हराकर खिताब जीत लिया।

☐ भारत-अफगानिस्तान T20 सीरीज 2024

भारत ने 11-17 जनवरी, 2024 तक तीन मैचों की T20 सीरीज के लिए अफगानिस्तान की क्रिकेट टीम की मेजबानी की। यह इन दोनों देशों के बीच पहली बहु-मैचों वाली वाइट बॉल सीरीज थी।

भारत ने यह सीरीज 3-0 से जीती। भारत ने पहले दो मैच 6-6 विकेट के अन्तर से जीते, जबकि तीसरा मैच टाई रहा जिसे भारत ने सुपर ओवर के बाद जीता।

भारतीय ऑलराउण्डर शिवम दुबे को 'प्लेयर ऑफ द सीरीज' चुना गया।

☐ ICC विश्व कप 2023

भारत ने 5 अक्टूबर से 19 नवम्बर, 2023 तक ICC पुरुष क्रिकेट विश्व कप के 13वें संस्करण की मेजबानी की। इसके फाइनल में ऑस्ट्रेलिया ने भारत को 6 विकेट से हराकर खिताब अपने नाम किया।

ऑस्ट्रेलिया ने छठी बार यह खिताब जीता है। भारतीय क्रिकेटर विराट कोहली को 'प्लेयर ऑफ द टूर्नामेंट' का पुरस्कार मिला।

यह पहला पुरुष क्रिकेट विश्व कप था जिसकी मेजबानी पूरी तरह से भारत ने की थी।

☐ सैयद मुश्ताक अली ट्रॉफी 2023

पंजाब ने 6 नवम्बर, 2023 को बड़ौदा को 20 रन से हराकर अपना पहला सैयद मुश्ताक अली ट्रॉफी खिताब जीत लिया। अभिषेक शर्मा (पंजाब) को इस टूर्नामेंट में 'प्लेयर ऑफ द सीरीज' चुना गया। यह सैयद मुश्ताक अली ट्रॉफी का 16वां संस्करण था, जो भारत में आयोजित एक ट्वेंटी-20 क्रिकेट प्रतियोगिता थी।

☐ ईरानी कप 2023-24

राजकोट (गुजरात) के सौराष्ट्र क्रिकेट एसोसिएशन (SCA) स्टेडियम में 3 अक्टूबर, 2023 को शेष भारत ने सौराष्ट्र को हराकर ईरानी कप 2023-24 जीत लिया। शेष भारत ने सौराष्ट्र को 175 रन से हराकर अपना 31वाँ ईरानी कप खिताब जीता।

सौरभ कुमार (शेष भारत) को 'प्लेयर ऑफ द मैच' के रूप में नामित किया गया। ईरानी कप 2023-24 इस घरेलू क्रिकेट प्रतियोगिता का 60वाँ संस्करण था।

☐ एशिया कप 2023

पाकिस्तान और श्रीलंका में 30 अगस्त से 17 सितम्बर, 2023 के बीच पुरुषों के एशिया कप क्रिकेट टूर्नामेंट का 16वाँ संस्करण आयोजित किया गया। भारत ने फाइनल में श्रीलंका को 10 विकेट से हराकर रिकॉर्ड आठवीं बार एशिया कप का खिताब जीत लिया।

फाइनल मैच के लिए प्लेयर ऑफ द मैच का पुरस्कार भारत के तेज गेंदबाज मोहम्मद सिराज को दिया गया। भारतीय स्पिन गेंदबाज कुलदीप यादव को 'प्लेयर ऑफ द सीरीज' का पुरस्कार दिया गया।

☐ ACC मेन इमर्जिंग टीम एशिया कप 2023

पाकिस्तान की क्रिकेट टीम ने 23 जुलाई, 2023 को फाइनल में भारत A को हराकर एशियाई क्रिकेट परिषद (ACC) मेन इमर्जिंग टीम एशिया कप 2023 जीता।

यह टूर्नामेण्ट आर. प्रेमदासा स्टेडियम, कोलम्बो (श्रीलंका) में आयोजित किया गया था।

इस टूर्नामेण्ट में पाकिस्तान की लगातार दूसरी जीत है, इससे पहले उसने ढाका, बांग्लादेश में बांग्लादेश के खिलाफ वर्ष 2019 के फाइनल में कप जीता था।

☐ दलीप ट्रॉफी 2023

दक्षिण क्षेत्र ने 16 जुलाई, 2023 को बेंगलुरु (कर्नाटक) में पश्चिम क्षेत्र को 75 रन से शिकस्त देकर दलीप ट्रॉफी क्रिकेट टूर्नामेण्ट का खिताब जीता।

पश्चिम क्षेत्र ने 298 रन के लक्ष्य का पीछा करते हुए 5वें दिन 222 रन बनाकर आउट हो गई।

दक्षिण क्षेत्र की तरफ से बाएँ हाथ के स्पिनर साई किशोर और तेज गेंदबाज वासुकी कौशिक ने 4-4 विकेट लिए। दक्षिण क्षेत्र ने 14वीं बार दलीप ट्रॉफी का खिताब जीता है।

☐ वर्ल्ड टेस्ट चैम्पियनशिप 2023

ऑस्ट्रेलिया ने भारत को 209 रनों से हराकर अपना पहला ICC वर्ल्ड टेस्ट चैम्पियनशिप 2023 जीती। चैम्पियनशिप 11 जून, 2023 को लन्दन के केनिंग्टन ओवल में आयोजित की गई।

ऑस्ट्रेलिया सभी ICC खिताब जीतने वाली पहली टीम बन गई। भारतीय कप्तान रोहित शर्मा ने टॉस जीतकर पहले गेंदबाजी करने का फैसला किया।

भारतीय टीम लगातार दूसरी बार टेस्ट चैम्पियनशिप के फाइनल में हारी है।

☐ IPL 2023

चेन्नई सुपर किंग्स (CSK) ने 29 मई, 2023 को मुम्बई इण्डियन्स के एक रिकॉर्ड की बराबरी करते हुए अपना पाँचवाँ इण्डियन प्रीमियर लीग (IPL) खिताब जीता।

प्रमुख पुरस्कार विजेता और पुरस्कार राशि

पुरस्कार	विजेता	पुरस्कार राशि
विजेता	चेन्नई सुपर किंग्स (CSK)	₹ 20 करोड़
उप-विजेता	गुजरात टाइटन्स (GT)	₹ 12.5 करोड़
MVP ऑफ द सीजन	शुभमन गिल (GT)	₹ 10 लाख
पर्पल कैप (सर्वाधिक विकेट)	मोहम्मद शामी (GT)	₹ 10 लाख
ऑरेन्ज कैप (सर्वाधिक रन)	शुभमन गिल (GT)	₹ 10 लाख

बहु-खेल स्पर्द्धा

☐ 37वें राष्ट्रीय खेल 2023

गोवा राज्य में 25 अक्टूबर से 9 नवम्बर, 2023 तक भारत के 37वें राष्ट्रीय खेल आयोजित किए गए।

महाराष्ट्र ने राष्ट्रीय खेलों में शुरू से ही अपना दबदबा कायम रखा और अपना पहला स्थान बरकरार रखा।

महाराष्ट्र ने 80 स्वर्ण सहित कुल 228 पदक जीते।

सेना खेल नियंत्रण बोर्ड 66 स्वर्ण पदक सहित कुल 126 पदकों के साथ पदक तालिका में दूसरे स्थान पर रहा। जबकि हरियाणा 62 स्वर्ण पदक सहित कुल 192 पदकों के साथ तीसरे स्थान पर रहा।

सर्वश्रेष्ठ महिला एथलीट ट्रॉफी 'प्रणति नाइक' और 'संयुक्ता केट' को दी गई जबकि सर्वश्रेष्ठ पुरुष एथलीट ट्रॉफी 'श्रीहरि नटराज' को दी गई।

☐ एशियन पैरा गेम्स 2022

हांग्जो (चीन) में 22-28 अक्टूबर, 2023 तक एशियाई दिव्यांग एथलीटों के लिए एशियन पैरा गेम्स 2022 आयोजित किए गए। एशियन पैरा गेम्स 2022 का आधिकारिक प्रतीक 'एवर फॉरवर्ड' था।

जबकि आधिकारिक आदर्श वाक्य 'हार्ट्स मीट, ड्रीम्स शाइन' था।

पदक तालिका में टॉप-5

देश	G	S	B	कुल
चीन	214	167	140	521
ईरान	44	46	41	131
जापान	42	49	59	150
दक्षिण कोरिया	30	33	40	103
भारत	29	31	51	111

☐ एशियन गेम्स 2023

हांगझोउ (चीन) में 23 सितम्बर से 8 अक्टूबर, 2023 तक 19वें एशियाई खेलों का आयोजन किया गया। इन खेलों में कुल 45 ओलम्पिक खेलों और 61 विषयों में 45 देशों और क्षेत्रों के 11000 से अधिक एथलीटों ने भाग लिया। भारत ने 28 स्वर्ण, 38 रजत और 41 कांस्य सहित कुल 107 पदकों के साथ पदक तालिका में चौथा स्थान प्राप्त कर शानदार प्रदर्शन किया। चीन कुल 382 पदक (200 स्वर्ण, 111 रजत और 71 कांस्य) के साथ पदक तालिका में पहले स्थान पर रहा। जापान दूसरे स्थान (186 पदक) पर रहा, जबकि कोरिया गणराज्य को तीसरा स्थान (190 पदक) मिला।

☐ स्पेशल ओलम्पिक वर्ल्ड गेम्स 2023

16वें स्पेशल ओलम्पिक वर्ल्ड गेम्स का आयोजन 17-24 जून, 2023 तक बर्लिन (जर्मनी) में किया गया। यह पहली बार है जब जर्मनी ने स्पेशल ओलम्पिक वर्ल्ड गेम्स की मेजबानी की है। भारत ने 202 पदक (76 स्वर्ण, 75 रजत और 51 कांस्य) जीतकर अपने स्पेशल ओलम्पिक गेम्स का समापन किया।

कबड्डी

☐ एशियन चैम्पियनशिप 2023

भारत एशियन कबड्डी चैम्पियनशिप 2023 के फाइनल में ईरान को 42-32 के स्कोर से 30 जून, 2023 को

हराकर विजयी हुआ। इस चैम्पियनशिप का आयोजन बुसान, कोरिया में किया गया था।

नौवें संस्करण में भारत को इस जीत ने अब तक का कुल आठवाँ खिताब दिलवाया। भारत ने लीग चरण के समापन में अपराजित रहकर 5 मैचों की अंकतालिका में शीर्ष स्थान हासिल किया।

टेनिस

☐ ऑस्ट्रेलियन ओपन 2024

मेलबर्न पार्क में 15-28 जनवरी, 2024 तक वर्ष का पहला ग्रैंड स्लैम टेनिस टूर्नामेण्ट 'ऑस्ट्रेलियन ओपन 2024' आयोजित किया गया।

यह ऑस्ट्रेलियन ओपन का 112वाँ संस्करण था। भारत के रोहन बोपन्ना ने ऑस्ट्रेलिया के मैथ्यू एब्डेन के साथ मिलकर पुरुष युगल खिताब जीता।

इसके साथ ही बोपन्ना पुरुष युगल ग्रैंड स्लैम खिताब जीतने वाले तीसरे भारतीय बन गए। विजेताओं की सूची इस प्रकार है

- पुरुष एकल : यानिक सिनर (इटली)
- महिला एकल : एरिना सबालेन्का (बेलारूस)
- पुरुष युगल : रोहन बोपन्ना (भारत)/मैथ्यू एब्डेन (ऑस्ट्रेलिया)
- महिला युगल : सिएह सु-वेई (ताइपे)/एलिसे मर्टेन्स (बेल्जियम)
- मिश्रित युगल : सिएह सु-वेई (ताइपे)/जान ज़िलिंस्की (पोलैण्ड)

☐ पेरिस मास्टर्स 2023

पेरिस (फ्रांस) में 30 अक्टूबर से 5 नवम्बर, 2023 तक पेरिस मास्टर्स टेनिस टूर्नामेंट 2023 का आयोजन किया गया। सर्बियाई खिलाड़ी नोवाक जोकोविच ने फाइनल में ग्रिगोर दिमित्रोव को हराकर पुरुष एकल का खिताब जीता। टूर्नामेंट के इतिहास में किसी अन्य खिलाड़ी ने इसे तीन से अधिक बार नहीं जीता है। इस जीत के साथ ही उन्होंने मास्टर्स 1000 के इतिहास में सर्वश्रेष्ठ जीत प्रतिशत के मामले में राफेल नडाल को पीछे छोड़ दिया।

☐ US ओपन 2023

वर्ष की चौथी और अंतिम ग्रैंड स्लैम टेनिस प्रतियोगिता, US ओपन 2023, 28 अगस्त से 10 सितम्बर, 2023 तक न्यूयॉर्क सिटी (USA) के USTA बिली जीन किंग नेशनल टेनिस सेंटर में आयोजित की गई। यह इस प्रतिष्ठित टेनिस टूर्नामेंट का 143वाँ संस्करण था।

प्रमुख विजेता और उपविजेता इस प्रकार हैं

वर्ग	विजेता	उपविजेता
पुरुष एकल	नोवाक जोकोविच (सर्बिया)	डेनिल मेदवेदेव (रूस)
महिला एकल	कोको गॉफ (USA)	एरिना सबालेंका (बेलारूस)
पुरुष युगल	राजीव राम (अमेरिका)/जो सैलिसबरी (UK)	रोहन बोपन्ना (भारत)/ मैथ्यू एबडेन (ऑस्ट्रेलिया)
महिला युगल	गैब्रिएला डाब्रोवस्की (कनाडा)/एरिन रूटलिफ (न्यूजीलैंड)	लौरा सिगेमंड (जर्मनी)/वेरा ज्वोनारेवा (रूस)
मिश्रित युगल	अन्ना दानिलिना (कजाखस्तान)/हैरी हेलियोवारा (फिनलैंड)	जेसिका पेगुला / ऑस्टिन क्राइसेक (USA)

☐ टाम्परे ओपन 2023

टाम्परे ओपन 2023 का आयोजन 17-23 जुलाई, 2023 के बीच फिनलैण्ड के टाम्परे में हुआ था। इसमें सुमित नागल ने यह ATP चैलेंजर पुरुष एकल खिताब जीता। यह उनका चौथा ATP चैलेंजर टूर खिताब है।

25 वर्षीय भारतीय टेनिस खिलाड़ी, नागल ने चेक गणराज्य के डालीबोर स्वेरासिना को हराया।

☐ विम्बलडन 2023

स्पेन के कार्लोस अल्कैराज ने 17 जुलाई, 2023 को पुरुष एकल वर्ग में चार बार के चैम्पियन नोवाक जोकोविच को हराकर विम्बलडन खिताब 2023 हासिल किया। मार्केटा वोंद्रोसोवा महिला एकल चैम्पियनशिप जीतने वाली पहली गैर-वरीयता प्राप्त खिलाड़ी बनीं।

फाइनल में मार्केटा वोंद्रोसोवा ने ओन्स जाबेउर को हराया, जो पिछले वर्ष के टूर्नामेण्ट में उप-विजेता रही थी।

☐ फ्रेंच ओपन 2023

नोवाक जोकोविच ने 9 जून, 2023 को फ्रेंच ओपन फाइनल में अपना पुरुषों का रिकॉर्ड 23वाँ ग्रैण्ड स्लैम खिताब जीता। जोकोविच ने सबसे बड़ी एकल ट्रॉफियों के लिए प्रतिद्वन्द्वी राफेल नडाल के साथ टाई तोड़ दिया। वह कम से कम तीन बार सभी चार ग्रैण्ड स्लैम जीतने वाले पहले व्यक्ति भी बन गए। दुनिया की नम्बर एक खिलाड़ी और शीर्ष वरीयता प्राप्त पोलैण्ड की इगा स्वियाटेक ने महिला एकल का ताज जीता।

विजेताओं के नाम

श्रेणी	विजेता	उप-विजेता
पुरुष एकल	नोवाक जोकोविच (सर्बिया)	केस्पर रूड (नॉर्वे)
महिला एकल	इगा स्वियाटेक (पोलैण्ड)	कैरोलिना मुचोवा (चेक गणराज्य)
पुरुष युगल	इवान डूडिग (क्रोएशिया) / आस्टिन क्रेजीसेक (USA)	सांडर गिल्ली / जोरान विलीजेन (बेल्जियम)
महिला युगल	हिसी सु-वेई (ताइवान) / वांग झंयू (चीन)	लेलाह फर्नाण्डेज (कनाडा) / टॉयलर टाउनसेण्ड (USA)
मिश्रित युगल	मियू काटो (जापान) / टिम पुट्ज (जर्मनी)	बियांका एण्ड्रेसू (कनाडा) / माइकल वेनिस (न्यूजीलैण्ड)

फुटबॉल

☐ स्पेनिश सुपर कप 2024

रियल मैड्रिड ने 14 जनवरी, 2024 को खेले गए स्पेनिश सुपर कप के फाइनल में बार्सिलोना को 4-1 से हराकर जीत हासिल की। यह फाइनल मैच रियाद (सऊदी अरब) में हुआ था।

विनिसियस जूनियर खेल के हीरो रहे और उन्होंने रियल मैड्रिड के लिए 3 गोल (हैट्रिक) किए। बार्सिलोना ने 1 गोल किया, जो रॉबर्ट लेवांडोवस्की ने किया।

☐ डूरण्ड कप 2023

डूरण्ड कप 2023 एक घरेलू फुटबॉल टूर्नामेंट था जिसका आयोजन कोलकाता, गुवाहाटी और कोकराझार में 3 अगस्त से 3 सितम्बर, 2023 तक किया गया था। यह डूरण्ड कप का 132वां संस्करण था, जो एशिया का सबसे पुराना फुटबॉल टूर्नामेंट था।

एशियाई फुटबॉल परिसंघ (एएफसी) द्वारा समर्थित होने के बाद से यह दूसरा संस्करण था। फाइनल में, मोहन बागान सुपर जायंट ने अपने चिर-प्रतिद्वंद्वी ईस्ट बंगाल इण को 1-0 से हराकर खिताब जीता। यह मोहन बागान का 17वाँ डूरंड कप खिताब है।

☐ FIFA महिला विश्व कप 2023

ऑस्ट्रेलिया और न्यूजीलैंड ने संयुक्त रूप से 20 जुलाई से 20 अगस्त, 2023 तक FIFA महिला विश्व कप 2023 की मेजबानी की। यह FIFA महिला विश्व कप का नौवाँ संस्करण था।

स्पेन ने फाइनल में इंग्लैंड को 1-0 से हराकर खिताब जीता। स्पेन ने पहली बार FIFA महिला विश्व कप जीता है। इस जीत के साथ, स्पेन जर्मनी के बाद पुरुष और महिला दोनों विश्व कप जीतने वाला केवल दूसरा देश बन गया।

☐ CONCACAF गोल्ड कप 2023

सेण्टियागो गिमनेज ने 17 जुलाई, 2023 को 88वें मिनट में गोल किए जिसकी बदौलत मैक्सिको ने पनामा को 1-0 से हराया।

इस प्रकार मैक्सिको ने रिकॉर्ड 9वीं बार CONCACAF गोल्ड कप फुटबॉल टूर्नामेण्ट का खिताब जीता। टूर्नामेण्ट में मैक्सिको के खिलाफ सिर्फ 2 गोल हुए।

☐ SAFF चैम्पियनशिप 2023

मेजबान भारत ने 4 जुलाई, 2023 को कुवैत को पैनल्टी शूटआउट में 5-4 से हराकर 9वीं बार SAFF फुटबॉल चैम्पियनशिप जीत ली।

खिताबी मैच बेंगलुरु के श्री कांतीरवा स्टेडियम में खेला गया। यह भारत का कुल नौवाँ और लगातार दूसरा सैफ चैम्पियनशिप खिताब है। भारत ने इससे पहले खिताब वर्ष 1993, 1997, 1999, 2005, 2009, 2011, 2015 और 2021 में जीते हैं।

☐ इण्टरकाण्टिनेण्टल कप 2023

भारत ने 18 जून, 2023 को कलिंगा स्टेडियम में लेबनान की युवा टीम को दूसरे हाफ में दो गोल से हराकर इण्टरकण्टिनेण्टल कप जीता। भारत ने लेबनान को 2-0 से हराया। सुनील छेत्री के 46वें मिनट में किए गए गोल ने गतिरोध तोड़ा लेकिन लालियानजुआला छांगटे ने 66वें मिनट में स्कोर 2-0 कर दिया। भारत ने वर्ष 1977 के बाद पहली बार लेबनान को हराया।

शतरंज

☐ वर्ल्ड रैपिड चेस चैम्पियनशिप 2023

नॉर्वे के मैग्नस कार्लसन ने 29 दिसम्बर, 2023 को FIDE वर्ल्ड रैपिड चेस चैम्पियनशिप 2023 का खिताब जीता। FIDE वर्ल्ड रैपिड चेस चैम्पियनशिप दिसम्बर 2023 में उज्बेकिस्तान के समरकन्द में आयोजित की गई थी। व्लादिमीर फेडोसेव दूसरे स्थान पर रहे और यू यांगी चैम्पियनशिप में तीसरे स्थान पर रहे। मैग्नस कार्लसन ने रिकॉर्ड पांचवीं बार वर्ल्ड रैपिड चेस टाइटल जीता है।

☐ FIDE वर्ल्ड कप 2023

बाकू (अजरबैजान) में 29 जुलाई से 25 अगस्त 2023 तक FIDE वर्ल्ड कप 2023 आयोजित किया गया। यह FIDE वर्ल्ड कप का दसवाँ संस्करण था। नॉर्वे के

ग्रैंडमास्टर मैग्नस कार्लसन ने फाइनल में भारत के GM रमेशबाबू प्रागनानंदा को हराकर अपना पहला FIDE वर्ल्ड कप खिताब जीता।

अमेरिकी ग्रैंडमास्टर फैबियानो कारुआना ने अजरबैजान के निजात असाबोव को हराकर तीसरा स्थान हासिल किया। अलेक्सांद्रा गोरयाकिना (रूस) ने फाइनल में नुरग्यूल सलीमोवा (बुल्गारिया) को हराकर FIDE वुमेन्स वर्ल्ड कप 2023 का खिताब जीता।

☐ सुपर GM शतरंज टूर्नामेण्ट 2023

17 वर्षीय भारतीय ग्रैण्डमास्टर आर. प्रागनानन्दा ने 20 जुलाई, 2023 को सुपर GM शतरंज टूर्नामेण्ट वर्ष 2023 में शानदार जीत हासिल की।

आर. प्रागनानन्दा ने हंगरी में आयोजित वी गेजा हेटेनयी मेमोरियल सुपर GM शतरंज टूर्नामेण्ट 2023 का टाइटल जीता है। आर. प्रागनानन्दा ने 6.5 अंक अर्जित कर 10-खिलाड़ियों की प्रतियोगिता में पहला स्थान हासिल किया।

☐ 23वाँ दुबई ओपन 2023

ग्रैण्डमास्टर (GM) अरविन्द चिथांबरम ने लगातार दूसरे वर्ष 23वाँ दुबई ओपन 2023 जीता। दुबई शतरंज ओपन का 23वाँ संस्करण 5 जून, 2023 को दुबई शतरंज और संस्कृति क्लब द्वारा आयोजित किया गया।

इस टूर्नामेण्ट में 46 से अधिक विभिन्न देशों के कुल 172 प्रतिभागियों (श्रेणी A में) ने भाग लिया।

☐ सुपरबेट रैपिड एण्ड ब्लिट्ज पोलैण्ड 2023

विश्व शतरंज चैम्पियन मैग्नस कार्लसन ने 26 मई, 2023 को सुपरबेट रैपिड एण्ड ब्लिट्ज पोलैण्ड 2023 जीता। यह पोलिश यहूदियों के इतिहास में ग्रैण्ड शतरंज टूर (GCT) का दूसरा चरण है।

एथलेटिक्स

☐ शिकागो मैराथन 2023

केन्या के केल्विन किप्टम ने 8 अक्टूबर, 2023 को शिकागो मैराथन 2023 को 2 घण्टे और 35 सेकण्ड के समय के साथ जीतकर पुरुषों का विश्व रिकॉर्ड तोड़ दिया।

इथियोपिया में जन्मी नीदरलैण्ड की 30 वर्षीय धाविका 'सिफान हसन' ने 2 घण्टे, 13 मिनट और 44 सेकण्ड में शिकागो मैराथन जीतकर महिला खिताब जीता।

☐ वर्ल्ड चैंपियनशिप 2023

बुडापेस्ट (हंगरी) में 19-27 अगस्त, 2023 तक विश्व एथलेटिक्स चैंपियनशिप 2023 आयोजित की गई। भारत के नीरज चोपड़ा ने चैंपियनशिप में पुरुषों की भाला फेंक स्पर्धा में स्वर्ण पदक जीतकर इतिहास बनाया।

ओलंपिक चैंपियन नीरज चोपड़ा 88.17 मीटर के सर्वश्रेष्ठ थ्रो के साथ सीनियर वर्ल्ड चैंपियनशिप में स्वर्ण पदक जीतने वाले पहले भारतीय एथलीट बन गए।

भारतीय एथलीटों ने एक स्वर्ण पदक के साथ समापन किया और पदक तालिका में 18वां स्थान हासिल किया।

पदक तालिका में शीर्ष-5 देश हैं

देश	G	S	B	कुल
अमेरिका	12	8	9	29
कनाडा	4	2	0	6
स्पेन	4	1	0	5
जमैका	3	5	4	12
केन्या	3	3	4	10

☐ श्रीलंका नेशनल चैम्पियनशिप 2023

भारत ने 30 जुलाई, 2023 को श्रीलंका एथलेटिक्स नेशनल चैम्पियनशिप में उल्लेखनीय सफलता दर्ज की।

भारत ने 9 स्वर्ण, 4 रजत और 1 कांस्य सहित कुल 14 पदक जीते। कोलम्बो के सुगाथादासा स्टेडियम में प्रतियोगिता के अन्तिम दिन भारतीय एथलीटों ने 6 पदक अपने नाम किए।

भारत के स्वर्ण पदक विजेता भाला फेंक एथलीट किशोर कुमार जेना को प्रतिष्ठित सर्वश्रेष्ठ पुरुष थ्रोअर ट्रॉफी मिली।

☐ वर्ल्ड पैरा चैम्पियनशिप 2023

वर्ल्ड पैरा एथलेटिक्स चैम्पियनशिप 2023 का आयोजन 8-17 जुलाई, 2023 तक फ्रांस के पेरिस के चारलेटी स्टेडियम में किया गया था।

भारत ने इस चैम्पियनशिप में 3 स्वर्ण, 4 रजत, 3 कांस्य सहित 10 पदक हासिल करके अपना अभियान समाप्त किया। सुमित अंतिल, अजीत सिंह और सचिन खिलारी ने अपने-अपने वर्गों में स्वर्ण पदक हासिल किए। टोक्यो ओलंपिक के स्वर्ण पदक विजेता सुमित अंतिल ने एक और विश्व रिकॉर्ड बनाया।

उन्होंने 70.83 मीटर भाला फेंककर विश्व रिकॉर्ड बनाया और इस प्रक्रिया में पेरिस पैरालम्पिक वर्ष 2024 के लिए कोटा भी हासिल किया।

यह दूसरी बार है जब सुमित अपना ही कुल मिलाकर 6वीं बार विश्व रिकॉर्ड तोड़ रहे हैं।

☐ एशियन चैम्पियनशिप 2023

थाईलैण्ड के बैंकॉक में स्थित सुफाचलासाई नेशनल स्टेडियम में एशियन एथलेटिक्स चैम्पियनशिप 2023 का आयोजन 12-16 जुलाई, 2023 तक हुआ।

इस पाँच दिवसीय इवेण्ट में भारतीय एथलीटों ने कुल 27 पदक जीते जिसमें 6 स्वर्ण, 12 रजत और 9 कांस्य पदक शामिल थे। पदक तालिका में भारत, जापान और चीन के बाद तीसरे स्थान पर रहा।

☐ लुसाने डायमण्ड लीग 2023

भारत के स्टार भाला फैंक एथलीट नीरज चोपड़ा ने 1 जुलाई, 2023 को 87.66 मीटर के सर्वश्रेष्ठ थ्रो के साथ लुसाने डायमण्ड लीग का खिताब जीता। जर्मनी के जूलियन वेबर 87.03 मीटर के सर्वश्रेष्ठ थ्रो के साथ दूसरे स्थान पर रहे।

जबकि चेक गणराज्य के जाकुब वाडलेक 86.13 मीटर के थ्रो के साथ तीसरे स्थान पर रहे।

☐ पेरिस डायमण्ड लीग 2023

भारत के मुरली श्रीशंकर 9 जून, 2023 को फ्रांस में पेरिस डायमण्ड लीग 2023 में तीसरे स्थान पर रहे। वह पुरुषों की लम्बी कूद स्पर्धा में 8.09 मीटर के प्रभावशाली प्रयास के साथ तीसरे स्थान पर रहे। ग्रीस के मिल्टियाडिस तांतोग्लू ने 8.13 मीटर की छलांग के साथ पेरिस डायमण्ड लीग जीती।

स्विट्जरलैण्ड के सिमोन एहमर ने 8.11 मीटर की छलांग लगाकर भारत के लम्बी कूद के खिलाड़ी को तीसरे स्थान पर पहुँचा दिया।

☐ डायमण्ड लीग 2023

ओलम्पिक स्वर्ण पदक विजेता नीरज चोपड़ा ने 5 मई, 2023 को दोहा डायमण्ड लीग 2023 में 88.67 मी थ्रो के साथ जीत हासिल की। चेक गणराज्य के वाडलेजिच दूसरे और ग्रेनाडा के पीटर्स तीसरे स्थान पर रहे।

☐ नीरज चोपड़ा को प्राप्त पुरस्कार

- अर्जुन पुरस्कार-2018
- विशिष्ट सेवा पदक (VSM)-2020
- मेजर ध्यानचंद खेल रत्न-2021
- पद्मश्री-2022
- परम विशिष्ट सेवा पदक (PVSM)-2022

हॉकी

☐ सुल्तान जोहोर कप 2023

भारतीय जूनियर पुरुष हॉकी टीम ने 6 नवम्बर, 2023 को मलेशिया के जोहोर में सुल्तान जोहोर कप 2023 में कांस्य पदक हासिल किया।

जर्मनी ने पेनल्टी शूटआउट में ऑस्ट्रेलिया को 3-1 से हराकर 11 साल के इंतजार के बाद दूसरी बार सुल्तान जोहोर कप का खिताब जीता।

भारत की जूनियर पुरुष हॉकी टीम इससे पहले वर्ष 2013 और 2014 में दो बार प्रतिष्ठित जोहोर बाहरू कप जीत चुकी है।

☐ महिला एशियन चैम्पियन्स ट्रॉफी 2023

रांची (झारखण्ड) में 27 अक्टूबर से 5 नवम्बर, 2023 तक महिला हॉकी एशियन चैम्पियन्स ट्रॉफी का सातवाँ संस्करण आयोजित किया गया।

इसके फाइनल में भारत ने जापान को 4-0 से हराकर खिताब जीत लिया। चीन ने दक्षिण कोरिया को 2-1 से हराकर तीसरा स्थान हासिल किया। यह भारत का दूसरा एशियन चैम्पियन्स ट्रॉफी खिताब था, जिसमें पहला वर्ष 2016 में आया था।

☐ हॉकी 5S एशिया कप 2023

पुरुष और महिला हॉकी 5S एशिया कप 2023 का आयोजन 25-28 अगस्त, 2023 तक सलालाह (ओमान) में किया गया। महिला हॉकी 5S एशिया कप 2023 इस टूर्नामेंट का उद्घाटन संस्करण था। भारत ने पुरुष और महिला दोनों वर्गों में खिताब जीते। पुरुष वर्ग में भारतीय टीम ने पाकिस्तान को 4-4 (2-0 SO) से हराया। जबकि भारतीय महिला टीम ने फाइनल में थाईलैंड को 7-2 से हराकर टूर्नामेंट जीता। इन जीत के साथ,भारतीय पुरुष और महिला दोनों टीमों ने हॉकी 5 विश्व कप ओमान 2024 के लिए अपनी योग्यता हासिल कर ली है।

शूटिंग

☐ ISSF वर्ल्ड चैंपियनशिप 2023

ISSF वर्ल्ड चैंपियनशिप 2023 बाकू (अजरबैजान) में 14 अगस्त से 1 सितम्बर 2023 तक आयोजित की गई।

इस टूर्नामेंट में भारतीय निशानेबाजों ने 6 स्वर्ण और 8 कांस्य पदक सहित कुल 14 पदक जीते और ओवरऑल पदक तालिका में तीसरे स्थान पर रहे।

पदक तालिका में शीर्ष 5 देश इस प्रकार हैं

देश	G	S	B	कुल
चीन	15	7	6	28
यूक्रेन	6	4	2	12
भारत	6	-	8	14
स्विट्ज़रलैंड	5	4	4	13
अमेरिका	5	2	3	10

☐ ISSF जूनियर वर्ल्ड चैम्पियनशिप 2023

ISSF जूनियर वर्ल्ड चैम्पियनशिप 2023 में दक्षिण कोरिया में 16-24 जुलाई, 2023 तक आयोजित की जाएगी।

भारत ने ISSF जूनियर वर्ल्ड चैम्पियनशिप के तीसरे संस्करण में दूसरा स्थान हासिल किया। भारत को प्रभावशाली प्रदर्शन से इस चैम्पियनशिप में 6 स्वर्ण, 6 रजत और 5 कांस्य सहित कुल 17 पदक मिले।

टॉप 5 देश

देश	G	S	B	कुल
चीन	12	9	7	28
भारत	6	6	5	17
यूक्रेन	5	3	2	10
कज़ाकस्तान	4	4	2	10
इटली	4	3	4	11

☐ ISSF शॉटगन वर्ल्ड कप 2023

भारतीय निशानेबाज पृथ्वीराज टोण्डाइमन ने 17 जुलाई, 2023 को लोनाटो (इटली) में ISSF शॉटगन वर्ल्ड कप 2023 में पुरुषों की ट्रैप स्पर्धा में कांस्य पदक जीता।

लोनाटो निशानेबाजी प्रतियोगिता में पृथ्वीराज टोण्डाइमन का कांस्य पदक भारत का एकमात्र पदक था।

यह उनका दूसरा व्यक्तिगत ISSF विश्व कप पदक था, इससे पहले उन्होंने मार्च, 2023 में दोहा में कांस्य पदक जीता था।

भारत लोनाटो में पदक तालिका में नौवें स्थान पर रहा जिसमें अमेरिका दो स्वर्ण और एक रजत के साथ शीर्ष पर रहा। इटली में ISSF शॉटगन वर्ल्ड कप पेरिस 2024 ओलम्पिक के लिए क्वालीफाइंग प्रतियोगिता थी।

☐ ISSF जूनियर वर्ल्ड कप 2023

ISSF जूनियर वर्ल्ड कप 2023 का आयोजन जर्मनी के सुहल में 1 से 9 जून, 2023 तक किया गया। भारत इस चैम्पियनशिप में 6 स्वर्ण, 6 रजत और 3 कांस्य सहित कुल 15 पदकों के साथ शीर्ष पर रहा।

ISSF जूनियर वर्ल्ड कप 2023 में कुल 39 भारतीय निशानेबाजों ने हिस्सा लिया था। कुल मिलाकर, 46 विभिन्न देशों के 511 जूनियर निशानेबाजों ने चैम्पियनशिप में भाग लिया। भारत के बाद कोरिया (12), अमेरिका (9) और इटली (7) का नम्बर आता है।

☐ ISSF विश्व कप 2023

भारतीय राइफल और पिस्टल निशानेबाजों ने 17 मई, 2023 को अजरबैजान के बाकू में ISSF विश्व कप 2023 में चार पदक जीते। बाकू मीट में भारत एक स्वर्ण, दो रजत और एक कांस्य के साथ कुल पदक तालिका में दूसरे स्थान पर रहा।

भारत चीन के बाद दूसरे स्थान पर रहा। सरबजोत सिंह और दिव्या टीएस ने मिलकर 10 मीटर एयर पिस्टल मिक्स्ड टीम स्पर्धा में स्वर्ण पदक जीता। हृदय हजारिका और नैंसी मंढोत्रा ने पुरुष और महिला 10 मी एयर राइफल स्पर्धा में रजत पदक जीते।

● टेबल टेनिस

☐ अल्टीमेट टेबल टेनिस 2023

गोवा चैलेंजर्स ने 30 जुलाई, 2023 को अल्टीमेट टेबल टेनिस सीजन 4 का खिताब जीतने के लिए गत चैम्पियन चेन्नई लायन्स पर 8-7 से सनसनीखेज जीत हासिल की। फ्रेंचाइजी आधारित इस लीग का प्रचार नीरज बजाज और वीता दानी ने भारतीय टेबल टेनिस महासंघ (TTFI) के तत्वाधान में किया।

☐ साउथ एशियन यूथ चैम्पियनशिप 2023

दक्षिण एशियाई युवा टेबल टेनिस चैम्पियनशिप 2023, 3-दिवसीय अन्तर्राष्ट्रीय आयोजन, अरुणाचल प्रदेश के ईटानगर में 17 मई, 2023 को समाप्त हो गया।

भूटान, बांग्लादेश, भारत, मालदीव, श्रीलंका और नेपाल, सहित 6 देशों के 100 से अधिक एथलीटों ने चैम्पियनशिप में भाग लिया। अन्तिम दिन, मेजबान देश भारत ने टूर्नामेण्ट में स्वर्ण पदक जीतकर एक उल्लेखनीय उपलब्धि हासिल की। अण्डर-19 लड़कों के सिंगल्स में अंकुर भट्टाचार्जी ने पायस जैन को 4-2 से हराकर गोल्ड जीता।

इस बीच अण्डर-19 लड़कियों के एकल में सुहाना सैनी ने यशस्विनी घोरपड़े को एकतरफा फाइनल में 4-1 से हराया।

● तीरंदाजी

☐ विश्व युवा चैम्पियनशिप 2023

विश्व तीरंदाजी युवा चैम्पियनशिप, 2023 आयरलैण्ड के लिमरिक में 3-9 जुलाई, 2023 तक आयोजित की गई। भारत ने सबसे अधिक 11 पदक जीतकर चैम्पियनशिप में दूसरा स्थान हासिल किया।

कोरिया 6 स्वर्ण और 4 रजत सहित कुल 10 पदकों के साथ पहले स्थान पर रहा। भारत कुल 11 पदकों के साथ दूसरे स्थान पर रहा।

☐ तीरंदाजी विश्व कप 2023 (चरण 2)

भारत 21 मई, 2023 को शंघाई में तीरंदाजी विश्व कप चरण 2 में कम्पाउण्ड सेक्शन में 3 पदक के साथ पदक तालिका में दूसरे स्थान पर रहा। भारत ने कम्पाउण्ड सेक्शन में सभी तीन पदक जीते, जिसमें प्रथमेश जावकर ने व्यक्तिगत स्वर्ण और अवनीत कौर ने कांस्य पदक जीता।ओजस देवताले और ज्योति सुरेखा वेन्नम ने मिश्रित टीम स्पर्द्धा का स्वर्ण पदक जीता। भारत दो स्वर्ण और एक कांस्य पदक के साथ कोरिया के बाद दूसरे स्थान पर रहा।

☐ आर्चरी विश्व कप 2023 (चरण 1)

तुर्की के अन्ताल्या में आयोजित हुण्डई तीरन्दाजी विश्व कप चरण 1 में भारत 4 पदकों के साथ समग्र पदक तालिका में दूसरे स्थान पर रहा।

हुण्डई तीरंदाजी विश्व कप चरण 1, 18-23 अप्रैल, 2023 तक आयोजित किया गया था। यह विश्व तीरंदाजी द्वारा प्रतिवर्ष आयोजित अन्तर्राष्ट्रीय तीरंदाजी सर्किट का 17वाँ संस्करण है।

पदक तालिका (टॉप-3)

देश	पदक
USA	4 (2 स्वर्ण, 2 रजत)
भारत	4 (2 स्वर्ण, 1 रजत, 1 कांस्य)
चीन	3 (1 स्वर्ण, 1 रजत, 1 कांस्य)

● बैडमिण्टन

☐ आबू धाबी मास्टर्स 2023

आबू धाबी (UAE) में 17 से 22 अक्टूबर, 2023 तक आबू धाबी मास्टर्स बैडमिंटन टूर्नामेंट 2023 आयोजित हुआ। 16 वर्षीय उन्नति हुड्डा (भारत) ने महिला एकल में 20 वर्षीय सामिया इमाद फारूकी (भारत) को हराया और यह उनका दूसरा BWF सुपर 100 विश्व टूर खिताब है।

डेनमार्क के मैड्स क्रिस्टोफरसेन ने अबू धाबी मास्टर्स 2023 में पुरुष एकल जीता।

भारतीय जोड़ी तनीषा क्रैस्टो और अश्विनी पोनप्पा ने इस टूर्नामेंट में महिला युगल और मलेशिया की गोह सेजे फेई और नूर इजुद्दीन ने पुरुष युगल जीता।

☐ BWF वर्ल्ड चैंपियनशिप 2023

BWF वर्ल्ड चैंपियनशिप 2023 का आयोजन 21-27 अगस्त 2023 तक कोपेनहेगन (डेनमार्क) में किया गया। भारत के एचएस प्रणॉय ने पुरुष एकल वर्ग में कांस्य पदक जीता।

सभी श्रेणियों में विजेता और उपविजेता इस प्रकार हैं

वर्ग	विजेता	उपविजेता
पुरुष एकल	कुनलावुत विदितसर्न (थाईलैंड)	कोडाई नाराओका (जापान)
महिला एकल	एन से-यंग (दक्षिण कोरिया)	कैरोलिना मारिन (स्पेन)
पुरुष युगल	कांग मिन-हयुक/सियो सेउंग-जे (दक्षिण कोरिया)	किम एस्ट्रुप/ एंडर्स स्कारूप रासमुसेन (डेनमार्क)
महिला युगल	चेन किंगचेन/जिया यिफान (चीन)	अप्रियानी रहायू/सिति फादिया सिल्वा रामधंती (इंडोनेशिया)
मिश्रित युगल	सेओ सियुंग-जे/चाए यू-जुंग (दक्षिण कोरिया)	झेंग सिवेई/हुआंग याकियोंग (चीन)

☐ जापान ओपन 2023

जापान ओपन 2023 एक बैडमिण्टन टूर्नामेण्ट था जो 25 से 30 जुलाई, 2023 तक टोक्यो, जापान में योयोगी नेशनल जिम्नेजियम में हुआ।

2023 जापान ओपन 2023 BWF वर्ल्ड टूर का अठारहवाँ टूर्नामेण्ट था और जापान ओपन चैम्पियनशिप का भी हिस्सा था, जो वर्ष 1977 से आयोजित किया गया था।

विजेताओं की सूची

वर्ग	विजेता	उप-विजेता
पुरुष एकल	विक्टर एक्सेलसेन (डेनमार्क)	जोनाथन क्रिस्टी (इण्डोनेशिया)
महिला एकल	आन सी यांग (दक्षिण कोरिया)	ही बिंग जियाओ (चीन)

☐ US ओपन 2023

US ओपन 2023 एक बैडमिण्टन टूर्नामेण्ट था जो 11-16 जुलाई, 2023 तक काउंसिल ब्लफ्स (आयोवा, US) में हुआ था।

यह BWF विश्व टूर 2023 का सोलहवाँ टूर्नामेण्ट था। यह US ओपन चैंपियनशिप का भी हिस्सा है जो 1954 से आयोजित की जा रही है।

विजेताओं की सूची

वर्ग	विजेता
पुरुष एकल	ली शिफेंग (चीन)
महिला एकल	सुपानिडा कातेथोंग (थाईलैण्ड)
पुरुष युगल	गोह सेज फेई / नूर इजुद्दीन (मलेशिया)

करेण्ट अफेयर्स

☐ **कोरिया ओपन 2023**

कोरिया ओपन 2023 का आयोजन 18-23 जुलाई 2023 तक दक्षिण कोरिया के येओसु के जिन्नम स्टेडियम में किया गया था। वर्ष 2023 कोरिया ओपन 2023 BWF वर्ल्ड टूर का पाँचवाँ सुपर 500 टूर्नामेण्ट था।

विजेताओं की सूची

वर्ग	विजेता	उप-विजेता
पुरुष एकल	एंडर्स एण्डीटोसेन (डेनमार्क)	लोह कीयन येयी (सिंगापुर)
महिला एकल	एनसी यंग (दक्षिण कोरिया)	ताई जू-यिंग (चीनी-ताइपी)

☐ **कनाडा ओपन 2023**

कनाडा ओपन एक बैडमिण्टन टूर्नामेण्ट है जो 4-1 जुलाई, 2023 तक कैलगरी, कनाडा में हुआ। लक्ष्य सेन ने कनाडा ओपन 2023 में पुरुष एकल का खिताब जीत लिया है।

सेन ने वर्ल्ड नम्बर-10 खिलाड़ी चीन की ली शी फेंग को हराकर कनाडा ओपन जीता है। लक्ष्य का इस सत्र में यह दूसरा BWF विश्व टूर खिताब है। वह जनवरी 2022 में इण्डिया ओपन का खिताब जीत चुके हैं।

विजेताओं की सूची

वर्ग	विजेता
पुरुष एकल	लक्ष्य सेन (भारत)
महिला एकल	अकाने यामागुची (जापान)

साइकिलिंग

☐ **टूर डी फ्रांस 2023**

जम्बो-विस्मा के डेनमार्क के जोनास विंगेगार्ड ने 26 जुलाई, 2023 को पेरिस (फ्रांस) में चैम्प्स-एलिसिसप र लगातार दूसरे वर्ष टूर डी फ्रांस का 110वाँ संस्करण जीता। विंगेगार्ड ने 2020-2021 के चैम्पियन स्लोवेनिया के तादेज पोगाकर से 7 मिनट 29 सेकण्ड आगे 21-दिवसीय दौड़ के बाद फिनिश लाइन पार की।

गोल्फ

☐ **वुमेन्स ब्रिटिश ओपन 2023**

वुमेन्स ब्रिटिश ओपन 2023 गोल्फ टूर्नामेंट 10-13 अगस्त, 2023 तक वाल्टन हीथ गोल्फ क्लब (सुर्रे, इंग्लैंड) में आयोजित किया गया था।

अमेरिकी गोल्फर लिलिया वू ने वर्ष 2023 के अपने दूसरे प्रमुख खिताब का दावा करने के लिए महिला ब्रिटिश ओपन जीता।

कैलिफोर्निया की 25 वर्षीय खिलाड़ी वर्ष 2019 में जिन यंग को के बाद एक ही वर्ष में दो मेजर जीतने वाली पहली महिला खिलाड़ी बन गई और वर्ष 1999 में जूली इंकस्टर के बाद पहली अमेरिकी महिला बन गईं। उसने अप्रैल 2023 में शेवरॉन चैंपियनशिप भी जीती थी।

☐ **द ओपन 2023**

ओपन चैम्पियनशिप 2023 एक गोल्फ टूर्नामेण्ट है जो 20 से 23 जुलाई, 2023 तक रॉयल लिवरपूल गोल्फ क्लब में होयलेक, मर्सीसाइड, इंग्लैण्ड में खेला गया। ब्रायन हरमन ने अपनी पहला करियर ओपन चैम्पियनशिप जीती। यह हरमन के करियर की पहली बड़ी चैम्पियनशिप थी और 6 वर्ष में उनकी पहली PGA टूर जीत थी।

स्क्वैश

☐ **स्कॉटिश जूनियर ओपन 2023**

भारतीय किशोरी अनाहत सिंह ने 31 दिसम्बर, 2023 को एडिनबर्ग में आयोजित स्कॉटिश जूनियर ओपन स्क्वैश 2023 में लड़कियों के अण्डर-19 खिताब पर कब्जा कर लिया। अनाहत ने फाइनल में स्वदेशी प्रबल दावेदार रॉबिन मैकअल्पाइन को 11-6, 11-1, 11-5 से हराया। दिल्ली की अनाहत के लिए यह वर्ष शानदार रहा, जिन्होंने अण्डर-19 और सीनियर नेशनल चैम्पियनशिप में डबल खिताब जीते।

पुरस्कार एवं सम्मान

☐ **PEN पिण्टर प्राइज 2024**

- बुकर प्राइज विजेता लेखिका अरुन्धति रॉय को 27 जून, 2024 को उनके 'अडिग और अडिग' लेखन के लिए प्रतिष्ठित PEN पिण्टर प्राइज 2024 से सम्मानित किया गया।
- अरुन्धति रॉय वर्तमान में 14 वर्ष पहले कश्मीर पर ऐतिहासिक टिप्पणियों को लेकर अभियोजन की धमकी का सामना कर रही हैं।
- यह पुरस्कार, वर्ष 2009 में चैरिटी संस्था 'इंग्लिश PEN' द्वारा स्थापित किया गया था, जो अभिव्यक्ति की स्वतन्त्रता की रक्षा करता है तथा नोबेल प्राइज विजेता नाटककार हेरोल्ड पिण्टर की स्मृति में साहित्य का सम्मान करता है।

☐ **12वाँ विश्व हिन्दी सम्मान**

- हिन्दी प्राध्यापक, अनुवादक एवं लेखक डॉ. उषा ठाकुर को 27 जून, 2024 को हिन्दी साहित्य के विकास में उनके योगदान के लिए 12वें विश्व हिन्दी सम्मान से सम्मानित किया गया।
- उन्हें यह सम्मान नेपाल में भारतीय दूतावास द्वारा आयोजित हिन्दी संवाद कार्यक्रम के दौरान प्रदान किया गया।
- उन्होंने हिन्दी और नेपाली में 40 से अधिक साहित्यों का अनुवाद किया है और हिन्दी भाषा को मजबूत किया है। यह पुरस्कार भारत सरकार के विदेश मन्त्रालय द्वारा दिया जाता है।

☐ **शॉ पुरस्कार प्राइज इन एस्ट्रोनोमी 2024**

वर्ष 2024 के लिए खगोल विज्ञान में प्रतिष्ठित शॉ पुरस्कार 23 मई, 2024 को अमेरिका में जन्में भारतीय मूल के खगोल विज्ञान के प्रोफेसर श्रीनिवास आर कुलकर्णी को प्रदान किया गया।

वह मिलीसेकण्ड तक चलने वाले पल्सर, सुपरनोवा, गामा-रे बर्स्टर और अन्य तेजी से बदलती खगोलीय घटनाओं की जाँच करने वाले पहले व्यक्तियों में से एक होने के लिए प्रसिद्ध है।

अन्तर्राष्ट्रीय शॉ पुरस्कार वर्ष 2002 में हाँगकाँग के परोपकारी रन रन शॉ द्वारा स्थापित किया गया था।

यह पुरस्कार गणित, खगोल विज्ञान, जीवन विज्ञान और चिकित्सा के क्षेत्र में उत्कृष्ट योगदान को मान्यता देता है। प्रत्येक वर्ष ये सभी तीनों पुरस्कार-प्रत्येक का मूल्य 1.2 मिलियन है, प्रदान किए जाते हैं।

☐ **MoFA उत्कृष्टता पुरस्कार**

संयुक्त अरब अमीरात के विदेश मामलों के मन्त्री, संयुक्त अरब अमीरात में भारत के राजनयिक मिशनों को 22 मई, 2024 को 5वें विदेश मन्त्री उत्कृष्टता पुरस्कार समारोह में उनके असाधारण कार्य के लिए सम्मानित किया गया।

अबू धाबी में भारतीय दूतावास और दुबई में भारत के महावाणिज्य दूतावास दोनों को सम्मानित शील्ड ऑफ ऑनर दिया गया, जिससे भारत 2 सम्मान प्राप्त करने वाला एकमात्र राष्ट्र बन गया।

CGI दुबई में भारतीय महावाणिज्य दूत, सतीश कुमार सिवन और राजदूत संजय सुधीर ने सम्मान स्वीकार किया।

''UAE में प्रतिष्ठित मान्यता प्राप्त मिशन'' श्रेणी में शेख अब्दुल्ला बिन जायद ने पुरस्कार प्रदान किए, जिसमें भारत और UAE के मध्य द्विपक्षीय सम्बन्धों को मजबूत करने में भारतीय मिशनों के कार्य को मान्यता दी।

☐ **डॉ. सौम्या स्वामीनाथन**

डॉ. सौम्या स्वामीनाथन को उन 10 उत्कृष्ट लोगों में से 1 के रूप में चुना गया, जिन्हें कनाडा के प्रतिष्ठित मैकगिल विश्वविद्यालय द्वारा 13 मई, 2024 को स्प्रिंग 2024 दीक्षान्त समारोह में मानद् उपाधि से सम्मानित किया गया।

65 वर्षीय डॉ. सौम्या स्वामीनाथन का 40 से अधिक वर्षों तक नैदानिक उपचार और अनुसन्धान में एक विशिष्ट करियर रहा है।

COVID-19 महामारी के दौरान वर्ल्ड हेल्थ ऑर्गेनाइजेशन (WHO) में उनकी नियुक्ति वर्ष 2022 के अन्त तक चली।

उन्होंने वर्ष 2017 में एजेन्सी के लिए उप-महानिदेशक (कार्यक्रम) के रूप में कार्य करना शुरू किया और मार्च 2019 में उन्हें मुख्य वैज्ञानिक नामित किया गया।

मानद् उपाधि मॉण्ट्रियल के मैकगिल विश्वविद्यालय द्वारा प्रदान की जाती है, जो 200 वर्ष के इतिहास के साथ एक सार्वजनिक अनुसन्धान विश्वविद्यालय है, ''जिनके पास उत्कृष्ट विद्वानों, वैज्ञानिक या कलात्मक उपलब्धि या जनता के लिए असाधारण योगदान का जीवनकाल रिकॉर्ड है।''

☐ **यूनेस्को/गिलर्मो कैनो वर्ल्ड प्रेस फ्रीडम प्राइज 2024**

गाजा स्थिति को कवर करने वाले फिलिस्तीनी पत्रकारों के एक समूह को 4 मई, 2024 को यूनेस्को/गिलर्मो कैनो वर्ल्ड प्रेस फ्रीडम प्राइज 2024 के विजेताओं के रूप में सम्मानित किया गया।

यह घोषणा मीडिया पेशेवरों की एक अन्तर्राष्ट्रीय जूरी की सिफारिश का परिणाम है, जो कठिन परिस्थितियों का सामना करने में इन पत्रकारों की बहादुरी और समर्पण को उजागर करती है।

अन्तर्राष्ट्रीय जूरी के अध्यक्ष, मौरिसियो वेइबेल, इस बात पर बल देते हैं कि हम इन पत्रकारों की बहादुरी और अभिव्यक्ति की स्वतन्त्रता के प्रति प्रतिबद्धता के लिए कितने प्रशंसक हैं।

सहमति में, यूनेस्को महानिदेशक ऑड्रे अज़ोले ने रिपोर्टिंग और पूछताछ की उनकी आवश्यक भूमिकाओं में सम्पूर्ण विश्व के पत्रकारों को सहायता करने के लिए समूह प्रयासों के महत्त्व पर प्रकाश डाला।

☐ ग्लोबल इनिक्वालिटी रिसर्च अवॉर्ड

जेम्स बॉयस और बीना अग्रवाल को वैश्विक असमानताओं को समझने में उनके योगदान के सम्मान में 23 मार्च, 2024 को पहला ग्लोबल इनिक्वालिटी रिसर्च अवार्ड (GiRA) प्राप्त हुआ।

वर्ष 2024 के पतझड़ और वसंत में, पेरिस में सम्मेलन पुरस्कार विजेताओं का उनके सम्मान स्वीकार करने और उनके कार्य का सारांश देने के लिए स्वागत करेंगे।

साइंसेज पो का सामाजिक-पारिस्थितिक परिवर्तन (SET) कार्यक्रम इन सम्मेलनों के संगठन का समन्वय करेगा।

GiRA पुरस्कार कई विषयों और दृष्टिकोणों से वैश्विक असमानता से निपटने के महत्त्व का सम्मान करता है।

☐ एविएशन वीक लॉरेट्स अवॉर्ड

ISRO को चंद्रयान-3 मिशन के लिए 23 मार्च, 2024 को एविएशन वीक लॉरेट्स अवॉर्ड' दिया गया। यह एयरोस्पेस में उपलब्धि, नवाचार और अन्वेषण को प्रदर्शित करने का सम्मान करता है।

विमानन और एयरोस्पेस क्षेत्रों में, एविएशन वीक नेटवर्क का लॉरेट अवॉर्ड्स अत्यधिक प्रतिष्ठित सम्मान है।

ये सम्मान उत्कृष्ट उपलब्धियों का सम्मान करते हैं, जो रचनात्मकता, कल्पना और अन्वेषण की भावना का उदाहरण हैं।

इस समारोह में 400 से अधिक प्रभावशाली लोग और उद्योग के सदस्य भाग लेते हैं, जो अभूतपूर्व उपलब्धियों का सम्मान करता है। चंद्रयान-3 मिशन, जिसे ISRO ने सफलतापूर्वक पूरा किया।

एयरोस्पेस अन्वेषण में असाधारण उपलब्धियों को पहचानने की पुरस्कार विजेता की विरासत का एक प्रमुख उदाहरण है।

☐ ज्ञानपीठ पुरस्कार, 2023

18 फरवरी, 2024 को ज्ञानपीठ चयन बोर्ड द्वारा प्रसिद्ध भारतीय उर्दू कवि, गीतकार व फिल्म निर्माता गुलजार तथा संस्कृत विद्वान व शिक्षक जगद्गुरु रामभद्राचार्य को वर्ष 2023 के प्रतिष्ठित ज्ञानपीठ पुरस्कार से संयुक्त रूप से नामित किया।

यह पुरस्कार सभी मान्यता प्राप्त भारतीय भाषाओं में शामिल भारतीय को समृद्ध करने की दिशा में लेखकों द्वारा उनके योगदान हेतु प्रदान किया जाता है।

इसमें पुरस्कार स्वरूप ₹ 11 लाख नकद, एक प्रशस्ति-पत्र व देवी सरस्वती की एक कांस्य मूर्ति प्रदान का जाती है।

☐ भारत रत्न 2024

केन्द्र सरकार ने 9 फरवरी, 2024 को तीन और व्यक्तियों को भारत के सर्वोच्च नागरिक पुरस्कार 'भारत रत्न' देने की घोषणा की।

पूर्व प्रधानमन्त्री पी.वी. नरसिम्हा राव एवं चौधरी चरण सिंह तथा भारत में हरित क्रान्ति के जनक डॉ. एम.एस. स्वामीनाथन इनमें शामिल है। केन्द्र सरकार ने 3 फरवरी, 2024 को भाजपा के वरिष्ठ नेता लाल कृष्ण आडवाणी को 'भारत रत्न' देने की घोषणा की।

पूर्व में 23 जनवरी, 2024 को समाजवादी प्रतीक और बिहार के पूर्व मुख्यमन्त्री स्वर्गीय कर्पूरी ठाकुर को भी इस पुरस्कार से सम्मानित करने की घोषणा की गई थी। वह 49वें प्राप्तकर्ता होंगे और मरणोपरांत यह सम्मान पाने वाले 15वें होंगे।

यह घोषणा स्वर्गीय ठाकुर के 100वें जन्मोत्सव की पूर्व संध्या पर की गई।

☐ 69वें फिल्मफेयर पुरस्कार 2024

गाँधीनगर (गुजरात) में 28 जनवरी, 2024 को 69वाँ फिल्मफेयर पुरस्कार समारोह आयोजित हुआ। इसमें करण जौहर ने मेजबान की भूमिका निभाई।

प्रमुख वर्गों में पुरस्कार विजेताओं की सूची निम्न है

वर्ग	विजेता
सर्वश्रेष्ठ फिल्म	12वीं फेल
सर्वश्रेष्ठ निर्देशक	विधु विनोद चोपड़ा (12वीं फेल)
सर्वश्रेष्ठ अभिनेता	रणबीर कपूर (एनिमल)
सर्वश्रेष्ठ अभिनेत्री	आलिया भट्ट (रॉकी और रानी की प्रेम कहानी)
सर्वश्रेष्ठ सहायक अभिनेता	विक्की कौशल (डन्की)
सर्वश्रेष्ठ सहायक अभिनेत्री	शबाना आजमी (रॉकी और रानी की प्रेम कहानी)
सर्वश्रेष्ठ पार्श्व गायक	भूपिन्दर बब्बल (*अर्जन वैली* – एनिमल)
सर्वश्रेष्ठ पार्श्व गायिका	शिल्पा राव (*बेशरम रंग* – पठान)
सर्वश्रेष्ठ म्यूजिक एल्बम	एनिमल

☐ पद्म पुरस्कार 2024

केन्द्र सरकार ने 25 जनवरी, 2024 को पद्म पुरस्कार 2024 के विजेताओं की सूची जारी की। राष्ट्रपति ने 2 युगल मामलों सहित 132 पद्म पुरस्कार प्रदान करने को मंजूरी दी है। इस सूची में 5 पद्म विभूषण, 17 पद्म भूषण और 110 पद्म श्री पुरस्कार शामिल हैं।

पद्म विभूषण (5) वैजयंतीमाला बाली (कला), कोनिडेला चिरंजीवी (कला), एम. वेंकैया नायडू (सार्वजनिक मामलें), बिंदेश्वर पाठक (*मरणोपरांत*) (सामाजिक कार्य), पद्मा सुब्रमण्यम (कला)।

पद्म भूषण (17) एम. फातिमा बीवी (*मरणोपरांत*) (सार्वजनिक मामले), होर्मुसजी एन. कामा (साहित्य और शिक्षा-पत्रकारिता), मिथुन चक्रवर्ती (कला), सीताराम जिंदल (व्यापार और उद्योग), यंग लियू (व्यापार और उद्योग-ताइवान), अश्विन बालचन्द मेहता (चिकित्सा), सत्यब्रत मुखर्जी (*मरणोपरांत*) (सार्वजनिक मामले), राम नाइक (सार्वजनिक मामले), तेजस मधुसूदन पटेल (चिकित्सा), ओलानचेरी राजगोपाल (सार्वजनिक मामले), दत्तात्रय अंबादास मयालू उर्फ राजदत्त (कला), तोगदान रिनपोछे (*मरणोपरांत*) (अन्य-अध्यात्मवाद), प्यारेलाल शर्मा (कला), चन्द्रेश्वर प्रसाद ठाकुर (चिकित्सा), उषा उथुप (कला), विजयकांत (*मरणोपरांत*) (कला), कुन्दन व्यास (साहित्य एवं शिक्षा-पत्रकारिता)।

☐ सुभाषचन्द्र बोस आपदा प्रबन्धन पुरस्कार 2024

केन्द्रीय गृह मन्त्रालय द्वारा 23 जनवरी, 2024 को वर्ष 2024 के लिए संस्थागत श्रेणी में '60 पैराशूट फील्ड हॉस्पिटल, उत्तर प्रदेश' को आपदा प्रबन्धन में उत्कृष्ट कार्य के लिए सुभाषचन्द्र बोस आपदा प्रबन्धन पुरस्कार 2024 के लिए चुना गया।

60 पैराशूट फील्ड हॉस्पिटल, उत्तर प्रदेश की स्थापना वर्ष 1942 में हुई थी। यह भारतीय सशस्त्र बलों का एकमात्र हवाई चिकित्सा प्रतिष्ठान है, जिसे विभिन्न वैश्विक संकटों में अपनी असाधारण सेवा के लिए मान्यता प्राप्त है।

☐ प्रधानमन्त्री राष्ट्रीय बाल पुरस्कार 2024

राष्ट्रपति द्रौपदी मुर्मु ने 22 जनवरी, 2024 को नई दिल्ली में 19 असाधारण बच्चों को प्रधानमन्त्री राष्ट्रीय बाल पुरस्कार 2024 से सम्मानित किया। पुरस्कार विजेताओं में 9 लड़के और 10 लड़कियाँ हैं।

विजेताओं में आदित्य विजय ब्रम्हणे (मरणोपरान्त) (महाराष्ट्र), अनुष्का पाठक (उत्तर प्रदेश), अरिजीत बनर्जी (पश्चिम बंगाल), अरमान उबरानी (छत्तीसगढ़), हेतवी कांतिभाई खिमसुरिया (गुजरात), इशफाक हामिद (जम्मू-कश्मीर), मोहम्मद हुसैन (बिहार), पेंड्याला लक्ष्मी प्रिया (तेलंगाना), सुहानी चौहान (दिल्ली), आर्यन सिंह (राजस्थान), अवनीश तिवारी (मध्य प्रदेश), गरिमा (हरियाणा), ज्योत्सना अख्तर (त्रिपुरा), सय्याम मजूमदार (असम), आदित्य यादव (उत्तर प्रदेश), चार्वी ए (कर्नाटक), जेसिका नेयी सरिंग (अरुणाचल प्रदेश), लिनथोई चानंबम (मणिपुर) तथा आर सूर्य प्रसाद (आन्ध्र प्रदेश) शामिल हैं।

☐ स्वच्छ सर्वेक्षण 2023 पुरस्कार

राष्ट्रपति द्रौपदी मुर्मू ने 11 जनवरी, 2024 को नई दिल्ली में भारत मण्डपम में 'स्वच्छ सर्वेक्षण-2023 पुरस्कार' प्रदान किए। स्वच्छता सर्वेक्षण-2023 पुरस्कार में एक लाख से अधिक आबादी की श्रेणी में इंदौर और सूरत को देश के सबसे स्वच्छ शहरों का पुरस्कार मिला। इंदौर को लगातार 7वीं बार यह पुरस्कार मिला है और इसी श्रेणी में नवी मुम्बई को तीसरा स्थान मिला है।

राज्य श्रेणी में स्वच्छता के लिए महाराष्ट्र को प्रथम, मध्य प्रदेश को द्वितीय और छत्तीसगढ़ को तीसरे सबसे स्वच्छ राज्य का पुरस्कार मिला।

☐ सर्वश्रेष्ठ नवाचार पुरस्कार

'SVAMITVA योजना' ने ISB (हैदराबाद) में 6 जनवरी, 2024 को पब्लिक पॉलिसी डायलॉग-2024 के दौरान इनोवेशन सैण्डबॉक्स प्रेजेंटेशन के लिए सर्वश्रेष्ठ नवाचार पुरस्कार जीता। यह एक केन्द्रीय सरकार की योजना है और GIS मैपिंग प्रौद्योगिकी के तरीकों का उपयोग करके लैंड पार्सल का उचित और सटीक सीमांकन सुनिश्चित करती है। इस योजना को इंदौर में ई-गवर्नेंस 2023 के लिए राष्ट्रीय पुरस्कारों में ''यूजिंग इमर्जिंग टेक्नोलॉजी टू प्रोवाइड सिटीजन-सेंट्रिक सर्विसिज'' श्रेणी में स्वर्ण पुरस्कार भी मिला।

☐ एमएस स्वामीनाथन पुरस्कार

चौधरी चरण सिंह हरियाणा एग्रीकल्चर यूनिवर्सिटी के वाइस चांसलर प्रोफेसर बी आर कंबोज को 2 जनवरी, 2024 को प्रतिष्ठित एमएस स्वामीनाथन पुरस्कार से सम्मानित किया गया। यह पुरस्कार कृषि विज्ञान के क्षेत्र में एक वैज्ञानिक और विस्तार विशेषज्ञ के रूप में उनके योगदान के लिए दिया गया है। कर्नाटक के राज्यपाल थावर चन्द गहलोत ने उन्हें यह पुरस्कार प्रदान किया।

चर्चित व्यक्तित्व

राष्ट्रीय

☐ ज्योति विज

भारतीय वाणिज्य एवं उद्योग महासंघ (FICCI) ने 11 जून, 2024 को जानकारी दी कि ज्योति विज FICCI की महानिदेशक नियुक्त हुई हैं।

वह वर्ष 1993 में उद्योग संघ की सदस्य बनीं और तब से इसमें विभिन्न पदों पर काम कर चुकी हैं। उनकी पृष्ठभूमि व्यवसाय अर्थशास्त्र में है और वे विभिन्न उद्योग क्षेत्रों में विभिन्न नीति डोमेन की देख-रेख करती हैं।

विज FICCI में क्रॉस-फंक्शनल टीमों का नेतृत्व करती है और विभिन्न परियोजनाओं पर सरकारी अधिकारियों, बहुपक्षीय संगठनों और उद्योग जगत के नेताओं के साथ जुड़ती हैं। वह सरकारी समितियों और बहुपक्षीय परियोजनाओं में शामिल हैं और अन्तर्राष्ट्रीय आवक निवेश को बढ़ावा देने में योगदान देती हैं।

☐ उपेन्द्र द्विवेदी

केन्द्र सरकार ने 11 जून, 2024 को भारतीय सेना के उप-प्रमुख ले.जन. उपेन्द्र द्विवेदी को भारतीय सेना का अगला प्रमुख नियुक्त किया।

ले.जन. द्विवेदी अब 30 जून, 2024 को कार्यभार ग्रहण करेंगे जब जनरल मनोज पाण्डे सेवानिवृत्त होंगे। 1 जुलाई, 1964 को जन्में, ले. जन. द्विवेदी ने 15 दिसम्बर, 1984 को भारतीय सेना की इन्फैण्ट्री (जम्मू-कश्मीर राइफल्स) में कमीशन प्राप्त किया था।

☐ अनामिका बी. राजीव

सब-लेफ्टिनेण्ट अनामिका बी. राजीव भारतीय नौसेना की पहली महिला हेलीकॉप्टर पायलट बन गई हैं। उन्होंने अपनी पहली एकल उड़ान में मिग-21 बाइसन उड़ाया। उन्हें 8 जून, 2024 को तमिलनाडु के अराकोनम में नौसेना हवाई स्टेशन पर पासिंग आउट परेड में प्रतिष्ठित 'गोल्डन विंग्स' से सम्मानित किया गया। सब लेफ्टिनेण्ट राजीव पहली महिला पायलट बन गई हैं जिन्हें सी किंग, ALH ध्रुव, चेतक और MH-60R सीहॉक जैसे हेलीकॉप्टरों को उड़ाने की अनुमति दी गई है।

☐ राकेश मोहन जोशी

अन्तर्राष्ट्रीय व्यापार और प्रबन्धन के विशेषज्ञ राकेश मोहन जोशी को 5 जून, 2024 को भारतीय विदेश व्यापार संस्थान (IIFT) का कुलपति नियुक्त किया गया। प्रोफेसर जोशी की शैक्षणिक पृष्ठभूमि प्रभावशाली है, उन्होंने बोस्टन में हार्वर्ड बिजनेस स्कूल, IIFT, राजस्थान विश्वविद्यालय और करनाल में राष्ट्रीय डेयरी अनुसंधान संस्थान जैसे प्रतिष्ठित संस्थानों से शिक्षा और प्रशिक्षण प्राप्त किया है।

उनकी विशेषज्ञता को व्यापक मान्यता मिली है, जिसके कारण वे विश्व बैंक, एशियाई विकास बैंक, UNCTAD, अन्तर्राष्ट्रीय डेयरी फेडरेशन और एशियाई उत्पादकता संगठन सहित कई बहुपक्षीय संगठनों के साथ जुड़े हैं।

☐ ओम बिरला

वर्तमान लोकसभा अध्यक्ष ओम बिरला ने 4 जून, 2024 को कोटा संसदीय क्षेत्र जीतकर एक उल्लेखनीय उपलब्धि हासिल की। उन्होंने 41139 मतों के प्रभावशाली अन्तर से जीत हासिल की, जिससे वे 20 वर्षों में संसद के निचले सदन में पुनः निर्वाचित होने वाले पहले पीठासीन अधिकारी बन गए। यह उपलब्धि हासिल करने वाले अन्तिम अध्यक्ष पीए संगमा थे, जो वर्ष 1996-1998 तक 11वीं लोकसभा के दौरान इस पद पर रहे।

☐ पीवी सिन्धु

दो बार की ओलम्पिक पदक विजेता और वर्ल्ड बैडमिण्टन चैम्पियन पीवी सिन्धु ने 4 जून, 2024 को ग्रीनडे के 'बेटर न्यूट्रिशन' ब्राण्ड में निवेश किया। फर्म के ब्राण्ड एम्बेसडर के रूप में सिन्धु की नियुक्ति भारत में सूक्ष्म पोषक तत्वों की कमी को दूर करने के लक्ष्य के प्रति उनके समर्पण को दर्शाती है।

☐ गौतम अडानी

अडानी समूह के अध्यक्ष गौतम अडानी ने रिलायंस इण्डस्ट्रीज के मुख्य कार्यकारी अधिकारी मुकेश अंबानी को पीछे छोड़कर 3 जून, 2024 को एशिया के सबसे अमीर व्यक्ति का खिताब हासिल कर लिया। अडानी के एप्पल-टू-एयरपोर्ट समूह की सार्वजनिक रूप से कारोबार करने वाली कम्पनियों के शेयर मूल्यों में उछाल के पश्चात, यह उपलब्धि हासिल हुई।

☐ दिनेश कार्तिक

अनुभवी विकेटकीपर-बल्लेबाज दिनेश कार्तिक ने 3 जून, 2024 को क्रिकेट के सभी प्रारूपों से संन्यास की घोषणा की। हाल ही में समाप्त हुए इण्डियन प्रीमियर लीग (IPL) सत्र के दौरान रॉयल चैलेंजर्स बेंगलुरु (RCB) टीम से उनके आंसुओं के साथ विदा होने के बाद, यह स्पष्ट हो गया था कि वे टीम में नहीं है।

☐ आर. प्रज्ञानानन्द

स्टावांगर में 2 जून, 2024 को नॉर्वे चैस टूर्नामेण्ट के 5वें दौर में जीत हासिल करने के पश्चात, भारतीय ग्रैण्डमास्टर आर. प्रज्ञानानन्द विश्व में दूसरे स्थान पर काबिज संयुक्त राज्य अमेरिका के फैबियानो कारूआना पर निर्णायक जीत के साथ वैश्विक रैंकिंग में शीर्ष 10 में पहुँच गए।

संयुक्त राज्य अमेरिका के हिकारू नाकामुरा ने वर्ल्ड चैम्पियन चीन के डिंग लीरेन को हराकर नॉर्वे के मैग्नस कार्लसन पर अपनी बढ़त एक अंक तक बढ़ा ली।

☐ राकेश रंजन

मणिपुर कैडर के IAS अधिकारी राकेश रंजन, को 31 मई, 2024 को कर्मचारी चयन आयोग (SSC) के अध्यक्ष के रूप में नियुक्त किया गया।

SSC के अध्यक्ष का पद अस्थायी रूप से पदोन्नत किया गया है, और राकेश रंजन अब सचिव के पद और वेतन के साथ भारत सरकार को रिपोर्ट करेंगे।

☐ सत्यदीप गुप्ता

भारतीय पर्वतारोही सत्यदीप गुप्ता 28 मई, 2024 को एक ही सीजन में माउण्ट एवरेस्ट और माउण्ट ल्होत्से दोनों पर 2 बार चढ़ने वाले पहले व्यक्ति बने। माउण्ट एवरेस्ट पर 11 घण्टे और 15 मिनट में चढ़ने वाले पहले भारतीय बनकर एक और रिकॉर्ड बनाया। आयोजकों के अनुसार, 27 मई, 2024 को सत्यदीप गुप्ता ने दोपहर में 8516 मी ऊँचे माउण्ट ल्होत्से पर चढ़ाई की और फिर आधी रात 12 : 45 बजे 8849 मी ऊँचे माउण्ट एवरेस्ट पर विजयी रूप से चढ़ाई की।

☐ अनसूया गुप्ता

अनसूया सेनगुप्ता ने 25 मई, 2024 को 'द शेमलेस' में अपनी भूमिका के लिए 77वें कान्स फिल्म फेस्टिवल में सर्वश्रेष्ठ अभिनेत्री का पुरस्कार जीता। यह कोलकाता में जन्मी प्रतिभाशाली अभिनेत्री हैं। यह जीत महत्वपूर्ण है क्योंकि यह भारतीय फिल्म निर्माण की वैश्विक उपस्थिति और बढ़ते महत्व को दर्शाती है। यह फिल्मों में भारतीय महिलाओं के सामर्थ्य को भी प्रदर्शित करता है।

बल्गेरियाई निर्देशक कॉन्स्टेण्टिन बोजानोव की फिल्म 'द शेमलेस' को 'अन सर्टेन रिगार्ड' सेक्शन के तहत महोत्सव में प्रदर्शित किया गया था।

☐ सुनील छेत्री

भारतीय राष्ट्रीय फुटबॉल टीम के कप्तान सुनील छेत्री ने 16 मई, 2024 को अपनी सेवानिवृत्ति की घोषणा की। यह महत्त्वपूर्ण अवसर भारत के सबसे प्रसिद्ध फुटबॉल खिलाड़ियों में से एक के लिए एक लम्बे और उपयोगी करियर के समापन का प्रतीक है।

☐ कविता कृष्णमूर्ति

लन्दन में वार्षिक UK एशियन फिल्म फेस्टिवल (UKAFF) 16 मई, 2024 को हुआ और भारतीय गायिका कविता कृष्णमूर्ति को उनके संगीत योगदान के लिए 'लाइफटाइम अचीवमेण्ट अवार्ड' मिला।

गोल्डन फ्लेम लाइफटाइम अचीवमेण्ट अवॉर्ड 66 वर्षीय गायिका को दिया गया, जो एक भव्य समारोह के दौरान 'मिस्टर इण्डिया' सहित विभिन्न बॉलीवुड मूवी ऑफिस करने के लिए जानी जाती हैं।

उन्हें 40 वर्ष के करियर के दौरान उनकी उपलब्धियों के लिए मान्यता मिली, जिसमें लगभग 45 भारतीय भाषाओं में 50000 से अधिक गाने रिकॉर्ड करना शामिल था।

☐ कपिल सिब्बल

नई दिल्ली में हाल ही में हुए चुनाव में, प्रमुख वकील कपिल सिब्बल को 16 मई, 2024 प्रभावी सुप्रीम कोर्ट बार एसोसिएशन (SCBA) के अध्यक्ष के रूप में सेवा देने के लिए चुना गया।

वह वरिष्ठ वकील आदिश सी. अग्रवाल के स्थान पर रिकॉर्ड चौथी बार प्रतिष्ठित वकील संगठन के अध्यक्ष बने। वर्ष 2001 में, कपिल सिब्बल SCBA के अध्यक्ष थे, एक भूमिका उन्होंने 1990 के दशक के मध्य में पहले भी 2 बार निभाई थी।

मौजूदा अध्यक्ष आदिश सी. अग्रवाल SCBA की मजबूत नेतृत्व की परम्परा को आगे बढ़ाते हुए कपिल सिब्बल को बागडोर सौंपेंगे।

☐ कमला बेनीवाल

7 बार विधायक और राजस्थान की पूर्व उप-मुख्यमन्त्री कमला बेनीवाल का 15 मई, 2024 को निधन हो गया।

वर्ष 1954 में, कमला बेनीवाल को राजस्थान की पहली महिला मन्त्री के रूप में नियुक्त किया गया था, इस पद पर वह कई वर्षों तक रहीं।

जब कमला बेनीवाल गुजरात की राज्यपाल थीं, तब उनके तत्कालीन मुख्यमन्त्री नरेन्द्र मोदी के साथ मतभेद की अफवाहें थीं।

वह गुजरात के अतिरिक्त मिजोरम और त्रिपुरा की राज्यपाल के पद पर भी रहीं।

☐ रस्किन बॉण्ड

रस्किन बॉण्ड को 13 मई, 2024 को भारत के प्रमुख साहित्यिक संघ, साहित्य अकादमी द्वारा 'साहित्य अकादमी फैलोशिप' का सर्वोच्च गौरव प्राप्त हुआ।

रस्किन बॉण्ड की साहित्यिक कृतियों ने राष्ट्रीय सीमाओं को पार कर लिया है; उनकी कहानियों का रूपान्तरण दूरदर्शन पर टेलीविजन शृंखला 'एक था रस्टी' के रूप में देखा जा सकता है।

☐ एन. चन्द्रशेखरन

टाटा सन्स के चेयरमैन एन. चन्द्रशेखरन ने 13 मई, 2024 को टाटा इलेक्ट्रॉनिक्स में चेयरमैन का पद सम्भाला।

एन. चन्द्रशेखरन, बनमाली अग्रवाल का स्थान लेंगे, जो कुछ वर्षों से इस पद पर हैं और हाल ही में समूह के साथ सलाहकार की भूमिका में आए हैं।

टाटा इलेक्ट्रॉनिक्स के अध्यक्ष के रूप में एन. चन्द्रशेखरन के नामांकन को एक रणनीतिक कदम के रूप में देखा जाता है, जो समूह के लिए सेमीकण्डक्टर उद्योग के महत्व को दर्शाता है।

उनका नेतृत्व और दूरदर्शिता कम्पनी के शीर्ष कर्मियों को आकर्षित करने में आवश्यक थी, जिसमें पूर्व इण्टेल फाउण्ड्री सर्विसेज के दिग्गज रणधीर ठाकुर भी शामिल थे, जो वर्ष 2023 में टाटा इलेक्ट्रॉनिक्स में CEO और MD के रूप में शामिल हुए थे।

☐ डॉ. सौम्या स्वामीनाथन

डॉ. सौम्या स्वामीनाथन को उन 10 उत्कृष्ट लोगों में से 1 के रूप में चुना गया है, जिन्हें कनाडा के प्रतिष्ठित मैकगिल विश्वविद्यालय द्वारा 13 मई, 2024 को स्प्रिंग 2024 दीक्षान्त समारोह में मानद उपाधि से सम्मानित किया गया।

65 वर्षीय डॉ. सौम्या स्वामीनाथन का 40 से अधिक वर्षों तक नैदानिक उपचार और अनुसंधान में एक विशिष्ट करियर रहा है।

COVID-19 महामारी के दौरान वर्ल्ड हेल्थ ऑर्गेनाइजेशन (WHO) में उनकी नियुक्ति वर्ष 2022 के अन्त तक चली।

☐ सृष्टि खण्डागले

भारत की सृष्टि खण्डागले ने 12 मई, 2024 को इतिहास रच दिया, जब वह एशियन ट्रैम्पोलिन जिम्नास्टिक चैम्पियनशिप में पदक जीतने वाली पहली भारतीय बनीं।

वुमेन्स इण्डिविजुअल ऐज ग्रुप इवेण्ट में, उन्होंने 6वीं एशियन ट्रैम्पोलिन जिम्नास्टिक चैम्पियनशिप में रजत पदक जीता, जो हाँगकाँग, चीन में हुआ था।

लेकिन वह आगामी पेरिस ओलम्पिक के लिए क्वालीफाई नहीं कर पाई, क्योंकि वह एक आयु वर्ग प्रतियोगिता में प्रतिस्पर्धा कर रही थीं।

कजाकिस्तान की डोलगोपोलोवा ने स्वर्ण पदक जीता और हाँगकाँग की एस. हंग ने काँस्य पदक जीता।

☐ इदाशिशा नोंगरांग

वरिष्ठ IPS अधिकारी इदाशिशा नोंगरांग को 11 मई, 2024 को मेघालय की पहली महिला पुलिस महानिदेशक (DGP) नियुक्त किया गया।

यह राज्य के लिए एक ऐतिहासिक क्षण था, क्योंकि इदाशिशा नोंगरांग यह महत्त्वपूर्ण पद हासिल करने वाली पहली स्वदेशी महिला भी हैं।

☐ दिलीप संघानी

सहकारी शासन ने 9 मई, 2024 को एक अविश्वसनीय उपलब्धि प्राप्त की, जब IFFCO ने अपने निदेशक मण्डल के लिए अपना 15वाँ RGB चुनाव आयोजित किया।

IFFCO में दिलीप संघानी को अध्यक्ष के रूप में और बलवीर सिंह को उपाध्यक्ष के रूप में सेवा देने के लिए चुना गया।

☐ युजवेन्द्र चहल

युजवेन्द्र चहल ने 9 मई, 2024 को एक उल्लेखनीय उपलब्धि हासिल की, जब वह खेल के सबसे छोटे प्रारूप में 350 विकेट लेने वाले भारत के पहले गेंदबाज बने।

नई दिल्ली के अरुण जेटली स्टेडियम में एक ऐतिहासिक क्षण तब आया जब उन्होंने दिल्ली कैपिटल्स के कप्तान ऋषभ पन्त को आउट कर दिया।

अपने कुल स्कोर को बढ़ाने के अतिरिक्त, इस विकेट ने चहल को T20 क्रिकेट के सबसे अधिक विकेट लेने वालों की सर्वकालिक सूची में 11वें स्थान पर पहुँचा दिया, जिससे वह शीर्ष 15 में एकमात्र भारतीय बन गए।

☐ केकी मिस्त्री

इंश्योरेन्स रेगुलेटरी एण्ड डेवलपमेण्ट अथॉरिटी (IRDAI) ने 7 मई, 2024 को HDFC लाइफ के अध्यक्ष के रूप में केकी मिस्त्री की नियुक्ति की पुष्टि की।

केकी मिस्त्री इंस्टीट्यूट ऑफ चार्टर्ड अकाउण्टेण्ट्स ऑफ इण्डिया के फेलो सदस्य और सर्टिफाइड चार्टर्ड अकाउण्टेण्ट हैं।

हाउसिंग डेवलपमेण्ट फाइनेन्स कॉर्पोरेशन (HDFC) लिमिटेड में, उन्होंने CEO और उपाध्यक्ष दोनों के रूप में कार्य किया।

☐ करीना कपूर खान

बॉलीवुड अभिनेत्री करीना कपूर खान को 5 मई, 2024 को यूनिसेफ इण्डिया का राष्ट्रीय राजदूत नामित किया गया। वर्ष 2014 से संगठन के साथ उनका दीर्घकालिक जुड़ाव, जिसके दौरान उन्होंने एक सेलिब्रिटी एडवोकेट के रूप में कार्य किया है, को इस सम्मानित स्थिति से मान्यता प्राप्त है।

☐ युवराज सिंह

पूर्व भारतीय ऑलराउण्डर युवराज सिंह को 26 अप्रैल, 2024 को ICC द्वारा पुरुष T20 वर्ल्ड कप 2024 का राजदूत नामित किया गया। वेस्टइण्डीज के पूर्व कप्तान क्रिस गेल और धावक उसेन बोल्ट को ICC ने पहले टूर्नामेण्ट का राजदूत नामित किया।

☐ दीपेन्द्र सिंह ऐरी

कतर के खिलाफ 20 अप्रैल, 2024 को ACC पुरुष T20I प्रीमियर कप मैच के दौरान नेपाल के 24 वर्षीय पुराने ऑलराउण्डर दीपेन्द्र सिंह ऐरी ने एक ही ओवर में 6 छक्के लगाकर इतिहास रच दिया।

दीपेन्द्र सिंह ऐरी ने कीरोन पोलार्ड और युवराज सिंह के सम्मानित रैंक में प्रवेश किया, जिन्होंने पहले पुरुषों T20 में भी यही उपलब्धि हासिल की थी।

☐ डॉ. नईमा खातून

राष्ट्रपति द्रौपदी मुर्मू ने 23 अप्रैल, 2024 को प्रोफेसर नईमा खातून को अलीगढ़ मुस्लिम विश्वविद्यालय (AMU) की पहली महिला कुलपति के रूप में नामित किया।

संस्थान अप्रैल, 2023 से पूर्णकालिक कुलपति के बिना है, जब तारिक मंसूर का कार्यकाल समाप्त हो गया था।

☐ रामचरण

प्रसिद्ध भारतीय अभिनेता रामचरण ने 17 अप्रैल, 2024 को चेन्नई के वेल्स विश्वविद्यालय से साहित्य में डॉक्टरेट की मानद उपाधि प्राप्त की।

यह प्रतिष्ठित पुरस्कार सिनेमा की दुनिया में रामचरण की उत्कृष्ट उपलब्धियों और सम्पूर्ण विश्व के दर्शकों पर उनके महत्त्वपूर्ण प्रभाव को पहचानता है।

☐ दलीप सिंह मजीठिया

स्क्वाड्रन लीडर दलीप सिंह मजीठिया, सबसे उम्रदराज जीवित भारतीय वायुसेना पायलट का 103 वर्ष की आयु में 15 अप्रैल, 2024 को उत्तराखण्ड में उनके खेत में निधन हो गया।

दलीप सिंह मजीठिया का पायलटिंग करियर कराची फ्लाइंग क्लब में शुरू हुआ, जहाँ उन्होंने जिप्सी मोथ विमान उड़ाने के मूल सिद्धान्तों को सीखा।

☐ मीनेश शाह

मीनेश शाह को 6 अप्रैल, 2024 को सर्वसम्मति से नेशनल कोऑपरेटिव डेयरी फेडरेशन ऑफ इण्डिया लिमिटेड (NCDFI) के अगले अध्यक्ष के रूप में पदभार सम्भालने के लिए चुना गया।

☐ राकेश मोहन

भारतीय रिजर्व बैंक (RBI) के पूर्व डिप्टी गवर्नर राकेश मोहन को 5 अप्रैल, 2024 को वर्ल्ड बैंक समूह के आर्थिक सलाहकार पैनल में शामिल किया गया।

लंदन स्कूल ऑफ इकोनॉमिक्स में अर्थशास्त्र और सरकार के आईजी पटेल प्रोफेसर लॉर्ड निकोलस स्टर्न इस पैनल की अध्यक्षता करेंगे।

☐ संजय नायर

संजय नायर को 3 अप्रैल, 2024 को एसोसिएटेड चैम्बर्स ऑफ कॉमर्स एण्ड इण्डस्ट्री ऑफ इण्डिया (ASSOCHAM) का नया अध्यक्ष नियुक्त किया गया।

संजय नायर अन्तर्राष्ट्रीय वित्तीय बाजारों में एक प्रमुख व्यक्ति हैं।

वह एक प्रसिद्ध निवेश कम्पनी KKR इण्डिया के विगत CEO थे।

☐ राजीव सिंघल

राजीव सिंघल को 1 अप्रैल, 2024 को टाटा समूह की वैश्विक व्यापार और वितरण शाखा, 'टाटा इण्टरनेशनल' का नया प्रबन्ध निदेशक (MD) नियुक्त किया गया।

टाटा इण्टरनेशनल की एक विज्ञप्ति के अनुसार, वह आनन्द सेन का स्थान लेंगे, जो 31 मार्च, 2024 को सेवानिवृत्त हो गए।

☐ सदानन्द वसन्त दाते

महाराष्ट्र कैडर के प्रतिष्ठित IPS अधिकारी सदानन्द वसन्त दाते 28 मार्च, 2024 को NIA के नए महानिदेशक के रूप में पदभार सम्भालेंगे।

वह 31 दिसम्बर, 2026 को अपनी सेवानिवृत्ति तक या अगले आदेश तक इस भूमिका में बने रहेंगे।

☐ राजीव कुमार

राजस्थान कैडर के एक प्रतिष्ठित IPS अधिकारी राजीव कुमार को 28 मार्च, 2024 को BPR&D का महानिदेशक नियुक्त किया गया। BPR&D प्रमुख बालाजी श्रीवास्तव के स्थान पर राजीव कुमार 30 जून, 2026 को अपनी सेवानिवृत्ति तक या अगले आदेश तक इस पद पर बने रहेंगे।

☐ पीयूष आनन्द

उत्तर प्रदेश कैडर के 1991 बैच के IPS अधिकारी पीयूष आनन्द को 28 मार्च, 2024 को NDRF के निदेशक के रूप में नियुक्त किया गया।

उन्होंने अतुल करवाल के स्थान पर NDRF प्रमुख के रूप में पदभार सम्भाला है, जो 31 मार्च को सेवानिवृत्त होने वाले हैं। उनका कार्यकाल 2 वर्ष या अगले आदेश तक रहेगा।

☐ एमवी राव

एमवी राव को 22 मार्च, 2024 को वर्ष 2023-24 के लिए इण्डियन बैंक एसोसिएशन (IBA) के नए अध्यक्ष के रूप में सेवा देने के लिए चुना गया। अतुल कुमार गोयल, जो पंजाब नेशनल बैंक के प्रबन्ध निदेशक और मुख्य कार्यकारी अधिकारी के रूप में भी कार्यरत हैं, को एमवी राव द्वारा प्रतिस्थापित किया जाएगा।

☐ पंकज आडवाणी

भारत के दिग्गज पूल खिलाड़ी पंकज आडवाणी को 20 मार्च, 2024 को 'हॉल ऑफ फेम ऑफ द वर्ल्ड बिलियर्ड्स म्यूजियम' में शामिल किया गया।

चीनी शहर शांगराओ वर्ल्ड बिलियर्ड्स म्यूजियम का घर है। कुल मिलाकर, पंकज आडवाणी ने बिलियर्ड्स और स्नूकर में 26 वर्ल्ड चैम्पियनशिप जीती हैं।

☐ राहुल सिंह

वरिष्ठ अधिकारी राहुल सिंह को 18 मार्च, 2024 को केन्द्रीय माध्यमिक शिक्षा बोर्ड (CBSE) का अध्यक्ष नियुक्त किया गया था। राहुल सिंह NITI आयोग में सलाहकार नियुक्त की गईं निधि छिब्बर की जगह लेंगे।

☐ नवनीत कुमार सहगल

पूर्व IAS अधिकारी नवनीत कुमार सहगल ने 16 मार्च, 2024 को प्रसार भारती के अगले अध्यक्ष के रूप में नेतृत्व ग्रहण किया। नवनीत सहगल उत्तर प्रदेश कैडर से 1988 बैच सेवानिवृत्त अधिकारी हैं।

वह ए. सूर्य प्रकाश के उत्तराधिकारी हैं, जिन्होंने वर्ष 2020 तक एक अध्यक्ष के रूप में कार्य किया।

☐ नायब सिंह सैनी

BJP सांसद नायब सिंह सैनी ने 12 मार्च, 2024 ने हरियाणा के मुख्यमन्त्री पद की शपथ ली। हरियाणा के मुख्यमन्त्री मनोहर लाल खट्टर ने BJP-JJP गठबन्धन टूटने के पश्चात् अपने पद से त्याग-पत्र दे दिया।

☐ दलजीत सिंह चौधरी

1990 बैच के IPS अधिकारी दलजीत सिंह चौधरी को 1 मार्च, 2024 से प्रभावी राष्ट्रीय सुरक्षा गारद (NSG) का महानिदेशक (DG) नामित किया गया।

वर्तमान में सशस्त्र सीमा बल (SB) के DG के पद पर आसीन चौधरी अब NSG की अध्यक्षता करने की अतिरिक्त जिम्मेदारी सम्भालेंगे, जिसे 'ब्लैक कैट' भी कहा जाता है।

☐ पंकज उधास

अनुभवी गजल कलाकार और पार्श्व गायक पंकज उधास का लम्बी बीमारी के बाद 26 फरवरी, 2024 को 72 वर्ष की आयु में निधन हो गया।

वर्ष 2006 में, पंकज उधास को भारत का चौथा सबसे बड़ा नागरिक पुरस्कार पद्मश्री मिला था।

अपने शुरुआती करियर के दौरान उन्होंने न केवल बॉलीवुड पार्श्व गीत गाए, बल्कि भारतीय संगीत के साथ प्रयोग भी किया।

☐ अमीन सयानी

भारतीय पीढ़ियों के लिए रेडियो की पहचान बनाने वाली प्रसिद्ध आवाज अमीन सयानी का
20 फरवरी, 2024 को 91 वर्ष की आयु में निधन हो गया।

सयानी की आवाज उनके प्रसिद्ध कार्यक्रम 'बिनाका गीतमाला' की बदौलत भारतीय घरों में एक घरेलू नाम थी, जिसने पूरे देश में संगीत प्रेमियों को एकजुट करने में मदद की।

☐ प्रीति रजक

प्रीति रजक को 27 जनवरी, 2024 को भारतीय सेना की पहली महिला सूबेदार के रूप में नियुक्त किया गया। वह भारतीय सेना में शामिल हो गईं और शुरू में उन्हें हवलदार के रूप में नियुक्त किया गया था।

रजक ने ट्रैप शूटिंग में दक्षता दिखाई, जिसके कारण दिसम्बर, 2022 में सैन्य पुलिस कोर में उनकी भर्ती हुई।

☐ नित्य आनन्द

भारत में पहली मौखिक गर्भनिरोधक गोली के निर्माता नित्य आनन्द का 27 जनवरी, 2024 को 99 वर्ष की आयु में निधन हो गया। उन्हें पद्मश्री पुरस्कार से सम्मानित किया गया था।

गर्भनिरोधक गोली को 'सहेली' के नाम से जाना जाता था। वर्ष 2016 में, सहेली को भारत के राष्ट्रीय परिवार कार्यक्रम में जोड़ा गया था।

☐ अजीत मिश्रा

भारत में जन्मे एक प्रमुख ब्रिटिश वकील, अजीत मिश्रा, को 23 जनवरी, 2024 को प्रतिष्ठित 'फ्रीडम ऑफ द सिटी ऑफ लन्दन अवॉर्ड' से सम्मानित किया गया।

उन्हें कानूनी और सार्वजनिक जीवन में उनके उत्कृष्ट योगदान के लिए सम्मानित किया गया है। वह यूके इण्डिया लीगल पार्टनरशिप (UKILP) के संस्थापक और अध्यक्ष हैं।

☐ मुनव्वर राणा

मशहूर शायर मुनव्वर राणा का 14 जनवरी, 2024 को लखनऊ में दिल का दौरा पड़ने से 71 वर्ष की आयु में निधन हो गया। अपने पूरे करियर के दौरान, राणा को कई सम्मान मिले और उन्हें वर्ष 2014 में उनकी कविता पुस्तक 'शाहदाबा' के लिए प्रतिष्ठित साहित्य अकादमी पुरस्कार से सम्मानित किया गया।

उनके अन्य सम्मानों में अमीर खुसरो पुरस्कार, मीर तकी मीर पुरस्कार, गालिब पुरस्कार, डॉ. जाकिर हुसैन पुरस्कार और सरस्वती समाज पुरस्कार शामिल हैं।

☐ प्रभा अत्रे

वयोवृद्ध शास्त्रीय गायिका स्वरायोगिनी डॉ. प्रभा अत्रे का 13 जनवरी, 2024 को पुणे में उनके निवास पर निधन हो गया। वह 91 वर्ष की थीं। एक शास्त्रीय गायिका होने के अतिरिक्त, उन्होंने एक शिक्षाविद्, शोधकर्ता, संगीतकार और लेखक के रूप में भी उत्कृष्ट प्रदर्शन किया।

उन्हें जनवरी, 2022 में देश के दूसरे सबसे बड़े नागरिक सम्मान पद्म विभूषण से सम्मानित किया गया था। इससे पहले उन्हें वर्ष 1990 में पद्म श्री पुरस्कार और वर्ष 2002 में पद्म भूषण से सम्मानित किया गया था।

☐ शीलवर्धन सिंह

केन्द्रीय औद्योगिक सुरक्षा बल (CISF) के पूर्व महानिदेशक शीलवर्धन सिंह को 11 जनवरी, 2024 को UPSC के सदस्य के रूप में नियुक्त किया गया।

यह शीलवर्धन सिंह के करियर में एक उल्लेखनीय मील का पत्थर है। आयोग में अधिकतम 10 सदस्य हो सकते हैं, जिन्हें 6 वर्ष की अवधि या 65 वर्ष की आयु प्राप्त करने तक नियुक्त किया जा सकता है।

☐ राशिद खान

हिन्दुस्तानी शास्त्रीय गायक और संगीत उस्ताद, राशिद खान का 9 जनवरी, 2024 को कोलकाता में निधन हो गया। वह 55 वर्ष के थे और कैंसर से पीड़ित थे।

इन्होंने वर्ष 2006 में पद्म श्री और संगीत नाटक अकादमी पुरस्कार सहित कई पुरस्कार जीते। वर्ष 2022 में, उन्हें देश के तीसरे सर्वोच्च नागरिक पुरस्कार पद्म भूषण से सम्मानित किया गया था। पश्चिम बंगाल सरकार ने उस्ताद राशिद खान को बंग विभूषण और संगीत महासम्मान से भी सम्मानित किया।

☐ इन्द्रमणि पाण्डे

भारत के एक वरिष्ठ राजनयिक, राजदूत इन्द्रमणि पाण्डे ने 5 जनवरी, 2024 को ढाका में BIMSTEC के महासचिव (SG) का पद ग्रहण किया। BIMSTEC सचिवालय द्वारा जारी एक प्रेस विज्ञप्ति के अनुसार, भूटान के तेनजिन लेकफेल की जगह लेने वाले पाण्डे BIMSTEC के चौथे महासचिव हैं और 3 वर्ष की अवधि के लिए पद पर बने रहेंगे। राजनयिक पाण्डे वर्ष 1990 में भारतीय विदेश सेवा (IFS) में शामिल हुए थे।

☐ जी. राम मोहन राव

भारतीय प्रतिभूति और विनिमय बोर्ड (SEBI) ने 5 जनवरी, 2024 को 3 वर्ष के कार्यकाल के लिए कार्यकारी निदेशक (ED) के रूप में जी. राम मोहन राव की नियुक्ति की घोषणा की। SEBI में 25 से अधिक वर्षों के अनुभव के साथ राव अपनी नई भूमिका में विशेषज्ञता का कार्य करेंगे। ED के रूप में, वह जाँच विभाग और आन्तरिक निरीक्षण विभाग की देखरेख करेंगे, जो बाजार की एकरूपता को बनाए रखने के लिए SEBI की प्रतिबद्धता को मजबूत करेगा।

☐ रघुराम अय्यर

रघुराम अय्यर को 5 जनवरी, 2024 को भारतीय ओलम्पिक संघ (IOA) के CEO के रूप में नियुक्त किया गया। राजस्थान रॉयल्स के पूर्व CEO रघुराम अय्यर अपनी नई भूमिका में एक विविध और समृद्ध पेशेवर पृष्ठभूमि वाले हैं।

अय्यर की नियुक्ति से पहले IOA में CEO का कामकाज IOA के संयुक्त सचिव और AIFF के अध्यक्ष कल्याण चौबे द्वारा प्रबन्धित किया जाता था।

अन्तर्राष्ट्रीय

☐ ओलेग कोनोनेंको

रोस्कोस्मोस अन्तरिक्ष यात्री ओलेग कोनोनेंको ने 6 जून, 2024 तक अन्तरिक्ष में 1000 दिन बिताकर विश्व रिकॉर्ड बनाया है।

ISS के लिए उनका नवीनतम मिशन 15 सितम्बर, 2023 को नासा के अन्तरिक्ष यात्री लोरल ओ'हारा और रूसी अन्तरिक्ष यात्री निकोलाई चूब के साथ शुरू हुआ।

ओलेग कोनोनेंको, जो विमानन में विशेषज्ञता प्राप्त मैकेनिकल इन्जीनियर हैं तथा 1996 से अन्तरिक्ष यात्री हैं, का करियर काफी शानदार रहा है।

☐ फिलेमोन यांग

कैमरून के पूर्व प्रधानमन्त्री फिलेमोन यांग को 6 जून, 2024 को संयुक्त राष्ट्र महासभा (UNGA) के 79वें सत्र के अध्यक्ष के रूप में चुना गया।

10 सितम्बर, 2024 को न्यूयॉर्क स्थित संयुक्त राष्ट्र मुख्यालय में सत्र शुरू होने पर वह त्रिनिदाद और टोबैगो के डेनिस फ्रांसिस से पदभार ग्रहण करेंगे।

फिलेमोन यांग ने वर्ष 2009 से 2019 तक कैमरून के प्रधानमन्त्री के रूप में कार्य किया और वर्ष 2020 से गणराज्य के राष्ट्रपति पद पर राष्ट्रीय आदेशों के ग्रैण्ड चान्सलर का पद सम्भाला है।

☐ सुनीता विलियम्स

6 जून, 2024 को बोइंग स्टारलाइनर अन्तरिक्ष यान के पहले चालक दल मिशन में अन्तरिक्ष की यात्रा करने वाली पहली चालक दल बनकर इतिहास रच दिया।

सुनीता विलियम्स ने नए मानव-रेटेड अन्तरिक्ष यान की पहली यात्रा पर उड़ान भरने वाली पहली महिला बनकर एक और उपलब्धि हासिल की।

सुनीता विलियम्स पायलट के रूप में सेवारत हैं, दोनों पुनः प्रयोज्य क्रू कैप्सूल का उपयोग करके पृथ्वी पर लौटने से पहले अन्तर्राष्ट्रीय अन्तरिक्ष स्टेशन पर लगभग एक सप्ताह बिताएँगे।

☐ हेलेन मैरी रॉबर्ट्स

पाकिस्तान के 77 वर्षों के सैन्य इतिहास में, एक ईसाई महिला हेलेन मैरी रॉबर्ट्स 2 जून, 2024 को वन-स्टार अधिकारी के पद पर पदोन्नत होने वाली पहली महिला बनीं।

उनकी प्रमुखता में वृद्धि देश में अल्पसंख्यकों के विरुद्ध अपराधों, विशेषकर ईसाइयों के विरुद्ध अपराधों के प्रति बढ़ती जागरुकता से मेल खाती है, जहाँ मुस्लिम बहुसंख्यक हैं।

☐ शेख सबा अल-खालिद अल-सबा

कुवैत के शासक और पूर्व प्रधानमन्त्री शेख मेशाल अल-अहमद अल-सबा ने 1 जून, 2024 को एक आदेश जारी कर शेख सबा अल-खालिद अल-सबा को देश के नए क्राउन प्रिन्स के रूप में नियुक्त किया।

शेख सबा अल-खालिद वर्ष 2019-22 तक कुवैत के प्रधानमन्त्री रहे। उल्लेखनीय है कि शेख सबा अल-खालिद पहले क्राउन प्रिन्स हैं जिनके पिता ने कभी कुवैत पर शासन नहीं किया।

यह पहली बार है जब सत्तारूढ़ अल सबा परिवार के मुबारक वंश की अल हमद शाखा से एक क्राउन प्रिन्स बना है।

☐ इमैनुएल सौबेरन

डॉ इमैनुएल सौबेरन को 31 मई, 2024 को डॉ. मोनिक एलोइट की जगह वर्ल्ड ऑर्गेनाइजेशन फॉर एनिमल हेल्थ (WOAH) के नए महानिदेशक के रूप में चुना गया।

फ्रांस के प्रभाव में उनकी नियुक्ति, सम्पूर्ण विश्व में पशु स्वास्थ्य के प्रति समर्पण का प्रतिनिधित्व करती है।

☐ गीतानस नौसेदा

क्षेत्रीय तनावों के मध्य, लिथुआनियाई राष्ट्रपति गीतानस नौसेदा ने 28 मई, 2024 को यूक्रेन के प्रति अपने समर्थन और सत्तावाद की अवज्ञा की पुष्टि करते हुए शानदार जीत हासिल की।

प्रारम्भिक परिणामों से पता चलता है कि गीतानस नौसेदा ने 74.5% मतों के साथ एक जबरदस्त बढ़त हासिल की, जो दर्शाता है कि उनके उदारवादी रूढ़िवादी दृष्टिकोण और यूक्रेन के लिए लगातार समर्थन ने व्यापक लोकप्रियता हासिल की है।

☐ क्रिस्टियानो रोनाल्डो

क्रिस्टियानो रोनाल्डो, 20 मई, 2024 को फोर्ब्स के अनुसार विश्व में सबसे अधिक भुगतान पाने वाले एथलीट हैं।

यह सऊदी अरब में उनका पर्याप्त राजस्व था जिसने उन्हें 4 बार इस पद पर पहुँचाया में लाया। फोर्ब्स के अनुसार, रोनाल्डो की कुल सम्पत्ति पिछले वर्ष आश्चर्यजनक रूप से $ 260 मिलियन थी।

☐ सैयद इब्राहिम रईसी

ईरान-इजरायल शत्रुता और संयुक्त राज्य अमेरिका और ईरान के मध्य चल रहे परमाणु मतभेद 20 मई, 2024 को एक हेलीकॉप्टर दुर्घटना में ईरान के राष्ट्रपति इब्राहिम रईसी की मौत से और भी जटिल हो गए।

यह घटना पश्चिम एशिया में बढ़ते तनाव के मध्य हुई है विशेष रूप से इजरायल और गाजा के मध्य चल रहे युद्ध और अमेरिका, इजरायल और ईरान के मध्य बड़े भू-राजनीतिक संघर्षों के आलोक में।

☐ एड ड्वाइट

अन्तरिक्ष यात्री के लिए अमेरिका के पहले अफ्रीकी अमेरिकी उम्मीदवार एड ड्वाइट, ने 19 मई, 2024 को ब्लू ओरिजिन, जेफ बेजोस के अन्तरिक्ष व्यवसाय के साथ शुरुआत की और इतिहास रचा।

यह एक महत्वपूर्ण अवसर था क्योंकि यह NASA के अन्तरिक्ष यात्री दल के लिए शुरुआत में उनकी सिफारिश किए जाने के 60 वर्ष बाद हुआ था।

जब एड ड्वाइट ने भारहीनता के एक संक्षिप्त क्षण का अनुभव किया, तो उन्होंने सबसे उम्रदराज व्यक्ति के अन्तरिक्ष में उड़ान भरने वाले का पिछला रिकॉर्ड तोड़ दिया।

☐ आन्द्रेई रेमोविच बेलौसोव

65 वर्षीय पूर्व उप-प्रधानमन्त्री आन्द्रेई बेलौसोव को रूसी राष्ट्रपति व्लादिमीर पुतिन ने 13 मई, 2024 को देश के नए रक्षा मन्त्री के रूप में अपने वफादार सर्गेई शोइगु की जगह लेने के लिए आगे रखा।

आन्द्रेई बेलौसोव एक नागरिक अर्थशास्त्री हैं, जिनके पास कोई पूर्व सैन्य प्रशिक्षण नहीं है। रूस की प्रभावशाली सुरक्षा परिषद के वर्तमान सचिव निकोलाई पेत्रुशेव के लिए पदभार सम्भालने के अतिरिक्त।

दिमित्री पेसकोव के अनुसार, यह कदम समझ में आता है, क्योंकि रूस 1980 के दशक के मध्य में सोवियत संघ जैसी स्थिति की ओर बढ़ रहा था, जब सकल घरेलू उत्पाद 7.4% था, जो सैन्य और कानून प्रवर्तन के कारणथा।

☐ कामी रीता

नेपाल के प्रसिद्ध पर्वतारोही कामी रीता शेरपा ने 12 मई, 2024 को इतिहास रच दिया, जब वह सबसे अधिक चढ़ाई के अपने पिछले रिकॉर्ड को तोड़ते हुए 29वीं बार माउण्ट एवरेस्ट पर पहुँचे। 54 वर्षीय अनुभवी पर्वतारोही ने 8849 मी ऊँची चोटी पर चढ़ाई की।

☐ मिखाइल मिशुस्तिन

रूसी राष्ट्रपति व्लादिमीर पुतिन ने 10 मई, 2024 को मिखाइल मिशुस्तिन को प्रधानमन्त्री के पद पर दोबारा नियुक्त किया।

रूसी कानून के अनुरूप, 58 वर्षीय मिखाइल मिशुस्तिन, जिन्होंने 4 वर्ष तक पद सम्भाला था, ने अपने मन्त्रिमण्डल से इस्तीफा दे दिया, क्योंकि पुतिन ने एक शानदार क्रेमलिन में अपना 5वाँ राष्ट्रपति कार्यकाल शुरू किया। मिखाइल मिशुस्तिन की पुनर्नियुक्ति का राजनीतिक विशेषज्ञों द्वारा व्यापक रूप से अनुमान लगाया गया था, जिन्होंने इस बात पर प्रकाश डाला कि पुतिन उनकी क्षमता और सीमित राजनीतिक दृश्यता को महत्व देते हैं।

☐ जॉन स्विनी

जॉन स्विनी को 9 मई, 2024 को स्कॉटलैण्ड के प्रथम मन्त्री के रूप में सेवा देने के लिए चुना गया।

उन्हें स्कॉटिश नेशनल पार्टी (SNP) का नया प्रमुख चुना गया और वह संगठन के एक अनुभवी सदस्य हैं।

☐ व्लादिमीर पुतिन

व्लादिमीर पुतिन ने 7 मई, 2024 को मास्को के ग्रैण्ड क्रेमलिन पैलेस में आयोजित एक समारोह के दौरान रूस के राष्ट्रपति के रूप में 6 वर्ष के कार्यकाल के लिए शपथ ली। व्लादिमीर पुतिन लगभग 25 वर्षों से सत्ता में हैं, जिससे वह जोसेफ स्टालिन के पश्चात् सबसे लम्बे समय तक शासन करने वाले राष्ट्र प्रमुख बन गए।

☐ हमजा यूसुफ

स्कॉटलैण्ड के प्रथम मन्त्री हमजा यूसुफ ने 30 अप्रैल, 2024 को स्कॉटिश ग्रीन्स के साथ SNP के गठबन्धन के विघटन के पश्चात अपना त्यागपत्र दे दिया।

हमजा यूसुफ ने कहा कि फण्डिंग विवाद और पूर्व नेता निकोला स्टर्जन के बाहर निकलने सहित बाधाओं के बावजूद, वह राजनीतिक शक्ति हासिल करने के लिए अपने आदर्शों और मूल्यों का त्याग नहीं करेंगे।

☐ केट मिडलटन

सेण्ट जॉर्ज दिवस, पर 23 अप्रैल, 2024 को महल द्वारा जारी पुरस्कारों की एक नई सूची के अनुसार, केट मिडलटन को 'द ऑर्डर ऑफ द कम्पेनियन ऑफ ऑनर' का रॉयल कम्पेनियन नामित किया गया।

☐ क्रिस्टालिना जॉर्जीवा

क्रिस्टालिना जॉर्जीवा को 1 अक्टूबर, 2024 से शुरू होने वाले 5 वर्ष के कार्यकाल के लिए 16 अप्रैल, 2024 को इण्टरनेशनल मोनेटरी फण्ड (IMF) के प्रबन्ध निदेशक (MD) के रूप में फिर से नियुक्त किया गया।

एक कार्यकारी निदेशक या IMF फण्ड गवर्नर MD पद के लिए उम्मीदवारों का प्रस्ताव कर सकता है। वर्ष 2019 से, बल्गेरियाई क्रिस्टालिना जॉर्जीवा ने IMF के MD के रूप में नेतृत्व किया है।

☐ लिंडी कैमरून

लिंडी कैमरून, ऑक्सफोर्ड स्नातक और UK में नेशनल साइबर सिक्योरिटी सेण्टर की पूर्व CEO को 12 अप्रैल, 2024 को भारत में ब्रिटेन की पहली महिला उच्चायुक्त नियुक्त किया गया।

उनकी नियुक्ति, जो भारत द्वारा लन्दन में अपना पहला उच्चायुक्त नामित करने के 70 वर्ष पश्चात हुई है।

☐ पीटर हिग्स

स्कॉटलैण्ड में एडिनबर्ग विश्वविद्यालय ने 9 अप्रैल, 2024 को बताया कि 94 वर्षीय वैज्ञानिक एवं वर्ष 2013 नोबेल पुरस्कार विजेता पीटर हिग्स का निधन हो गया है। गॉड पार्टिकल, जिसे प्रायः हिग्स बोसोन कण कहा जाता है, की खोज पीटर हिग्स ने की थी।

☐ नोवाक जोकोविच

सर्बियाई टेनिस खिलाड़ी नोवाक जोकोविच 9 अप्रैल, 2024 को 36 वर्ष, 10 महीने और 17 दिन की आयु में टेनिस इतिहास में ATP टूर रैंकिंग में शीर्ष स्थान हासिल करने वाले सबसे उम्रदराज खिलाड़ी बन गए।

इससे पहले स्विट्ज़रलैण्ड के रोजर फेडरर खिलाड़ी के नाम यह रिकॉर्ड (36 वर्ष 10 महीने, 16 दिन) था।

☐ लियो वराडकर

भारतीय मूल के आयरलैण्ड के प्रधानमन्त्री लियो वराडकर ने पारिवारिक मुद्दों पर एक दोहरे जनमत संग्रह हारने के पश्चात 21 मार्च, 2024 को त्यागपत्र दे दिया। लियो वराडकर ने घोषणा की कि उनका मानना है कि अगले वर्ष आम चुनाव में पार्टी को अधिक सीटें जीतने में मदद करने के लिए एक नया नेता फाइन गेल उनसे बेहतर होगा।

☐ मरियम नवाज

मरियम नवाज 27 फरवरी, 2024 को पाकिस्तान के पंजाब राज्य की पहली महिला मुख्यमन्त्री बनीं।

इमरान खान की पार्टी द्वारा समर्थित सुन्नी इत्तेहाद काउन्सिल (SIC) के सदस्यों के मतदान में अनुपस्थित रहने के बावजूद मरियम नवाज मुख्यमन्त्री पद की दौड़ जीतने में कामयाब रहीं। चुनाव में उन्होंने SIC के राणा आफताब को हराया, जिसे PTI का समर्थन प्राप्त था।

☐ मोहम्मद शतयेह

फिलिस्तीनी प्रधानमन्त्री मोहम्मद शतयेह ने 26 फरवरी, 2024 को त्यागपत्र दे दिया। यह त्यागपत्र इजरायल और हमास के संघर्ष के बीच लिया गया था। यह त्यागपत्र ऐसे समय में हुआ है, जब संयुक्त राज्य अमेरिका इजरायल के कब्जे वाले वेस्ट बैंक में अपने प्रशासन को बढ़ाने के लिए फिलिस्तीनी प्राधिकरण (PA) पर महत्त्वपूर्ण दबाव डाल रहा है।

☐ अलेक्जेण्डर स्टब

फिनलैण्ड के राष्ट्रपति चुनाव में 12 फरवरी, 2024 को पूर्व प्रधानमन्त्री अलेक्जेण्डर स्टब ने पूर्व विदेश मन्त्री पेक्का हाविस्तो को हराया।

यूक्रेन पर रूस के आक्रमण के जवाब में फिनलैण्ड के NATO में शामिल होने से देश के राजनयिक और सुरक्षा मामलों की देखरेख के लिए स्टब की नियुक्ति और अधिक उल्लेखनीय हो जाती है।

☐ हेज जिंगोब

नामीबिया के राष्ट्रपति हेज जिंगोब का 4 फरवरी, 2024 को कैंसर के कारण 82 वर्ष की आयु में निधन हो गया। वर्ष 1941 में जन्मे, जिंगोब की नामीबिया के राजनीतिक विकास में एक प्रमुख भूमिका थी।

उन्होंने नामीबिया के पहले प्रधानमन्त्री के रूप में कार्य किया और वर्ष 1990 में देश को स्वतन्त्रता मिलने पर संविधान के प्रारूपण का निरीक्षण किया।

☐ डेविड वार्नर

ऑस्ट्रेलिया के सलामी बल्लेबाज डेविड वॉर्नर ने 1 जनवरी, 2024 को एकदिवसीय क्रिकेट से संन्यास लेने की घोषणा कर दी।

वार्नर ने पहले घोषणा की थी कि वह सिडनी में पाकिस्तान के खिलाफ ऑस्ट्रेलिया के बाद टेस्ट के बाद अपने टेस्ट करियर को समाप्त कर देंगे।

वार्नर एकदिवसीय प्रारूप में ऑस्ट्रेलिया के छठे सबसे अधिक रन बनाने वाले खिलाड़ी हैं और एकदिवसीय मैचों में ऑस्ट्रेलिया के लिए सबसे अधिक शतकों में पूर्व कप्तान रिकी पोंटिंग के बाद दूसरे स्थान पर हैं।

नवीनतम कौन-क्या

राष्ट्रपति	द्रौपदी मुर्मू
उप-राष्ट्रपति	जगदीप धनखड़
प्रधानमन्त्री	नरेन्द्र मोदी

कैबिनेट मन्त्री

मन्त्री	पोर्टफोलियो
राजनाथ सिंह	रक्षा
अमित शाह	गृह; सहकारिता
नितिन जयराम गडकरी	सड़क परिवहन एवं राजमार्ग
जगत प्रकाश नड्डा	स्वास्थ्य एवं परिवार कल्याण; रसायन एवं उर्वरक
शिवराज सिंह चौहान	कृषि एवं किसान कल्याण; ग्रामीण विकास
श्रीमती निर्मला सीतारमण	वित्त; कॉर्पोरेट कार्य
डॉ. सुब्रह्मण्यम जयशंकर	विदेश
मनोहर लाल	आवासन एवं शहरी कार्य; ऊर्जा
एचडी कुमारस्वामी	भारी उद्योग; इस्पात
पीयूष गोयल	वाणिज्य एवं उद्योग
धर्मेन्द्र प्रधान	शिक्षा
जीतन राम मांझी	सूक्ष्म, लघु एवं मध्यम उद्यम
राजीव रंजन सिंह उर्फ ललन सिंह	पंचायती राज; मत्स्य पालन, पशुपालन डेयरी
सर्बानन्द सोनोवाल	पत्तन, पोत परिवहन एवं जलमार्ग
डॉ. वीरेन्द्र कुमार	सामाजिक न्याय एवं अधिकारिता
किंजरापु राममोहन नायडू	नागर विमानन
प्रल्हाद जोशी	उपभोक्ता मामले, खाद्य एवं सार्वजनिक वितरण; नवीन एवं नवीकरणीय ऊर्जा
जुएल ओराम	जनजातीय कार्य
गिरिराज सिंह	वस्त्र
अश्विनी वैष्णव	रेल; सूचना एवं प्रसारण; इलेक्ट्रॉनिक्स एवं सूचना प्रौद्योगिकी
ज्योतिरादित्य सिन्धिया	संचार; पूर्वोत्तर क्षेत्र विकास
भूपेन्द्र यादव	पर्यावरण, वन एवं जलवायु परिवर्तन
गजेन्द्र सिंह शेखावत	संस्कृति; पर्यटन
श्रीमती अन्नपूर्णा देवी	महिला एवं बाल विकास
किरेन रिजिजू	संसदीय कार्य; अल्पसंख्यक कार्य
हरदीप सिंह पुरी	पेट्रोलियम एवं प्राकृतिक गैस
डॉ. मनसुख मण्डाविया	श्रम एवं रोजगार; युवा कार्यक्रम एवं खेल
जी. किशन रेड्डी	कोयला मन्त्री; खान
चिराग पासवान	खाद्य प्रसंस्करण उद्योग
सीआर पाटिल	जल शक्ति

राज्य मन्त्री (स्वतन्त्र प्रभार)

मन्त्री	पोर्टफोलियो
राव इन्द्रजीत सिंह	सांख्यिकी एवं कार्यक्रम कार्यान्वयन (स्वतन्त्र प्रभार); योजना (स्वतन्त्र प्रभार); संस्कृति
डॉ. जितेन्द्र सिंह	विज्ञान एवं प्रौद्योगिकी (स्वतन्त्र प्रभार); पृथ्वी विज्ञान (स्वतन्त्र प्रभार); प्रधानमन्त्री कार्यालय; कार्मिक, लोक शिकायत एवं पेंशन; परमाणु ऊर्जा विभाग; अन्तरिक्ष विभाग
अर्जुन राम मेघवाल	विधि एवं न्याय (स्वतन्त्र प्रभार); संसदीय कार्य
जाधव प्रतापराव गणपतराव	आयुष (स्वतन्त्र प्रभार); स्वास्थ्य एवं परिवार कल्याण
जयन्त चौधरी	कौशल विकास और उद्यमिता (स्वतन्त्र प्रभार); शिक्षा

राज्य मन्त्री

मन्त्री	पोर्टफोलियो
जितिन प्रसाद	वाणिज्य एवं उद्योग; इलेक्ट्रॉनिक्स एवं सूचना प्रौद्योगिकी
श्रीपद येसो नाइक	विद्युत; नवीन एवं नवीकरणीय ऊर्जा
पंकज चौधरी	वित्त
कृष्ण पाल	सहकारिता
रामदास अठावले	सामाजिक न्याय एवं अधिकारिता
रामनाथ ठाकुर	कृषि एवं किसान कल्याण
नित्यानन्द राय	गृह
अनुप्रिया पटेल	स्वास्थ्य एवं परिवार कल्याण; रसायन एवं उर्वरक

मन्त्री	पोर्टफोलियो
वी. सोमन्ना	जल शक्ति; रेलवे
डॉ. चन्द्र शेखर पेम्मासानी	ग्रामीण विकास; संचार
एसपी सिंह बघेल	मत्स्य पालन, पशुपालन एवं डेयरी; पंचायती राज
सुश्री शोभा करंदलाजे	सूक्ष्म, लघु एवं मध्यम उद्यम; श्रम एवं रोजगार
कीर्तिवर्धन सिंह	पर्यावरण, वन एवं जलवायु परिवर्तन; विदेश
बीएल वर्मा	उपभोक्ता मामले, खाद्य एवं सार्वजनिक वितरण; सामाजिक न्याय एवं अधिकारिता
शान्तनु ठाकुर	पत्तन, पोत परिवहन एवं जलमार्ग
सुरेश गोपी	पेट्रोलियम एवं प्राकृतिक गैस; पर्यटन
डॉ. एल. मुरुगन	सूचना एवं प्रसारण; संसदीय कार्य
अजय टम्टा	सड़क परिवहन एवं राजमार्ग
बंदी संजय कुमार	गृह
कमलेश पासवान	ग्रामीण विकास
भागीरथ चौधरी	कृषि एवं किसान कल्याण
सतीश चन्द्र दुबे	कोयला; खान
संजय सेठ	रक्षा
रवनीत सिंह	खाद्य प्रसंस्करण उद्योग; रेलवे
दुर्गादास उइके	जनजातीय कार्य
श्रीमती रक्षा निखिल खडसे	युवा कार्यक्रम एवं खेल
सुकान्त मजूमदार	शिक्षा; उत्तर-पूर्वी क्षेत्र विकास
श्रीमती सावित्री ठाकुर	महिला एवं बाल विकास
तोखन साहू	आवासन एवं शहरी कार्य
राज भूषण चौधरी	जल शक्ति
भूपति राजू श्रीनिवास वर्मा	भारी उद्योग; इस्पात
हर्ष मल्होत्रा	कॉर्पोरेट कार्य; सड़क परिवहन एवं राजमार्ग
श्रीमती निमुबेन जयन्तीभाई बांभणिया	उपभोक्ता मामले, खाद्य एवं सार्वजनिक वितरण
मुरलीधर मोहोल	सहकारिता; नागर विमानन
जॉर्ज कुरियन	अल्पसंख्यक कार्य; मत्स्य पालन, पशुपालन एवं डेयरी
पवित्र मार्गेरिटा	विदेश; वस्त्र

भारत के राज्य एवं केन्द्रशासित प्रदेश

भारतीय राज्य

नाम	राज्यपाल	मुख्यमन्त्री
आन्ध्र प्रदेश	एस. अब्दुल नजीर	एन. चन्द्रबाबू नायडू
अरुणाचल प्रदेश	केटी परनाइक	पेमा खाण्डू
असम	गुलाब चन्द कटारिया	हिमन्त बिस्वा सरमा
उत्तर प्रदेश	आनन्दीबेन पटेल	योगी आदित्यनाथ
उत्तराखण्ड	गुरमीत सिंह	पुष्कर सिंह धामी
ओडिशा	रघुबर दास	मोहन मांझी
कर्नाटक	थावरचन्द गहलोत	सिद्धारमैया
केरल	आरिफ मोहम्मद खान	पिनाराई विजयन
गोवा	पीएस श्रीधरन पिल्लै	प्रमोद सावन्त
गुजरात	आचार्य देव व्रत	भूपेन्द्र पटेल
छत्तीसगढ़	बिस्व भूसन हरिचन्दन	विष्णुदेव साय
झारखण्ड	सीपी राधाकृष्णन	हेमन्त सोरेन
तमिलनाडु	आरएन रवि	एमके स्टालिन
तेलंगाना	सीपी राधाकृष्णन (अति. प्रभार)	ए. रेवन्त रेड्डी
नागालैण्ड	ला गणेशन	नीपिहु रियो
पंजाब	बनवारीलाल पुरोहित	भगवन्त सिंह मान
पश्चिम बंगाल	सीवी आनन्द बोस	ममता बनर्जी
बिहार	राजेन्द्र विश्वनाथ अर्लेकर	नीतीश कुमार
मध्य प्रदेश	मंगूभाई छगनभाई पटेल	मोहन यादव
महाराष्ट्र	रमेश बैस	एकनाथ शिन्दे
मणिपुर	अनुसूइया उइके	एन. बीरेन सिंह
मेघालय	फागू चौहान	कोनराड संगमा
मिजोरम	हरि बाबू कम्भमपति	लालदुहोमा
राजस्थान	कलराज मिश्र	भजनलाल शर्मा
सिक्किम	लक्ष्मण प्रसाद आचार्य	प्रेम सिंह तमांग
हिमाचल प्रदेश	शिव प्रताप शुक्ला	सुखविन्दर सिंह
हरियाणा	बण्डारू दत्तात्रेय	नायब सिंह सैनी
त्रिपुरा	इन्द्र सेन रेड्डी नल्लू	माणिक साहा

केन्द्रशासित प्रदेश

नाम	मुख्यमन्त्री	उप-राज्यपाल/ प्रशासक
अण्डमान-निकोबार द्वीपसमूह	–	देवेन्द्र कुमार जोशी (उप-राज्यपाल)
चण्डीगढ़	–	बनवारीलाल पुरोहित (प्रशासक)
जम्मू-कश्मीर	–	मनोज सिन्हा (उप-राज्यपाल)
दिल्ली	अरविन्द केजरीवाल	विनय के. सक्सेना (उप-राज्यपाल)
दादरा एवं नगर हवेली और दमन एवं दीव	–	प्रफुल्ल पटेल (प्रशासक)
पुदुचेरी	एन. रंगास्वामी	सीपी राधाकृष्णन (उप-राज्यपाल) (अतिरिक्त प्रभार)
लक्षद्वीप	–	प्रफुल्ल पटेल (प्रशासक)
लद्दाख	–	बीडी मिश्रा (उप-राज्यपाल)

संवैधानिक प्रमुख

पद	व्यक्तित्व
अध्यक्ष, लोकसभा	ओम बिड़ला
उप-सभापति, राज्यसभा	हरिवंश नारायण सिंह
नियन्त्रक एवं महालेखा परीक्षक	गिरीश चन्द्र मुर्मू
अध्यक्ष, 16वाँ वित्त आयोग	अरविन्द पनगढ़िया
अध्यक्ष, राष्ट्रीय अनुसूचित जाति आयोग	विजय सांपला
अध्यक्ष, राष्ट्रीय महिला आयोग	रेखा शर्मा
अध्यक्ष, राष्ट्रीय मानवाधिकार आयोग	अरुण कुमार मिश्रा
अध्यक्ष, संघ लोक सेवा आयोग	मनोज सोनी

सशस्त्र सेनाओं के प्रमुख

पद	व्यक्तित्व
चीफ ऑफ डिफेन्स स्टाफ (CDS)	अनिल चौहान
थल सेनाध्यक्ष	उपेन्द्र द्विवेदी
नौसेनाध्यक्ष	दिनेश कुमार त्रिपाठी
वायु सेनाध्यक्ष	वी आर चौधरी

न्यायिक प्रमुख

पद	व्यक्तित्व
सर्वोच्च न्यायालय के मुख्य न्यायाधीश	डीवाई चन्द्रचूड़
लोकपाल अध्यक्ष (कार्यकारी)	प्रदीप कुमार मोहन्ती
अटॉर्नी जनरल	आर. वेंकटरमणी
सॉलिसिटर जनरल	तुषार मेहता

राष्ट्रीय संस्थाओं/संगठनों के प्रमुख

पद	व्यक्तित्व
मुख्य चुनाव आयुक्त	राजीव कुमार

पद	व्यक्तित्व
मुख्य सूचना आयुक्त	हीरालाल सामरिया
निदेशक, केन्द्रीय अन्वेषण ब्यूरो	प्रवीण सूद
निदेशक, इण्टेलीजेन्स ब्यूरो	तपन कुमार डेका
निदेशक, रिसर्च एण्ड एनालिसिस विंग	रवि सिन्हा
निदेशक, NTRI	अनिल धस्माना
अध्यक्ष, राष्ट्रीय अन्वेषण अभिकरण (NIA)	दिनकर गुप्ता
अध्यक्ष, रेलवे बोर्ड	जया वर्मा सिन्हा
अध्यक्ष, ISRO	एस. सोमनाथ
अध्यक्ष, परमाणु ऊर्जा नियामक बोर्ड (AERB)	डीके शुक्ला
गवर्नर, भारतीय रिजर्व बैंक	शक्तिकान्त दास
अध्यक्ष, केन्द्रीय अप्रत्यक्ष कर एवं सीमा शुल्क बोर्ड (CBIC)	संजय कुमार अग्रवाल
अध्यक्ष, केन्द्रीय प्रत्यक्ष कर बोर्ड	नितिन गुप्ता
अध्यक्ष, भारतीय प्रतिभूति एवं विनियामक बोर्ड (SEBI)	माधबी पुरी बुच
अध्यक्ष, केन्द्रीय फिल्म प्रमाणन बोर्ड (CBFC)	प्रसून जोशी

पद	व्यक्तित्व
अध्यक्ष, केन्द्रीय माध्यमिक शिक्षा बोर्ड (CBSE)	राहुल सिंह
निदेशक, राष्ट्रीय शैक्षिक अनुसंधान और प्रशिक्षण परिषद (NCERT)	दिनेश प्रसाद सकलानी
अध्यक्ष, विश्वविद्यालय अनुदान आयोग (UGC)	एम. जगदीश कुमार
उपाध्यक्ष, नीति आयोग	सुमन बेरी
चेयरमैन, भारतीय जीवन बीमा निगम (LIC)	सिद्धार्थ मोहंती
अध्यक्ष, राष्ट्रीय कृषि और ग्रामीण विकास बैंक (NABARD)	शाजी केवी
MD, राष्ट्रीय आवास बैंक (NHB)	सारदा कुमार होटा
अध्यक्ष, ASSOCHAM	संजय नायर
अध्यक्ष, भारतीय उद्योग परिसंघ (CII)	संजीव पुरी

अन्तर्राष्ट्रीय संस्थाओं/संगठनों के प्रमुख

पद	व्यक्तित्व
महासचिव, UNO	एण्टोनियो गुटेरेस (पुर्तगाल)
महासचिव, SAARC	मो. गुलाम सरवर (बांग्लादेश)
अध्यक्ष, संयुक्त राष्ट्र महासभा (UNGA)	डेनिस फ्रांसिस (ट्रिनीडाड एण्ड टोबैगो)
महानिदेशक, WHO	ट्रेडोस एधानॉम घेब्रेयेसस (इथियोपिया)
महानिदेशक, WTO	न्गोजी ओकोन्जो-इवेला (नाइजीरिया)
महासचिव, UNCTAD	रेबेका ग्रिनस्पैन (कोस्टा रिका)
महानिदेशक, IAEA	राफेल ग्रॉसी (अर्जेण्टीना)
महानिदेशक, UNESCO	ऑड्रेय आजूले (फ्रांस)
महानिदेशक, IMF	क्रिस्टलिना जॉर्जिएवा (बल्गारिया)
अध्यक्ष, वर्ल्ड बैंक	अजय बांगा (USA)
अध्यक्ष, NDB	डिल्मा रौजेफ (ब्राजील)
अध्यक्ष, ECB	क्रिस्टीन लगार्डे (फ्रांस)
महानिदेशक, ILO	गिल्बर्ट होंग्बो (टोगो)
महानिदेशक, UNICEF	कैथरीन रसेल (USA)

HPTET

हिमाचल प्रदेश शिक्षक पात्रता परीक्षा

जूनियर बेसिक ट्रेनिंग

सॉल्वड पेपर 2024

परीक्षा तिथि : 22-06-2024

समय : 2 : 30 घण्टे

कुल अंक : 150

निर्देश

1. इस प्रश्न–पत्र में कुल 150 वस्तुनिष्ठ प्रकार के प्रश्न हैं।
2. प्रत्येक प्रश्न के लिए एक अंक निर्धारित है।
3. प्रत्येक प्रश्न का केवल एक ही उत्तर दीजिए।
4. इस प्रश्न–पुस्तिका में पाँच भाग हैं ; भाग I : बाल विकास और शिक्षाशास्त्र (प्र.सं. 1-30), भाग II : English Literature & Grammar (प्र.सं. 31-60), भाग III : हिन्दी साहित्य एवं व्याकरण (प्र.सं. 61-90), भाग IV : गणित (प्र.सं. 91-120), भाग V : सामान्य जागरुकता (प्र.सं. 121-150)

भाग I : बाल विकास और शिक्षाशास्त्र

1. निम्न में से कौन–सा संज्ञानात्मक तत्त्व नहीं है?
(a) भावना (b) विचार
(c) अवधान (d) प्रत्यक्षीकरण

2. प्रॉक्सिमोडिस्टल विकास की दिशा है
(a) सिर से पाँव (b) परिधि से केन्द्र
(c) केन्द्र से परिधि (d) पाँव से सिर

3. कारण–प्रभाव सम्बन्ध सर्वोत्तम किस तरीके से निर्धारित होते हैं?
(a) निरीक्षण द्वारा
(b) प्रयोग द्वारा
(c) केस स्टडी (व्यक्ति अध्ययन) द्वारा
(d) वृत्तान्त द्वारा

4. विकास की प्रक्रिया आरम्भ होती है
(a) जन्म से
(b) गर्भाधान से
(c) शिशुकाल से
(d) उपरोक्त में से कोई नहीं

5. उर्जित तथा निर्देशित व्यवहार है
(a) संवेग
(b) अभिप्रेरणा
(c) बुद्धि
(d) स्मृति

6. परावर्तित चिन्तन का विकास होता है
(a) औपचारिक संक्रियात्मक अवस्था में
(b) मूर्त संक्रियात्मक अवस्था में
(c) पूर्व संक्रियात्मक अवस्था में
(d) संवेदी–गत्यात्मक अवस्था में

7. निम्नलिखित में से संज्ञानात्मक विकास का सिद्धान्त किसने दिया?
(a) एरिक्सन (b) गार्डनर
(c) कोहलर (d) पियाजे

8. ....के अनुसार, प्रत्येक बालक अथवा बालिका वातावरणीय सूचना का अपने अनुसार अर्थ निकालता/निकालती है।
(a) संरचनावाद
(b) व्यवहारवाद
(c) मानवतावाद
(d) मनोविश्लेषणात्मकवाद

9. अपनी असफलता के बहाने ढूँढ़ना है
(a) विस्थापन (b) युक्तिकरण
(c) प्रक्षेपण (d) इनमें से कोई नहीं

10. एरिक्सन के अनुसार, स्व पहचान संकट .... अवस्था से सम्बन्धित मुख्य विकासात्मक कार्य है।
(a) किशोर (b) बाल्य
(c) शैशव (d) वयस्क

11. सुप्तावस्था की विशेषता है
(a) साथी समूह सम्बन्ध
(b) लैंगिक उत्तेजना
(c) पुनरुत्पादक क्षमता
(d) उपरोक्त में से कोई नहीं

12. प्राचीन अनुबन्धन में एक कारक है
(a) समीपता (b) अनुकरण
(c) अन्तर्दृष्टि (d) इनमें से कोई नहीं

13. आर्थी स्मृति में संचित रहता है
(a) जीवन घटनाएँ
(b) गत्यात्मक स्मृति
(c) अर्थपूर्ण सूचनाएँ
(d) उपरोक्त में से कोई नहीं

14. पावलॉव के प्राचीन अनुबन्धन सिद्धान्त में घण्टी की आवाज है
(a) अनानुबन्धित उद्दीपक
(b) अनुबन्धित उद्दीपक
(c) अनुबन्धित अनुक्रिया
(d) अनानुबन्धित अनुक्रिया

15. .... अभिप्रेरणात्मक चक्र की पहली अवस्था है।
(a) अन्तर्नोद (b) आवश्यकता
(c) अभिप्रेरक (d) प्रलोभन

16. .... चयनित संवेदी सूचना को प्रक्रमण हेतु फोकस में लाने की प्रक्रिया है।
(a) प्रत्यक्षीकरण
(b) अवधान
(c) कल्पनाशीलता
(d) संज्ञान

17. T.A.T. परीक्षण एक प्रक्षेपी तकनीक है, जिसका उपयोग.............के मापन के लिए किया जाता है।
(a) व्यक्तित्व
(b) बुद्धि
(c) सृजनात्मकता
(d) तनाव

18. वैयक्तिक भिन्नताएँ .... में पाई जाती हैं।
(a) बुद्धि (b) अभिवृत्ति
(c) व्यक्तित्व (d) ये सभी

19. फ्रायड के अनुसार, व्यक्तित्व की कार्यकारी शाखा है
(a) इदम् (b) अहम्
(c) पराहम् (d) ये सभी

20. पियाजे के अनुसार, संज्ञानात्मक विकास में सम्मिलित एक प्रक्रिया है
(a) सन्तुलन
(b) वस्तु स्थायित्व
(c) आत्म-केन्द्रीयता
(d) उपरोक्त में से कोई नहीं

21. अधिगम का पठार दर्शाता है
(a) अधिगम ठहराव
(b) अधिगम में तीव्र गिरावट
(c) अधिगम में तीव्र चढ़ाव
(d) उपरोक्त में से कोई नहीं

22. एरिक्सन ने अपने व्यक्तित्व सिद्धान्त में बल दिया है
(a) जैविक कारकों पर
(b) सामाजिक कारकों पर
(c) अचेतन मन पर
(d) उपरोक्त में से कोई नहीं

23. WISC एक प्रकार का .... परीक्षण है।
(a) व्यक्तित्व
(b) अभिक्षमता
(c) संवेदी
(d) उपरोक्त में से कोई नहीं

24. वाचिक बुद्धि परीक्षण का एक उदाहरण है
(a) आर्मी बीटा
(b) भाटिया बैटरी
(c) रेवेन प्रोग्रेसिव मैट्रिसेस
(d) उपरोक्त में से कोई नहीं

25. सृजनात्मकता में सम्मिलित नहीं है
(a) अभिसारी चिन्तन
(b) नवीनता
(c) मौलिकता
(d) कल्पनाशीलता

26. अभिवृत्ति में तत्त्वों की संख्या होती है/हैं
(a) एक (b) दो (c) तीन (d) चार

27. धनात्मक पुनर्बलन में अनुक्रिया के अधिगम की सम्भावना .... है।
(a) बढ़ती
(b) घटती
(c) बदलती नहीं
(d) उपरोक्त में से कोई नहीं

28. LAD का सम्प्रत्यय किसने दिया?
(a) स्किनर
(b) वायगोत्सकी
(c) चॉमस्की
(d) उपरोक्त में से कोई नहीं

29. सूचना को सम्मिलित करने के लिए पहले से मौजूदा ज्ञान (स्कीमा) को संशोधित करना कहलाता है
(a) संरक्षण
(b) आत्म केन्द्रीकरण
(c) समायोजन
(d) आत्मसात्करण

30. चरों के सक्रिय परिवर्तन तथा नियन्त्रण की विधि है
(a) निरीक्षण
(b) सर्वे
(c) केस स्टडी (व्यक्ति अध्ययन) विधि
(d) उपरोक्त में से कोई नहीं

भाग II : English Literature and Grammar

Directions (Q. Nos. 31-33) *Choose correct synonyms of*

31. Ignominious
(a) Disgraceful (b) Respectful
(c) Honourable (d) Wealthy

32. Catastrophic
(a) Huge (b) Devastating
(c) Collecting (d) Significant

33. Sustainable
(a) Eco-friendly (b) Hazardous
(c) Polluted (d) Available

Directions (Q. Nos. 34 and 35) *Choose the correct preposition to make the sentence a meaningful one.*

34. They came.......a taxi.
(a) by (b) with
(c) to (d) in

35. He is fond.......tea.
(a) on (b) of
(c) at (d) by

Directions (Q. Nos. 36 and 37) *Choose the correct pronouns to make the sentence a meaningful one.*

36. My college is farther than...... .
(a) her (b) hers
(c) her's (d) None of these

37. He.........said so.
(a) his self (b) themself
(c) himself (d) himselves

Directions (Q. Nos. 38 and 39) *Change the voice.*

38. Who taught you French?
(a) By whom French was taught to you?
(b) Who is teaching French to you?
(c) By whom was French taught to you?
(d) By whom French is taught?

39. They made him a king.
(a) He was a king maker.
(b) He was made a King by them.
(c) He was made King by them.
(d) They made him king.

40. The feminine gender of Duke is
(a) Duke
(b) Dukess
(c) Duchess
(d) None of the above

41. The adjective of 'Whole' is
(a) Wholesome (b) Wholly
(c) Complete (d) All

42. The Past form of 'spit' is
(a) Spit (b) Spate (c) Spot (d) Spat

Directions (Q. Nos. 43 and 44) *Fill up the blanks in the following sentences using the correct form of the verb.*

43. I..........English for five years.
(a) study
(b) am studying
(c) have been studying
(d) studying

44. The Earth..........around the Sun.
(a) move
(b) moves
(c) moved
(d) moving

Directions (Q. Nos. 45-47) *Pick up the correctly spelled word.*

45. (a) Grievenees (b) Grieviances
(c) Grievances (d) Greviances

46. (a) Abeyense (b) Abayance
(c) Abeyence (d) Abeyance

47. (a) Astronot (b) Astraunout
(c) Astronout (d) Astronaut

Directions (Q. Nos. 48 and 49) *Choose the most suitable modal from the given choices for blank spaces.*

48. I .... swim across the river.
(a) would (b) can
(c) should (d) may

49. I felt it.........rain.
(a) can
(b) may
(c) might
(d) need

Directions (Q. Nos. 50 and 51) *Select correct collective nouns to fill in the blanks.*

50. A .... of cattle is passing.
(a) fleet (b) group
(c) herd (d) crowd

51. A .... of People.
(a) a crowd (b) a fleet
(c) an army (d) a herd

52. The plural of Sheep is
(a) Sheeps (b) Sheepies
(c) Sheep (d) Sheepes

53. The plural of Analysis is
(a) Analysis
(b) Analyse
(c) Analyses
(d) None of the above

54. Adverb form of 'Threaten' is
(a) Threatened
(b) Threateningly
(c) Threateningly
(d) Threat

55. Adverb from of 'Indignant' is
(a) Indignantly (b) Indignant
(c) Indignated (d) Indigence

Directions (Q. Nos. 56 and 57) *Fill in the blanks with appropriate words.*

56. Copper is ....useful metal
(a) an (b) a
(c) the (d) None of these

57. Look .... you leap.
(a) as well as (b) or
(c) before (d) after

58. The correct Feminine Gender for 'Bachelor' is
(a) Unmarried (b) Married
(c) Bachelor (d) Bachelorette

Directions (Q. Nos. 59 and 60) *Choose the correct form of indirect speech.*

59. He said to me, "What are you doing?
(a) He asked me what I was doing
(b) He asked me what I am doing.
(c) He said to me what I was doing.
(d) He said to me what I me doing.

60. He shouted "Let me go!"
(a) He shouted to them to let him go.
(b) He shouted at them to let him go.
(c) He shouted on them to let him go.
(d) He shouted to go.

भाग III : हिन्दी साहित्य एवं व्याकरण

61. "मुझ से चला नहीं जाता।" वाक्य का भेद है
(a) कर्तृवाच्य (b) कर्मवाच्य
(c) भाववाच्य (d) करणवाच्य

62. "मेरा भाई होशियार है।" उद्देश्य छाँटिए
(a) मेरा भाई (b) भाई
(c) है (d) होशियार

63. अघोष वर्ण छाँटिए।
(a) भ (b) ध
(c) ल (d) ज

64. नासिक्य व्यंजन है
(a) झ (b) ङ (c) प (d) ह

65. व्यक्तिवाचक संज्ञा है
(a) मेज (b) हिमालय
(c) बुढ़ापा (d) आदमी

66. द्वित्व व्यंजन है
(a) हस्ताक्षर (b) दर्पण
(c) स्वर्ग (d) अम्मा

67. निम्न में महाप्राण है
(a) व (b) म
(c) ठ (d) र

68. निम्न में विस्मयादिबोधक अव्यय नहीं है
(a) वाह-वाह (b) बाप रे
(c) क्योंकि (d) अरे

69. 'ऋ' कैसा स्वर है?
(a) व्यंजन स्वर (b) ह्रस्व स्वर
(c) दीर्घ स्वर (d) प्लुत स्वर

70. संघर्षी व्यंजन का उदाहरण है
(a) प (b) ज
(c) ट (d) च

71. शुद्ध शब्द छाँटो।
(a) आधीन (b) बिमारी
(c) कवि (d) दरोगा

72. 'शचीन्द्र' का सन्धि-विच्छेद है
(a) शुची + इन्द्र (b) शची + इन्द्र
(c) सची + इन्द्र (d) सुचि + इन्द्र

73. नि: + फल की सन्धि है
(a) निराफल (b) निसफल
(c) निष्फल (d) निरफल

74. संस्कृत के ऐसे शब्द जो कुछ रूप परिवर्तन के साथ हिन्दी में प्रचलित हैं, उन्हें कहते हैं
(a) तत्सम (b) तद्भव
(c) देशज (d) विदेशज

75. 'तत्सम' शब्द नहीं है
(a) कर्ण (b) जीभ
(c) चन्द्र (d) आम्र

76. निम्न में से लुण्ठित व्यंजन है
(a) ह (b) र
(c) भ (d) ज

77. 'सम्भव' में उपसर्ग है
(a) भव (b) सम्
(c) सम्भ (d) सम्म

78. 'घुड़सवार' में समास है
(a) तत्पुरुष समास (b) द्विगु समास
(c) अव्ययीभाव समास (d) द्वन्द्व समास

79. भाषा की सबसे छोटी इकाई है
(a) वर्ण (b) शब्द
(c) व्यंजन (d) वाक्य

80. 'अ' की कोई मात्रा नहीं होती, वह.........में ही मिला रहता है।
(a) वर्णमाला (b) स्वर-व्यंजन
(c) सिर्फ स्वर (d) सिर्फ व्यंजन

81. व्यंजन का उच्चारण सदा .... की सहायता से होता है।
(a) स्वर (b) वर्ण
(c) व्यंजन (d) वर्णमाला

82. 'ज' का उच्चारण स्थान है
(a) कण्ठ (b) तालू
(c) दन्त (d) मूर्धा

83. 'पीताम्बर' कैसा शब्द है?
(a) रूढ़
(b) यौगिक
(c) योगरूढ़
(d) उपरोक्त में से कोई नहीं

84. 'सुन्दर' का पर्यायवाची नहीं है
(a) मंजुल (b) चारु (c) रुचिर (d) सिन्धु

85. "घन" का अनेकार्थी शब्द नहीं है
(a) बादल
(b) हथौड़ा
(c) घना
(d) गरिष्ठ

86. 'भूखे-प्यासे' में समास है
(a) द्विगु समास
(b) द्वन्द्व समास
(c) कर्मधारय समास
(d) अव्ययीभाव समास

87. 'अच्छाई' में कौन-सा प्रत्यय है?
(a) आइ (b) अच् (c) अच्छ (d) आई

88. 'पुनरुक्त' शब्द का उदाहरण है
(a) थोड़ा-बहुत (b) धीरे-धीरे
(c) खाना-पीना (d) सुबह-शाम

89. 'गंगा हिमालय से निकलती है, में कारक है
(a) कर्मकारक (b) करण कारक
(c) अपादान कारक (d) सम्बन्ध कारक

90. 'अध्यापक बच्चों को पढ़ाता है।' इस वाक्य में क्रिया है
(a) अकर्मक (b) सकर्मक
(c) प्रेरणार्थक (d) ये सभी

भाग IV : गणित

91. 20 मी × 16 मी सीमाओं वाले एक आयताकार क्षेत्र के कोने में एक गाय 14 मी लम्बी रस्सी से बँधी हुई है। खेत का वह क्षेत्रफल ज्ञात कीजिए, जिसमें गाय चर सकती है।
(a) 22 मी^{2} (b) 154 मी^{2}
(c) 100 मी^{2} (d) 73 मी^{2}

92. यदि एक बेलन की त्रिज्या आधी कर दी जाए और उसकी ऊँचाई दोगुनी कर दी जाए, तो उसका आयतन होगा
(a) समान (b) आधा
(c) दोगुना (d) चार गुणा

93. यदि एक गोले की त्रिज्या $2r$ हो, तो उसका आयतन होगा
(a) $\frac{4}{3}\pi r^3$ (b) $4\pi r^3$
(c) $\frac{8}{3}r^3$ (d) $\frac{32}{3}\pi r^3$

94. यदि एक संख्या का तीन-चौथाई 12 है, तो संख्या होगी
(a) 9 (b) 16
(c) 18 (d) 32

95. एक थैले में तीन लाल, पाँच सफेद और सात काली गेंदें हैं। इसकी क्या प्रायिकता है कि इस थैले में से यादृच्छिक रूप से निकाली गई एक गेंद न तो लाल होगी और न ही काली?
(a) $\frac{1}{5}$ (b) $\frac{1}{3}$ (c) $\frac{7}{15}$ (d) $\frac{8}{15}$

96. a का मान ज्ञात कीजिए यदि $8a = 35^2 - 27^2$ है।
(a) 62 (b) 8
(c) 7 (d) 1

97. यदि किसी भिन्न के अंश और हर दोनों में 2 जोड़ दिया जाए, तो वह $\frac{9}{11}$ हो जाती है। यदि अंश और हर दोनों में 3 जोड़ दिया जाए, तो $\frac{5}{6}$ हो जाती है। भिन्न ज्ञात कीजिए।
(a) $\frac{7}{11}$ (b) $\frac{9}{7}$
(c) $\frac{7}{9}$ (d) इनमें से कोई नहीं

98. दिए गए आँकड़ों की माध्यिका ज्ञात कीजिए।
40, 50, 99, 68, 98, 60, 94
(a) 40 (b) 60
(c) 68 (d) 99

99. आठ सदस्यों के एक परिवार को एक महीने में 60 किग्रा गेहूँ की जरूरत होती है। एक सप्ताह में उस परिवार को कितने किग्रा गेहूँ की जरूरत होगी? (एक महीना =30 दिन लीजिए)।
(a) 14 किग्रा
(b) 20 किग्रा
(c) 16 किग्रा
(d) 21 किग्रा

100. $\sqrt{2}$............संख्या है।
(a) परिमेय (b) अपरिमेय
(c) अभाज्य (d) पूर्ण

101. निम्नलिखित में से किस समीकरण का एक मूल 2 है?
(a) $x^2 - 4x + 5 = 0$
(b) $2x^2 - 7x + 6 = 0$
(c) $x^2 + 3x - 12 = 0$
(d) $3x^2 - 6x - 2 = 0$

102. वह सबसे बड़ी संख्या ज्ञात कीजिए जिससे 70 और 125 को विभाजित करने पर शेषफल क्रमशः 5 और 8 प्राप्त हो।
(a) 13 (b) 6
(c) 7 (d) 17

103. त्रिज्या r वाले एक वृत्त के त्रिज्यखण्ड की चाप की लम्बाई जिसका केन्द्रीय कोण θ है, है
(a) $\frac{\pi r^2\theta}{360}$ (b) $\frac{\pi r\theta}{360}$ (c) $\frac{\pi r\theta}{180}$ (d) $\frac{2\pi r\theta}{180}$

104. बिन्दुओं (–5,7) और (–1,3) के बीच की दूरी है
(a) $5\sqrt{2}$ (b) $4\sqrt{2}$
(c) $2\sqrt{2}$ (d) $6\sqrt{2}$

105. यदि $P = -10$ है, तो $P^2 - 2P - 100$ का मान होगा
(a) 10 (b) –10
(c) 20 (d) –20

106. राजू के पिता की आयु राजू की आयु के 3 गुना से 5 वर्ष अधिक है। यदि राजू के पिता की आयु 44 वर्ष है, तो राजू की आयु .... वर्ष है।
(a) 13 (b) 15
(c) 12 (d) 16

107. निम्नलिखित का सरलीकरण कीजिए।
$$\frac{(2^5)^2 \times 7^3}{8^3 \times 7}$$
(a) 92 (b) 98
(c) 14 (d) 28

108. यदि $x - \frac{1}{x} = 7$ है, तो $x^2 + \frac{1}{x^2}$ का मान ज्ञात कीजिए।
(a) 51 (b) 47 (c) 50 (d) 9

109. यदि $5x+\frac{7}{2}=\frac{3}{2}x-14$ है, तो x का मान ज्ञात कीजिए।
(a) –5
(b) 5
(c) 7
(d) –7

110. $\left[\left(\frac{1}{3}\right)^{-2}-\left(\frac{1}{2}\right)^{-3}\right]\div\left(\frac{1}{4}\right)^{-2}$ का मान है
(a) 16
(b) $\frac{1}{16}$
(c) $-\frac{1}{16}$
(d) 1

111. एक अर्द्धवृत्त जिसका व्यास 28 सेमी है, उसका परिमाप ज्ञात कीजिए।

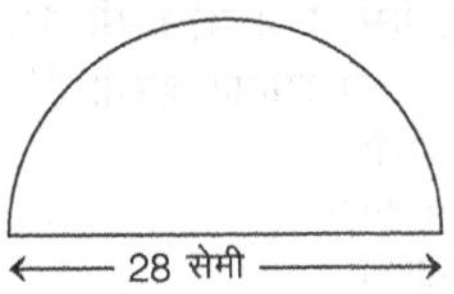

(a) 176 सेमी
(b) 88 सेमी
(c) 72 सेमी
(d) 116 सेमी

112. दी हुई आकृति में x का मान ज्ञात कीजिए।

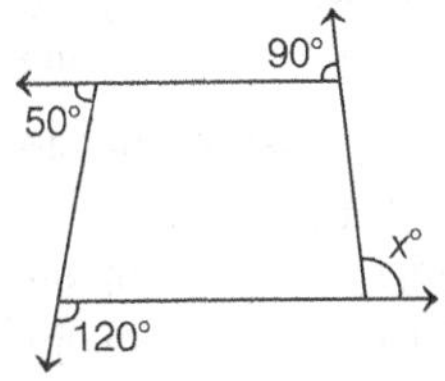

(a) 100° (b) 110° (c) 180° (d) 90°

113. 10, 7, 4, ... का 30वाँ पद है
(a) 100 (b) 77 (c) –77 (d) –116

114. – 5 और 5 के बीच में आने वाली पूर्ण संख्याओं की संख्या है
(a) 10 (b) 3 (c) 4 (d) 5

115. दी गई आकृति में छायांकित भाग का क्षेत्रफल ज्ञात कीजिए।

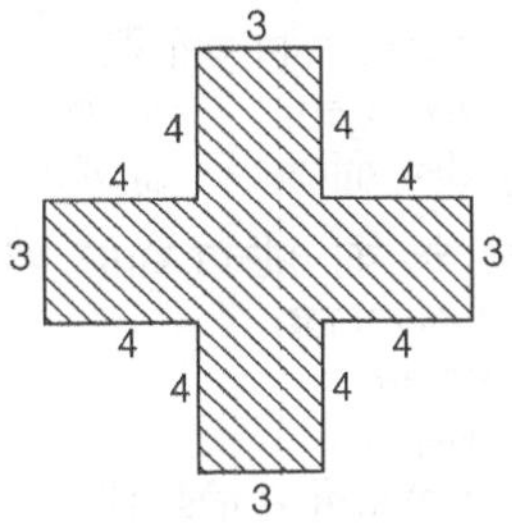

(a) 57 (b) 48
(c) 50 (d) 60

116. $\sqrt{176+\sqrt{2401}}$ का मान है
(a) 14 (b) 15
(c) 16 (d) 12

117. एक पाइथागोरियन त्रिक जिसकी सबसे छोटी संख्या 6 है, है
(a) 6, 8, 10
(b) 6, 7, 9
(c) 6, 10, 12
(d) 6, 11, 13

118. एक विक्रेता को एक वस्तु को ₹329 में बेचने पर 6% की हानि होती है। उस वस्तु का क्रय मूल्य है
(a) ₹310.37 (b) ₹348.74
(c) ₹335 (d) ₹350

119. $\frac{2}{11}\div\frac{-5}{55}$ का व्युत्क्रम है
(a) –2 (b) $-\frac{1}{2}$
(c) 2 (d) $\frac{1}{2}$

120. ₹ 5000 का 15% वार्षिक दर पर एक माह के लिए साधारण ब्याज है
(a) ₹750 (b) ₹75
(c) ₹625 (d) ₹ 62.50

भाग V : सामान्य जागरूकता

121. यूरोप की सबसे लम्बी नदी कौन-सी है?
(a) डेन्यूब (b) अमेजन
(c) वोल्गा (d) थेम्स

122. मिज़ोरम की राजधानी है
(a) अगरतला (b) इम्फाल
(c) आइजोल (d) चम्फाई

123. हिमाचल प्रदेश में 'डूँगरी' नामक मेला कहाँ लगता है?
(a) रिवालसर (b) मण्डी
(c) कुल्लू (d) बिलासपुर

124. शिमला में 'बेगार प्रथा' के विरुद्ध आन्दोलन किस व्यक्ति ने छेड़ा?
(a) भागमल सोहाथा
(b) सैमुअल स्टोक्स
(c) डॉ. वाई.एस. परमार
(d) उपरोक्त में से कोई नहीं

125. शिमला का गेयटी थिएटर आम जनता को कब समर्पित किया गया?
(a) 1887 ई. (b) 1889 ई.
(c) 1892 ई. (d) इनमें से कोई नहीं

126. हिमाचल प्रदेश लोकतन्त्र प्रहरी सम्मान योजना में मासिक पेंशन किसे प्रदान की जाती है?
(a) स्वतन्त्रता सेनानी को
(b) अक्षम को
(c) वर्ष 1975 में आपातकाल के दौरान जेल में बन्द लोगों को
(d) उपरोक्त सभी

127. ग्रैमी अवॉर्ड 2024 में किस भारतीय ने एकसाथ तीन अवॉर्ड जीते?
(a) उस्ताद जाकिर हुसैन
(b) ए.आर. रहमान
(c) सोनू निगम
(d) अरीजित सिंह

128. वर्ष 2024 में कौन-सी लोकसभा के चुनाव हुए?
(a) 20वीं (b) 18वीं (c) 16वीं (d) 19वीं

129. राष्ट्रीय मतदाता दिवस कब मनाया जाता है?
(a) 25 जनवरी (b) 23 दिसम्बर
(c) 29 अगस्त (d) 14 नवम्बर

130. कौन-सा ग्रह लाल ग्रह के नाम से जाना जाता है?
(a) शुक्र (b) मंगल
(c) बृहस्पति (d) शनि

131. 'मुख्यमन्त्री सुख आश्रय योजना' के अन्तर्गत किस आयु तक के अनाथों को शामिल किया गया है?
(a) 18 वर्ष (b) 20 वर्ष
(c) 25 वर्ष (d) 27 वर्ष

132. विश्व स्वास्थ्य संगठन ने जनवरी, 2024 में किस देश को मलेरिया मुक्त घोषित किया है?
(a) भूटान (b) नेपाल
(c) काबो वर्डे (d) इण्डोनेशिया

133. भारत के किस राज्य की सर्वाधिक लम्बी तटरेखा है?
(a) गुजरात
(b) महाराष्ट्र
(c) केरल
(d) तमिलनाडु

134. विश्व भारती विश्वविद्यालय के शोधकर्ताओं द्वारा हाल ही में खोजे गए नए बैक्टीरिया का नाम किसके नाम पर रखा गया है?
(a) ए.पी.जे. अब्दुल कलाम
(b) श्रीनिवास रामानुजन
(c) रवीन्द्रनाथ टैगोर
(d) उपरोक्त में से कोई नहीं

135. दक्षिण कोरिया की मुद्रा क्या है?
(a) येन (b) वॉन
(c) भात (d) यूऑन

136. पेनिसिलिन की खोज किसने की?
(a) अलेक्जेण्डर फ्लेमिंग
(b) लुई पाश्चर
(c) रॉबर्ट कौच
(d) जोनास सल्क

137. टेस्ला कम्पनी के वर्तमान सी.ई.ओ. कौन हैं?
(a) जेफ बेजोस
(b) इलॉन मस्क
(c) सुन्दर पिचाई
(d) उपरोक्त में से कोई नहीं

138. अन्तर्राष्ट्रीय साक्षरता दिवस किस दिन मनाया जाता है?
(a) 8 जुलाई (b) 8 अगस्त
(c) 8 सितम्बर (d) 8 अक्टूबर

139. हिमाचल प्रदेश का कौन-सा शहर 'छोटी काशी' के नाम से प्रसिद्ध है?
(a) धर्मशाला (b) बिलासपुर
(c) काँगड़ा (d) मण्डी

140. स्फीति घाटी का अन्तिम गाँव कौन-सा है?
(a) गेमूर (b) सलोह
(c) लोसार (d) भृगुटी

141. हिमाचल प्रदेश में IIM कहाँ है?
(a) शिमला (b) सिरमौर
(c) धर्मशाला (d) काँगड़ा

142. कालाटोप वन्यजीव अभयारण्य कहाँ स्थित है?
(a) मण्डी (b) लाहौल (c) ऊना (d) चम्बा

143. भारत में कितने उच्च न्यायालय हैं?
(a) 24 (b) 25 (c) 26 (d) 27

144. महाराष्ट्र की पहली महिला पुलिस महानिदेशक कौन बनी हैं?
(a) रश्मि शुक्ला (b) प्रीति जैन
(c) रश्मि गोविल (d) सीता सिंह

145. नन्द वंश का अन्तिम सम्राट कौन था?
(a) महापद्मनन्द
(b) धनानन्द
(c) कालाशोक
(d) उपरोक्त में से कोई नहीं

146. मनुष्य के शरीर में टिबिया नामक हड्डी कहाँ पर पाई जाती है?
(a) हाथों में
(b) टाँग में
(c) खोपड़ी में
(d) उपरोक्त में से कोई नहीं

147. किस रोग के प्रतिरक्षण हेतु बच्चों को बी.सी.जी. (BCG) का टीका लगाया जाता है?
(a) खसरा (b) चेचक
(c) पोलियो (d) टी.बी.

148. विज्ञान की वह शाखा जिसके अन्तर्गत कवकों का अध्ययन किया जाता है, उसे क्या कहते हैं?
(a) बायोलॉजी (b) साइटोलॉजी
(c) माइकोलॉजी (d) इकोलॉजी

149. निम्न गैस में से कौन-सी गैस सर्वाधिक ग्रीन हाउस इफैक्ट करती है?
(a) ओज़ोन
(b) जलवाष्प
(c) मीथेन
(d) कार्बन-डाइऑक्साइड

150. हाल ही में कितने बच्चों को वर्ष 2024 का प्रधानमन्त्री राष्ट्रीय बाल पुरस्कार दिया गया?
(a) 19 (b) 21 (c) 24 (d) 28

उत्तरमाला

1. (a)	2. (c)	3. (b)	4. (b)	5. (a)	6. (a)	7. (d)	8. (a)	9. (b)	10. (a)
11. (a)	12. (a)	13. (c)	14. (b)	15. (b)	16. (b)	17. (a)	18. (d)	19. (b)	20. (a)
21. (a)	22. (b)	23. (b)	24. (a)	25. (a)	26. (d)	27. (a)	28. (c)	29. (c)	30. (d)
31. (a)	32. (b)	33. (a)	34. (a)	35. (b)	36. (b)	37. (c)	38. (c)	39. (b)	40. (c)
41. (a)	42. (a)	43. (c)	44. (b)	45. (c)	46. (d)	47. (d)	48. (b)	49. (c)	50. (c)
51. (a)	52. (c)	53. (c)	54. (c)	55. (a)	56. (b)	57. (c)	58. (d)	59. (a)	60. (b)
61. (c)	62. (a)	63. (b)	64. (b)	65. (b)	66. (d)	67. (c)	68. (c)	69. (b)	70. (b)
71. (c)	72. (b)	73. (c)	74. (b)	75. (b)	76. (b)	77. (b)	78. (a)	79. (a)	80. (d)
81. (a)	82. (b)	83. (c)	84. (d)	85. (d)	86. (b)	87. (d)	88. (b)	89. (c)	90. (b)
91. (b)	92. (b)	93. (d)	94. (b)	95. (b)	96. (a)	97. (c)	98. (c)	99. (a)	100. (b)
101. (b)	102. (a)	103. (c)	104. (b)	105. (c)	106. (a)	107. (b)	108. (a)	109. (a)	110. (b)
111. (c)	112. (a)	113. (c)	114. (d)	115. (a)	116. (b)	117. (a)	118. (d)	119. (b)	120. (d)
121. (a)	122. (c)	123. (b)	124. (b)	125. (b)	126. (d)	127. (a)	128. (b)	129. (a)	130. (b)
131. (c)	132. (c)	133. (a)	134. (c)	135. (b)	136. (a)	137. (b)	138. (c)	139. (d)	140. (c)
141. (c)	142. (d)	143. (b)	144. (a)	145. (b)	146. (b)	147. (d)	148. (c)	149. (d)	150. (a)

संकेत एवं हल

1. (a) भावना (Emotion) एक संज्ञानात्मक तत्त्व नहीं है, क्योंकि यह मानसिक स्थिति और भावनात्मक प्रतिक्रियाओं से सम्बन्धित होती है। यह हमारे विचारों, व्यवहारों और शारीरिक प्रतिक्रियाओं पर प्रभाव डालती है, लेकिन यह सीधे मस्तिष्क की संज्ञानात्मक प्रक्रियाओं से जुड़ी नहीं होती।

- **संज्ञानात्मक** (Cognitive) तत्त्व वे होते हैं, जो मानसिक प्रक्रियाओं से सम्बन्धित होते हैं और जिनका सम्बन्ध विचार, ज्ञान, समझ और मस्तिष्क की अन्य गतिविधियों से होता है। इन तत्त्वों में शामिल होते हैं
  - **विचार** (Thought) यह मानसिक प्रक्रिया है, जिसमें जानकारी का विश्लेषण, समस्या का समाधान और निर्णय लेना शामिल है।
  - **अवधान** (Attention) यह वह प्रक्रिया है, जिसके माध्यम से हम अपने मस्तिष्क को किसी विशिष्ट जानकारी पर केन्द्रित करते हैं।
  - **प्रत्यक्षीकरण** (Perception) यह वह प्रक्रिया है, जिसमें हम अपने परिवेश से मिलने वाली जानकारी को समझते और व्याख्या करते हैं।

2. (c) **प्रॉक्सिमोडिस्टल विकास** (Proximodistal Development) एक विकासात्मक पैटर्न है, जिसमें विकास शरीर के केन्द्र से शुरू होकर बाहरी हिस्सों की ओर बढ़ता है।

- **केन्द्र** (Centre) शरीर का मुख्य भाग, जैसे कि ट्रंक या धड़।
- **परिधि** (Periphery) बाहरी हिस्से, जैसे कि हाथ और पैर।

उदाहरण के लिए, शिशु पहले अपने ट्रंक और हाथों की मांसपेशियों को नियन्त्रित करना सीखता है और फिर धीरे-धीरे अँगुलियों और पैरों की मांसपेशियों को नियन्त्रित करना सीखता है।

3. (b) **कारण-प्रभाव** (Cause-Effect) सम्बन्ध को निर्धारित करने का सर्वोत्तम तरीका प्रयोग है। प्रयोग वैज्ञानिक विधि का एक महत्त्वपूर्ण हिस्सा है, जिसमें एक नियन्त्रित वातावरण में विभिन्न तत्त्वों का अध्ययन किया जाता है।

- **नियन्त्रित परिवर्तन** (Controlled Manpulation) में केवल एक या कुछ तत्त्वों को बदलकर उनके प्रभाव का अध्ययन किया जाता है।
- **नियन्त्रित वातावरण** (Controlled Environment) में अन्य सभी तत्त्वों को स्थिर रखा जाता है, ताकि केवल परिवर्तनशील तत्त्वों का प्रभाव देखा जा सके। उदाहरण के लिए, किसी दवा के प्रभाव का अध्ययन करने के लिए एक नियन्त्रित प्रयोग में एक समूह को दवा दी जाती है और दूसरे समूह को प्लेसिबो (Placebo) दिया जाता है। इसके बाद, दोनों समूहों के परिणामों की तुलना की जाती है।

4. (b) विकास की प्रक्रिया गर्भाधान (Conception) से शुरू होती है, जब एक शुक्राणु (Sperm) अण्डाणु (Egg) के साथ मिलकर भ्रूण (Embryo) का निर्माण करता है। यह जीवन का प्रारम्भिक चरण होता है और इस समय से ही जीव का विकास शुरू हो जाता है। विकास के विभिन्न चरणों में शामिल हैं

- **गर्भाधान** (Conception) जीवन की शुरुआत।
- **भ्रूण विकास** (Embryonic Development) जब भ्रूण का गठन होता है और यह विकसित होना शुरू होता है।
- **जन्म** (Birth) जब शिशु का जन्म होता है और विकास का बाहरी चरण शुरू होता है।
  इसलिए विकास की प्रक्रिया वास्तव में गर्भाधान से ही शुरू होती है, जो जन्म से पहले के विभिन्न चरणों को शामिल करती है।

5. (a) संवेग (Emotion) वह भावना होती है, जो व्यक्ति की मानसिक और शारीरिक प्रतिक्रियाओं को प्रभावित करती है। यह वर्जित (Uncontrolled) और निर्देशित (Directed) दोनों हो सकती है।

- **वर्जित** (Uncontrolled) संवेग प्रायः स्वाभाविक होते हैं और व्यक्ति के नियन्त्रण से बाहर हो सकते हैं। उदाहरण के लिए, अचानक गुस्सा आना या डर लगना।
- **निर्देशित** (Directed) संवेग को नियन्त्रित और निर्देशित भी किया जा सकता है। उदाहरण के लिए, किसी तनावपूर्ण स्थिति में शान्त रहने की कोशिश करना या खुश होने पर अपनी खुशी व्यक्त करना।
- संवेग अन्य मानसिक प्रक्रियाओं जैसे कि अभिप्रेरणा (Motivation), बुद्धि (Intelligence) और स्मृति (Memory) से अलग होते हैं, क्योंकि ये मानसिक और शारीरिक दोनों प्रतिक्रियाओं को शामिल करते हैं।

6. (a) परावर्तित चिन्तन (Reflective Thinking) का विकास जीन पियाजे (Jean Piaget) द्वारा प्रस्तावित संज्ञानात्मक विकास के सिद्धान्त के अनुसार, औपचारिक संक्रियात्मक अवस्था (Formal Operational Stage) में होता है। यह अवस्था लगभग 11 वर्ष की आयु से शुरू होती है और इसमें व्यक्ति अमूर्त और तर्कसंगत सोच विकसित करता है। इस चरण में बच्चे अमूर्त विचारों, हाइपोथेसिस और विचार प्रयोगों के माध्यम से समस्याओं को हल करना सीखते हैं।

7. (d) संज्ञानात्मक विकास का सिद्धान्त जीन पियाजे (Jean Piaget) ने दिया। पियाजे ने बच्चों के संज्ञानात्मक विकास को चार मुख्य चरणों में विभाजित किया है

- संवेदी-गत्यात्मक अवस्था (Sensorimotor Stage)
- पूर्व संक्रियात्मक अवस्था (Preoperational Stage)
- मूर्त संक्रियात्मक अवस्था (Concrete Operational Stage)
- औपचारिक संक्रियात्मक अवस्था (Formal Operational Stage)

8. (a) संरचनावाद (Constructivism) के अनुसार, प्रत्येक बालक अथवा बालिका वातावरणीय सूचना का अपने अनुसार अर्थ निकालता/निकालती है। यह सिद्धान्त इस बात पर बल देता है कि बच्चे अपने अनुभवों के आधार पर ज्ञान का निर्माण करते हैं और नई जानकारी को पूर्व ज्ञान के साथ जोड़ते हैं।

9. (b) युक्तिकरण (Rationalization) एक मनोवैज्ञानिक रक्षा तन्त्र है, जिसमें व्यक्ति अपनी असफलताओं या अवांछनीय कार्यों के लिए तर्कसंगत और स्वीकार्य बहाने ढूँढ़ता है। यह तन्त्र व्यक्ति को अपने आत्मसम्मान को बनाए रखने में मदद करता है।

10. (a) एरिक एरिक्सन (Erik Erikson) के मनोवैज्ञानिक विकास के सिद्धान्त के अनुसार, पहचान संकट (Identity Crisis) अवस्था मुख्यतः किशोरावस्था (Adolescence) से सम्बन्धित है। इस चरण में किशोर अपनी पहचान और जीवन के उद्देश्य को समझने का प्रयास करते हैं। यह अवस्था एरिक्सन के आठ चरणों में से एक है, जिसे 'Identity vs. Role Confusion' कहा जाता है।

11. (a) सुप्तावस्था (Latency Period) का वर्णन सिगमण्ड फ्रायड (Sigmund Freud) के मनोविश्लेषणात्मक सिद्धान्त में किया गया है। यह अवस्था लगभग 6 वर्ष की आयु से लेकर किशोरावस्था तक होती है। इस दौरान बच्चों की यौनिक इच्छाएँ सुप्त (Dormant) रहती हैं और वे साथी समूह सम्बन्धों (Peer Relationships) और सामाजिक कौशलों के विकास पर अधिक ध्यान केन्द्रित करते हैं।

12. (a) प्राचीन अनुबन्धन (Classical Conditioning) के सिद्धान्त में समीपता (Proximity) एक महत्त्वपूर्ण कारक है। इवान पावलॉव (Ivan Pavlov) के प्रयोगों में समीपता उस समय को दर्शाती है, जब दो उद्दीपक (Stimuli) एकसाथ प्रस्तुत किए जाते हैं। यह समीपता अनुबन्धन की शक्ति को बढ़ाती है, जैसे कि पावलॉव के कुत्तों के प्रयोग में भोजन और घण्टी का साथ-साथ प्रस्तुत किया जाना।

13. (c) आर्थी स्मृति (Semantic Memory) लम्बे समय तक अर्थपूर्ण सूचनाओं को संचित रखती है। इसमें तथ्यों, अवधारणाओं और ज्ञान का संग्रह होता है; जैसे कि भाषा का ज्ञान, गणित के सिद्धान्त और सामान्य जानकारी।

14. (b) पावलॉव के प्राचीन अनुबन्धन (Classical Conditioning) सिद्धान्त में, घण्टी की आवाज़ अनुबन्धित उद्दीपक (Conditioned Stimulus) है। पहले, यह आवाज़ कुत्तों के लिए कोई अर्थ नहीं रखती थी, लेकिन जब इसे भोजन के साथ जोड़ा गया, तो कुत्तों ने इसे भोजन के संकेत के रूप में सीख लिया और हर बार घण्टी बजने पर लार (Salivation) छोड़ने लगे। यह लार अनुबन्धित अनुक्रिया (Conditioned Response) है।

15. (b) अभिप्रेरणात्मक चक्र (Motivational Cycle) की पहली अवस्था आवश्यकता है। आवश्यकता से तात्पर्य किसी कमी या कमी के अनुभव से है, जो व्यक्ति को किसी लक्ष्य को प्राप्त करने के लिए प्रेरित

करती है। यह आवश्यकता शारीरिक जैसे भूख, प्यास, या नींद अथवा मनोवैज्ञानिक, जैसे आत्मसम्मान या स्वीकृति हो सकती है। इसके बाद अन्य अवस्थाएँ जैसे कि अन्तर्नोद (Drive), अभिप्रेरक (Motivator) और प्रलोभन (Incentive) आती हैं।

16. (b) अवधान (Attention) चयनित संवेदी सूचना को प्रक्रमण (Processing) हेतु फोकस में लाने की प्रक्रिया है। यह प्रक्रिया मस्तिष्क को महत्त्वपूर्ण और प्रासंगिक जानकारी पर ध्यान केन्द्रित करने की अनुमति देती है, जबकि अवांछनीय या अप्रासंगिक जानकारी को अनदेखा करती है।

17. (a) थीमैटिक एपर्सेप्शन टेस्ट (Thematic Apperception Test-TAT) एक प्रक्षेपी तकनीक (Projective Technique) है, जिसका उपयोग व्यक्तित्व के आकलन के लिए किया जाता है। इसमें प्रतिभागियों को अस्पष्ट चित्र दिखाए जाते हैं और उनसे इन चित्रों पर कहानियाँ बनाने के लिए कहा जाता है। इन कहानियों का विश्लेषण करके व्यक्ति की आन्तरिक भावनाओं, इच्छाओं और संघर्षों को समझा जाता है।

18. (d) वैयक्तिक भिन्नताएँ कई क्षेत्रों में पाई जाती हैं, जैसे कि

- **बुद्धि** (Intelligence) लोगों में बुद्धि के विभिन्न स्तर होते हैं।
- **अभिवृत्ति** (Attitude) लोगों के दृष्टिकोण और व्यवहार में भी भिन्नताएँ होती हैं।
- **व्यक्तित्व** (Personality) व्यक्तित्व लक्षणों में भी काफी भिन्नताएँ पाई जाती हैं।

इसलिए वैयक्तिक भिन्नताएँ उपरोक्त सभी क्षेत्रों में पाई जाती हैं।

19. (b) **सिगमण्ड फ्रायड** (Sigmund Freud) के मनोविश्लेषणात्मक सिद्धान्त के अनुसार, व्यक्तित्व की तीन मुख्य संरचनाएँ हैं: इदम् (Id), अहम् (Ego) और पराहम् (Superego)। इनमें से अहम् (Ego) व्यक्तित्व की कार्यकारी शाखा है, जो वास्तविकता के सिद्धान्त पर कार्य करती है और बल व पराहम् के बीच सन्तुलन बनाने का कार्य करती है।

20. (a) जीन पियाजे (Jean Piaget) के संज्ञानात्मक विकास के सिद्धान्त में सन्तुलन एक महत्त्वपूर्ण प्रक्रिया है। यह प्रक्रिया बच्चों को नई जानकारी को अपने मौजूदा ज्ञान के साथ समायोजित करने और सन्तुलित करने में मदद करती है। सन्तुलन के माध्यम से बच्चे अपनी समझ को पुनःस्थापित करते हैं और संज्ञानात्मक विकास करते हैं।

21. (a) अधिगम का पठार (Learning Plateau) एक ऐसी अवस्था को दर्शाता है, जहाँ अधिगम की दर (Learning Rate) स्थिर हो जाती है अर्थात् व्यक्ति का प्रदर्शन सुधरना बन्द हो जाता है और ठहराव (Plateau) की स्थिति में आ जाता है। यह विभिन्न कारणों से हो सकता है, जैसे कि मोटिवेशन की कमी, तकनीक में बदलाव की आवश्यकता या अधिगम के लिए समय की कमी।

22. (b) एरिक एरिक्सन (Erik Erikson) ने अपने व्यक्तित्व विकास के सिद्धान्त में सामाजिक कारकों (Social Factors) पर बल दिया है। उनके अनुसार, व्यक्तित्व का विकास आठ मनोवैज्ञानिक अवस्थाओं (Psychosocial Stages) के माध्यम से होता है, जहाँ प्रत्येक अवस्था में व्यक्ति को सामाजिक चुनौतियों और संकटों का सामना करना पड़ता है, जिससे उसका व्यक्तित्व आकार लेता है।

23. (b) WISC एक प्रकार का अभिक्षमता परीक्षण है। अभिक्षमता परीक्षण (Aptitude Test) एक प्रकार का परीक्षण है, जिसका उद्देश्य व्यक्ति की विशिष्ट क्षमताओं और सम्भावनाओं को मापना है। यह परीक्षण व्यक्ति की भविष्य की सफलता और क्षमता का अनुमान लगाने के लिए किया जाता है, जैसे कि विभिन्न शैक्षणिक और व्यावसायिक क्षेत्रों में सफलता।

24. (a) आर्मी बीटा वाचिक बुद्धि परीक्षण (Verbal Intelligence Test) का एक उदाहरण है। यह परीक्षण प्रथम विश्व युद्ध के दौरान अमेरिकी सेना द्वारा सैनिकों की मानसिक योग्यता का आकलन करने के लिए डिजाइन किया गया था।

25. (a) सृजनात्मकता (Creativity) में नवीनता (Originality), मौलिकता (Originality) और कल्पनाशीलता (Imagination) जैसे तत्त्व सम्मिलित होते हैं। जबकि अभिसारी चिन्तन (Convergent Thinking) विशिष्ट उत्तरों की ओर ले जाता है और समस्याओं का एक सही समाधान खोजने पर बल देता है, जो सृजनात्मकता के विपरीत है। दिशात्मक चिन्तन (Divergent Thinking) की आवश्यकता तब होती है, जब कई सम्भावित उत्तरों या समाधान की खोज की जाती है।

26. (d) अभिवृत्ति (Attitude) में चार मुख्य तत्त्व होते हैं

- **ज्ञानात्मक तत्त्व** (Cognitive Component) इसमें विश्वास और धारणाएँ शामिल होती हैं।
- **भावनात्मक तत्त्व** (Affective Component) इसमें भावनाएँ और भावनात्मक प्रतिक्रियाएँ शामिल होती हैं।
- **व्यावहारिक तत्त्व** (Behavioral Component) इसमें व्यक्ति का व्यवहार और क्रियाएँ शामिल होती हैं।
- **मूल्यात्मक तत्त्व** (Evaluative Component) इसमें किसी वस्तु या व्यक्ति के प्रति मूल्यांकन या निर्णय शामिल होता है।

27. (a) धनात्मक पुनर्बलन (Positive Reinforcement) अधिगम को बढ़ाता है। यह तब होता है, जब किसी व्यवहार के बाद सकारात्मक परिणाम या पुरस्कार दिया जाता है, जिससे उसे व्यवहार की सम्भावना बढ़ जाती है। उदाहरण के लिए, एक बच्चे को अच्छे प्रदर्शन के लिए प्रशंसा या इनाम दिया जाता है, जिससे वह भविष्य में भी अच्छा प्रदर्शन करने के लिए प्रेरित होता है।

28. (c) LAD (Language Acquisition Device) का सम्प्रत्यय नोम चॉमस्की ने दिया। उन्होंने प्रस्तावित किया कि बच्चों के पास जन्मजात उपकरण होते हैं जो उन्हें भाषा सीखने में सहायता करते हैं, जिससे वे जल्दी और स्वाभाविक रूप से भाषाएँ सीख सकते हैं।

29. (c) नई सूचना को सम्मिलित करने के लिए पहले से मौजूद स्कीमा को संशोधित करना समायोजन (Accommodation) कहलाता है। यह प्रक्रिया जीन पियाजे के संज्ञानात्मक विकास के सिद्धान्त में महत्त्वपूर्ण है। समायोजन में व्यक्ति अपने मौजूदा ज्ञान (स्कीमा) को नई जानकारी के साथ मिलाकर संशोधित करता है, जिससे संज्ञानात्मक सन्तुलन प्राप्त होता है।

30. (d) चरों के सक्रिय परिवर्तन तथा नियन्त्रण की विधि प्रयोग है। प्रयोगात्मक विधि में स्वतन्त्र चरों (Independent Variables) को नियन्त्रित और हेरफेर किया जाता है और निर्भर चरों (Dependent Variables) पर उनके प्रभाव का अध्ययन किया जाता है। निरीक्षण (Observation), सर्वेक्षण (Survey) और व्यक्ति अध्ययन (Case Study) विधियाँ चरों के नियन्त्रण की विधियाँ नहीं हैं, बल्कि डेटा संग्रह की विधियाँ हैं।

31. (a) The word 'Ignominious' means 'Embraced'. Hence, its synonym is 'Disgraceful' which indicates disrespect and humiliation.

32. (b) The word 'Catastrophic' means causing sudden and very great harm or destruction. Hence, its synonym is 'Devastating' which means 'destructive'.

33. (a) The word 'Sustainable' means involving the use of natural products and energy in a way that does not harm the environment or eco-friendly.

34. (a) The correct filler for the given blank is 'by'.

35. (b) The correct filler for the given blank is 'of'.

36. (b) The correct pronoun for the given blank is 'hers'.

37. (c) The correct pronoun for the given blank is 'himself'.

38. (c) The correct passive voice of the given sentence is-By whom was French taught to you?

The correct transformation of 'who' questions is By + whom + was.

39. (b) The correct passive voice of the given sentence is- He was made a King by them. The sentence in active voice in past tense, take the form 'was/were+ V3'.

40. (c) The feminine of Duke is Duchess.

41. (a) The adjective form of 'whole' will be 'wholesome'.

42. (a) The past form of 'spit' is 'spit'.

43. (c) As the given sentence presents an action that started in the past and is still continuing, present perfect continuous tense should be used. Hence, the correct filler for the given blank is 'have been studying'.

44. (b) As the sentence presents s universal fact, simple present tense should be used. Hence, the correct filler for the given blank is 'moves'.

45. (c) The correctly spelt word is 'Grievances'. It means 'Complaints'.

46. (d) The correctly spelt word is 'abeyance'. It means a state of temporary disuse or suspension.

47. (d) The correctly spelt word is 'Astronaut'.

48. (b) The correct filler for the given blank is 'can'.

49. (c) The correct filler for the given blank is 'might'.

50. (c) The collective noun of cattle is called a herd.

51. (a) The collection of people is called a crowd.

52. (c) The plural of sheep is sheep.

53. (c) The plural of analysis is analyses.

54. (c) The adverb form of threaten is threateningly.

55. (a) The adverb form of indignant is indignantly.

56. (b) The correct filler for the given blank is 'a'.

57. (c) The correct filler for the given blank is 'before'.

58. (d) The feminine of bachelor is bachelorette.

59. (a) The correct indirect speech of the given sentence is- He asked me what I was doing.

The interrogative sentence in directs speech is in present continuous tense. Its indirect speech would have the word 'asked' and the tense past continuous.

60. (b) The correct indirect speech of the given sentence is- He shouted at them to let him go.

61. (c) 'मुझसे चला नहीं जाता' वाक्य में भाव (क्रिया) की प्रधानता होने के कारण भाववाच्य है। अन्य विकल्पों में,

कर्तृवाच्य = कर्ता की प्रधानता; जैसे-राम पुस्तक पढ़ता है।

कर्मवाच्य = कर्म की प्रधानता; जैसे- राम द्वारा पुस्तक पढ़ी जाती है।

62. (a) 'मेरा भाई होशियार है' वाक्य में 'मेरा भाई' उद्देश्य तथा 'होशियार है' विधेय है। वाक्य का उद्देश्य वह होता है, जो वाक्य में कर्ता का कार्य करता है। उद्देश्य वह पद है, जो वाक्य की क्रिया को पूरा करने के लिए आवश्यक होता है और जो वाक्य का मुख्य भाग होता है।

63. (b) यहाँ 'ध' अघोष वर्ण है। हिन्दी वर्णमाला में अघोष वर्ण वे होते हैं, जिनके उच्चारण में स्वर यन्त्र का कम्पन नहीं होता। प्रत्येक वर्ग का पहला, दूसरा वर्ण तथा श, ष, और से अघोष वर्ण होते हैं।

64. (b) यहाँ 'ङ' नासिक्य व्यंजन है। नासिक्य व्यंजन वे व्यंजन होते हैं, जिनका उच्चारण नासिका (नाक) से होता है। हिन्दी वर्णमाला में नासिक्य व्यंजन हैं, 'ङ, ञ, ण, न, म'। ये सभी व्यंजन उच्चारण के समय नाक से निकलने वाली ध्वनि से बनते हैं।

65. (b) 'हिमालय' व्यक्तिवाचक संज्ञा है।

जिन शब्दों से किसी विशेष व्यक्ति, वस्तु, स्थान आदि के नाम का बोध होता हे, उसे व्यक्तिवाचक संज्ञा कहते हैं, जैसे-महात्मा गाँधी, विराट कोहली, गीता, रामायण, हिमालय, गंगा, युमना, आदि।

अन्य विकल्पों में

मेज	-	जातिवाचक संज्ञा
बुढ़ापा	-	भाववाचक संज्ञा
आदमी	-	जातिवाचक संज्ञा

66. (d) यहाँ, 'अम्मा' द्वित्व व्यंजन है। जब दो समान व्यंजनों का प्रयोग एकसाथ हो तथा उसमें पहले वाला व्यंजन स्वर रहित हो, तो उसे द्वित्य व्यंजन कहते है; जैसे- 'अम्मा' में पहला 'म' स्वर रहित तथा दूसरा स्वर सहित है। अन्य उदाहरण-दिल्ली, रस्सी, खट्टा आदि हैं।

67 (c) यहाँ 'ठ' महाप्राण व्यंजन है।

जिन वर्णों के उच्चारण में श्वास-वायु की मात्रा अधिक होती है तथा उच्चारण में 'हकार' की ध्वनि सुनाई पड़ती है, उन्हें महाप्राण व्यंजन कहते हैं।

प्रत्येक वर्ग का दूसरा और चौथा वर्ण तथा श, ष, स, ह महाप्राण व्यंजन होते हैं।

'क' वर्ग = ख, घ   'च' वर्ग = छ, झ
'ट' वर्ग = ठ, ढ   'त' वर्ग = थ, ध
'प' वर्ग = फ, भ

68. (c) यहाँ **क्योंकि** विस्मयादिबोधक अव्यय नहीं है। यह समुच्चयबोधक अव्यय होता है जो अव्यय दो या दो से ज्यादा शब्दों, वाक्यों या वाक्यांशों को जोड़ते हैं समुच्चयबोधक अव्यय कहलाते हैं; जैसे-और, क्योंकि, या, अथवा, अन्यथा आदि।

विस्मयादिबोधक अव्यय वे अव्यय होते हैं, जो आश्चर्य, हर्ष, शोक आदि मन के भावों की अभिव्यक्ति करते हैं।

69. (b) 'ऋ' ह्रस्व अर्थात् लघु स्वर हैं। इन स्वरों के उच्चारण में केवल एक मात्रा का समय अर्थात् बहुत कम समय लगता है। इन्हें 'मूल स्वर' भी कहा जाता है। ये संख्या के चार होते हैं- अ, इ, उ, ऋ अन्य विकल्पों में

दीर्घ स्वर के उच्चारण ह्रस्व स्वर की अपेक्षा अधिक समय अर्थात दो मात्राओं का समय लगता है। ये संख्या में सात होते हैं- आ, ई, ऊ, ए, ऐ, ओ, औ।

प्लुत स्वर के उच्चारण में तीन मात्रा अर्थात् सबसे अधिक समय लगता है। इनका प्रयोग मुख्यतः संस्कृत में होता है। किसी का पुकारने या बुलाने में भी इसका प्रयोग करते हैं; जैसे-राऽऽऽम्, मनुऽऽऽऽ, ।

- यह समुच्चयबोधक अव्यय होता है जो अव्यय दो या दो से ज्यादा शब्दों वाक्यों या वाक्यांशों को जोड़ते हैं समुच्चयबोधक अव्यय कहलाते हैं; जैसे-और, क्योंकि, या, अथवा, अन्यथा आदि।

70. (b) यहाँ 'ज' संघर्षी व्यंजन है। यह एक आगत अर्थात् विदेशज व्यंजन है, परन्तु इसका उच्चारण संघर्षी व्यंजनों की तरह होता है। जिन व्यंजनों के उच्चारण में वायु मुख के अवयवों को लगभग छुते हुए संघर्षपूर्वक गर्म होकर निकलती है, उन्हें संघर्षी या ऊष्म व्यंजन कहते हैं। श, ष, स, ह संघर्षी व्यंजन हैं।

71. (c) यहाँ वर्तनी की दृष्टि से 'कवि' शुद्ध शब्द है। अन्य विकल्प अशुद्ध हैं, जिनके शुद्ध रूप इस प्रकार होंगे।

आधीन = अधीन; बिमारी = बीमारी;
दरोगा = दारोगा

72. (b) 'शचीन्द्र' का सन्धि-विच्छेद होगा = शची + इन्द्र; यहाँ दीर्घ सन्धि है।

इस सन्धि में, ह्रस्व (अ, इ, उ) या दीर्घ स्वर (आ, ई, ऊ) परस्पर मिलकर दीर्घ हो जाते है। यहाँ शचीन्द्र में 'ई + इ = ई' नियम से दीर्घ सन्धि का प्रयोग हुआ है।

73. (c) 'निः + फल' में सन्धि होगी = निष्फल; इसमें विसर्ग सन्धि है।

यदि विसर्ग से पहले 'अ' तथा 'आ' को छोड़कर अन्य स्वर हो यह उसके बाद क, ख, प, फ में से कोई भी वर्ण हो, तो विसर्ग के स्थान पर 'ष्' हो जाता है।
अन्य उदाहरण - दुः + कर = दुष्कर; निः + काम = निष्काम।

74. (b) संस्कृत के ऐसे शब्द जो कुछ रूप परिवर्तन के साथ हिन्दी मे प्रचलित हैं, उन्हें 'तद्भव' शब्द कहते हैं; जैसे-घी, दूध, आग, मो आदि तद्भव शब्द हैं।

75. (b) 'जीभ' तत्सम् शब्द नहीं है। यह तद्भव शब्द है। इसका तत्सम रूप 'जिह्वा' होता है। तत्सम् शब्द वे संस्कृत शब्द हैं; जो हिन्दी में अपने मूल रूप में ही प्रयुक्त होते हैं; जैसे-धृत, दुग्ध, अग्नि, मयूर आदि।

76. (b) 'र' लुंठित व्यंजन होता है। इसके उच्चारण में जिह्वा का अग्र भाग थरथराता या कँपकँपाता है। इसे प्रकम्पित व्यंजन भी कहते हैं। इसका उच्चारण करते समय वायु जीभ के ऊपर से लुढ़कती हुई बाहर निकलती है।

77. (b) सम्भव = सम् + भव; अतः यहाँ 'सम्' उपसर्ग है।

उपसर्ग वे शब्दांश होते हैं, जो किसी शब्द के पहले लगकर उसके अर्थ में परिवर्तन कर देते हैं।

78. (a) 'घुड़सवार' का समास विग्रह करने पर 'घोड़े पर सवार' होगा। यहाँ दोनों पदों के बीच अधिकरण कारक के विभक्ति चिह्न 'पर' का लोप होने के कारण अधिकरण तत्पुरुष समास है। समास के जिस रूप से दूसरा पद प्रधान होता है तथा दोनों पदों के बीच में कारक चिह्नों/विभक्तियों/परसर्गों का लोप होता है, उसे तत्पुरुष समास कहते हैं।

79. (a) भाषा की सबसे छोटी इकाई 'वर्ण' होती है, क्योंकि इसके और अधिक टुकड़े नहीं किए जा सकते। सभी स्वर व व्यंजन वर्ण होते हैं। हिन्दी वर्णमाला में मूल रूप से 11 स्वर, 2 अयोगवाह, 33 व्यंजन, 2 द्विगुण व्यंजन और 4 संयुक्त व्यंजन हैं। अतः हिन्दी वर्णमाला में '52' वर्ण होते हैं।

80. (d) 'अ' की कोई मात्रा नहीं होती। वह सिर्फ व्यंजन में ही मिला रहता है; जैसे क् + अ = क, ख् + अ = ख, च् + अ = च आदि।

81. (a) किसी भी व्यंजन का उच्चारण स्वरों की सहायता से ही होता है। व्यंजन 'स्वर' के साथ मिलकर ही पूर्ण अक्षर' बनता है; जैसे- प् + अ = प, प् + आ = पा, प् + इ = पि, प् + ई = पी आदि।

82. (b) 'ज' का उच्चारण स्थान तालु होता है, इसलिए यह तालव्य व्यंजन होता है। 'च' वर्ग तथा य, श तालव्य व्यंजन होते हैं।

अन्य विकल्पों में

कण्ठ - 'क' वर्ग के वर्ण ह

दन्त - 'त' वर्ग के वर्ण ल, स

मूर्धा - 'ट' वर्ग के वर्ण र, ष

83. (c) 'पीताम्बर' योगरूढ़ शब्द है। जो शब्द अन्य शब्दों के योग से बनते हैं, परन्तु एक विशेष अर्थ के लिए प्रसिद्ध होते हैं, उन्हें योगरूढ़ शब्द कहते हैं, जैसे-पीताम्बर-पीला है अम्बर जिसका अर्थात् विष्णु।

84. (d) 'सुन्दर' का पर्यायवाची 'सिन्धु' नहीं है। 'सिन्धु' समुद्र का पर्यायवाची होता है। इसके अन्य पर्यायवाची हैं– 'सागर, रत्नाकर, जलधि, पयोधि आदि। अन्य तीनों विकल्प 'सुन्दर' के पर्यायवाची हैं।

85. (d) 'गरिष्ट' घन का अनेकार्थी शब्द नहीं है। जिन शब्दों के एक से अधिक भिन्न-भिन्न अर्थ होते हैं, वे अनेकार्थी शब्द कहलाते हैं; जैसे-घन-बादल, हथौड़ा आदि।

पानी चमक, इज्जत, जल

कनक धतूरा, सोना, गेहूँ।

86. (b) 'भूखे-प्यासे' का समास विग्रह करने पर 'भूखे और प्यासे' होगा। यहाँ दोनों पद प्रधान हैं तथा 'और' योजक शब्द से जुड़े हैं; इसलिए इस पद में द्वन्द्व समास है।

अन्य विकल्पों में

द्विगु समास = प्रथम पद संख्यावाची विशेषण तथा समाहार का बोध; जैसे-त्रिफला = तीन फलों का समूह।

कर्मधारय समास = दोनों पदों में विशेषण-विशेष्य तथा उपमान-उपमेय का सम्बन्ध; जैसे-महात्मा-महान् है जो आत्मा।

अव्ययीभाव समास = प्रथम पद अव्यय व प्रधान तथा समस्त पद भी अव्यय; जैसे– यथाशक्ति-शक्ति के अनुसार।

87. (d) अच्छाई = अच्छा + आई; अतः यहाँ 'आई' प्रत्यय का प्रयोग हुआ है। प्रत्यय वे शब्दांश होते हैं, जो किसी शब्द के अन्त में लगकर उसमें परिवर्तन कर देते हैं।

88. (b) 'धीरे-धीरे' पुनरुक्त शब्द का उदाहरण है। पुनरुक्त शब्द वे शब्द होते हैं, जो समान युग्म शब्दों से बने होते हैं और योजक चिह्न से जुड़े होते हैं; जैसे- पुनः-पुनः, धीरे-धीरे आदि।

89. (c) 'गंगा हिमालय से निकलती है' वाक्य में 'गंगा' का हिमालय से अलगाव प्रकट हो रहा है, इसलिए यहाँ अपादान कारक है। इसका विभक्ति चिह्न या परसर्ग 'से' होता है। जहाँ डर, तुलना, शिक्षा, अलगाव आदि का भाव होता है, वहाँ अपादान कारक होता है।

अन्य विकल्पों में

कर्म कारक कर्म का प्रभाव; जैसे-मनु ने **साँप को** मारा।

करण कारक माध्यम या साधन; जैसे-उसने **बस से** यात्रा की।

सम्बन्ध कारक सम्बन्ध बताना; जैसे-**मीरा का** भाई आ रहा है।

90. (b) 'अध्यापक बच्चों को पढ़ाता है' वाक्य में 'पढ़ाना' क्रिया को कर्म 'बच्चों' की आवश्यकता पड़ रही है, इसलिए यहाँ सकर्मक क्रिया है।

अन्य विकल्पों में

अकर्मक क्रिया कर्म की आवश्यकता नहीं पड़ती; जैसे राधा सो रही है।

प्रेरणार्थक क्रिया इसमें कर्ता स्वयं कर्म न करके दूसरे को कार्य करने के लिए प्रेरित करता है; जैसे-रामू नौकर से खाना **मँगवाता** है।

91. (b) दिया है, त्रिज्या $r = 14$ मी

$\theta = 90°$

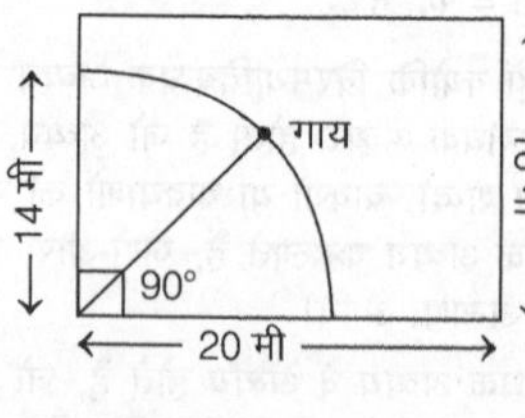

$$\text{क्षेत्रफल} = \frac{\theta}{360}\pi r^2$$

$$= \frac{90}{360} \times \frac{22}{7} \times 14 \times 14$$

$$= 154 \text{ मी}^2$$

92. (b) हम जानते हैं, बेलन का आयतन $= \pi r^2 h$

नई त्रिज्या, $r' = \frac{r}{2}$

नई ऊँचाई, $h' = 2h$

$\therefore$ नया आयतन $= \pi (r')^2 h' = \pi \left(\frac{r}{2}\right)^2 \times 2h$

$$= \frac{\pi r^2 h}{2} = \frac{1}{2}\pi (r)^2 h$$

93. (d) दिया है, गोले की त्रिज्या, $R = 2r$

$\therefore$ आयतन $= \frac{4}{3}\pi R^3$

$$= \frac{4}{3}\pi (2r)^3 = \frac{32}{3}\pi r^3$$

94. (b) माना संख्या $= x$

प्रश्नानुसार, $\frac{3}{4}x = 12 \Rightarrow x = \frac{48}{3} = 16$

95. (b) बैग में कुल गेंदों की संख्या = 3 लाल + 5 सफेद + 7 काली = 15 गेंदें

लाल या काली न होने की प्रायिकता $= \frac{\text{सफेद गेंद}}{\text{कुल गेंद}}$

$$= \frac{5}{15} = \frac{1}{3}$$

96. (a) दिया है, $8a = 35^2 - 27^2$

$$= (35 + 27)(35 - 27)$$

$$[\because a^2 - b^2 = (a - b)(a + b)]$$

$\Rightarrow \quad 8a = (62)(8)$

$\Rightarrow \quad a = \frac{62 \times 8}{8} = 62$

97. (c) माना भिन्न $= \frac{x}{y}$

प्रश्नानुसार, $\frac{x+2}{y+2} = \frac{9}{11}$

$\Rightarrow \quad 11x + 22 = 9y + 18$

$11x - 9y = -4 \quad \ldots(i)$

तथा $\frac{x+3}{y+3} = \frac{5}{6}$

$\Rightarrow \quad 6x + 18 = 5y + 15$

$\Rightarrow \quad 6x - 5y = -3$

$\Rightarrow \quad 6x + 3 = 5y$

$\Rightarrow \quad y = \frac{6x+3}{5} \quad \ldots(ii)$

y का मान समीकरण (i) में प्रतिस्थापित करने पर,

$$11x - 9\left(\frac{6x+3}{5}\right) = -4$$

$\Rightarrow \quad 55x - 54x - 27 = -20$

$\Rightarrow \quad x - 27 = -20$

$\therefore \quad x = 7$

समी. (ii) से,

$$y = \frac{6\times7+3}{5} = \frac{45}{5} = 9$$

अत: भिन्न $= \frac{x}{y} = \frac{7}{9}$

98. (c) दिए गए आकड़ो को आरोही क्रम में व्यवस्थित करने पर, 40, 50, 60, 68, 94, 98, 99

पदों की संख्या $(n) = 7$ (विषम संख्या)

$\therefore$ माध्यिका $= \left(\frac{n+1}{2}\right)$वाँ पद $= \left(\frac{7+1}{2}\right)$वाँ पद

$= 4$वाँ पद $= 68$

99. (a) 8 लोगों के लिए 1 महीने में गेहूँ की आवश्यकता = 60 किग्रा

8 लोगों के लिए 1 दिन में गेहूँ की आवश्यकता

$= \frac{60}{30} = 2$ किग्रा

8 लोगों के लिए 7 दिनों के लिए गेहूँ की आवश्यकता

$= 2\times7 = 14$ किग्रा

100. (b) $\sqrt{2}$ एक अपरिमेय संख्या है।

101. (b) विकल्प (a) की समीकरण,

$x^2-4x+5=0$ में x=2 प्रतिस्थापित करने पर,

$2^2-4\times2+5=0 \Rightarrow 1\neq0$

समीकरण $2x^2-7x+6=0$ में x=2 प्रतिस्थापित करने पर,

$\Rightarrow 2\times2^2-7\times2+6=0$

$\Rightarrow 8-14+6=0$

$\Rightarrow 14-14=0 \Rightarrow 0=0$

अत: विकल्प (b) सही उत्तर है।

102. (a) अभीष्ट संख्या = (70 − 5) तथा (125 − 8) का म.स. = 65 तथा 117 का म.स.

$65 = 5\times13$

$117 = 3\times3\times13$

$\therefore$ म.स. = 13

अत: संख्या 13 से 70 तथा 125 को विभाजित करने पर शेषफल, क्रमशः 5 तथा 8 प्राप्त होगा।

103. (c) त्रिज्या $= r$

परिधि $= 2\pi R$

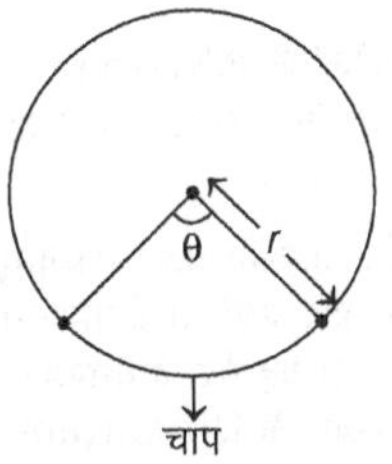

$\therefore$ चाप की लम्बाई $= \frac{\theta}{360}\times$ परिधि

$= \frac{\theta}{360}\times2\pi r = \frac{\theta\pi r}{180}$

104. (b)

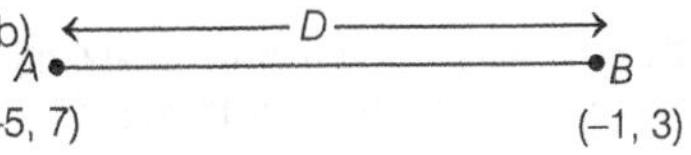

यहाँ, $x_1=-5, y_1=7$

$x_2=-1, y_2=3$

दूरी, $D = \sqrt{(x_2-x_1)^2+(y_2-y_1)^2}$

$= \sqrt{(-1+5)^2+(3-7)^2}$

$= \sqrt{4^2+(-4)^2} = \sqrt{16+16} = 4\sqrt{2}$

105. (c) दिया है, $P=-10$

$\therefore P^2-2P-100$

$= (-10)^2-2\times(-10)-100$

$= +100+20-100 = 20$

106. (a) माना राजू की आयु $= x$

उसके पिता की आयु = 44

प्रश्नानुसार,

$3x+5=44$

$\Rightarrow 3x=39$

$\therefore x=13$ वर्ष

107. (b) $\frac{(2^5)^2\times7^3}{8^3\times7}$

$= \frac{32\times32\times7\times7\times7}{8\times8\times8\times7} = 2\times7\times7 = 98$

108. (a) दिया है, $x-\frac{1}{x}=7$

दोनों ओर वर्ग करने पर,

$\Rightarrow x^2+\frac{1}{x^2}-2\times x\times\frac{1}{x}=49$

$\Rightarrow x^2+\frac{1}{x^2}=49+2$

$\therefore x^2+\frac{1}{x^2}=51$

109. (a) दिया है,

$5x+\frac{7}{2}=\frac{3}{2}x-14$

$\Rightarrow 5x-\frac{3}{2}x=\frac{-7}{2}-14$

$\Rightarrow \frac{10x-3x}{2}=\frac{-7-28}{2}$

$\Rightarrow 7x=-35$

$\therefore x=-5$

110. (b) $\left[\left(\frac{1}{3}\right)^{-2}-\left(\frac{1}{2}\right)^{-3}\right]\div\left(\frac{1}{4}\right)^{-2}$

$= [3^2-2^3]\div4^2 \quad \left[\because \left(\frac{1}{a}\right)^{-1}=a\right]$

$= (9-8)\div16 = 1\div16$

$= \frac{1}{16}$

111. (c) अर्द्धवृत्त का व्यास = 28 सेमी

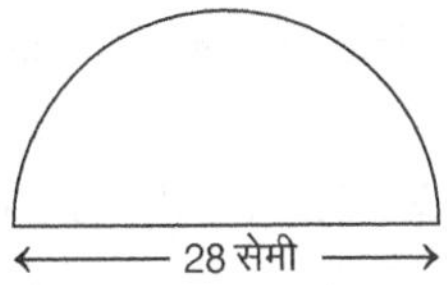

त्रिज्या $= \frac{\text{व्यास}}{2} = \frac{28}{2}$ सेमी

= 14 सेमी

अर्द्धवृत्त का परिमाप $= \pi r+2r$

$= \frac{22}{7}\times14+2\times14$

$= 44+28 = 72$ सेमी

112. (a)

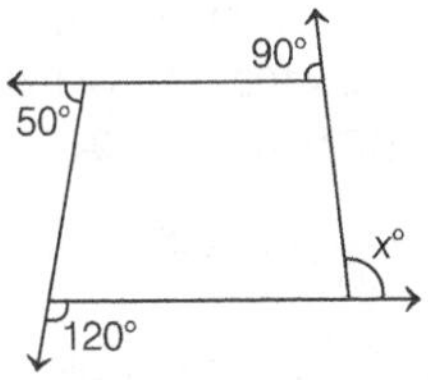

चतुर्भुज के चारों बाह्य कोणों का योग = 360

$\Rightarrow 90+50+120+x=360$

$\Rightarrow x=360-260$

$\therefore x=100°$

113. (c) 10, 7, 4, …… का 30 वाँ पद

दी गई श्रेणी एक समान्तर श्रेढ़ी है।

यहाँ $a=10$, $d=7-10=-3$ तथा $n=30$

$\therefore$ 30 वाँ पद, $T_{30}=a+(n-1)d$

$=10+(30-1)(-3)$

$=10+29(-3)=10-87=-77$

114. (d) −5 से 5 तक के बीच आने वाली संख्याएँ,

−4, −3, −2, −1, 0, 1, 2, 3, 4

पूर्ण संख्या की परिभाषा के अनुसार, शून्य तथा धनात्मक संख्याएँ पूर्ण संख्याएँ होती हैं।

अर्थात् 0, 1, 2, 3, 4

अत: कुल संख्या = 5

115. (a)

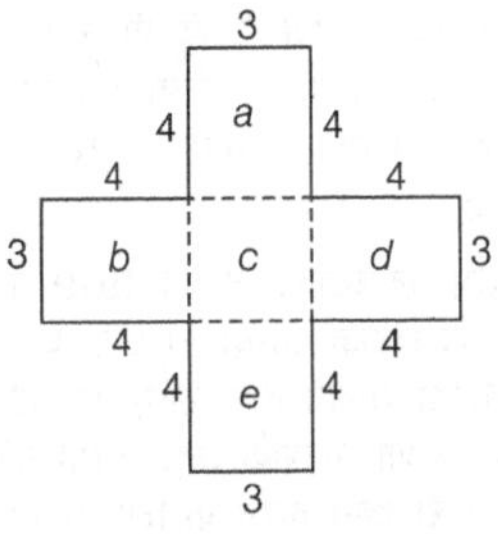

क्षेत्रफल = छायांकित भाग का क्षेत्रफल

$= (a+b+c+d+e)$ का क्षेत्रफल

$= 4\times3 + 4\times3 + 3\times3 + 4\times3 + 4\times3$

[∵आयत का क्षेत्रफल = लम्बाई × चौड़ाई]

$= 12 + 12 + 9 + 12 + 12 = 57$

116. (b) $\sqrt{176+\sqrt{2401}} = \sqrt{176+\sqrt{49^2}}$

$= \sqrt{176+49} = \sqrt{225} = 15$

117. (a) पाइथागोरस प्रमेय से,

कर्ण^2 = लम्ब^2+ आधार^2

विकल्प (a) से,

⇒ $10^2 = 8^2 + 6^2 \Rightarrow 100 = 100$

अतः विकल्प (a) सही उत्तर है।

118. (d) दिया है, विक्रय मूल्य =₹329

$\therefore$ क्रय मूल्य $= \dfrac{\text{विक्रय मूल्य} \times 100}{(100 - \text{हानि}\%)}$

$= \dfrac{329\times100}{(100-6)} = \dfrac{329\times100}{94} =$ ₹350

119. (b) $\left(\dfrac{2}{11} \div \dfrac{-5}{55}\right)$ का व्युत्क्रम

$= \left(\dfrac{2}{11}\right) \times \dfrac{55}{-5}$ का व्युत्क्रम

$= -2$ का व्युत्क्रम $= \dfrac{-1}{2}$

120. (d) दिया है, मूलधन, $P =$ ₹ 5000

दर, $R = 15\%$

समय, $T = 1$ माह $= \dfrac{1}{12}$ वर्ष

$\therefore$ एक माह का साधारण ब्याज $= \dfrac{PTR}{100}$

$= \dfrac{5000\times15\times1}{100\times12} = \dfrac{750}{12} =$ ₹62.5

121. (a) डेन्यूब नदी यूरोप की सबसे लम्बी नदी है, इसकी लम्बाई 2,857 किमी (1,778 मील) है। यह 10 देशों से होकर बहती है और यह काला सागर में मिलती है।

122. (c) आइजोल, मिज़ोरम राज्य की राजधानी है। यह राज्य के उत्तर-पूर्वी भाग में स्थित है और यह एक पहाड़ी शहर है। मिज़ोरम की आधिकारिक भाषा मिजो व अंग्रेजी है।

123. (b) हिमाचल प्रदेश में 'डूँगरी' नामक मेला मण्डी जिले में लगता है। यह मेला भगवान शिव को समर्पित है और प्रत्येक वर्ष भाद्रपद मास में आयोजित किया जाता है।

124. (b) सैमुअल स्टोक्स ने वर्ष 1919 में शिमला में 'बेगार प्रथा' के विरुद्ध आन्दोलन छेड़ा था। यह आन्दोलन ब्रिटिश शासन द्वारा लागू की गई बेगार प्रथा के खिलाफ था, जिसके तहत लोगों को बिना वेतन के सरकारी काम करने के लिए मजबूर किया जाता था।

125. (b) शिमला का गेयटी थिएटर 1889 ई. में आम जनता को समर्पित किया गया था। यह थिएटर ब्रिटिश शासनकाल में बनाया गया था और यह हिमाचल प्रदेश का सबसे पुराना थिएटर है।

126. (d) हिमाचल प्रदेश लोकतन्त्र प्रहरी सम्मान योजना में मासिक पेंशन स्वतन्त्रता सेनानियों, अक्षमों और वर्ष 1975 में आपातकाल के दौरान जेल में बन्द लोगों को प्रदान की जाती है। इस योजना के तहत प्रतिमाह ₹ 11 हजार की सम्मान राशि प्रदान की जाती है।

127. (a) उस्ताद जाकिर हुसैन ने वर्ष 2024 में ग्रैमी अवॉर्ड्स में तीन पुरस्कार जीते– सर्वश्रेष्ठ विश्व संगीत एल्बम, सर्वश्रेष्ठ पारम्परिक विश्व संगीत प्रदर्शन और सर्वश्रेष्ठ विश्व संगीत संग्रह। वे भारत के प्रसिद्ध तबलावादक हैं।

128. (b) वर्ष 2024 में भारत की 18वीं लोकसभा के चुनाव हुए थे। ये चुनाव 19 अप्रैल से 1 जून, 2024 के मध्य 7 चरण में सम्पन्न हुए जिसके नतीजे 4 जून, 2024 को घोषित किए गए।

129. (a) राष्ट्रीय मतदाता दिवस प्रतिवर्ष 25 जनवरी को मनाया जाता है। यह दिवस भारत में लोकतन्त्र और चुनावों के महत्त्व को दर्शाता है।

130. (b) मंगल ग्रह को लाल ग्रह के नाम से जाना जाता है, क्योंकि इसकी सतह पर लाल रंग आयरन ऑक्साइड के कारण होता है। इसके दिन का मान व अक्ष का झुकाव पृथ्वी के समान है। यह अपनी धुरी पर 24 घण्टे में एक बार पूरा चक्कर लगाता है। इसके दो उपग्रह फोबोस व डीमोस है।

131. (c) 'मुख्यमन्त्री सुख आश्रय योजना' के अन्तर्गत 18 वर्ष से 25 वर्ष तक के अनाथों को शामिल किया गया है। इस योजना के तहत राज्य के अनाथ वर्ग के बच्चों को चिल्ड्रेन ऑफ स्टेट के रूप में गोद लिया जाएगा। जिसके तहत उनकी शिक्षा, आवास व शादी की व्यवस्था का खर्च राज्य सरकार वहन करेगी। इस योजना की शुरुआत 16 फरवरी, 2023 को की गई।

132. (c) विश्व स्वास्थ्य संगठन ने जनवरी, 2024 में काबो वर्डे को मलेरिया मुक्त घोषित किया था। यह अफ्रीकी महाद्वीप का पहला देश है, जिसे मलेरिया मुक्त घोषित किया गया है।

133. (a) गुजरात में काठियावाड़ क्षेत्र के साथ भारत में सबसे लम्बी तटरेखा है। गुजरात तटरेखा की लम्बाई अरब सागर से घिरी लगभग 1600 किमी है।

134. (c) पश्चिम बंगाल स्थित विश्व भारती विश्वविद्यालय के शोधकर्ताओं ने हाल ही में खोजे गए नए बैक्टीरिया का नाम रवीन्द्रनाथ टैगोर के नाम पर रखा है।

135. (b) दक्षिण कोरिया की आधिकारिक मुद्रा वॉन है। यह मुद्रा बैंक ऑफ कोरिया द्वारा जारी की जाती है।

136. (a) अलेक्जेण्डर फ्लेमिंग ने वर्ष 1928 में पेनिसिलिन की खोज की थी। पेनिसिलिन पहला व्यापक रूप से उपयोग किया जाने वाला एण्टीबायोटिक है।

137. (b) इलॉन मस्क वर्तमान में टेस्ला कम्पनी के सी.ई.ओ. हैं। टेस्ला इलेक्ट्रिक वाहनों और सौर ऊर्जा उत्पादों को बनाने वाली एक कम्पनी है। इस कम्पनी की स्थापना 2003 में हुई थी।

138. (c) अन्तर्राष्ट्रीय साक्षरता दिवस प्रतिवर्ष 8 सितम्बर को मनाया जाता है। यह दिवस दुनिया में साक्षरता के महत्त्व को बढ़ावा देने के उद्देश्य से प्रति वर्ष मनाया जाता है।

139. (d) हिमाचल प्रदेश का मण्डी शहर 'छोटी काशी' के नाम से प्रसिद्ध है। यह शहर हिन्दू धर्म के लिए महत्त्वपूर्ण है, क्योंकि यहाँ 81 प्राचीन मन्दिर हैं।

140. (c) स्पीति घाटी का अन्तिम गाँव लोसार है। यह समुद्र तल से 4,000 मी से अधिक की ऊँचाई पर स्थित है और यह एक दूरस्थ और सुन्दर स्थान है।

141. (c) भारतीय प्रबन्धन संस्थान (IIM) हिमाचल प्रदेश परिसर धर्मशाला में स्थित है। यह भारत में प्रबन्धन शिक्षा के लिए शीर्ष संस्थानों में से एक है।

142. (d) कालाटोप वन्यजीव अभयारण्य हिमाचल प्रदेश के चम्बा जिले में स्थित है। यह अभयारण्य हिमालयी भूदृश्य और विभिन्न प्रकार के वन्यजीवों के लिए जाना जाता है। यह अभयारण्य 30.69 किमी क्षेत्र में विस्तृत है।

143. (b) भारत में 25 उच्च न्यायालय हैं। प्रत्येक राज्य या केन्द्रशासित प्रदेश में कम-से-कम एक उच्च न्यायालय होता है। (अनुच्छेद-214 के तहत)

144. (a) रश्मि शुक्ला महाराष्ट्र की पहली महिला महानिदेशक पुलिस बनीं। उन्होंने वर्ष 2024 में यह पदभार सम्भाला। वे 1988 बैच की आईपीएस ऑफिसर हैं।

145. (b) नन्द वंश का अन्तिम शासक धनानन्द था, जिसे 322 ई.पू. में चन्द्रगुप्त मौर्य ने हराकर मगध पर मौर्य वंश की स्थापना की। धनानन्द, यूनानी शासक सिकन्दर का समकालीन था। नन्द वंश का संस्थापक महापद्मनन्द था पुराणों में उसे 'सर्वक्षत्रान्तक व एकराट' कहा गया है।

146. (b) मानव शरीर में टिबिया हड्डी टाँग के निचले हिस्से (पिण्डली की हड्डी) में पाई जाती है। यह मानव शरीर की दूसरी सबसे लम्बी हड्डी है। टिबिया, फिबुला की तुलना में अधिक मोटी होती है, जो शरीर के मुख्य भार को वहन करती है।

147. (d) बीसीजी (BCG) का टीका बच्चों को तपेदिक (TB) रोग के प्रति प्रतिरक्षा प्रदान करने के लिए लगाया जाता है।

148. (c) माइकोलॉजी (Mycology) जीव विज्ञान की वह शाखा है, जिसके अन्तर्गत कवक (fungi) का अध्ययन किया जाता है।

149. (d) कार्बन-डाइऑक्साइड का वायुमण्डलीय स्तर सबसे खतरनाक और प्रचलित ग्रीनहाउस गैसों में सबसे उच्चतम स्तर पर है। यह गैस वायुमण्डल के तापमान को सर्वाधिक गर्म रखने के लिए उत्तरदायी है।

150. (a) ये पुरस्कार प्रत्येक वर्ष गणतन्त्र दिवस से एक सप्ताह पूर्व नई दिल्ली में राष्ट्रपति भवन में प्रदान किए जाते हैं। इसकी शुरुआत वर्ष 1996 में हुई थी।

HPTET

हिमाचल प्रदेश शिक्षक पात्रता परीक्षा

जूनियर बेसिक ट्रेनिंग

सॉल्वड पेपर 2022

परीक्षा तिथि : 24-07-2022

समय : 2 : 30 घण्टे

कुल अंक : 150

निर्देश

1. इस प्रश्न–पत्र में कुल 150 वस्तुनिष्ठ प्रकार के प्रश्न हैं।
2. प्रत्येक प्रश्न के लिए एक अंक निर्धारित है।
3. प्रत्येक प्रश्न का केवल एक ही उत्तर दीजिए।
4. इस प्रश्न–पुस्तिका में पाँच भाग हैं; भाग I : बाल विकास और शिक्षाशास्त्र (प्र.सं. 1-30), भाग II : English Literature & Grammar (प्र.सं. 31-60), भाग III : हिन्दी साहित्य एवं व्याकरण (प्र.सं. 61-90), भाग IV : गणित (प्र.सं. 91-120), भाग V : सामान्य जागरूकता (प्र.सं. 121-150)

भाग I : बाल विकास और शिक्षाशास्त्र

1. 'शिक्षार्थी, अधिगम की प्रक्रियाएँ व सीखने की परिस्थितियाँ' मुख्य पहलू हैं
(a) दर्शनशास्त्र की
(b) मनोविज्ञान की
(c) गणित की
(d) शिक्षा मनोविज्ञान की

2. प्रयोग ······ के परीक्षण की एक विधि है।
(a) परिणाम (b) परिकल्पना
(c) विश्लेषण (d) विषय

3. मौके पर घट रहे व्यवहारों को उसी क्रम में लिखना ·········· कहलाता है।
(a) परावर्तक पत्रिका
(b) निरीक्षण
(c) विवरणात्मक-कथाएँ
(d) विषय

4. विकास एक ·········· प्रक्रिया है।
(a) सीमित (b) सतत
(c) धनात्मक (d) सामान्य

5. जीन पियाजे का बाल विकास का सिद्धान्त किस विकास पर आधारित है?
(a) सामाजिक विकास
(b) संज्ञानात्मक विकास
(c) जैविक विकास
(d) उपरोक्त सभी

6. एक शिक्षिका अपने शिक्षार्थियों के लिए विभिन्न अधिगम शैलियों को ध्यान में रखते हुए, विभिन्न प्रकार के कार्यों का उपयोग करती है, वह प्रभावित है
(a) गार्डनर के बहु-बुद्धि सिद्धान्त से
(b) कोहलबर्ग के नैतिक विकास के सिद्धान्त से
(c) वाइगोत्स्की के सामाजिक-सांस्कृतिक सिद्धान्त से
(d) उपरोक्त में से कोई नहीं

7. भारत में प्रथम मनोविज्ञान की प्रयोगशाला कब स्थापित हुई?
(a) वर्ष 1920 (b) वर्ष 1916
(c) वर्ष 1911 (d) वर्ष 1930

8. 'मनोसामाजिक' विकास का सिद्धान्त किसने दिया?
(a) बैण्ड्यूरा (b) फ्रायड
(c) एरिक्सन (d) युंग

9. कौन-सा व्यक्तित्व परीक्षण नहीं है?
(a) रोर्शा परीक्षण
(b) 16 पी. एफ. प्रश्नावली
(c) टी. ए. टी.
(d) बिने-साइमन स्केल

10. जब दो विरोधी प्रेरणाएँ एक समय में उत्पन्न हो जाएँ तथा एक समय में ही उसकी संतुष्टि चाहें, उसे ·········· कहेंगे।
(a) कुण्ठा (b) द्वन्द्व
(c) प्रेरणा (d) दबाव

11. मूर्त, अमूर्त एवं सामाजिक बुद्धि का समप्रत्यय किसके द्वारा दिया गया?
(a) थॉर्नडाइक (b) स्किनर
(c) स्टर्न (d) टर्मन

12. बालक का विकास आनुवंशिकता व ·········· की अंत: क्रिया का परिणाम होता है।
(a) भौतिक विकास (b) मानसिक विकास
(c) नैतिक विकास (d) वातावरण

13. किण्डरगार्टन विधि का प्रतिपादन किसने किया?
(a) फ्रेडरिक फ्रोबेल (b) गार्डनर
(c) वॉटसन (d) आलपोर्ट

14. बुद्धि व सृजनात्मकता में किस प्रकार का सम्बन्ध पाया जाता है?
(a) शून्य
(b) ऋणात्मक
(c) धनात्मक
(d) इनमें से कोई नहीं

15. सीखने की सामग्री के रूप में निरर्थक शब्दों का प्रयोग किस मनोवैज्ञानिक ने किया है?
(a) कार्ल रोजर्स (b) विलियम जेम्स
(c) एबिंगहॉस (d) फेस्टिंगर

16. फ्रायड के अनुसार 'इदम्' .... सिद्धान्त पर आधारित है।
(a) दु:ख (b) डर
(c) वास्तविकता (d) सुख

17. जीवन का सबसे कठिन काल माना जाता है
(a) शैशवावस्था (b) बाल्यावस्था
(c) किशोरावस्था (d) प्रौढ़ावस्था

18. 'प्रोग्रेसिव मैट्रिसेस' परीक्षण किस मनोवैज्ञानिक ने विकसित किया?
(a) रेवेन (b) गिलफोर्ड
(c) टोलमैन (d) टर्मन

19. अधिगम, व्यवहार में परिवर्तन को कहते हैं जो कि अपेक्षाकृत .... परिवर्तन होते हैं।
(a) अस्थायी (b) स्थायी
(c) नियन्त्रित (d) अनियन्त्रित

20. उपलब्धि, सम्बन्ध, शक्ति .... प्रकार के अभिप्रेरक हैं।
(a) जैवकीय (b) वातावरणीय
(c) संवेगात्मक (d) मनोवैज्ञानिक

21. मैस्लो के अभिप्रेरणा सिद्धान्त को .... का सिद्धान्त भी कहा जाता है।
(a) अन्तर्नोद (b) आवश्यकताओं
(c) बुद्धि (d) व्यक्तित्व

22. शिक्षा का अति महत्त्वपूर्ण उद्देश्य है
(a) आजीविका
(b) पढ़ना एवं लिखना सीखना
(c) बौद्धिक विकास
(d) सर्वांगीण विकास

23. 'भाटिया बैटरी' का प्रयोग किस परीक्षण हेतु किया जाता है?
(a) बुद्धि (b) व्यक्तित्व
(c) सृजनात्मकता (d) अभिवृत्ति

24. अवधान एक .... प्रक्रिया है।
(a) स्थायी (b) अस्थायी
(c) चयनात्मक (d) ये सभी

25. निम्नलिखित में से कौन-सी समाजीकरण की एक प्रमुख संस्था है?
(a) कम्प्यूटर
(b) राजनीतिक दल
(c) आनुवंशिकता
(d) परिवार

26. प्रतिभाशाली विद्यार्थी का गुण होता है
(a) सामान्य बुद्धि का अधिगम प्रयोग करते हैं
(b) विषय-वस्तु को समझने में विश्वास रखते हैं
(c) मौलिक - चिन्तन करने की प्रवृत्ति होती है
(d) उपरोक्त सभी

27. निम्नलिखित में से कौन-सा मूल्यांकन सतत एवं व्यापक मूल्यांकन में आता है?
(a) केवल रचनात्मक आकलन
(b) केवल योगात्मक आकलन
(c) न रचनात्मक आकलन न योगात्मक आकलन
(d) 'a' और 'b' दोनों

28. 16 वर्ष का एक बच्चा, बुद्धि-लब्धि परीक्षण में 75 (IQ) प्राप्त करता है, उसकी मानसिक आयु .... होगी।
(a) 15 वर्ष (b) 13 वर्ष
(c) 12 वर्ष (d) 14 वर्ष

29. पियाजे की किस अवस्था का सम्बन्ध अमूर्त एवं तार्किक चिंतन से है?
(a) संवेदी-पेशीय अवस्था
(b) पूर्व संक्रियात्मक अवस्था
(c) औपचारिक संक्रियात्मक अवस्था
(d) मूर्त संक्रियात्मक अवस्था

30. बाल-केन्द्रित शिक्षा का समर्थन निम्नलिखित में से किस विचारक द्वारा किया गया?
(a) एरिक एरिक्सन (b) चार्ल्स डार्विन
(c) बी.एफ. स्किनर (d) जॉन डीवी

भाग II : English Literature and Grammar

Directions *(Q. Nos. 31 and 32) Choose correct synonyms for the words in capital letters.*

31. INNATE
(a) Learned (b) Inborn
(c) Incidental (d) Acquired

32. COPE
(a) Hold (b) Refuse
(c) Manage (d) Yield

33. I .... go there.
(a) may not (b) can not
(c) should not (d) dare not

34. We .... serve our parents.
(a) must (b) may
(c) should (d) ought to

Directions *(Q. Nos. 35 and 36) Fill in the blanks with appropriate conjunction for the given questions.*

35. Run fast .... you should miss the train.
(a) before (b) as-then
(c) lest (d) in order that

36. You are ...., a writer .... a teacher.
(a) both, also (b) both, and
(c) but, not only (d) None of these

Direction *(Q. Nos. 37 to 39) Pick up the correctly spelt word.*

37. (a) Disciplane (b) Disciplaine
(c) Discipline (d) Disiplain

38. (a) Perform (b) Proform
(c) Prefrom (d) Perfrom

39. (a) Discipal (b) Disciple
(c) Dicsiple (d) Dicsipel

Directions *(Q. Nos. 40 and 41) Choose the correct option of indirect form of speech.*

40. She says to me, "I was unwell".
(a) She said to me that she was unwell.
(b) She tells me that she was unwell.
(c) She tells to me that she was unwell.
(d) She says to me that she was unwell.

41. He said to me, "I have a friend in Shimla".
(a) He told me that he had a friend in Shimla.
(b) He said to me that I have a friend in Shimla.
(c) He told me that I have a friend in Shimla.
(d) He said to me that he had a friend in Shimla.

Directions *(Q. Nos. 42 and 43) Choose the correct article from the given options.*

42. He is .... wisest boy in .... class.
(a) the, the (b) a, the
(c) the, a (d) None of these

43. It took me .... hour to reach home.
(a) the (b) a
(c) an (d) None of these

Directions *(Q. Nos. 44-46) Choose the most appropriate preposition out of the given choices.*

44. He jumped .... the well.
(a) in (b) into
(c) to (d) None of these

45. I am busy .... dawn to dusk.
(a) since (b) from
(c) for (d) None of these

46. I have lived here .... many days.
(a) from (b) since
(c) for (d) None of these

Directions (Q. Nos. 47 and 48) *Choose the word which is the most opposite in meaning to the word printed in CAPTIALS.*

47. VIRTUE
(a) Vice
(b) Character
(c) Honesty
(d) Integrity

48. HOPE
(a) Desire (b) Belief
(c) Concern (d) Despair

Directions (Q. Nos. 49 and 50) *Choose the correct form of voice.*

49. He reads a book.
(a) A book is read by him.
(b) A book was read by him.
(c) A book was read by me.
(d) A book is read by me.

50. I will invite him to tea.
(a) He will invited to tea by me.
(b) He will be invited to tea by me.
(c) He will be invited to tea by him.
(d) He will invited to tea by him.

Directions (Q. Nos. 51 and 52) *Choose the correct plurals from the given options.*

51. Plural of 'Negro' is
(a) Negros (b) Negro
(c) Negroes (d) None of these

52. Plural of 'Epoch' is
(a) Epoches
(b) Epochs
(c) Epoch
(d) None of the above

Directions (Q. Nos. 53 and 54) *Identify the appropriate alternative from the given options for filling in the blanks.*

53. Where there is a will, there .... a way.
(a) was (b) is
(c) could (d) should

54. God helps those who .... themselves.
(a) do (b) create
(c) help (d) try

Directions (Q. Nos. 55-57) *Identify the appropriate options for filling in the blanks.*

55. Five Rupees .... an excessive price for this pen.
(a) is (b) are
(c) was (d) were

56. Two and two .... four.
(a) is (b) are
(c) makes (d) make

57. Money makes the .... go.
(a) horse (b) cow
(c) mare (d) man

Directions (Q. Nos. 58-60) *Choose the most suitable modal from the given choices for blank spaces.*

58. .... God bless you with wisdom.
(a) Should (b) Can
(c) May (d) Would

59. We .... obey the Constitution.
(a) would (b) should
(c) must (d) could

60. .... you speak for two hours at a stretch?
(a) Can (b) Could
(c) Should (d) Would

भाग III : हिन्दी साहित्य एवं व्याकरण

61. 'क्ष' ध्वनि किसके अन्तर्गत आती है?
(a) मूल स्वर
(b) घोष वर्ण
(c) संयुक्त वर्ण
(d) तालव्य

62. इनमें कौन-सा स्वर सन्धि का उदाहरण है?
(a) संयोग (b) मनोहर
(c) नमस्कार (d) पवन

63. हिन्दी की विशिष्ट बोली 'ब्रजभाषा' किस रूप में सबसे अधिक प्रसिद्ध है?
(a) राजभाषा (b) तकनीकी भाषा
(c) राष्ट्रभाषा (d) काव्यभाषा

64. 'बेइंसाफी' में प्रयुक्त उपसर्ग है
(a) बे (b) इन
(c) बेइ (d) बेइन

65. उचित विकल्प चुनिए
'अँगूठा दिखाना'
(a) देने से इन्कार करना
(b) अपमान करना
(c) हँसी उड़ाना
(d) धोखा देना

66. निम्नलिखित में से किसे 'रसराज' कहा जाता है?
(a) शृंगार (b) वीर
(c) शान्त (d) वीभत्स

67. इनमें से कौन भक्तिकाल का कवि नहीं है?
(a) अमीर खुसरो
(b) नन्ददास
(c) रसखान
(d) नाभादास

68. 'रात-दिन' शब्द में समास बताने के लिए उचित विकल्प का चयन करें
(a) द्वन्द्व (b) द्विगु
(c) कर्मधारय (d) अव्ययीभाव

69. चुनाव-क्षेत्रों का समय-समय पर .... किया जाता है।
(a) परीक्षण (b) परिगणन
(c) परिसीमन (d) परिमापन

70. 'लालटेन' शब्द है
(a) तत्सम
(b) तद्भव
(c) देशज
(d) विदेशज

71. 'आलस्य' शब्द का विशेषण क्या है?
(a) आलस (b) अलस
(c) आलसी (d) आलसीपन

72. 'के लिए' किस कारक का चिन्ह है?
(a) कर्म (b) सम्प्रदान
(c) सम्बन्ध (d) अपादान

73. 'कवि' का स्त्रीलिंग है
(a) कविइत्री (b) कवित्री
(c) कवयित्री (d) कवियित्री

74. शिव का विशेषण क्या है?
(a) शिवेश (b) शंकर
(c) शैव (d) शैल

75. लिंग की दृष्टि से 'दही' क्या है?
(a) स्त्रीलिंग (b) पुल्लिंग
(c) नपुंसक लिंग (d) उभयलिंग

76. कर्म के आधार पर क्रिया के कितने भेद हैं?
(a) 2 (b) 3 (c) 4 (d) 5

77. रिक्त स्थान की पूर्ति करें
सत्य और अहिंसा का ······· सम्बन्ध है।
(a) भीषण (b) विकट
(c) घनिष्ठ (d) निकट

78. 'गंगा गए गंगादास, जमुना गए जमुनादास' का अर्थ है
(a) अपने अपने घर जाना
(b) अपना-अपना काम करना
(c) किसी की नहीं सुनना
(d) जिसका कोई दृढ़ सिद्धान्त नहीं होता

79. श्रृंगार रस का स्थायी भाव क्या है?
(a) उत्साह (b) शोक
(c) ह्रास (d) रति

80. भूतकाल के कितने भेद हैं?
(a) 3 (b) 5 (c) 6 (d) 7

81. निम्नलिखित में से कौन-सा 'यौगिक' शब्द है?
(a) लेखक (b) पुस्तक
(c) विद्यालय (d) योगी

82. हिन्दी में स्वतन्त्र रूप में बोले जाने वाले अक्षर क्या कहलाते हैं?
(a) स्वर (b) संयुक्त अक्षर
(c) व्यंजन (d) स्वतन्त्र ध्वनि

83. ह्रस्व, दीर्घ, प्लुत किसके भेद हैं?
(a) व्यंजन (b) सन्धि
(c) स्वर (d) वर्ण

84. देवनागरी हिन्दी व संस्कृत के अतिरिक्त अन्य किस भाषा की लिपि है?
(a) अंग्रेजी
(b) मराठी व नेपाली
(c) पंजाबी
(d) उर्दू

85. 'र' का उच्चारण स्थान है
(a) कंठ
(b) दंत
(c) मूर्धा
(d) ओष्ठ

86. किसी भी भाषा की मौखिक ध्वनियों को प्रकट करने वाले लेखन-चिन्हों का कहते हैं
(a) वर्ण (b) लिपि
(c) स्वर (d) वाक्य

87. अट्टालिका शब्द है
(a) तत्सम
(b) तद्भव
(c) देशज
(d) विदेशज

88. 'गिरिधर' समस्त पद में कौन-सा समास है?
(a) बहुव्रीहि समास
(b) द्वन्द्व समास
(c) द्विगु समास
(d) अव्ययीभाव समास

89. उत्पत्ति या स्रोत के आधार पर शब्द कितने प्रकार के होते हैं?
(a) 3 (b) 8
(c) 5 (d) 4

90. समूहवाची शब्द 'कुंज' किसके साथ प्रयोग किया जाता है?
(a) अनाज का
(b) लताओं का
(c) राज्यों का
(d) धन का

भाग IV : गणित

91. निम्नलिखित में कौन-सा सूत्र अर्धवृत्त का परिमाप दर्शाता है, जिसकी त्रिज्या 'r' है?
(a) $2\pi r + 2r$ (b) $\pi r + 2r$
(c) $2\pi r$ (d) $\frac{\pi r^2}{2} + 2r$

92. माना की आँकड़ों 13, 8, 15, 14, 17, 9, 14, 16, 13, 17, 14, 15, 16, 15, 14 का माध्यक x है। यदि 8 के स्थान पर 18 कर दिया जाए, तो आँकड़ों का माध्यक y है। x तथा y के मानों का योग हैं
(a) 28 (b) 29 (c) 30 (d) 27

93. X-अक्ष को .... भी कहा जाता है।
(a) भुज (b) कोटि
(c) मूल बिन्दू (d) चतुर्थांश

94. $(3^0 + 2^0) \times 5^0$ को हल करने पर प्राप्त होता है
(a) 0 (b) 1 (c) 2 (d) 25

95. प्रथम पाँच पूर्ण संख्याओं का माध्य है
(a) 5 (b) 10 (c) 8 (d) 2

96. चार त्रिभुजों की भुजाएँ नीचे दी गई हैं। इनमें से कौन-सा समूह समकोण त्रिभुज बनाता है?
(a) 20 सेमी, 22 सेमी, 24 सेमी
(b) 15 सेमी, 32 सेमी, 37 सेमी
(c) 11 सेमी, 60 सेमी, 61 सेमी
(d) 19 सेमी, 40 सेमी, 41 सेमी

97. दो ऋणात्मक पूर्णांकों का गुणनफल होता है
(a) 0 (b) 1
(c) ऋणात्मक (d) धनात्मक

98. एक चतुर्भुज के तीन कोण 75°, 90° और 75° है। इसक चौथा कोण होगा
(a) 90° (b) 95°
(c) 105° (d) 120°

99. 3, 2, 5, 6, 4, 3, 4, 5, 4 का बहुलक है
(a) 3 (b) 4 (c) 2 (d) 5

100. एक ऐसे समचतुर्भुज का क्षेत्रफल ज्ञात करें जिसके विकर्णों की लम्बाइयाँ 10 सेमी और 8.2 सेमी हैं।
(a) 82 सेमी (b) 82 सेमी^{2}
(c) 41 सेमी^{2} (d) 41 सेमी

101. ₹ 56000 पर, 2 वर्ष पश्चात् किस दर से ₹ 280 साधारण ब्याज देय होगा?
(a) 25% (b) 2.5%
(c) 0.25% (d) 0.025%

102. समान्तर श्रेणी 2, 7, 12 .... का 10वाँ पद होगा
(a) 45 (b) 46 (c) 47 (d) 48

103. 25 विद्यार्थियों में से 72% गणित में रुचि रखते हैं। कितने विद्यार्थी गणित में रुचि नहीं रखते हैं?
(a) 8 (b) 7
(c) 12 (d) 9

104. $\frac{1 - \tan^2 45°}{1 + \tan^2 45°}$ का मान है
(a) $\frac{1}{2}$ (b) 1 (c) 0 (d) –1

105. अगर एक तीन अंक की संख्या $24x$, 9 से विभाजित हो जाती है तो 'x' कौन-सा अंक होगा?
(a) 6 (b) 3
(c) 9 (d) 4

106. $\frac{15}{35}$ की तुल्य वह भिन्न ज्ञात कीजिए जिसका हर 7 हो।
(a) $\frac{2}{7}$ (b) $\frac{5}{7}$ (c) $\frac{3}{7}$ (d) $\frac{6}{7}$

107. किसी लम्बवृत्तीय बेलन के आधार की परिधि 440 सेमी है और इसकी ऊँचाई 2 मी है। बेलन का आयतन ज्ञात कीजिए। $\left(\pi = \frac{22}{7} \text{ लीजिए}\right)$
(a) 30.8 मी^{3}
(b) 3.08 मी^{3}
(c) 308 मी^{3}
(d) उपरोक्त में से कोई नहीं

108. 1998 में किसी देश की जनसंख्या 30.3 मिलियन थी। कौन-सी संख्या 30.3 मिलियन के समान है?
(a) 303000000 (b) 30300000
(c) 3030000 (d) 3030000000

109. बिन्दु (2, 3) और (4, 1) के बीच की दूरी ज्ञात कीजिए।
(a) $4\sqrt{2}$
(b) $3\sqrt{2}$
(c) $2\sqrt{2}$
(d) $\sqrt{2}$

110. एक फूलदान का लागत मूल्य ₹ 120 है यदि दुकानदार इसे 10% हानि पर बेचता है तो इसका विक्रय मूल्य क्या होगा?
(a) ₹ 138 (b) ₹ 132
(c) ₹ 108 (d) ₹ 104

111. संख्या शून्य (0) है
(a) विषम संख्या (b) अभाज्य संख्या
(c) प्राकृतिक संख्या (d) पूर्ण संख्या

112. यदि $\tan A = \cot B$ तो $A + B = ...$
(a) 90° (b) 180°
(c) 360° (d) 45°

113. यदि $\sqrt{1+\frac{x}{144}} = \frac{13}{12}$ हो, तो x का मान होगा
(a) 24 (b) 28
(c) 29 (d) 25

114. दो पूर्ण संख्याओं का गुणनफल 24 है। इन संख्याओं का न्यूनतम सम्भव योग है
(a) 8 (b) 9
(c) 10 (d) 12

115. चार अंकों की सबसे छोटी संख्या जो पूर्ण वर्ग हो, है
(a) 1024 (b) 9801
(c) 1000 (d) 9861

116. –3 से छोटी पर –8 से बड़ी पूर्णांकों की संख्या है
(a) 2 (b) 3
(c) 4 (d) 6

117. दो संख्याओं का महत्तम समापवर्तक 28 तथा उनका लघुत्तम समापवर्त्य 336 है। यदि एक संख्या 112 हो, तो दूसरी संख्या है
(a) 56 (b) 70
(c) 84 (d) 98

118. संख्या 63606 में 6 के स्थानीय मानों का योग है
(a) 60606 (b) 6606
(c) 6066 (d) 18

119. $x^2 - z^2 + y^2 - 2xy$ का एक गुणनखण्ड है
(a) $x - y + z$ (b) $x + y - z$
(c) $x + y + z$ (d) $y + z - x$

120. 0.0016 का वर्गमूल है
(a) 0.04 (b) 0.004
(c) 0.4 (d) 0.16

भाग V : सामान्य जागरूकता

121. निम्न में से हिमाचल प्रदेश का सबसे अधिक जनसंख्या घनत्व वाला जिला कौन-सा है?
(a) ऊना (b) चम्बा
(c) बिलासपुर (d) हमीरपुर

122. हिमाचल प्रदेश में कहलूरी भाषा कहाँ बोली जाती है?
(a) बिलासपुर (b) लाहौल
(c) कुल्लू (d) ऊना

123. वर्ष 1989 में प्रथम पहाड़ी गाँधी बाबा कांशीराम पुरस्कार किसे मिला?
(a) श्री केशव
(b) श्री जयदेव किरण
(c) श्री श्याम चौधरी
(d) श्री यशपाल

124. चमेरा जल विद्युत परियोजना किस नदी पर स्थित है?
(a) सतलुज (b) यमुना
(c) व्यास (d) रावी

125. वर्तमान में महाराष्ट्र के राज्यपाल कौन हैं?
(a) देवेन्द्र फडनवीस
(b) भगत सिंह कोश्यारी
(c) राहुल नार्वेकर
(d) उपरोक्त में से कोई नहीं

126. एल.पी.जी. का विस्तृत रूप है
(a) लिक्विफाइड पेट्रोलियम गैस
(b) लाइट पेट्रोलियम गैस
(c) लो पेट्रोलियम गैस
(d) लाइम पेट्रोलियम गैस

127. विश्व जनसंख्या दिवस कब मनाया जाता है?
(a) 9 जून
(b) 11 जुलाई
(c) 10 अगस्त
(d) 9 मई

128. काँगड़ा का प्राचीन नाम था
(a) नगरकोट (b) त्रिगर्ट
(c) पालमपुर (d) बुशहर

129. राष्ट्रीय इंडियन मिलिट्री कॉलेज (RIMC) किस राज्य में स्थित है?
(a) केरल (b) उत्तराखण्ड
(c) हिमाचल प्रदेश (d) महाराष्ट्र

130. भारतीय नागरिकों के मौलिक कर्त्तव्यों का उल्लेख है
(a) संविधान के भाग IV में
(b) संविधान के भाग IV-A में
(c) संविधान के भाग III में
(d) संविधान के भाग V में

131. वन्दे-मातरम् के लेखक कौन हैं?
(a) महात्मा गाँधी
(b) बंकिम चन्द्र चटर्जी
(c) रवीन्द्रनाथ टैगोर
(d) शरत चन्द्र चट्टोपाध्याय

132. असहयोग आन्दोलन किसने शुरू किया?
(a) महात्मा गाँधी
(b) जवाहरलाल नेहरू
(c) बाल गंगाधर तिलक
(d) सुभाषचन्द्र बोस

133. चम्बा राज्य का संस्थापक राजा कौन था?
(a) चम्पेश्वर सिंह (b) मेरू वर्मन
(c) साहिल वर्मन (d) सातवाहन

134. दूध में पाई जाने वाली चीची क्या है?
(a) सुक्रोस (b) फ्रक्टोस
(c) ग्लूकोस (d) लैक्टोस

135. आर्द्रता को मापने वाला निम्नलिखित में से कौन-सा यंत्र है?
(a) बैरोमीटर (b) हाइग्रोमीटर
(c) थर्मामीटर (d) हाइड्रोमीटर

136. हिमाचल प्रदेश का झांझर नृत्य किस जिले से सम्बन्धित है?
(a) काँगड़ा (b) चम्बा
(c) शिमला (d) सिरमौर

137. मानव शरीर में अस्थियों की कुल संख्या कितनी है?
(a) 206 (b) 205
(c) 208 (d) 204

138. विश्व विज्ञान दिवस कब मनाया जाता है?
(a) 28 फरवरी
(b) 10 फरवरी
(c) 10 नवम्बर
(d) 8 मार्च

139. 'इंडिया डिवाइडेड' के लेखक हैं
(a) एम. के. गाँधी
(b) डॉ. राजेन्द्र प्रसाद
(c) जे. एल. नेहरू
(d) सरदार पटेल

140. बाबर को भारत पर आक्रमण करने के लिए किसने आमंत्रित किया था?
(a) दौलत खान लोदी
(b) सिकन्दर लोदी
(c) इब्राहिम लोदी
(d) उपरोक्त में से कोई नहीं

141. 1857 का विद्रोह किस तारीख को मेरठ से शुरू हुआ?
(a) 10 मई, 1857 (b) 16 अप्रैल, 1857
(c) 11 जुलाई, 1857
(d) 26 जून, 1857

142. 'कुफरी जीवन' और 'कुफरी ज्योती' दो प्रसिद्ध किस्में हैं
(a) टमाटर की (b) बादाम की
(c) आलू की (d) अँगूर की

143. इन्द्रहार दर्रा किन दो जिलों की सीमा पर स्थित है?
(a) किन्नौर-शिमला (b) काँगड़ा-चम्बा
(c) चम्बा-कुल्लू (d) कुल्लू-लाहौल

144. डबल फाल्ट किस खेल से सम्बन्धित है?
(a) टेनिस
(b) हैण्ड बॉल
(c) लम्बी कूद
(d) रग्बी

145. आर्य समाज की स्थापना कब हुई?
(a) 1875 ई. (b) 1880 ई.
(c) 1885 ई. (d) 1890 ई.

146. मेजर ध्यानचन्द के जन्म दिवस को राष्ट्रीय खेल दिवस के रूप में निम्नलिखित में से किस दिन मनाया जाता है?
(a) 29 जुलाई (b) 29 अगस्त
(c) 29 मार्च (d) 29 अप्रैल

147. किस विटामिन की कमी से रिकेट्स हो जाता है?
(a) विटामिन A (b) विटामिन B
(c) विटामिन C (d) विटामिन D

148. किस हिमाचली को स्वतन्त्रता के बाद मरणोपरांत भारत का पहला परमवीर चक्र प्रदान किया गया था?
(a) विजय कुमार
(b) बाबा कांशीराम
(c) कैप्टन विक्रम बत्रा
(d) मेजर सोमनाथ शर्मा

149. ऋग्वेद में सूक्तों की कुल संख्या कितनी है?
(a) 512
(b) 1024
(c) 1028
(d) इनमें से कोई नहीं

150. इनमें से किसकी नियुक्ति भारत के राष्ट्रपति द्वारा नहीं की जाती है?
(a) प्रधानमन्त्री
(b) मुख्य चुनाव आयुक्त
(c) उप-राष्ट्रपति
(d) राज्यपाल

उत्तरमाला

1. (d)	2. (b)	3. (c)	4. (b)	5. (b)	6. (a)	7. (b)	8. (c)	9. (d)	10. (d)
11. (a)	12. (d)	13. (a)	14. (c)	15. (c)	16. (d)	17. (c)	18. (a)	19. (b)	20. (d)
21. (b)	22. (d)	23. (a)	24. (c)	25. (d)	26. (d)	27. (d)	28. (c)	29. (c)	30. (d)
31. (b)	32. (c)	33. (d)	34. (a)	35. (c)	36. (b)	37. (c)	38. (a)	39. (b)	40. (b)
41. (a)	42. (a)	43. (c)	44. (b)	45. (b)	46. (c)	47. (a)	48. (d)	49. (a)	50. (b)
51. (c)	52. (b)	53. (b)	54. (c)	55. (a)	56. (d)	57. (c)	58. (c)	59. (c)	60. (a)
61. (c)	62. (d)	63. (d)	64. (a)	65. (a)	66. (a)	67. (a)	68. (a)	69. (c)	70. (d)
71. (c)	72. (b)	73. (c)	74. (c)	75. (b)	76. (a)	77. (c)	78. (d)	79. (d)	80. (c)
81. (c)	82. (a)	83. (c)	84. (b)	85. (c)	86. (b)	87. (a)	88. (a)	89. (c)	90. (b)
91. (b)	92. (b)	93. (a)	94. (c)	95. (d)	96. (c)	97. (d)	98. (d)	99. (b)	100. (c)
101. (c)	102. (c)	103. (b)	104. (c)	105. (b)	106. (c)	107. (b)	108. (b)	109. (c)	110. (c)
111. (d)	112. (a)	113. (d)	114. (c)	115. (a)	116. (c)	117. (c)	118. (a)	119. (a)	120. (a)
121. (d)	122. (a)	123. (b)	124. (d)	125. (b)	126. (a)	127. (b)	128. (b)	129. (b)	130. (b)
131. (b)	132. (a)	133. (c)	134. (d)	135. (b)	136. (b)	137. (a)	138. (c)	139. (b)	140. (a)
141. (a)	142. (c)	143. (b)	144. (a)	145. (a)	146. (b)	147. (d)	148. (d)	149. (c)	150. (c)

संकेत एवं हल

1. (d) शिक्षा मनोविज्ञान, मनोविज्ञान की वह शाखा है जिसका ध्येय शिक्षण की प्रभावशाली तकनीकों को विकसित करना तथा अधिगमकर्ता की योग्यताओं एवं अभिरुचियों का आकलन करना है। यह व्यावहारिक मनोविज्ञान की शाखा है, जो शिक्षण एवं सीखने की प्रक्रिया को सुधारने में प्रयासरत है।

2. (b) किसी घटना की व्याख्या करने वाला कोई सुझाव या अलग-अलग प्रतीत होने वाली बहुत-सी घटनाओं के आपसी सम्बन्धों की व्याख्या करने वाला कोई तर्कपूर्ण सुझाव परिकल्पना कहलाता है। वैज्ञानिक विधि के नियमानुसार यह आवश्यक है कि कोई भी परिकल्पना परीक्षणीय होनी चाहिए।

3. (c) विवरणात्मक-कथाएँ लेखन का एक रूप हैं, जो घटनाओं व्यक्तियों, स्थान या जीवों का स्पष्ट और संक्षिप्त विवरण देती हैं। एक अच्छा विवरणात्मक लेखन सभी पाँच संवेदी अनुभवों दृष्टि, गंध, श्रवण, स्पर्श और स्वाद का उपयोग करता है। अतः समय पर घट रहे व्यवहारों को उसी क्रम में लिखना विवरणात्मक-कथाएँ कहलाता है।

4. (b) विकास जीवन-पर्यन्त निरन्तर चलने वाली एक सतत् प्रक्रिया है। विकास की इस प्रक्रिया में बालकों के विकास के विभिन्न क्षेत्र (शारीरिक, क्रियात्मक, संज्ञानात्मक, भाषागत, संवेगात्मक तथा सामाजिक विकास शामिल है।

5. (b) स्विट्जरलैण्ड के प्रसिद्ध मनोवैज्ञानिक जीन पियाजे का बाल विकास सिद्धान्त संज्ञानात्मक विकास पर आधारित है। अपने इस सिद्धान्त में इन्होंने संज्ञानात्मक विकास की चार अवस्थाओं का वर्णन किया है जो है–
(i) इन्द्रियजनित गामक अवस्था (जन्म से 2 वर्ष तक)
(ii) पूर्व संक्रियात्मक अवस्था (2 से 7 वर्ष तक)
(iii) मूर्त संक्रियात्मक अवस्था (7 से 11 वर्ष तक)
(iv) अमूर्त संक्रियात्मक अवस्था (11 वर्ष से ऊपर)

6. (a) गार्डिनर के बहु-बुद्धि सिद्धान्त से प्रभावित होकर एक शिक्षिका अपने शिक्षार्थियों के लिए विभिन्न

अधिगम शैलियों की ध्यान में रखते हुए, विभिन्न प्रकार के कार्यों का उपयोग करती है तथा उन्हें विविध अधिगम अनुभव उपलब्ध कराती है, क्योंकि गार्डनर के बहु-बुद्धि की मान्यता है कि बुद्धि का स्वरूप एकाकी न होकर बहुकारकीय होता है तथा प्रत्येक बुद्धि एक-दूसरे से अलग एवं स्वतन्त्र होती है। साथ ही बुद्धि के विभिन्न प्रकारों में एक-दूसरे के साथ अन्तः क्रिया करने की प्रवृत्ति भी पायी जाती है। गार्डनर ने अपने बहु-बुद्धि सिद्धान्त में नो प्रकार की बुद्धि का वर्णन किया है जो है–

1. भाषायी बुद्धि
2. तार्किक गणितीय बुद्धि
3. स्थानिक बुद्धि
4. शारीरिक गतिक बुद्धि
5. सांगीतिक बुद्धि
6. अन्तः पारस्परिक बुद्धि
7. अन्तः वैयक्तिक बुद्धि
8. नैसर्गिक बुद्धि
9. अस्तित्ववादी बुद्धि

7. (b) भारत में पहला मनोविज्ञान विभाग और पहली मनोविज्ञान प्रयोगशाला वर्ष 1916 में कलकत्ता (वर्तमान में कोलकाता) विश्वविद्यालय में डॉ. एन एन सेन गुप्ता के नेतृत्व में स्थापित की गई थी। वह एक शिक्षित भारतीय मनोवैज्ञानिक, दार्शनिक और प्रोफेसर थे।

8. (c) 20 वीं शताब्दी के उत्तरार्द्ध में एरिक एरिक्सन ने जोआन एरिक्सन के साथ मिलकर मनोसामाजिक विकास का सिद्धान्त दिया, जिसमें उन्होंने मनोसामाजिक विकास के आठ चरण बताए। इस सिद्धान्त के अनुसार सभी स्वस्थ विकासशील व्यक्तियों को बचपन से लेकर वृद्धावस्था तक पहुँचने के लिए आठ चरणों से होकर गुजरना पड़ता है।

9. (d) स्टेन फोर्ड-बिने बुद्धि मापनी या स्टेनफोर्ड-बिने बुद्धि परीक्षण एक व्यक्तिगत बुद्धि परीक्षण है। मूल स्टेनफोर्ड बिने मापनी में संशोधन करके लुई टर्मन ने इसे बनाया था। यह परीक्षण 2 से 14 वर्ष तक के बालकों के लिए उत्तम है जिसमें कुल 90 प्रश्नावलियाँ होती हैं।

10. (d) जब दो विरोधी प्रेरणाएँ एक समय में उत्पन्न हो जाएँ तथा एक समय में ही उसकी सन्तुष्टि चाहें, तो उसे दबाव कहेंगे।

11. (a) थार्नडाइक महोदय ने अपने बुद्धि के बहुकारक सिद्धान्त का समर्थन करते हुये मूर्त, अमूर्त एवं सामाजिक बुद्धि का सम्प्रत्यय प्रस्तुत किया था। इनके अनुसार बुद्धि कई तत्त्वों का समूह होती है तथा प्रत्येक तत्व में कई सूक्ष्म योग्यताएँ निहित होती हैं, जो विभिन्न कार्यों का सम्पादन करती है। इन तत्वों में नीहित योग्यता के आधार पर मुख्यतः लोगों में तीन प्रकार (मूर्त, अमूर्त एवं सामाजिक) की बुद्धि पाई जाती है, इसके साथ ही थार्नडाइक ने बुद्धि के चार स्वतन्त्र प्रतिमान प्रस्तुत किए हैं जो है–स्तर, सीमा, क्षेत्र एवं गति।

12. (d) बालक का विकास आनुवंशिकता व वातावरण की अन्तक्रिया का परिणाम होता है। इसलिए एक बालक के सन्तुलित विकास में आनुवंशिकता व वातावरण दोनों की अपनी विशेष भूमिका होती है, जहाँ एक और आनुवंशिकता के द्वारा वंशानुगत गुणों का हस्तान्तरण पीढ़ी दर पीढ़ी होता है, तो वहीं वातावरण में बालकों का सामाजिक, संवेगात्मक, भाषायी शैक्षिक, सांस्कृतिक एवं धार्मिक आदिपक्षों का उचित विकास सम्भव है। ऐसे में आनुवशिकता हमें विकसित होने की क्षमताएँ प्रदान करती है जबकि इन क्षमताओं के विकसित होने के अवसर हमें वातावरण से प्राप्त होते हैं।

13. (a) किण्डरगार्टन विधि के जनक फ्रेडरिक फ्रोबेल हैं। किण्डरगार्टन का अर्थ है 'बच्चों का उद्यान'। फ्रोबेल बच्चों को एक अविकसित पौधा मानते थे, जिन्हें स्कूल में अध्यापक रूपी माली द्वारा सींचकर बड़ा किया जाता है। किण्डरगार्टन बच्चों का एक छोटा-सा स्कूल होता है, जहाँ बच्चों को चटाई बुनने, मिट्टी की मूर्तियाँ बनाने, सांस्कृतिक कार्यक्रम तथा क्रियात्मक गाना आदि के माध्यम से सिखाया जाता हैं।

14. (c) बुद्धि एवं सृजनात्मकता के मध्य धनात्मक सम्बन्ध पाया जाता है, क्योंकि बुद्धिमता सृजनात्मकता का एक घटक है, इसलिए एक सृजनात्मक व्यक्ति निश्चित रूप से सामान्य या उच्च बुद्धि वाला होता है, किन्तु सभी उच्च बुद्धि वाले व्यक्ति सृजनात्मक नहीं हो सकते।

15. (c) सीखने की सामग्री के रूप में निरर्थक शब्दों का प्रयोग एबिंगहॉस ने किया है। एबिंगहॉस एक जर्मन वैज्ञानिक थे। जिन्होंने स्मृति के प्रायोगिक अध्ययन का बीड़ा उठाया था। उन्हें विस्मृति वक्र और रिक्त प्रभाव की खोज के लिए भी जाना जाता है।

16. (d) फ्रायड के अनुसार 'इदम्' सुख सिद्धान्त पर आधारित है। इदम् जन्मजात प्रकृति का होता है तथा इसमें मुख्य रूप से व्यक्ति की मूल वासनाएँ, प्रवृत्तियाँ तथा दमित इच्छाएँ आती हैं। इदम् किसी भी तरह का तनाव नहीं सह सकता है और बिना किसी बाधा या प्रतिक्षा के तत्काल आनंद, सुख व संतुष्टि प्राप्त करना चाहता है। यह पूर्णतः अचेतन में कार्य करता है।

17. (c) किशोरावस्था जीवन का सबसे कठिन काल माना जाता है। इस काल में किशोरों के जीवन में अनेक शारीरिक एवं मानसिक संवेगात्मक परिवर्तन आते हैं। इसका काल 12 वर्ष से 18 वर्ष तक रहता है। इसमें होने वाले परिवर्तन बालक के व्यक्तित्व के गठन में महत्त्वपूर्ण योगदान करते हैं। अतः शिक्षा के क्षेत्र में इस अवस्था का विशेष महत्त्व होता है।

18. (a) 'प्रोग्रेसिव मैट्रिसेस' परीक्षण रेवेन ने विकसित किया था। इस परीक्षण को आपके अशाब्दिक समूह परीक्षण, मूर्त और संज्ञानात्मक कार्य-प्रणाली को मापने के लिए बनाया गया है। यह आमतौर पर शैक्षिक विन्यास में उपयोग किया जाता है।

19. (b) अधिगम, व्यवहार में परिवर्तन को कहते हैं, जो कि अपेक्षाकृत स्थायी परिवर्तन होते हैं। अधिगम एक व्यापक सतत् एवं जीवन-पर्यन्त चलने वाली महत्त्वपूर्ण प्रक्रिया है। मनुष्य जन्म के उपरान्त ही सीखना प्रारम्भ कर देता है और जीवनभर कुछ न कुछ सीखता रहता है।

20. (d) उपलब्धि, सम्बन्ध तथा शक्ति मनोवैज्ञानिक प्रकार के अभिप्रेरक हैं। उपलब्धि अभिप्रेरणा से तात्पर्य विद्यार्थियों की आकांक्षा, प्रयास और दृढ़ता से है। प्रत्येक बालक की उपलब्धि का स्तर एक विद्यार्थी से दूसरे विद्यार्थी में अलग-अलग होती है।

21. (b) मैस्लो के अभिप्रेरणा सिद्धान्त को आवश्यकताओं का पदानुक्रम सिद्धान्त भी कहा जाता है। इनके अनुसार, आवश्यकताओं के कई स्तर होते है, जिनमें व्यक्ति निम्न स्तर की पूर्ति करते हुये उच्चतम स्तर तक पहुँचने का प्रयास करता है। आवश्यकताओं की इस पदानुक्रम व्यवस्था को निम्न प्रकार समझा जा सकता है।

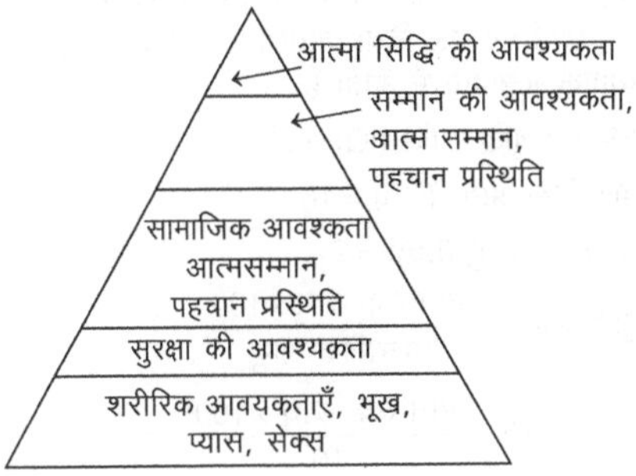

22. (d) शिक्षा का अति महत्त्वपूर्ण उद्देश्य बालकों का सर्वांगीण विकास है। सर्वांगीण विकास से तात्पर्य बच्चों को शारीरिक, मानसिक, सामाजिक और संवेदनात्मक विकास उनकी आयु के अनुरूप होना है।

23. (a) भाटिया बैटरी परीक्षण बुद्धि का एक प्रदर्शन परीक्षण है जो सी. एम. भाटिया द्वारा वर्ष 1955 में विकसित किया गया। इसमें विभिन्न पैटर्न वाले कार्ड शामिल हैं और बच्चों को पेंसिल उठाए बिना इन पैटर्नों को सीखना आवश्यक है।

24. (c) अवधान या ध्यान एक चयनात्मक मानसिक प्रक्रिया है, जिसमें व्यक्ति एक विशेष शारीरिक मुद्रा बनाकर किसी वस्तु को चेतना के केन्द्र में लाने के लिए तत्पर होता है। सामान्यतः अवधान की प्रक्रिया के अन्तर्गत व्यक्ति अनेक उपस्थित उद्दीपकों में से किसी एक विशिष्ट उद्दीपक को चुनता है तथा उसे अपनी चेतना के केन्द्र में लाता हैं अवधान की सहायक दशाओं से यह ज्ञात होता है कि हम किसी वस्तु विशेष पर ध्यान क्यों देते है अवधान को स्पष्ट करते हुये रॉस महोदय ने कहा है कि अवधान, विचार की किसी वस्तु को मस्तिष्क के सामने स्पष्ट रूप से उपस्थित करने की प्रक्रिया है।''

25. (d) बच्चे का समाजीकरण करने में अनेक प्राथमिक संस्थाओं; जैसे- परिवार, पड़ोस, मित्रमंडली, विवाह एवं नातेदार समूह एवं द्वितीय संस्थाओं; जैसे- विद्यालय, धार्मिक, आर्थिक, राजनैतिक, सांस्कृतिक एवं व्यावसायिक संगठनों आदि का योगदान होता है।

26. (d) प्रतिभाशाली विद्यार्थी वे होते हैं, जो सामान्य बालकों की अपेक्षा बुद्धि, मौखिक चिन्तन, विषयवस्तु को समझने की क्षमता, उच्च स्मरण शक्ति एवं जोखिम लेने की क्षमता आदि गुणों में श्रेष्ठ होते हैं। प्रायः उच्च बुद्धि लब्धि (IQ) वाले

विद्यार्थियों को प्रतिभाशाली माना जाता है। ये बच्चों अन्य बच्चें से सामान्य बुद्धि की अधिक प्रयोग करने, विषयवस्तु को समणने में विश्वास रखने,
मौलिक-चिन्तन करने की प्रवृत्ति वाले उच्च सस्मरण क्षमता वाले, शीघ्र सीखने वाले, बुद्धि लब्धि, एकाग्रता एवं समायोजन क्षमता आदि में उच्च होते हैं।

27. (d) सतत् तथा व्यापक मूल्यांकन का अर्थ है, छात्रों के विद्यालय आधारित मूल्यांकन की प्रणाली, जिसमें छात्र के विकास के सभी पक्ष शामिल होते हैं। यह निर्धारण के विकास की प्रक्रिया है जिसमें दोहरे उद्देश्यों पर बल दिया जाता है। दोनों सतत् एवं व्यापक मूल्यवान में आता है।

28. (c) बुद्धि लब्धि (IQ) = 75

वास्तविक आयु (CA) = 16

मानसिक आयु (MA) = ?

$$\text{बुद्धि लब्धि} = \frac{\text{मानसिक आयु} \times 100}{\text{वास्तविक आयु}}$$

$$75 = \frac{\text{मानसिक आयु} \times 100}{16}$$

$$\text{मानसिक आयु} = \frac{75 \times 16}{100}$$

मानसिक आयु = 12

29. (c) जीन पियाजे ने संज्ञानात्मक विकास की चार अवस्थाओं का वर्णन किया है, जो है–

(i) इन्द्रियजनित गामक अवस्था (जन्म से 2 वर्ष तक)

(ii) पूर्व संक्रियात्मक अवस्था (2 से 7 वर्ष तक)

(iii) मूर्त संक्रियात्मक अवस्था (7 से 11 वर्ष तक)

(iv) अमूर्त संक्रियात्मक अवस्था (11 वर्ष से ऊपर)

संज्ञानात्मक विकास की अमूर्त संक्रियात्मक अवस्था का सम्बन्ध अमूर्त एवं तार्किक चिन्तन से है। इस अवस्था में बच्वें में तार्किक रूप से विचार करने, निर्णय लेने समस्या का समाधान करने सम्प्रेषण सम्बन्धी योग्यता एवं सम्प्रेषण शीलता आदि का विकास होता है।

30. (d) बाल केन्द्रित शिक्षा का समर्थन जॉन डीवी द्वारा किया गया। जॉन डीवी का मानना है कि बालक की रुचि क्षमताओं, योग्यताओं व आवश्यकताओं के अनुरूप पाठ्यक्रम एवं शिक्षण की व्यवस्था होना चाहिए। इसके अन्तर्गत ऐसी क्रियाओं को शामिल किया जाना चाहिए, जिससे बालक को स्व-अनुभव प्राप्त करने के पर्याप्त अवसर प्राप्त हो।

31. (b) 'Innate' means inborn or natural.

32. (c) 'Cope' means to deal effectively with something difficult. Hence, 'Manage' is its synonym.

33. (d) 'dare not' is appropriate to fill the blank.

34. (a) 'must' is appropriate to fill the blank.

35. (c) 'lest' is appropriate to fill the blank.

36. (b) 'both' and 'and' are appropriate to fill the blanks.

37. (c) The correct spelling is 'Discipline'.

38. (a) The correct spelling is 'Perform'.

39. (b) The correct spelling is 'Disciple'.

40. (b) The correct indirect form of the given sentence is – 'She tells me that she was unwell'.

41. (a) The correct indirect form of the given sentence is – 'He told me that he had a friend in Shimla'.

42. (a) 'the' and 'the' are appropriate to fill the blanks.

43. (c) 'an' is appropriate to fill the blank.

44. (b) 'into' is appropriate to fill the blank.

45. (b) 'from' is appropriate to fill the blank.

46. (c) 'for' is appropriate to fill the blank.

47. (a) 'Vice' means immoral or wicked behaviour. Hence, it is an antonym of 'Virtue'.

48. (d) 'Despair' means the complete loss of hope. Hence, it is an antonym of 'Hope'.

49. (a) The correct passive form of the given sentence is – 'A book is read by him'.

50. (b) The correct passive form of the given sentence is – 'He will be invited to tea by me'.

51. (c) The plural form of 'Negro' is 'Negroes'.

52. (b) The plural form of 'Epoch' is 'Epochs'.

53. (b) 'is' is appropriate to fill the blank.

54. (c) 'help' is appropriate to fill the blank.

55. (a) 'is' is appropriate to fill the blank.

56. (d) 'make' is appropriate to fill the blank.

57. (c) The correct proverb is – 'Money makes the mare go'.

58. (c) 'May' is appropriate to fill the blank.

59. (c) 'must' is appropriate to fill the blank.

60. (a) 'Can' is appropriate to fill the blank.

61. (c) जो व्यंजन वर्ण दो व्यंजनों के मेल से बने होते हैं, उन्हें संयुक्त वर्ण कहते हैं। 'क्ष' ध्वनि वर्ण (क + ख) के मिलने से बना है इसीलिए 'क्ष' ध्वनि संयुक्त वर्ण के अन्तर्गत आती है।

- मूल स्वर-अ, इ, उ, ऋ होते हैं।
- घोष वर्ण-अ, ग, घ होते हैं।
- तालव्य वर्ण-च, छ, ज, झ, य, श होते हैं।

62. (d) पवन शब्द अयादि स्वर सन्धि का उदाहरण है, पवन का सन्धि-विच्छेद पो + अन होता है, जहाँ ए के बाद असमान स्वर हो तो ए का "अय", ऐ के बाद असमान स्वर हो तो ऐ का "आय", ओ के बाद असमान स्वर हो तो "अव" और औ के बाद असमान स्वर हो तो "आव" हो जाता है। ऐसे वर्ण ही अयादि स्वर सन्धि के उदाहरण होते हैं।

- संयोग में व्यंजन सन्धि है। इसका सन्धि विच्छेद सम् + योग होता है।
- मनोहर में विसर्ग सन्धि है। इसका सन्धि-विच्छेद मन : + हर होता है।
- नमस्कार में विसर्ग सन्धि है इसका सन्धि-विच्छेद नमः + कार होता है।

63. (d) हिन्दी की विशिष्ट बोली 'ब्रजभाषा' काव्यभाषा के रूप में सबसे अधिक प्रसिद्ध है, क्योंकि ब्रजभाषा भक्तिकाल की समृद्ध भाषा है जो कि ब्रज प्रदेश अर्थात् मथुरा एवं उसके आस-पास के क्षेत्रों में बोली जाती है। कृष्ण भक्ति धारा के कवियों ने काव्य भाषा के रूप में इसका प्रयोग किया था। ब्रजभाषा ब्रज क्षेत्र से निकलकर बांग्ला, महाराष्ट्र, राजस्थान एवं पंजाब तक पहुँच गई थी।

64. (a) 'बेइंसाफी' में प्रयुक्त उपसर्ग 'बे' है, क्योंकि उपसर्ग वे शब्द होते हैं, जो किसी शब्द के आगे जुड़कर उस शब्द का अर्थ परिवर्तित कर देते हैं, वे उपसर्ग कहलाते हैं, जैसे-बे उर्दू का उपसर्ग तथा इंसाफी मूल शब्द है और इन दोनों शब्दों के मेल से ही बेइंसाफी शब्द बना है।

65. (a) ''अंगूठा दिखाना'' का अर्थ 'देने से इन्कार करना' होता है।

वाक्य प्रयोग मैं राहुल पर सबसे ज्यादा भरोसा करता था, लेकिन मुसीबत में उसी मित्र ने मुझे अँगूठा दिखा दिया।

66. (a) शृंगार रस को 'रसराज' कहा जाता है। रसराज का अर्थ होता है 'रसों का राजा' अर्थात् शृंगार रस ऐसा रस है, जो प्रेम से परिपूर्ण है।

67. (a) अमीर खुसरो भक्तिकाल के कवि नहीं हैं। अमीर खुसरो आदिकाल के कवि हैं। इनके अलावा नंददास, रसखान और नाभादास यह तीनों कवि भक्तिकाल के कवि हैं।

68. (a) 'रात-दिन' शब्द में द्वन्द्व समास है। जहाँ दोनों पद प्रधान होते हैं तथा समस्त पद का विग्रह करने पर पदों के बीच में 'और', 'तथा', 'एवं' आदि शब्दों का प्रयोग किया जाता है, वहाँ द्वन्द्व समास होता है।

- इसके अलावा जहाँ समस्त पद का पहला पद संख्यावाचक अथवा परिणामवाचक विशेषण होता है जहाँ दूसरा पद प्रधान होता है, वहाँ द्विगु समास होता है।,
- जहाँ पूर्वपद विशेषण और उत्तर पद विशेष्य होता है वहाँ कर्मधारय समास होता है।
- जिस समास में पहला पद अव्यय होता है, उसको अव्ययीभाव समास कहा जाता है। इसमें पहला पद प्रधान होता है।

69. (c) चुनाव-क्षेत्रों का समय-समय पर परिसीमन किया जाता है। परिसीमन का अर्थ होता है-चुनाव से पहले सीमाओं का निर्धारण करना। परिसीमन को किसी देश या राज्य की निर्वाचन क्षेत्रों की सीमा तय करने का कार्य या प्रक्रिया भी कहा जाता है।

70. (d) लालटेन 'विदेशज' शब्द है, क्योंकि यह अंग्रेजी भाषा का शब्द है। ऐसे शब्द जो विदेशी भाषाओं से लिए गए हैं, उन्हें विदेशज शब्द कहा जाता है।

- हिन्दी भाषा में संस्कृत के कुछ शब्द मूल रूप से ज्यों के त्यों प्रयोग किए जाते हैं वे तत्सम शब्द कहलाते हैं; जैसे-अग्नि, अश्रु, गृह आदि।
- जो तत्सम शब्द हिन्दी भाषा में आकर कुछ परिवर्तित हो गए हैं, तद्भव शब्द कहलाते है; जैसे-आग, आँसू, घर आदि।
- जो शब्द क्षेत्रीय प्रभाव के कारण परिस्थिति व आवश्यकतानुसार बनकर प्रचलित हो गए, वे देशज शब्द कहलाते हैं; जैसे-पगड़ी, गाड़ी, थैला आदि।

71. (c) 'आलस्य' शब्द का विशेषण आलसी होता है। आलस्य एक तत्सम शब्द है।

72. (b) 'के लिए' सम्प्रदान कारक का चिन्ह है। जिस कारक से क्रिया के उद्देश्य, प्रयोजन का बोध हो, जिसके लिए कोई क्रिया सम्पन्न की जाए या जिसे कुछ प्रदान किया जाए वहाँ सम्प्रदान कारक होता है। इसके कारक चिन्ह को, के लिए, के हेतु, के वास्ते आदि होते हैं।

73. (c) 'कवि' का स्त्रीलिंग 'कवयित्री' होता है। यहाँ 'कवि' एक पुल्लिंग तथा जातिवाचक संज्ञा शब्द है।

74. (c) शिव का विशेषण 'शैव' होता है। जो शब्द संज्ञा या सर्वनाम की विशेषता, जैसे-गुण, दोष, संख्या, रंग, आकार आदि बताए उसे विशेषण कहते हैं।

75. (b) पुरुषत्व का बोध कराने वाले शब्द पुल्लिंग कहलाते हैं। 'दही' एक पुल्लिंग शब्द है।

- स्त्रीत्व का बोध कराने वाले शब्द स्त्रीलिंग कहलाते है; जैसे–लड़की, देवी आदि।
- उभयलिंगी शब्द ऐसे शब्द होते हैं, जो पुल्लिंग और स्त्रीलिंग दोनों रूपों में प्रचलित हैं। यदि वे स्त्री के लिए प्रयुक्त हों तो स्त्रीलिंग कहलाते हैं तथा पुरुष के लिए प्रयुक्त हों, तो पुल्लिंग कहलाते हैं।

76. (a) कर्म के आधार पर क्रिया के दो भेद होते हैं– 1. अकर्मक क्रिया 2. सकर्मक क्रिया।

अकर्मक क्रिया ऐसी क्रिया जिसके साथ न कर्म हो और न ही कर्म की सम्भावना हो उसे अकर्मक क्रिया कहते है; जैसे– वह हँसता है, वह रोता है आदि।

सकर्मक क्रिया ऐसी क्रिया जिसके साथ कर्म हो या कर्म की सम्भावना हो, उसे सकर्मक क्रिया कहते हैं; जैसे-वह आम खाता है, वह पढ़ाता है आदि।

77. (c) सत्य और अहिंसा का 'घनिष्ठ' सम्बन्ध है। दो वस्तुओं का आपसी सम्बन्ध स्पष्ट करने के लिए घनिष्ठ शब्द का प्रयोग किया जाता है।

78. (d) ''गंगा गए गंगादास, जमुना गए जमुनादास'' का अर्थ है-जिसका कोई दृढ़ सिद्धान्त नहीं होता।

वाक्य प्रयोग रमेश का स्वभाव विचित्र है वह जिसके साथ रहता है चाहे वह सही हो या गलत उसकी हाँ में हाँ मिलाता है। उसके लिए तो यह कहावत बिल्कुल सही है "गंगा गए गंगादास जमुना गए जमुनादास"।

79. (d) शृंगार रस का स्थायी भाव 'रति' है। शृंगार रस प्रेम से परिपूर्ण है, इसलिए इसको रसराज भी कहा जाता है। अन्य विकल्प असंगत हैं।

80. (c) क्रिया के जिस रूप से बीते हुए समय का ज्ञान हो, उसे भूतकाल कहते हैं। भूतकाल के छः भेद होते हैं

1. सामान्य भूतकाल	2. आसन्न भूतकाल
3. पूर्ण भूतकाल	4. अपूर्ण भूतकाल
5. संदिग्ध भूतकाल	6. हेतुहेतुमद् भूतकाल

81. (c) वे शब्द जो दो या दो से अधिक शब्दों के योग से बने होते हैं, उन्हें यौगिक शब्द कहते हैं। यौगिक शब्दों के खण्ड किए जा सकते हैं, लेकिन इसके प्रत्येक खण्ड का अर्थ होता है; जैसे–विद्यालय (विद्या + आलय)। यहाँ दोनों शब्दों के अर्थ है, इसीलिए विद्यालय शब्द एक यौगिक शब्द है।

82. (a) हिन्दी में स्वतन्त्र रूप में बोले जाने वाले अक्षर स्वर कहलाते हैं। हिन्दी भाषा में मूल रूप से ग्यारह स्वर होते हैं। अ, आ, इ, ई, उ, ऊ, ऋ, ए, ऐ, ओ, औ आदि।

83. (c) ह्रस्व, दीर्घ, प्लुत यह तीनों स्वर के भेद होते हैं।

ह्रस्व स्वर जिन स्वर वर्णों के उच्चारण में एक मात्रा का समय लगे, उसे ह्रस्व स्वर कहते हैं; जैसे-अ, इ, उ, ऋ, आदि।

दीर्घ स्वर जिन स्वर वर्णों के उच्चारण में ह्रस्व स्वर की अपेक्षा दोगुना समय लगे, उसे दीर्घ स्वर कहते हैं; जैसे-आ, ई, ऊ, ए, ऐ, ओ, औ आदि।

प्लुत स्वर जिस स्वर वर्ण के उच्चारण में ह्रस्व स्वर की अपेक्षा तिगुना समय लगे, उसे प्लुत स्वर कहते है; जैसे-ओइम्।

84. (b) देवनागरी हिन्दी व संस्कृत के अतिरिक्त मराठी व नेपाली भाषा की लिपि भी है। देवनागरी लिपि का विकास ब्राह्मी लिपि से हुआ है। यह लिपि बाएँ से दाएँ ओर लिखी जाती है। इसके प्रत्येक शब्द के ऊपर एक क्षैतिज रेखा होती है, जिसे शिरोरेखा कहा जाता है। देवनागरी लिपि को लोक नागरी एवं हिन्दी लिपि भी कहा जाता है।

85. (c) 'र' का उच्चारण स्थान मूर्धा है। जिस वर्ण का उच्चारण मूर्धा से होता है उसे मूर्धन्य वर्ण कहते हैं। अन्य विकल्प असंगत हैं।

86. (b) किसी भी भाषा की मौखिक ध्वनियों को प्रकट करने वाले लेखन-चिह्नों को 'लिपि' कहते हैं।

87. (a) अट्टालिका तत्सम शब्द है। हिन्दी भाषा में संस्कृत के कुछ शब्द मूल रूप में ज्यों के त्यों प्रयोग किए जाते हैं, वह तत्सम शब्द कहलाते हैं।

88. (a) 'गिरिधर' समस्त पद में बहुव्रीहि समास है गिरिधर का समास विग्रह 'गिरि को धारण करने वाला है, जो अर्थात् कृष्ण।

परिभाषा जिस समास का कोई भी पद प्रधान नहीं हो और जो अपने पदों से भिन्न कोई दूसरा अर्थ प्रकट करे, उस समास को ही बहुव्रीहि समास कहा जाता है।

89. (c) उत्पत्ति या स्रोत के आधार पर शब्द के पाँच भेद होते हैं।

1. **तत्सम शब्द** संस्कृत के वे शब्द जो मूल रूप में ज्यों के त्यों प्रयोग किए जाते हैं, वह तत्सम कहलाते हैं; जैसे-पुण्य, हरिद्रा।
2. **तद्भव शब्द** जो तत्सम शब्द हिन्दी भाषा में आकर कुछ परिवर्तित हो जाते हैं वह तद्भव शब्द कहलाते हैं; जैसे-फूल, हल्दी।
3. **देशज शब्द** जिन शब्दों की उत्पत्ति सामान्य बोलचाल की भाषा से अपने देश में हुई है, वे देशज शब्द कहलाते हैं। जैसे-लोटा, डोरी।
4. **विदेशज शब्द** विदेशी भाषाओं से हिन्दी भाषा में आए शब्द विदेशज शब्द कहलाते हैं; जैसे-स्कूल, किताब।
5. **संकर शब्द** जो शब्द दो भाषाओं के शब्दों को मिलाकर बनते हैं, वे संकर शब्द कहलाते हैं; जैसे-टिकटघर, रेलगाड़ी आदि।

90. (b) समूहवाची शब्द 'कुंज' का प्रयोग "लताओं का" के साथ किया जाता है। हिन्दी भाषा में अलग-अलग वस्तुओं के समूह के लिए जिन शब्दों का प्रयोग किया जाता है, उन्हें समूहवाची शब्द कहते हैं।

91. (b) दिया है, अर्द्धवृत्त की त्रिज्या r है, तो

$\therefore$ अर्द्धवृत्त का परिमाप $= \pi r + 2r$

92. (b) दिए गए आँकड़ों को आरोही क्रम में व्यवस्थित करने पर

8, 9, 13, 13, 14, 14, 14, 14, 15, 15, 15, 16, 16, 17, 17

कुल पद, $n = 15$

आँकड़ों का माध्यक $= \dfrac{n+1}{2}$ वाँ पद

$= \dfrac{15+1}{2}$ वाँ पद

$x = 8$ वाँ पद $= 14$

अब यदि दिए गए आँकड़ों में 8 के स्थान पर 18 हो, तब आँकड़ों का आरोही क्रम

9, 13, 13, 14, 14, 14, 14, 15, 15, 15, 16, 16, 17, 17, 18

$n = 15$

आँकड़ों का माध्यक $= \dfrac{n+1}{2}$ वाँ पद

$= \dfrac{15+1}{2}$ वाँ पद

$y = 8$ वाँ पद $= 15$

$\therefore \quad x + y = 14 + 15 = 29$

93. (a) X-अक्ष को भुज भी कहा जाता है।

94. (c) दिया है, $(3^0 + 2^0) \times 5^0 = (1+1) \times 1$

$= 2 \times 1 = 2$

95. (d) प्रथम पाँच पूर्ण संख्याएँ 0, 1, 2, 3, 4 हैं, तब

$\therefore$ अभीष्ट माध्य $= \dfrac{0+1+2+3+4}{5}$

$= \dfrac{10}{5} = 2$

96. (c) हम जानते हैं कि समकोण त्रिभुज की भुजाएँ एक पाइथागोरस त्रिक होती है अर्थात् समकोण त्रिभुज की सबसे बड़ी भुजा का वर्ग, अन्य दो भुजाओं के वर्गों के योग के बराबर होता है।

विकल्प (c) से,

$(61)^2 = (11)^2 + (60)^2$

$3721 = 121 + 3600$

$3721 = 3721$

97. (d) दो ऋणात्मक पूर्णांकों का गुणनफल सदैव धनात्मक होता है।

98. (d) दिया है, चतुर्भुज के तीन कोण क्रमशः 75°, 90° और 75° हैं।

माना चौथा कोण $x°$ है।

हम जानते हैं कि चतुर्भुज के चारों कोणों का योग $= 360°$

$\therefore 75° + 90° + 75° + x = 360°$

$x = 360° - 240°$

$x = 120°$

99. (b) दिए गए आँकड़े 3, 2, 5, 6, 4, 3, 4, 5, 4 में सबसे अधिक बार संख्या 4 है।
$\therefore$ दिए गए आँकड़ों का बहुलक = 4

100. (c) हम जानते हैं कि समचतुर्भुज का क्षेत्रफल
$= \frac{1}{2} \times$ विकर्णों का गुणनफल

$\therefore$ अभीष्ट क्षेत्रफल $= \frac{1}{2} \times 10 \times 8.2$

= 41 वर्ग सेमी

101. (c) दिया है, $P =$ ₹ 56000

$t = 2$ वर्ष

SI = ₹ 280

$r = ?$

साधारण ब्याज (SI) $= \frac{Prt}{100}$

$\Rightarrow 280 = \frac{56000 \times r \times 2}{100}$

$\Rightarrow r = \frac{280 \times 100}{56000 \times 2} = \frac{1}{4}$

$= 0.25\%$

102. (c) दी गई श्रेणी समान्तर श्रेढ़ी है
2, 7, 12 .....
पहला पद, $a = 2$
सार्वान्तर $d = 7 - 2 = 5$
$n = 10$
$\therefore n$ वाँ पद $= T_n = a + (n-1)d$
10वाँ पद $= T_{10} = 2 + (10 - 1) \times 5$
$= 2 + 9 \times 5$
$= 2 + 45$
$= 47$

103. (b) दिया है, कुल विद्यार्थी विद्यार्थी = 25
गणित में रुचि रखने वाले विद्यार्थी = 72%
$\therefore$ गणित में रुचि न रखने वाले विद्यार्थी
$= 100 - 72 = 28\%$

$\therefore$ अभीष्ट विद्यार्थियों की संख्या $= 25 \times \frac{28}{100} = 7$

104. (c) $\frac{1 - \tan^2 45°}{1 + \tan^2 45°} = \frac{1 - (1)^2}{1 + (1)^2} = \frac{1-1}{1+1}$

$= \frac{0}{2} = 0$

105. (b) प्रश्नानुसार, तीन अंकों की संख्या = $24x$
हम जानते हैं कि 9 के विभाज्यता नियम से,
संख्या 9 से विभाज्य होगी यदि संख्या के अंकों का योग 9 से विभाज्य है।
तब, अंकों का योग $= 2 + 4 + x = 6 + x$
$\therefore$ अंकों का योग 9 से विभाज्य होगा जब $x = 3$
$[\because 6 + 3 = 9]$

106. (c) $\frac{15}{35}$ के तुल्य भिन्न $= \frac{15}{35} = \frac{3 \times 5}{7 \times 5} = \frac{3}{7}$

107. (b) दिया है, बेलन की ऊँचाई, $h = 2$ मी
= 200 सेमी

बेलन के आधार की परिधि = 440 सेमी
माना बेलन के आधार की त्रिज्या $= r$

$\therefore 2\pi r = 440$

$\Rightarrow 2 \times \frac{22}{7} \times r = 440$

$\Rightarrow r = \frac{440 \times 7}{2 \times 22} = 70$ सेमी

$\therefore$ बेलन का आयतन $= \pi r^2 h$

$= \frac{22}{7} \times 70 \times 70 \times 200$

= 3080000 सेमी^{3}

= 3.08 मी^{3}

108. (b) दिया है, देश की जनसंख्या = 30.3 मिलियन
$= 30.3 \times 10$ लाख
[$\because$ 1 मिलियन = 10 लाख]
$= 30.3 \times 1000000$
$= 30300000$

109. (c) हम जानते हैं कि दो बिन्दु (x_1, y_1) और (x_2, y_2) के बीच की दूरी

$= \sqrt{(x_2 - x_1)^2 + (y_2 - y_1)^2}$

यहाँ, $(x_1, y_1) = (2, 3)$

$(x_2, y_2) = (4, 1)$

$\therefore$ अभीष्ट दूरी $= \sqrt{(4-2)^2 + (1-3)^2}$

$= \sqrt{(2)^2 + (-2)^2}$

$= \sqrt{4 + 4} = \sqrt{8} = 2\sqrt{2}$

110. (c) दिया है, फूलदान का लागत मूल्य = ₹ 120
हानि = 10%

$\therefore$ विक्रय मूल्य $= 120 \times \frac{100 - 10}{100}$

$= 120 \times \frac{90}{100} =$ ₹ 108

111. (d) संख्या शून्य (0) एक पूर्ण संख्या है।

112. (a) दिया है, $\tan A = \cot B = \frac{1}{\tan B}$

$\Rightarrow \tan A \cdot \tan B = 1$

अब, $\tan(A + B) = \frac{\tan A + \tan B}{1 - \tan A \tan B}$

$= \frac{\tan A + \tan B}{1 - 1} = \frac{\tan A + \tan B}{0}$

$= \infty = \tan 90°$

$\therefore A + B = 90°$

113. (d) दिया है, $\sqrt{1 + \frac{x}{144}} = \frac{13}{12}$

दोनों पक्षों का वर्ग करने पर

$1 + \frac{x}{144} = \frac{169}{144}$

$\frac{x}{144} = \frac{169}{144} - 1$

$x = 169 - 144$

$x = 25$

114. (c) माना दो पूर्ण संख्याएँ a और b हैं।
प्रश्नानुसार, $a \times b = 24$
a और b के सम्भावित मान = (6, 4), (8, 3), (12, 2) और (24, 1)
$\therefore$ संख्याओं का न्यूनतम सम्भव योग $= 6 + 4 = 10$

115. (a) चार अंकों की सबसे छोटी पूर्ण वर्ग संख्या
$= 1024 = (32)^2$

116. (c) हम जानते हैं कि ऋणात्मक पूर्णांक क्रमशः है $-1, -2, -3, -4, -5, -6, -7, -8, -9$......
$\therefore -3$ से छोटी पर -8 से बड़ी पूर्णांक संख्याओं की कुल संख्या = 4 $(-4, -5, -6, -7)$

117. (c) हम जानते हैं कि
दो संख्याओं का गुणनफल = ल.स. × म.स.
$\therefore 112 \times$ दूसरी संख्या $= 336 \times 28$

$\therefore$ दूसरी संख्या $= \frac{336 \times 28}{112} = 84$

118. (a) संख्या 63606 में 6 के स्थानीय मानों का योग = 60000 + 600 + 6 = 60606

119. (a) दिया है, $x^2 - z^2 + y^2 - 2xy$
$= x^2 + y^2 - 2xy - z^2$
$= (x - y)^2 - z^2$
$= (x - y - z)(x - y + z)$
$\therefore$ अभीष्ट गुणनखण्ड $= x - y + z$

120. (a) 0.0016 का वर्गमूल $= \sqrt{0.0016}$
$= \sqrt{(0.04)^2} = 0.04$

121. (d) हमीरपुर भारत के हिमाचल प्रदेश प्रान्त का एक शहर है। पाइन के पेड़ों से घिरा यह शहर हिमाचल के अन्य शहरों से सामान्यतः कम ठण्डा है। काँगड़ा जिले से अलग करने के बाद वर्ष 1972 में हमीरपुर अस्तित्व में आया। यह हिमाचल का सबसे अधिक जनसंख्या घनत्व वाला जिला भी है।

122. (a) बिलासपुरी या कहलुरी उत्तरी भारत में बोली जाने वाली एक भाषा है, मुख्यतः हिमाचल प्रदेश के बिलासपुर जिले और पंजाब राज्य के रूपनगर जिले में बोली जाती है। बिलासपुरी को पश्चिमी पहाड़ी भाषा समूह की किस्मों में से एक के रूप में वर्गीकृत किया गया है।

123. (b) वर्ष 1989 में प्रथम पहाड़ी गाँधी बाबा कांशीराम पुरस्कार से श्री जयदेव किरण को सम्मानित किया गया था। पहाड़ी गाँधी भारत के स्वतन्त्रता सेनानी तथा क्रांतिकारी साहित्यकार थे। उन्होंने काव्य से धार्मिक, राजनीतिक, आर्थिक व सांस्कृतिक शोषण के विरुद्ध आवाज उठाई थी।

124. (d) चमेरा जल विद्युत परियोजना, लघु जल संचय वाली परियोजना है, जो रावी नदी की विद्युत क्षमता का दोहन करती है। यह हिमाचल प्रदेश के चम्बा जिले में अवस्थित है।

125. (b) भगत सिंह कोश्यारी भारतीय राजनीति में एक परिचित नाम हैं, वे वर्तमान में महाराष्ट्र के राज्यपाल हैं, जो भारतीय जनता पार्टी से सम्बन्धित हैं। वे उत्तराखण्ड राज्य के द्वितीय सफल मुख्यमन्त्री तथा उत्तराखण्ड विधानसभा में 2002 से 2007 तक विपक्ष के शीर्ष नेता रह चुके हैं।

126. (a) एल.पी.जी. का विस्तृत रूप लिक्विफाइड पेट्रोलियम गैस है। इसे रसोई गैस के रूप में भी जाना जाता है। यह वस्तुतः कई हाइड्रोकार्बन गैसों का मिश्रण है। यह घरों में खाना पकाने, गरम करने वाले उपकरणों एवं कुछ वाहनों में ईंधन के रूप में प्रयुक्त होती है।

127. (b) विश्व जनसंख्या दिवस प्रत्येक वर्ष 11 जुलाई को मनाया जाता है। इसका उद्देश्य जनसंख्या से सम्बन्धित समस्याओं पर वैश्विक चेतना जागृत करना है। यह आयोजन वर्ष 1989 में संयुक्त राष्ट्र विकास कार्यक्रम की गवर्निंग काउंसिल द्वारा कराया गया था।

128. (b) कांगडा को प्राचीन काल में त्रिगर्त के नाम से जाना जाता था। यह हिमाचल की सबसे प्राचीन रियासत थी जिसकी स्थापना सुशर्मा चन्द्र ने की थी। इसकी राजधानी नगरकोट थी। सुशर्मा चन्द्र ने यहाँ नगरकोट के किले का निर्माण भी करवाया था।

129. (b) राष्ट्रीय इंडियन मिलिट्री कॉलेज (RIMC) दून घाटी में लड़कों एवं लड़कियों के लिए एक निजी विद्यालय है। यही वर्ष 1947 तक प्रिंस ऑफ वेल्स रॉयल इण्डियन मिलिट्री कॉलेज था। यह अब भारतीय सेना का फीडर संस्थान है।

130. (b) मौलिक कर्त्तव्यों का विचार रूस के संविधान से प्रेरित है।

इन्हें 42वें संविधान संशोधन अधिनियम, 1976 द्वारा स्वर्ण सिंह समिति की सिफारिशों पर संविधान के भाग IV-A में शामिल किया गया। मूल रूप से मूल कर्त्तव्यों की संख्या 10 थी, बाद में 86 वें संविधान संशोधन अधिनियम, 2002 के माध्यम से एक और कर्त्तव्य जोड़ा गया था। अतः अब इनकी संख्या 11 हो गई है।

131. (b) वन्दे-मातरम के लेखक बंकिम चन्द्र चटर्जी हैं। संस्कृत-बांग्ला मिश्रित भाषा में रचित इस गीत का प्रकाशन 1882 ई. में उनके उपन्यास आनंदमठ में अन्तर्निहित गीत के रूप में हुआ था। इस उपन्यास में यह गीत भवानंद नाम के संन्यासी द्वारा गाया गया था।

132. (a) असहयोग आन्दोलन महात्मा गाँधी की देख-रेख में चलाया जाने वाला प्रथम जन आन्दोलन था। इस आन्दोलन का व्यापक जन आधार था। शहरी क्षेत्र में मध्यम वर्ग तथा ग्रामीण क्षेत्र में किसानों और आदिवासियों का इसे व्यापक समर्थन मिला।

133. (c) चम्बा को राजा साहिल वर्मन ने 920 ई. में स्थापित किया था। इस नगर का नाम उन्होंने अपनी प्रिय पुत्री चंपावती के नाम पर रखा। चारों ओर से ऊँची पहाड़ियों से घिरे चम्बा ने प्राचीन संस्कृति और विरासत को संजोकर रखा है।

134. (d) शक्कर, शर्करा या चीनी एक क्रिस्टलीय खाद्य पदार्थ है। इसमें मुख्यतः सुक्रोज, लैक्टोज एवं फ्रक्टोज उपस्थित होता है। मानव की स्वाद ग्रन्थियाँ मस्तिष्क को इसका स्वाद मीठा बताती हैं। चीनी मुख्यतः गन्ना या चुकन्दर से तैयार की जाती है।

135. (b) हाइग्रोमीटर एक उपकरण है, जिसका उपयोग हवा में, मिट्टी में या सीमित स्थानों में जल वाष्प की मात्रा को मापने के लिए किया जाता है।

136. (b) झाँझर नृत्य हिमाचल प्रदेश के चम्बा जिले का प्रसिद्ध नृत्य है। चम्बा लोक नृत्य की अपनी परम्परा में समृद्ध है। इन नृत्यों की प्रत्येक इकाई में आठ ताली होती हैं। हालाँकि इन नृत्यों के ताल कई ताल के हो सकते हैं।

137. (a) मानव कंकाल शरीर की आन्तरिक संरचना होती है। जन्म के समय नवजात शिशु में 300 हड्डियाँ होती हैं, बाल्यावस्था में हड्डियों की संख्या 350 हो जाती है और किशोरावस्था व प्रौढ़ावस्था में कुछ हड्डियों के संगलित होने के कारण यह संख्या 206 तक सीमित हो जाती हैं।

138. (c) समाज में विज्ञान की महत्त्वपूर्ण भूमिका और उभरते वैज्ञानिक मुद्दों पर जनता को व्यापक स्तर पर संलग्न करने के उद्देश्य से यूनेस्को द्वारा प्रत्येक वर्ष 10 नवम्बर को विश्व विज्ञान दिवस मनाया जाता है।

139. (b) राजेन्द्र प्रसाद स्वतन्त्र भारत के पहले राष्ट्रपति थे। वह इंडिया डिवाइडेड पुस्तक के लेखक हैं। इसके अतिरिक्त जवाहरलाल नेहरू, द डिस्कवरी ऑफ इंडिया तथा डॉ. एस राधाकृष्णनद हिन्दू व्यू ऑफ लाइफ के लेखक हैं।

140. (a) दौलत खान को, इब्राहिम लोदी द्वारा बुरी तरह से अपमानित किया गया था। इब्राहिम लोदी के अहंकार से नाराज होकर दौलत खान ने बाबर को भारत पर आक्रमण करने के लिए आमंत्रित किया था।

141. (a) 1857 ई. का विद्रोह, जिसे प्रथम भारतीय स्वतन्त्रता संग्राम, सिपाही विद्रोह और भारतीय विद्रोह के नाम से भी जाना जाता है, जो ब्रिटिश शासन के विरुद्ध एक सशस्त्र विद्रोह था, 10 मई, 1857 को शुरू हुआ।

142. (c) कुफरी जीवन और कुफरी ज्योति आलू की किस्में हैं। ये किस्में मुख्य रूप से हिमाचल प्रदेश के किन्नौर जिले में पाई जाती हैं।

143. (b) इन्द्रहार दर्रा हिमाचल की धौलाधार श्रेणी में एक पहाड़ी दर्रा है। यह दर्रा काँगड़ा और चंबा जिलों के बीच की सीमा बनाता है। यह धर्मशाला से एक बहुत लोकप्रिय ट्रेकिंग मार्ग का भाग है।

144. (a) डबल फाल्ट टेनिस खेल से सम्बन्धित है। इसका अर्थ है- दूसरी सर्विस पर फाल्ट मारना। टेनिस या लॉन टेनिस एक रैकेट खेल है, जिसे व्यक्तिगत रूप से या दो-दो खिलाड़ियों की दो टीमों के बीच खेला जा सकता है।

145. (a) आर्य समाज एक हिन्दू सुधार आन्दोलन है जिसकी स्थापना स्वामी दयानन्द सरस्वती ने 1875 ई. में बम्बई में मथुरा के स्वामी विरजानन्द की प्रेरणा से की थी। यह आंदोलन पाश्चात्य प्रभावों की प्रतिक्रियास्वरूप हिन्दू धर्म में सुधार के लिए प्रारम्भ हुआ था।

146. (b) मेजर ध्यानचन्द के जन्म दिवस को राष्ट्रीय खेल दिवस के रूप में 29 अगस्त को मनाया जाता है। राष्ट्रीय खेल दिवस विभिन्न देशों में राष्ट्रीय खेल टीमों और उन देशों की खेल परम्पराओं का सम्मान करने के लिए मनाया जाता है।

147. (d) रिकेट्स या सूखा रोग बच्चों में होने वाली हड्डियों की एक बीमारी है, जो विटामिन डी, कैल्शियम और फास्फोरस जैसे पोषक तत्त्वों की कमी के कारण होती है।

इस रोग में रोगी को हड्डियों में दर्द, हड्डियों का कमजोर होना या नरम पड़ना और अन्य हड्डियों से जुड़ी विकृतियों का सामना करना पड़ता है।

148. (d) मेजर सोमनाथ शर्मा भारतीय सेना की कुमाऊँ रेजीमेण्ट की चौथी बटालियन की डेल्टा कम्पनी के कम्पनी कमाण्डर थे, जिन्होंने अक्टूबर-नवम्बर 1947 के भारत-पाक संघर्ष में भाग लिया था। उन्हें भारत सरकार ने मरणोपरान्त परमवीर चक्र से सम्मानित किया। परमवीर चक्र पाने वाले वे प्रथम व्यक्ति थे।

149. (c) ऋग्वेद सनातन धर्म का सबसे आरम्भिक स्रोत है। इसमें 10 मण्डल, 1028 सूक्त और वर्तमान में 10462 मंत्र हैं। ऋग्वेद को इतिहासकार हिन्द-यूरोपीय भाषा-परिवार की अभी तक उपलब्ध पहली रचनाओं में एक मानते हैं।

150. (c) उपराष्ट्रपति की नियुक्ति भारत के राष्ट्रपति द्वारा नहीं की जाती है। उपराष्ट्रपति का निर्वाचन संसद के दोनों सदनों के सदस्यों से मिलकर बनने वाले निर्वाचकगण के सदस्यों द्वारा आनुपातिक प्रतिनिधित्व पद्धति के अनुसार एकल संक्रमणीय मत द्वारा किया जाता है। ऐसे निर्वाचन में मतदान गुप्त होता है।

सॉल्वड पेपर
2021
(नवम्बर)

HPTET

हिमाचल प्रदेश शिक्षक पात्रता परीक्षा

जूनियर बेसिक ट्रेनिंग

सॉल्वड पेपर 2021

परीक्षा तिथि : 21-11-2021

कुल अंक : 150

समय : 150 मिनट

निर्देश

1. इस प्रश्न–पत्र में कुल 150 वस्तुनिष्ठ प्रकार के प्रश्न हैं।
2. प्रत्येक प्रश्न के लिए एक अंक निर्धारित है।
3. प्रत्येक प्रश्न का केवल एक ही उत्तर दीजिए।
4. इस प्रश्न–पुस्तिका में पाँच भाग हैं; भाग I : बाल विकास और शिक्षाशास्त्र (प्र.सं. 1-30), भाग II : English Literature & Grammar (प्र.सं. 31-60), भाग III : हिन्दी साहित्य एवं व्याकरण (प्र.सं. 61-90), भाग IV : गणित (प्र.सं. 91-120), भाग V : सामान्य जागरूकता (प्र.सं. 121-150)

भाग I : बाल विकास और शिक्षाशास्त्र

1. निम्नलिखित में से कौन-सी गार्डनर द्वारा दिए गए बुद्धि का एक प्रकार नहीं है?
(a) संगीतीय बुद्धि
(b) भाषायी बुद्धि
(c) सृजनात्मक बुद्धि
(d) तार्किक एवं गणितीय बुद्धि

2. ''सीखना विकास की प्रक्रिया है''। कथन किसके द्वारा कहा गया?
(a) वुडवर्थ (b) स्किनर
(c) योकम (d) डॉ. मैके

3. ……… के अनुसार ''हम जीवन की प्रत्येक अवस्था में एक विशेष मनोसामाजिक दुविधा का सामना करते हैं''।
(a) जेम्स कोलमैन
(b) एरिक एरिक्सन
(c) लॉरेन्स कोहलबर्ग
(d) सिगमण्ड फ्रायड

4. मॉडलिंग का सम्प्रत्यय दिया गया है
(a) अल्बर्ट बण्डूरा के द्वारा
(b) जे.बी. वॉटसन के द्वारा
(c) फ्रायड के द्वारा
(d) वाइगोत्सकी के द्वारा

5. निम्नलिखित में से कौन-सा अर्जित प्रेरक का उदाहरण नहीं है?
(a) अभिवृत्ति (b) रुचि
(c) जिज्ञासा (d) भूख

6. पियाजे के अनुसार 2 से 7 वर्ष के बीच का बालक संज्ञानात्मक विकास की …… अवस्था में है।
(a) पूर्व संक्रियात्मक अवस्था
(b) औपचारिक संक्रियात्मक अवस्था
(c) मूर्त संक्रियात्मक अवस्था
(d) संवेगी-पेशीय अवस्था

7. विकास …… से …… की ओर बढ़ता है।
(a) सामान्य → विशिष्ट
(b) जटिल → कठिन
(c) विशिष्ट → सामान्य
(d) साधारण → आसान

8. नवीन जानकारी को शामिल करने के लिए वर्तमान स्कीमा (अवधारणा) में बदलाव की प्रक्रिया …… कहलाती है।
(a) अनुकूलन (b) आत्मसात्करण
(c) समायोजन (d) अहंकेन्द्रिता

9. ……… यह विचारधारा है कि सभी बच्चों को एक नियमित विद्यालय व्यवस्था में समान शिक्षा प्राप्त करने का अधिकार हो।
(a) मुख्यधारा शिक्षा
(b) विशेष शिक्षा
(c) बहु सांस्कृतिक शिक्षा
(d) समावेशी शिक्षा

10. सृजनात्मकता को …… की अवधारणा से सम्बन्धित माना जाता है।
(a) स्फटिक बुद्धि
(b) अभिसृत बुद्धि
(c) विविध बुद्धि
(d) द्रव/तरल बुद्धि

11. इदम् निर्देशित होता है
(a) सुखवादी सिद्धान्त द्वारा
(b) वास्तविकता सिद्धान्त द्वारा
(c) आदर्शवादी सिद्धान्त द्वारा
(d) सामान्य सिद्धान्त द्वारा

12. निम्नलिखित में से कौन ''सीखने के गेस्टाल्ट सिद्धान्त से सम्बन्धित है?''
(a) पावलॉव (b) स्किनर
(c) थार्नडाइक (d) कोहलर

13. बच्चों के अधिगम में शारीरिक स्वास्थ्य और सांवेगिक अवस्था ...... ।
(a) का कोई आपसी सम्बन्ध नहीं है
(b) की भूमिका नगण्य है
(c) का कोई प्रभाव नहीं होता है
(d) की एक महत्त्वपूर्ण भूमिका है

14. वह बच्चे जिनकी मानसिक आयु उनकी कालानुक्रमिक आयु से ज्यादा होती है ...... कहलाते हैं।
(a) प्रतिभाशाली बालक
(b) सामान्य बालक
(c) अधिगम अपंगता
(d) मन्दित बालक

15. एक दस वर्ष के बालक की बुद्धि-लब्धि कितनी होगी, जिसकी मानसिक आयु 12 वर्ष है?
(a) 100 (b) 110
(c) 120 (d) 130

16. पूर्व अनुभव के आधार पर संवेदना को अर्थ प्रदान करना कहलाता है
(a) संवेदना (b) प्रत्यक्षीकरण
(c) अभिप्रेरण (d) कल्पना

17. निम्न में से कौन-सा बुद्धि का सिद्धान्त नहीं है?
(a) एक कारक सिद्धान्त
(b) द्वि कारक सिद्धान्त
(c) प्रत्यागमन का सिद्धान्त
(d) बहु कारक सिद्धान्त

18. निम्नलिखित में से कौन-सा विकासात्मक विकार का उदाहरण है?
(a) दृष्टिबाधिता (b) श्रवण बाधिता
(c) बौद्धिक अक्षमता (d) कुष्ट रोग

19. एकान्तप्रिय, संकोची, आदर्शवादी तथा आत्मगत दृष्टिकोण वाले व्यक्ति, युंग के अनुसार दिए गए व्यक्तित्व के वर्गीकरण में किस वर्ग में आते हैं?
(a) अन्तर्मुखी
(b) बहिर्मुखी
(c) उभयमुखी
(d) उपरोक्त सभी

20. गेस्टाल्ट का अर्थ है
(a) समग्र रूप में
(b) परिवर्तन के रूप में
(c) मशीन के रूप में
(d) व्यवहार के रूप में

21. निम्नलिखित में से कौन-सा द्वितीयक सामाजीकरण एजेन्सी का उदाहरण है?
(a) परिवार एवं पास पड़ोस
(b) परिवार एवं मीडिया
(c) विद्यालय एवं मीडिया
(d) मीडिया एवं पास पड़ोस

22. अमन हमेशा समस्या के एकाधिक समाधानों के बारे में सोचता है। इसमें से काफी समाधान मौलिक होते हैं। अमन किन गुणों का प्रदर्शन कर रहा है?
(a) सृजनात्मक चिन्तक
(b) अभिसारिक चिन्तन
(c) अनम्य विचारक
(d) आत्मकेन्द्रित विचारक

23. निम्नलिखित में से कौन-से कारक अधिगम को प्रभावित करते हैं?
(a) विद्यार्थी की अभिरूचि
(b) विद्यार्थी का सांवेगिक स्वास्थ्य
(c) विद्यार्थी का सामाजिक एवं सांस्कृतिक सन्दर्भ
(d) उपरोक्त सभी

24. जन्म से किशोरावस्था तक बच्चों में विकास किस क्रम में होता है?
(a) अमूर्त, सांवेदिक, मूर्त
(b) सांवेदिक, मूर्त, अमूर्त
(c) मूर्त, अमूर्त, सांवेदिक
(d) अमूर्त, मूर्त, सांवेदिक

25. ...... के अनुसार बच्चों के चिन्तन के बारे में सामाजिक प्रक्रियाओं तथा सांस्कृतिक सन्दर्भ के प्रभाव को समझना आवश्यक है।
(a) लॉरेंस कोहलबर्ग
(b) जीन पियाजे
(c) लेव वाइगोत्सकी
(d) अल्बर्ट बण्डूरा

26. हावर्ड गार्डनर के बहुबुद्धि सिद्धान्त के अनुसार "तार्किक गणितीय बुद्धि" वाले व्यक्ति की क्या विशेषताएँ हो सकती हैं?
(a) ध्वनि, ताल तथा शब्दों के अर्थ के प्रति संवेदनशीलता।
(b) दृश्य स्थानिक परिवेश को सटीक रूप से ग्रहण करने की योग्यता।
(c) संगीतमय अभिव्यक्तियों के आवाज के स्तर, ताल एवं सौन्दर्यपूरक गुणों को उत्पन्न करने एवं प्रशंसा करने की योग्यता।
(d) पैटर्न को खोजने की एवं तर्क की लम्बी शृंखला को हल करने की क्षमता और संवेदनशीलता।

27. वह प्रक्रिया जिसके द्वारा बच्चे, आदतों, कौशलों, मूल्यों तथा अभिप्रेरणा को विकसित करते हैं और जो उन्हें समाज का जिम्मेदार सदस्य बनाती हैं, उसे क्या कहा जाता है?
(a) समाजीकरण
(b) समावेशन
(c) मुख्य धारा से जुड़ना
(d) विभेदीकरण

28. बच्चों को कक्षा में प्रश्न ......
(a) पूछने के लिए हतोत्साहित करना चाहिए।
(b) पूछने के लिए अनुमति नहीं देनी चाहिए।
(c) पूछने से रोकना चाहिए।
(d) पूछने के लिए प्रेरित करना चाहिए।

29. बुद्धि का "द्वि-कारक सिद्धान्त" दिया गया था
(a) थर्सर्टन द्वारा
(b) स्पीयरमैन द्वारा
(c) बिने द्वारा
(d) पियाजे द्वारा

30. रेवन्स प्रोग्रेसिव मेट्रेसिस परीक्षण मापन करता है
(a) व्यक्तित्व का
(b) पढ़ने की क्षमता का
(c) बुद्धि का
(d) अभिक्षमता का

भाग II : English Literature and Grammar

Directions (Q. Nos. 31 and 32) *Choose the correct form of Passive voice from the given options.*

31. He was writing a letter.
(a) A letter was written by him.
(b) A letter was being written by him.
(c) A letter is written by him.
(d) A letter is being written by him.

32. You cannot teach Ram.
(a) Ram cannot taught by you.
(b) Ram cannot be taught by him.
(c) Ram cannot be taught by you.
(d) None of the above

Directions (Q. Nos. 33 -36) *Choose the most appropriate preposition out of the given choices.*

33. He lives .... Calcutta in India.
(a) in (b) at
(c) into (d) None of these

34. I have known him .... 1976.
(a) from
(b) since
(c) for
(d) None of the above

35. I shall return .... a week.
(a) in (b) by
(c) into (d) within

36. He has been ill .... Monday.
(a) from (b) since
(c) for (d) None of these

Directions (Q. Nos. 37 and 38) *Choose the correct form of indirect speech from the given options.*

37. He said, "Handsome is that handsome does".
(a) He told that handsome is that handsome does.
(b) He said that handsome is that handsome does.
(c) He told that handsome was that handsome did.
(d) He said that handsome was that handsome did.

38. I said, "He did it".
(a) I said that he did it.
(b) I said that he has done it.
(c) I told that he has done it.
(d) I said that he had done it.

Directions (Q. Nos. 39 -42) *Choose the word which is opposite in meaning to the words printed in capital.*

39. SWALLOW
(a) Consume (b) Brook
(c) Repudiate (d) None of these

40. SUAVE
(a) Harsh
(b) Sophisticated
(c) Polite
(d) None of the above

41. ACTION
(a) Verb (b) Reaction
(c) Work (d) None of these

42. FINITE
(a) Big (b) Small
(c) Large (d) Infinite

Directions (Q. Nos. 43 and 44) *Select the correctly spelt word.*

43. (a) Disciplane (b) Discipline
(c) Disciplain (d) Disiplain

44. (a) Acquaintance (b) Acquintance
(c) Acquintence (d) Acquaintence

Directions (Q. Nos. 45 and 46) *Choose the correct synonyms for the words given in capital letters.*

45. FAMILIAR
(a) Rare (b) Common
(c) Strange (d) None of these

46. OVERCOME
(a) Control (b) Govern
(c) Vanquish (d) None of these

47. DISCIPLE
(a) Teacher (b) Master
(c) Student (d) None of these

48. Plural of 'Zoo' is
(a) Zoo (b) Zooes
(c) Zoos (d) None of these

49. Plural of 'Fish' is
(a) Fish (b) Fishes
(c) Fishs (d) None of these

Directions (Q. Nos. 50-53) *Choose the correct article from the given options.*

50. Kangra is .... Switzerland of India.
(a) a (b) an
(c) the (d) None of these

51. .... accused is telling .... lie.
(a) The, a (b) An, the
(c) An, a (d) A, a

52. It took me .... hour to reach home.
(a) a (b) the
(c) an (d) None of these

53. He is .... English Man.
(a) a (b) the
(c) an (d) None of these

Directions (Q. Nos. 54-56) *Fill in the blanks with appropriate Conjunction for the given sentences.*

54. I bought a pen .... my friend bought a pencil.
(a) since (b) though
(c) and (d) None of these

55. No sooner did I reach there .... it started raining.
(a) then (b) when
(c) and (d) than

56. No other man .... Sohan did this.
(a) but (b) than
(c) and (d) None of these

Directions (Q. Nos. 57 -60) *Identify the appropriate alternative from the given options for filling in the blanks.*

57. I .... do this work today.
(a) should (b) could
(c) may (d) must

58. .... God bless you with wisdom.
(a) Would (b) Might
(c) May (d) Can

59. Parents .... look after their children.
(a) must (b) should
(c) ought to (d) would

60. I .... say that he will fail.
(a) could (b) can
(c) dare (d) must

भाग III : हिन्दी साहित्य एवं व्याकरण

61. इनमें से कौन-सा शब्द आनन्द का पर्यायवाची नहीं है?
(a) मोद (b) प्रमोद
(c) आमोद (d) मानन्द

62. 'पत्नी' का पर्यायवाची नहीं है
(a) भार्या (b) महिला
(c) दारा (d) वामा

63. सुनहुँ रामजेहि सिव धनु तोरा।
सहसबाहु सम सो रिपु मोरा।।
सो बिलगाउ बिहाइ समाजा।
न ता मारे जइहैं सब राजा।।
उपरोक्त पंक्तियों में कौन-सा रस है?
(a) वीर रस (b) रौद्र रस
(c) भयानक रस (d) श्रृंगार रस

64. 'तम्बाकू' किस भाषा का शब्द है?
(a) फारसी
(b) उर्दू
(c) ब्राजील
(d) जर्मन

65. 'कमीज' किस भाषा का शब्द है?
(a) पुर्तगाली
(b) उर्दू
(c) फारसी
(d) अरबी

66. पाठ योजना के निर्माण से सम्बन्धित ब्लूम उपागम के चरणों में शामिल नहीं है
(a) शैक्षिक उद्देश्य
(b) तुलना
(c) अधिगम के अनुभव
(d) व्यवहार परिवर्तन

67. अनुवाद प्रक्रिया में कौन-सा तत्त्व शामिल नहीं है?
(a) भाषा ज्ञान
(b) विषय ज्ञान
(c) वाचन
(d) शैली निर्धारण

68. शिक्षक का वाचन होता है
(a) आदर्श वाचन
(b) अनुकरण वाचन
(c) मूक वाचन
(d) उपरोक्त में से कोई नहीं

69. प्रलाप-विलाप
प्रलाप का आशय व्यर्थ की बकवास अथवा बड़बड़ करना, किन्तु विलाप का आशय?
(a) जोर-जोर से रोना
(b) रोने की आवाज सुनाई देना
(c) रो-रो कर दुःख प्रकट करने की क्रिया
(d) आँसुओं से सबको धो डालना

70. ''सर्वोत्तम शब्द अपने सर्वश्रेष्ठ क्रम में कविता कहलाते हैं।'' यह किस पाश्चात्य विद्वान का कथन है?
(a) जॉनसन (b) कॉलरिज
(c) वर्ड्सवर्थ (d) अरस्तु

71. तहसीलदार, जेलखाना, खून पसीना शब्द हैं
(a) रणन् (b) तद्भव
(c) संकर (d) तत्सम

72. ड़/ढ़ व्यंजन है
(a) लुंठित
(b) उत्क्षिप्त
(c) अयोगवाह
(d) उपरोक्त में से कोई नहीं

73. 'पराक्रम' में उपसर्ग है
(a) प्र (b) परा
(c) कम (d) पर

74. 'मारपीट में कई लड़के घायल हो गए।' रेखांकित शब्द कौन-सा विशेषण है?
(a) गुणवाचक
(b) परिमाणवाचक
(c) संख्यावाचक
(d) सार्वनामिक

75. प्रयत्न के आधार पर व्यंजनों के भेद हैं
(a) एक (b) दो
(c) तीन (d) चार

76. 'विराम नहाने को गया।' वाक्य में कौन-सा कारक है?
(a) अपादान (b) करण
(c) सम्प्रदान (d) सम्बोधन

77. 'नीलाम्बुज' शब्द में कौन-सा समास है?
(a) अव्ययीभाव (b) तत्पुरुष
(c) कर्मधारय (d) द्विगु

78. 'कान में तेल डाले बैठे रहना' लोकोक्ति का अर्थ है
(a) कपटपूर्ण व्यवहार
(b) कहने से काम न करना
(c) कुछ सुनने को तैयार न रहना
(d) व्यर्थ बैठे रहना

79. ं (चिह्न) का उच्चारण होता है
(a) नाक से (b) मुँह से
(c) जिह्वा से (d) तालु से

80. 'रणन्' शब्द से अभिप्राय है
(a) पशु-पक्षियों की आवाजें
(b) इंसान की मीठी बोली
(c) बादलों की गड़गड़ाहट
(d) उपरोक्त में से कोई नहीं

81. संरचना की दृष्टि से क्रिया के कितने भेद हैं?
(a) एक (b) दो
(c) तीन (d) चार

82. 'वर्षा एकाएक होने लगी।' रेखांकित शब्द कौन-सा क्रिया-विशेषण है?
(a) कालवाचक
(b) स्थानवाचक
(c) रीतिवाचक
(d) परिमाणवाचक

83. ''जिगीषा गाती है।'' में क्रिया है
(a) सकर्मक (b) सहायक
(c) प्रेरणार्थक (d) अकर्मक

84. 'झगड़ालू' में प्रत्यय है
(a) आलू (b) ऊ
(c) आऊ
(d) उपरोक्त में से कोई नहीं

85. ''यदि निशा आई होती तो मैं अवश्य चलता।'' वाक्य में कौन-सा भूतकाल है?
(a) अपूर्ण भूत (b) संदिग्ध भूत
(c) हेतुहेतुमद् भूत (d) सामान्य भूत

86. 'नूतन' का विपरीतार्थक है
(a) प्राचीन (b) अर्वाचीन
(c) पुराना (d) पुरातन

87. पसीने से उत्पन्न जीव
(a) वस्पुजामा (b) स्वेदज
(c) उष्णजाया (d) सर्वजायाजीव

88. आगामी-भावी आगामी का अर्थ है, आगे आने वाला।
यह शब्द कालबोधक है, किन्तु भावी का आशय?
(a) भविष्य भावी
(b) भविष्य में होने वाला
(c) भविष्य के साथ जुड़ा हुआ
(d) भविष्य से दूर नहीं

89. वह शर इधर गाण्डीव गुण से भिन्न जैसे ही हुआ।
धड़ से जयद्रथ का उधर सिर छिन्न वैसे ही हुआ।।
उपरोक्त पंक्तियों में कौन-से अलंकार का प्रयोग हुआ है?
(a) अनुप्रास (b) उपमा
(c) अतिशयोक्ति (d) रूपक

90. 'सुलभ' का विपरीतार्थक है
(a) सहज (b) प्राप्त
(c) दुर्लभ (d) असुलभ

भाग IV : गणित

91. 84 के सभी धनात्मक गुणनखण्डों का योग, जो 7 के गुणज हैं, निम्न है
(a) 112 (b) 113
(c) 189 (d) 196

92. (200 और 400 के बीच में 30, 45 तथा 60 का सबसे छोटा सार्व गुणज) ÷(15, 24 तथा 45 का सबसे बड़ा सार्व गुणनखण्ड) बराबर है
(a) 90 (b) 120 (c) 180 (d) 60

93. दस हजार+दस सौ+दस दहाई बराबर है
(a) 101010 (b) 11110
(c) 11100 (d) 11010

94. दो धनात्मक संख्याओं का योगफल 63 है। यदि उनमें से एक संख्या x, दूसरी संख्या की दोगुनी हो, तब समीकरण है
(a) $\frac{x}{x-63}=2$ (b) $\frac{63-x}{x}=2$
(c) $\frac{x-63}{x}=2$ (d) $\frac{x}{63-x}=2$

95. किसी घन का आयतन 125 सेमी^{3} है। इसके एक फलक का क्षेत्रफल है
(a) 5 सेमी^{2} (b) 20 सेमी^{2}
(c) 25 सेमी^{2} (d) 30 सेमी^{2}

96. 2 किमी 5 मी बराबर है
(a) 2.0005 किमी (b) 2.5 किमी
(c) 2.005 किमी (d) 2.05 किमी

97. $10^2, 11^2$ और 12^2 का लघुत्तम समापवर्त्य है
(a) 435600 (b) 453600
(c) 345600 (d) 654300

98. एक नगर की जनसंख्या में प्रतिवर्ष 5% की वृद्धि होती है। यदि वर्तमान जनसंख्या 9261 है, तो 3 वर्ष पहले जनसंख्या थी
(a) 5700 (b) 6600
(c) 7500 (d) 8000

99. यदि पाँच क्रमागत संख्याओं A, B, C, D तथा E का औसत 102 है, तो B तथा D का गुणनफल है
(a) 10302 (b) 10403
(c) 10504 (d) 10605

100. यदि A तथा B की कुल आयु, B तथा C की कुल आयु से 12 वर्ष ज्यादा है, तो C, A से छोटा है
(a) 22 वर्ष
(b) 24 वर्ष
(c) 12 वर्ष
(d) उपरोक्त में से कोई नहीं

101. उस गोले का आयतन, जिसकी त्रिज्या $\frac{2d}{3}$ है, होगा
(a) $\frac{32}{81}\pi d^3$ (b) $\frac{23}{4}\pi d^3$
(c) $\frac{32}{3}\pi d^3$ (d) $\frac{34}{3}\pi d^3$

102. दो संख्याओं का योग 15 है। यदि उनके व्युत्क्रमों का योग $\frac{3}{10}$ है, तो संख्याएँ हैं
(a) 3, 12 (b) 4, 11
(c) 5, 10 (d) 9, 6

103. 19 का सबसे छोटा गुणज, जिसको 8, 12 या 15 से भाग देने पर शेष 2 बचे, है
(a) 718 (b) 724
(c) 722 (d) 716

104. अनिता अपने 9 मी लम्बे तथा 7 मी चौड़े कमरे के फर्श पर टाइलें लगाना चाहती है। टाइलों के निम्न साइजों में से, वह कौन-सी खरीदे जिससे कि फर्श पर टाइलें किसी टाइल को काटे बगैर लग जाएँ।
(a) 35 सेमी × 35 सेमी
(b) 40 सेमी × 65 सेमी
(c) 55 सेमी × 40 सेमी
(d) 35 सेमी × 45 सेमी

105. यदि 76 को 7 : 5 : 3 : 4 के अनुपात में बाँटा जाए तो सबसे छोटा भाग होगा
(a) 12 (b) 16
(c) 20 (d) 10

106. 29503 में 5 का स्थानीय मान तथा 32071 में 7 के अंकित मान में अन्तर है
(a) 43 (b) 430
(c) 493 (d) 2

107. यदि एक समकोण त्रिभुज के दोनों न्यून कोण बराबर हों, तो प्रत्येक न्यून कोण बराबर है
(a) 30° (b) 45°
(c) 60° (d) 90°

108. एक वर्ग तथा एक समबाहु त्रिभुज की परिमाप बराबर है। यदि वर्ग का विकर्ण $12\sqrt{2}$ सेमी हो, तो त्रिभुज का क्षेत्रफल है
(a) $24\sqrt{2}$ सेमी^{2} (b) $24\sqrt{3}$ सेमी^{2}
(c) $48\sqrt{3}$ सेमी^{2} (d) $64\sqrt{3}$ सेमी^{2}

109. यदि $\angle A = \angle X, \angle B = \angle Y, AB = XY$ है, तो सर्वांगसमता के किस नियम के अन्तर्गत $\Delta ABC \cong \Delta XYZ$ है?
(a) कोण-भुजा-कोण
(b) समकोण-कर्ण-भुजा
(c) भुजा-भुजा-भुजा
(d) भुजा-कोण-भुजा

110. यदि एक आयत की दो संलग्न भुजाएँ $3x^2 - 2y^2$ और $x^2 + 3xy$ हैं, तो इसका परिमाप है
(a) $8x^2 - 4y^2 + 6xy$
(b) $4x^2 - 2y^2 + 3xy$
(c) $2x^2 + 2y^2 + 3xy$
(d) $8x^2 + 4y^2 - 6xy$

111. यदि एक समबाहु त्रिभुज का क्षेत्रफल $81\sqrt{3}$ सेमी^{2} है, तो इसकी ऊँचाई है
(a) $9\sqrt{3}$ सेमी (b) $6\sqrt{3}$ सेमी
(c) $18\sqrt{3}$ सेमी (d) 9 सेमी

112. $\frac{2}{8}$ का योज्य प्रतिलोम है
(a) $\frac{-8}{2}$ (b) $\frac{2}{8}$
(c) $\frac{-2}{8}$ (d) $\frac{8}{2}$

113. वर्ग के प्रत्येक विकर्ण की लम्बाई 10 सेमी है, तो इसका क्षेत्रफल है
(a) $50\sqrt{2}$ सेमी^{2}
(b) 50 सेमी^{2}
(c) 100 सेमी^{2}
(d) उपरोक्त में से कोई नहीं

114. यदि $a = 23$ और $b = -29$ है, तो $25a^2 + 40ab + 16b^2$ का मान है
(a) 1 (b) −1
(c) 0 (d) 2

115. यदि एक समचतुर्भुज का परिमाप $4a$ है तथा विकर्णों की लम्बाइयाँ x और y हैं, तो इसका क्षेत्रफल है
(a) $a(x + y)$ (b) $x^2 + y^2$
(c) xy (d) $\frac{1}{2}xy$

116. किसी पूर्णांक q के लिए, प्रत्येक विषम पूर्णांक का रूप है
(a) q (b) $q + 1$ (c) $2q$ (d) $2q + 1$

117. यदि 65 और 117 के महत्तम समापवर्तक को $65m - 117$ के रूप में व्यक्त करते हैं, तो m का मान है
(a) 4 (b) 2 (c) 1 (d) 3

118. संख्या 8, 9, 5, 0, 6 से बनी सबसे छोटी तथा सबसे बड़ी संख्या का अन्तर है
(a) 47961 (b) 14939
(c) 92961 (d) 104339

119. एक रेलगाड़ी हैदराबाद से शुक्रवार को समय 13 : 15 पर चली और शनिवार को बेंगलूरू समय 07 : 30 पर पहुँची। यात्रा में लगा समय था
(a) 12 घण्टे 45 मिनट
(b) 18 घण्टे 15 मिनट
(c) 19 घण्टे 45 मिनट
(d) 5 घण्टे 35 मिनट

120. निम्न में से कौन-सी परिमेय संख्या सान्त दशमलव है?
(a) $\frac{11}{7000}$
(b) $\frac{17}{2^3 \times 5^0}$
(c) $\frac{29}{7^3}$
(d) उपरोक्त में से कोई नहीं

भाग V : सामान्य जागरूकता

121. ऐपीकल्चर क्या है?
(a) रेशम कीट पालन
(b) मुर्गी पालन
(c) मछली पालन
(d) मधुमक्खी पालन

122. ज्वार-भाटा क्यों आता है?
(a) समुद्री तरंगों के कारण
(b) पृथ्वी और चन्द्रमा के गुरुत्वीय खिंचाव के कारण
(c) समुद्री जहाजों के कारण
(d) उपरोक्त सभी

123. खाने के सोडे का रासायनिक सूत्र क्या है?
(a) Na_2CO_3 (b) $NaHCO_3$
(c) NaCl (d) Na_2SO_4

124. मानव में ध्वनि की श्रव्यता का परिसर क्या है?
(a) 20 हर्ट्ज से 20,000 हर्ट्ज
(b) 20 हर्ट्ज से 2000 हर्ट्ज
(c) 20 हर्ट्ज से 200 हर्ट्ज
(d) 20 हर्ट्ज से 25 हर्ट्ज

125. पानी का pH मान क्या है?
(a) 5 (b) 6 (c) 7 (d) 8

126. पहला व्यक्ति चन्द्रमा पर कब गया?
(a) 1962 (b) 1965
(c) 1967 (d) 1969

127. पृथ्वी का प्राकृतिक उपग्रह कौन-सा है?
(a) मंगल (b) चन्द्रमा
(c) आर्यभट्ट (d) इनसेट

128. सूर्य के प्रकाश की गति क्या है?
(a) 3×10^5 किमी/से
(b) 3×10^6 किमी/से
(c) 3×10^8 किमी/से
(d) 3×10^4 किमी/से

129. रामकृष्ण मिशन की स्थापना किसने की?
(a) विवेकानन्द (b) परमहंस
(c) टैगोर (d) सावरकर

130. नेशनल कांग्रेस की स्थापना कब हुई?
(a) 1880 (b) 1885
(c) 1888 (d) 1890

131. ...... रबी की फसल है।
(a) गेहूँ (b) चावल
(c) सोयाबीन (d) मक्का

132. चूना-पत्थर को किस उद्योग में कच्चे माल के रूप में प्रयोग किया जाता है?
(a) एल्युमिनियम (b) सीमेण्ट
(c) चीनी (d) ये सभी

133. किस देश की सीमा उत्तराखण्ड, उत्तर प्रदेश, बिहार, पश्चिम बंगाल और सिक्किम को छूती है?
(a) चीन (b) भूटान
(c) नेपाल (d) म्यांमार

134. कर्क रेखा किस राज्य से नहीं गुजरती है?
(a) राजस्थान (b) ओडिशा
(c) छत्तीसगढ़ (d) त्रिपुरा

135. निम्न में से काली मृदा मुख्यत: पाई जाती है
(a) जम्मू-कश्मीर में
(b) गुजरात में
(c) राजस्थान में
(d) पंजाब में

136. नर्मदा नदी किस सागर में गिरती है?
(a) अरब सागर
(b) हिन्दी महासागर
(c) बंगाल की खाड़ी
(d) उपरोक्त में से कोई नहीं

137. चींटी के डंक में कौन-सा अम्ल होता है?
(a) फॉर्मिक अम्ल (b) सिट्रिक अम्ल
(c) एसिटिक अम्ल (d) लैक्टिक अम्ल

138. विश्व जल दिवस कब मनाया जाता है?
(a) 20 मार्च (b) 22 मार्च
(c) 28 मार्च (d) 30 मार्च

139. दक्षिण गंगोत्री क्या है?
(a) नदी (b) बाँध
(c) मिसाइल (d) शोध केन्द्र

140. क्षेत्रफल के अनुसार भारत का सबसे बड़ा राज्य कौन-सा है?
(a) महाराष्ट्र (b) उत्तर प्रदेश
(c) राजस्थान (d) आन्ध्र प्रदेश

141. टोडरमल किसके राजस्व मन्त्री थे?
(a) अकबर (b) जहाँगीर
(c) बाबर (d) शाहजहाँ

142. सोमनाथ मन्दिर किस राज्य में है?
(a) ओड़िशा (b) गुजरात
(c) केरल (d) कर्नाटक

143. ओणम त्योहार किस राज्य में मनाया जाता है?
(a) केरल (b) राजस्थान
(c) असम (d) गोवा

144. वास्को-डि-गामा भारत कब पहुँचा?
(a) 1490 (b) 1494
(c) 1496 (d) 1498

145. स्वर्ण मन्दिर कहाँ है?
(a) जयपुर (b) अमृतसर
(c) पटियाला (d) पटना

146. विद्युत धारा उत्पन्न करने के उपकरण को क्या कहते हैं?
(a) जनित्र (b) गैल्वेनोमीटर
(c) ऐमीटर (d) वोल्टमीटर

147. पृथ्वी के गुरुत्वीय त्वरण का मान ...... मी/से^{2} है।
(a) 9.8 (b) 9.2
(c) 8.9 (d) 8.2

148. जन्तर-मन्तर कहाँ पर है?
(a) दिल्ली
(b) जयपुर
(c) उज्जैन
(d) उपरोक्त सभी

149. मस्तिष्क उत्तरदायी है
(a) सोचने के लिए
(b) हृदय की धड़कन के लिए
(c) शरीर के सन्तुलन के लिए
(d) उपरोक्त सभी के लिए

150. मानव नेत्र के किस भाग पर वस्तु का प्रतिबिम्ब बनता है?
(a) कॉर्निया
(b) परितारिका
(c) पुतली
(d) दृष्टि पटल

उत्तरमाला

1. (c)	2. (a)	3. (c)	4. (a)	5. (d)	6. (a)	7. (a)	8. (b)	9. (d)	10. (c)
11. (a)	12. (d)	13. (d)	14. (a)	15. (c)	16. (b)	17. (c)	18. (c)	19. (a)	20. (a)
21. (c)	22. (a)	23. (d)	24. (b)	25. (c)	26. (d)	27. (a)	28. (d)	29. (b)	30. (a)
31. (b)	32. (c)	33. (a)	34. (b)	35. (d)	36. (b)	37. (b)	38. (d)	39. (c)	40. (a)
41. (d)	42. (d)	43. (b)	44. (a)	45. (b)	46. (c)	47. (c)	48. (c)	49. (a)	50. (c)
51. (a)	52. (c)	53. (c)	54. (c)	55. (d)	56. (a)	57. (d)	58. (c)	59. (*)	60. (c)
61. (d)	62. (b)	63. (b)	64. (*)	65. (a)	66. (b)	67. (b)	68. (a)	69. (c)	70. (b)
71. (c)	72. (b)	73. (b)	74. (c)	75. (c)	76. (c)	77. (c)	78. (c)	79. (a)	80. (a)
81. (d)	82. (c)	83. (d)	84. (a)	85. (c)	86. (d)	87. (b)	88. (b)	89. (c)	90. (c)
91. (d)	92. (b)	93. (c)	94. (d)	95. (c)	96. (c)	97. (a)	98. (d)	99. (b)	100. (c)
101. (a)	102. (c)	103. (c)	104. (d)	105. (a)	106. (c)	107. (b)	108. (d)	109. (a)	110. (a)
111. (a)	112. (c)	113. (b)	114. (a)	115. (d)	116. (d)	117. (b)	118. (c)	119. (b)	120. (c)
121. (d)	122. (b)	123. (b)	124. (a)	125. (c)	126. (d)	127. (b)	128. (b)	129. (a)	130. (b)
131. (a)	132. (b)	133. (c)	134. (b)	135. (b)	136. (a)	137. (a)	138. (b)	139. (d)	140. (c)
141. (a)	142. (b)	143. (a)	144. (d)	145. (b)	146. (a)	147. (a)	148. (d)	149. (d)	150. (d)

संकेत एवं हल

1. (c) हावर्ड गार्डनर महोदय ने 1983 ई. में बुद्धि का एक नवीन सिद्धान्त प्रतिपादित किया, जिसे गार्डनर का बहु-बुद्धि सिद्धान्त के नाम से जाना जाता है। गार्डनर ने इसके अन्तर्गत नौ प्रकार की बुद्धि का वर्णन किया है, जो है

(1) भाषाई बुद्धि (2) तार्किक गणितीय बुद्धि

(3) स्थानिक बुद्धि (4) शारीरिक गतिक बुद्धि

(5) संगीतीय बुद्धि (6) अन्तः पारस्परिक बुद्धि

(7) अन्तः वैयक्तिक बुद्धि

(8) नैसर्गिक बुद्धि या प्राकृतिक

(9) अस्तित्ववादी बुद्धि

गार्डनर ने सृजनात्मक बुद्धि को बुद्धि का प्रकार नहीं माना है।

2. (a) ''सीखना विकास की प्रक्रिया है।'' यह कथन प्रसिद्ध मनोवैज्ञानिक वुडवर्थ का है। अधिगम एक ऐसी प्रक्रिया है, जो जीवनपर्यन्त चलती है तथा जिसके द्वारा हमारे व्यवहार में उत्तरोत्तर परिवर्तन होता है। अधिगम व्यक्तित्व के सर्वांगीण विकास में सहायक होता है। इसके द्वारा जीवन के लक्ष्यों को प्राप्त करने में सहायता मिलती है।

3. (c) लॉरेन्स कोहलबर्ग के अनुसार, ''हम जीवन की प्रत्येक अवस्था में एक विशेष मनोसामाजिक दुविधा का सामना करते हैं।'' कोहलबर्ग ने नैतिक विकास के सिद्धान्त का प्रतिपादन किया। इसमें इन्होंने दो विशेष बातों पर बल दिया है जो हैं-नैतिक तर्कणा एवं नैतिक दुविधा। कोहलबर्ग के अनुसार हम जीवन के प्रत्येक चरण में एक विशिष्ट मनोवैज्ञानिक दुविधा का सामना करते हैं। नैतिक दुविधा सही एवं गलत सम्बन्धी प्रश्न के विषय में निर्णय लेने में चिन्तन को शामिल किया जाता है।

4. (a) प्रसिद्ध मनोवैज्ञानिक अल्बर्ट बण्डूरा ने मॉडलिंग सम्प्रत्यय प्रस्तुत किया। मॉडलिग एक वैज्ञानिक गतिविधि है, जिसका उद्देश्य किसी विशेष को परिभाषित करने, कल्पना करने, परिमाणित करने तथा ज्ञान के सन्दर्भ में अनुकरण आदि को सहज एवं सरल बनाता है।

5. (d) अर्जित प्रेरक वे प्रेरक होते हैं, जो अपने वातावरण में रहकर अर्जित किए या सीखे जाते हैं; जैसे-रूचि, आदत, जिज्ञासा एवं सामुदायिकता आदि।

भूख जन्मजात प्रेरक का उदाहरण है। जन्मजात प्रेरक व्यक्ति में जन्म से ही पाए जाते हैं। इनको जैविक व शारीरिक प्रेरक भी कहा जाता है। कुछ प्रमुख जन्मजात प्रेरक हैं-भूख, काम, प्यास, निद्रा एवं विश्राम आदि।

6. (a) जीन पियाजे स्विट्जरलैण्ड के प्रसिद्ध मनोवैज्ञानिक थे। इन्होंने संज्ञानात्मक विकास सिद्धान्त का प्रतिपादन किया। पियाजे ने संज्ञानात्मक विकास को चार अवस्थाओं में विभाजित किया है, जो हैं

(i) इन्द्रियजनित गामक अवस्था (जन्म से 2 वर्ष तक)

(ii) पूर्व संक्रियात्मक अवस्था (2 से 7 वर्ष तक)

(iii) मूर्त संक्रियात्मक अवस्था (7 से 11 वर्ष तक)

(iv) औपचारिक/अमूर्त संक्रियात्मक अवस्था (11 वर्ष से अधिक)

7. (a) विकास सामान्य से विशिष्ट की ओर बढ़ता है। विकास एवं वृद्धि की सभी दिशाओं में विशिष्ट क्रियाओं से पूर्व उनके सामान्य रूप से दर्शन होते हैं। उदाहरण के लिए अपने हाथों से कुछ चीज पकड़ने से पहले बालक इधर से उधर हाथ मारने या फैलाने का प्रयास करता है। इसी प्रकार प्रारम्भ में एक नवजात शिशु के रोने और चिल्लाने में उसके सभी अंग-प्रत्यंग भाग लेते हैं, किन्तु बाद में वृद्धि एवं विकास की क्रिया के फलस्वरूप यह क्रियाएँ उसकी आँखों एवं वाक्तन्त्र (Vocal System) तक ही सीमित हो जाती हैं।

8. (b) नवीन जानकारी को शामिल करने के लिए वर्तमान स्कीमा (अवधारणा) में बदलाव की प्रक्रिया आत्मसात्करण (Assimilation) कहलाती है। जीन पियाजे ने अपने संज्ञानात्मक विकास सिद्धान्त में बालकों द्वारा पूर्व ज्ञान के साथ नवीन ज्ञान को जोड़ने की प्रक्रिया को आत्मसातीकरण कहा है, जबकि बालकों का वातावरण के अनुसार स्वयं को ढालना अनुकूलन कहलाता है, जबकि वह प्रक्रिया जिसके द्वारा संज्ञानात्मक संरचना का संशोधन किया जाता है, वह समावेशन कहलाती है।

9. (d) समावेशी शिक्षा से आशय समाज के सभी वर्गों (सामान्य, निर्धन, पिछड़े आदि) के बच्चों को शिक्षा की मुख्यधारा से जोड़कर उन्हें शिक्षा के समान अवसर उपलब्ध कराना साथ ही विकास की मुख्यधारा में शामिल करना है। समावेशी शिक्षा वह विचारधारा है जिसके तहत सभी बच्चों को एक नियमित विद्यालय व्यवस्था में समान शिक्षा प्राप्त करने के अधिकार हैं। समावेशी शिक्षा, शारीरिक तथा मानसिक रूप से बाधित बालकों को सामान्य बालकों के साथ सामान्य कक्षा में विशिष्ट सेवाएँ देकर विशिष्ट आवश्यकताओं को प्राप्त करने के लिए शिक्षा देने में सहायता करती है।

10. (c) सृजनात्मकता, मौलिक चिन्तन, नवीन संगठन, नवीन व्यवहार, पुरानी समस्याओं का नवीन ढंग से समाधान, लोचशीलता तथा जीवन के विभिन्न क्षेत्रों में नवीन दृष्टिकोण को अपनाना आदि है। सृजनात्मकता को विविध बुद्धि (Divergent intelligence) से सम्बन्धित माना जाता है। प्रसिद्ध मनोवैज्ञानिक जेम्स ड्रेवर के अनुसार, ''अनिवार्य रूप से किसी नई वस्तु का सृजन करना ही सृजनात्मकता है।'' मनोविज्ञान के साहचर्यवाद, मनोविश्लेषणात्मक, अन्तः दृष्टिवाद एवं अस्तित्ववाद सिद्धान्तों का सम्बन्ध सृजनात्मकता से है।

11. (a) सिगमण्ड फ्रॉयड ने मानव व्यक्तित्व के अन्तः क्रियात्मक भागों इदम्, अहम एवं परम् अहम् का उल्लेख किया है। इदम् जन्मजात प्रकृति को दर्शाता है। यह सुखवादी सिद्धान्त द्वारा निर्देशित

होता है। इसमें मुख्य रूप से व्यक्ति की मूल वासनाएँ, प्रवृत्तियाँ एवं दमित इच्छाएँ आती हैं। इदम् बिना किसी बाधा या प्रतीक्षा के तत्काल आनन्द, सुख एवं सन्तुष्टि प्राप्त करना चाहता है।

12. (d) अन्तर्दृष्टि अर्थात् सूझ-बूझ के द्वारा सीखने का सिद्धान्त गेस्टाल्टवादी मनोवैज्ञानिकों की देन है। इसे सीखने का गेस्टाल्ट सिद्धान्त भी कहा जाता है। प्रसिद्ध मनोवैज्ञानिक कोहलर, वर्दमीअर, कोफ्फका एवं लेविन प्रमुख गेस्टाल्टवादी हैं। गेस्टाल्ट एक जर्मन शब्द है, जिसका अर्थ होता है एक आकृति को पूर्णता या समग्रता के रूप में लेना। गेस्टाल्टवादी सिद्धान्त को प्रतिपादित करने के लिए कोहलर ने सुल्तान नामक भूखे चिम्पैंजी पर तकनीकी प्रयोग किया था।

13. (d) बच्चों के अधिगम में शारीरिक स्वास्थ्य एवं सांवेगिक अवस्था की महत्त्वपूर्ण भूमिका होती है, क्योंकि उत्तम शारीरिक स्वास्थ्य एवं संवेगात्मक विकास होने पर ही बालक अधिगम प्रक्रिया में भाग लेकर वांछित उद्देश्यों को सरलता से प्राप्त कर सकता है। साथ ही बालक के व्यक्तित्व के अन्य पक्षों का समुचित विकास भी उसके शारीरिक स्वास्थ्य एवं संवेगात्मक अवस्था से प्रभावित होता है।

14. (a) वह बच्चे जिनकी मानसिक आयु उनकी कालानुक्रमिक आयु से ज्यादा होती है, वे प्रतिभाशाली बालक कहलाते हैं। सामान्यतः प्रतिभाशाली बालक वे होते हैं, जो सामान्य बालकों की अपेक्षा बुद्धि, मौलिक चिन्तन, कार्य क्षमता, सृजनात्मकता, विषय-वस्तु को समझने की क्षमता एवं जोखिम लेने की क्षमता आदि में श्रेष्ठ होते हैं। प्रायः उच्च बुद्धि-लब्धि वाले विद्यार्थियों को ही प्रतिभाशाली माना जाता है।

15. (c) सर्वप्रथम विलियम स्टर्न ने बुद्धि के मापन हेतु बुद्धि-लब्धि (Intelligence quotient) का सम्प्रत्यय दिया था, जिसे निम्न सूत्र द्वारा ज्ञात किया जाता है।

$$\text{बुद्धि-लब्धि} = \frac{\text{मानसिक आयु} \times 100}{\text{कालक्रमिक आयु}}$$

ऐसे में यदि एक दस वर्ष के बालक की मानसिक आयु 12 वर्ष है, तो उसकी बुद्धि-लब्धि 12 होगी, जिसे निम्न प्रकार ज्ञात किया जाएगा।

$$\text{बुद्धि-लब्धि} = \frac{12 \times 100}{10} = 120$$

16. (b) पूर्व अनुभव के आधार पर संवेदना को अर्थ प्रदान करना प्रत्यक्षीकरण कहलाता है। सामान्यतः प्रत्यक्षीकरण वह प्रक्रिया है जिसके माध्यम से हम प्राप्त सूचनाओं की व्याख्या करते हैं तथा उन्हें व्यवस्थित करते हैं, ताकि वस्तुओं एवं उनके सम्बन्धों के विषय में जागरूक अनुभव का प्रभावी उत्पादन किया जा सके।

17. (c) एक कारक सिद्धान्त, द्विकारक सिद्धान्त बहुकारक एवं बहु-बुद्धि सिद्धान्त बुद्धि के प्रमुख सिद्धान्त हैं। जबकि प्रत्यागमन का सिद्धान्त बुद्धि का सिद्धान्त नहीं है। बुद्धि के एक कारक सिद्धान्त का प्रतिपादन बिने महोदय ने, द्विकारक सिद्धान्त का प्रतिपादन स्पीयरमैन ने तथा बहुकारक सिद्धान्त के समर्थक थार्नडाइक एवं बहु-बुद्धि सिद्धान्त का प्रतिपादन हॉवर्ड गार्डनर ने किया है।

18. (c) बाल्यावस्था में उत्पन्न होने वाली विकासात्मक विकारों में मानसिक स्थितियों का एक समूह होता है, जिसमें विभिन्न क्षेत्रों में गम्भीर हानि शामिल होती है। इन विकारों में विकासात्मक भाषा विकार, सीखने के विकार, मोटर विकार एवं आत्मकेन्द्रित स्पेक्ट्रम विकार आदि शामिल हैं। बौद्धिक अक्षमता विकासात्मक विकार का उदाहरण है।

19. (a) प्रसिद्ध मनोवैज्ञानिक युंग ने व्यक्तित्व का वर्गीकरण तीन प्रकारों में किया है, जो हैं

(i) अन्तर्मुखी (ii) बहिर्मुखी
(iii) उभयमुखी

युंग के अनुसार एकान्तप्रिय, संकोची, आदर्शवादी तथा आत्मगत दृष्टिकोण वाले व्यक्ति अन्तर्मुखी होते हैं। ऐसे व्यक्ति प्रायः दूसरो से मिलने, वार्तालाप करने में हिचकिचाते हैं।

20. (a) गेस्टाल्ट एक जर्मन शब्द है जिसका अर्थ एक आकृति को पूर्णता या समग्रता के रूप में लेना है। अधिगम के अन्तर्दृष्टि अर्थात् सूझ-बूझ का सिद्धान्त गेस्टाल्टवादी मनोवैज्ञानिकों की देन है। इन मनोवैज्ञानिकों में वर्दमीअर, कोहलर, कोफ्फका एवं लेविन के नाम विशेष रूप से उल्लेखनीय हैं।

21. (c) मनुष्य एक सामाजिक प्राणी है वह अपना सम्पूर्ण जीवन समाज में रहकर ही व्यतीत करता है। समाज में रहकर ही उसका समाजीकरण होता है। सामान्यतः समाजीकरण एक प्रकार से सामाजिक नियमों का अधिग्रहण है। इसका मुख्य लक्ष्य सामाजिक परिवेश में अनुकूलन तथा समायोजन करना है। समाजीकरण के महत्त्वपूर्ण घटकों में परिवार, समाज एवं समुदाय की विशेष भूमिका होती है। परिवार प्रथम समाजीकरण एजेन्सी है जबकि मित्र-मण्डली, विद्यालय एवं मीडिया आदि द्वितीय समाजीकरण एजेन्सी का उदाहरण है।

22. (a) अमन हमेशा समस्या के एकाधिक समाधानों के बारे में सोचता है। इनमें से काफी समाधान मौलिक होते हैं। ऐसे में अमन सृजनात्मक चिन्तक के गुणों का प्रदर्शन कर रहा है। सामान्यतः सृजनात्मक बालकों में मौलिक चिन्तन, नवीन संगठन, मौलिक व्यवहार, पुरानी समस्याओं का नवीन ढंग से समाधान, नए सम्बन्धों को देखना अथवा व्याख्या, लोचशीलता तथा जीवन के भिन्न क्षेत्रों में नवीन दृष्टिकोण अपनाना आदि गुण पाए जाते हैं।

23. (d) मनोवैज्ञानिकों का मानना है कि व्यक्तिगत एवं पर्यावरणीय दोनों कारक अधिगम को प्रभावित करते हैं। अधिगम को प्रभावित करने वाले व्यक्तिगत कारकों में विधार्थी की अभिरुचि, सांवेगिक स्वास्थ्य, बुद्धि, मानसिक स्वास्थ्य एवं अभिप्रेरणा आदि को शामिल किया जाता है, जबकि पर्यावरणीय कारकों में परिवार का वातावरण, विद्यालय का वातावरण, सामाजिक एवं सांस्कृतिक वातावरण आदि को शामिल किया जाता हैं।

24. (b) प्रसिद्ध मनोवैज्ञानिक जीन पियाजे ने अपने संज्ञानात्मक विकास सिद्धान्त में जन्म से किशोरावस्था तक बच्चों में विकास क्रम को प्रस्तुत किया है। इन्होंने संज्ञानात्मक विकास को चार अवस्थाओं में विभाजित किया है, जिसका क्रम है-संवेदी प्रेरक अवस्था (जन्म से 2 वर्ष तक), पूर्व संक्रियात्मक अवस्था (2 से 7 वर्ष तक), मूर्त संक्रियात्मक अवस्था (7 से 11 वर्ष तक) एवं अमूर्त संक्रियात्मक अवस्था (11 वर्ष से अधिक ऊपर)।

25. (c) लेव वाइगोत्सकी ने बालकों के सामाजिक विकास से सम्बन्धित सामाजिक - सांस्कृतिक विकास सिद्धान्त का प्रतिपादन किया है। इस सिद्धान्त के अनुसार, बालक का संज्ञानात्मक विकास एक अन्तर्वैयक्तिक सामाजिक परिस्थिति में सम्पन्न होता है। इसलिए बच्चों के चिन्तन के बारे में सामाजिक प्रक्रियाओं तथा सांस्कृतिक सन्दर्भ में प्रभाव को समझना आवश्यक है।

26. (d) हावर्ड गार्डनर ने वर्ष 1983 में बुद्धि का एक नवीन सिद्धान्त प्रतिपादित किया, जिसे बहु-बुद्धि सिद्धान्त कहा जाता है। इसमें गार्डनर ने 9 प्रकार की बुद्धि का वर्णन किया था, जो हैं

भाषाई बृद्धि, तार्किक गणितीय बुद्धि, स्थानिक बुद्धि, शारीरिक गतिक, बुद्धि, सांगीतिक बुद्धि, अन्तः पारस्परिक बुद्धि, अन्तर्वैयक्तिक बुद्धि, नैसर्गिक बुद्धि एवं अस्तित्ववादी बुद्धि।

तार्किक गणितीय बुद्धि सामान्यतः तार्किक योग्यता एवं गणितीय कार्यों से सम्बन्धित है। तार्किक गणितीय बुद्धि वाले व्यक्ति में पैटर्न को खोजने, तर्क की लम्बी श्रृंखला को हल करने की क्षमता एवं संवेदनशीलता आदि गुण होते हैं।

27. (a) समाजीकरण वह प्रक्रिया है, जिसके द्वारा बच्चों में आदतों, कौशलों, मूल्यों तथा अभिप्रेरणा आदि का विकास होता है और वे उन्हें समाज का जिम्मेदार सदस्य बनाते हैं। सामान्यतः समाजीकरण एक प्रकार से सामाजिक नियमों का अधिग्रहण है। इसका मुख्य लक्ष्य सामाजिक परिवेश में अनुकूलन तथा समायोजन करना है।

28. (d) बच्चों को कक्षा में सदैव प्रश्न पूछने के लिए प्रेरित करना चाहिए। ताकि वे सहजता से अपने अधिगम सम्बन्धित कठिनाई को अध्यापक के समक्ष रख सकें तथा अध्यापक उनका पर्याप्त समाधान कर सकें। कक्षा में बच्चों द्वारा प्रश्न पूछना एक प्रेरित एवं जीवन्त कक्षा का उदाहरण है।

29. (b) बुद्धि के द्वि-कारक सिद्धान्त का प्रतिपादन स्पीयरमैन ने किया था। इसके अनुसार बुद्धि में दो कारक होते हैं अथवा सभी प्रकार के मानसिक कार्यों में दो प्रकार की मानसिक योग्यताओं की आवश्यकता होती है। प्रथम सामान्य मानसिक योग्यता (G कारक), द्वितीय विशिष्ट मानसिक योग्यता (S कारक)।

30. (a) रेवन्स प्रोगेसिव मेट्रेसिस परीक्षण व्यक्तित्व मापन सम्बन्धित परीक्षण है। इसका निर्माण वर्ष 1938 में जॉन सी रेवन्स द्वारा किया गया था। इस परीक्षण का मुख्य उद्देश्य G कारक बुद्धि की गणना करना था तथा प्रारम्भ में इसका प्रशासन संयुक्त राज्य नौसेना के अधिकारियों तक ही सीमित था।

31. (b) 'A letter was being written by him.' is the correct passive voice of the given sentence.

32. (c) 'Ram cannot be taught by you.' is the correct passive voice of the given sentence.

33. (a) 'In' is appropriate to fill the blank.

34. (b) 'Since' is appropriate to fill the blank.

35. (d) 'Within' is appropriate to fill the blank.

36. (b) 'Since' is appropriate to fill the blank.

37. (b) The given sentence is a universal fact. Hence, 'He said that handsome is that handsome does.' is its correct indirect form.

38. (d) The given sentence is in simple past tense. Hence, 'I said that he had done it.' is its correct indirect form.

39. (c) 'Swallow' means to regard as right or true. Hence, 'repudiate' meaning 'to show unwillingness to accept, do or agree' is its correct opposite.

40. (a) 'Suave' means very sophisticated or polished. Hence, 'harsh' meaning uncultured or grotesque is its correct opposite.

41. (d) 'Action' refers to something being done or an ongoing deed. Hence, 'inactivity' which is its correct antonym, is not given in the options.

42. (d) 'Finite' means limited or restricted. Hence, 'infinite' meaning limitless is its correct antonym.

43. (b) The correctly spelt word is 'discipline'.

44. (a) The correctly spelt word is 'acquaintance'.

45. (b) 'Familiar' means often observed or encountered. Hence, 'common' is its correct synonym.

46. (c) 'Overcome' means to achieve a victory over someone or something. Hence, 'vanquish' is its correct synonym.

47. (c) 'Student' is the correct synonym of 'disciple'.

48. (c) The plural form of zoo is 'zoos'.

49. (a) The plural form of fish is 'fish'.

50. (c) 'The' is the correct article to fill the blank.

51. (a) 'The' and 'a' are the correct articles to fill the blank is respectively.

52. (c) 'An' is the correct article to fill the blank.

53. (c) 'An' is the correct article to fill the blank.

54. (c) 'And' is appropriate to fill the blank.

55. (d) 'Than' is appropriate to fill the blank.

56. (a) 'But' is appropriate to fill the blank.

57. (d) 'Must' is appropriate to fill the blank.

58. (c) 'May' is appropriate to fill the blank.

59. (*) 'Should' and 'ought to' are appropriate to fill the blank.

60. (c) 'Dare' is appropriate to fill the blank.

61. (d) आनन्द का पर्यायवाची मानन्द नहीं है जबकि अन्य तीनों मोद, प्रमोद, आमोद आनन्द के पर्यायवाची हैं। इसके अन्य पर्यायवाची हर्ष, सुख, आह्लाद, प्रसन्नता, उल्लास आदि हैं।

62. (b) 'पत्नी' का पर्यायवाची 'महिला' नहीं है, क्योंकि महिला के पर्यायवाची नारी, औरत, कामिनी, अबला, सुन्दरी, मादा आदि हैं। 'पत्नी' के पर्यायवाची भार्या, दारा, नामा, गृहिणी, बेगम, अर्धांगिनी आदि हैं।

63. (b) प्रस्तुत पंक्तियों में 'रौद्र रस' है। रौद्र रस का स्थायी भाव 'क्रोध' है। इन पंक्तियों में श्रीराम द्वारा राजा जनक की सभा में शिव धनुष तोड़ने पर परशुराम के क्रोध का वर्णन किया गया है। अतः यह रौद्र रस का उदाहरण है।

64. (*) 'तम्बाकू' शब्द पुर्तगाली भाषा से लिया गया है। पुर्तगाली भाषा के अन्य शब्द हैं—इस्त्री, अनन्नास, काफी, काजू, गमला, परात, तौलिया आदि। अतः दिए गए विकल्प त्रुटिपूर्ण हैं। अन्य विकल्पों में, फारसी भाषा के शब्द हैं—आमदनी, आवाज, उम्मीद, कुश्ती, गुलाब आदि।

65. (a) 'कमीज' शब्द पुर्तगाली भाषा का शब्द है। इस भाषा के अन्य शब्द हैं—कर्नल, गोभी, पादरी, सन्तरा, आलपिन, पिस्तौल आदि।

66. (b) पाठ योजना के निर्माण से सम्बन्धित ब्लूम उपागम के चरणों में 'तुलना' शामिल नहीं है। पाठ योजना के सम्बन्ध में ब्लूम के तीन चरण निर्धारित किए, जिन्हें 'मूल्यांकन उपागम के पद' कहा जाता है। ये इस प्रकार हैं

1. शैक्षिक उद्देश्यों का निर्धारण
2. अधिगम अनुभव
3. व्यवहार परिवर्तन

67. (b) किसी भाषा में कही या लिखी गई बात का किसी दूसरी भाषा में सार्थक परिवर्तन अनुवाद कहलाता है। अनुवाद की प्रक्रिया में भाषा ज्ञान, विषय ज्ञान तथा शैली निर्धारण के तत्त्व शामिल हैं जबकि वाचन अनुवाद प्रक्रिया का तत्त्व नहीं है।

68. (a) शिक्षक का वाचन आदर्श वाचन होता है। जब अध्यापक कक्षा में छात्रों के समक्ष स्वयं वाचन प्रस्तुत करता है, उसे आदर्श वाचन कहते हैं। अध्यापक अपने वाचन को गति, यति, आरोह, अवरोह, स्वराघात व बलाघात को ध्यान में रखकर कक्षा में प्रस्तुत करता है।

69. (c) 'प्रलाप-विलाप' में प्रलाप का आशय व्यर्थ की बकवास अथवा बड़बड़ करना, किन्तु विलाप का आशय रो-रो कर दुःख प्रकट करने की क्रिया से है।

70. (b) ''सर्वोत्तम शब्द अपने सर्वश्रेष्ठ क्रम में कविता कहलाते हैं।'' यह कथन पाश्चात्य विद्वान कॉलरिज का है। कॉलरिज अंग्रेजी कविता की स्वच्छन्दतावादी धारा के प्रमुख कवियों में से है। आलोचना के क्षेत्र में कॉलरिज का एक महत्त्वपूर्ण योगदान उनके द्वारा कल्पना शक्ति का विवेचन है।

71. (c) दो भिन्न स्रोतों अर्थात् भाषाओं से आए शब्दों के मेल से बने नए शब्दों को संकर शब्द कहते हैं; जैसे-

तहसीलदार = तहसील (अरबी) + दार (फारसी)

जेलखाना = जेल (अंग्रेजी) + खाना (संस्कृत)

खूनपसीना = खून (फारसी) + पसीना (हिन्दी)

72. (b) जिन व्यंजनों के उच्चारण में जीभ पहले ऊपर उठकर मूर्धा को स्पर्श करे और फिर झटके के साथ नीचे को आए, उन्हें उत्क्षिप्त वर्ण कहते हैं; जैसे ड़, ढ़। अन्य विकल्पों में,

लुण्ठित- जिसके उच्चारण में जीभ तालु से लुढ़ककर स्पर्श करे जैसे-'ए'

अयोगवाह-ऐसी ध्वनियाँ जो न तो स्वर हैं और न ही व्यंजन। आचार्य किशोरी दास वाजपेयी ने इन्हें अयोगवाह कहा है, क्योंकि वे बिना किसी से योग किए ही अर्थ वहन करते हैं जैसे-अं, अः। हिन्दी वर्णमाला में इनका स्थान स्वरों के बाद तथा व्यंजनों से पहले निर्धारित किया गया है।

73. (b) 'पराक्रम' शब्द में 'परा' उपसर्ग तथा 'क्रम' मूल शब्द है। परा उपसर्ग से बने अन्य शब्द हैं—पराधीन, पराकाष्ठा, परामर्श, पराभव, पराजय आदि।

अन्य विकल्पों में,

प्र-प्रख्यात, प्रणाम, प्रगति, प्रवेग, प्रयोग आदि।

कम-कमजोर, कमउम्र, कमअक्ल, कमबख्त।

74. (c) जिन विशेषण शब्दों से संज्ञा की संख्या का बोध होता है, उन्हें संख्यावाचक विशेषण कहते हैं; जैसे— एक मेज, चार कुर्सियाँ, दस पुस्तक, कुछ आदमी, कई पेन आदि। 'मारपीट में <u>कई</u> लड़के घायल हो गए' वाक्य में रेखांकित शब्द 'कई' से लड़कों की निश्चित संख्या का बोध नहीं होने के कारण यह अनिश्चित संख्यावाचक विशेषण है।

75. (c) प्रयत्न के आधार पर व्यंजनों के तीन भेद हैं स्पर्शी, संघर्षी या ऊष्म व्यंजन, अन्तःस्थ व्यंजन।

स्पर्शी व्यंजन जिन व्यंजनों के उच्चारण से जिह्वा का कोई-न-कोई भाग मुख के किसी-न-किसी भाग को स्पर्श करता है, स्पर्श व्यंजन कहलाते हैं। 'क' से 'म' तक 25 व्यंजन स्पर्श हैं। इन्हें पाँच-पाँच के वर्गों में विभाजित किया गया है अतः इन्हें 'वर्गीय व्यंजन' भी कहते हैं।

संघर्षी या **ऊष्म व्यंजन** जिन व्यंजनों के उच्चारण में वायु संघर्ष पूर्वक निकले, उन्हें संघर्षी वर्ण कहते हैं; जैसे-श, ष, स, ह।

अन्तःस्थ व्यंजन जिन व्यंजनों के उच्चारण में मुख बहुत संकुचित हो जाता है फिर भी वायु स्वरों की भाँति बीच से निकल जाती है, उस समय उत्पन्न होने वाली ध्वनि अन्तःस्थ व्यंजन कहलाती है जैसे- य, र, ल, व।

76. (c) जिससे क्रिया के उद्देश्य या प्रयोजन का बोध हो, उन्हें सम्प्रदान कारक कहते हैं, जैसे-

'विराम नहाने को गया' वाक्य में 'को' सम्प्रदान कारक है, क्योंकि इससे 'नहाने' क्रिया के उद्देश्य का बोध हो रहा है। सम्प्रदान कारक का विभक्ति चिन्ह 'को' तथा 'के लिए' दोनों है।

77. (c) 'नीलाम्बुज' का समास विग्रह होगा-नीला है जो अम्बुज। इसमें उत्तर पद 'अम्बुज' प्रधान है। पूर्वपद 'नीला' तथा उत्तर पद 'अम्बुज' में विशेषण- विशेष्य सम्बन्ध है। अतः यह कर्मधारय समास का उदाहरण है।

78. (c) 'कान में तेल डाले बैठे रहना' लोकोक्ति का अर्थ है कुछ सुनने को तैयार न रहना; जैसे-वोट लेने के बाद नेता कान में तेल डालकर बैठ जाते हैं।

79. (a) (ं) चिन्ह का उच्चारण नाक से होता है। जिन का उच्चारण नाक से होता है, उन्हें अनुस्वार

(ं) कहते हैं। यह स्वर के बाद आने वाला वर्ण है; जैसे-अंगूर, अंग, कंगना, खंजर आदि।

80. (a) 'रणन्' शब्द से अभिप्राय है-पशु-पक्षियों की आवाजें।

81. (d) संरचना की दृष्टि से क्रिया के चार भेद हैं

(i) प्रेरणार्थक क्रिया

(ii) संयुक्त क्रिया

(iii) नामधातु क्रिया

(iv) कृदन्त क्रिया

82. (c) 'वर्षा एकाएक होने लगी।' में रेखांकित शब्द 'एकाएक' में रीतिवाचक क्रिया-विशेषण है। जब हमें किसी क्रिया के आकस्मिक होने का बोध कराना होता है उन्हें आकस्मितात्मक क्रिया-विशेषण कहते हैं। यह रीतिवाचक क्रिया-विशेषण का ही एक उपभेद है; जैसे-सहसा, अकस्मात, अचानक, एकाएक आदि।

83. (d) जिन क्रियाओं के कार्य का फल कर्ता में ही रहता है, उन्हें अकर्मक क्रिया कहते हैं; जैसे- 'जिगीषा गाती है' में गाने क्रिया का प्रभाव जिगीषा में ही रहता है तथा यहाँ कर्म का अभाव है। इसलिए 'गाती है' अकर्मक क्रिया है।

84. (a) 'झगड़ालू' शब्द में 'झगड़ा' मूल शब्द तथा 'आलू' प्रत्यय का प्रयोग हुआ है। 'आलू' प्रत्यय से बना अन्य शब्द है 'लजालू'।

85. (c) क्रिया के जिस रूप से यह पता चले कि क्रिया भूतकाल में होने वाली थी पर किसी कारणवश न हो सकी उसे हेतुहेतुमद् भूत कहते हैं; जैसे-'यदि निशा आई होती तो मैं अवश्य चलता'। यहाँ 'चलने' की क्रिया 'निशा के न आने' के कारणवश नहीं हो पाई है। अतः यह हेतुहेतुमद् भूत का उदाहरण है।

86. (d) 'नूतन' का विपरीतार्थक 'पुरातन' है, क्योंकि नूतन का अर्थ नया तथा पुरातन का अर्थ पुराना है। इस प्रकार ये दोनों शब्द एक-दूसरे के विपरीत हैं। अन्य विकल्पों में प्राचीन-अर्वाचीन, पुराना-नया के विपरीतार्थक शब्द हैं।

87. (b) 'पसीने से उत्पन्न जीव' वाक्यांश के लिए एक शब्द 'स्वेदज' है। अतः विकल्प (b) सही उत्तर है।

88. (b) 'आगामी-भावी' में आगामी का अर्थ-आगे आने वाला। यह शब्द कालबोधक है, किन्तु भावी का आशय भविष्य में होने वाला है।

89. (c) दी गई पंक्तियों में अतिशयोक्ति अलंकार है। जहाँ उपमेय का वर्णन लोक सीमा से बढ़ाकर प्रस्तुत किया जाए, वहाँ अतिशयोक्ति अलंकार होता है। प्रश्न में दी गई पंक्तियों में एकसाथ दो कामों के होने (धनुष से तीर निकलते ही दूसरी ओर धड़ से सिर अलग होना) का बढ़ा-चढ़ा कर वर्णन किया गया है। इसलिए यह अतिशयोक्ति अलंकार का उदाहरण है।

90. (c) 'सुलभ' का विपरीतार्थक 'दुर्लभ' है। सुलभ का अर्थ है आसानी से मिलने वाला तथा दुर्लभ का अर्थ है कठिनाई से प्राप्त होने वाला। इस प्रकार से दोनों शब्द एक-दूसरे के उल्टे हैं। अन्य विकल्पों में सहज-असहज, प्राप्त-अप्राप्त के विलोम शब्द हैं।

91. (d) 84 के धनात्मक गुणनखण्ड जोकि 7 से भाज्य हैं 7, 14, 21, 28, 42, 84 होंगे।

अतः अभीष्ट योगफल

$= 7 + 14 + 21 + 28 + 42 + 84$

$= 196$

92. (b)

2	30, 45, 60
2	15, 45, 30
3	15, 45, 15
3	5, 15, 5
5	5, 5, 5
	1, 1, 1

छोटा सार्वगुणज $= 2 \times 2 \times 3 \times 3 \times 5 = 180$

महत्तम सार्वगुणनखण्ड (15, 24 तथा 45) = 3

प्रश्नानुसार, 200 तथा 400 के मध्य छोटा सार्वगुणनखण्ड स्थित होगा।

$\therefore$ नया छोटा सार्वगुणनखण्ड $= 2 \times 180 = 360$

प्रश्नानुसार, $\frac{360}{3} = 120$

93. (c) यहाँ,

दस हजार + दस सौ + दस दहाई

$= 10000 + 1000 + 100 = 11100$

94. (d) दिया है, एक संख्या $= x$

तब, दूसरी संख्या $= 63 - x$

प्रश्नानुसार, $x = 2(63 - x)$

$\Rightarrow \quad \frac{x}{63 - x} = 2$

95. (c) माना घन की भुजा $= x$

$\therefore \quad x^3 = 125$

$\Rightarrow \quad x^3 = 5^3 \Rightarrow x = 5$ सेमी

तब, फलक का क्षेत्रफल $= x^2$

$= 5^2 = 25$ सेमी^{2}

96. (c) 2 किमी 5 मी = 2 + 0.005 = 2.005 किमी

97. (a) $10^2 = 4 \times 25$

$11^2 = 121$

$12^2 = 4 \times 36$

$\therefore$ ल.स. $(10^2, 11^2, 12^2) = 4 \times 121 \times 36 \times 25$

$= 435600$

98. (d) वर्तमान जनसंख्या = 9261

माना 3 वर्ष पूर्व जनसंख्या $= x$

$\therefore 9261 = x \times \left[\frac{105}{100} \times \frac{105}{100} \times \frac{105}{100}\right]$

$\Rightarrow x = \frac{9261}{21 \times 21 \times 21} \times 20 \times 20 \times 20$

$\Rightarrow x = 8000$

99. (b) माना पाँच क्रमागत संख्याएँ

$x, x + 1, x + 2, x + 3$ तथा $x + 4$ हैं।

तब, $x + x + 1 + x + 2 + x + 3 + x + 4$

$= 5 \times 102$

$\Rightarrow 5x + 10 = 510 \Rightarrow 5x = 500$

$\Rightarrow \quad x = 100$

$\therefore$ संख्याएँ होंगी 100, 101, 102, 103 तथा 104

$\therefore$ अभीष्ट गुणनफल $= 101 \times 103 = 10403$

100. (c) प्रश्नानुसार,

$(A + B)$ की आयु $= 12 + (B + C)$ की आयु

$\Rightarrow A$ की आयु $+ B$ की आयु

$= 12 + B$ की आयु $+ C$ की आयु

$\Rightarrow A$ की आयु $= 12 + C$ की आयु

$\therefore C, A$ से 12 वर्ष छोटा है।

101. (a) यहाँ, $r = \frac{2d}{3}$

$\therefore$ अभीष्ट आयतन $= \frac{4}{3}\pi r^3$

$= \frac{4}{3}\pi \times \left(\frac{2d}{3}\right)^3$

$= \frac{4}{3}\pi \times \frac{8d^3}{27}$

$= \frac{32}{81}\pi d^3$

102. (c) माना पहली संख्या $= x$

तब दूसरी संख्या $= 15 - x$

$\therefore \frac{1}{x} + \frac{1}{15 - x} = \frac{3}{10}$

$\Rightarrow 10\,(15 - x + x) = 3\,\{x\,(15 - x)\}$

$\Rightarrow 150 = 45x - 3x^2$

$\Rightarrow 3x^2 - 45x + 150 = 0$

$\Rightarrow x^2 - 15x + 50 = 0$

$\Rightarrow x^2 - 10x - 5x + 50 = 0$

$\Rightarrow (x - 10)\,(x - 5) = 0$

$\Rightarrow x = 10, 5$

103. (c) ल.स. (8, 12, 15) = 120

माना अभीष्ट संख्या $120k + 2$ है जो कि 19 से विभाज्य है।

माना $k = 1$, तब $122 \div 19 \Rightarrow$ शेषफल = 8

$k = 2$, तब $242 \div 19 \Rightarrow$ शेषफल = 14

$k = 3$, तब $362 \div 19 \Rightarrow$ शेषफल = 1

$k = 4$, तब $482 \div 19 \Rightarrow$ शेषफल = 7

$k = 5$, तब $602 \div 19 \Rightarrow$ शेषफल = 13

$k = 6$, तब $722 \div 19 \Rightarrow$ शेषफल = 0

$\therefore$ अभीष्ट संख्या = 722

104. (d) फर्श का क्षेत्रफल $= 700 \times 900$

$\therefore$ टाईल का अभीष्ट साइज वह होगा जिससे फर्श का क्षेत्रफल पूर्णतः विभाजित हो जाए।

$\therefore$ विकल्प (d) से, $\frac{700 \times 900}{35 \times 45} = 400$

अतः विकल्प (d) सही है

105. (a) माना अभीष्ट भाग $7x, 5x, 3x$ व $4x$ है, तब

$7x + 5x + 3x + 4x = 76$

$\Rightarrow 19x = 76 \Rightarrow x = \frac{76}{19} = 4$

$\therefore$ सबसे छोटा भाग $= 3 \times 4 = 12$

106. (c) $\therefore$ अभीष्ट अन्तर $= 500 - 7 = 493$

107. (b) माना प्रत्येक न्यून कोण $= x$

$\therefore \; x + x + 90° = 180°$

$\Rightarrow \quad 2x = 90° \Rightarrow x = 45°$

108. (d) दिया है, वर्ग का विकर्ण $= 12\sqrt{2}$ सेमी

$\therefore$ वर्ग की भुजा $= 12$ सेमी

$\because$ वर्ग का परिमाप = समबाहु त्रिभुज व परिमाप

$4 \times 12 = 3 \times$ भुजा

$\Rightarrow$ भुजा $= 16$ सेमी

अतः समबाहु त्रिभुज का क्षेत्रफल

$= \frac{\sqrt{3}}{4} \times 16 \times 16$

$= 64\sqrt{3}$ सेमी^{2}

109. (a)

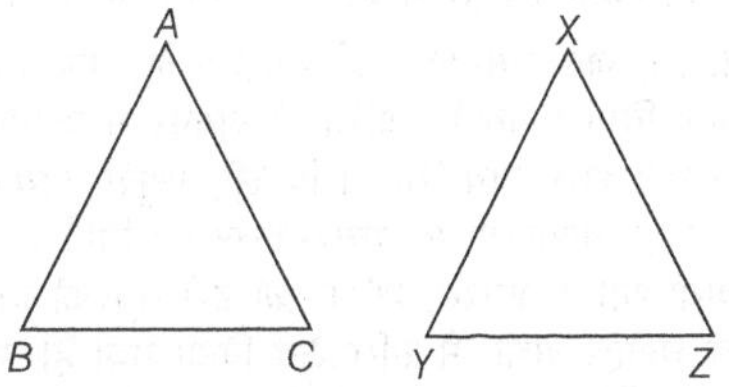

यहाँ $\angle A = \angle X$

$\angle B = \angle Y$

तथा $AB = XY$

$\therefore \quad \Delta ABC \cong \Delta XYZ$

अतः यहाँ पर नियम कोण-भुजा-कोण को प्रयोग हुआ है।

110. (a) माना लम्बाई $(l) = 3x^2 - 2y^2$

तथा चौड़ाई $(b) = x^2 + 3xy$

$\therefore$ अभीष्ट परिमाप $= 2\,(l + b)$

$= 2\,(3x^2 - 2y^2 + x^2 + 3xy)$

$= 2\,(4x^2 - 2y^2 + 3xy)$

$= 8x^2 - 4y^2 + 6xy$

111. (a) दिया है, त्रिभुज का क्षेत्रफल $= 81\sqrt{3}$

$\therefore \frac{\sqrt{3}}{4} \times (\text{भुजा})^2 = 81\sqrt{3}$

$\Rightarrow \quad (\text{भुजा})^2 = 81 \times 4$

$\Rightarrow$ भुजा $= 9 \times 2 = 18$ सेमी

$\therefore$ अभीष्ट ऊँचाई $= \frac{\sqrt{3}}{2} \times 18 = 9\sqrt{3}$ सेमी

112. (c) माना योज्य प्रतिलोम $= x$

$\therefore \quad \frac{2}{8} + x = 0 \Rightarrow x = -\frac{2}{8}$

113. (b) दिया है, वर्ग का विकर्ण $= 10$ सेमी

$\therefore$ वर्ग की भुजा $= \frac{10}{\sqrt{2}} = 5\sqrt{2}$ सेमी

अतः वर्ग का क्षेत्रफल $= (5\sqrt{2})^2$

$= 25 \times 2 = 50$ सेमी^{2}

114. (a) दिया है, $a = 23, b = -29$

$\therefore 25a^2 + 40ab + 16b^2$

$= (5a)^2 + 2\,(5a)\,4(b) + (4b)^2$

$= (5a + 4b)^2$

$= \{5 \times 23 + 4 \times (-29)\}^2$

$= (115 - 116)^2$

$= (-1)^2 = 1$

115. (d) समचतुर्भुज का क्षेत्रफल

$= \frac{1}{2} \times$ विकर्णों का गुणनफल $= \frac{1}{2}xy$

116. (d) प्रत्येक विषम पूर्णांक का रूप, पूर्णांक q के लिए $= 2q + 1$

117. (b) $\because 65 = 5 \times 13$

$117 = 3 \times 3 \times 13$

$\therefore$ 65 तथा 117 का म.स. 13 है।

इसलिए, $65m - 117 = 13$

$\Rightarrow 65m = 130 \;\; \Rightarrow m = \frac{130}{65} = 2$

118. (c) दिए गए अंकों से बनी सबसे बड़ी संख्या $= 98650$

तथा सबसे छोटी संख्या $= 05689$

$\therefore$ अभीष्ट अन्तर $= 98650 - 5689 = 92961$

119. (b) रेलगाड़ी शुक्रवार को हैदराबाद से चलती है

$= 13:15$

बेगंलुरु पर 24 : 00 (00 : 00) समय पर पहुँचने में लगा समय

$= 24:00 - 13:15 = 10$ घण्टे तथा 45 मिनट

$\therefore$ अभीष्ट समय = 10 घण्टे 45 मिनट + 7 घण्टे 30 मिनट

= 18 घण्टे तथा 15 मिनट

120. (c) $\frac{11}{7000} = 0.001571......$

$\frac{17}{2^3 \times 5^0} = 2.125$

$\frac{29}{7^3} = 0.084548......$

अतः $\frac{17}{2^3 \times 5^0}$ एक सान्त दशमलव संख्या है।

121. (d) मधुमक्खी पालन को ऐपीकल्चर कहा जाता है। मधुमक्खी पालन शहद और मोम के उत्पादन के लिए मधुमक्खियों की देखभाल और प्रबन्धन है। इस पद्धति में, मधुमक्खियों का व्यावसायिक रूप से पालन किया जाता है।

122. (b) ज्वार-भाटा पृथ्वी और चन्द्रमा के गुरुत्वीय खिंचाव के कारण आता है। समुद्री जल दिन में दो बार निश्चित समयान्तराल पर ऊपर उठता तथा नीचे गिरता है। यह प्रक्रिया ज्वार-भाटा कहलाती है। दो ज्वार-भाटा के बीच का अन्तराल 12 घण्टे, 26 मिनट का होता है।

123. (b) खाने का सोड़ा या सोडियम बाईकार्बोनेट का रासायनिक सूत्र ($NaHCO_3$) है। पेट की अम्लीयता को दूर करने एवं अग्निशामक यन्त्रों में इसका उपयोग किया जाता है।

124. (a) मानव में ध्वनि की श्रव्यता का परिसर 20 हर्ट्ज से 20,000 हर्ट्ज होता है। 20 हर्ट्ज से 20,000 हर्ट्ज के बीच की आवृत्ति वाली तरंगों को श्रव्य तरंग कहते हैं। इन तरंगों को हमारे कान आसानी से सुन सकते हैं। 20,000 हर्ट्ज से ऊपर की आवृत्ति वाली तरंगों को पराश्रव्य तरंगे कहा जाता है। मनुष्य के कान इसे नहीं सुन सकते हैं।

125. (c) पानी (शुद्ध) का pH मान 7.0 होता है। सामान्य रूप से 7 से कम pH के साथ पानी अम्लीय माना जाता है और 7 से अधिक pH के साथ क्षारीय माना जाता है। सतह जल प्रणालियों में pH के लिए सामान्य सीमा 6.5 से 8.5 और भूजल प्रणालियों के लिए pH श्रेणी 6-8.5 के बीच होती है।

126. (d) वर्ष 1969 में पहला व्यक्ति चन्द्रमा पर गया। नील आर्मस्ट्रॉन्ग (यूएसए) अपोलो 11 मिशन के तहत् 20 जुलाई, 1969 को पहली बार चन्द्रमा पर पहुँचा था। अन्तरिक्ष में पहुँचने वाला प्रथम व्यक्ति मेजर यूरी गागरीन (रूस) है।

127. (b) पृथ्वी का प्राकृतिक उपग्रह चन्द्रमा है। चन्द्रमा पृथ्वी की एक परिक्रमा लगभग 27 दिन 8 घण्टे में पूरी करता है और इतने ही समय में अपने अक्ष पर एक घूर्णन करता है। चन्द्रमा का अक्ष तल पृथ्वी के अक्ष के साथ 58.48 का अक्ष कोण बनाता है।

128. (b) सूर्य के प्रकाश की गति 3×10^6 किसी/से होती है। प्रकाश की सबसे अधिक चाल निर्वात में होती है। प्रकाश को सूर्य से पृथ्वी तक आने में औसतन 8 मिनट 16.6 सेकण्ड का समय लगता है। चन्द्रमा से परावर्तित प्रकाश को पृथ्वी तक आने में 1.28 सेकण्ड का समय लगता है।

129. (a) रामकृष्ण मिशन की स्थापना 1897 में स्वामी विवेकानन्द ने की थी। स्वामी विवेकानन्द रामकृष्ण के शिष्य थे। स्वामी विवेकानन्द ने 1893 में अमेरिका के शिकागों में आयोजित सर्व-धर्म सम्मेलन में हिस्सा लिया था। विवेकानन्द ने ज्ञान, योग, कर्मयोग तथा राजयोग नामक पुस्तिकाएँ लिखी हैं।

130. (b) भारतीय राष्ट्रीय कांग्रेस की स्थापना वर्ष 1885 में ए.ओ ह्यूम एवं राष्ट्रवादी नेताओं के प्रयासों से की गई थी। इसका पहला अधिवेशन दिसम्बर, 1855 में बम्बई में गोकुलदास तेजपाल संस्कृत महाविद्यालय में हुआ था, जिसमें 72 सदस्यों ने हिस्सा लिया था।

131. (a) गेहूँ एक रबी की फसल है। रबी की अन्य फसलों में जौं, चना, मटर, सरसो, राई आदि शामिल

की जाती हैं। ये फसलें अक्टूबर-नवम्बर में बोई जाती हैं तथा मार्च-अप्रैल में काट ली जाती है। चावल, कपास, बाजरा, मक्का आदि खरीफ की फसलें हैं।

132. (b) चूना-पत्थर को सीमेण्ट उद्योग में कच्चे माल के रूप में प्रयोग किया जाता है। सीमेण्ट उत्पादन संयन्त्रों को चूना-पत्थर, चिकनी मिट्टी और जिप्सम की आवश्यकता होती है। सीमेण्ट प्रमुख रूप से कैल्शियम सिलिकेटों और एल्युमिनियम सिलिकेटों का मिश्रण है जिसमें जल के साथ मिश्रित करने पर जमने का गुण होता है।

133. (c) नेपाल की सीमा उत्तराखण्ड, उत्तर प्रदेश, बिहार, पश्चिम बंगाल और सिक्किम को स्पर्श करती है।

134. (b) कर्क रेखा ओडिशा राज्य से नहीं गुजरती है। कर्क रेखा लगभग भारत के मध्य से होकर गुजरती है। यह आठ राज्यों - राजस्थान, गुजरात, मध्य प्रदेश, छत्तीसगढ़, झारखण्ड, पश्चिम बंगाल, त्रिपुरा एवं मिजोरम से होकर गुजरती है।

135. (b) भारत में काली मिट्टी मुख्यतः गुजरात में पाई जाती है। इसके अतिरिक्त यह महाराष्ट्र, मध्य प्रदेश के पश्चिमी क्षेत्र, ओडिशा के दक्षिणी क्षेत्र, कर्नाटक के उत्तरी जिलों आदि में पाई जाती है। काला मिट्टी को रेगुर मिट्टी के नाम से भी जाना जाता है। यह कपास की खेती के लिए सर्वाधिक उपयुक्त होती है।

136. (a) नर्मदा नदी खम्भात की खाड़ी (अरब सागर) में गिरती है। नर्मदा का उद्‌गम विन्ध्याचल पर्वत श्रेणियों में स्थित अमरकण्टक नामक स्थान से होता है। नर्मदा नदी डेल्टा नहीं बनाती है बल्कि यह एश्चुअरी का निर्माण करती है।

137. (a) चींटी के डंक में फॉर्मिक अम्ल होता है। यह एक कार्बनिक यौगिक है, जो चींटी के डंक के अतिरिक्त मधुमक्खियों, बिच्छू एवं बर्रों के डंकों में भी पाया जाता है। इन कीड़ों के काटने से मानव शरीर में यह अम्ल प्रवेश करता है, जिससे प्रभावित अंग में तीव्र दर्द का अहसास व सूजन आ जाती है।

138. (b) विश्व जल दिवस प्रत्येक वर्ष 22 मार्च को मनाया जाता है। यह दिवस सर्वप्रथम वर्ष 1993 में मनाया गया जबकि इसका प्रस्ताव संयुक्त राष्ट्र संघ (1992) के 'एजेंडा 21' में रियो डी जेनेरियो में दिया गया था। वर्ष 2021 में मनाए गए विश्व जल दिवस का मुख्य विषय ''पानी का महत्त्व'' था।

139. (d) दक्षिण गंगोत्री अण्टार्कटिक महाद्वीप में भारत का प्रथम शोध केन्द्र है जिसकी स्थापना वर्ष 1980 में भारतीय विज्ञान को बढ़ावा देने एवं ध्रुवीय अनुसन्धान हेतु तत्कालीन प्रधानमन्त्री श्रीमति इन्दिरा गाँधी ने की थी। वर्तमान में यह शोध केन्द्र अस्तित्व में नहीं है। वर्तमान में यहाँ मैत्री एवं भारती शोध केन्द्र स्थापित है।

140. (c) क्षेत्रफल के अनुसार भारत का सबसे बड़ा राज्य राजस्थान है। इसका कुल क्षेत्रफल 342,238 वर्ग किमी है। जबकि दूसरे एवं तीसरे स्थान पर क्रमशः मध्य प्रदेश (308, 245 वर्ग किमी) एवं महाराष्ट्र (307, 713 वर्ग किमी) हैं। क्षेत्रफल के अनुसार भारत का सबसे छोटा राज्य गोवा है।

141. (a) टोडरमल अकबर के राजस्व मन्त्री थे। ये खत्री जाति से सम्बन्धित थे। इन्होंने 1580 ई. में 'दहसाल बन्दोबस्त' व्यवस्था लागू की थी। ये अकबर के नवरत्नों में सम्मिलित थे। भारत के उत्तर प्रदेश राज्य के राजस्व अधिकारियों के लिए बनाए गए एकमात्र राजस्व प्रशिक्षण संस्थान का नाम इनके नाम पर राजा टोडरमल भू-लेख प्रशिक्षण संस्थान रखा गया है।

142. (b) सोमनाथ मन्दिर गुजरात राज्य में स्थित है। यह हिन्दुओं का पवित्र तीर्थ स्थल है, जो भगवान शिव के 12 ज्योतिर्लिंगों में प्रथम ज्योतिर्लिंग माना जाता है। महमूद गजनवी ने 1025 ई. में सोमनाथ मन्दिर पर आक्रमण कर इसे लूटा था। भारत की स्वतन्त्रता के पश्चात् सरदार वल्लभभाई पटेल ने इस मन्दिर के वर्तमान भवन का पुनर्निमाण करवाया तथा दिसम्बर 1955 में भारत में प्रथम राष्ट्रपति डॉ. राजेन्द्र प्रसाद ने इस मन्दिर का उद्‌घाटन कर राष्ट्र को समर्पित किया।

143. (a) ओणम केरल राज्य का एक प्रमुख त्योहार है। यह प्रतिवर्ष सितम्बर माह में राजा महाबली के स्वागत में मनाया जाता है। यह त्योहार दस दिनों तक चलता है। यह पर्व केरल के वामन मन्दिर से प्रारम्भ होता है, जो सम्पन्नता एवं खुशहाली को दर्शाता है।

144. (d) पुर्तगाली यात्री वास्कोडिगामा 17 मई, 1498 में भारत आया। यह सर्वप्रथम भारत के पश्चिमी तट पर स्थित कालीकट बन्दरगाह पर पहुँचा। यहाँ के राजा जमोरिन ने इसका स्वागत किया। वास्कोडिगामा ने भारत एवं यूरोप के मध्य नए समुद्री मार्ग की खोज की थी।

145. (b) स्वर्ण मन्दिर पंजाब राज्य के अमृतसर शहर में स्थित है। इसे 'हरमन्दिर साहिब' के नाम स भी जाना जाता है। यह सिख धर्म का पवित्र तीर्थ स्थल है। इसका निर्माण कार्य सिखों के चौथे गुरु, गुरु रामदास के समय में वर्ष 1577 में पूरा हुआ था।

146. (a) विद्युत धारा उत्पन्न करने वाले उपकरण को जनित्र (Generator) कहते हैं। यह एक ऐसा उपकरण है जो यान्त्रिक ऊर्जा को विद्युत ऊर्जा में परिवर्तित करता है। इसके लिए यह माइकल फैराडे के विद्युत चुम्बकीय प्रेरण सिद्धान्त का प्रयोग करता है।

147. (a) पृथ्वी के गुरुत्वीय त्वरण का मान 9.8 मी/से^{2} है। पृथ्वी, सौरमण्डल का पाँचवाँ सबसे बड़ा ग्रह है। यह सौरमण्डल का एकमात्र ऐसा ग्रह है, जिस पर जीवन सम्भव है। इसका विषुवतीय व्यास 12,756 किमी एवं ध्रुवीय व्यास 12,714 किमी है।

148. (d) जन्तर-मन्तर एक खगोलीय वेधशाला है। जिसका निर्माण सवाई जयसिंह ने जयपुर में करवाया था। सवाई राजा जय सिंह ने दिल्ली, मथुरा, जयपुर, उज्जैन एवं वाराणसी में जन्तर-मन्तर का निर्माण करवाया था। 1 अगस्त, 2010 को इसे यूनेस्को द्वारा 'विश्व धरोहर सूची' में सम्मिलित किया गया है। इस वेधशाला में 14 प्रमुख यन्त्र हैं जिसका प्रयोग समय मापने, ग्रहण की भविष्यवाणी करने, तारों की स्थिति एवं गति आदि को ज्ञात करने में किया गया है।

149. (d) मस्तिष्क विचार करने, हृदय की धड़कन को नियमित करने, शरीर के सन्तुलन को बनाए रखने एवं तन्त्रिका तन्त्र को नियन्त्रित करने आदि के लिए उत्तरदायी होती है।

150. (d) मानव नेत्र के दृष्टि पटल (Retina) पर वस्तु का प्रतिबिम्ब बनता है। स्पष्ट दृष्टि की न्यूनतम दूरी 25 सेमी होती है। निकट दृष्टि दोष में वस्तु का प्रतिबिम्ब रेटिना के आगे तथा दूर दृष्टि दोष में वस्तु का प्रतिबिम्ब रेटिना के पीछे बनता है।

HPTET

हिमाचल प्रदेश शिक्षक पात्रता परीक्षा

जूनियर बेसिक ट्रेनिंग

सॉल्वड पेपर 2021

कुल अंक : 150 **समय :** 150 मिनट

निर्देश

1. इस प्रश्न–पत्र में कुल 150 वस्तुनिष्ठ प्रकार के प्रश्न हैं।
2. प्रत्येक प्रश्न के लिए एक अंक निर्धारित है।
3. प्रत्येक प्रश्न का केवल एक ही उत्तर दीजिए।
4. इस प्रश्न–पुस्तिका में पाँच भाग हैं; भाग I : बाल विकास और शिक्षाशास्त्र (प्र.सं. 1-30), भाग II : English Literature & Grammar (प्र.सं. 31-60), भाग III : हिन्दी साहित्य एवं व्याकरण (प्र.सं. 61-90), भाग IV : गणित (प्र.सं. 91-120), भाग V : सामान्य जागरूकता (प्र.सं. 121-150)

भाग I : बाल विकास और शिक्षाशास्त्र

1. यह परिभाषा किसकी है?
''मनोविज्ञान, शिक्षा का आधारभूत विज्ञान है''
(a) डेविस (b) स्किनर
(c) बी.एन. झा (d) इनमें से कोई नहीं

2. शिक्षा मनोविज्ञान सहायक है
(a) अनुशासन में
(b) बाल विकास के ज्ञान में
(c) मूल्यांकन में
(d) सर्वांगीण विकास में

3. व्यवहार अध्ययन के लिए कौन–सी विधि अत्यधिक वैज्ञानिक और वस्तुनिष्ठ है?
(a) अवलोकन विधि
(b) प्रयोगात्मक विधि
(c) सर्वेक्षण विधि
(d) व्यक्तिगत अध्ययन

4. एरिक्सन ने मनोसामाजिक विकास की कितनी अवस्थाएँ बताईं?
(a) पाँच (b) सात (c) आठ (d) तीन

5. हमारे जीन .... से बने होते हैं।
(a) डी.एन.ए. (b) आर.एन.ए.
(c) गुणसूत्र (d) शुक्राणु

6. प्रत्येक अण्ड कोशिका में गुणसूत्र होते हैं
(a) X (b) Y (c) XX (d) YY

7. अपराध प्राय: जुड़ा होता है
(a) माता-पिता की कम सहायता से
(b) अनुचित अनुशासन से
(c) परिवार कलह से
(d) उपरोक्त सभी

8. पैदा होने से पहले का विकास मुख्य तौर पर बँटा है
(a) जीवाणु (b) भ्रूण अवस्था
(c) भ्रूणीय अवस्था (d) ये सभी

9. व्यक्तित्व विकास प्रक्रिया के लिए आवश्यक है
(a) पहचान
(b) समानता
(c) सामाजिक बन्धन
(d) पृथक्कीकरण

10. स्किनर ने अपना अध्ययन निम्नलिखित पर किया
(a) चूहों पर
(b) कबूतरों पर
(c) कुत्तों पर
(d) 'a' और 'b' दोनों

11. क्रियात्मक अनुबन्धन में प्रक्रिया जो प्रतिक्रिया को पुनर्बलित नहीं करती, कहलाती है
(a) आकार बनाने की प्रक्रिया
(b) विलुप्त होने की प्रक्रिया
(c) सतत् पुनर्बलन प्रक्रिया
(d) उपरोक्त में से कोई नहीं

12. निम्नलिखित में कौन–सी स्मरण की प्रक्रिया है?
(a) संवेदक (b) लघुकालीन
(c) दीर्घकालीन (d) ये सभी

13. स्मरण प्रक्रिया की पहली अवस्था है
(a) आगमनात्मक (b) धारण
(c) पुनः प्राप्त करना (d) इनमें से कोई नहीं

14. आंशिक या पूर्ण स्मरण का खोना कहा जाता है
(a) संवेदनलोप (b) गतिभ्रंश
(c) विस्मरण (d) इनमें से कोई नहीं

15. लघु स्मरण का अन्तराल होता है
(a) 2 सेकण्ड (b) 20 सेकण्ड
(c) $\frac{1}{2}$ सेकण्ड (d) 30 सेकण्ड

16. चिन्तन में कौन–सी मानसिक प्रक्रिया चलती है?
(a) निष्कर्ष निकालना
(b) अमूर्त प्रक्रिया
(c) तर्क-वितर्क प्रक्रिया
(d) उपरोक्त सभी

17. मन्दबुद्धि वाले लोग जिनका बुद्धि लब्धि स्तर 25 और 39 के बीच होता है, क्या कहलाते हैं?
(a) हल्की मन्दबुद्धि वाले
(b) मध्यम मन्दबुद्धि वाले
(c) गम्भीर मन्दबुद्धि वाले
(d) अति गम्भीर मन्दबुद्धि वाले

18. प्रोजेक्ट पद्धति किसके द्वारा प्रतिपादित की गई?
(a) फ्रोबेल
(b) किलपैट्रिक
(c) आर्मस्ट्रांग
(d) मारिया मॉन्टेसरी

19. पूर्व अभिनव खेल सिद्धान्त के प्रतिपादक कौन थे?
(a) मेलब्रांश (b) जी. स्टेनले हॉल
(c) मैक्डूगल (d) लाजारुस

20. किसने कहा : "दो बालकों में समान योग्यताएँ नहीं होतीं"?
(a) हरलॉक (b) नन
(c) सोरेन्सन (d) क्रो एवं क्रो

21. अन्तर्दृष्टि सिद्धान्त के प्रतिपादक हैं
(a) कोह्लर (b) थॉर्नडाइक
(c) स्किनर (d) पावलॉव

22. क्रेचनर ने कितनी तरह से व्यक्तित्व बताया है?
(a) चार (b) दो (c) तीन (d) पाँच

23. सृजनात्मकता की पहचान होती है
(a) पुराने व्यवहार से
(b) चित्रकला से
(c) संगीत से
(d) नवीन परिणाम से

24. यह किसने कहा : "सृजनात्मकता मुख्यत: नवीन रचना या उत्पादन में होती है"?
(a) जेम्स ड्रेवर (b) सी.वी. गुड
(c) क्रो एवं क्रो (d) स्टर्न

25. अधिगम के नियमों का प्रतिपादक कौन है?
(a) क्रो एवं क्रो
(b) थॉर्नडाइक
(c) जे.पी. गिलफोर्ड
(d) स्किनर

26. बच्चे जिनकी मानसिक आयु उनकी कालानुक्रमिक आयु से कम होती है, ... कहलाते हैं।
(a) प्रतिभाशाली बालक
(b) साधारण बालक
(c) अधिगम अपंगता
(d) मन्दित बालक

27. "बच्चे अपने वातावरण के साथ सम्बन्ध बनाते हुए अपनी समझ का विकास कर लेते हैं।" किसने कहा?
(a) स्किनर ने
(b) गिलफोर्ड ने
(c) पियाजे ने
(d) बर्ट ने

28. जिस बालक की मानसिक आयु उसकी कालानुक्रमिक आयु के बराबर हो, उसकी बुद्धि-लब्धि कितनी होगी?
(a) 100 (b) 120
(c) 80 (d) 140

29. वह स्तर जिसमें बच्चा किसी वस्तु एवं घटना के बारे में तार्किक रूप से सोचना शुरू करता है, कहा जाता है
(a) संवेदिक पेशीय अवस्था
(b) पूर्व-संक्रियात्मक अवस्था
(c) अमूर्त संक्रियात्मक अवस्था
(d) मूर्त संक्रियात्मक अवस्था

30. शिक्षा की किण्डरगार्टन पद्धति का प्रतिपादन किया
(a) नन ने (b) स्पेन्सर ने
(c) फ्रोबेल ने (d) मॉन्टेसरी ने

भाग II : English Literature and Grammar

Directions (Q. Nos. 31-42) *Fill in the blanks with appropriate word.*

31. Ceylon is .... island.
(a) the (b) an (c) a (d) be

32. Time and tide .... for none.
(a) wait (b) waiting
(c) waits (d) waited

33. .... a Ford, he has a Fiat Car.
(a) Besides (b) With
(c) Except (d) Between

34. He and .... were good friends.
(a) I (b) me
(c) my (d) am

35. Synonym of 'Agony' is
(a) affair (b) agree
(c) pain (d) happy

36. The masculine of 'Heifer' is
(a) Horse (b) Hart
(c) Ram (d) Bullock

37. The word 'Amateur' means ....
(a) one who is mature enough
(b) one who does some art or sport as a hobby
(c) one who is not mature enough
(d) an artist by profession

38. Change into indirect speech.
He said, "If I were a King!"
(a) He wished that he would be a King
(b) He wished that he is a King
(c) He wished that he will be a King
(d) He wished that he will be a King

39. 'Never tell a lie'. Change the voice.
(a) Let a lie never be told
(b) Let a lie never was told
(c) Let a lie never has told
(d) Let a lie never is told

40. An 'Epic' is ....
(a) songs handed down orally from generation to generation
(b) a long narrative based on a myth or legend
(c) a three line rhyming stanza
(d) two lines of a rhymic verse

41. I .... rather die than beg.
(a) would (b) should (c) could (d) must

42. It is difficult to distinguish ...... two sisters.
(a) in (b) from
(c) between (d) against

Directions (Q. Nos. 43-45) *Choose the word which is most opposite in meaning to the word printed in Capitals.*

43. IMPLICATE
(a) Embarras (b) Explicit
(c) Exceptional (d) Exonerate

44. STERILE
(a) Imbecile (b) Solitary
(c) Fertile (d) Unscrupulous

45. LOGICAL
(a) Irrational (b) Inconsiderate
(c) Inconsistent (d) Clarity

Directions (Q. Nos. 46-48) *Select the word which means the same to the word printed in the Capitals.*

46. ESCALATE
(a) Rise (b) Diminish
(c) Roll on (d) Spiral

47. OMINOUS
(b) Helpless (b) Humble
(c) Restless (d) Sinister

48. ENHANCE
(a) Embellish (b) Create
(c) Increase (d) Reveal

Directions (Q. Nos. 49-51) *Out of the four given choices, choose the one which correctly stands for each expression.*

49. A piece of grass land
(a) Prairie (b) Moor
(c) Untrodden (d) Meadow

50. A place for keeping birds
(a) Aviary (b) Zoo
(c) Circus (d) Home

51. An unmarried man
(b) Widower (b) Bachelor
(c) Young (d) Aged

Directions (Q. Nos. 52-55) *Find the appropriate alternative from the given option for the change of Voice.*

52. The bell was rung by the Chairman
(a) The chairman was ringing the bell
(b) The chairman had been ringing the bell
(c) The chairman rang the bell
(d) The chairman had rung the bell

53. Send this file in
(a) This file be sent in
(b) Let this file be sent in
(c) This file is being sent in
(d) You are requested to send this file in

54. He was praised by his father
(a) His father praised him
(b) His father praises him
(c) His father is praising him
(d) His father always praises him

55. He shot the tiger dead
(a) Tiger will be shot dead by him
(b) Let the tiger be shot dead by him
(c) It was he who shot the tiger dead
(d) The tiger was shot dead by him

Directions (Q. Nos. 56-60) *Choose the correct meaning of the Idioms/Phrase from the given options.*

56. Smell a rat
(a) Suspect something foul
(b) Bad smell
(c) Very nervous
(d) To be angry

57. Out of the wood
(a) Run away
(b) Take revenge
(c) Free from dangers
(d) Rebuke

58. Cry for the moon
(a) In sorrow
(b) Difficult situation
(c) To imitate
(d) Ask for the impossible

59. Bring something to light
(a) Early morning
(b) Disclose
(c) Coming back to home
(d) Comfortable

60. 'In black and white' means
(a) In two colours
(b) In contrast
(c) In clear words
(d) In writing

भाग III : हिन्दी साहित्य एवं व्याकरण

61. भाषा .... होती है।
(a) परिवर्तनशील (b) स्थायी
(c) निश्चित (d) अपरिवर्तनशील

62. ग्रियर्सन के अनुसार भारत में कुल .... बोलियाँ हैं।
(a) 400 (b) 179
(c) 544 (d) इनमें से कोई नहीं

63. व्यंजन वर्णों की कुल संख्या .... हैं।
(a) 11 (b) 36 (c) 31 (d) 33

64. शुद्ध शब्द का चयन करें
(a) संन्यासी (b) सन्यासी
(c) सण्यासी (d) संण्यासी

65. शुद्ध शब्द का चयन कीजिए
(a) साहित्यीक (b) साहीत्यीक
(c) साहत्यिक (d) साहित्यिक

66. गृह बसाकर रहने वाले को .... कहते हैं।
(a) गृहस्थ (b) घरहस्थ
(c) घर (d) घरेलू

67. उसका अम्बर फट गया-में 'अम्बर' का क्या अर्थ है?
(a) आकाश
(b) कपड़ा
(c) 'a' व 'b' दोनों
(d) उपरोक्त में से कोई नहीं

68. अ + इ = ?
(a) ऐ
(b) ए
(c) ओ
(d) उपरोक्त में से कोई नहीं

69. 'कभी' का सन्धि विच्छेद होगा
(a) क + भी (b) कभ + ई
(c) कब + ही (d) इनमें से कोई नहीं

70. 'जिसका' किस सर्वनाम का यौगिक रूप है?
(a) वह (b) ये
(c) जो (d) सो

71. 'सुन्दर' विशेषण का रूप स्त्रीलिंग में होगा
(a) सुन्दरी
(b) सुन्दरा
(c) सुन्दर
(d) उपरोक्त में से कोई नहीं

72. 'पवित्रता' से विशेषण बनेगा
(a) पवित्र
(b) पवित्रात्मा
(c) 'a' व 'b' दोनों
(d) उपरोक्त में से कोई नहीं

73. भविष्यत काल से किस समय का बोध होता है?
(a) बीते हुए समय
(b) चल रहे समय
(c) आने वाले समय
(d) उपरोक्त में से कोई नहीं

74. इन्दिरा जी एक बार पटना आई थी-में 'जी' कौन-सा निपात है?
(a) स्वीकारार्थक (b) बलदायक
(c) सीमाबोधक (d) आदरबोधक

75. 'अपढ़' का शाब्दिक अर्थ है
(a) जो पढ़ने योग्य न हो
(b) जो पढ़ा न गया हो
(c) जिसका पढ़ना मना हो
(d) जो पढ़ा-लिखा न हो

76. 'ओजस्वी' का विलोमार्थी क्या होगा?
(a) यशस्वी (b) तेजस्वी
(c) निस्तेज (d) निरभिमानी

77. "ताजमहल क्या ही सुन्दर है!।" यह कैसा वाक्य है?
(a) इच्छार्थक (b) विधानार्थक
(c) विस्मयार्थक (d) इनमें से कोई नहीं

78. 'न तीन में न तेरह में' मुहावरे का अर्थ है
(a) बहुत उपयोगी होना
(b) नष्ट कर देना
(c) बुद्धिहीन होना
(d) किसी काम का न होना

79. 'काठ का उल्लू' का अर्थ है
(a) निर्जीव (b) अडिग
(c) मूर्ख (d) अत्यधिक सरल

80. 'ब्रह्म राक्षस' किसकी रचना है?
(a) नागार्जुन (b) अज्ञेय
(c) नवीन (d) मुक्तिबोध

81. 'महाभारत' किसकी रचना है?
(a) वेद व्यास
(b) तुलसीदास
(c) वाल्मीकि
(d) उपरोक्त में से कोई नहीं

82. शब्द और अर्थ द्वारा वाक्य की शोभा को द्विगुणित करने वाले साधन को क्या कहते हैं?
(a) छन्द (b) समास
(c) कारक (d) अलंकार

83. हिन्दू रीति के अनुसार हमारे कुल कितने संस्कार हैं?
(a) 4
(b) 6
(c) 16
(d) उपरोक्त में से कोई नहीं

84. रीतिकाल में वीर रस के कवि हैं
(a) भूषण (b) देव
(c) घनानन्द (d) नीरज

85. निम्न में से कौन-सी पुस्तक महादेवी वर्मा द्वारा लिखित नहीं है?
(a) उर्वशी (b) स्मृति की रेखाएँ
(c) यामा (d) पथ के साथी

86. हिन्दी वर्णमाला में कुल कितने व्यंजन-वर्ण हैं?
(a) 10 (b) 16 (c) 11 (d) 33

87. ''कृपया जाएँ।'' यह कैसा वाक्य है?
(a) प्रश्नवाचक (b) अनुरोधवाचक
(c) आज्ञावाचक (d) इनमें से कोई नहीं

88. 'सरस्वती' पत्रिका का सम्पादन किसने किया?
(a) श्यामसुन्दर दास
(b) महावीर प्रसाद द्विवेदी
(c) रामचन्द्र शुक्ल
(d) प्रताप नारायण मिश्र

89. खड़ी बोली का प्रथम महाकाव्य है
(a) कामायनी (b) प्रिय प्रवास
(c) साकेत (d) नीरजा

90. विश्वामित्र की तपस्या किसने भंग की?
(a) द्रौपदी (b) मेनका
(c) उर्वशी (d) इनमें से कोई नहीं

भाग IV : गणित

91. वह संख्या जो न तो भाज्य है और न ही अभाज्य
(a) 2 (b) 1 (c) 4 (d) 3

92. $\frac{-8}{9}$ का गुणात्मक प्रतिलोम है
(a) $\frac{7}{8}$ (b) $\frac{8}{9}$ (c) $\frac{9}{-8}$ (d) $\frac{-9}{-8}$

93. रोमन पद्धति में 50 है
(a) XXXXX (b) CL
(c) L (d) LC

94. 3897 को 355 से गुणा करने पर क्या प्राप्त होगा?
(a) 1383435 (b) 1338453
(c) 1384353 (d) 1384335

95. यदि किसी सम्पत्ति के $\frac{7}{8}$ भाग व $\frac{3}{8}$ भाग में अन्तर 112 है, तो कुल सम्पत्ति बताइए
(a) 242 (b) 224
(c) 422 (d) 244

96. ज्ञात कीजिए
$8.014 + 7.7 - 14.05$
(a) 29.764 (b) 26.674
(c) 28.764 (d) 28.647

97. 40 घण्टे, 07 मिनट में से 38 घण्टे, 09 मिनट घटाइए
(a) 01 घण्टा, 58 मिनट
(b) 02 घण्टे, 58 मिनट
(c) 01 घण्टा, 59 मिनट
(d) 01 घण्टे, 57 मिनट

98. एक समबाहु त्रिभुज का परिमाप 192 सेमी है। इसकी एक भुजा की माप बताइए।
(a) 44 सेमी (b) 64 सेमी
(c) 32 सेमी (d) 66 सेमी

99. अज्ञात संख्या बताइए
08, 64, 216, ?, 1000
(a) 864 (b) 649
(c) 710 (d) 512

100. $\frac{5}{6} + \frac{6}{5}$ का मान ज्ञात कीजिए।
(a) $\frac{61}{30}$ (b) $\frac{11}{30}$
(c) 01 (d) $\frac{64}{30}$

101. $\sqrt{\sqrt{4096} + \sqrt{1296}} = ?$
(a) 10 (b) 12
(c) 71 (d) 42

102. ₹ 12,600 का 2 वर्ष के लिए 10% वार्षिक दर से चक्रवृद्धि ब्याज ज्ञात कीजिए।
(a) 2142 (b) 2687
(c) 2646 (d) 2146

103. $[2x + 5]^2 - [2x - 5]^2$ का मान ज्ञात कीजिए।
(a) $40x$
(b) $8x^2 + 50$
(c) $8x^2 + 40x + 50$
(d) $-40x$

104. ₹ 840 अंकित मूल्य वाली एक वस्तु ₹ 714 में बेची जाती है। बट्टा और बट्टा % ज्ञात कीजिए।
(a) ₹ 296 व 27 %
(b) ₹ 325 व 32 %
(c) ₹ 856 व 12 %
(d) ₹ 126 व 15 %

105. निम्न में से किस का अधिकतम मान है?
(a) 0.0001 (b) $\frac{1}{1000}$
(c) $(0.100)^2$ (d) $\frac{1}{10} \div 0.1$

106. 21, 6, 17, 18, 12, 8, 4, 13 के आँकड़ों का परिसर है
(a) 17 (b) 12
(c) 8 (d) 15

107. किसी आयत की लम्बाई उसकी चौड़ाई की $\frac{5}{3}$ भाग है। यदि आयत का परिमाप 80 मी है, तो उसका क्षेत्रफल कितना होगा?
(a) 48 मी^{2} (b) 66.6 मी^{2}
(c) 375 मी^{2} (d) 400 मी^{2}

108. 10 आदमी या 12 औरतें एक काम को 10 दिनों में करते हैं। 5 आदमी और 6 औरतें इकट्ठे उस काम को कितने दिनों में करेंगे?
(a) 8 (b) 10
(c) 12 (d) 15

109. $\frac{25\% \text{ का } 50\% \text{ का } 100\%}{25 \times 50}$ का मान है
(a) 1.1% (b) 0.1%
(c) 0.01% (d) 1%

110. यदि प्रेम की आय जय की आय से 25% अधिक है, तो जय की आय प्रेम की आय से कितने प्रतिशत कम है?
(a) 25% (b) 80%
(c) 20% (d) 75%

111. $\frac{13}{11} \times \left(\frac{-14}{4}\right) + \frac{13}{11} \times \frac{-7}{5} + \frac{-13}{11} \times \frac{34}{5}$ का सरलतम रूप है
(a) – 13 (b) – 34
(c) – 11 (d) 52

112. एक तार को मोड़ कर वर्ग बनाया जाता है जिसकी एक भुजा 22 सेमी है। यदि इस तार को दोबारा मोड़कर वृत्त बनाया जाता है, तो इस वृत्त की त्रिज्या होगी
(a) 22 सेमी (b) 14 सेमी
(c) 11 सेमी (d) 7 सेमी

113. $\frac{10^{22} + 10^{20}}{10^{20}}$ का मान है
(a) 10 (b) 100 (c) 101 (d) 1000

114. यदि 1 मी$^2 = x$ मिमी^{2}, तो x का मान है
(a) 1000 (b) 10000
(c) 100000 (d) 1000000

115. एक लड़की अपने पिता से 28 साल छोटी है और दोनों की आयु का जोड़ 50 है, तो लड़की की आयु होगी
(a) 22 साल (b) 11 साल
(c) 12 साल (d) 20 साल

116. यदि किसी वृत्त का क्षेत्रफल 81 πr^2 है, तो उसका परिमाप होगा
(a) 3 πr (b) 9 πr (c) 18 πr (d) 81 πr

117. किसी स्कूल में 200 विद्यार्थी हैं, प्रत्येक 5 में से 3 क्रिकेट खेलना पसन्द करते हैं। कितने विद्यार्थी क्रिकेट खेलना पसन्द नहीं करते?
(a) 60 (b) 80 (c) 100 (d) 120

118. एक ट्रेन 1500 मी लम्बी है और 40 किमी/घण्टा की गति से चल रही है। यह 2500 मी लम्बे प्लेटफार्म को पार करने में कितना समय लेगी?
(a) 6 मिनट
(b) 10 मिनट
(c) 15 मिनट
(d) 12 मिनट

119. 72 किमी प्रति घण्टा का मान मीटर प्रति सेकण्ड है
(a) $\frac{72 \times 1000}{3600}$
(b) $\frac{72 \times 3600}{1000}$
(c) $\frac{72 \times 36}{100}$
(d) $\frac{72 \times 3600}{100}$

120. $2.001 \div 0.003$ का मान है
(a) 667 (b) 700
(c) 0.7 (d) 376

भाग V : सामान्य जागरूकता

121. निम्नलिखित में कौन-सा पदार्थ नहीं है?
(a) हवा
(b) ठण्ड का महसूस करना
(c) धूल
(d) जल

122. 10°C ताप बराबर है
(a) 163 K (b) 10 K
(c) 183 K (d) 283 K

123. निम्नलिखित में से कौन-सा धातु नहीं है?
(a) कॉपर (b) चाँदी
(c) शीशा (d) बिस्मथ

124. निम्नलिखित में से कौन-सा यौगिक नहीं है?
(a) मार्बल
(b) कपड़े धोने का सोडा
(c) अबुझा चूना
(d) पीतल

125. 100°C पर पानी की अवस्था होती है
(a) ठोस (b) वाष्प
(c) द्रव (d) द्रव और वाष्प

126. पदार्थ की अभाज्यता किसके द्वारा प्रस्तावित की गई है?
(a) रदरफोर्ड (b) डॉल्टन
(c) बोहर (d) आइन्सटाइन

127. फेरिक सल्फेट का सही सूत्र है
(a) $FeSO_4$ (b) $Fe(SO_4)_2$
(c) $Fe_3(SO_4)_2$ (d) $Fe_2(SO_4)_3$

128. कैल्शियम कार्बोनेट में कैल्शियम की प्रतिशतता है
(a) 40 (b) 30 (c) 48 (d) 36

129. किस माध्यम में ध्वनि तेज चलती है?
(a) ठोस
(b) द्रव
(c) गैस
(d) उपरोक्त में से कोई नहीं

130. एक प्रकाश वर्ष बराबर होता है
(a) 9.46×10^{15} मी
(b) 9.46×10^{12} किमी
(c) 9.46×10^{17} सेमी
(d) उपरोक्त सभी

131. कन्द फसलों का स्रोत है
(a) स्टार्च (b) चीनी
(c) प्रोटीन (d) विटामिन

132. पहला सिन्थेटिक रेशा है
(a) रेयॉन (b) पोलिस्टर
(c) नाइलॉन (d) ऐक्रेलिक

133. सबसे हल्की धातु है
(a) सोना (b) लीथियम
(c) कैल्शियम (d) मरकरी

134. मोमबत्ती की आग में पूरा दहन कहाँ होता है?
(a) आन्तरिक क्षेत्र (b) मध्य क्षेत्र
(c) बाहरी क्षेत्र (d) ये सभी

135. निम्नलिखित में से किस ईंधन का सबसे अधिक कैलोरिफिक मूल्य समझा जाता है?
(a) मीथेन (b) एलपीजी
(c) पेट्रोल (d) हाइड्रोजन

136. नेपोलियन का सम्बन्ध किस देश से था?
(a) फ्रांस (b) स्पेन
(c) इटली (d) इंग्लैण्ड

137. किस वर्ष स्वेज नहर व्यापार के लिए खोल दी गई थी?
(a) 1859 ई. (b) 1869 ई.
(c) 1845 ई. (d) 1679 ई.

138. केन्द्रीय अनुसन्धान संस्थान कहाँ पर स्थित है?
(a) शिमला (b) धर्मशाला
(c) कसौली (d) मशोबरा

139. स्वामी विवेकानन्द मेडिकल संस्थान स्थित है
(a) टाण्डा (b) शिमला
(c) सोलन (d) पालमपुर

140. केसर उत्पादन से जुड़ा भारत का राज्य है
(a) आसाम
(b) पश्चिम बंगाल
(c) जम्मू और कश्मीर
(d) पंजाब

141. लोकसभा स्पीकर का क्या नाम है?
(a) सुमित्रा महाजन
(b) सुषमा स्वराज
(c) बलराम जाखड़
(d) ओम बिड़ला

142. केन्द्रीय वित्तमन्त्री कौन है?
(a) जगत प्रकाश नड्डा
(b) अरुण जेटली
(c) प्रकाश जावड़ेकर
(d) निर्मला सीतारमण

143. खेल प्रशिक्षण में उत्कृष्टता के लिए दिया जाने वाला पुरस्कार कौन-सा है?
(a) साहित्य अकादमी पुरस्कार
(b) द्रोणाचार्य पुरस्कार
(c) अर्जुन पुरस्कार
(d) दादा साहेब फाल्के पुरस्कार

144. नारी (मादा) भ्रूण हत्या को मद्देनजर रखते हुए वर्ष 2015 में सरकार द्वारा प्रवर्तित कार्यक्रम निम्न में कौन-सा है?
(a) बेटी बचाओ नाम कमाओ
(b) बेटी बचाओ देश बचाओ
(c) बेटी बचाओ बेटी पढ़ाओ
(d) बेटी बचाओ देश बनाओ

145. भारत में सबसे अधिक चीनी मिलों वाला कौन-सा राज्य है?
(a) बिहार (b) हरियाणा
(c) पंजाब (d) उत्तर प्रदेश

146. ऑगस्टा वेस्टलैण्ड सौदा किससे सम्बन्धित था?
(a) पनडुब्बी (b) वायुयान
(c) हैलिकॉप्टर (d) टैंक

147. श्रीहरिकोटा स्थित है
(a) कर्नाटक (b) ओड़िशा
(c) आन्ध्र प्रदेश (d) मध्य प्रदेश

148. कोरोना वायरस चीन के किस शहर से आरम्भ हुआ?
(a) शंघाई
(b) वुहान
(c) बीजिंग
(d) गुआंगजौ

149. हिमाचल प्रदेश में राज्यसभा की कितनी सीटें हैं?
(a) 5 (b) 4
(c) 3 (d) 2

150. अमेजन वर्षावन कहाँ स्थित है?
(a) एशिया
(b) उत्तरी अमेरिका
(c) दक्षिण अमेरिका
(d) अफ्रीका

उत्तरमाला

1. (b)	2. (b)	3. (b)	4. (c)	5. (a)	6. (c)	7. (d)	8. (c)	9. (c)	10. (d)
11. (b)	12. (d)	13. (a)	14. (c)	15. (d)	16. (d)	17. (c)	18. (b)	19. (a)	20. (a)
21. (a)	22. (a)	23. (d)	24. (a)	25. (b)	26. (d)	27. (a)	28. (a)	29. (d)	30. (c)
31. (b)	32. (a)	33. (a)	34. (a)	35. (c)	36. (d)	37. (b)	38. (a)	39. (a)	40. (b)
41. (a)	42. (c)	43. (d)	44. (c)	45. (a)	46. (d)	47. (d)	48. (a)	49. (d)	50. (a)
51. (b)	52. (c)	53. (b)	54. (a)	55. (d)	56. (a)	57. (c)	58. (d)	59. (b)	60. (d)
61. (a)	62. (c)	63. (d)	64. (a)	65. (d)	66. (a)	67. (b)	68. (b)	69. (c)	70. (c)
71. (a)	72. (a)	73. (c)	74. (d)	75. (d)	76. (c)	77. (c)	78. (d)	79. (c)	80. (d)
81. (a)	82. (d)	83. (c)	84. (a)	85. (a)	86. (d)	87. (b)	88. (b)	89. (b)	90. (b)
91. (b)	92. (c)	93. (c)	94. (a)	95. (b)	96. (a)	97. (a)	98. (b)	99. (d)	100. (a)
101. (a)	102. (c)	103. (a)	104. (d)	105. (d)	106. (a)	107. (c)	108. (b)	109. (c)	110. (c)
111. (a)	112. (b)	113. (c)	114. (d)	115. (b)	116. (c)	117. (b)	118. (a)	119. (a)	120. (a)
121. (b)	122. (d)	123. (c)	124. (a)	125. (b)	126. (b)	127. (d)	128. (a)	129. (a)	130. (a)
131. (a)	132. (c)	133. (b)	134. (c)	135. (d)	136. (a)	137. (b)	138. (c)	139. (d)	140. (c)
141. (d)	142. (d)	143. (b)	144. (c)	145. (d)	146. (c)	147. (c)	148. (b)	149. (c)	150. (c)

संकेत एवं हल

1. (b) ''मनोविज्ञान, शिक्षा का आधारभूत विज्ञान है'' यह परिभाषा प्रसिद्ध अमेरिकी मनोवैज्ञानिक बी.एफ. स्किनर के द्वारा दी गई। स्किनर को उनके शिक्षा मनोविज्ञान के क्षेत्र में अहम योगदान के लिए जाना जाता है। मनोविज्ञान की शाखा के रूप में शिक्षा मनोविज्ञान का आरम्भ वर्ष 1900 से माना जाता है। इसमें बालकों के व्यवहार का शैक्षिक परिस्थितियों में अध्ययन किया जाता है।

2. (b) शिक्षा मनोविज्ञान बाल विकास के ज्ञान में सहायक है। वर्तमान में प्रत्येक शिक्षक को शिक्षा मनोविज्ञान का ज्ञान होना आवश्यक है। यह ज्ञान शिक्षण कार्य को सक्षम बनाने के लिए अत्यन्त आवश्यक है। स्किनर के अनुसार शिक्षा मनोविज्ञान अध्यापकों की तैयारी की आधारशिला है।

3. (b) मानव व्यवहार अध्ययन की अत्यधिक वैज्ञानिक और वस्तुनिष्ठ विधि प्रयोगात्मक विधि है। यह विधि प्रयोगशाला में नियन्त्रित परिस्थितियों में की जाती है। इसमें दो तरह के चरों (आश्रित एवं स्वतन्त्र चरों) का प्रयोग किया जाता है। इसके तहत स्वतन्त्र चरों का आश्रित चर पर प्रभावों का अध्ययन किया जाता है। जैसे–प्रयोगशाला में संगीत का मानव के रक्त चाप पर प्रभाव का अध्ययन; यहाँ संगीत स्वतन्त्र चर है तथा रक्तचाप एक आश्रित चर है।

4. (c) एरिक्सन ने मनोसामाजिक विकास की आठ अवस्थाएँ बताई हैं। एरिक्सन के अनुसार बालक में मनोलैंगिक विकास के साथ ही सामाजिक विकास की प्रक्रिया भी चलती है। सामाजिक कारक व्यक्तित्व के विकास पर अप्रत्यक्ष प्रभाव डालते हैं। एरिक्सन ने मानव के मनोसामाजिक विकास की प्रत्येक अवस्था की विशेष मानसिक विशेषताओं का भी उल्लेख किया है, जो सकारात्मक और नकारात्मक दोनों प्रकार की होती हैं।

5. (a) जीन, डी.एन.ए. से बने होते हैं। जीन आनुवंशिकता का वाहक होता है। आनुवंशिकता, प्राणी के विकास की गति व दिशा को निर्धारित करती है। आनुवंशिकता ही प्राणी के रंग, रूप, कद, लिंग व अन्य शारीरिक विशेषताओं के साथ उसकी विभिन्न मानसिक क्षमताओं, जैसे–बुद्धि, चिन्तन, स्मृति आदि का निर्धारण करती है।

6. (c) प्रत्येक मनुष्य की जनन कोशिका (युग्मनज) के केन्द्रक में गुणसूत्र पाए जाते हैं। इनकी संख्या 46 होती है। इनमें से 23 गुणसूत्र माता और 23 गुणसूत्र

पिता से प्राप्त होते हैं। ये गुणसूत्र दो तरह के होते हैं- X गुणसूत्र और Y गुणसूत्र। पुरुषों में X और Y दोनों प्रकार के गुणसूत्र पाए जाते हैं; परन्तु स्त्रियों की अण्डकोशिका (Ovum cell) में केवल XX गुणसूत्र होते हैं।

7. (d) सामान्य बाल विकास पर सामाजिक, आनुवंशिक, पर्यावरणीय व व्यक्तिगत कारकों का गहरा प्रभाव पड़ता है। इन कारकों के नकारात्मक पहलू बच्चों को अपराध की ओर आकृष्ट करते हैं। कुछ नकारात्मक पहलू हैं, जैसे-पारिवारिक कलह, बच्चों के प्रति माता-पिता की कम सहायता/देखभाल, बच्चों की अनुशासनहीनता आदि है।

8. (c) पैदा होने के पूर्व की मानव विकास अवस्था को भ्रूणीय अवस्था कहते हैं। यह अवस्था 9 माह तक की होती है, जो गर्भाधान से शिशु जन्म तक की अवधि होती है। विकास एक सतत् प्रक्रिया है, जो गर्भाधान से शुरू होकर जीवनपर्यन्त चलती है। सामान्य रूप से मानव विकास विभिन्न अवस्थाओं से होकर गुजरता है। ये अवस्थाएँ विकास की अवस्थाएँ कहलाती हैं। प्रत्येक अवस्था के अपने विशिष्ट लक्षण व गुण होते हैं।

9. (c) मानव के व्यक्तित्व विकास के लिए सामाजिक बन्धन की महत्त्वपूर्ण भूमिका होती है। बच्चे के व्यक्तित्व विकास पर उसके अपने माता-पिता, शिक्षक, समाज आदि का गहरा प्रभाव पड़ता है। इनके माध्यम से बच्चा यह जान पाता है कि उसे लोगों के साथ कैसे बातचीत करनी चाहिए तथा लोगों के साथ किस तरह से व्यवहार करना चाहिए।

10. (d) मनोवैज्ञानिक स्किनर ने अपने ऑपरेटिव कण्डीशनिंग सिद्धान्त के अध्ययन के लिए चूहे तथा कबूतर पर प्रयोग किया था। इसके माध्यम से इन्होंने नियन्त्रित परिस्थिति में जन्तुओं के व्यवहार का अध्ययन किया।

11. (b) क्रियात्मक अनुबन्धन को ही सक्रिय अनुबन्धन भी कहा जाता है। सक्रिय अनुबन्धन के सिद्धान्त का प्रतिपादन स्किनर ने किया था। सक्रिय अनुबन्धन से अभिप्राय एक ऐसी अधिगम प्रक्रिया से है जिसके द्वारा सक्रिय व्यवहार को सुनियोजित पुनर्बलन द्वारा पर्याप्त बल मिल जाने से पुनरावृत्ति होती है। क्रियात्मक अनुबन्धन में विलुप्त होने की प्रक्रिया, प्रतिक्रिया को पुनर्बलित नहीं करती है।

12. (d) आइजैक के अनुसार, ''स्मृति व्यक्ति की वह योग्यता है, जिसके द्वारा वह अधिगम की प्रक्रियाओं से सूचना एकत्र करता है, फिर इस सूचना को उद्दीपकों के प्रत्युत्तर में पुनरोत्पादित करता है। स्मृति चिह्नों को संचित करने की अवधि के आधार पर स्मृति में सूचनाओं का प्रक्रमण तीन अवस्थाओं में होता है। ये हैं-सांवेदिक स्मृति, अल्पकालिक स्मृति और दीर्घकालिक स्मृति।

13. (a) स्मृति में तीन अलग-अलग, किन्तु जुड़ी हुई मानसिक अवस्थाएँ होती हैं, इन्हें स्मृति के मूल तत्त्व के नाम से भी जाना जाता है। ये हैं

(i) आगमनात्मक (encoding)

(ii) धारण (storage)

(iii) पुनः प्राप्त करना (retrieval)

स्मृति की पहली अवस्था आगमनात्मक है। इसके सहारे पर्यावरण से प्राप्त सांवेदिक सूचना को स्मृति चिह्नों के रूप में परिवर्तित कर मस्तिष्क में सुरक्षित रखा जाता है।

14. (c) आंशिक या पूर्ण स्मरण का खोना विस्मरण कहलाता है। विस्मरण में व्यक्ति द्वारा सीखी गई सामग्री या कार्य के पुनः स्मरण करने, पहचान करने या पुनरुत्पादन करने की असफलता को प्रदर्शित करती है। सामान्यतः व्यक्ति में विस्मरण की घटना सामग्री के गहन स्तर पर संसाधित न होने के कारण, स्मृति चिह्नों के समाप्त या दुर्बल हो जाने के कारण घटित होती है।

15. (d) लघु स्मरण स्मृति (STM) हमारे स्मृति तन्त्र की दूसरी अवस्था है। इस स्मृति में सांवेदिक स्मृति से प्राप्त सूचनाएँ संचित रहती हैं। इस स्मृति की अवधि सांवेदिक स्मृति की अपेक्षा अधिक होती है। मनोवैज्ञानिकों के अनुसार लघु स्मरण स्मृति का अन्तराल 20-30 सेकण्ड तक होता है। इसमें प्रवेश करने वाली सूचनाएँ कमजोर प्रकृति की होती हैं क्योंकि व्यक्ति को इनके अभ्यास का अधिक अवसर नहीं मिल पाता है।

16. (d) चिन्तन वह सृजनात्मक तकनीक है, जो बालकों में किसी विषय, तथ्य, घटना, वस्तु आदि के बारे में सोचने का नवीन दृष्टिकोण विकसित करती है। सृजनात्मक चिन्तन खोज, आविष्कार, मौलिकता को जन्म देता है। चिन्तन किसी भी व्यक्ति में हो सकता है। इसमें निम्नांकित मानसिक प्रक्रियाएँ सम्मिलित होती हैं, जैसे–निष्कर्ष निकालना, अमूर्त प्रक्रिया, तर्क-वितर्क करना आदि।

17. (c) मनोवैज्ञानिक स्टर्न को बुद्धिलब्धि (I.Q.) का जन्मदाता माना जाता है। बुद्धिलब्धि के माध्यम से किसी भी व्यक्ति की उसकी शारीरिक आयु के सापेक्ष मानसिक आयु का पता चलता है।

$$\text{बुद्धिलब्धि} = \frac{\text{मानसिक आयु}}{\text{शारीरिक आयु}} \times 100$$

निम्न (low) बुद्धिलब्धि का वर्गीकरण स्टर्न ने कुछ इस प्रकार किया है

बुद्धिलब्धि	व्यक्ति के प्रकार
55-69	हल्की मन्दबुद्धि वाले
40-54	मध्यम मन्दबुद्धि वाले
25-39	गम्भीर मन्दबुद्धि वाले
25 से कम	अति गम्भीर मन्दबुद्धि वाले

18. (b) प्रोजेक्ट शिक्षा प्रणाली के जनक किलपैट्रिक को माना जाता है। इस प्रणाली के अन्तर्गत अध्यापक वाद-विवाद के माध्यम से बालकों के समक्ष समस्या उत्पन्न करता है तथा उसके समाधान के लिए कहा। प्रोजेक्ट बालकों की इच्छा के अनुरूप दिया जाना चाहिए। प्रोजेक्ट की समाप्ति पर उसका मूल्यांकन किया जाता है।

19. (a) खेल सिद्धान्त (game theory) व्यावहारिक गणित की एक शाखा है, जिसका प्रयोग सामाजिक विज्ञान, अर्थशास्त्र, राजनीति विज्ञान, कम्प्यूटर साइन्स, जीव विज्ञान एवं दर्शन आदि में किया जाता है। पूर्व अभिनय खेल सिद्धान्त के प्रतिपादक मेलब्रांश हैं।

20. (a) प्रत्येक बालक की शारीरिक एवं मानसिक योग्यताएँ भिन्न-भिन्न होती हैं। कोई भी दो बालक समान नहीं हो सकते। यहाँ तक की दो जुड़वाँ बच्चे भी शारीरिक रूप से समान होते हैं, किन्तु वे अपनी योग्यता, क्षमता, बुद्धि एवं अभिरुचि आदि के आधार पर भिन्न होते हैं। हरलॉक ने कहा है कि दो बालकों में समान योग्यताएँ नहीं होती हैं।

21. (a) अधिगम के अन्तर्दृष्टि सिद्धान्त के प्रतिपादक कोह्लर हैं। इसे अधिगम का गेस्टाल्ट सिद्धान्त भी कहा जाता है। इस सिद्धान्त का उल्लेख कोह्लर ने सर्वप्रथम अपनी पुस्तक 'गेस्टाल्ट साइकोलॉजी' में किया था। इस सिद्धान्त से सम्बन्धित प्रयोग सुल्तान नामक एक भूखे चिम्पैंजी पर किया गया।

22. (a) प्रसिद्ध जर्मन मनोवैज्ञानिक क्रेचनर ने व्यक्तित्व के चार प्रकारों का वर्णन किया है, जो हैं–

(i) एसथेनिक (ii) एथलेटिक

(iii) पाइकनिक (iv) डिसप्लास्टिक

23. (d) सृजनशील बालकों में मौलिक चिन्तन, निर्णय लेने की स्वतन्त्रता, कुछ नया करने की योग्यता एवं नवीन ढंग से समस्याओं का समाधान आदि योग्यताएँ पाई जाती हैं।

सामान्यतः सृजनात्मकता की पहचान नवीन परिणाम से होती है। यद्यपि सृजनात्मकता की पहचान, निरन्तरता, लोचनीयता, मौलिकता एवं विस्तार के परीक्षण के लिए कुछ विशेष परीक्षणों का प्रयोग किया जा सकता है, जो हैं–चित्रपूर्ति परीक्षण, उत्पाद सुधार कार्य, वृत्त परीक्षण एवं टीन के डिब्बे परीक्षण आदि।

24. (a) ''सृजनात्मकता मुख्यतः नवीन रचना या उत्पाद में होती है।'' यह कथन जेम्स ड्रेवर का है। जेम्स ड्रेवर के अनुसार, मनोविश्लेषणात्मक, साहचर्यवाद, अन्तः दृष्टिवाद एवं अस्तित्ववाद सिद्धान्तों का सम्बन्ध सृजनात्मकता से है।

25. (b) थॉर्नडाइक अधिगम के प्रयास एवं त्रुटि सिद्धान्त के प्रतिपादक हैं। इस सिद्धान्त को उद्दीपन-अनुक्रिया का सिद्धान्त तथा संयोजनवाद का सिद्धान्त भी कहा जाता है। थॉर्नडाइक ने अधिगम सिद्धान्त सम्बन्धित प्रयोग एक भूखी बिल्ली पर किए थे।

26. (d) वे बच्चे जिनकी मानसिक आयु उनकी कालानुक्रमिक आयु से कम होती है, वे मन्दबुद्धि (मन्दित) बालक कहलाते हैं। मन्दबुद्धि वाले बालकों की बुद्धिलब्धि 80-89 के मध्य होती है। बुद्धिलब्धि बच्चे की मानसिक आयु को उसकी कालानुक्रमिक आयु से भाग करके, 100 से गुणा कर प्राप्त की जाती है।

$\text{बुद्धिलब्धि} = \text{मानसिक आयु} \times 100/\text{कालक्रमिक आयु}$

27. (a) बी. एफ. स्किनर के अनुसार, ''बच्चे अपने वातावरण के साथ सम्बन्ध बनाते हुए अपनी समझ का विकास कर लेते हैं।'' स्किनर ने अधिगम के सक्रिय अनुबन्धन सिद्धान्त का प्रतिपादन किया।

28. (a) यदि किसी बालक की मानसिक आयु उसकी कालानुक्रमिक आयु के बराबर हो, तो उसकी बुद्धि-लब्धि 100 होगी।

$$\text{बुद्धिलब्धि} = \frac{\text{मानसिक आयु} \times 100}{\text{कालानुक्रमिक आयु}}$$

उदाहरण यदि किसी बालक की मानसिक आयु 12 वर्ष तथा कालानुक्रमिक आयु भी 12 वर्ष है, तो उसकी बुद्धिलब्धि होगी

$$\text{बुद्धिलब्धि} = \frac{12 \times 100}{12}$$

$$\text{बुद्धिलब्धि} = 100$$

29. (d) स्विट्जरलैण्ड के प्रसिद्ध मनोवैज्ञानिक जीन पियाजे ने संज्ञानात्मक विकास के सिद्धान्त का प्रतिपादन किया। इसमें इन्होंने संज्ञानात्मक विकास को चार अवस्थाओं में विभजित किया है जो हैं-

- इन्द्रियजनित गामक अवस्था (जन्म से 2 वर्ष तक)
- पूर्व संक्रियात्मक अवस्था (2 से 7 वर्ष)
- मूर्त संक्रियात्मक अवस्था (7 से 11 वर्ष तक)
- अमूर्त संक्रियात्मक अवस्था (11 वर्ष से ऊपर)

मूर्त संक्रियात्मक स्तर में बच्चे किसी वस्तु एवं घटना के विषय में तार्किक रूप से सोचना प्रारम्भ कर देते हैं तथा उनमें विभेदीकरण, वस्तुओं को पहचानने, वर्गीकरण, क्रमबद्ध चिन्तन आदि योग्यताओं का विकास होने लगता है।

30. (c) शिक्षा की किण्डरगार्टन पद्धति के प्रतिपादक जर्मन मनोवैज्ञानिक फ्रोबेल है। इनके अनुसार, विद्यालय बालकों का बगीचा है, जिसमें बालक स्वच्छन्दता के परिवेश में खेल सके। इस प्रणाली के तहत बच्चों को खेल के माध्यम से सिखाया जाता है। इस प्रणाली के कई लाभ हैं; जैसे-खेल द्वारा शिक्षा, बालकों को स्वतन्त्रता, सामाजिक भावना का विकास एवं प्राकृतिक वातावरण में अध्ययन आदि।

31. (b) 'an' will be used to fill the blank as 'island' starts with a vowel (.)

32. (a) 'wait' will be used to fill the blank. 'Time and tide wait for none' is a saying which means that people cannot stop the passing time, and therefore should not delay doing things.

33. (a) 'Besides' means in addition to. Hence, it is suitable to fill the blank.

34. (a) 'I' will be used to fill the blank.

35. (c) 'Agony' means great pain. Hence, 'pain' is its synonym.

36. (d) 'Heifer' is a young cow that has not given birth to a calf. So, 'Bullock' is the masculine of 'Heifer'.

37. (b) 'Amateur' means someone who does an activity just for pleasure, not as their job. Hence, 'one who does some art or sport as a hobby' is appropriate to fill the blank.

38. (a) 'He wished that he would be a King.' is the indirect speech of the given sentence.

39. (a) 'Let a lie never be told.' is the correct passive voice of 'Never tell a lie.'

40. (b) An epic is a long poem about events in the past, often involving gods or kings. Hence, a long narrative based on a myth or legend is suitable to fill the blank.

41. (a) 'would' is used for imaginary situations.

42. (c) 'distinguish' means to recognise the difference between two things. 'between' is used with 'distinguish'. Hence, it is suitable to fill the blank.

43. (d) 'Implicate' means to show or suggest that someone is involved in a crime or dishonest act. Hence, 'Exonerate is opposite in meaning to it as it means to state officially that someone who has been blamed for something is not guilty.

44. (c) 'Sterile' means (of land) unable to produce plants or crops. Hence, its opposite meaning word is 'Fertile.'

45. (a) 'Logical' means seeming reasonable and sensible. Hence, 'Irrational' is opposite in meaning to it as it means not based on clear thought or reason.

46. (d) 'Escalate' means to increase, especially at a fast rate that causes problems. Hence, 'spiral' from the given options means the same.

47. (d) 'Ominous' means suggesting that something unpleasant is likely to happen. Hence, 'Sinister' nearly means the same as 'Ominous'.

48. (a) 'Enhance' means to improve something or to make it more attractive or more valuable. 'Embellish' means to make something more beautiful by decorating it. Hence, 'Embellish' means the same as 'Enhance.'

49. (d)'Meadow' means a piece of grassland, especially one used for hay.

50. (a) 'Aviary' means a large cage where birds are kept.

51. (b) An unmarried man is called a 'Bachelor'.

52. (c) 'The chairman rang the bell.' is the correct active voice for the given sentence.

53. (b) 'Let this file be sent in.' is the correct passive voice of the given sentence.

54. (a) 'His father praised him.' is the correct active voice of the given sentence.

55. (d) 'The tiger was shot dead by him.' is the correct passive voice of the given sentence.

56. (a) The idiom 'smell a rat' means to guess that something wrong or dishonest is happening. Hence, 'Suspect something foul' gives its correct meaning.

57. (c) 'Out of the woods' means not having a problem or difficulty any longer. Hence, 'Free from dangers' gives its correct meaning.

58. (d) The idiom 'Cry of the moon' means to ask for something that is difficult or impossible to obtain. So, 'Ask for the impossible' gives its correct meaning.'

59. (b) 'Bring something to light' means to discover something or make it known publicly. So, 'Disclose' gives its correct meaning.

60. (d) 'In black and white' means in writing.

61. (a) भाषा परिवर्तनशील होती है, जिसमें एक समय अन्तराल में भाषा के विभिन्न स्तरों, जैसे–ध्वनि, वाक्य, अर्थ तथा अन्य कारकों में परिवर्तन होता है। ध्वनि, शब्द, अर्थ, लिपि, वर्तनी आदि में होने वाले विभिन्न परिवर्तन भाषा परिवर्तन कहलाते हैं।

62. (c) ग्रियर्सन के अनुसार, भारत में कुल 544 बोलियाँ तथा 179 भाषाएँ हैं। जॉर्ज अब्राह्म ग्रियर्सन आधुनिक भारत में भाषाओं का सर्वेक्षण करने वाले पहले भाषा वैज्ञानिक थे।

63. (d) व्यंजन वर्णों की कुल संख्या 33 हैं, जिसमें 25 स्पर्श व्यंजन हैं। जिन वर्णों का उच्चारण स्वरों की सहायता के बिना नहीं हो पाता है, वे व्यंजन कहलाते हैं।

64. (a) दिए गए विकल्पों में से विकल्प (a) संन्यासी शुद्ध शब्द है। शेष अशुद्ध शब्द हैं।

65. (d) दिए गए विकल्पों में से विकल्प (d) साहित्यिक शुद्ध शब्द है। शेष अशुद्ध शब्द हैं।

66. (a) गृह बसाकर रहने वाले को गृहस्थ कहते हैं।

67. (b) उसका अम्बर फट गया-यहाँ 'अम्बर' का अर्थ कपड़े से है।

68. (b) अ + इ = ए यह गुण संधि का नियम है।

69. (c) कभी का संधि विच्छेद कब + ही होगा। जब, कब, तब, सब और अब आदि शब्दों के अन्त में ही आने पर 'ह' का 'भ' हो जाता है और 'ब' का लोप हो जाता है।

70. (c) 'जिसका' शब्द 'जो' सर्वनाम का यौगिक रूप है। यह एक संबंधवाचक सर्वनाम है। जब किसी वाक्य में दो संज्ञा या सर्वनाम शब्दों के मध्य का संबंध दिखाने के लिए सर्वनाम का प्रयोग होता है तो उसे संबंधवाचक सर्वनाम कहते हैं।

71. (a) 'सुन्दर' विशेषण का स्त्रीलिंग रूप सुन्दरी होगा। जो शब्द संज्ञा या सर्वनाम की विशेषता अथवा हीनता बताए, वह विशेषण कहलाता है।

72. (a) पवित्रता से विशेषण 'पवित्र' बनेगा। जिन शब्दों से संज्ञा या सर्वनाम की विशेषता का बोध हो, उन्हें विशेषण कहते हैं।

73. (c) भविष्यत काल से आने वाले समय का बोध होता है। भविष्यत काल को सामान्य भविष्यत, सम्भाव्य भविष्यत तथा हेतुहेतुमद भविष्यत में विभाजित किया जाता है।

74. (d) इंदिरा जी एक बार पटना आई थी–में जी आदरबोधक निपात है। किसी भी बात पर अतिरिक्त भार देने के लिए जिन शब्दों का प्रयोग किया जाता है, उसे निपात कहते हैं। 'आदरबोधक' निपात का एक भेद है।

75. (d) अपढ़ का शाब्दिक अर्थ 'जो पढ़ा लिखा न हो,' होता है।

76. (c) ओजस्वी का विलोमार्थी 'निस्तेज' होगा। किसी शब्द का विपरीत या उल्टा अर्थ देने वाले शब्दों को विलोम शब्द कहते हैं।

77. (c) 'ताजमहल क्या ही सुन्दर है!' यह विस्मयार्थक वाक्य है। जिन वाक्यों में आश्चर्य, हर्ष, शोक, घृणा आदि के भाव व्यक्त हों, उन्हें विस्मयबोधक वाक्य कहते हैं।

78. (d) 'न तीन में न तेरह में' मुहावरे का अर्थ 'किसी काम का न होना' है। उदाहरण, जहाँ बड़े-बड़े नेताओं को बुलाया गया हो, वहाँ छोटे नेताओं की क्या बिसात, वे तो न तीन में न तेरह में।

79. (c) 'काठ का उल्लू' मुहावरे का अर्थ 'अज्ञानी या मूर्ख' होता है। जिसको किसी बात का ज्ञान नहीं होता है, उस व्यक्ति को अज्ञानी कहा जाता है।

80. (d) 'ब्रह्म राक्षस' पुस्तक की रचना गजानन माधव मुक्तिबोध द्वारा की गई थी। गजानन माधव मुक्तिबोध हिन्दी साहित्य के प्रमुख कवि, आलोचक, निबन्धकार, कहानीकार तथा उपन्यासकार थे।

81. (a) महाभारत की रचना वेद व्यास जी द्वारा की गई थी। यह ग्रन्थ महाभारत के युद्ध पर आधारित है। यह ग्रन्थ युद्ध के न्याय, अन्याय, धर्म व नीतियों की व्याख्या करता है।

82. (d) शब्द और अर्थ द्वारा वाक्य की शोभा को द्विगुणित करने वाले साधन को अलंकार कहते हैं। अलंकार वर्णों और अर्थों में प्रयोग होकर काव्य की सौन्दर्यता बढ़ाते हैं। इनके प्रयोग से काव्य की सम्प्रेषणीयता में वृद्धि होती है।

83. (c) हिन्दू रीति के अनुसार 16 संस्कार हैं– गर्भाधान, पुंसवन, सीमन्तोन्नयन, जातकर्म, नामकरण, निष्क्रमण, अन्नप्राशन, मुंडन, कर्णबेधन, विद्यारम्भ, उपनयन, वेदारम्भ, केशान्त, समावर्तन, विवाह तथा अन्त्येष्टि।

84. (a) रीतिकाल में वीर रस के कवि भूषण हैं। रीतिकाल के दो अन्य वीर रस कवि बिहारी और केशव हैं। महाकवि भूषण को भूषण की उपाधि उन्हें चित्रकूट के राजा रुद्रशाह के पुत्र ह्रदयराम ने प्रदान की थी।

85. (a) 'उर्वशी' पुस्तक रामधारी सिंह दिनकर द्वारा लिखी गई है। वर्ष 1972 में उर्वशी के लिए ज्ञानपीठ पुरस्कार प्राप्त करने वाले डॉ. रामधारी सिंह दिनकर बिहार के पहले व्यक्ति थे।

86. (d) हिन्दी वर्णमाला में कुल 33 व्यंजन होते हैं। जिन वर्णों के पूर्ण उच्चारण के लिए स्वरों की सहायता ली जाती है, वे व्यंजन कहलाते हैं। व्यंजन के तीन भेद स्पर्श, अन्तःस्थ और ऊष्म हैं।

87. (b) ''कृपया जाएँ'' एक अनुरोधवाचक वाक्य है। जिन वाक्यों में प्रार्थना, विनय आदि भाव प्रकट होते हैं, वे अनुरोधवाचक वाक्य कहलाते हैं।

88. (b) सरस्वती पत्रिका का सम्पादन महावीर प्रसाद द्विवेदी ने वर्ष 1903 से वर्ष 1920 तक किया था। सरस्वती पत्रिका का प्रकाशन वर्ष 1900 में इण्डियन प्रेस, प्रयाग से किया गया था। महावीर प्रसाद द्विवेदी ने सरस्वती पत्रिका के माध्यम से नए रचनाकारों को भाषा का महत्त्व समझाया।

89. (b) खड़ी बोली का प्रथम महाकाव्य 'प्रिय प्रवास' है, जिसकी रचना अयोध्या सिंह उपाध्याय 'हरिऔध' द्वारा की गई थी। जयशंकर प्रसाद द्वारा 'कामायनी', मैथिलीशरण गुप्त द्वारा 'साकेत' तथा महादेवी वर्मा द्वारा 'नीरजा' नामक काव्य की रचना की गई।

90. (b) विश्वामित्र की तपस्या मेनका ने भंग की थी। मेनका स्वर्गलोक की छह सर्वश्रेष्ठ सुन्दरियों में से एक थी।

91. (b) 1 ऐसी संख्या जो न तो भाज्य है और न ही अभाज्य है।

92.(c) $\frac{-8}{9}$ का गुणात्मक प्रतिलोम $= \frac{9}{-8}$

क्योंकि संख्या और उसके गुणात्मक प्रतिलोम का गुणनफल सदैव 1 होता है।

93. (c) रोमन पद्धति में 50 को L लिखा जाता है।

94. (a) $3897 \times 355 = (3900 - 3) \times 355$
$= 1384500 - 1065 = 1383435$

95. (b) माना कुल सम्पत्ति $= x$

प्रश्नानुसार,

$$x \times \left(\frac{7}{8} - \frac{3}{8}\right) = 112$$
$$x \times \left(\frac{4}{8}\right) = 112$$
$$\frac{x}{2} = 112$$
$$x = 224$$

96. (a) $8.014 + 7.7 + 14.05$
$= 8.014 + 7.700 + 14.050$
$= 29.764$

97. (a) 40 घण्टे 7 मिनट – 38 घण्टे 9 मिनट
= 39 घण्टे 67 मिनट – 38 घण्टें 9 मिनट
($\because$ 1 घण्टा = 60 मिनट)
= 1 घण्टा 58 मिनट

98. (b) माना समबाहु त्रिभुज की भुजा $= a$ सेमी

प्रश्नानुसार,

समबाहु त्रिभुज का परिमाप = 192 सेमी

$\Rightarrow \quad 3a = 192$

$\therefore \quad a = \frac{192}{3} = 64$ सेमी

अतः समबाहु त्रिभुज की प्रत्येक भुजा की माप 64 सेमी है।

99. (d) दी गई श्रृंखला निम्न प्रकार है

08	64	216	[512]	1000
↑	↑	↑	↑	↑
2^3	4^3	6^3	8^3	10^3

100. (a) $\frac{5}{6} + \frac{6}{5} = \frac{25 + 36}{30} = \frac{61}{30}$

101. (a) $\sqrt{\sqrt{4096} + \sqrt{1296}} = ?$

$$? = \sqrt{\sqrt{(64)^2} + \sqrt{(36)^2}}$$
$$= \sqrt{64 + 36}$$
$$= \sqrt{100}$$
$$= \sqrt{(10)^2} = 10$$

102. (c) दिया है, धनराशि, $P =$ ₹ 12600
समय, $t = 2$ वर्ष
दर, $r = 10\%$

$\therefore$ चक्रवृद्धि ब्याज (CI) $= P\left[\left(1 + \frac{r}{100}\right)^t - 1\right]$

$$= 12600\left[\left(1 + \frac{10}{100}\right)^2 - 1\right]$$
$$= 12600\left[\frac{11}{10} \times \frac{11}{10} - 1\right]$$
$$= 12600\left(\frac{121 - 100}{100}\right)$$
$$= 126 \times 21$$
= ₹ 2646

103. (a) $[2x + 5]^2 - [2x - 5]^2$
$= 4 \cdot (2x)(5)$
$[\because (a + b)^2 - (a - b)^2 = 4ab]$
$= 40x$

104. (d) दिया है, वस्तु का अंकित मूल्य = ₹ 840

तथा विक्रय मूल्य = ₹ 714

$\therefore$ बट्टा = अंकित मूल्य – विक्रय मूल्य
= 840 – 714 = ₹ 126

$\therefore$ बट्टा % $= \frac{\text{बट्टा}}{\text{अंकित मूल्य}} \times 100$
$= \frac{126}{840} \times 100 = 15\%$

105. (d) विकल्प (a), $0.0001 = 0.0001$

विकल्प (b), $\frac{1}{1000} = 0.001$

विकल्प (c), $(0.100)^2 = 0.10000$

विकल्प (d), $\frac{1}{10} \div 0.1 = \frac{1}{10} \div \frac{1}{10}$
$= \frac{1}{10} \times 10 = 1$

अतः अधिकतम मान $\left(\frac{1}{10} \div 0.1\right)$ है।

106. (a) दिए गए आँकड़ों को आरोही क्रम में व्यवस्थित करने पर,

4, 6, 8, 12, 13, 17, 18, 21

$\therefore$ आँकड़ों का परिसर
= अधिकतम मान – न्यूनतम मान
= 21 – 4 = 17

107. (c) माना आयत की चौड़ाई $= x$ मी

$\therefore$ आयत की लम्बाई $= \frac{5}{3}x$ मी

प्रश्नानुसार,

आयत का परिमाप = 80 मी

$\therefore$ 2 (लम्बाई + चौड़ाई) = 80

$$2\left(\frac{5}{3}x + x\right) = 80$$

$$\left(\frac{5x + 3x}{3}\right) = \frac{80}{2}$$

$$\frac{8x}{3} = 40$$

$$x = 40 \times \frac{3}{8} = 5 \times 3 = 15$$

∴ चौड़ाई = 15 मी

तथा लम्बाई $= \frac{5}{3} \times 15 = 25$ मी

∴ आयत का क्षेत्रफल = लम्बाई × चौड़ाई

$= 25 \times 15 = 375$ मी^{2}

108. (b) प्रश्नानुसार,

10 आदमी = 12 औरतें

∴ 5 आदमी = 6 औरतें

∴ 5 आदमी और 6 औरतें = 6 + 6 = 12 औरतें

∵ 12 औरतें एक काम को पूरा करती हैं = 10 दिन में

∴ 5 आदमी और 6 औरतें या 12 औरतें उस काम को पूरा करेंगी = 10 दिन में

109. (c) $\frac{25\% \text{ का } 50\% \text{ का } 100\%}{25 \times 50}$

$$= \frac{\frac{25}{100} \times \frac{50}{100} \times \frac{100}{100}}{25 \times 50}$$

$$= \frac{1}{100 \times 100}$$

$$= 0.01 \times \frac{1}{100} = 0.01\%$$

110. (c) माना, जय की आय $= x$

∴ प्रेम की आय $= x \times \frac{125}{100} = \frac{5}{4}x$

∴ अभीष्ट प्रतिशत $= \frac{\frac{5}{4}x - x}{\frac{5}{4}x} \times 100$

$$= \frac{1}{4} \times \frac{4}{5} \times 100$$

$= 20\%$ (कम)

111. (a) $\frac{13}{11} \times \left(\frac{-14}{5}\right) + \frac{13}{11} \times \frac{-7}{5} + \frac{-13}{11} \times \frac{34}{5}$

$$= \frac{13}{11}\left(\frac{-14}{5} - \frac{7}{5} - \frac{34}{5}\right)$$

$$= \frac{13}{11}\left(-\frac{55}{5}\right)$$

$$= \frac{13}{11} \times -11 = -13$$

112. (b) दिया है, वर्ग की भुजा $a = 22$ सेमी

∴ वर्ग का परिमाप $= 4a$

$= 4 \times 22 = 88$ सेमी

∴ तार की लम्बाई = 88 सेमी

अब, माना वृत्त की त्रिज्या $= r$ सेमी

प्रश्नानुसार, वृत्त की परिधि = वर्ग का परिमाप

$$2\pi r = 88$$

$$2 \times \frac{22}{7} r = 88$$

$r = \frac{88 \times 7}{2 \times 22} = 14$ सेमी

113. (c) $\frac{10^{22} + 10^{20}}{10^{20}} = \frac{10^{20}(10^2 + 1)}{10^{20}}$

$$= (100 + 1) = 101$$

114. (d) दिया है, 1 मी$^2 = x$ मिमी^{2}

हम जानते हैं, 1 मी = 1000 मिमी

∴ 1 मी$^2 = (1000)^2$ मिमी^{2}

$= 1000000$ मिमी^{2}

∴ $x = 1000000$

115. (b) माना पिता की आयु $= x$ साल

∴ लड़की की आयु $= x - 28$

प्रश्नानुसार,

दोनों की आयु का योग = 50

∴ $x + x - 28 = 50$

$$2x = 50 + 28 = 78$$

$$x = \frac{78}{2} = 39$$

∴ लड़की की आयु = 39 − 28 = 11 साल

116. (c) माना वृत्त की त्रिज्या $= R$

∴ वृत्त का क्षेत्रफल $= \pi R^2$

प्रश्नानुसार,

$$\pi R^2 = 81\,\pi r^2$$

$$R^2 = (9r)^2$$

$$R = 9r$$

∴ वृत्त का परिमाप $= 2\pi R$

$$= 2\pi \times 9r = 18\pi r$$

117. (b) कुल विद्यार्थी = 200

प्रश्नानुसार,

प्रत्येक 5 में से 3 क्रिकेट खेलना पसन्द करते हैं।

∴ क्रिकेट पसन्द करने वाले विद्यार्थियों की संख्या

$$= \frac{200}{5} \times 3 = 120$$

∴ क्रिकेट न पसन्द करने वाले विद्यार्थियों की संख्या

$$= 200 - 120 = 80$$

118. (a) दिया है, ट्रेन की लम्बाई = 1500 मी

ट्रेन की चाल = 40 किमी/घण्टा

$= 40 \times \frac{5}{18} = \frac{100}{9}$ मी/से

प्लेटफार्म की लम्बाई = 2500 मी

∴ प्लेटफार्म को पार करने में ट्रेन द्वारा तय की गई दूरी = 1500 + 2500 = 4000 मी

∴ प्लेटफार्म को पार करने में ट्रेन द्वारा लिया गया

समय $= \frac{\text{दूरी}}{\text{चाल}} = \frac{4000}{\frac{100}{9}}$

$$= \frac{4000 \times 9}{100}$$

$$= 40 \times 9$$

= 360 सेकण्ड = 6 मिनट

(∵ 1 मिनट = 60 सेकण्ड)

119. (a) 72 किमी/घण्टा $= \frac{72 \times 1000}{60 \times 60}$

$= \frac{72 \times 1000}{3600}$ मी/से

120. (a) $2.001 \div 0.003$

$$= \frac{2.001}{0.003} = \frac{2001}{3} = 667$$

121. (b) 'ठण्ड का महसूस करना' पदार्थ (matter) की श्रेणी के अन्तर्गत नहीं आता। वह वस्तु जो स्थान घेरती है, जिसका द्रव्यमान होता है तथा जो अपनी संरचना में परिवर्तन का विरोध करती है, 'पदार्थ' कहलाती है; जैसे-जल, हवा व बालू।

122. (d) हम जानते हैं,

$$\frac{C - 0}{100} = \frac{K - 273}{100}$$

$$\frac{10 - 0}{100} = \frac{K - 273}{100}$$

$$10 = K - 273$$

$$K = 10 + 273 = 283K$$

अतः 10°C ताप 283k के बराबर होता है।

123. (c) काँच या शीशा (Glass) धातु नहीं है, जबकि कॉपर, चाँदी व बिस्मथ धातु की श्रेणी में आते हैं। यह एक अतिशीतित द्रव है जिसकी कोई क्रिस्टलीय संरचना नहीं होती और न ही उसका निश्चित गलनांक होता है।

124. (a) मार्बल, यौगिक नहीं है। यह क्रिस्टलीय कार्बोनेट खनिज है जो कायान्तरित चट्टानों की श्रेणी में आता है, जबकि कपड़े धोने का सोडा (Na_2CO_3), अबुझा चुना (Cao) व पीतल (Cu + Zn) यौगिक हैं।

125. (b) 100°C पर पानी की भौतिक अवस्था वाष्प होगी, क्योंकि जल का क्वथनांक 100°C है।

126. (b) पदार्थ की अभाज्यता का सिद्धान्त ग्रीक दार्शनिक जॉन डाल्टन (1766-1844 ई.) द्वारा दिया गया। इस सिद्धान्त के अनुसार सभी द्रव्य (पदार्थ) चाहे वह तत्व, यौगिक या मिश्रण हों, सूक्ष्म कणों से मिलकर बने होते हैं, जिन्हें परमाणु कहते हैं।

127. (d) फेरिक सल्फेट का रासायनिक सूत्र $(Fe_2(SO_4)_3$ है। इसका उपयोग वर्णक उद्योग व चिकित्सा में तथा सल्फर यौगिकों की गन्ध को खत्म करने में किया जाता है।

128. (a) कैल्शियम का परमाणु द्रव्यमान = 40

कैल्शियम कार्बोनेट ($CaCO_3$) का आणविक द्रव्यमान

$$= 40 + 12 + 16 \times 3 = 100\mu$$

∴ कैल्शियम (Ca) की प्रतिशतता $= \frac{40}{100} \times 100 = 40$

129. (a) ठोसों में ध्वनि की गति सर्वाधिक होती है। लोहे में ध्वनि की चाल 5,130 मी/सेकण्ड होती है।

130. (a) 1 प्रकाश वर्ष 9.46×10^{15} मीटर के बराबर होता है। लम्बी दूरियों को मापने के लिए प्रकाश वर्ष का प्रयोग किया जाता है अर्थात् प्रकाश वर्ष दूरी का मात्रक है।

131. (a) कन्द (Tuber) फसलों का प्रमुख स्रोत स्टार्च होता है। उदाहरण-आलू, रतालू, अदरक, अरवी आदि।

132. (c) नॉयलान, मानव द्वारा संश्लिष्ट किया गया प्रथम रेशा था। इसका निर्माण सर्वप्रथम वर्ष 1935 में किया गया था। इसका उपयोग मछली पकड़ने के जाल बनाने में तथा टायर व दन्त ब्रश बनाने में किया जाता है।

133. (b) लीथियम (Li) सबसे हल्की धातु है। इसका उपयोग मिश्र धातुएँ बनाने, थर्मोन्यूक्लियर अभिक्रियाओं में, इलेक्ट्रिक वाहन व लैपटॉप के निर्माण में किया जाता है।

134. (c) मोमबत्ती की लौ को तीन क्षेत्रों में विभाजित किया जाता है–आन्तरिक क्षेत्र (गहरा क्षेत्र), मध्य क्षेत्र (दीप्त क्षेत्र) व सबसे बाहरी क्षेत्र (अदीप्त क्षेत्र)। लौ के आन्तरिक क्षेत्र में कोई दहन नहीं होता, जबकि पूरा दहन लौ के सबसे बाहरी क्षेत्र (अदीप्त क्षेत्र) में होता है।

135. (d) हाइड्रोजन (H_2) का सबसे अधिक कैलोरिफिक मान होता है। इसका कैलोरिफिक मान (Ca Value) 120-142 मेगा जूल/किग्रा होता है।

136. (a) नेपोलियन का सम्बन्ध फ्रांस देश से था। नेपोलियन का जन्म 15 अगस्त, 1769 को कोर्सिका की राजधानी अजाशियो में हुआ था। वह एक फ्रांसीसी सैन्य प्रमुख और सम्राट था, जिसने 19वीं शताब्दी की शुरुआत में यूरोप के अधिकांश हिस्से पर विजय प्राप्त की। 1804 में उसने स्वयं को सम्राट घोषित किया। 21 मार्च, 1804 को नेपोलियन ने नेपोलियन संहिता की स्थापना की, जिसे फ्रांसीसी नागरिक संहिता के रूप में जाना जाता है। 5 मई, 1821 को सेंट हेलेना द्वीप पर उनका निधन हो गया।

137. (b) 1869 में स्वेज नहर को व्यापार के लिए खोला गया था। मिस्र स्थित इस कृत्रिम समुद्री जलमार्ग का निर्माण भूमध्यसागर और लाल सागर को जोड़ने के लिए 1859 और 1869 के बीच किया गया था। स्वेज नहर यूरोप और एशिया को जोड़ने में महत्त्वपूर्ण भूमिका निभाती है।

138. (c) केन्द्रीय अनुसन्धान संस्थान कसौली (हिमाचल प्रदेश) में अवस्थित है। इसकी स्थापना ब्रिटिश काल में वर्ष 1905 में हुई थी। इस संस्थान की स्थापना मूल रूप से चिकित्सा और जन स्वास्थ्य के क्षेत्र में अनुसन्धान, वैक्सीन, मानव संसाधन विकास और जन स्वास्थ्य समस्याओं के लिए राष्ट्रीय सन्दर्भ केन्द्र के रूप में कार्य करने के उद्देश्य से की गई थी।

139. (d) स्वामी विवेकानन्द मेडिकल संस्थान पालमपुर (हिमाचल प्रदेश) में अवस्थित है। हिमाचल के पालमपुर में नेशनल बायोलॉजिकल लेबोरेट्री भी अवस्थित है।

140. (c) केसर उत्पादन से जुड़ा भारत का केन्द्रशासित प्रदेश जम्मू और कश्मीर है। केसर जम्मू और कश्मीर के किश्तवाड़ तथा पामपोर या पामपर के सीमित क्षेत्रों में अधिक मात्रा में उत्पादित की जाती है। केसर को उगाने के लिए समुद्रतल से लगभग 2000 मीटर ऊँचा पहाड़ी क्षेत्र एवं शीतोष्ण सूखी जलवायु की आवश्यकता होती है।

141. (d) भारत की 17वीं लोकसभा के स्पीकर श्री ओम बिड़ला जी है। ओम बिड़ला राजस्थान की कोटा सीट से सांसद है। 16वीं लोकसभा की स्पीकर सुमित्रा महाजन थी।

142. (d) वर्तमान (सितम्बर 2021) में भारत की वित्त मन्त्री निर्मला सीतारमण जी है। यह संसद के उच्च सदन यानि राज्य सभा से सांसद है। ये इन्दिरा गाँधी के बाद भारत की पूर्णकालीन दूसरी वित्त मन्त्री भी है। 16वीं लोकसभा काल में यह भारत की रक्षा मन्त्री थी।

143. (b) खेल प्रशिक्षण में उत्कृष्टता के लिए दिया जाने वाला पुरस्कार द्रोणाचार्य पुरस्कार है। इसे युवा एवं खेल मामलों के मन्त्रालय द्वारा खेलों में उत्कृष्ट प्रशिक्षण देने के लिए वार्षिक तौर पर दिया जाता है। इस पुरस्कार की शुरुआत वर्ष 1985 में हुई थी।

144. (c) बालिका भ्रूण हत्या को मद्देनजर रखते हुए 22 जनवरी, 2015 में सरकार द्वारा प्रवर्तित कार्यक्रम बेटी बचाओ बेटी पढ़ाओ है। इस योजना का संचालन महिला एवं बाल विकास मन्त्रालय, स्वास्थ्य एवं परिवार कल्याण मन्त्रालय और मानव संसाधन विकास मन्त्रालय की एक राष्ट्रीय पहल के तौर पर किया जाता है। इस योजना का उद्देश्य लड़कियों के साथ होने वाले भेदभाव को दूर करना और उनके प्रति लोगों की नकारात्मक मानसिकता में बदलाव लाना है।

145. (d) दिए गए विकल्पों के अनुसार सबसे अधिक चीनी मिलें उत्तर प्रदेश में हैं, परन्तु भारत में सबसे अधिक चीनी मिलें महाराष्ट्र में अवस्थित हैं। भारत में कुल 513 चीनी मिलें कार्यरत हैं जिसमें से 159 महाराष्ट्र में तथा 119 उत्तर प्रदेश में कार्यरत हैं। सम्पूर्ण देश में सर्वाधिक 288 मिलें निजी क्षेत्र की, 214 मिलें सहकारिता क्षेत्र की एवं 11 मिलें सार्वजनिक क्षेत्र की हैं।

146. (c) ऑगस्टा वेस्टलैंड सौदा हैलिकॉप्टर से सम्बन्धित था। 2010 में भारतीय वायुसेना के लिए 12 VVIP हैलिकॉप्टर खरीदने के लिए एंग्लो-इतावली कम्पनी आगस्टा वेस्टलैंड और भारत सरकार के बीच करार हुआ था। भ्रष्टाचार के कारण 2014 में भारत सरकार ने ₹ 3600 करोड़ के इस करार को रद्द कर दिया।

147. (c) श्रीहरिकोटा भारत के दक्षिणी राज्य आन्ध्र प्रदेश के तट पर बसा एक द्वीप है। यह भारत का एकमात्र उपग्रह प्रक्षेपण केन्द्र है जो सतीश धवन अन्तरिक्ष केन्द्र में स्थित है, जिसे भारतीय अन्तरिक्ष अनुसन्धान द्वारा प्रयोग किया जाता है।

148. (b) कोरोना वायरस का प्रकोप चीन के वुहान शहर से आरम्भ हुआ था। कोरोना वायरस कई प्रकार के विषाणुओं का एक समूह है जो स्तनधारियों और पक्षियों में रोग उत्पन्न करता है। इस वायरस के कारण मनुष्य का श्वसन तन्त्र संक्रमित हो जाता है।

149. (c) हिमाचल प्रदेश में राज्यसभा की तीन तथा लोकसभा की पाँच सीटें हैं। वर्तमान सितम्बर 2021 में आनन्द शर्मा, जगत प्रकाश नड्डा तथा इन्दु गोस्वामी हिमाचल प्रदेश से राज्यसभा सांसद हैं।

150. (c) अमेजन वर्षावन दक्षिण अमेरिका में स्थित है। अमेजन वर्षावन का क्षेत्रफल लगभग 21 लाख वर्ग मील है जिसका अधिकांश भाग ब्राजील में है। विश्व के कुल वर्षा वनों का लगभग आधा भाग यहीं स्थित है। विश्व के उष्णकटिबन्धीय क्षेत्र में पड़ने वाले इन वनों में सर्वाधिक जैव विविधता पाई जाती है।

हिमाचल प्रदेश

JBT TET

जूनियर बेसिक ट्रेनिंग

शिक्षक पात्रता परीक्षा

सॉल्वड पेपर 2019

कुल अंक : 150 **समय :** 150 मिनट

निर्देश

1. इस प्रश्न-पत्र में कुल 150 वस्तुनिष्ठ प्रकार के प्रश्न हैं।
2. प्रत्येक प्रश्न के लिए एक अंक निर्धारित है।
3. प्रत्येक प्रश्न का केवल एक ही उत्तर दीजिए।
4. इस प्रश्न-पुस्तिका में पाँच भाग हैं ; भाग I : बाल विकास और शिक्षाशास्त्र (प्र.सं. 1-30), भाग II : गणित (प्र.सं. 31-60), भाग III : English Literature & Grammar (प्र.सं. 61-90), भाग IV : हिन्दी साहित्य एवं व्याकरण (प्र.सं. 91-120), भाग V : सामान्य जागरूकता (प्र.सं. 121-150)

भाग I : बाल विकास और शिक्षाशास्त्र

1. एक व्यक्ति की औसत बुद्धि लब्धि होती है
(a) 90 – 110 (b) 130 – 150
(c) 70 – 90 (d) 50 – 70

2. 'संज्ञानात्मक विकास' का सिद्धान्त किसने दिया?
(a) जीन पियाजे (b) पैवलॉव
(c) स्किनर (d) इनमें से कोई नहीं

3. सृजनात्मक लोग .... ढंग से सोचते हैं।
(a) एक विध (b) बहुविध
(c) नकारात्मक (d) सकारात्मक

4. प्रयोग संचालित करने का पहला मुख्य चरण है
(a) आँकड़ा संकलन
(b) उपकरण व्यवस्था
(c) आँकड़ा विश्लेषण
(d) परिकल्पना निर्माण

5. मनोविज्ञान की प्रथम प्रयोगशाला .... में स्थापित हुई।
(a) बोस्टन
(b) लन्दन
(c) लिपिजंग
(d) फिलाडेल्फिया

6. 'जीन' .... में कार्य करते हैं।
(a) एकल (b) समूह
(c) जोड़े (d) इनमें से कोई नहीं

7. अन्त: स्त्रावी ग्रन्थियों को 'नलिकाविहीन ग्रन्थियाँ' कहा जाता है, क्योंकि वे हार्मोन्स स्रावित करती हैं
(a) जीनस के माध्यम से
(b) गुणसूत्रों के माध्यम से
(c) रक्त में सीधे
(d) नलिका के माध्यम से

8. बैण्डूरा के अनुसार, बच्चा .... के द्वारा सीखता है।
(a) अनुकरण (b) अभिप्रेरणा
(c) पुनर्बलन (d) अन्तर्दृष्टि

9. व्यवहार में अपेक्षाकृत .... परिवर्तन को सीखना कहते हैं।
(a) अस्थायी (b) एक समान
(c) स्थायी (d) इनमें से कोई नहीं

10. टी. ए. टी. .... द्वारा बनाया गया।
(a) मुर्रे (b) आलपोर्ट
(c) जंग (d) मेण्डल

11. 'गेस्टाल्ट' का अर्थ है
(a) भ्रम (b) प्रत्यक्षीकरण
(c) पूर्ण (d) वातावरण

12. क्रिया प्रसूत अनुबन्धन .... से सम्बन्धित है।
(a) थॉर्नडाइक (b) स्किनर
(c) हल (d) मिलर

13. 'आइसेक' एक .... मनोवैज्ञानिक थे।
(a) अमेरिकन (b) जर्मन
(c) ब्रिटिश (d) भारतीय

14. 'स्व-वास्तविकीकरण' का सिद्धान्त .... द्वारा प्रतिपादित किया गया।
(a) कोहलबर्ग (b) कोहलर
(c) मैस्लो (d) हॉर्नी

15. जब पहले का सीखा हुआ, नए सीखने में सहायता करे, तो अधिगम का .... अन्तरण होगा।
(a) सकारात्मक (b) नकारात्मक
(c) शून्य (d) उपरोक्त सभी

16. वैयक्तिक भिन्नताएँ .... व पर्यावरण के परिणामस्वरूप होती हैं।
(a) प्रकृति (b) समाजीकरण
(c) आनुवंशिकता (d) संस्कृति

17. पूर्वाग्रह एक .... अभिवृत्ति है।
(a) विश्वासपूर्ण (b) पक्षपातपूर्ण
(c) धनात्मक (d) इनमें से कोई नहीं

18. नैतिक विकास के सिद्धान्त में कोहलबर्ग ने तीन स्तरों में कितनी अवस्थाओं का उल्लेख किया है?
(a) तीन (b) चार
(c) पाँच (d) छ:

19. फ्रायड ने व्यक्तित्व के मॉडल की संरचना की, जिसके तीन भाग हैं—'इदम' 'अह्म' तथा ....।
(a) लिबिडो (b) लिंग
(c) सुपर ईगो (d) सेल्फ

20. 'साइकी' का अर्थ है .... और 'लोगस' का अर्थ है 'ज्ञान'।
(a) आत्मा (b) मन
(c) चेतन (d) व्यवहार

21. फ्रायड ने कौन-से सम्प्रदाय की स्थापना की?
(a) नव व्यवहारवाद
(b) मनोविश्लेषण
(c) नव मनोविश्लेषण
(d) उपरोक्त में से कोई नहीं

22. पीयूष ग्रन्थि को .... ग्रन्थि भी कहते हैं।
(a) साधारण ग्रन्थि (b) विशेष ग्रन्थि
(c) मास्टर ग्रन्थि (d) ये सभी

23. बच्चा अपना पहला कदम .... माह की आयु में चलना सीखता है।
(a) पाँच से छः (b) दस से बारह
(c) चार से पाँच (d) इनमें से कोई नहीं

24. 'प्राचीन अनुबन्धन' में प्रयोग करने वाले प्रथम व्यक्ति का क्या नाम था?
(a) स्किनर (b) पावलॉव
(c) बैण्डूरा (d) इनमें से कोई नहीं

25. 'पुनर्बलन' का सिद्धान्त किसके द्वारा दिया गया?
(a) पावलॉव (b) कोहलर
(c) आलपोर्ट (d) स्किनर

26. 'स्याही-धब्बा' परीक्षण .... के द्वारा किया गया।
(a) गाल्टन (b) फ्रायड
(c) रोर्शाक (d) आलपोर्ट

27. मैस्लो के अनुसार, बच्चे की प्रथम आवश्यकता .... होती है।
(a) शारीरिक (b) आत्मसम्मान
(c) सुरक्षा (d) प्रेम

28. 'बुद्धि-लब्धि' को ज्ञात करने का सूत्र है।
(a) $\frac{\text{मानसिक आयु}}{\text{शारीरिक आयु}} \times 100$
(b) $\frac{\text{शारीरिक आयु}}{\text{मानसिक आयु}} \times 100$
(c) $\frac{\text{शारीरिक आयु}}{100} \times \text{मानसिक आयु}$
(d) उपरोक्त में से कोई नहीं

29. इनमें से कौन-सा संवेदी माध्यम नहीं है?
(a) दृष्टि (b) श्रवण
(c) स्पर्श (d) स्मृति

30. 'निर्णय लेना' एक प्रकार का .... है।
(a) चिन्तन
(b) प्रत्यक्षीकरण
(c) स्मृति
(d) समस्या समाधान

भाग II : गणित

31. यदि दो क्रमागत सम संख्याओं का योग 66 है, तो छोटी सम संख्या है?
(a) 34 (b) 32 (c) 42 (d) 24

32. दो पूर्णांकों का गुणनफल + 60 है, अगर उनमें से एक पूर्णांक –6 है, तो दूसरा पूर्णांक है?
(a) –10 (b) 10 (c) 6 (d) –60

33. यदि 567567567 को 567 से भाग दिया जाए, तो भागफल होगा
(a) 111 (b) 10101
(c) 1001001 (d) 301

34. $x^2 - z^2 + y^2 - 2xy$ का एक गुणनखण्ड है?
(a) $x - y + z$ (b) $x + y - z$
(c) $x + y + z$ (d) $y + z - x$

35. उस गोले का आयतन, जिसकी त्रिज्या $\frac{2d}{3}$ है, होगा?
(a) $\frac{32}{81}\pi d^3$ (b) $\frac{23}{4}\pi d^3$
(c) $\frac{32}{3}\pi d^3$ (d) $\frac{34}{3}\pi d^3$

36. व्यंजक $4y^2 - 4y + 1$ के गुणनखण्ड है?
(a) $(2y+1)(2y+1)$
(b) $(4y-1)(4y-1)$
(c) $(2y-1)(2y-1)$
(d) $(2y-2)(2y-2)$

37. समीकरण $x - 2y = 4$ का हल है
(a) (0, 2) (b) (4, 0)
(c) (1, 1) (d) (2, 0)

38. $(-1)^{1000}$ का मान है
(a) –1 (b) 1
(c) 1000 (d) –1000

39. $5 + \frac{1}{100} + \frac{5}{1000} + \frac{51}{10000}$ का मान है
(a) 5.1551 (b) 5.0151
(c) 5.0201 (d) 5.1201

40. यदि $8a = 35^2 - 27^2$, तो a का मान है
(a) 62 (b) 72
(c) 82 (d) 52

41. 0.42 + 0.042 + 0.0042 – 0.00042 का योग है
(a) 0.42424 (b) 0.46578
(c) 0.42654 (d) 0.42528

42. $0.088 \div 2.2$ का मान है
(a) 4 (b) 0.4
(c) 0.04 (d) 0.004

43. $1\frac{127}{216}$ का घनमूल है
(a) $\frac{6}{7}$ (b) $\frac{-7}{6}$
(c) $1\frac{1}{6}$ (d) इनमें से कोई नहीं

44. यदि एक 240 मी लम्बी रेलगाड़ी एक खम्बे को 16 सेकण्ड में पार कर लेती है, तो उस रेलगाड़ी की चाल है
(a) 36 किमी/घण्टा (b) 54 किमी/घण्टा
(c) 60 किमी/घण्टा (d) 72 किमी/घण्टा

45. 75 किग्रा का $3\frac{1}{8}\%$ बराबर है
(a) $3\frac{11}{32}$ किग्रा (b) $2\frac{11}{32}$ किग्रा
(c) $2\frac{11}{32}$ किग्रा (d) $3\frac{11}{32}$ किग्रा

46. 21 : 80 तुल्य है
(a) 25% (b) 25.25%
(c) 26% (d) 26.25%

47. ₹ 8000 पर 15% वार्षिक दर से एक महीने के लिए साधारण ब्याज है
(a) ₹ 1200 (b) ₹ 120
(c) ₹ 100 (d) ₹ 80

48. ₹ 1000 पर 10% वार्षिक दर से 2 साल का चक्रवृद्धि ब्याज है
(a) ₹ 1210 (b) ₹ 210
(c) ₹ 200 (d) ₹ 190

49. $a(b-c) + b(c-a) + c(a-b)$ बराबर है
(a) $ab + bc + ca$
(b) 0
(c) $2(ab + bc + ca)$
(d) इनमें से कोई नहीं

50. $(3p^2qr^3) \times (-4p^3q^2r^2) \times (7pq^3r)$ बराबर है?
(a) $84p^6q^6r^6$ (b) $84p^6q^5r^5$
(c) $-84p^6q^6r^6$ (d) $-84p^6q^5r^5$

51. पाइथागोरस प्रमेय का प्रयोग किया जाता है
(a) न्यून कोण त्रिभुज में
(b) अधिक कोण त्रिभुज में
(c) समकोण त्रिभुज में
(d) उपरोक्त में से कोई नहीं

52. यदि रेखाएँ समानान्तर हो, तो संगत कोण हमेशा होते है
(a) बड़े
(b) बराबर
(c) छोटे
(d) इनमें से कोई नहीं

53. यदि लाभ % दिया हो, तो क्रय मूल्य ज्ञात करने का सूत्र है
(a) $\frac{\text{विक्रय मूल्य} \times 100}{100 + \text{लाभ\%}}$
(b) $\frac{100 + \text{लाभ\%}}{\text{विक्रय मूल्य} \times 100}$
(c) $\frac{100 - \text{हानि\%}}{\text{विक्रय मूल्य} \times 100}$
(d) उपरोक्त में से कोई नहीं

54. निम्न में से कौन-सा त्रिभुज की सर्वांगसमता का विषय नहीं है
(a) SAS (b) AAA
(c) ASA (d) RHS

55. उभयनिष्ठ शीर्ष एवं उभयनिष्ठ भुजा वाले दो कोण कहलाते है
(a) ऊर्ध्वाधर सम्मुख कोण
(b) एकान्तर कोण
(c) संगत कोण
(d) आसन्न कोण

56. निश्चित संख्यात्मक मान वाला चिन्ह कहलाता है
(a) अचर (b) द्विपद
(c) चर (d) इनमें से कोई नहीं

57. अमन इस समय अब्दुल से पन्द्रह वर्ष छोटा हैं। छः वर्ष पश्चात्, अब्दुल की आयु उस समय पर अमन की आयु से दोगुनी हो जाएगी। यदि अब्दुल की वर्तमान आयु x वर्ष है, तब हमें प्राप्त होता है
(a) $2(x - 9) = x + 6$
(b) $x - 9 = 2(x + 6)$
(c) $2(x - 15) = x + 6$
(d) $x - 15 = 2(x + 6)$

58. दो वृत्तों की त्रिज्याएँ 8 सेमी तथा 6 सेमी हैं। उस वृत्त की त्रिज्या (सेमी में) जिसका क्षेत्रफल इन दो दिए गए वृत्तों के क्षेत्रफलों के योगफल के बराबर है, निम्न है
(a) 9 (b) 10 (c) 12 (d) 14

59. किसी लम्ब वृत्तीय बेलन के आधार की परिधि 44 सेमी है और इसकी ऊँचाई 15 सेमी है। बेलन का आयतन (सेमी³ में) है $\left(\pi = \frac{22}{7} \text{लीजिए}\right)$
(a) 770 (b) 1155
(c) 1540 (d) 2310

60. $\sqrt[3]{\sqrt{441} + \sqrt{16} + \sqrt{4}}$ का मान है
(a) –3 (b) 4 (c) 7 (d) 2

भाग III : English Literature and Grammar

Directions (Q. Nos. 61 and 62) *Choose the correct synonyms for the underlined words from the given alternatives.*

61. PROHIBIT :
(a) Allow (b) Grant
(c) Ban (d) Sanction

62. REGRET :
(a) Happy (b) Feel Sorry
(c) Reproduce (d) Repentant

63. WHIMSICAL :
(a) Amusing (b) Sad
(c) Crazy (d) Mad

64. INTERMITENT :
(a) Intermingle (b) Indifferent
(c) Periodic (d) Transmit

65. OBSTINATE :
(a) Absolute (b) Stubborn
(c) Obsolete (d) Old fashioned

66. CARDINAL :
(a) Chief (b) Cardiac
(c) Correct (d) Original

Directions (Q. Nos. 67-70) *Choose the appropriate option from the given alternatives to fill in the blanks.*

67. He .... change his route.
(a) has (b) was
(c) may (d) None of these

68. Can this happen ? No it ....
(a) can (b) may
(c) will (d) can't

69. I wish you .... study science.
(a) can (b) would
(c) will (d) may

70. He ....meet me this morning.
(a) must (b) must to
(c) has (d) ought to

Directions (Q. Nos. 71 and 72) *Choose the word that is spelt correctly from the given alternatives:*

71. (a) Deceive (b) Decieve
(c) Deceive (d) Decieive

72. Willfull
(a) Willfull (b) Wilful
(c) Willful (d) Wilfull

Directions (Q. Nos. 73 and 74) *Choose the correct option of Indirect form of speech:*

73. He says, "You are not kind to me"
(a) He tells that you were not kind to me.
(b) He tells that I am not kind to him.
(c) He tells that I was not kind to him.
(d) He tells that you are not kind to me.

74. He said, "I am doing my work."
(a) He said that he was doing his work.
(b) He said that I was doing his work.
(c) He said that he is doing his work.
(d) He said that I am doing my work.

Directions (Q. Nos. 75-77) *Choose the most appropriate option from the given alternatives to fill in the blanks.*

75. He deals ....Stationery.
(a) with (b) at
(c) on (d) in

76. The tiger was killed ....the hunter.
(a) with (b) by
(c) at (d) of

77. He is weak ....chemistry.
(a) at (b) in
(c) with (d) into

78. Antonym of 'Affirm' is
(a) a firm
(b) deny
(c) agree
(d) fight

79. Antonym of 'Dawn' is
(a) Don (b) Down
(c) Dark (d) Dusk

Directions (Q. Nos. 80-83) *Choose the most suitable meaning for the given idioms.*

80. Square meal
(a) Full meal
(b) A crossing
(c) Tasty meal
(d) A dish

81. At a show throw
(a) to threw a stone on someone
(b) a short distance
(c) a tough to win
(d) a hurdle in one's path

82. To run short
(a) Ran to a short distance
(b) Shortage of something
(c) Short jump
(d) Excess of something

83. Pin Prick
(a) Small troubles
(b) Tease someone
(c) In confusion
(d) In tension

Directions (Q. Nos. 84 and 85) *Choose the appropriate options from given alternatives to fill in the blanks.*

84. He is ....loyal nor faithful to me.
(a) either (b) not
(c) neither (d) None of these

85. He runs much faster ....Rohan.
(a) than (b) to
(c) before (d) after

86. Plural of 'Medium' is
(a) Media (b) Mediums
(c) Medias (d) Medii

Directions (Q. Nos. 87 and 89) *Choose the correct article from the given alternatives to fill in the blanks.*

87. He is ....one-eyed person.
(a) an (b) a
(c) the (d) None of these

88. I read ....Indian Express.
(a) the (b) an
(c) a (d) None of these

89. Bananas are available at sixty rupees......... dozen.
(a) the
(b) an
(c) a
(d) None of these

90. Antonym of 'Hostile' is
(a) Hostel (b) Hospital
(c) Friendly (d) Frank

भाग IV : हिन्दी साहित्य और व्याकरण

91. 'भाषा' से तात्पर्य है
(a) भाषण देना
(b) बोलना सिखाना
(c) ध्वन्यात्मक शब्दों द्वारा विचार प्रकट करना
(d) उपरोक्त में से कोई नहीं

92. निज भाषा उन्नति अहै, सब उन्नति को मूल।
बिन निज भाषा ज्ञान के, मिटत न हिय को सूल।।
पंक्ति से कौन-सा भाव व्यक्त होता है?
(a) भाषा की उन्नति का
(b) निजी भाषा का
(c) सम्पर्क भाषा का
(d) मातृभाषा का

93. कक्षा शिक्षण में 'क्रियाशीलता का सिद्धान्त' उपयोगी है, क्योंकि
(a) बालक को करके सीखने में आनन्द आता है
(b) अध्यापक क्रियाशील रहेगा
(c) 'अभिनय' करना पड़ता है
(d) उपरोक्त में से कोई नहीं

94. शिक्षण-प्रक्रिया के प्रारूप तथा परिचालन व्यवस्था से
(a) शिक्षा को परिभाषित करते हैं
(b) व्याकरण की शिक्षा दी जाती है
(c) छात्रों के व्यवहार में परिवर्तन करते हैं
(d) 'शिक्षा' का विकास मापा जाता है

95. आज 'शिक्षा' के क्षेत्र में अध्यापक की भूमिका है
(a) प्रशासक की
(b) पथ-प्रदर्शक की
(c) उपयोगी नागरिक की
(d) विषय-विशेषज्ञ मात्र की

96. कक्षा से बाहर स्थित किसी स्थान का योजनाबद्ध निरीक्षण कहलाता है
(a) पर्यटन (b) भ्रमण
(c) शैक्षिक भ्रमण (d) काल्पनिक भ्रमण

97. 'चित्रहार' का वर्ण-विच्छेद है
(a) च् + इ, त् + र् + अ, ह + आ, र् + अ
(b) च् + इ, त् + अ, र्, ह, + आ, र् + अ
(c) च + इ, त् , त्, र + अ, ह् + आ, र्
(d) च् + ई, त्र, ह + आ, र् + अ

98. 'सूचक' का समानार्थक शब्द है
(a) द्योतक (b) धौतक
(c) घोतक (d) ज्ञापन

99. 'निरापद' में उपसर्ग है
(a) निर् (b) निरा
(c) नि (d) इनमें से कोई नहीं

100. 'पन' प्रत्यय वाला शब्द है
(a) पनघट (b) बड़प्पन
(c) औपन् (d) सत्यापन

101. 'वर्ग' से भिन्न शब्द है
(a) खग (b) पंचावन
(c) विहंग (d) पखेरू

102. 'ऊष्म' व्यंजन कौन से हैं?
(a) य, र, ल, व (b) 'क' से 'म' त क
(c) न, ण, क, च (d) श, ष, ल, ह

103. शुद्ध वाक्य है
(a) यह असली गाय का दूध है।
(b) ये असली गाय का दूध है।
(c) यह गाय का 'असली' दूध है।
(d) यह गाय के असली दूध हैं।

104. 'पेड़ से पत्ते गिरते हैं' में कारक है
(a) कर्म (b) अपादान
(c) करण (d) इनमें से कोई नहीं

105. 'लम्बोदर' कैसा शब्द है
(a) संकर (b) तद्भव
(c) सर्वनाम (d) योगरूढ़

106. 'समुद्र की आग' के लिए उपयुक्त शब्द है
(a) दावानल (b) जलागम
(c) बड़वानल (d) भीषणाग्नि

107. पुरुषवाचक 'सर्वनाम' के अन्तर्गत कितने पुरुष आते हैं?
(a) दो (b) एक
(c) तीन (d) चार

108. 'प्रयोग' की दृष्टि से शब्द कितने प्रकार के हैं?
(a) दो (b) एक
(c) तीन (d) पाँच

109. 'कोस-कोस पर पानी बदले, चार कोस पर बानी', में किस परिवर्तन का उल्लेख है?
(a) प्रान्त और नदी का
(b) नदी और संगीत का
(c) समुद्र और पर्वत का
(d) पानी स्वाद और बोली के शब्दों का

110. सही क्रम चुनें
(a) अनुदेशन, प्रशिक्षण, अनुबन्धन, प्रतिवादन
(b) अनुबन्धन, प्रशिक्षण, अनुदेशन, प्रतिवादन
(c) अनुदेशन, अनुबन्धन, प्रशिक्षण, प्रतिवादन
(d) प्रतिवादन, प्रशिक्षण, अनुबन्धन, अनुदेशन

111. सभी वर्ण व्याकरण सम्मत ढंग से और निश्चित क्रम में लिखना है
(a) वार्णिक (b) मात्रात्मकता
(c) वर्णमाला (d) वर्णनात्मकता

112. 'ज्ञ' से मिलन है
(a) ग + य (b) ग् + य्
(c) ज + य (d) ज् + ञ

113. 'राम ने रावण को मारा'— में रावण शब्द 'बलाघात' होने का अर्थ है
(a) राम ने ही मारा- और ने नहीं
(b) रावण को ही मारा किसी और को नहीं
(c) मारना नहीं चाहते थे राम
(d) यह बात भूतकाल की है

114. संकर शब्द कौन सा हैं?
(a) शंकर (b) गजानन
(c) लाठीचार्ज (d) सर्वनाम

115. शुद्ध रूप कौन-सा है?
(a) चिह्न (b) चिन्ह
(c) चिनह (d) चीन्ह

116. शुद्ध लेखन के लिए प्रथम 'सोपान' है
(a) शुद्ध पठन (b) शुद्ध श्रवण
(c) शुद्ध वायु (d) शुद्ध उच्चारण

117. 'कठोर' के लिए समानार्थक शब्द है
(a) पौरुष (b) परुषी
(c) पुरुष (d) पुरुषत्व

118. 'जंगम' का विलोम है
(a) संगम (b) अचलता
(c) स्थावर (d) इनमें से कोई नहीं

119. शुद्ध वाक्य रूप है
(a) स्त्रोत (b) स्त्रौत
(c) स्रोत्त (d) स्रोत

120. 'तिलांजलि देना' का अर्थ है
(a) तिल बाँटना (b) तेल बेचना
(c) त्याग देना (d) अर्घ्य देना

भाग V : सामान्य जागरूकता

121. चन्द्रा और भागा नदियों का आपस में संगम किस स्थान पर होता है?
(a) भागसूनाथ (b) ताण्डी
(c) बिलासपुर (d) चन्द्रनगर

122. प्राचीन ग्रन्थों में शिवालिक पर्वत को किस नाम से जाना जाता था?
(a) मैनाक पर्वत (b) धौलाधार
(c) पीर पंजाल (d) जास्कर

123. सौरमण्डल का सबसे गर्म ग्रह कौन-सा है?
(a) बुध (b) शुक्र
(c) बृहस्पति (d) शनि

124. भारत का कौन-सा स्थान 'लिटिल ल्हासा' कहलाता है?
(a) रिवालसर (b) स्पीति
(c) धर्मशाला (d) किन्नौर

125. भूकम्प का मुख्य कारण है
(a) क्षरण (b) निरावरण
(c) विवर्तनिक बल (d) अपक्षयण

126. हिमाचल प्रदेश उच्च न्यायालय की स्थापना कब हुई?
(a) 15 अप्रैल, 1948
(b) 1 नवम्बर, 1966
(c) 15 अगस्त, 1947
(d) 25 जनवरी, 1971

127. विश्व का प्रथम मानचित्र किसने बनाया था?
(a) एरिस्टरकस (b) थैलेस
(c) एशिलस (d) एनेग्जीमैण्डर

128. 'झाँकी' और 'हान्तर' कहाँ के लोकनृत्य हैं?
(a) हमीरपुर (b) मण्डी
(c) चम्बा (d) कुल्लू

129. विश्व का सबसे ठण्डा स्थान कौन-सा है?
(a) रूस
(b) ग्रीनलैण्ड
(c) आइसलैण्ड
(d) अण्टार्कटिका

130. केलांग में प्रथम प्राथमिक विद्यालय किस वर्ष खोला गया?
(a) 1857 ई. (b) 1861 ई
(c) 1881 ई (d) इनमें से कोई नहीं

131. 'कुफरी जीवन' और 'कुफरी ज्योति' दो प्रसिद्ध किस्मे हैं
(a) टमाटर की (b) बादाम की
(c) आलू की (d) अँगूर की

132. भारतीय झण्डे का आकार आयताकार है, इसकी लम्बाई और चौड़ाई का अनुपात क्या है?
(a) 2 : 1 (b) 3 : 4
(c) 5 : 3 (d) 3 : 2

133. विश्व में सबसे ऊँचा क्रिकेट ग्राउण्ड हिमाचल प्रदेश में किस स्थान पर है?
(a) सोलन (b) चैल
(c) धर्मशाला (d) नालदेहरा

134. संस्कृत भाषा में व्याकरण की रचना किसने की है?
(a) वाल्मीकि (b) तुलसीदास
(c) पाणिनी (d) कालिदास

135. कौन-सा ऐसा जीव है, जो पक्षी नहीं है फिर भी उड़ता है?
(a) कठफोड़वा (b) उल्लू
(c) शुतुरमुर्ग (d) चमगादड़

136. 'किताब अल हिन्द' के लेखक कौन हैं?
(a) अलबरूनी (b) अबुल फजल
(c) जियाउद्दीन बरनी
(d) तस्लीमा नसरीन

137. सूचना का अधिकार अधिनियम किस वर्ष अस्तित्व में आया ?
(a) 2009 (b) 2000 (c) 2005 (d) 2007

138. खाने के पैकेट पर भूरा या लाल निशान खाने की किस विशेषता को दर्शाता है?
(a) शाकाहारी
(b) मांसाहारी
(c) 'a' और 'b' दोनों
(d) उपरोक्त में से कोई नहीं

139. पत्तों का हरा रंग किस तत्त्व के कारण होता है?
(a) जिंक (b) नाइट्रोजन
(c) क्लोरोफिल (d) इनमें से कोई नहीं

140. दाँतों की सबसे बाहरी परत को क्या कहते हैं?
(a) इनैमल (b) डेण्टिन
(c) सीमेण्ट (d) इनमें से कोई नहीं

141. विश्व के सबसे छोटे महाद्वीप का नाम बताइए
(a) एशिया (b) दक्षिण अमेरिका
(c) ऑस्ट्रेलिया (d) यूरोप

142. हिमाचल प्रदेश की सबसे बड़ी प्राकृतिक झील किस जिले में है?
(a) सिरमौर (b) बिलासपुर
(c) मण्डी (d) चम्बा

143. भारत का संविधान कब लागू हुआ?
(a) 26 जनवरी, 1948
(b) 26 जनवरी, 1950
(c) 25 जनवरी, 1971
(d) इनमें से कोई नहीं

144. हिन्द महासागर का आकार है
(a) त्रिभुजाकार (b) वृत्ताकार
(c) चतुर्भुजाकार (d) *S*-आकार

145. विश्व जल दिवस कब मनाया जाता है?
(a) 22 मार्च (b) 8 मार्च
(c) 5 जून (d) 14 नवम्बर

146. इनमें से रबी की फसल कौन-सी है?
(a) कपास (b) मोटे अनाज
(c) चावल (d) चना

147. भारत के राष्ट्रीय गान की रचना किसने की?
(a) बंकिम चन्द्र चटर्जी
(b) रवीन्द्रनाथ टैगोर
(c) भीमराव अम्बेडकर
(d) स्वामी विवेकानन्द

148. वास्कोडिगामा भारत कब पहुँचा?
(a) 1600 ई. (b) 1498 ई.
(c) 1857 ई. (d) 1945 ई.

149. हिमाचल प्रदेश में विधानसभा निर्वाचन क्षेत्र हैं
(a) 68 (b) 62
(c) 70 (d) 66

150. बक्सर का युद्ध कब हुआ?
(a) 1651 ई.
(b) 1859 ई.
(c) 1905 ई.
(d) 1764 ई.

उत्तरमाला

1. (a)	2. (a)	3. (b)	4. (d)	5. (c)	6. (c)	7. (c)	8. (a)	9. (c)	10. (a)
11. (c)	12. (b)	13. (c)	14. (c)	15. (a)	16. (c)	17. (d)	18. (b)	19. (c)	20. (a)
21. (b)	22. (c)	23. (b)	24. (b)	25. (d)	26. (c)	27. (a)	28. (a)	29. (d)	30. (b)
31. (b)	32. (a)	33. (c)	34. (a)	35. (a)	36. (c)	37. (b)	38. (b)	39. (c)	40. (a)
41. (b)	42. (c)	43. (c)	44. (a)	45. (b)	46. (d)	47. (c)	48. (c)	49. (b)	50. (c)
51. (c)	52. (b)	53. (a)	54. (b)	55. (d)	56. (a)	57. (a)	58. (b)	59. (d)	60. (a)
61. (c)	62. (d)	63. (a)	64. (c)	65. (b)	66. (a)	67. (c)	68. (d)	69. (b)	70. (a)
71. (a)	72. (b)	73. (b)	74. (a)	75. (d)	76. (b)	77. (b)	78. (b)	79. (d)	80. (a)
81. (b)	82. (b)	83. (b)	84. (c)	85. (a)	86. (a)	87. (a)	88. (a)	89. (c)	90. (c)
91. (c)	92. (d)	93. (a)	94. (c)	95. (b)	96. (b)	97. (a)	98. (a)	99. (a)	100. (b)
101. (b)	102. (d)	103. (c)	104. (b)	105. (d)	106. (c)	107. (c)	108. (a)	109. (d)	110. (b)
111. (c)	112. (d)	113. (b)	114. (c)	115. (a)	116. (d)	117. (a)	118. (c)	119. (d)	120. (c)
121. (b)	122. (a)	123. (b)	124. (c)	125. (c)	126. (d)	127. (d)	128. (c)	129. (d)	130. (b)
131. (c)	132. (d)	133. (c)	134. (c)	135. (d)	136. (a)	137. (c)	138. (b)	139. (c)	140. (a)
141. (c)	142. (a)	143. (b)	144. (a)	145. (a)	146. (d)	147. (b)	148. (b)	149. (a)	150. (d)

संकेत एवं हल

1. (a) बुद्धि-लब्धि ज्ञात करने की विधि सर्वप्रथम टर्मन ने प्रस्तुत की है। इनके अनुसार बुद्धि-लब्धि बच्चे की मानसिक आयु को उसकी वास्तविक आयु से भाग करके, 100 से गुणा करने पर प्राप्त की जाती है। इस प्रकार बुद्धि-लब्धि का सूत्र है-

$$\text{बुद्धि-लब्धि} = \frac{\text{मानसिक आयु} \times 100}{\text{कालानुक्रमिक आयु}}$$

प्रसिद्ध मनोवैज्ञानिक वेश्लर के अनुसार, 90-110 बुद्धि-लब्धि एक औसत व्यक्ति की होती है, जबकि 80 – 89 बुद्धि-लब्धि मन्द बुद्धि, 70 – 79 बुद्धि-लब्धि क्षीण बुद्धि-लब्धि, 110 – 119 बुद्धि-लब्धि उच्च सामान्य एवं 120 – 129 बुद्धि-लब्धि श्रेष्ठ बुद्धि को दर्शाती है।

2. (a) संज्ञानात्मक विकास का सिद्धान्त स्विट्जरलैण्ड के प्रसिद्ध मनोवैज्ञानिक जीन पियाजे ने दिया है। इनके अनुसार, संज्ञानात्मक विकास का तात्पर्य बच्चों के सीखने एवं सूचनाओं को एकत्रित करने के तरीकों से है। इसमें अवधान, प्रत्यक्षीकरण, भाषा, चिन्तन, स्मरण शक्ति एवं तर्क आदि सम्मिलित हैं।

जीन पियाजे ने संज्ञानात्मक विकास को चार अवस्थाओं में विभाजित किया है, जो निम्न प्रकार है

- इन्द्रिय जनित गामक अवस्था (जन्म से 2 वर्ष तक)
- पूर्व संक्रियात्मक अवस्था (2 से 7 वर्ष तक)
- मूर्त संक्रियात्मक अवस्था (7 से 11 वर्ष तक)
- अमूर्त संक्रियात्मक अवस्था (11 वर्ष से ऊपर)

3. (b) सृजनात्मक मौलिक चिन्तन, नए प्रकार के संगठन, नवीन एवं व्यवहार, समस्याओं का नवीन समाधान, नए सम्बन्धों से देखना अथवा व्याख्या, लोचशीलता तथा जीवन के विभिन्न क्षेत्रों में नवीन दृष्टिकोण अपनाना है।

जेम्स ड्रेवर के अनुसार, सृजनात्मक लोग बहुविध (Divergent) ढंग से सोचते हैं तथा कुछ नवीन करने, रचनात्मक आलोचना, जोखिम उठाने, अव्यवस्था को स्वीकारने, समस्याओं के प्रति जागरूक होने एवं दृढ़ भावनात्मक रूप से कठिन एवं साहसिक कार्यों को करने की योग्यता रखते हैं।

4. (d) प्रयोग संचालित करने का पहला मुख्य चरण परिकल्पना का निर्माण है, इसके पश्चात् भविष्य कथन, क्रियान्वयन, आँकड़ा विश्लेषण, निष्कर्ष निकालना एवं परिणाम की रिपोर्ट बनाना मुख्य चरण हैं।

5. (c) जर्मनी के प्रसिद्ध मनोवैज्ञानिक विल्हेम वुण्ट ने 1879 ई. में प्रयोगात्मक मनोविज्ञान के अध्ययन एवं बुद्धि के मापन हेतु जर्मनी के लिपजिंग विश्वविद्यालय में मनोविज्ञान की प्रथम प्रयोगशाला की स्थापना की।

6. (c) गुणसूत्रों पर स्थित डी. एन. ए. की बनी वे अति सूक्ष्म रचनाएँ, जो आनुवंशिक लक्षणों को धारण करने एवं उनको एक पीढ़ी से दूसरी पीढ़ी में स्थानान्तरण करती हैं, जीन कहलाती हैं।
जीन आनुवंशिकता की मूलभूत शारीरिक इकाई है, यह जोड़े में कार्य करते हैं।

7. (c) अन्तः स्रावी ग्रन्थियों को नलिकाविहीन ग्रन्थियाँ, कहा जाता है, क्योंकि ये रक्त में सीधे हार्मोन्स स्रावित करती हैं।

मानव शरीर में उपस्थित कुछ प्रमुख अन्तःस्रावी ग्रन्थियाँ हैं- पिट्यूटरी ग्रन्थि, हाइपोथैलेमस ग्रन्थि, थायराइड़ ग्रन्थि, पीनियल ग्रन्थि एवं अधिवृक्क ग्रन्थि।

8. (a) अल्बर्ट बैण्डूरा ने सामाजिक अधिगम का सिद्धान्त वर्ष 1977 में प्रतिपादित किया।

इस सिद्धान्त में इन्होंने मुख्य रूप से अनुकरण पर विशेष बल दिया है। बैण्डूरा के अनुसार, बच्चे प्रेक्षणात्मक अधिगम (देखकर अनुकरण करना) के माध्यम से एक-दूसरे का अनुकरण करके सीखते हैं।

9. (c) मानव व्यवहार में होने वाले अपेक्षाकृत स्थायी परिवर्तन को 'सीखना' कहते हैं। सीखना एक ऐसी प्रक्रिया है, जो जीवनपर्यन्त चलती रहती है एवं जिसके द्वारा हम नवीन ज्ञान अर्जित करते हैं।

10. (a) थैमेटिक एपरेसिएशन टेस्ट (टी.ए.टी.) एक प्रक्षेपी मनोवैज्ञानिक परीक्षण है। इसे 1930 के दशक के दौरान प्रसिद्ध मनोवैज्ञानिक **हेनरी** ए **मुर्रे** और **डी मॉर्गन** ने हार्वर्ड विश्वविद्यालय में विकसित किया था।

11. (c) 'गेस्टाल्ट' एक जर्मन शब्द है, जिसका अर्थ है–पूर्ण या समग्रता के रूप में लेना। गेस्टाल्टवादी सिद्धान्त अधिगम का प्रमुख सिद्धान्त है, जो सीखने की प्रक्रिया में उद्देश्य अन्तर्दृष्टि एवं सूझ-बूझ के महत्त्व को प्रदर्शित करता है–कोहलर, कोफ्का, वर्दीमर एवं लेविन प्रमुख गेस्टाल्टवादी मनोवैज्ञानिक हैं।

12. (b) क्रिया प्रसूत अनुबन्धन सिद्धान्त के प्रतिपादक बी. एफ स्किनर हैं। क्रिया प्रसूत अनुबन्धन से अभिप्राय एक ऐसी अधिगम प्रक्रिया से है, जिसके द्वारा सक्रिय व्यवहार की सुनियोजित पुनबर्लन द्वारा पर्याप्त बल मिल जाने के कारण वांछित रूप में शीघ्रातिशीघ्र पुनरावृत्ति होती रहती है और सीखने वाला अन्त में सिखाने वाले की इच्छा के अनुरूप व्यवहार करने में समर्थ हो जाता है। इस सिद्धान्त को **सक्रिय अनुबन्धन का सिद्धान्त** भी कहते हैं।

13. (c) हंस जुरगेन आइसेक जर्मन में जन्मे ब्रिटिश मनोवैज्ञानिक थे। इन्होंने ग्रेट ब्रिटेन में रहकर बुद्धि एवं व्यक्तित्व से सम्बन्धित परीक्षण कार्य किए।

14. (c) 'स्व-वास्तविकीकरण' का सिद्धान्त प्रसिद्ध मनोवैज्ञानिक अब्राहम मैस्लो ने प्रतिपादित किया है। इसे आवश्यकता पदानुक्रम सिद्धान्त भी कहते हैं। मैस्लो के अनुसार इसके मुख्य पाँच स्तर हैं

15. (a) जब पहले का सीखा हुआ ज्ञान, नए अधिगम के सीखने में सहायता करता है, तो यह अधिगम का सकारात्मक अन्तरण होगा; जैसे-साईकिल चलाना सीखने के बाद मोटरसाइकिल सीखना तथा गणित में गिनती सीखने के बाद पहाड़े सीखना आदि।

16. (c) विश्व में सभी व्यक्ति एक-दूसरे से भिन्न होते हैं। यहाँ तक की जुड़वाँ बच्चों में भी कई समानताएँ होने के बावजूद कई असमानताएँ पाई जाती हैं। शारीरिक बनावट में समान होने के बाद भी उनके स्वभाव, बुद्धि, शारीरिक-मानसिक क्षमता आदि में विभिन्नता होती है। अतः व्यक्तियों में पाई जाने वाली इन्हीं विभिन्नताओं को व्यक्तित्व भिन्नता कहा जाता है। सामान्यतः वैयक्तिक विभिन्नता आनुवंशिकता व पर्यावरण के परिणामस्वरूप होती है। इसके अतिरिक्त आयु, बुद्धि, परिपक्वता एवं लैंगिक विभिन्नता आदि इसके कुछ प्रमुख कारण हैं।

17. (d) पूर्वाग्रह का अर्थ है, पूर्व-निर्णय, अर्थात् किसी भी विषय में तथ्यों की जाँच किए बिना ही अपनी राय बना लेना या निर्णय लेना पूर्वाग्रह कहलाता है। पूर्वाग्रह नकारात्मक एवं सकारात्मक दोनों दृष्टिकोणों को दर्शाता है। यह जहाँ किसी व्यक्ति विशेष, लिंग, समुदाय एवं समाज के लिए सकारात्मक हो सकता है, तो वहीं किसी अन्य के लिए नकारात्मक।

18. (b) अमेरिका के प्रसिद्ध मनोवैज्ञानिक लॉरेन्स कोहलबर्ग ने नैतिक विकास का सिद्धान्त प्रतिपादित किया है, इन्होंने नैतिक विकास का उल्लेख तीन स्तरों में किया है, जो निम्न हैं-

(i) पूर्व परम्परागत स्तर (7 से 10 वर्ष तक)
(ii) परम्परागत नैतिक स्तर (10 से 13 वर्ष तक)
(iii) उत्तर परम्परागत नैतिक स्तर (13 वर्ष से ऊपर)

कोहलबर्ग द्वारा नैतिक विकास के सिद्धान्त में चार अवस्थाओं का उल्लेख किया गया है, जो निम्न है

(i) स्वकेन्द्रित अवस्था
(ii) परम्पराओं को धारण करने की अवस्था
(iii) आधारहीन आत्मचेतना अवस्था
(iv) आधारयुक्त आत्मचेतना अवस्था

19. (c) सिगमण्ड फ्रायड ऑस्ट्रिया के प्रसिद्ध मनोवैज्ञानिक थे, इन्होंने व्यक्तित्व के मॉडल की संरचना प्रस्तुत की, जिसके तीन भाग हैं,

(i) इदम् (id)
(ii) अहम् (ego)
(iii) पराअहम् (super ego)

20. (a) मनोविज्ञान को अंग्रेजी भाषा में साइकोलॉजी (Psychology) कहते हैं। इस शब्द की उत्पत्ति यूनानी भाषा के 'साइकी' (Psyche) तथा 'लोगस' (Logas) शब्दों से हुई है। 'साइकी' का अर्थ है-आत्मा (Soul) और 'लोगस' का अर्थ है-ज्ञान। अतः 16वीं शताब्दी में ग्रीस के दार्शनिकों ने इसे शाब्दिक अर्थ के अनुसार 'आत्मा का अध्ययन' करने वाला विज्ञान माना था।

21. (b) ऑस्ट्रिया के प्रसिद्ध मनोवैज्ञानिक सिगमण्ड फ्रायड ने मनोविश्लेषणात्मक सम्प्रदाय की स्थापना की। मनोविश्लेषण मुख्यतः मानव की मानसिक क्रियाओं एवं व्यवहार के अध्ययन से सम्बन्धित है, जो समाज के सभी लोगों पर लागू होता है।

22. (c) पीयूष ग्रन्थि को मास्टर ग्रन्थि भी कहा जाता है, यह मटर के दाने के आकार की एक अन्तःस्रावी ग्रन्थि है, जिसका वजन 0.6 ग्राम होता है।

यह ग्रन्थि मानव शरीर में विभिन्न कार्यों; जैसे-रक्तचाप नियन्त्रण, तापमान नियन्त्रण, जल एवं परासरण दाब नियन्त्रण, यौन अंगों के कार्य, गुर्दो में जल के अवशोषण को नियन्त्रित करने तथा मूत्र वर्धन रोधी हार्मोन (ADH) को स्रावित करने आदि के लिए उत्तरदायी है।

23. (b) सामान्यतः एक बच्चा अपना पहला कदम लगभग दस से बारह माह की आयु में चलना सीखता है, जबकि एक से 2 वर्ष की आयु में एक सामान्य बच्चा चलना सीख जाता है।

24. (b) प्राचीन अनुबन्धन में प्रयोग करने वाले प्रथम मनोवैज्ञानिक पावलॉव थे। इन्होंने लगभग 1890-1930 ई. के मध्य अपने शास्त्रीय अनुबन्धन के सिद्धान्त का प्रतिपादन किया। इन्होंने इस सिद्धान्त से सम्बन्धित प्रयोग एक कुत्ते पर किया। जॉन वाटसन ने शास्त्रीय अनुबन्धन के सिद्धान्त सम्बन्धित प्रयोग मानव (अपने पुत्र अल्बर्ट) पर किए।

25. (d) 'पुनर्बलन' के सिद्धान्त का प्रतिपादन बी. एफ स्किनर ने किया है। इसे सक्रिय अनुबन्धन का सिद्धान्त भी कहते हैं। **स्किनर** ने इस सिद्धान्त से सम्बन्धित अपना प्रयोग वर्ष 1930 में सफेद चूहों पर किया था।

26. (c) 'स्याही-धब्बा' परीक्षण प्रसिद्ध स्विस मनोवैज्ञानिक हरमन रोशार्क के द्वारा किया गया है। इसलिए इसे रोर्शा परीक्षण एवं रोर्शा स्याही धब्बा परीक्षण भी कहते हैं। यह एक ऐसा मनोवैज्ञानिक परीक्षण है, जिसमें स्याही के धब्बों के 10 चित्र शामिल होते हैं तथा किसी व्यक्ति विशेष को इन चित्रों को दिखाकर उनका वर्णन करने को कहा जाता है।

27. (a) अब्राहम मैस्लो ने आवश्यकता का पदानुक्रम सिद्धान्त प्रस्तुत किया है। इनके अनुसार मानव आवश्यकता के कई स्तर होते हैं, जिनमें किसी भी बच्चे की प्रथम आवश्यकता शारीरिक (भूख, प्यास) होती है।

28. (a) प्रसिद्ध मनोवैज्ञानिक टर्मन ने बुद्धि लब्धांक ज्ञात करने की विधि बताई है। इसके अनुसार बुद्धि-लब्धि बच्चे की मानसिक आयु को उसकी शारीरिक (वास्तविक) आयु से भाग करके तथा 100 से गुणा करने पर प्राप्त की जाती है। बुद्धि लब्धि का सूत्र है-

$$\text{बुद्धि-लब्धि} = \frac{\text{मानसिक आयु} \times 100}{\text{शारीरिक आयु}}$$

29. (d) दृष्टि, श्रवण, स्पर्श, गन्ध एवं स्वाद ये पाँचों संवेदी माध्यम हैं, किन्तु स्मृति संवेदी माध्य नहीं है।

30. (b) मनोविज्ञान में निर्णय लेना एक प्रकार का प्रत्यक्षीकरण है, जो एक प्रकार का समस्या-समाधान है। इसमें कई सम्भावित विकल्पों में से विभिन्न मूल्यों, विश्वासों, वरीयता एवं सटीकता के आधार पर विकल्प को पहचानकर एवं चुनकर कार्यवाही की जाती है।

31. (b) माना पहली क्रमागत सम संख्या x तथा दूसरी क्रमागत सम संख्या $(x + 2)$ है।
प्रश्नानुसार,

$$x + x + 2 = 66$$
$$2x = 64$$
$$x = 32$$

अतः छोटी क्रमागत सम संख्या 32 है।

32. (a) दूसरा पूर्णांक

$$= \frac{\text{दोनों पूर्णांकों का गुणनफल}}{\text{एक पूर्णांक}}$$

$$= \frac{60}{-6} = -10$$

33. (c)

$$567\overline{)567567567}(1001001$$

567
×567
567
×567
567
×

567567567 को 567 से भाग देने पर भागफल 1001001 है।

34. (a) $x^2 - z^2 + y^2 - 2xy$
$= x^2 + y^2 - 2xy - z^2$
$= (x-y)^2 - z^2$
$[\because a^2 + b^2 - 2ab = (a-b)^2]$
$= (x - y - z)(x - y + z)$

$\therefore$ $x - y + z$ एक गुणनखण्ड होगा।

35. (a) गोले की त्रिज्या $(r) = \frac{2d}{3}$

गोले का आयतन $= \frac{4}{3}\pi r^3$
$= \frac{4}{3}\pi\left(\frac{2d}{3}\right)^3$
$= \frac{4}{3}\pi \times \frac{8d^3}{27}$
$= \frac{32}{81}\pi d^3$

36. (c) $4y^2 - 4y + 1$
$= 4y^2 - 2y - 2y + 1$
$= 2y(2y-1) - 1(2y-1)$
$= (2y-1)(2y-1)$

37. (b) विकल्प (b) से हल (4, 0) अर्थात्
$x = 4, y = 0$, x और y के मान समीकरण में रखने पर,
$x - 2y = 4$
$4 - 2(0) = 4$
$4 = 4$

$\therefore$ (4, 0) समीकरण का हल है।

38. (b) $(-1)^{1000} = 1$
$[\because (-1)^{\text{सम पूर्णांक}} = 1]$

39. (c) $5 + \frac{1}{100} + \frac{5}{1000} + \frac{51}{10000}$
$\Rightarrow$ $5 + 0.01 + 0.005 + 0.0051$
$\Rightarrow$ 5.0201

40. (a) $8a = 35^2 - 27^2$
$8a = (35-27)(35+27)$
$[\because a^2 - b^2 = (a+b)(a-b)]$
$8a = 8 \times 62$
$\therefore$ $a = 62$

41. (b) $0.42 + 0.042 + 0.0042 - 0.00042$
$= 0.46620 - 0.00042$
$= 0.46578$

42. (c) $0.088 \div 2.2$
$= \frac{0.088}{2.2} = 0.04$

43. (c) $1\frac{127}{216} = \frac{343}{216}$
$= \sqrt[3]{\frac{343}{216}}$ (घनमूल लेने पर)
$= \frac{7}{6} = 1\frac{1}{6}$

44. (a) ट्रेन की लम्बाई $(l) = 240$ मी
समय $(t) = 16$ सेकण्ड

रेलगाड़ी की चाल $= \frac{\text{तय दूरी } (l)}{\text{समय } (t)}$
$= \frac{240}{16} = 15$ मी/से
$= 15 \times \frac{18}{5} = 54$ किमी/घण्टा

45. (b) 75 किग्रा का $3\frac{1}{8}\%$
$= 75$ किग्रा का $\frac{25}{8}\% = \frac{25}{8 \times 100} \times 75$
$= \frac{75}{32}$ किग्रा
$= 2\frac{11}{32}$ किग्रा

46. (d) $21 : 80 = \frac{21}{80} = \frac{21}{80} \times 100 = 26.25\%$

47. (c) मूलधन $(P) =$ ₹ 8000
ब्याज दर $(r) = 15\%$ वार्षिकी
समय $(t) = 1$ महीना $= \frac{1}{12}$ वर्ष

साधारण ब्याज (SI) $= \frac{P \times r \times t}{100}$
$= \frac{8000 \times 15 \times \frac{1}{12}}{100}$
$=$ ₹ 100

48. (c) मूलधन $(P) =$ ₹ 1000
ब्याज दर $(r) = 10\%$ प्रति वर्ष
समय $(t) = 2$ वर्ष (साल)

चक्रवृद्धि ब्याज $= P\left[\left(1 + \frac{r}{100}\right)^t - 1\right]$
$= 1000\left[\left(1 + \frac{10}{100}\right)^2 - 1\right]$
$= 1000\left[\frac{11}{10} \times \frac{11}{10} - 1\right]$
$= 1000 \times \left(\frac{121}{100} - 1\right)$
$= 1000 \times \frac{21}{100}$
$=$ ₹ 210

49. (b) $a(b-c) + b(c-a) + c(a-b)$
$= ab - ac + bc - ab + ac - bc = 0$

50. (c) $(3p^2qr^3) \times (-4p^3q^2r^2) \times (7pq^3r)$
$\Rightarrow -84(p^2 \times p^3 \times p) \times (q \times q^2 \times q^3) \times (r^3 \times r^2 \times r)$
$\Rightarrow$ $-84\,p^6 \times q^6 \times r^6$ $[\because a^m \times a^n = a^{m+n}]$
$\Rightarrow$ $-84p^6q^6r^6$

51. (c) पाइथागोरस प्रमेय का प्रयोग समकोण त्रिभुज में होता है।

52. (b) यदि रेखाएँ समानान्तर हों तो संगत कोण हमेशा बराबर होते हैं।

53. (a) यदि लाभ % दिया हो, तो क्रय मूल्य
$= \frac{\text{विक्रय मूल्य} \times 100}{100 + \text{लाभ\%}}$

54. (b) AAA त्रिभुज की सर्वांगसमता नहीं है।

55. (d) उभयनिष्ठ शीर्ष एवं उभयनिष्ठ भुजा वाले दो कोण आसन्न कोण कहलाते हैं।

56. (a) निश्चित संख्यात्मक मान वाला चिन्ह अचर कहलाता है।

57. (a) अब्दुल की वर्तमान आयु $= x$ वर्ष
अमन की वर्तमान आयु $= (x - 15)$ वर्ष
छः वर्ष के बाद
अब्दुल की आयु $= (x + 6)$ वर्ष
अमन की आयु $= (x - 15 + 6) = (x - 9)$ वर्ष
प्रश्नानुसार,
$(x + 6) = 2(x - 9)$

58. (b) माना अभीष्ट वृत्त की त्रिज्या 'R' है।
$r_1 = 8$ सेमी, $r_2 = 6$ सेमी,
प्रश्नानुसार,
$\pi r_1^2 + \pi r_2^2 = \pi R^2$
[वृत्त का क्षेत्रफल $= \pi r^2$]
$\pi(r_1^2 + r_2^2) = \pi R^2$
$8^2 + 6^2 = R^2$
$64 + 36 = R^2$
$R^2 = 100$
$R = 10$ सेमी

59. (d) माना लम्ब-वृत्तीय बेलन की त्रिज्या r है,
ऊँचाई $(h) = 15$ सेमी
बेलन के आधार की परिधि = 44 सेमी
$2\pi r = 44$
$2 \times \frac{22}{7} \times r = 44$
$\Rightarrow$ $r = 7$ सेमी
बेलन का आयतन $= \pi r^2 h$
$= \frac{22}{7} \times 7 \times 7 \times 15$
$= 2310$ (सेमी)^3

60. (a) $\sqrt[3]{\sqrt{441} + \sqrt{16} + \sqrt{4}}$
$= \sqrt[3]{21 + 4 + 2}$
$= \sqrt[3]{27}$
$= 3$

61. (c) Prohibit means "to forbid or ban something by law".

62. (d) Regret means "feel sad, repentant, or disappointed over". Hence, from the given options, option (d) is its synonym.

63. (a) Whimsical means "playfully quaint or fanciful, especially in an appealing and amusing way." Hence, option A is its correct synonym.

64. (c) Intermittent means "not continuous or regular". From the given options, Periodic is its closest synonym.

65. (b) Obstinate means stubborn.

66. (a) Cardinal means "of top most importance". There, from the given options, 'Chief' (means most important) is its correct synonym.

67. (c) From the given options, 'may' indicating a possibility is the filler that makes the sentence grammatically correct and contextually meaningful.

68. (d) As the answer of the question asked in the dialogue is negative, 'Can't' will be the appropriate filler.

69. (b) From the given options, only option (b) 'would' make the sentence grammatically correct and contextually meaningful.

70. (a) From the given options, only option (a) 'must' makes the sentence grammatically correct and contextually meaningful.

71. (a) The correct spelling of the word is "Deceive" which means "deliberately cause (someone) to believe something that is not true, especially for personal gain."

72. (b)The correct spelling of the word is "wilful" which means "having or showing a stubborn and determined intention to do as one wants, regardless of the consequences.

73. (b) Option (b) shows the correct indirect form of speech of the given sentence.

74. (a) Option (a) is the correct indirect form of the given sentence.

75. (d) Preposition "in" is used to show involvement in something, herein in stationery.

76. (b) Preposition "by" is used to show who or what does, creates or causes something, herein the killing by the hunter.

77. (b) Preposition "in" is used to show a relationship between two things.

78. (b) Affirm means to agree. Therefore, from the given options, option (b) "deny" meaning "to refuse or disagree" is its antonym.

79. (d) Dawn means "the first appearance of light in the sky before sunrise". From the given options, "Dusk" (meaning "end of astronomical twilight, just before the minimum brightness of the night sky sets in") is its correct antonym.

80. (a) Square meal means "a substantial, satisfying and balanced meal." Hence, option (a) is correct.

81. (b) At a stone's throw means at a short distance.

82. (b) To run short means a shortage of something.

83. (b) Pin prick means "a petty irritation or annoyance." From the given options, "Tease someone" is the correct option.

84. (c) Nor is always preceded by Neither.

85. (a) The given sentence shows a comparison. Hence, option a "than" is the correct filler.

86. (a) Media is the plural of Medium.

87. (a) 'An' is used before the word starting with vowel.

88. (a) As the sentence talk of a singular specific newspaper, article "the" will be used.

89. (c) 'a dozen' is the correct usage.

90. (c) Hostile means "a strong dislike". Hence, its antonym will be "friendly".

91. (c) भाषा मुख से उच्चारित होने वाले शब्दों और वाक्यों आदि का वह समूह है, जिनके द्वारा मन की बात बताई जाती है। पाश्चात्य विद्वान् 'स्वीट' के अनुसार "ध्वन्यात्मक शब्दों द्वारा विचारों को प्रकट करना ही भाषा है।"

92. (d) दी गई पंक्तियाँ 'भारतेन्दु हरिश्चन्द्र' द्वारा लिखी गई हैं। इनमें कवि ने मातृभाषा के महत्त्व को उजागर किया है। मातृभाषा के ज्ञान के बिना कोई भी प्रगति नहीं कर सकता है। सभी उन्नतियों का मूल मातृभाषा को ही माना गया है।

93. (a) कक्षा-शिक्षण में क्रियाशीलता का सिद्धान्त उपयोगी है, क्योंकि इसमें बालक को करके सीखने में आनन्द का अनुभव होता है। फ्रोबेल, डिवी, मॉन्टेसरी आदि शिक्षाशास्त्रियों ने इस सिद्धान्त पर बल दिया।

94. (c) पाश्चात्य विद्वान् 'क्लार्क' ने शिक्षण की परिभाषा देते हुए कहा कि शिक्षण एक प्रक्रिया है, जिसके प्रारूप तथा परिचालन की व्यवस्था इसलिए की जाती है, जिससे विद्यार्थियों के व्यवहार में परिवर्तन लाया जा सके। अतः स्पष्ट है कि शिक्षण प्रक्रिया के प्रारूप तथा परिचालन व्यवस्था से छात्रों के व्यवहार में परिवर्तन किया जाता है।

95. (b) वर्तमान समय में शिक्षा के क्षेत्र में अध्यापक की भूमिका पथ-प्रदर्शक की है; जोकि विद्यार्थी के जीवन में महत्त्वपूर्ण भूमिका निभाती है।

96. (b) कक्षा के बाहर स्थित किसी स्थान का योजनाबद्ध निरीक्षण करना, शैक्षिक भ्रमण कहलाता है; जैसे-इतिहास की जानकारी प्राप्त करने के लिए ऐतिहासिक इमारतों के भ्रमण पर जाना।

97. (a) 'चित्रहार' का सही वर्ण विच्छेद इस प्रकार है।

च् + इ + त् + र् + अ + ह् + आ + र् + अ

98. (a) 'सूचक' का समानार्थक शब्द 'द्योतक' है, क्योंकि सूचक का अर्थ सूचना देने वाला तथा द्योतक का अर्थ प्रतीक या सूचक होता है।

99. (a) उपसर्ग वे अविकारी शब्दांश हैं, जो शब्द के पूर्व जुड़कर उसके अर्थ या भाव में परिवर्तन कर देते हैं; जैसे- निर्, उपसर्ग इसका अर्थ है- बना, बाहर, निषेध। निरापद में 'निर्' उपसर्ग तथा 'आपद' मूल शब्द है।

100. (b) प्रत्यय वे अविकारी शब्दांश हैं, जो किसी शब्द के अन्त में जुड़कर उसके अर्थ या भाव में परिवर्तन कर देते हैं; जैसे- 'पन' प्रत्यय। 'बड़ा' शब्द में 'पन' प्रत्यय लगाने से बड़प्पन शब्द बनेगा। 'पन' प्रत्यय से निर्मित अन्य शब्द हैं— बचपन, भोलापन, लड़कपन, छुटपन आदि।

101. (b) दिए गए विकल्पों में खग, विहंग, पखेरू तीनों पक्षी के पर्यायवाची शब्द हैं, जबकि पंचानन इस वर्ग से भिन्न शब्द है। पंचानन, शिव का पर्यायवाची है।

102. (d) जिन व्यंजनों के उच्चारण में एक प्रकार की गरमाहट या सुरसुराहट सी प्रतीत होती है, ऊष्म व्यंजन कहलाते हैं। जैसे- श, ष, स, ह, ये सभी ऊष्म व्यंजन हैं।

103. (c) दिए गए विकल्पों में 'यह गाय का असली दूध है।' वाक्य व्याकरणिक नियमों की दृष्टि से शुद्ध वाक्य है।

104. (b) संज्ञा या सर्वनाम के जिस रूप से अलग होने, निकलने, डरने, सीखने, लजाने अथवा दो में से तुलना करने का भाव प्रकट होता है, उसे अपादान कारक कहते हैं; जैसे- पेड़ से पत्ते गिरते हैं, इस वाक्य में पेड़ से पत्तों के अलग होने का भाव होने के कारण यह अपादान कारक का उदाहरण है।

105. (d) वे शब्द जो यौगिक तो होते हैं, परन्तु उनके अर्थ रूढ़ (विशेष अर्थ) हो जाते हैं, योगरूढ़ शब्द कहलाते हैं। ये सामान्य अर्थ को प्रकट न कर किसी विशेष अर्थ का प्रकटीकरण करते हैं; जैसे- लम्बोदर।' लम्बोदर शब्द का अर्थ है- लम्बे उदर (पेट) वाला। इस प्रकार लम्बे उदर वाले जितने भी जीव हैं, लम्बोदर हुए, लेकिन लम्बोदर शब्द का प्रयोग केवल गणेशजी के लिए ही किया जाता है।

106. (c) 'समुद्र की आग' के लिए उपयुक्त शब्द 'बड़वानल' है, जबकि 'दावानल' जंगल की आग, 'जठराग्नि' पेट की आग के लिए प्रयुक्त होने वाले शब्द हैं।

107. (c) वक्ता, श्रोता और अन्य (जिसके सम्बन्ध में बात हो) का बोध कराने वाले शब्द पुरुषवाचक सर्वनाम कहलाते हैं। पुरुषवाचक सर्वनाम तीन प्रकार के होते हैं- उत्तम पुरुष, मध्यम पुरुष तथा अन्य पुरुष।

108. (a) प्रयोग की दृष्टि से शब्द दो प्रकार के होते हैं—विकारी और अविकारी। जिन शब्दों का रूप परिवर्तन होता है, वे विकारी शब्द कहलाते हैं। ये चार प्रकार के होते हैं- संज्ञा, सर्वनाम, विशेषण तथा क्रिया।

जिन शब्दों के रूप में कभी कोई परिवर्तन होता है, तब वे अविकारी शब्द कहलाते हैं। ये भी चार प्रकार के होते हैं- क्रिया विशेषण, सम्बन्ध बोधक, समुच्चयबोधक, विस्मयादिबोधक।

109. (d) 'कोस-कोस का पानी बदले, चार कोस पर बानी' पंक्ति में पानी का स्वाद और बोली के शब्दों के परिवर्तन होने का उल्लेख किया गया है।

110. (b) दिए गए विकल्पों में 'अनुबन्धन, प्रशिक्षण, अनुदेशन तथा प्रतिवादन' सही क्रम है।

111. (c) सभी वर्ण व्याकरण सम्मत ढंग से और निश्चित क्रम में लिखना 'वर्णमाला' कहलाते हैं। वर्णों का व्यवस्थित समूह वर्णमाला में होता है। हिन्दी वर्णमाला में कुल 52 वर्ण हैं।

112. (d) 'ज्ञ' एक संयुक्त व्यंजन है, जो ज् + ञ के योग से बना है।

113. (b) 'राम ने रावण को मारा' वाक्य में रावण शब्द बलाघात होने का अर्थ है रावण को ही मारा किसी और को नहीं। यहाँ इसी बात पर बल देने के लिए 'रावण' में बलाघात का प्रयोग हुआ है।

114. (c) दो भिन्न भाषाओं से मिलकर बने शब्द संकर शब्द कहलाते हैं; जैसे-'लाठीचार्ज'। यहाँ लाठी शब्द (हिन्दी) + चार्ज (अंग्रेजी) भाषा से मिलकर बना है।

115. (a) दिए गए विकल्पों में चिह्न' शब्द वर्तनी की दृष्टि से शुद्ध है।

116. (d) शुद्ध लेखन के लिए प्रथम सोपान शुद्ध उच्चारण है, क्योंकि जैसा हम उच्चारण करते हैं, वैसा ही लिखते हैं।

117. (a) 'कठोर' के लिए समानार्थक शब्द 'पौरुष' है।

118. (c) 'जंगम' का विलोम 'स्थावर' है, क्योंकि जंगम का अर्थ चलने-फिरने वाला तथा स्थावर का अर्थ एक ही स्थान पर बना रहने वाला है। इस प्रकार ये दोनों शब्द एक-दूसरे के विपरीत हैं।

119. (d) दिए गए विकल्पों में 'स्रोत' शब्द वर्तनी की दृष्टि से शुद्ध है, जिसका अर्थ है- किसी वस्तु या तत्त्व का उद्गम (उत्पत्ति) स्थान।

120. (c) 'तिलांजलि देना' एक मुहावरा है, जिसका अर्थ है- त्याग देना; जैसे-अभिनव ने घर-परिवार की तिलांजलि देकर संन्यास ले लिया।

121. (b) चन्द्रा और भागा नदियों का आपस में संगम 'ताण्डी' नामक स्थान पर होता है। ये दोनों नदियाँ ताण्डी के समीप मिलकर चेनाब नदी का निर्माण करती हैं। चेनाब सिन्धु की एक प्रमुख सहायक नदी है। इसकी कुल लम्बाई 960 किमी तक है।

यह जम्मू कश्मीर के जम्मू क्षेत्र से होकर पंजाब, पाकिस्तान के मैदानी भागों में प्रवाहित होती है। चन्द्रा एवं भागा नदियों का संगम स्थल ताण्डी (हिमाचल प्रदेश के लाहौल और स्पीति जिले) में स्थित है।

122. (a) प्राचीन ग्रन्थों में शिवालिक पर्वत को 'मैनाक पर्वत' के नाम से जाना जाता था। यह हिमालय पर्वत श्रेणी का सबसे नवीनतम भाग माना जाता है, जिसकी औसत ऊँचाई 700-1200 मी तक है। इस पर्वत श्रेणी का निर्माण प्लायोसीन युग में हुआ था। यह पर्वत श्रेणी हिमालय के दक्षिणवर्ती भाग में इसके समानान्तर फैली हुई है।

123. (b) सौरमण्डल का सबसे गर्म ग्रह शुक्र को माना जाता है। शुक्र को 'भोर का तारा' भी कहा जाता है। आकार की दृष्टि से यह पृथ्वी के बिल्कुल समान है। इसलिए इसे पृथ्वी का 'भगिनी ग्रह' भी कहा जाता है। इसे सर्वाधिक चमकीला ग्रह भी कहा जाता है। इसके पास अपना कोई उपग्रह नहीं है।

124. (c) हिमाचल प्रदेश में स्थित 'धर्मशाला' को लिटिल ल्हासा के नाम से जाना जाता है। तिब्बतियों के धर्मगुरु दलाईलामा का यहाँ निवास स्थान भी है। धर्मशाला में तिब्बतियों की संख्या बहुत अधिक है, ये यहाँ शरणार्थी के रूप में निवास करते हैं। इस कारण धर्मशाला को लिटिल ल्हासा के नाम से जाना जाता है। ल्हासा तिब्बत की राजधानी भी है।

125. (c) विवर्तनिक बल को भूकम्प का मुख्य कारण माना जाता है। इस क्रिया में भारी घनत्व वाली प्लेट, कम घनत्व वाली प्लेट के नीचे चली जाती है, जिसके परिणामस्वरूप घर्षण के कारण भूकम्प आते हैं। प्लेटों के गतिमान होने से भूकम्प की क्रिया एक सामान्य प्रक्रिया है। भू-गर्भिक हलचलों के कारण जब प्लेटों में गतिशीलता होती है, तब ये अपनी सीमान्त रेखाओं के सहारे गतिशील हो जाते हैं, जिस कारण भूकम्प आने की अनुभूति होती है। क्षरण, निवारण एवं अपक्षयण के कारण भूकम्प नहीं आते हैं।

126. (d) हिमाचल प्रदेश उच्च न्यायालय की स्थापना 25 जनवरी, 1971 की गई थी। यह राज्य की राजधानी शिमला में स्थित है। हिमाचल प्रदेश हाइकोर्ट के पहले मुख्य न्यायाधीश एम.एच बेंग थे, जबकि वर्तमान (वर्ष 2019 से) मुख्य न्यायधीश एल. नारायण स्वामी हैं।

127. (d) एनेग्जीमैण्डर ने विश्व का प्रथम मानचित्र बनाया था। ये एक यूनानी विद्वान थे। थैलेस ने गणितीय भूगोल के क्षेत्र में विशेष योगदान दिया है। एनेग्जीमैण्डर द्वारा निर्मित यह मानचित्र अधिक उपयोगी माना जाता है, इस मानचित्र में विश्व के सम्पूर्ण जलीय एवं स्थलीय भू-भागों को प्रदर्शित किया गया था।

128. (c) 'झाँकी' और 'हान्तर' लोकनृत्य हिमाचल प्रदेश के चम्बा जिले के लोकप्रिय लोकनृत्य हैं। चम्बा में निवास करने वाले जनजातीय समुदाय द्वारा इन लोकनृत्यों का आयोजन किया जाता है। इन लोकनृत्यों में महिला एवं पुरुष दोनों भाग लेते हैं।

129. (d) विश्व का सबसे ठण्ड़ा स्थान 'अण्टार्कटिका' है। यह विश्व का पाँचवाँ सबसे बड़ा महाद्वीप है, इसकी भूमि तीन महासागरों-हिन्द महासागर, प्रशान्त महासागर और अटलाण्टिक महासागर से घिरी है।

इस महाद्वीप की मुख्य भूमि की खोज (1820 ई.) करने का श्रेय फेबियन वेलिंग शॉसेन को जाता है, विश्व में सबसे कम तापमान (– 82.2°C) अण्टार्कटिक के वोस्टॉक में रिकॉर्ड किया गया था।

130. (b) केलांग में प्रथम प्राथमिक विद्यालय 1861 ई. में खोला गया। इस विद्यालय के निर्माणकर्त्ता जर्मन पादरी हाइड है।

131. (c) 'कुफरी जीवन' और 'कुफरी ज्योति' आलू की किस्मे हैं। ये आलू की उच्च गुणवत्ता की किस्मे हैं, जिसका उत्पादन केवल हिमाचल प्रदेश में ही किया जाता है। पौष्टिक दृष्टि से इसे अत्यन्त महत्त्वपूर्ण माना जाता है। भारत में आलू का सर्वाधिक उत्पादन उत्तर प्रदेश राज्य में किया जाता है।

132. (d) भारतीय झण्डे का आकार आयताकार है। इसकी लम्बाई एवं चौड़ाई का अनुपात 3:2 है। इसे राष्ट्रीय ध्वज या तिरंगा भी कहा जाता है। इसकी अभिकल्पना पिंगली वेंकैया ने की थी। इसे 22 जुलाई, 1947 को राष्ट्रीय ध्वज के रूप में स्वीकार किया गया। तिरंगे के मध्य में सफेद पट्टी पर गहरे नीले रंग का एक चक्र है, जिसमें 24 तीलिया होती हैं।

133. (c) विश्व में सबसे ऊँचा क्रिकेट ग्राउण्ड हिमाचल प्रदेश के धर्मशाला में स्थित है। इस स्टेडियम का निर्माण वर्ष 2003 में किया गया था।

इसका नाम हिमाचल प्रदेश क्रिकेट एसोसिएशन स्टेडियम है। इस स्टेडियम की कुल दर्शकीय क्षमता लगभग 23000 है। इस स्टेडियम में पहला अन्तर्राष्ट्रीय क्रिकेट मैच जनवरी, 2013 को भारत और इंग्लैण्ड के बीच एकदिवसीय मैच के रूप में खेला गया था।

134. (c) संस्कृत भाषा में व्याकरण की रचना पाणिनी ने की थी। पाणिनी ने अष्टाध्यायी की रचना की थी, जो व्याकरण पर आधारित प्रथम पुस्तक मानी जाती है। संस्कृत भाषा को व्याकरणसम्मत रूप देने में पाणिनी का योगदान अतुलनीय माना जाता है। पाणिनी का जन्म गान्धार में हुआ था। अष्टाध्यायी में तत्कालीन भारतीय समाज की सम्पूर्ण जानकारी मिलती है।

135. (d) चमगादड़ एक ऐसा जीव है, जो पक्षी तो नहीं है, लेकिन फिर भी उड़ता है। चमगादड़ को स्तनधारी माना जाना जाता है, क्योंकि चमगादड़ अपने बच्चों को दूध पिलाता है, जबकि कठफोड़वा, उल्लू एवं शुतुरमुर्ग अधिक ऊँचाई तक उड़ने में सक्षम नहीं होते हैं।

136. (a) 'किताब अल हिन्द' के लेखक अलबरूनी हैं। अलबरूनी महमूद गजनवी के साथ भारत आया था। अलबरूनी ने अपनी पुस्तक **किताब उल हिन्द** में भारतीय जीवन शैली का विस्तृत वर्णन किया है। इस पुस्तक में भारत की सामाजिक दशाओं के बारे में अलबरूनी ने मनोरम उल्लेख किया है। यह पुस्तक अरबी भाषा में रचित है।

137. (c) सूचना का अधिकार अधिनियम अक्टूबर, 2005 में लागू किया गया था। सरकारी कार्यों में पारदर्शिता लाने के उद्देश्य से यह अधिनियम पारित किया गया था। इस अधिनियम को पारित करवाने के लिए दिल्ली के वर्तमान मुख्यमन्त्री अरविन्द केजरीवाल की भूमिका महत्त्वपूर्ण रही थी। उन्हें इस कार्य लिए रैमन मैग्सेसे अवार्ड से भी सम्मानित किया गया था।

इस अधिनियम के अन्तर्गत कोई भी व्यक्ति सरकारी संस्थानों से तथा सरकार द्वारा वित्तपोषित निजी संस्थानों से सूचना प्राप्त कर सकता है।

138. (b) खाने के पैकिट पर भूरा या लाल निशान खाने की मांसाहारी विशेषता को दर्शाता है, जबकि हरा निशान खाने की शाकाहारी विशेषता को दर्शाता है। भोजन की पहचान हेतु इन रंगों का प्रयोग किया जाता है।

139. (c) पत्तों का हरा रंग 'क्लोरोफिल' के कारण होता है। यह पौधे का मुख्य भाग होता है। इसका मुख्य कार्य प्रकाश संश्लेषण क्रिया द्वारा भोजन बनाना है। क्लोरोफिल के केन्द्र में मैग्नीशियम का एक परमाणु होता है। क्लोरोफिल प्रकाश में बैंगनी, नीला तथा लाल रंग को ग्रहण करता है। प्रकाश संश्लेषण की दर लाल रंग के प्रकाश में सबसे अधिक एवं बैंगनी रंग के प्रकाश में सबसे कम होती है।

140. (a) दाँतों की सबसे बाहरी परत को इनैमल के नाम से जाना जाता है। इनैमल एक प्रकार का ऊतक है, जो दाँत की बाहरी परतों पर पाया जाता है। दाँतों को सुरक्षा प्रदान करने में इसकी महत्त्वपूर्ण भूमिका होती है। यह मानव शरीर का सबसे कठोरतम भाग होता है।

141. (c) विश्व का सबसे छोटा महाद्वीप ऑस्ट्रेलिया है, जो दक्षिणी गोलार्द्ध में स्थित है। इसे द्वीपीय महाद्वीप भी कहा जाता है, इस महाद्वीप में 22 देश हैं। ऑस्ट्रेलिया के मूल निवासियों को एबोर्जिन्स कहते हैं। एशिया विश्व का सबसे बड़ा महाद्वीप है, जो विश्व के अलग क्षेत्रफल पर विस्तृत है। अफ्रीका, उत्तरी अमेरिका, यूरोप, अण्टार्कटिका तथा दक्षिण अमेरिका आकार की दृष्टि से अन्य महाद्वीप हैं।

142. (a) रेणुका झील हिमाचल प्रदेश की सबसे बड़ी प्राकृतिक झील है, जो हिमाचल प्रदेश के सिरमौर जिले में स्थित है। रेणुका देवी के नाम पर इस झील का नाम रेणुका झील पड़ा था। यह हिमाचल प्रदेश की एक पवित्र झील है। यह समुद्र तल से 672 मी की ऊँचाई पर स्थित है।

143. (b) भारत का संविधान 26 जनवरी, 1950 को लागू हुआ था। इससे पूर्व 26 नवम्बर, 1949 को संविधान सभा द्वारा संविधान को पारित कर दिया गया था। संविधान निर्माण की प्रक्रिया में 2 वर्ष 11 महीने और 18 दिन लगे थे, चूँकि 26 जनवरी, 1930 को लाहौर अधिवेशन के दौरान देश में पहली बार झण्डा फहराकर स्वतन्त्रता दिवस मनाया गया था।

अतः 26 जनवरी को यादगार दिन बनाने के लिए ही 26 जनवरी, 1950 को भारत का संविधान लागू किया गया।

144. (a) हिन्द महासागर का आकार भौगोलिक दृष्टिकोण से त्रिभुजाकार है। इसके उत्तर में एशिया महाद्वीप, दक्षिण में अण्टार्कटिक महाद्वीप, पूर्व में ऑस्ट्रेलिया महाद्वीप तथा पश्चिम में अफ्रीका महाद्वीप हैं। इसका कुल क्षेत्रफल 7,34,25,500 वर्ग किमी है। यह एक ओर प्रशान्त महासागर ओर दूसरी ओर अटलाण्टिक महासागर से मिला हुआ है।

145. (a) विश्व जल दिवस 22 मार्च को मनाया जाता है, इसका उद्देश्य विश्व के सभी विकसित देशों में स्वच्छ एवं सुरक्षित जल की उपलब्धता सुनिश्चित करवाना है, साथ ही यह जल संरक्षण के महत्त्व पर भी ध्यान केन्द्रित करता है। वर्ष 1993 में पहली बार विश्व जल दिवस मनाने का निर्णय लिया गया था।

146. (d) दिए गए प्रश्न में 'चना' रबी की एक प्रमुख फसल है। चना के अतिरिक्त गेहूँ, तिलहन एवं दलहन भी रबी की फसलें हैं। रबी की फसलों की बुआई शीतकाल के प्रारम्भ में अक्टूबर-नवम्बर में की जाती है तथा कटाई ग्रीष्म काल के प्रारम्भ होने से पूर्व मार्च-अप्रैल में कर ली जाती है। रबी के बाद खरीफ एवं जायद फसलों की खेती की जाती है। सिंचित क्षेत्रों में रबी की फसलों की बुआई अधिक प्रचलित है।

147. (b) रवीन्द्रनाथ टैगोर द्वारा मूल रूप से बांग्ला भाषा में रचित जन-गण-मन के हिन्दी संस्करण को संविधान सभा ने 24 जनवरी, 1950 को भारत का राष्ट्रगान स्वीकार किया। इसके गायन का समय 52 सेकण्ड है तथा संक्षिप्त अवधि 20 सेकण्ड है।

148. (b) वास्कोडिगामा 1498 ई. में भारत पहुँचा था। वह एक पुर्तगाली यात्री था। उसने भारत में सर्वप्रथम, पश्चिमी तट पर स्थित कालीकट बन्दरगाह पहुँचकर भारत एवं यूरोप के बीच नए समुद्री मार्ग की खोज की। वास्कोडिगामा की इस यात्रा में भारतीय व्यापारी अब्दुल मजीद ने सहयोग किया था।

149. (a) हिमाचल प्रदेश में 68 विधानसभा निर्वाचन क्षेत्र हैं। संविधान के अनुच्छेद-170 के अन्तर्गत प्रत्येक राज्य की विधानसभा में कम-से-कम 60 और अधिक से अधिक 500 सदस्य हो सकते हैं। अपवादस्वरूप गोवा (40), मिजोरम (40) तथा सिक्किम (32)।

150. (d) बक्सर का युद्ध 1764 ई. में अंग्रेजों एवं मीरकासिम, अवध के नवाब शुजाउद्दौला एवं मुगल सम्राट शाहआलम द्वितीय के बीच हुआ था। इस युद्ध में अंग्रेज विजयी हुए। इस युद्ध में अंग्रेजों का सेनापति हेक्टर मुनरो था। बक्सर के युद्ध के पश्चात् अंग्रेजों की शक्ति भारत में और सुदृढ़ हो गई तथा सम्पूर्ण बंगाल पर उनका आधिपत्य हो गया।

HPTET

हिमाचल प्रदेश शिक्षक पात्रता परीक्षा

जूनियर बेसिक ट्रेनिंग

सॉल्वड पेपर 2018

कुल अंक : 150 | **समय :** 150 मिनट

निर्देश

1. इस प्रश्न–पत्र में कुल 150 वस्तुनिष्ठ प्रकार के प्रश्न हैं।
2. प्रत्येक प्रश्न के लिए एक अंक निर्धारित है।
3. प्रत्येक प्रश्न का केवल एक ही उत्तर दीजिए।
4. इस प्रश्न–पुस्तिका में पाँच भाग हैं; भाग I : बाल विकास और शिक्षाशास्त्र (प्र.सं. 1-30), भाग II : गणित (प्र.सं. 31-60), भाग III : English Literature & Grammar (प्र.सं. 61-90), भाग IV : हिन्दी साहित्य एवं व्याकरण (प्र.सं. 91-120), भाग V : सामान्य जागरूकता (प्र.सं. 121-150)

भाग I : बाल विकास और शिक्षाशास्त्र

1. निम्नलिखित में से कौन–सा सूक्ष्म–गतिक कौशल का उदाहरण है?
(a) दौड़ना (b) लिखना
(c) चढ़ना (d) फुदकना

2. विद्यार्थियों को गृह–कार्य यह देखने के लिए दिया जाता है
(a) लेखन-कौशल के विकास के लिए
(b) विद्यार्थी घर पर अध्ययन कर सके
(c) विद्यार्थियों ने पाठ कितना समझा है
(d) विद्यार्थियों के विकास के लिए

3. मोरोन्स बच्चों की बुद्धि–लब्धि होती है
(a) 0-25 (b) 25-50
(c) 50-75 (d) 75-90

4. कौन–सा अधिगम गामक अंगों द्वारा होता है?
(a) गामक-अधिगम
(b) संवेदी-अधिगम
(c) शाब्दिक-अधिगम
(d) संवेदी-पेशीय अधिगम

5. आर्मी एल्फा और आर्मी बीटा किस प्रकार के परीक्षण हैं?
(a) व्यक्तिगत परीक्षण
(b) समूह परीक्षण
(c) बुद्धि परीक्षण
(d) व्यक्तित्व परीक्षण

6. मनोवैज्ञानिक प्रयोग का प्रमुख उद्देश्य होता है
(a) सह-सम्बन्ध सत्यापन
(b) प्रभाव सम्बन्ध का कारण पता चलता है
(c) पूर्व घटनाओं का अध्ययन
(d) उपरोक्त में से कोई नहीं

7. विकास में परिवर्तन होते हैं
(a) शैशवावस्था से प्रौढ़ावस्था तक
(b) बाल्यावस्था से प्रौढ़ावस्था तक
(c) जन्म से मृत्यु तक
(d) गर्भाधान से मृत्यु तक

8. किस आधार पर एरिक्सन की अवस्थाओं का वर्गीकरण किया गया है?
(a) तर्क के तरीके
(b) रक्षात्मक प्रतिक्रिया
(c) सामाजिक संघर्ष का समाधान
(d) जैविक आवश्यकताएँ

9. अहम् के आधार पर संचालित होता है
(a) वास्तविकता नियम
(b) पहचान
(c) आनन्द नियम
(d) नैतिकता

10. नैतिकता विकास की……अवस्था में समसामयिक सामाजिक मानकों के आधार पर नैतिकता का निर्धारण किया जाता है?
(a) पारम्परिक
(b) पूर्व-पारम्परिक
(c) उत्तर-पारम्परिक
(d) उपरोक्त में से कोई नहीं

11. ……हमारा कार्यकारी स्मृति संस्थान है।
(a) आर्य स्मृति
(b) संवेदी पंजीकरण
(c) अल्पकालीन स्मृति
(d) दीर्घकालीन स्मृति

12. विस्मरण का एक कारण नहीं है
(a) क्षय (b) अप्रयोग
(c) हस्तक्षेप (d) वंचित

13. नौ वर्षीय बालक की बुद्धि–लब्धि मापन हेतु उपयुक्त परीक्षण है
(a) TAT (b) WAIS
(c) WPPSI (d) WISC

14. बालक की अनुबन्धित उद्दीपक के समान अन्य उद्दीपकों के प्रति अनुक्रिया की प्रवृत्ति है
(a) तत्परता (b) अर्जन
(c) विभेदीकरण (d) सामान्यीकरण

15. ......ने सात आधारभूत मानसिक योग्यताएँ बताई हैं, जो बुद्धि में सम्मिलित हैं।
(a) तूरस्टोन (b) गिलफर्ड
(c) साइमन (d) स्टनबर्ग

16. रेवन प्रोग्रेसिव मैट्रिक्स (आर पी एम) एक......बुद्धि परीक्षण है।
(a) मिश्रित (b) अमानकीकृत
(c) अवाचिक (d) वाचिक

17. सृजनात्मकता में मुख्य रूप से समाहित है
(a) एक-विध चिन्तन
(b) तर्क
(c) बहु-विध चिन्तन
(d) परम्परा

18. मूर्त संक्रियात्मक अवस्था की अवधि है
(a) 0 से 2 वर्ष (b) 2 से 7 वर्ष
(c) 7 से 12 वर्ष (d) 12 से 19 वर्ष

19. प्रयोग में अन्य चरों का मूल्य शून्य अथवा स्थिर करना कहलाता है
(a) नियन्त्रण
(b) वस्तुनिष्ठता
(c) सार्वभौमिकता
(d) उसमें से कोई नहीं

20. व्यवहारवाद के प्रवर्तक थे
(a) पियाजे (b) बिनेट
(c) फ्रायड (d) वाटसन

21. व्यक्तित्व समायोजन के लिए......उत्तरदायी है।
(a) इदं (b) अहम्
(c) परा अहम् (d) अचेतन

22. विकास का क्रम......है।
(a) पद-समीप अभिमुख
(b) दूर-समीप अभिमुख
(c) पद-शिरः अभिमुख
(d) समीप-दूराभिमुख

23. निम्न में से कौन चरों के बीच सम्बन्ध दर्शाने वाला है?
(a) मापन (b) वस्तुनिष्ठता
(c) परिकल्पना (d) नियन्त्रण

24. आने वाली नई सूचना में सुधार, ताकि वह पहले स्थापित मानसिक वर्गों में स्थापित हो सके, कहलाता है
(a) आत्मसात्करण (b) अमेजन
(c) सन्तुलन (d) संरक्षण

25. समाजीकरण की प्रक्रिया मुख्य:......है।
(a) जैविक
(b) परिपक्वता आधारित
(c) अधिगमित
(d) उपरोक्त में से कोई नहीं

26. यदि......गुणसूत्रों का मिलान हो तो लड़की का जन्म होता है
(a) XY (b) YY (c) BY (d) XX

27. स्मृति का सूचना प्रक्रिया मॉडल प्रतिपादित किया गया है
(a) नन द्वारा
(b) मैस्लो द्वारा
(c) ड्रेवर द्वारा
(d) एटकिन्सन शिफरिन द्वारा

28. बालक द्वारा लम्बे समय तक रोने पर भी पिता द्वारा खिलौना न देने का परिणाम होगा
(a) प्रतिगमन (b) सामान्यीकरण
(c) विलोपन (d) विभेदीकरण

29. निम्नलिखित में कौन-सी समस्या-समाधान की वैज्ञानिक पद्धति का पहला चरण है?
(a) परिकल्पना का परीक्षण करना
(b) समस्या के प्रति जागरुकता
(c) प्रासंगिक जानकारी को एकत्र करना
(d) परिकल्पना का निर्माण करना

30. पियाजे के अनुसार, निम्नलिखित में से कौन-सी अवस्था में बच्चा अमूर्त संकल्पनाओं के विषय में तार्किक चिन्तन करना आरम्भ करता है?
(a) औपचारिक-संक्रियात्मक अवस्था
(b) संवेदी-प्रेरक अवस्था
(c) पूर्व-संक्रियात्मक अवस्था
(d) मूर्त-संक्रियात्मक अवस्था

भाग II : गणित

31. वर्ग की एक भुजा और एक विकर्ण का अनुपात है
(a) $1:\sqrt{2}$ (b) $3:\sqrt{2}$
(c) $\sqrt{2}:1$ (d) $\sqrt{2}:3$

32. 2.58 pm से 4 घण्टे 59 मिनट पहले का समय है
(a) 9 : 59 pm (b) 10 : 01 pm
(c) 9 : 59 am (d) 9 : 57 am

33. $(x^{-1}+y^{-1})^{-1}$ का मान है
(a) xy (b) $x+y$
(c) $\frac{xy}{x+y}$ (d) $\frac{x+y}{xy}$

34. ₹ 2000 पर $\frac{25}{4}\%$ वार्षिक दर से 4 फरवरी, 2015 से 18 अप्रैल 2015 तक के समय के लिए साधारण ब्याज है
(a) ₹ 25 (b) ₹ 30
(c) ₹ 35 (d) ₹ 40

35. निम्नलिखित का लाभाँश के रूप में सबसे अच्छा लेन-देन कौन-सा है?
(a) क्रय मूल्य ₹ 75, लाभ = ₹ 19
(b) क्रय मूल्य ₹ 81, लाभ = ₹ 24
(c) क्रय मूल्य ₹ 40, लाभ = ₹ 19
(d) क्रय मूल्य ₹ 60, लाभ = ₹ 29

36. संख्या 12345 में 3 के स्थानीय मान तथा अंकित मान में अन्तर है
(a) 0 (b) 295
(c) 297 (d) 48

37. – 3 से छोटी पर – 8 से बड़ी पूर्णांकों की संख्या है
(a) 2 (b) 3
(c) 4 (d) 6

38. $\left(\frac{-3}{8}\right)\times\left(\frac{-7}{13}\right)$ का व्युत्क्रम है
(a) $\frac{104}{21}$ (b) $\frac{-104}{21}$
(c) $\frac{21}{104}$ (d) $\frac{-21}{104}$

39. किसी बहुफलक के 30 किनारे तथा 12 फलक हैं। इस बहुफलक के शीर्षों की संख्या है
(a) 12 (b) 15 (c) 20 (d) 24

40. 5, 10 और 35 के सबसे छोटे सार्वगुणज और सबसे बड़े सार्वगुणनखण्ड का अन्तर है
(a) 30 (b) 35
(c) 65 (d) 75

41. दो संख्याओं a और b के अभाज्य गुणनखण्ड है
$a = 2\times2\times2\times2\times3\times5$
$b = 2\times2\times3\times3\times5\times5$
तो a और b का लघुत्तम समापवर्तय (LCM) है
(a) $2^3\times3^2\times5^2$
(b) $2^4\times3^2\times5^2$
(c) $2^4\times3^2\times5^1$
(d) $2^2\times2^2\times5^2$

42. दो संख्याओं का महत्तम समावर्तक 31 तथा उनका लघुत्तम समापवर्तय 186 हैं। यदि एक संख्या 62 हो, तो दूसरी संख्या है
(a) 31 (b) 6 (c) 93 (d) 9

43. यदि एक 150 मी लम्बी रेलगाड़ी, 100 मी लम्बे प्लेटफॉर्म को 10 सेकण्ड में पारकर लेती है, तो उस रेलगाड़ी की गति है
(a) 10 मी/सेकण्ड (b) 20 मी/सेकण्ड
(c) 25 मी/सेकण्ड (d) 5 मी/सेकण्ड

44. प्रथम पाँच अभाज्य संख्याओं का औसत है
(a) 5 (b) 3 (c) 7 (d) 5.6

45. आँकड़ों 12, 15, 11, 13, 18, 11, 13, 12, 13 के बहुलक तथा माध्यक का योगफल है
(a) 25 (b) 26 (c) 31 (d) 36

46. यदि किसी वृत्त की परिधि 3 सेमी है, तो इसका क्षेत्रफल (सेमी^{2} में) है
(a) $\frac{9}{4\pi}$ (b) $\frac{4}{9\pi}$ (c) $\frac{9\pi}{4}$ (d) $\frac{3\pi}{2}$

47. $2^{10}-1$ विभाज्य है?
(a) 2 (b) 3 (c) 4 (d) 10

48. एक समकोण त्रिभुज में, दो न्यून कोणों का योग होता है
(a) 45° (b) 80°
(c) 90° (d) इनमें से कोई नहीं

49. $\frac{1}{2},\frac{2}{3},\frac{3}{4},\frac{4}{5}$ का महत्तम समापवर्तक है
(a) 1 (b) 12 (c) $\frac{4}{5}$ (d) $\frac{1}{60}$

50. $\frac{4^2-2+120-20\times0.6\times10}{(28-7\times2)\div(20000\times0.3)}$ का मान है
(a) 600 (b) 560 (c) 614 (d) 484

51. यदि $603\times28=63\times4\times......$ तब रिक्त स्थान संख्या है
(a) 67 (b) 21 (c) 28 (d) 63

52. संख्या 0.318564318564318564....... है
(a) एक प्राकृतिक संख्या
(b) एक पूर्णांक
(c) एक परिमेय संख्या
(d) एक अपरिमेय संख्या

53. निम्न में से अपरिमेय संख्या है
(a) 0.15
(b) 0.01516
(c) $0.\overline{151}$
(d) 0.5015001500015......

54. यदि $x+\frac{1}{x}=5$ है, तो $x^3+\frac{1}{x^3}$ बराबर है
(a) 125 (b) 100
(c) 110 (d) 25

55. यदि $\Delta PQR\cong\Delta EFD$, तो $ED=$
(a) PQ (b) QR
(c) PR (d) इनमें से कोई नहीं

56. यदि एक त्रिभुज की भुजाएँ क्रमश: 11 सेमी, 15 सेमी और 16 सेमी है, तो सबसे लम्बी भुजा की संगत ऊँचाई है।
(a) $30\sqrt{7}$ सेमी (b) $\frac{15\sqrt{7}}{2}$ सेमी
(c) $\frac{15\sqrt{7}}{4}$ सेमी (d) 30 सेमी

57. एक समबाहु त्रिभुज जिसका क्षेत्रफल $4\sqrt{3}$ वर्ग सेमी है, की प्रत्येक भुजा की लम्बाई है
(a) 4 सेमी (b) $\frac{4}{\sqrt{3}}$ सेमी
(c) $\frac{\sqrt{3}}{4}$ सेमी (d) 3 सेमी

58. आँकड़ों 7.5, 7.3, 7.2, 7.2, 7.4, 7.7, 7.7, 7.5, 7.3, 7.2, 7.6, 7.2 का बहुलक है
(a) 7.3 (b) 7.5
(c) 7.2 (d) 7.6

59. यदि दो वृत्तों के अर्द्धव्यासों में अनुपात 2 : 3 है, तो इनकी परिधियों में अनुपात है
(a) 2 : 3 (b) 3 : 2
(c) 4 : 9 (d) 9 : 4

60. यदि $5x^2+3x+1$ को $2x$ से भाग दिया जाए तो भागफल है
(a) $\frac{5}{2}x-\frac{3}{2}$ (b) $\frac{5}{2}x+\frac{1}{2}$
(c) $\frac{5}{2}x+\frac{3}{2}$ (d) 1

भाग III : English Literature and Grammar

Directions (Q. Nos. 61 and 62) *Choose the correct form of voice.*

61. Ram was eating apples.
(a) Apples are being eaten by Ram.
(b) Apples are eaten by Ram.
(c) Apples were being eaten by Ram.
(d) Apples was eaten by Ram.

62. He reads a newspaper.
(a) A newspaper was read by him.
(b) A newspaper is read by him.
(c) A newspaper is being read by him.
(d) A newspaper was being read by him.

Direction (Q. No. 63) *Choose the correct option of indirect form of speech.*

63. The teacher said, "The Earth is round".
(a) The teacher said that the Earth is round.
(b) The teacher said that the Earth was round.
(c) The teacher told that the Earth is round.
(d) The teacher said Earth is round.

Directions (Q. Nos. 64-66) *Choose the correct synonyms for the words in bold letters.*

64. AWFUL
(a) Terrible (b) Ugly
(c) Beautiful (d) Smart

65. ASSIST
(a) Improve (b) Bear
(c) Resist (d) Help

66. ACCOMPLISH
(a) Complete
(b) Start
(c) Achieve
(d) End

Directions (Q. Nos. 67-70) *Identify the appropriate alternative from the given options for filling in the blanks.*

67. You........obey your parents.
(a) should (b) would
(c) could (d) may

68. It........rain tomorrow.
(a) could (b) would
(c) may (d) might

69. We.........all die.
(a) may (b) must
(c) can (d) could

70. You.........have my book, I have already it.
(a) may (b) must
(c) can (d) could

Directions (Q. Nos. 71-74) *Fill in the blanks with appropriate conjunctions for the given questions.*

71. I did not come,........you did not call me.
(a) because (b) or
(c) either (d) nor

72. ....I am poor, ... I am honest.
(a) As-as (b) So-as
(c) If-yet (d) So-as

73. Plural of 'Radio' is
(a) Radio (b) Radios
(c) Radioes (d) None of these

74. Plural of 'Sheep' is
(a) Sheep (b) Ship
(c) Sheeps (d) None of these

Directions (Q. Nos. 75 and 76) *Pick up the correctly spelt word.*

75. (a) Harrasstment (b) Harasment
(c) Harrasment (d) Harassment

76. (a) Knowledge (b) Knowlege
(c) Knowledg (d) None of these

Directions (Q. Nos. 77 and 78) *Choose the correct option of Indirect form of speech.*

77. I said, "I am quite well."
(a) I said that I am quite well.
(b) I said that I was quite well.
(c) I told that I was quite well.
(d) None of the above

78. He said, 'Mohan had gone.'
(a) He said that Mohan has gone.
(b) He said Mohan gone.
(c) He said that Mohan have gone.
(d) He said that Mohan is gone.

Directions (Q. Nos. 79-81) *Choose the correct article from the given options.*

79. Copper is.........useful metal.
(a) a (b) an
(c) the (d) None of these

80. Honest men speak........truth.
(a) a (b) the
(c) an (d) None of these

81. He is.........honour to his profession.
(a) an (b) a
(c) the (d) None of these

Directions *(Q. Nos. 82-84) Choose the most suitable modals in the given choices for blank space.*

82. ....you have a very happy married life.
(a) Might (b) Can
(c) Will (d) May

83. You.........be careful about your health.
(a) will (b) shall
(c) must (d) would

84. When the cat is away the mice......play.
(a) shall (b) will
(c) can (d) could

Directions (Q. Nos. 85-87) *Choose the most appropriate preposition out ot the given choices.*

85. He is not aware.......his mistakes.
(a) with (b) at
(c) to (d) of

86. He was charged.........theft.
(a) with (b) of (c) at (d) to

87. He is not eligible.........this post.
(a) of (b) for
(c) with (d) to

Directions (Q. Nos. 88-90) *Choose the word which is the most opposite in meaning to the word printed in capitals.*

88. PRESENCE
(a) Absence
(b) Attendance
(c) Absent
(d) None of the above

89. ACTIVE
(a) Smart (b) Dull
(c) Intelligent (d) Lazy

90. ADULT
(a) Human
(b) Man
(c) Children
(d) Child

भाग III : हिन्दी साहित्य और व्याकरण

91. 'महत्त्व' का विग्रह है
(a) मह + तव (b) महा + तव
(c) महत् + त्व (d) मह + तत्व

92. 'आगे नाथ न पीछे पगहा' मुहावरे का अर्थ है
(a) सबसे अलग (b) सबके साथ
(c) निपुण (d) परम स्वतन्त्र

93. 'मनु + अन्तर:' की सन्धि है
(a) मन्वन्तर: (b) मनुन्तर:
(c) मनोन्तर (d) मनुवंतर:

94. शुद्ध शब्द छाँटिए
(a) गत्यावरोध (b) गतिवरोध
(c) गत्यवरोध (d) गत्यावरौध

95. निम्न में से 'तद्भव' शब्द छाँटिए
(a) दुग्ध (b) कर्म
(c) गेहूँ (d) नृत्य

96. कौन-सी शब्द-शक्ति मुख्य अर्थ से असमबद्ध अर्थ को भी प्रकट करने की क्षमता रखती है?
(a) लक्षण-लक्षण (b) अभिधा
(c) व्यन्जना (d) प्रयोजयती लक्षण

97. संस्कृत ध्वनियों के वैज्ञानिक आधार पर वर्गीकृत है
(a) महाजनी वर्णमाला
(b) देवनागरी वर्णमाला
(c) कुटिल वर्णमाला
(d) सामी वर्णमाला

98. हिन्दी की कण्ठ्य ध्वनियाँ हैं
(a) त, थ, द, ध
(b) च, छ, ज, झ
(c) क, ख, ग, घ
(d) ट, ठ, ड, ढ

99. 'छत्तीसगढ़ी' का सम्बन्ध किससे है?
(a) बिहारी (b) पूर्वी हिन्दी
(c) पश्चिमी हिन्दी (d) राजस्थानी

100. अल्प्राण तालव्य ध्वनि कौन-सी है?
(a) ध (b) व
(c) ज (d) न

101. कौन-से अलंकार में कारण एक जगह और कार्य दूसरी जगह होता है?
(a) विभावना (b) प्रतीप
(c) अन्योक्ति (d) असंगति

102. भारत के किस विदेश मन्त्री ने सर्वप्रथम (विदेश) में हिन्दी में भाषण दिया?
(a) सुषमा स्वराज
(b) अटल बिहारी वाजपेयी
(c) नरेन्द्र मोदी
(d) अरविन्द केजरीवाल

103. शृंगार-रस का स्थायी भाव कौन-सा है?
(a) रति (b) शोक
(c) क्रोध (d) भय

104. 'गणों' की संख्या कितनी मानी गई है?
(a) दस (b) आठ
(c) तेरह (d) बीस

105. जिस समास में दूसरा खण्ड प्रधान होता है उसे क्या कहते हैं?
(a) बहुब्रीहि (b) द्विगु
(c) अव्ययीभाव (d) तत्पुरुष

106. 'अज' किसे कहा जाता है?
(a) धन को
(b) ब्रह्म को
(c) आज को
(d) सूर्य को

107. 'कुछ जानने की इच्छा रखने वाला'
(a) पिपासु (b) जाग्रत
(c) जिज्ञासु (d) सुविज्ञ

108. 'मैंने सुना है कि कल हड़ताल होगी' कैसा वाक्य है?
(a) संयुक्त वाक्य (b) मिश्र वाक्य
(c) सरल वाक्य (d) भिन्न वाक्य

109. जिस वाक्य में क्रिया का सम्बन्ध कर्ता से हो वह वाक्य क्या कहलाता है?
(a) कर्मवाच्य (b) कृतवाच्य
(c) भाववाच्य (d) सम्बन्ध वाच्य

110. 'मुख्य' शब्द का विलोम बताइए
(a) गौण (b) फुरातन
(c) गम्य (d) कृत्रिम

111. क् + ऋ =
(a) करि (b) क्रि (c) कृ (d) करी

112. अर्द्धस्वर है
(a) म (b) स
(c) ख (d) य

113. द्वित्व व्यंजन का प्रयोग किस शब्द में नहीं हुआ है
(a) श्वेत (b) कच्चा
(c) सज्जन (d) अव्वल

114. 'अन्वेषण' का सही सन्धि-विच्छेद है
(a) अनु + एषण (b) अनु + वैषण
(c) अनु + उषण (d) अनु + वेषण

115. 'रुढ़ि' शब्द छाँटिए
(a) सेनापति (b) पीताम्बर
(c) पंकज (d) पुस्तक

116. 'यह महिला क्या कर रही है' में 'यह' है
(a) सर्वनाम (b) विशेषण
(c) संज्ञा (d) सार्वनामिक विशेषण

117. 'द्विकर्मक क्रिया' युक्त वाक्य है
(a) नमिता हँसती है
(b) वह रामायण पढ़ता है
(c) धोबी कपड़े धोता है
(d) किराएदार को मकान दिखाओ

118. 'आद्र' का विलोम शब्द
(a) गीला (b) नम
(c) सूखा (d) शुष्क

119. शुद्ध शब्द छाँटिए
(a) अनुशंसा (b) निरोग
(c) आर्शीवाद (d) श्रीमति

120. 'मछली' का पर्यायवाची नहीं है
(a) मीनाक्षी
(b) मीन
(c) शफरी
(d) मकर

भाग V : सामान्य जागरूकता

121. गुरु नानक देव के उत्तराधिकारी कौन थे?
(a) गुरु अर्जुनदेव (b) गुरु रामदास
(c) गुरु अंगददेव (d) गुरु अमरदास

122. उस्ताद बिस्मिल्लाह खान का नाम जुड़ा हुआ है
(a) सितार से (b) सरोद से
(c) शहनाई से (d) बाँसुरी से

123. ·······को 'लेडी विद द लैम्प' के नाम से जाना जाता है।
(a) मदर टेरेसा
(b) फ्लोरेन्स नाइटिंगेल
(c) सरोजनी नायडू
(d) देविका रानी

124. निम्नलिखित में से किसे 'हिमाचल ऐलोरा' नाम से जाना जाता है?
(a) तावो गोम्पा
(b) मसरुर रॉक कट मन्दिर
(c) भीमा काली मन्दिर, सराहन
(d) भरमौर के चौरासी मन्दिर

125. 'अनटचेबल' पुस्तक किसने लिखी है?
(a) महात्मा गाँधी
(b) खुशवन्त सिंह
(c) मुल्कराज आनन्द
(d) रवीन्द्रनाथ टैगोर

126. पंचम देव किस ग्रन्थ को कहा जाता है?
(a) भारतीय कृत नाट्यशास्त्र
(b) महाभारत
(c) योग वशिष्ट
(d) ब्रह्म सूत्र

127. निम्नलिखित में से कौन नि:शस्त्रीकरण से सम्बन्धित नहीं है?
(a) साल्ट
(b) एन.पी.टी.
(c) सी.टी.बी.टी.
(d) नाटो

128. सिन्धु घाटी के घर निम्न में से किसके बने होते थे?
(a) बाँस (b) लकड़ी
(c) ईंटें (d) पत्थर

129. 'खैर गढ़ी की रानी' नाम सम्बन्धित था
(a) पझौता उपद्रव से
(b) मण्डी षड्यन्त्र से
(c) चम्बा उपद्रव से
(d) जुगा आन्दोलन से

130. 'पेरिचु झील' निम्न में से कहाँ पर है?
(a) स्पीति (b) निरमण्ड
(c) तिब्बत (d) किन्नौर

131. सबसे पुराना वेद कौन-सा है?
(a) सामवेद (b) यजुर्वेद
(c) अथर्ववेद (d) ऋग्वेद

132. यूनेस्को का मुख्यालय स्थित है
(a) लन्दन (b) वाशिंगटन
(c) जोहान्सबर्ग (d) पेरिस

133. संसद सदस्य बनने के लिए न्यूनतम आयु सीमा है
(a) 21 वर्ष (b) 25 वर्ष
(c) 18 वर्ष (d) 30 वर्ष

134. भारतीय संविधान में स्वतन्त्रता, समानता और बन्धुता का विचार समाहित हुआ है
(a) अमेरिकन क्रान्ति से
(b) रशियन क्रान्ति से
(c) फ्रेन्च क्रान्ति से
(d) उपरोक्त में से कोई नहीं

135. 'नाथूल दर्रा' है
(a) हिमालच प्रदेश में
(b) सिक्किम में
(c) उत्तराखण्ड में
(d) असम में

136. नगरकोट का जिला किसने बनवाया था?
(a) सुशर्मा चन्द्र
(b) राजा भीमचन्द (भुगा चन्द्र)
(c) विधि चन्द
(d) अर्जुन

137. राज्यसभा के सदस्यों को·····वर्ष के लिए चुना जाता है
(a) 4 (b) 5
(c) 6 (d) 2

138. बलवन्त राय कमेटी की रचना वर्ष 1957 में हुई थी
(a) भारत के औद्योगिक क्षेत्र में परिवर्तन लाने हेतु
(b) अन्तर्राष्ट्रीय व्यापार को सदृढ़ता करने की नीति निर्धारण करने हेतु
(c) पंचायती प्रणाली का अध्ययन करने हेतु
(d) न्यायिक सुधारों को लाने हेतु

139. सर्वोच्च न्यायालय के न्यायाधीशों के सेवानिवृत्त होने की आयु
(a) 58 (b) 60
(c) 64 (d) 65

140. 'कोल डैम' किस जिले में स्थित है?
(a) कुल्लू (b) मण्डी
(c) बिलासपुर (d) चम्बा

141. 'काँगड़ा वधु' एक चित्र कलाकृति है, यह किससे सम्बन्धित है?
(a) निकोलस रोयरिच
(b) सरदार शोभा सिंह
(c) अमृता शेरगिल
(d) नोरह रिचर्डस

142. केसर उत्पादन से जुड़ा भारत का राज्य है
(a) असम
(b) पश्चिम बंगाल
(c) जम्मू-कश्मीर
(d) सिक्किम

143. एक कच्चे पदार्थ के रूप में अभ्रक का उपयोग……उद्योग में किया जाता है।
(a) सीमेन्ट (b) ग्लास
(c) सिरेमिक (d) वैद्युतिक

144. राष्ट्रीय मतदाता दिवस प्रतिवर्ष……को मनाया जाता है।
(a) 25 नवम्बर
(b) 25 अक्टूबर
(c) 25 दिसम्बर
(d) 25 जनवरी

145. भारतीय राष्ट्रीय ध्वज कब अपनाया गया?
(a) 21 जून, 1947
(b) 22 जुलाई, 1947
(c) 27 जून, 1947
(d) इनमें से कोई नहीं

146. भारत में सबसे ज्यादा कोयले के भण्डार पाए जाते हैं
(a) छत्तीसगढ़ (b) झारखण्ड
(c) मध्य प्रदेश (d) ओडिशा

147. भारत में कितने राज्यों की सीमाएँ समुद्री तट से मिलती है?
(a) 7 (b) 8
(c) 9 (d) 10

148. 'जोजिला दर्रा' किस-किस को आपस में जोड़ता है?
(a) कश्मीर और तिब्बत
(b) लेह और कारगिल
(c) नेपाल और तिब्बत
(d) लेह और श्रीनगर

149. मेक इन इण्डिया का लोगो है
(a) शेर
(b) हाथी
(c) टाइगर (बाघ)
(d) कँगारू

150. विश्व जनसंख्या दिवस कब मनाया जाता है?
(a) 11 अगस्त (b) 11 जुलाई
(c) 13 अगस्त (d) 15 जुलाई

उत्तरमाला

1. (b)	2. (c)	3. (b)	4. (d)	5. (c)	6. (b)	7. (c)	8. (c)	9. (b)	10. (a)
11. (c)	12. (c)	13. (c)	14. (d)	15. (a)	16. (c)	17. (c)	18. (c)	19. (a)	20. (d)
21. (b)	22. (d)	23. (c)	24. (a)	25. (a)	26. (d)	27. (d)	28. (a)	29. (b)	30. (a)
31. (a)	32. (c)	33. (c)	34. (a)	35. (d)	36. (c)	37. (c)	38. (a)	39. (c)	40. (c)
41. (b)	42. (c)	43. (c)	44. (d)	45. (b)	46. (a)	47. (b)	48. (c)	49. (d)	50. (a)
51. (a)	52. (c)	53. (d)	54. (c)	55. (c)	56. (c)	57. (a)	58. (c)	59. (a)	60. (c)
61. (c)	62. (b)	63. (a)	64. (a)	65. (d)	66. (c)	67. (a)	68. (c)	69. (b)	70. (c)
71. (a)	72. (*)	73. (b)	74. (a)	75. (d)	76. (a)	77. (b)	78. (*)	79. (a)	80. (b)
81. (a)	82. (d)	83. (c)	84. (b)	85. (d)	86. (a)	87. (b)	88. (a)	89. (d)	90. (d)
91. (c)	92. (d)	93. (a)	94. (c)	95. (c)	96. (c)	97. (b)	98. (c)	99. (b)	100. (c)
101. (b)	102. (b)	103. (a)	104. (b)	105. (d)	106. (b)	107. (c)	108. (b)	109. (b)	110. (a)
111. (c)	112. (d)	113. (a)	114. (a)	115. (d)	116. (d)	117. (d)	118. (d)	119. (a)	120. (d)
121. (c)	122. (c)	123. (b)	124. (b)	125. (c)	126. (b)	127. (d)	128. (c)	129. (b)	130. (c)
131. (d)	132. (d)	133. (b)	134. (c)	135. (b)	136. (a)	137. (c)	138. (c)	139. (d)	140. (c)
141. (b)	142. (c)	143. (d)	144. (d)	145. (b)	146. (b)	147. (c)	148. (d)	149. (a)	150. (b)

संकेत एवं हल

1. (b) लिखना सूक्ष्म-गतिक कौशल का महत्त्वपूर्ण उदाहरण माना जाता है। प्रारम्भिक चरण में बालक किसी छोटी वस्तु को अपने हाथ में पकड़कर लिखने की कोशिश करता है। वह सूक्ष्म गतिक क्रिया द्वारा फर्श पर अपने हाथों को घुमाता है, इससे स्पष्ट होता है कि लिखना सूक्षम-गतिक कौशल का महत्त्वपूर्ण उदाहरण है।

2. (c) विद्यार्थियों को गृह-कार्य यह देखने के लिए दिया जाता है कि विद्यार्थियों ने अध्यापन के दौरान पाठ को कितना समझा है। स्वयं लेखन एवं पठन से विद्यार्थियों में पाठ के अध्ययन के प्रति उसकी जिज्ञासा को समझा जा सकता है। गृह-कार्य को अध्ययन एवं अधिगम का महत्त्वपूर्ण अंग माना जाता है।

3. (b) मनोविज्ञान में मोरोन्स बुद्धि अक्षमता को इंगित करता है। मोरोन्स बच्चों की बुद्धिलब्धि 25 से 50 के बीच मानी जाती है। 0-25 के बीच को बिल्कुल मन्द बुद्धि वाला समझा जाता है।

4. (d) संवेदी-पेशीय अधिगम, गामक अंगों द्वारा होता है। पियाजे के अनुसार, संवेदी-पेशीय अवस्था में बालक केवल अपनी संवेदनाओं और शारीरिक क्रियाओं की सहायता से ज्ञान अर्जित करता है।

5. (c) आर्मी अल्फा और आर्मी बीटा एक बुद्धि परीक्षण मापन है। इसे अमेरिकी सैन्य भर्तियों का मूल्यांकन करने के उद्देश्य से रॉबर्ट मार्क्स और छह अन्य लोगों द्वारा विकसित किया गया था। प्रथम विश्व युद्ध के दौरान सैनिकों के बौद्धिक और भावनात्मक कार्य के मूल्यांकन के एक व्यवस्थित तरीके की माँग के कारण प्रस्तुत किया गया था।

6. (b) मनोवैज्ञानिक प्रयोग का प्रमुख उद्देश्य प्रभाव सम्बन्धों के कारणों का पता लगाना है। इस प्रयोग के माध्यम से बालकों की मानसिक अवस्थिति के साथ-साथ उसके व्यवहारों को भी आसानी से समझा जा सकता है। मनोवैज्ञानिक प्रयोग मानवीय व्यवहारों को समझने का उपयुक्त साधन माना जाता है।

7. (c) बच्चों में विकास सम्बन्धी परिवर्तन नियमित रूप से संचालित रहते हैं अर्थात् यह जन्म से मृत्यु तक चलते हैं। बालक में अधिगम क्षमता का विकास शैशवावस्था में ही प्रारम्भ हो जाता है। उम्र के प्रत्येक चरण में अधिगम क्षमता में सकारात्मक परिवर्तन के साथ-साथ बालकों में विकास की प्रक्रिया तीव्र गति से बढ़ती जाती है। इस प्रकार विकास में परिवर्तन होते रहते हैं।

8. (c) एरिक्सन के मनोसामाजिक विकास के 8 चरणों में विश्वास बनाम अविश्वास; स्वायत्तता बनाम शर्म, सन्देह; पहल बनाम अपराधबोधक; उद्योग बनाम हीनता; पहचान बनाम भूमिका; भ्रम; अन्तरंगता बनाम अलगाँव; उदारता, ठहराव और 'ईमानदारी बनाम निराशा' शामिल है। इस प्रकार एरिक्सन की अवस्थाओं का वर्गीकरण का आधार सामाजिक संघर्ष का समाधान है।

9. (b) पहचान, अहम् के आधार पर संचालित होने वाला प्रमुख मनोवैज्ञानिक व्यवहार को दर्शाता है। वास्तविकता नियम, आनन्द नियम एवं नैतिकता अहम् के आधार पर संचालित नहीं होते हैं। अहम् किसी व्यक्ति के व्यवहार को दर्शाता है, जो उसकी विशिष्ट पहचान होती है।

10. (a) नैतिक विकास की पारम्परिक अवस्था में समसामयिक सामाजिक मानकों के आधार पर नैतिकता का निर्धारण किया जाता है। पारम्परिक अवस्था में सामाजिक मानकों की मूलभूत अवस्थाओं को दर्शाया जाता है। समाज में प्रचलित नियमों एवं रीति-रिवाजों से ही पारम्परिक अवस्थाओं का विकास होता है, जो सामाजिक मानकों के आधार पर नैतिकता का निर्धारण करता है।

11. (c) अल्पकालीन स्मृति जिसे मुख्य, सक्रिय या कार्यकारी स्मृति संस्थान भी कहा जाता है। यह कुछ समय के लिए जानकारी को याद रखता है। उसके कुछ समय बाद यह स्मृति में नहीं रहता है। वर्ष 1956 में सर्वप्रथम मिलर ने अल्पकालीन स्मृति की परिकल्पना अभिव्यक्त की थी। मानवीय जीवन में इसका विशेष महत्त्व होता है।

12. (c) विस्मरण का तात्पर्य किसी बात या तथ्य को भूल जाने से सम्बन्धित है। क्षय, अप्रयोग एवं वंचित विस्मरण के प्रमुख कारण माने जाते हैं, परन्तु हस्तक्षेप को विस्मरण का कारण नहीं माना जाता है। विस्मरण स्मृति की विपरीत परिस्थिति है, जिसके अन्तर्गत व्यक्ति किसी वस्तु का स्मरण नहीं कर पाता है। विस्मरण व्यक्ति की मानसिक स्थितियों को दर्शाता है।

13. (c) वीक्स्लर प्री-स्कूल और इन्टेलिजेंस (WPPSI) का प्राथमिक स्केल वर्ष 1967 में डेविड वीक्स्लर द्वारा किया गया था। नौ वर्षीय बालक की बुद्धि-लब्धि मापने हेतु इसी मापन का उपयोग किया जाता है। यह अपने मूल प्रकाशन (1967) के बाद तीन बार वर्ष 1989, 2002 एवं 2012 में संशोधित हुआ। यह सूक्ष्म एवं समग्र स्कोर प्रदान करता है।

14. (d) बालक की अनुबन्धित उद्दीपक के समान अन्य उद्दीपकों के प्रति अनुक्रिया की प्रवृत्ति सामान्यीकरण मानी जाती है। कम जानकारी के अभाव में अनुक्रिया की प्रवृत्ति में तत्परता का अभाव रहता है, साथ ही विभेदीकरण सम्बन्धी ज्ञान का पूर्ण विकास नहीं हो पाता है। अतः बालक का व्यवहार प्रत्युत्तर की परिस्थिति में बिल्कुल सामान्य रहता है।

15. (a) अमेरिकी मनोचिकित्सक लुई लियोन तूरस्टोन 7 आधारभूत मानसिक योग्यता में—मौखिक समझ, शब्द प्रवाह, संख्या सुविधा, स्थानिक दृश्य, साहचर्य, स्मृति, अवधारणात्मक गति एवं तर्क को शामिल किया। तूरस्टोन को एकाधिकार कारक विश्लेषण, बुद्धि-परीक्षण के लिए जाना जाता है।

16. (c) रेवन प्रोग्रेसिव मैट्रिक्स (आर पी एम) एक अशाब्दिक (अवाचिक) समूह परीक्षण है, जो सामान्यतः शैक्षिक सेटिंग्स में उपयोग किया जाने वाला परीक्षण है, जिसका उपयोग अमूर्त तर्क को मापने हेतु किया जाता है। इसे तरल बुद्धि का एक गैर-मौखिक अनुमान माना जाता है।

17. (c) सृजनात्मकता में मुख्य रूप से बहु-विध चिन्तन समाहित है। बहु-विध चिन्तन से बालकों में सृजनात्मकता की भावना का परस्पर विकास होता है। बहु-विध चिन्तन प्रक्रिया में तर्क और परम्परा भी सम्मिलित की जाती है। सृजनात्मकता, कौशल विकास का परिचायक माना जाता है, इससे बालकों में वाद-विवाद की भावना प्रबल होती है, उसकी चिन्तनशीलता बढ़ती है और वह तर्कवादी होने लगता है।

18. (c) मूर्त संक्रियात्मक अवस्था की मूल अवधि 7 से 12 वर्ष मानी जाती है। इस उम्र में बालकों में सोचने-समझने की क्षमता बढ़ने लगती है। वह तार्किक ढंग से विचार-विमर्श करने लगता है। उसकी समझ विकसित होने लगती है। मूर्त संक्रियात्मक अवस्था ऐसी अवधि कहलाती है, जिसमें बालकों की अधिगम क्षमता तेजी से बढ़ती है। वह जानने एवं समझने के लिए इच्छुक होने लगता है।

19. (a) प्रयोग में अन्य चरों का मूल्य शून्य अथवा स्थिर करना नियन्त्रण कहलाता है। प्रयोग मुख्यतः व्यावहारिक मूल्यों पर आधारित होते हैं। अतः विभिन्न चरों के प्रयोग से व्यावहारिक मूल्यों का विकास सम्भव है। अतः मूल्यों को शून्य करना अथवा स्थिर करना नियन्त्रण कहलाता है।

20. (d) व्यवहारवाद के प्रवर्तक वाटसन थे। इनके अनुसार, मनोविज्ञान केवल मानव व्यवहार का विज्ञान है। मनोविज्ञान में व्यवहारवाद की शुरुआत 20वीं सदी के पहले दशक में जर्मन मनोवैज्ञानिक जे. वी. वाटसन ने की थी। उनका मानना था कि किसी व्यक्ति का व्यवहार उसकी आन्तरिक व निजी अनुभूतियों पर आधारित नहीं होता है।

21. (b) व्यक्तित्व समायोजन के लिए 'अहम्' मुख्य रूप से उत्तरदायी माना जाता है। मनोविज्ञान में समायोजन से तात्पर्य है, परस्पर विरोधी जरूरतों को सन्तुलित करने की पर्यावरणीय प्रक्रिया या पर्यावरण में आने वाली बाधाओं द्वारा चुनौती दी गई आवश्यकताओं को सन्दर्भित करना। व्यक्तित्व समायोजन में, समायोजन विकार तब उत्पन्न हो जाता है, जब वातावरण में कुछ आवश्यकता या तनाव के लिए एक सामान्य समायोजन करने में असमर्थता होती है।

22. (d) विकास का क्रम 'समीप-दूराभिमुख' माना जाता है अर्थात् बालक अपनी गति से और व्यापक बदलाव के साथ विकसित होते हैं। अधिगम सिद्धान्त के अनुसार, बच्चे खोज की प्रक्रिया के माध्यम से सीखते हैं और यह भी एक पूर्वानुमान अनुक्रम का अनुसरण करता है।

23. (c) चरों के मध्य सम्बन्ध दर्शाने वाला तत्त्व परिकल्पना कहलाती है। चरों के बीच के सम्बन्धों को समझना अत्यन्त महत्त्वपूर्ण है। चरों के मध्य का सम्बन्ध यह निर्धारित करता है, कि सही निष्कर्ष तक कैसे पहुँचा जा सकता है। चरों के मध्य सकारात्मक या नकारात्मक सह-सम्बन्ध हो सकते हैं, अर्थात् एक मात्रा में वृद्धि दूसरे में वृद्धि का कारण बनती है, जबकि नकारात्मक सहसम्बन्ध में एक चर में वृद्धि दूसरे में कमी का कारण होती है।

24. (a) आने वाली नई सूचना में सुधार, ताकि वह पहले स्थापित मानसिक वर्गों में समाहित हो जाए आत्मसात्करण कहलाता है। जब किसी नवीन प्रयोग या खोज को मानसिक रूप से स्वीकार कर लिया जाता है, तो इसे आत्मसात्करण कहा जाता है। आत्मसात्करण के लिए मनोवैज्ञानिक रूप से सकारात्मक स्वीकृति अनिवार्य है। इसके अभाव में आत्मसात्करण की क्रिया सम्पन्न नहीं होती है।

25. (b) समाजीकरण की प्रक्रिया मुख्यतः जैविक मानी जाती है। समाजीकरण वह प्रक्रिया है, जिसके माध्यम से मनुष्य समाज में विभिन्न व्यवहार, रीति-रिवाज सम्बन्धी गतिविधियाँ सीखता है। जैविक अस्तित्व से सामाजिक अस्तित्व में मनुष्य का रूपान्तरण भी समाजीकरण के माध्यम से होता है और वह संस्कृति का आत्मसात् भी इसी माध्यम से करता है।

26. (d) यदि XX गुणसूत्रों का मिलान हो, तो लड़की का जन्म होता है। मेण्डल ने अपने अनुवंशिकता के सिद्धान्त के अन्तर्गत स्पष्ट किया कि XX गुणसूत्रों के संयोजन से लड़की एवं XY गुणसूत्रों के संयोजन से लड़के का जन्म होता है। लड़के या लड़कियों में आधे गुणसूत्र माता से एवं आधे गुणसूत्र पिता से प्राप्त होते हैं।

27. (d) एटकिन्सन-शिफरिन मॉडल वर्ष 1968 में रिचर्ड एटकिन्सन एवं रिचर्ड शिफरिन द्वारा प्रस्तावित स्मृति का एक विशिष्ट मॉडल है। इस मॉडल के अनुसार, मानव स्मृति में तीन अलग-अलग घटक होते हैं, जिसमें शामिल हैं-एक संवेदी रजिस्टर, अल्पकालिक मेमोरी और दीर्घकालिक मेमोरी।

28. (a) बालक द्वारा लम्बे समय तक रोने पर भी पिता द्वारा खिलौना नहीं देने का परिणाम प्रतिगमन होता है अर्थात् बालक अपनी पहले वाली स्थिति में लौट आता है। खिलौने के प्रति उसका आकर्षण कमजोर होने लगता है।

29. (b) समस्या के प्रति जागरूकता, समस्या समाधान की वैज्ञानिक पद्धति का पहला चरण माना जाता है। वैज्ञानिक पद्धति के प्रथम चरण के अन्तर्गत उन समस्याओं के प्रति जागरूकता संचारित करने के उद्देश्य से, समस्या समाधान की तकनीकी दृष्टिकोणों पर व्यापक विचार-विमर्श किया जाता है। इसे समस्या के प्रति जागरूकता का महत्त्वपूर्ण हिस्सा माना जाता है। वैज्ञानिक पद्धति के माध्यम से समस्या का समाधान एक प्रभावी नियोजक का हिस्सा होता है।

30. (a) पियाजे के अनुसार, औपचारिक संक्रियात्मक अवस्था में बच्चा अमूर्त संकल्पनाओं के विषय में तार्किक चिन्तन करना प्रारम्भ कर देता है। 7-12 वर्ष की आयु तक के बच्चों में तार्किक विचार की क्षमता बढ़ जाती है। उनका कौशल विकास भी तेजी से बढ़ने लगता है।

31. (a) माना एक वर्ग की भुजा a इकाई है

$\therefore$ वर्ग का विकर्ण = भुजा $\sqrt{2} = a\sqrt{2}$

$\therefore$ वर्ग की भुजा और एक विकर्ण का अनुपात

$$= \frac{a}{a\sqrt{2}} = \frac{1}{\sqrt{2}} \text{ या } 1:\sqrt{2}$$

32. (c) अभीष्ट समय = 2 : 58 pm – 4 घण्टे 59 मिनट

12 : 00 + 2 : 58 – 4 घण्टे 59 मिनट

= 14 : 58 – 4 घण्टे 59 मिनट

= 13 : 118 – 4 घण्टे 59 मिनट

= 9 : 59 am

33. (c) $$(x^{-1} + y^{-1})^{-1} = \left(\frac{1}{x} + \frac{1}{y}\right)^{-1} = \left(\frac{x+y}{xy}\right)^{-1} = \frac{xy}{x+y} \qquad \left[\because a^{-m} = \frac{1}{a^m}\right]$$

34. (a) दिया है, मूलधन = ₹ 2000, दर = $\frac{25}{4}$%

समय = 25 + 31 + 17 = 73 दिन या = $\frac{73}{365}$ वर्ष

$$\because \text{ साधारण ब्याज} = \frac{\text{मूलधन} \times \text{दर} \times \text{समय}}{100} = \frac{2000 \times 25 \times 73}{365 \times 4 \times 100} = ₹\ 25$$

35. (d) विकल्प (a) से, लाभ प्रतिशत

$$= \frac{\text{लाभ}}{\text{क्रय मूल्य}} \times 100 = \frac{19}{75} \times 100 = 25.33\%$$

विकल्प (b) से, अभीष्ट लाभ प्रतिशत $= \frac{24}{81} \times 100 = 29.62\%$

विकल्प (c) से, अभीष्ट लाभ प्रतिशत $= \frac{19}{40} \times 100 = 47.5\%$

विकल्प (d) से, अभीष्ट लाभ प्रतिशत $= \frac{29}{60} \times 100 = 48.33\%$

अतः विकल्प (d), लाभ के लिए सबसे अच्छा लेन-देन है।

36. (c) संख्या 12345 में 3 का स्थानीय मान

$= 3 \times 10^2 = 3 \times 100 = 300$

संख्या 12345 में 3 का अंकित मान = 3

अतः अभीष्ट अन्तर = 300 – 3 = 297

37. (c) पूर्णांकों का संख्या रेखा पर निरूपण

→ बढ़ता क्रम

–10 –9 [–8] –7 –6 –5 –4 [–3] –2 –1 0 1 2 3 4 5 6 7 8 9 10

← घटता क्रम

अतः उपरोक्त संख्या रेखा से स्पष्ट है कि – 3 से छोटी और – 8 से बड़ी पूर्णांकों की संख्या 4 है।

38. (a) $$\left(\frac{-3}{8}\right) \times \left(\frac{-7}{13}\right) = \frac{3}{8} \times \frac{7}{13} = \frac{21}{104} \qquad [\because (-1) \times (-) = (+)]$$

अतः $\left(\frac{-3}{8}\right) \times \left(\frac{-7}{13}\right)$ का व्युत्क्रम $= \frac{1}{\frac{21}{104}} = \frac{104}{21}$

39. (c) यूलर प्रमेस से,

फलक + शीर्ष – किनारे = 2

$\Rightarrow$ 12 + शीर्ष – 30 = 2

$\Rightarrow$ शीर्ष = 2 + 30 – 12

$\therefore$ शीर्ष = 20

अतः बहुफलक में शीर्षों की कुल संख्या = 20

40. (c) 5, 10 और 35 का सबसे छोटा सार्वगुणज (ल.स.),

5	5, 10, 35
7	1, 2, 7
2	1, 2, 1
	1, 1, 1

$= 2 \times 5 \times 7 = 70$

तथा 5, 10 और 35 का सबसे बड़ा सार्वगुणनखण्ड (म.स.)

5 = 1 × ⑤

10 = 2 × ⑤

35 = ⑤ × 7

= 5

अतः 5, 10 और 35 के सार्वगुणज और सार्वगुणनखण्ड के मध्य अभीष्ट अन्तर

= 70 – 5 = 65

41. (b) दिया है, $a = 2 \times 2 \times 2 \times 2 \times 3 \times 5$

$b = 2 \times 2 \times 3 \times 3 \times 5 \times 5$

तब, a और b का लघुत्तम समापवर्तय (LCM) $= 2^4 \times 3^2 \times 5^2$

[$\because$ प्रत्येक अभाज्य गुणनखण्ड की अधिकतम घात लेने पर]

42. (c) हम जानते हैं कि पहली संख्या × दूसरी संख्या = महत्तम समापवर्तक × लघुत्तम समापवर्तय

$\Rightarrow$ 62 × दूसरी संख्या = 31 × 186

$\therefore$ दूसरी संख्या $= \frac{31 \times 186}{62} = 93$

43. (c) $\therefore$ रेलगाड़ी की गति (चाल) $= \frac{\text{दूरी}}{\text{समय}}$

$$= \frac{\text{रेलगाड़ी की लम्बाई + प्लेटफॉर्म की लम्बाई}}{\text{समय}}$$

$$= \frac{150 + 100}{10} = \frac{250}{10} = 25 \text{ मी/से}$$

44. (d) प्रथम पाँच अभाज्य संख्याएँ = 2, 3, 5, 7, 11

अतः अभीष्ट औसत $= \frac{\text{संख्याओं का योग}}{\text{कुल संख्याएँ}}$

$$= \frac{2+3+5+7+11}{5} = \frac{28}{5} = 5.6$$

45. (b) दिए गए आँकड़ों को आरोही क्रम में व्यवस्थित करने पर,

11, 11, 12, 12, 13, 13, 13, 15, 18

बहुलक = जिस आँकड़े की पुनरावृत्ति सर्वाधिक हो

= 13 (3 बार)

तथा माध्यक $= \left(\frac{n+1}{2}\right)$वाँ पद $\qquad [\because n = 9 \text{ (विषम)}]$

$= \left(\frac{9+1}{2}\right)$वाँ पद = 5 वाँ पद = 13

अतः बहुलक और माध्यक का अभीष्ट योगफल

= 13 + 13 = 26

46. (a) दिया है,

वृत्त की परिधि = 3 सेमी

$\Rightarrow$ $2 \times \pi \times$ त्रिज्या = 3

$\therefore$ त्रिज्या $= \frac{3}{2\pi}$ सेमी

अतः वृत्त का क्षेत्रफल $= \pi \times (\text{त्रिज्या})^2$

$$= \pi \times \left(\frac{3}{2\pi}\right)^2 = \pi \times \frac{9}{4\pi^2} = \frac{9}{4\pi}$$

47. (b) हमें ज्ञात हैं कि, यदि n सम संख्या हो, तो $(x^n - y^n)$ सदैव $(x + y)$ से विभाज्य होगी।
दिया है, $2^{10} - 1$
जहाँ, $n = 10$ (सम संख्या)
तब, $2^{10} - (1)^{10}$, $(2 + 1) = 3$ से पूर्णतः विभाज्य होगी।

48. (c) हमें ज्ञात हैं कि, एक समकोण त्रिभुज में एक कोण का मान 90° होता है।
∵ त्रिभुज के तीनों कोणों का योग = 180°
तब, त्रिभुज के शेष दो कोणों का योग
$= 180° - 90° = 90°$

49. (d) $\frac{1}{2}, \frac{2}{3}, \frac{3}{4}, \frac{4}{5}$ का महत्तम समापवर्तक

$$= \frac{1, 2, 3, 4 \text{ का महत्तम समापवर्तक}}{2, 3, 4, 5 \text{ का लघुत्तम समापवर्तय}} \quad \ldots(i)$$

1, 2, 3, 4 के अभाज्य गुणनखण्ड,
$1 = 1, 2 = 1\times2, 3 = 1\times3, 4 = 1\times2\times2$
∴ 1, 2, 3, 4 का महत्तम समापवर्तक = 1
पुनः 2, 3, 4, 5 का लघुत्तम समापवर्तय,

2	2, 3, 4, 5
2	1, 3, 2, 5
3	1, 3, 1, 5
5	1, 1, 1, 5
	1, 1, 1, 1

$= 2 \times 2 \times 3 \times 5 = 60$

∴ $\frac{1}{2}, \frac{2}{3}, \frac{3}{4}$ और $\frac{4}{5}$ का महत्तम समापवर्तक

$$= \frac{1}{60} \quad [\text{समी (i) से}]$$

50. (a) दिया है, $\frac{4^2 - 2 + 120 - 20 \times 0.6 \times 10}{(28 - 7 \times 2) + (2000 \times 0.3)}$

$$= \frac{16 - 2 + 120 - 120}{\frac{28 - 14}{600}} = \frac{14 \times 600}{14} = 600$$

51. (a) प्रश्न से, $603 \times 28 = 63 \times 4 \times ?$

$$\Rightarrow \frac{603 \times 28}{63 \times 4} = ? \quad \therefore ? = 67$$

52. (c) संख्या 0.318564318564318564.......
$= 0.\overline{318564}$
अतः संख्या 0.31856431856431856......, एक परिमेय संख्या है।

53. (d) 0.15, 0.01516 और $0.\overline{151}$ एक परिमेय संख्या हैं,
जबकि 0.5015001500015.....एक अपरिमेय संख्या है।

नोट वह संख्याएँ जिन्हें $\frac{p}{q}$ $(\because q \neq 10)$ के रूप में प्रदर्शित कर सकते हैं परिमेय संख्याएँ तथा जिन्हें $\frac{p}{q}$ के रूप में प्रदर्शित नहीं कर सकते हैं अपरिमेय संख्याएँ कहलाती हैं।

54. (c) दिया है, $x + \frac{1}{x} + 5 \quad \ldots(i)$

दोनों ओर घन करने पर, $\left(x + \frac{1}{x}\right)^3 = (5)^3$

$$\Rightarrow x^3 + \frac{1}{x^3} + 3 \times x \times \frac{1}{x}\left(x + \frac{1}{x}\right) = 125$$

$$\Rightarrow x^3 + \frac{1}{x^3} + 3 \times 5 = 125 \quad [\because \text{समी (i) से}]$$

$$\therefore x^3 + \frac{1}{x^3} = 125 - 15 = 110$$

55. (c) दिया है, $\Delta PQR \cong \Delta EFD$

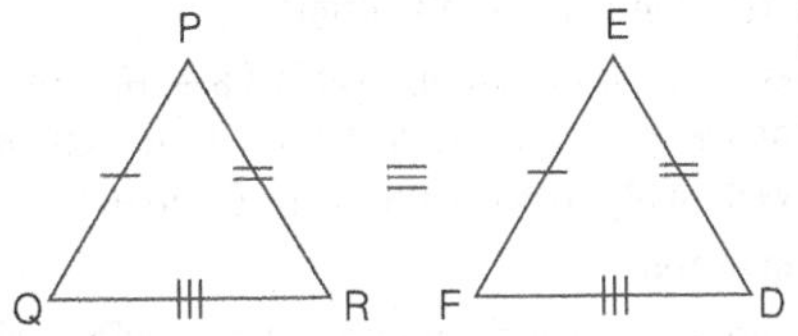

अतः $PR = ED$

56. (c) दिया है, एक त्रिभुज ABC

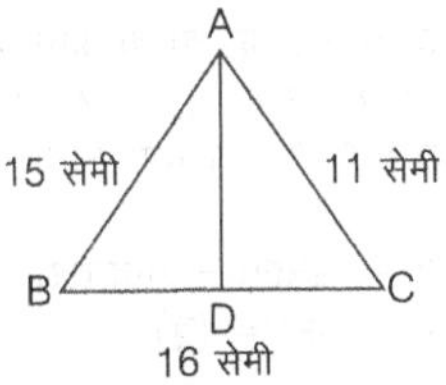

$$\text{अर्द्धपरिमाप } (s) = \frac{a + b + c}{2} = \frac{15 + 11 + 16}{2}$$

$$= \frac{42}{2} = 21 \text{ सेमी}$$

हीरोन सूत्र से ΔABC का क्षेत्रफल

$$= \sqrt{s(s - a)(s - b)(s - c)}$$
$$= \sqrt{21(21 - 15)(21 - 11)(21 - 16)}$$
$$= \sqrt{21 \times 6 \times 10 \times 5}$$
$$= \sqrt{7 \times 3 \times 3 \times 2 \times 2 \times 5 \times 5}$$
$$= 30\sqrt{7} \text{ वर्ग सेमी}$$

$\because \Delta$ का क्षेत्रफल $= \frac{1}{2} \times$ आधार $\times$ ऊँचाई

$$\Rightarrow \frac{1}{2} \times AD \times BC = 30\sqrt{7}$$

$$\Rightarrow \frac{1}{2} \times AD \times 16 = 30\sqrt{7}$$

$$\therefore AD = \frac{30\sqrt{7}}{8} = \frac{15\sqrt{7}}{4} \text{ सेमी}$$

अतः त्रिभुज की सबसे लम्बी भुजा की संगत ऊँचाई

$$(AD) = \frac{15\sqrt{7}}{4} \text{ सेमी}$$

57. (a) दिया है,
समबाहु त्रिभुज का क्षेत्रफल $= 4\sqrt{3}$ वर्ग सेमी

$$\Rightarrow \frac{\sqrt{3}}{4} \times (\text{भुजा})^2 = 4\sqrt{3}$$

$$\Rightarrow (\text{भुजा})^2 = 4 \times 4$$

$$\therefore \text{भुजा} = \sqrt{4 \times 4} = 4 \text{ सेमी}$$

अतः समबाहु त्रिभुज की प्रत्येक भुजा की लम्बाई = 4 सेमी

58. (c) दिए गए आँकड़ों को आरोही क्रम में व्यवस्थित करने पर,
7.2, 7.2, 7.2, 7.2, 7.3, 7.3, 7.4, 7.5, 7.5, 7.6, 7.7, 7.7
अतः बहुलक = सबसे अधिक पुनरावृत्ति वाला आँकड़ा
= 7.2 (4 बार)

59. (a) दिया है,
दो वृत्तों के अर्द्धव्यासों का अनुपात $= \frac{2}{3} = \frac{r_1}{r_2}$
[∵ अर्द्धव्यास = त्रिज्या]
तब, दो वृत्तों की परिधियों का अनुपात

$$= \frac{2\pi r_1}{2\pi r_2} = \frac{r_1}{r_2} = \frac{2}{3} \text{ या } 2 : 3$$

60. (c) प्रश्नानुसार,

$$2x)\ 5x^2 + 3x + 1\ (\frac{5}{2}x + \frac{3}{2}$$
$$\underline{-5x^2}$$
$$3x + 1$$
$$\underline{-3x}$$
$$1 \text{ शेषफल}$$

अतः $2x$ से $5x^2 + 3x + 1$ को विभाजित करने पर '$\frac{5}{2}x + \frac{3}{2}$' भागफल के रूप में प्राप्त होता है।

61. (c) The given sentence is in Past Continuous form, so while changing it into Passive voice was being + III form of verb + by should be used. Hence, the correct Passive form of the given sentence is "Apples were being eaten by Ram".

62. (b) The given sentence is in Present Indefinite form. To change it in Passive voice 'subject + is + IIIrd form of verb + by' should be used. Hence, "A newspaper is read by him" is the correct answer.

63. (a) The given sentence has containing a universal truth, so the tense of the reported speech remains unchanged. Hence, "The teacher said that the Earth is round", is the correct Indirect speech of the given sentence.

64. (a) 'Awful' means 'terrible', very bad or unpleasant. Hence, 'terrible' is its correct synonym.

65. (d) 'Assist' means 'to help'. Hence, option (d) 'help' is its correct synonym.

66. (c) 'Accomplish' means to finish something successfully or to achieve something. Hence, 'achieve' is its correct synonym.

67. (a) 'Should' is the correct alternative to fill the given blank as 'should' can be used to express moral obligation.

68. (c) 'May' is the correct alternative to fill the blank as the given sentence expresses future possibility.

69. (b) According to the given sentence, 'Must' is the correct alternative. For strong recommendation, 'must' can be used.

70. (c) According to the given sentence, 'can' is the correct modal verb to fill the blank.

71. (a) 'Because' is the appropriate conjunction to fill the given blank as the sentence denote reason.

72. (c) In the first blank, 'If' is used and in second blank 'yet' is used in context of the given sentence.

73. (b) The plural of radio is 'radios'.

74. (a) The plural of sheep is 'sheep'. Some nouns have same form in singular as well as in plural form like, deer, fish, crew, family etc.

75. (d) Among the given options, the correctly spelt word is 'Harassment' and it means aggressive pressure or intimidation.

76. (a) Among the given options, 'knowledge' is the correctly spelt word.

77. (b) 'I said that I was quite well' is the correct Indirect speech of the given sentence. The given sentence is in Present Indefinite, so the change should be done according to the subject of reporting verb, i.e., 'am' is changed into 'was'.

78. (*) None of the given option is correct.

The correct indirect speech of the given sentence is 'He said that Mohan had gone', as the sentence is in Past Perfect, hence there is no change of tenses.

79. (a) Here, article 'a' is used before the word 'useful'. 'A' is used before the word that is pronounced with consonant sound.

80. (b) To complete the given phrase, article 'the' should be used.

81. (a) Before the word 'honour' article 'an' is used because 'an' is used before the word having vowel sound.

82. (d) 'May' is the correct alternative to fill the given blank as it is used for expressing good wishes or desires.

83. (c) The given sentence denote some suggestion. Among the given options, 'Must' is the correct modal verb according to the given sentence.

84. (b) 'Will' is the correct modal verb to fill the given blank. Will is used with second and third person to denote pure future actions.

85. (d) 'Of' is the most appropriate preposition to fill the given blank verb 'aware' is followed by preposition 'of'.

86. (a) According to the given sentence, 'with' is the correct one to fill the given blank. 'With' is used in having or containing situation also.

87. (b) 'For' is the correct alternative to fill the given blank.

88. (a) 'Presence' means the state or fact of existing, occurring a being present. So, 'absence' is its correct opposite meaning word.

89. (d) 'Active' means energetic. So, its correct opposite meaning word is lazy which means unwilling to work or less energetic.

90. (d) 'Adult' means a person who is fully grown or developed. Among the given options, 'child' is its most opposite meaning word.

91. (c) 'महत्त्व' का विग्रह 'महत् + त्व' होता है।

अतः विकल्प (c) सही उत्तर है।

92. (d) सामान्य अर्थ को छोड़कर असामान्य अर्थ प्रकट करने वाले वाक्यांश को मुहावरा कहते हैं; जैसे– 'आगे नाथ न पीछे पगहा'

इस वाक्यांश का अर्थ यह नहीं है कि न तो आगे कोई मालिक है और न पीछे कोई नियन्त्रण में रखने वाली रस्सी, अपितु इसका असामान्य अर्थ है–'परम स्वतन्त्र'।

वाक्य प्रयोग

'पिताजी की मृत्यु के उपरान्त रवि की स्थिति 'आगे नाथ न पीछे पगहा' जैसी हो गई है।' अतः विकल्प (d) सही उत्तर है।

93. (a) जब इ, ई, उ, ऊ, ऋ के आगे कोई भिन्न स्वर आता है, तो ये क्रमशः य्, व्, र्, ल् में परिवर्तित हो जाते हैं, इस परिवर्तन को यण् सन्धि कहते हैं; जैसे–

मनु + अन्तरः = मन्वन्तरः
(उ) + (अ) = (व्)

यहाँ 'उ' के आगे 'अ' स्वर आने पर उसका परिवर्तन 'व' में ही गया है। अतः विकल्प (a) सही उत्तर है।

94. (c) दिए गए विकल्पों में से 'गत्यवरोध' शब्द वर्तनी की दृष्टि से शुद्ध है, जिसका अर्थ है–गति का रुक जाना। 'गत्यवरोध' के अतिरिक्त अन्य तीनों शब्दों की वर्तनी अशुद्ध है। अतः विकल्प (c) सही उत्तर है।

95. (c) संस्कृत भाषा के वे शब्द होते हैं, जिनमें थोड़ा-सा परिवर्तन करके हिन्दी भाषा में प्रयोग किया जाता है, 'तद्भव' शब्द कहलाते हैं; जैसे–'गेहूँ'। इसे संस्कृत भाषा (तत्सम्) में 'गोधूम' कहा जाता है, जबकि अन्य तीनों शब्द 'तत्सम' शब्द हैं। अतः विकल्प (c) सही उत्तर है।

96. (c) शब्द की जिस शक्ति में शब्द या शब्द-समूह के वाच्यार्थ अथवा लक्ष्यार्थ से भिन्न अर्थ की प्रतीति हो, व्यंजना शब्द-शक्ति कहते हैं। यह वस्तुतः मुख्य अर्थ से असम्बद्ध अर्थ को भी प्रकट करने की अद्भुत क्षमता रखती है; जैसे–''हम भली-भाँति जानते हैं आप बड़े महात्मा हैं।''
यहाँ साधारण कथन के रूप में किसी व्यक्ति को साधु-महात्मा न कहकर, व्यंग्यार्थ रूप से कपटी व्यक्ति को दुरात्मा कहा गया है। अतः विकल्प (c) सही उत्तर है।

97. (b) संस्कृत ध्वनियों के वैज्ञानिक आधार पर देवनागरी वर्णमाला को वर्गीकृत किया गया है। अतः विकल्प (b) सही उत्तर है।

98. (c) जिन व्यंजन ध्वनियों के उच्चारण में जिह्वा के पिछले भाग से कोमल तालु का स्पर्श होता है, कण्ठ्य ध्वनियाँ कहलाती हैं। क, ख,ग, घ, ङ कण्ठ्य ध्वनियाँ हैं, जबकि त, थ, द, ध दन्त्य ध्वनियाँ, च, छ, ज, झ-तालव्य ध्वनियाँ तथा ट, ठ, ड, ढ मूर्धन्य ध्वनियाँ हैं।

99. (b) पूर्वी हिन्दी की तीन शाखाएँ मानी गई हैं। बघेली, छत्तीसगढ़ी और अवधी। छत्तीसगढ़ी का उद्भव अर्द्धमागधी अपभ्रंश के दक्षिणी रूप से हुआ है। इसके क्षेत्र सरगुजा, कोरबा, बिलासपुर, रायगढ़, खैरागढ़, रायपुर, दुर्ग तथा राजनान्दगाँव आदि हैं। अतः विकल्प (b) सही उत्तर है।

100. (c) जिन व्यंजनों के उच्चारण में मुख से कम हवा निकले तथा जिनके उच्चारण में जिह्वा का अग्र भाग कठोर तालु को स्पर्श करता है, वह अल्पप्राण तालव्य ध्वनियाँ कहलाती हैं; जैसे–'ज' ध्वनि अर्थात् विकल्प (c) सही उत्तर है।

101. (a) जहाँ कारण के बिना कार्य के होने का वर्णन हो अथवा जहाँ कारण एक जगह और कार्य दूसरी जगह हो, वहाँ 'विभावना अलंकार' होता है; जैसे–

'बिनु पग चलई, सुनई बिनु काना।'

यहाँ पैरों के बिना चलना तथा कानों के बिना सुनने का उल्लेख होने से विभावना अलंकार है। अतः विकल्प (a) सही उत्तर है।

102. (b) प्रधानमन्त्री बनने से पहले 'अटल बिहारी वाजपेयी' ने वर्ष 1977 में बतौर विदेश मन्त्री संयुक्त राष्ट्र संघ की महासभा की बैठक में हिन्दी में भाषण देकर हिन्दी को विश्व पटल पर एक गौरवशाली स्थान दिलाया। अतः विकल्प (b) सही उत्तर है।

103. (a) हृदय में मूलरूप से विद्यमान रहने वाले भावों को स्थायी भाव कहते हैं। श्रृंगार रस का स्थायी भाव 'रति' है, जबकि 'शोक'-करुण रस, 'क्रोध'- रौद्र रस तथा 'भय'-भयानक रस का स्थायी भाव है।

अतः विकल्प (a) सही उत्तर है।

104. (b) तीन वर्णों के समूह को 'गण' कहते हैं। गणों की संख्या आठ मानी गई हैं–यगण, मगण, तगण, रगण, जगण, भगण, नगण और सगण।

अतः विकल्प (b) सही उत्तर है।

105. (d) जिस समास में दूसरा खण्ड (उत्तर पद) प्रधान तथा पहला खण्ड (पूर्व पद) गौण होता है, उसे तत्पुरुष समाज कहते हैं; जैसे–गुणहीन (गुणों से हीन) यहाँ उत्तरपद (हीन) प्रधान तथा पूर्वपद (गुण) गौण होने से तत्पुरुष समास है। अतः विकल्प (d) सही उत्तर है।

106. (b) 'अज' का अर्थ है–अनादिकाल से विद्यमान अथवा अजन्मा; जैसे–ब्रह्मा, विष्णु, शिव।

अतः 'ब्रह्म' को 'अज' कहा जाता है।

जबकि 'धन'-निधि, 'आज'-वर्तमान तथा 'सूर्य'-सूरज को कहा जाता है। इस प्रकार विकल्प (b) सही उत्तर है।

107. (c) 'कुछ जानने की इच्छा रखने वाला' वाक्यांश के लिए 'जिज्ञासु' शब्द का प्रयोग किया जाता है।

अतः विकल्प (c) सही उत्तर है।

जबकि 'पिपासु'-पाने की इच्छा रखने वाला, 'जाग्रत'-जो सचेत हो तथा 'सुविज्ञ'-अच्छी जानकारी (ज्ञान) रखने वाला, के अर्थ में प्रयोग किए जाते हैं।

108. (b) वे वाक्य, जिनमें एक सरल वाक्य हो तथा उसके अधीन (आश्रित) दूसरा उपवाक्य हो, 'मिश्र

वाक्य' कहलाते हैं। इसमें प्रधान (सरल) वाक्य को आश्रित उपवाक्य से जोड़ने के लिए कि, जो, क्योंकि, यद्यपि, उतना, जैसा आदि का प्रयोग किया जाता है; जैसे–

'मैंने सुना है कि कल हड़ताल होगी'।
यहाँ 'कल हड़ताल होगी' आश्रित उपवाक्य है तथा 'मैंने सुना है' सरल वाक्य है तथा दोनों वाक्य समुच्चयबोधक अव्यय 'कि' से जुड़े हैं, अतः यह मिश्र वाक्य है।

109. (b) जिस वाक्य में क्रिया का सम्बन्ध कर्ता से हो, वह वाक्य 'कृतवाच्य' कहलाता है। अतः विकल्प (b) सही उत्तर है। 'कर्मवाच्य' में क्रिया का सम्बन्ध कर्म से तथा 'भाववाच्य' में क्रिया का सम्बन्ध भाव से होता है, जबकि 'सम्बन्धवाच्य' वाच्य का कोई भेद नहीं है।

110. (a) किसी शब्द का विपरीत अर्थ प्रकट करने वाले शब्द को विलोम शब्द कहते हैं। 'मुख्य' शब्द का विलोम शब्द 'गौण' है।

अतः विकल्प (a) सही उत्तर है, जबकि 'पुरातन'-अधुनातन, 'गम्य'-अगम्य तथा 'कृत्रिम'-प्राकृतिक, परस्पर विलोम शब्द हैं।

111. (c) क + ऋ के संयोग से 'कृ' धातु बनती है। अतः विकल्प (c) सही उत्तर है, जबकि अन्य तीनों वैकल्पिक शब्द प्रश्न के सन्दर्भ में असंगत अथवा अशुद्ध हैं।

112. (d) जिन ध्वनियों के उच्चारण में, उच्चारण अवयवों में कहीं भी पूर्ण स्पर्श नहीं होता तथा श्वास वायु बिना किसी अवरोध के बनी रहती है, अर्द्धस्वर कहलाते हैं। य, व अर्द्धस्वर हैं।
अतः विकल्प (d) सही उत्तर है।

113. (a) एक ही व्यंजन का एक साथ दो बार होने वाला संयोग द्वित्व व्यंजन कहलाता है; जैसे-कच्चा, अव्वल, सज्जन आदि।
इन शब्दों में क्रमशः च्चा, व्व, ज्ज, में एक वर्ण का अपने जैसे वर्ण के साथ दोहरे प्रयोग से द्वित्व व्यंजन का प्रयोग हुआ है। दिए गए विकल्पों में से 'श्वेत' शब्द में द्वित्व व्यंजन का प्रयोग नहीं हुआ है।
अतः विकल्प (a) सही उत्तर है।

114. (a) जब इ, ई, उ, ऊ, ऋ के आगे कोई भिन्न स्वर आता है तो ये क्रमशः य्, व्, र्, ल् में परिवर्तित हो जाते हैं, इस परिवर्तन को 'यण् सन्धि' कहते हैं; जैसे–

अनु + एषण = अन्वेषण
(उ) + (ए) = (व)

यहाँ 'उ' के आगे 'ए' स्वर आने से उसका परिवर्तन 'व' में हो गया है। अतः इसमें यण् सन्धि है।

115. (d) 'रुढ़ि' वह शब्द है, जिसका कोई भी खण्ड सार्थक नहीं होता और जो परम्परा से किसी विशिष्ट अर्थ में प्रयोग किया जाता है; जैसे- 'पुस्तक'।
इस शब्द में पु + स् + त + क खण्डों का कोई सार्थक अर्थ नहीं है, जबकि 'सेनापति' = सेना + पति, 'पीताम्बर' = पीत + अम्बर तथा 'पंकज' = पंक + ज, सार्थक शब्दों के योग से बने हैं।

अतः विकल्प (d) सही उत्तर है।

116. (d) जो सर्वनाम शब्द संज्ञा के लिए विशेषण का काम करते हैं, उन्हें 'सार्वनामिक विशेषण' कहते हैं। यह, वह, जो, कौन, क्या आदि ऐसे सर्वनाम हैं, जो संज्ञा शब्दों के पूर्व प्रयुक्त होकर विशेषण का कार्य करते हैं, इसलिए इन्हें सार्वनामिक विशेषण कहते है; जैसे–

'यह महिला क्या कर रही है'

इस वाक्य में 'महिला' संज्ञा शब्द से पूर्व 'यह' सर्वनाम शब्द विशेषण का कार्य कर रहा है।

अतः यहाँ 'यह' शब्द सार्वनामिक विशेषण है।

117. (d) जिस क्रिया के दो कर्म होते हैं, उसे द्विकर्मक क्रिया कहा जाता है; जैसे–

'किराएदार को मकान दिखाओ'

इस वाक्य में दो कर्म 'मकान तथा दिखाओ' प्रयुक्त होने के कारण इसमें द्विकर्मक क्रिया है।

अतः विकल्प (d) सही उत्तर है।

118. (d) वे शब्द जो किसी शब्द का विपरीत अर्थ व्यक्त करते हैं, विलोम शब्द कहलाते हैं। 'आर्द्र' का विलोम शब्द 'शुष्क' है, जबकि गीला-सूखा तथा नम-शुष्क परस्पर विलोम शब्द हैं।

119. (*) दिए गए विकल्पों में से 'अनुशंसा' तथा 'निरोग' शब्द वर्तनी की दृष्टि से शुद्ध हैं, जबकि 'श्रीमति' एवं 'आर्शीवाद' शब्द में वर्तनीगत अशुद्धि विद्यमान है।

120. (d) समान अर्थ व्यक्त करने वाले शब्दों को पर्यायवाची शब्द कहते हैं। 'मछली' के पर्यायवाची शब्द मीन, मीनाक्षी तथा शफरी हैं, इसके अन्य पर्यायवाची शब्द मत्स्य, झष, जलजीवन आदि है। 'मकर' शब्द मगरमच्छ का पर्यायवाची है, इसके अन्य पर्यायवाची शब्द-मगर, घड़ियाल, नक्र आदि हैं। अतः विकल्प (d) सही उत्तर है।

121. (c) गुरु नानक देव सिखों के प्रथम गुरु थे। इनका जन्म 15 अप्रैल, 1496 में कार्तिक पूर्णिमा के दिन ननकाना साहिब, पंजाब (पाकिस्तान) में हुआ। गुरु नानक देव ने गुरु का लंगर नामक निःशुल्क भोजनालय स्थापित कराए। इनके उत्तराधिकारी गुरु अंगददेव हुए, जिन्होंने पंजाबी लिपि, गुरुमुखी लिपि की वर्णमाला प्रस्तुत की तथा गुरु नानकदेव जी द्वारा प्रारम्भ की गई लंगर व्यवस्था को स्थायी बनाया।

122. (c) उस्ताद बिस्मिल्लाह खान (वर्ष 1916-2006) भारत के प्रसिद्ध 'शहनाई वादक' थे। इनका जन्म डुमराँव, बिहार में हुआ था। वर्ष 2001 में इन्हें भारत के सर्वोच्च सम्मान 'भारत रत्न' से सम्मानित किया गया था। ये भारत के तीसरे भारतीय संगीतकार थे, जिन्हें भारत रत्न से सम्मानित किया गया। उल्लेखनीय है कि भारत रत्न से सम्मानित होने वाली प्रथम संगीतकार मदुरै षण्मुखवडिवु सुब्बुलक्ष्मी (कर्नाटक) थी।

123. (b) 'लेडी विद् द लैम्प' के नाम से प्रसिद्ध 'फ्लोरेन्स नाइटिंगेल' को आधुनिक नर्सिंग का जन्मदाता माना जाता है। इन्होंने दिसम्बर, 1844 में चिकित्सा सुविधाओं को बेहतर बनाने के लिए कार्यक्रम प्रारम्भ किया। इनका सर्वाधिक महत्त्वपूर्ण योगदान क्रीमिया युद्ध के दौरान रहा। इसी दौरान इनके सेवा कार्यों के लिए इन्हें 'लेडी विद् द लैम्प' उपाधि से सम्मानित किया गया।

124. (b) हिमालच प्रदेश में व्यास नदी की काँगड़ा घाटी में स्थित प्रसिद्ध मसरूर रॉक कट मन्दिर को 'हिमाचल ऐलोरा' के नाम से जाना जाता है। यह मन्दिर उत्तर भारतीय नागर वास्तुकला शैली का एक संस्करण है, जो हिन्दू धर्म के भगवान शिव, विष्णु एवं देवी को समर्पित है। इसका प्राथमिक एवं स्वतन्त्र रूप से सर्वेक्षण वर्ष 1915 में हेरोल्ड द्वारा किया गया था।

125. (c) मुल्कराज आनन्द, भारत में अंग्रेजी साहित्य के प्रसिद्ध लेखक थे। इनकी प्रसिद्ध पुस्तक 'अनटचेब्ल' वर्ष 1935 में प्रकाशित हुई। इस पुस्तक ने आनन्द को प्रमुख अग्रणी लेखक के रूप में स्थापित किया था। इस पुस्तक में भारत में व्याप्त 'अछूत' की समस्या का विस्तृत चित्रण किया गया है। मुल्कराज आनन्द के कुछ महत्त्वपूर्ण उपन्यास-कुली, द विलेज, अक्रॉस द ब्लैक वार्टस आदि हैं।

126. (b) महाभारत हिन्दुओं का प्रमुख काव्य ग्रन्थ है। इसके रचयिता श्री वेदव्यास जी हैं। यह विश्व का सबसे लम्बा साहित्यिक ग्रन्थ एवं सबसे बड़ा महाकाव्य है। इस ग्रन्थ को हिन्दू धर्म का 'पंचम वेद' भी माना जाता है। महाभारत में शिक्षा, चिकित्सा, धर्मशास्त्र, अर्थशास्त्र, न्याय एवं योगशास्त्र आदि का विस्तृत वर्णन किया गया है।

127. (d) उत्तरी अटलाण्टिक सन्धि संगठन (NATO) एक सैन्य गठबन्धन है, जिसकी स्थापना 4 अप्रैल, 1949 को हुई थी। इसका मुख्यालय ब्रुसेल्स में है। नाटो ने सामूहिक सुरक्षा की व्यवस्था अपनाई है, जिसके द्वारा इसके सदस्य राज्य बाहरी हमले की स्थिति में सहयोग करेंगे, जबकि अन्य विकल्प साल्ट, एन.पी.टी. एवं सी.टी.बी.टी. निःशस्त्रीकरण संगठन है।

128. (c) सिन्धु सभ्यता भारत की प्राचीन नगरीय सभ्यता थी, जिसकी खोज रायबहादुर दयाराम साहनी ने की थी। सिन्धु सभ्यता में घर ईटों के बनाए जाते थे। नगरों तथा घरों के विन्यास के लिए ग्रिड पद्धति अपनाई जाती थी। घरों के दरवाजे एवं खिड़कियाँ सड़क की ओर न खुलकर पीछे की ओर खुलते थे। केवल लोथल में नगर में घरों के दरवाजे सड़कों की ओर खुलते थे।

129. (b) वर्ष 1909 में शोभा राम के नेतृत्व में मण्डी जन आन्दोलन शुरू हुआ। आन्दोलन का प्रमुख कारण रमना भवानी सेन एवं वजीर जीवानन्द पाधा द्वारा किया गया उत्पीड़न था। इस आन्दोलन को गदर की गूँज, ऐलान ए जंग नाम से भी जाना जाता है। मियाँ जवाहर सिंह एवं खैरीगढ़ी की रानी ने आन्दोलन के प्रभाव में आकर क्रान्तिकारियों की आर्थिक मदद की।

130. (c) तिब्बत एशिया का ऐसा क्षेत्र है, जिसकी भूमि मुख्यतः उच्च पठारी है। यह मध्य एशिया की उच्च पर्वत श्रेणियों के मध्य कुनलुन एवं हिमालय के मध्य स्थित है। पेरिचु झील तिब्बत की प्रमुख झील है, जबकि तिब्बत की टिसो सिकरू संसार की सबसे ऊँची झील है, जो तिब्बत के पठार पर 18,284 फीट की ऊँचाई पर स्थित है।

131. (d) भारत के प्राचीन धर्मग्रन्थ वेद हैं, जिसके संकलनकर्ता महर्षि कृष्ण द्वैपायन वेदव्यास को माना जाता है। वेद चार हैं–ऋग्वेद, यजुर्वेद, सामवेद एवं अथर्ववेद। इनमें सर्वाधिक प्राचीन वेद ऋग्वेद है। यह 10 मण्डल में विभक्त है। ऋग्वेद के तीसरे मण्डल में सूर्य देवता सावित्री को समर्पित प्रसिद्ध गायत्री मन्त्र तथा 10वें मण्डल में 'पुरुष सूक्त' में चार वर्णों का वर्णन किया गया है।

132. (d) संयुक्त राष्ट्र शैक्षिक, वैज्ञानिक एवं सांस्कृतिक संगठन, यूनेस्को (UNESCO) की स्थापना संयुक्त राष्ट्र की एक विशेष संस्था के रूप में 4 नवम्बर, 1946 को हुई थी। इसका मुख्यालय पेरिस (फ्रांस) में है। यूनेस्को का प्रमुख उद्देश्य शिक्षा एवं संस्कृति के अन्तर्राष्ट्रीय सहयोग से शान्ति एवं सुरक्षा स्थापित करना है। वर्तमान में 193 देश इसके सदस्य हैं तथा इसके अध्यक्ष आन्द्रे अजोले हैं।

133. (b) भारत की संसद राज्यसभा, लोकसभा एवं राष्ट्रपति से मिलकर बनती है। राज्यसभा संसद का उच्च सदन है, जिसकी अधिकतम सदस्य संख्या 250 होती है। राज्यसभा की सदस्यता हेतु न्यूनतम आयु 30 वर्ष है, जबकि लोकसभा, संसद का निम्न सदन है, जिसकी अधिकतम सदस्य संख्या 552 हैं। लोकसभा की सदस्य हेतु न्यूनतम आयु 25 वर्ष निर्धारित है।

134. (c) भारतीय संविधान में स्वतन्त्रता, समानता और बन्धुत्व का विचार फ्रेन्च क्रान्ति से लिया गया है। फ्रेंच क्रान्ति राजनैतिक एवं सामाजिक परिवर्तनों का परिणाम थी, जो 1789 से 1799 ई. तक चली। इस क्रान्ति के फलस्वरूप राजा को गद्दी से हटाकर गणतन्त्र की स्थापना की गई।

135. (b) 'नाथूला दर्रा' प्रमुख हिमालय पहाड़ी दर्रा है, जो भारत के सिक्किम राज्य एवं दक्षिण तिब्बत की चुम्बी घाटी को जोड़ता है। यह दर्रा प्राचीन समय में रेशम मार्ग की एक शाखा का भाग भी रहा है। यह 14,200 फीट की ऊँचाई पर स्थित है।

136. (a) नगरकोट का किला हिमालय प्रदेश के पुराना काँगड़ा शहर के दक्षिण-पश्चिम में स्थित है। एक मान्यता के अनुसार, इस किले का निर्माण महाभारत काल में त्रिगर्त के तत्कालीन राजा सुशर्मा चन्द्र ने करवाया था। वर्तमान में नगरकोट का किला भारत के प्राचीनतम एवं हिमालय के विशाल किलों में से एक माना जाता है।

137. (c) राज्यसभा संसद का उच्च एवं स्थायी सदन है, जो कभी भंग नहीं होता। इसकी अधिकतम सदस्य संख्या 250 है, जिनमें 12 सदस्य राष्ट्रपति द्वारा मनोनीत किए जाते हैं। इसके सदस्यों का कार्यकाल छः वर्ष का होता है तथा एक-तिहाई सदस्य प्रति दो वर्ष बाद सेवानिवृत्त हो जाते हैं।

138. (c) सामुदायिक विकास कार्यक्रम (1952) एवं राष्ट्रीय प्रसार सेवा कार्यक्रम (1953) की असफलता की जाँच करने के लिए बलवन्त राय मेहता की अध्यक्षता में वर्ष 1957 में एक समिति का गठन किया गया, जिसने जनतान्त्रिक विकेन्द्रीकरण (पंचायती राज) की सिफारिश की। मेहता समिति ने त्रिस्तरीय पंचायती राज प्रणाली की स्थापना ग्राम पंचायत, पंचायत समिति एवं जिला पंचायत के रूप में करने का सुझाव दिया।

139. (d) भारत की न्यायिक व्यवस्था एकीकृत है जिसके शीर्ष पर भारत का उच्चतम न्यायालय है। उच्चतम न्यायालय नई दिल्ली में स्थित है। उच्चतम न्यायालय के न्यायाधीश बनने के लिए कोई न्यूनतम आयु सीमा निर्धारित नहीं की गई है, जबकि एक बार नियुक्ति के पश्चात् सेवानिवृत्ति की आयु 65 वर्ष है।

140. (c) कोल्लम डैम हाइड्रोपावर प्रोजेक्ट सतलुज नदी पर बना एक तटबन्ध बाँध है। यह हिमाचल प्रदेश के बिलासपुर जिले में स्थित है। इस डैम का मुख्य उद्देश्य पनबिजली का उत्पादन करना है। डैम का निर्माण कार्य राष्ट्रीय ताप विद्युत निगम (NTPC) के द्वारा वर्ष 2000 से प्रारम्भ किया गया। वर्ष 2005 में डैम को शुरू किया गया।

141. (b) सरदार शोभा सिंह हिमालय प्रदेश के (अन्द्रेता, पंचमुखी के) एक प्रसिद्ध चित्रकार थे। कुछ महत्त्वपूर्ण चित्र कलाकृतियाँ-काँगड़ा वधू (दुल्हन), गद्दन, सोनी-महीवाल आदि हैं।

142. (c) कैसर 'क्रोकस सैटिवस' के फूल से प्राप्त होता है, जिसे सामान्यतः 'केसर क्रोकस' के रूप में जाना जाता है। केसर वनज के हिसाब से विश्व का सबसे महँगा मसाला है। भारत का जम्मू-कश्मीर राज्य केसर के सर्वाधिक उत्पादन के लिए प्रसिद्ध है।

143. (d) अभ्रक एक महत्त्वपूर्ण खनिज एवं जटिल सिलिकेट यौगिक है। इसमें लिथियम, पोटैशियम एवं सोडियम जैसे क्षारीय पदार्थ होते हैं। यह रंगरहित, हरे, काले या हल्के पीले रंग का होता है। सामान्यतः अभ्रक आग्नेय चट्टानों में पाया जाता है। कच्चे पदार्थ के रूप में अभ्रक का प्रयोग वैद्युतिक उद्योगों में किया जाता है।

144. (d) भारत में राष्ट्रीय मतदाता दिवस प्रत्येक वर्ष 25 जनवरी को मनाया जाता है। 25 जनवरी, 2011 को चुनाव आयोग के 61वें स्थापना दिवस पर तत्कालीन राष्ट्रपति प्रतिभा देवी सिंह पाटिल ने 'राष्ट्रीय मतदाता दिवस' की शुरुआत की थी। इस आयोजन के दो महत्त्वपूर्ण विषय–'समावेशी और गुणात्मक भागीदारी' एवं 'कोई मतदाता पीछे न छूटे' था।

145. (d) भारत के राष्ट्रीय ध्वज (तिरंगे) को 22 जुलाई, 1947 को आयोजित भारतीय संविधान सभा की बैठक में अपनाया गया था। राष्ट्रीय ध्वज को पिंगली वेंकैया ने बनाया था। स्मरणीय है कि राष्ट्रीय ध्वज का अनुपात
3 : 2 है तथा इसके मध्य में बने अशोक चक्र में 24 तीलियाँ हैं।

146. (b) कोयला भारत में पाया जाने वाला महत्त्वपूर्ण जीवाश्म ईंधन है। देश में ऊर्जा आवश्यकताओं का लगभग 55% पूर्ति कोयले से की जाती है। झारखण्ड देश का सबसे बड़ा कोयला आरक्षित राज्य है। यहाँ लगभग 80,716 मिलियन टन कोयला भण्डार उपलब्ध है। धनबाद जिले को झरिया खादान, राज्य की मुख्य कोयला खादानों में से एक है। ओडिशा देश का दूसरा सबसे बड़ा कोयला आरक्षित राज्य है, यहाँ लगभग 75,073 मिलियन टन कोयला भण्डार उपलब्ध है।

147. (c) भारत के 9 राज्यों की सीमाएँ समुद्री तट से मिलती हैं। ये राज्य हैं–गुजरात, आन्ध्र प्रदेश, महाराष्ट्र, तमिलनाडु, पश्चिम बंगाल, कर्नाटक, गोवा, केरल एवं ओडिशा। इनमें गुजरात राज्य की तटरेखा सर्वाधिक लम्बी (1663 किमी) है, जबकि गोवा राज्य की तटरेखा सबसे छोटी (160 किमी) है।

148. (d) जोजिला दर्रा हिमालय का प्रमुख दर्रा है। इसका निर्माण सिन्धु नदी द्वारा हुआ है। यह श्रीनगर और लेह को सड़क मार्ग से जोड़ता है।
श्रीनगर-जोजिला मार्ग को केन्द्र सरकार द्वारा 'राष्ट्रीय राजमार्ग-1 डी' के रूप में घोषित किया गया है।

149. (a) 'मेक इन इण्डिया' कार्यक्रम की शुरुआत प्रधानमन्त्री नरेन्द्र मोदी ने 25 सितम्बर, 2014 में की थी। इसका मुख्य उद्देश्य देशी एवं विदेशी कम्पनियों द्वारा भारत में ही वस्तुओं के निर्माण पर बल देना था। मेक इन इण्डिया का लोगो 'शेर' है, जिसे केरल के बी. सुनील ने बनाया था।

150. (b) विश्व जनसंख्या दिवस एक वार्षिकी कार्यक्रम है, जिसे प्रतिवर्ष 11 जुलाई को मनाया जाता है। इस कार्यक्रम का सर्वप्रथम आयोजन वर्ष 1989 में संयुक्त राष्ट्र विकास कार्यक्रम की गवर्निंग काउंसिल द्वारा किया गया था। विश्व जनसंख्या दिवस मनाने का प्रमुख उद्देश्य विभिन्न जनसंख्या मुद्दों; जैसे–परिवार नियोजन, गरीबी, मातृत्व, स्वास्थ्य, लैंगिक असमानता आदि पर लोगों को जागरूक करना है।

HPTET

हिमाचल प्रदेश शिक्षक पात्रता परीक्षा

जूनियर बेसिक ट्रेनिंग

सॉल्वड पेपर 2017

कुल अंक : 150 **समय :** 150 मिनट

निर्देश

1. इस प्रश्न–पत्र में कुल 150 वस्तुनिष्ठ प्रकार के प्रश्न हैं।
2. प्रत्येक प्रश्न के लिए एक अंक निर्धारित है।
3. प्रत्येक प्रश्न का केवल एक ही उत्तर दीजिए।
4. इस प्रश्न–पुस्तिका में पाँच भाग हैं; भाग I : बाल विकास और शिक्षाशास्त्र (प्र.सं. 1-30), भाग II : English Literature & Grammar (प्र.सं. 31-60), भाग III : हिन्दी साहित्य और व्याकरण (प्र.सं. 61-90), भाग IV : गणित (प्र.सं. 91-120), भाग V : हिमाचल प्रदेश सामान्य ज्ञान और सामान्य जागरूकता (प्र.सं. 121-150)

भाग I : बाल विकास और शिक्षाशास्त्र

1. वैदिक काल में बालक कहाँ पढ़ते थे?
(a) अपने घर में (b) मकतल में
(c) गुरुकुल में (d) पेड़ों के नीचे

2. बुद्धि लब्धि की सामान्य सीमा क्या है?
(a) 130 से ऊपर
(b) 90 से 110
(c) 70 से 80
(d) 70 से कम

3. विशेष आवश्यकता वाले बच्चों को शिक्षा प्रदान की जानी चाहिए
(a) सामान्य बच्चों के साथ
(b) विशेष शिक्षण विधियों द्वारा
(c) विशेष विद्यालयों में
(d) विशेष अध्यापकों द्वारा विशेष विद्यालयों में

4. 'इन्द्रियाँ ज्ञान का प्रवेश द्वार है' किसने कहा था?
(a) रूसो (b) स्ट्रेंज
(c) स्टेनल हल (d) वैलेंटाइन

5. संलग्नता एक शर्त है
(a) अधिगम की
(b) शिक्षण की
(c) (a) और (b) दोनों की
(d) उपरोक्त में से कोई नहीं

6. बालक के समाजीकरण में पाठशाला का स्थान होता है
(a) समूहन के द्वारा
(b) मौखिक अवस्था में
(c) परिवार के बाद
(d) समाज के बाद

7. बच्चे शरीर, चरित्र, मूल्य, विचार, व्यवहार, कौशल इत्यादि में क्यों भिन्न होते हैं?
(a) पोषण के कारण
(b) कुपोषण के कारण
(c) आनुवंशिकता व परिवेश के कारण
(d) उपरोक्त में से कोई नहीं

8. 'प्रयत्न एवं त्रुटि का सिद्धान्त' किसने प्रतिपादित किया था?
(a) रूसो (b) गैस्टाल्ट
(c) थॉर्नडाइक (d) स्किनर

9. विद्यालय द्वारा बालक को प्रदान की गई शिक्षा
(a) औपचारिक
(b) अनौपचारिक
(c) गैर-औपचारिक
(d) उपरोक्त सभी

10. एक छात्र अपनी निजी समस्या को लेकर आपके निवास पर आपसे मिलने की अनुमति चाहता है। आपका जवाब क्या होगा?
(a) समय न देना
(b) तुरन्त समय देना
(c) छात्र की उपेक्षा करना
(d) उपरोक्त में से कोई नहीं

11. मनोविज्ञान किसका विज्ञान है?
(a) मानव का
(b) पशु व्यवहार का
(c) मानव व्यवहार का
(d) रवैये का

12. एम होलिंगवर्थ निम्न में से किस कार्य से सम्बन्धित है?
(a) अपराधी बच्चे
(b) मानसिक रूप से बाधित बच्चे
(c) प्रतिभाशाली बच्चे
(d) उपरोक्त में से कोई नहीं

13. मनोविज्ञान की सबसे पुरानी पद्धति है
(a) आत्म निरीक्षण
(b) अवलोकन
(c) प्रकरण अध्ययन
(d) उपरोक्त में से कोई नहीं

14. हावर्ड गार्डनर ने कितने प्रकार की बुद्धि का सुझाव दिया था?
(a) पाँच (b) सात
(c) आठ (d) छः

15. 'मानसिक स्वास्थ्य' शब्द किसने दिया था?
(a) सी.एल. पीयर्स
(b) सी.डब्ल्यू पीयर्स
(c) विलियम स्वीटर
(d) जेम्स डी. जंग

16. 'होम्योस्टेसिस' शब्द किसके द्वारा दिया गया था?
(a) एरिक्सन (b) केनन
(c) थॉर्नडाइक (d) फ्रायड

17. घोड़े की तस्वीर एक …… है
(a) प्रतीकात्मक उद्दीपक
(b) प्रत्यक्ष या यथार्थ उद्दीपक
(c) संकेतात्मक उद्दीपक
(d) द्योतक उद्दीपक

18. डिस्लैक्सिया सम्बन्धित है
(a) मानसिक विकार से
(b) गणितीय विकार से
(c) पाठन विकार से
(d) व्यवहारिक विकार से

19. निम्न में से कौन 'गैस्टाल्ट मनोविज्ञान' से सम्बन्धित नहीं है?
(a) कर्ट लैविन
(b) आई.पी. पैथलाज
(c) कोहलर
(d) उपरोक्त सभी

20. 'सुपर्दुर्गा (पराइम), इड (इदम) का पूर्ण विपरीत है।' यह कथन है
(a) सत्य
(b) असत्य
(c) आंशिक रूप से सत्य
(d) बेतुका कथन

21. अधिगम के मुद्रा सिद्धान्त का प्रतिपादन किसके द्वारा किया गया?
(a) रोजेर्स (b) हल
(c) कोहलर (d) स्किनर

22. प्रतिभाशालिता किस पर आधारित होती है?
(a) अनुवांशिक संरचना
(b) वातावरण की प्रेरणा
(c) (a) एवं (b) दोनों
(d) मनोवैज्ञानिक कारण

23. भाषा अवबोधन से सम्बन्धित विकार है
(a) बलघात
(b) पठन क्षमता
(c) अधिगम अक्षमता
(d) भाषाघात

24. निम्नलिखित में से समस्या समाधान को क्या निर्धारित नहीं करता?
(a) अंतदर्शन (b) मानसिक प्ररूपता
(c) मोर्चाबन्दी (d) निर्धारण

25. प्रसिद्ध पुस्तक 'Personality: A Psychological Interpretation (1937)' किसके द्वारा लिखी गई है?
(a) अल्पोर्ट (b) फ्रायड
(c) दता (d) जुबिन

26. किसने कहा था 'समायोजन एक प्रक्रिया है न कि अवस्था'?
(a) गेट्स
(b) एडिविल बोरिंग
(c) स्ट्रेंज
(d) उपरोक्त में से कोई नहीं

27. किसने कहा था कि "वह बालक जो व्यवहार में सामाजिक मापदण्ड से विचलित हो जाता है या भटक जाता है, बाल अपराधी कहलाता है?
(a) हेली (b) सरिल बर्ट
(c) कोल (d) इनमें से कोई नहीं

28. बाल अपराध का कारण है
(a) वंशानुक्रम
(b) वातावरण सम्बन्धी कारण
(c) घर का वातावरण
(d) उपरोक्त सभी

29. एक बच्चे की वास्तविक आयु 20 वर्ष है जबकि उसकी मानसिक आयु 18 वर्ष है, तो उसकी बुद्धि लब्धि होगी
(a) 90 (b) 100
(c) 120 (d) इनमें से कोई नहीं

30. यदि एक बच्चे कि बुद्धि लब्धि (आई. क्यू.) 140 है, तो वह क्या कहा जाएगा?
(a) प्रतिभाशाली
(b) असाधारण
(c) उत्कृष्ट
(d) उपरोक्त में से कोई नहीं

भाग II : English Literature & Grammar

Directions (Q.Nos. 31-35) *Choose the correct determiner from the given options.*

31. My grandmother cannot read or write. She has …… knowledge of words.
(a) a little (b) the little
(c) little (d) few

32. Will you give me ……… food, please?
(a) some (b) any
(c) the little (d) a

33. Rabindranath Tagore was …… poet, …… novelist and …… painter.
(a) the, the, the (b) a, a, a
(c) a, x, x (d) a, x, an

34. ……… a student appears in the exam.
(a) Much (b) Few
(c) Too much (d) Many

35. The injured persons were taken to …… hospital.
(a) a (b) the
(c) an (d) None of these

36. The past of 'Cling' is
(a) Clang (b) Cling
(c) Clung (d) Clinged

37. 'She will have been served food' is in
(a) Past perfect tense
(b) Future perfect continuous tense
(c) Future indefinite tense
(d) Furture perfect tense

38. This lesson is …… difficult.
(a) too (b) very
(c) the little (d) much

39. 'An office with high salary and no work' is called
(a) Sinecure (b) Honorary
(c) Parasite (d) Honorarium

40. 'A word or law no longer in use' is called
(a) Cynic (b) Out-dated
(c) Reticent (d) Obsolete

41. I love my books so much so that I cannot part…… them.
(a) from (b) with
(c) by (d) without

42. Choose the right sentence
(a) Kalidas is the Shakespeare of India
(b) The Kalidas is Shakespeare of India
(c) The Kalidas is the Shakespeare of India
(d) Kalidas is the Shakespeare of the India

43. 'We reached safe and sound.' Which part of speech 'sound' is?
(a) Noun (b) Adverb
(c) Adjective (d) None of these

44. Choose the correct simile.
'as light as......'.
(a) feather (b) dust
(c) air (d) leaf

45. Choose the correct synonym of 'audacity'.
(a) Alertness (b) Timidity
(c) Humility (d) Boldness

46. Choose the correct antonym of 'Malice'.
(a) Goodwill (b) Ill will
(c) Spite (d) Hate

Directions (Q.Nos. 47-48) *Choose the correct option from the following to change the voice.*

47. Whom do you teach English?
(a) Who is English taught by you?
(b) Whom is taught English by you?
(c) Who is taught English by you?
(d) Who is taught by you English?

48. I shall order the carriage.
(a) The carriage will be ordered.
(b) The carriage by me order.
(c) The carriage I will ordered.
(d) The carriage ordered by me.

Directions (Q.Nos. 49-50) *Choose the correct option of indirect form of speech.*

49. The teacher said to the students, "Let us start a new lesson".
(a) The teacher asked the students to start a new lesson.
(b) The teacher suggested to the students to start a new lesson.
(c) The teacher suggested to the students that he should start a new lesson.
(d) The teacher suggested to the students that they should start a new lesson.

50. He said to his teacher, "Good night, sir".
(a) He wished his teacher good night sir.
(b) He respectfully wished his teacher good night.
(c) He respectfully bids his teacher good night.
(d) He respectfully bade his teacher good night.

Direction (Q. No. 51) *Choose the correct option from the following to change the sentence from interrogative to assertive sentence.*

51. Will he ever help the poor?
(a) He will not help the poor.
(b) He will never help the poor.
(c) None but he will help the poor.
(d) He will ever help the poor.

Direction (Q.No. 52) *Choose the correct option from the following to change the sentence from assertive to negative.*

52. My eyesight is good.
(a) My eyesight is not good.
(b) My eyesight is not bad.
(c) Nothing is good as my eyesight.
(d) My eyesight is not as good as that of yours.

53. ...... I go to Shimla, I shall meet your parents.
(a) Would (b) Should
(c) If (d) May

54. Alas! He lost his pulse. 'Alas' here is
(a) Exclamatory sentence
(b) Interjection
(c) Adverb
(d) Conjunction

55. Kalam is known for his wisdom. 'Wisdom' is a/an
(a) Proper noun
(b) Common noun
(c) Abstract noun
(d) Material noun

56. Ram spoke well. 'Well' is an
(a) Noun (b) Interjection
(c) Adverb (d) Adjective

57. I bought five trousers. 'Five' is an
(a) Noun (b) Adjective
(c) Pronoun (d) None of these

58. The possessive pronoun of 'It' is
(a) It's (b) Its
(c) It (d) None of these

59. Choose the incorrect pair.
(a) Goose-geese (b) Mouse-mice
(c) Swine-swines (d) Trout-trout

60. The superlative degree of 'well' is
(a) Well
(b) Wellest
(c) Best
(d) None of the above

भाग III : हिन्दी साहित्य और व्याकरण

61. 'अल्पप्राण' नहीं है
(a) ट (b) र (c) ब (d) ह

62. 'बाप-बाबा' शब्द है
(a) बहुवचन (b) एकवचन
(c) द्विवचन (d) इनमें से कोई नहीं

63. मज़दूर ने गुड़ <u>के साथ</u> रोटी खाई। रेखांकित कारक है
(a) सम्बन्ध (b) कर्ता
(c) करण (d) अधिकरण

64. हिन्दी में सर्वनामों की कितनी संख्या है?
(a) 12 (b) 11
(c) 10 (d) 9

65. निम्न में से कौन-सा शब्द विशेषण है?
(a) मिठास (b) नम्रता
(c) सच्चा (d) मानवता

66. 'पुरुष' का विशेषण क्या होगा?
(a) पुरुषार्थ
(b) पौरुषेय
(c) (a) व (b) दोनों
(d) केवल (a)

67. 'अपनाना' क्रिया किससे बनी है?
(a) संज्ञा से (b) विशेषण से
(c) सर्वनाम से (d) क्रिया से

68. 'घी-खिचड़ी होना' का क्या अर्थ है?
(a) स्वाद बढ़ना
(b) खूब घुलना-मिलना
(c) पौष्टिकता में वृद्धि होना
(d) मकर संक्राति का पर्व मनाना

69. अलंकार के कितने प्रकार हैं?
(a) चार (b) दो
(c) पाँच (d) तीन

70. 'अम्बर पनघट में डूबो रही तारा घट उषा नागरी' में कौन-सा अलंकार है?
(a) उपमा (b) रूपक
(c) उत्प्रेक्षा (d) अतिशयोक्ति

71. 'मंगल भवन अमंगल हारी। हरहु नाथ मम संकट भारी।' में छन्द है
(a) चौपाई (b) सोरठा
(c) रोला (d) दोहा

72. 'निन्दा' का विलोम होगा
(a) दोषारोपण (b) स्तुति
(c) सम्मान (d) उपेक्षा

73. निम्नलिखित में से कौन-सा अव्ययीभाव समास है?
(a) रातोरात
(b) पाप-पुण्य
(c) पीताम्बर
(d) हस्त-लिखित

74. विभक्ति-कारक में कौन-सा विषम है?
(a) से-करण (b) से-अपादान
(c) में, पर-सम्बन्ध (d) को-कर्म

75. 'कलम तोड़ देना' मुहावरे का सही अर्थ है
(a) लिखना-पढ़ना त्याग देना
(b) अत्यन्त क्रोधित होना
(c) लिखने से घृणा करना
(d) अत्यन्त मार्मिक रचना करना

76. 'जो किए गए उपकार को न माने' वाक्यांश के लिए एक शब्द है
(a) कृतघ्न (b) स्वार्थी
(c) पापी (d) निर्दय

77. किस शब्द का बहुवचन नहीं है?
(a) स्त्री (b) पाठक
(c) प्रत्येक (d) इनमें से कोई नहीं

78. 'भुलक्कड़' में प्रत्यय है
(a) भूल (b) ककड़
(c) अक्कड़ (d) इनमें से कोई नहीं

79. निम्नलिखित में से फारसी शब्द कौन-सा है?
(a) अमीर (b) अफ़सोस
(c) सुनार (d) कालीन

80. 'पर पुरुष से प्रेम करने वाली स्त्री' को क्या कहते हैं?
(a) घातिनी (b) पतिहंता
(c) परकीया (d) कुलटा

81. 'सुबह' शब्द किस भाषा का है?
(a) संस्कृत (b) हिन्दी
(c) फारसी (d) अरबी

82. 'तत्सम' शब्द कौन-सा है?
(a) उजवल (b) उजाला
(c) उज्जवल (d) उद्बल

83. वेदों की रचना किस भाषा में हुई है?
(a) लौकिक संस्कृत
(b) वैदिक संस्कृत
(c) पालि
(d) प्राकृत

84. 'विश्व हिन्दी दिवस' कब मनाया जाता है?
(a) 10 फरवरी (b) 10 मार्च
(c) 10 जून (d) 10 जनवरी

85. 'वह खाना खाकर सो गया' वाक्य में कौन-सी क्रिया है?
(a) समस्त क्रिया (b) संयुक्त क्रिया
(c) नामधातु क्रिया (d) इनमें से कोई नहीं

86. राम ने रावण को मारा? वाक्य में कौन-सा वाच्य है?
(a) कर्मवाच्य (b) कर्तृवाच्य
(c) भाववाच्य (d) इनमें से कोई नहीं

87. 'मैं आपसे सहमत नहीं हूँ' किस प्रकार का वाक्य है?
(a) निषेधवाचक (b) विधानवाचक
(c) आज्ञावाचक (d) संकेतवाचक

88. 'आधा तीतर आधा बटेर होना' का अर्थ होगा
(a) उचित सामंजस्य का अभाव होना
(b) छोटा-बड़ा होना
(c) बेमेल तथा बेढंगा
(d) रंग-बिरंगा होना

89. 'धर्माधर्म' शब्द में कौन-सा समास है?
(a) अव्ययीभाव (b) बहुव्रीहि
(c) द्वन्द्व (d) कर्मधारय

90. 'दिग्गज' में प्रयुक्त सन्धि है
(a) स्वर सन्धि
(b) व्यंजन सन्धि
(c) विसर्ग सन्धि
(d) दीर्घ सन्धि

भाग IV : गणित

91. अनिल ने 50 सेबों के डिब्बे लिए। उनमें से 30 सेब अपने तीन मित्रों को बराबर हिस्से में बाँट दिए। इसके बाद उसने हर एक से 2 सेब वापस ले लिए। ज्ञात कीजिए कि अनिल के पास कितने सेब बचे?
(a) 26 (b) 22
(c) 12 (d) 32

92. मोहन एक कार को ₹ 8000 में खरीदता है और एक वर्ष बाद 25% हानि पर बेच देता है। कार का विक्रय मूल्य ज्ञात कीजिए
(a) ₹ 7,000
(b) ₹ 6000
(c) ₹ 10,000
(d) ₹ 9,000

93. रीता ₹ 5000 बैंक में 3 वर्ष के लिए वार्षिक ब्याज की दर से जमा करवाती है। यदि 3 वर्ष बाद उसे ₹ 6500 मिलते हैं, तो ब्याज दर ज्ञात कीजिए।
(a) 10% (b) 20%
(c) 15% (d) 8%

94. 4, 6, 12, 15 का लघुत्तम समापवर्त्य (ल.स.व.)=?
(a) 180 (b) 60
(c) 72 (d) 120

95. 250 और 600 का महत्तम समापवर्तक (म.स.व.)=?
(a) 50 (b) 100
(c) 25 (d) 125

96. यदि $56-45+\sqrt{x}=16$ हो, तो $x=?$
(a) 36 (b) 25
(c) 16 (d) 9

97. एक गाँव की आबादी 5000 है और 2% की दर से हर वर्ष बढ़ती है। दो वर्ष बाद कितनी आबादी होगी?
(a) 5108 (b) 5200
(c) 5202 (d) 5300

98. एक स्कूल में 75% लड़के हैं। यदि लड़कियाँ 420 हों, तो स्कूल में लड़कों की संख्या बताइए।
(a) 1176 (b) 1350
(c) 1260 (d) 1125

99. दो पूर्ण संख्याओं का अन्तर 66 है, यदि उनमें 2 : 5 का अनुपात है, तो संख्याएँ हैं
(a) 44,110 (b) 11,44
(c) 11,53 (d) 22,55

100. त्रिभुज के तीनों कोणों का योगफल होता है
(a) 180° (b) 360°
(c) 90° (d) इनमें से कोई नहीं

101. समबाहु त्रिभुज के कोण होते हैं
(a) दो कोण बराबर होते हैं
(b) सभी कोण बराबर होते हैं
(c) एक कोण 90° का होता है
(d) उपरोक्त में से कोई नहीं

102. 73° कोण का सम्पूरक कोण क्या होगा?
(a) 17° (b) 90°
(c) 180° (d) 107°

103. यदि वृत्त की परिधि 132 सेमी हो, तो उस वृत्त का क्षेत्रफल क्या होगा?
(a) 1386 वर्ग सेमी
(b) 1345 वर्ग सेमी
(c) 1456 वर्ग सेमी
(d) 1320 वर्ग सेमी

104. यदि घन का आयतन 0.343 सेमी^{3} हो, तो घन की भुजा क्या होगी?
(a) 0.7 सेमी (b) 7 सेमी
(c) 0.07 सेमी (d) 0.007 सेमी

105. $2^{10}-1$ किससे विभाज्य है?
(a) 10 (b) 2 (c) 3 (d) 4

106. यदि दो संख्याओं का योगफल 32 है और एक संख्या –36 हो, तो दूसरी संख्या है
(a) –4 (b) 4
(c) –68 (d) 68

107. कौन-सी संख्या न तो अभाज्य संख्या है और न ही भाज्य संख्या है?
(a) 3 (b) 5 (c) 1 (d) 7

108. $(-7) \div \frac{21}{13} = ?$
(a) $\frac{-147}{13}$ (b) $\frac{-13}{3}$
(c) $\frac{147}{13}$ (d) $\frac{13}{3}$

109. $2^0 \times 3^0 \times 4^0 = ?$
(a) 1 (b) 24
(c) 0 (d) इनमें से कोई नहीं

110. यदि लागत मूल्य = ₹ 25 और हानि = 25% तब विक्रय मूल्य = ?
(a) ₹ 20 (b) ₹ 15
(c) ₹ 18.75 (d) ₹ 18.25

111. $2^3 \times 2^{-5} \times 2^1 \times 8^{\frac{1}{3}} \times (\sqrt{16})^3 = ?$
(a) 2^6 (b) 2^0 (c) 2^3 (d) $2^{1/3}$

112. $\sqrt{0.000049} = ?$
(a) 0.00007 (b) 0.007
(c) 0.07 (d) 0.700

113. $\left(\frac{3}{4}\right)^7 \times \left(\frac{4}{3}\right)^7 = ?$
(a) 1 (b) 0
(c) 14 (d) –1

114. $2\frac{3}{2}$ को प्रतिशत में लिखो
(a) 35% (b) 350%
(c) 3.5% (d) 0.35%

115. 50% और $\frac{3}{5}$ में कौन-सा बड़ा है?
(a) $\frac{3}{5}$ (b) 50%
(c) दोनों बराबर हैं (d) इनमें से कोई नहीं

116. $66 + 0.006 + 0.66 + 0.0006 = ?$
(a) 66.6666 (b) 0.666666
(c) 66.666 (d) 666.666

117. सबसे बड़ी 6 अंकों वाली संख्या में से, सबसे बड़ी 5 अंकों वाली संख्या को घटाओ
(a) 900000 (b) 100000
(c) 99999 (d) 90000

118. 90 का 75% = ?
(a) 67.5 (b) 68.5
(c) 76.5 (d) 77.5

119. $0.2 \times 0.02 \times 0.002 = ?$
(a) 8×10^6
(b) 8×10^{-6}
(c) 8×10^9
(d) 8×10^{-9}

120. एक रेलगाड़ी 3750 किमी की दूरी 25 घण्टे में तय करती है, तो एक घण्टे में रेलगाड़ी की औसत तय दूरी कितनी होगी?
(a) 140 किमी
(b) 175 किमी
(c) 150 किमी
(d) 130 किमी

भाग V : हिमाचल प्रदेश सामान्य ज्ञान और सामान्य जागरूकता

121. रामकृष्ण मिशन के संस्थापक कौन थे?
(a) स्वामी दयानन्द
(b) स्वामी विवेकानन्द
(c) राजा राम मोहन राय
(d) ईश्वरचन्द्र विद्यासागर

122. वायुमंडलीय दबाव मापने का यन्त्र …… है।
(a) हाइड्रोमीटर (b) बैरोमीटर
(c) थर्मामीटर (d) नैनोमीटर

123. शुष्क बर्फ क्या है?
(a) ठोस ऑक्सीजन
(b) ठोस नाइट्रोजन
(c) ठोस कार्बन डाइ-ऑक्साइड
(d) ठोस सल्फर

124. बल्ब का फिलामेंट किस धातु का होता है?
(a) लोहा (b) टंगस्टन
(c) चाँदी (d) ताँबा

125. सेल्सियस और फारेनहाइट किस तापमान पर बराबर होते हैं?
(a) –25° C (b) –30° C
(c) –40° C (d) –35° C

126. कौन-सा परिवर्तन रासायनिक है?
(a) जल का वाष्पीकरण
(b) लोहे में जंग लगना
(c) बर्फ का पिघलना
(d) पानी और बालू का मिश्रण

127. सूर्य की शक्ति किसके द्वारा निर्मित है?
(a) नाभकीय संलयन
(b) नाभकीय विखण्डन
(c) रासायनिक क्रिया
(d) उपरोक्त सभी

128. मानव पाचन तन्त्र का सबसे लम्बा भाग क्या है?
(a) बड़ी आँत (b) छोटी आँत
(c) आमाशय (d) मलाशय

129. मानव नेत्र में प्रतिबिम्ब कहाँ पर बनता है?
(a) रक्तक पटल
(b) दृढ़ पटल
(c) दृष्टि पटल
(d) उपरोक्त में से कोई नहीं

130. मानव शरीर में कितनी हड्डियाँ होती हैं?
(a) 206 (b) 208
(c) 306 (d) 308

131. मानव का सामान्य रक्तचाप है
(a) 60/120 (b) 70/120
(c) 80/120 (d) 90/120

132. वायुमण्डल में सूर्य की पैराबैंगनी किरणों से रक्षा करने वाली गैस कौन-सी है?
(a) ऑक्सीजन
(b) नाइट्रोजन
(c) कार्बन डाइ-ऑक्साइड
(d) ओजोन

133. किसी वस्तु का भार चन्द्रमा पर पृथ्वी की अपेक्षा कितना होता है?
(a) 1/6 (b) 1/5
(c) 1/4 (d) बराबर

134. गुरुत्वाकर्षण बल के कारण …… होता है
(a) हम पृथ्वी की ओर आकर्षित होते हैं
(b) ज्वार भाटा आता है
(c) पृथ्वी सूर्य के चारों ओर घूमती है
(d) उपरोक्त सभी

135. जल-स्थल चर कौन-सा है?
(a) तारा मछली (b) टारपीडो
(c) ऑक्टोपस (d) मेंढक

136. पादप का जनन भाग है
(a) पत्ती (b) पुष्प
(c) तना (d) मूल

137. सफेद क्रान्ति किससे सम्बन्धित है?
(a) चावल (b) कागज
(c) दूध (d) कपास

138. कपास की खेती कौन-सी मिट्टी में होती है?
(a) लाल मिट्टी (b) रेतीली मिट्टी
(c) चिकनी मिट्टी (d) काली मिट्टी

139. 'सिरके' में कौन-सा अम्ल पाया जाता है?
(a) सिट्रिक अम्ल (b) फॉरमिक अम्ल
(c) एसिटिक अम्ल (d) लैक्टिक अम्ल

140. CNG का पूर्ण विस्तार है
(a) कमबाइंड नैचुरल गैस
(b) कम्प्रैस्ड नैचुरल गैस
(c) कलोन नैचुरल गैस
(d) कार्बन नैचुरल गैस

141. भूतनाथ मन्दिर कहाँ पर स्थित है?
(a) भूर्तर (b) सराहन
(c) मण्डी (d) मनाली

142. कंचनजंगा चोटी कहाँ है?
(a) अरुणाचल
(b) सिक्किम
(c) हिमाचल
(d) उत्तराखण्ड

143. भारत की सबसे लम्बी सुरंग कौन-सी है?
(a) चेनानी-नैशारी (b) जवाहर
(c) विक्ट्री (d) लेह

144. 'कम्प्यूटर का दिमाग' किसे कहते हैं?
(a) रैम (b) रोम
(c) सी.पी.यू. (d) मदरबोर्ड

145. जापान की मुद्रा क्या है?
(a) डॉलर (b) पाउंड
(c) रुपया (d) येन

146. शहीद स्मारक कहाँ पर है?
(a) धर्मशाला (b) हमीरपुर
(c) कांगड़ा (d) ऊना

147. हिमाचल प्रदेश की सबसे लम्बी नदी है
(a) रावी (b) सतलुज
(c) व्यास (d) यमुना

148. स्वच्छ भारत अभियान कब प्रारम्भ हुआ?
(a) 2013 (b) 2014
(c) 2015 (d) 2016

149. 'ग्रेट हिमालयन नेशनल पार्क' कहाँ स्थित है?
(a) पंजाब (b) उत्तराखण्ड
(c) असम (d) हिमाचल प्रदेश

150. डिजिटल इण्डिया कार्यक्रम कब शुरू हुआ?
(a) 2013 (b) 2014
(c) 2015 (d) 2016

उत्तरमाला

1.	(c)	2.	(b)	3.	(a)	4.	(a)	5.	(a)	6.	(c)	7.	(c)	8.	(c)	9.	(a)	10.	(b)
11.	(c)	12.	(c)	13.	(a)	14.	(c)	15.	(c)	16.	(b)	17.	(d)	18.	(c)	19.	(b)	20.	(a)
21.	(c)	22.	(c)	23.	(b)	24.	(d)	25.	(a)	26.	(c)	27.	(a)	28.	(d)	29.	(a)	30.	(a)
31.	(c)	32.	(a)	33.	(c)	34.	(d)	35.	(d)	36.	(c)	37.	(d)	38.	(b)	39.	(a)	40.	(d)
41.	(b)	42.	(a)	43.	(c)	44.	(a)	45.	(d)	46.	(a)	47.	(c)	48.	(a)	49.	(d)	50.	(d)
51.	(b)	52.	(a)	53.	(b)	54.	(b)	55.	(c)	56.	(c)	57.	(b)	58.	(b)	59.	(c)	60.	(c)
61.	(d)	62.	(a)	63.	(c)	64.	(b)	65.	(c)	66.	(b)	67.	(c)	68.	(b)	69.	(b)	70.	(b)
71.	(a)	72.	(b)	73.	(a)	74.	(c)	75.	(d)	76.	(a)	77.	(c)	78.	(c)	79.	(b)	80.	(c)
81.	(d)	82.	(d)	83.	(b)	84.	(d)	85.	(b)	86.	(b)	87.	(a)	88.	(c)	89.	(c)	90.	(b)
91.	(a)	92.	(b)	93.	(a)	94.	(b)	95.	(a)	96.	(b)	97.	(c)	98.	(c)	99.	(a)	100.	(a)
101.	(b)	102.	(d)	103.	(a)	104.	(a)	105.	(c)	106.	(d)	107.	(c)	108.	(b)	109.	(a)	110.	(c)
111.	(a)	112.	(b)	113.	(a)	114.	(b)	115.	(a)	116.	(a)	117.	(a)	118.	(a)	119.	(b)	120.	(c)
121.	(b)	122.	(b)	123.	(c)	124.	(b)	125.	(c)	126.	(b)	127.	(a)	128.	(b)	129.	(c)	130.	(a)
131.	(c)	132.	(d)	133.	(a)	134.	(d)	135.	(d)	136.	(b)	137.	(c)	138.	(d)	139.	(c)	140.	(b)
141.	(c)	142.	(b)	143.	(a)	144.	(c)	145.	(d)	146.	(a)	147.	(b)	148.	(b)	149.	(d)	150.	(c)

संकेत एवं हल

91. मित्रों से वापस लिए सेब $= 2 \times 3 = 6$
अनिल के पास बचे सेबों की अभीष्ट संख्या
$= (50 - 30) + 6$
$= 20 + 6 = 26$

92. कार का अभीष्ट विक्रय मूल्य
= क्रय मूल्य − क्रय मूल्य × हानि%
$= 8000 - \frac{8000 \times 25}{100}$
$= 8000 - 80 \times 25$
$= 8000 - 2000$
= ₹ 6000

93. रीता को धनराशि पर प्राप्त ब्याज
= 6500 − 5000 = ₹ 1500

साधारण ब्याज $= \frac{\text{मूलधन} \times \text{दर} \times \text{समय}}{100}$

$\Rightarrow \quad 1500 = \frac{5000 \times r \times 3}{100}$

$\Rightarrow \quad r = \frac{1500 \times 100}{5000 \times 3}$

$\therefore \quad r = 10\%$

94.

2	4	6	12	15
2	2	3	6	15
3	1	3	3	15
5	1	1	1	5
	1	1	1	1

$\therefore$ 4, 6, 12 तथा 15 का लघुत्तम समापवर्त्य
$= 2 \times 2 \times 3 \times 5 = 60$

95.
250) 600 (2
500
100) 250 (2
200
50) 100 (2
100
×

$\therefore$ 250 और 600 का महत्तम समापवर्तक = 50

96. $56 - 45 + \sqrt{x} = 16$
$\Rightarrow \quad 11 + \sqrt{x} = 16$
$\Rightarrow \quad \sqrt{x} = 16 - 11$
$\Rightarrow \quad \sqrt{x} = 5$
$\therefore \quad x = 25$

97. दो वर्ष बाद गाँव की आबादी

$$= 5000 \times \left(1 + \frac{2}{100}\right)^2$$

$$= 5000 \times \left(\frac{102}{100}\right)^2 = 5202$$

98. माना स्कूल में x लड़के हैं तथा लड़कियों की संख्या = 420

$\Rightarrow x$ का $(100 - 75)\% = 420$

$$\Rightarrow \quad x \times \frac{25}{100} = 420$$

$$\therefore \quad x = \frac{420 \times 100}{25} = 1680$$

कक्षा में लड़कों की संख्या = 1680 का 75%

$$= \frac{1680 \times 75}{100} = 1260$$

99. माना पहली संख्या $2x$ तथा दूसरी संख्या $5x$ है, तब प्रश्नानुसार,

$$5x - 2x = 66$$

$$\Rightarrow \quad 3x = 66$$

$$\therefore \quad x = 22$$

तब अभीष्ट संख्याएँ $= 22 \times 2, 22 \times 5 = 44, 110$

100. एक त्रिभुज में तीनों कोणों का योगफल 180° होता है अर्थात्

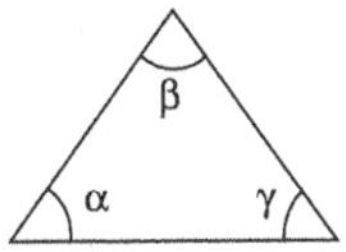

$$\alpha + \beta + \gamma = 180°$$

101. एक समबहु त्रिभुज में सभी कोण बराबर होते हैं।

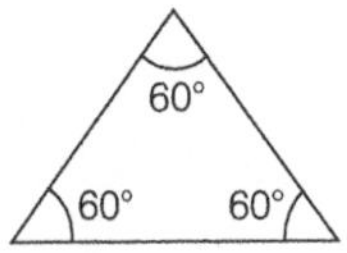

102. हम जानते हैं कि दो सम्पूरक कोणों का योगफल 180° होता है।

$\therefore$ अभीष्ट कोण $= 180° - 73° = 107°$

103. माना वृत्त की त्रिज्या r सेमी है। तब प्रश्नानुसार,

$$2\pi r = 132$$

$$\Rightarrow \quad 2 \times \frac{22}{7} \times r = 132$$

$$\therefore \quad r = 21 \text{ सेमी}$$

वृत्त का क्षेत्रफल $= \pi r^2$

$$= \frac{22}{7} \times 21 \times 21$$

$$= 1386 \text{ वर्ग सेमी}$$

104. माना घन की भुजा की लम्बाई a सेमी है। तब प्रश्नानुसार,

घन का आयतन = 0.343

$$\Rightarrow \quad a^3 = (0.7)^3$$

$$\therefore \quad a = 0.7 \text{ सेमी}$$

105. $2^{10} - 1 = 1024 - 1 = 1023$

$\because \quad 1023 \div 3 = 341$

$\therefore \quad 2^{10} - 1$, संख्या 3 से विभाज्य है।

106. माना दूसरी संख्या x है। तब प्रश्नानुसार,

$$x + (-36) = 32$$

$$\Rightarrow \quad x - 36 = 32$$

$$\therefore \quad x = 32 + 36 = 68$$

107. हम जानते हैं कि सबसे छोटी अभाज्य संख्या 2 होती है। अतः संख्या 1 न तो अभाज्य है और न ही भाज्य है।

108. $(-7) \div \frac{21}{13} = ?$

$$\Rightarrow \quad ? = -7 \times \frac{13}{21}$$

$$\therefore \quad ? = \frac{-13}{3}$$

109. $2^0 \times 3^0 \times 4^0 = ?$

$$\Rightarrow \quad ? = 1 \times 1 \times 1$$

($\because$ यदि किसी संख्या की घात 0 हो, तो उसका मान 1 होता है)

$$\therefore \quad ? = 1$$

110. हम जानते हैं कि वस्तु का विक्रय मूल्य

= क्रय मूल्य − क्रय मूल्य × हानि %

$$= 25 - 25 \times 25\%$$

$$= 25 - \frac{625}{100}$$

$$= 25 - 6.25 = ₹\ 18.75$$

111. $2^3 \times 2^{-5} \times 2^1 \times 8^{1/3} \times (\sqrt{16})^3 = ?$

$\Rightarrow ? = 2^3 \times 2^{-5} \times 2^1 \times 2^{3/3} \times (\sqrt{2^4})^3$

$$\Rightarrow \quad ? = 2^{3-5+1} \times 2^1 \times 2^6$$

$$= 2^{-1+1+6} = 2^6$$

112. $\sqrt{0.000049} = \sqrt{0.007 \times 0.007} = 0.007$

113. $\left(\frac{3}{4}\right)^7 \times \left(\frac{4}{3}\right)^7 = \frac{3^7 \times 4^7}{4^7 \times 3^7} = 1$

114. $2\frac{3}{2} = \frac{7}{2}$

या $\quad \frac{7}{2} \times 100\% = 350\%$

115. $50\% = \frac{50}{100} = \frac{1}{2} = 0.5$

$$\frac{3}{5} = 0.6$$

$$\therefore \quad \frac{3}{5} > 50\%$$

116. $66 + 0.006 + 0.66 + 0.0006 = 66.6666$

117. सबसे बड़ी 6 अंकों वाली संख्या = 999999

सबसे बड़ी 5 अकों वाली संख्या = 99999

$\therefore$ अभीष्ट अन्तर $= 999999 - 99999 = 900000$

118. 90 का 75% = ?

$$\Rightarrow \quad ? = \frac{90 \times 75}{100}$$

$$\therefore \quad ? = 67.5$$

119. $0.2 \times 0.02 \times 0.002 = ?$

$$\Rightarrow \quad ? = 0.000008$$

$$\therefore \quad ? = 8 \times 10^{-6}$$

120. रेलगाड़ी 25 घण्टे में जाती है = 3750 किमी

$\therefore$ रेलगाड़ी 1 घण्टे में जाएगी $= \frac{3750}{25} = 150$ किमी

हिमाचल प्रदेश
एक दृष्टि में

राजधानी	शिमला
राज्य स्थापना दिवस	25 जनवरी, 1971 (18वाँ राज्य)
उच्च न्यायालय	शिमला
क्षेत्रफल	55,673 वर्ग किमी
क्षेत्रफल की दृष्टि से देश में स्थान	18वाँ
भाषा	हिन्दी
स्थिति	देश का उत्तरी सीमान्त प्रदेश
अक्षांशीय विस्तार	30°22'40" उत्तर से 33°12'20" उत्तर तक
देशान्तरीय विस्तार	75°445'55" पूर्व से 790°4'20 "
सीमा-विस्तार	उत्तर में जम्मू-कश्मीर, दक्षिण में हरियाणा, दक्षिण-पूर्व में उत्तराखण्ड, दक्षिण-पश्चिम में पंजाब तथा पूर्व में तिब्बत (चीन)
देश में स्थिति	उत्तर-पश्चिम कोने में
पर्वत	शिवालिक, पीरपंजाल, जास्कर तथा महाहिमालय की चोटियाँ
बाँध झीलें	गोविन्द सागर झील तथा पोंग बाँध झील
जलवायु	उत्तरी भाग में उष्णार्द्र जलवायु तथा शीत ऋतु में हिम वर्षा

प्रशासनिक परिदृश्य

मण्डल	3 (शिमला, मण्डी व कांगड़ा)
जिले	12
तहसीलें	113
उप-तहसीलें	38
विकासखण्ड	88
उप-मण्डल	81
ग्राम पंचायतें	3615
पंचायत समितियाँ	78
जिला परिषदें	12
कस्बे एवं शहर	61
नगर निगम	5
नगर परिषद्	29
नगर पंचायत	27
कुल ग्राम	20,752
आबाद ग्राम	17,882
कुल स्वास्थ्य केन्द्र	3,824
कुल शिक्षण संस्थान	15,292
कुल अस्पताल	792 (2021-22 तक)
विश्वविद्यालय (राजकीय)	5
विद्युतीकृत ग्राम	16,891(90.0%)
विधानमण्डल	एकसदनात्मक (विधानसभा)
विधानसभा क्षेत्र	68
अनुसूचित जातियों के लिए आरक्षित क्षेत्र	14
अनुसूचित जनजातियों के लिए आरक्षित क्षेत्र	3
सर्वाधिक विधानसभा क्षेत्रों वाला जिला (कांगड़ा)	16
लोकसभा क्षेत्र	4
राज्यसभा क्षेत्र	3

प्राचीन इतिहास

मानव की प्रारम्भिक गतिविधियों का पता इस राज्य से प्राप्त पुरातात्विक अवशेषों से मिलता है। अपनी प्रारम्भिक आवश्यकताओं की पूर्ति के लिए मनुष्य जिन उपकरणों को प्रयोग में लाता था, उन्हीं के आधार पर उस युग के प्रथम इतिहास की रूपरेखा निर्धारित की गई है, जिसकी पुष्टि बाद में महत्वपूर्ण साहित्यिक स्रोतों द्वारा की गई।

प्राचीन काल

हिमाचल प्रदेश का प्रागैतिहासिक विवरण विभिन्न स्तरों में प्राप्त साक्ष्यों की सहायता से तैयार किया गया है। प्राचीन भारतीय इतिहास के विभिन्न साम्राज्यों के अधीन इसके बारे में जानकारी मिलती है। हिमाचल प्रदेश में प्राचीन अभिलेख इण्डो-ग्रीक लिपि में उत्कीर्ण नहीं किए गए हैं।

प्रागैतिहासिक काल

- शिवालिक की तलहटी में स्थित व्यास घाटी में कांगड़ा, गुलेर, देहरा और ढलियारा में बिलासपुर, नालागढ़ की सिरसा-सतलुज घाटी में तथा सिरमौर की मार्कण्डा घाटी के सुकेती क्षेत्र में बिखरी बजरी और पंखों के आकार के विशालकाय पत्थरों में गड़े हुए पत्थर के औजारों, छुरों, हाथ की कुल्हाड़ियों और धारदार पत्थरों में इस क्षेत्र में प्राचीनतम काल में मानव अस्तित्व का प्रमाण मिलता है।
- हिमाचल प्रदेश का प्रागैतिहासिक काल भारत के मैदानों और मध्य एशिया से लोगों के परिव्रजन का इतिहास प्रस्तुत करता है।
- प्रदेश में **सिन्धु घाटी** की सभ्यता (3000 से 1750 ई. पू.) एक विशाल भू-खण्ड में फैली थी।

वैदिक काल

- ऋग्वेद में हिमालय, उसकी चोटियों और उनसे निकलने वाली नदियों का वर्णन किया गया है। वैदिक काल में 'सुदास' हिमाचल प्रदेश के क्षेत्र का शासक था। कुछ आर्य हिमालय की तराई में शान्तिपूर्वक जीवन-यापन के लिए आए और उन्होंने अपने आश्रम स्थापित किए।
- हिमाचल प्रदेश के अनार्य शासक शांबर का युद्ध दिवोदास से हुआ था।
- सिरमौर में रेणुका झील जमदग्नि से, कुल्लू घाटी में मणिकर्ण में स्थित वशिष्ठ कुण्ड वशिष्ठ ऋषि से, निरमण्ड परशुराम से तथा **बिलासपुर** में व्यास गुफा ऋषि व्यास से सम्बन्धित हैं।
- यहाँ स्थापित स्थानीय कबायली गणतन्त्रों को जनपद कहा जाता था।
- ये सांस्कृतिक एवं राजनीतिक इकाई होते थे। इनके शिष्टाचार, रीति-रिवाजों और बोलियों द्वारा इनकी पृथक् पहचान होती थी।
- पाणिनी (500 ई. पू.) के अनुसार, इन जनपदों के नाम स्वतन्त्र थे, जोकि स्वतन्त्र क्षेत्रीय इकाई के परिचायक थे।

मौर्य काल

- विविध स्रोतों के अनुसार, नन्द वंश को समाप्त करने के लिए चाणक्य ने इस क्षेत्र के राज्य त्रिगर्त तथा जालन्धर के राजा पर्वतक से सहायता माँगी थी।
- जैन ग्रन्थ **परिशिष्टपर्वन** में उल्लेख मिलता है कि चाणक्य हिमत्वकुट आया था।
- अशोक ने जिस साम्राज्य को उत्तराधिकार में प्राप्त किया था, उसमें हिमाचल तक का विस्तृत क्षेत्र शामिल था।
- अशोक ने इस पर्वतीय प्रदेश में आचार्य **मज्झिम** को बौद्ध धर्म के प्रचार के लिए भेजा था।
- ह्वेनसांग के अनुसार, सम्राट अशोक ने सिरमौर, कांगड़ा तथा कुल्लू में भगवान बुद्ध की स्मृति में स्तूप का निर्माण करवाया था।
- हिमाचल प्रदेश के कांगड़ा क्षेत्र में महापण्डित कात्यायन ने भगवान बुद्ध के महापरिनिर्वाण के 300 वर्ष पश्चात् **अभिधर्म ज्ञानप्रस्थान** शास्त्र की रचना की।
- कुल्लू घाटी में बौद्ध विहारों का ही निर्माण ही नहीं हुआ, बल्कि साहित्य के क्षेत्र में भी काफी उन्नति हुई।
- शिमला, सोलन, सिरमौर आदि क्षेत्रों में बौद्ध धर्म का प्रचार काफी सीमा तक पहले ही हो चुका था।

की प्वाइंट्स

- हिमाचल प्रदेश की सबसे पुरानी रियासत 'त्रिगर्त' थी।
- त्रिगर्त दो भागों में बँटा है–एक नगरकोट और दूसरा जालन्धर।
- सुशर्मा ने कौरवों की तरफ से महाभारत के युद्ध में भाग लिया।
- आर्य राजा दिवोदास का मुख्य सलाहकार कांगड़ा का रहने वाला था।
- प्राचीन काल में कांगड़ा को नगरकोट के नाम से जानते थे।
- पूर्वचन्द ने जसवान राज्य की स्थापना की।
- राज्य की सबसे बड़ी रियासत का नाम कुलूत था।

शुंग काल

शुंग के शासन के समय इस पर्वतीय प्रदेश में ब्राह्मण धर्म और शैव धर्म का अत्यधिक विकास हुआ। विदेशी यवनों के आक्रमण के पश्चात् हिमाचल की राजनीतिक व्यवस्था अस्थिर हो गई। ईसा पूर्व प्रथम शताब्दी में शकों का आक्रमण हो गया। गद्दी और गुर्जर भी इस प्रदेश में अपने आपको शकों का वंशज मानते हैं।

कुषाण काल

कुषाण शासक कनिष्क ने कश्मीर से लेकर कुमाऊँ तक का पूरा पर्वतीय क्षेत्र अपने अधीन करके सम्राट की उपाधि धारण की। कुषाणों के अनेक सिक्के हिमाचल प्रदेश में मिले हैं।

कालका-कसौली सड़क मार्ग पर कनिष्क के 40 ताम्र निर्मित सिक्के एक स्थान से मिले हैं। चम्बा से कुषाणकालीन कला के उदाहरण मिलते हैं।

प्राचीन काल के महत्त्वपूर्ण तथ्य

- कटोच वंश के संस्थापक व जालन्धर रियासत की स्थापना लगभग 5000 ई. पू. भूमिचन्द ने की थी। सुशर्मचन्द इसी की श्रृंखला में 234वाँ शासक हुआ है।
- परम्परा के अनुसार, बुशहर रियासत की स्थापना भगवान श्रीकृष्ण के पुत्र **प्रद्युम्न** ने की थी, जिसके अनुसार इसका स्थापना काल 3100 ई. पू. माना गया है, परन्तु वंशावली में दी गई शासकों की गिनती के अनुसार बुशहर रियासत का स्थापना काल ईसा पूर्व पाँचवीं या छठी शताब्दी बैठता है।
- त्रिगर्त रियासत का संस्थापक **सुशर्मचन्द कटोचवंशीय** था, जो जालन्धर का राजा था। इसने महाभारत के युद्ध में कौरवों का पक्ष लिया था और युद्ध क्षेत्र से भागकर त्रिगर्त रियासत की स्थापना की थी।
- संसारचन्द की मृत्यु के कुछ समय पश्चात् इस रियासत को रणजीत सिंह ने समाप्त कर इसका कुछ भाग संसारचन्द के भाई फतेहचन्द को जागीर के रूप में सौंप दिया।
- पूर्वचन्द ने जसवान राज्य की स्थापना की।

गुप्त काल

चौथी से छठी शताब्दी के बीच हिमाचल प्रदेश के पुराने गणतन्त्र नष्ट हो गए। गुप्तों के काल में इस पहाड़ी प्रदेश के बारे में ज्यादा जानकारी नहीं मिलती है, लेकिन समुद्रगुप्त के बारे में ऐतिहासिक स्रोतों से यह पता चलता है कि इसने यौधेयों, कुलिन्दों और अर्जुनायनों को अपनी प्रभुसत्ता स्वीकार करने के लिए बाध्य किया था। गुप्तों के शासनकाल में इससे अधिक जानकारी नहीं मिलती है।

वर्द्धन काल

हर्ष के शासनकाल में हिमाचल प्रदेश का वर्णन **ह्वेनसांग** के वृत्तान्तों में मिलता है। ह्वेनसांग ने हिमाचल प्रदेश में 20 धर्मस्थलों (मठों) और लगभग 2,000 पुजारियों का जिक्र किया है। ह्वेनसांग ने हिमाचल प्रदेश में पैदा होने वाले कॉफी, चावल और दाल के उत्पादन का उल्लेख किया है।

मध्यकालीन इतिहास

हिमाचल प्रदेश के मध्यकालीन इतिहास के बारे में जानकारी का प्रमुख स्रोत कल्हण की राजतरंगिणी है। राजतरंगिणी के अनुसार, कश्मीर का शासक ललितादित्य अपनी सेनाएँ लेकर दूर देशों (पहाड़ी क्षेत्रों) में गया था। ललितादित्य मुक्तापीड़ के अधीन पहाड़ी क्षेत्र के अधिकांश भाग, त्रिगर्त, ब्रह्मपुर और अन्य पश्चिमी पहाड़ उसके अधीन आ गए थे।

महमूद गजनवी

- भारत के पश्चिमी और मध्य हिमाचल प्रदेश में राजपूतों के द्वारा विभिन्न राज्यों के निर्माण के समय महमूद गजनवी के आक्रमण 1000 ई. में प्रारम्भ हो चुके थे। महमूद गजनवी ने 1001 ई. में राजा जयपाल को भी हराया।
- महमूद गजनवी ने 1009 ई. में पेशावर के नजदीक **आनन्दपाल** को पराजित किया था। उसने नगरकोट पर आक्रमण किया था और उसके खजाने को लूटा था। नगरकोट पर मुहम्मद गजनवी के हमले के दौरान वहाँ का शासक जगदीश चन्द था।

शेरशाह सूरी

- शेरशाह सूरी ने दिल्ली पर अधिपत्य जमाने के उपरान्त वर्ष 1540 में अपने सेनापति खवास खाँ के नेतृत्व में नगरकोट तथा अन्य पहाड़ी रियासतों पर अधिकार के लिए सेना भेजी।

मोहम्मद गोरी

- मुसलमानों द्वारा दिल्ली पर आधिपत्य जमाने और उनके गंगा के मैदानों में प्रवेश करने से हिमाचल प्रदेश के पहाड़ों के इतिहास और संस्कृति पर प्रभाव पड़ा।
- भारत के मैदानों में मुसलमान आक्रान्ताओं के प्रवेश से 12वीं शताब्दी के चौहान, चन्देल, तोमर, पँवार और सेन आए और उन्होंने प्रदेश में छोटी-छोटी रियासतें स्थापित कीं।

तुगलक वंश

- मोहम्मद बिन तुगलक दिल्ली के निकटवर्ती प्रदेशों को जीतने का इच्छुक था।
- एक अभियान में मोहम्मद बिन तुगलक ने **कांगड़ा** में नगरकोट के राजा पृथ्वीचन्द को पराजित करने के लिए 1337 ई. में सेना भेजी।
- **सिरात-ए-फिरोजशाही** के अनुसार, मोहम्मद बिन तुगलक ने नगरकोट पर आक्रमण के समय अपनी सहिष्णुता का परिचय देते हुए **ज्वालामुखी मन्दिर** को नष्ट नहीं किया।
- दिल्ली सल्तनत के शासक फिरोजशाह तुगलक के समय कांगड़ा का शासक **रूपचन्द** था।
- राजा रूपचन्द अपने प्रारम्भिक अभियानों में लूटमार करता रहा और दिल्ली तक के मैदानों को लूटा।
- फिरोजशाह तुगलक राजा रूपचन्द के आक्रमण और लूटमार से क्रुद्ध हुआ तथा उसने रूपचन्द को दण्डित करने के लिए 1360 ई. में एक विशाल सेना के साथ नगरकोट की ओर कूच किया।
- फिरोजशाह नगरकोट को जीतने में असफल रहा और उसने राजा द्वारा अधीनता स्वीकार करने का बहाना किया और उससे सन्धि कर ली।
- नगरकोट के राजा से सन्धि के बाद फिरोजशाह तुगलक **ज्वालामुखी** गया। वहाँ पहुँचकर पहले तो उसने मूर्ति को जलाने की सोची, परन्तु वहाँ के राजाओं से सन्धि होने के पश्चात् उसने यह विचार त्याग दिया।
- मन्दिर में 1300 पुस्तकों का एक पुस्तकालय था। सुल्तान इन पुस्तकों को अपने साथ ले गया और इनमें से कुछ का अनुवाद भी करवाया।
- मध्यकालीन भारत के प्रसिद्ध लेखक **इजुद्दीन खालिदखानी** ने इनका फारसी में अनुवाद किया तथा सुल्तान के नाम पर इसका शीर्षक **दलायते फिरोजशाही** रखा गया।

- दिल्ली, बनारस और **बंगाल** पर मुसलमानों का आधिपत्य हो जाने पर ब्राह्मण एवं राजपूत प्रवासियों की संख्या हिमाचल प्रदेश में बढ़ती चली गई।
- मोहम्मद गोरी के भारत आक्रमण के समय पश्चिमी हिमालय ने न केवल हिन्दू प्रवासियों को शरण दी बल्कि इस दौरान कई राजूपत रियासतों का गठन हुआ।

तैमूर का आक्रमण

- मंगोल ने हिमाचल प्रदेश के क्षेत्र पर भी आक्रमण किया।
- तैमूर ने सिरमौर की क्यारदा घाटी को भी जीता था।
- तैमूर के आक्रमण के समय हिण्डूर (नालगढ़) का शासक अमरचन्द (1350-1406 ई.) था।
- सिरमौर को जीतने के बाद **तैमूर** अपनी वापसी यात्रा में पर्वत की तलहटी से होते हुए हिण्डूर की सीमाओं तक पहुँच गया।
- हिण्डूर के शासक ने तैमूर से समझौता किया, जिसके परिणामस्वरूप तैमूर हिण्डूर को बिना कोई क्षति पहुँचाए आगे बढ़ गया।
- तैमूर ने नगरकोट पर आक्रमण किया, उस समय **कांगड़ा** का शासक मेघचन्द (1390-1405 ई.) था।

मुगल शासन

- मुगल साम्राज्य की स्थापना 1526 ई. में हुई थी।
- मुगल साम्राज्य की स्थापना के पश्चात् पहाड़ी राज्यों की सामाजिक, आर्थिक और राजनीतिक स्थिति से व्यापक परिवर्तन दृष्टिगोचर हुआ।

अकबर

- 1572 ई. में अकबर ने टोडरमल को पहाड़ी रियासतों की जमीनें लेकर एक शाही जमींदारी स्थापित करने के लिए नियुक्त किया।
- इस जमींदारी में कांगड़ा घाटी से छियासठ गाँव, चम्बा से **रिहलू**, **छेरी**, घारों एवं पथियार तथा अन्य पहाड़ी रियासतों से उनके साधनों और भू-क्षेत्रों के अनुरूप भू-खण्ड ले लिए गए।
- कांगड़ा के शासक विधिचंद ने वर्ष 1500 में अकबर के विरुद्ध विद्रोह का नेतृत्व किया था।

जहाँगीर

- जहाँगीर 1606 ई. में मुगल शासक बना। 1615 ई. में उसने पंजाब के प्रमुख मुर्तजा खान तथा धमेरी नूरपुर के राजा सूरजमल के बेटे राजा बासु को उसका सहायक सेनापति बनाकर कांगड़ा पर विजय के लिए भेजा।
- सूरजमल अपने राज्य के निकट मुगलों के प्रभाव को पसन्द नहीं करता था।
- सूरजमल के विद्रोह को दबाने के लिए राजा **विक्रमजीत** और **अब्दुल अजीज** को जहाँगीर ने भेजा।
- शाही सेनाओं द्वारा दबाव डालने पर सूरजमल को मऊ के किले में शरण लेनी पड़ी। राजा विक्रमजीत ने किले पर विजय प्राप्त की।
- सूरजमल मऊ के किले से भागकर तारागढ़ के किले में पहुँचा, जोकि चम्बा के अधीन था। इसी चम्बा मन्दिर को ध्वस्य करने का आदेश जहाँगीर ने दिया था। लम्बे समय तक किले की घेराबन्दी के बाद सूरजमल पराजित हुआ और चम्बा भाग गया। अन्ततः उसकी वहीं मृत्यु हो गई। जहाँगीर ने नगरकोट के किले में मस्जिद बनवाई।

शाहजहाँ

- 1627 ई. में जब शाहजहाँ गद्दी पर बैठा, तो जगतसिंह का मनसब फिर सुनिश्चित कर दिया गया।
- 1634 ई. में शाहजहाँ ने जगत सिंह को बंगश का फौजदार नियुक्त किया। यह कुरजम घाटी में है। उसे कोहाट में विद्रोहियों को दबाने का काम भी सौंपा गया।
- शाहजहाँ ने जगत सिंह को काबुल प्रान्त में फौजदार के रूप में स्थानांतरित की। 1635 ई० में वह लौट कर लाहौर आया तथा विद्रोह किया।

औरंगजेब

- 1678 ई. में औरंगजेब ने चम्बा के सारे मन्दिरों को गिराने का आदेश दिया, लेकिन राजा चतरसिंह ने मुगल शासक के हुक्म को मानने से इंकार कर दिया और आज्ञा दी कि **मुगलशाही** आज्ञा की अवमानना के प्रतीक स्वरूप प्रत्येक मन्दिर पर सोने से मढ़ी बुर्जी बनवाई जाए।

- राजा चतरसिंह ने गुलेर, बसौली और जम्मू के राजाओं को मिलाकर पंजाब के मिर्जा रजिया बेग के पहाड़ी राज्यों पर आक्रमण के विरुद्ध एक संघ भी बनाया था।

मुगलों का पतन और राजाओं का विद्रोह

- मुगल साम्राज्य के अन्तर्गत मैदानी राज्यों में फैली अव्यवस्था का लाभ उठाते हुए सारे पहाड़ी राज्यों ने स्वतन्त्रता की घोषणा कर दी और मुगलों द्वारा छीने गए क्षेत्रों को वापस ले लिया।
- कांगड़ा के शासक घमण्डचन्द को **अहमदशाह अब्दाली** द्वारा 1758 ई. में जालन्धर दोआब तथा सतलुज और कांगड़ा के बीच के प्रदेशों के शासन का कार्यभार सौंपा गया।
- कांगड़ा का किला अभी भी अन्तिम मुगल अधिकारी सैफ अली खान के अधीन था।
- 1775 ई. में घमण्डचन्द का पोता **संसारचन्द** कांगड़ा की गद्दी पर बैठा। संसारचन्द ने सिखों (जयसिंह कन्हैया) की सहायता से कांगड़ा के किले को प्राप्त कर लिया।
- इसके पूर्वजों का निवास स्थान नगरकोट में था।

की प्वाइंट्स

- पहाड़ी राज्यों में अपनी स्वतन्त्रता खोने वाला पहला राजा कुल्लू का था। तैमूर लंग ने वर्ष 1398-99 ई. में कांगड़ा पर आक्रमण करके उसे तहस-नहस किया था।
- कालका के निकट सवाथ नामक स्थल पर 19वीं शताब्दी के आरम्भ में अंग्रेज राजनैतिक प्रतिनिधि ने रहना प्रारम्भ किया था।
- नगरकोट में लाई गई पुस्तकों का अनुवाद फारसी भाषा में किया गया। ज्वालामुखी के मन्दिर में 300 संस्कृत पुस्तकें रखी गईं।

आधुनिक इतिहास

रणबहादुर सिंह ने अपनी विजय को मजबूत करने के लिए अमर सिंह थापा और हरकदेव जोशी के नेतृत्व में 1790 ई. में एक सेना भेजी थी। इस अभियान के पश्चात् 1792 ई. में गढ़वाल को 25,000 रुपये वार्षिक कर देने के लिए मजबूर किया गया। 1804 ई. में गढ़वाल का राजा प्रद्युम्न शाह भागने के लिए मजबूर हुआ और देहरादून में लड़ते हुए मारा गया।

1857 का स्वतन्त्रता संग्राम

- 1857 से कुछ वर्ष पहले ही वीर रामसिंह पठानियाँ ने इस पर्वतीय क्षेत्र में स्वतन्त्रता का बीज बो दिया था। 1857 में बैरकपुर छावनी में सैनिक मंगल पाण्डेय ने कुछ सैनिकों को साथ लेकर सरकारी आदेशों का उल्लंघन करके विद्रोह की ज्वाला भड़का दी।
- हिमाचल प्रदेश में कम्पनी सरकार के विरुद्ध विद्रोह की पहली चिंगारी **कसौली** की छावनी में भड़की। 20 अप्रैल, 1857 को अम्बालाल रायफल डिपो के छ: देशी सैनिकों ने कसौली में एक पुलिस चौकी को आग लगा दी, जिससे हिमाचल के अनेक भागों में विद्रोह फैल गया।
- कसौली की क्रान्ति के दौरान कसौली में तैनात भीमसिंह और उसकी सैनिक टुकड़ी भी जतोग में आकर जतोग स्थित नसीरी सेना में मिल गई।
- 45 क्रान्तिकारियों ने 200 से भी अधिक ब्रिटिश सैनिकों के विरुद्ध हथियार उठाकर अदम्य साहस का परिचय दिया। सूबेदार भीमसिंह को मृत्युदण्ड दिया गया, परन्तु वह भागकर रामपुर चला गया, लेकिन जैसे उसे विद्रोह की असफलता का पता चला उसने आत्महत्या कर ली।
- उल्लेखनीय है कि इस स्वतन्त्रता संग्राम में राज्य की रामपुर और बुशहर रियासत ने अंग्रेजी शासकों का साथ नहीं दिया था।

ब्रिटिश शासन

- पर्वतीय क्षेत्रों पर ब्रिटिश शासन का आरम्भ वर्ष 1858 में महारानी विक्टोरिया की घोषणा के बाद आरम्भ हुआ।
- स्वतंत्रता संघर्ष के दौर में हिमाचल प्रदेश की रिसासतें ब्रिटिशों की मातहत बनी रही तथा उन्हें समय-समय पर सहयोग किया।

आजादी के लिए संघर्ष

वर्ष 1914-15 में गदर पार्टी के प्रभाव में मंडी तथा सुकेत राज्यों में गुप्त सभाएँ आयोजित की गई। लूट तथा हत्याओं की साजिश को नाकाम कर षडयंत्रकारियों को गिरफ्तार किया गया। इस मामले को 'मण्डी षड्यंत्र' कहा जाता है।

राज्य में स्वतन्त्रता आन्दोलन

कांग्रेस आन्दोलन

वर्ष 1920-23 में शिमला में कांग्रेस का आन्दोलन जोर पकड़ने लगा। इस आन्दोलन के प्रमुख नेताओं में **पण्डित गैण्डा मल, मौलाना मोहम्मद नौनी, अब्दुल प्यानी, गुलाम मोहम्मद नबी, ठाकुर भागीरथ लाल तथा हकीम त्रिलोक नाथ** थे। कांगड़ा के लोग राष्ट्रीय आन्दोलन के प्रभाव में आने लगे।

भारत छोड़ो आन्दोलन

14 जुलाई, 1942 को कांग्रेस की कार्यकारिणी सभा ने वर्धा में गाँधीजी के भारत छोड़ो प्रस्ताव को पारित किया। 7-8 अगस्त, 1942 को अखिल भारतीय कांग्रेस कमेटी की बम्बई बैठक में भारत छोड़ो आन्दोलन व्यापक स्तर पर चलाने का निर्णय लिया गया और गाँधीजी को इस आन्दोलन का नेतृत्व सौंपा गया। शिमला, कांगड़ा और अन्य पहाड़ी क्षेत्रों में 'भारत छोड़ो' के सम्बन्ध में जलसे-जुलूस और आन्दोलन आरम्भ हुए। इस आन्दोलन के दौरान शिमला में भागमल सौठा, पण्डित हरिराम, चौधरी दीवान चन्द, नन्दलाल वर्मा, तुफैल अहमद, ओमप्रकाश चोपड़ा, सन्तराम, हरिचन्द आदि आन्दोलनकारी गिरफ्तार किए गए।

वर्ष 1942 में 'पझोता आंदोलन' जिसमें सिरमौर रियासत में छिटपुट विद्रोह हुआ था, को 'भारत छोड़ो आंदोलन' का हिस्सा माना जाता है।

व्यक्तिगत सत्याग्रह

वर्ष 1940 में गाँधीजी ने व्यक्तिगत सत्याग्रह प्रारम्भ किया। शिमला में इस सत्याग्रह में पण्डित पद्मदेव, कांग्रेस के प्रधान श्यामलाल खन्ना और महामन्त्री सालिगराम शर्मा के नाम अग्रिम थे, उन्होंने गंज में जनसभा की और भाषण दिए। पुलिस ने पद्मदेव को पकड़कर कैथू जेल भेज दिया। बाद में 18 माह की सजा देकर उन्हें लुधियाना और गुजरात की जेलों में बन्दी बनाकर रखा गया।

प्रजामण्डल आन्दोलन

देश के जागरण के साथ ही देशी रियासतों के लोगों में भी बड़ी तेजी से जागृति आई। उत्तरदायी सरकार की स्थापना के लिए आन्दोलन आरम्भ होने लगे। कांग्रेस ने भी इस बात को समझा कि वह रियासती प्रजा को मार्ग दिखाए तथा अपने प्रभाव से उन्हें लाभ उठाने दे साथ ही कांग्रेस को सम्पूर्ण भारत के लिए पूर्ण स्वाधीनता प्राप्त करना थी।

प्राचीन जनपदों के आधुनिक नाम

त्रिगर्त	आधुनिक कांगड़ा का क्षेत्र
औदुम्बर	नूरपुर, पठानकोट का क्षेत्र
युगान्धर	नालागढ़, बिलासपुर का क्षेत्र
कुलिन्द, कुनिन्द या कौलिन्द	सिरमौर, सोलन का क्षेत्र
कुलूत	कुल्लू
गाब्दिका	चम्बा
सुकेत	मण्डी-सुकेत

बारह ठकुराइयाँ

1. क्योंथल	2. कुनिहार	3. मेहलोग
4. बेजा	5. बघाट	6. भज्जी
7. कोटी	8. भरौली	9. कुथार
10. धामी	11. माँगल	12. बाघल

अट्ठारह ठकुराइयाँ

1. जुब्बल	2. सारी	3. रावीगढ़
4. बलसन	5. कुमारसेन	6. खनेती
7. देलाथ	8. करंगल	9. कोटखई-कोटगढ़
10. रतेश	11. घुण्ड	12. मधान
13. थियोग	14. दरकोटी	15. थरोच
16. डाडी	17. सांगरी	18. डोडरा कँवार

राज्य की प्रमुख रियासतें

रियासत	संस्थापक	स्थापना वर्ष	अन्तिम शासक	हिमाचल प्रदेश में विलयीकरण
सिरमौर	सुभाष प्रकाश	1195	राजेन्द्र प्रकाश	15 अप्रैल, 1948
बघाट	विजय देव/बसन्त पाल/हरिचन्द पाल	1310-40	राजा दुर्गासिंह	15 अप्रैल, 1948
बाघल	अजय देव	1310-40	राजेन्द्र सिंह	15 अप्रैल, 1948
कुनिहार	भोज देव	1154	राव हरदेव सिंह	15 अप्रैल, 1948
कुठाड़	सूरतचन्द	12वीं शताब्दी	कृष्णचन्द	15 अप्रैल, 1948
बेजा	ढोल पाल/गर्वचन्द	1350	लक्ष्मीचन्द	15 अप्रैल, 1948
मेहलोग	हरिचन्द	1203	नरेन्द्रचन्द	15 अप्रैल, 1948
माँगल	मंगलचन्द	1240	रणवीर सिंह	15 अप्रैल, 1948
हिण्डूर	अजयचन्द	1100	सुरेन्द्र सिंह	1 नवम्बर, 1948
धामी	गोविन्द पाल	1210	दलीप सिंह	15 अप्रैल, 1948
भज्जी	चीरू/उदय पाल	11वीं शताब्दी	रामचन्द पाल सिंह	15 अप्रैल, 1948
कोटी	चाँद	11वीं शताब्दी	रघुवीरचन्द	15 अप्रैल, 1948
सांगरी	मानसिंह	17वीं शताब्दी	रघुवीर सिंह	15 अप्रैल, 1948
दरकोटी	दुर्गासिंह	12वीं शताब्दी	शिवसिंह	15 अप्रैल, 1948
क्योंथल	गिरिसेन/तामसेन	1210 ई.	हतेन्द्र सेन	15 अप्रैल, 1948
बुशहर	प्रद्युम्न (कृष्ण पुत्र)	3100 ई. पू.	पद्म सिंह	15 अप्रैल, 1948
जुब्बल	कर्णचन्द	12वीं शताब्दी	दिग्विजयचन्द	15 अप्रैल, 1948
रावीगढ़	दुनीचन्द	12वीं शताब्दी	फतेहसिंह	15 अप्रैल, 1948
बलसन	अलकसिंह	12वीं शताब्दी	रणबहादुर सिंह	15 अप्रैल, 1948
कुमारसेन	कीरतसिंह	1000 ई.	विषाधर सिंह	15 अप्रैल, 1948
देलठ	पृथ्वीसिंह	1000 ई.	शेरसिंह	15 अप्रैल, 1948
खनेती	सवीरचन्द	1040 ई. के आसपास	कृष्णचन्द	15 अप्रैल, 1948
कोटखई		12वीं शताब्दी	भगवान सिंह	15 अप्रैल, 1948
सारी	मूलचन्द	12वीं शताब्दी	पूर्णसिंह	15 अप्रैल, 1948
थियोग	जयसचन्द	17वीं शताब्दी	कृष्णचन्द	15 अप्रैल, 1948
मधान	थियोग के संस्थापक जयसचन्द का भाई	17वीं शताब्दी	देविन्द्रचन्द	15 अप्रैल, 1948
घुण्ड	जनजान सिंह	17वीं शताब्दी	रणजीत सिंह	15 अप्रैल, 1948
रतेश	रायसिंह	1620 ई. के आसपास	शमशेर सिंह	15 अप्रैल, 1948
थरोच	किशन सिंह	1500 ई.	सूरत सिंह	15 अप्रैल, 1948
डाडी	अज्ञात	16वीं शताब्दी	धर्मसिंह	15 अप्रैल, 1948
सुकेत	वीरसेन	1211 ई.	लक्ष्मणसेन	15 अप्रैल, 1948
मण्डी	बाणसेन/बाहुसेन	1346 ई.	जोगिन्द्र सेन	15 अप्रैल, 1948
चम्बा	मेरुवर्मन	550 ई.	लक्ष्मण सिंह	15 अप्रैल, 1948
कहलूर	वीरचन्द	900 ई.	आनन्दचन्द	1 जुलाई, 1954
त्रिगर्त (कांगड़ा)	सुशर्मचन्द	3100 ई. पू.	प्रमोदचन्द	1 नवम्बर, 1966
जसवाँ	पद्म सिंह	1070 ई.	उम्मेद सिंह	1 नवम्बर, 1966
गुलेर	हरिश्चन्द	1405 ई.	भूमिसिंह	1 नवम्बर, 1966
सिब्बा	सिबरनचन्द	1470 ई.	गोविन्द सिंह	1 नवम्बर, 1966
दातारपुर	दातारचन्द	1595 ई.	गोविन्दचन्द	1 नवम्बर, 1966
नूरपुर	जीत पाल	1095 ई.	वीरसिंह	1 नवम्बर, 1966
बंगाहल	अजय पाल	13वीं शताब्दी	मान पाल	1 नवम्बर, 1966
कुटलैहर	जसपाल	1100 ई.	नारायण पाल	1 नवम्बर, 1966
कुल्लू	विहंगमणी पाल	360 ई.	अजीत सिंह	1 नवम्बर, 1966

भौगोलिक संरचना एवं जलवायु

हिमाचल प्रदेश भारतीय गणराज्य का पश्चिमी हिमालय के अंचल में स्थित एक छोटा-सा राज्य है। इसे प्राचीन काल में **देवभूमि** कहा जाता था। हिमाचल प्रदेश को **बर्फीले पहाड़ों का प्रान्त** भी कहते हैं। हिमालय को पुराणों में **महाहिमवन्त** कहा गया है। इस राज्य के गुणों की प्रशंसा करते हुए **स्कन्दपुराण** के केदारखण्ड में लिखा है, "**देवताओं के सैकड़ों वर्षों में भी मैं हिमाचल की महिमा का वर्णन नहीं कर सकता।**"

राज्य की भौगोलिक स्थिति

- राज्य का कुल भौगोलिक क्षेत्रफल 55,673 वर्ग किमी है, जो देश के भौगोलिक क्षेत्रफल का 1.69% है।
- हिमाचल प्रदेश समुद्र तल से 450 से 6500 मी की ऊँचाई के मध्य स्थित है।
- इस राज्य की भौगोलिक स्थिति 30°22′40″ से 33°12′20″ उत्तरी अक्षांश तथा 75°45′55″ से 79°04′20″ पूर्वी देशान्तर तक है।
- हिमाचल प्रदेश की पूर्वी सीमा भारत तथा तिब्बत के मध्य अन्तर्राष्ट्रीय सीमा बनाती है।
- इसके उत्तर में जम्मू-कश्मीर, दक्षिण में हरियाणा, दक्षिण-पश्चिम में पंजाब, दक्षिण-पूर्व में उत्तराखण्ड राज्य और पूर्व में तिब्बत अवस्थित है।
- राज्य की सीमा की कुल लम्बाई 1170 किमी में 200 किमी सीमा तिब्बत के साथ लगती है।

राज्य का भौगोलिक विभाजन

राज्य का भौगोलिक विभाजन निम्न प्रकार है

1. बाह्य अथवा शिवालिक पर्वतमाला
2. मध्यवर्ती अथवा अन्तर्वर्ती हिमालय
3. वृहत्तर हिमालय अथवा अल्पलाइन खण्ड

पर्वत श्रृंखलाएँ

राज्य की प्रमुख पर्वत श्रृंखलाएँ निम्न प्रकार हैं

शिवालिक

- इस पर्वत का प्राचीन नाम **मैनाक पर्वत** है।
- समुद्र तल से इसकी ऊँचाई 610 से 1500 मी के मध्य है।
- इस श्रृंखला में स्थित—सिरमौर, बिलासपुर, हमीरपुर, मण्डी, नाहन, चम्बा, ऊना तथा कांगड़ा के निचले क्षेत्र हैं। यहाँ औसतन वार्षिक वर्षा 1500 मिमी होती है।

पीरपंजाल

- यह लघु हिमालय की सबसे लम्बी श्रृंखला है, जो वृहत हिमालय पर्वत श्रृंखला से सतलुज नदी द्वारा अलग होती है। पीरपंजाल का अधिकांश हिस्सा चम्बा जिले में है।
- यह श्रृंखला चेनाब तथा रावी के बीच जलधाराओं को बाँटने का कार्य भी करती है।
- रोहतांग दर्रा इसी श्रृंखला में स्थित है।
- इसकी समुद्र तल से ऊँचाई 3960 से 5470 मी तक है।

धौलाधार

- इस पर्वत को बर्फ से ढके रहने के कारण **श्वेत शृंखला** कहा जाता है। 'धौलाधार' का अन्य नाम 'मोलाक पर्वत' है।
- इसकी समुद्र तल से औसत ऊँचाई 4550 मी तक है।
- यह पर्वत शृंखला वृहत हिमालय से **बद्रीनाथ** के पास छूटती है और रामपुर के निकट इसे सतलुज नदी काटती है। लारजी के निकट **व्यास** नदी इसे काटती है, यहाँ से यह चम्बा के दक्षिण-पश्चिम तक चली जाती है, जहाँ इसे रावी नदी काटती है। बड़ा भंगाल

वृहत् हिमालय

- यह पर्वत शृंखला हिमाचल प्रदेश की पूर्वी सीमा के साथ-साथ चलती है और इसकी ऊँचाई समुद्र तल से मुख्यत: 4500 से लेकर 7000 मी के मध्य है।
- कांगला, बारालाचा ला, कुंजम, परांगला व पिन पार्वती इसके प्रसिद्ध दर्रे हैं।

जास्कर

- यह शृंखला प्रदेश की अन्तिम और पूर्वतम पर्वत शृंखला है, जो स्पीति और किन्नौर को तिब्बत से अलग करती है।
- सतलुज नदी इसे शिपकी के पास काटती है।
- हिमाचल प्रदेश की सर्वोच्च पर्वत चोटी **शिल्ला** (7,026 मी) इसी पर्वत शृंखला में है।

राज्य के प्रमुख पर्वत शिखर (समुद्र तल से ऊँचाई)

पर्वत शिखर	ऊँचाई (मी में)	पर्वत शिखर	ऊँचाई (मी में)
शिल्ला	7,026	मेवा कान्दिनू	5,944
रिवो फारग्यूल	6,791	परांगला	5,579
शिपकी	6,680	कैलाश	5,660
मनिरंग	6,597	उमाशिला	5,294
मुलकिला	6,520	मणिमहेश	5,575
किन्नौर कैलाश	650	श्रीखण्ड	5,182
रल्दांग	6,500	लाछालुंगा	5,060
डिबिबोकरी	6,400	मुरंगला	5,060
पिरामिड		श्रीमाला	4,999
गेयफांग	6,400	बारासाया	4,999
दियो टिब्बा	6,001	पिन पार्वती	4,820
सोलांग	5,967	चूड़धार	3,647

राज्य स्थित दर्रे और उनकी स्थिति (समुद्र तल से)

दर्रा	ऊँचाई (मीटर)	कहाँ से कहाँ तक
मनिरंग	6,593	किन्नौर से स्पीति
परांगला	5,580	लद्दाख के रूपंश से चुमार
कांगला	5,250	स्पीति से लद्दाख
कुगती	4,961	चम्बा और पाँगी के बीच
छबिया	4,934	लाहौल से भरमौर (चम्बा)
पिन पार्वती	5,320	कुल्लू से पार्वती घाटी (स्पीति)
कालिचो	4,729	चम्बा और पाँगी के बीच
दराती	4,720	चम्बा और पाँगी के बीच
तमसर	4,572	कांगड़ा से बड़ा भंगाल
कुंजूम	4,590	कुल्लू से लाहौल
बारालाचा ला	4,890	स्पीति से लद्दाख
शिपकी ला	4,270	किन्नौर से तिब्बत
साच	4,420	चम्बा से पाँगी
रोहतांग	3,978	कुल्लू से लाहौल
जालसू	3,658	कांगड़ा और भरमौर के बीच
चुआरी	3,150	चम्बा और कांगड़ा के बीच
जलोरी	3,135	कुल्लू के आन्तरिक एवं बाह्य सिराज
पदरी	3,050	चम्बा और भद्रबाह (जम्मू) के बीच
दुलची	4,270	मण्डी और कुल्लू के बीच
हम्ता	4,270	कुल्लू से स्पीति
बसदाँ	2,400	चम्बा और भटियार के बीच
चंद्ररदनी	3,660	नग्गर से मलाना

राज्य के प्रमुख ग्लेशियर

सोनापानी ग्लेशियर

- इस ग्लेशियर का दो बार वर्ष 1906 में वॉकर तथा वर्ष 1957 में जे कुरियन द्वारा सर्वे हो चुका है।
- यह ग्लेशियर रोहतांग दर्रे से दिखाई देता है।
- सोनापानी कुल्टी नाला से लगभग 5 किमी दूर है।

मियार ग्लेशियर

- यह लाहौल क्षेत्र में 12 किमी लम्बा ग्लेशियर है।
- मियार नदी इसी ग्लेशियर से निकलती है।

दुधो एवं पार्वती ग्लेशियर

- ये 15.15 किमी लम्बे हैं। ये कुल्लू जिले में स्थित हैं।
- ये पार्वती नदी को जल देते हैं।

व्यास कुण्ड ग्लेशियर

- यह रोहतांग दर्रे के पास पीरपंजाल के दक्षिण ढलान पर स्थित है। यहाँ से व्यास नदी निकलती है।

चन्द्र घाटी के ग्लेशियर

- लाहौल की चन्द्र घाटी में सबसे बड़ा ग्लेशियर **बड़ा शिगड़ी** स्थित है।
- यह 3 किमी चौड़ा तथा 25 किमी लम्बा है।
- इसके तीन ओर विशाल पर्वत हैं, जो वनस्पति से घिरे हुए हैं। यह चेनाब नदी को जल प्रदान करता है।
- वर्ष 1936 में एक भौगोलिक परिवर्तन के कारण इस ग्लेशियर से **चन्द्रताल** झील का निर्माण हुआ था। यह हिमाचल प्रदेश का सबसे बड़ा ग्लेशियर है।
- चन्द्र घाटी के अन्य ग्लेशियर हैं—छोटा शिगड़ी, तप्न, पच्छा, शिली, कुल्टी, बोलुनाग, शिप्टिंग, शमुन्द्री, डिंग कर्मो तथा गेयफांग।

भादल ग्लेशियर

- यह कांगड़ा जिले के बड़ा भंगाल क्षेत्र में पीरपंजाल पर्वत शृंखला के दक्षिण-पश्चिम ढलान पर स्थित है।
- इसकी सहायक नदी भादल इसी ग्लेशियर से निकलती है।

चन्द्रनाहन ग्लेशियर

- समुद्र तल से इसकी ऊँचाई 6,000 मी है।
- हिमाचल प्रदेश में रोहड़ू के उत्तर-पश्चिम क्षेत्र में चन्द्रनाहन ग्लेशियर स्थित है।
- यह ग्लेशियर पब्बर नदी को जल प्रदान करता है।

द लेडी ऑफ केलांग ग्लेशियर

- यह समुद्र तल से लगभग 6,061 मी की ऊँचाई पर स्थित है। यह केलांग से दिखाई देता है।
- यह वर्षभर बर्फ से ढका रहता है।

गेयफांग ग्लेशियर

- इसका नाम सराहन मन्दिर के देवता के नाम पर पड़ा है।
- स्थानीय लोग इसे **लाहौल के मणिमहेश** के नाम से जानते हैं।

अन्य ग्लेशियर

- गोरा ग्लेशियर
- मुक्किला ग्लेशियर
- मिलांग ग्लेशियर
- पेराड ग्लेशियर
- कुल्टी ग्लेशियर
- तारागिरि ग्लेशियर

राज्य की प्रमुख घाटियाँ

कांगड़ा

- यह घाटी हिमाचल प्रदेश में कम ऊँचाई पर स्थित घाटियों में से एक है तथा यह प्राकृतिक सौन्दर्य से भरपूर है।
- इस घाटी की ऊँचाई पश्चिम से पूर्व की ओर शाहपुर के बैजनाथ तथा पालमपुर की ओर निरन्तर बढ़ती जाती है।
- यह घाटी गद्दी जनजाति का निवास स्थान है।
- कांगड़ा घाटी **कांगड़ा चित्रकला शैली** के लिए विश्वविख्यात है। इस चित्रकला शैली में मानवीय प्रेम की सजीवता को चित्रित किया गया है।
- इस घाटी में स्थित प्रमुख नगर—धर्मशाला, नूरपुर, पालमपुर, ज्वालामुखी, कांगड़ा व बैजनाथ हैं।
- इस घाटी में रहने वाले दो विश्वविख्यात चित्रकार तथा लेखक हैं—**शोभा सिंह** तथा **नोराह रिचर्ड्स।**
- धौलाधर पर्वत शृंखला इस घाटी के मस्तक पर लगे मुकुट के समान है।
- यह घाटी साहसिक खेल **हैण्ड ग्लाइडिंग** के लिए विश्व प्रसिद्ध है।

कुल्लू–मनाली

- यह घाटी 2 से 4 किमी चौड़ी तथा 75 किमी लम्बी है। यह कुल्लू से प्रारम्भ होकर मनाली से 25 किमी दूर **रोहतांग** दर्रे पर समाप्त हो जाती है।
- कुल्लू घाटी को **देव घाटी** के नाम से भी जाना जाता है।
- इस घाटी में स्थित प्रमुख नगर–कुल्लू, मनाली, नग्गर तथा बंजार हैं।
- इस घाटी की सर्वप्रमुख नदी **व्यास** है, जो रोहतांग दर्रे से निकलती है।
- यह घाटी सेबों के बगीचों तथा **कैल वृक्षों** के वनों के लिए भी प्रसिद्ध है।
- इस घाटी में मनाया जाने वाला प्रमुख उत्सव **कुल्लू का दशहरा** है।
- मनाली समुद्र तल से 1,926 मी की ऊँचाई पर स्थित है।
- इस घाटी में प्रमुख पर्यटन स्थल **हिडिम्बा मन्दिर,** नेहरू कुण्ड तथा मणिकर्ण में गर्म पानी के चश्मे स्थित हैं।
- कुल्लू घाटी की लम्बाई तथा चौड़ाई क्रमशः 75 किमी तथा 25 किमी है।

चम्बा

- चम्बा घाटी को **रावी घाटी** तथा चम्बयाल के नाम से भी जाना जाता है।
- रावी नदी इस घाटी के मध्य होकर प्रवाहित होती है।
- इस घाटी का उत्तरी भाग वनों से भरा है तथा दक्षिणी भाग वनविहीन है।
- इस घाटी में शीशम, सेमल, पीपल आदि के वृक्ष पाए जाते हैं।
- चम्बा घाटी में स्थित प्रमुख पर्यटन स्थल—भरमौर, डलहौजी, चबाड़ी, बनीखेत और खज्जियार हैं।
- यह घाटी राज्य के उत्तरी छोर पर स्थित जम्मू एवं कश्मीर से लगी हुई है।

लाहौल-स्पीति

- लाहौल घाटी पीरपंजाल तथा मुख्य हिमालय के उत्तर में स्थित है।
- लाहौल घाटी **चन्द्रा** और **भागा** नदियों के बीच है, जो **टाँडी** में मिलकर चिनाब का निर्माण करती है, जो टाँडी के उत्तर में स्थित है।
- स्पीति घाटी स्पीति नदी द्वारा निर्मित है। यह कुल्लू के पूर्व तथा मुख्य हिमालय एवं जास्कर शृंखलाओं के मध्य स्थित है।
- लाहौल-स्पीति घाटी तीन ओर से लद्दाख, तिब्बत और किन्नौर से घिरी हुई है।
- इस घाटी में **अल्पाइन** प्रकार की वनस्पति पाई जाती है।
- स्पीति घाटी में अधिकांश बौद्ध धर्म को मानने वाले लोग निवास करते हैं।

सांगला अथवा बासपा

- यह घाटी किन्नौर जिले में स्थित है। इस घाटी में प्रवाहित होने वाली सर्वप्रमुख नदी बासपा है।
- यह घाटी अत्यधिक उपजाऊ है तथा इसके चारों ओर विशाल चरागाह स्थित हैं।
- इस घाटी के शीर्ष पर **चुंग शरवागो दर्रा** स्थित है।
- इस घाटी की प्रमुख वनस्पति देवदार, नीली चीड़, फर तथा सिल्वर बर्च हैं।

पौण्टा अथवा क्यारदा दून

- यह घाटी किन्नौर जिले में स्थित है। इस घाटी को क्यारदा दून घाटी के नाम से भी जाना जाता है।
- यह घाटी हिमालय पर्वत की मार्कण्डा तथा धरथी शृंखलाओं के मध्य स्थित है।
- इस घाटी को तीन अलग-अलग क्षेत्रों में बाँटा जा सकता है। इसका मुख्य भाग यमुना नदी तथा धरथी शृंखला के निचले भाग में पड़ता है तथा यह घाटी गिरि और बाटा नदियों द्वारा सिंचित है। पौण्टा पहाड़ी क्षेत्र इस भाग में आता है।
- दूसरा क्षेत्र नेली खेरा तथा बाटा घाटी के समीप टिल्ला गरीबनाथ एवं रजबन का दक्षिणी हिस्सा है।
- तीसरा और अन्तिम क्षेत्र पार दून है, जो पहाड़ियों से घिरा हुआ है तथा माजरा गाँव के समीप स्थित है।
- इस घाटी में सिंचाई के लिए गिरि एवं बाटा नदियों से पानी लिया जाता है।

पब्बर या रोहड़ू

- यह घाटी चंसल की हिम शृंखला से निकलने वाली पब्बर नदी तथा उसकी सहायक नदियों की धाराओं के मध्य में स्थित है।
- यह घाटी का विस्तार हाटकोटी से प्रारम्भ होकर चंसल की तलहटी में स्थित टिकरी तक है।
- इस घाटी में बहने वाले मुख्य खड्ड–पेजोर खड्ड, शिकरी खड्ड व आन्ध्रा खड्ड हैं।
- इस घाटी में ओक, चीड़, **कैल** तथा देवदार के वन पाए जाते हैं।
- इस क्षेत्र की प्रमुख नदी पब्बर है, जिसका उद्गम **चंसल चोटी** है। यह नदी **ट्राउट प्रजाति** की मछली के लिए प्रसिद्ध है।
- गर्मियों में पब्बर घाटी गर्म होती है और इस समय स्थानीय रूप से **पोटू** नाम से जाने जाने वाले कीड़े का प्रकोप यहाँ होता है, जिसके काटने से कष्टकर **सोजिस** रोग होता है।
- यह कीड़ा पब्बर घाटी तक ही सीमित है।

बाल्ह

- यह घाटी उत्तर में गुटकेर से, पूर्व में बग्गी से, दक्षिण में सुन्दर नगर तक और पश्चिम में गालमा तक फैली हुई है। साकेती नाला इसे दो भागों में विभाजित करता है।
- पशुपालन, मिली-जुली खेती, दुग्ध उत्पादन आदि कार्यक्रम के उन्नतीकरण के लिए वर्ष 1962 से भारत-जर्मन परियोजना इस घाटी में चलाई गई है।
- इस घाटी की प्रमुख फसलें धान, अदरक, गन्ना, गेहूँ, मक्का आदि हैं।

कुनिहार

- कुनिहार घाटी **शिमला** के पश्चिम में 50 किमी दूर सोलन में स्थित है। यह घाटी कुनी खड्ड से प्रारम्भ होकर टुकाड़िया गाँव तक जाती है।
- इस घाटी की मिट्टी रेतीली दोमट है।
- गेहूँ, गन्ना, दालें, काले चने, सरसों, मक्का आदि प्रमुख फसलें हैं।

स्प्रून और दून

- यह सोलन जिले में स्थित है।
- यहाँ मैदानी और उपजाऊ मिट्टी है, जो बेमौसम सब्जियों के लिए बहुत उपयोगी है।

सतलुज

- शिपकी से लेकर बिलासपुर तक इस घाटी का निर्माण सतलुज नदी द्वारा किया गया है।

- सतलुज नदी मानसरोवर झील से निकलकर शिपकी के समीप भारतीय भूमि में प्रवेश करती है।
- सतलुज नदी धौलाधर, पीरपंजाल, मुख्य हिमालय व जास्कर चोटी से बहती है।
- इस घाटी में स्थित प्रमुख नगर रामपुर, बिलासपुर तथा भावा नगर हैं।

की प्वाइंट्स

- 'किन्नौर कैलाश' नामक पर्वत शिखर हिमाचल प्रदेश के किन्नौर जिले में अवस्थित है। इसकी ऊँचाई 6,500 मी है।
- महासू चोटी शिमला जिले में स्थित है।
- शिंगूर नामक दर्रे की ऊँचाई समुद्र तल से 12,930 फीट है।
- नागरू शिखर मण्डी जिले की धौलाधर पर्वत श्रृंखला का सर्वोच्च शिखर है।
- मण्डी और चम्बा जिलों की सीमा पर हाथी धार बनती है।
- प्रदेश के हमीरपुर जिले में जाख धार स्थित है।

अपवाह तन्त्र एवं मृदाएँ

हिमाचल प्रदेश का प्राकृतिक सौन्दर्य आकर्षक है। इस प्रदेश में विभिन्न भू-दृश्य जलवायु को प्रभावित करते हैं। जंगल, पहाड़, झरनें, नदियाँ तथा झीलें इस प्रदेश के सौन्दर्य हैं। प्रदेश के हिमनदों से कई बड़ी नदियाँ निकलती हैं।

राज्य की प्रमुख नदियाँ

हिमाचल प्रदेश में प्रमुख रूप से पाँच नदियाँ बहती हैं। ये नदियाँ यमुना, सतलुज, व्यास, रावी और चेनाब हैं। इन बड़ी नदियों की अनेक उप-जलधाराएँ या सहायक नदियाँ हैं, जो इनमें आकर मिलती हैं।

सतलुज नदी

- राज्य की सबसे बड़ी नदी सतलुज कैलाश पर्वत (चीन) के दक्षिणी ढलानों से निकलकर राक्षसताल से होती हुई 320 किमी तक बहने के बाद **शिपकी ला** के ढलान पर हिमाचल प्रदेश में प्रवेश करती है।
- सतलुज, किन्नौर, शिमला की पहाड़ियों और **बिलासपुर** जिले से बहती हुई भाखड़ा के निकट पंजाब में प्रवेश करती है। जास्कर में इसमें स्पीति और किन्नौर में बासपा नदी मिलती है। रामपुर के नीचे इसमें नंगली नाला मिलता है।

व्यास नदी

- व्यास नदी **रोहतांग दर्रे** से निकलती है तथा कुल्लु और कांगड़ा घाटियों का निर्माण करती है।
- यह लारजी तक दक्षिण में तथा उसके बाद पश्चिम दिशा में बहती है।
- प्राचीन ग्रन्थों में इसे **अर्जिकीय** और ऋग्वेद में इसे **विपाशा** कहा गया है।
- इसकी सहायक नदियाँ—पार्वती, हुरला, सैंज, सुकेती, लूनी, चाकी तथा **बाणगंगा** हैं।
- पोंग बाँध का निर्माण व्यास नदी पर किया गया है।

यमुना नदी

- यह नदी हिमाचल प्रदेश तथा उत्तर प्रदेश की सीमा का निर्माण करती है।
- इस नदी का वैदिक नाम **कालिन्दी** है। यह नदी उत्तराखण्ड के कालिन्द पर्वत के **यमुनोत्री** नामक स्थान से निकलती है। 152 किमी पर्वतीय मार्ग तय करने के बाद कलेसर से यह मैदानी क्षेत्र में प्रवेश करती है।
- यह तेजवाल के निकट हिमाचल से निकलकर हरियाणा में प्रवेश करती है।

रावी नदी

- रावी नदी का वैदिक नाम **परुष्णी** तथा **इरावती** है। सिन्धु की यह सहायक नदी **पीरपंजाल** तथा धौलाधर श्रेणियों के मध्य में स्थित भंगाल बेसिन से निकलती है।
- इसका निर्माण हिमनदों से निकलने वाली **मॉडल** और **तन्तगरी** धाराओं के मिलने से होता है।
- प्रदेश में इसकी कुल लम्बाई 158 किमी तथा जलग्रहण क्षेत्र 5.541 वर्ग किमी है।
- खड्डे चिड़चन्द, छतराणी, टुण्डैहण, बोढ़िल, बलजेड़ी, साल तथा स्थूल इसकी सहायक नदियाँ हैं।

चिनाब नदी

- चिनाब **चन्द्रा** और **भागा** के मिलने से बनी है।
- बारालाचा ला दर्रे के दक्षिण-पूर्व में चन्द्रा और उत्तर-पश्चिम से भागा नदी निकलती है।
- दोनों नदियाँ 2,286 मी की ऊँचाई पर टौड़ी में मिलती हैं।
- चिनाब नदी चम्बा जिले की पाँगी घाटी से होती हुई कश्मीर की पब्बर घाटी से बहती हुई किश्तवार के भीतरी भाग में प्रवेश करती है।

जिलेवार प्रमुख झीलें

लाहौल-स्पीति

इस जिले की प्रमुख झीलें—चन्द्रताल, सूरजताल, ठेरकर, नीलकण्ठ एवं छोह हैं।

चन्द्रताल झील

- यह 4,300 मी की ऊँचाई पर कुंजम पर्वत श्रृंखला के निचले भाग में है।
- यह सर्दियों में जम जाती है तथा इसमें हिमखण्ड बन जाते हैं।

सूरजताल झील

- यह बारालाचा ला दर्रे की चोटी के निकट है।
- समुद्र तल से इसकी ऊँचाई 4,980 मी है।
- यह वर्षभर प्राय: बर्फ से ढकी रहती है।

नीलकण्ठ

लाहौल घाटी में स्थित यह झील प्राकृतिक सौंदर्य के कारण जानी जाती है।

शिमला

यहाँ की प्रमुख झीलें—चन्द्रनाहन, कराली एवं बरादोनसर हैं।

चन्द्रनाहन झील

- 4,267 मी की ऊँचाई पर चंसल चोटी के निकट रोहड़ू तहसील में स्थित है।
- इस झील से पब्बर नदी निकलती है।

कराली झील

- शाली चोटी के सामने छोटा शाली पहाड़ी पर स्थित है।
- इसका पानी मटमैला है, लेकिन धूप में पहाड़ी से यह चमकती चादर जैसी लगती है।

बरादोनसर झील

- 5,500 मी की ऊँचाई पर सांगला के पास स्थित है।
- यह 1 किमी क्षेत्र में फैली है।

चम्बा

यहाँ की प्रमुख झीलें—मणिमहेश, महाकाली, लामा, खज्जियार तथा घडासरु हैं।

मणिमहेश झील

- यह कैलाश चोटी की तलहटी में स्थित है। इसका धार्मिक महत्त्व है।
- यहाँ सितम्बर के महीने में मेला भी लगता है।
- इसकी समुद्र तल से ऊँचाई 4,080 मी है।

महाकाली झील इसकी समुद्र तल से ऊँचाई 3,657 मी है।

लामा झील यह धौलाधर पर्वत श्रृंखला के भीतरी भाग में चम्बा से 45 किमी दूर है। इसकी समुद्र तल से ऊँचाई 3,962 मी है।

खज्जियार झील यह डलहौजी और चम्बा के बीच स्थित है।

घडासरु झील यह समुद्र तल से 3,470 मी की ऊँचाई पर तिसा से 24 किमी दूर स्थित है।

सिरमौर यहाँ स्थित प्रमुख झीलें—रेणुका-परशुराम व सुकेती हैं।

रेणुका एवं परशुराम झील

- इन झीलों का पौराणिक महत्त्व है।
- रेणुका परशुराम की माता थीं। इन दोनों के नाम पर ही इस झील का नाम रखा गया है। रेणुका हिमाचल प्रदेश की सबसे बड़ी प्राकृतिक झील है।
- इसका घेरा 2.5 किमी है। इसका आकार मानव शरीर जैसा प्रतीत होता है।

किन्नौर

किन्नौर में पूह उप-मण्डल में नाको गाँव के समीप समुद्र तल से 4,500 मी की ऊँचाई पर स्थित नाको झील सर्दियों में जम जाती है।

कांगड़ा 3,048 मी की ऊँचाई पर स्थित **कावेरी झील** धर्मशाला से 35 किमी दूर स्थित है।

डल झील यह धर्मशाला से 11 किमी दूर स्थित है।

कुल्लू

- कुल्लू शहर में **भृगु, दशहर, सरयोलसर** और **मन्तालर झीलें** स्थित हैं।
- ये झीलें पर्यटकों के लिए विशेष आकर्षण का केन्द्र हैं।

मण्डी

- यहाँ **पाराशर** झील के किनारे **पाराशर ऋषि** का मन्दिर है। रिवालसर झील के किनारे एक बौद्ध विहार और एक हिन्दू मन्दिर स्थित है। यहाँ एक गुरुद्वारा भी है।
- रिवालसर शहर से ऊपर की ओर सात झीलें हैं, जिनमें **कुन्त भयोग, कालासर** और **सुखसर** प्रमुख हैं। कुन्त भयोग समुद्र तल से 1,700 मी, कालासर 1,755 मी और सुखसर झील 1,760 मी की ऊँचाई पर स्थित हैं।
- ये झीलें पर्वतों एवं वनों से घिरी हुई हैं तथा बहुत रमणीक हैं।
- कुमारवाह, नाको एवं रिवालसर झीलें भी मण्डी जिले में स्थित हैं।

बिलासपुर

- हिमाचल प्रदेश के बिलासपुर में सबसे बड़ी कृत्रिम या मानव निर्मित झील **गोविन्द सागर** है, जिसका निर्माण भाखड़ा बाँध के निर्माण के समय किया गया था।
- यह 168 वर्ग किमी क्षेत्र में फैली है।

राज्य में स्थित कृत्रिम झीलें

कृत्रिम झील	क्षेत्रफल	नदी व स्थान
गोविन्द सागर	168 वर्ग किमी	सतलुज (बिलासपुर)
पोंग झील	42 किमी लम्बी	व्यास (कांगड़ा)
पण्डोह झील	14 किमी लम्बी	रावी (मण्डी)

गर्म पानी के स्रोत

मणिकर्ण

- पार्वती नदी के दाएँ किनारे पर घाटी में गर्म पानी के सोते (स्रोत) स्थित हैं। ये पुराने पुल से ब्रह्मगंगा तक 1 किमी क्षेत्र में फैले हैं।
- इन सोतों के आसपास की चट्टानें गर्म हैं। पानी का तापमान खौलते पानी के बराबर होता है।
- यह पानी अनेक चर्म रोगों को ठीक कर देता है, ऐसी मान्यता के कारण यहाँ स्नान करने दूर-दूर से लोग आते हैं।

कसौल एवं खीरगंगा

- कसौल में एक गर्म पानी का स्रोत है। कसौल तथा खीरगंगा के गर्म पानी का तापमान मणिकर्ण के गर्म पानी से कम है।
- खीरगंगा कुल्लू से 26 किमी दूर है।

वशिष्ठ

- मनाली से 6 किमी दूर (कुल्लू जिला) व्यास नदी के किनारे स्थित यह गर्म पानी का स्रोत है।
- यहाँ ग्रेनाइट की चट्टानों से गर्म पानी बाहर आता है।

तत्तापानी

- यह सतलुज नदी के किनारे शिमला से 51 किमी तथा नलदेरा से 29 किमी दूर स्थित है।
- नदी का जल स्तर बढ़ने पर इस स्रोत का भी जल स्तर बढ़ जाता है।
- इसका गर्म पानी स्फूर्तिदायक एवं स्वास्थ्यवर्द्धक है।
- यह राज्य के मण्डी जिले में स्थित है।

जेओरी

रामपुर से आगे भारत-तिब्बत सड़क पर ऊनू नाले के किनारे पर (किन्नौर जिले) जेओरी में गर्म पानी के स्रोत स्थित हैं।

झरनें एवं कुण्ड

- *रहला झरना* मनाली के पास कुल्लू जिले में स्थित है।
- *धन्छू झरना* चम्बा जिले के भारमौर में स्थित है।
- *चाडविक झरना* शिमला जिले में समरहिल के समीप स्थित है।
- *भाग्सूनाथ झरना* कांगड़ा जिले के **मैक्लिओडगंज** में स्थित है।
- *सतधारा* किन्नौर जिले के पंजपुल्ला में है।
- *कोपरा कुण्ड* नादौन के निकट स्थित है।
- *ज्वालामुखी कुण्ड* व्यास नदी के किनारे स्थित है। इसकी खोज 10 सितम्बर, 1854 में की गई थी।
- कांगड़ा घाटी में स्थित **लुनानी तथा सालोल** की खोज कैप्टन ए कोल्मन ने की थी।
- बैजनाथ में भी एक प्लम घाटी में कुण्ड स्थित है।
- तत्तापानी झरना मण्डी जिले में अवस्थित है।
- वशिष्ट झरना कुल्लू जिले में अवस्थित है।
- मणिकर्ण झरना कुल्लू जिले में अवस्थित है।

मृदा

हिमाचल प्रदेश एक कृषि प्रधान राज्य है और इसकी लगभग 75% जनता कृषि पर ही निर्भर है। कृषि के लिए जिन प्रमुख तत्त्वों की आवश्यकता होती है, उनमें मृदा, जल, जलवायु और उपकरण प्रमुख हैं, किन्तु मृदा की गुणवत्ता पर ही फसलों का उत्पादन निर्भर है। *हिमाचल प्रदेश में निम्न मृदा क्षेत्र हैं*

1. निम्न पहाड़ी मृदा क्षेत्र
2. मध्य पहाड़ी मृदा क्षेत्र
3. उच्च पहाड़ी मृदा क्षेत्र
4. पर्वतीय मृदा क्षेत्र
5. शुष्क पहाड़ी मृदा क्षेत्र

मृदा संरक्षण

- हिमाचल प्रदेश एक पहाड़ी क्षेत्र है।
- यहाँ की कृषि प्रवृत्ति से मृदा अपरदन बहुत बड़ी मात्रा में होता है।
- मृदा अपरदन मृदा संरक्षण के लिए बहुत बड़ी समस्या है।

- मृदा अपरदन में जो कारक प्रमुखतया भाग लेते हैं, वे हैं—क्षेत्र का ढलवा होना, मौसम, तापमान, वायु, बर्फ वृष्टि, वर्षा और मानव गतिविधियाँ।
- मृदा संरक्षण के लिए खेतों के बाँधों को ऊँचा बनाया जा रहा है, वृक्ष लगाए जा रहे हैं तथा वायु की गति को कम किया जा रहा है।

की प्वाइंट्स

- बाणगंगा नदी कांगड़ा में प्रवाहित होती है।
- राज्य की गिरि नदी कुप्पर पहाड़ी से निकलती है।
- कमरुनाग झील की ऊँचाई 10000 फीट है।
- मण्डी की बाल्ह घाटी व सोलन की कुनिहार घाटी राज्य के निम्न पहाड़ी मृदा क्षेत्र के अन्तर्गत आती है।
- राज्य में पोंग झील के बनने से देहरा-गोपीपुर नामक स्थान डूब गया है।
- पद्म सम्भव का नाम रिवालसर झील के अस्तित्व से जुड़ा है।
- रिवालसर झील में तैरते हुए पत्थर के खण्ड दृष्टिगोचर होते हैं।
- राज्य के कुल्लू जिले में सैंज, तीर्थन, मलाण व नालाण आदि खड्डे अवस्थित हैं।

वन एवं वन्यजीव रिपोर्ट 2021

राज्य में जिलावार वन क्षेत्रफल

जिले	भौगोलिक क्षेत्रफल (वर्ग किमी)	वृक्ष विस्तार क्षेत्रफल		खुले वन (वर्ग किमी)	कुल वन (वर्ग किमी)	प्रतिशत
		अति सघन (वर्ग किमी)	सामान्य सघन (वर्ग किमी)			
बिलासपुर	1,167	21.25	192.03	168.30	381.58	32.70
चम्बा	6,522	767.89	1,011.92	673.51	2,453.32	37.62
हमीरपुर	1,118	37.85	115.40	203.17	356.42	31.85
काँगड़ा	5,739	297.56	1,289.74	769.97	2,357.27	41.08
किन्नौर	6,401	79.81	329.28	236.22	645.31	10.08
कुल्लू	5,503	587.59	877.60	510.38	1,975.57	35.90
लाहौल-स्पीति	13,841	15.00	30.67	113.18	158.85	1.15
मण्डी	3,950	371.74	757.03	646.60	1,775.37	44.95
शिमला	5,131	764.89	1,073.52	584.10	2,422.51	47.21
सिरमौर	2,825	156.89	669.54	567.04	1,393.56	49.33
सोलन	1,936	43.78	443.56	403.52	890.86	46.02
ऊना	1,540	18.65	309.84	303.84	632.33	41.06
कुल	**55,673**	**3,162.99**	**7100.13**	**5,179.83**	**15,442.95**	**27.73**

स्रोत *फॉरेस्ट सर्वे ऑफ इण्डिया रिपोर्ट, 2021*

राज्य के राष्ट्रीय उद्यान

ग्रेट हिमालयन राष्ट्रीय उद्यान

ग्रेट हिमालयन राष्ट्रीय उद्यान राज्य के कुल्लू जिले में विस्तृत है। इसका कुल क्षेत्रफल 1,171 वर्ग किमी है। इसे वर्ष 1984 में राष्ट्रीय उद्यान घोषित किया गया था। इस राष्ट्रीय उद्यान में शेर, कस्तूरी मृग, **भरल तेन्दुए**, भेड़िए जैसे वन्यजीवों के अतिरिक्त फेजेण्ट तथा बाज जैसे पक्षियों को संरक्षण प्राप्त है। यहाँ ओक, देवदार, पर्वतीय बाँस इत्यादि वृक्ष मिलते हैं।

पिन वैली राष्ट्रीय उद्यान

- लाहौल-स्पीति जिले में स्थित इस राष्ट्रीय उद्यान का क्षेत्रफल 675 वर्ग किमी है। इसकी स्थापना वर्ष 1987 में की गई।

खीरगंगा राष्ट्रीय उद्यान

- यह उद्यान कुल्लू जिले में स्थित है। इसकी स्थापना वर्ष 2010 में की गई। इसका क्षेत्रफल 710 वर्ग किमी है।

झंजूकिला राष्ट्रीय उद्यान

- यह कुल्लू जिले में स्थित है। इसकी स्थापना वर्ष 2010 में की गई। यह राष्ट्रीय उद्यान 104 वर्ग किमी में फैला है।

सिम्बलबारा राष्ट्रीय उद्यान

- यह सिरमौर जिले में स्थित है। इसकी स्थापना वर्ष 2010 में राष्ट्रीय उद्यान के रूप में की गया। इसका कुल क्षेत्रफल 27.88 वर्ग किमी है।

वन्यजीव अभयारण्य

वन्यजीव अभयारण्य	जिला	क्षेत्रफल (वर्ग किमी)
बान्दली	मण्डी	41
नरगू	मण्डी	278
शिकारी देवी	मण्डी	72
चैल	सोलन	109
दारलाघाट	सोलन	6
मजाथल	सोलन	40
शिल्ली (सबसे छोटा)	सोलन	2
चूड़धार	सिरमौर	66
सिम्बलबरा	सिरमौर	19
रेणुका	सिरमौर	4
दरांगघाटी	शिमला	167
शिमला वाटर कैचमेण्ट	शिमला	10
तालरा	शिमला	40
गोविन्द सागर	बिलासपुर	100
नैना देवी	बिलासपुर	123
गांगुल	चम्बा	109
कुगती	चम्बा	379
सेचु तुआ नाला	चम्बा	103
टुण्डाह	चम्बा	64
कायस	कुल्लू	14
कालाटोप खज्जियार	चम्बा	69
कनावर	कुल्लू	61
खोखन	कुल्लू	14
मनाली	कुल्लू	32
धौलाधर	कांगड़ा	944
सैंज	कुल्लू	90
चन्द्रताल	लाहौल-स्पीति	38.56
किब्बर (सबसे बड़ा)	लाहौल-स्पीति	1400
तीर्थन	कुल्लू	61
पोंग झील (महाराणा प्रताप झील)	कांगड़ा	307
रूपी भाबा	किन्नौर	503
रकद्दम छितकुल	किन्नौर	304
लिप्पा असरंग	किन्नौर	31

सेब : हिमाचल प्रदेश का गौरव

हिमाचल प्रदेश में पिछले 70-80 वर्षों से सेब की वाणिज्यिक पैदावार की जाती है। राज्य में मशोबारा नामक स्थान पर 1865 ई. में सबसे पहले सेब की पैदावार की गई थी। कैप्टन ए ए ली ऐसे पहले अंग्रेज थे, जिन्होंने सेब का पहला बाग लगाया था। वर्तमान में सेब की खेती राज्य की 84,112 हेक्टेयर भूमि पर की जाती है। सेब की राज्य में कुल उपज 5.28 लाख मीट्रिक टन है।

शिमला, कुल्लू, सिरमौर तथा किन्नौर सेब उत्पादन के प्रमुख स्थल हैं। राज्य में सेब की पैदावार को अधिक प्रभावी बनाने के लिए **एप्पल डेवलपमेण्ट प्रोजेक्ट** गठित किया गया है। सरकार **हॉर्टिकल्चर टेक्नोलॉजी मिशन** के तहत सेब उत्पादक किसानों को वित्तीय सुविधाएँ प्रदान करती है। डॉ. वाई एस परमार यूनिवर्सिटी ऑफ हॉर्टिकल्चर एण्ड फॉरेस्ट्री राज्य के किसानों को सेब उत्पादन के तरीकों तथा प्रौद्योगिकियों की जानकारी प्रदान करती है। उल्लेखनीय है कि कुल्लू घाटी के **बुन्दोरल** में ही सर्वप्रथम सेब का बाग लगाया गया था। इसके अलावा राज्य में अमेरिकी किस्म के सेब को सैम्युअल अवान्स स्टोक्स द्वारा लाया गया था। हिमाचल प्रदेश में फलों के अधीन कुल क्षेत्र का लगभग 49% भाग सेब उत्पादन के अन्तर्गत आता है। ध्यान रहे कि वर्ष 1950-51 में सेबों के अन्तर्गत करीब 400 हेक्टेयर का क्षेत्रफल शामिल था, जोकि वर्तमान में वर्ष 2015-16 तक यह बढ़कर 1,06,679 हेक्टेयर हो गया है।

ऊर्जा संसाधन

हिमाचल प्रदेश में अनेक प्रकार से ऊ र्जा प्राप्त होती है। यह नाभिकीय स्रोत, जल-विद्युत, सौर ऊ र्जा, पवन चक्कियाँ, कोयले और पेट्रोलियम पदार्थ आदि से प्राप्त होती है।

जल-विद्युत परियोजनाएँ

हिमाचल प्रदेश में जल-विद्युत उत्पादन की अधिकतम क्षमता है, क्योंकि प्रदेश में पाँच प्रमुख नदियाँ और उनकी अनेकों सहायक नदियाँ हैं। नदियों पर बाँध बनाकर जल-विद्युत उत्पन्न की जाती है।

भाभा जल-विद्युत परियोजना

- यह परियोजना किन्नौर जिले में सतलुज नदी पर स्थित है।
- इसकी कुल उत्पादन क्षमता 120 मेगावाट (40-40 मेगावाट की तीन इकाइयाँ) है।
- परियोजना की अनुमानित लागत ₹ 55.84 करोड़ है।

आन्ध्रा जल-विद्युत परियोजना

- यह परियोजना शिमला जिले की **रोहड़ू** तहसील में स्थित है।
- इसकी उत्पादन क्षमता 16.5 मेगावाट (5.5-5.5 मेगावाट की तीन इकाइयाँ) है।

बस्सी जल-विद्युत परियोजना

- यह परियोजना जोगिन्दर नगर में स्थित बस्सी पावर हाउस की क्षमता विकसित करने के लिए अपनाई गई है।
- इसकी उत्पादन क्षमता 15 मेगावाट है।
- इस परियोजना पर ₹ 25 करोड़ खर्च किए गए हैं।

बिनवा जल-विद्युत परियोजना

- यह परियोजना राज्य के कांगड़ा जिले में **बैजनाथ** के निकट है।
- इसकी उत्पादन क्षमता 16 मेगावाट (2-2 मेगावाट क्षमता की 8 इकाइयाँ) है।

रोंग-टोंग जल-विद्युत परियोजना

- यह परियोजना लाहौल-स्पीति के **कबाइली** क्षेत्र में स्थित है और स्पीति घाटी में अपनी तरह की पहली परियोजना है।
- इस परियोजना की कुल विद्युत उत्पादन क्षमता 2 मेगावाट है।
- इसके लिए यहाँ 0.5 मेगावाट की चार इकाइयाँ स्थापित की गई हैं।

नाथपा-झाकड़ी जल-विद्युत परियोजना

- यह परियोजना किन्नौर जिले में तथा सतलुज नदी पर स्थित है।
- इसकी उत्पादन क्षमता 1,500 मेगावाट है।
- उल्लेखनीय है कि इसमें नाथपा से झाकड़ी तक सुरंग की लम्बाई 27.8 किमी है।

बासपा जल-विद्युत परियोजना (भाग 1)

- बासपा नदी सतलुज नदी की प्रमुख सहायक नदी है।
- इस नदी की विद्युत उत्पादन क्षमता को दो खण्डों में प्रयोग करने का प्रावधान है। पहले खण्ड में किन्नौर जिले के रक्षक नामक गाँव के निकट नदी के ऊपर 165 मी ऊँचा बाँध बनाने की योजना है। इसकी उत्पादन क्षमता 150 मेगावाट है।
- इसका जल संग्रहण क्षेत्र 25,000 हेक्टेयर है।

बासपा जल-विद्युत परियोजना (भाग 2)

- किन्नौर के सांगला में 760 मी की ऊँचाई से पानी को नीचे गिराकर 250 मेगावाट विद्युत उत्पादन की क्षमता विकसित की गई है।
- इसकी उत्पादन क्षमता 100 मेगावाट है।
- इसका जल संग्रहण क्षेत्र 967.22 वर्ग किमी है।

खनिज संसाधन एवं उद्योग

पर्वतीय प्रदेश होने के कारण हिमाचल प्रदेश में खनिजों की प्रचुरता की स्वतः ही कल्पना की जा सकती है। भारतीय भू-गर्भशास्त्र सर्वेक्षण की प्रारम्भिक जाँच से पता चलता है कि चूना-पत्थर नमक, बेराइट्स, लौह, स्लेट, जिप्सम, पायराइट्स, मृदाओं, सीमा, अभ्रक आदि के भण्डार यहाँ मौजूद हैं।

राज्य में प्रमुख खनिज

चूना-पत्थर

- सबसे महत्त्वपूर्ण खनिज चूने का पत्थर; कैल्शियम कार्बाइड, रासायनिक खाद, स्टील, कपड़े, चीनी, कागज और चमड़े के उद्योग में प्रयुक्त होता है।
- यह गगल तथा बरमाना में निकाला जाता है।
- इस चूने के पत्थर में कैल्शियम ऑक्साइड 46% के लगभग होता है।
- इन दो स्थानों पर चूना-पत्थर का भण्डार क्रमशः एक करोड़ बीस लाख टन तथा तीस लाख टन है।

डोलोमाइटयुक्त चूना-पत्थर

- डोलोमाइटयुक्त चूना-पत्थर के भण्डार बिलासपुर जिले में कोठीपुरा ब्लॉक के पँजोटा में मिले हैं।
- कुल भण्डार 24 लाख टन के लगभग हैं।
- इस चूना-पत्थर का प्रयोग कैल्शियम और अमोनियम नाइट्रेट के उत्पादन के लिए होता है, जो भारतीय खाद निगम के नंगल खाद कारखाने में प्रयुक्त होता है।
- सोलन जिले में नालागढ़ के स्थान पर 52 लाख टन डोलोमाइट चूने के पत्थर के भण्डार मिले हैं।
- वर्तमान में नंगल की खाद फैक्ट्री को चूने के पत्थर की आंशिक आपूर्ति यहाँ से होती है।
- क्वार्टजाइट ग्लास सैण्ड राज्य के बिलासपुर में स्थित है।

जिप्सम

- जिप्सम कांगड़ा और सिरमौर जिले के भारती क्षेत्र में पाया जाता है।
- इन दोनों क्षेत्रों में क्रमशः 10 लाख टन और 30 लाख टन जिप्सम के भण्डार हैं।
- जिप्सम सोलन जिले के कुठार में भी पाया जाता है। वैसे यहाँ प्राप्त जिप्सम उच्च श्रेणी का नहीं है।
- चम्बा जिले में वाथरी के निकट 96,000 टन जिप्सम का भण्डार मिला है।

बेराइट्स

- अच्छे स्तर का बेराइट कान्ति-मिशवा- तांत्याना-ढाला-पिपली और सिरमौर जिले में टाइलर धर क्षेत्र से प्राप्त होता है।
- कान्ति-तांत्याना क्षेत्र में 15,000 टन बेराइट का भण्डार है।
- हाल ही में शिमला के नलदेरा क्षेत्र में भी बेराइट मिलने का पता चला है।

मैग्नेसाइट

- मैग्नेसाइट के भण्डार भारमौर तालुके के नचेन्तर क्षेत्र में मिले हैं।
- यहाँ 60,000 टन मैग्नेसाइट के भण्डार होने का अनुमान है।
- सूई क्षेत्र में भी मैग्नेसाइट के भण्डार मिले हैं।
- जिस क्षेत्र में खोज हुई है वहाँ पर औसत 60,000 टन मैग्नेसाइट के भण्डार मिलने का अनुमान है और मैग्नेसाइट धातु में 30% से 40% तक मैग्नेसाइट है।

चट्टानी नमक

- भारत में चट्टानी नमक केवल मण्डी में पाया जाता है।
- भले ही चट्टानी नमक ऊपरी सतह पर नहीं मिलता, परन्तु चट्टानों से छनकर आए नमक के रवे जिन्हें स्थानीय भाषा में 'लोखान' कहा जाता है, इसके अस्तित्व को सिद्ध करते हैं।
- यह गुम्मा और दरंग में खानों से निकाला जाता है।

सिलिका रेत

- ऊना जिले के खड्डों और नालों में जल्दी पिस जाने वाले चमकीले पत्थर-कंकड़ की उपलब्धता है, जिनसे सीसे का निर्माण किया जा सकता है।
- ऊना जिले का परकवा, हरोटी, होमा एवं बाथुरी खड्डों में 10 लाख टन ऐसे पत्थर विद्यमान हैं, जिन्हें पीसकर सीसा बनाया जा सकता है।
- बिलासपुर की पहाड़ियों में पाया जाने वाला चमकीला सफेद पत्थर भी सीसा बनाने के काम में आता है।
- बिलासपुर जिले में जिन महत्त्वपूर्ण स्थानों पर ये खनिज पदार्थ मिले हैं वे हैं—**निहारी, चेनाला और सतलुज** नदी घाटी।

स्लेट

- देश की खानों में उत्तम श्रेणी का स्लेटी पत्थर निकाला जाता है।
- ये खनन स्थानीय आवश्यकताओं की पूर्ति के लिए छोटे स्तर पर किया जाता है।
- यह स्लेटी पत्थर फर्श और छत के लिए अच्छा है।
- स्लेट की टाइलों के निर्माण के लिए मण्डी जिले में एक कारखाना लगाया गया है। यहाँ निर्मित स्लेट की देश व विदेशों में अच्छी माँग है।
- इस माँग को देखते हुए यहाँ अन्य कारखानों के बनने की भी सम्भावना है।

की प्वाइंट्स

- राज्य के मण्डी जिले के **चक्कर** में भारत-जर्मन सहयोग कार्यक्रम के अनुसार दुग्धशाला विकास इकाई की स्थापना की गई है। राज्य का सबसे बड़ा कुटीर उद्योग ऊन की कताई व बुनाई है।
- ऊना जिले के रेखूबेला में 'बीज प्रजनन केन्द्र' की स्थापना की गई है।
- कुल्लू जिले की पहाड़ियों का क्षेत्र नमक की खानों के लिए प्रसिद्ध है।
- प्रदेश के सोलन तथा कसौली में शराब तथा एल्कोहॉल उद्योग अवस्थित हैं।
- कांगड़ा जिले के 'डाडा सिबा' नामक स्थान पर 'रेशम बीज केन्द्र' स्थापित किया गया है।
- सोलन जिले के कुहार क्षेत्र में जिप्सम धातु पाई जाती है।

तेल और प्राकृतिक गैस

- राज्य में कई स्थलों पर तेल तथा प्राकृतिक गैस के भण्डार होने की सम्भावना है।
- **सुन्दरनगर के चौमुख** में अनुसन्धान से तेल के अंश मिले हैं।
- रेणुका तनलोग सुरंग के निकट खुदाई में प्राकृतिक गैस मिलने की भी सम्भावना है।
- तेल तथा प्राकृतिक गैस आयोग ने **हमीरपुर** जिले में **दयोट सिद्ध** और सोलन जिले में **रामेश्वर** के स्थान पर खनन करने की योजना बनाई है। ये दोनों परियोजनाएँ राज्य के लिए महत्त्वपूर्ण हैं।

खनिज जल

- कुल्लू जिले के मनाली के निकट कलाथ में जो खनिज जल मिलता है वह विश्व में सर्वश्रेष्ठ है।
- इस जल के रासायनिक परीक्षण से पता चलता है कि इसमें सोडियम, मैग्नीशियम, कैल्शियम क्लोराइड, सल्फेट्स, फॉस्फेट्स और लोहे की मात्रा विद्यमान है।

हिमाचल प्रदेश के प्रमुख उद्योग एवं उनके स्थान

उद्योग	स्थान
सीमेण्ट	राजबन, बरमाणा व दरलाघाट
ऊनी वस्त्र	नालागढ़, चम्बा व कुल्लू
बिरोजा, तारपीन	नाहन व बिलासपुर
हिमाचल उर्वरक लिमिटेड	शिमला व नालागढ़
मशीनी पुर्जे, घड़ियों के पुर्जे	सोलन
माइक्रोस्कोप	परवानू, काला अम्ब व गगरेट
चाय	कांगड़ा, पालमपुर एवं मण्डी
स्टील	बरौटीवाला व गगरेट
रासायनिक उद्योग	नालागढ़
पाइप उद्योग	कांगड़ा
कत्था उद्योग	कांगड़ा
बाँस उद्योग	कांगड़ा

राज्य के प्रमुख औद्योगिक केन्द्र

जिला	केन्द्र
कांगड़ा	नूरपुर, इन्दोरा, बैजनाथ, पपरीला
चम्बा	चमेरा, सुल्तानपुर, परेल
सोलन	परवाणू, धर्मपुर, बद्दी
ऊना	महतपुर, अम्ब, पण्डोगा
सिरमौर	पौण्टा साहिब

की प्वाइंट्स

- राज्य के कांगड़ा जिले में तांगलिंग नामक स्थान पर अभ्रक भण्डार पाए जाते हैं।
- प्रदेश के किन्नौर जनपद में चाँदी के भण्डार पाए जाते हैं।
- राज्य के सिरमौर जिले के चन्द्रनाहन नामक स्थान पर तारपीन का कारखाना वर्ष 1948 में स्थापित किया गया था।
- राज्य में चम्बा घाटी तथा बद्दी में सर्वाधिक इलेक्ट्रॉनिक्स इकाइयाँ स्थापित की गई हैं।
- राज्य के सोलन जिले में 50 टन का वनस्पति घी प्लाण्ट निजी क्षेत्र में शुरू किया गया है।
- राज्य के जहलमान नामक स्थान पर अमरबेल, सूखान एवं छँटाई केन्द्र की स्थापना की गई है।

हिमाचल प्रदेश में राष्ट्रीय राजमार्गों की स्थिति

राष्ट्रीय राजमार्ग (NH) संख्या	मार्ग	कुल लम्बाई (किमी में)
1A	पंजाब सीमा-दामताल-पंजाब सीमा	11.1
3 (नया)	नदुआँ-हमीरपुर-तोनी देवी-आवा देवी-मण्डी-मनाली-ग्रामपूह-किलैंग	208
20	मण्डी-जोगिन्दरनगर-बैजनाथ-पालमपुर-बागबान-नागरकोट-कोटला-नूरपुर-पंजाब सीमा	196.8
20A	नागरोटा (NH20) रानीताल-डेरा गोपीपुर-मुबारकपुर (NH70)	91
21	पंजाब सीमा-स्वारघाट-बिलासपुर-सुरेन्द्रनगर-मण्डी-पण्डोह-आटे-बजोरा-कुल्लू-रलियान-मनाली	227
21A	स्वारघाट-कुण्डलू-नालागढ़-हरियाणा सीमा	48.9

राष्ट्रीय राजमार्ग (NH) संख्या	मार्ग	कुल लम्बाई (किमी में)
22	हरियाणा सीमा- परवाणू-धरमपुर-बरोग-सोलन-कड़ाघाट-शिमला-कुफरी-टियोग-नरकाण्डा-किंगाल-सैंज-रामपुर-बाँगटू-नागिया-भारत-चीन सीमा	454.3
70	मण्डी-सरकाघाट-आवा देवी-हमीरपुर-नदुआँ-मुबारकपुर-गरैट - पंजाब सीमा	206.6
72	हरियाणा सीमा-काला अंब-नाहन-कोलार-मजरा- उत्तराखण्ड सीमा	56.2
72 B	उत्तराखण्ड सीमा-हटकोटि	110
73A	हरियाणा सीमा-पौण्टा साहिब (NH72)	7.5
88	शिमला-सालाघाट-बिलासपुर-घुमारवाँ हमीरपुर-नदुआँ-ज्वालामुखी-रानीताल-काँगड़ा-मटौर	199.6
154A (नया)	पंजाब सीमा-बनीखेत-चम्बा-भरमौर	137
305 (नया)	ओट (NH21) बनजर-अनी-लुहरी-सैंज (NH22)	97
503 (नया)	पंजाब सीमा-देहलान-ऊना-अम्ब-मुबारकपुर-डेरा गोपीपुर-रानीताल-काँगड़ा-मटौर-धर्मशाला-मैक्लैण्ड गण्डा	63
503 A (नया)	पंजाब सीमा-ऊना (NH503)	80
505 A (नया)	पोवारी (NH5) - रेकगि रैकैंग-कल्पा	20
505 (नया)	खान संगम-चाँगो-सुमड़ो-ताबो-अटारगो-काजा-मोराग-हनसे-लोसाट-लाच्छू-छोटाधारा-ग्रामपू	282
705 (नया)	टिहयोंग (NH5) कोटरवार्ड-जुब्बल-हटकोटि (NH707)	70
907 (नया)	नाहन बनेती (NH7) -सहारन-कुमारहाटि (NH5)	76
कुल		**2642.5**

स्रोत www.nhai.org/indian-road-network.htm

रेल परिवहन

- प्रदेश में रेल लाइन की लम्बाई वर्तमान मे 209 किमी है।
- शिमला तथा **नैरोगेज** रेलमार्ग निर्मित हुआ है।
- नाँगल डैम-चरुडू बड़ी रेलवे लाइन है, जिसकी लम्बाई 33 किमी है।
- कालका से **शिमला** रेलमार्ग की दूरी 96 किमी तथा पठानकोट से जोगिन्दर नगर के बीच 163 किमी रेलमार्ग है। यह रेल लाइन नैरोगेज है।
- हिमाचल प्रदेश में कुल रेलमार्ग 292 किमी है।
- कालका-शिमला रेलमार्ग पर परिचालन 1 जनवरी, 1906 में शुरू हुआ। उल्लेखनीय है कि इस रेलमार्ग का सर्वेक्षण भालखूराम ने छड़ी से किया था। पठानकोट-जोगिन्दर नगर रेलमार्ग पर परिचालन फरवरी, 1926 में शुरू हुआ।

वायु परिवहन

- शिमला एयरपोर्ट शिमला के नजदीक, गग्गल पोर्ट कांगड़ा के नजदीक और भुन्तर एयरपोर्ट कुल्लू के नजदीक अवस्थित है।
- गग्गल हिमाचल प्रदेश का सबसे बड़ा **हवाई अड्डा** है, जो धर्मशाला के निकट स्थित है।
- इन सभी एयरपोर्ट का रनवे काफी छोटा (4,000 फीट) है।
- सोलन जिले में जुबारहट्टी हवाई अडडा अवस्थित है।
- यहाँ से केवल दिल्ली के लिए उड़ानें होती हैं।

हैलिपैड

हैलिपैड	स्थान
बाहंग	मनाली के पास
नाहन	सेना अधिकारियों के तहत
अनाडेल	शिमला
स्टींगरी	ग्रेफ के अधीन
डोडराक्वार, किलाड़, किन्नौर, भरमौर	पाँगी

जल परिवहन

राज्य की जल परिवहन व्यवस्था को दुरुस्त बनाए रखने के लिए गोविन्द सागर और पोंग बाँध में जल परिवहन हेतु अग्निबोट का इस्तेमाल किया जाता है।

रज्जू मार्ग

रज्जू मार्ग को रोप-वे कहते हैं। पर्वतीय इलाकों में एवं जहाँ पर वाहनों की पहुँच संभव नहीं है। रज्जू मार्ग का नवीनतम् उदाहरण परवाणु नामक स्थल के पास देखा जा सकता है। इसे **टिम्बर ट्रेल** भी कहा जाता है।

राज्य के राज्यपाल

नाम	कार्यकाल
अमीनुद्दीन खान अहमद	17.02.1977 से 25.08.1981
ए एन बनर्जी	26.08.1981 से 15.04.1983
होकिशे सेमा	16.04.1983 से 07.03.1986
पी डी देसाई	08.03.1986 से 16.04.1986 (कार्यवाहक)
आर के एस गाँधी	17.04.1986 से 15.02.1990
एस एम एच वर्नी	02.12.1987 से 10.01.1988
एच ए ब्रारी	20.12.1989 से 12.01.1990
बी रचैया	16.02.1990 से 19.12.1990
वीरेन्द्र वर्मा	19.12.1990 से 29.01.1993
सुरेन्द्र नाथ	30.01.1993 से 10.12.1993 (कार्यकारी)
बलिराम भगत	11.02.1993 से 29.06.1993
गुलशेर अहमद	30.06.1993 से 26.11.1993
सुरेन्द्र नाथ	27.11.1993 से 09.07.1994 (कार्यकारी)
श्री बी रत्नम	10.07.1994 से 30.07.1994 (कार्यवाहक)
सुधाकर राव नाइक	30.07.1994 से 17.10.1995
महावीर प्रसाद	18.09.1995 से 16.11.1995 (कार्यवाहक)
श्रीमती शीला कौल	17.11.1995 से 22.04.1996
महावीर प्रसाद	23.04.1996 से 25.07.1997
श्रीमती वी एस रमादेवी	26.07.1997 से 01.12.1999
विष्णुकान्त शास्त्री	02.12.1999 से 23.11.2000
सूरजभान	23.11.2000 से 07.05.2003
विष्णु सदाशिव कोकजे	08.05.2003 से 19.07.2008
प्रभाराव	19.07.2008 से 24.01.2010
उर्मिला सिंह बेन	25.01.2010 से 24.01.2015
कल्याण सिंह	28.01.2015 से 12.08.2015
आचार्य देवव्रत	12.08.2015 से 21.07.2019
कलराज मिश्र	22.07.2019 से 10.09.2019
बंडारू दत्तात्रेय	11.09.2019 से 13.07.2021
राजेन्द्र विश्वनाथ	13.07.2021 से 13.02.2023
शिव प्रताप शुक्ला	13.02.2023 से वर्तमान

राज्य के मुख्यमन्त्री

नाम	कार्यकाल
डॉ. यशवन्त सिंह परमार	1952-59, 1963 से 28.01.77
ठाकुर रामलाल	28.01.1977 से 30.04.1977
राष्ट्रपति शासन	30.04.1977 से 22.06.1977
शान्ता कुमार	22.06.1977 से 14.02.1980
ठाकुर रामलाल	14.02.1980 से 07.04.1983
वीरभद्र सिंह	08.04.1983 से 05.03.1990
शान्ता कुमार	05.03.1990 से 09.11.1992
राष्ट्रपति शासन	15.12.1992 से 03.12.1993
वीरभद्र सिह	03.12.1993 से 23.031998
प्रेम कुमार धूमलल	24.03.1998 से 05.03.2003
वीरभद्र सिंह	06.03.2003 से 30.12.2007
प्रेम कुमार धूमल	30.12.2007 से 25.12.2012
वीरभद्र सिंह	25.12.2012 से 27.12.2017
जयराम ठाकुर	27.12.2017 से 11.12.2022
सुखविन्दर सिंह सुक्खू	11.12.2022 से अब तक

राज्य के विधानसभा अध्यक्ष

कर्मसिंह	1956-62 तक
देशराज महाजन	1963-67 तक
देशराज महाजन	1967-72 तक
कुलतार चन्द राणा	1972-77 तक
श्रवण कुमार	1977-82 तक
ठाकुर सेन नेगी	1982-84 तक
श्रीमती विद्या स्टोक्स	1985-90 तक
राधा रमण शास्त्री	1990-93 तक
श्री कौलसिंह ठाकुर	1993 से 24.12.1998 तक
ठाकुर गुलाब सिंह ठाकुर	24.03.1998 से 10.03.2003 तक
गंगूराम मुसाफिर	11.03.2003 से 10-01-2008 तक
तुलसी राम	11.01.2008
वी वी एल बुटैल	09.01.2013 से 5-01-2008
राजीव बिन्दल	10.01.2018 से 16-01-2020
विपिन सिंह परमार	26.02.2020 से 10-12-2022
कुलदीप सिंह पठानिया	5.01.2023 से वर्तमान

राज्य का वर्तमान प्रशासनिक ढाँचा
(सूचना एवं जनसम्पर्क विभाग हि. प्र.)

प्रशासनिक संस्था	कुल संख्या	प्रशासनिक संस्था	कुल संख्या
मण्डल	3	कस्बे एवं शहर	61
जिले	12	नगर निगम	5
विकासखण्ड	88	नगर परिषद्	29
उप-मण्डल	81	नगर पंचायत	27
तहसील	113	कुल ग्राम	20,752
उप-तहसील	38		

राज्य में प्रमुख संस्थाओं की स्थापना

तिथि	संस्थान
1 जून, 1955	आकाशवाणी, शिमला की स्थापना।
25 जनवरी, 1971	हिमाचल प्रदेश उच्च न्यायालय की स्थापना।
8 अप्रैल, 1971	हिमाचल प्रदेश लोक सेवा आयोग की स्थापना।
22 जुलाई, 1971	हिमाचल प्रदेश विश्वविद्यालय की स्थापना।
1 जनवरी, 1974	हिमाचल प्रदेश लोक प्रशासन संस्थान, मशोबरा (शिमला) की स्थापना।
1 नवम्बर, 1978	कृषि विश्वविद्यालय पालमपुर (कांगड़ा) की स्थापना।
17 अगस्त, 1983	हिमाचल प्रदेश लोकायुक्त निर्धारित।
1 दिसम्बर, 1985	डॉ. यशवन्त सिंह परमार, उद्यान एवं वानिकी विश्वविद्यालय, नौणी (सोलन) की स्थापना।
1 सितम्बर, 1986	हिमाचल प्रदेश प्रशासनिक प्राधिकरण की स्थापना।

पंचायती राज व्यवस्था

राज्य में सर्वप्रथम पंचायतों की स्थापना पंचायत अधिनियम, 1952 के अन्तर्गत की गई थी। हिमाचल प्रदेश राज्य में त्रिस्तरीय पंचायती राज व्यवस्था विद्यमान है। ग्रामीण स्तर पर ग्राम पंचायत, विकासखण्ड स्तर पर पंचायत समिति तथा जिला स्तर पर जिला परिषदों का गठन प्रत्येक पाँच वर्ष पर चुनाव द्वारा होता है।

राज्य के उप राज्यपाल

नाम	कार्यकाल
ले. गवर्नर	
मे. जनरल हिम्मत सिंह	01.03.1952 से 31.12.1954
राजा बी बी सिंह भद्री	01.01.1955 से 13.08.1963
भगवान सहाय ICS (RTD)	14.08.1963 से 25.02.1966
वी विश्वनाथन ICS (RTD)	26.02.1966 से 06.05.1967
ओमप्रकाश	07.05.1967 से 15.05.1967
लेफ्टिनेण्ट जनरल के बहादुर सिंह	16.05.1967 से 24.01.1971

जिलावार तथ्य

लाहौल-स्पीति

जिले का पुनर्गठन	*1 नवम्बर, 1966*
क्षेत्रफल	*13,833 वर्ग किमी*
कुल आबादी	*31,528 (2011)* ***सैन मैरिनो देश के बराबर***
जनघनत्व	*2.3 व्यक्ति प्रति किमी*
लाहौल का स्थानीय नाम	*गारजा (दक्षिणी क्षेत्र)*
स्पीति का स्थानीय नाम	*पीति (मध्य क्षेत्र)*
जिला मुख्यालय	*केलांग (सभी जिलों में विस्तृत)*
उप-मण्डल	*काजा, केलांग, उदयपुर*
तहसीलें	*उदयपुर, काजा*
कुल पंचायतें	*41*
पर्यटन स्थल	*उदयपुर, त्रिलोकनाथ, रंगरीक, केलांग लोसर, खोखसर, दारचा, थिरोट*
प्रधान बौद्ध मठ	*लिंग, किवर, ताबो, बारालाचा, लामागुरु*
दर्रे	*कौरिक दर्रा (तिब्बत व चीन का मार्ग), पराग दर्रा, बारालाचा-ला*
कृषि	*आलू , हौप्स, मटर*
हवाई पट्टी	*केलांग, रंगरीक*
अक्षांशीय स्थिति	*32.58° उत्तर*
चण्डीगढ़ से दूरी	*536 किमी काजा*
शिमला से दूरी	*402 किमी काजा*
चण्डीगढ़ से केलांग	*432 किमी*
चण्डीगढ़ से रोहतांग	*367 किमी*
मुख्य त्यौहार	*हाल्हा, फागनी*
साक्षरता	*77.24% (पुरुष 86.97% ; महिला 66.5%)*
सबसे ऊँचाई वाला गाँव	*खिब्बर (4,205 मी)*
लिंगानुपात	*916*

चम्बा

नामकरण	चम्पावती से (चम्बा)
जिले के रूप में विकसित	*15 अप्रैल, 1948*
क्षेत्रफल	*6,522 वर्ग किमी*
कुल आबादी	*5,18,844 (2011)* ***केप वर्डे देश की जनसंख्या के बराबर***
जनघनत्व	*80 व्यक्ति प्रति वर्ग किमी*
जिला मुख्यालय	*चम्बा*
उप-मण्डल	*चम्बा, चुराह, पाँगी, भरमौर, डलहौजी*
तहसीलें	*पाँगी, भरमौर, चुराह, चम्बा*
उप-तहसीलें	*होली, सिहुन्ता, सिलनी, डलहौजी*
कुल पंचायतें	*270*
हवाई पट्टी	*केलाड़*
सम्भावित हवाई पट्टी	*बनीखेत, भरमौर*
मुख्य नदियाँ	*रावी चेनाब*
औद्योगिक प्रतिष्ठान	*बैरास्थुल, चमेरा, सरोल*
पर्यटन स्थल	*डलहौजी, खज्जियार, भरमौर, मणिमहेश, जमुहा साहु*
धार्मिक पर्यटन स्थल	*खज्जियार, मणिमहेश, भरमौर, छतराड़ी*
दर्रे	*जालसू, साचपास, कुंगटी, पौण्डरी, चन्दू दर्रा*
कृषि	*मक्का, धान, राजमा, फुलन, आलू , सेब, केसर, माह*
भाषा	*चुराही, हिन्दी, भरमौरी, भटयाती, चम्बयाली*
सैनिक छावनियाँ	*डलहौजी बकलोह*
साक्षरता	*73.19% (पुरुष 84.19%; महिला 62.14%)*
लिंगानुपात	*989*

किन्नौर

जिले के रूप में विकसित	*21 अप्रैल, 1960*
क्षेत्रफल	*6,401 वर्ग किमी*
कुल आबादी	*84,298 (2011)* ***अण्डोरा देश के बराबर***
जनघनत्व	*13 व्यक्ति प्रति किमी*
पुराना नाम	*किन्नौर (अयम् किम् नरः)*
जिला मुख्यालय	*रिकांग पीओ*
उप-मण्डल	*निचार, कल्पा, पूह*
तहसील	*निचार, कल्पा, सांगला, पूह, मोरंग*
उप-तहसील	*यंगरंग*
कुल पंचायतें	*65*
प्रसिद्ध मेला	*फुलायच मेला, हाल्दा मेला*
जिला मुख्यालय	*रिकांग पीओ*
चुनाव क्षेत्र	*किन्नौर*
नदियाँ	*सतलुज (उप-नदी बासपा)*
धार्मिक स्थल	*सतलुज, कैलास, कापरू (मोने), नेसांग (काली मन्दिर)*
भाषा	*तिब्बती, किन्नरी*
झील	*नाको झील*
समुद्र तल से ऊँचाई	*2,134 से 3,658 मी*
विद्युत परियोजनाएँ	*संजय विद्युत परियोजना, बासपा विद्युत परियोजना*
कृषि	*6% भूमि (एक फसल वार्षिक) आलू , सेब, अंगूर*
दर्रे	*शिपकी ला, रानीशीला, कुकम*
नगदी फसलें	*सेब, चिलगोजा, बादाम, अंगूर*
अक्षांशीय स्थिति	*उत्तरी 31.5, पूर्वी 77.45*
साक्षरता	*80.77% (पुरुष 88.37%; महिला 71.34%)*
लिंगानुपात	*818*

कांगड़ा

प्राचीन नाम	*त्रिगर्त*
पुनर्गठन	*1 नवम्बर, 1966*
क्षेत्रफल	*5,739 वर्ग किमी*
जनसंख्या	*15,07,223 (2011)* ***गैबन की जनसंख्या के बराबर***
जनघनत्व	*263 व्यक्ति प्रति वर्ग किमी*
साक्षरता	*86.49% (पुरुष 92.55%; महिला 88.82%)*
राजकीय विश्वविद्यालय	*कृषि विश्वविद्यालय, पालमपुर*
प्रदेश का कुल भाग	*10.31%*
जिला मुख्यालय	*धर्मशाला*
उप-मण्डल	*कांगड़ा, पालमपुर, धर्मशाला, नूरपुर, देहरा-गोपीपुर*
तहसीलें	*कांगड़ा, पालमपुर, बैजनाथ, जयसिंहपुर, नूरपुर, डरोह, धर्मशाला, इन्दौरा, जवाली, खुडियाँ, देहरा, कोटला शाहपुर*
उप-तहसीलें	*रक्कड़, हरचकियाँ, फतेहपुर, बरोह, धीरा, कस्बा-कोटियाँ (जसबाँ)*
कुल पंचायतें	*760*
पर्यटन स्थल	*धर्मशाला, पालमपुर, कांगड़ा, बैजनाथ*
धार्मिक पर्यटन स्थल	*ज्वालामुखी, कांगड़ा, धर्मशाला, नूरपुर, बैजनाथ, योल, भागसुनाथ, चामुण्डा देवी, ब्रजेश्वरी देवी*
हवाई अड्डा	*गग्गल (अन्तर्राज्यीय)*
रेलवे लाइन	*पठानकोट, जोगिन्दर नगर*
औद्योगिक केन्द्र	*जसूर, नूरपुर, आलमपुर, भागसु, इन्दोरा, कांगड़ा, पालमपुर, पपरोला, बैजनाथ, खनियारा*
समुद्र तल से ऊँचाई	*700 से 1,000 मी*
रेडियो केन्द्र	*धर्मशाला*
अक्षांशीय स्थिति	*31.42° उत्तर*
गर्म पानी का चश्मा	*सलोल*
चाय के बगीचे	*पालमपुर, पपरोला, बैजनाथ, अपरबीड़*
सबसे बड़ा शहर	*पालमपुर*
लिंगानुपात	*1,013*

कुल्लू

पुराना नाम	*कुलूत ('विष्णु-पुराण' से उद्धृत)*
जिले के रूप में विकसित	*1963*
क्षेत्रफल	*5,503 वर्ग किमी*
कुल आबादी	*4,37,474 (2011)* ***माल्टा की जनसंख्या के बराबर***
जनघनत्व	*79 व्यक्ति प्रति वर्ग किमी*
उप-मण्डल	*कुल्लू , बंजार, आनी*
जिला मुख्यालय	*कुल्लू*
तहसीलें	*कुल्लू , बंजार, निरमण्ड, आनी*
उप-तहसीलें	*कुल्लू , आनी*
कुल पंचायतें	*204*
पर्यटन स्थल	*मनाली, मणिकर्ण, डफडनवर, पतली कुहल*
धार्मिक पर्यटन स्थल	*हिडिम्बा देवी, मणिकर्ण, विशिष्ट, तालाब, खीरगंगा, परशुराम मन्दिर, महिषासुरमर्दिनी*
कृषि	*सेब, आलू , लाल मिर्च*
भाषा	*कुल्लवी, हिन्दी*
चण्डीगढ़ से दूरी	*272 किमी*
हवाई मार्ग	*दिल्ली-भुन्तर, चण्डीगढ़-भुन्तर, शिमला-भुन्तर*
सम्भावित हवाई पट्टी	*रंगरीक*
दर्रे	*रोहतांग, पिन पार्वती*
पर्वतारोहण संस्थान	*मनाली, सोलांग नाला*
दूरदर्शन टावर	*मनाली, कुल्लू*
अक्षांशीय स्थिति	*31.58° उत्तर*
साक्षरता	*80.14% (पुरुष 88.80%; महिला 71.01%)*
गर्म पानी के चश्मे	*सोमवन, पतली, कुल्ह, कटौला*
फिल्म शूटिंग स्थल	*व्यास नदी*
मुख्य नदी	*व्यास कुण्ड (मनाली)*
उद्गम स्थल	*पार्वती*
उप-नदियाँ	*8*
लिंगानुपात	*950*

शिमला

उद्भव	*1948 में, महासू जिले के रूप में*
क्षेत्रफल	*5,131 वर्ग किमी*
कुल आबादी	*8,13,384 (2011)* ***कोमोरोस देश की जनसंख्या के बराबर***
जनघनत्व	*159 व्यक्ति प्रति वर्ग किमी*
जिला मुख्यालय	*शिमला*
उप-मण्डल	*शिमला शहरी, शिमला ग्रामीण, थियोग, रामपुर, चौपाल, डोडरा*
तहसीलें	*शिमला शहरी, कोटखई, सिओनी, थियोग, कुमारसेन, रामपुर, चौपाल, रोहडू, चिरगाँव, जुब्बल, शिमला ग्रामीण*
उप-तहसीलें	*ननखड़ी, कुपुरी, टिक्कर, जुनगा, नेरेखा*
कुल पंचायत	*363*
पर्यटन स्थल	*शिमला, मशोबरा, कुफरी, हाटकोटी, तारादेवी, नारकण्डा, कोटी, चायल, नालदेहरा, रामपुर, सराहन*
धार्मिक पर्यटन स्थल	*भीमाकाली मन्दिर, हाटकोटी, कालीबाड़ी*
रेडियो व दूरदर्शन केन्द्र	*शिमला, कसीली*
हवाई सेवा	*जुब्बल हट्टी, केथू (छोटा हवाई पैड) कल्याणी, हवाई पैड (चौड़ा मैदान)*
गर्म पानी के स्त्रोत	*अन्नू ताला*
फिल्म शूटिंग स्थल	*हट्टी (समीप नारकण्डा) 11,00 फीट*
मुख्य नदी	*सतलुज*
उप-नदियाँ	*पब्बर, गिरि*
सेब उत्पादक क्षेत्र	*कोटखई, कोटगढ़ (विश्व प्रसिद्ध)*
औद्योगिक केन्द्र	*तारादेवी, नारकण्डा, नाथपा झाकड़ी, रोहडू*
ऐतिहासिक स्थल	*रामपुर, बुशहर, शिमला, धामी*
साक्षरता	*84.55% (पुरुष 90.73%; महिला 77.80%)*
लिंगानुपात	*916*

16 हिमाचल प्रदेश एक दृष्टि में

मण्डी

जिले के रूप में विकसित	*15 अप्रैल, 1948*
क्षेत्रफल	*3,950 वर्ग किमी*
कुल आबादी	*9,99,518 (2011)* ***यूएसए के मोंटाना राज्य की जनसंख्या के बराबर***
जनघनत्व	*253 व्यक्ति प्रति वर्ग किमी*
जिला मुख्यालय	*मण्डी हाउस*
उप-मण्डल	*मण्डी, गोहर, जोगिन्दर नगर, सरकाघाट, सुन्दर नगर, करसोग*
तहसीलें	*मण्डी, चचियोत, नाग, जोगिन्दर नगर, सरकाघाट, सुन्दर नगर, थुंग, करसोग*
उप-तहसीलें	*बालीचौकी, लडभरौल, संघोल पहर, कोटली, बदलवारा, निहरी, धर्मपुर, द्रंग*
कुल पंचायतें	*355*
पैराग्लाइड केन्द्र	*रेहड़धार (मण्डी), बीड़ भंगाल (जोगिन्दर नगर)*
एच पी एम सी फल विधायन केन्द्र	*जरोल (सुन्दर नगर)*
औद्योगिक प्रतिष्ठान	*बस्सी, शानन (जोगिन्दर नगर), डैहर, द्रंग, गम्मा, भाम्बला, सौलीखड़, नेरचौक, सुन्दर नगर, भगरोटु, चक्कर*
सम्भावित सीमेण्ट उद्योग	*नालनी (सुन्दर नगर), अलसिढ़ी (करसोग)*
पर्यटन स्थल	*पण्डोह, सुन्दर नगर, गोहर, जंजैहली, तत्तापानी, रिवालसर, जोगिन्दर नगर, बरोट, चेलचौक*
धार्मिक पर्यटन स्थल	*कमलाह, मोहननाग, तत्तापानी, हिनोगी, हाटेश्वरी, जैदेवी, रिवालसर, कमरूनाग, टारनामण्डी, चतुर्भुजा देवी, नवाही देवी, मच्छयाल (जोगिन्दर नगर), बालाकामेश्वर देव (मण्डी)*
दूरदर्शन टावर	*मण्डी, चतुर भुजा, एजु (नैनादेवी), रिवालसर, चन्देश*
अन्तर्राष्ट्रीय टेलीफोन सुविधा	*मण्डी, कोटली, सुन्दर नगर*
चण्डीगढ़ से दूरी	*160 किमी*
कृषि	*मक्का, धान, गेहूँ, दालें, तिलहन, सेब, आम, पलम, आडू, बेमौसमी सब्जी*
समुद्र तल से ऊँचाई	*800 से 1,600 मी*
अक्षांशीय स्थिति	*31.43° उत्तर*
साक्षरता	*82.81% (पुरुष 91.51%; महिला 74.33%)*
लिंगानुपात	*1,012*
गर्म पानी के चश्मे	*तत्तापानी (मण्डी से 150 किमी, शिमला से 83 किमी)*
झीलें	*रिवालसर, डायन (बरोट), नराशर, कमरूनाग*
मुख्य नदियाँ	*व्यास, उहल, उप-नदी—सतलुज)*
बाँध	*पण्डोह बाँध*
नहरें	*बग्गी, सुन्दर नगर*

सिरमौर

जिले के रूप में विकसित	*1972*
क्षेत्रफल	*2,825 वर्ग किमी*
कुल आबादी	*5,30,164 (2011)* ***केपवर्डे देश की जनसंख्या के बराबर***
जनघनत्व	*188 व्यक्ति प्रति वर्ग किमी*
सिरमौर रियासत के संस्थापक	*राजा डाक प्रकाश*
सिरमौर अस्तित्वकरण	*1948*
जिला मुख्यालय	*नाहन*
उप-मण्डल	*चन्द्रनाहन, पौण्टा साहिब, राजगढ़*
तहसीलें	*चन्द्रनाहन, रेणुका, शिलाई, पौण्टा साहिब, पच्छाद, राजगढ़*
उप-तहसीलें	*ददाऊ, कामरू*
कुल पंचायतें	*195*
पर्यटन स्थल	*पौण्टा साहिब, रेणुका झील, माजरा, नाहन, धौलाकुआँ*
ऐतिहासिक स्थल	*रेणुका झील, पच्छाद, बिछौल, लखदाता पीर मजार, पुजारली*
औद्योगिक स्थान	*नाहन, धौलाकुआँ, माजरा, ददाहु*
समुद्र तल से ऊँचाई	*1,000 से 3,000 मी*
कृषि	*मक्का, अदरक, टमाटर, बेमौसमी सब्जी, सेब, आलू*
अक्षांशीय स्थिति	*30.45° उत्तर*
मुख्य नदी	*यमुना*
चण्डीगढ़ व शिमला से दूरी	*117 किमी व 12 किमी*
साक्षरता	*79.98% (पुरुष 86.76%; महिला 72.55%)*
लिंगानुपात	*915*

ऊना

जिले के रूप में विकसित	*1 सितम्बर, 1972*
क्षेत्रफल	*1,540 वर्ग किमी*
कुल आबादी	*5,21,057 (2011)* ***केपवर्डे की जनसंख्या के बराबर***
जनघनत्व	*338 व्यक्ति प्रति वर्ग किमी*
जिला मुख्यालय	*ऊना*
उप-मण्डल	*ऊना, अम्ब*
तहसीलें	*ऊना, अम्ब, बंगाना, हरौली*
उप-तहसील	*भखैण*
कुल पंचायतें	*235*
मुख्य नदी	*व्यास*
औद्योगिक केन्द्र	*मैहतपुर, रायपुर, गगरेट, अम्ब, मुबारकपुर*
धार्मिक पर्यटन स्थल	*चिन्तपूर्णी, बाबा रूद्रू, डेरा बाबा वड़ भागसिंह, जोगी पंगा*
भाषा	*हिन्दी, पंजाबी (कांगड़ी पहाड़ी)*
समुद्र तल से ऊँचाई	*1,000 मी तक*
कृषि व बागवानी	*चावल, गेहूँ, मक्का, गन्ना, आलू, गोभी, टमाटर, अमरूद, सन्तरा, अंगूर*
चण्डीगढ़ से ऊना की दूरी	*120 किमी*
भूमि	*समतल (मैदानी)*
अक्षांशीय स्थिति	*31.32° उत्तर*
साक्षरता	*87.23% (पुरुष 92.75%; महिला 81.67%)*
लिंगानुपात	*977*

सोलन

जिले के रूप में विकसित	*1 सितम्बर, 1972*
क्षेत्रफल	*1,936 वर्ग किमी*
कुल आबादी	*5,76,670 (2011)* सोलोमन आइसलेण्ड की जनसंख्या के बराबर
जनघनत्व	*298 व्यक्ति प्रति वर्ग किमी*
सोलन का अस्तित्वकरण	*15 अप्रैल, 1945 (महासू जिले के रूप में)*
जिला मुख्यालय	*सोलन*
उप-मण्डल	*सोलन, नालागढ़, अर्की, कण्डाघाट*
तहसीलें	*नालागढ़, कण्डाघाट, अर्की, सोलन, कसौली, कृष्णगढ़, रामशहर*
उप-तहसीलें	*रामशहर, कृष्णगढ़, दारला*
कुल पंचायतें	*211*
औद्योगिक प्रतिष्ठान	*नालागढ़, डगशाई, परवानू, कण्डाघाट, बद्दी, बरौटीवाला, पिंजैहरा*
सम्भावित रेल लाइन	*बुराबाला*
सम्भावित हवाई जहाज मार्ग	*जोहड़ावाला*
सीमेण्ट प्लाण्ट	*दारला घाट*
पर्यटन स्थल	*कसौली, सोलन, परवानू, कण्डाघाट*

दूरदर्शन प्रेषण संस्थान	*कसौली*
चण्डीगढ़ व शिमला से दूरी	*68 किमी व 48 किमी*
रेल यातायात	*कालका से शिमला*
अक्षांशीय स्थिति	30.23° उत्तर
साक्षरता	*85.02% (पुरुष 91.19%; महिला 78.02%)*
लिंगानुपात	*884*

बिलासपुर

जिले के रूप में विकसित	*1 जुलाई, 1954 (पाँचवाँ जिला)*
क्षेत्रफल	*1,167 वर्ग किमी*
कुल आबादी	*3,82,056 (2011)* ***मालदीव की जनसंख्या के बराबर***
जनघनत्व	*327 व्यक्ति प्रति वर्ग किमी*
पुराना नाम	*व्यासपुर (महाभारत से उद्धृत)*
रियासत के रूप में	*कहलूर*
जिला मुख्यालय	*बिलासपुर*
उप-मण्डल	*बिलासपुर, घुमारवीं*
तहसीलें	*बिलासपुर, घुमारवीं, झण्डुता*
उप-तहसील	*नैनादेवी*
कुल पंचायतें	*151*
औद्योगिक प्रतिष्ठान	*नंगल (घुमारवीं), गंगल (बरमाणा)*
पर्यटन स्थल	*नैनादेवी, भाखड़ा बाँध, बिलासपुर*
एशिया का सबसे ऊँचा पुल	*कन्दरौर (घुमारवीं)*
कृषि	*गेहूँ, मक्का, धान, दालें, तिलहन*
भाषा	*बिलासपुरी, पहाड़ी, हिन्दी, कहलूरी*
समुद्र तल से ऊँचाई	*1,000 मी तक*
झील	*गोविन्द सागर*
अक्षांशीय स्थिति	31.1° उत्तर
चण्डीगढ़ व शिमला से दूरी	*130 किमी व 90 किमी*
पैराग्लाइड प्रशिक्षण संस्थान	*बिलासपुर*
साक्षरता	*85.87% (पुरुष 92.39%; महिला 78.70%)*
लिंगानुपात	*981*

हमीरपुर

संस्थापक	*हमीरचन्द*
प्रदेश में अस्तित्वकरण	*1 नवम्बर, 1966*
जिले के रूप में विकसित	*1 सितम्बर, 1972*
क्षेत्रफल	*1,118 वर्ग किमी*
कुल आबादी	*4,54,293 (2011)* ***माल्टा देश की जनसंख्या के बराबर***
जनघनत्व	*406 व्यक्ति प्रति वर्ग किमी*
साक्षरता	*89.01% (पुरुष 95.28%; महिला 83.44%)*
लिंगानुपात	*1.096*
जिला मुख्यालय	*हमीरपुर*
उप-मण्डल	*हमीरपुर, नादौन, बरसार, भोरंज*
तहसीलें	*हमीरपुर, नादौन, बरसार, भोरंज*
कुल पंचायतें	*229*
रेडियो केन्द्र	*हमीरपुर*
दूरदर्शन टावर	*हमीरपुर, कश्मीर*
पर्यटन स्थल	*टीहरा, प्राचीन (नूप किला), नन्देश्वर, गौरी शंकर, नादौन, शिव मन्दिर, गुरुद्वारा*
धार्मिक पर्यटन स्थल	*बाबा बालकनाथ, दयोट सिद्ध , हमीरपुर से 45 किमी नन्देश्वर, गौरी शंकर, चामुण्डा, सीता-राम मन्दिर (सुजानपुर), महावीर, किला कालेश्वर (नादौन), टौणी देवी, अवाह देवी, झनियारी देवी*
आक्षांशीय स्थिति	31.42° उत्तर
चण्डीगढ़ व शिमला से दूरी	*192 किमी व 172 किमी*

लोकगीत, लोकनृत्य एवं परम्पराएँ

किसी भी समाज का स्वस्थ विकास उसकी अपनी सांस्कृतिक परम्पराओं के संरक्षण पर निर्भर करता है, जो लोग इस दिशा में प्रयास करते हैं, समाज में उनका उच्च स्थान होता है। किसी राज्य के लोकगीत संगीत जनता की संस्कृति और सभ्यता की अभिव्यक्ति करते हैं। इस प्रदेश के लोकगीत विविधतापूर्ण हैं और उसमें मानव की सभी आकांक्षाएँ सम्मिलित हैं।

लोकगीत

राज्य के लोकगीतों का वर्गीकरण निम्नलिखित भागों में किया जा सकता है

1. संस्कार तथा परिवार विषयक गीत
2. शृंगार तथा प्रेम विषयक गीत
3. ऋतु गीत
4. धार्मिक तथा नीतिपरक गीत
5. प्रबन्ध तथा ऐतिहासिक गाथा गीत

संस्कार तथा परिवार विषयक गीत

- जन्म, वर्षगाँठ, मुण्डन आदि संस्कारों के समय गाए जाने वाले गीतों को **बिहाइयाँ** कहा जाता है।
- कन्या के विवाह पर जो गीत गाए जाते हैं, उन्हें **सुहाग** कहा जाता है। इन गीतों में लड़की की आकांक्षाओं और पितृगृह के स्नेह का मार्मिक चित्रण प्रस्तुत होता है।
- वर के यहाँ गाए जाने वाले विवाह संस्कार के गीतों को चार भागों में विभाजित किया जा सकता है— घोड़ियाँ, समूत, सान्द और सेहरा।
- विवाह की तैयारियाँ होते ही महीने भर पहले से लड़के वाले के यहाँ घोड़ियाँ गीत प्रारम्भ हो जाते हैं। जो स्त्रियाँ गीत गाने आती हैं, उन्हें गुड़-चने दिए जाते हैं। विवाह की तैयारियों की द्योतक घोड़ियाँ होती हैं। उसके बाद पण्डितों द्वारा **समूत** निकाले जाते हैं। लड़के के सगे-सम्बन्धी **बुटणा** मलते हैं। इस अवसर पर गाए जाने वाले गीत 'समूत' गीत कहे जाते हैं।
- सान्द के बाद सेहरा बँधता है। उस समय भी लोकगीत गाए जाते हैं, जिसे **सेहरा गीत** कहते हैं।

शृंगार और प्रेम विषयक गीत

- कुल्लू और कांगड़ा के प्रेम गीत **कुंजु-चंचलों** वैसे ही प्रसिद्ध हैं, जैसे— हीर-राँझा या ढोला-मारु के प्रेम गीत हैं।
- प्रेमी-प्रेमिका के वाद-विवाद के रूप में वर्णित 'कुंजु-चंचलों' प्रेम गीत यौवन की कामनाओं के उन्नयन का प्रतीक रूप है और प्यार की प्रबल भावनाओं को प्रस्तुत करता है।
- सिरमौर में शृंगारपरक **झूरी गीत** अपनी कोमल भावनाओं की अभिव्यक्ति के लिए प्रसिद्ध है। इन गीतों का प्रधान रस शृंगार है।
- मण्डी जिले के इलाका सिराज की दासी के नाम पर जो लोकगीत प्रचलित हैं, उनमें भी मार्मिक टीस होती है।
- पराशरधार की तलहटियों में गूँजने वाले लोकगीत 'पंणतू' और **छंजोटी** भी प्रेम की गुहार के अलौकिक गीत हैं।
- हिमाचल प्रदेश के पावस गीतों में भी प्रेम की करुण अभिव्यक्ति देखने को मिलती है।

ऋतु गीत

- हिमाचली ऋतु गीतों में 'छीजें' अति प्रसिद्ध हैं। चैत्र मास में वर्षा के प्रारम्भ के समय मण्डी इलाके में 'छीजें' घर-घर गूँज उठती हैं।
- पर्वतीय इलाकों में चैत्र 'उदासी का महीना' माना जाता है। शीतकाल में चारों ओर हिम का साम्राज्य रहता है और ग्रीष्मकाल के आगमन पर जनजीवन में प्रफुल्लता छा जाती है।
- 'छीजें' केवल चैत्र मास में ही गाई जाती हैं।

- लोक विश्वास है कि अन्य समय गाने पर इनका गायन अपशगुन होता है और वे भाई के लिए अभिशाप बन जाती हैं।
- छीजें चैत्र संक्रान्ति से मासान्त (महीने के अन्त तक) गाई जाती हैं।
- प्रत्येक परिवार में सखियों को आमन्त्रित कर छीजें गाना शगुन समझा जाता है। छीजों में नारी मन के करुण चित्र सजाए गए हैं।

धार्मिक तथा ऐतिहासिक लोकगीत

धार्मिक गीत

धार्मिक तथा नीतिपरक लोकगीतों में सबसे प्रसिद्ध वैष्णो देवी की 'भेंटें' हैं, जिनमें आदि शक्ति भवानी की महिमामयी अर्चना प्रस्तुत की गई है।

- इसमें बाहू की महाकाली, कांगड़ा की ज्वाला जी, कटरा की **वैष्णो दवी**, मीरपुर की मंगला देवी, कश्मीर की शरिका भगवती के प्रसंग अत्यन्त भावपूर्ण ढंग से प्रस्तुत हुए हैं।
- सिरमौर में साँझी के सांस्कृतिक उत्सव को विशिष्ट स्थान प्राप्त होता है। भाद्रपद शुक्ल पूर्णिमा से आश्विन शुक्ल अमावस्या तक पितृपक्ष में प्रतिदिन गोबर, मिट्टी, रोली, चूना आदि से दीवारों पर विभिन्न प्रकार की कलाकृतियाँ चित्रित की जाती हैं, जो 'साँझी' कहलाती है।
- प्रतिदिन शाम के समय लड़कियाँ 'साँझी' के गीत गाती हुई दूसरी गीत गाने वाली टोली से मिलती हैं।
- साँझी की मान्यता लोक देवी के रूप में अति प्राचीन है। भगवान कृष्ण और गोप-गोपिकाओं द्वारा शाम के समय खेले जाने वाले खेल का नाम **साँजी** पड़ा, जो बाद में 'साँझी' हो गया। यह लोक प्रचलित रूप शाकम्भरा या दुर्गा देवी के रूप में प्रचलित हो गया था।

ऐतिहासिक गीत

- चम्बा में रानी चम्बियाली की स्मृति में 15 चैत्र से प्रथम बैसाख तक 'सूही' का मेला लगता है। चैत्र की अन्तिम रात्रि सुकरात की कही जाती है और रानी के बलिदान के गीत गाए जाते हैं, जो करुण होते हैं।
- 'कारकाँ' में शहीदों की त्यागमयी काव्य गाथाएँ पिरोई हुई हैं। इनमें बाबा जिन्तो और नन्तराम नेगी की कथाएँ अत्यन्त लोकप्रिय हैं।
- सिरमौर क्षेत्र में लम्बी ऐतिहासिक घटनाओं को हार कहा जाता है।
- यहाँ पर 18 हार लोकगीतों के रूप में अमर है।

राज्य के प्रमुख लोकनृत्य

जातरू कायमड नृत्य

- त्यौहारों के अवसर पर आयोजित लोकनृत्यों में जातरू कायमड अत्यन्त लोकप्रिय है।
- इसमें त्यौहारों से सम्बन्धित गीत गाए जाते हैं।
- इस नृत्य में नर्तकों की संख्या सैकड़ों तक पहुँच जाती है।

शन तथा शाबू नृत्य

- शन् तथा शाबू लाहौल घाटी के लोकप्रिय नृत्य हैं। ये बुद्ध की स्मृति में किए जाने वाले नृत्य हैं। शन् का अभिप्राय बुद्ध स्तुति गीत से है।
- यह नृत्य एक प्रकार का जातीय नृत्य है, जो फसल काटने के पश्चात् किया जाता है।

दलशोन और चोलम्बा नृत्य

- यह नृत्य किन्नौर में स्थित रोपा घाटी में आयोजित किया जाता है।
- यह नृत्य साँप की तरह कुण्डलित होते हुए किया जाता है।
- जब भी किसी शेर को मारा जाता है, तो **चोलम्बा नृत्य** का आयोजन किया जाता है।
- इस नृत्य में मरे हुए शेर की नाक में उसका चमड़ा और एक सोने का आभूषण डाला जाता है।

लालड़ी तथा घूघती नृत्य

- पहाड़ी स्वतन्त्र समाजों में स्त्री नृत्यों की परम्परा भी प्राप्त होती है। **लालड़ी** लोकप्रिय स्त्री नृत्य है।
- इस नृत्य में ढोल, नगाड़ा, शहनाई आदि का प्रयोग नहीं होता।
- ताल तथा लय आदि ताली बजाकर ही पूरे किए जाते हैं।
- **घूघती नृत्य** में नर्तक अपने हाथों को अगले नर्तक के कन्धों पर रखता है।
- अगले तीन-चार नर्तक घूघती गीत को गाते हैं और शेष उसे दोहराते हैं।

झूरी, गी एवं रासो नृत्य

- झूरी ठडईर, रासो, गी, नाटी, स्वांगटेगी, धखेणी, द्रोड़ी एवं पडुआ सिरमौर तथा उसके आसपास के क्षेत्रों के लोकप्रिय नृत्य रूप हैं।
- **झूरी** स्वच्छन्द वातावरण में ताल के साथ गाई तथा नाची जाती है।
- इसे 'गी' की भाँति प्रश्नोत्तर रूप में भी गाया तथा नाचा जाता है।
- यह नृत्य **ऐतिहासिक** कथ्यों की पुनरावृत्ति करता है।
- रासो नृत्य में नर्तक लम्बी कतार में कदमों को आगे-पीछे ताल के अनुसार रखकर नाचते हैं।
- वे कभी झूमते हैं, कभी मुड़ते हैं तथा कभी बैठते हैं। यह नृत्य एकता का प्रतीक है।

क्यांग नृत्य

- यह नृत्य कई रूपों जैसे—नागस क्यांग, हेकीं क्यांग और शुना क्यांग।
- नागस कयांग में साँप की गतिविधियों का अनुकरण करते हुए नृत्य का सम्पादन होता है।
- हेकीं क्यांग नृत्य अक्सर रोमांटिक अवसरों पर किया जाता है।
- भुना कयांग नृत्य ग्रामीण क्षेत्रों में भारी मात्रा में एकत्रित होना तेज और धीमे रूप में किया जाता है।

राक्षस नृत्य (छम्ब)

- किन्नौर क्षेत्र में पारम्परिक लामाओं तथा देवताओं के नृत्य और राक्षस सम्बन्धी नृत्य आदि जीवन की स्मृति दिलाते हैं।
- किन्नरों को तो हिरण नर्तक की संज्ञा दी गई है।
- राक्षस नृत्य मुखौटा पहनकर नाचा जाता है। ये मुखौटे तीन, पाँच, नौ की संख्या में होते हैं।
- इस क्षेत्र में दुरात्माओं तथा राक्षसों से फसल की रक्षा के लिए लोकनृत्यों का आयोजन किया जाता है। 'छम्ब' इसी प्रकार का एक नृत्य है, जिसमें केवल लामा ही नाचते हैं।

माला नृत्य

- हिमाचल प्रदेश का 'कायमड' माला नृत्य अत्यन्त लोकप्रिय है।
- इसमें पारम्परिक वेशभूषा से सुसज्जित नर्तक एक-दूसरे को इस प्रकार पकड़ते हैं कि उनके बाजुओं द्वारा गुणा (×) का चिह्न बन जाता है।

नामगेन नृत्य

- यह नृत्य प्रत्येक वर्ष शरदकाल में सितम्बर में किया जाता है।
- इस नृत्य के दौरान अक्सर ऊनी कपड़े और भारी मात्रा में चाँदी के गहने पहने जाते हैं।
- इन लोगों में सबसे खूबसूरत नृत्य **गेद्दी** नृत्य होता है।
- राज्य में अधिकांश नृत्य के दौरान पुरुष और महिलाएँ साथ-साथ नृत्य करते हैं।

किन्नौरी नाटी नृत्य

- कुल्लू , मण्डी, सिरमौर, चम्बा आदि क्षेत्रों में नाटी नृत्य अनेक रूपों में प्रचलित है। कुल्लू में ऐतिहासिक दृष्टि से इसे **सिराजी नाटी** कहा जाता है।
- इसमें गीत कुल्लू से तथा सुर-ताल भीतरी सिराजी से लिए जाते हैं। यह अनेक नाचों का समूह है।
- कत्थक नृत्य की भाँति इसकी अनेक विधाएँ तथा नाम हैं।
- यह नृत्य विलम्बित गति का नाच है। यह कभी तीन-तीन, चार-चार रात्रि तक चलता रहता है। यह व्यावसायिक नृत्य न होकर एक लोकनृत्य है।

स्वांगटेगी नृत्य

- दीपावली पर शेर तथा बाघ के काष्ठ मुखौटे पहनकर स्वांगटेगी नृत्य नाचने की परम्परा है।
- इसमें जंगली जानवरों जैसा स्वच्छ नृत्य होता है।
- धखेणी तथा ड्रोड़ी देवनृत्य हैं।
- जागर, शान्त आदि अवसरों पर ऐसे नृत्य आयोजित किए जाते हैं।
- स्वांगटेगी नृत्यों में युद्धरत वीरों, आक्रमणकारियों, मन्दिरों, स्तूपों आदि के दृश्य भी प्रस्तुत किए जाते हैं।

की प्वाइंट्स

- बुराह रासो लोकनृत्य कहलाता है।
- झांझर बिलासपुर जिले का लोकनृत्य है। इसके नृत्य निर्देशक को करियालटू कहते हैं।
- राज्य के बिलासपुर जिले में मोहणा नृत्य का आयोजन किया जाता है। इसके अलावा इसकी घाटी में नुआला लोक संगीत का भी आयोजन किया जाता है।

लोकनाट्य

पहाड़ी लोकनाट्यों में सबसे लोकप्रिय हैं—करियाला, बाँठड़ा, झाँकी, स्वांग, हड़न्तर और भगत। **बाँठड़ा मण्डी** क्षेत्र का लोकप्रिय लोकनाट्य है, जबकि झाँकी और हड़न्तर चम्बा लोगों में लोकप्रिय लोकनाट्य हैं।

बूढ़ा और सिंह

शिमला की पहाड़ियों में जुब्बल और रोहड़ू के गाँवों में सबसे रोचक मनोरंजन के साधन नाच-गाने और संगीत-नाटिका हैं, जिन्हें स्थानीय भाषा में क्रमश: **बूढ़ा और सिंह** कहा जाता है।

ये मौखिक कथाओं के रूप में मौजूद हैं और अन्य कहानियों की तरह लोकनाट्य में सुनाई जाती हैं। ये मौखिक रूप से एक पीढ़ी से दूसरी पीढ़ी तक पहुँची हैं।

रावल

एक अन्य लोकनाट्य जिसे **रावल** कहा जाता है, एक ग्रामीण नर्तकी और घुमक्कड़ साधु की प्रेम कहानी पर आधारित है। लड़की का पिता उसे समझाता है कि वह ऐसे व्यक्ति से मेल-जोल न रखे, जिसका कोई ठिकाना ही न हो। लड़की अपने पिता की सलाह नहीं मानती और घुमक्कड़ साधु से शादी कर लेती है। कुछ समय पश्चात् वह साधु उसे छोड़कर भाग जाता है।

करियाला

यह लोक नाट्य मुख्य रूप से शिमला, बिलासपुर तथा मण्डी क्षेत्र में आयोजित किया जाता है।

- करियाला लोकनाट्य के लिए किसी खेत में चौकोर भूमि पर दो-चार या तीन फुट ऊँचे झण्डे गाड़ कर उन्हें रस्सी से बाँध दिया जाता है और इस प्रकार साधारण मंच तैयार हो जाता है। दर्शक करियाला देखने के लिए मंच के चारों ओर बैठ जाते हैं।
- दूसरी ओर, इस मंच को धूनी के चारों ओर सजाया जाना तथा अवधूत और सिद्ध जैसे विशिष्ट पात्रों का इसमें आना यह सिद्ध करता है कि इस लोकनाट्य का सम्बन्ध नाथों और सिद्धों के **ग्यारहीं शताब्दी** के आन्दोलन से भी है।
- करियाला के मंच को अखाड़ा कहा जाता है। अखाड़ा ऐसे स्थान पर बनाया जाता है, जिसके चारों ओर ढलानों पर बैठे लोग इसे देख सकें। अखाड़े के मध्य में बड़ी धूनी जलाई जाती है।
- करियाला के दो प्रमुख पात्र **चन्द्रावली** और सिद्ध एक पर्दे के पीछे से, जिसे दो व्यक्ति तानकर खड़े होते हैं, अखाड़े में प्रवेश करने की तैयारी करते हैं।
- प्रारम्भिक कार्य को अखाड़ा बन्धन कहा जाता है। ये दोनों पात्र तब विश्राम के स्थान पर चले जाते हैं। अब बजन्तरी कोई भिन्न धुन बजाते हैं और पहला स्वांग (व्यक्ति) अखाड़े में प्रवेश करता है।
- करियाला के निर्देशक को **करियालटू** कहा जाता है। वह कथोपकथनों को सन्तुलित रखने के लिए हस्तक्षेप करता है।
- करियाला को मण्डी और बिलासपुर में 'बाँठड़ा' कहा जाता है। यह मनोरंजक लोकनाट्य अनेक प्रकार से अद्वितीय है। इसके आयोजन में कोई मुख्य विचारधारा नहीं रहती है।

लोकसंगीत

नुआला

- चम्बा घाटी में **नुआला** धार्मिक आस्था एवं मनोरंजन से परिपूर्ण गीति नाट्य है। इसमें शिव की माला की स्थापना कर शिव लीलापरक गीतियाँ झूम-झूमकर गाई जाती हैं। इस अवसर पर कहीं-कहीं भेड़ की बलि भी चढ़ाई जाती है।
- कहीं-कहीं तो रास्ते में मिल गए भेड़-बकरे को उठाकर उसकी गर्दन से रक्त चूसते चेलों का नृत्य भी देखने को मिलता है। इसमें स्थानीय लोक की धर्म सम्बन्धी लौकिक मान्यताओं के अनेक रूप दिखाई देते हैं।

एचलिया

- किसान कन्या के विवाह से पूर्व एक मास तक **एचलिया** गाते हैं। घड़े, थाली तथा ढोलक या तबले पर अनेक प्रकार के प्रणय गीत आधी रात बीतने तक गाए जाते हैं।
- इसमें **शिव विवाह**, 'राम विवाह' आदि के प्रसंगों को बड़ी मस्ती से प्रस्तुत किया जाता है।

जागरा

- जागरा अथवा जगराता को 'सुक्खा' भी कहा जाता है। किसी अनिष्ट अथवा दु:ख-दर्द की सम्भावना बनती है, तो लोग अपने इष्ट देवता को याद करते हैं।
- भय टल जाने पर अथवा इच्छा पूर्ण होने पर वह अपने देवता का मनौती के रूप में जागरण करवाता है।

स्वांग

- हिमाचल प्रदेश की प्रत्येक उपत्यका में वर्षभर कई प्रकार के छिंज मेले तथा जातराएँ लगी रहती हैं।
- देवी-देवताओं की मनौतियों में लोग इनके स्वांग निकालकर जहाँ अपनी परम्पराओं को जीवन देते हैं, वहीं उसे देवी-देवता के प्रति किए गए इस पवित्र पूजन कार्य द्वारा आत्मिक शान्ति भी प्राप्त होती है।
- चम्बा के मिंजर, मण्डी की शिवरात्रि, कुल्लू का दशहरा, सिरमौर का रेणुका मेला, सुजानपुर की होलियों के मेलों आदि में स्वांग निकालने की परम्परा है। इन स्वांगों को स्थानीय भाषा में **डोले** (रथ) भी कहा जाता है।
- पर्व सम्बन्धी स्वांगों की इस प्रदेश में अपनी परम्परा रही है। लोहड़ी पर्व पर गाँवों में लड़के 'हिरण का स्वांग' निकालकर द्वार-द्वार जाकर अपने गीतों तथा नृत्यों द्वारा लोक मनोरंजन करते हैं।
- किन्नौर क्षेत्र में भी पर्वों सम्बन्धी हर्षोल्लासपूर्ण स्वांग निकाले जाते हैं। इनमें राक्षसों को मारकर सुखी जीवन जीने की कल्पनाएँ प्रस्तुत की जाती हैं।

प्रमुख पर्व एवं मेले

त्यौहार और मेले हिमाचल प्रदेश के लोगों के सांस्कृतिक जीवन के अभिन्न अंग हैं। इनका स्वरूप धार्मिक, सामाजिक एवं शैक्षणिक है। इनमें सामाजिक सहयोग की आवश्यकताओं की पूर्ति होती है, जो आर्थिक भरण-पोषण के लिए ही नहीं, बल्कि सांस्कृतिक संरक्षण के लिए भी बहुत जरूरी है।

प्रमुख पर्व/त्यौहार

गोत्सी या गोची

- यह त्यौहार माघ महीने (जनवरी) में **चन्द्रभागा घाटी** में मनाया जाता है।
- इस त्यौहार का सम्बन्ध पुत्र जन्म से है। लोग उन घरों में एकत्रित होते हैं, जहाँ पिछले वर्ष पुत्र का जन्म हुआ हो।
- इस अवसर पर लकड़ी की थाली में सत्तू बनाकर रखा जाता है तथा उसे चार व्यक्ति उठाकर देवस्थान ले जाते हैं। इस लकड़ी की थाली के साथ एक सजी-धजी कुँवारी लड़की उनके साथ जाती है, जो छांग-पात्र उठाए होती है।
- इस अवसर पर भेड़ की खाल को किसी झाड़ी या वृक्ष से लटकाकर, उस पर तीर मारे जाते हैं, छांग पी जाती है और ढोल बजाए जाते हैं।

फुलेच

- किन्नौर में फूलों का त्यौहार **फूलेच** मनाया जाता है। सभी गाँवों में अलग-अलग तिथियों में यह त्यौहार मनाया जाता है।
- यह त्यौहार भाद्रपद (अगस्त) में आयोजित होता है।
- फूलों को एकत्रित करने से लेकर देवता की पूजा-अर्चना और रातभर लोकनृत्य के साथ यह त्यौहार मनाया जाता है।

हालड़ा

चन्द्र और भागा नदियों के लाहौल-स्पीति क्षेत्र में जनवरी में **हालड़ा** नामक त्यौहार मनाया जाता है।

फालगी

- लाहौल-स्पीति के घाटी क्षेत्र में फालगी नामक त्यौहार फाल्गुन (जनवरी के अन्त या फरवरी) में मनाया जाता है।
- यह कुछ रूपान्तर के साथ कुल्लू में भी मनाया जाता है।

लोसर

- तिब्बत की सीमा से लगे राज्य के क्षेत्रों में **लोसर** के त्यौहार की बड़ी प्रतीक्षा की जाती है।
- इन क्षेत्रों में इस त्यौहार को नववर्ष का आरम्भ माना जाता है।
- इसमें किमशु (गृह देवता) के पास दीपक जलाए जाते हैं।
- यहाँ का कोई भी व्यक्ति दोपहर से पहले घर से बाहर नहीं निकलता है।
- उषाकाल में **दारशेद** गाया जाता है।

भारथ

- राज्य के निम्न भाग के क्षेत्रों में भाद्रपद के महीने और अन्य महीनों में भी भारथों का आयोजन किया जाता है।
- भारथ भी जगराते की भाँति ही गाए जाते हैं। गायन के दौरान वाद्ययन्त्र का भी इस्तेमाल किया जाता है।
- भारथ गायन का आधार किसी वीर दैवीय पुरुष की गाथा होती है।

लोहड़ी या माघ

- यह त्यौहार प्रथम माघ की संक्रान्ति को मनाया जाता है।
- निम्न भाग में इसको **लोहड़ी** या **मकर संक्रान्ति** और मध्य भाग में **माघी** या **साजा** कहते हैं।
- इस दिन भी बैसाखी की भाँति तीर्थ स्थानों पर स्नान करना शुभ माना जाता है।
- पकवान के रूप में चावल और दाल की खिचड़ी बनाई जाती है।

काहिका

- भुण्डा से मिलता-जुलता दूसरा उत्सव है– काहिका। यह **कुल्लू** में मनाया जाता है।
- इस उत्सव में नौड़ जाति के पुरुष, भुण्डा जैसी परम्परा निभाते हैं।
- इसका आयोजन 1 साल या 2 साल या 3 साल में भी किया जाता है।

सैर

- यह त्यौहार प्रथम **आसूज** (सितम्बर) को मनाया जाता है।
- यह त्यौहार बरसात की समाप्ति और आषाढ़ी फसल के आने की खुशी में मनाया जाता है।
- भादों महीने की अन्तिम रात को नई थाली में गलगल के खट्टे की मूर्ति के रूप में सजाकर उस पर फूल चढ़ाकर और दीपक जलाकर घर-घर ले जाते हैं।

बैसाखी या बिशु

यह त्यौहार राज्य में गुरु गोविन्द सिंह के आगमन की स्मृति में मनाया जाता है। सिरमौर का पौण्टा साहिब और मण्डी के रिवालसर में गुरु गोविन्द सिंह आए थे।

राली पूजन

यह **कांगड़ा क्षेत्र** का पारम्परिक पर्व है, जिसमें शिव-पार्वती विवाह का संस्कार कन्याओं द्वारा त्यौहार के रूप में मनाया जाता है।

छिंज

चैत्र महीने में प्रदेश के निम्न भाग के क्षेत्रों में कुछ लोग अपनी इच्छा पूरी हो जाने पर या कुछ लोग सामूहिक तौर पर अपने स्थानीय देवता, जिसे 'लखदाता' कहते हैं, को प्रसन्न करने के लिए छिंज-समारोह का आयोजन करते हैं।

खेपा

- यह किन्नौरों (किन्नौर जिले के निवासी) का महत्त्वपूर्ण त्यौहार है। इसे दो प्रकार से मनाया जाता है।
- प्रथम रूप में स्थानीय लोग नहा-धोकर शलजम की लफ्फी बनाते हैं। छतों पर एक काँटेदार झाड़ी **चो** या **ब्रेकलिड** लगाई जाती है। उसे घर के अन्दर किसी कोने में रखा जाता है।
- द्वितीय रूप में यह **पुलखेपा** नाम से लोकप्रिय है।
- इसमें बकरों के सिर तथा पोल्टू (तली हुई रोटी) पकाए जाते हैं। बकरे के सींगों को जलाया जाता है, ताकि भूत-प्रेत दुर्गन्ध से दूर भाग जाएँ।
- खेपा का अर्थ आटे का सिद्ध होता है। यह भूत-प्रेत को भगाने का त्यौहार है।

चैत्रोल

- सिरमौर में चैत्र माह में शुक्ल पक्ष की निश्चित तिथि पर मनाया जाता है।
- इस पर्व में देवताओं को खेतों में लाया जाता है। लोग खेतों में पोल्टू बनाते हैं।
- कहीं-कहीं परिवार का विशेष व्यक्ति सिर पर खोर (राक्षस का मुखौटा) लगाता है तथा देवता के कपड़े पहनता है। इसे स्थानीय भाषा में **खोन** कहते हैं।
- इस व्यक्ति की गर्दन के पास लकड़ी का बना हुआ लिंग लटका दिया जाता है।
- इस पर्व के अवसर पर प्रत्येक व्यक्ति अपने घर में लिंगाकार लकड़ी लाता है, जिसे **चैत्रोलशिह** कहते हैं।
- यह पर्व राक्षस और देवताओं के मध्य समझौते का प्रतीक है।

साजो

- साजो त्यौहार का सम्बन्ध देवताओं की विदाई से है। इस अवसर पर देवताओं की पालकी खोल दी जाती है और विश्वास किया जाता है कि वह **इन्द्रलोक** चला गया है।
- यह त्यौहार माघ माह के अन्त में या फाल्गुन माह में आयोजित किया जाता है।

बीस भादो

यह एक स्नान पर्व है। इस दिन कई झीलों और पवित्र स्थानों में स्नान किया जाता है।

शान्द, भदूपर या पूर, भण्डोजी और भुण्डा

- देव संस्कृति के प्रतीक उत्सव कुल्लू महासू के ऊपरी हिस्सों में बराबर मनाए जाते हैं।
- यह पर्व बारह वर्ष बाद होने वाला एक ऐसा उत्सव है, जो पूरे क्षेत्र का साझा प्रतिनिधित्व करता है।

अन्य पर्व

- श्रीकृष्ण जन्माष्टमी, रामनवमी, दीपावली, होली, शिवरात्रि, नवरात्र, रक्षाबन्धन, बैसाखी, नागपंचमी, वसन्त पंचमी, अहोई अष्टमी, हरियाली तीज, पूडछड़, नागपूजा, गौ-बछड़ा पूजा, अन्न पूजा, पीपल पूजा आदि।

की प्वाइंट्स

- रामपुर में आयोजित लदी मेला स्थानीय व्यापार के लिए महत्वपूर्ण है।
- चम्बा में रानी चम्बियाली की स्मृति में चैत्र 15 से प्रथम बैसाख तक सूही मेला लगता है।
- राज्य के भरमौर के समीप मणिमहेश नामक स्थान पर भाद्रपद मास की शुक्ल अष्टमी को मेला लगता है।
- राज्य में प्रतिवर्ष 25 से 27 कार्तिक विक्रमी को रामपुर (महासू) में लवी नामक मेले का आयोजन किया जाता है।
- किन्नौर जिले के रोपा गाँव में जिसके पास बेटा (पुत्र) होता है वह उखयांग महोत्सव पर ग्राम देवता को सामूहिक रूप से बकरा भेंट करता है।
- प्रत्येक वर्ष 30 जनवरी को लगने वाला गाँधी मेला सिरमौर जिले के अम्बोआ में लगाया जाता है।पूर्वी हिमालय का सबसे बड़ा मेला 'रेणुका मेला' के नाम से जाना जाता है।

राज्य के प्रमुख मेले

हिमाचल प्रदेश में विविध मेलों का आयोजन किया जाता है। लगभग हर गाँव में एक मेला लगता है। अधिकांश मेले धार्मिक होते हैं, लेकिन सामुदायिक और व्यापारिक मेले भी लगते हैं। वास्तव में, हर प्रकार का मेला मूलत: सामाजिक या व्यापारिक जमाव का अवसर बन जाता है।

दशहरा

- कुल्लू का दशहरा त्यौहारों में सबसे अधिक भीड़ आकर्षित करता है। यह अक्टूबर में कुल्लू के ढालपुर मैदान में आयोजित किया जाता है।
- कुल्लू का दशहरा अन्तर्राष्ट्रीय ख्याति का मेला है। इसमें आस-पास के जनपदों से असंख्य देवी-देवता सज-धजकर रघुनाथ जी की शोभायात्रा में भाग लेते हैं।
- कुल्लू के शाल-दुशालों, टोपियों, नमदों तथा अन्य पहाड़ी पदार्थों का क्रय-विक्रय होता है। हिमाचल सरकार ने इसे प्रादेशिक मेला घोषित किया है।
- अत: इस मेले को आकर्षक बनाने के लिए अब सरकार की ओर से कई प्रबन्ध एवं आयोजन किए जाते हैं।
- उल्लेखनीय है कि इस मेले में विदेशों से भी लोग भाग लेते हैं।

होली

- सुजानपुर का होली मेला अन्य स्थानों के होली मेलों से अलग है।
- लोकनृत्य, गीत, नाटक, कुश्ती के मुकाबले और खेल-कूद राज्य के सबसे लम्बे, चौड़े मैदान में लगने वाले इस मेले के कुछ आकर्षण हैं।

रिवालसर मेला

- निम्न पहाड़ी भाग में बैसाखी के दिन और उससे पहली रात को मनाया जाता है।
- यह मण्डी जिले की रिवालसर झील के पास है। इस झील में नलों के टिब्बे आर से पार तक स्वयं तैरते रहते हैं, जिनमें तिब्बत बौद्ध धर्म का प्रचार करने वाले **पद्मसम्भव** और उनकी पत्नी तारा की आत्माएँ तैरती हुई जानी जाती हैं।
- पद्मसम्भव ने अपने जीवन के अन्तिम दिनों तक यहाँ तपस्या की थी। इसलिए यह बौद्धों का भी तीर्थ स्थान बन गया।
- बैसाखी से एक दिन पूर्व बड़ी संख्या में लोग यहाँ पहुँचते हैं और सारी रात्रि नृत्यगीत का आयोजन करते हैं, बाद में प्रात: मुहुर्त में झील में स्नान करते हैं। यहाँ पर स्नान करना पवित्र माना जाता है।

मिंजर

- मिंजर **चम्बा** का मौसमी मेला है। यह वर्षा के होने और मक्का की बालियाँ निकलने का जश्न मनाने के लिए मनाया जाता है।
- यह अगस्त में लगता है और सुसज्जित घोड़ों और झण्डों के परम्परागत जुलूस के साथ आरम्भ होता है।
- चम्बा के सभी भागों से, बल्कि हिमाचल प्रदेश के दूसरे क्षेत्रों से भी लोग पैदल लम्बी-लम्बी दूरियाँ तय करके सप्ताह भर का यह मेला देखने आते हैं। अन्तिम दिन भक्तगण रावी नदी के किनारे वरुण देवता को मिंजर (मक्के की बालियाँ) और नारियल चढ़ाते हैं।

पोरी

- ग्रीष्म ऋतु में लाहौल-स्पीति घाटी का **पोरी** पर्व उल्लेखनीय है। यह त्रिलोकीनाथ का पर्व परम्परागत ढंग से मनाया जाता है।
- पोरी के दिन भगवान **त्रिलोकीनाथ** की मूर्ति को दूध, दही इत्यादि से नहलाया जाता है। प्रात: दस बजे बहुत सारे लोग मन्दिर की परिक्रमा करते हैं। इसी बीच मन्दिर की एक घोड़े से परिक्रमा भी कराई जाती है।
- लोगों का विश्वास है कि भगवान त्रिलोकीनाथ इस पर सवार होते हैं। तत्पश्चात् घोड़े को जुलूस के साथ स्थानीय राजा के घर तक ले जाया जाता है, जहाँ उसका भव्य स्वागत होता है।

लदारचा

- यह वार्षिक मेला किब्बर गाँव में लगता है।
- इस मेले में लद्दाख, बुशहर तथा लाहौल-स्पीति के व्यापारी मण्डी में आते हैं।

चिन्तपूर्णी

- यह मेला ऊना जिले में दुर्गापूजा के एक प्रसिद्ध केन्द्र पर लगता है।
- प्रत्येक मंगलवार को यहाँ मेला लगता है। इसके अतिरिक्त दो नवरात्रों में और एक श्रावण अष्टमी को लगता है।

छेत्शु

- यह लाहौल घाटी का लोकप्रिय मेला है। जिसमें लाहौल-स्पीति के सामान्य नागरिक और जनजाति समुदाय की सहभागिता निभाते हैं।
- इस मेले के सम्बन्ध में एक कथा सुनाई जाती है, जिसका सम्बन्ध तिब्बत के शासक लांग दरमा से है, जो बौद्ध मत का कट्टर विरोधी था।'

लोककला

लोक परम्परा में कला महत्त्वपूर्ण स्थान रखती है। परम्परागत रूप से स्थानीय लोग अपनी सांस्कृतिक गतिविधियों को बनाए रखते हैं। यही परम्परा लोककला के रूप में प्रभाव उत्पन्न करती है।

हिमाचल प्रदेश की चित्रकला में **गुलेरलम** (गुलेरी शैली) का नाम सबसे पहले लिया जा सकता है। यहीं से कांगड़ा कलम, चम्बा कलम, मण्डी कलम, कुल्लू कलम, बिलासपुर कलम आदि चित्रकला सम्बन्धी कलमों के विकास का इतिहास शुरू होता है।

पहाड़ी चित्रकला

पहाड़ी चित्रकला की विविध शैलियाँ निम्न हैं

मण्डी शैली

- कांगड़ा कलम का विकास महाराजा संसारचन्द (1775 से 1823 ई.) के नाम से जुड़ा हुआ है। उनके राज्य काल में यह **कलम** विकास के शिखर पर थी।
- चम्बा कलम का विकास राजा राजसिंह (1765 से 1794 ई.) के शासन काल में हुआ। चम्बा कलम में निक्का चित्रकार के चित्र अत्यन्त लोकप्रिय हैं।
- कांगड़ा शैली में **रंगमाला** नाम के असंख्य चित्र बनाए गए, जिनकी विषय-वस्तु प्रेम है। इसके कथानक जयदेव के 'गीत गोविन्द', बिहारी की 'सतसई', केशवदास की 'रसिकप्रिया', 'भगवत पुराण' एवं 'महाभारत' से लिए गए हैं।
- कांगड़ा शैली के चित्रों में नारी को उसके उत्कृष्टतम रूप में दिखाया गया है, जिसकी कटोरे जैसी आँखें लम्बी चोटी, दृढ़ गोल स्तन, पतली कमर, मेहन्दी से सजे कोमल हाथ। उसके कामुक मनोवेग की झलक उसकी आँखों में दिखती है, साथ ही शील-शालीनता की भी कहीं अवहेलना नहीं की गई है। इस शैली का मुख्य विषय कृष्ण एवं राधा से सम्बन्धित होता है।

की प्वाइंट्स

- पण्डित सीचू एक प्रसिद्ध चित्रकार थे, जोकि सत्रहवी शताब्दी में बिलासपुर पासती राज्य से सम्बन्धित थे।
- शोभा सिंह कला संग्रहालय हिमाचल प्रदेश के अन्दरेटा नामक स्थल पर स्थित है। राज्य में कला की प्रमुख शैली बसौली शैली का सर्वाधिक विकास आठारवीं सदी में हुआ है।
- राज्य में रागमालाओं के चित्र बसौली चित्रशैली से मिलते-जुलते हैं।
- हिमाचल प्रदेश के स्व चंदू लाल रैणा प्रसिद्ध चित्रकार थे।
- एम सी सक्सेना ने शिमला की दीवारों पर सेब तोड़ते हुए चित्रकारी का आरम्भ किया।
- बसौली स्कूल ऑफ पेण्टिग किरपाल के काल में शिखर पर पहुँची।
- चम्बा का चम्बा महल भित्तिचित्र शैली का अनुपम उदाहरण प्रस्तुत करता है।
- भूतनाथ का मन्दिर अजबरसेन ने निर्मित करवाया था।

बसोहली शैली

- यह शैली गुलेर या कांगड़ा शैली से भी पुरानी है, जिसका प्रभाव मण्डी, चम्बा एवं कुल्लू की शैलियों पर पड़ा है।
- इस शैली की विशेषता यह है कि विषय-वस्तु **कांगड़ा** कलम की भाँति होने पर भी इसमें मनोवेग को अधिक प्रबल रूप से प्रकट किया गया है। इन चित्रों में आँखें अधिक विशालाकार हैं और आकृतियाँ इतनी सभ्य नहीं हैं।
- यह शैली जम्मू के **बसौहली** नामक स्थान से आई है।
- इस शैली में प्रयोग होने वाले प्रमुख रंग—लाल, पीला, नीला और काला हैं।

मण्डी शैली

- मण्डी कलम में सबसे पुराना चित्र राजा केशवसेन का है, जो अनुमानत: 1595 ई. का है। राजा समरसेन के राज्य काल में यह कलम अपने शिखर पर पहुँची।
- कुल्लू कलम पर कांगड़ा कलम का प्रभाव है। 1667 ई. में राजा प्रीतम सिंह कुल्लू की गद्दी पर बैठे, उसी समय से **कुल्लू कलम** का विकास आरम्भ हुआ। सजनु को वहाँ का लोकप्रिय चित्रकार माना गया है।
- कांगड़ा कलम कांगड़ा, सुजानपुर, आलमपुर आदि स्थानों पर व्यास नदी के किनारे बने विशाल राजभवनों में पनपी है। शिव लीला, दुर्गा शक्ति लीला, बिहारी सतसई, रसिकप्रिया, कविप्रिया, नलदमयन्ती प्रणय, रागमाला, स्थानीय रियासती राजाओं तथा राजपरिवारों के रूप चित्र आदि कांगड़ा कलम के मूल विषय रहे हैं। इन चित्रों के लिए एक विशेष प्रकार के कागज का प्रयोग होता है, जो पुराने बहीखातों से लिया जाता है। यह **स्यालकोटी** कागज भी कहलाता है, जिस पर सफेद लेप की परतें चढ़ाकर शंख से मुलायम किया जाता है, जिससे इसमें सुदृढ़ता तथा कोमलता आती है।

काष्ठकला

- हिमाचल प्रदेश के भीतरी भागों में विशेषकर जनजातीय क्षेत्रों; यथा–मिंघल, छत्राहड़ी, भरमौर, **मनाली**, पराशर, करसोग, सरांह, मूरंग, सराहन, विल्वा आदि में विभिन्न स्थानों पर स्थित काष्ठ मन्दिर वास्तुकला के अद्भुत नमूने हैं। शिमला में **नीरथ स्थान** पर बने सूर्य मन्दिर के प्रवेश द्वार पर उत्कीर्ण नन्दी बैल की सवारी करते शिव की गोदी में पार्वती तथा शिव जटाओं से बहती गंगा का दृश्य देखने को मिलता है।
- घरों में मुख्य द्वारों, स्तम्भों या शहतीरों पर छतों, बरामदों के अग्रभागों में **काष्ठ कलाकृतियों** के नमूने सर्वत्र देखने में आते हैं। प्रायः प्रत्येक घर के प्रवेश द्वार पर गणेश की मूर्ति उत्कीर्ण मिलती है। दाएँ- बाएँ तोता, मोर आदि पक्षियों के चित्र हैं।

पहाड़ी रूमाल तथा हस्तशिल्प

- पहाड़ी लोककला शिल्प में **पहाड़ी रूमाल** का विशिष्ट स्थान है। ये रूमाल चम्बा, कांगड़ा, मण्डी, बिलासपुर, कुल्लू आदि क्षेत्रों में बनते रहे हैं।
- यह परम्परा बसौली (जम्मू) से चम्बा में आई और वहाँ से राजा संसारचन्द के काल में कांगड़ा में और तत्पश्चात् अन्य राज्यों में विकसित हुई।
- पहाड़ी रूमाल को **चम्बा रूमाल** के नाम से ही लोकप्रियता मिली है। चम्बा में इस कला का विकास एवं प्रसार राजा राजसिंह के शासन काल में और रानी शारदा के समय में सर्वाधिक हुआ है।
- ये रूमाल वर्गाकार कपड़ों के बनाए जाते हैं। कहीं-कहीं लम्बाई में अधिक तथा चौड़ाई में कम कपड़ों का भी प्रयोग हुआ है।
- हस्तकला द्वारा बाँस के विभिन्न प्रकार के कृषि, गृहस्थी, सौन्दर्य, साज-सज्जा सम्बन्धी उपकरण बनाना तथा उन पर हरे, लाल, पीले रंग से चित्रकारी करना भी इस कला का एक नमूना है। इस प्रदेश में गोदना अर्थात् शरीर पर मोर, तीतर, फूल, पत्ते, अर्द्धचन्द्र, सूर्य चिह्न तथा नाम आदि गुदवाने की परम्परा भी मिलती है। जनजातीय पुरुष एवं स्त्रियाँ इसे बड़े चाव से गुदवाते हैं।

पर्यटन स्थल

हिमालय की गोद में स्थित हिमाचल प्रदेश भारत का एक छोटा-सा राज्य है, परन्तु इसे प्रकृति ने असीम सुन्दरता दी है। अपनी प्राकृतिक सुन्दरता के कारण हिमाचल प्रदेश 'भारत का स्विट्ज़रलैण्ड' के नाम से भी जाना जाता है। इसे पर्यटन मानचित्र पर देवभूमि के नाम से भी जाना जाता है।

राज्य के प्रमुख पर्यटन स्थल

यहाँ पर्यटकों के लिए आकर्षण केन्द्र शिमला, कुल्लू-मनाली, डलहौजी, धर्मशाला, पालमपुर और चम्बा आदि है। धार्मिक स्थलों में चामुण्डा देवी मन्दिर, ज्वालामुखी मन्दिर, भीमकाली मन्दिर (शिमला) इत्यादि प्रमुख हैं।

धर्मशाला

- धर्मशाला, कांगड़ा जिले का मुख्यालय है। यह मुख्य नगर **कांगड़ा** से 18 किमी की दूरी पर स्थित है।
- समुद्र तल से 4,500 फीट की ऊँचाई पर बसा यह नगर जलवायु की दृष्टि से बहुत स्वास्थ्यप्रद है।
- वर्ष 1960 में धर्मशाला को बौद्ध दलाई लामा का अस्थायी मुख्यालय बनाया गया। तब से धर्मशाला बौद्धों की अन्तर्राष्ट्रीय गतिविधियों का केन्द्र बना हुआ है और इसे 'छोटा ल्हासा' के नाम से भी जाना जाता है।
- यहाँ बौद्धों के बड़े-बड़े गुप्पा (मन्दिर) स्थापित किए गए हैं। **सेण्ट जॉन चर्च** नामक प्रसिद्ध चर्च तथा 'बार मेमोरियल' भी यहाँ स्थित हैं।
- सन्दीयनी हिमालय (चिन्मया तपोवन) धर्मशाला में ही अवस्थित है।

भागसुनाथ

- यह धर्मशाला से कुछ ही दूरी पर स्थित है। कश्मीर की भाँति यहाँ भी एक डल झील स्थित है।
- धर्मकोट शिखर और कोडी झील भी सुन्दर और दर्शनीय स्थल हैं।

मनाली

- यह कुल्लू से 45 किमी की दूरी पर स्थित है।
- हिमशिखरों, देवदार के घने जंगलों, ढलवाँ घाटी और निकट ही बहती हुई व्यास नदी ने इस स्थान को हिमाचल प्रदेश का अत्यन्त लोकप्रिय स्थल बना दिया है।
- प्रथम प्रधानमन्त्री **जवाहरलाल नेहरू** को यह स्थान विशेष प्रिय था।

डलहौजी

- डलहौजी शिमला का एक पहाड़ी नगर है।
- इस स्थान का निर्माण भारत के वायसराय डलहौजी ने करवाया था, जिसके नाम पर इस नगर का नामकरण किया गया।
- डलहौजी **धौलाधर** पहाड़ी की शृंखला के बाह्य भाग में स्थित है।
- यह पर्यटक स्थल वकरोटा, कथलौंग, वालू, तेहरा और पोतरेन नामक पहाड़ियों पर स्थित है।
- यहाँ का बाकरौटा बाजार बहुत सुन्दर और बड़ा है। तेहरामल मैदान लगभग डेढ़ मील लम्बा है।
- पाँच पहाड़ियों में फैला होने के कारण यह नगर पर्यटकों को ऊबने नहीं देता।
- गर्मियों में यह नगर रंग-बिरंगे फूलों से भर जाता है।

कांगड़ा

- कांगड़ा को **नगरकोट** तथा **त्रिगर्त** के नाम से जाना जाता था। प्राचीन काल में यह कटोच राजाओं का केन्द्र था। चैतूड़ ने अशोक के स्तूप का निर्माण कराया।
- 11वीं शताब्दी में यह हिन्दूशाही वंश के शासक जयपाल की पूर्वी सीमा थी।
- 1009 ई. में महमूद गजनवी को नगरकोट के आक्रमण से अपार धन प्राप्त हुआ था। 1360 ई. में फिरोजशाह तुगलक ने नगरकोट पर अपना अधिकार जमाया था। 1399 ई. में **तैमूर** ने यहाँ पर आक्रमण किया था।
- जहाँगीर के समय 1620 ई. में कांगड़ा को मुगल साम्राज्य में मिला लिया गया। उसके पश्चात् कांगड़ा की स्थानीय राजपूत शैली और मुगल शैली से मिश्रित चित्रकला की कांगड़ा शैली विकसित हुई।
- 1785 ई. के पश्चात् संसारचन्द तथा रणजीत सिंह का भी यहाँ पर अधिकार स्थापित हुआ था। कांगड़ा में आज भी प्राचीन देवी मन्दिर सुरक्षित है। निचली पहाड़ियों में स्थित कांगड़ा एक सुन्दरतम घाटी है।
- कांगड़ा घाटी में ही **धौलाधर** श्रेणी स्थित है। इस नगर के एक ओर धर्मशाला में बौद्ध धर्म का केन्द्र है और दूसरी ओर हिन्दुओं के अनेक मन्दिर स्थित हैं; जैसे—बैजनाथ मन्दिर, ब्रजेश्वरी मन्दिर, **ज्वालामुखी** मन्दिर तथा चामुण्डा देवी का मन्दिर इत्यादि।

खज्जियार

- खज्जियार **डलहौजी** से 22 किमी दूर स्थित है। यह एक पठार है, जो 1.5 किमी लम्बा तथा 0.75 किमी चौड़ा है।
- यहाँ लक्कड़ मण्डी नामक स्थान पर एक नाले में बारह महीने बर्फ जमी रहती है।
- खज्जियार के जंगल बड़े मनमोहक हैं। चारों ओर पहाड़ ऊपर उठते चले गए हैं, उनके बीच में एक गोल प्याले की भाँति **खज्जियार** का हरा मैदान स्थित है। मैदान के बीच में एक झील है।

रिवालसर

- मण्डी से 24 किमी दूर यह स्थान स्थित है। यहाँ एक झील है, जिसमें नल के पौधों से लदे टिब्बे स्वत: पानी में आर-पार तैरते रहते हैं।
- यह प्रदेश का एकमात्र ऐसा धार्मिक स्थल है, जो हिन्दुओं, सिखों तथा बौद्धों के लिए समान रूप से महत्त्वपूर्ण है। यह स्थल हिन्दुओं के प्रमुख ऋषि लोमश, बौद्धों के आचार्य पद्मसम्भव तथा **गुरु गोविन्द सिंह** से अभिन्न रूप से जुड़ा है।
- तिब्बतियों का विश्वास है कि तिब्बत में बौद्ध धर्म के संस्थापक पद्मसम्भव और उनकी पत्नी तारा की आत्माएँ रिवालसर झील में तैरती रहती हैं। बैसाखी के दिन यहाँ बड़ा मेला लगता है।

की प्वाइंट्स

- कांगड़ा के ब्रजेश्वरी मन्दिर (कांगड़ा) को महमूद गजनवी की सेना ने नष्ट-भ्रष्ट किया था।
- तायूल मठ का निर्माण 17वीं शताब्दी में सारजन रिनसेन ने करवाया था।
- अमला-विमला (शिव मन्दिर) उग्रसेन ने बनवाया था।
- लौह टिकरी पत्थर लेख प्रदेश में चिराह के समीप जसाटा वर्मन ने उत्कीर्ण करवाया था।
- राज्य के चम्बा जिले में रत्नगढ़, मस्तगढ़, जुरजुरे, राजगढ़ एवं गणेशगढ़ किले में अवस्थित हैं।
- प्रदेश में कसौली के समीप सनावर स्थित 'लारेंस शरण स्थल' की स्थापना वर्ष 1987 में की गई थी।
- प्रदेश की सुमेत रियासत में 'रानी का कोट' दुर्ग का निर्माण सेवन्तसेन ने किया था।
- महलमोरिया नामक ऐतिहासिक स्थल राज्य के हमीरपुर जिले में अवस्थित है।
- बरोग राज्य का एक पर्यटन केन्द्र है, जिसकी ऊँचाई 1,560 मी है।

बिलासपुर

- बिलासपुर, हिमाचल प्रदेश की राजधानी शिमला से 90 किमी की दूरी पर अवस्थित है। यह सतलुज नदी के किनारे बसा हुआ है।
- लक्ष्मीनारायण मन्दिर और **राधेश्याम मन्दिर** यहाँ के प्रसिद्ध मन्दिर हैं।
- व्यास गुफा भी बिलासपुर में ही स्थित है, जिससे अनुमान लगाया जा सकता है कि प्राचीन काल में यहाँ पर व्यास के नाम से कोई आश्रम रहा होगा, जिसके चिह्न-मात्र के रूप में यह गुफा है।

चैल

- शिमला से 45 मील की दूरी पर भूतपूर्व पटियाला रियासत का ग्रीष्मकालीन मुख्यालय चैल (ऊँचाई 2,150) स्थित है। यहाँ दुनिया का सबसे ऊँचा क्रिकेट मैदान है।
- यहाँ के जंगलों में अन्य जीव-जन्तुओं के अलावा स्कॉटिश हिरण भी पाया जाता है।

कुफरी

- यह स्थान शिमला से 16 किमी की दूरी पर स्थित है, जो अपने स्की मार्गों और केन्द्रीय आलू अनुसन्धान संस्थान के कारण भारत के पर्यटन मानचित्रों में पहले ही अपना स्थान बना चुका है।

- यहाँ लॉर्ड कर्जन का सप्ताहान्त आवास स्थित था, जिसे **रिट्रीट** के नाम से जाना जाता था। भारत के ब्रिटिश सेनापति **लॉर्ड किचनर** का आवास **वाइल्ड फ्लॉवर हॉल** भी यहीं स्थित है।
- वाइल्ड फ्लॉवर हॉल तथा रिट्रीट के बीच हेम कुंज (पुराना नाम डेंस फॉली) है, जो पंजाब के गवर्नर का ग्रीष्मकालीन आराम गृह था।

की प्वाइंट्स

- राज्य में प्रतिवर्ष 30 जनवरी को लगने वाला गाँधी मेला सिरमौर जिले के अम्बोआ में लगता है।
- नलवाड़ी मेला का आयोजन बिलासपुर जिले में किया जाता है।
- पूर्वी हिमालय का सबसे बड़ा मेला रेणुका सिरमौर में लगता है।
- राज्य के अन्दर मनाया जाने वाला ढुंगरी मेला, देवी हिडिम्बा की याद में मनाया जाता है।
- सोलन का मेला सलोनी देवी की स्मृति में चलाया जाता है।
- राज्य में आयोजित डुंगरी मेला देवी हिडिम्बा को समर्पित है।
- ब्रजेश्वरी मेला का आयोजन वर्ष में दो बार किया जाता था।

शिमला

- वर्तमान में शिमला हिमाचल प्रदेश राज्य की राजधानी है। इसे **पहाड़ियों की रानी** भी कहा जाता है, परन्तु स्वतन्त्रता से पूर्व यह भारत की ग्रीष्मकालीन राजधानी थी। शिमला का नामकरण 'श्यामला देवी' (काली देवी) के नाम पर किया गया है।
- अंग्रेजों ने 1819 ई. में शिमला पर अधिकार किया था, परन्तु शिमला को ग्रीष्मकालीन राजधानी का दर्जा 1864 ई. में **लॉर्ड लॉरेंस** ने प्रदान किया।
- पहाड़ पर (2,205 मी की ऊँचाई) स्थित शिमला विश्व का सबसे बड़ा पर्यटन स्थल है। यहाँ देश-विदेश से लोग काफी संख्या में सालों भर विशेष रूप से ग्रीष्मकाल में भ्रमण करने आते हैं और भरपूर आनन्द उठाते हैं। 12 किमी की परिधि में स्थित शिमला में इन पहाड़ियों के अतिरिक्त कुछ ऐतिहासिक सरकारी भवन भी हैं; जैसे–वार्नेस कोर्ट, गार्टन कैसल तथा वाइस रीगल लॉज। ये भी अत्यन्त दर्शनीय हैं।
- शिमला से 2 किमी दूर एक जाखू पहाड़ी है, जो शिमला की उच्चतम चोटियों में से एक है। इस चोटी पर एक प्रसिद्ध हनुमान मन्दिर भी स्थित है।
- इसके अतिरिक्त अन्य कई पहाड़ियाँ हैं, जो काफी प्रसिद्ध हैं; जैसे–समरहिल, प्रास्पेक्ट हिल आदि। समरहिल पर हिमाचल विश्वविद्यालय स्थित है। यहाँ के सुन्दर हरे-भरे जंगल, दर्शकों के आकर्षण का केन्द्र हैं।
- प्रास्पेक्ट हिल भी शिमला का एक सुप्रसिद्ध पर्यटक स्थल है। इस पहाड़ी के शिखर पर कामना देवी का प्रसिद्ध मन्दिर है। शिखर से सूर्यास्त का दृश्य अत्यन्त सुन्दर दिखाई देता है।
- शिमला में लॉर्ड डफरिन द्वारा 1884-88 ई. में निर्मित भारतीय उच्च अध्ययन केन्द्र अत्यधिक प्रसिद्ध है। यहाँ पर देश-विदेश से विद्वान् आते हैं। **चैडविक** झरना भी एक प्रसिद्ध पर्यटन स्थल है। इसके साथ ही ग्लेन नामक स्थल भी है। इनके आसपास बहता झरना और सदाबहार वन बहुत ही आकर्षक हैं।
- शिमला से 13 किमी दूर मशोबरा उत्तरी भारत का सबसे विशाल 'फल अनुसन्धान केन्द्र' है।
- शिमला के ही समीप हिमालय की श्रृंखला में कुफरी नामक छोटा-सा स्टेशन बसा है। यह स्थान विशेष रूप से सर्दियों के मौसम में 'स्कीइंग' और **आइस स्केटिंग** के लिए विख्यात है।
- नारकण्डा नामक स्थान भी 'स्कीइंग' और 'ट्रैकिंग' के लिए प्रसिद्ध है। इसके अलावा यहाँ से सेब के बागान, सदैव बर्फ से आच्छादित पहाड़ और घने जंगल देखने को मिलते हैं।
- शिमला में स्थित नालडेरा में नौ छेदों वाला गोल्फ खेलने का प्रसिद्ध मैदान है।

रेणुका ताल

- रेणुका झील का नाम महर्षि परशुराम की माता के नाम पर रखा गया था।
- इस झील का आकार सोई हुई नारी के समान है।
- पुराणों के अनुसार, यह स्थान प्राचीन काल में परशुराम के पिता जमदग्नि ऋषि का आश्रम था तथा अपने पिता की आज्ञा से **परशुराम** ने इसी स्थान पर अपनी माता का वध किया था।
- उसके बाद ही रेणुका झील का निर्माण हुआ था और उसी समय से यह स्थल पवित्र तीर्थस्थल के रूप में माना जाता है।
- माघ माह में यहाँ एक विशाल मेले का आयोजन किया जाता है।

मणिकर्ण

- यहाँ गर्म जल के स्रोत हैं। मणिकर्ण में स्थित तालाबों का पानी इतना अधिक गर्म होता है कि एक बूँद पड़ जाने पर शरीर का वह हिस्सा जल जाता है, जहाँ पानी पड़ता है।
- इस स्थान से 1 किमी की दूरी पर **पार्वतीगंगा** नामक एक सुन्दर स्थल है।
- यहाँ भगवान शिव और श्रीराम को समर्पित मन्दिर और गुरुद्वारा भी है।

चम्बा

- चम्बा का विशुद्ध और प्राचीन नाम चम्पा है। इसे साहिलवर्मन नामक राजा ने दसवीं शताब्दी में अपनी पुत्री चम्बा के नाम पर बसाया था। यह एक सुन्दर कस्बा है, जो हिमालय की गोद में रावी नदी के किनारे पर स्थित है।
- इस जिले में विशेष रूप से गद्दी जाति के लोग रहते हैं, जिनके द्वारा टांकरी में लिपिबद्ध 1,200 वर्ष पुरानी पाण्डुलिपि उपलब्ध है।
- प्राचीन काल में चम्बा राज्य की राजधानी भरमौर थी। यहाँ का चौगान मैदान व राजमहल दर्शनीय हैं, परन्तु सर्वाधिक दर्शनीय और ऐतिहासिक यहाँ का **लक्ष्मीनारायण मन्दिर** है।
- इसके अतिरिक्त यहाँ के अन्य प्राचीन मन्दिर, झीलें व कैलाश पर्वत भी दर्शनीय स्थल हैं।

गोविन्द सागर झील

- यह झील हिमाचल प्रदेश के **बिलासपुर** जिले में स्थित है। यहाँ पर नौका विहार का आनन्द लेने के लिए देश-विदेश से पर्यटक आते हैं।
- यहाँ भाखड़ा बाँध के कारण झील का पानी, जो पहाड़ों के मध्य आकर रुकता है, दर्शकों को अपनी ओर आकर्षित करता है।
- इस झील का पानी नीला है और जब यह पानी नीचे की ओर गिरता है, तो अत्यधिक चित्ताकर्षक (मन को आकर्षित करने वाला) होता है।
- इस झील में पाई जाने वाली मछलियों का, प्रदेश की आर्थिक दशा में महत्त्वपूर्ण योगदान है।

कुल्लू घाटी

- हिमाचल प्रदेश की कुल्लू घाटी प्राचीन काल से लेकर आज तक अपने सौन्दर्य के लिए प्रसिद्ध है।
- यह घाटी व्यास नदी के दोनों ओर उत्तर से दक्षिण की ओर अपना मार्ग तय करती है।
- कुल्लू का दशहरा सम्पूर्ण भारत में प्रसिद्ध है।
- यहाँ का दशहरा धार्मिक पर्व होने के साथ-साथ एक बड़ा व्यापारिक उत्सव भी है। तथा कुल्लू घाटी सेबों की कृषि के लिए प्रसिद्ध है।

मण्डी

- मण्डी हिमाचल प्रदेश में स्थित एक महत्त्वपूर्ण नगर है। पहले यह इसी नाम की रियासत की राजधानी था। यहाँ के कुछ प्रमुख मन्दिर हैं—श्यामकाली मन्दिर, **त्रिलोकीनाथ मन्दिर**, भूतनाथ मन्दिर, पंचवक्त्रा आदि।
- यहाँ प्रतिवर्ष फरवरी अथवा मार्च माह में शिवरात्रि के मेले का आयोजन किया जाता है।

तत्तापानी

- शिमला से 51 किमी की दूरी पर सतलुज नदी के दाईं ओर तत्तापानी का गर्म चश्मा स्थित है। यह चश्मा रेत के बीच में है। रेत को हटाने पर गर्म पानी ऊपर निकल आता है।
- यहाँ विशेष रूप से माघ और बैशाख की संक्रान्ति को सर्वाधिक संख्या में यात्री स्नान करने आते हैं।

रामपुर
- यह स्थान शिमला से 140 किमी की दूरी पर **सतलुज** नदी के बाईं ओर स्थित है।
- यहाँ उत्तरी भारत का सबसे प्रसिद्ध लवी मेला लगता है।

लिप्पा
- यह स्थान तैती नाले के दाईं ओर स्थित है। पुरातात्विक महत्त्व के इस स्थान तक पहुँचने के लिए भारत-तिब्बत राष्ट्रीय राजमार्ग सर्वाधिक सुलभ मार्ग है।
- लिप्पा नामक इस स्थान पर बौद्धों के तीन प्रसिद्ध मन्दिर हैं—कांगयार, चौकरदुगिर तथा गालदांग।

ढुंगरी
- यह स्थान मनाली के समीप है। इसकी प्रसिद्धि का कारण यहाँ स्थापित **हिडिम्बा देवी का मन्दिर** है।

कामरू
- बासपा घाटी में स्थित यह गाँव दसवीं शताब्दी तक किन्नौर (रामपुर बुशहर राज्य) की राजधानी रहा।
- यहाँ का तीन मंजिला किला, भीमाकली और **बूटीनाथ** का मन्दिर दर्शनीय स्थल हैं।

कटरैन
- यह मनाली राजमार्ग पर अवस्थित टूरिस्ट स्थल है।
- यहाँ पर फलों के वृक्ष तथा मछली पालन केन्द्र प्रमुख आकर्षण केन्द्र हैं।

तारागढ़ दुर्ग
- यह दुर्ग चम्बा जिले में स्थित है। इस दुर्ग का निर्माण नूरपुर के राजा जगतसिंह द्वारा करवाया गया था।
- तारागढ़ के अतिरिक्त चम्बा में रत्नगढ़, मस्तगढ़, जुरजुरे, राजगढ़ और गणेशगढ़ आदि दुर्ग भी दर्शनीय ऐतिहासिक स्थल हैं।

कमलाहगढ़ का किला
यह किला मण्डी जिले के अन्तर्गत स्थित है। इस किले का निर्माण राजा सूरजसेन (1637-64 ई.) ने करवाया था।

पूह
- पूह किन्नौर जिले के जिला मुख्यालय रिकांग पीओ से 71 किमी दूर है। पूह किन्नौर जिले की एक तहसील है।
- पूह को **पूबा** की संज्ञा से भी अभिहित किया जाता है।

मलाणा
- विश्व के प्राचीनतम लोकतन्त्र होने की मान्यता को लेकर हिमाचल प्रदेश का यह गाँव विश्वविख्यात है।
- यहाँ जमालू देवता का मन्दिर है।

भाषा एवं साहित्य
14 सितम्बर, 1949 को भारतीय संविधान सभा ने यह प्रस्ताव पारित किया था कि भारत की राष्ट्रभाषा हिन्दी होगी और इसकी लिपि देवनागरी रहेगी। इस आधार पर हिमाचल प्रदेश सरकार द्वारा 25 जनवरी, 1965 को जारी अधिसूचना के अनुसार हिन्दी को प्रदेश की राजभाषा घोषित किया गया।

राज्य की प्रमुख बोलियाँ
- राज्य के 90% लोगों की अभिव्यक्ति का माध्यम पश्चिमी पहाड़ी है। पश्चिमी पहाड़ी भाषा हिन्दी की एक उप-भाषा है।
- राज्य में लगभग 30 बोलियाँ प्रचलित हैं। राज्य में बोली जाने वाली प्रमुख बोलियों में जौनसारी, सिरमौरी, बघाटी, क्योंथली, कोची, कुल्लुई, मण्डियाली, चम्बयाली और भद्रवाही हैं।
- कांगड़ी को पहाड़ी भाषा माना जाता है, जो चम्बा, सुकेत और जम्मू के अधिक निकट है।
- कांगड़ी बोली टांकरी में लिखी जाती है।

सिरमौरी
- सिरमौरी, सिरमौर जिले की बोली है।
- गिरि अथवा गिरि गंगा नदी सिरमौर जिले को लगभग दो भागों में बाँटती है, जिन्हें गिरि वार (गिरि से इधर) क्षेत्र तथा गिरि पार (गिरि के दूसरी ओर का) क्षेत्र (उत्तर-पूर्व) कहते हैं।
- गिरि वार का क्षेत्र तीन पर्वत शृंखलाओं में बँटा है, जिनमें से एक **धरथी** कहलाता है। सिरमौरी की एक उप-बोली का नाम धारती है।
- गिरि पार का क्षेत्र, जिसमें पच्छाद, रेणुका का सैंज क्षेत्र, जो टौंस नदी तक फैला है तथा इसमें क्यारदा दून का छोटा-सा हिस्सा शामिल है, जिसमें बोली जाने वाली बोली को 'गिरि पारी' कहते हैं।
- उत्तर में चूड़धार की पर्वत शृंखला सिरमौर जिले को शिमला के चौपाल से अलग करती है, जिसे विश-शाँ कहा जाता है। यह गिरि पारी से अधिक निकट है। दूसरे शब्दों में, गिरि पारी का उपयुक्त नाम **विशवाई** है।

बघाटी
- बघाटी सोलन क्षेत्र में बोली जाती है, जिसमें पहले बघाट, बाघल और कुछ अन्य राज्य सम्मिलित थे।
- कुनिहार और अर्की में इसे **बघलानी** कहा जाता है।
- पश्चिम में नालागढ़ क्षेत्र में इसे **हिण्डूरी** भी कहा जाता है।

क्योंथली और कोची
- क्योंथली शिमला के आसपास और इस जिले के उत्तरी भागों में बोली जाती है।
- क्योंथल राज्य के नाम पर इस भाषा का नाम पड़ा था।
- रामपुर-बुशहर, कुमारसेन और कोटगढ़ तथा आसपास के क्षेत्रों और सतलुज घाटी में बोली जाने वाली भाषा को कोची कहा जाता है।

बरारी
- बरारी भाषा का नाम जुब्बल राज्य के एक परगना **बरार** के नाम पर पड़ा है।
- जुब्बल के दक्षिण में और जौनसार भाबर के पश्चिम के क्षेत्र को किरन क्षेत्र कहते हैं। यह प्राचीन भड़ौच राज्य का भाग था। यहाँ के लोगों की भाषा किरनी है, जिस पर जौनसारी भाषा का प्रभाव है।
- वर्ष 1948 में शिमला के पहाड़ी राज्यों के एकीकरण के बाद ये उप-बोलियाँ सामूहिक रूप से महासुई पुकारी जाने लगी हैं। सोलन जिले में भी यह भाषा बोली जाती है।

कुल्लुई
- कुल्लू की प्रमुख बोली को **कुल्लुई** कहा जाता है। इसमें तीन उप-बोलियाँ हैं— सिराजी, सैंजी तथा कुल्लवी।
- कुल्लवी बोली अधिकतर ऊपरी व्यास घाटी में बोली जाती है।

की प्वाइंट्स

- वर्ष 1989 का प्रथम पहाड़ी गाँधी बाबा कांशीराम पुरस्कार जयदेव किरण को दिया गया था।
- हिमाचल प्रदेश के चम्बियाली में भरमौरी और चुराही भाषा का प्रभाव दिखाई देता है।
- जी डी खोसला 'हिमाचल सर्किट' पुस्तक के लेखक हैं।
- चन्द्रधर शर्मा गुलेरी 'उसने कहा था' कहानी के लेखक हैं।
- 'हिमालयन आर्ट' पुस्तक के लेखक जे सी फ्रेंच हैं।
- लाहौल-स्पीति जिले में महासुई बोली, बोली जाती है।

मण्डियाली एवं सुकेती

- मण्डियाली बोली मण्डी क्षेत्र में बोली जाती है।
- मण्डी शहर के दक्षिण में सुन्दर नगर और करसोग में बोली जाने वाली बोली सुकेती है।
- मण्डी और सुकेत वर्ष 1948 में एक प्रशासकीय इकाई के रूप में गठित हुए।

बिलासपुरी या कहलूरी

- बिलासपुर अथवा कहलूर में छह बोलियाँ हैं। राजधानी के चारों ओर बिलासपुरी या कहलूरी बोली जाती है।
- दक्षिण-पूर्वी बिलासपुर में बोली जाने वाली स्थानीय बोली **दामी** है।

किन्नौरी

- यह किन्नौर में बोली जाने वाली प्रमुख बोली है।
- यह भाषा किन्नौर के 75% लोगों की भाषा है।
- विभिन्न वर्गों के द्वारा कम-से-कम नौ विभिन्न बोलियाँ यहाँ बोली जाती हैं।
- कुल्लू के मलाना गाँव की भाषा मलानी है, इसे भी किन्नौरी वर्ग में रखा गया है।

चम्बयाली

चम्बा जिले में पाँच विभिन्न बोलियाँ बोली जाती हैं, जिन्हें निम्न भागों में बाँटा जा सकता है

1. उत्तर-पश्चिम में चुरही
2. पाँगी तहसील के उत्तर-पूर्वी में चम्बा लाहौली
3. दक्षिण-पश्चिम के भट्टियात तहसील में भट्टियाली
4. भरमौर क्षेत्र के दक्षिण-पूर्व में भरमौरी या गद्दी

- इन सभी बोलियों में चम्बयाली पाई जाती है।
- यह भाषा प्राचीन काल में टांकरी लिपि में लिखी जाती थी।

लाहौली/स्पीतियन

- लाहौल और स्पीति में चार प्रमुख बोलियाँ—भोटी, गेहरी, मनचल और चांगसा बोली जाती हैं।
- भोटी भाषा स्पीति, भागा और चन्द्रा घाटियों में बोली जाती है।
- गेहरी केलांग, मनचल और चांगसा बोलियाँ चेनाब की घाटी में बोली जाती हैं।

लोक साहित्य

- 'सुही' लोकगीत चम्बा की रानी की प्रशंसा में गाया जाता है, जिसने चम्बा नगरी में पानी लाने के उद्देश्य से अपना बलिदान दिया था।
- 'कुंजरी' उड़ रहे हंसों के विषय में है, जिनका उड़ना वर्षा ऋतु के आगमन का संकेत देता है।
- मण्डी के लोकगीतों में छिंज और छल्टोजी लोकप्रिय हैं। 'पंज पतरा' और 'देवकु' मण्डी के छिंज गीतों के उत्कृष्ट उदाहरण हैं।
- 'गंगी' और 'मोहणा' **बिलासपुर** और सोलन के कुछ हिस्सों में अति लोकप्रिय गीत हैं। 'ऊँचे पर्वतों' की पृष्ठभूमि में मुक्त कण्ठ से ऊँची आवाज में गाए जाने वाले गीत 'लामण' हैं।
- 'झूरी' दोहे होते हैं, जिनमें प्रेम अथवा सामाजिक व्यंग्य को आधार बनाया जाता है।
- 'नाटी' और 'हार' के विषय विविध प्रकार के होते हैं; यथा—ऋतुएँ, वीरता, युद्ध और पूजा आदि।
- राज्य के भक्ति लोग **भरत** और **भेंट** आमतौर पर गाते हुए देखे जा सकते हैं।
- मण्डी के 'हिमाचल लोक संस्कृति संस्थान' के पश्चात् टांकरी में लिखी बहुत-सी पाण्डुलिपियाँ संगृहीत हैं। ये अधिकतर तान्त्रिक परम्परा की धार्मिक कृतियाँ हैं।
- राजा धर्मचन्द के शासनकाल में उसके दरबारी कवि गणेश सिंह ने 'शशिवंश विनोद' नामक ग्रन्थ लिखा था।
- जुब्बल के राजा पदमचन्द के दरबारी कवि 'कन्हैयालाल शर्मा' ने 1895 ई. में **ललित काव्यम्** की रचना की थी।
- टी ग्राहम द्वारा लिखित पुस्तक है—'उत्तरी हिमालय की बोलियों का अध्ययन'।
- टीकाराम जोशी द्वारा लिखित पुस्तक है—'पहाड़ी बोलियों का व्याकरण तथा शब्दकोश'। पंजाब भाषा विभाग द्वारा प्रकाशित पुस्तक 'कांगड़ी शब्द संग्रह' है।
- नरेन्द्र नाथ द्वारा लिखित पुस्तक 'सिराजी में संस्कृत तत्त्व' है। डॉ. पद्मचन्द कशाप की रचना 'कुल्लुई लोक साहित्य' है।
- श्यामलाल डोगरा की **कांगड़ी : एक वर्णनात्मक अध्ययन** कांगड़ी बोली का प्रामाणिक अध्ययन प्रस्तुत करती है।
- डॉ. बंशीराम रचित 'किन्नौरी लोक साहित्य' बहुत प्रसिद्ध रचना है।
- कांशीराम शर्मा की 'मण्डयाली लोकगीतों का सांस्कृतिक अध्ययन' महत्त्वपूर्ण रचना है।

राज्य में प्रचलित लिपि

- चम्बयाली भाषा पहले पहाड़ी टांकरी लिपि में लिखी जाती थी। इसी लिपि में पहाड़ी राज्यों के अभिलेख और फरमान लिखे जाते थे।
- टांकरी लिपि शारदा लिपि का सुधरा हुआ रूप है। वर्तमान में पहाड़ी भाषा देवनागरी में लिखी जाती है।
- वर्षों से ये बोलियाँ इस क्षेत्र में मौखिक अभिव्यक्ति का माध्यम रही हैं, परन्तु फिर भी इनके समानान्तर नई बोलियाँ और लिपियों को अपनाया जाता रहा है।

साहित्य और साहित्यकार

साहित्य	साहित्यकार
हिमाचल पोल याण्डरी	डी एन मजूमदार
किन्नर देश	राहुल सांकृत्यायन
हिमाचल परिचय	राहुल सांकृत्यायन
हिमाचल प्रदेश : अतीत, वर्तमान	देवराज शर्मा
किन्नर लोक साहित्य	डॉ. बंशीराम शर्मा
हिमाचल बॉर्डरलैण्ड	राम राहुल
हिमालयाज अवार्ड ऑफ लाइट	निकोलस रोरिक
हिस्ट्री ऑफ पंजाब हिल स्टेट्स	जे हचिंसन
ए हिस्ट्री ऑफ मण्डी	विक्रम कायस्थ
हिस्ट्री ऑफ मण्डी स्टेट	मनमोहन सिंह
हिमालयन डिस्ट्रिक्ट ऑफ कुल्लू एण्ड लाहौल-स्पीति	ए पी एफ हरफोर्ट
कांगड़ा पेण्टिंग	एम एस रन्धावा
तारीख-ए-रियासत सिरमौर	रंजौर सिंह
धरती है बलिदान की	शान्ता कुमार
कण्ट्री लाइफ	नौराह रिचर्ड्स
बिलासपुर की कहानी	अक्षर सिंह
कुलूत देश की कहानी	एल सी प्रार्थी
प्राचीन हिमालय	एल पी पाण्डेय
मुकलसर तवारिख-ए-रियासत चम्बा	गरीब खान
तवारीख वा जुगराफिया रियासत बिलासपुर/कहलूर	अक्षर सिंह
बिलासपुर : पास्ट, प्रेजेण्ट एण्ड फ्यूचर	आनन्दचन्द
कामनीय किन्नौर	आर के कौशल
लाइफ ऑफ राजा शमशेर ऑफ सिरमौर	बाल गोविन्द
ट्रैवल्स इन द हिमालयन प्रॉविंसेज ऑफ हिन्दोस्तान	मूरक्राफ्ट
तवारीख जुब्बल कोहिस्तान शिमला	भगवान दास

साहित्य	साहित्यकार
हिमाचल के मन्दिर और उनसे जुड़ी कथाएँ	एस एस हरनोट
हिमाचल प्रदेश : इतिहास और परम्परा	डॉ. बी एस कपूर
हिमाचल प्रदेश : प्रकृति का शान्त स्वर्ग	डॉ. एस शशि
हिमाचल में किन्नौर	एस सी वाजपेयी
हिमाचल लोककला	ओ सी हाण्डा
महाराजा संसारचन्द	राजेश्वर नारायण सिंह
कांगड़ा बन्दोबस्त रिपोर्ट	जी सी बार्न्स
पहाड़ी चित्रकला	किशोरीलाल वैद्य
अर्की की गोरखा विजय	यू एस परमार
हिमाचल प्रदेश की अनुसूचित जनजातियाँ	टी एस नेगी
यह सुन्दर भारत–हिमाचल प्रदेश	एस एस चिब
हिमाचल : कला व पुरातत्त्व	वी सी ओहरी
लद्दाख और पश्चिमी हिमालय की राजनीति	सी एल दत्ता
पहाड़ी लघु चित्रकला	कार्ल खण्डेलवाला

जनसंख्या

जनगणना 2011 के अनुसार, राज्य की जनसंख्या 68,64,602 है, जो देश की कुल जनसंख्या का 0.56% है, जिसमें पुरुष तथा महिलाओं की जनसंख्या क्रमश: 34,81,873 तथा 33,82,729 है।

जनसंख्या वितरण

- हिमाचल प्रदेश मूलत: एक ग्रामीण बहुल जनसंख्या वाला राज्य है, जहाँ की 89.96% जनसंख्या गाँवों में निवास करती है।
- वर्तमान समय में इस राज्य की 10.04% आबादी शहरों में निवास करती है, जो राज्य के 51 शहरों में स्थित है।
- वर्ष 2011 की जनगणना के आधार पर इस राज्य का स्थान 21वाँ है, जो अपने सभी पड़ोसी राज्यों; यथा—पंजाब, हरियाणा,जम्मू-कश्मीर तथा उत्तराखण्ड से कम है।
- वर्ष 2011 की जनगणना के अनुसार, प्रदेश में बच्चों (0-6 वर्ष) की जनसंख्या 7,63,864 है।

राज्य की जनगणना 2011 के अनुसार

कुल जनसंख्या	68,64,602
पुरुष जनसंख्या	34,81,873
स्त्री जनसंख्या	33,82,729
जनसंख्या (0-6 वर्ष)	
बच्चे	7,63,864
बालक	4,00,681
बालिका	3,63,183
जनसंख्या घनत्व	123 व्यक्ति प्रति वर्ग किमी
जनसंख्या वृद्धि दर	12.94%
ग्रामीण वृद्धि दर	12.65%
शहरी वृद्धि दर	15.61%
लिंगानुपात	974
कुल जनसंख्या में बच्चों (0-6 वर्ष) का प्रतिशत	11.14%
बालक	11.53%
बालिका	10.53%
साक्षरों की संख्या	
व्यक्ति	51,04,506
पुरुष	27,91,542
स्त्री	23,12,964
कुल जनसंख्या में साक्षरों का प्रतिशत	
व्यक्ति	83.78%
पुरुष	90.83%

जनसंख्या वृद्धि दर

जनगणना 2011 के आधार पर राज्य की दशकीय जनसंख्या वृद्धि दर 12.94% है, जबकि औसत वार्षिक वृद्धि दर 1.294% है। इस मामले में यह राज्य देश के अन्य राज्यों की तुलना में 27वें स्थान पर है, जबकि केवल राज्यों के सन्दर्भ में यह स्थिति 21वीं है।

सर्वाधिक जनसंख्या वृद्धि दर वाले (दशकीय) पाँच जिले (घटते क्रम में)		न्यूनतम जनसंख्या वृद्धि दर वाले (दशकीय) पाँच जिले (बढ़ते क्रम में)	
जिले	**जनसंख्या**	**जिले**	**जनसंख्या**
कुल्लू	26.87%	लाहौल-स्पीति	– 2.51%
चम्बा	25.37%	शिमला	14.05%
सोलन	23.77%	हमीरपुर	14.74%
सिरमौर	21.55%	ऊना	18.12%
मण्डी	20.59%	बिलासपुर	18.18%

राज्य के जिलों की जनसंख्या स्थिति, 2011

जिला	कुल आबादी	पुरुष	महिला
बिलासपुर	3,81,956	1,92,764	1,89,192
चम्बा	5,19,080	2,61,320	2,57,760
हमीरपुर	4,54,768	2,17,070	2,37,698
कांगड़ा	15,10,075	7,50,591	7,59,484
किन्नौर	84,121	46,249	37,872
कुल्लू	4,37,903	2,25,452	2,12,451
लाहौल-स्पीति	31,564	16,588	14,976
मण्डी	9,99,777	4,98,065	5,01,712
शिमला	8,14,010	4,25,039	3,88,971
सिरमौर	5,29,855	2,76,289	2,53,566
सोलन	5,80,320	3,08,754	2,71,566
ऊना	5,21,173	2,63,692	2,57,481
कुल	**68,64,602**	**34,81,873**	**33,82,729**

जनसंख्या घनत्व

जनसंख्या घनत्व एक वर्ग किलोमीटर में रह रहे व्यक्तियों की संख्या है। जनगणना 2011 के आँकड़ों में इस राज्य का जनसंख्या घनत्व 123 व्यक्ति प्रतिवर्ग किमी था, जोकि देश के जनसंख्या घनत्व वाला राज्य है, जबकि जनसंख्या के आधार पर यह 21वाँ राज्य है।

सर्वाधिक जनघनत्व वाले पाँच जिले (घटते क्रम में)		न्यूनतम जनघनत्व वाले पाँच जिले (बढ़ते क्रम में)	
जिले	**घनत्व**	**जिले**	**घनत्व**
हमीरपुर	407	**लाहौल-स्पीति**	2
ऊना	338	**किन्नौर**	13
बिलासपुर	327	**चम्बा**	80
सोलन	300	**मण्डी**	159
कांगड़ा	263	**सिरमौर**	188

लिंगानुपात

- हिमाचल प्रदेश का स्त्री-पुरुष अनुपात वर्ष 2001 में 968 से बढ़कर वर्ष 2011 में 972 हो गया।
- इस प्रदेश के छह जिलों; यथा—किन्नौर, कांगड़ा, हमीरपुर, ऊना, बिलासपुर और मण्डी में
  वर्ष 2001 की तुलना में वर्ष 2011 में स्त्री-पुरुष अनुपात कम हो गया तथा शेष जिलों में
  वर्ष 2011 में स्त्री-पुरुष अनुपात वर्ष 2001 की तुलना में बढ़ा है।

सर्वाधिक लिंगानुपात वाले पाँच जिले (घटते क्रम में)		न्यूनतम लिंगानुपात वाले पाँच जिले (बढ़ते क्रम में)	
जिले	लिंगानुपात	जिले	लिंगानुपात
हमीरपुर	1,095	किन्नौर	819
कांगड़ा	1,012	सोलन	880
मण्डी	1,007	लाहौल-स्पीति	903
चम्बा	986	शिमला	915
बिलासपुर	981	सिरमौर	918

राज्य में जिलावार लिंगानुपात (2011)

जिला	लिंगानुपात	जिला	लिंगानुपात
बिलासपुर	981	मण्डी	1,007
चम्बा	986	शिमला	915
हमीरपुर	1,095	सिरमौर	918
कांगड़ा	1,012	सोलन	880
किन्नौर	819	ऊना	976
कुल्लू	942	कुल	**972**
लाहौल-स्पीति	903		

शिशु लिंगानुपात

- जनगणना 2011 के अनुसार, देश में शिशु लिंगानुपात 906 है। राज्य में यह अनुपात जनगणना 2001 में 893 था।

साक्षरता दर

- वर्ष 2011 की जनगणना के अनुसार, राज्य की साक्षरता दर 82.80% है, जिसमें पुरुष तथा महिलाओं की साक्षरता क्रमशः 89.53% तथा 75.93% है। राज्य का सर्वाधिक साक्षर जिला कांगड़ा है, जबकि न्यूनतम साक्षर जिला चम्बा है।
- सर्वाधिक पुरुष साक्षरता दर वाला जिला हमीरपुर तथा न्यूनतम पुरुष साक्षरता दर वाला जिला चम्बा है। सर्वाधिक महिला साक्षरता दर वाला जिला हमीरपुर तथा न्यूनतम महिला साक्षरता दर वाला जिला चम्बा है।

साक्षरता सम्बन्धी आँकड़े

जिला	साक्षरता	पुरुष साक्षरता	महिला साक्षरता
बिलासपुर	84.6%	91.2%	78.0%
चम्बा	72.2%	82.6%	61.7%
हमीरपुर	88.2%	94.4%	82.6%
कांगड़ा	85.7%	91.5%	80.0%
किन्नौर	80.0%	87.3%	71.0%
कुल्लू	79.4%	87.4%	70.9%
लाहौल-स्पीति	76.8%	85.7%	66.8%
मण्डी	81.5%	89.6%	73.7%
शिमला	83.6%	89.6%	77.1%
सिरमौर	78.8%	85.6%	71.4%
सोलन	83.7%	89.6%	77.0%
ऊना	86.5%	91.9%	81.1%
कुल	**82.8%**	**89.5%**	**75.9%**

ग्रामीण व शहरी जिलावार साक्षरता दर (2011)

जिला	कुल (ग्रामीण)	कुल (शहरी)
बिलासपुर	84.01%	91.8%
चम्बा	70.6%	92.0%
हमीरपुर	87.8%	92.5%
कांगड़ा	85.4%	89.7%
किन्नौर	80.0%	00.0%
कुल्लू	78.5%	88.1%
लाहौल-स्पीति	76.8%	00.0%
मण्डी	80.8%	91.6%
शिमला	80.5%	93.1%
सिरमौर	77.3%	90.7%
सोलन	82.2%	90.4%
ऊना	86.5%	86.6%
कुल	**81.9%**	**91.1%**

शिक्षा

हिमाचल प्रदेश के अस्तित्व में आने के समय प्रदेश में कुल मिलाकर 541 विभिन्न प्रकार की शिक्षा संस्थाएँ थीं, लेकिन बाद में प्रदेश में निर्वाचित सरकारों द्वारा शिक्षा की ओर पर्याप्त ध्यान दिया गया, जिससे उसके विस्तार व प्रसार में उत्तरोत्तर वृद्धि हुई।

प्रदेश में स्थित विश्वविद्यालय/कॉलेज

नाम	स्थान
हिमाचल प्रदेश विश्वविद्यालय	शिमला
डॉ. यशवन्त सिंह परमार उद्यान (दिसम्बर, 1985) व वानिकी विश्वविद्यालय	नौणी (सोलन)
हिमाचल प्रदेश कृषि विश्वविद्यालय (वर्ष 1978)	पालमपुर (कांगड़ा)
आयुर्वेदिक कॉलेज	पपरौला
इन्दिरा गाँधी मेडिकल कॉलेज	शिमला
प्रादेशिक इंजीनियरिंग कॉलेज	हमीरपुर
हमीरपुर पॉलिटेक्निक कॉलेज	हमीरपुर
कण्डाघाट पॉलिटेक्निक संस्थान	कण्डाघाट
सुन्दर नगर पॉलिटेक्निक संस्थान	सुन्दर नगर
रोहडू पॉलिटेक्निक संस्थान	रोहडू
सेण्ट्रल पोटैटो रिसर्च इंस्टीट्यूट	शिमला
वैज्ञानिक एवं औद्योगिक अनुसन्धान परिषद् कॉम्प्लेक्स	पालमपुर
जे पी यूनिवर्सिटी ऑफ इंफॉर्मेशन टेक्नोलॉजी	बकनाघाट
नेशनल बायोलॉजिकल लैबोरेटरी	पालमपुर
नाहन फाउण्ड्री लिमिटेड	नाहन

अभ्यास प्रश्न

1. कुल्लू की वंशावली प्राप्त की
(a) कैप्टन हारकोर्ट (b) कनिंघम
(c) सलोणु (d) टॉलेमी

2. हिमाचल प्रदेश में प्राचीन अभिलेख किस एक लिपि में उत्कीर्ण नहीं किए गए हैं?
(a) शारदा (b) ब्राह्मी
(c) इण्डो-ग्रीक (d) नागरी

3. प्राचीन काल में कांगड़ा किस नाम से जाना जाता था?
(a) नगरकोट (b) किलार
(c) जालन्धर (d) कौरवपुर

4. ह्वेनसांग ने कितने पुजारियों का उल्लेख किया है?
(a) 1000 (b) 2000
(c) 3000 (d) 4000

5. संसारचन्द ने किस सिख की सहायता से कांगड़ा के किले को प्राप्त किया था?
(a) जयसिंह कन्हैया (b) केहरसिंह कन्हैया
(c) राजसिंह कन्हैया (d) रूपसिंह कन्हैया

6. पहाड़ी राज्यों में अपनी स्वतन्त्रता खोने वाला अन्तिम पहाड़ी राजा कौन था?
(a) कांगड़ा (b) कुल्लू
(c) कुलिन्द (d) त्रिगर्त

7. औरंगजेब ने किस मन्दिर को गिराने का आदेश दिया था?
(a) कांगड़ा (b) ज्वाला
(c) नैना (d) चम्बा

8. नगरकोट से लाई गई पुस्तकों का अनुवादक कौन था?
(a) इजुद्दीन खालिदखानी
(b) तवरात-ए-आलम
(c) खालिद-ए-खानी
(d) इजुद्दीन अहमद

9. तैमूर के आक्रमण के समय कांगड़ा का शासक कौन-था?
(a) मोहनचन्द (b) रामसिंह
(c) केहरचन्द (d) मेघचन्द

10. कश्मीर के राजा शंकरवर्मन के गुजरात आक्रमण के समय किस पहाड़ी राजा द्वारा विरोध प्रकट किया गया था?
(a) त्रिगर्त (b) सिरमौर
(c) चम्पावत (d) ब्रह्मपुर

11. मोहम्मद बिन तुगलक ने नगरकोट के किले पर कब कब्जा किया था? **[HAS *(Main)* 1999]**
(a) 1315 ई. (b) 1332 ई.
(c) 1378 ई. (d) 1337 ई.

12. 1009 ई. में किस आक्रमणकारी ने कांगड़ा पर आक्रमण किया व मन्दिरों को तोड़ा?
(a) महमूद गजनवी (b) मोहम्मद गोरी
(c) मोहम्मद आलम (d) मोहम्मद बेग

13. निम्नलिखित में से किस नगर में जहाँगीर ने किले के अन्दर मस्जिद बनवाई?
(a) हमीरपुर (b) नगरकोट
(c) मण्डी (d) ऊना

14. महमूद गजनवी ने नगरकोट पर कब आक्रमण किया था?
(a) 1109 ई. (b) 1009 ई.
(c) 1119 ई. (d) 1002 ई.

15. 1805 ई. में गोरखा सेना का नेतृत्व किसने किया, जिसने कांगड़ा पर आक्रमण किया था?
(a) वीरसिंह थापा (b) रामसिंह थापा
(c) अमर सिंह थापा (d) केशव थापा

16. *सुमेलित कीजिए*

	सूची I (रियासत)		सूची II (अन्तिम शासक)
A.	गुलेर	1.	उम्मेद सिंह
B.	जसवाँ	2.	भूमिसिंह
C.	डाडी	3.	धर्मसिंह
D.	देलठ	4.	शेरसिंह

कूट

	A	B	C	D		A	B	C	D
(a)	4	3	2	1	(b)	3	2	4	1
(c)	2	4	1	3	(d)	2	1	3	4

17. चम्बा जनपद का प्राचीन नाम था
(a) सुकेत (b) गाब्दिका
(c) युगान्धर (d) त्रिगर्त

18. सिरमौर रियासत के मूल शासक थे
(a) राठौड़वंशी (b) सिसौदियावंशी
(c) चौहानवंशी (d) प्रतिहारवंशी

19. बिलासपुर रियासत का संस्थापक कौन था?
(a) हरिहर (b) बेतुल शाह
(c) करन शाह (d) हिमगेर शाह

20. नूरपुर की स्थापना निम्नलिखित में से किसने की थी?
(a) राजा जीतपाल (b) राजा अनंगपाल
(c) राजा मेहरपाल (d) राजा वीरपाल

21. महाराज रणजीत सिंह द्वारा किसे पहाड़ी राज्यों का नाजिम नियुक्त किया गया?
(a) साहिब सिंह
(b) गुरबख्श सिंह मजीठिया
(c) चन्दन सिंह
(d) देससिंह मजीठिया

22. हिमाचल प्रदेश में 1857 की क्रान्ति कहाँ से शुरू हुई?
(a) मण्डी (b) लाहौल-स्पीति
(c) सिरमौर (d) कसौली

23. प्रदेश के जास्कर क्षेत्र में स्थित 'शिल्ला' नामक चोटी की ऊँचाई कितनी है?
(a) 6021 मी (b) 7026 मी
(c) 8030 मी (d) 9029 मी

24. हिमाचल प्रदेश की ऊँचाई समुद्र तल से कितनी है?
(a) 300-4300 मी (b) 450-6500 मी
(c) 460-5200 मी (d) 580-7200 मी

25. ऊपरी हिमालय क्षेत्र में स्थित पिन पार्वती दर्रे की ऊँचाई कितनी है?
(a) 3250 मी (b) 3600 मी
(c) 5320 मी (d) 5250 मी

26. चम्बा जिले में स्थित पीरपंजाल नामक पर्वत शिखर की समुद्र तल से ऊँचाई कितनी है?
(a) 5470 मी (b) 5800 मी
(c) 5579 मी (d) 5600 मी

27. लाहौल-स्पीति जिले में स्थित 'मुरंगला' नामक पर्वत शिखर समुद्र तल से कितनी ऊँचाई पर स्थित है?
(a) 5060 मी (b) 5070 मी
(c) 5182 मी (d) 5200 मी

28. पौण्टा घाटी हिमाचल प्रदेश के किस जिले में स्थित है?
(a) कांगड़ा (b) मण्डी
(c) किन्नौर (d) कुल्लू

29. पौण्टा घाटी में सिंचाई के लिए 'गिरि' के अतिरिक्त अन्य किस नदी से पानी लिया जाता है?
(a) बाटा (b) यमुना
(c) गोदावरी (d) चेनाब

30. प्रदेश की चम्बा घाटी को अन्य किस नाम से जाना जाता है?
(a) सतलुज (b) बैत
(c) रावी (d) कैथी

31. हिमाचल प्रदेश की सबसे ऊँची चोटी कौन-सी है?
(a) शिल्ला (b) सोलांग
(c) शिपकी (d) दियो टिब्बा

32. मण्डी जिले की धौलाधर पर्वत शृंखला का सर्वोच्च शिखर कौन-सा है?
(a) देहाई (b) नागरू
(c) चौहार (d) सोनार

33. शिल्ला चोटी किस पर्वत शृंखला पर स्थित है?
(a) पीरपंजाल (b) धौलाधर
(c) जास्कर (d) शिवालिक

34. प्राचीन मैनाक पर्वत को अब क्या कहा जाता है?
(a) धौलाधर (b) जास्कर
(c) शिवालिक (d) पीरपंजाल

35. चूड़धार की समुद्र तल से ऊँचाई कितनी है?
(a) 2472 मी (b) 3647 मी
(c) 1940 मी (d) 2345 मी

36. 'पिन पार्वती दर्रा' जोड़ता है
(a) कुल्लू और स्पीति
(b) कुल्लू और लाहौल
(c) कुल्लू और किन्नौर
(d) शिमला और किन्नौर

37. 'जलोरी दर्रा' किस जिले में है?
(a) चम्बा (b) कुल्लू
(c) सिरमौर (d) कांगड़ा

38. रोहतांग पास (दर्रा) की ऊँचाई कितनी है?
(a) 4980 मी (b) 3978 मी
(c) 4100 मी (d) इनमें से कोई नहीं

39. कुंजम दर्रे की ऊँचाई कितनी है?
(a) 4590 मी (b) 6923 मी
(c) 5231 मी (d) 7249 मी

40. नाको नामक झील हिमाचल प्रदेश के किस क्षेत्र में स्थित है?
(a) किन्नौर (b) चम्बा
(c) शिमला (d) मण्डी

41. सतधारा झरना प्रदेश के निम्नलिखित में से किस नगर के समीप स्थित है?
(a) किन्नौर (b) डलहौजी
(c) ऊना (d) हमीरपुर

42. सतलुज नदी हिमाचल प्रदेश के किस जिले में सर्वप्रथम प्रवेश करती है?
(a) किन्नौर (b) शिमला
(c) बिलासपुर (d) कुल्लू

43. सैंज, तीर्थन, मलाण, नालाण आदि खड्डे प्रदेश के किस जिले में हैं?
(a) कुल्लू (b) हमीरपुर
(c) कांगड़ा (d) चम्बा

44. 'परशुराम ताल' कहाँ पर स्थित है?
(a) रेणुका (b) परशुराम
(c) पम्बा (d) अम्बा

45. घडासरु झील किस जिले में स्थित है?
(a) सिरमौर (b) चम्बा
(c) धर्मशाला (d) ऊना

46. कौन-सी नदी हिमाचल प्रदेश से होकर नहीं बहती है?
(a) यमुना (b) गंगा
(c) चेनाब (d) रावी

47. किस झील के किनारे हिन्दुओं, सिखों और बौद्धों का तीर्थ स्थान है?
(a) रिवालसर (b) रेणुका
(c) चन्द्रताल (d) कावेरी

48. पाराशर झील किस जिले में स्थित है?
(a) मण्डी (b) कुल्लू
(c) बिलासपुर (d) कांगड़ा

49. लामा झील किस जिले में स्थित है?
(a) किन्नौर (b) कुल्लू
(c) चम्बा (d) सिरमौर

50. पोंग बाँध का निर्माण किस नदी पर किया गया है?
(a) व्यास (b) सतलुज
(c) रावी (d) यमुना

51. प्रसिद्ध चन्द्रनाहन झील झरना कहाँ पर स्थित है?
(a) सोलन (b) शिमला
(c) कुल्लू (d) चम्बा

52. प्रदेश को वन क्षेत्र से होने वाली वार्षिक आय कितनी है?
(a) लगभग ₹ 40 से 45 करोड़
(b) लगभग ₹ 50 से 52 करोड़
(c) लगभग ₹ 55 से 60 करोड़
(d) लगभग ₹ 70 से 85 करोड़

53. प्रदेश के सिरमौर जिले के कितने प्रतिशत क्षेत्र में वन स्थित हैं?
(a) 40.3% (b) 52.2%
(c) 49.03% (d) 50.2%

54. प्रदेश के चन्द्रनाहन एवं होशियारपुर क्षेत्रों में प्रमुख रूप से किस प्रकार के वृक्ष पाए जाते हैं?
(a) चीड़ (b) देवदार
(c) साल (d) पीपल

55. प्रदेश के कुल वनों का कितने प्रतिशत भाग व्यास और रावी नदी की पश्चिमी घाटियों में स्थित है?
(a) 30% (b) 33% (c) 37% (d) 42%

56. प्रदेश के शीतोष्ण कटिबन्धीय एवं मिश्रित वनों में प्रमुख रूप से किस प्रकार के वृक्ष पाए जाते हैं?
(a) चीड़ (b) देवदार
(c) नीम (d) ओक

57. गलत जोड़ा इंगित कीजिए

	वन्यजीव विहार	जिला
(a)	सिम्बलबरा	सिरमौर
(b)	चूड़धार	चम्बा
(c)	तलरा	शिमला
(d)	तीर्थन	कुल्लू

58. चम्बा जिले में स्थित टुण्डाह वन्यजीव विहार कितने क्षेत्रफल में विस्तृत है?
(a) 60 वर्ग किमी (b) 61 वर्ग किमी
(c) 64 वर्ग किमी (d) 65 वर्ग किमी

59. प्रदेश का बान्दली वन्यजीव विहार किस जिले में स्थित है?
(a) चम्बा (b) मण्डी
(c) कांगड़ा (d) सिरमौर

60. निम्न में से गलत जोड़ा छाँटिए

	वन्यजीव विहार	जिला
(a)	गमगूल सियाबेही	चम्बा
(b)	कनावर	कुल्लू
(c)	लिप्पा असरंग	किन्नौर
(d)	गोविन्द सागर	कांगड़ा

61. प्रदेश में ग्रेट हिमालयन राष्ट्रीय उद्यान की स्थापना कुल्लू जिले में कब की गई थी?
(a) वर्ष 1983 में (b) वर्ष 1984 में
(c) वर्ष 1985 में (d) वर्ष 1989 में

62. हिमाचल प्रदेश में कितने राष्ट्रीय उद्यान हैं?
(a) 4 (b) 2 (c) 3 (d) 1

63. पिनघाटी राष्ट्रीय पार्क कहाँ स्थित है?
(a) किन्नौर (b) कांगड़ा
(c) लौहाल-स्पीति (d) चम्बा

64. कियास वन्यजीव विहार किस जिले में स्थित है?
(a) किन्नौर (b) लाहौल-स्पीति
(c) कुल्लू (d) शिमला

65. प्रदेश के किस जिले में धान का सर्वाधिक उत्पादन होता है?
(a) शिमला (b) सोलन
(c) कांगड़ा (d) चम्बा

66. हिमाचल प्रदेश में प्राप्त महाशीर और मिर्र कॉर्प किसकी प्रसिद्ध किस्में हैं?
(a) हल्दी (b) मशरूम
(c) मछली (d) भेड़

67. प्रदेश के कितने क्षेत्र में बागवानी की जाती है?
(a) 10% (b) 21% (c) 30% (d) 35%

68. प्रदेश में सन्तरों का उत्पादन प्रमुख रूप से कहाँ किया जाता है?
(a) शिमला तथा मनाली
(b) कुल्लू तथा कांगड़ा
(c) लाहौल तथा किन्नौर
(d) कसौली

69. हिमाचल प्रदेश में सेब का सबसे पहला बाग किसके द्वारा लगाया गया था?
(a) कैप्टन ए ए ली (b) जॉन क्रिस्टल
(c) सर हेनरी (d) लेडी माउण्टबेटन

70. हिमाचल प्रदेश के कितने हेक्टेयर क्षेत्र में कृषि की जाती है?
(a) 10.12 लाख हेक्टेयर
(b) 10.14 लाख हेक्टेयर
(c) 10.20 लाख हेक्टेयर
(d) 15.18 लाख हेक्टेयर

71. किन्नौर तथा लाहौल-स्पीति जिलों में निम्नलिखित में से किस खाद्यान्न का उत्पादन अधिक मात्रा में होता है?
(a) मक्का (b) गेहूँ
(c) जौ (d) चना

72. प्रदेश की 'कल्याण सोना', 'सोनालिका' और 'आर आर 21' किस फसल की उन्नत किस्में हैं?
(a) गेहूँ (b) चावल
(c) जौ (d) गन्ना

73. प्रदेश के किस जिले में सेब का उत्पादन सबसे अधिक होता है?
(a) बिलासपुर (b) सिरमौर
(c) सोलन (d) शिमला

74. प्रदेश में निम्नलिखित में से किस स्थान पर कृषि विश्वविद्यालय की स्थापना की गई है?
(a) कांगड़ा (b) कुल्लू
(c) पालमपुर (d) ऊना

75. प्रदेश में आषाढ़ी (खरीफ) की फसलें प्रायः कब बोई जाती हैं?
(a) मार्च-अप्रैल (b) अगस्त-सितम्बर
(c) दिसम्बर-जनवरी (d) मई-जून

76. हिमाचल प्रदेश में पैदा की जाने वाली कुठ नामक बूटी का निर्यात भारत से बाहर किस देश में किया जाता है?
(a) अमेरिका (b) कनाडा
(c) फ्रांस (d) ये सभी

77. पार्वती परियोजना निम्नलिखित में से किस राज्य की सबसे बड़ी जल-विद्युत परियोजना है?
(a) जम्मू-कश्मीर (b) हिमाचल प्रदेश
(c) बिहार (d) उत्तर प्रदेश

78. चमेरा परियोजना हिमाचल प्रदेश के किस जिले में है?
(a) ऊना (b) सोलन
(c) बिलासपुर (d) चम्बा

79. भाखड़ा बाँध परियोजना कब पूर्णतया निर्मित हुई थी?
(a) वर्ष 1962 (b) वर्ष 1963
(c) वर्ष 1964 (d) वर्ष 1971

80. हिमाचल प्रदेश की जल-विद्युत क्षमता कितनी है?
(a) 25000 मेगावाट (b) 15000 मेगावाट
(c) 23000 मेगावाट (d) 57000 मेगावाट

81. बस्सी जल-विद्युत परियोजना राज्य के किस हिस्से में अवस्थित है?
(a) मण्डी (b) किन्नौर
(c) धर्मशाला (d) जोगिन्दर नगर

82. नाथपा से झाकड़ी तक सुरंग की लम्बाई कितनी है?
(a) 22.7 किमी (b) 29.9 किमी
(c) 27.8 किमी (d) 23.6 किमी

83. हिमाचल प्रदेश की अनुमानित जल-विद्युत क्षमता कितनी है?
(a) 22500 मेगावाट (b) 13900 मेगावाट
(c) 21500 मेगावाट (d) 19500 मेगावाट

84. प्रदेश की टौंस नदी के तल में निम्नलिखित में से कौन-सी धातु पाई जाती है?
(a) सीसा (b) जिप्सम
(c) लोहा (d) इनमें से कोई नहीं

85. हिमाचल प्रदेश में यूरेनियम कहाँ मिलता है?
(a) ऊना, हमीरपुर (b) कांगड़ा, चम्बा
(c) शिमला, कुल्लू (d) बिलासपुर, सोलन

86. हिमाचल प्रदेश में सर्वाधिक इलेक्ट्रॉनिक्स इकाइयाँ दो स्थानों पर कहाँ स्थित हैं?
(a) सुन्दर नगर तथा डलहौजी
(b) हमीरपुर तथा ऊना
(c) नादौन तथा धर्मशाला
(d) चम्बाघाट तथा बद्दी

87. हिमाचल प्रदेश में सबसे बड़ा कुटीर उद्योग कौन-सा है?
(a) ऊन की कताई व बुनाई
(b) चमड़े का सामान
(c) दुग्धशाला उद्योग
(d) उपरोक्त में से कोई नहीं

88. हिमाचल प्रदेश के किस स्थान पर निजी क्षेत्र में 50 टन का वनस्पति घी प्लाण्ट स्थापित है?
(a) कुल्लू (b) कांगड़ा
(c) सोलन (d) सिरमौर

89. हिमाचल प्रदेश का सबसे बड़ा औद्योगिक शहर कौन-सा है?
(a) मण्डी (b) ऊना
(c) कुल्लू (d) सोलन

90. प्रदेश में किस स्थान पर 'अमरबेल सूखान एवं छँटाई केन्द्र' की स्थापना की गई है?
(a) कोटगढ़ (b) कांगड़ा
(c) जहलमान (d) नाहन

91. हिमाचल प्रदेश में हिमालयन जैव संसाधन प्रौद्योगिकी संस्थान कहाँ पर स्थित है?
(a) पालमपुर (b) नाहन
(c) कांगड़ा (d) सिरमौर

92. प्रदेश के ऊना जिले में 'बीज प्रजनन केन्द्र' किस स्थान पर स्थापित किया गया है?
(a) रेखूबेला (b) रायला
(c) कुटलहर (d) चिन्तपूर्णी

93. प्रदेश का सबसे बड़ा हवाई अड्डा कौन-सा है?
(a) गग्गल (b) भुन्तर
(c) रंगरीक (d) काजा

94. 'ऊँचा हिमालय' नामक समाचार-पत्र हिमाचल प्रदेश में कहाँ से प्रकाशित किया जाता है?
(a) ऊना (b) बिलासपुर
(c) सोलन (d) शिमला

95. प्रदेश का कौन-सा समाचार-पत्र 'दैनिक' है?
(a) हिम सत्ता (b) हिमालय ध्वनि
(c) उदय भारत (d) हिम संवाहक

96. हिम संवाहक समाचार-पत्र का प्रकाशन कहाँ किया जाता है?
(a) चम्बा (b) डलहौजी
(c) शिमला (d) सिरमौर

97. कांगड़ा घाटी रेलमार्ग (मण्डी-पठानकोट रेलमार्ग) में कितनी सुरंगें हैं?
(a) दो (b) तीन (c) चार (d) पाँच

98. हिमाचल प्रदेश में कितने नेशनल हाइवे (2021 तक) हैं?
(a) ग्यारह (b) चौदह
(c) सात (d) उन्नीस

99. हिमाचल प्रदेश की एकमात्र ब्रॉड गेज रेल लाइन कौन-सी है?
(a) मण्डी (b) किन्नौर
(c) ऊना (d) बिलासपुर

100. कालका शिमला रेलमार्ग किस वर्ष तैयार हुआ?
(a) वर्ष 1910 (b) वर्ष 1903
(c) वर्ष 1906 (d) वर्ष 1905

101. कालका-शिमला रेलवे लाइन का मुख्य इंजीनियर कौन था?
(a) एच एस हेरिंगटन (b) कार्ल लेविस
(c) जे कैनेडी (d) आर. लॉरेंस

102. सोलन जिले में कौन-सा हवाई अड्डा स्थित है?
(a) जुबारहट्टी (b) भुंतर
(c) कांगड़ा (d) इनमें से कोई नहीं

103. कांगड़ा जिले का बाथू पुल कब बना था?
(a) वर्ष 1912 (b) वर्ष 1920
(c) वर्ष 1910 (d) वर्ष 1919

104. प्रदेश में विधानसभा चुनाव क्षेत्र के लिए लगभग कितनी जनसंख्या निर्धारित की गई है?
(a) 65000 (b) 86000
(c) 75000 (d) 96000

105. हिमाचल प्रदेश लोक सेवा आयोग का कार्यालय कहाँ स्थित है?
(a) शिमला (b) किन्नौर
(c) सोलन (d) ऊना

106. डॉ. यशवन्त सिंह परमार प्रदेश के मुख्यमन्त्री कब बने?
(a) वर्ष 1952 में (b) वर्ष 1953 में
(c) वर्ष 1954 में (d) वर्ष 1959 में

107. निम्नलिखित में से कौन हिमाचल प्रदेश के मुख्यमन्त्री नहीं रहे?
(a) वीरभद्र सिंह (b) शान्ता कुमार
(c) सत्यप्रकाश ठाकुर (d) प्रेम कुमार धूमल

108. हिमाचल प्रदेश का गठन कब हुआ?
(a) 25 जनवरी, 1971
(b) 26 जनवरी, 1950
(c) 1 नवम्बर, 1966
(d) 15 अप्रैल, 1948

109. वर्ष 1953 में भाषायी राज्यों के लिए बने राज्य पुनर्गठन आयोग का अध्यक्ष कौन था?
(a) के एम पाणिकर (b) फाजिल अली
(c) एच एस कुंजरो (d) एम सी महाजन

110. निम्नलिखित में से कौन-सा लोकनृत्य हिमाचल प्रदेश का नहीं है?
(a) थाली (b) जद्दा
(c) झैन्ता (d) झूमर

111. निम्नलिखित में से कौन-सा लोकनाट्य हिमाचल प्रदेश से सम्बन्धित नहीं है?
(a) रावल
(b) चमरोरी
(c) करियाला या करियाडा
(d) बूढ़ा और सिंह

112. नुआला लोक संगीत राज्य के किस/किस घाटी/घाटियों में आयोजित किया जाता हैं?
(a) स्पीति घाटी (b) कांगड़ा घाटी
(c) चम्बा घाटी (d) ये सभी

113. करियाला नृत्य के निर्देशक को क्या कहा जाता है?
(a) एकर (b) जलिया
(c) करियालटू (d) झंबर

114. कुंजु-चंचलों कहाँ का प्रसिद्ध लोकगीत है?
(a) किन्नौर (b) बिलासपुर
(c) चम्बा (d) हमीरपुर

115. 'बुराह' क्या है?
(a) शन लोकनृत्य (b) झूरी लोकनृत्य
(c) रासो लोकनृत्य (d) सिरमौरी लोकनृत्य

116. कथड़ी कहाँ का प्रसिद्ध लोकनृत्य है?
(a) मण्डी (b) चम्बा
(c) कुल्लू (d) सिरमौर

117. भरमौर के समीप किस स्थान पर भाद्रपद माह की शुक्ल अष्टमी को मेला लगता है?
(a) मणिमहेश (b) भलई
(c) पाँगी (d) सलूनी

118. किन्नौर जिले में कहाँ पर पुत्र प्राप्त परिवार उखयांग महोत्सव पर ग्राम देवता को सामूहिक रूप से बकरा भेंट करते हैं?
(a) पोदार घाटी (b) रोपा गाँव
(c) सांगला घाटी (d) रंका घाटी

119. कुल्लू किस त्यौहार के लिए प्रसिद्ध है?
(a) दिवाली (b) होली
(c) ममर सक्रांति (d) दशहरा

120. प्रदेश में 'मण्डी शिवरात्रि मेला' की शुरूआत किसने की थी?
(a) राजा आमेर सिंह (b) राजा आनन्द पाल
(c) राजा मोहर सिंह (d) राजा अबरसेन

121. निम्नलिखित में गलत जोड़ा है

	मेले	जिला
(a)	नलवाड़ी मेला	बिलासपुर
(b)	मिंजर मेला	कुल्लू
(c)	रेणुका मेला	सिरमौर
(d)	लवी मेला	रामपुर

122. पोरी मेला का आयोजन किस ऋतु में किया जाता है?
(a) शीत ऋतु (b) वसन्त काल
(c) ग्रीष्म काल (d) सभी समय में

123. सोलन का मेला किस देवी की स्मृति में आयोजित किया जाता है?
(a) सलोनी देवी (b) सोलन देवी
(c) सिलन देवी (d) सिलोन देवी

124. डूंगरी मेला किसको समर्पित है?
(a) घटोत्कच (b) भीम
(c) हिडिम्बा (d) बर्बरीक

125. मिंजर क्या है?
(a) सिल का मेला (b) सोलन का मेला
(c) चम्बा का मेला (d) किन्नौर का मेला

126. लवी मेला कहाँ पर लगता है?
(a) किब्बर (b) रामपुर
(c) कोटरवाई (d) इनमें से कोई नहीं

127. प्रदेश की बसौली शैली का सर्वाधिक विकास किस सदी में हुआ?
(a) सत्रहवीं (b) अठारहवीं
(c) उन्नीसवीं (d) बीसवीं

128. प्रदेश की काँगड़ा कला शैली का मुख्य विषय क्या था?
(a) प्राकृतिक सौन्दर्य (b) इमारत
(c) मन्दिर (d) कृष्ण एवं राधा

129. चम्बा कलम में किस चित्रकार के चित्र बहुत लोकप्रिय हैं, जो 1765 ई. में गुलेर से चम्बा गया था?
(a) हरिप्रसाद (b) जोगीदास
(c) सज्जू (d) निक्का

130. प्रदेश के किस जिले की 'रूमाल कला' विश्व प्रसिद्ध है?
(a) चम्बा (b) कांगड़ा
(c) बिलासपुर (d) ऊना

131. पहाड़ी चित्रकला क्या है?
(a) भित्तिचित्र (b) काल्पनिक चित्र
(c) तैलीय चित्र (d) इनमें से कोई नहीं

132. कांगड़ा कला शैली का प्रादुर्भाव किस शैली से हुआ है?
(a) मुगल शैली (b) राजस्थानी शैली
(c) राजपूत शैली (d) गुलेरी शैली

133. चम्बा कलम का विकास चम्बा के किस राजा के काल में हुआ था?
(a) हरिचन्द (b) राजसिंह
(c) विजय सिंह (d) मानसिंह

134. ज्वालामुखी मन्दिर किस जिले में स्थित है?
(a) चम्बा (b) ऊना
(c) कांगड़ा (d) बिलासपुर

135. 'गूगा' कौन था?
(a) काश्तकार (b) शिल्पकार
(c) (a) और (b) (d) स्वर्णकार

136. बिजली महादेव मन्दिर किस जिले में स्थित है?
(a) कुल्लू (b) मण्डी
(c) कांगड़ा (d) शिमला

137. शाहतलाई स्थान का सम्बन्ध किस मन्दिर से है?
(a) माता चिन्तपूर्णी (b) माता जवालाजी
(c) माता कांगड़ा देवी (d) बाबा बालकनाथ

138. हिडिम्बा मन्दिर कहाँ पर स्थित है?
(a) चम्बा (b) मनाली
(c) डलहौजी (d) कांगड़ा

139. हिमाचल प्रदेश की सबसे पुरानी स्कूल ऑफ पेन्टिंग है?
(a) गुलेरलम (b) बसौली
(c) रंगमाला (d) ये सभी

140. स्व चंदू लाल रैणा कौन थे?
(a) पत्रकार (b) रंगरेज
(c) चित्रकार (d) स्वर्णकार

141. प्रदेश में प्रसिद्ध राधेश्याम मन्दिर कहाँ स्थित है?
(a) शिमला (b) बिलासपुर
(c) सोलन (d) ऊना

142. उदयपुर का पूर्व नाम था
(a) जिऊता (b) मार्कुल
(c) उदयंजन (d) इनमें से कोई नहीं

143. बूटीनाथ का मन्दिर अवस्थित है
(a) रिवालसर (b) कामरू
(c) कुफटी (d) चैल

144. प्रदेश में सुशर्मा द्वारा किस प्रसिद्ध इमारत का निर्माण करवाया गया था?
(a) छातीपुर का किला
(b) नगरकोट का किला
(c) रंगमहल
(d) नगरकोट का मन्दिर

145. चैडविक क्या है?
(a) एक पहाड़ी (b) सेबों का बगीचा
(c) झरना (d) इनमें से कोई नहीं

146. प्रदेश के बिलासपुर नामक स्थान पर रंगमहल का निर्माण किसके द्वारा करवाया गया था?
(a) विजयचन्द (b) कल्याणचन्द
(c) जसाटा वर्मन (d) ललित वर्मन

147. प्रदेश के छातीपुर के किले का निर्माण संसार. चन्द द्वारा किस स्थान पर करवाया गया था?
(a) झांजर धार (बिलासपुर)
(b) पाँगी
(c) हान्दूर की सीमा पर
(d) तारागढ़ (चम्बा)

उत्तरमाला

1. (a)	2. (c)	3. (a)	4. (b)	5. (a)	6. (b)	7. (d)	8. (a)	9. (d)	10. (a)
11. (d)	12. (a)	13. (b)	14. (b)	15. (c)	16. (d)	17. (b)	18. (a)	19. (a)	20. (a)
21. (d)	22. (d)	23. (b)	24. (b)	25. (c)	26. (a)	27. (a)	28. (c)	29. (a)	30. (c)
31. (a)	32. (b)	33. (c)	34. (c)	35. (b)	36. (a)	37. (b)	38. (b)	39. (a)	40. (a)
41. (a)	42. (a)	43. (a)	44. (a)	45. (b)	46. (b)	47. (a)	48. (a)	49. (c)	50. (a)
51. (b)	52. (c)	53. (c)	54. (c)	55. (d)	56. (d)	57. (b)	58. (c)	59. (b)	60. (d)
61. (b)	62. (b)	63. (c)	64. (c)	65. (c)	66. (c)	67. (b)	68. (b)	69. (a)	70. (b)
71. (c)	72. (a)	73. (d)	74. (c)	75. (d)	76. (d)	77. (b)	78. (d)	79. (b)	80. (c)
81. (d)	82. (c)	83. (c)	84. (a)	85. (c)	86. (d)	87. (a)	88. (c)	89. (d)	90. (c)
91. (a)	92. (a)	93. (a)	94. (d)	95. (c)	96. (b)	97. (a)	98. (d)	99. (c)	100. (b)
101. (a)	102. (a)	103. (c)	104. (c)	105. (a)	106. (a)	107. (c)	108. (d)	109 (b)	110. (d)
111. (b)	112. (c)	113. (c)	114. (c)	115. (c)	116. (c)	117. (a)	118. (b)	119 (d)	120. (d)
121. (b)	122. (c)	123. (a)	124. (c)	125. (c)	126. (b)	127. (b)	128. (d)	129. (d)	130. (a)
131. (a)	132. (d)	133. (b)	134. (c)	135. (b)	136. (a)	137. (d)	138. (b)	139. (b)	140. (c)
141. (b)	142. (b)	143. (b)	144. (a)	145. (c)	146. (a)	147. (a)			

बाल विकास एवं शिक्षाशास्त्र
शिक्षण अधिगम प्रक्रिया

अध्याय 01

विकास की अवधारणा एवं इसका अधिगम से सम्बन्ध

विकास की अवधारणा

विकास जीवनपर्यन्त चलने वाली एक निरन्तर प्रक्रिया है। विकास की प्रक्रिया में बालक का शारीरिक (Physical), क्रियात्मक (Motor), संज्ञानात्मक (Cognitive) भाषागत् (Language), संवेगात्मक (Emotional) एवं सामाजिक (Social) विकास होता है।

बालक में आयु के साथ होने वाले गुणात्मक एवं परिमाणात्मक परिवर्तन सामान्यतया देखे जाते हैं। बालक में क्रमबद्ध रूप से होने वाले सुसंगत परिवर्तन की क्रमिक श्रृंखला को (Sequence Chain) 'विकास' कह सकते हैं।

क्रमबद्ध एवं 'सुसंगत' होना इस बात को संकेतित करता है कि बालक के अन्दर अब तक संघटित गुणात्मक परिवर्तन तथा उसमें आगे होने वाले परिवर्तनों में एक निश्चित सम्बन्ध है। आगे होने वाले परिवर्तन अब तक के परिवर्तनों की परिपक्वता पर निर्भर करते हैं।

अरस्तू के अनुसार, ''विकास आन्तरिक एवं बाह्य कारणों से व्यक्ति में परिवर्तन है।''

विकास के अभिलक्षण

विकास एक जीवनपर्यन्त चलने वाली प्रक्रिया है, जो गर्भधारण से लेकर मृत्युपर्यन्त होती रहती है। मनौवैज्ञानिकों ने विकास के विभिन्न अभिलक्षणों (Characteristics) को बताया है, जो इस प्रकार हैं—

- विकासात्मक परिवर्तन प्राय: व्यवस्थित प्रगतिशील और नियमित होते हैं। सामान्य से विशिष्ट और सरल से जटिल और एकीकृत से क्रियात्मक स्तरों की ओर अग्रसर होने के दौरान प्राय: यह एक क्रम का अनुसरण करते हैं।
- विकास बहु-आयामी (Multi-dimensional) होता है अर्थात् कुछ क्षेत्रों में यह बहुत तीव्र वृद्धि को दर्शाता है, जबकि कुछ अन्य क्षेत्रों में धीमी गति से होता है।
- विकास बहुत ही लचीला होता है इसका तात्पर्य है कि एक ही व्यक्ति अपनी पिछली विकास दर की तुलना में किसी विशिष्ट क्षेत्र में अपेक्षाकृत आकस्मिक रूप से अच्छा सुधार प्रदर्शित कर सकता है। एक अच्छा परिवेश शारीरिक शक्ति अथवा स्मृति और बुद्धि के स्तर में अनापेक्षित सुधार ला सकता है।
- विकासात्मक परिवर्तनों में प्राय: परिपक्वता में क्रियात्मकता (Functional) के स्तर पर उच्च स्तरीय वृद्धि देखने में आती है, उदाहरणस्वरूप शब्दावली के आकार और जटिलता में वृद्धि, परन्तु इस प्रक्रिया में कोई कमी अथवा क्षति भी निहित हो सकती है; जैसे—हड्डियों के घनत्व में कमी या वृद्धावस्था में याददाश्त (स्मृति) का कमजोर होना।
- विकासात्मक परिवर्तन 'मात्रात्मक' (Quantitative) हो सकते हैं; जैसे—आयु बढ़ने के साथ कद बढ़ना अथवा 'गुणात्मक' जैसे नैतिक मूल्यों का निर्माण।
- किशोरावस्था के दौरान शरीर के साथ-साथ संवेगात्मक, सामाजिक और संज्ञानात्मक क्रियात्मकता में भी तेजी से परिवर्तन दिखाई देते हैं।
- विकास प्रासंगिक हो सकता है। यह ऐतिहासिक, परिवेशीय और सामाजिक-सांस्कृतिक घटकों से प्रभावित हो सकता है।
- विकासात्मक परिवर्तनों की दर अथवा गति में उल्लेखनीय 'व्यक्तिगत अन्तर' हो सकते हैं। यह अन्तर आनुवंशिक घटकों अथवा परिवेशीय प्रभावों के कारण हो सकते हैं। कुछ बच्चे अपनी आयु की तुलना में अत्यधिक पूर्व-चेतन (जागरूक) हो सकते हैं, जबकि कुछ बच्चों में विकास की गति बहुत धीमी होती है। उदाहरणस्वरूप, यद्यपि एक औसत बच्चा 3 शब्दों के वाक्य 3 वर्ष की आयु में बोलना शुरू कर देता है, परन्तु कुछ ऐसे बच्चे भी हो सकते हैं, जो 2 वर्ष के होने से बहुत पहले ही ऐसी योग्यता प्राप्त कर लेते हैं।

विकास के आयाम

मनोवैज्ञानिकों ने अध्ययन की सुविधा के दृष्टिकोण से विकास को निम्नलिखित भागों में बाँटा है

शारीरिक विकास

शरीर के बाह्य परिवर्तन जैसे—ऊँचाई, शारीरिक अनुपात में वृद्धि इत्यादि जिन्हें स्पष्ट रूप से देखा जा सकता है, किन्तु शरीर के आन्तरिक अवयवों के परिवर्तन बाह्य रूप से दिखाई तो नहीं पड़ते, किन्तु शरीर के भीतर इनका समुचित विकास होता रहता है।

- प्रारम्भ में शिशु अपने हर प्रकार के कार्यों के लिए दूसरों पर निर्भर रहता है, धीरे-धीरे विकास की प्रक्रिया के फलस्वरूप वह अपनी आवश्यकताओं की पूर्ति में सक्षम होता जाता है।

- शारीरिक विकास पर बालक के आनुवंशिक गुणों का प्रभाव देखा जा सकता है। इसके अतिरिक्त बालक के परिवेश एवं उसकी देखभाल का भी उसके शारीरिक विकास पर प्रभाव पड़ता है। यदि बच्चे को पर्याप्त मात्रा में पोषक आहार उपलब्ध नहीं हो रहा हैं, तो उसके विकास की सामान्य गति की आशा कैसे की जा सकती है?
- बालक की वृद्धि एवं विकास के बारे में शिक्षकों को पर्याप्त जानकारी इसलिए भी रखना अनिवार्य है, क्योंकि बच्चों की रुचियाँ, इच्छाएँ, दृष्टिकोण एवं एक तरह से उसका पूर्ण व्यवहार शारीरिक वृद्धि एवं विकास पर ही निर्भर करता है।
- बच्चों की शारीरिक वृद्धि एवं विकास के सामान्य ढाँचे से परिचित होकर अध्यापक यह जान सकता है कि एक विशेष आयु स्तर पर बच्चों से क्या आशा की जा सकती है?

मानसिक विकास

संज्ञानात्मक या मानसिक विकास (Cognitive or Mental Development) से तात्पर्य बालक की उन सभी मानसिक योग्यताओं एवं क्षमताओं में वृद्धि और विकास से है, जिनके परिणामस्वरूप विभिन्न प्रकार की समस्याओं को सुलझाने में अपनी मानसिक शक्तियों का पर्याप्त उपयोग कर पाता है।

- कल्पना करना, स्मरण करना, विचार करना, निरीक्षण करना, समस्या-समाधान करना, निर्णय लेना इत्यादि की योग्यता संज्ञानात्मक विकास के फलस्वरूप ही विकसित होते हैं।
- जन्म के समय बालक में इस प्रकार की योग्यता का अभाव होता है, धीरे-धीरे आयु बढ़ने के साथ-साथ उसमें मानसिक विकास की गति भी बढ़ती रहती है।
- संज्ञानात्मक विकास के बारे में शिक्षकों को पर्याप्त जानकारी इसलिए होनी चाहिए, क्योंकि इसके अभाव में वह बालकों की इससे सम्बन्धित समस्याओं का समाधान नहीं कर पाएगा।
- यदि कोई बालक मानसिक रूप से कमजोर है, तो इसके क्या कारण हैं, यह जानना उसके उपचार के लिए आवश्यक है।
- विभिन्न अवस्थाओं और आयु-स्तर पर बच्चों की मानसिक वृद्धि और विकास को ध्यान में रखते हुए उपयुक्त पाठ्य-पुस्तकें तैयार करने में भी इससे सहायता मिल सकती है।

सांवेगिक विकास

संवेग, जिसे भाव भी कहा जाता है का अर्थ होता है ऐसी अवस्था जो व्यक्ति के व्यवहार को प्रभावित करती है। भय, क्रोध, घृणा, आश्चर्य, स्नेह, खुशी इत्यादि संवेग के उदाहरण हैं। बालक में आयु बढ़ने के साथ ही इन संवेगों का विकास भी होता रहता है।

- संवेगात्मक विकास (Emotional Development) मानव वृद्धि एवं विकास का एक महत्त्वपूर्ण पहलू है। बालक का संवेगात्मक व्यवहार उसकी शारीरिक वृद्धि एवं विकास को ही नहीं, बल्कि बौद्धिक, सामाजिक एवं नैतिक विकास को भी प्रभावित करता है।
- बालक के सन्तुलित विकास में उसके संवेगात्मक विकास की अहम भूमिका होती है।
- बालक के संवेगात्मक विकास पर पारिवारिक वातावरण भी बहुत प्रभाव डालता है।
- विद्यालय के परिवेश और क्रिया-कलापों को उचित प्रकार से संगठित कर अध्यापक बच्चों के संवेगात्मक विकास में भरपूर योगदान दे सकते हैं।

क्रियात्मक विकास

क्रियात्मक विकास (Motor Development) का अर्थ होता है—व्यक्ति की कार्य करने की शक्तियों, क्षमताओं या योग्यताओं का विकास।

क्रियात्मक शक्तियों, क्षमताओं या योग्यताओं का अर्थ होता है ऐसी शारीरिक गतिविधियाँ या क्रियाएँ जिनको सम्पन्न करने के लिए माँसपेशियों एवं तन्त्रिकाओं की गतिविधियों के संयोजन की आवश्यकता होती है; जैसे—चलना, बैठना इत्यादि।

- एक नवजात शिशु ऐसे कार्य करने में अक्षम होता है। शारीरिक वृद्धि एवं विकास के साथ ही उम्र बढ़ने के साथ उसमें इस तरह की योग्यताओं का भी विकास होने लगता है।
- इसके कारण बालक को आत्मविश्वास अर्जित करने में भी सहायता मिलती है। पर्याप्त क्रियात्मक विकास के अभाव में बालक में विभिन्न प्रकार के कौशलों के विकास में बाधा पहुँचती है।
- क्रियात्मक विकास के स्वरूप एवं उसकी प्रक्रिया का ज्ञान होना शिक्षकों के लिए आवश्यक है।
- इसी ज्ञान के आधार पर ही वह बालक में विभिन्न कौशलों का विकास करवाने में सहायक हो सकता है।
- जिन बालकों में क्रियात्मक विकास सामान्य से कम होता है, उनके समायोजन एवं विकास हेतु विशेष कार्य करने की आवश्यकता होती है।

भाषायी विकास

भाषा के विकास को एक प्रकार से संज्ञानात्मक (भावनात्मक) विकास माना जाता है।

- भाषा के माध्यम से बालक अपने मन के भावों, विचारों को एक-दूसरे के सामने रखता है एवं दूसरे के भावों, विचारों एवं भावनाओं को समझता है।
- भाषायी ज्ञान के अन्तर्गत बोलकर विचारों को प्रकट करना, संकेत के माध्यम से अपनी बात रखना तथा लिखकर अपनी बातों को रखना इत्यादि को सम्मिलित किया जाता है।
- बालक 6 माह से 1 वर्ष के बीच कुछ शब्दों को समझने एवं बोलने लगता है।
- 3 वर्ष की अवस्था में वह कुछ छोटे वाक्यों को बोलने लगता है। 15 से 16 वर्षों के बीच काफी शब्दों की समझ विकसित हो जाती है।
- भाषायी विकास का क्रम एक क्रमिक विकास होता है। इसके माध्यम से कौशल में वृद्धि होती है।

सामाजिक विकास

सामाजिक विकास (Social Development) का शाब्दिक अर्थ होता है—समाज के अन्तर्गत रहकर विभिन्न पहलुओं को सीखना। समाज के अन्तर्गत ही चरित्र निर्माण, अच्छा व्यवहार (सद्गुण) तथा जीवन से सम्बन्धित व्यावहारिक शिक्षा इत्यादि का विकास होता है।

- बालकों के विकास की प्रथम पाठशाला परिवार को माना गया है, तत्पश्चात् समाज को। सामाजिक विकास के माध्यम से बालकों का जुड़ाव व्यापक हो जाता है।
- सम्बन्धों के दायरे में वृद्धि अर्थात् माता-पिता एवं भाई-बहन के अतिरिक्त दोस्तों/मित्रों से जुड़ना।
- सामाजिक विकास के माध्यम से बालकों में सांस्कृतिक, धार्मिक तथा सामुदायिक विकास इत्यादि की भावनाएँ उत्पन्न होती हैं।
- बालकों के मन में आत्म-सम्मान, स्वाभिमान तथा विचारधारा का जन्म होता है।

- बालक समाज के माध्यम से ही अपने आदर्श व्यक्तियों का चयन करता है तथा कुछ बनने की प्रेरणा उनसे लेता है।
- एक शिक्षित समाज में ही व्यक्ति का उत्तम विकास सम्भव हो सकता है।

वृद्धि

वृद्धि (Growth) का अर्थ होता है बालकों की शारीरिक संरचना का विकास जिसके अन्तर्गत लम्बाई, भार, मोटाई तथा अन्य अंगों का विकास आता है। वृद्धि की प्रक्रिया आन्तरिक एवं बाह्य दोनों रूपों में होती है, यह एक निश्चित आयु तक होती है तथा भौतिक पहलू (Physical Aspect) में ही सम्भव है। वृद्धि पर आनुवंशिकता का सकारात्मक एवं नकारात्मक दोनों प्रभाव पड़ते हैं।

वृद्धि एवं विकास में अन्तर

वृद्धि एवं विकास का प्रयोग लोग प्रायः पर्यायवाची शब्दों के रूप में करते हैं। अवधारणात्मक रूप से देखा जाए, तो इन दोनों में अन्तर होता है। इस अन्तर को हम निम्न प्रकार से व्यक्त कर सकते हैं

आधार	वृद्धि	विकास
परिमाणात्मक	वृद्धि शब्द का प्रयोग परिमाणात्मक परिवर्तनों; जैसे-बच्चे के बड़े होने के साथ उसके आकार, लम्बाई, ऊँचाई इत्यादि के लिए होता है।	विकास शब्द का प्रयोग परिमाणात्मक परिवर्तनों के साथ-साथ व्यावहारिक परिवर्तनों; जैसे- कार्यकुशलता, कार्यक्षमता, व्यवहार में सुधार इत्यादि के लिए भी होता है।
क्षेत्र	वृद्धि विकास की प्रक्रिया का एक चरण होता है। इसका क्षेत्र सीमित होता है।	विकास अपने-आप में एक विस्तृत अर्थ रखता है। वृद्धि इसका एक भाग होती है।
परिपक्वता	वृद्धि की क्रिया आजीवन नहीं चलती। बालक के परिपक्व होने के साथ ही यह रुक जाती है।	विकास एक सतत प्रक्रिया है। बालक के परिपक्व होने के बाद भी यह चलती रहती है।
विकास	बालक की शारीरिक वृद्धि हो रही है इसका अर्थ यह नहीं हो सकता कि उसमें विकास भी हो रहा है। अतः यह भौतिक विकास को दर्शाता है।	बालक में विकास के लिए भी वृद्धि आवश्यक नहीं है। अतः यह गुणात्मक विकास को दर्शाता है।

वृद्धि तथा विकास को प्रभावित करने वाले कारक

वृद्धि तथा विकास को प्रभावित करने वाले अनेक कारक उत्तरदायी होते हैं, जो निम्नलिखित हैं

1. पोषण

- यह वृद्धि तथा विकास का महत्त्वपूर्ण घटक होता है। बालक को विकास के लिए उचित मात्रा में प्रोटीन, वसा, कार्बोहाइड्रेट, खनिज लवण इत्यादि की आवश्यकता होती है।
- हमारे खान-पान में उपयुक्त पोषक तत्त्वों की कमी होगी तो वृद्धि एवं विकास प्रभावित होगा।

2. वृद्धि

- यह विकास के अन्य कारकों में सबसे महत्त्वपूर्ण कारक होता है।
- बौद्धिक विकास जितना उच्चतर होगा, हमारे अन्दर समझदारी, नैतिकता, भावनात्मकता, तर्कशीलता इत्यादि का विकास उतना ही उत्तम होगा।

3. वंशानुगत

- वंशानुगत (Heredity) स्थिति शारीरिक एवं मानसिक विकास में महत्त्वपूर्ण भूमिका निभाती है।
- माता-पिता के गुण एवं अवगुण का प्रभाव बच्चों पर स्पष्ट रूप से देखने को मिलता है।

4. लिंग

- सामान्यतया लड़के एवं लड़कियों में विकास के क्रम में विविधता देखी जाती है।
- किसी अवस्था में विकास की गति लड़कियों में तीव्र होती है तो किसी अवस्था में लड़कों में।

5. वायु एवं प्रकाश

- शरीर को स्वस्थ रखने के लिए स्वच्छ वायु की आवश्यकता होती है, अगर वायु स्वच्छ न मिले तो बालक बीमार हो सकता है एवं इनके अभाव में कार्य करने की क्षमता प्रभावित हो सकती है।
- शारीरिक विकास के लिए सूर्य के प्रकाश की महत्त्वपूर्ण भूमिका होती है, क्योंकि सूर्य के प्रकाश में विटामिन-डी की प्राप्ति होती है, जो विकास के लिए अपरिहार्य है।

6. अन्तःस्रावी ग्रन्थियाँ

अन्तःस्रावी ग्रन्थियों (Endocrine Glands) से निकलने वाला हार्मोन बालक एवं बालिकाओं के शारीरिक विकास को प्रभावित करता है।

7. शारीरिक क्रिया

जीवन को स्वस्थ रखने के लिए व्यायाम बहुत जरूरी है। यह मानव की आयु बढ़ाता है। यह व्यक्ति को सक्रिय (Active) बनाए रखता है। यह व्यक्ति की रोग प्रतिरोध शक्ति बढ़ाता है।

वृद्धि की अवस्थाएँ

मनोवैज्ञानिकों ने मानव वृद्धि को निम्नलिखित अवस्थाओं में विभाजित किया है, जो निम्न प्रकार हैं

1. शैशवकाल

- इसमें जन्म से 2 वर्ष तक बच्चों का शारीरिक एवं मानसिक विकास तेजी से होता है।
- बालक इस अवस्था में पूर्णरूप से माता-पिता पर आश्रित रहता है।
- इस अवस्था में संवेगात्मक विकास भी होता है तथा इस अवस्था में सीखने की क्षमता की गति तीव्र होती है।
- जब नवजात शिशु शैशवकाल (Infancy) की ओर अग्रसर होता है, तो उसके अन्दर प्यार व स्नेह की आवश्यकता बढ़ने लगती है।

2. बाल्यकाल

बाल्यकाल (Childhood) को निम्न दो भागों में विभाजित किया गया है

(i) पूर्व बाल्यकाल

- सामान्यतया 2 से 6 वर्ष की अवस्था। बालकों का बाहरी जुड़ाव होने लगता है। बच्चों में (नकल करने की प्रवृत्ति) अनुकरण एवं दोहराने की प्रवृत्ति पाई जाती है।
- समाजीकरण एवं जिज्ञासा दोनों में वृद्धि होती है। मनोवैज्ञानिक दृष्टि से यह काल भाषा सीखने की सर्वोत्तम अवस्था है।

(ii) **उत्तर बाल्यकाल**

- 6 से 12 वर्ष तक की अवस्था। इस अवस्था में बच्चों में बौद्धिक, नैतिक, सामाजिक, तर्कशीलता इत्यादि का व्यापक विकास होता है।
- पढ़ने की रुचि में वृद्धि के साथ-साथ स्मरण क्षमता का भी विकास होता है। बच्चों में समूह भावना का विकास होता है अर्थात् समूह में खेलना, समूह में रहना, समलैंगिक व्यक्ति को ही मित्र बनाना इत्यादि।
- जीवन में अनुशासन तथा नियमों की महत्ता समझ में आने लगती है।
- खोजी दृष्टिकोण एवं घूमने की प्रवृत्ति का विकास।

3. किशोरावस्था

- 12 से 18 वर्ष के बीच की अवस्था। अत्यन्त जटिल अवस्था तथा साथ ही व्यक्ति के शारीरिक संरचना में परिवर्तन देखने को मिलता है।
- यह वह समय होता है, जिसमें बालक बाल्यावस्था से परिपक्वता की ओर उन्मुख होता है।
- इस अवस्था में किशोरों की लम्बाई एवं भार दोनों में वृद्धि होती है, साथ ही माँसपेशियों में भी वृद्धि होती है।
- 12-14 वर्ष की आयु के बीच लड़कों की अपेक्षा लड़कियों की लम्बाई एवं माँसपेशियों में तेजी से वृद्धि होती है एवं 14-18 वर्ष की आयु के बीच लड़कियों की अपेक्षा लड़कों की लम्बाई एवं माँसपेशियाँ तेजी से बढ़ती हैं।
- इस काल में प्रजनन अंग विकसित होने लगते हैं एवं उनकी काम की मूल प्रवृत्ति जाग्रत होती है।
- इस अवस्था में किशोर दुश्चिन्ता (दुविधा) एवं स्वयं से सम्बन्धित सरोकार (मतलब) का भाव रखते हैं। 'मैं कौन हूँ' 'मैं क्या हूँ' 'मैं भी कुछ हूँ' जैसी प्रबल भावनाओं का विकास इस अवस्था में होने लगता है।
- इस अवस्था में किशोर-किशोरियों की बुद्धि का पूर्ण विकास हो जाता है, उनकी ध्यान केन्द्रित करने की क्षमता बढ़ जाती है, स्मरण शक्ति बढ़ जाती है एवं उनमें स्थायित्व आने लगता है।
- इस अवस्था में मित्र बनाने की प्रवृत्ति तीव्र होती है एवं सामाजिक सम्बन्धों में वृद्धि होती है। इस अवस्था में नशा या अपराध की ओर उन्मुख होने की अधिक सम्भावना रहती है।
- किशोरावस्था के शारीरिक बदलावों का प्रभाव किशोर जीवन के सामाजिक और मनोवैज्ञानिक पहलुओं पर पड़ता है। अत: इस अवस्था में उन्हें शिक्षकों, मित्रों एवं अभिभावकों के सही मार्गदर्शन एवं सलाह की आवश्यकता पड़ती है।

4. युवा प्रौढ़ावस्था

- सामान्यतया 18 से 40 वर्ष तक।
- किशोरावस्था एवं युवा प्रौढ़ावस्था (Adulthood) की कोई निश्चित उम्र नहीं होती। यह अवस्था मानव-विकास में एक निश्चित परिपक्वता ग्रहण करने से प्राप्त होती है।

5. परिपक्व प्रौढ़ावस्था

- सामान्यतया 40 से 65 वर्ष की अवस्था।
- शारीरिक विकास में गिरावट आने लगती है अर्थात् बालों का सफेद होना, माँसपेशियों में ढीलापन तथा चेहरे पर झुर्रियाँ आना इत्यादि।

6. वृद्ध प्रौढ़ावस्था

- 65 से अधिक वर्ष की अवस्था।
- शारीरिक क्षमता का कमजोर होना।
- सामाजिक, आध्यात्मिक, धार्मिक तथा सांस्कृतिक क्रियाकलापों के प्रति रुझान।

अधिगम

अधिगम (Learning) का अर्थ होता है—सीखना। अधिगम एक प्रक्रिया है, जो जीवन-पर्यन्त चलती रहती है एवं जिसके द्वारा हम कुछ ज्ञान अर्जित करते हैं या जिसके द्वारा हमारे व्यवहार में परिवर्तन होता है। जन्म के तुरन्त बाद से ही बालक सीखना प्रारम्भ कर देता है।

अधिगम व्यक्तित्व के सर्वांगीण विकास में सहायक होता है। इसके द्वारा जीवन के लक्ष्यों को प्राप्त करने में सहायता मिलती है। अधिगम के बाद व्यक्ति स्वयं और दुनिया को समझने के योग्य हो पाता है।

यदि छात्र किसी विषय-वस्तु के ज्ञान के आधार पर कुछ परिवर्तन करने एवं उत्पादन करने में सक्षम हो गया हो, तो उसके सीखने की प्रक्रिया को अधिगम कहा जाएगा। सार्थक अधिगम ठोस चीजों एवं मानसिक द्योतकों को प्रस्तुत करने व उनमें बदलाव लाने की उत्पादक प्रक्रिया है न कि जानकारी इकट्ठा कर उसे रटने की प्रक्रिया।

अधिगम के सन्दर्भ में विद्वानों द्वारा कुछ परिभाषाएँ निम्न प्रकार दी गई हैं

गेट्स के अनुसार, "अनुभव द्वारा व्यवहार में रूपान्तर लाना ही अधिगम है।"

ई.ए. पील के अनुसार, "अधिगम व्यक्ति में एक परिवर्तन है, जो उसके वातावरण के परिवर्तनों के अनुसरण में होता है।"

क्रो एवं **क्रो** के अनुसार, "सीखना आदतों, ज्ञान एवं अभिवृत्तियों का अर्जन है। इसमें कार्यों को करने के नवीन तरीके सम्मिलित हैं और इसकी शुरुआत व्यक्ति द्वारा किसी भी बाधा को दूर करने अथवा नवीन परिस्थितियों में अपने समायोजन को लेकर होती है। इसके माध्यम से व्यवहार में उत्तरोत्तर परिवर्तन होता रहता है। यह व्यक्ति को अपने अभिप्राय अथवा लक्ष्य को पाने में समर्थ बनाती है।"

विकास का अधिगम से सम्बन्ध

विकास के विभिन्न पहलुओं का आपस में घनिष्ठ सम्बन्ध है एवं ये सभी अधिगम को प्रभावित करते हैं।

शारीरिक विकास, विशेषकर छोटे बच्चों में मानसिक व संज्ञानात्मक विकास में मददगार है। सभी बच्चों की खेल की गतिविधियों में सहभागिता उनके शारीरिक व मनो-सामाजिक विकास के लिए आवश्यक है। मानसिक और भाषायी विकास, सामाजिक विकास एवं अधिगम को प्रत्यक्ष रूप से प्रभावित करते हैं।

बालकों का विकास एवं अधिगम एक निरन्तर प्रक्रिया है, जिसके साथ बालकों में उन सिद्धान्तों का भी विकास होता है, जो बच्चे प्राकृतिक व सामाजिक दुनिया के बारे में बनाते हैं। इसमें दूसरों के साथ अपने रिश्ते के सम्बन्ध के विभिन्न सिद्धान्त भी शामिल हैं, जिनके आधार पर उन्हें यह पता चलता है कि चीजें जैसी हैं वैसी क्यों हैं? कारण और कारक के बीच क्या सम्बन्ध है और कार्य व निर्णय लेने के क्या आधार हैं?

अर्थ निकालना, अमूर्त सोच (Abstract Thought) की क्षमता विकसित करना, विवेचना व कार्य, अधिगम की प्रक्रिया के सर्वाधिक महत्त्वपूर्ण पहलू हैं। दृष्टिकोण, भावनाएँ और आदर्श, संज्ञानात्मक विकास के अभिन्न हिस्से हैं और भाषा विकास, मानसिक चित्रण, अवधारणाओं व तार्किकता से इनका गहरा सम्बन्ध है।

बच्चे व्यक्तिगत स्तर पर एवं दूसरों से भी विभिन्न तरीकों से सीखते हैं—अनुभव के माध्यम से, स्वयं चीजें करने व स्वयं बनाने से, प्रयोग करने से, पढ़ने से, विमर्श करने, पूछने, सुनने, उस पर सोचने व मनन करने से तथा गतिविधि या लेखन के जरिए अभिव्यक्त करने से। अपने विकास के मार्ग में उन्हें इस प्रकार के अवसर मिलने चाहिए।

अभ्यास प्रश्न

1. विकास की प्रक्रिया में ...... जीवन मूल्यों, व्यक्तित्व, व्यवहार इत्यादि के विकास भी शामिल हैं।

A. दृष्टिकोणों B. स्वभाव
C. रुचियों D. आदतों

(a) A और B (b) A, B और C
(c) B, C और D (d) ये सभी

2. बाल विकास के अध्ययन में निम्नलिखित में से किन बातों को शामिल किया जाता है?

A. आयु के साथ होने वाले परिवर्तनों का क्या स्वरूप होता है?
B. बालक में होने वाले परिवर्तनों का विशेष आयु के साथ क्या सम्बन्ध होता है?
C. बालकों में पाई जाने वाली व्यक्तिगत विभिन्नताओं के लिए किस प्रकार के आनुवंशिक एवं परिवेशजन्य प्रभाव उत्तरदायी होते हैं?

(a) A और B (b) B और C
(c) A और C (d) ये सभी

3. आप अपनी कक्षा में से कुछ छात्रों को चुनकर छः महीने में उनमें होने वाले विकास की एक रिपोर्ट तैयार करना चाहते हैं, तो इसके लिए आप निम्न में से क्या चुनेंगे?

(a) प्रत्येक माह उनकी लम्बाई मापेंगे
(b) प्रत्येक माह उनका वजन तौलेंगे
(c) प्रत्येक माह उनकी रुचियों, आदतों, दृष्टिकोणों, स्वभाव, व्यक्तित्व व्यवहार आदि में होने वाले परिवर्तनों की जाँच करेंगे
(d) प्रत्येक माह उनके शारीरिक आकार में होने वाले परिवर्तन की जाँच करेंगे

4. निम्नलिखित में से कौन-सा कथन सत्य है?

(a) दृष्टिकोण, भावनाएँ और आदर्श, संज्ञानात्मक विकास के अभिन्न हिस्से हैं और भाषा विकास, मानसिक चित्रण अवधारणाओं व तार्किकता से इनका गहरा सम्बन्ध है।
(b) सभी बच्चों का स्वस्थ, शारीरिक विकास सभी प्रकार के विकास की पहली शर्त नहीं है।
(c) मानसिक और भाषायी विकास, सामाजिक विकास एवं अधिगम को अप्रत्यक्ष रूप से प्रभावित करते हैं।
(d) बालक के सन्तुलित विकास में उसके संवेगात्मक विकास की नहीं, बल्कि शारीरिक विकास की अहम भूमिका होती है।

5. किसके परिणामस्वरूप बालक अपने निरन्तर बदलते हुए वातावरण में ठीक प्रकार समायोजन करने में सक्षम हो पाता है? सर्वाधिक उपयुक्त विकल्प का चयन करें।

(a) संज्ञानात्मक विकास
(b) शारीरिक विकास
(c) भाषायी विकास
(d) संवेगात्मक विकास

6. मानव का विकास निम्न में से किस पर निर्भर होता है?

(a) उसकी वृद्धि पर
(b) उसके वातावरण पर
(c) उसकी बुद्धि पर
(d) उसकी वृद्धि तथा वातावरण से मिलने वाली परिपक्वता पर

7. कौन-सी पाठ्यचर्या सर्वाधिक उपयुक्त होगी?

(a) बालक के शारीरिक व मानसिक विकास के अन्तर्सम्बन्धों के अनुकूल
(b) देश की सभ्यता-संस्कृति के अनुकूल
(c) बालक के शारीरिक एवं सामाजिक विकास के अन्तर्सम्बन्धों के अनुकूल
(d) उपरोक्त में से कोई नहीं

8. निम्नलिखित में से कौन-सा विकास छोटे बच्चों में मानसिक व संज्ञानात्मक विकास में सर्वाधिक मददगार होता है?

(a) सामाजिक विकास (b) शारीरिक विकास
(c) सांवेगिक विकास (d) भाषायी विकास

9. जब किशोर में किसी वस्तु, समस्या या परिस्थिति के लिए निजी स्तर पर निर्णय लेने की क्षमता का विकास परिपक्व होने लगता है, तो इस विकास को कहते हैं

(a) भाषायी विकास
(b) संज्ञानात्मक विकास
(c) सामाजिक विकास
(d) मनोगत्यात्मक विकास

10. बालक का संवेगात्मक विकास निम्नलिखित में से किसे प्रभावित करता है?

A. उसके शारीरिक विकास
B. उसके सामाजिक विकास
C. उसके नैतिक विकास

(a) केवल B (b) A और C
(c) B और C (d) ये सभी

11. निम्नलिखित में से कौन-सा बालक के सामाजिक विकास को प्रभावित नहीं करता है?

(a) बुद्धि
(b) तर्कशक्ति
(c) भाषा प्रयोग की क्षमता
(d) उपरोक्त में से कोई नहीं

12. विकास के विभिन्न आयामों के सन्दर्भ में निम्नलिखित में से कौन-सा कथन असत्य है?

(a) कल्पना करना, स्मरण करना, विचार करना, निरीक्षण करना, समस्या करना, निर्णय लेना इत्यादि की योग्यता संज्ञानात्मक विकास के फलस्वरूप ही विकसित होती है।
(b) भाषा का विकास एक प्रकार का संज्ञानात्मक विकास ही है।
(c) भाषायी, मानसिक, संवेगात्मक, सामाजिक एवं चारित्रिक विकास विभिन्न आयु स्तरों में समान प्रकार से होता है।
(d) क्रियात्मक विकास का अर्थ होता है, व्यक्ति की क्रियात्मक शक्तियों, क्षमताओं या योग्यताओं का विकास।

13. आपकी कक्षा का एक छात्र, राजू शारीरिक विकास की दृष्टि से काफी पिछड़ा हुआ है। आपको विकास के निम्नलिखित में से किस आयाम में राजू के पिछड़ने की चिन्ता हो सकती है?

A. संवेगात्मक विकास
B. बौद्धिक विकास
C. सामाजिक विकास

(a) केवल A (b) केवल B
(c) A और C (d) ये सभी

14. वृद्धि और विकास के सन्दर्भ में निम्नलिखित में से कौन-सा/से कथन सत्य है/हैं?

A. वृद्धि विकास की प्रक्रिया का एक चरण होता है, जिसका क्षेत्र असीमित होता है।
B. विकास स्वयं में एक विस्तृत अर्थ रखता है एवं वृद्धि इसका एक भाग होता है।
C. विकास एक सतत प्रक्रिया है, जो बालक के परिपक्व होने के बाद भी चलती रहती है।

(a) केवल A (b) A और B
(c) B और C (d) ये सभी

15. वृद्धि शब्द का प्रयोग ...... परिवर्तनों के लिए तथा विकास का प्रयोग ...... परिवर्तनों के साथ-साथ ...... परिवर्तनों के लिए भी होता है।

(a) व्यावहारिक, व्यावहारिक, परिमाणात्मक
(b) व्यावहारिक, परिमाणात्मक, व्यावहारिक
(c) परिमाणात्मक, परिमाणात्मक, व्यावहारिक
(d) परिमाणात्मक, व्यावहारिक, परिमाणात्मक

16. सभी बच्चों का स्वस्थ शारीरिक विकास सभी प्रकार के विकास की पहली शर्त है। इसके लिए किन मूल आवश्यकताओं पर ध्यान देना आवश्यक है?
A. पौष्टिक आहार
B. शारीरिक व्यायाम
C. मनोवैज्ञानिक-सामाजिक जरूरतों
(a) केवल A (b) A और C
(c) A और B (d) ये सभी

17. शिक्षण की विभिन्न विधियों के प्रयोग के लिए कौन-सी अवस्था सर्वाधिक उपयुक्त है?
(a) बाल्यावस्था (b) शैशवावस्था
(c) प्रौढ़ावस्था (d) किशोरावस्था

18. इस अवस्था में बालकों में नई खोज करने की और घूमने की प्रवृत्ति बहुत अधिक बढ़ जाती है
(a) शैशव (b) उत्तर बाल्यकाल
(c) किशोरावस्था (d) प्रौढ़ावस्था

19. किशोरों की सबसे नाजुक एवं संवेदनशील समस्या क्या होती है?
(a) व्यवसाय सम्बन्धी समस्या
(b) यौन सम्बन्धी समस्या
(c) समायोजन सम्बन्धी समस्या
(d) प्रश्नाभ्यास सम्बन्धी समस्या

20. मानव विकास की किस अवस्था के बाद व्यक्ति परिपक्व हो जाता है?
(a) बाल्यावस्था (b) शैशवावस्था
(c) प्रौढ़ावस्था (d) किशोरावस्था

21. 12-14 वर्ष की आयु के बीच ...... की अपेक्षा ...... लम्बाई एवं माँसपेशियों में तेजी से वृद्धि होती है एवं 14-18 वर्ष की आयु के बीच ...... की अपेक्षा ...... की लम्बाई एवं माँसपेशियाँ तेजी से बढ़ती हैं।
(a) लड़कियों, लड़कों; लड़कों, लड़कियों
(b) लड़कों, लड़कियों; लड़कियों, लड़कों
(c) लड़कों, लड़कियों; लड़कों, लड़कियों
(d) उपरोक्त में से किसी में नहीं

22. सार्थक अधिगम की प्रक्रिया विकास की किस अवस्था से आरम्भ होती है?
(a) किशोरावस्था से (b) वयस्कावस्था से
(c) शैशवावस्था से (d) बाल्यावस्था स

23. किस अवस्था में घनिष्ट मित्रता की प्रवृत्ति पाई जाती है?
(a) किशोरावस्था में
(b) बाल्यावस्था में
(c) शैशवावस्था में
(d) उपरोक्त में से किसी में नहीं

24. मानव विकास की किस अवस्था में बच्चों के सीखने की गति सर्वाधिक होती है?
(a) बाल्यावस्था
(b) शैशवावस्था
(c) प्रौढ़ावस्था
(d) किशोरावस्था

25. शिक्षा मनोविज्ञान में ...... अवस्थाओं में होने वाले मानव विकास का अध्ययन किया जाता है।
A. शैशवावस्था
B. बाल्यावस्था
C. किशोरावस्था
D. वयस्कावस्था
(a) A और B (b) A, B और C
(c) A और C (d) ये सभी

26. 'मैं कौन हूँ', 'मैं क्या हूँ', 'मैं भी कुछ हूँ' आदि जैसी प्रबल भावनाएँ, बालक के विकास की किस अवस्था की सूचक होती हैं?
(a) किशोरावस्था (b) शैशवावस्था
(c) प्रौढ़ावस्था (d) बाल्यावस्था

27. बाल-विकास के विभिन्न आयाम एवं इनके अधिगम के सम्बन्ध के सन्दर्भ में निम्नलिखित में से कौन-सा कथन असत्य है?
(a) विकास के विभिन्न आयामों का आपस में घनिष्ट सम्बन्ध है एवं ये अधिगम को प्रभावित करते हैं।
(b) बालकों का विकास एवं अधिगम एक निरन्तर चलने वाली प्रक्रिया है।
(c) शारीरिक विकास, विशेषकर छोटे बच्चों में मानसिक व संज्ञानात्मक विकास में मददगार है।
(d) उपरोक्त में से कोई नहीं

28. निम्नलिखित में से किस अवस्था में बच्चे अपने समवयस्क समूह के सक्रिय सदस्य हो जाते हैं?
(a) किशोरावस्था (b) प्रौढ़ावस्था
(c) पूर्व बाल्यावस्था (d) बाल्यावस्था

29. मानव विकास को निम्न क्षेत्रों में विभाजित किया जाता है, जो हैं
(a) शारीरिक, आध्यात्मिक, संज्ञानात्मक और सामाजिक
(b) शारीरिक, संज्ञानात्मक, संवेगात्मक और सामाजिक
(c) संवेगात्मक, संज्ञानात्मक, आध्यात्मिक और सामाजिक-मनोवैज्ञानिक
(d) मनोवैज्ञानिक, संज्ञानात्मक, संवेगात्मक और शारीरिक

30. किशोर ...... का अनुभव कर सकते हैं।
(a) बचपन में किए गए अपराधों के प्रति डर के भाव
(b) आत्मसिद्धि के भाव
(c) जीवन के बारे में परितृप्ति
(d) दुश्चिन्ता और स्वयं से सरोकार

31. भाषा विकास में सहयोग करने का कौन-सा तरीका गलत है?
(a) बच्चे को बिना टोके प्रकरण पर बात करना
(b) उसकी अपनी भाषा के प्रयोग को अमान्य करना
(c) उसके प्रयोगों का समर्थन करना
(d) भाषा के प्रयोग के अवसर उपलब्ध कराना

32. मानव विकास ...... है।
(a) मात्रात्मक
(b) गुणात्मक
(c) कुछ सीमा तक अमापनीय
(d) 'a' और 'b' दोनों

33. निम्नलिखित में से कौन प्रारम्भिक बाल्यावस्था अवधि के दौरान उन भूमिकाओं एवं व्यवहारों के बारे में जानकारी प्रदान करते हैं, जो एक समूह में स्वीकार्य हैं?
(a) भाई-बहन एवं अध्यापक
(b) अध्यापक एवं साथी
(c) साथी एवं माता-पिता
(d) माता-पिता एवं भाई-बहन

34. निम्नलिखित में से कौन-सा आयु समूह परवर्ती बाल्यावस्था श्रेणी के अन्तर्गत आता है?
(a) 11 से 18 वर्ष
(b) 18 से 24 वर्ष
(c) जन्म से 6 वर्ष
(d) 6 से 11 वर्ष

35. "कोई भी नाराज हो सकता है—यह आसान है, परन्तु एक सही व्यक्ति के ऊपर, सही मात्रा में, सही समय पर, सही उद्देश्य के लिए तथा सही तरीके से नाराज होना आसान नहीं है।" यह सम्बन्धित है
(a) संवेगात्मक विकास से
(b) सामाजिक विकास से
(c) संज्ञानात्मक विकास से
(d) शारीरिक विकास से

36. शैशवकाल की अवधि है
(a) जन्म से 2 वर्ष तक
(b) जन्म से 3 वर्ष तक
(c) 2 से 3 वर्ष तक
(d) जन्म से 1 वर्ष तक

37. मध्य बाल्यावस्था में भाषा ...... के बजाय ...... अधिक है।
(a) समाजीकृत, अहंकेन्द्रित
(b) जीववादी, समाजीकृत
(c) परिपक्व, अपरिपक्व
(d) अहंकेन्द्रित, समाजीकृत

38. विकास ...... से ...... की ओर बढ़ता है।
(a) जटिल, कठिन (b) विशिष्ट, सामान्य
(c) साधारण, आसान (d) सामान्य, विशिष्ट

39. विकास की गति एक व्यक्ति से दूसरे में भिन्न होती है, किन्तु यह एक ...... नमूने का अनुगमन करती है।
(a) एड़ी-से-चोटी
(b) अव्यवस्थित
(c) अप्रत्याशित
(d) क्रमबद्ध और व्यवस्थित

40. विकास के लिए निम्नलिखित में से कौन-सा एक उचित है?
(a) विकास जन्म के साथ प्रारम्भ होता है और समाप्त होता है।
(b) 'सामाजिक-सांस्कृतिक सन्दर्भ' विकास में एक महत्त्वपूर्ण भूमिका का निर्वाह करता है।
(c) विकास एकल आयामी है।
(d) विकास पृथक् होता है।

41. भाषा विकास के लिए प्रारम्भिक बचपन ...... काल है।
(a) कम महत्त्वपूर्ण
(b) अमहत्त्वपूर्ण
(c) अतिसंवेदनशील
(d) निरपेक्ष

42. भाषा के विकास के लिए सबसे संवेदनशील समय निम्नलिखित में से कौन-सा है?
(a) मध्यावस्था का काल
(b) वयस्कावस्था
(c) प्रारम्भिक बचपन का समय
(d) जन्म पूर्व का समय

उत्तरमाला

1	(d)	2	(d)	3	(c)	4	(a)	5	(a)	6	(d)	7	(a)	8	(b)	9	(b)	10	(d)
11	(d)	12	(c)	13	(d)	14	(c)	15	(c)	16	(d)	17	(a)	18	(b)	19	(b)	20	(d)
21	(b)	22	(c)	23	(a)	24	(b)	25	(b)	26	(a)	27	(d)	28	(a)	29	(d)	30	(d)
31	(b)	32	(d)	33	(d)	34	(d)	35	(a)	36	(a)	37	(a)	38	(d)	39	(d)	40	(b)
41	(c)	42	(c)																

अध्याय 02

बाल विकास के सिद्धान्त

बाल विकास की अवधारणा

बाल-विकास का सामान्य अर्थ होता है—बालकों का मानसिक व शारीरिक विकास। विकास शारीरिक, मानसिक, सामाजिक, संज्ञानात्मक, भाषायी तथा धार्मिक इत्यादि होता है। विकास का सम्बन्ध गुणात्मक (कार्य कुशलता, ज्ञान, तर्क, नवीन विचारधारा) एवं परिमाणात्मक (लम्बाई में वृद्धि, भार में वृद्धि तथा अन्य) दोनों से है।

शिक्षकों को एक निश्चित आयु के सामान्य बालकों की शारीरिक, मानसिक, सामाजिक तथा संवेगात्मक परिपक्वता का ज्ञान होना आवश्यक है, जिससे वे उनकी क्रियाओं को नियन्त्रित करके अपेक्षित दिशा प्रदान कर सकें।

स्किनर के अनुसार, "विकास एक क्रमिक एवं मन्दगति से चलने वाली प्रक्रिया है।"

हरलॉक के अनुसार, "बाल मनोविज्ञान का नाम बाल विकास इसलिए रखा गया क्योंकि विकास के अंतर्गत अब बालक के विकास के समस्त पहलुओं पर ध्यान केंद्रित किया जाता है, किसी एक पक्ष पर नहीं।"

क्रो एवं **क्रो** के अनुसार, "बाल मनोविज्ञान वह वैज्ञानिक की वह शाखा है जिसमें जन्म से परिपक्वावस्था तक विकसित हो रहे मानव का अध्ययन किया जाता है।"

बाल विकास के सिद्धान्त

बाल विकास के सन्दर्भ में कुछ महत्त्वपूर्ण सिद्धान्तों का वर्णन निम्न प्रकार से किया जा रहा है

1. निरन्तरता का सिद्धान्त

इस सिद्धान्त के अनुसार विकास 'एक न रुकने वाली' प्रक्रिया है। माँ के गर्भ से ही यह प्रक्रिया प्रारम्भ हो जाती है और मृत्युपर्यन्त चलती रहती है। एक छोटे से नगण्य आकार से अपना जीवन प्रारम्भ करके हम सबके व्यक्तित्व के सभी पक्षों—शारीरिक, मानसिक, सामाजिक आदि का सम्पूर्ण विकास इसी निरन्तरता के गुण के कारण भली-भाँति सम्पन्न कर सकते हैं।

2. समान प्रतिमान का सिद्धान्त

इस सिद्धान्त के अनुसार बालकों का विकास और वृद्धि उनकी अपनी वैयक्तिकता के अनुरूप होती है। वे अपनी स्वाभाविक गति से ही वृद्धि और विकास के विभिन्न क्षेत्रों में आगे बढ़ते रहते हैं और इसी कारण उनमें पर्याप्त विभिन्नताएँ देखने को मिलती हैं। किसी के विकास की गति तीव्र और किसी की मन्द होती है।

गेसल के अनुसार, "दो व्यक्ति समान नहीं होते, परन्तु सभी बालकों में विकास का क्रम समान होता है।"

3. विकास क्रम की एकरूपता

यह सिद्धान्त बताता है कि विकास की गति एक जैसी न होने तथा पर्याप्त वैयक्तिक अन्तर पाए जाने पर भी विकास क्रम में कुछ एकरूपता के दर्शन होते हैं। उदाहरण के लिए मनुष्य जाति के सभी बालकों की वृद्धि सिर की ओर प्रारम्भ होती है। इसी तरह बालकों के गत्यात्मक और भाषा विकास में भी एक निश्चित प्रतिमान और क्रम के दर्शन किए जा सकते हैं।

4. वृद्धि एवं विकास की गति की दर एक-सी नहीं रहती

विकास की प्रक्रिया जीवन-पर्यन्त चलती तो है, किन्तु इस प्रक्रिया में विकास की गति हमेशा एक जैसी नहीं होती। शैशवावस्था के शुरू के वर्षों में यह गति कुछ तीव्र होती है, परन्तु बाद के वर्षों में यह मन्द पड़ जाती है। पुन: किशोरावस्था के प्रारम्भ में इस गति में तेजी से वृद्धि होती है, परन्तु यह अधिक समय तक नहीं बनी रहती।

5. विकास सामान्य से विशेष की ओर चलता है

विकास और वृद्धि की सभी दिशाओं में विशिष्ट क्रियाओं से पहले उनके सामान्य रूप के दर्शन होते हैं। उदाहरण के लिए अपने हाथों से कुछ चीज पकड़ने से पहले बालक इधर से उधर हाथ मारने या फैलाने की कोशिश करता है। इसी तरह शुरू में एक नवजात शिशु के रोने और चिल्लाने में उसके सभी अंग-प्रत्यंग भाग लेते हैं, परन्तु बाद में वृद्धि और विकास की प्रक्रिया के फलस्वरूप यह क्रियाएँ उसकी आँखों और वाक्तन्त्र (Vocal System) तक सीमित हो जाती हैं।

6. परस्पर-सम्बन्ध का सिद्धान्त

विकास के सभी आयाम; जैसे— शारीरिक, मानसिक, सामाजिक, संवेगात्मक आदि एक-दूसरे से परस्पर सम्बन्धित हैं। इनमें से किसी भी एक आयाम में होने वाला विकास अन्य सभी आयामों में होने वाले विकास को पूरी तरह प्रभावित करने की क्षमता रखता है। उदाहरण के लिए जिन बच्चों में औसत से अधिक वृद्धि होती है, वे शारीरिक और सामाजिक विकास की दृष्टि से भी काफी आगे बढ़े हुए पाए जाते हैं। दूसरी ओर, एक क्षेत्र में पाई जाने वाली कमियाँ दूसरे क्षेत्र में हो रही प्रगति में बाधक सिद्ध होती हैं। यही कारण है कि शारीरिक विकास की दृष्टि से पिछड़े बालक संवेगात्मक, सामाजिक एवं बौद्धिक विकास में भी उतने ही पीछे रह जाते हैं।

7. एकीकरण का सिद्धान्त

विकास की प्रक्रिया एकीकरण के सिद्धान्त (Principle of Integration) का पालन करती है। इसके अनुसार, बालक पहले सम्पूर्ण अंग को और फिर अंग के भागों को चलाना सीखता है। इसके बाद वह उन भागों में एकीकरण करना सीखता है। सामान्य से विशेष की ओर बढ़ते हुए विशेष प्रतिक्रियाओं तथा कोशिशों को एक साथ प्रयोग में लाना सीखता है।

उदाहरण के लिए, एक बालक पहले पूरे हाथ को, फिर अँगुलियों को फिर हाथ एवं अँगुलियों को एकसाथ चलाना सीखता है।

8. विकास की भविष्यवाणी की जा सकती है

एक बालक की अपनी वृद्धि और विकास की गति को ध्यान में रखकर उसके आगे बढ़ने की दिशा और स्वरूप के बारे में भविष्यवाणी की जा सकती है। उदाहरण के लिए, एक बालक की कलाई की हड्डियों का एक्स किरणों से लिया जाने वाला चित्र यह बता सकता है कि उसका आकार-प्रकार आगे जाकर किस प्रकार का होगा? इसी तरह बालक की इस समय की मानसिक योग्यताओं के ज्ञान के सहारे उसके आगे के मानसिक विकास के बारे में पूर्वानुमान (prediction) लगाया जा सकता है।

9. विकास की दिशा का सिद्धान्त

इस सिद्धान्त के अनुसार, विकास की प्रक्रिया पूर्व निश्चित दिशा में आगे बढ़ती है। विकास की प्रक्रिया की यह दिशा व्यक्ति के वंशानुगत एवं वातावरणजन्य कारकों से प्रभावित होती है। इसके अनुसार बालक सबसे पहले अपने सिर और हाथों की गति पर नियन्त्रण करना सीखता है और उसके बाद फिर टाँगों को। इसके बाद ही वह अच्छी तरह बिना सहारे के खड़ा होना और चलना सीखता है।

10. विकास लम्बवत् सीधा न होकर वर्तुलाकार होता है

बालक का विकास लम्बवत् सीधा न होकर वर्तुलाकार होता है। वह एक-सी गति से सीधा चलकर विकास को प्राप्त नहीं होता, बल्कि बढ़ते हुए पीछे हटकर अपने विकास को परिपक्व और स्थायी बनाते हुए वर्तुलाकार आकृति की तरह आगे बढ़ता है। किसी एक अवस्था में वह तेजी से आगे बढ़ते हुए उसी गति से आगे नहीं जाता, बल्कि अपनी विकास की गति को धीमा करते हुए वर्षों में विश्राम लेता हुआ प्रतीत होता है ताकि प्राप्त वृद्धि और विकास को स्थायी रूप दिया जा सके।

11. आंशिक पुनर्बलन का सिद्धान्त

इसके प्रतिपादक जॉन डोलार्ड नील मिलर हैं। पुनर्बलन से यह तात्पर्य है कि किसी अनुक्रिया (Response) को बार-बार दोहराने की सम्भावना का बढ़ना। यह सतत पुनर्बलन की अपेक्षा अधिक प्रभावी होता है। चूँकि पुनर्बलन के माध्यम से नवीन प्रतिक्रियाओं को भी जन्म मिलता है।

12. वृद्धि और विकास की क्रिया वंशानुक्रम और वातावरण का संयुक्त परिणाम है

बालक की वृद्धि और विकास को किसी स्तर पर वंशानुक्रम और वातावरण की संयुक्त देन माना जाता है। दूसरे शब्दों में, वृद्धि और विकास की प्रक्रिया में वंशानुक्रम जहाँ आधार का कार्य करता है, वहाँ वातावरण इस आधार पर बनाए जाने वाले व्यक्तित्व सम्बन्धी भवन के लिए आवश्यक सामग्री एवं वातावरण जुटाने में सहयोग देता है। अत: वृद्धि और विकास की प्रक्रियाओं में इन दोनों को समान महत्त्व दिया जाना आवश्यक हो जाता है।

बाल विकास के सिद्धान्तों का शैक्षिक महत्त्व

बाल विकास के सिद्धान्तों के ज्ञान के फलस्वरूप शिक्षकों को बालकों की स्वभावगत विशेषताओं, रुचियों एवं क्षमताओं के अनुरूप सफलतापूर्वक अध्यापन में सहायता मिलती है।

निचली कक्षाओं में शिक्षण की खेल-पद्धति मूलरूप से वृद्धि एवं विकास के मनोवैज्ञानिक सिद्धान्तों पर आधारित है।

बाल विकास के सिद्धान्तों से हमें यह जानकारी मिलती है कि विकास की किस अवस्था में बालकों में सीखने की प्रवृत्ति किस प्रकार की होती है? यह उचित शिक्षण-विधि अपनाने में शिक्षकों की सहायता करता है।

- बालकों की वृद्धि और विकास के सिद्धान्तों से बालकों की भविष्य में होने वाली प्रगति का अनुमान लगाना काफी हद तक सम्भव होता है। इस तरह बाल विकास के सिद्धान्तों की जानकारी बालकों के मार्गदर्शन, परामर्श एवं निर्देशन में सहायक होकर उनके भविष्य निर्माण में प्रमुख भूमिका निभाती है।
- वृद्धि और विकास की सभी दिशाएँ अर्थात् विभिन्न पहलू; जैसे—मानसिक विकास, शारीरिक विकास, संवेगात्मक विकास और सामाजिक विकास आदि परस्पर एक-दूसरे से सम्बन्धित हैं। इस बात का ज्ञान शिक्षकों और अभिभावकों को बालक के सर्वांगीण विकास पर ध्यान देने के लिए प्रेरित करता है।
- बाल विकास के सिद्धान्तों के ज्ञान से बालक की रुचियों, अभिवृत्तियों, क्षमताओं इत्यादि के अनुरूप उचित पाठ्यक्रम के निर्धारण एवं समय-सारणी के निर्माण में सहायता मिलती है।
- बालक के व्यक्तित्व के सर्वांगीण विकास के लिए यह आवश्यक है कि उसके व्यवहार की जानकारी शिक्षक को हो तथा बालक के व्यवहार के बारे में जानने के बाद उसकी समस्याओं का समाधान करना आसान हो जाता है।
- बाल विकास का अध्ययन शिक्षक को इस बात की स्पष्ट जानकारी दे सकता है कि बालक की शक्तियों, योग्यताओं, क्षमताओं तथा व्यवहार एवं व्यक्तिगत गुणों के विकास में आनुवंशिकी तथा वातावरण किस सीमा तक, किस रूप में उत्तरदायी ठहराए जा सकते हैं? यह जानकारी शिक्षक को अपने उत्तरदायित्वों का सही ढंग से पालन करने में सहायक होती है।
- किस अवस्था विशेष में बालक के विकास का क्या सामान्य स्तर होना चाहिए? इस बात के ज्ञान से अध्यापक को अपने शिक्षण के उचित नियोजन में पूरी सहायता मिलती है। विकास स्तर की दृष्टि से वह बालकों को सामान्य, अति सामान्य तथा सामान्य से नीचे जैसी श्रेणियों में विभाजित कर सकता है तथा फिर उनकी शिक्षा एवं समायोजन व्यवस्था को उन्हीं के उपयुक्त रूप में ढालने का प्रयत्न कर सकता है।

बाल विकास को प्रभावित करने वाले कारक

बाल विकास को प्रभावित करने वाले कारकों को विद्वानों ने दो भागों में विभाजित किया है, जो निम्न प्रकार हैं

1. आन्तरिक कारक 2. बाह्य कारक

आन्तरिक कारक

बाल विकास को आन्तरिक कारक बहुत हद तक प्रभावित करते हैं, जो कि उसके विकास के लिए महत्त्वपूर्ण आधार निर्मित करते हैं। आन्तरिक कारक निम्न प्रकार से हैं

- **वंशानुगत कारक** (Heredity Factor) बालक के रंग-रूप, आकार, शारीरिक गठन, ऊँचाई इत्यादि के निर्धारण में उसके आनुवंशिक गुणों का

महत्त्वपूर्ण योगदान होता है। बालक के आनुवंशिक गुण उसकी वृद्धि एवं विकास को भी प्रभावित करते हैं।

- **शारीरिक कारक** (Physical Factor) जो बालक जन्म से ही दुबले-पतले, कमजोर, बीमार तथा किसी प्रकार की शारीरिक समस्या से पीड़ित रहते हैं, उनकी तुलना में सामान्य एवं स्वस्थ बच्चे का विकास अधिक होना स्वाभाविक ही है। शारीरिक कमियों का स्वास्थ्य पर ही नहीं अपितु वृद्धि एवं विकास पर भी प्रतिकूल प्रभाव पड़ता है। कई बार किसी दुर्घटना के कारण भी शरीर को क्षति पहुँचती है और इस क्षति का बालक के विकास पर प्रतिकूल प्रभाव पड़ता है।
- **बुद्धि** (Intelligence) बुद्धि को अधिगम (सीखने) की योग्यता, समायोजन योग्यता, निर्णय लेने की क्षमता इत्यादि के रूप में परिभाषित किया जाता है। जिस प्रकार बालक के सीखने की गति अधिक होती है, उसका मानसिक विकास भी तीव्र गति से होगा। बालक अपने परिवार, समाज एवं विद्यालय में अपने आपको किस तरह समायोजित (Adjustment) करता है, यह उसकी बुद्धि पर निर्भर करता है।
- **संवेगात्मक कारक** (Emotional Factor) बालक में जिस प्रकार के संवेगों/भावों (Emotions) का जिस रूप में विकास होगा वह उसके सामाजिक, मानसिक, नैतिक, शारीरिक तथा भाषा सम्बन्धी विकास को पूरी तरह प्रभावित करने की क्षमता रखता है। यदि बालक अत्यधिक क्रोधित या भयभीत रहता है अथवा यदि उसमें ईर्ष्या एवं वैमनस्यता की भावना अधिक होती है, तो उसके विकास की प्रक्रिया पर इन सबका प्रतिकूल प्रभाव पड़ना स्वाभाविक ही है। संवेगात्मक रूप से असन्तुलित बालक पढ़ाई में ठीक से ध्यान नहीं दे पाते, फलस्वरूप उनका मानसिक विकास भी प्रभावित होता है।
- **सामाजिक प्रकृति** (Social Nature) बच्चा जितना अधिक सामाजिक रूप से सन्तुलित होगा, उसका प्रभाव उसके शारीरिक, मानसिक, संवेगात्मक, भौतिक तथा भाषा सम्बन्धी विकास पर भी उतना ही अनुकूल पड़ेगा। सामाजिक दृष्टि से कुशल बालक अपने वातावरण से दूसरों की अपेक्षा अधिक सीखता है।

बाह्य कारक

बालक के विकास की प्रक्रिया को प्रभावित करने में उपरोक्त आन्तरिक कारकों के साथ ही निम्नलिखित बाह्य कारकों (Exernal Factors) की भी महत्त्वपूर्ण भूमिका होती है

- **गर्भावस्था के दौरान माता का स्वास्थ्य एवं परिवेश** (Physical Health of Mother and Environment During Pregnancy) गर्भावस्था में माता को अच्छा मानसिक एवं शारीरिक स्वास्थ्य बनाए रखने की सलाह इसलिए दी जाती है कि उससे न केवल गर्भ के अन्दर बालक के विकास पर असर पड़ता है, बल्कि आगे के विकास की बुनियाद भी मजबूत होती है।
- **जीवन की घटनाएँ** (Events of Life) जीवन की घटनाओं का बालक के जीवन पर प्रभाव पड़ता है। यदि बालक के साथ अच्छा व्यवहार हुआ है, तो उसके विकास की गति सही होगी अन्यथा उसके विकास पर प्रतिकूल प्रभाव पड़ेगा। जिस बच्चे को उसकी माता ने बचपन में ही छोड़ दिया हो, वह माँ के प्यार से वंचित हो जाएगा। ऐसी स्थिति में उसका सर्वांगीण विकास प्रभावित होता है।
- **भौतिक वातावरण** (Physical Environment) बालक का जन्म किस परिवेश में हुआ, वह किस परिवेश में किन लोगों के साथ रह रहा है? इन सबका प्रभाव उसके विकास पर पड़ता है। परिवेश की कमियों, प्रदूषणों, भौतिक सुविधाओं का अभाव इत्यादि कारणों से भी बालक का विकास प्रतिकूल रूप से प्रभावित होता है।
- **सामाजिक-आर्थिक स्थिति** (Socio-Economic State) बालक की सामाजिक एवं आर्थिक स्थिति का प्रभाव भी उसके विकास पर पड़ता है। निर्धन परिवार के बच्चे को विकास के अधिक अवसर उपलब्ध नहीं होते। अच्छे विद्यालय में पढ़ने, सांस्कृतिक कार्यक्रमों में भाग लेने इत्यादि का अवसर आर्थिक रूप से कमजोर बच्चों को नहीं मिलता, इसके कारण उनका विकास सन्तुलित नहीं होता। शहर के अमीर बच्चों को गाँवों के गरीब बच्चों की तुलना में बेहतर सामाजिक एवं सांस्कृतिक वातावरण मिलता है, जिसके कारण उनका मानसिक एवं सामाजिक विकास स्वाभाविक रूप से अधिक होता है।

बाल मनोविज्ञान

बाल मनोविज्ञान (Child Psychology) मनोविज्ञान की एक शाखा है, जिसके अन्तर्गत बालकों के व्यवहार, स्थितियों, समस्याओं तथा उन सभी कारणों का अध्ययन किया जाता है, जिसका प्रभाव बालक के व्यवहार एवं विकास पर पड़ता है।

इसके अन्तर्गत बालकों के जन्म से लेकर बाल्यावस्था तक का अध्ययन किया जाता है। यह शिक्षकों को शिक्षण की प्रक्रिया में मदद करता है तथा बालकों के सर्वांगीण विकास में महत्वपूर्ण भूमिका निभाता है

क्रो एवं **क्रो** ने बाल मनोविज्ञान को इस प्रकार परिभाषित किया है, "बाल मनोविज्ञान एक वैज्ञानिक अध्ययन है, जिसमें बालक के जन्म के पूर्व काल से लेकर उसकी किशोरावस्था तक का अध्ययन किया जाता है।"

थॉमसन के अनुसार, "बाल मनोविज्ञान सभी को एक नई दिशा में संकेत करता है। यदि उसे उचित रूप में समझा जा सके तथा उसका उचित समय पर उचित ढंग से विकास हो सके, तो हर बच्चा एक सफल व्यक्ति बन सकता है।"

बाल मनोविज्ञान की उपयोगिता एवं महत्त्व

बाल मनोविज्ञान की उपयोगिता एवं महत्त्व (Uility and Importance of Child Psychology) को निम्न प्रकार से समझाया जा सकता है

- बाल मनोविज्ञान के द्वारा बालकों के स्वभाव एवं विकास को समझने के बाद उनको शिक्षित करने की प्रक्रिया सरल हो जाती है। बाल मनोविज्ञान बालकों के व्यक्तित्व-विकास को समझने में सहायक होता है।
- बच्चों को समय-समय पर निर्देशन (Direction) की आवश्यकता होती है। इस निर्देशन के द्वारा ही बालकों में उनकी रुचियों के अनुरूप विभिन्न कौशलों का विकास किया जा सकता है। बाल मनोविज्ञान की सहायता के बिना बाल निर्देशन सम्भव नहीं।
- बाल मनोविज्ञान की सहायता से बालकों के व्यवहार के अध्ययन के बाद विद्यालय एवं घर के वातावरण को बच्चों के अनुकूल उपयुक्त बनाने में सहायता मिलती है। बाल मनोविज्ञान बालकों के व्यवहार एवं उसके कारणों के बारे में बताता है। इसलिए बालकों की आदतों एवं व्यवहार में सुधार करने में इसकी प्रमुख भूमिका होती है।
- बाल मनोविज्ञान के जरिए बालक के व्यक्तित्व का अध्ययन कर उसके भविष्य के बारे में बताया जा सकता है एवं आवश्यकता पड़ने पर उसे बेहतर भविष्य के लिए सलाह दी जा सकती है। बाल मनोविज्ञान का अध्ययन प्राथमिक शिक्षकों के लिए अति आवश्यक है, ताकि वे बालकों को सही तरीके से पढ़ा सकें।

अभ्यास प्रश्न

1. "विकास एक क्रमिक एवं मन्द गति से चलने वाली प्रक्रिया है।" इसका सम्बन्ध निम्न में से किस विचारक से है?
(a) लास्की (b) मॉस्लो
(c) स्किनर (d) अरस्तू

2. बच्चे के विकास के सिद्धान्तों को समझने में शिक्षक की सहायता करता है
(a) शिक्षार्थी की आर्थिक पृष्ठभूमि को पहचानने में
(b) शिक्षार्थियों को क्यों पढ़ाना चाहिए यह औचित्य स्थापित करने में
(c) शिक्षार्थियों की भिन्न अधिगम-शैलियों को प्रभावी रूप से सम्बोधित करने में
(d) शिक्षार्थी के सामाजिक स्तर को पहचानने में

3. "विकास कभी न समाप्त होने वाली प्रक्रिया है।" यह विचार किससे सम्बन्धित है?
(a) अन्तःसम्बन्ध का सिद्धान्त
(b) निरन्तरता का सिद्धान्त
(c) एकीकरण का सिद्धान्त
(d) अन्तःक्रिया का सिद्धान्त

4. मानव विकास कुछ विशेष सिद्धान्तों पर आधारित है। निम्नलिखित में से कौन-सा मानव विकास का सिद्धान्त नहीं है?
(a) आनुक्रमिकता (b) सामान्य से विशिष्ट
(c) प्रतिवर्ती (d) निरन्तरता

5. बाल विकास का निम्नलिखित में से कौन-सा सिद्धान्त यह बताता है कि लगभग बालकों के गत्यात्मक और भाषायी विकास में एक निश्चित प्रतिमान और क्रम दिखाई पड़ता है?
(a) निरन्तरता का सिद्धान्त
(b) विकास क्रम की एकरूपता का सिद्धान्त
(c) एकीकरण का सिद्धान्त
(d) विकास की दिशा का सिद्धान्त

6. बाल विकास का कौन-सा सिद्धान्त यह बताता है कि शारीरिक विकास की दृष्टि से पिछड़े बालक संवेगात्मक, सामाजिक एवं बौद्धिक विकास में भी उतने ही पीछे रह जाते हैं?
(a) परस्पर सम्बन्ध का सिद्धान्त
(b) विकास क्रम की एकरूपता का सिद्धान्त
(c) एकीकरण का सिद्धान्त
(d) विकास की दिशा का सिद्धान्त

7. बाल विकास का कौन-सा सिद्धान्त यह बताता है कि जिन बच्चों में औसत से अधिक वृद्धि होती है, वे शारीरिक, सामाजिक एवं संवेगात्मक विकास में भी काफी आगे बढ़े हुए पाए जाते हैं?
(a) परस्पर सम्बन्ध का सिद्धान्त
(b) विकास क्रम की एकरूपता का सिद्धान्त
(c) एकीकरण का सिद्धान्त
(d) विकास की दिशा का सिद्धान्त

8. बाल विकास का निम्नलिखित में से कौन-सा सिद्धान्त यह बताता है कि बालक सबसे पहले अपने सिर और भुजाओं की गति पर नियन्त्रण करना सीखता है और उसके बाद फिर अपने पैरों पर?
(a) विकास क्रम की एकरूपता का सिद्धान्त
(b) परस्पर सम्बन्ध का सिद्धान्त
(c) विकास की दिशा का सिद्धान्त
(d) एकीकरण का सिद्धान्त

9. बाल विकास का कौन-सा सिद्धान्त यह बताता है कि एक बालक पहले पूरे हाथ को, फिर अँगुलियों को और फिर हाथ और अँगुलियों को एकसाथ चलाना सीखता है?
(a) परस्पर सम्बन्ध का सिद्धान्त
(b) सामाजिक अधिगम का सिद्धान्त
(c) एकीकरण का सिद्धान्त
(d) निरन्तरता का सिद्धान्त

10. बाल विकास के विभिन्न सिद्धान्तों के आधार पर निम्नलिखित में से कौन-सा/से कथन सत्य है/हैं?
A. विकास की प्रक्रिया क्रमबद्ध रूप से आगे बढ़ती है।
B. विकास धीरे-धीरे एवं निश्चित समय पर होता है।
C. एक ही जाति विशेष के सभी सदस्यों में विकास की कुछ समान विशेषताएँ दिखाई पड़ती हैं।
(a) केवल A (b) A और C
(c) केवल B (d) ये सभी

11. बाल विकास का निम्नलिखित में से कौन-सा सिद्धान्त यह बताता है कि बालकों का विकास उनकी वैयक्तिकता के अनुरूप होता है?
(a) वैयक्तिक अन्तर का सिद्धान्त
(b) निरन्तरता का सिद्धान्त
(c) विकास क्रम की एकरूपता का सिद्धान्त
(d) परस्पर सम्बन्ध का सिद्धान्त

12. बाल विकास के विभिन्न आयामों की जानकारी शिक्षकों के लिए क्यों आवश्यक है?
A. बालक की समस्याओं का निदान करने के लिए
B. बालक के लिए उपयुक्त शिक्षण विधि अपनाने के लिए
C. बालक के लिए उपयुक्त शैक्षिक वातावरण के निर्माण के लिए
(a) केवल A (b) केवल B
(c) केवल C (d) ये सभी

13. निम्नलिखित में से कौन बालक के विकास को प्रभावित करने वाला आन्तरिक कारक है?
A. बुद्धि
B. शारीरिक कारण
C. आनुवंशिक गुण
(a) केवल A (b) A और B
(c) केवल C (d) ये सभी

14. निम्नलिखित में से कौन बालक के विकास को प्रभावित करने वाला बाह्य कारक है?
A. आर्थिक स्थिति
B. सामाजिक स्थिति
C. जीवन की घटनाएँ
(a) A और B
(b) B और C
(c) A और C
(d) उपरोक्त सभी

15. शिक्षक बाल मनोविज्ञान के ज्ञान द्वारा बालकों की
A. बुद्धि तथा रुचियों की जानकारी लेकर शिक्षा देता है।
B. प्रकृति को जानकर शिक्षा देता है।
C. आर्थिक स्थिति तथा पारिवारिक स्थिति की जानकारी लेकर शिक्षा देता है।
(a) केवल A (b) B और C
(c) A और C (d) उपरोक्त सभी

16. शिक्षा मनोविज्ञान एक विज्ञान है
(a) मानव व्यवहार का
(b) मानव सिद्धान्तों का
(c) शैक्षिक सिद्धान्तों का
(d) मानव की व्यक्तिगत विभिन्नताओं का

17. बाल मनोविज्ञान में अध्ययन किया जाता है
(a) बालक के जन्म से लेकर बाल्यावस्था तक का
(b) बालक के जन्म के पूर्व गर्भावस्था से लेकर किशोरावस्था तक का
(c) बालक के जन्म से लेकर प्रौढ़ावस्था तक का
(d) बालक के जन्म से लेकर युवावस्था तक का

18. बाल मनोविज्ञान का अध्ययन निम्नलिखित में से किसके लिए सर्वाधिक आवश्यक है?
(a) माध्यमिक शिक्षक के लिए
(b) विश्वविद्यालय के शिक्षक के लिए
(c) प्राथमिक शिक्षक के लिए
(d) उपरोक्त सभी के लिए

19. बालक के व्यक्तित्व के सर्वांगीण विकास के लिए यह आवश्यक है कि उसके ...... की जानकारी शिक्षक को हो।
(a) मित्रों
(b) व्यवहार
(c) ज्ञान
(d) कक्षा के साथियों

20. निम्नलिखित में से किसे बाल मनोविज्ञान की उपयोगिता के अन्तर्गत नहीं रखा जा सकता है?
(a) बालक के भविष्य के बारे में पूर्वकथन में सहायक
(b) बाल निर्देशन में सहायक
(c) शिक्षक की आर्थिक प्रगति में सहायक
(d) बालकों के व्यक्तित्व विकास को समझने में उपयोगी

21. निचली कक्षाओं में शिक्षण की खेल-पद्धति मूल रूप से आधारित है
(a) शारीरिक शिक्षा कार्यक्रमों के सिद्धान्तों पर
(b) शिक्षण पद्धतियों के सिद्धान्तों पर
(c) विकास एवं वृद्धि के मनोवैज्ञानिक सिद्धान्तों पर
(d) शिक्षण के समाजशास्त्रीय सिद्धान्तों पर

22. निम्न में से कौन-सा बच्चे की सामाजिक-मनोवैज्ञानिक आवश्यकताओं के साथ सम्बद्ध नहीं है?
(a) सामाजिक अनुमोदन अथवा सराहना की आवश्यकता
(b) संवेगात्मक सुरक्षा की आवश्यकता
(c) शरीर से अपशिष्ट पदार्थों का नियमित रूप से बाहर निकलना
(d) सान्निध्य (संगति) की आवश्यकता

23. "विकास कभी न समाप्त होने वाली प्रक्रिया है।" यह विचार किससे सम्बन्धित है?
(a) अन्तःसम्बन्ध सिद्धान्त
(b) निरन्तरता का सिद्धान्त
(c) एकीकरण का सिद्धान्त
(d) अन्तःक्रिया का सिद्धान्त

24. निम्नलिखित में से कौन-सा विकास का सिद्धान्त है?
(a) विकास की सभी प्रक्रियाएँ अन्तःसम्बन्धित नहीं हैं
(b) सभी की विकास-दर समान नहीं होती है
(c) विकास हमेशा रेखीय होता है
(d) यह निरन्तर चलने वाली प्रक्रिया नहीं है

25. आंशिक पुनर्बलन
(a) वास्तविक कक्षा-कक्ष में अनुप्रयुक्त नहीं किया जा सकता
(b) पशुओं को प्रशिक्षित करने में सर्वाधिक कार्य करता है
(c) सतत पुनर्बलन की अपेक्षा अधिक प्रभावी होता है
(d) सतत पुनर्बलन की अपेक्षा कम प्रभावी होता है

26. निम्नलिखित में से कौन-सा कथन सत्य है?
(a) शिक्षक द्वारा प्रश्न पूछना संज्ञानात्मक विकास में बाधक है।
(b) विकास और सीखना समाज-सांस्कृतिक सन्दर्भों से अप्रभावित रहते हैं।
(c) शिक्षार्थी एक निश्चित तरीके से सीखते हैं।
(d) खेलना संज्ञान और सामाजिक दक्षता के लिए सार्थक है।

27. पूर्व विद्यालय में पहली बार आया बालक मुक्त रूप से चिल्लाता है। दो वर्ष पश्चात् वही बच्चा जब प्रारम्भिक विद्यालय में पहली बार जाता है, तो अपना तनाव चिल्लाकर व्यक्त नहीं करता अपितु उसके कन्धे व गर्दन की पेशियाँ तन जाती हैं। उसके इस व्यावहारिक परिवर्तन का क्या सैद्धान्तिक आधार हो सकता है?
(a) विकास क्रमिक प्रकार से होता है।
(b) विकास निरन्तरीय होता रहता है।
(c) अलग-अलग लोगों में विकास भी भिन्न रूप से होता है।
(d) विभेद व एकीकरण विकास के लक्षण हैं।

28. निम्नलिखित में से कौन-सा बाल विकास का एक सिद्धान्त नहीं है?
(a) विकास के सभी क्षेत्र महत्त्वपूर्ण हैं।
(b) सभी विकास परिपक्वन तथा अनुभव की अन्तःक्रिया का परिणाम होते हैं।
(c) सभी विकास तथा अधिगम एकसमान गति से आगे बढ़ते हैं।
(d) सभी विकास एक क्रम का पालन करते हैं।

उत्तरमाला

1	(c)	2	(c)	3	(b)	4	(c)	5	(b)	6	(a)	7	(a)	8	(c)	9	(c)	10	(d)
11	(a)	12	(d)	13	(d)	14	(d)	15	(d)	16	(a)	17	(a)	18	(c)	19	(b)	20	(c)
21	(c)	22	(c)	23	(b)	24	(b)	25	(c)	26	(d)	27	(d)	28	(c)				

अध्याय 03

आनुवंशिकता एवं वातावरण का प्रभाव

आनुवंशिकता का अर्थ

आनुवंशिक या वंशानुगत गुणों का एक पीढ़ी से दूसरी पीढ़ी में स्थानान्तरण को आनुवंशिकता या वंशानुक्रम (Heredity) कहा जाता है। आनुवंशिकता के माध्यम से शारीरिक, मानसिक, सामाजिक गुणों का स्थानान्तरण बालकों में होता है।

जेम्स ड्रेवर के अनुसार, ''शारीरिक एवं मानसिक विशेषताओं का माता-पिता से सन्तानों में हस्तान्तरण होना आनुवंशिकता कहलाता है।''

एच ए पेटरसन एवं **वुडवर्थ** के अनुसार, ''व्यक्ति अपने माता-पिता के माध्यम से पूर्वजों की, जो विशेषताएँ प्राप्त करता है, उसे वंशानुक्रम कहते हैं।''

आनुवंशिकता का प्रभाव

आनुवंशिकता का प्रभाव (Effect of Heredity) विभिन्न लक्षणों; जैसे—शारीरिक, बुद्धि तथा चरित्र पर अलग-अलग पड़ता है।

शारीरिक लक्षणों पर प्रभाव

- बालक के रंग-रूप, आकार, शारीरिक गठन, ऊँचाई इत्यादि के निर्धारण में उसके आनुवंशिक गुणों का महत्त्वपूर्ण योगदान होता है।
- अधिकांश जुड़वाँ भाई द्वि-युग्मक होते हैं, जो दो पृथक् युग्मजों (Zygote) से विकसित होते हैं। यह भाइयों जैसे जुड़वाँ भाई और बहनों की तरह मिलते-जुलते होते हैं, परन्तु वे अनेक प्रकार से परस्पर एक-दूसरे से भिन्न भी होते हैं। बालक के आनुवंशिक गुण उसकी वृद्धि एवं विकास को भी प्रभावित करते हैं।
- शारीरिक लक्षणों के वाहक जीन प्रखर अथवा प्रतिगामी दोनों प्रकार के हो सकते हैं। यह एक ज्ञात सत्य है कि किन्हीं विशेष रंगों के लिए पुरुष और महिला में रंगों को पहचानने की अन्धता (कलर ब्लाइण्डनेस) अथवा किन्हीं विशिष्ट रंगों की संवेदना नारी में नर से अधिक हो सकती है। एक दादी और माँ, स्वयं रंग-अन्धता से ग्रस्त हुए बिना किसी नर शिशु को यह स्थिति हस्तान्तरित कर सकती है। ऐसी स्थिति इसलिए है, क्योंकि यह विकृति प्रखर होती है, परन्तु महिलाओं में यही प्रतिगामी (Recessive) होती है।
- जीन्स जोड़ों (Pairs) में होते हैं। यदि किसी जोड़े में दोनों जीन प्रखर होंगे तो, उस व्यक्ति में वह विशिष्ट लक्षण दिखाई देगा (जैसे रंगों को पहचानने की अन्धता), यदि एक जीन प्रखर हो और दूसरा प्रतिगामी, तो जो प्रखर होगा वही अस्तित्व में रहेगा।
- प्रतिगामी जीन आगे सम्प्रेषित हो जाएगा और यह अगली किसी पीढ़ी में अपने लक्षण प्रदर्शित कर सकता है। अत: किसी व्यक्ति में किसी विशिष्ट लक्षण के दिखाई देने के लिए प्रखर जीन ही जिम्मेदार होता है।
- जो अभिलक्षण दिखाई देते हैं और प्रदर्शित होते हैं; जैसे आँखों का रंग, उन्हें समलक्षणी (Phenotypic) कहते हैं।
- प्रतिगामी जीन अपने लक्षण प्रदर्शित नहीं करते, जब तक कि वे अपने समान अन्य जीन के साथ जोड़े नहीं बना लेते, जो अभिलक्षण आनुवंशिक रूप से प्रतिगामी जीनों के रूप में आगे संचारित (Transfer) हो जाते हैं, परन्तु वे प्रदर्शित नहीं होते, उन्हें समजीनोटाइप (Genotype) कहते हैं।

बुद्धि पर प्रभाव

- बुद्धि को अधिगम (Learning) की योग्यता, समायोजन योग्यता, निर्णय लेने की क्षमता इत्यादि के रूप में परिभाषित किया जाता है। जिस बालक के सीखने की गति अधिक होती है, उसका मानसिक विकास भी तीव्र गति से होगा। बालक अपने परिवार, समाज एवं विद्यालय में अपने आपको किस तरह समायोजित करता है यह उसकी बुद्धि पर निर्भर करता है।
- **गोडार्ड** का मत है कि "मन्दबुद्धि माता-पिता की सन्तान मन्दबुद्धि और तीव्रबुद्धि माता-पिता की सन्तान तीव्रबुद्धि वाली होती है।" मानसिक क्षमता के अनुकूल ही बालक में संवेगात्मक क्षमता का विकास होता है।
- बालक में जिस प्रकार के संवेगों का जिस रूप में विकास होगा वह उसके सामाजिक, मानसिक, नैतिक, शारीरिक तथा भाषा सम्बन्धी विकास को पूरी तरह प्रभावित करने की क्षमता रखता है। यदि बालक अत्यधिक क्रोधित या भयभीत रहता है अथवा यदि उसमें ईर्ष्या एवं वैमनस्यता की भावना अधिक होती है, तो उसके विकास की प्रक्रिया पर इन सबका प्रतिकूल प्रभाव पड़ना स्वाभाविक ही है।

- संवेगात्मक रूप से असन्तुलित बालक पढ़ाई में या किसी अन्य गम्भीर कार्यों में ध्यान नहीं दे पाते, फलस्वरूप उनका मानसिक विकास भी प्रभावित होता है।

चरित्र पर प्रभाव

- डगडेल नामक मनोवैज्ञानिक ने अपने अनुसन्धान के आधार पर यह बताया कि माता-पिता के चरित्र का प्रभाव भी उसके बच्चे पर पड़ता है।
- व्यक्ति के चरित्र पर उसके वंशानुगत कारकों का प्रभाव भी स्पष्ट तौर पर देखा जाता है, इसलिए बच्चे पर उसका प्रभाव पड़ना स्वाभाविक ही है। डगडेल ने 1877 ई. में ज्यूक नामक व्यक्ति के वंशजों का अध्ययन करके यह बात सिद्ध की।

वातावरण का अर्थ एवं परिभाषाएँ

वातावरण का अर्थ पर्यावरण है। पर्यावरण दो शब्दों-परि एवं आवरण के मिलने से बना है। परि का अर्थ होता है चारों ओर, आवरण का अर्थ होता है ढकना। इस प्रकार पर्यावरण का अर्थ होता है चारों ओर से घेरने वाला। प्राणी या मनुष्य जल, वायु, वनस्पति, पहाड़, पठार, नदी, वस्तु आदि से घिरा हुआ है यही सब मिलकर पर्यावरण का निर्माण करते हैं। इसे वातावरण या पोषण के नाम से भी जाना जाता है। वातावरण मानव जीवन के विकास पर महत्त्वपूर्ण प्रभाव डालता है। मानव विकास में जितना योगदान आनुवंशिकता का है उतना ही वातावरण का भी। इसलिए कुछ मनोवैज्ञानिक वातावरण को सामाजिक वंशानुक्रम भी कहते हैं। व्यवहारवादी मनोवैज्ञानिकों ने वंशानुक्रम से अधिक वातावरण को महत्त्व दिया है।

एनास्टैसी के अनुसार, ''पर्यावरण वह हर चीज है, जो व्यक्ति के जीवन के अलावा उसे प्रभावित करती है।''

जिसबर्ट के अनुसार, ''जो किसी एक वस्तु को चारों ओर से घेरे हुए है तथा उस पर प्रत्यक्ष प्रभाव डालता है वह पर्यावरण होता है।''

हॉलैण्ड एवं **डगलास** के अनुसार, ''जीव-जगत् के प्राणियों के विकास, परिपक्वता, प्रकृति, व्यवहार तथा जीवन शैली को प्रभावित करने वाले बाह्य समस्त शक्तियों, परिस्थितियों तथा घटना को पर्यावरण में सम्मिलित किया जाता है और उन्हीं की सहायता से पर्यावरण का वर्णन किया जाता है।''

वातावरण का प्रभाव

वातावरण के सन्दर्भ में निम्नलिखित प्रभावों का वर्णन निम्न प्रकार किया जा रहा है

1. शारीरिक अन्तर का प्रभाव

व्यक्ति के शारीरिक लक्षण वैसे तो वंशानुगत होते हैं, किन्तु इस पर वातावरण का प्रभाव स्पष्ट रूप से देखा जा सकता है। पहाड़ी क्षेत्रों में रहने वाले लोगों का कद छोटा होता है, जबकि मैदानी क्षेत्रों में रहने वाले लोगों का शरीर लम्बा एवं गठीला होता है। अनेक पीढ़ियों से निवास स्थल में परिवर्तन करने के बाद उपरोक्त लोगों के कद एवं रंग में अन्तर वातावरण के प्रभाव के कारण देखा गया है।

2. प्रजाति की श्रेष्ठता पर प्रभाव

कुछ प्रजातियों की बौद्धिक श्रेष्ठता का कारण वंशानुगत न होकर वातावरणीय होता है। वे लोग इसलिए अधिक विकास कर पाते हैं, क्योंकि उनके पास श्रेष्ठ शैक्षिक, सांस्कृतिक एवं सामाजिक वातावरण उपलब्ध होता है उदाहरणस्वरूप यदि एक महान् व्यक्ति के पुत्र को ऐसी जगह पर छोड़ दिया जाए, जहाँ शैक्षिक, सांस्कृतिक एवं सामाजिक वातावरण उपलब्ध न हो, तो उसका अपने पिता की तरह महान् बनना सम्भव नहीं हो सकता।

3. व्यक्तित्व पर प्रभाव

व्यक्तित्व के निर्माण में वंशानुक्रम की अपेक्षा वातावरण का अधिक प्रभाव पड़ता है। कोई भी व्यक्ति उपयुक्त वातावरण में रहकर अपने व्यक्तित्व का निर्माण करके महान् बन सकता है। ऐसे कई उदाहरण हमारे आस-पास देखने को मिलते हैं, जिनमें निर्धन परिवारों में जन्मे व्यक्ति भी अपने परिश्रम एवं लगन से श्रेष्ठ सफलताएँ प्राप्त करने में सक्षम हो जाते हैं। न्यूमैन, फ्रीमैन और होलजिंगर ने इस बात को साबित करने के लिए 20 जोड़े जुड़वाँ बच्चों को अलग-अलग वातावरण में रखकर उनका अध्ययन किया। उन्होंने एक जोड़े के एक बच्चे को गाँव के फार्म पर और दूसरे को नगर में रखा। बड़े होने पर दोनों बच्चों में पर्याप्त अन्तर पाया गया। फार्म का बच्चा अशिष्ट, चिन्ताग्रस्त और बुद्धिमान था। उसके विपरीत, नगर का बच्चा, शिष्ट, चिन्तामुक्त और अधिक बुद्धिमान था।

4. मानसिक विकास पर प्रभाव

गोर्डन नामक मनोवैज्ञानिक का मत है कि उचित सामाजिक और सांस्कृतिक वातावरण नहीं मिलने पर मानसिक विकास की गति धीमी हो जाती है। उसने यह बात नदियों के किनारे रहने वाले बच्चों का अध्ययन करके सिद्ध की। इन बच्चों का वातावरण गन्दा और समाज के अच्छे प्रभावों से दूर था। अध्ययन में पाया गया कि गन्दे एवं समाज के अच्छे प्रभावों से दूर रहने के कारण बच्चों के मानसिक विकास पर भी प्रतिकूल असर पड़ा था।

5. बालक पर बहुमुखी प्रभाव

वातावरण, बालक के शारीरिक, मानसिक, सामाजिक, संवेगात्मक आदि सभी अंगों पर प्रभाव डालता है। इसकी पुष्टि 'एवेरॉन का जंगली बालक' के उदाहरण से की जा सकती है। इस बालक को जन्म के बाद एक भेड़िया उठा ले गया था और उसका पालन-पोषण जंगली पशुओं के बीच में हुआ था। कुछ शिकारियों ने उसे 1799 ई. में पकड़ लिया। उस समय उसकी आयु 11 अथवा 12 वर्ष की थी। उसकी आकृति पशुओं-सी हो गई थी। वह उनके समान ही हाथों-पैरों से चलता था। वह कच्चा मांस खाता था। उसमें मनुष्य के समान बोलने और विचार करने की शक्ति नहीं थी। उसको मनुष्य के समान सभ्य और शिक्षित बनाने के सब प्रयास विफल हुए।

वातावरण सम्बन्धी कारक

वातावरण एक बहुआयामी संकल्पना है, यह व्यक्ति को जन्म से लेकर मृत्यु तक प्रभावित करती है। बालक की सामाजिक एवं आर्थिक स्थिति का प्रभाव उसके जीवन के सम्पूर्ण भाग पर पड़ता है, शहरी एवं ग्रामीण बालकों के बीच विकास के अन्तर के सन्दर्भ में इसे समझा जा सकता है। शहरी बालकों की तुलना में ग्रामीण परिवेश के बालकों के सामाजिक, मानसिक, सांस्कृतिक तथा व्यावहारिक विकास में भिन्नता दिखती है। माता-पिता से प्राप्त आनुवंशिकी गुण भी बालकों को प्रभावित करते हैं। पालन-पोषण का प्रभाव भी बालकों के शैक्षिक विकास पर पड़ता है, क्योंकि अगर पालन-पोषण उचित तरीके से नहीं होगा तो उसके शारीरिक विकास पर इसका नकारात्मक प्रभाव पड़ सकता है। बालकों के विकास में उसके परिवेश अर्थात परिवार, समाज तथा पास-पड़ोस की महत्त्वपूर्ण भूमिका होती है, ये सभी अनौपचारिक शिक्षा के महत्वपूर्ण अंग होते हैं।

वातावरण से सम्बन्धित कारकों का वर्णन निम्न प्रकार से वर्णित है

1 **भौतिक कारक** (Physical Factor) इसके अन्तर्गत प्राकृतिक एवं भौगोलिक परिस्थितियाँ आती हैं। मनुष्य के विकास पर जलवायु का प्रभाव पड़ता है। जहाँ अधिक सर्दी पड़ती है या जहाँ अधिक गर्मी पड़ती है वहाँ मनुष्य का विकास एक जैसा नहीं होता है। ठण्डे प्रदेशों के व्यक्ति सुन्दर, गोरे, सुडौल, स्वस्थ एवं बुद्धिमान होते हैं। धैर्य भी इनमें अधिक होता है, जबकि गर्म प्रदेश के व्यक्ति काले, चिड़चिड़े तथा आक्रामक स्वभाव के होते हैं।

2. **सामाजिक कारक** (Social Factor) मनुष्य एक सामाजिक प्राणी है इसलिए उस पर समाज का प्रभाव अधिक दिखाई देता है। सामाजिक व्यवस्था, रहन-सहन, परम्पराएँ, धार्मिक कृत्य, रीति-रिवाज, पारस्परिक अन्त:क्रिया और सम्बन्ध आदि बहुत-से तत्त्व हैं, जो मनुष्य के शारीरिक, मानसिक, एवं बौद्धिक विकास को किसी-न-किसी रूप से अवश्य प्रभावित करते हैं।

3. **आर्थिक कारक** (Economic Factor) अर्थ अर्थात् धन से केवल सुविधाएँ ही नहीं प्राप्त होती हैं, बल्कि इससे पौष्टिक चीजें भी खरीदी जा सकती हैं, जिससे मनुष्य का शरीर विकसित होता है। आर्थिक वातावरण मनुष्य की बौद्धिक क्षमता को भी प्रभावित करता है। सामाजिक विकास पर भी इसका प्रभाव पड़ता है।

4. **सांस्कृतिक कारक** (Cultural Factor) धर्म और संस्कृति मनुष्य के विकास को गहरे स्तर पर प्रभावित करती हैं। हमारा खान-पान, रहन-सहन, पूजा-पाठ, संस्कार तथा आचार-विचार इत्यादि हमारी संस्कृति के अभिन्न अंग हैं। जिन संस्कृतियों में वैज्ञानिक दृष्टिकोण समाहित है उनका विकास ठीक ढंग से होता है, लेकिन जहाँ अन्धविश्वास और रूढ़िवाद का समावेश है उस समाज का विकास अत्यन्त मन्द गति से होता है।

आनुवंशिकता एवं वातावरण का शैक्षिक महत्त्व

आनुवंशिकता एवं वातावरण का शैक्षिक महत्त्व (Educational Importance of Heredity and Environment) के सन्दर्भ में यह कहा जाता है कि ये दोनों आपस में इस प्रकार जुड़े हुए हैं कि इन्हें पृथक् नहीं किया जा सकता तथा इनके बिना बालकों के विकास की कल्पना नहीं की जा सकती, ये बाल विकास को गहरे स्तर पर प्रभावित करते हैं।

- आनुवंशिकता एवं वातावरण के शैक्षिक महत्त्व को इस प्रकार समझा जा सकता है।
- विकास की वर्तमान विचारधारा में प्रकृति और पालन-पोषण दोनों को महत्त्व दिया गया है। आनुवंशिकता की भूमिका को समझना बहुत महत्त्वपूर्ण है और इससे भी अधिक लाभकारी है कि हम समझें कि परिवेश में कैसे सुधार किया जा सकता है? ताकि बच्चे की आनुवंशिकता द्वारा निर्धारित सीमाओं के भीतर सर्वोत्तम सम्भावित विकास के लिए सहायता की जा सके।
- वस्तुत: बालक के सम्पूर्ण व्यवहार की सृष्टि, वंशानुक्रम और वातावरण की अन्त:क्रिया द्वारा होती है।
- शिक्षा की किसी भी योजना में वंशानुक्रम और वातावरण को एक-दूसरे से पृथक् नहीं किया जा सकता है।
- शारीरिक, मानसिक, संवेगात्मक, सामाजिक, सभी प्रकार के विकासों पर आनुवंशिकता एवं वातावरण का प्रभाव पड़ता है। यही कारण है कि बालक की शिक्षा भी इससे प्रभावित होती है।
- अत: बच्चे के बारे में इस प्रकार की जानकारियाँ उसकी समस्याओं के समाधान में शिक्षक की सहायता करती हैं।
- बालक को समझकर ही उसे दिशा-निर्देश दिया जा सकता है। एक कक्षा में पढ़ने वाले सभी बालकों का शारीरिक, मानसिक स्वास्थ्य एक समान नहीं होता है।
- शारीरिक विकास मानसिक विकास से जुड़ा है और जिसका मानसिक विकास अच्छा होता है, उसकी शिक्षा भी अच्छी होती है।
- वंशानुक्रम से व्यक्ति शरीर का आकार-प्रकार प्राप्त करता है। वातावरण शरीर को पुष्ट करता है। यदि परिवार में पौष्टिक भोजन बच्चे को दिया जाता है, तो उसकी माँसपेशियाँ, हड्डियाँ तथा अन्य प्रकार की शारीरिक क्षमताएँ बढ़ती हैं।
- बौद्धिक क्षमता के लिए सामान्यत: वंशानुक्रम ही जिम्मेदार होता है। इसलिए बालक को समझने के लिए इन दोनों कारकों को समझना आवश्यक है।
- विद्यालयों में कई प्रकार की अनुशासनहीनता दिखाई पड़ती है। कई बार इनके लिए परिवार का परिवेश ही नहीं, बल्कि काफी हद तक वंशानुक्रम भी जिम्मेदार होता है; जैसे—चोरी करना, अपराध में लिप्त रहना, झूठ बोलना आदि अवगुणों के विकास में बालक के परिवार एवं उसके वंशानुक्रम की भूमिका अहम होती है।
- बालक की रुचियाँ, प्रवृत्तियाँ तथा अभिवृत्ति आदि के विकास के लिए भी वातावरण अधिक जिम्मेदार होता है।
- लेकिन वातावरण के साथ यदि वंशानुक्रम भी ठीक है, तो इसको सार्थक दिशा मिल जाती है।
- उदाहरण के लिए एक व्यवसायी के बच्चे के जीवन में व्यावसायिक अभिरुचि एवं क्षमता पाई जाती है। यदि उसे व्यवसाय का परिवेश प्राप्त हो, तो उस दिशा में सफलता मिल सकती है।
- आनुवंशिकी एवं वातावरण के बालक के विकास पर पड़ने वाले प्रभावों के ज्ञान के अनुरूप शिक्षक विद्यालय के वातावरण को बच्चों के लिए उपयुक्त बनाता है, जिससे छात्रों के व्यवहार में अपेक्षित परिवर्तन किया जा सके एवं शिक्षण-अधिगम प्रक्रिया को अधिक प्रभावशाली बनाया जा सके।

अभ्यास प्रश्न

1. आनुवंशिक गुणों का स्थानान्तरण एक पीढ़ी से दूसरी पीढ़ी में होता है
(a) सिर्फ माता से
(b) सिर्फ पिता से
(c) माता एवं पिता दोनों से
(d) माता-पिता एवं उनके पूर्वजों से

2. "शारीरिक एवं मानसिक विशेषताओं का माता-पिता से सन्तानों में हस्तान्तरण आनुवंशिकता कहलाता है।" आनुवंशिकता के सन्दर्भ में निम्न कथन किस विचारक का है?
(a) एच. ए. पेटरसन
(b) अब्राहम मॉस्लो
(c) जेम्स ड्रेवर
(d) वुडवर्थ

3. निम्नलिखित में से कौन-सा मुख्य रूप से आनुवंशिकता सम्बन्धी कारक है?
(a) आँखों का रंग
(b) सामाजिक गतिविधियों में भागीदारिता
(c) समकक्ष व्यक्तियों के समूह के प्रति अभिवृत्ति
(d) चिन्तन पैटर्न

4. माता-पिता से सन्तानों को प्राप्त होने वाले गुणों को कहते हैं
(a) वंश (b) वंशानुक्रम
(c) वातावरण (d) इनमें से कोई नहीं

5. निम्नलिखित में से कौन-सा किसी बच्चे पर आनुवंशिकता का प्रभाव है?
A. विशिष्ट शारीरिक लक्षण
B. विशिष्ट बुद्धि
C. विशिष्ट चरित्र
(a) केवल A (b) केवल B
(c) A और B (d) ये सभी

6. आनुवंशिकता तथा वातावरण परस्पर हैं
A. निर्भर
B. पूरक
C. सहयोगी
(a) केवल A (b) केवल B
(c) केवल C (d) ये सभी

7. निम्नलिखित में से किस प्रकार के विकास पर आनुवंशिकता एवं वातावरण का प्रभाव पड़ता है?
A. सामाजिक विकास B. संवेगात्मक विकास
C. मानसिक विकास D. शारीरिक विकास
(a) केवल D (b) A और B
(c) A, B और C (d) ये सभी

8. किसी बालक का शारीरिक लक्षण प्रभावित होता है
(a) केवल पिता के डीएनए से
(b) केवल माता के डीएनए से
(c) माता एवं पिता दोनों के डीएनए से
(d) न तो माता के और न ही पिता के डीएनए से

9. बालक के सम्पूर्ण व्यवहार की सृष्टि .... और .... की अन्त:क्रिया द्वारा होती है।
(a) माता-पिता के व्यवहार
(b) उसके मित्रों, भाई-बहनो के व्यवहार
(c) उसके शिक्षकों, अभिभावकों के व्यवहार
(d) आनुवंशिकता, वातावरण

10. बालक को जो मूल प्रवृत्तियाँ .... से प्राप्त होती हैं, उनका विकास .... में होता है।
(a) वातावरण, वंशानुक्रम
(b) वंशानुक्रम, वातावरण
(c) परिवार, विद्यालय
(d) समाज, परिवार

11. बालक के सम्यक् विकास के लिए निम्नलिखित में से किनका संयोग सर्वाधिक अनिवार्य है?
(a) उसके विद्यालय एवं परिवार
(b) उसके वंशानुक्रम और वातावरण
(c) उसके परिवार एवं समाज
(d) उसके समाज एवं राष्ट्र

12. "वातावरण वह बाहरी शक्ति है, जो हमें प्रभावित करती है।" किसने कहा था?
(a) वुडवर्थ
(b) रॉस
(c) एनास्टैसी
(d) उपरोक्त में से किसी ने नहीं

13. बच्चे उसी वातावरण में सीख सकते हैं, जहाँ
(a) उनके अनुभवों एवं भावनाओं को उचित स्थान मिले
(b) उन्हें खेलने का मौका मिले
(c) उन्हें मित्र बनाने का मौका मिले
(d) कड़ा अनुशासन हो

14. आप दिल्ली के किसी केन्द्रीय विद्यालय में शिक्षक हैं। आपकी कक्षा का एक छात्र अफजल हिमाचल प्रदेश का रहने वाला है तथा एक अन्य छात्र सुदीप केरल का मूल निवासी है। आप दोनों के रंग, रूप, स्वभाव आदि में काफी विभिन्नताएँ देखते हैं। इसका प्रमुख कारण हो सकता है
(a) वातावरणीय प्रभाव
(b) विद्यालय में दोनों का शैक्षिक स्तर
(c) आपकी शिक्षण विधि
(d) उपरोक्त सभी

15. बच्चे की आनुवंशिकता द्वारा निर्धारित सीमाओं के भीतर सर्वोत्तम सम्भावित विकास के लिए एक शिक्षक को क्या करना चाहिए?
(a) उसे बालक के परिवेश में सुधार करना चाहिए
(b) उसे बालक को अधिक-से-अधिक पुस्तक पढ़ने की सलाह देनी चाहिए
(c) उसे खेल-कूद में अधिक-से-अधिक भाग लेने की सलाह देनी चाहिए
(d) उसे विकास के लिए प्रेरित करना चाहिए

16. बच्चे के विकास में उसके परिवेश का जो प्रभाव उस पर पड़ता है, उसे हम .... कहते हैं।
(a) पालन-पोषण (b) सामाजिक विकास
(c) संवेगात्मक विकास (d) परिवेश के लाभ

17. परिवेश के प्रभाव, मानव के .... और .... दोनों चरणों में बहुत ही महत्त्वपूर्ण हैं।
(a) सामाजिक, आर्थिक
(b) समाज, विद्यालय में शिक्षा
(c) प्रसव-पूर्व, प्रसव के उपरान्त
(d) परिवार, विद्यालय में विकास

18. 'प्रत्येक छात्र स्वयं में विभिन्न है।' इस तथ्य का प्रमुख कारण क्या है?
A. भौतिक वातावरण
B. सामाजिक वातावरण
C. वंशानुक्रम
(a) केवल A (b) A और B
(c) A और C (d) ये सभी

19. आपकी कक्षा का एक छात्र, कक्षा में रोज अनुशासनहीनता करता है। आप इस समस्या के समाधान हेतु निम्न में से क्या उपाय अपनाएँगे?
(a) उसके वंशानुक्रम तथा वातावरण का पता लगाकर उसका सही दिशा में मार्गदर्शन करेंगे
(b) छात्र को रोज पीटेंगे जब तक कि वह कक्षा में अनुशासनहीनता करना नहीं छोड़ देता है
(c) स्कूल से उसका नाम काटने के लिए प्रधानाचार्य से कहेंगे
(d) उसको इलाज के लिए किसी अच्छे मनोचिकित्सक के पास लेकर जाएँगे

20. बालक क्या है? उसकी क्षमता क्या है? उसका पर्याप्त विकास क्यों नहीं हो रहा है? आदि प्रश्नों के उत्तरदायी तत्त्व हैं

A. वंशानुक्रम

B. वातावरण

(a) केवल A
(b) A और B दोनों
(c) केवल B
(d) न तो A और न ही B

21. आज बालापराध की घटनाएँ बढ़ती जा रही हैं, जिसके कारण शिक्षण प्रणाली में जटिलताएँ आ रही हैं। आपके अनुसार इसका प्रमुख कारण क्या है?

A. दूषित वंशानुक्रम

B. दूषित सामाजिक वातावरण

C. दूषित परिवेश

(a) केवल A
(b) केवल B
(c) केवल C
(d) उपरोक्त सभी

22. विकास की वर्तमान विचारधारा में निम्नलिखित में से किसका महत्त्व है?

(a) केवल प्रकृति
(b) केवल पोषण
(c) प्रकृत्ति एवं पालन-पोषण दोनों का
(d) उपरोक्त में से कोई नही

23. मानव-व्यक्तित्व परिणाम है

(a) केवल आनुवंशिकता का
(b) पालन-पोषण और शिक्षा का
(c) आनुवंशिकता और वातावरण की अन्त:क्रिया का
(d) केवल वातावरण का

24. एक जुड़वाँ भाइयों में से एक को सामाजिक एवं आर्थिक रूप से धनाढ्य परिवार द्वारा गोद लिया जाता है और दूसरे को एक निर्धन परिवार द्वारा। एक वर्ष के बाद उनके बुद्धि-लब्धांक के बारे में निम्नलिखित में से क्या अवलोकित होने की सर्वाधिक सम्भावना है?

(a) धनी सामाजिक-आर्थिक परिवार वाले लड़के की अपेक्षा निर्धन परिवार वाला लड़का अधिक अंक प्राप्त करेगा।
(b) सामाजिक-आर्थिक स्तर बुद्धि-लब्धांक को प्रभावित नहीं करता।
(c) निर्धन परिवार वाले लड़के की अपेक्षा धनी सामाजिक-आर्थिक परिवार वाला लड़का अधिक अंक प्राप्त करेगा।
(d) दोनों समान रूप से अंक प्राप्त करेंगे।

25. सीखने सम्बन्धी निर्योग्यताएँ सामान्यत:

(a) लड़कियों की तुलना में अधिकतम लड़कों में पाई जाती हैं
(b) अधिकतम उन बच्चों में पाई जाती हैं, जो शहरी क्षेत्रों की अपेक्षा ग्रामीण क्षेत्रों से सम्बन्ध रखत हैं।
(c) उन बच्चों में पाई जाती हैं विशेषत: जिनके पैत्रिक अभिभावक इस प्रकार की समस्याओं से ग्रसित होते हैं
(d) औसत से श्रेष्ठ बुद्धि लब्धि वाले बच्चों में पाई जाती है।

26. बच्चे के विकास में आनुवंशिकता और वातावरण की भूमिका के बारे में निम्नलिखित में से कौन-सा कथन सत्य है?

(a) आनुवंशिकता और वातावरण दोनों एक बच्चे के विकास में 50-50% योगदान रखते हैं।
(b) समवयस्कों और पित्रेक (genes) का सापेक्ष योगदान योगात्मक नहीं होता।
(c) आनुवंशिकता और वातावरण एकसाथ परिचालित नहीं होते।
(d) सहज रुझान वातावरण से सम्बन्धित है, जबकि वास्तविक विकास के लिए आनुवंशिकता जरूरी है।

27. निम्नलिखित में से कौन-सा कथन सत्य है?

(a) आनुवंशिक बनावट व्यक्ति की, परिवेश की गुणवत्ता के प्रति, प्रत्युत्तरात्मकता को प्रभावित करती है।
(b) गोद लिए गए बच्चों का वही बुद्धि-लब्धांक (IQ) होता है, जो गोद लिए गए उनके सगे भाई-बहनों का होता है।
(c) अनुभव मस्तिष्क के विकास को प्रभावित नहीं करता।
(d) विद्यालयीकरण का बुद्धि पर कोई प्रभाव नहीं पड़ता।

28. प्रकृति-पोषण विवाद निम्नलिखित में से किससे सम्बन्धित है?

(a) आनुवंशिकी एवं वातावरण
(b) व्यवहार एवं वातावरण
(c) वातावरण एवं जीव विज्ञान
(d) वातावरण एवं पालन-पोषण

29. 'प्रकृति-पोषण' विवाद में 'प्रकृति' से क्या अभिप्राय है?

(a) जैविकीय विशिष्टताएँ या वंशानुक्रम सूचनाएँ
(b) एक व्यक्ति की मूल वृत्ति
(c) भौतिक और सामाजिक संसार की जटिल शक्तियाँ
(d) हमारे आस-पास का वातावरण

30. एक 6 वर्ष की लड़की खेलकूद में असाधारण योग्यता प्रदर्शित करती है। उसके माता-पिता दोनों ही खिलाड़ी हैं, उसे नित्य प्रशिक्षण प्राप्त करने भेजते हैं और सप्ताहांत में उसे प्रशिक्षण देते हैं। बहुत सम्भव है कि उसकी क्षमताएँ निम्नलिखित दोनों के बीच परस्पर प्रतिक्रिया का परिणाम होगी

(a) वृद्धि और विकास
(b) स्वस्थ्य और प्रशिक्षण
(c) अनुशासन और पौष्टिकता
(d) आनुवंशिकता और पर्यावरण

उत्तरमाला

1	(d)	2	(c)	3	(a)	4	(b)	5	(d)	6	(d)	7	(d)	8	(c)	9	(d)	10	(b)
11	(b)	12	(b)	13	(a)	14	(a)	15	(a)	16	(a)	17	(c)	18	(d)	19	(a)	20	(b)
21	(d)	22	(c)	23	(c)	24	(b)	25	(c)	26	(b)	27	(a)	28	(a)	29	(a)	30	(d)

अध्याय 04

समाजीकरण की प्रक्रिया

समाजीकरण एवं इससे सम्बन्धित सिद्धान्त

मनुष्य एक सामाजिक प्राणी है बिना समाज के किसी भी व्यक्ति के सर्वांगीण विकास की कल्पना नहीं की जा सकती। समाजीकरण केवल कौशल क्षमता प्राप्त करना, अनुकरण करना ही नहीं अपितु इसके माध्यम से व्यक्ति जीवन से सम्बन्धित विभिन्न प्रकार के व्यवहार को भी सीखता है यथा-परोपकार करना, आत्मनिर्भर होना, सभ्य एवं सुशील बनना इत्यादि। इसके माध्यम से व्यक्ति अपने संस्कार, धर्म, संस्कृति, मानवीय मूल्यों, नैतिकता इत्यादि को भी सीखता है। समाजीकरण के महत्त्वपूर्ण घटकों में परिवार, समाज एवं समुदाय की महत्त्वपूर्ण भूमिका होती है।

रॉस के अनुसार, ''समाजीकरण सहयोग करने वाले व्यक्तियों में 'हम' भावना का विकास करता है और उनमें एक साथ कार्य करने की इच्छा तथा क्षमता का विकास करता है।''

किंबल यंग के अनुसार, ''समाजीकरण वह प्रक्रिया है, जिसके द्वारा व्यक्ति सामाजिक सांस्कृतिक क्षेत्र में प्रवेश करता है एवं समाज के विभिन्न समूहों का सदस्य बनता है तथा जिसके द्वारा समाज के मूल्यों एवं मान्यताओं को स्वीकार करने की प्रेरणा मिलती है।''

समाजीकरण से सम्बन्धित सिद्धान्त

समाजीकरण के सिद्धान्त के सन्दर्भ में कुछ विचारकों ने अपने सिद्धान्त दिए हैं, जो निम्न प्रकार हैं

1. स्वदर्पण सिद्धान्त

यह सिद्धान्त **कूले** द्वारा दिया गया, जिसके अनुसार समाजीकरण सामाजिक अन्तर्क्रिया पर आधारित होता है। समाज तथा अन्य बाहरी लोगों के सम्पर्क में आने से बालकों में स्वधारणा (स्वयं के बारे में सोचना) विकसित होती है। कूले के समाजीकरण के प्राथमिक समूह में परिवार आस-पास का वातावरण एवं खेल समूह इत्यादि मानव स्वभाव को विकसित करने की प्रथम पाठशाला है।

2. मैं और मुझे का सिद्धान्त

इस सिद्धान्त के जनक **मीड** महोदय हैं। इनके मतानुसार हम समाज में अपनी भूमिका निर्वाह करते हैं। बालकों में धीरे-धीरे यह अवधारणा विकसित होने लगती है कि उसकी बातों तथा व्यवहारों का अन्य व्यक्तियों पर कैसा प्रभाव पड़ता है इसके माध्यम से बालकों में 'मैं' की भावना विकसित होती है एवं उनका समाजीकरण तीव्र गति से आरम्भ हो जाता है।

इस प्रकार से उसमें 'मुझे' की भावना का विकास होने लगता है। 'मुझे' के कारण वह सामाजिक गतिविधि से और प्रभावित होने लगता है। 'मैं' और 'मुझे' का मिश्रित रूप ही 'स्व' है। ये दोनों एक-दूसरे के पूरक हैं, न कि पृथक्।

3. सामूहिक प्रतिनिधित्व का सिद्धान्त

इस सिद्धान्त के जन्मदाता महान् दार्शनिक दुर्खिम हैं। इनके कथनानुसार प्रत्येक समाज में अपनी विचारधारा, मूल्य, भाव, विश्वास, आदर्श, संस्कार तथा मान्यताएँ प्रगतिशील अवस्था में होती हैं, जिसे समाज के व्यक्तियों द्वारा स्वीकृति मिली हुई होती है। बालक जिस समाज में जन्म लेता है वह उस समाज के लोगों द्वारा किए गए आचरण एवं व्यवहार का अनुकरण करता है। इस प्रकार समाजीकरण की प्रक्रिया अपनी गति से चलती रहती है।

समाजीकरण को प्रभावित करने वाले विभिन्न कारक

किसी बालक के समाजीकरण की प्रक्रिया में महत्त्वपूर्ण कारकों का योगदान होता है, जो इस प्रकार वर्णित हैं

1. पालन-पोषण

बालक के समाजीकरण पर पालन-पोषण का गहरा प्रभाव पड़ता है, जिस प्रकार का वातावरण बालक को प्रारम्भिक जीवन में मिलता है तथा जिस प्रकार से माता-पिता बालक का पालन-पोषण करते हैं उसी के अनुसार बालक में भावनाएँ तथा अनुभूतियाँ विकसित हो जाती हैं। दूसरे शब्दों में, बालक समाज विरोधी आचरण उसी समय करता है, जब वह स्वयं को समाज के साथ व्यवस्थापित नहीं कर पाता।

2. सहानुभूति

पालन-पोषण की भाँति सहानुभूति का भी बालक के समाजीकरण में गहरा प्रभाव पड़ता है। इसका कारण यह है कि सहानुभूति के द्वारा बालक में अपनत्व की भावना विकसित होती है, जिसके परिणामस्वरूप वह एक-दूसरे में भेदभाव करना सीख जाता है। वह उस व्यक्ति को अधिक प्यार करने लगता है, जिसका व्यवहार उसके प्रति सहानुभूतिपूर्ण होता है।

3. सामाजिक शिक्षण
सामाजिक शिक्षण का भी बालक के समाजीकरण पर गहरा प्रभाव पड़ता है। ध्यान देने की बात यह है कि सामाजिक शिक्षण का आरम्भ परिवार से होता है, जहाँ पर बालक माता-पिता, भाई-बहन तथा अन्य सदस्यों से खान-पान तथा रहन-सहन आदि के बारे में शिक्षा ग्रहण करता रहता है।

4. पुरस्कार एवं दण्ड
बालक के समाजीकरण में पुरस्कार एवं दण्ड का भी महत्त्वपूर्ण प्रभाव पड़ता है, जब बालक समाज के आदर्शों तथा मान्यताओं के अनुसार व्यवहार करता है, तो लोग उसकी प्रशंसा करते हैं। साथ ही वह समाज के हित को दृष्टि में रखते हुए जब कोई विशिष्ट व्यवहार करता है, तो उसे पुरस्कार भी मिलता है। इसके विपरीत जब बालक असामाजिक व्यवहार करता है, तो दण्ड दिया जाता है, जिसके भय से वह ऐसा कार्य फिर दोबारा नहीं करता।

5. वंशानुक्रम
बालक में वंशानुक्रम से प्राप्त कुछ आनुवंशिक गुण होते हैं; जैसे—मूलभाव, संवेग, सहज क्रियाएँ व क्षमताएँ आदि। इनके अतिरिक्त उनके अनुकरण एवं सहानुभूति जैसे गुणों में भी वंशानुक्रम की प्रमुख भूमिका होती है। ये सभी तत्त्व बालक के समाजीकरण के लिए उत्तरदायी होते हैं।

6. परिवार
बालक के समाजीकरण में परिवार का प्रमुख स्थान होता है। इसका कारण यह है कि प्रत्येक बालक का जन्म किसी-न-किसी परिवार में ही होता है। जैसे—जैसे बालक बड़ा होता जाता है वैसे-वैसे वह अपने माता-पिता, भाई-बहनों तथा परिवार के अन्य सदस्यों के सम्पर्क में आते हुए प्रेम, सहानुभूति, **सहनशीलता** तथा सहयोग आदि अनेक सामाजिक गुणों को सीखता रहता है। यही नहीं, वह अपने परिवार में रहते हुए प्रत्यक्ष अथवा अप्रत्यक्ष रूप से अपने परिवार के आदर्शों, मूल्यों, रीति-रिवाजों, परम्पराओं तथा मान्यताओं एवं विश्वासों को भी धीरे-धीरे सीख जाता है।

7. पड़ोस
पड़ोस भी एक प्रकार का बड़ा परिवार होता है, जिस प्रकार, बालक परिवार के विभिन्न सदस्यों के साथ अन्त:क्रिया के द्वारा अपनी संस्कृति एवं सामाजिक गुणों का ज्ञान प्राप्त करता है, ठीक उसी प्रकार वह पड़ोस में रहने वाले विभिन्न सदस्यों एवं बालकों के सम्पर्क में रहते हुए विभिन्न सामाजिक बातों का ज्ञान प्राप्त करता रहता है।

इस दृष्टि से यदि पड़ोस अच्छा है, तो बालक के व्यक्तित्व के विकास पर अच्छा प्रभाव पड़ेगा और यदि पड़ोस खराब है, तो बालक के बिगड़ने की सम्भावना है। यही कारण है कि अच्छे परिवारों के लोग अच्छे पड़ोस में ही रहना पसन्द करते हैं।

8. स्कूल
परिवार तथा पड़ोस के बाद स्कूल एक ऐसा स्थान है, जहाँ पर बालक का समाजीकरण होता है। स्कूल में विभिन्न परिवारों के बालक शिक्षा प्राप्त करने आते हैं। बालक इन विभिन्न परिवारों के बालक तथा शिक्षकों के बीच रहते हुए सामाजिक प्रतिक्रिया करता है, जिससे उसका समाजीकरण तीव्रगति से होने लगता है। स्कूल में रहते हुए बालक को जहाँ एक ओर विभिन्न विषयों की प्रत्यक्ष शिक्षा द्वारा सामाजिक नियमों, रीति-रिवाजों, परम्पराओं, मान्यताओं, विश्वासों तथा आदर्शों एवं मूल्यों का ज्ञान होता है वहीं दूसरी ओर उसमें स्कूल की विभिन्न सामाजिक योजनाओं में सक्रिय रूप से भाग लेते हुए अप्रत्यक्ष रूप से विभिन्न सामाजिक गुणों का विकास होता रहता है।

9. बालक के साथी
प्रत्येक बालक अपने साथियो के साथ खेलता है। वह खेलते समय जाति-पाँति, ऊँच-नीच तथा अन्य प्रकार के भेद-भावों से ऊपर उठकर दूसरे बालकों के साथ अन्त:क्रिया द्वारा आनन्द लेना चाहता है। इस कार्य में उसके साथी महत्त्वपूर्ण भूमिका निभाते हैं।

10. समुदाय
बालक के समाजीकरण में समुदाय अथवा समाज का गहरा प्रभाव होता है। प्रत्येक समाज अथवा समुदाय अपने-अपने विभिन्न साधनों तथा विधियों के द्वारा बालक का समाजीकरण करना अपना परम कर्त्तव्य समझता है। इन साधनों के अन्तर्गत जातीय तथा राष्ट्रीय प्रथाएँ एवं परम्पराएँ, मनोरंजन एवं राजनीतिक विचारधाराएँ, धार्मिक कट्टरता, संस्कृति, कला साहित्य, इतिहास, जातीय पूर्वधारणाएँ इत्यादि आती हैं।

11. धर्म
धर्म का बालक के समाजीकरण में महत्त्वपूर्ण योगदान है। हम देखते हैं कि प्रत्येक धर्म के कुछ संस्कार, परम्पराएँ, आदर्श तथा मूल्य होते हैं। जैसे-जैसे बालक अपने धर्म अथवा अन्य धर्मों के व्यक्तित्व एवं समूहों के सम्पर्क में आता है, वैसे-वैसे वह उक्त सभी बातों को स्वाभाविक रूप से सीखता है।

समाजीकरण के प्रकार
समाजीकरण एक ऐसी प्रक्रिया है, जो जीवन पर्यंत चलती रहती है, इस समाजीकरण को मनोवैज्ञानिकों ने अध्ययन के दृष्टिकोण से विभिन्न भागों में बाँटा है, जो इस प्रकार हैं

1. प्राथमिक समाजीकरण
यह बालकों में भविष्य में होने वाले समाजीकरण के लिए आधार सृजित करता है। समाजीकरण की इस अवस्था में बालक अपने जीवन की शुरुआत करता है। बालक समाज के माध्यम से ही व्यावहारिक ज्ञान सीखता है। शिक्षा, संस्कृति, मूल्य तथा अभिवृत्ति (attitude) का विकास इसी चरण में होता है। प्राथमिक समाजीकरण के मुख्य अभिकर्ता (agent) के रूप में परिवार एवं मित्रों (friends) की भूमिका होती है।

2. द्वितीय/गौण समाजीकरण
इसके माध्यम से बालक सामुदायिक तरीके से सीखने के व्यवहार को अपनाता है। इस प्रकार के समाजीकरण का माहौल विद्यालयों, खेल के मैदानों एवं पड़ोसियों के संदर्भ में देखने को मिलता है, जो बालकों को व्यावहारिक रूप से सभ्य बनाने में महत्त्वपूर्ण भूमिका निभाते हैं।

समाजीकरण की अवस्थाएँ
समाजीकरण एक निरन्तर चलने वाली सतत प्रक्रिया है। इसका क्रमिक विकास होता है। अध्ययन के दृष्टिकोण से समाजीकरण को निम्न अवस्थाओं में विभाजित किया गया है

1. शैशवकाल
- समाजीकरण की प्रक्रिया जन्म से ही आरम्भ हो जाती है।

- अनुकरण की प्रवृत्ति के आधार पर बच्चों में भाषा तथा अनेक प्रकार के व्यवहार का विकास, जो सीखने की प्रक्रिया का अभिन्न अंग होता है।
- इस अवस्था में बच्चा माता-पिता पर निर्भर रहता हैं। प्रथम वर्ष तक बच्चों में शर्मीलेपन (shyful) के भाव दिखते है तथा वह दूसरे का ध्यान अपनी तरफ खींचने का प्रयास करते रहते है।

2. **प्रारम्भिक बाल्यावस्था**

- बच्चों में आक्रामकता की प्रवृत्ति अर्थात् नाराज होने की प्रवृत्ति। आपस में झगड़ने की प्रवृत्ति।
- अभिभावक के निर्देशों को इनकार करने की प्रवृत्ति। सहानुभूति एवं सहयोग की भावना का विकास तथा जिज्ञासा की प्रवृत्ति।

3. **उत्तर बाल्यावस्था**

- इस अवस्था में बालकों में अन्य लोगों के विचारों एवं सुझावों को स्वीकार करने की प्रवृत्ति बढ़ जाती है।
- प्रतियोगिता की भावना का विकास। सहानुभूति की भावना का विकास।
- बालकों में पक्षपात एवं भेदभाव की प्रवृत्ति का विकास। बालकों में दायित्व एवं जवाबदेही का विकास।

किशोरावस्था

- समाजीकरण की जटिल अवस्था। समकक्ष मित्रों एवं समूहों के साथ समायोजन करना। सामाजिक व्यवहार में परिवर्तन अर्थात् सामाजिक सूझ-बूझ का विकास, आत्मविश्वास का मजबूत होना तथा विषम लिंग के प्रति आकर्षण का भाव इत्यादि।
- मित्रों के चयन में नवीन मानदण्ड अर्थात् बालक एवं बालिकाएँ दोनों समान विचार, समान मूल्य तथा समान उद्देश्य इत्यादि से सम्बन्धित मित्रों का चयन करना।
- विचारक **जोजेफ** का मानना है कि ''अधिकांश किशोर ऐसे लोगों को मित्र बनाना चाहते हैं जिन पर विश्वास किया जा सके, जिनसे खुले मन से बात की जा सके।''

समाजीकरण की प्रक्रिया के मुख्य अभिकर्ता

समाजीकरण की प्रक्रिया के मुख्य अभिकर्ता (Agents of Socialisation) निम्न हैं

अध्यापक की भूमिका

- विद्यालय न केवल शिक्षा का एक औपचारिक साधन है, बल्कि यह बच्चे के समाजीकरण की प्रक्रिया को तीव्र गति प्रदान करता है और विद्यालय के इस कार्य में शिक्षक की भूमिका सर्वाधिक अहम होती है।
- परिवार के बाद बच्चों को विद्यालय में प्रवेश मिलता है। अध्यापक ही शिक्षा के द्वारा बच्चे में वे सामाजिक एवं सांस्कृतिक मूल्य पैदा करता है, जो समाज व संस्कृति में मान्य होते हैं।
- स्कूल में खेल प्रक्रिया द्वारा बच्चे सहयोग, अनुशासन, सामूहिक कार्य आदि सीखते हैं। इस प्रकार, विद्यालय बच्चे में आधारभूत सामाजिक व्यवहार तथा व्यवहार के सिद्धान्तों की नींव डालता है।
- समाजीकरण की प्रक्रिया को तीव्र गति प्रदान करने के लिए शिक्षक का सर्वप्रथम कार्य यह है कि वह बालक के माता-पिता से सम्पर्क स्थापित करके उसकी रुचियों तथा मनोवृत्तियों के विषय में ज्ञान प्राप्त करे एवं उन्हीं के अनुसार उसे विकसित होने के अवसर प्रदान करे।
- शिक्षक को चाहिए कि वह स्कूल में विभिन्न सामाजिक योजनाओं के द्वारा बालकों को सामूहिक क्रियाओं में सक्रिय रूप से भाग लेने के अवसर प्रदान करे।
- बालक के समाजीकरण में स्वस्थ मानवीय सम्बन्धों का गहरा प्रभाव पड़ता है। अत: शिक्षक को चाहिए कि वह दूसरे बालकों, शिक्षकों तथा स्कूल के प्रधानाचार्य के साथ स्वस्थ मानवीय सम्बन्ध स्थापित करे।
- इन स्वस्थ मानवीय सम्बन्धों के स्थापित हो जाने से स्कूल का समस्त वातावरण सामाजिक बन जाएगा।
- बच्चे को सामाजिक, सांस्कृतिक मान्यताओं, मूल्यों, मानकों आदि का ज्ञान देना उनके समाजीकरण को तीव्र करने में सहायक सिद्ध होता है।
- जहाँ तक सामाजिक भूमिका की उपयोगिता एवं उनके निर्वाह का प्रश्न है, तो अध्यापक स्वयं अपना उदाहरण प्रस्तुत कर उन्हें अनुकरण हेतु प्रेरित कर सकता है।
- विद्यार्थियों से घनिष्ठ व्यक्तिगत सम्बन्ध स्थापित कर उन्हें अपनी अभिवृत्तियों की समीक्षा करने हेतु प्रोत्साहित कर तथा उनकी वर्तमान अभिवृत्तियों का समर्थन कर उनके समाजीकरण में सहायता की जा सकती है।
- समाजीकरण के संदर्भ में बच्चे अपने अभिभावकों एवं शिक्षकों का ही अनुकरण करते हैं तथा बालकों के समाजीकरण हेतु शिक्षक को चाहिए कि वह उनके साथ स्नेह एवं सहानुभूतिपूर्ण बर्ताव करे।

परिवार एवं अभिभावक की भूमिका

- समाजीकरण करने वाली संस्था के रूप में परिवार व माता-पिता का असाधारण महत्त्व है। यह कहा जाता है कि माँ और पिता के संरक्षण में रहते हुए बच्चा जो कुछ सीखता है, वह उसके जीवन की स्थायी पूँजी होती है।
- बच्चों को अनुशासन एवं सही समय पर सही काम करने की सीख उसके माता-पिता से मिलती है। आगे चलकर यह व्यक्तित्व विकास का अभिन्न अंग बन जाता है।
- माता-पिता द्वारा बच्चों की अधिकतम आवश्यकताएँ पूरी की जाती हैं। बच्चे जब अच्छा काम करते हैं तो उनकी प्रशंसा तथा जब गलत कार्य करते हैं तो निन्दा की जाती है।
- परिवार में ही बच्चे को सर्वप्रथम यह ज्ञान होता है कि उसे कौन-कौन से काम करने चाहिए और किन-किन कार्यों से बचना चाहिए? इससे बच्चा धीरे-धीरे यह सीख जाता है कि समाज में क्या अच्छा है और क्या बुरा और समाज उससे क्या चाहता है? धीरे-धीरे वह उन भावनाओं, मान्यताओं, परम्पराओं और नियमों को भी जान लेता है, जो समाज में प्रचलित होते हैं तथा समाज को मान्य होते हैं।
- माँ अपने बच्चे को प्यार करती है, परिवार के अन्य लोग भी उसे प्यार करते हैं। वे उसके साथ हँसते-बोलते हैं। बच्चा उनकी ओर देखता है, उनके होंठों को हिलाकर बातें करने की प्रक्रिया को बार-बार देखता और फिर उसी की नकल उतारने का प्रयास करता है। इसी के परिणामस्वरूप समाजीकरण के एक महत्त्वपूर्ण पक्ष, भाषा का विकास उसमें होता है।
- परिवार एवं समाज में अनुकूलित होने की प्रक्रिया को समायोजन कहते हैं, जो समाजीकरण की प्रक्रिया का अभिन्न अंग है। समायोजन को ही कुछ समाजशास्त्री समाजीकरण कहते हैं।
- परिवार में रहकर बच्चा माता-पिता से **सामाजिक उत्तरदायित्व** का अर्थ, क्षमा का महत्त्व और सहयोग की आवश्यकता सीखता है तथा अपनी मौलिक धारणाओं, आदर्श एवं शैली की रचना करता है। यदि परिवार में परस्पर सहयोग की भावना हो, तो बालक में भी सहयोग की भावना का विकास

होता है। बच्चे की यह भावना उसके बाह्य समाज से व्यवहार में भी झलकती है।

- माता-पिता की सामाजिक प्रतिष्ठा एवं परिवार के आर्थिक स्तर का भी बच्चे के समाजीकरण पर प्रभाव पड़ता है। सम्पन्न परिवारों के बच्चों में सामान्यत: स्वयं को श्रेष्ठ मानने की भावना होती है। इसके विपरीत निर्धन परिवारों के बच्चों में सामान्यत: निर्धनता के कारण हीन भावना पनपती है, जिससे उसे सामाजिक समायोजन में भी कठिनाई होती है।
- अच्छे एवं सभ्य परिवारों के बच्चे भी सामान्यत: सभ्य होते हैं, जबकि विभिन्न सामाजिक-आर्थिक समस्याओं से ग्रसित परिवारों के बच्चे सामान्यत: झगड़ालू अथवा अपने परिवार के सदस्यों की प्रकृति के अनुरूप होते हैं।

मित्र समूहों की भूमिका

- समाजीकरण की प्रक्रिया में मित्र समूह की भूमिका (Role of Friends) महत्त्वपूर्ण होती है। बालकों में मित्र बनाने की प्रवृत्ति का विकास बाल्यावस्था से प्रारम्भ हो जाता है।
- धीरे-धीरे बालकों का सम्पर्क हम उम्र के साथियो से प्राय: खेल के मैदान, अपने घर के आस-पास, स्कूल इत्यादि स्थानों पर होता है।
- प्रत्येक बालक की इच्छा होती है कि वह अपने हम उम्र बच्चों के साथ खेले।
- हम उम्र साथियो के साथ प्राय: बालकों में जातिगत भेदभाव, धर्म से सम्बन्धित भेदभाव, अछूत की भावना इत्यादि के लिए कोई स्थान नहीं होता, बल्कि वे इन भेदभावों से दूर होकर एक साथ रहते हैं, एक साथ खेलते हैं इत्यादि इससे बालकों के समाजीकरण में विकास होता है।
- बालकों के मित्र समूह में भिन्न-भिन्न प्रकार के बच्चे होते हैं। उन बालकों के स्वभाव, आचार-विचार, रहन-सहन का स्तर, धर्म, संस्कृति, सामाजिक-आर्थिक पृष्ठभूमि इत्यादि में अन्तर पाया जाता है। ये विशेषताएँ उन्हें वैश्विक समाजीकरण की ओर ले जाती हैं।
- विविधतापूर्ण वातावरण से उनके ज्ञान के स्तर में वृद्धि होती है तथा विविधतापूर्ण परिवेश के माध्यम से उनमें सहयोग की भावना, एक-दूसरे के भावों को समझने की भावना, एक-दूसरे की प्रशंसा करने की भावना, समानता की भावना इत्यादि जैसे सामाजिक गुणों का विकास होता है।
- मित्र समूह के माध्यम से बच्चों का मानसिक विकास बेहतर तरीके से होता है। सूचनाओं का आदान-प्रदान करना, एक-दूसरे के रीति-रिवाज एवं संस्कृति को समझना।

समाजीकरण में खेल की भूमिका

- बालक के शारीरिक एवं सामाजिक विकास में खेल की भूमिका महत्त्वपूर्ण होती है।
- खेल को बालक की रचनात्मक, जन्मजात, स्वतन्त्र, आत्मप्रेरित, स्फूर्तिदायक, स्वलक्षित तथा आनन्ददायक प्रवृत्ति कहा जाता है। खेल-क्रियाओं द्वारा बालक को स्वयं को प्रस्तुत करने का अवसर मिलता है, जिससे उसके समाजीकरण में सहायता मिलती है।
- अधिकांश खेलों में मुख्यत: अन्य साथियों की आवश्यकता होती है, इसलिए उनका स्वभाव मुख्यत: सामाजिक होता है। इसलिए खेल क्रियाओं द्वारा बच्चे में सामाजिक दृष्टिकोण का विकास होता है। अन्य बच्चों के साथ खेलने से बच्चे अपरिचित लोगों से सामाजिक सम्बन्ध स्थापित करना तथा उन सम्बन्धों से सम्बन्धित समस्याओं का समाधान करना सीखते हैं। समूह द्वारा अपनाए जाने या उसमें लोकप्रिय होने पर बच्चे में सुरक्षा की भावना आती है, जो समाजीकरण के लिए बहुत आवश्यक है।
- सामूहिक खेलों से आदान-प्रदान की भावना का विकास होता है, जब बच्चे एक-दूसरे के साथ मिल-जुल कर खेलते हैं, तो उनमें एकता व सहयोग की भावना पनपती है। यही मिल-जुल कर खेलने की भावना आगे चलकर मिल-जुल कर रहने की भावना में बदल जाती है।
- खेलों के जरिए बच्चों में समूह के नेतृत्व के गुणों का भी विकास होता है। लगभग खेलों में कुछ विशिष्ट नियमों एवं अनुशासन का पालन करना होता है। यह बालकों को अनुशासित होने में सहायता करता है।
- खेल में हार-जीत का अनुभव बच्चों में सहनशक्ति का विकास करता है, जो समाजीकरण में अत्यन्त आवश्यक है।

अभ्यास प्रश्न

1. 'समाजीकरण' का अर्थ है
(a) सामाजिक मानदण्ड का कठोर रूप से पालन करना
(b) समाज में समायोजित होना
(c) सामाजिक मानदण्डों के विरुद्ध विद्रोह करना
(d) सामाजिक विविधता को समझना

2. "समाजीकरण सहयोग करने वाले व्यक्तियों में 'हम' की भावना का विकास करता है, और उनमें एक साथ कार्य करने की इच्छा तथा क्षमता का विकास करता है।" निम्न विचारकों में यह कथन किसका है?
(a) किंबल यंग
(b) रॉस
(c) अरस्तू
(d) वाइगोत्स्की

3. समाजीकरण के सन्दर्भ में निम्नलिखित में से कौन-सा कथन असत्य है?
(a) संस्कृति का हस्तान्तरण भी समाजीकरण की प्रक्रिया द्वारा ही होता है
(b) समाजीकरण के कुछ महत्त्वपूर्ण अभिकर्ता, माता-पिता, समवयस्क समूह, विद्यालय, धार्मिक संस्थाएँ और जनसंचार माध्यम जैसे-दूरदर्शन इत्यादि हैं
(c) पालने के तरीकों का प्रभाव बच्चे के समाजीकरण पर नहीं पड़ता है
(d) समाजीकरण का कार्य समाज में रहकर ही सम्भव है, समाज से अलग रहकर नहीं

4. किसी बालक के समाजीकरण में धर्म का महत्त्व है
A. आदर्शों में
B. अनुकरण में
C. संस्कार में
(a) केवल A
(b) केवल B
(c) केवल C
(d) उपरोक्त सभी

5. समाजीकरण की प्रक्रिया में उन ·········· को प्राप्त किया जाता है, जिन्हें समाज में महत्त्व दिया जाता है।
(a) मानकों (b) मूल्यों
(c) विश्वासों (d) ये सभी

6. समाजीकरण की प्रक्रिया में अनुकरण को 'उपयोगी' तथा विकासात्मक बनाने के लिए आवश्यक तत्त्व हैं
(a) परिवार एवं पड़ोस
(b) गाँव एवं शहर
(c) देश एवं राजनीति
(d) परिवहन एवं संचार साधन

7. आप अपनी कक्षा के बालकों में समाजीकरण की प्रक्रिया को तेज करना चाहते हैं। इसके लिए आप निम्नलिखित में से कौन-सा कदम उठाएँगे?
A. बालकों को स्कूल की परम्पराओं से परिचित कराएँगे।
B. बालकों में सामाजिक आदर्श स्थापित कराएँगे।
C. बालकों को समाज में प्रचलित मान्यताओं के विषय में जानकारी देंगे।
(a) केवल A (b) A और B
(c) B और C (d) ये सभी

8. निम्न में कौन-सा कारक बच्चों के समाजीकरण में महत्त्वपूर्ण भूमिका निभाता है?
(a) पालन-पोषण (b) सहानुभूति
(c) पड़ोस (d) ये सभी

9. बालक के समाजीकरण की प्रक्रिया कब प्रारम्भ होती है?
(a) जन्म से 3 वर्ष के बाद
(b) जन्म से
(c) किशोरावस्था में
(d) वयस्क होने के बाद

10. समाजीकरण की किस अवस्था में बच्चों में जिज्ञासा की प्रवृत्ति उच्च पाई जाती है?
(a) शैशवकाल
(b) किशोरावस्था
(c) प्रारम्भिक बाल्यावस्था
(d) उत्तर-बाल्यावस्था

11. समाजीकरण की किस अवस्था में बालकों में समकक्ष मित्रों एवं समूहों के साथ समायोजन करने की प्रवृत्ति का विकास होता है?
(a) प्रारम्भिक बाल्यावस्था
(b) किशोरावस्था
(c) उत्तर-बाल्यावस्था
(d) शैशवावस्था

12. सबसे गहन और जटिल समाजीकरण होता है
(a) किशोरावस्था के दौरान
(b) पूर्व बाल्यावस्था के दौरान
(c) प्रौढ़ावस्था के दौरान
(d) व्यक्ति के पूरे जीवन में

13. शिक्षकों को यह सलाह दी जाती है कि वे अपने शिक्षार्थियों को सामूहिक गतिविधियों में शामिल करें, क्योंकि सीखने को सुगम बनाने के अतिरिक्त, ये ·········· में भी सहायता करती है।
(a) दुश्चिन्ता (b) समाजीकरण
(c) मूल्य द्वन्द्व (d) आक्रामकता

14. समाजीकरण में बच्चों के ·········· को निर्देशित करना और अनैच्छिक एवं ·········· प्रवृत्तियों को अनुशासित करना, आता है।
(a) व्यवहार, गलत व्यावहारिक
(b) व्यवहार, सही व्यावहारिक
(c) बुद्धि, सही बौद्धिक
(d) मन, सही मानसिक

15. बच्चों के समाजीकरण में शिक्षक की भूमिका होती है
(a) उनका बौद्धिक विकास करना
(b) उन्हें साम्प्रदायिक शिक्षा प्रदान करना
(c) उन्हें गृह-कार्य देना
(d) उनके आर्थिक प्रयोग में सहयोग करना

16. अपनी कक्षा के बच्चों के समाजीकरण की प्रक्रिया को तेज करने के लिए शिक्षक को अपना व्यवहार ·········· रखना चाहिए।
(a) सहानुभूतिपूर्ण किन्तु कठोर
(b) स्नेह और सहानुभूतिपूर्ण
(c) सामान्य
(d) कठोर

17. निम्न में से क्या बच्चों के समाजीकरण में प्रमुख भूमिका निभाता है?
(a) खेल-कूद
(b) अच्छे कपड़े
(c) बच्चे की सुन्दरता
(d) बच्चे की अच्छी पाठ्य-पुस्तक

18. निम्नलिखित में से किस विचारक ने 'मैं' और मुझे का सिद्धान्त दिया है?
(a) दुर्खिम (b) मीड
(c) लैमार्क (d) कूले

19. "प्रत्येक समाज में अपनी विचारधारा, मूल्य, भाव, विश्वास, आदर्श तथा संस्कार जीवित अवस्था में होते हैं।" सामूहिक प्रतिनिधित्व का सिद्धान्त के तहत यह किसका मत है?
(a) किंबल यंग
(b) दुर्खिम
(c) डार्विन
(d) रॉस

20. कृतिका अक्सर घर में ज्यादा बात नहीं करती, लेकिन विद्यालय में वह काफी बात करती है। यह दर्शाता है कि
(a) विद्यालय हर समय बच्चों को खूब बात करने का अवसर देता है।
(b) शिक्षकों की यह माँग होती है कि बच्चे विद्यालय में खूब बात करें।
(c) कृतिका को अपना घर बिल्कुल पसन्द नहीं है।
(d) उसके विचारों को विद्यालय में मान्यता मिलती है।

21. **सबसे अधिक गहन और जटिल समाजीकरण होता है**
(a) किशोरावस्था के दौरान
(b) पूर्व बाल्यावस्था के दौरान
(c) प्रौढ़ावस्था के दौरान
(d) व्यक्ति के पूरे जीवन में

22. **शिक्षा के सन्दर्भ में, समाजीकरण से तात्पर्य है**
(a) सामाजिक मानदण्डों का सदैव अनुपालन करना
(b) अपने सामाजिक मानदण्ड बनाना
(c) समाज में बड़ों का सम्मान करना
(d) सामाजिक वातावरण में अनुकूलन और समायोजन

23. **समाजीकरण है**
(a) सामाजिक मानदण्डों में परिवर्तन
(b) शिक्षक एवं पढ़ाए गए के बीच सम्बन्ध
(c) समाज के आधुनिकीकरण की प्रक्रिया
(d) समाज के मानदण्डों के साथ अनुकूलन

24. **निम्न में से कौन-सी समाजीकरण की निष्क्रिय एजेन्सी है?**
(a) स्वास्थ्य क्लब
(b) परिवार
(c) ईको क्लब
(d) सार्वजनिक पुस्तकालय

25. **निम्नलिखित में से कौन-सा बच्चों के समाजीकरण के प्रगतिशील मॉडल के सन्दर्भ में सही नहीं है?**
(a) समूह कार्य में सक्रिय सहभागिता तथा सामाजिक कौशलों को सीखना
(b) बच्चे विद्यालय में बताई गई बातों को स्वीकार करते हैं चाहे उनकी सामाजिक पृष्ठभूमि कुछ भी हो
(c) कक्षा में प्रजातन्त्र के लिए स्थान होना चाहिए
(d) समाजीकरण सामाजिक नियमों का अधिग्रहण है

26. **निम्नलिखित में से कौन-सा सामाजीकरण का एक प्रमुख कारक है?.**
(a) कम्प्यूटर (b) आनुवंशिकता
(c) राजनीतिक दल (d) परिवार

27. **''जन-संचार माध्यम समाजीकरण का एक महत्त्वपूर्ण माध्यम बनता जा रहा है।'' नीचे दिए गए कथनों में से कौन-सा सबसे उपयुक्त कथन है?**
(a) समाजीकरण केवल माता-पिता और परिवार के द्वारा किया जाता है
(b) जन-संचार माध्यमों की पहुँच बढ़ रही है और जन-संचार माध्यम अभिवृत्तियों, मूल्यों और विश्वासों को प्रभावित करता है
(c) बच्चे संचार माध्यमों के साथ प्रत्यक्ष रूप से अन्त:क्रिया नहीं कर सकते हैं
(d) संचार माध्यम पदार्थों के विज्ञापन और विक्रय के लिए एक अच्छा माध्यम है।

28. **बच्चे के समाजीकरण में परिवार ……… भूमिका निभाता है।**
(a) कम महत्त्वपूर्ण
(b) रोमांचकारी
(c) मुख्य
(d) गौण

29. **निम्नलिखित में कौन-से समाजीकरण के गौण वाहक हो सकते हैं?**
(a) विद्यालय और पास-पड़ोस
(b) विद्यालय और निकटतम परिवार के सदस्य
(c) परिवार और रिश्तेदार
(d) परिवार और पास-पड़ोस

उत्तरमाला

1	(b)	2	(b)	3	(c)	4	(d)	5	(d)	6	(a)	7	(d)	8	(d)	9	(b)	10	(c)
11	(b)	12	(a)	13	(b)	14	(a)	15	(a)	16	(b)	17	(a)	18	(b)	19	(b)	20	(d)
21	(a)	22	(d)	23	(d)	24	(d)	25	(c)	26	(d)	27	(b)	28	(b)	29	(b)		

अध्याय 05

पियाजे, कोह्लबर्ग एवं वाइगोत्स्की के सिद्धान्त

मानव विकास की वृद्धि एवं विकास के कई आयाम होते हैं। विकास की विभिन्न अवस्थाओं में बालकों में विविध प्रकार के गुण एवं विशेषताएँ पाई जाती हैं। इसका अध्ययन मनोवैज्ञानिकों ने विकास की अवस्थाओं के सन्दर्भ में किया है, जो सिद्धान्त के रूप में हमारे सामने हैं। विकास की अवस्थाओं से सम्बन्धित सिद्धान्तों के देने वाले वैज्ञानिकों में पियाजे, कोह्लबर्ग एवं वाइगोत्स्की का नाम उल्लेखनीय है।

जीन पियाजे का संज्ञानात्मक विकास का सिद्धान्त

जीन पियाजे स्विट्जरलैण्ड के एक मनोवैज्ञानिक थे। बालकों में बुद्धि का विकास किस प्रकार से होता है, यह जानने के लिए उन्होंने अपने स्वयं के बच्चों को अपनी खोज का विषय बनाया। बच्चे जैसे-जैसे बड़े होते गए, उनके मानसिक विकास सम्बन्धी क्रियाओं का वे बड़ी बारीकी से अध्ययन करते रहे। इस अध्ययन के परिणामस्वरूप उन्होंने जिन विचारों का प्रतिपादन किया, उन्हें पियाजे के मानसिक या संज्ञानात्मक विकास के सिद्धान्त के नाम से जाना जाता है।

संज्ञानात्मक विकास का तात्पर्य बच्चों के सीखने और सूचनाएँ एकत्रित करने के तरीके से है। इसमें अवधान में वृद्धि प्रत्यक्षीकरण, भाषा, चिन्तन, स्मरण शक्ति और तर्क शामिल हैं।

पियाजे के **संज्ञानात्मक** सिद्धान्त के अनुसार, वह प्रक्रिया जिसके द्वारा संज्ञानात्मक संरचना को संशोधित किया जाता है, समावेशन कहलाती है।

पियाजे ने अपने इस सिद्धान्त के अन्तर्गत यह बात सामने रखी कि बच्चों में बुद्धि का विकास उनके जन्म के साथ जुड़ा हुआ है। प्रत्येक बालक अपने जन्म के समय कुछ जन्मजात प्रवृत्तियों एवं सहज क्रियाओं को करने सम्बन्धी योग्यताओं; जैसे—चूसना, देखना, वस्तुओं को पकड़ना, वस्तुओं तक पहुँचना आदि को लेकर पैदा होता है। अत: जन्म के समय बालक के पास बौद्धिक संरचना के रूप में इसी प्रकार की क्रियाओं को करने की क्षमता होती है, परन्तु जैसे-जैसे वह बड़ा होता है, उन बौद्धिक क्रियाओं का दायरा बढ़ जाता है और वह बुद्धिमान बनता चला जाता है। बच्चों में दुनिया के बारे में समझ विकसित करने की क्षमता पैदा हो जाती है। वातावरण के अनुसार स्वयं को ढालना अनुकूलन कहलाता है। बच्चों में वातावरण के साथ सामंजस्य स्थापित करने की बेहतर क्षमता होती है। पूर्व ज्ञान के साथ नवीन ज्ञान को जोड़ने की प्रक्रिया को आत्मसातीकरण (Assimilation) कहते हैं। जब बालक अपने पुराने स्कीमा अर्थात् ज्ञान में परिवर्तन करना प्रारम्भ कर देता है तो वह प्रक्रिया समायोजन (Adjustment) कहलाती है।

पियाजे के संज्ञानात्मक विकास के सिद्धान्त के अनुसार, हमारे विचार और तर्क अनुकूलन के भाग हैं। संज्ञानात्मक विकास एक निश्चित अवस्थाओं के क्रम में होता है। संवेदी प्रेरक अवस्था अनुकरण (Imitation), स्मृति (Memory) एवं मानसिक निरूपण पर आधारित होती है।

पियाजे ने संज्ञानात्मक विकास को **चार अवस्थाओं** में विभाजित किया है, जिनके नाम एवं विशेषताएँ इस प्रकार हैं

इन्द्रियजनित गामक अवस्था (जन्म से 2 वर्ष तक)

- मानसिक क्रियाएँ इन्द्रियजनित गामक क्रियाओं के रूप में ही सम्पन्न होती हैं।
- भूख लगने की स्थिति को बालक रोकर व्यक्त करता है। इस अवस्था में व्यक्ति आँख, कान एवं नाक से सोचता है। जिन वस्तुओं को वे प्रत्यक्षत: देखते हैं, उनके लिए उसी का अस्तित्व होता है।
- इस आयु में बालक की बुद्धि उसके कार्यों द्वारा व्यक्त होती है। उदाहरण के लिए,चादर पर बैठा शिशु चादर पर थोड़ी दूर स्थित खिलौने को प्राप्त करने के लिए चादर को खींचकर खिलौना प्राप्त कर लेता है।
- इस तरह यह अवस्था अनुकरण, स्मृति और मानसिक निरूपण से सम्बन्धित है।

पूर्व संक्रियात्मक अवस्था (2 से 7 वर्ष तक)

- इस अवस्था में बालक अपने परिवेश की वस्तुओं को पहचानने एवं उसमें विभेद करने लगता है।
- इस दौरान उसमें भाषा का विकास भी प्रारम्भ हो जाता है। इस अवस्था में बालक नई सूचनाओं और अनुभवों का संग्रह करता है। वह पहली अवस्था की अपेक्षा अधिक समस्याओं का समाधान करने योग्य हो जाता है। बच्चों में वस्तु स्थायित्व के गुण का विकास होता है।

मूर्त संक्रियात्मक अवस्था (7 से 11 वर्ष तक)

- इस अवस्था में बालक में वस्तुओं को पहचानने, उनका विभेदीकरण (Differentiation) करने तथा वर्गीकरण (Classification) करने की क्षमता विकसित हो जाती है।
- उनका चिन्तन अब अधिक क्रमबद्ध एवं तर्कसंगत होना प्रारम्भ कर देता है। इस अवस्था में बालक विश्वास करने लगता है तथा लम्बाई, भार, अंक आदि प्रत्ययों पर चिन्तन करता है।
- भाषा का पूर्ण विकास, बालक किसी पूर्व और उसके अंश के सम्बन्ध में तर्क कर सकता है। बालक अपने पर्यावरण के साथ अनुकूलन (Adaptation) करने के लिए अनेक नियमों को सीख लेता है।

औपचारिक/अमूर्त संक्रियात्मक अवस्था

(11 वर्ष से आगे)

- यह अवस्था ग्यारह वर्ष से प्रौढ़ावस्था तक की अवस्था है। **अमूर्त चिन्तन** इस अवस्था की प्रमुख विशेषता है।
- इस अवस्था में भाषा सम्बन्धी योग्यता तथा सम्प्रेषणशीलता (communication) का विकास अपनी ऊँचाई को छूने लगता है।
- इस अवस्था में व्यक्ति अनेक संक्रियात्मक को संगठित कर उच्च स्तर के संक्रियात्मक का निर्माण कर सकता है और विभिन्न प्रकार की समस्याओं के समाधान के लिए अमूर्त नियमों का निर्माण कर सकता है।
- बालक में अच्छी तरह से सोचने, समस्या-समाधान करने एवं निर्णय लेने की क्षमता का विकास हो जाता है।

जीन पियाजे के संज्ञानात्मक विकास के सिद्धान्त का शैक्षिक महत्त्व

- **पियाजे** के अनुसार संज्ञानात्मक या मानसिक विकास निरन्तर चलने वाली प्रक्रिया है।
- बालकों का मानसिक विकास धीरे-धीरे एक सोपान (क्रम) के तहत होता रहता है। अध्यापकों को पहले बालकों के मानसिक विकास की अवस्था का निर्धारण कर, तब उसे शिक्षित करने हेतु योजना बनानी चाहिए।
- तार्किक चिन्तन के विकास में बाल्यावस्था महत्त्वपूर्ण कड़ी मानी जाती है। अत: शिक्षकों को बच्चों में तार्किक क्षमता बढ़ाने का प्रयास करना चाहिए।
- वर्ग में समान रुचि के विद्यार्थियों को छोटे-छोटे समूहों में विभाजित कर उनमें विचार-विनिमय (exchange of thoughts) के माध्यम से तार्किक बुद्धि के विकास के अवसर देने चाहिए। बच्चों को गलती करने एवं उसे स्वयं सुधारने का पर्याप्त अवसर देना चाहिए।
- शिक्षकों को प्रयोगात्मक शिक्षा एवं व्यावहारिक शिक्षा पर बल देना चाहिए। प्रयोगों के माध्यमों से बालकों में नवीन विचार का संचार होता है। नवीन दृष्टिकोण मौलिक अन्वेषण के दृष्टिकोण से महत्त्वपूर्ण होता है।
- शिक्षक को वाद-विवाद प्रतियोगिता का आयोजन करते रहना चाहिए यह प्रतियोगिता नवीन सोच एवं नवीन विचारों को जन्म देती है।

जीन पियाजे के अन्य सिद्धान्त

जीन पियाजे द्वारा दिये गए कुछ अन्य सिद्धान्त निम्न हैं

निर्माण और खोज का सिद्धान्त

- प्रत्येक बालक अपने अनुभवों को अर्थपूर्ण बनाने के लिए क्रियाशील होता है। वह यह जानने के लिए प्रयत्नशील होता है कि उसके विचार सम्बद्धतापूर्वक मेल खाते हैं या नहीं। बच्चे उन व्यवहारों और विचारों की समय-समय पर खोज और निर्माण करते हैं, जिन व्यवहारों और विचारों का उन्होंने कभी पहले प्रत्यक्ष नहीं किया होता है।
- पियाजे का विचार है कि ज्ञानात्मक विकास केवल नकल न होकर खोज पर आधारित है। नवीनता या खोज को उद्दीपक-अनुक्रिया सामान्यीकरण के आधार पर नहीं समझाया जा सकता है। उदाहरण के लिए, एक चार साल का बालक यदि भिन्न-भिन्न आकार के प्यालों को प्रथम बार क्रमानुसार लगा देता है, तो यह उसकी बौद्धिक वृद्धि की खोज और निर्माण से सम्बन्धित है।

कार्य-क्रिया का अर्जन

- कार्यात्मक क्रिया का तात्पर्य उस विशिष्ट प्रकार की मानसिक दिनचर्या से है, जिसकी मुख्य विशेषता उत्क्रमणशीलता है।
- प्रत्येक कार्यात्मक-क्रिया का एक तर्कपूर्ण विपरीत प्रभाव होता है। उदाहरण के लिए, एक मिट्टी के चक्र को दो भागों में तोड़ना तथा दो टूटे हुए भागों को पुन: एक पूर्ण चक्र के रूप में जोड़ना एक कार्यात्मक-क्रिया है। कार्यात्मक-क्रिया की सहायता से बच्चे मानसिक रूप से वहाँ पुन: पहुँच सकते हैं, जहाँ से उन्होंने कार्य प्रारम्भ किया था।
- बौद्धिक वृद्धि का केन्द्र इन्हीं कार्यात्मक-क्रिया का अर्जन है।
- पियाजे का विचार है कि जब तक बालक किशोरावस्था तक नहीं पहुँच जाता है, तब तक वह भिन्न-भिन्न विकास अवस्थाओं में भिन्न-भिन्न वर्गों की कार्यात्मक-क्रिया का अर्जन करता रहता है।
- एक विकास अवस्था से दूसरी में पदार्पण (प्रारम्भ) के लिए दो तथ्य आवश्यक हैं—सात्मीकरण एवं सन्तुलन स्थापित करना।
- सात्मीकरण का अर्थ है बालक में उपस्थित एक विचार में किसी नए विचार या वस्तु का समावेश हो जाना। पियाजे के अनुसार, सात्मीकरण बालक के प्रत्यक्षात्मक-गत्यात्मक समन्वय से सम्बन्धित है। व्यवस्थापन या सन्तुलन का अर्थ है नई वस्तु या विचार के साथ समायोजन करना या अपने विचारों और क्रियाओं को नए विचारों और वस्तुओं में फिट करना।

जीन पियाजे का नैतिक विकास का सिद्धान्त

पियाजे ने नैतिक विकास का सिद्धान्त (Jean Piaget's Principle of Moral Development) दिया। इनके अनुसार नैतिक निर्णय के विकास में एक निश्चित क्रम एवं तार्किक क्रम होता है। पियाजे के अनुसार नैतिक अवस्थाएँ दो प्रकार की होती हैं, जो अग्रलिखित हैं

- **परायत्त नैतिकता** (Stage of Heteronomous Morality) **की अवस्था** (2 से 8 वर्ष की) पियाजे के अनुरूप इस अवस्था का उद्भव बालकों में असमान अन्त:क्रिया से होती है। इस काल में बच्चों में नैतिक नियम निरपेक्ष, अपरिवर्तनशील तथा दृढ़ प्रवृत्ति के होते हैं।
- **स्वायत्त नैतिकता** (Autonomous Morality) **की अवस्था** (9 से 11 वर्ष) इस काल में नैतिकता बच्चों के समकक्ष अर्थात् मित्रों के बीच के सम्बन्धों से विकसित होती है। अपने मित्रों के सम्बन्धों के द्वारा न्याय का एक ऐसा दर्शन उभरता है, जिससे दूसरे के अधिकारों के सन्दर्भ में चिन्ता एवं पारस्परिकता का भाव दिखता है। बच्चों में सोचने की प्रवृत्ति होती है नियम एवं कानून लोगों द्वारा निर्मित किए गए हैं।

लॉरेन्स कोह्लबर्ग का नैतिक विकास की अवस्था का सिद्धान्त

लॉरेन्स कोह्लबर्ग ने जीन पियाजे के सिद्धान्त को आधार बनाकर नैतिक विकास की अवस्था का सिद्धान्त दिया, जिसे उसने तीन भागों में विभाजित किया है

पूर्व परम्परागत स्तर या पूर्व नैतिक स्तर (4 से 10 वर्ष)

इस आयु में बालक अपनी आवश्यकताओं के सम्बन्ध में सोचते हैं। नैतिक दुविधाओं से सम्बन्धित प्रश्न उनके लाभ या हानि पर आधारित होते हैं। नैतिक कार्य का सम्बन्ध सामाजिक एवं सांस्कृतिक रूप से क्या सही है एवं क्या गलत है इससे सम्बन्धित होता है। यथा-अच्छा या बुरा, सही या गलत की व्याख्या मिलने वाले दण्ड, पुरस्कार अथवा नियमों का समर्थन करने वाले व्यक्तियों की शारीरिक क्षमता या उसके परिणाम से मापी जाती है। इसके अन्तर्गत दो चरण हैं

1. **दण्ड तथा आज्ञापालन अभिमुखता** (Punishment and Obedience Orientation) बालकों के मन में आज्ञापालन का भाव दण्ड पर आधारित होता है, इस अवस्था में बालकों में नैतिकता का ज्ञान होता है। बालक स्वयं को परेशानियों से बचाना चाहता है। कोह्लबर्ग का मानना है कि कोई बालक यदि स्वीकृत व्यवहार अपनाता है तो इसका कारण दण्ड से स्वयं को बचाना है।
2. **आत्म अभिरुचि तथा प्रतिफल अभिमुखता** (Self-Interest and Reward Orientation) इस अवस्था में बालकों का व्यवहार खुलकर सामने नहीं आता है, वह अपनी रुचि को प्राथमिकता देता है। वह पुरस्कार पाने के लिए नियमों का अनुपालन करता है।

परम्परागत नैतिक स्तर (10 से 13 वर्ष)

कोई बालक दूसरे व्यक्ति के नैतिक मानकों को अपने व्यवहार में समाहित करता है। तथा उस मानक के सही एवं गलत पक्ष पर चिंतन के माध्यम से निर्णय करता है, तथा उस पर अपनी सहमति बनाता है। इस स्तर पर बालक अपनी आवश्यकता के साथ-साथ दूसरों की आवश्यकता का भी ध्यान रखता है। इस स्तर के दो भाग हैं इस स्तर के प्रमुख चरण निम्न हैं

1. **अधिकार संरक्षण अभिमुखता** (Law and Order Orientation) इस अवस्था में बच्चे नियम एवं व्यवस्था के प्रति जागरूक होते हैं तथा वे नियम एवं व्यवस्था के अनुपालन के पति जवाबदेह होते हैं।
2. **अच्छा लड़का या अच्छी लड़की** (Good Boy or Good Girl) इस अवस्था में बच्चे में एक-दूसरे का सम्मान करने की भावना होती है तथा दूसरों से भी सम्मान पाने की इच्छा रखते हैं।

उत्तर परम्परागत नैतिक स्तर या आत्म अंगीकृत नैतिक मूल्य (13 वर्ष से ऊपर)

कोह्लबर्ग के मतानुसार नैतिक विकास के परम्परागत स्तर पर नैतिक मूल्य या चारित्रिक मूल्य का सम्बन्ध अच्छे या बुरे कार्य के सन्दर्भ में निहित होता है। बालक बाहरी सामाजिक आशाओं को पूरा करने में रुचि लेता है। बालक अपने परिवार, समाज एवं राष्ट्र के महत्त्व को प्राथमिकता देते हुए एक स्वीकृत व्यवस्था के अन्तर्गत कार्य करता है।

मानव विकास की वृद्धि एवं विकास के कई आयाम होते हैं। विकास की विविध अवस्थाओं के बालकों में कुछ खास, गुण एवं विशेषताएँ उभरकर सामने आती हैं। इसके अन्तर्गत वयस्क वस्तुओं को निर्धारित कर कार्य करना सीख जाता है। इसके अन्तर्गत दो चरण हैं

1. **सामाजिक अनुबन्ध अभिमुखता** (Social Contract Orientation) इस अवस्था में बच्चे वही करते हैं जो उन्हें सही लगता है तथा वे यह भी सोचते हैं कि स्थापित नियमों में सुधार की आवश्यकता तो नहीं है। उदाहरणस्वरूप यदि एक व्यक्ति अपने बच्चें की जान बचाने के लिए दवा की चोरी करता है, तो यहाँ देखा जाएगा कि जीवन बचाना यहाँ महत्त्वपूर्ण है।
2. **सार्वभौमिक नैतिक सिद्धान्त अभिमुखता** (Universal Ethical Principle Orientation) इस अवस्था में अन्त:करण (Con science) की आरे अग्रसर हो जाती है। अब बच्चे का आचरण दूसरे की प्रतिक्रियाओं का विचार किये बिना उसके आन्तरिक आदर्शों के द्वारा होता है। यहाँ बच्चे के अनुरूप व्यवहार करना है।

कोह्लबर्ग के नैतिक विकास के सिद्धान्त की अन्य अवस्थाएँ

कोह्लबर्ग ने नैतिक विकास की अवस्था के कुछ अन्य सिद्धान्त दिए हैं, जो निम्न प्रकार हैं

स्वकेन्द्रित अवस्था

- इस अवस्था का कार्यकाल तीसरे वर्ष से शुरू होकर 6 वर्ष तक होता है।
- इस अवस्था के बालक की सभी व्यावहारिक क्रियाएँ अपनी वैयक्तिक आवश्यकताओं और इच्छाओं की पूर्ति के चारों ओर केन्द्रित रहती हैं। बालक के लिए वही नैतिक होता है, जो उसके स्व अर्थात् आत्म-कल्याण से जुड़ा होता है।

परम्पराओं को धारण करने वाली अवस्था

- सातवें वर्ष से लेकर किशोरावस्था के प्रारम्भिक काल का सम्बन्ध इस अवस्था से है।
- इस अवस्था का बालक सामाजिकता के गुणों को धारण करता हुआ देखा जाता है। अत: उसमें समाज के बनाए नियमों, परम्पराओं तथा मूल्यों को धारण करने सम्बन्धी नैतिकता का विकास होता हुआ देखा जा सकता है।
- इस अवस्था में उसे अच्छाई-बुराई का ज्ञान हो जाता है और वह यह समझने लगता है कि उसके किस प्रकार के आचरण या व्यवहार से दूसरों का अहित होगा या ठेस पहुँचेगी।

आधारहीन आत्मचेतना अवस्था

- यह अवस्था किशोरावस्था से जुड़ी हुई है।
- इस अवस्था में बालकों का सामाजिक, शारीरिक तथा मानसिक विकास अपनी ऊँचाइयों को छूने लगता है और उसमें आत्मचेतना का शुरुआत हो जाती है
- यह मेरा आचरण है, मैं ऐसे व्यवहार करता हूँ, इसकी उसे अनुभूति होने लगती है तथा अपने व्यवहार आचरण और व्यक्तित्व सम्बन्धी गुणों की स्वयं ही आलोचना करने की प्रवृत्ति उसमें पनपने लगती है।
- पूर्णता की चाह उसमें स्वयं से असन्तुष्ट रहने का मार्ग प्रशस्त कर देती है। यही असन्तुष्टि उसे समाज तथा परिवेश में जो कुछ गलत हो रहा है, उसे बदल डालने या परम्पराओं के प्रति सुधारवादी दृष्टिकोण अपनाने को प्रेरित करती है।

आधारयुक्त आत्मचेतना अवस्था

- नैतिक या चारित्रिक विकास की यह चरम (Extreme) अवस्था है। भली-भाँति परिपक्वता ग्रहण करने के बाद ही इस प्रकार का विकास सम्भव है।
- जिस प्रकार के नैतिक आचरण और चारित्रिक मूल्यों की बात बालक विशेष में की जाती है उसके पीछे केवल उसकी भावनाओं का प्रवाह मात्र ही नहीं होता, बल्कि वह अपनी मानसिक शक्तियों का उचित प्रयोग करता हुआ अच्छी तरह सोच-समझकर किसी व्यवहार या आचरण विशेष को अपने व्यक्तित्व गुणों में धारण करता हुआ पाया जाता है।

वाइगोत्स्की का सामाजिक विकास का सिद्धान्त

- सोवियत रूस के मनोवैज्ञानिक लेव वाइगोत्स्की ने बालकों में सामाजिक विकास से सम्बन्धित एक सिद्धान्त का प्रतिपादन किया। इस सिद्धान्त में उन्होंने बताया कि बालक के हर प्रकार के विकास में उसके समाज का विशेष योगदान होता है।
- वाइगोत्स्की ने बताया कि समाज से घुलने-मिलने के फलस्वरूप ही उसमें विभिन्न प्रकार का विकास होता है। समाज में उसे जिस प्रकार की सुविधाएँ उपलब्ध होंगी, उसका विकास भी उसी प्रकार का होगा।
- जन्म के समय शिशु का व्यवहार सामाजिकता से काफी दूर होता है। वह अत्यधिक स्वार्थी होता है। उसे केवल अपनी शारीरिक आवश्यकताओं की पूर्ति करने की ललक होती है तथा दूसरों के हित चिन्तन की वह कुछ भी परवाह नहीं करता। वह इस आयु में गुड्डे-गुड़ियों, खिलौने, मूर्ति आदि निर्जीव पदार्थों तथा पशु-पक्षी, मनुष्य आदि सजीव प्राणियों में कोई अन्तर नहीं समझ पाता।
- शिशु के सामाजिक सम्पर्क का दायरा बहुत ही सीमित होता है। अत: सामाजिक विकास के दृष्टिकोण से उनसे बहुत आशा नहीं की जा सकती। बाल्यावस्था में प्रवेश करने के साथ-साथ अधिकांश बच्चे विद्यालय में जाना प्रारम्भ कर देते हैं और अब उनका सामाजिक दायरा बहुत विस्तृत बनता चला जाता है।
- बाल्यावस्था के बाद किशोरावस्था में लिंग सम्बन्धी चेतना तीव्र हो जाती है। इस आयु में अधिकतर किशोर और किशोरियाँ अपने हमउम्र-समूह के सक्रिय सदस्य होते हैं।
- समूह के प्रति उत्पन्न भावना अब केवल टोली या समूह विशेष तक ही सीमित नहीं रहती, बल्कि यह विद्यालय, समुदाय, प्रान्त और राष्ट्र तक व्यापक बन जाती है। सहानुभूति, सहयोग, सद्भावना, परोपकार और त्याग का अद्भुत सामंजस्य इस अवस्था में देखने को मिलता है।
- किशोरावस्था संवेगों की तीव्र अभिव्यक्ति की अवस्था भी है। इस अवस्था में विशिष्ट रुचियों और सामाजिक सम्पर्क का क्षेत्र भी अत्यधिक विस्तृत होता है।
- वाइगोत्स्की के सामाजिक विकास के सिद्धान्त का निहितार्थ है सहयोगात्मक समस्या-समाधान अर्थात् बच्चे अपने शिक्षक के निर्देशानुसार अपने साथियो की सहायता से उन समस्याओं का समाधान कर पाते हैं, जिन्हें उन्होंने पहले अपनी कक्षा में देखा है।

वाइगोत्स्की का समीपस्थ विकास का सिद्धान्त

यह वाइगोत्स्की के सामाजिक सांस्कृतिक सिद्धान्त का एक भाग है। इसके अन्तर्गत वाइगोत्स्की ने एक सम्प्रत्यय दिया था, जिसका नाम था स्कॉफ होलडिंग (सहारा देना)। स्कॉफ होलडिंग (Scaffolding) का अर्थ होता है जब बच्चा किसी समस्या के समाधान के लिए किसी वयस्क या साथी के मार्गदर्शन की उपस्थिति में कार्य करता है तो वह प्रक्रिया स्कॉफ होलडिंग कहलाती है या जब बच्चा किसी समस्या के समाधान का हल किसी की सहायता/मार्गदर्शन में करता है तो वह प्रक्रिया सहारा देना कहलाती है।

अभ्यास प्रश्न

1. पियाजे के अनुसार, विकास की पहली अवस्था (जन्म से लगभग 2 वर्ष आयु) के दौरान बच्चा ………… सबसे बेहतर सीखता है।
(a) निष्क्रिय (Neutral) शब्दों को समझने के द्वारा
(b) अमूर्त तरीके से चिन्तन द्वारा
(c) भाषा के नए अर्जित ज्ञान के अनुप्रयोग द्वारा
(d) इन्द्रियों के प्रयोग द्वारा

2. पियाजे के अनुसार, संज्ञानात्मक विकास के किस चरण पर बच्चा 'वस्तु स्थायित्व' को प्रदर्शित करता है?
(a) मूर्त संक्रियात्मक चरण
(b) औपचारिक संक्रियात्मक चरण
(c) संवेदी-प्रेरक चरण
(d) पूर्व संक्रियात्मक चरण

3. निम्न में से किसका कथन है कि "ज्ञानात्मक विकास नकल पर आधारित न होकर खोज पर आधारित होता है?"
(a) जीन पियाजे (b) कोह्लबर्ग
(c) स्किनर (d) वाइगोत्स्की

4. पियाजे के अनुसार, कोई बच्चा किस अवस्था में अपने परिवेश की वस्तुओं को पहचानने एवं उनमें विभेद करने लगता है?
(a) मूर्त संक्रियात्मक अवस्था
(b) औपचारिक संक्रियात्मक अवस्था
(c) संवेदी-प्रेरक अवस्था
(d) पूर्व संक्रियात्मक अवस्था

5. पियाजे ने किसी बच्चे के विचारों में नए विचारों के समावेश हो जाने को क्या कहा है?
(a) व्यवस्थापन (b) सात्मीकरण
(c) खोज (d) निर्माण

6. जीन पियाजे के अनुसार, कितने वर्ष की आयु तक के बच्चों में संज्ञानात्मक परिपक्वता का अभाव पाया जाता है?
(a) 4 वर्ष
(b) 6 वर्ष
(c) 8 वर्ष
(d) 12 वर्ष

7. बच्चों के विकास से सम्बन्धित 'निर्माण एवं खोज का सिद्धान्त' निम्न में से किसने दिया था?
(a) स्किनर
(b) वाइगोत्स्की
(c) जीन पियाजे
(d) कोह्लबर्ग

8. पियाजे द्वारा बताई गई बाल विकास की चार अवस्थाओं में औपचारिक अथवा अमूर्त संक्रियात्मक अवस्था की अवधि है
(a) जन्म से 2 वर्ष तक
(b) 2 से 7 वर्ष तक
(c) 7 से 11 वर्ष तक
(d) 11 वर्ष से लेकर प्रौढ़ावस्था तक

9. पियाजे के अनुसार, ……………… वर्ष से कम आयु के बालकों में संज्ञानात्मक परिपक्वता का अभाव पाया जाता है।
(a) 6 (b) 8 (c) 9 (d) 10

10. पियाजे के संज्ञानात्मक विकास के सिद्धान्त के अनुसार किस अवस्था में बालक परिकल्पनात्मक ढंग से समस्याओं पर विचार कर सकता है?
(a) अमूर्त संक्रियात्मक अवस्था
(b) मूर्त संक्रियात्मक अवस्था
(c) पूर्व संक्रियात्मक अवस्था
(d) इन्द्रियजनित गामक अवस्था

11. वातावरण के अनुसार स्वयं को ढालना कहलाता है।
(a) साम्यीकरण (b) समायोजन
(c) अनुकूलन (d) सहकारिता

12. पियाजे के संज्ञानात्मक विकास के सिद्धान्त के अनुसार विकास …………… ।
(a) रुक-रुक कर चलने वाली प्रक्रिया है।
(b) निरन्तर चलने वाली प्रक्रिया है।
(c) रुक-रुक कर एवं निरन्तर चलने वाली प्रक्रिया है
(d) उपरोक्त में से कोई नहीं

13. शिक्षकों को प्रयोगात्मक शिक्षा एवं व्यावहारिक शिक्षा पर बल देना चाहिए। प्रयोगों के माध्यम से बालकों में नवीन विचार का संचार होता है, एवं इससे उनमें मौलिकता का सृजन होता है, निम्न में से यह कथन सम्बन्धित है।
(a) पियाजे के संज्ञानात्मक विकास के शैक्षिक महत्त्व से
(b) वाइगोत्स्की के सामाजिक विकास के सिद्धान्त से
(c) कोह्लबर्ग के नैतिक विकास के सिद्धान्त से
(d) उपरोक्त में से किसी से नहीं

14. निर्माण और खोज का सिद्धान्त निम्नलिखित में से किसने दिया था?
(a) वाइगोत्स्की
(b) कोह्लबर्ग
(c) जीन पियाजे
(d) अब्राहम मॉस्लो

15. पियाजे थे
(a) खगोलविद्
(b) भू-गर्भशास्त्री
(c) मनोवैज्ञानिक
(d) समाजशास्त्री

16. इन्द्रियजनित गामक अवस्था होती है
(a) जन्म से 3 वर्ष तक
(b) 2 से 27 वर्ष तक
(c) जन्म से 2 वर्ष तक
(d) 11 से 18 वर्ष तक

17. निम्नलिखित में से किस अवस्था में भाषा सम्बन्धी योग्यता का विकास अपने चरमोत्कर्ष पर होता है?
(a) औपचारिक संक्रियात्मक अवस्था
(b) इन्द्रियजनित गामक अवस्था
(c) मूर्त संक्रियात्मक अवस्था
(d) पूर्व संक्रियात्मक अवस्था।

18. बच्चों में भाषा का विकास प्रारम्भ हो जाता है।
(a) संवेदी गामक अवस्था
(b) पूर्व संक्रियात्मक अवस्था
(c) मूर्त संक्रियात्मक अवस्था
(d) अमूर्त संक्रियात्मक अवस्था

19. कोह्लबर्ग के द्वारा प्रस्तावित निम्नलिखित चरणों में से प्राथमिक विद्यालयों के बच्चे किन चरणों का अनुसरण करते हैं?
A. आज्ञापालन और दण्ड-उन्मुखीकरण
B. वैयक्तिकता और विनिमय
C. अच्छे अन्त:वैयक्तिक सम्बन्ध
D. सामाजिक अनुबन्ध और व्यक्तिगत अधिकार
(a) A और B
(b) A और C
(c) B और A
(d) B और D

20. कोह्लबर्ग के अनुसार 'सही और गलत के बारे में बच्चे ………. चिन्तन' करते हैं।
(a) अलग आयु में अलग तरीके से
(b) अलग चरणों में समान तरीके से
(c) सन्दर्भ के अनुसार
(d) अभिभावकों द्वारा प्रदत्त निर्देशों के अनुसार

21. निम्न में से किसने 'नैतिक विकास की अवस्था' के सिद्धान्त का प्रतिपादन किया?
(a) जीन पियाजे
(b) लॉरेन्स कोह्लबर्ग
(c) फ्रायड
(d) सीयर्स

22. कोह्लबर्ग द्वारा प्रतिपादित नैतिक विकास के सिद्धान्त के अनुसार पूर्व नैतिक अवस्था की अवधि है
(a) जन्म से 5 वर्ष की आयु तक
(b) जन्म से 2 वर्ष की आयु तक
(c) तीसरे वर्ष से 6 वर्ष की आयु तक
(d) सातवें वर्ष से लेकर किशोरावस्था के प्रारम्भिक काल तक

23. कोह्लबर्ग द्वारा प्रतिपादित नैतिक विकास की अवस्था के सिद्धान्त के अनुसार नैतिक या चारित्रिक विकास की चरम अवस्था है
(a) स्वकेन्द्रित अवस्था
(b) परम्पराओं को धारण करने वाली अवस्था
(c) आधारहीन आत्मचेतनावस्था
(d) आधारयुक्त आत्मचेतनावस्था

24. बाल विकास के सन्दर्भ में निम्नलिखित कथनों पर विचार कीजिए
A. बालकों में नैतिकता के विकास की कुछ निश्चित एवं सार्वभौमिक अवस्थाएँ पाई जाती हैं।
B. बालक के व्यक्तित्व के हर पहलू के विकास में समाज का विशेष योगदान होता है।
C. बाल्यावस्था में बालक के लिए नैतिक वही होता है, जो उसके स्व अर्थात् आत्म- कल्याण से जुड़ा होता है।
(a) केवल A (b) केवल B
(c) A और B (d) ये सभी

25. निम्नलिखित में से किसने "नैतिक विकास की अवस्था का सिद्धान्त" दिया है।
(a) जीन पियाजे (b) लेव वाइगोत्स्की
(c) लॉरेन्स कोह्लबर्ग (d) किंबल यंग

26. कोह्लबर्ग के अनुसार परम्परागत नैतिक स्तर का काल है
(a) 4 से 10 वर्ष तक
(b) 13 वर्ष से आगे तक
(c) 10 से 13 वर्ष तक
(d) 3 से 13 वर्ष तक

27. निम्नलिखित में से किसका सम्बन्ध पूर्व नैतिक स्तर से है?
(a) आत्मकेन्द्रित निर्णय
(b) परस्पर एकजुट उन्मुखीकरण
(c) सार्वभौमिक नैतिक सिद्धान्त उन्मुखीकरण
(d) अधिकार संरक्षण उन्मुखीकरण

28. बच्चों में 'आधारहीन आत्मचेतना' का सम्बन्ध उसके विकास की किस अवस्था से सम्बन्धित है?
(a) पूर्व बाल्यावस्था (b) बाल्यावस्था
(c) किशोरावस्था (d) इनमें से कोई नहीं

29. निम्नलिखित में से कौन एक सुमेलित नहीं है?
(a) पूर्व नैतिक स्तर–दण्ड तथा आज्ञापालन अभिमुखता।
(b) परम्परागत नैतिक स्तर–अधिकार संरक्षण उन्मुखीकरण
(c) उत्तर परम्परागत नैतिक स्तर–परस्पर एकजुट उन्मुखीकरण
(d) आधारहीन आत्म चेतना अवस्था–जीन पियाजे

30. निम्नलिखित में किस स्तर के दौरान कोई बालक केवल स्वयं के बारे में सोचता है, क्या सही है, क्या गलत है इससे उसे कोई सरोकार नहीं रहता?
(a) पूर्व नैतिक स्तर
(b) परम्परागत नैतिक स्तर
(c) उत्तर परम्परागत नैतिक स्तर
(d) उपरोक्त में से कोई नहीं

31. "विचार न केवल भाषा को निर्धारित करते हैं, बल्कि उसे आगे भी बढ़ाते हैं।" यह विचार .... द्वारा रखा गया।
(a) जीन पियाजे (b) कोह्लबर्ग
(c) वाइगोत्स्की (d) पावलॉव

32. निम्नलिखित में से किसने बच्चों की अन्त:क्रियाओं को उनके विकास का मूल आधार माना है?
(a) लॉरेन्स कोह्लबर्ग
(b) लेव वाइगोत्स्की
(c) जीन पियाजे
(d) स्किनर

33. वाइगोत्स्की के अनुसार, बच्चे साथी-समूह के सक्रिय सदस्य कब होते हैं?
(a) पूर्व बाल्यावस्था (b) बाल्यावस्था
(c) किशोरावस्था (d) प्रौढ़ावस्था

34. निम्नलिखित में से किसने सामाजिक विकास का सिद्धान्त दिया है?
(a) पियाजे (b) कोह्लबर्ग
(c) वाइगोत्स्की (d) टेलर

35. वाइगोत्स्की के अनुसार, किसी बालक के विकास में सबसे महत्त्वपूर्ण योगदान निम्न में से किसका होता है?
(a) परिवार का (b) विद्यालय का
(c) समाज का (d) धर्म का

36. वाइगोत्स्की के अनुसार, ... के बाद .... में लिंग सम्बन्धी चेतना .... हो जाती है।
(a) किशोरावस्था, प्रौढ़ावस्था, कम
(b) बाल्यावस्था, किशोरावस्था, कम
(c) बाल्यावस्था, किशोरावस्था, तीव्र
(d) बाल्यावस्था, प्रौढ़ावस्था, तीव्र

37. वाइगोत्स्की के सामाजिक विकास के सिद्धान्त के अनुसार बालक को .... में जिस प्रकार की .... प्राप्त होंगी, उसका .... भी उसी प्रकार होगा।
(a) विद्यालय, पुस्तकें, विकास
(b) समाज, सुविधाएँ, विकास
(c) विद्यालय, सुविधाएँ, विकास
(d) परिवार, सम्पत्ति, विकास

38. निम्नलिखित में कौन-सी अवस्था संवेगों (भावों) की तीव्र अभिव्यक्ति की अवस्था है?
(a) बाल्यावस्था (b) किशोरावस्था
(c) प्रौढ़ावस्था (d) उत्तर बाल्यावस्था

39. निम्नलिखित में से किस मनोवैज्ञानिक ने सहयोगात्मक समस्या समाधान पर बल दिया?
(a) जीन पियाजे (b) लेव वाइगोत्स्की
(c) रॉस (d) कोह्लबर्ग

40. सहानुभूति, सहयोग, सद्भावना तथा परोपकार जैसी प्रवृत्ति पाई जाती है।
(a) बाल्यावस्था में
(b) किशोरावस्था में
(c) उत्तर बाल्यावस्था में
(d) उपरोक्त में से किसी अवस्था में नहीं

41. "बच्चे दुनिया के बारे में अपनी समझ का सृजन करते हैं।" इसका श्रेय .... को जाता है।
(a) पियाजे (b) पावलॉव
(c) कोह्लबर्ग (d) स्किनर

42. वह अवस्था जब बच्चा तार्किक रूप से वस्तुओं व घटनाओं के विषय में चिन्तन प्रारम्भ करता है/हैं
(a) संवेदी-प्रेरक अवस्था
(b) औपचारिक-संक्रियात्मक अवस्था
(c) पूर्व- संक्रियात्मक अवस्था
(d) मूर्त-संक्रियात्मक अवस्था

43. बच्चों के बौद्धिक विकास की चार विशिष्ट अवस्थाओं की पहचान की गई
(a) कोह्लबर्ग द्वारा (b) एरिकसन द्वारा
(c) स्किनर द्वारा (d) पियाजे द्वारा

44. पियाजे के अनुसार, निम्नलिखित में से कौन-सी अवस्था में बच्चा अमूर्त संकल्पनाओं के विषय में तार्किक चिन्तन करना आरम्भ करता है?
(a) मूर्त-संक्रियात्मक अवस्था (07-11 वर्ष)
(b) औपचारिक-संक्रियात्मक अवस्था (11 वर्ष एवं इससे ऊपर)
(c) संवेदी-प्रेरक अवस्था (जन्म - 02 वर्ष)
(d) पूर्व- संक्रियात्मक अवस्था (02-07 वर्ष)

45. वाइगोत्स्की बच्चों के सीखने में निम्नलिखित में से किस कारक की महत्त्वपूर्ण भूमिका पर बल देते हैं?
(a) सामाजिक (b) आनुवंशिक
(c) नैतिक (d) शारीरिक

46. पियाजे के संज्ञानात्मक विकास के चरणों के अनुसार, 'इन्द्रिय-गामक (संवेदी-प्रेरक) अवस्था किसके साथ सम्बन्धित है?
(a) सामाजिक मुद्दों से सरोकार
(b) अनुकरण, स्मृति और मानसिक निरूपण
(c) तार्किक रूप से समस्या-समाधान की योग्यता
(d) विकल्पों के निर्वचन और विश्लेषण करने की योग्यता

47. कोह्लबर्ग के अनुसार, शिक्षक बच्चों में नैतिक मूल्यों का विकास कर सकता है,
(a) कैसे व्यवहार किया जाना चाहिए' इस पर कठोर निर्देश देकर
(b) धार्मिक शिक्षा को महत्त्व देकर
(c) व्यवहार के स्पष्ट नियम बनाकर
(d) नैतिक मुद्दों पर आधारित चर्चाओं में उन्हें शामिल करके

48. वाइगोत्स्की के सिद्धान्त का निहितार्थ है
(a) प्रारम्भिक व्याख्या के बाद कठिन सवालों को हल करने में बच्चे की सहायता न करना
(b) बच्चे उन बच्चों की संगति में श्रेष्ठतम रूप से सीख सकते हैं, जिनका बुद्धि-लब्धांक उनके बुद्धि-लब्धांक से कम होता है
(c) सहयोगात्मक समस्या समाधान
(d) प्रत्येक विद्यार्थी को व्यक्तिगत रूप से दत्त कार्य देना

49. एक शिक्षिका अपने शिक्षार्थियों की इस रूप में मदद करना चाहती है कि वे एक स्थिति के अनेक दृष्टिकोणों की सराहना कर सकें। वह विभिन्न समूहों में एक स्थिति पर वाद-विवाद करने के अनेक अवसर उपलब्ध कराती है। वाइगोत्स्की के परिप्रेक्ष्य के अनुसार उसके शिक्षार्थी विभिन्न दृष्टिकोणों को .... करेंगे और अपने तरीके से उस स्थिति के अनेक परिप्रेक्ष्य विकसित करेंगे।
(a) तर्कसंगत (b) आत्मसात
(c) निर्माण (d) संक्रियाकरण

50. सीता ने हाथ से दाल और चावल खाना सीख लिया है, जब उसे दाल और चावल दिए जाते हैं तो वह दाल-चावल मिलाकर खाने लगती है। उसने चीजों को करने के लिए अपने स्कीमा में दाल और चावल खाने को .... कर लिया है।
(a) अंगीकार (b) समायोजित
(c) अनुकूलित (d) समुचितता

51. निम्नलिखित में से कौन-सा वाइगोत्स्की के सामाजिक सांस्कृतिक सिद्धान्त पर आधारित है?
(a) सक्रिय अनुकूलन
(b) पारस्परिक शिक्षण
(c) संस्कृति निरपेक्ष संज्ञानात्मक विकास
(d) अन्तर्दृष्टिपूर्ण अधिगम

52. एक शिक्षिका अपनी कक्षा से कहती है, "सभी प्रकार के प्रदत्त कार्यों (Assignments) का निर्माण इस प्रकार किया गया है कि प्रत्येक विद्यार्थी अधिक प्रभावशाली ढंग से सीख सके, अत: सभी विद्यार्थी बिना किसी अन्य की सहायता से अपना कार्य पूर्ण करें।" वह कोह्लबर्ग के किस नैतिक विकास के चरण की ओर संकेत दे रही है?
(a) औपचारिक चरण 4—कानून और व्यवस्था
(b) पर-औपचारिक चरण 5—सामाजिक संविदा
(c) पूर्व-औपचारिक चरण 1—दण्ड परिवर्तन
(d) पूर्व-औपचारिक चरण 2—वैयक्तिकता और विनिमय

53. वाइगोत्स्की के सिद्धान्त में, विकास के निम्नलिखित में से कौन-से पहलू की उपेक्षा होती है?
(a) सामाजिक (b) सांस्कृतिक
(c) जैविक (d) भाषायी

54. एक वर्ष तक के शिशु जब आँख, कान व हाथों से सोचते हैं, तो निम्नलिखित में से कौन-सा स्तर शामिल होता है?
(a) मूर्त संक्रियात्मक स्तर
(b) पूर्व-संक्रियात्मक स्तर
(c) इन्द्रियजनित गामक स्तर
(d) अमूर्त संक्रियात्मक स्तर

55. रिया कक्षा-पिकनिक तय करने हेतु ऋषभ से सहमत नहीं है। वह सोचती है कि बहुमत को अनुकूल बनाने के लिए नियमों का संशोधन किया जा सकता है। यह सहपाठी विरोध, पियाजे के अनुसार, निम्नलिखित में से किससे सम्बन्धित है?
(a) विषमांग नैतिकता
(b) संज्ञानात्मक अपरिपक्वता
(c) प्रतिक्रिया
(d) सहयोग की नैतिकता

56. संज्ञानात्मक विकास निम्न में से किसके द्वारा समर्थित होता है?
(a) जितना सम्भव हो उतनी आवृत्ति से संगत और सुनियोजित परीक्षाओं का आयोजन करना
(b) उन गतिविधियों को प्रस्तुत करना जो पारम्परिक पद्धतियों को सुदृढ़ बनाती है
(c) एक समृद्ध और विविधतापूर्ण वातावरण उपलब्ध कराना
(d) सहयोगात्मक की अपेक्षा वैयक्तिक गतिविधियों पर अधिक ध्यान केन्द्रित करना

57. लॉरेन्स कोह्लबर्ग के सिद्धान्त में कौन-सा स्तर नैतिकता की अनुपस्थिति को सही अर्थ में सूचित करता है?
(a) स्तर III (b) स्तर IV
(c) स्तर I (d) स्तर II

58. प्रचलित योजनाओं में नई जानकारी जोड़ने को किस नाम से जाना जाता है?
(a) समायोजन (b) साम्यधारण
(c) आत्मसातकरण (d) संगठन

59. पियाजे के सिद्धान्त के अनुसार, निम्नलिखित में से कौन-सा व्यक्ति के संज्ञानात्मक विकास को प्रभावित नहीं करेगा?
(a) भाषा (b) सामाजिक अनुभव
(c) परिपक्वन (d) क्रियाकलाप

60. अध्यापिका ने ध्यान दिया कि पुष्पा अपने आप किसी एक समस्या का समाधान नहीं कर सकती है। फिर भी वह एक वयस्क या साथी के मार्गदर्शन की उपस्थिति में ऐसा करती है। इस मार्ग दर्शन को कहते हैं
(a) पार्श्वकरण
(b) पूर्व-क्रियात्मक चिन्तन
(c) समीपस्थ विकास का क्षेत्र
(d) सहारा देना

61. कोह्लबर्ग के सिद्धान्त के पूर्व-परम्परागत स्तर के अनुसार, कोई नैतिक निर्णय लेते समय एक व्यक्ति निम्नलिखित में से किस तरफ प्रवृत्त होगा?
(a) व्यक्तिगत आवश्यकताएँ तथा इच्छाएँ
(b) व्यक्तिगत मूल्य
(c) पारिवारिक अपेक्षाएँ
(d) अन्तर्निहित सम्भावित दण्ड

62. बच्चों के बारे में निम्नलिखित कथनों में से किस कथन से वाइगोत्स्की सहमत होते?
(a) बच्चे तब सीखते हैं जब उनके लिए आकर्षक पुरस्कार निर्धारित किए जाएँ
(b) बच्चों के चिन्तन को तब समझा जा सकता है जब प्रयोगशाला में पशुओं पर प्रयोग किए जाएँ
(c) बच्चे जन्म से शैतान होते हैं और उन्हें दण्ड देकर नियन्त्रित किया जाना चाहिए
(d) बच्चे समवयस्कों और वयस्कों के साथ सामाजिक अन्त:क्रियाओं के माध्यम से सीखते हैं

63. नवीन जानकारी को शामिल करने के लिए वर्तमान स्कीम (अवधारणा) में बदलाव की प्रक्रिया .... कहलाती है।
(a) आत्मसात्करण (b) समायोजन
(c) अहंकेन्द्रिता (d) अनुकूलन

64. जब वयस्क सहयोग से सामंजस्य कर लेते हैं, तो वे बच्चे के वर्तमान स्तर के प्रदर्शन को सम्भावित क्षमता के स्तर के प्रदर्शन की तरफ प्रगति क्रम को सुगम बनाते हैं, इसे कहा जाता है
(a) सहयोग देना
(b) सहभागी अधिगम
(c) सहयोगात्मक अधिगम
(d) समीपस्थ विकास

65. पियाजे के अनुसार 2 से 7 वर्ष के बीच का एक बच्चा संज्ञानात्मक विकास की .... अवस्था में है।
(a) औपचारिक संक्रियात्मक
(b) मूर्त संक्रियात्मक
(c) संवेदी-गतिक
(d) पूर्व संक्रियात्मक

66. .... के विचार से बच्चे सक्रिय ज्ञान-निर्माता तथा नन्हें वैज्ञानिक हैं, जो संसार के बारे में अपने सिद्धान्तों की रचना करते हैं।
(a) स्किनर (b) पावलॉव
(c) युंग (d) पियाजे

67. पियाजे के अनुसार, बच्चों का चिन्तन वयस्कों से .... में भिन्न होता है बजाय .... के।
(a) मात्रा, प्रकार (b) आकार, मूर्तपरकता
(c) प्रकार, मात्रा (d) आकार, किस्म

68. वाइगोत्स्की के अनुसार, बच्चे सीखते हैं
(a) जब पुनर्बलन प्रदान किया जाता है
(b) परिपक्व होने से
(c) अनुकरण से
(d) वयस्कों और समवयस्कों के साथ परस्पर क्रिया से

69. कोह्लबर्ग ने प्रस्तुत किए हैं
(a) संज्ञानात्मक विकास के चरण
(b) शारीरिक विकास के चरण
(c) संवेगात्मक विकास के चरण
(d) नैतिक विकास के चरण

70. निम्नलिखित में से कौन–सा एक सही मिलान वाला जोड़ा है?
(a) मूर्त संक्रियात्मक बच्चा–संधारण एवं वर्गीकरण करने योग्य
(b) औपचारिक संक्रियात्मक बच्चा–अनुकरण प्रारम्भ, कल्पनात्मक खेल
(c) शैशवास्था–तर्क का अनुप्रयोग और अनुमान लगाने में सक्षम
(d) पूर्व संक्रियात्मक बच्चा–निगमनात्मक विचार

71. निम्नलिखित में से कौन–सा एक आधारभूत सहायता का उदाहरण है?
(a) अनुबोधन और संकेत देना तथा नाजुक स्थितियों पर प्रश्न पूछना
(b) शिक्षार्थियों को प्रेरित करने वाले भाषण देना
(c) प्रश्न पूछने को बढ़ावा दिए बिना स्पष्टीकरण देना
(d) मूर्त और अमूर्त दोनों प्रकार के उपहार देना

72. लेव वाइगोत्स्की के अनुसार संज्ञानात्मक विकास का मूल कारण है
(a) सामाजिक अन्योन्यक्रिया
(b) मानसिक प्रारूपों (स्कीमाज) का समायोजन
(c) उद्दीपक-अनुक्रिया युग्मन
(d) सन्तुलन

73. किसी बच्चे का दिया गया विशिष्ट उत्तर कोह्लबर्ग के नैतिक तर्क के सौपानों की विषयवस्तु की किस अवस्था के अन्तर्गत आएगा।
(a) सामाजिक संकुचन अनुकूलन
(b) अच्छी लड़की-लड़का अनुकूलन
(c) कानून और व्यवस्था अनुकूलन
(d) दण्ड आज्ञाकारिता अनुकूलन

74. जीन पियाजे के अनुसार अधिगम के लिए निम्नलिखित में से क्या आवश्यक है?
(a) वयस्कों के व्यवहार का अवलोकन
(b) ईश्वरीय न्याय पर विश्वास
(c) शिक्षकों और माता-पिता का पुनर्बलन
(d) शिक्षार्थी के द्वारा पर्यावरण की सक्रिय खोज

75. लेव वाइगोत्स्की के समाज संरचना सिद्धान्त में दृढ़ विश्वास रखने वाले शिक्षक के नाते आप अपने बच्चों के आकलन के लिए निम्नलिखित में से किस विधि को वरीयता देंगे?
(a) मानकीकृत परीक्षण
(b) तथ्यों पर आधारित प्रत्यास्मरण के प्रश्न
(c) वस्तुपरक बहुविकल्पीय प्रकार के प्रश्न
(d) सहयोगी प्रोजेक्ट

76. जीन पियाजे के अनुसार प्रारूप (स्कीमा) निर्माण वर्तमान योजनाओं के अनुरूप बनाने हेतु नवीन तकनीकी में संशोधन और नवीन जानकारी के आधार पर पुरानी योजनाओं के संशोधन के परिणाम के रूप में घटित होता है। इन दो प्रक्रियाओं को जाना जाता है।
(a) समावेशन और अनुकूलन के रूप में
(b) साम्यीकरण और संशोधन के रूप में
(c) समावेशन और समायोजन के रूप में
(d) समायोजन और अनुकूलन के रूप में

77. कोई 5 साल की लड़की एक टी–शर्ट को तह करते हुए अपने आप से बात करती है। लड़की द्वारा प्रदर्शित व्यवहार के सन्दर्भ में निम्नलिखित में से कौन–सा कथन सही है?
(a) जीन पियाजे इसे अहंकेन्द्रित भाषा कहेंगे और लेव वाइगोत्स्की इसकी व्याख्या बच्चे के द्वारा निजी भाषा से अपनी क्रियाओं को नियमित करने के प्रयासों के रूप में करेंगे।
(b) जीन पियाजे इसकी व्याख्या सामाजिक अन्योन्यक्रिया के रूप में करेगा और लेव वाइगोत्स्की इसे खोजबीन मानेगा।
(c) जीन पियाजे और लेव वाइगोत्स्की इसकी व्याख्या बच्चे के द्वारा अपनी माँ के अनुकरण के रूप में करेंगे।
(d) जीन पियाजे और लेव वाइगोत्स्की इसकी व्याख्या बच्चे के विचारों की अहंकेन्द्रित प्रकृति के रूप में करेंगे।

उत्तरमाला

1	(d)	2	(d)	3	(a)	4	(d)	5	(b)	6	(b)	7	(c)	8	(d)	9	(a)	10	(a)
11	(c)	12	(b)	13	(a)	14	(c)	15	(c)	16	(c)	17	(a)	18	(b)	19	(c)	20	(a)
21	(b)	22	(b)	23	(d)	24	(d)	25	(c)	26	(c)	27	(a)	28	(c)	29	(c)	30	(a)
31	(c)	32	(b)	33	(c)	34	(c)	35	(c)	36	(c)	37	(b)	38	(b)	39	(b)	40	(b)
41	(a)	42	(d)	43	(d)	44	(a)	45	(a)	46	(b)	47	(d)	48	(c)	49	(b)	50	(c)
51	(b)	52	(a)	53	(c)	54	(c)	55	(d)	56	(c)	57	(c)	58	(c)	59	(b)	60	(d)
61	(d)	62	(d)	63	(a)	64	(a)	65	(d)	66	(d	67	(c)	68	(d)	69	(d)	70	(a)
71	(a)	72	(a)	73	(b)	74	(d)	75	(a)	76	(c)	77	(a)						

अध्याय 06

बाल-केन्द्रित एवं प्रगतिशील शिक्षा की अवधारणा

बाल–केन्द्रित शिक्षा

प्राचीनकाल में शिक्षा का उद्देश्य बालकों के मस्तिष्क में मात्र कुछ जानकारियाँ भरना होता था, किन्तु आधुनिक शिक्षा शास्त्र में बालकों के सर्वांगीण विकास पर जोर दिया जाता है, जिसके कारण बाल मनोविज्ञान की भूमिका सर्वाधिक महत्त्वपूर्ण होती है।

वर्तमान समय में बालकों के सर्वांगीण विकास के महत्त्व को समझते हुए शिक्षकों के लिए बाल मनोविज्ञान की पर्याप्त जानकारी आवश्यक होती है। इस जानकारी के अभाव में शिक्षक न तो शिक्षा को अधिक-से-अधिक आकर्षक और सुगम बना सकते हैं और न ही वे बालकों की विभिन्न प्रकार की समस्याओं का समाधान कर सकते हैं।

- बाल केन्द्रित शिक्षा के अन्तर्गत हस्तपरक गतिविधियों पर बल दिया जाता है।
- भारतीय शिक्षाविद् गिजू भाई की बाल-केन्द्रित शिक्षा के क्षेत्र में विशेष एवं उल्लेखनीय भूमिका रही है। बाल-केन्द्रित शिक्षा के बारे में समझाने एवं इसे क्रियान्वित रूप देने के लिए उन्होंने इससे सम्बन्धित कई प्रकार की पुस्तकों की रचना की तथा कुछ पत्रिकाओं का भी प्रकाशन किया। उनका साहित्य बाल-मनोविज्ञान, शिक्षा शास्त्र एवं किशोर-साहित्य से सम्बन्धित है।
- जॉन डी.वी. ने बाल-केन्द्रित शिक्षा का समर्थन किया है। जॉन डी.वी. द्वारा समर्थित 'लैब विद्यालय' प्रगतिशील विद्यालय का उदाहरण है।
  जॉन डी.वी. के अनुसार, "शिक्षा एक त्रिध्रुवीय प्रणाली है, जिसके अन्तर्गत शिक्षक, बालक एवं पाठ्यक्रम आते हैं।"
- आज की शिक्षा पद्धति बाल-केन्द्रित है। इसमें प्रत्येक बालक की ओर अलग से ध्यान दिया जाता है पिछड़े (Backward) हुए और मन्दबुद्धि तथा प्रतिभाशाली बालकों के लिए शिक्षा का विशेष पाठ्यक्रम देने का प्रयास किया जाता है। बालकों की प्रवृत्ति, रुचियों एवं क्षमताओं के बारे में शिक्षक को जानकारी रखनी चाहिए।
- व्यावहारिक मनोविज्ञान ने व्यक्तियों की परस्पर विभिन्नताओं पर प्रकाश डाला है, जिससे यह सम्भव हो सका है कि शिक्षक हर एक विद्यार्थी की विशेषताओं पर ध्यान दें और उसके लिए प्रबन्ध करें।
- आज के शिक्षक को केवल शिक्षा एवं शिक्षा पद्धति के बारे में नहीं, बल्कि शिक्षार्थी के बारे में भी जानना होता है, क्योंकि आधुनिक शिक्षा विषय प्रधान या अध्यापक प्रधान न होकर बाल-केन्द्रित है। इसमें इस बात का महत्त्व नहीं कि शिक्षक कितना ज्ञानी, आकर्षक और गुणयुक्त है, बल्कि इस बात का महत्त्व है कि वह बालक के व्यक्तित्व का कहाँ तक विकास कर पाता है।

बाल–केन्द्रित शिक्षा की विशेषताएँ

बाल-केन्द्रित शिक्षा आधुनिक शिक्षा प्रणाली का अभिन्न अंग है। मनोवैज्ञानिकों ने इसके सन्दर्भ में अनेक विशेषताएँ बताई गई हैं, जो इस प्रकार हैं

बालकों को समझना

- बालक के सम्बन्ध में शिक्षक को उसके व्यवहार के मूल आधारों, आवश्यकताओं, मानसिक स्तर, रुचियों, योग्यताओं, व्यक्तित्व इत्यादि का विस्तृत ज्ञान होना चाहिए। क्योंकि शिक्षा का उद्देश्य ही बालक के व्यवहार को परिमार्जित करना है। अत: शिक्षा बालक की मूल प्रवृत्तियों, प्रेरणाओं और संवेगों पर आधारित होनी चाहिए।
- बालक, जो कुछ सीखता है, उससे उसकी आवश्यकताओं का बड़ा घनिष्ठ सम्बन्ध है। स्कूल में पिछड़े हुए और समस्याग्रस्त बालकों में से अधिकतर ऐसे होते हैं, जिनकी आवश्यकताएँ स्कूल में पूरी नहीं होती हैं। इसलिए स्कूल से भाग जाते हैं, परन्तु बालकों को समझने वाला शिक्षक यह जानता है कि इनके दोषों का मूल कारण उनकी शारीरिक, सामाजिक अथवा मनोवैज्ञानिक आवश्यकताओं में ही कहीं-न-कहीं है।
- बाल मनोविज्ञान शिक्षक को बालकों के व्यक्तिगत भेदों से परिचित कराता है और यह बनाना है कि उनमें रुचि, स्वभाव तथा बुद्धि आदि की दृष्टि से भिन्नता पाई जाती है। अत: कुशल शिक्षक मन्दबुद्धि, सामान्य बुद्धि तथा कुशाग्र बुद्धि बालकों में भेद करके उन्हें उनकी योग्यताओं के अनुसार शिक्षा देता है। शिक्षा देने में शिक्षक को बालक और समाज की आवश्यकताओं में समन्वय करना होता है।

शिक्षण विधि

- शिक्षाशास्त्र शिक्षक को यह बतलाता है कि बालकों को क्या पढ़ाया जाए, परन्तु वास्तविक समस्या यह कि कैसे पढ़ाया जाए? इस समस्या को सुलझाने में बाल मनोविज्ञान शिक्षक की सहायता करता है।
- बाल मनोविज्ञान सीखने की प्रक्रिया, विधियों, महत्त्वपूर्ण कारकों, लाभदायक और हानिकारक दशाओं, रुकावटों, सीखने का वक्र तथा प्रशिक्षण संक्रमण आदि विभिन्न तत्त्वों से परिचित कराता है। इनके ज्ञान से शिक्षक बालकों को सिखाने में सहायता कर सकता है।
- शिक्षा, मनोविज्ञान शिक्षण की विधियों का भी मनोवैज्ञानिक विश्लेषण करता है और उनमें सुधार के उपाय बतलाता है। बाल-केन्द्रित शिक्षा में शिक्षण विधि को प्रयोग में लाते समय बाल-मनोविज्ञान को ही आधार बनाया जाता है।

मूल्यांकन और परीक्षण

शिक्षण से ही शिक्षक की समस्या हल नहीं हो जाती। उसे बालकों के ज्ञान और विकास का मूल्यांकन और परीक्षण (Evaluation and Test) करना होता है।

- मूल्यांकन से परीक्षार्थी की उन्नति का पता चलता है। शिक्षा की प्रक्रिया में शिक्षक और शिक्षार्थी बार-बार यह जानना चाहते हैं कि उन्होंने कितनी प्रगति हासिल की है और यदि उन्हें सफलता अथवा असफलता मिली है, तो क्यों और उसमें क्या परिवर्तन किए जा सकते हैं। इन सभी प्रश्नों को सुलझाने में मूल्यांकन के साथ-साथ विभिन्न प्रकार के परीक्षणों और मापों की आवश्यकता पड़ती है।
- भारतीय शिक्षा प्रणाली में मूल्यांकन शब्द परीक्षा, तनाव और दुश्चिंता से जुड़ा हुआ है। वर्तमान बाल-केन्द्रित शिक्षा प्रणाली में सतत एवं व्यापक मूल्यांकन (CCE) पर जोर दिया गया है, जो बालकों के इस प्रकार के तनाव एवं दुश्चिंता को दूर करने में सहायक साबित हो रहा है।
- सतत और व्यापक मूल्यांकन (CCE) का अर्थ छात्रों के विद्यालय आधारित मूल्यांकन की प्रणाली से है, जिसमें छात्रों के विकास के सभी पक्ष शामिल हैं। यह एक बच्चे की विकास प्रक्रिया है, जिसमें दोहरे उद्देश्यों पर बल दिया जाता है। ये उद्देश्य एक ओर मूल्यांकन में निरन्तरता और व्यापक रूप से सीखने के मूल्यांकन पर तथा दूसरी ओर व्यवहार के परिणामों पर आधारित हैं।
- यहाँ 'निरन्तरता' का अर्थ इस पर बल देना है कि छात्रों की 'वृद्धि और विकास' के ज्ञात पक्षों का मूल्यांकन एक बार न हो कर निरन्तर चलने वाली प्रक्रिया है, जिसे सम्पूर्ण अध्यापन-अधिगम प्रक्रिया में निर्मित किया गया है और यह शैक्षिक सत्रों की पूरी अवधि में फैली हुई है। इसका अर्थ है मूल्यांकन की नियमितता, अधिगम अन्तरालों का निदान, सुधारात्मक उपायों का उपयोग, स्वयं मूल्यांकन के लिए अध्यापकों और छात्रों के साक्ष्य का फीडबैक अर्थात् प्रतिपुष्टि।
- दूसरा पद 'व्यापक' का अर्थ है शैक्षिक और सह-शैक्षिक पक्षों को शामिल करते हुए छात्रों की वृद्धि और विकास को परखने की योजना। चूँकि क्षमताएँ, मनोवृत्तियाँ और सोच अपने आप को लिखित शब्दों के अलावा अन्य रूपों में प्रकट करती है, इसलिए यह पद अनेक साधनों और तकनीकों के अनुप्रयोग को सन्दर्भित करता है (परीक्षणकारी और गैर-परीक्षणकारी दोनों) और यह सीखने के क्षेत्रों में छात्रों के विकास के मूल्यांकन पर लक्षित है; जैसे— ज्ञान, समझ, व्याख्या, अनुप्रयोग, विश्लेषण, मूल्यांकन एवं सृजनात्मकता आदि।

पाठ्यक्रम

- समाज और व्यक्ति की आवश्यकताओं को पूरा करने के लिए स्कूल के पाठ्यक्रम (Curriculum) का विकास, व्यक्तिगत विभिन्नताओं, प्रेरणाओं, मूल्यों एवं सीखने के सिद्धान्तों के मनोवैज्ञानिक ज्ञान के आधार पर किया जाना चाहिए। पाठ्यक्रम बनाने में शिक्षक यह ध्यान रखता है कि शिक्षार्थी की और समाज की क्या आवश्यकताएँ हैं और सीखने की कौन-सी क्रियाओं से ये आवश्यकताएँ सर्वोत्तम रूप से पूर्ण हो सकती हैं?
- भिन्न-भिन्न परिस्थितियों में तथा विभिन्न स्तरों पर कुछ सीखने की क्रियाएँ वांछनीय हो सकती हैं और कुछ अवांछनीय, यह निश्चित करने में शिक्षक को विकास की विभिन्न स्थितियों का मनोवैज्ञानिक ज्ञान होना चाहिए। इस तरह बाल-केन्द्रित शिक्षा में इस बात पर जोर दिया जाता है कि क्रियात्मक होने के लिए प्रत्येक पाठ्यक्रम एक समुचित मनोवैज्ञानिक आधार पर स्थापित हो।

व्यवस्थापन एवं अनुशासन

- बाल-केन्द्रित शिक्षा के अन्तर्गत कक्षा व विद्यालय में अनुशासन एवं व्यवस्था (Management and Discipline) बनाए रखने के लिए बाल मनोविज्ञान का सहारा लिया जाता है। उदाहरण के लिए कभी-कभी कुछ शरारती बालकों में अच्छे समायोजक के लक्षण दिखाई देते हैं, ऐसी परिस्थिति में शिक्षकों को उन्हें दबाने के स्थान पर प्रोत्साहित करने के बारे में सोचना पड़ता है।
- बाल मनोविज्ञान ही शिक्षक को बतलाता है कि एक ही व्यवहार भिन्न-भिन्न व्यक्तियों में भिन्न-भिन्न प्रेरणाओं के कारण हो सकता है। शिक्षक को उनके असली प्रेरक कारणों का पता लगाकर उनके अनुकूल व्यवहार करना होता है।

प्रयोग एवं अनुसन्धान

- बाल-केन्द्रित शिक्षा में बालकों को प्रयोग एवं अनुसन्धान (Practical and Research) की ओर उन्मुख करने के लिए भी बाल मनोविज्ञान का सहारा लिया जाता है।
- नई-नई परिस्थितियों में नई-नई समस्याओं को सुलझाने के लिए शिक्षक को स्वयं प्रयोग करते रहना चाहिए और उससे निकले निष्कर्षों का उपयोग करना चाहिए।
- मनोविज्ञान के क्षेत्र में होने वाले नए-नए अनुसन्धानों से जो नए-नए तथ्य प्रकाश में आते हैं, उनकी जाँच करने के लिए भी शिक्षक को प्रयोग करने की आवश्यकता है।

कक्षा में समस्याओं का निदान और निराकरण

बाल-केन्द्रित शिक्षा के अन्तर्गत कक्षा की विभिन्न प्रकार की समस्याओं को पहचानने एवं उनका निराकरण करने के लिए भी बाल मनोविज्ञान का ही सहारा लिया जाता है।

बाल-केन्द्रित शिक्षण के सिद्धान्त

बाल केन्द्रित शिक्षण के प्रमुख सिद्धान्त निम्न हैं

1. प्रेरणा का सिद्धान्त

- बालकों को प्रेरित करने के लिए उन्हें महापुरुषों की जीवनगाथा, नाटक, वैज्ञानिकों का योगदान इत्यादि के बारे में बताकर उन्हें प्रेरित करना चाहिए।
- कहानी एवं कविता के माध्यम से भी बालकों को प्रेरित किया जा सकता है।

2. व्यक्तिगत अभिरुचि का सिद्धान्त

बालकों को यदि उनकी रुचि के अनुसार शिक्षण मिलेगा तो पढ़ने के प्रति जागरूक एवं उत्सुक होंगे। शिक्षक को बाल अभिरुचि को ध्यान में रखकर ही शिक्षण कार्य करना चाहिए।

3. लोकतान्त्रिक सिद्धान्त

शिक्षक को सभी छात्रों को एक समान दृष्टिकोण से देखना चाहिए, न कि भेदभावपूर्ण तरीके से। प्रश्न पूछने या उत्तर देने के सन्दर्भ में शिक्षक को भेद-भाव नहीं करना चाहिए।

4. सर्वांगीण विकास का सिद्धान्त

बालकों में उसके सभी पक्षों को (सामाजिक, सांस्कृतिक, चारित्रिक, खेल, नेतृत्व) विकसित करने पर बल देना चाहिए। इसके माध्यम से बच्चों का सर्वांगीण विकास हो पाएगा।

5. चयन का सिद्धान्त

बालकों की योग्यता के अनुरूप ही विषय-वस्तु का चयन करना चाहिए। बालकों की मानसिक दशा का भी शिक्षण के दौरान ध्यान रखना चाहिए। बाल केन्द्रित शिक्षा के अन्तर्गत पाठ्यक्रम वातावरण के अनुसार, लचीला, ज्ञान पर केन्द्रित, रुचि पर आधारित, राष्ट्रीय भावनाओं को विकसित करने वाला, बालक के मानसिक स्तर के अनुरूप इत्यादि विभिन्नताओं को ध्यान में रखकर बनाना चाहिए।

प्रगतिशील शिक्षा

प्रगतिशील शिक्षा (Progressive Education), जटिल (Complex) पारम्परिक शिक्षा प्रणाली है, जो एक विकल्प के रूप में उभरकर आई है। इस शिक्षा प्रणाली को विकसित करने में अमेरिकी मनोवैज्ञानिक जॉन डीवी का विशेष योगदान रहा है। इसके अन्तर्गत शिक्षा का एकमात्र उद्देश्य बालकों का समग्र विकास करना है तथा इस सन्दर्भ में वैयक्तिक विभिन्नता को भी ध्यान में रखना है, ताकि विकास के दौर में कोई भी बालक पीछे न रह जाए। इस शिक्षा के अन्तर्गत विभिन्न विधियों का प्रयोग किया जाता है; जैसे—परियोजना (project) विधि, समस्या विधि तथा क्रिया-कलाप विधि इत्यादि। प्रगतिशील शिक्षा, आधुनिक शिक्षा पद्धति पर आधारित है, जॉन डीवी इस शिक्षा पद्धति के पिता माने जाते हैं।

प्रगतिशील शिक्षा के विभिन्न प्रकार

प्रगतिशील शिक्षा के विभिन्न प्रकार निम्न हैं

1. **मॉण्टेसरी शिक्षा** (Montessori Education) प्रसिद्ध इटालियन डॉक्टर एवं शिक्षाविद् मारिया मॉण्टेसरी द्वारा मॉण्टेसरी शिक्षा प्रणाली की नींव रखी गई, जिसके अन्तर्गत बच्चों के विश्लेषण एवं पर्यवेक्षण (Supervision) पर बल दिया गया। उसने पर्यवेक्षण के आधार पर पाया कि बच्चें स्वयं सीखते हैं, शिक्षक केवल सीखने की प्रक्रिया बताते हैं तथा बच्चों के लिए स्वस्थ वातावरण का निर्माण करते हैं।
2. **मानवतावादी शिक्षा** (Humanistic Education) इस तरह की शिक्षा का केन्द्रबिन्दु कला एवं सामाजिक विज्ञान होता है। यह बच्चों में आलोचनात्मक सोच (critical thinking) एवं तार्किक कौशल (Reasoning skill) को विकसित करता है। मानवतावादी शिक्षा सामाजिक अन्तर्क्रिया के माध्यम से सीखने पर जोर देता है।
3. **संरचनावादी शिक्षा** (Constructivism Education) यह शिक्षा बालकों के सृजनात्मकता पर आधारित है। अधिगम तकनीक एवं प्रायोगिक अधिगम (Experimental learning) के माध्यम से करके सीखने पर बल देता है। संरचनावादी शिक्षा के अन्तर्गत बालकों के अवस्था के बारे में आवश्यक रूप से विचार करने की आवश्यकता है।

प्रगतिशील शिक्षा के विकास में योगदान देने वाले मनोवैज्ञानिक सिद्धान्त

प्रगतिशील शिक्षा के विकास में योगदान देने वाले महत्त्वपूर्ण मनोवैज्ञानिक सिद्धान्त का वर्णन मनोवैज्ञानिकों ने अनुसन्धान के आधार पर अग्र प्रकार से किया है

1. मस्तिष्क एवं बुद्धि

- मस्तिष्क एवं बुद्धि (Brain and Intelligence), मनुष्य की उन क्रियाओं के परिणाम हैं, जिन्हें वह जीवन की विभिन्न व्यावहारिक एवं सामाजिक समस्याओं को सुलझाने के लिए करता है। ज्यों-ज्यों वह जीवन की दैनिक क्रियाओं को करने में मानसिक शक्तियों का प्रयोग करता जाता है, त्यों-त्यों उसका विकास भी होता जाता है।
- मस्तिष्क ही वह सबसे प्रमुख साधन है, जिसकी सहायता से मनुष्य अपनी समस्याओं का हल करता है। एक साधन के रूप में मस्तिष्क के तीन प्रमुख रूप हैं— चिन्तन, अनुभूति एवं संकल्प।

2. ज्ञान

ज्ञान (Knowledge) कर्म का ही परिणाम है। कर्म अनुभव से पूर्व आता है। अनुभव ज्ञान का स्रोत है, जिस प्रकार बालक अनुभव से यह समझता है कि अग्नि हाथ जला देती है, उसी प्रकार उसका सम्पूर्ण ज्ञान अनुभव पर आधारित होता है।

3. मौलिक प्रवृत्तियाँ

सभी ज्ञान व्यक्तियों की उन क्रियाओं के फलस्वरूप प्राप्त होता है, जो वे अपने अस्तित्व के लिए संघर्ष करने में करते हैं। सुरक्षा, भोजन तथा वस्त्र के लिए मानव जो संघर्ष करता है, उसका परिणाम होता है कुछ क्रियाओं का प्रारम्भ और ये क्रियाएँ ही व्यक्ति की उन प्रवृत्तियों, मौलिक भावनाओं तथा रुचियों को जन्म देती हैं।

4. चिन्तन की प्रक्रिया

चिन्तन केवल मनन करने से पूर्ण नहीं होता और न ही भावना-समूह से इसकी उत्पत्ति होती है।

- चिन्तन का कुछ कारण होता है। किसी उद्देश्य के आधार पर मनुष्य सोचना प्रारम्भ करता है। यदि मनुष्य की क्रिया सरलतापूर्वक चलती रहती है, तो उसे सोचने की आवश्यकता ही नहीं पड़ती, किन्तु जब उसकी प्रगति में बाधा पड़ती है तो वह सोचने के लिए बाध्य हो जाता है।
- मनोविज्ञान के उपरोक्त सिद्धान्तों एवं अवधारणाओं के आधार पर प्रगतिशील शिक्षा की नींव रखी गई है, जिसमें इस बात पर जोर दिया गया है कि बालक को जो शिक्षा दी जाए, वह मानसिक क्रियाओं की विभिन्न दशाओं के अनुसार हो।

प्रगतिशील शिक्षा का महत्त्व

प्रगतिशील शिक्षा के महत्त्व (Importance of Progressive Education) के सन्दर्भ में मनोवैज्ञानिकों ने विभिन्न पहलुओं का वर्णन किया है, जो निम्न प्रकार हैं

1. बालकों की शक्तियों का विकास

- इसका उद्देश्य बालकों का विकास करना है। बालकों की रुचि एवं योग्यता को ध्यान में रखकर ही अध्यापक द्वारा उनका निर्देशन किया जाना चाहिए।
- बालकों को स्वयं 'करके सीखने' पर बल देना चाहिए। जॉन डी.वी. की शिक्षा पद्धति से प्रोजेक्ट प्रणाली का विकास हुआ, इसके अन्तर्गत बालकों को ऐसे कार्य दिए जाने चाहिए, जिनसे उनमें स्फूर्ति (Active), आत्मविश्वास, आत्मनिर्भरता एवं मौलिकता का विकास हो।

2. सामाजिक विकास का अवसर

- शिक्षा बालक के लिए नहीं है, बालक शिक्षा के लिए है, इसलिए शिक्षा का उद्देश्य ऐसा वातावरण तैयार करना है जिससे बालकों को सामाजिक विकास के पर्याप्त अवसर प्राप्त हो सकें।
- शिक्षा के माध्यम से एक ऐसे समाज के निर्माण पर बल देना चाहिए, जो भेद-भाव मुक्त हो जिनमें सहयोग की प्रवृत्ति हो तथा कार्य का स्वतन्त्र वातावरण हो।
- सभी मनुष्यों को उनकी स्वाभाविक प्रवृत्तियों, इच्छाओं और आकांक्षाओं के अनुसार समाज में विकास का अवसर मिलना चाहिए।

3. जनतान्त्रिक मूल्यों का विकास

- प्रगतिशील शिक्षा का उद्देश्य लोकतान्त्रिक मूल्यों की स्थापना करना है। शिक्षा के द्वारा मनुष्य में परस्पर सहयोग एवं सामंजस्य का भाव स्थापित होना चाहिए।
- बालक का व्यक्तित्व विकास बेहतर हो ताकि शिक्षा के द्वारा जनतन्त्र की स्थापना की जा सके।

4. अनुशासन का विकास

- प्रगतिशील शिक्षा के अन्तर्गत अनुशासन बनाए रखने के लिए बालकों की स्वाभाविक प्रवृत्तियों को दबाना नहीं चाहिए।
- अनुशासन का सम्बन्ध केवल बालक के निजी व्यक्तित्व से नहीं अपितु सामाजिक परिस्थितियों से भी है।
- विद्यालय में एक समान उद्देश्य लेकर सामाजिक, नैतिक बौद्धिक तथा शारीरिक कार्यों में एक साथ भाग लेने से बालकों में अनुशासन उत्पन्न होता है तथा उनमें नियमित रूप से कार्य करने की आदतों का विकास होता है।
- विद्यालय में कार्यक्रमों का बालक के चरित्र निर्माण पर महत्त्वपूर्ण प्रभाव पड़ता है। बालकों को एक ऐसा सामाजिक परिवेश दिया जाना चाहिए, जिससे प्रेरित होकर वे स्वयं में आत्मानुशासन की भावना का विकास कर सकें तथा एक अच्छा सामाजिक प्राणी बन सकें।

प्राथमिक शिक्षा का सार्वभौमीकरण

सार्वभौमीकरण का अर्थ होता है, सब के लिए उपलब्ध कराना।

प्राथमिक शिक्षा के सार्वभौमीकरण (Globalisation of Primary Education) के अन्तर्गत देश के सभी बच्चों के लिए पहली से आठवीं कक्षा तक नि:शुल्क और अनिवार्य शिक्षा का प्रावधान करने का उद्देश्य सुनिश्चित किया गया। इसमें इस बात पर जोर दिया गया कि इस अनिवार्य शिक्षा के लिए स्कूल बच्चों के घर के समीप हो तथा चौदह वर्ष तक बच्चे स्कूल न छोड़ें।

ऑपरेशन ब्लैक बोर्ड, न्यूनतम शिक्षा स्तर, मध्याह्न भोजन स्कीम, पोषाहार सहायता कार्यक्रम, जिला प्राथमिक शिक्षा कार्यक्रम, सर्वशिक्षा अभियान, कस्तूरबा गाँधी बालिका विद्यालय, प्राथमिक शिक्षा कोष इत्यादि प्राथमिक शिक्षा के सार्वभौमीकरण से सम्बन्धित कुछ प्रमुख कार्यक्रम हैं।

सर्वशिक्षा अभियान

सर्वशिक्षा अभियान (Sarva Shiksha Abhiyan) (एसएसए) प्राथमिक शिक्षा के सार्वभौमीकरण से सम्बन्धित प्रमुख कार्यक्रम है। इसे सभी के लिए शिक्षा अभियान के नाम से भी जाना जाता है। इस अभियान के अन्तर्गत 'सब पढ़ें सब बढ़ें' का नारा दिया गया है। सर्वशिक्षा अभियान भारत सरकार द्वारा 2000-01 में प्रारम्भ किया गया था। कस्तूरबा गाँधी बालिका विद्यालय योजना की शुरुआत 2004 में हुई थी, जिसके अन्तर्गत समस्त लड़कियों को प्राथमिक शिक्षा देने का सपना देखा गया था, बाद में यह योजना सर्व शिक्षा अभियान के साथ विलय हो गई।

सर्वशिक्षा अभियान के अन्तर्गत निम्नलिखित लक्ष्य निर्धारित किए गए थे।

- विद्यालय, शिक्षा गारण्टी केन्द्रों, वैकल्पिक विद्यालयों या 'विद्यालयों में वापस अभियान' द्वारा वर्ष 2003 तक सभी बच्चों को विद्यालय में लाना।
- वर्ष 2007 तक 5 वर्ष की आयु वाले सभी बच्चों की प्राथमिक शिक्षा पूरी करवाना। वर्ष 2010 तक 8 वर्ष की आयु वाले सभी बच्चों की प्रारम्भिक शिक्षा पूरी करवाना।
- जीवन के लिए शिक्षा पर बल देते हुए सन्तोषजनक गुणवत्ता की प्रारम्भिक शिक्षा पर ध्यान केन्द्रित करना। वर्ष 2007 तक प्राथमिक चरण और 2010 तक प्रारम्भिक शिक्षा स्तर पर आने वाले सभी लिंग सम्बन्धी और सामाजिक श्रेणी के अन्तराल को खत्म करना।

सर्वशिक्षा अभियान की उपलब्धियाँ निम्न प्रकार रहीं

- सर्वशिक्षा अभियान के अन्तर्गत उन बस्तियों में नए स्कूल बनाने का प्रयास किया जाता है, जहाँ बुनियादी स्कूली शिक्षा की सुविधा नहीं है।
- इसके अन्तर्गत अतिरिक्त कक्षा, पीने का पानी, शौचालय का रखरखाव, स्कूल सुधार तथा अनुदान के माध्यम से वर्तमान स्कूलों के बुनियादी ढाँचे में सुधार करना है। यह अभियान जीवन कौशल सहित गुणवत्ता युक्त प्रारम्भिक शिक्षा मुहैया कराता है। इस अभियान के अन्तर्गत लड़कियों एवं विशिष्ट आवश्यकता वाले बच्चों पर विशेष ध्यान दिया जाता है।
- इस अभियान के अन्तर्गत कम्प्यूटर शिक्षा पर बल दिया गया है। इसके अन्तर्गत डिजिटल अन्तर को समाप्त करने का प्रयास किया जा रहा है।
- बच्चों की उपस्थिति आशाजनक करने के उद्देश्य से मध्याह्न भोजन जैसी योजना की शुरूआत की गई है।
- यद्यपि सर्वशिक्षा अभियान के फलस्वरूप विद्यालय छोड़ने वाले बच्चों की संख्या में भारी कमी लाने में सफलता प्राप्त हुई है, किन्तु वर्ष 2010 तक यह सफलता लक्षित अनुपात तक प्राप्त नहीं हुई है।
- वर्ष 2010 तक सर्वशिक्षा अभियान का लक्ष्य पूरा होने के कारण केन्द्र सरकार के मानव संसाधन मन्त्रालय ने दिसम्बर, 2010 में यह निर्णय लिया था कि सर्वशिक्षा अभियान को शिक्षा का अधिकार अधिनियम लागू करने का प्रमुख साधन बनाया जाएगा। इसके लिए संशोधित सर्वशिक्षा अभियान से सम्बन्धित अधिनियम, 2011 में लागू किया जाएगा।

मध्याह्न भोजन स्कीम

मध्याह्न भोजन स्कीम (Mid Day Meal Scheme) की शुरुआत सर्वप्रथम भारत के तमिलनाडु से प्रारम्भ हुई, जिसका उद्देश्य सर्व शिक्षा अभियान को सफलीभूत (Successful) बनाना था। प्राथमिक कक्षाओं में नामांकन में वृद्धि हो तथा स्कूल छोड़ने की प्रवृत्ति में कमी हो इत्यादि को ध्यान में रखकर यह स्कीम शुरू की गई, जिसकी विशेषताएँ निम्न प्रकार वर्णित हैं

- सुविधाहीन वर्गों से सम्बन्धित बच्चों के प्रवेश, उपस्थिति, प्रतिधारण एवं अध्ययन स्तरों में सुधार करके प्राथमिक शिक्षा के व्यापीकरण को बढ़ाने तथा प्राथमिक स्तर के छात्रों की पोषाहार स्थिति को सुधारने के उद्देश्य से 15 अगस्त, 1995 को पोषाहार समर्थन के राष्ट्रीय कार्यक्रम मध्याह्न भोजन स्कीम की शुरुआत की गई।
- इस योजना के अन्तर्गत पहली से पाँचवीं कक्षा तक देश के राजकीय अनुदान प्राप्त प्राथमिक विद्यालयों में पढ़ने वाले सभी बच्चों को 80% उपस्थिति पर प्रतिमाह 3 किग्रा गेहूँ अथवा चावल दिए जाने की व्यवस्था की गई थी, किन्तु इस योजना के अन्तर्गत छात्रों को दिए जाने वाले

खाद्यान्न का पूर्ण लाभ छात्र को न प्राप्त होकर उसके परिवार को मिल जाता था, इसलिए 1 सितम्बर, 2004 से प्राथमिक विद्यालयों में पके-पकाए भोजन उपलब्ध कराने की योजना आरम्भ कर दी गई।

- इस योजना के अन्तर्गत विद्यालयों में मध्यावकाश में छात्र-छात्राओं को सप्ताह में 4 दिन चावल से बने भोज्य पदार्थ तथा 2 दिन गेहूँ से बने भोज्य पदार्थ दिए जाने की व्यवस्था की गई है।
- प्रत्येक छात्र/छात्रा के लिए प्रतिदिन 100 ग्राम खाद्यान्न से निर्मित सामग्री दिए जाने का प्रावधान है, जिसे पकाने के लिए परिवर्तन लागत की व्यवस्था भी की गई है।
- पौष्टिकता सुनिश्चित करने के लिए यह तय किया गया है कि भोजन कम-से-कम 450 कैलोरी व 12 ग्राम प्रोटीन वाला हो। भोजन पकाने का कार्य ग्राम पंचायतों की देख-रेख में किया जाता है।
- मध्याह्न भोजन वर्ष में कम-से-कम 200 दिनों तक उपलब्ध कराया जाएगा।

शिक्षा का अधिकार अधिनियम, 2009

- शिक्षा का अधिकार (Right to Education) अधिनियम, 2009 राज्य, परिवार और समुदाय की सहायता से 6 से 14 वर्ष तक के सभी बच्चों के लिए मुफ्त एवं अनिवार्य गुणवत्तापूर्ण प्राथमिक शिक्षा सुनिश्चित करता है।
- यह अधिनियम मूलत: वर्ष 2005 के शिक्षा के अधिकार विधेयक का संशोधित रूप है। वर्ष 2002 में संविधान के 86वें संशोधन द्वारा अनुच्छेद 21ए के भाग 3 के माध्यम से 6 से 14 वर्ष तक के सभी बच्चों को मुफ्त एवं अनिवार्य शिक्षा उपलब्ध कराने का प्रावधान किया गया था।
- इसको प्रभावी बनाने के लिए 4 अगस्त, 2009 को लोकसभा में यह अधिनियम पारित किया गया, जो 1 अप्रैल, 2010 से पूरे देश में लागू हो गया।

शिक्षा का अधिकार अधिनियम का महत्त्व

- शिक्षा का अधिकार अधिनियम, 2009 के क्रियान्वयन के बाद कक्षा-कक्ष आयु के अनुसार अधिक समजातीय है।
- इसमें 6-14 वर्ष तक की आयु वर्ग के सभी बच्चों को अनिवार्य रूप से प्रारम्भिक से माध्यमिक स्कूल तक की शिक्षा देने पर जोर दिया गया है इससे इस आयु वर्ग के बच्चों का भविष्य उज्ज्वल होगा।
- किसी प्रजातान्त्रिक देश में शिक्षित नागरिकों का बड़ा महत्त्व होता है। शिक्षा द्वारा ही आर्थिक आवश्यकताओं को पूरा करने के लिए हर स्तर पर जनशक्ति का विकास होता है।
- शिक्षा के आधार पर ही अनुसन्धान और विकास को बल मिलता है। इस तरह शिक्षा वर्तमान ही नहीं भविष्य के निर्माण का भी अनुपम साधन है।
- इन सब दृष्टिकोणों से भी शिक्षा को मौलिक अधिकार बनाने का महत्त्व स्पष्ट हो जाता है।
- शिक्षा ही मनुष्य को विश्व के अन्य प्राणियों से अलग कर उसे श्रेष्ठ एवं सामाजिक प्राणी के रूप में जीवन जीने के काबिल बनाती है।
- इसके अभाव में न केवल समाज का, बल्कि पूरे देश का विकास अवरुद्ध हो जाता है।
- शिक्षा के इन्हीं महत्त्वों को देखते हुए भारत सरकार ने सबके लिए शिक्षा को अनिवार्य करने के उद्देश्य से शिक्षा का अधिकार अधिनियम पारित करने का एक प्रशंसनीय कार्य किया था।
- इस कड़ी में सर्वशिक्षा अभियान को इसका सहयोगी बनाना नि:सन्देह अत्यधिक लाभप्रद सिद्ध होगा।
- इस अधिनियम का सर्वाधिक लाभ श्रमिकों के बच्चे, बाल मजदूर, विशेष आवश्यकता वाले बच्चे या फिर ऐसे बच्चों को मिलेगा, जो सामाजिक, सांस्कृतिक, आर्थिक, भौगोलिक, भाषायी अथवा अन्य कारणों से शिक्षा से वंचित रह जाते हैं।
- इस अधिनियम के लागू होने के बाद यह आशा की जा सकती है कि विद्यालय छोड़ने वाले तथा पहले विद्यालय न जाने वाले बच्चों को अब प्रशिक्षित शिक्षकों द्वारा गुणवत्तापूर्ण शिक्षा प्राप्त हो सकेगी।

शिक्षा के अधिकार अधिनियम की कमियाँ

- इस अधिनियम की सबसे बड़ी कमी यह है कि इसमें 0-6 वर्ष आयु वर्ग और 14-18 वर्ष आयु वर्ग के बच्चों की बात नहीं की गई है।
- अन्तर्राष्ट्रीय बाल अधिकार समझौते के अनुसार 18 वर्ष तक की आयु तक के बच्चों को बच्चा माना गया है, जिसे भारत सहित 142 देशों ने स्वीकृति प्रदान की है फिर भी 14-18 वर्ष आयु वर्ग की शिक्षा की बात इस अधिनियम में नहीं की गई है।

अभ्यास प्रश्न

1. बाल-केन्द्रित शिक्षा का समर्थन निम्नलिखित में से किस विचारक द्वारा किया गया?
   (a) बी.एफ. स्किनर (b) जॉन डी.वी.
   (c) एरिक इरिकसन (d) चार्ल्स डार्विन

2. जॉन डी.वी. द्वारा समर्थित 'लैब विद्यालय' के उदाहरण हैं
   (a) फैक्ट्री विद्यालय
   (b) प्रगतिशील विद्यालय
   (c) पब्लिक विद्यालय
   (d) सामान्य विद्यालय

3. बाल-केन्द्रित शिक्षा के क्षेत्र में निम्नलिखित में से किस भारतीय शिक्षाविद् की भूमिका सर्वाधिक उल्लेखनीय रही है?
   (a) अरविन्द घोष (b) महात्मा गाँधी
   (c) गिजू भाई (d) रवीन्द्रनाथ टैगोर

4. .... शिक्षा के अन्तर्गत पिछड़े हुए और मन्दबुद्धि तथा प्रतिभाशाली बालकों के लिए शिक्षा का विशेष पाठ्यक्रम देने का प्रयास किया जाता है।
   (a) प्रगतिशील शिक्षा (b) नवीन शिक्षा
   (c) बाल-केन्द्रित शिक्षा (d) सर्वशिक्षा

5. एक बाल-केन्द्रित कक्षा में, बच्चे सामान्यत: सीखते हैं
   (a) वैयक्तिक और सामूहिक, दोनों रूपों में
   (b) मुख्य रूप से शिक्षक से
   (c) वैयक्तिक रूप से
   (d) समूहों में

6. वर्तमान समय में बाल-केन्द्रित शिक्षा पर जोर दिया जाता है। निम्नलिखित में से कौन-सी बाल-केन्द्रित शिक्षा की विशेषता नहीं है?
   (a) बालक के सर्वांगीण विकास पर जोर देना
   (b) बालक के मनोविज्ञान को समझना
   (c) बालक को केवल तथ्यात्मक ज्ञान से अवगत कराने पर जोर देना
   (d) बालक के मनोविज्ञान को समझते हुए उसकी समस्याओं को दूर करना

7. आजकल शिक्षा के विभिन्न आधारों पर विशेष जोर दिया जाता है। आधुनिक शिक्षा प्रणाली के एक समर्थक के रूप में आपके अनुसार बालक की शिक्षा निम्नलिखित में से किस पर आधारित होनी चाहिए?
   (a) बालक के आर्थिक स्तर पर
   (b) बालक की सामाजिक स्थिति पर
   (c) बालक की इच्छा एवं रुचि पर
   (d) बालक की मूल प्रवृत्तियों, प्रेरणाओं और संवेगों पर

8. बाल-केन्द्रित शिक्षा के समर्थक के तौर पर आपके अनुसार निम्नलिखित में से किसका महत्त्व सर्वाधिक है?
   (a) शिक्षक बालक के व्यक्तित्व का कहाँ तक विकास कर पाता है
   (b) शिक्षक कितना ज्ञानी, आकर्षक और गुणयुक्त है
   (c) शिक्षक अपने विद्यालय को कितना अधिक भव्य दर्शा पाने में सक्षम है
   (d) शिक्षक की पहचान का दायरा कितना विस्तृत है

9. बाल-केन्द्रित शिक्षा द्वारा निम्नलिखित में से क्या सम्भव नहीं हो सकता?
   (a) बाल मनोविज्ञान की सहायता से बच्चों के पाठ्यक्रम में सुधार
   (b) प्रत्येक बालक पर शिक्षक द्वारा विशेष ध्यान दिया जाना
   (c) प्रत्येक बालक पर पृथक् रूप से ध्यान नहीं दिया जाना
   (d) प्रत्येक बालक की विशेष आवश्यकताओं को समझना

10. बाल-केन्द्रित शिक्षा को व्यवहार में लाने वाले शिक्षक के लिए निम्नलिखित में से किसकी जानकारी रखना अधिक आवश्यक है?
    (a) शिक्षक के लिए बालक के व्यवहार के मूल आधारों के बारे में जानने से अधिक आवश्यक यह है कि वह उसके परिवार के बारे में जाने
    (b) शिक्षक केवल बालक की रुचियों को जाने
    (c) शिक्षक को बालक के बारे में भले ही कुछ जानकारी न हो, किन्तु उसके परिवार की आर्थिक स्थिति के बारे में उसे अवश्य पता होना चाहिए
    (d) बालक के सम्बन्ध में शिक्षक को उसके व्यवहार के मूल आधारों, आवश्यकताओं, मानसिक स्तर, रुचियों, योग्यताओं व्यक्तित्व इत्यादि का विस्तृत ज्ञान होना चाहिए

11. बाल-केन्द्रित शिक्षा के पाठ्यक्रम के सन्दर्भ में निम्नलिखित में से कौन-सा कथन सही नहीं है?
    (a) पाठ्यक्रम का विकास, व्यक्तिगत विभिन्नताओं, प्रेरणाओं, मूल्यों एवं सीखने के सिद्धान्तों के मनोवैज्ञानिक ज्ञान के आधार पर किया जाना चाहिए
    (b) पाठ्यक्रम बनाने में शिक्षक यह ध्यान रखता है कि शिक्षार्थी की और समाज की क्या आवश्यकताएँ हैं और सीखने की कौन-सी क्रियाओं से ये आवश्यकताएँ सर्वोत्तम रूप से पूर्ण हो सकती हैं
    (c) पाठ्यक्रम बनाते समय शिक्षक की आवश्यकताओं एवं विद्यालय में उपलब्ध सुविधाओं का ध्यान रखा जाना चाहिए
    (d) क्रियात्मक होने के लिए प्रत्येक पाठ्यक्रम एक समुचित मनोवैज्ञानिक आधार पर स्थापित हो

12. प्रोजेक्ट प्रणाली का प्रयोग निम्नलिखित में से किस शिक्षा-पद्धति के अन्तर्गत किया जाता है?
    (a) पारम्परिक शिक्षा (b) प्रगतिशील शिक्षा
    (c) वैदिक शिक्षा (d) इनमें से कोई नहीं

13. प्रगतिशील शिक्षा के अन्तर्गत निम्नलिखित में से किस बात का ध्यान रखा जाता है?
    (a) इसमें शिक्षण विधि को अधिक व्यावहारिक करने पर जोर दिया जाता है
    (b) इसमें सिद्धान्तों के रटने पर जोर दिया जाता है
    (c) इसमें बालक की प्रगति के लिए सैद्धान्तिक शिक्षा दी जाती है
    (d) इसमें केवल बालक के नैतिक एवं सामाजिक विकास पर जोर दिया जाता है

14. प्रगतिशील शिक्षा के अन्तर्गत बालक में आत्मानुशासन के विकास के लिए किस बात पर जोर दिया जाना चाहिए?
    (a) अनुशासन बनाए रखने के लिए सख्त आदेश
    (b) बालकों में उत्तरदायित्व की भावना के विकास पर
    (c) प्रगतिशील शिक्षा के अन्तर्गत आत्मानुशासन के विकास पर जोर नहीं दिया जाता
    (d) आत्मानुशासन के लिए विभिन्न दृष्टान्तों द्वारा बालकों को समझाने पर

15. बालकों को प्रेरित करने के लिए उन्हें महापुरुषों की जीवनी, प्रेरणादायी नाटक एवं उत्कृष्ट वैज्ञानिकों इत्यादि के बारे में बताना चाहिए। यह निम्न में से किस सिद्धान्त के अन्तर्गत आता है?
    (a) प्रेरणा का सिद्धान्त
    (b) लोकतान्त्रिक सिद्धान्त
    (c) सर्वांगीण विकास का सिद्धान्त
    (d) चयन का सिद्धान्त

16. प्रगतिशील शिक्षा के अन्तर्गत शिक्षा में किन दो तत्त्वों को विशेष महत्त्वपूर्ण माना है?
    (a) रुचि और प्रयास
    (b) आवश्यकता एवं अभिप्रेरण
    (c) व्यक्ति विभिन्नता एवं रुचि
    (d) उपरोक्त में से कोई नहीं

17. .... के सिद्धान्तों के अनुरूप ही आजकल शिक्षा को अनिवार्य और ..... बनाने पर जोर दिया जाता है।
(a) प्रगतिशील शिक्षा, सार्वभौमिक
(b) सार्वभौमिकता, प्रगतिशील
(c) बाल-केन्द्रित शिक्षा, आवश्यक
(d) प्रगतिशीलता, नि:शुल्क

18. प्रगतिशील शिक्षा के सन्दर्भ में निम्नलिखित में से कौन-सा कथन असत्य है?
(a) प्रगतिशील शिक्षा के अन्तर्गत अनुशासन बनाए रखने के लिए बालक की स्वाभाविक प्रवृत्तियों को कुण्ठित करना अनुचित माना जाता है
(b) प्रगतिशील शिक्षा में छात्र का विशेष महत्त्व है, शिक्षक का नहीं
(c) प्रगतिशील शिक्षा पारम्परिक शिक्षा की प्रतिक्रिया का परिणाम है
(d) प्रगतिशील शिक्षा में इस बात पर जोर दिया गया है कि बालक को जो शिक्षा दी जाए, वह मानसिक क्रियाओं की विभिन्न दशाओं के अनुसार हो

19. निम्नलिखित में से किस प्रणाली के तहत बालकों के विश्लेषण एवं पर्यवेक्षण पर बल दिया गया है?
(a) मॉण्टेसरी शिक्षा प्रणाली
(b) संरचनावादी शिक्षा प्रणाली
(c) मानवतावादी शिक्षा प्रणाली
(d) समाजवादी शिक्षा प्रणाली

20. बच्चों में आलोचनात्मक सोच एवं तार्किक कौशल का विकास होता है, इसे किस शिक्षा प्रणाली के अन्तर्गत रखा जा सकता है?
(a) मानवतावादी शिक्षा प्रणाली
(b) संरचनावादी शिक्षा प्रणाली
(c) मॉण्टेसरी शिक्षा प्रणाली
(d) उपरोक्त में से कोई नहीं

21. सर्वशिक्षा अभियान की शुरुआत किस वर्ष हुई?
(a) 2000-2001 (b) 2000-2004
(c) 2000-2005 (d) 2004-2005

22. 'सब पढ़ें, सब बढ़ें' का नारा दिया गया
(a) सर्वशिक्षा अभियान के तहत
(b) डिजिटल इण्डिया के तहत
(c) स्वच्छ भारत अभियान के तहत
(d) ऑपरेशन ब्लैक बोर्ड के तहत

23. नि:शुल्क एवं अनिवार्य शिक्षा का अधिकार 2009 में 'अनिवार्य' शब्द का अर्थ है
(a) दण्डात्मक कार्य से बचने के लिए अपने बच्चों को विद्यालय भेजने के लिए अभिभावकों पर अनिवार्य रूप से जोर डाला गया है।
(b) अनिवार्य शिक्षा सतत परीक्षण के माध्यम से प्रदान की जाएगी।
(c) केन्द्र सरकार दाखिले, उपस्थिति और प्रारम्भिक शिक्षा की पूर्णता को सुनिश्चित करेगी।
(d) उचित सरकारें दाखिले, उपस्थिति और प्रारम्भिक शिक्षा की पूर्णता को सुनिश्चित करेंगी।

24. शिक्षा का अधिकार अधिनियम, 2009 के क्रियान्वयन के बाद कक्षा-कक्ष
(a) आयु के अनुसार अधिक समजातीय है
(b) आयु के अनुसार अधिक विषम जातीय है
(c) अप्रभावित है, क्योंकि शिक्षा का अधिकार विद्यालय में कक्षा की औसत आयु को प्रभावित नहीं करता
(d) जेण्डर के अनुसार अधिक समजातीय है

25. 'बाल-केन्द्रित शिक्षा' के लिए निम्नलिखित में से कौन-सा कारक आधार है?
(a) वैयक्तिक अन्तर
(b) बाल अधिकार
(c) बच्चों की नि:शुल्क और अनिवार्य शिक्षा का अधिकार अधिनियम, 2009
(d) सभी बच्चे सभी सन्दर्भों में समान होते हैं

26. शिक्षा का अधिकार अधिनियम, 2009 के सन्दर्भ में निम्नलिखित में से कौन-सा/से कथन सत्य है/हैं?
A. भारत के 6 से 14 वर्ष आयु वर्ग वाले सभी बच्चों को मुफ्त एवं आधारभूत शिक्षा उपलब्ध कराना अनिवार्य है।
B. इस उद्देश्य की पूर्ति के लिए बच्चों से किसी प्रकार का कोई शुल्क नहीं लिया जाएगा और न ही उन्हें शुल्क अथवा किसी खर्च की वजह से आधारभूत शिक्षा लेने से वंचित किया जाएगा।
C. यदि 6 से अधिक आयु का कोई भी बच्चा किन्हीं कारणों से विद्यालय नहीं जा पाता है तो उसे शिक्षा के लिए उसकी आयु के अनुसार उचित कक्षा में प्रवेश दिलाया जाएगा।
(a) केवल A
(b) केवल B
(c) केवल C
(d) उपरोक्त सभी

27. प्राथमिक स्तर पर एक शिक्षक में निम्न में से किसे सबसे महत्त्वपूर्ण विशेषता मानना चाहिए?
(a) पढ़ाने की उत्सुकता
(b) धैर्य और दृढ़ता
(c) शिक्षण-पद्धतियों और विषयों के ज्ञान में दक्षता
(d) अति मानक भाषा में पढ़ाने में दक्षता

28. शिक्षण से अधिगम पर बल देने वाला परिवर्तन हो सकता है
(a) परीक्षा परिणामों पर केन्द्रित होकर
(b) बाल-केन्द्रित शिक्षा-पद्धति अपनाकर
(c) रटने को प्रोत्साहित करके
(d) अग्र शिक्षण की तकनीक अपनाकर

29. निम्नलिखित में से कौन-सी प्रगतिशील शिक्षा की विशेषता है?
(a) समय-सारणी और बैठने की व्यवस्था में लचीलापन
(b) केवल प्रस्तावित पाठ्य-पुस्तकों पर आधारित अनुदेश
(c) परीक्षाओं में अच्छे अंक प्राप्त करने पर बल
(d) बार-बार ली जाने वाली परीक्षाएँ

30. के. मा. शि. बो. (CBSE) द्वारा अपनाए गए प्रगतिशील शिक्षा के प्रतिमान में बच्चों का समाजीकरण जिस प्रकार से किया जाता है, उससे अपेक्षा की जा सकती है कि
(a) वे समय नष्ट करने वाली सामाजिक आदतों/प्रकृति का त्याग करें तथा सीखें कि किस प्रकार अच्छी श्रेणियाँ पाई जा सकती हैं
(b) वे सामूहिक कार्य में सक्रिय भागीदारिता का निर्वाह करें तथा सामाजिक कौशल सीखें
(c) वे बिना प्रश्न उठाए समाज के नियमों-विनियमों का अनुपालन करने के लिए तैयार हो सकें
(d) किसी भी प्रकार की सामाजिक पृष्ठभूमि होते हुए भी वे वह सब स्वीकार करें, जो उन्हें विद्यालय द्वारा प्रदान किया जाता है

31. प्रगतिशील शिक्षा के सन्दर्भ में निम्नलिखित में से कौन-सा कथन जॉन डी.वी. के अनुसार समुचित है?
(a) कक्षा में प्रजातन्त्र का कोई स्थान नहीं होना चाहिए
(b) विद्यार्थियों को स्वयं ही सामाजिक समस्याओं को सुलझाने में सक्षम होना चाहिए
(c) जिज्ञासा विद्यार्थियों के स्वभाव में अन्तर्निहित नहीं है अपितु इसका कर्षण/संवर्द्धन करना चाहिए
(d) कक्षा में विद्यार्थियों का निरीक्षण करना चाहिए न कि सुनना चाहिए

32. "बच्चों में ज्ञान की रचना करने और अर्थ का निर्माण करने की क्षमता होना।" इस परिप्रेक्ष्य में एक शिक्षक की भूमिका है
(a) सम्प्रेषक और व्याख्याता की
(b) सुगमकर्ता की
(c) निर्देशक की
(d) तालमेल बैठाने वाले की

33. बाल केन्द्रित शिक्षा में शामिल है
(a) बच्चों का एक कोने में बैठना
(b) प्रतिबन्धित परिवेश में अधिगम
(c) वे गतिविधियाँ जिनमें खेल शामिल नहीं होते
(d) बच्चों के लिए हस्तपरक गतिविधियाँ

34. निम्नलिखित में से कौन-सी स्थिति बाल-केन्द्रित कक्षा-कक्ष को प्रदर्शित कर रही है?
(a) एक कक्षा जिसमें शिक्षिका नोट लिखा देती है और शिक्षार्थियों से उन्हें याद करने को कहा जाता है।
(b) एक कक्षा जिसमें पाठ्य-पुस्तक एकमात्र संसाधन होता है, जिसका सन्दर्भ शिक्षिका देती है।
(c) एक कक्षा जिसमें शिक्षार्थी समूहों में बैठे हैं और शिक्षिका बारी-बारी से प्रत्येक समूह में जा रही है।
(d) एक कक्षा जिसमें शिक्षार्थियों का व्यवहार शिक्षिका द्वारा दिए जाने वाले पुरस्कार और दण्ड से संचालित होता हो।

35. बाल-केन्द्रित शिक्षाशास्त्र का अर्थ है
(a) बच्चों को नैतिक शिक्षा देना
(b) बच्चों को शिक्षक का अनुगमन और अनुकरण करने के लिए कहना
(c) बच्चों की अभिव्यक्ति और उनकी सक्रिय भागीदारी को महत्त्व देना
(d) बच्चों को पूर्ण रूप से स्वतन्त्रता देना

36. किसी प्रगतिशील कक्षा की व्यवस्था में शिक्षक एक ऐसे वातावरण को उपलब्ध कराकर अधिगम को सुगम बनाता है, जो
(a) नियामक है
(b) समावेशन को हतोत्साहित करता है
(c) आवृत्ति को बढ़ावा देता है
(d) खोज को प्रोत्साहन देता है

उत्तरमाला

1	(b)	2	(b)	3	(c)	4	(c)	5	(a)	6	(c)	7	(d)	8	(a)	9	(c)	10	(d)
11	(c)	12	(b)	13	(a)	14	(b)	15	(a)	16	(a)	17	(a)	18	(b)	19	(a)	20	(a)
21	(a)	22	(a)	23	(d)	24	(a)	25	(c)	26	(d)	27	(b)	28	(b)	29	(a)	30	(b)
31	(b)	32	(c)	33	(d)	34	(c)	35	(c)	36	(c)								

अध्याय 07

बुद्धि निर्माण एवं बहुआयामी बुद्धि

बुद्धि

बुद्धि (Intelligence) शब्द का प्रयोग सामान्यत: प्रज्ञा, प्रतिभा, ज्ञान एवं समझ इत्यादि के अर्थों में किया जाता है। यह वह शक्ति है, जो हमें समस्याओं का समाधान करने एवं उद्देश्यों को प्राप्त करने में सक्षम बनाती है।

बुद्धि के सन्दर्भ में मनोवैज्ञानिकों में मतभेद हैं, फिर भी यह निश्चित तौर पर कहा जाता है कि यह किसी के व्यक्तित्व का मुख्य निर्धारक है, क्योंकि इससे व्यक्ति की योग्यता का पता चलता है। इसे व्यक्ति की जन्मजात शक्ति कहा जाता है, जिसके उचित विकास में उसके परिवेश की भूमिका प्रमुख होती है।

मानव विकास की विभिन्न अवस्थाओं में बुद्धि के विकास में भी अन्तर होता है।

बुद्धि के मुख्य तीन पक्ष होते हैं—कार्यात्मक, संरचनात्मक एवं क्रियात्मक।

बुद्धि को मुख्यत: तीन श्रेणियों में रखा गया है—सामाजिक बुद्धि, स्थूल बुद्धि एवं अमूर्त बुद्धि।

वंशानुक्रम एवं वातावरण तथा इन दोनों की अन्त:क्रिया बुद्धि को निर्धारित करने वाले कारक हैं।

बुद्धि की परिभाषाएँ

बुद्धि के सन्दर्भ में विभिन्न मनोवैज्ञानिकों द्वारा निम्न परिभाषाएँ दी गई हैं

एल.एम. टर्मन ने बुद्धि की परिभाषा (Defnitions of Intelligence) इस प्रकार दी है, ''बुद्धि अमूर्त विचारों के सन्दर्भ में सोचने की योग्यता है''।

स्टर्न के अनुसार, ''बुद्धि व्यक्ति की वह सामान्य योग्यता है, जिसके द्वारा वह सचेत रूप से नवीन आवश्यकताओं के अनुसार चिन्तन करता है। इस तरह, जीवन की नई समस्याओं एवं स्थितियों के अनुसार अपने आपको ढालने की सामान्य मानसिक योग्यता 'बुद्धि' कहलाती है।''

पिन्टर के अनुसार, ''जीवन की अपेक्षाकृत नवीन परिस्थितियों से अपना सामंजस्य करने की व्यक्ति की योग्यता ही बुद्धि है।''

रायबर्न के अनुसार, ''बुद्धि वह शक्ति है, जो हमें समस्याओं का समाधान करने और उद्देश्यों को प्राप्त करने की क्षमता देती है।''

वैश्लर के अनुसार, ''बुद्धि किसी व्यक्ति के द्वारा उद्देश्यपूर्ण ढंग से कार्य करने, तार्किक चिन्तन करने तथा वातावरण के साथ प्रभावपूर्ण ढंग से क्रिया करने की सामूहिक योग्यता है।''

वुडवर्थ के अनुसार, ''बुद्धि, कार्य करने की एक विधि है।''

वुडरो के अनुसार, ''बुद्धि, ज्ञान अर्जन करने की क्षमता है।''

हेनमॉन के अनुसार, ''बुद्धि में मुख्य तत्त्व होते हैं ज्ञान की क्षमता एवं निहित ज्ञान।''

थॉर्नडाइक के अनुसार, ''सत्य या तथ्य के दृष्टिकोण से उत्तम प्रतिक्रियाओं की शक्ति ही बुद्धि है।''

कॉलविन के अनुसार, ''यदि व्यक्ति ने अपने वातावरण से सामंजस्य करना सीख लिया है या सीख सकता है, तो उसमें बुद्धि है।''

उपरोक्त परिभाषाओं के अनुसार, हम यह कह सकते हैं कि बुद्धि अमूर्त चिन्तन की योग्यता, अनुभव से लाभ उठाने की योग्यता, अपने वातावरण से सामंजस्य करने की योग्यता, सीखने की योग्यता, समस्या समाधान करने की योग्यता तथा सम्बन्धों को समझने की योग्यता है।

बुद्धि के सिद्धान्त

कुछ मनोवैज्ञानिकों ने बुद्धि के स्वरूप से सम्बन्धित विभिन्न सिद्धान्तों का प्रतिपादन किया है, जिनसे बुद्धि के सम्बन्ध में कई प्रकार की महत्त्वपूर्ण जानकारियाँ मिलती हैं, जो निम्न प्रकार हैं

एक-कारक सिद्धान्त

- एक-कारक सिद्धान्त (One-Factor or Monarchy Theory) का प्रतिपादन बिने (Binet) ने किया और इस सिद्धान्त का समर्थन कर इसको आगे बढ़ाने का श्रेय टर्मन, स्टर्न एनिंगहास जैसे मनोवैज्ञानिकों को है।
- इन मनोवैज्ञानिकों का मत है बुद्धि एक अविभाज्य इकाई है।

- स्पष्ट है कि इस सिद्धान्त के अनुसार बुद्धि को एक शक्ति या कारक के रूप में माना गया है।
- इन मनोवैज्ञानिकों के अनुसार, बुद्धि वह मानसिक शक्ति है, जो व्यक्ति के समस्त कार्यों का संचालन करती है तथा व्यक्ति के समस्त व्यवहारों को प्रभावित करती है।

द्वि-कारक सिद्धान्त

इस सिद्धान्त के प्रतिपादक **स्पीयरमैन** हैं। उनके अनुसार बुद्धि में दो कारक हैं अथवा सभी प्रकार के मानसिक कार्यों में दो प्रकार की मानसिक योग्यताओं की आवश्यकता होती है। प्रथम सामान्य मानसिक योग्यता (General intelligence 'g') द्वितीय विशिष्ट मानसिक योग्यता (Specific intelligence 's')।

- प्रत्येक व्यक्ति में सामान्य मानसिक योग्यता के अतिरिक्त कुछ-न-कुछ विशिष्ट योग्यताएँ पाई जाती हैं।
- एक व्यक्ति जितने ही क्षेत्रों अथवा विषयों में कुशल होता है, उसमें उतनी ही विशिष्ट योग्यताएँ पाई जाती हैं।
- यदि एक व्यक्ति में एक से अधिक विशिष्ट योग्यताएँ हैं, तो इन विशिष्ट योग्यताओं में कोई विशेष सम्बन्ध नहीं पाया जाता है।
- स्पीयरमैन का यह विचार है कि एक व्यक्ति में सामान्य योग्यता की मात्रा जितनी ही अधिक पाई जाती है, वह उतना ही अधिक बुद्धिमान होता है।

बहुकारक सिद्धान्त

इस सिद्धान्त के मुख्य समर्थक थॉर्नडाइक थे। इस सिद्धान्त के अनुसार, बुद्धि कई तत्त्वों का समूह होती है और प्रत्येक तत्त्व में कोई सूक्ष्म योग्यता निहित होती है। अतः सामान्य बुद्धि नाम की कोई चीज नहीं होती, बल्कि बुद्धि में कई स्वतन्त्र, विशिष्ट योग्यताएँ निहित रहती हैं, जो विभिन्न कार्यों को सम्पादित करती हैं।

थॉर्नडाइक ने तीन प्रकार की बुद्धि के बारे में बताया। ये बुद्धि हैं— अमूर्त बुद्धि, सामाजिक बुद्धि तथा यान्त्रिक बुद्धि।

इसके अतिरिक्त थॉर्नडाइक ने बुद्धि के चार स्वतन्त्र प्रतिमान (aspects) दिए हैं

1. **स्तर** (Level) स्तर का शाब्दिक अर्थ होता है कि किसी विशेष कठिनाई स्तर का कितना कार्य किसी व्यक्ति द्वारा किया जा सकता है।
2. **परास/सीमा** (Range) इसका अर्थ है, कार्य की उस विविधता से जो किसी स्तर पर कोई व्यक्ति समस्या का समाधान कर सकता है।
3. **क्षेत्र** (Area) क्षेत्र का अभिप्राय है, क्रियाओं की उन कुल संख्याओं से है, जिनका हम समाधान कर सकते हैं।
4. **गति** (Speed) इसका अर्थ कार्य करने की गति है।

बुद्धि के सिद्धान्त

सिद्धान्त	प्रतिपादक
एक-कारक सिद्धान्त	बिने, टर्मन, स्टर्न
द्वि-कारक सिद्धान्त	स्पीयरमैन
बहुकारक सिद्धान्त	थॉर्नडाइक
प्रतिदर्श सिद्धान्त	थॉमसन
समूहकारक सिद्धान्त	थर्सटन
पदानुक्रमिक सिद्धान्त (त्रि-आयामी)	जे.पी. गिलफोर्ड
तरल ठोस बुद्धि सिद्धान्त	आर.बी. कैटेल
बहुबुद्धि सिद्धान्त	हॉवर्ड गार्डनर

प्रतिदर्श सिद्धान्त

- इस सिद्धान्त का प्रतिपादन थॉमसन ने किया था। उसने अपने इस सिद्धान्त का प्रतिपादन स्पीयरमैन के द्वि-कारक सिद्धान्त के विरोध में किया था।
- थॉमसन ने इस बात का तर्क दिया कि व्यक्ति का बौद्धिक व्यवहार अनेक स्वतन्त्र योग्यताओं पर निर्भर करता है, किन्तु इन स्वतन्त्र योग्यताओं का क्षेत्र सीमित होता है।
- प्रतिदर्श सिद्धान्त (Sample Theory) के अनुसार बुद्धि कई स्वतन्त्र तत्त्वों से बनी होती है। कोई विशिष्ट परीक्षण या विद्यालय सम्बन्धी क्रिया में इनमें से कुछ तत्त्व स्पष्ट रूप से दिखाई देने लगते हैं। यह भी हो सकता है कि दो या अधिक परीक्षाओं में एक ही प्रकार के तत्त्व दिखाई दें तब उनमें एक सामान्य तत्त्व की विद्यमानता मानी जाती है। यह भी सम्भव है कि अन्य परीक्षाओं में विभिन्न तत्त्व दिखाई दें तब उनमें कोई भी तत्त्व सामान्य नहीं होगा और प्रत्येक तत्त्व अपने आप में विशिष्ट होगा।

समूह-तत्त्व सिद्धान्त

- स्पीयरमैन के सिद्धान्त के विरुद्ध थर्सटन महोदय ने समूह तत्व सिद्धान्त (Group Element Theory) प्रतिपादित किया।
- वे तत्त्व जो प्रतिभात्मक योग्यताओं में तो सामान्य नहीं होते, परन्तु कई क्रियाओं में सामान्य होते हैं, उन्हें समूह-तत्त्व की संज्ञा दी गई है।
- इस सिद्धान्त के समर्थकों में थर्सटन का नाम प्रमुख है। प्रारम्भिक मानसिक योग्यताओं का परीक्षण करते हुए वह इस निष्कर्ष पर पहुँचे थे कि कुछ मानसिक क्रियाओं में एक प्रमुख तत्त्व सामान्य रूप से विद्यमान होता है, जो उन क्रियाओं के कई ग्रुप होते हैं, उनमें अपना एक प्रमुख तत्त्व होता है।
- ग्रुप तत्त्व सिद्धान्त की सबसे बड़ी कमी यह है कि यह सामान्य तत्त्व की धारणा का खण्डन करता है।

अन्य मनोवैज्ञानिकों ने भी बुद्धि परीक्षण से सम्बन्धित सिद्धान्त दिये हैं जो कि निम्नलिखित हैं।

गिलफोर्ड का सिद्धान्त

जे.पी. गिलफोर्ड और उसके सहयोगियों ने बुद्धि परीक्षण से सम्बन्धित कई परीक्षणों पर कारक विश्लेषण तकनीक का प्रयोग करते हुए मानव बुद्धि के विभिन्न तत्त्वों या कारकों को प्रकाश में लाने वाला प्रतिमान विकसित किया। इस सिद्धान्त को पदानुक्रमिक सिद्धान्त (त्रि-आयामी) भी कहा जाता है।

1. **संज्ञान** (Cognition) इसका अर्थ होता है, खोज, दोबारा खोज या पहचान की क्षमता इत्यादि।
2. **स्मृति** (Memory) इसका अर्थ होता है, जो भी संज्ञान में आया है उसे धारण करना
3. **मूल्यांकन** (Evaluation) इस प्रक्रिया के अन्तर्गत व्यक्ति जो कुछ जानता है वह उसकी स्मृति में रहता है तथा जो कुछ वह मौलिक चिन्तन में निर्मित करता है, उनके परिणामों की अच्छाई, सत्यता, उपयुक्तता के विषय में निर्णय लेता है।
4. **अभिसारी चिन्तन** (Convergent Thinking) के अन्तर्गत व्यक्ति समस्या के ऐसे समाधान पर पहुँचता है, जो परम्परा एवं प्रचलन के अनुसार स्वीकृत एवं सही समझा जाता हो।
5. **अपसारी चिन्तन** (Divergent Thinking) के अन्तर्गत व्यक्ति विभिन्न दिशाओं, विभिन्न मार्गों से विभिन्नता के साथ समस्या का हल निकालता है तथा व्यक्ति उनके परिणाम की अच्छाई तथा उपयोगिता के सन्दर्भ में निर्णय लेता है। ऑउट ऑफ द बॉक्स चिन्तन इसी के अन्तर्गत आता है।

गिलफोर्ड एवं उसके सहयोगियों ने अपने अध्ययन एवं प्रयासों के द्वारा यह प्रतिपादित करने की कोशिश की कि हमारी किसी भी मानसिक प्रक्रिया अथवा बौद्धिक कार्य को तीन आधारभूत आयामों—संक्रिया (operation), सूचना सामग्री या विषय-वस्तु तथा उत्पादन में विभाजित किया जा सकता है।

हावर्ड गार्डनर का बहु-बुद्धि सिद्धान्त

हावर्ड गार्डनर महोदय ने 1983 ई. में बुद्धि का एक नवीन सिद्धान्त प्रतिपादित किया, जिसे गार्डनर का बहु-बुद्धि सिद्धान्त के नाम से जाना जाता है। इस सिद्धान्त के अन्तर्गत तीन कारकों पर बल दिया गया है, जो निम्न प्रकार हैं

- बुद्धि का स्वरूप एकाकी न होकर बहुकारकीय होता है तथा प्रत्येक बुद्धि एक-दूसरे से अलग होती है।
- प्रत्येक ज्ञान/बुद्धि एक-दूसरे से स्वतन्त्र होती है। बुद्धि के विभिन्न प्रकारों में एक-दूसरे के साथ अन्त:क्रिया करने की प्रवृत्ति पाई जाती है।
- प्रत्येक व्यक्ति में विलक्षण योग्यता होती है।

गार्डनर ने आठ प्रकार से बुद्धि का वर्णन किया है, जो निम्न प्रकार है

1. **भाषाई बुद्धि** (Linguistic-Intelligence) इस प्रकार की बुद्धि से भाषा सम्बन्धी क्षमता का विकास होता है।
2. **तार्किक गणितीय बुद्धि** (Logical Mathematical Intelligence) बुद्धि का यह अंग तार्किक योग्यता एवं गणितीय कार्यों से सम्बद्ध है।
3. **स्थानिक बुद्धि** (Spatial Intelligence) इस तरह की बुद्धि का उपयोग अन्तरिक्ष यात्रा के दौरान, मानसिक कल्पनाओं को चित्र का स्वरूप देने में किया जाता है।
4. **शारीरिक गतिक बुद्धि** (Body Kinesthetic Intelligence) इस प्रकार की बुद्धि का प्रयोग सूक्ष्म एवं परिष्कृत समन्वय के साथ शारीरिक गति से सम्बन्धित कार्यों में होता है-नृत्य, सर्कस, व्यायाम।
5. **सांगीतिक बुद्धि** (Musical-Intelligence) इस प्रकार के ज्ञान का उपयोग संगीत के क्षेत्र में होता है।
6. **अन्तः पारस्परिक बुद्धि** (Inter-related Intelligence) इस प्रकार के ज्ञान का उपयोग सामाजिक व्यवहारों में प्राय: होता है।
7. **अन्त:वैयक्तिक बुद्धि** (Interpersonal Intelligence) इस प्रकार की बुद्धि का प्रयोग आत्मबोध, पहचान तथा स्वयं की भावनाओं एवं कौशल क्षमता को जानना है।
8. **नैसर्गिक बुद्धि या प्राकृतिक** (Natural Intelligence) इस प्रकार के ज्ञान का सम्बन्ध वनस्पति जगत्, पेड़-पौधे, जीव-जन्तु या प्राणी समूह या प्राकृतिक सौन्दर्य को परखने इत्यादि में होता है।

फ्लूइड तथा क्रिस्टलाइज्ड सिद्धान्त

- इस सिद्धान्त के प्रतिपादक **आर.बी.कैटिल** हैं। तरल (fluid) बुद्धि वंशानुक्रम कार्य कुशलता अथवा केन्द्रीय नाड़ी संस्थान की दी हुई विशेषता पर आधारित एक सामान्य योग्यता है। यह सामान्य योग्यता संस्कृति से ही प्रभावित नहीं होती, बल्कि नवीन एवं विगत परिस्थितियों से भी प्रभावित होती है।
- दूसरी ओर ठोस (crystallised) बुद्धि भी एक प्रकार की सामान्य योग्यता है, जो अनुभव, अधिगम तथा वातावरण सम्बन्धी कारकों पर आधारित होती है।

राबर्ट स्टर्नबर्ग का त्रिपाचीय सिद्धान्त

यह सिद्धान्त स्टर्नबर्ग द्वारा प्रतिपादित किया है। स्टर्नबर्ग के अनुसार "बुद्धि वह योग्यता है, जिसके अनुरूप व्यक्ति स्वयं को पर्यावरण के अनुकूल बनाता है तथा अपने समाज एवं उद्देश्यों की पूर्ति के लिए वातावरण के कुछ घटकों का चयन करता है और उन्हें परिवर्तित करता है।

राबर्ट स्टर्नबर्ग ने बुद्धि/ज्ञान को तीन भागों में विभाजित किया है

1. **घटकीय बुद्धि या विश्लेषणात्मक बुद्धि** (Analytical- Intelligence) इस ज्ञान के अन्तर्गत मनुष्य किसी समस्या के निराकरण हेतु प्राप्त सूचनाओं का विश्लेषण करता है। इसके तीन प्रकार हैं
   (i) **ज्ञानार्जन घटक** (Knowledgeable-component) इस घटना के द्वारा व्यक्ति सीखता है तथा अनेक कार्यों को करने का तरीका सीखता है। सूचनाओं का संकेतन, संयोजन भी ज्ञानार्जन घटक का महत्त्वपूर्ण अंग है।
   (ii) **अधिघटक या उच्च घटक** (High-component) इसके अन्तर्गत व्यक्ति योजनाएँ बनाता है। इस घटक के अन्तर्गत व्यक्ति संज्ञानात्मक, प्रक्रियात्मक क्रिया पर नियन्त्रण, निरीक्षण तथा मूल्यांकन करता है।
   (iii) **निष्पादन घटक** (Performance-component) इसके अन्तर्गत व्यक्ति अपने कार्य का निष्पादन करता है।
2. **आनुभविक बुद्धि** (Empirical Intelligence) इसके अन्तर्गत व्यक्ति नई समस्या के समाधान हेतु पूर्व अनुभवों का उपयोग करता है।
3. **व्यावहारिक बुद्धि** (Behaviour Intelligence) व्यावहारिक बुद्धि वह बुद्धि है, जिसके अन्तर्गत व्यक्ति अपने दिन-प्रतिदिन के जीवन में आने वाली वातावरणीय माँगों की समस्या से निपटता है। ऐसी बुद्धि वाले व्यक्ति स्वयं को नवीन वातावरण में आसानी से स्थापित कर लेते हैं।

बहुआयामी बुद्धि

बहुआयामी बुद्धि (Multi-Dimensional Intelligence) का शब्दिक अर्थ होता है, एक ही व्यक्ति के अन्दर विभिन्न प्रकार के कौशलों का विकास, अर्थात् उसमें सामाजिक समझ, राजनैतिक समझ, समस्या समाधान से सम्बन्धित समझ तथा नेतृत्व का गुण इत्यादि का होना।

- केली एवं थर्सटन नामक मनोवैज्ञानिकों ने बताया कि बुद्धि का निर्माण प्राथमिक मानसिक योग्यताओं के द्वारा होता है।
- केली के अनुसार, बुद्धि का निर्माण इन योग्यताओं से होता है वाचिक योग्यता, गामक योग्यता, सांख्यिक योग्यता, यान्त्रिक योग्यता, सामाजिक योग्यता, संगीतात्मक योग्यता, स्थानिक सम्बन्धों के साथ उचित ढंग से व्यवहार करने की योग्यता, रुचि और शारीरिक योग्यता।
- थर्सटन का मत है कि बुद्धि इन प्राथमिक मानसिक योग्यताओं का समूह होता है प्रत्यक्षीकरण सम्बन्धी योग्यता, तार्किक योग्यता, सांख्यिकी योग्यता, समस्या समाधान की योग्यता, स्मृति सम्बन्धी योग्यता।
- यद्यपि अधिकतर मनोवैज्ञानिकों ने केली एवं थर्सटन के बुद्धि सिद्धान्तों की आलोचना की, किन्तु अधिकतर मनोवैज्ञानिकों ने यह भी माना कि बुद्धि का बहुआयामी होना निश्चित तौर पर सम्भव है। बहुआयामी बुद्धि होने के कारण ही कुछ लोग कई प्रकार के कौशलों में निपुण होते हैं।

मानसिक आयु एवं बुद्धि परीक्षण

- बुद्धि-परीक्षण के द्वारा व्यक्ति के व्यक्तित्व की विशेषताओं का पता लगाया जाता है। पाश्चात्य मनोवैज्ञानिकों ने बुद्धि के प्रामाणिक मापन की विधियों की

खोज की। इस सन्दर्भ में सर्वप्रथम जर्मन मनोवैज्ञानिक **वुण्ट** का नाम आता है, जिसने वर्ष 1879 में बुद्धि के मापन के लिए मनोवैज्ञानिक प्रयोगशाला की स्थापना की।

- फ्रांसीसी मनोवैज्ञानिक अल्फ्रेड बिने एवं उसके साथी साइमन ने बुद्धि के मापन का आधार बच्चों के निर्णय, स्मृति, तर्क एवं आंकिक जैसे मानसिक कार्यों को माना।
- उन्होंने इन कार्यों से सम्बन्धित अनेक प्रश्न तैयार किए और उन्हें अनेक बच्चों पर आजमाया।
- इस परीक्षण के अनुसार जो बालक अपनी आयु के अनुरूप निर्धारित सभी प्रश्नों के सही उत्तर देता है वह सामान्य बुद्धि का होता है, जो अपनी आयु से ऊपर की आयु के बच्चों के लिए निर्धारित प्रश्नों के उत्तर भी दे देता है, वह उच्च बुद्धि का होता है।
- जो बालक अपनी आयु से ऊपर की आयु के बच्चों के लिए निर्धारित सभी प्रश्नों के सही उत्तर देता है वह सर्वोच्च बुद्धि का होता है एवं जो अपनी आयु के बच्चों के लिए निर्धारित प्रश्नों के सही उत्तर नहीं दे पाता वह निम्न बुद्धि का होता है।
- उपरोक्त मनोवैज्ञानिकों के बाद सर्वप्रथम विलियम स्टर्न ने बुद्धि के मापन के लिए बुद्धि-लब्धि (Intelligence Quotient) के प्रयोग का सुझाव दिया।

मानसिक आयु

किसी व्यक्ति का बौद्धिक विकास अपने समान आयु वर्ग की तुलना में कितना हुआ है, इस मापन की विधि को मानसिक आयु (Mental Age) कहते हैं।

उदाहरण यदि कोई 6 वर्ष का बालक 15 वर्ष के व्यक्ति के अनुसार दिमाग रखता है या सोचता है तो 15 वर्ष उस बालक की मानसिक आयु होगी।

वास्तविक आयु या कालानुक्रम आयु

यह किसी भी मनुष्य की वास्तविक आयु होती है अर्थात् वह कितने वर्ष का हो गया है। 10 वर्ष का व्यक्ति जो 160 अंक लिया हुआ है, उसकी मानसिक आयु क्या होगी?

$$\text{बुद्धि-लब्धि} = 160$$

$$\text{वास्तविक आयु} = 10$$

$$\text{बुद्धि-लब्धि} = \frac{\text{मानसिक आयु} \times (\text{M.A})}{\text{वास्तविक आयु (Real Age)}} \times 100$$

$$\Rightarrow \quad 160 = \frac{\text{M.A}}{10} \times 100$$

$$\text{M.A} = \frac{160 \times 10}{100} = 16 \text{ वर्ष}$$

टर्मन ने सर्वप्रथम बुद्धि-लब्धांक ज्ञात करने की विधि बताई। इसके अनुसार बुद्धि-लब्धि बच्चे की मानसिक आयु को उसकी वास्तविक आयु से भाग करके, 100 से गुणा करने पर प्राप्त की जाती है। इसके अनुसार बुद्धि-लब्धि (Intelligence Quotient-IQ) का सूत्र है

$$\text{बुद्धि-लब्धि} = \frac{\text{मानसिक आयु}}{\text{कालानुक्रमिक आयु (Chronological Age)}} \times 100$$

उदाहरणस्वरूप, यदि किसी बालक की मानसिक आयु 12 वर्ष और वास्तविक आयु 10 वर्ष है, तो उसकी बुद्धि-लब्धि की गणना निम्न प्रकार होगी

$$\text{बुद्धि-लब्धि (IQ)} = \frac{\text{मानसिक आयु}}{\text{कालानुक्रमिक आयु}} \times 100 = \frac{12}{10} \times 100 = 120$$

मनोवैज्ञानिक वेश्लर द्वारा निर्मित IQ वितरण

बुद्धि-लब्धि (IQ)	**वितरण** (Distribution)
130 या इससे ऊपर	अति श्रेष्ठ बुद्धि अर्थात् प्रतिभाशाली बुद्धि
120-129	श्रेष्ठ बुद्धि
110-119	उच्च सामान्य बुद्धि
90-109	सामान्य बुद्धि
80-89	मन्द बुद्धि
70-79	क्षीण बुद्धि
69 से नीचे	निश्चित क्षीण बुद्धि

मनोवैज्ञानिक मैरिल द्वारा निर्मित IQ वितरण

बुद्धि-लब्धि (IQ)	**वितरण** (Distribution)
140 या इससे ऊपर	अति श्रेष्ठ बुद्धि अर्थात् प्रतिभाशाली बुद्धि
120-139	श्रेष्ठ बुद्धि
110-119	उच्च सामान्य बुद्धि
90-109	सामान्य बुद्धि
80-89	मन्द बुद्धि
70-79	क्षीण बुद्धि
69 से नीचे	निश्चित क्षीण बुद्धि

बौद्धिक विवृद्धि और विकास

बौद्धिक विवृद्धि और विकास (Mental Growth and Development) अनेक कारकों पर निर्भर करता है। मस्तिष्क की परिपक्वता बौद्धिक विवृद्धि को सर्वाधिक प्रभावित करती है। जन्म के समय बालक में उसकी बौद्धिक योग्यताएँ अनेक विकास की प्रथमावस्था के निम्नतम स्तर पर होती हैं। बालक की आयु बढ़ने के साथ-साथ उसकी बौद्धिक योग्यताओं में विवृद्धि और विकास होता रहता है। शैशवावस्था से बाल्यावस्था तक यह विकास तीव्र गति से होता है, परन्तु किशोरावस्था के अन्त से और प्रौढ़ावस्था में इस विकास की गति मन्द हो जाती है।

थर्सटन का विचार है कि उसके द्वारा किए गए कारक विश्लेषण अध्ययनों के आधार पर प्राप्त सात प्राथमिक मानसिक योग्यताएँ एकसाथ एकसमान आयु स्तर पर परिपक्व नहीं होती हैं। उसके अनुसार प्रत्यक्षपरक योग्यता बारह वर्ष की अवस्था में अपनी विवृद्धि की पूर्णता की ओर अग्रसर होती है।

इसी प्रकार चौदह वर्ष की अवस्था में तथा तार्किक योग्यता सोलह वर्ष की आयु में स्मृति योग्यता और संख्यात्मक योग्यता परिपक्वावस्था की ओर अग्रसर होती है। बालकों की शाब्दिक योग्यता तथा भाषा बोध आदि योग्यताएँ इस आयु अवस्था के बाद विकसित होती हैं।

वैश्लर का विचार है कि बौद्धिक विवृद्धि कम-से-कम बीस वर्ष की आयु तक होती रहती है। आधुनिक शोधों से यह पता चला है कि साठ वर्ष की आयु तक बुद्धि-लब्धांक में वृद्धि होती रहती है।

शिक्षा के क्षेत्र में बुद्धि परीक्षणों का महत्त्व

शिक्षा के क्षेत्र में बुद्धि परीक्षणों का महत्त्व निम्न प्रकार है

शैक्षणिक मार्गदर्शन

- विज्ञान के साथ-साथ मनोविज्ञान ने मानवीय समस्याओं के समाधान में असाधारण योगदान दिया है। इसके द्वारा बच्चों के भविष्य निर्धारण की

योजनाओं को बनाया जा रहा है। इसी प्रकार से शिक्षा के क्षेत्र में सही दिशा एवं लक्ष्य को प्राप्त करने में बुद्धि परीक्षाएँ समर्थ होती हैं।

- शिक्षा के विकास के लिए प्राथमिक एवं व्यावहारिक दोनों ही प्रकार के पाठ्यक्रमों की आवश्यकता होती है। प्राथमिक पाठ्यक्रम बालकों को अच्छा नागरिक बनाने के लिए प्रस्तुत किया जाता है।
- जबकि व्यावहारिक पाठ्यक्रम उनकी आदत के अनुसार निश्चित किया जाता है। बुद्धि परीक्षणों द्वारा प्रत्येक छात्र की सही उन्नति के मार्ग को प्रशस्त किया जाता है।

छात्र वर्गीकरण

- ज्ञान प्राप्त करने की शक्ति छात्रों की मानसिकता पर निर्भर करती है इसके फलस्वरूप, एक ही कक्षा-शिक्षण का निष्पादन भिन्न-भिन्न होता है।
- ज्ञान अर्जन बालकों की बुद्धि क्षमता पर सीधा प्रभाव डालता है। अत: छात्र वर्गीकरण (Students' Classification) में बुद्धि परीक्षाएँ उपयोगी होती हैं।
- वर्तमान भारतीय शिक्षा व्यवस्था में एक कक्षा में सामान्य, सामान्य से उच्च एवं सामान्य से नीचे आदि स्तरों के छात्र-छात्राएँ अध्ययनरत रहते हैं। प्रश्न उठता है कि क्या सभी बच्चों का शैक्षिक विकास उत्तम हो सकेगा? ऐसी परिस्थिति में, बुद्धि-परीक्षण के माध्यम से शिक्षक सामान्य, सामान्य से भिन्न एवं उच्च आदि छात्रों का वर्गीकरण करके उपयुक्त शिक्षण का प्रबन्ध करेगा ताकि सभी स्तरों के छात्र-छात्राएँ पाठ्यक्रम को धारण करके उत्तम निष्पादन प्रस्तुत कर सकें।
- इस प्रकार बुद्धि-परीक्षण से अध्यापकीय, छात्र एवं पाठ्यक्रम सम्बन्धी सभी समस्याएँ आसानी से समाप्त हो जाती हैं।

लैंगिक-भिन्नता में उपयोगी

- शोध कार्यों से स्पष्ट हुआ है कि लड़के एवं लड़कियों में बुद्धि के आधार पर ही कार्यकुशलताओं में अन्तर पाया जाता है। इनके शारीरिक एवं मानसिक विकास का क्रम भिन्न होता है। अत: ज्ञान अर्जन की क्षमताओं में भी भिन्नता पाई जाती है।
- स्पीयरमैन के अनुसार, दोनों में सामान्य एवं विशिष्ट योग्यताएँ पाई जाती हैं और इनका निर्धारण बुद्धि-परीक्षणों के आधार पर ही सम्भव है। अत: सामाजिक व्यवस्था को सामान्य बनाए रखने के लिए यौन-भिन्नता के आधार पर विभिन्न अन्तरों की पहचान कर उनके बीच समायोजन स्थापित करने के लिए बुद्धि-परीक्षणों का प्रयोग किया जाता है।

स्वयं का ज्ञान

- शिक्षा का प्रयत्न बच्चों का सामान्य विकास करना होता है। बुद्धि परीक्षण के जरिए बच्चे अपने भीतर की क्षमताओं एवं शक्तियों को पहचानकर अपनी आकांक्षाओं (Goals) की पूर्ति आसानी से कर सकते हैं।
- बुद्धि परीक्षाएँ बालकों के व्यक्तित्व के स्वरूप को स्पष्ट करती हैं। वह अपने भीतर **विघटित तत्त्वों** को निकाल देता है और **अविघटित तत्त्वों** को विकसित करता है।

अधिगम प्रणाली में उपयोगी

- सीखने की प्रक्रिया बुद्धि पर निर्भर करती है। छात्र की लगन, अभ्यास प्रक्रिया, गलतियों का धारणा एवं प्रोत्साहन में वृद्धि एवं स्थानान्तरण आदि में बुद्धि का प्रभाव सर्वाधिक होता है।
- बुद्धि परीक्षणों ने स्पष्ट कर दिया है कि प्रतिभाशाली बच्चे कम समय में अधिक अधिगम एवं ज्ञान अर्जित करने में सक्षम होते हैं।

व्यावसायिक मार्गदर्शन

- व्यवसाय में मनोविज्ञान ने पर्दापण करके विभिन्न समस्याओं का समाधान निकाला है। विभिन्न व्यवस्थाओं के लिए भिन्न प्रकार के मानसिक स्तर के व्यक्तियों की आवश्यकता होती है।
- उपयुक्त मानसिक स्तर का व्यक्ति अपने व्यवसायों को विकासशील बनाने में सहायक होता है।
- जब हम गलत व्यवसाय का चयन कर लेते हैं तो हमारी अभिरुचि एवं कार्यक्षमता का ह्रास होने लगता है, फलस्वरूप व्यवसाय और व्यक्ति दोनों का विकास अवरुद्ध हो जाता है।
- इस तरह व्यावसायिक मार्गदर्शन (Business Guideline) में भी बुद्धि परीक्षण की भूमिका अहम होती है।

अनुसन्धान

- शिक्षा के क्षेत्र में विकास अनुसन्धानों के ऊपर निर्भर करता है। कक्षा के भीतर की समस्याएँ और सामान्य समस्याओं के समाधान के लिए अनुसन्धान का सहारा लेना पड़ता है।
- प्रत्येक अनुसन्धान (Research) के लिए बुद्धि परीक्षण आवश्यक होता है। विभिन्न घटकों का चयन करना होता है, तो बुद्धि भी एक आधार होता है ताकि कम-से-कम त्रुटि हो।

छात्र चयन में उपयोगी

विद्यालय में प्रवेश करने के बाद बालक के विकास का उत्तरदायित्व विद्यालय का होता है। विद्यालय-प्रशासन एवं प्रबन्धन बुद्धि-परीक्षणों का प्रयोग निम्नलिखित क्षेत्रों में छात्र चयन हेतु करता है

1. **प्रवेश** (Entry) किसी भी कार्य के लिए छात्र को अनुमति देने से पहले से उसकी शारीरिक एवं मानसिक परिपक्वता का पता लगाना आवश्यक होता है। बुद्धि परीक्षण की सहायता इस कार्य में ली जाती है
2. **छात्रवृत्ति** (Scholarship) शिक्षा के क्षेत्र में गरीबों और पिछड़े वर्गों के छात्रों का समुचित विकास करना प्रशासन का परम उद्देश्य रहा है। इसके लिए छात्रवृत्ति, निर्धन पुस्तक सहायता योजना और पिछड़े वर्ग की व्यक्तिगत शिक्षण योजनाएँ वर्तमान सरकार द्वारा चलाई जा रही हैं। इनमें छात्रवृत्ति का प्रारूप बुद्धि-लब्धि के आधार पर तैयार किया जाता है।
3. **विशिष्ट योग्यताएँ** (Specific Ability) प्रौद्योगीकरण के विकास ने योग्यता के क्षेत्र को अत्यन्त विशाल बना दिया है। आज प्रत्येक क्षेत्र में नवीन प्रतिभाओं की खोज हो रही है। **प्रतिभा खोज** (Talent Search) का प्रमुख आधार बुद्धि परीक्षाओं को ही माना जाता है।

अभ्यास प्रश्न

1. ''सत्य या तथ्य के दृष्टिकोण से उत्तम प्रक्रियाओं की शक्ति ही बुद्धि है।'' बुद्धि के सन्दर्भ में दिया गया कथन किसका है?

(a) पिन्टर (b) वुडवर्थ
(c) थॉर्नडाइक (d) कॉलविन

2. बुद्धि के सन्दर्भ में निम्नलिखित में से कौन-सा कथन सत्य है?

A. बुद्धि नवीन पर्यावरण के साथ समायोजन की योग्यता है।

B. बुद्धि सीखने की योग्यता है।

C. बुद्धि अमूर्त चिन्तन की योग्यता है।

(a) केवल A (b) केवल B
(c) A और C (d) ये सभी

3. ''बुद्धि व्यक्ति की वह समुच्चय या सार्वभौमिक क्षमता है, जो उसे उद्देश्यपूर्ण क्रिया करने, तर्कपूर्ण चिन्तन करने तथा वातावरण के साथ प्रभावपूर्ण समायोजन में सहायता करती है।'' यह किसका कथन है?

(a) वैश्लर (b) हैवर एवं फ्राइड
(c) थर्सटन (d) टर्मन

4. निम्नलिखित में से कौन बुद्धि को निर्धारित करने वाले कारक हैं?

(a) वंशानुगत कारक
(b) वातावरणीय कारक
(c) वंशानुगत एवं वातावरणीय दोनों कारक
(d) उपरोक्त में से कोई नहीं

5. यदि व्यक्ति ने अपने वातावरण से सामंजस्य करना सीख लिया है या सीख सकता है, तो उसमें बुद्धि है। बुद्धि की यह परिभाषा किसने दी?

(a) थॉर्नडाइक ने (b) रायबर्न ने
(c) कॉलविन ने (d) थॉमसन ने

6. निम्नलिखित में से कौन बुद्धि की परिभाषा नहीं है?

(a) बुद्धि, कार्य करने की एक विधि है
(b) बुद्धि, ज्ञान अर्जन करने की क्षमता है
(c) जीवन की अपेक्षाकृत नवीन परिस्थितियों से अपना सामंजस्य करने की व्यक्ति की योग्यता ही बुद्धि है
(d) राजनीतिक, आर्थिक एवं सामाजिक शक्ति प्राप्त करने के लिए प्रयुक्त उक्ति बुद्धि है

7. जो बुद्धि सिद्धान्त बुद्धि में सम्मिलित मानसिक प्रक्रियाओं (जैसे परा-घटक) और बुद्धि द्वारा लिए जा सकने वाले विविध रूपों (जैसे सृजनात्मक बुद्धि) को शामिल करता है, वह है

(a) स्पीयरमैन का 'जी' कारक
(b) स्टर्नबर्ग का बुद्धिमत्ता का त्रितन्त्र सिद्धान्त
(c) बुद्धि का सावेंट सिद्धान्त
(d) थर्सटन की प्राथमिक मानसिक योग्यताएँ

8. एक शिक्षिका अपने शिक्षार्थियों की विभिन्न अधिगम-शैलियों को सन्तुष्ट करने के लिए वैविध्यपूर्ण कार्यों का उपयोग करती है। वह ···· से प्रभावित है।

(a) पियाजे के संज्ञानात्मक विकास के सिद्धान्त
(b) कोह्लबर्ग के नैतिक विकास के सिद्धान्त
(c) गार्डनर के बहुबुद्धि सिद्धान्त
(d) वाइगोत्स्की के सामाजिक-सांस्कृतिक सिद्धान्त

9. बुद्धि का एक-कारक सिद्धान्त निम्नलिखित में से किसने दिया?

(a) बिने (b) टर्मन
(c) गार्डनर (d) किंबल यंग

10. 'तार्किक गणितीय बुद्धि' ······ से सम्बन्धित है।

(a) द्वि-कारक सिद्धान्त
(b) समूह कारक सिद्धान्त
(c) पदानुक्रमिक सिद्धान्त
(d) बहुबुद्धि सिद्धान्त

11. निम्नलिखित में से किस प्रकार की बुद्धि का प्रयोग अन्तरिक्ष यात्रा के दौरान होता है?

(a) स्थानिक बुद्धि
(b) भाषायी बुद्धि
(c) शारीरिक गतिक बुद्धि
(d) सांगीतिक बुद्धि

12. ''प्रत्येक बुद्धि एक-दूसरे से भिन्न होती है।'' यह कथन निम्न में से किसका है?

(a) हावर्ड गार्डनर (b) मॉस्लो
(c) अरस्तू (d) स्टर्नबर्ग

13. निम्न में से कौन एक सुमेलित नहीं है?

(a) एक कारक सिद्धान्त-टर्मन
(b) तरल तथा ठोस बुद्धि सिद्धान्त-थॉर्नडाइक
(c) द्विकारक सिद्धान्त-स्पीयरमैन
(d) समूह कारक सिद्धान्त-थर्सटन

14. बुद्धि का द्वि-कारक सिद्धान्त क्या है?

(a) बुद्धि कई तत्त्वों का समूह होती है और प्रत्येक तत्त्व में कोई सूक्ष्म योग्यता निहित होती है
(b) कुछ मानसिक क्रियाओं में एक प्रमुख तत्त्व सामान्य रूप से विद्यमान होता है जो उन क्रियाओं के कई ग्रुप होते हैं, उनमें अपना एक प्रमुख तत्त्व होता है
(c) व्यक्ति का बौद्धिक व्यवहार अनेक स्वतन्त्र योग्यताओं पर निर्भर करता है, किन्तु इन स्वतन्त्र योग्यताओं का क्षेत्र सीमित होता है
(d) सभी प्रकार के मानसिक कार्यों में दो प्रकार की मानसिक योग्यताओं की आवश्यकता होती है- प्रथम सामान्य मानसिक योग्यता, द्वितीय विशिष्ट मानसिक योग्यता

15. बुद्धि के बहुकारक सिद्धान्त के मुख्य समर्थक थॉर्नडाइक थे। निम्नलिखित में से कौन-सा कथन इस सिद्धान्त के अनुरूप है?

(a) बुद्धि कई तत्त्वों का समूह होती है और प्रत्येक तत्त्व में कोई सूक्ष्म योग्यता निहित होती है
(b) कुछ मानसिक क्रियाओं में एक प्रमुख तत्त्व सामान्य रूप से विद्यमान होता है, जो उन क्रियाओं के कई ग्रुप होते हैं, उनमें अपना एक प्रमुख तत्त्व होता है
(c) व्यक्ति का बौद्धिक व्यवहार अनेक स्वतन्त्र योग्यताओं पर निर्भर करता है, किन्तु इन स्वतन्त्र योग्यताओं का क्षेत्र सीमित होता है
(d) सभी प्रकार के मानसिक कार्यों में दो प्रकार की मानसिक योग्यताओं की आवश्यकता होती है प्रथम सामान्य मानसिक योग्यता, द्वितीय विशिष्ट मानसिक योग्यता

16. निम्नलिखित में से कौन-सा आलोचनात्मक दृष्टिकोण 'बहु-बुद्धि सिद्धान्त' (Theory of Multiple Intelligences) से सम्बद्ध नहीं है?

(a) यह शोधाधारित नहीं है
(b) विभिन्न बुद्धियाँ भिन्न-भिन्न विद्यार्थियों के लिए विभिन्न पद्धतियों की माँग करती हैं
(c) प्रतिभाशाली विद्यार्थी प्रायः एक क्षेत्र में ही अपनी विशिष्टता प्रदर्शित करते हैं
(d) इसका कोई अनुभावात्मक आधार नहीं है

17. बहुबुद्धि सिद्धान्त निम्नलिखित निहितार्थ देता है सिवाय

(a) संवेगात्मक बुद्धि, बुद्धि-लब्धि से सम्बन्धित नहीं है
(b) बुद्धि प्रक्रमण संक्रियाओं का एक विशिष्ट समुच्चय है, जिसका उपयोग एक व्यक्ति द्वारा समस्या समाधान के लिए किया जाता है
(c) विषयों को विभिन्न तरीकों से प्रस्तुत किया जा सकता है
(d) विविध तरीकों से सीखने का आकलन किया जा सकता है

18. आजकल बुद्धि-परीक्षण का उपयोग शिक्षा जगत् में हो रहा है। बुद्धि-परीक्षण का निम्नलिखित में से कौन-सा उपयोग बालक के विकास के दृष्टिकोण से सही नहीं है?
(a) शैक्षिक मार्गदर्शन
(b) बुद्धि-परीक्षण के परिणाम के आधार पर अधिक बुद्धि वाले बालकों पर अन्य बालकों की तुलना में अधिक ध्यान देना
(c) अच्छी अधिगम प्रणाली के प्रयोग के लिए बुद्धि-परीक्षण करना
(d) बुद्धि-परीक्षण के आधार पर छात्रों का वर्गीकरण करना

19. 20 वर्षीय बच्चा बुद्धि-लब्धि परीक्षण में 120 अंक प्राप्त करता है उसकी मानसिक आयु ····· वर्ष होगी।
(a) 15 (b) 24
(c) 8 (d) 14

20. बुद्धि-लब्धांक प्राप्त करने का सही सूत्र है
(a) $\frac{\text{मानसिक आयु}}{\text{कालानुक्रमिक आयु}} \times 100$
(b) $\frac{\text{कालानुक्रमिक आयु}}{\text{मानसिक आयु}} \times 100$
(c) $\frac{\text{मानसिक आयु}}{\text{कालानुक्रमिक आयु}} \times 125$
(d) $\frac{\text{कालानुक्रमिक आयु}}{\text{मानसिक आयु}} \times 125$

21. फ्रांसीसी मनोवैज्ञानिक अल्फ्रेड बिने एवं उसके साथी साइमन ने बुद्धि के मापन के आधार के लिए किसे सर्वाधिक उपयुक्त पाया?
(a) बच्चों की रुचि को
(b) बच्चों के निर्णय, स्मृति, तर्क एवं आंकिक जैसे मानसिक कार्यों को
(c) बच्चों की शारीरिक क्षमता को
(d) उपरोक्त में से कोई नहीं

22. यदि किसी बालक की मानसिक आयु 12 वर्ष एवं वास्तविक आयु 10 वर्ष हो, तो उसका बुद्धि-लब्धांक कितना होगा?
(a) 120
(b) 100
(c) 124
(d) 130

23. आप आठवीं कक्षा के अध्यापक हैं। आप इस कक्षा के एक छात्र का बुद्धि-लब्धांक 130 से अधिक पाते हैं, तो इसका अर्थ है कि वह ····· बालक है।
(a) मन्द बुद्धि
(b) औसत बुद्धि
(c) अति श्रेष्ठ बुद्धि
(d) सामान्य बुद्धि

24. निम्नलिखित में से किस कथन से बुद्धि एवं बुद्धि-परीक्षण के महत्त्व का पता चलता है?
A. व्यावसायिक मार्गदर्शन में बुद्धि-परीक्षण की भूमिका अहम होती है।
B. बुद्धि-परीक्षणों द्वारा प्रत्येक छात्र की सही उन्नति के मार्ग को प्रशस्त किया जाता है।
C. अनुसन्धान के विभिन्न घटकों का चयन करना होता है तो बुद्धि भी एक आधार होता है ताकि कम-से-कम त्रुटि हो।
(a) A और B (b) केवल B
(c) B और C (d) ये सभी

25. आजकल बुद्धि-परीक्षण का उपयोग शिक्षा जगत् में व्यापक रूप से हो रहा है। निम्नलिखित में से कौन-सा शिक्षा जगत् में बुद्धि-परीक्षण के सदुपयोग का एक उदाहरण है?
A. बुद्धि-परीक्षण के आधार पर छात्रवृत्ति सुनिश्चित करना
B. बुद्धि-परीक्षण के आधार पर छात्रों के लिए अधिगम प्रणाली का चयन करना
C. बुद्धि-परीक्षण के आधार पर छात्रों को परामर्श देना
(a) केवल A
(b) A और B
(c) B और C
(d) उपरोक्त सभी

26. एक अच्छे शिक्षक के रूप में व्यक्ति को बुद्धि-परीक्षण के परिणाम जानने के बाद निम्नलिखित में से किस व्यवहार से बचना चाहिए?
(a) परिणाम के आधार पर सुधार के लिए परामर्श देना
(b) परिणाम के आधार पर कम बुद्धि वाले बच्चों का चयन कर उन्हें कठिन कार्य करने से रोकना
(c) बुद्धि-परीक्षण का उपयोग अनुसन्धान में बच्चों का व्यापक सहयोग लेने के लिए करना
(d) शिक्षक को बुद्धि-परीक्षण के परिणाम के आधार पर कोई भी कार्य नहीं करना चाहिए

27. एक शिक्षिका अपने शिक्षार्थियों की विभिन्न अधिगम-शैलियों को सन्तुष्ट करने के लिए वैविध्यपूर्ण कार्यों का उपयोग करती है। वह ········· से प्रभावित है।
(a) पियाजे के संज्ञानात्मक विकास के सिद्धान्त
(b) कोह्लबर्ग के नैतिक विकास के सिद्धान्त
(c) गार्डनर के बहुबुद्धि सिद्धान्त
(d) वाइगोत्स्की के सामाजिक-सांस्कृतिक सिद्धान्त

28. बुद्धि लब्धांश सामान्यत: ········· रूप से शैक्षणिक निष्पादन से सम्बन्धित होते हैं।
(a) मध्यम (b) कम-से-कम
(c) पूर्ण (d) उच्च

29. बहुबुद्धि सिद्धान्त निम्नलिखित निहितार्थ देता है सिवाय
(a) संवेगात्मक बुद्धि, बुद्धि-लब्धि से सम्बन्धित नहीं है
(b) बुद्धि प्रक्रमण संक्रियाओं का एक विशिष्ट समुच्चय है, जिसका उपयोग एक व्यक्ति द्वारा समस्या समाधान के लिए किया जाता है
(c) विषयों को विभिन्न तरीकों से प्रस्तुत किया जा सकता है
(d) विविध तरीकों से सीखने का आकलन प्रस्तुत किया जा सकता है।

30. 16 वर्षीय बच्चा बुद्धि-लब्धि परीक्षण में 75 अंक प्राप्त करता है उसकी मानसिक आयु .... वर्ष होगी।
(a) 15 (b) 12 (c) 8 (d) 14

31. ········· के अतिरिक्त बुद्धि के निम्नलिखित पक्षों को स्टर्नबर्ग के त्रितन्त्र सिद्धान्त में सम्बोधित किया गया है।
(a) सन्दर्भगत (b) अवयवभूत
(c) सामाजिक (d) आनुभविक

32. हावर्ड गार्डनर का बुद्धि का सिद्धान्त ········· पर बल देता है।
(a) शिक्षार्थियों में अनुबन्धित कौशलों
(b) सामान्य बुद्धि
(c) विद्यालय में आवश्यक समान योग्यताओं
(d) प्रत्येक व्यक्ति की विलक्षण योग्यताओं

33. मानव बुद्धि एवं विकास की समझ शिक्षक ········· को योग्य बनाती है।
(a) निष्पक्ष रूप से अपने शिक्षण-अभ्यास
(b) शिक्षण के समय शिक्षार्थियों के संवेगों पर नियन्त्रण बनाए रखने
(c) विविध शिक्षार्थियों के शिक्षण के बारे में स्पष्टता
(d) शिक्षार्थियों को यह बताने कि वे अपने जीवन को कैसे सुधार सकते हैं?

34. निम्नलिखित में से कौन-सा आलोचनात्मक दृष्टिकोण 'बहु-बुद्धि सिद्धान्त' (Theory of Multiple Intelligences) से सम्बद्ध नहीं है?
(a) यह शोधाधारित नहीं है
(b) विभिन्न बुद्धियाँ भिन्न-भिन्न विद्यार्थियों के लिए विभिन्न पद्धतियों की माँग करती हैं
(c) प्रतिभाशाली विद्यार्थी प्राय: एक क्षेत्र में ही अपनी विशिष्टता प्रदर्शित करते हैं
(d) इसका कोई अनुभावात्मक आधार नहीं है

35. 'बहु-बुद्धि सिद्धान्त' को वैध नहीं माना जा सकता, क्योंकि
(a) विशिष्ट परीक्षणों के अभाव में भिन्न बुद्धियों (different intelligences) का मापन सम्भव नहीं है
(b) यह सभी सात बुद्धियों को समान महत्त्व नहीं देता है
(c) यह केवल अब्राहम मैस्लों के जीवन-भर के सुदृढ़ अनुभावात्मक अध्ययन पर आधारित है
(d) यह सर्वाधिक महत्त्वपूर्ण सामान्य बुद्धि 'g' के अनुकूल (सुसंगत) नहीं है

36. निम्न में से कौन-सा स्टर्नबर्ग का बुद्धि का त्रिस्तरीय सिद्धान्त का एक रूप है?
(a) व्यावहारिक बुद्धि
(b) प्रायोगिक बुद्धि
(c) संसाधनपूर्ण बुद्धि
(d) गणितीय बुद्धि

37. किसने सबसे पहले बुद्धि परीक्षण का निर्माण किया?
(a) डेविड वैश्लर
(b) अल्फ्रेड बिने
(c) चार्ल्स एडवर्ड स्पीयरमैन
(d) रॉबर्ट स्टर्नबर्ग

38. जब बच्चे एक अवधारणा को सीखते हैं और उसका प्रयोग करते हैं, तो अभ्यास उनके द्वारा की जाने वाली त्रुटियों को कम करने में मदद करता है। यह विचार ……… के द्वारा दिया गया।
(a) ई.एल. थॉर्नडाइक
(b) जीन पियाजे
(c) जे.बी. वॉटसन
(d) लेव वाइगोत्स्की

39. निम्नलिखित में से कौन-सा कौशल संवेगात्मक बुद्धि से संबंधित है?
(a) याद करना (b) गतिक करना
(c) विचार करना (d) सहानुभूति देना

40. इनमें से कौन-सा त्रितन्त्रीय सिद्धान्त में व्यावहारिक बुद्धि का अभिप्राय नहीं है?
(a) पर्यावरण का पुनर्निर्माण करना
(b) केवल अपने विषय में व्यावहारिक रूप से विचार करना
(c) इस प्रकार के पर्यावरण का चयन करना जिसमें आप सफल हो सकते हैं
(d) पर्यावरण के साथ अनुकूलन करना

41. कक्षा-अध्यापक ने राघव को अपनी कक्षा में अपने की-बोर्ड पर स्वयं द्वारा तैयार किया गया मधुर संगीत बजाते हुए देखा। कक्षा-अध्यापक ने विचार किया कि राघव में ……… बुद्धि उच्च स्तरीय थी।
(a) शारीरिक-गतिबोधक
(b) संगीतमय
(c) भाषायी
(d) स्थानिक

42. ऑउट-ऑफ-द-बॉक्स चिंतन किससे संबंधित है?
(a) अनुकूल चिंतन
(b) स्मृति आधारित चिंतन
(c) अपसारी चिंतन
(d) अभिसारी चिंतन

43. बुद्धि है
(a) सामर्थ्यों का एक समुच्चय
(b) एक अकेला और जातीय विचार
(c) दूसरों के अनुकरण करने की योग्यता
(d) एक विशिष्ट योग्यता

44. हॉवर्ड गार्डनर का बहुबुद्धि सिद्धान्त सुझाता है कि
(a) बुद्धि को केवल बुद्धिलब्धि (IQ) परीक्षा से ही निर्धारित किया जा सकता है
(b) शिक्षक को चाहिए कि विषयवस्तु को वैकल्पिक विधियों से पढ़ाने के लिए बहुबुद्धियों को एक रूपरेखा की तरह ग्रहण करे
(c) क्षमता भाग्य है और एक अवधि के भीतर नहीं बदलती
(d) हर बच्चे को प्रत्येक विषय आठ भिन्न तरीकों से पढ़ाया जाना चाहिए ताकि सभी बुद्धियाँ विकसित हों।

उत्तरमाला

1	(c)	2	(d)	3	(a)	4	(c)	5	(c)	6	(d)	7	(b)	8	(c)	9	(a)	10	(d)
11	(a)	12	(a)	13	(b)	14	(d)	15	(a)	16	(c)	17	(b)	18	(b)	19	(b)	20	(a)
21	(b)	22	(a)	23	(c)	24	(d)	25	(d)	26	(b)	27	(c)	28	(d)	29	(b)	30	(b)
31	(c)	32	(d)	33	(c)	34	(c)	35	(a)	36	(a)	37	(b)	38	(a)	39	(d)	40	(b)
41	(b)	42	(a)	43	(c)	44	(b)												

अध्याय 08

भाषा और चिन्तन

भाषा

भाषा (Language) भावों को अभिव्यक्त करने का एक माध्यम है। मनुष्य पशुओं से इसलिए श्रेष्ठ है, क्योंकि उसके पास अभिव्यक्ति के लिए एक ऐसी भाषा होती है, जिसे लोग समझ सकते हैं।
भाषा बौद्धिक क्षमता को भी अभिव्यक्त करती है। बहुत-से लोग वाणी और भाषा दोनों का प्रयोग एक-दूसरे के पर्यायवाची के रूप में करते हैं, परन्तु दोनों में बहुत अन्तर है।

हरलॉक ने दोनों शब्दों को निम्नलिखित रूप में स्पष्ट किया है
भाषा में बातचीत के वे सभी साधन आते हैं, जिसमें विचारों और भावों को प्रतीकात्मक बना दिया जाता है, जिससे कि अपने विचारों और भावों को दूसरे से अर्थपूर्ण ढंग से कहा जा सके। वाणी भाषा का एक स्वरूप है, जिसमें अर्थ को दूसरों को अभिव्यक्त करने के लिए कुछ ध्वनियाँ या शब्द उच्चारित किए जाते हैं। वाणी भाषा का एक विशिष्ट अंग है। भाषा व्यापक सम्प्रत्यय है। वाणी, भाषा का एक माध्यम है।

बालकों में भाषा का विकास

बालक के विकास के विभिन्न आयाम होते हैं। भाषा का विकास (Language Development) भी उन्हीं आयामों में से एक है। भाषा को अन्य कौशलों की तरह अर्जित किया जाता है। यह अर्जन बालक के जन्म के बाद ही प्रारम्भ हो जाता है। अनुकरण, वातावरण के साथ अनुक्रिया तथा शारीरिक, सामाजिक एवं मनोवैज्ञानिक आवश्यकताओं की पूर्ति की माँग इसमें विशेष भूमिका निभाती है।

भाषा के भाग

अध्ययन के दृष्टिकोण से भाषा को निम्नलिखित भागों में बाँटा जा सकता है, जो निम्न प्रकार हैं

1. **स्वनिम** (Phoneme) यह ध्वनि की सबसे छोटी इकाई होती है, जिनका अपने आप में कोई विशेष अर्थ नहीं होता है, लेकिन यदि हम स्वनिम को किसी शब्द के साथ लगा देते हैं तो ये उसका अर्थ परिवर्तन कर देते हैं; जैसे—अ, आ, ई, त इत्यादि।
2. **रूपिम** (Morphem) रूपिम शब्द का छोटा रूप होता है। जब बच्चे को स्वनिम का ज्ञान हो जाता है तो वह शब्दों को सीखना आरम्भ कर देता है। बौद्धिक विकास पूर्ण न होने के कारण वह छोटे-छोटे शब्दों को बोलना सीखता है। इनका स्वयं में भी अर्थ है।

   उदाहरणस्वरूप—अच्छा, आना, तबला, आँख इत्यादि।
3. **वाक्य-विन्यास** (Syntactically) भाषा का नियम वाक्य-विन्यास के अन्तर्गत आता है। वाक्य-विन्यास का अर्थ होता है- वाक्य की संरचना से अर्थात् कर्ता, कर्म तथा क्रिया का उचित स्थान पर निर्धारण। वाक्य-विन्यास के अन्तर्गत हर शब्द को क्रमिक रूप से रखा जाता है। उदाहरण—''रमेश खाना खा रहा है।'' इस वाक्य के सभी शब्द क्रम में हैं। यदि हम लिखते हैं कि 'खाना रमेश खा रहा है' तो यह वाक्य क्रम में न होने के कारण गलत है।
4. **अर्थविन्यास** (Semetic) जब वाक्य में दिए गए सभी शब्द अर्थपूर्ण हों तो उसे अर्थ विन्यास कहा जाता है। उदाहरण के लिए—रमेश कॉफी पीता है, इस वाक्य के सभी शब्द अर्थपूर्ण हैं, लेकिन इस वाक्य को हम ऐसे नहीं बोल सकते कि रमेश कॉफी खाता है, क्योंकि कॉफी को खाया नहीं पिया जाता है।

भाषा विकास की प्रारम्भिक अवस्था

इस अवस्था में एक तरह से बालक ध्वनि संकेतों से युक्त भाषा को समझने और प्रयोग करने के लिए स्वयं को तैयार करता हुआ प्रतीत होता है, जिसकी अभिव्यक्ति उसकी निम्न प्रकार की कोशिश तथा क्रियाओं के रूप में होती है

- सबसे पहले चरण के रूप में बालक जन्म लेते ही रोने, चिल्लाने की कोशिश करता है।
- रोने-चिल्लाने की कोशिशों के साथ ही वह अन्य ध्वनि या आवाजें भी निकालने लगता है। ये ध्वनियाँ पूर्णत: स्वाभाविक, स्वयं द्वारा उत्पन्न एवं प्राकृतिक होती हैं, इन्हें सीखा नहीं जाता।
- उपरोक्त क्रियाओं के बाद बालकों में बड़बड़ाने की क्रियाएँ तथा कोशिश शुरू हो जाती हैं। इस बड़बड़ाने के माध्यम से बालक स्वर तथा व्यंजन ध्वनियों के अभ्यास का अवसर पाते हैं।
- बालक कुछ भी दूसरों से सुनते हैं तथा जैसा उनकी समझ में आता है उसी रूप में वे उन्हीं ध्वनियों को किसी-न-किसी रूप में दोहराते हैं। इनके द्वारा स्वरों जैसे अ, ई, उ, ऐ इत्यादि को व्यंजनों त, म, न, क इत्यादि से पहले उच्चरित किया जाता है।
- हाव-भाव (Expression) तथा इशारों की भाषा भी बालकों को धीरे-धीरे समझ में आने लगती है। इस अवस्था में वे प्राय: एक-दो स्वर-व्यंजन ध्वनियाँ निकाल कर उसकी पूर्ति अपने हाव-भाव तथा कोशिशों से करते दिखाई देते हैं।

भाषा सीखने के विभिन्न साधन

मनोवैज्ञानिकों ने भाषा सीखने के अनेक साधन बताए हैं, जो इस प्रकार हैं

1. **कहानी सुनना** (Story Listening) बालक अपने माता-पिता तथा परिवार के अन्य सदस्यों से कहानियाँ सुनता है, जिनकी सहायता से वह बोलना सीखता है।
2. **प्रश्नोत्तर के द्वारा** (Questionnaire) बालक स्वभाव से ही जिज्ञासु प्रवृत्ति का होता है। उसके मन में कई प्रकार के प्रश्न उठते हैं, जिन्हें वह अपने घर में रहने वाले सदस्यों से पूछता है तथा उनसे उत्तर पाता है। इस प्रक्रिया के अन्तर्गत बालकों के ज्ञान के अतिरिक्त भाषा का भी विकास होता है।
3. **अनुकरण** (Imitation) इसका अर्थ नकल करना होता है। बालक अपने घर के सदस्यों द्वारा बोले गए वाक्य का अनुकरण करता है तथा इस माध्यम से वह अपनी भाषा का विकास करता है।
4. **बात-चीत** (Conversation) बातचीत के माध्यम से भी भाषा का विकास होता है। बालकों में बात करने की प्रवृत्ति अधिक पाई जाती है।

भाषा का महत्त्व

1. **इच्छाओं और आवश्यकताओं की सन्तुष्टि** (Satisfaction of Needs and Desire) भाषा व्यक्ति को अपनी आवश्यकता, इच्छा, पीड़ा अथवा मनोभाव दूसरे के समक्ष व्यक्त करने की क्षमता प्रदान करती है, जिससे दूसरा व्यक्ति सरलता से उसकी आवश्यकताओं को समझकर उससे सम्बन्धित समाधान प्रदान करता है।
2. **ध्यान को आकर्षित करने के लिए** (For Seeking Attention) सभी बालक चाहते हैं कि उनकी ओर लोग ध्यान दें इसलिए वे अभिभावकों से प्रश्न पूछकर, कोई समस्या प्रस्तुत करके तथा विभिन्न तरीकों का प्रयोग कर उनका ध्यान अपनी ओर आकर्षित करते हैं।
3. **सामाजिक सम्बन्ध के लिए** (For Social Relation) भाषा के माध्यम से ही कोई व्यक्ति समाज के साथ आपसी ताल-मेल विकसित कर पाता है। भाषा के जरिए अपने विचारों को अभिव्यक्त कर समाज में अपनी भूमिका निर्धारित करता है। अन्तर्मुखी बालक समाज से कम अन्तःक्रिया करते हैं, इसलिए उनका पर्याप्त सामाजिक विकास नहीं होता।
4. **सामाजिक मूल्यांकन के लिए महत्त्व** (Importance for Social Evaluation) बालक समाज के लोगों के साथ किस तरह का व्यवहार करता है? कैसे बोलता है? इन प्रश्नों के उत्तर के माध्यम से उसका सामाजिक मूल्यांकन होता है।
5. **शैक्षिक उपलब्धि का महत्त्व** (Importance of Educational Achievement) भाषा का सम्बन्ध बौद्धिक क्षमता से है। यदि बालक अपने विचारों को भाषा के जरिए अभिव्यक्त करने में सक्षम नहीं होता, तो इसका अर्थ है कि उसकी शैक्षिक उपलब्धि पर्याप्त नहीं है।
6. **दूसरों के विचारों को प्रभावित करने के लिए** (For Effecting Other's Ideas) जिन बच्चों की भाषा प्रिय, मधुर एवं ओजस्वी होती है वे अपने समूह, परिवार अथवा समाज के व्यक्तियों को प्रभावित करते हैं। लोग उन्हीं को अधिक महत्त्व देते हैं, जिनका भाषा व्यवहार प्रभावपूर्ण होता है।

भाषा विकास के सिद्धान्त

1. बैण्ड्यूरा का सिद्धान्त

बैण्ड्यूरा ने अपने सामाजिक सीखने के सिद्धान्त में अनुकरण पर बलपूर्वक कहा कि बालक अपने परिवार तथा आस-पड़ोस में प्रयोग की जाने वाली भाषा को अनुकरण या नकल के माध्यम से सीखता है। बालकों को जिस प्रकार का वाक्य एवं शब्द सुनने को मिलता है, उसे वह आसानी से सीख लेता है। एल्बर्ट बैण्ड्यूरा ने इस बात पर भी बल दिया कि प्रतिरूपण (मॉडलिंग) भी बच्चों के सीखने में महत्त्वपूर्ण भूमिका निभाती है।

2. परिपक्वता का सिद्धान्त

परिपक्वता (Maturity) का तात्पर्य है कि भाषा अवयवों एवं स्वरों पर नियन्त्रण होना। बोलने में जिह्वा, गला, तालु, होंठ, दाँत तथा स्वर यन्त्र आदि जिम्मेदार होते हैं इनमें किसी भी प्रकार की कमजोरी या कमी वाणी को प्रभावित करती है। इन सभी अंगों में जब परिपक्वता होती है, तो भाषा पर नियन्त्रण होता है और अभिव्यक्ति अच्छी होती है।

3. अनुबन्धन का सिद्धान्त

भाषा विकास में अनुबन्धन (Conditional) या साहचर्य का बहुत योगदान है। शैशवावस्था में जब बच्चे शब्द सीखते हैं, तो सीखना अमूर्त नहीं होता है, बल्कि किसी मूर्त वस्तु से जोड़कर उन्हें शब्दों की जानकारी दी जाती है। इसी तरह बच्चे विशिष्ट वस्तु या व्यक्ति से साहचर्य स्थापित करते हैं और अभ्यास हो जाने पर सम्बद्ध वस्तु या व्यक्ति की उपस्थिति पर सम्बन्धित शब्द से सम्बोधित करते हैं।

4. अनुकरण का सिद्धान्त

चैपिनीज, शर्ली, कर्टी तथा वैलेण्टाइन आदि मनोवैज्ञानिकों ने अनुकरण (Imitation) के द्वारा भाषा सीखने पर अध्ययन किया है। इनका मत है कि बालक अपने परिवारजनों तथा साथियो की भाषा का अनुकरण करके सीखते हैं। जैसी भाषा जिस समाज या परिवार में बोली जाती है बच्चे उसी भाषा को सीखते हैं। यदि बालक के समाज या परिवार में प्रयुक्त भाषा में कोई दोष हो, तो उस बालक की भाषा में भी दोष परिलक्षित होता है।

5. चोमस्की का भाषा अर्जित करने का सिद्धान्त

चोमस्की का कहना है कि बच्चे शब्दों की निश्चित संख्या से कुछ निश्चित नियमों का अनुकरण करते हुए वाक्यों का निर्माण करना सीख जाते हैं। इन शब्दों से नए-नए वाक्यों एवं शब्दों का निर्माण होता है। इन वाक्यों का निर्माण बच्चे जिन नियमों के अन्तर्गत करते हैं, उन्हें चोमस्की ने जेनेरेटिव ग्रामर की संज्ञा प्रदान की है।

भाषा विकास को प्रभावित करने वाले विभिन्न कारण

1. **स्वास्थ्य** (Health) जिन बच्चों का स्वास्थ्य जितना अच्छा होता है उनमें भाषा के विकास की गति उतनी तीव्र होती है।
2. **बुद्धि** (Intelligence) **हरलॉक** के अनुसार, जिन बच्चों का बौद्धिक स्तर उच्च होता है उनमें भाषा विकास अपेक्षाकृत कम बुद्धि वालों से अच्छा होता है। टर्मन, फिशर एवं यम्बा का मानना है कि तीव्र बुद्धि बालकों का उच्चारण और शब्द भण्डार अधिक होता है।
3. **सामाजिक-आर्थिक स्थिति** (Socio Economic Condition) बालकों की भाषा का विकास प्रत्यक्ष रूप से उनकी सामाजिक अंतर्क्रिया, माता-पिता, सहयोगियों, मित्र एवं उनके देखभाल करने वालों पर निर्भर करता है। बच्चे वही बोलते हैं जो सोचते एवं सुनते हैं। इस प्रकार से वे नए शब्दों का संग्रह करते हैं। बालकों का सामाजिक-आर्थिक स्तर भी

भाषा विकास को प्रभावित करता है। यही कारण है कि ग्रामीण क्षेत्र में पढ़ने वाले बालकों की शाब्दिक क्षमता शहरी या अन्य पब्लिक स्कूल में पढ़ने वाले बालकों से कम होती है।

4. **परिवार का आकार** (Size of Family) छोटे परिवार में बालक की भाषा का विकास बड़े आकार के परिवार से अच्छा होता है, क्योंकि छोटे आकार के परिवार में माता-पिता अपने बच्चे के प्रशिक्षण में उनसे बातचीत के जरिए अधिक ध्यान देते हैं।
5. **बहुजन्म** (Multi-birth) कुछ ऐसे अध्ययन हुए हैं, जिनसे प्रमाणित होता है कि यदि एक साथ अधिक सन्तानें उत्पन्न होती हैं, तो उनमें भाषा विकास विलम्ब से होता है। इसका कारण है कि बच्चे एक-दूसरे का अनुकरण करते हैं और दोनों ही अपरिपक्व होते हैं। उदाहरण के लिए यदि एक बच्चा गलत उच्चारण करता है तो उसी की नकल करके दूसरा भी वैसा ही उच्चारण करेगा।
6. **द्वि-भाषावाद** (Billingualism) यदि द्वि-भाषी परिवार है, उदाहरण के लिए यदि पिता हिन्दी बोलने वाला और माँ शुद्ध अंग्रेजी बोलने वाली हो, तो ऐसे में बच्चों का भाषा विकास प्रभावित होता है। वह दो भाषा बोलना सीख लेता है।
7. **संवेगात्मक तनाव** (Emotional Stress) जिन बच्चों के संवेगों या भावों का कठोरता से दमन कर दिया जाता है ऐसे बच्चों का भाषा विकास देर से होता है।
8. **व्यक्तित्व** (Personality) फुर्तीले, चुस्त (Active) और बहिर्मुखी (Extrovert) स्वभाव वाले बच्चों का भाषा विकास अन्तर्मुखी स्वभाव के बच्चों की अपेक्षा अधिक जल्दी और बेहतर होता है।
9. **प्रशिक्षण विधि** (Training Method) प्रशिक्षण विधि भी भाषा विकास को प्रभावित करती है। भाषा के बारे में यदि सैद्धान्तिक रूप से शिक्षा दी जाए एवं उनका प्रयोग व्यावहारिक रूप से न किया जाए तो उस भाषा में अभिव्यक्ति कौशल का पर्याप्त विकास नहीं हो पाता।

भाषा विकार

- यदि बालक अपने स्वर यन्त्रों पर नियन्त्रण नहीं रख पाता, तो उसमें भाषा दोष उत्पन्न हो जाता है।
- भाषा दोष से ग्रसित बालक समाज से कतराने लगते हैं। उनमें हीनता की भावना का विकास हो जाता है और वे सामान्यतः अन्तर्मुखी (ontrovrt) स्वभाव के हो जाते हैं।
- भाषा दोष शैक्षिक विकास को भी प्रतिकूल रूप से प्रभावित करता है। मुख्यतः भाषा दोष निम्नलिखित प्रकार के होते हैं
  - ध्वनि परिवर्तन
  - अस्पष्ट उच्चारण
  - हकलाना
  - तुतलाना
  - तीव्र अस्पष्ट वाणी
- समस्या समाधान के लिए चिन्तन इस उदाहरण से स्पष्ट होता है मान लीजिए कि आप अपने नए विद्यालय समय पर पहुँचने के लिए अपने घर से विद्यालय तक का सबसे छोटा रास्ता ढूँढ रहे हैं। आपके चयन को कई कारक निर्देशित कर सकते हैं; जैसे- सड़क की दशा, स्कूल का समय, यातायात का घनत्व, सड़क पर चलते हुए सुरक्षा इत्यादि।

अन्ततः इन सभी कारकों को ध्यान में रखते हुए आप सबसे उत्तम मार्ग का ही निर्णय लेते हैं। इसलिए इस जैसी साधारण सी समस्या के लिए भी चिन्तन आवश्यक है। इस समस्या का समाधान हमारे पर्यावरण एवं पूर्व अनुभव से प्राप्त सूचनाओं के आधार पर होता है।

चिन्तन

चिन्तन (Thought) एक ऐसी गतिविधि है, जो मानव के मस्तिष्क में हमेशा गतिशील रहती है, चिन्तन की क्रिया तब आरम्भ होती है, जब व्यक्ति समस्याओं से घिरा होता है तथा उसके समाधान के लिए विभिन्न साधनों के बारे में सोचता है। चिन्तन एक विश्लेषणात्मक पद्धति है तथा मानव स्वभाव की एक सामान्य प्रक्रिया है। चिन्तन कई प्रकार की मानसिक संरचनाओं पर निर्भर करता है; जैसे—संकल्पना एवं तर्क।

संकल्पना

- संकल्पना (Concepts) चिन्तन का एक मुख्य तत्त्व है। संकल्पनाएँ वस्तुओं, क्रियाओं, विचारों व जीवित प्राणियों का प्रतिनिधित्व करती हैं।
- संकल्पना के अन्तर्गत किसी के लक्षण, जैसे—मीठा, खट्टा, किसी के भाव; जैसे—क्रोध, भय तथा दो या अधिक वस्तुओं के बीच सम्बन्ध जैसे—उससे अच्छा, इससे खराब आदि की बात की जाती है।
- संकल्पनाएँ ऐसी मानसिक संरचनाएँ हैं, जो हमारे ज्ञान को क्रमबद्ध रूप प्रदान करती हैं। हम उनका सीधे निरीक्षण नहीं कर सकते हैं, लेकिन हम उनका व्यवहार द्वारा अनुमान लगा सकते हैं।
- मनुष्य होने के कारण हमारे पास वस्तुओं, घटनाओं या प्रत्यक्ष की गई बातों के आवश्यक लक्षणों को अमूर्त रूप में धारण करने की शक्ति होती है।

तर्क

- तर्क (Arguments) भी चिन्तन का एक मुख्य पक्ष है। इस प्रक्रिया में अनुमान संलग्न है। तर्क, तर्कपूर्ण विचार व समस्या के समाधान में उपयोगी होता है।
- यह उद्देश्यपूर्ण होता है और तथ्यों के आधार पर निष्कर्ष निकाले जाते हैं व निर्णय लिए जाते हैं।
- तर्क में हम पर्यावरण से प्राप्त जानकारी और मस्तिष्क में एकत्र सूचनाओं का कतिपय नियमों के अन्तर्गत उपयोग करते हैं।
- तर्क दो प्रकार का होता है-निगमन और आगमन। निगमन तर्क में हम पहले दिए गए कथन के आधार पर निष्कर्ष निकालने का प्रयास करते हैं, जबकि आगमन तर्क में हम उपलब्ध प्रमाण से निष्कर्ष निकालने से आरम्भ करते हैं।
- अधिकतर वैज्ञानिक तर्क आगमन प्रकृति के होते हैं। वैज्ञानिक हों या साधारण व्यक्ति कुछ घटनाओं के आधार पर सभी के लिए कुछ सामान्य नियम होते तर्क पर बल देते हैं।

सृजनात्मक चिन्तन

- सृजनात्मक चिन्तन (Creative Thought), चिन्तन की एक नवीनतम तकनीक है। यह बालकों में किसी विषय, तथ्य, घटना, वस्तु इत्यादि के बारे में सोचने का नवीन दृष्टिकोण विकसित करता है।
- सृजनात्मक चिन्तन खोज, आविष्कार, मौलिकता को जन्म देती है, इसे अपसारी चिन्तन (Divergent thinking) भी कहा जाता है। यह विचार किसी व्यक्ति के मन-मस्तिष्क में अचानक ही सृजित होता है।
- शिक्षण की प्रक्रिया में अध्यापक विद्यार्थियों को प्रोत्साहित करते हैं कि वे विषय-वस्तु के बारे में उन्हें सृजनशील बनने की ओर प्रोत्साहित करते हैं।
- यह चिन्तन किसी भी व्यक्ति में हो सकता है, चाहे वह खिलाड़ी हो, डॉक्टर हो, कलाकार हो। यह चिन्तन कार्य करने की वैज्ञानिक तकनीक को जन्म देती है।

अभ्यास प्रश्न

1. यदि किसी बालक द्वारा अभिव्यक्ति के लिए प्रयुक्त भाषा वाक्य संरचना की दृष्टि से तो सही है, किन्तु अर्थ की दृष्टि से गलत है, तो इसे सुधारने के लिए आप क्या करेंगे?
(a) उसे उन वाक्यों से सम्बन्धित व्याकरण के बारे में बताएँगे।
(b) उसे स्वयं उन वाक्यों को सही से बोलकर बताएँगे।
(c) उसे सही वाक्य संरचना के बारे में उसके साथी से ज्ञात करने के लिए कहेंगे।
(d) उसकी शिकायत उसके अभिभावक से करेंगे और उसके अभिभावक को यह सलाह देंगे कि अपने बच्चे को सही से बोलना सिखाएँ।

2. 'वह नित्य गाने की कसरत करता है' वाक्य
(a) वाक्य-विन्यास की दृष्टि से सही है, लेकिन अर्थ-विज्ञान की दृष्टि से गलत है।
(b) अर्थ-विज्ञान की दृष्टि से सही है, लेकिन वाक्य-विन्यास की दृष्टि से गलत है।
(c) अर्थ-विज्ञान एवं वाक्य-विन्यास दोनों की दृष्टि से सही है।
(d) अर्थ-विज्ञान एवं वाक्य-विन्यास दोनों की दृष्टि से गलत है।

3. निम्नलिखित में से कौन-से युग्म के सही होने की सम्भावना सबसे कम है?

(a)	बच्चे भाषा के बारे में निश्चित ज्ञान के साथ प्रवेश करते हैं	चोमस्की
(b)	भाषा और विचार प्रारम्भ में दो भिन्न गतिविधियाँ हैं	वाइगोत्स्की
(c)	भाषा विचार पर आधारित है	पियाजे
(d)	भाषा वातावरण में एक उद्दीपक है	बी. एफ. स्किनर

4. 'दौड़ते हुए स्कूल जा रहा था राम का भाई' वाक्य
(a) वाक्य-विन्यास की दृष्टि से सही है, लेकिन अर्थ-विज्ञान की दृष्टि से गलत है।
(b) अर्थ-विज्ञान की दृष्टि से सही है, लेकिन वाक्य-विन्यास की दृष्टि से गलत है।
(c) अर्थ-विज्ञान एवं वाक्य-विन्यास दोनों की दृष्टि से सही है।
(d) अर्थ-विज्ञान एवं वाक्य-विन्यास दोनों की दृष्टि से गलत है।

5. वाक्य की सार्थक लघुतम इकाई, जिसमें एक या अधिक ध्वनियों का प्रयोग हुआ हो, ... कहलाता है।
(a) रूपिम
(b) वाक्यांश
(c) मुहावरा
(d) स्वनिम

6. परिपक्वता का सिद्धान्त सम्बन्धित है
(a) भाषा विकास से (b) सृजनात्मकता से
(c) मूल्यांकन से (d) समावेशी शिक्षा

7. निम्नलिखित में से कौन-सा कारक भाषा विकास को प्रभावित करता है?
A. स्वास्थ्य
B. परिवार का आकार
C. लिंगीय भिन्नता
D. परिपक्वता
(a) A और B (b) C और D
(c) B और C (d) ये सभी

8. निम्नलिखित में से कौन-सी एक भाषा दोष/विकार से सम्बन्धित नहीं है?
(a) ध्वनि परिवर्तन (b) तुतलाना
(c) हकलाना (d) स्पष्ट उच्चारण

9. निम्नलिखित में से कौन-सा तरीका भाषा सीखने का साधन है?
(a) कहानी सुनना
(b) प्रश्नोत्तर के माध्यम से
(c) अनुकरण द्वारा
(d) उपरोक्त सभी

10. यदि आपकी कक्षा में एक छात्र दोषयुक्त है, तो आप किसी सामान्य छात्र की तुलना में उसमें क्या पाएँगे?
(a) उस छात्र का अपने स्वर यन्त्रों पर नियन्त्रण नहीं है।
(b) वह कक्षा में अन्य छात्रों की तुलना में अधिक बोलता है।
(c) भाषा दोष के कारण वह अधिक शैक्षिक उपलब्धियाँ हासिल करता है।
(d) वह कक्षा में किसी अन्य छात्र से पिछड़ा नहीं है।

11. चिन्तन के सन्दर्भ में निम्नलिखित कथनों पर विचार कीजिए
A. चिन्तन का सम्बन्ध वास्तविकता से होता है।
B. चिन्तन तर्क प्रधान होता है।
C. चिन्तन के लिए किसी समस्या का होना आवश्यक नहीं है।
उपरोक्त में से कौन-सा/से कथन सत्य है/हैं?
(a) केवल A (b) केवल B
(c) केवल C (d) ये सभी

12. किसी बच्चे के चिन्तन में आयु के बढ़ने के साथ-साथ किसकी प्रधानता बढ़ती है?
(a) तर्क की (b) सामान्यीकरण
(c) आत्मकेन्द्रीकरण (d) जीववाद की

13. किसी बच्चे में चिन्तन का प्रमुख कारण क्या है?
A. समस्या समाधान करना
B. निर्णय लेने की क्षमता
C. वातावरण के प्रति चैतन्य समायोजन करने हेतु
(a) केवल A (b) A और B
(c) केवल C (d) ये सभी

14. 'यदि पृथ्वी पर वर्षा होना सदा के लिए रुक जाए तो इसका परिणाम क्या होगा?' इस प्रकार के प्रश्नों के उत्तर के लिए .... की आवश्यकता पड़ती है।
(a) अभिसारी चिन्तन
(b) समस्या समाधान
(c) सृजनात्मक चिन्तन
(d) सामान्य चिन्तन

15. 'यदि किसी व्यक्ति के पास पाँच आम हैं, इसमें से वह दो आम अपने एक मित्र को तथा एक आम अपनी पत्नी को देता है, तो उसके पास कितने आम शेष बचेंगे?' इस प्रकार के प्रश्नों के उत्तर के लिए जिस चिन्तन की आवश्यकता होती है, उसे .... कहा जाता है।
(a) अभिसारी चिन्तन (b) सृजनात्मक चिन्तन
(c) मूल्यांकन (d) आलोचना

16. सृजनात्मक चिन्तन होता है
(a) उच्च अपसारी चिन्तन
(b) अभिसारी चिन्तन
(c) मूल्यांकन
(d) भाषा विकास

17. निम्नलिखित में से कौन-सी समस्या-समाधान की वैज्ञानिक पद्धति का पहला चरण है?
(a) प्राक्कल्पना का निर्माण करना
(b) प्राक्कल्पना का परीक्षण करना
(c) समस्या के प्रति जागरूकता
(d) प्रासंगिक जानकारी को एकत्र करना

18. चिन्तन के सूचना प्रक्रमण सिद्धान्त में निम्नलिखित चरण आते हैं
A. प्रतिक्रिया क्रियान्वयन
B. प्रतिक्रिया चयन
C. पूर्व-प्रक्रमण
D. श्रेणीकरण
उपरोक्त चरणों का सही क्रम है
(a) B, D, C, A (b) C, A, D, B
(c) C, B, D, A (d) C, D, B, A

19. भाषा में अर्थ की सबसे छोटी इकाई ………. है।
(a) स्वनिम
(b) संकेत प्रयोग विज्ञान (प्रैगमैटिक्स)
(c) वाक्य
(d) रूपिम

20. थ, फ, च ध्वनियाँ हैं
(a) स्वनिम
(b) रूपिम
(c) लेखीम
(d) शब्दिम

21. भाषा विकास में सहयोग करने का कौन-सा तरीका गलत है?
(a) बच्चे को बिना टोके प्रकरण पर बात करना
(b) उसकी अपनी भाषा के प्रयोग को अमान्य करना
(c) उसके प्रयोगों का समर्थन करना
(d) भाषा के प्रयोग के अवसर उपलब्ध करना

22. एक बच्चा अपनी मातृभाषा सीख रहा है व दूसरा बच्चा वही भाषा द्वितीय भाषा के रूप में सीख रहा है। दोनों निम्नलिखित में से कौन-सी समान प्रकार की त्रुटि कर सकते हैं?
(a) अधिकाधिक सामान्यीकरण
(b) सरलीकरण
(c) विकासात्मक
(d) अत्यधिक संशुद्धता

23. ध्वनि सम्बन्धी जागरूकता निम्नलिखित में से किस क्षमता से सम्बन्धित है?
(a) ध्वनि संरचना पर चिन्तन करना व उसमें हेर-फेर करना
(b) सही-सही वह धाराप्रवाह बोलना
(c) जानना, समझना व लिखना
(d) व्याकरण के नियमों में दक्ष होना

24. एल्बर्ट बैण्ड्यूरा के सामाजिक अधिगम सिद्धान्त के अनुसार निम्न में से कौन-सा सही है?
(a) खेल अनिवार्य है और उसे विद्यालय में प्राथमिकता दी जानी चाहिए
(b) बच्चों के सीखने के लिए प्रतिरूपण (मॉडलिंग) एक मुख्य तरीका है
(c) अनसुलझा संकट बच्चे को नुकसान पहुँचा सकता है।
(d) संज्ञानात्मक विकास सामाजिक विकास से स्वतन्त्र है

25. आर्जव तर्क देता है कि भाषा विकास व्यक्ति की नैसर्गिक प्रवृत्ति से प्रभावित होता है, जबकि सोनाली महसूस करती है कि यह परिवेश से प्रभावित होता है। आर्जव और सोनाली के बीच यह चर्चा किस विषय में है?
(a) चुनौतीपूर्ण तथा संवेदनशील भावना
(b) स्थिरता तथा अस्थिरता पर बहस
(c) सतत तथा असतत अधिगम
(d) प्रकृति तथा पालन-पोषण पर वाद-विवाद

26. भारत में भाषिक विभिन्नता बहुत है। इस सन्दर्भ में विशेषकर कक्षा I और II के प्राथमिक स्तर पर बहुभाषिक कक्षाओं के बारे में सर्वथा उपयुक्त कथन है।
(a) विद्यालय में उन्हीं बच्चों को प्रवेश दिया जाए जिनकी मातृभाषा वही हो, जो शिक्षा के लिए अपनाई जा रही हो।
(b) शिक्षक को सभी भाषाओं का सम्मान करना चाहिए और सभी भाषाओं में अभिव्यक्ति के लिए बच्चों को प्रोत्साहित करना चाहिए।
(c) जो बच्चे कक्षा में मातृभाषा का उपयोग करते हैं अध्यापक को उनकी उपेक्षा करनी चाहिए।
(d) शिक्षार्थियों को अपनी मातृभाषा या स्थानीय भाषा का प्रयोग करने पर दण्डित किया जाए।

27. भारत में भाषिक विभिन्नता बहुत है। इस सन्दर्भ में विशेषकर कक्षा I और II के प्राथमिक स्तर पर बहुभाषिक कक्षाओं के बारे में सर्वथा उपयुक्त कथन है।
(a) विद्यालय में उन्हीं बच्चों को प्रवेश दिया जाए जिनकी मातृभाषा वही हो जो शिक्षा के लिए अपनाई जा रही हो
(b) शिक्षक को सभी भाषाओं को सम्मान करना चाहिए और सभी भाषाओं में अभिव्यक्ति के लिए बच्चों को प्रोत्साहित करना चाहिए
(c) जो बच्चे कक्षा में मातृभाषा का उपयोग करते हैं अध्यापक को उनकी उपेक्षा करनी चाहिए
(d) शिक्षार्थियों को अपनी मातृभाषा या स्थानीय भाषा का प्रयोग करने पर दण्डित किया जाए

28. भारत में अधिकांश कक्षाएँ बहुभाषी होती हैं इसे शिक्षक द्वारा ………. के रूप में देखा जाना चाहिए।
(a) परेशानी (b) समस्या
(c) संसाधन (d) बाधा

29. अपने चिन्तन में अवधारणात्मक परिवर्तन लाने हेतु शिक्षार्थियों को सक्षम बनाने के लिए शिक्षक को
(a) उन बच्चों को पुरस्कार देना चाहिए, जिन्होंने अपने चिन्तन में परिवर्तन किया है।
(b) बच्चों को स्वयं चिन्तन करने के लिए हतोत्साहित करना चाहिए और उनसे कहना चाहिए कि वे शिक्षिका को सुनें और उसका अनुपालन करें।
(c) व्याख्यान के रूप में व्याख्या प्रस्तुत करनी चाहिए।
(d) स्पष्ट और आश्वस्त करने वाली व्याख्या देनी चाहिए तथा शिक्षार्थियों के साथ चर्चा करनी चाहिए।

उत्तरमाला

1	(b)	2	(a)	3	(c)	4	(b)	5	(a)	6	(a)	7	(d)	8	(d)	9	(d)	10	(a)
11	(d)	12	(a)	13	(d)	14	(c)	15	(a)	16	(a)	17	(c)	18	(d)	19	(a)	20	(a)
21	(b)	22	(c)	23	(c)	24	(d)	25	(b)	26	(b)	27	(b)	28	(c)	29	(d)		

अध्याय 09

समाज निर्माण में लैंगिक मुद्दे

लैंगिक मुद्दे

लैंगिक (Gender) असमानता का आधार स्त्री और पुरुष की जैविक बनावट ही नहीं, बल्कि इन दोनों के बारे में प्रचलित रूढ़ छवियाँ और स्वीकृत सामाजिक मान्यताएँ हैं।

लड़के और लड़कियों के पालन-पोषण के क्रम में यह मान्यता उनके मन में बैठा दी जाती है कि महिलाओं की मुख्य जिम्मेदारी गृहस्थी चलाने और बच्चों का पालन-पोषण करने की है। यह तथ्य अधिकतर परिवारों के श्रम के लैंगिक विभाजन से झलकता है।

महिलाएँ घरेलू कार्य करती हैं; जैसे— भोजन बनाना, सफाई करना, कपड़े धोना आदि, जबकि पुरुष घर के बाहर का काम करते हैं। ऐसा नहीं है कि पुरुष ये सारे काम नहीं कर सकते। दरअसल वे सोचते हैं कि ऐसे कामों को करना महिलाओं की जिम्मेदारी है।

लिंग के आधार पर श्रम का विभाजन

- यह कार्य के बँटवारे का वह तरीका है, जिसमें घर के अन्दर के सारे काम परिवार की औरतें करती हैं या अपनी देख-रेख में घरेलू नौकरों/नौकरानियों से कराती हैं।
- श्रम के इस तरह के विभाजन का परिणाम यह हुआ है कि औरत तो घर की चारदीवारी के अन्दर सिमट कर रह गई है और बाहर का सार्वजनिक जीवन पुरुषों के कब्जे में आ गया है। मनुष्य जाति की आबादी में महिलाओं का हिस्सा आधा है पर सार्वजनिक जीवन में खासकर राजनीति में उनकी भूमिका नगण्य ही है।
- पहले महिलाओं को सार्वजनिक जीवन से सम्बन्धित बहुत-से अधिकार प्राप्त नहीं थे। दुनिया के अलग-अलग भागों में महिलाओं ने अपने संगठन बनाए और बराबरी के अधिकार हासिल करने के लिए आन्दोलन किए। विभिन्न देशों में महिलाओं को मतदान का अधिकार प्रदान करने के लिए आन्दोलन हुए। इन आन्दोलनों में महिलाओं के राजनीतिक और वैधानिक दर्जे को ऊँचा उठाने और उनके लिए शिक्षा तथा रोजगार के अवसर बढ़ाने की माँग की गई।
- मूल बदलाव की माँग करने वाले महिला आन्दोलनों ने महिलाओं के व्यक्तिगत और पारिवारिक जीवन में भी बराबरी की माँग उठाई। इन आन्दोलनों को नारीवादी आन्दोलन कहा जाता है।
- लैंगिक विभाजन की राजनीतिक अभिव्यक्ति और इस सवाल पर राजनीतिक गोलबन्दी ने सार्वजनिक जीवन में महिलाओं की भूमिका को बढ़ाने में मदद की। आज हम वैज्ञानिक, डॉक्टर, इंजीनियर, प्रबन्धक, कॉलेज और विश्वविद्यालयी शिक्षक जैसे पेशों में बहुत-सी महिलाओं को पाते हैं, जबकि पहले इन कामों को महिलाओं के लायक नहीं माना जाता था। दुनिया के कुछ हिस्सों; जैसे— स्वीडन, नार्वे और फिनलैण्ड जैसे स्कैंडिनेवियाई देशों में सार्वजनिक जीवन में महिलाओं की भागीदारी का स्तर काफी ऊँचा है।
- हमारे देश में आजादी के बाद से महिलाओं की स्थिति में काफी सुधार हुआ है पर वे अभी भी पुरुषों से काफी पीछे हैं। हमारा समाज अभी भी पितृ-प्रधान है। महिलाओं के साथ अभी भी कई तरह के भेदभाव एवं उनका शोषण होता है।
- महिलाओं में साक्षरता की दर अभी भी मात्र 65% है, जबकि पुरुषों में 82%। इसी प्रकार स्कूल पास करने वाली लड़कियों की एक सीमित संख्या ही उच्च शिक्षा की ओर कदम बढ़ा पाती हैं।
- जब हम स्कूली परीक्षाओं के परिणाम पर गौर करते हैं तो देखते हैं कि कई जगह लड़कियों ने बाजी मार ली है और कई जगहों पर उनका प्रदर्शन लड़कों से बेहतर नहीं तो कमतर भी नहीं है, लेकिन आगे की पढ़ाई के दरवाजे उनके लिए बन्द हो जाते हैं, क्योंकि माता-पिता अपने संसाधनों को लड़के-लड़की दोनों पर बराबर खर्च करने की जगह लड़कों पर ज्यादा खर्च करना पसन्द करते हैं।
- समान मजदूरी से सम्बन्धित अधिनियम में कहा गया है कि समान काम के लिए समान मजदूरी दी जाएगी, किन्तु काम के प्रत्येक क्षेत्र में यानी खेल-कूद की दुनिया से लेकर सिनेमा के संसार तक और कल- कारखानों से लेकर खेत-खलिहान तक महिलाओं को पुरुषों की तुलना में कम मजदूरी मिलती है, भले ही दोनों ने समान काम किया हो।
- भारत के अनेक हिस्सों में आज भी माता-पिता को लड़के की चाह होती है। लड़की को जन्म लेने से पहले ही खत्म कर देने के तरीके इसी मानसिकता से पनपते हैं।

पूर्वाग्रह और रूढ़िवाद के कारण लैंगिक भेदभाव

- सामान्यत: पूर्वाग्रह एवं रूढ़िबद्धता के कारण लैंगिक भेदभाव दिखाई पड़ता है।

- जब किसी व्यक्ति, जाति, वर्ग या वस्तु के बारे में कोई ऐसी धारणा बन जाती है, जो वास्तविकता से परे हो, उन्हें रूढ़िबद्ध धारणाएँ कहते हैं। उदाहरणस्वरूप भारत में अधिकतर घरों में लड़कियाँ घरेलू कार्य करती हैं। इसी के आधार पर कोई व्यक्ति सभी लड़कियों से यही अपेक्षा करे कि लड़कियाँ केवल घर का कार्य करने के लिए ही बनी हैं, तो इस प्रकार की धारणा को रूढ़िबद्ध धारणा कहा जाता है।
- यदि कोई शिक्षक विद्यालय में आए अतिथि की खान-पान सम्बन्धी सेवा के लिए विद्यालय की लड़कियों को ही नियुक्त करना चाहता है, तो यह उस शिक्षक की रूढ़िबद्ध धारणा को दर्शाता है।
- पूर्वाग्रह का सम्बन्ध पक्षपात से है। इसमें पूर्व के विचारों के आधार पर किसी से भेदभाव किया जाता है। सामान्यत: हमारे समाज में लैंगिक भेदभाव का कारण पूर्वाग्रह भी है। उदाहरण के लिए 'लड़के, लड़कियों से अधिक बुद्धिमान होते हैं, यह लैंगिक पूर्वाग्रह का उदाहरण है। लैंगिक पूर्वाग्रह के कारण ही समाज में यह मान्यता प्रचलित है कि लड़के ही वृद्धावस्था में माँ-बाप का सहारा होते हैं।
- विद्यालय की गायन एवं नृत्य प्रतियोगिता के लिए विद्यार्थियों को तैयार करते समय लड़कियों को वरीयता देना भी लैंगिक पूर्वाग्रह का उदाहरण है।
- लड़कियों को खेलने से वंचित करना भी लैंगिक पूर्वाग्रह का उदाहरण है। इसके पीछे यह धारणा है कि लड़कियों का शरीर खेल-कूद के लिए उपयुक्त नहीं होता, जो पूर्णत: गलत है।
- यह कहना कि लड़कियों को घरेलू कार्य के ज्ञान पर अधिक जोर देना चाहिए, क्योंकि अन्तत: उन्हें गृहस्थी ही सँभालनी है। इस प्रकार की धारणा रूढ़िबद्धता को प्रदर्शित करती है।
- सामान्यत: यह माना जाता है कि स्त्रियों में स्मृति कौशल अपेक्षाकृत अधिक होता है, जबकि पुरुषों में गत्यात्मक योग्यता अधिक होती है, किन्तु यह प्रत्येक स्थिति के लिए सत्य नहीं है।
- स्त्रियाँ भी गत्यात्मक योग्यता में पुरुषों के समान अथवा अधिक एवं पुरुष भी स्मृति कौशल के मामले में स्त्रियों के समान या अधिक हो सकते हैं, जैसा कि हम सामान्यत: देखते हैं।
- इसलिए शिक्षकों को इस प्रकार की जानकारी होनी चाहिए ताकि किसी के व्यक्तित्व के बारे में उसकी धारणा लैंगिक पूर्वाग्रह या रूढ़िबद्धता से प्रभावित न हो।

विद्यालय में लैंगिक भेदभाव

- विद्यालय में भी लैंगिक भेदभाव (Gender Differentiation in School) दिखाई पड़ता है, जोकि शिक्षकों के पक्षपातपूर्ण दृष्टिकोण को दर्शाता है। इस प्रकार का पक्षपातपूर्ण दृष्टिकोण संविधान के मानवीय एवं नैतिक दृष्टिकोण से भी पूर्णत: गलत है।
- विद्यालय में लैंगिक भेदभाव न हो इसके लिए यह आवश्यक है कि शिक्षकों को लिंग-पक्षपातपूर्ण व्यवहारों का अधिसंज्ञान हो अर्थात् उन्हें लिंग-भेद से सम्बन्धित विभिन्न पूर्वाग्रहों एवं रूढ़िबद्धता का ज्ञान हो, तभी वे इस प्रकार के व्यवहार को हतोत्साहित कर सकते हैं। शिक्षकों को रूढ़िबद्ध धारणाओं से बचना चाहिए एवं लड़कों व लड़कियों से समान व्यवहार करना चाहिए।
- शिक्षकों को लैंगिक पूर्वाग्रह एवं रूढ़िबद्धता से ऊपर उठकर सभी छात्र एवं छात्राओं को पढ़ाई, खेल-कूद, विद्यालय समारोह आदि में समान अवसर उपलब्ध कराना चाहिए।
- समाज से लैंगिक पूर्वाग्रह एवं रूढ़िबद्धता को समाप्त करने के लिए शिक्षकों का यह दायित्व है कि वह उदाहरण देकर छात्र-छात्राओं को यह समझाएँ कि लड़कियाँ भी घर के बाहर का कार्य करती हैं, जैसे कि आजकल लड़कियाँ सेना, खेल-कूद, जैसे क्षेत्रों में भी अच्छे प्रदर्शन कर रही हैं। इसी प्रकार घरेलू कार्य में लड़कों को भी सहयोग करना चाहिए। इस प्रकार के विचारों के प्रसार में शुरुआत में थोड़ी कठिनाई अवश्य हो सकती है, किन्तु इसके दूरगामी परिणाम होंगे।
- समाज से लैंगिक पूर्वाग्रह एवं रूढ़िबद्धता को समाप्त करने के लिए विद्यालय-परिसर में लगे बुलेटिन-बोर्डों में पुरुषों को घर का काम करते हुए एवं बच्चों की देखभाल करते हुए चित्र तथा स्त्रियों को घर के बाहर के काम; जैसे— मोटरसाइकिल एवं ट्रेन चलाते हुए तथा ऑफिस के कार्य सँभालते हुए चित्र दर्शाना चाहिए।
- कई बार यह देखने को मिलता है कि कोई लड़का नृत्य-संगीत अथवा फैशन में अधिक रुचि लेता है, किन्तु उसके शिक्षक एवं अभिभावक उसे ऐसे करियर से दूर रहकर अभियान्त्रिकी (Engineering) पढ़ने की सलाह देते हैं, क्योंकि उनका मानना होता है कि नृत्य-संगीत अथवा फैशन जैसे क्षेत्र लड़कियों के लिए उचित हैं।
- यदि रुचि एवं उत्साह को नजरअन्दाज कर किसी बालक को अन्य करियर अपनाने की सलाह दी जाती है तो इसका प्रतिकूल प्रभाव उसकी सफलता पर पड़ता है एवं उसके असफल होने की सम्भावना अधिक होती है।
- कई बार यह भी देखने को मिलता है कि लड़कियों को जीवविज्ञान या गृहविज्ञान के क्षेत्र में करियर बनाने की सलाह दी जाती है, भले ही उसकी रुचि भौतिकशास्त्र एवं गणित में क्यों न हो। इस प्रकार का निर्देशन एवं परामर्श पूर्णत: गलत है। कल्पना चावला एवं सुनीता विलियम्स ने इस बात का अच्छा उदाहरण प्रस्तुत किया है कि गणित, भौतिकशास्त्र एवं अभियान्त्रिकी में लड़कियाँ भी बेहतर प्रदर्शन कर सकती हैं।
- अध्यापकों को एक ऐसा वातावरण स्थापित करना चाहिए, जिससे कि कक्षा (class) में दोनों वर्गों को समान रखा जाए।
- लिंग के आधार पर प्रोत्साहित करने के लिए बालिकाओं के लिए भारत सरकार एवं राज्य सरकारों ने कई योजनाएँ चला रखी हैं उदाहरण स्वरूप-बेटी बचाओ-बेटी पढ़ाओ, लाड़ली योजना, सुकन्या समृद्धि योजना, मुख्यमन्त्री बालिका साइकिल योजना, बालिका पोशाक योजना इत्यादि।

लैंगिक भेदभाव उत्पन्न करने वाले कारक

लैंगिक आधार पर भेदभाव की समस्या प्राचीन काल से ही चली आ रही है, जोकि आधुनिक काल में भी विद्यमान है। मनोवैज्ञानिकों ने लैंगिक भेदभाव के निम्नलिखित कारक बताए हैं

1. **धार्मिक कारक** (Deligious Factor) समाज धर्म द्वारा स्थापित प्राचीन मानदण्ड पर आधारित होता है। कुछ धर्मों में ऐसी मान्यता है कि लड़कियों को घर से बाहर नहीं जाना चाहिए, इस कारण वे शिक्षा से वंचित हो जाती हैं। संकीर्ण पारिवारिक एवं सामाजिक सोच भी लड़कियों को शिक्षा से मीलों दूर रखती है।
2. **आर्थिक कारक** (Economic Factor) आर्थिक रूप से कमजोर समाज/परिवार में लड़कों को अधिक प्राथमिकता दी जाती है, क्योंकि वे आय के स्रोत होते हैं। ऐसे परिवेश में लड़कियों का सर्वांगीण विकास अवरुद्ध हो जाता है।
3. **स्त्रियों का निम्न स्तर** (Low Level of Women) समाज में स्त्रियों को निम्न दर्जा दिया जाता था तथा लैंगिक भेदभाव के कारण परिवार एवं समाज द्वारा उनकी शिक्षा व्यवस्था पर ध्यान नहीं दिया जाता था, परिणामस्वरूप स्त्रियों का मानसिक विकास अवरुद्ध हो जाता था। इससे महिलाएँ स्वयं को उपेक्षित महसूस करती थी तथा विकास की मुख्य धारा में नहीं जुड़ पाती थी।

4. **लड़कियों का कम आयु में विवाह** (Marriage of Girls at Minor Age) पहले लड़कियों का विवाह बहुत कम आयु में हो जाता था तथा उन्हें पढ़ाया नहीं जाता था, जबकि लड़कों को पढ़ाया जाता था, इससे लड़कियों का मानसिक विकास अवरुद्ध हो जाता था।

5. **सांस्कृतिक कारक** (Cultural Factor) प्राचीनकालीन समाज से प्रभावित व्यक्ति लड़कियों को पढ़ाने के पक्ष में नहीं होते हैं। यह आज भी भारत की कुछ जनजातियों एवं समाजों में देखने को मिलता है।

6. **व्यक्तित्व कारक** (Personality Factor) लड़के एवं लड़कियों का व्यक्तित्व अलग-अलग होता है। लड़कियों में संवेगात्मक विकास लड़कों की अपेक्षा अधिक होता है अर्थात् उनमें कोमलता, सहनशीलता का भाव पाया जाता है। दोनों का व्यक्तित्व अलग होने के कारण उनमें भेदभाव उत्पन्न होता है।

7. **मनोवैज्ञानिक कारक** (Psychology Factor) शिक्षा के प्रति कभी-कभी लड़कियों की मनोवैज्ञानिक धारणा संकीर्ण होती है। उनके मन में यह भाव होता है कि पढ़-लिख कर क्या करना है, आखिर तो घर का ही काम करना है।

अभ्यास प्रश्न

1. छात्र एवं छात्राओं के बीच लैंगिक प्रभावों को कम करने के लिए उपयुक्त उपाय है
A. छात्राओं को छात्रों के समान अधिकार देना।
B. छात्राओं को छात्रों के समान कार्य के समान अवसर उपलब्ध कराना।
C. छात्राओं को छात्रों के समान शैक्षिक योग्यता की समानता उपलब्ध कराना।
(c) केवल A (b) केवल B
(c) केवल C (d) ये सभी

2. विज्ञान के प्रयोगों में, सामान्यत: लड़के उपकरणों का नियन्त्रण अपने हाथों में लेते हैं और लड़कियों से आँकड़ों को रिकॉर्ड करने अथवा बर्तनों को धोने के लिए कहते हैं। यह प्रवृत्ति यह दर्शाती है कि
(c) लड़कियाँ नाजुक होने के कारण ऐसे काम करना पसन्द करती हैं जिनमें ऊर्जा की खपत कम होती है।
(b) लड़कियाँ बेहतरीन अवलोकनकर्ता होती हैं और बिना किसी गलती के आँकड़ों का रिकॉर्ड रखती है।
(c) पुरुष और स्त्री की रूढ़िबद्ध भूमिकाएँ विद्यालय में भी होती हैं।
(d) लड़के उपकरणों को ज्यादा कुशलता से सँभाल सकते हैं, क्योंकि वे इस प्रकार के कार्यों को करने में प्राकृतिक रूप से सक्षम होते हैं।

3. एक अच्छी पाठ्य-पुस्तक .... से बचाती है।
(c) लैंगिक समानता
(b) सामाजिक उत्तरदायित्व
(c) लैंगिक पूर्वाग्रह
(d) लैंगिक संवेदनशीलता

4. ''पुरुष, स्त्रियों की अपेक्षा ज्यादा बुद्धिमान होते हैं।'' यह कथन
(c) सही हो सकता है।
(b) लैंगिक पूर्वाग्रह को प्रदर्शित करता है।
(c) बुद्धि के भिन्न पक्षों के लिए सही है।
(d) सही है।

5. ''स्त्रियों का हस्तलेख पुरुषों की अपेक्षा अधिक अच्छा रहता है, जबकि पुरुष गणित एवं तर्क योग्यता में अधिक योग्य होते हैं।'' यह कथन
(c) पूर्णतः सत्य है।
(b) लैंगिक पूर्वाग्रह को दर्शाता है।
(c) प्रगतिशील चिन्तन को दर्शाता है।
(d) बौद्धिक योग्यता के सन्दर्भ में सत्य है।

6. ''लड़कियों को घर के काम-काज में अधिक ध्यान देने के लिए कहना'' .... को दर्शाता है।
(c) रूढ़िबद्धता
(b) प्रगतिशील चिन्तन
(c) मनोवैज्ञानिक चिन्तन
(d) मनोवैज्ञानिक प्रवृत्ति

7. छात्राओं से लैंगिक भेदभाव का प्रतिकूल प्रभाव निम्नलिखित में से किस पर पड़ता है?
A. उनके सामाजिक उत्थान पर
B. उनके सामाजिक दृष्टिकोण पर
C. उनके शैक्षणिक विकास पर
(c) केवल A (b) केवल C
(c) केवल B (d) ये सभी

8. आप एक शिक्षक होने के नाते अपनी कक्षा की छात्राओं का शिक्षण कैसे करेंगे?
(c) कक्षा के छात्रों से अलग कर उन्हें घर के काम-धन्धों की जानकारी देना
(b) छात्रों को सिलाई-बुनाई के कामों में अधिक रुचि लेने की सलाह देना
(c) सभी छात्र व छात्राओं की समान रूप से शिक्षण व्यवस्था करना।
(d) छात्राओं पर अवांछित टिप्पणी करके जिससे कि वे स्वयं को विशिष्ट न समझें

9. एक अध्यापक को अपनी कक्षा में .... को नकारना चाहिए।
(c) छात्र-छात्राओं के पठन सम्बन्धी विकारों को
(b) छात्र-छात्राओं के मध्य लैंगिक भेदभाव को
(c) छात्र-छात्राओं के व्यवहार सम्बन्धी विकारों को
(d) छात्र-छात्राओं के झगड़ों से सम्बन्धित मुद्दों को

10. लैंगिक भेदभाव को दूर करने के लिए शिक्षा व्यवस्था में आवश्यक उपाय है
(c) छात्र-छात्राओं के लिए असमान प्रावधान
(b) छात्र-छात्राओं के लिए समान प्रावधान
(c) छात्र-छात्राओं के लिए विशिष्ट प्रावधान
(d) उपरोक्त में से कोई नहीं

11. छात्राओं के निजी संसार पर निम्नलिखित में से किसका प्रभाव पड़ता है?
A. लैंगिक भेदभाव का
B. सामाजिक मान्यताओं का
C. परिवार में उनके स्थान का
(c) केवल A (b) केवल B
(c) B और C (d) ये सभी

12. विद्यालय में लैंगिक भेदभाव के कारण छात्राओं की मनोदशा पर पड़ने वाला प्रभाव है
(c) वे विद्यालय में प्रसन्न रहती हैं।
(b) वे विद्यालय जाने से कतराती हैं।
(c) पढ़ाई से उन्हें विरक्ति होने लगती है।
(d) उनका शैक्षिक विकास बेहतर होता है।

13. ''भारत की 2011 की जनगणना में लिंग अनुपात 2001 की जनगणना के अनुसार 927 से घटकर 914 ही रह गया है।'' इसका सर्वाधिक प्रमुख कारण निम्नलिखित में से क्या हो सकता है?
(c) लैंगिक भेदभाव
(b) स्त्री-शिक्षा को बढ़ावा देना
(c) स्त्री-शिक्षा में कमी
(d) स्त्रियों का खराब स्वास्थ्य

14. निम्नलिखित में से कौन-सा कारक लैंगिक भेदभाव उत्पन्न करता है?
A. सामाजिक कारक
B. सांस्कृतिक कारक

C. आर्थिक कारक
D. मनोवैज्ञानिक कारक
(c) A और B (b) B और D
(c) C और A (d) A, B, C और D

15. **लैंगिक भेदभाव को दूर करने में एक शिक्षक की भूमिका हो सकती है**
(c) वह लैंगिक मुद्दों से सम्बन्धित रूढ़िबद्ध धारणाओं को हतोत्साहित करे
(b) वह लड़कों को कठिन कार्यों एवं लड़कियों को सरल कार्य में लगाए
(c) वह लड़कों को समझाए कि उन्हें घरेलू कार्यों में संलग्न नहीं होना चाहिए, क्योंकि घरेलू कार्य लड़कियों के लिए उपयुक्त होते हैं।
(d) उसे लड़कों को खेल-कूद में रुचि रखने एवं लड़कियों को सिलाई-बुनाई का काम सीखने के लिए प्रेरित करना चाहिए।

16. **एक विद्यालय में किसी अतिथि का आगमन होने वाला है। दसवीं कक्षा की एक लड़की विद्यालय में आए अतिथि का स्वागत करने की इच्छुक नहीं है, जबकि उसी लड़की की कक्षा में पढ़ने वाला एक अन्य लड़का विद्यालय में आने वाले उस अतिथि का स्वागत करने का इच्छुक है। किन्तु आयोजक विद्यालय में आने वाले उस अतिथि को माला पहनाने एवं उनकी आरती उतारने के लिए उस लड़की का चयन करता है, क्योंकि वह अत्यन्त सुन्दर एवं सुशील है। इस चयन में वह लड़के की रुचि एवं उत्साह की अवहेलना करता है। इस प्रकार का चयन**
(c) सही है, क्योंकि सामान्यतः विद्यालय में आए अतिथि के स्वागत के लिए सुन्दर लड़कियों के चयन का प्रचलन है
(b) सही है, क्योंकि लड़कों को सामान्यतः इस प्रकार के कार्यों में नही लगाया जाता
(c) सही नहीं है और यह लैंगिक रुढ़िबद्धता को दर्शाता है
(d) सही नहीं है, क्योंकि इससे लड़का एवं लड़की दोनों नाराज होते हैं

17. **राज्य स्तर की एक एकल-गायन प्रतियोगिता के लिए विद्यार्थियों को तैयार करते समय एक विद्यालय लड़कियों को वरीयता देता है। यह दर्शाता है**
(c) लैंगिक पूर्वाग्रह
(b) वैश्विक प्रवृत्तियाँ
(c) प्रयोजनात्मक उपागम
(d) प्रगतिशील चिन्तन

18. **विद्यालय में लिंग-भेदभाव से बचने का सर्वोत्तम तरीका हो सकता है**
(c) पुरुष एवं महिला शिक्षकों को समान संख्या में भर्ती करना
(b) विद्यालय में लिंग-भेदभाव को दूर करने के लिए नियम बनाना और कड़ाई से उसका पालन करवाना
(c) संगीत प्रतियोगिता के लिए लड़कियों की अपेक्षा अधिक लड़कों का चयन करना
(d) शिक्षकों द्वारा उनके लिंग-पक्षपातपूर्ण व्यवहारों का अधिसंज्ञान

19. **मोनिका, जो गणित की शिक्षिका है, राधिका से एक प्रश्न पूछती है। राधिका से कोई उत्तर न मिलने पर वह तुरन्त मोहन से दूसरा प्रश्न पूछती है। जब उसे महसूस होता है कि मोहन उत्तर बताने में संघर्ष कर रहा है तो वह अपने प्रश्न के शब्दों को बदलती है। मोनिका की यह प्रवृत्ति यह प्रदर्शित करती है कि वह**
(c) अपने सवाल के प्रति थोड़ा घबरा गई है
(b) मोहन का पक्ष लेकर लिंग भूमिकाओं में रूढ़िबद्धता को बढ़ावा दे रही है
(c) राधिका को किसी उलझनपूर्ण स्थिति में नहीं डालना चाह रही
(d) इस तथ्य से पूर्णतः परिचित है कि राधिका सवालों के जवाब देने के योग्य नहीं है

20. **कक्षा में जेण्डर रूढ़िबद्धता से बचने के लिए एक शिक्षक को**
(c) लड़कों को जोखिम उठाने और निर्भीक बनने के लिए प्रोत्साहित करना
(b) लड़के-लड़कियों को एकसाथ अपारम्परिक भूमिकाओं में रखना चाहिए
(c) 'अच्छी लड़की', 'अच्छा लड़का' कहकर शिक्षार्थियों के अच्छे कार्य की सराहना करनी चाहिए।
(d) कुश्ती में भाग लेने के लिए लड़कियों को निरुत्साहित करना।

21. **कक्षा-कक्ष में जेण्डर (लिंग) विभेद**
(c) शिक्षार्थियों के निष्पादन को प्रभावित नहीं करता है।
(b) शिक्षार्थियों के ह्रासोन्मुख प्रयासों अथवा निष्पादन का कारण बन सकता है।
(c) पुरुष शिक्षार्थियों के वृद्धि-उन्मुख प्रयासों अथवा निष्पादन का कारण बन सकता है।
(d) महिला शिक्षकों की अपेक्षा पुरुष शिक्षकों के द्वारा अधिक किया जाता है।

22. **छात्राएँ**
(c) गणित के सवाल अच्छे से सीखती हैं लेकिन उन्हें तब कठिनाई आती है, जब उनसे उनके तर्क के बारे में पूछा जाता है।
(b) अपनी आयु के लड़कों की तरह गणित में अच्छी हैं।
(c) अपनी आयु के लड़कों की तुलना में स्थानिक अवधारणाओं में कम कुशलतापूर्ण निष्पादन करती हैं।
(d) भाषिक और संगीत सम्बन्धी अधिक क्षमताएँ रखती हैं।

23. **लड़कों एवं लड़कियों के विषय में कुछ कथन नीचे दिए गए हैं। आपके अनुसार इनमें से कौन-सा सही है?**
(c) लड़कों को घर के बाहर के कार्यों में सहायता करनी चाहिए
(b) लड़कों को घर के कार्यों में सहायता करनी चाहिए।
(c) सभी लड़कों को विज्ञान तथा लड़कियों को गृह विज्ञान पढ़ाया जाना चाहिए
(d) लड़कियों को घर के कार्यों में सहायता करनी चाहिए

24. **जब एक शिक्षक यह समझता है कि स्वाभाविक रूप से लड़के गणित में लड़कियों से अच्छे हैं, यह दर्शाता है कि अध्यापक है**
(c) लिंग (जेण्डर) पक्षपाती
(b) शिक्षाप्रद
(c) सही दृष्टिकोण वाला
(d) नीतिपरक

25. **एक सहशिक्षा कक्षा में लड़कों से शिक्षक यह कहता है, "लड़के बनो और लड़कियों जैसा व्यवहार मत करो।" यह टिप्पणी**
(c) जातीय भेद-भाव का परिचायक है
(b) लड़के-लड़कियों के साथ व्यवहार का एक अच्छा उदाहरण है
(c) लड़के-लड़कियों में भेद-भाव की रूढ़िबद्ध धारणा प्रकट करती है
(d) लड़कियों पर लड़कों की जीव वैज्ञानिक महत्ता को उजागर करती है

26. **'लिंग' है**
(c) शारीरिक संरचना
(b) सहज गुण
(c) सामाजिक संरचना
(d) जैविक सत्ता

उत्तरमाला

1	(d)	2	(c)	3	(c)	4	(b)	5	(b)	6	(a)	7	(d)	8	(c)	9	(b)	10	(b)
11	(d)	12	(b)	13	(a)	14	(d)	15	(a)	16	(c)	17	(a)	18	(d)	19	(b)	20	(b)
21	(b)	22	(b)	23	(b)	24	(a)	25	(c)	26	(a)								

अध्याय 10

वैयक्तिक विभिन्नता

वैयक्तिक विभिन्नता : अर्थ एवं स्वरूप

प्रकृति का नियम है कि संसार में कोई भी दो व्यक्ति पूर्णतया एक-जैसे नहीं हो सकते, यहाँ तक कि जुड़वाँ बच्चों में भी कई समानताओं के बावजूद कई अन्य प्रकार की असमानताएँ दिखाई पड़ती हैं। जुड़वाँ बच्चे शारीरिक बनावट से तो एक समान दिख सकते हैं, किन्तु उनके स्वभाव, बुद्धि, शारीरिक-मानसिक क्षमता आदि में अन्तर होता है। भिन्न-भिन्न व्यक्तियों में इस प्रकार की विभिन्नता को ही वैयक्तिक विभिन्नता कहा जाता है।

स्किनर के अनुसार, "वैयक्तिक विभिन्नताओं से हमारा तात्पर्य व्यक्तित्व के उन सभी पहलुओं से है, जिनका मापन व मूल्यांकन किया जा सकता है।"

जेम्स ड्रेवर के अनुसार, "कोई व्यक्ति अपने समूह के शारीरिक तथा मानसिक गुणों के औसत से जितनी भिन्नता रखता है, उसे वैयक्तिक भिन्नता कहते हैं।"

टॉयलर के अनुसार, "शरीर के रूप-रंग, आकार, कार्य, गति, बुद्धि, ज्ञान, उपलब्धि, रुचि, अभिरुचि आदि लक्षणों में पाई जाने वाली भिन्नता को वैयक्तिक भिन्नता कहते हैं।"

प्रत्येक शिक्षार्थी स्वयं में विशिष्ट है। इसका अर्थ है कि कोई भी दो शिक्षार्थी अपनी योग्यताओं, रुचियों और प्रतिभाओं में एकसमान नहीं होते।

वैयक्तिक विभिन्नताओं के प्रकार

मनोवैज्ञानिकों ने वैयक्तिक विभिन्नताओं को विभिन्न आधारों पर वर्गीकृत किया है, जो निम्न प्रकार हैं

1. भाषा के आधार पर वैयक्तिक विभिन्नताएँ

- अन्य कौशलों की तरह ही भाषा भी एक प्रकार का कौशल है। प्रत्येक व्यक्ति में भाषा के विकास की भिन्न-भिन्न अवस्थाएँ पाई जाती हैं। यह विकास बालक के जन्म के बाद ही प्रारम्भ हो जाता है। अनुकरण, वातावरण के साथ अनुक्रिया तथा शारीरिक, सामाजिक एवं मनोवैज्ञानिक आवश्यकताओं की पूर्ति की माँग इसके विकास में महत्त्वपूर्ण भूमिका निभाती है। इसका विकास धीरे-धीरे परन्तु एक निश्चित क्रम में होता है।
- कोई बालक भाषा के माध्यम से अपने विचारों को अभिव्यक्त करने में अधिक कुशल होता है, जबकि कुछ बालक इस मामले में उतने कुशल नहीं होते।

2. लिंग के आधार पर वैयक्तिक विभिन्नता

- सामान्यतः स्त्रियाँ कोमल प्रकृति की होती हैं, किन्तु अधिगम के क्षेत्रों में बालकों एवं बालिकाओं में भिन्नता नहीं होती।
- स्त्रियों की शारीरिक संरचना पुरुषों से अलग होती है। सामान्यतः पुरुष, स्त्रियों से अधिक लम्बे होते हैं।

3. बुद्धि के आधार पर वैयक्तिक विभिन्नता

- परीक्षणों के आधार पर ज्ञात हुआ है कि सभी व्यक्तियों की बुद्धि एकसमान नहीं होती। बालकों में भी बुद्धि के आधार पर वैयक्तिक विभिन्नता दिखाई पड़ती है।
- कुछ बालक अपनी आयु की अपेक्षा अधिक बुद्धिमत्ता को प्रदर्शित करते हैं, इसके विपरीत कुछ बच्चों में सामान्य बौद्धिक क्षमता पाई जाती है।
- बुद्धि-परीक्षण के आधार पर यह ज्ञात किया जा सकता है कि कोई बालक किसी अन्य बालक से कितना अधिक बुद्धिमान है?

4. परिवार एवं समुदाय के आधार पर वैयक्तिक विभिन्नता

- मानव के व्यक्तित्व के विकास पर उसके परिवार एवं समुदाय का स्पष्ट प्रभाव पड़ता है। इसलिए समुदाय के प्रभाव को वैयक्तिक विभिन्नता में भी देखा जा सकता है। अच्छे परिवार एवं समुदाय से सम्बन्ध रखने वाले बच्चों का व्यवहार सामान्यतः अच्छा होता है।
- यदि किसी समुदाय में किसी प्रकार के अपराध करने की प्रवृत्ति हो, तो इसका कुप्रभाव उस समुदाय के बच्चों पर भी पड़ता है।
- यद्यपि आर्थिक-सामाजिक स्तर तथा बुद्धि-लब्धि का सम्बन्ध तो है, किन्तु यह बहुत उच्च स्तर का नहीं है। इन दोनों में सह-सम्बन्ध अवश्य पाया गया है, किन्तु यह नहीं कहा जा सकता कि निम्न सामाजिक-आर्थिक समूह से आने वाले बच्चे कम बुद्धिमान एवं उच्च सामाजिक-आर्थिक समूह के बच्चे अधिक बुद्धिमान होते हैं।
- इसके विपरीत निम्न स्तर के आर्थिक एवं सामाजिक समूह में अनेक उच्च बुद्धि-लब्धि वाले बालक पाए जाते हैं और उच्च स्तर के आर्थिक-सामाजिक समूह में निम्न बुद्धि-लब्धि वाले बालक पाए जाते हैं।
- बालकों के पोषण पर परिवार एवं समुदाय का प्रभाव अवश्य पड़ता है एवं इस प्रकार की विभिन्नता में परिवार एवं समुदाय की भूमिका महत्त्वपूर्ण होती है।

5. जाति से सम्बन्धित वैयक्तिक विभिन्नता

समाज में जाति एवं नस्ल सम्बन्धित विभिन्नताएँ पाई जाती हैं, इन्हें दूर करने के लिए व्यक्ति को पूर्वाग्रहों, रूढ़ियों, पूर्वधारणाओं तथा नकारात्मक मनोवृत्तियों (Attitude) से हटकर सोचना चाहिए।

6. संवेग के आधार पर वैयक्तिक विभिन्नता

- संवेगात्मक विकास विभिन्न बालकों में विभिन्नता लिए हुए होता है, जबकि यह भी सत्य है कि मोटे-तौर पर संवेगात्मक विशेषताएँ बालकों में समान रूप से पाई जाती हैं।
- कुछ बालक शान्त स्वभाव के होते हैं, जबकि कुछ बालक चिड़चिड़े स्वभाव के होते हैं। कुछ बालक सामान्यत: प्रसन्न रहते हैं, जबकि कुछ बालकों में उदास रहने की प्रवृत्ति होती है।

7. धार्मिक आधार पर वैयक्तिक विभिन्नता

धर्म एवं समाज दोनों एक दूसरे के पूरक हैं न कि अलग-अलग। धर्म व्यक्ति के नैतिक मूल्यों (Ethical Values) एवं आचरण को नियन्त्रित करता है। संसार का प्रत्येक धर्म सहिष्णुता, प्रेम, बन्धुत्व, भाईचारा, मानवता का पाठ सिखाता है, लेकिन विभिन्न धर्मों को मानने वाले लोगों में धार्मिक आधार पर वैयक्तिक विभिन्नताएँ उनके आचरण एवं व्यवहार में अलग-अलग होती हैं।

8. शारीरिक विकास के आधार पर वैयक्तिक विभिन्नता

- शारीरिक दृष्टि से व्यक्तियों में अनेक प्रकार की विभिन्नताएँ देखने को मिलती हैं।
- शारीरिक भिन्नता रंग, रूप, आकार, भार, कद, शारीरिक गठन, यौन-भेद, शारीरिक परिपक्वता आदि के कारण होती है।

9. अभिवृत्ति के आधार पर वैयक्तिक विभिन्नता

- सभी बालकों की अभिवृत्ति एक समान नहीं होती।
- सभी बालकों की रुचियाँ भी समान नहीं होतीं।
- कुछ बालकों में पढ़ाई के प्रति अभिरुचि अधिक होती है, जबकि कुछ बालकों में नहीं।

10. व्यक्तित्व के आधार पर वैयक्तिक विभिन्नता

- प्रत्येक व्यक्ति में व्यक्तित्व के आधार पर वैयक्तिक विभिन्नता देखने को मिलती है। कुछ बालक अन्तर्मुखी स्वभाव (Nature) के होते हैं तो कुछ बहिर्मुखी स्वभाव के।
- एक व्यक्ति दूसरे व्यक्ति से मिलने पर उसकी योग्यता से प्रभावित हो या न हो, परन्तु उसके व्यक्तित्व से प्रभावित हुए बिना नहीं रहता है।
- **टॉयलर** के अनुसार, "सम्भवत: व्यक्ति, योग्यता की विभिन्नताओं के बजाय व्यक्तित्व की विभिन्नताओं से अधिक प्रभावित होता है।"

11. गत्यात्मक कौशलों के आधार पर वैयक्तिक विभिन्नता

- कुछ व्यक्ति किसी कार्य को अधिक कुशलता से कर पाते हैं, जबकि कुछ अन्य लोगों में कुशलता का अभाव पाया जाता है।
- **क्रो** एवं **क्रो** ने लिखा है, "शारीरिक क्रियाओं में सफल होने की योग्यता में एक समूह के व्यक्तियों में भी बहुत अधिक विभिन्नता होती है।"

वैयक्तिक विभिन्नता के कारण

मनोवैज्ञानिकों ने वैयक्तिक विभिन्नताओं के निम्नलिखित कारण बताए हैं

1. **वंशानुक्रम** (Heredity) व्यक्तिगत विभिन्नताओं का एक महत्त्वपूर्ण कारण वंशानुक्रम को माना जाता है। इसके कारण व्यक्ति का मानसिक विकास (बुद्धि, चिन्तन, दृष्टिकोण, व्यवहार, संकीर्ण सोच) एवं शारीरिक विकास (लम्बाई, शरीर का रंग) में अन्तर पाया जाता है।
2. **वातावरण या परिवेश** (Environment) वातावरण के कारकों के द्वारा भी बालकों में अन्तर पाया जाता है। कहा जाता है, जिस प्रकार का पारिवारिक या सामाजिक वातावरण होगा, बालकों के व्यक्तित्व का विकास भी वैसा ही होगा। वातावरण के माध्यम से ही बालकों का सामाजिक, मानसिक, सांस्कृतिक, प्रगतिशील सोच इत्यादि विकसित होती है। वंशानुक्रम एवं वातावरण दोनों वैयक्तिक विभिन्नताओं को प्रभावित करते हैं।
3. **लैंगिक विभिन्नताएँ** (Gender Differences) लैंगिक विभिन्नता के कारण भी व्यक्तिगत विभिन्नताएँ पाई जाती हैं। लड़कियों का शारीरिक व मानसिक विकास लड़कों की अपेक्षा पहले होता है।
4. **जाति प्रथा एवं राष्ट्र का प्रभाव** (Influence of Caste and Nation) जाति के आधार पर वैयक्तिक अन्तर पाया जाता है। जाति का प्रभाव व्यक्तित्व, विकास पर भी पड़ता है। राष्ट्र का भाव भी व्यक्तियों में अलग-अलग होता है; जैसे—अंग्रेज एवं भारतीयों में अन्तर।
5. **आयु तथा बुद्धि** (Age and Intelligence) आयु के बढ़ने के साथ-साथ व्यक्ति का शारीरिक, बौद्धिक एवं भावनात्मक विकास अलग-अलग होता है। प्रत्येक व्यक्ति की आयु तथा बुद्धि का विकास अलग-अलग होता है। उदाहरणस्वरूप किसी की बुद्धि-लब्धि (I-Q) 0-30 तथा किसी की 70-170 के बीच होना।
6. **परिपक्वता** (Maturity) परिपक्वता को लेकर भी दो व्यक्तियों के बीच अन्तर पाया जाता है। परिपक्वता किसी व्यक्ति में पहले तो किसी में बाद में आती है। यह व्यक्ति के मानसिक विकास पर निर्भर करता है।
7. **आर्थिक स्थिति** (Economic Condition) पारिवारिक आर्थिक स्थिति एवं शिक्षा का स्वरूप भी व्यक्तित्व विकास में अन्तर लाता है। दो असमान आर्थिक पृष्ठभूमियों के बच्चों का मानसिक, सामाजिक, सांस्कृतिक, तकनीकी इत्यादि का विकास अलग-अलग होता है।

वैयक्तिक विभिन्नता जानने की विधियाँ

मनोवैज्ञानिकों ने वैयक्तिक विभिन्नता जानने के कई स्रोत बताए हैं, जो निम्न प्रकार हैं

1. **परीक्षण विधि** (Test Method) इसके अन्तर्गत बुद्धि परीक्षण, उपलब्धि परीक्षण, व्यक्तित्व परीक्षण, निदानात्मक परीक्षण, संवेग सम्बन्धी परीक्षण, अभिरुचि परीक्षण तथा अभिवृत्ति परीक्षण (Attitude test) इत्यादि आता है।
2. **व्यक्तित्व परीक्षण** (Personality Test) इसके अन्तर्गत बालकों के गुणों का परीक्षण किया जाता है; जैसे—व्यक्तित्व का विकास, सृजनशीलता, प्रेक्षण विधियाँ।
3. **उपलब्धि परीक्षण** (Achievement Test) शैक्षणिक ज्ञान के आधार पर यह परीक्षण होता है।
4. **बुद्धि परीक्षण** (Intelligence Test) मनोवैज्ञानिकों ने अनेक प्रकार के बुद्धि परीक्षण का निर्माण किया, जिसके प्राप्तांक के आधार पर बुद्धि-लब्धि ज्ञात किया जाता है।
5. **सामूहिक अभिलेख विधि** (Cumulative-Method) इनमें छात्रों से सम्बन्धित क्रमबद्ध रूप से सूचनाएँ अंकित की जाती हैं; जैसे—उपस्थिति, रुचियाँ, स्वास्थ्य, सामान्य योग्यताएँ, विशिष्ट कौशल, व्यक्तिगत गुण विद्यालय का कार्य तथा प्रधानाचार्य का दृष्टिकोण/मत इत्यादि।

6. **व्यक्तिगत इतिहास विधि** (Case History Method) इस व्यक्ति के परिवार, शिक्षक, पड़ोसी, मित्र तथा सम्बन्धी से जानकारी लेकर व्यक्तिगत विभिन्नता का पता लगाया जाता है।

शिक्षा के क्षेत्र में वैयक्तिक विभिन्नता

शिक्षा के क्षेत्र में भी वैयक्तिक विभिन्नताएँ महत्त्वपूर्ण स्थान रखती हैं, जो निम्न प्रकार हैं

1. शिक्षा का स्वरूप

- मनोविज्ञान इस बात पर जोर देता है कि बालकों की रुचियों, क्षमताओं, योग्यताओं आदि में अन्तर होता है। अत: सभी बालकों के लिए समान शिक्षा का आयोजन सर्वथा अनुचित होता है।
- इसी बात को ध्यान में रखते हुए मन्दबुद्धि, पिछड़े हुए बालक तथा शारीरिक दोष वाले बालकों के लिए अलग-अलग विद्यालयों में अलग-अलग प्रकार की शिक्षण तथा प्रशिक्षण की व्यवस्था की जाती है।
- वैयक्तिक विभिन्नता का ज्ञान शिक्षकों एवं विद्यालय प्रबन्धकों को कक्षा के वर्गीकरण में सहायता प्रदान करता है। शिक्षार्थी वैयक्तिक भिन्नता प्रदर्शित करते हैं। अत: एक शिक्षक को सीखने के विविध अनुभवों को उपलब्ध कराना चाहिए।
- कक्षा का आकार तय करने में भी वैयक्तिक विभिन्नता का ज्ञान विशेष सहायक होता है। यदि कक्षा के अधिकतर बालक अधिगम में कमजोर हों, तो कक्षा का आकार कम होना चाहिए।
- वैयक्तिक विभिन्नता का सिद्धान्त व्यक्तिगत शिक्षण पर जोर डालता है। इसके अनुसार बालकों की आवश्यकता को ध्यान में रखकर उसकी शिक्षा की व्यवस्था की जानी चाहिए, ताकि उसका सर्वांगीण विकास हो सके।

2. पाठ्यक्रम का निर्धारण

- पाठ्यक्रम के निर्धारण एवं विकास में भी वैयक्तिक विभिन्नता की प्रमुख भूमिका होती है। बालकों की आयु, कक्षा आदि को ध्यान में रखते हुए प्रत्येक कक्षा के लिए अलग प्रकार की पाठ्यचर्या का निर्माण किया जाता है एवं उन्हें अलग प्रकार से लागू भी किया जाता है। उदाहरणस्वरूप बच्चों की पुस्तकें अधिक चित्रमय एवं रंगीन होती हैं, जबकि जैसे-जैसे कक्षा एवं आयु में वृद्धि होती जाती है, उनकी पुस्तकों के स्वरूप में भी अन्तर दिखाई पड़ता है। इसी प्रकार प्राथमिक कक्षा के बच्चों को खेलकूद के द्वारा शिक्षा देने पर जोर दिया जाता है।
- बालकों के निर्देशन में भी वैयक्तिक विभिन्नता की विशेष भूमिका होती है। वैयक्तिक विभिन्नता को समझकर शिक्षक यह समझ पाते हैं कि किस प्रकार के बच्चों के लिए शिक्षण की कौन-सी विधि अपनाई जाए?
- वैयक्तिक विभिन्नता का ज्ञान शिक्षकों को बालकों के शारीरिक दोषों को समझने में सहायता प्रदान करता है एवं इसे ध्यान में रखते हुए वे उन बच्चों के लिए विशेष प्रकार की शिक्षा की व्यवस्था कर पाते हैं।

अभ्यास प्रश्न

1. वैयक्तिक विभिन्नता का अर्थ होता है कि दो व्यक्ति
(a) केवल शारीरिक रूप से अलग हों
(b) केवल मानसिक रूप से अलग हों
(c) शारीरिक एवं मानसिक दोनों रूप से अलग हों
(d) उपरोक्त में से कोई नहीं

2. "वैयक्तिक विभिन्नताओं से हमारा तात्पर्य व्यक्तित्व के उन सभी पहलुओं से है, जिनका मापन व मूल्यांकन किया जा सकता है।" वैयक्तिक विभिन्नता के सन्दर्भ में निम्नलिखित मनोवैज्ञानिकों में से यह कथन किसका है?
(a) टॉयलर
(b) कोहलर
(c) स्किनर
(d) मॉस्लो

3. आप अपनी कक्षा में अपने शिक्षण के दौरान कड़ी मेहनत करते हैं, फिर भी आपकी कक्षा में काफी विभिन्नता दिखाई पड़ती है। इसका कारण क्या हो सकता है?
(a) आपकी कक्षा के कुछ छात्र कक्षा में सो जाते हैं।
(b) आपकी कक्षा के कुछ छात्र आपको पसन्द नहीं करते हैं।
(c) भिन्न-भिन्न छात्रों में वैयक्तिक गुण भिन्न-भिन्न होते हैं।
(d) उपरोक्त में से कोई नहीं

4. आप अपनी कक्षा के छात्रों में परिपक्वता का अवलोकन करने पर पाते हैं कि कुछ छात्र आयु के पहले परिपक्वता प्राप्त कर चुके हैं, जबकि कुछ छात्र परिपक्वता प्राप्त करने की आयु में तो हैं, लेकिन उनमें परिपक्वता नहीं है। इसका कारण क्या हो सकता है?
(a) कक्षा में उनके बैठने का क्रम
(b) वैयक्तिक विभिन्नता
(c) विद्यालय आने व जाने के उनके भिन्न साधन
(d) उपरोक्त में से कोई नहीं

5. आपकी कक्षा का एक छात्र पढ़ने में बहुत तेज है। वह सातवीं कक्षा में होते हुए भी दसवीं कक्षा के विषयों को आसानी से समझ लेता है। उसकी इस वैयक्तिक विभिन्नता का कारण है
(a) उसका विशिष्ट शारीरिक विकास
(b) उसका विशिष्ट संज्ञानात्मक विकास
(c) उसका विशिष्ट संवेगात्मक विकास
(d) उसका विशिष्ट सामाजिक विकास

6. मानव के व्यक्तित्व पर निम्न में से किसका प्रभाव पड़ता है?
(a) केवल परिवार का
(b) केवल समुदाय का
(c) परिवार एवं समुदाय दोनों का
(d) उपरोक्त में से किसी का नहीं

7. वैयक्तिक विभिन्नता का प्रमुख कारण है
A. वातावरण B. वंशानुक्रम
C. आयु
(a) A और B
(b) केवल B
(c) A और C
(d) उपरोक्त सभी

8. वैयक्तिक विभिन्नता को प्रभावित करता है
(a) केवल वंशानुक्रम कारक
(b) केवल वातावरणीय कारक
(c) वंशानुक्रम एवं वातावरणीय दोनों कारक
(d) उपरोक्त में से कोई नहीं

9. "शारीरिक क्रियाओं में सफल होने की योग्यता में एक समूह के व्यक्तियों में भी बहुत अधिक विभिन्नता होती है।" निम्न मनोवैज्ञानिकों में से यह कथन किसका है?
(a) वाइगोत्स्की (b) थॉर्नडाइक
(c) क्रो एवं क्रो (d) स्किनर

10. वैयक्तिक विभिन्नता के विकास हेतु पूर्व माध्यमिक कक्षाओं में बालकों का शिक्षण किस प्रकार किया जाना चाहिए?

A. खेल विधि के माध्यम से बालकों को गणित तथा भाषा का ज्ञान देना चाहिए।

B. उन्हें अक्षर ज्ञान तथा गणना की जानकारी प्रारम्भ से ही मौखिक रूप से दी जानी चाहिए।

C. लिखने तथा सिखाने से पूर्व बच्चों से चित्र बनवाए जाने चाहिए।

(a) केवल A (b) A और C
(c) केवल C (d) ये सभी

11. सीमा हर पाठ को बहुत जल्दी सीख लेती है, जबकि लीना उसे सीखने में ज्यादा समय लेती है। यह विकास के ……… सिद्धान्त को दर्शाता है।

(a) वैयक्तिक भिन्नता
(b) अन्त:सम्बन्ध
(c) निरन्तरता
(d) सामान्य से विशिष्ट की ओर

12. वैयक्तिक विभिन्नता होती है

(a) किन्हीं दो व्यक्तियों में शारीरिक भिन्नता का होना
(b) दो व्यक्तियों के मध्य शारीरिक, मानसिक व संवेगात्मक स्वरूपों में विभिन्नता
(c) सभी व्यक्तियों का व्यक्तित्व समान होता है
(d) सभी की बुद्धि क्षमता का असमान होना

13. दो व्यक्तियों में जिन कारणों से विविधता पाई जाती है, उन्हीं के आधार पर व्यक्तिगत अन्तर के प्रकार निर्धारित किए जाते हैं। निम्न में से कौन-सा व्यक्तिगत विभिन्नता का प्रकार नहीं है?

(a) शारीरिक भिन्नता
(b) मानसिक क्षमता में भिन्नता
(c) मूल प्रवृत्ति सम्बन्धी अन्तर
(d) व्यक्तित्व सम्बन्धी अन्तर

14. मानसिक योग्यताओं में विभिन्नता के अन्तर्गत किस कथन को सम्मिलित नहीं किया जा सकता?

(a) यौन-अन्तर तथा शारीरिक परिपक्वता
(b) रुचि सम्बन्धी भिन्नता
(c) स्वभाव सम्बन्धी अन्तर
(d) तात्कालिक स्थिति से परे जाने की योग्यता

15. प्रत्येक व्यक्ति में भाषा के विकास की अवस्थाएँ पाई जाती हैं

(a) समान अवस्था
(b) भिन्न-भिन्न अवस्था
(c) समान तथा भिन्न दोनों
(d) उपरोक्त में से कोई नहीं

16. अच्छे परिवार एवं समुदाय/समाज से सम्बन्ध रखने वाले बालकों का विकास होता है

(a) सामान्य से कम
(b) औसत
(c) उन बालकों से अच्छा जो अच्छे परिवार एवं समाज में नहीं रहते
(d) उपरोक्त में से कोई नहीं

17. सभी बालकों में अभिवृत्ति होती है

(a) एकसमान
(b) एकसमान नहीं
(c) समरूप
(d) उपरोक्त में से कोई नहीं

18. बालकों के प्रकार होते हैं

(a) केवल अन्तर्मुखी
(b) केवल बहिर्मुखी
(c) अन्तर्मुखी एवं बहिर्मुखी दोनों
(d) उपरोक्त में से कोई नहीं

19. "सम्भवत: व्यक्ति योग्यता की विभिन्नताओं के बजाय व्यक्तित्व की विभिन्नताओं से अधिक प्रभावित होता है।" यह कथन वैयक्तिक विभिन्नता के सन्दर्भ में किस मनोवैज्ञानिक का है?

(a) टॉयलर (b) क्रो एवं क्रो
(c) फ्रायड (d) वाइगोत्स्की

20. मनोवैज्ञानिकों का ऐसा मानना है कि बालकों में अन्तर होता है

(a) उनकी रुचि के आधार पर
(b) उनकी योग्यता के आधार पर
(c) उनकी क्षमता के आधार पर
(d) उपरोक्त सभी के आधार पर

21. यदि कोई बालक सीखने की प्रक्रिया में कमजोर है, तो उस स्थिति में अध्यापकों को कक्षा का आकार रखना चाहिए

(a) कक्षा का आकार कम होना चाहिए।
(b) कक्षा का आकार अधिक होना चाहिए।
(c) कक्षा का आकार न कम न अधिक होना चाहिए।
(d) उपरोक्त में से कोई नहीं

22. धर्म एवं समाज दोनों हैं

(a) एक-दूसरे से पृथक्
(b) एक-दूसरे के पूरक
(c) समाज का धर्म से कोई मतलब नहीं होता
(d) उपरोक्त में से कोई नहीं

23. जाति से सम्बन्धित व्यक्तिगत अन्तर को दूर करने के लिए व्यक्ति को करना चाहिए

A. केवल पूर्वाग्रह से स्वयं को दूर रखना

B. पूर्वधारणा तथा सोच में बदलाव लाना

C. नकारात्मक मनोवृत्तियों से हट कर सोचना

D. रूढ़िवादी दृष्टिकोण में सकारात्मक बदलाव लाना

(a) A और B
(b) B और C
(c) D और A
(d) उपरोक्त सभी

24. शिक्षार्थी वैयक्तिक भिन्नता प्रदर्शित करते हैं। अत: शिक्षक को

(a) अधिगम की एकसमान गति पर बल देना चाहिए।
(b) सीखने के विविध अनुभवों को उपलब्ध कराना चाहिए।
(c) कठोर अनुशासन सुनिश्चित करना चाहिए।
(d) परीक्षाओं की संख्या बढ़ा देनी चाहिए।

25. सह-शैक्षणिक क्षेत्रों में निष्पादन के आधार पर शैक्षणिक क्षेत्रों में निष्पादन के स्तर को बढ़ाने का औचित्य स्थापन किस आधार पर किया जा सकता है?

(a) यह वैयक्तिक भिन्नताओं को सन्तुष्ट करता है।
(b) यह हाशियाकृत विद्यार्थियों के लिए प्रतिपूरक भेदभाव की नीति का अनुगमन करता है।
(c) यह सार्वभौमिक धारण (retention) को सुनिश्चित करता है।
(d) यह हाथ से किए जाने वाले श्रम के प्रति सम्मान विकसित करता है।

26. विद्यालयों को किसके लिए वैयक्तिक भिन्नताओं को पूरा करना चाहिए?

(a) वैयक्तिक शिक्षार्थी को विशिष्ट होने की अनुभूति कराने के लिए।
(b) वैयक्तिक शिक्षार्थियों के मध्य खाई को कम करने के लिए।
(c) शिक्षार्थियों के निष्पादन और योग्यताओं को समान करने के लिए।
(d) यह समझने के लिए कि क्यों शिक्षार्थी सीखने के योग्य या अयोग्य हैं।

27. शिक्षार्थियों में वैयक्तिक भिन्नताओं को सम्बोधित करने के लिए एक विद्यालय किस प्रकार का सहयोग उपलब्ध करवा सकता है

(a) सभी शिक्षार्थियों के लिए समान स्तर की पाठ्यचर्या का अनुगमन करना।
(b) बाल केन्द्रित पाठ्यचर्या का पालन करना और शिक्षार्थियों को सीखने के अनेक अवसर उपलब्ध कराना।
(c) शिक्षार्थियों में वैयक्तिक भिन्नताओं को समाप्त करने के लिए हर सम्भव उपाय करना।
(d) धीमी गति से सीखने वाले शिक्षार्थियों को विशेष विद्यालयों में भेजना।

28. कक्षा में विद्यार्थियों के वैयक्तिक विभेद

(a) लाभकारी नहीं हैं, क्योंकि अध्यापकों को वैविध्यपूर्ण कक्षा को नियन्त्रित करने की आवश्यकता है।

(b) हानिकारक हैं, क्योंकि इनसे विद्यार्थियों में परस्पर द्वन्द्व उत्पन्न होते हैं।

(c) अनुपयुक्त हैं, क्योंकि ये सर्वाधिक मन्द विद्यार्थियों के स्तर तक पाठ्यचर्या के स्थानान्तरण की गति को कम करते हैं।

(d) लाभकारी हैं, क्योंकि ये विद्यार्थियों की संज्ञानात्मक संरचनाओं को खोजने में अध्यापकों को प्रवृत्त करते हैं।

29. हम सभी अपनी बुद्धि, प्रेरणा, अभिरुचि आदि के सन्दर्भ में भिन्न होते हैं। यह सिद्धान्त सम्बन्धित है

(a) वैयक्तिक भिन्नता से

(b) बुद्धि के सिद्धान्तों से

(c) वंशानुक्रम से

(d) पर्यावरण से

30. शिक्षार्थियों (अधिगमकर्ता) की वैयक्तिक विभिन्नताओं के सन्दर्भ में शिक्षिका को चाहिए

(a) निगमनात्मक पद्धति के आधार पर समस्याओं का समाधान करना।

(b) कलनविधि (एल्गोरिथ्म) का अधिकतर प्रयोग करना।

(c) याद करने के लिए शिक्षार्थियों को तथ्य उपलब्ध कराना।

(d) विविध प्रकार की अधिगम परिस्थितियों को उपलब्ध कराना।

31. व्यक्तियों में एक-दूसरे से भिन्नता क्यों होती है?

(a) वातावरण के प्रभाव के कारण।

(b) जन्मजात विशेषताओं के कारण।

(c) वंशानुक्रम और वातावरण के बीच अन्योन्यक्रिया के कारण।

(d) प्रत्येक व्यक्ति को उसके माता-पिता से जीनों का भिन्न समुच्चय प्राप्त होने के कारण।

32. अपनी कक्षा की वैयक्तिक भिन्नताओं से निपटने के लिए शिक्षक को चाहिए कि

(a) बच्चों को उनके अंकों के आधार पर अलग कर उनको नामित करे।

(b) बच्चों से बातचीत करे और उनके दृष्टिकोण को महत्त्व दे।

(c) विद्यार्थियों के लिए कठोर नियमों को लागू करे।

(d) शिक्षण और आकलन के समान और मानक तरीके हों।

उत्तरमाला

1	(c)	2	(c)	3	(c)	4	(b)	5	(b)	6	(c)	7	(d)	8	(c)	9	(c)	10	(d)
11	(a)	12	(b)	13	(c)	14	(a)	15	(b)	16	(c)	17	(a)	18	(c)	19	(a)	20	(d)
21	(a)	22	(b)	23	(d)	24	(b)	25	(a)	26	(d)	27	(b)	28	(d)	29	(a)	30	(d)
31	(c)	32	(a)																

अध्याय 11

अधिगम का मूल्यांकन

मूल्यांकन

मूल्यांकन (Evaluation) वह प्रक्रिया है, जिसके द्वारा अधिगम परिस्थितियों तथा सीखने के अनुभवों के लिए प्रयुक्त की जाने वाली समस्त विधियों और प्रविधियों की उपादेयता की जाँच की जाती है।

मूल्यांकन शिक्षण अधिगम प्रक्रिया का एक ऐसा सोपान है, जिसमें शिक्षक यह सुनिश्चित करता है कि उसके द्वारा की गई शिक्षण व्यवस्था तथा शिक्षण को आगे बढ़ाने की क्रियाएँ कितनी सफल रही हैं।

- **रॉस** के अनुसार, ''मूल्यांकन का प्रयोग बच्चे के सम्पूर्ण व्यक्तित्व अथवा किसी की समूची स्थितियों की जाँच प्रक्रिया के लिए किया जाता है।''
- यह सफलता शिक्षण उद्देश्यों की प्राप्ति प्रत्युत्तर का कार्य करती है। इस तरह मापन के आधार पर शिक्षकों एवं शिक्षार्थियों में आवश्यक सुधार लाने के उद्देश्य से मूल्यांकन की प्रक्रिया अपनाई जाती है।
- इसमें यह देखा जाता है कि पूर्व-निर्धारित उद्देश्यों की प्राप्ति हुई है या नहीं एवं यदि नहीं हुई है तो कितनी सीमा तक? यह एक निरन्तर चलने वाली प्रक्रिया है, जिसका शैक्षिक उद्देश्यों से घनिष्ठ सम्बन्ध है।
- मूल्यांकन शिक्षक एवं शिक्षार्थी दोनों के लिए पुनर्बलन (Reinforcement) का कार्य करता है।

आकलन (assesment) इसका उद्देश्य बालकों की अभिवृत्ति (attitude), क्षमता तथा ज्ञान का स्तर इत्यादि का मापन करना होता है। आकलन मूल्यांकन की संक्षिप्त प्रक्रिया है अर्थात् ज्ञान का परीक्षण ऊपरी स्तर पर होता है न कि विस्तृत स्तर पर।

- आकलन या मूल्यांकन दोनों का उद्देश्य बालकों की विकास दर पता लगाना है।

मूल्यांकन के प्रकार

मनोवैज्ञानिकों ने मूल्यांकन प्रणाली को तीन भागों में विभाजित किया है, जो निम्न प्रकार हैं

1. **निर्माणात्मक या रचनात्मक मूल्यांकन** (Formative Evaluation) बालकों के विकास की लगातार प्रतिपुष्टि (feedback) के लिए निर्माणात्मक मूल्यांकन का उपयोग किया जाता है। इसके अन्तर्गत शिक्षक अध्यापन (पढ़ाना) के दौरान यह जाँच करते हैं कि बच्चों ने अभिवृत्तियों, अभिभूतियों तथा ज्ञान को कितना प्राप्त किया है। यह मूल्यांकन अध्याय के बीच-बीच में किया जाता है।
2. **योगात्मक/संकल्पनात्मक/अन्तिम मूल्यांकन** (Summative Evaluation) यह मूल्यांकन सत्र की समाप्ति के बाद होता है। इसके अन्तर्गत शिक्षक यह जाँच करते हैं कि बच्चों ने ज्ञान को किस सीमा तक प्राप्त किया है।
3. **निदानात्मक मूल्यांकन** (Diagnostic-Evaluation) जो विद्यार्थी पढ़ाई के दौरान असफल होते हैं। उन विद्यार्थियों की असफलता के कारणों का पता लगाना निदानात्मक मूल्यांकन कहलाता है।

अधिगम का मूल्यांकन

अधिगम के मूल्यांकन (Evaluation of Learning) में उपलब्ध प्रमाणों के साथ कार्य करना शामिल है, जो स्टाफ और व्यापक मूल्यांकन समुदाय को विद्यार्थियों की प्रगति की जाँच करने और इस सूचना को अनेक तरीकों से इस्तेमाल करने में समर्थ बनाता है।

अधिगम में मूल्यांकन की विशेषताएँ

अधिगम में मूल्यांकन की निम्न विशेषताएँ हैं

- यह मूल्यांकन शिक्षा प्राप्ति के बाद किया जाता है। सूचना अध्यापक द्वारा एकत्र की जाती है। सूचना को सामान्य रूप से अंकों अथवा ग्रेडों में रूपान्तरित किया जाता है।
- अन्य विद्यार्थियों के कार्य निष्पादन (performance) के साथ तुलना की जाती है। यह इसके पहले प्राप्त की गई शिक्षा पर नजर डालता है।

अधिगम में अच्छे मूल्यांकन के मानदण्ड

- ये युक्तिसंगत होते हैं (ठोस मानदण्डों पर आधारित)। ये विश्वसनीय होते हैं (मूल्यांकन और पद्धति का सही होना)।
- ये तुलनीय होते हैं (जब उनकी तुलना अन्य विभागों अथवा विद्यालयों में की गई जाँच-परख से की जाती है, तो वे ठीक पाए जाते हैं)।

विद्यालय आधारित मूल्यांकन

- विद्यालय आधारित मूल्यांकन (School Based Evaluation), विद्यालय शिक्षा बोर्डों द्वारा ली जाने वाली परीक्षाओं के विपरीत, स्कूल स्तर पर

किया जाता है। यह मूल्यांकन विद्यालय द्वारा विकसित अनुसूची और बोर्ड द्वारा जारी किए गए मार्ग निर्देशों के अनुसार अध्यापकों द्वारा किया जाता है।

- यद्यपि यह मूल्यांकन हमेशा विद्यालय के स्तर पर किया जाता रहा है, किन्तु इस प्रणाली में कुछ त्रुटियाँ उत्पन्न हो गई हैं। इन त्रुटियों के अनेक कारण हो सकते हैं। बुनियादी कारण मूल्यांकन के स्थान और शिक्षा की प्रक्रिया में इसके महत्त्व के बारे में अध्यापकों की गलत धारणा है। दूसरा कारण बाह्य परीक्षा की प्रथा का अनुकरण है, जो सामान्य रूप से सत्र के अन्त में ली जाती है।
- मूल्यांकन की विद्यालय आधारित प्रणाली में, मूल्यांकन के प्रयोजन का केन्द्रबिन्दु बदल गया है। अब इसमें तत्परता परीक्षण, विकास की जाँच-परख, संज्ञानात्मक, भावात्मक और मनो-प्रेरक (Psychomotor) क्षेत्रों में कार्य-निष्पादन का बार-बार, सुनियोजित और प्रभावकारी तरीके से मूल्यांकन किया जाना शामिल है।
- विद्यालय आधारित मूल्यांकन बाल-केन्द्रित, विद्यालय-केन्द्रित और बहुआयामी मूल्यांकन होता है। इसलिए, यह सच्चे अर्थों में, शिक्षार्थी के सर्वांगीण विकास का सूत्रपात करता है।
- यह विद्यालय के अन्दर और विद्यालय के बाहर दोनों जगहों पर जीवन में सभी प्रकार की शिक्षा-प्राप्ति को प्रोत्साहित करता है।
- यह बाल-केन्द्रित होता है, क्योंकि यह विकास के वैयक्तिक स्वरूप की दृष्टि से विद्यार्थी को एक अद्वितीय अस्तित्व मानता है।
- यह अपनी शिक्षा के पहले से निर्धारित लक्ष्यों और उद्देश्यों को प्राप्त करने के लिए शिक्षार्थी को एक अलग व्यक्तित्व के रूप में, अन्य शिक्षार्थियों की तुलना में केवल उसकी स्थिति के रूप में नहीं, बल्कि प्रत्येक बच्चे की अपनी वैयक्तिक योग्यताओं, प्रगति और विकास के आधार पर निर्माण करता है।

विद्यालय आधारित मूल्यांकन की विशेषताएँ

- यह पारम्परिक प्रणाली से अधिक विस्तृत, अधिक व्यापक और सतत होता है।
- इसका मुख्य लक्ष्य शिक्षार्थी को सुनियोजित अधिगम और विकास की ओर उन्मुख करने में सहायता देना होता है।
- विद्यालय आधारित मूल्यांकन, अध्यापकों को अपने विद्यार्थियों के बारे में निम्नलिखित प्रश्नों के उत्तर जानने के अवसर भी प्रदान करता है
  - वे क्या सीखते हैं?
  - वे कैसे सीखते हैं?
  - सामूहिक रूप से सीखने में उन्हें किस प्रकार की कठिनाइयों का सामना करना पड़ता है?
  - बच्चे क्या सोचते हैं?
  - बच्चे क्या महसूस करते हैं?
  - उनकी रुचियाँ और प्रवृत्तियाँ क्या हैं?
- यह भविष्य के जिम्मेदार नागरिक के रूप में शिक्षार्थी की आवश्यकताओं का ध्यान रखता है।
- यह अधिक पारदर्शी (Transparent), भविष्यात्मक और शिक्षार्थियों, अध्यापकों और माता-पिता के बीच सहयोजन की अधिक गुंजाइश मुहैया कराने वाला होता है।
- विद्यालय आधारित मूल्यांकन शिक्षार्थी को अपनी क्षमता का उपयोग बेहतर तरीके से करने में सहायता देता है। यह अध्यापकों को ऐसे तरीके को ढूँढने के लिए सूक्ष्म दृष्टि प्रदान करता है, जो अलग-अलग शिक्षार्थियों के लिए अपनी समस्याओं और कठिनाइयों का समाधान करने में सहायक सिद्ध हो सकते हैं।
- यह मूल्यांकन बाल-केन्द्रित होने के अलावा, विद्यालय-केन्द्रित भी है, अर्थात इसका अर्थ यह है कि बाहर का कोई अभिकरण (Authority) इस मूल्यांकन प्रक्रिया में हस्तक्षेप नहीं करता। यह पूरी तरह से विद्यालय आधारित है और अध्यापक द्वारा किया जाता है। अध्यापक पर भरोसा किया जाता है और इस संक्षिप्त विवरण के साथ ही अध्यापक अपने विद्यार्थियों के बारे में सबसे अधिक जानता है, उसे विद्यार्थियों का मूल्यांकन करने की जिम्मेदारी दी जाती है।
- विद्यालय आधारित मूल्यांकन बहुआयामी होता है। इसके बहुआयामी स्वरूप का पता इस बात से लगता है कि यह शिक्षार्थियों के सामाजिक, भावात्मक, शारीरिक, बौद्धिक विकास और विकास के उन अन्य क्षेत्रों की आवश्यकता को स्वीकार करता है और उनका ध्यान रखता है, जो परस्पर-सम्बन्धित होते हैं और जिन पर अलग से विचार नहीं किया जा सकता है।

विद्यालय आधारित मूल्यांकन को सुदृढ़ बनाने की आवश्यकता

- पारम्परिक मूल्यांकन में केवल सीमित तकनीकों का प्रयोग किया जाता है, जिससे विद्यार्थियों की परख अच्छी तरह नहीं हो पाती। इसलिए विद्यालय आधारित नवीनतम मूल्यांकन पद्धतियों की आवश्यकता है। वास्तव में, बाह्य परीक्षाओं ने स्कूलों में मूल्यांकन की स्थिति को प्रभावित करना शुरू कर दिया था और अध्यापन की समूची प्रक्रिया सार्वजनिक परीक्षा के अनुकूल बननी शुरू हो गई थी।
- पारम्परिक बाह्य परीक्षा विद्यालय शिक्षा की अन्तिम व्यवस्था में वर्ष के अन्त में एक प्रयास परीक्षा होती है। यह मुख्यत: विद्यार्थियों के ज्ञान के केवल शैक्षिक पहलुओं का मूल्यांकन करती है। यह बच्चों की सभी योग्यताओं का मूल्यांकन नहीं करती है। लिखित परीक्षा में प्राप्त किए गए अंकों के आधार पर विद्यार्थियों को उत्तीर्ण अथवा अनुत्तीर्ण घोषित कर दिया जाता है और उन्हें पूर्व-निर्धारित डिविजनों में और आगे वर्गीकृत किया जाता है।
- उत्तीर्ण और अनुत्तीर्ण प्रणाली निराशा उत्पन्न करती है और अमानवीय है, क्योंकि अनुत्तीर्ण उम्मीदवार यह महसूस करने लगते हैं कि वे पढ़ने में कमजोर हैं।
- इसमें-शैक्षिक क्षेत्रों की लगभग पूरी तरह से उपेक्षा कर दी जाती है और शिक्षा तथा मूल्यांकन की इस समय प्रचलित स्कीम में उनका कोई स्थान नहीं होता। परीक्षा-परिणामों का विश्लेषण और व्याख्या वैज्ञानिक तरीके से नहीं की जाती है।
- पारम्परिक बाह्य परीक्षा की उपरोक्त कमियों को दूर करने के लिए विद्यालय आधारित सतत और व्यापक मूल्यांकन प्रणाली स्थापित की जानी चाहिए।

  जिसके निम्नलिखित उद्देश्य होते हैं
  - बच्चों पर पड़ने वाले दबाव को कम करना।
  - मूल्यांकन को व्यापक और नियमित बनाना।
  - अध्यापक को सृजनात्मक अध्यापन के लिए वातावरण उपलब्ध कराना।

- निदान और उपचार के साधन की व्यवस्था करना।
- अपेक्षाकृत अधिक कौशलों वाले शिक्षार्थियों का निर्माण करना।
- अध्यापकों, विद्यार्थियों, माता-पिता और समाज के प्रभावकारी उपयोग के लिए परिणामों की कार्यात्मक और अर्थपूर्ण घोषणा।
- विद्यार्थियों की न केवल उपलब्धियों और प्रवीणताओं के स्तरों के निर्धारण के प्रयोजन के लिए, बल्कि निदान और उपचार को समृद्ध बनाने वाले कार्यक्रमों के जरिए उनमें सुधार करने के लिए परीक्षा के परिणामों का अधिक व्यापक रूप से उपयोग।
- बहुत-से अन्य सम्बन्धित प्रयोजनों को पूरा करने के लिए परीक्षाएँ लेने की क्रियाविधि में सुधार।
- शिक्षण सामग्री और प्रणाली में समय के अनुसार परिवर्तन करना।
- माध्यमिक अवस्था से लेकर आगे तक सेमेस्टर प्रणाली लागू करना।
- विद्यार्थी के कार्य-निष्पादन (work performance) और उसकी प्रवीणता के स्तर के निर्धारण के लिए और उसकी घोषणा करने के लिए अंकों के स्थान पर ग्रेडों का उपयोग।

'सतत और व्यापक' मूल्यांकन

आज हमारे समक्ष पारम्परिक परीक्षा प्रणाली और मूल्यांकन पद्धति को बदलने की चुनौती उभरकर आई है। माध्यमिक स्तर पर सतत एवं व्यापक मूल्यांकन को अपने सभी विद्यालयों में लागू करते हुए सीबीएसई ने यह स्पष्ट सन्देश दिया है कि मूल्यांकन करते समय विद्यार्थी के सर्वांगीण विकास को ध्यान में रखा जाना चाहिए।

अधिगम एक सतत प्रकिया है, इसलिए मूल्यांकन भी सतत होना चाहिए। मूल्यांकन अध्यापन एवं अधिगम की प्रक्रिया का एक अभिन्न अंग है। सतत एवं व्यापक मूल्यांकन में मूलरूप से विद्यार्थी के ज्ञान की परीक्षा के स्थान पर उसके अधिगम की प्रक्रिया को मूल्यांकन के लिए चुना गया है।

- सतत और व्यापक मूल्यांकन (Continuous and Comprehensive Evaluation) (CCE) का अर्थ छात्रों के विद्यालय आधारित मूल्यांकन की प्रणाली से है, जिसमें छात्रों के विकास के सभी पक्ष शामिल हैं। यह एक बच्चे की विकास प्रक्रिया है, जिसमें दोहरे उद्देश्यों पर बल दिया जाता है। ये उद्देश्य एक ओर मूल्यांकन में निरन्तरता और व्यापक रूप से सीखने के मूल्यांकन पर तथा दूसरी ओर व्यवहार के परिणामों पर आधारित है।
- यहाँ 'निरन्तरता' का अर्थ इस पर बल देना है कि छात्रों की 'वृद्धि और विकास' के अभिज्ञात पक्षों का मूल्यांकन एक बार के कार्यक्रम के बजाय एक निरन्तर प्रक्रिया है, जिसे सम्पूर्ण अध्यापन-अधिगम प्रक्रिया में निर्मित किया गया है और यह शैक्षिक सत्रों की पूरी अवधि में फैली हुई है। इसका अर्थ है मूल्यांकन की नियमितता, अधिगम अन्तरालों का निदान, सुधारात्मक उपायों का उपयोग, स्वयं मूल्यांकन के लिए अध्यापकों और छात्रों के साक्ष्य का फीडबैक अर्थात् प्रतिपुष्टि।
- दूसरा पद 'व्यापक' का अर्थ है शैक्षिक और सह-शैक्षिक पक्षों को शामिल करते हुए छात्रों की वृद्धि और विकास को परखने की योजना। चूँकि क्षमताएँ, मनोवृत्तियाँ और सोच अपने आप को लिखित शब्दों के अलावा अन्य रूपों में प्रकट करती हैं, इसलिए यह पद अनेक साधनों और तकनीकों के अनुप्रयोग को सन्दर्भित करता है (परीक्षणकारी और गैर-परीक्षणकारी दोनों) और यह सीखने के क्षेत्रों में छात्र के विकास के मूल्यांकन पर लक्षित है; जैसे— ज्ञान, समझ, व्याख्या, अनुप्रयोग, विश्लेषण, मूल्यांकन एवं सृजनात्मकता।

सतत एवं व्यापक मूल्यांकन के उद्देश्य

- बोधात्मक, मनोप्रेरक और भावात्मक कौशलों के विकास में सहायता।
- सीखने की प्रक्रिया पर बल देना और याद रखने पर बल नहीं देना।
- मूल्यांकन को अध्यापन-अधिगम प्रक्रिया का अविभाज्य हिस्सा बनाना।
- नियमित निदान के आधार पर उपचारात्मक अनुदेशों के बाद छात्रों की उपलब्धि और अध्यापन-अधिगम कार्य नीतियों के सुधार के लिए मूल्यांकन का उपयोग करना।
- मूल्यांकन को निष्पादन के वांछित स्तर बनाए रखने के लिए गुणवत्ता नियन्त्रण युक्ति के रूप में इस्तेमाल करना।
- सामाजिक उपयोगिता, वांछनीयता या एक कार्यक्रम की प्रभावशीलता का निर्धारण करना और छात्र, सीखने की प्रक्रिया तथा सीखने के परिवेश के बारे में उपयुक्त निर्णय लेना।
- अध्यापन और अधिगम प्रक्रिया को छात्र केन्द्रित क्रिया-कलाप बनाना।

सतत और व्यापक मूल्यांकन की विशेषताएँ

- सतत और व्यापक मूल्यांकन के 'सतत' पहलू के अन्तर्गत मूल्यांकन के 'सतत' और 'आवधिक' पहलू का ध्यान रखा जाता है।
- निरन्तरता का अर्थ है शिक्षा के प्रारम्भ में विद्यार्थियों का निर्धारण (स्थापन मूल्यांकन) और शिक्षण प्रक्रिया के दौरान निर्धारण (रचनात्मक मूल्यांकन), जो मूल्यांकन की बहुविद् तकनीकों का उपयोग करके, अनौपचारिक रूप से किया जाता है।
- नियतकालिकता का अर्थ है कार्य निष्पादन का निर्धारण, जो यूनिट/अवधि के समाप्त होने पर बार-बार किया जाता है (सारांशात्मक)।
- सतत और व्यापक मूल्यांकन का 'व्यापक' संघटक बच्चों के व्यक्तित्व के पूर्ण विकास के निर्धारण का ध्यान रखता है। इसमें विद्यार्थियों के विकास के शैक्षिक और इसके अलावा सह-शैक्षिक पहलुओं का निर्धारण शामिल है।
- शैक्षिक पहलुओं में पाठ्यक्रम के क्षेत्र होते हैं, जबकि सह-शैक्षिक पहलुओं में जीवन-कौशल, सह-पाठ्यचर्या अभिवृत्तियाँ और मूल्य शामिल होते हैं।
- शैक्षिक क्षेत्रों में निर्धारण, निरन्तर और नियतकालिक रूप से मूल्यांकन की बहुविद् तकनीकों का इस्तेमाल करके अनौपचारिक और औपचारिक रूप से किया जाता है।
- नैदानिक मूल्यांकन यूनिट/ परीक्षा के समाप्त होने पर किया जाता है। कुछ यूनिटों में घटिया कार्य-निष्पादन (Per Formance) के कारणों का पता नैदानिक (Diagnostic) परीक्षणों का उपयोग करते हुए लगाया जाता है। इसके बाद उपयुक्त रूप से हस्तक्षेप किया जाता है और कार्यवाही की जाती है और तत्पश्चात् पुनः परीक्षण किए जाते हैं।
- सह-शैक्षिक क्षेत्रों में निर्धारण निर्धारित मानदण्डों के आधार पर बहुविद् तकनीकों का इस्तेमाल करते हुए किया जाता है, जब जीवन-कौशलों का निर्धारण के सूचकों और जाँच-सूचियों के आधार पर किया जाता है।
- यह देखा गया है कि आमतौर पर किसी विषय के तथ्यों (Facts), उसकी संकल्पनाओ (Concepts), उसके सिद्धान्तों आदि के ज्ञान और उनकी समझ जैसे शैक्षिक क्षेत्रों का मूल्यांकन किया जाता है। सह-शैक्षिक तत्त्वों को या तो मूल्यांकन की प्रक्रिया से बिल्कुल बाहर रखा जाता है अथवा उनकी ओर पर्याप्त ध्यान नहीं दिया जाता।
- मूल्यांकन को व्यापक बनाने के लिए, शैक्षिक और सह-शैक्षिक दोनों क्षेत्रों को महत्त्व दिया जाना चाहिए। संवृद्धि (Growth) के सह-शैक्षिक पहलुओं के मूल्यांकन के सरल और प्रबन्धकीय तरीकों को व्यापक मूल्यांकन स्कीम में अवश्य शामिल किया जाना चाहिए।

- राष्ट्रीय शिक्षा नीति सम्बन्धी दस्तावेज (Document), 1986 जिसका 1992 में संशोधन किया गया है, में इस बात का उल्लेख किया गया है कि मूल्यांकन योजना में शिक्षा के विषयों और सह-शिक्षा के सभी शिक्षण सम्बन्धी अनुभवों को शामिल किया जाना चाहिए।
- व्यापक मूल्यांकन के लिए अनेक प्रकार की तकनीकों और साधनों का उपयोग करना जरूरी होना है। इसका कारण यह है कि शिक्षार्थी की संवृद्धि के विभिन्न विशिष्ट क्षेत्रों का मूल्यांकन कतिपय विशेष तकनीकों के जरिए किया जा सकता है।

सतत और व्यापक मूल्यांकन के कार्य एवं महत्त्व

अध्यापन शिक्षा प्राप्ति प्रक्रिया में, मूल्यांकन से शैक्षिक और सह-शैक्षिक पहलुओं का ध्यान रखने की अपेक्षा की जाती है। यदि कोई किसी क्षेत्र में कमजोर है, तो नैदानिक मूल्यांकन किया जाना चाहिए और उपचारी उपाय अपनाए जाने चाहिए।

सतत और व्यापक मूल्यांकन के कार्य एवं महत्त्व निम्न हैं

- यह अध्यापक को प्रभावकारी कार्यनीतियाँ आयोजित करने में सहायता देता है।
- सतत मूल्यांकन शिक्षार्थी की प्रगति की सीमा और मात्रा को नियमित रूप से आँकने में सहायता देता है (विशिष्ट शैक्षिक और सह-शैक्षिक क्षेत्रों के सन्दर्भ में योग्यता और उपलब्धि)।
- सतत् मूल्यांकन कमजोरियों का निदान करने का कार्य करता है और अध्यापक को अलग-अलग शिक्षार्थियों की शक्तियों और कमजोरियों और उसकी आवश्यकताओं का पता लगाने में सहायता देता है। यह अध्यापक को तत्काल फीडबैक मुहैया कराता है, जो तब यह फैसला कर सकता है कि कोई विशेष यूनिट अथवा संकल्पना समूची कक्षा को फिर से पढ़ाए जाने की आवश्यकता है अथवा केवल कुछ शिक्षार्थियों को उपचारी शिक्षा की आवश्यकता है।
- सतत मूल्यांकन के द्वारा, बच्चे अपनी शक्तियों और कमजोरियों को जान सकते हैं। यह बच्चों में अध्ययन की अच्छी आदतें विकसित करने, गलतियों को सुधारने और अपने क्रिया-कलापों को वांछित लक्ष्य प्राप्त करने की दिशा में मोड़ने के लिए अभिप्रेरित कर सकता है। इससे शिक्षार्थी को शिक्षा के उन क्षेत्रों को निर्धारित (Motivated) करने में सहायता मिलती है, जिनमें अधिक जोर दिए जाने की आवश्यकता हो।
- सतत् और व्यापक मूल्यांकन अभिरुचियों और प्रवृत्ति वाले क्षेत्र अभिज्ञात करता है। यह अभिवृत्तियों और मूल्य प्रणालियों में होने वाले परिवर्तनों का पता लगाने में सहायता देता है। यह विषयों, पाठ्यक्रमों और जीवनवृत्तियों (Carrier) के चुनाव के बारे में, भविष्य के लिए फैसले करने में सहायता देता है।
- यह शैक्षिक और सह-शैक्षिक क्षेत्रों में विद्यार्थियों की प्रगति के बारे में सूचना/रिपोर्ट देता है और इस प्रकार शिक्षार्थी की भावी सफलताओं के बारे में पूर्वानुमान लगाने में सहायता देता है।
- सतत मूल्यांकन समय-समय पर बच्चे, अध्यापकों और माता-पिता को उपलब्धि के बारे में जागरूक बनाने में सहायता देता है। यदि उपलब्धि में कोई कमी हुई हो तो वे उसके सम्भाव्य कारणों की जाँच कर सकते हैं और शिक्षा के उस क्षेत्र में जिसमें अधिक जोर देने की आवश्यकता हो, उपचारी उपाय कर सकते हैं। कभी-कभी ऐसा होता है कि कुछ वैयक्तिक कारणों, पारिवारिक समस्याओं अथवा समायोजन की समस्याओं के कारण, बच्चे अपने अध्ययन की उपेक्षा करना शुरू कर देते हैं, जिसके परिणामस्वरूप उनकी उपलब्धि में अचानक गिरावट आ जाती है।
- यदि अध्यापक, बच्चे और माता-पिता को उपलब्धि में अचानक आई गिरावट का पता न चले, तो बच्चे द्वारा अपने अध्ययन की उपेक्षा लम्बे समय तक की जाती रहती है और इसके परिणामस्वरूप उपलब्धि निम्न स्तरीय हो जाती है और बच्चे की शिक्षा प्राप्ति में स्थायी रूप से त्रुटि रह जाती है।
- सतत और व्यापक मूल्यांकन का मुख्य बल विद्यार्थियों की निरन्तर संवृद्धि पर और उनका बौद्धिक, भावनात्मक, शारीरिक, सांस्कृतिक और सामाजिक विकास सुनिश्चित करने पर होता है और इसलिए यह विद्यार्थी की केवल शैक्षिक उपलब्धियों को आँकने तक सीमित नहीं होगा। इस मूल्यांकन का उपयोग शिक्षार्थियों को अन्य कार्यक्रमों के लिए अभिप्रेरित करने, सूचना प्रदान करने, फीडबैक की व्यवस्था करने और शिक्षा में शिक्षा प्राप्ति में सुधार करने के लिए **अनुवर्ती** (उपयुक्त) कार्यवाही करने और शिक्षार्थी के विवरणों की एक व्यापक तस्वीर प्रस्तुत करने के एक साधन के रूप में करता है।

अध्यापकों के लिए महत्त्वपूर्ण तथ्य

- शिक्षण की विभिन्न विधियों एवं योग्यताओं को समझने का प्रयास करना।
- बालकों को पढ़ाते समय प्रयोजनात्मक प्रणाली का उपयोग करना; यथा—मौखिक प्रस्तुति, प्रोजेक्ट के माध्यम से प्रस्तुति इत्यादि।
- मूल्यांकन मापदण्ड की प्रणाली को विद्यार्थियों से साझा करना।
- अपना मूल्यांकन स्वयं करने की अनुमति देना।
- विद्यार्थी को प्रयास के माध्यम से सुधरने का अवसर देना।

सतत एवं व्यापक मूल्यांकन के साधन व विधियाँ

सतत एवं व्यापक मूल्यांकन के अन्तर्गत विभिन्न तकनीकों का प्रयोग किया जाता है; जैसे—निरीक्षण, प्रश्नावली, साक्षात्कार, जाँच सूची, विवरण आदि।

निरीक्षण

- गुडे तथा हाट के अनुसार, विज्ञान निरीक्षण (Observation) से प्रारम्भ होता है और अपने तथ्यों की पुष्टि के लिए अन्त में निरीक्षण का सहारा लेता है।
- इस विधि के द्वारा सामूहिक व्यवहार तथा जटिल समस्याओं का अध्ययन भी सरलतापूर्वक किया जा सकता है।
- निरीक्षण विधि में अध्ययन सावधानीपूर्वक होता है, क्योंकि अध्यापक स्वयं प्रत्यक्ष रूप से भाग लेता है। इस विधि में सामूहिक व्यवहार की जाँच भी की जाती है।
- यह विधि पूर्व बाल्यकाल (Early childhood) में मूल्यांकन के लिए अति उत्तम है, क्योंकि इसमें छात्रों को मूल्यांकन किए जाने का अहसास भी नहीं होता और अध्यापक प्राकृतिक परिस्थिति में बालक का मूल्यांकन कर पाते हैं।
- इसकी विशेषताएँ इस प्रकार होती हैं—वस्तुनिष्ठता, निश्चयात्मकता, क्रमबद्धता, प्रामाणिकता एवं विश्वसनीयता।

प्रश्नावली

- प्रश्नावली (Questionnaire) एक प्रकार का उत्तर प्राप्त करने का साधन है, जिसके द्वारा उत्तरदाता स्वयं उसकी पूर्ति करता है।
- यह प्रश्नों की सुनियोजित सूची होती है, जिसके आधार पर बच्चों का मूल्यांकन किया जाता है।
- 0-6 वर्ष की अवस्था में बच्चों को चित्र प्रश्नावली दी जाती है, जिसमें प्रश्न चित्रों के रूप में होते हैं, बच्चे सही लगने वाले चित्रों को अंकित करते हैं।

साक्षात्कार

- साक्षात्कार (Interview) वह विधि है, जिसके द्वारा मौखिक अथवा लिखित सूचना प्राप्त की जाती है।
- साक्षात्कार द्वारा अध्यापक बालक की प्रगति को ज्ञापित (जानना) कर पाता है, परन्तु इसमें प्रश्न इस प्रकार से दैनिक जीवन से सम्बन्धित होते हैं कि बालक को यह ज्ञात नहीं हो पाता है कि यह उसका मूल्यांकन हो रहा है।
- इस विधि से बालक अध्यापक के करीब आता है और निर्भय होकर बात कर पाता है। इस विधि द्वारा विभिन्न मनोवैज्ञानिक विधियाँ भी दूर की जा सकती हैं।

जाँच-सूची

जाँच-सूची (Check List) में अध्यापक बालक के सभी तथ्यों; जैसे—भाषा के प्रयोग, सामाजिकता, संवेगात्मकता, खेल के दौरान व्यवहार आदि को लिखते जाते हैं जिसको बाद में एकत्रित कर बालक का मूल्यांकन किया जाता है। इस विधि से बालक का उचित मूल्यांकन होता है।

विवरण

विवरण (Interpretation) में विद्यार्थी के कुछ समय के कार्य का नमूना (Sample) एकत्र किया जाता है। यह नमूना दिन-प्रतिदिन के कार्य से भी किया जा सकता है या शिक्षार्थी के बेहतर कार्य से भी किया जा सकता है।

विवरण का लाभ

- संचित रिकॉर्ड उपलब्ध करें। इस प्रक्रिया में यह दिखाएँ कि किस प्रकार कौशल और ज्ञान का विकास होता है।
- इससे विद्यार्थी अपने अधिगम और प्रगति का दूसरों को प्रदर्शन कर सकता/सकती है। क्या बच्चा अधिगम और मूल्यांकन में सक्रिय प्रतिभागी बनता है?

विवरण सम्बन्धी सुझाव

- विवरण में रखे जाने वाले चयनित कार्य का विशेष कारण होना चाहिए।
- विवरण की विषय-वस्तु के चयन में विद्यार्थी की प्रतिभागिता को प्रोत्साहित किया जाए और विषय-वस्तु के चयन के मापदण्ड (Norms) तय किए जाएँ।
- बच्चे के विकास के साथ-साथ उसके विवरणों को भी अद्यतन (Update) किया जाना चाहिए।
- जिन बातों का प्रदर्शन किया जाना है, उनके साथ विवरण सम्बन्धी सामग्री चिन्तापूर्वक रखी जानी चाहिए।
- सहज सन्दर्भ के लिए विषय-वस्तु पर स्पष्ट 'लेबल' लगाना चाहिए और उस पर संख्या अंकित की जानी चाहिए।

वर्णनात्मक रिकॉर्ड

अध्यापक/बच्चे के साथी शिक्षार्थी के अनुभव का वर्णनात्मक (Descriptive) विवरण भी लिखना चाहिए। इससे बच्चे के जीवन-कौशल के प्रत्येक पहलू का पता लगाने का उन्हें अवसर दिया जाता है और वे शिक्षार्थी की और अधिक सम्पूर्ण छवि का सृजन करने के लिए उसके पिछले विवरण को साक्ष्य के रूप में उसका उपयोग कर सकते हैं और इसे **संचयी रिकॉर्ड** (Accumulated record) तैयार करने के उपयोग में लाया जा सकता है।

शैक्षिक उद्‌देश्यों का वर्गीकरण

शैक्षिक उद्‌देश्यों के मूल्यांकन का त्रि-स्तरीय वर्गीकरण

1. ज्ञानात्मक या संज्ञानात्मक संकल्पना Cognitive Domain
2. भावनात्मक संकल्पना Affective Domain
3. क्रियात्मक या गत्यात्मक संकल्पना
   Psychomotor or Conative Domain

ब्लूम के अनुरूप शैक्षिक उद्‌देश्यों का वर्गीकरण

ब्लूम के अनुसार व्यवहार के तीन प्रकार होते हैं

1. ज्ञानात्मक पक्ष (Cognitive Domain)इसके अन्तर्गत ज्ञान, बोध प्रयोग विश्लेषण (Analysis), संश्लेषण (Synthesis) तथा मूल्यांकन इत्यादि आता है।
2. भावात्मक पक्ष (Affective Domain) (ब्लूम, क्रथवाल व मारिया) इसके अन्तर्गत ध्यान देना, अनुक्रिया (Responding), आकलन, संगठन, मूल्यों का विशेषीकरण इत्यादि आता है।
3. क्रियात्मक पक्ष/मनोगत्यात्मक (सिंपसन तथा हेरो) (Psychomotor Domain) इसके अन्तर्गत सहज क्रियात्मक अंग संचालन (Reflex Movements), आधारभूत अंग संचालन (Basic-Fundamental Movements), शारीरिक योग्यताएँ (Physical Abilities) प्रत्यक्षीकरण योग्यताएँ (Perceptual Abilities), सांकेतिक सम्प्रेषण (Non-Discursive Communication) इत्यादि आता है।

अभ्यास प्रश्न

1. आकलन (Assesment) मूल्यांकन की
(a) संक्षिप्त प्रक्रिया है
(b) विस्तृत प्रक्रिया है
(c) बहुआयामी संकल्पना है
(d) उपरोक्त में से कोई नहीं

2. मूल्यांकन शिक्षण एवं शिक्षार्थी दोनों के लिए किस प्रकार का कार्य करता है?
(a) पुनर्बलन का (b) समावेशन का
(c) अधिगमन का (d) इनमें से कोई नहीं

3. क्रिस्टिना अपनी कक्षा को क्षेत्र-भ्रमण पर ले जाती है और वापस आने पर अपने विद्यार्थियों के साथ भ्रमण पर चर्चा करती है। यह ········ की ओर संकेत करता है।
(a) सीखने के लिए आकलन
(b) आकलन के लिए सीखना
(c) आकलन का सीखना
(d) सीखने का आकलन

4. निम्नलिखित में से कौन-सी अधिगम के मूल्यांकन की विशेषता नहीं है?
(a) यह मूल्यांकन शिक्षा-प्राप्ति के बाद किया जाता है।
(b) इसमें सूचना को सामान्य रूप से अंकों अथवा ग्रेडों में रूपान्तरित किया जाता है।
(c) इसमें सूचना अध्यापक द्वारा एकत्र की जाती है।
(d) इसमें सूचना छात्रों के द्वारा स्वयं एकत्र की जाती है।

5. वह मूल्यांकन, जो विद्यालय परिषदों के दिशा-निर्देशों के आधार पर तो किया जाता है, किन्तु परिषद् (बोर्ड) स्तर पर नहीं, कहलाता है
(a) विद्यालय आधारित मूल्यांकन
(b) निरीक्षण
(c) अवलोकन
(d) व्यापक मूल्यांकन

6. अधिगम के अच्छे मूल्यांकन का/के मानदण्ड है/हैं
(a) ये युक्तिसंगत होते हैं
(b) ये विश्वसनीय होते हैं
(c) ये तुलनीय होते हैं
(d) उपरोक्त सभी

7. आजकल विद्यालय आधारित मूल्यांकन की चर्चा की जाती है, इसके अन्तर्गत अध्यापकों को विद्यार्थियों के बारे में निम्नलिखित में से क्या जानने का अवसर प्राप्त होता है?
A. वे क्या सीखते हैं?
B. वे क्या सोचते हैं?
C. वे कैसे सीखते हैं?
(a) केवल A (b) B और C
(c) A और C (d) ये सभी

8. केन्द्रीय माध्यमिक शिक्षा बोर्ड ने विद्यालय आधारित सतत एवं व्यापक मूल्यांकन के दिशा-निर्देश दिए हैं, निम्नलिखित में से कौन-सा इसका एक उद्देश्य नहीं है?
(a) बच्चों पर पड़ने वाले दबाव को कम करना।
(b) विद्यार्थियों को अपनी रुचि के अनुसार पढ़ने की छूट देना
(c) छात्रों की प्रवीणता के निर्धारण के लिए अंकों के स्थान पर ग्रेडों का प्रयोग
(d) निदान एवं उपचार के साधन की व्यवस्था करना

9. विद्यालय आधारित मूल्यांकन होता है
(a) बहुआयामी
(b) एकलआयामी
(c) संकीर्ण
(d) उपरोक्त में से कोई नहीं

10. सतत एवं व्यापक मूल्यांकन में 'व्यापक' का तात्पर्य क्या है?
(a) एक बार के कार्यक्रम के बदले निरन्तर मूल्यांकन
(b) छात्रों के शैक्षिक एवं सह-शैक्षिक पक्षों की किसी एक क्षमता का व्यापक मूल्यांकन
(c) छात्रों की ज्ञान, समझ, व्याख्या, अनुप्रयोग, विश्लेषण इत्यादि क्षमता का मूल्यांकन
(d) छात्रों की याद करने की क्षमता का व्यापक मूल्यांकन

11. निम्नलिखित में से कौन-सा सतत एवं व्यापक मूल्यांकन का एक उद्देश्य नहीं है?
(a) याद रखने पर बल देने के बदले सीखने की प्रक्रिया पर बल देना
(b) छात्रों के सीखने की प्रक्रिया एवं परिवेश के बारे में उपयुक्त निर्णय लेना
(c) अध्यापन एवं अधिगम प्रक्रिया को शिक्षक केन्द्रित कार्यकलाप बनाना
(d) बोधात्मक, मनोप्रेरक और भावात्मक कौशलों के विकास में सहायता करना

12. पढ़ाई के दौरान असफल होने वाले विद्यार्थियों का मूल्यांकन निम्नलिखित में से किस प्रणाली के तहत होता है?
(a) रचनात्मक मूल्यांकन प्रणाली
(b) योगात्मक मूल्यांकन प्रणाली
(c) निदानात्मक मूल्यांकन प्रणाली
(d) उपरोक्त में से कोई नहीं

13. निम्नलिखित में से कौन-सा मूल्यांकन सत्र (Session) की समाप्ति के बाद होता है?
(a) योगात्मक मूल्यांकन
(b) रचनात्मक मूल्यांकन
(c) निदानात्मक मूल्यांकन
(d) उपरोक्त में से कोई नहीं

14. मूल्यांकन की प्रक्रिया के दौरान शिक्षकों को काफी सावधानी बरतने की आवश्यकता होती है। इस दौरान शिक्षकों को निम्नलिखित में से कौन-सा कार्य करना चाहिए?
(a) छात्रों को फीडबैक उपलब्ध कराना, ताकि वे बेहतर ढंग से कार्य कर सकें
(b) छात्रों के बीच तुलना करना
(c) छात्रों के बारे में नकारात्मक बयान देना
(d) शिक्षार्थियों को मन्द, कमजोर, बुद्धिमान आदि के रूप में वर्गीकृत करना

15. सतत एवं व्यापक मूल्यांकन के बारे में निम्नलिखित में से कौन-सा कथन असत्य है?
(a) सतत और व्यापक मूल्यांकन के 'सतत' पहलू के अन्तर्गत मूल्यांकन के 'सतत' और 'आवधिक' पहलू का ध्यान रखा जाता है।
(b) 'व्यापक' संघटक में विद्यार्थियों के विकास के शैक्षिक और इसके अलावा सह-शैक्षिक पहलुओं का निर्धारण शामिल है।
(c) इसमें छात्रों की उपलब्धियों का मूल्यांकन अंकों के रूप में होता है।
(d) इसमें मूल्यांकन की बहुविध तकनीकों का उपयोग अनौपचारिक रूप से किया जाता है।

16. निम्नलिखित में से कौन-सा सतत एवं व्यापक मूल्यांकन का एक उपकरण या साधन है?
A. निरीक्षण B. प्रश्नावली
C. जाँच सूची
(a) केवल A (b) केवल B
(c) केवल C (d) ये सभी

17. पारम्परिक बाह्य परीक्षा की तुलना में वर्तमान समय में विद्यालय-आधारित मूल्यांकन को सुदृढ़ करने की आवश्यकता क्यों है?
(a) क्योंकि विद्यालय आधारित मूल्यांकन में बच्चों की सभी योग्यताओं का मूल्यांकन होता है
(b) क्योंकि विद्यालय आधारित मूल्यांकन वर्ष के अन्त में एक बार होता है, जिससे छात्रों को सुविधा होती है
(c) क्योंकि विद्यालय आधारित परीक्षा में अंकों के आधार पर विद्यार्थियों को उत्तीर्ण अथवा अनुत्तीर्ण किया जाता है
(d) उपरोक्त सभी

18. व्यापक एवं सतत मूल्यांकन के अन्तर्गत निम्नलिखित में से कौन-सा कार्य नहीं किया जाता?
(a) इसमें परीक्षा-परिणामों का विश्लेषण और व्याख्या वैज्ञानिक तरीके से किया जाता है।
(b) इसमें परीक्षा के प्राप्तांकों के आधार पर विद्यार्थियों को उत्तीर्ण अथवा अनुत्तीर्ण किया जाता है।
(c) इसमें बच्चों पर पड़ने वाले दबाव को कम किया जाता है।
(d) मूल्यांकन को व्यापक एवं नियमित बनाया जाता है।

19. सतत एवं व्यापक मूल्यांकन में निम्नलिखित में से किसका मूल्यांकन नहीं किया जाना चाहिए?
(a) छात्रों के विभिन्न विषय क्षेत्रों के कौशल
(b) छात्रों के विभिन्न विषय क्षेत्रों में सफलता का स्तर
(c) छात्रों की सामाजिक-आर्थिक स्थिति
(d) छात्रों के वैयक्तिक कौशल, रुचि एवं अभिवृत्ति

20. मूल्यांकन की प्रक्रिया के दौरान शिक्षकों को काफी सावधानी बरतने की आवश्यकता होती है। इस दौरान शिक्षकों को निम्नलिखित में से कौन-सा कार्य नहीं करना चाहिए?
(a) प्रत्येक विद्यार्थी की अनुक्रिया के बारे में संवेदनशील होना
(b) बच्चों की प्रगति के बारे में सूचना एकत्र करते रहना
(c) शिक्षार्थियों को विभिन्न वर्गों में विभाजित कर, उनके बीच तुलना करना
(d) बच्चों की विभिन्न प्रकार की सूचनाओं को अभिलेखबद्ध करना

21. सतत एवं मूल्यांकन की निम्नलिखित में से किस विधि में शिक्षक विद्यार्थी के विभिन्न तथ्यों जैसे—भाषा के प्रयोग, संवेगात्मकता, खेल के दौरान व्यवहार इत्यादि को लिखता है एवं इस तरह एकत्र सूचनाओं के आधार पर मूल्यांकन करता है?
(a) जाँच-सूची (b) प्रश्नावली
(c) निरीक्षण (d) साक्षात्कार

22. निम्नलिखित में से कौन-एक ब्लूम के ज्ञानात्मक पक्ष के अन्तर्गत आता है?
(a) संश्लेषण (b) अनुक्रिया
(c) प्रत्यक्षीकरण (d) ध्यान देना

23. आकलन को 'उपयोगी और रोचक' प्रक्रिया बनाने के लिए ……… के प्रति सचेत होना चाहिए।
(a) अलग-अलग विद्यार्थियों में तुलना करना
(b) विद्यार्थियों को बुद्धिमान या औसत शिक्षार्थी की उपाधि देना
(c) शैक्षिक और सह-शैक्षिक क्षेत्रों में विद्यार्थी के सीखने के बारे में जानकारी प्राप्त करने के लिए विविध तरीकों का प्रयोग करना
(d) प्रतिपुष्टि (फीडबैक) देने के लिए तकनीकी भाषा का प्रयोग करना

24. विद्यालय-आधारित आकलन मुख्य रूप से किस सिद्धान्त पर आधारित होता है?
(a) आकलन बहुत किफायती (मितव्ययी) होना चाहिए
(b) बाह्य परीक्षकों की अपेक्षा शिक्षक अपने शिक्षार्थियों की क्षमताओं को बेहतर जानते हैं
(c) किसी भी कीमत पर विद्यार्थियों को अच्छे ग्रेड मिलने चाहिए
(d) विद्यालय, बाह्य परीक्षा निकायों की अपेक्षा ज्यादा सक्षम हैं

25. सीखने के लिए आकलन निम्नलिखित का ध्यान है, सिवाय
(a) विद्यार्थियों की आवश्यकताएँ
(b) विद्यार्थियों की त्रुटियाँ
(c) विद्यार्थियों की अधिगम-शैलियाँ
(d) विद्यार्थियों की क्षमताएँ

26. सतत और व्यापक मूल्यांकन ……… बल देता है।
(a) बोर्ड परीक्षाओं की अनावश्यकता पर
(b) सीखने को सुनिश्चित करने के लिए व्यापक स्केल पर निरन्तर परीक्षण
(c) सीखने को किस प्रकार अवलोकित कर रिकॉर्ड को और सुधारा जाए इस पर
(d) शिक्षण के साथ परीक्षाओं का सामंजस्य

27. विद्यालय आधारित आकलन
(a) शिक्षार्थियों और शिक्षकों को अगम्भीर और लापरवाह बनाता है
(b) शिक्षा-बोर्ड की जवाबदेही कम कर देता है
(c) सार्वभौमिक राष्ट्रीय मानकों की प्राप्ति में बाधा उत्पन्न करता है
(d) परिचित वातावरण में अधिक सीखने में सभी शिक्षार्थियों की मदद करता है

28. विद्यालय-आधारित आकलन प्रारम्भ किया गया था, ताकि
(a) राष्ट्र में विद्यालयी शिक्षा संगठनों (boards) की शक्ति का विकेन्द्रीकरण किया जा सके
(b) सभी विद्यार्थियों के सम्पूर्ण विकास को निश्चित किया जा सके
(c) विद्यार्थियों की उन्नति की बेहतर व्याख्या के लिए उनकी सभी गतिविधियों के नियमित अभिलेखन हेतु अध्यापकों को अभिप्रेरित किया जा सके
(d) विद्यालय अपने क्षेत्रों में विद्यमान अन्य विभिन्न विद्यालयों की तुलना में प्रतियोगिता द्वारा अपनी विशिष्टता का प्रदर्शन करने हेतु अभिप्रेरित हो सकें

29. गणित में अधिगम निर्योग्यता का आकलन निम्न में से किस परीक्षण द्वारा सर्वाधिक उचित तरीके से किया जा सकता है?
(a) अभिक्षमता परीक्षण (b) निदानात्मक परीक्षण
(c) स्क्रीनिंग परीक्षण (d) उपलब्धि परीक्षण

30. वे शिक्षक, जो विद्यालय आधारित आकलन के अन्तर्गत कार्य करते हैं
(a) उन पर अधिक कार्य का बोझ रहता है, क्योंकि उन्हें सोमवार की परीक्षा सहित अकसर परीक्षा लेनी पड़ती है।
(b) उन्हें प्रत्येक शिक्षार्थी को प्रत्येक विषय में परियोजना कार्य देना पड़ता है।
(c) शिक्षार्थियों के मूल्यों और अभिवृत्तियों का आकलन करने के लिए रोजाना उनका सूक्ष्म अवलोकन करते हैं।
(d) व्यवस्था के लिए स्वामित्व की भावना रखते हैं।

31. सतत एवं व्यापक मूल्यांकन किसलिए आवश्यक है?
(a) शिक्षण के साथ परीक्षण का ताल-मेल बैठाने के लिए
(b) शिक्षा बोर्ड की जवाबदेही कम करने के लिए
(c) जल्दी-जल्दी की जाने वाली गलतियों की तुलना में कम अन्तराल पर की जाने वाली गलतियों को सुधारना
(d) यह समझने के लिए कि अधिगम का किस प्रकार अवलोकन किया जाता है, दर्ज किया जाता है व सुधार किया जा सकता है

32. अधिगम में आकलन किसलिए आवश्यक होता है?
(a) ग्रेड एवं अंकों के लिए
(b) जाँच परीक्षण के लिए
(c) प्रेरणा के लिए
(d) पृथक्करण और श्रेणीकरण के उद्देश्य को प्रोत्साहन देने के लिए

33. निम्नलिखित में से कौन-सा आकलन करने का सर्वाधिक उपयुक्त तरीका है?
(a) आकलन शिक्षण-अधिगम में अन्तर्निहित प्रक्रिया है।
(b) आकलन एक शैक्षणिक सत्र में दो बार करना चाहिए-शुरू में और अन्त में।
(c) आकलन शिक्षक के द्वारा नहीं, बल्कि किसी बाह्य एजेन्सी के द्वारा कराना चाहिए।
(d) आकलन सत्र की समाप्ति पर करना चाहिए।

34. आकलन
(a) बच्चों को लेबल करने (नाम देने) और वर्गीकृत करने की अच्छी रणनीति है
(b) बच्चों में प्रतियोगितात्मक भावना को सक्रिय रूप से बढ़ावा देना है
(c) सीखने को सुनिश्चित करने के लिए तनाव और दबाव को उत्पन्न करना है
(d) सीखने में सुधार का एक तरीका है

35. आकलन उद्देश्यपूर्ण होता है यदि
(a) इससे विद्यार्थियों और शिक्षकों को प्रतिपुष्टि (फीडबैक) प्राप्त हो
(b) यह केवल एक बार वर्ष के अन्त में हो
(c) विद्यार्थियों की उपलब्धियों में अन्तर करने के लिए तुलनात्मक मूल्यांकन किए जाएँ
(d) इससे विद्यार्थियों में भय और तनाव का संचार हो

उत्तरमाला

1	(a)	2	(a)	3	(a)	4	(d)	5	(a)	6	(d)	7	(d)	8	(b)	9	(a)	10	(b)
11	(c)	12	(c)	13	(a)	14	(a)	15	(c)	16	(d)	17	(a)	18	(b)	19	(c)	20	(c)
21	(a)	22	(a)	23	(c)	24	(b)	25	(a)	26	(c)	27	(d)	28	(b)	29	(b)	30	(a)
31	(d)	32	(c)	33	(a)	34	(d)	35	(d)										

अध्याय 12

उपलब्धियों का मूल्यांकन एवं प्रश्नों का निर्माण

उपलब्धियों का मूल्यांकन

छात्रों की उपलब्धियों का मूल्यांकन (Evaluation of Achievements) सतत एवं व्यापक रूप से होते रहना चाहिए। इसके लिए कई विधियों को अपनाया जाता है, किन्तु ग्रेडिंग पद्धति का प्रयोग इस कार्य हेतु बेहतर होता है।

विभिन्न क्षेत्रों में विद्यार्थियों की उपलब्धियों की रिपोर्ट तैयार करते समय समग्र ज्ञान में अप्रत्यक्ष ग्रेडिंग के पाँच बिन्दुओं का प्रयोग किया जा सकता है।

इन ग्रेडों में अंकों का वितरण निम्न प्रकार से किया जाना चाहिए

ग्रेड	परिणाम	अंक (प्रतिशत में)
ए +	सर्वोत्कृष्ट (Extraordinary)	90% - 100%
ए	उत्कृष्ट (Excellent)	75% - 89%
बी	बहुत अच्छा (Very good)	56% 74%
सी	अच्छा (Good)	35% - 55%
डी	औसत (Average)	35% से कम

- बच्चे के ग्रेड उपलब्धि कार्ड में दर्शाया जाना चाहिए, जो प्रतिशतता की उपरोक्त श्रेणी में व्यवहार के सूचक के अनुसार प्रतिशतता पर आधारित हो। इसके अलावा, शैक्षिक और शिक्षा से जुड़े क्षेत्रों और बच्चे की उपलब्धि के स्तर के सम्बन्ध में कुछ टिप्पणियाँ दर्ज की जा सकती हैं। ये टिप्पणियाँ शिक्षण के क्षेत्र में प्रयास करने के लिए माता-पिता और बच्चे के लिए सहायक होती हैं।
- सतत् एवं व्यापक मूल्यांकन, सतत निदान, उपचार प्रोत्साहन और सराहना इत्यादि विद्यार्थी की उपलब्धियों में सुधार लाने के लिए उपयोगी सिद्ध होते हैं। इसके लिए प्रधानाचार्य, अध्यापक और माता-पिता को अभिमुखी और ठोस प्रयास करने होंगे जिससे बच्चे के व्यक्तित्व का सर्वांगीण विकास हो सके। संलग्न रेटिंग मान में विभिन्न ग्रेडों के रूप में विद्यार्थियों को उचित रूप से रखने में अध्यापक को मदद मिलती है।

उपलब्धियों का परीक्षण

किसी भी क्षेत्र में कार्य करने वाले व्यक्ति की उपलब्धियों को मापने की प्रक्रिया को उपलब्धि परीक्षण कहते हैं। इसका प्रयोग अनेक क्षेत्रों में किया जाता है, उदाहरणस्वरूप—शिक्षा जगत् में, व्यवसाय जगत् में तथा तकनीकी क्षेत्र में तथा अन्य क्षेत्रों में।

उपलब्धि परीक्षण दो तरह से होता है

1. **शिक्षक निर्मित उपलब्धि परीक्षण** (Teacher Made Achievement Test) यह परीक्षण शिक्षक के द्वारा विद्यार्थियों में समझ को विकसित करने हेतु समय-समय पर आकार अवधि की समाप्ति पर अध्याय के समाप्त होने पर किया जाता है। यह परीक्षण छात्रों को व्यक्तिगत विकास तथा उनको अभिप्रेरित करने के लिए किया जाता है।
2. **मानकीकृत उपलब्धि परीक्षण** (Standardised Achievement Test) सामान्य भाषा में उपलब्धि परीक्षण को मानकीकृत उपलब्धि परीक्षण कहा जाता है। इसका विकास कक्षा स्तर पर कौशल तथा ज्ञानार्जन को मापने हेतु किया गया है। सामान्यत: योजनाबद्ध निर्देश यथा प्रशिक्षण या कला निर्देशन द्वारा किया जाता है।

रचनात्मक मूल्यांकन

रचनात्मक मूल्यांकन (Formative Evaluation) फीडबैक उपलब्ध कराता है, जो विद्यार्थी को (शिक्षा प्राप्ति की) त्रुटियों को समझने और उन्हें दूर करने में सहायता देता है।

सैडलर के अनुसार "रचनात्मक मूल्यांकन में फीडबैक और स्व मूल्यांकन दोनों शामिल होते हैं।"

ब्लैक और **विलियम** के अनुसार, "रचनात्मक मूल्यांकन प्राय: इससे अधिक कुछ नहीं होता कि मूल्यांकन बारम्बार किया जाता है और अध्यापन की तरह उसी समय किया जाता है।"

रचनात्मक मूल्यांकन को रूपात्मक आकलन भी कहा जाता है।

रचनात्मक मूल्यांकन में कार्य अनुभव, कला-शिक्षा और स्वास्थ्य तथा शारीरिक-शिक्षा जैसे क्षेत्रों में कार्य निष्पादन का निर्धारण 5 बिन्दु (point) वाले पैमाने जैसे ग्रेड ए, ए, बी, बी, सी आदि पर किया जाता है, जिसका विवरण रिपोर्ट कार्ड की पिछली ओर दिया जाता है।

रचनात्मक मूल्यांकन ग्रेडिंग पैमाना

अंक	शृंखला श्रेणी (ग्रेड)	श्रेणी बिन्दु (ग्रेड प्वॉइण्ट)
91-100	ए$_1$	10.0
81-90	ए$_2$	9.0
71-80	बी$_1$	8.0
61-70	बी$_2$	7.0
51-60	सी$_1$	6.0
41-50	सी$_2$	5.0
33-40	डी	4.0
21-32	ई$_1$	–
00-20	ई$_2$	–

रचनात्मक मूल्यांकन का कार्यान्वयन

- रचनात्मक मूल्यांकन का कार्यान्वयन (Implementation of Formative Evaluation) शिक्षा प्राप्ति के लक्ष्य, अभिप्राय अथवा परिणाम और इन्हें प्राप्त करने की कसौटियों को पूरा करने में सहयोग देता है। रचनात्मक मूल्यांकन से अध्यापकों और विद्यार्थियों के बीच गम्भीर बातचीत, जो निरन्तर बनती रहती है उसमें और परिपक्वता आ जाती है।
- रचनात्मक मूल्यांकन के कार्यान्वयन के अन्तर्गत प्रभावशाली फीडबैक समय पर उपलब्ध कराया जाना चाहिए, जो विद्यार्थियों को अपनी शिक्षा को आगे बढ़ाने में समर्थ बनाता है।
- रचनात्मक मूल्यांकन विद्यार्थियों का स्वयं अपनी शिक्षा प्राप्ति में सक्रिय रूप से शामिल होना निर्धारित करता है।
- रचनात्मक मूल्यांकन का कार्यान्वयन अध्यापकों द्वारा अपनी अध्यापन की पद्धतियों में संशोधन करके शिक्षा प्राप्ति की निर्धारित आवश्यकताओं को पूरा किया जाना निर्धारित करता है।
- रचनात्मक मूल्यांकन का उपयोग पाठ्यक्रम के अध्यापन और शिक्षा प्राप्ति को आँकने के लिए किया जाना चाहिए।
- रचनात्मक मूल्यांकन के अन्तर्गत विद्यालय का यह दायित्व है कि वह विद्यार्थियों को उनके कार्य निष्पादन में सुधार करने में सहायता देने के लिए, शैक्षिक वर्ष के शुरू होने के समय से विद्यार्थियों की शिक्षा प्राप्त करने की कठिनाइयों का निदान करे और उन्हें समय के उपयुक्त अन्तरालों पर माता-पिता के ध्यान में लाए।
- विद्यालयों को विद्यार्थियों की सीखने की क्षमता को बढ़ाने के उपयुक्त उपचारी उपायों की सिफारिश भी देनी चाहिए। इसी प्रकार विशेष रूप से प्रतिभाशाली बच्चों को अतिरिक्त कार्य देकर, प्रतिभा को और बढ़ाने वाली सामग्री देकर और परामर्श देकर उन्हें और अधिक योग्य बनाया जाना चाहिए। कमजोर और प्रतिभाशाली दोनों प्रकार के बच्चों की सहायता के लिए उन्हें परामर्श देने के लिए कक्षा की समय-सारणी में उपयुक्त व्यवस्था की जानी चाहिए।
- अध्यापक के लिए यह भी जरूरी है कि वह अपनी कक्षा में विभिन्न प्रकार की योग्यताओं वाले विद्यार्थियों से निपटने की कार्यनीतियों का उपयोग करे। यह उचित होगा कि शैक्षिक वर्ष के दौरान विद्यार्थियों की और उनके माता-पिता को विद्यार्थियों की उपलब्धि के स्तर की जानकारी दी जाए, ताकि विद्यार्थियों के कार्य निष्पादन को बढ़ाने के लिए उनके सहयोग से उपयुक्त समय पर उपचारी कदम उठाए जा सकें।
- सम्पूर्ण मूल्यांकन के अन्त में बच्चे की सकारात्मक और महत्त्वपूर्ण उपलब्धियों के बारे में कक्षा के अध्यापक की वर्णनात्मक अभ्युक्तियाँ होनी चाहिए और अप्रत्यक्ष नकारात्मक मूल्यांकन को टाला जाना चाहिए।
- रचनात्मक मूल्यांकन के उद्देश्यों को पूरा करने के लिए और विद्यार्थियों को अपने कार्य निष्पादन में सुधार करने मे समर्थ बनाने के लिए अध्यापकों को अपने अध्यापन के दौरान मूल्यांकन के विभिन्न साधनों का उपयोग करने की आवश्यकता है।
- अध्यापकों को चाहिए कि वे रचनात्मक मूल्यांकन की अवधि में निर्धारण के कम-से-कम तीन विभिन्न साधनों का उपयोग करें। जहाँ तक रचनात्मक मूल्यांकनों का सम्बन्ध है, यह प्रस्ताव है कि विद्यालयों को अपने मूल्यांकन स्वयं करने चाहिए।
- विद्यालयों को अपने आपको केवल कागज, पेन्सिल वाली परीक्षाओं तक सीमित नहीं रखना चाहिए।
- मूल्यांकन, लिखित और मौखिक दोनों ही प्रकार की परीक्षाओं का होना चाहिए। इसमें परियोजनाएँ/ क्रिया-कलाप/ प्रश्नोत्तरियाँ/ निर्दिष्ट कार्य/ कक्षा-कार्य/ घर का कार्य भी शामिल हो सकता है। परीक्षा से विद्यार्थियों के मन में भय उत्पन्न नहीं करना चाहिए और इसका स्वरूप ऐसा होना चाहिए कि उन्हें अनौपचारिक तरीके से किया जा सके।

रचनात्मक मूल्यांकन योजना

रचनात्मक निर्धारण पर संकेन्द्रण (फोकस)

↓

विद्यार्थियों के शिक्षा-प्राप्ति के परिणामों और निर्धारण की अपेक्षाओं को बाँटना

↓

स्पष्ट रूप से निर्धारित कसौटियों का उपयोग करना

↓

उदाहरणों और आदर्शों का उपयोग करें

↓

विशिष्ट फीडबैक और फीड फार्वर्ड दें
(जिससे यह सहायता मिलेगी)

↓

विद्यार्थी स्व-निर्धारण करें

↓

विद्यार्थी अपनी प्रगति का विवरण रखें

↓

अध्यापक विद्यार्थी की प्रगति का विवरण रखें

रचनात्मक मूल्यांकन के लिए विशिष्ट सिफारिशें

- विद्यार्थी अपना सत्र अप्रैल में शुरू करते हैं और सीबीएसई ने रचनात्मक मूल्यांकन के लिए यह सिफारिश की है कि यह नए सत्र के प्रारम्भ में अप्रैल में शुरू हो।
- सीबीएसई द्वारा की गई सिफारिशों में विभिन्न विषयों के बारे में कुछ महीने-वार सुझाव दिए गए हैं। यह सलाह दी गई है कि प्रत्येक अवधि में, विद्यालय रचनात्मक मूल्यांकन के अन्तर्गत विद्यार्थी के कार्य निष्पादन का मूल्यांकन करने के लिए कागज,पेन्सिल परीक्षा का उपयोग एक से अधिक बार न करें।
- यह सुझाव दिया गया है कि विज्ञान के मामले में वर्ष में 4 रचनात्मक मूल्यांकनों में से कम-से-कम एक मूल्यांकन प्रयोगों के रूप में हो।

- गणित में चार मूल्यांकन में से एक मूल्यांकन गणित प्रयोगशाला क्रिया-कलापों का मूल्यांकन होना चाहिए। समाज विज्ञान में 4 में से कम-से-कम 1 मूल्यांकन परियोजनाओं पर आधारित होना चाहिए।
- भाषाओं में 4 में से कम-से-कम एक मूल्यांकन श्रवण बोध अथवा वार्तालाप के रूप में वार्तालाप करने के कौशल का मूल्यांकन होना चाहिए।
- उपरोक्त मार्गनिर्देशों का प्रयोजन यह है कि मूल्यांकन के बहुविध मॉडलों का उपयोग किया जाए, ताकि लिखित परीक्षाओं पर ध्यान के संकेन्द्रण (Concentration) को कम किया जाए।

रचनात्मक मूल्यांकन ग्रेड केवल एक निर्धारण के लिए नहीं हो सकता। यह किसी सारी अवधि में किए गए कार्य का औसत होना चाहिए। उदाहरण के लिए एक ग्रेड, जो प्रयोगों को दर्शाता है, एक खास अवधि में किए गए प्रयोगों (3-4) का औसत होना चाहिए।

प्रश्नों का निर्माण

बच्चे के ज्ञान, सोच, छवि और भावनाओं का पता लगाने का सबसे उत्कृष्ट तरीका क्या है? शिक्षार्थी का मूल्यांकन उससे प्रश्न पूछकर और उसके सामने समस्याएँ रखकर किया जा सकता है। दिए गए उत्तरों के सम्बन्ध में प्रश्न बनाने की क्षमता भी शिक्षण का उचित परीक्षण है।

सकारात्मक मूल्यांकन करने के रूप में अध्यापक शिक्षण के दौरान उसके शिक्षण की जानकारी या बच्चे के सामने आने वाली कठिनाइयों को बच्चे से पूछकर कर सकता है कि बच्चा उनके बारे में क्या सोचता है।

अच्छे प्रश्नों की विशेषताएँ

मनोवैज्ञानिकों ने अच्छे प्रश्नों की निम्नलिखित विशेषताएँ बताई हैं

1. **उद्देश्य पर आधारित** प्रश्न पूर्वनिर्धारित उद्देश्य पर आधारित होने चाहिए और इन्हें इस तरीके से तैयार किया जाना चाहिए कि इससे उद्देश्य का प्रभावी परीक्षण हो सके।
2. **अनुदेश** इसके माध्यम से उसे विशेष कार्य सौंपा जाना चाहिए। इस प्रयोजन के लिए समुचित निर्देशात्मक शब्दों का प्रयोग किया जाना चाहिए और वाक्य संरचना की स्थिति का उल्लेख किया जाना चाहिए।
3. **विषय क्षेत्र** इसमें उत्तर की सीमा और क्षेत्र (उत्तर की लम्बाई) का उल्लेख किया जाना चाहिए, जो अनुमानित समय और उसके लिए तय अंकों के अनुसार हो।
4. **विषय-वस्तु** प्रश्न उसी विषय क्षेत्र के अन्तर्गत होना चाहिए, जिसके सम्बन्ध में परीक्षण किया जाना है।
5. **प्रश्न का रूप** इसका रूप उस उद्देश्य और विषय-वस्तु पर निर्भर करता है, जिसकी परीक्षा ली जानी है। कतिपय योग्यताओं की परीक्षा देने के लिए कई तरीके बेहतर होते हैं।
6. **भाषा** अच्छा प्रश्न स्पष्ट, संक्षिप्त और दुविधारहित भाषा में तैयार किया जाना चाहिए। इसकी भाषा विद्यार्थी की पहुँच में होनी चाहिए।
7. **कठिनाई का स्तर** प्रश्न उस विद्यार्थी को ध्यान में रखते हुए तैयार किया जाना चाहिए, जिससे यह प्रश्न पूछा जाना है। प्रश्न की कठिनता परीक्षा की क्षमता, परीक्षण के विषय-क्षेत्र और उत्तर देने के लिए उपलब्ध समय पर निर्भर करती है।
8. **शक्ति का अन्तर** अच्छे प्रश्न में मेधावी विद्यार्थियों और अन्य विद्यार्थियों को भी ध्यान में रखा जाता है।
9. **उत्तर की सीमा का क्षेत्र पुनः निर्धारित करना** प्रश्न की भाषा इतनी स्टीक और संक्षिप्त होनी चाहिए कि उससे सम्भावित उत्तर की सीमा या परिभाषा स्पष्ट हो सके।
10. **मूल्यबिन्दु** पूरे प्रश्न के लिए और उसके उप-भागों के लिए मूल्यबिन्दु या अंकों का स्पष्ट उल्लेख किया जाना चाहिए।

पूरक प्रकार के प्रश्न

पूरक प्रकार के प्रश्नों (Supplementary Type Questions) में विद्यार्थियों को एक शब्द में या कई वाक्यों अथवा अनुच्छेदों में उत्तर देना होता है। इस प्रकार के प्रश्नों को 'स्वच्छ उत्तर' प्रश्न भी कहा जाता है। पूरक प्रकार के प्रश्नों को तीन वर्गों में विभाजित किया जा सकता है— निबन्ध प्रकार, संक्षिप्त उत्तर प्रकार और बहुत संक्षिप्त उत्तर प्रकार।

पूरक प्रकार के प्रश्न

निबन्धात्मक प्रश्न | लघु उत्तरीय प्रश्न | अतिलघु उत्तरीय प्रश्न

निबन्धात्मक प्रश्न

- निबन्ध प्रकार के प्रश्न से आशय है— ऐसा लिखित उत्तर जो एक या दो पृष्ठों में हो। विद्यार्थियों को इस बात की छूट होती है कि वे उत्तर की शब्दावली, उसकी लम्बाई और उनके संयोजन अपने तरीके से कर सकते हैं। ज्ञान को मापने के लिए प्रयोग किए जाने वाले निबन्ध प्रकार के प्रश्नों में अन्तर किया जाना चाहिए। निबन्ध प्रकार के प्रश्नों का उद्देश्य यह है कि बच्चों का भाषाओं में लिखने का परीक्षण किया जाए। इसे निबन्ध परीक्षा कहा जाता है।
- ऐसी कई प्रकार की योग्यताएँ हो सकती हैं जिनकी अन्य तरीके से नहीं बल्कि निबन्ध प्रकार के प्रश्न पूछकर ही परीक्षा ली जा सकती है। ये योग्यताएँ निम्न प्रकार हैं
  - अर्जित ज्ञान से संगत तथ्य का चयन करना।
  - ज्ञान के विभिन्न पहलुओं के बीच उनकी पहचान करना और उनके आपस का सम्बन्ध निधारित करना।
  - अनुमान लगाकर सूचनाओं को व्यवस्थित करना, उनका विश्लेषण करना, तथ्यों की व्याख्या करना और अन्य प्रकार की सूचनाएँ एकत्र करना।
  - दी गई समस्या के बारे में अपने व्यक्तिगत और मूल दृष्टिकोण को व्यक्त करना।
  - तथ्यों, आँकड़ों और उपयुक्त तर्कों से अपने विचार को बनाए रखना।
  - समस्या और मुद्दे के प्रति आन्तरिक अभिवृत्ति का प्रदर्शन करना।
  - स्थूल (व्यापक) और सूक्ष्म दोनों स्तरों पर समस्या को समझना।

निबन्धात्मक प्रश्नों को तैयार करना

- निबन्धात्मक प्रकार के प्रश्नों का आरम्भ सामान्यत: चर्चा, व्याख्या, मूल्यांकन, परिभाषा, तुलनात्मक व विश्लेषण से होता है।
- निबन्ध प्रकार के प्रश्न अच्छे होते हैं जब उनका समूह छोटा व समय सीमा के अन्तर्गत परीक्षा के लिए तैयार किया जाता है। ये लिखित अभिव्यक्ति के लिए भी उचित होते हैं।
- कुछ सामान्य प्रश्न निम्न प्रकार हैं
  - रेतीली मिट्टी जल को क्यों नहीं रोकती है? (प्रश्नात्मक)
  - चार ज्ञानेन्द्रियों के नाम बताइए एवं उनके बारे में संक्षेप में लिखिए। (कथनात्मक)
  - गुप्त काल को भारतीय इतिहास का स्वर्ण युग क्यों कहा जाता है? (प्रश्नात्मक)

अन्य उदाहरण

(i) रूजवेल्ट द्वारा वर्ष 1932 में संयुक्त राष्ट्र अमेरिका के राष्ट्रपति के चुनाव जीतने के कारण बताइए और इस प्रश्न में समावेशन कर इसे इस प्रकार बनाया जा सकता है।

(ii) रूजवेल्ट का राष्ट्रपति का चुनाव जीतने का महत्त्वपूर्ण कारण था हूवर की अलोकप्रियता। क्या आप सहमत हैं? अपना उत्तर स्पष्ट करें।

इनमें पहले उदाहरण में पूछे गए प्रश्न रटे-रटाए उत्तर पर बल देता है, जबकि दूसरे उदाहरण में पूछे गए प्रश्न अपेक्षित विचारों, विश्लेषण एवं मूल्यांकन आदि को महत्त्व देता है।

लघु उत्तरीय प्रश्न

- निबन्धात्मक प्रश्नों में वस्तुनिष्ठता और विश्वसनीयता की कमी होती है। इसलिए निबन्ध प्रकार के प्रश्नों में संक्षिप्त सार-संक्षेप और स्पष्टता नहीं होती है।
- लघु प्रश्न-उत्तर दो चरम स्थितियों के मध्य मार्ग है। शिक्षक एवं छात्र यदि इनके प्रारूप को भली-भाँति समझ लें, तो वस्तुनिष्ठ और निबन्ध दोनों ही प्रकार के प्रश्न लाभदायक सिद्ध हो सकते हैं। कुछ लघु उत्तरीय प्रश्न निम्न प्रकार हैं
  - संसार के सात अजूबों में से पिरामिड को एक अजूबे के रूप में क्यों माना गया? (प्रश्नात्मक)
  - पौधे और जानवरों में चार अन्तर बताइए। (कथनात्मक)
- लघु उत्तरीय प्रश्न के सन्दर्भ में निम्नलिखित बातों पर ध्यान देने की आवश्यकता पड़ती है
  - लघु प्रश्नों का प्रयोग वार्षिक/यूनिट परीक्षाओं में किया जा सकता है। लगभग सभी वस्तुनिष्ठ अध्ययनों मे इसका प्रयोग किया जा सकता है।
  - यह छात्रों में सही तथ्यों के संगठन और समझने के विकास में सहायता करता है। इस प्रकार के प्रश्नों की अपेक्षा अधिक वस्तुनिष्ठता और विश्वसनीयता होती है।
  - इस तरह के प्रश्न अधिक-से-अधिक पाठ्यक्रम को शामिल करने में सहायता करेंगे, क्योंकि कुछ निबन्धात्मक प्रश्नों के स्थान पर अधिक लघु प्रश्न पूछे जा सकते हैं। इससे प्रश्न-पत्र की वैधता में भी सुधार आएगा

अति लघु उत्तरीय प्रश्न

अति लघु उत्तरीय प्रश्न वे हैं, जिनके द्वारा निश्चित परीक्षा बिन्दु जाना जाता है और वस्तुनिष्ठता को चिह्नित किया जा सकता है। इन प्रश्नों से ज्यादातर विषय-वस्तु के मूल को समझा जा सकता है और अधिक विश्वसनीयता व वैधता को बनाया जा सकता है।

अतिलघु उत्तरीय प्रश्नों के अन्तर्गत परीक्षार्थी से शब्द, पदबन्ध अथवा अलंकार और वाक्य पूछकर प्रश्नों के उत्तरों को जाना जा सकता है। इससे उत्तर एक शब्द या एक वाक्य में दिया जा सकता है। इनके उत्तर देने में ज्यादा-से-ज्यादा एक से दो मिनट लगेंगे और आधा से एक नम्बर दिया जा सकेगा। अति लघु प्रश्नोत्तरों का प्रयोग सभी विद्यालयी विषयों में किया जा सकता है।

कुछ अति लघु प्रश्नोत्तरों के उदाहरण निम्नलिखित हैं

1. **रिक्त स्थान पूर्ति प्रकार के प्रश्न** यह भाषा ज्ञान में अभिव्यक्ति को जानने में सहायक होगा। प्रश्न का एक उदाहरण—मैं बहुत परेशान था क्योंकि ....।
2. **समानार्थक प्रकार के प्रश्न** भाषा में अनुच्छेदों में दिए गए विचार, शब्द, वाक्य, समानार्थक व विलोम शब्दों को चुनने के लिए भी इनका प्रयोग किया जा सकता है।
3. **मानचित्र पर आधारित प्रश्न** भूगोल में नक्शा कौशल को मापने के लिए इन प्रश्नों का प्रयोग किया जाता है।

   प्रश्न का एक उदाहरण नक्शे में सिडनी, कोलोराडो रेगिस्तान दर्शाएँ।
4. **रूपान्तरण प्रकार** इस प्रकार के प्रश्नों का प्रयोग केवल भाषा को जाँचने के लिए होता है। इस तरह के प्रश्नों के द्वारा कथ्य, वाच्य, संश्लेषण व वाक्य-रूपान्तरण आदि को जाँचा जा सकता है।

चित्रात्मक प्रश्न

- चित्रात्मक प्रश्नों (Picture Based Questions) का निर्माण सामान्यत: प्राथमिक कक्षा के ज्ञान की परख हेतु किया जाता है। इस प्रकार के प्रश्नों में दिए गए चित्रों से सम्बन्धित प्रश्न पूछे जाते हैं।
- किसी चित्र के आधार पर यह पूछा जा सकता है कि दिए गए चित्र में व्यक्ति क्या कर रहा है अथवा यह किसकी तस्वीर है अथवा दिए गए व्यक्ति का व्यवसाय क्या है?

उदाहरण प्रश्न: नीचे दिए गए लोगों का क्या व्यवसाय है?

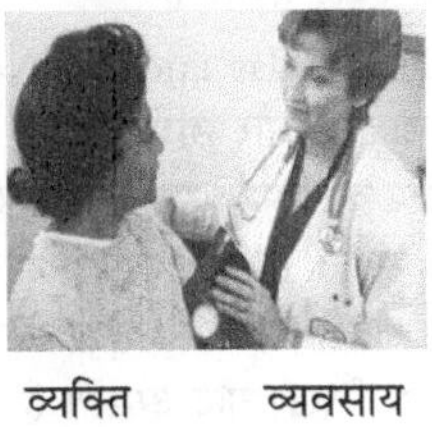

व्यक्ति (क) व्यवसाय ....

व्यक्ति (ख) व्यवसाय ....

व्यक्ति (क) व्यवसाय ....

व्यक्ति (ख) व्यवसाय ....

निर्वचनात्मक प्रश्न

- निर्वचनात्मक प्रश्नों (Interpretative Questions) के जरिए विविध विषयों से सम्बन्धित ज्ञान की परीक्षा ली जाती है।

• इस प्रकार के प्रश्नों के जरिए एक ही बार में किसी विषय से सम्बन्धित कई पहलुओं की परीक्षा सम्भव है।

उदाहरण

निर्देश बस की समय-सारणी को पढ़ें और नीचे दिए गए प्रश्नों के उत्तर दें

हिमाचल प्रदेश सड़क परिवहन बस सेवा समय-सारणी

मार्ग	दिल्ली से जाने का समय	दूसरी तरफ से जाने का समय	दूरी (किमी)	किराया (₹ में)
दिल्ली-वैद्यनाथ	18:15	17:30	539	77.00
दिल्ली-चम्बा	20:00	14:00	626	84.00
दिल्ली-धर्मशाला	21:45	19:30	513	71.50

– बस की समय-सारणी का शीर्षक क्या है?
– समय-सारणी में कितने मार्गों की सूची दी गई है?

रिक्त स्थान प्रकार के प्रश्न

इस प्रकार के प्रश्नों में एक कथन दिया जाता है, जिसमें कि एक शब्द या दो शब्दों को उनके स्थान से हटा दिया जाता है और छात्रों को इन रिक्त स्थानों में उपयुक्त शब्द भरने को कहा जाता है। इसके कुछ उदाहरण इस प्रकार हैं

• सभी प्राणी ······ प्राप्त करने के लिए साँस लेते हैं। (ऊर्जा)
• सूफी सन्तों के मकबरे को ····· कहा जाता है। (दरगाह)
• पृथ्वी के ऊपरी भाग को ···· कहते हैं। (भू-पर्पटी)
• क्षेत्रफल के दृष्टिकोण से भारत विश्व का ···· सबसे बड़ा देश है। (सातवाँ)

वस्तुनिष्ठ प्रश्न—वे प्रश्न जिनके एक से अधिक विकल्प हों उन्हें वस्तुनिष्ठ प्रश्न कहा जाता है।

वस्तुनिष्ठ प्रकार के प्रश्नों के विभिन्न रूप

1. वैकल्पिक उत्तर प्रकार के प्रश्न

इस तरह के प्रश्नों में छात्रों को विकल्प के रूप में दिए गए दो में से किसी एक सही उत्तर का चयन करना होता है।

विभिन्न प्रकार के वैकल्पिक प्रश्न-उत्तर निम्न प्रकार हैं

सत्य-असत्य और हाँ-नहीं प्रश्न (True-False and Yes-No Question) इस प्रकार के प्रश्नों में एक कथन दिया जाता है और छात्रों को यह बताना होता है कि कथन सत्य है या असत्य। सत्य/असत्य वाले प्रश्न सरलता से बनाए जा सकते हैं और आसानी से निरीक्षित किए जा सकते हैं। ये विद्यार्थियों की समझ को भली-भाँति विश्वसनीय ढंग से मापते हैं। विशेष रूप से कक्षा में ली जाने वाली परीक्षाओं में। कथन अगर सत्य है तो 'स' लिखें, यदि असत्य है तो 'अ' लिखें

• जानवर और पौधे दोनों जीवनपूर्ण हैं।
• सभी/जानवर छोटे जानवरों को खाते हैं।

सही/गलत प्रकार व हाँ/नहीं प्रकार के प्रश्न सही कथन के सामने सही का गलत के सामने गलत का चिह्न लगाएँ

• द्रव का निश्चित आकार नहीं होता।
• बर्फ पानी से हल्की होती है।

2. मिलान प्रकार

मिलान प्रकार (Matching Type) के प्रश्न दो सारणी में होते हैं। शब्द व कथन एक सारणी में दिए जाते हैं, जिनका मिलान दूसरी सारणी में दिए गए उत्तरों से करना होता है। मिलान प्रकार के प्रश्न नीचे दिए गए हैं

(i) **एकल मिलान** (Single Match) इस प्रकार के प्रश्नों में दो सारणी दी जाती हैं। बाएँ सारणी में प्रश्न पूछे जाते हैं और दूसरे में उत्तर दिया जाता है। छात्रों से पूछे गए प्रश्नों को मिलान करके उत्तर देना होता है।

मिलान प्रकार के प्रश्न के उदाहरण नीचे दिए गए हैं

निर्देश सारणी (क)और सारणी (ख) में दिए गए शब्दों का मिलाने करें (सरल)

सारणी (क)	सारणी (ख)
सुबह	तारे
रात	24 घण्टे
दिन	सूर्य का प्रकाश

निर्देश सारणी (क) में दिए गए शब्दों का मिलान सारणी (ख) में दिए अर्थों के अनुसार करें। (कठिन)

(क)	(ख)
नाई	ब्रेड/बिस्कुट बनाने वाला
बैरा	स्थान की देख-रेख करने वाला
बेकर	लोगों के बाल काटने वाला
वास्तुविद्	होटल में खाना परोसने वाला
रखवाला	इमारतों व पुलों का रेखांकन करने वाला

(ii) **दोहरा मिलान** (Double Match) इस प्रकार के प्रश्नों में दो क्षेत्रों की जानकारी के लिए एक सूची दी जाती है, जिसमें दो के बजाय तीन सारणियों का प्रयोग किया जाता है। मध्य सारणी में उत्तर देना होता है और बाएँ व दाएँ दोनों तरफ उसके उत्तर दिए होते हैं **उदाहरण** यहाँ तीन सारणी दी गई हैं। दूसरी सारणी में चार जानवरों की सूची दी गई है, जबकि पहली सारणी में जानवरों का व्यवहार और तीसरी सारणी में भोजन के प्रकार हैं, जिन्हें वे सामान्यतः खाते हैं।

सारणी दो और तीन से सही उत्तर चुनें

सारणी 1 (व्यवहार)	सारणी 2 (जीव-जन्तु)	सारणी 3 (भोजन)
1. दिन का प्रकाश पसन्द करते हैं लेकिन रात में सक्रिय होते हैं।	(क) चूहा	(क) प्राणी
2. दिन का प्रकाश पसन्द करते हैं लेकिन दिन में सक्रिय होते हैं।	(ख) कीड़ा	(ख) फूलों का मकरन्द
3. दिन का प्रकाश पसन्द नहीं करते	(ग) घर	(ग) जानवरों का मांस
4. दिन का प्रकाश पसन्द नहीं करते लेकिन रात और दिन दोनों में सक्रिय रहते हैं।	(घ) छिपकली	(घ) पौधों के पत्ते
		(ङ) रोटी
		(च) कार्बनिक वस्तु का भार
		(छ) लकड़ी
		(ज) साँप

(iii) **कुंजी सूची और जाँच सूची** (Key List and Check List) इसमें छात्रों को कुंजी के रूप में दो/तीन विकल्प दिए जाते हैं, जिसमें उसे कुंजी सूची के आधार पर उत्तर देना होता है।

नीचे दिए गए तत्त्वों के बारे में बताइए कि कौन-सा ठोस (ठो), द्रव (द्र), गैस (गै) है?

विषय	स्थिति
जल	
पारा	
वाष्प	
लोहा	

(iv) **साँचा मदें** (Item Template) यह दोहरे मिलान वाले प्रकार के विस्तार के रूप में होते हैं, जिसमें किसी प्रेरक के लिए दो से अधिक उत्तर दिए

जाते हैं। इस प्रकार के पूछे गए प्रश्न खड़ी लाइनों में होते हैं और उत्तर सारणी में देना होता है। छात्रों को प्रत्येक सारणी को जाँचकर उत्तर देना होता है।

विटामिन और उनकी कमी से होने वाले रोग

विटामिन	अधिक रक्त प्रवाह (a)	बेरी-बेरी (b)	सूखा रोग (c)	रक्ताल्पता (d)	खुजली (5)	रतौंधी (6)
ए						
बी1						
बी12						
सी						
डी						
के						

3. बहु-विकल्पात्मक प्रश्न

सभी वस्तुनिष्ठात्मक प्रकार के प्रश्नों में बहुविध चयनात्मक प्रश्न बहुत उपयोगी होते हैं। इस तरह के प्रश्नों में एक अधूरा कथन दिया जाता है और उसके लिए चार/पाँच वैकल्पिक उत्तर दिए होते हैं। विकल्पों में से छात्रों को सही उत्तर देना होता है।

इसमें बहु-वैकल्पिक प्रश्न (Multiple Choice Question) दो प्रकार के होते हैं

प्रश्न रूप (Question Form) (परीक्षण अनुदेशात्मक वस्तुनिष्ठ व्याख्या)

(i) इनमें से कौन-सी बीमारी जीवाणु व विषाणु द्वारा नहीं होती है?
(a) चेचक (b) हृदयाघात (c) मलेरिया (d) हैजा

(ii) अधूरे कथन के रूप में (वस्तुनिष्ठ अनुदेशनात्मक परीक्षण सम्बन्धों की पहचान कीजिए)
ह्वेल और चमगादड़ दोनों में निम्नलिखित बातें समान होती हैं
(a) बाल (b) पंख (c) अंग (d) गर्दन

उपरोक्त प्रश्नों के इस रूप का प्रयोग विभिन्न परीक्षणों और छात्रों द्वारा सफलता प्राप्त करने के लिए किया जाता है। यदि परीक्षा में विभिन्न प्रकार के प्रश्नों का प्रयोग किया जाए तो यह निश्चित तौर पर वस्तुनिष्ठ और सन्तोषजनक होगा। दूसरी तरफ विश्वसनीय और विधिमान्य तरीका भी होगा।

आलोचनात्मक चिन्तन

आलोचनात्मक चिन्तन (Critical Thought), चिन्तन की एक ऐसी प्रक्रिया है, जिसके अन्तर्गत किसी भी वस्तु, विषय इत्यादि के सकारात्मक एवं नकारात्मक पहलुओं के बारे में विचार किया जाता है। शिक्षण के दौरान अध्यापकों को छात्रों में आलोचनात्मक चिन्तन का विकास करना चाहिए, इससे विषय-वस्तु के बारे में छात्रों में एक दृष्टिकोण का निर्माण होता है। यदि किसी तथ्य के बारे में विद्यार्थी को बताया जाता है, यदि वह उस तथ्य को उसी रूप में स्वीकार कर लेता है तो माना जाएगा कि उसमें आलोचनात्मक चिन्तन का गुण नहीं है, लेकिन वही विद्यार्थी उपलब्ध तथ्य के बारे में एक अलग सोच व्यक्त कर उसके दोनों पक्षों को बताता है, तो यह गुण आलोचनात्मक चिन्तन कहलाएगा;
जैसे—कोई बालक फुटबॉल खरीदते वक्त उसके गुण, मजबूती इत्यादि के बारे में पता लगाकर खरीदता है तो यह माना जाएगा कि उसमें आलोचनात्मक चिन्तन का विकास हो रहा है।

अभ्यास प्रश्न

1. वर्तमान समय में सतत एवं व्यापक मूल्यांकन के अन्तर्गत ग्रेडों में अंकों का वितरण किया जाता है। इस प्रणाली में कितने प्रतिशत अंक प्राप्त करने वाले छात्र को 'बहुत अच्छा' या 'बी' ग्रेड के अन्तर्गत रखा जाता है?
(a) 90-100% (b) 56-74%
(c) 75-89% (d) 35-55%

2. वर्तमान समय में सतत एवं व्यापक मूल्यांकन के अन्तर्गत ग्रेडों में अंकों का वितरण किया जाता है। इस प्रणाली में कितने प्रतिशत अंक प्राप्त करने वाले छात्र को 'सर्वोत्कृष्ट' या 'ए+' ग्रेड के अन्तर्गत रखा जाता है?
(a) 90-100% (b) 56-74%
(c) 75-89% (d) 35-55%

3. छात्र की उपलब्धि के मूल्यांकन के लिए सबसे बेहतर तरीका क्या हो सकता है?
(a) प्राप्तांकों के आधार पर श्रेणी प्रदान करना
(b) ग्रेडिंग पद्धति का प्रयोग
(c) तुलनात्मक मूल्यांकन
(d) उपरोक्त सभी

4. उपलब्धि परीक्षण किया जा सकता है
A. शिक्षा के क्षेत्र में
B. व्यवसाय के क्षेत्र में
C. तकनीकी क्षेत्र में
D. खेल के क्षेत्र में
(a) A और B (b) B और D
(c) D और A (d) ये सभी

5. व्यावहारिक रूप से रचनात्मक मूल्यांकन का अर्थ नहीं है
(a) यह विश्वास करना कि प्रत्येक विद्यार्थी को सुधारने के लिए शिक्षक की भूमिका सर्वाधिक आवश्यक है
(b) फीडबैक मुहैया करना, जो विद्यार्थियों को समझने में और अगले कदम उठाने में सहायता करता है
(c) शिक्षा-प्राप्ति के लक्ष्य विद्यार्थियों के साथ बाँटना
(d) स्व-निर्धारण के विद्यार्थियों को शामिल करना

6. निम्नलिखित में से परीक्षा के प्रकार कौन-कौन से हैं?
A. मौखिक परीक्षा
B. लिखित परीक्षा
C. खुली किताब आधारित परीक्षा
(a) केवल A
(b) केवल C
(c) A और B
(d) उपरोक्त सभी

7. मार्गदर्शन का प्रयोजन है
(a) मूल्यांकन के बहुविध मॉडलों का प्रयोग
(b) मूल्यांकन के एकल मॉडल का प्रयोग
(c) मूल्यांकन के दो मॉडलों का प्रयोग
(d) मूल्यांकन के तीन मॉडलों का प्रयोग

8. अच्छे प्रश्नों की विशेषताएँ होती हैं
A. प्रश्न उद्देश्य पर आधारित हो
B. उत्तर लिखने की सीमा निर्धारित हो
C. सरल भाषा का प्रयोग हो
D. प्रश्नों का स्वरूप विषय-वस्तु पर निर्धारित हो
(a) A और B
(b) B और D
(c) C और A
(d) उपरोक्त सभी

9. आजकल इस बात पर अधिक जोर दिया जाता है कि छात्रों में विषय-वस्तु को रटने की प्रवृत्ति को कम करने के लिए प्रश्नों का निर्माण किया जाए। किस प्रकार के प्रश्नों से बालकों में रटने की प्रवृत्ति को बढ़ावा मिलता है?
(a) अतिलघु उत्तरीय प्रश्न
(b) वस्तुनिष्ठ प्रश्न
(c) निबन्धात्मक प्रश्न
(d) वैकल्पिक प्रश्न

10. आपको किसी छात्र के बारे में यह मूल्यांकन करना है कि वह दी गई समस्या के बारे में अपने व्यक्तिगत और मूल दृष्टिकोण को व्यक्त कर पाता है या नहीं। इसके लिए आप किस प्रकार के प्रश्नों का निर्माण करेंगे?
(a) अतिलघु उत्तरीय प्रश्न
(b) निबन्धात्मक प्रश्न
(c) वस्तुनिष्ठ प्रश्न
(d) वैकल्पिक प्रश्न

11. छात्रों के मूल्यांकन के लिए पूरक प्रकार के प्रश्न पूछे जाते हैं। पूरक प्रकार के प्रश्न हैं
(a) अतिलघु उत्तरीय प्रश्न
(b) लघुउत्तरीय प्रश्न
(c) निबन्धात्मक प्रश्न
(d) उपरोक्त सभी

12. आप एक शिक्षक के रूप में विद्यार्थी के ज्ञान के विभिन्न पहलुओं के बीच उनकी पहचान करने और उनके आपस का सम्बन्ध निर्धारित करने की योग्यता की जाँच करना चाहते हैं। इसके लिए आपको किस प्रकार के प्रश्नों का निर्माण करना चाहिए?
(a) निबन्धात्मक
(b) अतिलघु उत्तरीय
(c) वस्तुनिष्ठ
(d) मिलान वाले प्रश्न

13. प्रश्नों के कई प्रकार होते हैं। पौधे एवं जानवरों में चार अन्तर बताइए। यह प्रश्न किस प्रकार के प्रश्न का उदाहरण है?
(a) लघु उत्तरीय प्रश्न
(b) वस्तुनिष्ठ प्रश्न
(c) अतिलघु उत्तरीय प्रश्न
(d) उपरोक्त में से कोई नहीं

14. भाषा की परीक्षा में शब्द, पदबन्ध, वाक्य, अलंकार इत्यादि की जाँच के लिए किस प्रकार के प्रश्नों का प्रयोग सर्वाधिक उपयुक्त होता है?
(a) अति लघु उत्तरीय प्रश्न
(b) वस्तुनिष्ठ प्रश्न
(c) निबन्धात्मक प्रश्न
(d) उपरोक्त सभी

15. एक चित्र के द्वारा एक डॉक्टर को रोगी का परीक्षण करते हुए दिखाया जा रहा है, यह कौन-से प्रश्न का प्रकार है?
(a) चित्रात्मक प्रश्न
(b) लघु उत्तरीय प्रश्न
(c) अतिलघु उत्तरीय प्रश्न
(d) वस्तुनिष्ठ प्रश्न

16. भारत की राजधानी .... है। (नई दिल्ली, पटना) यह किस प्रकार का प्रश्न है?
(a) खाली स्थानों को भरने वाला प्रश्न
(b) लघुउत्तरीय प्रश्न
(c) दीर्घउत्तरीय प्रश्न
(d) उपरोक्त में से कोई नहीं

17. चयन प्रकार के सभी प्रश्न .... प्रकार के प्रश्न ही होते हैं।
(a) वस्तुनिष्ठ (b) लघु उत्तरीय
(c) अतिलघु उत्तरीय (d) निबन्धात्मक

18. जब परीक्षार्थियों की संख्या अधिक हो, तो किस प्रकार के प्रश्नों द्वारा उनका मूल्यांकन किया जा सकता है?
(a) अतिलघु उत्तरीय प्रश्न
(b) वस्तुनिष्ठ प्रश्न
(c) निबन्धात्मक प्रश्न
(d) वैकल्पिक प्रश्न

19. नीचे प्रश्न एवं उसके प्रकारों को दर्शाया गया है। इनको सुमेलित कीजिए

	सूची I		सूची II
A.	जाँच-सूची	i.	मिलान प्रकार के प्रश्न
B.	सत्य/असत्य	ii.	निबन्धात्मक प्रश्न
C.	व्याख्या	iii.	वैकल्पिक उत्तर वाले प्रश्न

कूट

	A	B	C
(a)	iii	ii	i
(b)	i	iii	ii
(c)	i	ii	iii

(d) उपरोक्त में से कोई नहीं

20. सत्य/असत्य, सही/गलत एवं हाँ/नहीं उत्तर देने वाले प्रश्न किस प्रकार के प्रश्नों के उदाहरण हैं?
(a) मिलान प्रकार के प्रश्न
(b) बहुविकल्पीय प्रश्न
(c) वैकल्पिक उत्तर वाले प्रश्न
(d) उपरोक्त में से कोई नहीं

21. आलोचनात्मक चिन्तन का अर्थ होता है
(a) केवल सकारात्मक चिन्तन
(b) केवल नकारात्मक चिन्तन
(c) सकारात्मक एवं नकारात्मक दोनों चिन्तन
(d) उपरोक्त में से कोई नहीं

22. एक शिक्षक प्रश्न-पत्र बनाने के बाद, यह जाँच करता है कि क्या प्रश्न परीक्षण के विशिष्ट उद्देश्यों की परीक्षा ले रहे हैं। वह मुख्य रूप से प्रश्न-पत्र की/के .... के बारे में चिन्तित है।
(a) वैधता
(b) सम्पूर्ण विषय-वस्तु को शामिल करने
(c) प्रश्नों के प्रकार
(d) विश्वसनीयता

23. निम्नलिखित में से कौन-सा वस्तुनिष्ठ प्रश्न है?
(a) निबन्धात्मक प्रश्न
(b) लघुउत्तरात्मक प्रश्न
(c) मुक्त उत्तर वाला प्रश्न
(d) सत्य या असत्य

24. निम्नलिखित में से कौन-सा एक अन्य विकल्पों से सम्बद्ध नहीं है?
(a) प्रश्नोत्तर सत्रों को संगठित करना
(b) किसी विषय पर विद्यार्थियों की प्रतिक्रिया को लेना
(c) प्रश्नोत्तरी (Quiz) परिचालित करना
(d) स्व-आकलन के कौशल को प्रतिमानित करना

25. निम्नलिखित में से कौन-सा प्रश्न अपने विशिष्ट क्षेत्र से ठीक तरह से मिला हुआ है?

(a)	क्या आप अपने विद्यार्थियों को उनकी	मूल्यांकन गणित की उपलब्धि के आधार पर वर्गीकृत कर सकते हैं?
(b)	पिछली रात दूरदर्शन पर दिखाए गए	सृजनशील क्रिकेट मैच में निर्णायक क्षण (turning point) कौन-सा था?
(c)	जड़ी बूटियों के प्रयोग द्वारा चिकन	अनुप्रयोग पकाने हेतु कोई नई पाकविधि लिखिए
(d)	निर्धारित कीजिए कि दिए गए मापकों	विश्लेषण में से कौन-सा मापक आपको उत्तम परिणामों को पाने में सर्वाधिक प्रवृत्त कर सकता है?

26. ग्रेड अंकों से कैसे अलग हैं? यह प्रश्न निम्न में से किस प्रकार के प्रश्नों से सम्बन्ध रखता है?
(a) अपसारी
(b) विश्लेषणात्मक
(c) मुक्त-अन्त
(d) समस्या-समाधान

27. एक शिक्षक कक्षा के कार्य को एकत्र करता है और उन्हें पढ़ता है उसके बाद योजना बनाता है और अपने अगले पाठ को शिक्षार्थियों की आवश्यकताओं को पूरा करने के लिए समायोजित करता है। वह .... कर रहा/रही है।
(a) सीखने का आकलन
(b) सीखने के रूप में आकलन
(c) सीखने के लिए आकलन
(d) सीखने के समय आकलन

28. निम्नलिखित में से कौन-सा एक आधारभूत सहायता का उदाहरण है?
(a) अनुबोधन और संकेत देना तथा नाजुक स्थितियों पर प्रश्न पूछना
(b) शिक्षार्थियों को प्रेरित करने वाले भाषण देना
(c) प्रश्न पूछने को बढ़ावा दिए बिना स्पष्टीकरण देना
(d) मूर्त और अमूर्त दोनों प्रकार के उपहार देना

उत्तरमाला

1	(b)	2	(a)	3	(b)	4	(d)	5	(a)	6	(d)	7	(a)	8	(d)	9	(c)	10	(b)
11	(d)	12	(a)	13	(a)	14	(a)	15	(a)	16	(a)	17	(a)	18	(b)	19	(b)	20	(c)
21	(c)	22	(d)	23	(d)	24	(d)	25	(d)	26	(b)	27	(c)	28	(a)				

अध्याय 13

विविध पृष्ठभूमि के बालकों की पहचान

समावेशी शिक्षा

समावेशी शिक्षा (Inclusive Education) का तात्पर्य है समाज के सभी वर्गों के बच्चों को शिक्षा की मुख्य धारा में समाविष्ट कर उन्हें शिक्षा के समान अवसर उपलब्ध कराना। भारत विविधता से परिपूर्ण एक विशाल देश है। जाति-सम्प्रदाय, रीति-रिवाज, आर्थिक-सामाजिक स्थिति आदि अनेक आधारों पर यहाँ विविधता देखने को मिलती है। विविध पृष्ठभूमि के बालकों से यहाँ तात्पर्य भारतीय समाज के विविध वर्गों; जैसे—निर्धन, वंचित, पिछड़े, अनुसूचित जाति एवं जनजाति के बच्चों से है। भारतीय समाज के निर्धन, पिछड़े, अनुसूचित जाति एवं अनुसूचित जनजातियों में साक्षरता दर सामान्य वर्ग से काफी कम है। इन वर्गों के उद्धार के लिए यह आवश्यक है कि इनके बच्चों को सामान्य वर्गों की तरह शिक्षा के अवसर उपलब्ध कराए जाएँ।

समावेशन (Inclusion) का तात्पर्य है, कि इसमें विकलांग बच्चों को सामान्य बच्चों के साथ शिक्षा दी जाती है। यह समावेशन का एक संकुचित अर्थ है। वास्तविकता में समावेशन केवल विकलांग लोगों तक ही सीमित नहीं है, बल्कि इसका अर्थ किसी भी बच्चे का वंचित न होना भी है।

समावेशी शिक्षा की विशेषताएँ

- समावेशी शिक्षा कक्षा में विविधता को प्रोत्साहित करती है, जिससे सभी संस्कृतियों को साथ मिलकर आगे बढ़ने का समुचित अवसर मिलता है।
- समावेशी शिक्षा के अन्तर्गत सभी विशेष शैक्षिक आवश्यकता वाले विद्यार्थियों को विद्यालय में प्रवेश को रोकने की कोई प्रक्रिया नहीं होनी चाहिए।
- समावेशन की नीति को प्रत्येक स्कूल और सारी शिक्षा व्यवस्था में व्यापक रूप से लागू किए जाने की आवश्यकता है।
- समावेशी शिक्षा उस विद्यालयी शिक्षा व्यवस्था की ओर संकेत करती है, जो उनकी शारीरिक, बौद्धिक, सामाजिक, भाषिक या अन्य विभिन्न योग्यता स्थितियों को ध्यान में रखे बगैर सभी बच्चों को शामिल करती है।
- सफल समावेशन के लिए बच्चे के जीवन के हर क्षेत्र में वह चाहे स्कूल में हो या बाहर, शिक्षा में सभी बच्चों की भागीदारी सुनिश्चित किए जाने की आवश्यकता है।
- समावेशी शिक्षा में शिक्षक के सामाजिक-आर्थिक स्तर का अधिक महत्त्व नहीं है, इसमें सर्वाधिक महत्त्वपूर्ण हैं।
  (i) बच्चों के प्रति उसकी संवेदनशीलता
  (ii) विद्यार्थियों के लिए उसका लगाव और धैर्य
  (iii) विद्यार्थियों की अक्षमताओं का ज्ञान
- पृथक्-पृथक् समजातीय समूहों के व्यक्तियों के प्रति बच्चों की अभिवृत्ति साधारणतया उनके अभिभावक की चित्तवृत्ति पर आधारित होती है, इसलिए इनके समावेशन हेतु यह आवश्यक है कि शिक्षकों में पर्याप्त धैर्य-शक्ति हो, यह तभी होगा जब वे उनके प्रति लगाव महसूस करेंगे।
- सफल समावेशन में अभिभावकों की भागीदारी, उनके क्षमता-संवर्द्धन एवं उन्हें संवेदनशील बनाने की भी आवश्यकता होती है ताकि वे अपने बच्चों को स्कूल आने के अवसर उपलब्ध कराएँ, ताकि उसके हर प्रकार के विकास में सहयोग करें।
- निर्धन, वंचित, अनुसूचित जाति एवं जनजाति तथा असंगठित घर से आने वाला बच्चा स्वतन्त्र अध्ययन में सबसे अधिक कठिनाई का अनुभव करता है। इसलिए इनके सफल समावेशन के लिए इस प्रकार के विशेष रूप से जरूरतमन्द बच्चों की शिक्षा का प्रबन्ध दूसरे सामान्य बच्चों के साथ होना चाहिए।

समावेशी शिक्षा का उद्देश्य

मनोवैज्ञानिकों ने समावेशी शिक्षा के निम्नलिखित उद्देश्य (Object) बताए हैं

- असमर्थ बालकों को सामाजिक व सांस्कृतिक रूप से जोड़कर विकास की मुख्य धारा में लाना।
- असमर्थ/अक्षम बालकों की समस्या का पता लगाकर उनके निवारण का प्रयास करना, ताकि उनका समुचित विकास हो सके।
- बालकों में जागरूकता एवं उत्सुकता की भावना का विकास करना ताकि वे प्रखर बन सकें। सभी बालकों को शिक्षा देकर देश की प्रगति में उनकी मानव संसाधन क्षमता का उपयोग करना।
- शिक्षण के क्षेत्र में लोकतान्त्रिक मूल्यों को बढ़ाना। बालकों को स्वावलम्बी/आत्मनिर्भर बनाना।

- अध्ययन के दौरान सभी बालकों की भ्रान्तियों को दूर करने का प्रयास करना, ताकि उनके विकास में बाधा उत्पन्न न हो।
- बालकों में नैतिक मूल्यों का संचार करना।

निर्धन एवं पिछड़े वर्ग के बच्चे एवं उनकी शिक्षा

- निर्धनता का तात्पर्य उस स्थिति से है, जिसमें व्यक्ति अपनी मूलभूत आवश्यकताओं की पूर्ति करने में सक्षम नहीं होता है।
- भोजन, वस्त्र एवं आवास के साथ-साथ शिक्षा भी मानव की मूलभूत आवश्यकताओं में से एक है। निर्धन परिवार अपना पेट ही ठीक से नहीं भर पाता, तो अपने बच्चों के लिए शिक्षा की व्यवस्था कहाँ से करेगा? निर्धनता का कुप्रभाव इस वर्ग के बच्चों पर पड़ता है।
- शिक्षा को मौलिक अधिकार घोषित किए जाने के बाद से बच्चों को नि:शुल्क और अनिवार्य शिक्षा प्रदान की जा रही है, किन्तु निर्धनता के कारण अभिभावक बच्चों को स्कूल भेजने के बजाय काम पर भेज देते हैं, जिससे उनके विकास में बाधा उत्पन्न हो रही है।
- पिछड़े, वंचित एवं अनुसूचित जाति व जनजाति के बच्चों की सामान्य पहचान यह है कि पारिवारिक निर्धनता एवं पिछड़ेपन के कारण सामान्यत: वे अभावजन्य जीवन व्यतीत करने को बाध्य होते हैं।
- शिक्षा का अधिकार अधिनियम, 2009 सभी बच्चों को नि:शुल्क एवं अनिवार्य शिक्षा पर जोर देता है। समाज के पिछड़े एवं निर्धन वर्ग की आवश्यकताओं को देखते हुए ही मध्याह्न भोजन स्कीम को लागू किया गया है ताकि भूख को शिक्षा से दूर रहने का बहाना न बनाया जाए एवं अभिभावक भी बच्चे को काम पर भेजने के बदले स्कूल में भेजें।
- पिछड़े वर्ग के बच्चों को शिक्षा की मुख्य धारा से जोड़ने के लिए राज्य सरकारों द्वारा कई कार्यक्रम चलाए जा रहे हैं।

जिनमें से कुछ प्रमुख कार्यक्रम निम्न प्रकार हैं

(i) विद्यालयी शिक्षा की सभी अवस्थाओं के लिए मुफ्त किताबें एवं सामग्री

(ii) आश्रम, विद्यालयों और सरकारी अनुमोदन प्राप्त छात्रावासों के बच्चों को मुफ्त पोशाकें

(iii) सभी स्तरों पर नि:शुल्क शिक्षा

वंचित बालकों के समूहों के प्रकार

मनोवैज्ञानिकों के अनुसार जब किसी बालक को शिक्षण के दौरान उसकी मूलभूत आवश्यकताओं (कॉपी, पुस्तक, विद्यालय) की पूर्ति न हो तो वह वंचित बालक कहलाता है। मनोवैज्ञानिकों ने वंचित बालकों के निम्न प्रकार बताए हैं

- **अनुसूचित जाति/जनजाति के बालक** (SC/ST Children) सामाजिक भेदभाव (छुआछूत) के कारण सामाजिक गतिशीलता व विकास से वंचित हो जाते हैं।
- **आर्थिक दृष्टि से वंचित बालक** (Economically Backward Children) समाज में आर्थिक असमानता होने के कारण उन्हें गरीबी का सामना करना पड़ता है, इसका बालकों की शिक्षा पर प्रतिकूल प्रभाव पड़ता है।
- **अधिगम अयोग्यता वाले बच्चे** (Learning Disabled Children) अधिगम अयोग्यता वाले वे बच्चे होते हैं, जो अधिगम सम्बन्धी गम्भीर समस्याओं से ग्रसित होते हैं।

अनुसूचित जाति और अनुसूचित जनजाति वर्ग के बच्चे एवं उनकी शिक्षा

- अनुसूचित जाति एवं अनुसूचित जनजाति ण्दोनों ही ऐसे समुदाय हैं, जिन्हें ऐतिहासिक कारणों से औपचारिक शिक्षा व्यवस्था से बाहर रखा गया। पहले को जाति के आधार पर विभाजित समाज में सबसे निचले पायदान पर होने के कारण एवं दूसरे को उनके भौगोलिक अलगाव, सांस्कृतिक अन्तरों तथा मुख्यधारा कहे जाने वाले प्रबल समुदाय ने अपने हित के लिए हाशिए पर रखा।
- अनुसूचित जाति एवं जनजाति के बच्चों की शिक्षा बेहतर न होने के प्रमुख कारण निम्नलिखित हैं
  - विद्यालयों में अनुसूचित जनजाति के बालकों की कम संख्या
  - अध्यापकों में उनके शिक्षण के प्रति उदासीन रवैया
  - पाठ्यपुस्तकों में उनकी स्थानीय बातों व उदाहरणों का न होना
  - बौद्धिक क्षेत्र में उनका पिछड़ा होना
  - निर्धनता
  - इन वर्गों में शिक्षा के प्रचार-प्रसार का अभाव
- भारत की स्वतन्त्रता के बाद शिक्षा एवं अन्य अधिकारों से वंचित समुदायों के उद्धार के लिए भारतीय संविधान में विशेष प्रावधान किए गए ताकि इनका समुचित विकास हो सके।
- भारतीय संविधान की धाराओं 15(d), 45 और 46 में अनुसूचित जाति एवं अनुसूचित जनजाति के बच्चों के लिए शिक्षा मुहैया कराने हेतु राज्यों की प्रतिबद्धता की बात कही गई है।
- अनुसूचित जातियों एवं जनजातियों को शिक्षा की मुख्य धारा में लाने के लिए सुझाव
  - निर्धन वर्ग के परिवारों को अपने 6 से 14 वर्ष के बच्चों को स्कूल भेजने के लिए प्रोत्साहन देना।
  - जिला स्तर पर अनुसूचित जातियों एवं जनजातियों के बच्चों के लिए छात्रावास की सुविधाएँ उपलब्ध करवाना।
  - स्कूल भवन एवं प्रौढ़ शिक्षा केन्द्र इत्यादि का स्थान चयन करते समय एस. सी. एवं एस. टी. का विशेष ध्यान रखना।
  - आदिवासी इलाकों में प्राथमिक विद्यालय खोलने को प्राथमिकता दी जाए।
  - आदिवासियों (ST) की अपनी सांस्कृतिक एवं सामाजिक विशेषता होती है, इनमें भाषा भी एक महत्त्वपूर्ण स्थान रखती है। पाठ्यक्रम निर्माण में तथा शिक्षण विधि में इनका ध्यान रखना चाहिए।
  - व्यापक पैमाने पर आदिवासी क्षेत्रों में आवासीय विद्यालय खोला जाए।
  - उच्च शिक्षा में दी जाने वाली छात्रवृत्तियों में तकनीकी एवं व्यावसायिक पढ़ाई को महत्त्व देना चाहिए।
  - आँगनबाड़ियाँ, प्रौढ़शिक्षा केन्द्र तथा अनौपचारिक शिक्षा केन्द्र इत्यादि आदिवासी बहुल इलाकों में खोला जाए, जिससे उनका शैक्षिक विकास होगा।
  - विभिन्न सरकारी योजनाओं के सन्दर्भ में उन्हें जागरूक करना; जैसे—मिड-डे मील, सर्वशिक्षा अभियान, शिक्षा का अधिकार अधिनियम, 2009 इत्यादि।
  - शैक्षणिक आरक्षण के माध्यम से इन्हें विकास की मुख्य धारा में लाए जाए, जिससे सामाजिक विषमता में कमी आएगी।

विविध पृष्ठभूमि के बच्चों के उचित समावेशन के लिए कुछ सुझाव

विविध पृष्ठभूमि के बच्चों के उचित समावेशन के लिए प्रमुख सुझाव निम्न है

संस्थानगत सुधार

- अनुसूचित जाति और अनुसूचित जनजाति के बच्चों की विद्यालयी व्यवस्था का प्रबन्ध करना
- निरन्तर उपेक्षा एवं बहिष्कार झेल रहे अनुसूचित जाति एवं जनजाति समूहों के भौगोलिक क्षेत्रों की पहचान कर उनके प्रति सकारात्मक व्यवहार अपनाए जाने की आवश्यकता है।
- प्रायः देखा जाता है कि विद्यालय के कैलेण्डर, अवकाशों एवं समय में स्थानीय सन्दर्भों का ध्यान नहीं रखा जाता। इससे बचना चाहिए एवं स्थानीय सन्दर्भों को भी पर्याप्त स्थान दिया जाना चाहिए।
- समावेशी कक्षा में कोर्स को 'पूरा करने के लिए' शिक्षकों द्वारा प्रयास किए जाने से अधिक आवश्यक यह है कि वह अधिक सहकारी एवं सहयोगात्मक गतिविधि अपनाएँ।
- समावेशी कक्षा में प्रतियोगिता और ग्रेडों पर कम बल दिया जाना चाहिए तथा विद्यार्थियों के लिए अधिक विकल्प उपलब्ध कराना चाहिए।

विद्यालयी पाठ्यचर्या में सुधार

- पाठ्यचर्या (Syllabus) का उद्देश्य ऐसा होना चाहिए, जो भारतीय समाज और संस्कृति की सराहना करे तथा विवेचनात्मक मूल्यांकन पर बल दे।
- सुविधाओं से वंचित बच्चों के संवेगात्मक एवं सामाजिक विकास, मानसिक विकास आदि के समान अवसर उपलब्ध कराए जाने चाहिए।
- रचनात्मक प्रतिभा, उत्पादन कौशल और सामाजिक न्याय, प्रजातन्त्र, धर्मनिरपेक्ष, समानता के मूल्यों सहित श्रम के आदर को प्रोत्साहन देना पाठ्यचर्या का लक्ष्य होना चाहिए।
- पाठ्यचर्या का एक ऐसा उपागम हो, जोकि विवेचनात्मक सिद्धान्त पर आधारित हो, विशेषकर उपदलित, दलित-महिलावादी और विवेचनात्मक बहु-सांस्कृतिक दृष्टिकोणों का समावेशन और केन्द्रीकरण आवश्यक है। यह विवेचनात्मक भारतीयकरण की प्रक्रिया अन्याय और नायक प्रधान सामाजिक व्यवस्था पर प्रश्न उठाने, साथ-साथ विविध संस्कृतियों को समाहित करने और मूल्यवान सांस्कृतिक धरोहर का नुकसान होने से बचाने में सहायक होगा।

शिक्षणशास्त्र में सुधार

- अधिगम सन्दर्भों को बढ़ावा और प्रजातान्त्रिक व समानतावादी कक्षा-कक्ष व्यवहारों की रूपरेखा के विकास के लिए शिक्षणशास्त्र की विविध पद्धतियों और व्यवहारों को समाहित करने की अत्यन्त आवश्यकता है ताकि पाठ्यचर्या का प्रभावी क्रियान्वयन हो सके।
- शिक्षकों को रचनात्मक, समीक्षात्मक शिक्षणशास्त्र और बच्चों के प्रति लिंग, जाति, वर्ग, जनजाति-आधारित और अन्य प्रकारों की पहचान सम्बन्धी इत्यादि भेदभाव को दूर करने और समान आदर और सम्मान को बढ़ावा देने के दृष्टिकोण के साथ कक्षा-कक्ष व्यवहारों पर विशेष दिशा-निर्देश विकसित करने की आवश्यकता है।
- विद्यालय के संवेगात्मक वातावरण में सुधार लाने की आवश्यकता है ताकि शिक्षक एवं बच्चे ज्ञान के निर्माण और अधिगम में खुलकर भाग ले सकें।
- शिक्षणशास्त्र (Pedagogy) के ऐसे व्यवहारों का विकास करने की आवश्यकता है, जिसका लक्ष्य अनुसूचित जाति एवं अनुसूचित जनजाति के आत्म-सम्मान और पहचान में सुधार करना हो।

भाषा के सन्दर्भ में सुधार

- स्थानीय भाषा को शिक्षा का माध्यम बनाया जाए। यदि यह सम्भव न हो, तो कम-से-कम व्याख्या एवं संवाद के लिए स्थानीय भाषा को वरीयता देना आवश्यक है।
- भारतीय समाज की बहुभाषिक विशेषता को विद्यालयी जीवन को समृद्ध बनाने के संसाधन के रूप में देखा जाना चाहिए।

अभ्यास प्रश्न

1. समावेशी शिक्षा का तात्पर्य सबको ········ से है।
(a) जातिगत भेदभाव से ऊपर उठकर पुरस्कृत करने
(b) समाविष्ट करने
(c) नि:शुल्क पाठ्य-पुस्तक उपलब्ध कराने
(d) पढ़ने के लिए बाध्य करने

2. ········· के अन्तर्गत सभी विशेष शैक्षिक आवश्यकता वाले विद्यार्थियों को विद्यालय में प्रवेश को रोकने की कोई प्रक्रिया नहीं होनी चाहिए।
(a) समावेशी शिक्षा (b) बाल-केन्द्रित शिक्षा
(c) प्रगतिशील शिक्षा (d) सर्वोदय शिक्षा

3. समावेशन का अर्थ होता है
(a) जरूरतमन्द बच्चों की शिक्षा का प्रबन्ध सामान्य बच्चों के साथ होना चाहिए
(b) इनकी शिक्षा की व्यवस्था अलग होनी चाहिए
(c) सामान्य बच्चों के साथ इन्हें नहीं मिलाना चाहिए
(d) उपरोक्त में से कोई नहीं

4. निम्नलिखित में से कौन समावेशी शिक्षा का उद्देश्य है?
(a) असमर्थ बालकों को सामाजिक व सांस्कृतिक रूप से जोड़कर विकास की मुख्य धारा में लाना
(b) बालकों में जागरूकता एवं उत्सुकता का विकास करना
(c) बालकों को आत्मनिर्भर बनाना
(d) उपरोक्त सभी

5. समावेशी शिक्षा में शिक्षक की सबसे कम महत्त्वपूर्ण विशेषता कौन-सी है?
(a) बच्चों के प्रति संवेदनशील
(b) विद्यार्थियों के लिए लगाव और धैर्य
(c) विद्यार्थियों की अक्षमताओं का ज्ञान
(d) शिक्षक का सामाजिक-आर्थिक स्तर

6. किस अधिनियम के तहत सभी बच्चों को नि:शुल्क एवं अनिवार्य शिक्षा की व्यवस्था की गई है?
(a) शिक्षा का अधिकार अधिनियम, 2009 के तहत
(b) शिक्षा का अधिकार अधिनियम, 2013 के तहत
(c) सूचना का अधिकार अधिनियम के तहत
(d) उपरोक्त में से कोई नहीं

7. पिछड़े वर्ग के बच्चों को शिक्षा की मुख्य धारा से जोड़ने के लिए किनकी भूमिका है?
(a) केवल केन्द्र सरकार
(b) केवल राज्य सरकार
(c) केन्द्र एवं राज्य सरकार दोनों
(d) उपरोक्त में से कोई नहीं

8. निम्नलिखित में से कौन-सी अनुसूचित जनजाति के छात्रों की प्रमुख समस्या है?
A. अधिकतर परिवारों की निर्धनता
B. विद्यालय में सामान्य वर्ग के छात्रों द्वारा उनको पर्याप्त सम्मान नहीं दिया जाना
C. इनके समाज में शिक्षा के पर्याप्त प्रचार-प्रसार का अभाव
(a) केवल A (b) केवल C
(c) केवल B (d) ये सभी

9. अनुसूचित जाति एवं जनजाति के शिक्षा के क्षेत्र में पिछड़ने का क्या कारण है?
(a) अध्यापकों का उनके प्रति उदासीन रवैया
(b) निर्धनता
(c) शिक्षा के प्रसार-प्रसार का अभाव
(d) उपरोक्त सभी

10. अनुसूचित जातियों-जनजातियों को शिक्षा की मुख्य धारा में लाने के लिए सरकार को कदम उठाना चाहिए
(a) छात्रावास की सुविधा
(b) व्यापक स्तर पर आदिवासियों के क्षेत्र में आवासीय विद्यालय खोला जाए
(c) पाठ्यक्रम में आदिवासियों की सामाजिक व सांस्कृतिक पहचान को सम्मिलित किया जाए
(d) उपरोक्त सभी

11. विविध पृष्ठभूमि के बच्चों के उचित समावेशन के लिए इनमें से क्या महत्त्वपूर्ण है?
(a) संस्थागत सुधार
(b) विद्यालय आधारित पाठ्यचर्या में सुधार
(c) भाषायी सुधार
(d) उपरोक्त में से कोई नहीं

12. शिक्षा को सामाजिक ····· व ····· सामाजिक ···· के माध्यम के रूप में कार्य करना चाहिए।
(a) परिवर्तन; समतावादी; व्यवस्था
(b) विकास; प्रगति तथा परिवर्तन
(c) व्यवस्था; परिवर्तनशील; व्यवस्था
(d) परिवर्तन; आर्थिक; व्यवस्था

13. पृथक्-पृथक् समजातीय समूहों के व्यक्तियों के प्रति बच्चों की अभिवृत्ति साधारणतया आधारित होती है
(a) उनके अभिभावक की चित्तवृत्ति पर
(b) उनके समकक्षियों की अभिवृत्ति पर
(c) दूरदर्शन के प्रभाव पर
(d) उनके सहोदरों की अभिवृत्ति पर

14. एक शिक्षक को अपने विद्यालय में किसे अधिक महत्त्व देना चाहिए?
(a) उच्च वर्ग के बालकों को
(b) सभी को समान महत्त्व देना चाहिए
(c) अनुसूचित जाति एवं जनजाति के छात्रों को
(d) अत्यन्त पिछड़े वर्ग के छात्रों को

15. शिक्षकों को बच्चों में किस गुण का विकास करना चाहिए?
(a) केवल रचनात्मक
(b) केवल समीक्षात्मक
(c) रचनात्मक एवं समीक्षात्मक दोनों
(d) उपरोक्त में से कोई नहीं

16. पाठ्यचर्या का उद्देश्य होना चाहिए
(a) यह भारतीय समाज की विशेषता पर आधारित हो
(b) यह भारतीय संस्कृति पर आधारित हो
(c) यह भारतीय समाज एवं संस्कृति पर आधारित हो
(d) उपरोक्त में से कोई नहीं

17. विशेष आवश्यकता वाले बच्चों को शिक्षा उपलब्ध कराई जानी चाहिए
(a) अन्य सामान्य बच्चों के साथ
(b) विशेष विद्यालयों में विशेष बच्चों के लिए विकसित पद्धतियों द्वारा
(c) विशेष विद्यालयों में
(d) विशेष विद्यालयों में विशेष शिक्षकों द्वारा

18. समावेशी शिक्षा
(a) हाशिए पर स्थित वर्गों से शिक्षकों को सम्मिलित करने से सम्बन्धित है
(b) कक्षा में विविधता का उत्सव मनाती है
(c) दाखिले सम्बन्धी कठोर प्रक्रियाओं को बढ़ावा देती है
(d) तथ्यों की शिक्षा (मतारोपण) से सम्बन्धित है

19. विद्यार्थियों के पोर्टफोलियो के लिए सामग्री का चयन करते समय ········ का ········ जरूर होना चाहिए।
(a) विद्यार्थियो; समावेशन
(b) अभिभावकों, समावेशन
(c) विद्यार्थियों, बहिष्करण
(d) अन्य शिक्षकों, समावेशन

20. सफल समावेशन को निम्नलिखित की आवश्यकता होती है, सिवाय
(a) पृथक्करण
(b) अभिभावकों की भागीदारी
(c) क्षमता-सम्वर्द्धन
(d) संवेदनशील बनाना

21. विद्यालय में नियमित उपस्थिति के लिए वंचित बच्चों को प्रोत्साहित करने का निम्नलिखित में से कौन-सा तरीका सर्वाधिक उपयुक्त होगा?
(a) बच्चों को विद्यालय आने की अनुमति न देने को कानूनन दण्डनीय अपराध बनाया जाए
(b) विद्यालय द्वारा बच्चों को एकत्रित करने वाले एक व्यक्ति को नियुक्त किया जाए जो प्रतिदिन घरों से बच्चों को लेकर आए
(c) बच्चों को आकर्षित करने के लिए प्रतिदिन ₹ 5 देना
(d) आवासीय विद्यालय खोलना

22. एक समावेशी विद्यालय
(a) शिक्षार्थियों की निर्योग्यता के अनुसार उनकी सीखने की आवश्यकताओं को निर्धारित करता है
(b) शिक्षार्थियों की क्षमताओं की परवाह किए बिना सभी के अधिगम-परिणामों को सुधारने के लिए प्रतिबद्ध होता है
(c) शिक्षार्थियों के मध्य अन्तर करता है और विशेष रूप से सक्षम बच्चों के लिए कम चुनौतीपूर्ण उपलब्धि लक्ष्य निर्धारित करता है
(d) विशेष रूप से योग्य शिक्षार्थियों के अधिगम-परिणामों को सुधारने के लिए विशिष्ट रूप से प्रतिबद्ध होता है

23. निम्नलिखित में से कौन-सी सर्वाधिक प्रभावकारी विधि हो सकती है, जो आपकी इस अपेक्षा को पूरी कर सके कि वंचित विद्यार्थी अपनी भागीदारिता द्वारा सफल हो सकें?
(a) आप उनकी सफलता हेतु उनकी क्षमता में विश्वास को अभिव्यक्त करें
(b) पढ़ाए जाने वाले विषय में आप अपनी रुचि विकसित कर सकें
(c) अपने लक्ष्य को महसूस करने के लिए बच्चों की अन्य बच्चों से प्रायः तुलना करते रहना
(d) इस बात पर बल देना कि आपकी उनसे उच्च अपेक्षाएँ हैं

24. विद्यालयों में समावेशन मुख्यतः केन्द्रित होता है
(a) विशिष्ट श्रेणी वाले बच्चों के लिए सूक्ष्मातिसूक्ष्म प्रावधानों के निर्माण पर
(b) केवल निर्योग्य छात्रों की आवश्यकताओं को पूर्ण करने पर
(c) सम्पूर्ण कक्षा की कीमत पर निर्योग्य बच्चों की आवश्यकताओं को पूरा करने पर
(d) विद्यालयों में निरक्षर अभिभावकों की शैक्षिक आवश्यकताओं पर

25. 'सभी के लिए विद्यालयों में सभी की शिक्षा' निम्नलिखित में से किसके लिए प्रचार वाक्य हो सकता है?
(a) संसक्तिशील शिक्षा
(b) समावेशी शिक्षा
(c) सहयोगात्मक शिक्षा
(d) पृथक् शिक्षा

26. शिक्षण में अध्यापकों के द्वारा विद्यार्थियों का आकलन इस अन्तर्दृष्टि को विकसित करने के लिए किया जा सकता ह
(a) उन विद्यार्थियों की पहचान करना जिन्हें उच्चतर कक्षा में प्रोन्नत करना है
(b) उन विद्यार्थियों को प्रोन्नत न करना जो विद्यालय के स्तर के अनुकूल नहीं हैं
(c) शिक्षार्थियों की आवश्यकता के अनुसार शिक्षण उपागम में परिवर्तन करना
(d) कक्षा में 'प्रतिभाशाली' तथा 'कमजोर' विद्यार्थियों के समूह बनाना

27. वंचित समूहों के विद्यार्थियों को सामान्य विद्यार्थियों के साथ-साथ पढ़ाना चाहिए। इसका अभिप्राय है
(a) समावेशी शिक्षा (b) विशेष शिक्षा
(c) एकीकृत शिक्षा (d) अपवर्जक शिक्षा

28. समावेशी शिक्षा मानती है कि हमें ········ के अनुरूप बदलना है।
(a) व्यवस्था/बच्चे (b) परिवेश/बच्चे
(c) बच्चे/परिवेश (d) बच्चे/व्यवस्था

29. निम्नलिखित में से कौन-सा एक कथन 'समावेशन' का सबसे अच्छा वर्णन करता है?
(a) यह एक विश्वास है कि बच्चों को अपनी योग्यताओं के अनुसार अलग किया जाना चाहिए
(b) यह एक विश्वास है कि कुछ बच्चे कभी कुछ सीख ही नहीं सकते
(c) यह एक दर्शन है कि सभी बच्चों को नियमित विद्यालय प्रणाली में समान शिक्षा प्राप्त करने का अधिकार है
(d) यह एक दर्शन है कि विशेष बच्चे 'ईश्वर के विशेष उपहार' हैं

30. 'वंचित वर्ग' की पृष्ठभूमि के बच्चों को शिक्षा प्रदान करने के लिए शिक्षक को चाहिए कि
(a) उन्हें बहुत-सा लिखित कार्य दें
(b) उनके बारे में अधिक जानकारी जुटाने का प्रयास करें और उन्हें कक्षा में होने वाली चर्चा में शामिल करें
(c) उन्हें कक्षा में अलग बिठाए
(d) उन पर ध्यान न दे क्योंकि वे दूसरे शिक्षार्थियों के साथ अन्तः क्रिया नहीं कर सकते

31. 'विविध प्रकार की सामाजिक, आर्थिक और सांस्कृतिक पृष्ठभूमि के बच्चों से युक्त कक्षा सभी विद्यार्थियों के अधिगम अनुभवों को बढ़ाती है।'' यह कथन है
(a) सही, क्योंकि बच्चे अपने साथियो से अनेक कौशल सीखते हैं
(b) सही, क्योंकि इससे कक्षा अधिक श्रेणीबद्ध दिखाई देती है
(c) गलत, क्योंकि यह अनावश्यक स्पर्द्धा की ओर ले जाता है
(d) गलत, क्योंकि यह बच्चों के लिए दुविधा उत्पन्न कर सकता है और वे स्वयं को अलग-थलग महसूस कर सकते हैं

32. विशेष आवश्यकता वाले बच्चों को शामिल करना
(a) जिनमें अक्षमता न हो उन बच्चों के लिए हानिकारक है
(b) विद्यालयों पर भार बढ़ा देगा
(c) शिक्षण के प्रति दृष्टिकोण, विषयवस्तु और धारणा परिवर्तन की अपेक्षा रखता है
(d) एक काल्पनिक लक्ष्य है

33. किसी प्रगतिशील कक्षा की व्यवस्था में शिक्षक एक ऐसे वातावरण को उपलब्ध कराकर अधिगम को सुगम बनाता है, जो :
(a) नियामक है
(b) समावेशन को हतोत्साहित करता है
(c) आवृत्ति को बढ़ावा देता है
(d) खोज को प्रोत्साहन देता है

उत्तरमाला

1	(b)	2	(a)	3	(a)	4	(d)	5	(d)	6	(a)	7	(c)	8	(d)	9	(d)	10	(d)
11	(d)	12	(a)	13	(a)	14	(b)	15	(c)	16	(c)	17	(a)	18	(b)	19	(a)	20	(a)
21	(d)	22	(b)	23	(a)	24	(a)	25	(b)	26	(c)	27	(a)	28	(a)	29	(c)	30	(b)
31	(b)	32	(c)	33	(d)														

अध्याय 14

विकलांग तथा अधिगम अशक्तता वाले बालकों की पहचान

विकलांग बालक

विकलांग बालकों (Disabled Children) से तात्पर्य उन बालकों से है, जो मानसिक, शारीरिक या संवेगात्मक दृष्टि से दोषयुक्त होते हैं। इस प्रकार के बालकों में सामान्य बालकों की तुलना में शारीरिक, मानसिक, संवेगात्मक या सामाजिक विकास में कमी या दोष होता है, जिसके कारण उन्हें अधिगम में कठिनाई होती है एवं इसका प्रतिकूल प्रभाव उनकी उपलब्धियों पर पड़ता है।

विभिन्न मनोवैज्ञानिकों ने विकलांग बालकों की निम्न परिभाषाएं दी हैं

क्रो एवं **क्रो** के अनुसार, ''ऐसे बालक जिनमें ऐसा शारीरिक दोष होता है, जो किसी भी रूप में उसे साधारण क्रियाओं में भाग लेने से रोकता है या उसे सीमित रखता है, ऐसे बालक को हम विकलांग बालक कह सकते हैं।''

ए एडलर के अनुसार, ''एक बालक, जो शारीरिक दोषों से ग्रस्त है उसमें हीनता की भावना उत्पन्न हो जाती है। इस प्रकार की भावना से बालक को थोड़ी-सी सन्तुष्टि और प्रसन्नता मिलती है, वह इसकी क्षतिपूर्ति, प्रतिष्ठा श्रेष्ठता या प्रसिद्धि प्राप्त करके करना चाहता है, इन सबसे उसको सन्तुष्टि प्राप्त होती है, जो उसके शारीरिक दोषों के कारण है।''

शारीरिक रूप से विकलांग बालक

- शिक्षा की दृष्टि से शारीरिक रूप से विकलांग बालक (Physically Disabled Children) वे हैं, जिनके शरीर का कोई अंग अथवा ज्ञानेन्द्री इतनी असामान्य होती है कि उसके कारण उन्हें शिक्षा प्राप्त करने एवं समायोजन करने में विशेष कठिनाई होती है। **उदाहरणस्वरूप,** दृष्टिबाधित, श्रवणबाधित, मूक या हकलाने वाले बालक।
- बालकों के अधिगम एवं शिक्षा के क्षेत्र में पिछड़ेपन का कारण शारीरिक विकलांगता भी हो सकती है।
- बालक की शारीरिक विकलांगता के अनुरूप शिक्षा की व्यवस्था की जाती है।

शारीरिक रूप से विकलांग बालकों की पहचान

शारीरिक रूप से विकलांग बालकों की पहचान निम्न प्रकार की जा सकती है।

अंग संचालन में दोषयुक्त छात्र

- अंग संचालन (Physical Movement) के दोषों का सम्बन्ध माँसपेशियों (Muscles) और शरीर के जोड़ों (Joints) से है, जो अंगों अथवा हाथ-पैरों को प्रभावित करते हैं। इस प्रकार की विषमताओं वाले छात्रों को, शिक्षण की उन गतिविधियों में, जिनमें शारीरिक क्रियाओं की आवश्यकता पड़ती है, सीखने में कठिनाई होती है।
- इस प्रकार का दोष सामान्यत: छात्रों की गर्दन, हाथ, अँगुलियों, कमर, पैर आदि में हो सकता है।
- इस प्रकार के शारीरिक विकारों से युक्त छात्रों को सामान्यत: बैठने, खड़े होने, चलने आदि में कठिनाई होती है।
- इस प्रकार के छात्र अंग विकृति के कारण प्राय: लिखने में कठिनाई अनुभव करते हैं।

दृष्टि दोषयुक्त छात्र

- दृष्टि दोष युक्त छात्रों (Eyesight Defective Students) को भी समावेशी शिक्षा के अन्तर्गत सभी सामान्य बच्चों के साथ शिक्षा दी जाती है।
- दृष्टि दोष युक्त छात्र सामान्य पाठ्य-पुस्तक पढ़ने में अक्षम होते हैं। इनके लिए ब्रेल-लिपि में लिखी पुस्तकों की व्यवस्था की जानी चाहिए।
- दृष्टि दोष युक्त छात्रों की भी कई श्रेणियाँ होती हैं। कुछ छात्र ऐसे होते हैं।
- जिनमें सामान्य दृष्टि दोष होता है, जिसके कारण वे पुस्तकों को झुककर पढ़ते हैं एवं अपनी आँखों को बार-बार मलते हैं।

- आँखों में भैंगेपन के कारण भी कुछ छात्रों को पढ़ने, लिखने में कठिनाई हो सकती है।
- दृष्टि दोष युक्त छात्रों के स्वास्थ्य का समय-समय पर परीक्षण किया जाना चाहिए।

⚠ राष्ट्रीय दृष्टि बाधित संस्थान, देहरादून (उत्तराखण्ड) में है।

श्रवण दोषयुक्त छात्र

- शैक्षिक बात-चीत और सीखने में सुनने की क्रिया की महत्त्वपूर्ण भूमिका होती है, जो विद्यार्थी की श्रवण सम्बन्धी समस्याएँ, उसके अधिगम की क्षमता को प्रभावित करती है।
- श्रवण समस्याओं के कारण वाणी दोष उत्पन्न हो सकता है। इसलिए यह आवश्यक है कि ऐसे बालकों की पहचान करके उनमें सुधार करने की दिशा में उचित कदम उठाए जाएँ, जिससे कि उनकी शैक्षिक आवश्यकताओं की पूर्ति हो सके।
- श्रवण दोषयुक्त छात्रों (Students with Hearing Disorders) की पहचान सरल है, इसके लिए उनके व्यवहारों का अवलोकन कर, उनके स्वास्थ्य की समय-समय पर जाँच की पर्याप्त व्यवस्था की जानी चाहिए।
- श्रवण दोष के कई कारण हो सकते हैं, इनका अवलोकन इस प्रकार के दोषयुक्त छात्रों की पहचान में सहायक साबित होता है।
  इस प्रकार के दोष के कुछ प्रमुख कारण हैं
  (i) कान की बनावट में दोष
  (ii) कानों का अक्सर बहते रहना
  (iii) कानों में बहुधा दर्द की शिकायत
  (iv) कानों को बहुधा खुजलाते रहना
  (v) अच्छी तरह सुनने के लिए सिर को एक ओर से दूसरी ओर घुमाना
  (vi) अध्यापक से प्रायः निर्देशों और प्रश्नों को दोहराने के लिए निवेदन करना
  (vii) श्रुतिलेख (सुनकर लिखना) में बहुत अधिक त्रुटियाँ करना
  (viii) सुनते समय अध्यापक के चेहरे को बहुत अधिक ध्यान से देखना

वाणी दोष युक्त छात्र

वाणी दोष (Speaking Disorders) एक प्रकार की बीमारी है, वाणी से सम्बन्धित समस्या कुछ बच्चों में जन्म के बाद से दिखने लगती है, जो निम्न प्रकार का होता है

- बोलते समय वाणी में कठिनाई महसूस करना।
- अस्पष्ट शब्दों का उच्चारण।
- बोलते समय रुक-रुक कर बोलना अर्थात् हकलाना।
- आवाज का आवश्यकता से अधिक मोटा एवं पतला होना।
- अपने विचारों को स्पष्ट रूप से नहीं रख पाना।
- बोलते समय वाणी में कठिनाई का परिलक्षित होना।

मानसिक रूप से विकलांग बालकों की पहचान

मानसिक रूप से विकलांग बालकों की पहचान यह है कि उनकी बुद्धि-लब्धि बहुत कम होती है और वे पढ़ाई में बहुत अधिक कमजोर होते हैं।

मानसिक रूप से विकलांग बालकों की पहचान उनके निम्नलिखित व्यवहारों से की जा सकती है

- शैक्षिक उपलब्धियों का स्तर निम्न होना। जल्दी भूलने की आदत/थोड़े समय के बाद पढ़े हुए पाठ को भूल जाना
- ध्यान में एकाग्रता (Concentration) की कमी होना, विषय पर कम समय तक ही ध्यान केन्द्रित कर पाना
- भौतिक, मूर्त सामग्री (जो दिखाई दे) के प्रस्तुतीकरण पर अधिक निर्भरता
- अभिव्यक्ति (Expression) क्षमता की कमी
- तत्काल परिणामों/ पुरस्कारों आदि की अपेक्षा करना
- असफल होने पर भयग्रस्त होना
- आत्म अवलोकन (Self evaluation) की शक्ति का अभाव
- आत्मविश्वास का अभाव तथा सीमित सम्प्रेषण (conversation) का होना
- माँसपेशियों (muscles) के बीच समन्वय में कमी
- स्वयं के कार्यों को करने में कठिनाई का अनुभव करना; जैसे—खाना, पहनना, नहाना आदि को लेकर स्वयं की उचित देखभाल न कर सकना।

मानसिक रूप से पिछड़े बालकों की शिक्षा

मानसिक रूप से पिछड़े छात्रों पर शिक्षकों द्वारा विशेष ध्यान दिया जाना चाहिए। इनके माता-पिता को भी इनकी समस्याओं से अवगत कराकर उनके सहयोग के लिए प्रेरित किया जाना चाहिए। इस प्रकार के बालकों के लिए विशेष शिक्षा व्यवस्था भी की जा सकती है।

विकलांग बालकों की समस्याओं का निदान

विकलांग बालकों की समस्याओं का निदान निम्न प्रकार किया जा सकता है

- शारीरिक अथवा मानसिक रूप से विकलांग बालकों को विभिन्न प्रकार की समस्याओं का सामना करना पड़ता है। इन बालकों के सर्वांगीण विकास के लिए इनकी समस्याओं पर विशेष ध्यान देकर इनका निदान करने की आवश्यकता पड़ती है।
- मानसिक रूप से विकलांग बालकों में संवेगात्मक परिपक्वता आने में कठिनाई होती है। इन बालकों में हीन भावनाएँ उत्पन्न हो जाती हैं और ये अधिकतर क्रियाओं में भाग नहीं ले पाते। इन्हें अपनी इच्छाओं को दबाना पड़ता है, लेकिन कई मामलों में देखा गया है कि इस प्रकार के कुछ बालक मानसिक रूप से तेज भी होते हैं।
- शारीरिक या मानसिक रूप से विकलांग बालकों के समायोजन एवं उनकी समस्याओं के समाधान के लिए शिक्षकों को सहानुभूतिपूर्ण रवैया अपनाना चाहिए।
- यदि कक्षा में कोई शारीरिक रूप से अपंग बालक हो, तो उसके कक्षा में प्रवेश एवं उसके बैठने के लिए समुचित व्यवस्था किया जाना चाहिए क्या ऐसे बालकों के लिए कक्षा में विशेष प्रकार की कुर्सी-मेज की व्यवस्था करनी चाहिए।
- दृष्टि दोष युक्त छात्रों को भी बैठने की समस्या का सामना करना पड़ता है। इसलिए इनकी समस्याओं को समझते हुए इन्हें कक्षा में उपयुक्त स्थान पर बैठाया जाना चाहिए ताकि इन्हें कक्षा की कार्यवाही को समझने में कठिनाई न हो।
- दोषपूर्ण वाणी वाले बच्चों को हीन भावना की समस्या का सामना करना पड़ता है। अतः ऐसे बालकों के प्रति सहानुभूतिपूर्ण दृष्टिकोण अपनाना चाहिए।
- उपरोक्त सभी समस्याओं की ओर अध्यापक और माता-पिता को ध्यान देना अनिवार्य है ताकि ऐसे अपंग बालकों का घर, स्कूल तथा समाज में उचित रूप से समायोजन हो सके और वे किसी पर बोझ न बनकर अपने पैरों पर खड़े हो सकें।

अधिगम अशक्तता

कुछ छात्र पढ़ने, लिखने, मौखिक अभिव्यक्ति, शब्दों की वर्तनी करने, गणित एवं तर्कशक्ति को समझने आदि में अशक्त अथवा कमजोर होते हैं। इस प्रकार की अशक्तता को ही अधिगम अशक्तता (Learning Disability) कहा जाता है।

अधिगम अशक्तता के प्रकार

अधिगम अशक्तता के निम्न प्रकार हैं

1. **मौखिक रूप से सीखने व भाषा सम्बन्धी अशक्तता** अफेज्या, डिस्फेजिया
2. **पढ़ने की अशक्तता** एलेक्सिया, डिस्लेक्सिया
3. **लिखने की अशक्तता** अग्रेफिया, अप्रेक्सिया, डिस्ग्राफिया, ऑसिम्बोलिया, डिस्प्रैक्सिया
4. **शब्दों की वर्तनी सम्बन्धी अशक्तता** वर्तनी में त्रुटियाँ जैसे-लड़की के स्थान पर लकड़ी एवं सरल के स्थान पर सलर लिखना है।
5. **गणित सम्बन्धी अशक्तता** डस्कैल्कुलिया

कुछ प्रमुख अधिगम अशक्तता

1. **अफेज्या** (Aphasia) भाषा एवं सम्प्रेषण अधिगम अशक्तता को अफेज्या कहा जाता है। इससे पीड़ित छात्र मौखिक रूप से सीखने एवं अपने विचारों को अभिव्यक्ति प्रदान करने में कठिनाई का अनुभव करते हैं। सामान्यतया मस्तिष्क में किसी प्रकार की क्षति से यह विकार उत्पन्न होता है। मस्तिष्क में क्षति के कारण बातचीत करने में आंशिक या पूर्णत: अक्षमता को डिस्फेजिया (Dysphasia) कहा जाता है।
2. **अलेक्सिया** (Alexia) मस्तिष्क में किसी प्रकार की क्षति के कारण पढ़ने में अक्षमता को अलेक्सिया कहा जाता है । इसे शब्द अन्धता या पाठ्य अन्धता या विजुअल अफेज्या भी कहा जाता है। यह (अर्जित) अक्वायर्ड डिस्लेक्सिया (Acquired Dyslexia) है। अलेक्सिया के कारण अफेज्या एवं डिस्ग्राफिया जैसी अधिगम अशक्तता होना भी सम्भव है, किन्तु प्रत्येक स्थिति में यह आवश्यक नहीं।
3. **डिस्लेक्सिया** (Dyslexia) डिस्लेक्सिया एक व्यापक शब्द है, जिसका सम्बन्ध पठन विकार से है। इस अधिगम अशक्तता में बालक को पढ़ने में कठिनाई होती है, क्योंकि वह कई शब्दों के कुछ अक्षरों जैसे b एवं d में विभेद नहीं कर पाते डिस्लेक्सिया से पीड़ित बच्चे 'saw' और 'was', 'nuclear' और 'unclear' में अन्तर नहीं कर पाते।
4. **अप्रेक्सिया** (Apraxia) अप्रेक्सिया ऐसा शारीरिक विकार है, जिसके कारण व्यक्ति माँसपेशियों के संचालन से सम्बद्ध सूक्ष्म गतिक कौशल जैसे— लिखने चलने, टहलने, बोलने में निपुण नहीं हो पाता। यह मस्तिष्क के **सेरेब्रम** (मस्तिष्क का उपरी एवं अगला भाग) में क्षति के कारण होता है। अप्रेक्सिया का ही एक प्रकार डिस्प्रेक्सिया (Dyspraxia)है, जिसमें व्यक्ति मस्तिष्क में क्षति के कारण **सूक्ष्म गतिक कौशलों** (Micro Dynamic Skills) में निपुण नहीं हो पाता। वह हाथ एवं आँखों के बीच समन्वय एवं सन्तुलन स्थापित नहीं कर पाता। डिस्प्रेक्सिया तन्त्रिका तन्त्र (Nerve) सम्बन्धी विकार है, जिसे सेन्सरी इन्टेग्रेशन डिस्ऑर्डर कहा जाता है।
5. **डिस्ग्राफिया** (Disgraphia) डिस्ग्राफिया लिखने सम्बन्धी अशक्तता को कहा जाता है। इसमें या तो बच्चा ठीक से लिख नहीं पाता अथवा उसकी लिखावट ठीक नहीं हो पाती। सामान्यत: इसका कारण हाथ, हथेली या अँगुलियों सम्बन्धी गड़बड़ियाँ होती हैं। इसके अतिरिक्त मस्तिष्क सम्बन्धी कुछ गड़बड़ियों के कारण भी यह अधिगम अशक्तता सम्भव है।
6. **डिस्कैल्कुलिया** (Discalculia) यह ऐसी अधिगम अशक्तता है, जिसमें बच्चे गणित (अंकगणित) को समझने में कठिनाई का अनुभव करते हैं। इसे न्यूमलेक्सिया (Numlexia) भी कहा जाता है। *डिस्कैल्कुलिया कई प्रकार के होते हैं*—ग्राफिकल डिस्कैल्कुलिया, लैक्सिकल डिस्कैल्कुलिया, वर्बल डिस्कैल्कुलिया, प्रैक्टोग्नोस्टिक डिस्कैल्कुलिया, ऑडियोग्नॉटिक डिस्कैल्कुलिया।
7. **डिस्थीमिया** (Dysthymia) डिस्थीमिया गम्भीर तनाव की अवस्था को कहा जाता है। इस मनोविकार का प्रतिकूल प्रभाव बालक के अधिगम पर पड़ता है। डिस्थीमिया की अवस्था में व्यक्ति की मन:स्थिति (चितवृत्ति) हमेशा निम्न रहती है।
8. **डिस्मोरफिया** (Dysmorphia) डिस्मोरफिया एक ऐसा मनोविकार (Mental Disorder) है, जिसमें व्यक्ति को यह भ्रम हो जाता है कि उसके शरीर के कुछ अंग बहुत छोटे या अपूर्ण हैं। वह अपने शरीर के विभिन्न अंगों की तुलना दूसरे लोगों से करने लगता है, इसका प्रतिकूल प्रभाव उसके अधिगम पर पड़ता है।

अधिगम अशक्तता वाले छात्रों की पहचान

अधिगम अशक्तता वाले छात्रों की पहचान अत्यन्त सरल है। इस प्रकार के छात्रों में निम्नलिखित प्रकार की समस्याएँ देखी जाती हैं

- छात्र उचित प्रकार से पढ़ नहीं पाता, यद्यपि उसके मौखिक उत्तर बुद्धिमत्तापूर्ण होते हैं।
- छात्र उचित प्रकार से पढ़ तो पाता है, किन्तु मौखिक अभिव्यक्ति में वह कठिनाई का अनुभव करता है।
- कुछ छात्र वर्तनी में त्रुटियाँ करते हैं। वे शब्दों के अक्षरों को सही क्रम में नहीं लिखते या शब्दों के कई अक्षरों को लिखते समय छोड़ देते हैं। इस प्रकार के छात्र संख्याओं को लिखने में भी गलतियाँ करते हैं; जैसे— 12 को 21 एवं 89 को 98 लिखना आदि।
- मन व्याकुल रहना, समय-सारणी के अनुसार कार्य न कर पाना, आदि इनकी समस्याएँ होती हैं। सदैव उदास रहना, गृहकार्य को विलम्ब से करना, कक्षा में देरी (Late) से आना।
- चतुर प्रतीत होने एवं कोई भी शारीरिक दोष न होने के बावजूद पढ़ाई में कमजोर होना एवं परीक्षा का निष्पादन ठीक से नहीं कर पाना।
- कभी-कभी इतना अधिक उत्तेजित हो जाना कि वह किसी भी कार्य को पूरा कर पाने में असमर्थ होता है।
- पढ़ते समय शब्दों या पंक्तियों को छोड़ देना तथा शब्दों में निहित अक्षरों को अलग-अलग करके पढ़ना।
- शब्द एवं ध्वनि के बीच साम्य स्थापित करने में कठिनाई तथा शब्दों के उच्चारण में कठिनाई आदि।

अधिगम अशक्तता वाले बालकों की शिक्षा

इन बालकों के परिवार के वातावरण को सुधारकर इनके प्रति सकारात्मक व्यवहार अपनाने के लिए सभी को प्रेरित किए जाने की आवश्यकता होती है। इनके सुधार के लिए विद्यालय के वातावरण एवं शिक्षकों का इनके प्रति व्यवहार भी सुधारा जाना चाहिए।

इन बालकों का उपचार मनोवैज्ञानिक विधियों द्वारा किया जा सकता है।

1. सम्पूर्ण और अर्द्ध-अन्ध बालकों की शिक्षा

- यदि इनका अन्धापन ऐनक (लेंस युक्त चश्में) से ठीक न हो, तो इनके लिए विशेष ऐनकों का प्रबन्ध किया जाना चाहिए।
- यदि इसके बाद भी इस समस्या का समाधान न हो, तो इसका तात्पर्य है कि बालक पूर्णरूप से अन्धता का शिकार है।
- ऐसी स्थिति में उसके लिए विशेष प्रकार की शिक्षा व्यवस्था की जानी चाहिए।
- दृष्टि दोष से युक्त छात्रों की विशेष शिक्षा व्यवस्था का तात्पर्य है उनके लिए ब्रेल लिपि की पाठ्य-पुस्तकों की व्यवस्था करना।
- इस दोष से युक्त छात्रों की शिक्षा की व्यवस्था भी सभी सामान्य बालकों के साथ होनी चाहिए।

2. पूर्णरूप से बहरे और अपूर्ण बहरे बालकों की शिक्षा

- बहरे छात्रों के लिए विशेष प्रकार के स्कूलों की व्यवस्था की जानी चाहिए। इन स्कूलों में विशेष प्रविधियों द्वारा प्रशिक्षण दिया जाता है।
- कम बहरे छात्रों के लिए अलग से स्कूलों की व्यवस्था अनिवार्य नहीं है इन्हें अपने अध्यापकों के होठों को चलते हुए देखकर संवाद का अनुमान करने में शिक्षित किया जा सकता है, जिसके बाद इन्हें सामान्य बच्चों के साथ शिक्षा दी जा सकती है।

3. हकलाने वाले या दोषपूर्ण वाणी वाले बालकों की शिक्षा

- दोषपूर्ण वाणी में हकलाना, तुतलाना, बहुत धीरे बोलना या बहुत मोटी आवाज में बोलना या बिल्कुल ही न बोलना इत्यादि दोष शामिल होते हैं। अस्पष्ट बोलना भी वाणी दोष है। इन दोषों के कारण छात्रों में हीन भावना, आत्मविश्वास की कमी, संवेगात्मक अस्थिरता आदि का उत्पन्न होना स्वाभाविक है। इनके साथ सहानुभूतिपूर्ण व्यवहार होना चाहिए।
- अध्ययन की गलत आदतों पर नियन्त्रण कर इनमें सुधार किया जा सकता है। शल्य क्रिया (operation) के द्वारा भी इस प्रकार के कुछ विकारों का इलाज सम्भव है।
- इनसे विशेष शब्दों का बार-बार उच्चारण करवाकर भी इनका निदान सम्भव है। इस प्रकार के बालकों को अभिव्यक्ति कौशल में निपुण करने के लिए विशेष प्रशिक्षण की भी व्यवस्था की जा सकती है।

4. अपंग बालकों की शिक्षा

अपंग बालक वह बालक होता है जो शारीरिक दोष के कारण अपने शरीर के विभिन्न अंगों का सामान्य रूप से प्रयोग नहीं कर सकता। अपंगता से सम्बन्धित विकार बालकों की हड्डियों, ग्रन्थियों या जोड़ों (joints) में होता है। ऐसे बालकों की शिक्षा के लिए निम्न कदम उठाए जाने चाहिए

- अपंग बालकों को सामान्य बालकों के साथ पढ़ने का अवसर मिलना चाहिए। उनके शारीरिक विकार के अनुरूप विद्यालय में बैठने की व्यवस्था हो।
- उन्हें विशेष व्यवसायों का प्रशिक्षण देना चाहिए, ताकि वे बोझ न बन सकें। अपंग बालकों के लिए कृत्रिम अंगों (Artificial organs) की व्यवस्था हो।
- अपंग बालकों का संवेगात्मक (भावनात्मक) समायोजन अपरिहार्य हो, ताकि उन्हें अनुभव न हो कि वे उपेक्षित हैं।
- उनके अन्दर उत्पन्न हीन भावना को दूर करने में शिक्षकों समाज एवं परिवार का महत्त्वपूर्ण योगदान होना चाहिए।

अभ्यास प्रश्न

1. विकलांग बालक ऐसे बालक होते हैं, जो
(a) केवल मानसिक रूप से दोषयुक्त हों
(b) केवल शारीरिक रूप से दोषयुक्त हों
(c) केवल संवेगात्मक रूप से दोषयुक्त हों
(d) मानसिक, शारीरिक व संवेगात्मक तीनों रूप से दोषयुक्त हों।

2. "ऐसे बालक, जिनमें ऐसा शारीरिक दोष होता है, जो किसी भी रूप में उसे साधारण क्रियाओं में भाग लेने से रोकता है या सीमित रखता है।" विकलांग बालकों के सन्दर्भ में यह कथन किस मनोवैज्ञानिक का है?
(a) डी जी फोर्स
(b) ए एडलर
(c) क्रो एवं क्रो
(d) किंबल यंग

3. अंग संचालन में दोषयुक्त छात्रों को किस प्रकार की समस्या होती है?
(a) बैठने की समस्या
(b) सोने की समस्या
(c) लिखने की समस्या
(d) किसी भी प्रकार की समस्या नहीं

4. 'राष्ट्रीय दृष्टि बाधितार्थ संस्थान' (NIVH) स्थित है
(a) शिमला में
(b) कोलकाता में
(c) देहरादून में
(d) दिल्ली में

5. दृष्टि दोष युक्त छात्रों को शिक्षा दी जानी चाहिए
(a) उनके लिए शिक्षा की व्यवस्था अलग से हो।
(b) वे पढ़ने के योग्य नहीं हैं, इसलिए उनके लिए किसी भी प्रकार की शिक्षा की व्यवस्था नहीं हो।
(c) उन्हें समावेशी शिक्षा के अन्तर्गत सभी सामान्य बच्चों के साथ शिक्षा दी जानी चाहिए।
(d) उन्हें केवल दृष्टि दोष वाले छात्रों के साथ शिक्षा की व्यवस्था करनी चाहिए।

6. कक्षा पाँच के न्यून दृष्टि वाले बच्चे को
(a) निम्न स्तर के कार्य के लिए माप करना उचित है
(b) उसके दैनिक कार्य में उसके माता-पिता तथा मित्रों को सहायता करनी चाहिए
(c) कक्षा में सामान्य रूप से बर्ताव करना चाहिए एवं ऑडियो सी डी के जरिए सहायता प्रदान करनी चाहिए
(d) कक्षा में विशेष बर्ताव करना चाहिए

7. निम्न में कौन-सा कारण श्रवण दोष का कारण है?
(a) कान की बनावट में दोष
(b) कानों का अक्सर बहते रहना
(c) कानों में दर्द की शिकायत
(d) उपरोक्त सभी सही हैं

8. मानसिक रूप से विकलांग बालकों की पहचान होती है
(a) बुद्धि-लब्धि का तीव्र होना
(b) पढ़ाई में मजबूत होना
(c) उच्च स्मरण क्षमता
(d) बुद्धि-लब्धि का कम होना

9. प्रिया एक मानसिक रूप से विकलांग बालिका है, उसकी क्या समस्याएँ हो सकती हैं?
(a) आत्मविश्वास में कमी
(b) सीमित बात-चीत करना
(c) स्वयं के कार्यों में कठिनाई महसूस करना
(d) उपरोक्त सभी

10. शारीरिक/मानसिक रूप से विकलांग बालकों की शिक्षा की व्यवस्था के बारे में दिए गए कथनों में क्या सही है?
(a) विकलांगता दूर करने में केवल अध्यापक की भूमिका हो।
(b) विकलांगता दूर करने में केवल माता-पिता की भूमिका हो।
(c) विकलांगता समय के साथ ठीक हो जाएगी, इसलिए किसी की आवश्यकता की जरूरत नहीं।
(d) विकलांगता दूर करने में अध्यापक, माता-पिता एवं अभिभावक की प्रमुख भूमिका होनी चाहिए।

11. निम्नलिखित में से मौखिक रूप से सीखने की अशक्तता कौन-सी है?
(a) डिस्ग्राफिया (b) डिस्कैल्कुलिया
(c) अफेज्या (d) डिस्लेक्सिया

12. मस्तिष्क में क्षति के कारण बात-चीत करने में आंशिक या पूर्णत: अक्षमता को कहते हैं
(a) अफेज्या (b) डिस्लेक्सिया
(c) डिस्फेजिया (d) डिस्कैल्कुलिया

13. .... मस्तिष्क की संरचना तथा कृत्यों में विभेद का परिणाम होता है।
(a) तनाव (b) पिछड़ापन
(c) डिसलेक्सिया (d) इनमें से कोई नहीं

14. यदि एक बच्चा 16 को 61 लिखता है तथा 6 और d के मध्य अन्तर नहीं कर पाता हो, तो यह है
(a) दृष्टि दोष (b) सीखने में अक्षम
(c) मानसिक दोष (d) मानसिक क्षय

15. 'डिस्ग्राफिया' मुख्य रूप से .... की समस्या से सम्बन्धित है।
(a) सुनने (b) पढ़ने
(c) बोलने (d) लिखने

16. डिस्प्रेक्सिया एक बीमारी है, जिसका सम्बन्ध है
(a) हृदय से (b) तन्त्रिका तन्त्र से
(c) फेफड़े से (d) श्वसन से

17. मस्तिष्क के सेरेब्रम में क्षति होने के कारण कौन-सी बीमारी होती है?
(a) अप्रेक्सिया (b) डिस्कैल्कुलिया
(c) एलेक्सिया (d) डिस्थीमिया

18. गणित को समझने की अशक्तता है
(a) डिस्मोरफिया (b) डिस्कैल्कुलिया
(c) डिस्ग्राफिया (d) डिस्लेक्सिया

19. 'डिस्थीमिया' है
(a) गम्भीर तनाव की अवस्था
(b) पठन विकार
(c) शब्द 'जम्बलिंग' विकार
(d) लेखन विकार

20. निम्न में किसका सम्बन्ध भ्रम से है?
(a) डिस्मोरफिया
(b) डिस्थीमिया
(c) डिस्कैल्कुलिया
(d) एप्रेक्सिया

21. ब्रेल-लिपि तकनीक का उपयोग निम्न में से किसके लिए होता है?
(a) सम्पूर्ण रूप से अन्ध बालकों के लिए
(b) अर्ध-अन्ध बालकों के लिए
(c) सामान्य बालकों के लिए
(d) उपरोक्त में से किसी के लिए नहीं

22. आपकी कक्षा का एक छात्र मोहन बोलते समय हकलाता है आप उसकी शिक्षा के प्रबन्धन हेतु क्या आवश्यक कदम उठाएँगे?
(a) उसमें अध्ययन की गलत आदतों पर नियन्त्रण कराएँगे
(b) प्रधानाचार्य से उसकी शिकायत करेंगे
(c) उसको कक्षा से बाहर जाकर पढ़ने को कहेंगे
(d) विशेष शब्दों के उच्चारण को उससे एक बार में ही पढ़ने को कहेंगे।

23. विशेष रूप से प्राथमिक स्तर पर विद्यार्थियों की सीखने सम्बन्धी समस्याओं को सम्बोधित करने का सबसे बेहतर तरीका है
(a) अक्षमता के अनुरूप विभिन्न शिक्षण-पद्धतियों का प्रयोग करना
(b) महँगी और चमकदार सहायक सामग्री का प्रयोग करना
(c) सरल और रोचक सहायक सामग्री का प्रयोग करना
(d) कहानी-कथन पद्धति का प्रयोग करना

24. 'डिस्लेक्सिया' किससे सम्बन्धित है?
(a) मानसिक विकार
(b) गणितीय विकार
(c) पठन विकार
(d) व्यवहार-सम्बन्धी विकार

25. पाँचवीं कक्षा के 'दृष्टि बाधित' विद्यार्थी
(a) को निचले स्तर के कार्य करने की छूट मिलनी चाहिए
(b) के माता-पिता और मित्रों द्वारा उसे दैनिक कार्यों को करने में सहायता की जानी चाहिए
(c) के साथ कक्षा में सामान्य रूप से व्यवहार किया जाना चाहिए और श्रव्य सी डी के माध्यम से सहायता उपलब्ध कराई जानी चाहिए
(d) के साथ कक्षा में विशेष व्यवहार किया जाना चाहिए

26. शारीरिक रूप से अक्षम बच्चों को सामान्यत: .... होता है।
(a) डिस्कैल्कुलिया
(b) डिस्लेक्सिया
(c) डिस्ग्राफिया
(d) डिस्थीमिया

27. एक बच्चा, जो .... से ग्रस्त है, वह 'saw' और 'was', 'nuclear' और 'unclear' में अन्तर नहीं कर सकता।
(a) शब्द 'जम्बलिंग' विकार
(b) डिस्लेक्सिमिया
(c) डिस्मोरफीमिया
(d) डिस्लेक्सिया

28. एक शिक्षिका की कक्षा में कुछ शारीरिक विकलांगता वाले बच्चे हैं। निम्नलिखित में से उसके लिए क्या कहना सबसे उचित होगा?
(a) पोलियोग्रस्त बच्चे अब एक गाना प्रस्तुत करेंगे
(b) पहिया-कुर्सी वाले बच्चे हॉल में जाने के लिए अपने समवयस्क साथी बच्चों से मदद ले सकते हैं
(c) शारीरिक रूप से असुविधाग्रस्त बच्चे कक्षा में ही कोई वैकल्पिक गतिविधि कर सकते हैं
(d) मोहन खेल के मैदान में जाने के लिए आप अपनी बैसाखियों का प्रयोग क्यों नहीं करते?

29. गतिक कौशलों में अधिगम नियोंग्यता .... कहलाती है।
(a) डिस्फ्रेजिया (b) डिस्प्रेक्सिया
(c) डिस्कैल्कुलिया (d) डिस्लेक्सिय

30. अधिगम नियोंग्यता
(a) समुचित निवेश के साथ सुधार योग्य नहीं होती
(b) एक स्थिर अवस्था है
(c) एक चर अवस्था है
(d) जरूरी नहीं कि कार्य-पद्धति की हानि करे

31. भाषा अवबोधन से सम्बद्ध विकार है
(a) चलाघात (apraxia)
(b) पठन-वैकल्य (dyslexia)
(c) वाक्-सम्बद्ध रोग (aspeechxia)
(d) भाषाघात (aphasia)

32. निम्नलिखित में से कौन-सा विकासात्मक विकार का उदाहरण नहीं है?
(a) आत्मविमोह (Autism)
(b) प्रमस्तिष्क घात (Cerebral palsy)
(c) पर-अभिघातज तनाव (Post-traumatic stress)
(d) न्यून अवधान सक्रिय विकार (Attention deficit hyperactivity disorder)

33. शब्दों में अक्षरों के क्रम को पढ़ने में कठिनाई का अनुभव करना और अकसर चाक्षुष स्मृति का ह्रास .... से सम्बन्धित है।
(a) डिस्लेक्सिया
(b) डिस्कैल्कुलिया
(c) डिस्ग्राफिया
(d) डिस्प्राक्सिया

34. एक बच्चे की कॉपी में लिखने में विपरीत छवियाँ, दर्पण छवि आदि जैसी गलतियाँ मिलती हैं। इस प्रकार का बच्चा लक्षण प्रदर्शित कर रहा है
(a) अधिगम में असुविधा के
(b) अधिगम में अशक्तता के
(c) अधिगम में कठिनाई के
(d) अधिगम में समस्या के

35. विकृत लिखावट से सम्बन्धित लिखने की योग्यता में कमी किसका एक लक्षण है?
(a) डिस्ग्राफिया
(b) डिस्प्रैक्सिया
(c) डिस्कैल्कुलिया
(d) डिस्लेक्सिया

36. एक औसत बुद्धि वाला बच्चा यदि भाषा को पढ़ने एवं समझने में कठिनाई प्रदर्शित करता है, तो यह संकेत देता है कि बच्चा ………… का लक्षण प्रदर्शित कर रहा है।
(a) लेखन-अक्षमता (डिस्ग्राफिया)
(b) गणितीय-अक्षमता (डिस्कैल्कुलिया)
(c) गतिसमन्वय-अक्षमता (डिस्प्रैक्सिया)
(d) पठन-अक्षमता (डिस्लैक्सिया)

37. एक बच्चा, जो आंशिक रूप से देख सकता है
(a) बिना किसी विशेष प्रावधान के उसे 'नियमित' विद्यालय में डालना चाहिए
(b) उसे शिक्षा नहीं देनी चाहिए, क्योंकि वह उसके किसी काम नहीं आएगी
(c) उसे अलग संस्थान में डालने की आवश्यकता है
(d) विशेष प्रावधान करते हुए उसे 'नियमित' विद्यालय में रखना चाहिए

38. निम्नलिखित में से कौन-सा व्यवहार बच्चे को अधिगम-निर्योग्यता की पहचान करता है?
(a) मनोभाव का जल्दी-जल्दी बदलना (मूड स्विंग्स)
(b) अपमानजनक व्यवहार
(c) 'B' को 'd' was को 'saw,' '21' को '12' लिखना
(d) कम अवधान-विस्तार और उच्च शारीरिक गतिविधि

39. सुनने में असमर्थ बच्चा
(a) केवल अकादमिक शिक्षा से लाभ नहीं उठा पाएगा, उसे उसके स्थान पर व्यावसायिक शिक्षा दी जानी चाहिए।
(b) नियमित विद्यालय में बहुत अच्छा कर सकता है यदि उसे उपयुक्त सुविधा और साधन उपलब्ध कराए जाएँ।
(c) नियमित विद्यालय में अपने सहपाठियों के समान कभी प्रदर्शन नहीं कर सकेगा।
(d) श्रवण असमर्थता वाले बच्चों के विद्यालय में ही भेजा जाना चाहिए, नियमित विद्यालय में नहीं।

उत्तरमाला

1	(d)	2	(c)	3	(c)	4	(c)	5	(c)	6	(c)	7	(d)	8	(d)	9	(d)	10	(d)
11	(c)	12	(c)	13	(c)	14	(b)	15	(d)	16	(b)	17	(a)	18	(b)	19	(a)	20	(a)
21	(a)	22	(a)	23	(a)	24	(c)	25	(c)	26	(c)	27	(d)	28	(c)	29	(b)	30	(c)
31	(d)	32	(c)	33	(a)	34	(b)	35	(a)	36	(d)	37	(d)	38	(a)	39	(d)		

अध्याय 15

प्रतिभाशाली, सृजनशील तथा विशिष्ट बालकों की पहचान

वह बालक, जो मानसिक, शारीरिक, सामाजिक और संवेगात्मक आदि विशेषताओं में औसत से विशिष्ट हो और यह विशिष्टता इस स्तर की हो कि उसे अपने विकास के लिए विशेष प्रशिक्षण की आवश्यकता हो, विशिष्ट बालक कहलाता है।

विशिष्ट बालकों को निम्नलिखित वर्गों में विभाजित किया जा सकता है

1. प्रतिभाशाली बालक
2. सृजनशील बालक
3. पिछड़े बालक
4. मन्द-बुद्धि बालक
5. समस्यात्मक या संवेगात्मक दृष्टि से पिछड़े बालक
6. बाल अपराधी

प्रतिभाशाली बालक

ऐसे बालक, जो अपनी श्रेष्ठ क्षमता एवं क्रियात्मक योग्यता के बल पर शैक्षिक उपलब्धियों में विद्यालय स्तर पर उच्च स्थान प्राप्त करते हैं या किसी विशेष क्षेत्र; जैसे- गणित, कला, विज्ञान, सृजनात्मक लेखन इत्यादि में उच्च स्तरीय प्रतिभा रखते हैं, प्रतिभाशाली बालकों (Talented Children) की श्रेणी में आते हैं।

प्रतिभाशाली छात्र मौलिक चिन्तन, समझने पर बल, शब्द ज्ञान पर बल, सामान्य बुद्धि का प्रयोग, तीव्र स्मरण शक्ति इत्यादि के धनी होते हैं।

ऐसे बालकों की पहचान करने के बाद उनकी प्रतिभा में निखार लाने का प्रयास किया जाता है। प्रतिभाशाली छात्रों की पहचान उपलब्धि परीक्षण, बुद्धि परीक्षण एवं अभिरुचि परीक्षण के माध्यम से अध्यापकों द्वारा की जाती है।

प्रतिभाशाली बालकों की निम्नलिखित विशेषताओं के आधार पर उनकी पहचान आसानी से की जा सकती है

- कोई भी पाठ आसानी से सीखना
- बुद्धि एवं व्यावहारिक ज्ञान का उपयोग सामान्य बालकों से अधिक करना
- विशाल शब्दकोष
- मानसिक प्रक्रिया में तीव्रता
- अपने साथियों की तुलना में अधिक ज्ञान
- कठिन मानसिक कार्यों को भी आसानी से करने में सक्षम
- मौलिक चिन्तन की क्षमता
- सामान्य ज्ञान की श्रेष्ठता
- किसी प्रश्न का उत्तर शीघ्र देने की कोशिश करना
- सामान्य अध्ययन में रुचि
- अत्यन्त जिज्ञासु प्रवृत्ति
- आश्चर्यजनक अन्तर्दृष्टि का प्रमाण
- पाठ्यविषयों में अत्यधिक रुचि या अन्य
- उच्च बुद्धि-लब्धि (130 से 170 तक)
- रुचियों का क्षेत्र विस्तृत
- सकारात्मक आत्मविश्वास,
- अध्ययन की वैज्ञानिक विधि
- जोखिम (Risk) उठाने की क्षमता
- नेतृत्व कौशल का होना
- चरित्र एवं व्यक्तित्व अन्य बालकों से भिन्न होना
- उच्च प्रतिस्पर्द्धात्मक गुण
- विषय-वस्तु के अलावा सहायक पुस्तकों (कहानी, उपन्यास, पेपर, पत्रिका) का अध्ययन करना

प्रतिभाशाली बालकों की शिक्षा

- प्रतिभाशाली बालकों के लिए विशेष शिक्षा की आवश्यकता पड़ती है। ऐसे बालकों को शिक्षित करने के लिए अध्यापकों का भी विशेष रूप से प्रशिक्षित होना अनिवार्य है।
- शिक्षकों को चाहिए कि वे प्रतिभाशाली बालकों को उनकी योग्यताओं या प्रतिभाओं को विकसित करने का पूरा-पूरा अवसर उपलब्ध कराएँ।
- प्रतिभाशाली बालक पाठ्यक्रम को समझने में सामान्य बालकों से कम समय लेते हैं। इस बचे हुए समय में उन्हें किसी और सृजनात्मक कार्य में व्यस्त कर देना चाहिए।

- आवश्यकता पड़ने पर विशिष्ट बालकों के लिए विशेष स्कूल एवं कक्षाओं की भी व्यवस्था करनी पड़ती है। उनके लिए पुस्तकालय में भी उनकी रुचि के अनुकूल व्यवस्था की जानी चाहिए।

हैविगहस्ट्र के अनुसार, ''प्रतिभाशाली बालकों के लिए शिक्षा का सफल कार्यक्रम वही हो सकता है, जिसका उद्‌देश्य उनकी विभिन्न योग्यताओं का विकास करना हो।''

इस कथन के अनुसार, प्रतिभाशाली बालकों की शिक्षा व्यवस्था निम्न प्रकार से होनी चाहिए

- सामान्य रूप से कक्षोन्नति
- शिक्षक का व्यक्तिगत ध्यान
- सामान्य बालकों के साथ शिक्षा
- पाठ्यक्रम-सहगामी क्रियाओं का आयोजन
- नेतृत्व का प्रशिक्षण
- संस्कृति की शिक्षा
- सामाजिक अनुभवों के अवसर
- विशेष व विस्तृत पाठ्यक्रम
- विशेष अध्ययन की सुविधाएँ
- व्यक्तित्व का पूर्ण विकास

सृजनशील बालक

जेम्स ड्रेवर के अनुसार, ''अनिवार्य रूप से किसी नई वस्तु का सृजन करना ही सृजनात्मकता (Creativety) है।'' मनोविश्लेषणात्मक, साहचर्यवाद, अन्तःदृष्टिवाद एवं अस्तित्ववाद सिद्धान्तों का सम्बन्ध सृजनात्मकता से है।

रॉबर्ट फ्रास्ट के अनुसार, ''मौलिकता क्या है? यह मुक्त साहचर्य है, जब कविता की पंक्तियाँ या उसके विचार आपको उद्वेलित करते हैं, साधारणीकरण के लिए बाध्य करते हैं। यह दो वस्तुओं का सम्बन्ध होता है, परन्तु साहचर्य को देखने की कामना आप नहीं करते हैं, आप तो उसका आनन्द उठाते हैं।''

गिलफोर्ड ने सृजनात्मकता के तत्त्व निम्न प्रकार के बताए हैं

- **तात्कालिक स्थिति से परे जाने की योग्यता** जो व्यक्ति वर्तमान परिस्थितियों से हटकर, उससे आगे की सोचता है और अपने चिन्तन को मूर्त रूप देता है, उसमें सृजनात्मक तत्त्व पाया जाता है।
- **समस्या की पुनर्व्याख्या** सृजनात्मकता का एक तत्त्व समस्या की पुनर्व्याख्या है।
- **सामंजस्य** जो बालक तथा व्यक्ति असामान्य, किन्तु प्रासंगिक विचार तथा तथ्यों के साथ समन्वय स्थापित करते हैं वे सृजनात्मक कहलाते हैं।
- **अन्य के विचारों में परिवर्तन** ऐसे व्यक्तियों में भी सृजनात्मकता विद्यमान रहती है, जो तर्क, चिन्तन तथा प्रमाण द्वारा दूसरे व्यक्तियों के विचारों में परिवर्तन कर देते हैं।

सृजनशील बालकों की पहचान

- सृजनशील बालकों में मौलिकता के तत्त्व पाए जाते हैं। सृजनशील बालकों का दृष्टिकोण सामान्य व्यक्तियों से अलग होता है।
- स्वतन्त्र निर्णय क्षमता सृजनशीलता की पहचान है, जो व्यक्ति किसी समस्या के प्रति निर्णय लेने में स्वतन्त्र होता है, तो ऐसा माना जाता है कि उस बालक/व्यक्ति में सृजनात्मक गुणों का विकास हो रहा है।
- हंसमुख प्रवृत्ति भी सृजनात्मकता की पहचान है। सृजनात्मक बालकों में हँसी-मजाक की प्रवृत्ति पाई जाती है। उत्सुकता भी सृजनात्मकता का एक आवश्यक तत्त्व है।
- सृजनशील बालकों में संवेदनशीलता अधिक पाई जाती है।
- सृजनशील बालकों में स्वायत्तता (Autonomy) का भाव पाया जाता है।

सृजनात्मकता का परीक्षण

सृजनात्मकता की पहचान के लिए निरन्तरता, लोचनीयता (Flexibility), मौलिकता तथा विस्तार का मापन एवं परीक्षण किया जाता है।

सृजनात्मकता से सम्बन्धित प्रमुख परीक्षण निम्न प्रकार हैं

1. **चित्रपूर्ति परीक्षण** इस परीक्षण में अपूर्ण चित्रों को पूरा करना पड़ता है।
2. **उत्पाद सुधार कार्य** चूने के खिलौनों द्वारा विचारों को लेखबद्ध करके सृजनात्मकता पर बल दिया जाता है।
3. **वृत्त परीक्षण** इस परीक्षण में वृत्त में चित्र बनाए जाते हैं।
4. **टीन के डिब्बे** खाली डिब्बों से नवीन वस्तुओं का सृजन कराया जाता है।

सृजनात्मकता का विकास

शिक्षक को चाहिए कि बालकों में सृजनात्मकता का विकास (Development of Creativity) करने के लिए निम्नलिखित उपाय करें

1. **तथ्यों का अधिगम** (Learning of Facts) समस्या को हल करने में कौन-कौन-से तथ्यों को सिखाया जाए, शिक्षक को इस बात का ध्यान रखना चाहिए
2. **मौलिकता** (Fundamentality) शिक्षक को चाहिए कि वह तथ्यों के आधार पर मौलिकता के दर्शन कराए।
3. **मूल्यांकन** (Evaluation) बालकों में अपना मूल्यांकन स्वयं करने की प्रवृत्ति का विकास करना चाहिए।
4. **समस्या के स्तरों की पहचान** (Indentifying the Stages of Problem) समस्या के स्तरों को पहचानकर उसे दूर करना चाहिए।
5. **जाँच** (Testing) बालकों में जाँच करने की कुशलता का अर्जन कराया जाए।
6. **पाठ्य-सम्बन्धी क्रियाएँ** (Teaching Related Activities) विद्यालय में बुलेटिन बोर्ड, मैग्जीन, पुस्तकालय, वाद-विवाद, खेल-कूद, स्काउटिंग, एनसीसी आदि क्रियाओं द्वारा नवीन उद्‌भावनाओं का विकास करना चाहिए।

सृजनशील बालकों की शिक्षा

- अध्यापक को विद्यालय में सृजनशील बालकों की पहचान करनी चाहिए ताकि उनकी योग्यता एवं क्षमता का सर्वांगीण विकास हो सके तथा इसका लाभ समाज को मिल सके।
- अध्यापकों को स्वयं सृजनशील बालकों के लिए प्रेरणा स्रोत का कार्य करना चाहिए अर्थात् उच्च नैतिक स्तर, ईमानदारी, मानवता, समानता इत्यादि का गुण प्रस्तुत करना चाहिए।
- अध्यापक को सृजनशील कार्य के माध्यम से बालकों के सामने उदाहरण प्रस्तुत करना चाहिए, इससे बालकों के अन्दर छिपे हुए सृजनात्मक विचार उभरकर सामने आएँगे।
- अध्यापक छात्रों के समक्ष ऐसी समस्या उत्पन्न करे, जो बिल्कुल नवीन हो, इससे छात्र समस्या के समाधान में सृजनात्मक सोच का उपयोग करेंगे।
- अध्यापकों को छात्रों को सृजनशील बनाने के लिए विषयवस्तु के अलावा निबन्ध प्रतियोगिता, चित्रकला प्रतियोगिता, नाटक प्रतियोगिता, खेल प्रतियोगिता इत्यादि का समय-समय पर आयोजन करना चाहिए।
- विभिन्न क्षेत्रों के महान् अन्वेषकों/खोजकर्ता के जीवन परिचय के साथ-साथ उनके व्यक्तिगत जीवन में घटित विशेष तथा सार्थक घटनाओं

के बारे में छात्रों को बताना चाहिए, जिससे कि उन्हें प्रेरणा मिले; जैसे—थॉमस आल्वा एडीसन, न्यूटन, डॉ.ए.पी.जे. अब्दुल कलाम, जगदीश चन्द्र बोस इत्यादि।

पिछड़े बालक एवं उनकी पहचान

ऐसे छात्र, जो अपनी आयु वर्ग के अन्य छात्रों की अपेक्षा बहुत कम शैक्षिक उपलब्धि प्राप्त करते हैं, पिछड़े बालक की श्रेणी में आते हैं। बालकों के पिछड़ेपन के कारण शारीरिक, मानसिक या परिवेशजनित हो सकते हैं। ऐसे बालकों की शिक्षा के लिए विशेष व्यवस्था किए जाने की आवश्यकता होती है।

बालक के पिछड़ेपन की रोकथाम करने से पहले इसके लिए उत्तरदायी कारणों का पता लगाया जाना आवश्यक है। बुद्धि परीक्षणों, उपलब्धि परीक्षणों, बालक की रुचियों, प्रवृत्तियों, शारीरिक क्षमताओं और कुशलताओं, बालक के शैक्षणिक इतिहास इत्यादि द्वारा बालक के पिछड़ेपन के कारणों का पता लगाया जा सकता है।

- पिछड़े बालकों के लिए विशेष स्कूल एवं कक्षाओं की व्यवस्था करनी चाहिए। पाठ्यक्रम के अतिरिक्त उनके लिए पाठ्यक्रम-सहगामी क्रियाओं की भी व्यवस्था करनी चाहिए। पिछड़े बालकों के लिए कभी-कभी विशेष प्रकार के पाठ्यक्रमों की भी आवश्यकता पड़ती है।
- मनोवैज्ञानिकों की सहायता से भी बालकों के पिछड़ेपन को दूर करने में सहायता मिलती है।
- पिछड़े बालकों को हस्तशिल्प (Handicraft) जैसे कार्यों की शिक्षा देकर उनका आत्मविश्वास बढ़ाया जाता है। इससे उन्हें भविष्य में आत्मनिर्भर बनने में सहायता मिलती है।
- पिछड़े बालकों की पहचान सामूहिक परीक्षण, उपलब्धि परीक्षण एवं व्यक्तिगत बुद्धि-परीक्षण के जरिए की जा सकती है।

पिछड़े बालकों की विशेषताएँ

पिछड़े बालकों की प्रमुख विशेषताएँ (Characteristics) निम्न हैं

- सीखने की धीमी गति
- जीवन में निराशा का अनुभव
- समाज-विरोधी कार्यों की प्रवृत्ति
- व्यवहार-सम्बन्धी समस्याओं की अभिव्यक्ति
- जन्मजात योग्यताओं की तुलना में कम शैक्षिक उपलब्धि
- सामान्य विद्यालय के पाठ्यक्रम से लाभ उठाने में असमर्थता
- सामान्य शिक्षण-विधियों द्वारा शिक्षा ग्रहण करने में विफलता
- मानसिक रूप से अस्वस्थ और असमायोजित व्यवहार
- अपनी और उससे नीचे की कक्षा का कार्य करने में असमर्थता

मन्द-बुद्धि बालक

मन्द-बुद्धि बालक (Mentally Retarted Child) वे होते हैं, जिनके मस्तिष्क और बुद्धि इतने कम विकसित होते हैं कि उनमें मानसिक क्षमताएँ कम विकसित हो पाती हैं और उन्हें पढ़ने-लिखने व समायोजन करने में कठिनाई होती है। ऐसे बालकों की सीखने की गति भी मन्द होती है।

मन्द-बुद्धि अर्थात् मानसिक पिछड़ेपन के कई कारण हो सकते हैं। इसका प्रमुख कारण सामान्यत: आनुवंशिक गुण हो सकता है। इसके अतिरिक्त मस्तिष्क में कमियों के आ जाने से भी मानसिक दोष हो सकता है।

कभी-कभी पारिवारिक पिछड़ेपन एवं सामाजिक-आर्थिक परिस्थितियाँ भी बालक के मानसिक रूप से पिछड़े होने का कारण होती हैं।

मन्द बुद्धि बालकों की शिक्षा के लिए अध्यापकों को विशेष ध्यान देने की आवश्यकता होती है। इस कार्य में बालक के माता-पिता की भूमिका भी अहम् होती है। सामान्य स्कूलों में इनकी देख-रेख सम्भव नहीं होती, इसलिए ऐसे बालकों के लिए विशेष प्रकार के स्कूलों एवं अस्पतालों की भी व्यवस्था होती है। सामान्य बालकों के पाठ्यक्रम इनकी मानसिक योग्यताओं के अनुकूल नहीं होता। अत: इनके लिए विशेष प्रकार के पाठ्यक्रम की आवश्यकता होती है।

समस्यात्मक बालक

समस्यात्मक बालक (Problematic Child) उस बालक को कहते हैं, जिसके व्यवहार में कोई ऐसी असामान्य बात होती है, जिसके कारण वह समस्या उत्पन्न करता है; जैसे—चोरी करना, झूठ बोलना आदि।

वेलेन्टाइन के अनुसार, ''समस्यात्मक बालक शब्द का प्रयोग साधारणत: उन बालकों का वर्णन करने के लिए किया जाता है, जिनका व्यवहार या व्यक्तित्व किसी बात में गम्भीर रूप से असामान्य होता है।''

समस्यात्मक बालकों के प्रकार

समस्यात्मक बालकों के कई प्रकार होते हैं; जैसे—चोरी करने वाले, झूठ बोलने वाले, क्रोध करने वाले, एकान्त पसन्द करने वाले, मित्र बनाना पसन्द न करने वाले, आक्रमणकारी व्यवहार करने वाले, विद्यालय से भाग जाने वाले, भयभीत रहने वाले, छोटे बालकों को तंग करने वाले, गृह-कार्य न करने वाले, कक्षा में देर से आने वाले आदि।

1. चोरी करने वाले बालक

चोरी करने वाले बालकों (Picker Children) में इस आदत के विकास के कई कारण हो सकते हैं; जैसे—अज्ञानता, वांछित वस्तु को अन्य विधि से प्राप्त करने से अपरिचित, उच्च स्थिति की इच्छा, माता-पिता की अवहेलना, साहस दिखाने की भावना, आत्म-नियन्त्रण का अभाव, चोरी की आदत, आवश्यकताओं की पूर्ति न होना आदि। चोरी करने वाले बालकों के उपचार हेतु आवश्यक कदम

(i) बालक पर चोरी का दोष कभी नहीं लगाना चाहिए।
(ii) बालक में आत्म-नियन्त्रण की भावना का विकास करना चाहिए।
(iii) बालक को उचित और अनुचित कार्यों में अन्तर बताना चाहिए।
(iv) बालक की उसके माता-पिता से द्वारा अवहेलना नहीं की जानी चाहिए।
(v) बालक की सभी उचित आवश्यकताओं को पूरा करना चाहिए।
(vi) बालक को विद्यालय में व्यय करने के लिए कुछ रुपये अवश्य देना चाहिए।
(vii) बालक को खेल-कूद और अन्य कार्यों में अपने साहस की भावना को व्यक्त करने का अवसर देना चाहिए।
(viii) बालक को यह शिक्षा देनी चाहिए कि, जो वस्तु जिसकी है, उस पर उसी का अधिकार है। दूसरे शब्दों में, उसको अन्य व्यक्तियों के अधिकारों का सम्मान करने की शिक्षा देनी चाहिए।

2. झूठ बोलने वाले बालक

झूठ बोलने वाले बालकों में इसके कई कारण हो सकते हैं, जो निम्नलिखित हैं

(i) **मनोविनोद** बालक कभी-कभी मनोविनोद या मजा लेने के लिए झूठ बोलता है।

(ii) **दुविधा** बालक कभी-कभी किसी बात को स्पष्ट रूप से न समझ सकने के कारण दुविधा में पड़ जाता है और अनायास झूठ बोल जाता है।

(iii) **मिथ्याभिमान** किसी बालक में मिथ्याभिमान की भावना बहुत अधिक बलवती होती है। अत: वह उसे व्यक्त और सन्तुष्ट करने के लिए झूठ बोलता है। वह अपने साथियों को अपने बारे में ऐसी-ऐसी बातें सुनाता है, जो उसने कभी नहीं की हैं।

(iv) **प्रतिशोध** बालक अपने शत्रु से बदला लेने के लिए उसके बारे में झूठी बातें फैलाकर उसको बदनाम करने की कोशिश करता है।

(v) **स्वार्थ** बालक कभी-कभी अपने स्वार्थों के कारण झूठ बोलता है। यदि वह गृहकार्य करके नहीं लाया है, तो वह दण्ड से बचने के लिए कह देता है कि मेरी तबीयत खराब हो गई थी।

(vi) **वफादारी** कोई बालक अपने मित्र, समूह आदि के प्रति इतना वफादार होता है कि वह झूठ बोलने में तनिक भी संकोच नहीं करता है। यदि उसके मित्र की तोड़-फोड़ करने की प्रधानाचार्य से शिकायत होती है, तो वह इस बात की झूठी गवाही देता है कि उसका मित्र वहाँ मौजूद नहीं था।

(vii) **भय** कठोर दण्ड का भय, समूह में प्रतिष्ठा खोने का भय आदि के कारण भी बालक झूठ बोलता है।

बालक की झूठ बोलने की आदत को छुड़ाने के लिए निम्नलिखित उपाय किए जा सकते हैं, जो इस प्रकार हैं

(i) बालकों को यह बताना चाहिए कि झूठ बोलने से कोई लाभ नहीं होता है।

(ii) बालकों में नैतिक साहस की भावना का अधिकतम विकास करने का प्रयत्न करना चाहिए।

(iii) बालक में सोच-विचार कर बोलने की आदत का निर्माण करना चाहिए।

(iv) बालक से बात न करके, उसकी अवहेलना करके और उसके प्रति उदासीन रहकर उसे अप्रत्यक्ष दण्ड दिया जा सकता है।

(v) बालक पर वातावरण एवं समाज का भी कुप्रभाव पड़ता है, इसलिए उसकी पृष्ठभूमि को जानकर उसे सुधारने के उपाय किए जाने चाहिए।

(vi) सत्य बोलने वाले बालक की निर्भीकता (बिना भय के) और उसके नैतिक साहस की प्रशंसा की जानी चाहिए।

3. क्रोध करने वाले बालक

क्रोध आक्रमणकारी व्यवहार द्वारा व्यक्त किया जाता है।

क्रुद्ध बालक के आक्रमणकारी व्यवहार के कुछ मुख्य स्वरूप हैं मारना, पीटना, काटना, नोंचना, चिल्लाना, खरोंचना, वस्तुओं को इधर-उधर फेंकना, गाली देना, व्यंग्य करना, स्वयं अपने शरीर को नुकसान पहुँचाना आदि। क्रोध आने के कई कारण हो सकते हैं

(i) उद्देश्य की प्राप्ति में बाधा

(ii) खेल, कार्य या इच्छा में विघ्न पड़ना

(iii) किसी विशेष स्थान पर जाने से रोका जाना

(iv) किसी वस्तु का छीन लिया जाना

(v) किसी बात से निराश होना

(vi) अस्वस्थ या रोगग्रस्त होना

बाल अपराधी

कोई भी व्यक्ति जन्म से अपराधी नहीं होता, परिस्थितियाँ उसे ऐसा करने के लिए विवश कर देती हैं। कभी-कभी बालकों को यह पता भी नहीं होता कि जो वह कर रहे हैं वह गैर-कानूनी कार्य है। ऐसे कार्यों को अपराधों की श्रेणी में नहीं रखा जाता है। बाल-अपराध (Child Crime) की श्रेणी में वैसे कार्य आते हैं, जो गैर-कानूनी तो होते ही हैं साथ में बच्चों द्वारा जान-बूझकर किए जाते हैं।

धूम्रपान करना, लड़ना-झगड़ना, चोरी करना, माता-पिता की बात न मानना, झूठ बोलना, अभद्र भाषा का प्रयोग करना, बुरी संगति में रहना, दूसरों को सताना, यौन-सम्बन्धों को लेकर आक्रामक होना, विद्यालय के संसाधनों को क्षति पहुँचाना, दीवारों पर अभद्र शब्दों को लिखना, विद्यालय से भागकर कहीं घूमने या सिनेमा देखने जाना इत्यादि बाल-अपराध के उदाहरण हैं। पारिवारिक, सामाजिक, शारीरिक, मनोवैज्ञानिक एवं आर्थिक इन पाँच कारणों से सामान्यत: बच्चे आपराधिक प्रवृत्तियों वाले हो जाते हैं।

बाल-अपराध की रोकथाम एवं उपचार

बालकों में बढ़ते अपराध को रोकने के लिए माता-पिता, शिक्षकों एवं मनोचिकित्सकों का सहयोग लिया जाता है। बाल-अपराध की रोकथाम के लिए अन्य उपचार निम्न हैं

- माता-पिता की अपने बच्चे को सुधारने में मुख्य भूमिका होती है। उन्हें अपने बच्चों को सुधारने के लिए उनके साथ सहानुभूतिपूर्ण एवं सकारात्मक व्यवहार करना चाहिए। कुछ माता-पिता अपने बच्चे को कोसते रहते हैं। माता-पिता को ऐसे कार्यों से बचना चाहिए एवं बच्चे के अनुकूल परिवार का वातावरण बनाए रखना चाहिए।
- बालकों के सुधार के लिए सरकार द्वारा भी प्रयास किए जाते हैं। बालकों के साथ मनोवैज्ञानिक पहलुओं को ध्यान में रखते हुए न्याय करने के लिए किशोर न्यायालय की व्यवस्था है। बाल-अपराधियों को कारागार में नहीं भेजा जाता, बल्कि उन्हें सुधरने का मौका देने के लिए बाल-सुधार गृह में भेजा जाता है।
- मनोचिकित्सकों द्वारा बाल-अपराधियों को सुधारने में अत्यधिक सहायता मिलती है। इसमें बालकों के व्यवहार एवं उनकी मनोवृत्तियों का अध्ययन कर, उनके द्वारा किए जाने वाले अपराधों के कारणों का पता लगाया जाता है एवं इसके बाद उनका आवश्यक उपचार किया जाता है।

अभ्यास प्रश्न

1. विशिष्ट बालक वह होता है, जो
(a) शारीरिक रूप से औसत से विशिष्ट हो
(b) मानसिक रूप से औसत से विशिष्ट हो
(c) सामाजिक रूप से औसत से विशिष्ट हो
(d) मानसिक, शारीरिक, सामाजिक और संवेगात्मक रूप से औसत से विशिष्ट हो।

2. प्रतिभाशाली बालक वह होता है, जो
(a) सामान्य बालकों से भिन्न हो
(b) सामान्य बालकों के जैसा हो
(c) मन्द बुद्धि का हो
(d) उपरोक्त सभी

3. विशिष्ट बालकों के अन्तर्गत निम्न में से कौन-सा बालक आता है?
(a) पिछड़ा बालक
(b) प्रतिभाशाली बालक
(c) मन्द बुद्धि बालक
(d) उपरोक्त सभी

4. प्रतिभाशाली छात्रों की पहचान की जा सकती है
(a) केवल बुद्धि परीक्षण के द्वारा
(b) केवल उपलब्धि परीक्षण के द्वारा
(c) केवल अभिरुचि परीक्षण के द्वारा
(d) उपरोक्त सभी के द्वारा

5. प्रतिभाशाली बालक की विशेषता है
(a) सामान्य अध्ययन में रुचि
(b) दैनिक कार्यों में समरूपता
(c) मन्द-बुद्धि बालकों में रुचि
(d) मूर्त विषयों में रुचि

6. प्रतिभाशाली बालकों में निम्न विशेषता होती है
(a) अधिक महत्त्वाकांक्षा
(b) बुद्धि-लब्धि 110 से अधिक
(c) विस्तृत शब्दकोष
(d) उपरोक्त सभी

7. आपकी कक्षा के कुछ छात्र अति मेधावी हैं, आप उन्हें किस तरह पढ़ाएँगे?
(a) कक्षा के साथ
(b) उच्च कक्षा के साथ
(c) समृद्धिकरण कार्यक्रमों के द्वारा
(d) जब वे चाहें

8. 'प्रतिभाशाली बालकों' के लिए शिक्षा का सफल कार्यक्रम वही हो सकता है, जिसका उद्देश्य उनकी विभिन्न योग्यताओं का विकास करना हो।'' प्रतिभाशाली बालकों के शिक्षा के सन्दर्भ में यह कथन किसका है?
(a) क्रो एवं क्रो
(b) बी. एफ स्किनर
(c) वाइगोत्स्की
(d) हेविगहस्ट्र

9. ''अनिवार्य रूप से किसी नई वस्तु का सृजन करना ही सृजनात्मकता है।'' सृजनात्मकता के सन्दर्भ में यह कथन किस मनोवैज्ञानिक का है?
(a) जेम्स ड्रेवर (b) पियाजे
(c) फ्रोबेल (d) वुडवर्थ

10. साहचर्यवाद, अन्त: दृष्टिवाद एवं अस्तित्ववाद का सम्बन्ध निम्न में से किससे है?
(a) सृजनात्मकता से
(b) परम्परा से
(c) समावेशी विकास से
(d) उपरोक्त में से किसी से नहीं

11. पिछड़ा बालक वह बालक होता है
(a) जो अपनी आयु वर्ग के अन्य छात्रों की अपेक्षा बहुत कम शैक्षिक उपलब्धि प्राप्त करता हो।
(b) जो अपनी आयु वर्ग के अन्य छात्रों की अपेक्षा अधिक शैक्षिक उपलब्धि प्राप्त करता हो।
(c) जो अपनी आयु वर्ग के अन्य छात्रों के समान शैक्षिक उपलब्धि प्राप्त करता हो।
(d) उपरोक्त सभी

12. पिछड़े बालकों की पहचान निम्न में से किस परीक्षण के द्वारा की जा सकती है?
(a) सामूहिक परीक्षण
(b) उपलब्धि परीक्षण
(c) व्यक्तिगत बुद्धि-परीक्षण
(d) उपरोक्त सभी के द्वारा

13. जन्मजात योग्यताओं की तुलना में कम शैक्षिक उपलब्धि होती है
(a) प्रतिभाशाली बालक की
(b) हाथ-पैर से विकलांग बालक की
(c) पिछड़े बालक की
(d) उपरोक्त सभी की

14. अपनी देखभाल के प्रशिक्षण की आवश्यकता किस बालक को होती है?
(a) प्रतिभाशाली बालक
(b) मन्द-बुद्धि बालक
(c) पिछड़ा बालक
(d) उपरोक्त में से कोई नहीं

15. समस्यात्मक बालक है
(a) झूठ बोलने वाला
(b) चोरी करने वाला
(c) माता-पिता का कहना न मानने वाला
(d) उपरोक्त सभी

16. चोरी करने वाले बालकों के उपचार हेतु निम्न में से क्या कदम उठाना चाहिए?
(a) बालकों में आत्म नियन्त्रण की भावना का विकास हो
(b) बालकों को उचित तथा अनुचित के बीच अन्तर बताना चाहिए
(c) बालकों को बताना चाहिए कि चोरी एक सामाजिक बुराई है
(d) उपरोक्त सभी

17. सामान्यतया बालक जल्दी क्रोधित होते हैं इसका कारण
A. लक्ष्य प्राप्ति में बाधा
B. किसी विशेष स्थान पर जाने से उन्हें मना करना
C. किसी बात से निराश होना
D. अस्वस्थ होना
(a) A और B (b) B और D
(c) C और D (d) ये सभी

18. अपराधी बालक कौन होते हैं?
(a) जो असामाजिक कार्य करते हैं
(b) जो शिक्षक के लिए सिरदर्द होते हैं
(c) जो कक्षा में अव्वल आते हैं
(d) जो समाज में रहना पसन्द नहीं करते हैं

19. बाल अपराध वर्तमान समय की प्रमुख समस्या बनी हुई है। आज-कल दिन-प्रतिदिन बाल अपराध की घटनाएँ बढ़ रही हैं इसके पीछे कौन-सा/से कारक जिम्मेदार हो सकता है/हैं?
A. पारिवारिक कारक
B. सामाजिक कारक
C. मनोवैज्ञानिक कारक
D. सामाजिक कारक
(a) A, B और C (b) B, C और D
(c) C और D (d) ये सभी

20. बाल अपराध को रोकने में निम्नलिखित में से किसकी भूमिका महत्त्वपूर्ण होगी?
(a) केवल माता-पिता की (b) केवल शिक्षक की
(c) केवल सरकार की (d) इन सभी की

21. ········· 'प्रतिभाशाली' होने का संकेत नहीं है।
(a) सृजनात्मक विचार
(b) दूसरों के साथ झगड़ना
(c) अभिव्यक्ति में नवीनता
(d) जिज्ञासा

22. निम्न में से कौन-सा बुद्धिमान बच्चे का लक्षण नहीं है?
(a) वह, जो लम्बे निबन्धों को बहुत जल्दी रटने की क्षमता रखता है
(b) वह, जो प्रवाहपूर्ण एवं उचित तरीके से सम्प्रेषण करने की क्षमता रखता है
(c) वह, जो अमूर्त रूप से सोचता रहता है
(d) वह, जो नये परिवेश में स्वयं को समायोजित कर सकता है

23. निम्न में से कौन-सा शिक्षार्थियों में सृजनात्मकता का पोषण करता है?
(a) अच्छी शिक्षा के व्यावहारिक मूल्यों के लिए विद्यार्थियों का शिक्षण
(b) प्रत्येक शिक्षार्थी की अन्तर्जात प्रतिभाओं का पोषण करने एवं प्रश्न करने के अवसर उपलब्ध कराना
(c) विद्यालयी जीवन के प्रारम्भ से उपलब्धि के लक्ष्यों पर बल देना
(d) परीक्षा में अच्छे अंकों के लिए विद्यार्थियों की कोचिंग करना

24. प्रतिभाशाली विद्यार्थी
(a) स्वभाव के अन्तर्मुखी होते हैं
(b) अपनी आवश्यकताओं को दृढ़तापूर्वक नहीं कह पाते
(c) अपने निर्णयों में आत्मनिर्भर होते हैं
(d) शिक्षकों से स्वतन्त्र होते हैं

25. प्रतिभाशाली शिक्षार्थी (को)
(a) अधिगम-निर्योग्य नहीं कर सकते
(b) ऐसे सहयोग की आवश्यकता होती है, जो सामान्यतः विद्यालयों द्वारा उपलब्ध नहीं कराए जाते
(c) शिक्षक के बिना अपने अध्ययन को व्यवस्थित कर लेते हैं
(d) अन्य शिक्षार्थियों के लिए अच्छे मॉडल बन सकते हैं

26. ………… के कारण प्रतिभाशालिता होती है।
(a) मनो-सामाजिक कारकों
(b) आनुवंशिक रचना
(c) वातावरणीय अभिप्रेरणा
(d) 'b' और 'c' का संयोजन

27. निम्नलिखित में से प्रतिभाशाली अधिगमकर्ताओं के लिए क्या समुचित है?
(a) वे अन्यों को भी कुशल-प्रभावी बनाते हैं तथा सहयोगी अधिगम के लिए आवश्यक हैं
(b) वे सदैव अन्यों का नेतृत्व करते हैं और कक्षा में अतिरिक्त उत्तरदायित्व ग्रहण करते हैं
(c) अपनी उच्चस्तरीय संवेदनात्मकता के कारण वे भी निम्न श्रेणी पा सकते हैं
(d) बुनियादी तौर पर उनकी मस्तिष्कीय शक्ति के कारण ही उनका महत्त्व है

28. प्रवाहपूर्णता, व्याख्या, मौलिकता और लचीलापन ………………… के साथ सम्बन्धित तत्त्व हैं।
(a) प्रतिभा
(b) गुण
(c) अपसारी चिन्तन
(d) त्वरण

29. प्रतिभाशाली शिक्षार्थियों को ……………… से जुड़े प्रश्नों पर अधिक समय देने के लिए कहा जा सकता है।
(a) स्मरण
(b) समझ
(c) सृजन
(d) विश्लेषण

30. अध्यापक के दृष्टिकोण से प्रतिभाशालिता किसका संयोजन है?
(a) उच्च योग्यता-उच्च सृजनात्मकता-उच्च वचनबद्धता
(b) उच्च प्रेरणा-उच्च वचनबद्धता-उच्च क्षमता
(c) उच्च योग्यता-उच्च क्षमता-उच्च वचनबद्धता
(d) उच्च क्षमता- उच्च सृजनात्मकता-उच्च स्मरण शक्ति

31. इनमें से कौन-सी विशेषता प्रतिभाशाली बच्चों की नहीं है?
(a) उच्च आत्म क्षमता
(b) निम्न औसतीय मानसिक प्रक्रियाएँ
(c) अन्तर्दृष्टिपूर्वक समस्याओं का समाधान करना
(d) उच्चतर श्रेणी की मानसिक प्रक्रियाएँ

32. बच्चे तब सर्वाधिक सृजनशील होते हैं, जब वे किसी गतिविधि में भाग लेते हैं
(a) शिक्षक की डाँट से बचने के लिए
(b) दूसरों के सामने अच्छा करने के दबाव में आकर
(c) अपनी रुचि से
(d) पुरस्कार के लिए

33. निम्नलिखित में से कौन-सी विशेषता प्रतिभावान शिक्षार्थी की है?
(a) यदि कक्षा की गतिविधियाँ अधिक चुनौतीपूर्ण नहीं होती हैं, तो वह कम प्रेरित अनुभव करता है और ऊब जाता है।
(b) वह बहुत ही तुनकमिजाज होता है
(c) वह रस्मी व्यवहार करता है; जैसे–हाथ थपथपाना, डोलना आदि।
(d) वह आक्रामक और कुण्ठित हो जाता है।

उत्तरमाला

1	(d)	2	(a)	3	(d)	4	(d)	5	(a)	6	(d)	7	(c)	8	(d)	9	(a)	10	(a)
11	(a)	12	(d)	13	(c)	14	(b)	15	(d)	16	(d)	17	(d)	18	(a)	19	(d)	20	(d)
21	(a)	22	(b)	23	(b)	24	(c)	25	(b)	26	(d)	27	(c)	28	(a)	29	(c)	30	(a)
31	(b)	32	(c)	33	(c)														

अध्याय 16

बच्चों में सोचना एवं सीखना

बच्चे कैसे सोचते हैं?

सोचना एक उच्च प्रकार की मानसिक प्रक्रिया है, जो ज्ञान को संगठित करने में एक महत्त्वपूर्ण भूमिका निभाती है। इस मानसिक प्रक्रिया में बहुधा स्मृति, प्रत्यक्षीकरण, अनुमान, कल्पना आदि मानसिक प्रक्रियाएँ भी सम्मिलित होती हैं। एक बालक के समक्ष हमेशा अनेक वस्तुएँ, समस्याएँ, दृश्य-परिदृश्य आदि दृष्टिगोचर होती रहती हैं तथा बालक उन समस्याओं, वस्तुओं, दृश्य-परिदृश्यों आदि के विषय में चिन्तन करता रहता है। यह चिन्तन अनुभवजन्य होता है। बालक अपनी स्वाभाविक प्रवृत्ति के अनुसार वस्तुओं को देखकर या छूकर उनके बारे में अनुभव प्राप्त करता है। धीरे-धीरे बालक में प्रत्यय निर्माण होने लगता है तथा पूर्व किशोरावस्था में बालक अमूर्त वस्तुओं के विषय में सोचने लगता है।

बालक में सोचने की प्रक्रिया का विकास एक निश्चित क्रम में होता है।

बालकों में सोचने की प्रक्रिया

बालकों में सोचने की प्रक्रिया (Process of Thinking in Children) के निम्नलिखित प्रकार हैं

1. प्रत्यक्षीकरण के आधार पर सोचना

बच्चों में इस प्रकार की सोच का विकास वस्तुओं और परिस्थितियों के प्रत्यक्षीकरण से सम्बन्धित होता है। बालक अपने चारों ओर के भौतिक और मनोवैज्ञानिक वातावरण में जिन वस्तुओं और परिस्थितियों को देखता है या प्रत्यक्षीकरण करता है। उसके आधार पर वह अपने ज्ञान का संचय कर अपनी सोच का विकास करता है।

2. कल्पना के आधार पर सोचना

जब उद्दीपन, वस्तु या पदार्थ, उपस्थित नहीं होता है, तब उसकी कल्पना (Imagination) की जाती है। इनके अभाव में कोई बालक इनकी मानसिक प्रतिमा (Image) बनाकर अपने ज्ञान का संचय करता है। कल्पना, बालकों में सोचने का एक सुदृढ़ आधार है, जिसके आधार पर बालक अपने पूर्व अनुभवों के आधार पर अपनी भविष्यगत सोच का निर्माण करता है।

3. प्रत्ययों के आधार पर सोचना

यह अपेक्षाकृत अधिक उच्च प्रकार की सोच है। इसकी बालकों में अभिव्यक्ति तभी होती है, जब बालकों में प्रत्ययों (Concepts) का निर्माण प्रारम्भ होता है। एक बालक में जितने ही अधिक प्रत्यय निर्मित होते हैं उसमें उतनी ही अधिक प्रत्ययात्मक सोच पाई जाती है। इस प्रकार की सोच को विचारात्मक सोच भी कहते हैं। स्थान, आकार, भार, समय, दूरी और संख्या आदि सम्बन्धी प्रत्यय बालकों में प्रारम्भिक आयु स्तर पर ही बन जाते हैं।

4. तर्क के आधार पर सोचना

इस प्रकार की सोच का विकास किसी बालक में भाषा सम्प्रेषण के आधार पर होता है। यह सबसे उच्च प्रकार की सोच है।

5. तर्कणा के आधार पर सोचना

किसी बात/समस्या को लेकर भिन्न-भिन्न प्रकार का तर्क (logic) लगाना, तर्कणा कहलाता है। तर्कणा के विभिन्न प्रकार हैं

(i) **निगमनात्मक तर्कणा** (Deductive Reasoning) तर्क करने की एक ऐसी विधि जो अभिग्रह या पूर्वधारणा से आरम्भ होती है। यह सामान्य से विशिष्ट की ओर तर्कणा है।

(ii) **आगमनात्मक तर्कणा** (Inductive Reasoning) तर्क करने की एक ऐसी विधि जो विशिष्ट तथ्यों एवं प्रेक्षण पर आधारित हो। यह विशिष्ट से सामान्य की ओर चलती है।

6. अनुभव के आधार पर सोचना

बालक अपने पूर्व अनुभवों के आधार पर अपनी नवीन सोच का विकास करते हैं। इस प्रकार की सोच का विकास बच्चों में स्थायी ज्ञान प्राप्ति का सर्वोत्तम साधन माना जाता है।

7. रुचि और जिज्ञासा के आधार पर सोचना

कुछ बालक अपनी रुचियों और जिज्ञासाओं के आधार पर अपनी सोच का सृजन करते हैं। शिक्षक तथा अभिभावकों को चाहिए कि वह बालकों में नई-नई रुचियों और जिज्ञासा (Desire) को पैदा करें, जिससे कि बच्चों में सोचने की प्रक्रिया की गति तीव्र हो सके।

8. अनुकरण के आधार पर सोचना

बालकों की सोच के विकास में अनुकरण का एक महत्त्वपूर्ण स्थान है। वह जब अपने आस-पास लोगों को कोई कार्य करते देखते हैं, तब वह उसी कार्य को करने की कोशिश करते हैं तथा अपनी सोच का विकास करते हैं।

बच्चों में सोचने की योग्यता को बढ़ाने हेतु आवश्यक कदम

बालकों में सोचने की योग्यता सफल जीवन के लिए आवश्यक है। अत: अभिभावकों और शिक्षकों को चाहिए कि बालकों में इस योग्यता के विकास पर ध्यान दिया जाए। बालकों में सोचने की योग्यता के विकास में निम्नलिखित उपाय सहायक हैं, जो निम्न प्रकार है

- बालकों को सोचने के लिए प्रोत्साहित और प्रेरित करना चाहिए। बालकों के भाषा ज्ञान को उच्च करने के उपाय करने चाहिए, जिससे वह समय-समय पर अपने विचारों की अभिव्यक्ति कर सकें।
- बालकों की रुचियों के विकास पर ध्यान देना चाहिए। रुचियों के अभाव में सोचने की योग्यता कठिनाई से विकसित हो पाती है।
- बालकों को उनकी आयु के अनुसार समय-समय पर ऐसे कार्य सौंपे जाने चाहिए, जिससे उनमें उत्तरदायित्व की भावना का विकास हो सके और उत्तरदायित्व के निर्वहन हेतु सोचने के लिए प्रेरित हो सकें।
- बालकों को उनकी आयु के अनुसार समस्या-समाधान करना भी माता-पिता और शिक्षकों को सिखलाना चाहिए, क्योंकि समस्या- समाधान के द्वारा भी सोचने की योग्यता विकसित होती है। शिक्षकों और माता-पिता को बालकों को नवीन बातों की समय-समय पर अर्थात् उनकी आयु के अनुसार जानकारी देनी चाहिए, जिससे उनमें सोचने का विकास सुचारु रूप से चल सके। तर्क और वाद-विवाद भी सोचने की योग्यता के विकास में महत्त्वपूर्ण भूमिका निभाते हैं।
- बालकों को ऐसा उद्दीपकपूर्ण वातावरण समय-समय पर उपलब्ध कराना चाहिए, जिससे वे सोचने के महत्त्व को समझें और अपनी योग्यता को बढ़ाने के लिए प्रदत्त वातावरण का लाभ उठा सकें।

बच्चे कैसे सीखते हैं?

सीखना एक प्रक्रिया है, जो जीवनपर्यन्त चलती रहती है एवं जिसके द्वारा हम कुछ ज्ञान अर्जित करते हैं या जिसके द्वारा हमारे व्यवहार में परिवर्तन होता है।

फ्रेण्डसन के अनुसार, "सीखना, अनुभव या व्यवहार में परिवर्तन है।"

जन्म के तुरन्त बाद से ही व्यक्ति सीखना प्रारम्भ कर देता है। सीखना कोई आसान और सीधी प्रक्रिया नहीं होती, बल्कि यह जटिल (complex), बहुआयामी और गतिशील प्रक्रिया है।

अधिगम व्यक्तित्व के सर्वांगीण विकास में सहायक होता है। इसके द्वारा जीवन के लक्ष्यों को प्राप्त करने में सहायता मिलती है। अधिगम के बाद व्यक्ति स्वयं और दुनिया को समझने के योग्य हो पाता है।

रटकर विषय-वस्तु को याद करने को अधिगम नहीं कहा जा सकता। यदि छात्र किसी विषय-वस्तु के ज्ञान के आधार कुछ परिवर्तन करने एवं उत्पादन करने अर्थात् ज्ञान का व्यावहारिक प्रयोग करने में सक्षम हो गया हो, तभी उसके सीखने की प्रक्रिया को अधिगम के अन्तर्गत रखा जा सकता है। सार्थक अधिगम ठोस चीजों एवं मानसिक द्योतकों को प्रस्तुत करने व उनमें बदलाव लाने की उत्पादक प्रक्रिया है न कि जानकारी इकट्ठा कर उसे रटने की प्रक्रिया।

गेट्स के अनुसार, "अनुभव द्वारा व्यवहार में रूपान्तर लाना ही अधिगम है।"

ई. ए. पील के अनुसार, "अधिगम व्यक्ति में एक परिवर्तन है, जो उसके वातावरण के परिवर्तनों के अनुसरण में होता है।"

क्रो एवं **क्रो** के अनुसार, "सीखना, आदतों, ज्ञान एवं अभिवृत्तियों का अर्जन है। इसमें कार्यों को करने के नवीन तरीके सम्मिलित हैं और इसकी शुरुआत व्यक्ति द्वारा किसी भी बाधा को दूर करने अथवा नवीन परिस्थितियों में अपने समायोजन को लेकर होती है। इसके माध्यम से व्यवहार में उत्तरोत्तर परिवर्तन होता रहता है। यह व्यक्ति को अपने अभिप्राय अथवा लक्ष्य को पाने में समर्थ बनाती हैं।" सभी बच्चे स्वभाव से ही सीखने के लिए प्रेरित रहते हैं और उनमें सीखने की क्षमता होती है।

- अर्थ निकालना, अमूर्त सोच (Abstract thinking) की क्षमता विकसित करना, विवेचना व कार्य, अधिगम या सीखने की प्रक्रिया के सर्वाधिक महत्त्वपूर्ण पहलू हैं।
- बच्चे व्यक्तिगत स्तर पर एवं दूसरों से भी विभिन्न तरीकों से सीखते हैं। अनुभव के माध्यम से, प्रयोग करने से, पढ़ने, विमर्श करने, पूछने, सुनने, उस पर सोचने व मनन करने से तथा गतिविधि या लेखन के जरिए अभिव्यक्ति करने से। अपने विकास के मार्ग में उन्हें ये सभी तरह के अवसर मिलने चाहिए।
- बच्चे मानसिक रूप से तैयार हों, उससे पहले ही उन्हें पढ़ा देना, बाद की अवस्थाओं में उनमें सीखने की प्रवृत्ति को प्रभावित करता है। उन्हें बहुत-से तथ्य 'याद' तो रह सकते हैं, लेकिन सम्भव है कि वे न तो उन्हें समझ पाएँ न ही उन्हें अपने आस-पास की दुनिया से जोड़ पाएँ।
- स्कूल के भीतर और बाहर, दोनों जगहों पर सीखने की प्रक्रिया चलती रहती है। इन दोनों जगहों में यदि सम्बन्ध रहे तो सीखने की प्रक्रिया पुष्ट होती है।
- कला और कार्य, समग्र सीखने के अवसर प्रदान करते हैं, जो सौन्दर्यबोध (Aesthetic sense) से पुष्ट होता है। ऐसे अनुभव भाषायी रूप से ज्ञात चीजों के लिए महत्त्वपूर्ण हैं विशेषकर नैतिक मुद्दों में ताकि प्रत्यक्ष अनुभवों से सीखा जा सके और जीवन में समाहित किया जा सके।
- सीखना किसी की मध्यस्थता या उसके बिना भी हो सकता है। प्रत्यक्ष रूप से सीखने से सामाजिक सन्दर्भ व संवाद विशेषकर अधिक सक्षम लोगों से संवाद विद्यार्थियों को उनके स्वयं के उच्च संज्ञानात्मक स्तर पर कार्य करने का मौका देते हैं।
- सीखने की एक उचित गति होनी चाहिए ताकि विद्यार्थी अवधारणाओं को रट कर और परीक्षा के बाद सीखे हुए को भूल न जाएँ, बल्कि उसे समझ सकें और आत्मसात (Assimilate) कर सकें। साथ ही सीखने में विविधता व चुनौतियाँ होनी चाहिए ताकि वह बच्चों को रोचक लगें और उन्हें व्यस्त रख सकें। ऊब महसूस होना इस बात का संकेत है कि उस कार्य को बच्चा अब यान्त्रिक रूप से दोहरा रहा है और उसका संज्ञानात्मक मूल्य खत्म हो गया है।
- बच्चों की अधिगम (सीखने) की प्रक्रिया में माता-पिता को अग्रोन्मुखी भूमिका निभाना चाहिए, क्योंकि परिवार बच्चों की प्रथम पाठशाला माना गया है।

बच्चों में सीखने के नियम अथवा सिद्धान्त

1. तत्परता का नियम

इस नियम का प्रतिपादन थॉर्नडाइक ने किया था। इस नियम का अभिप्राय यह है कि यदि बालक किसी कार्य को सीखने के लिए तत्पर या तैयार होते हैं, तो वह उसे शीघ्र ही सीख लेते हैं। तत्परता में कार्य करने की इच्छा निहित रहती है। यदि बालक में गणित के प्रश्न करने की तीव्र इच्छा हो, तो वह उनको करता है, अन्यथा नहीं। इतना ही नहीं, तत्परता के कारण वह उनको अधिक शीघ्रता और

कुशलता से करता है। तत्परता उसके ध्यान को कार्य पर केन्द्रित करने में सहायता देती है, जिसके फलस्वरूप वह उसे सम्पन्न करने में सफल होता है।

2. अभ्यास का नियम

इस नियम का प्रतिपादन भी थॉर्नडाइक ने ही किया था। इस नियम का अभिप्राय है कि यदि बालक कार्य को बार-बार करता रहे, तो वह उस कार्य में अन्य सामान्य बालक की अपेक्षा अधिक निपुण हो जाता है।

3. प्रभाव/सन्तोष का नियम

थॉर्नडाइक के इस नियम के अनुसार बालक उस कार्य को सीखना चाहते हैं, जिसका परिणाम हमारे लिए हितकर होता है या जिससे बालकों को सुख और सन्तोष मिलता है। यदि बालकों को किसी कार्य को करने या सीखने में कष्ट होता है, तो बालक उसको करते या सीखते नहीं हैं। **वाशबर्न** के अनुसार, "जब सीखने का अर्थ किसी उद्देश्य या इच्छा को सन्तुष्ट करना होता है, तब सीखने में सन्तोष का महत्त्वपूर्ण स्थान होता है।"

4. सीखने का प्रबलन सिद्धान्त

इस सिद्धान्त का प्रतिपादन अमेरिकी मनोवैज्ञानिक सी.एल. हल द्वारा किया गया था। इस सिद्धान्त के अनुसार, "सीखने का आधार आवश्यकता की पूर्ति की प्रक्रिया है।" जब बालक की किसी आवश्यकता की पूर्ति नहीं होती है, तब उसमें असन्तोष उत्पन्न हो जाता है, उदाहरण के लिए भोजन की आवश्यकता पूर्ण न होने पर बालक में तनाव उत्पन्न हो जाता है, उसके फलस्वरूप उसकी दशा असन्तुलित हो जाती है।

साथ ही, भूख की चालक शक्ति उसे भोजन प्राप्त करने के लिए क्रियाशील बना देती है अर्थात् प्रबलन (Reinforcement) बनता है। कुछ समय के बाद वह ऐसी स्थिति में पहुँच जाता है जब उसकी भोजन की आवश्यकता सन्तुष्ट हो जाती है। इसके फलस्वरूप, भूख से चालक की शक्ति कम हो जाती है।

बालक विद्यालय प्रदर्शन में सफलता प्राप्त करने में कैसे और क्यों असफल होते हैं

पढ़ाई के दौरान बालक विद्यालय स्तर पर कैसे एवं क्यों असफल हो जाते हैं, यह आरम्भ से ही अनुसन्धान (Research) का विषय रहा है। शिक्षार्थियों की असफलता के पीछे कोई एक कारण, नहीं अपितु कारणों की श्रृंखला उत्तरदायी है, जो इस प्रकार हैं

1. विद्यालय का परिवेश

विद्यालय का परिवेश (Environment of School) काफी हद तक विद्यार्थियों की सफलता एवं असफलता को प्रभावित करता है। विद्यालय का वातावरण बाल-केन्द्रित होना चाहिए तथा विद्यालय की सभी व्यवस्था के केन्द्र में बालकों को होना चाहिए साथ ही विद्यालय का वातावरण जनतान्त्रिक आदर्शों, मौलिकता, स्वतन्त्र चिन्तन तथा सृजन पर आधारित होना चाहिए। शिक्षक एवं शिक्षार्थी दोनों को पढ़ाई के प्रति अभिप्रेरित होना चाहिए तथा विद्यालय का वातावरण शान्त एवं भयमुक्त होना चाहिए। अगर इन व्यवस्थाओं में कमियाँ उत्पन्न होंगी, तो इसका नकारात्मक प्रभाव बच्चों के परिणाम पर पड़ेगा।

2. पारिवारिक माहौल

बालकों की असफलता के लिए पारिवारिक माहौल (Familiar Environment) भी जिम्मेदार होता है। अगर माता-पिता अपने बच्चों की पढ़ाई के प्रति जागरूक न हों तो बच्चे विलम्ब से पढ़ना प्रारम्भ करते हैं। माता-पिता एवं परिवार के अन्य सदस्यों के जागरूक नहीं रहने के कारण बच्चों की सफलता की दर काफी हद तक प्रभावित होती है, क्योंकि परिवार को शिक्षा की प्रथम पाठशाला माना गया है।

3. अभ्यास का अभाव

बच्चे पढ़ाई के दौरान अपने पाठ्यक्रम का उचित तरीके से अभ्यास नहीं करते हैं, इसके परिणामस्वरूप वे सीखी हुई विषयों को भूलने लगते हैं। अभ्यास की कमी के कारण जब बालकों की उपलब्धियों का मूल्यांकन विद्यालय स्तर पर होता है तो वे असफल हो जाते हैं।

4. अभिरुचि एवं जिज्ञासा की कमी

विद्यालय स्तर पर अध्ययन के दौरान प्राय: यह देखा जाता है कि बालकों में पढ़ाई के प्रति अभिरुचि एवं जिज्ञासा (Interest and Curious) का अभाव दिखता है। जिसके कारण बच्चे पढ़ाई के प्रति संवेदनशील नहीं हो पाते तथा जब उनकी उपलब्धियों का मूल्यांकन होता है, तो वे पिछड़ जाते हैं तथा वे असफल हो जाते हैं।

5. स्वास्थ्य

पठन-पाठन के लिए बालकों को शारीरिक एवं मानसिक रूप से स्वस्थ रहना अतिआवश्यक है। स्वास्थ्य ठीक न होने के कारण बालक पढ़ाई पर ध्यान केन्द्रित नहीं कर पाते हैं। अस्वस्थ वातावरण में उसकी शैक्षिक विकास धीमा पड़ जाता है। इस कारण परीक्षा की उचित तैयारी नहीं हो पाती है परिणामस्वरूप वे असफल हो जाते हैं।

6. कक्षा वर्ग का वातावरण

विद्यालय स्तर पर अध्ययन के दौरान कक्षा का माहौल प्रतिस्पर्द्धात्मक (competitive) एवं अनुशासनात्मक होना चाहिए। यह तभी सम्भव होगा, जब शिक्षक एवं शिक्षार्थी दोनों अपने-अपने कार्यों के प्रति जवाबदेह हों। कक्षा का अनुपयुक्त परिवेश भी बालकों के कमजोर प्रदर्शन के लिए जिम्मेदार होता है।

7. शिक्षण विधियाँ एवं युक्तियाँ

छात्रों के प्रदर्शन एवं उपलब्धियों पर उचित शिक्षण विधि एवं युक्ति (Teaching Method & Instrument) का गहरा प्रभाव पड़ता है। अध्यापक यदि अध्यापन (teaching) के दौरान नवीन तरीकों का प्रयोग करते हैं तो बच्चों की पढ़ाई के प्रति जागरूक होंगे। यदि पढ़ाने की परम्परागत विधि अर्थात् 'रटंत प्रणाली' पर शिक्षक जोर देंगे तो इसका नकारात्मक प्रभाव बालकों के परीक्षा परिणाम पर पड़ेगा।

8. प्रेरणा एवं मागदर्शन का अभाव

यदि बालकों को पढ़ाई के दौरान उचित प्रेरणा एवं मार्गदर्शन (Motivation & Guidance) मिलता रहे तो वे कभी असफल नहीं होंगे। बालकों को क्या पढ़ना चाहिए ? कैसे पढ़ना चाहिए? पढ़ने की वैज्ञानिक शैली क्या हो यह काफी हद तक प्रेरणा एवं मार्गदर्शन पर निर्भर करता है। प्रेरणा बालकों में पढ़ाई के प्रति जोश उत्पन्न करती है। इनके अभाव के कारण बच्चे असफल हो सकते हैं।

9. पढ़ाई के दौरान विद्यालय से भाग जाना

कुछ बच्चे विद्यालय स्तर पर प्रदर्शन में इसलिए असफल हो जाते हैं कि जब विद्यालय में पढ़ाई होती है, तो वे पढ़ने के भय से विद्यालय से भाग जाते हैं। तथा विषय-वस्तु के अध्ययन से वंचित हो जाते हैं। इसके परिणामस्वरूप उनकी शैक्षिक उपलब्धि पर नकारात्मक असर पड़ता है।

बालकों को असफल होने से रोकने के लिए-सुझाव एवं रणनीति

1. माता-पिता की भागीदारी

बच्चों की सफलता के पीछे माता-पिता की महत्वपूर्ण भूमिका होती है। अगर घर का वातावरण मजबूत एवं स्थिर हो तो बच्चों की सफल होने की सम्भावना बढ़ जाती है। माता-पिता बालकों की पढ़ाई में सहयोगी भूमिका निभाते हैं अर्थात् बच्चों से बात-चीत करने का उचित तरीका, होमवर्क के समय उपस्थित रहना, शिष्टाचार सिखाना, समय पर विद्यालय भेजना तथा विषय-वस्तु से हटकर अपने बालकों को सामान्य ज्ञान की जानकारी देना आदि।

2. बालकों में कौशल का विकास

माता-पिता एवं शिक्षक दोनों मिलकर बालकों में विभिन्न प्रकार के कौशलों का विकास करते हैं, उदाहरणस्वरूप पढ़ना, लिखना, गणित के विषय में बताना, सामाजिक शिष्टाचार के बारे में बताना तथा बालकों में नैतिक विकास को बढ़ावा देना। स्कूल में उत्पन्न चुनौतियों का सामना करने में इस प्रकार का कौशल उन्हें मदद करता है।

3. उच्च अभिप्रेरणा स्तर

अभिप्रेरणा (Motivation) बालकों को विद्यालय स्तर पर बेहतर प्रदर्शन में उत्प्रेरक (Catalyst) का कार्य करती है। शैक्षणिक सफलता एवं माता-पिता का सहयोग उनके आत्म सम्मान को बढ़ाता है। अभिप्रेरणा के कारण बालकों में पाठ्यक्रम से अलग जाकर ज्ञान अर्जित करने की क्षमता तथा उनमें जोखिम उठाने की क्षमता होती है। बालकों के कार्य प्रदर्शन के अनुरूप माता-पिता एवं शिक्षक उन्हें लगातार **फीडबैक देते रहते हैं।**

अभ्यास प्रश्न

1. सोचना एक क्रिया है
(a) निम्न प्रकार की मानसिक क्रिया
(b) उच्च प्रकार की मानसिक क्रिया
(c) निम्न एवं उच्च दोनों प्रकार की मानसिक क्रिया
(d) उपरोक्त में से कोई नहीं

2. बालकों में सोचने की प्रक्रिया के विकास का क्रम होता है
(a) निश्चित क्रम
(b) अनिश्चित क्रम
(c) निश्चित तथा अनिश्चित दोनों
(d) उपरोक्त में से कोई नहीं

3. किस अवस्था में व्यक्ति अमूर्त वस्तुओं के बारे में सोचना प्रारम्भ कर देता है?
(a) बाल्यावस्था में
(b) किशोरावस्था में
(c) प्रौढ़ावस्था में
(d) उपरोक्त सभी

4. कोई बालक अपने चारों ओर के भौतिक और मनोवैज्ञानिक परिवेश को देखकर सीखता है यह प्रक्रिया कहलाएगी
(a) प्रत्यक्षीकरण (देखकर) के आधार पर
(b) कल्पना के आधार पर
(c) तर्क के आधार पर
(d) अनुकरण के आधार पर

5. प्रकाश कक्षा दो का विद्यार्थी है वह अपनी सोच की प्रक्रिया को अभिरुचि एवं उत्सुकता के आधार पर बढ़ा रहा है वह सोच की किस प्रक्रिया की तरफ अग्रसर है?
(a) रुचि एवं जिज्ञासा की प्रक्रिया
(b) अनुकरण की प्रक्रिया
(c) तर्क की प्रक्रिया
(d) कोई प्रक्रिया नहीं

6. निम्न में से कौन बालकों में सोचने की प्रक्रिया का अंग नहीं है?
(a) प्रत्यक्षीकरण की प्रक्रिया
(b) कल्पना की प्रक्रिया
(c) तर्क की प्रक्रिया
(d) समावेशन की प्रक्रिया

7. अनुकरण का अर्थ होता है
(a) किसी की नकल करना
(b) स्वयं की मौलिकता
(c) मौलिकता एवं नकल दोनों का मिला-जुला रूप
(d) उपरोक्त में से कोई नहीं

8. बच्चे के सोचने की प्रक्रिया में किस आधार पर सोचने को सबसे उच्च माना गया है?
(a) रुचि के आधार पर सोचना
(b) अनुभव के आधार पर सोचना
(c) तर्क के आधार पर सोचना
(d) अनुकरण के आधार पर सोचना

9. किसी बालक में तर्क के आधार पर सोचने की क्षमता के विकास के लिए आवश्यक तत्त्व है
(a) भाषा सम्प्रेषण में निपुणता
(b) असीमित कल्पना शक्ति
(c) बालक के समक्ष अनेक समस्याएँ
(d) उसकी बोलने की गति

10. "बालकों में सोचने की योग्यता सफल जीवन के लिए आवश्यक है।" निम्न में से यह मत किसका है?
(a) पियाजे (b) क्रो एवं क्रो
(c) स्किनर (d) पावलॉव

11. तर्क करने की एक ऐसी विधि, जो पूर्वधारण से आरम्भ होती है कहलाती है
(a) निगमनात्मक तर्क
(b) आगमनात्मक तर्क
(c) निगमनात्मक तथा आगमनात्मक दोनों
(d) उपरोक्त में से कोई नहीं

12. आगमनात्मक तर्कणा चलती है
(a) विशिष्ट से सामान्य की ओर
(b) सामान्य से विशिष्ट की ओर
(c) सामान्य से सामान्य की ओर
(d) उपरोक्त में से कोई नहीं

13. सीखना एक प्रक्रिया है, जो
(a) जीवनपर्यन्त चलती रहती है
(b) एक सीमा के बाद रुक जाती है
(c) एक निश्चित आयु तक चलती है
(d) उपरोक्त में से कोई नहीं

14. "सीखना अनुभव एवं व्यवहार में परिवर्तन है।" यह कथन किस मनोवैज्ञानिक का है?
(a) जेक्सन (b) एण्डरसन
(c) एमुण्डसेन (d) फ्रेण्डसन

15. सीखना कोई .... और सीधी .... होती है, बल्कि यह जटिल, बहुआयामी और गतिशील प्रक्रिया है।
(a) आसान; प्रक्रिया
(b) आसान; प्रक्रिया नहीं
(c) कठोर; प्रक्रिया नहीं
(d) कठोर; प्रक्रिया

16. "अनुभव द्वारा व्यवहार में रूपान्तर लाना ही अधिगम है।" यह कथन किससे सम्बन्धित है?
(a) गेट्स (b) पील
(c) क्रो एवं क्रो (d) वाइगोत्स्की

17. स्कूल के भीतर और बाहर, दोनों जगहों पर .... की .... चलती रहती है।
(a) विकास; प्रक्रिया
(b) बालक ; शरारतें
(c) सीखने; प्रक्रिया
(d) शिक्षकों; प्रगति

18. सीखने से सम्बन्धित 'तत्परता का नियम' किसने दिया है?
(a) थॉर्नडाइक (b) पावलॉव
(c) इ. ए. पील (d) मॉस्लो

19. सीखने से सम्बन्धित 'प्रबलन का सिद्धान्त' निम्न मनोवैज्ञानिकों में से किससे सम्बन्धित है?
(a) सी. एल. हल
(b) वाइगोत्स्की
(c) पियाजे
(d) फ्रायड

20. बच्चों में सीखने के लिए आवश्यक तत्त्व हैं
A. अभ्यास B. तत्परता C. अन्त:दृष्टि
(a) केवल A (b) केवल B
(c) केवल C (d) ये सभी

21. बच्चों के सीखने के सन्दर्भ में निम्नलिखित में से कौन-सा कथन सत्य है?
(a) सीखना किसी की मध्यस्थता के बिना नहीं हो सकता है।
(b) बच्चे व्यक्तिगत स्तर पर एवं दूसरों से भी विभिन्न तरीकों से सीखते हैं।
(c) सीखने के बाद व्यक्ति स्वयं और दुनिया को समझने के योग्य हो पाता है।
(d) सीखना, अनुभव या व्यवहार में परिवर्तन है।

22. यदि कोई बालक किसी कार्य को बार-बार दुहराता है तो वह थॉर्नडाइक के किस नियम का अनुपालन करता है?
(a) तत्परता का नियम (b) अभ्यास का नियम
(c) प्रभाव का नियम (d) ये सभी

23. "सीखने का आधार आवश्यकता की पूर्ति की प्रक्रिया है।" यह कथन किस मनोवैज्ञानिक का है?
(a) थॉर्नडाइक (b) वुडवर्थ
(c) सी. एल. हल (d) वाइगोत्स्की

24. सीखने की प्रक्रिया के महत्त्वपूर्ण साधन क्या हो सकते हैं?
(a) अर्थ निकालना
(b) अमूर्त सोच की क्षमता विकसित करना
(c) विवेचना का कार्य करना
(d) उपरोक्त सभी

25. "जब सीखने का अर्थ किसी उद्देश्य या इच्छा को सन्तुष्ट करना होता है।" इस कथन का सम्बन्ध किससे है?
(a) थॉर्नडाइक (b) वाशबर्न
(c) मॉस्लो (d) हर्जवर्ग

26. निम्नलिखित दिए गए कथनों में कौन-सा/से कथन सही है/हैं?
A. निगमनात्मक तर्कणा सामान्य से विशिष्ट की ओर चलती है
B. अधिगम एक जीवनपर्यन्त चलने वाली प्रक्रिया है
C. सीखने का प्रबल सिद्धान्त का नियम थॉर्नडाइक ने दिया
D. बालकों में अनुकरण की प्रवृत्ति पाई जाती है
(a) A और B (b) C और D
(c) A, B और D (d) ये सभी

27. बालकों के सोचने के सन्दर्भ में निम्नलिखित कथन दिया गया है उसके बारे में विचार कीजिए। इनमें से कौन सत्य है?
A. बच्चे जैसा देखते हैं उसी आधार पर सोचते हैं
B. कल्पनाशीलता बालकों के अन्दर अधिक होती है
C. बालक स्वभाव से जिज्ञासु प्राणी होते हैं
D. बालक अपने पूर्व अनुभव के आधार पर सोचते हैं
(a) केवल A (b) A, B और D
(c) केवल A, B (d) ये सभी

28. निम्नलिखित कथनों पर विचार कीजिए
A. सीखना अनुभव या व्यवहार में परिवर्तन है
B. सीखना एक जटिल एवं बहुआयामी पद्धति है
C. बच्चे व्यक्तिगत स्तर पर एक-दूसरे से विभिन्न तरीकों से सीखते हैं
D. तर्क एवं वाद-विवाद का सोचने की प्रक्रिया में कोई स्थान नहीं होता है
उपरोक्त कथनों में कौन-सा/से कथन सत्य है/हैं?
(a) केवल A (b) A और B
(c) केवल D (d) A, B और C

29. सीखना समृद्ध हो सकता है यदि
(a) वास्तविक दुनिया से उदाहरणों को कक्षा में लाया जाए जिसमें विद्यार्थी एक-दूसरे से अन्त:क्रिया करें और शिक्षक उस प्रक्रिया को सुगम बनाए।
(b) कक्षा में अधिक-से-अधिक शिक्षण-सामग्री का प्रयोग किया जाए।
(c) शिक्षक विभिन्न प्रकार के व्याख्यान और स्पष्टीकरण का प्रयोग करें।
(d) कक्षा में आवधिक परीक्षाओं पर अपेक्षित ध्यान दिया जाए।

30. बच्चों की सीखने की प्रक्रिया में माता-पिता को ……… भूमिका निभानी चाहिए।
(a) नकारात्मक (b) अग्रोन्मुखी
(c) सहानुभूतिपूर्ण (d) तटस्थ

31. विवेचनात्मक शिक्षाशास्त्र का यह दृढ़ विश्वास है कि
(a) एक शिक्षक को हमेशा कक्षा-कक्ष के अनुदेशन का नेतृत्व करना चाहिए।
(b) शिक्षार्थियों को स्वतन्त्र रूप से तर्कणा नहीं करनी चाहिए।
(c) बच्चे स्कूल से बाहर क्या सीखते हैं, यह अप्रासंगिक है
(d) शिक्षार्थियों के अनुभव और प्रत्यक्षण महत्त्वपूर्ण होते हैं

32. प्राय: शिक्षार्थियों की त्रुटियाँ ……… की ओर संकेत करती हैं।
(a) शिक्षार्थियों के सामाजिक-आर्थिक स्तर
(b) वे कैसे सीखते हैं?
(c) यान्त्रिक अभ्यास की आवश्यकता
(d) सीखने की अनुपस्थिति

33. निम्नलिखित में से कौन-सा सीखने का क्षेत्र है?
(a) व्यावसायिक (b) आनुभविक
(c) भावात्मक (d) आध्यात्मिक

34. वे शिक्षार्थी, जो संवृद्ध ज्ञान और शैक्षणिक दक्षता की हार्दिक इच्छा प्रदर्शित करते हैं, उनके पास होता है
(a) निष्पादन-परिहार अभिविन्यास
(b) कार्य-परिहार अभिविन्यास
(c) नैपुण्यता अभिविन्यास
(d) निष्पादन-उपागम अभिविन्यास

35. जब बच्चा कार्य करते हुए ऊबने लगता है, तो यह इस बात का संकेत है कि
(a) बच्चे को अनुशासित करने की जरूरत है
(b) सम्भवत: कार्य यान्त्रिक रूप से बार-बार हो रहा है
(c) बच्चा बुद्धिमान नहीं है
(d) बच्चे में सीखने की योग्यता नहीं है

36. जब बच्चा फेल होता है, तो इसका तात्पर्य है।
(a) बच्चा पढ़ाई के लिए योग्य नहीं है
(b) बच्चें ने उत्तरों को सही तरीके से याद नहीं किया है
(c) बच्चे को प्राइवेट ट्यूशन लेनी चाहिए थी
(d) व्यवस्था फेल हुई है

37. बच्चों में सीखी गई निस्सहायता का कारण है
(a) इस व्यवहार को अर्जित कर लेना कि वे सफल नहीं हो सकते
(b) कक्षा गतिविधियों के प्रति कठोर निर्णय
(c) अपने अभिभावकों की अपेक्षाओं के साथ तालमेल न बना पाना
(d) अध्ययन को गम्भीरतापूर्वक न लेने हेतु नैतिक निर्णय

38. निगमनात्मक तर्कणा में शामिल है/हैं
(a) सामान्य से विशिष्ट की ओर तर्कणा
(b) विशिष्ट से सामान्य की ओर तर्कणा
(c) ज्ञान का सक्रिय निर्माण और पुनर्निर्माण
(d) अन्वेषणपरक सीखना और स्वत: खोजपरक सम्बन्धी पद्धतियाँ

39. बच्चे
(a) चिन्तन में वयस्कों की भाँति ही होते हैं और ज्यों-ज्यों वे बड़े होते हैं उनके चिन्तन में गुणात्मक वृद्धि होती है
(b) खाली बर्तन के समान होते हैं जिसमें बड़ों के द्वारा दिया गया ज्ञान भरा जाता है
(c) निष्क्रिय जीव होते हैं जो प्रदत्त सूचना को ज्यों-की-त्यों प्रतिलिपि के रूप में प्रस्तुत कर देते हैं
(d) जिज्ञासु प्राणी होते हैं जो अपने चारों ओर के जगत को खोजने के लिए अपने ही तर्कों एवं क्षमताओं का उपयोग करते हैं

40. बच्चे किस प्रकार से सीखते हैं? नीचे दिए गए कथनों में से कौन-सा इस प्रश्न के विषय में सही नहीं है?
(a) बच्चे तब सीखते हैं जब वे संज्ञानात्मक रूप से तैयार होते हैं
(b) बच्चे अनेकों प्रकार से सीखते हैं
(c) बच्चे सीखते हैं, क्योंकि वे स्वाभाविक रूप से प्रेरित होते हैं
(d) बच्चे केवल कक्षा में सीखते हैं

41. शिक्षार्थियों से यह अपेक्षा करना कि वे ज्ञान को उसी रूप में पुनः प्रस्तुत कर देंगे जिस रूप में उन्होंने ग्रहण किया है
(a) अच्छा है, क्योंकि यह शिक्षक के लिए आकलन में सरल है
(b) एक प्रभावी आकलन युक्ति है
(c) समस्यात्मक है, क्योंकि व्यक्ति अनुभवों की व्याख्या करते हैं और ज्ञान को ज्यों-का-त्यों पुनः उत्पादित नहीं करते
(d) अच्छा है, क्योंकि जो भी हमारे मन में है हम उसे रिकॉर्ड करने लगते हैं

42. एक बच्चा खिड़की के सामने से एक कौवे को उड़ता हुआ देखता है और कहता है, "एक पक्षी।" इससे बच्चे के विचार के बारे में क्या पता चता है?
A. बच्चे की स्मृतियाँ पहले से भण्डारित होती हैं।
B. बच्चे में 'पक्षी' का प्रत्यय विकसित हो चुका है।
C. बच्चे ने अपने अनुभव बताने के लिए भाषा के कुछ उपकरणों का विकास कर लिया है।
(a) B और C (b) A, B और C
(c) केवल B (d) A और B

उत्तरमाला

1	(b)	2	(a)	3	(b)	4	(a)	5	(a)	6	(d)	7	(a)	8	(c)	9	(a)	10	(b)
11	(a)	12	(a)	13	(a)	14	(d)	15	(b)	16	(a)	17	(c)	18	(a)	19	(a)	20	(d)
21	(b)	22	(b)	23	(c)	24	(d)	25	(b)	26	(c)	27	(d)	28	(d)	29	(a)	30	(b)
31	(d)	32	(c)	33	(c)	34	(b)	35	(b)	36	(d)	37	(a)	38	(d)	39	(d)	40	(c)
41	(c)	42	(c)																

अध्याय 17

शिक्षण अधिगम की मूल प्रक्रियाएँ

शिक्षण

शिक्षण (Teaching) एक बहुआयामी संकल्पना है, जिसका उद्देश्य होता है— शिक्षार्थियों को ज्ञान उपलब्ध कराना। शिक्षण की प्रक्रिया एक त्रिस्तरीय पद्धति है, जिसके अन्तर्गत अध्यापक, छात्र एवं पाठ्यक्रम आता है। शिक्षण के द्वारा बालकों के ज्ञानात्मक स्तर को बढ़ाने पर बल दिया जाता है जो बालकों के मानसिक, सामाजिक, नैतिक तथा सांस्कृतिक स्तर को समृद्ध करता है। बेहतर शिक्षण हेतु यह अनिवार्य है कि शिक्षक ज्ञानवान हो तथा पढ़ाने की विधि उसे पता हो।

हफ तथा **डंकन** के अनुसार, "शिक्षण चार चरणों वाली प्रक्रिया है— योजना, निर्देशन, मापन तथा मूल्यांकन।"

बर्टन के अनुसार, "शिक्षण अधिगम हेतु प्रेरणा, पथ प्रदर्शन व प्रोत्साहन है।"

शिक्षा तथा स्कूलन, अधिगम, प्रशिक्षण, अध्यापन तथा अनुदेशन में संकल्पनात्मक भेद

सामान्यत: लोग शिक्षा की अवधारणा को स्कूलन, अधिगम, अध्यापन अथवा अनुदेशन के रूप में समझने की भूल कर बैठते हैं। यद्यपि इन शब्दों तथा शिक्षा की प्रक्रिया के मध्य गहरा सम्बन्ध है, तथापि इन सभी के अर्थों में भिन्नता है।

शिक्षा

व्यापक अर्थ में शिक्षा (Education) एक ऐसी प्रक्रिया है, जो जीवनभर चलती रहती है। इस प्रक्रिया के अन्तर्गत ज्ञान, अनुभव, कौशल तथा अभिवृत्तियाँ (Attitudes) सभी कुछ आते हैं। इस प्रकार जीवन के सभी अनुभव सम्भवत: शैक्षिक बन जाते हैं तथा शिक्षा की प्रक्रिया वैयक्तिक तथा सामाजिक दोनों प्रकार की अवस्थाओं में चलती रहती है। शिक्षा के इस अर्थ में उन सभी मूल्यों, अभिवृत्तियों तथा कौशलों, जिन्हें समाज बच्चों में डालना चाहता है, को विकसित करने सम्बन्धी सभी प्रयत्न सम्मिलित हैं।

स्कूलन

स्कूलन (Schooling) वह क्रिया है, जिसमें चेतन रूप में मूल्य (Value), ज्ञान तथा कौशलों को बच्चों में एक औपचारिक स्थिति की रूपरेखा के अन्तर्गत प्रदान करने का प्रयत्न किया जाता है। विद्यालयों द्वारा कुछ ऐसे विशेष विषय क्षेत्रों में सुविचारित व क्रमबद्ध प्रशिक्षण प्रदान किया जाता है, जो अन्य लोगों की जीवन प्रक्रिया या अनुभवों द्वारा प्राप्त न किया जा सके। इस तरह स्कूलन एक ऐसा शैक्षिक कार्य है, जिसमें दिए जाने वाले अनुभवों की एक निश्चित सीमा है तथा जो मानव जीवन की एक विशिष्ट अवधि तक सीमित है। स्कूलन हमारी शिक्षा का एक अंग मात्र है।

अधिगम

अधिगम (Learning) एक ऐसी प्रक्रिया है, जिसके द्वारा अभ्यास अथवा अनुभव के आधार पर व्यवहार में परिवर्तन सम्भव होता है। शारीरिक परिवर्तन को अधिगम के अन्तर्गत शामिल नहीं किया जाता। शिक्षा के द्वारा अधिगम प्रक्रियाओं को सुसंगत व्यक्तित्व विकास जैसे अपने व्यापक लक्ष्य को प्राप्त करने के लिए उपयोग में लाया जाता है।

प्रशिक्षण

प्रशिक्षण (Training) ऐसी क्रियाओं की एक क्रमबद्ध श्रृंखला है, जिसमें अनुदेशन, अभ्यास आदि सम्मिलित होते हैं तथा जिनका उद्देश्य जीवन अथवा व्यवसाय के किसी विशेष पक्ष से सम्बन्धित वांछनीय आदतों को उत्पन्न करना या व्यवहार-प्रकट करना होता है।

उदाहरण के लिए शिक्षण में पारंगत होने के लिए व्यक्ति अध्यापक प्रशिक्षण का सहारा लेता है, जबकि तकनीकी कौशलों के विकास के लिए वह तकनीकी प्रशिक्षण प्राप्त करता है। प्रशिक्षण के द्वारा विशिष्ट कौशलों का विकास तथा संवर्धन होता है ताकि प्रशिक्षण पाने वाले को सम्बन्धित क्षेत्र अथवा कार्य में विशेषज्ञ बनाया जा सके।

शिक्षण तथा अनुदेशन

यह एक ऐसी प्रक्रिया है, जिनका उपयोग मानव व्यवहार में अभीष्ट परिवर्तन लाने के लिए किया जाता है। शिक्षण तथा अनुदेशन (Teaching and Instruction) में अध्येता को विचारों, मूल्यों, कौशलों, सूचनाओं तथा ज्ञान का सम्प्रेषण कराना सम्मिलित होता है।

अध्ययन तथा अनुदेशन का उद्देश्य विद्यार्थियों अथवा अध्येताओं को शिक्षित करने की दृष्टि से उनके अधिगम को प्रभावी बनाना होता है। इस प्रकार अध्यापन तथा अनुदेशन व्यक्तियों को शिक्षित करने के लिए उपयोग में लाया जाने वाला एक साधन मात्र है।

शिक्षण अधिगम प्रक्रिया

- अध्यापन का मुख्य उद्देश्य विद्यार्थी के व्यवहार को उचित दिशा में प्रभावित करना अर्थात् उसके अधिगम को उचित दिशा में प्रभावी बनाना होता है।
- अधिगम को प्रभावी बनाने तथा व्यवहार को परिवर्तन करने की उचित दिशा क्या हो, इसका निर्णय विद्यालय और अध्यापक मिलकर शैक्षिक उद्देश्य निर्धारित करते समय करते हैं। इसके लिए यह आवश्यक है कि अध्यापक को शिक्षा के लक्ष्य और उसके उद्देश्यों के बारे में पता हो। साथ ही अध्यापक को इस योग्य होना चाहिए कि वह विद्यार्थी के सीखने के लिए प्रभावशाली साधनों का निर्माण कर सके और अन्त में वह यह निर्धारित कर सके कि इन उद्देश्यों को प्राप्त करने के लिए किस सीमा तक जाना है?
- शैक्षिक प्रक्रिया के तीन मुख्य बिन्दु हैं—उद्देश्य, अधिगम अनुभव क्रियाएँ एवं विद्यार्थी का मूल्य निर्धारण।
- शैक्षिक प्रक्रिया को सामान्य रूप में इस प्रकार समझा जा सकता है

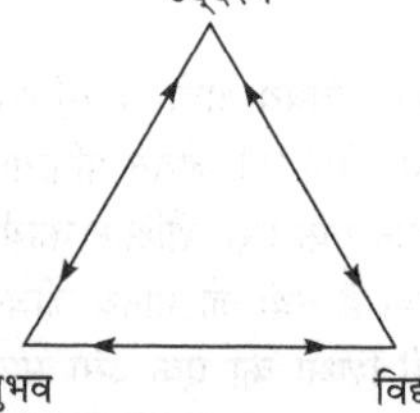

शैक्षिक प्रक्रिया का त्रिस्तरीय सोपान

उपरोक्त चित्रण गतिमय है। इसमें तीनों मुख्य अंगों की पारस्परिक अन्त:क्रिया दिशा-तीरों के द्वारा बताई गई है। उद्देश्य यह निर्धारित करते हैं कि विद्यार्थी को कौन-से वांछित व्यवहार को प्राप्त करने की दिशा में चलना चाहिए? अधिगम अनुभव वे क्रियाएँ और अनुभव हैं जो वांछित व्यवहार प्राप्त करने के लिए विद्यार्थी को करने चाहिए।

- अध्यापन अनुभव प्रदान करने में अध्यापक का योगदान महत्त्पूर्ण होता है। अध्यापन अनुभवों में विद्यार्थी और विषय सामग्री के बीच अन्त:सम्बन्ध स्थापित करना निहित है।
- अध्यापक विद्यार्थियों को अधिगम अनुभव प्रदान करने के लिए विभिन्न तरीके अपनाता है। इन अनुभवों से विद्यार्थियों में व्यवहारगत परिवर्तन होते हैं। अत: अधिगम में विद्यार्थियों के व्यवहार में आया परिवर्तन शामिल है। विद्यार्थियों में उल्लेखनीय अधिगम होने के लिए यह आवश्यक है कि शिक्षण प्रभावी हो।
- विद्यार्थियों में विषय सामग्री के अधिक आदान-प्रदान के लिए अध्यापक को उचित विधियों और माध्यम को अपनाना चाहिए। इस प्रकार प्रभावशाली अध्यापन वही है, जो उचित और सफल अधिगम अनुभवों की ओर ले जाए।
- अध्यापन के अतिरिक्त शैक्षिक अनुभव प्राप्त करने के लिए और भी साधन अपनाए जा सकते हैं, जैसे लाइब्रेरी, प्रयोगशाला, रेडियो, फिल्में, विज्ञान क्लब और भ्रमण जैसे या अन्य वास्तविक जीवन से सम्बन्धित सीखने की परिस्थितियाँ।
- विद्यार्थी जाँच का प्रयोजन यह जानना है कि उद्देश्यों को किस सीमा तक प्राप्त कर लिया गया है? शैक्षिक प्रक्रिया यह बताती है कि प्रत्येक शिक्षण बिन्दु दूसरे के साथ कैसे जुड़ा है?
- शैक्षिक प्रक्रिया के तीनों बिन्दुओं का आपसी सम्बन्ध अच्छी तरह जान लेना चाहिए। उद्देश्यों से आरम्भ करें, तो जो तीर अधिगम बिन्दुओं की ओर इशारा करते हैं वे बताते हैं कि शैक्षिक अनुभवों को चुनने अथवा बनाने में वे किस प्रकार सहायक होते हैं?
- चित्र में जो तीर उद्देश्यों से विद्यार्थी की जाँच की ओर इशारा करता है वह बताता है कि मुख्य संकेत इस बात का सबूत हैं कि कार्यक्रम के उद्देश्य किस सीमा तक प्राप्त कर लिए गए हैं? जिस प्रकार शैक्षिक उद्देश्य अधिगम के अनुभवों की सीमा रेखा निर्धारित करते हैं उसी प्रकार, वे विद्यार्थी की जाँच की सीमा भी निर्धारित करते हैं।
- त्रिभुज में, जो तीर विद्यार्थी की जाँच से उद्देश्यों की ओर और फिर अधिगम अनुभवों की ओर संकेत करते हैं वे विशेष रूप से महत्त्वपूर्ण हैं। पहली दशा के तीर यह बताते हैं कि जाँच के तरीकों से उद्देश्य किस सीमा तक पूरा किया गया है? साथ ही जाँच यह संकेत देती है कि कुछ उद्देश्यों को ठीक प्रकार से निर्धारित करने की आवश्यकता है और कुछ को बिल्कुल निकाल देने की।

  विद्यार्थी की जाँच से निम्नलिखित प्रश्नों के उत्तर का पता लगाने में सहायता मिलती है

  (i) उद्देश्यों में संशोधन करना चाहिए या उन्हें हटा देना चाहिए।
  (ii) क्या ये उद्देश्य किसी वर्ग विशेष के लिए उपयुक्त हैं?
  (iii) क्या उद्देश्यों की प्राप्ति के लिए आवश्यक सन्दर्भ प्राप्त हैं?
- चित्र में जो तीर शिक्षार्थी की जाँच से अधिगम अनुभवों की ओर इशारा करता है, उससे पता लगता है कि अधिगम अनुभव किस सीमा तक सफलतापूर्वक कार्य कर रहे हैं? अत: इससे हमें शैक्षिक अनुभवों को सुधारने या बिल्कुल हटाने में सहायता मिल सकती है। जो तीर जाँच से अधिगम अनुभव की ओर संकेत करता है वह बताता है कि मूल्यांकन विशेषज्ञ द्वारा छाँटी गई क्रियाएँ और समस्याएँ कौन-कौन से अधिगम अनुभवों की ओर संकेत करती हैं?
- त्रिकोण का अन्तिम तीर जो अधिगम अनुभवों से उद्देश्यों की ओर इशारा करता है, यह बताता है कि अधिगम अनुभवों के प्रभाव से शिक्षक, विद्यार्थी और शिक्षण-सामग्री कैसे प्रभावित होते हैं और कैसे नए उद्देश्यों के लिए सुझाव मिलते हैं?

शिक्षण अधिगम प्रक्रिया के सिद्धान्त

शिक्षण प्रक्रिया के सिद्धान्त के सन्दर्भ में विभिन्न मनोवैज्ञानिकों एवं शिक्षाविदों द्वारा कुछ सिद्धान्त दिए गए हैं, जो इस प्रकार हैं

1. **निश्चित उद्देश्य का सिद्धान्त** (Principle of Definite Aim) अध्यापन का कार्य करने से पूर्व शिक्षकों को पढ़ाने का उद्देश्य निर्धारित करना चाहिए। शिक्षण अधिगम प्रक्रिया के सन्दर्भ में प्रत्येक विषय-वस्तु का अपना एक महत्त्व होता है, जो शिक्षक एवं छात्र दोनों को एक लक्ष्य प्रदान करता है। ये लक्ष्य दो प्रकार के होते हैं- प्रथम सामान्य उद्देश्य तथा द्वितीय विशिष्ट उद्देश्य। सामान्य उद्देश्य विषय-वस्तु से सम्बन्धित अध्याय से होता है, जबकि विशिष्ट उद्देश्य का सम्बन्ध किसी अध्याय (topic) से होता है। उदाहरणस्वरूप यदि कोई सामाजिक विज्ञान का अध्यापक 'लोकतन्त्र' नामक अध्याय अपने वर्ग में पढ़ाने की योजना बनाता है तो यह उस विषय से सम्बन्धित सामान्य उद्देश्य को दर्शाता है, यदि वह नागरिकशास्त्र पढ़ाने की बात करता है, तो यह विशिष्ट उद्देश्य को दर्शाता है, जिनके अन्तर्गत लोकतन्त्र भी आता है।
2. **परस्पर सम्बन्ध का सिद्धान्त** (Principle of Corelation) यह सिद्धान्त परस्पर सम्बन्ध के आधार पर शिक्षण प्रणाली को मजबूत बनाने पर जोर डालता है। दूसरे शब्दों में, हम कह सकते हैं कि यह सिद्धान्त आगमनात्मक (Inductive) से निगमनात्मक (Deductive) शिक्षण नियमों

का अनुसरण (Follow) करता है। यदि कोई अध्यापक अपने वर्ग में संज्ञा (Noun) के विषय में पढ़ाता है, तो उस अध्याय को वर्तमान उपस्थित उदाहरणों से जोड़कर पढ़ाना चाहिए, जैसे—कुर्सी, टेबल, कलम एवं आम इत्यादि। इस प्रकार, यह विधि केवल शिक्षण प्रक्रिया को प्रभावशाली ही नहीं बनाती, बल्कि विद्यार्थियों को सम्बन्धित अध्याय से जोड़ती भी है।

3. **अभिप्रेरणा का सिद्धान्त** (Principle of Motivation) शिक्षण-अधिगम प्रक्रिया में अभिप्रेरणा असाधारण भूमिका निभाती है। यह अभिप्रेरणा आन्तरिक एवं बाह्य दो रूपों में होती है। आन्तरिक अभिप्रेरणा व्यक्तिगत रूप से स्वयं द्वारा संचालित होती है तथा यह किसी कार्य को करने के लिए व्यक्ति को स्वयं अभिप्रेरित करती है। दूसरे शब्दों में बाह्य अभिप्रेरणा शिक्षकों के द्वारा विद्यार्थियों को उपलब्ध करायी जाती है। उपरोक्त दोनों प्रकार की अभिप्रेरणा न केवल विद्यार्थियों के लिए, बल्कि शिक्षकों के लिए भी महत्त्वपूर्ण है, क्योंकि दोनों शिक्षण-अधिगम प्रक्रिया के स्तम्भ हैं। शिक्षण-अधिगम प्रक्रिया में शिक्षक एवं छात्र दोनों अभिप्रेरित नहीं हों, तो शिक्षण-अधिगम प्रक्रिया की दर में ह्रास हो सकता है।
4. **पुनरीक्षण एवं अभ्यास का सिद्धान्त** (Principle of Revision and Practice) यह प्रसिद्ध लोकोक्ति (proverb) है कि "अभ्यास मनुष्य को पूर्ण (perfect) बनाता है"। यह लोकोक्ति शिक्षण-अधिगम प्रक्रिया में महत्वपूर्ण भूमिका निभाती है। शिक्षण के लिए यह बहुत महत्त्वपूर्ण पहलू होता है, क्योंकि शिक्षक विद्यार्थियों को विषय-वस्तु से सम्बन्धित अभ्यास एवं गृह कार्य प्रदान करता है, जो छात्रों की मूल्यांकन की एक विधि भी है यह मूल्यांकन प्रक्रिया छात्रों को रचनात्मक मूल्यांकन (formative-assessment) में मदद करती है।
5. **पुनर्बलन का सिद्धान्त** (Principle of Reinforcement) यह सिद्धान्त प्रसिद्ध व्यवहारवादी मनोवैज्ञानिक बी एफ स्किनर (B.F. Skinner) द्वारा दिया गया है । इस सिद्धान्त के अनुसार पुनर्बलन दो प्रकार के होते हैं- प्रथम, सकारात्मक पुनर्बलन, जो शिक्षण-अधिगम प्रक्रिया की दर को बढ़ाता है तथा द्वितीय नकारात्मक पुनर्बलन जो शिक्षण अधिगम प्रक्रिया की दर को घटाता है। सकारात्मक पुनर्बलन पुरस्कार से सम्बन्धित होता है, जो व्यक्तिगत रूप से कठोर परिश्रम पर आधारित होता है। कभी-कभी नकारात्मक पुनर्बलन भी सकारात्मक पुनर्बलन का कार्य करता है, जब व्यक्ति को दण्डित किया जाता है, तथा इसके माध्यम से वह स्वयं में सुधार लाता है। इस प्रकार की परिस्थितियाँ, नकारात्मक पुनर्बलन के द्वारा एक ही तरीके से सकारात्मक पुनर्बलन में कार्य करती हैं।
6. **उद्दीपन का सिद्धान्त** (Principle of Stimulation) उत्तेजना पद (term) किसी कार्य को व्यक्तिगत रूप से करने की अवस्था को दर्शाती है। इस सिद्धान्त के अनुसार, यदि कोई विद्यार्थी व्यक्तिगत रूप से कार्य के प्रति उत्तेजित रहता है, तो वह शिक्षण-अधिगम प्रक्रिया के दौरान अधिक सक्रिय एवं सृजनशील होगा। किसी व्यक्ति को उत्तेजित करने के लिए विभिन्न कारक महत्त्वपूर्ण भूमिका निभाते हैं, जो वातावरण, व्यक्तिगत अभिरुचि, शिक्षण तकनीक तथा शिक्षण-अधिगम सामग्री के रूप में होता है।

शिक्षण अधिगम प्रक्रिया के विभिन्न आयाम

शिक्षक अपने शिक्षण कार्य को प्रभावशाली सरल एवं नियमानुसार बनाने के लिए विभिन्न विधियों का प्रयोग करते हैं। शिक्षण नियम विद्यार्थी एवं शिक्षक दोनों के लिए महत्त्वपूर्ण होता है। शिक्षण अधिगम प्रक्रिया से सम्बन्धित कुछ नियम इस प्रकार दिए गए हैं—

1. **सरल से जटिल** (Simple to Complex) शिक्षक को शिक्षण के दौरान विद्यार्थियों को पहले सरल (Easy) बातें बतानी चाहिए, जो एक क्रम में हों अर्थात् पहले गिनती (Counting), पहाड़ा (Table) तब जोड़, घटाव ····· इत्यादि। इसके बाद जटिल बातें बतानी चहिए।
2. **ज्ञात से अज्ञात की ओर** (Known to Unknown) शिक्षक को शिक्षण के समय सबसे पहले विद्यार्थियों को पढ़ाई जाने वाली विषय-वस्तु से सम्बन्धित जानकारी देनी चाहिए। तत्पश्चात् विषय-वस्तु को आधार बनाते हुए नवीन जानकारी देनी चाहिए।
3. **विश्लेषण से संश्लेषण** (Analysis to Synthesis) शिक्षक स्वयं पढ़ाई जाने वाली विषय-वस्तु के तथ्यों का विश्लेषण कर व्यापक जानकारी एकत्र करें तथा तत्पश्चात् उन विश्लेषित विषय वस्तुओं को संयोजित कर संश्लेषित करना चाहिए, ताकि अध्यापन के दौरान उन्हें सुविधा हो।
4. **आगमनात्मक से निगमनात्मक** (Inductive to Deductive) इस विधि के अन्तर्गत शिक्षकों को विषय-वस्तु से सम्बन्धित नियम से पहले उदाहरण देना चाहिए, ताकि बच्चे आसानी से विषय को समझ सकें।
5. **निगमनात्मक से आगमनात्मक** (Deductive to Inductive) इसके अनुसार, शिक्षकों को विषय-वस्तु से सम्बन्धित नियमों को पहले बताना चाहिए, तत्पश्चात् उदाहरण (Example) को ताकि विद्यार्थी नियम एवं उदाहरणों के मध्य समन्वय बना सकें।
6. **यथार्थपूर्ण से भावनात्मक** (Concrete to Abstract) यह अवधारणा इस बात पर बल देती है कि शिक्षण के समय शिक्षक को भौतिक सामग्रियों के आधार पर बालकों को पढ़ाना चाहिए; जैसे—पेड़-पौधे, जानवर तथा पानी इत्यादि। इसके पूर्व वैसी सामग्रियों के विषय में शिक्षण देना चाहिए। जिसे हम प्रत्यक्ष रूप से नहीं समझ सकते, परन्तु महसूस करते हैं, जैसे-हवा, प्रकाश तरंग तथा तापमान इत्यादि।

शिक्षण अधिगम प्रक्रिया में शिक्षण रणनीति का उपयोग

शिक्षण रणनीति एक ऐसा पद है, जिसका उपयोग शिक्षक, शिक्षण के समय करके यह पता लगाते हैं कि विद्यार्थी शिक्षा की प्रक्रिया में सक्रिय रूप से कक्षा में शामिल है या नहीं। शिक्षकों के पास कुछ ऐसी रणनीतियाँ होती हैं, जो उन्हें यह जाँच करने में सक्षम बनाती हैं। शिक्षार्थी पढ़ाई के प्रति रुचि लेते हैं या नहीं। शिक्षक विद्यार्थियों से कुछ प्रश्न पूछकर शिक्षण-अधिगम प्रक्रिया की जाँच करते हैं, जो इस प्रकार हैं

- सम्बन्धित अध्याय के विषय में सकारात्मक एवं नकारात्मक पहलुओं के बारे में बताना। लेखक द्वारा लिखे गए अध्याय का क्या उद्देश्य है? इसकी चर्चा करना पढ़ी हुई विषय-वस्तु हमारे दैनिक जीवन में किस प्रकार उपयोगी है यह बताना।
- आप क्या करते यदि आप कविता तथा कहानी के किरदार होते? अध्याय को समझने के लिए कुछ अलग उदाहरण देना। विषय को संक्षेप में प्रस्तुत करें तथा इसे अपने शब्दों में लिखें अध्याय को समझाएँ तथा इसके लिए कोई दूसरा उदाहरण प्रस्तुत करें।

शिक्षण की रणनीतियाँ

शिक्षण-अधिगम प्रक्रिया के सिद्धान्तों का अध्ययन करने पर यह पता चलता है कि छात्रों को किसी विषय-वस्तु के विषय में कैसे सिखाया जाए? शिक्षण अधिगम प्रक्रिया में छात्रों की उपस्थिति होना सर्वाधिक उपयुक्त माना जाता है।

अत: इन्हीं बिन्दुओं को ध्यान में रखते हुए शिक्षण अधिगम की प्रक्रिया को समझा जा सकता है, जो छात्रों एवं शिक्षकों दोनों के लिए उपयोगी होता है।

शिक्षण के क्षेत्र में 6 Es (एस) एवं एक S (एस) मॉडल को अपनाया जाता है। जो बताता है कि एक शिक्षक अपने छात्रों को कक्षा में किस प्रकार से शिक्षण-प्रक्रिया को उपयोगी बना सकते हैं, साथ ही छात्रों को भी सीखने की प्रवृत्ति के विषय में उपयोगी होता है, ये 6 Es एवं एक S (एस) हैं— संलग्न होना (Engage). अन्वेषण (Explore), व्याख्या (Explain), विस्तृत (Elaborate), मूल्यांकन (Evaluate), विस्तार (Extend) एवं मानक (Standards) इत्यादि। विस्तृत एवं मानक हॉल ही में जोड़े गए हैं। इन मॉडलों का संक्षिप्त विवरण इस प्रकार हैं

1. **संलग्न** (Engage) इस प्रक्रम में छात्रों को सीखने के क्रम में उत्सुक बने रहना अनिवार्य होता है, शिक्षक को भी चाहिए कि वे छात्रों में किसी पाठ आदि के प्रति उत्सुकता उत्पन्न करते रहें। सारांशत: यह कहा जा सकता है कि उत्सुकता उद्दीपन की एक प्रक्रिया है, जो छात्रों के ज्ञान को बढ़ाती है तथा उन्हें विषय-वस्तु के साथ संलग्न करती है।
2. **अन्वेषण की क्षमता** (Explore/Freedom to Investigation) अन्वेषण का अर्थ छात्रों द्वारा किसी विषय-वस्तु की गहराई का अवलोकन करना होता है। यह छात्रों में जागरूकता की भावना को उत्पन्न करता है, इस प्रक्रम में शिक्षक भी छात्रों को किसी विषय-वस्तु की गम्भीरता को बताते हैं, जो अन्तत: छात्रों द्वारा उस उपयुक्त विषय के बारे में अधिक-से-अधिक जानकारी प्राप्त कर ली जाती है।
3. **समझना** (Explain/Analysis of Explore Stage) शिक्षण प्रक्रम की यह वैसी अवस्था है, जिसके अन्तर्गत यह पता लगाया जाता है कि छात्रों ने उक्त विषय के बारे में कितनी अधिक जानकारियाँ प्राप्त की हैं। इस प्रक्रिया में किसी विषय वस्तु की तथ्यात्मक तथा विश्लेषणात्मक आयामों की छात्रों से जानकारी ली जाती है।
4. **ज्ञान का विस्तृत उपयोग** (Elaborate Application of Knowledge) ज्ञान के अनुप्रयोग का अर्थ अपनी बौद्धिक क्षमता का विकास करना होता है। इसके अन्तर्गत प्राप्त की गई जानकारी को वास्तविक जीवन में अनुप्रयोग करना होता है अर्थात् छात्र अपने ज्ञान की तथ्यात्मक, विश्लेषणात्मक एवं अन्य बिन्दुओं का प्रयोग करते हैं।
5. **मूल्यांकन** (Evaluation) मूल्यांकन के प्रक्रम में शिक्षक एवं छात्र दोनों को शामिल किया जाता है, यह एक सतत प्रक्रिया होती है, जिसमें समय-समय पर छात्रों का मूल्यांकन होता है यह मूल्यांकन मुख्यत: दो प्रकार का होता है। प्रथम रचनात्मक मूल्यांकन एवं द्वितीय योगात्मक मूल्यांकन।
6. **विस्तार** (Extend) शिक्षण- अधिगम प्रक्रम में विस्तार का अर्थ अपने दिए गए पाठ्यक्रम के अलावा ज्ञान का प्राप्ति करना होता है। इस प्रक्रम में शिक्षक छात्रों को नए-नए तथ्यों से अवगत कराते रहते हैं।
7. **मानक** (Standards) शैक्षणिक, संस्थानों के द्वारा निर्धारित मानदण्डो (Norms) को इस प्रक्रम के अन्तर्गत रखा जाता है। शैक्षणिक क्षेत्र के प्रमुख प्राधिकरण हैं

राष्ट्रीय शैक्षिक अनुसन्धान और प्रशिक्षण परिषद्-एन सी ई आर टी (NCERT) National Council of Education Research and Training. एन सी टी ई (NCTE) राष्ट्रीय शिक्षक शिक्षा परिषद् (National Council For Teacher Education), एन.पी.ई (NPE) (राष्ट्रीय शिक्षा नीति) (National Policy of Education), सी.सी.ई मैन्युअल (CCE, Manual) सतत और व्यापक मूल्यांकन निर्देश (Continuous and Comprehensive Evaluation), एवं राज्य बोर्ड (State Board) इत्यादि। इन मानदण्डों का शिक्षक एवं छात्र दोनों के द्वारा अनुसरण किया जाता है, जो शैक्षणिक स्तर को गति प्रदान करते हैं।

सीखना एक सामाजिक गतिविधि

सीखना एक जीवन पर्यन्त चलने वाली प्रक्रिया है, संसार में प्रत्येक व्यक्ति की सीखने की कला व्यक्तिगत रूप से अलग-अलग होती है महान् दार्शनिक अरस्तू के अनुसार, "मनुष्य एक सामाजिक प्राणी है।" प्रत्येक व्यक्ति समाज के माध्यम से सीखता है, जो उसके दिन-प्रतिदिन क्रियाओं में देखने को मिलता है।

उदाहरण के लिए-जब कोई बालक जन्म लेता है, तो उसका परिवार प्रथम पाठशाला की भूमिका निभाता है। परिवार के माध्यम से वह कई चीजों को सीखता है। इस अवस्था में बालक अनुसरण के माध्यम से सीखता है, वह मुख्य रूप से माता-पिता, दादा-दादी, भाई-बहन तथा पड़ोसियों का अनुसरण करता है। कुछ वर्षों के बाद जब वह विद्यालय में प्रवेश करता है, तो उसका सामाजिक विस्तार बढ़ जाता है तथा इस रूप में वह मित्रों एवं शिक्षकों के सम्पर्क में आ जाता है। मित्र एवं शिक्षक दोनों बालकों के सीखने की प्रक्रिया में महत्त्वपूर्ण भूमिका निभाते हैं। दूसरे शब्दों में विद्यालय की अवस्था में बालक मित्रों का समूह बनाता है। इस प्रक्रिया से बालकों में भावनात्मक विकास होता है तथा वह धीरे-धीरे सामाजिक मूल्य, संस्कृति, परम्परा रीति-रिवाज, धर्म तथा समुदाय के विषय में जानने लगता है। इस प्रकार हम कह सकते हैं, कि बालक समाज के माध्यम से अधिकतम आचार एवं व्यवहार को सीखता है, जो उसके व्यावहारिक जीवन में महत्त्वपूर्ण भूमिका अदा करते हैं।

अधिगम के सामाजिक सन्दर्भ

सीखने के सामाजिक सन्दर्भ (Social Contexts of Learning), शिक्षार्थियों को अधिगम प्रक्रिया में बहुत मदद करते हैं तथा ये सभी माध्यम सीखने वालों के लिए सूचना के स्रोत के रूप में कार्य करते है। नीचे दी गई निम्नलिखित विधियाँ विद्यार्थियों को अधिगम प्रक्रिया में लाभ पहुँचाती है, जो इस प्रकार हैं

1. **स्वयं अध्ययन** (Self-Study) स्वयं अध्ययन तकनीक सीखने की प्रारम्भिक प्रक्रिया है, जो सामाजिक सन्दर्भ में महत्त्वपूर्ण स्थान रखती है। यह सामाजिक सन्दर्भ के विषय में विचार करता है, क्योंकि यह व्यक्ति के सामाजिक व्यवहार से अभिप्रेरित होता है, अभिप्रेरणा स्वयं अध्ययन में महत्त्वपूर्ण भूमिका निभाती है। कोई भी बालक दो ही स्थितियों में पढ़ सकता है, प्रथम जब वह पढ़ाई के प्रति स्वयं जागरूक हो तथा उसके पढ़ने का उद्देश्य लक्ष्य केन्द्रित हो तथा द्वितीय अवस्था परिस्थिति जन्य अवस्था होती है, जो उसे पढ़ने के लिए प्रेरित करती है। विद्यालय का बल भी स्वयं अध्ययन पर रहता है, ताकि बच्चे विषय-वस्तु के सन्दर्भ में एक स्वतन्त्र मौलिक दृष्टिकोण का विकास कर सकें। विद्यार्थी किसी महापुरुष की जीवनी, उनसे सम्बन्धित कहानियाँ तथा उनका जीवन संघर्ष इत्यादि के माध्यम से पढ़ाई के प्रति स्वयं को समर्पित कर सकता है।
2. **समूह परिचर्चा** (Group Discussion) समूह परिचर्चा सामाजिक संदर्भ में सीखने का अभिन्न अंग है। यह दो-या-दो से अधिक व्यक्तियों का औपचारिक या अनौपचारिक समूह होता है, जिसके द्वारा विभिन्न समस्याओं के समाधान पर परिचर्चा, नवीन विचारों का सृजन, तथा ज्ञान का क्षेत्र इत्यादि के सन्दर्भ में एक दृष्टिकोण उत्पन्न होता है। समूह परिचर्चा के माध्यम से किसी विषय एवं अध्याय के विषय में अधिक सूचनाओं का संग्रह होता है। इसके माध्यम से एक-दूसरे का (विद्यार्थियों) विषय-वस्तु से सम्बन्धित समस्या का समाधान हो जाता है।

3. **एक-से-एक अधिगम** (One-to-One Learning) इसका अभिप्राय होता है अधिगम की प्रक्रिया केवल एक व्यक्ति की भूमिका जो प्रशिक्षक के रूप में होता है, यह प्रशिक्षक कोच, विषय विशेषज्ञ एवं गुरु कोई भी हो सकता है, जो अधिगम प्रक्रिया में विद्यार्थियों की मदद करता है। विचारों एवं अवधारणाओं का स्थानान्तरण शिक्षक एवं शिक्षार्थियों की आपसी परस्पर क्रियाओं के द्वारा होता है। यदि आपका प्रशिक्षक, अनुशिक्षक (Tutor) हो, तो अधिगम प्रक्रिया अधिक महँगी हो जाएगी तथा यह भी हो सकता है कि अनुशिक्षक विषय-वस्तु को सँभालने में सक्षम ना हो। इस स्थिति में अधिगम प्रक्रिया अपना महत्त्व खोने लगती है। इस स्थिति में अनुशिक्षक बदलने के अलावा विद्यार्थियों के पास कोई विकल्प नहीं होता। मित्र, परिवार के सदस्य तथा कोई सम्बन्धी भी एक-से-एक अधिगम प्रक्रिया में प्रशिक्षक की भूमिका निभा सकता है।

इस प्रकार स्पष्ट है कि शैक्षिक-तकनीक, अधिगम की विधियों एवं प्रविधियों के साथ-साथ विभिन्न प्रकार की सहायक सामग्री के प्रयोग द्वारा शिक्षा के आधुनिकीकरण में शिक्षकों के लिए सहायक की भूमिका अदा करती है।

अध्यापन में शैक्षिक तकनीक की उपयोगिता

शैक्षिक - तकनीक की निम्नलिखित विशेषताओं से इसकी उपयोगिता का पता चलता है

- यह वैज्ञानिक एवं मनोवैज्ञानिक प्रयोगों पर आधारित होती है।
- यह शिक्षण को वैज्ञानिक, रुचिकर, वस्तुनिष्ठ, सरल एवं उद्देश्यपरक बनाने में सहायक होती है।
- यह शिक्षण अधिगम प्रक्रिया को अधिक प्रभावशाली एवं सार्थक बनाती है।
- इसमें प्रभावशाली अधिगम के लिए विधियों एवं तकनीकों के विकास पर बल दिया जाता है।
- यह छात्रों एवं शिक्षकों के व्यवहारों में अपेक्षित परिवर्तन लाती है एवं शैक्षिक उद्देश्यों की प्राप्ति के लिए सीखने की परिस्थितियों को व्यवस्थित या संगठित करती है।

सूक्ष्म शिक्षण

शिक्षक व्यवहार में सुधार के लिए अपनाई जाने वाली प्रविधियों में से सूक्ष्म शिक्षण भी है। यह एक प्रशिक्षण प्रणाली है जिसका प्रयोग अध्यापकों को कक्षा अध्यापन प्रक्रियाओं की शिक्षा देने हेतु किया जाता है। सूक्ष्म शिक्षण (Micro Teaching) वास्तविक शिक्षण है, परन्तु इस प्रणाली में साधारण कक्षा अध्यापन की जटिलताओं को कम कर दिया जाता है तथा एक समय में किसी भी एक विशेष कार्य एवं कौशल के प्रशिक्षण पर ही जोर दिया जाता है। इसमें प्रतिपुष्टि द्वारा अभ्यास को नियन्त्रित किया जा सकता है।

डी. एलन की परिभाषा के अनुसार, ''सूक्ष्म शिक्षण समस्त शिक्षण को लघु क्रियाओं में बाँटना है।''

सूक्ष्म शिक्षण चक्र को निम्नलिखित चित्र की सहायता से समझा जा सकता है

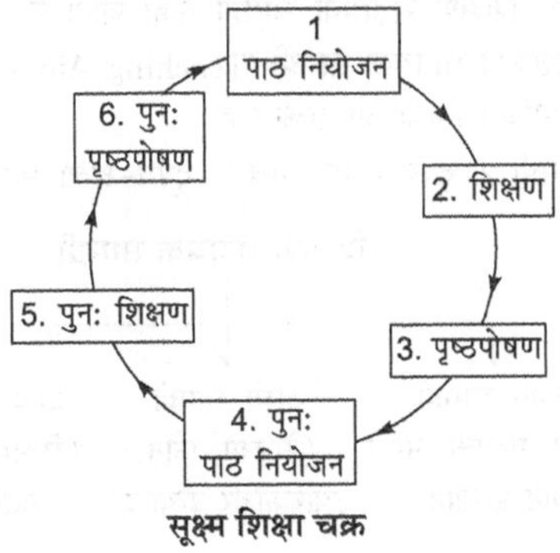

सूक्ष्म शिक्षा चक्र

सूक्ष्म शिक्षण के सिद्धान्त

- यह वास्तविक अध्यापन है।
- इसमें एक समय में एक ही कौशल के प्रशिक्षण पर बल दिया जाता है।
- अभ्यास की प्रक्रिया पर नियन्त्रण रखा जा सकता है।
- पृष्ठपोषण के प्रभाव की परिधि विकसित होती है।

शिक्षण कौशल

- सूक्ष्म शिक्षण का प्रयोग शिक्षण कौशलों के (Teaching Skills) विकास के लिए किया जाता है।
- शिक्षण कौशलों से तात्पर्य उन शिक्षक-व्यवहार स्वरूपों से होता है, जो छात्रों में अपेक्षित व्यवहार परिवर्तन के लिए प्रभावशाली होते हैं।
- एन.एल. गेज ने शिक्षण कौशल को इस तरह परिभाषित किया है, ''शिक्षण कौशल वह विशिष्ट अनुदेशन प्रक्रिया है जिसे अध्यापक अपनी कक्षा-शिक्षण में प्रयोग करता है एवं जो शिक्षण-क्रम की उन क्रियाओं से सम्बन्धित होता है, जिन्हें शिक्षक अपनी कक्षा अन्त:क्रिया में लगातार उपयोग करता है।''
- अध्यापक अपने शिक्षण में अनेक प्रकार के कौशलों का उपयोग करता है।

  इनमें से कुछ प्रमुख कौशल निम्न प्रकार हैं

  - उद्दीपन
  - विन्यास प्रेरणा
  - समीपता
  - मौन एवं अशाब्दिक अन्त:प्रक्रिया
  - पुनर्बलन
  - प्रश्न पूछना
  - खोजपूर्ण प्रश्न
  - विकेन्द्री प्रश्न
  - छात्र व्यवहार का ज्ञान
  - दृष्टान्त देना
  - व्याख्यान
  - उच्चस्तरीय प्रश्न करना
  - नियोजित पुनरावृत्ति एवं सम्प्रेषण

शिक्षण विधियाँ एवं शिक्षण व्यूह रचनाएँ

- शिक्षण व्यूह रचना शिक्षण विधि से भिन्न होती है। शिक्षण व्यूह रचना का अर्थ है शिक्षण की रणनीति का निर्माण एवं उसका प्रयोग, जबकि शिक्षण विधि का अर्थ होता है- शिक्षण का तरीका। यद्यपि कुछ शिक्षण व्यूह रचनाओं को आव्यूहों की संज्ञा भी दी जा सकती है, परन्तु जब उन्हें आव्यूह कहा जाता है, तब उनका उद्देश्य बदल जाता है।
- शिक्षण विधियों में कार्य तथा प्रस्तुतीकरण को महत्त्व दिया जाता है, जबकि शिक्षण आव्यूहों में उद्देश्यों को महत्त्व दिया जाता है। शिक्षण विधियाँ तीन प्रकार की होती हैं— कथन विधियाँ, प्रदर्शन विधियाँ एवं कार्य विधियाँ।

स्टोन्स एवं **मौरिस** के अनुसार, ''शिक्षण व्यूह रचना पाठ की एक सामान्य योजना है, जिसमें उसकी संरचना, शैक्षणिक लक्ष्यों के रूप में छात्रों का अपेक्षित व्यवहार और व्यूह रचना को प्रयोग करने के लिए आवश्यक नियोजित युक्तियों की रूपरेखा शामिल है।''

- शिक्षण व्यूह रचनाओं को निम्नलिखित दो वर्गों में विभाजित किया जा सकता है—प्रभुत्ववादी व्यूह रचनाएँ तथा प्रजातान्त्रिक व्यूह रचनाएँ।

- व्याख्यान, प्रदर्शन, ट्यूटोरियल समूह एवं अभिक्रमित अनुदेशन प्रभुत्ववादी व्यूह रचना के प्रकार हैं। प्रजातान्त्रिक व्यूह रचना के अन्तर्गत कई व्यूह रचनाएँ आती हैं।
- जिनमें से कुछ प्रमुख व्यूह रचनाएँ इस प्रकार हैं— प्रश्नोत्तर व्यूह रचना, खोज अथवा अन्वेषण व्यूह रचना, प्रोजेक्ट व्यूह रचना, सामूहिक वाद-विवाद व्यूह रचना, गृहकार्य व्यूह रचना, कम्प्यूटर द्वारा प्रशिक्षण इत्यादि।

शिक्षण विधियों के प्रकार

- शिक्षक, शिक्षण विधियों के उपयोग से छात्रों में अपेक्षित व्यवहार परिवर्तन लाता है और छात्र शिक्षकों की सहायता से सीखने के अनुभव प्राप्त करते हैं, परन्तु अनेक शिक्षण विधियों को छात्रों की समस्त क्षमताओं के विकास के लिए प्रयुक्त नहीं किया जा सकता।

  शिक्षक एवं छात्रों की भूमिका के आधार पर शिक्षण विधियों को निम्नलिखित चार वर्गों में विभाजित किया जा सकता है

1. **शिक्षक-नियन्त्रित अनुदेशन** (Teacher Controlled Instruction) यह शिक्षण की सर्वाधिक प्राचीन विधि है। इसमें शिक्षक की भूमिका सर्वाधिक महत्त्वपूर्ण होती है। शिक्षक अधिक क्रियाशील रहता है। इस प्रकार शिक्षण विधियों को निम्नलिखित तीन वर्गों में विभाजित किया जा सकता है; व्याख्यान विधि, पाठ-प्रदर्शन विधि तथा अनुवर्ग-शिक्षण विधि।
2. **छात्र-नियन्त्रित अनुदेशन** (Student Controlled Instruction) 19वीं शताब्दी में मनोविज्ञान ने शिक्षा एवं शिक्षण प्रक्रिया को प्रभावित किया और छात्र के विकास को प्राथमिकता दी जाने लगी। प्रकृतिवादी, दर्शन ने भी छात्र की प्रकृति के अनुसार शिक्षा की व्यवस्था को महत्त्व दिया। इस प्रकार की शिक्षा छात्र-केन्द्रित होने लगी और छात्र का स्थान मुख्य एवं शिक्षक का स्थान गौण होता गया।

   छात्र-नियन्त्रित अनुदेशन में इस बात का ध्यान रखा जाता है कि छात्र का विकास स्वाभाविक रूप से हो, जिससे उसकी क्षमताओं तथा योग्यताओं का सम्पूर्ण विकास हो सके। छात्र-नियन्त्रित अनुदेशन के उदाहरण—कैलर-योजना, अभिक्रमित अनुदेशन, कम्प्यूटर सहायक अनुदेशन, स्वामित्व अधिगम, गृहकार्य विधि, खेल-विधि, कहानी विधि इत्यादि छात्र-नियन्त्रित अनुदेशन के उदाहरण हैं।
3. **समूह-नियन्त्रित अनुदेशन** (Group Controlled Instruction) समूह नियन्त्रित अनुदेशन में छात्रों को विभिन्न समूहों में बाँटकर शिक्षा दी जाती है। यह एक प्रकार का छात्र-नियन्त्रित अनुदेशन ही है, अन्तर केवल इतना है कि इसमें शिक्षक छात्रों की पूरी निगरानी करते हैं। अनुकरणीय विधि, शैक्षिक यात्रा विधि, योजना विधि, ऐतिहासिक खोज विधि इत्यादि समूह नियन्त्रित विधि के उदाहरण हैं।
4. **शिक्षक व छात्र नियन्त्रित अनुदेशन** (Teacher and Student Controlled Instruction) शिक्षक व छात्र नियन्त्रित अनुदेशन में शिक्षक एवं छात्र दोनों की भूमिका होती है। प्रश्नोत्तर विधि, अन्वेषण विधि, सामूहिक वाद-विवाद विधि, संवेदनशील प्रशिक्षण विधि इत्यादि शिक्षक व छात्र नियन्त्रित अनुदेशन के उदाहरण हैं।

शिक्षण विधि की विभिन्न तकनीक

1. किण्डर गार्टन प्रणाली

किण्डर गार्टन प्रणाली (Kinder Garten Process) के जन्मदाता जर्मन मनोवैज्ञानिक **फ्रोबेल** हैं। इसके अनुसार, विद्यालय बालकों का बगीचा है, जिससे बालक स्वच्छन्दता के परिवेश में खेल सकें।

- इस प्रणाली के तहत बच्चों को खेल के माध्यम से सिखाया जाता है।
- इस प्रणाली के कई लाभ हैं; जैसे—शिशु शिक्षा पर बल, खेल द्वारा शिक्षा, बालकों की स्वतन्त्रता, सामाजिक भावना का विकसित होना, प्राकृतिक वातावरण के साथ अध्ययन इत्यादि।

2. प्रोजेक्ट या परियोजना विधि

प्रोजेक्ट शिक्षा प्रणाली का जनक **किल पैट्रिक** को माना जाता है। इसके अन्तर्गत विभिन्न विधियों का प्रयोग होता है

- अध्यापक वाद-विवाद के माध्यम से बालकों के समक्ष समस्या उत्पन्न करता है तथा उसके समाधान के लिए कहा जाता है कि वह प्रोजेक्ट के माध्यम से समस्या का समाधान करें।
- प्रोजेक्ट बालकों की इच्छा के अनुरूप दिया जाता है।
- प्रोजेक्ट की समाप्ति पर उसका मूल्यांकन होता है।

3. डाल्टन विधि

यह शिक्षा पद्धति 1920 ई. में **कुमारी हेलेन पार्क हर्स्ट** द्वारा विकसित की गई। अमेरिका के डाल्टन नगर में वह 30 बच्चों की प्रमुख थी, जो आयु तथा योग्यता में एक-दूसरे से अलग थे। इन बच्चों की शिक्षा के लिए जो विधि अपनाई गई उसे डाल्टन विधि (Dalton Method) कहा गया।

इस विधि की विशेषताएँ निम्न हैं—

- शिक्षा का स्वरूप व्यक्तिगत भिन्नता पर आधारित था।
- स्वयं करके एवं अनुभव के माध्यम से सीखने पर बल।
- एक निश्चित समय में निश्चित कार्य करने पर बल।
- बालकों में उत्तरदायित्व तथा आत्म निर्भर बनने की भावना का विकास करना।
- अध्यापक एवं छात्रों के बीच गहरा सम्बन्ध विकसित करने पर बल।

4. पेस्तालॉजी विधि

इस विधि के प्रणेता **जॉन हेनरी पेस्तालॉजी** थे। इन्होंने शिक्षा को मनोवैज्ञानिक रूप दिया तथा इनका बल शिक्षा शास्त्र (pedagogy) पर था।

- अध्यापक को यह पता होना चाहिए कि बच्चे को कैसे पढ़ाना है, बच्चे किस आयु में सीखते हैं तथा बच्चे किस विधि से अधिक सीखते हैं?

शिक्षण विधि की अन्य विधियों में— व्याख्यान विधि, परिचर्चा विधि, निरूपण विधि तथा ह्यूरिस्टिक विधि (अन्वेषण विधि) आती हैं।

शिक्षण सहायक सामग्री

अध्यापन-अधिगम की प्रक्रिया को सरल, प्रभावकारी एवं रुचिकर बनाने वाले उपकरणों को शिक्षण सहायक सामग्री कहा जाता है। इन्द्रियों के प्रयोग के आधार पर शिक्षण सहायक सामग्री (Teaching Aids) को मोटे तौर पर तीन भागों में विभाजित किया जा सकता है

1. श्रव्य सामग्री 2. दृश्य सामग्री एवं 3. दृश्य-श्रव्य सामग्री।

शिक्षण सहायक सामग्री

दृश्य सामग्री	श्रव्य सामग्री	दृश्य-श्रव्य सामग्री
(चित्र, पुस्तक, नमूने, चार्ट इत्यादि)	(रेडियो, फोन, टेपरिकॉर्डर इत्यादि)	(सिनेमा, टेलीविजन, नाटक इत्यादि)

दृश्य सहायक सामग्री

दृश्य सहायक सामग्री (Visual Aids) का तात्पर्य उन साधनों से है जिनमें केवल देखने वाली इन्द्रियों (आँखों) का प्रयोग होता है। इसके अन्तर्गत पुस्तक, चित्र, मानचित्र, ग्राफ, चार्ट, पोस्टर, श्यामपट्ट, बुलेटिन बोर्ड, संग्रहालय, स्लाइड इत्यादि आते हैं।

1. वास्तविक पदार्थ

वास्तविक पदार्थों (Real Matter) का तात्पर्य उन वस्तुओं से है, जिन्हें बालक देखकर, छूकर अनुभव कर सकता है। ये बालकों की इन्द्रियों को प्रेरणा देते हैं तथा उन्हें निरीक्षण एवं परीक्षण के अवसर प्रदान करके उनकी अवलोकन शक्ति का विकास करते हैं।

2. नमूने

नमूने (Model) वास्तविक पदार्थों अथवा मूल वस्तुओं के छोटे रूप होते हैं। इनका प्रयोग उस समय किया जाता है, जब वास्तविक पदार्थ या तो उपलब्ध न हों अथवा इतने बड़े हों कि उन्हें कक्षा में दिखाना सम्भव न हो। उदाहरण के तौर पर रेल, हवाई जहाज इत्यादि के नमूनों का प्रयोग इनके बारे में बताने के लिए किया जाता है।

3. चित्र

चित्र (Figure) बच्चों को सीखाने में महत्त्वपूर्ण भूमिका निभाते हैं। चित्र के माध्यम से सिखाई गई बातें अधिक समय तक याद रहती हैं। चित्रों को आसानी से कक्षा में दिखाया जा सकता है।

चित्र के चयन में शिक्षकों को निम्नलिखित बातों का ध्यान रखना चाहिए

- चित्र इतने स्पष्ट, रंगीन तथा आकर्षक होने चाहिए कि प्रत्येक बालक उन्हें देखकर वास्तविक पदार्थों के आकार तथा रंग-रूप से परिचित हो जाए। चित्रों में पाठ से सम्बन्धित मुख्य-मुख्य बातें ही दिखानी चाहिए।
- चित्रों का आकार बड़ा होना चाहिए जिससे कक्षा का प्रत्येक बालक उन्हें बिना किसी कठिनाई के स्पष्ट रूप से देखकर आवश्यक लाभ उठा सके।

4. मानचित्र

मानचित्र (Map) का प्रयोग प्रमुख ऐतिहासिक घटनाओं तथा भौगोलिक तथ्यों अथवा स्थानों के अध्ययन करने के लिए अति आवश्यक है। मानचित्रों के प्रयोग के समय शिक्षकों को यह ध्यान रखना चाहिए कि इनके ऊपर इनका नाम, शीर्षक, दिशा तथा संकेत आदि अवश्य लिखा हो।

5. रेखाचित्र

वास्तविक पदार्थ, नमूने एवं मानचित्र (Map) तीनों के अभाव की स्थिति में किसी वस्तु या स्थान के बारे में अध्यापन के लिए उसके रेखाचित्र (Sketches) का प्रयोग किया जाता है।

इन्दिरा गाँधी

सुभाष चन्द्र बोस

6. ग्राफ

ग्राफ (Graph) के प्रयोग से बालकों को भूगोल, इतिहास, गणित तथा विज्ञान आदि अनेक विषयों का ज्ञान सरलतापूर्वक दिया जा सकता है। भूगोल विषय के अध्यापन में जलवायु, उपज तथा जनसंख्या आदि का ज्ञान कराने के लिए ग्राफ की विशेष सहायता ली जाती है। इसके अतिरिक्त इसका प्रयोग गणित तथा विज्ञान शिक्षण में भी किया जाता है।

7. चार्ट

चार्टों (Charts) के प्रयोग से शिक्षक को शिक्षण का उद्देश्य प्राप्त करने में सहायता मिलती है। चार्टों का प्रयोग भूगोल, इतिहास, अर्थशास्त्र, नागरिकशास्त्र तथा गणित एवं विज्ञान आदि सभी विषयों में सफलतापूर्वक किया जा सकता है।

8. बुलेटिन-बोर्ड

बुलेटिन-बोर्ड (Bulletin Board) आधुनिक शिक्षा प्रणाली का एक उपयोगी उपकरण है। इस पर देश की राजनीतिक, आर्थिक तथा सामाजिक समस्याओं के सम्बन्ध में चित्र, ग्राफ, आकृति तथा लेख एवं आवश्यक सूचनाओं को प्रदर्शित करके बालकों की जिज्ञासा को इस प्रकार से उत्तेजित किया जाता है कि उनके ज्ञान में निरन्तर वृद्धि होती रहे। बुलेटिन-बोर्ड को विद्यालय में किसी इतने ऊँचे उपयुक्त स्थान पर रखा जाना चाहिए, जिससे सभी बालक प्रदर्शित की हुई सामग्री से लाभान्वित हो सकें। ये बालकों के आकर्षण के केन्द्र होते हैं। इस पर बालकों को भी अपनी एकत्रित की हुई सामग्री को प्रदर्शित करने के अवसर मिलने चाहिए।

विविध प्रकार के बुलेटिन बोर्ड

9. फ्लेनेल बोर्ड

फ्लेनेल बोर्ड (Flenail Board) बनाने के लिए प्लाईवुड अथवा हार्ड-बोर्ड के टुकड़े पर फ्लेनेल के कपड़े को खींचकर बाँध दिया जाता है। इसके बाद इस पर विभिन्न विषयों से सम्बन्धित चित्र, मानचित्र, रेखाचित्र तथा ग्राफ आदि को प्रदर्शित किया जाता है।

10. संग्रहालय

संग्रहालय (Museum) भी शिक्षा का एक महत्त्वपूर्ण उपकरण है। इसमें सभी वस्तुओं को एकत्रित करके रखा जाता है। इन वस्तुओं की सहायता से पाठ रोचक तथा सजीव बन जाता है। संग्रहालय में एकत्रित वस्तुओं का प्रयोग भूगोल, इतिहास, गणित तथा विज्ञान आदि विषयों के शिक्षण में सरलता से किया जा सकता है।

11. ब्लैकबोर्ड

कक्षा अध्यापन में दृश्य (visual) साधन के रूप में ब्लैकबोर्ड (श्यामपट्ट) का ही प्रयोग सर्वाधिक होता है। इसका उचित एवं विधिपूर्वक उपयोग पाठ को प्रभावशाली बनाने में बहुत सहायक होता है।

12. मैजिक लैन्टर्न

मैजिक लैन्टर्न (Magic Lantern) एक चित्र प्रदर्शक यन्त्र है। इसकी मदद से स्लाइडों द्वारा विविध चित्रों अथवा पाठ का प्रदर्शन किसी पर्दे या दीवार पर किया जाता है।

13. चित्र-विस्तारक यन्त्र (एपिडियास्कोप)

चित्र-विस्तारक यन्त्र (Epediascope) पाठ को अधिक स्पष्ट और रोचक बनाने के लिए एक प्रभावशाली यन्त्र है। यह मैजिक लैनटर्न से भी अधिक प्रभावशाली यन्त्र है, क्योंकि मैजिक लैनटर्न में चित्रों या पाठ को प्रदर्शित करने के लिए पहले उसके स्लाइड बनाने की आवश्यकता होती है, जबकि एपिडियास्कोप में छोटे-छोटे चित्रों, मानचित्रों, पोस्टरों तथा पुस्तक के पृष्ठों को कमरे में अन्धेरा करके चित्रपट अथवा पर्दे पर बिना स्लाइडें बनाए हुए ही बड़ा करके दिखाया जा सकता है।

14. स्लाइडें, फिल्म पट्टियाँ तथा प्रोजेक्टर

स्लाइडो एवं स्लाइडों की फिल्म पट्टियों का प्रयोग शिक्षण में सहायक साम्रगी के तौर पर किया जाता है। इसके लिए प्रोजेक्टर की सहायता ली जाती है। प्रोजेक्टर एडियास्कोप से बेहतर साबित होते हैं क्योंकि एपिडियास्कोप द्वारा बालकों को चित्र या पाठ एक-एक कर दिखाया जा सकता है, जबकि प्रोजेक्टर द्वारा चित्रों की स्लाइडों अथवा फिल्म पट्टियों को एक क्रम में दिखाया जा सकता है।

श्रव्य सहायक सामग्री

श्रव्य सामग्री (Audio Aids) से तात्पर्य उन साधनों से है, जिनमें केवल श्रव्य इन्द्रियों (कानों) द्वारा प्रयोग किया जा सकता है। श्रव्य सामग्री के अन्तर्गत रेडियो, टेलीफोन, ग्रामोफोन, टेलीकॉन्फ्रेंसिंग, टेप-रिकॉर्डर इत्यादि आते हैं।

1. रेडियो

रेडियो (Radio) द्वारा दूरस्थ बालकों को भी एक साथ नवीनतम घटनाओं एवं सूचनाओं की जानकारी प्राप्त होती है। रेडियो पर विभिन्न कक्षा के विभिन्न विषयों के अध्यापन सम्बन्धी प्रोग्राम भी सुनाए जाते हैं। रेडियो-पाठ का उपयोग शिक्षण की प्रभावोत्पादकता में वृद्धि करने के लिए किया जाता है।

2. टेप-रिकॉर्डर

शैक्षिक उपकरण के रूप में टेप-रिकॉर्डर (Tape-recorder) एक प्रचलित उपकरण है। इसकी सहायता से महापुरुषों के प्रवचन, नेताओं के भाषण तथा प्रसिद्ध साहित्यकारों की कविताओं, कहानियों तथा प्रसिद्ध कलाकारों के संगीत का आनन्द उठाया जा सकता है। इससे बालकों को बोलने की गति तथा स्वर, प्रभाव सम्बन्धी सभी त्रुटियों एवं उच्चारणों को सुधारने में आश्चर्यजनक सहायता मिलती है।

दृश्य-श्रव्य सहायक सामग्री

दृश्य-श्रव्य सामग्री (Audio-Visual Aids) का तात्पर्य शिक्षण के उन साधनों से है जिनके प्रयोग से बालकों की देखने और सुनने वाली ज्ञानेन्द्रियाँ सक्रिय हो जाती हैं और वे पाठ के सूक्ष्म से सूक्ष्म तथा कठिन-से-कठिन भावों को सरलतापूर्वक समझ जाते हैं। दृश्य-श्रव्य सामग्री का अर्थ उन समस्त सामग्री से है जो कक्षा में अथवा अन्य शिक्षण परिस्थितियों में लिखित अथवा बोली हुई पाठ्य-सामग्री को समझाने में सहायता देती है। इसके अन्तर्गत सिनेमा, वृत्तचित्र, दूरदर्शन, नाटक इत्यादि आते हैं।

1. चल-चित्र

चल-चित्र (Films) अथवा सिनेमा के अनेक लाभ हैं, इसके द्वारा प्राप्त किया हुआ ज्ञान अन्य उपकरणों की अपेक्षा अधिक स्थायी होता है, क्योंकि इसमें देखने तथा सुनने की दो इन्द्रियाँ सक्रिय रहती हैं। इसके द्वारा बालकों को विभिन्न देशों, स्थानों अथवा घटनाओं का ज्ञान सरलतापूर्वक कराया जा सकता है। इससे बालकों की कल्पनाशक्ति का विकास होता है।

2. टेलीविजन

चल-चित्र से होने वाले सभी लाभ टेलीविजन (Television) से भी प्राप्त होते हैं, किन्तु सिनेमा की अपेक्षा इसका दायरा अत्यन्त विस्तृत होता है। आजकल टेलीविजन पर कई मनोरंजक कार्यक्रमों के अतिरिक्त कई प्रकार के शैक्षिक कार्यक्रमों का भी प्रसारण किया जाता है, जिससे बच्चों के ज्ञान में वृद्धि होती है। इग्नो एवं यूजीसी के अतिरिक्त कुछ विश्वविद्यालयों द्वारा भी उपग्रहों की मदद से विभिन्न प्रकार के शैक्षिक कार्यक्रमों का प्रसारण किया जाता है।

3. कम्प्यूटर

कम्प्यूटर (Computer) एक ऐसा आधुनिक इलेक्ट्रॉनिक उपकरण है, जिसका प्रयोग जीवन के विविध क्षेत्रों में किया जाता है। शिक्षा के क्षेत्र में भी इसका व्यापक उपयोग होने लगा है। शिक्षा के क्षेत्र में कम्प्यूटर से निम्नलिखित लाभ हैं

- इससे छात्रों में पाठ के प्रति रुचि का विकास होता है। ये चित्रों, चलचित्रों के माध्यम से पाठ को अत्यन्त जीवन्त एवं मनोरंजक बना देता है।
- इससे छात्रों को उच्चकोटि का पुनर्बलन (Reinforcement) प्राप्त होता है। कम्प्यूटर के जरिए इण्टरनेट का प्रयोग विविध प्रकार की जानकारी प्राप्त करने के लिए किया जा सकता है।

इसके द्वारा पाठों का प्रस्तुतीकरण तैयार किया जा सकता है, जिससे पाठ अधिक सरल एवं रुचिकर हो सकते हैं।

अभ्यास प्रश्न

1. शिक्षण का उद्देश्य होता है
(a) विद्यार्थियों को ज्ञान उपलब्ध कराना
(b) विद्यार्थियों को पढ़ने के लिए प्रोत्साहित नहीं करना
(c) विद्यार्थियों को बताना कि पढ़ने से कुछ प्राप्त नहीं होता
(d) उपरोक्त में से कोई नहीं

2. शिक्षण की प्रक्रिया एक त्रिस्तरीय प्रक्रिया है जिसके अन्तर्गत आता है
(a) छात्र (b) शिक्षक
(c) पाठ्यक्रम (d) ये सभी

3. "शिक्षण चार चरणों वाली प्रक्रिया है— योजना, निर्देशन, मापन तथा मूल्यांकन।" शिक्षण के सन्दर्भ में यह कथन किस मनोवैज्ञानिक का है?
(a) हफ तथा डंकन
(b) वाइगोत्स्की एवं पियाजे
(c) हर्जवर्ग एवं साइमन
(d) मॉस्लो एवं बर्टन

4. शिक्षा एक ऐसी क्रिया है, जो जीवनपर्यन्त चलती रहती है, इस प्रक्रिया के अन्तर्गत क्या-क्या आता है?
A. ज्ञान B. कौशल
C. अनुभव D. अभिवृत्ति
(a) A और B (b) B और C
(c) A और D (d) ये सभी

5. अधिगम व्यक्ति के दृष्टिकोण, सोच एवं व्यवहार में बदलाव लाता है, निम्न में से कौन-सा परिवर्तन अधिगम का परिणाम नहीं है?
(a) मानसिक परिवर्तन
(b) सामाजिक परिवर्तन
(c) शारीरिक परिवर्तन
(d) नैतिक परिवर्तन

6. प्रशिक्षण के माध्यम से विकास होता है
(a) सामान्य कौशल का
(b) विशिष्ट कौशल का
(c) सामान्य तथा विशिष्ट दोनों का मिला-जुला रूप
(d) किसी भी प्रकार के कौशल का नहीं

7. अध्यापन का मुख्य उद्देश्य विद्यार्थी के ········· को उचित दिशा में प्रभावित करना अर्थात् उसके ········· को उचित दिशा में प्रभावी बनाना होता है।
(a) व्यक्तित्व; ज्ञान
(b) व्यवहार; अधिगम
(c) व्यक्तित्व; परीक्षाफल
(d) व्यवहार; विद्यालय

8. शैक्षिक प्रक्रिया के तीन मुख्य बिन्दु होते हैं, जो शिक्षार्थियों के लिए बेहद महत्त्व के विषय है, वे हैं
(a) उद्देश्य
(b) अधिगम अनुभव क्रियाएँ
(c) विद्यार्थी का मूल्य निर्धारण करना
(d) उपरोक्त सभी

9. अध्यापक को विद्यार्थी को अनुभव प्राप्त करने के लिए क्या करना चाहिए?
(a) शिक्षण का परम्परागत तकनीक अपनानी चाहिए
(b) शिक्षण के लिए केवल एक विधि को अपनाना चाहिए
(c) शिक्षण के लिए विभिन्न तरीके को अपनाना चाहिए
(d) उपरोक्त में से कोई नहीं

10. अध्यापन एक
(a) एकध्रुवीय प्रक्रिया है
(b) द्विध्रुवीय प्रक्रिया है
(c) त्रिध्रुवीय प्रक्रिया है
(d) बहुध्रुवीय प्रक्रिया है

11. शिक्षण अधिगम प्रक्रिया में अधिगमकर्ता से सम्बन्धित निम्नलिखित में से किन सिद्धान्तों का पालन किया जाता है?
A. व्यक्तिगत विभिन्नता का सिद्धान्त
B. छात्र केन्द्रिता का सिद्धान्त
C. सक्रिय सहयोग का सिद्धान्त
(a) केवल A (b) केवल B
(c) केवल C (d) ये सभी

12. संसार का कोई भी व्यक्ति योग्यता, क्षमता तथा कुशलता में एक समान नहीं हो सकता यह अधिगम के किस सिद्धान्त को निरूपित करता है?
(a) सक्रिय सहयोग लेने का सिद्धान्त
(b) छात्र केन्द्रिता का सिद्धान्त
(c) व्यक्तिगत विभिन्नता का सिद्धान्त
(d) उपरोक्त में से कोई नहीं

13. अधिगम का मुख्य उद्देश्य होता है
(a) छात्रों के व्यवहार में परिवर्तन लाना
(b) छात्रों के व्यवहार में कोई परिवर्तन नहीं लाना
(c) छात्रों को अपने मार्ग से विचलित करना
(d) उपरोक्त में से कोई नहीं

14. शिक्षण विधियों तथा शिक्षण व्यूह रचनाओं में अन्तर होता है
(a) पाठ्यवस्तु का (b) उद्देश्यों का
(c) प्रारूप का (d) अधिनियमों का

15. अध्यापन में शैक्षिक तकनीक महत्त्वपूर्ण भूमिका निभाती है। यहाँ शैक्षिक तकनीक की विशेषताएँ हैं
(a) यह वैज्ञानिक प्रयोगों पर आधारित होती है
(b) यह मनोवैज्ञानिक प्रयोगों पर आधारित होती है
(c) यह शिक्षण अधिगम की प्रक्रिया को प्रभावशाली बनाती है
(d) उपरोक्त सभी

16. सूक्ष्म शिक्षण के सन्दर्भ में यह कथन "सूक्ष्म शिक्षण समस्त शिक्षण को लघु क्रियाओं में बाँटना है।" किस मनोवैज्ञानिक का है?
(a) डी. एलन (b) डी. पार्कर
(c) सी. कर्टनर (d) हर्जवर्ग

17. सूक्ष्म शिक्षण किस सिद्धान्त पर बल देता है?
(a) एकल कौशल प्रशिक्षण पर
(b) द्विकौशल प्रशिक्षण पर
(c) बहुकौशल प्रशिक्षण पर
(d) उपरोक्त में से कोई नहीं

18. निम्नलिखित में से कौन-सा कौशल शिक्षण कौशल का उदाहरण है?
(a) प्रश्न पूछना (b) विन्यास प्रेरणा
(c) पुनर्बलन (d) ये सभी

19. शिक्षण विधियों में ········· तथा ········· को महत्त्व दिया जाता है।
(a) कार्य, प्रस्तुतीकरण (b) रणनीति, प्रयोग
(c) उद्देश्य, महत्त्व (d) इनमें से कोई नहीं

20. शिक्षण व्यूह रचना का अर्थ है
(a) शिक्षा की रणनीति का निर्माण एवं उसका प्रयोग
(b) शिक्षण का तरीका
(c) अध्यापक को स्वयं में अपने व्यवहार को सुधारना
(d) उपरोक्त सभी

21. शिक्षण अधिगम के अन्तर्गत शिक्षक का प्रमुख कार्य है
(a) बालक को सीखने के लिए अभिप्रेरित करना
(b) बालक को पढ़ाना
(c) बालक को खेलने से रोककर उसे अध्ययन में लगाना
(d) बालक को केवल पाठ्य-पुस्तक से पढ़ने के लिए प्रेरित करना

22. निम्नलिखित में से कौन शिक्षण विधि का/के प्रकार है/हैं?
(a) शिक्षक नियन्त्रित अनुदेशन
(b) समूह नियन्त्रित अनुदेशन
(c) शिक्षक व छात्र नियन्त्रित अनुदेशन
(d) उपरोक्त सभी

23. कैलर योजना, अभिक्रमित अनुदेशन तथा खेल विधि शिक्षण विधि के किस प्रकार के अन्तर्गत आता है?
(a) शिक्षक नियन्त्रित अनुदेशन
(b) छात्र नियन्त्रित अनुदेशन
(c) समूह नियन्त्रित अनुदेशन
(d) शिक्षक व छात्र नियन्त्रित अनुदेशन

24. प्रश्नोत्तर विधि, अन्वेषण विधि, सामूहिक वाद-विवाद विधि शिक्षण विधि के किस अंग का भाग है?
(a) शिक्षक व छात्र नियन्त्रित अनुदेशन
(b) समूह नियन्त्रित अनुदेशन
(c) छात्र नियन्त्रित अनुदेशन
(d) उपरोक्त में से कोई नहीं

25. बागवानी शिक्षा पद्धति के जनक निम्नलिखित में से कौन हैं?
(a) फ्रोबेल (b) मॉस्लो
(c) यंग (d) वाइगोत्स्की

26. किण्डर गार्टन प्रणाली के तहत बच्चों को किस प्रकार से सिखाने पर बल दिया जाता है?
(a) खेल के माध्यम से
(b) कक्षा-अध्ययन के माध्यम से
(c) निजी ट्यूशन के माध्यम से
(d) स्वयं करके सीखने के माध्यम से

27. प्रोजेक्ट-परियोजना विधि का प्रतिपादन किसने किया?
(a) किल पैट्रिक (b) जेम्स मील
(c) डाल्टन (d) एण्डरसन

28. निम्नलिखित विशेषताओं में कौन-सी डाल्टन शिक्षा विधि की विशेषता है?
(a) शिक्षा का स्वरूप व्यक्तिगत भिन्नता पर आधारित होना
(b) स्वयं करके अनुभव के माध्यम से सीखने पर बल
(c) एक निश्चित समय में निश्चित कार्य करने पर बल
(d) उपरोक्त सभी

29. अध्यापक को इस बात की जानकारी होनी चाहिए कि बच्चों को कैसे पढ़ाना है, बच्चे किस आयु में सीखते हैं शिक्षा की कौन-सी विधि इस विचारधारा का पोषण करती है?
(a) पेस्तालॉजी विधि
(b) डाल्टन विधि
(c) माण्टेसरी विधि
(d) किण्डर गार्टन विधि

30. पेस्तालॉजी विधि किसने दी?
(a) जॉन हेनरी पेस्तालॉजी
(b) मार्टिन हेनरी पेस्तालॉजी
(c) वाइगोत्स्की
(d) पियाजे

31. अध्यापन-अधिगम की प्रक्रिया को सरल व प्रभावशाली बनाने हेतु विभिन्न प्रकार के शिक्षण सामग्रियों का प्रयोग किया जाता है वे हैं
(a) केवल दृश्य सामग्री
(b) केवल श्रव्य सहायक सामग्री
(c) केवल दृश्य-श्रव्य सामग्री
(d) दृश्य, श्रव्य सहायक एवं दृश्य श्रव्य सामग्री

32. दृश्य-श्रव्य सामग्री कैसी नहीं होनी चाहिए?
(a) जो शिक्षण के उद्देश्य की प्राप्ति में सहायता दे
(b) सुन्दर तथा आकर्षक
(c) बालक को विचलित करने वाला
(d) बालकों की रुचि को बढ़ाने वाला

33. बालकों में निरीक्षण करने की योग्यता के विकास में सर्वाधिक मदद करता है
(a) भ्रमण (b) चार्ट
(c) नमूना (d) कम्प्यूटर

34. बालकों के सन्दर्भ में वास्तविक पदार्थ का अर्थ होता है
(a) वैसी वस्तुएँ जिन्हें बालक केवल देखकर अनुभव प्राप्त कर सकता है
(b) वैसी वस्तुएँ जिन्हें बालक स्पर्श कर (छूकर) अनुभव प्राप्त कर सकता है
(c) वैसी वस्तुएँ जिन्हें देखकर तथा छूकर अनुभव प्राप्त कर सकता है
(d) बालकों के लिए वास्तविक पदार्थ एक कल्पना है

35. दृश्य सामग्री बालकों को सिखाने की एक वैज्ञानिक विधि है। नीचे दिए गए विकल्पों में से कौन एक दृश्य सामग्री का अंग नहीं है?
(a) नमूना (b) चित्र
(c) रेखाचित्र (d) रेडियो

36. मैजिक लैन्टर्न एक
(a) एक कहानी का नाम है
(b) एक जादूगर द्वारा लिखित एक पुस्तक है
(c) एक फिल्म का नाम है
(d) एक चित्र प्रदर्शक यन्त्र है

37. कक्षा अध्यापन में दृश्य साधन के रूप में किसका सर्वाधिक प्रयोग होता है?
(a) ग्राफ (b) चार्ट
(c) ब्लैकबोर्ड (d) रेखाचित्र

38. कौन-सी शिक्षण सहायक सामग्री बच्चों के लिए सर्वाधिक आकर्षण का केन्द्र होनी चाहिए?
(a) बुलेटिन-बोर्ड (b) चार्ट
(c) ब्लैकबोर्ड (d) रेखाचित्र

39. एपिडियास्कोप उपकरण का उपयोग निम्नलिखित में से किसके लिए किया जाता है?
(a) वस्तुओं को स्पष्ट रूप से देखने के लिए
(b) किसी अपारदर्शी वस्तु को स्क्रीन पर प्रक्षेपित करने के लिए
(c) किसी वस्तु की नकल उतारने के लिए
(d) किसी वस्तु को बड़ा दिखाने के लिए

40. निम्नलिखित में से कौन-सा एक श्रव्य सामग्री के अन्तर्गत नहीं आता?
(a) रेडियो (b) टेलीफोन
(c) टेप-रिकॉर्डर (d) टेलीविजन

41. निम्नलिखित में से कौन एक दृश्य-श्रव्य सहायक सामग्री का उदाहरण है?
(a) केवल चलचित्र
(b) केवल टेलीविजन
(c) केवल नाटक
(d) चलचित्र, टेलीविजन तथा नाटक तीनों

42. किस शिक्षण सहायक सामग्री से छात्रों को उच्च कोटि का पुनर्बलन प्राप्त हो सकता है?
(a) कम्प्यूटर (b) चार्ट
(c) रेडियो (d) टेलीविजन

43. एक शिक्षक अपने लोकतान्त्रिक स्वभाव के कारण विद्यार्थियों को पूरी कक्षा में कहीं भी बैठने की अनुमति देता है। कुछ शिक्षार्थी एक साथ बैठते हैं और चर्चा करते हैं या सामूहिक पठन करते हैं। कुछ चुपचाप बैठकर अपने-आप पढ़ते हैं। एक अभिभावक को यह पसन्द नहीं आता है। इस स्थिति से निपटने का निम्न में से कौन-सा तरीका सबसे बेहतर हो सकता है?
(a) अध्यापक को प्रधानाचार्य से विद्यार्थियों की शिकायत करनी चाहिए
(b) अध्यापक को प्रधानाचार्य से अनुरोध करना चाहिए कि वे उनके बच्चे का अनुभाग बदल दें
(c) अभिभावकों को शिक्षक पर विश्वास व्यक्त करना चाहिए और शिक्षक के साथ समस्या पर चर्चा करनी चाहिए
(d) अभिभावकों को उस विद्यालय से अपने बच्चे को निकाल लेना चाहिए

44. निचली कक्षाओं में शिक्षण की खेल-पद्धति मूल रूप से आधारित है
(a) शारीरिक शिक्षा कार्यक्रमों के सिद्धान्तों पर
(b) शिक्षण-पद्धतियों के सिद्धान्तों पर
(c) विकास एवं वृद्धि के मनोवैज्ञानिक सिद्धान्तों पर
(d) शिक्षण के समाजशास्त्रीय सिद्धान्तों पर

45. एक शिक्षक को अपने विद्यार्थियों की क्षमताओं को समझने का प्रयास करना चाहिए, निम्नलिखित में से कौन-सा क्षेत्र इस उद्देश्य के साथ सम्बद्ध है?
(a) शिक्षा-समाजशास्त्र
(b) सामाजिक दर्शन
(c) मीडिया-मनोविज्ञान
(d) शिक्षा-मनोविज्ञान

46. एक शिक्षिका पाठ्य-वस्तु और फल-सब्जियों के कुछ चित्रों का प्रयोग करती है और अपने विद्यार्थियों से चर्चा करती है। विद्यार्थी इस जानकारी को अपने पूर्व ज्ञान से जोड़ते हैं और पोषण की संकल्पना को सीखते हैं। यह उपागम ……… पर आधारित है।
(a) ज्ञान के निर्माण
(b) अधिगम के शास्त्रीय अनुबन्धन
(c) पुनर्बलन के सिद्धान्त
(d) अधिगम के सक्रिय अनुबन्धन

47. शिक्षण-अधिगम प्रक्रिया में व्यक्तिगत रूप से ध्यान देना महत्त्वपूर्ण है, क्योंकि
(a) बच्चों की विकास दर भिन्न होती है और वे भिन्न तरीकों से सीख सकते हैं
(b) शिक्षार्थी हमेशा समूहों में ही बेहतर सीखते हैं
(c) शिक्षक प्रशिक्षण कार्यक्रमों में ऐसा ही बताया गया है
(d) इससे प्रत्येक शिक्षार्थी को अनुशासित करने के लिए शिक्षकों को बेहतर अवसर मिलते हैं

48. निम्नलिखित में से कौन-सा शिक्षक से सम्बन्धित अधिगम को प्रभावित करने वाला कारक है?
(a) विषय-वस्तु में प्रवीणता
(b) बैठने की उचित व्यवस्था
(c) शिक्षण-अधिगम संसाधनों की उपलब्धता
(d) विषय-वस्तु या अधिगम-अनुभवों की प्रकृति

49. बीजों का अंकुरण संकल्पना के शिक्षण की सबसे प्रभावी पद्धति है
(a) विस्तृत व्याख्या करना
(b) विद्यार्थियों द्वारा पौधे के बीज बोना और उसके अंकुरण के चरणों का अवलोकन करना
(c) श्याम पट्ट पर चित्र बनाना और वर्णन करना
(d) बीज की वृद्धि के चित्र दिखाना

50. निम्नलिखित में से कौन-सा सूक्ष्म गतिक कौशल का उदाहरण है?
(a) लिखना
(b) चढ़ना
(c) फुदकना
(d) दौड़ना

51. निम्नलिखित में से अन्त:विषयी अनुदेशन का सर्वोत्कृष्ट लाभ यह है कि
(a) विद्यार्थियों को सीखे गए नए ज्ञान को बहु-सन्दर्भों में अनुप्रयोग करने और सामान्यीकृत करने के अवसर दिए जाते हैं।
(b) प्रकरणों की विविधता, जिन्हें परम्परागत पाठ्यचर्या से सम्बोधित किए जाने की आवश्यकता है, से शिक्षकों के अभिभूत होने की कम सम्भावना होती है।
(c) विद्यार्थियों में विभिन्न विषय-क्षेत्रों के विशेष प्रकरणों के प्रति नापसन्दगी विकसित होने की कम सम्भावना होती है।
(d) पाठ-योजना बनाने और गतिविधियों में शिक्षकों को अधिक लचीलेपन की अनुमति होती है।

52. बच्चों द्वारा की जाने वाली त्रुटियों के सम्बन्ध में निम्नलिखित में से कौन-सा कथन सत्य है?
(a) एक शिक्षक को प्रत्येक त्रुटि पर ध्यान नहीं देना चाहिए अन्यथा पाठ्यक्रम पूरा नहीं होगा
(b) प्रत्येक त्रुटि को सुधारने में बहुत अधिक समय लगेगा तथा एक शिक्षक के लिए थकाने वाला होगा
(c) स्वयं बच्चों द्वारा त्रुटियों को सुधारा जा सकता है इसलिए शिक्षक को उन्हें तुरन्त ही नहीं सुधारना चाहिए
(d) यदि एक शिक्षक कक्षा-कक्ष में सभी बच्चों की त्रुटियों को सुधारने योग्य नहीं है तो यह संकेत करता है कि शिक्षक-शिक्षा की व्यवस्था असफल है

53. एक सशक्त विद्यालय अपने शिक्षकों में निम्नलिखित योग्यताओं में से किसे सर्वाधिक बढ़ावा देगा?
(a) प्रतिस्पर्द्धात्मक अभिवृत्ति
(b) परीक्षण करने की प्रवृत्ति
(c) स्मृति
(d) अनुशासित स्वभाव

54. एक शिक्षक (को)
(a) व्याख्यान पर अधिक ध्यान देना चाहिए और ज्ञान के लिए आधार उपलब्ध कराना चाहिए
(b) शिक्षार्थियों द्वारा की गई त्रुटियों को एक भयंकर भूल के रूप में लेना चाहिए और प्रत्येक त्रुटि के लिए गम्भीर टिप्पणी देनी चाहिए
(c) शिक्षार्थी कितनी बार गलती करने से बचता है इसे सफलता के माप के रूप में लेना चाहिए
(d) जब शिक्षार्थी विचारों को सम्प्रेषित करने की कोशिश कर रहे हों, तो उन्हें ठीक नहीं करना चाहिए

55. बच्चों में सीखने और सुनने के लिए अधिगम-योग्य वातावरण के लिए निम्नलिखित में से कौन उपयुक्त है?
(a) शिक्षार्थियों को यह छूट देना कि क्या सीखना है और कैसे सीखना है?
(b) एक लम्बे समय के लिए निष्क्रिय रूप से सुनना
(c) निरन्तर गृहकार्य देते रहना
(d) सीखने वाले द्वारा व्यक्तिगत कार्य करना

56. यदि एक विद्यार्थी विद्यालय में लगातार निम्नतर श्रेणी प्राप्त करता है, तो उसके अभिभावक को उसकी सहायता हेतु परामर्श दिया जा सकता है कि
(a) वह अध्यापकों की घनिष्ठ संगति में कार्य करे
(b) मोबाइल फोन, चलचित्र, कॉमिक्स, खेल हेतु अतिरिक्त काल पर रोक लगाएँ
(c) जो भली-भाँति शिक्षा नहीं ले पाए उनकी जीवन-सम्बन्धी कठिनाइयों का वर्णन करें
(d) घर पर उसको परिश्रमपूर्वक कार्य करने पर बल दें

57. निम्नलिखित में से कौन-सा तत्त्व कक्षा में अधिगम हेतु सहायक हो सकता है?
(a) बच्चों को अधिगम हेतु प्रेरित करने के लिए परीक्षणों की संख्या को बढ़ा देना
(b) अध्यापकों द्वारा बच्चों की स्वायत्तता को बढ़ावा व सहायता देना
(c) समानता बनाए रखने के लिए किसी एक अनुदेशन पद्धति पर टिके रहना
(d) कालांश की अवधि को 40 मिनट से 50 मिनट तक बढ़ा देना

58. बहुशिक्षण-शास्त्रीय तकनीकें, वर्गीकृत अधिगम सामग्री, बहु-आकलन तकनीकें तथा परिवर्तनीय जटिलता एवं सामग्री का स्वरूप निम्नलिखित में से किससे सम्बद्ध हैं?
(a) सार्वभौमिक अभिगम प्रारूप
(b) उपचारात्मक शिक्षण
(c) विभेदित अनुदेशन
(d) पारस्परिक शिक्षण

59. एक अध्यापक उस बच्चे के साथ परामर्श करते हैं, जिसकी निष्पत्यात्मक प्रगति एक दुर्घटना के पश्चात् अनुकूल नहीं है। निम्नलिखित में से कौन-सी प्रक्रिया विद्यालय में परामर्श के लिए सबसे बेहतर हो सकती है?
(a) यह एक उपशासक उपाय है ताकि लोग अपने को आरामदायक महसूस कर सकें
(b) वह अपने विचारों द्वारा खोज करने हेतु लोगों में आत्मविश्वास का निर्माण करता है
(c) विद्यार्थियों को भविष्य के विकल्पों को चुनने हेतु यह एक अच्छा सम्भावित परामर्श है
(d) इस कार्य को केवल अनुभवी कुशल व्यावसायिक विशेषज्ञ से कराया जा सकता है

60. एक शिक्षिका पाठ को पूर्वपठित पाठ से जोड़ते हुए बच्चों को सारांश लिखना सिखा रही है। वह क्या कर रही है?
(a) वह बच्चों को पाठ समझने की स्वशैली विकसित करने में सहायता कर रही है।
(b) वह बच्चों को सम्पूर्ण पाठ्य-वस्तु को पूर्णरूप से न पढ़ने की आवश्यकता का संकेत दे रही है।

(c) वह आकलन के दृष्टिकोण से पाठ्य-वस्तु के महत्त्व का पुनर्बलित कर रही है।
(d) वह विद्यार्थियों को सामर्थ्यात्मक स्मरण करने को प्रेरित कर रही है।

61. निम्न में से कौन-सा सीखने की शैली का एक उदाहरण है?
(a) चाक्षुष (b) संग्रहण
(c) तथ्यात्मक (d) स्पर्श-सम्बन्धी

62. सिद्धान्त चित्र ········ के द्वारा नवीन अवधारणों की समझ बढ़ाते हैं।
(a) विषय क्षेत्रों के बीच ज्ञान के स्थानान्तरण
(b) विशिष्ट विवरण पर एकाग्रता केन्द्रित करने
(c) अध्ययन के लिए शैक्षणिक विषय-वस्तु की प्राथमिकता तय करने
(d) तर्कपूर्ण ढंग से सूचनाओं को व्यवस्थित करने की योग्यता बढ़ाने

63. निम्नलिखित में से कौन-सा कारक अधिगम को सकारात्मक प्रकार से प्रभावित करता है?
(a) अनुत्तीर्ण हो जाने का भय
(b) सहपाठियों से प्रतियोगिता
(c) अर्थपूर्ण सम्बन्ध
(d) माता-पिता की ओर से दबाव

64. एक प्रभावशाली अध्यापिका होने के लिए यह महत्त्वपूर्ण है
(a) पुस्तक से उत्तरों को लिखाने पर बल देना
(b) समूह गतिविधियों के बजाय वैयक्तिक अधिगम पर ध्यान देना
(c) विद्यार्थियों के द्वारा प्रश्न पूछने के कारण उत्पन्न व्यवधान की अनदेखी करना
(d) प्रत्येक बच्चे के सम्पर्क में रहना

65. बच्चों के अधिगम को सुगम बनाने के लिए अध्यापकों को एक अच्छे कक्षायी परिवेश का सृजन करने की आवश्यकता होती है। इस प्रकार के अधिगम परिवेश का सृजन करने के लिए नीचे दिए गए कथनों में से कौन-सा नहीं है?
(a) बच्चे के प्रयासों को स्वीकृति
(b) अध्यापकों के अनुसार कार्य करना
(c) बच्चे को स्वीकार करना
(d) अध्यापक का सकारात्मक रुख

66. शिक्षार्थियों के ज्ञान अर्जन में सहायता करने के क्रम में अध्यापकों को किस पर ध्यान केन्द्रित करना चाहिए?
(a) सुनिश्चित करना कि शिक्षार्थी सब कुछ याद करते हैं
(b) शिक्षार्थी के द्वारा प्राप्त किए गए अंकों/ग्रेडों पर
(c) शिक्षार्थी को सक्रिय सहभागिता के लिए शामिल करना
(d) शिक्षार्थी के द्वारा अधिगम की अवधारणाओं में कुशलता प्राप्त करना

67. अधिगम अनुभवों को इस प्रकार से आयोजित किया जाना चाहिए, जिससे अधिगम को सार्थक बनाया जा सके। नीचे दिए गए अधिगम अनुभवों में से कौन-सा बच्चों के लिए सार्थक अधिगम को सुगम नहीं बनाता है?
(a) विषय-वस्तु की केवल याद करने के आधार पर पुनरावृत्ति
(b) विषय-वस्तु पर प्रश्न बनाना
(c) प्रकरण पर परिचर्चा और वाद-विवाद
(d) प्रकरण पर प्रस्तुतीकरण

68. बच्चों को समूह कार्य देना एक प्रभावी शिक्षण रणनीति है, क्योंकि
(a) छोटे समूह में कुछ बच्चों को दूसरे बच्चों पर हावी होने की अनुमति होती है
(b) सीखने की प्रक्रिया में बच्चे एक-दूसरे से सीखते हैं और परस्पर सहायता भी करते हैं
(c) बच्चे अपना काम जल्दी करने में समर्थ होते हैं
(d) इससे शिक्षक का काम कम हो जाता है

69. सुरेश सामान्य रूप से एक शान्त कमरे में अकेले पढ़ना चाहता है, जबकि मदन एक समूह में अपने मित्रों के साथ पढ़ना चाहता है। यह उनके ········ में विभिन्नता के कारण है।
(a) अभिक्षमता (b) अधिगम शैली
(c) परावर्तकता-स्तर (d) मूल्यों

70. जटिल परिस्थिति को संसाधित करने में शिक्षक बच्चों की सहायता कर सकता है
(a) प्रतियोगिता को बढ़ावा देकर और सबसे पहले कार्य पूरा करने वाले बच्चे को पुरस्कार देकर
(b) कोई भी सहायता न देकर, जिससे बच्चे अपने आप निर्वाह करना सीखें
(c) उस पर एक भाषण देकर
(d) कार्य को छोटे हिस्सों में बाँटने के बाद निर्देश लिखकर

71. अपने चिन्तन में अवधारणात्मक परिवर्तन लाने हेतु शिक्षार्थियों को सक्षम बनाने के लिए शिक्षक को
(a) उन बच्चों को पुरस्कार देना चाहिए जिन्होंने अपने चिन्तन में परिवर्तित किया है
(b) बच्चों को स्वयं चिन्तन करने के लिए हतोत्साहित करना चाहिए और उनसे कहना चाहिए कि वे शिक्षिका को सुनें और उसका अनुपालन करें
(c) व्याख्यान के रूप में व्याख्या प्रस्तुत करनी चाहिए
(d) स्पष्ट और आश्वस्त करने वाली व्याख्या देनी चाहिए तथा शिक्षार्थियों के साथ चर्चा करनी चाहिए

72. किसी प्रारम्भिक कक्षा में प्रभावशाली शिक्षक का उद्देश्य विद्यार्थियों को उत्प्रेरित करना होगा
(a) रटकर याद करने के लिए जिससे वे प्रत्यास्मरण करने में अच्छे बनें
(b) दण्डात्मक उपायों का प्रयोग करके जिससे वे शिक्षक का सम्मान करें
(c) ऐसे काम करने के लिए जिससे परीक्षा के अन्त में वे अच्छे अंक पा सकें
(d) सीखने के लिए जिससे वे जिज्ञासु बनें और सीखने के लिए ही सीखना पसन्द करें

73. निम्नलिखित में से कौन-सा उदाहरण प्रभावशाली विद्यालय की प्रथा का है?
(a) शारीरिक दण्ड
(b) व्यक्तिसापेक्ष अधिगम
(c) प्रतियोगितात्मक कक्षा
(d) निरन्तर तुलनात्मक मूल्यांकन

उत्तरमाला

1	(b)	2	(d)	3	(a)	4	(d)	5	(c)	6	(b)	7	(b)	8	(d)	9	(c)	10	(c)
11	(d)	12	(c)	13	(a)	14	(b)	15	(d)	16	(a)	17	(a)	18	(d)	19	(a)	20	(a)
21	(a)	22	(d)	23	(b)	24	(a)	25	(a)	26	(a)	27	(a)	28	(d)	29	(a)	30	(a)
31	(d)	32	(c)	33	(a)	34	(c)	35	(d)	36	(d)	37	(a)	38	(a)	39	(b)	40	(d)
41	(d)	42	(a)	43	(c)	44	(c)	45	(d)	46	(a)	47	(a)	48	(a)	49	(b)	50	(a)
51	(a)	52	(d)	53	(a)	54	(d)	55	(a)	56	(a)	57	(b)	58	(c)	59	(b)	60	(a)
61	(a)	62	(d)	63	(c)	64	(d)	65	(b)	66	(c)	67	(a)	68	(b)	69	(b)	70	(d)
71	(d)	72	(d)	73	(c)														

अध्याय 18

बच्चा : एक समस्या-समाधक तथा एक वैज्ञानिक अन्वेषक के रूप में

समस्या-समाधान का अर्थ एवं परिभाषा

समस्या को सुलझाना हमारे दैनिक जीवन का अभिन्न अंग है। हर दिन हम सरल से लेकर जटिल समस्याओं का समाधान करते हैं। कुछ समस्याओं का हल करने में कम समय लगता है और कुछ में अधिक। किसी समस्या का समाधान करने के लिए यदि समुचित साधन उपलब्ध नहीं होते तो समाधान का विकल्प देखना पड़ता है।

किसी भी प्रकार की समस्या का समाधान निकालने में हमारा चिन्तन निर्देशित और केन्द्रित हो जाता है और सही और उपयुक्त निर्णय पर पहुँचने के लिए हम सभी संसाधनों आन्तरित (मन) और बाह्य (दूसरों का समर्थन और सहायता) दोनों का उपयोग करने का प्रयास करते हैं।

उदाहरण के लिए यदि आप एक परीक्षा में अच्छे अंक प्राप्त करना चाहते हैं तो आप परिश्रम से पढ़ाई, शिक्षकों, मित्रों और माता-पिता की सहायता लेते हैं और अन्त में आप अच्छे अंक प्राप्त कर लेते हैं। इस प्रकार समस्या समाधान एक विशिष्ट समस्या से निपटने की दिशा में निर्देशित चिन्तन है।

स्टैनले ग्रे के शब्दों में "समस्या समाधान वह प्रतिमान है, जिसमें तार्किक चिन्तन निहित होता है।"

- समस्या-समाधान (Problem Solving) के अनेक स्तर हैं। कुछ समस्याएँ बहुत सरल होती हैं, जिनको हम बिना किसी कठिनाई के हल कर सकते हैं।
- निर्देशित चिन्तन के तीन तत्त्व हैं समस्या, लक्ष्य और लक्ष्य दिशा में एक कदम। ऐसी दो विधियाँ हैं, जिनका प्रमुख रूप से समस्या समाधान में उपयोग किया जाता है, ये हैं 'मध्यमान-अन्त-विश्लेषण' और 'एल्गोरिद्म' या कलन विधि।

कलन विधि (Algorithm Method) में प्रक्रिया या नियमों का समुच्चय जिसका प्रयोग गणना या अन्य समस्या समाधान संक्रियाओं (operations) में किया जाता है।

- मध्यमान-अन्त-विश्लेषण में विशेष प्रकार की समस्याओं का समाधान करने में एक विशिष्ट प्रकार की प्रक्रिया का चरणबद्ध प्रयोग किया जाता है।
- ह्यूरिस्टिक्स या अन्वेषणात्मक के मामले में व्यक्ति समस्या समाधान के लिए किसी सम्भव नियम या विचार का उपयोग करने के लिए स्वतन्त्र है। इसे अभिसूचक नियम (रूल ऑफ थम्ब) भी कहा जाता है।

बच्चा : एक समस्या-समाधक के रूप में

स्कूली जीवन में एक बच्चे के समक्ष अनेकों समस्याएँ आती हैं तथा उनका समाधान भी उसे ही ढूँढना होता है। बच्चों को इस स्तर के योग्य बनाने के लिए आवश्यक है कि उसका व्यक्तिगत विकास किया जाए जिससे कि वह सभी प्रकार की परिस्थितियों का सही ढंग से सामना कर सके। बच्चे को समस्या-समाधक के रूप में बनाने के लिए निम्नलिखित गुणों का विकास किया जा सकता है

- बच्चे में आत्म पहचान का गुण विकसित करके तथा अपनी कमियों को स्वीकार करना तथा दूर करना सिखाकर बच्चे को स्वावलम्बी बनाने के लिए प्रोत्साहित करके बच्चे में भाषा का विकास करके।
- बालकों में चिन्तन एवं तर्क का विकास प्रायोगिक स्तर पर करना चाहिए। बालकों को समस्या समाधान करने पर उन्हें पुरस्कृत करना चाहिए। बच्चे को बार-बार प्रयास करके तथा बालकों में भाषा कौशल का विकास किया जाना चाहिए।

बच्चा : एक वैज्ञानिक अन्वेषक के रूप में

जब बालक अपने ज्ञान और अनुभव के माध्यम से किसी समस्या के प्रत्येक पहलू को जानने लगता है तथा स्वयं ही समस्या का समाधान खोज लेता है तब बच्चे में एक वैज्ञानिक अन्वेषक के गुण आने लगते हैं तथा वह अपनी समस्याओं का स्वयं समाधान करने लगता है।

बच्चों को वैज्ञानिक अन्वेषक के रूप में विकास के लिए निम्नलिखित गुणों का विकास किया जा सकता है

- **बच्चों के समक्ष छोटी-छोटी समस्याएँ रखकर** (To insert small problems in front of Children) बच्चों में एक वैज्ञानिक अन्वेषक बनने के लिए यह आवश्यक है कि उसे यह जानकारी हो कि समस्या क्या है?

इसके लिए बच्चों के समक्ष छोटी-छोटी समस्याओं को रखकर उनसे समस्या के विषय में पूछा जा सकता है।

- **बच्चों को सम्भावित समाधानों के निर्माण हेतु प्रेरित करके** (To motivate children for the formation of the possible solution) बच्चों को समस्या देकर उस समस्या से सम्बन्धित समाधान हेतु उपाय बताने के लिए प्रेरित करना चाहिए, जिससे बच्चों में समस्या को स्वयं हल करने के गुण विकसित हो सकें।
- **बच्चे के द्वारा बताए गए सम्भावित समाधानों का परीक्षण करके** (To test the possible solution formulated by the Children) एक शिक्षक को बच्चे में वैज्ञानिक अन्वेषक के गुण विकसित करने के लिए बच्चे द्वारा समस्या पर बताए गए समाधानों का परीक्षण करना अत्यन्त आवश्यक है कि बच्चा समस्या का समाधान सही दिशा में कर भी रहा है अथवा नहीं।

समस्या-समाधान की वैज्ञानिक विधि

स्किनर के अनुसार, समस्या-समाधान की वैज्ञानिक विधि में निम्नलिखित सात सोपानों का अनुसरण किया जाता है

1. **समस्या को समझना** (To Understand the Problem) आरम्भ में बालक पहले समस्या को समझता है, तब उसके समाधान के बारे में सोचता है।
2. **जानकारी संग्रह** (Information Collecting) बालक समस्या से सम्बन्धित समस्त जानकारी एकत्र करता है, क्योंकि समस्या समाधान के लिए जानकारी का होना बहुत जरूरी है।
3. **सम्भावित समाधानों का मूल्यांकन** (Evaluation of Possible Solutions) इस सन्दर्भ में बालक सभी समाधानों का मूल्यांकन कर यह सोचता है कि कौन-सी समस्या का समाधान असफल हुआ।
4. **सम्भावित समाधानों का निर्माण** (Formulation of Possible Solutions) पूर्व अनुभव के आधार पर बालक सभी समाधानों का निर्माण करना आरम्भ कर देता है।
5. **समाधान का प्रयोग** (Implementation of Solutions) जिस प्रक्रिया से बालक किसी पूर्व समस्या का हल निकालता है, वह उस प्रक्रिया को अन्य समस्याओं के समाधान में भी प्रयोग करता है।
6. **सम्भावित समाधानों का परीक्षण** (Examine of Solvings) बालक समस्या का समाधान करने के लिए जो-जो विधि अपनाता है, वह उसका परीक्षण करता है तथा उनकी एक बेहतर विधि को अपनाता है।
7. **निष्कर्षों का निर्णय** (Decision of Conclusions) इस सन्दर्भ में बालक निष्कर्षों के बारे में सोचता है। वह एक अन्तिम निष्कर्ष पर पहुँचता है कि कौन-सा समस्या समाधान उसके लिए उत्तम है।

बच्चों का वैज्ञानिक अन्वेषक के रूप में विकास क्यों?

- इससे बालक अपने **संज्ञानात्मक** स्तर के अनुरूप विज्ञान के तथ्यों व धारणाओं को समझने और इसे प्रयुक्त करने के योग्य हो जाएगा।
- बालक उन तरीकों और प्रक्रियाओं को समझ सके, जिससे वैज्ञानिक ज्ञान का सृजन किया जा सके तथा इसका वैधीकरण भी किया जा सके।
- बालक विज्ञान के ऐतिहासिक एवं विकास सम्बन्धी परिप्रेक्ष्यों को समझ सके। साथ ही विज्ञान को एक सामाजिक उद्यम की तरह देख सके।
- बालक खुद को स्थानीय तथा वैश्विक परिवेश से जोड़ सके और विज्ञान, प्रौद्योगिकी और समाज के बीच की अन्त:क्रिया से त्वरित उपजे मुद्दों को समझ सके।
- बालक रोजगार की दुनिया में स्वयं को स्थापित करने के लिए आवश्यक सैद्धान्तिक और व्यावहारिक कुशलता हासिल कर सके।
- बालक अपनी स्वाभाविक जिज्ञासा, सौन्दर्य बोध और रचनात्मकता से विज्ञान व प्रौद्योगिकी को परिभाषित कर सके।
- बालक ईमानदारी, सत्यनिष्ठा, सहयोग, जीवन के प्रति सरोकार और पर्यावरण सुरक्षा जैसे मूल्यों की महत्ता समझ सके।
- बालक 'वैज्ञानिक स्वभाव' विकसित करना सीख जाए, जिससे हमारा मतलब है—वस्तुनिष्ठता, आलोचनात्मक सोच (सकारात्मक एवं नकारात्मक पक्ष) और भय एवं अन्धविश्वास से मुक्ति।

अभ्यास प्रश्न

1. इरफान खिलौनों को तोड़ता है और उसके पुर्जों को देखने के लिए उन्हें अलग-अलग कर देता है। आप क्या करेंगे?
(a) उस पर हमेशा नजर रखेंगे।
(b) उसके जिज्ञासु स्वभाव को प्रोत्साहित करेंगे और उसकी ऊर्जा को सही दिशा में संचरित करेंगे
(c) उसे समझाएँगे कि खिलौनों को तोड़ना नहीं चाहिए
(d) इरफान को खिलौनों से कभी भी नहीं खेलने देंगे

2. कोई बच्चा अपने द्वारा निश्चित की गई सर्वोत्तम विधि का प्रयोग करता है
(a) समस्या समाधान के लिए
(b) स्कूल छोड़कर भाग जाने के लिए
(c) एक पक्षीय चिन्तन के लिए
(d) उपरोक्त सभी

3. चिन्तन तथा तर्क का उद्देश्य है
(a) समस्या को जटिल बनाना
(b) संवेग को समाप्त करना
(c) समस्या का समाधान करना
(d) संज्ञान का अन्त करना

4. "समस्या समाधान वह प्रतिमान है, जिसमें तार्किक चिन्तन निहित होता है।" निम्न में से यह कथन किसका है?
(a) स्टेनले (b) स्किनर
(c) पियाजे (d) पावलॉव

5. एक बालक द्वारा किसी समस्या का समाधान करने के लिए निम्न में से कौन-सा गुण होना आवश्यक है?
A. भाषा विकास
B. स्वावलम्बी
C. बार-बार प्रयास करने की आदत
(a) A और B (b) A और C
(c) B और C (d) ये सभी

6. किसी समस्या के सम्भावित समाधानों का परीक्षण कहाँ किया जाता है?
(a) प्रयोगशाला में
(b) कहीं पर भी
(c) विद्यालय में
(d) घर पर

7. आपकी कक्षा का एक बच्चा किसी समस्या को समझने का प्रयास कर रहा है। आप उस बच्चे के विषय में क्या कहेंगे?
(a) बच्चा सामान्य सोच वाला है।
(b) बच्चे की बुद्धि-लब्धि 70 से कम है।
(c) बच्चे में वैज्ञानिक सोच का विकास हो रहा है।
(d) बच्चे का मन पढ़ाई में न लगकर इधर-उधर की बातों में लगा रहता है।

8. एक बच्चा अपने खिलौनों को तोड़कर उन्हें पुन: नए तरीके से जोड़कर कई प्रकार की वस्तुएँ बना लेता है। उस बालक के सन्दर्भ में आपकी राय क्या है?
(a) उसे ऐसा करने से रोका जाना चाहिए ताकि उसका ध्यान पढ़ाई में लगे।
(b) बच्चे में वैज्ञानिक अन्वेषक के गुण हैं एवं इसमें विकास के लिए उसे प्रोत्साहित किया जाना चाहिए।
(c) बच्चे की शिकायत उसके अभिभावकों से की जानी चाहिए ताकि वे उसे खिलौना न दें।
(d) बच्चे की शिकायत प्रिन्सिपल से की जानी चाहिए कि वह खेलता रहता है।

9. एक बच्चा माचिस के खाली डिब्बों से कई प्रकार की वस्तुएँ बनाकर खेलता है। उस बच्चे के सन्दर्भ में आपकी राय क्या है?
(a) उसमें वैज्ञानिक अन्वेषक के गुणों का विकास हो रहा है
(b) वह पढ़ने से कतराता है एवं खेलते रहता है
(c) उसके माता-पिता उसकी पढ़ाई पर ध्यान नहीं देते
(d) उसे खेल से दूर कर पढ़ाई में लगाने की आवश्यकता है

10. बालक में वैज्ञानिक अन्वेषक के गुणों का विकास क्यों किया जाना चाहिए?
(a) उसे खेलों से दूर करने के लिए
(b) उसमें 'वैज्ञानिक स्वभाव' विकसित करने के लिए
(c) उसे पढ़ाई में व्यस्त रखने के लिए
(d) उसे शरारत करने से रोकने के लिए

11. जब कोई बच्चा अपनी समस्या का समाधान स्वयं करने लगता है, तो उसमें निम्न में से कौन-सा गुण विकसित हो जाता है?
(a) वैज्ञानिक अन्वेषक का
(b) प्रतिशोध का
(c) ईर्ष्या का
(d) समस्या का

12. बच्चों में वैज्ञानिक सोच का विकास करने के लिए आवश्यक घटक है
A. बच्चों के समक्ष छोटी-छोटी समस्याएँ रखी जाएँ।
B. बच्चों के द्वारा किए गए सम्भावित समाधानों का परीक्षण किया जाए।
C. बच्चों को सम्भावित समाधानों के निर्माण हेतु प्रेरित किया जाए।
(a) केवल A
(b) केवल B
(c) केवल C
(d) उपरोक्त सभी

13. स्किनर ने समस्या समाधान की वैज्ञानिक विधि को कितने भागों में बाँटा है?
(a) 8 (b) 5 (c) 6 (d) 7

14. बच्चों के सीखने की प्रक्रिया में इनमें से किसका महत्त्वपूर्ण योगदान है?
(a) केवल माता-पिता
(b) केवल शिक्षक
(c) माता-पिता एवं शिक्षक
(d) केवल मित्र

15. निम्नलिखित में से कौन-सी समस्या-समाधान की वैज्ञानिक पद्धति का पहला चरण है?
(a) प्राक्कल्पना का निर्माण करना
(b) प्राक्कल्पना का परीक्षण करना
(c) समस्या के प्रति जागरूकता
(d) प्रासंगिक जानकारी को एकत्र करना

16. शिक्षक .... के अलावा निम्नलिखित सभी को करते हुए समस्या-समाधान को विद्यार्थियों के लिए मजेदार बना सकता है।
(a) जब विद्यार्थी स्वयं से कोई कार्य करने की कोशिश कर रहे हों तो उनसे परिपूर्णता की अपेक्षा करने
(b) मुक्त अन्त वाली सामग्री उपलब्ध कराने
(c) मुक्त खेल के लिए समय देने
(d) सृजनात्मक चिन्तन के लिए असीमित अवसर उपलब्ध कराने

17. निम्नलिखित में से कौन-सी विशेषता समस्या-समाधान उपागम का विशेष चिह्न है?
(a) सही उत्तर प्राप्त करने का सामान्यतः एक उपागम होता है।
(b) समस्या केवल एक सिद्धान्त/प्रकरण पर आधारित होती है।
(c) समस्या कथन में संकेत अन्तर्निहित रूप से दिया होता है।
(d) समस्या मौलिक होती है।

18. .... के अतिरिक्त निम्नलिखित समस्या समाधान की प्रक्रिया के चरण हैं?
(a) परिणामों की आशा करना
(b) समस्या की पहचान
(c) समस्या का छोटे हिस्सों में बाँटना
(d) संभावित युक्तियों को खोजना

19. निम्नलिखित में से समस्या-समाधान को क्या बाधित नहीं करता?
(a) अन्तर्दृष्टि (Insight)
(b) मानसिक प्रारूपता (Mental sets)
(c) मोर्चाबन्दी (Entrenchment)
(d) निर्धारण (Fixation)

20. अध्यापिका ने ध्यान दिया कि पुष्पा अपने-आप किसी एक समस्या का समाधान नहीं कर सकती है। फिर भी वह एक वयस्क या साथी के मार्गदर्शन की उपस्थिति में ऐसा करती है। इस मार्गदर्शन को कहते हैं
(a) पार्श्वकरण
(b) पूर्व-क्रियात्मक चिन्तन
(c) समीपस्थ विकास का क्षेत्र
(d) सहारा देना

21. जब शिक्षार्थियों को समूह में किसी समस्या पर चर्चा का अवसर दिया जाता है, तब उनके सीखने का वक्र
(a) बेहतर होता है (b) स्थिर रहता है
(c) अवनत होता है (d) समान रहता है

22. बच्चों के बारे में निम्नलिखित कथनों में से कौन से सही हैं?
A. बच्चे जानकारी के निष्क्रिय प्राप्तकर्ता हैं।
B. बच्चे समस्या समाधानकर्ता हैं।
C. बच्चे वैज्ञानिक शोधकर्ता हैं।
D. बच्चे पर्यावरण के सक्रिय अन्वेषक हैं।
(a) B, C और D
(b) A, B, C और D
(c) A, B और C
(d) A, B और D

उत्तरमाला

1	(b)	2	(a)	3	(c)	4	(a)	5	(d)	6	(b)	7	(c)	8	(b)	9	(a)	10	(b)
11	(a)	12	(d)	13	(c)	14	(c)	15	(c)	16	(a)	17	(c)	18	(c)	19	(a)	20	(d)
21	(a)	22	(a)																

अध्याय 19

बच्चों में अधिगम की वैकल्पिक अवधारणाएँ

अधिगम का अर्थ

अधिगम (Learning) का अर्थ होता है—सीखना

अधिगम एक प्रक्रिया है, जो जीवन-पर्यन्त चलती रहती है एवं जिसके द्वारा हम कुछ ज्ञान अर्जित करते हैं या जिसके द्वारा हमारे व्यवहार में परिवर्तन होता है। जन्म के तुरन्त बाद से ही व्यक्ति सीखना प्रारम्भ कर देता है।

अधिगम व्यक्तित्व के सर्वांगीण विकास में सहायक होता है। इसके द्वारा जीवन के लक्ष्यों को प्राप्त करने में सहायता मिलती है।

क्रो एवं क्रो के अनुसार, सीखना आदतों, ज्ञान एवं अभिवृत्तियों का अर्जन है। इसमें कार्यों को करने के नवीन तरीके सम्मिलित हैं और इसकी शुरूआत व्यक्ति द्वारा किसी भी बाधा को दूर करने अथवा नवीन परिस्थितियों में अपने समायोजन को लेकर होती है।

इसके माध्यम से व्यवहार में उत्तरोतर परिवर्तन होते रहते हैं तथा यह व्यक्ति को अपने अभिप्राय अथवा लक्ष्य को पाने में समर्थ बनाती है।

अधिगम की विशेषताएँ

मनोवैज्ञानिकों ने अधिगम की निम्नलिखित विशेषताएँ बताई हैं

- अधिगम सार्वभौमिक होता है।
- अधिगम जीवनपर्यन्त चलता रहता है।
- अधिगम विकास की प्रक्रिया है।
- अधिगम परिवर्तन का माध्यम है।
- अधिगम अनुकूलन है।
- अधिगम अनुभवों का संगठन है।

अधिगम के माध्यम

मनोवैज्ञानिकों ने अधिगम माध्यमों (Medium of Learning) को दो भागों में बाँटा है

1. **औपचारिक अधिगम** (Formal Learning) (कक्षा, क्षेत्र) बालक, स्कूल में अध्यापक, पाठ्यपुस्तक तथा खेल एवं अन्य विविध कार्यों में भाग लेकर सीखने की प्रक्रिया से गुजरता है यह प्रणाली सीखने की औपचारिक प्रणाली कहलाती है।
2. **अनौपचारिक अधिगम** (Informal Learning) (परिवार, मित्र तथा समाज) कोई भी बालक अपने परिवार के सदस्यों, मित्र समूह तथा समाज से हमेशा कुछ-न-कुछ सीखता रहता है। सीखने की यह प्रक्रिया बालक को सामाजिक समायोजन (Adjustment) में काफी मदद करती है। बालक समाज में स्थापित नियम, रूढ़ि तथा पूर्वाग्रह ये सभी अनौपचारिक माध्यम से सीखता है।

अधिगम की वैकल्पिक अवधारणाएँ

अधिगम की आधुनिक वैकल्पिक अवधारणाओं को निम्नलिखित दो मुख्य श्रेणियों में विभक्त किया जा सकता है

व्यवहारवादी साहचर्य सिद्धान्त

विभिन्न **उद्दीपनों** (Stimulas) के प्रति सीखने वाले की विशेष अनुक्रियाएँ होती हैं। इन उद्दीपनों तथा अनुक्रियाओं के साहचर्य से उसके व्यवहार में जो परिवर्तन आते हैं उनकी व्याख्या करना ही इस सिद्धान्त का उद्देश्य होता है। इस प्रकार के सिद्धान्तों के अन्तर्गत **थॉर्नडाइक**, **वाटसन** और **पावलॉव** तथा **स्किनर** के अधिगम सिद्धान्त आते हैं।

थॉर्नडाइक का प्रयास एवं त्रुटि सिद्धान्त

- थॉर्नडाइक के अधिगम के सिद्धान्त को प्रयास एवं त्रुटि का सिद्धान्त, उद्दीपन-अनुक्रिया का सिद्धान्त, संयोजनवाद सिद्धान्त तथा अधिगम का सम्बन्ध सिद्धान्त इत्यादि नामों से जाना जाता है।
- थॉर्नडाइक ने अपने अधिगम सिद्धान्त से सम्बन्धित प्रयोग एक बिल्ली पर किया। उसने एक भूखी बिल्ली को एक विशेष प्रकार के सन्दूक में बन्द कर दिया। इस सन्दूक का दरवाजा एक खटके अथवा चटकनी के दबने से खुलता था। सन्दूक के बाहर मछली का एक टुकड़ा इस प्रकार रखा कि अन्दर से बिल्ली को वह स्पष्ट दिखाई पड़ता रहे। भूखी बिल्ली के लिए मछली का टुकड़ा एक उद्दीपन (Stimulus) का कार्य करता था। उस

टुकड़े को देखकर सन्दूक में बन्द बिल्ली ने अनुक्रिया प्रारम्भ कर दी। बिल्ली ने बाहर निकलने के कई प्रयत्न किए। काफी देर तक बिल्ली सन्दूक के अन्दर ही उछलती-कूदती रही तथा उसके अनेक अनुक्रियाएँ प्रयत्न तथा भूल के आधार पर कीं। एक बार संयोगवश बिल्ली का पंजा सन्दूक के दरवाजे पर पड़ा और वह खुल गया। बिल्ली ने बाहर रखा हुआ मछली का टुकड़ा खा लिया।

- थॉर्नडाइक ने उपरोक्त प्रयोग को दोहराया। उसने उसी बिल्ली को भूखा रखकर उसी सन्दूक में बन्द कर दिया। बिल्ली ने फिर पहले जैसे अनुक्रिया प्रारम्भ की तथा संयोगवश उसका पंजा फिर सन्दूक के दरवाजे पर पड़ा और वह बाहर निकलकर मछली का टुकड़ा पाने में कामयाब हो गई। इसी प्रकार थॉर्नडाइक ने इस प्रयोग को कई बार दोहराया। जैसे-जैसे प्रयोग की संख्या बढ़ती गई वैसे-वैसे ही बिल्ली कम प्रयास तथा कम भूल करती हुई बाहर निकलती रही एवं बिल्ली की गलत अनुक्रियाओं में कमी होती रही। अन्त में एक समय ऐसा आया कि बिल्ली बिना कोई भूल किए सन्दूक का दरवाजा खोलना सीख गई।

उपरोक्त प्रयोगों के आधार पर थॉर्नडाइक ने अधिगम के प्रयास एवं त्रुटि के सिद्धान्त का प्रतिपादन किया। इसके अनुसार सीखने की प्रक्रिया में व्यक्ति गलतियाँ कर सकता है, किन्तु बार-बार किए गए प्रयासों के बाद वह सीखने में सफल हो जाता है। इस प्रक्रिया में उद्दीपक की भी प्रमुख भूमिका होती है, उद्दीपक व्यक्ति को सीखने के लिए प्रेरित करता है।

थॉर्नडाइक ने अपने सिद्धान्त में वर्णन किया कि सही अनुक्रिया वह अनुक्रिया है जिसके करने के बाद पुनर्बलन विद्यार्थी को मिलता है। थॉर्नडाइक के उद्दीपन अनुक्रिया पुनर्बलन के सिद्धान्त के तीन महत्त्वपूर्ण नियम तथा पाँच सहायक नियम दिए हैं, जो निम्न प्रकार हैं

(i) **पुनर्बलन के सिद्धान्त के तीन महत्त्वपूर्ण** (प्राथमिक) **नियम**

तत्परता का नियम | अभ्यास का नियम

प्रभाव का नियम

(ii) **पुनर्बलन के सिद्धान्त के पाँच सहायक नियम**

बहुक्रिया का नियम | रुचि या मनोवृत्ति का नियम

तत्त्व प्रबलता का नियम | सादृश्य अनुक्रिया का नियम

साहचर्यात्मक स्थानान्तरण

प्रयास एवं त्रुटि (Trial and Error) के सिद्धान्त का शैक्षिक महत्त्व

- शिक्षक इस सिद्धान्त के द्वारा ही समझते हैं कि बालक विभिन्न कौशलों को सीखने की प्रक्रिया में गलतियाँ कर सकते हैं।
- इस सिद्धान्त के आधार पर बालकों को सीखने के लिए अभिप्रेरित करने पर जोर दिया जाता है।
- इस सिद्धान्त के आधार पर बार-बार के अभ्यास से बालक की आदतों में सुधार किया जा सकता है एवं उसकी गलतियों को कम किया जा सकता है।
- यह सिद्धान्त बताता है कि सीखने हेतु कार्य को दोहराना आवश्यक है।

वाटसन एवं पावलॉव का शास्त्रीय अनुबन्ध का सिद्धान्त

वाटसन का प्रयोग

- वाटसन नामक मनोवैज्ञानिक ने स्वयं अपने 11 माह के पुत्र अलबर्ट के साथ एक प्रयोग किया। उसे खेलने के लिए एक खरगोश दिया। बच्चे को उस खरगोश के नरम-नरम बालों पर हाथ फेरना अच्छा लगता था। वाटसन ने बच्चे को कुछ दिनों तक ऐसा करने दिया।
- कुछ समय पश्चात् वाटसन ने ऐसा किया कि जब बच्चा खरगोश को छूता था वह (वाटसन) एक तरह की डरावनी आवाज पैदा करने लगता था। ऐसा वाटसन ने कुछ दिनों तक किया। परिणाम यह हुआ कि डरावनी आवाज के न किए जाने पर भी बच्चे को खरगोश को देखने से ही डर लगने लगा।
- इस तरह भय की अनुक्रिया खरगोश (कृत्रिम उद्दीपन) के साथ अनुबन्धित हो गई और इस अनुबन्धन के फलस्वरूप उसने खरगोश से डरना सीख लिया।
- प्रयोग को आगे बढ़ाने पर देखा गया कि बच्चा खरगोश से ही नहीं बल्कि ऐसी सभी चीजों से डरने लगा, जिसमें खरगोश के बाल जैसी-नरमी और कोमलता हो।

पावलॉव का प्रयोग

- पावलॉव ने अपने प्रयोग में एक कुत्ते को भूखा रख कर उसे प्रयोग करने वाली मेज के साथ बाँध दिया। उसने उस कुत्ते की लार ग्रन्थियों का ऑपरेशन कर दिया था, जिससे कि उसकी लार (Saliva) की बूँदों को परखनली में एकत्रित कर लार की मात्रा मापी जा सके।
- उसने स्वत:चालित यान्त्रिक उपकरणों की सहायता से कुत्ते को भोजन देने की व्यवस्था की। घण्टी बजने के साथ ही कुत्ते के सामने भोजन प्रस्तुत हो जाता था। भोजन को देखकर कुत्ते के मुँह में लार आना स्वाभाविक था। इस लार को पाइप से जुड़े एक परखनली में एकत्रित कर लिया जाता था। इस प्रयोग को कई बार दोहराया गया और एकत्रित लार की मात्रा का माप लिया जाता रहा।
- प्रयोग के आखिरी चरण में भोजन न देकर केवल घण्टी की व्यवस्था में भी कुत्ते के मुँह से लार टपकी, जिसकी मात्रा का माप किया गया। इस प्रयोग के द्वारा यह देखने को मिला कि भोजन सामग्री जैसे प्राकृतिक उद्दीपन के अभाव में भी घण्टी बजने जैसी कृत्रिम उद्दीपन के प्रभाव से कुत्ते ने लार टपकाने जैसी स्वाभाविक अनुक्रिया व्यक्त की। कुत्ते ने यह सीखा था कि जब घण्टी बजती है तब खाना मिलता है। सीखने के इसी प्रभाव के कारण घण्टी बजने पर उसके मुँह से लार निकलना प्रारम्भ हो जाता था।

उपरोक्त प्रयोगों के आधार पर मनोवैज्ञानिकों ने यह निष्कर्ष निकाला कि जब किसी क्रिया को बार-बार दोहराया जाता है, तो अस्वाभाविक उद्दीपक भी वही प्रतिक्रिया देने लगता है, जो स्वाभाविक उद्दीपक देता है।

इसे पावलॉव का अनुबन्ध अनुक्रिया सिद्धान्त या शास्त्रीय अनुबन्ध के सिद्धान्त के नाम से जाना जाता है।

शास्त्रीय अनुबन्ध के सिद्धान्त का शैक्षिक महत्त्व

- **स्वभाव निर्माण** (Nature Builder) उपरोक्त सिद्धान्त के आधार पर बालक में भय, प्रेम एवं घृणा के भाव आसानी से उत्पन्न किए जा सकते हैं।
- **अभिवृत्ति का विकास** (Development of Attitude) बालक में विशेष प्रकार की अभिवृत्ति के विकास में उपरोक्त सिद्धान्त शिक्षकों की सहायता करता है।
- **मानसिक एवं संवेगात्मक अस्थिरता का उपचार** मानसिक एवं संवेगात्मक रूप से अस्थिर बालकों के उपचार में भी उपरोक्त सिद्धान्त प्रभावकारी साबित होता है।

स्किनर का सक्रिय अनुबन्ध का सिद्धान्त

स्किनर ने अधिगम के जिस सिद्धान्त का प्रतिपादन किया उसे सक्रिय अनुबन्धन का सिद्धान्त कहा जाता है। सक्रिय अनुबन्धन से अभिप्राय एक ऐसी अधिगम प्रक्रिया से है, जिसके द्वारा सक्रिय व्यवहार को सुनियोजित **पुनर्बलन** (Reinforcement) द्वारा पर्याप्त बल मिल जाने के कारण वांछित रूप में जल्दी-जल्दी पुनरावृत्ति होती रहती है और सीखने वाला अन्त में सिखाने वाले की इच्छा के अनुरूप व्यवहार करने में समर्थ हो जाता है।

इस सिद्धान्त क साधनात्मक अनुबन्ध या क्रिया प्रसूत अनुबन्ध का सिद्धान्त भी कहा जाता है।

स्किनर ने अपने अधिगम के सिद्धान्त के प्रतिपादन हेतु सन् 1930 में सफेद चूहों पर एक प्रयोग किया तथा इसके लिए उसने एक विशेष प्रकार का बॉक्स लिया, जिसे स्किनर बक्सा कहते हैं।

इस बक्से में एक छोटा-सा मार्ग था जिसमें एक लीवर लगा हुआ था जिसका सम्बन्ध एक प्याली से था। इस लीवर को दबाने से खट की आवाज होती थी तथा उस प्याली में खाने का एक टुकड़ा आ जाता था।

चूहा जब इस बक्से में उस मार्ग से छोड़ा जाता था, तो लीवर पर उसका पैर पड़ने से खट की आवाज होती थी तथा वह आवाज को सुनकर उसकी ओर बढ़ता था, जिससे अन्दर रखी प्याली में उसे खाने का टुकड़ा मिल जाता था।

वह खाना उस चूहे के लिए पुनर्बलन का कार्य करता था तथा इस बक्से में इस प्रकार की व्यवस्था थी कि उसमें अन्य किसी प्रकार का शोर नहीं होता था तथा इस क्रिया को बार-बार दोहराया गया।

खाना चूहे की लीवर दबाने की क्रिया को बल प्रदान करता था। इस क्रिया में चूहा भूखा होने के कारण अधिक सक्रिय रहता था।

स्किनर के सक्रिय अनुबन्ध का शैक्षणिक महत्त्व

- स्किनर के सिद्धान्त के आधार पर पाठ्य-वस्तु को छोटे-छोटे पदों में बाँटने पर बल दिया जाता है, जिससे अधिगम शीघ्र एवं प्रभावकारी हो जाता है।
- छात्रों के व्यवहार को वांछित स्वरूप तथा दिशा प्रदान करने में यह सिद्धान्त शिक्षकों की सहायता करता है। यह सिद्धान्त बताता है कि यदि छात्रों को उनके प्रयासों के परिणाम का ज्ञान करा दिया जाए तो विद्यार्थी अपने कार्य में अधिक उन्नति कर सकते हैं।
- इस सिद्धान्त का प्रयोग अभिक्रमित अधिगम के लिए किया गया है।
- सक्रिय अनुबन्धन में पुनर्बलन का अत्यधिक महत्त्व है। पुनर्बलन के अनेक रूप हो सकते हैं, जैसे—दण्ड, पुरस्कार, परिणाम का ज्ञान इत्यादि।

ज्ञानात्मक व क्षेत्र संगठनात्मक सिद्धान्त

अधिगम का यह सिद्धान्त सीखने की प्रक्रिया में उद्देश्य, अन्तर्दृष्टि और सूझ-बूझ के महत्त्व को प्रदर्शित करता है। इस प्रकार के सिद्धान्तों के अन्तर्गत वर्दैमीअर, कोह्लर एवं लेविन के अधिगम सिद्धान्त आते हैं।

कोह्लर का अन्तर्दृष्टि का सिद्धान्त

- अन्तर्दृष्टि अर्थात् सूझ-बूझ के द्वारा सीखने का सिद्धान्त गेस्टाल्टवादी मनोवैज्ञानिकों की देन है। इन मनोवैज्ञानिकों में वर्दैमीअर, कोह्लर, कोफ्फका और लेविन के नाम विशेष रूप से उल्लेखनीय हैं। गेस्टाल्ट एक जर्मन शब्द है, जिसका अर्थ होता है एक आकृति को पूर्णता या समग्रता के रूप में लेना। गेस्टाल्टवादी सिद्धान्त को प्रतिपादित करने के लिए कोह्लर ने एक प्रयोग किया।
- कोह्लर ने एक कमरे में सुल्तान नामक एक भूखे चिम्पैंजी को बंद कर दिया तथा उसने कमरे की छत में कुछ केले टाँग दिए, जो उस भूखे चिम्पैंजी की पहुँच के बाहर थे। कोह्लर ने कमरे में तीन-चार खाली बक्से भी डाल दिए। बार-बार प्रयास करने के बावजूद भी चिम्पैंजी केलों को प्राप्त करने में असफल रहा, तभी उसकी नजर बक्सों पर गई तथा उसने बक्सों को एक के ऊपर एक रखते हुए केलों को प्राप्त कर लिया।
- एक अन्य प्रयोग में उसने कमरे में बक्से की जगह तीन-चार छड़ियाँ रखी। चिम्पैंजी इस बार भी छड़ियों को आपस में जोड़कर केलों को प्राप्त करने में सफल रहा। अतः बार-बार प्रयोगों को दुहराने के क्रम में उसने पाया कि प्रत्येक बार चिम्पैंजी अपनी कोशिशों में सफल रहा।
- उपरोक्त प्रयोगों के आधार पर यह निष्कर्ष निकाला गया कि चिम्पैंजियों ने परिस्थितियों का अपने समग्र रूप में प्रत्यक्षीकरण किया। परिस्थितियों में उपलब्ध सामग्री तथा समस्या के हर पहलू का गम्भीरतापूर्वक विश्लेषण कर उचित सम्बन्ध स्थापित करने की चेष्टा की। अन्त में समस्याओं और उनसे सम्बन्धित पहलुओं को तुरन्त ही समझ कर उनका हल उनके मस्तिष्क में अचानक ही कौंध गया।

अन्तर्दृष्टि सिद्धान्त (Insight Theory) की शैक्षिक उपयोगिता

- जब कुछ पढ़ाया जाए अथवा कुछ सीखने के लिए कहा जाए, तो उसे अपने समग्र रूप में ही बच्चों के सामने प्रस्तुत किया जाए। बालकों के बौद्धिक विकास हेतु उनकी अन्तर्दृष्टि अथवा सूझ-बूझ बहुत सहायक होती है। इसलिए इस विधि के द्वारा अधिक-से-अधिक कार्यों को करने के लिए बालकों को प्रोत्साहित करना चाहिए।
- पाठ्यक्रम के निर्माण में सूझ-बूझ अथवा अन्तर्दृष्टि प्रक्रिया को ध्यान में रखकर पाठ्यक्रम के विभिन्न अंगों को एकीकृत किया जाता है। यदि सीखने से होने वाले लाभों का पहले से पता चल जाए, तो बालक अपनी बुद्धि तथा सूझ-बूझ का भरपूर प्रयोग करेगा।

कर्ट लेविन का क्षेत्र सिद्धान्त

लेविन के अधिगम सम्बन्धी क्षेत्र सिद्धान्त का आधार वातावरण में व्यक्ति की स्थिति है। इस सिद्धान्त के अनुसार सीखना अथवा अधिगम एक सापेक्षिक प्रक्रिया है जिसके द्वारा सीखने वाले में नवीन अन्तर्दृष्टि का विकास होता है अथवा पुरानी में परिवर्तन होता है। व्यक्ति के व्यवहार को समझने हेतु व्यक्ति की स्थिति को उद्देश्यों से सम्बन्धित मानचित्र में निर्धारित करने तथा प्रयत्नों की जानकारी आवश्यक है।

इस सिद्धान्त के चार मुख्य तत्त्व हैं शक्ति, अभिप्रेरणा, जीवन विस्तार एवं अवरोध।

शक्ति (Strength) व्यक्ति अपने जीवन में सदैव उद्देश्यों से प्रेरणा ग्रहण करता है। उद्देश्य कभी सकारात्मक तो कभी नकारात्मक होता हैं। सकारात्मक उद्देश्य वे होते हैं, जिनसे प्रेरित होकर व्यक्ति उस ओर बढ़ता है। नकारात्मक उद्देश्य से व्यक्ति पीछे हटने की कोशिश करता है। अधिगम के इस सिद्धान्त के अनुसार बालक के सम्मुख सकारात्मक तथा नकारात्मक शक्तियाँ उपस्थित रहती हैं, जो अधिगम की प्रेरणा देती हैं।

अभिप्रेरणा (Motivation) अभिप्रेरणा वह प्रक्रिया है, जिसमें प्रेरक विशिष्ट उद्देश्यों के साथ सम्बन्धित होते हैं और इस प्रेरक की सन्तुष्टि इन उद्देश्यों को प्राप्त करके होती है।

जीवन-विस्तार (Life-space) व्यक्ति की कुछ आवश्यकताएँ तथा योग्यताएँ होती हैं, जोकि व्यक्ति में निहित होती हैं। फिर लेविन ने व्यक्ति की सीमा की

अवधारणा की है। इसके पश्चात् वातावरण आता है, जोकि जीवन विस्तार की सीमा से घिरा होता है।

अवरोध (Barrier) वातावरण में कुछ ऐसी शक्तियाँ होती हैं, जो व्यक्ति को उसके उद्देश्य तक पहुँचने में अवरोध उत्पन्न करती हैं तथा व्यक्ति को अपने लक्ष्य की ओर बढ़ने का विरोध करती हैं। यदि व्यक्ति को उद्देश्य की ओर जाने के लिए अभिप्रेरणा मिलती रहती है, तो वह अपने लक्ष्य को प्राप्त कर लेता है तथा यदि व्यक्ति को बीच में बाधा उत्पन्न होने पर अभिप्रेरणा नहीं मिलती, तो वह अपना मार्ग छोड़ देता है अथवा बदल देता है। यदि वह निराश होकर बैठ जाता है, तो वह कभी भी अपने लक्ष्य को प्राप्त नहीं कर पाता है।

सिद्धान्त की शैक्षिक उपयोगिता

- क्षेत्र सिद्धान्त के अनुसार प्रत्येक अधिगमकर्ता को मात्र एक जैविक प्राणी न समझा जाकर एक ऐसा मनोविज्ञानात्मक व्यक्ति माना जाता है जो किसी एक शिक्षण अधिगम परिस्थिति में अपने विशिष्ट जीवन दायरे में रह रहा होता है।
- क्षेत्र सिद्धान्त यह बताता है कि सीखना सभी तरह से एक उद्देश्यपूर्ण और लक्ष्योन्मुख प्रक्रिया है। क्षेत्र सिद्धान्त की सहायता से शिक्षकों को शिक्षण-अधिगम व्यवस्था के उचित नियोजन, व्यवस्था तथा प्रबन्धीकरण में सहायता मिलती है।

कार्ल रोजर्स का अनुभवजन्य अधिगम सिद्धान्त

- कार्ल रेन्सम रोजर्स नामक अमेरिकन मनोवैज्ञानिक ने प्रौढ़ व्यक्तियों की अधिगम प्रक्रिया को स्पष्ट करने के लिए अनुभवजन्य अधिगम सिद्धान्त का प्रतिपादन किया। उन्होंने अधिगम को दो मुख्य प्रकारों, संज्ञानात्मक अधिगम तथा अनुभवजन्य अधिगम में विभक्त किया। उन्होंने बताया कि संज्ञानात्मक अधिगम को जब तक उपयोग में नहीं लाया जाए, यह अपने आप में पूरी तरह निरर्थक ही होता है। इस अधिगम का आधार और प्रयोजन मात्र ज्ञान की प्राप्ति ही होता है। शब्द-ज्ञान, गणितीय ज्ञान, भौगोलिक तथा ऐतिहासिक तथ्यों एवं घटनाओं की जानकारी आदि इसी प्रकार के अधिगम के अन्तर्गत आते हैं।
- अनुभवजन्य अधिगम के बारे में कार्ल रोजर्स ने बताया कि यह मात्र ज्ञानार्जन में ही नहीं बल्कि व्यक्ति विशेष की सम्पूर्ण प्रगति और उसके कल्याण में विशेष रूप से सहायक सिद्ध होता है।
- अनुभवजन्य अधिगम में अधिगमकर्ता की अपनी व्यक्तिगत रुचि एवं तल्लीनता का पूरा-पूरा समावेश पाया जाता है। यह सिद्धान्त बताता है कि मानव होने के नाते व्यक्ति में सीखने की स्वाभाविक रूप से ही उत्कट अभिलाषा रहती है और सभी व्यक्ति वृद्धि एवं विकास को प्राप्त करना चाहते हैं। इसलिए अपनी स्वाभाविक रुचि तथा इच्छा को ध्यान में रखते हुए प्रगति पथ पर अग्रसर रहने के लिए कुछ-न-कुछ सीखते रहने की कोशिश करते हैं।

अनुभवजन्य अधिगम सिद्धान्त की शैक्षिक उपयोगिता

- यह सिद्धान्त अधिगम हेतु उचित रूप से लाभदायक एवं सकारात्मक अधिगम परिस्थितियों का आयोजन करने में सहायक होता है।
- इस सिद्धान्त की सहायता से छात्रों के लिए अधिगम स्रोतों एवं संसाधनों की व्यवस्था करने में सहायता मिलती है।

अभ्यास प्रश्न

1. अधिगम के सन्दर्भ में शिक्षाशास्त्रियों एवं मनोवैज्ञानिकों ने विविध प्रकार की परिभाषाएँ दी हैं। इन परिभाषाओं के अनुसार अधिगम ········ चलने वाली एक निरन्तर प्रक्रिया है।
(a) जीवनपर्यन्त (b) किशोरावस्था तक
(c) वृद्धावस्था तक (d) युवावस्था तक

2. "सीखना आदतों, ज्ञान एवं अभिवृत्तियों का अर्जन है।" यह कथन निम्नलिखित में से किसका है?
(a) किंबल यंग (b) क्रो एवं क्रो
(c) मॉस्लो (d) स्किनर

3. बच्चे अनौपचारिक अधिगम के माध्यम से भी सीखते हैं, निम्न में कौन एक अनौपचारिक अधिगम का भाग नहीं है?
(a) परिवार
(b) दोस्त
(c) समाज
(d) पाठ्य-पुस्तक

4. निम्नलिखित में से अधिगम की कौन-सी प्रणाली बालकों को सामाजिक समायोजन में मदद करती है?
(a) औपचारिक प्रणाली
(b) अनौपचारिक प्रणाली
(c) औपचारिक एवं अनौपचारिक दोनों
(d) उपरोक्त में से कोई नहीं

5. अधिगम के प्रयास एवं त्रुटि सिद्धान्त के अनुसार, सीखने की प्रक्रिया में व्यक्ति गलतियाँ कर सकता है, किन्तु बार-बार किए गए प्रयासों के बाद वह सीखने में सफल हो जाता है। इस सिद्धान्त का प्रतिपादन किसने किया?
(a) पावलॉव ने (b) टोलमैन ने
(c) थॉर्नडाइक ने (d) कोह्लर ने

6. सीखने के उद्दीपक-अनुक्रिया सिद्धान्त के मुख्य प्रतिपादक कौन हैं?
(a) थॉर्नडाइक (b) पावलॉव
(c) कोह्लर (d) स्किनर

7. निम्नलिखित में से कौन-सा सिद्धान्त छात्रों के व्यवहार को वांछित स्वरूप तथा दिशा प्रदान करने में शिक्षकों की सहायता करता है?
(a) अन्तर्दृष्टि सिद्धान्त
(b) प्रयास एवं त्रुटि का सिद्धान्त
(c) अनुकरण सिद्धान्त
(d) अनुभवजन्य अधिगम सिद्धान्त

8. अधिगम से सम्बन्धित 'अभ्यास का नियम' निम्नलिखित में से किस मनोवैज्ञानिक ने दिया है?
(a) स्किनर (b) थॉर्नडाइक
(c) मॉस्लो (d) पियाजे

9. जब किसी क्रिया को बार-बार दोहराया जाता है, तो अस्वाभाविक उद्दीपक भी वही प्रतिक्रिया देने लगता है, जो स्वाभाविक उद्दीपक देता है। यह अधिगम का निम्नलिखित में से कौन-सा सिद्धान्त है?
(a) अन्तर्दृष्टि सिद्धान्त
(b) शास्त्रीय अनुबन्ध सिद्धान्त
(c) अनुकरण सिद्धान्त
(d) अनुभवजन्य अधिगम सिद्धान्त

10. अधिगम के किस सिद्धान्त के आधार पर बालक में भय, प्रेम एवं घृणा के भाव आसानी से उत्पन्न किए जा सकते हैं?
(a) अनुभवजन्य अधिगम सिद्धान्त
(b) अन्तर्दृष्टि सिद्धान्त
(c) शास्त्रीय अनुबन्ध सिद्धान्त
(d) प्रयास एवं त्रुटि का सिद्धान्त

11. निम्नलिखित में से किसने अनुबन्ध अनुक्रिया का सिद्धान्त दिया है?
(a) पावलॉव (b) स्किनर
(c) थॉर्नडाइक (d) कोह्लर

12. निम्नलिखित में से किस शिक्षा मनोवैज्ञानिक ने अभिप्रेरण एवं अधिगम के बीच सम्बन्ध स्थापित करते हुए यह कहा कि अभिप्रेरण से उत्पन्न क्रियाशीलता ही सीखने के लिए उत्तरदायी है?

(a) कोह्लर (b) स्किनर
(c) थॉर्नडाइक (d) वुडवर्थ

13. निम्नलिखित में से किसने सक्रिय अनुबन्ध/साधनात्मक अनुबन्ध/क्रिया प्रसूत अनुबन्ध इत्यादि का सिद्धान्त दिया?
(a) पावलॉव (b) स्किनर
(c) थॉर्नडाइक (d) हर्जबर्ग

14. पुनर्बलन सिद्धान्त है
(a) स्किनर का (b) मॉस्लो का
(c) वुडवर्थ का (d) थॉर्नडाइक का

15. निम्नलिखित में से अधिगम में कौन-सा सिद्धान्त यह बताता है कि जब कुछ पढ़ाया जाए अथवा कुछ सीखने के लिए कहा जाए, तो उसे अपने समग्र रूप में ही बच्चों के सामने प्रस्तुत किया जाए?
(a) अन्तर्दृष्टि या सूझ का सिद्धान्त
(b) सक्रिय-अनुबन्ध सिद्धान्त
(c) अनुकरण सिद्धान्त
(d) प्रयास एवं त्रुटि सिद्धान्त

16. निम्नलिखित में से कौन एक गेस्टाल्टवादी चिन्तक नहीं है?
(a) स्किनर (b) कोह्लर
(c) कोफ्का (d) वर्दमीयर

17. अधिगम एक सापेक्षिक प्रक्रिया है, जिसके द्वारा सीखने वालों में नवीन अन्तर्दृष्टि का विकास होता है, निम्न में से यह कौन-सा सिद्धान्त है?
(a) लेविनवादी सिद्धान्त
(b) कोह्लरवादी सिद्धान्त
(c) पावलॉववादी सिद्धान्त
(d) स्किनरवादी सिद्धान्त

18. अधिगम का कौन-सा सिद्धान्त यह बताता है कि सीखने हेतु कार्य को दोहराना आवश्यक है?
(a) प्रयास एवं त्रुटि का सिद्धान्त
(b) शास्त्रीय अनुबन्ध सिद्धान्त
(c) अनुभवजन्य अधिगम सिद्धान्त
(d) अनुकरण सिद्धान्त

19. अनुभवजन्य अधिगम सिद्धान्त की शैक्षिक उपयोगिता निम्नलिखित में से कौन-सी हो सकती है?
(a) यह सिद्धान्त बताता है कि सीखना सभी तरह से एक उद्देश्यपूर्ण और लक्ष्योन्मुख प्रक्रिया है।
(b) यह सिद्धान्त बताता है कि जब कुछ पढ़ाया जाए अथवा कुछ सीखने के लिए कहा जाए, तो उसे अपने समग्र रूप में ही बच्चों के सामने प्रस्तुत किया जाए।
(c) छात्रों के व्यवहार को वांछित स्वरूप तथा दिशा प्रदान करने में यह सिद्धान्त शिक्षकों की सहायता करता है।
(d) इस सिद्धान्त की सहायता से छात्रों के लिए अधिगम स्रोतों एवं संसाधनों की व्यवस्था करने में सहायता मिलती है।

20. "एक बच्चा अतीत की समान परिस्थिति में की गई अनुक्रियाओं के आधार पर नई स्थिति के प्रति अनुक्रिया करता है।" यह किससे सम्बन्धित है?
(a) सीखने का 'सादृश्यता-नियम'
(b) सीखने का 'प्रभाव-नियम'
(c) सीखने की प्रक्रिया का 'अभिवृत्ति-नियम'
(d) सीखने का 'तत्परता-नियम'

21. निम्न में से कौन-से कथन को सीखने की प्रक्रिया की विशेषता नहीं मानना चाहिए?
(a) शैक्षिक संस्थान ही एकमात्र स्थान है जहाँ अधिगम प्राप्त होता है
(b) सीखना एक व्यापक प्रक्रिया है
(c) सीखना लक्ष्योन्मुखी होता है
(d) अन-अधिगम भी सीखने की प्रक्रिया है

22. 'सीखने के अन्त:दृष्टि सिद्धान्त' को किसने बढ़ावा दिया?
(a) 'गेस्टाल्ट' सिद्धान्तवादी
(b) पावलॉव
(c) जीन पियाजे
(d) वाइगोत्स्की

23. एक शिक्षिका अपने-आप से कभी भी प्रश्नों के उत्तर नहीं देती। वह अपने विद्यार्थियों को उत्तर देने के लिए, समूह चर्चाएँ और सहयोगात्मक अधिगम अपनाने के लिए प्रोत्साहित करती है। यह उपागम .... के सिद्धान्त पर आधारित है।
(a) सक्रिय भागीदारिता
(b) अनुदेशात्मक सामग्री के उचित संगठन
(c) अच्छा उदाहरण प्रस्तुत करना और भूमिका-प्रतिरूप बनाना
(d) सीखने की तत्परता

24. एक पी टी (खेल) शिक्षक क्रिकेट के खेल में अपने शिक्षार्थियों के क्षेत्ररक्षण को सुधारना चाहता है। निम्न में से कौन-सी युक्ति शिक्षार्थियों को अपना लक्ष्य प्राप्त करने में सर्वाधिक सहायक है?
(a) शिक्षार्थियों को क्षेत्ररक्षण का अधिक अभ्यास करवाना।
(b) शिक्षार्थियों को यह बताना कि क्षेत्ररक्षण सीखना उनके लिए किस प्रकार महत्त्वपूर्ण है।
(c) बेहतर क्षेत्ररक्षण और सफलता की दर के पीछे के तर्क को स्पष्ट करना।
(d) क्षेत्ररक्षण को प्रदर्शित करना और शिक्षार्थी अवलोकन करेंगे।

25. "सीखने की तत्परता".......... की ओर संकेत करती है।
(a) थॉर्नडाइक का तत्परता का नियम
(b) शिक्षार्थियों का सामान्य योग्यता स्तर
(c) सीखने के सातत्यक में शिक्षार्थियों का वर्तमान संज्ञानात्मक स्तर
(d) सीखने के कार्य की प्रकृति को सन्तुष्ट करने

26. .... के अतिरिक्त निम्नलिखित सभी के कारण अधिगम अक्षमता उत्पन्न हो सकती है।
(a) सांस्कृतिक कारक (b) सेरेब्रल डिस्फंक्शन
(c) संवेगात्मक विघ्न (d) व्यवहारगत विघ्न

27. निम्नलिखित में से कौन-सा कारक अधिगम को सकारात्मक प्रकार से प्रभावित करता है?
(a) अनुत्तीर्ण हो जाने का भय
(b) सहपाठियों से प्रतियोगिता
(c) अर्थपूर्ण सम्बन्ध
(d) माता-पिता की ओर से दबाव

28. बच्चों की त्रुटियों के बारे में निम्नलिखित में से कौन-सा कथन सत्य है?
(a) बच्चों की त्रुटियाँ उनके सीखने की प्रक्रिया का अंग हैं
(b) बच्चे तब त्रुटियाँ करते हैं जब शिक्षक सौम्य हो और उन्हें त्रुटियाँ करने पर दण्ड न देता हो
(c) बच्चों की त्रुटियाँ शिक्षक के लिए महत्त्वहीन हैं और उसे चाहिए कि उन्हें काट दें और उन पर अधिक ध्यान न दें
(d) असावधानी के कारण बच्चे त्रुटियाँ करते हैं

29. शिक्षार्थियों द्वारा की गई गलतियाँ और त्रुटियाँ
(a) बच्चों को 'कमजोर' अथवा 'उत्कृष्ट' चिन्हित करने के अच्छे अवसर हैं
(b) शिक्षक और शिक्षार्थियों की असफलता के सूचक हैं
(c) उनके चिन्तन को समझने के अवसर के रूप में देखी जानी चाहिए
(d) कठोरता से निपटाई जानी चाहिए

उत्तरमाला

1	*(a)*	2	*(b)*	3	*(d)*	4	*(b)*	5	*(c)*	6	*(a)*	7	*(b)*	8	*(b)*	9	*(b)*	10	*(c)*
11	*(a)*	12	*(b)*	13	*(b)*	14	*(a)*	15	*(a)*	16	*(a)*	17	*(a)*	18	*(c)*	19	*(d)*	20	*(b)*
21	*(a)*	22	*(a)*	23	*(a)*	24	*(a)*	25	*(c)*	26	*(a)*	27	*(c)*	28	*(a)*	29	*(c)*		

अध्याय 20

संज्ञान तथा संवेग

संज्ञान

संज्ञान का अर्थ समझ या ज्ञान होता है। शैक्षणिक प्रक्रियाओं में अधिगम का मुख्य केन्द्र संज्ञानात्मक क्षेत्र होता है। इस क्षेत्र में अधिगम उन मानसिक क्रियाओं से जुड़ा होता है जिनमें पर्यावरण से सूचना प्राप्त की जाती है। इस प्रकार इस क्षेत्र में अनेक क्रियाएँ होती हैं, जो सूचना प्राप्ति से प्रारम्भ होकर शिक्षार्थी के मस्तिष्क तक चलती रहती हैं। ये सूचनाएँ सुनने या देखने के रूप में होती हैं।

स्टॉट के अनुसार, ''संज्ञानात्मक संरचना बाह्य वातावरण में विचारपूर्वक, प्रभावपूर्ण ढंग से तथा सुविधा के अनुसार कार्य करने की क्षमता है।''

हिलगार्ड के अनुसार, ''किसी व्यक्ति ने स्वयं अपने बारे में तथा अपने पर्यावरण के बारे में विचार, ज्ञान, व्याख्या, समझ व धारणा अर्जित की है वही संज्ञान है।''

संज्ञान में मुख्यत: ज्ञान, समग्रता, अनुप्रयोग विश्लेषण तथा मूल्यांकन पक्ष सम्मिलित होते हैं, जिनका वर्णन निम्न प्रकार है

ज्ञान (Knowledge) इसका सम्बन्ध सूचना के उच्च चिन्तन से होता है। किसी विषय क्षेत्र में विशिष्ट तत्त्वों का पुनर्स्मरण या पुनर्पहचान अर्थात् स्मरण स्तर की क्रियाएँ इसके द्वारा होती हैं।

समग्रता (Total) सूचना तब तक महत्त्वपूर्ण नहीं होती, जब तक उसे समझा नहीं जाता। इस स्तर पर तथ्यों, सम्प्रत्ययों, सिद्धान्तों एवं सामान्यीकरण का बोध होता है।

अनुप्रयोग (Application) सूचना उस समय और महत्त्वपूर्ण हो जाती है, जब इसे नई परिस्थिति में प्रयोग किया जाता है। इस स्तर पर मानसिक क्रियाओं में सम्प्रत्यय, सिद्धान्तों, सत्य सिद्धान्त आदि का प्रयोग होता है। आजकल छात्रों की अनुप्रयोग क्षमता को बढ़ाने का प्रयास किया जा रहा है। सामान्यीकरण का प्रयोग समस्या को हल करने के लिए किया जाता है। उत्तरों को जाँचने के लिए पूर्व ज्ञान का प्रयोग किया जा सकता है अर्थात् छात्रों ने वास्तविक जीवन में जो कुछ सीखा है उसका वे प्रयोग करते हैं।

विश्लेषण (Analysis) सृजनात्मक चिन्तन एवं समस्या-समाधान विश्लेषण चिन्तन से आरम्भ होते हैं। जब सूचना प्राप्त होती है तो इनको विभिन्न अवयव तत्वों में विभाजित किया जाता है, जिससे विभिन्न भागों का आपसी सम्बन्ध किया जाता है। इस प्रक्रिया को सूचना का विश्लेषण कहते हैं। अधिगम के इस स्तर पर छात्र, सम्प्रत्यय (conception) और सिद्धान्तों का विश्लेषण कर सकता है।

संश्लेषण (Synthesis) इसके अन्तर्गत सम्प्रत्ययों, सिद्धान्तों या सामान्यीकरण के अवयवों या भागों को एकसाथ मिलाया जाता है, जिससे यह पूर्णरूप बन जाए।

मूल्यांकन (Evaluation) इस स्तर पर निर्णयों के लिए मानसिक क्रियाएँ होती हैं, जो स्थायित्व या तर्क के क्षेत्र पर आधारित हो सकती हैं या मानक या प्रमापों में तुलना हो सकती है। निर्णय करना अधिगम के स्तर का सर्वाधिक जटिल कार्य है।

बालकों में संज्ञानात्मक विकास

- संज्ञानात्मक विकास का तात्पर्य बच्चों के सीखने और सूचनाएँ एकत्रित करने के तरीके से है। इसमें अवधान (Attention) में वृद्धि प्रत्यक्षीकरण, भाषा, चिन्तन, स्मरण शक्ति और तर्क शामिल हैं।
- पियाजे के संज्ञानात्मक विकास के सिद्धान्त के अनुसार हमारे विचार और तर्क अनुकूलन के भाग हैं।
- संज्ञानात्मक विकास एक निश्चित अवस्थाओं के क्रम में होता है। पियाजे ने संज्ञानात्मक विकास की चार अवस्थाओं का वर्णन किया है
  1. संवेदी-गतिक अवस्था (जन्म से 2 वर्ष)
  2. पूर्व-संक्रियात्मक अवस्था (2 से 7 वर्ष)
  3. प्रत्यक्ष संक्रियात्मक अवस्था (7 से 11 वर्ष)
  4. औपचारिक-संक्रियात्मक अवस्था (11 + वर्ष)

प्रारम्भिक बाल्यकाल (2 से 6 वर्ष) में संज्ञानात्मक विकास

- इस काल में बच्चे, शब्द जैसे प्रतीकों, विभिन्न वस्तुओं, परिस्थितियों और घटनाओं को दर्शाने वाली प्रतिमाओं के प्रयोग में अधिक प्रवीण हो जाते हैं।
- स्कूल जाने तक बच्चों की शब्दावली पर्याप्त अच्छी हो जाती है। वास्तव में बच्चे विभिन्न सन्दर्भों में अन्य भाषाएँ सीखने में अधिक ग्रहणशील हो जाते हैं। अनेक बार वे द्विभाषी या बहुभाषी के रूप में विकसित होते हैं। वे एक भाषी बच्चों की अपेक्षा भाषा की अच्छी समझ वाले होते हैं।
- प्रारम्भिक बाल्यकाल में स्थायी अवधान में वृद्धि हो जाती है। एक 3 वर्ष का बच्चा चित्रांकनी से रंग भरने, खिलौने से खेलने या 15-20 मिनट

तक टेलीविजन देखने की जिद कर सकता है। इसके विपरीत एक 6 वर्ष का बच्चा किसी रोचक कार्य पर एक घण्टे से अधिक कार्य करता देखा जा सकता है।

- बच्चे अपने अवधान में अधिक चयनात्मक (selective) हो जाते हैं। परिणामस्वरूप उनके प्रत्यक्षात्मक कौशल भी उन्नत होते हैं।
- चिन्तन और अधिक तर्कपूर्ण हो जाता है और याद रखने की क्षमता और जानकारी की प्रक्रिया भी उन्नत होती है। वातावरण से अन्त:क्रिया द्वारा बच्चा सामाजिक व्यवहार के सही नियम सीखता है, जो उसे विद्यालय जाने के लिए तैयार करते हैं।
- प्रारम्भिक बाल्यकाल, 2 से 6 वर्ष में बच्चा पूर्व क्रियात्मक अवस्था द्वारा प्रगति करता है।
- पूर्व-क्रियात्मक अवस्था की 2 उप-अवस्थाएँ होती हैं
  - प्रतीकात्मक क्रिया (2 से 4 वर्ष)
  - अन्त:प्रज्ञा विचार (4 से 7 वर्ष)
  - प्राय: बालक प्रतीकों एवं प्रतिमाओं (image) का उपयोग कर अपनी दुनिया को प्रारम्भ करता है।
  - बालकों की सोच स्वयं तक सीमित होती है।
- प्रतीकात्मक क्रिया, उप-अवस्था में, बच्चे वस्तुओं का मानसिक प्रतिबिम्ब बना लेते हैं और उसे बाद में उपयोग करने के लिए सम्भाल कर रख लेते हैं। उदाहरण के लिए, बच्चा एक छोटे कुत्ते की आकृति बनाए या उससे खेलने का नाटक करे, जोकि वहाँ उपस्थित ही नहीं है। बालक उन लोगों के विषय में बात कर सकते हैं, जो यात्रा कर रहे हैं या जो कहीं अन्य स्थान पर रहते हों। वे उन स्थानों का भी रेखाचित्र बना सकते हैं, जो उन्होंने देखे हैं, साथ ही साथ अपनी कल्पना से नए दृश्य और जीव भी बना सकते हैं।
- बच्चे अपनी वस्तुओं के मानसिक प्रतिबिम्ब का भी खेल में भूमिका निभाने के लिए उपयोग कर सकते हैं।

मध्य बाल्यकाल में संज्ञानात्मक विकास

- मध्य बाल्यकाल में बच्चे उत्सुकता से भरे होते हैं और बाहरी वस्तुओं को ढूँढने में उनकी रुचि होती है। स्मरण और सम्प्रत्यय ज्ञान में हुई वृद्धि तर्कपूर्ण चिन्तन को तात्कालिक स्थिति के अतिरिक्त सहज बनाती है।
- बच्चे इस अवस्था में संवेदी क्रियाओं में भी व्यस्त हो जाते हैं; जैसे— संगीत, कला और नृत्य एवं रुचियों की अभिवृत्ति की रुचियों का भी विकास इस अवस्था में हो जाता है।

पियाजे के सिद्धान्त में, मध्य बाल्यकाल में इन्द्रियगोचर संक्रियात्मक अवस्था की विशेषताएँ निम्नलिखित हैं

- तार्किक नियमों को समझना। – स्थानिक (Spatial) तर्क में सुधार।
- तार्किक चिन्तन, यथार्थ और इन्द्रियगोचर स्थितियों तक सीमित।

- मध्य बाल्यकाल में भाषा विकास कई तरीकों से प्रगति करता है। नए शब्द सीखने से अधिक, बच्चे जिन शब्दों को जानते हैं, उनकी अधिक प्रौढ़ परिभाषा सीख लेते हैं। वे शब्दों के मध्य सम्बन्ध स्थापित कर लेते हैं। समानार्थी (synonyms) और विपरीतार्थी (Antonyms) शब्दों को और उपसर्ग एवं प्रत्यय जोड़ने पर शब्दों के अर्थ कैसे बदल जाते हैं, को भी समझ लेते हैं।

संज्ञानात्मक विकास के उपागम

मनोवैज्ञानिकों ने संज्ञानात्मक विकास के निम्नलिखित चरण बताए हैं

1. **अवधान** (Attention) संज्ञान का प्रयोग जब कोई बालक करता है तो वह पहले सावधानी पूर्वक अपने चारों ओर देखता है कि क्या चल रहा है। अगर वातावरण का स्वरूप सकारात्मक होगा तो उसका संज्ञानात्मक विकास बेहतर होगा।
2. **स्मृति** (Memory) वातावरण/परिवेश में उपस्थित सूचनाओं का मस्तिष्क में संग्रहण स्मृति कहलाती है।
3. **मेटा संज्ञान** (Brain Cognition) मेटा स्मृति एवं मेटा बोध मिलकर मेटा संज्ञान का निर्माण करते हैं। सूचनाओं का वर्गीकरण करके सही समय पर सही सूचना प्रस्तुत करके प्रयोग करना मेटा संज्ञान कहलाता है।
4. **मस्तिष्क मानचित्रण** (Brain Mapping) मन मानचित्र एक सामान्य प्रक्रिया है, जिसके द्वारा हम सूचनाओं का अपने संज्ञान में चित्र निर्माण करते हैं। मन मानचित्र के तहत हम अपने मन को क्रियाशील रखते हैं तथा अन्वेषण (discover) करते रहते हैं। अत: इसे मन की क्रियाशीलता का अनुसन्धान कहा जाता है।

संवेग

'संवेग' (Emotion) अंग्रेजी भाषा के शब्द इमोशन का हिन्दी रूपान्तरण है। इस शब्द की उत्पत्ति लैटिन भाषा के 'इमोवेयर' शब्द से हुई है, जिसका अर्थ है 'उत्तेजित होना'। इस प्रकार 'संवेग' को व्यक्ति की 'उत्तेजित दशा' कहते हैं। इस प्रकार संवेग शरीर को उत्तेजित करने वाली एक प्रक्रिया है।

मनुष्य अपनी रोजाना की जिन्दगी में सुख, दु:ख, भय, क्रोध, प्रेम, ईर्ष्या, घृणा आदि का अनुभव करता है। वह ऐसा व्यवहार किसी उत्तेजनावश करता है। यह अवस्था संवेग कहलाती है।

वुडवर्थ के अनुसार, "संवेग, व्यक्ति की उत्तेजित दशा है।"

ड्रेवर के अनुसार, "संवेग, प्राणी की एक जटिल दशा है, जिसमें शारीरिक परिवर्तन प्रबल भावना के कारण उत्तेजित दशा और एक निश्चित प्रकार का व्यवहार करने की प्रवृत्ति निहित रहती है।"

जे एस रॉस के अनुसार, "संवेग, चेतना की वह अवस्था है, जिसमें रागात्मक तत्त्व की प्रधानता रहती है।"

जरसील्ड के अनुसार, "किसी भी प्रकार के आवेश आने, भड़क उठने तथा उत्तेजित हो जाने की अवस्था को संवेग कहते हैं।"

संवेग से सम्बन्धित सिद्धान्त

1. जेम्स-लेंज का सिद्धान्त

जेम्स-लेंज सिद्धान्त के प्रतिपादक विलियम जेम्स एवं कॉर्ल लेंज (Carl Lange) हैं। यह सिद्धान्त स्वीकार करता है कि संवेग एवं शारीरिक अनुक्रिया का सम्बन्ध कारण एवं प्रभाव (Cavse and Effect) से है। शारीरिक अनुक्रियाएँ जैसा कि रक्त दाब का बढ़ना (Blood-pressure), पसीना आना (sweating), चेहरे का सूखना, हृदय की धड़कन बढ़ना इत्यादि का सम्बन्ध हमारे शरीर में होने वाले अचानक परिवर्तन से है, जो आन्तरिक एवं बाह्य दोनों रूपों में होता है। इन्हें इस रूप में समझा जा सकता है।

घटना → कार्य करने के लिए उत्तेजना → व्याख्या → संवेग।

2. कैनन-बार्ड सिद्धान्त

यह सिद्धान्त वाल्टर कैनन और फिलिप बार्ड द्वारा जेम्स लेंज सिद्धान्त के विरोध में दिया गया है। कैनन एवं बार्ड के अनुसार, संवेग एवं शारीरिक अनुक्रिया (Response) कारण और प्रभाव से कोई सम्बन्ध नहीं रखते, इसके बावजूद यह किसी उत्तेजित भावनाओं में भी अनुक्रिया करता है।

घटना→ साथ-साथ कार्य करने की उत्तेजना और संवेग। यह सिद्धान्त तन्त्रिका जीव विज्ञान के विषय में बात करता है।

3. स्कैचर-सिंगर सिद्धान्त

इस सिद्धान्त को संवेग के द्विकारक सिद्धान्त के नाम से जाना जाता है। यह सिद्धान्त वर्ष 1950 में दिया गया। यह एक संज्ञानात्मक विधि है, जो संवेग के चरणों को समझने की एक कला है, जोकि संज्ञानात्मक क्रिया के द्वारा सम्पन्न होती है। स्टेनली स्कैचर और जिरोम सिंगर के अनुसार, संज्ञानात्मक कारक संवेगों तथा मनोदशाओं के विभिन्न चरणों को प्रभावित करते हैं। यह सिद्धान्त उत्तेजनात्मक घटनाएँ, अवधारणा तथा व्याख्या को प्रदर्शित करता है, जोकि सूचना प्रसंस्करण (processing) का अनुसरण करती है, इस प्रकार हम कह सकते हैं कि संज्ञान तथा संवेग बालकों के विकास में महत्त्वपूर्ण भूमिका निभाते हैं, संवेग पुनः भाव एवं भावनात्मक व्यवहार को अभिव्यक्त करने में मदद करता है।

संवेग के प्रकार

मैक्डूगल के अनुसार संवेगों का सम्बन्ध मूल प्रवृत्तियों से होता है, मैक्डूगल ने संवेग के चौदह प्रकार बताए हैं, जो निम्न हैं

मूल प्रवृत्ति (Fundamental Trend)	**संवेग** (Emotion)
पलायन (Escape)	भय (Fear)
युयुत्सा (Combat)	क्रोध (Anger)
निवृत्ति (Repulsion)	घृणा (Disgust)
सन्तान की कामना (Parental)	वात्सल्य (Tenderness)
शरणार्थी (Refugee)	करुणा (Distrees)
काम-प्रवृत्ति (Sex)	कामुकता (Lust)
जिज्ञासा (Curiosity)	आश्चर्य (Wonder)
दैन्य (Sub-mission)	आत्महीनता (Negative-self-feeling)
आत्मगौरव (Self-pride)	आत्माभिमान (Self-esteem)
सामूहिकता (Grouping)	एकाकीपन (Lonliness)
भोजन की खोज (Food searching)	भूख (Hunger)
संग्रहण (Acqusition)	अधिकार (Ownership)
रचनाधर्मिता (Construction)	कृतिभाव (Creativeness)
हास (Laughter)	आमोद (Amusement)

संवेग की प्रकृति

हममें से प्रत्येक व्यक्ति अपने अच्छे और बुरे अनुभवों के प्रति दृढ़ भावनाओं का अनुभव करता है।

संवेग के उदाहरण हैं खुश होना, शर्मिन्दा होना, दुःखी होना, उदास होना आदि। संवेग हमारे प्रतिदिन के जीवन को प्रभावित करता है।

संवेगों की प्रमुख विशेषताएँ

संवेगों की प्रमुख विशेषताएँ निम्न हैं—

- आन्तरिक व बाहरी शारीरिक बदलाव तथा संवेगों में व्यापकता होती है। विभिन्न व्यक्ति एक भाव (संवेग) के प्रति अलग-अलग प्रतिक्रिया व्यक्त करते हैं।
- संवेग में एक निश्चित दिशा में क्रिया की प्रवृत्ति होती है। मानसिक दशा में बदलाव तथा संवेग परिवर्तनशील प्रवृत्ति के होते हैं।
- संवेग में दुःख, सुख, भय, क्रोध, प्रेम, ईर्ष्या, घृणा आदि की भावना निहित होती है। संवेगों में तीव्रता का गुण पाया जाता है।
- संवेग मानव व्यवहार में परिवर्तन हेतु उत्तरदायी हैं। संवेग क्षणिक होते हैं। संवेगों में अस्थाई प्रवृत्ति का गुण पाया जाता है। संवेग सार्वभौमिक हैं।

संवेगों के घटक

1. **शारीरिक परिवर्तन** (Physical Changes) जब एक व्यक्ति किसी संवेग का अनुभव करता है तब उसके शरीर में कुछ परिवर्तन होते हैं जैसे— हृदय गति और रक्त चाप बढ़ जाना, पुतली का बड़ा हो जाना, साँस तेज होना, मुँह का रूखा हो जाना या पसीना निकलना आदि।
2. **व्यवहार में बदलाव और संवेगात्मक अभिव्यक्ति** (Changes in Behaviour and Emotional Expression) इसका तात्पर्य बाहरी और ध्यान देने योग्य चिह्नों से है, जो एक व्यक्ति अनुभव कर रहा है। इसमें चेहरे के हाव-भाव, शारीरिक स्थिति, हाथ के द्वारा संकेत करना, भाग जाना, मुस्कुराना, क्रोध करना एवं कुर्सी पर अचानक बैठना सम्मिलित हैं। चेहरे की अभिव्यक्ति के छः मूल संवेग हैं भय, क्रोध, दुःख, आश्चर्य, घृणा एवं प्रसन्नता। इसका तात्पर्य है कि यह संवेग विश्वभर के लोगों में आसानी से पहचाने जा सकते हैं।
3. **संवेगात्मक भावनाएँ** (Emotional Feelings) संवेग उन भावनाओं को भी सम्मिलित करता है जो व्यक्तिगत हों। हम संवेग को वर्गीकृत कर सकते हैं; जैसे— प्रसन्न, दुःखी, क्रोध, घृणा आदि। हमारे पूर्व अनुभव और संस्कृति जिससे हम जुड़े हुए हैं हमारी भावनाओं को आकृति प्रदान करते हैं। जब हम किसी व्यक्ति के हाथ में छड़ी देखते हैं, तो हम भाग सकते हैं या अपने आपको लड़ाई के लिए तैयार कर लेते हैं, जब यदि एक प्रसिद्ध गायक आपके पड़ोस में रहता है, तो आप उससे अपने प्रिय गीत सुनने के लिए चले जाएँगे।

संवेगों का शिक्षा में महत्त्व

शिक्षा में संवेग के महत्त्व को स्पष्ट करते हुए रॉस ने कहा है "शिक्षा के आधुनिक मनोविज्ञान में संवेगों का प्रमुख स्थान है और शिक्षण विधि में जो आज प्रगति हो रही है, उसका कारण सम्भवतः किसी अन्य तत्त्व की अपेक्षा यह अधिक है। संवेग हमारे सभी कार्यों को गति प्रदान करते हैं, और शिक्षक को उन पर ध्यान देना अति आवश्यक है।

शिक्षा के क्षेत्र में संवेग का महत्त्व निम्न प्रकार है

- शिक्षक, बालकों के संवेगों को जाग्रत करके, पाठ में उनकी रुचि उत्पन्न कर सकता है। शिक्षक, बालकों के संवेगों का ज्ञान प्राप्त करके, उपयुक्त पाठ्यक्रम का निर्माण करने में सफलता प्राप्त कर सकता है।
- शिक्षक, बालकों में उपयुक्त संवेगों को जाग्रत करके, उनको महान् कार्यों को करने की प्रेरणा दे सकता है।
- शिक्षक, बालकों की मानसिक शक्तियों के मार्ग को प्रशस्त करके, उन्हें अपने अध्ययन में अधिक क्रियाशील बनने की प्रेरणा प्रदान कर सकता है।
- शिक्षक, बालकों के संवेगों को परिष्कृत करके उनको समाज के अनुकूल व्यवहार करने की क्षमता प्रदान कर सकता है। शिक्षक, बालकों को अपने संवेगों पर नियन्त्रण करने की विधियाँ बताकर, उनको शिष्ट और सभ्य बना सकता है।
- शिक्षक, बालकों के संवेगों का विकास करके, उनमें उत्तम विचारों, आदर्शों, गुणों और रुचियों का निर्माण कर सकता है।

अभ्यास प्रश्न

1. संज्ञान में अनुप्रयोग का महत्त्व विशेष है, क्योंकि यह आवश्यक है
(a) बच्चों के पूर्व ज्ञान की जाँच करने में
(b) बच्चों का मूल्यांकन करने में
(c) बच्चों में भय की दशा उपस्थित करने में
(d) बच्चों में क्रोध की भावना जाग्रत करने में

2. संज्ञान के अन्तर्गत निम्नलिखित में से कौन-सा अवयव सम्मिलित है?
A. भाषा B. चिन्तन
C. स्मरण शक्ति D. तर्क
(a) A और B (b) A और C
(c) A, B और C (d) ये सभी

3. ''किसी व्यक्ति ने स्वयं अपने बारे में तथा अपने पर्यावरण के बारे में विचार, ज्ञान, व्याख्या, समझ व धारणा अर्जित की है।'' संज्ञान के सन्दर्भ में यह कथन किसका है?
(a) स्टॉट (b) वाइगोत्स्की
(c) हिलगार्ड (d) कोह्लर

4. संज्ञान का अर्थ होता है
(a) समझ/ज्ञान (b) विकास
(c) मन्द (d) तीव्र

5. निम्न में से कौन एक संज्ञानात्मक विकास का उपागम नहीं है?
(a) अवधान (b) स्मृति
(c) मस्तिष्क मानचित्रण (d) समावेशी विकास

6. संवेग का एक प्रमुख तत्त्व नहीं है
(a) ज्ञान (b) अनुप्रयोग
(c) समस्या (d) विश्लेषण

7. किसी बालक में संवेग आवश्यक है, क्योंकि संवेग
(a) बालक की संवेगात्मक अनुक्रिया है
(b) बालक की उद्दीप्त अवस्था है, जो किसी उद्दीपक के सन्दर्भ में अनुक्रिया द्वारा व्यक्त की जाती है
(c) बालक द्वारा किसी विशेष दशा में दिया गया प्रत्युत्तर है
(d) बालक के असंगठित व्यवहार को प्रदर्शित करता है

8. 'संवेग, व्यक्ति की उत्तेजित दशा है।' यह कथन किसका है?
(a) स्किनर (b) पियाजे
(c) वुडवर्थ (d) ड्रेवर

9. किसी बालक के संवेगात्मक अनुभवों के विश्लेषण हेतु उपयुक्त तरीका है
(a) उसकी मुख मुद्रा
(b) अन्तर्निरीक्षण
(c) उद्दीपकों की प्रतिक्रिया
(d) उपरोक्त में से कोई नहीं

10. निम्न में से क्या संवेग नहीं है?
(a) भय
(b) क्रोध
(c) पलायन
(d) करुणा

11. संवेगों का शिक्षा में उपयोग के सन्दर्भ में निम्नलिखित में कौन-सा महत्त्वपूर्ण नहीं है?
(a) बालकों में अध्ययन के प्रति रुचि पैदा करना
(b) बालकों में समाज के अनुकूल व्यवहार करने की क्षमता पैदा करना
(c) बालकों को असभ्य बनाना
(d) बालकों को शिष्ट बनाना

12. संवेग किसी बालक में पैदा कर सकता है
(a) सफलता की भावना
(b) प्रेरणा की भावना
(c) रुचि की भावना
(d) उपरोक्त सभी

13. ''किसी बालक में सबसे पहले भय तथा प्रेम के संवेग विकसित होते हैं।'' निम्न में से यह कथन किसका है?
(a) जीन पियाजे का
(b) वाटसन का
(c) स्किनर का
(d) कोह्लर का

14. ………… विकास का तात्पर्य बच्चों के ………… और ………… एकत्रित करने के तरीके से है।
(a) शारीरिक, सीखने, सूचनाएँ
(b) संज्ञानात्मक, सीखने, सूचनाएँ
(c) संवेगात्मक, सीखने, सूचनाएँ
(d) सामाजिक, सीखने, सूचना

15. 12 वर्ष की आयु के एक सामान्य बच्चे में यह अधिकतम सम्भव है कि
(a) उसमें समग्र मोटर समन्वय की दिक्कत होती है
(b) उसमें वयस्कों को खुश करने के सम्बन्ध में चिन्ता का भाव होता है
(c) वह यहाँ-वहाँ अपनी रुचि परिसीमित करता है
(d) वह अभिजात अनुमोदन के लिए इच्छुक होता है

16. यह सिद्धान्त कि ''संवेग तथा उससे जुड़ी हुई स्वत: चालित स्नायु मण्डल की सहानुभूतिक क्रिया प्राणी को आपातकालिताओं के लिए तैयार करती है'' किसके नाम के साथ जुड़ा हुआ है?
(a) कैनन
(b) पियाजे
(c) स्किनर
(d) लेजारस

17. ''किसी बालक में सबसे पहले भय तथा प्रेम के संवेग विकसित होते हैं।'' निम्न में से यह कथन किसका है?
(a) जीन पियाजे का (b) वॉटसन का
(c) स्किनर का (d) कोह्लर का

18. 'संवेग अभिप्रेरकों का भावात्मक पक्ष है।' यह कथन है
(a) बरनी का (b) गैरिट का
(c) वुडवर्थ का (d) जरसील्ड का

19. 'संवेग प्रकृति का हृदय है।' यह कथन है
(a) मैक्डूगल का (b) बरनी का
(c) क्रो एवं क्रो का (d) गेट्स का

20. किसी बच्चे के विकास का निर्धारण करने में संवेग एक महत्त्वपूर्ण आन्तरिक कारक है। 'संवेग' का शाब्दिक अर्थ है
(a) उत्तेजित दशा (b) तीव्र गति
(c) क्रोधावस्था (d) भावना

21. 'संवेदना ज्ञान की पहली सीढ़ी है।' यह
(a) मानसिक विकास है
(b) शारीरिक विकास है
(c) केवल मानविकी से
(d) भाषा विकास है

22. जीन पियाजे के अनुसार कितने वर्ष की आयु तक के बच्चों में संज्ञानात्मक परिपक्वता का अभाव पाया जाता है?
(a) चार वर्ष (b) छः वर्ष
(c) आठ वर्ष (d) बारह वर्ष

23. बच्चों के विकास से सम्बन्धित 'निर्माण एवं खोज' का सिद्धान्त निम्नलिखित में से किसने दिया था?
(a) स्किनर (b) रॉबर्ट
(c) जीन पियाजे (d) वाइगोत्स्की

24. शैशवावस्था में बच्चों के क्रिया-कलाप …… होते हैं।
(a) मूलप्रवृत्यात्मक (b) संरक्षित
(c) संज्ञानात्मक (d) संवेगात्मक

25. वह कौन-सा स्थान है, जहाँ बच्चे के संज्ञानात्मक विकास को सबसे बेहतर तरीके से परिभाषित किया जा सकता है?
(a) खेल का मैदान
(b) विद्यालय एवं कक्षा का पर्यावरण
(c) सभागार
(d) घर

26. 'मन का मानचित्रण' सम्बन्धित है
(a) बोध (समझ) बढ़ाने की तकनीक से
(b) साहसिक कार्यों की क्रिया-योजना से
(c) मन का चित्र बनाने से
(d) मन की क्रियाशीलता पर अनुसन्धान से

27. जब बच्चे की दादी उसे उसकी माँ की गोद से लेती है, तो बच्चा रोने लगता है। बच्चा ………… के कारण रोता है।
(a) वियोग दुश्चिन्ता
(b) सामाजिक दुश्चिन्ता
(c) संवेगात्मक दुश्चिन्ता
(d) अजनबी दुश्चिन्ता

28. निम्नलिखित में कौन-सी संज्ञानात्मक क्रिया दी गई सूचना के विश्लेषण के लिए प्रयोग में लाई जाती है?
(a) वर्णन करना
(b) पहचान करना
(c) अन्तर करना
(d) वर्गीकृत करना

29. सीमा परीक्षा में (A^+) ग्रेड प्राप्त करने के लिए अति इच्छुक है। जब वह परीक्षा भवन में दाखिल होती है तथा परीक्षा प्रारम्भ होती है, वह अत्यधिक नर्वस हो जाती है। उसके पाँव ठण्डे पड़ जाते हैं, उसके हृदय की धड़कन बहुत तेज हो जाती है और वह उचित तरीके से उत्तर नहीं दे पाती। इसका मुख्य कारण हो सकता है
(a) शायद वह अकस्मात् संवेगात्मक आवेग का सामना नहीं कर सकती
(b) शायद वह अपनी तैयारी के बारे में बहुत आत्मविश्वासी नहीं है
(c) शायद वह इस परीक्षा के परिणाम के बारे में बहुत अधिक सोचती है
(d) निरीक्षक शिक्षिका जो ड्यूटी पर है, वह उसकी कक्षा अध्यापिका हो सकती है और वह स्वभाव में बहुत कठोर है

30. 14 वर्षीय देविका अपने-आप से पृथक् स्वनियन्त्रित व्यक्ति की भावना को विकसित करने का प्रयास कर रही है। वह विकसित कर रही है
(a) नियमों के प्रति घृणा
(b) स्वायत्तता
(c) किशोरावस्थात्मक अक्खड़पन
(d) परिपक्वता

31. बच्चों में सीखी गई निस्सहायता का कारण है
(a) इस व्यवहार को अर्जित कर लेना कि वे सफल नहीं हो सकते
(b) कक्षा गतिविधियों के प्रति कठोर निर्णय
(c) अपने अभिभावकों की अपेक्षाओं के साथ तालमेल न बना पाना
(d) अध्ययन को गम्भीरतापूर्वक न लेने हेतु नैतिक निर्णय

32. परीक्षा में तनाव-निष्पत्ति को प्रभावित करता है। यह तथ्य निम्नलिखित में से किस प्रकार के सम्बन्ध को स्पष्ट करता है?
(a) संज्ञान-भावना (b) तनाव-विलोपन
(c) निष्पत्ति-चिन्ता (d) संज्ञान-प्रतियोगिता

33. परिपक्व विद्यार्थी
(a) इस बात में विश्वास करते हैं कि उनके अध्ययन में भावनाओं का कोई स्थान नहीं है
(b) अपनी बौद्धिकता के साथ अपने सभी प्रकार के द्वन्द्वों का शीघ्र समाधान कर लेते हैं
(c) अपने अध्ययन में कभी-कभी भावनाओं की सहायता चाहते हैं
(d) कठिन परिस्थितियों में भी अध्ययन से विचलित नहीं होते

34. निम्न में से कौन-सा कौशल संवेगात्मक बुद्धि से सम्बन्धित है?
(a) याद करना
(b) गतिक प्रक्रमण
(c) विचार करना
(d) सहानुभूति देना

35. संज्ञानात्मक विकास निम्न में से किसके द्वारा समर्थित होता है?
(a) जितना सम्भव हो उतनी आवृत्ति से संगत और सुनियोजित परीक्षाओं का आयोजन करना
(b) उन गतिविधियों को प्रस्तुत करना जो पारम्परिक पद्धतियों को सुदृढ़ बनाती हैं
(c) एक समृद्ध और विविधतापूर्ण वातावरण उपलब्ध कराना
(d) सहयोगात्मक की अपेक्षा वैयक्तिक गतिविधियों पर अधिक ध्यान केन्द्रित करना

36. बच्चों में ज्ञान की रचना करने और अर्थ का निर्माण करने की क्षमता होती है। इस परिप्रेक्ष्य में एक शिक्षक की भूमिका है
(a) सम्प्रेषक और व्याख्याता की
(b) सुगमकर्ता की
(c) निर्देशक की
(d) तालमेल बैठाने वाले की

37. सीखना
(a) सीखने वाले के संवेगों से प्रभावित नहीं होता है
(b) संवेगों से क्षीण सम्बन्ध रखता है
(c) सीखने वाले के संवेगों से स्वतन्त्र है
(d) सीखने वाले के संवेगों से प्रभावित होता है

उत्तरमाला

1	(a)	2	(d)	3	(c)	4	(a)	5	(d)	6	(b)	7	(b)	8	(c)	9	(c)	10	(c)
11	(c)	12	(d)	13	(b)	14	(b)	15	(a)	16	(a)	17	(b)	18	(a)	19	(a)	20	(a)
21	(a)	22	(b)	23	(c)	24	(a)	25	(b)	26	(d)	27	(c)	28	(c)	29	(a)	30	(b)
31	(a)	32	(a)	33	(c)	34	(d)	35	(b)	36	(c)	37	(d)						

English Literature & Grammar

Chapter 01

PARTS OF SPEECH

Noun

A noun is defined as the name that is given to any person, place, thing or an idea.

(i) The **Sun** shines brightly. (ii) The **Jasmine** smells sweet.

Kinds of Noun

The kinds of noun are as follows

Proper Noun

A proper noun is the name given to a particular person or a place. A proper noun always begins with a capital letter.

e.g.

(i) **Maria** lives in the **United States of America.** (ii) **World War I** started in the year 1914.

Common Noun

A common noun is a name given in common to every person or thing of the same class or kind. Common nouns are not written in capital letters.

e.g.

(i) India is a **country.** (ii) Daniel is a **boy.**

Parts of speech is a term in traditional grammar for one of the eight main categories into which words are classified according to their functions in sentences. *These categories are explained below*

Differences between Proper Noun and Common Noun

Proper Noun	Common Noun
India	country
Daniel	boy
Maruti Suzuki	car
Mc Donald	restaurant
Kolkata	city

Abstract Noun

An abstract noun is a word that is used to indicate an idea, activity, action, a quality or a state which is considered separate from the object to which it relates. The names relating to arts and sciences are also included in abstract noun.

- **Idea** A thought, suggestion, belief, dream etc.
- **Activity** Marketing activity, advertising, economic activity, playing etc.
- **Action** Hatred, movement, operation, laughter etc.
- **Quality** Hardness, honesty, goodness, kindness etc.
- **State** Death, darkness, childhood, poverty etc.

e.g.

(i) We are studying **Mathematics.**

(ii) Ken thought of a brilliant **idea** for his story.

Collective Noun

A collective noun is the name that is given to a group/number of persons or things in collection.

e.g.

(i) A **staff** of employees. (ii) A **troupe** of dancers.

Material Noun

Material noun are names of substances of which things are made.

e.g.

(i) I bought a **gold** ring.

(ii) **Plastic** toys are very colourful.

According to grammatical distinction, the nouns can be classified as either countable or uncountable.

Countable Noun

The countable noun represents the names of the people or the object that we can count.

e.g.

(i) There are **two books** in my bag.

(ii) Our house has **six rooms.**

Uncountable Noun

The uncountable noun represents the names of the people or the object that we cannot count but can measure or weigh.

e.g.

(i) There is no **information** about him.

(ii) Have you got some **paper?**

There are certain nouns that can be used as both countable and uncountable according to the context.

e.g.

(i) There are **3-4 hairs** on my table.

(ii) She has a black, **shiny** hair.

In examples (i) 'hair' is used as countable noun, while in examples (ii) hair is used as an uncountable noun.

Number

According to numbers, the nouns can be categorised as singular and plural.

Singular Number

A noun that represents one person or one thing is known as singular number. e.g.

(i) It is a very tall **tree.**

(ii) I am writing with **a blue pen.**

Plural Number

A noun that represents more than one person or a thing is known as a plural number.

e.g.

(i) The **boys** are playing in the ground.

(ii) The **cows** are eating grass.

(iii) I like to read **stories.**

Rules for Changing the Singular into Plural

Rule 1

Noun that end with a consonant are made plural by adding '-s' to the singular.

Parrot	Parrots	Egg	Eggs
Boat	Boats	Actor	Actors
Cook	Cooks	Hat	Hats

Rule 2

Noun that end with -s, -ss, -ch, -sh, -z, -x are pluralised by adding '-es'.

Bus	Buses	Glass	Glasses
Bench	Benches	Bush	Bushes
Quiz	Quizes	Tax	Taxes

Exception

Stomach	Stomachs	Monarch	Monarchs

Rule 3

Noun that end with -o and there is a consonant before -o then plural is made by adding '-es'.

Tomato	Tomatoes	Mosquito	Mosquitoes
Mango	Mangoes	Hero	Heroes

Exception

Photo	Photos	Zero	Zeros

Rule 4

Noun that end with -y and there is a consonant before -y, then plural is made by changing 'y' to 'i' and adding '-es'.

Fly	Flies	Story	Stories
Baby	Babies	Family	Families
Copy	Copies	Library	Libraries

Rule 5

Noun that end with -y and there is a vowel before -y, then plural is made by adding '-s'.

Boy	Boys	Day	Days
Key	Keys	Way	Ways
Toy	Toys	Essay	Essays

Rule 6

Noun that end with double vowel are pluralised by adding '-s'.

Tree	Trees	Bee	Bees
Zoo	Zoos	Radio	Radios
Portfolio	Portfolios	Bamboo	Bamboos

Rule 7

Some noun are pluralised by the change in their inside vowel.

Tooth	Teeth	Foot	Feet
Mouse	Mice	Man	Men

Rule 8

Noun that end with -f or -fe are pluralised by adding '-es' after -f or -fe is changed to '-v'.

Knife	Knives	Thief	Thieves
Wife	Wives	Life	Lives

Exception

Roof	Roofs	Safe	Safes
Chief	Chiefs	Proof	Proofs
Scarf	Scarfs/Scarves		

Rule 9

Compound noun are pluralised by adding '-s' to the principal word.

Step-son	Step-sons
Brother-in-law	Brothers-in–law
Pea-cock	Pea-cocks
Passer-by	Passers-by

Exception

Man-Servant → Men-Servants
Lord-Justice → Lord-Justices

Rule 10

Noun that end with '-man' are made plural by changing '-man' into '-men'.

Woman	Women	Postman	Postmen
Watchman	Watchmen	Chairman	Chairmen
Milkman	Milkmen	Fellowman	Fellowmen

Gender

According to gender, the noun can be classified as masculine, feminine, common and neuter gender.

Masculine Gender

A noun that represents a male is known as the masculine gender.

e.g. boy, man, lion, king etc.

Feminine Gender

A noun that represents a female is known as the feminine gender.

e.g. girl, woman, lioness, actress, queen etc.

Common Gender

A noun that represents either a male or a female is known as the common gender.

e.g. friend, guardian, guest, infant, owner, parent, passenger, pig, pupil etc.

Neuter Gender

A noun that represents a thing that is non-living is called a neuter gender.

e.g. box, bread, butter, chair, chalk etc.

All non-living objects fall into this category.

Rules for Changing Masculine into Feminine

Rule 1

Masculine can be changed into feminine by adding '-ess'.

Poet	Poetess
Lion	Lioness
Host	Hostess
Giant	Giantess

Exception

God	Goddess

Rule 2

In some noun; that have an ending in 'r', after masculine can be changed into feminine by adding '-ess' removing the 'vowel' before the last letter.

Tiger	Tigress	Monitor	Monitress
Actor	Actress	Editor	Editress

Rule 3

Masculine can be changed into the feminine by using a completely different word.

King	Queen	Hero	Heroine
Uncle	Aunt	Husband	Wife

Rule 4

Feminine of the compound noun are made by changing the masculine word of the compound noun that comes to the front.

He-bear	She-bear
Bull-calf	Cow-calf
He-goat	She-goat
Son-in-law	Daughter-in-law

Rule 5

Feminine of some masculine are made by removing the last vowel and consonant and then by adding '-ess'.

Governor	Governess
Murderer	Murderess

Exception

Duke	Duchess

Rule 6

Compound noun change their gender by changing masculine word into feminine coming later.

Headmaster	Headmistress
Grandfather	Grandmother
Milkman	Milkmaid
Peacock	Peahen

Pronoun

A pronoun is a word, which is used in a place of a noun.

(i) **She** is going to temple.

(ii) **He** is taking bath.

Kinds of Pronoun

There are following kinds of pronoun

Personal Pronouns

Words used in place of noun referring to persons.

'I, we, you, he, she, it, they' etc.

Person	Subjective Case		Objective Case		Possessive Case	
	Singular	Plural	Singular	Plural	Singular	Plural
First	I	We	Me	Us	My, Mine	Our, Ours
Second	You	You	You	You	Your	Yours
Third	He, She, It	they	Him, Her, It	Them	His, Her, Its	Their, Theirs

Demonstrative Pronouns

- Words used for noun to point out objects. 'This, that, these, those' etc. e.g.

(i) **This** is my book. (ii) **That** is her house.

- In the following examples 'This' and 'That' are used as *demonstrative adjectives.*

(i) **This** book. (ii) **That** house.

Relative Pronouns

Words used for noun to express functions relating to who, which, that, whose, whom etc.

e.g.

(i) The man **who** has just entered the room is my friend.

(ii) The book **that** I bought is very costly.

Interrogative Pronouns

Words used for noun to ask questions. 'Who, What, Which, Whose, Whom' etc.

e.g.

(i) **Who** took my bag? (ii) **Whom** did you meet?

Indefinite Pronouns

Words used for noun in vague and general meaning 'everybody, nobody, somebody, either, neither, all, much, several, each, others, another' etc.

e.g.

(i) **All** that glitters is not gold.

(ii) I will try to think of **somebody** who can help you.

Reflexive Pronouns

Words used as forms of personal pronouns for emphasis. 'Myself, ourselves, himself, herself, themselves, yourself' etc.

e.g.

(i) I shall **myself** do this work.

(ii) She cut her finger **herself**.

Distributive Pronouns

- Used for individuals and objects referring to them as one at a time. Either, neither, each, every, none, anyone etc.

e.g.

(i) **Either** of the sisters is staying here.

(ii) **Neither** of his arms is defective.

Reciprocal Pronouns

- Words used to point out mutual relationship. 'Each other, one another' etc.

e.g.

(i) The brothers love **each other**.

(ii) Indians should not fight with **one another.**

Rules of Pronoun

Rule 1

- When the subject of the verb is the receiver of the action, the action is said to be reflected. Such verbs are used reflexively.
- Acquit, absent, avail, reconcile, amuse, resign, avenge, revenge, enjoy, exert, apply, adapt, adjust, pride, over-reach etc are used reflexively. e.g .

(i) You should **avail** yourself of every chance in life. *(Correct)*

(ii) They **enjoyed** picture last evening. *(No reflexive pronoun is needed)*

(iii) They **enjoyed** during summer vacation. *(Place 'themselves' after 'enjoyed')*

(iv) He **resigned** himself to his failure. *(Correct)*

(v) The former DM **acquitted** very efficiently. *(Place 'himself' after 'acquitted')*

Rule 2

The following verbs are not used reflexively.

Keep, stop, turn, qualify, bathe, move, rest, hide are not used reflexively.

e.g.

(i) You should **keep** yourself from bad boys. *(Drop 'yourself')*

(ii) He has **qualified** himself for the post*(Drop 'himself')*

(iii) He **hid** himself in the room. *(Drop 'himself'Int. verb)*

(iv) The thief **hid** money under the carpet. *(Correct) (Tran verb)*

Rule 3

A reflexive pronoun cannot act as a subject or object of a verb unless it is preceded by pronoun or noun concerned.

e.g.

(i) **Myself** will see to it that you get your share of property. *(Change 'myself' into 'I')*

(ii) **Yourself** and he reached there in time. *(Change 'yourself' into 'you ')*

(iii) I **myself** like him. *(Correct)*

(iv) Raj will do it for **myself** and my sister. *(Change 'myself' to 'me')*

Rule 4

The verb 'to be' should be followed by subjective form when the complement is pronoun.

e.g.

(i) It is **me** who have brought you home. *(Change 'me' into 'I')*

(ii) Was it **her** who did it for you? *(Change 'her' into 'she')*

(iii) It will be **us** who will buy a new house. *(Change 'us' into 'we')*

Rule 5

Verbs and prepositions are followed by objective case of a pronoun.

e.g.

(i) Between **you** and I, Suhani is intelligent. *(Say 'me')*

(ii) She is teaching Rohit and **she**. *(Say 'her')*

(iii) Let **they** go. *(Say 'them')*

Rule 6

- Good manners require that the order of singular pronouns should be second person, third person and first person.
- But, in plural, 'we' is used before 'you' and 'they' after 'you'. The latter order is also observed while referring to unpleasant acts.

e.g.

(i) **I** and **you** will attend her wedding tomorrow. *(Correct use is 'You' and 'I')*

(ii) **She** and **you** will share the mangoes. *(Use 'You' and 'She')*

(iii) **You**, Mohan and **I** will watch movie tonight. *(Correct)*

(iv) **We, you** and **they** are leaving for Mumbai tomorrow. *(Correct)*

(v) **You** and **I** will be punished. *(Unpleasant act, Correct use is 'I and you')*

Rule 7

The relative pronoun should be expressed according to its relation with the verb of the adjective clause, 'who' is used as a subject of a verb of adjective clause and 'whom' is used as an object of a verb of adjective clause.

e.g.

(i) He was talking of the women, **who** he said, he met in America. *(Use 'whom' in place of 'who')*

(ii) She is the kind of lady, **whom** everybody knows, is intelligent. *(Use 'who' in place of 'whom')*

Rule 8

The use of 'but' as a relative pronoun.

e.g.

(i) There was none **but** wept. *(Who did not weep)*

(ii) There is no country **but** is corrupt. *(Which is not corrupt)*

Rule 9

The use of the 'same' as pronoun is wrong.

e.g.

(i) I shall give you a book and **the same** is very useful. *(Say 'it' in place of 'the same')*

(ii) He bought a house and is living in **the same.** *(Say 'it' in place of 'the same')*

Rule 10

- 'Which' is used in place of 'who' when we are referring to a choice between two or more than two things or persons.

e.g.

(i) Of the two sisters **who** is more intelligent. *(Use 'which' in place of 'who')*

(ii) **Who** is your father in the crowd? *(Use 'which' in place of 'who')*

(iii) **Who** is better of the two dancers in our society? *(Place 'the' before better and change 'who' into 'which')*

Rule 11

Possessive Case We don't use noun after possessive case of a pronoun.

e.g.
(i) This book is mine = This is **my** book.
(ii) This shirt is yours = This is **your** shirt.
(iii) **Our** is a populous country. *(Say 'Ours')*

Adjective

Adjective is a word that tells us about or add to the meaning of a noun or that of a pronoun. e.g.
(i) She is a **kind** lady. (ii) I like **this** pen.
(iii) She lives in a **large** house.
(iv) He is a **strong** player.

Kinds of Adjectives

There are twelve types of adjectives

1. **Descriptive Adjectives** or **Adjective of Quality** ugly, heavy, dry, good, red.
2. **Demonstrative Adjectives** This, that, these, those.
3. **Distributive Adjectives** Each, every, either, neither.
4. **Quantitative Adjectives** Some, any, no, little.
5. **Numeral Adjectives** few, many, all, several, one, first.
6. **Interrogative Adjectives** which, what, whose.
7. **Possessive Adjectives** My, our, your, his, her, their, its.
8. **Present/Past Participle Adjectives** A moving bus, a wounded driver, a burnt man, a tiring journey.
9. **Relative Adjectives** who, which, that.
10. **Emphatic Adjectives** own, such, same, very.
11. **Proper Adjectives** Indian, Asian, American.
12. **Exclamatory Adjectives** What, which, how.

Rules of Adjective

Various rules of adjective are as follows

Rule 1

- Generally speaking, adjective is used when the quality of a noun and pronoun rather than the action of a verb is expressed.
- Adverb is used to modify the action of a verb, an adjective, an adverb. e.g.

(i) She is a **skillful** dancer. *(Quality)*
(ii) She dances **skillfully**. *(Action)*
(iii) Sonu's act was **thoughtful**. *(Quality)*
(iv) Sonu acted **thoughtfully**. *(Action)*

Rule 2

- The verbs given below are linking verbs. Some verbs are not modified by adverbs. Become, seem, appear, taste, smell, sound, feel, turn, get, grow, keep, look, make, prove etc.

e.g.
(i) Her voice **sounds** harsh.
(ii) She **appears** sad.

Rule 3

- There are some adjectives which don't admit of any comparative and superlative degree. Such adjectives denote absolute position.
- Perfect, unique, ideal, chief, universal, extreme, complete, entire, excellent, absolute, impossible, eternal, supreme etc.

e.g.
(i) I have never seen a **more** complete book on General Studies. *(Drop 'more')*
(ii) Happiness is the **chiefest** aim of mankind. *(Use 'chief')*
(iii) How can divided India become **the most** supreme power? *(Remove 'the most')*

Rule 4

- The comparative adjectives such as prior, junior, senior, superior, inferior, prefer (Verb), preferable, elder etc are followed by 'to' instead of 'than'. Nor are they used in comparative degree.

e.g.
(i) He is senior **than** me in service. *(Use 'to' in place of 'than')*
(ii) Lemon juice is preferable **than** tea. *(Use 'to' in place of 'than')*
(iii) My sister is elder **than** me by 2 years. *(Use 'to' in place of 'than')*

Rule 5

- *Note carefully the distinction among the following adjectives*

Little is used for quantity. (Little, less, least)	Few is used for number. (Few, fewer, fewest)
Little means hardly any. (Negative sense)	Few means hardly anyone/anything. (Negative sense)
A little means not much (Some). (Affirmative meaning)	A few means not many (Some). (Affirmative meaning)
The little means not much but all.	The few means not many but all.
Some is used in affirmative and while making request in interrogative.	Any is used for negative and interrogative sentences and in the sense of every.
Some is used as an adjective.	(No any/Not any are wrong expressions.)
Somewhat is used as an adverb.	If any
Farther means more distant (Far, farther, farthest)	Further means additional.
Other means the second of the two.	Another means additional one. (More)

Older/Oldest is used for persons (Not blood relation) and things. (Old, older, oldest)	Elder/Eldest is used for persons only in the case of blood relations. (Old, elder, eldest)
It refers both to age and time. Later is the opposite of earlier. (Refers to time)	It refers to age only. Latter is the opposite of former. (Refers to position)
Latest means recent, last up to now only. (Late, later, latest) [Time]	Last means last of all. (Late, latter, last) [Position]

Rule 6

When two adjectives qualify the same noun, both the adjectives should be expressed in the same degree.

e.g.

(i) She is the **most** active and energetic social worker in our club. *(Use 'most' before 'energetic')*

(ii) She is both cleverer and **intelligent** than her sister. *(Use 'more' before 'intelligent')*

Rule 7

Ordinal is placed before numerical adjective.

e.g.

(i) You must study **the two first** chapters of the book. *(Use 'the first, two')*

(ii) **The two or last three** lessons of your book are worth reading. *(Use 'The last two or three')*

Rule 8

The comparative adjectives ending in 'er' (i.e. cleverer) should be used as 'more clever' while comparing the two qualities of one and the same thing or a person.

e.g.

(i) She is **cleverer** than honest. *(Use 'more clever')*

(ii) She is **more clever** than her sister. *(Use 'cleverer' in place of 'more clever')*

Rule 9

Note carefully the use of 'other and else' in comparative and superlative degrees.

e.g.

(i) She is **a best** teacher. *(Use 'a very good teacher')*

(ii) She is **the** most intelligent person. *(Use 'a most' in the sense of very)*

(iii) My brother is the smartest player of all **others** in the team. *(Remove 'others')*

(iv) She is better than **anybody** in the class. *(Use 'anybody else')*

(v) The Ganga is more sacred than **any** river of India. *(Use 'other' after 'any')*

(vi) He is the most corrupt politician **than anybody** in the country. *(Use 'of all' in place of 'than anybody')*

Rule 10

When two adjectives require different prepositions, appropriate prepositions should be used with both adjectives.

e.g.

(i) He is **senior** and older than I. *(Use 'to' after 'senior')*

(ii) His dress is **different** and cheaper than mine. *(Use 'from' after 'different')*

(iii) She is stronger and younger than her sister. *(Correct)*

Rule 11

Place an adjective after noun when the noun is followed by preposition.

e.g.

(i) The Subject is a **worthy matter of** note. *(Say 'matter worthy of')*

(ii) He is a **suitable man** for any post. *(Say 'the man suitable for any post')*

Rule 12

- Comparison of weight, quantity and number. No comparison is implied in the following sentences, when there is 'time' used for comparison. So positive degree is used.
- But, we use comparative degree when the sentence is without times.

e.g.

(i) My book is three times **cheaper** than yours. *(Say 'as cheap as')*

(ii) Your income is many times **higher** than Tushar's. *(Incorrect, say 'as high as')*

(iii) This book is five rupees cheaper than yours. *(Correct)*

(iv) This table is ten kilos lighter than that. *(Correct)*

Verb

Verb is one of the main parts of a sentence or question in English. The verb in a sentence expresses action or being. There is a main verb and sometimes one or more helping verbs.

e.g.

He can swim.*'Swim' is the main verb; can is the helping verb.)*

A verb must agree with its subject in number (both are singular or both are plural). Verbs also take different forms to express tense.

Types of Verbs

As we've covered, a verb can be categorised as a physical verb (e.g. to run), a mental verb (e.g. to think) or a state-of-being verb (e.g. to be).

However, a verb will often be further categorised as one of the following

Action Verb An action verb expresses an activity that a person or thing can do.

e.g.

(i) Pinki **eats** cutlets.

(ii) The tiger **chased** the rabbit in the shallow rapids.

Compare those verbs with these

(iii) Praveen **likes** cake.

(iv) The cat **is** hungry.

Stative Verb A stative verb expresses a state rather than an action. A stative verb typically relates to a state of being, a thought or an emotion.

e.g.

(i) I am **at** home.

(ii) She **believes** in fairies.

(iii) He **feels** elated.

Transitive Verb A transitive verb is one that acts on something (i.e., it has a direct object).

e.g.

(i) I saw the **dog**. *(Here, the direct object is the 'dog')*

(ii) Laxman ate the **pie**. *(Here, the direct object is the 'pie')*

(iii) The postman will give Sanoj the **letter**.
(Here, the direct object is the 'letter')

⚠ The direct object of a transitive verb can be found by finding the verb and asking "what?"
e.g.
"saw what?" (answer: *the dog*); "ate what?" (answer: *the pie*); "will give what?" (answer: *the letter*).

Intransitive Verb An intransitive verb is one that does not act on something (i.e., there is no direct object).

e.g.

(i) The rain **fell**.

(ii) My throat **hurts**.

(iii) The cat **sneezed**.

Auxiliary Verb An auxiliary verb (or helping verb) accompanies a main verb to help express tense, voice or mood. The most common auxiliary verbs are be, do, and have (in their various forms). *Here are some examples of auxiliary verbs*:

(i) Rahul **has** eaten all the fruits.
(Here, the auxiliary verb 'has' helps to express tense.)

(ii) The table **has been** prepared.
(Here, the auxiliary verbs 'has been' help to express voice (in this case, the passive voice).

(iii) If he **were** to arrive in the next 10 minutes, we **would** be on schedule.
(Here, the auxiliary verbs 'were and would' help to express mood (in this case, the subjunctive mood).

Modal Verb A modal verb is a type of auxiliary verb used to express ideas such as ability, possibility, permission, and obligation. The modal auxiliary verbs are can, could, may, might, must, ought to, shall, should, will and would.

e.g.

(i) Leena **can** eat a lot of apples.
(Here, the modal verb 'can' helps to express the idea of ability.)

(ii) Leena **might** eat that apple before he gets home.
(Here, the modal verb 'might' helps to express the idea of possibility.)

(iii) Leena **may** eat as many apples as he likes.
(Here, the modal verb 'may' helps to express the idea of permission.)

(iv) Leena **should** give you some of that apple given you bought it.
(Here, the modal verb 'should' helps to express the idea of obligation.)

Phrasal Verb A phrasal verb is a verb made up of more than one word (usually two words). A phrasal verb has a main verb and another word (either a preposition or a particle). The phrasal verb usually has a meaning different to the main verb.

e.g.

(i) A burglar will often break a window to **break in**.
(Here, the phrasal verb 'break in' means to enter illegally, which is different 'to break')

(ii) If you drop the baton the team will **drop back** to last place.
(Here, the phrasal verb 'drop back' means to fall behind, which is different 'to drop')

Regular and Irregular Verbs A regular verb is one that forms its simple past tense and its past participle by adding -ed or -d to the base form of the verb.

⚠ There are spelling rules to consider too.
e.g.
love, hate, move
An irregular verb is one that does not conform to this ruling. e.g. tell, bleed

Adverb

An adverb is a word used to add something to the meaning of a verb, adjective or another adverb. It is said to modify verbs, adjectives and adverbs.

e.g.

(i) She is walking **slowly**.

(ii) She is **very** intelligent.

(iii) A **kindly** woman helped him find his way home.

Kinds of Adverb

The kinds of Adverb are as follows

- **Adverb of Time** Before, ago, lately, yet, now, soon, yesterday, already, never.
- **Adverb of Frequency** Always, once, seldom, usually, rarely etc.
- **Adverb of Place** Here, everywhere, down, near, away, backward, upward.
- **Adverb of Manner** Slowly, so, soundly, delightfully.
- **Adverb of Affirmation and Negation** Certainty, apparently, obviously, no, undoubtedly.
- **Adverb of Degree** Almost, fully, very, enough, rather, quite, too, really.
- **Interrogative Adverb** How, what, when, why.
- **Relative Adverb** When, where, why, how.
- **Adverb of Reason** Hence, thus, so, therefore.
- **Exclamatory Adverbs** Ah!, What, May, How, Bravo!

Positioning of an Adverb

There are various rules used in context of positioning of adverb. *These are given below*

Rule 1

- Adverbs of place are put behind the direct object or the verb.

e.g.
(i) We had not seen the man here.
(ii) Players stayed behind the crowd.

Rule 2

- Adverbs of frequency are put before the main verb. But, if 'be' is main verb then in case the auxiliary is absent, adverb of frequency is put after 'be'.

e.g.
(i) She often plays on Sunday.
(ii) Rohan doesn't always eat pizza.
(iii) Parents are usually here in festivals.

Rule 3

Adverbs of time such as 'Always, often, already, just, never, ever, sometimes, frequently, generally, recently, usually, seldom, hardly, rarely, normally etc are generally placed before the verb they modify.

e.g.
(i) My brother **comes often** every Sunday. *(Place 'often' before 'comes')*
(ii) He **goes usually** to the movie every Friday. *(Place 'usually' before 'goes')*
(iii) He never talks ill of friends. *(Correct)*
(iv) He is always satisfied. *(Correct)*

Rule 4

Adverbs of manners are placed only after the intransitive verb. However, the adverb can be placed either before or after the transitive verb.

e.g.
(i) He returned immediately. *(Correct)*
(ii) He briefly narrated the incident to me. *(Correct)*
(iii) He narrated to me the incident briefly. *(Correct)*
(iv) He **soundly slept** last night. *(Place 'soundly' 'after' slept)*

Rules of Adverb

Rule 1

Adjective qualifies a noun and a pronoun whereas adverb modifies a verb, an adjective and an adverb. e.g.
(i) Her act was **remarkable**.
(ii) She acted **remarkably** to achieve success.

Rule 2

If the sentence is introduced by an adverb, inverted form of the verb is used for the sake of emphasis.

e.g.
(i) Seldom he visits his parents. *(Incorrect)*
(ii) Seldom does he visit his parents. *(Correct)*
(iii) He seldom visits his parents. *(Correct)*

Rule 3

- Use of else and other.
- 'Else' should be followed by 'but'.
- 'Other' and 'otherwise' are followed by 'than'.

e.g.
(i) It is nothing else **than** sheer madness. *(Use 'but' in place of 'than')*
(ii) She had no other alternative **but** stay here. *(Use 'than' in place of 'but')*
(iii) She has no one else to look after her **except** me. *(Use 'but' in place of 'except')*

Rule 4

Both 'never' and 'not' are adverbs. The use of 'never' for 'not' is incorrect.

e.g.
(i) I **never** went to Ooty last year. *(Use 'did not go' in place of 'never')*
(ii) I never remember to have said so. *(Correct)*
(iii) I remember **never** to have said so. *(Use 'do not' in place of 'never')*
(iv) I never allow my son to go out in dark. *(Correct/Habitual action)*

Rule 5

- Note the use of phrases
- 'Seldom or ever, 'seldom, if ever' 'little or nothing', 'little, if anything'.
- The phrases 'seldom or ever' and little or anything are wrong in use.

e.g.

(i) We seldom or ever meet our relatives these days. *(Incorrect)*

(ii) We seldom or ever (Seldom, if ever) meet our relatives these days. *(Correct)*

Rule 6

- Negative adverbs should not be used with the words negative in meaning. So, two negatives should be avoided.
- Seldom, nowhere, never, nothing, hardly, scarcely, neither, barely, rarely are some of the adverbs expressing negative meaning.

e.g.

(i) I rarely went to meet **nobody** across the road. *(Use 'anybody' in place of 'nobody')*

(ii) She hardly knows **nothing** about the family. *(Use 'anything' in place of 'nothing')*

(iii) I hardly know **somebody** in the town. *(Say 'anybody in place of 'somebody)*

(iv) He does nothing without **never** consulting me. *(Use 'ever' for 'never')*

Rule 7

Given below are some of the examples of the words being treated as adverbs whereas they are adjectives or nouns.

e.g.

(i) Manly, masterly, slovenly, monthly, weekly, sickly, friendly, orderly, gentlemanly are adjectives and should not be confused with adverbs.

(ii) Coward, miser, niggard are nouns. 'Cowardly, miserly, niggardly' are adjectives. 'In a cowardly, miserly, niggardly manner, are used as adverbs.

(iii) Fast, straight, outright, direct, hard, hardly, late, light, high, safe, quiet etc are used both as an adjective and adverb.

(iv) 'Loudly and aloud are adverbs though different in meanings. 'Loud' is an adjective.

(v) Late, lately are both an adjective and an adverb. 'Lately' is an adverb.

(vi) Hard is both an adjective and adverb used in affirmative sense. 'Hardly' is an adverb used in negative meaning.

Rule 8

- The use of very, much, so, too, enough, rather.
- 'Very' modifies present participle used as adjective, adverb and adjective in positive degree. 'Much' is used with comparative degree and past participle. e.g.

(i) It is a **much** interesting picture. *(Use 'very' in place of 'much')*

(ii) I was **very** exhausted in the evening. *(Use 'much' in place of 'very')*

(iii) She did this work very quickly. *(Correct)*

- 'So' and 'too' should not be used without 'that' (Adverb clause) and 'to' (Infinitive) respectively.
- 'Very' and 'much' may be used in the place of 'so' and 'too'.

e.g.

(i) My brother is **so** healthy. *(Use 'very' in place of 'so')*

(ii) She is **very** kind. *(Here, 'very' means 'to a great extent')*

(iii) She is too poor to study further. *(Correct)*

(iv) She is so poor that she cannot study further. *(Correct)*

(v) She is **too** healthy. *(Over healthy say 'very' for 'too')*

(vi) It is too bad. *(Correct)*

Rule 9

- Use of 'very much, too much, much too'.

e.g.

(i) I am disturbed very much by this.

(ii) The cost of the pen is very much.

- Too much is used to indicate a situation of having something in plenty and one doesn't like it.

e.g.

(i) Too much of biscuits are wasted.

(ii) Some people have too much of problems.

- 'Much too' is used to imply stress on the quantity that is already too much.

e.g.

(i) He seems to be much too wise.

(ii) This phone seems to be much too costly.

Rule 10

- Use of 'Only'
- 'Only' is used to show the 'alone' case.

e.g.

(i) **Only** he was left there.

(ii) The accident broke his bicycle **only**.

- 'Only' is used to show the meaning 'solely'.

e.g.

(i) **Only** she can do this work.

(ii) She does **only** solo performances.

(iii) This compartment is reserved for the blinds **only**.

Preposition

Preposition is a word that shows positional relation of a noun or a pronoun with the sentence.

e.g.

(i) Who is **in** the room?

(ii) She is standing **on** the table.

Here, **bold** words are preposition.

Prepositions Before Particular Words

The use of vorious preposition before particular words are given below

Travel and Movement

- From, to, at, in, by, on, into, onto, off, out, out of.

 e.g.

 (i) We travel daily **from** Meerut to Delhi.

 (ii) I need a pencil **to** write with.

- Arrive at/in, get to (Reach).

e.g.

(i) They **arrived in** India in March.

(ii) I **arrived at** Patel Bridge.

(iii) I **go to** the Bus stand late.

(iv) Home (without preposition)

e.g.

(i) They went home by bus. *(Without Preposition)*

(ii) She returned to her home late. *(With Preposition)*

Above and Over

(i) 'Above' and 'over' both mean 'higher than' and sometimes either can be used.

(ii) But 'over' can also mean 'covering' 'on the other side of', 'across', from one side to the other and in every part of the region.

e.g.

(i) White flags were waved **above** the buildings.

(ii) There is a bridge **over** the river.

Under, Below and Beneath

- 'Below', 'under', both mean lower than, but 'under' usually denotes physical contact.

e.g.

(i) She kept money **under** the bed.

(ii) The old man was crushed **under** the car.

- However, 'below' is used when there is a space between the two surfaces.

e.g.

(i) They live **below** us.

(ii) He placed the lamp below the Almirah.

- 'Under' can mean junior in ranks.

e.g.

(i) He is **under** me.

(ii) I was wearing a sweater **under** the jacket.

- 'Beneath' has the same meaning as 'under', but it is better to use it for abstract meanings.

e.g.

(i) He would think it **beneath** him to do such small work.

(ii) It is beneath his dignity to beg for money.

Time and Date

(Use at, on, by, in) at dusk, at noon, at dawn, at midnight, at midday, at sixteen (at night, at six, at 7:30, in/on the morning/afternoon/evening night, (Of a certain date).

e.g.

(i) We left **on** the evening of the sixth at 5:30 pm.

(ii) We left **in** the evening/afternoon.

On Time, In Time and In Good Time

- On time (At time arranged, neither before nor after)
 e.g. The train is running **on time**.
- In time (Not late)
 e.g. Passengers should be **in time** for their train.
- In good time (with comfortable margin)
 e.g. I arrived at the theatre **in good time**.

At the Beginning/At the End, In the Beginning/In the End, At First, At Last

- At the beginning of a book, there is a foreward. *(Literally at the beginning)*
- At the end, there may be an index.
- 'In the beginning at first' = In the early stage. It implies that later there was change.
 e.g. **In the beginning**, we used hand tools, later we had machines.
- 'In the end /At last' eventually after sometime
- e.g. At first, he opposed marriage but **in the end** he gave his consent.

Rules of Usage of Preposition

Rule 1

A preposition is usually placed before its object but sometimes it is placed after it in following cases

- When the 'object' of the preposition is in the interrogative pronoun : what, who, whom, which, where etc, the preposition takes end or front position.

e.g.

(i) **What** are you thinking of?

(ii) **Who** are you talking to?

(iii) **Whom** are you talking to?

- When the 'object' of the preposition is a relative pronoun 'that' the preposition takes end position.
  e.g.
  (i) This is the book **that** I have been looking for.
  (ii) This is the picture **that** she always talks of.
  (iii) Here is the magazine **that** you asked for.
- When an infinitive qualifies a noun, the preposition should be placed after the infinitive, if required.
  e.g.
  (i) It is not a safe place **to** live.
  (ii) He gave me a pen **to** write.
  (iii) He gave me money **to** spend.

Rule 2

- As a rule no preposition is placed after the following verbs when these verbs- are used in active voice.
  'Stress, emphasise, discuss (Matter), investigate, comprise, accompany, consider, violate, demand, resemble, pervade, precede, succeed, reach (At), resign (Post), attack, invade, resist, enter (Come into), eschew, befall, order, direct, join, sign, affect, ensure, board, describe, await, lack, regret, concern.
- Omission of 'to' with verbs of communication before the object. 'advise- tell-ask' beg, command, encourage, request, inform, order, urge.
  e.g.
  (i) I advised him to go.
  (ii) I informed the police of the accident.

Rule 3

- Omission of preposition before indirect object.
  'Bring, give, lend, promise, leave, sell, buy, show, take, fetch, tell, hand, send, sing, read, cost, play (An instrument), find, get, ask, offer etc.
  e.g.
  (i) I shall **fetch** you books from market.
  Or
  I shall **fetch** books for you from market.
  (ii) Her father **left** him large property.
  Or
  Her father **left** large property to him.
- Note the placement of proper object (Direct/Indirect) with the use of the following verbs with special reference to the preposition.
  The use of verbs 'provide, supply, furnish, entrust, present'.
  e.g.
  I provided him money. *(Incorrect)*
  I provided him with money. *(Correct)*
  Or
  I provided money to him. *(Correct)*
- The correct use of 'rob, fine, inform, explain, recommend, compensate, suggest, propose', in relation to objects.
  e.g.
  (i) **Rob** a person of something.
  (ii) **Fine** someone (Ten rupees etc).
  (iii) **Inform** someone of something.
  (iv) **Explain** something to a person.
  (v) **Recommend/Suggest/Propose something/somebody** to others
  (vi) **Compensate** someone for something.

Rule 4

- 'Than and But' as Preposition
  Than and But are usually conjunctions. However, they may be sometimes used as prepositions.
  e.g.
  (i) I did not see any other person **than** your brother.
  (ii) I did not see anybody else **but** your brother.
- 'A' in the following sentences has been used as a preposition, though in a weakened form of (in).
  e.g.
  (i) He earns fifty rupees **a** day.
  (ii) She visits me once **a** month.

Between and Among

- 'Between' is used while referring to two persons/things. It may also be used for two or more in choice.
- 'Among' is used while referring to more than two persons/things.

e.g.
(i) The two brothers divided the property **between** themselves.
(ii) The two brothers and their sisters divided the property **among** themselves.

Before and Ago

- 'Before' denotes the preceding action and can also be used in place of 'Ago'.
- 'Ago' refers to the past action.

e.g.
(i) She left India two days **ago/before.**
(ii) She had left India **before** she was married.
(Conjunction) (Preceding action)

In and At

'In' refers to towns, cities and countries in a wider sense while 'At' is used for speaking of comparatively smaller places.

e.g.

(i) He lives **in** Delhi.
(ii) He lives **at** Rohini in Delhi.

In and Into

'In' denotes position whereas 'Into' shows movement and entrance.

e.g.

(i) The students are **in** the classroom.
(ii) The students came **into** the classroom.

Beside and Besides

- 'Besides' means 'by the side of'.
- 'Beside' means 'in addition to'.

e.g.

(i) **Besides** studying, he is also working somewhere.
(ii) She sat **beside** him at the party.

By and With

- 'By' is used for 'doer' of the action.
- 'With' is used to denote the instrument.

e.g.

(i) He struck the dog **with** a stick.
(ii) A dog was struck **by** him.

From and Between

- 'From' is normally used with 'to/till/until'.
- 'Between' is used with 'and'.

e.g.

(i) He works in the office **from** ten to five.
(ii) The reception will be held **between** 5 pm and 9 pm.

Conjunction

A word which joins together sentences and words.

e.g.

(i) Rahul and Rashmi are friends.
↓
Conjunction

(ii) We loved him but he always hated us.
↓
Conjunction

Kinds of Conjunction

There are three kinds of conjunctions

1. **Co-Ordinate Conjunction** Conjunctions that joins two independent clauses or co-ordinate clauses.

   e.g. Mohan is honest but poor.
   ↓
   Co-ordinate Conjunction

   Here, 'but' is co-ordinate conjunction, as it joins two independent sentences.

2. **Sub-Ordinate Conjunction** Conjunctions that join a dependent clause to the co-ordinate clause in a complex sentence.

   e.g. He was late though escaped punishment.
   ↓
   Sub-ordinate Conjunction

   In the above example, 'though' connects the dependent clause 'escaped punishment' with the main clause 'He was late'.

3. **Correlative Conjunction** Conjunction that are used in pairs are correlative conjunctions.

   e.g. He is not only rich but honest also.

   Here, 'not only but also' is a correlative conjunctions.

Use of Conjunctions

1. It is proper to use 'Nor' after 'Neither' and 'or' after 'either'.

   e.g. You are neither fatty **or** slim. *(Incorrect)*
   You are neither fatty **nor** slim. *(Correct)*

2. 'Even if' and 'But' should be used together in any sentence.

   e.g. Even if I am well **yet** I can't work. *(Incorrect)*
   Even if I am well, **but** I can't work. *(Correct)*

3. 'Both' and 'And' are used in pair.

   e.g. Both Reema **or** Rani are beautiful. *(Incorrect)*
   Both Reema **and** Rani are beautiful. *(Correct)*

4. 'Whether' and 'or/not/or no' are used in pair.

   e.g. I can't say that he will go or not. *(Incorrect)*
   I can't say whether he will go or not. *(Correct)*

5. 'That' is not used to express 'interrogative' or 'imperative' expression.

   e.g. They said **that** to do this job. *(Incorrect)*
   They said to do this job. *(Correct)*

6. 'Other' and 'Than' are used in pair.

   e.g. You have other job **that** to do. *(Incorrect)*
   You have other job **than** this to do. *(Correct)*

7. 'Lest' and 'Should' be used together, lest expresses negative meaning so no any negative word should be used with it.

   e.g. Go there lest you **may** miss the bus. *(Incorrect)*
   Go there lest you **should** miss the bus. *(Correct)*

8. 'Although' and 'Yet' should be used in pair.
   e.g. Although, she is fresher **but** she is confident. *(Incorrect)*
   Although, she is fresher **yet** she is confident. *(Correct)*
9. To show two simultaneous actions, 'While' is used, but if actions happen in order, 'When' is used to denote them.
   e.g. **When** I was in the club, I saw him. *(Incorrect)*
   While I was in the club I saw him. *(Correct)*
10. 'Until' and 'Unless' are used to show time and condition respectively. These words have negative sense so no any negative word is used with these words.
    e.g. **Until** you work hard you cannot do well. *(Correct)*
    Unless you work hard you cannot do well. *(Correct)*
11. 'So' and 'So That' are used to show cause and purpose.
    e.g.
    He is fool **so that** he is not famous. *(Incorrect)*
    He is fool **so** he is not famous. *(Correct)*
12. When verbs like treat, regard, describe, present, define, depict then 'as' is used before noun. e.g.
    Do not treat an animal an animal. *(Incorrect)*
    Do not treat an animal **as** an animal. *(Correct)*
13. 'Such' and 'As' are used in pair. e.g.
    Such works are tough **that** take time. *(Incorrect)*
    Such works are tough **as** take time. *(Correct)*
14. When the subject of the sentence involves itself in the work just after the other then we use "No sooner ...... than".
    e.g. **No sooner** had I reached my home **than** the guests went.
15. When there is no remarkable time gap between the two actions then we use "Hardly/Scarcely/Barely .... when"
    e.g. **Hardly** had she gone out **when** her friend came.
16. When there is a contrast between two situations or two ideas then we use "Nothing ...... but"
    e.g. He is **nothing but** a volunteer in this organisation.

Interjections

Interjections are small words that bear no grammatical connection with the sentences in which they are used. They express the emotions or sentiments of the speaker or convey hesitation or protest. They are usually followed by an exclamation mark.

e.g. Ah! Now that's what I call a good shot! Bravo!

Both 'Ah' and 'Bravo' are interjections used to show the speaker's admiration in the sentence.

There are many different uses for various interjections; the following is a list of the common interjections you may hear around you in daily life

Interjection	Meaning	Use
Aww	Something sweet or cute	Aww! Just look at that kitten.
Bingo	Acknowledge something as right	Bingo! That's exactly what we were looking for!
Oh	I see/ I think	Oh, it's been around a week since I saw her.
Oops	Making a mistake	Oops! Sorry I didn't see those skates there.
Ouch	Exclamation of pain	Ouch, that hurts! Stop pinching me!
Shh	An indication for silence	Shh! The show is about to start.
Wow	Expressing surprise or admiration	Wow! That's really great news!
Yay/Yaay	Congratulatory exclamation	I can't believe you're actually coming here! Yaay!
Yeah	Variant of 'yes'	Yeah, I'd love some orange juice.
Yikes	For fear or concern (not serious)	Yikes, my mother's home!
Yippee	Exclamation of celebration	Yippee! We won, lets head to the bar.

CHAPTER PRACTICE

Directions (Q. Nos. 1-30) *The sentences given below, have three parts, indicated by (1), (b) and (c). Read each sentence to find out whether there is an error. If you find an error in any parts (1), (b) or (c). Indicate your response by blackening the letter related to that part in the answer sheet provided. If a sentence has no error, indicate this by blackening (d), which stands for 'No error'. (Ignore the errors of punctuation, if any.)*

1. Order has been issued (a)/ for his transfer to another district (b)/ but he has not received them so far. (c)/ No error (d)

2. Although, she has studied (a)/ English for almost a year (b)/ she is yet to learn the alphabets. (c)/ No error (d)

3. There are two scores of books (a)/ which are lying (b)/ unused in the library. (c)/ No error (d)

4. Children are prone (a)/ to making mischiefs (b)/ if they have nothing to do. (c)/ No error (d)

5. Sheeps are economically useful (a)/ and so they are reared (b)/ in the hills. (c)/ No error (d)

6. I have not gone through (a)/ the letter and so I am not aware (b)/ of its content. (c)/ No error (d)

7. I shall not attend the meeting (a)/ since I have many works to complete (b)/ within alloted time. (c)/ No error (d)

8. You should always be (a)/ true to your words (b)/ if you are to succeed in life. (c)/ No error (d)

9. It is a pity (a)/ that even five years old boys (b)/ are engaged in hazardous factories. (c)/No error (d)

10. I gave him (a)/ two hundred rupees notes (b)/ for depositing. (c)/ No error (d)

11. The master did not know (a)/ who of the servants (b)/ broke the glass. (c)/ No error (d)

12. The ruling party stood (a)/ for implementation of the bill (b)/ and was ready to stake their political existence. (c)/ No error (d)

13. Wherever they go (a)/the Indians easily adapt to (b)/ local circumstances. (c)/ No error (d)

14. He is not one of those (a)/ who will help everybody (b)/ whom he meets. (c)/ No error (d)

15. It is not easy for anyone to command (a)/ respect from both one's friends as well as critics (b)/ as Dr Neil did for his integrity and honesty. (c)/ No error (d)

16. Mahatma Gandhi taught us (a)/ that one should respect (b)/ the religions of others as much as his own. (c)/ No error (d)

17. He, You and I (a)/ shall manage (b)/ this problem together. (c)/ No error (d)

18. Was it him (a)/ who got injured (b)/ in an accident this morning. (c)/ No error (d)

19. As soon as he (a)/ saw his mother (b)/ he ran to her and embraced. (c)/ No error (d)

20. Due to me being a newcomer (a)/ I was unable to get a house (b)/ suitable for my wife and me. (c)/ No error (d)

21. There were (a)/ no less than fifty persons (b)/ present in the room. (c)/ No error (d)

22. Few remarks (a)/ that he made were (b)/ offensive to my friend. (c)/ No error (d)

23. It is a (a)/ worth watching documentary (b)/ and you must not miss it. (c)/ No error (d)

24. Of all the students (a)/ Rita was less worried (b)/ when the date for the annual examination, was announced. (c)/ No error (d)

25. Even the most perfect person (a)/ in the world is said to have erred (b)/ when there was time to perform. (c)/ No error (d)

26. The meeting was postponed (a)/ because only a few number of persons (b)/ were present there. (c)/ No error (d)

27. In the opinion of everyone (a)/ she is wiser (b)/ than beautiful. (c)/ No error (d)

28. The tiger is (a)/ as swift as (b)/ any animal. (c)/ No error (d)

29. He had to cut a sorry figure (a)/ when he realised that he had (b)/ no any money in his purse. (c)/ No error (d)

30. Of the three ministers (a)/ which do you think (b)/ is going to prove more successful. (c)/ No error (d)

Directions *(Q. Nos. 31-70) Find the correct verb to fill in the blanks, so that the meaningful sentences could be framed.*

31. I want to while away my time .... new places in world.
(a) visit (b) visiting
(c) visits (d) visited

32. I studied hard because I knew that test would .... difficult.
(a) being (b) been
(c) can (d) be

33. I am reading a novel that my mother .... bought last year.
(a) is (b) will
(c) be (d) had

34. I had left, when my husband ....
(a) arrived (b) arrive
(c) is arrive (d) was arrive

35. If he comes, we .... go with him.
(a) could (b) be
(c) shall (d) being

36. I .... for my pen. Have you seen it?
(a) will look (b) looking
(c) look (d) am looking

37. You can keep my iPod if you like. I .... it any more.
(a) don`t use (b) doesn`t use
(c) didn`t use (d) am not using

38. My school ……… a food-and-fun fair next month to raise money for the school building-fund.
(a) holds (b) is holding
(c) can hold (d) will hold

39. Our lecturer let us ……… the problem in groups before the class started.
(a) discussing (b) to discuss
(c) discuss (d) discussed

40. When we went there we found that the lion ………. .
(a) had disappeared
(b) was disappeared
(c) has disappeared
(d) disappeared

41. Firstly, you should think (a)/ over the meaning of the words (b)/ and then use them. (c)/ No error (d)

42. The driver tried his best (a)/ to avert the accident by bringing the car (b)/ to a suddenly stop. (c)/ No error (d)

43. The Sunshine hotel was fully equipped (a)/ to offer leisure stay (b)/ to its clients. (c) No error (d)

44. The technician reminded them (a)/ to have a thoroughly cleaning (b)/ of the machine after each use. (c)/ No error (d)

45. I am (a)/ much glad (b)/ that you have won the trophy. (c)/ No error (d)

46. He is too coward (a)/ to make it (b)/ happen. (c)/ No error (d)

47. People invent new machines (a)/ when they think (b)/ different. (c)/ No error (d)

48. A man entered the tavern (a)/ and asked for some bread and cheese (b)/ with a decided foreign accent. (c)/ No error (d)

49. Watch how careful (a)/ the sparrow knits the straws (b)/ into one another to form a nest. (c)/ No error (d)

50. He is very (a)/ blind to read (b)/ the smallest of prints. (c)/ No error (d)

51. The widely publicised manifesto (a)/ of the new party is not (b)/ much different than ours. (c)/ No error (d)

52. I was taken with surprise (a)/ when I saw (b)/ the glamorous Appu Ghar. (c)/ No error (d)

53. Man needs security (a)/ and leisure (b)/ of free thinking. (c)/ No error (d)

54. This watch is (a)/ superior and more expensive (b)/ than that. (c)/ No error (d)

55. It was apparent for everyone (a)/ present that if the patient did not receive (b)/medical attention fast he would die. (c)/ No error (d)

56. He knows very well (a)/ what is expected from him (b)/ but he is not able to fulfil all the expectations. (c)/ No error (d)

57. My brother has (a)/ ordered for (b)/ a new book. (c)/ No error (d)

58. That Brutus, who was his trusted friend (a)/ had attacked on him (b)/ caused heart break to Julius Caesar. (c)/ No error (d)

59. Rana Pratap was (a)/ blind with (b)/ one eye. (c)/No error (d)

60. The doctor attended (a)/ to (b)/ the patient very quietly. (c)/ No error (d)

61. Although, they listen to me (a)/but their actions (b)/ prove otherwise. (c)/ No error (d)

62. He treats (a)/ us as (b)/ slaves. (c)/ No error (d)

63. Most of the girls are doing (a)/ their post graduation because (b)/ they may get good husbands. (c)/ No error (d)

64. Such was his pronunciation (a)/ as (b)/ I could not understand him. (c)/ No error (d)

65. He asked (a)/ that who (b)/ I was. (c)/ No error (d)

66. I am interested (a)/ in such books (b)/ that are interesting. (c)/ No error (d)

67. Each member of the alliance (a)/ agrees to take such action (b)/ that it deems necessary. (c)/ No error (d)

68. She looked at him (a)/ in such distress (b)/ as he had to look away. (c)/ No error (d)

69. This film is interesting (a)/ and the previous one (b)/ was boring. (c)/ No error (d)

70. It is difficult to know (a)/ whether (b)/ you are selected or not. (c)/ No error (d)

Directions (Q. Nos. 71-80) *Complete these sentences with suitable interjections.*

71. ………… We have won the match.

72. …… … Where are you going now?

73. …… …What a beautiful colour.

74. …… …I hear someone coming.

75. …… …What a wicked lie.

76. …… … I'm sorry. That was my mistake.

77. ……… What a beautiful dress.

78. …… … I was just stung by a bee.

79. …… … I made this picture all by myself.

80. That was the best performance that I have ever seen, …… … .

⤓ ANSWERS & EXPLANATIONS

1. (a) 'Orders have been' in place of 'order has been'.
2. (c) 'Alphabet' in place of 'alphabets'.
3. (a) 'Score' in place of 'scores'.
4. (b) 'Mischief' in place of 'mischiefs'.
5. (a) 'Sheep' in place of 'sheeps'.
6. (c) Contents' in place of content.
7. (b) 'Much work' in place of 'many works'.
8. (b) 'Word' in place of 'words'.
9. (b) 'Year' in place of 'years'.
10. (b) 'Rupee' in place of 'rupees'.
11. (b) 'Which' in place of 'Who'.
12. (c) Replace 'their' by 'its'.
13. (b) Add 'themselves' after 'adapt'.
14. (c) Replace 'he meets' by 'they meet'.
15. (b) Add 'one's' before 'critics'.
16. (c) Replace 'his' by one's'.
17. (a) Replace 'He, you and I' by 'You, he and I'.
18. (a) Replace 'him' by 'he'.
19. (c) Add 'her' after 'embraced'.
20. (a) Replace 'Due to me' by 'Because of my'.
21. (b) Replace 'less than' by 'fewer than'.
22. (a) Add 'a' before 'few'.
23. (b) Replace 'worth watching documentary' by 'documentary worth watching'.
24. (b) Replace 'less' by 'least'.
25. (a) Delete 'most'.
26. (b) Replace 'few' by 'small'.
27. (b) Replace 'wiser' by 'more wise'.
28. (c) Add 'other' before 'animal'.
29. (c) Delete 'any'.
30. (c) Replace 'more' by 'most'.
31. (b)
32. (d)
33. (d)
34. (a)
35. (c)
36. (d)
37. (a)
38. (b)
39. (c)
40. (a)
41. (a) Replace 'firstly' by 'first'.
42. (c) Replace 'suddenly' by 'sudden'.
43. (b) Replace 'leisure' by 'leisurely'.
44. (b) Replace 'thoroughly' by 'thorough'.
45. (b) Replace 'much' by 'very'.
46. (d) No error.
47. (c) Replace 'different' by 'differently'.
48. (c) Replace 'decided' by 'decidedly'.
49. (a) Replace 'careful' by 'carefully'.
50. (a) Replace 'very' by 'too'.
51. (c) Replace 'than' by 'from'.
52. (a) Replace 'with' by 'by'.
53. (c) Replace 'of' by for'.
54. (b) Add 'to' after 'superior'.
55. (a) Replace 'for' by 'to'.
56. (b) Replace 'from' by 'of'.
57. (b) Delete 'for'.
58. (b) Delete 'on'.
59. (b) Replace 'with' by 'in'.
60. (b) Replace 'to' by 'upon'.
61. (b) Replace 'but' by 'yet'.
62. (d) No error.
63. (b) Replace 'because' by 'so that'.
64. (b) Replace 'as' by 'that'.
65. (b) Delete 'that'.
66. (c) Replace 'that' by 'as'.
67. (c) Replace 'that' by 'as'.
68. (c) Replace 'as' by 'that'.
69. (b) Replace 'and' by 'but'.
70. (d) No error.
71. Hurrah!
72. Hallo!
73. Oh!
74. Hush!
75. Oh!
76. Oops!
77. Wow!
78. Ouch!
79. Yippee!
80. Bravo!

Chapter 02

DETERMINERS/ARTICLES

Determiners are words that come at the beginning of noun phrases, before adjectives. These words help to show how much or how many we are talking about.

Types of Determiners

Demonstrative

These determiners show where an object or person is in relation to the speaker.

There are four basic determiners, 'This, these, that and those'. e.g.

(i) Whose house is *this*?
(ii) *Those* days were really good old days.
(iii) I know nothing about *that* murder,

Possessive Determiners

The possessive determiners show the things belonging to someone. Possessive determiners are- 'My, your, his, her, its, our, their'.

Quantifiers

Quantifiers answer the simple questions like. 'How much, how many'?

Some of the most common quantifiers are 'A few, A little, much, many, a lot of, most, some, any, enough'. Some definite numeral determiners are 'One, Two, Three'. e.g.

The second boy in the third row is my brother.

Articles

An article is a word used to modify a noun, which is a person, place, object or idea..... Usually adjectives modify noun through description but articles are used instead to point out or refer to noun.

Articles impart effectiveness and accuracy to the noun. Articles also come in the category of determiners.

There are two kinds of Articles

1. Indefinite Article- A, An
2. Definite Article- The

Rules of Articles

The Use of Indefinite Articles 'A', 'An'

Rule 1

A student must note that the choice between 'A' and 'An' is determined primarily by sound.

- 'A' is used before a word beginning.
  - (a) With a consonant. e.g.
    (i) A boy (ii) A child
  - (b) With a vowel giving the sound of a consonant. e.g.
    (i) A one eyed man (ii) A university student
- 'An' is used before a word beginning.
  - (a) With a vowel. e.g.
    (i) An elephant (ii) An apple
  - (b) With a mute 'h'. e.g.
    (i) An hour (ii) An heir
  - (c) With a consonant pronounced with the sound of a vowel. e.g.
    (i) An LL.B student (ii) An M.P.

Rule 2

Indefinite article 'A'/'An' is used when we talk of a thing or a person that is indefinite or that is mentioned for the first time. (in the sense of 'one').

Indefinite article is also used to express a class (in the sense of 'any') *[Rule 3(B)]*

- Before a singular/countable common noun when it is mentioned for the first time representing no particular person or a thing. e.g.
  (i) I need a book. *(one)*
  (iii) Twelve inches make a foot. *(one)*
- Before a singular countable noun which is used to single out some person/something as a representative of a class of things, animals and persons. e.g.
  - A cow is a useful animal. *(any in the sense of class)*
- To make a common noun of a proper noun to express quality. e.g.
  - A Shylock is living in my neighbourhood. *(a cruel miser)*
- In certain expressions of quantity with certain numbers and expressions of 'Price/rate, speed, ratio'. e.g.
  - Rupees ten a kilo. *[Refer to Rule 3(L)]*
- When 'A/An' represent a weakened form of preposition 'in'. e.g.
  - He earns fifty thousand rupees a year.
- In exclamations with 'what' or 'how' before singular countable nouns. e.g.
  (i) What a hot day!
  (ii) What a pretty girl!
- Note the position of indefinite article in the following adverbs 'Rather, very, much, quite, so, too, such, as'. e.g.
  (i) It is *rather* a nuisance.
  (ii) It is *rather* a good step (or a rather good step).
- Before certain phrases. e.g.
  (i) In a hurry (ii) A pity
  (iii) Take a liking (iv) Feel a shame
- Before the words denoting numbers. e.g.
  (i) A hundred
  (ii) A dozen
- Before the verbs used as noun. e.g.
  (i) For a swim
  (ii) For a talk

Use of Definite Article 'The'

Rule 3

- When we talk of a particular person or a thing that has already been mentioned, known or under discussion. e.g.
  (i) The book (which you mentioned) is not available in the market.
  (ii) Let us study the lesson carefully. (lesson in hand)
- Before proper nouns (unique objects) when they refer to the names of historical buildings, mountain ranges, planets, rivers, oceans, gulfs, groups of island, holy books, ordinals, descriptive names of countries, states, newspapers, magazines, deserts, superlative degree, names of trains, hotels, shops, trains. e.g.
  (i) The Persian Gulf (ii) The Indian Ocean
  (iii) The Ganges (iv) The Himalayas
  (v) The Ramayana (vi) The Vedas
  (vii) The Sun (viii) The Earth

⚠ 'The' is not used before Aravali and Everest because they are not mountain ranges.

- When a singular noun expresses a class of animal or things. But 'the' is avoided with their plural forms and persons to express a class. e.g.
  (i) The dog is a faithful animal.
  (ii) The rose is a sweet flower.
  (iii) The cow is economically useful.
  (iv) Dogs are faithful.

(v) The cows are economically useful. *(Delete 'the')*
(vi) The son should be obedient.
(Delete 'The', use 'A'. 'The' before a person does not express a class of persons)

⚠ Indefinite article 'A' is used
1. In the sense of 'any' to single out a person, a thing or an animal as a representative of a class. e.g.
   (i) A son should be obedient.
   (ii) A cow is a useful animal.
2. 'Man/Woman/Mankind' used in general sense to represent human race are used without article. e.g.
   (i) Man is mortal. *(Used in general sense)*

- Before an adjective when it represents a class of persons. e.g.
  (i) The rich should help the poor.
  (ii) The old are respected by the young.
- Before musical instruments. e.g.
  (i) He can play the flute.
  (ii) She is fond of playing he harmonium.
- As an adverb with a comparative sense. (Double comparison). e.g.
  (i) The sooner, the better.
  (ii) The higher you go, the colder it is.
- Before comparative degree in case of a choice. e.g.
  (i) She is the weaker of the two sisters.
  (ii) Which is the more beautiful of the two sisters?
- Before proper noun for the sake of comparison. e.g.
  (i) Surdas is the Milton of India.
  (ii) Kalidas is the Shakespeare of India.
- Before sports, cups and trophies. e.g.
  (i) India won the Singer Cup last year.
  (ii) A number of teams are taking part in the World Cup.
- Before physical positions. e.g.
  (i) The top of the mountain.
  (ii) The back of the house.
- With the cardinal points. e.g.
  (i) The Sun rises in the East.
  (ii) The Himalayas are to the North of India.
- Before a unit of measurement. e.g.
  (i) Cloth is sold by the metre.
  (ii) Eggs are sold by the dozen.
- Before caste and communities. e.g.
  (i) The Rajputs are brave people.
  (ii) The Marathas are hard working.
- Before the adjective 'same and whole' and after the adjective 'all and both' 'the' is used with plural nouns. e.g.
  (i) This is the same book that you gave me.
  (ii) The whole class was absent.
- In certain idiomatic phrases. e.g.
  (i) In the wrong. (ii) On the contrary.
- Before a common noun to give it the force of a superlative. e.g.
  (i) She is the woman.
  (ii) Netaji was the leader.
- Before a common noun to give it the sense of an abstract noun (feelings, qualities etc.) e.g.
  (i) The judge in him. *(sense of justice)*
  (ii) The mother in her. *(feelings of a mother)*
- Before inventions. e.g.
  (i) The telephone. (ii) The wireless.
- Before the name of professions used collectively. e.g.
  (i) The Press. (ii) The Bench.
- Before a noun, qualified by adjectives. e.g.
  (i) The former President Abdul Kalam
  (ii) The immortal Shakespeare.
- Before the case in apposition. e.g.
  (i) Netaji, the hero of modern India, ought to be remembered.
  (ii) Who can underestimate Mr Vajpayee, the former Prime Minister?
- Before the dates. e.g.
  (i) The 10th of May. (ii) The 5th of September.
- Before the organs of government. e.g.
  (i) The judiciary (ii) The Legislature
- Before the parts of a body of a person in place of possessive adjectives. e.g.
  (i) He hit me on the back.
  (ii) She caught me by the arm.
- Before the political parties. e.g.
  (i) The BJP (ii) The Labour Party
- Before the Armed forces. e.g.
  (i) The Army (ii) The Police
  (a) Before the dynasties, empires, wars, revolutions, centuries. e.g.
     (i) The Gupta dynasty.
     (ii) The British empire.
  (b) Before language to signify nationality. e.g.
     (i) The Chinese are hard working.
     (ii) The Japanese are patriots out and out.

Rule 4

Omission of Articles

The article 'A/An, The' are omitted

(A) Before proper noun. e.g.
  (i) Shakespeare was the greatest dramatist.
  (ii) Delhi is the capital of India.

⚠ (a) When indefinite article is used before proper nouns they become common noun.

(b) 'The' before a proper noun is used for the sake of comparison. e.g.
(i) This man is Shylock. (a miser)
(ii) Samudra Gupta was the Napolean of his age.
(The greatest general of his time.)

- Before names of materials. e.g.
  (i) Silver is a useful metal.
  (ii) The tea of Assam is very famous. *(particular tea)*
- Before common noun 'the' is used in its widest sense. e.g.
  (i) Man is mortal.
  (ii) The Gods and the Goddesses are kind to him. (in the sense of deities)
- Before abstract noun as qualities, feelings and states used in general sense. e.g.
  (i) Truth is a noble quality.
  (ii) Love is a natural feeling.
- Before noun complement. (appoint, make, elect, select etc.) e.g.
  (i) The committee appointed him Captain.
  (ii) They elected him President.
- Before collective noun in general sense. e.g.
  (i) Life is complex.
  (ii) Society does not allow this.
- Before uncountable noun. (Refer to Rule 1 in the chapter on Noun) e.g.
  (i) He gave me advice.
  (ii) He passed on information to me.
- Before languages. e.g.
  (i) Chinese is a difficult language.
  (ii) He knows Russian very well. *[Rule 3(B)]*
  He knows the Sanskrit language.
- Before 'school, college, home, church, temple, sea, work, bed, table, hospital, market, prison, court' when their purpose is thought of rather than the actual building/place. e.g.
  (i) We go to temple on Mondays. *(for prayer)*
  (ii) I go to bed early. *(to sleep)*
  (iii) He was sent to prison after conviction. *(as a prisoner)*

⚠ 'The' is used before
'Office, cinema, movie, theatre, picture, circus, station, bus stop' etc.

- Before 'hobbies, professions and sports'. e.g.
  (i) Dancing is her profession.
  (ii) Gardening is his hobby.
- Before names of diseases. e.g.
  (i) Cancer is a dreaded disease.
  (ii) AIDS is spreading like wild fire.
- Before regular meals except when preceded by an adjective. e.g.
  (i) I take breakfast at 8 am.
  (ii) You should take dinner early.
  (iii) They gave us a good breakfast.
  (iv) A good breakfast is necessary.
- Before parts of the body. e.g.
  Liver is the largest organ of human body.
- Before modes of travel. e.g.
  (i) He will go by air.
  (ii) A journey by road is very comfortable.
- Before names of relations like
  'Uncle, mother, father' etc in place of possessive adjectives. e.g.
  (i) Father will go to Delhi tomorrow.
  (ii) Aunt is expected any moment.

⚠ 'Father' and 'Aunt' implies 'our father' and 'our aunt'

- In certain phrases.
  e.g.

(i) To lose heart.	Last but not least.
(ii) To set foot.	To catch fire.
(iii) To give ear.	To send word.
(iv) By day.	In hand.

- Study the following phrases carefully

(i) In summer, winter	+	in the summer season
(ii) From beginning to end	+	from the beginning of the day to the end of the day.
(iii) From right to left	+	keep to the left.
(iv) At dawn, at midday, at noon, at night, at dusk	+	during the day, in the afternoon, in the evening, in the night

- Before such noun as
  'Cattle, gentry, people' etc. When they are used in general sense. *(Refer to Rule 2 on Noun)*
- Before little, few. (in negative sense). e.g.
  (i) Little sugar *(hardly any)*
  (ii) Few students *(hardly any one)*
  [Refer to Rule 2(L)]

Rule 5

When two or more connected noun refer to the same person or thing, the article should be used before the first noun. However, the article is used before each noun if they refer to two different persons or objects.

e.g.
(i) The Prime Minister and the President are visiting the town today.
(Two different persons holding two different posts.)

(ii) The Prime Minister and President of the party is on a visit to the town today.

(One person holding two posts.)

- Similarly, one article before the first adjective is used when two or more adjectives qualify the same noun. e.g.

She is wearing a black and a white saree.

(Omit 'a' before 'white')

- If there are two articles before ordinals, use singular noun. In the case of article before one ordinal, noun should be used in plural form. e.g.

(i) The first and the second *chapter* are very difficult.

(ii) The first and second *chapters* are very difficult.

⚠ The article is not repeated with plural nouns. Verb is plural form in the sentences given in 'C'.

CHAPTER PRACTICE

Directions (Q. Nos. 1-5) *Fill in the blanks with suitable determiners.*

1. Do you have ...... post card? Yes I have ....

(a) any, some (b) any, one
(c) any, none (d) some, some

2. She showed .... concern for her step- daughter.

(a) a little (b) little
(c) few (d) some

3. Did ...... write with my pen when I was away?

(a) some (b) someone
(c) anyone (d) None of these

4. All the boys went to beach but only .... could swim.

(a) few (b) a few
(c) little (d) the little

5. There are .... countries in the world where population is not growing fast.

(a) any (b) many
(c) most (d) much

Directions (Q. Nos. 6-10) *Fill in the blanks with suitable articles.*

6. There was .... accident near .... market this morning.

(a) the, a (b) an, the
(c) a, the (d) the, the

7. One of the students of the class writes .... date on .... black board every day.

(a) a, the (b) the, a
(c) the, the (d) the, an

8. Dr Radha Krishnan was .... more famous philosopher than a politician.

(a) the (b) an
(c) a (d) None of these

9. .... higher you go .... colder it is.

(a) a, the (b) the, the
(c) a, an (d) an, the

10. The eggs are sold by .... dozen.

(a) a (b) an
(c) the (d) None of these

Directions (Q. Nos. 11-15) *Fill in the blanks with suitable determiner or article.*

11. .... doctor says it is .... hopeless case.

(a) The, a (b) A, the
(c) The, the (d) A, a

12. Last month we went to see .... National book fair with our teacher.

(a) some (b) the
(c) a (d) an

13. We bought ...... books.

(a) much (b) more
(c) any (d) many

14. ...... of them were story books, while the others were of General Knowledge.

(a) much (b) any
(c) some (d) The little

15. .... man who is wearing .... white cap is my neighbour.

(a) A, The (b) The, The
(c) The, a (d) A, a

ANSWER KEY

1	(b)	2	(b)	3	(b)	4	(b)	5	(b)	6	(b)	7	(c)	8	(c)	9	(b)	10	(c)
11	(a)	12	(b)	13	(d)	14	(c)	15	(c)										

Chapter 03

TENSE

Tense denotes time and action.

Or Tense is that form of verb which states the time and action of an event.

Uses of Different Tenses

Different types of tenses and their uses are as follows

The Present Indefinite Tense (Habitual Action)

- This tense is generally used to denote 'habit, custom, practice, repeated action, permanent activity, general truth' etc.
- These ideas are expressed by the adverbs of frequency such as 'often, seldom, usually, never, occasionally, sometimes, normally, generally, always, frequently, rarely, daily'.

  e.g.

  (i) The old lady goes for a walk in the morning.

  (ii) Parul usually believes everybody.
- This tense is also used to make a statement in the present showing permanent nature and activity of the subject and eternal principles.

  e.g.

  (i) I know him well. (ii) He teaches in St Xavier College.
- This tense is also used to denote historical present.

  e.g.

  (i) Now Netaji enters and addresses the Indian soldiers.

  (ii) Now Arjun shoots arrows at Bhishma.
- This tense is also used to denote future arrangement in the statement.

  e.g.

  (i) The Prime Minister arrives from New York tomorrow.

  (ii) He leaves his job next week.

The Present Continuous Tense (Progressive Action)

- This tense is normally used for an action in progress that is temporary in nature (not for a permanent activity) in the present at the time of speaking.

  e.g.

  (i) She is not working. She is swimming in the river.

  (ii) It is raining outside.

- It also expresses future action or a definite arrangement in the near future.
  e.g.
  (i) I am going to the cinema tomorrow.
  (ii) She is coming next week.
- Continuous tense with 'always' may express an idea which is not to the liking of the speaker.
  e.g.
  (i) She is always teaching her children.
  (ii) He is always praising his friends.
- There are some of the verbs which sometime don't admit of progressive action. Such verbs are called Non-progressive (Stative verbs).
  e.g.
  (i) **Verbs of Perception** See, taste, smell, hear, prefer, please.
  (ii) **Verbs of Thinking Process** Think, know, mean, mind.
  (iii) **Verbs Showing Possession** Own, have, belong, comprise, possess, contain.
  (iv) **Verbs Expressing Feelings or State of Mind** Believe, like, love, want, wish, desire, hate.
  (v) **Verbs in General** Look, seem, appear, affect, resemble, cost, require, stand, face, become.
- 'While, still, at the moment, presently (at present) and now' may help students to express progressive present.

The Present Perfect Tense (Imperfect Past)

(Preceding Action)

- This tense is a mixture of present and past. At the time of speaking, the action is already completed in the past. It always implies a strong connection with the present though action took place in the past.
- Generally, the following adverbs and conjunctions are used to express the preceding action. 'Ever, just, recently, already, yet , till (time), so far, of late, lately, before, by the time, after' etc.
  e.g.
  (i) I have **just** seen that film.
  (ii) I have **already** had my breakfast.
- Present Perfect + Point of Time = Simple Past
  It should be noted that point of time in the past indicates that action took place at a point in the past. The point of time in the past is expressed by 'since, ever since'.
  e.g. I have worked in Delhi **since** I left college.

The Past Indefinite Tense

(Habitual Action)

- This tense is used for a past habit, indicated generally by 'Often, seldom, usually, normally, generally, occasionally, sometimes, never, always, frequently, rarely, daily, used to, would' etc.
  e.g.
  (i) They **never** drank wine.
  (ii) He **always** carried an umbrella.
- This tense is also used for a single act completed in the past. Definite point of time is denoted by 'Since, ever since, earlier, ago, back, before, last, yesterday, the other day' (Any point of time in the past) etc.
  e.g.
  (i) I met your brother **yesterday**.
  (ii) She bought a car two years **ago**.

The Past Continuous Tense

(Progressive Action)

- This tense is chiefly used for past action in progress.
  e.g.
  (i) It was still raining when I reached there. *(Past action in progress)*
  (ii) He was busy in packing last evening. *(Past action in progress)*
- It is also used for a definite arrangement for future in the past.
  e.g.
  (i) He was leaving that night. *(Definite arrangement for future in the past)*
  (ii) I asked her what she was doing next Sunday. *(Definite arrangement for future in the past)*
- As mentioned in the case of the present continuous tense, certain verbs don't admit of progressive action. Please study such verbs carefully. Refer to such verbs under present continuous tense section.
- While, still, at that moment, and when may help the students to express progressive action in the past.
  e.g. When the phone rang, she was studying.

The Past Perfect Tense

(Past Preceding)

- This tense is used when out of two actions it is necessary to emphasise that the preceding action was completely finished before the succeeding action started.

e.g.

(i) I had gone to Delhi last week before my father came. *(Correct)*

(ii) I had gone to Delhi last week.

(Incorrect, because preceding action is not implied here)

- Sometimes preceding action is implied and is indicated by the use of 'Ever, just, recently, already, yet, so far, till (time), by the time (by), before, after' etc.

e.g.

(i) I had **already** taken breakfast.

(ii) I had finished the book **before** he came.

- This tense is also used as time expression with 'Since, for, how long, whole, all, throughout, all along' etc.

e.g.

(i) She had known him **for** two years.

(ii) He had owned this plaza **for** five years.

- Past Perfect tense used with verbs such as, 'Want, hope, expect, think, suppose, mean, intend' indicate that the action mentioned did not take place.

e.g.

(i) I had wanted to help my brother. *(but could not help)*

(ii) I had expected to pass. *(but did not pass)*

(iii) My sister had hoped that I would send her money. *(unfulfilled hope)*

The Future Indefinite Tense

(Future Action)

- This tense expresses an action that is to take place in future. e.g. 'Soon, shortly, in a few moments, tomorrow, presently (soon), next year/month/week' etc indicate future action.

e.g.

(i) They will come here **shortly**.

(ii) Ritu will take examination **next month**.

- It should be noted that there are several ways to express future action in English as given below

(a) Future action is expressed in the present continuous tense. But it is more definite action than the action expressed in the future indefinite.

e.g.

(i) They are coming tomorrow. *(certain to come)*

(ii) She is marrying soon. *(certain to marry)*

(b) Future action is also expressed in the future continuous.

e.g.

(i) Sushant will be arriving soon. *(He will arrive)*

(ii) I shall be going tomorrow. *(I shall go)*

(c) Future action is also expressed in the present indefinite tense.

e.g.

(i) She arrives from the USA next month. *(will arrive)*

(ii) The Prime Minister leaves for Lucknow tomorrow. *(will leave)*

The Future Continuous Tense

(Future Progressive)

- This tense is used to express an action that will be in progress with a point of time in future.

e.g.

(i) She will be waiting for me when I reach her home.

(ii) Rahul will be watching movie on television.

- This tense is also used to express the future indefinite tense or definite future arrangement.

e.g.

(i) He will be going to Pune by car today.

(ii) She will be arriving tomorrow to meet her husband.

- As mentioned in the case of the present continuous tense certain verbs do not admit of progressive action. Refer to such verbs under Present Continuous tense section.

The Future Perfect Tense

(Future Preceding)

- This tense is used when out of two actions it is necessary to emphasise that the preceding action will be completely finished before the succeeding action starts in future. Sometimes preceding action is implied and indicated by the use of 'Ever, just, already, recently, yet, so far, till (time), before, (by), by the time after.'

e.g.

(i) She will have already prepared food when I reach home.

(ii) He will have rung up his wife before he arrives.

- This tense is also used to express time expression. 'Since, for, how long, whole, all, throughout, all long' denote that action started sometime in the past and is continuing into the present.

e.g.

(i) He will have known her for two years next month.

(ii) He will have suffered a lot by now since his birth.

Perfect Continuous : Present, Past, Future

(Time Expression)

- Perfect continuous tense (Present, Past, Future) denotes an action continuing from the past into the present. It implies the duration of an action. (past to present)

  The time expression is normally indicated by 'Since, for, how long, whole, all, throughout, all along.'

⚠ **'For'** is used for a period of time from the past to present. **'Since'** is used for a particular point of time or some event in the past to present.

- Time expression can be used with both continuous and indefinite tenses as follows:–

(a) Continuous + Time expression

= Perfect continuous (Present, Past, Future)

(Action is not yet complete)

(b) Indefinite + Time expression

= Perfect (Present, Past and Future)

(Action is completed)

e.g.

(i) She goes to temple every Monday. *(Point of time)*

(ii) She was completed two letters since last night. *(Time expression)*

CHAPTER PRACTICE

Directions (Q. Nos. 1-50) *The sentences given below, have three parts, indicated by (a), (b) and (c). Read each sentence to find out whether there is an error. If you find no error then mark (d) as the answer.*

1. Each of these players (a)/have been warned (b)/ not to repeat the silly mistake. (c)/ No error (d)

2. Lime and Soda (a)/ is (b)/ a digestive drink. (c)/ No error (d)

3. The mother as well as her children (a)/ were brought (b)/ to the police station for interrogation. (c)/ No. error (d)

4. His benevolence and kindness (a)/ are (b)/ admired by his friends. (c)/ No error (d)

5. She never has and never will (a)/ allow her only son (b)/ to join politics. (c)/ No error (d)

6. Intelligence, as well as knowledge of the subject (a)/ are required to grasp (b)/ the meaning of the book. (c)/ No error (d)

7. Twenty officers have been dismissed and thirty left (a)/ on their own. (b)/ No error (c)

8. Every word and every line (a)/ in the poems of Wordsworth (b)/ sings the blessings of nature. (c)/ No. error (d)

9. So, honestly he worked (a)/ all that he was rewarded (b)/ by the chairman of the company. (c)/ No error (d)

10. Four miles (a)/ are not a long distance (b)/ for a young person like you. (c)/ No error (d)

11. No sooner he was brought (a)/ here than he began (b)/ to feel uneasy. (c)/ No error (d)

12. He, like the other members (a)/ of his family, were left shelterless (b)/ as a result of flood in the town. (c)/ No error (d)

13. In old age none of the relatives (a)/ are prepared to come (b)/ to the help of the old and the sick. (c)/ No error (d)

14. I don't think (a)/ five thousand rupees are a large sum (b)/ for the work you are going to undertake. (c)/ No error (d)

15. It were the students (a)/ who wanted the teacher (b)/ to declare holiday. (c)/ No error (d)

16. So fast did he drive motor car (a)/ that even the best driver (b)/ could not overtake him. (c)/ No error (d)

17. Everyone of the new Nursing Homes (a)/ coming up in the Urban areas (b)/ need a lot of improvement. (c)/ No error (d)

18. Never I have come across (a)/ a man (b)/ who is foolish to such an extent. (c) No error (d)

19. He will be likely (a)/ to take part in the ceremony (b)/ provided he is granted leave. (c)/ No error (d)

20. Two thirds of the majority (a)/ are needed to pass (b)/ the resolution for the impeachment of the President. (c)/ No error (d)

21. During freedom struggle (a)/ many a patriot (b)/ were filled with patriotism. (c)/ No error (d)

22. There are a dozen (a)/ of Geography books lying in the shelf of my personal library (b)/ and you can use them whenever you like. (c)/ No error (d)

23. The number of amendments to our constitution (a)/ have been very large (b)/ during the last fifty years of independence. (c)/ No error (d)

24. Just to the North of India (a)/ is the Himalayas (b)/ that were once impregnable. (c)/ No error (d)

25. She disappeared (a)/ and found dead (b)/ near a well outside the village. (c)/ No error (d)

26. I had been (a)/ to Delhi last week (b)/ to visit my friend. (c)/ No error (d)

27. Either she or you (a)/ is to blame (b)/ for the mismanagement of the domestic affairs. (c)/ No error (d)

28. It were the children (a)/ that caused a lot of problem to their parents (b)/ during long bus journey. (c)/ No error (d)

29. He will be likely (a)/ to leave for the United States (b)/ last year to visit his brother. (c)/ No error (d)

30. The soldiers along with the commander (a)/ was court-martialled (b)/ for defying the orders. (c)/ No error (d)

31. The rest (a)/ of the students is (b)/ still working. (c)/ No error (d)

32. No one in this world (a)/ can be able to do work (b)/ continuously for ten hours. (c)/ No error (d)

33. The period of twenty-five years (a)/ have passed (b)/ and still he is without a job. (c)/ No error (d)

34. People have a right to criticise (a)/ but at the same time each of them (b)/ have to remember his duty also. (c)/ No error (d)

35. The child picked up (a)/ a burned paper (b)/ from the street. (c)/ No error (d)

36. The teacher was angry (a)/ when he found that (b)/ you are not there. (c)/ No error (d)

37. I would like you (a)/ to complete this assignment (b)/ before you will leave for Mumbai. (c)/ No error (d)

38. One of his many (a)/ good traits that came to my mind (b)/ was his modesty. (c)/ No error (d)

39. When the dentist came in (a)/ my tooth was stopped aching (b)/ out of fear that I might lose my tooth. (c)/ No error (d)

40. The chief idea of very common type of traveller (a)/ is to see as many objects of interest (b)/ as he possibly could. (c)/ No error (d)

41. I took my children to watch (a)/ some children's films (b)/being screen in the city. (c)/No error (d)

42. The principal of the school (a)/does not believe that the teachers (b)/are working hard all these years. (c)/No error (d)

43. I remember in my youth I was used (a)/to go with my father to his shop and looked. (b)/ into his account books. (c)/No error (d)

44. I missed the last bus which I usually catch (a)/and have to stay back (b)/at the bus stop last night. (c)/No error (d)

45. Why does he worry (a)/ over petty matters and issues (b)/ is not known even to his parents. (c)/No error (d)

46. Leaders enable a group by imagining (a)/and create a future (b)/ which will fulfill the purpose of the group. (c)/No error (d)

47. Her goal is to win gold medal (a)/in the Asian games and (b)/made her country proud. (c)/No error (d)

48. He firmly belief that (a)/ if any disease is detected early then (b)/ it can be cured by yoga. (c)/No error (d)

49. Ramesh takes charge of (a)/ the project within a few days (b)/ of appointment. (c)/No error (d)

50. Economists have predicted that (a)/ the country's economic growth (b)/falls low to eight percent this year. (c)/No error (d)

ANSWERS & EXPLANATIONS

1. (b) Replace 'have' by 'has'.
2. (d) No error.
3. (b) Replace 'were by 'was'.
4. (b) Replace 'are' by 'is'.
5. (a) Add 'allowed' after 'has'.
6. (b) Replace 'are' by 'is'.
7. (b) Add 'have' after 'thirty'.
8. (d) No error.
9. (a) Replace 'he worked' by 'did he work'.
10. (b) Replace 'are' by 'is'.
11. (a) Replace 'he was brought' by 'was he brought'.
12. (b) Replace 'were' by 'was'.
13. (b) Replace 'are' by 'is'.
14. (b) Replace 'are' by 'is'.
15. (a) Replace 'were' by 'was'.
16. (d) No error.
17. (c) Replace 'need' by 'needs'.
18. (a) Replace 'I have' by 'have I'.
19. (a) Replace 'will be' by 'is'.
20. (b) Replace 'are' by 'is'.
21. (c) Replace 'were' by 'was'.
22. (a) Replace 'are' by 'is'.
23. (b) Replace 'have' by 'has'.
24. (b) Replace 'is' by 'are'.
25. (b) Add 'was' after 'and'.
26. (a) Replace 'had been' by 'went'.
27. (a) Replace 'she or you' by 'you or she'.
28. (a) Replace 'were' by 'was'.
29. (a) Replace 'will be' by 'was'.
30. (b) Replace 'was' by 'were'.
31. (b) Replace 'is' by 'are'.
32. (b) Replace 'can be' by 'is'.
33. (b) Replace 'have' by 'has'.
34. (c) Replace 'have' by 'has'.
35. (b) Replace 'burned' by 'burnt'.
36. (c) Replace 'are' by 'were'.
37. (c) Delete 'will'.
38. (c) Replace 'was' by 'is'.
39. (b) Replace 'was' by 'had'.
40. (c) Replace 'could' by 'can'.
41. (c) Replace 'screen' by 'screened'
42. (c) Replace 'are working' by 'have been contributing'. (The sentence is in present perfect continuous tense)
43. (a) Remove 'was'. 'Used to' is used for past habitual action.
44. (b) Replace 'have' by 'had'.
45. (a) Remove 'does'. The sentence is not in interrogative pattern. In interrogative pattern 'wh' word is followed by the helping verb. But in simple assertive sentences the subject is used before the Helping Verb.
46. (b) Replace 'create' by 'creating'.
47. (c) Replace 'made' by 'make'.
48. (a) Replace 'belief' by 'believes'.
49. (a) Replace 'takes' by 'took' as the sentence is in past tense.
50. (c) Replace 'falls' by 'will fall' as the sentence is in future tense.

Chapter 04

MODALS

A verb used to express the mood (mode) or attitude of a speaker is called Modal Auxiliary.

e.g.

(i) You **should** regularly go for a morning walk.
(ii) They **must** attend tomorrow's meeting.
(iii) **May** I use your pen please?

Uses of Modals

Uses of various modals are given below

May and Might

These modal auxiliary verbs 'may' and 'might' are used to express

- **Possibility**
  (i) It **may/might** rain.
  (ii) He **may/might** go to Delhi tomorrow.
  (iii) You **may** fall.
  (iv) Teena said that she **might** go there.
- **Permission**
  (i) **May** I come in?
  (ii) Yes, you **may** come in.
- **Wish or Prayer**
  (i) **May** you enjoy marital happiness!
  (ii) **May** you live long!
- **Purpose**
  (i) She works hard so that she **may** pass.
  (ii) She came so that she **might** see me.
- **Remote Possibility** 'Might' is used in place of 'may' to express remote possibility.
  (i) It **might** rain.
  (ii) He **might** be sleeping now.
- **May/Might + Have** They are used to express possibility/ desirability relating to the past action.
  e.g.
  (i) He **may/might** have left yesterday. *(It is possible he left)*
  (ii) He **might** have failed. *(It is possible he failed)*
  (iii) Better, you **might** not have revealed the secret. *(The secret was revealed)*

Can and Could (Able to)

They are used to express

- **Ability** (Present, Past and Future)
  - (i) She **can** write English well. *(is able to)*
  - (ii) Meetu **could** play cards. *(was able to)*
  - (iii) She will be **able to** help me. *(future of 'can')*
  - (iv) I have been **able to** do it. *(perfect of 'can')*
- **Polite Request**
  - (i) **Could** you please do it for me? *('Would' is also used for polite request)*
  - (ii) **Could** you please lend me some money?
- **Permission /Order**
  - (i) Yes, you **can** go now.
  - (ii) You **can** take my book. *(Here 'can' is an alternative to 'may')*
- **Prohibition/Offer**
  - (i) You **cannot** enter the room. *(Prohibition)*
  - (ii) **Can** I get you some fruits? *(Offer)*
  - (iii) **Can** I help you? *(Offer)*
- **Possibility**
  - (i) Who is she with him? She **could** be his wife. *(possibly, she is)*
  - (ii) How old is she? She **could** be sixteen. *(possibly, she is)*
- **Could + Have** This form is used for past ability while indicating that the action did not take place.
  - (i) I **could have** revealed the secret. *(but I did not)*
  - (ii) You **could have** borrowed money. *(but you did not)*
  - (iii) The police **could have** arrested him. *(but they did not)*

Should

It is used to express

- **Duty/Obligation**
  - (i) You **should** stand by your brother.
  - (ii) I **should** leave now.
  - (iii) Promises **should** be kept.
  - (iv) He **should** be present here.
- **Future in the Past**
  - (i) I told him that I **should** go there.
  - (ii) Did I not tell you that I **should** qualify?
- **Purpose**
  Walk carefully lest you **should** fall.
- **Condition**
  Should you work hard, you will get success.
  ('should' is used in the sense of 'if')
- **Should + Have** This form is used to express obligation in the past. It may imply the non-performance of the action. e.g.
  - (i) You **should have** stood by your brother.
  - (ii) He **should have** left a message.
  - (iii) He **should have** been present at the party.

Must

It expresses

- **Necessity or Obligation** (in place of 'should')
  - (i) You **must** follow instructions.
  - (ii) I **must** leave now.
- **Order of the Speaker**
  - (i) You **must** not leave now.
  - (ii) They **must** not play here.
- **Strong Possibility** (in place of 'may')
  - (i) It is ten. The teacher **must** be in the class.
  - (ii) She **must** be working in the office now.
- **Determination**
  I **must** help him.
- **Deduction, Inference**
  - (i) He has a big house. He **must** be rich.
  - (ii) She reads a lot. She **must** be learned.
- **Must + Have** This form is used for a past action or situation indicating non-performance of action.
  e.g.
  - (i) You **must** have followed instructions.
  - (ii) You **must** have left them.
  - (iii) I **must** have helped him.

Ought To

It expresses

- **Duty or Moral Obligation** It is normally used for 'should and must', when there is strong sense of moral duty, advice or indication of correct action.
  e.g.
  - (i) You **ought to** serve your motherland.
  - (ii) You **ought not to** take fatty food.
  - (iii) You **ought to** take food before leaving.
- **Ought to + Have** This construction is used in relation to past action of duty that was not fulfilled or an action that was neglected in the past.

e.g.

(i) You **ought to have** taken care of your wife.
(iii) You **ought to have** served your parents.
(iii) He **ought to have** been present at the wedding of his friend.
(iv) He **ought not to have** smoked in the bus.

Used To and Would

They are used

- To denote habitual action or the past routine of the Subject.
  e.g.
  (i) He **used to** go to Delhi by car.
  (ii) He **used not to** go to Delhi.
  (iii) He did not **use to** go to Delhi.
- To denote discontinued action
  e.g.
  (i) He **used to** play hockey. *(now he has stopped)*
  (ii) She **used to** work in office before marriage. *(not now)*
- 'Used to' is also used as an adjective (be used to). It is equal to 'accustomed to' as.
  e.g.
  (i) He is **used to** getting up early.
  (ii) I was **used to** driving through crowded streets.

Would

It is used in the following cases.

(i) **Would** you please help my son? *(polite request)*
(ii) She told me that she **would** give me money. *(future in the past)*
(iii) I **would**/should like to play now. *(wish)*
(iv) I **would** rather stay. *(wish)*

Need and Need Not

- 'Need' can be treated as an auxiliary or as an ordinary verb. As an auxiliary verb, it is used mainly in the negative and the interrogative forms will direct infinitive. It has no past tense.
  (a) 'Need (Not)' It is used for an action which is not necessary.
  e.g.
  (i) He **needs** to work hard. *(Ordinary verb)*
  (ii) **Need** I write to him? *(Auxiliary verb)*
  (iii) He **need** not go there again. *(Auxiliary verb)*
  (b) **Need Not + Have** This form is used for an action which was not necessary but was performed.
  e.g.
  (i) You **need** not have gone there.
  (ii) Rohit **need** not have phoned her yesterday.

Dare

It can be treated as an auxiliary or as an ordinary verb. As an auxiliary verb, it is used mainly in the negative and the interrogative forms with direct infinitive.

e.g.

(i) She **dared** her sister to touch her. *(Challenge, Ordinary verb)*
(ii) He does not **dare** me to fight. *(Challenge, Ordinary verb)*
(iii) **I dare** to go outside now. *(To have courage, Ordinary verb)*

CHAPTER PRACTICE

Directions (Q. Nos. 1-53) *Fill in the blanks with appropriate modal.*

1. She expects that her son.......... .
(a) can return (b) may return
(c) should return (d) ought to return

2. If we request her, she ...... to college.
(a) must give a lift
(b) might give a lift
(c) can give a lift
(d) should give a lift

3. It is possible Marlowe................ plays for Shakespeare.
(a) may write (b) might have written
(c) might write (d) can have written

4. All felt that he .... a cheat.
(a) may be (b) can be
(c) might be (d) will be

5. .... I go out? asked her son.
(a) Should (b) May
(c) Must (d) can

6. "Yes, you ....", the mother answered.
(a) should go (b) may go
(c) must go (d) would go

7. The son asked his mother if he ....
(a) can go out (b) may go out
(c) might go out (d) has to go out

8. .... our king live long!
(a) May (b) Must
(c) Should (d) Can

9. We eat so that we .... live.
(a) may (b) might
(c) can (d) should

10. He went there so that he .... borrow money.
(a) may (b) can
(c) might (d) would

11. She advised that I .... curtail expenditure.
(a) should
(b) shall
(c) should have
(d) ought to

12. You .... him that gambling would ruin him.
(a) should warn
(b) should have warned
(c) must warn
(d) would warn

13. We enjoyed the movie, you .... there.
(a) should have been
(b) can be
(c) should be
(d) could be

14. .... you work hard, you will pass.
(a) Would (b) Will
(c) Should (d) Shall

15. I told him that I .... leave next day.
(a) should (b) should have
(c) could (d) may

16. Make haste lest you .... late.
(a) should get (b) should not get
(c) may not get (d) might not get

17. She .... work hard if she wants to top the merit list.
(a) must have (b) must
(c) must not (d) will

18. She .... alone as it was raining heavily.
(a) must not leave
(b) must not have left
(c) should not leave
(d) None of the above

19. Principal to a student : You .... with bad girls.
(a) must not mix (b) cannot mix
(c) may not mix (d) Either (a) or (b)

20. There .... something wrong with the cooker today.
(a) must be
(b) should have been
(c) must have been
(d) can be

21. Swati is gentle, her sister .... it.
(a) should have done
(b) must have done
(c) should do
(d) will do

22. I am sure the Principal........... in his room.
(a) should be (b) can be
(c) must be (d) might be

23. You .... obey your parents.
(a) should (b) ought to
(c) must (d) might

24. You .... stood by your sister, when she was in difficulties.
(a) ought to (b) ought to have
(c) should have (d) would have

25. Since the keys are with my brother. I .... you money.
(a) will not lend (b) cannot lend
(c) may not lend (d) should not lend

26. She told me that she .... English fluently and was very happy.
(a) could speak
(b) could have spoken
(c) can speak
(d) will speak

27. .... you please help my son?
(a) Can (b) Was able to
(c) Could (d) Were able to

28. After we had changed the punctured tyre we .... continue our journey.
(a) can (b) was able to
(c) were able to (d) may

29. My friend did not help me though he .... helped.
(a) could (b) could have
(c) should (d) None of these

30. She told me that she .... go to Mumbai next month.
(a) will (b) should
(c) would (d) All of them

31. He .... go to college daily by bus in his college days.
(a) should
(b) would
(c) will
(d) Either (b) or (c)

32. .... you please help my son?
(a) Should (b) Can
(c) Would (d) Might

33. My friend .... visit me every Sunday when I was ill.
(a) used to (b) is used to
(c) was used to (d) ought to

34. Deepu .... getting up early in the morning.
(a) used to (b) is used to
(c) accustomed to (d) would

35. My sister .... to Delhi in such circumstances.
(a) need not go
(b) need not to have gone
(c) need not to go
(d) None of the above

36. She .... here last night as her friend was better then.
(a) need not have stayed
(b) need not stay
(c) should not have stayed
(d) might not have stayed

37. You .... your note books from tomorrow.
(a) need not bring
(b) need not to bring
(c) need not have brought
(d) Either (a) or (c)

38. .... there while my father had forbidden me?
(a) Do I need go
(b) Need I go
(c) Need I have gone
(d) Either (a) or (b)

39. Yesterday she .... her sister to touch her.
(a) dares
(b) dares not
(c) dared
(d) dared not

40. He dares .... his rivals.
(a) abuse
(b) to abuse
(c) abusing
(d) None of the above

41. I dare not .... outside now.
(a) go (b) to go
(c) going (d) All of them

42. How .... you have left the bathroom in such a mess ?
(a) couldn't (b) might
(c) could (d) will

43. Mathew .... be lazy but he is certainly not stupid.
(a) might (b) should
(c) would (d) will

44. I .... speak English, Japanese and French.
(a) can (b) may
(c) should (d) shouldn't

45. I think we are lost. The man .... have given us the wrong directions.
(a) might (b) should
(c) would (d) will

46. You .... be serious about swimming outdoors in winter.
(a) would (b) can't
(c) could (d) might

47. Plants .... have sunlight in order to make food.
(a) can (b) may
(c) must (d) will

48. Since our bags are identical you .... have taken mine by mistake.
(a) can (b) will
(c) shall (d) could

49. Parents .... take care of their children.
(a) may (b) ought to
(c) mustn't (d) shouldn't

50. She .... be ill if she doesn't take care.
(a) may (b) dare
(c) must have (d) would

51. India .... won the match easily.
(a) can have (b) could have
(c) will (d) may

52. He .... play hockey when he was young.
(a) used to
(b) can
(c) might
(d) should

53. I .... leave now for I don't want to be late.
(a) can
(b) may
(c) need
(d) must

ANSWER KEY

1	(b)	**2**	(b)	**3**	(b)	**4**	(c)	**5**	(b)	**6**	(b)	**7**	(c)	**8**	(a)	**9**	(a)	**10**	(c)
11	(a)	**12**	(b)	**13**	(a)	**14**	(c)	**15**	(a)	**16**	(a)	**17**	(b)	**18**	(b)	**19**	(a)	**20**	(a)
21	(b)	**22**	(c)	**23**	(b)	**24**	(b)	**25**	(b)	**26**	(a)	**27**	(c)	**28**	(c)	**29**	(b)	**30**	(c)
31	(b)	**32**	(c)	**33**	(a)	**34**	(b)	**35**	(a)	**36**	(a)	**37**	(a)	**38**	(c)	**39**	(c)	**40**	(b)
41	(a)	**42**	(c)	**43**	(d)	**44**	(a)	**45**	(a)	**46**	(b)	**47**	(c)	**48**	(d)	**49**	(b)	**50**	(a)
51	(b)	**52**	(a)	**53**	(d)														

Chapter 05

CLAUSES ANALYSIS

A number of finite verbs in a sentence determine a number of clauses. Non-finite verbs are not considered for the purpose of clause analysis.

- In a **simple sentence,** there is one finite verb and hence only one clause.
  (a) She **is writing** a novel. (b) Parul **will examine** a patient.
- In a **complex sentence,** there are more than one clauses which are as follows
  (a) Principal/Main clause (b) Subordinate clauses
  (i) Noun clause (ii) Adjective clause (iii) Adverb clause

These subordinate clauses are joined by subordinating conjunctions.

- In a **compound sentence,** there are more than one Principal clause/Co-ordinate clause related to each other.
  (a) Principal clause (b) Co-ordinate clause

Co-ordinate clause is joined by co-ordinating conjunctions.

Kinds of Clauses

Kinds of clauses are explained below

Principal Clause

While analysing a sentence, a student is required to find out a Principal clause. It is easy to do so because the Principal clause is not introduced by any joining connective. Having found out the Principal clause a student is expected to break up the rest of the sentence into Subordinate/Co-ordinate clauses.

Study the following examples carefully

- He told me that he would help my brother, who needed some money.
  (i) He told me .... Principal clause.
  (ii) that he would help my brother .... Noun clause, object of the verb 'told'.
  (iii) who needed some money .... Adjective clause, qualifying 'brother.' *(The sentence is complex)*
- He gave money to the students, who were poor, whenever they asked for it.
  (i) He gave money to the students .... Principal clause.
  (ii) who were poor .... Adjective clause, qualifying the noun 'Students'.
  (iii) whenever they asked for it .... Adverb clause of time, modifying verb 'gave'.
  (The sentence is complex)

So, a principal clause is identified by the subject and a finite verb of its own.

Noun Clause

By now, it is clear that a Noun clause is one of the three subordinate clauses in a complex sentence. It does the work of a noun.

Functions of a Noun Clause

Study the following examples carefully

- **The subject of a verb**
  (i) What he did is not desirable.
  (ii) That he will succeed is certain.
  These sentences can also be written in the following manner to show that Noun clauses have been used in place of subject
  (i) It is not desirable what he did.
  (ii) It is certain that he will succeed.
  Here, Noun clause is in apposition to Pronoun 'it'.
- **The object of a transitive verb**
  (i) He does not **know** when he will return.
  (ii) She **confessed** that she had met him.
  In the above sentences, noun clauses explain the verb **know** and **confessed.**
- **The complement of a verb**
  (i) The fact **is** that he is dishonest.
  (ii) His hope **is** that his son will return.
  Noun clause following the verb 'to be' performs the function of a complement. *(in place of predicate)*
  'To be, become, seem, appear, grow, taste, smell, prove, come, go, feel' are some of the verbs followed by a Noun clause as a complement.
- **The object of a preposition/infinitive**
  (i) There is no sense **in** what you say.
  (ii) Pay heed **to** what your elders say.
  (iii) I was pleased **to note** that he was recovering.
- **The apposition to a noun/pronoun**
  (i) I have not heard the **news** that he has married her.
  (ii) I do not believe in his **statement** that he was not present there.

Adjective Clause

Adjective clause does the work of an adjective. It qualifies a noun or pronoun in the Principal or any other subordinate clause.

Study the following examples carefully

1. He is the man, **who is honest.**
   (Qualifying the noun 'man')
2. The time, **when he will come,** is not certain.
   (Qualifying the noun 'time')
3. Those, **who are honest,** succeed in life.
   (Qualifying the pronoun 'those')
4. I gave him the pen, **which I bought for myself.**
   (Qualifying the noun 'pen')

Adverb Clause

As already described, an Adverb clause is a subordinate clause. It does the work of an adverb. It, therefore, modifies some adjective or verb.

Adverb clauses are classified as follows

- **Adverb Clause of Time** Time clause is introduced by conjunctions of time such as 'When, as, while, before, after, by the time, as soon as, until, till, whenever, since, as long as, ever since'.
- **Adverb clause of Condition**
  (a) There are three types of Conditional clauses. Each kind contains a different pair of tenses.
  (i) Present likely condition.
  (ii) Present unlikely condition.
  (iii) Past condition.
  (b) Conditional clauses are introduced with connectives 'if, unless, would that suppose, on condition that, provided, in case.'
  Sometimes, subordinate conjunction 'if' is omitted in Adverb clause of condition.
  (**should, had, were** are used instead)
- **Adverb clause of Purpose** Adverb clause of Purpose is introduced by conjunctions 'That, so that, in order that and lest.'
- **Adverb clause of Place** Adverb clause of place is introduced by the conjunctions 'Where' and 'wherever' but Adverb clause of Place does not qualify any place given in the main clause.
- **Adverb clause of Result** Adverb clause of Result is expressed by 'that' in the adverb clause preceded by 'so', 'such' in the main clause.
- **Adverb clause of Reason** Adverb clause of Reason is introduced by 'Because, since, as'. However, *'so'* and *'therefore'* should be avoided in the Main clause.
- **Adverb clause of Concession or Contrast** Adverb clause of contrast is introduced by 'Although, though, even if, however, whatever, no matter, notwithstanding that, as, whether, even though, much as, even as.'
- **Adverb clause of Manner** Adverb clause of Manner is introduced by 'as, as if and as though.'
- **Adverb clause of Comparison** In Adverb clause of comparison, the use of the case of a pronoun and the objects being compared should be taken note of carefully. Comparison should be between the same case of pronoun or between the same two persons or things being compared. Adverb Clause of comparison is introduced by 'than' and 'as'.
- The verb in Adverb clause of Comparison is often understood and not mentioned.

CHAPTER PRACTICE

Directions (Q. Nos. 1-15) *Fill in the blanks in the given sentences with the correct use of clause.*

1. The professional .... doesn't follow ethics cannot be considered a professional.
(a) which he (b) who
(c) who he (d) whose

2. What do you do when you are at a function .... don't know people very well?
(a) where (b) that
(c) where you (d) who you

3. I always remember the times .... my family and I spent summer holidays together.
(a) when (b) where
(c) who (d) that

4. Do you know where I can take the bus .... goes to Chandigarh?
(a) which (b) when (c) who (d) that

5. Has Hema reviewed the latest sales report .... gave us last week?
(a) who the sales manager
(b) which the sales manager
(c) that the sales manager
(d) whose the sales manager

6. There are a couple personality traits .... would like to change about me. I am too moody and sometimes I am easily distracted.
(a) that (b) whose I
(c) that I (d) which

7. The man .... received that recommendation letter works for the government.
(a) that she (b) who she
(c) from whom she (d) to whom she

8. The cougar has powerful legs, ... it uses to climb and to jump into trees.
(a) whom (b) who (c) which (d) whose

9. When Jayant finishes weeding the garden, he .... the grass in the front yard.
(a) cut (b) cuts
(c) has cut (d) will cut

10. Until my brother went to Brazil last year, he .... outside the United States.
(a) has never been (b) wasn't
(c) had never been (d) won't be

11. By the time the police arrived at the bank, the robbers .... with thousands of rupees in cash.
(a) escaped (b) had escaped
(c) will have escaped (d) escapes

12. I waited for my friend ....
(a) until he arrived
(b) unless he arrived
(c) till he arrived
(d) until he has arrived

13. I couldn't believe .... it took them to process my application.
(a) how much (b) how many
(c) where (d) how long

14. My brother doesn't know ....
(a) how tall he is (b) he is tall
(c) how tall is he (d) how he is tall

15. I don't know .... she will be admitted to the university.
(a) whether (b) what
(c) which (d) who

Directions (Q. Nos. 16-20) *Determine the clause highlighted in underlined in the given sentences.*

16. Some people buy expensive cars simply <u>because they can</u>.
(a) Noun clause (b) Adjective clause
(c) Adverb clause (d) Either (a) or (c)

17. Many people hope <u>that Canada can resolve its economic problems</u>.
(a) Noun clause (b) Adjective clause
(c) Adverb clause (d) Either (a) or (c)

18. The bankers need to know <u>what they should do</u>.
(a) Noun clause (b) Adjective clause
(c) Adverb clause (d) Either (b) or (c)

19. Which one is the person <u>who stole your car</u>?
(a) Noun clause (b) Adjective clause
(c) Adverb clause (d) Either (a) or (b)

20. <u>Wherever there is a large American city</u>, there will be poverty.
(a) Noun clause
(b) Adjective clause
(c) Adverb clause
(d) Either (a) or (b)

ANSWER KEY

1	(b)	2	(c)	3	(a)	4	(d)	5	(c)	6	(c)	7	(c)	8	(c)	9	(d)	10	(c)
11	(b)	12	(a)	13	(d)	14	(a)	15	(a)	16	(c)	17	(a)	18	(a)	19	(b)	20	(c)

Chapter 06

VOICE

Voice is the term used to describe whether a verb is active or passive. The voice of a verb tells us whether the subject of the said is acted upon or is acting.

The voice of a verb tells whether the subject of the sentence performs or receives the action.

- **Active Voice** In active voice, the subject performs the action expressed by the verb.
- **Passive Voice** In passive voice, the subject receives the action expressed by the verb.

e.g. He sings a song *(Active)*

A song is sung by him. *(Passive)*

Active Verb A verb is 'active' when its form shows as in sentence (i) that the subject does some work or subject is active.

Passive Verb A verb is 'passive' when its form shows as in sentence (ii) that something is done to the subject of sentence (i) or subject is not active, but passive.

Active and Passive Voice

- Passive voice is used when subject is not known or it is not necessary to tell about the subject.

e.g.

(i) This temple was built five years ago. (ii) The mirror was broken yesterday.

- When it is necessary to give importance to the object.

e.g.

(i) The story was written by Rameez. (ii) The tiger was killed by the experienced hunter.

- The passive voice is especially helpful (and even regarded as mandatory) in scientific or technical writing or lab reports, where the subject is not really important but the process or principle being described is of ultimate importance.

e.g.

(i) Hydrochloric acid is produced when hydrogen and chlorine are mixed.

(ii) Sewing machine was invented by Ilias How.

- We use the passive voice to avoid responsibility for actions taken.

e.g.

Wine ads are designed to appeal especially to students. (places the burden on the ads — as opposed to burden on the designer/advertiser)

We designed the wine ads to appeal especially to students. ('we' accepts responsibility)

General Rules to Change the Voice

If you want to change an active voice sentence to passive voice, consider carefully 'who' or 'what' (subject) is performing the action expressed by the verb, and then make that agent ('who' or 'what') the object of a 'by the...' phrase.

Make what is acted upon, the 'subject' of the sentence, and change the verb to a form of 'be + past participle'. Including an explicit 'by the...' phrase is optional. 'By' is used when the subject of active sentence is important.

Read the following points carefully

- Make the **'object'** of the active sentence - 'subject' of the passive sentence.

  e.g.

  I write a letter. *(Active)*

  Object of active sentence is 'a letter'. It becomes subject of the passive sentence as follows

  A letter is written by me. *(Passive)*

- Make the 'subject' of the active sentence- 'agent' of the passive sentence. The agent will be in objective form. Use 'by' before it. 'By' is used when the subject of active sentence is important to mention.

  In the above example, mentioned in point 1, subject of the sentence is 'I'; its objective form is 'me'. So we write 'by me'.

- Always use 'third form' of the verb (past participle) in passive structures. The past participle (V3) will be preceded by 'to be' form of verb, as per the tense of the sentence.

- Please take care that the 'to be' form of verb is governed by the new subject (subject of the passive sentence).

  e.g. She is helping the students. *(Active)*

  The students are being helped by her. *(Passive)*

  Here in the sentence, plural verb 'are' is used as per the new subject 'students'.

- Change of 'subject' of active sentence into 'object' of passive is done as per following table

Active Voice	Passive Voice	Active Voice	Passive Voice
I	Me	She	Her
He	Him	They	Them
You	You	It	It
We	Us	Who	Whom

- Only transitive verbs (those that take objects) can be transformed into passive constructions. Furthermore, active sentences containing certain verbs cannot be transformed into passive structures. 'To have' is the most important of these verbs. We can say "He has a new cycle," but we cannot say "A new cycle is had by him." Here is a brief list of such verbs : resemble, look like, equal, agree with, mean, contain, hold, comprise, lack, suit, fit, become etc. These verbs are intransitive in nature.

- Sentences in present perfect continuous, past perfect continuous, future perfect continuous and future continuous can't be transformed into passive.

  The Passive voice is formed with the suitable tense of the verb 'be' followed by the past participle.

  The change of verbs (tensewise) takes place as per following table

Tense	**Verb** (Active)	**Verb** (Passive) **'To be' form + V_3**
Simple Present	go/goes	is/am/are gone
Simple Past	went	was/were gone
Simple Future	shall/will go	shall/will be gone
Present Continuous	is/am/are going	is/am/are being gone
Past Continuous	was/were/ going	was/were being gone
Present Perfect	has/have gone	has/have been gone
Past Perfect	had gone	had been gone
Future Perfect	shall/will have gone	shall/will have been gone

Types of tense and their form of Active and Passive Voice

Tense (or Modal + base)	**Active Voice**	**Passive Voice**
Simple Present	take	am taken
	take	is taken
	takes	are taken
Present Continuous	am taking	am being taken
	is taking	is being taken
	are taking	are being taken
Present Perfect	has taken	has been taken
	have taken	have been taken
Simple Past	took	was taken
		were taken
Past Continuous	was taking	was being taken
	were taking	were being taken
Past Perfect	had taken	had been taken
Simple Future	will take	will be taken
	shall take	shall be taken
Can/May/Must, etc + base	can take	can be taken
	must take	must be taken

CHAPTER PRACTICE

Directions (Q. Nos 1-55) *A sentence has been given in Active/Passive voice. Out of the four alternatives suggested, select the one which best expresses the same sentence in Passive/Active voice.*

1. Did everybody miss the first bus?
(a) The first bus was missed by everybody?
(b) Was the first bus missed by everybody?
(c) Everybody missed the first bus?
(d) Had the first bus been missed by everybody?

2. We will not allow them to run away.
(a) They will not be allowed to run away by us
(b) They would not be allowed to run away
(c) They are not allowed to run away
(d) They were not allowed to run away

3. Everyone must read this book.
(a) This book should be read by everyone
(b) This book has to be read by everyone
(c) This book is to be read by everyone
(d) This book must be read by everyone

4. He knew that his own life was unjust.
(a) It was known to him that his own life had been unjust
(b) It was known by him that his own life was unjust
(c) It was known to him that his own life was unjust
(d) It was known by him that life was unjust

5. The student has learnt the answer by heart.
(a) The answer was learnt by the student by heart
(b) The answer is learnt by heart by the student
(c) The answer by the student as learnt by heart
(d) The answer has been learnt by heart by the student

6. The old lady touched and patted the cow.
(a) The cow patted and touched the old lady
(b) The cow was touched by the old lady patting her
(c) The cow was patted and touched by the old lady
(d) The patted cow touched the old lady

7. This watch was given to me by my grandfather.
(a) My grandfather gave me this watch
(b) My grandfather gives me this watch
(c) My grandfather had given this watch to me
(d) My grandfather had given this watch to me

8. By whom is the child being fed?
(a) Who is feeding the child?
(b) Who had fed the child?
(c) Who was feeding the child?
(d) Who has been feeding the child?

9. Alexander expected to conquer the world.
(a) It was expected by Alexander that he should conquer the world
(b) It was expected by Alexander that he would conquer the world
(c) It was expected by Alexander that he will conquer the world
(d) It had been expected by Alexander that he would conquer the world

10. She begins her day with a cup of coffee.
(a) Her day is being begun with a cup of coffee
(b) Her day is begun with a cup of coffee
(c) A cup of coffee is beginning her day
(d) A cup of coffee had begun her day

11. Cacao is better when it is tasted.
(a) Cacao is bitter
(b) Cacao tastes bitter
(c) Cacao's taste is bitter
(d) Cacao tasted bitter

12. A great man acknowledged me as a flatterer to him.
(a) I was acknowledged by a great man to be a flatterer
(b) I was acknowledged by a great man to have been a flatterer
(c) I am acknowledged as a flatterer by a great man
(d) I was acknowledged as a flatterer to a great man

13. Let us help him.
(a) Let him help us
(b) Let he is helped
(c) Let he be helped
(d) Let him be helped

14. Can those happy moments be ever forgotten by me?
(a) Shall I ever forget those happy moments?
(b) Can I ever forget those happy moments?
(c) Will I ever forget those happy moments?
(d) Could I ever forget those happy moments?

15. You have to do this immediately.
(a) This has been done by you immediately
(b) This is being done by you immediately
(c) This was being done by you immediately
(d) This has to be done by you immediately

16. The labourers were digging a canal.
(a) A canal is being digged by the labourers
(b) A canal was dug by the labourers
(c) A canal was being dug by the labourers
(d) A canal had been dug by the labourers

17. The watchman switched on the lights before it began to grow dark.
(a) The lights were only switched on before it began to grow dark
(b) The lights were being switched on before it began to grow dark
(c) The lights were being switched on by the watchman before it began to grow dark
(d) The lights were switched on by the watchman before it began to grow dark

18. Where do you keep the current magazines?
(a) Where were the current magazines kept?
(b) Where have the current magazines been kept?
(c) Where are the current magazines being kept?
(d) Where are the current magazines kept by you?

19. **She will be rewarded for her kind deed.**
(a) Her kind deed will reward her
(b) Her kind deed will have rewarded her
(c) Her kind deed will be her reward
(d) Her kind deed will have been her reward

20. **God gives us happiness.**
(a) Happiness is given by God
(b) Happiness is being given to us by God
(c) Happiness has been given by God
(d) Happiness will be given by God

21. **Has she worked out all the sums?**
(a) Have all the sums worked out by her?
(b) Has all the sums been worked out by her?
(c) Have all the sums been worked by her?
(d) Have all the sums been worked out by her?

22. **Send for the doctor.**
(a) Let the doctor be sent for
(b) Let the doctor send
(c) Let the doctor be sent
(d) Let the doctor send for

23. **They made him the President of the club.**
(a) They were made him the President of the club
(b) The President of the club was made them by him
(c) He was made the President of the club by them
(d) The President of the club was made him by them

24. **They will have to do the work sincerely.**
(a) Sincerely the work has been done by them
(b) The work is being done sincerely by them
(c) The work will have to be done sincerely by them
(d) The work will have been done sincerely by them

25. **Did the sound disturb you?**
(a) Was the sound disturbed by you?
(b) Were you disturbed by the sound?
(c) Were you disturb by the sound?
(d) Did you disturb the sound?

26. **By this time he will have received my letter.**
(a) By this time my letter will have been received by him
(b) By this time the letter has reached him
(c) The letter, by this time, has been delivered to him
(d) By this time the letter has been received by him

27. **Run home, please.**
(a) You are please to run home
(b) You are told to run home please
(c) You are requested to run home
(d) You run home and this is a request

28. **I have been given this book by my sister.**
(a) My sister has given me this book
(b) To me this book was given by my sister.
(c) This book was given by my sister
(d) My sister gave me this book

29. **Drinking has ruined many people.**
(a) Many people has been ruined by drinking
(b) Many people have been ruined by drinking
(c) Many people are ruined by drinking
(d) Many people has ruined drinking

30. **The king mocked at the servant.**
(a) The servant was mocked at by the king
(b) The servant was being mocked at by the king
(c) The servant was to be mocked at by the king
(d) The servant was mocked by the king

31. **The waiter filled the glasses with water.**
(a) The glasses filled with water by the waiter
(b) The glasses were filled with water by the waiter
(c) The waiter was filled the glasses with water
(d) The water were filled in the glasses by waiter

32. **She took the dog for a walk.**
(a) The dog was taken for a walk by her
(b) The dog took her for a walk
(c) The dog was took for a walk
(d) The dog took a walk by her

33. **He was driving the car so fast that it skidded on the snowy road.**
(a) The car was driven by him so fast that it skidded on the snowy road
(b) The car was being driven by him so fast that it skidded on the snowy road
(c) The car had been driven by him so fast that it skidded on the snowy road
(d) The car has been driven by him so fast that it skidded on the snowy road

34. **They will laugh at you.**
(a) You can be laughed at by them
(b) You may be laughed at by them
(c) You will be laughed at by them
(d) You will have been laughed at by them

35. **Trespassers shall be prosecuted.**
(a) The authorities can prosecute trespassers
(b) The authorities shall prosecute trespassers
(c) The authorities may prosecute trespassers
(d) The authorities might prosecute trespassers

36. **Then her face was bowed.**
(a) Then she was being bowed her face
(b) Her face was bowed by then
(c) Then she bowed her face
(d) Then her face has been bowed

37. **The walls had not been decorated by us.**
(a) We have not been decorating the walls
(b) We had not been decorating the walls
(c) We have not decorated the walls
(d) We had not decorated the walls

38. **I shall have written the letter.**
(a) The letter will be written by me
(b) The letter had been written by me
(c) The letter is being written by me
(d) The letter will have been written by me

39. **We must endure what we cannot cure.**
(a) What we cure must be endured
(b) What cannot be cured must be endured
(c) What cannot cured must endured
(d) What could be cure must be endured

40. **A fresh batch of eggs was collected by the farmer's wife.**
(a) The farmer's wife was collecting a fresh batch of eggs
(b) The farmer's wife collected a fresh batch of eggs
(c) The farmer's wife had collected a fresh batch of eggs
(d) The farmer's wife will be collecting a fresh batch of eggs

41. **Why do you tell a lie?**
(a) Why a lie told by you?
(b) Why is a lie be told by you?
(c) Why is a lie told by you?
(d) Why is a lie being told you?

42. You will praise her very much.
(a) She will praised very much by you.
(b) She will be praised very much by you.
(c) She will being praised very much by you.
(d) She will been praised very much by you.

43. I take exercise daily.
(a) Exercise are taken daily by me.
(b) Exercise is taken daily by me.
(c) Exercise is being taken daily by me.
(d) Exercise is been taken daily by me.

44. She will invite me.
(a) I shall be invited by her.
(b) I will invited by her.
(c) I shall being invited by her.
(d) I will been invited by her.

45. Did you visit a zoo?
(a) Was a zoo being visited by you?
(b) Was a zoo be visited by you?
(c) Was a zoo been visited by you?
(d) Was a zoo visited by you?

46. Why does an officer neglect duties
(a) Why the duties neglected by an officer ?
(b) Why are the duties neglected by an officer?
(c) Why is the duties neglected by an officer?
(d) Why are the duties neglect by an officer?

47. Have you taken a rest?
(a) Have a rest been taken by you?
(b) Have a rest taken by you?
(c) had a rest taken by you?
(d) Have a rest be taken by you?

48. You must obey your parents.
(a) Your parents must obeyed by you.
(b) Your parents must been obeyed by you.
(c) Your parents must be obeyed by you.
(d) Your parents must being obeyed by you.

49. Earth revolves around Sun.
(a) The Sun revolved around the Earth.
(b) The sun is revolved around by the Earth.
(c) The Sun revolves around by the Earth.
(d) The Sun is being revolved around by the Earth.

50. Are they playing match against them?
(a) Is a match being played against their team by them?
(b) Is a match be played against our team by them?
(c) Is a match played against our team by them?
(d) Is a match been played against our team by them?

51. He has shown good performance.
(a) Good performance has shown by him.
(b) Good performance has been shown by him.
(c) Good performance had been shown by him.
(d) Good performance has be shown by him.

52. Will you save my secrets?
(a) Will my secrets saved by you?
(b) Will my secrets be saved by you?
(c) Would my secrets save by you?
(d) Would my secrets be saved by you?

53. School has announced result.
(a) The result has announced by the school.
(b) The result has been announced by the school.
(c) The result has be announced by the school.
(d) The result has being announced by the school.

54. Boys will have taken an exam.
(a) An exam would taken by the boys.
(b) An exam would have taken by the boys.
(c) An exam will had been taken by the boys.
(d) An exam will have been taken by the boys.

55. My father did not buy a new car.
(a) A new car was not be bought by my father?
(b) A new car is not bought by my father.
(c) A new car was not bought by my father.
(d) A new car is not be bought by my father.

ANSWER KEY

1	(b)	2	(a)	3	(d)	4	(c)	5	(d)	6	(c)	7	(a)	8	(a)	9	(b)	10	(b)
11	(b)	12	(a)	13	(d)	14	(b)	15	(d)	16	(c)	17	(d)	18	(d)	19	(a)	20	(a)
21	(d)	22	(a)	23	(c)	24	(c)	25	(b)	26	(a)	27	(c)	28	(a)	29	(b)	30	(a)
31	(b)	32	(a)	33	(b)	34	(c)	35	(b)	36	(c)	37	(d)	38	(d)	39	(b)	40	(b)
41	(c)	42	(b)	43	(b)	44	(a)	45	(d)	46	(b)	47	(a)	48	(c)	49	(b)	50	(a)
51	(b)	52	(b)	53	(b)	54	(d)	55	(c)										

Chapter 07

SUBJECT-VERB CONCORD

The subject and verb must agree in number both must be singular, or both must be plural. Being able to find the right subject and verb will help you correct errors of subject-verb concord.

- When we make a sentence, we tell something about a person or a thing. The part of the sentence which names the person or a thing is called the subject and the part which gives us more information about the subject is called the predicate of the sentence. *A subject can be*

  Singular – A book, an egg, a key
  Plural – Women, boys, flowers
  Uncountable – Sugar, water, furniture

Rules involved in subject-verb agreement are as follows

- The basic rule is

  Singular Subject → Singular Verb
  Plural Subject → Plural Verb

- Two or more singular subjects if joined together take a plural verb.

  e.g. Gold and silver are precious metals.

- Singular verb is used when two subjects together express one idea.

  e.g. Bread and butter is his only food.

- Nouns, plural in form, but singular in meaning, take a plural verb.

  e.g. Compasses, tongs.

- If subjects are joined by 'or', 'nor', 'either', 'neither', the verb agrees with the subject nearest to it.

  e.g. Neither she nor her friends are to be blamed.

- When a plural noun comes between a singular subject and its verb, the verb agrees with the singular subject.

  e.g. Neither of the students was involved.

Subject and Verb in Person and Number

The subject and verb must agree in person and number. If the subject is singular, the verb should also be singular. If the subject is plural, the verb should also be plural.

- Singular Subject → Singular Verb

  e.g. I am in the classroom. (Singular subject → Singular verb)
- Plural Subject → Plural Verb

  e.g. They are in the classroom.

  (Plural subject → Plural verb)
- When two or more singular subjects are joined together, plural verb is used.

  e.g. Mrs and Mr Gupta are going to market.
- When two subjects together express one idea, singular verb is used.

  e.g. Time and tide waits for none.
- If the given nouns look like plurals (i.e. they end in 's') but they are, in fact, singular nouns, then we use a singular verb.

  e.g. Economics is my favourite subject.
- Words such as 'Audience, congregation, crowd, group and family' take a singular or plural verb depending upon the sentence, but it is always safe to use a plural verb with these nouns.

  e.g. The **family** are our strongest support.
- 'Everybody, somebody, nobody, anybody and anyone', each take a singular verb.

  e.g. **Nobody** is perfect in this world.
- Nouns joined by 'and' take a plural verb.

  e.g. Apples and oranges are his favourite fruits.
- If subjects are joined by or, nor, either, neither, the verb agrees with the subject nearest to it.

  e.g.

  (i) Neither he nor his sister was there.

  (ii) He or his friends are to be blamed.
- The title of a book, play, story or a musical composition, even though plural, takes a singular verb.

  e.g. Cricket is a very popular game.
- When a plural noun comes between a singular subject and its verb, the verb agrees with the farther singular.

  e.g.

  (i) Each of the apples is juicy.

  (ii) Neither of the men was a thief.
- Words joined to a singular subject by with, as well as etc are parenthetical. The verb should therefore be put in the singular.

  e.g. The Prime Minister, with his cabinet colleagues, is to be present.
- The important point is that the verb must agree with the first subject, irrespective of whether it is singular or plural.

  e.g. My friends as well as I are going abroad.
- Two nouns qualified by 'each' or 'every', even though connected by and, require a singular verb.

  e.g. Every boy and every girl was given vaccination.

  'None' is singular, but takes a plural/singular verb according to the sense involved in the sentence.

  e.g.

  (i) None are so deaf as those who will not hear.

  (ii) I asked for a maid, but none was there.
- When the plural noun is a proper name for some single object or some collective unit, it must be followed by a singular verb.

  e.g. The United Nations is not an effective body for world peace.
- Nouns like 'glasses (spectacles), pants, trousers, shoes, people, police, scissors' always take a plural verb. Also, descriptive nouns like 'the rich, the blind, the guilty' are always plural.

  e.g.

  (i) Your shoes are glossy.

  ⚠ But when used with a pair of, they are singular

  (ii) A pair of branded shoes is quite expensive these days.
- Uncountable nouns like advice, news, media stationary, weather, progress are singular and take a singular verb.

  e.g. One must not offer advice unless asked for.
- Nouns like news, physics, economics, measles, cards, aerobics are plural in form, but they are treated as singular.

  e.g. Aerobics is a good exercise.
- A collective noun takes a singular verb when the collection is thought of as one whole. It takes a plural verb when the stress is on the individuals.

  (i) The cartel of oil supplying countries has submitted its report.

  (ii) The cartel of oil supplying countries are divided over the issue.
- A singular verb is used when a plural noun denotes some specific quantity or amount.

  e.g.

  (i) One fifty rupees is too much for this bag.

  (ii) Two-thirds of the city is in ruins.

- Unfulfilled wishes are a kind of imaginary conditionals. These types of conditionals takes 'If/as if/as though/it is time/I wish/ it is high time' as the expression then it uses 'were'.

  e.g.
  (i) I wish I were a mermaid.
  (ii) He talks me as if he were my boss.
- If 'wh' words like which, who, whom are used as a relative pronoun then the verb follows the antecedent's number and person.

  e.g.
  (i) Rita, who is a doctor, lives here.
  (ii) The students, who are absent today, have gone to stadium.
- Expression having 'Half of/two third of/one fourth of' etc takes plural verb when the noun is countable, but if the noun is uncountable then verb is singular.

  e.g.
  (i) Three fourth of the work is done.
  (ii) Half of the boys from the class were absent.
- Statements having 'Many of/ both of / few off/ A few of' with them takes a plural noun or pronoun followed by a plural verb.

  e.g.
  (i) Many of the boys are playing.
  (ii) Both of the girls have danced.
- Statements that contain 'Some/some of/ plenty of/ lots of/ a lot of/ all/ all of/ most/ most of/ enough/ a great deal of' takes plural countable noun and plural verb.

  e.g.
  (i) All girls are beautiful.
  (ii) Enough of books are purchased.
- If the statements have 'Many/ a great many/ a good many' then the noun and verb both are plural.

  e.g.
  (i) A great many farmers are working.
  (ii) Many boys were accused.

  Statements that contain 'A number of/a large number of' etc take plural noun and plural verb.

  e.g.
  (i) A number of people have gone to fair.
  (ii) A large number of candidates have appeared in the examination.

Exception

We know that most plural nouns and plural proper names end in 's'/ 'y' and we use a plural verb with them. But, there are some exceptions also.

- Remember that a few nouns are always plural, even though they don't end in 's' and they take a plural verb.

  e.g.
  (i) People have such strange ideas.
  (ii) The police were baffled.
- Quite a few, common plurals don't end in 's'.

  e.g.
  (i) The children are in bed.
  (ii) My feet hurt.

CHAPTER PRACTICE

Directions (Q. Nos. 1-25) *Find the part of the given sentences which contains an error of subject-verb concord.*

1. A year has been gone by (a)/ since he left us (b)/ and we never hear any news of him. (c)/ No error (d)
2. Those who lay down their lives (a)/ for the sake of others will surely (b)/ dwell forever in a world of bliss. (c)/ No error (d)
3. It is true that a sense of duty may at time (a)/ render it necessary for you to do that (b)/ which is displeasing to your companions. (c)/ No error (d)
4. It is necessary for everything to prepare himself (a)/ thoroughly in his early years for the tasks (b)/ that he will have to perform in life. (c)/ No error (d)
5. The college library is (a)/ not only equipped with (b)/ very good books, but also with the latest journals. (c)/ No error (d)
6. My brother-in-law (a)/ who lives in Mumbai (b)/ have come to stay with us. (c)/ No error (d)
7. Part of the research programme (a)/ involved interviewing teenagers (b)/ in inner city areas. (c)/ No error (d)
8. I could not put up at a hotel (a)/ because the board and lodging charges (b)/ were too expensive. (c)/ No error (d)
9. For a long time (a)/ I did not know who was sitting besides me (b)/ because it was so dark. (c)/ No error (d)
10. Rabindranath Tagore was not (a)/ the first Nobel Laureate (b)/ without a university degree. (c)/ No error (d)
11. The problem of soil erosion (a)/ is one of serious imports (b)/ in various countries. (c)/ No error (d)
12. Don't depend on (a)/ Raju for he will (b)/ always lets you down. (c)/ No error (d)
13. The headmaster with all his senior (a)/ teachers have come (b)/ to attend the meeting. (c)/ No error (d)
14. The re-development project is aimed (a)/ not just providing good houses to shanty dwellers (b)/ but also developing infrastructure around the major Mumbai localists. (c)/ No error (d)
15. She regards (a)/ negotiating prices with customers (b)/ as her special expertise. (c)/ No error (d)
16. The team captain jumped for joy, (a)/and the fans had cheered (b)/because we won the state championship. (c)/ No error (d)
17. Ritika forgot her friend's birthday, (a)/ so she sent her a card (b)/when she finally has remembered. (c)/ No error (d)
18. Kamala don't like cartoons (a)/ because they are loud, (b)/so she doesn't watch them. (c)/ No error (d)
19. Usually I am taking a walk every day (a)/while the sun sets, (b)/but it was raining today. (c)/ No error (d)
20. She likes to sleep in (a)/but she can get up early (b)/if she had work. (c)/ No error (d)
21. The sun shine onto the couch, (a)/which made it warm, (b)/so the cat jumped onto the couch. (c)/ No error (d)
22. The temperature has dropped (a)/and it's windy outside, (b)/so wore a jacket. (c)/ No error (d)
23. When the sky is cloudy, (a)/I liked to sit outside (b)/and sometimes I read a book. (c)/ No error (d)
24. Even though she was tired, (a)/Abhay knew he has to finish the race, (b)/so he ran to meet his team. (c)/ No error (d)
25. She owned a car, (a)/yet she didn't know (b)/how to drive it. (c)/ No error (d)

ANSWER KEY

1	(c)	2	(d)	3	(b)	4	(a)	5	(b)	6	(c)	7	(c)	8	(b)	9	(b)	10	(d)
11	(b)	12	(c)	13	(b)	14	(b)	15	(d)	16	(b)	17	(c)	18	(a)	19	(a)	20	(c)
21	(d)	22	(c)	23	(b)	24	(b)	25	(d)										

Chapter 08

SENTENCE IMPROVEMENT

Writing a correct syntax is always a desirable attribute in the language. The correct ways of writing reveals how polished your grammatical ability is! So, it is a prudent topic in competitive exam.

Sentence improvement test consists of a sentence with either a correct syntax or a wrong one (Basically wrong syntax is frequent).

Candidates have to go through the sentence and then they are required to find if there is any grammatical error in it. When the syntax is already correct then 'No improvement' option is selected.

Here is an example that will put things more comprehensively.

e.g. I wonder why people call the Taj Mahal the much beautiful mark of love.

(a) the more beautiful (b) the most beautiful

(c) much beautiful (d) No improvement

Ans (b) the most beautiful

As, the question is indicating that underlined part of the sentence 'the much beautiful' is the part we are required to check for its grammatical accuracy. Now, as degree of adjective has a rule that superlative degree is followed after 'the'. So, (b) becomes the obvious choice.

This is more of a similar thing to that of common error. Only difference lies in the fact that here the part of error is specified while in common error it is not. The key skills to solve these questions are the same as that of common error i.e. sound knowledge of grammar, comprehension rules, syntax etc.

- He was cured of his rheumatism by a specialist.

(a) cured from (b) cured with

(c) cured after (d) No improvement

Ans (d) No improvement As, 'cure of' means to rid someone of a disease or ailment, so the sentence is correct.

CHAPTER PRACTICE

Directions (Q. Nos. 1-75) *A part of the sentence is underlined. Below are given alternative to the underlined part at (a), (b), (c) which may improve the sentence. Choose the correct alternative. In case no improvement is needed your answer is (d).*

1. The toddler has a habit of throwing tantrums.
(a) expressing emotions
(b) expressing frustrations
(c) expressing happiness
(d) No improvement

2. He absented from the meeting
(a) was absent (b) absented himself
(c) took absence (d) No improvement

3. To concert will start when the conductor comes .
(a) when the conductor arrives
(b) when the curtain has been raising
(c) when the audience will arrive
(d) No improvement

4. The air-conditioner has made ceiling fans a little redundant in today's world.
(a) superfluous (b) obsolete
(c) extinct (d) No improvement

5. You ought to do your homework, oughtn't you?
(a) shouldn't
(b) mustn't
(c) ought
(d) No improvement

6. A thing of beauty is joy forever.
(a) is the joy (b) is joyous
(c) is a joy (d) No improvement

7. The little boy fell from the roof.
(a) fell below the roof
(b) fell down the roof
(c) fell off the roof
(d) No improvement

8. Because that there were heavy rains the lake was flooded.
(a) Because of the
(b) As there were
(c) Since there was
(d) No improvement

9. The thieves ran away in a black car.
(a) fled
(b) escaped with
(c) jumped away
(d) No improvement

10. I don't understand why did you not call me last night.
(a) why had you not call
(b) why you did not call
(c) why not did you call
(d) No improvement

11. What she said is not correct at all.
(a) incorrect
(b) not incorrect
(c) correct
(d) No improvement

12. My uncle couldn't rise up from his bed no more.
(a) any farther (b) any further
(c) any more (d) No improvement

13. The train rolls along the track.
(a) rumbles
(b) rattles
(c) ripples
(d) No improvement

14. His miserable condition made us wept.
(a) made us weep
(b) made us to weep
(c) made us to wept
(d) No improvement

15. Everybody was alarmed with the news of his murder.
(a) on (b) after
(c) at (d) No improvement

16. The greatest fear which is scaring of the world today is global warming.
(a) which had scared of the world
(b) that scared off the world
(c) that scares the world
(d) No improvement

17. Anyone interested in computer programming can find a job in contemporary industry if you learnt the basic programming language, such as COBOL and FORTRAN.
(a) by studying
(b) by the study of
(c) if he would learn
(d) No improvement

18. Anxiety and other such emotions are known to be unhealthy to the body.
(a) dangerous
(b) detrimental
(c) damaging
(d) No improvement

19. The Portsmouth Summer Art Festival is the only place in New Hampshire where we are fortunately see such diverse tales all in one place.
(a) we are able to fortunately see
(b) we are fortunate to see
(c) we are fortunate to seeing
(d) No improvement

20. He speaks not only English but Hindi as well.
(a) as well as Hindi
(b) Hindi too
(c) also Hindi
(d) No improvement

21. His powerful desire brought about his downfall.
(a) his intense desire
(b) his desire or power
(c) his fatal desire
(d) No improvement

22. My opinion of the play is that it will win the National award.
(a) opinion to (b) opinion about
(c) opinion on (d) No improvement

23. One cannot be indifferent to one's health, can't one?
(a) can't be?
(b) can one?
(c) isn't it?
(d) No improvement

24. The mother with her children were expected.
(a) was
(b) will
(c) have
(d) No improvement

25. Sohan is pleased at the news yesterday.
(a) has been pleased
(b) had been pleased
(c) was pleased
(d) No improvement

26. She did not like the movie, nor I did.
(a) nor did I
(b) nor I like it
(c) nor did I like it
(d) No improvement

27. Old habits die hardly.
(a) hard
(b) too hard
(c) much hardly
(d) No improvement

28. The cookbook is tailor-made for amateur vegan cooks.
(a) mass-produced
(b) customised
(c) professionally made
(d) No improvement

29. Hairfall is one of the worst manifestations of damage.
(a) indications (b) foundations
(c) signs (d) No improvement

30. Impurities in drinking water may be removed by placing small filtration devices at the sink and faucets.
(a) sifting apparatus
(b) sifting method
(c) sifting machine
(d) No improvement

31. Through the ages, the people of many cultures have used talismans and charms to ward off evil and invoke special powers.
(a) stones (b) earring
(c) amulets (d) No improvement

32. Ram Kumar is a heavily built man.
(a) strongly
(b) stockily
(c) sturdily
(d) No improvement

33. All the time there are large variety of sounds to be heard in the forge.
(a) there are many sounds
(b) there was many sounds
(c) there is much sound
(d) No improvement

34. Kunal laughed at Rakhi, after which she walked out.
(a) wherever (b) whereas
(c) whereupon (d) No improvement

35. Mr Choudhary bought a machine with a moving arm for picking up objects.
(a) running (b) hinged
(c) movable (d) No improvement

36. For me, money is only the means to an end.
(a) only means
(b) only a means
(c) only the mean
(d) No improvement

37. The bullet struck a wall and was diverted from its course.
(a) twisted
(b) deflected
(c) reflected
(d) No improvement

38. Renuka availed herself of all the leave to her credit.
(a) availed of
(b) availed
(c) availed to
(d) No improvement

39. One of my friends are going to Mumbai tomorrow.
(a) will (b) is
(c) has been (d) No improvement

40. I want you to clearly understand that excuses will not do.
(a) You clearly to understand
(b) To clearly understand you
(c) You to understand clearly
(d) No improvement

41. I sat down to do my assignment. I watched a movie.
(a) I watched a movie instead
(b) And I watched a movie
(c) I began watching a movie
(d) No improvement

42. The train was late for fifty minutes.
(a) behind
(b) by
(c) around
(d) No improvement

43. I have read a little of the book.
(a) a few pages
(b) little pages
(c) all pages
(d) No improvement

44. He was asked to stay back from boarding the plane.
(a) held out
(b) detained
(c) not allowed
(d) No improvement

45. Madhu prefers coffee to tea.
(a) over
(b) for
(c) than
(d) No improvement

46. The police failed in its attempt to disperse the crowd before the miscreants set the fire on the bus.
(a) set the bus on fire
(b) setting fire on the bus
(c) set fire in the bus
(d) No improvement

47. The artist had finished hardly by that time.
(a) Hardly finished
(b) Finished well
(c) Hardly had
(d) No improvement

48. Your parcel will have to arrive yet.
(a) is yet to arrive
(b) will arrive yet
(c) is yet arriving
(d) No improvement

49. Every thing depend on them coming on time.
(a) depends upon them coming
(b) depends upon them come
(c) depends upon their coming
(d) No improvement

50. The examination will commence from 7th December.
(a) at (b) in
(c) on (d) No improvement

51. This is the worst thing Sheila could have done.
(a) Sheila could have done more worst thing
(b) This is the most worst thing Sheila could have done
(c) Sheila could have done it worst
(d) No improvement

52. What did happen in the community hall is s not a matter of our concern?
(a) What happens
(b) What would happened
(c) What happened
(d) No improvement

53. I did not expect an award for assisting him with help.
(a) helping him (b) I had helped him
(c) I did help him (d) No improvement

54. She gave him a cup that contained tea.
(a) of (b) containing
(c) which had (d) No improvement

55. He has finished his lunch now and was satisfied.
(a) and is satisfied now
(b) then and is satisfied
(c) now and is satisfied
(d) No improvement

56. Even more than my father was the intolerant of demonstrativeness and the wearing of one's heart on his sleeve.
(a) on the sleeve
(b) on one's sleeve
(c) on her sleeve
(d) No improvement

57. I suggest that he study medicine.
(a) will study
(b) studies
(c) studied
(d) No improvement

58. Holmes took up a second letter which lay unnoticed upon the table whilst he had been absorbed with the first.
(a) was lying unnoticed
(b) had been lying unnoticed
(c) had laid unnoticed
(d) No improvement

59. I do not think I should tell you over and over again that my family are early risers.
(a) my family members are early risers
(b) my family is an early riser
(c) my family are an early riser
(d) No improvement

60. The weak man is a slave to his sensuous pleasures.
(a) sensory
(b) sensual
(c) secondary
(d) No improvement

61. He is so handsome man that people turn round to look at him.
(a) such a handsome
(b) such handsome
(c) a handsome
(d) no improvement

62. Wise man catch time by the forelock.
(a) hold
(b) seize
(c) take
(d) no improvement

63. Kindly let us know the time of your arrival by return of post.
(a) by the return of post
(b) on return of post
(c) in return post
(d) no improvement

64. She could not help but laugh.
(a) laughing (b) but laughing
(c) laugh (d) no improvement

65. Brinjals are dead cheap these days.
(a) deadly cheap (b) dirt cheap
(c) dust cheap (d) no improvement

66. He has been working off and on for several years to compile a dictionary.
(a) on or off (b) on and off
(c) regularly (d) No improvement

67. I noticed that the opposite man was staring at me.
(a) the opposed man
(b) the man opposite
(c) the men opposite
(d) No improvement

68. Ravi has got many friends because he has got much money.
(a) a lot of money
(b) many money
(c) very money
(d) No improvement

69. Practically every part of the banana tree is used by man.
(a) each part (b) all parts
(c) much part (d) No improvement

70. You will have to return my book whenever I ask for it.
(a) should have to (b) would have to
(c) shall have to (d) No improvement

71. The teacher asked the intruder who was he and why was he occupying his chair.
(a) who he was and why he was
(b) who he was and why was he
(c) who it was and why he was
(d) No improvement

72. The weather was not good; it was a bit pleasant.
(a) rather (b) fairly
(c) poorly (d) No improvement

73. My watch stopped, as key was not given.
(a) the key was not given
(b) it had not been wound up
(c) its key was not given
(d) No improvement

74. No one needs to worry about me.
(a) will worry
(b) need worry
(c) shall worry
(d) No improvement

75. During the Miss World contest in London, it was difficult to decide whether Miss India or Miss Greece is the most beautiful.
(a) is more beautiful
(b) was more beautiful
(c) was the most beautiful
(d) No improvement

ANSWER KEY

1	(d)	2	(b)	3	(a)	4	(b)	5	(d)	6	(c)	7	(d)	8	(a)	9	(a)	10	(b)
11	(a)	12	(c)	13	(a)	14	(a)	15	(c)	16	(c)	17	(c)	18	(c)	19	(b)	20	(c)
21	(b)	22	(b)	23	(b)	24	(a)	25	(c)	26	(a)	27	(a)	28	(b)	29	(c)	30	(c)
31	(d)	32	(c)	33	(a)	34	(d)	35	(c)	36	(b)	37	(b)	38	(d)	39	(b)	40	(c)
41	(a)	42	(b)	43	(a)	44	(b)	45	(d)	46	(a)	47	(a)	48	(a)	49	(c)	50	(d)
51	(d)	52	(c)	53	(a)	54	(a)	55	(a)	56	(b)	57	(b)	58	(d)	59	(d)	60	(b)
61	(a)	62	(b)	63	(d)	64	(d)	65	(b)	66	(c)	67	(b)	68	(d)	69	(d)	70	(a)
71	(a)	72	(b)	73	(b)	74	(d)	75	(c)										

Chapter 09

PUNCTUATION

Punctuation is a system in which marks are used in writing to indicate pauses and division of sentences. The meaning of written communication is made clear to the readers by the use of these marks. In fact, punctuation is the right use of putting in marks or stops in writing.

The following are the principal marks of punctuation

1. Comma (,)
2. Apstrophe (')
3. Semi Colon (;)
4. Colon (:)
5. Dash and Parenthesis (—)
6. Quotation marks (Inverted Commas) (" ")
7. Hyphen (-)
8. End marks –
   (a) Full stop (.)
   (b) Question marks (?)
   (c) Exclamatory marks (!)

Besides punctuation marks, the students are required to know the use of

(a) Capital letters (b) How to write numerals?

Use of Comma (,)

- **The comma is used for a short or slight pause to separate words in a list but it is avoided before 'and'**

  e.g.
  (i) Everything they will give me, food, clothes and salary.
  (ii) We will need cake, candles, lights and all.

- **Used to separate Adverb clause when it is followed by main clause**

  e.g.
  (i) When the train arrives, we shall board it.
  (ii) Unless you take exercise, you will not lose weight.

- **Used to mark off non-restrictive adjective clause. In such cases, adjective clause acts as a co-ordinate clause**

  e.g.
  (i) He ate contaminated food, which (and this) made him sick.
  (ii) She went out with Arnav, who (and he) bought her a necklace.
  (iii) She said that she would help me, which (but which) was not true.

- **Used to write Noun in appositions**

  e.g.

  (i) I would like to meet Mr. Kabir, your manager.
  (ii) Mr. Kabir, the manager of our company, will call on you tomorrow.

- **Used for Parenthetical expressions**

  e.g.

  (i) We knew, of course, that he would not attend your marriage.
  (ii) They are, however, intelligent.
  (iii) Your friend, if I am correct, is dishonest.
  (iv) They, as you know, will visit us next Summer.

- **Used to separate nominative absolute**

  e.g.

  (i) The sun having risen, we left for the town.
  (ii) The task having been done, they went to bed.

- **Used to separate initials and Titles**

  Please call on Prof. Sharma, M.A., Ph.D.

- **Used while writing address**

  e.g.

  Lt. General A.K. Chopra, 50, Arun Apartments, Noida (U.P.)

- **Used while writing dates**

  e.g.

  July 10, 2008
  10th July 2008 (No comma is required)
  Thursday, July 10th, 2008

Apostrophe (')

- **Used with 's' to indicate that a thing or a person belongs to somebody**

  e.g.

  (i) Rohan's house
  (ii) Children's school
  (iii) Women's wardrobe
  (iv) My sister' s husband.

- **Apostrophe is not used in case of non-living things**

  (i) The table's wood. *(incorrect)*
  The wood of the table. *(correct)*
  (ii) The book's price *(incorrect)*
  The price of the book. *(correct)*

- **In case of plural nouns and proper nouns ending with Apostrophe with 's' is used at the end**

  e.g.

  (i) The Girls' hostel. (ii) The Students' Club.
  (iii) Kalidas' poems
  (iv) Dickens' novels

- **Pronouns do not require the use of apostrophe. Only 's' is used with pronouns**

  e.g.

  (i) Yours faithfully,
  (ii) This house is hers.
  (iii) Ours is a large house.

- **The letters that are omitted are represented by an apostrophe while writing contracted form**

  I'm, I've, Can't It's
  I'll, They' d Won't

- **Apostrophe with's' is used with figures and letters to make plural**

  (i) P's and Q's
  (ii) 7's, 8's
  But we say.
  Fours, Sixes, Tens

- **Apostrophe with 's' is used to make abbreviations plural. However, in some cases Apostrophe can be omitted too**

  M.A.' s, in'89 (1989)
  M.P's, Ph.D's
  The 90s of the previous century. *(correct)*

Semicolon (;)

Semicolon is used almost as a period/full stop within a sentence. It is used at the end of a thought in place of 'and', 'but', 'because' etc to indicate that the thought continues into another thought.

e.g.

(i) Please do it; I shall give you money.
(ii) Krishna is black; Radha is fair.
(iii) It is cloudy; it may rain.
(iv) Man proposes; God disposes.

Colon (:)

Colon is used when a list, quotation or a long speech is to follow after it. It is used to explain the words 'Namely, as follows, following' etc.

e.g.

(i) Wordsworth wrote : Child is the father of man.
(ii) The meaning can be explained thus : Honesty does not always pay.
(iii) They brought many charge against him namely: Murder, rape and theft.

Dash(—)and Parentheses

- Dash is used in a sentence to mark an abrupt end to indicate that the words within a dash do not belong there. They are treated as just after thought.

  Sometimes they are parenthetical expressions. Double dashes are also known as parenthesis.

  e.g.
  (i) They are - you know - crooks.
  (ii) My friend-I am sure - is very sincere. (used for explanation)
  (iii) The other players - Gambhir and Raina - are also part of Indian team.

- **Used sometimes for colon**

  We have received the following articles
  (i) Photographs (ii) Identity cards
  (iii) Medical certificates

- **Used as a pause**

  e.g.
  (i) I wrote her a message .... a message of peace and love.
  (ii) He narrated a story .... a story that amused everyone.

- **Used to indicate a missing word**

  e.g.
  (i) Ms .... is a very shrewd lady.
  (ii) Please refer to page 20—25.

- **To resume a scattered subject**

  e.g.
  Honour, money, love .... all were lost.
  Friends, relative, partners .... all are present.

Quotation Marks (' '), (" ")

(Inverted Commas)

Quotation Marks are used to enclose words and punctuation in direct speech.
They are also termed inverted commas when written as such (" ").

- She shouted "We have to win."
- Used to enclose the names of books, poems, essays
  e.g. (i) I have bought, "Tales from Shakespears."
  (ii) Have you studied, "Ode to Nightingale."
- Used to enclose exact words spoken, written or quoted with a view to highlighting them.

  e.g.
  (i) 'Beware of Dogs' was written on the gate.
  (ii) Political parties use 'secularism' as 'catch vote slogan'.

Hyphen (-)

Hyphen is used to indicate words or parts of words that belong together.

- **Used to make compound adjective qualifying a noun**

  e.g.
  10 year-old-boy
  well-known actress
  A 5-day week

- **Used after prefixes to separate two vowels and three consonants**

  e.g.
  Co-ordinate
  Co-operation

- **Used to make compound numbers (21 to 99)**

  e.g.
  Twenty-Six Seventy-One

- **Used to separate constituents of compound words**

  e.g.
  Door-to-door campaign
  Double-storey apartments
  Man-to-man relations

- **Used to write prefixes.**

  e.g.
  Ex-husband Vice - president
  Non-violence

The End Marks

(a) Full Stop (.)

- **Also known as a longest period, is used**

  e.g.
  (i) They have arrived. (ii) She will join our club.
  (iii) Pay now and get out.

- **Used after abbreviations and initials of the names. They may be omitted in current English**

  e.g.
  A.B. Vajpayee AK. Chopra
  Feb. U.S.A U.K

- **Used after fractions, amount, time and date**

Fractions	Amount	Date
9.15 a.m.	₹ 50.75	5.9.05

- **Used at the end of the address**

  10, Rama Kutir, Chandigarh.

(b) Question Mark (?)

Used after interrogative questions

e.g.

(i) Are you staying there?
(ii) Could you please help me?
(iii) When did you meet her last?

(c) The Exclamation Mark (!)

Used after interjections, the words and sentences expressing emotions such as joy, sorrow, surprise, pity, prayer, curse.

e.g.

(i) What a pretty child!.
(ii) How good of you!
(iii) Ah! we are ruined.

Capital

Capital letters are used

- To write God and Man in the widest sense.

e.g.

(i) God loves all.
(ii) Man is mortal.

- Pronouns , used for God, also begin with a Capital letter.

e.g.

(i) God is great.
(ii) We worship him.

But gods and goddesses used as deities do not begin with a capital letter.

- To write proper nouns.

e.g. Pearl, Arnav, Suhani, Shaurya.

- To write 'First person of the pronoun.

e.g. She likes me but I don't like her.

- To write Interjection O, Oh

e.g. Oh! We are ruined.

- To write a reported speech.

e.g.

(i) She said, "I am a queen."
(ii) They said, "We have won the match."

CHAPTER PRACTICE

Directions (Q. Nos. 1-40) *Punctuate the following sentences.*

1. reena said to the servant what have you been doing since morning the servant said madam i have been walking the dog said go at once to the kitchen what have to do there the servant asked.
2. alas said her mother you have eaten all that i had mother do not worry i can manage without food but what about you said shaurya you have not eaten too.
3. great god i would rather be a pagan that such a christian wrote wordsworth.
4. by god I have not done it.
5. good heavens I have lost my purse.
6. good morning suhani have you slept well said her mom you do not appear to have slept well asked Suhani in turn you were awake when I got up to turn off the air conditioner.
7. I cannot go she said because rain has not stopped so far.
8. they are well now arnav said they can go but it is drizzling how can they go said my daughter pearl.
9. do not desire O my young friend to get what you cannot get said the fisherman.
10. the king said to the jester how dare you touch the magic thing meant for me be ready to face the consequences shedding tears the jester said I am sorry no use crying said the king I am crying for you my lord replied the jester why asked the king.
11. you expect every body the slave said to the master, to flatter you all the time why is it so.
12. the queen cried help help.
13. advise me deep said how can I solve this problem.
14. no said malini i have not heard this news.
15. young and old, good and bad all must die.
16. the names of the students are rohit, Meenakshi, rahul, sona and ankur.
17. oh dear i am tired today.
18. o yes i like singing you like dancing.
19. some are born great some achieve greatness.
20. you fools how dare you enter my room without permission.
21. The paper was clear pertinent and well written
22. Hari and Poonam honeymoon was just as frantic as their wedding
23. She won the race easily in fact she set a state record
24. I am recalling his story I believe as accurately as I can
25. The last year of the twentieth century is 2000 not 99
26. I expected a package this morning however I waited all day for it to arrive
27. Rainy days arent all that bad they provide the water crucial for all life

28. She witnessed a crime on her street she promptly locked her doors

29. We traveled to Rome Italy Athens Greece and Paris France

30. Shakespeare said it best Alls well that ends well

31. He is not well- liked although he says he is everyones friend

32. Sarah she had always loved animals took in the stray kitten

33. Certainly you may borrow my book Gary

34. The 1950s singer Patty Paige sang the novelty song How Much is That Doggie in the Window

35. Nearly all Americans own a Bible but few including scholars of literature have read it

36. Hmmm its a tough decision but Ill take the red one

37. Tuesday July 25 1967 is my birthday

38. I do the laundry make dinner and pick up the kids I should receive a medal for all these chores

39. Suddenly I became aware of the large, icy drops of rain on the wind

40. How could he have died so easily by merely falling from a horse

ANSWERS & EXPLANATIONS

1. Reena said to the servant. ''What have you been doing since morning?'' The servant said, ''Madam, I have been walking the dog.'' Reena said, ''Go at once to the kitchen.'' ''What have I to do there''? the servant asked.

2. "Alas! Child", said her mother, "You have eaten all that I had." "Mother, do not worry. I can manage without food. But what about you?'' said Shaurya. ''You have not eaten too.''

3. "Great God! I would rather be a Pagan than such a Christian," wrote Wordsworth.

4. By God! I have not done it.

5. Good Heavens! I have lost my purse.

6. "Good morning, Suhani. Have you slept well?" said her Mom. "You do not appear to have slept well,'' asked Suhani in turn. ''You were awake when I got up to turn off the air conditioner.''

7. "I cannot go," she said, "because rain has not stopped so far.''

8. "They are well now", Arnav said. "They can go." "But it is drizzling. How can they go?'' said my daughter Pearl.

9. "Do not desire, O my young friend, to get what you cannot get", said the fisherman.

10. The King said to the Jester, "How dare you touch the magic thing meant for me? Be ready to face the consequences.'' Shedding tears the Jester said, "I am sorry''. ''No use crying", said the King. "I am crying for you, my lord", said the Jester. "Why?" asked the King.

11. "You expect everybody,'' the slave said to the master, ''to flatter you all the time. Why is it so?''

12. The queen cried, "Help! Help!"

13. "Advise me, ''Deep said, ''How can I solve this problem.''

14. "No,'' said Malini, ''I have not heard this news.''

15. Young and old, good and bad—All must die.

16. The names of the students are-Rohit, Meenakshi, Rahul, Sona and Ankur.

17. Oh dear! I am tired today.

18. 'O yes, I like singing; you like dancing.

19. Some are born great; some achieve greatness.

20. You fools! How dare you enter my room without permission.

21. The paper was clear, pertinent, and well written.

22. Hary and Poonam's honeymoon was just as frantic as their wedding.

23. She won the race easily; in fact, she set a state record.

24. I am recalling his story, I believe, as accurately as I can.

25. The last year of the twentieth century was 2000, not '99.

26. I expected a package this morning; however, I waited all day for it to arrive.

27. Rainy days aren't all that bad: they provide the water crucial for all life.

28. She witnessed a crime on her street; she promptly locked her doors.

29. We travelled to Rome, Italy; Athens, Greece; and Paris, France.

30. Shakespeare said it best: "All's well that ends well."

31. He is not well-liked, although he says he is everyone's friend.

32. Sarah -- she had always loved animals -- took in the stray kitten.

33. Certainly, you may borrow my book, Gary.

34. Patty Paige sang the novelty song "How Much is That Doggie in the Window?"

35. Nearly all Americans own a Bible, but few, including scholars of literature, have read it.

36. Hmmm ... it's a tough decision, but I'll take the red one.

37. Tuesday, July 25, 1967, is my birthday.

38. I do the laundry, make dinner, and pick up the kids -- I should receive a medal for all these chores!

39. Suddenly I became aware of the large, icy drops of rain on the wind.

40. How could he have died so easily, by merely falling from a horse?

Chapter 10

SENTENCE JUMBLERS

Ordering of word/sentences is a part of the comprehension skills. This describes how good a candidate is in terms of comprehending the text. In this type of questions candidate is required to place these sentences/phrases in a proper sequence.

In some questions, first and the last sentences of the paragraph are given and the candidate is needed to place the middle sentences in a proper sequence. However, in simple questions, you have to rearrange them so that a relevant and meaningful result is obtained. The sentences should form a coherent order in a logical sequence.

Arranging the Sentence in Correct Order

The correct sequence is formed when all the sentences are properly linked. A sort of cause-effect relationship is also implicit in such exercises because a sentence will follow another only when the former leads to the latter. Thus, taking into consideration this aspect, sentences can be easily sequenced. Sound knowledge of language, helping verbs and conjunctions enables a candidate to solve these questions easily.

Tips for Attempting Questions

Some general tips for attempting questions are as follows

- Frame the sentences logically to get a meaningful order.
- Rearrangement of sentences should be grammatically correct.
- Use simple and linear approach to frame the sentence to obtain a logical meaning.

In such type of questions, a sentence is given with its parts marked P, Q, R and S which have been jumbled up. Candidates are required to rearrange these parts in proper sequence so as to form a correct and meaningful sentence. You read out the full sentence and arrange the jumbled up parts in such a way that a correct sentence is formed. A little practice will certainly give you confidence of attempting such questions correctly.

CHAPTER PRACTICE

Directions (Q. Nos. 1-28) *In each of the following sentences, some parts have been jumbled up. You are required to re-order these parts which are labelled P, Q, R and S to produce the correct sentence. Choose the proper sequence from options given below.*

1. he had (P)/no to him (Q)/ such a winning smile (R)/ that I could not say (S)

The correct sequence should be

(a) QPRS (b) RPQS
(c) SPQR (d) PRSQ

2. he nodded (P)/he understood (Q)/as though (R)/ everything (S)

The correct sequence should be

(a) PRQS (b) PSQR
(c) QRSP (d) SPRQ

3. the child burned down (P)/ the house (Q)/ by playing (R)/ with matches (S)

The correct sequence should be

(a) RSPQ (b) QSPR
(c) RPSQ (d) QPSR

4. in his innocence (P)/ I believed (Q)/ of the charge (R)/ and aquittal (S)

The correct sequence should be

(a) SQRP
(b) QPSR
(c) PRSQ
(d) RPQS

5. my little sister (P)/ instead of reading books in school (Q)/ who was quite intelligent (R)/ played with dolls (S)

The correct sequence should be

(a) PRSQ
(b) RSPQ
(c) QPSR
(d) PRQS

6. It is a process of global production in so far as it (P)/well accepted fact that (Q)/ brings together the various factors of production (R)/ international transportation is crucial to the whole (S)

The correct sequence should be

(a) QSPR
(b) PRQS
(c) QRPS
(d) PSQR

7. Plucked up the courage to (P)/ to reflect global realities (Q)/ government has at last (R)/ increase domestic fuel prices (S)

The correct sequence should be

(a) RSPQ
(b) QPSR
(c) RPSQ
(d) QSPR

8. The supreme excellence (P)/ of your enemies without even (Q)/ having to fight them (R)/ is to subdue the armies (S)

The correct sequence should be

(a) PSQR
(b) QRPS
(c) PRQS
(d) QSPR

9. After having got up from bed, the Magistrate (P)/ to bring coffee (Q)/ ordered the attendant (R)/ immediately (S)

The correct sequence should be

(a) PQRS
(b) SPQR
(c) SPRQ
(d) PRQS

10. to resolve it (P)/ than (Q)/ it is easier (R)/ to talk about a problem (S)

The correct sequence should be

(a) RPQS
(b) QPRS
(c) PQSR
(d) RSQP

11. to my client (P)/ that I speak (Q)/ immediately (R)/ it is important (S)

The correct sequence should be

(a) SRQP
(b) SQPR
(c) SPQR
(d) PSQR

12. The Prime Minister declared that those states (P)/ will get all help and aid (Q)/ where family planning (R)/ is effected very efficiently (S)

The correct sequence should be

(a) PRSQ
(b) PQRS
(c) RSPQ
(d) QPSR

13. Hardly had my brother descended from the plane when the people (P)/ waved and cheered (Q)/ who had come to receive him (R)/ from the lounge (S)

The correct sequence should be

(a) PRQS
(b) PQRS
(c) SPQR
(d) PRSQ

14. Man, cannot create a species (P)/ the one that he has destroyed (Q)/, can he recreate (R)/ for all his genius, (S)

The proper sequence should be

(a) PSQR
(b) SPRQ
(c) PQRS
(d) SPQR

15. With only five-rupees in her pocket, the brave Mother Terresa (P)/ among the poor of India (Q)/ learned a few basic medical skills (R)/ and began to live (S)

The proper sequence should be

(a) PRSQ
(b) QSRP
(c) PRQS
(d) QRSP

16. The great advantage of early rising (P)/ in our day's work (Q)/ it gives us (R)/ is the good start (S)

The proper sequence should be

(a) SPQR
(b) PSRQ
(c) SPRQ
(d) PSQR

17. Religion can be defined as (P)/ by means of which (Q)/ a group of people try to understand life (R)/ a system of beliefs (S)

The proper sequence should be

(a) RQSP (b) RPSQ
(c) SPRQ (d) PSQR

18. If you really believe my advice to you is (P)/ that he is a liar, (Q)/ from his present job (R)/ that you must dismiss him (S)

The proper sequence should be

(a) PRSQ (b) PSRQ
(c) QSPR (d) RSPQ

19. Since

P. life has now become intensely competitive
Q. not only by the grades he obtains
R. but also by his skill of observation and logical reasoning
S. we judge a person's intellectual worth

The proper sequence should be

(a) SQRP
(b) PSRQ
(c) PQRS
(d) PSQR

20. It is known that

P. the world's greatest men
Q. becoming rich
R. with a view to
S. have not laboured

The proper sequence should be

(a) PRQS (b) RQPS
(c) PSRQ (d) RQSP

21. By the time

P. known to everyone
Q. we appeared on the scene
R. he had already become an institution
S. who had ever stayed at Anand Bhawan

The proper sequence should be :

(a) QPRS (b) PSQR
(c) QRPS (d) RSQP

22. I can guarantee

P. as a medical representative
Q. without any doubt
R. for the post for which he has applied
S. that this candidate will be successful

The proper sequence should be

(a) SPRQ (b) SRQP
(c) PSQR (d) QSPR

23. The broker said that

P. a person
Q. should shop carefully
R. who buys a house
S. for the lowest interest rate

The proper sequence should be

(a) SPRQ (b) PRQS
(c) SPQR (d) PSRQ

24. Most of our small farmers

P. do not get a fair return
Q. on the sale of their farm-products
R. on their investments in back-breaking labour
S. and high cost of seeds and fertilizers

The proper sequence should be

(a) PQRS (b) PQSR
(c) PRQS (d) PRSQ

25. When

P. the mother bird came home
Q. the storm had subsided
R. cried piteously
S. and on not finding her young ones

The proper sequence should be

(a) QSPR (b) PSRQ
(c) PRSQ (d) QPSR

26. The guide said that

P. nowhere in the world
Q. a fairer building
R. you will find
S. than the Taj Mahal

The proper sequence should be

(a) RQPS (b) PRQS
(c) PSQR (d) RQSP

27. The students knew that

P. to control unruly students
Q. in the college administration
R. our new principal
S. took a number of strong measures

The proper sequence should be

(a) RSPQ (b) RSQP
(c) PQRS (d) QRPS

28. According to the standard big-bang theory,

P. in a moment of infinite temperature
Q. the universe came into existence
R. some ten to fifteen billion years ago
S. and density

The proper sequence should be

(a) PSRQ
(b) QRPS
(c) RPQS
(d) QSPR

ANSWER KEY

1	(d)	2	(a)	3	(a)	4	(b)	5	(a)	6	(a)	7	(c)	8	(a)	9	(d)	10	(d)
11	(c)	12	(a)	13	(a)	14	(b)	15	(a)	16	(b)	17	(d)	18	(b)	19	(d)	20	(c)
21	(c)	22	(c)	23	(b)	24	(a)	25	(d)	26	(b)	27	(b)	28	(b)				

Chapter 11

FILL IN THE BLANKS

Questions related to 'fill in the blanks' are given in the form of a sentence with a blank for which there are options. The blank is to be filled with the correct word.

Some types of fill in the blank questions are of two types

1. **Single Blank Questions** Only one word or phrase is to be filled in the sentence or passage.
2. **Multiple Words for One Blank** You may be given a sentence with a single blank. However, difference vis-a-vis single blank questions is that more than one of the answer options can fill given blank. You may need to find one or more or all the options that correctly fill the given blank. Though elimination is useful here as well, you may need to check each option suitability.

In terms of the words that are to be filled, some common question types are as follows

- **Preposition based** correct use of at /in/ on etc.
- **Article based** correct use of a/an/the.
- **Meaning based** appropriate word that fits into the given sentence based on meaning and usage.
- **Phrase/Idiom based** appropriate use of phrase/idiom based on meaning of the sentence.

Techniques to Eliminate Answer Options

- Identify whether the sentence is positive or negative in nature and how the blank affects this positive/negative nature. Based on this, you can rule out some options.
- Look for options that do not fit in from the point of view of tenses/gender/usage/parts of speech etc.
- Look for options where the words look the same. One or more options may have incorrect spellings.
- Consider the degree of 'emotion' in the sentence. e.g. if the sentence talks about extreme hatred, then among 'dislike' and 'enmity' the latter becomes more appropriate.

e.g.

(i) A ……… of chilly weather is expected in the next few months.

(a) phase (b) spell
(c) length (d) span

Ans. (a) The phase "a phase of ……… " is correct.

(ii) She had an ……… of the ear.

(a) infection (b) ulceration
(c) injury (d) infections

Ans. (a) 'ulcer' is related to ear. It is the name of a disease that infests ear.

CHAPTER PRACTICE

Directions *(Q. Nos. 1-50) Fill in the blanks with the suitable word given in the options.*

1. If I were you, I .... be careful with my words.
(a) will (b) would
(c) shall (d) should

2. Of the two assistants we employed last month, I find Raman .... hard working.
(a) most (b) more
(c) least (d) only

3. She is so fastidious that .... of the three houses was liked by her.
(a) neither (b) either
(c) none (d) no one

4. .... a very long time this city has been prosperous.
(a) Since (b) For
(c) From (d) Till

5. The mother of the dead child was overwhelmed .... grief.
(a) by (b) with
(c) from (d) for

6. William Shakespeare was .... greatest playwright of his time.
(a) a (b) an
(c) the (d) thee

7. There is no use discussing .... prohibition.
(a) on (b) about
(c) of (d) None of these

8. A .... firms are having trouble with industrial relations.
(a) considerable amount of
(b) great deal of
(c) large part of (d) great many

9. He was frightened ....
(a) to be killed (b) to being killed
(c) for being killed (d) of being killed

10. Capitalist society .... profit as a valued goal.
(a) which regards (b) regarding
(c) regards (d) was regarded

11. .... the rainfall was adequate this year, the mango trees still did not produce a high yield.
(a) Since
(b) Although
(c) Due to
(d) In spite of

12. The impact of two vehicles can cause a lot of .... to both.
(a) damage (b) damages
(c) damaging (d) damagings

13. It is earth's gravity which .... people their weight.
(a) gives (b) give
(c) giving (d) given

14. Total weight of all the ants in the world is much greater than ....
(a) to all human beings
(b) that of all human beings
(c) is of all human beings
(d) that of the all human beings

15. It is good form to use the name of the person ....
(a) who are greeting
(b) you are greeting
(c) which you are greeting
(d) greeting for you

16. .... that increasing numbers of compact disc players will be bought by consumers in the years to come.
(a) They are anticipated
(b) In anticipation
(c) Anticipating
(d) It is anticipated

17. .... business, a merger is a combination of two or more corporations under one management.
(a) At (b) In
(c) The (d) On

18. The greater .... increase in population, the harder it is for people to find adequate housing.
(a) of
(b) the
(c) is the
(d) is of the

19. Capitalist society .... profit as a valued goal.
(a) which regards
(b) regarded
(c) was regarded
(d) regards

20. The conditions necessary .... this project have not been met.
(a) of completion
(b) for the complete of
(c) of complete
(d) for the completion of

21. One difficulty .... at night is limited vision.
(a) with driving (b) be driven
(c) to drive (d) will drive

22. After the election .... a new stage.
(a) the entering nation
(b) the nation will enter
(c) to enter the nation
(d) will the nation enter

23. He is .... tennis.
(a) fond to play (b) fond of playing
(c) fond in playing (d) fond at playing

24. I hope she ....
(a) must come (b) should come
(c) will come (d) must be coming

25. An increase in population, without an increase in economic level, ... result in a lower standard of living.
(a) tends to (b) tending to
(c) will tend (d) tends

26. .... as President, a candidate must win a majority of votes.
(a) Elected (b) To be elected
(c) Having elected (d) Electing

27. Encounters between people from different countries can result in misunderstandings .... different conceptions about space.
(a) because they (b) is because they
(c) is because their (d) of their

28. .... the reactions of people with amnesia, scientists are learning about the process of memory of the brain.
(a) By studying
(b) To study
(c) They study
(d) They are studying

29. How is life enhanced? A beautiful passage from Tagore comes .... mind.
(a) in (b) to
(c) from (d) out

30. Ballet dancers .... actors, must spend many hours a day practising before a performance.
(a) like
(b) the like
(c) the same
(d) same as

34. The event passed ……… without any untoward incident.
(a) of (b) on
(c) off (d) away

35. Oscillatona are one of the few plants that can move about ……… a wavy gliding motion.
(a) having (b) has
(c) being (d) with

36. ……… a busy city, Pompeii was virtually destroyed by the eruption of Mount Vesuvius in AD 79.
(a) Once (b) It was once
(c) Once it was (d) That once

37. Research in the work place reveals that people work for many reasons ……… .
(a) money beside
(b) money besides
(c) beside money
(d) besides money

38. ……… unknown quantities is the task of Algebra.
(a) To found (b) Find
(c) The find (d) Finding

39. Fast food restaurants have become popular because many working people want ……… .
(a) to eat quickly and cheaply
(b) eating quickly and cheaply
(c) eat quickly and cheaply
(d) the eat quickly and cheaply

40. Vitamin E cream, a moisturising emollient, ……… maintaining soft, healthy looking skin.
(a) having been used for
(b) used for
(c) has been used for
(d) having used for

41. No one was allowed to use any written materials ……….. the exam.
(a) on (b) by
(c) over (d) during

42. In the last few months, competition has become ……….. .
(a) much tougher
(b) more tougher
(c) much more tough
(d) more tough

43. He ……….. at the seminar on Thursday because he was sick.
(a) was not
(b) is not
(c) will not be
(d) Both (a) and (c)

44. He is a famous architect ……….. designs won an international award last year.
(a) that (b) which
(c) whose (d) who

45. How ……….. renew a passport?
(a) often do you have to
(b) do often you to have
(c) you often do have to
(d) you do have to often

46. The stairs are wet and slippery. Walk ……….. .
(a) carefuller (b) carefuls
(c) careful (d) carefully

47. I intend to ……….. to my boss about my salary.
(a) tell
(b) speak
(c) talk
(d) Both options 2 and 3 are correct

48. The candidates ……….. by the selection committee next week.
(a) are interviewed
(b) will be interviewed
(c) were interviewed
(d) have been interviewed

49. There wasn't enough paper in the printer, ………..?
(a) are there (b) is there
(c) was there (d) were there

50. The ……….. should understand that they would get a license only if they have basic skills of driving.
(a) Residential (b) Political
(c) Authoritative (d) Applicants

ANSWER KEY

1	(b)	2	(b)	3	(c)	4	(a)	5	(b)	6	(c)	7	(d)	8	(d)	9	(d)	10	(c)
11	(b)	12	(a)	13	(a)	14	(b)	15	(b)	16	(d)	17	(b)	18	(c)	19	(d)	20	(d)
21	(a)	22	(b)	23	(b)	24	(c)	25	(a)	26	(b)	27	(d)	28	(a)	29	(b)	30	(a)
31	(b)	32	(b)	33	(b)	34	(c)	35	(d)	36	(a)	37	(d)	38	(d)	39	(a)	40	(c)
41	(d)	42	(a)	43	(a)	44	(c)	45	(a)	46	(d)	47	(d)	48	(b)	49	(c)	50	(d)

Chapter 12

COMMON ERRORS

Common error is a common test and forms a part of almost all the important exams like KVS PGT etc. To solve these kind of question, candidates are required to have a sound knowledge of grammatical rules.

Some examples of common errors are given below

1. I have (a)/ read (b)/ the Shakespeare's Macbeth. (c)/ No error (d)
   Answer (c) Shakespeare is a proper noun (name of a person), so use of article (definite article) is not appropriate. Remove 'the' to make the sentence correct.
   I have read Shakespeare's Macbeth. (*Correct*)
2. Although it was (a)/ raining, but (b)/we had the picnic. (c)/ No error (d)
   Answer (b) Use of but with although is inappropriate, so remove 'but' from the sentence to make it correct.
   Although it was raining, we had the picnic. (*Correct*)
3. The delegates discussed (a)/ about the problem (b)/ in length. (c)/ No error (d)
   Answer (b) It is redundant to use the preposition 'about' with discuss as we can talk about but we cannot discuss about, so remove 'about' from the sentence to make it correct.
   The delegates discussed the problem in length. (*Correct*)
4. I have passed (a)/ the M.A. examination (b)/ in 1981. (c)/ No error
   Answer (a) When time is given of a past action, Simple past is used instead of present perfect tense, so use 'passed' in place of 'have passed' to make the sentence correct.
   I passed the M.A. examination in 1981. (*Correct*)
5. He admitted (a)/ that he had (b)/ committed the murder. (c)/ No error
   Answer (a) Use 'confessed' in place of 'admitted' to make the sentence correct as confess is used to admit a crime or sin (murder) and admit is used in general purpose like 'permit, allow or enter'.
   He confessed that he had committed the murder. (*Correct*)

CHAPTER PRACTICE

Directions (Q. Nos. 1-50) *The sentences given below, have three parts, indicated by (a), (b) and (c). Read each sentence to find out whether there is an error.*

1. Suppose, if you were left alone (a)/to live on a desert island (b)/ what would you do? (c) No error (d)

2. He wondered that what (a)/would be the next move of his opponents (b)/who had vowed to see him dislodged from power. (c)/No error (d)

3. The nation should be greatful (a)/to the armed forces (b)/for protecting them. (c)/No error (d)

4. I do not know (a)/what is he doing? (b)/to solve the problem. (c)/No error (d)

5. For so many years (a)/it is almost his habit (b)/to go to the bed at 10 pm daily. (c)/No error (d)

6. He took (a)/down after (b)/his father. (c)/No error (d)

7. His honesty (a)/has never been (b)/ called to question. (c)/ No error (d)

8. I see her (a)/most weekends (b) but not very often between. (c)/ No error (d)

9. The chancellor (a)/was present (b)/on both occasions. (c)/ No error (d)

10. The deliberations by (a)/the committee (b)/are completely confidential. (c)/No error (d)

11. If you will work hard (a)/you will always (b)/succeed. (c)/No error (d)

12. She has been teaching (a)/the same lesson (b)/since five days. (c)/ No error (d)

13. Many a boy were happy (a)/dancing at the victory (b)/of our cricket team in Australia. (c)/No error (d)

14. Imagine living (a)/ with someone (b)/who never stops talk. (c)/ No error (d)

15. I was shocked (a)/when he told me (b)/ that the old woman died by cancer. (c)/ No error (d)

16. To the men who worked so hard in the project, (a)/the news was (b)/profound disappointing. (c)/No error (d)

17. Even though she lost the beauty contest, (a)/ she was still more prettier (b)/than the other girls. (c)/No error (d)

18. The novel is interesting, (a)/informative (b)/and it is easy to read. (c)/No error (d)

19. The differential attractions of the sun and the moon have a direct effect (a)/in the rising and falling (b)/ of the tides. (c)/ No error (d)

20. Despite of the pills (a)/which are available, (b)/many people still have trouble sleeping. (c)/No error (d)

21. None of the applicants have turned up (a)/for the interview (b)/on time. (c)/ No error (d)

22. Her mother did not reply (a)/when I asked her (b)/why was she weeping. (c)/ No error (d)

23. The oxygen content of Mars is not (a)/sufficient enough to support life (b)/as we know it. (c)/ No error (d)

24. He told his friends that (a)/each of them (b)/ should be able to carry out the orders oneself. (c)/No error (d)

25. If the police would have worked (a)/in time (b)/ the riot would not have occurred. (c)/No error (d)

26. The flag is risen in the morning (a)/and taken down at night (b)/ by the guards. (c)/No error (d)

27. I have seen him (a)/going to the theatre (b)/ with his friends yesterday evening. (c)/No error (d)

28. He was charged of murder (a)/though the evidence did every thing (b)/ to convince the judge of his innocence. (c)/ No error (d)

29. Neither he nor his brother (a)/ is a good student (b)/ but both are good players. (c)/ No error (d)

30. He has taken charge (a)/as principal of our college (b)/three years ago. (c)/ No error (d)

31. Let us (a)/bring this discussion (b)/to close. (c)/No error (d)

32. Each of them (a)/have a different version (b)/of the crime. (c)/ No error (d)

33. I and Gopal (a)/ went to the meeting (b)/ together. (c)/No error (d)

34. Latin is not only hard to write (a)/ but also (b)/to read. (c)/ No error (d)

35. In most villages (a)/ the roads are rough (b)/isn't it? (c)/No error (d)

36. Despite of continuing pain (a)/she worked at her temporary summer job (b)/ most of the week. (c)/No error (d)

37. As soon the film started (a)/I developed (b)/an irritating headache. (c)/ No error (d)

38. He applied for an employment (a)/in (b)/an office. (c)/ No error (d)

39. Though we drove fast, the train left (a)/ before we could reach (b)/ the station. (c)/ No error (d)

40. One Indian virtue that has impressed me greatly (a)/and touched me deeply (b)/ was the Indian people's freedom of rancour. (c)/No error (d)

41. We are meeting today afternoon (a)/to discuss the matter (b)/and reach a compromise. (c)/No error (d)

42. Either Ram or (a)/you is responsible (b)/ for this action. (c)/ No error (d)

43. The student flatly denied (a)/that he had copied (b)/in the examination hall. (c)/No error (d)

44. By the time you arrive tomorrow (a)/I have finished (b)/ my work. (c)/ No error (d)

45. The speaker stressed repeatedly on (a)/the importance of improving (b)/the condition of the slums. (c)/ No error (d)

46. The captain with the members of his team (a)/are returning (b)/ after a fortnight. (c)/No error (d)

47. After returning from (a)/ an all-India tour (b)/I had to describe about it. (c)/ No error (d)

48. The teacher asked his students (a)/if they had gone through (b)/ either of three chapters included in the prescribed text. (c)/ No error (d)

49. Although, they are living in the country(a)/since they were married (b)/they are moving to the town. (c)/ No error (d)

50. Do you know (a)/ how old were you (b)/ when you came here. (c)/ No error (d)

ANSWERS & EXPLANATIONS

1. (a) Remove 'Suppose'.
2. (a) Remove 'that'.
3. (a) Use 'grateful' in place of 'greatful'.
4. (b) It should be 'what he is doing'.
5. (c) Remove 'the'.
6. (b) Remove 'down'.
7. (c) Use 'into' in place of 'to'.
8. (c) Use 'in between' in place of 'between'.
9. (c) Use 'at' in place of 'on'.
10. (a) Use 'of' in place of 'by'.
11. (a) Remove 'will' from part (a). 'If you work hard' is correct.
12. (c) Replace 'since' with 'for'.
13. (a) Replace 'were' with 'was', as the subject 'Many a boy' is singular.
14. (c) Replace 'talk' with 'talking'.
15. (c) 'died of cancer' will be used in place of died by cancer.
16. (c) Adverb 'profoundly' will be used in place of adjective 'profound'.
17. (b) Use of more and prettier is superfluous, so remove 'more'.
18. (c) Remove 'it is' from the sentence.
19. (b) Replace 'in' with 'on'.
20. (a) Delete 'of' after despite.
21. (a) It should be 'has' in place of 'have' because the subject 'none' is singular so the verb form would be in singular.
22. (c) It would be 'why she was' in place of 'why was she' following the rule of indirect and direct speech.
23. (d) No error.
24. (c) It would be 'themselves' in place of 'oneself'.
25. (a) It should be 'had' in place of 'would have'.
26. (a) Replace 'risen' with 'hoisted'.
27. (a) Replace 'have' with 'had'.
28. (a) Replace 'of' with 'for'.
29. (d) No error.
30. (a) Put 'had' in place of 'has'.
31. (c) Put 'conclusion' in place of 'close'.
32. (b) Put 'has' in place of have because the subject of the sentence (each) is singular.
33. (a) It would be 'Gopal and I'.
34. (c) Put 'hard' before 'to'.
35. (c) Put 'aren't they' in place of 'isn't'.
36. (a) Delete 'of' after despite.
37. (a) Put 'as' after 'soon'.
38. (a) It should be 'a job' in place of 'an employment'.
39. (a) It would be 'the train had left'.
40. (c) Replace 'was' by 'is'.
41. (a) Say 'this afternoon' for 'today afternoon'.
42. (b) Use 'are' in place of 'is'.
43. (b) Use 'copying' in place of 'that he had copied'.
44. (b) Say 'I will have finished'.
45. (a) Remove 'on'.
46. (b) Use 'is' in place of 'are'.
47. (c) Remove 'about'.
48. (c) Use 'any' in place of 'either'.
49. (a) Use 'had been' in place of 'are'.
50. (a) Use 'remember' in place of 'know'.

हिन्दी साहित्य एवं व्याकरण भाषा

अध्याय 01

संज्ञा

'संज्ञा' वह विकारी शब्द होता है जिससे किसी विशेष वस्तु, भाव, जीव तथा स्थान का बोध हो, अर्थात् संज्ञा विश्व में अस्तित्व की प्रत्येक प्रक्रिया का नाम है, जो प्राणी, पदार्थ, धर्म तथा चेतना के रूप में उपलब्ध है। हिन्दी व्याकरण में संज्ञा के पाँच भेद हैं। ये हैं—1. व्यक्तिवाचक, 2. जातिवाचक, 3. भाववाचक, 4. समूहवाचक तथा 5. द्रव्यवाचक।

1. व्यक्तिवाचक संज्ञा

जिस शब्द से किसी एक वस्तु या व्यक्ति का बोध होता है, उसे व्यक्तिवाचक संज्ञा कहते हैं। जैसे—रमेश, महेश, गंगा, हिमालय। व्यक्तिवाचक संज्ञा में व्यक्तियों, दिशाओं, देशों, राष्ट्रीयता, समुद्रों, नदियों, पर्वतों, सड़कों, पुस्तकों, समाचार-पत्रों, घटनाओं, दिन-महीनों, त्यौहार-उत्सवों इत्यादि को स्थान दिया जाता है।

श्याम, सुरेश, उत्तर, दक्षिण, पूर्व, पश्चिम, भारत, भारतीय, हिन्द महासागर, हिमालय, दिल्ली, ऋग्वेद, दैनिक जागरण, मई, बुधवार, होली, दिवाली जैसे शब्द व्यक्तिवाचक संज्ञा हैं।

2. जातिवाचक संज्ञा

जिस शब्द से एक ही प्रकार की वस्तुओं, व्यक्तियों तथा प्रवृत्तियों का बोध हो तो उसे जातिवाचक संज्ञा कहते हैं। सम्बन्धियों, व्यवसायों, पदों तथा कार्यों, पशु-पक्षियों, वस्तुओं तथा प्राकृतिक तत्त्वों के नाम जातिवाचक संज्ञा के अन्तर्गत आते हैं। भाई, बहन, प्रोफेसर, मनुष्य, नदी, घोड़ा, गाय, पुस्तक, वर्षा, ज्वालामुखी जैसे शब्द जातिवाचक संज्ञा के उदाहरण हैं।

3. भाववाचक संज्ञा

जिस शब्द से किसी व्यक्ति या वस्तु के गुण या धर्म, दशा तथा कार्य-व्यापार का बोध होता है, उसे भाववाचक संज्ञा कहते हैं। लम्बाई, नम्रता, मिठास, चाल, समझ इत्यादि भाववाचक संज्ञा के उदाहरण हैं। प्रत्येक पदार्थ का अपना एक स्वभाव होता है। मनुष्य का स्वभाव मनुष्यत्व तथा पशु की हरकत पशुत्व कहलाता है। भाववाचक संज्ञा के एक शब्द से एक ही भाव का बोध होता है, इस कारण ऐसे शब्दों का प्रयोग उसके उसी रूप में होता है। बहुवचन के प्रयोग सम्भव नहीं होते।

भाववाचक संज्ञाओं का निर्माण जातिवाचक संज्ञा, विशेषण, क्रिया, सर्वनाम तथा अव्यय में प्रत्यय लगाकर होता है।

भाववाचक संज्ञा का निर्माण

(i) **जातिवाचक संज्ञा से**

बूढ़ा	—	बुढ़ापा
लड़का	—	लड़कपन
मित्र	—	मित्रता
मनुष्य	—	मनुष्यत्व

(ii) **विशेषण से**

गर्म	—	गर्मी
मीठा	—	मिठास
कठोर	—	कठोरता
नम्र	—	नम्रता

(iii) **क्रिया से**

चढ़ना	—	चढ़ाई
पढ़ना	—	पढ़ाई
रोना	—	रुलाई
दौड़ना	—	दौड़

(iv) **सर्वनाम से**

अपना	—	अपनापन
निज	—	निजत्व

(v) **अव्यय से**

दूर	—	दूरी
समीप	—	समीपत्व

4. समूहवाचक संज्ञा

जिस शब्द से वस्तु अथवा व्यक्ति के समूह अथवा बहुलता का बोध हो उसे समूहवाचक संज्ञा कहते हैं। सभा, दल, संघ, गुच्छा, कुंज इत्यादि शब्द समूह का बोध कराते हैं, इस कारण समूहवाचक संज्ञा के उदाहरण हैं।

मेला, भीड़, बाजार, प्रदर्शन, रैली, हुजूम, सेना, झुण्ड, गिरोह इत्यादि समूहवाचक संज्ञा के उदाहरण हैं।

5. द्रव्यवाचक संज्ञा

जिस शब्द से किसी धातु, द्रव तथा ऐसी वस्तुओं, जिसे नापा-तौला जा सके, का बोध हो, द्रव्यवाचक संज्ञा कहलाती है। दूध, दही, सोना, चाँदी, लोहा, लकड़ी, पानी, तेल, पीतल, ताँबा, तेजाब, इत्यादि शब्द द्रव्यवाचक संज्ञा के उदाहरण हैं।

संज्ञा : रूप परिवर्तन

संज्ञा के प्रयोग में कभी-कभी परिवर्तन भी होता है। जातिवाचक संज्ञा व्यक्तिवाचक संज्ञा के रूप में, व्यक्तिवाचक जातिवाचक संज्ञा के रूप में तथा भाववाचक संज्ञा का जातिवाचक संज्ञा के रूप में प्रयोग देखने को मिलता है।

उदाहरण देवी (जातिवाचक संज्ञा) से दुर्गा (व्यक्तिवाचक संज्ञा) का तथा गोस्वामी (जातिवाचक संज्ञा) से तुलसीदास (व्यक्तिवाचक) का बोध होता है। भीम (व्यक्तिवाचक संज्ञा) का प्रयोग कई जगहों पर जातिवाचक संज्ञा (वीर) के रूप में प्रयुक्त होता है। 'पहनावा' (भाववाचक संज्ञा) का प्रयोग वस्त्र (जातिवाचक संज्ञा) के रूप में भी होता है।

संज्ञा के रूप लिंग, वचन तथा कारक चिह्नों (परसर्ग) के द्वारा बदलते हैं; जैसे—

लड़का खाता है। लिंग के आधार पर संज्ञा में परिवर्तन।
लड़की खाती है।

लड़का खाता है। वचन के आधार पर संज्ञा में परिवर्तन।
लड़के खाते हैं।

लड़का खाना खाता है। कारक चिह्न (परसर्ग) के आधार पर संज्ञा में परिवर्तन।
लड़के ने खाना खाया।

व्यक्तिवाचक संज्ञा के उदाहरण राकेश, मधुरेश, रमेश, सीता, गीता, सुरेश, श्याम, कृष्ण, राम, इन्द्र, विष्णु, महादेव, पार्वती, दुर्गा, सरस्वती, गीता, रामायण, कामायनी, गोदान, हिन्दुस्तान, जनसत्ता, गंगा ब्रह्मपुत्र, महानदी, कावेरी, सिन्धु, एशिया, यूरोप, अमेरिका, ब्रिटेन,
नेपाल, श्रीलंका, जनवरी, फरवरी, मार्च, सोमवार, शनिवार, रविवार, सूर्य, चन्द्रमा, पृथ्वी, बुध, शुक्र, होली, दिवाली, ईद, दशहरा, महाशिवरात्रि, भारतीय, रूसी, हंगेरियन, स्पेनिश, पुर्तगीज, फ्रांसीसी इत्यादि।

जातिवाचक संज्ञा के उदाहरण मनुष्य, देवता, देवी, राक्षस, मन्त्री, राजा, जुलाहा, भाई, बहन, मकान, कुर्सी, घोड़ा, गाय, कलम, पुस्तक, कौआ, तोता, मैना साँप, धोबी, नाई, बनिया, ब्राह्मण, लड़का, नर, नारी, आदमी, औरत, पहाड़, नदी, घाटी, समुद्र, द्वीप, तालाब, अनाज इत्यादि।

भाववाचक संज्ञा के उदाहरण मनुष्यत्व, देवत्व, पशुत्व, अपनापन, बन्धुत्व, नरत्व, मर्दाना, शीतलता, मिठास, तीखापन, बुढ़ापा, लड़कपन, मित्रता, गर्मी, सर्दी, प्रवाह, निजत्व, ममत्व, पढ़ाई, लड़ाई, चढ़ाई, कड़ाई इत्यादि।

समूहवाचक संज्ञा के उदाहरण भीड़, सभा, प्रदर्शन, झुण्ड, गुच्छा, जुलूस, सेना, रैली, मेला, बाजार, दल, पार्टी, गिरोह, कुंज, मण्डली, धौद, जमघट, जमावड़ा, बैठक, जनसमूह, सैलाब, यूथ, समुदाय इत्यादि।

द्रव्यवाचक संज्ञा के उदाहरण शराब, सोना, चाँदी, पारा, लोहा, ताँबा, काँसा, पानी, तेल, घी, दूध, दही, तेजाब, पीतल, जल, खून इत्यादि।

अभ्यास प्रश्न

1. द्रव्यवाचक संज्ञा 'शराब' को जातिवाचक संज्ञा में परिवर्तित करने से क्या शब्द बनता है?
(a) शराबी (b) मैखाना
(c) शराबपान (d) शरबत

2. 'कवि' किस संज्ञा भेद का शब्द है?
(a) व्यक्तिवाचक (b) समूहवाचक
(c) जातिवाचक (d) भाववाचक

3. निम्नलिखित में कौन जातिवाचक संज्ञा है?
(a) नेता (b) रमेश
(c) चतुराई (d) पानी

4. 'मुस्कुराहट' किस प्रकार की संज्ञा का उदाहरण है?
(a) भाववाचक (b) द्रव्यवाचक
(c) जातिवाचक (d) समूहवाचक

5. 'चोर' किस संज्ञा का उदाहरण है?
(a) जातिवाचक (b) भाववाचक
(c) समूहवाचक (d) व्यक्तिवाचक

6. 'मित्रता' किस संज्ञा का उदाहरण है?
(a) भाववाचक (b) जातिवाचक
(c) समूहवाचक (d) द्रव्यवाचक

7. निम्नलिखित में से कौन जातिवाचक संज्ञा का उदाहरण है?
(a) महात्मा गाँधी (b) ईश्वर
(c) पानी (d) उदारता

8. 'तेजाब' किस संज्ञा का उदाहरण है?
(a) जातिवाचक (b) भाववाचक
(c) द्रव्यवाचक (d) समूहवाचक

9. 'पुंज' किस संज्ञा का उदाहरण है?
(a) जातिवाचक (b) भाववाचक
(c) द्रव्यवाचक (d) समूहवाचक

10. 'मूर्खता' किस संज्ञा का उदाहरण है?
(a) भाववाचक
(b) जातिवाचक
(c) व्यक्तिवाचक
(d) समूहवाचक

11. 'मण्डली' किस संज्ञा का उदाहरण है?
(a) समूहवाचक (b) भाववाचक
(c) द्रव्यवाचक (d) जातिवाचक

12. निम्नलिखित में कौन भाववाचक संज्ञा है?
(a) अपनापन (b) गाँधी
(c) बाजार (d) पटना

13. निम्नलिखित में कौन व्यक्तिवाचक संज्ञा है?
(a) ताजमहल (b) मण्डल
(c) सोना (d) लड़ाई

14. 'नारी' किस संज्ञा का उदाहरण है?
(a) भाववाचक (b) जातिवाचक
(c) समूहवाचक (d) व्यक्तिवाचक

15. 'रुकावट' किस प्रकार की संज्ञा है?
(a) जातिवाचक (b) व्यक्तिवाचक
(c) भाववाचक (d) समूहवाचक

16. निम्न में से कौन जातिवाचक संज्ञा है?
(a) हिमालय (b) राधा
(c) गंगा (d) तारा

17. निम्न में से भाववाचक संज्ञा कौन-सी है?
(a) लड़की (b) गंगा
(c) सुन्दरता (d) गाय

18. 'उदार' से भाववाचक संज्ञा क्या बनेगा?
(a) उदर (b) उधार
(c) उदारता (d) उद्धार

19. 'पीतल' किस संज्ञा का उदाहरण है?
(a) द्रव्यवाचक
(b) जातिवाचक
(c) व्यक्तिवाचक
(d) समूहवाचक

20. 'शिव' किस संज्ञा का उदाहरण है?
(a) व्यक्तिवाचक (b) जातिवाचक
(c) समूहवाचक (d) भाववाचक

21. 'बन्दर' किस प्रकार की संज्ञा है?
(a) भाववाचक
(b) जातिवाचक
(c) समूहवाचक
(d) द्रव्यवाचक

22. कामता प्रसाद गुरु को 'हिन्दी का पाणिनी' कहा जाता है। यहाँ 'पाणिनी' किस प्रकार की संज्ञा है?
(a) व्यक्तिवाचक (b) भाववाचक
(c) समूहवाचक (d) जातिवाचक

23. समुद्रगुप्त 'भारत का नेपोलियन' था। यहाँ 'नेपोलियन' किस प्रकार की संज्ञा का उदाहरण है?
(a) व्यक्तिवाचक (b) जातिवाचक
(c) भाववाचक (d) समूहवाचक

24. 'पंजाबी' किस संज्ञा का उदाहरण है?
(a) व्यक्तिवाचक
(b) भाववाचक
(c) जातिवाचक
(d) समूहवाचक

25. 'बाजार' से किस संज्ञा का बोध होता है?
(a) भाववाचक (b) समूहवाचक
(c) जातिवाचक (d) व्यक्तिवाचक

26. 'चतुर' से भाववाचक संज्ञा का शब्द नहीं बनेगा
(a) चतुरी (b) चतुराई
(c) चातुर्य (d) चतुरता

27. 'गीता' किस संज्ञा का शब्द है?
(a) व्यक्तिवाचक (b) समूहवाचक
(c) जातिवाचक (d) द्रव्यवाचक

28. निम्नलिखित में कौन व्यक्तिवाचक संज्ञा शब्द नहीं है?
(a) पटना (b) रामायण
(c) औरत (d) गंगा

29. 'पण्डित' से भाववाचक संज्ञा है
(a) पाण्डित्य (b) पण्डिताई
(c) पण्डिताऊ (d) ये सभी

30. निम्नलिखित में कौन 'माता' की भाववाचक संज्ञा है?
(a) मातृत्व (b) माई
(c) वात्सल्य (d) माँ

31. निम्नलिखित में कौन संज्ञा का भेद नहीं है?
(a) भाववाचक संज्ञा (b) जातिवाचक संज्ञा
(c) संख्यावाचक संज्ञा (d) समूहवाचक संज्ञा

32. निम्न में से समूहवाचक संज्ञा है
(a) गिरोह (b) मण्डल
(c) दल (d) ये सभी

33. कौन-सा कथन सही नहीं है?
(a) संज्ञा शब्द लिंग, वचन के अनुसार परिवर्तित होते हैं
(b) संज्ञा शब्द अविकारी होते हैं
(c) संज्ञा के पाँच भेद होते हैं
(d) कुछ संज्ञा शब्द आपस में परिवर्तित भी होते हैं

34. 'मीठा' से भाववाचक संज्ञा बनेगी
(a) मिठाई
(b) मिठास
(c) मिठ्ठू
(d) मिट्ठा

35. 'कोयल' शब्द किस संज्ञा का उदाहरण है?
(a) जातिवाचक
(b) व्यक्तिवाचक
(c) समूहवाचक
(d) द्रव्यवाचक

36. 'मित्र' से भाववाचक संज्ञा बनती है
(a) मैत्री (b) मित्रता
(c) मैत्रेयी (d) मित्रनी

37. निम्नलिखित में से कौन व्यक्तिवाचक संज्ञा है?
(a) शिक्षक (b) महेन्द्र
(c) विद्यार्थी (d) मन्त्री

38. 'घबराहट' किस संज्ञा का उदाहरण है?
(a) व्यक्तिवाचक
(b) समूहवाचक
(c) भाववाचक
(d) द्रव्यवाचक

39. 'भूकम्प' किस प्रकार की संज्ञा है?
(a) जातिवाचक
(b) समूहवाचक
(c) भाववाचक
(d) इनमें से कोई नहीं

40. निम्नलिखित में कौन द्रव्यवाचक संज्ञा है?
(a) वर्षा (b) किताब
(c) घर (d) पानी

उत्तरमाला

1	*(a)*	2	*(c)*	3	*(a)*	4	*(a)*	5	*(a)*	6	*(a)*	7	*(b)*	8	*(c)*	9	*(d)*	10	*(a)*
11	*(a)*	12	*(a)*	13	*(a)*	14	*(b)*	15	*(c)*	16	*(d)*	17	*(c)*	18	*(c)*	19	*(a)*	20	*(a)*
21	*(b)*	22	*(b)*	23	*(c)*	24	*(a)*	25	*(b)*	26	*(a)*	27	*(a)*	28	*(c)*	29	*(d)*	30	*(a)*
31	*(c)*	32	*(d)*	33	*(b)*	34	*(b)*	35	*(a)*	36	*(b)*	37	*(b)*	38	*(c)*	39	*(a)*	40	*(d)*

अध्याय 02

सर्वनाम तथा विशेषण

सर्वनाम

'सर्वनाम' उस विकारी शब्द को कहते हैं, जो पूर्वापर सम्बन्ध से किसी संज्ञा के बदले आता है; जैसे—मैं, तुम, वह, यह इत्यादि। सब नामों के बदले जो शब्द आते हैं, उन्हें 'सर्वनाम' कहते हैं। संज्ञा से उस वस्तु का या उस व्यक्ति का बोध होता है जो लिखा या बोला गया हो, किन्तु सर्वनाम में पूर्वापर सम्बन्ध के अनुसार बोध बदलता रहता है;

जैसे—'लड़का' के लिए यदि 'वह' आता है तो वह कहने से लड़के का बोध पूर्वापर सम्बन्ध के कारण होता है।

हिन्दी में ग्यारह सर्वनाम हैं—मैं, तू, आप, वह, यह, जो, सो, कोई, कुछ, कौन, क्या। प्रयोग के अनुसार सर्वनाम के छह भेद हैं—

1. पुरुषवाचक, 2. निजवाचक, 3. निश्चयवाचक,
4. अनिश्चयवाचक, 5. सम्बन्धवाचक तथा 6. प्रश्नवाचक।

1. **पुरुषवाचक सर्वनाम** पुरुषवाचक सर्वनाम किसी व्यक्ति के नाम के बाद आता है। उत्तम पुरुष में वक्ता या लेखक होता है, मध्यम पुरुष में पाठक या श्रोता तथा अन्य पुरुष में लेखक, पाठक या वक्ता, श्रोता के अतिरिक्त अन्य लोग आते हैं।

उत्तम पुरुष — मैं, हम (बहुवचन)
मध्यम पुरुष — तू या तुम, आप, आप लोग (बहुवचन)
अन्य पुरुष — वह, यह, ये, वे (बहुवचन)

2. **निजवाचक सर्वनाम** निजवाचक सर्वनाम का रूप 'आप' है, लेकिन पुरुषवाचक सर्वनाम मध्यम पुरुष (बहुवचन) में प्रयुक्त होने वाले 'आप' से भिन्न होता है। इस सर्वनाम का प्रयोग किसी निराकरण तथा अवधारण के लिए होता है; जैसे–मैं **आप** ही चला आया था।

3. **निश्चयवाचक सर्वनाम** जिस शब्द के प्रयोग से वस्तु तथा वक्ता की दूरी का पता चलता है, उसे निश्चयवाचक सर्वनाम कहते हैं; जैसे—वह, यह;

यह कोई भला काम नहीं है।
वह कौन आ रहा है?

4. **अनिश्चयवाचक सर्वनाम** जिस सर्वनाम से किसी निश्चित वस्तु का बोध न हो, उसे अनिश्चयवाचक सर्वनाम कहा जाता है; जैसे—कोई, कुछ;

उसने **कुछ** खाया कि नहीं?
कोई आ रहा है।

5. **सम्बन्धवाचक सर्वनाम** जिस सर्वनाम से वाक्य में किसी दूसरे सर्वनाम से सम्बन्ध स्थापित किया जाए, उसे सम्बन्धवाचक सर्वनाम कहते हैं;

जैसे—जो, सो;
वह कौन है **जो** हँस रहा है?
वह जो है **सो** है ही।

6. **प्रश्नवाचक सर्वनाम** प्रश्न करने के लिए जिन सर्वनामों का प्रयोग होता है, उसे 'प्रश्नवाचक सर्वनाम' कहते हैं; जैसे—कौन, क्या

वह **कौन** जा रहा है?
तुमने **क्या** खाया है?

'क्या' का प्रयोग जड़ पदार्थों के साथ ही होता है तथा 'कौन' का प्रयोग चेतन जीवों के लिए होता है।

सर्वनाम के अतिरिक्त कुछ ऐसे भी शब्द हैं जिन्हें संयुक्त सर्वनाम की कोटि में रखा जाता है। इनमें एक से अधिक शब्द संयुक्त होकर सर्वनाम के रूप में वाक्य में उपस्थित होते हैं; जैसे—जो कोई, सब कोई, कुछ और, कुछेक, कोई-न-कोई इत्यादि। संयुक्त सर्वनाम स्वतन्त्र रूप से या संज्ञा अथवा मूल सर्वनाम के साथ प्रयुक्त होते हैं।

सर्वनाम का रूपान्तरण पुरुष, वचन और कारक की दृष्टि से होता है। इनमें लिंग भेद के कारण रूपान्तरण नहीं होता;

जैसे— वह खाता है। वह खाती है।

संज्ञा के समान व्याकरण में सर्वनाम को दो वचनों में बाँटा गया है—एकवचन तथा बहुवचन। पुरुषवाचक तथा निश्चयवाचक सर्वनाम को छोड़ शेष सभी सार्वनामिक रूप विभक्तिरहित बहुवचन में एकवचन के समान रहते हैं। कारकों की विभक्तियाँ लगने से सर्वनाम के रूप में परिवर्तन होता है।

वचन और कारक के प्रभाव में सर्वनाम में परिवर्तन होता है, कतिपय सर्वनामों के रूप परिवर्तन इस प्रकार हैं

पुरुषवाचक सर्वनाम, उत्तम पुरुष-मैं

कारक	एकवचन	बहुवचन
कर्ता	मैं, मैंने	हम, हमने
कर्म	मुझे, मुझको	हम, हमको
करण	मुझसे, मेरे द्वारा	हमसे, हमारे द्वारा
सम्प्रदान	मुझको, मुझे, मेरे लिए	हमको, हमें, हमारे लिए
अपादान	मुझसे	हमसे
सम्बन्ध	मेरा, मेरी, मेरे	हमारा, हमारी, हमारे
अधिकरण	मुझमें, मुझ पर	हममें, हम पर

पुरुषवाचक सर्वनाम, मध्यम पुरुष-तू

कारक	एकवचन	बहुवचन
कर्ता	तू, तूने	तुम, तुमने
कर्म	तुझे, तुझको	तुम्हें, तुमको
करण	तुझसे, तेरे द्वारा	तुमसे, तुम्हारे द्वारा
सम्प्रदान	तुझको, तेरे लिए	तुमको, तुम्हारे लिए
अपादान	तुझसे	तुमसे
सम्बन्ध	तेरा, तेरी, तेरे	तुम्हारा, तुम्हारी, तुम्हारे
अधिकरण	तुझमें	तुममें, तुम पर

पुरुषवाचक सर्वनाम, अन्य पुरुष-वह

कारक	एकवचन	बहुवचन
कर्ता	वह, उसने	वे, उन्होंने
कर्म	उसे, उसको	उन्हें, उनको
करण	उससे, उसके द्वारा	उनसे, उनके द्वारा
सम्प्रदान	उसको, उसे, उसके लिए	उनको, उन्हें, उनके लिए
अपादान	उससे	उनसे
सम्बन्ध	उसका, उसकी, उसके	उनका, उनकी, उनके
अधिकरण	उसमें, उस पर	उनमें, उन पर

अन्य सर्वनाम शब्दों में भी कारकीय चिह्नों (परसर्ग) के प्रयोग द्वारा रूप परिवर्तित होते हैं।

विशेषण

जो शब्द संज्ञा या सर्वनाम की विशेषता बताते हैं, ऐसे शब्दों को 'विशेषण' कहते हैं। जिसकी विशेषता बतायी जाती है, उसे 'विशेष्य' कहते हैं।

विशेषण वह विकारी शब्द है, जिससे हमें संज्ञा अथवा सर्वनाम की विशेषता को बताया जाता है।

विशेषण वस्तु या व्यक्ति के बोध को सीमित कर देता है।

विशेषण के भेद

गुण, संख्या तथा परिमाण के आधार पर विशेषण के तीन भेद हैं—1. सार्वनामिक विशेषण, 2. गुणवाचक विशेषण तथा 3. संख्यावाचक विशेषण।

1. **सार्वनामिक विशेषण** पुरुषवाचक तथा निजवाचक सर्वनाम (मैं, तुम, वह) के अतिरिक्त अन्य सर्वनाम यदि किसी संज्ञा के पहले आते हैं, तब वे 'सार्वनामिक विशेषण' कहलाते हैं;
   जैसे—वह मजदूर नहीं लौटा।
   यह आदमी भरोसेमन्द है।
   यहाँ 'मजदूर' तथा 'आदमी' संज्ञा के पहले सर्वनाम 'वह' और 'यह' उस संज्ञा की विशेषता निर्धारित करते हैं। अत: ये सार्वनामिक विशेषण हैं। व्युत्पत्ति के आधार पर सार्वनामिक विशेषण के दो भेद हैं—(i) मौलिक सार्वनामिक विशेषण तथा (ii) यौगिक सार्वनामिक विशेषण।
2. **गुणवाचक विशेषण** जिस शब्द से संज्ञा का गुण, दशा, स्वभाव का पता चलता है, उसे 'गुणवाचक विशेषण' कहा जाता है। सर्वाधिक विशेषण शब्द इसी कोटि में आते हैं; जैसे—नया, पुराना, प्राच्य, पाश्चात्य, काला, पीला, नीला, भला, बुरा, उचित, अनुचित इत्यादि।
3. **संख्यावाचक विशेषण** जिन शब्दों से संज्ञा या सर्वनाम की संख्या लक्षित होती है, उसे संख्यावाचक विशेषण कहते हैं; जैसे—पाँच रुपये, सात दिन, दस वर्ष इत्यादि।

संख्यावाचक के तीन मुख्य भेद हैं

(i) निश्चित संख्यावाचक
(ii) अनिश्चित संख्यावाचक तथा
(iii) परिमाणवाचक।

निश्चित संख्या का बोध कराने वाले शब्दों—एक, तीन, दस इत्यादि को निश्चित संख्यावाचक तथा अनिश्चित संख्या का बोध कराने वाले शब्दों—कुछ, सब इत्यादि अनिश्चित संख्यावाचक विशेषण हैं। प्रयोग के आधार पर निश्चित संख्यावाचक विशेषण के पाँच भेद हैं—

(1) गणनावाचक, (2) क्रमवाचक, (3) आवृत्तिवाचक,
(4) समुदायबोधक तथा (5) प्रत्येकबोधक।

संख्यावाचक विशेषण का मुख्य भेद परिमाणबोधक विशेषण है। यह किसी वस्तु की मात्रा का बोध कराने वाले शब्द हैं; जैसे—थोड़ा, बहुत इत्यादि। परिमाणबोधक विशेषण के दो भेद हैं—निश्चयवाचक तथा अनिश्चयवाचक।

विशेषण की रचना

विशेषण विकारी और अविकारी दोनों होते हैं। अविकारी विशेषण के रूपों में परिवर्तन नहीं होता। ये अपने मूल रूप में हमेशा रहते हैं—लाल, सुन्दर, गोल, भारी इत्यादि।

कुछ विशेषण संज्ञाओं में प्रत्यय लगाकर बनते हैं; जैसे—बल + वान = बलवान, आत्मा + ईय = आत्मीय, दान + ई = दानी।

तुलनात्मक विशेषण हिन्दी में मूल शब्द में 'तर' और 'तम' लगाकर बनाए जाते हैं; जैसे—लघु से लघुतर, लघुतम उच्च से उच्चतर, उच्चतम इत्यादि।

विधेय विशेषण उस विशेषण को कहते हैं, जो संज्ञा (विशेष्य) के बाद आता है।

प्रविशेषण

विशेषणों की विशेषता बताने वाले शब्द प्रविशेषण कहलाते हैं; जैसे—राठौर बहुत अच्छा निशानेबाज है। यहाँ 'अच्छा' विशेषण की विशेषता बताने वाला शब्द 'बहुत' प्रविशेषण है। इसे 'अन्तर्विशेषण' भी कहा जाता है।

अभ्यास प्रश्न

1. सर्वनाम के भेदों की संख्या क्या है?
(a) पाँच (b) चार
(c) छह (d) सात

2. प्रश्नवाचक सर्वनाम का उदाहरण है
(a) जो (b) वे
(c) कौन (d) आप

3. 'मैं' किस प्रकार का सर्वनाम है?
(a) निजवाचक (b) पुरुषवाचक
(c) निश्चयवाचक (d) अनिश्चयवाचक

4. 'कोई' किस प्रकार के सर्वनाम का उदाहरण है?
(a) प्रश्नवाचक सर्वनाम
(b) अनिश्चयवाचक सर्वनाम
(c) सम्बन्धवाचक सर्वनाम
(d) निजवाचक सर्वनाम

5. 'कौन आ रहा है?' इस वाक्य में 'कौन' कौन-सा सर्वनाम है?
(a) निजवाचक (b) निश्चयवाचक
(c) अनिश्चयवाचक (d) प्रश्नवाचक

6. 'वह अच्छा है।' इस वाक्य में 'वह' कौन-सा सर्वनाम है?
(a) निजवाचक (b) प्रश्नवाचक
(c) पुरुषवाचक (d) निश्चयवाचक

7. 'आप आजकल कहाँ हैं?' इस वाक्य में 'आप' कौन-सा सर्वनाम है?
(a) निजवाचक (b) प्रश्नवाचक
(c) पुरुषवाचक (d) सम्बन्धवाचक

8. निम्नलिखित में कौन-सा अनिश्चयवाचक सर्वनाम नहीं है?
(a) कुछ भी (b) कुछ-न-कुछ
(c) कोई (d) जो, वह

9. 'वे' किस प्रकार का सर्वनाम है?
(a) निश्चयवाचक
(b) अनिश्चयवाचक
(c) सम्बन्धवाचक
(d) पुरुषवाचक

10. 'जो, सो' किस प्रकार का सर्वनाम है?
(a) सम्बन्धवाचक (b) प्रश्नवाचक
(c) निश्चयवाचक (d) अनिश्चयवाचक

11. 'तुम्हारा' किस सर्वनाम का उदाहरण है?
(a) सम्बन्धवाचक (b) पुरुषवाचक
(c) प्रश्नवाचक (d) अनिश्चयवाचक

12. 'मुझे' पुरुषवाचक सर्वनाम के किस रूप का शब्द है?
(a) उत्तम पुरुष (b) मध्यम पुरुष
(c) अन्य पुरुष (d) इनमें से कोई नहीं

13. 'यह' कौन-सा सर्वनाम है?
(a) सम्बन्धवाचक (b) निजवाचक
(c) निश्चयवाचक (d) सम्बन्धवाचक

14. विशेषण किस शब्द की विशेषता बताते हैं?
(a) संज्ञा
(b) सर्वनाम
(c) संज्ञा तथा सर्वनाम
(d) क्रिया

15. विशेषण के कितने भेद हैं?
(a) तीन (b) छः
(c) दो (d) पाँच

16. निम्नलिखित में कौन गुणवाचक विशेषण नहीं है?
(a) टिकाऊ (b) गुजराती
(c) प्रत्येक (d) लम्बा

17. निम्नलिखित में कौन संख्यावाचक विशेषण का भेद नहीं है?
(a) गणनावाचक निजवाचक
(b) समुदायबोधक क्रमवाचक
(c) निजवाचक
(d) क्रमवाचक

18. निम्नलिखित में कौन गुणवाचक विशेषण नहीं है?
(a) गोल (b) अधिक
(c) नुकीला (d) भीतरी

19. 'कुछ-बहुत' किस प्रकार का विशेषण है?
(a) प्रत्येकबोधक
(b) गणनावाचक
(c) क्रमवाचक
(d) अनिश्चित संख्यावाचक

20. सार्वनामिक विशेषण कहते हैं
(a) जो शब्द संज्ञा के पहले आते हैं
(b) जो शब्द संज्ञा के बाद आते हैं
(c) जो शब्द सर्वनाम के बाद आते हैं
(d) ये शब्द वाक्य में नहीं आते

21. प्रविशेषण कहते हैं
(a) विशेषण की विशेषता बताने वाला शब्द
(b) विशेष्य की विशेषता बताने वाला शब्द
(c) विशेष्य से पूर्व का विशेषण
(d) विधेय की विशेषता बताने वाला शब्द

22. निम्नलिखित में कौन-सा विशेषण अविकारी है?
(a) सूखा (b) अगला
(c) सुन्दर (d) पिछला

23. 'दुष्ट आदमी' में किस प्रकार का विशेषण है?
(a) गुणवाचक (b) परिमाणवाचक
(c) सार्वनामिक (d) निजवाचक

24. 'खट्टा दही' में किस प्रकार का विशेषण है?
(a) गुणवाचक (b) परिमाणवाचक
(c) सार्वनामिक (d) तुलनात्मक

25. 'बहुत आदमी' में किस प्रकार का विशेषण है?
(a) गुणवाचक
(b) अनिश्चित संख्यावाचक
(c) परिमाणवाचक
(d) समुदायबोधक

26. 'चार दिन' में किस प्रकार का विशेषण है?
(a) परिमाणवाचक
(b) निश्चित संख्यावाचक
(c) गुणवाचक
(d) अनिश्चित संख्यावाचक

27. निम्नलिखित में कौन-सा तुलनात्मक विशेषण का उदाहरण नहीं है?
(a) कोमल (b) कोमलतर
(c) कोमलतम (d) कोमलता

28. 'गरीब' संज्ञा से बनने वाला विशेषण क्या है?
(a) गरीबी (b) गरीब व्यक्ति
(c) अमीर (d) अमीरी

29. 'हर एक' किस प्रकार का विशेषण है?
(a) गणनावाचक (b) समुदायबोधक
(c) प्रत्येकबोधक (d) आवृत्तिवाचक

30. 'तिगुना-चौगुना' शब्द में कौन-सा विशेषण है?
(a) क्रमवाचक
(b) गणनावाचक
(c) आवृत्तिवाचक
(d) अनिश्चित संख्यावाचक

31. विशेषण प्रयोग की दृष्टि से कौन-सा वाक्य शुद्ध है?
(a) मैंने तीन गाय खरीदी हैं
(b) उसके पाँच लड़कियाँ हैं
(c) हर एक गाय दूध नहीं देती
(d) अनेक छात्र हिन्दी नहीं जानते

32. जिस शब्द की विशेषता बताई जाती है, उसे कहते हैं
(a) विशेष्य (b) विशेषण
(c) विधेय (d) प्रविशेषण

33. कौन संख्यावाचक विशेषण का भेद है?
(a) गणनावाचक (b) क्रमवाचक
(c) समुदायवाचक (d) ये सभी

34. संज्ञा के गुण, रंग आकार बताने वाला विशेषण है
(a) सार्वनामिक विशेषण
(b) गुणवाचक
(c) परिमाणवाचक
(d) संख्यावाचक

35. विशेषण का प्रयोग कब होता है?
(a) विशेष्य से पहले
(b) विशेष्य के बाद
(c) 'a' व 'b' दोनों स्थितियों में
(d) इनमें से कोई नहीं

36. निम्नलिखित में कौन-सा गुणबोधक विशेषण नहीं है?
(a) अच्छा (b) भला
(c) सीधा (d) पचास

37. निम्न में से कौन-सा शब्द अनिश्चित संख्यावाचक विशेषण नहीं है?
(a) दस (b) कुछ
(c) कई (d) सब कुछ

38. 'पीली साड़ी दुकान से खरीदी है।' इस वाक्य में विशेषण तथा विशेष्य क्रमश: हैं
(a) पीली, साड़ी
(b) साड़ी, पीली
(c) दुकान, साड़ी
(d) पीली, दुकान

39. निम्न में से कौन सार्वनामिक विशेषण का भेद है?
(a) यौगिक सार्वनामिक विशेषण
(b) मौलिक सार्वनामिक
(c) 'a' व 'b' दोनों
(d) उपरोक्त में से कोई नहीं

40. तुलनात्मक विशेषण की दृष्टि से कौन उत्तमावस्था में है?
(a) प्रिय (b) कोमल (c) उच्च (d) सर्वोत्तम

41. दो या दो से अधिक वस्तुओं या भावों के गुण, भाव आदि के मिलान या तुलना करने वाले विशेषण को क्या कहते हैं?
(a) गुणवाचक (b) तुलनात्मक
(c) सार्वनामिक (d) प्रविशेषण

42. 'बहुत तेज वर्षा हो रही है।' इसमें प्रविशेषण कौन-सा शब्द है?
(a) तेज (b) बहुत
(c) वर्षा (d) बहुत तेज

43. 'कुछ लड़कियाँ आ रही हैं।'—इस वाक्य में कौन-सा विशेषण है?
(a) सार्वनामिक (b) गुणवाचक
(c) परिमाणवाचक (d) संख्यावाचक

44. तुलनात्मक विशेषण की हिन्दी में कितनी अवस्थाएँ होती हैं?
(a) दो (b) तीन
(c) चार (d) केवल एक

45. तुलनात्मक विशेषण की दृष्टि से कौन उत्तमावस्था में नहीं है?
(a) सुन्दरतम (b) उच्चतम
(c) कोमलतम (d) शीतलतर

46. निम्नलिखित में कौन अविकारी गुणवाचक संज्ञा नहीं है?
(a) लाल (b) सुन्दर (c) तेज (d) काला

47. 'सब कुत्ते एक साथ दौड़ रहे हैं।'—इस वाक्य में कौन-सा विशेषण है?
(a) अनिश्चित संख्यावाचक
(b) गुणवाचक
(c) परिमाणवाचक
(d) सार्वनामिक

48. 'थोड़ा पानी देना।'—इस वाक्य में 'थोड़ा' कैसा शब्द है?
(a) संज्ञा (b) विशेषण
(c) प्रविशेषण (d) क्रिया विशेषण

49. 'मेरे पाँचों लड़के शहर में पढ़ते हैं।'—इस वाक्य में 'पाँचों' कौन-सा विशेषण है?
(a) सार्वनामिक विशेषण
(b) संख्यावाचक विशेषण
(c) परिमाणवाचक विशेषण
(d) गुणवाचक विशेषण

50. 'यह आम मीठा है।' इस वाक्य में 'मीठा' कौन-सा विशेषण है?
(a) संख्यावाचक
(b) सार्वनामिक
(c) गुणवाचक
(d) परिमाणवाचक

उत्तरमाला

1	(c)	2	(c)	3	(b)	4	(b)	5	(c)	6	(c)	7	(c)	8	(d)	9	(d)	10	(a)
11	(b)	12	(a)	13	(c)	14	(c)	15	(a)	16	(c)	17	(c)	18	(b)	19	(d)	20	(a)
21	(a)	22	(c)	23	(a)	24	(a)	25	(b)	26	(b)	27	(d)	28	(a)	29	(c)	30	(c)
31	(d)	32	(a)	33	(d)	34	(b)	35	(c)	36	(d)	37	(a)	38	(a)	39	(c)	40	(d)
41	(b)	42	(b)	43	(d)	44	(b)	45	(d)	46	(d)	47	(a)	48	(b)	49	(b)	50	(c)

अध्याय 03

क्रिया, अव्यय तथा क्रिया-विशेषण

क्रिया

जिस शब्द से किसी कार्य के होने की प्रवृत्ति प्रकट हो, उसे 'क्रिया' कहा जाता है; जैसे—पढ़ना, लिखना, चलना इत्यादि। क्रिया विकारी शब्द है, जिसके रूप लिंग, वचन तथा पुरुष के अनुसार बदलते हैं। क्रिया के रूप में यह परिवर्तन हिन्दी की अपनी विशेषता है।

क्रिया का मूल 'धातु' है। धातु क्रिया पद के उस अंश को कहते हैं, जो प्राय: सभी रूपों में अपनी उपस्थिति दर्शाता है। वस्तुत: जिन मूल अक्षरों से क्रिया का निर्माण होता है, उन्हें धातु कहते हैं; जैसे—'पढ़ना' क्रिया में 'पठ्' धातु के साथ 'ना' प्रत्यय लगा है। हिन्दी में क्रिया का निर्माण धातुओं के अतिरिक्त संज्ञा तथा विशेषण से भी होता है।

रचना की दृष्टि से क्रिया के दो भेद हैं

1. सकर्मक तथा 2. अकर्मक

1. **सकर्मक क्रिया** सकर्मक क्रिया, उस क्रिया को कहते हैं, जिसका फल कर्त्ता पर न पड़कर कहीं और पड़े। सकर्मक क्रिया के साथ 'कर्म' रहता है या उसके रहने की सम्भावना होती है; जैसे—राम खाना खाता है। इस वाक्य में क्रिया का फल 'भोजन' पर पड़ता है जो प्रत्यक्षत: उपस्थित नहीं है। 'जाता है' के साथ यदि गन्तव्य स्थल की चर्चा वाक्य में नहीं होती है, तब भी फल, घर, विद्यालय आदि शब्दों पर पड़ता है। ऐसी क्रियाएँ 'सकर्मक' होती हैं।
2. **अकर्मक क्रिया** जिस क्रिया के कार्य का फल कर्त्ता पर पड़े, उसे अकर्मक क्रिया कहते हैं। अकर्मक क्रिया के साथ कोई कर्म कारक नहीं होता। इस कारण इसे अकर्मक क्रिया कहते हैं; जैसे—मोहन हँसता है। 'हँसने' या 'रोने' की क्रिया का फल कर्त्ता पर पड़ता है।

कतिपय ऐसी क्रियाएँ हैं जो अकर्मक तथा सकर्मक दोनों होती हैं, यह निर्धारण वाक्य में उनके प्रयोग द्वारा होता है। इन्हें उभयविध धातु भी कहते हैं;

जैसे—मेरा जी घबराता है। (घबराना (क्रिया)—सकर्मक)

मुसीबत में सभी घबराते हैं। (घबराना (क्रिया)—अकर्मक)

अकर्मक क्रिया में उ, ना आना, प्रत्यय लगाकर सकर्मक क्रिया बनाया जाता है; जैसे

रोना (अकर्मक)-रुलाना (सकर्मक)

उड़ना (अकर्मक)-उड़ाना (सकर्मक)

कटना (अकर्मक)-काटना (सकर्मक)

अकर्मक क्रिया के धातुओं को उकार, ओकार, इकार तथा एकार में बदलकर तथा अन्त्य में ना प्रत्यय जोड़कर सकर्मक क्रियाएँ बनाई जाती हैं; जैसे—खुलना (अकर्मक)-खोलना (सकर्मक)

द्विकर्मक क्रिया कुछ क्रियाएँ एक कर्म वाली होती हैं जबकि कतिपय दो कर्म वाली होती हैं। ऐसी क्रियाओं को 'द्विकर्मक क्रिया' कहते हैं; जैसे—उसने राम को डण्डे से मारा। यहाँ दो कर्म हैं-'राम को' और 'डण्डा'।

संयुक्त क्रिया जो क्रिया दो या दो से अधिक धातुओं के मेल से बनती है, उसे 'संयुक्त क्रिया' कहते हैं; जैसे—वह घर पहुँच गया। इस वाक्य में 'पहुँच गया' संयुक्त क्रिया का उदाहरण है। संयुक्त क्रिया का निर्माण अकर्मक तथा सकर्मक दोनों क्रियाओं द्वारा हो सकता है; जैसे—लेट जाना, गिर पड़ना, बेच लेना इत्यादि।

संयुक्त क्रिया में पहली क्रिया प्रधान होती है तथा बाद वाली क्रिया उसमें विशेषता उत्पन्न करती है; जैसे—मैं पढ़ सकता हूँ। इस वाक्य में 'पढ़ना' तथा 'सकना' दो क्रियाएँ हैं। 'सकना' 'पढ़ना' क्रिया की विशेषता उत्पन्न करती है।

सहायक क्रिया मुख्य क्रिया के अर्थ को स्पष्ट करने में सहायता करने वाली क्रिया को 'सहायक क्रिया' कहा जाता है; जैसे—उसने बाघ को मार डाला। 'मारना' इस वाक्य में मुख्य क्रिया है, जिसके अर्थ को स्पष्टता प्रदान करने वाली क्रिया 'डालना' है। है, थे, हुए, रहे इत्यादि सहायक क्रियाएँ हैं।

वाच्य

क्रिया के जिस रूप परिवर्तन से यह पता चले कि वाक्य में क्रिया के व्यापार का मुख्य विषय कर्त्ता, कर्म या भाव है, उसे वाच्य (Voice) कहते हैं। वाच्य के तीन भेद हैं—

1. कर्तृवाच्य 2. कर्मवाच्य 3. भाववाच्य।

1. **कर्तृवाच्य** क्रिया के जिस रूप-परिवर्तन से वाक्य में कर्त्ता की प्रधानता स्पष्ट हो उसे 'कर्तृवाच्य' कहते हैं; जैसे—वह आम खाता है। यहाँ कर्त्ता प्रधान है।
2. **कर्मवाच्य** क्रिया के जिस रूप परिवर्तन से वाक्य में कर्म की प्रधानता स्पष्ट हो उसे 'कर्मवाच्य' कहते हैं; जैसे—आम खाया जाता है।
3. **भाववाच्य** क्रिया के जिस रूप-परिवर्तन से वाक्य में भाव की प्रधानता स्पष्ट हो, उसे भाववाच्य कहते हैं; जैसे—उससे खाया ही नहीं गया।

काल

क्रिया का वह रूप-परिवर्तन जिसके द्वारा कार्य-व्यापार के समय तथा कार्य की पूर्णता या अपूर्णता का बोध हो, उसे काल कहते हैं। काल के तीन भेद हैं

1. वर्तमान काल, 2. भूतकाल तथा 3. भविष्यत् काल।

1. **वर्तमान काल** वर्तमान काल में क्रिया के कार्य-व्यापार की निरन्तरता का पता चलता है; जैसे—वह खाता है। इस वाक्य से खाने की क्रिया का कार्य-व्यापार चल रहा है। यह प्रमाणित होता है।
   वर्तमान काल के पाँच भेद हैं—
   (i) सामान्य वर्तमान काल, (ii) तात्कालिक वर्तमान, (iii) पूर्ण वर्तमान, (iv) संदिग्ध वर्तमान, (v) सम्भाव्य वर्तमान।
2. **भूतकाल** जिससे क्रिया के कार्य-व्यापार की समाप्ति का बोध हो, उसे भूतकाल कहते हैं; जैसे—लड़का चला गया।
   भूतकाल के छह भेद हैं—(i) सामान्य भूतकाल, (ii) आसन्न भूतकाल, (iii) पूर्ण भूतकाल, (iv) अपूर्ण भूतकाल, (v) संदिग्ध भूतकाल तथा (vi) हेतुहेतुमद् भूतकाल।
3. **भविष्यत् काल** भविष्यत् काल द्वारा भविष्य में होने वाली क्रिया का पता चलता है; जैसे—वह कल जाएगा।
   भविष्यत् काल के तीन भेद हैं—(i) सामान्य भविष्यत् (ii) सम्भाव्य भविष्यत् काल तथा (iii) हेतुहेतुमद् भविष्यत् काल।

अव्यय

ऐसे शब्द जिसके रूप में लिंग, वचन, पुरुष, कारक इत्यादि में परिवर्तन के बावजूद कोई विकार उत्पन्न नहीं होता, अव्यय कहते हैं; जैसे—राम **धीरे-धीरे** जाता है। यहाँ 'धीरे-धीरे' अव्यय है।

ऐसे शब्दों में किसी भी परिस्थिति में कोई परिवर्तन नहीं होता। इसलिए ये शब्द अविकारी होते हैं। अव्यय शब्दों के कुछ उदाहरण निम्न हैं

जब, तब, अभी, इधर, उधर, इसलिए, अतः, ठीक, अर्थात्, इत्यादि। अव्यय के अन्तर्गत क्रिया-विशेषण सम्बन्धबोधक समुच्चयबोधक तथा विस्मयादिबोधक शब्दों का स्थान है। सामान्य रूप से अव्यय के यही चार भेद भी हैं।

अंग्रेजी की तरह हिन्दी में सभी क्रिया विशेषण शब्दों को अव्यय नहीं माना गया है। बहुत-से शब्द क्रिया की विशेषता नहीं बताते।

कालवाचक अव्यय—आज, कल, आगे, पीछे; स्थानवाचक—यहाँ, वहाँ; दिशावाचक—इधर, उधर; स्थितिवाचक—नीचे, ऊपर इत्यादि क्रिया की विशेषता नहीं बताते।

क्रिया-विशेषण

जिस शब्द से क्रिया, विशेषण तथा अन्य क्रिया-विशेषण शब्दों की विशेषता प्रकट हो उसे क्रिया-विशेषण कहते हैं। जैसे;

सीता धीरे-धीरे आ रही है।

श्याम अभी खा रहा है।

इन वाक्यों में 'धीरे-धीरे' तथा 'अभी' 'आने' तथा 'खाने' की क्रिया की विशेषता बताते हैं।

वह बहुत धीरे चलता है।

इस वाक्य में 'बहुत' क्रिया-विशेषण है क्योंकि वह 'धीरे' क्रिया-विशेषण की विशेषता बतलाता है।

1. **प्रयोग के आधार** पर क्रिया-विशेषण के तीन भेद हैं—साधारण, संयोजक तथा अनुबद्ध।
   वाक्य में स्वतन्त्र रूप से प्रयुक्त क्रिया-विशेषण को 'साधारण क्रिया-विशेषण' कहते हैं; जैसे—जल्दी आ जाओ। यहाँ 'जल्दी' स्वतन्त्र रूप से वाक्य में प्रयुक्त हुआ है।
   जिन क्रिया-विशेषणों का सम्बन्ध किसी उपवाक्य से रहता है, उन्हें 'संयोजक क्रिया-विशेषण' कहा जाता है; जैसे—जहाँ अभी महल है, वहाँ कभी जंगल था।
   वाक्य में प्रयुक्त होकर निश्चय (अवधारण) का बोध कराने वाले क्रिया-विशेषण शब्द को 'अनुबद्ध क्रिया-विशेषण' कहते हैं।
2. **रूप के आधार पर** क्रिया-विशेषण को तीन भागों में बाँटा जाता है। ये हैं—मूल, यौगिक तथा स्थानीय।
   मूल क्रिया-विशेषण दूसरे शब्दों के मेल से नहीं बनते; जैसे—ठीक, अचानक, नहीं इत्यादि।
   यौगिक क्रिया-विशेषण शब्द प्रत्यय अथवा पद जोड़ने से बनते हैं; जैसे—मन से, जिस से, भूल से इत्यादि।
   स्थानीय क्रिया-विशेषण बिना रूपान्तरण के किसी विशेष स्थान में आते हैं; जैसे—क्यों अपना **सिर** खपाते हो?
3. **अर्थ के आधार पर** क्रिया-विशेषण के दो भेद हैं

(i) परिमाणबोधक क्रिया-विशेषण को अधिकताबोधक, न्यूनताबोधक, पर्याप्तिवाचक, तुलनावाचक, श्रेणीवाचक उपभेदों में बाँटा जाता है।

(a) अधिकताबोधक के उदाहरण—बहुत, अति, बड़ा, बिल्कुल, सर्वथा इत्यादि।
(b) न्यूनताबोधक के उदाहरण—कुछ, लगभग, थोड़ा, जरा इत्यादि।
(c) पर्याप्तिवाचक के उदाहरण—केवल, बस, बराबर, ठीक इत्यादि।
(d) तुलनावाचक के उदाहरण—जितना, कितना, इतना, अधिक, कम इत्यादि।
(e) श्रेणीवाचक के उदाहरण—थोड़ा-थोड़ा, तिल-तिल इत्यादि।

(ii) रीतिबोधक क्रिया-विशेषण गुणवाचक विशेषण से अधिक जुड़ते हैं। ये क्रिया-विशेषण—प्रकार, निश्चय, अनिश्चय, स्वीकार, कारण, निषेध, अवधारण जैसे अर्थों में आते हैं।

(a) प्रकार—कैसे, स्वयं, स्वतः, मानो इत्यादि।
(b) निश्चय—अवश्य, सही, सचमुच इत्यादि।
(c) अनिश्चय—कदाचित, शायद, यथासम्भव इत्यादि।
(d) स्वीकार—हाँ, जी, ठीक, सच इत्यादि।
(e) कारण—इसलिए, क्यों, काहे इत्यादि।
(f) निषेध—न, नहीं, मत इत्यादि।
(g) अवधारण—तो, भी, मात्र इत्यादि।

अभ्यास प्रश्न

1. 'अध्यापक ने छात्रों को हिन्दी पढ़ाई' इस वाक्य में 'पहुँच गया' निम्नलिखित में से किस क्रिया का उदाहरण है?
(a) प्रेरणार्थक क्रिया (b) द्विकर्मक क्रिया
(c) संयुक्त क्रिया (d) पूर्वकालिक क्रिया

2. 'हँसना' कैसी क्रिया है?
(a) सकर्मक क्रिया (b) अकर्मक क्रिया
(c) संयुक्त क्रिया (d) प्रेरणार्थक क्रिया

3. 'राम ने श्याम को पुस्तक दी' इस वाक्य की क्रिया का रूप बताएँ
(a) द्विकर्मक क्रिया (b) सहायक क्रिया
(c) संयुक्त क्रिया (d) प्रेरणार्थक क्रिया

4. निम्न में कौन-सी सकर्मक क्रिया है?
(a) हँसना (b) रोना
(c) पढ़ना (d) सोना

5. निम्नलिखित में कौन-सी अकर्मक क्रिया है?
(a) खाना (b) पीना
(c) उठाना (d) दौड़ना

6. निम्नलिखित में से कौन प्रेरणार्थक क्रिया नहीं है?
(a) उठवाना (b) भेजना
(c) चुभोना (d) रखना

7. 'वह इधर-उधर देख रहा है।' इस वाक्य में 'इधर-उधर' शब्द कौन-सी क्रिया विशेषण है?
(a) कालवाचक (b) स्थानवाचक
(c) रीतिवाचक (d) परिमाणवाचक

8. अर्थ की दृष्टि से क्रिया-विशेषण के कितने भेद होते हैं?
(a) एक (b) दो
(c) तीन (d) चार

9. निम्नलिखित में किस वाक्य में क्रिया-विशेषण का प्रयोग मिलता है?
(a) वह चलता है।
(b) वह विद्यालय जाता है।
(c) वह प्रतिदिन पुस्तक पढ़ता है।
(d) तुम पुस्तकालय चले जाओ।

10. 'तुम खा रहे हो' वाक्य में सहायक क्रिया है
(a) हो (b) खा
(c) रहे (d) तुम

11. 'वह खाना खाकर सो गया।' इस वाक्य में कौन-सी क्रिया है?
(a) सहायक (b) पूर्वकालिक
(c) नामबोधक (d) इनमें से कोई नहीं

12. मुख्य क्रिया के अर्थ को स्पष्ट करने वाली क्रिया होती है
(a) सहायक क्रिया (b) प्रेरणार्थक क्रिया
(c) नामबोधक (d) नामधातु

13. जब क्रिया का प्रधान कर्त्ता होता है, तो कौन-सा वाच्य होता है?
(a) कर्मवाच्य (b) कर्तृवाच्य
(c) भाववाच्य (d) इनमें से कोई नहीं

14. 'राम खाना खाता है' इस वाक्य में कौन-सा वाच्य प्रयुक्त हुआ है?
(a) कर्मवाच्य
(b) कर्तृवाच्य
(c) भाववाच्य
(d) भाववाच्य तथा कर्तृवाच्य

15. 'राधा से गाया नहीं गया' इस वाक्य में कौन-सा वाच्य है?
(a) कर्मवाच्य (b) कर्तृवाच्य
(c) भाववाच्य (d) इनमें से कोई नहीं

16. 'वहाँ वर्षा हुई होगी' इस वाक्य में कौन-सा काल प्रकट होता है?
(a) सन्दिग्ध (b) सम्भाव्य
(c) अपूर्ण वर्तमान (d) पूर्णभूत

17. निम्नलिखित में किस वाक्य में क्रिया वर्तमान काल में है?
(a) उसने फल खा लिए थे
(b) मैं तुम्हारा पत्र पढ़ रहा हूँ
(c) अचानक बिजली कौंध उठी
(d) कल वे आने वाले थे

18. 'राम द्वारा पढ़ाया जा रहा है।' इस वाक्य में कौन-सा वाच्य है?
(a) कर्मवाच्य (b) भाववाच्य
(c) कर्तृवाच्य (d) इनमें से कोई नहीं

19. 'जहाँ आज तुम हो, वहाँ कल मैं था' वाक्य में किस प्रकार का क्रिया-विशेषण है?
(a) स्थितिवाचक क्रिया-विशेषण
(b) स्थितिवाचक क्रिया-विशेषण
(c) मूल क्रिया-विशेषण
(d) अनुबद्ध क्रिया-विशेषण

20. 'वह रात-दिन' पढ़ता रहता है इस वाक्य में किस प्रकार का 'क्रिया-विशेषण' है?
(a) संयोजक क्रिया-विशेषण
(b) स्थानीय क्रिया-विशेषण
(c) अवधिवाचक क्रिया-विशेषण
(d) अनुबद्ध क्रिया-विशेषण

21. 'तुम अपना हिसाब थोड़ा-थोड़ा कर चुकता कर लो' इस वाक्य में कौन-सा क्रिया-विशेषण है?
(a) संयुक्त क्रिया-विशेषण
(b) रीतिवाचक क्रिया-विशेषण
(c) परिमाणवाचक क्रिया-विशेषण
(d) स्थानीय क्रिया-विशेषण

22. निम्नलिखित में कौन अविकारी है?
(a) अव्यय
(b) क्रिया-विशेषण
(c) विशेषण
(d) 'a' तथा 'b' दोनों

23. निम्न में कौन सही नहीं है?
(a) अव्यय और क्रिया-विशेषण में कोई अन्तर नहीं होता
(b) अव्यय अविकारी होते हैं
(c) सभी अव्यय क्रिया-विशेषण नहीं होते
(d) क्रिया-विशेषण अविकारी होते हैं

24. 'वह लाचार है क्योंकि वह विकलांग है।' इस वाक्य में कौन-सा अव्यय है?
(a) संकेतवाचक (b) कारणवाचक
(c) परिमाणवाचक (d) समुच्चयबोधक

25. निम्नांकित में से किस वाक्य में क्रिया-विशेषण का प्रयोग नहीं है?
(a) वह कपड़े साफ धोता है
(b) वह धीरे-धीरे पढ़ता है
(c) आम मीठा है
(d) समोसे ताजे बन रहे हैं

26. जिस शब्द से क्रिया के होने का समय निर्धारित हो, उसे कहते हैं
(a) कारक
(b) काल
(c) अव्यय
(d) क्रिया-विशेषण

27. निम्न में से किस वाक्य में क्रिया-विशेषण का अशुद्ध प्रयोग हुआ है?
(a) वह मन से पढ़ता है
(b) वह चुपचाप से चला गया
(c) तब की बात कुछ और थी
(d) यह पुस्तक उससे कहीं अच्छी है

28. किस वाक्य में क्रिया-विशेषण का प्रयोग है?
(a) राम जाता है
(b) सीता भोजन पकाती है
(c) उसने रोते-रोते कहा
(d) वह जाएगा

29. निम्न में से किस वाक्य में क्रिया-विशेषण अशुद्ध रूप से प्रयुक्त है?
(a) आप मेरी मदद करेंगे न
(b) मानसिक दासता सदा काल से चली आ रही है
(c) वह न सोता है, न खाता है
(d) वह धीरे-धीरे चला जा रहा है

30. 'सीता पानी पीती है' इस वाक्य में 'वाच्य' का कौन-सा रूप प्रयुक्त है?
(a) कर्तृवाच्य (b) भाववाच्य
(c) कर्मवाच्य (d) इनमें से कोई नहीं

31. 'उससे पढ़ा ही नहीं जाता' इस वाक्य में 'वाच्य' का कौन-सा रूप प्रयुक्त है?
(a) भाववाच्य (b) कर्तृवाच्य
(c) कर्मवाच्य (d) इनमें से कोई नहीं

32. निम्न में से कौन अव्यय का भेद नहीं है?
(a) क्रिया-विशेषण अव्यय
(b) समुच्चयबोधक अव्यय
(c) सम्बन्धबोधक अव्यय
(d) गुणवाचक अव्यय

33. प्रयोग की दृष्टि से क्रिया-विशेषण का भेद नहीं है
(a) साधारण क्रिया-विशेषण
(b) संयोजक क्रिया-विशेषण
(c) अनुबद्ध क्रिया-विशेषण
(d) परिमाणवाचक क्रिया-विशेषण

34. रूप की दृष्टि से निम्न में कौन क्रिया-विशेषण का भेद नहीं है?
(a) मूल (b) यौगिक
(c) स्थानीय (d) साधारण

35. 'थोड़ा धैर्य रखो, सब ठीक हो जाएगा' वाक्य में किस प्रकार की क्रिया-विशेषण है?
(a) यौगिक (b) साधारण
(c) परिमाणवाचक (d) स्थानीय

36. किस वाक्य में क्रिया भूतकाल में नहीं है?
(a) वह पढ़ रहा था
(b) उसने पढ़ाई की थी
(c) वह पढ़ने वाला है
(d) उसने पढ़ाई कर ली थी

37. निम्न में कौन-सा शब्द अविकारी नहीं है?
(a) हाथी (b) यहाँ
(c) इधर (d) उधर

38. इसमें कौन-सा तात्कालिक वर्तमान काल का उदाहरण है?
(a) वह जाता है
(b) वह जा चुका है
(c) वह जा रहा है
(d) वह जाता होगा

39. 'मोहन, उठकर बाहर जाओ, फूल ले आओ' इस वाक्य में 'बाहर' किस प्रकार का शब्द है?
(a) संज्ञा (b) विशेषण
(c) अव्यय (d) क्रिया

40. किस वाक्य में क्रिया वर्तमान काल में है?
(a) उसने फल खा लिए थे
(b) मोहन जा रहा है
(c) तुम कल आने वाले थे
(d) मैं पटना जाऊँगा

41. 'चिड़िया आकाश में उड़ रही है' वाक्य में 'उड़' क्रिया किस प्रकार की है?
(a) सकर्मक (b) अकर्मक
(c) यौगिक (d) संयोजक

42. 'उमा नौकर से दूध मँगवाती है' वाक्य में कौन-सी क्रिया है?
(a) प्रेरणार्थक (b) सहायक
(c) अकर्मक (d) सकर्मक

43. संज्ञा अथवा विशेषण से बनने वाली 'क्रिया' कहलाती है?
(a) यौगिक क्रिया (b) नामधातु क्रिया
(c) सकर्मक क्रिया (d) सहायक क्रिया

44. 'नीता कपड़े धोती है' वाक्य में क्रिया है
(a) अकर्मक (b) सकर्मक
(c) संयुक्त (d) नामधातु

45. 'निशान्त दौड़ रहा है' वाक्य में क्रिया है
(a) अकर्मक (b) सकर्मक
(c) संयुक्त (d) प्रेरणार्थक

उत्तरमाला

1	(b)	2	(b)	3	(a)	4	(c)	5	(d)	6	(a)	7	(b)	8	(b)	9	(c)	10	(a)
11	(b)	12	(a)	13	(b)	14	(b)	15	(c)	16	(b)	17	(b)	18	(a)	19	(b)	20	(c)
21	(c)	22	(d)	23	(a)	24	(b)	25	(c)	26	(b)	27	(b)	28	(c)	29	(b)	30	(a)
31	(a)	32	(d)	33	(d)	34	(d)	35	(c)	36	(c)	37	(a)	38	(c)	39	(c)	40	(b)
41	(b)	42	(a)	43	(b)	44	(b)	45	(a)										

अध्याय 04

सन्धि

दो वर्णों के मेल से उत्पन्न होने वाले परिवर्तन को **सन्धि** कहते हैं। सन्धि में दो शब्द या पद एक दूसरे से जुड़कर एक नये शब्द का निर्माण करते हैं। पहले शब्द का अन्तिम वर्ण दूसरे शब्द के प्रथम वर्ण से मिलकर विकार उत्पन्न करते हैं। यह विकारजन्य सम्पर्क ही 'सन्धि' है। सन्धि को समझकर वर्णों को पृथक् करना, जिससे वे मूल रूप में आ जाएँ, 'सन्धि-विच्छेद' कहलाता है।

वर्णों के आधार पर सन्धि तीन प्रकार की होती हैं

1. स्वर सन्धि, 2. व्यंजन सन्धि तथा 3. विसर्ग सन्धि

1. स्वर सन्धि

दो स्वरों के मिलने से जो विकार या रूप-परिवर्तन होता है, उसे स्वर सन्धि कहते हैं। दो स्वर आपस में मिलकर एक अन्य स्वर का निर्माण करते हैं तथा आपस में जुड़े शब्दों से एक तीसरे अर्थपूर्ण शब्द की उत्पत्ति करते हैं। स्वर सन्धि में स्वरों का आपसी मेल होता है।

स्वर सन्धि के पाँच भेद हैं—(i) दीर्घ सन्धि, (ii) गुण सन्धि, (iii) वृद्धि सन्धि, (iv) यण् सन्धि तथा (v) अयादि सन्धि।

(i) **दीर्घ स्वर सन्धि** दो सजातीय अथवा सवर्ण स्वर (जैसे—अ, आ) मिलकर दीर्घ स्वर के रूप में परिवर्तित होते हैं। ऐसी सन्धि को दीर्घ स्वर सन्धि कहते हैं। यदि अ, आ, इ, ई, उ, ऊ तथा ऋ के बाद ही ह्रस्व या दीर्घ स्वर जुड़ता है तो दोनों मिलकर आ, ई, ऊ, तथा ऋ के रूप में सामने आते हैं।

उदाहरण

अन्न	+ अभाव	=	अन्नाभाव	(अ + अ = आ)
देव	+ आलय	=	देवालय	(अ + आ = आ)
विद्या	+ अर्थी	=	विद्यार्थी	(आ + अ = आ)
विद्या	+ आलय	=	विद्यालय	(आ + आ = आ)
रवि	+ इन्द्र	=	रवीन्द्र	(इ + इ = ई)
हरि	+ ईश	=	हरीश	(इ + ई = ई)
रजनी	+ ईश	=	रजनीश	(ई + ई = ई)
भानु	+ उदय	=	भानूदय	(उ + उ = ऊ)
स्वयंभू	+ उदय	=	स्वयंभूदय	(ऊ + उ = ऊ)
पितृ	+ ऋण	=	पितृण	(ऋ + ऋ = ऋ)

(ii) **गुण स्वर सन्धि** अ या आ (सजातीय स्वर) के बाद यदि अन्य सजातीय स्वर (इ, ई या उ, ऊ) ऋ जुड़ता है तो ए, ओ और अर् हो जाता है। **उदाहरण**

सुर	+ इन्द्र	=	सुरेन्द्र	(अ + इ = ए)
देव	+ ईश	=	देवेश	(अ + ई = ए)
रमा	+ इन्द्र	=	रमेन्द्र	(आ + इ = ए)
सूर्य	+ उदय	=	सूर्योदय	(अ + उ = ए)
समुद्र	+ ऊर्मि	=	समुद्रोर्मि	(अ + उ = ओ)
महा	+ उदय	=	महोदय	(आ + उ = ओ)
गंगा	+ ऊर्मि	=	गंगोर्मि	(आ + ऊ = ओ)
देव	+ ऋषि	=	देवर्षि	(अ + ऋ = अर्)
महा	+ ऋषि	=	महर्षि	(आ + ऋ = अर्)

(iii) **वृद्धि स्वर सन्धि** 'अ' या 'आ' के बाद 'ए' या 'ऐ' हो, तो दोनों मिलकर 'ऐ' और 'ओ' या 'औ' रहे तो दोनों मिलकर 'औ' हो जाता है। स्वर वर्ण के इस विकार को वृद्धि स्वर सन्धि कहते हैं।

उदाहरण

एक	+ एक	=	एकैक	(अ + ए = ऐ)
मत	+ ऐक्य	=	मतैक्य	(अ + ऐ = ऐ)
सदा	+ एव	=	सदैव	(आ + ए = ऐ)
शिवा	+ ऐश्वर्य	=	शिवैश्वर्य	(आ + ए = ऐ)
परम	+ ओजस्वी	=	परमौजस्वी	(अ + ओ = औ)
परम	+ औषध	=	परमौषध	(अ + औ = औ)

(iv) **यण् स्वर सन्धि** इ, ई, उ, ऊ तथा ऋ के बाद यदि कोई भिन्न तथा विजातीय स्वर आता है तो इ, ई, का 'य्', उ, ऊ का 'व्' तथा 'ऋ' की जगह 'र्' हो जाता है। स्वर वर्ण के बाद इस विकार को यण् स्वर सन्धि कहते हैं।

उदाहरण

यदि	+ अपि	=	यद्यपि	(इ + अ = य्)
इति	+ आदि	=	इत्यादि	(इ + आ = य्)
अति	+ उत्तम	=	अत्युत्तम	(इ + उ = य)
नि	+ ऊन	=	न्यून	(इ + ऊ = य)

नदी + अर्पण = नद्यर्पण (ई + अ = य)
देवी + आगमन = देव्यागमन (ई + आ = य)
मनु + अंतर = मन्वंतर (उ + अ = व)
सु + आगत = स्वागत (उ + आ = व)
अनु + एषण = अन्वेषण (उ + ए = व)
पितृ + अनुमति = पित्रनुमति (ऋ + अ = र्)
मातृ + आनन्द = मात्रानन्द (ऋ + आ = र्)

(v) **अयादि स्वर सन्धि** ए, ऐ, ओ या औ के बाद कोई भिन्न अथवा विजातीय स्वर आता है तो यह मेल ए का 'अय्', ऐ का 'आय्', ओ का 'अव' तथा औ का 'आव्' हो जाता है।

उदाहरण

ने + अन = नयन (ए + अ = अय्)
नै + अक = नायक (ऐ + अ = आय्)
पो + अन = पवन (ओ + अ = अव्)
पौ + अन = पावन (औ + अ = आव्)

2. व्यंजन सन्धि

व्यंजन से स्वर अथवा व्यंजन के मेल से उत्पन्न विकार को व्यंजन सन्धि कहा जाता है।

(i) यदि क्, च्, ट्, त्, प् के बाद किसी वर्ग का तृतीय या चतुर्थ वर्ण आता है या य, र, ल, व तथा कोई स्वर आये तो क्, च्, ट्, त्, प् के स्थान पर इसी वर्ग का तीसरा वर्ण आ जाता है; जैसे—

दिक् + गज = दिग्गज (क् + ग = ग)
सत् + वाणी = सद्वाणी (त् + व = द्)
दिक् + अन्त = दिगंत (क् + अ = ग)

(ii) यदि क्, च्, ट्, त्, प् के बाद न् या म् के मेल से क्, च्, ट्, त्, प् अपने वर्ग के पंचम वर्ण में रूपान्तरित हो जाता है; जैसे—

वाक् + मय = वाङ्मय (क् + म = ङ)
उत् + नति = उन्नति (त् + न = न)
जगत् + नाथ = जगन्नाथ (त् + न = न)

(iii) त् या ट् के बाद यदि च् या फ् हो तो त् या ट् के बदले च्; ज या झ हो तो ज; ट् या ठ् हो तो ट्; ड् या ढ् हो तो ड तथा ल् हो तो ल हो जाता है; जैसे—

उत् + चारण = उच्चारण (त् + च = च)
सत् + जन = सज्जन (त् + ज = ज)
उत् + डयन = उड्डयन (त् + ड = ड)
उत् + लास = उल्लास (त् + ल = ल)

(iv) म् के बाद यदि कोई स्पर्श व्यंजन वर्ण आये तो म का अनुस्वार तथा बाद वाले वर्ण का रूपान्तरण स्पर्श व्यंजन के वर्ग का पंचम वर्ण हो जाता है; जैसे—

अहम् + कार = अहंकार (म् + क = ङ्)
सम् + गम = संगम (म् + ग = ङ्)
किम् + चित = किंचित (म् + च = ञ्)

(v) त वर्ग का च वर्ग से योग में च वर्ग तथा त वर्ग के ष्कार से योग में ट वर्ग हो जाता है; जैसे—

महत् + छत्र = महच्छत्र (त् + छ = छ)
द्रष् + ता = द्रष्टा (ष् + त् = ट)

(vi) किसी वर्ग के अन्तिम वर्ण को छोड़कर शेष वर्णों के साथ 'ह' का मेल होता है तो ह उस वर्ग का चतुर्थ वर्ण हो जाता है तथा ह के साथ जुड़ने वाला वर्ण अपने वर्ग का तीसरा वर्ण हो जाता है; जैसे

उत् + हत = उद्धत (त् + ह = ध्)
उत् + हार = उद्धार (त् + ह = ध्)

(vii) ह्रस्व स्वर के बाद 'छ' हो तो 'छ' के पहले 'च्' जुड़ जाता है। दीर्घ स्वर के बाद 'छ' होने पर भी ऐसा ही होता है; जैसे—

अनु + छेद = अनुच्छेद
परि + छेद = परिच्छेद
शाला + छादन = शालाच्छादन

3. विसर्ग सन्धि

विसर्ग के साथ स्वर या व्यंजन के मेल से जो विकार उत्पन्न होता है, उसे विसर्ग सन्धि कहते हैं।

(i) यदि विसर्ग के बाद च, छ हो तो विसर्ग का 'श'; 'ट, ठ' हो तो 'ष' और 'त, थ' हो तो 'स' हो जाता है; जैसे—

निः + चय = निश्चय (विसर्ग + च = श्)
धनुः + टंकार = धनुष्टंकार (विसर्ग + ट = ष्)
निः + तार = निस्तार (विसर्ग + त = स्)

(ii) यदि विसर्ग के पहले इकार या उकार हो तथा विसर्ग के बाद क, ख, प, फ वर्ण हो तो विसर्ग का ष् हो जाता है; जैसे—

निः + कपट = निष्कपट निः + फल = निष्फल
निः + पाप = निष्पाप

(iii) यदि विसर्ग से पहले 'अ' हो तथा उससे जुड़ने वाला वर्ण क, ख, प, फ कुछ भी हो विसर्ग यथावत् रहता है; जैसे—

प्रातः + काल = प्रातःकाल पयः + पान ़ पयःपान

(iv) यदि विसर्ग के पहले 'अ' हो तथा उससे जुड़ने वाले शब्द का पहला वर्ण भी 'अ' हो तो विसर्ग 'ओकार' हो जाता है तथा 'अ' का लोप हो जाता है; जैसे—

प्रथमः + अध्याय = प्रथमोध्याय
यशः + अभिलाषी = यशोभिलाषी

(v) यदि विसर्ग के पहले 'अ' हो और उससे जुड़ने वाला वर्ण अपने वर्ग का तीसरा, चौथा या पाँचवाँ वर्ण या य, र, ल, व, ह रहे तो विसर्ग 'उ' हो जाता है, यह 'उ' पूर्ववर्ती 'अ' से मिलकर 'ओ' हो जाता है; जैसे—

मनः + रथ = मनोरथ यशः + धरा = यशोधरा
यशः + दा = यशोदा

(vi) यदि विसर्ग के पहले 'अ' और 'आ' को छोड़कर कोई दूसरा स्वर आये अथवा जुड़ने वाले वर्ण में कोई स्वर हो या वह वर्ण अपने वर्ग का तीसरा, चौथा तथा पाँचवाँ वर्ण हो या य, र, ल, व, ह हो तो विसर्ग 'र' हो जाता है; जैसे—

निः + उपाय = निरुपाय दुः + आत्मा = दुरात्मा
निः + गुण = निर्गुण

(vii) यदि 'इ' 'उ' के बाद विसर्ग हो और उसके बाद 'र' आये, तो 'इ', 'उ' का 'ई', 'ऊ' हो जाता है तथा विसर्ग लुप्त हो जाता है; जैसे—

निः + रव = नीरव दुः + राज = दूराज
निः + रस = नीरस

महत्त्वपूर्ण सन्धियाँ

अभि	+ उदय	= अभ्युदय	उत्	+ श्वास	= उच्छ्वास	उत्	+ नयन	= उन्नयन	भाग्य	+ उदय	= भाग्योदय
अति	+ अधिक	= अत्यधिक	उत्	+ योग	= उद्योग	उन्	+ माद	= उन्माद	मुनि	+ इन्द्र	= मुनीन्द्र
अति	+ आचार	= अत्याचार	उत्	+ भव	= उद्भव	तथा	+ एव	= तथैव	मही	+ इन्द्र	= महीन्द्र
आत्म	+ उत्सर्ग	= आत्मोत्सर्ग	कृत्	+ अन्त	= कृदन्त	तिरः	+ कार	= तिरस्कार	स्व	+ अर्थ	= स्वार्थ
अम्बु	+ ऊर्मि	= अम्बूर्मि	भो	+ अन	= भवन	तपः	+ वन	= तपोवन	सम्	+ योग	= संयोग
आशीः	+ वाद	= आशीर्वाद	पो	+ अन	= पवन	देव	+ इन्द्र	= देवेन्द्र	सत्	+ चरित्र	= सच्चरित्र
आविः	+ कार	= आविष्कार	पौ	+ अन	= पावन	देव	+ ईश	= देवेश	सप्त	+ ऋषि	= सप्तर्षि
अतः	+ एव	= अतएव	पौ	+ अक	= पावक	दिक्	+ अम्बर	= दिगम्बर	सरः	+ ज	= सरोज
अहः	+ निश	= अहर्निश	पौ	+ इत्र	= पवित्र	दुः	+ दिन	= दुर्दिन	श्रेयः	+ कर	= श्रेयस्कर
अध	+ गति	= अधोगति	मनः	+ ज	= मनोज	दुः	+ जन	= दुर्जन	सदा	+ एव	= सदैव
इति	+ आदि	= इत्यादि	मृग	+ इन्द्र	= मृगेन्द्र	नमः	+ कार	= नमस्कार	सम्	+ गठन	= संगठन
उप	+ ईक्षा	= उपेक्षा	दीप	+ ईश	= दीपेश	निः	+ जल	= निर्जल	सम्	+ वाद	= संवाद
उत्	+ गम	= उद्गम	जीत	+ ईश	= जीतेश	परम	+ ईश्वर	= परमेश्वर	वधू	+ उत्सव	= वधूत्सव

अभ्यास प्रश्न

1. 'सूर्योदय' का सन्धि-विच्छेद क्या है?
(a) सूर्यो + दय (b) सूर्य + उदय
(c) सूर्ये + उदय (d) सूर्यः + उदय

2. 'व्यर्थ' का सन्धि-विच्छेद क्या है?
(a) व्यय + अर्थ (b) व + अर्थ
(c) वि + अर्थ (d) व्य + अर्थ

3. 'अन्तर्गत' का सन्धि-विच्छेद क्या है?
(a) अन्तः + गत (b) अन्तर + गत
(c) अन्त + गर्त (d) अन्त + गत

4. 'नारायण' का सही-सन्धि विच्छेद क्या है?
(a) नर + आयण (b) नार + आयन
(c) नार + अयन (d) नार + अयण

5. 'नायक' का सन्धि-विच्छेद क्या है?
(a) ना + अक (b) ना + अक
(c) ने + अक (d) नै + अक

6. 'साष्टांग' का सन्धि-विच्छेद क्या है?
(a) सास + टांग
(b) सा + अष्टांग
(c) स + अष्ट + अंग
(d) सः + अष्ट + अंग

7. 'नमस्कार' में निम्न में से कौन-सी सन्धि है?
(a) विसर्ग सन्धि (b) व्यंजन सन्धि
(c) यण् स्वर सन्धि (d) दीर्घ स्वर सन्धि

8. 'यद्यपि' में निम्न में से कौन-सी सन्धि है?
(a) यण् स्वर सन्धि
(b) गुण स्वर सन्धि
(c) वृद्धि स्वर सन्धि
(d) अयादि स्वर सन्धि

9. 'वेदर्षि' में कौन-सी सन्धि है?
(a) गुण स्वर सन्धि (b) दीर्घ स्वर सन्धि
(c) व्यंजन सन्धि (d) विसर्ग सन्धि

10. 'लघूर्मि' में कौन-सी सन्धि है?
(a) अयादि स्वर सन्धि (b) दीर्घ स्वर सन्धि
(c) वृद्धि स्वर सन्धि (d) यण् स्वर सन्धि

11. 'वार्तालाप' का सही सन्धि-विच्छेद क्या है?
(a) वार्ता + अलाप (b) वार्ता + आलाप
(c) वर्ता + अलाप (d) वार्ताः + आलाप

12. 'हितैषी' का सही सन्धि-विच्छेद क्या है?
(a) हितै + अषी (b) हित + ऐषी
(c) हित + एषी (d) हिः + अषी

13. 'पुनर्जन्म' का सही सन्धि-विच्छेद क्या है?
(a) पुनः + जन्म (b) पुनर् + जन्म
(c) पुनः + आजन्म (d) पुन + जर्न्म

14. 'निर्मल' का सही सन्धि-विच्छेद क्या है?
(a) नीः + मल (b) निः + मल
(c) नि + र्मल (d) नि + मल

15. 'मुनीश' में कौन-सी सन्धि है?
(a) दीर्घ स्वर सन्धि (b) वृद्धि स्वर सन्धि
(c) गुण स्वर सन्धि (d) यण् स्वर सन्धि

16. 'देवी + ऐश्वर्य' किसका सन्धि-विच्छेद है?
(a) देवेश्वर्य (b) देवैश्वर्य
(c) देवीश्वर्य (d) देवोश्वर्य

17. 'भौ + ऊक' किसका सन्धि-विच्छेद है?
(a) भौक (b) भावुक
(c) भौमक (d) भौइक

18. 'वाक् + मय' किस शब्द का सन्धि-विच्छेद है?
(a) वाक्मय (b) वाङ्मय
(c) वायकोम (d) वाक्यम्

19. 'विद्याभ्यास' का सन्धि-विच्छेद क्या होगा?
(a) विद्या + अभियास (b) विद्य + अभ्यास
(c) विद्या + अभ्यास (d) विद्या + भ्यास

20. 'पित्रादेश' का सन्धि-विच्छेद क्या होगा?
(a) पित्र + आदेश (b) पितृ + आदेश
(c) पित्रा + आदेश (d) पिता + देश

21. सन्धि के मुख्य भेद हैं
(a) दो (b) तीन (c) चार (d) पाँच

22. दो स्वरों के योग से बनने वाला शब्द किस सन्धि के अन्तर्गत आता है?
(a) यण् सन्धि (b) व्यंजन सन्धि
(c) विसर्ग सन्धि (d) स्वर सन्धि

23. निम्न में से कौन स्वर सन्धि का भेद नहीं है?
(a) विसर्ग सन्धि (b) दीर्घ सन्धि
(c) यण् सन्धि (d) गुण सन्धि

24. किस सन्धि में स्वरों का परिवर्तन य्, र्, ल्, व् में होता है?
(a) अयादि सन्धि (b) वृद्धि सन्धि
(c) गुण सन्धि (d) यण् सन्धि

25. सजातीय लघु तथा दीर्घ स्वरों का मिलकर दीर्घ होने का लक्षण किस सन्धि में होता है?
(a) दीर्घ सन्धि (b) वृद्धि सन्धि
(c) गुण सन्धि (d) अयादि सन्धि

26. विसर्ग सन्धि में किसका मेल होता है?
(a) विसर्ग के साथ विसर्ग
(b) विसर्ग के साथ स्वर या व्यंजन
(c) विसर्ग और स्वर
(d) विसर्ग और व्यंजन

27. निम्न में से कौन-सा सन्धि-विच्छेद 'व्यंजन सन्धि' में नहीं आता?
(a) उत् + अय (b) किम् + चित
(c) जगत + नाथ (d) पौ + अन

28. 'प्रत्येक' में कौन-सी सन्धि है?
(a) यण् (b) गुण (c) वृद्धि (d) अयादि

29. निम्न में से किस में व्यंजन सन्धि नहीं है?
(a) दिग्गज (b) निर्विकार
(c) अहंकार (d) संसार

30. निम्न में से कौन विसर्ग सन्धि नहीं है?
(a) निः + कपट
(b) पदः + उन्नति
(c) सरः + ज
(d) निः + उपाय

31. 'पवन' का सही सन्धि-विच्छेद क्या है?
(a) पव + अन् (b) पव + न्
(c) पः + अवन (d) पो + अन

32. इत्यादि का सही सन्धि-विच्छेद क्या है?
(a) इति + यादि (b) इति + आदि
(c) इत्य + आदि (d) इती + आदि

33. 'यशोगान' का सही सन्धि-विच्छेद क्या है?
(a) यशः + गान (b) यशो + गान
(c) यशः + उगान (d) यशो + उगान

34. 'यशोदा' का सही सन्धि-विच्छेद क्या है?
(a) यश + उदा (b) यशः + दा
(c) यश + ओदा (d) यः + अशोदा

35. निम्न में से किस शब्द में विसर्ग सन्धि नहीं है?
(a) निश्चय (b) निष्ठुर
(c) नितान्त (d) निश्छल

36. 'महोदय' का उचित सन्धि-विच्छेद है
(a) महा + ऊदय (b) महा + उदय
(c) महो + दय (d) महा + ओदय

37. 'महौषधम' में कौन-सी सन्धि है?
(a) दीर्घ (b) वृद्धि
(c) गुण (d) अयादि

38. 'निश्छल' में कौन-सी सन्धि है?
(a) विसर्ग
(b) यण्
(c) दीर्घ
(d) गुण

39. 'विपज्जाल' शब्द का सन्धि-विच्छेद है
(a) विपः + जाल
(b) विपत् + जाल
(c) विपस + जाल
(d) विपद् + जाल

40. 'कपीश' में कौन-सी सन्धि है?
(a) दीर्घ (b) वृद्धि
(c) गुण (d) यण्

41. निम्न में से 'नयन' का सही सन्धि-विच्छेद क्या है?
(a) न + अयन (b) नः + अयन
(c) ने + अन (d) नय + अयन

उत्तरमाला

1	(b)	2	(c)	3	(a)	4	(c)	5	(d)	6	(c)	7	(a)	8	(a)	9	(a)	10	(b)
11	(b)	12	(c)	13	(a)	14	(b)	15	(a)	16	(b)	17	(b)	18	(b)	19	(c)	20	(b)
21	(b)	22	(d)	23	(a)	24	(d)	25	(a)	26	(b)	27	(d)	28	(a)	29	(b)	30	(b)
31	(d)	32	(b)	33	(a)	34	(b)	35	(c)	36	(b)	37	(b)	38	(a)	39	(b)	40	(a)
41	(c)																		

अध्याय 05

लिंग, वचन तथा कारक

लिंग

शब्द की जाति लिंग कहलाती है। संज्ञा के जिस रूप से व्यक्ति या वस्तु के नर अथवा मादा जाति का पता चलता है, उसे 'लिंग' कहते हैं।

संस्कृत में संज्ञा के तीन भेद बताये गए हैं। ये हैं—पुल्लिंग, स्त्रीलिंग तथा नपुंसक लिंग। हिन्दी में शब्दों को दो लिंगों में रखा गया है। यहाँ नपुंसक लिंग नहीं है। हिन्दी में सारे जड़ अथवा चेतन शब्द पुल्लिंग तथा स्त्रीलिंग दो लिंगों में विभक्त हैं।

हिन्दी में लिंगों की अभिव्यक्ति वाक्यों में होती है। वाक्य प्रयोग द्वारा संज्ञा शब्दों के लिंग का भेद स्पष्ट होता है। वाक्यों में लिंग सर्वनाम, विशेषण, क्रिया तथा कारक की विभक्तियों में विकार से उत्पन्न होता है।

लिंग-निर्णय

- **सर्वनाम में विकार से**

मेरी घड़ी सुन्दर है। ('घड़ी' स्त्रीलिंग के कारण सर्वनाम में विकार उत्पन्न हुआ)

मेरा मकान अच्छा है। ('मकान' पुल्लिग है)

- **विशेषण में विकार से**

वह **बड़ा** मकान है।

वह **बड़ी** घड़ी है।

- **क्रिया में विकार से**

रोटी **जली** है। (जलना में विकार 'रोटी' स्त्रीलिंग के कारण)

बुढ़ापा **आ** गया ('बुढ़ापा' पुल्लिग के अनुसार क्रिया)

- **विभक्ति में विकार से**

गुलाब **का** लाल रंग सुन्दर है।

उस**की** नाक कट गई।

तत्सम शब्दों का लिंग-निर्णय

- तत्सम शब्द जिनके अन्त में 'त्र', 'न', 'ज', त्व, त्य, व, य होता है, पुल्लिग शब्द होते हैं। वैसे कई शब्द अपवाद स्वरूप हो सकते हैं; जैसे—पवन का प्रयोग दोनों लिंगों में होता है।
- तत्सम शब्द जिनके अन्त में 'आर', 'आय' तथा 'आस' हो, वे भी पुल्लिग होते हैं; जैसे—समुदाय, अध्याय, विकास, विकार इत्यादि।
- अ-प्रत्ययान्त, त-प्रत्ययान्त तथा ख-प्रत्ययान्त वाले तत्सम शब्द भी होते हैं; जैसे—जय, पराजय, गणित, फलित, नख, मुख, लेख इत्यादि।
- तत्सम शब्दों में आकारान्त, नाकारान्त, उकारान्त, ईकारान्त, इकारान्त, तथा 'ता' तथा इमा प्रत्ययान्त वाली भाववाचक संज्ञाएँ स्त्रीलिंग होती हैं। इसमें भी कतिपय अपवाद हैं, जो प्रयोग के आधार पर पुल्लिग शब्द बन गए। इकारान्त शब्द वारि, जलधि, पाणि, गिरि, बलि, आदि इत्यादि शब्द पुल्लिग हैं।
- उकारान्त शब्दों में मधु, अश्रु, तालु, मेरु, सेतु, हेतु इत्यादि पुल्लिग शब्द हैं।

1. **तत्सम पुल्लिग शब्दों के उदाहरण**

   पत्र, मित्र, गगन, पालन, कार्य, माधुर्य, प्रसार, प्रहार, विहार, कमल, व्यवसाय, क्रोध, मोद, सुख, मेघ, अलंकार, यवन, रविवार, अपराध, विवाह, निबन्ध, अनुच्छेद, नाटक, आवास, प्रतिवेदन, संकल्प, उत्पादन, संस्करण, शासन, विवाद, विरोध इत्यादि।

2. **तत्सम स्त्रीलिंग शब्दों के उदाहरण**

   दया, माया, ममता, शोभा, प्रार्थना, प्रस्तावना, सुन्दरता, कला, गणना, परीक्षा, योग्यता, शिक्षा, समता, सेना, सूचना, कृति, स्थिति, विकृति, क्षति, हानि, नदी, मृत्यु, वायु, महिमा, गरिमा, कालिमा, लालिमा, वस्तु, कुण्डली, अग्नि, शान्ति, क्रान्ति, इच्छा, भाषा, विधा

तद्भव शब्दों का लिंग-निर्णय

- ऊनवाचक संज्ञाओं को छोड़कर सभी तद्भव आकारान्त संज्ञाएँ पुल्लिग हैं; जैसे—कपड़ा, पहिया, आटा इत्यादि।

- जिन तद्भव भाववाचक संज्ञाओं के अन्त में ना, आव, पन, वा, पा इत्यादि होता है, पुल्लिग शब्द होते हैं; जैसे—गाना, चढ़ाव, बुढ़ापा इत्यादि।
- 'आन' कृदन्तान्त संज्ञाएँ पुल्लिग होती हैं; जैसे—लगान, पठान, खान-पान इत्यादि। वैसे कतिपय अपवाद भी हैं; जैसे—उड़ान, चट्टान स्त्रीलिंग शब्द हैं।
- ईकारान्त, ऊनवाचक, याकारान्त, तकारान्त, ऊकारान्त, अनुस्वारान्त, सकारान्त, कृदन्त नकारान्त, कृदन्त अकारान्त, ख अन्त्य वाली तथा ट, वट, हट अन्त्य वाली भाववाचक संज्ञाएँ स्त्रीलिंग होती हैं, किन्तु इसमें कई अपवाद हैं।
- ईकारान्त संज्ञाएँ घी, जी, दही, मोती, पानी इत्यादि पुल्लिग होते हैं।
- तकारान्त संज्ञाओं में भात, खेत, गात, दाँत इत्यादि पुल्लिग हैं।

अर्थ के अनुसार लिंग-निर्णय

- शरीर के अधिकांश अंग पुल्लिग होते हैं, किन्तु नाक, आँख, जीभ नस, हड्डी इत्यादि स्त्रीलिंग हैं।
- रत्नों के नाम, धातुओं के नाम, अनाजों के नाम, पेड़ों के नाम, द्रव्य पदार्थ तथा भौगोलिक परिदृश्यों के नाम प्रायः पुल्लिग होते हैं; जैसे—मोती, हीरा, सोना, तांबा, गेहूँ, चावल, पीपल, आम, पानी, तेल, देश, नगर, समुद्र, पर्वत इत्यादि,
- इनमें कतिपय अपवाद भी हैं; जैसे—मणि, चाँदी, मक्का, मूँग, लीची, नारंगी, चाय, शराब, पृथ्वी, झील, घाटी इत्यादि स्त्रीलिंग शब्द हैं।
- नदियों के नाम, नक्षत्रों के नाम, मसालों के नाम, खाने-पीने की चीजों के नाम प्रायः स्त्रीलिंग होते हैं; जैसे—गंगा, यमुना, अश्विनी, रोहिणी, लौंग, इलायची, मिर्च, रोटी, कचौड़ी, दाल, खीर, खिचड़ी इत्यादि। इनमें भी कतिपय अपवाद हैं; जैसे—सिन्धु तथा ब्रह्मपुत्र नदी पुल्लिग हैं। धनिया, जीरा, नमक, परांठा, दही, रायता इत्यादि पुल्लिग हैं।

वचन

संज्ञा, सर्वनाम, विशेषण तथा क्रिया के जिस रूप से संख्या का बोध होता है, उसे 'वचन' कहते हैं। वचन संख्याबोधक विकारी शब्द होते हैं। वचन के दो भेद हैं

1. एकवचन तथा 2. बहुवचन

1. **एकवचन** शब्द के जिस रूप से एक व्यक्ति या वस्तु का बोध होता है, उसे 'एकवचन' कहते हैं; जैसे—लड़का, पुस्तक, कलम, घड़ी इत्यादि।
2. **बहुवचन** शब्द के जिस रूप से दो या दो से अधिक व्यक्ति या वस्तु का बोध होता हो, उसे बहुवचन कहते हैं; जैसे—लड़के, पुस्तकें, कलमें, घड़ियाँ इत्यादि।

- आकारान्त पुल्लिग शब्दों में 'आ' को 'ए' बनाकर बहुवचन बनाया जाता है; जैसे—लड़का-लड़के, घोड़ा-घोड़े, गदहा-गदहे इत्यादि।
- इकारान्त, ईकारान्त, उकारान्त तथा ऊकारान्त पुल्लिग शब्दों में बहुवचन में रूप परिवर्तित नहीं होता है तथा उनके वचन की पहचान क्रिया के प्रयोग द्वारा की जाती है; जैसे

  साधु जाता है (एकवचन) साधु जाते हैं। (बहुवचन)

  डाकू जाता है (एकवचन) डाकू जाते हैं। (बहुवचन)

- आकारान्त स्त्रीलिंग शब्दों के अन्त में 'एँ' या 'ये' लगाकर बहुवचन के रूप में प्रयुक्त किया जाता है; जैसे—कक्षा-कक्षायें, लता-लताएँ इत्यादि।
- 'या' अन्त्य वाले स्त्रीलिंग संज्ञा-शब्दों में अन्तिम स्वर के ऊपर अनुनासिकता (ँ) लगाकर बहुवचन रूप निर्माण किया जाता है; जैसे—चिड़िया-चिड़ियाँ, गुड़िया-गुड़ियाँ इत्यादि।
- आकारान्त स्त्रीलिंग शब्द का बहुवचन में प्रयोग करने के लिए 'अ' का 'ऐं' किया जाता है; जैसे—किताब-किताबें, गाय-गायें, इत्यादि।
- इकारान्त तथा ईकारान्त स्त्रीलिंग संज्ञा शब्दों में 'ई' को 'इ' करके 'याँ' लगाया जाता है। 'इ' तथा 'ई' को 'इयाँ' कर दिया जाता है;

  जैसे—नदी-नदियाँ

  लड़की-लड़कियाँ
- उकारान्त या ऊकारान्त शब्दों को बहुवचन बनाने के लिए 'ऊ' को 'उ' तथा अन्त में 'एँ' का प्रयोग किया जाता है; जैसे—वस्तु-वस्तुएँ, बहू-बहुएँ इत्यादि।
- संज्ञा के पुल्लिग या स्त्रीलिंग शब्दों का बहुवचन में प्रयोग गण, वर्ग, जन, वृन्द आदि शब्द लगाकर भी किया जाता है; जैसे

  श्रोता + गण = श्रोतागण

  अधिकारी + वर्ग = अधिकारी वर्ग
- कतिपय व्यक्तिवाचक तथा भाववाचक संज्ञाओं के भी परिस्थिति अनुसार बहुवचन के रूप में प्रयोग होते हैं। यह बात ध्यान रखने की है कि बहुवचन का सार्वत्रिक प्रयोग जातिवाचक संज्ञाओं का ही होता है; जैसे—जयचन्दों ने हमेशा देश की सुरक्षा को खतरे में डाला है।
- विभक्ति के प्रयोग से बहुवचन निर्माण की प्रक्रिया में कतिपय परिवर्तन आते हैं। अ, आ, ए जिन शब्दों के अन्त में आते हैं, उनका अन्तिम स्वर 'ओं' हो जाता है;

  जैसे—लड़कों ने पढ़ा।

  पुस्तकों में लिखा है।
- संस्कृत के आकारान्त, संस्कृत-हिन्दी की सभी उकारान्त, ऊकारान्त तथा औकारान्त संज्ञा शब्दों का बहुवचन में प्रयोग करने के लिए अन्त में 'ओं' किया जाता है। यदि आगे किसी विभक्ति का प्रयोग हुआ है;

  जैसे—साधुओं को खाना खिलाओ।

  घरों में लोग रहते हैं।
- इकारान्त तथा ईकारान्त शब्दों का बहुवचन के रूप में प्रयोग करने के लिए, यदि उसके बाद विभक्ति चिह्न प्रयुक्त हो तो 'यों' लगा दिया जाता है; जैसे—

  मुनियों का आश्रम जंगल में था।

  नदियों का जल स्वच्छ है।

  गाड़ियों में ईंधन डालो।
- द्रव्यवाचक संज्ञा का प्रयोग हमेशा एकवचन में होता है। भाववाचक तथा गुणबोधक शब्दों का प्रयोग भी हमेशा एकवचन में होता है;

  जैसे—डाकू दुकान का सारा सोना ले गए।

  उनकी सदाशयता के सभी कायल हैं।
- हिन्दी में कुछ शब्द हमेशा बहुवचन में प्रयुक्त होते हैं; जैसे—प्राण, दर्शन, आँसू, समाचार, हस्ताक्षर इत्यादि।

कारक

संज्ञा तथा सर्वनाम के जिस रूप से उसका वाक्य के अन्य शब्दों के साथ सम्बन्ध सामने आता है, उसे 'कारक' कहते हैं; जैसे—रमेश ने महेश को जेब से पैसे निकाल कर दिये। इस वाक्य में 'रमेश ने' 'महेश को', 'जेब से' संज्ञा शब्दों में परिवर्तन है, जो 'पैसे निकालने' की क्रिया से सम्बन्ध निर्धारित करता है। इन सम्बन्धों को संज्ञा के कारक रूप कहते हैं। कारकीय रूप निर्धारण के लिए संज्ञा या सर्वनाम के बाद जो 'चिह्न' आता है, उसे 'विभक्ति' अथवा 'परसर्ग' कहते हैं।

- विभक्ति से बने शब्द-रूप को 'विभक्त्यन्त' या 'पद' कहते हैं।
- हिन्दी में कारक के आठ भेद हैं—कर्ता, कर्म, करण, सम्प्रदान, अपादान, सम्बन्ध, अधिकरण तथा सम्बोधन।

हिन्दी कारक की विभक्तियों का प्रयोग इस रूप में होता है

कारक	**विभक्ति** (परसर्ग)
कर्ता	ने
कर्म	को
करण	से
सम्प्रदान	को, के लिए
अपादान	से
सम्बन्ध	का, के, की
अधिकरण	में, पर
सम्बोधन	हे, अरे।

- हिन्दी में विभक्तियों की दो प्रवृत्तियाँ मिलती हैं
  (i) विश्लिष्ट तथा (ii) संश्लिष्ट
- संज्ञा के साथ आने वाली विभक्तियाँ शब्द से पृथक् लगाई जाती हैं, जैसे—राम ने, वृक्ष पर इत्यादि। जबकि सर्वनाम के साथ आने वाली विभक्तियाँ शब्द से संयुक्त रहती हैं; जैसे—उसने, तुमको इत्यादि।
- कर्त्ताकारक की विभक्ति 'ने' का प्रयोग भूतकालिक वाक्यों में होता है।
- करण तथा अपादान कारक की विभक्ति 'से' समान लगती है, किन्तु इनका प्रयोग पृथक् अर्थों में होता है। करण कारक में संज्ञा का क्रिया से सम्बन्ध का बोध होता है, जबकि अपादान में किसी वस्तु के अलग होने का भाव प्रकट होता है;

जैसे—राम ने **डण्डे** से उसे पीटा (करण कारक)
मोहन ने कुत्ते को **घर से** निकाला। (अपादान कारक)

कारक की विभक्ति प्रयोग के उदाहरण

कर्ता

राम **ने** रोटी खायी।
मैंने उसे पढ़ाया।
उसने लड़ाई लड़ी।
सीता **ने** गीता पढ़ ली।
उसने गीत गाया।

कर्म

पिता ने पुत्र **को** डाँटा।
राम ने श्याम **को** मारा।
माता ने बच्चे **को** सुलाया।

करण

वह चाकू **से** मारता है।
उसने पेड़ **को** कुल्हाड़ी से काटा।
सीता कलम **से** लिखती है।

सम्प्रदान

उसने लड़के **को** मिठाइया दीं।
वह **मुझको** रुपये दे रहा था।
श्याम ने मोहन **को** साइकिल दी।

अपादान

हिमालय **से** गंगा निकलती है।
वह छत **से** कूद गया।
शोर सुन वह घर **से** बाहर आ गया।
वह नदी **से** पानी ला रहा है।
वह बाजार **से** सब्जी ला रही है।

सम्बन्धकारक

यह राम **की** किताब है।
यह प्रेमचन्द **का** उपन्यास है।

अधिकरण

तुम्हारे घर **में** दस लोग हैं।
दुकान **पर** कोई नहीं था।

अभ्यास प्रश्न

1. 'लिंग' किस भाषा का शब्द है?
(a) हिन्दी (b) अंग्रेजी
(c) संस्कृत (d) जर्मन

2. निम्न में कौन जातिवाचक पुल्लिंग संज्ञा है?
(a) चावल (b) मोहन
(c) चपरासी (d) हिमालय

3. 'ठाकुर' शब्द का स्त्रीलिंग क्या होगा?
(a) ठकुरानी
(b) ठकुराइन
(c) ठकुरिन
(d) ठाकुरी

4. 'दही' शब्द है
(a) पुल्लिंग (b) स्त्रीलिंग
(c) नपुंसक लिंग (d) उभयलिंग

5. लिंग भेद में किसका रूपान्तर नहीं होता?
(a) संज्ञा (b) सर्वनाम
(c) विशेषण (d) कारक

6. निम्न में से कौन-सा शब्द स्त्रीलिंग है?
(a) चना
(b) अरहर
(c) बाजरा
(d) चावल

7. निम्नलिखित में कौन-सा शब्द पुल्लिंग है?
(a) बनावट (b) चिल्लाहट
(c) बचपन (d) सिलाई

8. 'जेठ' का स्त्रीलिंग शब्द क्या होता है?
(a) जेठीन (b) जेठरानी
(c) जेठराइन (d) जेठानी

9. 'अध्यापक' शब्द का सही स्त्रीलिंग क्या होता है?
(a) अध्यापिका (b) अध्यापिकी
(c) अध्यापकी (d) अध्यापीक

10. पुल्लिग-स्त्रीलिंग में कौन विषम संयोजन है?
(a) प्राचार्य-प्राचार्या (b) मोर-मोरनी
(c) सेवक-सेविका (d) श्याम-श्यामी

11. निम्नलिखित में कौन-सा शब्द स्त्रीलिंग है?
(a) नमक (b) जीरा
(c) पीपल (d) दाल

12. निम्न में कौन-सा शब्द पुल्लिंग है?
(a) कस्तूरी (b) घोषणा
(c) झील (d) बाद्य

13. निम्नलिखित में कौन-सा शब्द स्त्रीलिंग नहीं है?
(a) नदी (b) गाय (c) गंगा (d) रवि

14. किस शब्द का प्रयोग बहुवचन के रूप में होता है?
(a) रात (b) सोना
(c) लड़का (d) साधु

15. 'चिड़िया' शब्द का बहुवचन क्या होता है?
(a) चिड़ियाँ (b) चिड़ियों
(c) चिड़िओं (d) चिड़ियें

16. किस संज्ञा का बहुवचन रूप नहीं होता?
(a) भाववाचक (b) द्रव्यवाचक
(c) व्यक्तिवाचक (d) जातिवाचक

17. निम्न में से किस शब्द का प्रयोग हमेशा बहुवचन में होता है?
(a) आँसू (b) दर्शन
(c) प्राण (d) ये सभी

18. 'प्रत्येक' शब्द का प्रयोग सदा होता है
(a) एकवचन में
(b) बहुवचन में
(c) 'a' व 'b' दोनों में
(d) उपरोक्त में से किसी में नहीं

19. निम्नलिखित में कौन-सा शब्द पुल्लिंग है?
(a) ग्रंथ (b) सुन्दरता
(c) मूर्खता (d) निद्रा

20. निम्न में कौन-सा शब्द पुल्लिग है?
(a) बुढ़ापा (b) जड़ता
(c) घटना (d) दया

21. 'सूर्य' शब्द का स्त्रीलिंग क्या होता है?
(a) सूर्या (b) सूर्याणी
(c) सूर्यायी (d) सूर्यों

22. 'भारतीय' शब्द का बहुवचन क्या होता है?
(a) भारतीयों (b) भारती
(c) भारतियों (d) भारतीओं

23. कारक के कितने भेद होते हैं?
(a) आठ (b) पाँच
(c) छह (d) सात

24. किस कारक में 'से' विभक्ति का प्रयोग साधन के अर्थ में होता है?
(a) अपादान (b) कर्त्ता
(c) करण (d) सम्प्रदान

25. किस कारक में 'से' विभक्ति का प्रयोग अलगाव के अर्थ में होता है?
(a) करण (b) अपादान
(c) सम्प्रदान (d) सम्बन्ध

26. 'सुधा नेहा को हाथ से मारती है' इस वाक्य में कौन-सा कारक है?
(a) कर्त्ता (b) अपादान
(c) करण (d) अधिकरण

27. 'वृक्ष से पत्ते गिरते हैं' इस वाक्य में कौन-सा कारक है?
(a) अधिकरण (b) कर्म
(c) करण (d) अपादान

28. 'पानी' का लिंग निर्धारित करें
(a) पुल्लिग (b) स्त्रीलिंग
(c) नपुंसक लिंग (d) उभयलिंग

29. 'साधु आ रहे हैं' वाक्य में 'साधु' का वचन निर्धारित करें
(a) एकवचन (b) बहुवचन
(c) द्विवचन (d) इनमें से कोई नहीं

30. 'युवावर्ग' का वचन निर्धारित करें
(a) एकवचन (b) बहुवचन
(c) 'a' व 'b' दोनों (d) इनमें से कोई नहीं

31. निम्नलिखित में कौन-सा शब्द स्त्रीलिंग है?
(a) हीरा (b) मोती
(c) सोना (d) चाँदी

32. निम्नलिखित में से कौन-सा शब्द स्त्रीलिंग है?
(a) दही (b) मोती (c) किताब (d) तेल

33. क्रिया का फल जिस पर पड़ता है, वह कारक कहलाता है
(a) अधिकरण (b) करण
(c) कर्म (d) कर्त्ता

34. 'वह कार मेरी है' इस वाक्य में कौन-सा कारक है?
(a) करण (b) सम्बन्ध
(c) सम्प्रदान (d) अधिकरण

35. 'तोता डाली पर बैठा है' इस वाक्य में कौन-सा कारक है?
(a) सम्प्रदान (b) करण
(c) अधिकरण (d) अपादान

36. 'पिता ने पुत्र को डण्डे से मारा' इस वाक्य में कौन-सा कारक है?
(a) करण (b) सम्बोधन
(c) कर्त्ता (d) अपादान

37. 'क्षत्रिय' शब्द का स्त्रीलिंग रूप होगा
(a) क्षेत्राणी (b) क्षत्रियाणी
(c) क्षत्राणी (d) क्षत्रयाणी

38. निम्नलिखित में कौन-सा शब्द स्त्रीलिंग है?
(a) लिपि (b) विद्रोह
(c) बलशाली (d) दाता

39. 'बुद्धिमान' का स्त्रीलिंग शब्द क्या है?
(a) बुद्धिमती
(b) बुद्धिमान्या
(c) विदुषी
(d) बुद्धिवाली

40. निम्न में एकवचन-बहुवचन युग्म सही नहीं है
(a) इन्द्र-इन्द्राणी
(b) नायक-नायिका
(c) सभापति-सभापत्नी
(d) अध्यापक-अध्यापिका

उत्तरमाला

1	(c)	2	(c)	3	(b)	4	(a)	5	(b)	6	(b)	7	(c)	8	(d)	9	(a)	10	(d)
11	(d)	12	(d)	13	(d)	14	(b)	15	(a)	16	(b)	17	(d)	18	(a)	19	(a)	20	(a)
21	(a)	22	(a)	23	(a)	24	(c)	25	(b)	26	(c)	27	(d)	28	(a)	29	(b)	30	(b)
31	(d)	32	(c)	33	(c)	34	(b)	35	(c)	36	(a)	37	(c)	38	(a)	39	(a)	40	(c)

अध्याय 06

समास

समास का अर्थ संक्षिप्त होता है। कम-से-कम शब्दों में अधिक से अधिक अर्थ प्रकट करना 'समास' का लक्ष्य होता है। वस्तुत: दो या दो से अधिक शब्दों का परस्पर सम्बन्ध बताने वाले शब्दों अथवा प्रत्ययों का लोप होने पर जो नया शब्द बनता है, उसे **'सामासिक शब्द'** अथवा **'सामासिक पद'** कहते हैं। दो या अधिक शब्दों अथवा पदों के संयोग को **'समास'** कहा जाता है। 'सामासिक शब्द' अथवा 'पद' को अर्थ के अनुकूल विभाजित करना 'विग्रह' कहलाता है।

सामान्यतया समास चार प्रकार के हैं

1. अव्ययीभाव,
2. तत्पुरुष,
3. बहुब्रीहि तथा
4. द्वन्द्व।

तत्पुरुष समास छह कारकों में होता है। कर्मधारय तथा द्विगु तत्पुरुष के ही भेद हैं।

अव्ययीभाव समास

जिस सामासिक पद का पूर्वपद प्रधान हो तथा सामासिक पद अव्यय हो, उसे अव्ययीभाव कहते हैं। इस समास में समूचा पद क्रिया-विशेषण अव्यय हो जाता है; जैसे—प्रतिदिन, यथासम्भव, आमरण इत्यादि।

उदाहरण

पद	विग्रह	पद	विग्रह
अनुकूल	मन के अनुसार	यथास्थान	स्थान के अनुसार
अनुरूप	रूप के अनुसार	यथासमय	समय के अनुसार
अभ्यागत	अभि आगत	यथाशीघ्र	शीघ्रता से
आजन्म	जन्म से लेकर	यथाक्रम	क्रम के अनुसार
आमरण	मृत्यु तक	अकारण	बिना कारण के
आपादमस्तक	सिर से पैर तक	अभूतपूर्व	जो पहले नहीं हुआ
प्रतिपल	हर पल	निर्विकार	बिना विकार के
प्रतिदिन	हर दिन	निर्विवाद	बिना विवाद के
भरपेट	पेट भर	निर्भय	बिना भय के

तत्पुरुष समास

तत्पुरुष समास का अन्तिम पद प्रधान होता है। ऐसे समास में प्राय: प्रथम पद विशेषण तथा द्वितीय पद विशेष्य होता है। द्वितीय पद के विशेष्य होने के कारण समास में इसकी प्रधानता होती है। ऐसे समास तीन प्रकार के हैं—तत्पुरुष, कर्मधारय तथा द्विगु। तत्पुरुष के छह भेद हैं। ये हैं—कर्म, करण, सम्प्रदान, अपादान, सम्बन्ध तथा अधिकरण तत्पुरुष समास। **उदाहरण**

पद	विग्रह	पद	विग्रह
कठफोड़वा	काठ को फोड़ने वाला	यशप्राप्त	यश को प्राप्त
कुम्भकार	कुम्भ को बनाने वाला	गिरिधर	गिरि को धारण करने वाला
गृहागत	गृह को आगत	मनोहर	मन को हरने वाला
शत्रुघ्न	शत्रु को मारने वाला	सर्वभक्षी	सब को भक्षण करने वाला
माखनचोर	माखन को चुराने वाला	मुँहतोड़	मुँह को तोड़ने वाला

करण तत्पुरुष के उदाहरण

पद	विग्रह	पद	विग्रह
अकालपीड़ित	अकाल से पीड़ित	करुणापूर्ण	करुणा से पूर्ण
अन्धकारयुक्त	अन्धकार से युक्त	जलाभिषेक	जल से अभिषेक
कर्मवीर	कर्म से वीर	तुलसीकृत	तुलसी द्वारा रचित
गुणयुक्त	गुण से युक्त	पर्णकुटीर	पर्ण से बनी कुटीर
रक्तरंजित	रक्त से रंजित	रेखांकित	रेखा से अंकित
रोगग्रस्त	रोग से ग्रस्त	क्षुधातुर	क्षुधा से आतुर

सम्प्रदान तत्पुरुष के उदाहरण

पद	विग्रह	पद	विग्रह
देशभक्ति	देश के लिए भक्ति	युद्धभूमि	युद्ध के लिए भूमि
देवालय	देव के लिए आलय	विधानसभा	विधान के लिए सभा
धर्मशाला	धर्म के लिए शाला	स्नानघर	स्नान के लिए घर
पुस्तकालय	पुस्तक के लिए आलय	विद्यालय	विद्या के लिए आलय
भिक्षाटन	भिक्षा के लिए भ्रमण	राहखर्च	राह के लिए खर्च
सत्याग्रह	सत्य के लिए आग्रह	रसोईघर	रसोई के लिए घर

अपादान तत्पुरुष के उदाहरण

पद	विग्रह	पद	विग्रह
अन्नहीन	अन्न से हीन	कर्त्तव्यच्युत	कर्त्तव्य से च्युत
कर्महीन	कर्म से हीन	भयभीत	भय से डरा हुआ
जातिभ्रष्ट	जाति से भ्रष्ट	वनरहित	वन से रहित
जन्मान्ध	जन्म से अन्धा	स्वादरहित	स्वाद से रहित
नेत्रहीन	नेत्र से हीन	फलहीन	फल से हीन

सम्बन्ध तत्पुरुष के उदाहरण

पद	विग्रह	पद	विग्रह
विद्याभ्यास	विद्या का अभ्यास	छात्रावास	छात्र का आवास
सेनापति	सेना का पति	गंगाजल	गंगा का जल
आनन्दाश्रम	आनन्द का आश्रम	जलयान	जल का यान
कार्यकर्त्ता	कार्य का कर्त्ता	गोपाल	गौ का पालक
चरित्रहनन	चरित्र का हनन	कन्यादान	कन्या का दान

अधिकरण तत्पुरुष के उदाहरण

पद	विग्रह	पद	विग्रह
गृहप्रवेश	गृह में प्रवेश	कविश्रेष्ठ	कवियों में श्रेष्ठ
आत्मनिर्भर	आत्म पर निर्भर	कृषिप्रधान	कृषि में प्रधान
युधिष्ठिर	युद्ध में स्थिर	रणधीर	रण में धीर
पुरुषोत्तम	पुरुषों में उत्तम	शरणागत	शरण में आगत
क्षणभंगुर	क्षण में भंगुर	कलाप्रवीण	कला में प्रवीण

तत्पुरुष समास के दो उपभेद हैं

कर्मधारय समास

जिस तत्पुरुष समास के समस्त पद समान रूप से प्रधान हों तथा विशेष्य-विशेषण भाव को प्राप्त होते हैं। इनके लिंग, वचन भी समान हों, वहाँ कर्मधारय समास होता है। कर्मधारय समास चार प्रकार के होते हैं—1. विशेषण पूर्वपद, 2. विशेष्य पूर्वपद, 3. विशेषणोभय पद तथा 4. विशेष्योभय पद। **उदाहरण**

पद	विग्रह	पद	विग्रह
नीलकमल	नीला कमल	महाकाव्य	महान् काव्य
महात्मा	महान् आत्मा	श्यामसुन्दर	श्याम जो सुन्दर है
महावीर	महान् वीर	चन्द्रवदन	चन्द्र के समान मुख
नरसिंह	नर में सिंह के समान	विद्यारत्न	विद्या ही है रत्न
चरणकमल	चरण कमल के समान	दुर्जन	दुष्ट जो है जन

द्विगु समास

जिस कर्मधारय समास का पहला पद संख्याबोधक हो, वह द्विगु समास कहलाता है। द्विगु समास दो प्रकार के हैं—1. समाहार द्विगु तथा 2. उपपद प्रधान द्विगु।

उदाहरण

पद	विग्रह	पद	विग्रह
त्रिभुवन	तीन भुवनों का समाहार	चतुर्वेद	चार वेदों का समाहार
नवग्रह	नौ ग्रहों का समाहार	पंचमुख	पाँच मुखों का समाहार
चौराहा	चार राहों का समाहार	तिमाही	तीन माहों का समाहार
त्रिनेत्र	तीन नेत्रों का समाहार	त्रिकाल	तीन कालों का समाहार
अष्टधातु	आठ धातुओं का समाहार	पंचमेवा	पाँच फलों का समाहार

बहुब्रीहि समास

समास में आये पदों को छोड़कर जब किसी अन्य पदार्थ की प्रधानता हो, तब उसे बहुब्रीहि समास कहते हैं। इस समास के पदों में कोई भी पद प्रधान नहीं होता। बल्कि पूरा पद ही किसी अन्य पद का विशेषण होता है।

उदाहरण

पद	विग्रह
चतुरानन	चार हैं आनन जिसके अर्थात् ब्रह्मा
लम्बोदर	लम्बा है उदर जिसका अर्थात् गणेश
वीणापाणि	वीणा है कर में जिसके अर्थात् सरस्वती
नीलाम्बर	नीला है जिसका अम्बर अर्थात् श्रीकृष्ण

द्वन्द्व समास

द्वन्द्व समास में सभी पद प्रधान होते हैं। द्वन्द्व समास के तीन भेद होते हैं—1. इतरेत्तर द्वन्द्व 2. समाहार द्वन्द्व तथा 3. वैकल्पिक द्वन्द्व।

उदाहरण

पद	विग्रह
अन्न-जल	अन्न और जल
आग-पानी	आग और पानी
मार-पीट	मार या पीट
धन-दौलत	धन, दौलत आदि
पाप-पुण्य	पाप या पुण्य इत्यादि।

अभ्यास प्रश्न

1. 'यथाशक्ति' में कौन-सा समास है?
(a) कर्मधारय (b) तत्पुरुष
(c) द्वन्द्व (d) अव्ययीभाव

2. 'त्रिभुज' शब्द में कौन-सा समास है?
(a) षष्ठी तत्पुरुष (b) द्विगु
(c) मध्यम पद लोपी (d) अलुक

3. 'देशभक्त' में कौन-सा समास है?
(a) षष्ठी तत्पुरुष (b) द्वन्द्व
(c) बहुब्रीहि (d) अव्ययीभाव

4. 'चतुर्भुज' शब्द में कौन-सा समास है?
(a) द्विगु (b) अव्ययीभाव
(c) बहुब्रीहि (d) तत्पुरुष

5. 'दही-बड़ा' शब्द में कौन-सा समास है?
(a) सप्तमी तत्पुरुष (b) द्विगु
(c) मध्यम पद लोपी (d) अलुक

6. 'आजकल' शब्द में कौन-सा समास है?
(a) अव्ययीभाव (b) तत्पुरुष
(c) कर्मधारय (d) द्वन्द्व

7. 'पंचपात्र' शब्द में कौन-सा समास है?
(a) कर्मधारय (b) बहुब्रीहि
(c) द्विगु (d) तत्पुरुष

8. 'शोकाकुल' शब्द में कौन-सा समास है?
(a) कर्मधारय (b) तत्पुरुष
(c) द्वन्द्व (d) द्विगु

9. 'नीलगाय' में कौन-सा समास है?
(a) तत्पुरुष
(b) अव्ययीभाव
(c) कर्मधारय
(d) द्वन्द्व

10. 'रोगपीड़ित' में कौन-सा समास है?
(a) कर्मधारय (b) तत्पुरुष
(c) द्वन्द्व (d) अव्ययीभाव

11. 'पंचानन' में कौन-सा समास है?
(a) द्विगु
(b) बहुब्रीहि
(c) कर्मधारय
(d) अव्ययीभाव

12. 'रसोईघर' में कौन-सा समास है?
(a) तत्पुरुष (b) बहुब्रीहि
(c) द्वन्द्व (d) कर्मधारय

13. 'लोकनायक' में कौन-सा समास है?
(a) तत्पुरुष (b) द्विगु
(c) द्वन्द्व (d) अव्ययीभाव

14. 'लौहपुरुष' में कौन-सा समास है?
(a) कर्मधारय (b) तत्पुरुष
(c) द्वन्द्व (d) द्विगु

15. 'मुँहतोड़' में कौन-सा समास है?
(a) तत्पुरुष (b) अव्ययीभाव
(c) द्विगु (d) द्वन्द्व

16. 'नीलकण्ठ' में कौन-सा समास है?
(a) तत्पुरुष (b) बहुब्रीहि
(c) द्विगु (d) द्वन्द्व

17. 'मृगनयन' में कौन-सा समास है?
(a) कर्मधारय (b) द्विगु
(c) द्वन्द्व (d) तत्पुरुष

18. 'कृषि प्रधान' में कौन-सा समास है?
(a) तत्पुरुष (b) द्विगु
(c) द्वन्द्व (d) कर्मधारय

19. 'दूध-रोटी' में कौन-सा समास है?
(a) तत्पुरुष (b) द्वन्द्व
(c) द्विगु (d) कर्मधारय

20. 'भूदान' में कौन-सा समास है?
(a) अव्ययीभाव (b) तत्पुरुष
(c) कर्मधारय (d) द्विगु

21. 'देशसेवा' में कौन-सा समास है?
(a) कर्मधारय (b) द्विगु
(c) तत्पुरुष (d) बहुब्रीहि

22. 'दिनकर' में कौन-सा समास है?
(a) तत्पुरुष (b) द्विगु
(c) द्वन्द्व (d) कर्मधारय

23. 'शरणागत' में कौन-सा समास है?
(a) कर्मधारय (b) तत्पुरुष
(c) बहुब्रीहि (d) द्विगु

24. 'अजातशत्रु' में कौन-सा समास है?
(a) तत्पुरुष (b) द्वन्द्व
(c) कर्मधारय (d) बहुब्रीहि

25. 'पंजाब' में कौन-सा समास है?
(a) बहुब्रीहि (b) कर्मधारय
(c) तत्पुरुष (d) द्विगु

26. 'श्रमसाध्य' में कौन-सा समास है?
(a) तत्पुरुष (b) बहुब्रीहि
(c) द्विगु (d) द्वन्द्व

27. 'मातृभाषा' में कौन-सा समास है?
(a) द्विगु (b) द्वन्द्व
(c) तत्पुरुष (d) कर्मधारय

28. निम्नलिखित में से कौन अव्ययीभाव समास का उदाहरण नहीं है?
(a) यथाशक्ति (b) बेमतलब
(c) प्रतिवर्ष (d) लोकप्रिय

29. निम्न शब्दों में कौन कर्मधारय समास का उदाहरण है?
(a) यथोचित (b) पर्णकुटीर
(c) दोपहर (d) विद्यालय

30. निम्न शब्दों में कौन द्विगु समास का उदाहरण है?
(a) सतसई (b) हानि-लाभ
(c) दीनानाथ (d) लौह पुरुष

31. निम्न में कौन द्विगु समास नहीं है?
(a) नवरात्र (b) नवग्रह
(c) चतुर्भुज (d) त्रिलोक

32. निम्न में कौन द्वन्द्व समास का उदाहरण नहीं है?
(a) पाप-पुण्य (b) देश-विदेश
(c) धर्म-भ्रष्ट (d) राग-द्वेष

33. निम्न में से कौन कर्मधारय समास का उदाहरण नहीं है?
(a) नीलकमल
(b) नीलगाय
(c) महावीर
(d) पीताम्बर

34. निम्न शब्दों में कौन बहुब्रीहि समास का उदाहरण नहीं है?
(a) चक्रधर (b) दशानन
(c) महापुरुष (d) नीलकण्ठ

35. निम्न शब्दों में कौन अव्ययीभाव समास का उदाहरण नहीं है?
(a) आमरण (b) नि:सन्देह
(c) शोकाकुल (d) भरसक

उत्तरमाला

1	(d)	2	(b)	3	(a)	4	(c)	5	(a)	6	(d)	7	(c)	8	(b)	9	(c)	10	(b)
11	(b)	12	(a)	13	(a)	14	(a)	15	(a)	16	(b)	17	(a)	18	(a)	19	(b)	20	(b)
21	(c)	22	(a)	23	(b)	24	(d)	25	(d)	26	(a)	27	(c)	28	(d)	29	(b)	30	(a)
31	(c)	32	(c)	33	(d)	34	(c)	35	(c)										

अध्याय 07

पर्यायवाची शब्द

ऐसे शब्द जिनके अर्थ में समानता हो, **पर्यायवाची** कहलाते हैं। किसी भी सुदृढ़ भाषा में पर्यायवाची शब्दों की संख्या अत्यधिक होती है। संस्कृत में पर्यायवाची शब्दों की संख्या अधिक है। हिन्दी में भी शब्दों के पर्यायवाची शब्द संस्कृत के तत्सम शब्द ही अधिक हैं, जिसे उसी रूप में स्थान दिया गया है। पर्यायवाची शब्द सामान्य रूप से अर्थ की समानता रखते हैं, लेकिन इनके प्रयोग समान अर्थ में नहीं होते हैं। प्रत्येक शब्द का महत्त्व विषय और स्थान के अनुसार होता है।

पर्यायवाची शब्द के प्रकार

पर्यायवाची शब्द मुख्य रूप से तीन प्रकार के होते हैं

1. पूर्ण पर्याय,
2. पूर्णापूर्ण पर्याय तथा
3. अपूर्ण पर्याय।

1. **पूर्ण पर्याय** वाक्य में यदि एक शब्द के स्थान पर दूसरा शब्द रखा जाए और उसके अर्थ में कोई अन्तर न पड़े, तो वह पूर्ण पर्याय है; जैसे—हिस्सा, भाग।
2. **पूर्णापूर्ण पर्याय** एक कार्य विशेष के लिए प्रयोग किए गए दो शब्द पूर्ण नहीं हो सकते। जब एक प्रसंग का समानार्थी शब्द दूसरे प्रसंग में असमान अर्थ दे, तो ऐसे पर्याय पूर्णापूर्ण कहलाते हैं; जैसे—खाना, निगलना।
3. **अपूर्ण पर्याय** कुछ शब्दों के सूक्ष्म भेद उसके मूल अर्थ में विद्यमान होते हैं, किन्तु अपनी आवश्यकतानुसार उन्हें पर्याय मान लिया जाता है। दोनों के अर्थ तथा भाव अलग-अलग होते हैं। इन्हें अपूर्ण पर्याय कहा जाता हैं; जैसे—गाभिन, गर्भवती।

महत्त्वपूर्ण पर्यायवाची शब्द

शब्द	पर्यायवाची
अंग	अंश, अवयव, भाग, खण्ड, हिस्सा, टुकड़ा
अग्नि	अनल, आग, पावक, वह्नि, शिखी, शुचि, हरि, वैश्वानर, हुताशन, ज्वलन, कृशानु
अमृत	पीयूष, सुधा, अमिय, अमित, जीवन, जीवनोदक, सोम।
अश्व	घोड़ा, बाजि, हय, तुरंग, तुरंगम्, घोटक, सैंधव, दधिका, सर्ता
असुर	निशाचर, निशिचर, दैत्य, राक्षस, दनुज, दानव, यातुधान, देवारि
आँख	नेत्र, नयन, लोचन, चक्षु, दृग, अक्षि, दृष्टि, विलोचन
आकाश	गगन, आसमान, अम्बर, व्योम, अन्तरिक्ष, अनन्त, नभ, अभ्र, शून्य
आनन्द	मोद, आमोद, प्रमोद, हर्ष, सुख, प्रसन्नता, उल्लास, आह्लाद, खुशी
इच्छा	आकांक्षा, ईप्सा, अभिलाषा, चाह, कामना, मनोरथ, स्पर्द्धा, मर्जी
कमल	जलज, सरोज, पंकज, नीरज, अरविन्द, पद्म, कंज, सिद्धि, शतदल, अम्बुज, सरसिज, नलिन, राजीव, पुण्डरीक, इन्दीवर, पुष्कर
गणेश	लम्बोदर, विनायक, गणपति, एकदन्त, गजवन्त, गजवदन, गजानन, गणनायक, भवानीनन्दन, पार्वतीनन्दन, मोदकदाता, विघ्नेश, गौरीनन्दन, गिरिजानन्दन, गणाधिप, हेरंब
गंगा	देवनद, सुरसरिता, जाह्नवी, देवनदी, मन्दाकिनी, भागीरथी, ध्रुवनन्दा, सुरापगा, त्रिपथगा, सुरसरि, सुरधुनी
चाँद	चन्द्र, चन्द्रमा, हिमांशु, सुधांशु, सुधाकर, राकेश, शशि, सारंग, निशाकर, निशापति, मृगांक, कलानिधि, कलाधर, कलाप, रजनीश, राकापति, इन्दु, शशांक, विधु, मयंक, हिमकर, शीतांशु
जल	पानी, नीर, तोय, वारि, अम्बु, पय, सलिल, उदक, अमृत, मेघपुष्प, सारंग
नदी	सरिता, वाहिनी, शैलजा, अपगा, तटिनी, निम्नगा, निर्झरिणी, तरंगिणी, जलमाला, नद, शैवालिनी, प्रवाहिनी
पति	वल्लभ, स्वामी, आर्य, ईश, दूल्हा, भर्तार, सहचर, सुहाग, सौहर, साजन, बालम, भर्ता
पत्नी	भार्या, स्त्री, दारा, गृहिणी, बहू, कलत्र, प्राणप्रिया, औरत, अर्द्धांगिनी, गृहलक्ष्मी, जीवन संगिनी, सहचरी, बेगम
पर्वत	भूधर, शैल, अचल, महीधर, गिरि, पहाड़, नग, नगपति, धरणीधर, मेरु, शिखर, नाग, अद्रि, तुंग
पुत्री	आत्मजा, तनया, सुता, नन्दिनी, दुहिता, तनुजा, बेटी, लड़की
पृथ्वी	धरा, भूमि, वसुन्धरा, धरती, धरित्री, धरणी, वसुधा, भू, क्षिति, मही, इला, उर्वी
पवन	हवा, अनिल, गन्धवह, पवमान, प्रभंजन, प्रवात, वात, वायु, समीर, समीरण, मातरिश्वा
बिजली	विद्युत, चपला, चंचला, दामिनी, तड़ित, सौदामिनी
बादल	मेघ, अभ्र, जलद, अम्बुद, जीमूत, धराधर, नीरद, पयोद, बलाहक, मेघ, वारिद, वारिधर, वारिवाह
महादेव	शिव, शम्भु, शंकर, चन्द्रशेखर, शशिशेखर, गिरीश, नीलकण्ठ, पशुपति, त्रिलोचन, उमाकान्त, गौरीनाथ, रुद्र, व्योमकेश, विरुपाक्ष, श्रीकण्ठ, चन्द्रचूड़, त्र्यम्बक, धूर्जटि
रात्रि	निशा, रैन, रात, रजनी, यामिनी, विभावरी, क्षणदा, त्रियामा, शर्वरी
राजा	नृप, भूपति, भूप, महीप, महीपति, महेश, नरेश, राव, सम्राट, अवनीश, नरेन्द्र, महिपाल

शब्द	पर्यायवाची
विष्णु	अच्युत, जनार्दन, चक्रपाणि, विश्वम्भर, मुकुन्द, नारायण, हृषिकेश, गोविन्द, माधव, लक्ष्मीपति, विश्वरूप, उपेन्द्र, कमलाकान्त
समुद्र	सागर, जलधि, पारावार, सिन्धु, नीरनिधि, नदीश, पयोधि, अर्णव, रत्नाकर, वारीश, नीरधि, जलधाम, अकूपाद, उदधि, नदीश
सूर्य	मार्तण्ड, दिनकर, रवि, भास्कर, प्रभाकर, सविता, पतंग, दिवाकर, आदित्य, अंशुमाली, भानु, तरणि, सूर, हंस, विरोचन, दिनेश
सिंह	शार्दूल, मृगराज, मृगेन्द्र, केसरी, केहरि, केशी, शेर, व्याघ्र, पशुराज, वनराज
स्त्री	अबला, नारी, रमणी, कामिनी, सुन्दरी, वामा, भामा, औरत, वनिता, महिला, कांता
हाथी	गज, हस्ति, मतंग, नाग, कुंजर, द्विप, द्विरद, वारण, कुंभी, करीश, करवर, करी, सारंग
हरिण	मृग, कुरंग, सारंग, कृष्णसार, हिरन
साँप	सर्प, अहि, उरग, काकोदर, चक्षुश्रवा, पन्नग, जिह्माग्र, नाग, फणी, फणीश, भुजंग, विषधर, मणी, सारंग, हरि, व्याल
हिमालय	नगराज, हिमगिरि, हिमाद्रि, हिमाचल, नगाधिराज, नगपति

शब्द	पर्यायवाची
हनुमान	कपीश, महावीर, आंजनेय, मारुतिनन्दन, पवनपुत्र, मारुतेय, रामदास, रामदूत
रावण	दशमुख, दशानन, लंकेश, लंकापति
सोना	स्वर्ण, कंचन, कनक, हेम, हाटक, सुवर्ण, तपनीय, महारजत, हिरण्य
पत्थर	पाहन, पाषाण, शिला, शैल, प्रस्तर, उपल, अश्म
मोर	मयूर, शिखी, मेहप्रिय, मेहनर्तक, नीलकण्ठ, सितापांग
सरस्वती	भारती, वागेश्वरी, शारदा, वीणापाणि, वाग्देवी, महाश्वेता, ज्ञानदा, हंसवाहिनी
दुर्गा	चण्डी, चण्डिका, चामुण्डा, भवानी, सुभद्रा, भव्या, महागौरी, कल्याणी, शैलपुत्री, शाम्भवी, अम्बा, अम्बिका
लक्ष्मी	इन्दिरा, कमला, श्री, सिन्धुजा, पद्मा विष्णुप्रिया
पार्वती	उमा, गौरी, भवानी, अम्बिका, दुर्गा, अभया, रुद्राणी, शैलजा, शिवानी, शैलसुता, सती, भगवती, गिरिजा
राम	रघुनायक, राघव, रघुपति, सियाराम, श्रीराम, रघुनाथ
कृष्ण	मुरलीधर, गिरिधर, नागर, कन्हैया, कान्ह, किशन, गोपीनाथ, द्वारकाधीश
भ्रमर	भँवरा, मधुप, मिलिन्द, मधुकर, भृंग, भौंरा, अलि, चंचरीक, शिलीमुख

अभ्यास प्रश्न

1. 'अश्व' का पर्यायवाची शब्द है
(a) घोटक (b) अनन्त
(c) सुरपति (d) दिनकर

2. निम्नलिखित में से कौन 'समुद्र' का पर्यायवाची शब्द नहीं है?
(a) सागर (b) रत्नाकर
(c) नीरद (d) जलधि

3. निम्नलिखित में कौन-सा शब्द 'गणेश' का पर्यायवाची नहीं है?
(a) गणपति (b) करिवरवदन
(c) चन्द्रचूड़ (d) विनायक

4. निम्न में कौन-सा शब्द 'सूर्य' का पर्यायवाची नहीं है?
(a) दिवाकर (b) तरणि
(c) विश्वानस (d) शार्दूल

5. निम्नलिखित शब्दों में कौन-सा 'लक्ष्मी' का पर्यायवाची नहीं है?
(a) कमला (b) इन्दिरा
(c) महाश्वेता (d) पद्मा

6. 'बादल' का पर्यायवाची शब्द नहीं है
(a) अभ्र (b) जीमूत (c) वारिद (d) मर्कट

7. निम्नलिखित में कौन 'स्त्री' का पर्यायवाची शब्द नहीं है?
(a) वामा (b) कामिनी
(c) महिला (d) इन्दिरा

8. निम्नलिखित में कौन 'आकाश' का पर्यायवाची शब्द नहीं है?
(a) शून्य (b) अम्बर
(c) अन्तरिक्ष (d) नीलाभ

9. निम्नलिखित में कौन 'सरस्वती' का पर्यायवाची शब्द नहीं है?
(a) महाश्वेता (b) वीणापाणि
(c) हंसवाहिनी (d) सिंहस्था

10. निम्नलिखित में कौन 'गंगा' का पर्यायवाची नहीं है?
(a) भागीरथा (b) त्रिवेणी
(c) मन्दाकिनी (d) सुरसरिता

11. 'सैन्धव' किसका पर्यायवाची शब्द है?
(a) हाथी (b) घोड़ा (c) नदी (d) पहाड़

12. निम्न में कौन-सा 'दिन' का पर्यायवाची नहीं है?
(a) दिवस (b) दिवा
(c) वासर (d) विभावरी

13. निम्न में कौन-सा शब्द 'अन्धकार' का पर्यायवाची नहीं है?
(a) तम (b) अन्धेरा (c) तिमिर (d) रुद्र

14. निम्न में कौन-सा शब्द 'ओस' का पर्यायवाची नहीं है?
(a) तुषार (b) शेफाली (c) शबनम (d) रसाल

15. निम्न में कौन एक 'पर्वत' का पर्यायवाची शब्द है?
(a) सर (b) तन
(c) अद्रि (d) तुरंग

16. निम्न में कौन 'यमुना' का पर्यायवाची शब्द नहीं है?
(a) कालिन्दी (b) जमुना
(c) अर्कजा (d) पद्मा

17. निम्नलिखित में कौन-सा 'चन्द्रमा' का पर्यायवाची शब्द नहीं है?
(a) कलाधर (b) रजनीश
(c) मयंक (d) विहग

18. निम्नलिखित में कौन-सा 'कमल' का पर्यायवाची शब्द नहीं है?
(a) अरुण (b) सरोरूह
(c) उत्पल (d) कुवलय

19. निम्न में कौन-सा शब्द नदी का पर्यायवाची नहीं है?
(a) अपगा (b) प्रवाहिनी
(c) सरिता (d) कासार

20. निम्न में कौन-सा पर्यायवाची शब्द-युग्म सही नहीं है?
(a) सिंह-केसरी
(b) हाथी-करिवर
(c) सूर्य-अंशुमाला
(d) यमुना-मन्दाकिनी

21. निम्न में से कौन-सा पर्यायवाची शब्द-युग्म सही नहीं है?
(a) कमल-मृणाल (b) ओस-नीहार
(c) आकाश-अभ्र (d) गाय-द्विज

22. निम्न में से कौन-सा पर्यायवाची शब्द-युग्म सही है?
(a) पति-भार्या
(b) नदी-प्रस्तर
(c) चन्द्रमा-आदित्य
(d) धनुष-कोदण्ड

23. 'मयूख' किस शब्द का पर्यायवाची है?
(a) मोर (b) रोशनी
(c) सूर्य (d) चन्द्रमा

24. निम्न में कौन-सा शब्द 'फूल' का पर्यायवाची नहीं है?
(a) सुमन (b) प्रसून
(c) सारंग (d) पवमान

25. निम्न में कौन-सा 'वृक्ष' का पर्यायवाची नहीं है?
(a) विटप (b) पादप
(c) तरू (d) प्रवात

26. निम्न में कौन-सा शब्द 'चिड़िया' का पर्यायवाची नहीं है?
(a) खग (b) विहंग
(c) पतंग (d) केतु

27. 'पतंग' शब्द का पर्यायवाची है
(a) चिड़िया (b) सूर्य
(c) कीट (d) ये सभी

28. 'शोणित' किसका पर्यायवाची है?
(a) चाँदी (b) चन्दन
(c) रक्त (d) धरती

29. 'चाँदनी' का पर्यायवाची शब्द है
(a) ज्योत्सना
(b) तमाल
(c) दमक
(d) कान्ति

30. 'लक्ष्मण' का पर्यायवाची निम्न में कौन नहीं है?
(a) सौमित्र (b) लखन
(c) रामानुज (d) बलभद्र

31. निम्न में से कौन 'वर्षा' का पर्यायवाची नहीं है?
(a) पावस (b) वृष्टि
(c) बरसात (d) विपुल

32. 'हिमालय' का कौन-सा शब्द पर्यायवाची नहीं है?
(a) गिरिराज (b) शैलेन्द्र
(c) हिमाद्रि (d) धरणीधर

33. 'सारंग' शब्द किसका पर्यायवाची नहीं है?
(a) चन्द्रमा (b) हाथी
(c) हरिण (d) नदी

34. 'वागेश्वरी' शब्द का पर्यायवाची शब्द है
(a) कमला (b) शारदा
(c) रमा (d) दुर्गा

35. कौन-सा शब्द समूह 'इन्द्र' का पर्यायवाची है?
(a) सुरपति, देवराज (b) पुरन्दर, शचीपति
(c) सुरेश, देवेश (d) ये सभी

36. 'आँख' का कौन-सा पर्यायवाची शब्द नहीं है?
(a) चक्षु (b) लोचन
(c) विलोचन (d) तोय

37. 'घोड़ा' शब्द का पर्यायवाची शब्द-समूह है
(a) अश्व, बजि (b) सैन्धव, तुरंग
(c) हय, आशु (d) ये सभी

निर्देश (प्र.सं. 38-40) *नीचे प्रत्येक प्रश्न के साथ चार शब्द दिए गए हैं, इनमें से सही पर्यायवाची शब्द का चुनाव कीजिए।*

38. विद्युत
(a) गगन (b) सौदामिनी
(c) तुरंग (d) मृगांक

39. वायु
(a) अनिल (b) अनल
(c) वल्लभ (d) अराति

40. कृष्ण
(a) बादल (b) विष्णु
(c) गिरिधर (d) गिरिराज

उत्तरमाला

1	(a)	2	(c)	3	(c)	4	(d)	5	(c)	6	(d)	7	(d)	8	(d)	9	(d)	10	(b)
11	(b)	12	(d)	13	(d)	14	(d)	15	(c)	16	(d)	17	(d)	18	(a)	19	(d)	20	(d)
21	(d)	22	(d)	23	(b)	24	(d)	25	(d)	26	(d)	27	(d)	28	(c)	29	(a)	30	(d)
31	(d)	32	(d)	33	(d)	34	(b)	35	(d)	36	(d)	37	(d)	38	(b)	39	(a)	40	(c)

अध्याय 08

विपरीतार्थक (विलोम) शब्द

शब्दों के अपने निश्चित अर्थ होते हैं। इसके विपरीत अर्थ को वहन करने वाले शब्द **विपरीतार्थक** अथवा **विलोम शब्द** कहलाते हैं। संज्ञा के विपरीतार्थक शब्द संज्ञा तथा विशेषण के विपरीतार्थक शब्द सर्वदा विशेषण ही होते हैं। विपरीतार्थक शब्दों की रचना कई प्रकारों से होती है। कभी मूल शब्द में उपसर्ग लगाकर विपरीतार्थक शब्द बनाया जाता है तो कभी-कभी पूर्णतया कोई भिन्न शब्द भी विपरीत अर्थ के लिए प्रयुक्त होते हैं। विपरीतार्थक शब्द बनाने के लिए सात नियम हैं। यह हैं

1. **लिंग परिवर्तन द्वारा**
   जैसे—भाई-बहन, लड़का-लड़की इत्यादि
2. **उपसर्ग की सहायता से**
   जैसे—आस्था-अनास्था, ईश्वर-अनीश्वर इत्यादि
3. **नञ् समास के पद रूप में**
   जैसे—सार्थक-निरर्थक, अनाथ-सनाथ इत्यादि
4. **भिन्न जातीय शब्दों द्वारा**
   जैसे—स्वतन्त्र-परतन्त्र, अन्तर्मुखी-बहिर्मुखी इत्यादि
5. **प्रत्यय के समान प्रयोग द्वारा**
   जैसे—उदयाचल-अस्ताचल, विशालकाय-सूक्ष्मकाय इत्यादि
6. **प्रचलित शब्दों द्वारा**
   जैसे—अमृत-विष, अधम-उत्तम इत्यादि
7. **स्वतंत्र शब्दों द्वारा**
   जैसे—अधूरा-पूरा, अमरी-गरीब इत्यादि

महत्त्वपूर्ण विलोम शब्द

शब्द	विलोम शब्द	शब्द	विलोम शब्द
अनाथ	सनाथ	असभ्य	सभ्य
अवनति	उन्नति	अनावरण	आवरण
अल्पायु	दीर्घायु	अशुभ	शुभ
अवनत	उन्नत	अकर्मण्य	कर्मण्य
अपेक्षा	उपेक्षा	अज्ञानी	ज्ञानी
अग्रज	अनुज	आकर्षण	विकर्षण
अधम	उत्तम	अनुचित	उचित
अन्धकार	प्रकाश	आत्मा	अनात्मा
अन्तर्द्वन्द्व	बहिर्द्वन्द्व	आदान	प्रदान
अक्षम	सक्षम	आस्था	अनास्था
अनुकूल	प्रतिकूल	आज्ञा	अवज्ञा
अतिवृष्टि	अनावृष्टि	अपकर्ष	उत्कर्ष
अनभिज्ञ	भिज्ञ	इहलौकिक	पारलौकिक
अगम	सुगम	इच्छा	अनिच्छा
अतल	वितल	ईश्वर	अनीश्वर
अवनि	अम्बर	ईमानदार	बेईमान
अस्त	उदय	दुर्जन	सज्जन
उत्तीर्ण	अनुत्तीर्ण	ध्वंस	निर्माण
उत्कृष्ट	निकृष्ट	नूतन	पुरातन
उत्थान	पतन	न्यून	अधिक
उत्साह	निरुत्साह	निरक्षर	साक्षर
उदात्त	अनुदात्त	परमार्थ	स्वार्थ

शब्द	विलोम शब्द	शब्द	विलोम शब्द
उन्नति	अवनति	प्रवृत्ति	निवृत्ति
उन्मुख	विमुख	प्रत्यक्ष	परोक्ष
उपयोग	दुरुपयोग	बहिरंग	अन्तरंग
उपस्थिति	अनुपस्थिति	भूत	भविष्य
उपयोगी	अनुपयोगी	भौतिक	आध्यात्मिक
ऊर्ध्वमुख	अवाङ्मुख	महात्मा	दुरात्मा
ऐश्वर्य	अनैश्वर्य	संयोग	वियोग
कीर्ति	अपकीर्ति	लिप्त	निर्लिप्त
कृतज्ञ	कृतघ्न	लौकिक	अलौकिक
कृत्रिम	प्राकृत	सगुण	निर्गुण
कनिष्ठ	ज्येष्ठ	सजीव	निर्जीव
कर्मण्य	अकर्मण्य	सबल	दुर्बल
कठोर	मसृण	पाश्चात्य	पौरस्त्य, प्राच्य
कायर	निडर	पूर्ववर्ती	उत्तरवर्ती
गहरा	छिछला	संकल्प	विकल्प
गृहस्थ	संन्यासी	स्मरण	विस्मरण
घृणा	प्रेम	श्रव्य	दृश्य
चपल	गम्भीर	शयन	जागरण
जटिल	सरल	क्षणिक	शाश्वत
ज्वार	भाटा	प्रेषण	प्रेषित
जीवित	मृत	प्रवेश	प्रस्थान
तिमिर	प्रकाश	सत्य	मिथ्या

शब्द	विलोम शब्द	शब्द	विलोम शब्द
तीक्ष्ण	कुण्ठित	आदर	अनादर
तटस्थ	पक्षपाती	संक्षेप	विस्तार
त्याज्य	ग्राह्य	विष	अमृत
क्षमा	दण्ड	सार्थक	निरर्थक
शोषक	पोषक	विधि	निषेध
ह्रास	विकास	विशेष	सामान्य
क्षुद्र	विराट	निराकार	साकार
स्वकीय	परकीय	उपसर्ग	परसर्ग
सदुपयोग	दुरुपयोग	संकीर्ण	विस्तीर्ण
सूक्ष्म	स्थूल	सक्षम	अक्षम
सत्कार	तिरस्कार	भूतकाल	भविष्यत्काल
सम्मान	अपमान	शोभनीय	अशोभनीय
सौभाग्य	दुर्भाग्य	शिथिल	स्फूर्त
सुलभ	दुर्लभ	विलम्ब	अविलम्ब
सद्भावना	दुर्भावना	व्यष्टि	समष्टि
हित	अहित	सम्पृक्त	असम्पृक्त

शब्द	विलोम शब्द	शब्द	विलोम शब्द
आग्रह	दुराग्रह	लुप्त	व्यक्त
उर्वर	अनुर्वर	सजल	निर्जल
बाढ़	सूखा	विस्तृत	संक्षिप्त
शीत	उष्ण	सौम्य	उग्र
वसन्त	पतझड़	पतनोन्मुख	विकासोन्मुख
उत्तरायण	दक्षिणायण	पराजेय	अपराजेय
हिंसा	अहिंसा	पापी	पुण्यात्मा
घात	प्रतिघात	निराधार	साधार
उत्सर्पिणी	अवसर्पिणी	निर्दय	सदय
गुरु	लघु	आविर्भाव	तिरोभाव
गमन	आगमन	अनुलोम	प्रतिलोम
कपटी	निष्कपट	अनुरक्ति	विरक्ति
जड़	चेतन	आयात	निर्यात
पुरस्कार	तिरस्कार	एकेश्वरवाद	बहुदेववाद
सहयोगी	प्रतियोगी	प्रदोष	प्रत्यूष
सृजन	विनाश		

अभ्यास प्रश्न

1. अवनि
(a) अम्बर (b) तारे
(c) समुद्र (d) पर्वत

2. अन्तर्द्वन्द्व
(a) बहिर्द्वन्द्व (b) द्वन्द्वहीनता
(c) अर्द्वंद (d) द्वन्द्व

3. प्रवृत्ति
(a) प्रकृति (b) निवृत्ति
(c) प्रकृत (d) प्राकृतिक

4. राजतन्त्र
(a) गणतन्त्र (b) स्वतन्त्र
(c) परतन्त्र (d) प्रजातन्त्र

5. उत्थान
(a) प्रस्थान (b) पतन
(c) विस्थापन (d) अनुत्थान

6. संयोग
(a) वियोग (b) योग
(c) सुयोग (d) कुयोग

7. विशिष्ट
(a) अवशिष्ट (b) साधारण
(c) सुदिष्ट (d) विशेष

8. अलगाव
(a) विलगाव (b) लगाव
(c) अनलगाव (d) स्वार्थ

9. अर्जन
(a) गर्जन (b) विसर्जन
(c) व्ययन (d) सृजन

10. असीम
(a) अनन्त (b) ससीम
(c) सुसीम (d) निकट

11. अवनत
(a) विनत (b) अभिनत
(c) उन्नत (d) सुनत

12. अर्वाचीन
(a) नवीन (b) प्राचीन
(c) आदिकालीन (d) पाषाणकालीन

13. अनुग्रह
(a) दण्ड (b) कृपा
(c) अनुतोष (d) आग्रह

14. अवतल
(a) समतल (b) उत्तल
(c) उभयोत्तल (d) समयोत्तल

15. अभिजात्य
(a) कुलीन (b) सामान्य
(c) अकुलीन (d) वंचित

16. उल्लास
(a) हर्ष (b) विषाद (c) कष्ट (d) नैराश्य

17. एकाधिकार
(a) स्वामित्व (b) सर्वाधिकार
(c) सम्पत्ति (d) कर्त्तव्य

18. कनिष्ठ
(a) समान (b) वशिष्ठ
(c) समकक्ष (d) वरिष्ठ

19. अगम्य
(a) सुगम्य (b) गन्तव्य
(c) चराचर (d) गम्य

20. ज्योत्सना
(a) कालिमा (b) रात्रि
(c) तामिस्र (d) निशा

21. दयालु
(a) उदार (b) कठोर
(c) निर्दय (d) सदय

22. विस्तीर्ण
(a) संकीर्ण (b) विकीर्ण
(c) विकिरण (d) प्रकीर्णन

23. विकसित
(a) अविकसित (b) विकासशील
(c) विकासहीन (d) अल्पविकसित

24. विहित
(a) निहित (b) निषिद्ध (c) ग्रहित (d) सुहित

25. दीर्घकाय
(a) विशालकाय (b) लघुकाय
(c) कृशकाय (d) देवकाय

26. निष्काम
(a) सकाम (b) विश्राम
(c) अकाम (d) अकर्मण्य

27. अलौकिक
(a) लौकिक (b) पारलौकिक
(c) भौतिक (d) नैसर्गिक

28. बहिष्कार
(a) हड़ताल (b) स्वीकार
(c) समर्थन (d) विरोध

29. सुलभ
(a) लभ्य (b) दुर्लभ
(c) असहज (d) सर्वसुलभ

30. सविकार
(a) विकारयुक्त (b) निर्विकार
(c) अविकारी (d) विकारी

31. हृदयहीन
(a) हृदययुक्त (b) सहृदय
(c) निर्दय (d) साहसी

32. 'राजा' शब्द का विपरीतार्थक शब्द होगा
(a) रानी (b) गरीब
(c) अमीर (d) प्रजा

33. 'पूर्णिमा' शब्द का विपरीतार्थक शब्द होगा
(a) विभावरी
(b) निशीथ
(c) अमावस्या
(d) कालिमा

34. 'वक्र' का विपरीतार्थक शब्द क्या होगा?
(a) ऋजु (b) अक्र
(c) क्षम (d) कठोर

35. निम्नलिखित में 'राग' शब्द का विलोम क्या होगा?
(a) विराग (b) अनुराग
(c) ईर्ष्या (d) द्वेष

36. निम्न में 'ऊसर' का विलोम क्या होगा?
(a) बंजर (b) मरुभूमि
(c) उपजाऊ (d) उर्वर

37. निम्न में 'आदि' शब्द का विलोम क्या है?
(a) प्रथम (b) अन्तिम
(c) अन्त (d) आद्य

38. निम्नलिखित में 'हर्ष' का विलोम क्या है?
(a) विषाद (b) खेद (c) वेदना (d) दुःख

39. निम्न में 'उपेक्षा' शब्द का विपरीतार्थक शब्द क्या होगा?
(a) सापेक्ष (b) अपेक्षा
(c) आदर (d) सम्मान

40. निम्न में कौन-सा शब्द 'निन्दा' शब्द का विपरीतार्थक है?
(a) दोषारोपण (b) स्तुति
(c) कृतज्ञ (d) सम्मान

41. 'आस्तिक' का विपरीतार्थक शब्द क्या है?
(a) अन्ध आस्था (b) अन्धविश्वासी
(c) नास्तिक (d) रूढ़िवादी

42. 'मितभाषी' शब्द का विपरीतार्थक शब्द क्या है?
(a) वाचाल (b) मूक
(c) सौम्य (d) स्वच्छन्द

43. 'प्राकृतिक' शब्द का विपरीतार्थक शब्द क्या है?
(a) नैसर्गिक (b) कृत्रिम
(c) बनावटी (d) स्वर्गिक

44. निम्नलिखित मेंकौन-सा विपरीतार्थक शब्दों का युग्म सही नहीं है?
(a) उन्नति-पतन (b) मूर्त-अमूर्त
(c) वक्र-ऋजु (d) अपेक्षा-अनिच्छा

45. निम्नलिखित में कौन-सा विपरीतार्थक शब्दों का युग्म सही नहीं है?
(a) वीर-कायर (b) रत-विरत
(c) शीत-उष्ण (d) अग्र-अन्त

46. आकर्षण का विपरीतार्थक शब्द है
(a) संकर्षण (b) विकर्षण
(c) प्रकर्षण (d) अनाकर्षण

47. 'अनुपयोगी' किस शब्द का विलोम है?
(a) उपयोग (b) उपयोगी
(c) अनुपयोग (d) प्रयोग

उत्तरमाला

1	(a)	2	(a)	3	(b)	4	(a)	5	(b)	6	(a)	7	(b)	8	(a)	9	(c)	10	(b)
11	(a)	12	(b)	13	(a)	14	(b)	15	(b)	16	(b)	17	(b)	18	(d)	19	(a)	20	(c)
21	(c)	22	(a)	23	(a)	24	(a)	25	(c)	26	(a)	27	(c)	28	(b)	29	(b)	30	(b)
31	(b)	32	(a)	33	(c)	34	(a)	35	(a)	36	(d)	37	(a)	38	(a)	39	(b)	40	(b)
41	(c)	42	(a)	43	(b)	44	(d)	45	(d)	46	(b)	47	(b)						

अध्याय 09

अनेक शब्दों के लिए एक शब्द

भाषा की सुदृढ़ता, भावों की तारतम्यता तथा सुन्दर भाषिक शैली के लिए यह आवश्यक होता है कि हम अपने विचारों को कम से कम शब्दों में अभिव्यक्त करें। सारगर्भित भाषा श्रोता तथा पाठक को प्रभावित करती है। समास, तद्धित तथा कृदन्त एक पूरे वाक्य का अर्थ शब्दों के माध्यम से देते हैं, कुछ ऐसे भी वाक्य होते हैं जिनका लक्षण या अर्थ संक्षिप्त रूप से शब्दों में व्यक्त हो जाता है। इसके लिए निम्न बातों का ध्यान रखना चाहिए

1. प्रयुक्त शब्दों के रूप में ही समास, प्रत्यय इत्यादि की सहायता से एक शब्द बनाया जा सकता है।
2. निर्मित शब्द का वाक्य रूप समास या प्रत्यय का विग्रह सामने आता है।
3. अनेक शब्दों के बदले बनाये गए एक शब्द की शब्दावली सटीक होनी चाहिए।

'अनेक शब्दों के लिए एक शब्द' भाषा को गतिमान तथा आकर्षक बनाता है।

महत्त्वपूर्ण 'अनेक शब्दों के लिए एक शब्द'

अनेक शब्द (वाक्य-खण्ड)	एक शब्द
जिसके हाथ में चक्र है	चक्रपाणि
जिसके हाथ में वज्र है	वज्रपाणि
जिसके हाथ में वीणा है	वीणापाणि
जो चार भुजाओं वाला है	चतुर्भुज
जिसके दस आनन (सिर) हैं	दशानन
जो स्मरण के योग्य हो	स्मरणीय
जिसके आने की तिथि मालूम न हो	अतिथि
जिसके आर-पार देखा जा सके	पारदर्शक (पारदर्शी)
जिसके समान दूसरा न हो	अद्वितीय
उपकार करने वाला	उपकारी
जानने की इच्छा रखने वाला	जिज्ञासु
जो भेदा न जा सके	अभेद्य
शिव का उपासक	शैव
विष्णु का उपासक	वैष्णव
बुद्ध का अनुयायी	बौद्ध

अनेक शब्द (वाक्य-खण्ड)	एक शब्द
शक्ति का उपासक	शाक्त
जो सब कुछ जानता है	सर्वज्ञ
जिसके हृदय में ममता नहीं है	निर्मम
जिसके हृदय में दया नहीं है	निर्दय
जिसे भय नहीं है	निर्भय
ईश्वर में विश्वास रखने वाला	आस्तिक
ईश्वर में विश्वास नहीं रखने वाला	नास्तिक
जिसका कोई शत्रु न हो	अजातशत्रु
पृथ्वी से सम्बन्धित	पार्थिव
परलोक से सम्बन्धित	पारलौकिक
सूर्य से सम्बन्धित	सौर्य (सौर)
साहित्य से सम्बन्धित	साहित्यिक
जिसकी उपमा सम्भव न हो	अनुपम
बीता हुआ समय	अतीत
आने वाला समय	भविष्य
कभी नहीं मरने वाला	अमर
अच्छे कुल में पैदा हुआ	कुलीन
सब जगह व्याप्त	सर्वव्यापी
जो युद्ध में स्थिर रहता है	युधिष्ठिर
जो वर्णन से बाहर हो	अवर्णनीय (वर्णनातीत)
भविष्य में होने वाला	भावी
कम बोलने वाला	मितभाषी
सत्य के लिए आग्रह	सत्याग्रह
इन्द्रियों के ज्ञान से अतीत	इन्द्रियातीत
विषयों में आसक्त	विषयासक्त
हमेशा रहने वाला	शाश्वत
जन्म से अन्धा	जन्मान्ध
रथ पर सवार	रथी
अश्व पर सवार	अश्वारोही
इतिहास से सम्बन्धित	ऐतिहासिक
जो जीता न जा सके	अजेय

अनेक शब्द (वाक्य-खण्ड)	एक शब्द
जीता जा चुका	विजित
जिसका कोई विकल्प हो	वैकल्पिक
इच्छा के अनुसार	ऐच्छिक
अनुकरण के योग्य	अनुकरणीय
विधि के विरुद्ध	अवैध
जिसका कोई अर्थ न हो	निरर्थक
युद्ध की इच्छा रखने वाला	युयुत्सु
जीने की इच्छा	जिजीविषा
मरने की इच्छा	मुमूर्षा
खाने की इच्छा	बुभुक्षा
जिस स्त्री ने सूर्य को न देखा हो	असूर्यपश्या
बढ़ा-चढ़ा कर कहा गया	अतिशयोक्ति
जिसका दमन कठिन हो	दुर्दम्य
दमन करने योग्य	दमनीय
जिसकी उपमा दी जा सके	उपमेय
जिससे उपमा दी जाए	उपमान
जिसे प्रतिष्ठा प्राप्त है	प्रतिष्ठित
जिस पर विश्वास किया जा सके	विश्वस्त
अत्यधिक वर्षा का होना	अतिवृष्टि
वर्षा का नहीं होना	अनावृष्टि
आँखों के सामने	प्रत्यक्ष
आँखों से ओझल	परोक्ष
मोक्ष प्राप्त करने की इच्छा	मुमुक्षा
बोलने की इच्छा	विवक्षा
सोने की इच्छा	सुषुप्ता
पाने की इच्छा	लिप्सा
जिसे बिना किसी विरोध के चुना जाए	निर्विरोध

अनेक शब्द (वाक्य-खण्ड)	एक शब्द
जहाँ पहुँचना कठिन हो	दुर्गम
जिस पर शक किया जा सके	सन्देहास्पद
जो उपासना करता है	उपासक
छाती के बल चलने वाला	उरग
दूसरों का भला करने वाला	परोपकारी
दूसरों के समान अनुभूति रखना	सहानुभूति
युग परिवर्तन की चेतना	युगान्तकारी
हित चाहने वाला	हितैषी
मन को हरने वाला	मनोहर
प्रकृति से सम्बन्धित	प्राकृतिक
क्रम के अनुसार	क्रमानुसार
देखने योग्य	दर्शनीय
पूछने योग्य	प्रष्टव्य
करने के लिए	कर्त्तव्य
सुनने योग्य	श्रव्य
जंगल की आग	दावानल
पेट की आग	जठरानल
जीतने की इच्छा	जिगीषा
एक समय में विद्यमान	समसामयिक
प्रवास करने वाला	प्रवासी
इन्द्रियों को जीतने वाला	जितेन्द्रिय
जिसकी कल्पना असम्भव है	अकल्पनीय
जिसकी चिन्ता सम्भव नहीं	अचिंत्य
जिसकी आशा न की जाए	अप्रत्याशित
जिसका कोई उपाय नहीं हो	निरुपाय
श्रम पर जीने वाला	श्रमजीवी
मर्म को भेदने वाला	मर्मभेदी

अभ्यास प्रश्न

1. 'नींद पर विजय प्राप्त करने वाला' के लिए एक शब्द क्या होगा?
(a) मितभाषी
(b) सुषुप्त
(c) गुडाकेश
(d) शयनागार

2. 'कम बोलने वाला' के लिए एक शब्द क्या होगा?
(a) मितभाषी (b) वाचाल
(c) चपल (d) मूर्ख

3. 'छाती के बल चलने वाला' के लिए एक शब्द क्या होगा?
(a) उरग
(b) भुजंग
(c) कुरंग
(d) तुरंग

4. 'सिर से लेकर पैर तक' के लिए एक शब्द क्या होगा?
(a) सिरस्त्राण (b) आपादमस्तक
(c) शिरोधार्य (d) मस्तकापाद

5. 'जिसकी भुजाएँ घुटनों तक लम्बी हों' के लिए एक शब्द क्या होगा?
(a) अजानबाहु (b) अनजानबाहु
(c) समबाहु (d) अग्रबाहु

6. 'उपन्यास से सम्बन्धित' के लिए एक शब्द क्या होगा?
(a) उपन्यासकार (b) औपन्यासिक
(c) ऐतिहासिक (d) काव्यशास्त्र

7. 'पीने की इच्छा' के लिए एक शब्द क्या होगा?
(a) पिपास (b) पिपासा
(c) प्यास (d) प्यासा

8. 'मछली के समान आँखों वाली' के लिए एक शब्द क्या होगा?
(a) चकोर (b) अक्षि
(c) मीनाक्षी (d) मृगनयनी

9. 'मूल से सम्बन्धित' के लिए एक शब्द क्या होगा?
(a) मौलिक (b) त्वरित
(c) उद्गम (d) लिपि

10. 'जिस व्यक्ति की पत्नी मर गई हो' उसे कहा जाता है
(a) विधवा (b) विधुर
(c) विदुर (d) मधुर

11. 'हवन की सामग्री' के लिए एक शब्द क्या होगा?
(a) छवि (b) हवि
(c) कुण्ड (d) रवि

12. 'उपकार को न मानने वाला' के लिए एक शब्द क्या होगा?
(a) कृतज्ञ (b) कृतघ्न
(c) नास्तिक (d) विश्वासघाती

13. 'जिस पर आक्रमण न किया गया हो' के लिए एक शब्द क्या होगा?
(a) निरापद (b) अजेय
(c) अनाक्रांत (d) स्वतन्त्र

14. 'जिस रोग का ठीक होना असम्भव है' के लिए एक शब्द क्या होगा?
(a) संक्रामक (b) असाध्य
(c) महामारी (d) विकट

15. 'जिसका कोई आकार न हो' के लिए एक शब्द क्या होगा?
(a) साकार (b) निराकार
(c) विकार (d) प्रकार

16. 'जिसमें सन्देह न हो' के लिए एक शब्द क्या होगा?
(a) संदिग्ध (b) असंदिग्ध
(c) चिंतनीय (d) अचिंत्य

17. 'जिस भूमि में कुछ न पैदा होता हो' के लिए एक शब्द क्या होगा?
(a) ऊसर (b) उर्वर
(c) अनुर्वर (d) समतल

18. 'गुटों से अलग रहने वाला' के लिए एक शब्द क्या होगा?
(a) दम्भी (b) ज्ञानी (c) तटस्थ (d) प्रसन्ना

19. 'जो समाप्त हो गया हो' के लिए एक शब्द होगा
(a) इति श्री (b) श्रीगणेश
(c) आदि (d) इत्यादि

20. 'जो लुप्त हो गया हो' के लिए एक शब्द क्या होगा?
(a) विलुप्त (b) परोक्ष
(c) अगोचर (d) अदृश्य

21. 'दूसरों से आगे बढ़ने की इच्छा' के लिए एक शब्द क्या होगा?
(a) स्पर्द्धा (b) ईर्ष्या
(c) क्रोध (d) द्वेष

22. 'वह स्त्री जो सन्तान उत्पन्न न कर सके' के लिए एक शब्द क्या होगा?
(a) पुत्रहीना (b) खण्डिता
(c) परकीया (d) बंध्या

23. 'हाथ में लेकर चलाया जाने वाला हथियार' के लिए एक शब्द है
(a) अस्त्र (b) शस्त्र
(c) गांडीव (d) धनुष

24. 'दूसरों के स्थान पर कार्य करना' के लिए एक शब्द है
(a) स्थानांतरण (b) स्थानीय
(c) स्थानापन्न (d) स्थावर

25. 'प्रारम्भ से लेकर अन्त तक' के लिए एक शब्द है
(a) अर्वाचीन (b) आद्योपान्त
(c) तत्कालीन (d) सामयिक

26. 'जिसकी कोई इच्छा न हो' के लिए एक शब्द है
(a) निस्पृह (b) वैरागी
(c) संन्यासी (d) इच्छाहीन

27. 'बिना पलक गिराए' के लिए एक शब्द होगा
(a) निर्निमेष (b) अपलक
(c) अनिमेष (d) ये सभी

28. 'जो किसी से कुछ न माँगे' के लिए एक शब्द होगा
(a) याचक (b) अजाची
(c) अयच (d) अयाचक

29. 'जिस पर अनुग्रह किया गया हो' के लिए एक शब्द होगा
(a) अनुकम्पित (b) अनिर्वाच्य
(c) प्रकम्पित (d) अनुकार

30. 'बहुत दिनों तक रहने वाला' के लिए एक शब्द क्या होगा?
(a) चिरंजीवी (b) जैविक
(c) जिगीषु (d) चिरस्थायी

31. 'तैरने की इच्छा रखने वाला' के लिए एक शब्द क्या होगा?
(a) तितीर्ष (b) तितिक्ष
(c) तृप्ति (d) त्रिवेणी

32. 'जिसकी इच्छा पूर्ण हो गई हो' के लिए एक शब्द क्या होगा?
(a) तृप्त (b) तृप्ति (c) तृषा (d) तृष्णा

33. 'जिसने शपथपूर्वक प्रतिज्ञा की हो' के लिए एक शब्द होगा
(a) संशप्त (b) संशब्द
(c) संशमन (d) संश्रयी

34. 'जिसका साधन सहजता से हो सके' के लिए एक शब्द है
(a) सुसाध्य (b) सिद्धि
(c) सहज (d) सहजानन्द

35. 'जिसके पास कुछ भी न हो' के लिए एक शब्द है
(a) दरिद्र (b) अकिंचन
(c) संन्यासी (d) भिखारी

उत्तरमाला

1	(c)	2	(a)	3	(a)	4	(b)	5	(a)	6	(b)	7	(b)	8	(c)	9	(a)	10	(b)
11	(b)	12	(b)	13	(c)	14	(b)	15	(b)	16	(b)	17	(a)	18	(c)	19	(a)	20	(a)
21	(a)	22	(d)	23	(b)	24	(c)	25	(b)	26	(a)	27	(d)	28	(b)	29	(a)	30	(d)
31	(a)	32	(a)	33	(a)	34	(a)	35	(b)										

अध्याय 10

मुहावरे : अर्थ एवं प्रयोग

'**मुहावरा**' वैसा वाक्यांश है जो सामान्य अर्थ का बोध न कराकर विशिष्ट, विलक्षण तथा लाक्षणिक अर्थ देता है। जो शब्द-समूह या पदबन्ध अपने शाब्दिक अर्थ से भिन्न अर्थ प्रकट करता है, वह 'मुहावरा' कहलाता है। मुहावरों का स्वतन्त्र रूप से प्रयोग नहीं होता, बल्कि वाक्य के साथ ही प्रयुक्त होकर ये उचित अर्थ दे सकते हैं। वाक्य में मुहावरे के प्रयोग से भाषा आकर्षक हो जाती है। मुहावरों के प्रयोग से भाषा में सरलता, सरसता तथा चमत्कारपूर्ण प्रवाह उत्पन्न होता है। 'मुहावरा' भाषा की समृद्धि तथा सांस्कृतिक विस्तार का प्रतीक है। इससे भाषिक परिदृश्य के सामाजिक-सांस्कृतिक सम्बन्धों का पता चलता है। मुहावरों में युगीन चेतना के आधार पर परिवर्तन भी होता रहता है।

'मुहावरा' कम से कम दो शब्दों से बना है। ये शब्द विशेषण, संज्ञा अथवा क्रिया हो सकते हैं।

जैसे—चिकना घड़ा (यहाँ 'चिकना' विशेषण तथा 'घड़ा' संज्ञा शब्द है।); आँखों में रात कटना (यहाँ 'आँख' संज्ञा तथा 'काटना' क्रिया है।)

मुहावरा एक सिद्ध और रूढ़ इकाई होता है। शब्दों के हेर-फेर से मुहावरे का अर्थ असहज हो जाता है और वह मुहावरा नहीं रह जाता ।

मुहावरे, उनके अर्थ तथा वाक्य प्रयोग

1. **अंक भरना** (आलिंगन करना)—माता ने अपने पुत्र को अंक में भर लिया।
2. **अंग-अंग खिलना** (प्रसन्न हो जाना)—विदेश प्रवास से घर आने पर रमेश का अंग-अंग खिल उठा था।
3. **अँगूठा दिखाना** (समय पर इनकार कर देना)—राम ने सहायता का वादा किया था, पर आज उसने अँगूठा दिखा दिया।
4. **अंगूर खट्टे होना** (प्राप्त न होने वाली वस्तु को बेकार मानना)—पहले तो नौकरी के लिए हाय-तौबा मचाये था, अब जब नौकरी नहीं मिली, तो कहता है कि नौकरी अच्छी नहीं थी यानी अंगूर खट्टे हैं।
5. **अन्धे की लाठी** (एकमात्र सहारा)—परेशानी की हालत में उसने मेरी सहायता अन्धे की लाठी के समान की।
6. **अन्धे के हाथ बटेर लगना** (बिना प्रयास का लाभ)—लॉटरी क्या लगी, रमेश घमण्डी हो गया है। क्यों न हो, अन्धे के हाथ बटेर जो लगी है।
7. **अंधेरे में रखना** (भेद छिपाना)—उसने अन्तर्जातीय प्रेम-विवाह किया, लेकिन मुझे अंधेरे में ही रखा।
8. **अन्धों में काना राजा** (अयोग्य लोगों के बीच कम योग्यता वाला भी बहुत योग्य माना जाता है)—ग्रामीण विद्यालय में पढ़ने वाला रामू थोड़ी-बहुत अंग्रेजी जानता है, जिस कारण सभी उसे तेज विद्यार्थी मानते हैं यानी वह अन्धों में काना राजा है।
9. **अक्ल पर पर्दा पड़ना** (समझ न आना)—बेवजह मार-पीट के बीच में जाने से तुम उलझ गए, क्या तुम्हारी अक्ल पर पर्दा पड़ा हुआ था ?
10. **अपना उल्लू सीधा करना** (अपना मतलब निकालना)— आजकल के राजनेता जनता की नहीं सोचते, वे अपना उल्लू सीधा करने में लगे रहते हैं।
11. **अपना-सा मुँह लेकर रह जाना** (लज्जित होना)—जब उसकी चोरी पकड़ी गई तो वह अपना-सा मुँह लेकर रह गया।
12. **अपने मुँह मियाँ मिट्ठू बनना** (अपनी बड़ाई आप ही करना)—कोई तुम्हारी तारीफ करे तो समझ में आता है, पर अपने मुँह मियाँ मिट्ठू बनने से क्या फायदा ?
13. **आँख उठाकर न देखना** (तिरस्कार करना)—सिद्धार्थ ने उसके निकट आने पर भी आँख उठाकर नहीं देखा।
14. **आँख का काँटा** (शत्रु बनना)—मित्र भी कभी आँख का काँटा बन जाता है।
15. **आँख का तारा** (बहुत प्यारा)—सभी बच्चे माता की आँखों के तारे होते हैं।
16. **आँख मारना** (इशारा देना)—उसने आँख मारी और मैं समझ गया कि यहाँ से निकलना चाहिए।
17. **आँखें फेर लेना** (प्रतिकूल होना)—सहायता की जरूरत के समय परिजनों ने आँखें फेर लीं।
18. **आँखों में धूल झोंकना** (धोखा देना)—जेबकतरे ने आँखों में धूल झोंककर जेब से सारे पैसे निकाल लिये।
19. **आँखों से गिरना** (आदर घट जाना)—रमेश अपनी हरकतों के कारण हम सब की आँखों से गिर गया है।

20. आग-बबूला होना (बहुत गुस्सा होना)—रमेश ने राकेश की घड़ी तोड़ दी, जिस कारण वह आग-बबूला हो गया।

21. आग में कूदना (जान जोखिम में डालना)—देश की रक्षा के लिए जवान हमेशा आग में कूदने के लिए तैयार रहते हैं।

22. आसमान टूट पड़ना (अचानक विपत्ति आना)—अमेरिका में प्रोफेसर की हत्या से उसके वृद्ध माता-पिता पर आसमान टूट पड़ा।

23. आसमान सिर पर उठाना (बहुत हो-हल्ला करना)—शहर में बिजली-आपूर्ति की कटौती के कारण लोगों ने आसमान सिर पर उठा लिया।

24. ईद का चाँद होना (बहुत समय बाद दिखना)—रमेश, आजकल कहाँ रहते हो, तुम तो ईद के चाँद हो गए हो।

25. उगल देना (भेद खोल देना)—नक्सली नेता ने गिरफ्तारी के बाद अपनी सारी रणनीति उगल दी।

26. उलटी गंगा बहाना (उलटा काम करना)—अतिथि यदि आकर खर्च करने लगे तो इसे ही उलटी गंगा बहाना कहते हैं।

27. उलटी पट्टी पढ़ाना (बहकाना)—किसी ने राकेश को उलटी पट्टी पढ़ा दी है कि शिक्षक के डाँटने के पीछे मेरा हाथ है।

28. ऊँट का सूई के छेद से निकलना (असम्भव कार्य)—पढ़ाई नहीं करने वालों का प्रतियोगिता में सफल होना, ऊँट का सूई के छेद से निकलना है।

29. एड़ी-चोटी का पसीना एक करना (अत्यधिक परिश्रम करना)—रमाकान्त जी अपनी लड़की के लिए सुयोग्य वर की तलाश में एड़ी-चोटी का पसीना एक कर चुके हैं।

30. ओखल में सिर देना (अपने से जोखिम लेना)—तुम्हें उन दोनों के आपसी झगड़े में नहीं पड़ना चाहिए, अब ओखल में सिर दे चुके हो तो भुगतो।

31. कलेजे पर साँप लोटना (ईर्ष्या करना)—परिश्रम से धन अर्जित करने वाले को देख कलेजे पर साँप लोटने का क्या फायदा ?

32. कलेजा ठण्डा होना (सन्तोष होना)—पड़ोसी एक मुकदमे में जेल चला गया, तब रमेश का कलेजा ठण्डा हुआ।

33. कलेजा मुँह को आना (दु:ख होना)—ट्रक और कार की टक्कर को देखकर राकेश का कलेजा मुँह को आ गया।

34. खरी-खोटी सुनाना (भला-बुरा कहना)—कितनी खरी-खोटी सुनने के बाद भी सुनील की आदत सुधरती ही नहीं।

35. खेत आना (वीरगति पाना)—कई लड़ाइयों में मराठा सैनिकों की बड़ी संख्या खेत आयी, जिस कारण मराठों को पराजित होना पड़ा।

36. खून-पसीना एक करना (कठिन परिश्रम)—पिता ने खून-पसीना एक कर बेटे को पढ़ाया, पर बेटे ने बूढ़े पिता को घर से निकाल दिया।

37. खाक छानना (भटकना)—नौकरी की खोज में मोहन आज-कल खाक छान रहा है।

38. खेल खेलना (परेशान करना)—उसने मेरी कलम ले ली और खोज देने के लिए शर्तें लगाकर खेल खेलता है।

39. गड़े मुर्दे उखाड़ना (दबी बात को फिर से उभारना)—जो कुछ हुआ उसे भूल जाओ, गड़े मुर्दे उखाड़ने का क्या फायदा।

40. गाँठ का पूरा (मालदार)—धूर्त लोगों को अक्ल के अन्धे तथा गाँठ के पूरे दोस्त बहुत अच्छे लगते हैं।

41. गाँठ में बाँधना (खूब याद रखना)—यह बात गाँठ में बाँध लो कि रोज व्यायाम करना स्वास्थ्य के लिए लाभप्रद है।

42. घोड़े बेचकर सोना (बेफिक्र होना)—बेटी के विवाह के बाद प्रत्येक पिता घोड़े बेचकर सोता है।

43. घड़ों पानी पड़ जाना (अत्यन्त लज्जित होना)—हमेशा कक्षा में प्रथम आने वाले रोहित को इस बार प्रधानाध्यापक ने परीक्षा में चोरी करते पकड़ा तो उसके ऊपर घड़ों पानी पड़ गया।

44. घी के दीये जलाना (अप्रत्याशित लाभ पर प्रसन्नता)—भगवान श्रीराम के अयोध्या वापस लौटने की खुशी में अयोध्यावासियों ने घी के दीये जलाए।

45. चुल्लू भर पानी में डूब मरना (शर्मिन्दा होना)—कुकर्म करने वालों को तो चुल्लू भर पानी में डूब मरना चाहिए।

46. चैन की बंशी बजाना (आनन्दपूर्वक जीवन बिताना)—नौकरी मिलने के बाद वह चैन की बंशी बजा रहा है।

47. छक्के छुड़ाना (परास्त करना)—बांग्लादेश ने विश्वकप क्रिकेट के पहले ही मैच में भारत के छक्के छुड़ा दिए।

48. छठी का दूध याद आना (कठिनाई अनुभव होना)—मैंने उसे इतना पीटा कि उसे छठी का दूध याद आ गया होगा।

49. जमीन-आसमान एक करना (बड़े-बड़े उपाय करना)— चुनाव में सफलता के लिए नेतागण जमीन-आसमान एक कर रहे हैं।

50. जहर का घूँट पीना (क्रोध को दबा लेना)—उसके दुर्व्यवहार से मुझे बहुत गुस्सा आया, लेकिन परिस्थिति को देखते हुए मैंने जहर का घूँट पी लिया।

51. टाँग अड़ाना (दखल देना)—हर जगह बेमतलब टाँग अड़ाना मूर्खों का काम है।

52. टाँय-टाँय फिस्स होना (असफल होना)—उसने योजना तो सोच-समझ कर बनायी, पर सब टाँय-टाँय फिस्स हो गया।

53. टेढ़ी खीर होना (कठिन काम)—रमेश को सही रास्ते पर लाना टेढ़ी खीर है।

54. डूबते को तिनके का सहारा (असहाय को थोड़ी राहत)—रामू ने मोहन को कठिन समय में कुछ धन उपलब्ध कराया, बेचारे को राहत मिली, मानो डूबते को तिनके का सहारा मिल गया।

55. तख्ता पलटना (सत्ता समाप्त करना)—पाकिस्तान के सैनिक प्रमुख हमेशा से तख्ता पलट कर सत्ता पर काबिज होते रहे हैं।

56. दाँत खट्टे करना (परास्त करना)—कारगिल युद्ध में भारतीय सेनाओं ने पाकिस्तान के दाँत खट्टे कर दिये।

57. धूल फाँकना (मारा-मारा फिरना)—पढ़ाई-लिखाई छोड़कर हरीश इधर-उधर की धूल फाँकता है।

58. नाक का बाल होना (बहुत प्रिय होना)—अपनी चंचलता और हाजिर जवाबी के कारण वह सबकी नाक का बाल है।

59. नौ-दो ग्यारह होना (भाग जाना)—स्टेशन पर अपने सामान की सुरक्षा करना, नहीं तो कोई लेकर नौ-दो ग्यारह हो सकता है।

60. बाल की खाल निकालना (निरर्थक बहस करना)—रमेश हर बात में बाल की खाल निकालने लगता है, जिस कारण उसे लोग पसन्द नहीं करते।

61. मैदान मारना (जीत जाना)—कल के क्रिकेट मैच में सर्वोदय विद्यालय ने मैदान मार लिया।

62. रँगे हाथों पकड़ना (अपराध के समय पकड़ना)—पुलिस ने शहर में गश्ती के दौरान लुटेरों को रँगे हाथों पकड़ा।

63. सब्ज बाग दिखाना (झूठी आशा देना)—इण्टरनेट पर धन को दोगुना करने का सब्ज बाग दिखा कर ठगी का धन्धा तेजी से चल रहा है।

64. हथियार डाल देना (हार मान लेना)—अहमदशाह अब्दाली के विरुद्ध मराठों ने रसद की आपूर्ति बन्द होने के कारण हथियार डाल दिये।

65. होश उड़ना (आशंका से व्याकुल)—अचानक दरवाजे पर पुलिस देखकर रामू के होश उड़ गए।

66. होश ठिकाने होना (भ्रान्ति दूर होना)—बच्चा! बहुत चहक रहा था, आज परीक्षा परिणाम आने पर होश ठिकाने लग गये हैं।

अभ्यास प्रश्न

1. 'लोहे के चने चबाना' मुहावरे का अर्थ है
(a) भूख लगना
(b) कठिन संघर्ष में फँसना
(c) युद्ध करना
(d) चने भूनना

2. 'कान पर जूँ न रेंगना' मुहावरे का अर्थ है
(a) माथे में जूँ होना
(b) बात को अनसुना करना
(c) कान में कीड़े होना
(d) बिल्कुल भी नहीं सुनना

3. 'बीड़ा उठाना' मुहावरे का अर्थ है
(a) पान लगाना
(b) किसी काम का भार लेना
(c) मरने को तैयार होना
(d) बेकार काम करना

4. 'आस्तीन का साँप' मुहावरे का अर्थ है
(a) बहुत प्यारा
(b) पीठ पर घाव होना
(c) साँप काटना
(d) दोस्त के रूप में दुश्मन का काम करना

5. 'कान भरना' मुहावरे का अर्थ है
(a) बहकाना (b) बहकावे में आना
(c) बहक जाना (d) कान में तेल डालना

6. 'हजामत बनाना' मुहावरे का अर्थ है
(a) आर्थिक तंगी होना
(b) बेवकूफ बनाना
(c) उपहास करना
(d) नरमी से काम करना

7. 'हौसला पस्त होना' मुहावरे का अर्थ है
(a) उत्साह न रह जाना
(b) इच्छा पूर्ण होना
(c) भय का कारण
(d) खाली बैठे रहना

8. 'हाँ में हाँ मिलाना' मुहावरे का अर्थ है
(a) खुशामद करना (b) हार मान लेना
(c) बुद्धि ठीक होना (d) तेज चलना

9. 'सिर पर सवार होना' मुहावरे का अर्थ है
(a) पीछे पड़ना (b) शोक करना
(c) प्रतिवाद करना (d) चकित होना

10. 'मुँह की खाना' मुहावरे का अर्थ है
(a) बुरी तरह हारना (b) मुँह से खाना
(c) तंग करना (d) विरोध करना

11. 'मुट्ठी गर्म करना' मुहावरे का अर्थ है
(a) आग तापना (b) घूस देना
(c) मुक्का लगाना (d) धाक जमाना

12. 'पहाड़ टूट पड़ना' मुहावरे का अर्थ है
(a) भारी विपत्ति आना
(b) खूब लाभ कमाना
(c) इज्जत बचाना
(d) तूफान आना

13. 'बाँसों उछलना' मुहावरे का सही अर्थ है
(a) नीचे से उछलकर ऊपर चढ़ना
(b) प्रसन्न होना
(c) कलाबाजी करना
(d) पागल होना

14. 'फूँक-फूँक कर पैर रखना' मुहावरे का सही अर्थ है
(a) धीरे-धीरे चलना
(b) डर कर काम करना
(c) सोच-विचार कर काम करना
(d) परेशान रहना

15. 'नाक रगड़ना' मुहावरे का सही अर्थ है
(a) नाक में चोट लगना
(b) बहुत खुशामद करना
(c) इज्जत देना
(d) ये सभी

16. 'अपना उल्लू सीधा करना' मुहावरे का सही अर्थ है
(a) धूर्तता करना
(b) अपना काम निकालना
(c) गाली देना
(d) उल्लू पकड़ना

17. 'गाल बजाना' मुहावरे का सही अर्थ है
(a) बाजा बजाना (b) चपत जमाना
(c) डींग हाँकना (d) डफली बजाना

18. 'आसन डोलना' मुहावरे का सही अर्थ है
(a) चंचल होना
(b) भूकम्प आना
(c) बिस्तर बदलना
(d) एक स्थान से दूसरे स्थान पर परिवर्तन

19. 'कपटी मित्र' किस मुहावरे का अर्थ है?
(a) गुदड़ी के लाल (b) गाँठ का पूरा
(c) आँख का तारा (d) आस्तीन का साँप

20. 'लल्लो-चप्पो करना' मुहावरे का सही अर्थ है
(a) बातें बनाना (b) डींग मारना
(c) खुशामद करना (d) शिकायत करना

21. 'घड़ों पानी पड़ जाना' मुहावरे का सही अर्थ है
(a) स्नान करना
(b) परेशान होना
(c) अत्यन्त लज्जित होना
(d) सिर पर पानी डालना

22. 'पुरानी प्रथा पर चलना' किस मुहावरे का सही अर्थ है?
(a) लोहा लेना
(b) हाथ के तोते उड़ाना
(c) लकीर का फकीर होना
(d) दो कौड़ी का आदमी

23. 'स्वार्थी होना' किस मुहावरे का सही अर्थ है?
(a) अपने पैरों पर खड़ा होना
(b) अपनी खिचड़ी अलग पकाना
(c) उल्टी गंगा बहाना
(d) अपने मुँह मियाँ मिट्ठू होना

24. 'बुद्धि भ्रमित होना' किस मुहावरे का सही अर्थ है?
(a) चक्कर में पड़ना
(b) अक्ल पर पत्थर पड़ना
(c) धोखा खाना
(d) उल्लू बनना

25. 'एक मात्र सहारा' किस मुहावरे का सही अर्थ है?
(a) आँखों का तारा
(b) नाक का बाल होना
(c) अन्धे की लाठी होना
(d) आँखें बिछाना

26. 'धोखा देना' किस मुहावरे का सही अर्थ है?
(a) जी का जंजाल (b) चूना लगाना
(c) जहर उगलना (d) चाँदी काटना

27. 'खूब लाभ होना' किस मुहावरे का सही अर्थ है?
(a) नौ-दो ग्यारह होना
(b) तीन तेरह करना
(c) पौ बारह होना
(d) दो नावों की सवारी करना

28. 'ठीकरा फोड़ना' मुहावरे का सही अर्थ है
(a) प्रेम में फँसाना
(b) दोष लगाना
(c) संकट पैदा करना
(d) सबक सिखाना

29. 'समूल नष्ट करना' किस मुहावरे का सही अर्थ है?
(a) जड़ खोदना
(b) जी का जंजाल होना
(c) चिराग तले अन्धेरा
(d) जी चुराना

30. 'मुट्ठी में करना' मुहावरे का सही अर्थ है
(a) घूस देना (b) वश में करना
(c) लड़ाई जीतना (d) बुरी तरह हराना

31. 'बरस पड़ना' मुहावरे का सही अर्थ है
(a) अत्यधिक क्रोधित होना
(b) वर्षा का होना
(c) प्रेम करना
(d) सम्मान देना

32. 'कान काटना' मुहावरे का सही अर्थ क्या है?
(a) झगड़ना
(b) प्रेम करना
(c) मात देना
(d) शिकायत देना

33. 'कलेजा मुँह को आना' मुहावरे का सही अर्थ क्या है?
(a) दु:ख होना
(b) किसी काम में फँसना
(c) क्रुद्ध होना
(d) व्यथा से बेचैन होना

34. 'काँटा दूर होना' मुहावरे का सही अर्थ क्या है?
(a) सहयोग मिलना
(b) बाधा उत्पन्न होना
(c) बाधा दूर होना
(d) काँटा चुभना

35. 'घुटने टेक देना' मुहावरे का सही अर्थ क्या है?
(a) आत्म समर्पण करना
(b) घुटनों के बल बैठना
(c) गिड़गिड़ाना
(d) घुटने का टूटना

36. 'घोड़े बेचकर सोना' मुहावरे का सही अर्थ क्या है?
(a) आलस्य करना
(b) निश्चिन्त होना
(c) घोड़ा बेच देना
(d) परिश्रम करना

37. 'छाती पर साँप लोटना' मुहावरे का सही अर्थ है
(a) डर जाना
(b) ईर्ष्या होना
(c) दु:खी होना
(d) छाती में दर्द होना

38. 'तीन तेरह करना' मुहावरे का सही अर्थ है
(a) खूब कमाना
(b) ठीक से गिनती नहीं करना
(c) बिखेर कर रख देना
(d) विश्राम करना

39. 'जान बूझकर मुसीबत में पड़ना' किस मुहावरे का सही अर्थ है?
(a) आग में कूदना
(b) आग में घी डालना
(c) आसमान पर चढ़ा देना
(d) आस्तीन का साँप होना

40. 'जी नहीं भरना' मुहावरे का सही अर्थ है
(a) प्रसन्न न होना
(b) निराश न होना
(c) सन्तोष न होना
(d) विश्वास न होना

उत्तरमाला

1	(b)	2	(b)	3	(b)	4	(d)	5	(a)	6	(b)	7	(a)	8	(a)	9	(a)	10	(a)
11	(b)	12	(a)	13	(b)	14	(c)	15	(b)	16	(b)	17	(c)	18	(d)	19	(d)	20	(c)
21	(c)	22	(c)	23	(b)	24	(b)	25	(c)	26	(b)	27	(c)	28	(b)	29	(a)	30	(b)
31	(a)	32	(c)	33	(d)	34	(c)	35	(a)	36	(b)	37	(b)	38	(c)	39	(a)	40	(c)

अध्याय 11

लोकोक्तियाँ या कहावतें

लोकोक्ति या कहावत के पीछे कोई कहानी होती है। इससे निकली बात लोगों की वाणी का अंग बन'**लोकोक्ति**' कहलाने लगती है। लोकोक्ति या कहावत सम्पूर्ण तथा स्वतन्त्र वाक्य होते हैं। इसमें एक प्रकार का प्रवाह होता है। वार्तालाप में इनके प्रयोग से श्रुतिमधुर वाक्यों का सृजन होता है, साथ ही प्रयुक्त लोकोक्तियों का व्यावहारिक रूप भी सामने आता है। मुहावरे की तरह लोकोक्ति का अर्थ भी लाक्षणिक होता है। मुहावरे और लोकोक्ति में मुख्य अन्तर यह है कि मुहावरा एक पदबंध, वाक्यांश या वाक्यखंड होता है, जबकि लोकोक्ति एक स्वतंत्र वाक्य है। प्रयोग की दृष्टि से भी मुहावरे और लोकोक्ति में अन्तर है। मुहावरा किसी वाक्य में समा जाता है तथा उक्त वाक्य में चमत्कार, विशादता ला देता है: जबकि लोकोक्ति किसी वाक्य के समर्थन या खंडन के लिए प्रयुक्त की जाती है।

महत्त्वपूर्ण लोकोक्तियाँ

कहावत या लोकोक्ति	सामान्य अर्थ
• अधजल गगरी छलकत जाए	ओछा आदमी थोड़ा गुण होने पर अहंकारी हो जाता है।
• अब पछताए होत क्या, जब चिड़िया चुग गई खेत	नुकसान हो जाने के बाद पछताना बेकार।
• आँख का अन्धा नाम नयनसुख	नाम के विपरीत गुण का होना।
• आम के आम गुठलियों के दाम	दोहरा लाभ।
• ऊँची दुकान फीके पकवान	केवल बाहरी दिखावा।
• का वर्षा जब कृषि सुखानी	अवसर निकल जाने पर सहायता व्यर्थ।
• खिसियानी बिल्ली खम्भा नोचे	शर्म के मारे क्रोध करना।
• बिल्ली के भाग से छीका टूटा	जैसा चाहा, वैसा हुआ।
• नाच ना जाने आँगन टेढ़ा	अपनी असफलता का दोष दूसरे पर डालना।
• अन्त भला तो सब भला	परिणाम अच्छा हो तो कार्य सफल होता है।
• अन्धेर नगरी चौपट राजा	मुखिया मूर्ख हो तो परिवार में कलह बनी रहती है।
• अन्धे के हाथ बटेर	अनायास इच्छित वस्तु का मिलना।
• आसमान से गिरा खजूर में अटका	काम पूरा होते-होते रह जाना।
• आये थे हरिभजन को ओटन लगे कपास	उच्च लक्ष्य के लिए निकलना और घटिया काम में लग जाना।
• इधर कुआँ, उधर खाई	हर ओर मुसीबत।
• उलटे बाँस बरेली को	विपरीत कार्य करना।
• ऊँट के मुँह में जीरा	बहुत थोड़ा।
• एक करेला दूसरे नीम चढ़ा	एक के साथ दूसरा दोष।
• एक चोरी दूसरे सीना-जोरी	अपराध कर उलटे रौब दिखाना।
• करत करत अभ्यास के जड़मति होत सुजान	प्रयत्न से सफलता मिलती है।
• काठ की हाण्डी एक बार ही चढ़ती है	बेईमानी एक बार ही चलती है।
• खोदा पहाड़ निकली चुहिया	परिश्रम की तुलना में बहुत कम परिणाम
• घर का भेदी लंका ढहाए	आपसी फूट से कमजोरी आती है।
• घर की मुर्गी दाल बराबर	सहजता से प्राप्त वस्तु का आदर नहीं होता।
• चोर की दाढ़ी में तिनका	दोषी हमेशा चौकन्ना रहता है।
• जिसकी लाठी उसकी भैंस	ताकतवर की जीत होती है।
• न रहेगा बाँस न बजेगी बाँसुरी	न कारण होगा, न कार्य होगा।
• रस्सी जल गई पर ऐंठन न गई	पतन के बाद भी घमण्ड का होना।
• हाथ कंगन को आरसी क्या	जो प्रत्यक्ष है, उसके लिए प्रमाण क्या।
• नीम हकीम खतरे जान	अयोग्य व्यक्ति से हानि होती है।
• दस की लाठी एक का बोझ	सहयोग से काम आसान होता है।
• मुख में राम बगल में छुरी	कपटी आदमी।
• एकहि साधे सब सधे, सब साधे सब जाए	एकाग्रता से कार्य होता है।
• मन चंगा तो कठौती में गंगा	मन की पवित्रता ही सबसे बड़ा पुण्य है।
• होनहार बिरवान के होत चीकने पात	होनहार के लक्षण शुरू में ही पता चल जाते हैं।
• साँप भी मरा लाठी भी न टूटी	बिना किसी नुकसान के काम बनना।
• अकल बड़ी या भैंस	बुद्धि बल से बड़ी है।
• जंगल में मंगल	हर स्थिति में प्रसन्न रहना।
• ढाक के सदा तीन पात	एक स्थिति में बने रहना।

अभ्यास प्रश्न

1. 'ऊँट के मुँह में जीरा' का सही अर्थ है
(a) बहुत थोड़ा
(b) ऊँट के मुँह में पीड़ा होना
(c) ऊँट को जीरा खिलाना
(d) पेट भरने के लिए कुछ भी खाना

2. 'चोर की दाढ़ी में तिनका' का अर्थ है
(a) बुरा हाल होना
(b) पराजित होने पर भी हार नहीं मानना
(c) धोखेबाज
(d) दोषी हमेशा चौकन्ना रहता है

3. 'एक पन्थ दो काज' का सही अर्थ है
(a) अनेक कार्य करना
(b) क्या करें, क्या न करें, सोचना
(c) एक साथ दो लाभ होना
(d) एक साथ दो पद ग्रहण करना

4. 'दाल-भात में मूसलचन्द' का सही अर्थ है
(a) बुरा हाल होना
(b) पराजित होना
(c) बेकार दखल देना
(d) भोजन के पीछे मरना

5. 'तन पर नहीं लत्ता पान खाये अलबत्ता' का अर्थ है
(a) बुरी आदत में पड़ना
(b) झूठा दिखावा करना
(c) रौब डालना
(d) बहुत गरीब होना

6. 'धोबी का कुत्ता न घर का न घाट का' लोकोक्ति का सही अर्थ है
(a) धीरे-धीरे जाना
(b) कहीं और ठिकाना न होना
(c) बहुत मार खाना
(d) बहुत भार उठाना

7. 'अकेला चना भाड़ नहीं फोड़ता' का अर्थ है
(a) अकेला व्यक्ति बेकार होता है
(b) अकेला व्यक्ति लड़ नहीं सकता
(c) अकेले कोई बड़ा काम करना सम्भव नहीं
(d) चने से भाड़ नहीं फूटता

8. 'आधा तीतर आधा बटेर' का अर्थ है
(a) मूर्खतापूर्ण कार्य
(b) मनचाहा कार्य
(c) पूरी तरह कोई काम न होना
(d) गड़बड़ होना

9. 'एक अनार सौ बीमार' का अर्थ है
(a) एक वस्तु के कम चाहने वाले
(b) एक वस्तु के अनेक चाहने वाले
(c) माँग कम पूर्ति अधिक
(d) अनार का बँटवारा

10. 'खोदा पहाड़ निकली चुहिया' का अर्थ है
(a) श्रम अधिक, फल न्यून
(b) पहाड़ों पर भी चूहे पाये जाते हैं
(c) बड़ों के साथ छोटे का वास
(d) पहाड़ खोदना कठिन है

11. 'जिसकी लाठी उसकी भैंस' का अर्थ है
(a) दुर्बल की सम्पत्ति
(b) शक्तिशाली का बोलबाला होता है
(c) भैंस लाठी से ही नियन्त्रित होती है
(d) भैंस लाठी से मार खाती है

12. 'नाच न जाने आँगन टेढ़ा' का अर्थ है
(a) अपनी अयोग्यता छिपाने के लिए दूसरे पर दोष मढ़ना
(b) अहंकार दिखाना
(c) नाचने की अयोग्यता
(d) आँगन टेढ़ा बनाकर रखना

13. 'मुँह में राम बगल में छुरी' लोकोक्ति का अर्थ है
(a) ऊपरी मित्रता मन में शत्रुता
(b) ईश्वर के नाम पर छल करना
(c) चालाकी करना
(d) राम का नाम पापी भी ले सकता है

14. 'सब धान बाइस पंसेरी' लोकोक्ति का सामान्य अर्थ है
(a) सभी वस्तुओं को समान समझना
(b) सभी वस्तुओं का समान मूल्य
(c) सब वस्तुओं को एक जगह रखना
(d) मन में खोट होना

15. 'अधजल गगरी छलकत जाए' लोकोक्ति का सामान्य अर्थ है
(a) संभल कर चलना
(b) कायदे से कार्य करना
(c) अल्पज्ञ द्वारा गर्व करना
(d) अहंकार करना

16. 'एक तो करेला दूसरे नीम चढ़ा' का अर्थ है
(a) बुरे स्वभाव का होना
(b) कुटिल की संगति में और कुटिल होना
(c) परिवार का प्रभाव
(d) मूर्ख का साथ अनिष्टकारी

17. 'घाट-घाट का पानी पीना' का सामान्य अर्थ है
(a) मारा-मारा फिरना (b) भिक्षाटन करना
(c) तीर्थ यात्रा करना (d) अनुभवी होना

18. 'फिसल पड़े तो हर-हर गंगे' का अर्थ है
(a) बिना इच्छा के गंगा स्नान करना
(b) मजबूरी में काम करना
(c) फिसल जाना
(d) विपत्ति के समय ईश्वर को स्मरण करना

उत्तरमाला

1	*(a)*	2	*(d)*	3	*(c)*	4	*(c)*	5	*(b)*	6	*(b)*	7	*(c)*	8	*(c)*	9	*(b)*	10	*(a)*
11	*(b)*	12	*(a)*	13	*(a)*	14	*(a)*	15	*(c)*	16	*(b)*	17	*(d)*	18	*(b)*				

अध्याय 12

शब्दों में सामान्य अशुद्धियाँ

देवनागरी लिपि एक वैज्ञानिक लिपि है। इसमें वर्तनी तथा मात्रा को याद करने की जरूरत नहीं होती। यहाँ उच्चारण के आधार पर ही किसी वर्ण, अक्षर या शब्द को लिखा जाता है। यदि उच्चारण सही हो तो शब्द की वर्तनी में कोई गलती नहीं होती। किसी शब्द के उच्चारण में कम समय लगता है तो उसे 'ह्रस्व' तथा अधिक समय लगने पर 'दीर्घ' कहा तथा उसी आधार पर लिखा जाता है।

हिन्दी लिखते समय मात्रा सम्बन्धी अशुद्धियों का मुख्य कारण गलत अथवा अशुद्ध उच्चारण होता है। इस दोष के कारण लेखन में भी अशुद्धियाँ सामने आती हैं।

1. 'आ' की मात्रा लगाने के बाद उसका उच्चारण ह्रस्व की तरह करने पर गलती सामने आती है; जैसे—व्यावहारिक के बदले व्यवहारिक (अशुद्ध) का उच्चारण, सामाजिक के बदले समाजिक (अशुद्ध) का उच्चारण। कई बार 'अ' का उच्चारण 'आ' की तरह करने से भी लेखन में अशुद्धियाँ सामने आती हैं; जैसे—अधीन के बदले आधीन (अशुद्ध) का उच्चारण, लगान के बदले लागान (अशुद्ध) का उच्चारण।
2. 'इ' तथा 'ई' की मात्रा क्रमश: 'ि' तथा 'ी' लगती हैं। इ (ि) ह्रस्व तथा ई (ी) दीर्घ उच्चारण तथा लेखन के रूप में सामने आता है किन्तु उच्चारण की गलती से शब्द के अशुद्ध होने की प्रक्रिया सामने आती है; जैसे—अभिनेता की जगह अभीनेता (अशुद्ध) का उच्चारण, सूचीपत्र की जगह सूचिपत्र (अशुद्ध) का उच्चारण। कहीं-कहीं 'इ' की मात्रा का अनावश्यक उच्चारण शब्द की अशुद्धि का कारण बनता है; जैसे—कवयित्री के बदले कवियत्री (अशुद्ध) का उच्चारण, छिपकली के बदले छिपकिली (अशुद्ध) का उच्चारण।
3. उ (ह्रस्व) तथा ऊ (दीर्घ) मात्राओं को लगाते समय गलतियाँ सामने आती हैं। कहीं-कहीं 'ऊ' की जगह 'उ' का उच्चारण होने तथा 'उ' की जगह 'ऊ' के उच्चारण से शब्द की अशुद्धि सामने आती है; जैसे—उँगली की जगह ऊँगली (अशुद्ध) का उच्चारण, रुपया की जगह रूपया (अशुद्ध) का उच्चारण। गुरु की जगह गुरू (अशुद्ध) का उच्चारण तथा रूप की जगह 'रुप' का उच्चारण प्रमुख अशुद्धियों के लिए उत्तरदायी हैं।
4. 'ए' तथा 'ऐ' की मात्रा की गलतियाँ हिन्दी में प्राय: देखी गई हैं। अशुद्ध उच्चारण के कारण 'ऐ' की मात्रा के बदले 'ए' की मात्रा का प्रयोग होता है तो कहीं अनावश्यक रूप से 'ए' की मात्रा के बदले 'ऐ' की मात्रा प्रयुक्त होती है; जैसे—एक के बदले ऐक (अशुद्ध) का उच्चारण दैहिक के बदले देहिक (अशुद्ध) का उच्चारण तथा दैविक के बदले देविक (अशुद्ध) का उच्चारण जैसी अशुद्धियाँ होती हैं।
5. दीर्घ ओ (औ) की जगह ह्रस्व ओ (ओ) का प्रयोग अशुद्ध शब्दों का स्वरूप सामने लाता है। त्यौहार के बदले त्योहार, अलौकिक के बदले अलोकिक शब्द अशुद्ध रूप में आते हैं। कतिपय उच्चारणों में ह्रस्व 'ओ' के बदले दीर्घ 'औ' का प्रयोग होने से शब्द अशुद्ध रूप में सामने आता है; जैसे—कोलाहल के बदले कौलाहल (अशुद्ध) प्रयोग।
6. अनुस्वार (ं) तथा अनुनासिकता (ँ) के प्रयोग में गलतियों से शब्द की अशुद्धि सामने आती है। अनुस्वार के बदले अनुनासिकता तथा अनुनासिकता के बदले अनुस्वार के प्रयोग से भी शब्दों की गलतियाँ सामने आती हैं; जैसे—जाति-पाँति की जगह जाँति-पाति (अशुद्ध) का प्रयोग, दंत के बदले 'दँत' (अशुद्ध) का प्रयोग इत्यादि।

सामान्य अशुद्धियाँ तथा उनके शुद्ध रूप

अशुद्ध शब्द	शुद्ध शब्द	अशुद्ध शब्द	शुद्ध शब्द	अशुद्ध शब्द	शुद्ध शब्द	अशुद्ध शब्द	शुद्ध शब्द
अनाधिकार	अनधिकार	समुद्रिक	सामुद्रिक	कियारी	क्यारी	वाहनी	वाहिनी
अनुकुल	अनुकूल	पुज्य	पूज्य	घनिष्ट	घनिष्ठ	वाल्मिकी	वाल्मीकि
अध्यन	अध्ययन	व्रज	वज्र	कार्यकर्म	कार्यक्रम	महात्म	महात्म्य
आधीन	अधीन	प्रनाम	प्रणाम	कोतुहल	कौतूहल	शारिरिक	शारीरिक
अकांक्षा	आकांक्षा	परिक्षा	परीक्षा	निरिह	निरीह	श्रीमति	श्रीमती
उज्वल	उज्ज्वल	भगीरथी	भागीरथी	द्वारिका	द्वारका	सौहार्द्र	सौहार्द
उपलक्ष	उपलक्ष्य	मुमुर्षू	मुमूर्षु	आजीवका	आजीविका	हिन्दु	हिन्दू

अशुद्ध शब्द	शुद्ध शब्द	अशुद्ध शब्द	शुद्ध शब्द	अशुद्ध शब्द	शुद्ध शब्द	अशुद्ध शब्द	शुद्ध शब्द
उँचाई	ऊँचाई	स्थाई	स्थायी	सन्मुख	सम्मुख	महंगा	महँगा
कवियित्री	कवयित्री	स्थायीत्व	स्थायित्व	हस्ताक्षेप	हस्तक्षेप	मुंह	मुँह
ज्योतस्ना	ज्योत्सना	श्रृंगार	शृंगार	यशलाभ	यशोलाभ	ऊंचा	ऊँचा
निरपराधी	निरपराध	असहनीय	असह्य	एकलौता	इकलौता	निरस	नीरस
निर्दयी	निर्दय	त्रिवार्षिक	त्रैवार्षिक	पक्षीगण	पक्षिगण	निरोग	नीरोग
अधगति	अधोगति	आंख	आँख	निर्दोषी	निर्दोष	सप्ताहिक	साप्ताहिक
अत्याधिक	अत्यधिक	कांच	काँच	सन्यास	संन्यास	दारिद्रता	दरिद्रता
अत्योक्ति	अत्युक्ति	गूंगा	गूँगा	संसारिक	सांसारिक	दाइत्व	दायित्व
मनयोग	मनोयोग	दांत	दाँत				

अभ्यास प्रश्न

1. निम्न में से कौन-सा शब्द शुद्ध है?
(a) अत्याधिक (b) अत्यधिक
(c) अतिअधिक (d) अत्युधिक

2. निम्न में से कौन-सा शब्द शुद्ध है?
(a) नुपूर (b) नूपुर
(c) नुपुर (d) नूपूर

3. निम्नलिखित में से कौन-सा शब्द शुद्ध है?
(a) वाहिनी (b) वाहनी
(c) वहिनी (d) वाहीनी

4. निम्नलिखित शब्दों में से कौन-सा शब्द शुद्ध है?
(a) अनधिकार (b) मैथली
(c) वाहनी (d) कवियित्री

5. निम्न में से कौन-सा शब्द शुद्ध है?
(a) परिस्थिति (b) परिस्थिती
(c) परस्थिति (d) परस्थिती

6. निम्न में से कौन-सा शब्द शुद्ध है?
(a) अभीयोग (b) अभियोग
(c) अभ्योग (d) अभयोग

7. निम्नलिखित शब्दों में से कौन-सा शब्द शुद्ध है?
(a) द्वितीय (b) द्वीज
(c) पत्रावलि (d) वापिस

8. निम्न में से कौन-सा शब्द शुद्ध है?
(a) अतरराष्ट्रीय (b) अन्तर्राष्ट्रीय
(c) अन्तःराष्ट्रीय (d) अन्त्रराष्ट्रीय

9. निम्न में से शुद्ध शब्द है
(a) सशोधन (b) संशोधन
(c) संशेधन (d) शंशोधन

10. निम्न में से कौन-सा शब्द शुद्ध है?
(a) प्रत्योत्तर (b) प्रत्युत्तर
(c) प्रत्यूत्तर (d) प्रत्यौतेर

11. निम्न में कौन-सा शब्द शुद्ध है?
(a) अभ्यर्थना (b) आभ्यार्थन
(c) अभियर्थना (d) अभ्यार्थना

12. शुद्ध शब्द को छाँटिए
(a) समयोजन (b) समायोजन
(c) सामायोजन (d) समुयोजन

13. शुद्ध शब्द कौन-सा है?
(a) प्रतिस्पर्द्धा (b) प्रतिर्स्पद्धा
(c) प्रतिस्पद्धा (d) प्रतिस्पर्दा

14. निम्न में से कौन-सा शब्द शुद्ध है?
(a) तत्कालीन (b) तात्कालीन
(c) तात्कालिन (d) ततकालीन

15. निम्न में कौन-सा शब्द शुद्ध है?
(a) ज्योतिमय (b) ज्योर्तिमय
(c) ज्योतिर्मय (d) ज्योतिमर्य

16. निम्न में कौन-सा शब्द शुद्ध है?
(a) निविघ्न (b) निर्विघ्न
(c) निर्वघ्न (d) निर्विघन

17. निम्न में से कौन-सा शब्द शुद्ध है?
(a) नीष्प्रभ (b) निष्प्रभ
(c) निःप्रभ (d) नीष्यप्रभ

18. निम्न में से कौन-सा शब्द शुद्ध है?
(a) सामुदायिक (b) समुदायिक
(c) समूदायिक (d) सामूदायिक

19. निम्नलिखित में कौन-सा शब्द शुद्ध है?
(a) अतिशयोक्ति
(b) अतिश्योक्ति
(c) अतशयोक्ति
(d) अत्यश्योक्ति

20. निम्न में से कौन-सा शब्द शुद्ध है?
(a) प्रदर्शिनी (b) प्रर्दशनी
(c) प्रदर्शनी (d) प्रदशर्नी

21. निम्न में कौन-सा शब्द शुद्ध है?
(a) प्रत्यावतन (b) प्रत्यावर्तन
(c) प्रतिवर्त्रन (d) प्रत्युवर्त्तन

22. निम्नलिखित में कौन-सा शब्द शुद्ध है?
(a) हठधर्मिता (b) हठाधर्मिता
(c) हठोधर्मिता (d) हर्ठधमिता

23. शुद्ध शब्द है
(a) अन्तर्निहित (b) अर्न्तनिहित
(c) अन्तर्निहित (d) आन्तर्निहित

24. निम्न में कौन-सा शब्द शुद्ध है?
(a) पौराणिक (b) पुराणिक
(c) पौराणीक (d) पौरणिक

25. निम्न में से कौन-सा शब्द शुद्ध है?
(a) सहानुभूति (b) सहानभूति
(c) सहानभुति (d) सहानभूत

26. निम्न शब्दों में कौन-सा शुद्ध शब्द है?
(a) संसारिक (b) सांसरिक
(c) सांसारिक (d) संसरिक

27. शुद्ध शब्द कौन-सा है?
(a) स्निग्ध (b) सिनग्ध
(c) सीनग्ध (d) स्निगध

28. निम्न में कौन-सा शुद्ध शब्द है?
(a) निशार (b) निस्सार
(c) नीस्सार (d) नीसार

29. निम्नलिखित शब्दों में कौन-सा शब्द शुद्ध है?
(a) निषकाम (b) निश्काम
(c) निष्काम (d) निस्काम

30. निम्न में कौन-सा शब्द शुद्ध है?
(a) प्रशस्त (b) प्रशसत
(c) प्रसस्त (d) प्रशेस्त

31. कौन-सा शब्द शुद्ध है?
(a) गत्यावरोध (b) गत्यावरूद्ध
(c) गतिवरोध (d) गत्युवरुद्ध

32. निम्न में से कौन-सा शब्द अशुद्ध है?
(a) सृजन (b) सौजन्य
(c) सम्प्रेषण (d) सारर्गभित

33. निम्न में कौन-सा शब्द अशुद्ध है?
(a) अनुग्रहीत (b) आमरण
(c) समर्थन (d) मनवाछित

34. निम्न में कौन-सा शब्द अशुद्ध है?
(a) सार्थक (b) निरुपाय
(c) जर्जरीत (d) पारगम्य

35. निम्न में कौन-सा शब्द शुद्ध है?
(a) प्रादुभाव (b) प्रादुर्भाव
(c) प्रदुर्भाव (d) प्रार्दुभाव

36. निम्न में से कौन-सा शब्द शुद्ध है?
(a) प्रस्फटन (b) प्रस्फुटन
(c) प्रसफुटन (d) प्रस्फटेन

37. निम्न में से कौन-सा शब्द शुद्ध है?
(a) प्रव्रज्या (b) प्रर्वज्या
(c) प्रव्रजया (d) प्रवैज्या

38. निम्न में से कौन-सा शब्द शुद्ध है?
(a) विभीषका (b) वीभिषिका
(c) विभीषिका (d) विभाषिका

39. निम्न में कौन-सा शब्द शुद्ध है?
(a) मृत्युजंय (b) मृत्युंजय
(c) मृंत्युजय (d) मृत्युंजेय

40. निम्नलिखित में कौन-सा शब्द शुद्ध है?
(a) परीमाण (b) परिवाण
(c) परिमाण (d) परीमान

41. निम्न में से कौन-सा शब्द शुद्ध है?
(a) भर्त्सना (b) भत्सना
(c) भर्तस्ना (d) भृत्सना

42. कौन-सा शब्द शुद्ध है?
(a) पुनजागरण (b) पुर्नजागरण
(c) पूनर्जागरण (d) पुनर्जागरण

43. निम्नलिखित शब्दों में कौन-सा अशुद्ध शब्द है?
(a) पुर्नविचार (b) अपकीर्ति
(c) निर्विघ्न (d) अनुदित

44. निम्नलिखित शब्दों में कौन-सा अशुद्ध शब्द है?
(a) उज्ज्वल (b) व्याकरण
(c) शताब्दि (d) कृतघ्न

45. निम्नलिखित शब्दों में कौन-सा अशुद्ध शब्द है?
(a) यथोचित (b) वात्सल्य
(c) प्रफुलित (d) वांछनीय

46. निम्नलिखित में कौन-सा शब्द 'अशुद्ध' है?
(a) प्रतिनिधि (b) पुनर्विचार
(c) व्यवसायिक (d) परिवर्तन

47. निम्नलिखित में कौन-सा शब्द अशुद्ध है?
(a) चरमोत्कर्ष (b) प्राक्कथन
(c) पारलौकिक (d) अतिश्योक्ति

48. निम्नलिखित में कौन-सा अशुद्ध शब्द है?
(a) निर्दिष्ट (b) प्रशस्त
(c) पुनरोत्थान (d) दुर्व्यवहार

49. निम्न में कौन-सा शुद्ध शब्द है?
(a) पूर्वाचल (b) पूर्वांचल
(c) पुर्वाचल (d) पुर्वांचल

50. निम्न में से कौन-सा शब्द शुद्ध है?
(a) नैर्सगिक (b) नैसर्गिक
(c) नैसृगिक (d) नेसर्गिक

उत्तरमाला

1	(b)	2	(b)	3	(a)	4	(a)	5	(a)	6	(b)	7	(a)	8	(b)	9	(b)	10	(b)
11	(a)	12	(b)	13	(a)	14	(a)	15	(c)	16	(b)	17	(b)	18	(a)	19	(a)	20	(c)
21	(b)	22	(a)	23	(c)	24	(a)	25	(a)	26	(c)	27	(a)	28	(b)	29	(c)	30	(a)
31	(a)	32	(d)	33	(d)	34	(c)	35	(b)	36	(b)	37	(a)	38	(c)	39	(b)	40	(c)
41	(a)	42	(d)	43	(d)	44	(c)	45	(c)	46	(c)	47	(d)	48	(c)	49	(b)	50	(b)

अध्याय 13

वाक्यों में सामान्य अशुद्धियाँ

वाक्य का सम्पूर्ण सौन्दर्य पदों अथवा शब्दों के समुचित तथा व्यवस्थित प्रयोग पर आश्रित होता है। पदों अथवा शब्दों के स्वरूप और औचित्य पर ध्यान रखे बिना शिष्ट और सुन्दर वाक्यों का निर्माण सम्भव नहीं है। वाक्य प्रयोग में स्पष्टता और प्रयुक्त शब्दों में शैली सम्बन्धी शिष्टता होनी चाहिए। वाक्य में व्यर्थ शब्दों का प्रयोग नहीं होना चाहिए।

प्रत्येक, किसी, कोई का प्रयोग हमेशा एकवचन में होता है। 'कोई' तथा 'किसी' के साथ 'भी' का प्रयोग अनावश्यक होता है;

जैसे—प्रत्येक मनुष्य समाज में रहता है।

मृत्यु पर किसी का वश नहीं चलता।

कर्ता यदि व्यक्तिवाचक संज्ञा हो तो कर्ता के लिंग तथा वचन के अनुसार क्रिया के लिंग और वचन निर्धारित होते हैं;

जैसे—रमेश का ज्ञान ही उसकी पूँजी था।

वाक्यों में गया, गये, गयी, हुआ, हुए, हुई, चाहिए का प्रयोग शुद्ध होता है।

वाक्यों की सामान्य अशुद्धियाँ तथा उनके शुद्ध रूप

	अशुद्ध	शुद्ध
1.	श्रीकृष्ण के अनेकों नाम हैं।	श्रीकृष्ण के अनेक नाम हैं।
2.	बाघ और बकरी एक घाट पानी पीती है।	बाघ और बकरी एक घाट पर पानी पीते हैं।
3.	कई रेलवे के कर्मचारियों ने धरना दिया।	कई रेलवे कर्मचारियों ने धरना दिया।
4.	सीता भात खायी।	सीता ने भात खाया।
5.	मैंने इस पुस्तक को पढ़ी।	मैंने इस पुस्तक को पढ़ा है।
6.	वहाँ भारी-भरकम भीड़ जमा थी।	वहाँ भारी भीड़ जमा थी।
7.	लड़का मिठाई लेकर भागता हुआ आया।	लड़का मिठाई लेकर दौड़ता हुआ आया।
8.	मैं आपका दर्शन करने आया हूँ।	मैं आपके दर्शन करने आया हूँ।
9.	तब शायद यह काम जरूर हो जायेगा।	तब यह काम जरूर हो जायेगा।
10.	मेरे लिए ठण्डी बर्फ लाओ।	मेरे लिए बर्फ लाओ।
11.	हम तो अवश्य ही जाएँगे।	हम अवश्य जाएँगे।
12.	मुझको यह काम सम्भव नहीं हो सकता।	मुझसे यह काम सम्भव नहीं है।
13.	दो दिन की बदली के बाद आज सूरज निकला।	दो दिनों की बदली के बाद आज सूरज निकला।
14.	साहित्य और समाज में विभिन्न सम्बन्ध है।	साहित्य और समाज में अभिन्न सम्बन्ध है।
15.	मेरा बात कोई नहीं सुनता।	मेरी बात कोई नहीं सुनता।
16.	उसने जोर-जोर से रोने लगा।	वह जोर-जोर से रोने लगा।
17.	अपने हाथ से स्वयं काम करो।	अपना काम स्वयं करो।
18.	आपका बाप-दादा अमीर था।	आपके बाप-दादा अमीर थे।
19.	आपका सब काम गलत होता है।	आपके सब काम गलत होते हैं।
20.	इस कथा की क्या रहस्य है।	इस कथा का क्या रहस्य है?
21.	प्रत्येक खिलाड़ियों को खेलना चाहिए।	प्रत्येक खिलाड़ी को खेलना चाहिए।
22.	सब लोगों को चलना चाहिए।	सभी लोगों को चलना चाहिए।
23.	राम से मोहन का झगड़ा हुआ।	राम का मोहन से झगड़ा हुआ है।
24.	पहले कलकत्ता भारत की राजधानी थी।	पहले कलकत्ता भारत की राजधानी था।
25.	गंगा का पानी पवित्र होता है।	गंगा का जल पवित्र होता है।
26.	हमारा सम्पर्क अनेकों लोगों से है।	हमारा सम्पर्क अनेक लोगों से है।
27.	हमें ऐसा औलाद नहीं चाहिए।	हमें ऐसी औलाद नहीं चाहिए।
28.	कुत्ते को डण्डा से मत मारो।	कुत्ते को डण्डे से मत मारो।
29.	आपके आशीर्वाद का आवश्यकता है।	आपके आशीर्वाद की आवश्यकता है।
30.	कल विद्यालय बन्द रहेगी।	कल विद्यालय बन्द रहेगा।
31.	वह कुछ का कुछ लिख दिया है।	उसने कुछ का कुछ लिख दिया है।
32.	पठित समाज में अन्धविश्वास नहीं है।	शिक्षित समाज में अन्धविश्वास नहीं है।

	अशुद्ध	शुद्ध
33.	वह जाना चाहता रहा था।	वह जाना चाहता था।
34.	यह कविता अनेक भावों को प्रकट करती है।	यह कविता अनेक भाव प्रकट करती है।
35.	शब्द केवल संकेत मात्र है।	शब्द केवल संकेत है।
36.	नदी में पानी अधिक भर गई है।	नदी में पानी अधिक भर गया है।
37.	किसी भी आदमी को भेज दो।	किसी आदमी को भेज दो।
38.	मेरा संताने सुख नहीं दे रहीं।	मेरी संतानें सुख नहीं दे रहीं।
39.	तारा निकल आया।	तारे निकल आये।
40.	जनता के अन्दर असन्तोष है।	जनता में असन्तोष है।
41.	बाघ को देख उसका प्राण सूख गया।	बाघ को देखते ही उसके प्राण सूख गये।
42.	निरपराधी को दण्ड मिलना अनुचित है।	निरपराध को दण्ड मिलना अनुचित है।
43.	किसी भी आदमी को भेज दो।	किसी आदमी को भेज दो।
44.	कृपया कर यह आवेदन स्वीकार करें।	कृपया यह आवेदन स्वीकार करें।
45.	उसके आँख से आँसू बह रहा था।	उसकी आँखों से आँसू बह रहे थे।
46.	उसे मृत्युदण्ड की सजा होगी।	उसे मृत्युदण्ड मिलेगा।
47.	उनका बहुत भारी सम्मान हुआ।	उनका बहुत सम्मान हुआ।
48.	उसने घोड़ा को पानी पिलाया।	उसने घोड़े को पानी पिलाया।
49.	आवेदन पर आपका हस्ताक्षर नहीं है।	आवेदन पर आपके हस्ताक्षर नहीं हैं।
50.	ऊँची दूकान फीकी पकवान।	ऊँची दुकान फीका पकवान।

अभ्यास प्रश्न

1. अपने हाथ से स्वयं काम करो।
(a) अपना काम स्वयं करो।
(b) अपने से अपना काम करो।
(c) स्वयं से काम करो।
(d) हाथ से अपना काम करो।

2. हमारे नाक में दम हो गयी है।
(a) हमारी नाक में दम हो गयी है।
(b) मेरी नाक में दम हो गया है।
(c) नाक में दम हो गयी है।
(d) हम को नाक में दम कर दिया है।

3. इस लड़की ने दही गिरा दी।
(a) इस लड़की ने दही गिरा दिया।
(b) इस लड़की का दही गिरा दिया।
(c) इस लड़की की दही गिरा दिया।
(d) इस लड़की से दही गिरा दी।

4. आँसू से आँचल भीग गई।
(a) आँसुओं से आँचल भीग गया।
(b) आँसू से आँचल भीग गया।
(c) आँसुओं से आँचल भीग गई।
(d) आँसू से आँचलें भीग गई

5. कमरा लोगों से लबालब भरा है।
(a) कमरा लोगों से ठसाठस भरा है।
(b) कमरे में लोग भरे हैं।
(c) कमरा लोगों से भरपूर है।
(d) कमरे में लोग लबालब हैं।

6. मेरे काला बकरी मीठा दूध देते हैं।
(a) मेरे काला बकरी मीठी दूध देती है।
(b) मेरी काली बकरी मीठा दूध देती है।
(c) मेरे काला बकरी मीठा दूध देते हैं।
(d) मेरे काली बकरी मीठी दूध देते हैं।

7. मैंने रोटी खाया।
(a) मैंने रोटी खायी।
(b) मैंने रोटी को खाया।
(c) मैं रोटी खाया।
(d) मैं रोटी खायी।

8. वहाँ भारी-भरकम भीड़ जमा थी।
(a) वहाँ भारी भीड़ जमा थी।
(b) वहाँ भरकम भीड़ जमा थी।
(c) वहाँ भीड़ भारी-भरकम थी।
(d) वहाँ की भीड़ भारी-भरकम थी।

9. यह पुस्तकें किसकी हैं ?
(a) ये पुस्तकें किसकी हैं?
(b) यह पुस्तक किसका है?
(c) ये पुस्तकें किसका है?
(d) यह पुस्तक किसके हैं?

10. इसके बाद वे वापस लौट आये।
(a) इसके बाद वे लौट आये।
(b) इसके बाद वह वापस लौट आये।
(c) इसके बाद वह लौट वापस आया।
(d) वह इसके बाद वापस लौटा।

11. इधर आजकल भ्रष्टाचार बहुत है।
(a) भ्रष्टाचार इधर आजकल बहुत है।
(b) आजकल भ्रष्टाचार इधर बहुत है।
(c) आजकल भ्रष्टाचार बहुत है।
(d) इधर आजकल बहुत भ्रष्टाचार है।

12. इसकी वास्तविक कारण क्या है?
(a) इसका वास्तविक कारण क्या है?
(b) इसमें वास्तविक कारण क्या है?
(c) इससे वास्तविक कारण क्या है?
(d) इसको वास्तविक कारण क्या है?

13. आभारी हम सदा रहेंगे।
(a) हम सदा आभारी रहेंगे।
(b) हम आभारी सदा रहेंगे।
(c) सदा हम आभारी रहेंगे।
(d) सदा आभारी हम रहेंगे।

14. नदियों बह रही है।
(a) नदियाँ बह रही हैं।
(b) नदिओं बह रही है।
(c) नदिएँ बह रही है।
(d) नदिया बह रही है।

15. लड़कियाँ को जाने दो।
(a) लड़कियों को जाने दो।
(b) लड़किओं को जाने दो।
(c) लड़किया को जाने दो।
(d) लड़कीयों को जाने दो।

16. झूठा गवाही मत देना।
(a) झूठा गवाही देना मत।
(b) झूठी गवाही मत देना।
(c) झूठ गवाही मत देना।
(d) झूठी गवाह मत देना।

17. बचपन से हमने हिन्दी बोला है।
(a) बचपन से हमने हिन्दी बोली है।
(b) हमने हिन्दी बचपन से बोला है।
(c) हमने बचपन से हिन्दी को बोला है।
(d) बचपन से बोला हिन्दी में है

18. उसने नौकरी छोड़ दिया।
(a) उसने नौकरी छोड़ दी।
(b) उसकी नौकरी छोड़ दिया।
(c) उसने नौकरी छोड़ ही दी।
(d) वह नौकरी छोड़ दिया।

19. रेखा सुन्दर गुणों से युक्त है।
(a) रेखा सुन्दरतम गुणों से युक्त है।
(b) रेखा अच्छे गुणों से युक्त है।
(c) रेखा अच्छी गुणों से युक्त है।
(d) रेखा गुणों से सुन्दर है।

20. वे प्रतिदिन आपस में परस्पर झगड़ते हैं।
(a) वे प्रतिदिन परस्पर झगड़ते हैं।
(b) वे परस्पर आपस में प्रतिदिन झगड़ते हैं।
(c) वे आपस में परस्पर प्रतिदिन झगड़ते हैं।
(d) वे परस्पर प्रतिदिन आपस में झगड़ते हैं।

21. रमा ने मिठासता से भरी गीत गाया।
(a) रमा ने मिठास भरा गीत गाया।
(b) रमा मीठा गीत गायी।
(c) रमा ने मधुर संगीत गाया।
(d) रमा ने मीठा गीत गायी।

22. मैंने तीन कुर्सी खरीदी।
(a) मैंने तीन कुर्सी खरीदी।
(b) मैंने तीन कुर्सियाँ खरीदीं।
(c) मैंने तीन कुर्सी खरीदा।
(d) मैंने तीन कुर्सियाँ खरीदा।

23. अनिल छत में गया।
(a) अनिल छत पर गया।
(b) अनिल ने छत पर गया।
(c) अनिल छत को गया।
(d) अनिल छत से गया।

24. हम आपसे कहा था।
(a) हम आपको कहा था।
(b) हमने आपसे कहा था।
(c) हम आपको बोला था।
(d) हमने आपसे बोला था।

25. मैंने स्कूल जाना है।
(a) मैं स्कूल जाना है।
(b) मुझे स्कूल जाना है।
(c) स्कूल मुझे जाना है।
(d) हमको स्कूल जाना है।

निर्देश (प्र.सं. 26-42) *निम्नलिखित प्रश्नों में दिए गए वाक्यों के* (a, b, c, d) *चार खण्ड हैं। जिस खण्ड की त्रुटि से वाक्य अशुद्ध है, उसे चिह्नित करें। यदि वाक्य में कोई त्रुटि नहीं है तो उत्तर* (d) *चिह्नित करें।*

26. उसके प्राण उड गया। कोई अशुद्धि नहीं।
(a) (b) (c) (d)

27. लज्जा नारी की आभूषण है। कोई अशुद्धि नहीं।
(a) (b) (c) (d)

28. रमेश और सुरेश खेलने जाता है। कोई अशुद्धि नहीं।
(a) (b) (c) (d)

29. सिद्धार्थ ने घायल पक्षी का सेवा किया। कोई अशुद्धि नहीं।
(a) (b) (c) (d)

30. आलोक का व्यक्तित्व शानदार है। कोई अशुद्धि नहीं।
(a) (b) (c) (d)

31. मनोज पर बहुत भारी जिम्मेदारियाँ हैं। कोई अशुद्धि नहीं।
(a) (b) (c) (d)

32. वह समय को कॉलेज जाता है। कोई अशुद्धि नहीं।
(a) (b) (c) (d)

33. सन्दीप सबकी आदर करता है। कोई अशुद्धि नहीं।
(a) (b) (c) (d)

34. दशवन्त चित्रकला में दक्ष था। कोई अशुद्धि नहीं।
(a) (b) (c) (d)

35. कवि का कलम ही उसका हथियार है। कोई अशुद्धि नहीं।
(a) (b) (c) (d)

36. परिश्रम की कोई विकल्प नहीं है। कोई अशुद्धि नहीं।
(a) (b) (c) (d)

37. प्रेमचन्द हिन्दी की महान् उपन्यासकार थे। कोई अशुद्धि नहीं।
(a) (b) (c) (d)

38. रमेश अपनी कार्य लगन से करता है। कोई अशुद्धि नहीं।
(a) (b) (c) (d)

39. शायद यह कार्य सम्भव है। कोई अशुद्धि नहीं।
(a) (b) (c) (d)

40. श्याम और श्याम के भाई घर जाते हैं। कोई अशुद्धि नहीं।
(a) (b) (c) (d)

41. हमारा सम्पर्क अनेकों नेताओं से है। कोई अशुद्धि नहीं।
(a) b) (c) (d)

42. यहाँ के अधिकारी का परिवर्तन हो गया है। कोई अशुद्धि नहीं।
(a) (b) (c) (d)

उत्तरमाला

1	(a)	2	(b)	3	(a)	4	(b)	5	(a)	6	(b)	7	(a)	8	(a)	9	(a)	10	(a)
11	(c)	12	(a)	13	(a)	14	(a)	15	(a)	16	(b)	17	(a)	18	(a)	19	(b)	20	(a)
21	(a)	22	(b)	23	(a)	24	(b)	25	(b)	26	(c)	27	(b)	28	(c)	29	(c)	30	(d)
31	(b)	32	(a)	33	(b)	34	(d)	35	(a)	36	(a)	37	(b)	38	(b)	39	(a)	40	(b)
41	(b)	42	(c)																

अध्याय 14

रस, अलंकार तथा छन्द

रस

संस्कृत काव्यशास्त्र के आचार्यों ने रस को परिभाषित किया है। **भरत मुनि** ने अपनी कृति 'नाट्यशास्त्र' में सर्वप्रथम 'रस' का उल्लेख किया। उनके अनुसार—विभाव, अनुभाव तथा व्यभिचारी भाव के संयोग से 'रस' की निष्पत्ति होती है। **मम्मट** ने इस सूत्र की व्याख्या करते हुए लिखा है कि आलम्बन विभाव से उद्‌बुद्ध, उद्‌दीपन से उद्‌दीप्त, व्यभिचारी भाव से परिपुष्ट तथा अनुभाव से लेपित अभिव्यक्ति से जो चेतना उत्पन्न होती है, उसे 'रस-दशा' कहते हैं। यह स्थायी-भाव होता है। भरत मुनि ने 'रस निष्पत्ति' के लिए नाना भावों के उत्पन्न होने को उत्तरदायी माना है जिसका अर्थ है कि विभाव, अनुभाव तथा संचारी भाव स्थायी भाव के निकट आकर अनुकूलता ग्रहण करते हैं।

विभाव जो व्यक्ति, पदार्थ या बाह्य विकार किसी अन्य व्यक्ति में भावोद्रेक उत्पन्न करता है,उन कारणों को 'विभाव' कहा जाता है। विभाव दो प्रकार के होते हैं—आलम्बन तथा उद्‌दीपन, सूर की गोपियों का आकर्षण कृष्ण के प्रति है। यहाँ कृष्ण आलम्बन विभाव हैं। कृष्ण मुरली बजाकर आकर्षित करते हैं। मुरली उद्‌दीपन विभाव के रूप में हैं।

अनुभाव आलम्बन और उद्‌दीपन विभावों के कारण उत्पन्न होने वाले भावों को प्रकाशित करने वाली प्रक्रिया 'अनुभाव' कहलाती है। गोपियों के आकर्षण के साथ संकेत करना, लज्जित होना, कटाक्ष करना आदि 'अनुभाव' की श्रेणी में आता है।

व्यभिचारी (संचारी भाव) व्यभिचारी अथवा संचारी भाव स्थायी भावों के लिए सहायक होते हैं। आचार्य भरत ने संचारी भाव में (1) देशकाल तथा अवस्था (2) उत्तम, मध्यम तथा अधम प्रकृति के लोग (3) वातावरण के प्रभाव तथा (4) स्त्री, पुरुष के स्वभाव में भेद से जो भाव उत्पन्न होते हैं वे संचारी भाव हैं। स्थायी भावों के साथ संचारी भाव भी सामने आते हैं; जैसे—गर्व, निर्वेद, शंका, आलस्य, ग्लानि, मद, दीनता आदि संचारी भाव हैं। संचारी भावों की संख्या 33 (तैंतीस) बतायी गई है।

स्थायी भाव 'विकारो मानसो भाव:' अर्थात् मन का विकार 'भाव' है। आचार्य भरत ने 'नाट्यशास्त्र' में भावों की संख्या 49 बतायी है। जिसमें 33 संचारी भाव, 8 सात्विक तथा 8 स्थायी भाव हैं। भरत के अनुसार आठ स्थायी भाव हैं—रति, हास, शोक, क्रोध, उत्साह, भय, जुगुप्सा तथा विस्मय।

भरत के बाद आचार्यों ने भक्ति और वात्सल्य को भी स्थायी भाव मान लिया। आचार्य रामचन्द्र शुक्ल के अनुसार 'भाव' का जहाँ 'स्थायित्व' हो उसे 'स्थायी भाव' माना जाता है।

प्रत्येक स्थायी भाव से एक रस की निष्पत्ति होती है। भाव के आधार पर ही रसों की संख्या नौ बताई गई है। अभिनव गुप्त तथा मम्मट ने भी नौ रस माने हैं। ये रस हैं—शृंगार, भक्ति, करुण, रौद्र, वीर, भयानक, वीभत्स, अद्‌भुत तथा शान्त। आगे आचार्यों ने 'वात्सल्य' को एक अन्य रस के रूप में मान्यता दी। प्रत्येक रस की निष्पत्ति में अनुभाव, विभाव तथा संचारी भावों का संयोग भिन्न प्रकार से होता है।

रस के अंग

क्र.सं.	स्थायी भाव	रस
1.	रति	शृंगार
2.	उत्साह	वीर
3.	निर्वेद	शान्त
4.	शोक	करुण
5.	आश्चर्य	अद्‌भुत
6.	भय	भयानक
7.	क्रोध	रौद्र
8.	देव रति	भक्ति
9.	वत्सलता	वात्सल्य
10.	जुगुप्सा	वीभत्स

अलंकार

वामन के अनुसार अलंकार वह है जो किसी वस्तु को अलंकृत करे। जिस प्रकार आभूषण व्यक्ति को सुन्दरता प्रदान करते हैं, उसी प्रकार अलंकार भी कविता को सौन्दर्य प्रदान करता है। भामह, उद्‌भट, दण्डी तथा रुद्रट ने भी काव्य में अलंकार के महत्त्व को दर्शाया है।

अलंकार मुख्यत: तीन प्रकार के होते हैं—**1.** शब्दालंकार, **2.** अर्थालंकार तथा **3.** उभयालंकार।

ध्वनि के आधार पर अलंकार की सृष्टि 'शब्दालंकार' है। इस अलंकार में वर्ण या शब्दों की लयात्मकता होती है, यहाँ अर्थ का चमत्कार अधिक महत्त्वपूर्ण नहीं होता। अनुप्रास, यमक, पुनरुक्ति, वीप्सा वक्रोक्ति, श्लेष आदि शब्दालंकार हैं। अर्थ को चमत्कृत या अलंकृति प्रदान करने वाले अलंकार अर्थालंकार होते हैं। एक शब्द के स्थान पर दूसरे शब्द को पर्याय के रूप में रख देने से अर्थ में व्यवधान आये बिना जो अलंकृति आती है, वही अर्थालंकार है। केशव अलंकारवादी थे। उन्होंने अपनी रचना 'कविप्रिया' में दण्डी से प्राप्त सिद्धान्तों के आधार पर 35 अर्थालंकारों की चर्चा की है।

जो अलंकार शब्द और अर्थ दोनों पर आधारित हो उसे उभयालंकार कहते हैं।

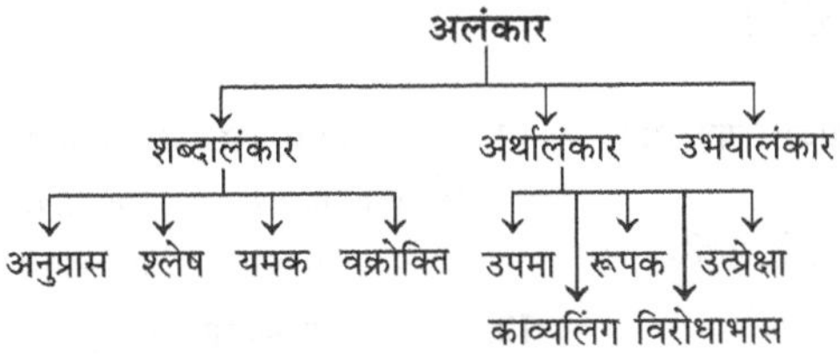

शब्दालंकार के उदाहरण

अनुप्रास अनुप्रास में वर्णों की आवृत्ति होती है। इस आवृत्ति में किसी वर्ण या शब्द का एक से अधिक बार आना महत्त्व रखता है; जैसे—'**मुदित महीपति मन्दिर आये। सेवक सचिव सुमन्त बुलाये।**' इस पद में 'म' तथा 'स' की आवृत्ति लयात्मक है। अनुप्रास भी कई प्रकार के होते हैं। इनमें छेकानुप्रास, वृत्यानुप्रास, लाटानुप्रास इत्यादि प्रमुख हैं।

छेकानुप्रास में स्वरूप और क्रम से अनेक व्यंजनों की एक बार आवृत्ति होती है। वृत्यानुप्रास में एक व्यंजन की आवृत्ति बार-बार होती है तथा लाटानुप्रास में एक शब्द या वाक्यखण्ड की आवृत्ति उसी अर्थ में होती है।

श्लेष श्लिष्ट पदों से अनेक अर्थों के कथन को श्लेष कहते हैं। इसमें एक शब्द से एक से अधिक अर्थ सृष्ट होते हैं अथवा एक से अधिक अर्थ प्रकरण में अपेक्षित होते हैं; जैसे "**धन्ये, मैं पिता निरर्थक था**
जाना तो अर्थागमोपाय
पर रहा सदा संकुचित काय।" सरोज स्मृति (निराला)

इन पंक्तियों में 'निरर्थक' शब्द के दो अर्थ हैं—बेकार तथा बिना धन का। दोनों ही अर्थ प्रकरण के अनुसार ठीक हैं।

अर्थ तथा शब्द दोनों पक्षों पर लागू होने के कारण श्लेष को शब्दालंकार तथा अर्थालंकार दोनों में माना जाता है।

वक्रोक्ति में किसी अन्य अभिप्राय से कहे गए वाक्य का दूसरे व्यक्ति द्वारा कल्पित अर्थ प्राप्त करना महत्त्व रखता है। भामह ने शब्द और अर्थ की उक्ति काव्य अलंकार माना। कुंतक ने वक्रोक्ति को 'काव्य का जीवन' कहा। वक्रोक्ति श्लेष की तरह ही अर्थ चमत्कार पैदा करता है। श्लेष में जहाँ चमत्कार का आधार एक शब्द के दो अर्थ होते हैं वहीं वक्रोक्ति में चमत्कार उक्ति के ध्वन्यर्थ द्वारा सामने आता है।

अर्थालंकार के उदाहरण

अर्थालंकार में उपमा, रूपक, उत्प्रेक्षा, अतिशयोक्ति, काव्यलिंग, विरोधाभास, दृष्टान्त जैसे अलंकार आते हैं। दो वस्तुओं में समान धर्म के प्रतिपादन को 'उपमा' कहते हैं। उपमेय पर उपमान का आरोप या उपमान और उपमेय का अभेद '**रूपक**' कहलाता है। उपमेय में कल्पित अथवा अप्रस्तुत उपमान की सम्भावना '**उत्प्रेक्षा**' कहलाती है। वाक्य या पद में किसी के वर्णन को बढ़ा-चढ़ाकर किया जाता है जिससे सीमा का अतिक्रमण हो तो, ऐसे अलंकार को '**अतिशयोक्ति अलंकार**' कहते हैं। अतिशयोक्ति का अर्थ होता है—उक्ति की अतिशयता।

किसी युक्ति से समर्थित की गई बात को 'काव्यलिंग अलंकार' कहते हैं। किसी बात के समर्थन में कोई न कोई युक्ति या कारण अवश्य दिया जाता है।

जिस पद में विरोध न होते हुए भी विरोध का आभास हो, वहाँ 'विरोधाभास अलंकार' होता है।

जहाँ उपमेय और उपमान तथा उनके साधारण धर्मों में बिम्ब-प्रतिबिम्ब भाव हो, उसे दृष्टान्त अलंकार कहते हैं; जैसे

"**सुख-दुःख के मधुर मिलन से**
यह जीवन हो परिपूर्ण।
फिर घन से ओझल हो शशि,
फिर शशि में ओझल हो घन।।" (प्रसाद)

यहाँ उपमेय और उपमान के मध्य बिम्ब-प्रतिबिम्ब का भाव स्पष्ट है।

छन्द

वर्णों की संख्या, क्रम मात्रागणना तथा यति-गति से सम्बन्ध रखने वाली नियमसृष्टि से नियोजित पद्यरचना 'छन्द' कहलाती है। गद्य का नियामक यदि व्याकरण है तो छन्द पद्य (काव्य) की रचना का मानक है, पद्यरचना का समुचित ज्ञान 'छन्दशास्त्र' के अध्ययन द्वारा ही सम्भव है।

'छन्द' हृदयगत सौन्दर्यभावना जाग्रत करती है। छन्दोबद्ध रचना में अधिक स्थायित्व होता है। हिन्दी में छन्दशास्त्र का अत्यधिक विकास हुआ है। हिन्दी में मूलतः दो प्रकार के छन्द हैं—मात्रिक तथा वार्णिक,

वर्ण गणना के आधार पर रचित छन्द 'वार्णिक छन्द' कहलाता है। यहाँ वर्ण की संख्या निर्धारित होती है। मात्रा की गणना के आधार पर छन्द 'मात्रिक छन्द' कहलाता है। चरणों की अनियमित, असमान, स्वच्छन्द गति तथा भावानुकूल यति विधान ही मुक्त छन्द की विशेषता है।

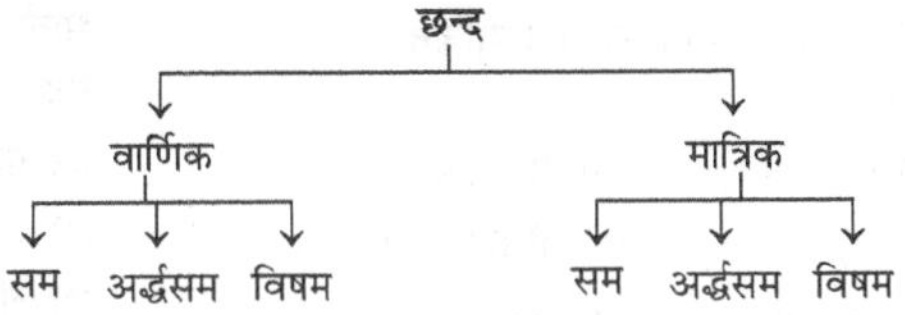

प्रमुख छन्दों का परिचय

1. **चौपाई** चौपाई एक मात्रिक छन्द है। इसके प्रत्येक चरण में सोलह मात्राएँ होती हैं। पहले चरण की तुक दूसरे से तथा तीसरे चरण की चौथे चरण से मिलती है; जैसे

प्रबिसि नगर कीजे सब काजा। हृदय राखि कोसलपुर राजा।।
गरल सुधा रिपु अमिय मिताई। गोपद सिन्धु अनल सितलाई।।

2. **रोला** रोला मात्रिक छन्द है। इसके प्रत्येक चरण में 24 मात्राएँ होती हैं। प्रत्येक चरण में 11 तथा 13 मात्राएँ होती हैं। प्रत्येक चरण के अन्त में दो गुरु या लघु वर्ण आते हैं;

जैसे **हे देवी। यह नियम, सृष्टि में सदा अटल है,**
रह सकता है वही सुरक्षित, जिसमें बल है।
निर्बल का है नहीं जगत् में, कहीं ठिकाना,
रक्षा साधन उसे प्राप्त हो, चाहे नाना।।

3. **हरिगीतिका** यह मात्रिक छन्द है। इस छन्द के प्रत्येक चरण में 28 मात्राएँ होती हैं। 16 तथा 12 मात्राओं पर यति तथा अन्त में लघु-गुरु का प्रयोग प्रचलित है;

जैसे **एहि भाँति गौरि असीस सुनि, सिय सहित हिय हरषीं अली।**
तुलसी भवानिहि पूजि पुनि-पुनि, मुदित मन मन्दिर चली।।

4. **दोहा** यह मात्रिक अर्द्धसम छन्द है। इस छन्द के विषम चरणों में 13 मात्राएँ तथा सम चरणों में 11 मात्राएँ होती हैं;

जैसे **पवन तनय संकट हरण, मंगल मूरती रूप।**
राम लखन सीता सहित, हृदय बसहिं सुरभूप।।

5. **सोरठा** सोरठा दोहे का उलटा होता है। इस छन्द के विषम चरणों में 11 मात्राएँ तथा सम चरणों में 13 मात्राएँ होती हैं।

6. **सवैया** यह एक वार्णिक समवृत छन्द है। इसके चरण में 22 से लेकर 26 तक अक्षर होते हैं।

कवित्त यह भी वार्णिक समवृत छन्द है। इसमें 31 वर्ण होते हैं।

7. **द्रुतविलम्बित** वार्णिक छन्द है जिसके प्रत्येक चरण में 12 वर्ण होते हैं।

अभ्यास प्रश्न

1. "तुम आ जाते एक बार।
कितनी करुणा, कितने सन्देश,
पथ में बिछ जाते बन पराग।"
इन पंक्तियों में कौन-सा रस सृजित होता है?
(a) शृंगार रस (b) वीर रस
(c) अद्‌भुत रस (d) वीभत्स रस

2. "माता ऐसा बेटा जनिये,
कै शूरां कै भक्त् कहाय।"
इन पंक्तियों में कौन-सा रस सृजित होता है?
(a) शृंगार रस (b) वीर रस
(c) अद्‌भुत रस (d) वीभत्स रस

3. "दु:ख ही जीवन की कथा रही,
क्या कहूँ, आज जो नहीं कही।"
इन पंक्तियों में कौन-सा रस सृजित होता है?
(a) करुण रस (b) शृंगार रस
(c) अद्‌भुत रस (d) वीभत्स रस

4. "मेरी भव बाधा हरौ राधा नागरि सोइ।
जा तन की झाईं परै स्याम हरित दुति होइ।।"
इन पंक्तियों में कौन-सा रस है?
(a) भक्ति रस (b) शृंगार रस
(c) अद्‌भुत रस (d) वीभत्स रस

5. 'वीरों का कैसा हो वसन्त' में किस रस की सृष्टि हुई है?
(a) वीर रस (b) शृंगार रस
(c) अद्‌भुत रस (d) वीभत्स रस

6. "मेरे तो गिरिधर गोपाल दूसरो न कोई।
जाके सिर मोर मुकुट मेरो पति सोई।।"
इन पंक्तियों में कौन-सा रस है?
(a) हास्य रस (b) करुण रस
(c) शृंगार रस (d) शान्त रस

7. "जेहिं गिरि चरण देहि हनुमन्ता।
चलेउ सो गा पाताल तुरन्ता।।"
इन पंक्तियों में किस रस की भावना है?
(a) वीर रस (b) अद्‌भुत रस
(c) शृंगार रस (d) रौद्र रस

8. "कनक भूधराकार सरीरा।
समर भयंकर अतिबल बीरा।।"
इन पंक्तियों में किस रस की भावना है?
(a) अद्‌भुत रस (b) वीर रस
(c) रौद्र रस (d) शृंगार रस

9. "अस कहि रघुपति चाप चढ़ावा। यह मत लछिमन के मन भावा।।
संधानेऊ प्रभु बिसिख कराला। उठी उदधि उर अन्तर ज्वाला।"
इन पंक्तियों में किस रस की सृष्टि हुई है?
(a) रौद्र रस (b) अद्‌भुत रस
(c) वीर रस (d) शृंगार रस

10. "प्रकृति रही दुर्जेय, पराजित हम सब थे भूले मद में,
भोले थे, हाँ तिरते केवल सब विलासिता के नद में।"
इन पंक्तियों में कौन-सा रस दृष्टिगत होता है?
(a) अद्‌भुत रस (b) शान्त रस
(c) शृंगार रस (d) वीर रस

11. "समरस थे जड़ या चेतन सुन्दर साकार बना था।
चेतनता एक विलसती आनन्द अखण्ड घना था।"
इन पंक्तियों में कौन-सा रस सृष्ट हुआ है?
(a) शान्त रस (b) शृंगार रस
(c) वीर रस (d) रौद्र रस

12. "हे खग, मृग, हे मधुकर श्रेणी,
तुम देखी सीता मृगनयनी?"
इन पंक्तियों में कौन-सा रस है?
(a) संयोग शृंगार (b) करुण
(c) वियोग शृंगार (d) अद्‌भुत

13. "जैहउं अवध कवन मुँह लाई।
नारि हेतु प्रिय भाइ गँवाई।।"
इन पंक्तियों में कौन-सा रस सृजित होता है?
(a) रौद्र रस (b) भयानक रस
(c) करुण रस (d) शृंगार रस

14. 'चरण कमल बन्दौ हरि राईं' में कौन-सा अलंकार है?
(a) उपमा (b) रूपक
(c) अनुप्रास (d) श्लेष

15. "मैया मैं तो चन्द्र खिलौना लैहों," में कौन-सा अलंकार है?
(a) उत्प्रेक्षा (b) अन्योक्ति
(c) अनुप्रास (d) रूपक

16. "बीती विभावरी जाग री
अम्बर-पनघट में डुबो रही तारा घट ऊषा नागरी"
इन पंक्तियों में कौन-सा अलंकार है?
(a) उत्प्रेक्षा (b) उपमा
(c) रूपक (d) उपमेयोपमा

17. अनुराग किस रस का स्थायी भाव है?
(a) भयानक रस (b) भक्ति रस
(c) वात्सल्य रस (d) शान्त रस

18. वीर रस का स्थायी भाव है
(a) भय (b) शोक
(c) निर्वेद (d) उत्साह

19. "निसिदिन बरसत नयन हमारे,
सदा रहत पावस रितु हम पर जब से स्याम सिधारे।"
इन पंक्तियों में कौन-सा रस सृजित होता है?
(a) करुण रस
(b) रौद्र रस
(c) वियोग शृंगार रस
(d) शान्त रस

20. निम्न में कौन मात्रिक छन्द है?
(a) दोहा (b) चौपाई
(c) रोला (d) ये सभी

21. निम्न में कौन वार्णिक छन्द है?
(a) दोहा (b) रोला
(c) सवैया (d) चौपाई

22. "मंगल भवन अमंगल हारी।
द्रवहु सो दशरथ अजिर बिहारी।।"
इन पंक्तियों में किस छन्द का प्रयोग हुआ है?
(a) सोरठा (b) चौपाई
(c) दोहा (d) सवैया

23. "निज भाषा उन्नति अहै सब उन्नति को मूल।
बिन निजभाषा ज्ञान के मिटै न हिय को शूल।।"
इन पंक्तियों में किस छन्द का प्रयोग हुआ है?
(a) दोहा (b) रोला
(c) चौपाई (d) बरवै

24. "ऊँचे उठो दिव्य कला दिखाओ,
संसार में पूज्य पुन: कहलाओ।"
इन पंक्तियों में कौन-सा छन्द है?
(a) उपेन्द्रवज्रा
(b) सवैया
(c) इन्द्रवज्रा
(d) कवित्त

25. 'छन्दशास्त्र' के प्रणेता आचार्य माने जाते हैं
(a) पतंजलि (b) पिंगल
(c) पाणिनी (d) मनु

26. ''कनक-कनक ते सौ गुनी मादकता अधिकाय।
या खाये बौराय नर, वा पाये बौराय।।''
इन पंक्तियों में किस अलंकार का प्रयोग हुआ है?
(a) यमक (b) अनुप्रास
(c) श्लेष (d) प्रतीप

27. ''करत-करत अभ्यास के जड़मति होत सुजान।
रसरी आवत जात पर सिल पर परत निशान।।''
इन पंक्तियों में किस अलंकार का प्रयोग हुआ है?
(a) दृष्टान्त (b) रूपक
(c) उत्प्रेक्षा (d) विरोधाभास

28. ''सूर-सूर तुलसी ससि उडगन केशवदास।
और कवि खद्योत सम जहँ-तहँ करे प्रकास।।''
इन पंक्तियों में किस अलंकार का प्रयोग हुआ है?
(a) अनुप्रास (b) श्लेष
(c) यमक (d) सन्देह

29. ''सोहत ओढ़े पीत पट, श्याम सलौने गात,
मनो नीलमणि सैल पर, आतप पर्यो प्रभात।।''
इन पंक्तियों में किस अलंकार का प्रयोग हुआ है?
(a) रूपक (b) उपमा
(c) उत्प्रेक्षा (d) पुनरुक्ति

30. ''दृग उरझत टूटत कुटुम, जुरत चतुर चित प्रीति।
परति गाँठ दुरजन हियै, दई नई यह रीति।।''
इन पंक्तियों में किस अलंकार का प्रयोग हुआ है?
(a) विभावना (b) असंगति
(c) व्यतिरेक (d) उत्प्रेक्षा

31. जहाँ उपमान की अपेक्षा उपमेय का गुण विशेष के कारण उत्कर्ष बताया जाए, वहाँ कौन-सा अलंकार है?
(a) व्यतिरेक (b) विभावना
(c) उत्प्रेक्षा (d) रूपक

32. 'हे प्रभु आनन्ददाता ज्ञान हमको दीजिए' किस छन्द में है?
(a) हरिगीतिका (b) मालिनी
(c) गीतिका (d) वसन्ततिलका

33. ''नील परिधान बीच सुकुमार,
खुल रहा मृदुल अधखुला अंग।
खिला हो ज्यों बिजली का फूल
मेघ बन बीच गुलाबी रंग।''
इन पंक्तियों में कौन-सा अलंकार है?
(a) उत्प्रेक्षा (b) श्लेष
(c) रूपक (d) उपमा

34. जहाँ कारण के बिना अथवा कारण के विपरीत कार्य हो, वहाँ कौन-सा अलंकार होता है?
(a) विरोधाभास (b) विभावना
(c) वक्रोक्ति (d) यमक

35. रस-निष्पत्ति में निम्न में कौन-सा कारक उत्तरदायी नहीं है?
(a) समभाव (b) विभाव
(c) अनुभाव (d) व्यभिचारी भाव

36. 'बिनु पग चलैं सुनै बिनु काना।' इस पंक्ति में कौन-सा अलंकार है?
(a) उत्प्रेक्षा (b) विभावना
(c) विशेषोक्ति (d) असंगति

37. ''या अनुरागी चित्त की गति समुझै नहिं कोय।
ज्यों-ज्यों बूड़ै स्याम रंग त्यौं-त्यौं उज्ज्वल होय।।''
इस दोहे में कौन-सा अलंकार है?
(a) असंगति (b) विभावना
(c) विरोधाभास (d) सन्देह

38. 'बन्दौ गुरु पद कंज' में कौन-सा अलंकार है?
(a) उपमा (b) रूपक (c) उत्प्रेक्षा (d) प्रतीप

39. 'पानी गये न ऊबरै मोती मानुस चून' में किस अलंकार का प्रयोग हुआ है?
(a) श्लेष (b) यमक (c) वीप्सा (d) सन्देह

40. निम्न में कौन-एक वार्णिक छन्द नहीं है?
(a) मत्तगयन्द (b) वसन्ततिलका
(c) इन्द्रवज्रा (d) हरिगीतिका

41. ''यशोदा हरि पालनै झुलावै
हलरावै दुलरावै मल्हावै जोइ-सोइ कछु गावै''
इन पंक्तियों में कौन-सा रस है?
(a) श्रृंगार (b) वात्सल्य
(c) शान्त (d) करुण

42. रसों के संचारी भावों की संख्या कितनी है?
(a) 32 (b) 23
(c) 33 (d) 43

43. केशवदास ने किस तत्त्व को 'काव्य की आत्मा' कहा?
(a) अलंकार (b) रस
(c) वक्रोक्ति (d) छन्द

44. ''फूले कास सकल महि छाई।
जनु बरसा कृत प्रकट बुढ़ाई।।''
इन पंक्तियों में किस अलंकार का प्रयोग हुआ है?
(a) उत्प्रेक्षा (b) उपमा
(c) रूपक (d) श्लेष

45. वीभत्स रस का स्थायी भाव है
(a) विस्मय (b) क्रोध
(c) जुगुप्सा (d) शोक

46. 'लाज की मादक सुरा-सी लालिमा', इस पंक्ति में किस अलंकार का आयोजन है?
(a) यमक (b) उपमा
(c) वक्रोक्ति (b) विशेषोक्ति

47. 'मधुर-मधुर मेरे दीपक जल' में कौन-सा अलंकार है?
(a) अन्योक्ति (b) अतिशयोक्ति
(c) पुनरुक्ति (d) प्रतिवस्तूपमा

48. भरत के अनुसार रसों की संख्या कितनी है?
(a) नौ (b) दस
(c) बारह (d) चौदह

49. ''रक्त है? या है नसों में क्षुद्र पानी
जाँच कर, तू सीस दे-देकर जवानी?''
इन पंक्तियों में कौन-सा रस सृजित होता है?
(a) वीर रस
(b) वीभत्स रस
(c) रौद्र रस
(d) श्रृंगार रस

50. ''चहुँ दिसि कान्ह-कान्ह कहि टेरत
अंसुवन बहत पनारे।''
इन पंक्तियों में कौन-सा रस सृजित होता है?
(a) श्रृंगार रस (b) करुण रस
(c) शान्त रस (d) वीर रस

उत्तरमाला

1.	(a)	2.	(b)	3.	(a)	4.	(a)	5.	(a)	6.	(c)	7.	(b)	8.	(a)	9.	(a)	10.	(b)
11.	(a)	12.	(c)	13.	(c)	14.	(b)	15.	(a)	16.	(c)	17.	(c)	18.	(d)	19.	(c)	20.	(d)
21.	(c)	22.	(b)	23.	(a)	24.	(a)	25.	(b)	26.	(a)	27.	(a)	28.	(c)	29.	(c)	30.	(b)
31.	(a)	32.	(b)	33.	(a)	34.	(a)	35.	(a)	36.	(d)	37.	(a)	38.	(b)	39.	(a)	40.	(d)
41.	(b)	42.	(c)	43.	(a)	44.	(a)	45.	(c)	46.	(b)	47.	(c)	48.	(a)	49.	(a)	50.	(b)

अध्याय 15

कुछ रचनाकार एवं उनकी रचनाएँ

हिन्दी के प्रमुख रचनाकार एवं उनकी रचनाएँ

रचनाकार	रचनाएँ
भारतेन्दु हरिश्चन्द्र	भारत जननी, वैदिक हिंसा हिंसा न भवति, सत्य हरिश्चन्द्र, भारत दुर्दशा, अँधेर नगरी, चरितावली, सरयूपार की यात्रा, प्रेम-प्रलाप, प्रेम-माधुरी
जयशंकर प्रसाद	अजातशत्रु, चन्द्रगुप्त, ध्रुवस्वामिनी, जनमेजय का नागयज्ञ, आकाशदीप, इन्द्रजाल, झरना, आँसू, लहर, कामायनी, कंकाल, तितली
मोहन राकेश	आषाढ़ का एक दिन, लहरों के राजहंस, आधे-अधूरे, मलबे का आदमी, एक और जिन्दगी, अँधेरे बन्द कमरे, न आने वाला कल, अन्तराल, आखिरी चट्टान तक
धर्मवीर भारती	अन्धा युग, बन्द गली का आखिरी मकान, चाँद और टूटे हुए लोग, गुनाहों का देवता, सूरज का सातवाँ घोड़ा, ठेले पर हिमालय
प्रेमचन्द्र	पंच परमेश्वर, शतरंज के खिलाड़ी, पूस की रात, कफन, सेवासदन, रंगभूमि, निर्मला, गबन, गोदान।
सच्चिदानन्द हीरानन्द वात्स्यायन 'अज्ञेय'	अमरवल्लरी, हरसिंगार, तार सप्तक, त्रिपथगा, शेखर एक जीवनी, नदी के द्वीप, अरे यायावर रहेगा याद, एक बूँद सहसा दहला, बहता पानी निर्मल
बाबू देवकीनन्दन खत्री	चन्द्रकान्ता, चन्द्रकान्ता सन्तति, भूतनाथ।
अयोध्यासिंह उपाध्याय 'हरिऔध'	ठेठ हिन्दी का ठाठ, अधलिखा फूल, प्रिय-प्रवास, वैदेही वनवास, पारिजात, रस कलश, चुभते चौपदे, चौखे चौपदे, अधखिला फूल, रुक्मिणी परिचय
सूर्यकान्त त्रिपाठी 'निराला'	अप्सरा, अलका, निरुपमा, प्रभावती, बिल्लेपुर यकरिहा, जूही की कली, अनामिका, परिमल, गीतिका, राम की शक्तिपूजा।
हजारी प्रसाद द्विवेदी	बाणभट्ट की आत्मकथा, पुनर्नवा, अनामदास का पोथा
अमृतराय	कलम का सिपाही (प्रेमचन्द की जीवनी), सुबह के रंग, बीज, सुख-दुःख, हाथी के दाँत, नागफनी का देश
रामवृक्ष बेनीपुरी	माटी की मूरतें, मील के पत्थर, मुझे याद है, लाल तारा, गेहूँ और गुलाब, मील के पत्थर, पैरों में पँख बाँधकर, हवा पर, पेरिस नहीं भूलती
महादेवी वर्मा	अतीत के चलचित्र, स्मृति की रेखाएँ, पथ के साथी, नीहार, दीपशिखा, रश्मि, नीरजा, सान्ध्य गीत, अग्निरेखा
डॉ. हरिवंशराय बच्चन	कवियों में सौम्य सनत, क्या भूलूँ क्या याद करूँ, नीड़ का निर्माण फिर, बसेरे से दूर, नए पुराने झरोखे, मधुशाला, मधुबाला, मधु कलश, निशा निमन्त्रण, हलाहल।
वियोगी हरि	मेरा जीवन प्रवाह, प्रेम-शतक, वीर सतसई, प्रेम-पथिक, भावना
गुलाबराय	मेरी असफलताएँ, नवरस, नाट्य-विमर्श, बाल प्रबोध, विज्ञान वार्ता

रचनाकार	रचनाएँ
महात्मा गाँधी	सत्य के प्रयोग, गीता पदार्थ कोश, हिन्द स्वराज, दक्षिण अफ्रीका के सत्याग्रह का इतिहास
महावीर प्रसाद द्विवेदी	आत्मकथा, नाट्यशास्त्र, विक्रमांकदेव चरितचर्या, हिन्दी भाषा की उत्पत्ति
श्यामसुन्दर दास	मेरी आत्मकहानी
रामधारीसिंह 'दिनकर'	लोकदेव नेहरू, रेणुका, हुँकार, कुरुक्षेत्र, सामधेनी, बापू, रश्मिरथी, सीपी और शेख
राहुल सांकृत्यायन	मेरी लद्दाख यात्रा, मेरी तिब्बत यात्रा, मेरी यूरोप यात्रा, यात्रा के पन्ने, घुमक्कड़शास्त्र, मेरी जीवन यात्रा।
हरिशंकर परसाई	हँसते हैं, रोते हैं तब की बात और थी, भूत के पाँव पीछे, रानी नागमती की कहानी
श्री लाल शुक्ल	अंगद का पाँव, उमराव नगर में कुछ दिन
चन्दबरदाई	पृथ्वीराज रासो
तुलसीदास	रामचरितमानस, कवितावली, रामललानहछु, गीतावली, हनुमान चालिसा, वैराग्य-सन्दीपनी, बरवै रामायण, विनय-पत्रिका, पार्वती-मंगल, जानकी-मंगल, दोहावली।
कबीरदास	बीजक-साखी, सबद, रमैनी
सूरदास	सूरसागर, सूरसारावली, साहित्य-लहरी
रसखान	प्रेमवाटिका, सुजान-रसखान
रहीम	रहीम दोहावली, बरवै, नायिका भेद, मदनाष्टक, रास पंचाध्यायी, नगर शोभा
मीराबाई	नरसी का मायरा, गीत गोविन्द टीका, राग गोविन्द, राग सोरठा के पद
बिहारी	बिहारी सतसई
भूषण	शिवराजभूषण, शिवाबावनी, छत्रसाल दशक, भूषण उल्लास, भूषण हजारा, दूषनोल्लास
देव	भावविलास, अष्टयाम, भवानी विलास, रस विलास, प्रेमचन्द्रिका, सुजानविनोद, प्रेम पचीसी, तत्वदर्शिनी पचीसी
घनानन्द	सुजान हित, इश्क लता, वियोगबेलि, प्रेम पत्रिका, प्रेमसरोवर, गोकुल गीत, स्फुट पदावली
रामनरेश त्रिपाठी	मिलन, पथिक, मानसी, स्वप्न
मैथिलीशरण गुप्त	साकेत, जयद्रथ वध, भारत-भारती, पंचवटी, यशोधरा, द्वापर
सियारामशरण गुप्त	अनुरूपा, अमृत पुत्र, दैनिकी नकुल, जयहिन्द, पाथेह
सुमित्रानन्दन पन्त	ग्रन्थि, गुंजन, ग्राम्या, युगान्त, स्वर्णकिरण, स्वर्णधूलि, लोकायतन
माखनलाल चतुर्वेदी	हिमकिरीटिनी, हिम तरंगिणी, युग चरण, समर्पण, मरण ज्वार
बालकृष्ण शर्मा 'नीवन'	रश्मिरेखा, कुमकुम, उर्मिला
सुभद्रा कुमारी चौहान	मुकुल, त्रिधारा, प्रसिद्ध पंक्तियाँ
भगवती चरण वर्मा	मधुकरण, प्रेम-संगीत, मानव
शिवमंगल सिंह सुमन	हिल्लोल, जीवन के गान, युग का मोल, प्रलय सृजन, मिट्टी की बारात

अभ्यास प्रश्न

***निर्देश** (प्र. सं. 1-60) में दी गई रचनाओं के रचनाकारों के नाम का चयन कीजिए।*

1. दीपशिखा
(a) सुमित्रानन्दन पन्त
(b) सुभद्राकुमारी चौहान
(c) निराला
(d) महादेवी वर्मा

2. चिदम्बरा
(a) रामधारीसिंह 'दिनकर'
(b) सुमित्रानन्दन पन्त
(c) महादेवी वर्मा
(d) बालकृष्ण शर्मा 'नवीन'

3. कितनी नावों में कितनी बार
(a) अज्ञेय
(b) धर्मवीर भारती
(c) शमशेरबहादुर सिंह
(d) कमलेश्वर

4. विषस्य विषमौषधम्
(a) बालमुकुन्द गुप्त
(b) कालिदास
(c) महावीर प्रसाद द्विवेदी
(d) भारतेन्दु हरिश्चन्द्र

5. पृथ्वीपुत्र
(a) सरदार पूर्णसिंह
(b) अज्ञेय
(c) वासुदेवशरण अग्रवाल
(d) हरिकृष्ण प्रेमी

6. वोल्गा से गंगा
(a) रामविलास शर्मा
(b) नामवर सिंह
(c) अज्ञेय
(d) राहुल सांकृत्यायन

7. गेहूँ और गुलाब
(a) सरदार पूर्णसिंह (b) रामवृक्ष बेनीपुरी
(c) नागार्जुन (d) धूमिल

8. अखरावट
(a) जायसी (b) मंझन
(c) मुल्ला दाऊद (d) कुतुबन

9. साहित्य लहरी
(a) चिन्तामणि (b) सूरदास
(c) केशवदास (d) तुलसीदास

10. चिन्तामणि
(a) महावीर प्रसाद द्विवेदी
(b) विवेकीराय
(c) रामचन्द्र शुक्ल
(d) हजारी प्रसाद द्विवेदी

11. नदी के द्वीप
(a) कमलेश्वर
(b) अज्ञेय
(c) सर्वेश्वरदयाल सक्सेना
(d) रघुवीर सहाय

12. बीजक
(a) कबीर (b) सूर
(c) तुलसी (d) जायसी

13. सूरसागर
(a) तुलसी (b) सूर
(c) केशव (d) रसखान

14. रामचरितमानस
(a) तुलसी (b) सूर
(c) केशव (d) रसखान

15. विनयपत्रिका
(a) सूर (b) तुलसी
(c) जायसी (d) मंझन

16. राग गोविन्द
(a) तुलसी (b) रहीम
(c) बिहारी (d) मीराबाई

17. पद्मावत
(a) कुतुबन (b) मञ्झन
(c) जायसी (d) कबीर

18. आखिरी कलाम
(a) जायसी (b) रसखान
(c) रहीम (d) कबीर

19. प्रेम वाटिका
(a) कुतुबन (b) जायसी
(c) रसखान (d) मैथिलीशरण गुप्त

20. साकेत
(a) मैथिलीशरण गुप्त
(b) अयोध्यासिंह उपाध्याय 'हरिऔध'
(c) बिहारी
(d) जायसी

21. बिहारी सतसई
(a) तुलसी (b) घनानन्द
(c) सेनापति (d) बिहारी

22. पृथ्वीराज रासो
(a) सेनापति (b) घनानन्द
(c) चन्दबरदाई (d) भूषण

23. तितली
(a) पन्त (b) निराला
(c) जयशंकर प्रसाद (d) महादेवी वर्मा

24. गीतांजलि
(a) रवीन्द्रनाथ टैगोर (b) रामचन्द्र शुक्ल
(c) शरतचन्द्र (d) पृथ्वीसेन मित्र

25. भारत दुर्दशा
(a) गुप्त
(b) पन्त
(c) भारतेन्दु हरिश्चन्द्र
(d) सेनापति

26. सुजान सागर
(a) घनानन्द (b) भूषण
(c) सेनापति (d) बिहारी

27. ग्यारह वर्ष का समय
(a) तुलसीदास
(b) भारतेन्दु हरिश्चन्द्र
(c) श्यामसुन्दर दास
(d) रामचन्द्र शुक्ल

28. सरोज स्मृति
(a) पन्त (b) महादेवी वर्मा
(c) निराला (d) गुप्त

29. कुकुरमुत्ता बेला
(a) निराला (b) पन्त
(c) महादेवी वर्मा (d) प्रसाद

30. सान्ध्यगीत
(a) प्रसाद (b) सुमित्रानन्दन पन्त
(c) निराला (d) महादेवी वर्मा

31. चन्द्रकान्ता
(a) बालकृष्ण भट्ट
(b) प्रतापनारायण मिश्र
(c) देवकीनन्दन खत्री
(d) श्रद्धाराम फिल्लौरी

32. निर्मला
(a) यशपाल (b) नागार्जुन
(c) प्रेमचन्द (d) लक्ष्मीनारायण श्रीवास्तव

33. मुकुल
(a) सुभद्राकुमारी चौहान
(b) महादेवी वर्मा
(c) मीरा
(d) जैनेन्द्र

34. कामायनी
(a) पन्त (b) निराला
(c) प्रसाद (d) महादेवी वर्मा

35. गोदान
(a) यशपाल (b) भगवतीचरण वर्मा
(c) प्रेमचन्द (d) वृन्दावनलाल वर्मा

36. भारत-भारती
(a) मैथिलीशरण गुप्त
(b) वृन्दावनलाल वर्मा
(c) रामकुमार वर्मा
(d) जयशंकर प्रसाद

37. रंगभूमि
(a) प्रेमचन्द्र (b) प्रसाद
(c) निराला (d) महादेवी वर्मा

38. यामा
(a) रामधारी सिंह 'दिनकर'
(b) प्रसाद
(c) महादेवी वर्मा
(d) निराला

39. उर्वशी
(a) महादेवी वर्मा
(b) प्रसाद
(c) निराला
(d) रामधारी सिंह 'दिनकर'

40. सूरज का सातवाँ घोड़ा
(a) भगवतीचरण वर्मा
(b) लक्ष्मीनारायण लाल
(c) धर्मवीर भारती
(d) कमलेश्वर

41. शेखर एक जीवनी
(a) अज्ञेय (b) जैनेन्द्र
(c) यशपाल (d) हरिशंकर परसाई

42. विपथगा
(a) जैनेन्द्र (b) राजेन्द्र यादव
(c) मुक्तिबोध (d) अज्ञेय

43. आँसू
(a) जयशंकर प्रसाद (b) पन्त
(c) निराला (d) महादेवी वर्मा

44. वीणा
(a) सुमित्रानन्दन पन्त
(b) निराला
(c) महादेवी वर्मा
(d) प्रसाद

45. कुणाल
(a) मोहन राकेश (b) जैनेन्द्र
(c) विष्णु प्रभाकर (d) सोहनलाल द्विवेदी

46. मधुशाला
(a) सोहनलाल द्विवेदी
(b) जैनेन्द्र
(c) हरिवंशराय बच्चन
(d) डॉ. रामकुमार वर्मा

47. गुनाहों का देवता
(a) विजय तेन्दुलकर
(b) धर्मवीर भारती
(c) भगवतीचरण वर्मा
(d) विष्णु प्रभाकर

48. कनुप्रिया
(a) नागार्जुन (b) लक्ष्मीकान्त वर्मा
(c) भीष्म साहनी (d) धर्मवीर भारती

49. अप्सरा
(a) प्रसाद (b) पन्त
(c) निराला (d) महादेवी वर्मा

50. अतीत के चलचित्र
(a) महादेवी वर्मा (b) नामवर सिंह
(c) निराला (d) पन्त

51. उर्मिला
(a) बालकृष्ण शर्मा 'नवीन'
(b) महादेवी वर्मा
(c) कमलेश्वर
(d) धर्मवीर भारती

52. चतुरी चमार
(a) निराला (b) पन्त
(c) महादेवी वर्मा (d) प्रसाद

53. रानी केतकी की कहानी
(a) इंशाअल्ला खाँ
(b) लल्लूलाल
(c) सदल मिश्र
(d) प्रतापनारायण मिश्र

54. कलम का सिपाही
(a) प्रेमचन्द
(b) अमृत राय
(c) अमृतलाल नागर
(d) कमलेश्वर

55. झाँसी की रानी
(a) वृन्दावनलाल वर्मा
(b) सुभद्राकुमारी चौहान
(c) जयशंकर प्रसाद
(d) महादेवी वर्मा

56. कुरुक्षेत्र
(a) देव
(b) भूषण
(c) रामविलास शर्मा
(d) रामधारी सिंह 'दिनकर'

57. हुँकार
(a) प्रसाद (b) पन्त
(c) निराला (d) दिनकर

58. रेणुका
(a) पन्त (b) निराला
(c) दिनकर (d) कमलेश्वर

59. लहर
(a) जयशंकर प्रसाद
(b) पन्त
(c) निराला
(d) महादेवी वर्मा

60. ग्राम्या
(a) प्रसाद (b) सुमित्रानन्दन पन्त
(c) निराला (d) महादेवी वर्मा

निर्देश (प्र.सं. 61-78) *में दी गई काव्य पंक्तियों के उचित रचनाकार का चयन कीजिए*

61. "नारी तुम केवल श्रद्धा हो विश्वास रजत पग पद तल में। पीयूष स्रोत सी बहा करो, जीवन के सुन्दर समतल में।।"
(a) जयशंकर प्रसाद
(b) सुमित्रानन्दन पन्त
(c) महादेवी वर्मा
(d) सूर्यकान्त त्रिपाठी 'निराला'

62. "आरति कीजै हनुमान लला की।
दुष्ट दलन रघुनाथ कला की।"
(a) तुलसीदास (b) केशवदास
(c) कुतुबन (d) रामानन्द

63. निज भाषा उन्नति अहै सब उन्नति को मूल।
बिनु निज भाषा ज्ञान के मिटै न हिय को सूल।।
(a) महावीर प्रसाद द्विवेदी
(b) भारतेन्दु हरिश्चन्द्र
(c) हजारी प्रसाद द्विवेदी
(d) प्रतापनारायण मिश्र

64. सन्देश नहीं मैं यहाँ स्वर्ग का लाया।
इस धरती को ही स्वर्ग बनाने आया।।
(a) प्रसाद
(b) पन्त
(c) मैथिलीशरण गुप्त
(d) निराला

65. बकरी खाती पात है, ताकी काढ़ी खाल।
जे नर बकरी खात है, उनके कौन हवाल।।
(a) कबीर (b) सूर
(c) तुलसी (d) जायसी

66. "परउपदेश कुशल बहुतेरे"
(a) सूर (b) तुलसी
(c) केशव (d) बिहारी

67. 'अजगर करै न चाकरी पँछी करै न काम"
(a) दादू
(b) रैदास
(c) मलूकदास
(d) नारायणदास

68. 'परहित सरिस धर्म नहिं भाई।
पर पीड़ा सम नहिं अधमाई।
(a) सूर (b) तुलसी
(c) बिहारी (d) भूषण

69. अति का भला न बोलना, अति की भली न चूप।
अति का भला न बरसना, अति की भली न धूप।
(a) कबीर (b) सूर
(c) तुलसी (d) जायसी

70. नहिं पराग नहिं मधु मधु, नहिं विकास इहि काल।
अली कली ही सों बिंध्यो, आगे कौन हवाल।।
(a) रहीम (b) रसखान
(c) घनानन्द (d) बिहारी

71. कहत नटत रीझत खिझत मिलत खिलत लजियात।
भरे भौन में करत हैं, नैनन हीं सो बात।।
(a) घनानन्द (b) मतिराम
(c) बिहारी (d) केशव

72. बड़े बड़ाई ना करैं, बड़े न बोलैं बोल।
(a) तुलसी (b) रहीम
(c) रसखान (d) मतिराम

73. जहाँ दया तहाँ धर्म है, जहाँ लोभ तहाँ पाप।
जहाँ क्रोध तहाँ काल है, जहाँ क्षमा तहाँ आप।।
(a) कबीर (b) सूर
(c) तुलसी (d) जायसी

74. निन्दक नियरे राखिए आँगन कुटी छवाय।
बिन पानी साबुन बिना, निर्मल करें सुभाय।।
(a) कबीर
(b) सूर
(c) तुलसी
(d) जायसी

75. रहिमन ओछे नरन ते, होय न बड़ा कोई काम।
मढ़े दमामा न बनै सौ चूहों के चाम।।
(a) कबीर
(b) रसखान
(c) दादू
(d) रहीम

76. वृक्ष कबहु नहिं फल भखै, नदी न संचै नीर।
परमारथ के कारणैं, साधुन धरा शरीर।।
(a) सूर
(b) कबीर
(c) रसखान
(d) रहीम

77. वीरों का कैसा हो बसन्त।
आ रही हिमाचल से पुकार।।
है उद्धि गरजता बार-बार।
सब प्राची, पश्चिम पूनत अपार
पूछ रहे हैं दिग-दिगन्त।
वीरों का कैसा हो बसन्त।।
(a) मैथिलीशरण गुप्त (b) दिनकर
(c) पन्त (d) निराला

78. वह आता
दो टूक कलेजे के करता, पछताता पथ पर आता पेट पीठ दोनों मिलकर हैं एक
चल रहा लकुटिया टेक,
मुट्ठी भर दाने को भूख मिटाने को,
मुँह फटी पुरानी झोली को फैलाता
दो टूक कलेजे के करता पछताता पथ पर आता।
(a) प्रसाद
(b) पन्त
(c) सूर्यकान्त त्रिपाठी 'निराला'
(d) महादेवी वर्मा

उत्तरमाला

1	(d)	2	(b)	3	(a)	4	(d)	5	(c)	6	(d)	7	(b)	8	(a)	9	(b)	10	(c)
11	(b)	12	(a)	13	(b)	14	(a)	15	(b)	16	(d)	17	(c)	18	(a)	19	(c)	20	(a)
21	(d)	22	(c)	23	(c)	24	(a)	25	(c)	26	(a)	27	(d)	28	(c)	29	(a)	30	(d)
31	(c)	32	(c)	33	(a)	34	(c)	35	(c)	36	(a)	37	(a)	38	(c)	39	(d)	40	(c)
41	(a)	42	(d)	43	(a)	44	(a)	45	(d)	46	(c)	47	(b)	48	(d)	49	(c)	50	(a)
51	(a)	52	(a)	53	(a)	54	(b)	55	(b)	56	(d)	57	(d)	58	(c)	59	(a)	60	(b)
61	(a)	62	(a)	63	(b)	64	(c)	65	(a)	66	(b)	67	(a)	68	(b)	69	(a)	70	(d)
71	(c)	72	(b)	73	(a)	74	(a)	75	(d)	76	(b)	77	(b)	78	(c)				

गणित

अध्याय 01

संख्या पद्धति

संख्याएँ

संख्या (Number) वह अंकगणितीय मान है, जिसे हम शब्द, प्रतीक (अंक) एवं आकृति के द्वारा व्यक्त करते हैं। इसका उपयोग हम गणना, मापन आदि के लिए करते हैं।

संख्याओं को मुख्यत: दो प्रणालियों द्वारा लिखा जा सकता है जो निम्नलिखित हैं

1. **दाशमिक प्रणाली** (Decimal System) किसी भी संख्या को लिखने के लिए हम 10 संकेतों/अंकों 0, 1, 2, 3, 4, 5, 6, 7, 8, 9 का प्रयोग करते हैं, जो भारतीय एवं अन्तर्राष्ट्रीय दोनों स्तर पर मान्य हैं।
2. **संख्यांकन प्रणाली** (Numeration System) संख्यांकन प्रणाली निम्न दो प्रकार की होती हैं

   (i) **भारतीय प्रणाली** (Indian System) भारतीय प्रणाली को **हिन्दू-अरेबिक प्रणाली** भी कहा जाता है।

आवर्त	मान			संख्या
	शब्दों में	अंकों में	घातों में	
करोड़	दस करोड़	100000000	10^8	4
	करोड़	10000000	10^7	3
लाख	दस लाख	1000000	10^6	2
	लाख	100000	10^5	5
हजार	दस हजार	10000	10^4	2
	हजार	1000	10^3	3
इकाइयाँ	सैकड़ा	100	10^2	7
	दहाई	10	10^1	1
	इकाई	1	10^0	6

दी गई सारणी में लिखी हुई संख्या को पढ़ने के लिए हम साधारणतया संख्या को उसके आवर्त के नाम के साथ इकाई आवर्त के अंकों को छोड़कर पढ़ते हैं।

जैसे— दी गई संख्या को 43, 25, 23, 716 लिखा गया है तथा इसे तैंतालीस करोड़ पच्चीस लाख तेईस हजार सात सौ सोलह पढ़ा जाता है।

(ii) **अन्तर्राष्ट्रीय प्रणाली** (International System) यह प्रणाली विश्व में सर्वाधिक प्रचलित है। इसे ब्रिटिश प्रणाली भी कहा जाता है। सारणी 1 में लिखी गई संख्या को इस प्रणाली द्वारा पढ़ने के लिए साधारणतया समूह के सभी अंकों को एकसाथ पढ़ते हैं और आवर्त का मान इकाइयों को छोड़कर सभी के साथ पढ़ा जाता है।

आवर्त	मान			संख्या
	शब्दों में	अंकों में	घातों में	
मिलियन	सौ मिलियन	100000000	10^8	4
	दस मिलियन	10000000	10^7	3
	मिलियन	1000000	10^6	2
हजार	सौ हजार	100000	10^5	5
	दस हजार	10000	10^4	2
	हजार	1000	10^3	3
इकाइयाँ	सैकड़ा	100	10^2	7
	दहाई	10	10^1	1
	इकाई	1	10^0	6

उपरोक्त सारणी के अनुसार, संख्या 432, 523, 716 को इस प्रकार पढ़ा जाएगा— चार सौ बत्तीस मिलियन पाँच सौ तेईस हजार सात सौ सोलह।

उदाहरण 1. निम्नलिखित शब्दों को अंकों में लिखिए।

(i) पाँच करोड़ नौ लाख साठ हजार नौ

(ii) सात मिलियन आठ हजार अड़तालीस

हल (i) $(5 \times 10^7) + (9 \times 10^5) + (60 \times 10^3) + (9 \times 1)$

$= 50000000 + 900000 + 60000 + 9 = 50960009$

(ii) $(7 \times 10^6) + (8 \times 10^3) + (4 \times 10) + (8 \times 1)$

$= 7000000 + 8000 + 40 + 8 = 7008048$

उदाहरण 2. निम्नलिखित में प्रत्येक को अंकों से शब्दों में भारतीय तथा अन्तर्राष्ट्रीय दोनों प्रणालियों में लिखिए।

(i) 1000567 (ii) 973276

हल (i) भारतीय प्रणाली दस लाख पाँच सौ सड़सठ

अन्तर्राष्ट्रीय प्रणाली एक मिलियन पाँच सौ सड़सठ

(ii) भारतीय प्रणाली नौ लाख तिहत्तर हजार दो सौ छियत्तर

अन्तर्राष्ट्रीय प्रणाली नौ सौ तिहत्तर हजार दो सौ छियत्तर

रोमन संख्यांक प्रणाली तथा हिन्दू-अरेबिक प्रणाली में सम्बन्ध

रोमन संख्यांक प्रणाली और हिन्दू-अरेबिक प्रणाली में सम्बन्ध निम्न प्रकार है

रोमन प्रणाली	I	V	X	L	C	D	M
हिन्दू-अरेबिक प्रणाली	1	5	10	50	100	500	1000

उदाहरण 3. हिन्दू-अरेबिक पद्धति में LXXVI को कैसे लिखा जाएगा?
(a) 50 (b) 76 (c) 85 (d) 95

हल *(b)* LXXVI = 50 + 10 + 10 + 5 + 1 = 76

अंकों के मान

किसी भी संख्या के प्रत्येक अंक के निम्न दो मान होते हैं

1. **वास्तविक मान** (Face Value) किसी अंक का वह मान, जो कभी नहीं बदलता, वास्तविक मान कहलाता है। इसे जातीय मान, अंकित मान अथवा शुद्ध मान भी कहते हैं। जैसे– संख्या 2569 में अंक 5 का जातीय मान 5 है तथा 9 का जातीय मान 9 है।
2. **स्थानीय मान** (Place Value) किसी अंक का वह मान, जो उसके स्थान-विशेष के कारण बदल जाता है, स्थानीय मान कहलाता है। जैसे– संख्या 2569 में अंक 5 का स्थानीय मान 500 तथा अंक 9 का स्थानीय मान 9 है।

संख्याओं के वास्तविक एवं स्थानीय मान ज्ञात करना

संख्या 2092 का वास्तविक मान

अंक 2 के वास्तविक मान = 2, 2 अंक 0 का वास्तविक मान = 0

अंक 9 का वास्तविक मान = 9

संख्या 70364 का स्थानीय मान

इकाई अंक का स्थानीय मान = (इकाई अंक) $\times 1 = 4 \times 1 = 4$

दहाई अंक का स्थानीय मान = (दहाई अंक) $\times 10 = 6 \times 10 = 60$

सैकड़ा अंक का स्थानीय मान = (सैकड़ा अंक) $\times 100 = 3 \times 100 = 300$

हजार अंक का स्थानीय मान = (हजार का अंक) $\times 1000$

$= 0 \times 1000 = 0000 = 0$

दस हजार अंक का स्थानीय मान = (दस हजार का अंक) $\times 10000$

$= 7 \times 10000 = 70000$

उदाहरण 4. संख्या 569387 में अंक 9 के स्थानीय एवं वास्तविक मान में कितना अन्तर है?
(a) 8919 (b) 8991 (c) 1989 (d) 9891

हल *(b)* दी गई संख्या 569387 में,
9 का स्थानीय मान = 9000 9 का वास्तविक मान = 9
$\therefore$ अभीष्ट अन्तर = 9000 − 9 = 8991

संख्याओं के प्रकार

संख्याओं के विभिन्न प्रकार निम्नवत् हैं

1. **प्राकृत संख्याएँ** (Natural Numbers) गणना करते समय प्रयोग में आने वाली सभी संख्याएँ प्राकृत संख्याएँ होती हैं, परन्तु इसमें शून्य (0) शामिल नहीं है। जैसे– 1, 2, 3, 4, 5, ..., ∞
2. **पूर्ण संख्याएँ** (Whole Numbers) यदि प्राकृत संख्याओं में शून्य (0) को भी सम्मिलित कर लिया जाए, तो ऐसी संख्याओं का समूह पूर्ण संख्याओं का समूह कहलाता है। जैसे– 0, 1, 2, 3, ..., ∞
3. **पूर्णांक** (Integers) प्राकृत सख्याएँ, उनकी ऋणात्मक सख्याएँ तथा शून्य को सम्मिलित करने पर जो संख्याएँ प्राप्त होती हैं, पूर्णांक कहलाती हैं। इसे 'I' से प्रदर्शित करते हैं। जैसे– $I = ..., -3, -2, -1, 0, 1, 2, 3, ...$
4. **सम संख्याएँ** (Even Numbers) ऐसी संख्याएँ, जो 2 से पूर्णतया विभाजित हो जाएँ, सम संख्याएँ कहलाती हैं।
   जैसे– 2, 4, 6, 8, 10, 12, ..., ∞
5. **विषम संख्याएँ** (Odd Numbers) ऐसी संख्याएँ, जो 2 से पूर्णतया विभाजित न हो, विषम संख्याएँ कहलाती हैं।
   जैसे– 3, 5, 7, 9, 11, 13, 15, ... आदि।
6. **भाज्य तथा अभाज्य संख्याएँ** (Composite and Prime Numbers) जिन संख्याओं के 2 से अधिक गुणनखण्ड हों, भाज्य संख्याएँ कहलाती हैं तथा जिन संख्याओं के केवल 2 गुणनखण्ड, 1 तथा स्वयं वह संख्या ही हों, अभाज्य संख्याएँ कहलाती हैं।
   जैसे–4, 9, 15, 25, 30, ... आदि भाज्य संख्याएँ हैं तथा 2, 3, 5, 7, 11, 13, ... आदि अभाज्य संख्याएँ हैं।
7. **परिमेय संख्याएँ** (Rational Numbers) वे सभी संख्याएँ, जिन्हें $\frac{p}{q}$ के रूप में व्यक्त किया जा सके, परिमेय संख्याएँ कहलाती हैं; जहाँ p व q पूर्णांक हैं तथा $q \neq 0$।
   जैसे– $7, \frac{7}{5}, -\frac{1}{3}, ...$ आदि।
8. **अपरिमेय संख्याएँ** (Irrational Numbers) वे सभी संख्याएँ, जिन्हें $\frac{p}{q}$ के रूप में व्यक्त नहीं किया जा सकता, अपरिमेय संख्याएँ कहलाती हैं, जहाँ p व q पूर्णांक हैं तथा $q \neq 0$।
   जैसे– $\sqrt{2}, \sqrt{5}, \sqrt{7}$ आदि।
9. **उत्तरवर्ती या अनुवर्ती संख्याएँ** (Successor Numbers) किसी भी प्राकृत संख्या से ठीक अगली प्राकृत संख्या उसकी उत्तरवर्ती या अनुवर्ती संख्या कहलाती है। किसी भी प्राकृत संख्या में 1 जोड़कर उसकी उत्तरवर्ती या अनुवर्ती संख्या प्राप्त की जा सकती है।
   जैसे– संख्या 11 की उत्तरवर्ती संख्या (11+1) अर्थात् 12 होगी।

⚠ *उत्तरवर्ती या अनुवर्ती संख्याओं को **परवर्ती संख्याएँ** भी कहते हैं।*

10. **पूर्ववर्ती संख्याएँ** (Predecessor Numbers) किसी भी प्राकृत संख्या से ठीक पहली प्राकृत संख्या उनकी पूर्ववर्ती संख्या कहलाती है। किसी भी प्राकृत संख्या में से 1 घटाकर उसकी पूर्ववर्ती संख्या प्राप्त की जा सकती है।
    जैसे– संख्या 20 की पूर्ववर्ती संख्या (20 − 1) अर्थात् 19 होगी।

उदाहरण 5. निम्नलिखित में से कौन-सा एक सही है?
(a) 2000 के पूर्ववर्ती का परवर्ती 2001 है
(b) 2000 के पूर्ववर्ती का पूर्ववर्ती 1999 है
(c) 2000 के परवर्ती का पूर्ववर्ती 2000 है
(d) 2000 के पूर्ववर्ती का परवर्ती 2002 है

हल *(c)* $\because$ 2000 की परवर्ती संख्या = 2000 + 1 = 2001
$\therefore$ 2001 की पूर्ववर्ती संख्या = 2001 − 1 = 2000

संख्या के अंक

1. **द्वि-अंकीय संख्याएँ** (Two-digit Numbers) यदि किसी संख्या का दहाई का अंक x तथा इकाई का अंक y हो, तो द्विअंकीय संख्या $10x + y$ होगी।
   (i) जब किसी प्रश्न में अंकों का योग कहा जाए, तो इसका अर्थ है — $x + y$ (जहाँ, x दहाई का अंक तथा y इकाई का अंक है)
   (ii) जब प्रश्न में "संख्या के अंक परस्पर पलट दिए जाएँ अथवा बदल दिए जाएँ" कहा जाए, तो इसका अर्थ होता है कि x, y के स्थान पर आ जाता है और y, x के स्थान पर। संख्या 87 में यदि अंकों के स्थान बदल दिए जाएँ, तो नई संख्या 78 हो जाएगी।
   (iii) नई संख्या में हुआ परिवर्तन, मूल संख्या के अन्तर से ज्ञात कर लेते हैं यहाँ मूल संख्या 87 है। तब नई संख्या 78 होगी। अत: अभीष्ट अन्तर $87 - 78 = 9$ अर्थात् नई संख्या मूल संख्या से 9 कम है।
   अत: इस प्रकार के प्रश्नों में अंकों को x और y मानकर उपरोक्त विधि के अनुसार, द्विअंकीय संख्या वाली समस्याओं को आसानी से हल कर सकते हैं।

2. **n-अंकीय बड़ी-से-बड़ी संख्या** (n-digit Greatest Number) बड़ी-से-बड़ी संख्याओं में n का जितना मान हो उतनी ही बार 9 अंक लिखा जाता है। जैसे— 5 अंकीय बड़ी-से-बड़ी संख्या = 99999

3. **n-अंकीय छोटी-से-छोटी संख्या** (n-digit Lowest Number) छोटी-से-छोटी संख्या में सर्वप्रथम 1 लिखकर $(n-1)$ बार शून्य लगाते हैं। जैसे— 5 अंकीय छोटी-से-छोटी संख्या = 10000

उदाहरण 6. 5 अंकों की बड़ी-से-बड़ी तथा छोटी-से-छोटी संख्याओं का अन्तर क्या होगा?

(a) 89999 (b) 98999 (c) 99999 (d) 99989

हल *(a)* हम जानते हैं कि 5 अंकों की बड़ी-से-बड़ी संख्या 99999 तथा छोटी-से-छोटी संख्या 10000 है।

$\therefore$ अभीष्ट अन्तर $= 99999 - 10000 = 89999$

संख्याओं की विभाज्यता की जाँच

संख्या की विभाज्यता की जाँच (Test of Divisibility of Numbers) निम्न प्रकार से की जा सकती है

2 से विभाज्यता यदि इकाई का अंक 0 या सम संख्या हो।

जैसे— 12, 240, 148 आदि सभी संख्याएँ 2 से विभाजित हैं।

3 से विभाज्यता यदि दी गई संख्या के सभी अंकों का योगफल 3 से विभाजित हो।

जैसे— 465 (अंकों का योग $= 4 + 6 + 5 = 15$) तथा 1338 (अंकों का योग $= 1 + 3 + 3 + 8 = 15$) आदि संख्याओं के अंकों का योग 3 से विभाजित है। अत: ये संख्याएँ 3 से विभाजित हैं।

4 से विभाज्यता यदि दी गई संख्या के अन्तिम दो अंकों से मिलकर बनी संख्या 4 से विभाजित हो।

जैसे— 156764 के अन्तिम दो अंकों से मिलकर बनी संख्या 64, 4 से विभाजित है। अत: संख्या 156764, 4 से विभाजित है।

5 से विभाज्यता यदि इकाई का अंक 0 या 5 हो।

जैसे— 695270 तथा 587765 दोनों 5 से विभाजित होंगी, क्योंकि दोनों संख्याओं का इकाई का अंक या तो 0 है या फिर 5 है।

6 से विभाज्यता यदि संख्या 2 तथा 3 दोनों से विभाजित हो।

जैसे— 36912, 2 से विभाजित है, क्योंकि इसका इकाई का अंक 2 है तथा यह 3 से भी विभाजित है, क्योंकि इसके अंकों का योग 21 है। अत: संख्या 36912, 6 से विभाजित होगी।

7 से विभाज्यता कोई भी संख्या 7 से तभी विभाजित होगी, जब संख्या के अन्तिम अंक का दोगुना करके उसे शेष अंकों से बनी संख्या में से घटाया जाए और इससे प्राप्त शेषफल यदि 7 से भाज्य हो या फिर 0 हो। जैसे— 2429

चरण I : $242 - 2 \times 9 = 242 - 18 = 224$

चरण II : $22 - 2 \times 4 = 22 - 8 = 14$ (उपरोक्त प्रक्रिया पुन: दोहराने पर)

चूँकि 14, 7 से विभाजित है, अत: संख्या 2429, 7 से विभाजित होगी।

8 से विभाज्यता यदि दी गई संख्या के अन्तिम तीन अंकों से मिलकर बनी संख्या 8 से विभाजित हो।

जैसे— 257192 के अन्तिम तीन अंकों से मिलकर बनी संख्या 192, 8 से विभाजित है। अत: संख्या 257192, 8 से विभाजित होगी।

9 से विभाज्यता यदि दी गई संख्या के सभी अंकों का योगफल 9 से विभाजित हो।

जैसे— 29034, 9 से विभाजित है, क्योंकि इसके अंकों का योग $2 + 9 + 0 + 3 + 4 = 18$, 9 से विभाजित है।

10 से विभाज्यता यदि इकाई का अंक 0 हो।

जैसे— 1987650, 10 से विभाजित होगी, क्योंकि इसमें इकाई का अंक 0 है।

11 से विभाज्यता दी गई संख्या के सम स्थानों तथा विषम स्थानों के अंकों के अलग-अलग योगफलों का अन्तर यदि ० हो या ११ का गुणज हो।

जैसे— 7127362

यहाँ, सम स्थानों के अंकों का योगफल $= 6 + 7 + 1 = 14$

तथा विषम स्थानों के अंकों का योगफल $= 7 + 2 + 3 + 2 = 14$

$\therefore$ अभीष्ट अन्तर $= 14 - 14 = 0$

अत: संख्या 7127362, 11 से विभाजित होगी।

उदाहरण 7. 143865 निम्न में से किससे विभाज्य है?

(a) 3, 4 और 8 (b) 5, 2 और 9 (c) 2, 3 और 5 (d) 3, 5 और 9

हल *(d)* $\because$ 143865 एक विषम संख्या है तथा इसका अन्तिम अंक 5 है।

अत: यह 2 तथा 4 दोनों से विभाजित नहीं हो सकती।

पुन: 143865 के अंकों का योग $= 1 + 4 + 3 + 8 + 6 + 5 = 27$

$\because$ अंकों का योग 3 तथा 9 दोनों से विभाजित है इसलिए संख्या 3 तथा 9 दोनों से विभाजित होगी। चूँकि दी गई संख्या का अन्तिम अंक 5 है इसलिए यह संख्या 5 से भी विभाजित होगी।

अत: दी गई संख्या 3, 5 और 9 से विभाजित होगी।

दशमलव संख्याएँ

ऐसी संख्याएँ, जिनका हर 10 या 10 की घात में हो, दशमलव संख्याएँ (Decimal Numbers) कहलाती हैं।

जैसे— $\frac{15}{10} = 1.5$, $\frac{225}{100} = 2.25$, $\frac{1125}{1000} = 1.125$ आदि।

अन्य शब्दों में यह भी कहा जा सकता है कि प्राकृतिक संख्याओं को 10 या 10 की किसी भी घात से भाग देने पर जो संख्याएँ प्राप्त होती हैं, उन्हें दशमलव संख्याएँ कहते हैं।

गणितीय संक्रियाएँ

गणित में हम मुख्यतया चार प्रकार की संक्रियाओं '+' (जोड़), '–' (घटाव), '×' (गुणा) तथा '÷' (भाग) का प्रयोग करते है इन संक्रियाओं को ही गणितीय संक्रियाएँ कहते हैं।

इन चारो गणितीय संक्रियाओं का अध्ययन हम विस्तार में निम्न प्रकार करेंगे

जोड़

जोड़ वह गणितीय प्रक्रिया है जिसके अन्तर्गत हम दो या दो से अधिक संख्याओं, समूहों, वस्तुओं आदि को एकसाथ मिलाकर गिनते हैं। इसे हम '+' चिन्ह से निरूपित करते हैं।

जैसे– 1275+1373+2832 = 5480

प्राकृत संख्याओं के योग से सम्बन्धित नियम

- प्रथम n सम संख्याओं का योग = $n(n+1)$
- प्रथम n विषम संख्याओं का योग = n^2
- n तक की क्रमागत प्राकृत संख्याओं का योग = $\frac{n(n+1)}{2}$
- n तक की क्रमागत सम संख्याओं का योग = $\frac{n}{2}\left(\frac{n}{2}+1\right)$
- n तक की क्रमागत विषम संख्याओं का योग = $\left(\frac{n+1}{2}\right)^2$
- प्रथम n प्राकृत संख्याओं के वर्गों का योग = $\frac{1}{6}n(n+1)(2n+1)$
- प्रथम n प्राकृत संख्याओं के घनों का योग = $\left\{\frac{1}{2}n(n+1)\right\}^2$

उदाहरण 8. जानवरों के एक समूह में 530 ऐसे जानवर हैं जो माँसाहारी हैं, 3590 ऐसे जानवर हैं जो शाकाहारी हैं तथा 95950 माँसाहारी व शाकाहारी दोनों हैं। सभी प्रकार के कुल कितने जानवर हैं?

(a) 100070 (b) 1007 (c) 100007 (d) 10007

हल *(a)*

$$\begin{array}{r} 530 \\ 3590 \\ +\ 95950 \\ \hline \text{योगफल} = 100070 \end{array}$$

अतः सभी प्रकार के जानवरों की कुल संख्या 100070 है।

उदाहरण 9. 1 से 31 तक की विषम संख्याओं का योगफल क्या होगा?

(a) 341 (b) 321
(c) 256 (d) 248

हल *(c)* 1 से 31 के बीच विषम संख्याओं का योग

$$= \left(\frac{n+1}{2}\right)^2 = \left(\frac{31+1}{2}\right)^2 = \left(\frac{32}{2}\right)^2 = 256$$

दशमलव संख्याओं का जोड़

दशमलव बिन्दु वाली संख्याओं को जोड़ते समय उनके स्थानों को ध्यान में रखना पड़ता है अर्थात् जोड़ते समय संख्याओं को स्तम्भ विधि से हल करते हैं तथा सभी संख्याओं के दशमलव बिन्दुओं को एक ही सीध में रखते हैं तथा दशमलव बिन्दु के पूर्णांश भाग को पूर्णांश की ओर एवं अपूर्णांश भाग को दशमलव बिन्दु के दाईं ओर लिखते हैं।

जैसे– माना संख्याओं 5.003, 900.84, 934.86, 7500.900 का योगफल ज्ञात करना है।

सभी संख्याओं को स्तम्भों में उपरोक्त नियमानुसार रखने पर,

$$\begin{array}{r} 5.003 \\ 900.84 \\ 934.86 \\ +\ 7500.900 \\ \hline \text{योगफल} = 9341.603 \end{array}$$

उदाहरण 10. निम्नलिखित संख्याओं का योगफल ज्ञात कीजिए।

5936, 87569, 75.003, 7.8753, 7135.990

(a) 100732.8638 (b) 100723.8863
(c) 100723.8683 (d) 100732.8683

हल *(c)*

$$\begin{array}{r} 5936.0000 \\ 87569.0000 \\ 75.0030 \\ 7.8753 \\ +\ 7135.9900 \\ \hline \text{योगफल} = 100723.8683 \end{array}$$

घटाव

घटाव (Subtraction) का तात्पर्य किसी समूह की वस्तुओं में से कुछ वस्तुओं को निकाल लेने से है। इसे हम '–' चिन्ह से निरूपित करते हैं। जैसे– 51 बकरियों के एक झुण्ड में से 11 बकरियों को निकाल लेना और शेष 40 बकरियाँ बचना।

उदाहरण 11. निम्नलिखित व्यंजक का मान ज्ञात कीजिए।

$1234 - 569 + 789 - 1003 + 596 = ?$

(a) 4710 (b) 1074
(c) 1047 (d) 1470

हल *(c)* ? = 1234 + 789 + 596 – 569 – 1003

? = 2619 – 1572 = 1047

उदाहरण 12. निम्न व्यंजक को सरल कीजिए।

$1856 - 3287 + 5432 - 679 = ?$

(a) 3122 (b) 2233
(c) 3322 (d) इनमें से कोई नहीं

हल *(c)* ? = 1856 + 5432 – (3287 + 679)

= 7288 – 3966 = 3322

दशमलव संख्याओं को घटाना

जिस प्रकार जोड़ वाली संख्याओं में दशमलव के नीचे दशमलव बिन्दु लगाकर जोड़ते हैं। ठीक उसी प्रकार घटाव की प्रक्रिया भी करते हैं। इसमें सिर्फ इतना अन्तर है कि ऊपर वाली संख्या में से नीचे वाली संख्या को इकाई, दहाई के स्थानीय मान को ध्यान में रखते हुए घटाते हैं।

जैसे–

$$\begin{array}{r} 5369.384 \\ -\ 523.029 \\ \hline = 4846.355 \end{array}$$

उदाहरण 13. निम्न व्यंजक का मान ज्ञात कीजिए।

$59.67 - 42.83 + 61.73 + 5.89 + 0.093 = ?$

(a) 84.553 (b) 85.55

(c) 86.535 (d) इनमें से कोई नहीं

हल *(a)* $? = 59.67 - 42.83 + 61.73 + 5.89 + 0.093$

$? = (59.67 + 61.73 + 5.89 + 0.093) - 42.83$

$? = 127.383 - 42.83 = 84.553$

गुणा

गुणा (Multiplication) की अवधारणा से आशय किसी संख्या की समान रूप से कितनी बार पुनरावृत्ति हुई है। इसे हम '×' चिन्ह से निरूपित करते हैं।

जैसे— 12×5 का अर्थ है 12 की 5 बार पुनरावृत्ति,

अर्थात् $12 + 12 + 12 + 12 + 12 = 12$ का 5 गुना $= 60$

उदाहरण 14. निम्नलिखित के गुणनफल का मान क्या होगा?

$5384 \times 7329 = ?$

(a) 39429336

(b) 39459336

(c) 3989736

(d) उपरोक्त में से कोई नहीं

हल *(b)* अभीष्ट गुणनफल $= 5384 \times 7329 = 39459336$

दशमलव संख्याओं की गुणा

सबसे पहले हम बिना दशमलव लिए अंकों को गुणा करेंगे, तत्पश्चात् हम दाएँ से उतने अंकों के बाद दशमलव लगाएँगे, जितने अंक दी गई संख्याओं में दशमलव के बाद हैं।

उदाहरण 15. निम्नलिखित व्यंजक का गुणनफल ज्ञात कीजिए।

$1.41 \times 2.2 = ?$

(a) 3.102 (b) 3.012

(c) 4.262 (d) 4.529

हल *(a)* $\because 141 \times 22 = 3102$

$\therefore 1.41 \times 2.2 = 3.102$ (तीन अंक के बाद दशमलव)

उदाहरण 16. निम्नलिखित व्यंजक का गुणनफल ज्ञात कीजिए।

$2.732 \times 0.87 \times 2.3 = ?$

(a) 5.466 (b) 4.625

(c) 3.692 (d) 5.652

हल *(a)* $2.732 \times 0.87 \times 2.3 = 5.466$

गुण्य, गुणक एवं गुणनफल

यदि दो या दो से अधिक संख्याओं को एक-दूसरे से गुणा किया जाए, तो जो परिणाम आता है, उसे गुणनफल तथा जिस संख्या में गुणा किया जाता है, उसे गुण्य एवं जिस संख्या से गुणा किया जाता है, उसे गुणक कहते हैं।

जैसे— 42 × 28 = 1176

↓ 42 = गुण्य, ↓ 28 = गुणक, ↓ 1176 = गुणनफल

दो ऋणात्मक पूर्णांकों का गुणन

किन्हीं दो ऋणात्मक पूर्णांकों का गुणनफल एक धनात्मक पूर्णांक होता है। जैसे— यदि हम दो ऋणात्मक पूर्णांकों को पूर्ण संख्याओं के रूप में गुणा करते हैं और गुणनफल से पहले धनात्मक चिह्न (+) रख देते हैं, तो इस प्रकार हम पाते हैं कि संख्या -10 व -12 की गुणा $(-10) \times (-12) = 120$ है।

इसी प्रकार, $(-15) \times (-6) = 90$

व्यापक रूप में, किन्हीं दो धनात्मक पूर्णांकों a एवं b के लिए,

$$(-a) \times (-b) = a \times b$$

⚠ *किसी संख्यात्मक व्यंजक में आए 'का' का अर्थ 'गुणा' होता है।*

जैसे— 5 का $\frac{3}{2} = 5 \times \frac{3}{2} = \frac{15}{2}$

उदाहरण 17. किसी संख्या का गुणक 25 तथा गुण्य, गुणक का 15 गुना है। इस संख्या के गुणनफल का मान क्या होगा?

(a) 9375 (b) 375

(c) 1875 (d) 625

हल *(a)* हम जानते हैं कि,

गुण्य × गुणक = गुणनफल

$\therefore$ अभीष्ट गुणनफल $= (25 \times 15) \times 25 = 9375$

भाग

जब किसी एक संख्या को दूसरी संख्या से विभाजित करते हैं, तो ऐसी क्रिया 'भाग' (Division) कहलाती है। भाग को '÷' चिन्ह से प्रदर्शित करते हैं। भाग की प्रक्रिया में जिस संख्या को विभाजित किया जाता है, उसे भाज्य (Dividend), जो संख्या विभाजित करती है, उसे भाजक (Divisor) तथा जो संख्या यह बताती है कि भाज्य में भाजक कितनी बार है, उसे भागफल (Quotient) कहते हैं। यदि भाज्य, भाजक का गुणज नहीं है, तो अन्त में हमें जो संख्या प्राप्त होती है, उसे शेषफल (Remainder) कहते हैं।

भाजक, भाज्य एवं भागफल में सम्बन्ध

Relation between Dividend, Divisor and Quotient

(i) भाजक) भाज्य (भागफल

——————

शेषफल

(ii) भाज्य = (भाजक × भागफल) + शेषफल

या $X = P \times Q + R$

(जहाँ, X भाज्य, P भाजक, Q भागफल एवं R शेषफल हैं)

उदाहरण 18. यदि किसी संख्या को भाजक 17 से भाग करते हैं, तो भागफल 5 व शेषफल 2 प्राप्त होता है, तो भाज्य का मान क्या होगा?

(a) 35 (b) 65 (c) 75 (d) 87

हल *(d)* भाज्य $(X) = P \times Q + R$ से,

भाज्य $= 17 \times 5 + 2 = 87$

दशमलव संख्याओं का भाग

दशमलव संख्याओं को भाग करने के लिए निम्न चरणों का प्रयोग करते हैं

चरण 1. सबसे पहले भाज्य तथा भाजक में दशमलव से पहले अंकों की संख्या क्रमश: p तथा q ज्ञात कीजिए, तत्पश्चात् $(p - q)$ ज्ञात कीजिए।

चरण 2. अब, दशमलव को छोड़कर दी गई संख्याओं को आपस में भाग कीजिए।

चरण 3. अन्त में प्राप्त भागफल में $(p-q)$ अंक पहले दशमलव लगाइए।

जैसे— $1.56 \div 1.3 = 1.2$ (यहाँ, दशमलव, अन्तिम अंक से पहले है)

उदाहरण 19. निम्नलिखित व्यंजक को हल कीजिए।

$1.44 \div 1.2 = ?$

(a) 1.0 (b) 1.2
(c) 2.4 (d) 3.1

हल *(b)* $\because$ $144 \div 12 = 12$

$\therefore 1.44 \div 1.2 = 1.2$ (यहाँ, दशमलव अन्तिम अंक से पहले है)

वैकल्पिक विधि

$$\frac{1.44}{1.2} = \frac{144}{12} \times \frac{10}{100} = \frac{144}{120} = 1.2$$

भिन्न की अवधारणा

एक भिन्न का अर्थ एक समूह अथवा एक क्षेत्र (Region) के एक भाग से है।
जैसे— वर्ग के चार भाग में से एक छायांकित भाग $= \frac{1}{4}$

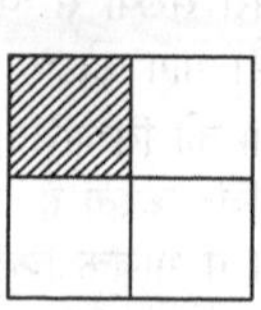

भिन्न को संख्या के रूप में व्यक्त करते समय कुल भाग P को हर के रूप में नीचे लिखते हैं तथा उसके n वें भाग को अंश के रूप में लिखते हैं।
जैसे— $\frac{n}{P}$

भिन्न

ऐसी संख्या, जिसे $\frac{p}{q}$ के रूप में व्यक्त किया जा सके, जहाँ $q \neq 0$ हो, भिन्न (Fractions) कहलाती है। यहाँ, p को **अंश** (Numerator) तथा q को **हर** (Denominator) कहते हैं।
जैसे— $\frac{3}{5}$ एक भिन्न है जिसमें 3 भिन्न का अंश तथा 5 भिन्न का हर है।

साधारण भिन्न

जिस भिन्न का हर 10 की घात न होकर कोई अन्य संख्या होती है, उसे साधारण भिन्न (Simple Fractions) कहते हैं। जैसे– $\frac{3}{7}, \frac{5}{11}, \frac{7}{9}$ आदि।

दशमलव भिन्न

वह भिन्न, जिसका हर 10 या 10 की घातों में हो, दशमलव भिन्न (Decimal Fractions) कहलाती है। जैसे– $\frac{2}{10}, \frac{3}{100}, \frac{1}{1000}$ आदि।

भिन्नों के प्रकार

भिन्नें मुख्यतया निम्न प्रकार की होती हैं

1. **समान भिन्न** (Like Fractions) वे भिन्न, जिनके हर समान होते हैं, समान भिन्न कहलाती हैं।
जैसे– $\frac{1}{2}, \frac{3}{2}, \frac{5}{2}, \frac{13}{2}$, आदि समान भिन्न हैं।

2. **असमान भिन्न** (Unlike Fractions) वे भिन्न, जिनके हर असमान होते हैं, असमान भिन्न कहलाती हैं।
जैसे– $\frac{1}{2}, \frac{3}{5}, \frac{7}{5}, \frac{12}{11}$, आदि असमान भिन्न हैं।

3. **उचित भिन्न** (Proper Fractions) ऐसी भिन्न जिसका अंश, हर से छोटा होता है, उचित भिन्न कहलाती है। जैसे– $\frac{1}{2}, \frac{2}{3}, \frac{4}{5}$ आदि।

4. **अनुचित भिन्न** (Improper Fractions) ऐसी भिन्न जिसका अंश, हर से बड़ा होता है, अनुचित भिन्न कहलाती है।
जैसे– $\frac{5}{2}, \frac{7}{3}, \frac{9}{5}$ आदि।

5. **संयुक्त भिन्न** (Composite Fractions) एक पूर्णांक संख्या व एक उचित भिन्न को जोड़ने पर जो योगफल प्राप्त होता है, उसे संयुक्त भिन्न कहते हैं। जैसे– $1\frac{4}{5}, 2\frac{2}{4}, 3\frac{1}{5}$ आदि।

⚠ *संयुक्त भिन्न को **मिश्र भिन्न** (Mixed fractions) भी कहते हैं।*

6. **व्युत्क्रम भिन्न** (Inverse Fractions) यदि p/q एक भिन्न हों, तो q/p इस भिन्न की व्युत्क्रम भिन्न कहलाती है।
जैसे– $\frac{3}{8}$ के लिए, $\frac{8}{3}$ व्युत्क्रम भिन्न है।

7. **सतत् भिन्न** (Continued Fractions) निम्न रूप से लिखी जाने वाली भिन्न सतत् भिन्न कहलाती है।
जैसे– $3 + \cfrac{2}{4 + \cfrac{1}{1 + \cfrac{5}{6}}}$ एक सतत् भिन्न है।

⚠ *इस प्रकार की भिन्न हो हल करने के लिए नीचे से सरल करना होता है।*

8. **समतुल्य भिन्न** (Equivalent Fractions) वह भिन्न जिनके अनुपात समान हों, समतुल्य भिन्न कहलाती हैं।
जैसे– $\frac{3}{5}, \frac{6}{10}$ और $\frac{30}{10}$ समतुल्य भिन्न हैं।

भिन्नों का चित्रमय निरूपण

जब हम भिन्नात्मक भाग (Fractional part) को किसी चित्र द्वारा निरूपित करते हैं, तो यह भिन्नों का चित्रमय निरूपण या प्रदर्शन (Pictorial representation) कहलाता है।

जैसे— एक-आधे को 1/2 लिखा जाता है, जिसे चित्र में छायांकित भाग द्वारा निम्न प्रकार से निरूपित करेंगे

1. जब हम एक वृत्ताकार वस्तु को चार भागों में बाँटते हैं, तब वह निम्न प्रकार से दिखती है

तथा प्रत्येक 4 में से एक भाग निम्न रूप में दिखता है अर्थात् 1/4

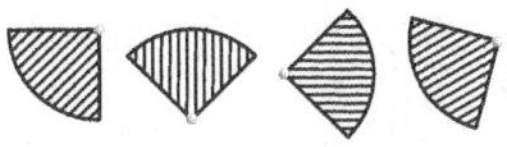

यदि उपरोक्त चारों भागों को पुनः जोड़ दिया जाए, तब यह एक वृत्ताकार वस्तु बन जाएगी।

अर्थात् $\frac{1}{4}+\frac{1}{4}+\frac{1}{4}+\frac{1}{4}=\frac{4}{4}=1$

2. 8 बराबर भागों में से 1 भाग $=\frac{1}{8}$

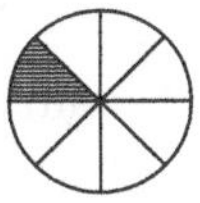

छायांकित भाग $=\frac{1}{8}$

उदाहरण 20. निम्न में से कौन-सा चित्र $\frac{3}{7}$ का सही निरूपण नहीं दर्शाता है?

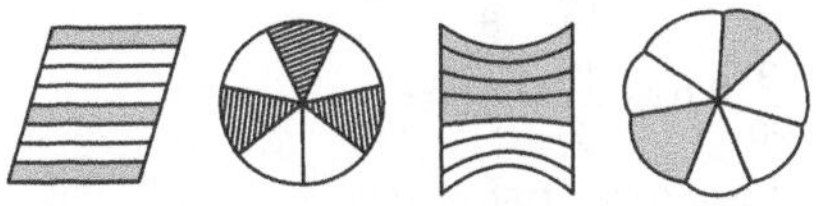

(i) (ii) (iii) (iv)

(a) (ii) तथा (iii) (b) केवल (ii)
(c) केवल (iii) (d) (i) तथा (iv)

हल *(d)* उपरोक्त दिए गए निरूपणों में भिन्न 3/7 को चित्र (i) व (iv) सही नहीं दर्शाते हैं।

भिन्नों पर संक्रियाएँ

भिन्नों पर संक्रियाएँ निम्न प्रकार हैं

1. भिन्नों का योग

भिन्नों का योग (Sum of Fractions) करते समय सर्वप्रथम हमें उनके 'हरों' में यह देखना होता हैं कि वे समान हैं अथवा असमान।

(i) **जब हर समान हों** (When denominators are same) यदि भिन्नों के हर समान हों, तो उनका योगफल इस प्रकार ज्ञात करते हैं

$$\frac{1}{6}+\frac{3}{6}+\frac{5}{6}=\frac{1+3+5}{6}=\frac{9}{6}=\frac{3}{2}$$

(ii) **जब हर असमान हों** (When denominators are different) यदि भिन्नों के हर असमान हों, तो उनका योग करते समय हरों का ल.स. ज्ञात करके हल करते हैं।

जैसे— $\frac{5}{3}+\frac{2}{5}+\frac{3}{10}=\frac{5\times10+2\times6+3\times3}{30}$

$$=\frac{50+12+9}{30}=\frac{71}{30}$$

यहाँ प्रत्येक अंश से ल.स. में भाग देकर, प्राप्त भागफल को प्रत्येक अंश से गुणा किया गया है।

(iii) संयुक्त या मिश्रित भिन्नों से योगफल निम्न प्रकार ज्ञात करते हैं

$$5\frac{2}{3}+4\frac{3}{5}=(5+4)+\left(\frac{2\times5+3\times3}{15}\right)$$

$$=\frac{154}{15}$$

2. भिन्नों का अन्तर

भिन्नों का अन्तर (Difference of Fractions) ज्ञात करते समय ठीक वैसी ही विधि का प्रयोग करते हैं, जो उनके योगफल ज्ञात करने में प्रयुक्त होती है। यहाँ केवल चिन्हों (+, –) का ध्यान रखना होता है।

(i) **जब हर समान हों** (When denominators are same) यदि भिन्नों के हर समान हों, तो उनका अन्तर निम्न प्रकार ज्ञात करते हैं

$$\frac{5}{7}-\frac{2}{7}=\frac{5-2}{7}=\frac{3}{7}$$

(ii) **जब हर असमान हों** (When denominators are different) यदि भिन्नों के हर असमान हों, तो उनका अन्तर हरों का ल. स. ज्ञात करके निकालते हैं।

जैसे— $\frac{5}{8}-\frac{1}{4}=\frac{5-2}{8}=\frac{3}{8}$

3. भिन्नों की गुणा

भिन्नों की गुणा (Multiplications of Fractions) ज्ञात करते समय दी गई भिन्नों के अंशों को आपस में गुणा करके परिणामी भिन्न का अंश तथा हरों की आपस में गुणा करके परिणामी भिन्न का हर प्राप्त करते हैं।

जैसे— $5\frac{3}{7}\times6\frac{2}{9}=\frac{38}{7}\times\frac{56}{9}=304$

4. भिन्नों का भाग

भिन्नों की भाग (Division of Fractions) ज्ञात करते समय, भाजक भिन्न में अंश और हर के स्थान आपस में बदल दिए जाते हैं तथा अब अंशों की आपस में गुणा और हरों की आपस में गुणा करके परिणामी भिन्न प्राप्त करते हैं।

जैसे— $\frac{5}{9}\div\frac{25}{27}=\frac{5}{9}\times\frac{27}{25}=\frac{3}{5}$

एक भिन्न में दूसरे भिन्न से भाग करते समय पहले भिन्न में दूसरे भिन्न के व्युत्क्रम भिन्न से गुणा कर देते हैं।

उदाहरण 21. $15\frac{2}{7}+13\frac{3}{8}+16\frac{5}{7}-12\frac{1}{8}$ का मान ज्ञात कीजिए।

(a) $33\frac{1}{4}$ (b) 33 (c) $34\frac{1}{3}$ (d) $33\frac{1}{3}$

हल *(a)* ∵ $\frac{2}{7}+\frac{5}{7}=1$ तथा $\frac{3}{8}-\frac{1}{8}=\frac{2}{8}=\frac{1}{4}$

अतः अभीष्ट योग $= 15 + 13 + 16 - 12 + 1 + \frac{1}{4}$

$= 33 + \frac{1}{4} = 33\frac{1}{4}$

उदाहरण 22. निम्नलिखित को हल कीजिए।

(i) $7\frac{2}{11} + 2\frac{1}{3} + 12\frac{2}{6}$ (ii) $27\frac{1}{8} - 5\frac{1}{4}$

(iii) $4\frac{1}{4} \times 3\frac{8}{10} \times 7\frac{3}{9}$ (iv) $20\frac{2}{7} \div 16\frac{1}{4}$

हल (i) $7\frac{2}{11} + 2\frac{1}{3} + 12\frac{2}{6} = (7 + 2 + 12) + \left(\frac{2}{11} + \frac{1}{3} + \frac{2}{6}\right)$

$= 21 + \left(\frac{12 + 22 + 22}{66}\right)$

$= 21 + \frac{56}{66} = 21\frac{56}{66}$

(ii) $27\frac{1}{8} - 5\frac{1}{4} = \frac{217}{8} - \frac{21}{4} = \frac{217 - 42}{8} = \frac{175}{8} = 21\frac{7}{8}$

(iii) $4\frac{1}{4} \times 3\frac{8}{10} \times 7\frac{3}{9} = \frac{17}{4} \times \frac{38}{10} \times \frac{66}{9} = \frac{10659}{90} = 118\frac{39}{90}$

(iv) $20\frac{2}{7} \div 16\frac{1}{4} = \frac{142}{7} \div \frac{65}{4} = \frac{142}{7} \times \frac{4}{65}$

$= \frac{568}{455} = 1\frac{113}{455}$

दशमलव संख्या को भिन्न में बदलना

दशमलव संख्याओं को भिन्न में बदलने के लिए निम्नलिखित चरणों का प्रयोग करते हैं

चरण 1. दी गई दशमलव संख्या में दशमलव हटाकर संख्या के हर में '1' के बाद उतने ही 'शून्य' लगाएगें जितने संख्या के दशमलव के बाद अंक होते हैं।

चरण 2. परिणामी भिन्न को निम्नतम रूप में परिवर्तित करते हैं।

जैसे- संख्या 1.08 और 2.324 को भिन्न में परिवर्तित कीजिए।

$1.08 = \frac{108}{100} = \frac{27}{25}$

और $2.324 = \frac{2324}{1000} = \frac{581}{250}$

भिन्न को दशमलव संख्या में बदलना

भिन्न को दशमलव संख्या में बदलने के लिए निम्नलिखित चरणों का प्रयोग करते हैं

चरण 1. अंश में दाई ओर शून्यों से पहले दशमलव लगाते हैं।

चरण 2. अंश को हर से विभाजित करते हैं। प्राप्त भागफल परिणामी दशमलव संख्या के समान होता है।

जैसे- भिन्न 3/4 को दशमलव संख्या में परिवर्तित कीजिए।

4) 3.00(0.75
28
20
20
×

भिन्नों का आरोही या अवरोही क्रम

भिन्नों का आरोही अथवा अवरोही क्रम ज्ञात करने हेतु निम्नलिखित विधियों का प्रयोग करते हैं

(i) दो या दो से अधिक भिन्नों की तुलना दशमलव रूप में परिवर्तित करके।

(ii) दो या दो से अधिक भिन्नों की तुलना हरों को समान करके। (इसमें बड़े अंश वाला भिन्न बड़ा होता है।)

जैसे– $\frac{7}{12}, \frac{5}{8}$ व $\frac{11}{15}$ का अवरोही क्रम निम्न प्रकार ज्ञात करते हैं

$\frac{7}{12} = 0.59, \frac{5}{8} = 0.63, \frac{11}{15} = 0.74$

$\because$ $0.59 < 0.63 < 0.74$

$\therefore$ $\frac{7}{12} < \frac{5}{8} < \frac{11}{15}$

अन्य विधि

$\frac{7}{12} = \frac{7 \times 30}{12 \times 30} = \frac{210}{360}$

$\frac{5}{8} = \frac{5 \times 45}{8 \times 45} = \frac{225}{360}; \frac{11}{15} = \frac{11 \times 24}{15 \times 24} = \frac{264}{360}$

$\therefore$ $\frac{210}{360} < \frac{225}{360} < \frac{264}{360}$ या $\frac{7}{12} < \frac{5}{8} < \frac{11}{15}$

उदाहरण 23. $\frac{8}{15}, \frac{15}{24}, \frac{9}{20}$ व $\frac{17}{30}$ को आरोही क्रम में लिखिए।

(a) $\frac{9}{20}, \frac{17}{30}, \frac{15}{24}, \frac{8}{15}$ (b) $\frac{9}{20}, \frac{15}{24}, \frac{8}{15}, \frac{17}{30}$

(c) $\frac{9}{20}, \frac{8}{15}, \frac{17}{30}, \frac{15}{24}$ (d) $\frac{9}{20}, \frac{8}{15}, \frac{15}{24}, \frac{17}{30}$

हल *(c)* दशमलव में बदलने पर,

$\frac{8}{15} = 0.5\bar{3}, \frac{15}{24} = \frac{5}{8} = 0.625$

$\frac{9}{20} = 0.45, \frac{17}{30} = 0.5\bar{6}$

$\because$ $0.45 < 0.5\bar{3} < 0.5\bar{6} < 0.625$

अतः अभीष्ट आरोही क्रम $\frac{9}{20}, \frac{8}{15}, \frac{17}{30}, \frac{15}{24}$ होगा।

BODMAS का नियम

BODMAS के नियम (Law of BODMAS) को जानने से पूर्व हमें प्रमुख चिन्हों, जो इस नियम के अन्तर्गत आते हैं, का संक्षिप्त परिचय जान लेना चाहिए

जोड़	⟶	Addition	+
घटाव	⟶	Subtraction	−
गुणा	⟶	Multiplication	×
भाग	⟶	Division	÷
का	⟶	Of	×
रेखा कोष्ठक	⟶	Bar Bracket	−
छोटा कोष्ठक	⟶	Small Bracket	( )
मझला कोष्ठक	⟶	Curly Bracket	{ }
बड़ा कोष्ठक	⟶	Big Bracket	[ ]

उपरोक्त सभी चिन्हों को जब हम किसी गणितीय व्यंजक में एक निश्चित क्रम (BODMAS) में हल करते हैं, तो यह BODMAS का नियम कहलाता है। *यह क्रम निम्न प्रकार प्रयोग किया जाता है*

(i) B = Brackets → कोष्ठक खोलें (पहले 'बार', फिर 'छोटा', फिर 'मझला' और अन्त में 'बड़ा')

(ii) O = Of → 'का' को हटाकर उसके स्थान पर '×' (गुणा) करें

(iii) D = Division → भाग करें

(iv) M = Multiplication → गुणा करें

(v) A = Addition → जोड़ें

(vi) S = Subtraction → अन्त में घटाएँ

उदाहरण 24. $100+\overline{500-10}-80$ का मान होगा

(a) 505 (b) 510
(c) 610 (d) 680

हल *(b)* $100+\overline{500-10}-80 = 100+490-80$
$= 590-80 = 510$

उदाहरण 25. $1-[5-\{2+(-5+6-2)2\}]$ का मान है

(a) 8 (b) −5 (c) 6 (d) −4

हल *(d)* $? = 1-[5-\{2+(-5+4)2\}]$
$= 1-[5-\{2+(-1)2\}]$
$= 1-[5-\{2-2\}]$
$= 1-[5-0] = 1-5 = -4$

उदाहरण 26. $\frac{2}{3}\times\frac{3}{\frac{5}{6}\div1\frac{1}{4}\text{ का }\frac{2}{3}}$ का मान है

(a) 0 (b) 1
(c) 5 (d) 2

हल *(d)* $? = \frac{2}{3}\times\frac{3}{\frac{5}{6}\div\left(\frac{5}{4}\times\frac{2}{3}\right)} = \frac{2}{3}\times\frac{3}{\frac{5}{6}\div\frac{5}{6}} = \frac{2}{3}\times\frac{3}{1} = 2$

उदाहरण 27. यदि $9\oplus3 = 9+10+11, 11\oplus2 = 11+12$ तथा $11\oplus4 = 11+12+13+14$ हो, तो $p\oplus4$ का मान होगा?

(a) $p+q+r$ (b) $p+q+r+s+t$
(c) $p+q+r+s$ (d) $p+q+r+s+t+u$

हल *(c)* यहाँ दिया गया संकेत ⊕ अपनी पूर्व संख्या को एक-एक अंक की वृद्धि से उतनी बार तक आगे बढ़ाता है जितनी कि बाद वाली संख्या दी हुई है।
($\because$ p की अगली क्रमागत संख्याएँ q, r व s हैं)
अतः अभीष्ट प्रसार रूप $= p+q+r+s$

बीजगणितीय सूत्र

जब हम किसी व्यंजक को हल करते हैं, जोकि किसी बीजगणितीय सूत्र (Algebraic Formulae) के रूप में होता है, तब हम निम्न सूत्रों की सहायता से उन्हें हल करते हैं

1. $(a+b)^2 = a^2+b^2+2ab$

2. $(a-b)^2 = a^2+b^2-2ab$

3. $a^2-b^2 = (a+b)(a-b)$

4. $(a+b)^3 = a^3+b^3+3ab(a+b)$

5. $(a-b)^3 = a^3-b^3-3ab(a-b)$

6. $a^3+b^3 = (a+b)(a^2-ab+b^2)$

7. $a^3-b^3 = (a-b)(a^2+ab+b^2)$

8. $(a+b+c)^2 = a^2+b^2+c^2+2(ab+bc+ca)$

9. $a^3+b^3+c^3-3abc = (a+b+c)(a^2+b^2+c^2-ab-bc-ca)$

10. यदि $a+b+c=0$, तब $a^3+b^3+c^3 = 3abc$

उदाहरण 28. $2.5\times2.5\times2.5+1.5\times1.5\times1.5+3\times2.5\times1.5(2.5+1.5)$ का मान होगा

(a) 32 (b) 45 (c) 64 (d) 85

हल *(c)* माना $a = 2.5$ तथा $b = 1.5$
हम जानते हैं कि,
$a^3+b^3+3ab(a+b) = (a+b)^3$
$\therefore$ $2.5\times2.5\times2.5+1.5\times1.5\times1.5+3\times2.5\times1.5(2.5+1.5)$
$= (2.5+1.5)^3 = (4)^3 = 64$

उदाहरण 29. 24 तथा 20 के वर्गों का अन्तर क्या है?

(a) 176 (b) 200 (c) 225 (d) 289

हल *(a)* माना $a = 24$ तथा $b = 20$
हम जानते हैं कि,
$a^2-b^2 = (a+b)(a-b)$
$\therefore$ अभीष्ट अन्तर $= (24)^2-(20)^2$
$= (24+20)(24-20) = 44\times4 = 176$

सन्निकट मान

जब हम किसी संख्या का वास्तविक या यथार्थ मान न लिखकर उसके निकट आधार वाली संख्या के रूप में आसन्नतः मान लेकर लिखते हैं, तब यह मान संख्या का सन्निकट मान (Approximate Value) कहलाता है। संख्या के सन्निकट मान ज्ञात करते समय हम दहाई, सैकड़ा, हजार, लाख, ... इत्यादि स्थानों के निकटतम तक मान ज्ञात करते हैं।

जैसे— 589 को दहाई तक सन्निकट करने पर मान 600 आएगा।

उदाहरण 30. 25986 को सौ तक सन्निकट कीजिए।

(a) 25000 (b) 26000 (c) 25500 (d) 26500

हल *(b)* चूँकि यहाँ सैकड़ा का स्थान 986 है जो 500 से काफी अधिक है।
अतः 986 को 1000 मानकर शेष संख्या में जोड़ देते हैं।
$\therefore$ $25000+1000 = 26000$

उदाहरण 31. 892003 को हजार तक सन्निकट करने पर मान होगा

(a) 890000 (b) 892000 (c) 895000 (d) 90000

हल *(a)* चूँकि हजार के स्थान पर 2 तथा हजार तक कुल मान 2003 है।
अतः अभीष्ट मान 890000 होगा।

उदाहरण 32. संख्या 8986307 का सर्वाधिक उपयुक्त (लाखवाँ) सन्निकट मान है

(a) 8950000 (b) 9000000 (c) 8955600 (d) 9050000

हल *(b)* उपरोक्त में सर्वाधिक उपयुक्त सन्निकट मान 9000000 है, क्योंकि यह एक मानक आधार है, जो दी गई संख्या के आस-पास है।

अभ्यास प्रश्न

1. 78921092 का अन्तर्राष्ट्रीय पद्धति में नाम किस प्रकार लिखा जाएगा?
(a) अठहत्तर लाख बानवै हजार दस सौ बानवै
(b) सात करोड़ उनासी लाख इक्कीस हजार बानवै
(c) अठहत्तर मिलियन नौ सौ इक्कीस हजार बानवै
(d) सात करोड़ नवासी लाख इक्कीस हजार बानवै

2. 'पन्द्रह करोड़ सात सौ तीन' को अंकों में किस प्रकार लिखा जाएगा?
(a) 157003 (b) 1500703
(c) 1507003 (d) 150000703

3. सड़सठ मिलियन दो सौ पचपन हजार सड़सठ को अंकों में लिखिए।
(a) 67, 255, 067 (b) 67, 025, 567
(c) 67, 205, 567 (d) 67, 255, 670

4. 999 के पूर्ववर्ती की परवर्ती संख्या क्या होगी?
(a) 1000 (b) 997 (c) 998 (d) 999

5. आप LXIX को हिन्दू-अरेबिक पद्धति में कौन-सा संख्यांक लिखेंगे?
(a) 79 (b) 89 (c) 69 (d) 99

6. 98 को रोमन पद्धति में किस प्रकार लिखा जाएगा?
(a) IXXVIII (b) LXIX (c) XCVIII (d) IXCVIII

7. चार अंकों वाली वृहत्तम तथा न्यूनतम संख्याओं का योगफल है
(a) 9999 (b) 10000
(c) 10999 (d) 11999

8. संख्या 24 को रोमन अंकन प्रणाली में कैसे लिखा जाएगा?
(a) XXIII (b) IVXX (c) XXVI (d) XXIV

9. संख्या 1 से 40 तक की विषम संख्याओं का योग क्या होगा?
(a) 340 (b) 360 (c) 380 (d) 400

10. मोहन ने अपनी माँ से कहा कि उसकी गुल्लक में ग्यारह हजार ग्यारह सौ ग्यारह रुपये जमा हो गए हैं। यह धनराशि है
(a) ₹ 11111.00 (b) ₹ 12111.00
(c) ₹ 11121.00 (d) ₹ 111111.00

11. 999 तथा 3000 के बीच 4 अंकों वाली कितनी संख्याएँ हैं?
(a) 2001 (b) 2000 (c) 1999 (d) 1998

12. दस हजार + दस इकाई + दस दहाई बराबर है
(a) 10110 (b) 11010
(c) 10011 (d) 101010

13. 1715.271 में 7 स्थानीय मानों का अन्तर है
(a) 0 (b) 700
(c) 700.07 (d) 699.93

14. $128 \times 207 \times 12$ के गुणनफल में दहाई और सैकड़े की संख्याओं का योग क्या होगा?
(a) 12 (b) 16 (c) 14 (d) 10

15. गुणनफल 1025×125 में क्या जोड़ा जाए जिससे कि 145105 प्राप्त हो?
(a) 16980 (b) 15200 (c) 14850 (d) 16770

16. गुणनफल 2002×202 में से क्या घटाया जाए जिससे कि 200002 प्राप्त हो?
(a) 204402 (b) 240420
(c) 402402 (d) 420420

17. 15 इकाइयाँ + 20 दहाइयाँ + 12 सैकड़े बराबर हैं
(a) 1415 (b) 1522 (c) 2152 (d) 1154

18. 496 योग 318 का निकटतम सैकड़े में मान है
(a) 814 (b) 800 (c) 178 (d) 700

19. 1 से 100 तक की संख्याओं में अंक 0 कितनी बार आता है?
(a) 9 (b) 10 (c) 11 (d) 12

20. 1 से 30 तक की संख्याओं में अभाज्य संख्याएँ हैं
(a) 10 (b) 11 (c) 12 (d) 13

21. किसी विषम प्राकृतिक संख्या के परवर्ती तथा पूर्ववर्ती का गुणनफल हमेशा किस संख्या से विभाजित है?
(a) 3 (b) 4 (c) 6 (d) 8

22. 7 और 13 के बीच कितनी परिमेय संख्याएँ होंगी?
(a) 5 (b) 6 (c) अनन्त (d) 7

23. 1099999 की परवर्ती संख्या होगी
(a) 1099998 (b) 1199990
(c) 1000000 (d) 1100000

24. '489348 – 48365' को सौ तक सन्निकटन करने पर कितना मान आएगा?
(a) 440990 (b) 441000
(c) 440980 (d) 44098

25. एक चुनाव में सफल प्रत्याशी ने 577500 मत प्राप्त किए जबकि उसके निकटतम प्रतिद्वन्द्वी ने 348700 मत प्राप्त किए। बताइए सफल प्रत्याशी चुनाव में कितने मतों से जीता?
(a) 227800 (b) 208800
(c) 228800 (d) 228000

26. एक गाँव की कुल जनसंख्या 78692 है। इनमें से 29642 पुरुष हैं, 28167 महिलाएँ हैं तथा शेष बच्चे हैं, तो बच्चों की संख्या है
(a) 20883 (b) 21883
(c) 20893 (d) 20783

27. संख्या 5368795 में दोनों 5 के स्थानीय मान के अन्तर का दोगुना कितना है?
(a) 9999990 (b) 999999
(c) 4999995 (d) 999995

28. अन्तर्राष्ट्रीय संख्यांकन पद्धति में 40501238 को किस प्रकार पढ़ा जाएगा?
(a) चालीस मिलियन पाँच लाख बारह हजार दो सौ अड़तीस
(b) चार मिलियन पाँच सौ एक हजार दो सौ अड़तीस
(c) चालीस बिलियन पाँच सौ एक हजार दो सौ अड़तीस
(d) चालीस मिलियन पाँच सौ एक हजार दो सौ अड़तीस

29. हिन्दू-अरेबिक संख्यांकन पद्धति में द्विअंकीय व चार-अंकीय संख्याओं की संख्या का जोड़ कितना है?
(a) 90 + 9000 (b) 900 + 9000
(c) 999 + 9000 (d) 99 + 999

30. किसी मकान के निर्माण में '*दया कंस्ट्रक्शन एसोसिएट*' का बिल निम्न प्रकार है

सामान	मूल्य
प्लास्टिक पाइप	5363.50
नल एवं वार्शर	2419.75
सरिया	97005.00
जालियाँ	3500.50

इस बिल की कुल धनराशि कितनी है?
(a) 102887.50 (b) 102888.75
(c) 108288.75 (d) इनमें से कोई नहीं

31. किसी शॉपिंग मॉल से वर्णिका ने निम्न वस्तुएँ खरीदीं
(i) 12 फैन्सी चूड़ियाँ ₹ 15.50 प्रति चूड़ी की दर से
(ii) 2 टेलकम पाउडर ₹ 95.50 प्रति डिब्बे की दर से
(iii) 5 घड़ियाँ ₹ 495.50 प्रति घड़ी की दर से
उपरोक्त सभी सामानों का कुल कितना बिल बना?
(a) ₹ 2700.50
(b) ₹ 2854.50
(c) ₹ 3008.75
(d) उपरोक्त में से कोई नहीं

32. राजेश दिए गए अंकों 6, 2, 7, 4 व 3 से एक सबसे बड़ी संख्या बनाना चाहता है किन्तु प्रश्न की शर्त पर उसे प्रत्येक विषम संख्या दो बार तथा प्रत्येक सम संख्या एक बार प्रयुक्त करनी है। सही संख्या क्या होगी?
(a) 77644322 (b) 7664332
(c) 77664432 (d) 7764332

33. 645321 में 5 के स्थानीय मान तथा अंकित मान में क्या अन्तर होगा?
(a) 5 (b) 495
(c) 49995 (d) 4995

34. 501501501 को 11 से भाग करने पर भागफल होगा
(a) 1 (b) 0
(c) 6 (d) 4

35. 50 को आधे से विभाजित करो तथा 20 जोड़ो। इसमें से 35 घटाओ। तुम्हें क्या प्राप्त होगा?
(a) 10 (b) 85
(c) 15 (d) इनमें से कोई नहीं

36. निम्न में से सबसे बड़ी (महत्तम) संख्या कौन-सी है?
(a) $[2+2+2+2+2+2]^3$
(b) $[3+1+3+1+3]^2$
(c) $[1+0+1+1+0+1]^5$
(d) $[2+0+2+1]^4$

37. यदि 111111111 को 111 से भाग दिया जाए, तो भागफल होगा
(a) 111 (b) 10101
(c) 1001001 (d) इनमें से कोई नहीं

38. 231 और 596 को किस एक संख्या से गुणा करें कि दोनों गुणनफल बराबर हो जाएँ?
(a) 2 (b) 3
(c) 1 (d) 0

39. 0.0159 में 1 का स्थानीय मान है
(a) 1 (b) 1/10
(c) 1/100 (d) 1/1000

40. 4+4.44+0.04+44.4+444 का मान होगा
(a) 472.88 (b) 495.22
(c) 577.2 (d) इनमें से कोई नहीं

41. काजल एक घण्टे में एक किताब का $\frac{1}{3}$ भाग पढ़ती है। वह किताब को $2\frac{1}{5}$ घण्टे पढ़ती है। इस किताब का कितना भाग पढ़ने को शेष बचता है?
(a) $\frac{1}{3}$ (b) $\frac{1}{5}$ (c) $\frac{4}{15}$ (d) $\frac{7}{15}$

42. भाग के एक प्रश्न में, भाजक भागफल का 10 गुना है एवं शेषफल का 5 गुना है। यदि शेषफल 46 है, तो भाज्य होगा
(a) 5636 (b) 5566 (c) 5436 (d) 5336

43. $1\frac{1}{2}$ में कितने आधे हैं?
(a) 1 (b) 2
(c) 3 (d) इनमें से कोई नहीं

44. 1828218 को 18 से भाग करने पर शेषफल है
(a) 9 (b) 12 (c) 8 (d) 14

45. किसी दो अंकों की संख्या में दहाई का अंक इकाई के अंक से 4 अधिक है। दोनों अंकों का योग उस संख्या का $\frac{1}{7}$ है, तो इकाई के स्थान वाला अंक है
(a) 5 (b) 4 (c) 3 (d) 1

46. $\frac{12}{9}$ में कितने $\frac{1}{3}$ हैं?
(a) 6 (b) 4 (c) 5 (d) 3

47. विभाजन के एक प्रश्न में, रवि ने गलती से 3 के स्थान पर 8 से भाग दे दिया और उत्तर 15 प्राप्त किया। सही उत्तर होगा
(a) 24 (b) 31 (c) 40 (d) 48

48. यदि संख्या 62532915a, 6 से पूर्णतया विभाज्य है, तो 'a' के स्थान पर सबसे बड़ा अंक होगा
(a) 5 (b) 6 (c) 8 (d) 9

49. कोई दो अंकों की संख्या तथा उनके स्थान परिवर्तन से बनने वाली नई संख्या का योग 110 है। यदि उन अंकों का अन्तर 4 है, तो वह संख्या है
(a) 62 (b) 73 (c) 84 (d) 51

50. यदि किसी भिन्न के अंश में 4 की वृद्धि की जाए, तो भिन्न में $\frac{2}{3}$ की वृद्धि हो जाती है। भिन्न का हर क्या होगा?
(a) 6
(b) 7
(c) 8
(d) उपरोक्त में से कोई नहीं

51. किसी संख्या में 51 से भाग देने पर शेष 36 है, तो उस संख्या में 17 से भाग देने पर शेष होगा
(a) 2 (b) 3
(c) 7 (d) 1

52. 12401 को किसी संख्या से भाग देने पर भागफल 77 तथा शेषफल 4 बचता है। भाजक क्या है?
(a) 161 (b) 162 (c) 163 (d) 164

53. $\frac{0.1\times0.1\times0.1+0.02\times0.02\times0.02}{0.2\times0.2\times0.2+0.04\times0.04\times0.04}$ का मान है
(a) 1 (b) 0.025 (c) 0.25 (d) 0.125

54. $2\frac{3}{5}$ में कितने $\frac{1}{8}$ हैं?
(a) 20 (b) 15 (c) 16 (d) 12

55. संख्याओं 35 व 38 के वर्गों का अन्तर होगा
(a) 210 (b) 215 (c) 219 (d) 221

56. यदि एक संख्या से $\frac{1}{2}$ घटाया जाता है और तत्पश्चात् $\frac{1}{2}$ से गुणा किया जाता है, जिससे संख्या $\frac{1}{8}$ में बदल जाती है। वह संख्या है
(a) $\frac{3}{4}$ (b) $\frac{1}{4}$
(c) $\frac{4}{5}$ (d) $\frac{3}{5}$

57. दो भिन्नों के हर 5 व 7 हैं। इन भिन्नों का योग $\frac{41}{35}$ है और उनके अंशों को बदलने पर भिन्नों का योग $\frac{43}{35}$ हो जाता है, वे भिन्नें क्रमश: हैं
(a) $\frac{3}{5},\frac{4}{7}$ (b) $\frac{2}{5},\frac{4}{7}$
(c) $\frac{4}{7},\frac{2}{7}$ (d) $\frac{3}{5},\frac{5}{7}$

58. राजीव ने एक दिन किताब का $\frac{3}{8}$ भाग पढ़ा, शेष किताब का $\frac{4}{5}$ भाग दूसरे दिन पढ़ा। अब किताब के 30 पृष्ठ बच गए। किताब में कुल कितने पृष्ठ थे?
(a) 360 (b) 120 (c) 240 (d) 380

59. $\frac{5}{6}$ के हर में से कौन-सी संख्या घटाई जाए कि परिणामी भिन्न 1 हो जाए?
(a) 1 (b) 2 (c) 3 (d) 5

निर्देश (प्र.सं. 60 और 61) *निम्नलिखित संख्याओं का योगफल क्या होगा?*

60. 566 + 9378 + 79 + 8.999
(a) 10031.999
(b) 9931.999
(c) 10001.999
(d) उपरोक्त में से कोई नहीं

61. $2\frac{1}{2}$ का $3\frac{5}{2}+8\frac{3}{2}$ का $7\frac{7}{2}$
(a) $113\frac{1}{2}$ (b) $111\frac{1}{2}$
(c) 117.5 (d) इनमें से कोई नहीं

निर्देश (प्र.सं. 62 और 63) *निम्नलिखित संख्याओं का अन्तर क्या होगा?*

62. 999.336 – 5.007
(a) 8994.329 (b) 994.329
(c) 949.329 (d) इनमें से कोई नहीं

63. $\left(2\frac{1}{2}+5\frac{3}{2}\right)-\left(1\frac{1}{2}+3\frac{3}{2}\right)$
(a) 0 (b) 1 (c) 2 (d) 3

निर्देश (प्र.सं. 64 और 65) *निम्नलिखित प्रश्नों में प्रश्न चिन्ह (?) के स्थान पर क्या आएगा?*

64. $3034-(1002\div 20.04)=?$
(a) 3029 (b) 2984 (c) 2993 (d) 2543

65. $3.5\times 3.5+2\times 6.5\times 3.5+6.5\times 6.5=?$
(a) 10 (b) 100
(c) 200 (d) 1000

66. 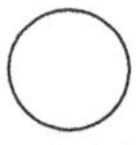 के एक इकाई वाले के तीन-चौथाई का आधा निम्नलिखित में से किससे दर्शाया जाएगा? (छायांकित भाग से गणना करें)

(a) 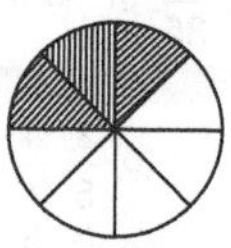 (b) 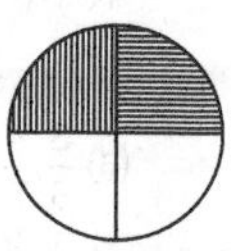
(c) 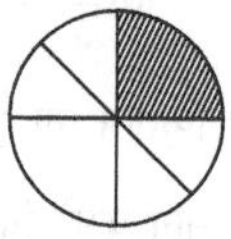 (d) 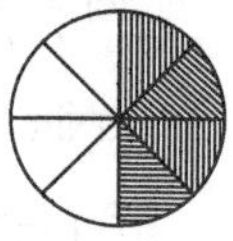

67. यदि 5 के पाँच-चौथाई का आधा 200 है, तो 5 के 20 गुने का मान क्या होगा?
(a) 6400 (b) 8000 (c) 1600 (d) 3200

68. शून्य में 60 का भाग देने पर भाज्य, भाजक, भागफल एवं शेषफल क्रमशः हैं
(a) 0, 60, 0, 0 (b) 60, 0, 1, 0
(c) 0, 60, 0, 1 (d) 60, 0, 0, 1

69. यदि संख्या 132943 के एक लाखवें व दस हजारवें स्थान वाले अंकों को परस्पर बदल दिया जाए, तो नई संख्या मूल संख्या से कितनी अधिक हो जाएगी?
(a) 180000 (b) 310000
(c) 290000 (d) 230000

70. यदि किसी संख्या का तीन-चौथाई 27 हो, तो उसका सातवाँ भाग लगभग कितना होगा?
(a) 5 (b) 7 (c) 9 (d) 10

71. हिन्दू-अरबी संख्यांकन पद्धति में 4-अंक वाली कितनी संख्याएँ हैं?
(a) 9999 (b) 9000
(c) 99 (d) 8999

72. 407928 को पढ़ा जाएगा
(a) चालीस हजार नौ सौ अट्ठाईस
(b) चार लाख सात हजार नौ सौ अट्ठाईस
(c) चार लाख उनासी हजार अट्ठाईस
(d) सैंतालिस हजार नौ सौ अट्ठाईस

73. निम्नलिखित में से कौन-सी महत्तम संख्या है?
(a) $[(2+2)^2]^2$ (b) $(2+2+2)^2$
(c) $(4)^2$ (d) $(2\times 2\times 2)^2$

74. एक शिक्षक कक्षा से ______ पर $\frac{1}{8}$ निरूपित करने के लिए कहता है। निम्नलिखित में से कौन-सा निरूपण गलत है?

(a) 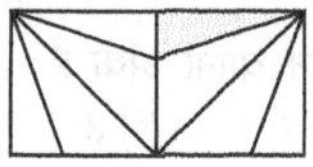
(b) 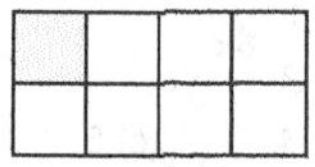
(c) 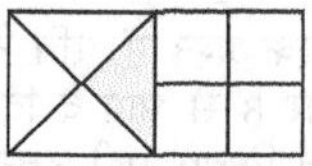
(d) 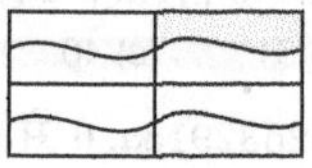

75. 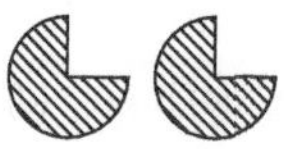 एक 'इकाई' का $\frac{3}{4}$ है, तो $1\frac{1}{2}$ क्या होगा?

(a) 
(b) 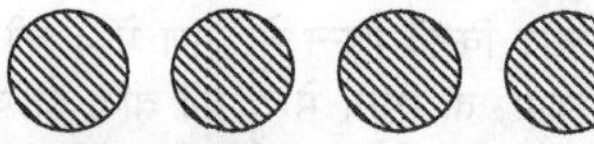
(c) 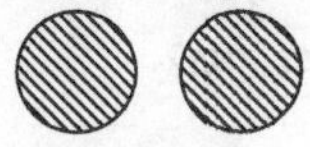
(d) 

76. संख्या 49532 का सन्निकट हजारवाँ मान होगा
(a) 41000 (b) 50000 (c) 49000 (d) 49500

77. 5671 और उसके अंकों को पलट देने पर प्राप्त संख्या का अन्तर है
(a) 4906 (b) 3916 (c) 7436 (d) 3906

78. 63606 में 6 स्थानीय मानों का योगफल है
(a) 60606 (b) 6606 (c) 6066 (d) 18

79. 19 हजार + 19 सैकड़े + 19 इकाइयाँ = ... के बराबर है।
(a) 21090 (b) 20919 (c) 19919 (d) 191919

80. निम्नलिखित में कौन-सा सही है?
(a) 1000 के परवर्ती का पूर्ववर्ती 1000 है
(b) 1000 के पूर्ववर्ती का पूर्ववर्ती 999 है
(c) 1000 के पूर्ववर्ती का परवर्ती 1001 है
(d) 1000 के पूर्ववर्ती का परवर्ती 1002 है

81. एक दुकान में 239 खिलौने हैं। सत्तर और खिलौने लाए गए। उनमें से 152 बिक गए। बचे हुए खिलौनों की संख्या थी
(a) 239 + 70 + 152 (b) 239 – 70 + 152
(c) 239 + 70 – 152 (d) 239 – 70 – 152

82. 3759×9573 के गुणनफल में दहाई अंक और इकाई अंक का योगफल है
(a) 7 (b) 9 (c) 16 (d) 0

83. निम्नलिखित में से किस विभाजन में, शेष उससे अधिक होगा जब आप 176 को 3 से विभाजित करते हैं?
(a) 174 ÷ 4 (b) 175 ÷ 3
(c) 176 ÷ 2 (d) 173 ÷ 5

84. यदि 567567567 को 567 से विभाजित किया जाता है, तो भागफल है
(a) 111 (b) 10101
(c) 1001001 (d) 3

85. $\frac{1}{2}$ में कितने $\frac{1}{8}$ हैं?
(a) 8 (b) 4 (c) 2 (d) 16

86. 2424 में 2 के स्थानीय मानों का योगफल है
(a) 2002 (b) 2020 (c) 4 (d) 220

87. गुणनफल 140×101 में क्या जोड़ा जाए जिससे कि 14414 प्राप्त हो?
(a) 278 (b) 346 (c) 364 (d) 274

88. 121012 को 12 से भाग करने पर शेषफल है
(a) 13 (b) 4 (c) 0 (d) 2

89. $\frac{2}{3}$ में कितने $\frac{1}{6}$ हैं?
(a) 4 (b) 6 (c) 2 (d) 3

90. एक चाकलेट के 12 बराबर भाग हैं। मंजू ने इसका एक-चौथाई भाग अंजू को, इसका एक-तिहाई भाग सुजाता को और इसका एक छठा भाग फिजा को दे दिया। मंजू के पास अब चाकलेट से बचे भाग हैं
(a) 3 (b) 4 (c) 1 (d) 2

91. संख्या 12345 में 3 के स्थानीय मान तथा अंकित मान में अन्तर है
(a) 305 (b) 0 (c) 295 (d) 297

92. 11 इकाइयाँ + 11 दहाइयाँ + 11 सैकड़े बराबर हैं
(a) 111111 (b) 144
(c) 1221 (d) 12321

93. 509 और 3028 का योग है
(a) 387 (b) 3537 (c) 3087 (d) 837

94. निम्नलिखित में से कौन-सा मुक्त अन्त वाला प्रश्न है?
(a) $\frac{2}{7}$ से 7 ज्यादा क्या है?
(b) 25, 71, 19, 9, 8, 17, 85 संख्याएँ आरोही क्रम में लिखिए
(c) कौन-सा बड़ा है? $\frac{1}{3}$ या $\frac{7}{5}$
(d) 2.7 से बड़ी कोई चार संख्याएँ लिखो

95. संख्या 90707 को 9 से भाग देने पर शेषफल है
(a) 7 (b) 3 (c) 5 (d) 6

96. 70560 में 5 और 6 के स्थानीय मानों का गुणनफल है
(a) 300 (b) 3000 (c) 30000 (d) 30

97. (10 दहाई + 11 सैकड़ा + 12 इकाई) बराबर है
(a) 1213 (b) 111012
(c) 101112 (d) 1212

98. गुणनफल 3001×101 में से क्या घटाया जाए जिससे कि 300311 प्राप्त हो?
(a) 2790 (b) 2090 (c) 2970 (d) 270

99. 3010301 को 43 से भाग करने पर भागफल है
(a) 70707 (b) 70007 (c) 7077 (d) 7007

100. 3488 को 12 से भाग करने पर प्राप्त शेषफल और 2478 को 11 से भाग करने पर प्राप्त शेषफल में अन्तर है
(a) 5 (b) 6 (c) 7 (d) 3

101. किसी पिज्जा का एक-चौथाई भाग रेनू ने खा लिया। शेष पिज्जा को 12 बच्चों में बराबर बाँट दिया गया। इनमें से प्रत्येक बच्चे को पिज्जा का कितना भाग मिला?
(a) $\frac{1}{16}$ (b) $\frac{1}{32}$ (c) $\frac{3}{16}$ (d) $\frac{1}{8}$

102. 35362 में 5 के स्थानीय मान तथा इसके अंकित मान में अन्तर है
(a) 0 (b) 495 (c) 4995 (d) 5005

103. 4-अंकों वाली सबसे बड़ी संख्या और 3-अंकों वाली सबसे छोटी संख्या का योगफल है
(a) 7000 (b) 9899 (c) 10099 (d) 10999

104. 10 इकाई + 10 दहाई + 10 हजार बराबर है
(a) 11100 (b) 101010 (c) 10110 (d) 11011

105. छब्बीस और छब्बीस शतांक को लिखा जाता है
(a) 2626 (b) 26.26 (c) 262.6 (d) 2.626

106. गुणनफल 1109×505 में से कौन सी संख्या घटाई जाए, ताकि 505050 प्राप्त हो
(a) 48485 (b) 55005 (c) 54995 (d) 59495

107. $19009 \div 11$ और $9090 \div 11$ से प्राप्त शेषफलों का गुणनफल है
(a) 4 (b) 5 (c) 8 (d) 12

108. $3\frac{1}{3}$ में कितने $\frac{1}{6}$ हैं?
(a) 12 (b) 15 (c) 18 (d) 20

109. 6251, 6521 और 5621 में 5 के स्थानीय मानों का योगफल है
(a) 550 (b) 15 (c) 5550 (d) 5050

110. निम्नलिखित कथनों में से कौन-सा कथन सही है?
(a) तीन विषम संख्याओं का गुणनफल एक सम संख्या है
(b) एक सम संख्या और एक विषम संख्या का अन्तर एक सम संख्या हो सकता है
(c) दो विषम संख्याओं और एक सम संख्या का योगफल एक सम संख्या है
(d) तीन विषम संख्याओं का योगफल एक सम संख्या है

111. गुणनफल 102×201 में से क्या घटाया जाए, ताकि 19999 प्राप्त हो?
(a) 503 (b) 602 (c) 103 (d) 401

112. 110111 को 11 से भाग देने पर प्राप्त भागफल व शेषफल का योगफल है
(a) 11011 (b) 11001 (c) 10101 (d) 10011

113. $\frac{6}{5}$ में कितने $\frac{1}{10}$ हैं?
(a) 8 (b) 5 (c) 12 (d) 10

114. रवि के पास तीन दर्जन चॉकलेट हैं। उसने उनका एक-तिहाई भाग अपने पड़ोसी को, एक-छठवाँ भाग रेहाना को और एक-चौथाई भाग अपनी बहन को दे दिया। उसके पास अब कितनी चॉकलेट बची हैं?
(a) 9 (b) 10 (c) 6 (d) 8

115. 56431 में 6 के स्थानीय मान तथा 4 के अंकित मान में अन्तर है
(a) 999 (b) 5600 (c) 5996 (d) 2

116. दस हजार + दस सौ + दस दहाई बराबर है
(a) 11110 (b) 11100 (c) 11010 (d) 101010

117. 12112 को 11 से और 13223 को 13 से भाग देने पर प्राप्त शेषफलों का योग है
(a) 3 (b) 4 (c) 5 (d) 2

118. किसी विद्यालय में 660 विद्यार्थी हैं। इन विद्यार्थियों का दो-तिहाई लड़के हैं। लड़कों की संख्या का तीन-चौथाई खिलाड़ी हैं और लड़कियों की संख्या का एक-चौथाई खिलाड़ी है। विद्यालय में कुल खिलाड़ियों की संख्या है
(a) 370 (b) 385 (c) 395 (d) 330

119. यदि (15201 में 5 का स्थानीय मान) + (2659 में 6 का स्थानीय मान) = 7 × .... है, तो रिक्त स्थान में संख्या है
(a) 90 (b) 900 (c) 80 (d) 800

120. यदि 112 इकाई + 12 हजार = 11012 +.....दहाई है, तो रिक्त स्थान में संख्या है
(a) 111 (b) 112 (c) 101 (d) 110

121. यदि $1001 \times 111 = 110000 + 11 \times ....$ है, तो रिक्त स्थान में संख्या है
(a) 121 (b) 211 (c) 101 (d) 111

122. यदि 26679 को 39 से भाग देने पर तथा 29405 को 34 से भाग देने पर प्राप्त शेषफलों के अन्तर को 18 से भाग दिया जाए, तो शेषफल होगा
(a) 8 (b) 9 (c) 3 (d) 5

123. सोनू के पास पाँच दर्जन टॉफियाँ हैं। उसने इनका $\frac{1}{3}$ भाग अमिता को, $\frac{2}{5}$ भाग अनिल को और $\frac{1}{12}$ भाग हमीदा को दे दिया। सोनू के पास बची टॉफियों की संख्या है
(a) 9 (b) 11 (c) 5 (d) 7

124. 29503 में 5 के स्थानीय मान तथा 32071 में 7 के अंकित मान में अन्तर है
(a) 430 (b) 493 (c) 2 (d) 43

125. यदि 30028 = 28 इकाई + 28 हजार + ... दहाई, तब रिक्त स्थान पर संख्या है
(a) 200 (b) 280 (c) 28 (d) 128

126. यदि $603 \times 28 = 63 \times 4 \times .....$, तब रिक्त स्थान पर संख्या है
(a) 63 (b) 67 (c) 21 (d) 28

127. एक संख्या सौ के आधे से छोटी है और 4 दहाई तथा 5 दहाई के बीच में है। इसके इकाई का अंक दहाई के अंक से एक कम है। यदि संख्या में अंकों के बीच 7 है, तो अंकों का गुणनफल है
(a) 20 (b) 24 (c) 12 (d) 16

128. जब 80808 को 108 से भाग देने पर प्राप्त शेषफल को 90909 को 109 से भाग देने पर प्राप्त शेषफल से भाग दिया जाता है, तब भागफल है
(a) 8 (b) 12 (c) 3 (d) 6

129. किसी विद्यालय में 360 विद्यार्थी हैं जिनमें दो-तिहाई लड़कियाँ हैं और शेष लड़के हैं। लड़कों की संख्या के तीन-चौथाई खिलाड़ी हैं। जो खिलाड़ी नहीं हैं, उन लड़कों की संख्या है
(a) 60 (b) 75 (c) 25 (d) 30

उत्तरमाला

1	(c)	2	(d)	3	(a)	4	(d)	5	(c)	6	(c)	7	(c)	8	(d)	9	(d)	10	(b)
11	(b)	12	(a)	13	(d)	14	(c)	15	(a)	16	(a)	17	(a)	18	(b)	19	(c)	20	(a)
21	(d)	22	(c)	23	(d)	24	(b)	25	(c)	26	(a)	27	(a)	28	(d)	29	(a)	30	(c)
31	(b)	32	(d)	33	(d)	34	(c)	35	(b)	36	(a)	37	(c)	38	(d)	39	(c)	40	(d)
41	(c)	42	(d)	43	(d)	44	(b)	45	(b)	46	(b)	47	(a)	48	(b)	49	(b)	50	(a)
51	(a)	52	(a)	53	(d)	54	(a)	55	(c)	56	(a)	57	(b)	58	(c)	59	(a)	60	(a)
61	(a)	62	(b)	63	(d)	64	(b)	65	(b)	66	(a)	67	(a)	68	(a)	69	(a)	70	(a)
71	(b)	72	(b)	73	(a)	74	(a)	75	(a)	76	(b)	77	(d)	78	(a)	79	(b)	80	(a)
81	(c)	82	(a)	83	(d)	84	(c)	85	(b)	86	(b)	87	(d)	88	(b)	89	(a)	90	(a)
91	(d)	92	(c)	93	(b)	94	(d)	95	(c)	96	(c)	97	(d)	98	(a)	99	(b)	100	(a)
101	(a)	102	(c)	103	(c)	104	(c)	105	(b)	106	(c)	107	(a)	108	(d)	109	(c)	110	(c)
111	(a)	112	(d)	113	(c)	114	(a)	115	(c)	116	(b)	117	(a)	118	(b)	119	(d)	120	(d)
121	(c)	122	(a)	123	(b)	124	(b)	125	(a)	126	(b)	127	(c)	128	(a)	129	(d)		

उत्तर हल सहित

1. (c) 78921092 को अन्तर्राष्ट्रीय संख्यांकन पद्धति में निम्न प्रकार लिखा जाएगा

78, 921, 092

⇒ अठहत्तर मिलियन नौ सौ इक्कीस हजार बानवे

2. (d) पन्द्रह करोड़ (अर्थात् दस करोड़ तक का स्थान)

द.क. क. द.ला. ला. द.ह. ह. सै. द. इ.

1 5 0 0 0 0 7 0 3

⇒ 150000703

3. (a) सड़सठ मिलियन दो सौ पचपन हजार सड़सठ = 67, 255, 067

4. (d) ∵ 998 की पूर्ववर्ती संख्या

= 999 − 1 = 998

∴ 998 की परवर्ती संख्या = 998 + 1 = 999

5. (c) LXIX को हिन्दू-अरेबिक पद्धति में निम्न प्रकार लिखा जाएगा

LXIX = 50 + 10 + 9 = 69

6. (c) 98 को रोमन पद्धति में निम्न प्रकार लिखा जाएगा

98 = (100 − 10) + 8 = 90 + 8

= XC + VIII = XCVIII

7. (c) चार अंकों वाली वृहत्तम (सबसे बड़ी) संख्या = 9999

चार अंकों वाली न्यूनतम (सबसे छोटी) संख्या = 1000

∴ संख्याओं का अभीष्ट योग = 9999 + 1000 = 10999

8. (d) संख्या 24 को रोमन अंकन प्रणाली में XXIV लिखा जाएगा।

9. (d) अभीष्ट योगफल $= \left(\frac{40}{2}\right)^2 = 400$

10. (b) गुल्लक में जमा धनराशि

= 11000 + 1100 + 11

= ₹ 12111.00

11. (b) 999 व 3000 के बीच चार अंकों वाली संख्याएँ

= {3000 − (तीन अंकों वाली संख्याएँ) } − 1

= (3000 − 999) − 1 = (2001) − 1 = 2000

12. (a) दस हजार = 10000

दस इकाई = 10

दस दहाई = 100

योग = 10110

13. (d) अभीष्ट अन्तर $= \frac{700000 - 70}{1000}$

$= \frac{699930}{1000} = 699.93$

14. (c) ∵ 128 × 207 × 12 = 317952

∴ अभीष्ट योग = 5 + 9 = 14

15. (a) माना x जोड़ने पर 145105 प्राप्त होगा।

तब प्रश्नानुसार, 1025 × 125 + x = 145105

⇒ 128125 + x = 145105

⇒ x = 145105 − 128125 = 16980

16. (a) माना घटाने पर 200002 प्राप्त होगा।

तब प्रश्नानुसार,

2002 × 202 − x = 200002

⇒ 404404 − x = 200002

⇒ x = 404404 − 200002 = 204402

17. (a) 15 इकाई = 15

20 दहाई = 200

12 सैकड़ा = 1200

योग = 1415

18. (b) 496 योग 318 = 496 + 318 = 814

∴ सैकड़े में निकटतम मान = 800

19. (c) ∵ 1 से 100 तक की वे संख्याएँ, जिनमें '0' आता है, निम्न हैं

10, 20, 30, 40, 50, 60, 70, 80, 90, 100

अतः 1 से 100 तक की संख्याओं में '0' आने की अभीष्ट संख्या = 11

20. (a) ∵ 1 से 30 तक की संख्याओं में अभाज्य संख्याएँ 2, 3, 5, 7, 11, 13, 17, 19, 23 तथा 29 हैं।

∴ अभीष्ट उत्तर = 10

21. (d) किसी भी विषम प्राकृतिक संख्या के परवर्ती तथा पूर्ववर्ती का गुणनफल हमेशा 8 से विभाजित होता है।

जैसे-

11

10 × 12 = 120 ÷ 8 = 15

22. (c) 7 तथा 13 के बीच अनन्त परिमेय संख्या होंगी।

23. (d) 1099999 की परिवर्ती संख्या

= 1099999 + 1 = 1100000

24. (b) 489348 − 48365 का मान = 440983

अतः सौ तक सन्निकट मान = 441000

25. (c) सफल प्रत्याशी द्वारा प्राप्त मत = 577500

तथा निकटतम प्रतिद्वन्द्वी के मत = 348700

जीते गए मतों का अन्तर = 577500 − 348700

= 228800

26. (a) $\because$ कुल जनसंख्या = 78692

पुरुष + महिला = 29642 + 28167
= 57809

अतः बच्चों की संख्या = 78692 − 57809
= 20883

27. (a) संख्या 5368795 में अंक 5 के स्थानीय मान क्रमशः 5000000 व 5 हैं।

$\therefore$ दोनों मानों में अन्तर = 5000000 − 5
= 4999995

अभीष्ट मान = अन्तर का दोगुना
= 4999995 × 2 = 9999990

28. (d) अन्तर्राष्ट्रीय संख्यांकन पद्धति में,
40, 501, 238 = चालीस मिलियन पाँच सौ एक हजार दो सौ अड़तीस

29. (a) द्विअंकीय कुल संख्याएँ = 99 − 9 = 90
चार अंकीय कुल संख्याएँ = 9999 − 999
= 9000

अतः अभीष्ट मान = 90 + 9000

30. (c) बिल की कुल धनराशि

5363.50
2419.75
97005.00
+ 3500.50
108288.75

अतः बिल की कुल धनराशि ₹ 108288.75 है।

31. (b) बिल की अभीष्ट धनराशि

12 × 15.50 =	186.00
2 × 95.50 =	191.00
5 × 495.50 =	2477.50
योग =	₹ 2854.50

अतः सभी सामानों का कुल बिल ₹ 2854.50 है।

32. (d) दिए गए अंक = 6, 2, 7, 4 व 3
विषम अंक = 7 तथा 3 जो दो-दो बार प्रयुक्त होंगे
सम अंक = 6, 2, 4 एक-एक बार प्रयुक्त होंगे
$\therefore$ सबसे बड़ी अभीष्ट संख्या = 7764332

33. (d) 645321 में 5 का स्थानीय मान = 5000
तथा 645321 में 5 का अंकित मान = 5
$\therefore$ अभीष्ट अन्तर = 5000 − 5 = 4995

34. (c) $\frac{501501501}{11} = 6$ (भागफल)

35. (b) प्रश्नानुसार,

$$50 \div \frac{1}{2} + 20 - 35 = 50 \times 2 + 20 - 35 = 120 - 35 = 85$$

36. (a) सभी विकल्पों की दी गई संख्याओं के मान निम्न प्रकार हैं

(a) $[2+2+2+2+2+2]^3 = (12)^3 = 1728$
(b) $[3+1+3+1+3]^2 = (11)^2 = 121$
(c) $[1+0+1+1+0+1]^5 = (4)^5 = 1024$
(d) $[2+0+2+1]^4 = (5)^4 = 625$

स्पष्ट है सबसे बड़ी संख्या विकल्प (a) की संख्या 1728 है।

37. (c) अभीष्ट भागफल
= 111111111 ÷ 111 = 1001001

38. (d) किन्हीं भी दो अलग-अलग मान वाली संख्याओं को '0' से गुणा करने पर दोनों संख्याएँ '0' हो जाती हैं।
अर्थात् $231 \times 0 = 596 \times 0 \Rightarrow 0 = 0$

39. (c) 0.0159 में 1 का स्थानीय मान = 0.01 $= \frac{1}{100}$

40. (d) 4 + 4.44 + 4.04 + 44.4 + 444 = 500.88

41. (c) काजल 60 मिनट में पढ़ती है $= \frac{1}{3}$ भाग

1 मिनट में पढ़ेगी $= \frac{1}{3 \times 60}$ भाग

132 मिनट में पढ़ेगी $= \frac{132}{3 \times 60} = \frac{11}{15}$ भाग

$\left(\because 2\frac{1}{5} \text{ घण्टे या } \frac{11}{5} \times 60 = 132 \text{ मिनट}\right)$

$\therefore$ शेष भाग $= 1 - \frac{11}{15} = \frac{4}{15}$

42. (d) भाज्य = भाजक × भागफल + शेषफल

$= (5 \times \text{शेषफल}) \times \frac{\text{भाजक}}{10} + 46$

$= \frac{5 \times 46 \times 5 \times 46}{10} + 46$

$= 23 \times 5 \times 46 + 46$

$= 5290 + 46 = 5336$

43. (d) $1\frac{1}{2}$ में आधा $= 1\frac{1}{2}$ का $\frac{1}{2} = \frac{3}{2} \times \frac{1}{2} = \frac{3}{4}$

44. (b)

```
18)1828218 (101567
   18
    28
    18
    102
     90
     121
     108
      138
      126
       12 = शेषफल
```

45. (b) माना इकाई का अंक x तथा दहाई का अंक $x+4$ है।
तब प्रश्नानुसार,

$$(x+4) + x = \frac{10(x+4) + x}{7}$$

$\Rightarrow (7x+28) + 7x = (10x+40) + x$

$\Rightarrow 14x - 11x = 40 - 28$

$\Rightarrow 3x = 12$

$\Rightarrow x = 4$

46. (b) माना $\frac{12}{9}$ में $x, \frac{1}{3}$ है।

$\therefore$ अभीष्ट संख्या $(x) = \frac{12/9}{1/3} = \frac{12}{9} \times \frac{3}{1} = 4$

47. (a) माना भाज्य x है।
तब प्रश्नानुसार,

$\frac{x}{3} - \frac{x}{8} = 15 \Rightarrow \frac{8x - 3x}{24} = 15$

$\Rightarrow 5x = 15 \times 24$

$\Rightarrow x = 24 \times 3 = 72$

अतः अभीष्ट उत्तर $= \frac{x}{3} = \frac{72}{3} = 24$

48. (b) दी गई संख्या में $a = 6$ रखने पर,

$\frac{625329156}{6} = 104221526$

49. (b) माना दो अंकों वाली संख्या = $10x + y$
तब प्रश्नानुसार,

$10x + y + 10y + x = 110$

$\Rightarrow x + y = 10$ ...(i)

तथा $x - y = 4$ ...(ii)

समी (i) व (ii) से, $x = 7, y = 3$

$\therefore$ अभीष्ट संख्या = 73

50. (a) माना भिन्न $= \frac{x}{y}$

तब प्रश्नानुसार, $\frac{x+4}{y} = \frac{x}{y} + \frac{2}{3}$

$\frac{x+4}{y} = \frac{3x + 2y}{3y}$

$\Rightarrow 3xy + 12y = 3xy + 2y^2$

$\Rightarrow 2y^2 = 12y$

$\therefore y = 6$

51. (a) चूँकि 51, 17 से पूर्ण विभक्त है। अतः शेष वही बचेगा जो 36 में 17 से भाग देने से बचता है और यह शेषफल 2 होगा।

52. (a) माना भाजक x है।
तब प्रश्नानुसार,

$77x \times 4 = 12401 \Rightarrow 77x = 12401 - 4$

$\Rightarrow 77x = 12397 \Rightarrow x = 161$

53. (d) माना $0.1 = a$ तथा $0.02 = b$

$\therefore \frac{0.1 \times 0.1 \times 0.1 + 0.02 \times 0.02 \times 0.02}{0.2 \times 0.2 \times 0.2 + 0.04 \times 0.04 \times 0.04}$

$= \frac{0.1 \times 0.1 \times 0.1 + 0.02 \times 0.02 \times 0.02}{8(0.1 \times 0.1 \times 0.1 + 0.02 \times 0.02 \times 0.02)}$

$= \frac{a^3 + b^3}{8(a^3 + b^3)} = \frac{1}{8} = 0.125$

54. (a) माना $2\frac{3}{5}$ में $x, \frac{1}{8}$ है।

$\therefore$ अभीष्ट संख्या $(x) = \frac{2\frac{3}{5}}{\frac{1}{8}} = \frac{\frac{13}{5}}{\frac{1}{8}}$

$= \frac{13}{5} \times \frac{8}{1} = \frac{104}{5} = 20$ (लगभग)

55. *(c)* अभीष्ट अन्तर $=(38)^2-(35)^2$

सूत्र $A^2-B^2=(A+B)(A-B)$ से,

$(38+35)(38-35)=73\times3=219$

56. *(a)* माना अभीष्ट संख्या x है।

तब प्रश्नानुसार,

$$\left(x-\frac{1}{2}\right)\times\frac{1}{2}=\frac{1}{8}$$

$$\Rightarrow \frac{(2x-1)}{2}\times\frac{1}{2}=\frac{1}{8}$$

$$\Rightarrow \frac{2x-1}{4}=\frac{1}{8}$$

$$\Rightarrow 2x-1=\frac{1}{2}$$

$$\Rightarrow 2x=\frac{1}{2}+1$$

$$\Rightarrow 2x=\frac{3}{2}\Rightarrow x=\frac{3}{4}$$

अतः वह संख्या $\frac{3}{4}$ होगी।

57. *(b)* माना पहली भिन्न का अंश x तथा दूसरी भिन्न का अंश y है

तब प्रश्नानुसार,

$$\frac{x}{5}+\frac{y}{7}=\frac{41}{35}$$

$$\Rightarrow 7x+5y=41 \quad \ldots(i)$$

तथा $$\frac{y}{5}+\frac{x}{7}=\frac{43}{35}$$

$$\Rightarrow 5x+7y=43 \quad \ldots(ii)$$

समी (i) व (ii) से,

$x=3$ तथा $y=4$

अतः अभीष्ट भिन्न $\frac{2}{5}$ तथा $\frac{4}{7}$ हैं।

58. *(c)* माना किताब में कुल x पृष्ठ हैं।

तब प्रश्नानुसार,

$$x-\left[\left(x\text{ का }\frac{3}{8}\right)+\left(x-\frac{3x}{8}\right)\text{का }\frac{4}{5}\right]=30$$

$$\Rightarrow x-\left(\frac{3x}{8}+\frac{5x}{8}\times\frac{4}{5}\right)=30$$

$$\Rightarrow x-\frac{7x}{8}=30$$

$$\Rightarrow 8x-7x=30\times8$$

$$\therefore x=240$$

59. *(a)* माना अभीष्ट संख्या x है।

तब प्रश्नानुसार, $\frac{5}{6-x}=1$

$$\Rightarrow 5=6-x$$

$$\therefore x=6-5=1$$

60. *(a)*

	566.000
	9378.000
	79.000
	+ 8.999
योग =	10031.999

61. *(a)* $2\frac{1}{2}$ का $3\frac{5}{2}=\frac{5}{2}\times\frac{11}{2}$ तथा $8\frac{3}{2}$ का $7\frac{7}{2}$

$$=\frac{19}{2}\times\frac{21}{2}$$

$$\therefore \text{अभीष्ट योग}=\frac{55}{4}+\frac{399}{4}=\frac{1}{4}(55+399)$$

$$=\frac{454}{4}=113.5=113\frac{1}{2}$$

62. *(b)* अभीष्ट अन्तर $=999.336-5.007$

$=994.329$

63. *(d)* दी गई संख्या के अलग-अलग पदों का मान $=2\frac{1}{2}+5\frac{3}{2}=(2+5)+\left(\frac{1}{2}+\frac{3}{2}\right)$

$=7+2=9$

तथा $1\frac{1}{2}+3\frac{3}{2}=(1+3)+\left(\frac{1}{2}+\frac{3}{2}\right)$

$=4+2=6$

$\therefore$ अभीष्ट अन्तर $=9-6=3$

64. *(b)* $?=3034-\frac{1002}{20.04}=3034-50=2984$

65. *(b)* $?=3.5\times3.5+2\times6.5\times3.5+6.5\times6.5$

$=(3.5+6.5)^2$

$[\because a^2+2ab+b^2=(a+b)^2]$

$=(10)^2=100$

66. *(a)* तीन-चौथाई का आधा $=\frac{3}{4}$ का $\frac{1}{2}=\frac{3}{8}$

$=8$ भाग में 3 भाग

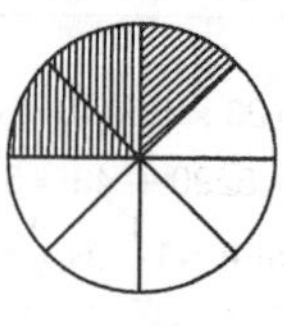

67. *(a)* $\because 5$ के पाँच-चौथाई का आधा $=200$

$\Rightarrow 5\times\frac{5}{4}\times\frac{1}{2}=200\Rightarrow25=1600$

$\therefore 5$ का 20 गुना अर्थात् $100=25\times4$

$=1600\times4=6400$

68. *(a)* शून्य में 60 से भाग देने पर,

भाजक $=60$, भाज्य $=0$, भागफल $=0$

शेषफल $=0$

$\therefore$ अभीष्ट मान $=0, 60, 0, 0$

69. *(a)* दी गई मूल संख्या $=132943$

प्रश्नानुसार, नई संख्या $=312943$

(लाखवें एवं दस हजारवें स्थान को बदलने पर)

$\therefore$ अभीष्ट मान $=312943-132943$

$=180000$

70. *(a)* माना अभीष्ट संख्या x है।

तब प्रश्नानुसार,

x का तीन-चौथाई $=27$

अर्थात् $x\times\frac{3}{4}=27\Rightarrow x=\frac{27\times4}{3}=36$

$\therefore$ संख्या का सातवाँ भाग $=\frac{36}{7}\approx5$

71. *(b)* चार अंकों की सबसे छोटी संख्या $=1000$

चार अंकों की सबसे बड़ी संख्या $=9999$

$\therefore$ चार अंकों की कुल संख्याओं की संख्या

$=(9999-1000)+1$

$=8999+1=9000$

72. *(b)* 407928 को निम्न प्रकार पढ़ा जाएगा-

चार लाख सात हजार नौ सौ अट्ठाईस

73. *(a)* **विकल्प (a)** $[(2+2)^2]^2=(4^2)^2$

$=(16)^2=256$

विकल्प (b) $(2+2+2)^2=(6)^2=36$

विकल्प (c) $(4)^2=16$

विकल्प (d) $(2\times2\times2)^2=(8)^2=64$

अतः दिए गए विकल्पों में से $[(2+2)^2]^2$ महत्तम संख्या है।

74. *(a)* $\frac{1}{8}$ को निरूपित करने के लिए एक आकृति को 8 बराबर भागों में से 1 भाग को रंगना होगा। आकृति (b), (c) एवं (d) $\frac{1}{8}$ को सही तरीके से निरूपित करती हैं, परन्तु आकृति 1 इसे सन्तुष्ट नहीं करती।

75. *(a)* 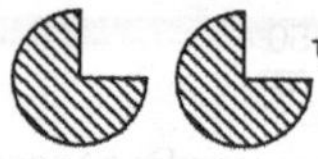 एक 'इकाई' का $\frac{3}{4}$ है।

मान लीजिए इकाई $=x$

$\therefore x$ का $\frac{3}{4}=2$

(चित्रों की संख्या में प्रयोग करने पर)

$$\Rightarrow x=\frac{2\times4}{3}\Rightarrow x=\frac{8}{3}$$

$\therefore x$ का $1\frac{1}{2}=\frac{8}{3}$ का $1\frac{1}{2}=\frac{8}{3}\times\frac{3}{2}=4$

अर्थात् 4 चित्र

76. *(b)* $\because$ 49532 से पहले और बाद के हजारवें मान 49000 एवं 50000 हैं।

$\therefore$ इन दोनों संख्याओं में से 49532 का सन्निकट मान 50000 है।

77. *(d)* दी गई मूल संख्या $=5671$

अंकों को पलटने पर प्राप्त संख्या $=1765$

$\therefore$ अभीष्ट अन्तर $=5671-1765=3906$

78. *(a)* 63606 में बाईं ओर से

पहले 6 का स्थानीय मान $=60000$

दूसरे 6 का स्थानीय मान $=600$

तीसरे 6 का स्थानीय मान $=6$

$\therefore$ अभीष्ट योगफल $=60000+600+6$

$=60606$

79. *(b)*

19 हजार	=	19000
19 सैकड़ा	=	1900
19 इकाई	=	19
योग	=	20919

80. *(a)* 1000 की परवर्ती संख्या
$= 1000 + 1 = 1001$
1001 की पूर्ववर्ती संख्या $= 1001 - 1 = 1000$

81. *(c)* ∵ कुल खिलौने = 239
और लाए गए खिलौने = +70
कुल खिलौनों का योग = 309
बेचे गए कुल खिलौने = 152
∴ शेष खिलौनों की संख्या $= 309 - 152$
उपरोक्त हल को हम निम्न प्रकार भी व्यक्त कर सकते हैं $239 + 70 - 152$

82. *(a)* 3759×9573 का गुणनफल = 35984907
यहाँ, इकाई का अंक = 7
तथा दहाई का अंक = 0
∴ अभीष्ट योगफल $= 0 + 7 = 7$

83. *(d)* 176 को 3 से विभाज्य करने पर,

3) 176 (58
15
26
24
2

यहाँ शेषफल 2 है।
विकल्प (d) से,

5) 173 (34
15
23
20
3

यहाँ शेषफल 3 है।
अतः $173 \div 5$ विभाजन में शेष उससे अधिक होगा जब हम 176 को 3 से विभाजित करते हैं।

84. *(c)* 567) 567567567 (1001001
56700
56756
56700
567
567
×

∴ अभीष्ट भागफल = 1001001

85. *(b)* माना $\frac{1}{2}$ में x, $\frac{1}{8}$ है।
तब, $\frac{1/2}{1/8} = x \Rightarrow \frac{1}{2} \times \frac{8}{1} = x \Rightarrow x = 4$

86. *(b)* 2424 में 2 का स्थानीय मान
$2 \times 10 = 20$
$2 \times 1000 = 2000$
∴ स्थानीय मानों का योगफल $= 2000 + 20$
$= 2020$

87. *(d)* ∵ $140 \times 101 = 14140$
प्रश्नानुसार, 14414 हो जाने के लिए 14140 में जोड़े जाने वाली संख्या $= 14414 - 14140$
$= 274$

88. *(b)* 12)121012 (10084
12
101
96
52
48
4 = शेषफल

89. *(a)* 2/3 में 1/6 की संख्या $= \frac{2/3}{1/6}$
$= \frac{2 \times 6}{1 \times 3} = 4$

90. *(a)* अंजू को मिला भाग $= 12 \times \frac{1}{4} = 3$
सुजाता को मिला भाग $= 12 \times \frac{1}{3} = 4$
फिजा को मिला भाग $= 12 \times \frac{1}{6} = 2$
तीनों को कुल दिए भाग $= 3 + 4 + 2 = 9$
मंजू के पास बचा भाग $= 12 - 9 = 3$

91. *(d)* ∵ 12345 में 3 का स्थानीय मान = 300
तथा 12345 में 3 का अंकित मान = 3
∴ अभीष्ट अन्तर $= 300 - 3 = 297$

92. *(c)*

11×100	(ग्यारह सैकड़ा)	=	1100
11×10	(ग्यारह दहाई)	=	110
11×1	(ग्यारह इकाई)	=	11
	योग	=	1221

93. *(b)*
3028
+ 509
योग = 3537

94. *(d)* मुक्त अन्त वाले प्रश्नों में प्रश्न के उत्तर स्वतन्त्रतापूर्वक (अपनी इच्छानुसार) किन्तु प्रश्न की सीमा में रहते हुए दिए जा सकते हैं। जैसे-5 से बड़ी कोई भी 3 संख्याएँ ज्ञात करने के लिए जरूरी नहीं कि 6, 7 व 8 ही हों 100, 200, 8.. इत्यादि कुछ भी लिया जा सकता है। अतः दिए गए उत्तर विकल्प (d) में 2.7 से बड़ी कोई चार संख्याएँ 2.8, 50, 100, ... इत्यादि कुछ भी ली जा सकती हैं जिससे मुक्त अन्त वाले प्रश्नों का सीधा सम्बन्ध है।

95. *(c)* 9)90707(10078
90
70
63
77
72
5 = शेषफल

96. *(c)* ∵ 70560 में 5 का स्थानीय मान = 500
तथा 70560 में 6 का स्थानीय मान = 60
∴ अभीष्ट गुणनफल $= 500 \times 60 = 30000$

97. *(d)* 10 दहाई + 11 सैकड़ा + 12 इकाई
$= 10 \times 10 + 11 \times 100 + 12 \times 1$
$= 100 + 1100 + 12 = 1212$

98. *(a)* माना $3001 \times 101 - x = 300311$
$\Rightarrow x = 3001 \times 101 - 300311$
$\therefore x = 303101 - 300311 = 2790$

99. *(b)* $3010301 \div 43 = 70007$

100. *(a)* $\frac{3488}{12} - \frac{2478}{11} =$
$290 \times 12 + 8 - 225 \times 11 + 3$
$= 8 - 3 = 5$
(∵ भाज्य = भागफल × भाजक + शेषफल)

101. *(a)* माना पूरा पिज्जा 1 है।
तब, रेनू द्वारा खाया गया भाग $= \frac{1}{4}$
∴ शेष पिज्जा $= 1 - \frac{1}{4} = \frac{3}{4}$
अब, भाग $\frac{3}{4}$ को 12 भागों में बाँटने पर प्राप्त भाग $= \frac{3}{4 \times 12} = \frac{3}{48} = \frac{1}{16}$

102. *(c)* 35362 में 5 का स्थानीय मान = 500
तथा 35362 में 5 का अंकित मान = 5
∴ अभीष्ट अन्तर $= 5000 - 5 = 4995$

103. *(c)* 4-अंकों वाली सबसे बड़ी संख्या = 9999
तथा 3-अंकों वाली सबसे छोटी संख्या = 100
∴ अभीष्ट योगफल $= 9999 + 100 = 10099$

104. *(c)*

10×1000	(दस हजार)	=	10000
10×10	(दस दहाई)	=	100
10×1	(दस इकाई)	=	10
	योग	=	10110

105. *(b)* ∵ एक शतांक = 0.01
∴ 26 शतांक = 0.26
अतः अभीष्ट संख्या $= 26 + 0.26 = 26.26$

106. *(c)* माना गुणनफल 1109×505 में से संख्या x घटाकर उत्तर 505050 प्राप्त होता है
तब, $1109 \times 505 - x = 505050$
$\Rightarrow x = 1109 \times 505 - 505050$
$\therefore x = 560045 - 505050 = 54995$

107. *(a)* 11)19009(1728
11
80
77
30
22
89
88
1 = शेषफल

11)9090(826
88
29
22
70
66
4 = शेषफल

अतः अभीष्ट गुणनफल $= 1 \times 4 = 4$

108. *(d)* माना $3\frac{1}{3}$ में x, $\frac{1}{6}$ हैं

तब, अभीष्ट संख्या $(x) = \frac{3\frac{1}{3}}{1/6} = \frac{10/3}{1/16}$

$= \frac{10}{3} \times \frac{6}{1} = 20$

109. *(c)* 6251 में 5 का स्थानीय मान = 50

6521 में 5 का स्थानीय मान = 500

5621 में 5 का स्थानीय मान = 5000

अत: 5 के स्थानीय मानों का योग

= 50 + 500 + 5000 = 5550

110. *(c)* 'दो विषम संख्याओं और एक सम संख्या का योगफल सदैव एक सम संख्या होता है' कथन सही है।

111. *(a)* माना 102×201 में से x घटाने पर 19999 प्राप्त है।

तब प्रश्नानुसार, $102 \times 201 - x = 19999$

$\Rightarrow 20502 - x = 19999$

$\Rightarrow x = 20502 - 19999 = 503$

112. *(d)* 11)110111(10010

11

011

11

1

∴ अभीष्ट योगफल = 10010 + 1 = 10011

113. *(c)* $\frac{6}{5} = \frac{12}{10}$

$= \frac{1}{10} + \frac{1}{10} + \frac{1}{10} + \frac{1}{10} + \frac{1}{10} + \frac{1}{10} + \frac{1}{10} + \frac{1}{10} + \frac{1}{10} + \frac{1}{10} + \frac{1}{10} + \frac{1}{10}$

∴ अभीष्ट उत्तर = 12

114. *(a)* रवि के पास बची चॉकलेट

$= 12 \times 3 - \left(\frac{36}{3} + \frac{36}{6} + \frac{36}{4}\right)$

$= 36 - (12 + 6 + 9)$

$= 36 - 27 = 9$

115. *(c)* 56431 में 6 का स्थानीय मान = 6000

तथा 56431 में 4 का अंकित मान = 4

∴ अभीष्ट अन्तर = 6000 − 4 = 5996

116. *(b)* प्रश्नानुसार,

10000 (दस हजार)

1000 (दस सौ)

+ 100 (दस दहाई)

योग = 11100

117. *(a)* 12112 को 11 से भाग देने पर प्राप्त शेषफल = 1

तथा 13223 को 13 से भाग देने पर प्राप्त शेषफल = 2

∴ अभीष्ट योगफल = 1 + 2 = 3

118. *(b)* विद्यालय में लड़कों की संख्या = 660 का $\frac{2}{3}$

$= 660 \times \frac{2}{3} = 440$

खिलाड़ी लड़कों की संख्या = 440 का $\frac{3}{4}$

$= 440 \times \frac{3}{4} = 330$

विद्यालय में लड़कियों की संख्या

= 660 − 440 = 220

विद्यालय में खिलाड़ी लड़कियों की संख्या = 220 का $\frac{1}{4}$

$= 220 \times \frac{1}{4} = 55$

∴ विद्यालय में कुल खिलाड़ियों की संख्या

= 330 + 55 = 385

119. *(d)* माना रिक्त स्थान पर आने वाली संख्या x है।

तब प्रश्नानुसार,

(15201 में 5 का स्थानीय मान)

+ 2659 में 6 का स्थानीय मान)

$= 7 \times x$

$\Rightarrow 5000 + 600 = 7 \times x$

$\Rightarrow 5600 = 7 \times x \Rightarrow x = 800$

120. *(d)* माना रिक्त स्थान पर संख्या x आएगी।

तब प्रश्नानुसार,

112 इकाई + 12 हजार = 11012 + x दहाई

$\Rightarrow 112 \times 1 + 12 \times 1000 = 11012 + x \times 10$

$\Rightarrow 112 + 12000 = 11012 + 10x$

$\Rightarrow 12112 = 11012 + 10x$

$\Rightarrow 10x = 12112 - 11012$

$\Rightarrow 10x = 1100 \Rightarrow x = 110$

121. *(c)* माना रिक्त स्थान पर आने वाली संख्या x है।

तब प्रश्नानुसार,

$1001 \times 111 = 110000 + 11 \times x$

$\Rightarrow 111111 = 110000 + 11 \times x$

$\Rightarrow 11 \times x = 111111 - 110000$

$\Rightarrow 11 \times x = 1111 \Rightarrow x = 101$

122. *(a)* 26679 को 39 से भाग देने पर प्राप्त शेषफल = 3

तथा 29405 को 34 से भाग देने पर प्राप्त शेषफल = 29

∴ प्राप्त शेषफलों का अन्तर = 29 − 3 = 26

तब, अभीष्ट शेषफल = 26 को 18 से भाग देने पर प्राप्त शेषफल = 8

123. *(b)* अमिता को दी गई टॉफियों की संख्या

$= 12 \times 5$ का $\frac{1}{3} = 20$

अनिल को दी गई टॉफियों की संख्या

$= 12 \times 5$ का $\frac{2}{5} = 24$

हमीदा को दी गई टॉफियों की संख्या

$= 12 \times 5$ का $\frac{1}{12} = 5$

सोनू के पास बची टॉफियों की संख्या

$= 12 \times 5 - (20 + 24 + 5)$

$= 60 - 49 = 11$

124. *(b)* 29503 में 5 का स्थानीय मान = 500

तथा 32071 में 7 का अंकित मान = 7

∴ अभीष्ट अन्तर = 500 − 7 = 493

125. *(a)* 28 इकाई = 28

28 हजार = 28000

योग = 28028

∴ शेष = 30028 − 28028

= 2000 = 200 दहाई

126. *(b)* ∵ $603 \times 28 = 63 \times 4 \times ?$

$\Rightarrow ? = \frac{603 \times 28}{63 \times 4} = 67$

127. *(c)* ∵ संख्या 40 से 50 के बीच में है तथा इकाई अंक दहाई से एक कम है।

अतः संख्या 43 होगी।

∴ अभीष्ट गुणनफल = 4 × 3

= 12

128. *(a)* $\frac{80808}{108} = 748\frac{24}{108}$

∴ शेषफल = 24

तथा $\frac{90909}{109} = 834\frac{3}{109}$

∴ शेषफल = 3

∴ अभीष्ट भागफल = $\frac{24}{3} = 8$

129. *(d)* लड़कों की संख्या = $\frac{1}{3} \times 360 = 120$

खिलाड़ी लड़कों की संख्या = $\frac{3}{4} \times 120 = 90$

∴ लड़के, जो खिलाड़ी नहीं हैं, उनकी संख्या

= 120 − 90 = 30

अध्याय 02

लघुत्तम समापवर्त्य एवं महत्तम समापवर्तक

अपवर्त्य

वे संख्याएँ, जो किसी दी गई संख्या से पूर्णतया विभाजित हो जाती हैं, उस दी गई संख्या के अपवर्त्य (Multiple) या गुणज कहलाती हैं।

जैसे— 3 के अपवर्त्य 3, 6, 9, 12, 15, 18, ... हैं।

उदाहरण 1. 7 के प्रथम पाँच अपवर्त्यों का योग क्या होगा?

(a) 105 (b) 135
(c) 140 (d) 153

हल *(a)* चूँकि 7 के प्रथम पाँच अपवर्त्य 7, 14, 21, 28 तथा 35 हैं।

$\therefore$ अभीष्ट योग $= 7 + 14 + 21 + 28 + 35 = 105$

उदाहरण 2. 50 तथा 100 के बीच 18 के अपवर्त्यों की कुल संख्या कितनी होगी?

(a) 2 (b) 3 (c) 4 (d) 5

हल *(b)* चूँकि 50 तथा 100 के बीच 18 के अपवर्त्य 54, 72 तथा 90 हैं।

$\therefore$ अपवर्त्यों की अभीष्ट संख्या = 3

अपवर्तक

वे संख्याएँ जो किसी दी गई संख्या को पूर्णतया विभाजित कर दें, उस दी गई संख्या के अपवर्तक (Factor) या गुणनखण्ड कहलाती हैं।

जैसे— 18 के अपवर्तक 1, 2, 3, 6, 9 तथा 18 हैं।

उदाहरण 3. 36 के अपवर्तकों (गुणनखण्डों) की संख्या क्या है?

(a) 10 (b) 9
(c) 12 (d) 15

हल *(b)* $\because$ 36 के अपवर्तक 1, 2, 3, 4, 6, 9, 12, 18 और 36 हैं।

$\therefore$ अपवर्तकों की कुल संख्या = 9

उदाहरण 4. (25 और 30 का सबसे छोटा सार्वगुणज) × (18 और 14 का सबसे बड़ा सार्वगुणनखण्ड) बराबर है

(a) 360 (b) 300 (c) 275 (d) 290

हल *(b)* $\because$ 25 के गुणज = 25, 50, 75, 100, 125, $\boxed{150}$, 175, ...

तथा 30 के गुणज = 30, 60, 90, 120, $\boxed{150}$, 180, 210, ...

अतः 25 व 30 का सबसे छोटा सार्वगुणज = 150

अब, 18 के गुणनखण्ड = 1, $\boxed{2}$, 3, 6, 9, 18

तथा 14 के गुणनखण्ड = 1, $\boxed{2}$, 7, 14

$\because$ 18 व 14 का गुणनखण्ड = 2

$\therefore$ अभीष्ट उत्तर $= 150 \times 2 = 300$

लघुत्तम समापवर्त्य (ल.स.)

दो या दो से अधिक संख्याओं का ल.स. (Least Common Multiple) (LCM) वह छोटी-से-छोटी संख्या है जो दी गई संख्याओं से पूर्णतया विभाजित हो जाए। जैसे— माना 6, 8 व 12 तीन संख्याएँ हैं, तब इन संख्याओं का ल.स. वह संख्या होगी जो इन तीनों से पूर्णतया विभाजित होगी। ऐसी संख्या 24 है, क्योंकि 24 में 6, 8 व 12 से भाग देने पर शेषफल शून्य बचेगा।

ल.स. ज्ञात करने की विधियाँ

ल.स. ज्ञात करने की निम्न दो विधियाँ हैं

1. गुणनखण्ड विधि

गुणनखण्ड विधि द्वारा ल.स. निम्न प्रकार ज्ञात करते हैं

(i) सर्वप्रथम, दी गई संख्याओं के गुणनखण्ड करते हैं।

जैसे— $6 = 2 \times 3 = 2^1 \times 3^1$, $8 = 2 \times 2 \times 2 = 2^3$,
$12 = 2 \times 2 \times 3 = 2^2 \times 3^1$

(ii) प्रत्येक संख्या के गुणजों से अधिकतम घात वाले गुणजों को लेकर उनकी परस्पर गुणा करते हैं।

यहाँ, 2 की सर्वाधिक घात 3 तथा 3 की सर्वाधिक घात 1 है, तब अभीष्ट गुणनफल $= 2^3 \times 3^1 = 8 \times 3 = 24$

(iii) प्राप्त गुणनफल ही दी गई संख्याओं का अभीष्ट ल.स. है।

उदाहरण 5. 15, 25 व 60 का ल.स. गुणनखण्ड विधि द्वारा ज्ञात कीजिए।

(a) 400 (b) 300 (c) 360 (d) 375

हल *(b)* यहाँ, $15 = 5 \times 3 = 5^1 \times 3^1$, $25 = 5 \times 5 = 5^2$,

$60 = 2 \times 2 \times 3 \times 5 = 2^2 \times 3^1 \times 5^1$

$\therefore$ 15, 25 व 60 का ल.स. $= 2^2 \times 3^1 \times 5^2 = 4 \times 3 \times 25 = 300$

2. भाग विधि

इस विधि में सर्वप्रथम संख्याओं को एक पंक्ति में लिखकर, उस न्यूनतम अभाज्य संख्या से भाग करते हैं, जो कम-से-कम दो संख्याओं को विभाजित करें। प्राप्त भागफलों व शेष संख्याओं को उसके नीचे दूसरी पंक्ति में पुन: लिखते हैं। इसी प्रकार विभाजन करते समय जब तक सभी संख्याएँ 1 अथवा अभाज्य न बच जाएँ, यह प्रक्रिया दोहराते रहते हैं। सभी अभाज्य संख्याओं का गुणनफल ही अभीष्ट ल.स. होता है।

जैसे— 16, 24, 36 व 54 का ल.स. निम्न प्रकार ज्ञात किया जाएगा

2	16,	24,	36,	54
2	8,	12,	18,	27
2	4,	6,	9,	27
2	2,	3,	9,	27
3	1,	3,	9,	27
3	1,	1,	3,	9
3	1,	1,	1,	3
	1	1,	1,	1

$\therefore$ अभीष्ट ल.स. = अभाज्य संख्याओं का गुणनफल

$= 2 \times 2 \times 2 \times 2 \times 3 \times 3 \times 3 = 432$

उदाहरण 6. 25, 60, 75 और 80 का ल.स. भाग विधि द्वारा ज्ञात कीजिए।

(a) 1200 (b) 1250 (c) 1380 (d) 1420

हल *(a)* 25, 60, 75 तथा 80 का ल.स.

2	25,	60,	75,	80
2	25,	30,	75,	40
2	25,	15,	75,	20
2	25,	15,	75,	10
3	25,	15,	75,	5
5	25,	5,	25,	5
5	5,	1,	5,	1
	1,	1,	1,	1

$= 2 \times 2 \times 2 \times 2 \times 3 \times 5 \times 5 = 1200$

उदाहरण 7. वह चार अंकीय सबसे बड़ी संख्या, जो 12, 15, 18 तथा 27 में से प्रत्येक द्वारा पूर्णतया विभाजित है, होगी

(a) 9690 (b) 9720 (c) 9930 (d) 9960

हल *(b)* $\because$ 12, 15, 18 तथा 27 का ल.स. = 540

तथा पाँच अंकों की सबसे छोटी संख्या = 10000

540 से 10000 को विभाजित करने पर, शेषफल = 280

$\therefore$ अभीष्ट संख्या $= 10000 - 280 = 9720$

उदाहरण 8. तीन चौराहों की ट्रैफिक लाइटें क्रमश: प्रत्येक 1 मिनट, 75 सेकण्ड और 90 सेकण्ड बाद बदलती हैं। यदि वे एकसाथ प्रात: 7:50 पर बदलें, तो वे पुन: एकसाथ कब बदलेंगी?

(a) प्रात: 7 : 59 (b) प्रात: 8 : 02

(c) प्रात: 8 : 05 (d) प्रात: 8 : 10

हल *(c)* $\because$ 1 मिनट = 60 सेकण्ड

$\therefore$ 60, 75 तथा 90 का ल.स. =

2	60,	75,	90
2	30,	75,	45
3	15,	75,	45
3	5,	25,	15
5	5,	25,	5
5	1,	5,	1
	1,	1,	1

$= 2 \times 2 \times 3 \times 3 \times 5 \times 5 = 900$

$\because$ 900 सेकण्ड $= \frac{900}{60}$ मिनट = 15 मिनट

$\therefore$ अभीष्ट समय = 7:50 + 0:15 = प्रात: 8 : 05

महत्तम समापवर्तक (म.स.)

वह बड़ी-से-बड़ी संख्या, जो दी गई संख्याओं को पूर्णतया विभाजित कर दे, उन संख्याओं का म.स. (Highest Common Factor) (HCF) कहलाती है। जैसे— 12, 18, 24 में यदि 6 से भाग दिया जाए, तो शेषफल शून्य बचता है। अत: 12, 18, 24 का म.स. 6 है।

म.स. ज्ञात करने की विधियाँ

म.स. ज्ञात करने की निम्न दो विधियाँ हैं

1. गुणनखण्ड विधि

गुणनखण्ड विधि द्वारा म.स. निम्न प्रकार ज्ञात करते हैं

(i) सर्वप्रथम, दी गई प्रत्येक संख्या के गुणनखण्ड करते हैं।

जैसे— माना संख्याएँ क्रमश: 12, 18 व 24 हैं, तब

$12 = 2 \times 2 \times 3$, $18 = 2 \times 3 \times 3$, $24 = 2 \times 2 \times 2 \times 3$

(ii) प्रत्येक अभाज्य गुणनखण्डों में से वे गुणनखण्ड चुनते हैं जो सभी संख्याओं में सम्मिलित हैं अथवा उभयनिष्ठ हैं।

यहाँ, दी गई संख्याओं में 2 और 3 उभयनिष्ठ हैं।

(iii) प्राप्त गुणनखण्डों का गुणनफल ही अभीष्ट म.स. है।

अत: अभीष्ट म.स. $= 2 \times 3 = 6$

उदाहरण 9. 36, 12 और 72 का म.स. गुणनखण्ड विधि द्वारा ज्ञात कीजिए।

(a) 18 (b) 17 (c) 12 (d) 20

हल *(c)* यहाँ, $36 = 2 \times 2 \times 3 \times 3 = 2^2 \times 3^2$,

$12 = 2 \times 2 \times 3 = 2^2 \times 3^1$,

$72 = 2 \times 2 \times 2 \times 3 \times 3 = 2^3 \times 3^2$

$\therefore$ अभीष्ट म.स. $= 2^2 \times 3^1 = 12$

2. भाग विधि

भाग विधि से म.स. निम्न प्रकार ज्ञात करते हैं—

(i) दी गई दो संख्याओं में से बड़ी संख्या को छोटी संख्या से विभाजित किया जाता है।

(ii) पुनः प्राप्त शेषफल द्वारा भाजक में भाग दिया जाता है।

(iii) यह क्रिया तब तक दोहराई जाती है, जब तक शेषफल शून्य न प्राप्त हो जाए।

(iv) अन्तिम भाजक ही दी गई दो संख्याओं का म.स. होता है।

(v) दो से अधिक संख्याओं का म.स. निकालने में पहले दो संख्याओं का म.स. ज्ञात किया जाता है तथा इस म.स. का तीसरी संख्या के साथ म.स. निकालते है। यह म.स. तीनों संख्याओं का अभीष्ट म.स. होता है।

जैसे— माना तीन संख्याएँ क्रमश: 12, 18 व 27 हैं।

अब, सबसे पहले कोई दो संख्याएँ लेंगे तथा छोटी संख्या से बड़ी संख्या में भाग देंगे।

```
12)18(1
   12
   6)12(2
     12
      ×
```

चूँकि अन्तिम भाजक 6 है। इसलिए संख्या 27 में 6 से पुनः भाग देंगे।

```
6)27(4
  24
  3)6(2
    6
    ×
```

यहाँ, अन्तिम भाजक 3 है। अतः अभीष्ट म.स. 3 होगा।

उदाहरण 10. 18, 24 और 87 का म.स. भाग विधि द्वारा ज्ञात कीजिए।

(a) 4 (b) 2 (c) 5 (d) 3

हल *(d)* अब,

```
6)87(14
  6
  27
  24
  3)6(2
    6
    ×
```

अतः अभीष्ट म.स. = 3

भिन्नों का ल.स. तथा म.स.

भिन्नों का ल.स. $= \frac{\text{अंशों का ल.स.}}{\text{हरों का म.स.}}$ भिन्नों का म.स. $= \frac{\text{अंशों का म.स.}}{\text{हरों का ल.स.}}$

उदाहरण 11. $\frac{5}{8}, \frac{5}{2}$ और $\frac{25}{48}$ का ल.स. ज्ञात कीजिए।

(a) $\frac{25}{2}$ (b) $\frac{28}{2}$ (c) $\frac{27}{2}$ (d) $\frac{15}{2}$

हल *(a)* $\frac{5}{8}, \frac{5}{2}, \frac{25}{48}$ का ल.स. $= \frac{5, 5, 25 \text{ का ल.स.}}{8, 2, 48 \text{ का म.स.}} = \frac{25}{2}$

उदाहरण 12. $\frac{3}{2}, \frac{15}{17}, \frac{12}{17}$ का म.स. ज्ञात कीजिए।

(a) $\frac{4}{17}$ (b) $\frac{3}{34}$ (c) $\frac{6}{15}$ (d) $\frac{9}{34}$

हल *(b)* $\frac{3}{2}, \frac{15}{17}, \frac{12}{17}$ का म.स.

$= \frac{3, 15, 12 \text{ का म.स.}}{2, 17, 17 \text{ का ल.स.}} = \frac{3}{34}$

दशमलव संख्याओं का ल.स. तथा म.स.

दशमलव संख्याओं का ल.स. तथा म.स. (LCM and HCF of Decimal Numbers) ज्ञात करने के लिए सबसे पहले हम दशमलव संख्याओं को भिन्न में बदलते हैं, तत्पश्चात् भिन्नों का ल.स./म.स. ज्ञात करते हैं।

उदाहरण 13. 3.6, 1.2 और 4.8 का ल.स. ज्ञात कीजिए।

(a) 14.4 (b) 1.44
(c) 144 (d) 1.044

हल *(a)* 3.6, 1.2 और 4.8 का ल.स.

$= \frac{36}{10}, \frac{12}{10}, \frac{48}{10}$ का ल.स.

$= \frac{36, 12, 48 \text{ का ल.स.}}{10, 10, 10 \text{ का म.स.}} = \frac{144}{10} = 14.4$

उदाहरण 14. 1.5, 2.5 और 6.5 का म.स. ज्ञात कीजिए।

(a) 0.5 (b) 0.2
(c) 0.4 (d) 6.6

हल *(a)* 1.5, 2.5 और 6.5 का म.स.

$= \frac{15}{10}, \frac{25}{10}, \frac{65}{10}$ का म.स.

$= \frac{15, 25, 65 \text{ का म.स.}}{10, 10, 10 \text{ का ल.स.}} = \frac{5}{10} = 0.5$

दो संख्याओं के ल.स. तथा म.स. में सम्बन्ध

यदि दो संख्याओं a और b के ल.स. तथा म.स. क्रमशः A तथा B हों, तो

$$a \times b = A \times B$$

अर्थात् संख्याओं का गुणनफल = ल.स. और म.स. का गुणनफल

उदाहरण 15. दो संख्याओं का ल.स. तथा म.स. क्रमशः 360 और 12 हैं। यदि एक संख्या 72 हो, तो दूसरी संख्या ज्ञात कीजिए।

(a) 52 (b) 65
(c) 60 (d) 80

हल *(c)* माना दूसरी संख्या = x

तब, संख्याओं का गुणनफल = ल.स. × म.स.

$\Rightarrow \quad x \times 72 = 360 \times 12$

$\therefore \quad x = \frac{360 \times 12}{72} = 60$

अभ्यास प्रश्न

1. संख्या 50 के सभी गुणनखण्डों का योग है
(a) 65 (b) 74
(c) 93 (d) 95

2. 48 के गुणनखण्डों की संख्या है
(a) 12 (b) 10
(c) 15 (d) 16

3. संख्या 70 के सभी गुणनखण्डों की संख्या है
(a) 2 (b) 4
(c) 5 (d) 7

4. 64 के सभी धनात्मक गुणनखण्डों का योग, जो 4 के गुणज हैं, निम्न है
(a) 124 (b) 135
(c) 142 (d) 152

5. संख्याओं 15, 18, 24 का ल.स. गुणनफल विधि से है
(a) 120 (b) 180
(c) 360 (d) 220

6. 40, 48 व 45 का ल.स. क्या होगा?
(a) 180 (b) 720
(c) 120 (d) 360

7. संख्याओं 24, 30, 36 का ल.स. भागफल विधि से होगा
(a) 360 (b) 240
(c) 180 (d) 120

8. संख्याओं 90, 60, 75 तथा 35 का लघुत्तम समापवर्त्य (ल.स.) है
(a) 2700 (b) 6300
(c) 4250 (d) 2750

9. 5 अंकों की वह छोटी-से-छोटी संख्या ज्ञात कीजिए जो 16, 24, 36 व 54 से पूर्णतया विभाजित हो जाए।
(a) 10368 (b) 10432
(c) 10560 (d) इनमें से कोई नहीं

10. वह छोटी से छोटी संख्या कौन-सी है जो पूर्ण वर्ग हो तथा 10, 12, 15, 18 से भी विभाज्य हो?
(a) 3600 (b) 2500
(c) 1600 (d) 900

11. चार अंकीय सबसे बड़ी वह संख्या जो 15, 18, 24 व 30 में से प्रत्येक से पूर्णतया विभाजित है, होगी
(a) 9930 (b) 9720
(c) 9540 (d) 9630

12. 12, 45 और 75 का म.स. क्या होगा?
(a) 6 (b) 15
(c) 5 (d) 3

13. गुणनखण्ड विधि द्वारा 6, 12 तथा 15 का म.स. है
(a) 2 (b) 4 (c) 5 (d) 3

14. संख्याओं 425 तथा 476 का महत्तम समापवर्तक (म.स.) है
(a) 4 (b) 5 (c) 17 (d) 51

15. 18, 24 तथा 36 का म.स. भागविधि द्वारा होगा
(a) 3 (b) 6 (c) 9 (d) 12

16. (25, 40 और 60 के न्यूनतम सार्वगुणज) × (12, 36 और 48 के न्यूनतम सार्वगुणज) बराबर है
(a) 46800 (b) 68400
(c) 86400 (d) 68480

17. 32, 64 और 128 के सबसे छोटे सार्वगुणज और सबसे बड़े सार्वगुणनखण्ड का योग है।
(a) 160 (b) 132
(c) 144 (d) 175

18. (8, 12 और 15 का सबसे छोटा सार्वगुणज) − (64 और 80 का सबसे बड़ा सार्वगुणनखण्ड) बराबर है
(a) 120 (b) 130
(c) 125 (d) 104

19. (36, 60 और 72 का सबसे छोटा सार्वगुणज) ÷ (18, 45 और 36 का सबसे बड़ा सार्वगुणनखण्ड) बराबर है
(a) 30 (b) 36
(c) 40 (d) 55

20. (15, 21 और 36 का सबसे छोटा सार्वगुणज) − (18, 20 और 30 का सबसे छोटा सार्वगुणज) बराबर है
(a) 1420 (b) 1080
(c) 1600 (d) 1440

21. 3.75 तथा 7.25 का ल.स. क्या होगा?
(a) 108.75 (b) 4.35
(c) 7.25 (d) 5.25

22. 1.2, 0.24 तथा 6 का म.स. क्या होगा?
(a) 0.12 (b) 0.24
(c) 0.36 (d) 0.48

23. $\frac{1}{3}, \frac{2}{9}, \frac{5}{6}$ तथा $\frac{4}{27}$ का ल.स. क्या है?
(a) $\frac{1}{54}$ (b) $\frac{10}{27}$
(c) $\frac{20}{3}$ (d) इनमें से कोई नहीं

24. (18, 20, 28 का सबसे बड़ा सार्वगुणनखण्ड) ÷ 2, का मान है
(a) 4 (b) 3 (c) 1 (d) 2

25. $\frac{1}{2}, \frac{3}{4}, \frac{5}{6}$ तथा $\frac{7}{8}$ का म.स. है
(a) $\frac{1}{24}$ (b) $\frac{1}{12}$ (c) $\frac{2}{25}$ (d) $\frac{1}{25}$

26. दो संख्याएँ 2 : 3 के अनुपात में हैं तथा इनका लघुत्तम समापवर्त्य 72 है। तब, इन दोनों संख्याओं का योग होगा
(a) 48 (b) 52 (c) 56 (d) 60

27. दो संख्याएँ 3 : 4 के अनुपात में हैं तथा इनका लघुत्तम समापवर्त्य 84 है। इनमें से बड़ी संख्या कौन-सी है?
(a) 21 (b) 24
(c) 28 (d) 84

28. दो संख्याओं का म.स. 11 तथा ल.स. 693 है। यदि एक संख्या 77 है, तो दूसरी संख्या होगी
(a) 66 (b) 35
(c) 99 (d) 68

29. तीन घण्टियाँ एकसाथ प्रात: 11 बजे बजती हैं। वे तीनों क्रमश: 20 मिनट, 30 मिनट तथा 40 मिनट के अन्तराल पर बजती हैं। तद्नुसार, वे पुन: एकसाथ किस समय बजेंगी?
(a) अपराह्न 2 बजे
(b) अपराह्न 1 बजे
(c) अपराह्न 1:15 बजे
(d) अपराह्न 1:30 बजे

30. तीन विभिन्न चौराहों पर लगी ट्रैफिक लाइटें क्रमश: 45 सेकण्ड, 55 सेकण्ड व 60 सेकण्ड के बाद बदलती हैं। यदि वे एक साथ प्रात: 8 : 35 पर बदलें, तो वे पुन: एकसाथ कब बदलेंगी?
(a) प्रात: 9 : 08 बजे
(b) प्रात: 9 : 00 बजे
(c) प्रात: 9 : 10 बजे
(d) प्रात: 9 : 12 बजे

31. संख्या 100 के सभी गुणनखण्डों का योगफल है
(a) 217 (b) 223 (c) 115 (d) 216

32. (12 और 16 का न्यूनतम सार्वगुणज) × (10 और 15 का न्यूनतम सार्वगुणज) बराबर है।
(a) 1440 (b) 480 (c) 960 (d) 720

33. 5, 10 और 35 के सबसे छोटे सार्वगुणज और सबसे बड़े सार्वगुणनखण्ड का अन्तर है
(a) 75 (b) 30 (c) 35 (d) 65

34. संख्या 105 के गुणनखण्डों की संख्या है
(a) 8 (b) 3 (c) 4 (d) 6

35. (36 और 60 का सबसे छोटा सार्वगुणज) ÷ (18 और 45 का सबसे बड़ा सार्वगुणनखण्ड) बराबर है
(a) 20 (b) 30 (c) 40 (d) 10

36. 42 के गुणनखण्डों की संख्या है
(a) 7 (b) 8 (c) 9 (d) 6

37. (4, 5 और 6 का सबसे छोटा सार्वगुणज) और (5, 6 और 9 का सबसे छोटा सार्वगुणज) का अन्तर है
(a) 30 (b) 45 (c) 48 (d) 60

38. 210 के धनात्मक गुणनखण्डों का योगफल है
(a) 576 (b) 575
(c) 573 (d) 366

39. (21 और 49 के बीच 7 के गुणजों का योगफल) ÷ (25 और 30 का सबसे बड़ा सार्वगुणनखण्ड) बराबर है
(a) 35 (b) 37 (c) 14 (d) 21

40. 96 के सभी धनात्मक गुणनखण्डों का योगफल है
(a) 251 (b) 252 (c) 155 (d) 156

41. 30, 36 और 42 के सबसे छोटे सार्वगुणज तथा सबसे बड़े सार्वगुणनखण्ड का गुणनफल है
(a) 7460 (b) 7660
(c) 7650 (d) 7560

42. 84 के सभी धनात्मक गुणनखण्डों का योग, जो 7 के गुणज हैं, निम्न है
(a) 113 (b) 189
(c) 196 (d) 112

43. यदि (36 और 48 के सार्वधनात्मक गुणनखण्डों का गुणनफल) $= 999 + 9 \times \ldots$ है, तो रिक्त स्थान में संख्या होगी
(a) 81 (b) 90 (c) 9 (d) 27

44. (36, 54 और 60 का सबसे छोटा सार्वगुणज) ÷ 90 बराबर है
(a) 10 (b) 12 (c) 5 (d) 6

45. (200 और 400 के बीच में 30, 45 तथा 60 का सबसे छोटा सार्वगुणज) ÷ (15, 24 तथा 45 का सबसे बड़ा सार्वगुणनखण्ड) बराबर है
(a) 120 (b) 180 (c) 60 (d) 90

उत्तरमाला

1	(c)	2	(b)	3	(b)	4	(a)	5	(c)	6	(b)	7	(a)	8	(b)	9	(a)	10	(d)
11	(b)	12	(d)	13	(d)	14	(c)	15	(b)	16	(c)	17	(a)	18	(d)	19	(c)	20	(b)
21	(a)	22	(b)	23	(c)	24	(c)	25	(a)	26	(d)	27	(c)	28	(c)	29	(b)	30	(a)
31	(a)	32	(a)	33	(d)	34	(b)	35	(a)	36	(b)	37	(a)	38	(a)	39	(d)	40	(b)
41	(d)	42	(c)	43	(a)	44	(d)	45	(a)										

उत्तर हल सहित

1. *(c)* ∵ 50 के गुणनखण्ड 1, 2, 5, 10, 25 और 50 हैं।
∴ गुणनखण्डों का योग
$= 1 + 2 + 5 + 10 + 25 + 50 = 93$

2. *(b)* ∵ 48 के गुणनखण्ड 1, 2, 3, 4, 6, 8, 12, 16, 24 और 48 हैं।
अतः गुणनखण्डों की संख्या = 10

3. *(b)* ∵ संख्या 70 के गुणनखण्ड 1, 2, 5 तथा 7 हैं।
∴ गुणनखण्डों की संख्या = 4

4. *(a)* ∵ 64 के गुणनखण्ड, जो 4 के गुणज हैं, 4, 8, 16, 32 तथा 64 हैं।
∴ अभीष्ट योग $= 4 + 8 + 16 + 32 + 64 = 124$

5. *(c)* यहाँ, $15 = 3 \times 5 = 3^1 \times 5^1$
$18 = 2 \times 3 \times 3 = 2^1 \times 3^2$
तथा $24 = 2 \times 2 \times 2 \times 3 = 2^3 \times 3^1$
∴ 15, 18 तथा 24 का ल.स.
$= 2^3 \times 3^2 \times 5^1 = 8 \times 9 \times 5 = 360$

6. *(b)* $40 = 2 \times 2 \times 2 \times 5 = 2^3 \times 5^1$
$48 = 2 \times 2 \times 2 \times 2 \times 3 = 2^4 \times 3^1$
$45 = 3 \times 3 \times 5 = 3^2 \times 5^1$
∴ अभीष्ट ल.स. $= 2^4 \times 3^2 \times 5^1 = 720$

7. *(a)* 24, 30, 36 का ल.स. =

2	24, 30, 36
2	12, 15, 18
2	6, 15, 9
3	3, 15, 9
3	1, 5, 3
5	1, 5, 1
	1, 1, 1

$= 2 \times 2 \times 2 \times 3 \times 3 \times 5 = 360$

8. *(b)* 90, 60, 75 तथा 35 का ल.स.

2	90, 60, 75, 35
2	45, 30, 75, 35
3	45, 15, 75, 35
3	15, 5, 25, 35
5	5, 5, 25, 35
5	1, 1, 5, 7
7	1, 1, 1, 7
	1, 1, 1, 1

∴ अभीष्ट ल.स.
$= 2 \times 2 \times 3 \times 3 \times 5 \times 5 \times 7$
$= 6300$

9. *(a)* माना 5 अंकों की छोटी-से-छोटी संख्या = 10000
16, 24, 36 तथा 54 का ल.स.
$= 2 \times 2 \times 2 \times 2 \times 3 \times 3 \times 3 = 432$
10000 में 432 से भाग देने पर शेषफल 64 आता है।
∴ अभीष्ट संख्या $= 10000 - 64 + 432 = 10368$

10. *(d)* 10, 12, 15 तथा 18 का ल.स.
$= 2 \times 2 \times 3 \times 3 \times 5$
∴ अभीष्ट संख्या
$= 2 \times 2 \times 3 \times 3 \times 5 \times 5 = 900$

11. *(b)* ∵ 15, 18, 24 व 30 का ल.स. = 360
तथा पाँच अंकों की सबसे छोटी संख्या = 10000
अब, 360 से 10000 को विभाजित करने पर, शेषफल = 280
∴ अभीष्ट संख्या
$= 10000 - 280 = 9720$

12. *(d)* यहाँ, $12 = 2 \times 2 \times 3$,

$45 = 3 \times 3 \times 5$,

$75 = 3 \times 5 \times 5$

अतः अभीष्ट म.स. = 3

(यहाँ, उभयनिष्ठ गुणनखण्ड मात्र 3 ही है)

13. *(d)* यहाँ, $6 = 2 \times 3$,

$12 = 2 \times 2 \times 3$, तथा $15 = 3 \times 5$

∵ यहाँ पर संख्या 3 उभयनिष्ठ है।

∴ 6, 12, 15 का म.स. = 3

14. *(c)* ∵ $425 = 5 \times 5 \times 17$

तथा $476 = 2 \times 2 \times 7 \times 17$

∴ अभीष्ट म.स. = 17

15. *(b)* सबसे पहले किन्हीं दो संख्याओं को भाग करने पर,

18) 24 (1
18
6)18 (3
18
×

चूँकि अन्तिम भाजक 6 है। इसलिए संख्या 36 में 6 से पुनः भाग देंगे।

6) 36 (6
36
×

यहाँ, अन्तिम भाजक 6 है

∴ अभीष्ट म.स. = 6

16. *(c)* 25, 40, 60 का न्यूनतम सार्वगुणज = 600

12, 36 और 48 का न्यूनतम सार्वगुणज = 144

∴ अभीष्ट संख्या = $600 \times 144 = 86400$

17. *(a)* $32 = 2 \times 2 \times 2 \times 2 \times 2 = 2^5$

$64 = 2 \times 2 \times 2 \times 2 \times 2 \times 2 = 2^6$

$128 = 2 \times 2 \times 2 \times 2 \times 2 \times 2 \times 2 = 2^7$

∴ सार्वगुणज = $2^7 = 128$

32)64(2
64
×
32)128(4
128
×

∴ सार्वगुणनखण्ड = 32

∴ अभीष्ट योग = $128 + 32 = 160$

18. *(d)*

2	8, 12, 15
2	4, 6, 15
2	2, 3, 15
3	1, 3, 15
5	1, 1, 5
	1, 1, 1

∴ 8, 12 और 15 का सबसे छोटा सार्वगुणज $= 2 \times 2 \times 2 \times 3 \times 5 = 120$

64 और 80 का सबसे बड़ा सार्वगुणनखण्ड = 16

∴ अभीष्ट अन्तर = $120 - 16 = 104$

19. *(c)* 36, 60, 72 का सबसे छोटा सार्वगुणज = 360

18, 45, 36 का सबसे बड़ा सार्वगुणनखण्ड = 9

∴ अभीष्ट संख्या = $\frac{360}{9} = 40$

20. *(b)* 15, 21, 36 का सबसे छोटा सार्वगुणज = 1260

18, 20, 30 का सबसे छोटा सार्वगुणज = 180

∴ अभीष्ट अन्तर = $1260 - 180 = 1080$

21. *(a)* 3.75 तथा 7.25 का ल.स.

$= \frac{375}{100}$ तथा $\frac{725}{100}$ का ल.स.

$= \frac{15}{4}$ तथा $\frac{29}{4}$ का ल.स.

$= \frac{15 \text{ तथा } 29 \text{ का ल.स.}}{4 \text{ तथा } 4 \text{ का म.स.}}$

$= \frac{435}{4} = 108.75$

22. *(b)* 1.2, 0.24 तथा 6 का म.स.

$= \frac{12}{10}, \frac{24}{100}$ तथा $\frac{6}{1}$ का म.स.

$= \frac{6}{5}, \frac{6}{25}$ तथा $\frac{6}{1}$ का म.स.

$= \frac{6, 6 \text{ तथा } 6 \text{ का म.स.}}{5, 25 \text{ तथा } 1 \text{ का ल.स.}}$

$= \frac{6}{25} = 0.24$

23. *(c)* $\frac{1}{3}, \frac{2}{9}, \frac{5}{6}$ तथा $\frac{4}{27}$ का ल.स.

$= \frac{1, 2, 5 \text{ तथा } 4 \text{ का ल.स.}}{3, 9, 6 \text{ तथा } 27 \text{ का म.स.}} = \frac{20}{3}$

24. *(c)* 18, 20 तथा 28 का म.स. = 2

∴ अभीष्ट मान = $\frac{2}{2} = 1$

25. *(a)* $\frac{1}{2}, \frac{3}{4}, \frac{5}{6}$ तथा $\frac{7}{8}$ का म.स.

$= \frac{1, 3, 5 \text{ तथा } 7 \text{ का म.स.}}{2, 4, 6 \text{ तथा } 8 \text{ का ल.स.}}$

$= \frac{1}{24}$

26. *(d)* माना दोनों संख्याएँ क्रमशः $2x$ तथा $3x$ हैं।

तब, $2 \times 3 \times x = 72$

⇒ $6x = 72$ ⇒ $x = 12$

∴ संख्याएँ क्रमशः 2×12 तथा 3×12 हैं

अर्थात् संख्याएँ 24 तथा 36 हैं

∴ इन संख्याओं का योग = $24 + 36 = 60$

27. *(c)* माना दोनों संख्याएँ क्रमशः $3x$ तथा $4x$ हैं।

तब, $3x$ तथा $4x$ का ल.स. = $12x$

⇒ $84 = 12x$

∴ $x = 7$

तब, बड़ी संख्या = $4x = 4 \times 7 = 28$

28. *(c)* ∵ पहली संख्या × दूसरी संख्या = म.स. × ल.स.

⇒ $77 \times$ दूसरी संख्या = 11×693

∴ दूसरी संख्या = $\frac{11 \times 693}{77} = 99$

29. *(b)* ∵ 20, 30 व 40 का ल.स. = 120 मिनट

अतः वे तीनों घण्टियाँ एकसाथ 120 मिनट पश्चात् अर्थात् 2 घण्टे बाद अपराह्न 1 बजे एकसाथ बजेंगी।

30. *(a)* ∵ 45, 55 व 60 का ल.स. = 1980

∴ 45 सेकण्ड, 55 सेकण्ड तथा 60 सेकण्ड का ल.स. = 1980 सेकण्ड

∵ 1980 सेकण्ड = $\frac{1980}{60}$ मिनट

= 33 मिनट

∴ अभीष्ट समय = 8 : 35 + 0 : 33

= 8 : 68

= 9 : 08 प्रातः

31. *(a)* 100 के गुणनखण्ड निम्न हैं

$1 \times 100 = 1$,

$2 \times 50 = 2$,

$4 \times 25 = 4$,

$5 \times 20 = 5$,

$10 \times 10 = 10$,

$20 \times 5 = 20$,

$25 \times 4 = 25$,

$50 \times 2 = 50$,

$100 \times 1 = 100$

∴ गुणनखण्डों का योग

$= 1 + 2 + 4 + 5 + 10 + 20 + 25 + 50 + 100$

$= 217$

32. *(a)* 12 तथा 16 का न्यूनतम सार्वगुणज

$= 2 \times 2 \times 2 \times 2 \times 3 = 48$

10 तथा 15 का न्यूनतम सार्वगुणज

$= 2 \times 5 \times 3 = 30$

प्रश्नानुसार,

(12 तथा 16 का न्यूनतम सार्वगुणज)

× (10 तथा 15 का न्यूनतम सार्वगुणज)

$= 48 \times 30 = 1440$

33. *(d)*

2	5, 10, 35
5	5, 5, 35
7	1, 1, 7
	1, 1, 1

5, 10 और 35 का लघुत्तम सार्वगुणज

$= 2 \times 5 \times 7 = 70$

5, 10 और 35 का महत्तम सार्वगुणनखण्ड

$= 5, 2 \times 5, 5 \times 7 = 5$

अतः अभीष्ट अन्तर $= 70 - 5 = 65$

34. *(b)* 105 के गुणनखण्डों की संख्या निम्न प्रकार है

3	10
	5
5	35
7	7
	1

= 3, 5, 7

अतः संख्या 105 के गुणनखण्डों की कुल संख्या 3 है।

35. *(a)* ∵ 36 के गुणज

= 36, 72, 108, 144, [180], 216

60 के गुणज= 60, 120, [180], 240, 300, 3600

अतः 36 तथा 60 का सबसे छोटा सार्वगुणज

= 180

अब, 18 के गुणनखण्ड = 2, 3, 6, [9], 18

तथा 45 के गुणनखण्ड = 3, 5, [9], 15, 45

अतः 18 तथा 45 का सबसे बड़ा सार्वगुणनखण्ड = 9

प्रश्नानुसार, $180 \div 9 = 20$

36. *(b)* 42 के गुणनखण्ड निम्न हैं

1, 2, 3, 6, 7, 14, 21, 42

∴ गुणनखण्डों की अभीष्ट संख्या = 8

37. *(a)* 4, 5 व 6 का सबसे छोटा सार्वगुणज = 60

5, 6, व 9 का सबसे छोटा सार्वगुणज = 90

∴ अभीष्ट अन्तर $= 90 - 60 = 30$

38. *(a)* 210 के गुणनखण्ड निम्न हैं

$1 \times 210 = 1 + 210 = 211$

$2 \times 105 = 2 + 105 = 107$

$3 \times 70 = 3 + 70 = 73$

$5 \times 42 = 5 + 42 = 47$

$6 \times 35 = 6 + 35 = 41$

$7 \times 30 = 7 + 30 = 37$

$10 \times 21 = 10 + 21 = 31$

$14 \times 15 = 14 + 15 = 29$

∴ गुणनखण्डों का योगफल

$= 211 + 107 + 73 + 47 + 41 + 37 + 31 + 29$

$= 576$

39. *(d)* 21 और 49 के बीच 7 के गुणजों का योगफल $= 28 + 35 + 42 = 105$

25 और 30 का सबसे बड़ा सार्वगुणनखण्ड = 5

∴ अभीष्ट उत्तर $= \frac{105}{5} = 21$

40. *(b)* 96 के धनात्मक गुणनखण्ड

$= (96 \times 1), (48 \times 2), (32 \times 3), (24 \times 4), (16 \times 6), (12 \times 8)$

∴ अभीष्ट योगफल

$= 96 + 1 + 48 + 2 + 32 + 3 + 24 + 4 + 16 + 6 + 12 + 8$

$= 252$

41. *(d)* ∵ 30, 36 और 42 का सबसे छोटा सार्वगुणज (ल.स.) = 1260

तथा 30, 36 और 42 का सबसे बड़ा सार्वगुणनखण्ड (म.स.) = 6

∴ अभीष्ट गुणनफल $= 1260 \times 6 = 7560$

42. *(c)* 84 के सभी धनात्मक गुणनखण्ड, जो 7 के गुणज हैं

= 7, 14, 21, 28, 42 तथा 84

∴ अभीष्ट योगफल

$= 7 + 14 + 21 + 28 + 42 + 84 = 196$

43. *(a)* 36 = (2), (3), (4), (6), 9, (12), 18, 36

48 = (2), (3), (4), (6), 8, (12), 24, 48

तब, 36 और 48 के सार्वधनात्मक गुणनखण्डों का गुणनफल

$= 2 \times 3 \times 4 \times 6 \times 12 = 1728$

अब माना रिक्त स्थान पर आने वाली संख्या x है।

तब प्रश्नानुसार,

$999 + 9 \times x = 1728$

$\Rightarrow \quad 9x = 729$

$\therefore \quad x = 81$

44. *(d)* ∵ 36, 54 और 60 का सबसे छोटा सार्वगुणज (ल.स.) = 540

∴ अभीष्ट संख्या $= \frac{540}{90} = 6$

45. *(a)* 30, 45 तथा 60 का ल.स. = 180

$= 180 \times 2 = 360$ (200 और 400 के बीच) 15, 24 और 45 का म.स. = 3

∴ अभीष्ट संख्या $= \frac{360}{3} = 120$

अध्याय 03

मापन प्रणाली

इकाइयाँ

गणित में सभी प्रकार की गणनाएँ इकाइयों (Units) के आधार पर की जाती हैं। जैसे—लम्बाई, भार, समय आदि। किसी संख्या के साथ जब इकाइयाँ प्रदर्शित की जाती हैं, तब वह संख्या लम्बाई, भार तथा समय के मान को व्यक्त करती है। इकाई से रहित अनुप्रायोगिक संख्या का कोई अर्थ नहीं होता। इसलिए गणित के प्रश्नों में इकाइयों का प्रयोग करना आवश्यक है। हमारे दैनिक कार्यों में भी इकाइयों का विशेष महत्त्व है।

वस्तुओं को गिनने की इकाइयाँ

- 2 इकाई = 1 जोड़ा
- 16 इकाई = 1 सीढ़ी
- 20 इकाई = 1 स्कोर (कोड़ी)
- 12 इकाई = 1 दर्जन
- 24 सीट = 1 दस्ता

मीट्रिक प्रणाली

माप एवं इकाइयों का अध्ययन मुख्य रूप से मीट्रिक प्रणाली में किया जाता है। माप की मीट्रिक प्रणाली (Metric System) मुख्यतया दशमलव प्रणाली है। इस प्रणाली में लम्बाई (Length), भार (Weight), समय (Time), क्षेत्रमिति (Mensuration) आदि की विभिन्न इकाइयाँ (Units) परस्पर दशमलव सम्बन्ध से जुड़ी होती हैं।

अत: मीट्रिक प्रणाली का अर्थ उस प्रणाली से है जिसमें माप का आधार मीटर (Metre) होता है। विश्व के अधिकांश देशों में मानक इकाइयों की मीट्रिक प्रणाली प्रचलित है और व्यावहारिक रूप से सभी वैज्ञानिक कार्यों में इसका प्रयोग किया जाता है।

मीट्रिक प्रणाली की मुख्य इकाइयों के अन्तर्राष्ट्रीय नाम इस प्रकार हैं

- लम्बाई (Length) = 1 मीटर (Metre, m)
- भार (Weight) = 1 ग्राम (Gram, gm)
- समय (Time) = 1 सेकण्ड (Second, sec)
- क्षेत्रफल (Area) = 1 वर्ग सेमी (sq cm) या 1 वर्ग मी (sq m)
- आयतन (Volume) = 1 घन सेमी (cu cm) या 1 घन मी (cu m)

मीट्रिक मात्रकों के अपवर्तक एवं अपवर्त्य

अपवर्तक			अपवर्त्य		
नाम	चिन्ह	मान	नाम	चिन्ह	मान
डेका (deca)	d	10^1	डेसी (deci)	d	10^{-1}
हेक्टो (hecto)	h	10^2	सेन्टी (centi)	c	10^{-2}
किलो (kilo)	k	10^3	मिली (milli)	m	10^{-3}

मापन

हम अपने दैनिक जीवन में विभिन्न वस्तुओं/आकृतियों की लम्बाई एवं भार को भिन्न-भिन्न इकाइयों में दर्शाते हैं। ये इकाइयाँ उस वस्तु की मात्रा या माप का आभास कराती हैं। इसी प्रकार समय के लिए प्रयुक्त की गई इकाइयाँ; जैसे— घण्टा, मिनट, सेकण्ड आदि उसकी अवधि का बोध कराती हैं। ये सभी नाप-तौल व इकाई मापन (Measurement) के ही आयाम हैं।

मापन के अन्तर्गत हम निम्नलिखित मापों का अध्ययन करते हैं

1. लम्बाई का मापन 2. भार का मापन 3. समय का मापन
4. क्षेत्रफल का मापन 5. आयतन का मापन

लम्बाई का मापन

जब हम किसी वस्तु के छोटे-बड़े, ऊँचे-नीचे के सम्बन्ध में तुलना करते हैं, तो हम उसे दो प्रकार से मापते हैं—(i) आँखों से देखकर (अनुमानत:) एवं (ii) किसी मापक से मापकर (शुद्धतम रूप में); जैसे—किसी लकड़ी के दो असमान लम्बाई के टुकड़ों को देखकर हम इतना अनुमान लगा सकते हैं कि इनमें एक टुकड़ा छोटा है और दूसरा टुकड़ा बड़ा किन्तु वैज्ञानिक एवं गणितीय माप से हम इसकी शुद्धतम लम्बाई का मापन कर सकते हैं।

इसके लिए हम एक मापक यन्त्र का प्रयोग करते हैं। जैसे—पटरी, फीता एवं कपड़े नापने की मीटरी छड़ आदि। इन सभी मापक यन्त्रों पर इकाइयाँ अंकित रहती हैं।

इकाइयों की प्रत्येक प्रणाली की मूल इकाई (Basic unit) को गुणक (Multiples) तथा उपगुणक (Sub-multiples) में व्यक्त करना सुविधाजनक होता है।

लम्बाई की इकाई तथा गुणांक

इकाई	पहचान चिन्ह	गुणांक
मिलीमीटर (millimetre)	1 mm	10^{-3} m
सेन्टीमीटर (centimetre)	1 cm	10 mm
डेसीमीटर (decimetre)	1 dm	10 m
मीटर (metre)	1 m	10 dm या 100 cm
किलोमीटर (kilometre)	1 km	1000 m

मीट्रिक प्रणाली में लम्बाई की माप

(i) 1 किमी = 1000 मी (m) (ii) 1 किमी = 10 हेक्टोमी (hm)
(iii) 1 हेक्टोमी = 10 डेकामी (dam) (iv) 1 डेकामी = 10 मी (m)
(v) 1 मी = 100 सेमी (cm) (vi) 1 मी = 10 डेसीमी (dm)
(vii) 1 डेसीमी = 10 सेमी (cm) (viii) 1 सेमी = 10 मिमी (mm)

अंग्रेजी तथा मीट्रिक प्रणाली के बीच में सम्बन्ध

(i) 1 मील = 1.61 किमी (ii) 1 किमी ≈ 0.6214 मील
(iii) 8 किमी ≈ 5 मील (iv) 1 एकड़ = 4046.86 वर्ग मी
(v) 1 हेक्टेयर = 2.471 एकड़ (vi) 1 गज = 0.9144 मी
(vii) 1 फीट = 0.3048 मी (viii) 1 मी = 3.2802 फीट
(ix) 1 मी = $1\frac{1}{11}$ गज (x) 1 मी = 39.37 इंच
(xi) 1 डेसीमी ≈ 4 इंच (xii) 1 इंच = 2.54 सेमी
(xiii) 1 सेमी = 0.3937 इंच

⚠ *व्यवसाय में लम्बाई का मात्रक मीटर होता है, किन्तु यदि लम्बी दूरियों को मापना हो, तो किलोमीटर का प्रयोग करते हैं।*

उदाहरण 1. 10 इंच को सेन्टीमीटर में बदलने पर क्या मान आएगा?
(a) 24.4 सेमी (b) 23.2 सेमी (c) 25.4 सेमी (d) 22.7 सेमी

हल *(c)* ∵ 1 इंच = 2.54 सेमी
∴ 10 इंच = 2.54 × 10 = 25.4 सेमी

उदाहरण 2. 2 किमी, 7 हेक्टोमी, 5 डेकामी में कितने मीटर होंगे?
(a) 2760 मी (b) 2750 मी (c) 2780 मी (d) 2820 मी

हल *(b)* ∵ 2 किमी = 2 × 1000 = 2000 मी
7 हेक्टोमी = 7 × 100 = 700 मी
5 डेकामी = 5 × 10 = 50 मी
∴ अभीष्ट योग = 2000 + 700 + 50 = 2750 मी

उदाहरण 3. किसी राज्य में आबादी का घनत्व 839 व्यक्ति प्रतिवर्ग मील है। इसको प्रतिवर्ग किमी में व्यक्त कीजिए, जबकि 1 वर्ग मील = 2.59 वर्ग किमी है।
(a) 320 (b) 332 (c) 334 (d) 324

हल *(d)* दिया है, 1 वर्ग मील = 2.59 वर्ग किमी
∵ 2.59 वर्ग किमी = 839 व्यक्ति
∴ 1 वर्ग किमी $= \frac{839}{2.59} = \frac{839 \times 100}{259} = \frac{83900}{259} = 323\frac{243}{259}$
≈ 324 व्यक्ति प्रतिवर्ग किमी

भार का मापन

जब हम किसी वस्तु को अपने हाथों से उठाते हैं, तो दूसरी वस्तु की तुलना में भारी या हल्के का अनुभव करते हैं। यह अनुभव वस्तु का भार कहलाता है। जैसे—पुस्तकों से भरे बैग को उठाना या उसके बाद हवा से भरी एक गेंद को उठाना। इन दोनों में हमें पहले उठाई गई वस्तु में भारीपन महसूस होगा जबकि बाद में उठाई गई वस्तु में हल्कापन महसूस होगा।

'भार' को हम कुछ मापक यन्त्रों से शुद्धतम रूप में मापते हैं।
जैसे—कमानीदार तुला द्वारा बाटों से तथा यान्त्रिक तुला आदि से। इन मापक यन्त्रों पर भार के अनुसार इकाइयाँ अंकित रहती हैं।

मीट्रिक प्रणाली में मात्रा की माप

- 1 सेन्टीग्राम = 10 मिलीग्राम
- 1 डेसीग्राम = 10 सेन्टीग्राम
- 1 ग्राम = 10 डेसीग्राम
- 1 डेकाग्राम = 10 ग्राम
- 1 हेक्टोग्राम = 10 डेकाग्राम
- 1 किग्रा = 10 हेक्टोग्राम
- 1 क्विण्टल = 100 किग्रा
- 1 मीट्रिक टन = 10 क्विण्टल
- 1 किग्रा = 1000 ग्राम

मीट्रिक प्रणाली में तरल पदार्थ की माप

Measures of Liquid Substance in Metric System

- 1 सेन्टीलीटर = 10 मिलीलीटर
- 1 लीटर = 10 डेसीलीटर
- 1 हेक्टोलीटर = 10 डेकालीटर
- 1 लीटर = 1000 मिलीलीटर
- 1 डेसीलीटर = 10 सेन्टीलीटर
- 1 डेकालीटर = 10 लीटर

भार की इकाई तथा गुणांक

इकाई	पहचान चिन्ह	गुणांक
ग्राम (gram)	1 gm	1000 mg
किलोग्राम (kilogram)	1 kg	1000 g
मीट्रिक टन (metric tonne)	1 tonne	1000 kg

⚠ *फुटकर व्यापार के उद्देश्य से तौल का मात्रक किलोग्राम होता है। भारी तौलों का क्विण्टल (बराबर 100 किग्रा), टन (बराबर 1000 किग्रा) अथवा मीट्रिक टन में मापा जाता है।*

मात्रा का मीट्रिक प्रणाली से अंग्रेजी प्रणाली में रूपान्तरण

- 1 ग्राम = 15.432 ग्रेन,
- 1 किग्रा = 2.204 पौण्ड
- 1 टन = 2240 पौण्ड

उदाहरण 4. 3 ग्राम, 2 डेसीग्राम तथा 5 सेन्टीग्राम का मिलीग्राम में मान होगा
(a) 3540 मिलीग्राम
(b) 3250 मिलीग्राम
(c) 3450 मिलीग्राम
(d) 3700 मिलीग्राम

हल *(b)* 3 ग्राम, 2 डेसीग्राम, 5 सेन्टीग्राम
= (3 × 1000 + 2 × 100 + 5 × 10) मिलीग्राम
= 3000 + 200 + 50
= 3250 मिलीग्राम

उदाहरण 5. 1.5 मी × 2 मी × 0.25 मी के एक बर्तन की तौल क्या होगी?

(a) 110 किग्रा (b) 1200 किग्रा (c) 750 किग्रा (d) 118 किग्रा

हल *(c)* बर्तन का आयतन = (1.5 × 2 × 0.25) मी^{3} = 0.75 मी^{3}

$\because$ 1 घन मी = 10^6 घन सेमी

$\therefore$ 0.75 घन मी = $0.75 \times 10^6 = 75 \times 10^4$ घन सेमी

$\because$ 1 घन सेमी = 1 ग्राम

$\therefore$ 75×10^4 घन सेमी = 75×10^4 ग्राम

$= \frac{75 \times 10^4}{10^3}$ किग्रा = 750 किग्रा

उदाहरण 6. किसी एक वस्तु के 1 घन मी की तौल 46 किग्रा है, तो इस वस्तु के 1 घन सेमी की तौल ग्राम में ज्ञात कीजिए।

(a) 0.46 (b) 0.0046 (c) 0.046 (d) 1.46

हल *(c)* $\because$ 1 घन मी = 46 किग्रा

$\therefore$ 1 घन सेमी = $\left(\frac{1}{100 \times 100 \times 100}\right)$ घन मी

$= \left(\frac{46}{100 \times 100 \times 100}\right) \times 1000$ ग्राम = 0.046 ग्राम

समय का मापन

हम प्रतिदिन दिनचर्या के कार्य भिन्न-भिन्न समयों पर करते हैं। कुछ कार्य हमें एक निश्चित समय में करने होते हैं। जैसे— स्कूल जाना, मध्यावकाश, स्कूल से आना, गृहकार्य करना इत्यादि। ये सभी गतिविधियाँ समयानुसार एक निश्चित अवधि में पूरी होती हैं। इस अवधि को हम मिनट, घण्टे आदि में मापते हैं।

समय को मापक यन्त्र घड़ी (Clock) से मापते हैं जिसमें हम 1 सेकण्ड से लेकर घण्टे तक की माप ज्ञात कर सकते हैं।

⚠ *समयावधि की बड़ी इकाइयाँ, दिन, सप्ताह, माह एवं वर्ष आदि होती हैं।*

समय की इकाइयाँ Units of Time

समय की छोटी-से-छोटी इकाई सेकण्ड (Second) होती है, जो एक मिनट के साठवें भाग के बराबर होता है।

इस प्रकार, 1 मिनट (minute) = 60 सेकण्ड (second)

तथा 1 घण्टा (hour) = 60 मिनट (minutes)

समय की माप Measures of Time

- 24 घण्टे = 1 दिन
- 15 दिन = 1 पक्ष
- 30/31 दिन = 1 महीना
- 365 दिन = 1 वर्ष
- 366 दिन = 1 लीप वर्ष
- 12 महीने = 1 वर्ष
- 100 वर्ष = 1 शताब्दी
- 7 दिन = 1 सप्ताह
- 2 पक्ष = 1 महीना
- 52 सप्ताह = 1 वर्ष
- 10 वर्ष = 1 दशक
- 12 वर्ष = 1 युग

उदाहरण 7. एक सेकण्ड, 1 घण्टे का निम्न में से कौन-सा भाग है?

(a) 0.00028 घण्टा (b) 0.0827 घण्टा

(c) 0.0027 घण्टा (d) 0.0072 घण्टा

हल *(a)* 1 सेकण्ड = $\frac{1}{60}$ मिनट = $\frac{1}{60 \times 60}$ घण्टा = $\frac{1}{3600}$ घण्टा

= 0.00028 घण्टा (लगभग)

उदाहरण 8. रोहन अपराह्न 9 : 15 पर स्कूल के लिए निकलता है तथा पूर्वाह्न 2 पर घर वापस आता है। यदि वह स्कूल में 4 घण्टे रहता है, तब उसे स्कूल आने-जाने में कुल कितना समय लगता है?

(a) 1 : 30 घण्टा (b) 2 : 00 घण्टे

(c) 0 : 45 घण्टा (d) 1 : 15 घण्टा

हल *(a)* अपराह्न 9:15 से पूर्वाह्न 2 : 45 तक का कुल समय = 5 : 30 घण्टे

$\because$ रोहन 4 घण्टे स्कूल में रहता है।

$\therefore$ रोहन को स्कूल आने-जाने में लगा कुल समय = 5 : 30 − 4 : 00

= 1 : 30 घण्टा

उदाहरण 9. एक रेलगाड़ी पटना से शुक्रवार को समय 15 : 45 पर चली और शनिवार को मसूरी 10 : 30 पर पहुँची। यात्रा में कुल कितना समय लगा?

(a) 12 घण्टे 30 मिनट (b) 18 घण्टे 45 मिनट

(c) 16 घण्टे 15 मिनट (d) 14 घण्टे 20 मिनट

हल *(b)* $\because$ 15 : 45 से 24 : 00 के बीच का समय = 8 घण्टे 15 मिनट

तथा 24 : 00 से 10 : 30 के बीच का समय = 10 घण्टे 30 मिनट

$\therefore$ यात्रा में लगा कुल समय = 8 घण्टे 15 मिनट + 10 घण्टे 30 मिनट

= 18 घण्टे 45 मिनट

क्षेत्रफल का मापन

जब हम किसी क्षेत्र या भूखण्ड (द्विविमीय) आकृति को मापते हैं, तब हमें उसकी माप एवं इकाइयों की आवश्यकता होती है तथा क्षेत्रफल की इकाई वर्ग के गुणांकों में व्यक्त की जाती है। जैसे—किसी खेत या भू-क्षेत्र को मापना, खेल के मैदान को मापना, सड़क एवं खडंजों को मापना, ... इत्यादि। इन सभी को मापने के लिए भिन्न-भिन्न इकाइयों को प्रयोग में लाते हैं।

मीट्रिक प्रणाली में क्षेत्रफल की माप

- 1 वर्ग सेमी = 100 वर्ग मिमी
- 1 वर्ग डेसीमी = 100 वर्ग सेमी
- 1 वर्ग मी = 100 वर्ग डेसीमी
- 1 वर्ग डेकामी = 100 वर्ग मी
- 1 वर्ग हेक्टोमी = 100 वर्ग डेकामी
- 1 वर्ग किमी = 100 वर्ग हेक्टोमी

अंग्रेजी तथा मीट्रिक प्रणालियों के बीच में सम्बन्ध

अंग्रेजी तथा मीट्रिक प्रणालियों के बीच में सम्बन्ध निम्नलिखित है

- 1 वर्ग इंच = 6.4516 वर्ग सेमी
- 1 वर्ग सेमी = 0.155 वर्ग इंच
- 1 वर्ग फीट = 9.2903 वर्ग डेसीमी
- 1 वर्ग मी = 1.196 वर्ग गज
- 1 वर्ग गज = 0.8361 वर्ग मी
- 1 वर्ग मील = 25900 वर्ग किमी

क्षेत्रफल से सम्बन्धित कुछ महत्त्वपूर्ण सूत्र निम्नलिखित हैं

1. त्रिभुज का क्षेत्रफल = $\left(\frac{1}{2} \times \text{आधार} \times \text{ऊँचाई}\right)$ वर्ग इकाई
2. आयताकार भूखण्ड का क्षेत्रफल = (लम्बाई × चौड़ाई) वर्ग इकाई
3. वर्गाकार भूखण्ड का क्षेत्रफल = $(\text{भुजा})^2$ वर्ग इकाई
4. वृत्ताकार भूखण्ड का क्षेत्रफल = $\pi \times (\text{त्रिज्या})^2$ वर्ग इकाई
5. अर्द्धवृत्ताकार भूखण्ड का क्षेत्रफल = $\frac{1}{2}\pi \times (\text{त्रिज्या})^2$ वर्ग इकाई

उदाहरण 10. एक आयताकार पार्क की लम्बाई l व चौड़ाई $2l$ है। पार्क के चारों ओर 3 घेरे फीता बाँधने में कितने मीटर लम्बे फीते की आवश्यकता होगी, यदि l का मान 15 मी है?

(a) 270 मी (b) 250 मी (c) 290 मी (d) 200 मी

हल *(a)* यहाँ, आयताकार पार्क के चारों ओर 1 फेरा फीता बाँधने में कुल फीते की लम्बाई $= 1 \times 2(l + b) = 2(l + 2l) = 2(15 + 30) = 2 \times 45 = 90$ मी

$\therefore$ 3 फेरे फीते बाँधने में आवश्यक फीता $= 3 \times 90 = 270$ मी

उदाहरण 11. रवि एक वृत्ताकार मैदान के किनारे पर बने पथ पर बिन्दु A से दौड़ना प्रारम्भ करता है और वह चक्कर लगाते हुए बिन्दु A पर 5 बार पहुँच चुका है। बताइए कि उसने कितने मीटर की दौड़ पूरी की, यदि बिन्दु A के ठीक सामने उसी पथ पर बिन्दु B है, जो उससे 28 मी दूर है?

(a) 220 मी (b) 290 मी (c) 440 मी (d) 176 मी

हल *(c)* यहाँ, $2r = 28$ मी, तब $r = 14$ मी

$\therefore$ रवि द्वारा कुल तय की गई दूरी $= 5 \times 2\pi r$

$= 5 \times 2 \times \frac{22}{7} \times 14 = 20 \times 22 = 440$ मी

उदाहरण 12. एक आयताकार मैदान जिसकी लम्बाई व चौड़ाई क्रमशः 12 मी, 8 मी हैं, के चारों ओर 1 मी चौड़ा मार्ग बना है। इस मार्ग का क्षेत्रफल क्या होगा?

(a) 36 वर्ग मी (b) 72 वर्ग मी (c) 28 वर्ग मी (d) 12 वर्ग मी

हल *(a)* मार्ग सहित मैदान का क्षेत्रफल $= 12 \times 8 = 96$ वर्ग मी

मार्ग के अलावा शेष मैदान का क्षेत्रफल $= 10 \times 6 = 60$ वर्ग मी

$\therefore$ मार्ग का क्षेत्रफल $= 96 - 60 = 36$ वर्ग मी

उदाहरण 13. एक त्रिभुज की ऊँचाई एवं आधार क्रमशः 6 सेमी एवं 5 सेमी हैं, तो त्रिभुज का क्षेत्रफल क्या होगा?

(a) 15 सेमी^{2} (b) 10 सेमी^{2} (c) 24 सेमी^{2} (d) 36 सेमी^{2}

हल *(a)* त्रिभुज का क्षेत्रफल $= \frac{1}{2} \times$ आधार $\times$ ऊँचाई

$= \frac{1}{2} \times 6 \times 5 = 15$ सेमी^{2}

उदाहरण 14. यदि किसी वृत्त की त्रिज्या, जिसका क्षेत्रफल 154 सेमी^{2} है, एक वर्ग की भुजा के बराबर है, तब वर्ग का क्षेत्रफल कितना है?

(a) 47 सेमी^{2} (b) 49 सेमी^{2} (c) 48 सेमी^{2} (d) 54 सेमी^{2}

हल *(b)* दिया है, वृत्त का क्षेत्रफल = 154 सेमी^{2}

$\Rightarrow \quad \pi r^2 = 154$

$\Rightarrow \quad r^2 = \frac{154 \times 7}{22} = 49 \Rightarrow r = 7$

$\therefore$ वर्ग का क्षेत्रफल $= (7)^2 = 49$ सेमी^{2}

परिमाप का मापन

किसी समतल आकृति की सभी भुजाओं का योगफल उसका परिमाप कहलाता है। इसे 'परिमिति' भी कहते हैं।

जैसे— माना किसी त्रिभुज की भुजाएँ क्रमशः 4 सेमी, 5 सेमी तथा 8 सेमी हैं, तब त्रिभुज का परिमाप = तीनों भुजाओं का योग $= 4 + 5 + 8 = 17$ सेमी

परिमाप से सम्बन्धित कुछ महत्त्वपूर्ण सूत्र निम्नलिखित हैं

1. आयत का परिमाप = 2 (लम्बाई + चौड़ाई)
2. वर्ग का परिमाप = 4 × भुजा की लम्बाई
3. समबाहु त्रिभुज का परिमाप = 3 × भुजा की लम्बाई
4. वृत्त की परिधि या परिमाप $= 2\pi r$ (जहाँ, r वृत्त की त्रिज्या है)

⚠ *जिस इकाई में भुजा की माप दी गई होती है, वही इकाई परिमिति की माप होती है।*

उदाहरण 15. यदि किसी आयताकार पार्क की लम्बाई तथा चौड़ाई क्रमशः 15 सेमी तथा 10 सेमी है, तब उसका परिमाप क्या होगा?

(a) 20 सेमी (b) 25 सेमी (c) 35 सेमी (d) 50 सेमी

हल *(d)* दिया है, आयताकार पार्क की लम्बाई = 15 सेमी

तथा आयताकार पार्क की चौड़ाई = 10 सेमी

$\therefore$ आयताकार पार्क का परिमाप = 2 (लम्बाई + चौड़ाई)

$= 2(15 + 10) = 2 \times 25 = 50$ सेमी

आयतन का मापन

"कोई वस्तु जितना स्थान घेरती है, वह उसका आयतन कहलाता है।" जैसे— यदि किसी ड्रम में 250 लीटर केरोसिन तेल है और वह ऊपर तक पूर्णतया भरा हुआ है, तो इसे हम इस प्रकार कह सकते हैं कि "ड्रम में भरे तेल (द्रव) का आयतन 250 लीटर है" अथवा ड्रम की क्षमता (Capacity) 250 लीटर है।

⚠ *किसी वस्तु के अन्दर भरे हुए द्रव का आयतन उसकी **विमा एवं आकार** पर निर्भर करता है।*

मीट्रिक प्रणाली में आयतन की माप

मीट्रिक प्रणाली में आयतन की माप के मध्य सम्बन्ध निम्नलिखित है

आयतन की इकाई तथा गुणांक

इकाई	चिन्ह	गुणांक
घन सेमी (cu cm)	1 cm^3	1000 mm^3
घन डेसीमी (cu dm)	1 dm^3	1000 cm^3
घन डेकामी (cu dam)	1 dam^3	1000 m^3
घन हेक्टोमी (cu hec)	1 hec^3	1000 dam^3
घन मी (cu m)	1 m^3	1000 dm^3
घन किमी	1 km^3	1000 hec^3
लीटर (L)	1 L = 1 dm^3	1000 cm^3
घन इंच (cu inch)	1 $inch^3$	16.387 cm^3
घन फीट (cu feet)	1 $feet^3$	28317 cm^3
गैलन (gallon)	1 gallon	4.54 L
घन सेमी (cu cm)	1 cm^3	0.061 in^3
घन डेसीमी (cu dm)	1 dm^3	61.02 in^3

क्षेत्रफल तथा आयतन से सम्बन्धित कुछ महत्त्वपूर्ण सूत्र निम्नलिखित हैं

1. किसी आयताकार कमरे अथवा सन्दूक या घनाभ का आयतन = (लम्बाई × चौड़ाई × ऊँचाई) घन इकाई
2. घनाभ का सम्पूर्ण पृष्ठीय क्षेत्रफल $= 2(lb + bh + lh)$ वर्ग इकाई (जहाँ, l, b व h क्रमशः लम्बाई, चौड़ाई व ऊँचाई है)
3. किसी घनाकार वस्तु का आयतन = (विमा/भुजा)^3 घन इकाई
4. घनाकार वस्तु का सम्पूर्ण पृष्ठीय क्षेत्रफल = 6 × (भुजा)^2 वर्ग इकाई
5. किसी बेलनाकार वस्तु का आयतन $= \pi r^2 h$ घन इकाई (जहाँ, r व h क्रमशः आधार की त्रिज्या व ऊँचाई है)
6. एक लम्बवृत्तीय बेलन का पार्श्व पृष्ठीय या वक्रपृष्ठीय क्षेत्रफल $= 2\pi rh$ वर्ग इकाई
7. एक लम्बवृत्तीय बेलन का सम्पूर्ण पृष्ठीय क्षेत्रफल $= 2\pi rh + 2\pi r^2 = 2\pi r(r + h)$ वर्ग इकाई

8. किसी शंक्वाकार वस्तु का आयतन $= \frac{1}{3}\pi r^2 h$ घन इकाई

(जहाँ, r व h क्रमशः वस्तु की त्रिज्या व ऊँचाई है)

9. शंकु का पार्श्व या वक्रपृष्ठीय क्षेत्रफल $= \pi r l$ वर्ग इकाई

[$\because$ शंकु की तिर्यक ऊँचाई, $(l) = \sqrt{h^2 + r^2}$]

10. शंकु का सम्पूर्ण पृष्ठीय क्षेत्रफल $= \pi r l + \pi r^2 = \pi r(l + r)$ वर्ग इकाई

11. गोले का आयतन $= \frac{4}{3}\pi \times$ (त्रिज्या)^3 $= \frac{4}{3}\pi r^3$ घन इकाई

12. r त्रिज्या वाले गोले का पृष्ठीय क्षेत्रफल $= 4\pi r^2$ वर्ग इकाई

13. गोलार्द्ध अर्थात् अर्द्धगोले का आयतन $= \frac{2}{3}\pi \times$ (त्रिज्या)^3

$= \frac{2}{3}\pi r^3$ घन इकाई

14. r त्रिज्या वाले अर्द्धगोले का पार्श्व या वक्रपृष्ठीय क्षेत्रफल

$= 2\pi r^2$ वर्ग इकाई

15. r त्रिज्या वाले अर्द्धगोले का सम्पूर्ण पृष्ठीय क्षेत्रफल

$= 2\pi r^2 + \pi r^2$

$= 3\pi r^2$ वर्ग इकाई

उदाहरण 16. एक 5 मी गहरे तालाब में 1500 घन मी पानी है। यदि तालाब 20 मी लम्बा है, तो तालाब की चौड़ाई कितने मीटर है?

(a) 15 मी (b) 20 मी (c) 18 मी (d) 26 मी

हल *(a)* तालाब में भरे पानी का आयतन, V = लम्बाई × चौड़ाई × गहराई

$\Rightarrow 1500 = 20 \times b \times 5 \Rightarrow b = \frac{1500}{20 \times 5} = 15$ मी

उदाहरण 17. एक गिलास के दोनों सिरे समान माप के हैं। उसमें आधा जल भरा है। यदि उसके एक सिरे का क्षेत्रफल 25 सेमी^{2} हो तथा गिलास 16 सेमी गहरा हो, तब गिलास में और कितना पानी आ सकता है?

(a) 400 सेमी^{3} (b) 200 सेमी^{3}
(c) 600 सेमी^{3} (d) इनमें से कोई नहीं

हल *(b)* दिया है, गिलास के आधार का क्षेत्रफल = 25 सेमी^{2}

तथा गिलास की गहराई (ऊँचाई) = 16 सेमी

$\therefore$ गिलास में कुल पानी $= \frac{\pi r^2 h}{2}$

$= \frac{25 \times 16}{2} = \frac{400}{2} = 200$ सेमी^{3}

अतः गिलास में 200 सेमी^{3} पानी और आ सकता है।

उदाहरण 18. यदि एक शंकु के आधार की त्रिज्या 3.5 सेमी तथा ऊँचाई 12 सेमी है, तब शंकु का आयतन होगा

(a) 77 सेमी^{3} (b) 154 सेमी^{3}
(c) 144 सेमी^{3} (d) 112 सेमी^{3}

हल *(b)* यहाँ, त्रिज्या $(r) = 3.5$ सेमी तथा ऊँचाई $(h) = 12$ सेमी

$\therefore$ शंकु का आयतन $(V) = \frac{1}{3}\pi r^2 h = \frac{1}{3} \times \frac{22}{7} \times 3.5 \times 3.5 \times 12$

$= 154$ सेमी^{3}

भारतीय मुद्रा

भारतीय मुद्रा [Indian Currency (Money)] को 'रुपया' कहते हैं। रुपया को हाल ही में एक विशिष्ट चिन्ह (₹) दिया गया है। रुपये की छोटी इकाई 'पैसा' होती है। एक रुपये का मान 100 पैसों के बराबर होता है। गणना करते समय हम रुपयों को पूर्णांक में तथा पैसों को दशमलव बिन्दु के बाद लिखते हैं।

जैसे- 5 रुपये 75 पैसे = ₹ 5.75

मुद्रा को परिवर्तित करना

मुद्रा को निम्न दो प्रकार से परिवर्तित किया जा सकता है

1. रुपयों को पैसों में बदलना To Change Rupees into Paise

रुपये में दी गई धनराशि को जब हम पैसों में बदलते हैं, तो 100 की गुणा कर देते हैं।

जैसे— ₹ 75 को पैसों में निम्न प्रकार बदला जाएगा

₹ 75 = 75×100 पैसे = 7500 पैसे

2. पैसों को रुपयों में बदलना To Change Paise into Rupees

पैसों में दी गई धनराशि को जब हम रुपयों में बदलते हैं, तो 100 से भाग कर देते हैं।

जैसे— 80 पैसे को रुपये में निम्न प्रकार बदलेंगे $\frac{80}{100} = 0.80$ या ₹ 0.80

उदाहरण 19. ₹ 5 और 75 पैसे का पैसों में कितना मूल्य होगा?

(a) 755 पैसे (b) 575 पैसे
(c) 675 पैसे (d) 625 पैसे

हल *(b)* ₹ 5 + 75 पैसे = $5 \times 100 + 75 = 575$ पैसे

उदाहरण 20. एक किताब का मूल्य ₹52 तथा एक दर्जन पेन का मूल्य ₹120 है, तब दो किताब तथा डेढ़ दर्जन पेन का कुल मूल्य है

(a) ₹ 272 (b) ₹ 260 (c) ₹ 284 (d) ₹ 252

हल *(c)* $\because$ 2 किताबों का मूल्य = 2×52 = ₹104

$\therefore$ डेढ़ दर्जन पेन का मूल्य = $18 \times \frac{120}{12}$ = ₹180

$\therefore$ कुल मूल्य = $104 + 180$ = ₹ 284

उदाहरण 21. चावल की कीमत ₹60 प्रति किग्रा है तथा केलों की कीमत ₹ 24 प्रति दर्जन है। यदि सुमन ने $2\frac{1}{2}$ किग्रा चावल और $2\frac{1}{2}$ दर्जन केले खरीदे तथा उसने दुकानदार को ₹500 का नोट दिया, तब दुकानदार सुमन को कितने रुपये वापस करेगा?

(a) ₹290 (b) ₹288 (c) ₹360 (d) ₹272

हल *(a)* $\because$ $2\frac{1}{2}$ किग्रा चावल का मूल्य = ₹ 150

तथा $2\frac{1}{2}$ दर्जन केलों का मूल्य = ₹60

$\therefore$ कुल मूल्य = $150 + 60$ = ₹ 210

दुकानदार द्वारा वापस किए गए रुपये = ₹$(500 - 210)$ = ₹ 290

अभ्यास प्रश्न

1. 1 वर्ग किमी में कितने हेक्टेयर होते हैं?
(a) 1 (b) 10 (c) 100 (d) 1000

2. 3 ग्राम, 5 डेसीग्राम तथा 7 सेन्टीग्राम को मिलीग्राम में बदलिए।
(a) 3570 (b) 3280 (c) 2700 (d) 4650

3. 24 इंच को मिमी में बदलिए।
(a) 600.5 (b) 504.2 (c) 609.6 (d) 612.5

4. 42.72574 हेक्टोमी को सेमी में बदलिए।
(a) 407257.4 (b) 427257.4
(c) 2427574 (d) 42725.74

5. 3.88 एकड़ को हेक्टेयर में बदलिए।
(a) 15.714 (b) 1.5714 (c) 16.712 (d) 1.6712

6. यदि एक फीट 30.4 सेमी के बराबर हो, तब एक वर्ग फीट लगभग कितने वर्ग सेमी के बराबर होगा?
(a) 924.16 (b) 92.416
(c) 9.2416 (d) 0.92416

7. 8 किमी लगभग कितने मील के बराबर होता है?
(a) 3 (b) 4 (c) 5 (d) 8

8. 1 किमी, 2 हेक्टोमी, 3 मी को किमी में व्यक्त कीजिए।
(a) 123 (b) 12.3 (c) 1.203 (d) 1.23

9. निम्न में से कौन-सा सही है?
(a) 1 मी 2 सेमी = 1.2 मी
(b) 2 किमी 30 मी = 2.3 किमी
(c) 12 सेमी 3 मिमी = 12.3 सेमी
(d) 4 फीट 3 इंच = 4.3 इंच

10. निम्न में से कौन-सा सही नहीं है?
(a) 1 सेमी = 0.01 मी
(b) 1.570 किग्रा = 1570 ग्राम
(c) 1.2 किग्रा = 1200 मी
(d) 2 इंच = 10 सेमी

11. निम्न में कौन-सा सम्बन्ध गलत है?
(a) 10^{-2} डेसीमी = 1 मिमी
(b) 10^{-2} डेसीमी = 1 सेमी
(c) 10^{-2} किमी = 1 डेकामी
(d) 10^{-3} हेक्टोमी = 1 डेसीमी

12. सही उत्तर चुनें।
$80\ dm^2 = \ldots\ldots\ mm^2$
यहाँ, dm = डेसीमी, mm = मिमी
(a) 0.08 मिमी^{2} (b) 0.00008 मिमी^{2}
(c) 800 मिमी^{2} (d) 800000 मिमी^{2}

13. गुणनफल $1680 \times 24 \times 15$ बराबर है
(a) 5 दिनों में सेकण्डों की संख्या के
(b) 1 सप्ताह में सेकण्डों की संख्या के
(c) 7 दिनों में मिनटों की संख्या के
(d) 30 दिनों में मिनटों की संख्या के

14. 12 मीट्रिक टन 8 क्विण्टल में से 8 मीट्रिक टन 50 किग्रा घटाने पर प्राप्त होता है
(a) 3 मीट्रिक टन 8 क्विण्टल
(b) 4 मीट्रिक टन 7 क्विण्टल 50 किग्रा
(c) 4 मीट्रिक टन 8 क्विण्टल 50 किग्रा
(d) 3 मीट्रिक टन 8 क्विण्टल 50 किग्रा

15. 25 पैसे के 15 सिक्कों का मान बराबर नहीं है
(i) एक रुपये के 3 सिक्के + 50 पैसे का 1 सिक्का + 25 पैसे का एक सिक्का
(ii) एक रुपये के 2 सिक्के + 50 पैसे के 3 सिक्के + 25 पैसे का एक सिक्का
(iii) एक रुपये के 3 सिक्के + 25 पैसे के 3 सिक्के
(iv) एक रुपये के 3 सिक्के + 25 पैसे के 2 सिक्के
दिए गए चारों कथनों में से गलत कथन है
(a) केवल (i) (b) (ii) तथा (iii)
(c) (i) तथा (iii) (d) केवल (iv)

16. घड़ी में बड़ी सूई के किसी अंक से ठीक अगले अंक तक पहुँचने में लगने वाले समय के लिए निम्न में से कौन-सा असत्य है?
(a) 5 मिनट (b) 300 सेकण्ड
(c) $\frac{1}{12}$ घण्टा (d) 1 घण्टा

17. त्रिज्या 1.20 सेमी वाले वृत्त का क्षेत्रफल ज्ञात कीजिए। ($\pi = 3.14$ लीजिए)
(a) 4.52 सेमी^{2} (b) 5.96 सेमी^{2}
(c) 8.30 सेमी^{2} (d) 2.59 सेमी^{2}

18. 880 सेमी परिधि वाले वृत्त का क्षेत्रफल ज्ञात कीजिए।
(a) 3.90 मी^{2} (b) 6.16 मी^{2}
(c) 9.28 मी^{2} (d) 5.14 मी^{2}

19. 7 : 15 सायं से 3 घण्टा 53 मिनट पहले क्या समय था?
(a) 3 : 55 सुबह (b) 3 : 22 दोपहर
(c) 4 : 16 सुबह (d) 6 : 12 सुबह

20. 8 घण्टों में सेकण्डों की संख्या, निम्नलिखित में से किसकी मिनटों की संख्या के बराबर होगी?
(a) 15 दिन (b) 20 दिन
(c) 18 दिन (d) 13 दिन

21. यदि एक वर्ग का क्षेत्रफल 64 सेमी^{2} है, तब उसकी परिमाप होगी
(a) 64 सेमी (b) 32 सेमी
(c) 46 सेमी (d) 48 सेमी

22. एक प्लॉट की चौड़ाई 44 फीट तथा लम्बाई 90 फीट है। उसका क्षेत्रफल क्या होगा?
(a) 500 वर्ग गज (b) 450 वर्ग गज
(c) 440 वर्ग गज (d) इनमें से कोई नहीं

23. यदि 5 पेन्सिलों का मूल्य ₹$3\frac{3}{4}$ है, तो 2 पेन्सिलों का मूल्य होगा
(a) ₹$\frac{3}{4}$ (b) ₹$\frac{3}{2}$ (c) ₹$\frac{4}{3}$ (d) ₹$\frac{2}{3}$

24. 13.43 मी × 5.68 मी × 2.50 मी के एक हौज में पानी की तौल क्या होगी?
(a) 170706 किग्रा (b) 180706 किग्रा
(c) 190708 किग्रा (d) 190706 किग्रा

25. किसी धातु के 1 घन सेमी की तौल ग्राम में क्या होगी, जब उस धातु के 1 घन मी की तौल 4060 किग्रा है?
(a) 4 (b) 3.02 (c) 4.06 (d) 3.8

26. एक धातु के 1 घन सेमी की तौल ग्राम में क्या होगी, जब उस धातु के 5 घन सेमी की तौल 20.3 किग्रा है?
(a) 4200 (b) 4420 (c) 510 (d) 4060

27. एक वर्गाकार मैदान की घास को एक गाय कितने दिन में चर लेगी यदि वह प्रतिदिन समान रूप से 25 मी^{2} क्षेत्र को चरती है तथा मैदान 30 मी लम्बा है?
(a) 34 दिन (b) 36 दिन (c) 35 दिन (d) 38 दिन

28. कुछ केलों का भार 2 किलो 365 ग्राम है तथा कुछ सेबों का भार 3 किलो 10 ग्राम है। केलों का भार सेबों के भार से कितना कम है?
(a) 1 किलो 645 ग्राम (b) 645 ग्राम
(c) 1 किलो 735 ग्राम (d) 735 ग्राम

29. यदि एक वृत्त की परिधि 4π से 8π बढ़ाई जाती है, तो उसका क्षेत्रफल होगा
(a) तीन गुना (b) आधा
(c) चार गुना (d) दोगुना

30. यदि झील की लम्बाई और चौड़ाई क्रमशः 40 मी तथा 10 मी हो तथा इसमें 1200 घन मी पानी है, तो झील की गहराई है
(a) 4 मी (b) 3.5 मी (c) 3 मी (d) 4.5 मी

31. एक आयताकार चित्र के फ्रेम X की लम्बाई 90 सेमी तथा चौड़ाई 70 सेमी है और एक वर्गाकार फ्रेम Y की भुजा 80 सेमी है, तो निम्न में से कौन-सा कथन सत्य है?
(a) फ्रेम X का परिमाप 6300 वर्ग सेमी होगा
(b) फ्रेम Y का परिमाप 6400 वर्ग सेमी होगा
(c) दोनों फ्रेमों X तथा Y का परिमाप बराबर एवं 320 वर्ग सेमी होगा
(d) दोनों फ्रेमों X तथा Y का परिमाप 320 सेमी के बराबर होगा

32. गरिमा पूरे दिन में 12 गिलास पानी पीती है। यदि 1 गिलास में 250 मिली पानी आता हो, तो वह 30 दिन में कितने लीटर पानी पी लेगी?
(a) 90 लीटर (b) 70 लीटर
(c) 65 लीटर (d) 75 लीटर

33. हरि अपनी 108 पृष्ठ वाली 1 पुस्तक को 12 दिन में पढ़ता है। यदि वह प्रत्येक दिन समान रूप से पढ़े, तो 5 दिन में कितनी शीट पढ़ लेगा? (1 शीट = 8 पृष्ठ)
(a) 7.5 (b) 5.625
(c) 2.80 (d) 6.125

34. एक साइकिल के पहिये की परिधि 2 मी 4 सेमी है, तो 16.83 किमी जाने में यह कितने चक्कर लगाएगा?
(a) 9250 (b) 7250
(c) 8250 (d) 10250

35. भारत में आबादी का घनत्व 461 व्यक्ति प्रतिवर्ग मील है। इसको प्रतिवर्ग किमी में व्यक्त कीजिए, जबकि एक वर्ग मील = 2.58999 वर्ग किमी है।
(a) 160 व्यक्ति (b) 168 व्यक्ति
(c) 178 व्यक्ति (d) 150 व्यक्ति

36. उस लम्बवृत्तीय शंकु का आयतन ज्ञात कीजिए जिसकी ऊँचाई 2.04 मी तथा आधार की त्रिज्या 14 सेमी है।
(a) 32988 सेमी^{3} (b) 32800 सेमी^{3}
(c) 31880 सेमी^{3} (d) 41888 सेमी^{3}

37. रीना अपने स्कूल के एक पार्क में वृत्ताकार दौड़ रही है। वह 21 मी त्रिज्या वाले इस पथ पर 6 चक्कर लगाती है। रीना ने कितने मीटर दौड़ पूरी की?
(a) 792 मी (b) 800 मी
(c) 700 मी (d) 650 मी

38. एक जल रहित सूखे तालाब में कितना जल भरा जाए कि वह ऊपर तक पूर्णतया भरा हुआ दिखाई दे जबकि उसकी गहराई 6 मी तथा ऊपर से नीचे तक समान आयताकार तल का क्षेत्रफल 90×30 मी^{2} है?
(a) 16000 मी^{3}
(b) 16200 मी^{3}
(c) 15200 मी^{3}
(d) उपरोक्त में से कोई नहीं

39. 1 सेमी आधार त्रिज्या तथा 5 सेमी ऊँचाई के एक बेलनाकार लकड़ी से सबसे बड़े काट क्षेत्र का आयतन होगा
(a) $\frac{4}{3}(5\pi)$ सेमी^{3}
(b) $\frac{4}{3}\pi$ सेमी^{3}
(c) 5π सेमी^{3}
(d) उपरोक्त में से कोई नहीं

40. गौरव अपने घर से जब स्कूल के लिए निकलता है, तो घड़ी में सुबह के 7 : 00 बजे होते हैं। लेकिन जब वह स्कूल से घर पर पहुँचता है, तो दोपहर के 2 : 00 बजे होते हैं। यदि स्कूल में वह 3 घण्टे 45 मिनट तक रहता हो तथा घर से स्कूल जाने और आने में समान समय लगता हो, तो वह सुबह को कितने बजे स्कूल पहुँचता है?
(a) 8 बजकर 37 मिनट 30 सेकण्ड
(b) 8 बजकर 30 मिनट 15 सेकण्ड
(c) 9 बजकर 37 मिनट 30 सेकण्ड
(d) 8 बजकर 45 मिनट 15 सेकण्ड

41. हरीश अपने घर के पास बने आयताकार पार्क के चारों ओर सुबह को प्रतिदिन टहलते समय 4 चक्कर लगाता है। यदि पार्क 20 मी लम्बा व इससे आधी दूरी की चौड़ाई वाला हो, तो हरीश सुबह को कितने मीटर टहलकर आता है?
(a) 120 मी (b) 210 मी
(c) 270 मी (d) 240 मी

42. मोहन प्रतिदिन फल विक्रेता से 2 दर्जन केले, $\frac{1}{2}$ किग्रा सेब व $1\frac{1}{2}$ किग्रा अन्य प्रकार के फल लाता है। यदि आधा दर्जन केलों का वजन 750 ग्राम हो, तो वह एक दिन में कितने किग्रा फल लाता है?
(a) 3 किग्रा (b) 5 किग्रा
(c) $4\frac{1}{2}$ किग्रा (d) $5\frac{1}{2}$ किग्रा

43. रितिक एक टब में 15 डेकालीटर पानी भरता है तथा टब के एक-चौथाई पानी से वह स्नान कर लेता है। बताइए टब में कितने लीटर पानी शेष रह जाता है?
(a) $110\frac{1}{2}$ लीटर (b) 117 लीटर
(c) $112\frac{1}{2}$ लीटर (d) 115 लीटर

44. किसी मैदान का एक चक्कर लगाने में 250 मी दौड़ना पड़ता है। एक लड़की 75000 सेमी दौड़ चुकी है, तो उसने कितने चक्कर लगाए और 3 किमी की दौड़ पूरी करने के लिए उसे कितने चक्कर लगाने होंगे?
(a) 3, 9 (b) 30, 90 (c) 3, 90 (d) 30, 9

45. एक आयत की लम्बाई 16 सेमी तथा चौड़ाई 8 सेमी है। यदि किसी वर्ग का क्षेत्रफल आयत के क्षेत्रफल से दोगुना हो, तो वर्ग की भुजा है
(a) 12 सेमी (b) 18 सेमी
(c) 16 सेमी (d) 8 सेमी

46. एक आयताकार शीट का क्षेत्रफल 480 वर्ग सेमी है। यदि इसकी चौड़ाई 12 सेमी हो, तो शीट की परिमाप क्या होगी?
(a) 104 वर्ग सेमी (b) 94 सेमी
(c) 160 सेमी (d) 104 सेमी

47. 1 सेमी भुजा वाले 24 घनों को परस्पर जोड़कर एक ठोस घनाभ बनाया जाता है। यदि इस घनाभ के आधार की परिमाप 12 सेमी हो, तो घनाभ की ऊँचाई होगी
(a) 1 सेमी (b) 2 सेमी
(c) 3 सेमी (d) 4 सेमी

48. सायं 3 : 21 से 5 घण्टे 28 मिनट पहले क्या समय था?
(a) सायं 9 : 53 (b) प्रातः 9 : 49
(c) सायं 9 : 07 (d) प्रातः 9 : 53

49. रहीस अपनी 135 पृष्ठ वाली पुस्तक की टाइपिंग 15 दिन में करता है। यदि वह प्रत्येक दिन समान रूप से टाइपिंग करे, तो 5 दिन में कितनी शीट टाइप कर देगा? (1 शीट = 8 पृष्ठ)
(a) 4.882 शीट (b) 4.925 शीट
(c) 5.625 शीट (d) 6.232 शीट

50. 2 सेमी भुजा का लकड़ी का घन है। यदि इसमें से अधिकतम आयतन का एक बेलन काटा जाए, तो शेष बची हुई लकड़ी का आयतन होगा
(a) $1\frac{5}{7}$ घन सेमी (b) $1\frac{6}{7}$ घन सेमी
(c) $2\frac{5}{7}$ घन सेमी (d) $3\frac{5}{7}$ घन सेमी

51. एक आयताकार टंकी की लम्बाई 6 मी, चौड़ाई 2.4 मी तथा गहराई 1 मी है। आधी भरी हुई टंकी में जल का आयतन होगा
(a) 6 मी^{3} (b) 6.4 मी^{3}
(c) 6.8 मी^{3} (d) 7.2 मी^{3}

52. एक आयताकार पार्क 45 मी लम्बा तथा 30 मी चौड़ा है। पार्क के बाहर चारों ओर 2.5 मी चौड़ा एक रास्ता बना है। रास्ते का क्षेत्रफल है
(a) 200 मी^{2} (b) 300 मी^{2}
(c) 400 मी^{2} (d) 375 मी^{2}

53. 60 मी $\times$ 40 मी $\times$ 30 मी माप का एक घनाभकार गोदाम है। इस गोदाम में कितने घनाभाकार बक्से रखे जा सकते हैं, यदि एक बक्से का आयतन 0.8 मी^{3} है?
(a) 40000 (b) 60000
(c) 90000 (d) 72000

54. एक टंकी में 400 लीटर पानी है। इसमें से 12 लीटर 500 मिली पानी काम में लेने के बाद शेष पानी को समान क्षमता के 25 डिब्बों में भरा जाए तो प्रत्येक डिब्बे की क्षमता है
(a) 12 लीटर 500 मिली
(b) 13 लीटर 500 मिली
(c) 15 लीटर 500 मिली
(d) 14 लीटर 500 मिली

55. एक घन का आयतन 9 सेमी लम्बे, 6 सेमी चौड़े तथा 4 सेमी ऊँचे घनाभ के आयतन के बराबर है। घन की भुजा की लम्बाई होगी

(a) 6 सेमी (b) 8 सेमी
(c) 5.6 सेमी (d) 4 सेमी

56. कुछ आमों का भार 2 किलो 600 ग्राम है तथा कुछ सेबों का भार 1 किलो 450 ग्राम है। आमों का भार सेबों के भार से कितना अधिक है?

(a) 1 किलो 200 ग्राम (b) 150 ग्राम
(c) 4 किलो 50 ग्राम (d) 1 किलो 150 ग्राम

57. एक आयत की लम्बाई 'l' है और इसकी चौड़ाई, लम्बाई की आधी है। इस आयत का परिमाप क्या होगा यदि उसकी लम्बाई दोगुनी कर दी जाए एवं उसकी चौड़ाई को समान रखा जाए?

(a) $6l$ (b) $3l$ (c) $4l$ (d) $5l$

58. एक समचतुर्भुज के विकर्णों की लम्बाई 8 सेमी और 6 सेमी है। इसका परिमाप बताइए

(a) 24 सेमी (b) 28 सेमी
(c) 18 सेमी (d) 20 सेमी

59. निम्नलिखित तालिका को ध्यान से देखिए

स्टेशन		बस 1	बस 2	बस 3
नई दिल्ली	निगमन	19 : 15	12 : 30	16 : 45
फरीदाबाद	आगमन	20 : 22	13 : 25	19 : 10
	निगमन	20 : 37	13 : 35	19 : 22
मथुरा	आगमन	00 : 40	18 : 10	21 : 55

इनमें से कौन-सी बस नई दिल्ली से मथुरा पहुँचने में सबसे कम समय लेती है?

(a) बस 3
(b) बस 2 एवं बस 3 दोनों समान समय लेती हैं
(c) बस 1
(d) बस 2

60. 500 सेमी + 50 मी + 5 किमी बराबर है

(a) 500 मी (b) 555 मी
(c) 5055 मी (d) 55 मी

61. 2 : 58 सायं से 4 घण्टे 59 मिनट पहले क्या समय है?

(a) प्रातः 9 : 59 (b) प्रातः 10 : 01
(c) सायं 9 : 59 (d) सायं 9 : 57

62. एक पेन्सिल का मूल्य ₹ $2\frac{1}{2}$ है। अमित डेढ़ दर्जन पेन्सिलें खरीदता है और दुकानदार को ₹ 100 का एक नोट देता है। उसे कितने रुपये वापस मिलेंगे?

(a) ₹ 45 (b) ₹ 65
(c) ₹ 30 (d) ₹ 55

63. एक सन्तरे का मूल्य ढ़ाई रुपये है। साढ़े तीन दर्जन सन्तरों का मूल्य क्या होगा?

(a) ₹ 112 (b) ₹ 120
(c) ₹ 90 (d) ₹ 105

64. किसी दिन 6 : 14 बजे से 8 : 02 बजे तक घण्टों तथा मिनटों की संख्या है

(a) 13 घण्टे 48 मिनट (b) 14 घण्टे 16 मिनट
(c) 2 घण्टे 12 मिनट (d) 12 घण्टे 16 मिनट

65. दो वर्गों के परिमाप 12 सेमी तथा 24 सेमी हैं। बड़े वर्ग का क्षेत्रफल छोटे वर्ग के क्षेत्रफल का कितने गुना है?

(a) 4 गुना (b) 5 गुना
(c) 2 गुना (d) 3 गुना

66. 10 मी लम्बाई वाले एक वर्गाकार कमरे के फर्श को वर्गाकार टाइलों से पूर्णतया ढ़कना है। यदि प्रत्येक टाइल की लम्बाई 50 सेमी हो, तो आवश्यक टाइलों की न्यूनतम संख्या है

(a) 400 (b) 500
(c) 200 (d) 300

67. किसी आयताकार बक्से की आन्तरिक लम्बाई, चौड़ाई तथा ऊँचाई क्रमशः 10 सेमी, 8 सेमी और 6 सेमी है। 6240 सेमी^{3} घनों को पैक करने में कितने बक्सों की आवश्यकता है?

(a) 15 (b) 17 (c) 12 (d) 13

68. निम्न में से कौन-सा सही नहीं है?

(a) 1 मिमी = 0.1 सेमी
(b) 3 लीटर 30 मिली = 300 मिली
(c) 1 पैसा = ₹ 0.01
(d) एक और आधा दर्जन = 18

69. नीचे दी आकृति में, प्रत्येक वर्ग की भुजा 1 सेमी है। छायांकित भाग का क्षेत्रफल (वर्ग सेमी) में है

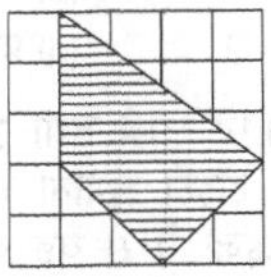

(a) 10 (b) 11 (c) 8 (d) 9

70. एक बोतल में 750 मिली जूस भरा जाता है और ऐसी 6 बोतलों को एक कार्टन में पैक किया जाता है। 450 लीटर जूस के लिए आवश्यक कार्टनों की संख्या है

(a) 100 (b) 75 (c) 80 (d) 90

71. यदि अब समय 2 : 17 अपराह्न है, तो अब से ठीक 11 घण्टे और 59 मिनट के पश्चात् क्या समय होगा?

(a) 2 : 17 पूर्वाह्न (b) 11 : 57 पूर्वाह्न
(c) 9 : 59 पूर्वाह्न (d) 2 : 16 पूर्वाह्न

72. किसी वर्ग का परिमाप 24 सेमी और किसी आयत की लम्बाई 8 सेमी है। यदि वर्ग और आयत के परिमाप बराबर हों, तो आयत का क्षेत्रफल (वर्ग सेमी में) है

(a) 64 (b) 16 (c) 24 (d) 32

73. किसी (आयताकार) बक्से की आन्तरिक लम्बाई, चौड़ाई और ऊँचाई क्रमशः 4 सेमी, 3 सेमी तथा 2 सेमी हैं। 8664 सेमी घनों को पैक करने के लिए ऐसे कितने बक्सों की आवश्यकता है?

(a) 722 (b) 351
(c) 361 (d) 391

74. निम्न में से कौन-सा सही नहीं है?

(a) 0.10 और 0.1 समान है
(b) 56.7 किग्रा = 5670 ग्राम
(c) 1 घन के 6 फलक होते हैं
(d) 1 मिमी = 0.1 सेमी

75. 14 लीटर 280 मिली सन्तरे का जूस और 18 लीटर 830 मिली गाजर का जूस दोनों को एकसाथ मिलाया गया। इस मिश्रण में से 15 बोतलों को, जिनमें से प्रत्येक में 1.5 लीटर मिश्रण आता है, भरा गया। शेष कितना मिश्रण बचा?

(a) 11 लीटर 105 मिली
(b) 9 लीटर 610 मिली
(c) 11 लीटर 605 मिली
(d) 10 लीटर 610 मिली

76. एक सन्तरे का मूल्य ₹ 5.50 तथा एक किग्रा सेब का मूल्य ₹ 80 है, तो डेढ़ दर्जन सन्तरे तथा एक और तीन-चौथाई किग्रा सेब का कुल मूल्य है

(a) ₹ 219 (b) ₹ 229
(c) ₹ 239 (d) ₹ 209

77. 6 घण्टों में सेकण्डों की संख्या कितने दिनों में मिनटों की संख्या के बराबर है?

(a) 4 (b) 10
(c) 15 (d) 2

78. एक रेलगाड़ी स्टेशन P से 8 : 18 पूर्वाह्न पर चलकर स्टेशन Q पर उसी दिन 10 : 28 अपराह्न पर पहुँचती है। रेलगाड़ी द्वारा Q तक पहुँचने में लगा समय है

(a) 14 घण्टे 10 मिनट (b) 14 घण्टे 46 मिनट
(c) 18 घण्टे 46 मिनट (d) 13 घण्टे 10 मिनट

79. किसी वर्ग का परिमाप 20 सेमी है। एक आयत की चौड़ाई इस वर्ग की चौड़ाई के बराबर है और लम्बाई इसकी चौड़ाई की दोगुनी है। आयत का क्षेत्रफल (वर्ग सेमी में) है

(a) 30 (b) 50
(c) 100 (d) 25

80. किसी आयताकार बक्से A की आन्तरिक लम्बाई, चौड़ाई और ऊँचाई क्रमश: 20 सेमी, 18 सेमी और 15 सेमी हैं तथा बक्से B की 18 सेमी, 12 सेमी और 5 सेमी हैं। बक्सा A का आयतन बक्सा B के आयतन का कितना गुना है?

(a) 4 (b) 5 (c) 6 (d) 3

81. निम्न में से कौन-सा सही नहीं है?

(a) 10 सेमी भुजा वाले वर्ग का क्षेत्रफल = 10 सेमी लम्बाई और 0.1 मी चौड़ाई वाले आयत का क्षेत्रफल

(b) 1 मी 5 सेमी = 1.5 मी

(c) 0.40 और 0.4 समान हैं

(d) ₹ $\frac{3}{4}$ = ₹ 0.75

82. एक टंकी में 240 लीटर (L) 128 मिली (mL) दूध है जिसको 16 जारों, जो एक ही साइज (माप) के हैं, में पूर्णतया भरा जाता है। ऐसे 22 जारों में कितना दूध होगा?

(a) 330 लीटर 176 मिली

(b) 331 लीटर 760 मिली

(c) 330 लीटर 175 मिली

(d) 330 लीटर 650 मिली

83. गोरंग ने सोमवार को $4\frac{1}{2}$ घण्टे मंगलवार को 190 मिनट, बुधवार को प्रात: 5 : 20 से प्रात: 9 : 10 मिनट तक और शुक्रवार को 220 मिनट काम किया। उसे एक घण्टा काम करने के ₹ 42 मिलते हैं। उसने सोमवार से लेकर शुक्रवार तक कुल कितना कमाया?

(a) ₹ 560 (b) ₹ 580 (c) ₹ 540 (d) ₹ 637

84. पानी की एक टंकी 11 मी लम्बी, 10 मी चौड़ी और 9 मी ऊँची है। इसमें 6 मी की ऊँचाई तक पानी भरा गया है। टंकी का कितना भाग खाली है?

(a) $\frac{1}{4}$ (b) $\frac{1}{3}$ (c) $\frac{1}{6}$ (d) $\frac{2}{3}$

85. एक आयत और एक वर्ग के परिमाप बराबर हैं। वर्ग का परिमाप 96 सेमी है और आयत की चौड़ाई वर्ग की भुजा से 4 सेमी कम है, तब आयत के क्षेत्रफल (वर्ग सेमी में) का दोगुना किसके बराबर है

(a) 560 (b) 960 (c) 1040 (d) 1120

86. निम्न में से कौन-सा सही नहीं है

(a) 1 मिमी, 1 सेमी का एक दशांश है

(b) 1 किग्रा 12 ग्राम = 1.012 किग्रा

(c) 10 मी 10 सेमी = 1010 सेमी

(d) $\frac{23}{100}$ = 2.30

87. एक रेलगाड़ी एक स्टेशन से प्रात: 6 : 14 पर चलकर अपने गन्तव्य स्थान पर 13 घण्टे 48 मिनट के पश्चात् पहुँच जाती है। गन्तव्य स्थान पर पहुँचने का समय है

(a) 8 : 02 पूर्वाह्न (b) 8 : 12 पूर्वाह्न

(c) 7 : 02 पूर्वाह्न (d) 7 : 12 पूर्वाह्न

88. एक वर्ग का परिमाप 44 सेमी है। एक आयत का परिमाप इस वर्ग के परिमाप के बराबर है। आयत की लम्बाई वर्ग की भुजा से 5 सेमी अधिक है। वर्ग और आयत के क्षेत्रफलों (सेमी^{2} में) का योगफल है

(a) 217 (b) 229 (c) 169 (d) 140

89. 1 लीटर जूस का डिब्बा घनाकार आकृति का है और उसका आधार वर्गाकार, जिसकी माप 8 × 8 सेमी है। डिब्बे में जूस की गहराई (सेमी में) किसके अधिक समीप होगी?

(a) 20 (b) 22 (c) 16 (d) 18

90. निम्नलिखित में से कौन-सा सही नहीं है?

(a) 3 घण्टे 14 मिनट = 194 मिनट

(b) 2 किग्रा 30 ग्राम = 2030 ग्राम

(c) 3 लीटर 80 मिली = 380 मिली

(d) 10 सेमी भुजा वाले वर्ग का क्षेत्रफल = 100 सेमी लम्बाई तथा 0.01 मी चौड़ाई वाले आयत का क्षेत्रफल

91. एक मानचित्र पर आधा सेन्टीमीटर, भूमि पर 125 किमी को दर्शाता है। यदि दो नगरों की बीच की दूरी भूमि पर 2000 किमी है, तो मानचित्र पर उनके बीच की दूरी होगी

(a) 6 सेमी (b) 8 सेमी

(c) 10 सेमी (d) 4 सेमी

92. जब दिल्ली में समय शाम 8 : 49 है, तब सिडनी में समय अगले दिन का प्रात: 1 : 19 है। यदि दिल्ली में समय प्रात: 11 : 19 है, तो सिडनी में क्या समय होगा?

(a) प्रात: 3 : 19 (b) शाम 3 : 49

(c) शाम 6 : 29 (d) प्रात: 6 : 49

93. रेनू अपने 9 मी लम्बे तथा 7 मी चौड़े कमरे के फर्श पर टाइलें लगाना चाहती है। टाइलों के निम्न साइजों में से वह कौन-सी खरीदे जिससे कि फर्श पर टाइलें किसी टाइल को काटे बिना लग जाएँ?

(a) 40 सेमी × 65 सेमी

(b) 55 सेमी × 40 सेमी

(c) 35 सेमी × 45 सेमी

(d) 35 सेमी × 35 सेमी

94. किसी आयत की लम्बाई, 80 सेमी परिमाप वाले एक वर्ग की भुजा की दोगुनी है। यदि आयत की चौड़ाई 20 सेमी है, तो आयत का क्षेत्रफल (सेमी^{2} में) वर्ग के क्षेत्रफल से कितना अधिक है?

(a) 150 (b) 300

(c) 400 (d) 100

95. चार घनाभाकार बक्सों की विमाएँ (सेमी में) नीचे दी गई हैं

	लम्बाई	चौड़ाई	ऊँचाई
(i)	20	25	18
(ii)	23	20	20
(iii)	20	22	21
(iv)	24	20	19

लकड़ी के 18440 सेमी घनों को पैक करने के लिए निम्न में से किन बक्सों का प्रयोग होगा?

(a) (i) एवं (iii) (b) (ii) एवं (iii)

(c) (ii) एवं (iv) (d) (i) एवं (ii)

96. निम्न में से कौन-सा एक सही नहीं है?

(a) 25 शतांश = $\frac{25}{100}$

(b) 0.57 बराबर है 0.5700 के

(c) 30 सेमी भुजा वाले वर्ग का क्षेत्रफल, 4.5 मी × 0.2 मी आयत के क्षेत्रफल के समान है

(d) 2009 मिली = 2 लीटर 9 मिली

97. हारुन एक फल की दुकान पर गया। उसने डेढ़ दर्जन केले ₹ 2.50 प्रति किलो की दर से, साढ़े तीन किलो सेब ₹ 57.60 प्रति किलो की दर से, डेढ़ किलो आम ₹ 75.40 प्रति किलो की दर से और 750 ग्राम अंगूर ₹ 120 प्रति किलो की दर से खरीदे। यदि उसने फल विक्रेता को ₹ 500 का एक नोट दिया हो, तो उसे विक्रेता से कितने रुपये वापस मिलेंगे?

(a) ₹ 24.85 (b) ₹ 14.95

(c) ₹ 50.30 (d) ₹ 28.10

98. किसी मानचित्र पर $\frac{1}{2}$ सेमी की दूरी, भूमि पर 200 किमी की दूरी को निरूपित करती है। यदि भूमि पर दो नगर 1800 किमी की दूरी पर स्थित हैं, तो मानचित्र पर उनकी दूरी होगी

(a) 6 सेमी (b) 9 सेमी

(c) $3\frac{1}{2}$ सेमी (d) $4\frac{1}{2}$ सेमी

99. एक ही माप (साइज) की 23 बोतलों में 51 लीटर और 750 मिली दूध भरा जाता है। ऐसी 16 बोतलों में दूध की मात्रा है।

(a) 36 लीटर

(b) 37 लीटर और 600 मिली

(c) 34 लीटर और 400 मिली

(d) 35 लीटर

100. गुणनफल 672 × 36 × 25 बराबर है

(a) 5 दिनों में सेकण्डों की संख्या

(b) 1 सप्ताह में सेकण्डों की संख्या

(c) 7 सप्ताहों में मिनटों की संख्या

(d) 60 दिनों में घण्टों की संख्या

101. किसी आयत की लम्बाई तथा चौड़ाई क्रमशः 48 सेमी और 21 सेमी हैं। किसी वर्ग की भुजा इस आयत की लम्बाई का दो-तिहाई है। इनके क्षेत्रफलों (वर्ग सेमी में) का योग है

(a) 2032 (b) 2123
(c) 2028 (d) 2030

102. एक घनाभाकार बक्सा 13 सेमी लम्बा, 11 सेमी चौड़ा और 9 सेमी ऊँचा है। एक घनाकार बक्से की भुजा 12 सेमी है। तनु इन बक्सों में 1 सेमी भुजा वाले 3060 घन पैक करना चाहती है। उन घनों की संख्या, जो इनमें पैक नहीं हो पाएँगे, है

(a) 30 (b) 45
(c) 15 (d) 28

103. निम्नलिखित में से कौन-सा सही नहीं है?

(a) 1 सेमी, 1 मी का शतांश है
(b) 1 मिली, 1 लीटर का शतांश है
(c) एक लाख बराबर है एक सौ हजार के
(d) एक करोड़ बराबर है एक सौ लाख के

104. साबुन की एक टिकिया का आकार 7 सेमी $\times$ 5 सेमी $\times$ 2.5 सेमी है। दो पेटियों में, जिनकी आन्तरिक माप 56 सेमी $\times$ 0.4 मी $\times$ 0.25 मी है, साबुन की इन टिकियों की अधिकतम कितनी संख्या पैक की जा सकती है

(a) 1280 (b) 2560
(c) 640 (d) 960

105. किसी आयत की लम्बाई उसकी चौड़ाई का तीन गुना है। इसकी चौड़ाई एक वर्ग की भुजा का आधा है, जिसका परिमाप 72 सेमी है, तब

(a) आयत और वर्ग दोनों के परिमाप बराबर हैं
(b) आयत का परिमाप, वर्ग के परिमाप से कम है
(c) वर्ग और आयत दोनों के क्षेत्रफल बराबर हैं
(d) आयत का क्षेत्रफल, वर्ग के क्षेत्रफल से अधिक है

106. 15 दिनों में मिनटों की संख्या बराबर है निम्न में से कितने सेकण्डों की संख्या के?

(a) 6 घण्टे
(b) 8 घण्टे
(c) 4 घण्टे
(d) 5 घण्टे

107. एक रेलगाड़ी हैदराबाद से शुक्रवार को समय 13 : 15 पर चली और शनिवार को बंगलुरु सुबह 07 : 30 पर पहुँची। यात्रा में लगा समय था

(a) 18 घण्टे 15 मिनट
(b) 19 घण्टे 45 मिनट
(c) 5 घण्टे 35 मिनट
(d) 12 घण्टे 45 मिनट

108. सन्तरे के 15 लीटर 286 मिली जूस को गााजर के 19 लीटर 714 मिली जूस में मिलाया जाता है। इस मिश्रण में से 12 लीटर 750 मिली जूस प्रयोग में लाया जाता है, और बोतलों में भरा जाता है, जहाँ प्रत्येक बोतल में 250 मिली जूस आता है। बोतलों की संख्या है

(a) 81 (b) 77
(c) 89 (d) 85

109. निम्नलिखित में से कौन-सा सही नहीं है?

(a) 2005 ग्राम = 2.005 किग्रा
(b) किसी घनाभ का आयतन, जिसकी लम्बाई 45 किग्रा, चौड़ाई 15 किग्रा और ऊँचाई 40 किग्रा है, बराबर है; उस घन के आयतन के, जिसकी भुजा 0.3 मी है
(c) 10 का शतांश = 0.1
(d) 55 लीटर 55 मिली = 55.55 लीटर

110. फलों के मूल्य प्रति किग्रा नीचे दिए गए हैं

खरबूजा : ₹ 18.50
चेरी : ₹ 72
अंगूर : ₹ 120.60
सेब : ₹ 78.40

रेशमा ने $4\frac{1}{2}$ किग्रा खरबूजा, 1 किग्रा 200 ग्राम चेरी, 250 ग्राम अंगूर और $1\frac{3}{4}$ सेब खरीदे। उसने दुकानदार को ₹ 500 का एक नोट दिया। उसे कितने रुपये वापस मिले?

(a) ₹ 172 (b) ₹ 173
(c) ₹ 162 (d) ₹ 163

उत्तरमाला

1	(c)	2	(a)	3	(c)	4	(b)	5	(b)	6	(a)	7	(c)	8	(c)	9	(c)	10	(d)
11	(b)	12	(d)	13	(b)	14	(b)	15	(d)	16	(c)	17	(a)	18	(b)	19	(b)	20	(b)
21	(b)	22	(c)	23	(b)	24	(d)	25	(c)	26	(d)	27	(b)	28	(b)	29	(c)	30	(c)
31	(d)	32	(a)	33	(b)	34	(c)	35	(c)	36	(d)	37	(a)	38	(b)	39	(b)	40	(a)
41	(d)	42	(b)	43	(c)	44	(a)	45	(c)	46	(d)	47	(c)	48	(d)	49	(c)	50	(a)
51	(d)	52	(c)	53	(c)	54	(c)	55	(a)	56	(d)	57	(b)	58	(d)	59	(a)	60	(c)
61	(a)	62	(d)	63	(d)	64	(a)	65	(a)	66	a)	67	(d)	68	(b)	69	(a)	70	(a)
71	(d)	72	(d)	73	(c)	74	(b)	75	(d)	76	(c)	77	(c)	78	(a)	79	(b)	80	(b)
81	(b)	82	(a)	83	(d)	84	(b)	85	(d)	86	(d)	87	(a)	88	(a)	89	(c)	90	(c)
91	(b)	92	(b)	93	(c)	94	(c)	95	(b)	96	(c)	97	(c)	98	(d)	99	(a)	100	(b)
101	(a)	102	(b)	103	(b)	104	(a)	105	(a)	106	(a)	107	(a)	108	(c)	109	(d)	110	(d)

उत्तर हल सहित

1. *(c)* 1 वर्ग किमी में 100 हेक्टेयर होते हैं।

2. *(a)* 3 ग्राम, 5 डेसीग्राम, 7 सेन्टीग्राम

$= (3\times1000+5\times100+7\times10)$ मिलीग्राम

$= 3000+500+70 = 3570$ मिलीग्राम

3. *(c)* 1 इंच $= 25.4$ मिमी

$\therefore$ 24 इंच $= 24\times25.4$

$= 609.6$ मिमी

4. *(b)* $\because$ 1 हेक्टोमी $= 100$ मी

$\therefore$ 42.72574 हेक्टोमी $= 42.72574\times100$

$= 4272.574$ मी

$\because$ 1 मी $= 100$ सेमी

$\therefore$ 4272.574 मी $= 4272.574\times100$ सेमी

$= 427257.4$ सेमी

5. *(b)* $\because$ 1 एकड़ $= 0.405$ हेक्टेयर

$\therefore$ 3.88 एकड़ $= 0.405\times3.88$

$= 1.5714$ हेक्टेयर

6. *(a)* $\because$ 1 फीट $= 30.4$ सेमी

$\therefore$ 1 वर्ग फीट $= (30.4)^2$ वर्ग सेमी

$= 924.16$ वर्ग सेमी

7. *(c)* $\because$ 1.61 किमी $= 1$ मील

$\therefore$ 8 किमी $= \frac{1}{1.61}\times8 = 5$ मील (लगभग)

8. *(c)* 1 किमी, 2 हेक्टोमी तथा 3 मी

$= \left(1+\frac{2}{10}+\frac{3}{1000}\right)$ किमी

$= (1+0.2+0.003)$ किमी

$= 1.203$ किमी

9. *(c)* $\because$ 12 सेमी 3 मिमी

$= 12$ सेमी $+ 0.3$ सेमी

$= 12.3$ सेमी

10. *(d)* $\because$ 1 इंच $= 2.5$ सेमी

$\therefore$ 2 इंच $= 5$ सेमी

11. *(b)* 1 सेमी में 10^{-3} डेकामी होते हैं।

12. *(d)* $\because$ 1 मी $= 10$ डेसीमी, 1 मी $= 1000$ मिमी

1 डेसीमी $= 100$ मिमी

$\therefore$ 80 डेसीमी$^2 = 80\times(100$ मिमी$)^2$

$= 80\times100\times100$ मिमी^{2}

$= 800000$ मिमी^{2}

13. *(b)* $1680\times24\times15 = 604800$

$= 7\times24\times60\times60$

$= 1$ सप्ताह में सेकण्डों की संख्या के

14. *(b)* 12 मीट्रिक टन $+8$ क्विण्टल

$= (12000+800)$ किग्रा $= 12800$ किग्रा

8 मीट्रिक टन $+50$ किग्रा

$= (8000+50)$ किग्रा $= 8050$ किग्रा

$\therefore$ अभीष्ट उत्तर $= 12800-8050$

$= 4750$ किग्रा

$= 4$ मीट्रिक टन $+7$ क्विण्टल $+50$ किग्रा

15. *(d)* 25 पैसे के 15 सिक्कों का मान

$= 375$ पैसे

(i) 375 पैसे $= 300$ पैसे $+50$ पैसे $+25$ पैसे (सत्य)

(ii) 375 पैसे $= 200$ पैसे $+150$ पैसे $+25$ पैसे (सत्य)

(iii) 375 पैसे $= 300$ पैसे $+75$ पैसे (सत्य)

(iv) 375 पैसे $\neq 300$ पैसे $+50$ पैसे (असत्य)

16. *(c)*

मिनट वाली सूई द्वारा किसी भी एक अंक को पूर्णतया पार करने में लगा समय

$= 5$ मिनट $= 5\times60$ सेकण्ड $= 300$ सेकण्ड

$= \frac{5}{60}$ घण्टे $= \frac{1}{12}$ घण्टे

17. *(a)* हम जानते हैं कि वृत्त का क्षेत्रफल $= \pi r^2$

यहाँ, $r = 1.20$ सेमी तथा $\pi = 3.14$,

$\therefore$ वृत्त का क्षेत्रफल $= 3.14\times(1.20)^2$

$= 4.52$ सेमी^{2}

अतः वृत्त का वांछित क्षेत्रफल 4.52 सेमी^{2} है।

18. *(b)* हम जानते हैं कि परिधि $= 2\pi r$ से प्राप्त होती है, जहाँ r त्रिज्या है।

यहाँ, $c = 880$ सेमी

$\therefore$ $880 = 2\pi r = 2\times\frac{22}{7}\times r$ $\left(\pi = \frac{22}{7}\text{ लेकर}\right)$

$\Rightarrow$ $r = \frac{880\times7}{2\times22}$

$= 140$ सेमी

अतः दिए गए वृत्त की त्रिज्या 140 सेमी है।

अब, त्रिज्या r वाले वृत्त का क्षेत्रफल A है।

$A = \pi r^2 = \frac{22}{7}\times140\times140$

$= 22\times140\times20$ सेमी^{2}

$= \frac{22\times140\times20}{10000}$ मी^{2}

($\because$ 1 मी^{2} $= 10000$ सेमी^{2})

$= \frac{616}{100}$ मी^{2} $= 6.16$ मी^{2}

अतः दिए गए वृत्त का क्षेत्रफल 6.16 मी^{2} है।

19. *(b)* अभीष्ट समय $= 19:15 - 3:53$

$= 15:22 = 3:22$ दोपहर

20. *(b)* 8 घण्टों में सेकण्डों की संख्या

$= 8\times60\times60$

$\therefore$ अभीष्ट दिन $= \frac{8\times60\times60}{60\times24} = 20$

21. *(b)* प्रश्नानुसार,

वर्ग का क्षेत्रफल $= 64$

$\Rightarrow$ (भुजा)$^2 = 64 \Rightarrow$ भुजा $= 8$

इस प्रकार, एक भुजा की लम्बाई $= 8$ सेमी

वर्ग का परिमाप $= 4\times$ भुजा

$= 4\times8 = 32$ सेमी

22. *(c)* $\because$ 3 फीट $= 1$ गज

$\therefore$ 90 फीट $= \frac{90}{3} = 30$ गज

और 44 फीट $= \frac{44}{3}$ गज

$\therefore$ प्लॉट का क्षेत्रफल $=$ लम्बाई $\times$ चौड़ाई

$= 30\times\frac{44}{3} = 440$ वर्ग गज

23. *(b)* $\because$ 5 पेन्सिलों का मूल्य $= ₹3\frac{3}{4} = ₹3.75$

$\therefore$ 2 पेन्सिलों का मूल्य $= \frac{3.75\times2}{5} = ₹1.5$

$= ₹1\frac{1}{2} = ₹\frac{3}{2}$

24. *(d)* हौज का आयतन $= (13.43\times5.68\times2.50)$

$= 190.706$ मी^{3}

$\because$ 1 घन मी $= 10^6$ घन सेमी

$\therefore$ $190.706 = 190.706\times10^6$ घन सेमी

$\because$ 1 घन सेमी $= 1$ ग्राम

$\therefore$ 190.706×10^6 घन सेमी

$= 190.706\times10^6$ ग्राम

$= \frac{190.706\times10^6}{10^3} = 190706$ किग्रा

25. *(c)* 1 घन मी $= 1000000$ घन सेमी

$\because$ 1000000 घन सेमी की तौल $= 4060$ किग्रा

$= 4060\times1000$ ग्राम

$\therefore$ 1 घन सेमी की तौल

$= \frac{4060\times1000}{1000000} = 4.06$ ग्राम

26. *(d)* $\because$ 5 घन सेमी $= 20.3$ किग्रा

$\therefore$ 1 घन सेमी $= 20.3\div5 = 4.06$ किग्रा

$\therefore$ 1 घन सेमी $= 4.06\times1000 = 4060$ ग्राम

27. *(b)* वर्गाकार मैदान का क्षेत्रफल $= 30\times30$

$= 900$ मी^{2}

गाय द्वारा 1 दिन में चरा गया क्षेत्र $= 25$ मी^{2}

$\therefore$ गाय 900 मी^{2} का क्षेत्र चर सकेगी

$= \frac{900}{25} = 36$ दिन में

28. *(b)* सभी केलों का कुल भार

$= 2000 + 365 = 2365$ ग्राम

सभी सेबों का कुल भार

$= 3000 + 10 = 3010$ ग्राम

$\therefore$ अभीष्ट अन्तर $= 3010 - 2365 = 645$ ग्राम

29. *(c)* वृत्त की प्रारम्भिक परिधि $= 4\pi$

$\Rightarrow \quad 2\pi r = 4\pi \Rightarrow r = \frac{4\pi}{2\pi} = 2$

वृत्त का क्षेत्रफल $= \pi r^2 = \pi(2)^2 = 4\pi$

पुनः वृत्त की परिधि $= 8\pi$

$\Rightarrow \quad 2\pi r = 8\pi \Rightarrow r = \frac{8\pi}{2\pi} = 4$

वृत्त का क्षेत्रफल $= \pi r^2 = \pi(4)^2 = 16\pi$

अतः वृत्त का क्षेत्रफल चार गुना हो जाएगा।

30. *(c)* माना झील की गहराई h मी है।

तब प्रश्नानुसार,

$40 \times 10 \times h = 1200$

$\Rightarrow \quad h = \frac{1200}{400} = 3$ मी

31. *(d)*

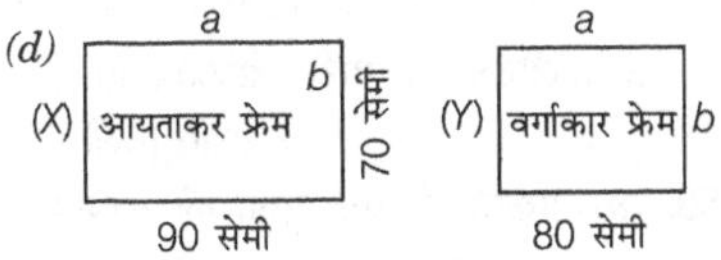

आयताकार फ्रेम का परिमाप $= 2 \times (a + b)$

आयताकार फ्रेम का परिमाप

$= 2 \times (90 + 70) = 2 \times 160 = 320$ सेमी

वर्गाकार फ्रेम का परिमाप

$= 4a = 4 \times 80 = 320$ सेमी

अतः दोनों फ्रेमों X व Y के परिमाप बराबर हैं, जोकि 320 सेमी है।

32. *(a)* गरिमा द्वारा 1 दिन में पीये जाने वाले पानी की मात्रा $= 12 \times 250 = 3000$ मिली

$= 3$ लीटर

$\therefore$ 30 दिन में पीये जाने वाले पानी की मात्रा

$= 3 \times 30 = 90$ लीटर

33. *(b)* $\because$ 8 पृष्ठ $= 1$ शीट

$\therefore \quad$ 108 पृष्ठ $= \frac{108}{8}$ शीट

अतः 12 दिन में हरि पढ़ता है $= \frac{108}{8}$ शीट

$\therefore$ 5 दिन में हरि पढ़ेगा $= \frac{108}{8} \times \frac{5}{12} = \frac{45}{8}$

$= 5.625$ शीट

34. *(c)* पहिये की परिधि $= 2$ मी 4 सेमी $= 2.04$ मी

$\because \quad$ 1 किमी $= 1000$ मी

16.83 किमी $= 16.83 \times 1000 = 16830$ मी

$\therefore$ अभीष्ट चक्करों की संख्या $= \frac{16830}{2.04} = 8250$

35. *(c)* $\because$ 1 वर्ग मील $= 461$ व्यक्ति

$\therefore \quad$ 2.58999 वर्ग किमी $= 461$ व्यक्ति

$\therefore$ 1 वर्ग किमी $= \frac{461}{2.58999}$

$= 178$ व्यक्ति

36. *(d)* यहाँ, $r = 14$ सेमी

तथा $h = 2.04$ मी $= 204$ सेमी

अतः शंकु का आयतन,

$V = \frac{1}{3}\pi r^2 h = \frac{1}{3} \times \frac{22}{7} \times 14 \times 14 \times 204$

$= 41888$ सेमी^{3}

37. *(a)* रीना द्वारा दौड़ी गई कुल दूरी

$= 6 \times 2\pi r = 6 \times 2 \times \frac{22}{7} \times 21$

$= 6 \times 2 \times 22 \times 3 = 792$ मी

38. *(b)* तालाब की क्षमता $= 90 \times 30 \times 6$

$= 16200$ मी^{3}

अतः तालाब में भरा जाने वाला कुल जल

$= 16200$ मी^{3}

39. *(b)* सबसे बड़े काट क्षेत्र (गोले) का आयतन

$= \frac{4}{3}\pi r^3 = \frac{4}{3}\pi \times (1)^3 = \frac{4}{3}\pi$ सेमी^{3}

40. *(a)* घर से स्कूल तथा स्कूल से घर तक पहुँचने में गौरव द्वारा लिया गया समय

$= 5 + 2 = 7$ घण्टे

स्कूल में रहने की समयावधि $= 3\frac{3}{4}$ घण्टे

रास्ते में दोनों तरफ से लगा समय

$= \left(7:00 - 3\frac{3}{4}\right)$ घण्टे

$= 3$ घण्टे 15 मिनट

अतः सुबह को स्कूल तक पहुँचने में लगा समय $= 1$ घण्टा $37\frac{1}{2}$ मिनट

तथा घड़ी में समय

$= 7:00 + 1$ घण्टा $37\frac{1}{2}$ मिनट

$= 8$ बजकर 37 मिनट 30 सेकण्ड

41. *(d)* हरीश द्वारा टहलने में तय की गई दूरी

$= 2 \times (l + b) \times 4$

$= 2 \times (20 + 10) \times 4$

$= 2 \times (30) \times 4$

$= 240$ मी

42. *(b)* मोहन द्वारा 1 दिन में लाए गए फलों का भार $= (750 \times 2 \times 2 + 500 + 1500)$ ग्राम

$= (3000 + 2000)$ ग्राम

$= 5000$ ग्राम $= 5$ किग्रा

43. *(c)* 15 डेकालीटर का $\frac{1}{4} = \frac{15 \times 10}{4}$ लीटर

$= 37\frac{1}{2}$ लीटर

$\therefore$ टब में शेष पानी $= 150 - 37\frac{1}{2}$

$= 112\frac{1}{2}$ लीटर

44. *(a)* मैदान की परिधि $= 2\pi r = 250$ मी

75000 सेमी $= 750$ मी $= 3 \times 250$ मी

$= 3$ चक्कर

3 किमी की दौड़ में कुल दूरी $= 3000$ मी

शेष दौड़ी जाने वाली दूरी $= 3000 - 750$

$= 2250$ मी

अतः शेष चक्करों की संख्या $= \frac{2250}{250} = 9$

इस प्रकार, अभीष्ट उत्तर $= 3, 9$

45. *(c)* दिया है, $l = 16$ सेमी, $b = 8$ सेमी

$\therefore$ वर्ग का क्षेत्रफल $= 2 \times$ आयत का क्षेत्रफल

$\Rightarrow \quad$ (भुजा)$^2 = 2 \times 16 \times 8 = 16^2$

$\therefore \quad$ भुजा $= 16$ सेमी

46. *(d)* $\because$ आयताकार शीट की लम्बाई

$= \frac{480}{12} = 40$ सेमी

$\therefore$ शीट का परिमाप $= 2(40 + 12)$

$= 2 \times 52 = 104$ सेमी

47. *(c)* माना घनाभ की लम्बाई l सेमी, चौड़ाई b सेमी तथा ऊँचाई h सेमी है।

तब प्रश्नानुसार, $2(l + b) = 12$

$\therefore \quad l + b = 6$ तथा $lbh = 24$

$\Rightarrow 4 \times 2 \times h = 24 \quad (\because l = 4, b = 2$ रखने पर)

$\therefore \quad h = \frac{24}{8} = 3$ सेमी

48. *(d)* सायं 3 : 21 से 3 घण्टे 21 मिनट घटाने पर समय = मध्याह्न 12 : 00

$\because \quad 5:28 - 3:21 = 2:07$

अतः मध्याह्न 12 : 00 बजे में से 2 घण्टे 7 मिनट घटाने पर,

शेष समय = 9 घण्टे 53 मिनट = प्रातः 9 : 53

49. *(c)* $\because$ 8 पृष्ठ $= 1$ शीट

$\therefore$ 135 पृष्ठ $= \frac{135}{8}$ शीट

$\therefore$ 15 दिन में रहीस पढ़ता है $= \frac{135}{8}$ शीट

$\therefore$ 5 दिन में रहीस पढ़ेगा $= \frac{135}{8} \times \frac{5}{15} = \frac{45}{8}$

$= 5.625$ शीट

50. *(a)* $\because$ 2 सेमी भुजा वाली घनाकार लकड़ी का आयतन $= (2)^3 = 8$ घन सेमी

अधिकतम आयतन का बेलन काटने पर बेलन की ऊँचाई $(h) = 2$ सेमी

तथा बेलन का व्यास $= 2$ सेमी

तब, बेलन की त्रिज्या $= \frac{2}{2} = 1$ सेमी

$\therefore$ बेलन का आयतन $= \pi r^2 h = \frac{22}{7} \times (1)^2 \times 2$

$= \frac{22}{7} \times 2 \times 1 = \frac{44}{7}$ घन सेमी

$\therefore$ शेष बची लकड़ी का आयतन $= 8 - \frac{44}{7}$

$= \frac{56-44}{7} = \frac{12}{7} = 1\frac{5}{7}$ घन सेमी

51. (*d*) टंकी की क्षमता = टंकी का आयतन

= लम्बाई × चौड़ाई × ऊँचाई

$= 6 \times 2.4 \times 1$

$= 14.4$ मी^{3}

चूँकि टंकी आधी भरी है।

अतः अभीष्ट मात्रा $= \frac{14.4}{2} = 7.2$ मी^{3}

52. (*c*) अभीष्ट क्षेत्रफल

$= [45+(2 \times 0.25)] \times [30+(2 \times 2.5)] - 45 \times 30$

$= [45+5] \times [30+5] - 1350$

$= 50 \times 35 - 1350 = 1750 - 1350$

$= 400$ मी^{2}

53. (*c*) बक्सों की अभीष्ट संख्या

$= \frac{\text{गोदाम का आयतन}}{\text{एक बक्से का आयतन}}$

$= \frac{60 \times 40 \times 30}{0.8} = 90000$

54. (*c*) टंकी की क्षमता/आयतन = 400 लीटर

∴ शेष पानी $= 400 - 12.5 = 387.5$ लीटर

∵ एक डिब्बे की क्षमता $= \frac{387.5}{25}$

$= 15.5$ लीटर = 15 लीटर 500 मिली

55. (*a*) घनाभ का आयतन $= 9 \times 6 \times 4$

= 216 घन सेमी

∵ घन का आयतन $= a^3$

(जहाँ, a = घन की भुजा)

⇒ $a^3 = 216$

∴ $a = \sqrt[3]{216} = 6$ सेमी

इस प्रकार, घन की भुजा = 6 सेमी

56. (*d*) आमों एवं सेबों के भारों में अन्तर

= 2 किलो 600 ग्राम − 1 किलो 450 ग्राम

= 1 किलो 150 ग्राम

57. (*b*) दिया है, आयत की लम्बाई $= l$

तब प्रश्नानुसार, चौड़ाई $= \frac{l}{2}$

∴ परिमाप = 2 (लम्बाई + चौड़ाई)

$= 2\left(l + \frac{l}{2}\right) = 3l$

58. (*d*) समचतुर्भुज के विकर्णों की लम्बाई

= 8 सेमी एवं 6 सेमी

∴ इसकी एक भुजा की लम्बाई

$= \sqrt{\left(\frac{8}{2}\right)^2 + \left(\frac{6}{2}\right)^2} = \sqrt{16+9} = 5$ सेमी

∴ परिमाप $= 4 \times 5 = 20$ सेमी

59. (*a*) ∵ बस 1, 19:15 पर नई दिल्ली से चलती है और 00:40 पर मथुरा पहुँचती है।

∴ बस 1 द्वारा लिया गया समय

= 5 घण्टे 25 मिनट

इसी प्रकार, बस 2 द्वारा लिया गया समय

= 5 घण्टे 40 मिनट

और बस 3 द्वारा लिया गया समय

= 5 घण्टे 10 मिनट

अतः बस 3 द्वारा सबसे कम समय लिया जाता है।

60. (*c*) 500 सेमी + 50 मी + 5 किमी

= 5 मी + 50 मी + 5000 मी = 5055 मी

61. (*a*) अभीष्ट समय = 14 : 58 − 4 : 59

= 13 :118 − 4 :59 (∵ 58 + 60 = 118)

= प्रातः 9: 59

62. (*d*) दिया है, 1 पेन्सिल का मूल्य = ₹ 2.50

∴ $1\frac{1}{2}$ दर्जन पेन्सिलों का मूल्य

$= (12+6) \times 1$ पेन्सिल का मूल्य

$= 18 \times 2.50 =$ ₹ 45

∴ उसको वापस की जाने वाली राशि

= 100 − 45 = ₹ 55

63. (*d*) ∵ 1 सन्तरे का मूल्य = ₹ 2.50

⇒ 1 दर्जन = 12 वस्तुएँ

⇒ 2 दर्जन = 24 वस्तुएँ

⇒ 3 दर्जन = 36 वस्तुएँ

⇒ $3\frac{1}{2}$ दर्जन = 42 वस्तुएँ

∴ 42 सन्तरों का मूल्य $= 42 \times 2.50 =$ ₹ 105

64. (*a*) ∵ दिन का समय = 6:14 बजे

तथा रात का समय = 8 : 02 बजे

∵ 6 :14 बजे सुबह से 6 :14 बजे शाम तक कुल 12 घण्टे होते हैं।

∴ 6 : 14 बजे से 8 : 02 बजे तक घण्टों तथा मिनट की संख्या = 12 घण्टे + (8 : 02) − (6 : 14)

= 1 : 48

अर्थात् (12 घण्टे +1 घण्टे 48 मिनट) का अन्तर होगा

अर्थात् = 13 घण्टे 48 मिनट का अन्तर होगा।

65. (*a*) दिया है, छोटे वर्ग का परिमाप = 12 सेमी

माना छोटे वर्ग की भुजा $= a$ सेमी

∴ वर्ग का परिमाण $= 4a = 4 \times a = 12$ सेमी

⇒ $a = 3$ सेमी

छोटे वर्ग का क्षेत्रफल $= a^2 = 3^2 = 9$ सेमी

तथा बड़े वर्ग का परिमाप = 24 सेमी

माना बड़े वर्ग की भुजा $= b$ सेमी

∴ वर्ग का परिमाप $= 4 \times b$ सेमी

⇒ $4b = 24 \Rightarrow b = 6$ सेमी

अब, बड़े वर्ग का क्षेत्रफल $= b^2$

$= 6^2 = 36$ सेमी^{2}

$\frac{\text{बड़े वर्ग का क्षेत्रफल}}{\text{छोटे वर्ग का क्षेत्रफल}} = \frac{36}{9} = \frac{4}{1} = 4 : 1$

अर्थात् बड़े वर्ग का क्षेत्रफल छोटे वर्ग के क्षेत्रफल का 4 गुना हो जाएगा।

66. (*a*) वर्गाकार कमरे की लम्बाई

$= 10 \times 100$ सेमी = 1000 सेमी

वर्गाकार कमरे का क्षेत्र $= 1000 \times 1000$ सेमी^{2}

∵ 1 टाइल की लम्बाई = 50 सेमी

∴ 1 टाइल का क्षेत्रफल $= 50 \times 50$ सेमी^{2}

∴ टाइलों की संख्या $= \frac{1000 \times 1000}{50 \times 50} = 400$

67. (*d*) बक्से की आन्तरिक लम्बाई = 10 सेमी

बक्से की आन्तरिक चौड़ाई = 8 सेमी

बक्से की आन्तरिक ऊँचाई = 6 सेमी

1 बक्से का आयतन $= 10 \times 8 \times 6$ सेमी^{3}

∴ बक्सों की संख्या $= \frac{6240}{10 \times 8 \times 6} = 13$

68. (*b*) ∵ 1 लीटर = 1000 मिली

∴ 3 लीटर $= 3 \times 1000 = 3000$ मिली

∴ 3 लीटर 30 मिली = 3000 + 30

= 3030 मिली

69. (*a*) आकृति की एक भुजा की लम्बाई = 5 सेमी

तथा आकृति की एक भुजा की चौड़ाई

= 5 सेमी

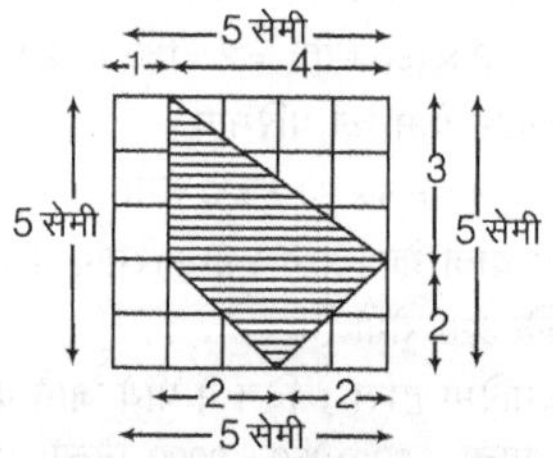

∵ दी गई आकृति एक वर्ग है।

∴ आकृति का क्षेत्रफल $= (5)^2 = 25$ सेमी^{2}

यहाँ, छायांकित भाग से अलग आकृति में एक आयत तथा तीन त्रिभुज बनते हैं।

∵ आयत भाग का क्षेत्रफल $= 5 \times 1 = 5$ सेमी^{2}

∴ त्रिभुजाकार का क्षेत्रफल

$= \frac{1}{2} \times 2 \times 2 + \frac{1}{2} \times 2 \times 2 + \frac{1}{2} \times 4 \times 3$

$= 2 + 2 + 6 = 10$ सेमी^{2}

छायांकित भाग छोड़कर शेष आकृति का कुल क्षेत्रफल $= 5 + 10 = 15$ सेमी^{2}

∴ छायांकित भाग का क्षेत्रफल = पूरी आकृति का क्षेत्रफल − छायांकित भाग से अलग आकृति का क्षेत्रफल $= 25 - 15 = 10$ सेमी^{2}

70. (*a*) 6 बोतलों में जूस की मात्रा $= 6 \times 750$

= 4500 मिली

∵ 4.5 लीटर में होता है = 1 कार्टन पैक

∴ 450 लीटर में होंगे $=\frac{450\times1}{4.5}=\frac{4500}{45}$

$=100$ कार्टन

71. *(d)* 2 : 17 अपराह्न अर्थात् दोपहर के 2 : 17 तथा इसके 11 घण्टे 59 मिनट बाद समय अर्थात् 9 घण्टे 43 मिनट बाद रात के 24 : 00 (12 : 00) बजेंगे तथा इसके बाद पूर्वाह्न शुरू होगा, जो 11 : 59 में से 9 : 43 समय घटाने पर 2 : 16 पूर्वाह्न प्राप्त होगा।

अन्य शब्दों में हम कह सकते हैं कि 12 घण्टे बाद 2 : 17 पूर्वाह्न होगा, जिसमें 1 मिनट कम करें, तो 2 : 16 पूर्वाह्न ही प्राप्त होगा।

72. *(d)* वर्ग का परिमाप $=4\times$ भुजा $=24$ सेमी

∴ भुजा $=6$ सेमी

आयत की लम्बाई $=8$ सेमी

∵ आयत का परिमाप

$=2\times$ (लम्बाई + चौड़ाई) $=24$

⇒ लम्बाई + चौड़ाई $=12$

⇒ $8+$ चौड़ाई $=12$

⇒ चौड़ाई $=12-8=4$ सेमी

∴ आयत का क्षेत्रफल = लम्बाई × चौड़ाई

$=8\times4=32$ सेमी^{2}

73. *(c)* कुल बक्सों की संख्या $=\frac{8664}{4\times3\times2}=361$

74. *(b)* विकल्प (a) से,

$0.1=\frac{1}{10}$

तथा $0.10=\frac{1}{10}$, जोकि समान है।

विकल्प (b) से,

56.7 किग्रा $=56.7\times1000=56700$ ग्राम

जो 5670 ग्राम के समान नहीं है।

अतः उत्तर विकल्प (b) सही नहीं है।

75. *(d)* ∵ सन्तरे का जूस = 14.280 लीटर

तथा गाजर का जूस = 18.830 लीटर

कुल जूस की मात्रा = 33.110 लीटर

∵ एक बोतल में आने वाले जूस की मात्रा

$=1.5$ लीटर

∴ 15 बोतल में आने वाले जूस की मात्रा

$=15\times1.5$ लीटर

$=22.5$ लीटर

शेष मिश्रण $=33.110-22.500$

$=10.610$ लीटर

∴ अभीष्ट मात्रा $=10$ लीटर 610 मिली

76. *(c)* ∵ 1 सन्तरे का मूल्य $=$ ₹ 5.50

तथा 1 किग्रा सेब का मूल्य $=$ ₹ 80

माना $1\frac{1}{2}$ दर्जन सन्तरे $+\left(1+\frac{3}{4}\right)$ किग्रा

सेब का मूल्य $=$ ₹x

⇒ $\frac{3}{2}\times12$ सन्तरे $+\frac{7}{4}$ किग्रा सेब का मूल्य $=$ ₹x

⇒ 18 सन्तरे $+\frac{7}{4}$ किग्रा सेब का मूल्य $=$ ₹x

तब प्रश्नानुसार,

$18\times5.50+\frac{7}{4}\times80=x$

⇒ $99+140=x$

⇒ $x=$ ₹239

77. *(c)* ∵ 1 घण्टे में कुल सेकण्ड

$=60\times60=3600$

∴ 6 घण्टे में कुल सेकण्ड $=6\times3600=21600$

∴ अभीष्ट दिनों की संख्या $=\frac{21600}{24\times60}=15$

78. *(a)* 8 : 18 पूर्वाह्न से 8 : 18 अपराह्न = 12 घण्टे

तथा 8 : 18 अपराह्न से 10 : 28 अपराह्न

$=2$ घण्टे 10 मिनट

∴ कुल समय = 12 घण्टे + 2 घण्टे 10 मिनट

= 14 घण्टे 10 मिनट

79. *(b)* वर्ग का परिमाप, $4a=20$ सेमी

(जहाँ, a वर्ग की भुजा है)

⇒ $a=5$ सेमी

आयत की चौड़ाई, $b=5$ सेमी (प्रश्न से)

आयत की लम्बाई, $l=2\times5=10$ सेमी

∴ आयत का क्षेत्रफल = लम्बाई × चौड़ाई

$=l\times b=5\times10$

$=50$ वर्ग सेमी

80. *(b)* बक्से की आन्तरिक माप $l=20$ सेमी, $b=18$ सेमी तथा $h=15$ सेमी है।

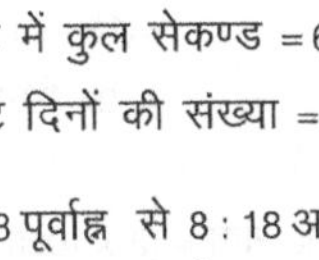

∴ बक्से A का आयतन $=20\times18\times15$

$=5400$ घन सेमी

∵ बक्से B की आन्तरिक माप $l=18$ सेमी, $b=12$ सेमी तथा $h=5$ सेमी है।

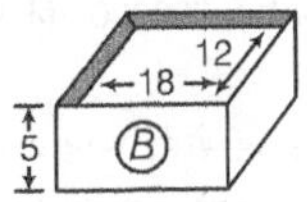

∴ बक्से B का आयतन $=18\times12\times5$

$=1080$ घन सेमी

∴ $\frac{\text{बक्से } A \text{ का आयतन}}{\text{बक्से } B \text{ का आयतन}}=\frac{5400}{1080}=5$

अब, बक्से का A आयतन

$=5\times$ बक्से B का आयतन

अतः बक्से A का आयतन बक्से B के आयतन का 5 गुना है।

81. *(b)* विकल्प (a) से,

वर्ग का क्षेत्रफल $=(10)^2=100$ सेमी^{2}

आयत का क्षेत्रफल $=10\times0.1\times100$

$=100$ सेमी^{2}

अतः विकल्प (a) सत्य है।

विकल्प (b) से,

1 मी 5 सेमी $=100+5$ सेमी

$=105$ सेमी $=1.05$ मी

अतः विकल्प (b) असत्य है।

विकल्प (c) से,

0.40 और 0.4 समान है।

अतः विकल्प (c) सत्य है।

विकल्प (d) से,

₹$\frac{3}{4}=\frac{3}{4}\times100=75$ पैसे $=$ ₹$\frac{75}{100}=$ ₹ 0.75

अतः विकल्प (d) सत्य है।

82. *(a)* 1000 मिली = 1 लीटर

∴ 240 लीटर + 128 मिली

$=240\times1000$ मिली + 128 मिली

$=240128$ मिली

∵ 16 जारों में दूध भरा है $=240128$ मिली

∴ 1 जार में दूध भरा है $=\frac{240128\times1}{16}$ मिली

$=15008$ मिली

तब, 22 जारों में दूध होगा

$=15008\times22=330176$ मिली

$=330$ लीटर तथा 176 मिली

$=330$ लीटर 176 मिली

83. *(d)* यहाँ, गोरंग द्वारा किए गए कार्य में लगा समय निम्न है

सोमवार $=4\frac{1}{2}$ घण्टे $=270$ मिनट

मंगलवार $=190$ मिनट

बुधवार $=3$ घण्टे 50 मिनट $=230$ मिनट

शुक्रवार $=220$ मिनट

∴ कुल समय $=270+190+230+220$

$=910$ मिनट $=900+10$ मिनट

$=15$ घण्टे 10 मिनट

प्रश्नानुसार, 1 घण्टे का पारिश्रमिक $=$ ₹ 42

तथा 10 मिनट का पारिश्रमिक $=$ ₹ $\frac{42}{6}=$ ₹ 7

∴ अभीष्ट पारिश्रमिक $=15\times42+7$

$=630+7=$ ₹ 637

84. *(b)* टंकी की क्षमता $=L\times B\times H$

$=11\times10\times9=990$ मी^{3}

टंकी में पानी $=11\times10\times6=660$ मी^{3}

टंकी का खाली भाग $=(990-660)=330$ मी^{3}

$=\frac{330}{990}=\frac{1}{3}$

अतः पूरी टंकी का $\frac{1}{3}$ भाग खाली है।

85. *(d)* माना वर्ग की भुजा $= a$ सेमी

∴ वर्ग का परिमाप $(4a) = 96$ सेमी

⇒ $a = 24$ सेमी

अतः आयत का परिमाप

$= 2 \times (l + b) = 96$ सेमी

अब, $b = a - 4 = 24 - 4 = 20$ सेमी

प्रश्नानुसार,

$96 = 2 \times [l + (a - 4)]$

⇒ $96 = 2\,[l + (24 - 4)]$

⇒ $96 = 2\,[l + 20]$

⇒ $48 = l + 20$

∴ $l = 48 - 20 = 28$ सेमी

आयत का क्षेत्रफल $= l \times b = 28 \times 20$

$= 560$ सेमी^{2}

∴ क्षेत्रफल का दोगुना $= 560 \times 2 = 1120$ सेमी^{2}

86. *(d)* विकल्प (a) से,

1 मिमी $= \frac{1}{10}$ सेमी 1 सेमी की दशांश $= \frac{1}{10}$

∴ 1 मिमी = 1 सेमी का दशांश

विकल्प (b) से,

1 किग्रा 12 ग्राम = 1.012 किग्रा

अतः यह सत्य है।

विकल्प (c) से,

10 मी 10 सेमी $= (100 \times 10 + 10) = 1000$ सेमी $+ 10$ सेमी

अतः यह सत्य है।

विकल्प (d) से,

$\frac{23}{100} = 0.23 \neq 2.30$

अतः विकल्प (d) असत्य है।

87. *(a)* रेलगाड़ी के चलने का समय

= प्रातः 6 : 14

रेलगाड़ी को गन्तव्य स्थान पर जाने में लगा समय = 13 घण्टे 48 मिनट

∴ गन्तव्य स्थान पर पहुँचने का अभीष्ट समय

= 6 : 14 + 13 : 48

= 19 : 62 = 20 : 02 बजे या 08 : 02 पूर्वाह्न

88. *(a)* वर्ग की भुजा (माना a)

$= \frac{44}{4} = 11$ सेमी

वर्ग का क्षेत्रफल $= (11)^2 = 121$ वर्ग सेमी

अब पुनः माना आयत की चौड़ाई b सेमी है।

तब प्रश्नानुसार,

$2(16 + b) = 44$

⇒ $16 + b = 22$

∴ $b = 6$

आयत का क्षेत्रफल $= 16 \times 6 = 96$ सेमी^{2}

∴ अभीष्ट उत्तर $= 96 + 121 = 217$ सेमी^{2}

89. *(c)* माना बर्तन की गहराई h सेमी है

तब प्रश्नानुसार,

$8 \times 8 \times h = 1000$

(∵ 1 लीटर = 1000 सेमी^{3})

⇒ $64 \times h = 1000$

∴ $h = \frac{1000}{64}$

$= 15.625 \cong 16$ सेमी

90. *(c)* विकल्प (a) से,

3 घण्टे + 14 मिनट $= (3 \times 60 + 14)$ मिनट

$= (180 + 14)$ मिनट

$= 194$ मिनट (सत्य)

विकल्प (b) से,

2 किग्रा + 30 ग्राम $= (2 \times 1000 + 30)$ ग्राम

$= (2000 + 30)$ ग्राम

$= 2030$ ग्राम (सत्य)

विकल्प (c) से,

3 लीटर 80 मिली $= (3 \times 1000 + 80)$ मिली

$= (3000 + 80)$ मिली

$= 3080$ मिली (असत्य)

विकल्प (d) से,

10 सेमी भुजा वाले वर्ग का क्षेत्रफल

= 100 वर्ग सेमी लम्बाई तथा 0.01 मी चौड़ाई वाले आयत का क्षेत्रफल

⇒ 10×10 वर्ग सेमी $= 100 \times 1$ वर्ग सेमी

⇒ 100 वर्ग सेमी = 100 वर्ग सेमी (सत्य)

91. *(b)* ∵ 125 किमी $= \frac{1}{2}$ सेमी

∴ 2000 किमी $= \frac{1}{2 \times 125} \times 2000 = 8$ सेमी

92. *(b)* दिल्ली तथा सिडनी के समयों में अन्तर

= 8 : 49 − 1 : 19 = 4 : 30 घण्टे

यदि दिल्ली में समय प्रातः 11 : 19 है, तब

सिडनी में समय = 11 : 19 + 4 : 30

= 15 : 49 = शाम 3 : 49

93. *(c)* यहाँ, कमरे का क्षेत्रफल $= 900 \times 700$

= 630000 वर्ग सेमी $= 1575 \times 400$ वर्ग सेमी

∵ 1575 (35 × 45), 630000 का एक गुणनखण्ड है।

∴ 35 सेमी × 45 सेमी साइज की टाइलों को फर्श पर बिना काटे लगाया जा सकता है।

94. *(c)* वर्ग की भुजा $= \frac{80}{4} = 20$ सेमी

आयत की लम्बाई $= 20 \times 2 = 40$ सेमी

आयत की चौड़ाई = 20 सेमी

आयत का क्षेत्रफल $= 40 \times 20 = 800$ वर्ग सेमी

तथा वर्ग का क्षेत्रफल $= (20)^2 = 400$ वर्ग सेमी

∴ अभीष्ट अन्तर $= 800 - 400 = 400$ वर्ग सेमी

95. *(b)* पहले घनाभाकार बॉक्स का आयतन

$= 20 \times 25 \times 18 = 9000$ घन सेमी

दूसरे घनाभाकार बॉक्स का आयतन

$= 23 \times 20 \times 20 = 9200$ घन सेमी

तीसरे घनाभाकार बॉक्स का आयतन

$= 20 \times 22 \times 21 = 9240$ घन सेमी

चौथे घनाभाकार बॉक्स का आयतन

$= 24 \times 20 \times 19 = 9120$ घन सेमी

∴ दूसरे तथा तीसरे बॉक्स का आयतन

$= 9200 + 9240 = 18440$ घन सेमी

96. *(c)* विकल्प (c) से,

30 सेमी भुजा वाले वर्ग का क्षेत्रफल $= (30)^2$

$= 900$ वर्ग सेमी

4.5 मी × 0.2 मी आयत का क्षेत्रफल

$= (4.5 \times 100) \times (0.2 \times 100)$

$= 450 \times 20 = 9000$ वर्ग सेमी (असत्य)

97. *(c)* हारुन द्वारा खरीदे गए फलों की कुल कीमत $= (12 + 6) \times 2.5 + 3.5 \times 57.60$

$+ 1.5 \times 75.40 + 0.75 \times 120$

$= 45 + 201.6 + 113.1 + 90$

= ₹ 449.7

∴ ₹ 500 चुकाने के बाद फल विक्रेता से हारुन को मिले रुपये $= 500 - 449.7$

= ₹ 50.30

98. *(d)* मानचित्र पर 200 किमी की दूरी को निरूपित किया जाता है $= \frac{1}{2}$ सेमी से

मानचित्र पर 1800 किमी की दूरी को निरूपित किया जाएगा

$= \frac{1 \times 1800}{2 \times 200} = 4\frac{1}{2}$ सेमी

99. *(a)* एक बोतल में दूध की मात्रा

$= \frac{51 \times 1000 + 750}{23}$

$= \frac{51000 + 750}{23}$

$= \frac{51750}{23} = 2250$ मिली

∴ 16 बोतलों में दूध की मात्रा $= 2250 \times 16$

= 36000 मिली या 36 लीटर

100. *(b)* $672 \times 36 \times 25 = 604800$

$= 7 \times 86400 = 7 \times 24 \times 60 \times 60$

= 1 सप्ताह में सेकण्डों की संख्या

101. *(a)* वर्ग की भुजा = 48 का $\frac{2}{3} = 32$ सेमी

तब, आयत का क्षेत्रफल $= 48 \times 21$

= 1008 वर्ग सेमी

तथा वर्ग का क्षेत्रफल $= (32)^2$

= 1024 वर्ग सेमी

∴ अभीष्ट उत्तर $= 1008 + 1024$

= 2032 वर्ग सेमी

102. *(b)* घनाभाकार बक्से में पैक होने वाले घनों (1 सेमी भुजा वाले) की संख्या

$= \frac{\text{घनाभाकार बक्से का आयतन}}{\text{1 सेमी भुजा वाले घन का आयतन}}$

$= \frac{13 \times 11 \times 9}{1 \times 1 \times 1} = 1287$

घनाकार बक्से में पैक होने वाले घनों (1 सेमी भुजा वाले) की संख्या

$= \frac{\text{घनाकार बक्से का आयतन}}{\text{1 सेमी भुजा वाले घन का आयतन}}$

$= \frac{12 \times 12 \times 12}{1 \times 1 \times 1}$

$= 1728$

तब, उन घनों की संख्या, जो पैक नहीं हो पाएँगे $= 3060 - (1287 + 1728)$

$= 3060 - 3015 = 45$

103. *(b)* 1 मिली, 1 लीटर का हजारवाँ भाग है।

104. *(a)* टिकियों की अधिकतम संख्या

$= 2 \times \frac{56 \times 0.4 \times 0.25 \times 100 \times 100}{7 \times 5 \times 2.5}$

$= 2 \times \frac{56 \times 40 \times 25 \times 10}{7 \times 5 \times 25} = 1280$

105. *(a)* माना आयत की चौड़ाई $= x$

तब, आयत की लम्बाई $= 3x$

$\because$ वर्ग का परिमाप $= 72$ सेमी

$\therefore$ वर्ग की भुजा $(a) = \frac{72}{4} = 18$ सेमी

$\therefore$ आयत की चौड़ाई $(x) = \frac{18}{2} = 9$ सेमी

तब, आयत की लम्बाई $= (3x) = 27$ सेमी

$\therefore$ आयत का परिमाप $= 2(9 + 27) = 72$ सेमी

अतः आयत और वर्ग दोनों के परिमाप बराबर हैं।

106. *(a)* $\because 15 \times 24 \times 60 = x \times 60 \times 60$

$\Rightarrow x = \frac{15 \times 24 \times 60}{60 \times 60} = 6$ घण्टे

107. *(a)* $\because$ 13 : 15 से 24 : 00 के बीच समय

= 10 घण्टे 45 मिनट

तथा 24 : 00 से 7 : 30 के बीच समय

= 7 घण्टे 30 मिनट

$\therefore$ यात्रा में लगा कुल समय

= 10 घण्टे 45 मिनट + 7 घण्टे 30 मिनट

= 18 घण्टे 15 मिनट

108. *(c)* कुल मिश्रण = 15 लीटर 286 मिली

+ 19 लीटर 714 मिली = 35 लीटर

$\because$ इस मिश्रण में 12 लीटर 750 मिली प्रयोग किया गया।

$\therefore$ शेष मिश्रण = 35 लीटर − 12 लीटर

750 मिली = 22 लीटर 250 मिली

एक बोतल की क्षमता = 250 मिली

$\therefore$ बोतलों की संख्या

$= \frac{(22 \times 1000 + 250) \text{ मिली}}{250 \text{ मिली}}$

($\because$ 1 लीटर = 1000 मिली)

$= \frac{22250}{250} = \frac{2225}{25} = 89$

109. *(d)* 55 लीटर 55 मिली = 55.055 लीटर

110. *(d)* रेशमा द्वारा खरीदे गए फलों का कुल मूल्य = ₹ $(4.5 \times 18.50 + 1.2 \times 72 + 0.25 \times 120.60 + 1.75 \times 78.40)$

= ₹ $(83.25 + 86.40 + 30.15 + 137.20)$

= ₹ 337

रेशमा ने दुकानदार को ₹ 500 का नोट दिया।

अतः दुकानदार द्वारा रेशमा को वापस किए गए रुपये = 500 − 337 = ₹163

अध्याय 04

ज्यामिति एवं आकृतियाँ

ज्यामिति गणित की वह शाखा है जिसके अन्तर्गत हम दो या दो से अधिक रेखाखण्डों से बनी आकृतियों का अध्ययन करते हैं।

ज्यामिति से सम्बन्धित महत्त्वपूर्ण परिभाषाएँ

1. **बिन्दु** (Point) बिन्दु की कोई लम्बाई या चौड़ाई नहीं होती। यह मात्र सही स्थिति को दर्शाने का कार्य करता है। जैसे–वृत्त के बीचों-बीच की स्थिति को दर्शाने वाला उसका केन्द्र एक बिन्दु होता है। दिए गए चित्र में, O वृत्त का केन्द्र बिन्दु है तथा A, B व X अन्य बिन्दु हैं।

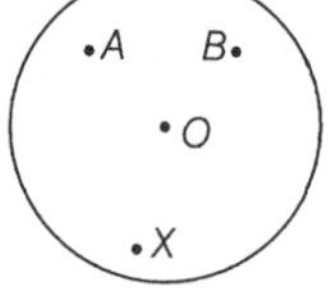

2. **रेखा** (Line) एक सीधा पथ जो दोनों दिशाओं में अनन्त तक जा सके, उसे रेखा कहते हैं।

3. **रेखाखण्ड** (Line Segment) दो बिन्दुओं के मध्य रेखा का वह निश्चित भाग जिसका मापन सम्भव हो तथा अन्य प्रकार के रेखाखण्ड की तुलना की जा सके, रेखाखण्ड कहलाता है।

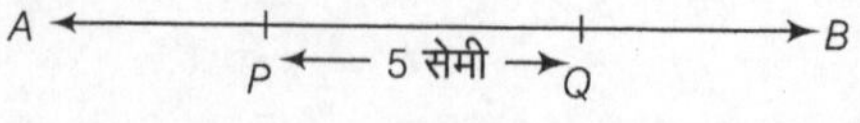

उपरोक्त चित्र में, रेखा AB में PQ एक रेखाखण्ड है जिसके दोनों सिरों के मध्य की दूरी 5 सेमी है अर्थात् यह रेखाखण्ड 5 सेमी लम्बा है।

4. **किरण** (Ray) एक रेखाखण्ड को किसी भी एक दिशा में अनन्त तक बढ़ाने पर किरण प्राप्त होती है। इसका एक निश्चित बिन्दु होता है। किरण XY को $\overrightarrow{XY}$ द्वारा प्रदर्शित किया जाता है।

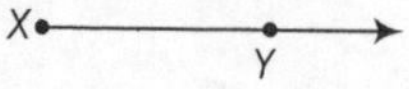

5. **समान्तर रेखाएँ** (Parallel Lines) सरल रेखाएँ जो एक-दूसरे को नहीं काटती हैं, समान्तर रेखाएँ कहलाती हैं। दो समान्तर रेखाओं के बीच की दूरी सदैव समान रहती है।

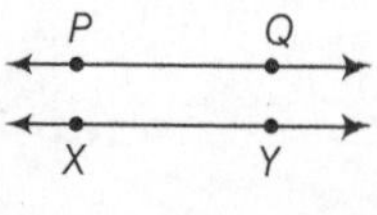

यहाँ, रेखा PQ, रेखा XY के समान्तर है तथा इसे $PQ \| XY$ से प्रदर्शित करेंगे।

6. **सम्पाती रेखाएँ** (Coincident Lines) जब दो या दो से अधिक रेखाएँ एक-दूसरे के ऊपर हों, तो उन्हें सम्पाती रेखाएँ कहते हैं।

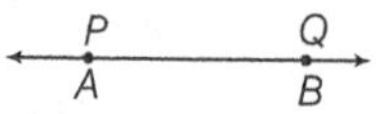

यहाँ, रेखा AB, PQ के सम्पाती है।

7. **प्रतिच्छेदी रेखाएँ** (Intersecting Lines) यदि दो रेखाएँ एक-दूसरे को किसी एक बिन्दु पर काटती हैं, तो रेखाएँ प्रतिच्छेदी रेखाएँ कहलाती हैं।

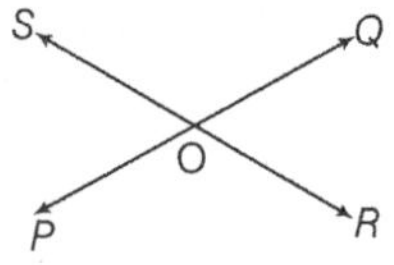

यहाँ, O एक प्रतिच्छेदी बिन्दु है।

8. **संगामी रेखाएँ** (Concurrent Lines) जब दो या दो से अधिक रेखाएँ किसी एक बिन्दु पर मिलती हैं, तो उन्हें संगामी रेखाएँ कहते हैं।

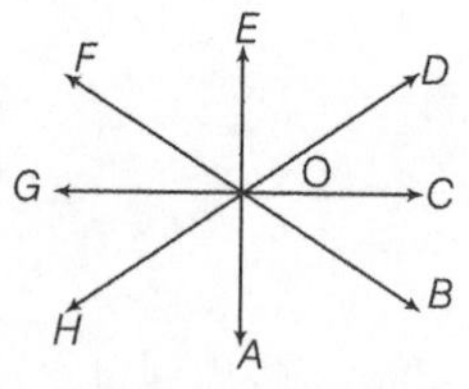

रेखा AE, BF, CG और DH एक बिन्दु O पर मिलती हैं। अत: ये संगामी रेखाएँ हैं।

9. **तिर्यक रेखाएँ** (Slant Lines) ऐसी रेखाएँ, जो दो या दो से अधिक समान्तर रेखाओं को काटती हैं, तिर्यक रेखाएँ कहलाती हैं।

यदि दो समान्तर रेखाओं को एक तिर्यक रेखा काटती है, तो

(i) एकान्तर कोण बराबर होते हैं। जैसे– $\angle 4 = \angle 5$, $\angle 6 = \angle 3$,

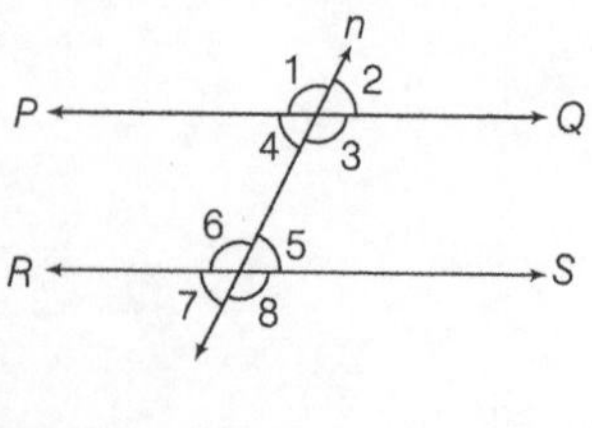

(ii) संगत कोण बराबर होते हैं।

जैसे— $\angle 1 = \angle 6, \angle 2 = \angle 5, \angle 4 = \angle 7, \angle 3 = \angle 8,$

(iii) एक ही ओर बने हुए अन्त: कोणों का योग दो समकोण (180°) होता है।

जैसे— $\angle 4 + \angle 6 = 180°, \angle 3 + \angle 5 = 180°$

उदाहरण 1. यदि किन्हीं दो समान्तर रेखाओं को कोई तिर्यक रेखा काटे, तो निम्नलिखित में से कौन-सा कथन असत्य होगा?

(a) एकान्तर कोण बराबर होंगे
(b) एक ही ओर बने अन्त:कोणों का योग 180° होगा
(c) समान्तर रेखा पर बने कोई भी दो कोण सम्पूरक होंगे
(d) संगत कोण बराबर होंगे

हल *(c)* किन्हीं दो समान्तर रेखाओं को कोई तिर्यक रेखा काटे, तो उससे बने कोणों के सम्बन्ध में कथन (1), (2) व (4) सत्य हैं, जबकि विकल्प (3) में दिया गया कथन असत्य है।

उदाहरण 2. निम्न चित्र में, यदि $\angle 1 = 135°$ तथा $\angle 4 = 45°$ हो, तो $\angle 2$ और $\angle 3$ के मान क्रमश: क्या होंगे?

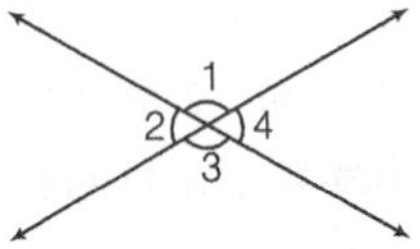

(a) 45°, 55° (b) 65°, 75° (c) 45°, 135° (d) 75°, 35°

हल *(c)* दिया है, $\angle 1 = \angle 135°$ तथा $\angle 4 = \angle 45°$

दिए गए चित्र से,

$\angle 3 = \angle 1$ तथा $\angle 2 = \angle 4$

$\therefore \quad \angle 3 = \angle 135°$ तथा $\angle 2 = \angle 45°$

अत: $\angle 2$ तथा $\angle 3$ के मान क्रमश: 45° तथा 135° हैं।

वक्र

कागज से बिना पेन्सिल उठाए बनाई गई कोई भी आकृति (सीधी या टेढ़ी) वक्र (Curve) कहलाती है।

वक्रों के प्रकार

वक्रों के प्रकार निम्न हैं

1. **सरल वक्र** (Simple Curve) ऐसा वक्र, जो अपने पथ को न काटे और न ही छुए, सरल वक्र कहलाता है। जैसे—

2. **असरल वक्र** (Non-simple Curve) ऐसा वक्र, जो अपने पथ को स्वयं काटता है, असरल वक्र कहलाता है। जैसे—

यहाँ, बिन्दु A और B वक्र के अन्तिम बिन्दु है, वक्र स्वयं को बिन्दु O पर काटता है।

3. **खुला एवं बन्द वक्र** (Open and Close Curves) ऐसा वक्र जिसके दोनों सिरे खुले हों, खुला वक्र कहलाता है तथा जिसके दोनों सिरे मिले हुए हों, बन्द वक्र कहलाता है। यह टेढ़ा-मेढ़ा वक्र (*zig-zag* curve) भी कहलाता है।

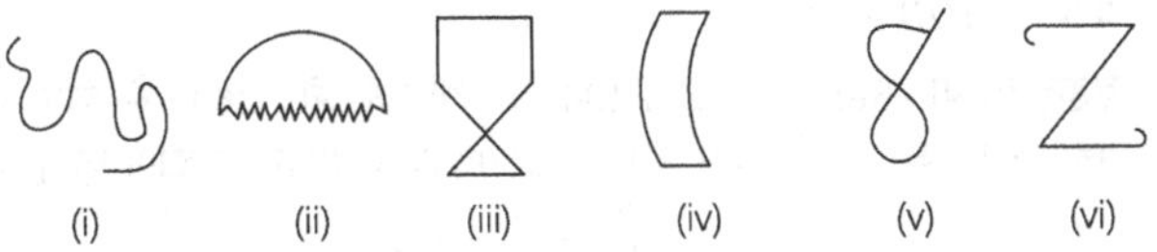

उदाहरण 3. निम्नलिखित आकृतियों में से कौन-सा एक खुला वक्र है?

हल *(b)* विकल्प (b) की आकृति एक खुला वक्र है, क्योंकि इसके दोनों सिरे मुक्त (Free) हैं।

कोण

दो सरल रेखाओं के एक बिन्दु पर मिल जाने से कोण (Angle) बनता है।

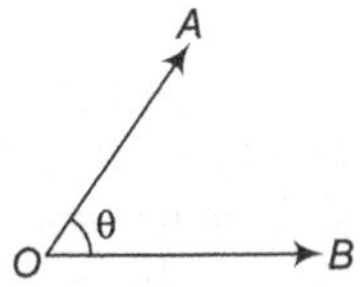

उपरोक्त चित्र में, AO व OB के मिलान बिन्दु O पर अन्तरित झुकाव θ, कोण कहलाता है।

कोणों के प्रकार एवं उनके गुण

कोणों के प्रकार निम्न हैं

1. **न्यून कोण** (Acute Angle) 90° से कम के कोण न्यून कोण कहलाते हैं।

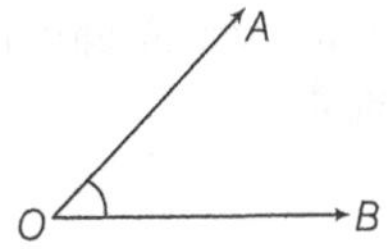

यहाँ, $0° < \angle AOB < 90°$

2. **समकोण** (Right Angle) 90° का कोण समकोण कहलाता है।

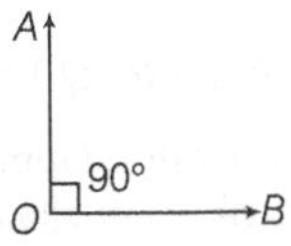

यहाँ, $\angle AOB = 90° =$ समकोण

3. **अधिक कोण** (Obtuse Angle) 90° से अधिक और 180° से कम के कोण अधिक कोण कहलाते हैं। जैसे— 98°, 130°, 145°, 178° के कोण अधिक कोण हैं।

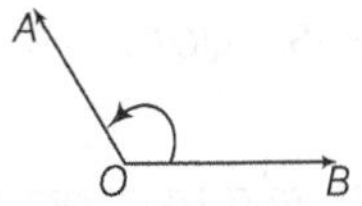

यहाँ, $90° < \angle AOB < 180°$

4. **सरल कोण** (Straight Angle) 180° का कोण सरल कोण कहलाता है।

1 सरल कोण = 2 समकोण

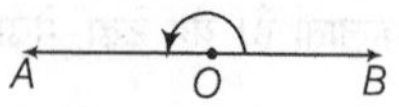

यहाँ, $\angle AOB = 180°$

5. **वृहत् कोण** (Reflex Angle) 180° से अधिक और 360° से कम के कोण वृहत् कोण कहलाते हैं। जैसे— 185°, 190°, 280°, 355° के कोण वृहत् कोण हैं।

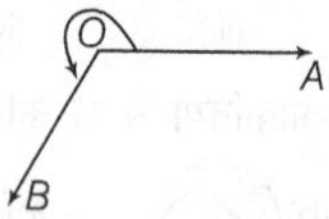

यहाँ, $180° < \angle AOB < 360°$

6. **पूर्ण कोण** (Complete Angle) 360° का कोण पूर्ण कोण कहलाता है।

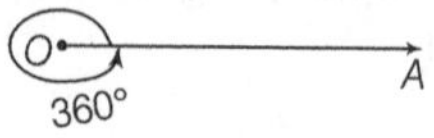

7. **पूरक कोण** (Complementary Angles) जिन दो कोणों का योग 90° होता है, उनको एक-दूसरे के पूरक कोण कहते हैं। जैसे— 60° का पूरक 30° और 45° का पूरक 45° है।

8. **सम्पूरक कोण** (Supplementary Angles) जिन दो कोणों का योग 180° होता है, उनको एक-दूसरे का सम्पूरक कोण कहते हैं। जैसे— 100° का कोण और 80° का कोण एक-दूसरे के सम्पूरक कोण हैं।

9. **आसन्न कोण** (Adjacent Angles) दो कोण आसन्न कोण होंगे, यदि
   (i) उनका एक ही शीर्ष बिन्दु हो।
   (ii) उनकी एक उभयनिष्ठ भुजा हो।

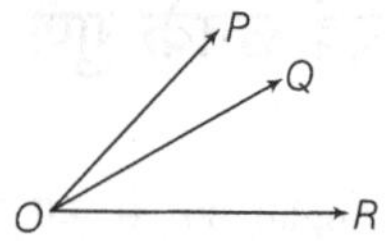

उपरोक्त चित्र में, $\angle POQ$ तथा $\angle QOR$ आसन्न कोण हैं।

10. **रेखीय युग्म** (Linear Pair) यदि दो आसन्न कोणों का योग 180° हो, तब वह रेखीय युग्म कहलाता है।

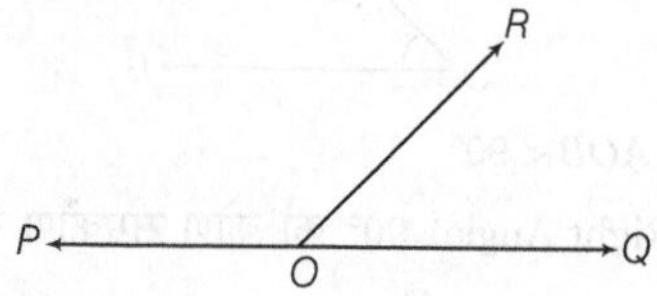

उपरोक्त चित्र में, $\angle POR$ तथा $\angle ROQ$ एक रेखीय युग्म हैं।

11. **शीर्षाभिमुख कोण** (Vertically Opposite Angles) जब दो रेखाएँ एक-दूसरे को प्रतिच्छेदित करती हैं, तो शीर्षाभिमुख कोणों के दो युग्म बनते हैं।

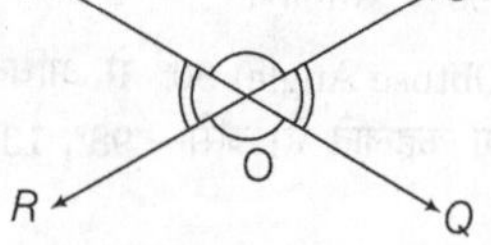

उपरोक्त चित्र में, ($\angle POS, \angle QOR$) और ($\angle POR, \angle QOS$) कोणों के युग्म हैं।

⚠ शीर्षाभिमुख कोणों का मान सदैव समान होता है।

उदाहरण 4. निम्नलिखित में से कौन-सा न्यून कोण नहीं है?
(a) 70° (b) 75° (c) 30° (d) 95°

हल *(d)* प्रत्येक न्यून कोण 90° से कम माप का होता है। अतः 95° का कोण न्यून कोण नहीं है।

उदाहरण 5. दो पूरक कोण में 10° का अन्तर है, तो दोनों कोणों के मान क्या होंगे?
(a) 25°, 35° (b) 45°, 50°
(c) 40°, 45° (d) 50°, 40°

हल *(d)* माना एक कोण x है, तो दूसरा कोण $(90°-x)$ होगा।

प्रश्नानुसार, $x-(90°-x) = 10° \Rightarrow 2x = 10° + 90°$

$x = 50°$

$\therefore$ दूसरा कोण $= 90° - x \Rightarrow 90° - 50° = 40°$

उदाहरण 6. ढ़ाई समकोण और एक पूर्ण कोण में डिग्रियों की संख्या है
(a) 585° (b) 525° (c) 545° (d) 560°

हल (a) ढ़ाई समकोण $= 2\frac{1}{2} \times 90° = 225°$

एक पूर्ण कोण = 360°

$\therefore$ डिग्रियों की संख्या $= 225° + 360° = 585°$

उदाहरण 7. निम्न चित्र में, $\angle A$ का मान क्या होगा?

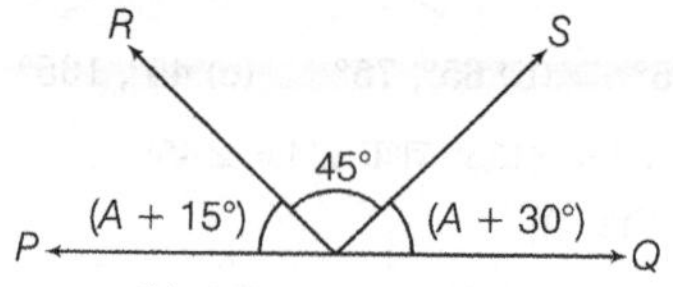

(a) 55° (b) 60° (c) 65° (d) 45°

हल *(d)* $\because (A + 15°) + 45° + (A + 30°) = 180°$

($\because$ त्रिभुज के तीनों कोणों का योग 180° होता है)

$\Rightarrow \quad 2A + 90° = 180°$

$\Rightarrow \quad 2A° = 90° \Rightarrow A = 45°$

कोण का अर्द्धक

किरण OQ, $\angle POR$ का अर्द्धक कहलाएगी, यदि

$$\angle POQ = \angle ROQ$$

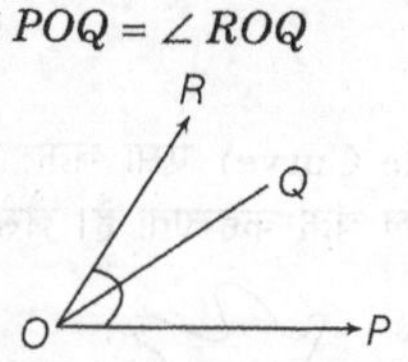

$$\angle POQ = \angle ROQ = \frac{1}{2}\angle POR$$

उदाहरण 8. एक सरल कोण के लम्बार्द्धक से कौन-सा कोण बनेगा?
(a) न्यून कोण (b) अधिक कोण
(c) समकोण (d) इनमें से कोई नहीं

हल *(c)* एक सरल कोण 180° की ऋजु रेखा पर अन्तरित होता है। यदि इस रेखा का समद्विभाजन अथवा लम्बार्द्धक करें, तो रेखा के दोनों ओर 90° (समकोण) के कोण बनेंगे।

2-D या समतल आकृतियाँ

समतल आकृतियों को द्विविमीय (2-D) आकृतियाँ कहते हैं, जिनमें लम्बाई एवं चौड़ाई जैसी दो विमाओं का मापन किया जाता है। त्रिभुज, वृत्त, चतुर्भुज, ... इत्यादि समतल आकृतियों के उदाहरण हैं।

त्रिभुज

तीन रेखाखण्डों से घिरी हुई समतलीय आकृति त्रिभुज (Triangle) कहलाती है। त्रिभुज को सामान्यता 'Δ' से निरूपित करते हैं तथा इसमें तीन भुजाएँ और तीन कोण होते हैं।

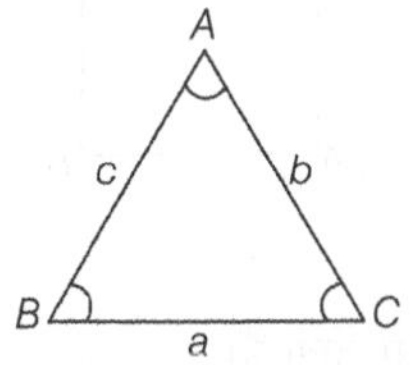

(i) त्रिभुज के तीनों कोणों का योग 180° होता है अर्थात्
$\angle A + \angle B + \angle C = 180°$

(ii) त्रिभुज की किन्हीं दो भुजाओं का योग तीसरी भुजा से अधिक होता है, अर्थात् $(AC + BC)$ का मान AB से अधिक होगा।

त्रिभुजों के प्रकार

हम त्रिभुजों का वर्गीकरण निम्न दो प्रकार से कर सकते हैं

1. भुजाओं के आधार पर त्रिभुजों के प्रकार

(i) **समबाहु त्रिभुज** (Equilateral Triangle) वह त्रिभुज, जिसकी सभी भुजाएँ समान हों, समबाहु त्रिभुज कहलाता है।

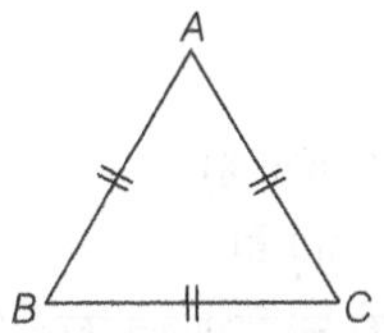

उपरोक्त चित्र में, ΔABC एक समबाहु त्रिभुज है, क्योंकि
$AB = BC = CA$

समबाहु त्रिभुज के प्रत्येक कोणों की माप 60° होती है।

(ii) **समद्विबाहु त्रिभुज** (Isosceles Triangle) वह त्रिभुज, जिसकी दो भुजाएँ समान हों, समद्विबाहु त्रिभुज कहलाता है।

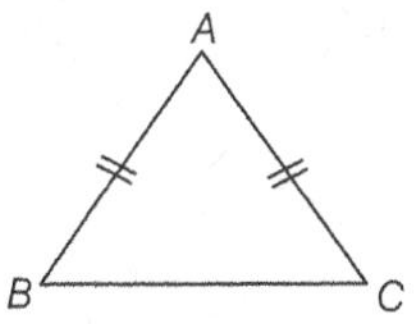

उपरोक्त चित्र में, ΔABC एक समद्विबाहु त्रिभुज है, क्योंकि इसकी दो भुजाएँ AB और AC समान हैं।

(iii) **विषमबाहु त्रिभुज** (Scalene Triangle) वह त्रिभुज, जिसकी सभी भुजाएँ असमान हों, विषमबाहु त्रिभुज कहलाता है।

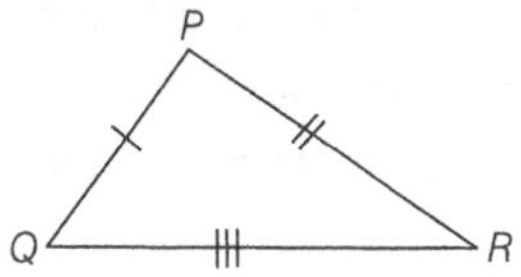

उपरोक्त चित्र में, ΔPQR एक विषमबाहु त्रिभुज है, क्योंकि
$PQ \neq QR \neq RP$

2. कोणों के आधार पर त्रिभुजों के प्रकार

(i) **न्यून कोण त्रिभुज** (Acute Angled Triangle) वह त्रिभुज, जिसमें सभी कोण 90° से कम हों, न्यून कोण त्रिभुज कहलाता है।

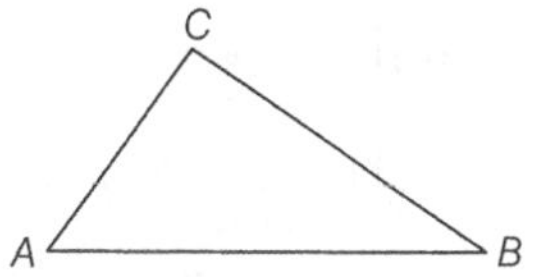

(ii) **समकोण त्रिभुज** (Right Angled Triangle) वह त्रिभुज, जिसमें एक कोण 90° का हो, समकोण त्रिभुज कहलाता है।

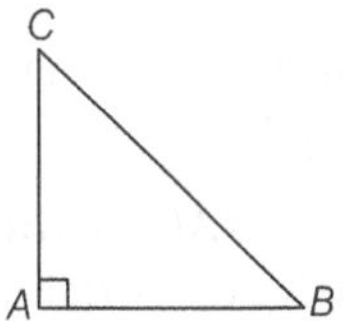

(iii) **अधिक कोण त्रिभुज** (Obtuse Angled Triangle) वह त्रिभुज जिसमें एक कोण 90° से अधिक हो, अधिक कोण त्रिभुज कहलाता है।

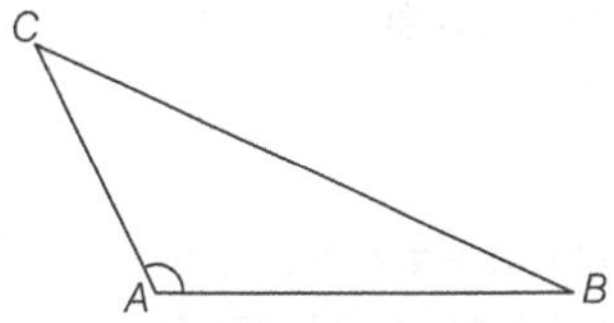

त्रिभुजों के गुण

1. त्रिभुज की एक भुजा को आगे बढ़ाने पर बनने वाला बहिष्कोण दो सम्मुख अन्त: कोणों के योग के बराबर होता है।
2. त्रिभुज का बहिष्कोण किसी भी सम्मुख अन्त:कोण से बड़ा होता है।
3. यदि त्रिभुज के शीर्ष बिन्दु से डाला गया लम्ब, आधार को अर्द्धित करता है, तब त्रिभुज समद्विबाहु त्रिभुज होता है।
4. समद्विबाहु त्रिभुज के समान कोणों वाले शीर्षों से सम्मुख भुजाओं पर डाले गए लम्ब बराबर होते हैं।
5. समबाहु त्रिभुज की माध्यिकाएँ समान होती हैं।

उदाहरण 9. एक त्रिभुज के दो कोण क्रमश: 70° तथा 45° हैं, तो त्रिभुज के तीसरे कोण का मान क्या होगा?

(a) 40° (b) 55° (c) 45° (d) 65°

हल *(d)* माना त्रिभुज के तीसरे कोण का मान x है।

तब, $70° + 45° + x = 180°$

($\because$ त्रिभुज के तीनों कोणों का योग 180° होता है)

$\therefore \quad x = 180° - 115° = 65°$

अतः त्रिभुज के तीसरे कोण का मान 65° होगा।

पाइथागोरस प्रमेय

समकोण ΔABC में, यदि $\angle PQR = 90°$ हो, तब

$$(\text{कर्ण})^2 = (\text{लम्ब})^2 + (\text{आधार})^2$$

$$\Rightarrow \quad (PR)^2 = (PQ)^2 + (QR)^2$$

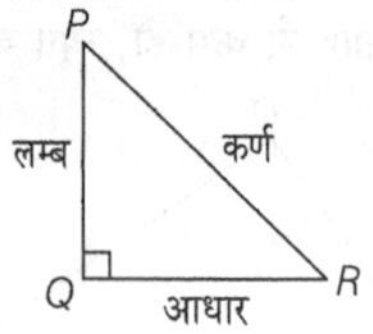

अर्थात् कर्ण का वर्ग शेष दो भुजाओं के वर्गों के योग के बराबर होता है।

उदाहरण 10. यदि किसी समकोण त्रिभुज की भुजाएँ क्रमशः 4 तथा 3 हैं, तब त्रिभुज का कर्ण होगा

(a) 2 (b) 3 (c) 5 (d) 10

हल *(c)* पाइथागोरस प्रमेय से,

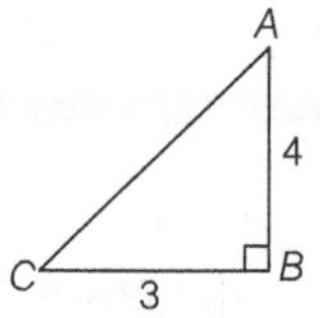

$$(AC)^2 = (AB)^2 + (BC)^2$$

$$\Rightarrow \quad (AC)^2 = (4)^2 + (3)^2$$

$$\Rightarrow \quad (AC)^2 = 16 + 9 = 25$$

$$\therefore \quad AC = 5$$

अतः त्रिभुज का कर्ण 5 है।

चतुर्भुज

वह समतल बन्द आकृति जो चार रेखाखण्डों से बनी हो, चतुर्भुज (Quadrilateral) कहलाती है। एक चतुर्भुज की चार भुजाएँ, चार शीर्ष व चार कोण होते हैं।

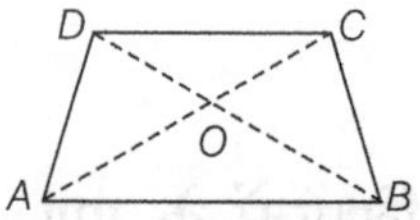

⚠ *एक चतुर्भुज के सभी कोणों का योग 360° होता है तथा चतुर्भुज में दो विकर्ण होते हैं।*

चतुर्भुजों के प्रकार

चतुर्भुज विभिन्न प्रकार के होते हैं। जैसे—आयत, वर्ग, समलम्ब, समान्तर चतुर्भुज, समचतुर्भुज आदि।

1. **आयत** (Rectangle) एक चतुर्भुज, जिसकी सम्मुख भुजाएँ समान्तर व बराबर हों तथा प्रत्येक कोण 90° का हो, आयत कहलाता है।

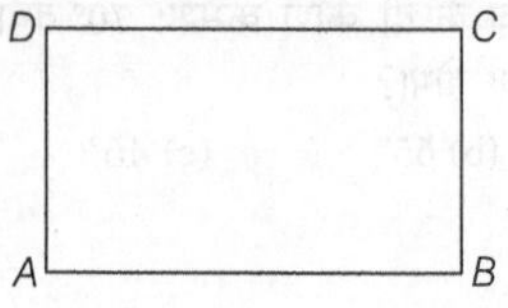

आयत के गुण

(i) सम्मुख भुजाएँ बराबर होती हैं।

(ii) प्रत्येक अन्तः कोण समकोण होता है।

(iii) विकर्ण बराबर होते हैं।

(iv) विकर्ण एक-दूसरे को समद्विभाजित करते हैं।

2. **वर्ग** (Square) एक ऐसा चतुर्भुज, जिसकी सभी भुजाएँ समान हों व प्रत्येक कोण 90° का हो, वर्ग कहलाता है।

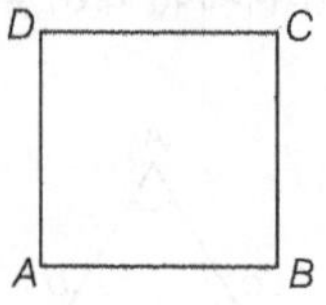

वर्ग के गुण

(i) चारों भुजाएँ बराबर होती हैं।

(ii) प्रत्येक अन्तः कोण समकोण होता है।

(iii) विकर्ण बराबर होते हैं।

(iv) विकर्ण एक-दूसरे को 90° पर समद्विभाजित करते हैं।

3. **समान्तर चतुर्भुज** (Parallelogram) एक चतुर्भुज, जिसकी सम्मुख भुजाएँ समान व समान्तर हों तथा सम्मुख कोण समान हों किन्तु कोई भी कोण 90° का न हो, समान्तर चतुर्भुज कहलाता है।

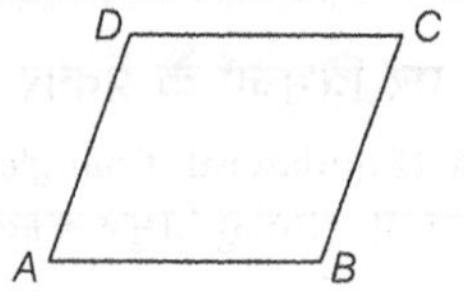

समान्तर चतुर्भुज के गुण

(i) सम्मुख भुजाएँ बराबर होती हैं।

(ii) सम्मुख कोण बराबर होते हैं।

(iii) विकर्ण एक-दूसरे को समद्विभाजित करते हैं।

(iv) विकर्ण बराबर नहीं होते हैं।

4. **समचतुर्भुज** (Rhombus) एक चतुर्भुज, जिसकी चारों भुजाएँ समान व समान्तर हों तथा सम्मुख कोण समान हों, समचतुर्भुज कहलाता है।

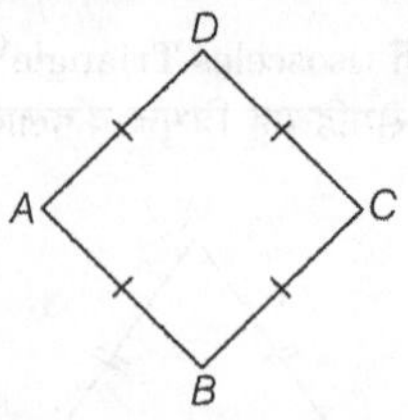

समचतुर्भुज के गुण

(i) चारों भुजाएँ बराबर होती हैं।

(ii) विकर्ण एक-दूसरे को 90° पर समद्विभाजित करते हैं।

(iii) विकर्ण बराबर नहीं होते हैं।

(iv) भुजाओं के वर्गों का योग विकर्णों के वर्गों के योग के बराबर होता है।

5. **समलम्ब** (Trapezium) एक चतुर्भुज, जिसकी भुजाओं का केवल एक युग्म समान्तर हो, समलम्ब कहलाता है।

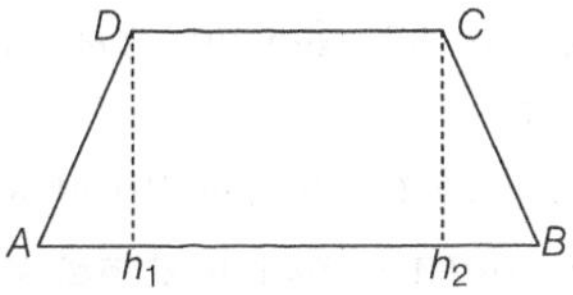

समलम्ब चतुर्भुज के गुण

(i) आमने-सामने की कोई दो भुजाएँ एक-दूसरे के समान्तर होती हैं।

(ii) दोनों समान्तर भुजाओं के बीच की सभी दूरियाँ समान होती हैं।

(iii) कोई दो सम्मुख भुजाएँ असमान्तर होती हैं।

चक्रीय चतुर्भज

वह चतुर्भुज जिसके चारों शीर्ष एक वृत्त की परिधि पर स्थित हों, चक्रीय चतुर्भुज या वृत्तीय चतुर्भुज कहलाता है।

चक्रीय चतुर्भुज (Cyclic Quadrilateral) के सम्मुख कोण सम्पूरक होते हैं।

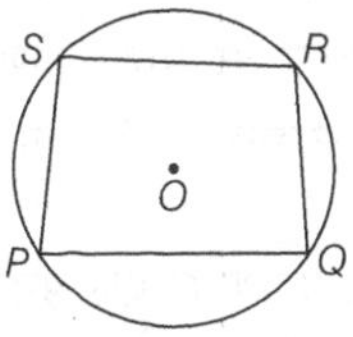

चित्र में, $PQRS$ एक चक्रीय चतुर्भुज है।

$\therefore \quad \angle P + \angle R = 180°$ तथा $\angle Q + \angle S = 180°$

उदाहरण 11. यदि चतुर्भुज के अन्तःकोणों का अनुपात 3 : 4 : 5 : 6 हो, तो प्रत्येक कोण का मान ज्ञात कीजिए।

(a) 20°, 30°, 45°, 60° (b) 25°, 35°, 50°, 65°
(c) 60°, 80°, 100°, 120° (d) 65°, 90°, 85°, 110°

हल *(c)* माना चतुर्भुज के कोण 3x, 4x, 5x और 6x हैं।

$\because$ चतुर्भुज के कोणों का योग = 360°

$\therefore \quad 3x + 4x + 5x + 6x = 360° \Rightarrow 18x = 360°$

$\Rightarrow \quad x = \frac{360°}{18°} = 20°$

अतः चतुर्भुज के कोण निम्न हैं

$3 \times 20° = 60°, \; 4 \times 20° = 80°, \; 5 \times 20° = 100°, \; 6 \times 20° = 120°$

बहुभुज

तीन या तीन से अधिक रेखाखण्डों से बनी बन्द आकृतियाँ बहुभुज (Polygon) कहलाती हैं। जिस बहुभुज की सभी भुजाएँ समान हों, वे **समबहुभुज** (Regular polygon) कहलाते हैं तथा जिस बहुभुज की सभी भुजाएँ असमान हों, वे **विषमबाहु बहुभुज** (Irregular polygon) कहलाते हैं।

जैसे— पिरामिड, समपंचभुज, समअष्टभुज आदि बहुभुज हैं।

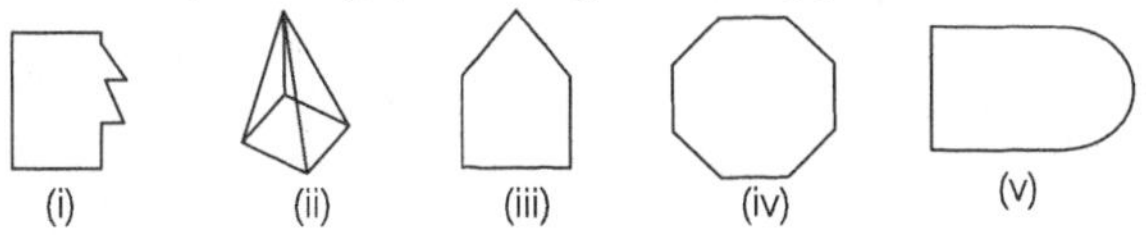

बहुभुज से सम्बन्धित कुछ महत्त्वपूर्ण तथ्य निम्न हैं

1. बहुभुज को बनाने वाले रेखाखण्ड उसकी भुजाएँ कहलाते हैं।
2. कोई भी दो भुजाएँ जिनमें एक उभयनिष्ठ अन्त्य बिन्दु हो, बहुभुज की आसन्न भुजाएँ कहलाती हैं।
3. दो भुजाएँ जहाँ मिलती हैं, उस बिन्दु को शीर्ष (Vertex) कहते हैं।
4. बहुभुज की एक ही भुजा के अन्त्य बिन्दु आसन्न शीर्ष (Adjacent Vertex) कहलाते हैं।
5. ऐसे शीर्ष जो आसन्न नहीं हैं, को मिलाने से बना रेखाखण्ड बहुभुज का विकर्ण कहलाता है।
6. तीन भुजाओं से बना बहुभुज त्रिभुज कहलाता है।
7. चार भुजाओं से बना बहुभुज चतुर्भुज कहलाता है।
8. पाँच भुजाओं से बना बहुभुज पंचभुज कहलाता है।
9. छः भुजाओं से बना बहुभुज षट्भुज कहलाता है।

उदाहरण 12. निम्नलिखित में से कौन-सा कथन बहुभुज के सम्बन्ध में सही नहीं है?

(a) इसके एक ही भुजा के अन्त्य बिन्दु आसन्न शीर्ष कहलाते हैं
(b) इसको बनाने वाले रेखाखण्ड भुजाएँ कहलाते हैं
(c) इसकी सभी भुजाएँ एक-दूसरे के समान्तर होती हैं
(d) इसकी दो भुजाएँ जहाँ मिलती हैं वे शीर्ष कहलाते हैं

हल *(c)* विकल्प (c) में दिया गया कथन बहुभुज के सम्बन्ध में सही नहीं है।

वृत्त

वृत्त (Circle) एक ऐसी बन्द एवं गोल आकृति है जिसका केन्द्र बिन्दु उसकी परिधि से समान दूरी पर स्थित होता है। इस दूरी को त्रिज्या कहते हैं, जिसे संकेत '*r*' से प्रदर्शित करते हैं।

दिए गए चित्र में,

AB वृत्त का व्यास है।
CD वृत्त की जीवा है।
OP वृत्त की त्रिज्या है।
CQD वृत्त की चाप है।

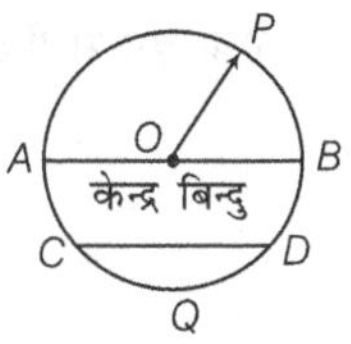

वृत्त से सम्बन्धित महत्त्वपूर्ण बिन्दु

1. **परिधि** (Circumference) वृत्त की बन्द वक्रीय आकृति की माप को परिधि कहते हैं।

   $\therefore$ वृत्त की परिधि $= 2\pi r$

2. **चाप** (Arc) वृत्त के प्रत्येक भाग को चाप कहते हैं।

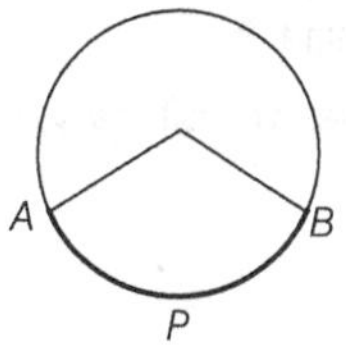

उपरोक्त चित्र में, APB वृत्त का चाप है और इसे चाप AB या $(\widehat{AB})$ लिखते हैं।

यदि चाप अर्द्धवृत्त के चाप से छोटा है, तो लघु चाप (Minor arc) कहलाता है, अन्यथा यह दीर्घ चाप (Major arc) कहलाता है।

3. **जीवा** (Chord) वृत्त पर स्थित किन्हीं दो बिन्दुओं को मिलाने वाला रेखाखण्ड वृत्त की जीवा कहलाती है। उपरोक्त चित्र में, AB वृत्त की जीवा है।

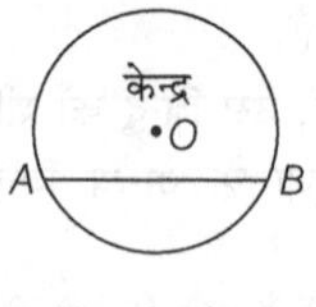

4. **वृत्त का व्यास** (Diameter of Circle) एक रेखाखण्ड जो वृत्त के केन्द्र से होकर जाए और वृत्त की परिधि को दोनों ओर से छुए, वृत्त का व्यास कहलाता है।

5. **छेदक रेखा** (Secant) वह रेखा, जो दिए गए वृत्त को दो बिन्दुओं पर काटती है, वृत्त की छेदक रेखा कहलाती है।

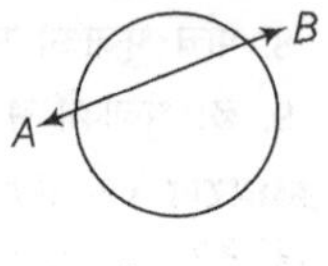

6. **वृत्तखण्ड** (Segment) किसी चाप और इसके संगत जीवा के मध्य का क्षेत्रफल, वृत्तखण्ड कहलाता है।

यदि चाप लघु है, तब बनने वाला वृत्तखण्ड लघु वृत्तखण्ड कहलाता है, अन्यथा यह दीर्घ वृत्तखण्ड कहलाता है।

7. **स्पर्श रेखा** (Tangent) एक ऐसी रेखा, जो वृत्त के केवल एक बिन्दु पर मिलती है, वृत्त की स्पर्श रेखा कहलाती है और वह बिन्दु, जहाँ स्पर्श रेखा वृत्त से मिलती है, स्पर्श बिन्दु कहलाता है।

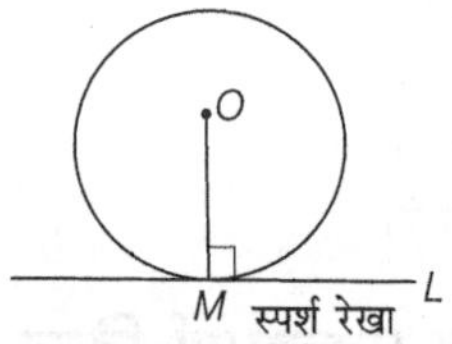

उपरोक्त चित्र मे, L एक स्पर्श रेखा है तथा M स्पर्श बिन्दु है।

संकेन्द्रीय वृत्त

जब एक समतल में स्थित दो या दो से अधिक वृत्तों का केन्द्र एक ही हो, तब ये वृत्त संकेन्द्रीय वृत्त (Concentric Circles) कहलाते हैं।

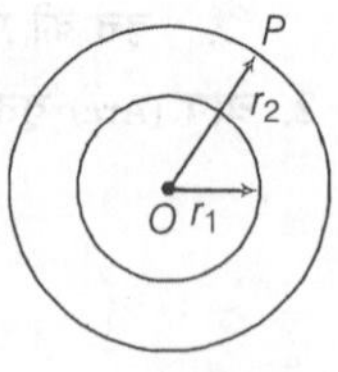

उपरोक्त चित्र में, जहाँ r_1 अन्त: वृत्त की एवं r_2 बाह्य वृत्त की त्रिज्याएँ हैं

तथा $r_2 > r_1$

वृत्त के गुण

1. वृत्त की सबसे बड़ी जीवा व्यास होती है अर्थात् व्यास = 2 × त्रिज्या
2. व्यास वृत्त को दो बराबर भागों में बाँटता है। प्रत्येक भाग को अर्द्धवृत्त कहते हैं।
3. वृत्त के केन्द्र से वृत्त की जीवा पर डाला गया लम्ब जीवा को समद्विभाजित करता है।
4. एक वृत्त की समान जीवाएँ केन्द्र से समान दूरी पर होती हैं।
5. किसी वृत्त की दो असमान जीवाओं में से बड़ी जीवा केन्द्र के अधिक समीप होती है।
6. किसी वृत्त में एक चाप द्वारा वृत्त के केन्द्र पर अन्तरित कोण उस चाप द्वारा वृत्त की शेष परिधि के किसी अन्य बिन्दु पर अन्तरित कोण का दोगुना होता है।
7. वृत्त की किन्हीं दो जीवाओं के लम्बार्द्धक एक-दूसरे को वृत्त के केन्द्र पर काटते हैं।
8. एक वृत्त में, जीवा के मध्य बिन्दु से केन्द्र को मिलाने वाली रेखा जीवा पर लम्ब होती है।
9. केन्द्र से समदूरस्थ जीवाएँ समान होती हैं।
10. वृत्त की समान जीवाएँ केन्द्र पर समान कोण बनाती हैं।
11. वृत्त की वे जीवाएँ, जो केन्द्र पर समान कोण बनाती हैं, समान होती हैं।
12. तीन असंरेखीय बिन्दुओं से होकर अधिकतम एक और केवल एक ही वृत्त खींचा जा सकता है।

उदाहरण 13. तीन बिन्दु A, B तथा C एक वृत्त पर स्थित हैं। बिन्दु O वृत्त का केन्द्र है। यदि $\angle ABC = 100°$ हो, तो $\angle AOC$ का मान क्या होगा?

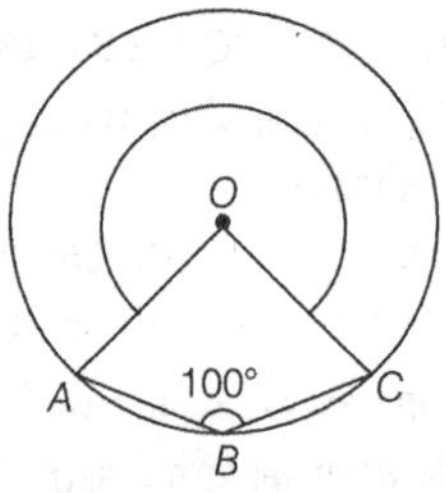

(a) 125°
(b) 135°
(c) 150°
(d) 200°

हल *(d)* ∴ अभीष्ट वृहत् कोण $\angle AOC = 2\angle ABC$

$= 2 \times 100°$

$= 200°$

आकृतियाँ तथा स्थानिक समझ

हमारे दैनिक जीवन में हम अपने आस-पास की अनेक ठोस वस्तुएँ देखते हैं। ये वस्तुएँ विभिन्न आकृतियों; जैसे— द्विविमीय (2-D) तथा त्रिविमीय (3-D) दोनों आकृतियों में होती हैं, जोकि व्यवस्थित तथा अव्यवस्थित क्रम में होती हैं।

त्रिविमीय आकृतियों को मुख्यतया निम्न दो वर्गों में विभाजित किया गया है

1. बहुफलक

वह त्रिविमीय आकृति, जो अनेक बहुभुज से मिलकर बना हो, बहुफलक कहलाता है।

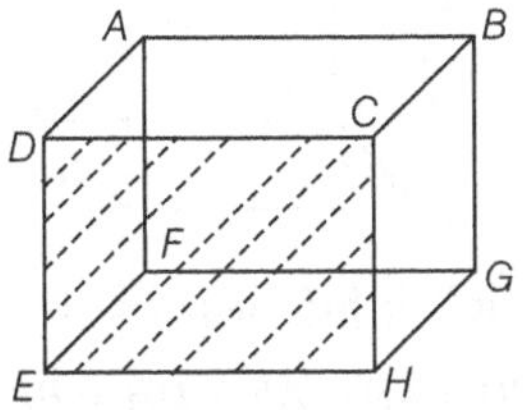

जहाँ, AB = भुजा, $CHED$ = फलक

तथा A, B, C, D, E, F, G, H = शीर्ष बिन्दु

- **फलक** (Face) बहुफलक की समतल सतह उसकी फलक कहलाती है।
- **भुजा** (Edge) एक रेखाखण्ड, जिस पर दो फलक एक-दूसरे से जुड़ती है, भुजा कहलाती है।
- **शीर्ष** (Vertex) एक बिन्दु, जिस पर दो या दो से अधिक भुजाएँ एक-दूसरे से मिलती है, शीर्ष कहलाता है।
- **व्यवस्थित बहुफलक** (Regular Polyhedron) एक बहुफलक, जहाँ सभी फलक एकसमान हों, व्यवस्थित बहुफलक कहलाता है। जैसे— घन।

2. गैर-बहुफलक

वह त्रिविमीय आकृति जिसका कम-से-कम एक फलक बहुभुज ना हो गैर-बहुफलक कहलाता है।

यूलर का सूत्र

यूलर के सूत्र (Euler's Formula) के अनुसार, किसी भी बहुफलक के सभी फलकों और कोनों का योग उसके किनारों से दो अधिक होता है।

$$F + V = E + 2$$

अर्थात्, $$F + V - E = 2$$

जहाँ, F = फलकों की संख्या

V = शीर्ष बिन्दुओं की संख्या

E = भुजाओं की संख्या

उदाहरण 14. यदि एक बहुफलक के 9 शीर्ष (Vertices) तथा 13 भुजाएँ (Edges) हैं, तब इसके फलकों की संख्या होगी

(a) 2 (b) 4

(c) 6 (d) 10

हल *(c)* यहाँ, $V = 9$ तथा $E = 13$

यूलर के सूत्र से, $F + V - E = 2$

$\therefore \quad F + 9 - 13 = 2$

$\Rightarrow \quad F = 2 + 4 \Rightarrow F = 6$

अतः बहुफलक के फलकों की संख्या 6 हैं।

स्थानिक समझ

आकृतियों और स्थानिक सम्बन्धों (Spatial relationship) के कारण ही हम अलग-अलग वस्तुओं को देख पाने में सक्षम हो पाते हैं और उनकी विभिन्न विशेषताओं को भी समझ पाते हैं। अनुभवों को इस तरह समझने की क्षमता ही स्थानिक समझ (Spatial Understanding) कहलाती है। आकृतियों और स्थानिक सम्बन्धों में स्वयं संगठित करते हुए न चलें।

स्थानिक सम्बन्धों की अच्छी समझ से ही हम संख्याओं, मापन, आँकड़ों एवं अमूर्त गणितीय समझ को बेहतर तरीके से सीख पाते हैं।

स्थानिक समझ की मूलभूत अवधारणाएँ

विभिन्न आकृतियों को समझने से पूर्व हमें निम्नलिखित स्थानिक अवधारणाओं से परिचित होना चाहिए

- ऊपर-नीचे
- पास-दूर
- बड़ा-छोटा
- अन्दर-बाहर
- के ऊपर
- के नीचे
- बीच में
- सबसे बड़ा-सबसे छोटा
- सबसे पास-सबसे दूर

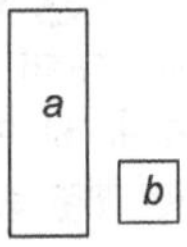

(1)

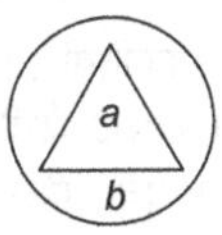

(2)

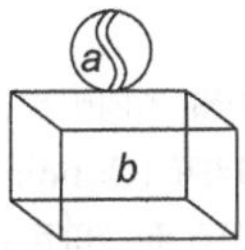

(3)

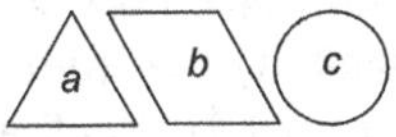

(4)

यदि आकृति/समूहों 1, 2, 3 व 4 को ध्यानपूर्वक देखें, तो निम्न अवधारणाएँ प्राप्त होती हैं

- आकृति 1 में a बड़ा है तथा b छोटा है।
- आकृति 2 में a अन्दर है तथा b बाहर है।
- आकृति 3 में a ऊपर है तथा b नीचे है।
- आकृति 4 में b, a और c के बीच में है तथा a, c से दूर है व a, b के पास है।

त्रिविमीय आकृतियाँ और स्थानिक समझ

हमारे आस-पास की सभी ठोस वस्तुओं की कुछ-न-कुछ विशेषताएँ होती हैं जिन्हें हम छूकर अथवा उन पर किसी दिशा में बल लगाने पर महसूस कर सकते हैं।

(i) बेलनाकार, गोलाकार एवं शंक्वाकार आकृतियों का लुढ़कना।

(ii) घनाकार एवं आयताकार आकृतियों (वस्तुओं) का सरकना।

जैसे— बर्फ की सिल्ली का सरकना, गेंद, गिलास एवं शंक्वाकार कीप आदि का लुढ़कना।

निम्न आकृतियाँ त्रिविमीय आकृतियों की स्थानिक समझ के उदाहरण हैं।

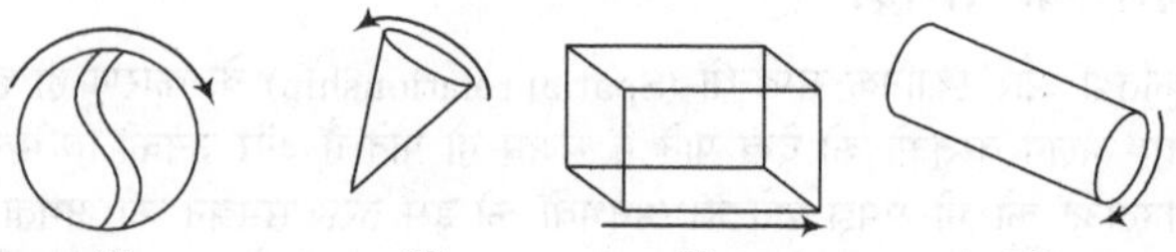

(1) (2) (3) (4)

उपरोक्त चित्रों में स्थानिक समझ की अवधारणा निम्न प्रकार है

- आकृतियाँ 1, 2 और 4 का लुढ़कना।
- आकृति 3 का सरकना।

उदाहरण 15. निम्नलिखित में से कौन-सी आकृतियों की स्थानिक समझ की अवधारणा नहीं है?

(a) हल्की-भारी (b) लुढ़कना-सरकना
(c) दूर-पास (d) आना-जाना

हल *(d)* आना-जाना, किसी कार्य की एक सामान्य क्रिया है, जबकि आकृतियों की स्थानिक समझ में किसी वस्तु की स्थिति अथवा दिशा को आकृति के परिप्रेक्ष्य में इंगित किया जाता है।

हमारे आस-पास की ठोस वस्तुएँ

ठोस आकृतियों को त्रिविमीय आकृतियाँ (3-D figures) कहते हैं, जिनमें लम्बाई, चौड़ाई एवं ऊँचाई या गहराई जैसी तीन विमाओं का मापन किया जाता है। घन, घनाभ, कमरा, सन्दूक, गोला, बेलन एवं शंकु इत्यादि ठोस आकृतियों के उदाहरण हैं।

1. घनाभ

छ: पृष्ठों से घिरी वह आकृति जिसमें प्रत्येक पृष्ठ एक आयत होता है और सम्मुख (आमने-सामने के) पृष्ठ बराबर होते हैं, घनाभ (Cuboid) या आयताकार पिण्ड कहलाती है। जैसे—किताब, ईंट, सन्दूक, माचिस आदि।

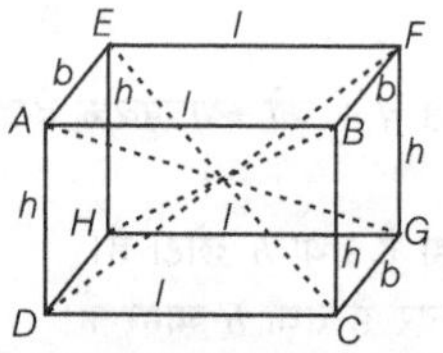

उपरोक्त चित्र में, छ: पृष्ठों से घिरी आकृति घनाभ है।

जिसकी लम्बाई $AB = EF = HG = DC = l$
चौड़ाई $AE = BF = DH = CG = b$
तथा ऊँचाई $AD = EH = BC = GF = h$

चूँकि आमने-सामने के पृष्ठ बराबर और समान्तर हैं।

$$ABCD = EFGH, AEHD = BFGC, AEFB = DHGC$$

पृष्ठ *DHGC* को आधार (Base) तथा अन्य सभी पृष्ठों को पार्श्व पृष्ठ (Lateral Face) कहते हैं। *BH, DF, AG* तथा *EC*, जो आयताकार ठोस के विपरीत कोणों को मिलाती है, विकर्ण (Diagonal) कहलाती हैं।

- घनाभ का आयतन $= (l \times b \times h)$ घन इकाई
- घनाभ का पार्श्वीय पृष्ठ $= 2(l+b)h$ वर्ग इकाई
- घनाभ का सम्पूर्ण पृष्ठ $= 2(lb+bh+hl)$ वर्ग इकाई
- घनाभ का विकर्ण $(d) = \sqrt{l^2+b^2+h^2}$

2. घन

ऐसा घनाभ जिसकी लम्बाई, चौड़ाई तथा ऊँचाई समान हो अर्थात् प्रत्येक पृष्ठ एक वर्ग हो, घन (Cube) कहलाता है

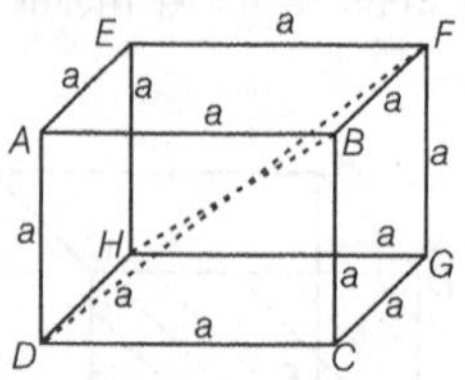

उपरोक्त चित्र में, छ: पृष्ठों से घिरी आकृति है, जिसमें

$$AB = BC = CD = AD = AE = DH = BF$$
$$= EF = FG = EH = HG = CG = a$$

तथा सभी पृष्ठ बराबर हैं अर्थात्

$$ABCD = EFGH = AEHD = BFGC = DHGC = AEFB$$

- घन का आयतन $= a^3$ घन इकाई
- घन का पार्श्वीय पृष्ठ $= 4a^2$ वर्ग इकाई
- घन का सम्पूर्ण पृष्ठ $= 6a^2$ वर्ग इकाई
- घन का विकर्ण $(d) = a\sqrt{3}$

3. बेलन

वह समपार्श्व आकृति, जिसका आधार एक वृत्त होता है। इसका निर्माण समान त्रिज्या वाले कई वृत्तों को एक-दूसरे के ऊपर रखकर किया जाता है।

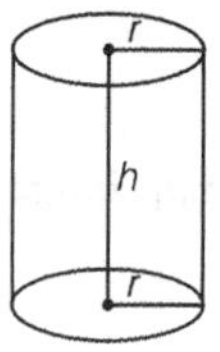

उपरोक्त चित्र में, r बेलन (Cylinder) की त्रिज्या है तथा h बेलन की ऊँचाई है।

- बेलन का आयतन $= \pi r^2 h$ घन इकाई
- बेलन का वक्रपृष्ठ $= 2\pi rh$ वर्ग इकाई
- बेलन का सम्पूर्ण पृष्ठ $= 2\pi r\,(r+h)$

4. शंकु

यह एक ऐसा पिरामिड है जिसका आधार एक वृत्त है। इसका निर्माण एक समकोण त्रिभुज की समकोण बनाने वाली भुजाओं में से किसी एक के परित: घुमाने पर होता है।

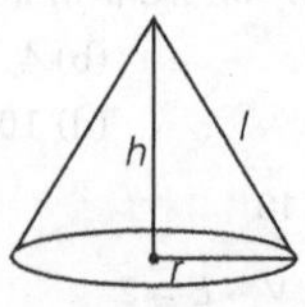

उपरोक्त चित्र में, r शंकु (Cone) की त्रिज्या है, h शंकु की ऊँचाई हैं तथा l शंकु की तिर्यक ऊँचाई है।

- शंकु का आयतन $= \frac{1}{3}\pi r^2 h$ घन इकाई

- शंकु का वक्रपृष्ठ = πrl वर्ग इकाई
  [$\because$ तिर्यक ऊँचाई, $l = \sqrt{h^2 + r^2}$]
- शंकु का सम्पूर्ण पृष्ठ = $\pi r(r + l)$ वर्ग इकाई

5. गोला

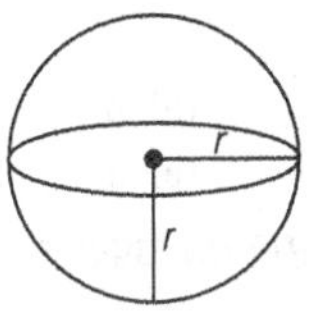

यह एक ऐसी ठोस अथवा खोखली आकृति है जिसकी सतह का प्रत्येक बिन्दु एक निश्चित बिन्दु (केन्द्र) से समान दूरी पर होता है। इसका निर्माण एक वृत्त को उसके व्यास के इर्द-गिर्द घुमाने पर होता है।

उपरोक्त चित्र में, r गोले का अर्द्धव्यास है तथा r गोले की ऊँचाई है।

- गोले (Sphere) का आयतन = $\frac{4}{3}\pi r^3$ घन इकाई
- गोले का सम्पूर्ण पृष्ठ = $4\pi r^2$ वर्ग इकाई

6. अर्द्धगोला

एक सम्पूर्ण गोले को बीच से काट देने के बाद बनी आकृति अर्द्धगोला (Hemisphere) कहलाती है।

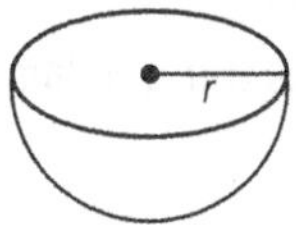

- अर्द्धगोले का आयतन = $\frac{2}{3}\pi r^3$ घन इकाई
- अर्द्धगोले का वक्रपृष्ठ = $2\pi r^2$ वर्ग इकाई
- अर्द्धगोले का सम्पूर्ण पृष्ठ = $3\pi r^2$ वर्ग इकाई

7. पिरामिड

एक ऐसी ठोस आकृति, जिसका आधार एक समबहुभुज होता है तथा इसके शेष पृष्ठ एक ही शीर्ष वाले त्रिभुज होते हैं, पिरामिड (Pyramid) कहलाता है।

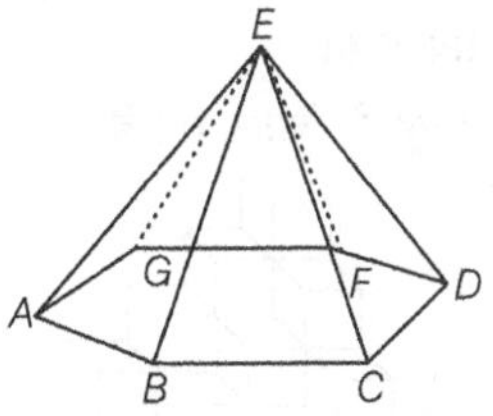

- पिरामिड का आयतन = $\frac{1}{3}\times$ आधार का क्षेत्रफल
- पिरामिड का सम्पूर्ण पृष्ठीय क्षेत्रफल = आधार का क्षेत्रफल × पार्श्व पृष्ठ का क्षेत्रफल

उदाहरण 16. यदि किसी शंकु की ऊँचाई 9 सेमी तथा व्यास 14 सेमी हो, तब शंकु का आयतन क्या होगा?

(a) 462 सेमी^{3} (b) 450 सेमी^{3} (c) 440 सेमी^{3} (d) 430 सेमी^{3}

हल *(a)* दिया है, शंकु का व्यास = 14 सेमी

$\therefore$ शंकु की त्रिज्या $(r) = \frac{14}{2} = 7$ सेमी

तथा शंकु की ऊँचाई $(h) = 9$ सेमी

$\therefore$ शंकु का आयतन $= \frac{1}{3}\pi r^2 h$

$= \frac{1}{3} \times \frac{22}{7} \times 7 \times 7 \times 9$

= 462 सेमी^{3}

उदाहरण 17. एक गिलास 200 मिली पानी से लबालब भरा हुआ है। इसका सटीक अर्थ है

(a) गिलास की धारिता 200 मिली है
(b) गिलास में 200 मिली से अधिक पानी नहीं भरा जा सकता
(c) गिलास का आयतन 200 मिली है
(d) सभी कथन सत्य हैं

हल *(d)* यहाँ गिलास की धारिता या आयतन या उसमें आ सकने वाले पानी की कुल मात्रा 200 मिली है।

उदाहरण 18. गोलू के पास r त्रिज्या वाले 3 कन्चे हैं। यदि सभी कन्चे रंग और आकार में समान हों, तो इनका कुल आयतन होगा

(a) $4\pi r^3$ घन इकाई
(b) $\frac{4}{3}\pi r^3$ घन इकाई
(c) $3\pi r^3$ घन इकाई
(d) $\frac{3}{4}\pi r^3$ घन इकाई

हल *(a)* कन्चों का कुल आयतन = 3 × एक कन्चे का आयतन

$= 3 \times \frac{4}{3}\pi r^3$

$= 4\pi r^3$ घन इकाई

पासा

पासा (Dice), घन या घनाभ के आकार की ३-अ आकृति है। किताब, माचिस, बॉक्स तथा कमरा आदि सभी ३-अ के उदाहरण हैं।

पासे में कुल 6 सतहें होती हैं। त्रि-आयामी वस्तुओं के सन्दर्भ में एक विशेष बात यह है कि हम इनकी प्रत्येक सतह को एक ही बार में नहीं देख सकते। किसी भी त्रिविमीय आकृति के एक स्थिति-चित्र में अधिकतम तीन सतह दर्शायी जा सकती हैं। स्पष्टत: पासे के किसी एक चित्र में उसकी तीन सतहें दृष्टिगोचर होंगी तथा तीन सतहें छिपी हुई होंगी।

अत: पासे की सभी सतहों के लिए निम्न चित्र देखें

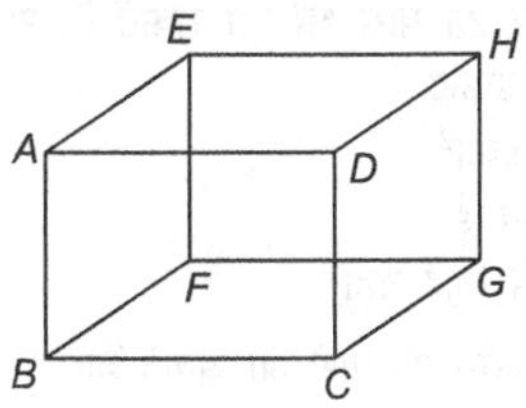

सामने की सतह	$\longrightarrow$ *ABCD*	विपरीत सतह
पीछे की सतह	$\longrightarrow$ *EFGH*	
ऊपर की सतह	$\longrightarrow$ *ADHE*	विपरीत सतह
नीचे की सतह	$\longrightarrow$ *BCGF*	
बाईं सतह	$\longrightarrow$ *ABFE*	विपरीत सतह
दाईं सतह	$\longrightarrow$ *DCGH*	

पासा के प्रकार

पासा निम्न दो प्रकार का होता है

1. **सामान्य पासा** (General Dice) इस पासे में किन्हीं दो निकटवर्ती सतहों पर अंकित संख्याओं का योग 7 होता है जबकि विपरीत सतह पर अंकित संख्याओं का योग 7 नहीं होता।

   जैसे–

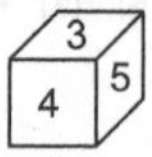

   दिया गया पासा एक सामान्य पासा है क्योंकि इसके निकटवर्ती सतहों के अंकों का योग = 7 अर्थात् 3 + 4 = 7 है।

2. **मानक पासा** (Standard Dice) ऐसा पासा, जिसकी प्रत्येक दो विपरीत सतहों पर अंकित संख्याओं का योग 7 होता है, उसे मानक पासा कहते हैं।

   जैसे–

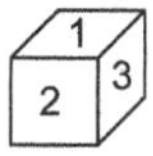

   यहाँ, 1 + 2 = 3, 1 + 3 = 4, 2 + 3 = 5

   उपरोक्त पासे में किसी भी योग का मान 7 नहीं है। अतः यह एक मानक पासा है।

पासे की प्रसारित सतहें

निम्न आकृति में एक पासे की सतहों का प्रसारण, उसकी सामने वाली सतह को आधार मानकर किया गया है

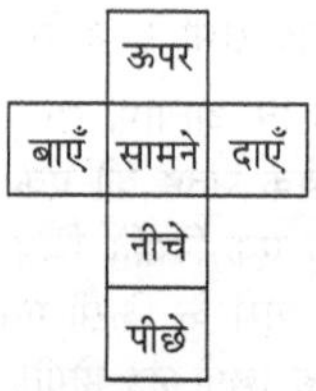

उदाहरण 19. एक ढक्कनदार लोहे के घनाकार खाली सन्दूक में N विमा वाले लूडो के अधिकतम 25 पासे भरे जा सकते हैं। सन्दूक की धारिता है।

(a) $125N^3$ घन इकाई
(b) $156N^3$ घन इकाई
(c) $25N^3$ घन इकाई
(d) उपरोक्त में से कोई नहीं

हल *(c)* सन्दूक में अधिकतम 25 पासे आ सकते हैं।

अतः सन्दूक की धारिता या आयतन 25 पासे के बराबर होगी।
अब चूँकि एक पासे की माप N^3 है।
$\therefore$ 25 पासों की माप = $25N^3$ जो सन्दूक के कुल आयतन के बराबर होगा।

उदाहरण 20. निम्नलिखित अंकों वाले तीन पासों के आधार पर बताइए कि प्रश्नवाचक चिन्ह (?) के स्थान पर कौन-सा अंक होगा?

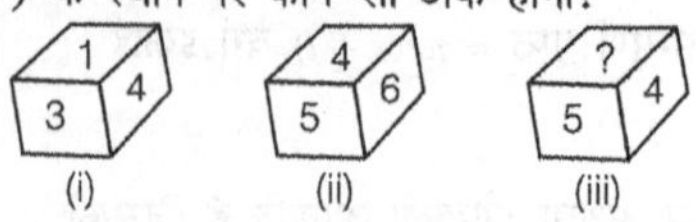

(a) 4 (b) 3
(c) 5 (d) 6

हल *(b)* उपरोक्त पासे का प्रसारित चित्र निम्न प्रकार होगा

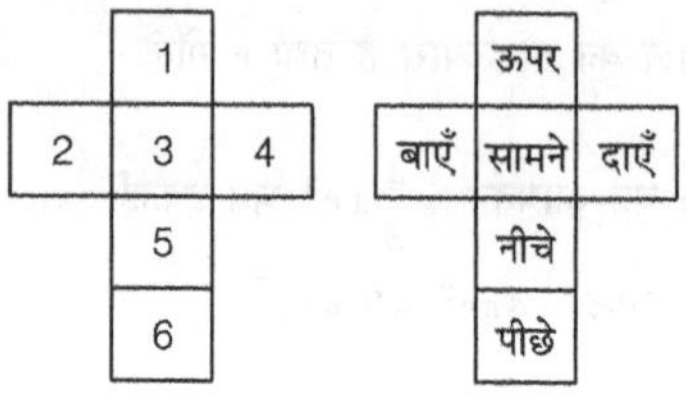

इस प्रसारित रूप से स्पष्ट है कि

(i) 1 के विपरीत 5 होगा। (ii) 3 के विपरीत 6 होगा।
(iii) 2 के विपरीत 4 होगा।

अतः जब 4 के विपरीत 2 तथा 5 के विपरीत 1 है, तब प्रश्नांकित सतह पर 3 होगा।

घनों की गिनती

जब दिए गए चित्र में ब्लॉक या घनों की संख्या (Counting the Cubes) के बारे में पूछा जाता है तब हमें निम्न तथ्यों को ध्यान में रखना चाहिए

1. सबसे पहले नीचे से आरम्भ करके पहली पंक्ति के घनों को गिनना चाहिए।
2. इसके बाद क्रमानुसार दूसरी, तीसरी, ... पंक्ति के घनों को गिनना चाहिए।
3. अन्त में गिने हुए सभी घनों का योगफल ज्ञात करके अभीष्ट घनों की संख्या ज्ञात की जा सकती है।

उदाहरण 21. दिए गए समूह में कितने घन हैं?

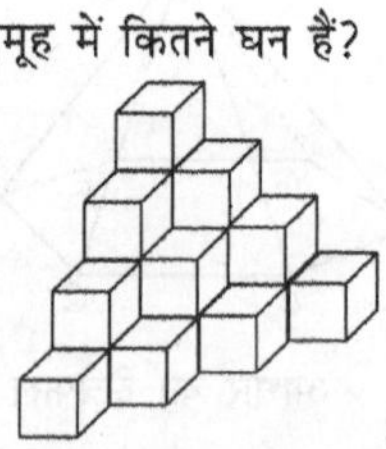

(a) 10 (b) 16 (c) 18 (d) 20

हल *(d)* पहली पंक्ति में घनों की संख्या = 4 + 3 + 2 + 1 = 10
दूसरी पंक्ति में घनों की संख्या = 3 + 2 + 1 = 6
तीसरी पंक्ति में घनों की संख्या = 2 + 1 = 3
तथा चौथी पंक्ति में घनों की संख्या = 1
$\therefore$ कुल घन = 10 + 6 + 3 + 1 = 20

अभ्यास प्रश्न

1. निम्न में से कौन-सा एक बन्द वक्र का उदाहरण है।

(a) 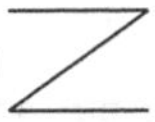
(b) 
(c) 
(d) 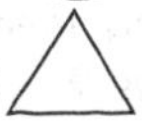

2. निम्न में से कौन-सा द्विविमीय आकृति का उदाहरण नहीं है?

(a) 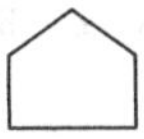
(b) 
(c) 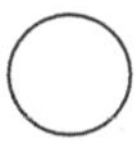
(d) 

3. निम्नलिखित में से कौन-सा खुला वक्र है?

(a) 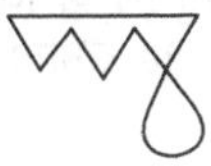
(b) 
(c) 
(d) 

4. r अर्द्धव्यास वाले एक गोले की ऊँचाई कितनी होगी?

(a) $2r$ (b) $r/2$ (c) $4r$ (d) r

5. किसी त्रिभुज में दो भुजाओं की लम्बाई का योग सदैव होगा

(a) तीसरी भुजा से छोटा
(b) तीसरी भुजा से बड़ा
(c) तीसरी भुजा के बराबर
(d) तीसरी भुजा का $\frac{2}{3}$

6. किसी त्रिभुज के लिए निम्न में कौन-सा कथन सत्य है?

(a) समस्त कोण सदैव न्यून कोण होते हैं
(b) एक कोण सदैव समकोण होता है
(c) एक कोण सदैव अधिक कोण होता है
(d) एक कोण सदैव न्यून कोण होता है

7. निम्न में से कौन-सा कथन असत्य है?

(a) प्रत्येक वर्ग एक समचतुर्भुज हो सकता है
(b) त्रिभुज का बहिष्कोण किसी भी सम्मुख अन्त:कोण से बड़ा होता है
(c) वृत्त की किन्हीं दो महत्तम जीवाओं के लम्बार्द्धक एक-दूसरे को वृत्त के केन्द्र पर काटते हैं
(d) उपरोक्त सभी असत्य है

8. निम्न में से कौन-सा कथन सत्य है?

(a) एक ठोस शंकु से उसी की त्रिज्या के बराबर गोला काटा जा सकता है
(b) एक ठोस बेलन से उसी की त्रिज्या के बराबर गोला काटा जा सकता है
(c) एक घन से उसी की अर्द्ध-भुजा के बराबर त्रिज्या वाला गोला काटा जा सकता है
(d) (b) तथा (c) दोनों सही हैं

9. मीनाक्षी ने अपनी घड़ी की मिनट वाली सूई द्वारा चली गई एक से दस तक की दूरी को समकोण में मापना चाहा। उसकी सही माप क्या होगी?

(a) 1 समकोण (b) 2 समकोण
(c) 3 समकोण (d) $3\frac{1}{2}$ समकोण

10. एक वर्गाकार आधार पर राजीव द्वारा बनाए गए पिरामिड में कितने त्रिभुज बनेंगे?

(a) दो (b) तीन
(c) चार (d) पाँच

11. निम्न चित्र में, यदि $AB = BC$ और $\angle ABC = 90°$, तो $\angle BCD$ का मान होगा

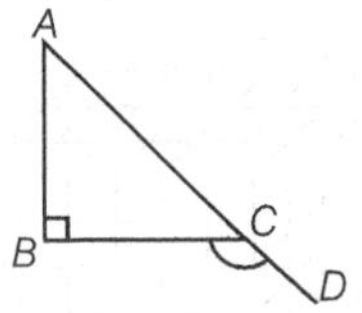

(a) 135°
(b) 150°
(c) 120°
(d) 210°

12. दिए गए चित्र में, $AB = BC$, $\angle B = x°$ तथा $\angle A = (2x - 20)°$ हो, तो $\angle B$ का मान होगा

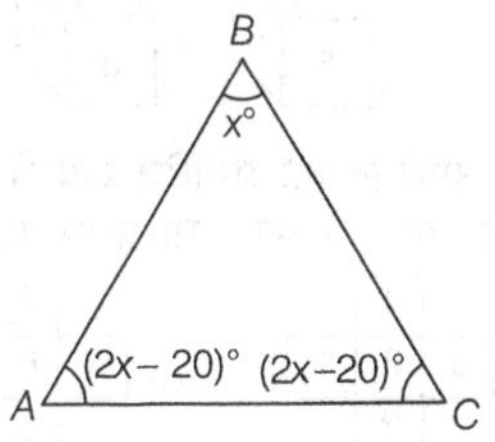

(a) 46° (b) 44° (c) 68° (d) 32°

13. संलग्न चित्र में, $ABCD$ एक समलम्ब चतुर्भुज है जिसमें $AB \parallel DC$, यदि $\angle A = 55°$ और $\angle B = 70°$, तब $\angle C$ और $\angle D$ हैं

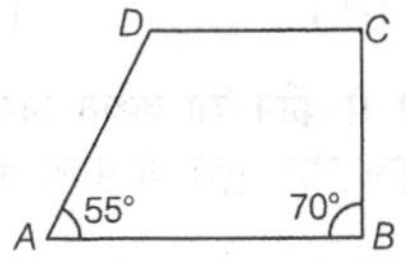

(a) 140°, 125° (b) 100°, 135°
(c) 125°, 110° (d) 105°, 130°

14. दो सरल रेखाएँ $\overline{AB}$ तथा $\overline{CD}$ परस्पर बिन्दु O पर काटती हैं। यदि $\angle AOC = 50°$ हो, तो $\angle BOC$ है

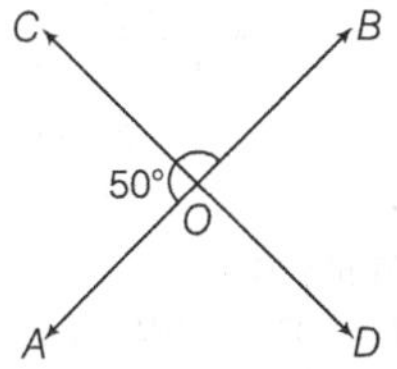

(a) 100° (b) 120°
(c) 130° (d) 140°

15. दी गई आकृति में $\angle BAC = 30°$, $\angle ABC = 50°$ तथा $\angle CDE = 25°$ है, तब $\angle AED$ बराबर है

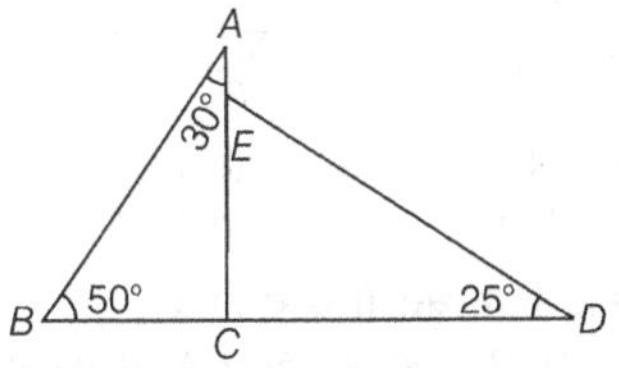

(a) 105° (b) 115° (c) 95° (d) 75°

16. निम्न चित्र में, $\angle A$ का मान है

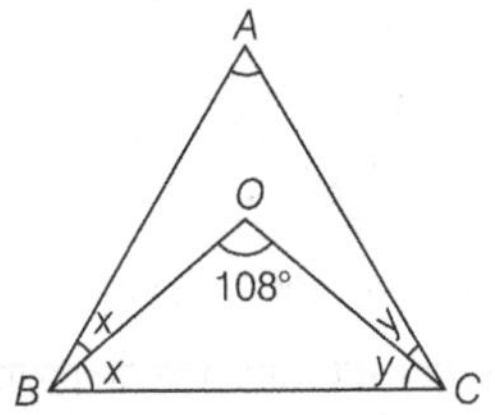

(a) 54° (b) 36° (c) 72° (d) 75°

17. x के किस मान के लिए AOB एक सरल रेखा हो जाएगी?

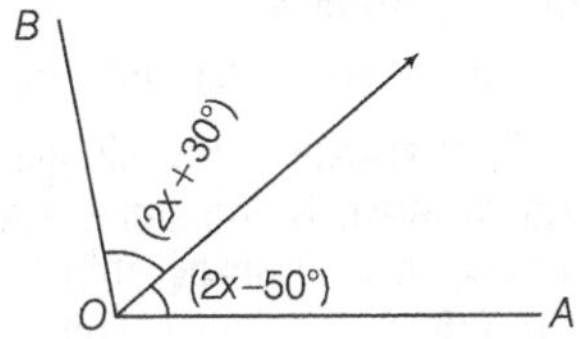

(a) 30° (b) 40°
(c) 45° (d) 50°

18. चित्र में, $\angle ABD$ तथा $\angle CBD$ परस्पर हैं

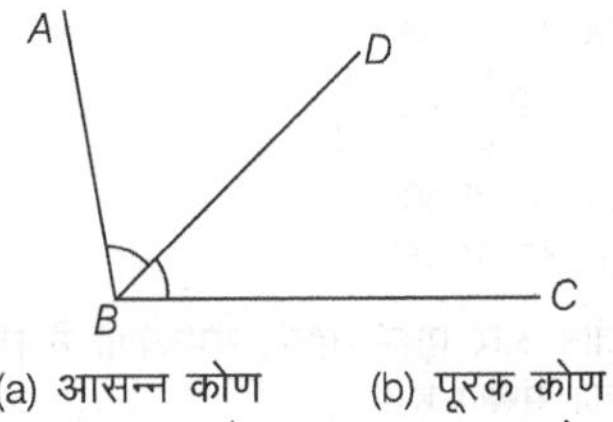

(a) आसन्न कोण (b) पूरक कोण
(c) एकान्तर कोण (d) संगत कोण

19. दिए गए चित्र से $\angle AOB$ का मान है

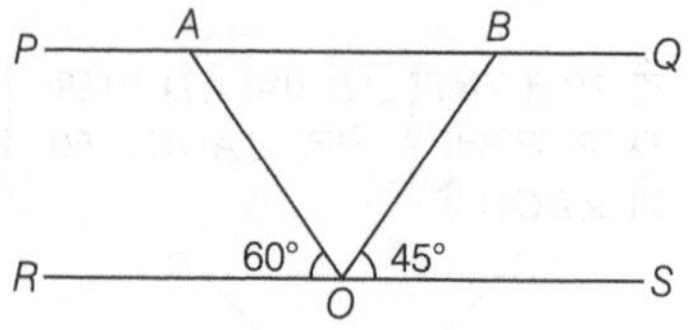

(a) 75° (b) 90°
(c) 105° (d) 85°

20. निम्न आकृति में $\angle PQR = 70°, \angle QPR = 24°$ है, तो $\angle PRS$ का मान है

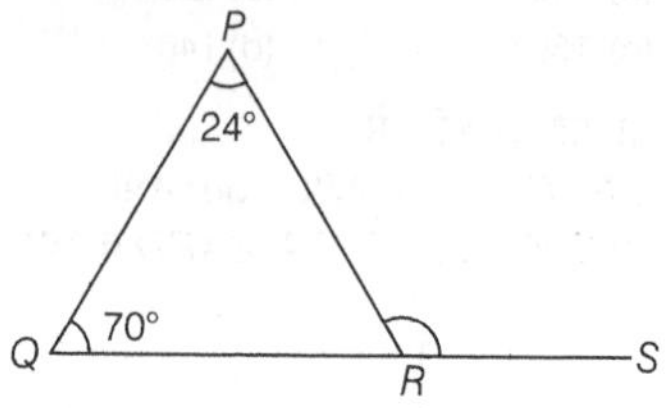

(a) 55° (b) 94°
(c) 100° (d) 111°

21. यदि निम्न वृत्त में केन्द्र O पर $\angle AOB = 90°$ हो, तो $\angle APB$ का मान होगा

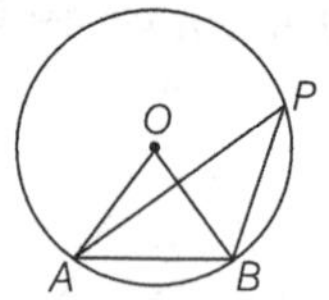

(a) 25° (b) 90° (c) 45° (d) 75°

22. 270° माप का कोण एक उदाहरण है
(a) न्यून कोण का (b) अधिक कोण का
(c) समकोण का (d) प्रतिवर्ती कोण का

23. साढ़े चार समकोण और एक सरल कोण में डिग्रियों की संख्या है
(a) 585° (b) 565° (c) 545° (d) 560°

24. यदि किसी समकोण त्रिभुज की भुजाओं की लम्बाइयाँ क्रमशः 6 सेमी तथा 8 सेमी हैं, तब इसके कर्ण की लम्बाई होगी।
(a) 10 सेमी (b) 12 सेमी
(c) 16 सेमी (d) 25 सेमी

25. यदि दो पूरक कोणों का अन्तर 15° है, तो दोनों कोणों के मान क्रमशः क्या होंगे?
(a) 37° व 53°
(b) $52\frac{1°}{2}$ व $37\frac{1°}{2}$
(c) 50° व 40°
(d) 45° व 45°

26. तीन और एक-तिहाई, समकोणों में डिग्रियों की संख्या है
(a) 360° (b) 300° (c) 320° (d) 270°

27. एक कोण का सम्पूरक कोण उसके कोटिपूरक कोण का तीन गुना है, तो कोण का मान है
(a) 50° (b) 40° (c) 45° (d) 35°

28. 10 सेमी त्रिज्या के एक वृत्त में, वृत्त की जीवा केन्द्र से 6 सेमी की दूरी पर है। जीवा की लम्बाई है
(a) 16 सेमी (b) 12 सेमी
(c) 14 सेमी (d) 20 सेमी

29. यदि किसी ΔABC में, $\angle A = 100°$ और $AB = AC$ हो, तो $\angle B$ तथा $\angle C$ के मान हैं
(a) 30°, 50° (b) 40°, 40°
(c) 45°, 35° (d) 60°, 20°

30. यदि चतुर्भुज के कोणों की मापे $(4x)°$, $5(x+2)°$, $(7x-20)°$ तथा $6(x+3)°$ हों, तो x का मान ज्ञात कीजिए।
(a) 16° (b) 30°
(c) 60° (d) 32°

31. निम्नलिखित आकृति में घनों की संख्या कितनी है?

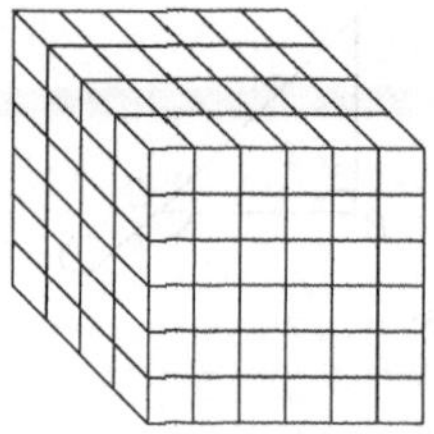

(a) 69 (b) 180
(c) 144 (d) 84

32. निम्नांकित दो पासों पर 1 से 6 तक की संख्याओं का प्रयोग किया गया है।

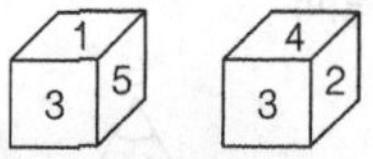

यदि उपरोक्त को प्रसारित रूप में व्यक्त किया जाए, तो कौन-सा प्रसार सही होगा?

(a) 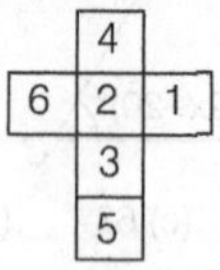

(b) 

(c) 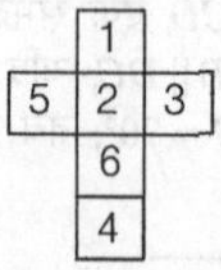

(d) 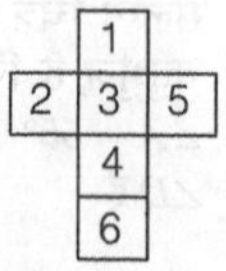

33. निम्न में से कौन-सा कथन असत्य है?
(a) त्रिभुज तीन भुजाओं वाला बहुभुज होता है
(b) ऐसे शीर्ष जो आसन्न नहीं है को मिलाने से बनने वाला रेखाखण्ड बहुभुज का विकर्ण कहलाता है
(c) बहुभुज की सभी भुजाओं के अन्त्य बिन्दु आसन्न शीर्ष कहलाते है
(d) दो रेखाएँ जब एक-दूसरे को प्रतिच्छेद नहीं करती है, तो वे समान्तर रेखाएँ कहलाती है

34. किसी समान्तर चतुर्भुज का एक कोण 55° है, तब समान्तर चतुर्भुज के शेष कोण क्रमशः हैं
(a) 105°, 125°, 55° (b) 125°, 55°, 125°
(c) 135°, 125°, 55° (d) 25°, 135°, 135°

35. दिए गए चित्र के आधार पर $x°$ का मान ज्ञात करें।

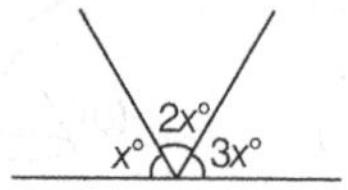

(a) 15° (b) 30° (c) 60° (d) 45°

36. यदि किसी समान्तर चतुर्भुज के विकर्ण समकोण पर काटें, तो वह समान्तर चतुर्भुज होता है
(a) एक आयत
(b) एक वर्ग
(c) एक वर्ग अथवा एक समचतुर्भुज
(d) समलम्ब चतुर्भुज

37. चित्र में, O वृत्त का केन्द्र है। जीवा $AB = 4$ सेमी तथा त्रिज्या $OA = 4$ सेमी है। वृत्त पर एक बिन्दु C है, तो $\angle ACB$ का मान है

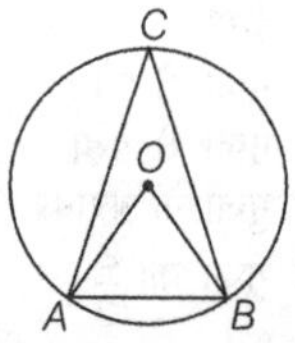

(a) 45° (b) 60° (c) 30° (d) 90°

38. एक पासे में विपरीत फलकों की संख्याओं का योगफल 7 होता है। निम्नलिखित में से कौन-सा पासे में वैसा ही होगा?

(a) 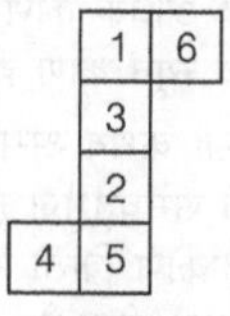

(b) 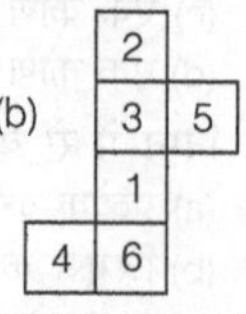

(c) 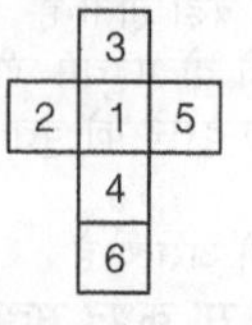

(d) 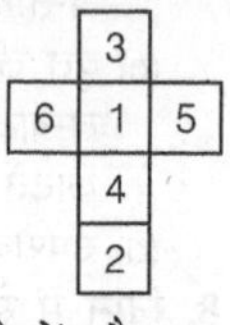

39. षट्भुजाकार पिरामिड के बारे में कौन-सा कथन सत्य है?
(a) इसके दो षट्भुजाकार फलक होते हैं और छः आयताकार फलक होते हैं

(b) इसके छः षट्भुजाकार फलक होते हैं, जो छः आयताकार फलकों से जुड़े हुए होते हैं
(c) इसके छः फलक होते हैं और प्रत्येक फलक षट्भुज होता है
(d) एक बिन्दु पर मिलते हुए छः त्रिभुजाकार फलक के साथ इसका षट्भुजाकार आधार होता है

40. प्राथमिक कक्षाओं में आकार और स्थान (space) की समझ विकसित करने के लिए किए जाने वाले निम्नलिखित कार्यों को क्रम से लगाइए

a. 2-D आकारों की भुजाओं और शीर्षों का अवलोकन करते हुए उनकी विशेषताओं का मिलान करना
b. 2-D आकारों की विशेषताओं का सहजबुद्धि से वर्णन करना
c. 2-D आकारों को छाँटना
d. विभिन्न 2-D आकारों की भुजाओं, शीर्षों और विकर्णों का गणना करते हुए उनका वर्णन करना

(a) a, d, b, c (b) c, a, d, b
(c) d, b, a, c (d) c, b, d, a

41. एक ठोस, जैसा कि आकृति में दिखाया गया है, घनीय ब्लॉक (Cubical blocks) से बना है, जिनकी प्रत्येक भुजा 1 सेमी है। ब्लॉकों की संख्या है

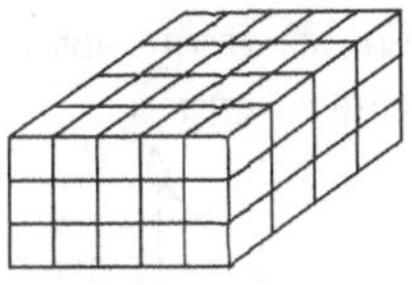

(a) 52 (b) 60 (c) 72 (d) 48

42. चार और एक-तिहाई समकोण में डिग्रियों की संख्या है
(a) 400° (b) 405°
(c) 390° (d) 395°

43. साढ़े तीन समकोणों में डिग्रियों की संख्या है
(a) 315° (b) 285°
(c) 295° (d) 305°

44. चार और दो-तिहाई समकोणों में डिग्रियों की संख्या है
(a) 310° (b) 420°
(c) 330° (d) 400°

45. दो और दो-तिहाई समकोणों में डिग्रियों की संख्या है
(a) 240° (b) 270°
(c) 180° (d) 210°

उत्तरमाला

1	(d)	2	(d)	3	(d)	4	(d)	5	(b)	6	(d)	7	(d)	8	(d)	9	(c)	10	(c)
11	(a)	12	(b)	13	(c)	14	(c)	15	(a)	16	(b)	17	(d)	18	(a)	19	(a)	20	(b)
21	(c)	22	(d)	23	(a)	24	(a)	25	(b)	26	(b)	27	(c)	28	(a)	29	(b)	30	(a)
31	(c)	32	(d)	33	(c)	34	(b)	35	(b)	36	(c)	37	(c)	38	(c)	39	(d)	40	(b)
41	(b)	42	(c)	43	(a)	44	(b)	45	(a)										

उत्तर हल सहित

1. *(d)* दिए गए वक्रों में वक्र (d) की सभी भुजाएँ बन्द हैं। अतः केवल वक्र (d) ही बन्द वक्र का उदाहरण है।

2. *(d)* शंक्वाकार आकृति  द्विविमीय आकृति नहीं है, क्योंकि यह एक त्रिविमीय आकृति है।

3. *(d)* खुला वक्र एक ऐसी टेढ़ी-मेढ़ी रेखाओं वाली आकृति होती है, जिसके दोनों सिरे मुक्त हों। आकृति (d) में दोनों सिरे मुक्त हैं।

4. *(d)* r अर्द्धव्यास वाले गोले की ऊँचाई भी r ही होगी।

5. *(b)* त्रिभुज के गुण के अनुसार, हम जानते हैं कि किसी त्रिभुज में दो भुजाओं की लम्बाई का योग सदैव तीसरी भुजा से बड़ा होता है।

6. *(d)* किसी भी त्रिभुज का एक कोण सदैव न्यून कोण होता है।

7. *(d)* सभी असत्य हैं।

8. *(d)* एक बेलन में से समान व्यास वाला गोला काटा जा सकता है तथा एक घन से भी समान व्यास वाला गोला काटा जा सकता है।

9. *(c)*

मीनाक्षी की घड़ी की मिनट वाली सूई द्वारा घूमी गई कुल माप
1 से 4 तक = 1 समकोण
4 से 7 तक = 1 समकोण
7 से 10 तक = 1 समकोण
= 3 समकोण

10. *(c)* वर्गाकार आधार पर बनाए गए पिरामिड में कुल त्रिभुजाकार फलकों की संख्या = 4

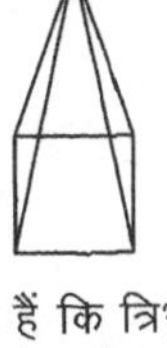

11. *(a)* हम जानते हैं कि त्रिभुज के तीनों कोणों का योग 180° होता है।

$\because \angle A + \angle B + \angle C = 180°$
$\Rightarrow x + 90° + x = 180°$
$\Rightarrow 2x = 90° \Rightarrow x = 45°$
$\therefore \angle BCD = 180° - \angle BCA$
$= 180° - x = 180° - 45° = 135°$

12. *(b)* ΔABC में, $AB = BC$
$\therefore \angle A = \angle C = (2x - 20)°$
$\because$ त्रिभुज के तीनों कोणों का योग = 180°
$\therefore \angle A + \angle B + \angle C = 180°$
$\Rightarrow (2x - 20)° + x + (2x - 20)° = 180°$
$\Rightarrow 5x - 40° = 180°$
$\Rightarrow 5x = 180° + 40°$
$\Rightarrow x = \frac{220°}{5} = 44°$

13. *(c)* समलम्ब चतुर्भुज $ABCD$ में, $AB \parallel DC$
$\Rightarrow \angle A + \angle C = 180°$
$\Rightarrow 55° + \angle C = 180°$
$\Rightarrow \angle C = 180° - 55° = 125°$
तथा $\angle B + \angle D = 180°$
$\Rightarrow 70° + \angle D = 180°$
$\Rightarrow \angle D = 180° - 70° = 110°$

14. *(c)* हम जानते हैं कि सरल रेखा पर बना कोण 180° का होता है।

तब, $\angle AOB = 180°$

$\Rightarrow \angle AOC + \angle BOC = 180°$

$\Rightarrow 50° + \angle BOC = 180°$

$\therefore \angle BOC = 180° - 50° = 130°$

15. *(a)* ΔABC में, $\angle BAC + \angle ABC + \angle ACB = 180°$

$\Rightarrow 30° + 50° + \angle ACB = 180°$

$\therefore \angle ACB = 180° - 80° = 100°$

$\because \angle ACB + \angle ECD = 180°$

$\therefore \angle ECD = 180° - 100° = 80°$

ΔECD में, $\angle ECD + \angle CDE + \angle DEC = 180°$

$\Rightarrow 80° + 25° + \angle DEC = 180°$

$\therefore \angle DEC = 180° - 105° = 75°$

तब, $\angle AED = 180° - \angle DEC$

$= 180° - 75° = 105°$

16. *(b)* प्रश्नानुसार,

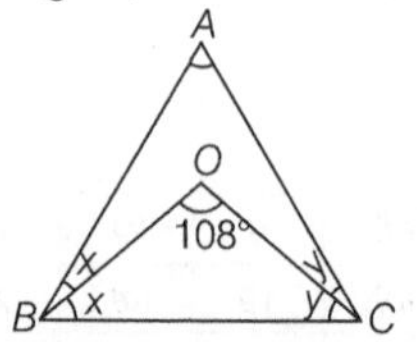

ΔOBC में, $x + y + 108° = 180°$

$\Rightarrow x + y = 180° - 108° = 72°$

ΔABC में,

$\angle A + \angle B + \angle C = 180°$

$\Rightarrow \angle A + 2 \times x + 2 \times y = 180°$

$\Rightarrow \angle A + 2(x + y) = 180°$

$\Rightarrow \angle A + 2 \times 72° = 180°$

$\Rightarrow \angle A = 180° - 144° \Rightarrow \angle A = 36°$

17. *(d)* सरल रेखा के लिए, $AOB = 180°$

किन्तु $\angle AOB = (2x + 30°) + (2x - 50°)$

$\Rightarrow 2x + 30° + 2x - 50° = 180°$

$\Rightarrow 4x - 20° = 180°$

$\Rightarrow 4x = 200° \Rightarrow x = 50°$

18. *(a)* $\angle ABD$ व $\angle CBD$ एक-दूसरे के आसन्न कोण हैं, जिसमें BD दोनों कोणों की आसन्न भुजा है।

19. *(a)* $\because \angle ROA + \angle AOB + \angle BOS = 180°$

$\therefore \angle AOB = 180° - (\angle ROA + \angle BOS)$

$= 180° - (60° + 45°) = 180° - 105°$

$= 75°$

20. *(b)* $\angle RSR = \angle RPQ + \angle QPR = 70° + 24°$

$= 94°$

21. *(c)* $\because$ वृत्त की परिधि पर बना कोण

$= \frac{1}{2} \times$ वृत्त के केन्द्र पर बना कोण

$\therefore \angle APB = \frac{1}{2} \times \angle AOB = \frac{1}{2} \times 90° = 45°$

22. *(d)* हम जानते हैं कि 180° से बड़े कोण वृहत्त कोण या प्रतिवर्ती कोण कहलाते हैं।

$\because$ 270° माप का कोण, 180° से अधिक है।

$\therefore$ 270° माप का कोण एक प्रतिवर्ती कोण है।

23. *(a)* साढ़े चार समकोण $= 4\frac{1}{2} \times 90° = 405°$

तथा एक सरल कोण $= 180°$

$\therefore$ डिग्रियों की संख्या $= 405° + 180° = 585°$

24. *(a)* पाइथागोरस प्रमेय से,

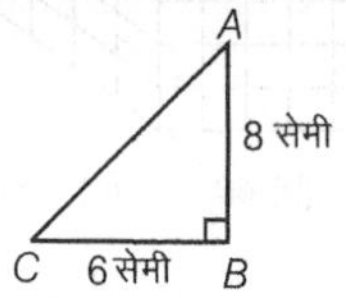

$\Rightarrow (AC)^2 = (AB)^2 + (AC)^2$

$\Rightarrow (AC)^2 = (8)^2 + (6)^2$

$\Rightarrow (AC)^2 = 64 + 36 = 100 \Rightarrow AC = 10$

अतः समकोण त्रिभुज के कर्ण की लम्बाई 10 सेमी है।

25. *(b)* माना एक कोण A है। तब, दूसरा कोण $(90° - A)$ होगा।

प्रश्नानुसार, $A - (90° - A) = 15°$

$\Rightarrow A - 90° + A = 15°$

$\Rightarrow 2A = 105° \Rightarrow A = 52\frac{1}{2}°$

तब, दूसरा कोण $90° - A = 90° - 52\frac{1}{2}°$

$= 37\frac{1}{2}°$

26. *(b)* $\because$ 1 समकोण $= 90°$

$\therefore$ तीन और एक-तिहाई समकोण

$= 90° \times 3 + 90° \times \frac{1}{3} = 270° + 30° = 300°$

27. *(c)* माना वह कोण x है।

तब प्रश्नानुसार, $(180° - x) = 3 \times (90° - x)$

$\Rightarrow (180° - x) = 270° - 3x$

$\Rightarrow 2x = 90° \Rightarrow x = 45°$

28. *(a)* माना वृत्त की त्रिज्या OA, जीवा AB तथा जीवा की केन्द्र से दूरी OM है।

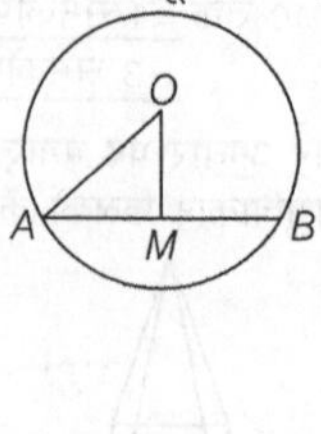

तब, ΔOMA में, $(OA)^2 = (AM)^2 + (OM)^2$

$\Rightarrow (10)^2 = (AM)^2 + (6)^2 \Rightarrow 100 = (AM)^2 + 36$

$\Rightarrow (AM)^2 = 100 - 36 \Rightarrow (AM)^2 = 64$

$\Rightarrow AM = 8$ सेमी

तब, जीवा की अभीष्ट लम्बाई

$= 2 \times 8 = 16$ सेमी

29. *(b)* $\because AB = AC$

अतः ΔABC एक समद्विबाहु त्रिभुज होगा।

अर्थात् $\angle B = \angle C$

$\because$ त्रिभुज के तीनों कोणों का योग $= 180°$

$\therefore \angle A + \angle B + \angle C = 180°$

$\Rightarrow 100° + \angle B + \angle B = 180°$

$\Rightarrow 2\angle B = 180° - 100° \Rightarrow \angle B = \frac{80°}{2} = 40°$

$\therefore \angle B = \angle C = 40°$

30. *(a)* $\because$ चतुर्भुज के चारों कोणों का योग $= 360°$

$\therefore (4x)° + 5(x + 2)° + (7x - 20)°$

$+ 6(x + 3)° = 360°$

$\Rightarrow 4x + 5x + 10° + 7x - 20° + 6x + 18° = 360°$

$\Rightarrow 22x + 8° = 360° \Rightarrow 22x = 360° - 8°$

$\Rightarrow x = \frac{352°}{22°} = 16°$

31. *(c)* चूँकि दी गई आकृति एक घनाभ है।

घनाभ की लम्बाई पर कटे खण्ड $= 6$

चौड़ाई पर कटे खण्ड $= 4$

ऊँचाई पर कटे खण्ड $= 6$

$\therefore$ छोटे घनों की कुल संख्या

$= 6 \times 4 \times 6 = 144$

32. *(d)* दिए गए पासों पर अंकित अंकों के आधार पर पासे का प्रसारित रूप निम्न प्रकार होगा

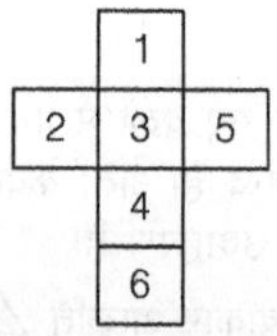

33. *(c)* चूँकि बहुभुज की एक ही भुजा के अन्त्य बिन्दु आसन्न शीर्ष कहलाते हैं। अतः कथन (c) असत्य है।

34. *(b)* $\because$ समान्तर चतुर्भुज के संलग्न कोणों का योग $= 180°$

$55° + \angle C = 180°$

$\Rightarrow \angle C = 180° - 55° = 125°$

$\angle B = \angle D = 55°$

और $\angle A = \angle C = 125°$

35. *(b)* $x° + 2x° + 3x° = 180°$ या $6x° = 180°$

$\therefore \quad x° = \frac{180°}{6} = 30°$

36. *(c)* $\therefore$ किसी वर्ग अथवा समचतुर्भुज के विकर्ण परस्पर समकोण पर अर्द्धित करते हैं।

37. *(c)* ΔAOB में,

$AB = OA = OB = 4$ सेमी

अतः ΔAOB एक समबाहु त्रिभुज है।

$\therefore \quad \angle AOB = 60°$

$\therefore$ परिधि पर अन्तरित कोण $= \frac{1}{2} \times$ केन्द्र पर अन्तरित कोण

$\angle ACB = \frac{1}{2} \times 60° = 30°$

38. *(c)* विपरीत फलकों का योग

$2 + 5 = 7,$
$3 + 4 = 7$

तथा $\quad 1 + 6 = 7$

अतः उत्तर विकल्प (c) सही है।

39. *(d)* षट्भुजाकार पिरामिड में एक बिन्दु पर मिलते हुए छः त्रिभुजाकार फलकों के साथ इसका षट्भुजाकार आधार होता है।

40. *(b)* प्राथमिक कक्षाओं में आकार और स्थान की समझ विकसित करने के लिए यदि 2-D आकार वाली वस्तुओं का प्रयोग किया जाए, तो सबसे पहले इन्हें छाँटना चाहिए, उसके बाद भुजाओं व शीर्षों का अवलोकन करते हुए उनकी विशेषताओं का मिलान करना चाहिए, फिर भुजाओं, शीर्षों व विकर्णों की गणना करते हुए उनका वर्णन करना चाहिए। सबसे अन्त में 2-D आकारों की विशेषताओं का सहजबुद्धि से वर्णन करना चाहिए।

41. *(b)* $\therefore$ प्रत्येक सतह में कुल ब्लॉक $= 5 \times 4 = 20$

तथा कुल सतहों की संख्या $= 3$

अतः ब्लॉकों की कुल संख्या $= 20 \times 3 = 60$

42. *(c)* $\therefore$ 4 समकोण $= 360°$

$\therefore$ 4 समकोण तथा $\frac{1}{3}$ समकोण

$= 360° + \frac{90°}{3}$

$= 360° + 30°$

$= 390°$

43. *(a)* अभीष्ट मान $= 3\frac{1}{2} \times 90°$

$= 315°$

44. *(b)* चार और दो-तिहाई समकोण

$= \left(4 \times 90 + \frac{2}{3} \times 90\right)°$

$= (360 + 60)° = 420°$

45. *(a)* $\because$ 1 समकोण $= 90°$

$\therefore$ दो तथा दो-तिहाई समकोण

$= \left(90 \times 2 + 90 \times \frac{2}{3}\right)°$

$= (180 + 60)° = 240°$

अध्याय 05

अंकगणित पर आधारित समस्याएँ

औसत

दो या दो से अधिक सजातीय राशियों के योग को उन राशियों की संख्या से भाग करने पर प्राप्त परिणाम ही उन राशियों का औसत (Average) कहलाता है।

अर्थात् $\text{औसत} = \dfrac{\text{राशियों का योग}}{\text{राशियों की संख्या}}$

संख्याओं के औसत सम्बन्धी महत्त्वपूर्ण सूत्र निम्न हैं

1. प्रथम 'n' प्राकृत संख्याओं का औसत $= \dfrac{n+1}{2}$
2. प्रथम 'n' सम संख्याओं का औसत $= n + 1$
3. प्रथम 'n' विषम संख्याओं का औसत $= n$
4. क्रमागत संख्याओं का औसत $= \dfrac{\text{प्रथम संख्या} + \text{अन्तिम संख्या}}{2}$
5. 1 से लेकर 'n' तक की विषम संख्याओं का औसत $= \dfrac{\text{अन्तिम विषम संख्या} + 1}{2}$
6. 1 से लेकर 'n' तक की सम संख्याओं का औसत $= \dfrac{\text{अन्तिम सम संख्या} + 2}{2}$
7. प्रथम 'n' प्राकृत संख्याओं के वर्गों का औसत $= \dfrac{(n+1)(2n+1)}{6}$
8. प्रथम 'n' प्राकृत संख्याओं के घनों का औसत $= \dfrac{n(n+1)^2}{4}$
9. किसी संख्या के 'n' गुणजों का औसत $= \dfrac{\text{संख्या} \times (n+1)}{2}$

⚠ *(i) यदि संख्याओं में समान वृद्धि/कमी होती है, तो औसत में भी समान वृद्धि/कमी होगी।*

(ii) यदि संख्याओं में समान संख्या से गुणा/भाग होता है, तो औसत में भी उसी संख्या से गुणा/भाग होगा।

उदाहरण 1. यदि प्रथम n प्राकृत संख्याओं का माध्य 15 है, तो n का मान है

(a) 26 (b) 27 (c) 28 (d) 29

हल *(d)* दिया है, n प्राकृत संख्याओं का माध्य = 15

$\Rightarrow \dfrac{n+1}{2} = 15 \quad \Rightarrow \quad n + 1 = 30$

$\therefore \quad n = 30 - 1 = 29$

उदाहरण 2. 16, 13, 15, 11, x, 8 और 7 का औसत 12 है, तो x का मान है

(a) 9 (b) 10 (c) 12 (d) 14

हल *(d)* प्रश्नानुसार, $\dfrac{16+13+15+11+x+8+7}{7} = 12$

$\Rightarrow \quad 70 + x = 12 \times 7$

$\therefore \quad x = 84 - 70 = 14$

उदाहरण 3. 4 लड़कियों की औसत ऊँचाई 150 सेमी है। यदि इनमें से 3 की औसत ऊँचाई 148 सेमी है, तब चौथी लड़की की ऊँचाई होगी

(a) 156 सेमी (b) 168 सेमी

(c) 170 सेमी (d) 162 सेमी

हल *(a)* $\because$ 4 लड़कियों की कुल ऊँचाई $= 150 \times 4 = 600$ सेमी

तथा 3 लड़कियों की कुल ऊँचाई $= 148 \times 3 = 444$ सेमी

$\therefore$ चौथी लड़की की ऊँचाई $= 600 - 444 = 156$ सेमी

उदाहरण 4. 50 संख्याओं का औसत 38 है। यदि इनमें से दो संख्याओं 45 तथा 55 को छोड़ दिया जाए, तो शेष संख्याओं का औसत क्या होगा?

(a) 36.5 (b) 37 (c) 37.5 (d) 37.42

हल *(c)* $\because \quad \text{औसत} = \dfrac{\text{संख्याओं का योग}}{\text{संख्याओं की संख्या}}$

$\Rightarrow \quad 38 = \dfrac{\text{संख्याओं का योग}}{50}$

$\Rightarrow$ संख्याओं का योग $= 38 \times 50 = 1900$

दो संख्याओं (45 व 55) को छोड़ने पर,

शेष संख्याओं का योग $= 1900 - (45 + 55) = 1800$

अतः शेष संख्याओं का औसत

$= \dfrac{\text{शेष संख्याओं का योग}}{\text{शेष संख्याओं की संख्या}} = \dfrac{1800}{48} = 37.5$

प्रतिशत

प्रतिशत (Percentage) का शाब्दिक अर्थ है 'प्रति सैकड़ा' या 'शतांश' या 'प्रति सौ' अर्थात् प्रत्येक 100 पर। जैसे— 10% का अर्थ होता है 100 भाग में से 10 भाग। प्रतिशत को '%' चिन्ह से प्रदर्शित करते हैं।

किसी भिन्न को प्रतिशत में बदलने के लिए उसे 100 से गुणा करते हैं और प्रतिशत को भिन्न में बदलने के लिए उसे 100 से भाग करते हैं।

जैसे— $\frac{3}{4} \times 100 = 75\%$ तथा $30\% = \frac{30}{100} = \frac{3}{10}$

उदाहरण 5. यदि वायु के 2250 भागों में से 5 भाग में ऑक्सीजन है, तो वायु में ऑक्सीजन का प्रतिशत क्या है?

(a) $\frac{11}{50}\%$ (b) $\frac{1}{45}\%$ (c) $\frac{2}{9}\%$ (d) $\frac{2}{45}\%$

हल *(c)* ऑक्सीजन का प्रतिशत $= \frac{5}{2250} \times 100\% = \frac{50}{225}\% = \frac{2}{9}\%$

लाभ तथा हानि

किसी वस्तु को खरीदने या बेचने से होने वाला फायदा या नुकसान, लाभ (Profit) अथवा हानि (Loss) कहलाता है।

लाभ तथा हानि से सम्बन्धित मुख्य पद निम्न हैं

1. **क्रय मूल्य** (Cost Price) जिस मूल्य पर वस्तु खरीदी जाती है, उसे वस्तु का क्रय मूल्य कहते हैं।
2. **विक्रय मूल्य** (Selling Price) जिस मूल्य पर वस्तु बेची जाती है, उसे वस्तु का विक्रय मूल्य कहते हैं।
3. **लाभ** (Profit) वस्तु को क्रय मूल्य से अधिक पर बेचे जाने पर लाभ प्राप्त होता है।
4. **हानि** (Loss) वस्तु को क्रय मूल्य से कम पर बेचे जाने पर हानि होती है।
5. **बट्टा** (Discount) किसी वस्तु को बेचते समय दी गई छूट, बट्टा कहलाती है।

लाभ तथा हानि से सम्बन्धित कुछ महत्त्वपूर्ण सूत्र निम्न हैं

1. लाभ (P) = विक्रय मूल्य (SP) – क्रय मूल्य (CP)
2. हानि (L) = क्रय मूल्य (CP) – विक्रय मूल्य (SP)
3. लाभ प्रतिशत $= \frac{\text{लाभ}(P)}{\text{क्रय मूल्य (CP)}} \times 100\%$
4. हानि प्रतिशत $= \frac{\text{हानि}(L)}{\text{क्रय मूल्य (CP)}} \times 100\%$
5. विक्रय मूल्य (SP) = क्रय मूल्य $\left(\frac{100 \pm \text{लाभ/हानि प्रतिशत}}{100}\right)$

   $SP = CP\left(\frac{100 \pm P/L\%}{100}\right)$
6. क्रय मूल्य (CP) = विक्रय मूल्य $\left(\frac{100}{100 \pm \text{लाभ/हानि प्रतिशत}}\right)$

   $CP = SP\left(\frac{100}{100 \pm P/L\%}\right)$
7. जब एक व्यक्ति अपनी दो वस्तुओं को इस प्रकार बेचता है कि पहली वस्तु पर उसे $x\%$ की हानि व दूसरी वस्तु पर उसे $x\%$ का लाभ हो, तो इस प्रकार के सौदे में हमेशा हानि होती है।

   अर्थात् हानि $\% = \left(\frac{x}{10}\right)^2$

⚠ *लाभ या हानि तथा लाभ या हानि प्रतिशत की गणना सदैव क्रय मूल्य पर की जाती है, न कि विक्रय मूल्य पर।*

उदाहरण 6. यदि किसी वस्तु को ₹ 950 में खरीदा जाता है तथा उसे ₹ 760 में बेच दिया जाता है, तो प्रतिशत हानि कितनी होगी?

(a) 20% (b) 25%
(c) 40% (d) इनमें से कोई नहीं

हल *(a)* यहाँ, क्रय मूल्य (CP) = ₹ 950

तथा विक्रय मूल्य (SP) = ₹ 760

∵ हानि (L) = क्रय मूल्य (CP) – विक्रय मूल्य (SP)

= 950 – 760 = ₹ 190

∴ हानि प्रतिशत $= \frac{\text{हानि}}{\text{क्रय मूल्य}} \times 100\%$

$= \frac{190}{950} \times 100\% = 20\%$

उदाहरण 7. करीम 20 दर्जन खिलौनों को ₹ 375 प्रति दर्जन की दर से खरीदता है। यदि वह प्रत्येक खिलौने को ₹ 33 की दर से बेचता है, तो उसका लाभ प्रतिशत है

(a) 6.5% (b) 5.6% (c) 3.5% (d) 4.5%

हल *(b)* दिया है खिलौनों का क्रय मूल्य (CP) = 375 × 20 = ₹ 7500

खरीदे गए खिलौनों की संख्या = 20 दर्जन = 20 × 12 = 240

एक खिलौने का विक्रय मूल्य (SP) = ₹ 33

240 खिलौनों का कुल विक्रय मूल्य (SP)

= 240 × 33 = ₹ 7920

∴ लाभ (P) = SP – CP = 7920 – 7500 = ₹ 420

तब, लाभ प्रतिशत $= \frac{\text{लाभ}}{\text{क्रय मूल्य}} \times 100\%$

$= \frac{420}{7500} \times 100\% = 5.6\%$

उदाहरण 8. यदि एक वस्तु को ₹ 200 में बेचकर 25% का लाभ होता है। तब, ऐसी छः वस्तुओं को ₹ 1056 में बेचकर कितने प्रतिशत लाभ अथवा हानि होगी?

(a) 12% लाभ (b) 10% हानि
(c) 12% लाभ (d) 10% लाभ

हल *(d)* यहाँ, प्रत्येक वस्तु का क्रय मूल्य (CP) $= 200 \times \frac{100}{125} =$ ₹ 160

प्रत्येक वस्तु का विक्रय मूल्य (SP) $= \frac{1056}{6} =$ ₹ 176

∴ अभीष्ट लाभ प्रतिशत $= \frac{\text{विक्रय मूल्य} - \text{क्रय मूल्य}}{\text{क्रय मूल्य}} \times 100\%$

$= \frac{176 - 160}{160} \times 100\% = 10\%$

ब्याज

जब कोई व्यक्ति किसी स्रोत अर्थात् महाजन या साहूकार या बैंक से कुछ धन उधार लेता है, तो उस व्यक्ति को लिए गए धन का उपयोग करने लिए उस धन के साथ कुछ अतिरिक्त राशि देनी पड़ती है। दी गई वह अतिरिक्त धनराशि ही ब्याज (Interest) कहलाती है।

ब्याज से सम्बन्धित मुख्य पद निम्न हैं

1. **मूलधन** (Principal) व्यक्ति द्वारा किसी स्रोत से उधार लिया गया धन मूलधन कहलाता है। सामान्यतया इसे 'P' अक्षर से निरूपित करते हैं।
2. **मिश्रधन** (Amount) मूलधन में ब्याज जोड़कर जो धनराशि प्राप्त होती है, उसे मिश्रधन कहते हैं। सामान्यतया इसे 'A' अक्षर से निरूपित करते हैं।
3. **ब्याज की दर** (Rate of interest) प्रति ₹ 100 मूलधन पर प्रतिवर्ष जाने वाली ब्याज की राशि को ब्याज की दर कहा जाता है। सामान्यतया इसे '$r\%$' अक्षर से निरूपित करते हैं।
4. **समय** (Time) जितने वर्ष, महीने या दिनों के लिए धन उधार लिया जाता है, वह समय कहलाता है। इसे 't या n' अक्षर से निरूपित करते हैं।

साधारण ब्याज

जब ब्याज केवल लिए गए धन (मूलधन) पर ही दिया जाता है, तो उसे साधारण ब्याज (Simple Interest) कहते हैं। साधारण ब्याज को 'SI' से प्रदर्शित करते हैं।

$$\text{साधारण ब्याज (SI)} = \frac{\text{मूलधन}(P) \times \text{दर}(r) \times \text{समय } (t)}{100}$$

$$\text{मिश्रधन } (A) = \text{मूलधन } (P) + \text{साधारण ब्याज (SI)}$$

या
$$A = P\left(1 + \frac{rt}{100}\right)$$

उदाहरण 9. यदि राकेश ₹ 8750 को 7% वार्षिक ब्याज की दर से उधार देता है, तो तीन वर्ष का साधारण ब्याज क्या होगा?

(a) ₹ 1870 (b) ₹ 1560 (c) ₹ 1837.50 (d) ₹ 2200

हल *(c)* दिया है, P = ₹ 8750, $r = 7\%$ वार्षिक, $t = 3$ वर्ष

हम जानते हैं कि,

$$\text{साधारण ब्याज (SI)} = \frac{P \times r \times t}{100} = \frac{8750 \times 7 \times 3}{100} = ₹\ 1837.50$$

चक्रवृद्धि ब्याज

ब्याज की वह गणना, जिसमें ब्याज को एक निश्चित समय के बाद मूलधन में जोड़ दिया जाता है, फिर प्राप्त मिश्रधन पर ब्याज लगाया जाता है। उसे 'चक्रवृद्धि ब्याज' (Compound Interest) कहते हैं। चक्रवृद्धि ब्याज को 'CI' से प्रदर्शित करते हैं।

$$\text{चक्रवृद्धि ब्याज (CI)} = \text{चक्रवृद्धि मिश्रधन } (A) - \text{मूलधन } (P)$$

यदि मूलधन = ₹ P, चक्रवृद्धि मिश्रधन = ₹ A, दर = $r\%$ वार्षिक तथा समय = n वर्ष हो,

(i) जब चक्रवृद्धि ब्याज वार्षिक संयोजित किया जाए,

$$\text{तब, चक्रवृद्धि ब्याज (CI)} = P\left[\left(1 + \frac{r}{100}\right)^n - 1\right]$$

$$\text{तथा चक्रवृद्धि मिश्रधन } (A) = P\left(1 + \frac{r}{100}\right)^n$$

(ii) जब चक्रवृद्धि ब्याज प्रति छमाही संयोजित किया जाए,

$$\text{तब, } A = P\left(1 + \frac{r}{2 \times 100}\right)^{2n}$$

(iii) जब चक्रवृद्धि ब्याज प्रति तिमाही संयोजित किया जाए,

$$\text{तब } A = P\left(1 + \frac{r}{4 \times 100}\right)^{4n}$$

उदाहरण 10. ₹ 7200 की राशि पर 5% प्रतिवर्ष की दर से 2 वर्ष के लिए चक्रवृद्धि ब्याज कितना होगा?

(a) ₹ 841 (b) ₹ 738
(c) ₹ 793 (d) ₹ 812

हल *(b)* यहाँ, P = ₹ 7200, $r = 5\%$ वार्षिक तथा $n = 2$ वर्ष

$$\text{सूत्र CI} = P\left[\left(1 + \frac{r}{100}\right)^n - 1\right] \text{ से,}$$

$$= 7200\left[\left(1 + \frac{5}{100}\right)^2 - 1\right]$$

$$= 7200\left\{\left(\frac{21}{20}\right)^2 - 1\right\}$$

$$= 7200\left(\frac{441 - 400}{400}\right)$$

$$= \frac{7200 \times 41}{400} = ₹\ 738$$

समय, चाल तथा दूरी

चाल (Speed) किसी वस्तु द्वारा एकांक समय में तय की गई दूरी उस वस्तु की चाल कहलाती है। इसे निम्न सूत्र द्वारा ज्ञात किया जा सकता है

$$\text{चाल} = \frac{\text{दूरी}}{\text{समय}}$$

दूरी (Distance) किन्हीं दो स्थानों के बीच की लम्बाई को उन दो स्थानों के बीच की दूरी कहा जाता है। दूरी का मात्रक सेमी, मी या किमी होता है। इसे निम्न सूत्र की सहायता से ज्ञात किया जा सकता है

$$\text{दूरी} = \text{चाल} \times \text{समय}$$

समय (Time) किसी वस्तु द्वारा एक निश्चित दूरी को तय करने में जितने घण्टे, मिनट या सेकण्ड लगते हैं, समय कहलाता है, इसे निम्न सूत्र द्वारा ज्ञात किया जा सकता है

$$\text{समय} = \frac{\text{दूरी}}{\text{चाल}}$$

उदाहरण 11. एक व्यक्ति 9 किमी/घण्टा की चाल से चलता है। प्रत्येक घण्टे के बाद वह 9 मिनट आराम करता है। 27 किमी दूरी को तय करने में उसे कितना समय लगेगा?

(a) 6 घण्टे
(b) 6 घण्टे 45 मिनट
(c) 6 घण्टे 54 मिनट
(d) 3 घण्टे 18 मिनट

हल *(d)* बिना आराम के 27 किमी की दूरी तय करने में लगा समय

$$= \frac{\text{दूरी}}{\text{चाल}} = \frac{27}{9} = 3 \text{ घण्टे}$$

चूँकि 3 घण्टे में यह व्यक्ति 2 बार आराम करेगा।

∴ आराम करने में लगा समय = $9 \times 2 = 18$ मिनट

अतः कुल लगा समय = 3 घण्टे 18 मिनट

समय, चाल तथा दूरी से सम्बन्धित कुछ महत्त्वपूर्ण तथ्य एवं सूत्र निम्न हैं

1. यदि किसी वस्तु की चाल किमी/घण्टा में है, तो उसे मी/से में बदलने के लिए $\frac{5}{18}$ से गुणा कर देते हैं।

   अर्थात् 1 किमी/घण्टा = $\frac{5}{18}$ मी/से

2. यदि चाल मी/से में है, तो उसे किमी/घण्टा में बदलने के लिए $\frac{18}{5}$ से गुणा कर देते हैं।

   अर्थात् 1 मी/से = $\frac{18}{5}$ किमी/घण्टा

3. यदि दो वस्तुएँ क्रमशः a किमी/घण्टा व b किमी/घण्टा की चाल से चल रही हैं, तो उनकी सापेक्ष चाल

   $= a + b$ (यदि दोनों विपरीत दिशा में गतिमान हैं)

   $= a - b$ (यदि दोनों समान दिशा में गतिमान हैं)

4. रेलगाड़ी द्वारा किसी खम्भे या खड़े व्यक्ति या किसी अन्य स्थिर वस्तु (नगण्य लम्बाई की) को पार करने में चली गई दूरी, उस रेलगाड़ी की लम्बाई के बराबर होती है।
5. रेलगाड़ी द्वारा किसी सुरंग, पुल या प्लेटफॉर्म (नगण्य लम्बाई नहीं) को पार करने में चली गई दूरी रेलगाड़ी की लम्बाई व पुल या प्लेटफॉर्म की लम्बाई के योग के बराबर होती है।
6. यदि कोई रेलगाड़ी दूसरी रेलगाड़ी (स्थिर या गतिमान) को पार करती है, तो दोनों रेलगाड़ियों द्वारा तय की गई दूरी उन दोनों की लम्बाइयों के योग के बराबर होती है।

उदाहरण 12. 200 मी लम्बी रेलगाड़ी 36 किमी/घण्टे की चाल से चलकर एक पुल को पार करने में 55 सेकण्ड लेती है। पुल की लम्बाई है

(a) 375 मी (b) 330 मी
(c) 350 मी (d) 325 मी

हल *(c)* माना पुल की लम्बाई = x मी

दिया है, रेलगाड़ी की लम्बाई = 200 मी

तथा रेलगाड़ी की चाल = 36 किमी/घण्टा

$= 36 \times \frac{5}{18}$ मी/से = 10 मी/से

प्रश्नानुसार, $\frac{200 + x}{55} = 10$

∴ $x = 550 - 200 = 350$ मी

अतः पुल की लम्बाई 350 मी है।

नाव एवं धारा

स्थिर या शान्त जल (Still Water) यदि किसी नदी अथवा तालाब के जल की चाल शून्य है अर्थात् जल निश्चल है, तो ऐसे जल को शान्त या स्थिर जल कहते हैं।

धारा (Stream) यदि नदी का जल एक निश्चित गति से बहता है, तो उसे धारा कहते हैं।

धारा के प्रतिकूल या ऊर्ध्वप्रवाह (Upstream Motion) यदि कोई नाव अथवा तैराक धारा के प्रवाह के विपरीत गति करता है, तो उसकी गति धारा के प्रतिकूल या ऊर्ध्वप्रवाह कहलाती है।

धारा के अनुकूल या अनुप्रवाह (Downstream Motion) यदि कोई नाव अथवा तैराक धारा के प्रवाह की ही दिशा में गति करता है, तो उसकी गति धारा के अनुकूल या अनुप्रवाह कहलाती है।

⚠ *यदि किसी नाव अथवा तैराक की चाल दी गई है, तो वह उसकी स्थिर जल में चाल होती है।*

नाव एवं धारा से सम्बन्धित कुछ महत्त्वपूर्ण सूत्र निम्न हैं

यदि शान्त जल में नाव अथवा तैराक की चाल x किमी/घण्टा व धारा की चाल y किमी/घण्टा हो, तो

1. धारा के अनुकूल नाव अथवा तैराक की चाल या अनुप्रवाह चाल $= (x + y)$ किमी/घण्टा
2. धारा के प्रतिकूल नाव अथवा तैराक की चाल या ऊर्ध्वप्रवाह चाल $= (x - y)$ किमी/घण्टा
3. नाव की चाल = $\frac{\text{अनुप्रवाह चाल + ऊर्ध्व प्रवाह चाल}}{2}$
4. धारा की चाल = $\frac{\text{अनुप्रवाह चाल + ऊर्ध्व प्रवाह चाल}}{2}$

उदाहरण 13. यदि किसी तैराक की धारा की दिशा में चाल 11 किमी/घण्टा है तथा धारा का वेग 1.5 किमी/घण्टा है, तो तैराक की धारा के विरुद्ध चाल क्या होगी?

(a) 8 किमी/घण्टा (b) 9.5 किमी/घण्टा
(c) 9 किमी/घण्टा (d) 6.25 किमी/घण्टा

हल *(a)* सूत्रानुसार,

धारा का वेग = $\frac{\text{धारा की दिशा में चाल − धारा के विरुद्ध चाल}}{2}$

⇒ $1.5 = \frac{11 - \text{धारा के विरुद्ध चाल}}{2}$

⇒ 11 − धारा के विरुद्ध चाल = 3

∴ धारा के विरुद्ध चाल = 8 किमी/घण्टा

अभ्यास प्रश्न

1. तीन संख्याओं का औसत 7 है तथा पहली दो संख्याओं का औसत 4 है। तीसरी संख्या क्या है?
(a) 15 (b) 13 (c) 7 (d) 4

2. राम के कुल रुपयों में से 20% खो गये। शेष का 25% खर्च करने के पश्चात् उसके पास ₹ 480 बचे। राम के पास आरम्भ में कितना धन था?
(a) ₹ 1000 (b) ₹ 800
(c) ₹ 860 (d) ₹ 900

3. यदि 144 पेन बेचने पर राम को 6 पेनों के विक्रय मूल्य के बराबर हानि होती है, तो हानि प्रतिशत क्या है?
(a) 2% (b) 6%
(c) 14% (d) 4%

4. एक एलीवेटर किसी खदान में 6 मी/मिनट की गति से उतरता है। यदि एलीवेटर जमीन के स्तर से 10 मी की ऊँचाई से उतरता है, तो 350 मी उतरने में लगा समय है
(a) 45 मिनट
(b) 1 घण्टा 30 मिनट
(c) 1 घण्टा
(d) 1 घण्टा 15 मिनट

5. कोई आदमी धारा के अनुकूल दिशा में 15 किमी/घण्टा की चाल से तथा धारा के प्रतिकूल दिशा में 9 किमी/घण्टा की चाल से नाव चला सकता है। शान्त जल में नाव की चाल होगी
(a) 8 किमी/घण्टा (b) 10 किमी/घण्टा
(c) 15 किमी/घण्टा (d) 12 किमी/घण्टा

6. एक परीक्षा में चार विषयों में प्राप्त कुल अंक 200 हैं। यदि तीन विषयों में प्राप्त अंकों का औसत 48 है, तो चौथे विषय में प्राप्त अंक है
(a) 50 (b) 144
(c) 152 (d) 56

7. A, B और C की औसत आयु 10 वर्ष है। यदि A और C की औसत आयु 9 वर्ष है, तो B की आयु कितने वर्ष होगी?
(a) 9 (b) 10 (c) 11 (d) 12

8. एक व्यक्ति X, ₹ 100 की वस्तु को, 10% की हानि से व्यक्ति Y को बेच देता है। Y उस वस्तु को 10% लाभ से व्यक्ति Z को बेच देता है, तो Y ने किस मूल्य पर वस्तु Z को बेची।?
(a) ₹ 100 (b) ₹ 99 (c) ₹ 110 (d) ₹ 101

9. यदि किसी संख्या का 20%, 120 हो, तो उसी संख्या का 120% होगा
(a) 20 (b) 120 (c) 480 (d) 720

10. ₹ 500 का 6 महीने का 8% की छमाही दर से ब्याज होगा
(a) ₹ 20 (b) ₹ 30
(c) ₹ 48 (d) ₹ 40

11. एक व्यक्ति किसी दूरी को 12 किमी/घण्टा की चाल से तय करता है और 9 किमी/घण्टा की चाल से वापस लौटता है यदि उसके द्वारा कुल 2 घण्टे 20 मिनट का समय लगता हो, तो वह दूरी होगी
(a) 18 किमी (b) 14 किमी
(c) 13 किमी (d) 12 किमी

12. यदि एक गाड़ी 90 किमी प्रति घण्टा की गति से चलकर दूसरी ट्रेन को, जो 300 मी लम्बी है तथा 60 किमी प्रति घण्टा की गति से उसी दिशा में चल रही है, 2 मिनट में पार करती है, तो पहली गाड़ी की लम्बाई है
(a) 700 मी (b) 400 मी
(c) 300 मी (d) इनमें से कोई नहीं

13. 320 के 10% में कौन-सी संख्या जोड़ी जाए कि योग 230 के 30% के बराबर हो जाए?
(a) 37 (b) 32
(c) 23 (d) 73

14. कमला ने एक साइकिल ₹ 1650 में खरीदी। उसको उसे 8% हानि पर बेचना पड़ा। कमला ने साइकिल कितने रुपये में बेची?
(a) ₹1581 (b) ₹1518
(c) ₹1510 (d) ₹1508

15. 7 क्रमिक संख्याओं का औसत 20 है। इनमें सबसे बड़ी संख्या होगी
(a) 20 (b) 22
(c) 23 (d) 24

16. यदि प्रेक्षणों $x, x+3, x+5, x+7, x+10$ का औसत 9 है, तब अन्तिम तीन प्रेक्षणों का औसत है
(a) $10\frac{1}{3}$ (b) $10\frac{2}{3}$ (c) $11\frac{1}{3}$ (d) $11\frac{2}{3}$

17. 5 संख्याओं का औसत 26 है। यदि एक संख्या निकाल दी जाए, तो उसका औसत 24 हो जाता है। निकाली गई संख्या है
(a) 20 (b) 15 (c) 30 (d) 34

18. किसी 5 सदस्यों वाले परिवार की औसत आयु 20 वर्ष है। परिवार का सबसे छोटा सदस्य 10 वर्ष का है। जब सबसे छोटा सदस्य पैदा हुआ, तब परिवार की औसत आयु क्या थी?
(a) 10 वर्ष (b) 10 वर्ष 6 महीने
(c) 12 वर्ष 6 महीने (d) 8 वर्ष

19. यदि एक व्यक्ति ने एक साइकिल ₹ 935 में 10% लाभ पर बेची, तो उसने वह साइकिल कितने रुपये में खरीदी थी?
(a) ₹ 945 (b) ₹ 850
(c) ₹ 925 (d) ₹ 1085

20. मोहन ने एक कार ₹ 250000 में खरीदी और ₹ 348000 में बेच दी। उसे कार पर कितने प्रतिशत लाभ हुआ?
(a) 40% (b) 39.2%
(c) 38.4% (d) 38%

21. एक वस्तु 20% के लाभ पर ₹ 300 में बेची गई है। यदि वह ₹ 235, में बेची जाती, तो हानि प्रतिशत होती
(a) 16 (b) 3 (c) 5 (d) 6

22. एक नाव शान्त जल में धारा की दिशा में एक घण्टे में 6 किमी जाती है, परन्तु वह धारा के प्रतिकूल यही दूरी चलने में तीन गुना समय लेती है। धारा की चाल (किमी/घण्टा में) है
(a) 4 (b) 5 (c) 3 (d) 2

23. 10% वार्षिक चक्रवृद्धि ब्याज की दर से ₹ 8000 की धनराशि कितने समय में ₹ 9261 हो जाएगी जबकि ब्याज अर्द्धवार्षिक रूप में संयोजित होता है?
(a) $3\frac{1}{2}$ वर्ष (b) $1\frac{1}{2}$ वर्ष
(c) $2\frac{1}{2}$ वर्ष (d) 2 वर्ष

24. ₹ 6000 का 10% वार्षिक ब्याज की दर से $1\frac{1}{2}$ वर्ष का चक्रवृद्धि ब्याज, जबकि ब्याज वार्षिक रूप से संयोजित होता है, होगा
(a) ₹ 910 (b) ₹ 870 (c) ₹ 930 (d) ₹ 900

25. यदि विक्रय मूल्य दोगुना कर दिया जाए, तो लाभ तीन गुना हो जाता है, तब लाभ प्रतिशत होगा
(a) $66\frac{2}{3}$% (b) 100%
(c) $105\frac{1}{3}$% (d) 120%

26. एक व्यक्ति ने बैंक से कुछ रुपया 15% वार्षिक ब्याज की दर से उधार लिया। यदि तीन साल बाद वह ₹ 7250 वापिस करता है, तो उसने कितना रुपया उधार लिया था?
(a) ₹ 5000 (b) ₹ 4500
(c) ₹ 6500 (d) ₹ 5500

27. यदि कोई राशि 5% वार्षिक साधारण ब्याज की दर से 6 वर्षों में ₹ 2600 हो जाती है, तो राशि है
(a) ₹ 1800 (b) ₹ 1500
(c) ₹ 2000 (d) ₹ 2200

28. यदि कोई धन साधारण ब्याज की दर से 8 वर्ष में दोगुना हो जाता है, तो 4 गुना होने में उसे कितना समय लगेगा?
(a) 24 वर्ष (b) 16 वर्ष (c) 32 वर्ष (d) 12 वर्ष

29. ज्योति ₹ 50000 का निवेश 5% प्रतिवर्ष चक्रवृद्धि ब्याज पर 2 वर्ष के लिए करती है। दूसरे वर्ष के अन्त में उसके क्रेडिट में पड़ी राशि है
(a) ₹ 55125 (b) ₹ 55625
(c) ₹ 52500 (d) ₹ 550

30. कितने समय में ₹ 1800 का मिश्रधन ₹ 1984.50 हो जाएगा, जबकि ब्याज की दर 10% वार्षिक है और चक्रवृद्धि ब्याज प्रति छमाही जोड़ा जाता है?
(a) 4 वर्ष (b) 5 वर्ष (c) 8 वर्ष (d) 1 वर्ष

31. 6 किमी/घण्टा की चाल से दौड़ते हुए चोर का पीछा 8 किमी/घण्टा की चाल से दौड़ता हुआ पुलिस वाला कर रहा है। यदि प्रारम्भ में चोर पुलिस वाले से 100 मी आगे हो, तो चोर को पकड़ने में पुलिस वाले को कितने मिनट का समय लगेगा?
(a) 1 मिनट (b) 2 मिनट
(c) 3 मिनट (d) 4 मिनट

32. यदि एक व्यक्ति धारा की दिशा में 18 किमी 4 घण्टे में जाता है तथा धारा के विपरीत दिशा में 12 घण्टे में लौटता है, तब धारा की गति (किमी/घण्टा में) ज्ञात कीजिए।
(a) 1 (b) 1.5 (c) 1.75 (d) 3

33. एक रेलगाड़ी एक खास दूरी 50 मिनटों में तय करती है। यदि वह रेलगाड़ी 48 किमी/घण्टे की गति से चल रही हो, तो उसे वह दूरी 40 मिनटों में पूरी करने के लिए किस गति (किमी/घण्टा में) से चलना होगा?
(a) 64 (b) 60 (c) 54 (d) 56.5

34. जब ताजी मछलियों को सुखाया जाता है, तो उनका भार दो-तिहाई रह जाता है। राधा ने 1824 किग्रा ताजा मछली ₹ 25 प्रति किग्रा की दर पर खरीदी और उन्हें सुखाने के पश्चात् ₹ 45 प्रति किग्रा की दर पर बेच दी। उसका कुल लाभ हुआ
(a) ₹ 9000 (b) ₹ 9120
(c) ₹ 8400 (d) ₹ 8000

35. जब ताजा अंगूरों को सुखाया जाता है, तो उनका भार एक-चौथाई रह जाता है। अनीता ने ₹ 15 प्रति किग्रा की दर से 1600 किग्रा ताजा अंगूर खरीदे और उन्हें सुखाने के पश्चात् ₹ 65 प्रति किग्रा की दर से बेच दिए। उसको कुल लाभ हुआ
(a) ₹ 2000 (b) ₹ 2500
(c) ₹ 2800 (d) ₹ 3200

36. एक नाव की चाल 20 किमी/घण्टा है और दूसरी नाव की चाल 23 किमी/घण्टा है। ये दोनों एक ही दिशा में एक स्थान से एक समय पर चलती हैं। 3 : 30 घण्टे पश्चात् उनके बीच दूरी होगी
(a) 11.5 किमी (b) 10 किमी
(c) 10.5 किमी (d) 11 किमी

37. जब ताजी मछलियों को सुखाया जाता है, तो उनका भार एक-तिहाई रह जाता है। सुनीता ने ₹ 25 प्रति किग्रा की दर से 1500 किग्रा ताजी मछलियाँ खरीदी और उन्हें सुखाने के पश्चात् ₹ 80 प्रति किग्रा की दर से बेच दी। उसका कुल लाभ हुआ?
(a) ₹ 3500 (b) ₹ 2500
(c) ₹ 2700 (d) ₹ 3000

38. कोई व्यक्ति 30 अगस्त, 2015 को किसी एक्सप्रेस ट्रेन में अहमदाबाद से त्रिवेन्द्रम जाने के लिए बैठा। यह ट्रेन 13 : 30 बजे अहमदाबाद से छूटी और 1 सितम्बर 2015 को 7 : 30 बजे त्रिवेन्द्रम पहुँची। यदि अहमदाबाद से त्रिवेन्द्रम के बीच की दूरी 2268 किमी है, तो इन दोनों स्टेशनों के बीच ट्रेन की औसत चाल थी
(a) 54 मी/से (b) 42 मी/से
(c) 15 मी/से (d) 9 मी/से

39. जब ताजी मछलियों को सुखाया जाता है, तो उनका भार एक-तिहाई रह जाता है। सावी ने 2709 किग्रा ताजी मछलियाँ ₹ 27 प्रति किग्रा की दर पर खरीदी और सुखाने के पश्चात् ₹ 97.5 प्रति किग्रा की दर से बेच दी। उसका कुल लाभ हुआ
(a) ₹ 14899.5 (b) ₹ 15874.5
(c) ₹ 14709.5 (d) ₹ 14789.5

40. जूही ने साइकिल द्वारा 16 किमी की दूरी 15 किमी/घण्टा की चाल से, स्कूटर द्वारा 20 किमी की दूरी 50 किमी/घण्टा की चाल से और कार द्वारा 50 किमी की दूरी 60 किमी/घण्टा की चाल से तय की। इन दूरियों को तय करने में लगा कुल समय (मिनट में) था
(a) 144 (b) 138
(c) 88 (d) 114

उत्तरमाला

1	(b)	2	(b)	3	(d)	4	(c)	5	(d)	6	(d)	7	(d)	8	(b)	9	(d)	10	(d)
11	(d)	12	(a)	13	(a)	14	(b)	15	(c)	16	(c)	17	(d)	18	(a)	19	(b)	20	(b)
21	(d)	22	(d)	23	(b)	24	(c)	25	(b)	26	(a)	27	(c)	28	(a)	29	(a)	30	(d)
31	(c)	32	(b)	33	(b)	34	(b)	35	(a)	36	(c)	37	(b)	38	(c)	39	(a)	40	(b)

उत्तर हल सहित

1. *(b)* अभीष्ट तीसरी संख्या $= 7 \times 3 - 4 \times 2$
$= 21 - 8 = 13$

2. *(b)* राम के पास आरम्भ में धन
$= 480 \times \frac{100}{75} \times \frac{100}{80} =$ ₹ 800

3. *(d)* अभीष्ट हानि प्रतिशत
$= \frac{6}{(144+6)} \times 100\%$
$= \frac{6}{150} \times 100\% = 4\%$

4. *(c)* $\because$ एलीवेटर द्वारा चली गई कुल दूरी
$= 350 + 10 = 360$ मी
$\therefore$ अभीष्ट समय $= \frac{360}{6} = 60$ मिनट या 1 घण्टा

5. *(d)* $\therefore$ शान्त जल में नाव की चाल $= \frac{15+9}{2}$
$= \frac{24}{2} = 12$ किमी/घण्टा

6. *(d)* दिया है,
चार विषयों के कुल प्राप्तांक $= 200$
और तीनों विषयों के कुल प्राप्तांक
$= 48 \times 3 = 144$
$\therefore$ चौथे विषय के प्राप्तांक $= 200 - 144 = 56$

7. *(d)* यहाँ, A, B तथा C की आयु का योगफल
$= 10 \times 3 = 30$ वर्ष
तथा A और C की आयु का योगफल
$= 9 \times 2 = 18$ वर्ष
$\therefore B$ की आयु $= 30 - 18 = 12$ वर्ष

8. *(b)* दिया है, वस्तु का मूल्य = ₹ 100
Y के लिए वस्तु का क्रय मूल्य (CP)
$$=100-100\times\frac{10}{100}=₹\,90$$
$\therefore$ Z के लिए क्रय मूल्य (CP) $=90+90\times\frac{10}{100}$
$=₹\,99=Y$ का विक्रय मूल्य

9. *(d)* माना संख्या $=x$
प्रश्नानुसार, $x\times\frac{20}{100}=120$
$\therefore$ $x=600$
अतः अभीष्ट उत्तर $=\frac{600\times120}{100}=720$

10. *(d)* यहाँ, समय = 1 छमाही,
दर = 8% छमाही, मूलधन = ₹ 500
$\therefore$ साधारण ब्याज $=\frac{\text{मूलधन}\times\text{दर}\times\text{समय}}{100}$
$=\frac{1\times500\times8}{100}=₹\,40$

11. *(d)* माना दूरी x किमी है।
तब प्रश्नानुसार,
$$\frac{x}{12}+\frac{x}{9}=2\frac{20}{60}\Rightarrow\frac{3x+4x}{36}=\frac{7}{3}$$
$\Rightarrow$ $7x=84\Rightarrow x=12$ किमी

12. *(a)* माना पहली ट्रेन की लम्बाई x मी है।
तब प्रश्नानुसार,
$$(90-60)\times\frac{5}{18}=\frac{300+x}{2\times60}$$
$\Rightarrow$ $\frac{30\times5}{18}=\frac{300+x}{120}$
$\therefore$ $x=700$ मी

13. *(a)* माना जोड़ी गई संख्या $=x$
प्रश्नानुसार,
$$320\times\frac{10}{100}+x=\frac{230\times30}{100}$$
$\Rightarrow$ $3200+100x=6900$
$\Rightarrow$ $100x=3700$
$\therefore$ $x=37$

14. *(b)* साइकिल का विक्रय मूल्य
$=\frac{1650\times(100-8)}{100}$
$=16.50\times92$
$=₹\,1518$

15. *(c)* माना 7 क्रमिक संख्याएँ
$x, x+1, x+2, x+3, x+4, x+5$ तथा $x+6$ हैं।
तब, $\frac{\left[\begin{array}{l}x+(x+1)+(x+2)+(x+3)\\+(x+4)+(x+5)+(x+6)\end{array}\right]}{7}=20$
$\Rightarrow$ $\frac{7x+21}{7}=20$
$\Rightarrow$ $7x=140-21\Rightarrow x=17$
अतः सबसे बड़ी संख्या $=x+6=17+6=23$

16. *(c)* दिया है, $x, x+3, x+5, x+7, x+10$ का माध्य 9 है।
$$9=\frac{x+x+3+x+5+x+7+x+10}{5}$$
$\Rightarrow$ $9\times5=5x+25\Rightarrow5x=45-25$
$\Rightarrow$ $5x=20\Rightarrow x=4$
$\because$ अन्तिम तीन प्रक्षेण $=x+5=4+5=9$
$=x+7=4+7=11$
$=x+10=4+10=14$
$\therefore$ तीन प्रक्षेणों का माध्य $=\frac{9+11+14}{3}$
$=\frac{34}{3}=11\frac{1}{3}$

17. *(d)* माना संख्याओं का योग x तथा निकाली गई संख्या y है।
तब प्रश्नानुसार, $x=5\times26=130$
$\frac{x-y}{4}=24\Rightarrow x-y=96$
$\Rightarrow$ $130-y=96\Rightarrow y=34$
अतः निकाली गई संख्या 34 है।

18. *(a)* दिया है, परिवार में कुल सदस्य = 5
तथा औसत आयु = 20 वर्ष
5 सदस्यों की कुल आयु $=20\times5=100$ वर्ष
परिवार के सबसे छोटे सदस्य की आयु
= 10 वर्ष
छोटे सदस्य के पैदा होने पर परिवार की कुल आयु $=100-10\times5=50$ वर्ष
$\therefore$ छोटे सदस्य के पैदा होने से दस वर्ष पहले परिवार की औसत आयु $=\frac{50}{5}=10$ वर्ष

19. *(b)* माना साइकिल का क्रय मूल्य ₹ x है।
तब प्रश्नानुसार, $935=\frac{x\times110}{100}$
$\Rightarrow$ $935\times100=110x$
$\therefore$ $x=\frac{935\times100}{110}=₹\,850$
अतः व्यक्ति ने साइकिल ₹ 850 में खरीदी।

20. *(b)* यहाँ, क्रय मूल्य (CP) = ₹ 250000
तथा विक्रय मूल्य (SP) = ₹ 348000
$\because$ मोहन को कार पर प्राप्त लाभ
= विक्रय मूल्य – क्रय मूल्य
$=348000-250000=₹\,98000$
तब, लाभ प्रतिशत $=\frac{98000}{250000}\times100\%=39.2\%$

21. *(d)* माना वस्तु का क्रय मूल्य $=x$
$\Rightarrow$ $x\times\frac{120}{100}=300$
$\Rightarrow$ $x=\frac{300\times100}{120}\Rightarrow x=₹\,250$
$\because$ वस्तु का नया विक्रय मूल्य = ₹ 235
$\therefore$ अभीष्ट हानि % $=\frac{250-235}{250}\times100\%=6\%$

22. *(d)* माना शान्त जल में नाव की चाल और धारा की चाल क्रमशः v और u है,
$$v+u=\frac{6}{1}=6\quad\ldots(i)$$
$$v-u=\frac{6}{3\times1}=2\quad\ldots(ii)$$
$\therefore$ समी (i) और (ii) से,
$v=4$ किमी/घण्टा
$u=2$ किमी/घण्टा

23. *(b)* चक्रवृद्धि मिश्रधन
$$=\text{मूलधन}\left(1+\frac{r}{2\times100}\right)^{2n}$$
$\Rightarrow$ $9261=8000\left(1+\frac{5}{100}\right)^{2n}$
$\Rightarrow$ $\frac{9261}{8000}=\left(\frac{21}{20}\right)^{2n}$
$\left(\frac{21}{20}\right)^{3}=\left(\frac{21}{20}\right)^{2n}$
तुलना करने पर, $3=2n$
$\therefore$ $n=\frac{3}{2}=1\frac{1}{2}$ वर्ष

24. *(c)* चक्रवृद्धि ब्याज
$$=6000\left(1+\frac{10}{100}\right)\left(1+\frac{10\times\frac{1}{2}}{100}\right)-6000$$
$=6000\left(\frac{11}{10}\times\frac{21}{20}-1\right)$
$=6000\times\frac{(231-200)}{200}$
$=30\times31=₹\,930$

25. *(b)* माना वस्तु का क्रय मूल्य ₹ x तथा विक्रय मूल्य ₹ y है।
तब, वस्तु पर प्राप्त लाभ $=₹\,(y-x)$
प्रश्नानुसार,
वस्तु का विक्रय मूल्य दोगुना कर देने पर,
प्राप्त लाभ $=₹\,(2y-x)$
$\Rightarrow$ $3\times(y-x)=2y-x$
$\Rightarrow$ $3y-3x=2y-x$
$\therefore$ $y=2x$
अभीष्ट लाभ प्रतिशत $=\frac{y-x}{x}\times100\%$
$=\frac{2x-x}{x}\times100\%$
$=100\%$

26. *(a)* माना व्यक्ति ने ₹ x उधार लिए।
यहाँ, $r=15\%$ वार्षिक, $t=3$ वर्ष,
मिश्रधन = ₹ 7250
प्रश्नानुसार,
मिश्रधन = मूलधन + साधारण ब्याज
$SI+x=7250$

जहाँ, $SI = \frac{3 \times x \times 15}{100}$

$= ₹ \frac{45x}{100}$

$\therefore \frac{45x}{100} + x = 7250$

$\Rightarrow 145x = 725000$

$\therefore x = \frac{725000}{145} = ₹ 5000$

27. *(c)* माना वह राशि ₹ P है।
तब प्रश्नानुसार,

$2600 - P = \frac{P \times 5 \times 6}{100}$

$\Rightarrow 2600 - P = \frac{P \times 30}{100}$

$\Rightarrow 26000 - 10P = 3P$

$\Rightarrow 13P = 26000$

$\therefore P = ₹ 2000$

28. *(a)* माना धन ₹ x तथा साधारण ब्याज की दर r% वार्षिक है।
मिश्रधन $= 2x$
तब प्रश्नानुसार,

$2x - x = \frac{x \times r \times 8}{100} \Rightarrow x = \frac{x \times r \times 8}{100}$

$\therefore r = \frac{100}{8}\%$

तब, 4 गुना होने में लगा अभीष्ट समय

$4x - x = \frac{x \times 100 \times t}{100 \times 8}$

$\Rightarrow t = \frac{3 \times 100}{100/8} = 24$ वर्ष

29. *(a)* $\because$ चक्रवृद्धि ब्याज (CI)

$= P\left[\left(1 + \frac{r}{100}\right)^n - 1\right]$

$= 50000\left[\left(1 + \frac{5}{100}\right)^2 - 1\right]$

$= 50000\left(\frac{21 \times 21 - 20 \times 20}{20 \times 20}\right)$

$= \frac{500 \times 41}{4} = ₹ 5125$

तब, कुल राशि = मूलधन + चक्रवद्धि ब्याज

$= 50000 + 5125 = ₹ 55125$

30. *(d)* यहाँ, $P = ₹ 1800$, $A = ₹ 1984.50$ तथा $r = 10\%$ वार्षिक

$\because A = P\left(1 + \frac{r}{2 \times 100}\right)^{2n}$

$\Rightarrow 1984.5 = 1800\left(1 + \frac{10}{2 \times 100}\right)^{2n}$

$\Rightarrow \frac{1984.5}{1800} = \left(\frac{21}{20}\right)^{2n} \Rightarrow \frac{19845}{18000} = \left(\frac{21}{20}\right)^{2n}$

$\Rightarrow (1.1025) = (1.05)^{2n} \Rightarrow (1.05)^2 = (1.05)^{2n}$

$\therefore 2 = 2n \Rightarrow n = 1$ वर्ष

31. *(c)* माना पुलिस वाले को चोर को पकड़ने में t मिनट का समय लगता है।
तब, चोर तथा पुलिस वाले की चाल का अन्तर $= 2$ किमी/घण्टा $= 2 \times \frac{5}{18}$ मी/से

प्रश्नानुसार, $\frac{2 \times 5}{18} = \frac{100}{t}$

$\Rightarrow t = \frac{100 \times 18}{10}$

$\therefore t = 180$ सेकण्ड या 3 मिनट

32. *(b)* $\because$ धारा की दिशा में चाल $= \frac{\text{दूरी}}{\text{चाल}}$

$= \frac{18}{4} = 4.5$ किमी/घण्टा

इसी प्रकार,
धारा के विपरीत दिशा में चाल

$= \frac{18}{12} = 1.5$ किमी/घण्टा

$\therefore$ धारा की चाल

$= \frac{\text{धारा की दिशा में चाल} - \text{धारा के विरुद्ध चाल}}{2}$

$= \frac{4.5 - 1.5}{2} = \frac{3}{2} = 1.5$ किमी/घण्टा

33. *(b)* दिया है, समय $= 50$ मिनट

$= \frac{50}{60}$ घण्टा $= \frac{5}{6}$ घण्टा

चाल $= 48$ किमी/घण्टा

$\because$ दूरी = चाल × समय

$= 48 \times \frac{5}{6} = 40$ किमी

अब, रेलगाड़ी को 40 किमी की दूरी 40 मिनट में तय करने के लिए अभीष्ट चाल

$= \frac{\text{दूरी}}{\text{समय}} = \frac{40 \text{ किमी}}{40 \text{ मिनट}} = \frac{40}{40/60}$ किमी/घण्टा

$= \frac{40 \times 60}{40} = 60$ किमी/घण्टा

34. *(b)* $\because$ मछलियों का क्रय मूल्य (CP)

$= 25 \times 1824 = ₹ 45600$

तब, सुखाने के बाद बची मछलियाँ

$= 1824 \times \frac{2}{3} = 1216$ किग्रा

$\therefore$ कुल विक्रय मूल्य (SP) $= 1216 \times 45$

$= ₹ 54720$

कुल लाभ $= 54720 - 45600 = ₹ 9120$

35. *(a)* $\because$ अंगूर का क्रय मूल्य (CP)

$= 15 \times 1600 = ₹ 24000$

तब, सुखाने के बाद अंगूर

$= 1600 \times \frac{1}{4} = 400$ किग्रा

$\therefore$ कुल विक्रय मूल्य (SP) $= 400 \times 65$

$= ₹ 26000$

कुल लाभ $= 26000 - 24000 = ₹ 2000$

36. *(c)* $\because$ सापेक्षिक चाल $= (23 - 20)$

$= 3$ किमी/घण्टा

समय $= 3\frac{1}{2} = \frac{7}{2}$ घण्टे

$\therefore$ दूरी = चाल × समय

$= 3 \times \frac{7}{2} = \frac{21}{2} = 10.5$ किमी

37. *(b)* यहाँ, मछलियों का क्रय मूल्य (CP)

$= 25 \times 1500 = ₹ 37500$

सुखाने के बाद बची मछलियाँ

$= 1500 \times \frac{1}{3} = 500$ किग्रा

$\because$ कुल विक्रय मूल्य (SP) $= 500 \times 80$

$= ₹ 40000$

कुल लाभ $= 40000 - 37500 = ₹ 2500$

38. *(c)* दिया है, अहमदाबाद से ट्रेन के चलने का समय $= 13:30$ बजे $\Rightarrow 1:30$ बजे (दोपहर)
ट्रेन का त्रिवेन्द्रम पहुँचने का समय

$= 7:30$ बजे (सुबह)

ट्रेन को अहमदाबाद से त्रिवेन्द्रम पहुँचने में लगा समय $= 24 + 12 + (7:30 - 1:30)$

$= 24 + 12 + 6 = 42$ घण्टे

$\therefore$ ट्रेन की अभीष्ट औसत चाल $= \frac{2268}{42}$

$= 54$ किमी/घण्टा $= \frac{54 \times 5}{18} = 15$ मी/से

39. *(a)* दिया है, सावी द्वारा 2709 किग्रा ताजी मछलियों के लिए चुकाई गई कीमत (CP)

$= 2709 \times 27 = ₹ 73143$

तब, सुखाने के बाद सावी के पास बची मछलियाँ $= 2709 \times \frac{1}{3} = 903$ किग्रा

तब, मछलियों का विक्रय मूल्य (SP)

$= 903 \times 97.5 = ₹ 88042.5$

अतः सावी को प्राप्त अभीष्ट लाभ

$= 88042.5 - 73143$

$= ₹ 14899.5$

40. *(b)* $\because$ साइकिल द्वारा तय की गई दूरी को तय करने में लिया गया समय

$= \frac{16}{15} \times 60 = 64$ मिनट

और स्कूटर द्वारा तय की गई दूरी को तय करने में लिया गया समय

$= \frac{20}{50} \times 60 = 24$ मिनट

और कार द्वारा तय की गई दूरी को तय करने में लिया गया समय

$= \frac{50}{60} \times 60 = 50$ मिनट

अतः जूही द्वारा इन दूरियों को तय करने में लगा कुल समय

$= 64 + 24 + 50 = 138$ मिनट

अध्याय 06

आँकड़ों का प्रबन्धन तथा प्रतिरूप

डाटा

किसी जानकारी अथवा तथ्यों और किसी घटना के विवरण जैसे—किसी बल्लेबाज द्वारा एक क्रिकेट मैच में बनाए गए रनों की संख्या, किसी एक विषय में उत्तीर्ण विद्यार्थियों की संख्या या किसी विशेष दिन पढ़ी जाने वाली पुस्तकों की कुल संख्या आदि को इकट्ठा करना 'डाटा' (Data) कहलाता है। डाटा, गुणात्मक या मात्रात्मक होता है, जिस प्रकार किसी विद्यार्थी द्वारा परीक्षा में अर्जित अंक मात्रात्मक डाटा व पसन्दीदा भोजन, जगह या रंग गुणात्मक डाटा के उदाहरण हैं।

आँकड़ों का संगठन

प्रश्न में उपलब्ध आँकड़े हमें असंगठित रूप में प्राप्त होते हैं, जिन्हें यथाप्राप्त आँकड़े —कहा जाता है। अर्थपूर्ण निष्कर्ष निकालने के लिए, हमें आँकड़ों को एक क्रमबद्ध रूप में संगठित करने की आवश्यकता होती है। जैसे—विद्यार्थियों के एक समूह से उनके मनपसन्द विषय के बारे में पूछा गया। इसके परिणामों की सूची नीचे दी गई है

कला, गणित, विज्ञान, अंग्रेजी, गणित, कला, अंग्रेजी, गणित, अंग्रेजी, कला, विज्ञान, कला, विज्ञान, विज्ञान, गणित, कला, अंग्रेजी, कला, विज्ञान, गणित, विज्ञान, कला।

हम मिलान चिह्नों (Tally marks) का प्रयोग करते हुए, इन आँकड़ों को निम्न सारणी के रूप में व्यवस्थित करते हैं

विषय	मिलान चिह्न	विद्यार्थियों की संख्या
कला	卌 ||	7
गणित	卌	5
विज्ञान	卌 |	6
अंग्रेजी	||||	4
योग		**22**

प्रत्येक विषय के सम्मुख लिखे मिलान चिह्नों की संख्या से हम विशिष्ट विषय को पसन्द करने वाले विद्यार्थियों की संख्या ज्ञात करते हैं। यह संख्या उस विषय की बारम्बारता (Frequency) कहलाती है। किसी प्रविष्टि की बारम्बारता वह संख्या है, जितनी बार वह प्रविष्टि आँकड़ों में आती है। दी गई सारणी से, अंग्रेजी को पसन्द करने वाले विद्यार्थियों की बारम्बारता 4 है तथा गणित को पसन्द करने वाले विद्यार्थियों की बारम्बारता 5 है। इस रूप से बनाई गई सारणी एक बारम्बारता बंटन सारणी (Frequency distribution table) कहलाती है, क्योंकि इससे पता चलता है कि एक प्रविष्टि कितनी बार प्रयोग हुई है।

आँकड़ों का वर्गीकरण

उपरोक्त सारणी में, विषयों की पसन्द से सम्बन्धित आँकड़े प्रत्येक प्रविष्टि के अनेक बार आने को दर्शाते हैं। जैसे—कला को 7 विद्यार्थी पसन्द करते हैं, गणित को 5 विद्यार्थी पसन्द करते हैं। इस सूचना को आरेखीय रूप से एक चित्रालेख या एक दण्ड आरेख द्वारा प्रदर्शित किया जा सकता है, परन्तु कभी-कभी हमें बड़े आँकड़ों के साथ कार्य करना पड़ता है।

जैसे—कक्षा VIII के 60 विद्यार्थियों द्वारा गणित में निम्न अंक प्राप्त किए गए

21, 10, 30, 22, 33, 5, 37, 12, 25, 42, 15, 39, 26, 32, 18, 27, 28, 19, 29, 35, 31, 24, 36, 18, 20, 38, 22, 44, 16, 24, 10, 27, 39, 28, 49, 29, 32, 23, 31, 21, 34, 22, 23, 36, 24, 36, 33, 47, 48, 50, 39, 20, 7, 16, 36, 45, 47, 30, 22, 17

यदि हम प्रत्येक प्रेक्षण के लिए एक बारम्बारता बंटन सारणी बनाएँ, तो वह बहुत लम्बी होगी। अतः हम सुविधा के लिए प्रेक्षणों के कुछ समूह या वर्ग बनाते हैं। जैसे—0-10, 10-20 इत्यादि तथा प्रत्येक समूह या वर्ग में आने वाले प्रेक्षणों की संख्या के आधार पर एक बारम्बारता बंटन (Frequency distribution) प्राप्त करते हैं। *इस प्रकार, उपरोक्त आँकड़ों के लिए बारम्बारता बंटन सारणी निम्न हो सकती है*

समूह	मिलान चिह्न	बारम्बारता
0-10	||	2
10-20	卌 卌	10
20-30	卌 卌 卌 卌 |	21
30-40	卌 卌 卌 ||||	19
40-50	卌 ||	7
50-60	|	1
योग		**60**

उपरोक्त प्रकार से प्रस्तुत आँकड़े वर्गीकृत आँकड़े (Grouped data) कहलाते हैं तथा प्राप्त बंटन वर्गीकृत बारम्बारता बंटन कहलाता है।

इससे अर्थपूर्ण निष्कर्ष निकालने में सहायता मिलती है।
जैसे—

(i) अधिकांश विद्यार्थियों ने 20 और 30 के बीच अंक प्राप्त किए हैं।

(ii) 8 विद्यार्थियों ने 50 में से 40 से अधिक अंक प्राप्त किए हैं।

आँकड़ों से सम्बन्धित कुछ महत्त्वपूर्ण तथ्य निम्न है

- समूहों 0-10, 10-20, 20-30 इत्यादि में से प्रत्येक एक वर्ग अन्तराल (Class interval) या संक्षेप में एक वर्ग (Class) कहलाता है।
- वर्ग अन्तराल 10-20 में, 10 निम्न वर्ग सीमा (Lower class limit) कहलाएगी तथा 20 उच्च वर्ग सीमा (Upper class limit) कहलाएगी।
- मध्य मान (Mid value or Class mark) उच्च वर्ग सीमा और निम्न वर्ग सीमा के औसत को मध्य मान कहते हैं। जैसे—यदि वर्ग अन्तराल 20-30 है, तब मध्य मान $= \frac{20+30}{2} = 25$

आँकड़ों का प्रदर्शन

विभिन्न प्रकार के आँकड़ों के प्रदर्शन के लिए भिन्न-भिन्न तरीके अपनाए जाते हैं। आँकड़ों का प्रस्तुतीकरण, उनकी प्रकृति तथा चरों की उपलब्धता पर निर्भर होता है अर्थात् जैसे आँकड़े ज्ञात होंगे, वैसे ही उनको प्रदर्शित किया जाएगा।

आँकड़ों के प्रदर्शन के कुछ प्रमुख प्रकार निम्न हैं

आयत चित्र

क्षैतिज अक्ष पर प्रेक्षणों के समूहों (अर्थात् वर्ग अन्तरालों) को दण्ड रूप में प्रदर्शित करना ही दण्ड चित्र का आरेखीय निरूपण कहलाता है। इस आरेखीय निरूपण में बनाए गए दण्डों को ही दण्ड चित्र कहा जाता है। यहाँ दण्ड की लम्बाई वर्ग अन्तराल की बारम्बारता को दर्शाती है। साथ ही यहाँ दण्डों के बीच में कोई रिक्तता नहीं है, क्योंकि वर्ग अन्तरालों के बीच में कोई रिक्तता नहीं है।

60 विद्यार्थियों द्वारा गणित टेस्ट में प्राप्त किए गए अंकों के वर्गीकृत बारम्बारता बंटन पर पुनः विचार करें।

वर्ग अन्तराल	बारम्बारता
0-10	2
10-20	10
20-30	21
30-40	19
40-50	7
50-60	1
योग	**60**

दी गई सारणी को निम्न आरेख के रूप में निरूपित करके प्रदर्शित किया जाता है

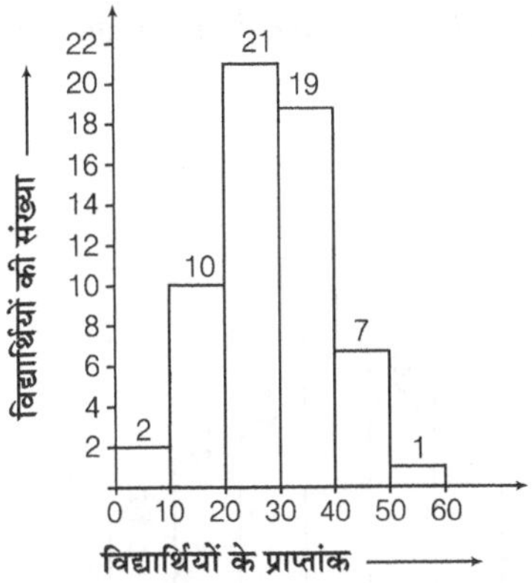

निर्देश (उदाहरण सं. 1-3) *निम्नलिखित आरेख का ध्यानपूर्वक अध्ययन करके इस पर आधारित प्रश्नों के उत्तर दीजिए।*

अवकाश के दिनों में एक विशिष्ट कक्षा के विद्यार्थियों द्वारा प्रतिदिन टेलीविजन (टीवी) **देखने का समय** (घण्टों में)

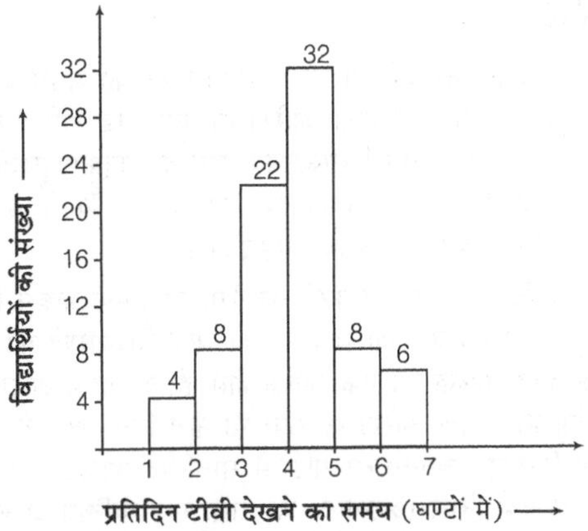

उदाहरण 1. अधिकतम विद्यार्थियों ने कितने घण्टों तक टीवी देखा?
(a) (3-4) घण्टे (b) (5-6) घण्टे (c) (4-5) घण्टे (d) (6-7) घण्टे

हल *(c)* अधिकतम विद्यार्थियों ने (4-5) घण्टे टीवी देखा।

उदाहरण 2. 4 घण्टे से कम समय तक कितने विद्यार्थियों ने टीवी देखा?
(a) 32 (b) 34 (c) 28 (d) 31

हल *(b)* 4 घण्टे से कम समय टीवी देखने वाले विद्यार्थियों की संख्या
$= 22 + 8 + 4 = 34$

उदाहरण 3. कितने विद्यार्थियों ने टीवी देखने में 5 घण्टे से अधिक का समय व्यतीत किया?
(a) 10 (b) 12 (c) 14 (d) 11

हल *(c)* 5 घण्टे से अधिक टीवी देखने वाले विद्यार्थियों की संख्या
$= 8 + 6 = 14$

आवृत्ति बहुभुज

आयत चित्र के ऊपरी भाग के मध्य बिन्दुओं को मिलाने से आवृत्ति बहुभुज प्राप्त होता है।

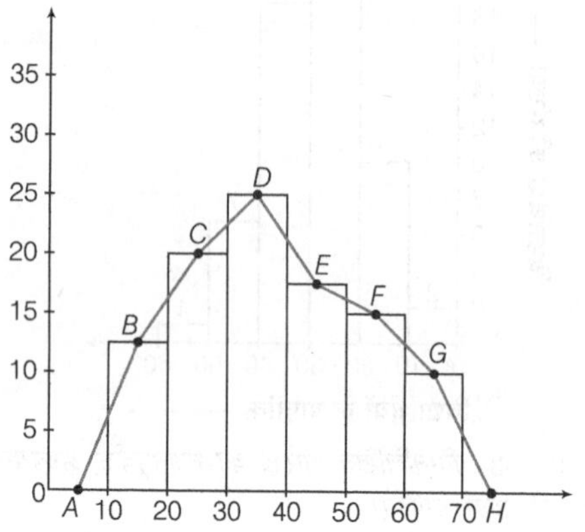

उपरोक्त चित्र में *ABCDEFGH* एक आवृत्ति बहुभुज है।

दण्ड आरेख

दण्ड आरेख (Bar Graph) आँकड़ों को निरूपित करने का सबसे आसान एवं सर्वाधिक प्रयुक्त किया जाने वाला आरेख है। एक दण्ड आरेख में आयताकार दण्ड/स्तम्भ की लम्बाई संख्यात्मक मान के अनुक्रमानुपाती होती है। ये एकविमीय आकृति होती है अर्थात् दण्ड आरेख में आँकड़ों का मान केवल ऊँचाई पर निर्भर करता है न कि चौड़ाई पर।

यह सांख्यिकीय आँकड़ों को प्रस्तुत करने का ऐसा चित्रात्मक प्रारूप है, जिसे देखने पर वस्तु की स्थिति की पूर्ण जानकारी हो जाती है। सारणी की भाँति यहाँ भी प्रत्येक दण्ड आरेख का एक शीर्षक होता है, जो दण्ड आरेख के विषय को दर्शाता है। शीर्षक आरेख के ऊपर या नीचे दिया जाता है। प्रत्येक दण्ड आरेख में निरपेक्ष (स्वतन्त्र) चर राशि से सम्बन्धित आँकड़ों को एक अक्ष (*Y*-अक्ष) पर तथा निर्भर (अस्वतन्त्र) चर राशि से सम्बन्धित आँकड़ों को दूसरे अक्ष (*X*-अक्ष) पर निरूपित करते हैं। इसके अतिरिक्त, अधिकतर दण्ड आरेखों में कई प्रकार के संक्षेप सूचक (Brief index) दिए होते हैं। जैसे—छाया, रेखा तथा रंग जो आरेख में प्रयुक्त होते हैं, जोकि दण्ड आरेख में प्रयुक्त होने वाले विभिन्न चरों को समझने तथा उनके विश्लेषण में सहायता करते हैं। दण्ड आरेख से सम्बन्धित प्रश्नों को हल करते समय दोनों अक्षों पर निरूपित आँकड़ों की इकाइयों को ध्यान में रखना चाहिए।

अनाज का उत्पादन (1000 टन)

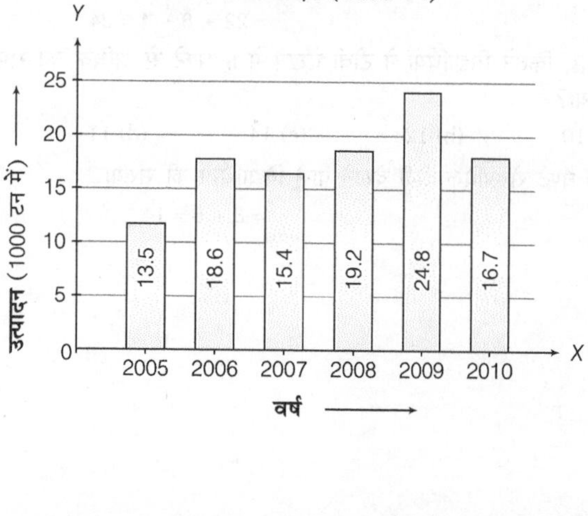

निर्देश (उदाहरण सं. 4 और 5) *नीचे दिए गए ग्राफ का ध्यानपूर्वक अध्ययन करके दिए गए प्रश्नों के उत्तर दीजिए।*

एक वर्ष के दौरान विभिन्न कम्पनियों की आय और व्यय (₹ करोड़ में)

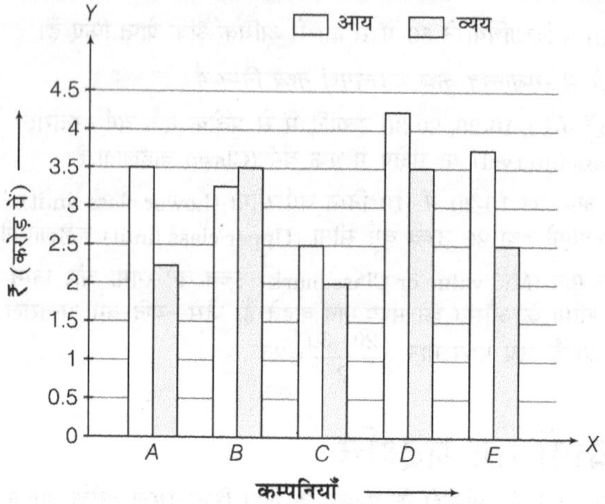

लाभ = आय − व्यय

उदाहरण 4. सभी कम्पनियों द्वारा मिलाकर अर्जित औसत आय है

(a) ₹ 345000000 (b) ₹ 3350000
(c) ₹ 33500000 (d) ₹ 34500000

हल *(d)* अभीष्ट औसत $= ₹\,\frac{3.5 + 3.25 + 2.5 + 4.25 + 3.75}{5}$ करोड़

$= ₹\,\frac{17.25}{5}$ करोड़

$= ₹\,34500000$

उदाहरण 5. सभी कम्पनियों द्वारा मिलाकर किया गया कुल व्यय है

(a) ₹ 137500000
(b) ₹ 13750000
(c) ₹ 1375000000
(d) ₹ 1370000

हल *(a)* कुल व्यय $= ₹\,(2.25 + 3.5 + 2 + 3.5 + 2.5)$ करोड़

$= ₹\,137500000$

पाई चार्ट

आँकड़ों का तुलनात्मक अध्ययन करने के लिए वृत्तों का प्रयोग किया जाता है। इसके अन्तर्गत सभी चरों का कुल मान डिग्री के रूप में 360° तथा प्रतिशत के रूप में 100% होता है। वृत्त चित्र के अन्तर्गत एक या दो वृत्त चित्र दिए गए होते हैं, जिन पर आधारित प्रश्न पूछे जाते हैं।

प्रतिशतता एवं संगत कोण ज्ञात करने के लिए निम्न सूत्रों का प्रयोग करते हैं

1. प्रतिशतता $= \frac{\text{संगत मान}}{\text{कुल मान}} \times 100\%$

2. संगत कोण $= \frac{\text{प्रतिशतता}}{100} \times 360°$

वृत्त चित्र में अन्त:विभाजन को दर्शाते समय विभिन्न भागों को घटते हुए क्रम में प्रारम्भ कर घड़ी की सूई की चलने की दिशा में बनाया जाता है।

राज्य A की कुल आय ₹ 20000 करोड़

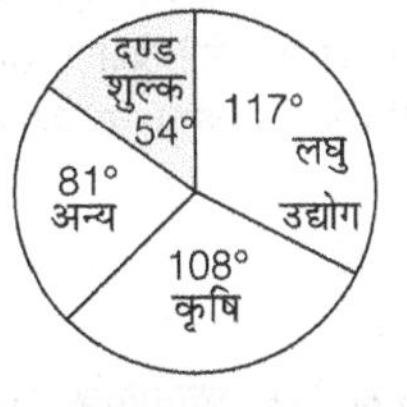

या

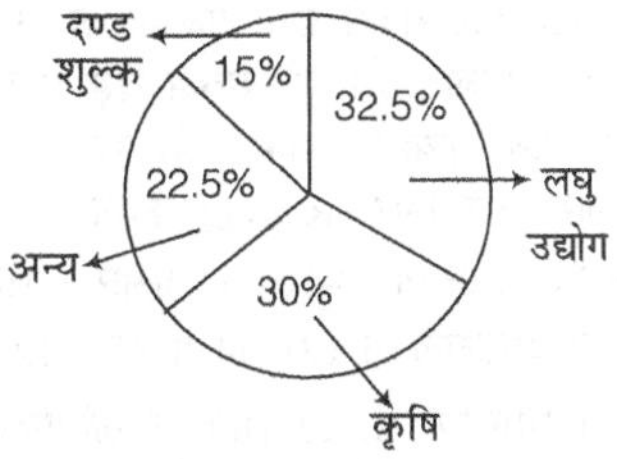

वृत्त चित्र अध्याय के अन्तर्गत एक या दो वृत्त चित्र दिए होते हैं। इस वृत्त चित्र पर आधारित साधारणतया पाँच प्रश्न पूछे जाते हैं। परीक्षार्थियों को इसी वृत्त चित्र के आधार पर ही प्रश्न के उत्तर देने होते हैं। उत्तर प्रश्न के नीचे दिए गए वैकल्पिक उत्तरों में से ही चुनना होता है। अत: परीक्षार्थियों को सबसे पहले वृत्त चित्र का अध्ययन सावधानीपूर्वक करना चाहिए और उसके बाद पूछे गए प्रश्नों का उत्तर देना चाहिए।

निर्देश (उदाहरण सं. 6-8) *निम्नलिखित पाई चार्ट का ध्यानपूर्वक अध्ययन करके प्रश्नों के उत्तर दीजिए।*

एक महीने में एक परिवार के विभिन्न मदों में व्यय और उसकी बचत (प्रतिशत में)

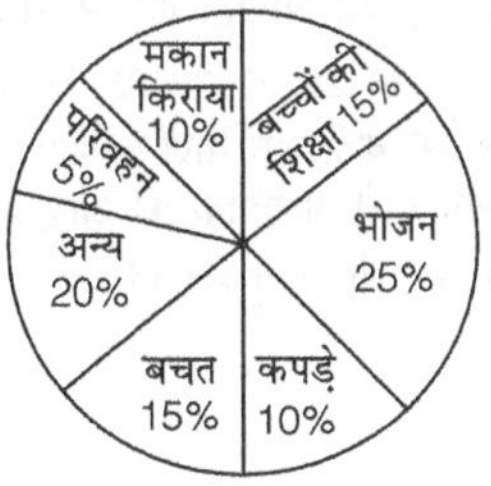

उदाहरण 6. किस मद में व्यय सबसे अधिक था?

(a) कपड़े (b) परिवहन (c) भोजन (d) अन्य

हल *(c)* भोजन पर व्यय (25%) सबसे अधिक था।

उदाहरण 7. किस मद पर हुआ व्यय परिवार की कुल बचत के बराबर है?

(a) परिवहन (b) अन्य
(c) भोजन (d) बच्चों की शिक्षा

हल *(d)* बच्चों की शिक्षा पर हुआ व्यय (15%) परिवार की कुल बचत के बराबर है।

उदाहरण 8. यदि परिवार की मासिक बचत ₹ 3000 है, तो कपड़ों पर हुआ मासिक व्यय क्या है?

(a) ₹ 1500 (b) ₹ 3000
(c) ₹ 2000 (d) ₹ 1800

हल *(c)* 15% निरूपित करता है = ₹ 3000

तब, 10% निरूपित करेगा $= \frac{3000}{15} \times 10 =$ ₹ 2000

केन्द्रीय प्रवृत्ति की माप

आँकड़ों की किसी एक संख्या के आस-पास रहने की प्रवृत्ति को केन्द्रीय प्रवृत्ति कहते हैं। केन्द्रीय प्रवृत्ति की मापों (Measures of Central Tendency), असंसाधित आँकड़ों अथवा उनसे सम्बद्ध बारम्बारता सारणी में अन्तर्निहित सूचनाओं को संख्यात्मक मानों के रूप में निरुपित करते हैं।

केन्द्रीय प्रवृत्ति की मापों के प्रकार निम्नलिखित हैं

माध्य

आँकड़ों के एक समूह के लिए अधिकांशत: प्रयोग किए जाने वाला प्रतिनिधि मान अंकगणितीय माध्य है। संक्षेप में इसे माध्य (Mean) भी कहते हैं। अंकगणितीय माध्य (AM) या केवल माध्य को निम्न रूप से परिभाषित किया जाता है

$$\text{माध्य} = \frac{\text{सभी प्रेक्षणों का योग}}{\text{प्रेक्षणों की संख्या}}$$

माध्य से सम्बन्धित कुछ महत्त्वपूर्ण सूत्र निम्न है

1. यदि n_1 परिणामों का माध्य x_1 तथा अन्य n_2 परिणामों का माध्य x_2 हो, तो अभीष्ट माध्य $= \frac{n_1x_1 + n_2x_2}{n_1 + n_2}$
2. यदि एक कक्षा के n छात्रों की माध्य आयु x हो, तब m छात्रों जिनकी माध्य आयु y है, के आ जाने या छोड़कर चले जाने पर कक्षा की माध्य आयु $= \frac{nx \pm my}{n - m}$

उदाहरण 9. एक बल्लेबाज ने 6 पारियों में निम्नलिखित संख्याओं में रन बनाए 36, 35, 50, 46, 60, 55

एक पारी में उसके द्वारा बनाए गए रनों का माध्य होगा

(a) 46 (b) 45
(c) 47 (d) 43

हल *(c)* कुल रनों की संख्या = 36 + 35 + 50 + 46 + 60 + 55 = 282

माध्य ज्ञात करने के लिए, हम सभी प्रेक्षणों का योग ज्ञात करके उसे प्रेक्षणों की कुल संख्या से भाग देते हैं।

अत: इस स्थिति में,

$$\text{माध्य} = \frac{282}{6} = 47$$

इस प्रकार, एक पारी में उसके द्वारा बनाए गए रनों का माध्य 47 है।

उदाहरण 10. 30 परिणामों का औसत 20 है तथा अन्य 20 परिणामों का औसत 30 है। सभी परिणामों का औसत क्या है?

(a) 24 (b) 48
(c) 25 (d) 50

हल *(a)* यहाँ, $n_1 = 30,\ x_1 = 20,\ n_2 = 20$ तथा $x_2 = 30$

$$\therefore \text{अभीष्ट औसत} = \frac{n_1x_1 + n_2x_2}{n_1 + n_2}$$

$$= \frac{30 \times 20 + 20 \times 30}{30 + 20} = \frac{1200}{50} = 24$$

माध्यिका

किसी श्रृंखला की माध्यिका (Median) ज्ञात करने के लिए सबसे पहले संख्याओं को आरोही या अवरोही क्रम में लिखा जाता है, तत्पश्चात् यदि पदों की संख्या

1. सम (Even) हो, तब माध्यिका $= \frac{\left[\left(\frac{n}{2}\right)\text{वाँ पद} + \left(\frac{n}{2}+1\right)\text{वाँ पद}\right]}{2}$
2. विषम (Odd) हो, तब माध्यिका $= \left(\frac{n+1}{2}\right)$वाँ पद

उदाहरण 11. किसी छात्र ने परीक्षा में निम्न अंक प्राप्त किए

55, 78, 85, 64, 69, 73, 81

उसके द्वारा प्राप्त किए गए अंकों की माध्यिका ज्ञात कीजिए।

(a) 78 (b) 69
(c) 73 (d) 55

हल (c) दिए गए अंकों को आरोही क्रम में व्यवस्थित करने पर,

55, 64, 69, 73, 78, 81, 85

यहाँ, कुल पद = 7 (विषम)

$\therefore$ माध्यिका $= \left(\frac{n+1}{2}\right)$ वाँ पद

$= \left(\frac{7+1}{2}\right)$ वाँ पद

= 4 वाँ पद = 73

बहुलक

बहुलक (Mode) वह पद होता है, जिसकी आवृत्ति सबसे अधिक बार होती है।

उदाहरण 12. निम्नलिखित संख्याओं का बहुलक होगा

1, 1, 2, 4, 3, 2, 1, 2, 2, 4

(a) 2 (b) 1 (c) 4 (d) 3

हल *(a)* समान मान वाली संख्याओं को एकसाथ व्यवस्थित करने पर, हमें प्राप्त होता है 1, 1, 1, 2, 2, 2, 2, 3, 4, 4 इन आँकड़ों का बहुलक 2 है, क्योंकि यह अन्य प्रेक्षणों की तुलना में अधिक बार आता है।

उदाहरण 13. टीमों के एक समूह में खेले गए फुटबॉल के मैचों में, जीतने के अन्तर गोलों में निम्नलिखित हैं

1, 3, 2, 5, 1, 4, 6, 2, 5, 2, 2, 2, 4, 1, 2, 3, 1, 1, 2, 3, 2, 6, 4, 3, 2, 1, 1, 4, 2, 1, 5, 3, 3, 2, 3, 2, 4, 2, 1, 2

इन आँकड़ों का बहुलक होगा

(a) 2 (b) 3 (c) 4 (d) 1

हल *(a)* इन आँकड़ों को एक सारणी के रूप में लिखने पर,

जीतने का अन्तर	मिलान चिह्न	मैचों की संख्या
1	~~IIII~~ IIII	9
2	~~IIII~~ ~~IIII~~ IIII	14
3	~~IIII~~ II	7
4	~~IIII~~	5
5	III	3
6	II	2
योग		40

इस सारणी को देखकर, हम तुरन्त यह ज्ञात कर सकते हैं कि '2' बहुलक है, क्योंकि 2 सबसे अधिक बार आया है। इस प्रकार, अधिकांश मैच 2 गोलों के अन्तर से जीते गए हैं।

प्रसार या परिसर

सबसे बड़े और सबसे छोटे प्रेक्षणों के अन्तर से, हमें प्रेक्षणों के प्रसार का अनुमान लग जाता है। इसे सबसे बड़े प्रेक्षण में से सबसे छोटे प्रेक्षण को घटाकर ज्ञात किया जा सकता है। हम इस परिणाम को आँकड़ों या प्रेक्षणों का प्रसार या परिसर (Range) कहते हैं।

जैसे—वर्ग अन्तराल (0-10) का प्रसार = 10 – 0 = 10

और वर्ग अन्तराल (5-12) का प्रसार = 12 – 5 = 7

निर्देश (उदाहरण सं. 14-16) *निम्नलिखित जानकारी का ध्यानपूर्वक अध्ययन करके इस पर आधारित प्रश्नों के उत्तर दीजिए।*

एक स्कूल के 10 अध्यापकों की वर्षों में आयु निम्न प्रकार हैं

32, 41, 28, 54, 35, 26, 23, 33, 38, 40

उदाहरण 14. सबसे बड़ी उम्र वाले अध्यापक की आयु क्या है तथा सबसे छोटी उम्र वाले अध्यापक की आयु क्या है?

(a) 54 वर्ष, 23 वर्ष
(b) 54 वर्ष, 28 वर्ष
(c) 33 वर्ष, 23 वर्ष
(d) 54 वर्ष, 33 वर्ष

हल *(a)* अध्यापकों की आयु को आरोही क्रम में व्यवस्थित करने पर,

23, 26, 28, 32, 33, 35, 38, 40, 41, 54

स्पष्ट है कि सबसे बड़ी उम्र वाले अध्यापक की आयु 54 वर्ष है तथा सबसे छोटी उम्र वाले अध्यापक की आयु 23 वर्ष है।

उदाहरण 15. अध्यापकों की आयु का परिसर क्या है?

(a) 30 वर्ष
(b) 28 वर्ष
(c) 31 वर्ष
(d) 21 वर्ष

हल *(c)* अध्यापकों की आयु का परिसर

= (54 – 23) वर्ष

= 31 वर्ष

उदाहरण 16. सभी अध्यापकों की माध्य आयु क्या है?

(a) 32 वर्ष (b) 31 वर्ष
(c) 35 वर्ष (d) 34 वर्ष

हल *(c)* अध्यापकों की माध्य आयु

$$= \frac{23 + 26 + 28 + 32 + 33 + 35 + 38 + 40 + 41 + 54}{10}$$

$= \frac{350}{10}$ वर्ष

= 35 वर्ष

प्रतिरूप

प्रतिरूप (Patterns) वह व्यवस्था है, जिसके अन्तर्गत हम वस्तु, संख्या, अक्षर या आकृति को एक निश्चित रूप में रखते हैं। प्रतिरूप सामान्यतया आकृति, संख्या, अक्षर आदि पर आधारित होते हैं।

प्रतिरूपों के प्रकार

कुछ प्रतिरूपों की व्याख्या निम्न प्रकार है

1. **आकृतियों का प्रतिरूप** (Pattern of Images) यहाँ सभी आकृतियाँ किसी विशेष व्यवस्था के द्वारा एक-दूसरे से जुड़ी होती हैं। जैसे—

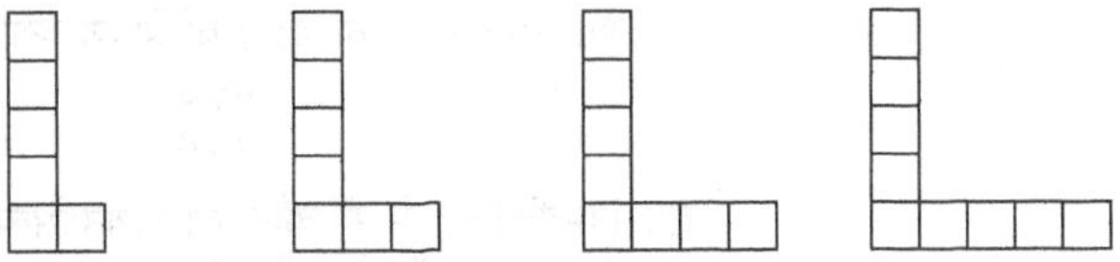

यहाँ, एक वर्ग प्रत्येक अगले पद में जुड़ता है।

उदाहरण 17. नीचे दिए गए पैटर्न का अगला पद क्या होगा?

⊕⊗⊖ ⊕⊗⊖
⊕⊗⊖ ?

(a) ⊕⊗⊖ (b) ⊕⊖⊗ (c) ⊕⊕⊗ (d) ⊕⊖⊕

हल *(a)* इस शृंखला में अगले रिक्त वृत्तों में क्रमशः +, × व − के चिह्न आएँगे।

उदाहरण 18. नीचे दिए गए पैटर्न का अगला पद क्या होगा?

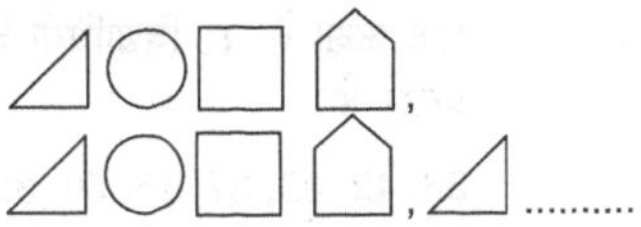

(a)  (b) 

(c)  (d) 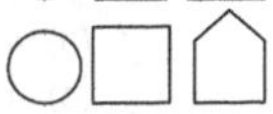

हल *(d)* दी गई शृंखला से स्पष्ट है कि पद की अन्तिम तीन आकृतियाँ उत्तर विकल्प के रूप में आएँगी।

2. **संख्याओं का प्रतिरूप** (Pattern of Numbers) यहाँ प्रत्येक अगले पद में एक गणितीय प्रक्रिया होती है। संख्याओं के प्रतिरूप निम्न प्रकार के होते हैं

(i) **समान्तर श्रेढ़ी** (Arithmetic progression) जब प्रत्येक अगले पद में कोई समान संख्या जोड़ी या घटाई जाती है, तो समान्तर श्रेढ़ी प्राप्त होती है। जैसे— 3, 5, 7, 9, 11,... 2, 5, 8, 11, 14,... 120, 115, 110, 105, ...

(ii) **गुणोत्तर श्रेढ़ी** (Geometric progression) जब प्रत्येक अगले पद को किसी निश्चित अनुपात में बढ़ाया या घटाया जाता है, तो गुणोत्तर श्रेढ़ी प्राप्त होती है। जैसे— 2, 4, 8, 16, 32, ...

(iii) **विशेष श्रेणी** (Special series) वह श्रेणी, जो समान्तर या गुणोत्तर श्रेणी न हो लेकिन किसी निश्चित गणितीय संक्रिया का अनुसरण करती हो, विशेष श्रेणी कहलाती है।

जैसे—

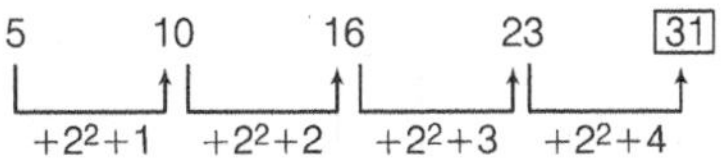

(iv) **वर्णमाला श्रेणी** (Alphabet series) जब अंग्रेजी वर्णमाला के अक्षरों का उपयोग कर श्रेणी बनाई जाती है, तो उसे वर्णमाला श्रेणी कहते हैं।

जैसे— AB, EF, IJ, MN, ...

उदाहरण 19. निम्न शृंखला का अगला पद ज्ञात कीजिए।

5, 6, 10, 19, 35, ?

(a) 60
(b) 70
(c) 80
(d) 90

हल *(a)* दी गई शृंखला का क्रम निम्न प्रकार है

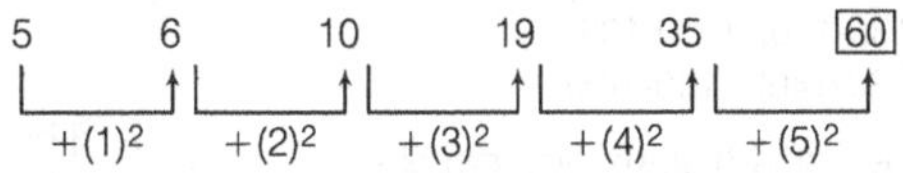

अतः शृंखला के रिक्त पद पर 60 आएगा।

उदाहरण 20. निम्न श्रेणी में अगला पद ज्ञात कीजिए।

AC, FH, KM, PR, ?

(a) UW
(b) WU
(c) YZ
(d) ZA

हल *(a)*

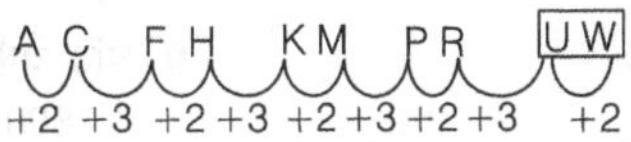

अभ्यास प्रश्न

निर्देश (प्र.सं. 1-3) *निम्नलिखित आयत चित्र का ध्यानपूर्वक अध्ययन करके इस पर आधारित प्रश्नों के उत्तर दीजिए।*

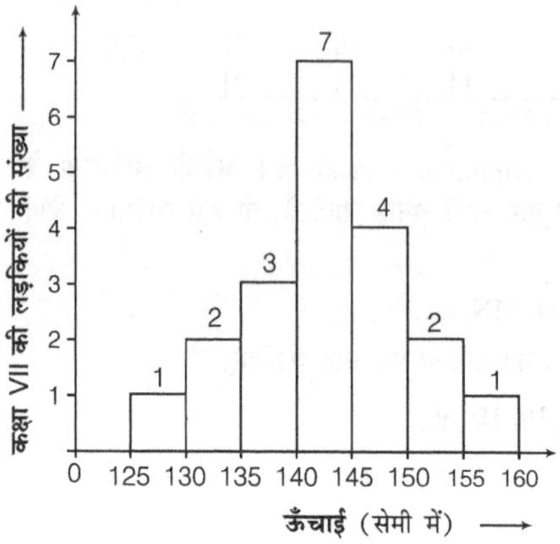

1. किन वर्गों में न्यूनतम लड़कियाँ हैं?
(a) (125-130), (155-160)
(b) (125-130), (130-135)
(c) (135-140), (130-135)
(d) (135-140), (140-145)

2. किस वर्ग में अधिकतम लड़कियाँ हैं?
(a) (130-135) (b) (140-145)
(c) (125-130) (d) (145-150)

3. कितनी लड़कियों की लम्बाई 145 सेमी या उससे अधिक है?
(a) 7 (b) 6 (c) 5 (d) 2

निर्देश (प्र.सं. 4-6) *निम्नलिखित दण्ड आरेख का ध्यानपूर्वक अध्ययन करके इस पर आधारित प्रश्नों के उत्तर दीजिए।*

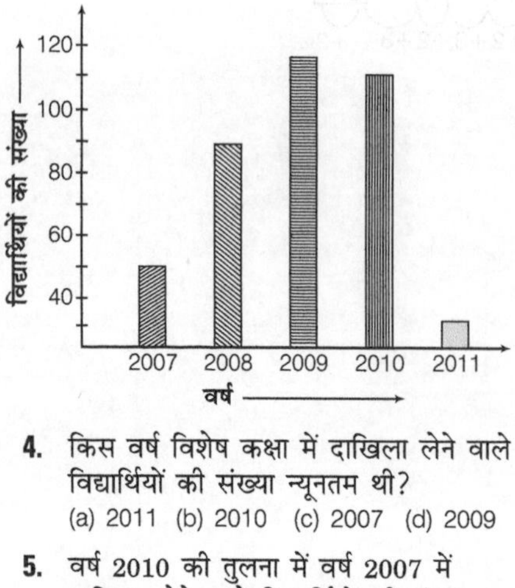

4. किस वर्ष विशेष कक्षा में दाखिला लेने वाले विद्यार्थियों की संख्या न्यूनतम थी?
(a) 2011 (b) 2010 (c) 2007 (d) 2009

5. वर्ष 2010 की तुलना में वर्ष 2007 में दाखिला लेने वाले विद्यार्थियों की संख्या कितनी कम रही?
(a) 50 (b) 60 (c) 70 (d) 80

6. विशेष कक्षा में किस-वर्ष से किस-वर्ष तक दाखिला लेने वाले विद्यार्थियों की संख्या में निरन्तर वृद्धि हुई?
(a) 2007 से 2011 तक
(b) 2007 से 2010 तक
(c) 2009 से 2011 तक
(d) 2007 से 2009 तक

निर्देश (प्र.सं. 7-9) *निम्नलिखित पाई चार्ट का ध्यानपूर्वक अध्ययन करके इस पर आधारित प्रश्नों के उत्तर दीजिए।*

किसी विशेष वर्ष के दौरान विभिन्न खेलों पर हुए खर्च (अंश में)

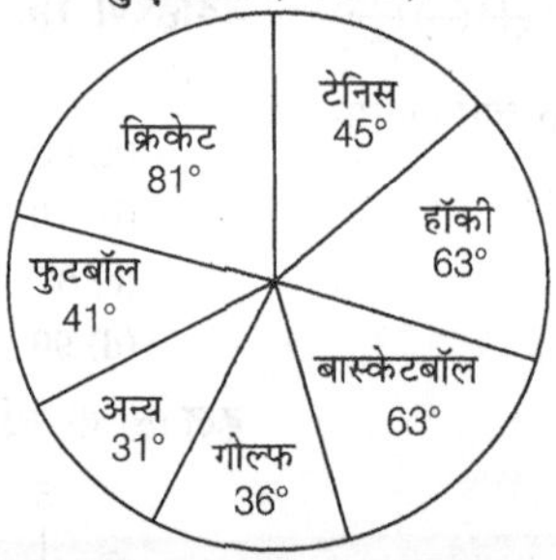

7. कुल खर्च का कितना प्रतिशत टेनिस पर खर्च हुआ?
(a) $12\frac{1}{2}\%$ (b) $22\frac{1}{2}\%$
(c) 25% (d) 45%

8. उस वर्ष यदि कुल खर्च होने वाली राशि ₹ 2 करोड़ हो, तो क्रिकेट और हॉकी पर कुल खर्च होने वाली राशि थी
(a) ₹ 800000 (b) ₹ 8000000
(c) ₹ 12000000 (d) ₹ 16000000

9. यदि वर्ष के दौरान कुल खर्च की गई राशि ₹ 18000000 हो, तो बास्केटबॉल पर खर्च की गई राशि टेनिस पर खर्च की गई राशि से अधिक होगी, लगभग
(a) ₹ 250000 (b) ₹ 900000
(c) ₹ 375000 (d) ₹ 410000

10. "किसी विशेष स्थान के तापमान में निरन्तर वृद्धि हो रही है।" निम्नलिखित में से कौन-सा ग्राफ इस स्थिति को निरूपित कर रहा है?

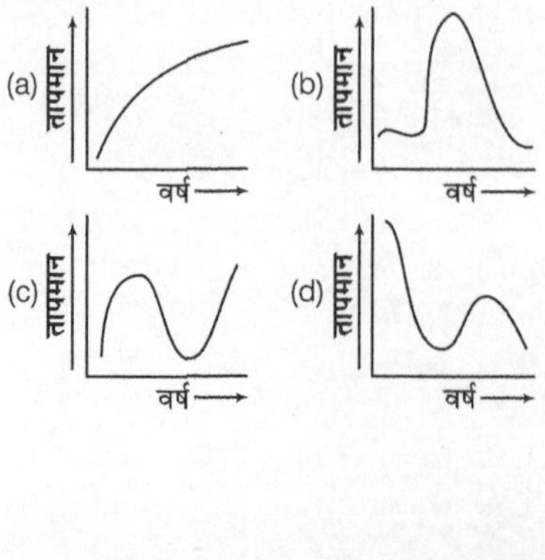

11. छः प्रेक्षणों का औसत 12 है। एक नये प्रेक्षण के सम्मिलित किए जाने से औसत एक कम हो जाता है। 7 वाँ प्रेक्षण क्या है?
(a) 1 (b) 3
(c) 5 (d) 6

12. निम्नलिखित में से कौन-सा कथन सत्य है?
(a) बहुलक आँकड़ों में से सदैव एक संख्या होती है
(b) माध्य दिए गए आँकड़ों में से एक संख्या होती है
(c) माध्यांक आँकड़ों में से सदैव एक संख्या होती है
(d) आँकड़ों 6, 4, 3, 8, 9, 12, 13, 9 का माध्य 9 है

निर्देश (प्र.सं. 13 और 15) *निम्नलिखित जानकारी का ध्यानपूर्वक अध्ययन करके इस पर आधारित प्रश्नों के उत्तर दीजिए।*

एक कक्षा के 15 विद्यार्थियों के भार (किग्रा में) इस प्रकार हैं

38, 42, 35, 37, 45, 50, 32, 43, 43, 40, 36, 38, 43, 38, 47

13. उपरोक्त आँकड़ों का माध्यांक होगा
(a) 41 (b) 39
(c) 40 (d) 42

14. क्या उपरोक्त आँकड़ों के एक से अधिक बहुलक हैं यदि हैं, तो कितने बहुलक हैं?
(a) हाँ, 2 (b) हाँ, 3
(c) हाँ, 1 (d) नहीं

15. निम्नलिखित आँकड़ों का माध्यांक होगा
13, 16, 12, 14, 19, 12, 14, 13
(a) 10.5 (b) 11.5
(c) 17.5 (d) 13.5

निर्देश (प्र.सं. 16-18) *निम्नलिखित जानकारी का ध्यानपूर्वक अध्ययन करके इस पर आधारित प्रश्नों के उत्तर दीजिए।*

विज्ञान की एक परीक्षा में, विद्यार्थियों के एक समूह द्वारा (100) में से प्राप्त किए गए अंक निम्न हैं

85, 76, 90, 85, 39, 48, 56, 95, 81 और 75

16. विद्यार्थियों द्वारा प्राप्त सबसे अधिक अंक और सबसे कम अंक हैं
(a) 39, 95 (b) 48, 95
(c) 95, 39 (d) 91, 85

17. प्राप्त अंकों का परिसर होगा
(a) 40 (b) 56
(c) 38 (d) 41

18. समूह द्वारा प्राप्त अंको का माध्य है
(a) 73 (b) 70
(c) 71 (d) 78

निर्देश (प्र. सं. 19 और 20) *निम्नलिखित प्रतिरूपों की श्रेणी में अगला पद लिखिए*

19.

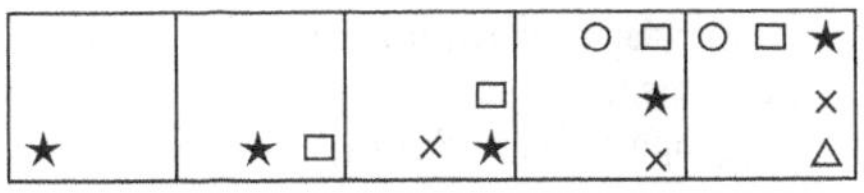

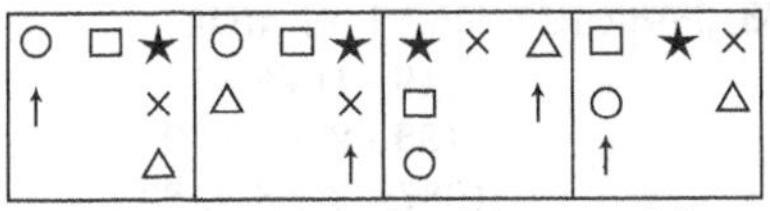

(a) (b) (c) (d)

20.

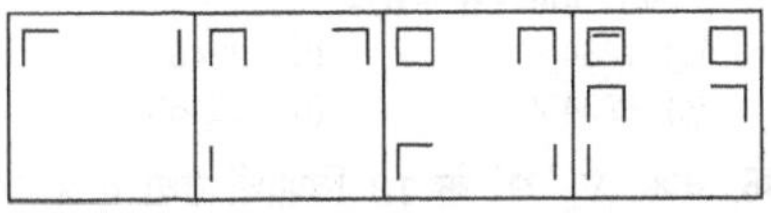

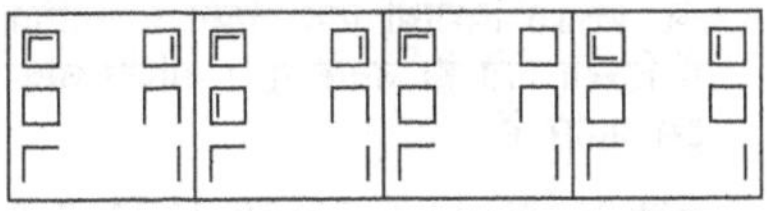

(a) (b) (c) (d)

21. निम्न लेखाचित्र में एक खास सप्ताह में प्रत्येक दिन मापे गए अधिकतम तथा न्यूनतम तापमान दर्शाए गए हैं। तद्नुसार, वह दिन कौन-सा है, जिसमें अधिकतम और न्यूनतम तापमान का अन्तर अधिकतम था?

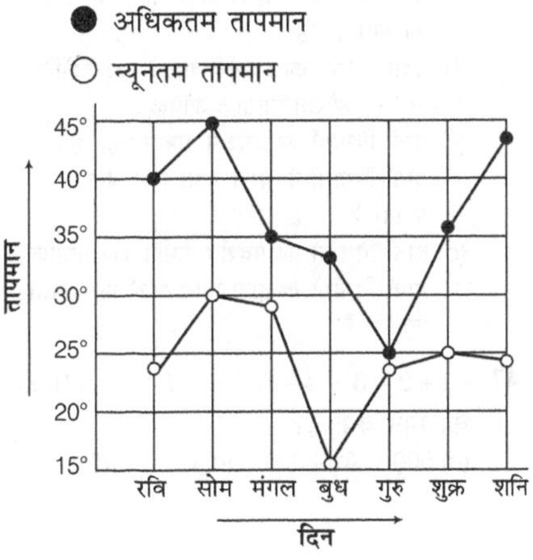

(a) बुधवार (b) शनिवार
(c) रविवार (d) सोमवार

22. यदि $a \star b = a^2 + ab + b^2$ हो, तो $2 \star 3 = ?$
(a) 6 (b) 9 (c) 19 (d) 29

23. यदि $a \star b = \dfrac{ab}{a+b}$ हो, तो $3 \star \{3 \star (-1)\}$ का मान क्या होगा?
(a) -3 (b) $-\dfrac{3}{2}$ (c) -1 (d) $\dfrac{2}{3}$

निर्देश (प्र.सं. 24-26) *निम्नलिखित आलेख का ध्यानपूर्वक अवलोकन करके इस पर आधारित प्रश्नों के उत्तर दीजिए।*

यहाँ दिया गया दण्डालेख 6 विद्यार्थियों A, B, C, D, E तथा F द्वारा किसी मेले के दौरान बेचे गए टिकटों की संख्या को प्रदर्शित करता है।

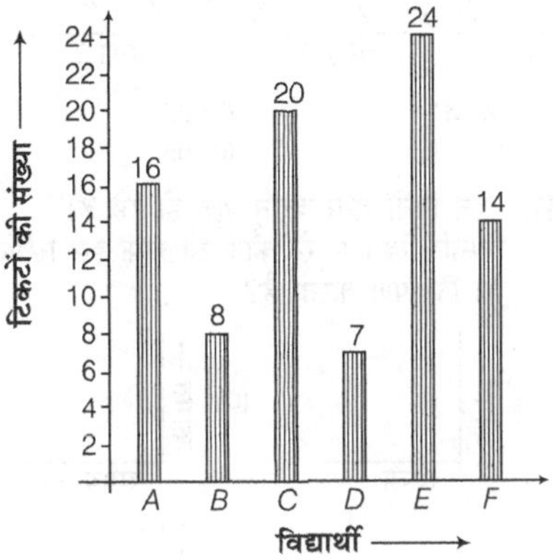

24. A, B तथा C द्वारा बेचे गए टिकटों की कुल संख्या है
(a) 45 (b) 44 (c) 42 (d) 40

25. किस विद्यार्थी ने सबसे कम टिकट बेचे?
(a) B (b) F (c) A (d) D

26. D, E तथा F द्वारा बेचे गए टिकटों की कुल संख्या है
(a) 47 (b) 46
(c) 45 (d) 44

निर्देश (प्र.सं. 27-31) *निम्न बारम्बारता बंटन सारणी का अध्ययन कीजिए और उसके नीचे दिए हुए प्रश्नों के उत्तर दीजिए।*

वर्ग अन्तराल (₹ में दैनिक आय)	बारम्बारता (श्रमिकों की संख्या)
100-125	45
125-150	25
150-175	55
175-200	125
200-225	140
225-250	55
250-275	35
275-300	50
300-325	20
योग	550

27. वर्ग अन्तरालों की माप क्या है?
(a) 20 (b) 25 (c) 15 (d) 22.5

28. किस वर्ग की सबसे अधिक बारम्बारता है?
(a) 175-200 (b) 200-225
(c) 150-175 (d) 300-325

29. किस वर्ग की सबसे कम बारम्बारता है?
(a) 175-200 (b) 275-300
(c) 300-325 (d) 100-125

30. वर्ग अन्तराल 250-275 की उच्च सीमा क्या है?
(a) 250 (b) 270
(c) 262.5 (d) 275

31. किन दो वर्गों की बारम्बारता एक ही है?
(a) (225-250), (275-300)
(b) (300-325), (125-150)
(c) (225-250), (150-175)
(d) (150-175), (175-200)

32. नीचे दिए गए पैटर्न का अध्ययन कीजिए।

$9 \times 9 + 7 = 88$

$98 \times 9 + 6 = 888$

$987 \times 9 + 5 = 8888$

....

$987654 \times 9 + 2$ क्या है?
(a) 88888 (b) 888888
(c) 8888888 (d) 8898988

33. निम्नलिखित पैटर्न से क्या ज्ञात होता है?

$1 + 1 = 2$

$2 + 2 = 4$

$3 + 3 = 6$

....

$10 + 10 = 20$

(a) गिनती
(b) सम और विषम संख्याएँ
(c) 2 का पहाड़ा निर्माण
(d) अभाज्य संख्याएँ

34. निम्न श्रेणी में अगला क्रम बताइए।

6656, 7767, 8878, ?
(a) 9988 (b) 9899
(c) 9989 (d) 9898

निर्देश (प्र.सं. 35-37) *खींचा गया निम्न पाई-चार्ट किसी एक परिवार के वर्ष 2001 में विभिन्न मदों पर हुए व्यय तथा बचत को दर्शाता है। आलेख का अध्ययन कीजिए और आगे दिए गए प्रश्नों के उत्तर दीजिए।*

एक परिवार द्वारा वर्ष 2001 में विभिन्न मदों पर किए गए खर्च और बचत का प्रतिशत

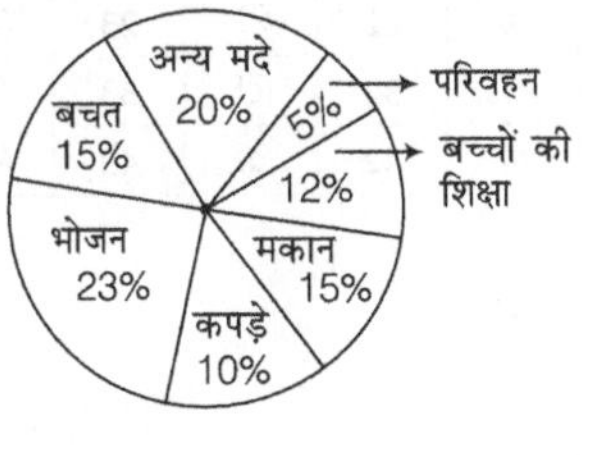

35. परिवार का सबसे अधिक व्यय निम्न पर हुआ
(a) भोजन (b) मकान
(c) बच्चों की शिक्षा (d) अन्य मदें

36. परिवहन और अन्य मदों पर कुल मिलाकर आय का कितना प्रतिशत व्यय हुआ?
(a) 25% (b) 20%
(c) 30% (d) 32%

37. यदि परिवार की कुल आय ₹ 100000 थी, तो बच्चों की शिक्षा पर कितना धन व्यय हुआ?
(a) ₹ 15000 (b) ₹ 12000
(c) ₹ 7000 (d) ₹ 10000

निर्देश (प्र.सं. 38 और 39) *नीचे दिए गए बार डायग्राम का अध्ययन कीजिए तथा इस पर आधारित प्रश्नों के उत्तर दीजिए।*

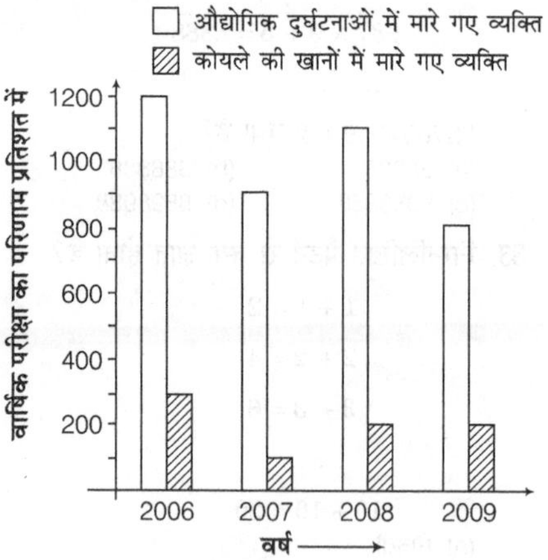

38. वर्ष 2006 में कोयले की खानों में मारे गए व्यक्तियों की संख्या उस वर्ष औद्योगिक दुर्घटनाओं में मारे गए व्यक्तियों की संख्या की कितनी प्रतिशत थी?
(a) 4 (b) 25 (c) 36 (d) 300

39. किस वर्ष, औद्योगिक दुर्घटनाओं तथा कोयले की खानों में कुल मिलाकर मारे गए व्यक्तियों की संख्या सबसे कम थी?
(a) 2006 (b) 2007
(c) 2008 (d) 2009

40. माचिस की तीलियों से बने निम्नलिखित पैटर्न की जाँच कीजिए।
यदि पैटर्न निरन्तर जारी रहे, तो 15वें चरण के लिए कितनी तीलियों की आवश्यकता होगी?

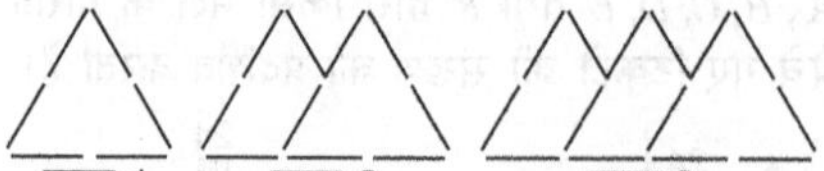

(a) 61 (b) 62
(c) 105 (d) 65

41. "इन दिनों दाम बढ़ने शुरु हो रहे हैं।" निम्नलिखित में से कौन-सा ग्राफ इस स्थिति का निरूपण करता है?

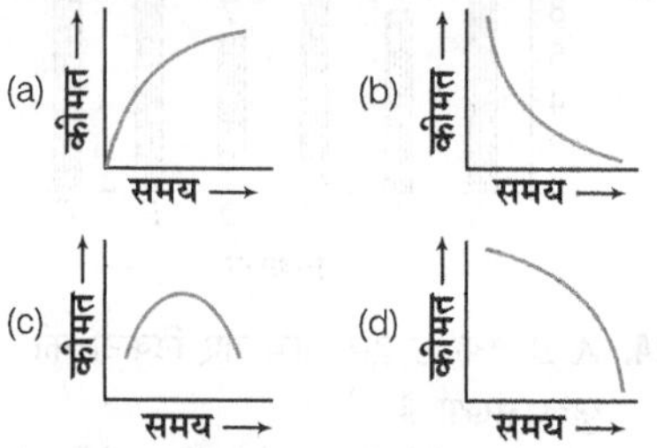

42. यदि एक ऑपरेटर ⊕ को निम्नलिखित रूप में परिभाषित किया जाए
$4 \oplus 3 = 4 + 5 + 6$
$5 \oplus 4 = 5 + 6 + 7 + 8$
$6 \oplus 4 = 6 + 7 + 8 + 9$
तो $n \oplus 8$ का मान क्या होगा?
(a) $8n + 36$ (b) $n + 36$
(c) $n + 28$ (d) $8n + 28$

43. नीचे दिए गए पैटर्न का अध्ययन कीजिए।
$1 \times 1 = 1$
$11 \times 11 = 121$
$111 \times 111 = 12321$
11111×11111 क्या है?
(a) 123454321
(b) 12345421
(c) 123453421
(d) 1234321

44. आँकड़ों के विश्लेषण सम्बन्धी विद्यार्थियों की समझ का आकलन करने के लिए सर्वाधिक उचित रूपात्मक कार्य है
(a) वर्ग पहेली
(b) सर्वेक्षण आधारित परियोजना
(c) प्रश्नोत्तरी
(d) भूमिका निर्वाह (रोल प्ले)

45. निम्नलिखित प्रतिरूप को देखिए
$(9 - 1) \div 8 = 1$
$(98 - 2) \div 8 = 12$
$(987 - 3) \div 8 = 123$
$(9876 - 4) \div 8 = 1234$
इस प्रतिरूप के अनुसार,
$(987654 - 6) \div 8 =$
(a) 123467 (b) 12345
(c) 123456 (d) 123465

46. कक्षा V 'अ' के 13 विद्यार्थी तथा कक्षा V 'ब' के 15 विद्यार्थी एक लेखन प्रतियोगिता में हिस्सा लेते हैं। उनके द्वारा अर्जित अंक इस प्रकार हैं
कक्षा V 'अ' 14, 6, 15, 12, 11,11, 7, 9, 17, 13, 3, 10, 18
कक्षा V 'ब' 13, 9,0, 7,14, 6, 0, 9,16, 9, 13, 16, 5, 18, 11
दिए गए आँकडों से आप क्या निष्कर्ष निकाल सकते हैं?
(a) दोनों विभागों का प्रदर्शन समान रहा क्योंकि दोनों विभागों के द्वारा प्राप्त अधिकतम अंकों का मान 18 है
(b) कक्षा V 'अ' का प्रदर्शन बेहतर रहा क्योंकि V 'अ' का औसत प्राप्तांक अधिक है
(c) दोनों विभागों का प्रदर्शन समान रहा क्योंकि दोनों विभागों के द्वारा प्राप्त कुल अंक बराबर हैं
(d) दोनों विभागों का प्रदर्शन समान रहा क्योंकि दोनों विभागों के द्वारा प्राप्त अंकों का औसत एक-सा है

47. $-1 + 2 - 3 + 4 - 5 + 6 - 7 + \ldots + 1000$ का मान क्या है?
(a) 500 (b) 2000 (c) 0 (d) 1

उत्तरमाला

1	(a)	2	(b)	3	(a)	4	(a)	5	(b)	6	(d)	7	(a)	8	(b)	9	(b)	10	(a)
11	(c)	12	(a)	13	(c)	14	(b)	15	(d)	16	(c)	17	(b)	18	(a)	19	(d)	20	(a)
21	(b)	22	(c)	23	(a)	24	(b)	25	(d)	26	(c)	27	(b)	28	(b)	29	(c)	30	(d)
31	(c)	32	(c)	33	(c)	34	(c)	35	(a)	36	(a)	37	(b)	38	(b)	39	(d)	40	(b)
41	(a)	42	(d)	43	(a)	44	(b)	45	(c)	46	(b)	47	(a)						

उत्तर हल सहित

1. *(a)* वर्ग (125-130) और (155-160) में न्यूनतम लड़कियाँ हैं।

2. *(b)* (140-145) वर्ग में अधिकतम लड़कियाँ हैं।

3. *(a)* 145 सेमी या उससे अधिक लम्बाई की लड़कियों की संख्या

$$= 4 + 2 + 1 = 7$$

4. *(a)* वर्ष 2011 में विशेष कक्षा में दाखिला लेने वाले विद्यार्थियों की संख्या 20 थी, जो अन्य वर्षों की अपेक्षा न्यूनतम थी।

5. *(b)* वर्ष 2010 में दाखिला लेने वाले कुल विद्यार्थी $= 110$

वर्ष 2007 में दाखिला लेने वाले कुल विद्यार्थी $= 50$

अभीष्ट अन्तर $= 110 - 50 = 60$

अतः वर्ष 2010 की तुलना में, वर्ष 2007 में दाखिला लेने वाले विद्यार्थियों की संख्या 60 कम रही।

6. *(d)* वर्ष 2007 से वर्ष 2009 तक दाखिला लेने वाले विद्यार्थियों की संख्या में निरन्तर वृद्धि हुई।

7. *(a)* टेनिस पर खर्च $= \frac{45}{360} \times 100$

$$= \frac{1}{8} \times 100 = \frac{100}{8} = 12\frac{1}{2}\%$$

8. *(b)* क्रिकेट और हॉकी पर कुल खर्च प्रतिशत

$$= \frac{63 + 81}{360} \times 100 = \frac{144}{360} \times 100 = 40\%$$

अतः क्रिकेट और हॉकी पर कुल खर्च राशि

$$= \frac{40}{100} \times 20000000$$

$$= ₹\,8000000$$

9. *(b)* कुल खर्च राशि $= ₹\,18000000$

बास्केटबॉल पर खर्च राशि और टेनिस पर खर्च राशि का अन्तर $= \frac{63 - 45}{360} \times 18000000$

$$= ₹\,900000$$

10. *(a)* विकल्प (a) में वर्ष-दर-वर्ष तापमान की वृद्धि दर्शाई गई है जबकि निरन्तर वृद्धि के सम्बन्ध में अन्य किसी भी विकल्प का आरेख इस स्थिति को नहीं दर्शाता।

11. *(c)* 6 प्रेक्षणों का कुल मान $= 12 \times 6 = 72$

7 प्रेक्षणों का कुल मान $= 7 \times 11 = 77$

7वें प्रेक्षण का कुल मान $= 77 - 72 = 5$

12. *(a)* बहुलक आँकड़ों में से सदैव एक संख्या होती है क्योंकि बहुलक वह पद होता है जिसकी आवृति सबसे अधिक बार होती है।

13. *(c)* आँकड़ों को आरोही क्रम में व्यवस्थित करने पर,

32, 35, 36, 37, 38, 38, 38, 40, 42, 43, 43, 43, 45, 47, 50

पदों की संख्या $n = 15$ (विषम)

माध्यांक $= \left(\frac{15+1}{2}\right)$वाँ पद $= 8$ वाँ पद $= 40$

14. *(b)* इन आँकड़ों में बहुलकों की संख्या 2 है जोकि 38 और 43 है, जिनकी बारम्बारता 3 है।

15. *(d)* आँकड़ों को आरोही क्रम में व्यवस्थित करने पर,

12, 12, 13, 13, 14, 14, 16, 19

पदों की संख्या $n = 8$ (सम)

$$\text{माध्यांक} = \frac{\frac{n}{2}\text{वाँ पद} + \left(\frac{n}{2}+1\right)\text{वाँ पद}}{2}$$

$$= \frac{13 + 14}{2} = \frac{27}{2} = 13.5$$

16. *(c)* विद्यार्थियों द्वारा प्राप्त सबसे अधिक अंक $= 95$

तथा सबसे कम अंक $= 39$

17. *(b)* प्राप्त अंकों का परिसर $= 95 - 39 = 56$

18. *(a)* माध्य अंक

$$= \frac{85 + 76 + 90 + 85 + 39 + 48 + 56 + 95 + 81 + 75}{10}$$

$$= \frac{730}{10} = 73$$

19. *(d)* प्रत्येक चरण में, तत्व वामावर्त दिशा में आधी दूरी तय करता है। तथा पहले के दाएँ एक तत्व तथा मुख्य तत्व के बाएँ एक तत्व जोड़ा गया है।

20. *(a)* पहले से दिए गए वर्ग में प्रत्येक ओर एक भुजा को जोड़ा गया है। नयी भुजा से नया वर्ग बनता है तथा नये बने वर्ग में एक भुजा अन्दर की ओर जोड़ दी जाती है।

21. *(b)* बुधवार में अन्तर $= 32.5° - 15° = 17.5°$

शनिवार में अन्तर $= 42.5° - 24° = 18.5°$

रविवार में अन्तर $= 39° - 23° = 16°$

सोमवार में अन्तर $= 45° - 30° = 15°$

22. *(c)* $2 \star 3 = (2)^2 + 2 \times 3 + (3)^2$

$$= 4 + 6 + 9 = 19$$

23. *(a)* $3 \star (-1) = \frac{3 \times (-1)}{3 + (-1)}$

$$= -\frac{3}{2}$$

पुनः $3 \star \left(-\frac{3}{2}\right) = \frac{3 \times \left(-\frac{3}{2}\right)}{3 - \frac{3}{2}}$

$$= \frac{-\frac{9}{2}}{\frac{3}{2}} = -3$$

24. *(b)* A, B और C द्वारा बेचे गए कुल टिकटों की संख्या $= 16 + 8 + 20 = 44$

25. *(d)* विद्यार्थी D द्वारा सबसे कम (7) टिकट बेचे गए।

26. *(c)* D, E और F द्वारा बेचे गए कुल टिकटों की संख्या $= 7 + 24 + 14 = 45$

27. *(b)* वर्ग अन्तराल की माप $= 125 - 100 = 25$

28. *(b)* वर्ग (200-225) की बारम्बारता 140 है जोकि सबसे अधिक है।

29. *(c)* वर्ग (300-325) की बारम्बारता 20 है जोकि सबसे कम है।

30. *(d)* वर्ग अन्तराल की उच्च सीमा $= 275$

31. *(c)* वर्ग (225-250) और (150-175) की बारम्बारता एक ही है।

32. *(c)* दिए गए पैटर्न के अनुसार अभीष्ट उत्तर $= 987654 \times 9 + 2 = 8888888$

33. *(c)* दिया गया पैटर्न 2 के पहाड़े का बोध कराता है, इससे बच्चे को पहाड़े के निर्माण की मौलिक संक्रिया का ज्ञान हो जाता है।

34. *(c)* 6656 7767 8878 9989

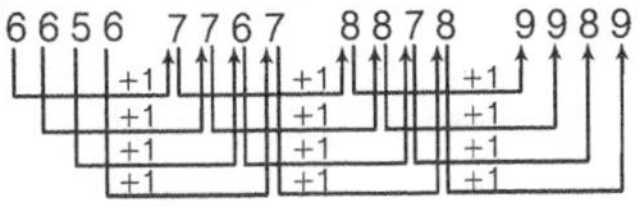

अतः अगला पद 9989 होगा।

35. *(a)* सबसे अधिक व्यय भोजन पर 23% हुआ है।

36. *(a)* परिवहन + अन्य मद $= 5 + 20$
$= 25\%$

37. *(b)* शिक्षा पर व्यय = 100000 का 12%
= 100000 का $\frac{12}{100}$
= ₹ 12000

38. *(b)* अभीष्ट प्रतिशत $= \frac{300}{1200} \times 100$
$= 25$

39. *(d)* वर्ष 2009 में मृतकों की अभीष्ट संख्या
$= 800 + 200$
$= 1000$

40. *(b)* $\because$ प्रथम चरण में तीलियों की संख्या = 6
प्रत्येक चरण में तीलियों की संख्या में वृद्धि = 4
$\therefore$ समान्तर श्रेढ़ी के नियम से,
$a = 6$ तथा $d = 4$
$\because \quad t_n = a + (n-1)d$
$\therefore \quad t_{15} = 6 + (15-1)4$
$= 6 + 56$
$= 62$

$\therefore$ पन्द्रहवें चरण के लिए आवश्यक तीलियों की संख्या = 62

41. *(a)* चूँकि समय और कीमत में एक निश्चित अनुपात में वृद्धि हो रही है, अतः ग्राफ 1 दी गई स्थिति को सन्तुष्ट करेगा।

42. *(d)* $n \oplus 8 = n + (n+1) + (n+2) + (n+3) + \ldots + (n+7)$
$= 8n + (1 + 2 + \ldots + 7)$
$= 8n + 28$

43. *(a)* इस पैटर्न में समान संख्याओं के वर्ग की अवधारणा निहित है।
अतः $11111 \times 11111 = 123454321$

44. *(b)* सर्वेक्षण आधारित परियोजना में विद्यार्थी द्वारा इकट्ठा किए गए आँकड़ें उनसे निकाले गए विभिन्न आँकडों का बिना विश्लेषण किए ज्ञात करना सम्भव नहीं है। अतः उनकी समझ का आकलन करने का यह सर्वोच्चतम रूपात्मक उदाहरण है।

45. *(c)* $(9 - 1) \div 8 = 1$
$(98 - 2) \div 8 = 12$
$\vdots$
$(9876 - 4) \div 8 = 1234$

इस पैटर्न में 9 के 8, 7, 6, 5, 4 आदि रखने पर दाएँ पक्ष की ओर एक-एक संख्या की वृद्धि होकर उतने अंक तक लिखे गए हैं जितने कि 98 .... में हैं।
अतः अभीष्ट संख्या = 123456

46. *(b)* कक्षा V 'अ' का औसत प्राप्तांक
$$= \frac{14 + 6 + 15 + 12 + 11 + 11 + 7 + 9 + 17 + 13 + 3 + 10 + 18}{13}$$
$$= \frac{146}{13} = 11.23$$
कक्षा V 'ब' का औसत प्राप्तांक
$$= \frac{13 + 9 + 0 + 7 + 14 + 6 + 0 + 9 + 16 + 9 + 13 + 16 + 5 + 18 + 11}{15} = \frac{146}{15}$$
$= 9.73$
स्पष्ट है कि कक्षा V 'अ' का प्रदर्शन, कक्षा V 'ब' की तुलना में बेहतर रहा।

47. *(a)* $-1 + 2 - 3 + 4 - 5 + 6 - 7 + \ldots + 1000$
$= (2-1) + (4-3) + (6-5) + \ldots + (1000 - 999)$
$= 1 + 1 + 1 + \ldots + 1 = 500$

हिमाचल प्रदेश शिक्षक पात्रता परीक्षा

HPTET

पर्यावरण अध्ययन एवं सामान्य ज्ञान

अध्याय 01

परिवार एवं मित्र

परिवार

'परिवार' शब्द अंग्रेजी शब्द Family का हिन्दी रूपान्तरण है। Family शब्द की उत्पत्ति लैटिन शब्द Famulus से हुई है, जो प्राय: एक ऐसे समूह के लिए प्रयुक्त होता है, जिसमें माता-पिता, बच्चे आदि शामिल होते हैं साधारण शब्दों में विवाहित जोड़े को परिवार की संज्ञा दी जाती है, किन्तु समाजशास्त्रीय दृष्टिकोण से इसे परिवार शब्द का प्रासंगिक मापदण्ड नहीं माना जाता है। समाजशास्त्रियों के अनुसार, परिवार में पति-पत्नी और बच्चों का होना अनिवार्य होता है। ऐसे में किसी एक के अभाव से वह परिवार न होकर गृहस्थ का रूप ले लेता है। इसलिए ऐसा कहा जाता है कि सभी परिवार गृहस्थ तो होते हैं, लेकिन सभी गृहस्थ परिवार नहीं होते हैं।

सामान्य रूप में परिवार को सामाजिक संगठन की मौलिक इकाई माना जाता है। परिवार से ही बालक की प्रारम्भिक शिक्षा प्रारम्भ होती है। बालक परिवार के द्वारा ही प्रेम, सहयोग, अनुशासन आदि गुण सीखता है। समाज में परिवार अत्यधिक महत्त्वपूर्ण समूह है।

मैकाइवर एवं पेज ने परिवार को परिभाषित करते हुए कहा है *"परिवार पर्याप्त निश्चित यौन सम्बन्ध द्वारा परिभाषित एक ऐसा समूह है, जो बच्चों के जनन एवं पालन-पोषण की उचित व्यवस्था करता है।"*

परिवार के कार्य

- **मैकाइवर** ने परिवार के कार्यों को दो भागों में विभाजित किया है—**आवश्यक** और **अनावश्यक।** परिवार के आवश्यक कार्यों में घर के विभिन्न प्रावधानों को सम्मिलित किया जाता है, जबकि अनावश्यक कार्यों में मनोरंजन से सम्बन्धित कार्यों को सम्मिलित किया जाता है। आर्थिक क्रियाकलाप, शैक्षणिक क्रियाकलाप तथा लैंगिक व प्रजनन के क्रियाकलाप परिवार के आवश्यक कार्यों में सम्मिलित किए जाते हैं।
- **ऑगबर्न** और **निमकॉफ** ने पारिवारिक कार्यों को 6 वर्गों में विभाजित किया है—आर्थिक, प्रकृत्यात्मक, रक्षात्मक, आनन्दपद, धार्मिक और शैक्षणिक क्रियाकलाप।
- **लुण्डबर्ग** ने परिवार के चार प्रमुख मूलभूत क्रियाकलाप बताए हैं, जिनमें प्रमुख रूप से प्राथमिक समूह का सन्तोष, श्रमिकों का सहयोग व विभाजन, बच्चों की देखभाल व प्रशिक्षण तथा यौन व्यवहार और प्रजनन का नियमन आदि सम्मिलित हैं।

परिवार की विशेषताएँ

परिवार की अनेक विशेषताएँ होती हैं, जो निम्नलिखित हैं

- **वंशानुगत सम्बन्ध** पारिवारिक सदस्यों के बीच वंशानुगत सम्बन्ध होते हैं तथा कुछ विशिष्ट गुण एक पीढ़ी से दूसरी पीढ़ी को प्राप्त होते हैं।
- **सामाजिक संस्था** परिवार सामाजिक संस्था की मौलिक इकाई के रूप में कार्य करता है।
- **आर्थिक व्यवस्था** पारिवारिक सदस्य अपने सभी सदस्यों की आर्थिक स्थिति को बेहतर करने के लिए वित्त की व्यवस्था करते हैं।
- **वैवाहिक अनिवार्यता** परिवार में सन्तानोत्पत्ति एवं विवाह की अनिवार्यता होती है। वैवाहिक सम्बन्ध परिवार के वंश की वृद्धि के लिए उत्तरदायी होता है।
- **सामाजिक सुरक्षा की मूलभूत इकाई** पारिवारिक अंग के रूप में सभी सदस्य सुरक्षित महसूस करते हैं, जो उनके विकास के लिए महत्त्वपूर्ण है।

परिवार का वर्गीकरण

सामान्य रूप से परिवार के दो वर्ग होते हैं— एकल और संयुक्त, लेकिन वर्तमान समय में इसके कुछ अन्य वर्ग भी प्रचलित हैं, जो निम्नलिखित हैं

- **एकल परिवार** इसमें पति-पत्नी तथा उनके अविवाहित बच्चे सम्मिलित होते हैं। ऐसे परिवार बढ़ती महँगाई और जनसंख्या के कारण अधिक प्रचलित हो रहे हैं। ऐसे परिवार में कुरीतियों एवं आलस्य का अभाव रहता है, व्यक्तित्व का विकास होता है व कलह की सम्भावना नहीं रहती है। यह संयुक्त परिवार की एक लघु इकाई है।
- **संयुक्त परिवार** ऐसे परिवार में माता-पिता, पुत्र-पुत्री, भाई-बहन, पुत्रवधू एवं उनके बच्चे, दादा-दादी, चाचा-चाची आदि एक साथ संयुक्त रूप से घर में निवास करते हैं। इसमें आदर्श नागरिकों के गुणों का विकास होता है, सामाजिक सुरक्षा की भावना विकसित होती है, श्रम विभाजन की व्यापक सुविधा रहती है। आलस्य का अभाव रहता है। भारतीय सामाजिक परिवेश में संयुक्त परिवार ही जीवन का आधार है।

परिवार के अन्य प्रकार

परिवार के अन्य प्रकार निम्न हैं—

- **मातृस्थान परिवार** यह परिवार का वह प्रकार है, जिसमें विवाहित युगल स्त्री के परिवार के साथ निवास करते हैं। **पितृस्थान परिवार** यह परिवार का वह प्रकार है, जिसमें विवाहित युगल पुरुष के परिवार के साथ निवास करते हैं।

- **वैवाहिक परिवार** यह एकल परिवार का ही रूप है। इसे सन्तान बढ़ाने वाला परिवार भी कहा जाता है। यह वह परिवार होता है, जो एक के बाद एक के विवाह के बाद बनता है।
- **समरक्त सम्बन्धी परिवार** यह भी संयुक्त परिवार का ही एक रूप है। इसको अभिविन्यास परिवार भी कहा जाता है। इसमें समान रक्त समूह के लोग सम्मिलित होते हैं क्योंकि इनकी उत्पत्ति एक ही रक्त से होती है।

परिवार का महत्त्व

परिवार के महत्त्व को हम निम्न रूप में देख सकते हैं

- परिवार ही वह प्रासंगिक स्थान है, जहाँ सर्वप्रथम बालक का समाजीकरण होता है। परिवार के बड़े लोगों का जैसा आचरण और व्यवहार होता है, बालक भी वैसा ही आचरण और व्यवहार करने का प्रयत्न करता है।
- बालक के परिवार की सामाजिक स्थिति भी बालक के सामाजिक विकास को प्रभावित करती है।
- माता-पिता के स्वास्थ्य और शारीरिक रचना का प्रभाव उनके बच्चों पर भी पड़ता है। यदि वे रोगी और निर्बल हैं तो ऐसी सम्भावना होती है कि उनके बच्चे भी वैसे ही हो सकते हैं। स्वस्थ माता-पिता की सन्तान का ही स्वस्थ शारीरिक विकास होता है।
- बालक के स्वाभाविक विकास में वातावरण के तत्व सहायक होते हैं। बालक को सही वातावरण उपलब्ध करवाने की जिम्मेदारी उसके परिवार की ही होती है।
- बालक की नियमित दिनचर्या का प्रभाव उसके शारीरिक विकास पर पड़ता है और इसे नियमित करने की जिम्मेदारी भी परिवार की ही होती है।
- बालक के उचित शारीरिक विकास में उसे अपने परिवार से प्राप्त प्रेम एवं सुरक्षा की भावना का भी अहम् योगदान होता है।
- बालक के समुचित शारीरिक विकास हेतु खेल एवं व्यायाम के लिए समुचित सुविधाएँ एवं समय उपलब्ध करवाने की जिम्मेदारी भी उसके परिवार की ही होती है।
- बालक की मानसिक क्षमता के विकास में उसके वंशानुक्रम का प्रमुख योगदान होता है, जो उसे उसके परिवार (माता-पिता) से प्राप्त होता है।
- मानसिक विकास में बालक के भाषा विकास का भी महत्त्वपूर्ण योगदान होता है, जिसमें उसके परिवार की भूमिका सर्वाधिक अहम् होती है।
- परिवार जिसमें माता-पिता में अच्छे सम्बन्ध होते हैं, जिसमें वे अपने बच्चों की रुचियों और आवश्यकताओं को समझते हैं एवं जिसमें आनन्द एवं स्वतन्त्रता का वातावरण होता है इसका सकारात्मक प्रभाव बालक के मानसिक विकास पर पड़ता है।
- अच्छी आर्थिक स्थिति वाले परिवार में ही बालक को पौष्टिक भोजन, सही शिक्षा का वातावरण, खेल एवं मनोरंजन के अवसर आदि उपलब्ध होते हैं।
- माता-पिता की शिक्षा का भी बालक के मानसिक विकास पर प्रभाव पड़ता है।

मित्र

बालक के कार्यों में उसका सहयोग करने वाला अथवा उसके साथ खेलने वाला बालक उसका मित्र कहलाता है। यह आवश्यक नहीं कि समुदाय के सभी बालकों के साथ बालक के सम्बन्ध अच्छे हों। जिन बालकों के साथ बालक का सम्बन्ध अच्छा होता है एवं जिनके साथ वह रहना, कार्य करना एवं खेलना पसन्द करता है, उन्हें हम उसका मित्र (Friend) कहते हैं।

मित्रता एक ऐसा रिश्ता है, जो अन्य रिश्तों की भाँति थोपा नहीं जा सकता। अपनी सुविधा एवं रुचि के अनुसार देख-परख कर मित्र चुनने की स्वतन्त्रता होती है। यह एक ऐसा बन्धन होता है, जो लोगों के मन को जोड़ता है और इसी के आधार पर वे एक-दूसरे के लिए कुछ भी करने को तैयार रहते हैं। मित्रों के बीच के आपसी सम्बन्धों को मित्रता कहते हैं।

मित्रता का वर्गीकरण

अरस्तू ने मित्रता का वर्गीकरण तीन भागों में निम्नलिखित प्रकार से किया है।

- **उपयोगिता की मित्रता** इस प्रकार की मित्रता में मित्र वही होता है, जिसकी मित्रता में अपना हित दिखाई देता है।
- **आनन्द की मित्रता** इस प्रकार की मित्रता में मित्रों के बीच आपसी हित को लेकर सहमति होती है एवं जो अपनी आपसी खुशी मित्रों के बीच बाँटते हैं।
- **अच्छी मित्रता** इस प्रकार की मित्रता में दो मित्रों के बीच आपसी सम्मान का भाव होता है और वह एक-दूसरे के साथ का आनन्द लेते हैं। इसमें मित्रता हित पूर्ति व आनन्द के लिए नहीं होती है।

मित्रता का महत्त्व

मित्र व मित्रता का महत्त्व बच्चों के सर्वांगीण विकास में सहायक सिद्ध होता है। इस प्रकार से मित्रता के कुछ महत्त्व निम्नलिखित हैं

- एक मित्र बालक के खेल-कूद व अन्य कार्यों को सम्पन्न करने में सहायक होता है।
- एक अच्छा मित्र बालक को कुसंगति से बचाने की कोशिश करता है। एक अच्छा मित्र ही सामाजिक आदर्शों एवं मूल्यों को सिखाता है। अच्छा मित्र बच्चों को पाश्विक प्रवृत्ति अपनाने से बचाता है।
- बच्चों के मानसिक विकास में भी मित्रता व मित्र की भूमिका महत्त्वपूर्ण होती है।

सम्बन्ध

सम्बन्ध (Relation) वह बुनियाद होती है, जिसमें दो अथवा दो से अधिक लोग खून या विवाह और भावनाओं के आधार पर एक-दूसरे से जुड़े होते हैं। बालक परिवार में सदस्यों एवं रिश्तेदारों से प्रत्यक्ष और परोक्ष रूप से आदर्शों, मूल्यों, रीति-रिवाजों एवं विश्वासों आदि को धीरे-धीरे सीखता है।

बालक के सभी सम्बन्धियों (Relations) का उसके व्यक्तित्व के विकास पर प्रभाव पड़ता है, किन्तु परिवार के प्रमुख सदस्यों का उस पर गहरा प्रभाव पड़ता है। जैसे-जैसे बालक बड़ा होता जाता है, वैसे-वैसे वह अपने माता-पिता, भाई-बहनों तथा परिवार के अन्य सदस्यों के सम्पर्क में आते हुए प्रेम, सहानुभूति, सहनशीलता तथा सहयोग आदि अनेक सामाजिक गुणों को आत्मसात करने लगता है।

यह आवश्यक नहीं कि प्रत्येक बालक के परिवार में चाचा-चाची, बुआ-फूफा; जैसे सम्बन्धी (Relation) विद्यमान हों। कक्षा में मौजूद बच्चों की पारिवारिक विविधता से शिक्षक बालकों को इसके विषय में विभिन्न प्रकार की जानकारियाँ उपलब्ध करा सकते हैं।

सम्बन्धों का वर्गीकरण

सामान्य रूप में सम्बन्ध दो प्रकार के होते हैं, जो निम्नलिखित हैं

- **वैवाहिक सम्बन्ध** सामान्यतौर पर इस प्रकार के सम्बन्ध विवाह के कारण उत्पन्न होते हैं; जैसे— पति-पत्नी, सास-बहू आदि।
- **समरक्त सम्बन्ध** इस प्रकार के सम्बन्ध रक्त के आधार पर बनते हैं। ऐसे सम्बन्धों की सामाजिक स्वीकृति आवश्यक होती है, जबकि प्राणी शास्त्रीय सम्बन्धों में स्वीकृति आवश्यक नहीं होती है; जैसे—माता-पिता एवं पुत्र-पुत्री के बीच का सम्बन्ध।

कार्य एवं खेल

कार्य की जिम्मेदारी वयस्कों की होती है, तो वहीं खेल-कूद बच्चों के लिए अनिवार्य होते हैं। बच्चे स्वयं को खेल-कूद में व्यस्त रखते हैं इस कार्य में इन्हें परिवार के सदस्यों से सहयोग प्राप्त होता है। बाल्यावस्था से ही बालक में रचनात्मक प्रवृत्तियाँ विकसित होने लगती हैं।

रचनात्मक खेल वे सक्रिय खेल हैं, जिनसे बच्चे को कुछ नया करने की कल्पनाशक्ति मिलती है। बाल्यावस्था से ही बालकों में रचनात्मक प्रवृत्तियाँ विकसित होने लगती हैं। वस्तुत: रचनात्मक खेल कल्पनात्मक खेलों से अत्यधिक समानता रखते हैं क्योंकि रचनात्मकता, कल्पनाशक्ति द्वारा प्रभावित होती है।

खेल-खेल में बच्चे सहज रूप से सीखते हैं। बालकों को विभिन्न प्रकार के प्रयोगों एवं खेलों द्वारा सीखना अधिक आसान हो जाता है तथा इससे पाठ भी रुचिकर हो जाता है। आरम्भ में वस्तुओं को एक के ऊपर एक लगाना, ब्लॉक जोड़कर आकृतियाँ बनाना आदि रचनात्मक खेल बालकों द्वारा खेला जाता है। प्रोजेक्ट विधि, किण्डरगार्टन विधि, मोण्टेसरी विधि, डाल्टन विधि, ह्यूरिस्टिक विधि, बेसिक शिक्षा, इत्यादि खेल-कूद एवं सामान्य क्रियाकलापों द्वारा बच्चों को शिक्षा देने की कुछ प्रमुख विधियाँ प्रचलित हैं।

खेल का बालकों के विकास में योगदान

खेल-कूद से बच्चों का शारीरिक व मानसिक विकास होता है, इसलिए इसके महत्त्व को हम निम्न रूप में देख सकते हैं

- यह बच्चों के शारीरिक, सामाजिक एवं ज्ञानात्मक क्षमता के विकास में सहायक होता है। इससे बच्चे स्फूर्तिवान बने रहते हैं और साथ ही नियमित रूप से विभिन्न क्रियाकलाप करते हैं।
- इससे शरीर की माँसपेशियाँ एवं हड्डियाँ मजबूत होती हैं। रक्त का संचार सुचारू रूप से होता है। पाचन क्रिया सुदृढ़ होती है। शरीर को अतिरिक्त ऑक्सीजन मिलती है और फेफड़े मजबूत होते हैं।
- खेल-कूद के दौरान शारीरिक अंगों के सक्रिय रहने के कारण शरीर की रोग प्रतिरोधक क्षमता बढ़ती है।
- खेल-कूद बच्चों के मानसिक विकास को तीव्रता प्रदान करता है। खेल-कूद भावनात्मक रूप से कमजोर बच्चों के लिए थेरेपी का कार्य करता है, जिससे वह सामाजिक परिवेश में समायोजन स्थापित कर लेते हैं।
- यह बच्चों को स्वयं निर्णय लेने में सक्षम बनाते हैं। खेल-कूद बच्चों की शिक्षा में भी महत्त्वपूर्ण भूमिका निभाते हैं। इसलिए बालकों की शिक्षा में खेल-कूद को उचित स्थान दिया जाता है।

अभ्यास प्रश्न

1. परिवार क्या है?
(a) एक समूह
(b) एक समुदाय
(c) एक सामाजिक संस्था
(d) एक भीड़

2. समाजशास्त्रियों के अनुसार परिवार में
(a) पति-पत्नी और बच्चों का होना अनिवार्य है
(b) माता-पिता और पति-पत्नी का होना अनिवार्य है
(c) माता-पिता और बच्चों का होना अनिवार्य है
(d) उपरोक्त सभी

3. सामाजिक जीवन की प्रारम्भिक पाठशाला किसे कहा जा सकता है?
(a) परिवार (b) गाँव
(c) विद्यालय (d) इनमें से कोई नहीं

4. किसने परिवार के कार्यों का वर्गीकरण आवश्यक और अनावश्यक रूप में किया?
(a) मैकाइवर (b) लुण्डबर्ग
(c) ऑगबर्न (d) निमकॉफ

5. परिवार के मुख्य शारीरिक कार्य हैं
(a) पालन-पोषण (b) भोजन
(c) शारीरिक सुरक्षा (d) ये सभी

6. परिवार की सामान्य विशेषता है
(a) विवाह सम्बन्ध
(b) सामान्य निवास
(c) वंशवाद
(d) उपरोक्त सभी

7. निम्नलिखित में से कौन-सा संयुक्त परिवार का एक गुण नहीं है?
(a) आलस्य का अभाव
(b) कृषि व्यवस्था के लिए उपयुक्त
(c) श्रम विभाजन की सुविधा
(d) उपरोक्त में से कोई नहीं

8. एकल परिवार के तीव्र प्रचलन के लिए क्या उत्तरदायी है?
(a) महँगाई
(b) जनसंख्या
(c) कलह की सम्भावना में कमी
(d) उपरोक्त सभी

9. भारतीय परिवार का स्वरूप है
(a) मातृसत्तात्मक
(b) पितृसत्तात्मक
(c) मातृस्थानीय
(d) उपरोक्त में से कोई नहीं

10. निम्नलिखित में से कौन-सा परिवार समरक्त सम्बन्धी परिवार का उदाहरण है?
(a) एकल परिवार
(b) वैवाहिक परिवार
(c) संयुक्त परिवार
(d) उपरोक्त सभी

11. किस प्रकार के परिवार में विवाहित युगल स्त्री के परिवार के साथ निवास करते हैं?
(a) पितृस्थान (b) मातृस्थान
(c) वैवाहिक (d) एकल

12. निम्नलिखित में से किस परिवार को अभिविन्यास परिवार भी कहा जाता है?
(a) समरक्त (b) वैवाहिक
(c) पितृस्थान (d) मातृस्थान

13. समरक्त सम्बन्ध का उदाहरण किस प्रकार के परिवार में परिलक्षित होता है?
(a) एकल
(b) संयुक्त
(c) 'a' और 'b' दोनों
(d) उपरोक्त में से कोई नहीं

14. बालकों का समाजीकरण सर्वप्रथम किसके द्वारा होता है?
(a) परिवार के द्वारा
(b) मित्रों के द्वारा
(c) शिक्षा के द्वारा
(d) रिश्तेदारों के द्वारा

15. निम्नलिखित में से कौन-सी मित्रता सर्वोत्तम है?
(a) आनन्द की मित्रता
(b) उपयोगिता की मित्रता
(c) अच्छाई की मित्रता
(d) उपरोक्त सभी

16. अरस्तू द्वारा मित्रता के वर्गीकरण में क्या सम्मिलित है?
(a) उपयोगिता की मित्रता
(b) आनन्द की मित्रता
(c) अच्छाई की मित्रता
(d) उपरोक्त सभी

17. रिश्ते का क्या आधार होता है?
(a) रक्त
(b) विवाह
(c) भावनाएँ
(d) उपरोक्त सभी

18. समरक्त सम्बन्ध में सम्बन्ध का आधार क्या होता है?
(a) रक्त
(b) विवाह
(c) 'a' और 'b' दोनों
(d) उपरोक्त में से कोई नहीं

19. खेल-कूद भावनात्मक रूप से कमजोर बच्चों के लिए क्या कार्य करता है।
(a) रचनात्मक प्रवृत्तियाँ
(b) कल्पनाशक्ति
(c) थेरेपी
(d) उपरोक्त सभी

20. खेल-कूद बच्चों के ...... विकास में सहायक होता है।
(a) ज्ञानात्मक (b) सामाजिक
(c) शारीरिक (d) ये सभी

21. "परिवार एक इकाई होता है, जिसमें माँ, पिता और उनके दो बच्चे होते हैं।" यह कथन
(a) सही नहीं है, क्योंकि इस कथन में यह स्पष्ट करना चाहिए कि बच्चे जैविक होते हैं
(b) सही नहीं है, क्योंकि परिवार कई प्रकार के होते हैं तथा परिवार का केवल एक ही प्रकार में वर्गीकरण नहीं किया जा सकता
(c) सत्य है, क्योंकि यह किसी आदर्श परिवार का आकार है
(d) सत्य है, क्योंकि सभी भारतीय परिवार इसी प्रकार के होते हैं

उत्तरमाला

1	(c)	2	(a)	3	(a)	4	(a)	5	(d)	6	(d)	7	(a)	8	(d)	9	(b)	10	(c)
11	(b)	12	(a)	13	(c)	14	(a)	15	(c)	16	(d)	17	(d)	18	(a)	19	(c)	20	(d)
21	(c)																		

अध्याय 02

जन्तु और पौधे

सजीवों को पादप जगत् जन्तु जगत् तथा सूक्ष्म जीवों में विभक्त किया जाता है। सजीव प्राणी बहुकोशीय तथा एककोशीय भी हो सकते हैं, लेकिन कालान्तर में हिबटेकर ने सजीवों को 5 प्रमुख वर्गों में विभाजित किया, जो निम्नलिखित हैं

मोनेरा — जीवाणुओं का अध्ययन

प्रोटिस्टा — अमीबा और पैरामीशियम का अध्ययन

कवक — मशरूम और फफूँद का अध्ययन

पादप जगत् — पौधों का अध्ययन

जन्तु जगत् — जन्तुओं का अध्ययन

पौधे

पौधे (Plants) पर्यावरण एवं पारिस्थितिकी तन्त्र के लिए अति आवश्यक होते हैं, क्योंकि ये पारिस्थितिकी तन्त्र के लिए ऊर्जा उपलब्ध कराते हैं। इसके अलावा मनुष्य तथा जीव-जन्तु भी अपने खाद्य पदार्थों का अधिकांश भाग पेड़-पौधों से ही प्राप्त करते हैं।

बालकों का अपनी बाल्यावस्था में ही पेड़-पौधों आदि से परिचय होता है, इसलिए परिवार के सदस्यों को चाहिए कि वह बालक को पेड़-पौधों के विषय में आवश्यक जानकारी दें ताकि पौधे बालक के लिए लाभकारी भूमिका निभाएँ।

पौधे के भाग एवं उनकी भूमिका

प्राय: सभी पौधों में जड़, तना, पत्ती, फल एवं फूल पाए जाते हैं, जबकि, कवक (शैवाल) आदि में इस प्रकार की चीजें दिखाई नहीं देती हैं। पौधों के इन भागों का विवरण अग्रलिखित है

जड़

- यह पौधे का वह भाग है, जो प्राय: भूमि के अन्दर रहता है। जड़ (Root) दो प्रकार की होती हैं मूसला जड़ और झकड़ा जड़।
- मूसला जड़ के उदाहरण—मटर, चना, मूली, गाजर, सरसों, जामुन, शलजम, आम, चुकन्दर आदि। झकड़ा जड़ के उदाहरण—गेहूँ, घास, गन्ना, मक्का, प्याज, लहसुन आदि।
- **जड़ का महत्त्व** (Importance of Roots) यह पौधों को जमीन से पकड़े रहता है तथा जमीन से जल एवं खनिज पदार्थ अवशोषित करके तने के विभिन्न भागों में स्थानान्तरित करता है।

तना

- यह पौधे का वह भाग है, जो प्राय: भूमि के ऊपर रहता है। तना (Stem) हरा व भूरे रंग का होता है। तने से ही टहनियाँ एवं पत्तियाँ निकलती हैं।
- **तना का महत्त्व** (Importance of Stem) यह जड़ द्वारा अवशोषित जल व खनिज पदार्थ को पत्ती तथा पौधों के अन्य भागों में पहुँचाने का कार्य करती है। आलू, अदरक जैसे कुछ तने जमीन के अन्दर भी होते हैं, जिनको हम खाते हैं।

पत्ती

- पौधों की पत्तियाँ, तनों व टहनियों के सहारे निकलती हैं। पत्तियाँ (Leaves) मुख्य रूप से हरे रंग की होती हैं, जबकि कुछ पौधों की पत्तियाँ लाल, बैंगनी तथा पीले रंग की भी होती हैं।
- **पत्तियों का महत्त्व** (Importance of Leaf) पत्तियाँ सूर्य की रोशनी में जल और कार्बन डाइऑक्साइड की सहायता से प्रकाश संश्लेषण करती हैं, जिससे पौधों में भोजन का निर्माण होता है। पत्तियों से जो जलवाष्प बाहर निकलती है, उसे वाष्पोत्सर्जन कहा जाता है।

प्रकाश संश्लेषण

सजीव कोशिकाओं के द्वारा प्रकाशीय ऊर्जा को रासायनिक ऊर्जा में परिवर्तित करने की क्रिया प्रकाश संश्लेषण कहलाती है। लाल रंग के प्रकाश में यह क्रिया अधिक होती है तत्पश्चात् बैंगनी रंग के प्रकाश में सर्वाधिक होती है। हरे रंग के प्रकाश में प्रकाश संश्लेषण की क्रिया पूरी तरह रुक जाती है।

नागफनी Cactus में प्रकाश संश्लेषण की प्रक्रिया उसके हरे रंग वाले तने में होती है, क्योंकि उसकी पत्तियाँ काँटेदार होती हैं।

फाख्ता नामक पक्षी जो काफी छोटा होता है कैक्टस के काँटों के बीच घोंसला बनाकर रहता है।

फूल

- फूल (Flower) नए पौधों के विकास में सहायता करते हैं, क्योंकि फूल पौधों के प्रजनन अंग होते हैं। फूलों की पंखुड़ियाँ रंगीन होती हैं।
- भिन्न-भिन्न प्रकार के पौधों की पंखुड़ियों का रंग भी भिन्न भिन्न होता है। फूल के कई भाग होते हैं, जैसे-बाह्यदल, पंखुड़ियाँ, स्त्रीकेसर व पुंकेसर आदि।
- फूलों में सबसे बड़ा फूल रफलेसिया तथा सबसे छोटा फूल वूलफिया है। फूलों की घाटी चमोली, उत्तराखण्ड में अवस्थित है।

- **फूलों का महत्त्व** Importance of Flower परागण की प्रक्रिया फूल द्वारा ही सम्पन्न होती है। इसी प्रक्रिया के द्वारा पौधे में प्रजनन क्रिया होती है। परागण की प्रक्रिया कई प्रकार से होती है; जैसे-वायु द्वारा, कीटों द्वारा, जल द्वारा, पक्षियों द्वारा, जन्तुओं जैसे-चमगादड़ व घोंघा इत्यादि के द्वारा।
- कुछ फूलों को खाया भी जाता है; जैसे—केला, सहजन, कद्दू, तौरई।
- कुछ फूलों से इत्र बनाए जाते हैं तथा इनसे ही लौंग व केसर इत्यादि प्राप्त होते हैं।

फल

- फल (Fruit) का निर्माण फूलों के अण्डाशय भाग से होता है। फलों के अन्दर बीज भी होता है। फल सामान्यत: मीठे और खट्टे दोनों प्रकार के होते हैं।
- फल के उदाहरण है; जैसे—सेब, अमरूद, अनार, टमाटर, नींबू आदि।

बीज

- फूलों में पाए जाने वाले बीजाण्ड बीज (Seeds) बनाते हैं बीजों के अन्दर भ्रूण होता है, जो नमी व वायु की उपस्थिति में अंकुरित होता है।
- **बीज का महत्त्व** Importance of Seeds कुछ बीजों से तेल निकाले जाते हैं। कई प्रकार के बीजों को खाया भी जाता है; जैसे-मूँगफली, दालें, चावल, गेहूँ आदि।

पौधों के प्रकार

भौतिक विशेषता अथवा आकार के आधार पर पौधों के निम्नलिखित वर्गीकरण हैं

- **शाक** (Herbs) ये आकार में बहुत छोटे होते हैं। इनका तना हरे रंग का होता है, जो बहुत ही कोमल होता है। इसमें अत्यधिक टहनियाँ नहीं पाई जाती हैं। इसके उदाहरण हैं—धनियाँ, मेथी, पालक आदि।
- **झाड़ी** (Shrubs) इनका आकार शाक से बड़ा होता है। इनका तना मोटा व कठोर होता है। जिसमें कई सारी शाखाएँ इनके तने के आधार से निकलती हैं, इसके उदाहरण हैं—गुलाब, गुड़हल, नींबू आदि।
- **वृक्ष** (Tree) इनका आकार बहुत बड़ा एवं विशाल होता है। इनका तना कठोर, मोटा एवं भूरे रंग का होता है। इनके तने से कई शाखाएँ निकलती हैं, जो चारों ओर फैली होती हैं; जैसे—आम, नीम, जामुन, पीपल, कीकर इत्यादि।
- **लताएँ** (Creepers) ये वो पौधे होते हैं, जो अत्यन्त कमजोर होते हैं, जो सीधे स्थिर नहीं हो पाते, इनको स्थिर रहने के लिए सहायता की आवश्यकता होती है। इनके दो वर्ग हैं
  1. **विसर्जी लता** (Creepers) सामान्यरूप से ये लताएँ जमीन के बहुत बड़े-भू-भाग पर फैली होती हैं। इसके उदाहरण हैं—खीरा, खरबूजा, तरबूज, पुदीना आदि।
  2. **आरोही लता** (Climber Creepers) ये लताएँ किसी ढाँचे की सहायता से सीधे खड़ी होती हैं या ऊपर चढ़ती हैं, जिससे यह वृक्ष के तनों के चारों ओर लिपटी होती हैं। इसके उदाहरण है—मनीप्लान्ट, मटर, अमरबेल इत्यादि।

क्षेत्र के आधार पर पौधों का वर्गीकरण

क्षेत्र के आधार पर पौधों के निम्न प्रकार होते हैं

- **जलोद्भिद्** (Hydrophyte) ये पानी में पाए जाते हैं, जिनकी जड़ कम विकसित होती हैं। इनकी पत्तियाँ पतली व संकरी होती हैं जिस पर मोम की परत होती है। इसके उदाहरण हैं—कमल, हाइड्रिला, जललिली।
- **लवणोद्भिद्** (Halophytes) इस प्रकार के पौधे दलदली क्षेत्रों में पाए जाते हैं। इन पौधों की जड़ें जमीन से ऊपर निकली हुई होती हैं। साल्ट मार्स (Salt Marsh) इसका उदाहरण है।
- **समोद्भिद्** (Mesophyte) ये पौधे खेती योग्य जमीन पर पाए जाते हैं। इनका तना ठोस और शाखा युक्त होता है। इसके उदाहरण हैं-मक्का, टमाटर, गेहूँ, धान आदि।
- **मरुद्भिद्** (Xerophyte) ये पौधे मरुस्थलीय क्षेत्रों में पाए जाते हैं इनकी पत्तियाँ छोटी-छोटी एवं जड़ें गहरी होती हैं। इन पौधों का तना गद्देदार एवं मोम की परत से ढका होता है। इसका उदाहरण नागफनी, एकासिया, यूफोबिया आदि।

कुछ विशेष पौधे/वृक्ष

कुछ विशेष पौधे व वृक्ष निम्नलिखित हैं—

- **बरगद** यह एक विशालकाय वृक्ष होता है जिसका फैलाव अधिक होता है। इनकी शाखाओं से जड़ें भी निकलती हैं जिनको स्तम्भ जड़ (Tap root) भी कहा जाता है।
- **क्रोटन** यह पौधा फसल के साथ बोया जाता है, जो यह बताने में समर्थ है कि फसल को कब पानी की आवश्यकता होती है। इसकी जड़ें अधिक नीचे तक नहीं होती हैं। जब यह मुरझाने लगता है तो यह पता चलता है कि फसल को सिंचाई की आवश्यकता है।
- **केला** केले का पौधा एक प्रकार का शाक है, जिसका तना कमजोर व हरा होता है। केले के फूल व फल दोनों खाए जाते हैं।
- **खेजड़ी** यह भारत के रेगिस्तानी क्षेत्रों में पाई जाती है इसको अधिक पानी की आवश्यकता नहीं होती है तथा इनकी फलियों की सब्जी बनती है। इस पेड़ की छाल से दवा बनाई जाती है और इसकी लकड़ी में कीड़े नहीं लगते हैं। यह छायादार होता है।
- **रेगिस्तानी ओक** यह मुख्यतया ऑस्ट्रेलिया के रेगिस्तानी क्षेत्रों में पाया जाता है। इसकी जड़ें गहरी होती हैं तथा यह पानी में स्थिर होता है और इनमें पत्तियाँ बहुत कम होती हैं। इस क्षेत्र के निवासी इस पेड़ के तने में पतला पाइप डालकर पानी बाहर निकालते हैं।
- **घटपर्णी** (नीपेन्थिस) यह पेड़ कीड़े-मकोड़ों, मेंढकों, चूहों एवं छोटे जीवों को खा जाता है इसलिए इसको कीट-भक्षी पौधा भी कहा जाता है। इनका आकार लम्बा घड़े जैसा होता है, जिस पर पत्तीनुमा ढक्कन होता है। इस पौधे से एक खुशबू निकलती है, जिससे आकर्षित होकर कीड़े-मकोड़े इस पौधे के पास आते हैं। यह भारत में मेघालय के साथ-साथ इण्डोनेशिया एवं ऑस्ट्रेलिया में भी पाया जाता है। यह पेड़ प्रकाश-संश्लेषण की क्रिया भी करता है। यह नाइट्रोजन की पूर्ति के लिए कीटों का भक्षण करता है।

पौधों का महत्त्व

पौधों के महत्त्व को हम निम्न रूप में देख सकते हैं

- पौधे हवा को शुद्ध करते हैं और वातावरण में ऑक्सीजन की मात्रा को बढ़ाते हैं। पौधे जीवन के लिए भी आवश्यक होते हैं, क्योंकि यह प्रकृति में सन्तुलन बनाते हैं।
- पौधे मृदा क्षरण को रोकते हैं और मृदा की उर्वरा शक्ति को भी बढ़ाते हैं। वातावरण की सौन्दर्यता को बढ़ाने में कई श्रृंगारिक पौधे विशेष रूप से सहायक होते हैं। मरुद्भिद् के उदाहरण नागफनी, युफोर्बिया एवं एकासिया इत्यादि हैं।

इस प्रकार से हम पाते हैं कि कुछ पौधे विविध उत्पादों के कारण अपनी विशेष महत्ता रखते हैं। इस प्रकार के कुछ विवरण निम्नलिखित हैं

अनाज और दालें	सब्जियाँ	खाद्यतेल	पेय पदार्थ	रेशेदार पदार्थ	औषधियाँ
अनाज गेहूँ, चावल, ज्वार, बाजरा, मक्का	**जड़** मूली, गाजर, चुकन्दर, शलजम	**बीजों से** तिल, सरसों, मूँगफली	चाय	कपास	**पेनिसिलियम** कवक
दालें मटर, चना, अरहर, मूंग, मसूर	**तना** आलू, अरबी, अदरक	**फूलों से** चमेली, गुलाब	कहवा	जूट	**ऐट्रोपीन** बेलाडोना
	पत्ती पालक, बथुआ, मेथी, सरसों	**फलों से** नारियल	कोको	सन	**कुनैन** सिनकोना
	फूल फूलगोभी **फल** तौरई, भिण्डी, टमाटर				**मारफीन** अफीम **ईसबगोल** ईसबगोल

बच्चों के लिए पौधों का महत्त्व

बच्चों के लिए पौधे अनेक आयामों में लाभकारी होते हैं

- पौधे के महत्त्व को हम इस रूप में देखते हैं कि वह मानव एवं जन्तु के लिए जीवनदायिनी गैस के साथ-साथ खाद्य पदार्थ भी उपलब्ध कराते हैं।
- पेड़-पौधों की वृद्धि और विकास से बच्चे भलीभाँति अवगत एवं प्रभावित होते हैं, जिससे उनकी पौधे के विकास व वृद्धि के विषय में जानने की उत्सुकता बढ़ती है, जो बच्चों के लिए लाभकारी होता है।

जन्तु

पृथ्वी के वातावरण में असंख्य प्रकार के जीव जन्तु पाए जाते हैं। जिनके वास स्थान, प्रजनन, भोजन आदि भी भिन्न होते हैं। जन्तु (Animals) पर्यावरण के लिए लाभकारी होते हैं और मनुष्य के लिए उपयोगी। मानव के प्रारम्भिक जीवन से ही जन्तुओं की महत्ता रही है। मनुष्य की तरह जन्तुओं को भी आवास, भोजन एवं जल की आवश्यकता होती है। पारिवारिक सदस्यों की भाँति बालक भी पालतू पशुओं के स्वभाव, आवास, विभिन्न क्रियाओं एवं भोजन आदि की जानकारी रखता है। पालतू पशुओं का बालक के व्यक्तित्व पर व्यापक प्रभाव पड़ता है।

जन्तुओं का वासस्थान

जन्तु उन स्थानों पर रहना पसन्द करते हैं, जो उनके लिए अनुकूल हो और उनकी खाद्य-सामग्रियों के लिए अनुकूल हो। आज पृथ्वी के प्रत्येक भाग में भिन्न-भिन्न प्रकार के जन्तु पाए जाते हैं, कुछ जन्तु जल में रहते हैं; जैसे—मछलियाँ, ऑक्टोपस। कुछ जन्तु स्थल पर निवास करते हैं, जैसे-पक्षी एवं स्तनपायी परन्तु कुछ जन्तु जल और भूमि (स्थल) दोनों पर निवास करते हैं उन्हें उभयचर जन्तु कहा जाता है जैसे मेंढक एवं सेलामेण्डर। कुछ जन्तुओं की त्वचा पर धारीदार चिन्ह भी होते हैं यह उनके अनुकूलन के गुणों के कारण होता है, जो उनके जलवायु प्रदेश के कारण होते हैं, जहां वे वास करते हैं।

जन्तुओं का वर्गीकरण

जन्तुओं को उनकी शारीरिक रचना, पोषण, आवास, स्वभाव एवं उपयोगिता के आधार पर कई प्रकार से वर्गीकृत किया जाता है। यह पर्यावरणीय दृष्टिकोण से अत्यधिक महत्त्वपूर्ण होते हैं। जन्तुओं के प्रकारों का विवरण अग्रलिखित है

शारीरिक रचना के आधार पर वर्गीकरण

- **कशेरुकी जन्तु** इसमें जन्तुओं की अस्थियों एवं उपास्थियों से बना कंकाल पाया जाता है, इसके उदाहरण हैं—गाय, भैंस, कुत्ता, मनुष्य इत्यादि।
- **अकशेरुकी जन्तु** इस वर्ग के जन्तुओं के शरीर में अस्थियाँ एवं उपास्थियों का कंकाल नहीं पाया जाता है, इसके उदाहरण हैं— केंचुआ, केकड़ा, दीमक, बिच्छू इत्यादि।

पोषण के आधार पर वर्गीकरण

- **स्वपोषी या आत्मपोषी** इस वर्ग में ऐसे जन्तु उपस्थित होते हैं, जो अपना भोजन स्वयं बनाते हैं। युग्लीना में आत्मपोषी होने के लक्षण पाए जाते हैं। युग्लीना में कोरोप्लास्ट तत्त्व पाया जाता है।
- **परपोषी** इस वर्ग में सभी प्रकार के जन्तु पाए जाते हैं, जो अपने पोषण के लिए दूसरों पर निर्भर रहते हैं। प्रायः सभी जन्तु अपने पोषण के लिए दूसरों पर ही निर्भर रहते हैं।

कोशिका के आधार पर वर्गीकरण

- **एककोशिकीय जन्तु** इस वर्ग के जन्तुओं का शरीर एककोशिका से बना होता है, इन्हें सूक्ष्मदर्शी की सहायता से देखा जा सकता है। इसके उदाहरण हैं— अमीबा, युग्लीना, पैरामीशियम इत्यादि। एककोशिकीय जन्तु को प्रोटोजोअन भी कहा जाता है।
- **बहुकोशिकीय जन्तु** इस वर्ग के जन्तु का शरीर कई प्रकार की कोशिकाओं से बना होता है। इनका सबसे प्रमुख उदाहरण स्पंज है।

प्रजनन के आधार पर वर्गीकरण

- **अण्डायुज** इस वर्ग में वे जन्तु उपस्थित होते हैं जो अण्डा देते हैं; जैसे—छिपकली, मेंढक, पक्षी इत्यादि।
- **जरायुज** इस वर्ग में बच्चा देने वाले जन्तु शामिल होते हैं; इसके उदाहरण हैं—हाथी, गाय इत्यादि।

वास स्थान के आधार पर वर्गीकरण

- **स्थलीय** जमीन व स्थल पर पाए जाने वाले जन्तुओं को स्थलीय जन्तु की श्रेणी में रखा जाता है। ऐसे अनेक जन्तु हैं, जिनका आवास स्थल होता है; जैसे-मनुष्य, छिपकली, चूहा, बन्दर इत्यादि।
- **जलीय** प्रायः जल में पाए जाने वाले जन्तुओं को जलीय जन्तु कहा जाता है। इसके उदाहरण हैं—मछली, स्पंज आदि।
- **मरुस्थलीय** इस प्रकार के जन्तु ऐसे स्थानों पर पाए जाते हैं, जहाँ पानी की कमी होती है। इसके प्रमुख उदाहरण हैं—ऊँट, विषैली छिपकली इत्यादि।
- **स्तनधारी** ऐसे जन्तु जो बच्चा पैदा करते हैं तथा जिनके शरीर पर बाल पाए जाते हैं स्तनधारी कहलाते हैं। इन जन्तुओं में स्तनग्रंथियाँ भी पाई जाती हैं। इसके उदाहरण हैं—गाय, हिरन, चूहा, हाथी, चमगादड़ मनुष्य इत्यादि।
- **वायुवीय जन्तु** ऐसे जन्तु जो वायुमण्डल में विचरण करते हैं उनको वायवीय जन्तु कहते हैं। इसके प्रमुख उदाहरण हैं—पक्षी, ड्रैको इत्यादि।

जन्तुओं में पाई जाने वाली खाद्य आदतें

- जन्तुओं को शारीरिक वृद्धि और शरीर के अन्दर होने वाली जैविक क्रियाओं के लिए ऊर्जा की आवश्यकता होती है।

- कुछ प्राणी अपना भोजन प्रत्यक्ष एवं परोक्ष रूप से पौधों से प्राप्त करते हैं तो कुछ जन्तु, जन्तुओं और पौधों दोनों से अपना भोजन प्राप्त करते हैं। पोषण स्तर के आधार पर जन्तुओं को तीन भागों में विभाजित किया जाता है।
    1. **शाकाहारी** (Herbivorous) ये जन्तु केवल पौधों को खाते हैं। जैसे—घोड़े, ऊँट, गाय, भेड़ और बकरियाँ इनके दाँत चौड़े व सपाट होते हैं, जिससे वह अपने चारे को आसानी से चबा पाते हैं।
    2. **मांसाहारी** (Carnivorous) ये जन्तु केवल जन्तुओं को खाते हैं। जैसे—शेर, चीता, भेड़िया और लोमड़ी इनके दाँत लम्बे व नुकीले होते हैं। ताकि वे अपने खाद्य पदार्थ को आसानी से काट व चीर सकें।
    3. **सर्वाहारी** (Omnivorous) ये जन्तु पौधे और जन्तु दोनों को खाते हैं। इसमें प्राय: मनुष्य, कुत्ते और बिल्ली प्रमुख हैं। इनके दाँत चौड़े व सपाट तथा नुकीले व लम्बे दोनों प्रकार के होते हैं।

जन्तुओं (सजीव) में श्वसन

सभी जन्तु श्वसन प्रक्रिया के द्वारा भोजन से ऊर्जा प्राप्त करते हैं। साँस लेना श्वसन तन्त्र की आवश्यक प्रक्रिया है, जिसमें जन्तु ऑक्सीजन के रूप में गैस अन्दर लेते हैं और कार्बन डाइऑक्साइड के रूप में बाहर छोड़ते हैं। विभिन्न जन्तुओं में साँस लेने की प्रक्रिया भिन्न-भिन्न होती है, जो निम्नलिखित हैं

जन्तु	साँस लेने वाले अंग
मेंढक	फेफड़े और त्वचा
केंचुआ	त्वचा (आर्द्र व चिकनी)
मक्खी, कॉकरोच	वातक (हैकिया)
मनुष्य, शेर, साँप, पक्षी	फेफड़े (फुफ्फुस)
ऑक्टोपस, मछली	गिल (क्लोम)
व्हेल, डॉल्फिन	फेफड़े, नासाद्वार/वात छिद्र

जन्तुओं द्वारा गति

प्राय: सभी जन्तु गतिशील होते हैं। वे एक स्थान से दूसरे स्थान पर भ्रमण करने के लिए भिन्न-भिन्न प्रकार से गति करते हैं।

कुछ प्रमुख जन्तुओं की गतिशीलता से सम्बन्धित विवरण निम्न प्रकार है

- **चलने वाले जन्तु** मनुष्य, शेर, कुत्ता, बिल्ली, गाय आदि।
- **रेंगने वाले जन्तु** केंचुआ और साँप। साँप अपने वलय व पेशियों की सहायता से तथा केंचुएँ पेशियों एवं शूक की सहायता से गति करते हैं।
- **उड़ने वाले जन्तु** पक्षियों द्वारा उड़ने का कार्य किया जाता है। शुतुरमुर्ग और एमू जैसे पक्षी उड़ते नहीं अपितु तेज गति से भागते हैं। उल्लू अपनी गर्दन पीछे तक घुमा लेता है।
- **तैरने वाले जन्तु** मेंढक, मछली के साथ-साथ हंस व बत्तख जैसे पक्षी भी जल में तैरते हैं। फुदकने वाले जन्तु मेंढक।
- **कॉकरोच** एक ऐसा जीव है जो चलने, चढ़ने तथा उड़ने तीनों कार्यों को कर सकता है।

जन्तुओं में प्रजनन

वह क्रिया जिसके अन्तर्गत जन्तु अपने समान सन्तान उत्पन्न करते हैं प्रजनन कहलाती है। प्रजनन दो प्रकार से होता है।

- **जरायुज** इसमें, प्रजनन क्रिया के दौरान बच्चों का जन्म होता है। जैसे-गाय, कुत्ता, मनुष्य, हाथी आदि।
- **अण्डप्रजक** इस प्रकार की प्रजनन क्रिया में बच्चे अण्डों से उत्पन्न होते हैं; जैसे—पक्षी, मेंढक, बत्तख, मछली आदि।
- चमगादड़, व्हेल मछली और सील मछली आदि बच्चों को जन्म देती हैं, जो अपने बच्चों को दूध भी पिलाती हैं।

प्रजनन द्वारा विभिन्न जन्तु भिन्न-भिन्न प्रकार के बच्चों को जन्म देते हैं इनको विभिन्न नामों से जाना जाता है, जिसका विवरण निम्नलिखित है

जीव	बच्चे	जीव	बच्चे
भालू	शावक	पक्षी	चूजा
तितली	कैटरपिलर	ऊँट	बछड़ा/बछिया
कौआ	चूजा	हाथी	बछड़ा/बछिया
मेंढ़क	टेडपोल	जिराफ	बछड़ा/बछिया
बाज	इयास	घोड़ा	बछड़ा/बछिया
कँगारू	जोयी	बन्दर	शिशु
कपि	बच्चा	चमगादड़	पिल्ला/पिल्ली
पेंग्विन	चूजा	कुत्ता	पिल्ला/पिल्ली
खरगोश	बन्नी	शार्क	पिल्ला/पिल्ली
भेड़	मेमना	शेर	शावक
याक	बछड़ा/बछिया	जेबरा	बछड़ा/बछिया

जन्तुओं की इन्द्रियाँ एवं उद्दीपन

सभी जन्तुओं में 5 इन्द्रियाँ होती हैं; जैसे-आँख, कान, नाक, जीभ व त्वचा। सभी जीव-जन्तु अपनी इंद्रियों की सहायता से विभिन्न कार्यों को संचालित करते हैं, जिसके विवरण निम्नलिखित हैं

- कुछ विशेष पक्षी, जैसे—बाज, गिद्ध और चील आदि की दृष्टि मनुष्य से चार गुना ज्यादा होती है ताकि वह अपने शिकार को दूर से पहचान लेते हैं।
- चींटियाँ अपने समूह की चींटियों को उनके द्वारा छोड़ी गई गन्ध से पहचान लेती हैं।
- कुछ कीड़े-मकोड़े अपनी मादा कीड़े को उनकी गन्ध से पहचान लेते हैं उदाहरणस्वरूप रेशम का कीड़ा।
- मच्छर मनुष्य के शरीर की गन्ध एवं तलवे की गर्मी से अंधेरे में भी ढूँढ लेते हैं।
- साँप सुनता नहीं है अपितु जमीन के कम्पन से वस्तुओं को महसूस करता है।
- पक्षी एक ही समय में दो भिन्न-भिन्न दिशाओं अथवा वस्तुओं को देख सकता है, क्योंकि इनके सिर के दोनों ओर अर्थात् दाईं एवं बाईं ओर दो, आँखें होती हैं।
- हाथी अपने कान से सुनने के साथ-साथ हवा भी करता है। यह हाथी का ताप नियंत्रित अंग भी माना जाता है।
- कुत्ता, बाघ और शेर आदि अपने मल-मूत्र की गन्ध से अपने विशेष क्षेत्र की पहचान करते हैं।
- मेंढक, छिपकली जैसे जीव अपने शिकार को पकड़ने के लिए अपनी जीभ का प्रयोग करते हैं।
- रात में जागने वाले जन्तु एवं पक्षी केवल सफेद और काले रंग को ही देख पाते हैं। उदाहरण स्वरूप— उल्लू व रैकून आदि।

कुछ जन्तु एवं उनके विशेष लक्षण

हमारे वातावरण में असंख्य जीव-जन्तु पाए जाते हैं। इनमें से कुछ जीवों में विलक्षण गुण पाए जाते हैं, जो किसी अन्य जीवों में नहीं मिलते हैं इस प्रकार के कुछ जन्तु एवं उनके लक्षणों का विवरण निम्नलिखित है

स्थलीय जन्तु	विशेष लक्षण
हाथी	सबसे बूढ़ी हथिनी हाथियों के बीच की नेता होती है। यह 100 kg से अधिक पत्ते व झाड़ियों को खा सकते हैं। यह अपने शरीर को ठण्डा रखने की अनुकूलन क्षमता रखते हैं। यह कम सोते हैं तथा कम आराम करते हैं।
बाघ	इसके देखने की शक्ति अत्यधिक होती है, यह मनुष्य की अपेक्षा दोगुना अधिक दूर तक रात में भी देख सकता है। ध्वनि को सुनने के लिए अपने कान को कई दिशाओं में घुमा सकता है।
गैंडा	यह स्थल पर पाया जाने वाला दूसरा सबसे बड़ा जन्तु है। यह शाकाहारी होता है जिसका वजन 1000 kg तक होता है। इसकी चमड़ी $1\frac{1}{2}$ सेमी तक मोटी होती है। इसका एक ही सींग नाक के ऊपर होता है।
जिराफ	यह पृथ्वी का सबसे ऊँचा जन्तु है, जिसकी लम्बाई 5 मीटर तक होती है। इसकी उम्र 25 वर्ष है। यह बहुत कम (2 घण्टे) सोता है।
चिम्पैंजी	यह सबसे होशियार जानवर है। यह समूह में रहते हैं, जिसमें 3 से लेकर 80 तक सदस्य होते हैं।
स्लॉथ	यह भालू जैसा जीव होता है यह रात्रिचर जन्तु है, जो दिन में लगभग 17 घण्टे सोता है।

जलीय जन्तु	विशेष लक्षण
डॉल्फिन	यह पानी के अन्दर एक-दूसरे से सम्पर्क व संचार करने के लिए विभिन्न प्रकार की आवाजें निकालती है। ऊँची डॉल्फिन (सूंस) भारत की राष्ट्रीय जलीय जीव है।
व्हेल	ब्लू व्हेल पृथ्वी की सबसे बड़ी जीव है। यह स्तनधारी जीव की श्रेणी में आता है जो बच्चे को जन्म देती है। इसकी आयु 90 साल होती है।
गिलहरी	यह अपने दाँत को हमेशा घिसने का कार्य करती है, क्योंकि इसके दाँत लगातार बढ़ते रहते हैं।
साँप	इसके कान नहीं होते हैं। ये रेंगकर चलते हैं। ये किसान के मित्र होते हैं। अजगर सबसे लम्बा साँप है, करेत, कोबरा, दुबाई, अफाईका जहरीले साँप होते हैं।
केंचुआ	यह रेंगकर चलता है, मिट्टी खाकर उसे उपजाऊ बनाता है, इसकी लम्बाई 14 इंच तक होती है। इसकी आयु 8 साल होती है।

पक्षी एवं उनके कुछ विशेष लक्षण

पक्षी ऊँचे आकाश में स्वतन्त्र रूप से उड़ सकते हैं। इनकी हड्डियाँ खोखली होती हैं और शरीर का आकार नाव के जैसा होता है तथा इनको उड़ने में सहायता देने के लिए पंख होते हैं। इस प्रकार से कुछ लक्षण और उनसे सम्बन्धित पक्षियों के नाम निम्नलिखित हैं

लक्षण	सम्बन्धित पक्षी
मजबूत दृष्टि वाले	चील, बाघ, गिद्ध
गर्दन घुमाने वाले	उल्लू, मिनाह (Mynah)
घोंसला (सामान्य)	बुलबुल (घास एवं झाड़ियों से)
(मुलायम) घोंसला	रोबिन (घास, मुलायम पंख, जड़, ऊन एवं कपास)
घोंसला (मुलायम और कठोर)	कौआ (ताड़ एवं लकड़ी) यह अपना घोंसला ऊँचाई पर बनाता है।
	कोयल (यह अपना अण्डा कौए के घोंसले में देती है।)
	सोन चिड़ियाँ (इनका घोंसला लटका हुआ होता है।)
	दर्जी चिड़ियाँ (घोंसलों को सिलती है।)
	कठफोड़वा (यह अपनी चोंच से लकड़ी को खोदकर घोंसला बनाता हैं।)
सहजीवी सम्बन्ध	भैंस एवं बगुला (प्रायः बगुला भैंस की पीठ पर बैठा रहता है। ये इसलिए भी क्योंकि यह भैंस के परजीवी कीट को खा सके।)
सर्वाहारी पक्षी	मोर (भारत का राष्ट्रीय पक्षी है।)
न उड़ने वाला पक्षी	पेंग्विन, यह पानी में तैरता है, अण्डे देता है। बर्फीले इलाके में पेंग्विन झुण्ड में रहते हैं।

जन्तुओं से लाभ

जन्तु पर्यावरण के मुख्य घटक होते हैं जिनकी पर्यावरणीय क्रियाकलाप में प्रत्यक्ष भूमिका होती है। इस दृष्टिकोण से देखा जाए तो कई जन्तु हमारे लिए उपयोगी एवं लाभदायक भी होते हैं। कुछ उपयोगी जन्तुओं का विवरण आगे दिया गया है।

जन्तु का नाम	लाभ/उपयोगिता
मधुमक्खी	शहद एवं मोम
रेशम का कीट	रेशम
लाख का कीट	लाख
गाय, भैंस, बकरी, मुर्गी, बत्तख, मछली	दूध, मांस, अण्डा
भेड़, बकरी, ऊँट, खरगोश	ऊन
गाय, बैल, भैंस, हिरन, भेड़	चमड़ा
खच्चर, घोड़े, बैल, ऊँट	यातायात एवं भार ढोने
चील, कौआ, गिद्ध, कुत्ता, लोमड़ी, भेड़िया, गुबरैले	सफाई करने वाले
मछली, सुअर, शार्क	दवा प्रदान करती है।
गाय, भैंस, घोड़ा	पालतू
किसान मित्र	केंचुआ
मुर्गे की लड़ाई, भालू व बन्दर नाच	मनोरंजन

पशुपालन

पशुपालन वह क्रिया है, जिसके अंतर्गत मानव अपनी आवश्यकताओं की पूर्ति करने हेतु पालतू व घरेलू जीव-जन्तुओं को पालता है, इसमें मनुष्य उनकी विभिन्न प्रकार से सहायता करता है जिससे वह विभिन्न उपयोगी वस्तु अथवा उत्पाद मनुष्य को प्रदान कर सके। इन उत्पादों में दूध, मक्खन, मांस, ऊन इत्यादि होते हैं। आजकल बड़े पैमाने पर मत्स्य पालन भी किया जाता है।

मधुमक्खी पालन

इससे शहद एवं मोम जैसे पदार्थ प्राप्त होते हैं। मधुमक्खी पालन (Apiculture) का कार्य मुख्यरूप से, हिमालयी पर्वतीय एवं पश्चिमी घाट के क्षेत्रों में प्रमुखता से किया जाता है। इसके पालन का सबसे उपयुक्त समय नवम्बर से फरवरी तक होता है। इस समय मधुमक्खी के लिए उपयुक्त तापमान मौजूद रहता है और इसी मौसम में रानी मक्खी सर्वाधिक अण्डे देती है। मधुमक्खी पालन का कार्य भारत में पंजाब, हरियाणा, जम्मू-कश्मीर, हिमाचल प्रदेश, उत्तर प्रदेश व बिहार के क्षेत्रों में बड़े पैमाने पर किया जाता है।

बच्चों के लिए जन्तुओं का महत्त्व

- बच्चों के जीवन में जन्तुओं का विशेष महत्त्व होता है। बच्चे का जन्तुओं से परिचय अपने प्रारम्भिक खेल-कूद के दौरान ही होता है। इस समय बच्चे जिन जन्तुओं से परिचित होते हैं उनमें कुत्ता, बिल्ली, खरगोश, कबूतर, गाय, भैंस, बत्तख, हंस आदि प्रमुख हैं।
- जन्तुओं से बच्चे अपने वातावरण के विषय में व्यापक जानकारी प्राप्त करते हैं। इससे बच्चे पर्यावरणीय जन्तुओं के विषय से भी अवगत होते हैं।
- बच्चे जन्तुओं की देख-रेख कर कई प्रकार की क्रियाओं एवं गुणों की जानकारी प्राप्त करते हैं।
- जब बच्चे प्रारंभिक अवस्था से ही पालतू जीवों की देखभाल के प्रति संवेदनशील होते हैं तो इससे बच्चों की मानसिक अवस्थिति सकारात्मकता को दर्शाती है। जंतुओं से लगाव होने के कारण बच्चों में अहिंसा के गुण विकसित होने लगते हैं।
- बच्चों द्वारा पालतू जानवरों की देख-रेख की जिम्मेदारी सम्भाली जाती है जिससे वह बचपन से ही अधिक सहयोगात्मक हो जाते हैं।
- बच्चों के सामाजिक और सांस्कृतिक सन्दर्भ में भी पौधों और पशुओं का अपना विशेष महत्त्व होता है।

अभ्यास प्रश्न

1. सजीवों को 5 जगतों में किसने विभाजित किया था?
(a) राबर्ट हुक
(b) कैरोलस लीनियस
(c) आर.एच. व्हिटेकर
(d) चार्ल्स डार्विन

2. निम्नलिखित में से कौन सा/से कथन सही है/हैं?
A. जड़ द्वारा जल का अवशोषण किया जाता है।
B. पौधों द्वारा वाष्पोत्सर्जन में जलवाष्प पत्तियों द्वारा निकलता है।
(a) केवल A
(b) केवल B
(c) A और B दोनों
(d) न तो A और न ही B

3. निम्नलिखित कथनों में से कौन-सा/से सही है/हैं?
A. नीपेन्थिस, भारत में पाया जाने वाला पौधा है।
B. रेगिस्तानी ओक से स्थानीय लोग पतले पाइप डालकर पानी निकालते हैं।
C. जड़ में भोजन भण्डारण का कार्य होता है।
(a) A और B (b) B और C
(c) A, B और C (d) A और C

4. रेगिस्तानी ओक के विषय में कौन-सा/से कथन सत्य नहीं है/हैं?
(a) ऑस्ट्रेलिया में पाया जाने वाला वृक्ष है
(b) इसकी जड़ें कम गहरी होती हैं
(c) इसके तनों से पानी निकाला जाता है
(d) इसकी टहनियों से जड़ें निकली होती हैं

5. खेजड़ी एक छायादार वृक्ष है, जिसकी छाया में बच्चे खेलना पसन्द करते हैं। किस प्रदेश में पाया जाता है?
(a) मैदानी (b) मरुस्थलीय
(c) पर्वतीय (d) इनमें से कहीं नहीं

6. यह पौधे का वह भाग है, जो भूमि के ऊपर रहता है। इसका रंग भूरा व हरा दोनों होते हैं। यह अवशोषित जल को पेड़ के अन्य भागों में भी पहुँचाता है। उपरोक्त कथन पौधे के किस भाग के विषय में बताता है
(a) जड़ (b) तना
(c) पत्ती (d) फूल

7. वाष्पोत्सर्जन क्या होता है?
(a) पत्तियों के द्वारा जल का वाष्प के रूप में निकलना
(b) जड़ के द्वारा जल का अवशोषण करना
(c) जाइलम द्वारा जल का संवहन करना
(d) फ्लोएम द्वारा भोजन का संवहन करना

8. निम्न में से कौन-सा कथन सत्य है?
(a) जिन पौधों में मूसला जड़ होती है उनकी पत्तियों में जालिका शिरा विन्यास पाया जाता है
(b) जिन पौधों में मूसला जड़ होती है उनकी पत्तियों में समानान्तर शिरा विन्यास पाया जाता है
(c) जिन पौधों में झकड़ा जड़ होती है उनकी पत्तियों में जालिका शिरा विन्यास पाया है
(d) उपरोक्त सभी

9. नागफनी (Cactus) में प्रकाश संश्लेषण होता है।
(a) तने में (b) पत्तियों में
(c) दोनों में (d) काँटों में

10. निम्नलिखित में से कौन-सा सुमेलित नहीं है?

	पौधे भाग	कार्य
(a)	जड़	जल व खनिज का तनों में स्थानान्तरण
(b)	तना	जल व खनिज को पत्ती में पहुँचाना
(c)	फूल	प्रकाश संश्लेषण की क्रिया
(d)	पत्ती	वाष्पोत्सर्जन की क्रिया

11. निम्नलिखित को सुमेलित कीजिए।

सूची I	सूची II
A. फल	i. सरसों
B. सब्जियाँ	ii. काजू
C. अनाज	iii. चना
D. मसाला	iv. लौंग

कूट

	A	B	C	D
(a)	iv	iii	ii	i
(b)	ii	i	iii	iv
(c)	i	ii	iii	iv
(d)	i	ii	iv	iii

12. निम्नलिखित में से एक वृक्ष नहीं है
(a) पीपल (b) सुन्दरी
(c) कीकर (d) केला

13. प्रक्रिया जिसके द्वारा पौधे प्रजनन करते हैं, कहलाती है
(a) प्रकाश संश्लेषण (b) वाष्पीकरण
(c) संघनन (d) परागण

14. निम्न में से कौन-सा सुमेलित नहीं है?
(a) शाक – मेथी
(b) झाड़ी – गुलाब
(c) वृक्ष – कीकर
(d) लता – धनियाँ

15. पौधों में गैसों का आदान-प्रदान कैसे होता है?
(a) जड़ों के द्वारा (b) तने के द्वारा
(c) फूलों के द्वारा (d) पत्तियों के द्वारा

16. प्रकाश संश्लेषण क्रिया में पादपों के द्वारा वातावरण से कौन-सी गैस अवशोषित की जाती है?
(a) ऑक्सीजन
(b) नाइट्रोजन
(c) कार्बन डाइऑक्साइड
(d) जलवाष्प

17. निम्नलिखित कथनों पर विचार कीजिए।
A. लौंग व केसर फूल से प्राप्त होते हैं।
B. केला, कद्दू व तौरई जैसे कुछ फूलों को खाया जाता है।

C. फूलों की घाटी उत्तराखण्ड में अवस्थित है।

उपरोक्त में से कौन-सा कथन सही है?

(a) A और B (b) A और C
(c) B और C (d) A, B और C

18. कीट भक्षी पादप जिस मृदा पर उगते हैं, उसमें कौन-सा तत्त्व नहीं होता?

(a) नाइट्रोजन (b) कार्बन
(c) सल्फर (d) पोटैशियम

19. "इसका निर्माण अण्डाशय में होता है। इसके अन्दर बीज पाए जाते हैं। यह परागण की क्रिया के परिणामस्वरूप बनता है।

उपरोक्त कथन निम्न में से किससे सम्बन्धित है?

(a) फल (b) फूल
(c) बीज (d) बीजाण्ड

20. निम्नलिखित कथनों में से कौन-सा सही है?

A. आरोही लता किसी ढाँचे के सहारे खड़ी होती है।

B. यह वृक्ष के चारों ओर लिपटती है।

C. अमरबेल, मनीप्लान्ट, मटर आदि इसके उदाहरण हैं।

(a) A और B (b) A और C
(c) B और C (d) A, B और C

21. क्रोटन के विषय में निम्नलिखित कथनों में से कौन-सा सही है।

A. यह फसलों के साथ बोया जाता है।

B. इसकी जड़ें अधिक गहरी नहीं होती हैं।

C. यह फसल की सिंचाई की आवश्यकता को बताता है।

(a) A और B (b) A और C
(c) B और C (d) A, B और C

22. निम्नलिखित में से कौन-सा सुमेलित है।

(a) मोनेरा - विषाणुओं का अध्ययन
(b) प्रोटिस्टा - जीवाणुओं का अध्ययन
(c) फ्लोरा - जन्तु जगत् का अध्ययन
(d) फौना - कवक का अध्ययन

23. संश्लेषण के विषय में कौन-सा कथन सही है?

A. प्रकाश संश्लेषण सूर्य की रोशनी में होता है।

B. प्रकाश संश्लेषण लाल रंग के प्रकाश में सर्वाधिक होता है।

C. कैक्टस में प्रकाश संश्लेषण उसके तनों में होता है।

D. इसके दौरान ऑक्सीजन गैस बाहर निकलती है।

(a) A, B और D (b) B, C और D
(c) A, B और C (d) A, B, C और D

24. प्रकाश संश्लेषण की क्रिया में हरे पौधों द्वारा बाहर निकलने वाली गैस है

(a) कार्बन डाइऑक्साइड
(b) नाइट्रोजन
(c) ऑक्सीजन
(d) उपरोक्त में से कहीं नहीं

25. निम्नलिखित में से कौन-सा सुमेलित नहीं है?

(a) जलोद्भिद् - कमल
(b) लवणोद्भिद्- बरगद
(c) समोद्भिद् - मक्का
(d) मरुद्भिद् - कैक्टस

26. विसर्जी लता से सम्बन्धित है

(a) खीरा (b) खरबूजा
(c) पुदीना (d) ये सभी

27. बीजाण्ड पाया जाता है

(a) फल में (b) फूल में
(c) पत्ती में (d) तने में

28. निम्नलिखित में से कौन-सा पौधा यह बताने में समर्थ होता है कि फसल को कब पानी की आवश्यकता है?

(a) समोद्भिद् (b) क्रोटन
(c) जलोद्भिद् (d) इनमें से कहीं नहीं

29. चमेली का तेल उसके ...... से निकाला जाता है।

(a) फल (b) फूल
(c) बीज (d) इनमें से कोई नहीं

30. निम्नलिखित कथनों पर विचार कीजिए।

A. पौधे वातावरण में ऑक्सीजन गैस की मात्रा को बढ़ाते हैं।

B. मारफीन औषधि अफीम से मिलती है।

C. पौधे मृदा क्षरण के लिए उत्तरदायी हैं।

उपरोक्त में से कौन-सा कथन सही है?

(a) A और B (b) A और C
(c) B और C (d) A, B और C

31. निम्नलिखित में से कौन-सा उदाहरण उद्दीपन अनुक्रिया प्रक्रिया को दर्शाता है?

(a) कॉकरोच का रोशनी देख कर छिप जाना
(b) सूरज छिपने के पश्चात् फूलों का बन्द होना
(c) मन पसन्द व्यंजन देख कर मुँह में पानी आना
(d) उपरोक्त सभी

32. निम्नलिखित में से कौन-सा कथन सही है?

A. कोयल, कौए के घोंसले का उपयोग करती है।

B. कौआ अपना घोंसला ऊँचाई पर बनाता है।

C. पशुओं की त्वचा पर धारीदार चिन्ह होते हैं।

(a) A और B
(b) B और C
(c) A, B और C
(d) उपरोक्त में से कहीं नहीं

33. निम्नलिखित में से कौन सही सुमेलित है?

(a) कशेरुकी जन्तु - केकड़ा
(b) परपोषी - युग्लीना
(c) एककोशिकीय - अमीबा
(d) अकशेरुकीय जन्तु - कुत्ता

34. निम्नलिखित कथनों पर विचार कीजिए।

A. पौधे साँस लेने के दौरान ऑक्सीजन गैस लेते हैं।

B. साँप फेंफड़ों से साँस लेता है।

C. व्हेल स्वच्छ वायु में साँस लेने के लिए समुद्र से बाहर आती है।

उपरोक्त में से कौन-सा कथन सही है?

(a) A और B
(b) A और C
(c) B और C
(d) A, B और C

35. निम्नलिखित में से कौन-सा कथन सही है?

A. केंचुआ पेशियों एवं शूक की सहायता से रेंगता है।

B. मनुष्य के सिर में अचल सन्धि पाई जाती है।

C. मेंढ़क तैरता भी है और फुदकता भी है।

D. पौधों में प्रकाश संश्लेषण चौबीस घण्टे होता है।

(a) A, B, C और D (b) A, B और C
(c) A और B (d) A और D

36. निम्नलिखित में किन जानवरों के बीच सहजीवी सम्बन्ध होता है?

(a) भैंस व बगुला
(b) गाय व भैंस
(c) गाय व बैल
(d) उपरोक्त सभी

37. पक्षी एक ही समय में दो भिन्न-भिन्न वस्तओं को देख लेते हैं, क्योंकि

(a) वे अपनी गर्दन को घुमाते रहते हैं
(b) इनके सिर के दोनों ओर आँखें होती हैं
(c) इनकी आँखों की पुतली घूम नहीं सकती
(d) उपरोक्त सभी

38. उल्लू और रैकून सिर्फ काला और सफेद रंग ही देख पाते हैं, क्योंकि ये हैं

(a) नभचर (b) रात्रिचर
(c) उभयचर (d) इनमें से कोई नहीं

39. बाज, गिद्ध और चील, जैसे-पक्षी अपने शिकार को दूर से ही देख लेते हैं, क्योंकि
(a) वे आसमान में ऊपर उड़ते हैं
(b) वे बहुत तेज उड़ते हैं
(c) उनकी दृष्टि मनुष्य से चार गुना तेज होती है
(d) उपरोक्त में से कहीं नहीं

40. फाख्ता के विषय में कौन-सा कथन सही है?
A. यह निम्न ऊँचाई वाले वृक्षों पर घोंसला बनाता है।
B. यह कैक्टस के पौधों के काँटों के बीच अपना घोंसला बनाता है।
(a) केवल A
(b) केवल B
(c) A और B दोनों
(d) उपरोक्त में से कहीं नहीं

41. निम्नलिखित में से कौन-सी समानता शेर और बाघ में पाई जाती है?
(a) दोनों की दृष्टि मनुष्य से छह गुना ज्यादा होती है
(b) दोनों अँधेरे में अपनी मूँछों की सहायता से शिकार का पता लगा लेते हैं
(c) दोनों की दहाड़ बहुत दूर तक सुनाई देती है
(d) उपरोक्त सभी

42. गैंडे की चमड़ी (त्वचा) कितनी मोटी होती है?
(a) 1.5 सेमी (b) 1 सेमी
(c) 2 सेमी (d) 5 सेमी

43. मनुष्य, शेर, मेंढ़क, हंस, केंचुआ, कॉकरोच उपरोक्त जन्तुओं में से कौन-सा जन्तु चलता है?
(a) मनुष्य और शेर
(b) मनुष्य, शेर और कॉकरोच
(c) शेर, मेंढ़क, केंचुआ
(d) मनुष्य, शेर, मेंढ़क

44. निम्नलिखित को सुमेलित कीजिए।

सूची I	सूची II
A. शाकाहारी	i. जन्तु व पौधों दोनों को खाते हैं
B. मांसाहारी	ii. पौधों को खाते हैं
C. सर्वाहारी	iii. जन्तु को खाते हैं

कूट

	A	B	C
(a)	i	ii	iii
(b)	iii	i	ii
(c)	iii	ii	i
(d)	i	iii	ii

45. निम्नलिखित में से कौन-सा प्राणी निगलने का कार्य करता है?
(a) अमीबा (b) पैरामीशियम
(c) 'a' और 'b' (d) इनमें से कोई नहीं

46. निम्नलिखित में से कौन-सा छायांकित भाग यह दर्शाता है कि जिराफ कम सोता है और स्लॉथ अधिक सोता है। इसमें छायांकित भाग जिराफ के सोने तथा खाली भाग स्लॉथ के सोने की अवधि बताता है।

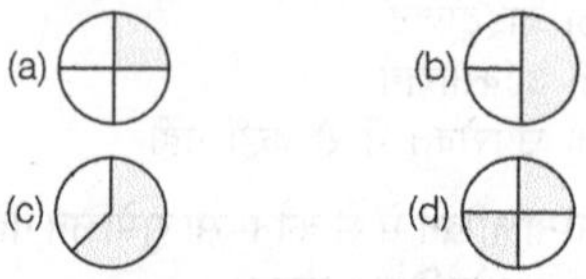

47. निम्नलिखित कथनों में से कौन सही है?
A. स्पंज एक बहुकोशिकीय जन्तु है।
B. परपोषी अपने पोषण के लिए दूसरों पर निर्भर रहते हैं।
C. केकड़ा कशेरुकी जन्तु है।
(a) A और B
(b) A और C
(c) B और C
(d) A, B और C

48. तितली के बच्चे को क्या कहा जाता है?
(a) टेडपोल
(b) कैटरपिलर
(c) जोभी
(d) शिशु

49. हमें ऊन प्राप्त होता है
(a) भेड़ (b) बकरी
(c) खरगोश (d) ये सभी

50. भैंस की पीठ पर प्रायः बगुला (इग्रेट) पक्षी बैठा दिखाई देता है। ऐसा इसलिए होता है क्योंकि बगुला
(a) भैंस की पीठ पर परजीवी कीट खाता है
(b) घास में पाए जाने वाले कीट खाता है
(c) भैंस की पीठ पर बैठकर गाना पसन्द करता है
(d) उड़ने के बाद थोड़ा आराम करता है

51. निम्नलिखित में से जीवन प्रक्रियाओं का कौन-सा युग्म पेड़-पौधों और जीव-जन्तुओं दोनों में मिलता है?
(a) वृद्धि और भोजन बनाना
(b) प्रजनन और भोजन बनाना
(c) प्रजनन और अंकुरण
(d) वृद्धि और प्रजनन

52. नीपेन्थिस एक ऐसा पौधा है जो मेंढकों, कीड़े-मकोड़ों और चूहों जैसे छोटे जीवों को अपने अन्दर फाँस कर खा जाता है हमारे देश में यह पौधा पाया जाता है
(a) असोम में
(b) ओडिशा में
(c) अरुणाचल प्रदेश में
(d) मेघालय में

53. नीचे दिए गए वेन आरेख का अध्ययन कीजिए।

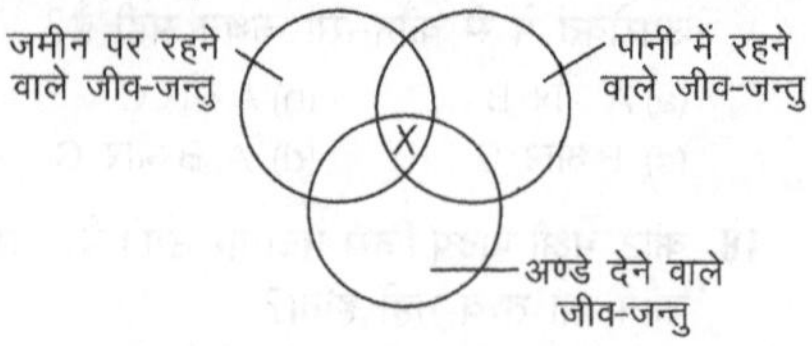

निम्नलिखित में से कौन-से जीव-जन्तु X में रखे जा सकते हैं?
(a) मगरमच्छ (b) ईल (सर्पमीन)
(c) शार्क (d) मछली

54. साँपों के सन्दर्भ में सही कथन चुनिए।
A. हमारे देश में केवल चार प्रकार के जहरीले साँप पाए जाते हैं।
B. नाग (कोबरा) जहरीले साँपों का एक प्रकार है।
C. जहरीले साँप के चार खोखले दाँत होते हैं। जब साँप किसी व्यक्ति को काटता है तो जहर इन खोखले दाँतों से उसके शरीर में चला जाता है।
D. साँप के काटने की दवाई साँप के जहर से ही बनाई जाती है।
(a) C, D व A (b) B, A व C
(c) A, B व D (d) B, C व D

55. बिहार के गाँवों में बहुत से किसान अतिरिक्त धन कमाने के लिए मधुमक्खी पालन करके शहद एकत्रित करने का कार्य करते हैं। मधुमक्खी पालन करने का सबसे अच्छा समय है
(a) जुलाई से सितम्बर
(b) अक्टूबर से दिसम्बर
(c) जनवरी से मार्च
(d) अप्रैल से जून

56. रात में जागने वाले जानवर सभी वस्तुओं को
(a) केवल लाल रंग में देख सकते हैं
(b) सभी रंगों में देख सकते हैं
(c) काले और सफेद रंग में ही देख सकते हैं
(d) हरे रंग में देख सकते हैं

57. हाथियों के झुण्ड के विषय में सही कथनों को चुनिए।
A. हाथियों के झुण्ड में केवल हथिनियाँ और 14-15 वर्ष के बच्चे ही रहते हैं।
B. हाथियों के एक झुण्ड में किसी एक ही परिवार के सदस्य होते हैं।
C. झुण्ड की सबसे बुजुर्ग हथिनी ही पूरे झुण्ड की नेता होती है।
D. एक झुण्ड में हथिनियों और बच्चों की संख्या कितनी भी हो सकती है।

(a) C तथा D (b) A तथा B
(c) A तथा C (d) B तथा D

58. पक्षी अपनी गर्दन बहुत अधिक हिलाते हैं। इसका कारण है कि
(a) उनके कान पंखों से ढके होते हैं
(b) वह उड़ सकते हैं
(c) उनकी आँखों की पुतली घूम नहीं सकती
(d) उनकी आँख छोटी होती है

59. पंखुड़ियों के अन्दर, फूल के बीच में कुछ पतली पाउडर जैसी रचनाएँ दिखाई देती हैं, जिन्हें कहते हैं
(a) वर्तिकाग्र (b) परागकोष
(c) पराग (d) मूलांकुर

60. निम्नलिखित में से सही कथन चुनिए।
A. जिन जानवरों के बाहरी कान व शरीर पर बाल होते हैं, वे बच्चे देते हैं।
B. जिन जानवरों के बाहरी कान व शरीर पर बाल नहीं होते वे अण्डे देते हैं।
C. जिन जानवरों के बाहरी कान व शरीर पर बाल नहीं होते, वे बच्चे देते हैं।
D. जिन जानवरों के बाहरी कान व शरीर पर बाल होते हैं, वे अण्डे देते हैं।
(a) A और C (b) B और C
(c) B और C (d) A और B

61. नीचे चित्र I में 24 घण्टे की घड़ी दिखाई गई है तथा चित्र II व चित्र III में दो जानवरों *X* और *Y* के सोने के समय छायांकित भाग से दिखाए गए हैं। *X* तथा *Y* के सोने के समय के विषय में सही कथन चुनिए।

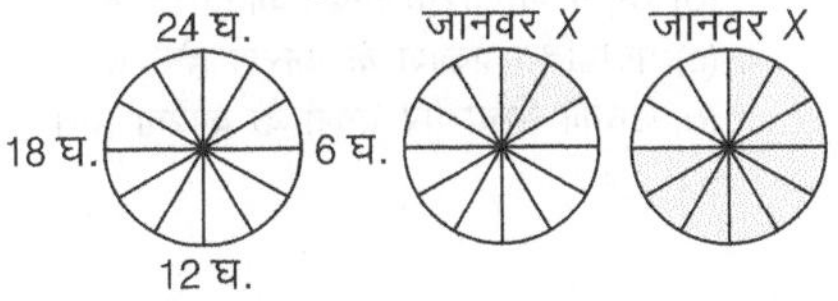

(a) X बीस घण्टे सोता है, जबकि Y अठारह घण्टे सोता है
(b) X अठारह घण्टे सोता है, जबकि Y चार घण्टे सोता है
(c) X चार घण्टे सोता है, जबकि Y अठारह घण्टे सोता है
(d) X चार घण्टे सोता है, जबकि Y बीस घण्टे सोता है

62. मधुमक्खी पालन के विषय में सही कथन चुनिए।
A. मधुमक्खी पालन शुरू करने का सबसे अच्छा समय जनवरी से मार्च तक है।
B. लीची के फूल मधुमक्खियों को लुभाते हैं।
C. मधुमक्खी पालने और उनके द्वारा उत्पादित शहद का भण्डारण करने के लिए बक्सों की आवश्यकता होती है।
D. मधुमक्खियों के लिए मीठा घोल बनाने के लिए चीनी खरीदी जाती है।
(a) B और C (b) A और D
(c) B, C और D (d) A और B

63. 'रेगिस्तानी ओक' के विषय में सही कथन चुनिए।
A. यह पेड़ ऑस्ट्रेलिया में पाया जाता है।
B. यह एक विशेष प्रकार का पेड़ है, जिसकी जड़ें टहनियों से लटकती हैं।
C. इस पेड़ की जड़ें जमीन में उस गहराई तक जाती हैं, जब तक कि पानी तक न पहुँच जाए।
D. इन पेड़ों के तनों में पानी जमा होता रहता है और स्थानीय लोग पतले पाइप का उपयोग करके इस पानी को पीते हैं।
(a) A, B और D (b) A, C और D
(c) B, C और D (d) A, B और C

64. निम्नलिखित में से सही कथन चुनिए।
A. हाथी गँदले पानी में खेलना पसन्द करते हैं, क्योंकि इससे इनके शरीर को ठण्डक मिलती है।
B. अधिकांश हाथी दिन में लगभग 10 घण्टे आराम करना और सोना पसन्द करते हैं।
C. तीन महीने के हाथी के बच्चे का वजन लगभग 200 किग्रा होता है।
D. अधिकांश बड़े हाथी एक दिन में लगभग 100 किग्रा पत्ते/झाड़ियाँ खा लेते हैं।
(a) B और D (b) A और D
(c) A, B और D (d) A और B

65. हाथियों के विषय में नीचे दिया गया कौन-सा कथन सही है?
(a) हाथी अपना अत्यधिक भार होने के कारण बहुत आराम करना पसन्द करते हैं
(b) तीन महीने के हाथी के बच्चे का भार सामान्यतः लगभग 2 कुन्तल होता है
(c) वयस्क हाथी एक दिन में 2 कुन्तल से भी अधिक पत्ते और झाड़ियाँ खा सकता है
(d) हाथी दिन में 8 से 10 घण्टे सोते हैं

66. 'रेगिस्तानी ओक' एक पेड़ का नाम है जिसकी जड़ें उस गहराई तक जमीन में भीतर जाती हैं जब तक कि पानी तक न पहुँच जाएँ इस पेड़ की जड़ों की गहराई इस पेड़ की ऊँचाई की लगभग 30 गुनी होती है। यह पेड़ कहाँ पाया जाता है?
(a) राजस्थान (b) आबू धाबी
(c) ऑस्ट्रेलिया (d) रूस

67. निम्नलिखित पक्षियों में से कौन अधिकांशतः अपनी गर्दन को पीछे तक घुमा सकता है?
(a) मैना (b) उल्लू
(c) कौआ (d) कोयल

68. 'खेजड़ी वृक्ष' के विषय में सही कथनों को चुनिए।
A. यह वृक्ष मुख्यतः रेगिस्तानी क्षेत्रों में पाया जाता है।
B. इसे अधिक जल की आवश्यकता नहीं होती।
C. यह छायादार वृक्ष है जिसकी छाया में बच्चे खेलना पसन्द करते हैं।
D. यह अपने तने में जल एकत्र करता है और लोग पतले पाइप से इस जल को पीते हैं।
(a) A, B और C
(b) B, C और D
(c) A, C और D
(d) A, B और D

69. कुछ पक्षी हमारी तुलना में चार गुनी अधिक दूरी तक देख सकते हैं, ये पक्षी हैं
(a) कौआ, चील, बुलबुल
(b) बाज, कबूतर, तोता
(c) चील, बाज, गिद्ध
(d) फाख्ता, कौआ, मोर

70. निम्नलिखित में से वह कौन-सा जानवर (जन्तु) है जिसके अग्र दाँत हमेशा बढ़ते रहते हैं? वे दाँतों को बहुत अधिक लम्बा न होने देने के लिए वस्तुओं को काटते/कुतरते रहते हैं।
(a) दीमक (b) गिलहरी
(c) छिपकली (d) चूहा

71. 'रेगिस्तानी ओक' के विषय में निम्नलिखित कथनों का अध्ययन कीजिए।
A. रेगिस्तानी ओक एक वृक्ष है जिसकी ऊँचाई हमारी कक्षा के कमरे के लगभग बराबर अर्थात् लगभग 4 मी होती है।
B. इस वृक्ष की जड़ें नीचे वृक्ष की ऊँचाई की लगभग 30 गुनी गहराई तक जमीन में भीतर जाती हैं, जब तक कि पानी तक न पहुँच जाएँ।
C. इस वृक्ष के तने में पानी एकत्रित होता है।
D. यह वृक्ष अबू धाबी में पाया जाता है।
इनमें से सही कथन हैं।
(a) A, B और D
(b) B, C और D
(c) A और B
(d) A, B और C

72. इस पौधे में पत्तियाँ हैं, जिन्हें सब्जी की तरह प्रयोग में लाया जाता है। इसके बीजों से तेल प्राप्त किया जाता है, यह पौधा है
(a) पालक (b) नारियल
(c) बन्दगोभी (d) सरसों

73. नीचे दिए गए सभी जानवरों में निम्नलिखित में से कौन-सी विशेषता पाई जाती हैं? छिपकली, गौरेया, कछुआ, साँप
(a) ये अण्डे देते हैं
(b) ये जहरीले होते हैं
(c) ये भूमि एवं जल दोनों में रह सकते हैं
(d) इनके शरीर शल्क से ढके होते

74. बच्चों के द्वारा सब्जी बाजार से इकट्ठी की गई निम्नलिखित सामग्री में से उन्हें पहचानिए जिनके भीतर बीज होते हैं आलू, टमाटर, नाशपाती, चीकू, भिण्डी, करेला, प्याज, खीरा।
(a) टमाटर, नाशपाती और चीकू
(b) टमाटर, नाशपाती, चीकू, भिण्डी, खीरा
(c) टमाटर, नाशपाती, चीकू, भिण्डी, करेला, खीरा
(d) नाशपाती और चीकू

75. निम्नलिखित में से कौन बीज नहीं है?
(a) गेहूँ
(b) काली मिर्च
(c) साबुदाना
(d) सौंफ

76. निम्नलिखित में से कौन-सी विशेषता बरगद के पेड़ की जड़ों की नहीं है?
(a) जड़ें शाखाओं से नीचे लटकती हैं
(b) इसमें जमीन के भीतर जड़ें होती हैं
(c) जड़ें भोजन का भण्डारण करती हैं
(d) जड़ें खम्भों की तरह पेड़ को सहायता प्रदान करती हैं

77. बगुला, भैंस पर बैठता है, क्योंकि
(a) बगुला तथा भैंस में सहजीवी का सम्बन्ध है
(b) बगुला मनोरंजन के लिए भैंस पर बैठता है
(c) भैंस, बगुले को एक स्थान से दूसरे स्थान तक आने-जाने में मदद करती है
(d) बगुला भैंस को डराना चाहता है

78. निम्नलिखित में से जड़ का कौन-सा कार्य पौधे के लिए नहीं है?
(a) भोजन भण्डारण/संचित करना
(b) ह्यूमस उपलब्ध कराना
(c) पौधे को सहारा देना
(d) जल तथा खनिजों का अवशोषण करना

79. निम्नलिखित में से कौन-सा कीट मधुमक्खियों की भाँति कॉलोनी (बस्ती) में एकसाथ नहीं रहता है?
(a) ततैया/बर्र (b) चींटी
(c) दीमक (d) मकड़ी

80. निम्नलिखित में से किसकी सुनने की शक्ति इतनी तीक्ष्ण होती है कि वह वायु से पत्तों के हिलने की ध्वनि और घास पर किसी जानवर के चलने की ध्वनि में अन्तर कर सकता है?
(a) बाघ
(b) गिद्ध
(c) रेशम का कीड़ा
(d) कुत्ता

81. नीचे पौधों के विषय में बच्चों के कुछ सहजानुभूत विचार दिए गए हैं। इनमें से कौन-सा विचार वैज्ञानिक दृष्टि से सही है?
(a) कुछ सब्जियाँ फल होती हैं
(b) बीज किसी पौधे का हिस्सा नहीं होते
(c) गाजर और बन्दगोभी पौधे नहीं हैं
(d) घास पौधा नहीं है

82. नीचे दिए गए जीवों के समूहों में से किनकी दृष्टि श्रेष्ठ होती है तथा वे मनुष्यों की तुलना में चार गुनी अधिक दूरी की वस्तुओं को देख सकते हैं?
(a) बाघ, तेन्दुआ, साँड
(b) साँप, रेशम-कीट, छिपकली
(c) चील, गरुड़, गिद्ध
(d) मधुमक्खी, मच्छर, तितली

83. घटपर्णी पौधा (नीपेन्थिस)
(a) का मुँह छोटी-छोटी कँटियों से ढका होता है
(b) भारत में नहीं पाया जाता है
(c) मेंढकों, कीड़े-मकोड़ों और चूहों को चालाकी से फँसाकर खा जाता है
(d) कीड़े-मकोड़ों को आकर्षित करने के लिए उच्च तारत्व की ध्वनियाँ निकालता है

84. निम्नलिखित में से कौन-सा पक्षी कैक्टस पौधे के काँटों के बीच अपना घोंसला बनाता है?
(a) शकरखोरा (b) बया
(c) कलचिड़ी (d) फाख्ता

85. किसी पशु के विषय में नीचे दिए गए विवरण को पढ़िए और उस पशु को पहचानिए "यह भालू जैसा दिखता है परन्तु भालू नहीं है। यह दिन के लगभग 17 घण्टे सोता है। यह जिस वृक्ष पर रहता है उसी की पत्तियाँ खाता है। यह लगभग 40 वर्षों तक जीवित रहता है।"
(a) लंगूर (b) चिम्पैन्जी
(c) पैन्डा (d) स्लॉथ

86. पशुओं की त्वचा पर विविध धारीदार चिन्ह
(a) उस जलवायु के कारण होते हैं जिसमें ये रहते हैं
(b) उनकी शारीरिक शक्ति को इंगित करते हैं
(c) परावर्तित प्रकाश के कारण होते हैं
(d) उनकी त्वचा पर बालों के कारण होते हैं

उत्तरमाला

1.	(c)	2.	(c)	3.	(a)	4.	(d)	5.	(b)	6.	(b)	7.	(a)	8.	(a)	9.	(a)	10.	(c)
11.	(b)	12.	(d)	13.	(d)	14.	(d)	15.	(d)	16.	(c)	17.	(d)	18.	(a)	19.	(a)	20.	(d)
21.	(d)	22.	(c)	23.	(d)	24.	(c)	25.	(b)	26.	(d)	27.	(b)	28.	(b)	29.	(b)	30.	(a)
31.	(d)	32.	(c)	33.	(c)	34.	(d)	35.	(b)	36.	(a)	37.	(b)	38.	(b)	39.	(c)	40.	(c)
41.	(d)	42.	(a)	43.	(b)	44.	(b)	45.	(c)	46.	(a)	47.	(a)	48.	(b)	49.	(d)	50.	(a)
51.	(d)	52.	(d)	53.	(d)	54.	(c)	55.	(b)	56.	(c)	57.	(c)	58.	(c)	59.	(c)	60.	(d)
61.	(c)	62.	(c)	63.	(b)	64.	(c)	65.	(b)	66.	(c)	67.	(b)	68.	(a)	69.	(c)	70.	(b)
71.	(d)	72.	(d)	73.	(a)	74.	(c)	75.	(c)	76.	(c)	77.	(a)	78.	(a)	79.	(d)	80.	(a)
81.	(a)	82.	(c)	83.	(c)	84.	(d)	85.	(d)	86.	(a)								

अध्याय 03

भोजन एवं पोषण

भोजन

पृथ्वी के सभी सजीव प्राणियों को जीवित रहने के लिए ऊर्जा (Energy) की आवश्यकता होती है और उनको यह ऊर्जा भोजन से प्राप्त होती है। इस प्रकार यह कहा जा सकता है कि भोजन (Food) वह खाद्य पदार्थ है, जो जीवों को ऊर्जा प्रदान करता है। पृथ्वी पर भोजन निर्माण का प्राथमिक कार्य पौधों द्वारा किया जाता है जिस पर सभी प्राणी प्रत्यक्ष व परोक्ष रूप से निर्भर करते हैं।

फूड डिक्शनरी के अनुसार, "वह पौष्टिक पदार्थ, जो किसी जीव के शरीर में गृहीत व शोषित होकर उसकी वृद्धि का कार्य, टूट-फूट से मरम्मत और जीवित रहने की विभिन्न क्रियाओं को संचालित करता है।" भोजन कहलाता है।

मनुष्य जो भोजन ग्रहण करते हैं, उनसे उन्हें विभिन्न शारीरिक क्रियाओं के लिए ऊर्जा प्राप्त होती है। इन शारीरिक क्रियाओं में साँस लेना, चलना, उठना, दौड़ना आदि सम्मिलित हैं।

खाद्य पदार्थ एवं उनके स्रोत

खाद्य पदार्थों को उनके स्रोतों के आधार पर दो भागों विभाजित किया जाता है।

पादप उत्पाद

इस प्रकार के उत्पाद पेड़-पौधों एवं विभिन्न वनस्पतियों से प्राप्त होते हैं। इसके कुछ उदाहरण निम्नलिखित हैं

फल	सब्जियाँ	अनाज	मसाला	पेय पदार्थ
रसदार फल–अमरूद, सेब, आम, सन्तरा, अंगूर, अनार, केला आदि।	आलू, प्याज, मूली, भिण्डी, करेला, फूलगोभी, बैंगन, कद्दू।	धान, गेहूँ, जौ, बाजरा, मकई।	हल्दी, धनिया, मिर्च, लौंग, इलाइची, सौंठ, दालचीनी, अदरक आदि।	चाय, कॉफी, कोको।
शुष्क फल–काजू, बादाम, किशमिश, अखरोट आदि।	**साग**–पालक, मेथी, सोया, बथुआ, सरसों।	**दालें**–अरहर, मूँग, चना, उड़द, मसूर आदि।		

जन्तु उत्पाद

इस प्रकार के उत्पाद जन्तुओं से प्राप्त होते हैं। इसके कुछ उदाहरण निम्नलिखित हैं

मांस भेड़, हिरन, मुर्गा, खरगोश, सुअर, मछली आदि।

अण्डे मुर्गी, बत्तख, शुतुरमुर्ग आदि।

दूध गाय, भैंस, बकरी।

कुछ प्रमुख खाद्य पदार्थ एवं उनके स्रोत

स्रोत	खाद्य पदार्थ
मधुमक्खी	शहद
पौधे/जन्तु	तेल/घी
गन्ने (चुकन्दर) रस	चीनी
पौधे की पत्तियाँ	चाय
पौधे के बीज	कॉफी/दाल
पौधे के तने/पत्ती	साग

खाद्य पदार्थ एवं उनके अवयव

खाद्य पदार्थ से हमें वे सभी प्रकार के पदार्थ प्राप्त होते हैं, जो हमारे शरीर की वृद्धि व विकास के लिए आवश्यक होते हैं। ये पदार्थ पोषक तत्त्वों की श्रेणी में आते हैं। ये पोषक तत्त्व स्वस्थ रहने के लिए जरूरी होते हैं। अलग-अलग प्रकार के खाद्य पदार्थों से हमें अलग-अलग प्रकार के पोषक तत्त्व प्राप्त होते हैं।

पोषण

पोषण (Nutrition) शरीर में होने वाली विभिन्न क्रियाओं का संगठन है, जिसके द्वारा जीवित प्राणी ऐसे पदार्थों को ग्रहण करता है जो शरीर के विभिन्न कार्यों को नियन्त्रित करते हैं, वृद्धि करते हैं तथा शारीरिक टूट-फूट की मरम्मत करते हैं। इन्हें पोषक (Nutrients) तत्त्व कहा जाता है।

पदार्थ को शरीर की आवश्यकतानुसार 6 पोषक समूहों में वर्गीकृत किया जाता है—कार्बोहाइड्रेट, प्रोटीन, वसा, विटामिन, खनिज लवण एवं जल इत्यादि।

- पोषक तत्त्व समूहों को सामान्यत: वृहत (Macro nutrients) पोषक तत्त्वों एवं सूक्ष्म पोषक (Micro nutrients) तत्वों में विभाजित किया जाता है।
- वृहत पोषक तत्त्व आहार और ऊर्जा की आपूर्ति करने के साथ-साथ शरीर के विकास एवं उसके विभिन्न क्रियाकलापों के लिए जरूरी पोषक तत्त्व बनाते हैं। कार्बोहाइड्रेट, वसा, प्रोटीन, सूक्ष्म खनिज तत्त्व और पानी वृहत पोषक तत्त्वों के अन्तर्गत आते हैं।
- सूक्ष्म पोषक तत्त्वों में विटामिन (जल और वसा दोनों में घुलनशील) और आवश्यक सूक्ष्म खनिज तत्वों को शामिल किया जाता है। इन पौष्टिक तत्वों की पर्याप्त आपूर्ति अच्छे स्वास्थ्य, कार्यात्मक दक्षता एवं उत्पादकता के लिए बुनियादी मूलभूत जरूरत है।
- भोजन के मुख्य अवयव हैं— कार्बोहाइड्रेट, वसा, प्रोटीन, खनिज, लवण, विटामिन, जल एवं रुक्षांश।

कार्बोहाइड्रेट

- हमारे शरीर को ऊर्जा मुख्य रूप से कार्बोहाइड्रेट से मिलती है।
- इसके प्रमुख स्रोतों में गेहूँ, चावल, आलू, मक्का, केला, शकरकन्द, गन्ना, ब्रेड, शक्कर आदि हैं।

प्रोटीन

- इसे शरीरवर्द्धक भोजन भी कहा जाता है। यह हमारे शरीर की वृद्धि में सहायक होते हैं।
- प्रोटीन शारीरिक कोशिकाओं के पुनर्निर्माण में भी सहायक होते हैं। इसके प्रमुख स्रोतों में, दूध, मीट, अण्डा, मछली, दालें, सोयाबीन, मटर, पनीर आदि प्रमुख है। सोयाबीन प्रोटीन का सबसे अच्छा स्रोत माना जाता है।

कुछ आवश्यक प्रोटीन एवं उनके कार्य

शारीरिक प्रोटीन	कार्य
एन्जाइम	जैव उत्प्रेरक, जैव रासायनिक अभिक्रियाओं में सहायक
हॉर्मोन	शरीर की विभिन्न क्रियाओं का नियमन करते हैं।
परिवहन प्रोटीन	हीमोग्लोबिन, विभिन्न पदार्थों का परिवहन करता है।
संरचनात्मक प्रोटीन	कोशिका एवं ऊतकों के निर्माण में सहायक
रक्षात्मक प्रोटीन	संक्रमण से रक्षा करने में सहायक है।
संकुचन प्रोटीन	यह पेशी संकुचन एवं चलन हेतु उत्तरदायी है। उदाहरण–मायोसिन, एक्टिन आदि।

विटामिन

- सभी जीवों को अल्पमात्रा में विटामिनों की आवश्यकता होती है। रासायनिक रूप से ये कार्बनिक यौगिक होते हैं। उन यौगिकों को विटामिन कहा जाता है जोकि शरीर द्वारा स्वयं उत्पन्न नहीं किए जा सकते अपितु भोजन के रूप में इन्हें लेना आवश्यक होता है।
- मानव शरीर में केवल विटामिन-D का निर्माण सूर्य के प्रकाश द्वारा होता है। ये विभिन्न प्रकार के रोगों से हमारी रक्षा करता है। विभिन्न प्रकार के विटामिनों का दी गयी तालिका द्वारा विस्तृत अध्ययन किया जा सकता है

नाम	स्रोत	कार्यिकी पर प्रभाव/कमी से उत्पन्न रोग
जल में घुलनशील विटामिन		
B_1-थायमीन	अनाज, फलियाँ, दूध, यीस्ट, अण्डे, मांस	कार्बोहाइड्रेट्स एवं अमीनो अम्ल उपापचय के लिए आवश्यक एन्जाइमों का सहएन्जाइम बेरी-बेरी (बच्चों की अस्थियाँ मुलायम होकर मुड़ जाती हैं।)
B_2-राइबोफ्लेविन	अण्डे, पनीर, हरी पत्तियाँ, मांस, जिगर	उपापचय में महत्वपूर्ण सहएन्जाइमों, FAD एवं FNM का घटक जिह्वा में सूजन, त्वचा में सूजन, दृष्टि की स्वच्छता में कमी, भ्रूण की अस्थियों का टेढ़ा-मेढ़ा होना।
B_6-पाइरीडॉक्सिन	अनाज, मांस, मछली, दूध, जिगर	प्रोटीन उपापचय में आवश्यक एन्जाइमों का सहएन्जाइम
B_{12}-साइनोकोबाल्मित	मांस, मछली, जिगर, अण्डा, दूध	वृद्धि, न्यूक्लिक अम्लों के संश्लेषण में सहायक अरक्तता
निकोटिनिक अम्ल	यीस्ट, मांस, मछली, अण्डे, दूध, मटर, मेवा	उपापचय में महत्वपूर्ण सहएन्जाइमों, NAD तथा NADP का घटक पेलैग्रा
फोलिक अम्ल	हरी पत्तियाँ, जिगर, सोयाबीन, यीस्ट, फलियाँ	वृद्धि, रुधिराणुओं का निर्माण, DNA के संश्लेषण में सहायक
C-ऐस्कॉर्बिक अम्ल	नींबू वंश के फल, टमाटर, आलू सब्जियाँ एवं अन्य फल	कोलैजन तन्तुओं, हड्डियों के मैट्रिक्स, दाँतों के डेन्टीन का निर्माण स्कर्वी
H-बायोटिन	गेहूँ, मांस, अण्डा, मूँगफली, सब्जी, फल, यीस्ट	वसीय एवं अमीनो अम्लों सहित कई अन्य पदार्थों की संश्लेषण अभिक्रियाओं में सहएन्जाइम
वसा में घुलनशील विटामिन		
A-रेटिनॉल	दूध, मछली, मक्खन, अण्डा, जिगर	दृष्टि रंगाओं के संश्लेषण में सहायक रतौंधी, शुष्काक्षिपाक, शारीरिक वृद्धि का रुक जाना, पाचक नाल और नेत्र का संक्रामक रोग।
D-कैल्सीफेरॉल	मक्खन, जिगर, मछली का तेल, अण्डे, त्वचा व यीस्ट में, सूर्य के प्रकाश में	कैल्सियम व फॉस्फोरस का उपापचय, हड्डियों एवं दाँतों की वृद्धि रिकेट्स (बच्चों में) ऑस्टोमैलेसिया (बड़ों में)
E-टोकोफेराल	तेल, गेहूँ, अण्डों की जर्दी, सोयाबीन	कोशाकला की सुरक्षा, जननिक एपीथीलियम की वृद्धि, पेशियों की क्रियाशीलता बन्ध्यता, पेशी तथा तन्त्रिका-तन्त्र सम्बन्धी गड़बड़ी।
K-नैफ्थोक्विनोन	हरी पत्तियाँ, गोभी, टमाटर, सोयाबीन, अण्डा, जिगर	जिगर में प्रोथ्रॉम्बिन के संश्लेषण में सहायक

रुक्षांश

- यह कुछ भोज्य पदार्थों में पाया जाने वाला तन्तुमय पदार्थ (Fibrous material) है। यह शरीर की वृद्धि में सहायक नहीं होते हैं— क्योंकि हम इसका पाचन नहीं कर पाते हैं।
- कब्ज को रोकने हेतु अधिक मात्रा में भोजन में मिलाया जाता है।
- इसके मुख्य स्रोत हैं— सलाद, अनाजों की बाह्य परत, ताजे फल, सब्जियाँ, साबुत अनाज एवं दलिया इत्यादि।

वसा

- यह शरीर को ऊर्जा प्रदान करता है। इसकी ऊर्जा देने की क्षमता कार्बोहाइड्रेट से भी अधिक होती है।
- यह हमारे शरीर को आघातरोधी बनाता है, जो आवरण के रूप में होता है।
- इसके मुख्य स्रोतों में दूध, पनीर, मक्खन, घी, अण्डा, मीट, मछली, बादाम, अखरोट एवं मूँगफली आदि सम्मिलित हैं।

जल

- यह एक अकार्बनिक पदार्थ है और मानव शरीर का 60-75% भाग बनाता है। यह पसीने एवं वाष्पन द्वारा शरीर का ताप नियन्त्रित करता है तथा पाचन, परिवहन एवं उत्सर्जन में सहायक है।
- इसके मुख्य स्रोत उपापचयी जल, तरल भोजन और पीने का जल है। यह अपने आयनों में विघटित होकर रासायनिक प्रतिक्रियाओं में भाग लेता है।
- जल की कमी से निर्जलीकरण (Dehydration) हो जाता है। शरीर में जल की कमी को निर्जलीकरण कहा जाता है।

खनिज लवण

विभिन्न प्रकार के खनिज लवण रोगों से हमारे शरीर की रक्षा करते हैं तथा शरीर में ऊतकों के निर्माण में विशेष भूमिका निभाते हैं। लवणों के विवरण को हम निम्न तालिका द्वारा समझ सकते हैं

खनिज	दैनिक मात्रा	मुख्य स्रोत	प्रकार्य
सोडियम (सोडियम क्लोराइड के रूप में)	2-5 ग्राम	साधारण नमक, मछली, मांस, अण्डे, दूध	यह सामान्यतः कोशिका बाह्य द्रव में धनायन के रूप में होता है तथा निम्न कार्यों से सम्बद्ध है–पेशियों का संकुचन, तन्त्रिका तन्त्र में तन्त्रिका आवेग के संचरण, शरीर में धनात्मक विद्युत-अपघट्य सन्तुलन बनाए रखना।
पोटैशियम	1 ग्राम	लगभग सभी खाद्य पदार्थों में उपलब्ध होता है।	सामान्यतः कोशिका द्रव में धनायन के रूप में पाया जाता है। यह निम्न अभिक्रियाओं के लिए आवश्यक है–कोशिकाओं में होने वाली अनेक रासायनिक अभिक्रियाएँ। पेशीय संकुचन, तन्त्रिका आवेग का संचरण। शरीर में विद्युत-अपघट्य सन्तुलन बनाए रखना।
कैल्सियम	लगभग 1.2 ग्राम	दूध, पनीर, अण्डे, चना, हरी सब्जियाँ, साबुत अन्न, रागी, मछली	यह विटामिन के साथ हड्डियों तथा दाँतों को दृढ़ता प्रदान करता है। रुधिर के स्कन्दन में भूमिका। पेशीय संकुचन प्रक्रिया से सम्बद्ध। मांसपेशियों की सुचारू क्रिया के लिए आवश्यक।
फॉस्फोरस	1.2 ग्राम	दूध, पनीर, हरी, सब्जियाँ, बाजरा, रागी, गिरी, जई, कलेजी तथा गुर्दे	कैल्सियम से सम्बद्ध होकर दाँतों को दृढ़ता प्रदान करना। यह शरीर के तरल पदार्थों के संरचनात्मक सन्तुलन बनाए रखने में सहायक है।
लौह	25 मिग्रा (बालक) 35 मिग्रा (बालिका)	कलेजी, गुर्दे, अण्डे का पीतक, चोकरयुक्त आटे की रोटी, बाजरा, रागी, सेब, केला, पालक एवं अन्य हरी सब्जियाँ तथा गुड़ लोहे के बर्तन में खाना बनाने से भी प्राप्त होता है	लोहा लाल रुधिर कणिकाओं में हीमोग्लोबिन के बनने के लिए आवश्यक है। यह ऊतक में ऑक्सीजन के लिए आवश्यक है। माँसपेशियों की सुचारू क्रिया के लिए आवश्यक माना जाता है।
आयोडीन	20 मिग्रा	मछली, समुद्री भोज्य पदार्थ, हरी पत्तीदार सब्जियाँ, आयोडीनयुक्त नमक	यह थॉयराइड ग्रन्थि द्वारा स्रावित थॉयराक्सिन हॉर्मोन के संश्लेषण के लिए आवश्यक है।
मैग्नीशियम	अत्यल्प	सब्जियाँ	पेशी तन्त्र एवं तन्त्रिका तन्त्र की क्रिया हेतु।
जस्ता	अत्यल्प	यकृत एवं मछलियाँ	इन्सुलिन कार्यिकी के लिए सहायक माना जाता है।
ताँबा	अत्यल्प	मांस, मछली, यकृत एवं अनाज ताँबे के बर्तन में खाना बनाने से भी मिलता है।	हीमोग्लोबिन तथा अस्थियों के निर्माण एवं इलेक्ट्रॉन संवाहक के रूप में सहायक।
कोबाल्ट	अत्यल्प	मांस, मछली एवं जल	RBC तथा विटामिन-B_{12} के संश्लेषण हेतु महत्त्वपूर्ण है।

सन्तुलित आहार

ऐसा आहार, जिसमें सभी आवश्यक (Balanced Diet) पोषक तत्त्व उचित अनुपात में सम्मिलित होते हैं, सन्तुलित आहार कहलाता है।

- पर्याप्त मात्रा में पौष्टिक भोजन करने से हमारी सेहत अच्छी रहती है। पौष्टिक और पर्याप्त भोजन वह होता है, जो शरीर की जरूरतों के अनुसार सभी पौष्टिक तत्त्व उपलब्ध कराता है। सन्तुलित आहार के जरिए अच्छा पोषण मिलता है जिससे आवश्यक पोषक तत्त्व सही व सन्तुलित मात्रा में शरीर को मिलते हैं।
- उच्च स्तर के शारीरिक व मानसिक स्वास्थ्य की प्राप्ति के लिए सन्तुलित आहार आवश्यक है।

- सन्तुलित आहार प्रत्येक व्यक्ति की आयु, स्वास्थ्य और कार्य के अनुसार ही निर्धारित होता है।
- **मिड-डे-मिल योजना** वर्ष 2004 में पूरे भारत के सभी सरकारी विद्यालयों में प्रारम्भ की गई। इस योजना के तहत सभी सरकारी विद्यालयों में उच्च प्राइमरी स्तर तक पढ़ने वाले सभी बच्चों को दोपहर के समय मुफ्त में सन्तुलित आहार दिया जाता है, क्योंकि भारत में करोड़ों गरीब बच्चे सन्तुलित आहार से वंचित रह जाते हैं।

प्रतिदिन औसत कैलोरी की आवश्यकता

आयु वर्ग	कैलोरी प्रतिदिन
10-12 वर्ष	2000
12-14 वर्ष	2200
14-16 वर्ष	2600
15-18 वर्ष	3000
वयस्क	2500 से 4000
66-75 वर्ष	2300

भोजन पकाने की अलग-अलग विधियाँ

भोजन पकाने व बनाने की कई विधियाँ प्रचलित हैं। भोजन पकाने की विधियाँ खाद्य पदार्थ की प्रकृति पर भी निर्भर करती हैं। अलग-अलग खाद्य पदार्थ अलग-अलग तरीके से पकाये जाते हैं जिनमें कुछ का विवरण निम्नलिखित है

भोजन पकाने के तरीके	खाद्य पदार्थ
उबालकर	चावल, दाल, आलू, मक्का, अण्डा, शकरकन्द आदि।
कच्चा	टमाटर, मूली, गाजर, खीरा
भूनकर	आलू, चना, मूँगफली, भिण्डी, मक्का, शकरकन्द आदि।
तलकर	आलू, मीट, मिर्च, पापड़
सेंककर	रोटी, पापड़, ब्रेड, पिज्जा

पाचन तन्त्र

पाचन का प्रयोजन आहार के गूढ़ अवयवों प्रोटीन, कार्बोहाइड्रेट, वसा, विटामिन, खनिज-लवण व जल इत्यादि को साधारण घटकों में विभाजित कर देना है। पाचन प्रक्रिया (Digestive System) में कई क्रियाएँ सम्मिलित होती हैं जैसे—अन्तर्ग्रहण, पाचन, अवशोषण, स्वांगीकरण एवं निष्कासन। इन क्रियाओं का विवरण निम्नलिखित है

- **अन्तर्ग्रहण** (Ingestion) इस क्रिया में भोजन को शरीर के अन्दर लिया जाता है। यह क्रिया मुख-गुहिका (जिसमें जीभ व दाँत) के द्वारा होती है। दाँत भोज्य सामग्री को काटने, चीरने, पीसने व चबाने का कार्य करते हैं। जबकि जीभ भोजन को लार के साथ मिलाकर निगलने का कार्य करती है।
- **पाचन** (Digestion) इस क्रिया में भोजन छोटे-छोटे कणों में टूटता है। पाचन क्रिया मुख से प्रारम्भ होकर अमाशय और छोटी आँत तक में होती है। मुख में कार्बोहाइड्रेट और 7.5 मी लम्बी छोटी आँत में कार्बोहाइड्रेट, वसा व प्रोटीन का पाचन होता है। अमाशय में भोजन का पाचन शीघ्रता से होता है। भोजन के पाचन में लार ग्रन्थि, लीवर और अग्नाशय के द्वारा निकले रसों (अम्लीय) का काफी योगदान होता है।
- **अवशोषण** (Absorption) इस क्रिया में भोजन में पाए जाने वाले उपयोगी पदार्थों का शरीर द्वारा अवशोषण होता है। यह प्रक्रिया आँत में होती है। छोटी आँत में कार्बोहाइड्रेट, वसा व प्रोटीन तथा बड़ी आँत में जल व खनिज लवण का अवशोषण होता है।
- **स्वांगीकरण** (Assimilation) भोज्य पदार्थों के पचे हुए अंशों के जीवद्रव्य में विलय की क्रिया स्वांगीकरण कहलाती है।
- **निष्कासन** (Excretion) इस क्रिया में अपचित भोजन मलाशय में जमा होकर गुदा द्वारा मल के रूप में बाहर निकल जाता है।

उत्सर्जन

जिस प्रक्रिया द्वारा मनुष्य के शरीर से अपशिष्ट पदार्थ बाहर निकलते हैं, उसे उत्सर्जन (Excretion) कहते हैं। शरीर में कई उत्सर्जी क्षेत्र होते हैं, जिनसे अपशिष्ट पदार्थों का निष्कासन होता है उनके विवरण निम्न हैं

वृक्क/गुर्दा—यूरिया का निष्कासन, त्वचा—अपशिष्ट पसीने के रूप में निकलते हैं, फेफड़ा—कार्बन डाइ-ऑक्साइड, लिवर—अमोनिया को यूरिया में बदलना, मलाशय—अपचित पदार्थ का निष्कासन

भोजन का संरक्षण

खाने पीने की चीजों को शीघ्र खराब होने से बचाने के लिए उनको संरक्षित किया जाता है। इस प्रकार से संरक्षित खाद्य पदार्थों का उपयोग बहुत दिनों तक किया जा सकता है। खाद्य सामग्री के संरक्षण (Food Preservation) की कई विधियाँ प्रचलित हैं जिनमें से कुछ का विवरण निम्नलिखित है

- फल एवं सब्जियों को संरक्षित करने के लिए रेफ्रिजरेटर का उपयोग किया जाता है। पत्तेदार सब्जियाँ जिनको रेफ्रीजरेटर में नहीं रखा जाता है उनको गीले कपड़ों में लपेटकर रखा जाता है। आलू, प्याज, लहसुन को नमी से बचाकर खुले में रखा जाता है।
- कुछ फल व सब्जियाँ, जैसे— आम, आँवला, मिर्च एवं लहसुन आदि को अचार के रूप में रखा जाता है। कुछ चीजों को चटनी बनाकर उसको संरक्षित किया जाता है जैसे आम, मिर्च, धनिया और पुदीना। काँच के जार तथा बोतलों में अचार भरने से पूर्व उन्हें धूप में सुखाना चाहिए ताकि उनकी नमी को पूर्णत: हटाया जा सके।
- कुछ वस्तुएँ जिनको मुरब्बे के रूप में लम्बे समय तक रखा जाता है, वे हैं सेब व आँवला। ऐसे ही कुछ चीजों को जैम व सॉस के रूप में भी संरक्षित किया जाता है। इसमें टमाटर व कई फल सम्मिलित हैं।
- मेथी, आलू एवं कई सब्जियों को सुखाकर संरक्षित किया जा सकता है जबकि चना व मूँगफली जैसी चीजों को भूनकर संरक्षित करने का प्रचलन है।
- दूध को पाश्चुरीकरण द्वारा संरक्षित किया जाता है इसकी खोज लूई पाश्चर ने की थी। इस प्रक्रिया में दूध को 62.8°C पर 30 मिनट तक गर्म किया जाता है या 71.7°C पर 30 सेकण्ड के लिए उबाला जाता है उसके बाद ठण्डा करके इसको थैलियों में रखा जाता है।
- भोजन पकाते समय निम्नलिखित बातों का ध्यान रखना चाहिए
  1. दाल-चावल को ज्यादा नहीं धोना चाहिए।
  2. सब्जियों को काटने के बाद नहीं धोना चाहिए अपितु उसको काटने से पूर्व ही धोना चाहिए।
  3. भोजन को ज्यादा देर तक नहीं पकाना चाहिए।
  4. भोजन को सदैव ढककर पकाना चाहिए।
  5. भोजन पकाते समय उसमें ज्यादा पानी नहीं डालना चाहिए।

क्षेत्रीय व्यंजन

भारत के भिन्न-भिन्न क्षेत्रों में भिन्न-भिन्न प्रकार के व्यंजन खाये जाते हैं। किसी क्षेत्र का खान-पान उस क्षेत्र में खाद्य पदार्थ के आसानी से उपलब्धता, उस खाद्य

पदार्थ का उस क्षेत्र विशेष की संस्कृति में महत्त्व इत्यादि पर निर्भर करता है; जैसे—

- तटीय क्षेत्रों में निवास करने वाले लोग मछली व चावल अधिक खाते हैं।
- दक्षिण भारत के लोग नारियल का प्रयोग अपने भोजन में विशेष रूप से करते हैं।
- उत्तर भारत के लोग रोटी खाना अधिक पसन्द करते हैं।

भारत के कुछ राज्यों एवं उनसे सम्बन्धित व्यंजनों का हम निम्न तालिका द्वारा अध्ययन कर सकते हैं

राज्य	व्यंजन/खाद्य पदार्थ
बिहार	लिट्टी-चोखा, खुबी की लाई, चावल-दाल
गोवा	मछली (नारियल के तेल में बनी)
हरियाणा	बाजरा खिचड़ी, कढ़ी-पकौड़ा
गुजरात	ढोकला, खांडवी, लेमन राईस
असम	मसोर टेंगा (मछली), बाँस, चावल
जम्मू-कश्मीर	तबक भाजी (भेड़), कलाडी पनीर, राजमा, कहवा
मध्य प्रदेश	भुट्टे की खीर
झारखण्ड	रुगड़ा (मशरूम), मडुआ रोटी
नागालैण्ड	बाँस के कॉपल, मोमोज
महाराष्ट्र	शाक-पूरी, बड़ा-पाव, पाव-भाजी
पंजाब	सरसों का साग, मक्के की रोटी
ओडिशा	छेना पोडा
राजस्थान	मलाई घेवर, चूरमा-बाटी
मेघालय	तुगतप (मछली की चटनी)
पश्चिम बंगाल	दाब छिनगरी (झींगा), रसगुल्ला, सन्देश
छत्तीसगढ़	लाल चींटी की चटनी
केरल	अवियल (मिश्रित सब्जी), टैपियोका
त्रिपुरा	बेरमा (मछली)

- केरल में टैपिओका और नारियल बहुत मात्रा में उगते हैं इस कारण यहां लोग अपने खाने में इसका उपयोग अधिक करते हैं।
- लिंग-हू-फेन यह साँप का मांस होता है। हांगकांग के लोग इसको चाव से खाते हैं।

स्वास्थ्य एवं रोग

स्वास्थ्य सिर्फ रोग या दुर्बलता की अनुपस्थिति नहीं, बल्कि एक पूर्ण शारीरिक मानसिक एवं सामाजिक खुशहाली की स्थिति बताता है।

हमारे दैनिक क्रियाकलाप ही नहीं, बल्कि सामाजिक कार्य भी हमारे स्वास्थ्य पर ही निर्भर करते हैं, यदि हमारा स्वास्थ्य ठीक नहीं है, तो या तो हम कोई कार्य करने में सक्षम नहीं होंगे अथवा हम उन्हें ठीक ढंग से कर नहीं पाएँगे।

शारीरिक, मानसिक व सामाजिक रूप से पूर्ण स्वस्थ न होना ही बीमारी या रोग कहलाता है। इस स्थिति में व्यक्ति दर्द, दुष्क्रिया व तनाव की अनुभूति करता है। बीमारियाँ कई तरह से फैलती हैं। सामान्य तौर पर बीमारियाँ दो प्रकार की होती हैं जन्मजात और उपार्जित।

1. **जन्मजात** बीमारियाँ वे बीमारियाँ होती हैं, जो किसी व्यक्ति विशेष के अन्दर जन्म से ही होती हैं; जैसे— हीमोफीलिया, वर्णांधता।
2. **उपार्जित** बीमारियाँ वे बीमारियाँ हैं, जो हमें वातावरण से मिलती हैं इसके अन्तर्गत पेचिश, काली खाँसी, छोटी माता आदि को शामिल किया जाता है। उपार्जित बीमारियाँ दो प्रकार की होती हैं; जैसे— संक्रामक और असंक्रामक।

संक्रामक तथा असंक्रामक कारक

- रोग के कारण का एक वर्ग है, संक्रामक कारक, जो अधिकांशतः सूक्ष्म जीव होते हैं। वह रोग जिनके तात्कालिक कारक सूक्ष्म जीव होते हैं, उन्हें संक्रामक रोग कहते हैं। इसका कारण यह है कि सूक्ष्म जीव समुदाय में फैल सकते हैं और इनके कारण होने वाले रोग भी इनके साथ फैल जाते हैं।
- कुछ रोग ऐसे होते हैं, जो संक्रामक कारकों द्वारा नहीं होते। उनके कारक भिन्न होते हैं। लेकिन वे बाहरी कारक जो सूक्ष्म जीव नहीं होते वे समुदाय रूप में फैल सकते हैं। यद्यपि ये बहुधा आन्तरिक एवं असंक्रामक हैं। **उदाहरण** कुछ प्रकार के कैंसर आनुवंशिक असामान्यता के कारण होते हैं। उच्च रक्तचाप का कारण अधिक वजन होना तथा व्यायाम न करना है।

विभिन्न प्रकार के संक्रामक रोगों का वर्णन निम्नलिखित है

संक्रामक रोग

जीवाणु जनित	विषाणु जनित	प्रोटोजोआ जनित
रोग के नाम काली खाँसी, निमोनिया, प्लेग, तपेदिक, टिटैनस, आंत्र ज्वर, हैजा, कोढ़ और डिप्थीरिया	**रोग के नाम** पीलिया, चेचक, एड्स फ्लू, रेबीज, डेंगू पोलियो, खसरा, छोटी माता, चिकनगुनिया	**रोग के नाम** पेचिश, मलेरिया, पायरिया।
प्रमुख तथ्य हैजा दूषित जल व खाने से फैलता है।	**प्रमुख तथ्य** पीलिया दूषित जल से फैलता है तथा पोलियो दूषित जल एवं भोजन दोनों से फैलता है।	**प्रमुख तथ्य** पेचिस मक्खियों के द्वारा फैलता है। पायरिया दाँतों की बीमारी है। मादा ऐनाफिलीज मच्छर के काटने से मलेरिया होता है।
प्लेग चूहे से फैलता है। प्लेग को काली मौत भी कहा जाता है।	रेबीज कुत्ते, बन्दर आदि के काटने से होता है। डेंगू और चिकनगुनिया एडिज मच्छर के काटने से होता है।	**लक्षण** मलेरिया में कंपकपी, बुखार, सिरदर्द व पसीने की समस्या होती है।
टीकाकरण डिप्थीरिया,काली खाँसी और टिटैनस की रोकथाम के लिए बच्चों को DPT का टीका लगाया जाता है। टीबी के रोकथाम के लिए BCG (Bacillus Calmette-Guerin) का टीका लगाया जाता है।	**टीकाकरण** भारत से पोलियो और चेचक का उन्मूलन हो चुका है भारत सरकार 0-5 वर्ष के बच्चों के लिए नियमित रूप से पल्स पोलियो कार्यक्रम चलाती है।	**उपचार** मलेरिया के उपचार में कुनैन व सिनकोना की छाल से दवाई बनाई जाती है।

⚠ दाद, खाज एथलीट फुट व अस्थमा कवक (फफूँद) जनित रोग हैं।

अभावजन्य रोग

मानवीय शरीर में कई ऐसे रोग हैं, जो किसी पोषक तत्त्व या खनिज लवण के अभाव में होते हैं। इन रोगों से हमें तभी निजात मिलती है जब उनसे सम्बन्धित पदार्थों का सेवन किया जाता है जिससे उपयुक्त पोषण की प्राप्ति होती है। इन पोषक तत्त्वों के अभाव में हम कई प्रकार की बीमारियों से ग्रसित हो जाते हैं, जिनका संक्षिप्त विवरण निम्नलिखित है।

- आयोडीन की कमी से घेंघा रोग होता है। आयोडीन मुख्य रूप से समुद्री जीव जन्तुओं से प्राप्त होता है। वर्तमान में नमक से हमारे शरीर में आयोडीन की पूर्ति होती है।
- लौह की कमी से खून में हीमोग्लोबिन की कमी होती है जिसको प्रायः एनीमिया भी कहा जाता है। इससे छुटकारा पाने के लिए हरी पत्तेदार सब्जियाँ, पालक, आँवला, सेब, केला आदि का सेवन लाभकारी होता है।
- कैल्सियम की कमी से हड्डियाँ और दाँत कमजोर हो जाते हैं। कैल्सियम मुख्यतः दूध, अण्डा, सेब, हरी पत्तेदार सब्जियों आदि से मिलता है।
- फॉस्फोरस की कमी से हड्डियाँ एवं दाँत कमजोर हो जाते हैं। फॉस्फोरस का मुख्य स्रोत दूध, केला व हरी मिर्च आदि हैं।
- प्रोटीन की कमी के कारण शारीरिक विकास अवरुद्ध हो जाता है। प्रोटीन के अभाव में बालकों में क्वाशियोकोर एवं मेरेस्मस नामक रोग हो जाते हैं।
- शारीरिक व मानसिक विकास के लिए विटामिन एक अनिवार्य तत्त्व माना जाता है। इसके अभाव में व्यक्ति अनेक बीमारियों से ग्रसित हो जाते हैं।

कुछ प्रमुख रोग एवं उनके घरेलू उपचार

भारत में प्राचीनकाल से ही बहुत सारे रोगों का घरेलू स्तर पर ही समुचित उपचार किया जा रहा है, उनमें से कुछ वर्तमान में भी प्रचलित हैं जिनका विवरण निम्नलिखित है

रोग	उपचार
आम बुखार	मेथी की चाय
घाव	हल्दी का लेप
मोच	हल्दी और चूने का लेप
पेट दर्द	हींग, अजवाइन
आँख में जलन	खीरा, चायपत्ती की पट्टी
आँख में सूजन	धनिये के बीज
दाँत दर्द	हींग का चूर्ण, लौंग का तेल
गला खराब	अदरक और गुड़
बदहजमी	सौंफ

अवशिष्ट पदार्थ एवं उनका पुनर्चक्रण

कचरा गन्दगी का परिचालक माना जाता है जिससे ज्यादातर बीमारियाँ उत्पन्न होती हैं एवं फैलती हैं। इसलिए हमें चाहिए कि कचरे को इधर-उधर नहीं फेंकें। कचरा दो प्रकार का होता है **जैव निम्नीकरणीय** कचरा और जैव अनिम्नीकरणीय कचरा।

- **जैव निम्नीकरणीय कचरा** यह वातावरण में कीटाणुओं द्वारा आसानी से अपघटित हो जाता है। इसके उदाहरण हैं; जैसे— फल-सब्जियों के छिलके, अण्डे के छिलके, कागज, पत्तियाँ इत्यादि।
- **जैव अनिम्नीकरणीय कचरा** यह वातावरण में कीटाणुओं के द्वारा आसानी से अपघटित नहीं होता है और वातावरण को दूषित करता है। इसके उदाहरण हैं; जैसे— पॉलिथीन, काँच के टुकड़े, प्लास्टिक, कीलें इत्यादि।

पर्यावरण को प्रदूषित होने से बचाने के लिए विशेष कदम उठाए जा सकते हैं, जो निम्न प्रकार हैं

- कागज को बर्बाद नहीं करना चाहिए।
- पॉलिथीन के प्रयोग को बन्द करना चाहिए।
- काँच, प्लास्टिक आदि से पुनर्चक्रण द्वारा नई वस्तुएँ बनानी चाहिए।
- जैव निम्नीकरणीय कचरे का प्रयोग जैविक खाद बनाने के लिए करना चाहिए।
- 'स्वच्छ भारत अभियान' की तर्ज पर कचरा विहीन समाज को आगे बढ़ाना चाहिए।
- पर्यावरण के बचाव के लिए तीन R अर्थात् कम उपयोग, पुनर्चक्रण एवं पुनः उपयोग पर बल देना चाहिए।

अभ्यास प्रश्न

1. निम्नलिखित में से कौन-सा कथन सही है?
(a) खाद्य पदार्थ से जीवों को ऊर्जा प्राप्त नहीं होती है
(b) भोजन से प्राप्त ऊर्जा शारीरिक क्रिया के लिए उपयोगी होती है
(c) पादप उत्पाद खाद्य पदार्थों का एकमात्र स्रोत है
(d) मनुष्य अपनी ऊर्जा का उपयोग सांस लेने व चलने में नहीं करता है

2. निम्नलिखित में कौन सही सुमेलित नहीं है?
(a) फल–काजू
(b) सब्जी–बैंगन
(c) अनाज–सोया
(d) मसाला–सौंठ

3. निम्नलिखित कथनों पर विचार कीजिए
A. जन्तुओं से प्राप्त होने वाले उत्पादों में माँस, मछली और अण्डे प्रमुख हैं।
B. दूध हमें गाय, भैंस, बकरी व शुतुरमुर्ग से प्राप्त होता है।
उपरोक्त में से कौन-से कथन सही हैं?
(a) केवल A
(b) केवल B
(c) A और B दोनों
(d) न तो A और न ही B

4. निम्नलिखित को सुमेलित कीजिए।

स्रोत	खाद्य पदार्थ
A. पौधे/जन्तु	i. चाय
B. बीज	ii. साग
C. तने/पत्ती	iii. कॉफी/दाल
D. पत्तियाँ	iv. तेल/घी

	A	B	C	D
(a)	i	ii	iii	iv
(b)	iv	iii	ii	i
(c)	iii	ii	i	iv
(d)	ii	i	iv	iii

5. पोषक तत्त्व शरीर के लिए कैसे उपयोगी होते हैं?
A. ये आहार व ऊर्जा की पूर्ति करते हैं।
B. शरीर के विकास में सहायक होते हैं।
C. सूक्ष्म पोषक तत्त्व पूर्ति अच्छे स्वास्थ्य के लिए हानिदायक होता है।
उपरोक्त में से कौन-से कथन सत्य हैं?
(a) A और B
(b) A और C
(c) B और C
(d) A, B और C

6. निम्न में से कौन सही सुमेलित नहीं है?

स्रोत	पोषक तत्व
(a) मीट	कार्बोहाइड्रेट
(b) अण्डा	प्रोटीन
(c) बादाम	वसा
(d) ताजे फल	रेशे

7. निम्नलिखित में से किस वर्ग में प्रोटीन की प्रचुरता है?
(a) दूध, आम, गाजर
(b) अण्डा, मटर, मछली
(c) सोयाबीन, चना, मक्का
(d) सेब, दही, मांस

8. यदि एक अध्यापक आलू, चावल, ब्रेड व शक्कर के उदाहरणों का सहारा लेता है, तो वह क्या पढ़ाना चाहता है?
(a) विटामिन (b) कार्बोहाइड्रेट
(c) प्रोटीन (d) खनिज लवण

9. निम्नलिखित को सुमेलित कीजिए।

प्रोटीन	कार्य
A. परिवहन प्रोटीन	i. संक्रमण से बचाव
B. संकुचन प्रोटीन	ii. ऊतक निर्माण
C. संरचनात्मक प्रोटीन	iii. चलन हेतु
D. रक्षात्मक प्रोटीन	iv. हीमोग्लोबिन का परिवहन

कूट

	A	B	C	D
(a)	i	ii	iii	iv
(b)	ii	iii	iv	i
(c)	iii	iv	i	ii
(d)	ii	iii	ii	i

10. भोजन में आयोडीन की सूक्ष्म मात्रा आवश्यक होती है, क्योंकि
(a) इसके सेवन से व्यक्ति मानसिक रूप से क्षीण नहीं होता है
(b) आयोडीन का सेवन करने से घेंघा रोग होने की सम्भावना नहीं रहती है
(c) दोनों ही कथन सत्य हैं
(d) दोनों ही कथन असत्य हैं

11. निम्नलिखित में से कौन-से कथन सही हैं?
A. फोलिक अम्ल के द्वारा DNA का संश्लेषण होता है।
B. सूर्य की रोशनी विटामिन D का एक स्रोत है।
C. सोयाबीन प्रोटीन का सबसे अच्छा स्रोत है।
(a) A और B (b) A और C
(c) B और C (d) A, B और C

12. मानव शरीर में त्वचा तल के नीचे विद्यमान वसा निम्नलिखित में से किसके विरुद्ध अवरोधक का काम करती है?
(a) शरीर के लवणों का क्षय
(b) शरीर की ऊष्मा का क्षय
(c) वातावरण से हानिकारक सूक्ष्म जीवों का प्रवेश
(d) आवश्यक शरीर द्रव्यों का क्षय

13. "यह हमारे शरीर के अन्दर के विभिन्न पोषक तत्त्वों को अवशोषित करता है। शरीर के तापमान को नियन्त्रित करता है तथा अपशिष्ट पदार्थों को निकालने में सहायक होता है।" उपरोक्त कथन किस पोषक तत्त्व के लिए कहा गया है?
(a) आहारी रेशे (b) वसा
(c) कार्बोहाइड्रेट (d) जल

14. निम्नलिखित में से कौन-से कथन सही हैं?
A. पोटैशियम लगभग सभी खाद्य पदार्थों में होता है।
B. अण्डों से सोडियम की प्राप्ति होती है।
C. लोहा RBC में हीमोग्लोबिन के बनने के लिए सहायक होता है।
(a) A और B (b) A और C
(c) B और C (d) A, B और C

15. राधा और राधिका एनीमिया रोग से ग्रसित हैं। डॉक्टर उनको किस प्रकार के खाद्य पदार्थ खाने की सलाह देंगे, जब राधा और राधिका दोनों शाकाहारी हैं।
(a) केला, पालक, गुड़ व हरी सब्जी
(b) अण्डे की पीतक, केला, मछली
(c) मछली, हरी पत्तीदार सब्जी, बाजरा
(d) पालक, गुड़, कलेजी, नमक

16. निम्नलिखित को सुमेलित कीजिए

खाद्य पदार्थ	भोजन पकाने के तरीके
A. आलू	i. भूनकर
B. पापड़	ii. सेंककर
C. चावल	iii. उबालकर
D. चना	iv. भूनकर

कूट

	A	B	C	D
(a)	i	ii	iii	iv
(b)	iv	iii	ii	i
(c)	iii	ii	i	iv
(d)	ii	i	iv	iii

17. सन्तुलित भोजन में कई प्रकार के पोषक तत्वों के साथ आहारी रेशे तथा जल की आवश्यकता क्यों होती है?
(a) आहारी रेशे हमें पोषक तत्व प्रदान करते हैं
(b) यह भोजन की मात्रा को बढ़ा देते हैं
(c) बिना पचे भोजन को बाहर निकालने में हमारे शरीर की सहायता करते हैं
(d) भोजन पचाने में मदद करते हैं

18. सन्तुलित आहार से सम्बन्धित कौन-सा सही सुमेलित नहीं है?
(a) 10-12 वर्ष : 3000 कैलोरी प्रतिदिन
(b) 14-16 वर्ष : 2600 कैलोरी प्रतिदिन
(c) वयस्क : 2500-4000 कैलोरी प्रतिदिन
(d) 66-75 वर्ष : 2300 कैलोरी प्रतिदिन

19. सन्तुलित भोजन में वसा की उपयुक्त मात्रा का सेवन करना आवश्यक होता है, क्योंकि यह
(a) ऊर्जा का उत्पादन करने में सहायक होती है
(b) कोशिका झिल्ली की संरचना में मुख्य भूमिका निभाती है
(c) ऊर्जा संचित करती है
(d) उपरोक्त सभी

20. निम्नलिखित में से कौन-से कथन मिड-डे-मील के विषय में सही हैं?
A. यह वर्ष 2004 में पूरे भारत में लागू की गई।
B. इस योजना के अन्तर्गत सभी सरकारी विद्यालय आते हैं।
C. इसमें प्राइमरी से लेकर उच्च प्राइमरी तक के बच्चों को शुल्क के साथ भोजन मुहैया कराया जाता है।
(a) A और B
(b) A और C
(c) B और C
(d) A, B और C

21. इस क्रिया में भोजन छोटे-छोटे कणों में टूटता है। यह क्रिया मुख से प्रारम्भ होकर, अमाशय और छोटी आँत तक होती है?
उपरोक्त कथन पाचन तन्त्र की किस प्रक्रिया का वर्णन करता है?
(a) अन्तर्ग्रहण (b) पाचन
(c) अवशोषण (d) स्वांगीकरण

22. मानवीय शरीर में उत्सर्जन का कार्य कौन-कौन-से अंग करते हैं?
A. फेफड़ा B. त्वचा
C. छोटी आँत D. मलाशय
(a) A, B और D
(b) A, B और C
(c) B, C और D
(d) A, C और D

23. निम्नलिखित को सुमेलित कीजिए

सूची I	सूची II
A. वृक्क	i. पसीने
B. मलाशय	ii. CO_2
C. त्वचा	iii. यूरिया
D. फेंफड़ा	iv. अपचित पदार्थ

कूट

	A	B	C	D
(a)	iv	iii	ii	i
(b)	iii	iv	i	ii
(c)	iii	ii	i	iv
(d)	i	ii	iii	iv

24. निम्नलिखित में से कौन-से कथन सही हैं?
A. सेब और आँवला को मुरब्बा बनाकर लम्बे समय तक संरक्षित किया जा सकता है।
B. आलू, प्याज, लहसुन को नमी में रखा जाता है।
C. चने को भूनकर संरक्षित रखा जा सकता है।
(a) A और B (b) A और C
(c) B और C (d) A, B और C

25. दूध का पाश्चुरीकरण कैसे किया जाता है?
(a) 100°C पर 15 मिनट तक या 90°C पर 5 मिनट तक गर्म करके
(b) 100°C पर 15 मिनट तक या 90°C पर 32 मिनट तक गर्म करके
(c) 70°C पर 15 मिनट तक या 62°C पर 5 सेकण्ड तक गर्म करके
(d) 71°C पर 15 सेकण्ड तक या 62°C पर 32 मिनट तक गर्म करके

26. भोजन पकाते समय कुछ बातों का विशेष ख्याल रखा जाता है। निम्नलिखित में से उसमें कौन सम्मिलित है?
A. खाने को ज्यादा देर तक पकाना चाहिए।
B. खाना सदैव ढककर पकाना चाहिए।
C. खाना पकाते समय पानी का कम प्रयोग करना चाहिए।
(a) A और B (b) A और C
(c) 2 और C (d) A, B और C

27. निम्नलिखित में से कौन सुमेलित नहीं है?

	राज्य	व्यंजन
(a)	महाराष्ट्र	शाक -पूरी
(b)	राजस्थान	मलाई घेवर
(c)	झारखण्ड	मसोर टेंगा (मछली)
(d)	त्रिपुरा	बेरमा (मछली)

28. एक परिवार के दो सदस्य गौरव और गुड़िया क्रमशः वर्णान्धता और हीमोग्लोबिन से प्रभावित हैं। इस प्रकार की बीमारियाँ किस प्रकार की होती हैं?
A. जन्मजात B. उपार्जित
(a) केवल A
(b) केवल B
(c) A और B दोनों
(d) न तो A और न ही B

29. इस प्रकार के रोग के प्रमुख कारक सूक्ष्म-जीव होते हैं। सूक्ष्म-जीव विभिन्न समुदाय में फैल जाते हैं, जिससे यह रोग फैलता है। इसके कुछ उदाहरण है—टिटैनस, पीलिया आदि।
उपरोक्त कथन किस प्रकार के रोग के विषय में बताता है?
(a) जन्मजात (b) उपार्जित
(c) संक्रामक (d) असंक्रामक

30. निम्नलिखित कथनों पर विचार कीजिए
A. टी बी की रोकथाम के लिए BCG का टीका लगाया जाता है।
B. पोलियो दूषित जल एवं भोजन से फैलता है।
C. भारत से पोलियो और चेचक का उन्मूलन हो चुका है।
उपरोक्त में से कौन-से कथन सत्य हैं?
(a) A और B (b) A और C
(c) B और C (d) A, B और C

31. पल्स पोलियो कार्यक्रम का उद्देश्य है
(a) पोलियो का उपचार
(b) पोलियो से उत्पन्न लकवा को रोकना
(c) पोलियो का सम्पूर्ण उन्मूलन करना
(d) उपरोक्त सभी

32. यदि किसी मरीज के दाँतों में दर्द होने के साथ-साथ खून भी आता है तो उसे डॉक्टर खट्टे फल खाने की सलाह देता है, क्योंकि
(a) खट्टे फलों से दाँतों के रोगाणु नष्ट हो जाते हैं
(b) खट्टे फलों से हमारी प्रतिरोधक क्षमता का विकास होता है
(c) खट्टे फलों में विटामिन-C होता है, जिसकी कमी से स्कर्वी रोग हो जाता है
(d) खट्टे फलों से दाँत साफ हो जाते हैं

33. निम्नलिखित को सुमेलित कीजिए।

रोग	कारक
A. टिटैनेस	i. प्रोटोजोआ जनित
B. चेचक	ii. विषाणु जनित
C. मलेरिया	iii. जीवाणु जनित

कूट

	A	B	C
(a)	i	ii	iii
(b)	iii	ii	i
(c)	iii	i	ii
(d)	ii	i	iii

34. विटामिन-B_1 की कमी से होने वाले रोग बेरी-बेरी का प्रमुख लक्षण क्या है?
(a) अँधेरे में कम दिखाई देना
(b) बच्चों की मानसिक विकलांगता
(c) अस्थियों का मुलायम होकर मुड़ जाना
(d) घाव भरने में अधिक समय लगना

35. सोनू रतौन्धी, पाचक नाल में संक्रमण और नेत्र में संक्रमण जैसे रोगों से ग्रसित है। इस प्रकार से कौन-सी खाद्य सामग्री उनको रोगों से निजात में लाभकारी होगी। बताइए।
A. मछली का यकृत
B. गाजर
C. हरी पत्ती वाली सब्जी
D. माँस
(a) A, B और D (b) A, C और D
(c) B, C और D (d) A, B और C

36. निम्नलिखित में से कौन-सा कथन सत्य नहीं है?
(a) दूध में कोई विटामिन नहीं होता है
(b) विटामिन-A के अभाव के कारणवश त्वचा शुष्क तथा शल्की हो जाती है
(c) जोड़ों में पीड़ा होना स्कर्वी के लक्षणों में से एक है
(d) विटामिन-B_1 के अभाव के कारण हृदयाघात हो सकता है

37. निम्नलिखित में से कौन स्वस्थ अस्थियों (हड्डियों) के लिए आवश्यक है?
(a) पोटैशियम और विटामिन-K
(b) कैल्सियम एवं विटामिन-E
(c) कैल्सियम एवं विटामिन-C
(d) कैल्सियम एवं विटामिन-D

38. लौह आवश्यक है
(a) हीमोग्लोबिन व RBC के निर्माण के लिए
(b) सामान्य स्वास्थ्य बनाए रखने के लिए
(c) शरीर के ऊतकों तक ऑक्सीजन पहुँचाने के लिए
(d) उपरोक्त सभी

39. निम्नलिखित में से कौन सुमेलित नहीं है?

	विटामिन	रासायनिक नाम
(a)	A	रेटिनॉल
(b)	B_{12}	थायमिन
(c)	D	कैल्सिफेरॉल
(d)	E	टोकोफेरॉल

40. नीचे दिए गए खाद्य पदार्थों के किस समुच्चय में लोह तत्व प्रचुर मात्रा में होता है?
(a) आँवला, पालक, गुड़
(b) आँवला, पालक, आलू
(c) आँवला, आलू, टमाटर
(d) बन्दगोभी, भिण्डी, गुड़

41. निम्नलिखित को सुमेलित कीजिए।

	सूची I	सूची II
A.	कटे और घाव	i. ताजे धनियों के बीजों से
B.	सामान्य ज्वर	ii. हल्दी के चूर्ण से
C.	आँख की सूजन	iii. मेथी के बीजों की चाय
D.	दाँत का दर्द	iv. हींग का चूर्ण से

कूट

	A	B	C	D
(a)	iii	i	ii	iv
(b)	i	ii	iii	iv
(c)	iv	iii	ii	i
(d)	ii	iii	i	iv

42. हमारे पर्यावरण को बचाने के लिए तीन प्रकार के R हैं
(a) कम उपयोग, पुनः चक्रण, पुनः निर्माण
(b) पुनः उपयोग, पुनः संरचना, पुनः निर्माण
(c) कम उपयोग, पुनः चक्रण, पुनः उपयोग
(d) कम उपयोग, पुनः चक्रण, पुनः संरचना

43. सरकारी विद्यालयों में मिड-डे-मील योजना की शुरुआत किस वर्ष की गई थी?
(a) वर्ष 1999 में (b) वर्ष 2002 में
(c) वर्ष 2004 में (d) वर्ष 2008 में

44. RBC तथा विटामिन-B_{12} के संश्लेषण में कौन महत्त्वपूर्ण भूमिका निभाता है?
(a) मैग्नीशियम (b) जस्ता
(c) ताँबा (d) कोबाल्ट

45. एक वयस्क को प्रतिदिन औसतन कितनी कैलोरी की आवश्यकता पड़ती है?
(a) 2000 से 2200 कैलोरी
(b) 2200 से 2400 कैलोरी
(c) 2400 से 2600 कैलोरी
(d) 2500 से 4000 कैलोरी

46. निम्नलिखित में से कौन एक असत्य कथन है?
(a) दाद, खाज एवं अस्थमा कवक जनित रोग हैं।
(b) भारत से पोलियो और चेचक का उन्मूलन हो चुका है
(c) पायरिया और पेचिस जीवाणु जनित रोग हैं।
(d) दूषित जल और भोजन करने से हैजा फैलता है।

47. निम्नलिखित में किस-किस राज्य के लोगों द्वारा टैपिओका और नारियल का सेवन अधिक किया जाता है?
(a) गोवा
(b) झारखण्ड
(c) पश्चिम बंगाल
(d) केरल

48. मीरा और दिव्या छोटी लड़कियाँ हैं। मीरा समोसे, कटलेट और डबलरोटी खाना पसन्द करती है, जबकि दिव्या ऐसा भोजन पसन्द करती है जिसमें लौह तत्त्व की कमी है। मीरा और दिव्या को निम्नलिखित बीमारियों में से क्रमशः कौन-सी बीमारी होगी?
(a) मोटापा और स्कर्वी
(b) स्कर्वी और एनीमिया
(c) एनीमिया और रतौंधी
(d) मोटापा और एनीमिया

49. यह देखा गया है कि पाचन क्रिया बाहर की अपेक्षा आमाशय के अन्दर अधिक तेजी से होती है, क्योंकि
(a) पाचक रस जब आमाशय के बाहर रखते हैं तो निष्क्रिय हो जाते हैं
(b) आमाशय के अन्दर भोजन का मन्थन होता रहता है जिससे उसकी सतह का क्षेत्रफल बढ़ जाता है और एन्जाइम कि क्रिया तेज हो जाती है
(c) पाचक रस आमाशय के अन्दर अम्लीय होते हैं, जबकि बाहर वे क्षारीय होते हैं
(d) आमाशय के अन्दर भोजन की उपस्थिति में पाचक रस का उत्पादन बहुत ज्यादा होता है

50. रीना अपने घर का कूड़ा नीचे दर्शाए तरीके से दो ढेरियों में अलग करती है

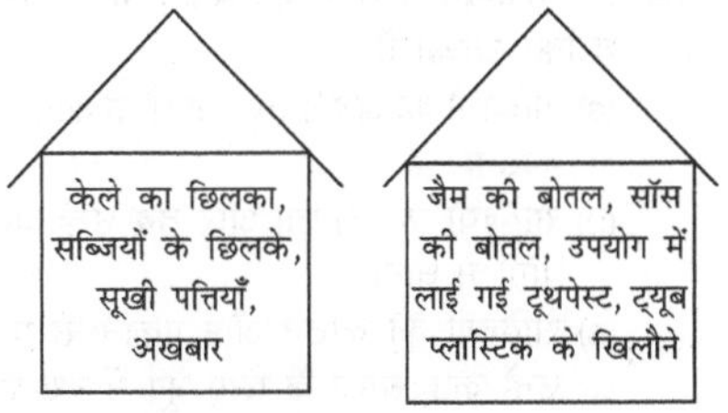

रीना ने दो ढेरियों में कूड़ा निम्न आधार पर अलग किया
(a) घरेलू कचरा/औद्योगिक कचरा है
(b) दुर्गन्ध है/दुर्गन्ध रहित है
(c) अपघटित होने वाले/अपघटित नहीं होने वाले
(d) पुनः चक्रण किया जा सकता है/पुनः चक्रण नहीं किया जा सकता

51. विटामिन ऐसे पदार्थ हैं, जो
(a) हीनताजन्य रोगों से बचाव के लिए थोड़ी मात्रा में आवश्यक हैं
(b) हमारी उपापचय दर बढ़ाकर भार में कमी लाते हैं
(c) स्वस्थ रहने के लिए दवाई के रूप में लिए जाते हैं
(d) पेशियों का विकास करके हमें ताकतवर बनाते हैं

52. पके हुए चावल रेफ्रिजरेटर में अपेक्षाकृत लम्बे समय तक परिरक्षित किए जा सकते हैं, क्योंकि
(a) कम तापमान पर भोजन का नमी तत्त्व घट जाता है
(b) रेफ्रिजरेटर में कुछ ऐसे रसायन होते हैं जो रोगाणुओं को नष्ट कर देते हैं
(c) कम तापमान पर रोगाणु निष्क्रिय हो जाते हैं
(d) रोगाणु कम तापमान पर नष्ट हो जाते हैं

53. यह पढ़ाते समय-कि कुछ समय के लिए खाद्य पदार्थों को किस तरह ताजा रखा जा सकता है, राधा अपनी कक्षा में निम्नलिखित अनेक तकनीकों की परिगणना करती है
A. उसे कटोरी में रखती है तथा कटोरी को एक खुले बर्तन में रख देती है जिसमें ठण्डा पानी है.
B. उसे एक गीले कपड़े में लपेट देती है.
C. उसे धूप में खुला फैला देती है.
D. उसे छोटे-छोटे टुकड़ों में काटती है. और अँधेरे में रख देती है.
उपरोक्त तकनीक 'B' के लिए वह निम्नलिखित किस खाद्य पदार्थ की ओर संकेत कर रही है?
(a) पके हुए चावल (b) प्याज, लहसुन
(c) हरा धनिया (d) काजू बर्फी

54. निम्नलिखित में से भोजन बनाने का कौन-सा तरीका अच्छा है?
(a) सब्जियों को अच्छी तरह से धोना और फिर काटना
(b) सब्जियों को काटना और तब उन्हें चलते पानी में धोना
(c) सब्जियों को काटने और पकाने से पहले उन्हें कुछ समय के लिए धूप में रखना
(d) बैक्टीरिया नष्ट करने के लिए सब्जियों को गहरे तलते हुए पकाना

55. अंजली की सहेली दाँतों में क्षय से बचने के निम्नलिखित चार तरीके बताती है
A. दिन में दो बार ब्रश करें।
B. इनेमिल कम न हो इसके लिए ब्रेसिज पहनें।
C. मिठाई, चॉकलेट्स और कार्बन डाइऑक्साइड युक्त पेय-पदार्थ न लें।
D. हर खाने के बाद कुल्ला करें।
अंजली को उपरोक्त तरीकों में से किसका अनुपालन करना चाहिए?
(a) B, C और D
(b) C, D और A
(c) D, A और B
(d) A और C

56. निम्नलिखित में से कौन-सा शब्द-समूह आपस में निकटीय रूप से सम्बन्धित है?
(a) मच्छर, मलेरिया, एनीमिया (रक्त-अल्पता), लौह
(b) लौह, मलेरिया, एनीमिया, रक्त
(c) लौह, हीमोग्लोबिन, एनीमिया, आँवला
(d) मच्छर, डेंगू, लौह, गुड़

57. निम्नलिखित में से रोगों का वह समूह चुनिए, जो मच्छरों से फैलता है
(a) डेंगू, मलेरिया, चिकनगुनिया
(b) मलेरिया, हैजा, मियादी बुखार
(c) मलेरिया, डेंगू, हैजा
(d) मलेरिया, चिकनगुनिया, मियादी बुखार

58. रजत ने अपने मित्र से कहा "मैं नहीं खेल सकता क्योंकि मुझे बुखार है। मैं कंपकंपी, बुखार, सिर दर्द और अन्त में पसीना आने के चक्र से गुजरता हूँ। रक्त की जाँच के बाद डॉक्टर ने मुझे एक कड़वी दवाई दी।" रजत किस रोग से पीड़ित हो सकता है?
(a) मलेरिया
(b) मियादी बुखार
(c) अतिसार
(d) हैजा

59. निदान के पश्चात् कोई डॉक्टर रोगी से यह कहता है कि उसके खून में 'हीमोग्लोबिन' की कमी है, तो उस रोगी को आयरन की कमी को पूरा करने के लिए क्या-क्या खाना चाहिए?
(a) आँवला, हरी पत्तेदार सब्जियाँ, गुड़
(b) चावल, चीनी, आँवला
(c) हरी पत्तेदार सब्जियाँ, गेहूँ, सन्तरा
(d) गुड़, नींबू, मटर

60. कक्षा III के विद्यार्थियों को 'भोजन' का पाठ पढ़ाते समय अंजली भोजन सम्बन्धित आदतों में सांस्कृतिक/क्षेत्रीय विविधता पर विशेष ध्यान देना चाहती है। नीचे दिए गए अधिगम-अवसरों में किसके द्वारा विद्यार्थियों को वांछित जानकारी दी जा सकती है?
(a) विभिन्न क्षेत्रों/संस्कृतियों के भोजन को दर्शाने वाले चार्ट का उपयोग और उसकी व्याख्या करना
(b) विभिन्न क्षेत्रों/संस्कृतियों के विद्यार्थियों से उनके घरों में खाए जाने वाले भोजन मँगाकर प्रदर्शित करना और सहपाठियों से सूचनाओं का आदान-प्रदान करना
(c) पाठ्य-पुस्तक में विभिन्न प्रकार के भोजनों के विषय में दी गई जानकारी की और विस्तृत व्याख्या करना
(d) किसी बाहरी भोजन बनाने वाली व्यावसायिक एजेन्सी को आग्रह करके विभिन्न क्षेत्रों/संस्कृतियों को भोजन का प्रदर्शन कराना

61. निम्नलिखित समूहों में से उस समूह को चुनिए जिसमें खाना पकाने के तरीके (ढंग) दिए गए हैं.
(a) उबालकर, गूँथकर, भूनकर
(b) सेंककर, उबालकर, बेलकर
(c) तलकर, भिगोकर, भूनकर
(d) सेंककर, तलकर, भूनकर

62. हमारे देश के नीचे दिए गए किस भाग में खाने की चीजें जैसे टैपिओका और नारियल को लोग अपने घर के आँगन में ही उगाते हैं और उन्हें इनसे बने खाने का स्वाद बहुत अच्छा लगता है?
(a) आन्ध्र प्रदेश (b) असम
(c) गोवा (d) केरल

63. कोई डॉक्टर एक मरीज को खाने के लिए कुछ दवाइयाँ लिखता है और साथ ही गुड़, आँवला और हरी पत्तेदार सब्जियाँ जरूर खाने का सुझाव देता है। यह मरीज किस रोग से पीड़ित होना चाहिए?
(a) बुखार (b) मियादी बुखार
(c) मलेरिया (d) एनीमिया

उत्तरमाला

1.	(b)	2.	(c)	3.	(a)	4.	(b)	5.	(a)	6.	(a)	7.	(d)	8.	(d)	9.	(d)	10.	(a)
11.	(a)	12.	(a)	13.	(a)	14.	(d)	15.	(a)	16.	(a)	17.	(b)	18.	(b)	19.	(c)	20.	(a)
21.	(a)	22.	(a)	23.	(b)	24.	(b)	25.	(d)	26.	(d)	27.	(c)	28.	(c)	29.	(b)	30.	(c)
31.	(c)	32.	(c)	33.	(b)	34.	(c)	35.	(d)	36.	(c)	37.	(d)	38.	(a)	39.	(b)	40.	(a)
41.	(d)	42.	(c)	43.	(c)	44.	(d)	45.	(d)	46.	(c)	47.	(d)	48.	(d)	49.	(b)	50.	(c)
51.	(a)	52.	(c)	53.	(b)	54.	(a)	55.	(a)	56.	(b)	57.	(a)	58.	(a)	59.	(a)	60.	(a)
61.	(a)	62.	(d)	63.	(d)														

अध्याय 04

जल

जल

पृथ्वी का लगभग 71% भू-भाग जल से आच्छादित है, जो अधिकतर महासागरों व अन्य बड़े जल निकायों का हिस्सा होता है। इसके अतिरिक्त 1.6% भूमिगत जल और 0.001% जलवाष्प व बादल के रूप में पाया जाता है।

पृथ्वी की सतह पर पाया जाने वाला अधिकतर जल समुद्र और महासागरों में है तथा यह खारा होने के कारण अनुपयोगी है। शुद्ध जल बर्फ के रूप में दोनों ध्रुवों पर और बर्फ से ढके पहाड़ों पर पाया जाता है।

भूमिगत जल तथा नदियों, झीलों और तालाबों का जल भी शुद्ध होता है। फिर भी इस जल की उपलब्धता विभिन्न स्थानों पर एक समान नहीं है।

जल न सिर्फ मानव के लिए बुनियादी जरूरत है, बल्कि यह जीव-जन्तुओं एवं वनस्पतियों के विकास के लिए भी एक अनिवार्य प्राकृतिक संसाधन है जो जीवन में विविधता को निर्धारित करता है।

जल के स्रोत व वितरण

जल पृथ्वी पर प्राकृतिक रूप से सभी तीन अवस्थाओं में मिलता है यह पृथ्वी पर अलग-अलग रूपों में मिलता है। आसमान में जलवाष्प और बादल, समुद्र में समुद्री जल और कभी-कभी हिमशैल, पहाड़ों में हिमनद और नदियों तथा तरल रूप में भूमि पर झील के रूप में पाया जाता है। धरातल पर पाया जाने वाला अधिकांश जल हमारे लिए उपयोगी नहीं है जल के वितरण को हम निम्न रूप में देख सकते हैं

- महासागरों के रूप में-लवणीय जल-अनुपयोगी-97%
- बर्फ के रूप में-अलवणीय जल-अनुपयोगी-2%
- भूमिगत, नदियों एवं झीलों के रूप में-अलवणीय एवं उपयोगी-1%
- भाप व आर्द्रता के रूप में—वायुमण्डल में विद्यमान जल की मात्रा को हाइग्रोमीटर की सहायता से मापा जाता है।

जल के गुण

जल में निम्नलिखित गुण पाए जाते हैं

- जल एक यौगिक है, जो ठोस, द्रव एवं गैस तीनों रूप में पाया जाता है। 4°C पर जल का घनत्व सर्वाधिक होता है।
- जल हाइड्रोजन एवं ऑक्सीजन के संयोग से बनता है, इसका रासायनिक सूत्र H_2O है। जल का हिमांक 0°C (जल जमकर बर्फ बन जाता है) तथा क्वथनांक 100°C होता है। इस तापमान पर जल उबलने लगता है।
- शुद्ध जल स्वादहीन, गन्धहीन एवं पारदर्शी होता है। जल एक अच्छा विलायक है, जोकि सम्बन्धित पदार्थ, जिसमें वो घुलता है उसके गुणों को आत्मसात कर लेता है।
- जल 0°C से 4°C तक गर्म किए जाने पर फैलने के स्थान पर सिकुड़ता है। अतः 4°C पर जल का घनत्व सर्वाधिक होता है। यही कारण है कि ठण्डे प्रदेशों में झील की सतह पर बर्फ जम जाने के बाद भी नीचे का जल नहीं जमता है और जलीय प्राणी आसानी से जीवित रहते हैं।
- जल में कुछ वस्तुएँ तैरने लगती हैं, जबकि कुछ डूब जाती हैं, ऐसा उन वस्तुओं के घनत्व के कारण होता है। जिनका घनत्व जल से अधिक होता है वे डूब जाती हैं और जिनका घनत्व जल से कम होता है वे तैरती हैं। लोहे की कील, पत्थर, ईंट के टुकड़े आदि जल में डूब जाते हैं, जबकि बर्फ, नींबू, तेल आदि जल में नहीं डूबते हैं।
- बर्फ का घनत्व जल से कम होता है। अतः यह जल में तैरता है। जल में अन्य द्रव्यों की घुलनशीलता जल को गर्म करके बढ़ाई जा सकती है। जल में घुली हुई ऑक्सीजन के कारण जलीय जीव आसानी से जल में श्वसन क्रिया करते हैं और जीवित रहते हैं।

समुद्र

समुद्री जल नमक उत्पादन का एक अच्छा स्रोत माना जाता है। वाष्पीकरण के द्वारा समुद्री जल से नमक बनाया जाता है, जिसमें जल को गर्म किया जाता है।

मृत सागर

सभी महासागरों का जल लवणीय होता है। इनमें मृत सागर की लवणता सर्वाधिक है, जिसकी लवणता लगभग 300 ग्राम प्रति लीटर है। इस प्रकार की लवणता वाले जल में अधिक घनत्वता के कारण कोई भी मनुष्य नहीं डूबता है।

जल का महत्त्व एवं उपयोग

जल सभी जीव-जन्तुओं की आधारभूत आवश्यकता है। जल के महत्त्व को निम्न रूपों में देख सकते हैं

- मनुष्य के शरीर का लगभग दो-तिहाई भाग जल से बना होता है। यह शरीर के ताप को नियंत्रित बनाए रखने में सहायक होता है। मनुष्य के रक्त में 80% भाग जल का होता है।
- मनुष्य अपने विभिन्न कार्यों, जैसे-खाना बनाना, साफ-सफाई करना तथा कपड़े धोना आदि कार्य जल के द्वारा ही करते हैं। मनुष्य को पाचन एवं उत्सर्जन क्रिया के समय भी जल की आवश्यकता होती है।
- पौधे व जीव-जन्तु को भी जल की आवश्यकता होती है; जैसे—पौधों को प्रकाश संश्लेषण की क्रिया में, खनिजों के संवहन तथा बीजों के अंकुरण आदि में जल की आवश्यकता होती है। इसी प्रकार से जानवरों को भी अपनी विभिन्न क्रियाओं के लिए जल की आवश्यकता होती है।
- घरेलू कार्यों के अलावा जल कृषि कार्यों व औद्योगिक इकाइयों के लिए भी अधिक उपयोगी माना जाता है। विद्युत उत्पादन एवं विनिर्माण क्षेत्र के लिए यह अत्यधिक प्रासंगिक संसाधन माना जाता है।

जलचक्र

जलचक्र (Water Cycle) पृथ्वी पर उपलब्ध जल के एक रूप से दूसरे रूप में परिवर्तित होने और एक भंडार से दूसरे भंडार या एक स्थान से दूसरे स्थान को गति करने की चक्रीय प्रक्रिया है। इसमें कुल जल की मात्रा का क्षय नहीं होता है, वरन रूप व स्थान परिवर्तन होते रहते हैं। जल चक्र को हम इस रूप में समझ सकते हैं कि सूर्य की गर्मी से समुद्र, नदियों, तालाबों एवं झरनों का जल वाष्पीकृत होकर ऊपर उठता है, जिससे बादल का निर्माण होता है और बादल से वर्षा होती है। इस क्रम में जल का कुछ भाग नदियों में मिलता है, जो अन्तत: समुद्र में मिल जाती हैं, जबकि कुछ भाग बर्फ के रूप में जम जाता हैं और कुछ जल धरती द्वारा अवशोषित हो जाता है। इस प्रकार से जल नियमित रूप से अपना रूप बदलता रहता है। इस प्रकार की प्रक्रिया जिसमें जल, जलमण्डल से वायुमण्डल में जाता है और वायुमण्डल से जलमण्डल में आता है जल चक्र कहलाती है।

जल प्रदूषण

जल में अवांछित व हानिकारक पदार्थों का मिल जाना ही जल प्रदूषण कहलाता है, इससे जल की गुणात्मकता घट जाती है। इस प्रकार का प्रदूषित जल हमारे लिए उपयोगी नहीं होता है। जैव-प्रणाली में उपस्थित सन्तुलन भी प्रदूषण के कारण बिगड़ जाता है।

जल प्रदूषण के कारक

जल प्रदूषण के लिए बहुत सारे कारक उत्तरदायी हैं, जो निम्नलिखित हैं

- घरेलू अपशिष्ट व मल-मूत्र आदि का जल स्रोतों में मिलने के कारण।
- कपड़े धोने के बाद झाग युक्त पानी आदि का शुद्ध जल में मिलने से।
- खेतों में रासायनिक उर्वरकों के प्रयोग से नदियों का जल प्रदूषित होता है।
- खरपतवारनाशी एवं कीटनाशी आदि का इस्तेमाल भी जल प्रदूषण के लिए उत्तरदायी है।
- औद्योगिक अपशिष्ट जैसे कारखानों से निकलने वाला कचरा, रसायन एवं गर्म जल आदि के कारण।
- जल स्रोतों में मृत जीव-जन्तुओं के अवशेषों के मिलने से।
- कभी-कभी अमोनिया की मात्रा भी बढ़ने से जल प्रदूषित हो जाता है।

⚠ नदियों एवं तालाबों आदि के प्रदूषक स्तर को BOD (बायोकेमिकल ऑक्सीजन डिमाण्ड) में मापा जाता है क्योंकि प्रदूषणकारी तत्त्वों के कारण जल में O_2 की मात्रा घट जाती है।

जल प्रदूषण से सम्बन्धित रोग

- दूषित जल पीने से पेचिश, डायरिया टायफाइड (मियादी बुखार), पीलिया और हैजा जैसे रोग होते हैं।
- जल में विशेष धातुओं के मिल जाने से भी कई बीमारियाँ होती हैं; जैसे—जल में पारे के घुलने से **मिनीमाता** रोग तथा कैडमियम के घुलने से **इटाई-इटाई** रोग होता है।
- दूषित जल पीने से मनुष्य शारीरिक रूप से विकलांग भी हो सकता है। साथ ही त्वचा से सम्बन्धित बीमारियों की चपेट में आ सकता है।
- जल से होने वाली बीमारियों से बचने के लिए पानी को उबालकर पीना लाभकारी होता है। पानी को शुद्ध करने के लिए उसमें फिटकरी भी डाली जाती है, इससे जल में उपस्थित गन्दगी नीचे बैठ जाती है। घरों में विभिन्न जल-बोर्डों से आने वाले जल में क्लोरीन की मात्रा मिली होती है। इसकी मात्रा बढ़ने पर जल पीने योग्य नहीं रह जाता है।

मलेरिया : जल जनित रोग

मलेरिया का प्रकोप उन क्षेत्रों में अधिक होता है, जहाँ वर्षा का जल एकत्रित हो जाए तथा जहाँ की जलवायु में आर्द्रता की मात्रा अधिक हो। वैज्ञानिक 'रोनाल्ड रॉस' ने यह खोज की कि मलेरिया मच्छर के काटने से होता है। इसके लिए इनको वर्ष 1902 में नोबेल पुरस्कार प्राप्त हुआ। सर्वप्रथम इन्होंने ही बताया था कि मलेरिया मादा *ऐनाफिलीज* नामक मच्छर के काटने से होता है।

मलेरिया में कंपकंपी के साथ तेज बुखार एवं पसीना आता है। किसी व्यक्ति विशेष को मलेरिया है कि नहीं, इसकी जाँच खून की जाँच के आधार पर की जाती है। इसके इलाज के लिए सिनकोना की छाल से दवा बनाई जाती है। मच्छरों से होने वाले रोग; जैसे-डेंगू, चिकनगुनिया, मलेरिया आदि की रोकथाम के लिए एकत्र (रुके) हुए जल में मिट्टी तेल का छिड़काव किया जाता है। इससे ऑक्सीजन के अभाव में मच्छरों का प्रजनन नहीं हो पाता है। लोगों में जागरूकता फैलाने के लिए पानी एकत्र न होने देने को प्रचारित भी किया जाता है।

जल प्रदूषण को रोकने के उपाय

प्रदूषित जल के माध्यम से अनेक रोगाणु शरीर में पहुँचकर घातक बीमारियों को जन्म देते हैं। अत: जल प्रदूषण को रोकने के उपाय किए जाने आवश्यक हैं। भारत सरकार एवं अनेक समाज सेवी संस्थाएँ इस मानवीय कार्य में संलग्न हैं, किन्तु यह एक सामूहिक दायित्व है, जिसका निर्वाह प्रत्येक व्यक्ति को करना चाहिए। जल प्रदूषण की रोकथाम हेतु निम्नांकित उपाय हैं

- नदियों व तालाबों में जल शुद्धिकरण अभियान द्वारा गंगा शुद्धिकरण की योजना संचालित की जा रही है।
- घनी आबादी के संश्लेषित मल-मूत्र आदि की निकासियों की उपयुक्त व्यवस्था एवं तालाबों में न मिलने देना।
- नदियों में शव प्रवाह व अस्थि विसर्जन जैसी परम्पराओं पर वैधानिक तरीके से रोक लगाई जा रही है। व्यर्थ पदार्थों (मल, गोबर आदि) से बायो गैस व कृषि उपयोगी खाद बनाना।
- पेय जल स्रोत के उपरान्त नहाने के परिवेश में स्वच्छता रखना एवं नदियों व तालाबों, जल स्रोतों के परिवेश में स्वच्छता रखना एवं इस दशा में पशुओं के स्नान व मल विसर्जन पर रोक लगाना।
- गन्दे नालों का जल नदी, तालाब में मिलाने के पूर्व रासायनिक विधियों से साफ करना।
- जन मानस में जल प्रदूषण रोकने की जागरूकता पैदा करना।
- प्रदूषित जल का शुद्धिकरण करना।

जल संरक्षण

जल अमूल्य है, जिसके बिना पृथ्वी पर जीवन असम्भव है अर्थात् जल ही जीवन है। जल का वितरण असमान है तथा उसका सिर्फ 1% भाग ही मानव के लिए उपयोगी है। जल एक-प्राकृतिक संसाधन है जिसकी मात्रा काफी सीमित है। ऐसे में जल का संरक्षण अति आवश्यक हो जाता है। जैसा कि जल चक्र में हमने पढ़ा है की जल का एक ही मुख्य स्रोत है—वर्षा या वर्षण। इसलिए विभिन्न जल स्रोतों को प्रदूषित होने से बचाना चाहिए एवं विभिन्न प्रक्रियाओं द्वारा जल का संग्रहण भी करें ताकि भविष्य में उसका आवश्यकतानुसार उपयोग सम्भव हो सके। ऐसे में वर्षा जल का संग्रहण एक प्रमुख उपाय जल संरक्षण के दृष्टिकोण से हो सकता है।

प्राचीन समय से ही वर्षा जल को संरक्षित करने की अनेक विधियाँ प्रचलित हैं, जिसमें विभिन्न क्षेत्रों में लोग कुआँ, सीढ़ीदार कुआँ (बावली), झीलों आदि में जल को संरक्षित करके रखते थे, जिनका उपयोग सामूहिक रूप से किया जाता था।

वर्षा जल संग्रहण की विधियाँ

वर्तमान समय में वर्षा जल संग्रहण की कई विधियाँ हैं, जो निम्नलिखित हैं

- छत के ऊपर एकत्र किए हुए जल को विभिन्न पाइपों द्वारा जमीन के अन्दर बने गड्ढे में जमा करना तथा भविष्य में उसका उपयोग आवश्यकतानुसार करना।
- सड़कों पर वर्षा के पानी को उसके किनारे बने नालों एवं गड्ढों द्वारा जमीन के अन्दर जाने देना चाहिए। इससे भूमिगत या भौम जल के स्तर में काफी सुधार आता है।
- जल के संरक्षण को बढ़ावा देने के लिए कम उपयोग, पुन: उपयोग और पुन: चक्रण की विधि को अपनाना चाहिए।

जल संरक्षण से सम्बन्धित संस्थाएँ

वैश्विक स्तर पर जल संरक्षण की समस्या एक चुनौती बनती जा रही है। अंतर्राष्ट्रीय मंचों पर इस विषय को कई बार उठाया भी गया है। वैश्विक स्तर पर 22 मार्च को प्रतिवर्ष 'विश्व जल दिवस' के रूप में मनाया जाता है।

- **तरुण भारत संघ** यह संस्था राजस्थान में कार्यरत् है। जल पुरुष राजेन्द्र सिंह इसी संस्था से सम्बन्धित हैं।
- **भीम संघ** यह संस्था कर्नाटक के होलगुण्डी में कार्यरत् है, जो बच्चों की एक विशेष संस्था है।

अभ्यास प्रश्न

1. पृथ्वी पर उपस्थित शुद्ध जल के स्रोत कौन-से हैं?
(a) भूमिगत जल
(b) नदियाँ
(c) झील व तालाब
(d) उपरोक्त सभी

2. पृथ्वी पर कितना भाग जल है?
(a) एक-तिहाई (b) दो-तिहाई
(c) तीन-चौथाई (d) आधा

3. निम्नलिखित में से कौन-सा कथन सही है?
(a) जल जलवाष्प के रूप में वायुमण्डल में पाया जाता है
(b) महासागरों का जल खारा व मीठा दोनों प्रकार का होता है
(c) द्रवित शुद्ध जल ध्रुवों पर पाया जाता है
(d) जल की उपलब्धता लगभग सभी जगह समान है

4. जल की उपलब्धता से सम्बन्धित निम्नलिखित में से कौन-सा/से कथन सही है/हैं?
A. जल की उपलब्धता किसी क्षेत्र विशेष में जन्तुओं की संख्या को निर्धारित करती है।
B. जल की उपलब्धता जीवन की विविधता को भी निर्धारित करती है।
(a) केवल A
(b) केवल B
(c) A और B दोनों
(d) न तो A और न ही B

5. निम्नलिखित में से कौन-से कथन सही हैं?
A. मनुष्य के शरीर का लगभग दो-तिहाई भाग जल से बना होता है।
B. यह शरीर के तापमान को सन्तुलित रखता है।
C. शारीरिक रक्त का 80% भाग जल होता है।
(a) A और B
(b) A और C
(c) B और C
(d) A, B और C

6. निम्नलिखित में से कौन-सा कथन सही है?
(a) जल का सर्वाधिक घनत्व–4°C होता है।
(b) जल का हिमांक–100°C होता है।
(c) जल का क्वथनांक–0°C होता है।
(d) जल का रासायनिक सूत्र–HO_2 होता है।

7. निम्नलिखित कथनों पर विचार कीजिए
A. जल किसी भी तापमान पर वाष्पीकृत हो सकता है।
B. जल सिर्फ क्वथनांक बिन्दु पर ही वाष्पीकृत होता है।
C. जल का क्वथनांक बिन्दु 100°C होता है।
उपरोक्त में से कौन-सा/से कथन सही है/हैं?
(a) A और B
(b) A और C
(c) B और C
(d) A, B और C

8. निम्नलिखित को सुमेलित कीजिए।

स्रोत	मात्रा % में
A. महासागर	i. 97
B. बर्फ के रूप	ii. 2
C. भूमिगत, नदियों, तालाबों व झीलों	iii. 1

कूट

	A	B	C
(a)	i	ii	iii
(b)	ii	iii	i
(c)	iii	ii	i
(d)	iii	i	ii

9. निम्नलिखित में से कौन-सा कथन सही है?
A. जल एक यौगिक है।
B. 4°C पर जल का घनत्व सर्वाधिक होता है।
C. जल एक अच्छा विलायक होता है।
(a) A और B (b) A और C
(c) B और C (d) A, B और C

10. राधा एक बर्फीले स्थान का भ्रमण करती है। जहाँ वह देखती है कि कुछ लोग बर्फ में छिद्र करके मछली पकड़ने का कार्य कर रहे हैं। ऐसी घटना क्यों सम्भव हो पाती है बताइए।
(a) सतह पर बर्फ जमा होता है, लेकिन अन्दर जल द्रव की अवस्था में होता है
(b) बर्फ में मछली जमी हुई होती हैं
(c) विभिन्न मछलियाँ शीतनिद्रा में बर्फ में होती हैं
(d) उपरोक्त सभी

11. मोहन देखता है कि उसकी कक्षा में शिक्षक आर्द्रता को मापने वाले यन्त्र का रेखाचित्र दिखा रहे हैं। निम्नलिखित में से वो कौन-सा यन्त्र होता है?
(a) थर्मामीटर (b) हाइड्रोमीटर
(c) हाइग्रोमीटर (d) लैक्टोमीटर

12. निम्नलिखित कथनों में से कौन-सा/से कथन सही है/हैं?
A. धरातल पर पाया जाने वाला अधिकांश जल हमारे लिए उपयोगी नहीं है।
B. जल वायुमण्डल में भाप व आर्द्रता के रूप में पाया जाता है।
(a) केवल A
(b) केवल B
(c) A और B दोनों
(d) न तो A और न ही B

13. शिक्षक कक्षा में मृत सागर के विषय में बताते हैं निम्नलिखित में से कौन-से कथन मृत सागर के विषय में सही हैं?
A. मृत सागर में लवणता सर्वाधिक है।
B. मृत सागर में लोग डूबते नहीं हैं।
C. मृत सागर की लवणता 300 ग्राम प्रति लीटर (लगभग) है।
(a) A और B
(b) A और C
(c) B और C
(d) A, B और C

14. पृथ्वी पर उपस्थित समस्त जल स्रोतों में जल का कितना प्रतिशत जल हमारे लिए अनुपयोगी है?
(a) 1 % (b) 99 %
(c) 49 % (d) 2 %

15. शिक्षक कक्षा में मौखिक रूप में जल चक्र को बताना चाहते हैं तो निम्नलिखित में से कौन-सा कथन जल चक्र को सही रूप में बताता है?
A. पृथ्वी पर उपस्थित जल एक निश्चित चक्र व व्यवस्था में पारितन्त्र में घूमता रहता है, जिसको जल चक्र कहा जाता है।
B. जल चक्र वह प्रक्रिया है, जिसमें जल, जलमण्डल से वायुमण्डल में जाता है और वायुमण्डल से जलमण्डल में आता है।
(a) केवल A
(b) केवल B
(c) A और B दोनों
(d) न तो A और न ही B

16. निम्नलिखित में से कौन-से कारक जल प्रदूषण के लिए उत्तरदायी हैं?
A. घरेलू अपशिष्ट व मल-मूत्र आदि का जल स्रोत में मिलना।
B. खेतों में रासायनिक खादों के उपयोग से।
C. जल स्रोतों में जीव-जन्तुओं के मर जाने से।
(a) A और B (b) A और C
(c) B और C (d) A, B और C

17. BOD (बायोकेमिकल ऑक्सीजन डिमाण्ड) द्वारा मापा जाता है
(a) वायु में ऑक्सीजन की मात्रा
(b) जल में ऑक्सीजन की मात्रा
(c) नदियों व तालाबों के जल में प्रदूषण
(d) उपरोक्त सभी

18. निम्नलिखित में से कौन जल प्रदूषण की हानियों में सम्मिलित होता है?
A. बाढ़ B. सूखा
C. हैजा D. पीलिया
(a) A, B और C (b) A, B और D
(c) B, C और D (d) A, B, C और D

19. निम्नलिखित में से कौन-से कथन सही हैं?
A. बाढ़ के कारण हैजा व डायरिया जैसी बीमारियाँ फैलती हैं।
B. सूखे के कारण भूख-प्यास से जीव-जन्तु मर जाते हैं।
C. दूषित जल से मनुष्य के शरीर में विकलांगता की समस्या आती है।
(a) A और B
(b) A और C
(c) B और C
(d) A, B और C

20. निम्नलिखित रोगों के कौन-से युग्म दूषित जल के कारण फैलते हैं?
(a) पेचिश, मियादी बुखार, मलेरिया, टी बी
(b) मलेरिया, डायरिया, हैजा, कैंसर
(c) मलेरिया, पेचिश, डायरिया, हैजा
(d) टी बी, कैंसर, मियादी बुखार, हैजा

21. निम्नलिखित में से कौन-सा/से कथन सही है/हैं?
A. जल में पारे के घुल जाने से मिनीमाता रोग होता है।
B. जल में कैडमियम के घुल जाने से इटाई-इटाई रोग होता है।
(a) केवल A
(b) केवल B
(c) A और B दोनों
(d) न तो A और न ही B

22. दिव्या अपनी नानी के घर जाती है जहाँ पर पानी की गुणवत्ता सही नहीं है, ऐसे में आप दिव्या को क्या सलाह देंगे, जिससे उसके स्वास्थ्य पर बुरा असर न हो?
(a) पानी को उबालकर पीने की
(b) पानी को फ्रिज में जमा कर फिर उसे ठण्डा करके पीने की
(c) पानी को छानकर पीने की
(d) उपरोक्त सभी

23. दूषित जल में फिटकरी डालने से
(a) जल साफ हो जाता है
(b) अशुद्धियाँ नीचे बैठ जाती हैं
(c) बीमारियाँ दूर हो जाती हैं
(d) उपरोक्त में से कोई नहीं

24. निम्नलिखित में से कौन-सा कथन असत्य है?
(a) जल पर्यावरण का अजैविक घटक है
(b) हमारे लिए सिर्फ 1% जल ही उपयोगी है
(c) दूषित जल पीने से शारीरिक विकलांगता आ जाती है
(d) गर्म जल से जल प्रदूषण नहीं होता है

25. मिनीमाता एक प्रदूषण जनित रोग है, जो परिणाम है
(a) समुद्र में बिखरे तेल का
(b) वायुमण्डल में आर्सेनिक जमा होने का
(c) औद्योगिक पारा अपशिष्टों को पानी में छोड़ने का
(d) मनुष्य के कार्बनिक अपशिष्टों को पीने के पानी में छोड़ने का

26. मलेरिया नामक बीमारी किस प्रकार के क्षेत्र में अधिक देखी जाती है?
A. जहाँ वर्षा की मात्रा अधिक होती है।
B. जहाँ वातावरण में आर्द्रता अधिक हो।
C. जहाँ जल एकत्र होने की समस्या हो।
(a) A और B
(b) A और C
(c) B और C
(d) A, B और C

27. वैज्ञानिक रोनाल्ड रॉस के विषय में निम्न कथनों पर विचार कीजिए।
A. इन्होंने यह खोज की कि मलेरिया मादा ऐनाफिलीज मच्छर के काटने से होता है।
B. इनको इसके लिए रसायन का नोबेल पुरस्कार वर्ष 1905 में मिला।
उपरोक्त में से कौन-सा/से कथन सही है/हैं?
(a) केवल A
(b) केवल B
(c) A और B दोनों
(d) न तो A और न ही B

28. कक्षा में शिक्षक मलेरिया से रोकथाम के उपाय बताता है, जिसमें वह बताता है कि सबके मूल में मच्छर हैं। ऐसे में मच्छरों से होने वाले रोगों की रोकथाम के लिए क्या उपाय बेहतर होगा? बताइए।
A. एकत्र (रुके) हुए पानी में मिट्टी तेल का छिड़काव।
B. लोगों को जल में इकट्ठा होने वाले दूषित पदार्थों की साफ-सफाई के लिए जागरूक करना।
C. पानी एकत्र न हो इसका समुचित ख्याल रखना।
(a) A और B
(b) A और C
(c) B और C
(d) A, B और C

29. निम्नलिखित कथनों पर विचार कीजिए।
A. पृथ्वी पर जल का एक मात्र मुख्य स्रोत वर्षण है।
B. वर्षा जल संग्रहण जल संरक्षण का एक प्रमुख उपाय है।
उपरोक्त में से कौन-सा/से कथन सही है/हैं?
(a) केवल A
(b) केवल B
(c) A और B दोनों
(d) न तो A और न ही B

30. भूमिगत जल स्तर को उसके प्राकृतिक स्तर पर पुनः लाने के लिए निम्न में से कौन-सा उपाय सर्वथा उचित है?
(a) पारम्परिक फसलों का उगाया जाना
(b) धान और गन्ने के उगाने का क्षेत्रफल बढ़ाया जाना
(c) पाताल तोड़ कुओं का अधिक निर्माण किया जाना
(d) औद्योगीकरण को बढ़ावा दिया जाना

31. जल संरक्षण को बढ़ावा देने के लिए क्या करना चाहिए?
(a) कम उपयोग (b) पुनः उपयोग
(c) पुनः चक्रण (d) ये सभी

32. विश्व जल दिवस कब मनाया जाता है?
(a) 22 मार्च
(b) 21 सितम्बर
(c) 13 जनवरी
(d) 5 जून

33. भीम संघ के विषय में कौन-सा कथन सत्य है?
A. यह जल संरक्षण से जुड़ी संस्था है।
B. इसका संचालन बच्चों द्वारा किया जाता है।
C. यह संस्था कर्नाटक में कार्यरत् है।
(a) A और B (b) A और C
(c) B और C (d) A, B और C

34. जल पुरुष के नाम से प्रसिद्ध राजेन्द्र सिंह का सम्बन्ध किस संस्था से है?
(a) तरुण भारत संघ
(b) चिपको आन्दोलन
(c) भीम संघ
(d) उपरोक्त सभी

35. क्वथन (उबलना) और वाष्पीकरण में अन्तर है
(a) क्वथन से द्रव का आयतन कम हो जाता है, जबकि वाष्पीकरण में नहीं
(b) क्वथन में द्रव से वाष्प में परिवर्तन देखा जा सकता है, जबकि वाष्पीकरण देखा नहीं जा सकता
(c) क्वथन से जल की अवस्था बदल जाती है, जबकि वाष्पीकरण में नहीं
(d) वाष्पीकरण किसी भी तापमान पर हो सकता है, जबकि क्वथन नहीं

36. नींबू साधारण पानी में डूब जाता है, लेकिन नमकीन पानी में तैरता रहता है, क्योंकि
(a) नींबू का घनत्व नमकीन पानी में अधिक हो जाता है
(b) नींबू का घनत्व नमकीन पानी में कम हो जाता है
(c) नमकीन पानी का घनत्व साधारण पानी के घनत्व से अधिक होता है
(d) साधारण पानी का घनत्व नमकीन पानी के घनत्व से अधिक होता है

37. रक्त की जाँच द्वारा किसकी उपस्थिति से मलेरिया की पहचान होती है?
(a) रक्त में क्षतिग्रस्त यकृत कोशिकाएँ
(b) रक्त में मच्छर के लार्वे
(c) लाल रक्त कोशिकाओं में मच्छर के अण्डे
(d) लाल रक्त कोशिकाओं में मलेरिया परजीवी (प्लाज्मोडियम)

38. रेखा की माँ .... के लिए रोजाना तालाब से लाए पानी में फिटकरी डालती है।
(a) पानी को रंगरहित करने
(b) हल्के निलम्बित अपद्रव्यों को अवसादित करने
(c) कठोर जल को मृदु जल में परिवर्तित करने
(d) पानी में उपस्थित रोगाणुओं को खत्म करने

39. .... के लिए मछली घर (एक्वेरियम) में हवा वाला पम्प रखा जाता है।
(a) पानी को साफ करने
(b) जलीय पौधों को अधिक कार्बन डाइऑक्साइड उपलब्ध कराने के लिए
(c) अधिक ऑक्सीजन को पानी में घुलने देने
(d) मछली घर (एक्वेरियम) की शोभा बढ़ाने के लिए

40. आरती एक पोस्टर पर एक बीमारी की रोकथाम से सम्बन्धित निम्नलिखित सावधानियाँ पढ़ती है
A. अपने आस-पास पानी को एकत्र न होने दें।
B. पानी के बर्तनों, कूलरों और टंकियों को साफ रखें।
C. यदि कुछ जगहों पर पानी एकत्र हो जाता है तो मिट्टी तेल का छिड़काव करें।
पोस्टर का उद्देश्य है .... के फैलने के विषय में जागरुकता पैदा करना।
(a) डेंगू और जापानी मस्तिष्क -ज्वर (Encephalitis)
(b) चेचक और मलेरिया
(c) डेंगू और आई फ्लू
(d) टायफाइड और हैजा

41. पानी के साथ प्रयोग करते हुए, ज्योति यह देखती है कि स्टील की खाली कटोरी पानी पर तैरती है, लेकिन लोहे की एक छोटी कील डूब जाती है। इसे .... तथ्य द्वारा व्याख्यायित किया जा सकता है।
(a) लौह पानी की तुलना में हल्का है और स्टील पानी की तुलना में भारी है
(b) स्टील की कटोरी पर लगने वाला बल उसके भार की तुलना में ज्यादा है, जबकि लोहे की कील पर लगने वाला बल उसके भार की तुलना में कम है
(c) लोहे की कील पर लगने वाला बल उसके भार की तुलना में ज्यादा है, जबकि स्टील की कटोरी पर लगने वाला बल उसके भार की तुलना में कम है
(d) लौह पानी की तुलना में भारी है और स्टील पानी की तुलना में हल्का है

42. जब एक मछली को पहले से उबले, लेकिन कमरे के तापमान पर ठण्डे किए गए पानी से भरे एक्वेरियम में डाला जाता है, तो वह मर जाती है। ऐसा इसलिए होता है क्योंकि मछलीघर (एक्वेरियम) का पानी
(a) मछली के तैरने के योग्य नहीं है
(b) ऑक्सीजन रहित है
(c) मछली द्वारा पीने के योग्य नहीं है
(d) खनिज रहित है

43. तरुण भारत संघ नामक समूह सम्बन्धित है
(a) पुरानी झीलें पुनर्निर्मित करने से
(b) विशेष रूप से सक्षम बच्चों को सिखाने में मदद करने से
(c) स्कूलों में दोपहर का पका हुआ भोजन उपलब्ध करवाने से
(d) आर्थिक रूप से कमजोर वर्गों के बच्चों के लिए निःशुल्क कोचिंग कक्षाएँ चलवाने से

44. निम्नलिखित में से रोगों का वह समूह चुनिए, जो मच्छरों से फैलता है
(a) डेंगू, मलेरिया, चिकनगुनिया
(b) मलेरिया, हैजा, मियादी बुखार
(c) मलेरिया, डेंगू, हैजा
(d) मलेरिया, चिकनगुनिया, मियादी बुखार

45. उस वैज्ञानिक का क्या नाम है, जिसने सर्वप्रथम मच्छर के पेट के अन्दर ताक-झाँक की और यह सिद्ध किया कि मलेरिया मच्छर से फैलता है तथा इस अनुसन्धान के लिए दिसम्बर, 1902 में चिकित्सा के क्षेत्र में नोबेल पुरस्कार दिया गया?
(a) रोनाल्ड रॉस (b) चार्ल्स डार्विन
(c) ग्रेगोर मेण्डल (d) जॉर्ज मिस्ट्रल

46. रजत ने अपने मित्र से कहा '' मैं नहीं खेल सकता, क्योंकि मुझे बुखार है। मैं कंपकंपी, बुखार, सिर दर्द और अन्त में पसीना आने के चक्र से गुजरता हूँ। रक्त की जाँच के बाद डॉक्टर ने मुझे एक कड़वी दवाई दी।'' रजत किस रोग से पीड़ित हो सकता है?
(a) मलेरिया (b) मियादी बुखार
(c) अतिसार (d) हैजा

47. मृत सागर क्या है?
(a) ऐसा सागर, जिसका पानी जहरीला होता है
(b) ऐसा सागर, जो सभी महासागरों व सागरों से ज्यादा नमकीन है
(c) ऐसा सागर, जिसमें ज्वार-भाटे बहुत तीव्र गति से आते हैं
(d) ऐसा सागर, जिसमें जहाज चलाना खतरनाक होता है

48. निम्नलिखित में से कौन-सा मच्छरों से होने/फैलने वाले रोगों का समुच्चय है?
(a) चिकनगुनिया, हैजा, मियादी बुखार
(b) चिकनगुनिया, मलेरिया, मियादी बुखार
(c) हैजा, डेंगू, मलेरिया
(d) चिकनगुनिया, डेंगू, मलेरिया

49. निम्नलिखित में से कौन-सी बीमारी रुके या एकत्र हुए पानी से हो सकती है?
(a) मलेरिया (b) पोलियो
(c) निमोनिया (d) चेचक

50. रेणु की दादी उसे एक सूखा कुआँ दिखाते हुए बताती है कि 15-20 वर्ष पहले कुएँ में पानी था, लेकिन अब यह पूर्णत: सूख गया है। कुएँ में पानी सूखने का/के क्या कारण हो सकता है/सकते हैं?
A. पेड़ों, कुएँ तथा उनके आस-पास के स्थान की मिट्टी को अब सीमेण्ट से ढक दिया गया है।
B. आस-पास के इलाके में बहुत-सारे बोरिंग पम्प लग गए हैं।
C. प्रत्येक व्यक्ति के घर में अब नल होने के कारण कोई भी कुएँ का प्रयोग नहीं करता है।
(a) केवल A
(b) A और B
(c) केवल C
(d) केवल A

51. मच्छरों के प्रजनन की रोकथाम के लिए ठहरे पानी पर मिट्टी का तेल डालने की सलाह दी जाती है। ऐसा इसलिए है, क्योंकि
(a) मच्छर तेल की परत में फँस जाते हैं
(b) मिट्टी तेल ऑक्सीजन की आपूर्ति को काट देता है, जिससे मच्छरों का प्रजनन थम जाता है
(c) मच्छरों को मिट्टी के तेल द्वारा विकर्षित किया जाता है
(d) मच्छर मिट्टी तेल द्वारा मर जाते हैं

52. सीढ़ीदार कुएँ अथवा बावली (बावड़ी) से सम्बन्धित निम्नलिखित कुछ कथन दिए गए हैं
A. वे जल भण्डारण तथा संरक्षण की पारम्परिक व्यवस्था थी।
B. सामुदायिक स्रोत के रूप में उनका प्रयोग होता था।
C. उनका निर्माण मुख्यत: वर्षा-रहित राज्यों में होता था।
D. उनमें केवल सन्दूषित जल होता था।
उपरोक्त में से कौन-सा/से कथन सही है/हैं
(a) केवल B
(b) केवल A
(c) A, B और C
(d) A और B

53. वाष्पीकरण विषय पर बच्चों की विविध सोच का आकलन करने के लिए निम्नलिखित में से कौन-सा प्रश्न एक नमूना हो सकता है?
(a) जलचक्र के पाँच लाभ लिखिए।
(b) क्या होता यदि जलचक्र होता ही नहीं?
(c) जल चक्र के क्रम के सोपानों की सूची बनाइए।
(d) जल चक्र का आरेख बनाइए और उसे नामित कीजिए।

उत्तरमाला

1.	(d)	2.	(c)	3.	(a)	4.	(c)	5.	(d)	6.	(a)	7.	(b)	8.	(a)	9.	(d)	10.	(a)
11.	(c)	12.	(c)	13.	(d)	14.	(b)	15.	(c)	16.	(d)	17.	(c)	18.	(d)	19.	(d)	20.	(c)
21.	(c)	22.	(a)	23.	(b)	24.	(d)	25.	(c)	26.	(d)	27.	(a)	28.	(d)	29.	(c)	30.	(c)
31.	(d)	32.	(a)	33.	(d)	34.	(a)	35.	(d)	36.	(c)	37.	(d)	38.	(b)	39.	(c)	40.	(a)
41.	(b)	42.	(d)	43.	(a)	44.	(a)	45.	(a)	46.	(a)	47.	(b)	48.	(d)	49.	(a)	50.	(d)
51.	(b)	52.	(c)	53.	(d)														

अध्याय 05

यातायात

यातायात आवागमन का एक प्रमुख साधन माना जाता है। इसके माध्यम से व्यक्ति एक-स्थान से दूसरे स्थान पर आसानी से गमन कर सकता है। यातायात के अन्तर्गत सामान्य यात्रा के साथ ही परिवहन को भी सम्मिलित किया जाता है। यातायात एवं परिवहन के चार मुख्य साधन हैं- सड़कमार्ग, रेलमार्ग, जलमार्ग एवं वायुमार्ग।

सड़कमार्ग

- यातायात साधनों के रूप में सड़कमार्ग (Roadways) का विशेष योगदान है। किसी भी निकटस्थ गन्तव्य (Destination) स्थान तक पहुँचने के लिए सड़कमार्ग ही एकमात्र प्रासंगिक साधन माना जाता है।
- सड़कें पक्की एवं कच्ची दोनों प्रकार की होती हैं। मैदानी क्षेत्रों में सड़कों का घना जाल बिछा होता है। मरुस्थलों, वनों एवं ऊँचे पर्वतों जैसे स्थानों पर भी सड़कें बनी होती हैं।
- हिमालय पर्वत पर मनाली-लेह राजमार्ग विश्व के सबसे ऊँचे सड़क मार्गों में से एक है। भूमिगत सड़कों को भूमिगत मार्ग (सब-वे) कहते हैं। बड़े-बड़े शहरों में फ्लाई ओवर, उत्थित संरचनाओं के ऊपर बनाए जाते हैं। भारत में अनेक राष्ट्रीय एवं राज्य राजमार्ग हैं। भारत में एक्सप्रेस-वे का निर्माण नवीनतम है। भारत में सड़कों की सक्षमता के आधार पर इन्हें निम्न छ: वर्गों में वर्गीकृत किया गया है।

1. **स्वर्णिम चतुर्भुज महा राजमार्ग** यह दिल्ली-कोलकाता, चेन्नई-मुम्बई व दिल्ली को जोड़ने वाली छ: लेन वाली महानगर राजमार्ग सड़क परियोजना है। यह राजमार्ग परियोजना भारत के राष्ट्रीय राजमार्ग प्राधिकरण (NHAI) के अधिकार क्षेत्र के अन्तर्गत आती है। पूर्व-पश्चिम और उत्तर-दक्षिण गलियारा भी इसी का एक विशेष भाग है। पूर्व-पश्चिम गलियारा (Corridor) पोरबन्दर से सिलचर को एवं उत्तर-दक्षिण गलियारा, श्रीनगर से कन्याकुमारी को जोड़ता है।
2. **राष्ट्रीय राजमार्ग** राष्ट्रीय राजमार्ग देश के दूरस्थ भागों को जोड़ते हैं। ये प्राथमिक सड़क तन्त्र हैं, जिनका निर्माण व रख-रखाव केन्द्रीय लोक निर्माण विभाग (Central Public Works Department CPWD) के अधिकार क्षेत्र के अन्तर्गत आता है।
3. **राज्य राजमार्ग** राज्यों की राजधानियों को जिला मुख्यालयों से जोड़ने वाली सड़कें राज्य राजमार्ग कहलाती हैं। राज्य तथा केन्द्रशासित क्षेत्रों में इनकी व्यवस्था तथा निर्माण का दायित्व राज्य के सार्वजनिक निर्माण विभाग (Public Works Department PWD) का होता है।
4. **जिला मार्ग** ये सड़कें जिले के विभिन्न प्रशासनिक केन्द्रों को जिला मुख्यालय से जोड़ती हैं। इन सड़कों की व्यवस्था का उत्तरदायित्व जिला परिषद् का होता है।
5. **अन्य सड़कें** इस वर्ग के अन्तर्गत वे सड़कें आती हैं, जो ग्रामीण क्षेत्रों तथा गाँवों को शहरों से जोड़ती हैं। 'प्रधानमन्त्री ग्रामीण सड़क परियोजना' के तहत इन सड़कों के विकास हेतु विशेष प्रोत्साहन मिला है।
6. **सीमान्त सड़कें** उपरोक्त सड़कों के अतिरिक्त, भारत सरकार प्राधिकरण के अधीन सीमा सड़क संगठन (BRO) है, जो देश के सीमान्त क्षेत्रों में खासकर अन्तर्राष्ट्रीय सीमाओं के समीपवर्ती क्षेत्रों में सड़कों का निर्माण व उनकी देख-रेख करता है। इसकी स्थापना वर्ष 1960 में की गई थी।

सड़क परिवहन से सम्बन्धित कुछ प्रमुख तथ्य

- भारत का सबसे लम्बा राष्ट्रीय राजमार्ग NH-44 है, जो श्रीनगर को कन्याकुमारी से जोड़ता है। इसकी कुल लम्बाई 3745 किलोमीटर है। सबसे छोटा राष्ट्रीय राजमार्ग NH-548 व 118 है। इनकी लम्बाई 5-5 किमी है।
- भारत का सबसे प्राचीन सड़क मार्ग शेरशाह सूरी मार्ग है, जिसको ग्राण्ड ट्रंक रोड़ भी कहा जाता है। यह NH-1 NH-2 एवं NH-91 को मिलाकर बनती है। यह कोलकाता से अमृतसर के बीच है।
- विश्व की सबसे ऊँची सड़क उमलिंग-ला सड़क मार्ग है। जो पूर्वी लद्दाख में स्थित हैं। लद्दाख के ज्यादातर लोग ट्रॉली का उपयोग करते हैं। भारत का सबसे लम्बा सड़क पूल, भूपेन हजारिका सेतु असम में स्थित है।

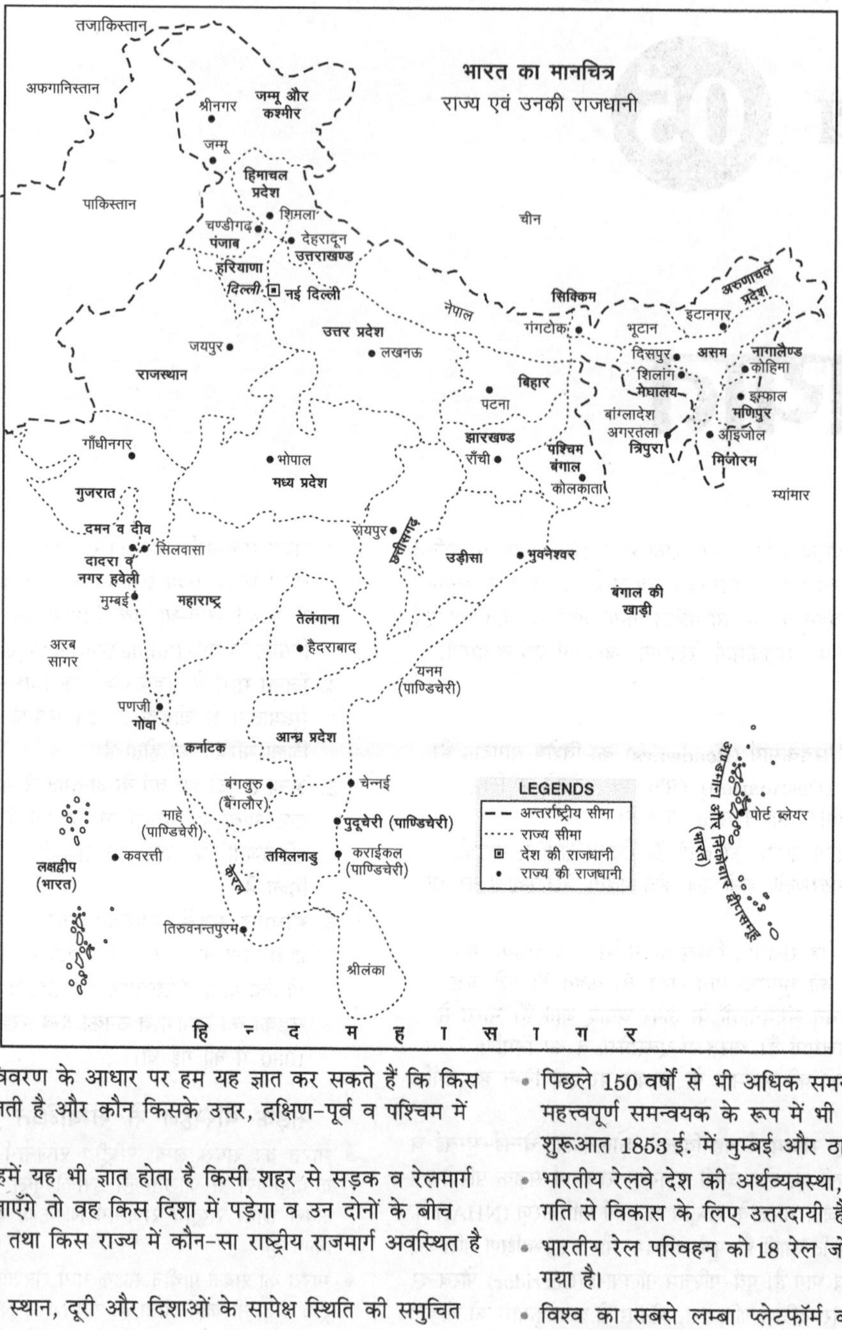

- उपरोक्त मानचित्र में दिए विवरण के आधार पर हम यह ज्ञात कर सकते हैं कि किस राज्य की सीमा किससे मिलती है और कौन किसके उत्तर, दक्षिण-पूर्व व पश्चिम में अवस्थित है।
- उपरोक्त मानचित्र के द्वारा हमें यह भी ज्ञात होता है किसी शहर से सड़क व रेलमार्ग द्वारा किसी दूसरे शहर में जाएँगे तो वह किस दिशा में पड़ेगा व उन दोनों के बीच कौन-कौन से शहर आएँगे तथा किस राज्य में कौन-सा राष्ट्रीय राजमार्ग अवस्थित है आदि।
- मानचित्र के द्वारा हमें किसी स्थान, दूरी और दिशाओं के सापेक्ष स्थिति की समुचित जानकारी हासिल होती है।
- भारत में 29 राज्य एवं 7 केन्द्रशासित प्रदेश हैं, जो अपने पड़ोस के पाकिस्तान, भूटान, नेपाल, अफगानिस्तान, बांग्लादेश, म्यांमार, चीन जैसे देशों से स्थलीय तथा श्रीलंका एवं मालदीव जैसे देशों से समुद्रीय सीमा से जुड़े हैं।

रेलमार्ग

- रेलमार्ग (Railways) के द्वारा तीव्रता से एवं कम खर्च में लोगों का आवागमन एवं भारी सामान को ढोने का कार्य होता है। वाष्प के इंजन की खोज एवं औद्योगिक क्रान्ति ने रेल परिवहन के तीव्र विकास में सहायता प्रदान की। कालांतर में डीजल एवं विद्युत इंजनों ने व्यापक रूप से वाष्प के इंजनों का स्थान ले लिया।
- पिछले 150 वर्षों से भी अधिक समय से भारतीय रेल एक महत्त्वपूर्ण समन्वयक के रूप में भी जानी जाती है। इसकी शुरूआत 1853 ई. में मुम्बई और ठाणे के बीच हुई थी।
- भारतीय रेलवे देश की अर्थव्यवस्था, उद्योगों व कृषि के तीव्र गति से विकास के लिए उत्तरदायी है।
- भारतीय रेल परिवहन को 18 रेल जोनों में संकलित किया गया है।
- विश्व का सबसे लम्बा प्लेटफॉर्म कर्नाटक के हुबली गोरखपुर (1.5 किमी) में है।
- भारत का सबसे लम्बा रेलमार्ग डिब्रूगढ़ (असम) से कन्याकुमारी (तमिलनाडु) के मध्य स्थित है, जिसकी लम्बाई 4286 किमी है। इन दो महत्त्वपूर्ण स्टेशनों को विवेक एक्सप्रेस जोड़ता है।

टिकट एवं समय सारणी

- विभिन्न परिवहन के साधनों से सफर करने के लिए यात्री को टिकट लेना पड़ता है। ये टिकट दो प्रकार के होते हैं— आरक्षित व अनारक्षित।

- आरक्षित टिकट में यात्रा सम्बन्धी विस्तृत विवरण लिखा होता है, जिसके उदाहरण निम्नलिखित हैं
  (i) यात्रा की तिथि और समय एवं आरक्षण की तिथि और समय
  (ii) परिवहन सम्बन्धी साधन का नाम व संख्या
  (iii) यात्रा प्रारम्भ व समाप्त करने का समय और दिनांक
  (iv) यात्रा के प्रारम्भिक व गन्तव्य स्थानों के बीच की दूरी
  (v) यात्रियों के लिंग व आयु, बच्चों एवं वयस्कों की संख्या
  (vi) यात्रा की श्रेणी, कोच संख्या व बर्थ संख्या/सीट संख्या
  (vii) टूल किराया (आरक्षण शुल्क के साथ)

रेलवे एवं उनसे सम्बन्धित कुछ तथ्य

- कोंकण रेलवे मुम्बई से मंगलोर के बीच चलती है, जिसकी लम्बाई 760 किमी है, इस मार्ग पर सैकड़ों पुल एवं सुरंगें हैं।
- जम्मू-बारामूला रेलमार्ग की लम्बाई 342 किमी है, जिसके प्रमुख स्टेशन हैं-ऊधमपुर, कटरा, काजीगुण्ड, श्रीनगर एवं बारामूला आदि।
- माउण्टेन रेलवे भारतीय पर्वतीय क्षेत्रों में संचालित होती हैं, इनको टॉय ट्रेन भी कहा जाता है; जैसे
  - दार्जिलिंग हिमालयन रेलवे
  - नीलगिरि माउण्टेन रेलवे
  - कालका-शिमला रेलवे
  - काँगड़ा घाटी रेलवे
- **मेट्रो रेल प्रणाली** इसकी शुरूआत कोलकाता से हुई। दिल्ली में इसकी शुरूआत 25 दिसम्बर, 2002 को हुई। मोनो रेल मुम्बई में चलती है।

अनारक्षित समय सारणी में निम्न जानकारियाँ होती हैं
  (i) परिवहन रूट का विवरण
  (ii) जगह/स्टेशनों के बीच की दूरी
  (iii) यात्रा के दौरान आने वाले स्टेशन, वहाँ पहुँचने का निर्धारित समय एवं वहाँ से वापसी होने का निर्धारित समय।

जलमार्ग

लम्बी दूरी तक भारी सामानों को ढोने के लिए जलमार्ग (Waterways) सबसे सस्ता साधन होता है। ये मुख्यत : दो प्रकार के होते हैं—अन्तर्देशीय जलमार्ग एवं समुद्रीमार्ग।

अन्तर्देशीय जलमार्ग

इसका प्रयोग देश के अन्दर व्यापार आदि के लिए किया जाता। इसमें ऐसी नहरें, झीलें एवं नदियाँ सम्मिलित होती हैं, जो नौगम्य होती हैं, इसके कुछ उदाहरण हैं

- इलाहाबाद से हल्दिया (गंगा नदी)
- सदिया से घुबरी (ब्रह्मपुत्र)
- कोल्लम से कोट्टापुरम (केरल)
- तालचर से पारादीप (ब्राह्मणी नदी)
- लखीमपुर से भागा (बराक नदी)
- काकीनाडा से पुदुचेरी
- उपरोक्त सभी को राष्ट्रीय अन्तर्देशीय जलमार्ग की संज्ञा दी जाती है।

अन्तर्राष्ट्रीय जलमार्ग

इसका प्रयोग सदैव दो देशों के बीच व्यापार के लिए किया जाता है। ये मार्ग अन्तर्राष्ट्रीय पत्तनों द्वारा एक-दूसरे से जुड़े होते हैं। भारत के कुछ प्रमुख अन्तर्राष्ट्रीय पत्तन के नाम निम्नलिखित हैं

- कांडला—गुजरात
- न्हावाशेवा—मुम्बई
- मार्मागाओ—गोवा
- न्यूमंगलौर—कर्नाटक
- कोच्चि—केरल
- तूतीकोरिन—तमिलनाडु
- विशाखापत्तनम—आन्ध्र प्रदेश
- पारादीप—ओडिशा
- हल्दिया—कोलकाता (सहायक बंदरगाह) (WB)

⚠ भारत की सबसे लम्बी नहर इन्दिरा गाँधी नहर है। केरल के लोग वहाँ के लैगून में परिवहन के लिए वलम एवं फेरी नामक छोटी नाव का उपयोग करते हैं।

वायुमार्ग

- 20वीं सदी के आरम्भ में विकसित यह परिवहन का सबसे तीव्र मार्ग है। ईंधन की लागत अधिक होने के कारण यह सर्वाधिक महँगा साधन है। इसकी सेवा दुर्गम क्षेत्रों में भी ली जाती है।
- वर्ष 1911 में वायु परिवहन का प्रारम्भ किया गया, जो इलाहाबाद से नैनी के बीच डाक सेवा के रूप में हुआ था। भारत में वायु परिवहन का राष्ट्रीयकरण वर्ष 1953 में हुआ।
- प्रारम्भिक समय में एयर इण्डिया अन्तर्राष्ट्रीय तथा इण्डियन एयरलाइन्स घरेलू एवं पड़ोसी देशों को हवाई सेवा उपलब्ध कराता था।
- लेकिन इन दोनों के विलय को संयुक्त रूप में एयर इण्डिया कहा जाता है, जो घरेलू एवं अन्तर्राष्ट्रीय दोनों प्रकार की वायु सेवाएँ उपलब्ध कराता है।
- इसके अलावा कुछ निजी कम्पनियाँ भी वायु परिवहन की सुविधा उपलब्ध कराती हैं; जैसे—जेट, इण्डिगो, विस्तारा एवं एयर एशिया आदि।
- पवन हंस हेलीकॉप्टर लिमिटेड तेल व प्राकृतिक गैस आयोग को इसकी अपतटीय संक्रियाओं तथा अगम्य व दुर्लभ भू-भागों; जैसे—उत्तरी-पूर्वी राज्यों तथा जम्मू-कश्मीर, हिमाचल प्रदेश व उत्तराखण्ड के आन्तरिक क्षेत्रों में हेलीकॉप्टर सेवाएँ उपलब्ध करवाता है।

भारत के प्रमुख अन्तर्राष्ट्रीय हवाई अड्डे

सुभाष चन्द्र बोस अन्तर्राष्ट्रीय हवाई अड्डा (दमदम)—कोलकाता
मीनाम्बकम अन्तर्राष्ट्रीय हवाई अड्डा—चेन्नई
राजीव गाँधी अन्तर्राष्ट्रीय हवाई अड्डा—हैदराबाद
इन्दिरा गाँधी अन्तर्राष्ट्रीय हवाई अड्डा—दिल्ली
छत्रपति शिवाजी अन्तर्राष्ट्रीय हवाई अड्डा—मुम्बई

अबूधाबी की यात्रा

अबूधाबी, संयुक्त अरब अमीरात (UAE) देश की राजधानी है, जो मध्य पूर्व एशिया में अवस्थित है। यह पेट्रोलियम का प्रमुख उत्पादक देश है। इस देश की मुद्रा दिरहम है। यहाँ जल का महत्त्व पेट्रोलियम से भी अधिक है, इसके पीछे प्रमुख कारण है, यहाँ की भौगोलिक स्थिति, जहाँ पेट्रोलियम आसानी से मिल जाता है, लेकिन जल दुर्लभ होता है। यहाँ धूल भरी तेज हवाएँ भी चलती हैं, यहाँ खजूर के पेड़ बहुतायत से पाए जाते हैं। यहाँ के भवन ऊँचे होते हैं, जिसमें बड़ी-बड़ी खिड़कियाँ होती हैं।

भारत के पश्चिमी भाग में स्थित थार भी एक शुष्क एवं गर्म मरुस्थल है, जहाँ जल की उपलब्धता बहुत ही कठिनाई से होती है। लद्दाख जैसे स्थान पर भारत के शीत मरुस्थल पाए जाते हैं, जहाँ शुष्कता अपने चरम पर होती है, जिसमें हवा में नमी नहीं के बराबर होती है। इन दोनों शुष्क प्रदेशों में बारिश भी काफी कम होती है।

पर्यटन

पर्यटन (Tourism) एक ऐसी यात्रा है, जो मनोरंजन या खाली समय में आनन्द उठाने के उद्देश्य से की जाती है। विश्व पर्यटन संगठन के अनुसार पर्यटक वे लोग हैं, जो "यात्रा करके अपने सामान्य वातावरण से बाहर के स्थानों में रहने जाते हैं", यह यात्रा मनोरंजन, व्यापार, अन्य उद्देश्यों से की जाती है। इसके अन्तर्गत पर्यटन के कुछ अन्य प्रकार भी सम्मिलित हुए हैं, जोकि निम्नलिखित हैं

ईको टूरिज्म

- ईको टूरिज्म (Eco Tourism) मुख्यत: दो शब्दों ईको और टूरिज्म से मिलकर बना है, जिसका साधारण अर्थ पर्यावरणीय सामाजिक लाभ को पर्यटन के द्वारा अधिक-से-अधिक प्राप्त करना है। इससे देश की आन्तरिक अर्थव्यवस्था भी बढ़ती है।
- ईको टूरिज्म में मुख्य रूप से राष्ट्रीय उद्यान, अभयारण्य आदि को सम्मिलित किया जाता है। वर्तमान में देश के भू-भाग पर 103 राष्ट्रीय उद्यान हैं। भारत में जैव विविधता को संरक्षित एवं संवहित करने में इन उद्यानों की भूमिका काफी महत्त्वपूर्ण है।
- सरिस्का, रणथम्भौर, पेंच, पंचमढ़ी आदि कुछ प्रमुख राष्ट्रीय उद्यान हैं, जो देश की हरित विरासत को सँभाले हुए हैं।

पर्वतारोहण

पर्वतारोहण (Mountaineering) एक खेल, शौक या पेशा है, जिसमें पर्वतों पर चलना, लम्बी पद यात्रा और आरोहण करना (चढ़ाई) आदि सम्मिलित होते हैं। वैसे पर्वतारोहण की शुरूआत अविजित पर्वत शिखरों पर विजय पाने की महत्त्वाकांक्षा के कारण हुई थी।

- पर्वतारोहण की कई विधियाँ प्रचलित हैं, जिसमें अभियान चढ़ाई और अल्पाइन पद्धति प्रमुख है। पर्वतारोही अपने सामान और खाने को ढोने के लिए कुलियों, भारवाहक पशुओं व रसोइयों आदि का प्रयोग करते हैं।
- पर्वतारोही एक दल के साथ चलते हैं, वह विभिन्न शिविरों में ठहरते हुए ऊपर पहुँचते हैं, शिविरों के बीच आने जाने के लिए रस्सी का प्रयोग करते हैं। पर्वतारोही लम्बे समय तक अभियान में रहते हैं, इसलिए एक-दूसरे का विशेष ख्याल रखते हैं। ये कृत्रिम ऑक्सीजन का भी उपयोग करते हैं।
- माउण्ट एवरेस्ट विश्व की सबसे ऊँची चोटी है, जो नेपाल में अवस्थित है, इसकी ऊँचाई 8848 मी है।
- इस चोटी पर पर्वतारोहियों का दल प्राय: आरोहण/चढ़ाई करता रहता है। माउण्ट एवरेस्ट को नेपाल में सागरमाथा तथा तिब्बत में कोमोलोंग्मा कहा जाता है।

अन्तरिक्ष भ्रमण

- विभिन्न वैज्ञानिकों द्वारा विभिन्न समय पर अन्तरिक्ष भ्रमण (Space Travel) का कार्य किया गया है। इस क्रम में सर्वप्रथम नील आर्मस्ट्रांग का नाम आता है, जिन्होंने वर्ष 1969 में चन्द्रमा पर कदम रखा था। इनसे पहले यूरी गॉगरिन ने अन्तरिक्ष का भ्रमण किया था, लेकिन वह अन्तरिक्ष में यान से बाहर नहीं निकले थे।
- वर्ष 2003 में भारतीय-अमेरिका की महिला कल्पना चावला ने भी अन्तरिक्ष का भ्रमण किया, लेकिन वापस लौटते समय कोलम्बिया यान के दुर्घटना ग्रस्त होने से इनकी मृत्यु हो गई।
- वर्ष 2007 में अमेरिकी अन्तरिक्ष यात्री सुनीता विलियम्स ने अन्तरिक्ष में मैराथन दौड़ लगाई और अन्तरिक्ष में सर्वाधिक समय तक चलने का रिकॉर्ड बनाया।
- **उल्काश्म** Meterorite ये छोटे आकाशीय पिण्ड होते हैं, जो धूल व गैस के बने होते हैं, जो गुरुत्वाकर्षण के कारण पृथ्वी के वायुमण्डल में प्रवेश करते हैं और वायुमण्डलीय घर्षण से चमकने लगते हैं।
- इनको ही उल्काश्म या टूटा हुआ तारा कहा जाता है, जो पृथ्वी पर राख के रूप में पहुँचते हैं।
- अन्तरिक्ष में जल बुलबुले के रूप में होता है, जो हवा में तैरते रहते हैं। इनका उपयोग चेहरा साफ करने में किया जाता है, पानी के बुलबुले को पकड़कर चेहरा गीला करते हैं और बाद में साफ कर लिया जाता है। अन्तरिक्ष में कागज आदि को सामान्य रूप में नहीं रखा जाता है अपितु अन्तरिक्ष यान की दीवार से चिपका कर रखा जाता है।
- चन्द्रमा की सतह और उसकी आन्तरिक स्थिति का अध्ययन करने वाला विज्ञान सेलेनोलॉजी कहलाता है। इसकी सतह का बहुत कम भाग समतल है, कहीं पर गहरे ज्वालामुखी मुख एवं ऊँचे-ऊँचे पहाड़ स्थित हैं। चन्द्रमा पर पृथ्वी ग्रह पर पाए जाने वाले गुरुत्व का 1/6 भाग गुरुत्व पाया जाता है। अत: चन्द्रमा पर गुरुत्व तो है, परन्तु पानी नहीं है।

विभिन्न यात्री

भारत में प्राचीनकाल से ही विदेशी यात्रियों का आगमन होता रहा है। जिन्होंने भारत का भ्रमण किया और इसके विषय में विवरण दिया। ऐसे ही कुछ यात्रियों का विवरण निम्नलिखित है

1. **मेगस्थनीज** यह राजदूत के रूप में चन्द्रगुप्त मौर्य के दरबार में आया था। इसने 'इण्डिका' नामक पुस्तक की रचना की थी। जिसमें इन्होंने भारतीय समाज के विषय में बताया है। मेगस्थनीज यूनानी यात्री था।
2. **फाह्यान** यह चन्द्रगुप्त विक्रमादित्य के दरबार में आया तथा यह एक चीनी बौद्ध भिक्षुक था। फाह्यान ने तत्कालीन भारत की सामाजिक, धार्मिक और आर्थिक स्थिति के विषय में बताया था।
3. **ह्वेनसांग** यह हर्षवर्द्धन के समय में आया और इसने नालन्दा विश्वविद्यालय में बौद्ध धर्म से सम्बन्धित अध्ययन किया। यह चीनी मूल का बौद्ध भिक्षुक था। इसकी पुस्तक का नाम सि-यू-की है। इसको तीर्थ यात्रियों का राजकुमार कहा जाता है।
4. **अल-बरूनी** यह महमूद गजनी के साथ भारत आया तथा यह मूल रूप से उज्बेकिस्तान का निवासी था। इसकी प्रमुख पुस्तकों में तहकीक-ए-हिन्द और किताब-उल-हिन्द सम्मिलित हैं। अपनी पुस्तक में इन्होंने भारत के तालाबों के विषय में खासकर बताया है।
5. **इब्न-बतूता** यह मोहम्मद-बिन-तुगलक के समय में भारत आया था। यह अफ्रीकी देश मोरक्को का निवासी था। इसे काजी के पद पर नियुक्त किया गया था। इन्होंने अपने अनुभवों को अपनी पुस्तक 'रेहला' के द्वारा बताया है।
6. **वास्को-डी-गामा** यह एक पुर्तगाली नाविक था। जिसने वर्ष 1498 में भारत की धरती पर नए समुद्री मार्ग के द्वारा कदम रखा।
7. **डुआर्टे बारबोसा और डोमिंगो** पायस ये दोनों पुर्तगाली यात्री थे, जो दक्षिण के विजयनगर के सम्राट कृष्णदेव राय के शासनकाल में भारत आए थे।

ऊर्जा के स्रोत

ऊर्जा के कई स्रोत हैं; जैसे—लकड़ी, कोयला, पेट्रोल, डीजल, सूर्य, पवन एवं जल आदि। ये वे स्रोत हैं, जिनसे हमें लम्बे समय तक ऊर्जा प्राप्त होती है। ऊर्जा के स्रोतों को नवीकरणीय व अनवीकरणीय, परम्परागत और गैर परम्परागत स्रोतों में विभाजित किया जाता है। ऊर्जा के विभिन्न स्रोतों का विवरण निम्नलिखित है

1. **कोयला** (Coal) यह ऊर्जा का परम्परागत स्रोत है, जिसका निर्माण पृथ्वी की भू-पर्पटी में वनस्पतियों के दबने से होता है। इसका मुख्य घटक कार्बन है। इसका उपयोग ताप घरों में बिजली उत्पादन, कोक, कोलतार आदि के निर्माण में होता है। पश्चिम बंगाल, झारखण्ड प्रमुख कोयला उत्पादक राज्य हैं।
2. **पेट्रोलियम** (Petroleum) यह भी ऊर्जा का परम्परागत स्रोत है, जिसका निर्माण पृथ्वी के अन्दर वनस्पतियों एवं जीव-जन्तुओं के दबने से होता है। इसका उपयोग ऑटोमोबाइल के साथ-साथ, प्लास्टिक डामर और पेंट व ड्राइ-क्लीनिंग में भी किया जाता है। यह प्रारम्भिक रूप से गाढ़े रंग का काला बदबूदार होता है। इसके कई उत्पाद हैं; जैसे—मोम, स्नेहक, डीजल, पेट्रोल, मिट्टी का तेल और गैस आदि।
3. **प्राकृतिक गैस** (Natural Gas) तेल के कुओं से ही प्रायः प्राकृतिक गैस निकलती है। इसका मुख्य संघटक मेथेन गैस होती है। इसके निम्न दो रूप होते हैं
   (i) **द्रवित पेट्रोलियम गैस** (Liquefied Petroleum Gas) यह सामान्य दाब पर द्रवित की गई गैस होती है। इसका मुख्य संघटक ब्यूटेन होता है। ये रंगहीन, गन्धहीन गैस होती है, इसके रिसाव का पता करने के लिए इसमें एथिल मरकेप्टन नामक यौगिक मिलाया जाता है।
   (ii) **सम्पीडित प्राकृतिक गैस** (Compressed Petroleum Gas) यह अति उच्च दाब पर दबाने के परिणामस्वरूप बनती है। इसका मुख्य संघटक मेथेन गैस होती है। इसका उपयोग वाहनों के ईंधन के रूप में किया जाता है।

⚠ कोयला, पेट्रोलियम और प्राकृतिक गैस को जीवाश्म ईंधन भी कहा जाता है।

4. **जलविद्युत** (Hydroelectricity) नदियों के जल को बाँध बनाकर इकट्ठा किया जाता है और इसके बाद जल को ऊँचाई से गिराकर इसके दाब की सहायता से टरबाइन चलाया जाता है, जिससे विद्युत उत्पन्न होती है। आज इस प्रकार की प्रणाली का विकास लगभग विश्व के हर क्षेत्र में देखने को मिलता है। जल विद्युत परियोजना से पर्यावरण सन्तुलन एवं पुनर्वास की समस्या भी आती है।
5. **सौर ऊर्जा** (Solar Energy) सौर सेलों के द्वारा सूर्य के प्रकाश और ऊष्मा को विद्युत ऊर्जा में परिवर्तित किया जाता है। सौर सेल सिलिकन और गैलियम के बने होते हैं। उष्णकटिबन्धीय देशों में सौर ऊर्जा प्रचुर मात्रा में उपलब्ध होती है।
6. **पवन ऊर्जा** (Wind Energy) पवन की गति से टरबाइन को गतिशील बनाकर, जो ऊर्जा उत्पन्न की जाती है उसे, पवन ऊर्जा की संज्ञा दी जाती है। ऐसे क्षेत्र जहाँ पवन की गति 20 किमी/घण्टा होती है, वहाँ से विद्युत आसानी से प्राप्त की जा सकती है।
7. **भूतापीय ऊर्जा** (Geothermal Energy) पृथ्वी के अन्दर से निकलने वाले गर्म जल के स्रोतों से भूतापीय ऊर्जा प्राप्त होती है। इसका उपयोग खाना बनाने व बिजली बनाने आदि में किया जाता है। हिमाचल प्रदेश के मणिकर्ण व कश्मीर की पूगा घाटी में भूतापीय ऊर्जा उत्पन्न की जाती है।
8. **ज्वारीय ऊर्जा** (Tidal Energy) यह मुख्यतः समुद्र में आए ज्वार-भाटे के कारण जल के ऊपर उठने व नीचे गिरने के दौरान टरबाइन चलाकर उत्पन्न की जाती है। यह प्रदूषण मुक्त और परम्परागत ऊर्जा का स्रोत है।
9. **बायोगैस** (Bio Gas) यह जैविक अवशिष्टों, जैसे गोबर एवं घरेलू अपशिष्टों से बनायी जाती है। यह अपघटन की प्रक्रिया द्वारा प्राप्त होती है। इनसे मेथेन, कार्बन डाइ ऑक्साइड और हाइड्रोजन गैसें निकलती हैं। इसका उपयोग खाना बनाने में होता है।
   ग्रामीण क्षेत्र में उपलब्ध संसाधन के कारण बायोगैस का इस्तेमाल अधिक किया जाता है।
10. **नाभिकीय ऊर्जा** (Nuclear Energy) नाभिकीय रिएक्टरों में यूरेनियम और थोरियम धातुओं के नाभिकीय विखण्डन द्वारा ऊर्जा प्राप्त की जाती है, इसमें अत्यधिक मात्रा में बिजली उत्पादन होता है। इसे गैर-परम्परागत ऊर्जा स्रोत माना जाता है।
11. **बायोडीजल** (Biodiesel) यह करकास, पोन्गोमिया और जट्रौफा (रतनजोत) आदि के बीजों से प्राप्त किया जाता है। देश का पहला बायोडीजल संयन्त्र आन्ध्र प्रदेश के काकीनाड़ा में लगाया गया है।

वायु प्रदूषण

वायु में हानिकारक पदार्थों का मिलना जिससे वायु की गुणात्मकता घट जाती है, वायु प्रदूषण (Air pollution) कहलाता है। यह एक गम्भीर पर्यावरणीय समस्या है। मशीनों से निकलने वाला धुआँ भी पर्यावरण प्रदूषण के प्रमुख कारकों में से एक है।

वायु प्रदूषण के कारक

प्रायः उनको वायु प्रदूषण के कारकों में सम्मिलित किया जाता है, जिनसे प्रत्यक्षतः, वायु प्रदूषित होती है—इनके कुछ उदाहरण निम्नलिखित हैं

- जंगल में आग लगने से, धूलभरी आँधियों से और ज्वालामुखी के विस्फोट आदि से।
- वाहनों, कारखानों से निकलने वाले धुएँ आदि से, इसमें मुख्यतया कार्बन मोनो-ऑक्साइड व सल्फर डाइ-ऑक्साइड आदि गैसें निकलती हैं।
- धूम्रपान एवं लकड़ी के ईंधन के रूप में जलाने से भी वायु प्रदूषित होती है।
- फ्रिज, एयर कण्डिशनर जैसी घरेलू उपयोग की वस्तुओं से निकलने वाली हानिकारक गैसों से।
- वनोन्मूलन, शहरीकरण एवं औद्योगीकरण भी वायु प्रदूषण के लिए उत्तरदायी है।

वायु प्रदूषण रोकने के उपाय

प्रदूषण से बचाव के कई उपाय हो सकते हैं, जो निम्नलिखित हैं

- अधिक-से-अधिक सार्वजनिक वाहनों का प्रयोग करके। एल पी जी (Liqufied Petroleum Gas) और सी एन जी (Compressed Natural Gas) के उपयोग को बढ़ावा देकर।
- पेट्रोल, कोयला, लकड़ी व उपले आदि का ईंधन के रूप में कम-से-कम प्रयोग करके।
- नवीकरणीय ऊर्जा; जैसे—सौर ऊर्जा, पवन ऊर्जा तथा बायो गैस आदि के प्रयोग को बढ़ाकर।

रिक्शा व ई-रिक्शा जैसे वाहनों के प्रयोग पर बल देकर।

अभ्यास प्रश्न

1. कम दूरी की यात्रा के लिए यातायात का कौन-सा साधन सर्वाधिक उपयोगी है?

A. सड़क B. रेल C. वायु

(a) केवल A (b) केवल B
(c) A और C (d) B और C

2. हिमालय पर्वत में स्थित कौन-सा राजमार्ग विश्व के सबसे ऊँचे सड़क मार्गों में से एक है?

(a) उधमपुर-कटरा राजमार्ग
(b) मनाली-लेह राजमार्ग
(c) जम्मू-कटरा राजमार्ग
(d) उपरोक्त में से कोई नहीं

3. निम्नलिखित में से कौन-सा कथन सही है?

(a) भारत में अनेक राष्ट्रीय एवं राज्य मार्ग हैं
(b) फ्लाईओवर, उत्थित संरचनाओं के ऊपर बनाए जाते हैं
(c) भारत में एक्सप्रेस-वे का निर्माण नवीनतम है
(d) उपरोक्त सभी

4. सोनू जब सड़क मार्ग द्वारा कलकत्ता से दिल्ली जाएगा, तो उसके मार्ग में उत्तर-प्रदेश के कौन-कौन से शहर आएँगे, बताइए।

(a) बनारस → इलाहाबाद → आगरा
(b) बनारस → बरेली → आगरा
(c) बनारस → गोरखपुर → लखनऊ
(d) बनारस → आगरा → बरेली

5. एक छात्र दिल्ली से पटना की यात्रा के विषय में निम्नलिखित विवरण देता है।

A. पटना, दिल्ली के पूर्व में अवस्थित है।

B. पटना, बिहार की राजधानी है, जबकि दिल्ली भारत की।

C. यात्रा के दौरान रेलवे के जो प्रमुख स्टेशन आए उसमें कानपुर व इलाहाबाद आदि प्रमुख हैं।

उपरोक्त में से कौन/सा तथ्य सही है?

(a) A और B (b) A और C
(c) B और C (d) ये सभी

6. किसी शहर के मानचित्र पर यह लिखा था स्केल 1 सेमी = 100 मी^{2}, यदि मानचित्र पर किन्हीं दो स्थानों के बीच की दूरी 15 सेमी है, तो उन दोनों स्थानों के बीच की वास्तविक दूरी है।

(a) 1.65 किमी
(b) 1500 मी
(c) 1165 सेमी
(d) 1100 मी

7. स्वर्णिम चतुर्भुज महा राजमार्ग के विषय में कौन-सा कथन सत्य है?

A. ये चारों महानगरों को जोड़ने वाली सड़कें हैं।

B. ये सड़क 6 लेन वाली है।

C. यह भारत के राष्ट्रीय राजमार्ग प्राधिकरण के अधिकार क्षेत्र में आता है।

(a) A और B (b) A और C
(c) B और C (d) ये सभी

8. निम्नलिखित को सुमेलित कीजिए

सूची I (मार्ग)	सूची II (सम्बन्धित संख्या)
A. राष्ट्रीय राजमार्ग	i. सी पी डब्ल्यू डी
B. राज्य मार्ग	ii. पी डब्ल्यू डी
C. जिला मार्ग	iii. जिला परिषद्
D. स्वर्णिम चतुर्भुज	iv. एन एच ए आई

कूट

	A	B	C	D
(a)	(i)	(ii)	(iii)	(iv)
(b)	(ii)	(iii)	(iv)	(i)
(c)	(iii)	(iv)	(i)	(ii)
(d)	(iv)	(iii)	(ii)	(i)

9. सबसे लम्बी सड़क शेरशाह सूरी मार्ग जिसको ग्राण्ड ट्रंक रोड के नाम से भी जाना जाता है, किन दो राष्ट्रीय राजमार्ग को मिलाकर बनता है?

(a) NH1 और NH3 (b) NH2 और NH3
(c) NH1 और NH2 (d) इनमें से कोई नहीं

10. मोहन चारों महानगरों को सड़क द्वारा देखना चाहता है। ऐसे में वह अपने शिक्षक से जानना चाहता है कि वह कौन-सी सड़क है जो इन चारों महानगरों को जोड़ती है, तो शिक्षक का क्या उत्तर होगा?

(a) NH1 (b) NH2
(c) स्वर्णिम चतुर्भुज (d) NH1

11. रेलमार्ग अपने किस विशिष्ट गुण के लिए जाना जाता है?

A. तीव्रता से एवं कम खर्च में लोगों के आवागमन के लिए उपयोगी होता है।

B. रेलवे भारी सामान को ढोने में भी उपयोगी होता है।

(a) केवल A
(b) केवल B
(c) A और B
(d) न तो A और न ही B

12. निम्नलिखित कथनों पर विचार कीजिए।

A. औद्योगिक क्रान्ति ने रेल परिवहन के तीव्र विकास में सहायता प्रदान की है।

B. रेल अर्थव्यवस्था, उद्योगों व कृषि के तीव्र गति के विकास के लिए उत्तरदायी है।

(a) केवल A
(b) केवल B
(c) A और B
(d) न तो A और न ही B

13. संजू यात्रा पर गई थी। लौट कर उसने अपनी कक्षा में यह बताया कि वह भारत के सबसे लम्बे राष्ट्रीय राजमार्ग पर यात्रा करके आई है। वह कहाँ-से-कहाँ तक की यात्रा करके आई है।

(a) वाराणसी से कन्याकुमारी
(b) दिल्ली से अमृतसर
(c) दिल्ली से कोलकाता
(d) दिल्ली से मुम्बई

14. भारत में सबसे तेज गति से चलने वाली ट्रेन गतिमान एक्सप्रेस है, परन्तु सबसे ज्यादा दूरी विवेक एक्सप्रेस तय करती है। विवेक एक्सप्रेस कहाँ-से-कहाँ तक चलती है?

(a) जम्मू से कन्याकुमारी
(b) डिब्रूगढ़ से कन्याकुमारी
(c) डिब्रूगढ़ से मुम्बई
(d) सिलचर से पोरबन्दर

15. निम्नलिखित को सुमेलित कीजिए।

सूची I (रेलवे)	सूची II (स्थान)
A. कोंकण रेलवे	i. मुम्बई से कर्नाटक
B. टॉय ट्रेन	ii. कालका से शिमला
C. दार्जिलिंग हिमालयन	iii. दार्जिलिंग

कूट

	A	B	C
(a)	i	ii	iii
(b)	ii	iii	i
(c)	iii	i	ii
(d)	iii	ii	i

16. निम्नलिखित कथनों पर विचार कीजिए।

A. रेलवे की शुरुआत वर्ष 1853 ई. में मुम्बई और ठाणे के बीच हुई थी।

B. विश्व का सबसे लम्बा प्लेटफॉर्म गोरखपुर है।

C. मोनो रेल मुम्बई में चलती है।

उपरोक्त में से कौन-से कथन सही हैं?
(a) A और B (b) A और C
(c) B और C (d) ये सभी

17. निम्नलिखित में से कौन-सी जल परिवहन की विशेषता है।
A. ये परिवहन का सबसे सस्ता साधन है।
B. अधिक दूरी में भारी एवं बड़े आकार वाले सामानों को ढोने के लिए सबसे उपयोगी साधन है।
उपरोक्त में से कौन-सा कथन सही है?
(a) केवल A (b) केवल B
(c) A और B (d) न तो A और न ही B

18. निम्नलिखित को सुमेलित कीजिए

सूची I (अन्तर्देशीय जलमार्ग)	सूची II (सम्बन्धित नदी)
A. सदिया से घुबरी	i. गंगा नदी
B. इलाहाबाद से हल्दिया	ii. ब्रह्म पुत्र
C. तलचर से पारादीप	iii. बराक नदी
D. लखीमपुर से भागा	iv. ब्राह्मणी नदी

कूट

	A	B	C	D
(a)	ii	i	iv	iii
(b)	i	iii	ii	iv
(c)	iv	iii	ii	i
(d)	i	ii	iii	iv

19. निम्नलिखित में से कौन-सा युग्म सुमेलित नहीं है।
(a) न्हावाशेवा : मुम्बई
(b) पारादीप : ओडिशा
(c) हल्दिया : कोलकाता
(d) कोच्चि : तमिलनाडु

20. वायुमार्ग के विषय में कौन-सा कथन सही है?
A. इसकी सेवा दुर्गम क्षेत्रों में ली जाती है।
B. इसमें ईंधन की लागत अधिक होती है।
C. यह सर्वाधिक महँगा साधन है।
D. यह परिवहन का सबसे तीव्र साधन है।
(a) A, B और C (b) A, C और D
(c) A, B और D (d) ये सभी

21. निम्नलिखित में से कौन-सी वायु सेवा निजी क्षेत्र के अन्तर्गत आती है?
A. जेट B. इण्डिगो
C. विस्तारा D. एयर इण्डिया
E. एयर एशिया
(a) A, B, D और E (b) A, B, C और D
(c) A, B, C और E (d) ये सभी

22. निम्नलिखित कथनों पर विचार कीजिए।
A. वायु परिवहन का राष्ट्रीयकरण वर्ष 1953 में हुआ।
B. पवन हंस हेलीकॉप्टर सेवाएँ उपलब्ध करवाता है।
C. एयर इण्डिया सिर्फ अन्तर्राष्ट्रीय सेवाएँ उपलब्ध कराता है।
उपरोक्त कथनों में से कौन-सा कथन सही है?
(a) A और B (b) A और C
(c) B और C (d) A, B और C

23. निम्नलिखित में से कौन-सी जानकारी आरक्षित टिकट पर होती है?
(a) यात्रा की तिथि
(b) आरक्षण की तिथि
(c) कुल किराया
(d) उपरोक्त सभी

24. राधिका अपनी दादी के साथ गाँव जाना चाहती है। इसके लिए उन्होंने रेलवे को चुना, रेलवे के टिकट काउण्टर पर बैठे अधिकारी आरक्षित टिकट काटने से सम्बन्धित कौन-सी जानकारी उनसे लेना चाहेंगे बताइए?
A. आरक्षण की तिथि
B. यात्रा प्रारम्भ व समाप्त करने का स्थान
C. उनकी आयु, लिंग, बच्चों एवं वयस्कों की संख्या
D. यात्रा की श्रेणी एवं ट्रेन का नाम
(a) A और C (b) B और D
(c) A, C और D (d) ये सभी

25. समय सारणी में कौन-सी जानकारियाँ होती हैं?
(a) परिवहन रूट का विवरण
(b) स्टेशनों के बीच की दूरी
(c) यात्रा के दौरान आने वाले विभिन्न स्टेशनों के नाम
(d) उपरोक्त सभी

26. ईको टूरिज्म के विषय में निम्नलिखित कथनों पर विचार कीजिए।
A. इसका उपयोग पर्यावरणीय व सामाजिक लाभ के लिए होता है।
B. सरिस्का, रणथम्भौर, पेंच, पंचमढ़ी आदि कुछ प्रमुख राष्ट्रीय उद्यान हैं।
C. ईको टूरिज्म से देश की आर्थिक वृद्धि भी बढ़ती है।
उपरोक्त कथनों में से कौन-सा कथन सही है?
(a) A और B (b) A और C
(c) B और C (d) ये सभी

27. माउण्ट एवरेस्ट को तिब्बत में किस नाम से जाना जाता है?
(a) माउण्ट एवरेस्ट (b) कोमोलांग्मा
(c) सागरमाथा (d) ये सभी

28. पर्वतारोहण के सम्बन्ध में कौन-सा कथन सही है?
A. पर्वतारोही अपने सामान को ढोने के लिए भारवाहक पशुओं का उपयोग करते हैं।
B. पर्वतारोही एक दल के साथ चलते हैं।
C. पर्वतारोही कृत्रिम ऑक्सीजन का उपयोग करते हैं।
(a) A और B (b) A और C
(c) B और C (d) ये सभी

29. अन्तरिक्ष में सर्वाधिक समय तक रहने का रिकॉर्ड किन के नाम है?
(a) कल्पना चावला (b) सुनीता विलियम्स
(c) यूरी गॉगरिन (d) नील आर्मस्ट्रांग

30. राधा अपने परिवार के साथ रात को 8 बजे दिल्ली से चली और सुबह 7 बजे जम्मू पहुँची। यदि दिल्ली और जम्मू के बीच की दूरी 660 किमी है तो उस बस की गति क्या होगी जिसमें राधा ने अपने परिवार के साथ सफर किया था।
(a) 66 किमी/घण्टा (b) 60 किमी/घण्टा
(c) 62.5 किमी/घण्टा (d) 66.5 किमी/घण्टा

31. एक सुपरफास्ट एक्सप्रेस 160 किमी/घण्टे की रफ्तार से चलकर दिल्ली से आगरा पहुँचने में 1 घण्टा 10 मिनट का समय लेती है। एक यात्री जो अपने परिवार के साथ उक्त ट्रेन पर सवार है वह कितनी दूरी तय करता है।
(a) 180 किमी लगभग
(b) 210 किमी लगभग
(c) 200 किमी लगभग
(d) 190 किमी लगभग

32. एक व्यक्ति 30 मार्च, 2016 को भोपाल से कन्याकुमारी जाने के लिए ट्रेन में बैठा। उसकी ट्रेन भोपाल से 13 : 30 बजे चली। वह व्यक्ति 31 मार्च, 2016 को 7 : 30 बजे कन्याकुमारी पहुँचा। यदि भोपाल और कन्याकुमारी के बीच की दूरी 2268 किमी हो, तो ट्रेन की गति क्या होगी?
(a) 42 मी/से (b) 54 मी/से
(c) 35 मी/से (d) 15 मी/से

33. निम्नलिखित में से कौन-सा युग्म सुमेलित नहीं है?
(a) मेगस्थनीजः चन्द्रगुप्त मौर्य
(b) फाह्यानः चन्द्रगुप्त विक्रमादित्य
(c) ह्वेनसांगः हर्षवर्द्धन
(d) इब्नबतूताः अकबर

34. अल-बरूनी उज्बेकिस्तान का निवासी था। यह किस के साथ भारत आया था?
(a) मोहम्मद गौरी
(b) महमूद गजनी
(c) मोहम्मद-बिन-कासिम
(d) इब्न-बतूता

35. अल-बरूनी की पुस्तक का क्या नाम है?
(a) किताब-उल-हिन्द (b) रेहला
(c) इण्डिका (d) इनमें से कोई नहीं

36. कौन-सा यात्री नालन्दा विश्वविद्यालय में अध्ययन के लिए आया था?
(a) मेगस्थनीज (b) फाह्यान
(c) ह्वेनसांग (d) बारबोसा

37. निम्नलिखित को सुमेलित कीजिए।

सूची I (यात्री)	सूची II (सम्बन्धित देश)
A. इब्न-बतूता	i. मोरक्को
B. ह्वेनसांग	ii. चीन
C. मेगस्थनीज	iii. यूनान
D. फाह्यान	iv. चीन

कूट

	A	B	C	D
(a)	i	ii	iii	iv
(b)	ii	iii	iv	i
(c)	iii	iv	i	ii
(d)	iv	i	ii	iii

38. निम्नलिखित में से कौन-सा ऊर्जा का वर्गीकरण सही है।
(a) नवीकरणीय व अनवीकरणीय
(b) परम्परागत व गैर-परम्परागत
(c) 1 और 2 दोनों
(d) उपरोक्त में से कोई नहीं

39. निम्नलिखित में से कौन-सा युग्म ऊर्जा के परम्परागत स्रोत को सही-सही बताता है?
A. कोयला-पेट्रोलियम
B. प्राकृतिक गैस-पेट्रोलियम
C. द्रवित पेट्रोलियम गैस-सम्पीडित प्राकृतिक गैस
(a) केवल A (b) केवल B
(c) A और B (d) ये सभी

40. निम्नलिखित कथनों पर विचार कीजिए।
A. कोयला, पेट्रोलियम और प्राकृतिक गैस जीवाश्म ईंधन हैं।
B. ऊर्जा के स्रोतों से हमें लम्बे समय तक ऊर्जा मिलती रहती है।
उपरोक्त में से कौन-सा कथन सही है?
(a) केवल A
(b) केवल B
(c) A और B (d) न तो A और न ही B

41. निम्नलिखित कथनों पर विचार कीजिए।
A. जल विद्युत परियोजना से पर्यावरण सन्तुलन एवं पुनर्वास की समस्या भी आती है।
B. बायोगैस का उपयोग प्रायः खाना बनाने में होता है।
C. नाभिकीय ऊर्जा में अत्यधिक मात्रा में बिजली उत्पादन नहीं होता है।
उपरोक्त कथनों में से कौन-सा कथन सही है?
(a) A और B (b) A और C
(c) B और C (d) ये सभी

42. निम्नलिखित को सुमेलित कीजिए।

सूची I (ऊर्जा स्रोत)	सूची II (संघटक)
A. कोयला	i. मेथेन
B. द्रवित पेट्रोलियम गैस	ii. ब्यूटेन
C. सम्पीडित पेट्रोलियम गैस	iii. कार्बन

कूट

	A	B	C
(a)	i	ii	iii
(b)	ii	i	iii
(c)	iii	ii	i
(d)	i	iii	ii

43. बायोडीजल के विषय में कौन-सा कथन सही है?
A. बायोडीजल जट्रौफा (रतनजोत) के बीजों से प्राप्त किया जाता है।
B. देश का पहला बायोडीजल संयन्त्र आन्ध्र प्रदेश के काकीनाड़ा में लगाया गया है।
C. बायोडीजल कराकास व पोन्गोनिया आदि के बीजों से भी प्राप्त किया जाता है।
(a) A और B (b) A और C
(c) B और C (d) ये सभी

44. निम्नलिखित में से कौन-से वायु प्रदूषण के कारक हैं?
A. धूल भरी आँधी
B. ज्वालामुखी विस्फोट
C. वनोन्मूलन
D. शहरीकरण
(a) A, B और C (b) A, C और D
(c) A, B और D (d) ये सभी

45. निम्नलिखित कथनों पर विचार कीजिए।
A. वायु में अनचाहे कणों के मिलने से वायु प्रदूषण होता है।
B. रिक्शा व ई-रिक्शा जैसे वाहनों के प्रयोग से वायु प्रदूषण को कम किया जा सकता है।
उपरोक्त कथनों में से कौन-से कथन सही हैं?
(a) केवल A (b) केवल B
(c) A और B (d) इनमें से कोई नहीं

46. टूटता तारा (उल्का) है
(a) उल्काभ, जो पृथ्वी के वायुमण्डल में प्रवेश करते ही आग पकड़ लेता है
(b) एकसमान गति से चलने वाला तारा
(c) एक चमकता पिण्ड, जो वायुमण्डल में एकसमान गति से चलता है
(d) एक तारा, जिसके एक सिरे पर पूँछ होती है

47. मानचित्र पढ़ने के लिए आवश्यक कौशल में सम्मिलित है
(a) अभिव्यक्तात्मक योग्यताओं को बाहर निकालने के लिए विलक्षण सम्प्रेषण कौशल
(b) स्थान, दूरी और दिशाओं की सापेक्ष स्थिति को समझने की योग्यता
(c) ड्राइंग और पेण्टिंग में विलक्षण कुशलता
(d) ग्लोब पर स्थिति दर्शाने के लिए स्केच और गणनाओं का उपयोग करने की योग्यता

48. निम्नलिखित में से कौन-सा चाँद की सतह की विशेषताओं के विषय में सबसे अच्छा वर्णन करता है?
(a) हवा नहीं, गुरुत्व नहीं, समतल सतह
(b) पानी नहीं, पर्याप्त हवा, ऊँचे पहाड़
(c) पानी नहीं, गहरे गह्वर, ऊँचे पहाड़
(d) हवा नहीं, गुरुत्व नहीं, पानी नहीं

49. सभी बड़े शहर सड़कों पर भारी संख्या में वाहनों के कारण पर्यावरण प्रदूषण की समस्या का सामना कर रहे हैं। पर्यावरण संरक्षण के लिए शहर के लोग व्यक्तिगत रूप से .... के माध्यम से अपना सहयोग दे सकते हैं
(a) पर्यावरण सुरक्षित सीमा के लिए व्यक्तिगत वाहन के इंजन की नियमित रूप से जाँच करवाने
(b) आने-जाने के लिए सार्वजनिक यातायात व्यवस्था का प्रयोग करने
(c) प्रायः घर से बाहर जाने से बचने
(d) व्यक्तिगत वाहन जैसे स्कूटर, कार, आदि नहीं रखने

50. उसे चुनिए, जो अन्यों से भिन्न है
(a) ग्रीस (b) पेट्रोल
(c) कोयला (d) पैराफिन मोम

51. अल-बरूनी, जिस देश से आया उसका नाम है
(a) उज्बेकिस्तान
(b) ओमान
(c) अफगानिस्तान
(d) बांग्लादेश

52. नीचे किसी एक्सप्रेस ट्रेन के मार्ग के लिए रेलवे टाइम-टेबल का कुछ अंश दिया गया है।

स्टेशन का नाम	पहुँचने का समय	प्रस्थान का समय	दूरी (किमी)	दिन
सूरत	16:15	16:20	530	1
बलसाड	17:23	17:25	598	1
भिवन्डी रोड	21:10	21:20	772	1
मड़गाँव	7:35	7:45	1509	2

उपरोक्त सूचना के आधार पर सूरत और मड़गाँव के बीच की दूरी तथा ट्रेन द्वारा इस दूरी को तय करने में लगा समय क्रमशः है
(a) 1509 किमी; 15 घण्टे 25 मिनट
(b) 1509 किमी; 15 घण्टे 30 मिनट
(c) 979 किमी; 15 घण्टे 15 मिनट
(d) 979 किमी; 15 घण्टे 20 मिनट

53. निम्नलिखित में से पेट्रोलियम के सही अभिलक्षण चुनिए।
(a) अच्छी गन्ध का, पतला, नीला रंगीन द्रव
(b) बिना गन्ध का गाढ़ा तथा गहरे रंग का तरल
(c) बदबूदार, गाढ़ा, गहरे रंग का तेल
(d) बदबूदार, पतला, पीला द्रव

54. माउण्ट एवरेस्ट एक भाग है
(a) म्यांमार का (b) भारत का
(c) तिब्बत का (d) नेपाल का

55. नीचे दिए गए कर्त्तव्यों/उत्तरदायित्वों का अध्ययन कीजिए।
A. अन्य लोगों का सामान उठाने में सहायता करना।
B. पूरे समूह के आगे चलना ताकि समूह पीछे-पीछे चले।
C. जो चल न पाए उसे रुकने के लिए कहना।
D. साथी के बीमार होने पर उसका ध्यान रखना और सबके लिए खाने-पीने का प्रबन्ध करना।
E. रुकने और आराम करने के लिए अच्छी जगह ढूँढना माउण्टेनियरिंग में ग्रुप लीडर की जिम्मेदारियों का उपरोक्त में से चयन कीजिए।
(a) A, D तथा E (b) A, B तथ C
(c) B, C तथा D (d) C, D तथा E

56. अल-बरूनी कौन था?
(a) वह एक यात्री था, जिसने भारत के लोगों की संस्कृति का अध्ययन करने के लिए कश्मीर से कन्याकुमारी तक की यात्रा की
(b) वह एक कुतुबशाही सुल्तान था, जिसने हमारे देश में लगभग 40 वर्ष शासन किया
(c) वह अफगानिस्तान का एक व्यापारी था, जो हमारे देश में मेवों के बाजारों का अध्ययन करने आया था
(d) वह उज्बेकिस्तान का यात्री था, जिसने एक किताब लिखी जो हमारे देश के इतिहास के विषय में जानने में सहायक है

57. गाँधीधाम (गुजरात) का रहने वाला कोई व्यक्ति पहले भोपाल (मध्य प्रदेश) और फिर हैदराबाद (आन्ध्र प्रदेश) जाना चाहता है। उसके सफर (यात्रा) की दिशाएँ क्या होंगी?
(a) पहले दक्षिण दिशा में और फिर पूर्व दिशा में
(b) पहले पूर्व दिशा में और फिर दक्षिण दिशा में
(c) पहले पश्चिम दिशा में और फिर दक्षिण दिशा में
(d) पहले दक्षिण दिशा में और फिर पश्चिम दिशा में

58. किसी शहर के मानचित्र पर लिखा था 'स्केल 1 सेमी = 100 मी'। यदि मानचित्र पर किन्हीं दो स्थानों के बीच की दूरी 15 सेमी है, तो उन दोनों स्थानों के बीच की वास्तविक दूरी है।
(a) 1.65 किमी (b) 1165 सेमी
(c) 1100 मी (d) 1500 मी

59. यदि आप रेलगाड़ी द्वारा अहमदाबाद (गुजरात) जाएँ, तो आपको रेलवे स्टेशन पर अधिकतर बेचने वाली खाने की कौन-सी चीजें मिलेंगी?
(a) पूरी-साग तथा ठण्डा दूध (b) ढोकला, चटनी, नींबू वाले चावल
(c) छोले-भटूरे तथा लस्सी (d) इडली-चटनी तथा वड़ा-चटनी

60. नीचे दी गई कौन-कौन-सी जानकारी एक आरक्षित रेल टिकट से प्राप्त की जा सकती है?
A. टिकट बुक कराने की तारीख और समय, यात्रा शुरू करने की तारीख और समय
B. डिब्बे का नम्बर, बर्थ का नम्बर और किराया
C. यात्रा करने वालों का नाम, आयु और लिंग
D. ट्रेन का नम्बर और नाम, वह स्टेशन जहाँ से ट्रेन पकड़नी है और अन्तिम स्टेशन का नाम
E. अन्तिम स्टेशन पर पहुँचने की तारीख और समय
(a) A, B और D (b) A, B, C और D
(c) A, B, D और E (d) A, C और E

61. अबूधाबी के विषय में सही कथन चुनिए।
A. यह रेगिस्तानी इलाके में है।
B. अबूधाबी में पानी पेट्रोल से महँगा है।
C. यहाँ की स्थानीय भाषा अरबी है।
D. अबूधाबी की मुद्रा (रुपए) को दीनार कहते हैं।
(a) A, B और D (b) A, C और D
(c) B, C और D (d) A, D और B

62. किसी छात्रा ने अपनी अहमदाबाद से नागरकोइल की यात्रा के विषय में अपनी डायरी में नीचे दी गई जानकारी नोट की।

दिनांक	स्टेशन का नाम	पहुँचने का समय	स्टेशन छोड़ने का समय	गाँधीधाम से दूरी (किमी में)
10.2.2014	अहमदाबाद	11:30 प्रातः	11:50 प्रातः	301
12.2.2014	नागरकोइल	04:45 प्रातः	00:00	2649

उपरोक्त जानकारी के आधार पर नीचे दिए गए निष्कर्ष निकाले गए।
A. अहमदाबाद से नागरकोइल की दूरी 2348 किमी है।
B. इस दूरी को रेलगाड़ी 40 घण्टे 55 मिनट में तय करती है।
C. इस दूरी को रेलगाड़ी 28 घण्टे 55 मिनट में तय करती है।
D. रेलगाड़ी की औसत चाल लगभग 80 किमी/घण्टा है।
सही निष्कर्ष है।
(a) A, C और D (b) A, B और D
(c) A और B (d) A और C

63. कोई रेलगाड़ी गाँधीधाम से 16 जुलाई, 2014 को प्रातः 5:15 बजे स्टेशन छोड़कर 18 जुलाई, 2014 को प्रातः 4:45 बजे नागरकोइल स्टेशन पर पहुँचती है। रेलगाड़ी द्वारा चली गई दूरी 2649 किमी है। इस रेलगाड़ी की औसत चाल (किमी/घण्टा) लगभग है
(a) 57 (b) 56 (c) 55 (d) 54

64. भारत के मानचित्र में दिल्ली की स्थिति के सापेक्ष हिमाचल प्रदेश की राजधानी (शिमला) और मध्य प्रदेश की राजधानी (भोपाल) क्रमशः स्थित हैं दिल्ली के
(a) उत्तर-पूर्व और उत्तर-पश्चिम में
(b) दक्षिण-पश्चिम और दक्षिण-पूर्व में
(c) उत्तर और दक्षिण में
(d) दक्षिण-पूर्व और उत्तर-पश्चिम में

65. माउण्ट एवरेस्ट के विषय में सही कथन चुनिए।
(a) यह जम्मू और कश्मीर का भाग है और इसकी चोटी की ऊँचाई 8900 मी है
(b) यह नेपाल का भाग है और इसकी चोटी की ऊँचाई 8848 मी है
(c) यह भारत का भाग है और इसकी चोटी की ऊँचाई 9850 मी है
(d) यह तिब्बत का भाग है और इसकी चोटी की ऊँचाई 9850 मी है

66. राधा विभिन्न प्रकार के यात्रा टिकटों का उपयोग करती है। ऐसे टिकटों के उपयोग से निम्नलिखित में से किस संकल्पना पर प्रभावपूर्ण ढंग से चर्चा की जा सकती है?
A. अलग-अलग साधनों से यात्रा करने पर यात्रा की लागत भी भिन्न होती है।
B. यात्रा की लागत उस वाहन द्वारा प्रयुक्त ईंधन पर निर्भर करती है।
C. सार्वजनिक परिवहन से एक स्थान से दूसरे स्थान जाने के लिए हमें टिकट चाहिए।
D. आरक्षण प्रक्रिया की समझ।
सर्वाधिक उपयुक्त विकल्प चुनिए।
(a) C और D (b) A और D
(c) A और C (d) B और C

67. निम्नलिखित तालिका का अध्ययन कीजिए।

	जून 2007	दिसम्बर 2014
पेट्रोल का मूल्य ₹ प्रति लीटर में	47.74	61.33
डीजल का मूल्य ₹ प्रति लीटर में	35.21	50.51

उपरोक्त तालिका का अध्ययन करने के बाद कक्षा V के विद्यार्थी देवमीत ने अपनी नोटबुक में यह लिखा
A. पेट्रोल, डीजल की अपेक्षा अधिक महँगा ईंधन है।
B. पेट्रोल की अपेक्षा डीजल के मूल्य में वृद्धि का प्रतिशत अधिक है।
C. डीजल सस्ता है इसलिए सार्वजनिक परिवहन इस पर चलता है।
D. डीजल पेट्रोल से सस्ता ईंधन है। लोगों को डीजल वाली गाड़ियाँ खरीदनी चाहिए।
निम्नलिखित में से कौन-से सही हैं?
(a) B और C निष्कर्ष हैं
(b) C और D निष्कर्ष हैं
(c) A और D प्रेक्षण हैं
(d) A और C प्रेक्षण हैं

68. कोई व्यक्ति 0.2.01.2015 को मड़गाँव से नागरकोइल जाने के लिए रेलगाड़ी में बैठा। रेलगाड़ी 07 : 45 बजे मड़गाँव से चली और अगले दिन अर्थात् 03.01.2015 को 04: 45 बजे नागरकोइल पहुँची। यदि इन दोनों स्टेशनों के बीच की दूरी 1140 किमी है, तो रेलगाड़ी की औसत चाल थी, लगभग
(a) 54 किमी/घण्टा (b) 51 किमी/घण्टा
(c) 59 किमी/घण्टा (d) 57 किमी/घण्टा

69. केरल के निकटवर्ती राज्य हैं
(a) तमिलनाडु और आन्ध्र प्रदेश
(b) कर्नाटक और महाराष्ट्र
(c) आन्ध्र प्रदेश और कर्नाटक
(d) कर्नाटक और तमिलनाडु

70. नई दिल्ली में रहने वाला कोई व्यक्ति पहले भोपाल (मध्य प्रदेश) और फिर राँची (झारखण्ड) का भ्रमण करना चाहता है। उसकी यात्रा की दिशा होगी, पहले
(a) पूर्व दिशा में और फिर दक्षिण दिशा में
(b) पश्चिम दिशा में और फिर दक्षिण दिशा में
(c) दक्षिण दिशा में और फिर पूर्व दिशा में
(d) दक्षिण दिशा में और फिर पश्चिम दिशा में

71. प्राथमिक स्तर पर 'मानचित्रांकन' सिखाने से शिक्षार्थियों में निम्नलिखित में से किस कौशल को बढ़ावा मिलता है?
(a) साफ-सुथरा रेखांकन
(b) गणनाएँ और अनुमान
(c) माप के अनुसार चित्रण करना
(d) सापेक्ष स्थिति और दिशा बोध की जानकारी

72. किसी राज्य के मानचित्र के एक सिरे पर यह लिखा था 'स्केल 1 सेमी = 110 मी'। यदि इस मानचित्र पर किन्हीं दो शहरों के बीच की दूरी 9.7 सेमी मापी जाती है, तो इन दोनों शहरों के बीच की वास्तविक दूरी है, लगभग
(a) 1.067 किमी
(b) 2.01 किमी
(c) 11 किमी
(d) 10 किमी

73. गुरप्रीत पहली बार रेलगाड़ी से नई दिल्ली से चेन्नई गया। अपनी रेलयात्रा में उसकी गाड़ी के द्वारा निम्नलिखित में से किस नदी को पार करने की सम्भावना नहीं है?
(a) गोदावरी (b) गंगा
(c) कृष्णा (d) नर्मदा

74. कोई व्यक्ति 30 अगस्त, 2016 को किसी एक्सप्रेस ट्रेन में अहमदाबाद से त्रिवेन्द्रम जाने के लिए बैठा। यह ट्रेन 13: 30 बजे अहमदाबाद से छूटी और 1 सितम्बर, 2015 को 7: 30 बजे त्रिवेन्द्रम पहुँची। यदि अहमदाबाद से त्रिवेन्द्रम के बीच की दूरी 2268 किमी है, तो इन दोनों स्टेशनों के बीच ट्रेन की औसत चाल थी
(a) 42 मी/से
(b) 15 मी/से
(c) 9 मी/से
(d) 54 मी/से

75. हमारे देश में निम्नलिखित स्थानों में से कौन-सा 'ठण्डा रेगिस्तान' है?
(a) जैसलमेर
(b) लद्दाख
(c) मेघालय
(d) दार्जिलिंग

उत्तरमाला

1.	(a)	2.	(b)	3.	(d)	4.	(a)	5.	(d)	6.	(b)	7.	(d)	8.	(a)	9.	(c)	10.	(c)
11.	(c)	12.	(c)	13.	(a)	14.	(b)	15.	(a)	16.	(d)	17.	(c)	18.	(a)	19.	(d)	20.	(d)
21.	(c)	22.	(a)	23.	(d)	24.	(d)	25.	(d)	26.	(d)	27.	(b)	28.	(d)	29.	(b)	30.	(b)
31.	(d)	32.	(c)	33.	(d)	34.	(b)	35.	(a)	36.	(c)	37.	(a)	38.	(c)	39.	(d)	40.	(c)
41.	(a)	42.	(c)	43.	(d)	44.	(d)	45.	(c)	46.	(a)	47.	(b)	48.	(c)	49.	(b)	50.	(b)
51.	(a)	52.	(c)	53.	(c)	54.	(d)	55.	(a)	56.	(d)	57.	(b)	58.	(a)	59.	(b)	60.	(a)
61.	(d)	62.	(c)	63.	(b)	64.	(c)	65.	(b)	66.	(c)	67.	(b)	68.	(a)	69.	(d)	70.	(c)
71.	(d)	72.	(a)	73.	(b)	74.	(b)	75.	(b)										

अध्याय 06

पर्यावरण एवं पारिस्थितिकी

पर्यावरण

पर्यावरण (Environment) शब्द का अर्थ होता है 'पर्या' यानि हमारे चारों ओर, और 'आवरण' का अर्थ होता है घेरा अर्थात् जो हमें चारों ओर से घेरे हुए है उसे ही पर्यावरण कहा जाता है। ये हमारे चारों ओर व्याप्त है और हमारे जीवन की प्रत्येक घटना इसी के अन्दर सम्पादित होती है। एक जीवधारी और पर्यावरण के मध्य अन्योन्याश्रय सम्बन्ध भी होता है।

पर्यावरण को अंग्रेजी में Environment कहा जाता है, जिसकी उत्पत्ति फ्रेंच शब्द एनवायरोनेर (Environer) से हुई है, जिसका अर्थ पड़ोस होता है।

पर्यावरण के घटक

पर्यावरण के मुख्यतया दो घटक होते हैं। प्राकृतिक घटक व मानव निर्मित घटक।

1. **प्राकृतिक घटक** (Natural Component) प्राकृतिक घटकों को दो प्रमुख भागों में विभाजित किया जाता है।

   जैविक घटक इसमें सभी प्राणियों जैसे जन्तु जगत् एवं पादप जगत् को सम्मिलित किया जाता है।

   अजैविक घटक इसमें स्थल, जल, वायु, प्रकाश, ताप एवं मृदा आदि सम्मिलित होते हैं।

2. **मानव निर्मित घटक** (Manmade Component) इसके तहत विभिन्न इमारतों, उद्योग, सड़क, पुल, पार्क एवं संस्कृति आदि को सम्मिलित किया जाता है।

   पर्यावरण के क्षेत्र समस्त पर्यावरण को चार क्षेत्रों में विभाजित किया जाता है—स्थल मण्डल, जलमण्डल, वायुमण्डल एवं जैव मण्डल।

पारिस्थितिकी

सर्वप्रथम सन् 1935 में ए जी टैन्सले ने पारिस्थितिक तन्त्र की विचारधारा का प्रतिपादन किया। पारिस्थितिक तन्त्र के अध्ययन को पारिस्थितिकी (Ecology) कहा जाता है।

पारिस्थितिक तन्त्र, प्रकृति की क्रियात्मक इकाई होती है, जिसकी प्रकृति अस्थायी व स्थायी तथा आकार छोटा एवं बड़ा दोनों हो सकते हैं, जैसे सामुद्रिक पारितन्त्र, वनीय पारितन्त्र, स्वच्छ जलीय पारितन्त्र, मरुस्थलीय पारितन्त्र इत्यादि उष्ण कटिबन्धीय पारितन्त्र सबसे उत्पादक पारितन्त्र होता है।

पारिस्थितिकी तन्त्र के घटक

पारिस्थितिक तन्त्र के दो प्रमुख घटक होते हैं—जैविक घटक और अजैविक घटक।

1. **जैविक घटक** (Biotic) इसमें उत्पादक (पौधे), उपभोक्ता (हिरण, गाय, बाघ, लोमड़ी) और अपघटनकर्ता इत्यादि (जीवाणु, कवक)सम्मिलित होते हैं।
2. **अजैविक घटक** (Abiotic) इसमें सौर्य प्रकाश, वायु, जल, मृदा एवं अन्य कार्बनिक पदार्थों को सम्मिलित किया जाता है।

खाद्य श्रृंखला

यह विभिन्न जीवों का एक विशिष्ट क्रम होता है जिसके द्वारा पारितन्त्र में खाद्य ऊर्जा का प्रवाह होता है। खाद्य ऊर्जा (Food Chain) का प्रवाह एक दिशीय होता है जिसमें ऊर्जा का मुख्य स्रोत सूर्य है।

लिण्डमेन ने 10% ऊर्जा का रूपांतरण सिद्धान्त प्रतिपादित किया था। जिसके तहत 90% ऊर्जा की हानि होती है और 10% ऊर्जा का रूपान्तरण हो जाता है। खाद्य ऊर्जा निम्न प्रकार के प्रतिरूप प्रदर्शित करती है।

सूर्य → उत्पादक → प्राथमिक उपभोक्ता → द्वितीयक उपभोक्ता → तृतीयक उपभोक्ता।

इसी प्रकार से खाद्य श्रृंखलाओं का समूह **खाद्य जाल** कहलाता है। खाद्य जाल में ऊर्जा का स्थानान्तरण कई दिशाओं में होता है। खाद्य जाल पृथ्वी के प्राकृतिक सन्तुलन के लिए अनिवार्य कड़ी माना जाता है।

पर्यावरण संरक्षण

पर्यावरण की गुणवत्ता में ह्रास होने पर इसका सीधा असर मानवीय स्वास्थ्य पर पड़ता है तथा जैविक विविधता का भी ह्रास होता है। ऐसे में मनुष्य का यह दायित्व होता है कि वह पर्यावरण को संरक्षित करे। वैसे यह भी यथार्थ है कि मानवीय गतिविधियों ने ही पर्यावरण को सर्वाधिक क्षति पहुँचाई है।

- पर्यावरण संरक्षण (Environment Conservation) के लिए राष्ट्रीय व अन्तर्राष्ट्रीय स्तर पर अनेक कदम उठाए गए हैं, जैसे–

अन्तर्राष्ट्रीय सम्मेलन

स्टॉकहोम सम्मेलन, 1972 यह पर्यावरण के संरक्षण के सम्बन्ध में पहला अन्तर्राष्ट्रीय प्रयास था। जिसका सिद्धान्त था 'एक ही पृथ्वी' इसी सम्मेलन में यह घोषणा कि गई प्रत्येक वर्ष 5 जून को विश्व पर्यावरण दिवस के रूप में मनाया जाएगा।

पृथ्वी सम्मेलन, 1992 यह सम्मेलन पर्यावरण और विकास को केन्द्र में रखता है। जिसके लिए एक दस्तावेज जारी किया गया, जो एजेण्डा-21 के नाम से जाना जाता है। इस सम्मेलन में पहली बार सतत विकास, जैव विविधता संरक्षणों व जल संकट तथा जलवायु परिवर्तन जैसे ज्वलन्त विषयों पर व्यापक चर्चा की गई थी।

भारत में पर्यावरण संरक्षण

भारत में 19 नवम्बर, 1986 को पर्यावरण संरक्षण अधिनियम, 1986 को लागू किया गया। यह अधिनियम 1972 में हुए विश्व पर्यावरण पर संयुक्त राष्ट्र सम्मेलन के घोषणा-पत्रों को लागू करने के लिए प्रतिबद्धता स्वरूप पारित किया गया था।

पर्यावरण संरक्षण सम्बन्धी प्रमुख आन्दोलन

चिपको आन्दोलन इस आन्दोलन के नेता सुन्दरलाल बहुगुणा थे इस आन्दोलन में महिलाएँ पेड़ों से चिपककर उनकी रक्षा करती थीं। यह उत्तराखण्ड के चमोली जिले के गोपेश्वर शहर से प्रारम्भ हुआ।

पर्यावरण संरक्षण के अन्य आन्दोलनों में **अप्पिको आन्दोलन** प्रमुख है जिसके प्रणेता पाण्डुरंग हेगड़े थे। यह चिपको आन्दोलन जैसा ही था जिसकी शुरुआत 1993 में, कर्नाटक में हुई थी।

वनसंरक्षण भारत में वनोन्मूलन के लिए कई कारक उत्तरदायी हैं, जैसे— कृषि का विस्तार स्थानान्तरित कृषि, जलाने के लिए लकड़ी, लकड़ी उद्योग, पहाड़ी क्षेत्रों में ढलान पर कृषि, खनन, बड़े-बड़े बाँधों का निर्माण इत्यादि। ऐसे में वनों के संरक्षण एवं वृक्षारोपण के लिए सरकार ने कई कार्यक्रम चलाए हैं ताकि वनों को संरक्षित किया जाए। इसी क्रम में वर्ष 2006 में भारत के जनजाति मन्त्रालय के द्वारा वनों के अधिकार के सम्बन्ध में एक विधेयक लाया गया जो 31 दिसम्बर, 2007 से प्रभावी हुआ।

पर्यावरण संरक्षण सम्बन्धी पुरस्कार

- **इन्दिरा गाँधी पर्यावरण पुरस्कार** इसकी शुरुआत 1987 में हुई थी। यह संगठन या व्यक्तिगत स्तर पर अतुलनीय योगदान के लिए दिया जाता है।
- **राजीव गाँधी पर्यावरण पुरस्कार** इसकी शुरुआत 1993 में हुई थी। यह पर्यावरणीय संरक्षण सम्बन्धी योजनाएँ लागू करने वाले औद्योगिक संस्थानों को दिया जाता है।

विश्व में पर्यावरण संरक्षण के लिए कार्य करने वाली संस्था WWF (वर्ल्ड वाइल्ड लाइफ फण्ड फॉर नेचर) है। इसके अलावा वैश्विक स्तर पर पर्यावरणीय सम्बन्धित कार्यक्रमों को क्रियान्वित करने हेतु 1972 में, संयुक्त राष्ट्र संघ के तत्वावधान में संयुक्त राष्ट्र पर्यावरण कार्यक्रम (UNEP) का गठन किया गया। इसका मुख्यालय नैरोबी में स्थित है।

डॉ जाकिर हुसैन

यह भारत के पूर्व राष्ट्रपति रहे हैं। इन्होंने बच्चों से सम्बन्धित कई कहानियाँ लिखी हैं। इन्हीं कहानियों में से एक में इन्होंने बच्चों को कठफोड़वा की जीवन शैली के बारे में बताया है। इन्होंने बच्चों को वनों की प्रासंगिकताओं को भी बताने का कार्य किया है।

अभ्यास प्रश्न

1. 'Environment' शब्द की उत्पत्ति किस भाषा से हुई है?
(a) अंग्रेजी (b) फ्रेंच
(c) इटालियन (d) जर्मन

2. निम्नलिखित में से कौन-सा पर्यावरण प्राकृतिक घटक में सम्मिलित है
(a) सड़क एवं स्थल
(b) जल एवं वायु
(c) पार्क एवं संस्कृति
(d) मृदा एवं पुल

3. पारिस्थितिक तन्त्र की विचारधारा का प्रतिपादन किस विद्वान ने किया था?
(a) डार्विन
(b) टैन्शले
(c) 'a' और 'b' दोनों
(d) उपरोक्त में से कोई नहीं

4. निम्नलिखित कथनों पर विचार कीजिए।
A. पर्यावरण मानवीय क्रियाकलाप को अप्रत्यक्ष रूप से ही प्रभावित करता है।
B. फ्रेंच में पर्यावरण का अर्थ आस-पड़ोस से होता है।
उपरोक्त में से कौन-सा कथन सही है?
(a) केवल A (b) केवल B
(c) A और B (d) न तो A और न ही B

5. निम्नलिखित में से कौन-सा कथन सही है?
A. पारिस्थितिक तन्त्र के अध्ययन को पारिस्थितिकी कहा जाता है।
B. पारिस्थितिक तन्त्र प्रकृति की क्रियात्मक इकाई होती है।
C. उष्ण कटिबन्धीय पारितन्त्र सबसे उत्पादक पारितन्त्र होता है।
(a) A और B
(b) A और C
(c) B और C
(d) A, B और C

6. निम्नलिखित को सुमेलित कीजिए।

जैविक घटक		घटक
A. उत्पादक	i.	लोमड़ी
B. उपभोक्ता	ii.	कवक
C. अपघटनकर्त्ता	iii.	पौधे

कूट

	A	B	C
(a)	i	ii	iii
(b)	ii	iii	i
(c)	i	iii	ii
(d)	iii	ii	i

7. खाद्य शृंखला के सम्बन्ध में निम्न कथनों पर विचार कीजिए।

A. ऊर्जा का मुख्य स्रोत सूर्य है।

B. खाद्य ऊर्जा का प्रवाह एक दिशीय होता है।

C. यह विभिन्न जीवों का एक क्रम होता है जिसके द्वारा खाद्य ऊर्जा का प्रवाह होता है।

उपरोक्त में से कौन-सा कथन सही है?

(a) A और B
(b) A और B
(c) B और C
(d) A, B और C

8. निम्नलिखित कथनों पर विचार कीजिए।

A. खाद्य शृंखलाओं का समूह खाद्य जाल कहलाता है।

B. खाद्य जाल में ऊर्जा का स्थानान्तरण केवल एक दिशा में ही होता है।

C. खाद्य जाल पृथ्वी के प्राकृतिक सन्तुलन के लिए आवश्यक होता है।

उपरोक्त में से कौन-सा कथन सही है?

(a) A और B
(b) A और C
(c) B और C
(d) A, B और C

9. भारत में वनोन्मूलन के लिए उत्तरदायी कारक कौन है?

A. कृषि का विस्तार

B. खनन

C. स्थानान्तरित कृषि

D. वृक्षारोपण

उपरोक्त में से कौन-सा कथन सही है?

(a) A और B
(b) B और C
(c) B, C और D
(d) A, B और C

10. निम्नलिखित को सुमेलित कीजिए।

अन्तर्राष्ट्रीय सम्मेलन	पहल
A. स्टॉकहोम सम्मेलन, 1972	i. एक ही पृथ्वी
B. पृथ्वी सम्मेलन, 1992	ii. एजेण्डा 21
C. स्टॉकहोम सम्मेलन, 1972	iii. 5 जून पर्यावरण दिवस

कूट

	A	B	C
(a)	i	ii	iii
(b)	iii	ii	i
(c)	ii	i	iii
(d)	iii	i	ii

11. निम्नलिखित कथनों पर विचार कीजिए।

A. पर्यावरण संरक्षण अधिनियम सन् 1986 को लागू किया गया।

B. पृथ्वी सम्मेलन 1992 के केन्द्र में पर्यावरण और विकास था।

उपरोक्त में से कौन-सा कथन सही है?

(a) केवल A
(b) केवल B
(c) A और B दोनों
(d) न तो A और नहीं B

12. अप्पिको आन्दोलन का सम्बन्ध किस राज्य से है?

(a) बिहार (b) उत्तराखण्ड
(c) कर्नाटक (d) उत्तर प्रदेश

13. जैव विविधता दिवस कब मनाया जाता है?

(a) 22 अप्रैल (b) 5 जून
(c) 22 मई (d) 3 अक्टूबर

14. वन महोत्सव किस-किस माह में मनाया जाता है?

(a) जुलाई और जनवरी
(b) जुलाई और फरवरी
(c) जुलाई और मार्च
(d) जुलाई और अप्रैल

15. निम्नलिखित को सुमेलित कीजिए।

दिवस	तिथि
A. पृथ्वी दिवस	i. 5 जून
B. पर्यावरण दिवस	ii. 22 अप्रैल
C. पर्यावरण संरक्षण दिवस	iii. 3 अक्टूबर
D. प्रकृति दिवस	iv. 26 नवम्बर

कूट

	A	B	C	D
(a)	i	ii	iii	iv
(b)	ii	i	iv	iii
(c)	iv	iii	ii	i
(d)	iii	i	ii	iv

16. किसके नेतृत्व में 'चिपको आन्दोलन' को बल मिला?

(a) ए के बैनर्जी
(b) सुन्दरलाल बहुगुणा
(c) अमृता देवी बिश्नोई
(d) मेधा पाटक

17. कक्षा V की पर्यावरण अध्ययन की पाठ्य-पुस्तक का एक पाठ 'उसी से ठण्डा उसी से गर्म' डॉ जाकिर हुसैन द्वारा लिखी गई एक कहानी है। उन्होंने बच्चों के लिए ऐसी कई कहानियाँ लिखी हैं। अपनी मृत्यु के समय वे थे

(a) भारत के मुख्य न्यायाधीश
(b) भारत के उपराष्ट्रपति
(c) भारत के राष्ट्रपति
(d) भारत के प्रधानमन्त्री

18. "जो व्यक्ति जंगल में कम-से-कम 25 वर्षों से रह रहे हैं उनका उस जंगल-भूमि पर और उसमें पैदा होने वाली वस्तुओं पर अधिकार है।" यह जनादेश किसके द्वारा दिया गया है?

(a) संविधान (अनुसूचित जाति) आदेश (संशोधन) विधेयक, 2012
(b) भारतीय जंगल अधिनियम, 1927
(c) जंगल अधिकार अधिनियम, 2007
(d) भूमि अधिग्रहण अधिनियम, 1894

उत्तरमाला

1.	(b)	2.	(b)	3.	(b)	4.	(a)	5.	(d)	6.	(b)	7.	(d)	8.	(b)	9.	(d)	10.	(a)
11.	(c)	12.	(c)	13.	(c)	14.	(b)	15.	(b)	16.	(b)	17.	(c)	18.	(c)				

अध्याय 07

सामान्य ज्ञान

भारत के राष्ट्रीय प्रतीक

राष्ट्रीय चिन्ह भारत का राष्ट्रीय चिन्ह उत्तर प्रदेश के सारनाथ में स्थित 'अशोक स्तम्भ' शीर्ष की अनुकृति है। इसका निर्माण सम्राट अशोक ने करवाया था। भारत सरकार द्वारा 26 जनवरी, 1950 को इसे राष्ट्रीय चिन्ह के रूप में अपनाया गया।

राष्ट्रीय ध्वज तिरंगा भारत का राष्ट्रीय ध्वज है। भारत की संविधान सभा ने इसे 22 जुलाई, 1944 को अपनाया। यह ध्वज समान अनुपात वाली तीन रंगों (केसरिया, सफेद तथा हरा) क्षैतिज पट्टियों का संयुक्त रूप है। इसके बीच में नीले रंग की 24 तीलियों का चक्र है।

राष्ट्रगान 'जन-गण-मन' भारत का राष्ट्रगान है। इसकी रचना रवीन्द्रनाथ टैगोर ने की थी। 24 जनवरी, 1950 को संविधान सभा द्वारा इसे अपनाया गया। मूल रूप से बांग्ला में रचित राष्ट्रगान को 27 दिसम्बर, 1911 को राष्ट्रीय कांग्रेस के कलकत्ता अधिवेशन में सर्वप्रथम गाया गया था। राष्ट्रगान की गायन अवधि 52 सेकण्ड है।

राष्ट्रगीत बंकिम चन्द्र चटर्जी ने संस्कृत में 'वन्देमातरम्' गीत की रचना की। यह गीत स्वतन्त्रता संग्राम में जन-जन का प्रेरणा स्रोत था। यह पहली बार 1896 ई. में भारतीय राष्ट्रीय कांग्रेस के अधिवेशन में गाया गया था।

राष्ट्रीय पंचांग भारत का राष्ट्रीय पंचांग 'शक संवत्' पर आधारित है, जिसे 22 मार्च 1957 को अपनाया गया। शक संवत् का प्रथम मास चैत्र तथा अन्तिम मास फाल्गुन है। यह ग्रिगेरियन कैलेण्डर के समरूप है। शक संवत् की शुरुआत 78 ई. में हुई थी।

राष्ट्रीय पुष्प भारत का राष्ट्रीय पुष्प 'कमल' है। इसका वैज्ञानिक नाम 'नेलम्बो-न्यूसिफेरा' है।

राष्ट्रीय फल भारत का राष्ट्रीय फल आम है। इसका वैज्ञानिक नाम 'मेन्जिफैरा इण्डिका' है। इसे 'फलों का राजा' भी कहा जाता है।

राष्ट्रीय पशु भारत का राष्ट्रीय पशु 'बाघ' है। इसका वैज्ञानिक नाम 'पैंथरा टाइग्रिस लिन्नायस' है। इसकी शालीनता, दृढ़ता, फुर्ती और शक्ति के कारण इसे राष्ट्रीय पशु का दर्जा दिया गया है।

राष्ट्रीय पक्षी भारत का राष्ट्रीय पक्षी मयूर (मोर) है। इसका वैज्ञानिक नाम 'पावो क्रिस्टेट्स' है। इसे वर्ष 1963 में राष्ट्रीय पक्षी का दर्जा दिया गया।

राष्ट्रीय वृक्ष भारत का राष्ट्रीय वृक्ष, 'बरगद' है। इसका वैज्ञानिक नाम फाइकस बेघालेसिंस है। इसे धार्मिक रूप से अमर्त्य माना जाता है।

राष्ट्रीय नदी भारत की सबसे लम्बी नदी 'गंगा' को राष्ट्रीय नदी का दर्जा प्राप्त है। इसका उद्गम स्थल उत्तराखण्ड में स्थित गंगोत्री ग्लेशियर है।

राष्ट्रीय जलीय जीव 5 अक्टूबर, 2009 को भारत सरकार द्वारा 'डॉल्फिन' (प्लेटेनिस्टा गंगोटिका) को राष्ट्रीय जलीय जीव का दर्जा दिया गया।

राष्ट्रीय खेल भारत का राष्ट्रीय खेल 'हॉकी' है।

राष्ट्रीय वाक्य भारत का राष्ट्रीय वाक्य 'सत्यमेव जयते' है। यह मुण्डकोपनिषद् से लिया गया है।

राष्ट्रीय मुद्रा भारत की राष्ट्रीय मुद्रा 'रुपया' है। इसका संकेत '₹' होता है।

भारत में प्रथम (पुरुष)

भारत के प्रथम गवर्नर जनरल (ब्रिटिश)	लॉर्ड विलियम बैंण्टिक
भारत का प्रथम गवर्नर जनरल (भारतीय)	सी. राजगोपालाचारी
भारत का प्रथम वायसराय	लॉर्ड कैनिंग
प्रथम राष्ट्रपति	डॉ. राजेन्द्र प्रसाद
प्रथम उप-राष्ट्रपति	डा. सर्वपल्ली राधाकृष्णन
प्रथम प्रधानमन्त्री	पण्डित जवाहरलाल नेहरू
प्रथम लोकसभा अध्यक्ष	जी. वी. मावलंकर
प्रथम गृह मन्त्री	सरदार वल्लभ भाई पटेल
प्रथम मुख्य चुनाव आयुक्त	सुकुमार सेन
प्रथम मुख्य न्यायाधीश	न्यायमूर्ति हीरा लाल जे कानिया
प्रथम राष्ट्रीय मानवाधिकार आयोग अध्यक्ष	न्यायमूर्ति रंगनाथ मिश्र
प्रथम वायु सेना अध्यक्ष	सुब्रतो मुखर्जी
प्रथम थल सेना अध्यक्ष	के. एम करियप्पा
प्रथम नौ सेना अध्यक्ष	राम दास कटारी
प्रथम कमाण्डर इन चीफ	के. एम. करियप्पा
प्रथम फील्ड मार्शल	मानिक शॉ
प्रथम भारतीय राष्ट्रीय कांग्रेस का अध्यक्ष	डब्ल्यू. सी. बनर्जी
संविधान सभा के स्थायी अध्यक्ष	डॉ. राजेन्द्र प्रसाद
संविधान सभा के अस्थायी अध्यक्ष	सच्चिदानन्द सिन्हा
प्रथम भारत रत्न पुरस्कार भारतीय	डॉ. सर्वपल्ली राधाकृष्णन
प्रथम ज्ञान पीठ पुरस्कार प्राप्त भारतीय	श्री शंकर कुरूप
प्रथम परमवीर चक्र विजेता	मेजर सोमनाथ शर्मा
प्रथम नोबेल पुरस्कार प्राप्तकर्ता	रवीन्द्रनाथ टैगोर
प्रथम मैग्सेस पुरस्कार प्राप्तकर्ता	आचार्य विनोवाभावे
अन्तरिक्ष में जाने वाला प्रथम व्यक्ति	राकेश शर्मा
इंग्लिश चैनल तैरकर पार करने वाला	मिहिर सेन
एवरेस्ट पर पहुँचने वाला	शेरपा आंग दोरजी
एक दिवसीय क्रिकेट में दोहरा शतक लगाने वाला	सचिन तेन्दुलकर
शतरंज में प्रथम विश्व चैम्पियन	विश्वनाथन आनन्द
ओलम्पिक में व्यक्तिगत स्पर्द्धा में स्वर्ण जीतने वाला	अभिनव बिन्द्रा

भारत में प्रथम (महिला)

प्रथम महिला राष्ट्रपति	प्रतिभा पाटिल
प्रथम महिला प्रधानमन्त्री	इन्दिरा गाँधी
प्रथम महिला लोकसभा अध्यक्ष	मीरा कुमार
प्रथम महिला मुख्यमन्त्री	सुचेता कृपलानी
प्रथम महिला राज्यपाल	सरोजनी नायडू
प्रथम महिला सांसद	राधाबाई सुब्बारायण
प्रथम महिला राजदूत	विजयालक्ष्मी पण्डित
प्रथम महिला आईएएस अधिकारी	अन्ना जॉर्ज
प्रथम महिला आईपीएस अधिकारी	किरण बेदी
प्रथम महिला न्यायाधीश	अन्ना चण्डी
प्रथम महिला मुख्य न्यायाधीश	लीला सेठ (उच्च न्यायालय)
प्रथम महिला मुख्य न्यायाधीश	मीरा साहिब फातिमा बीबी (सर्वोच्च न्यायालय)
राष्ट्रीय महिला आयोग की अध्यक्ष	जयन्ति पटनायक
राष्ट्रीय कांग्रेस की प्रथम अध्यक्ष (विदेशी)	ऐनी बेसेण्ट
राष्ट्रीय कांग्रेस की प्रथम अध्यक्ष (भारतीय)	सरोजनी नायडू
इंग्लिश चैनल तैरकर पार करने वाली प्रथम महिला	आरती साहा
माउण्ट एवरेस्ट पर पहुँचने वाली प्रथम महिला	बछेन्द्री पाल
नोबेल पुरस्कार प्राप्त करने वाली प्रथम महिला	मदर टेरेसा
ऑस्कर पुरस्कार जीतने वाली प्रथम महिला	भानु अथैय्या
भारत रत्न से सम्मानित प्रथम महिला	इन्दिरा गांधी
ज्ञानपीठ पुरस्कार प्राप्तकर्ता प्रथम महिला	आशापूर्णा देवी
अन्तरिक्ष में जाने वाली प्रथम महिला	कल्पना चावला
व्यक्तिगत स्पर्द्धा में ओलम्पिक पदक विजेता	कर्णम मल्लेश्वरी
एशियाई खेलों में स्वर्ण पदक पाने वाली महिला	कमलजीत सन्धु
ओलम्पिक महिला कुश्ती में कांस्य पदक पाने वाली महिला	साक्षी मलिक
ओलम्पिक मुक्केबाजी में कांस्य पदक विजेता	मैरीकॉम
ओलम्पिक बैडमिंटन में रजत पदक विजेता	पी. वी. सिन्धु
प्रथम मिस यूनिवर्स	सुष्मिता सेन
प्रथम मिस वर्ल्ड	रीता फारिया
प्रथम मिस इण्डिया	प्रमिला
भारतीय नौसेना में प्रथम महिला पायलट	शिवांगी सिंह
प्रथम महिला उत्खनन इंजीनियर	शिवानी मीणा
प्रथम अनुसूचित जनजातीय महिला राष्ट्रपति	द्रौपदी मुर्मू

भारत में प्रथम (अन्य)

प्रथम अंग्रेजी समाचार-पत्र	बंगाल गजट
प्रथम हिन्दी समाचार-पत्र	उदण्ड मार्तण्ड
प्रथम उर्दू समाचार-पत्र	जाम-ए-जहाननामा
प्रथम यात्री रेलगाड़ी	बम्बई से थाणे
प्रथम हवाई डाक सेवा	इलाहाबाद से नैनी
प्रथम अन्तर्राष्ट्रीय दूरसंचार सेवा	बम्बई से लन्दन
प्रथम मूक फिल्म	राजा हरिश्चन्द्र (1913)
प्रथम वाक् फिल्म	आलमआरा (1931)
प्रथम विश्वविद्यालय	नालन्दा विश्वविद्यालय (बिहार)
प्रथम मुक्त विश्वविद्यालय	आन्ध्र प्रदेश मुक्त विश्वविद्यालय
प्रथम रक्षा विश्वविद्यालय	इण्डियन नेशनल डिफेंस यूनिवर्सिटी
प्रथम नेशनल पार्क	हैली नेशनल पार्क
प्रथम बायोस्फीयर रिजर्व	नीलगिरी
प्रथम प्रोजेक्ट टाइगर रिजर्व	जिम कॉर्बेट
प्रथम उपग्रह	आर्यभट्ट (1975)
प्रथम स्वदेश निर्मित उपग्रह	इन्सेट-2A (1992)
प्रथम चन्द्र अभियान	चन्द्रयान -I (2008)
प्रथम मंगल अभियान	मंगलयान (2013)
प्रथम स्वदेशी विमान वाहक युद्धपोत	आई. ए.एस. विक्रान्त
प्रथम स्वदेशी मिसाइल	पृथ्वी (1988)
प्रथम युद्धक विमान	तेजस (2001)
प्रथम युद्धक टैंक	अर्जुन
प्रथम आण्विक टैंक	तारापुर (महाराष्ट्र)
प्रथम परमाणु रिएक्टर	अप्सरा (ट्राम्बे, महाराष्ट्र)
प्रथम ई. कोर्ट	अहमदाबाद
प्रथम महिला न्यायालय	माल्दा (पश्चिम बंगाल)

भारत में सबसे बड़ा, ऊँचा व लम्बा

सबसे बड़ी नदी	माजुली (ब्रह्मपुत्र नदी)
सबसे बड़ा डेल्टा	सुन्दरवन (पं. बंगाल)
सबसे बड़ा प्राकृतिक बन्दरगाह	मुम्बई
सबसे बड़ी खारे पानी की स्थलबद्ध झील	साम्भर झील
सबसे बड़ी खारे पानी की झील	चिल्का झील
सबसे बड़ी मीठे पानी की झील	बुलर झील
सबसे बड़ा गरुद्वारा	स्वर्ण मन्दिर
सबसे बड़ा गिरिजाघर	सेण्ट कैथेडरल
सबसे बड़ी मस्जिद	जामा मस्जिद
सबसे बड़ा गुफा मन्दिर	कैलाश मन्दिर
सबसे बड़ा पशु मेला	सोनपुर (बिहार)
सबसे बड़ा चिड़ियाघर	अरीगनर अन्ना जूलॉजिकल गॉर्डेन (तमिलनाडु)
सबसे बड़ा दरवाजा	बुलन्द दरवाजा (फतेहपुर सीकरी)
सबसे ऊँची चोटी	गॉडविन ऑस्टिन ($K-2$)
सबसे ऊँची बाँध	टिहरी बाँध
सबसे ऊँची मीनार	कुतुबमीनार
सबसे लम्बी नदी	गंगा नदी (2,525 किमी)
दक्षिण भारत की सबसे लम्बी नदी	गोदावरी 1465 किमी
सबसे लम्बा नदी पुल	धोला सदिया पुल (लोहित नदी)
सबसे लम्बा बाँध	हीराकुड
सबसे लम्बी तटरेखा	गुजरात
सबसे लम्बा प्लेटफार्म	हुबली जंक्शन (1.5 किमी)
सबसे लम्बा राष्ट्रीय राजमार्ग	NH-44 (श्रीनगर से कन्याकुमारी, 3795 किमी)
सर्वाधिक वर्षा वाला स्थान	मासिनराम (मेघालय)
भारत का सर्वोच्च नागरिक सम्मान	भारत रत्न
भारत का सर्वोच्च शौर्य सम्मान	परमवीर चक्र

लोकप्रिय उपनाम

उपनाम	प्रसिद्ध व्यक्तित्व
भारत कोकिला	सरोजिनी नायडू
स्वर कोकिला	लता मंगेशकर
निर्मल हृदय	मदर टेरेसा
भारत का नेपोलियन	समुद्रगुप्त
बाबूजी	जगजीवन राम
विद्यासागर	ईश्वर चन्द्र
ग्रैण्ड ओल्ड मैन ऑफ इण्डिया	दादाभाई नौरोजी
महामना	पं. मदनमोहन मालवीय
राजा जी	चक्रवर्ती राजगोपालाचारी
हरियाणा हरिकेन	कपिलदेव
भारतीय मैकियावेली	चाणक्य

हॉकी के जादूगर	ध्यानचन्द
भारत का शेक्सपियर	महाकवि कालिदास
आन्ध्र केसरी	टी प्रकाशम्
शेर-ए-कश्मीर	शेख अब्दुल्ला
कायदे आजम	मुहम्मद अली जिन्ना
बंगाल केसरी	आशुतोष मुखर्जी
बिहार केसरी	डॉ. श्रीकृष्ण सिंह
पंजाब का टैगोर	पूरण सिंह
महात्मा	मोहन दास करमचन्द गांधी
नेता जी	सुभाष चन्द्र बोस
गुरुदेव	रवीन्द्र नाथ टैगोर
लोकनायक	जयप्रकाश नारायण
नाइटिंगेल ऑफ इण्डिया	सरोजिनी नायडू
उड़न परी	पी. टी. ऊषा

विविध भारत

भारत में जनसंचार

डाक विभाग की स्थापना	1854
पहला डाक टिकट (कलकत्ता में मुद्रित)	1854
पिन कोड प्रणाली का आरम्भ	1972
प्रथम ऑप्टिकल फाइबर प्रणाली	1976
स्पीड पोस्ट का प्रारम्भ	1986
महानगर टेलीफोन निगम लिमिटेड की स्थापना	1986
भारत संचार निगम लिमिटेड की स्थापना	2000
ई-पोस्ट का आरम्भ	2004
आधार का आरम्भ	2010
तार सेवा की औपचारिक समाप्ति	2013
ई-आईपीओ की शुरुआत	2013
भारतीय डाक को भुगतान बैंक के लाइसेंस की प्राप्ति	2015

भारत के प्रमुख शोध संस्थान

संस्थान	मुख्यालय
केन्द्रीय तम्बाकू अनुसन्धान संस्थान	राजमुन्दरी (आन्ध्र प्रदेश)
केन्द्रीय आलू अनुसन्धान संस्थान	शिमला
भारतीय गन्ना अनुसन्धान संस्थान	लखनऊ
केन्द्रीय चावल अनुसन्धान संस्थान	कटक
केन्द्रीय चमड़ा अनुसन्धान संस्थान	चेन्नई
केन्द्रीय खनन अनुसन्धान संस्थान	धनबाद
केन्द्रीय औषधि अनुसन्धान संस्थान	लखनऊ
भारतीय कृषि अनुसन्धान संस्थान	नई दिल्ली
केन्द्रीय वन अनुसन्धान संस्थान	देहरादून
भारतीय मौसम वेधशाला	पुणे
भारतीय पुरातात्विक सर्वेक्षण विभाग	कोलकाता
भारतीय खगोल संस्थान	बंगलुरु
भाभा परमाणु अनुसन्धान संस्थान	ट्राम्बे
भारतीय समुद्र विज्ञान संस्थान	पणजी
डीजल लोकोमोटिव्स वर्क्स	वाराणसी
इण्डियन सिक्योरिटी प्रेस	नासिक रोड, पुणे
केन्द्रीय वनस्पति अनुसन्धान संस्थान	लखनऊ
कोशिकीय तथा आण्विक जीव विज्ञान केन्द्र	हैदराबाद

भारतीय लेखक एवं पुस्तकें

लेखक	पुस्तक
अरविन्द अडिगा	द ह्वाइट टाइगर
अमीम त्रिपाठी	इ इमोर्ट्ल्स ऑफ मेलुहा
सुमित्रा महाजन	मातोश्री
अरुण शौरी	इण्डियन कन्ट्रोवर्सीज : एजेस ऑन रिलीजन
लाल कृष्ण अडवाणी	माई कंट्री माई लाइफ
कपिलदेव	स्ट्रेट फ्रोम द हार्ट
ए. पी. जे. अब्दुल कलाम	इग्नाइटेड माइंड्स विंग्स ऑफ फायर
अरुन्धति राय	द गॉड ऑफ स्मॉल थिंग्स,
नवीन चावला	मदर टेरेसा
झुम्पा लाहिड़ी	द नेमसेक
खुशवन्त सिंह	बुरियल एट सी
प्रणव मुखर्जी	द कॉलिजन ईयर्स
सत्या नडेला	हिट रिफ्रेश
शशि थरूर	पैक्स इण्डिया स्माइल
एम. जे. अकबर	नेहरू : द मेकिंग ऑफ इण्डिया
नंदन नीलकेणी	रीबूटिंग इण्डिया
मीरा कुमार	इण्डियन पार्लियामेंट्री : डिप्लोमेसी स्पीकर्स
अरविन्द केजरीवाल	स्वराज
कैलाश सत्यार्थी	आजाद बचपन की ओर
शत्रुघ्न सिन्हा	एनीथिंग बट खामोश
किरण देसाई	द इनहेरिटेंस ऑफ लॉस
शरद पवार	ऑन माई टर्म्स
अरुणिमा सिन्हा	बॉर्न अगेन ऑन द माउण्टेन।
हामिद अंसारी	सिटिजन एण्ड सोसाइटी
प्लेइंग इट माय वे	सचिन तेन्दुलकर

अन्य पुस्तकें

द करेक्शंस	जीनाथन फ्रांजेज
फोर्टी थीव्स	थामस पैरी
ए विजिट फ्राम द गुन स्कवाड	जेनिफर ईगन
द सेल आउट	पाल बेट्टी
टू द प्वॉइण्ट	विलियम स्टोट

भारतीय लेखकों की पुरस्कृत पुस्तकें

लेखक	पुस्तक	पुरस्कार
वी. एस. नायपॉल	इन ए. फ्री स्टेट	मान बुकर पुरस्कार, 1971
सलमान रुश्दी	मिडनाइट चिल्ड्रेन	मान बुकर पुरस्कार, 1981
अरुंधती रॉय	द गॉड ऑफ स्मॉल थिंग्स	मान बुकर पुरस्कार, 1997
किरण देसाई	द इन्हेरिटेन्स ऑफ लॉस	मान बुकर पुरस्कार, 2006
अरविन्द अडिगा	ह्वाइट टाइगर	मान बुकर पुरस्कार, 2008
रवीन्द्रनाथ टैगोर	गीतांजलि	साहित्य का नोबेल पुरस्कार 1913
अक्कितम अच्युतन नम्बूदिरी	जिन्दगीनामा (प्रमुख कृति)	ज्ञानपीठ पुरस्कार, 2019
नन्द किशोर आचार्य	छीलते हुए अर्चन को	साहित्य अकादमी पुरस्कार (हिन्दी) 2019
शरण कुमार लिम्बाले	सनातन	सरस्वती सम्मान, 2020

विश्व में प्रथम (पुरुष)

प्रथम अन्तरिक्ष पर्यटक	डेनिस टीटो
जेट वायुयान की प्रथम प्रायोगिक उड़ान भरने वाला व्यक्ति	फ्रैंक हिबटल
वायुपोत की पहली उड़ान भरने वाला व्यक्ति	हेनरी गिफर्ड (फ्रांस)
गुब्बारे से अटलाण्टिक महासागर पार करने वाला प्रथम व्यक्ति	रिचर्ड ब्रानसन
सबसे अधिक उम्र का आन्तरिक्ष यात्री	कार्ल जी हेनिजे
सबसे कम उम्र का अन्तरिक्ष यात्री	गेरेमान स्तेपानोविच तितोब
सर्वाधिक ऊँचाई से छलांग लगाने वाला स्काई ड्राइवर	फेलिक्स बाम गार्टनर
अन्तरिक्ष में जाने वाला प्रथम व्यक्ति	यूरी गागरिन (भूतपूर्व सोवियत संघ 1965)
अन्तरिक्ष में चलने वाला प्रथम व्यक्ति	अलेक्सी लियोनोव (भूतपूर्व सोवियत संघ 1965)
चन्द्रमा पर पैर रखने वाला प्रथम व्यक्ति	नील आर्मस्ट्रांग (1969)
दो बार अन्तरिक्ष यात्रा करने वाला प्रथम अन्तरिक्ष पर्यटक	चार्ल्स सिमोन्यी (2007, 09 अमेरिका)
उत्तरी ध्रुव पर पहुँचने वाला प्रथम व्यक्ति	रॉबर्ट पियरी
दक्षिणी ध्रुव पर पहुँचने वाला प्रथम व्यक्ति	रोआल्ड अमुण्डसेन
दोनों ध्रुवों पर जाने वाला प्रथम व्यक्ति	डॉ. अल्बर्ट पी कैरी
माउण्ट एवरेस्ट पर चढ़ने वाला प्रथम विकलांग व्यक्ति	टॉम ह्विटकर
बिना ऑक्सीजन के माउण्ट एवरेस्ट पर चढ़ने वाला प्रथम व्यक्ति	फू दोरजी
सर्वाधिक उम्र में माउण्ट एवरेस्ट पर चढ़ने वाला व्यक्ति	युईचिरो मियुरा (जापान)
विश्व के चारों ओर परिक्रमा करने वाला प्रथम व्यक्ति	फर्डिनेण्ड मैगेलन
काउण्टी क्रिकेट में एक ओवर में 6 छक्के लगाने वाले प्रथम बल्लेबाज	जॉर्डन क्लार्क
विम्बलडन ट्रॉफी जीतने वाला प्रथम अश्वेत व्यक्ति	ऑर्थर ऐश
अन्तर्राष्ट्रीय क्रिकेट कॉउन्सिल के प्रथम एशियाई अध्यक्ष	जगमोहन डालमिया (1997-2000)
पृथ्वी का मानचित्र बनाने वाला प्रथम व्यक्ति	अनेग्जीमेडर
अन्तर्राष्ट्रीय क्रिकेट में 100 शतक लगाने वाला प्रथम व्यक्ति	सचिन तेन्दुलकर
हृदय प्रत्यारोपण करने वाला प्रथम चिकित्सक	डॉ. क्रिश्चियन
ऑस्कर अवार्ड जीतने वाले विश्व के प्रथम मुस्लिम अभिनेता	महेरशला अली
विश्वकोष संकलन करने वाला प्रथम व्यक्ति	एस्पेओसीप्स
वायुयान से उड़ान भरने वाला व्यक्ति	राइट बन्धु
साहित्य के प्रथम नोबेल पुरस्कार विजेता	प्रुधो सली
शान्ति के प्रथम नोबेल पुरस्कार विजेता	ज्यां हेनरी दुनान्त एवं फ्रेडरिक पासी
चिकित्सा के प्रथम नोबेल पुरस्कार विजेता	ए. ई. बॉन बेहरिंग
अर्थशास्त्र के प्रथम नोबेल पुरस्कार विजेता	रेगनर फ्रिश एवं जॉन टिनबर्गन
भौतिकी के प्रथम नोबेल पुरस्कार विजेता	डब्ल्यू के रोएंटजन
रसायन के प्रथम नोबेल पुरस्कार विजेता	जे. एच. वैंटहॉफ

विश्व में प्रथम (महिला)

विश्व में प्रथम महिला राष्ट्रपति	मारिया एस्टेला पैरो (अर्जेण्टीना)
विश्व में प्रथम महिला प्रधानमन्त्री	श्रीमाओ भण्डारनायके (श्री लंका)
जर्मनी की प्रथम महिला चांसलर	एंजेला मार्केल
इंग्लैण्ड की प्रथम महिला प्रधानमन्त्री	माग्रेट थैचर
ऑस्ट्रेलिया की प्रथम महिला प्रधानमन्त्री	जूलिया गिलार्ड (2010)
अन्तरिक्ष में विचरण करने वाली प्रथम महिला	स्वेतलाना सेवित्स्काया (सोवियत संघ)
अन्तरिक्ष में जाने वाली प्रथम महिला	वेलेण्टीना तेरेस्कोवा (भूतपूर्व सोवियत संघ 1963)
अन्तरिक्ष में सर्वाधिक समय तक रहने वाली प्रथम महिला	क्रिस्टीना कोच (328 दिन)
अण्टार्कटिका महाद्वीप पर पहुँचने वाली प्रथम महिला	मिस कैरोलिन मिकल्सन (डेनमार्क)
सात प्रमुख सागरों को तैरकर पार करने वाली विश्व की प्रथम महिला	बुला चौधरी (2004)
माउण्ट एवरेस्ट पर चढ़ने वाली प्रथम महिला	जुन्को तबेई (जापान 1975)
धूमकेतु की खोज करने वाली प्रथम महिला	कैरोलीन एल दर्शचेल (जर्मनी)
जिब्राल्टर जलसन्धि को पार करने वाली प्रथम महिला (भारतीय)	आरती प्रधान
एवरेस्ट आरोहण करने वाली पाकिस्तान की प्रथम महिला	समीना बेग
साहित्य के नोबेल पुरस्कार से सम्मानित प्रथम अश्वेत लेखिका	टोनी मॉरिसन (1993)
प्रथम अन्तरिक्ष महिला पर्यटक	अनुशेह अंसारी ईरानी (अमेरिकी)

विश्व में प्रथम (अन्य)

मृत्युदण्ड को समाप्त करने वाला प्रथम देश	वेनेजुएला
महिलाओं को मताधिकार देने वाला प्रथम देश	न्यूजीलैण्ड
सूचना का अधिकार लागू करने वाला प्रथम देश	स्वीडन
लोकपाल नियुक्त करने वाला प्रथम देश	स्वीडन
धूम्रपान पर पाबन्दी लगाने वाला प्रथम देश	आयरलैण्ड
कार्बन टैक्स लगाने वाला प्रथम देश	न्यूजीलैण्ड
'इच्छा मृत्यु (Euthanasia) को कानूनी मान्यता देने वाला प्रथम देश	नीदरलैण्ड
समलैंगिक विवाह को कानूनी मान्यता देने वाला प्रथम देश	नीदरलैण्ड
भारत के साथ नागरिक परमाणु समझौता करने वाला प्रथम देश	फ्रांस
राष्ट्रीय गान का प्रारम्भ करने वाला प्रथम देश	जापान
लिखित संविधान निर्माण करने वाला प्रथम देश	अमेरिका
गुटनिरपेक्ष आन्दोलन के प्रथम सम्मेलन का आयोजन स्थल	बेलग्रेड
बुक प्रिण्ट करने वाला प्रथम देश	चीन
प्लास्टिक मुद्रा जारी करने वाला प्रथम देश	ऑस्ट्रेलिया
नक्शा बनाने वाला प्रथम देश (सभ्यता)	सुमेरिया (3800 ईसा पूर्व)
कागज का आविष्कार करने वाला प्रथम देश	चीन (105 ई.)
रेशम का उत्पादन करने वाला प्रथम देश	चीन (50 ईसा पूर्व)
साँपसीढ़ी के खेल को ईजाद करने वाला देश	भारत
विश्व का प्रथम रेडियो उपग्रह प्रक्षेपित करने वाला देश	जापान

अन्तरिक्ष में भेजा जाने वाला प्रथम अन्तरिक्ष शटल	कोलम्बिया
महिलाओं को मताधिकार देने वाला देश	न्यूजीलैण्ड
विश्व का प्रथम विश्वविद्यालय	तक्षशिला विश्वविद्यालय
भूमिगत रेलवे प्रारम्भ करने वाला प्रथम देश	ब्रिटेन
सिविल सेवा प्रारम्भ करने वाला प्रथम देश	चीन
परमाणु बम से विनाश होने वाला प्रथम नगर	हिरोशिमा

विश्व में सबसे बड़ा, छोटा, लम्बा एवं ऊँचा

सबसे बड़ा महासागर	प्रशान्त महासागर
सबसे गहरा महासागर	प्रशान्त महासागर
सबसे बड़ा सागर	दक्षिणी चीन सागर
सबसे विशाल खाड़ी	मैक्सिको की खाड़ी
सबसे बड़ा महाद्वीप	एशिया
सबसे छोटा महाद्वीप	ऑस्ट्रेलिया
सबसे बड़ा द्वीप	ग्रीनलैण्ड
सबसे बड़ा प्रायद्वीप	अरब प्रायद्वीप
सबसे बड़ा द्वीप समूह	इण्डोनेशिया
सबसे ऊँचा जलप्रपात	साल्टो एंजिल (वेनेजुएला)
सबसे बड़ा जलप्रपात	ग्वायरा (एल्टो पराना नदी)
सबसे लम्बी सहायक नदी	मेडिरा (अमेजन की सहायक नदी)
सबसे व्यस्त व्यापारिक नदी	राइन नदी (जर्मनी)
सबसे बड़ी नदी (चौड़ाई एवं बहाव की दृष्टि से)	अमेजन (द. अमेरिका)
सबसे लम्बी नदी	नील नदी (मिस्र)
सबसे बड़ा डेल्टा	सुन्दरवन (भारत)
सबसे बड़ा नदी द्वीप	माजुली (ब्रह्मपुत्र नदी, असोम)
सबसे ठण्डा प्रदेश	बर्खोयांस्क (साइबेरिया)
सबसे गर्म स्थान	डेथवैली (यू.एस.ए.)
सबसे बड़ा रेगिस्तान	सहारा (अफ्रीका)
सर्वाधिक वर्षा का स्थान	मासिनराम (मेघालय, भारत)
सबसे बड़ी झील	कैस्पियन सागर (रूस)
सबसे बड़ी ताजे पानी की झील	सुपीरियर झील (अमेरिका)
सबसे गहरी झील	बैकाल झील (रूस)
सर्वाधिक ऊँचाई पर स्थित झील (नौकायन)	टिटिकाका (दक्षिण अमेरिका)
सबसे विशाल जलसन्धि	टार्टर जलसन्धि (रूस एवं सखालिन द्वीप के मध्य)
सबसे चौड़ी जलसन्धि	डेविस जलसन्धि (ग्रीनलैण्ड एवं बैफिन द्वीप के मध्य)
सबसे ऊँचा पर्वत शिखर	माउण्ट एवरेस्ट (हिमालय, नेपाल)
सबसे विशाल मन्दिर	अंकोरटवाट का मन्दिर (कम्बोडिया)
सबसे बड़ी मूर्ति	स्टैच्यू ऑफ युनिटी (भारत)
सबसे बड़ा इनडोर स्टेडियम	सुपरडोम ल्यूसियाना (संयुक्त राज्य अमेरिका)
सबसे बड़ा बन्दरगाह	न्यूयॉर्क
सबसे विशाल ज्वालामुखी	मोना-लोआ (हवाई द्वीप)
सबसे ऊँची पर्वतमाला	हिमालय
सबसे लम्बी पर्वतमाला	एण्डीज
सबसे व्यस्त नहर	स्वेज नहर
सबसे लम्बी नहर	कील नहर
सबसे ऊँचा पशु	जिराफ
सबसे विशालकाय पशु	ब्लू ह्वेल
सबसे बड़ा पक्षी	ऑस्ट्रिच (शुतुरमुर्ग)
सबसे छोटा पक्षी	हमिंग बर्ड
सर्वाधिक बुद्धिमान पशु	चिम्पांजी
सबसे छोटी सीमा वाला देश	जिब्राल्टर
सर्वाधिक सीमाओं वाला देश	चीन (14 देशों के साथ)
सबसे बड़ा देश *(क्षेत्रफल की दृष्टि से)*	रूस
सबसे छोटा देश *(क्षेत्रफल की दृष्टि से)*	वेटिकन सिटी
सर्वाधिक जनसंख्या का देश	चीन
सर्वाधिक निर्वाचक संख्या का देश	भारत
सर्वाधिक जनसंख्या घनत्व वाला देश	सिंगापुर
सबसे लम्बी सीमा वाला देश	कनाडा
सबसे ऊँची राजधानी	लापाज (बोलीविया)
सर्वाधिक आबादी वाला नगर	टोकियो (जापान)
सबसे कम आबादी वाला नगर	वेटिकन सिटी
सबसे लम्बा रेलवे प्लेटफॉर्म	हुबली (भारत)
सबसे लम्बा रेलमार्ग	ट्रांस साइबेरियन रेलमार्ग
सबसे बड़ी रेल सुरंग	गोडहार्ड बेस सुरंग (स्विट्जरलैण्ड)
सबसे बड़ी सड़क सुरंग	ऑरलैण्ड-लॉयरडेल सड़क सुरंग (नॉर्वे)

प्रमुख देश, राजधानी, मुद्रा एवं भाषाएँ

देश	राजधानी	मुद्रा	भाषाएँ
सं राज्य अमेरिका	वाशिंगटन डीसी	डॉलर	अंग्रेजी
रूस	मास्को	रूबल	रूसी
चीन	बीजिंग	युआन	चीनी मंगोल (मण्डारिन)
जापान	टोक्यो	येन	जैपनीज
जर्मनी	बर्लिन	यूरो	जर्मन
फ्रांस	पेरिस	यूरो	फ्रेंच
यूनाइटेड किंगडम	लंदन	पौंड	अंग्रेजी
भारत	नई दिल्ली	रुपया	हिन्दी
इटली	रोम	यूरो	इटैलियन
दक्षिण कोरिया	सियोल	वॉन	कोरियाई
कनाडा	ओटावा	डॉलर	अंग्रेजी, फ्रांसीसी
ऑस्ट्रेलिया	केनबरा	ऑस्ट्रेलिया डॉलर	अंग्रेजी
न्यूजीलैण्ड	वेलिंग्टन	न्यूजीलैण्ड डॉलर	मओरी, अंग्रेजी
नीदरलैण्ड्स	एम्सटर्डम	यूरों	डच
नॉर्वे	ओस्लो	क्रोन	नार्वेजियन
डेनमार्क	कोपेनहेगन	क्रोन	डेनिश
ब्राजील	ब्राजीलिया	रियाल	पुर्तगाली, अंग्रेजी
अर्जेण्टीना	ब्यूनस आयर्स	पेसो	स्पेनिश
वेनेजुएला	काराकस	बोलिवर	स्पेनिश
कोलम्बिया	बोगोटा	पेसो	स्पेनिश
ईरान	तेहरान	तोमान	फारसी
इराक	बगदाद	इराकी दिनार	अरबी (आधिकारिक)
सऊदी अरब	रियाद	सऊदी रियाल	अरबी
सीरिया	दमिश्क	सीरियन पौण्ड	अरबी
दक्षिणी सूडान	जुबा	पौण्ड	अरबी
मलेशिया	कुआलालाम्पुर	रिंगिट	चीनी, मलय
इण्डोनेशिया	जकार्ता	रुपिया	इण्डोनेशिया, बहासा

देश	राजधानी	मुद्रा	भाषाएँ
फिलिपीन्स	मनीला	पेसो	फिलीपिनों, अंग्रेजी
पाकिस्तान	इस्लामाबाद	रुपया	उर्दू, सिन्धी, पंजाबी
अफगानिस्तान	काबुल	अफगानी	पस्तों, पर्सियन
बांग्लादेश	ढाका	टका	बंगाली चकमामघ
भूटान	थिम्पू	गुलट्रम	डोंगरवा नेपाली
नेपाल	काठमाण्डू	नेपाली रुपया	नेपाली
मालदीव	माले	रुपिया	दिवची
श्रीलंका	कोलम्बो	रुपिया	सिंहल तमिल

विश्व के प्रमुख देशों की संसद के नाम

देश	संसद का नाम
ऑस्ट्रेलिया	फेडरल पार्लियामेण्ट
आयरलैण्ड	पार्लियामेण्ट (Oireachtas)
अफगानिस्तान	शोरा
अर्जेण्टीना	नेशनल कांग्रेस
ब्रिटेन	हाउस ऑफ कॉमन्स व हाउस ऑफ लॉर्ड्स
संयुक्त राज्य अमेरिका	कांग्रेस (सीनेट व हाउस ऑफ रिप्रेजेन्टेटिक्स)
स्पेन	जनरल कोर्ट्स
स्वीडन	रिक्सदाग
द. अफ्रीका	पार्लियामेण्ट
मालदीव	मजलिस
मलेशिया	पार्लियामेण्ट (दीवान रकयात व दीवान नेगारा)
मिस्र	पीपुल्स असेम्बली
स्विट्जरलैण्ड	फेडरल असेम्बली
ईरान	मजलिस
इजरायल	नेसेट
कुवैत	नेशनल असेम्बली
ताइवान	युआन
फ्रांस	पार्लियामेण्ट
जर्मनी	बुण्डस्टेग और बुण्डस्ट्राट
जापान	डायट
रूस	ड्यूमा
चीन	नेशनल पीपुल्स कांग्रेस
नीदरलैण्ड	द स्टेट्टस जनरल
नेपाल	पार्लियामेण्ट (राष्ट्रीय सभा)
ब्राजील	नेशनल कांग्रेस
बांग्लादेश	जातीय संसद
भारत	संसद

प्रमुख देशों के आधिकारिक दस्तावेज

ब्ल्यू बुक	यूनाइटेड किंगडम सरकार की आधिकारिक रिपोर्ट
ग्रीन बुक	इटली और ईरान सरकार के आधिकारिक प्रकाशन
ग्रे-बुक	जापान और बेल्जियम सरकार की आधिकारिक रिपोर्ट
ओरेंज बुक	नीदरलैण्ड सरकार का आधिकारिक प्रकाशन
रेड बुक	किसी देश द्वारा प्रतिबन्धित पुस्तक
ह्वाइट बुक	जर्मनी, चीन और पुर्तगाल सरकारों के आधिकारिक प्रकाशन
ह्वाइट पेपर	किसी विशेष मुद्दे के तथ्यों का आम लोगों के लिए खुलासा करने वाला भारत सरकार द्वारा जारी किया जाने वाला दस्तावेज
येलो बुक	फ्रांस सरकार का आधिकारिक दस्तावेज

महत्त्वपूर्ण राष्ट्रीय एवं अन्तर्राष्ट्रीय दिवस

जनवरी		फरवरी	
4	लुइस ब्रेल दिवस	4	विश्व कैंसर दिवस
9	प्रवासी भारतीय दिवस	20	विश्व सामाजिक न्याय दिवस
12	राष्ट्रीय युवा दिवस	21	अन्तर्राष्ट्रीय मातृभाषा
26	गणतन्त्र दिवस	24	केन्द्रीय उत्पाद शुल्क दिवस
30	शहीद दिवस	28	राष्ट्रीय विज्ञान दिवस
30	कुष्ठ निवारण दिवस		
मार्च		**अप्रैल**	
3	विश्व वन्यजीव दिवस	7	विश्व स्वास्थ्य दिवस
8	अन्तर्राष्ट्रीय महिला दिवस	14	अम्बेडकर दिवस
15	विश्व उपभोक्ता अधिकारण दिवस	18	विश्व विरासत दिवस
21	विश्व वानिकी दिवस	22	पृथ्वी दिवस
22	विश्व जल संरक्षण दिवस	25	विश्व मलेरिया दिवस
24	विश्व टी. वी. दिवस		
मई		**जून**	
1	विश्व श्रमिक दिवस	5	विश्व पर्यावरण दिवस
3	अन्तर्राष्ट्रीय ऊर्जा दिवस	14	विश्व रक्तदान दिवस
8	विश्व रेडक्रॉस दिवस	20	विश्व शरणार्थी दिवस
17	विश्व दूरसंचार दिवस	21	अन्तर्राष्ट्रीय योग दिवस
13	विश्व तम्बाकू रोधी दिवस	29	राष्ट्रीय सांख्यिकी दिवस
जुलाई		**अगस्त**	
11	विश्व जनसंख्या दिवस	1	विश्व स्तनपान दिवस
18	नेल्सन मंडेला अन्तर्राष्ट्रीय दिवस	9	विश्व आदिवासी दिवस
28	विश्व प्रकृति संरक्षण दिवस	12	विश्व युवा दिवस
26	कारगिल स्मृति दिवस	15	स्वतन्त्रता दिवस
25	अन्तर्राष्ट्रीय वाद्य दिवस	29	राष्ट्रीय खेल दिवस
सितम्बर		**अक्टूबर**	
5	शिक्षक दिवस	1	अन्तर्राष्ट्रीय वृद्धजन दिवस
8	अन्तर्राष्ट्रीय साक्षरता दिवस	2	विश्व अहिंसा दिवस
14	हिन्दी दिवस	5	विश्व शिक्षक दिवस
16	ओजोन परत रक्षण दिवस	8	वायु सेना दिवस
21	विश्व शान्ति दिवस	16	विश्व खाद्य दिवस
27	विश्व पर्यटन दिवस	24	संयुक्त राष्ट्र दिवस
नवम्बर		**दिसम्बर**	
9	विश्व सेना दिवस	1	विश्व एड्स दिवस
14	बाल दिवस	4	नौ सेना दिवस
17	राष्ट्रीय पत्रकारिता दिवस	6	नागरिक सुरक्षा दिवस
19	विश्व नागरिक दिवस	11	विश्व अस्थमा दिवस
21	विश्व टेलीविजन दिवस	24	राष्ट्रीय उपभोक्ता दिवस
26	विश्व पर्यावरण संरक्षण दिवस	25	क्रिसमस

भारतीय रक्षा–प्रतिरक्षा

भारतीय रक्षा सेनाओं का सर्वोच्च कमाण्डर भारतीय राष्ट्रपति होता है। संसद में सुरक्षा सम्बन्धी विषयों का उत्तरदायित्व रक्षामन्त्री का होता है।

भारतीय सशस्त्र सेनाओं को तीन भागों-थल सेना, नौसेना तथा वायुसेना में बाँटा गया है।

सेना कमानों में संगठित होती है। प्रत्येक कमान का सर्वोच्च अधिकारी कमाण्डिंग-इन चीफ होता है।

भारतीय सेना की कमान एवं मुख्यालय

थल सेना	नौसेना	वायुसेना
कमान मुख्यालय	कमान मुख्यालय	कमान मुख्यालय
1. उत्तरी उधमपुर	1. दक्षिणी कोच्चि	1. दक्षिणी तिरुवनन्तपुरम
2. दक्षिणी पुणे	2. पूर्वी विशाखापत्तनम	2. पश्चिमी सुब्रतो पार्क
3. पूर्वी कोलकाता	3. पश्चिमी मुम्बई	3. पूर्वी शिलांग
4. पश्चिमी चण्डीमन्दिर		4. दक्षिण-पश्चिम गाँधीनगर
5. मध्य लखनऊ		5. मध्य इलाहाबाद
6. दक्षिण-पश्चिमी जयपुर		6. मेंटेनेन्स नागपुर
7. ट्रेनिंग कमाण्ड शिमला		7. प्रशिक्षण बंगलुरु

सेना में कमीशण्ड पदों की श्रेणियाँ

थल सेना	नौसेना	वायु सेना
जनरल	एडमिरल	एयर चीफ मार्शल
लेफ्टिनेंट जनरल	वाइस एडमिरल	एयर मार्शल
मेजर जनरल	रियर एडमिरल	एयर वाइस मार्शल
ब्रिगेडियर	कमोडोर	एयर कॉमोडोर
कर्नल	कैप्टन	ग्रुप कैप्टन
लेफ्टिनेंट कर्नल	कमाण्डर	विंग कमाण्डर
मेजर	लेफ्टिनेंट कमाण्डर	स्क्वाड्रन लीडर
कैप्टन	लेफ्टिनेंट	फ्लाइट लेफ्टिनेंट
लेफ्टिनेंट	सब-लेफ्टिनेंट	फ्लाइंग ऑफिसर

भारत के विविध प्रक्षेपास्त्र

प्रक्षेपास्त्र	किस्म
पृथ्वी	सतह-से-सतह कम दूरी का बैलिस्टिक प्रक्षेपास्त्र।
त्रिशूल	सतह से हवा (मारक क्षमता 500 मी से 9 किमी)।
आकाश	सतह से हवा बहुक्षेपीय प्रक्षेपास्त्र (मारक क्षमता 25-30 किमी)।
नाग	टैंकरोधी निर्देशित प्रक्षेपास्त्र (मारक क्षमता 4-9 किमी)।
अग्नि	सतह-से-सतह मध्यम दूरी का बैलिस्टिक प्रक्षेपास्त्र (इसकी अब तक पाँच शृंखला आ चुकी है)।
धनुष	जमीन-से-जमीन पर मार करने वाला प्रक्षेपास्त्र (मारक क्षमता 500 किग्रा आयुध के साथ 350 किमी)।
ब्रह्मोस	जमीन-से-जमीन पर मार करने वाला प्रक्षेपास्त्र (मारक क्षमता 300 किग्रा आयुध के साथ 290 किमी)।
सागरिका	जमीन से जल की गहराई तक मार करने वाला प्रक्षेपास्त्र।
नाग	ठोस ईंधन पर आधारित एंटी टैंक प्रक्षेपास्त्र।
प्रहार	सतह-से-सतह पर मार करने वाला प्रक्षेपास्त्र।

प्रमुख सैन्य विमान

विमान	विशेष तथ्य
सुखोई-30	इसका निर्माण रूस की सुखोई कम्पनी द्वारा किया गया है। यह दो इंजनों वाला मल्टीरोल फाइटर प्लेन है। इससे विभिन्न किस्म की 12 मिसाइलें एक साथ दागी जा सकती हैं।
मिग-29 K	यह दो इंजन वाला फाइटर प्लेन है। इसका उपयोग भारतीय नौ सेना द्वारा किया जाता है।
मिराज -2000	यह एकल इंजन मन्टीरोल लड़ाकू विमान है। इसका निर्माण फ्रांस की कम्पनी डसॉल्ट एविएशन द्वारा किया गया है।
तेजस	यह विश्व का सबसे छोटा, हल्का, बहुउद्देशीय सुपरसैनिक लड़ाकू विमान है।
निशान्त	पायलट रहित प्रशिक्षण विमान स्वदेशी तकनीकी से बना है। यह राडार की पकड़ में नहीं आता है।
राफेल	फ्रेंच कम्पनी द साल्ट एविएशन द्वारा निर्मित चौथी पीढ़ी से आगे का विमान है।
अवाक्स	एयरबार्न वार्निंग एण्ड कण्ट्रोल सिस्टम से लैस एक लड़ाकू विमान है।
पंछी	यह निशान्त का आधुनिक संस्करण है। यह छोटी पट्टी से भी उड़ान भरने में सक्षम है।

प्रमुख पनडुब्बियाँ विमानवाहक एवं युद्धपोत

आई एन एस विराट	विराट अधिक क्षमता वाला पोत है। 28500 टन भार और 27 फुट गहराई वाले विराट को ब्रिटिश रॉयल नेवी में एच एम एस हर्मिज के नाम से वर्ष 1959 में अधिकृत किया गया। विराट के रूप में हर्मिज को मई, 1987 में भारतीय नौसेना में शामिल किया गया।
आई एन एस विभूति	पहली स्वदेशी निर्मित मिसाइल नाव जिसे वर्ष 1991 में मझगाँव बन्दरगाह, मुम्बई में उतारा गया।
आई एन एस विपुल	दूसरी मिसाइल नाव जिसे मझगाँव बन्दरगाह मुम्बई में रूस के सहयोग से निर्मित किया गया। इसमें थल-से-थल और थल से हवा तक की मिसाइल मौजूद हैं।
आई एन एस शाल्की	पहली स्वदेश निर्मित पनडुब्बी जिसे वर्ष 1994 में अधिकार में लिया गया था।
आई एन एस विक्रमादित्य	यह संवर्द्धित कीव-श्रेणी का विमानवाहक पोत है, जिसकी वहन क्षमता 45400 टन एवं गति 32 नॉट (59 किमी/घण्टा) है। 14 जून, 2014 को इसे भारत के प्रधानमन्त्री ने औपचारिक रूप से भारतीय नौसेना में शामिल किया।
आई एन एस प्रबल	स्वदेशी तकनीकी से निर्मित सतह-से-सतह पर मार करने वाले प्रक्षेपास्त्रों से लैस युद्धपोत नौसेना के पश्चिमी कमान में शामिल। इसकी गति 35 समुद्री मील-घण्टा है।
आई एन एस सतपुड़ा	यह दूसरा स्वदेश निर्मित गुप्त युद्धपोत है; P-17 युद्धपोत की श्रेणियों में दूसरा है। इसके अन्तर्गत विकसित थल-से-थल और थल से हवा तक के मिसाइल और उच्च तकनीक वाला राडार और संचार सामग्रियाँ शामिल हैं।
आई एन एस चक्र-2	4 अप्रैल, 2012 को इस परमाणु पनडुब्बी को भारतीय नौ सेना के बेड़े में (रूस से 10 वर्षों के लिए पट्टे पर) शामिल किया गया। समुद्र में इसकी गति 30 नॉट (55 किमी प्रति घण्टा) है।
सी 402	भारतीय तटरक्षक जहाज सी-402 का निर्माण लार्सन एण्ड टूब्रो (सूरत) ने किया, इसका प्रयोग पेट्रोलिंग बचाव एवं समुद्री अभियानों में किया जाएगा।
आई एन एस अरिहन्त	देश में निर्मित पहली परमाणु पनडुब्बी
आई एन एस वैभव	यह 90 मी वर्ग में समुद्र निगरानी जहाज (ओ पी वी) शृंखला का तीसरा संस्करण है। मई, 2013 को तूतीकोरिन में जलावतरण किया गया।
आई एन एस त्रिकन्द	रूस निर्मित तलवार श्रेणी का युद्धपोत है। ब्रह्मोस मिसाइल सिस्टम से लैस होगा।
आई एन एस विक्रान्त	जलावतरण अगस्त, 2013 को कोच्चि में किया गया। देश के प्रथम विमानवाहक पोत विक्रान्त के नाम पर ही इस स्वदेशी विमानवाहक युद्धपोत का नामकरण किया गया।
आई एन एस अस्त्रधारिणी	भारतीय नौसेना ने पहले स्वदेशी निर्मित और डिजाइन किए गए टारपीडो लॉन्च एवं रिकवरी पोत का 6 अक्टूबर, 2015 को विशाखापट्टनम (आन्ध्र प्रदेश) में जलावतरण किया।

आई एन एस कोच्चि	रक्षा मन्त्री मनोहर पर्रिकर ने 30 सितम्बर, 2015 को स्वदेश निर्मित सर्वाधिक बड़े युद्धपोत का मुम्बई में जलावतरण कर राष्ट्र को समर्पित किया।
आई एन एस-कलवारी	यह स्वदेशी तकनीक से निर्मित भारत की स्कॉर्पीन श्रेणी की पहली स्टेल्थ पनडुब्बी है। इस श्रेणी की पनडुब्बियों का विकास 'प्रोजेक्ट 75' के अन्तर्गत किया जा रहा है।
आई एन एस-कदमत्त	स्वदेशी तकनीक से निर्मित युद्धपोत का जलावतरण 7 जनवरी, 2016 को हुआ। यह पोत प्रोजेक्ट- 28 (पी- 28) के अन्तर्गत दूसरा पनडुब्बीरोधी युद्धपोत है।

प्रमुख टैंक

अर्जुन	इसका विकास डी आर.डी.ओ. ने किया है। 1400 हॉर्स पावर वाला यह टैंक अपने चारों ओर 360° घूमकर अचूक निशाना लगाता है। इस टैंक में एक विशेष प्रकार के फिल्टर के उपयोग के कारण जवानों की जहरीली गैसों एवं विकिरण प्रभाव से रक्षा होती है। इस फिल्टर का निर्माण बार्क (BARC) ने किया है।
T-90 (भीष्म)	मध्यम श्रेणी का युद्धक टैंक है (50 टन से कम वजन का है)। यह टैंक जैविक तथा रासायनिक आक्रमण की स्थिति में भी सक्रिय रह सकता है तथा बारूदी सुरंगों से भी स्वयं का बचाव कर सकता है।
कर्ण	यह टैंक अर्जुन टैंक तथा रूसी टी-72 टैंक की विशेषताओं को मिलाकर बनाया गया है। यह मध्यम श्रेणी का हल्का टैंक है, जिसका वजन 48 टन है।
अर्जुन मार्क-II	भारत के स्वदेश निर्मित युद्धक टैंक का नवीन संस्करण अर्जुन मार्क II का परीक्षण 2011 में हुआ। वजन 66 टन, गति 40-60 किमी/घण्टा। यह मिसाइल दागने में सक्षम है।
भीम	डीआरडीओ द्वारा थल सेना के लिए स्वचालित तोप का विकास किया गया है। भीम की विशिष्टता यह है कि इस पर एक साथ 50 राउण्ड गोले रखे जा सकते हैं और इन्हें तोपों में भरने की स्वचालित व्यवस्था है।

खेलों की दुनिया

ओलम्पिक खेल

- आधुनिक ओलम्पिक खेलों का आयोजन एवं नियन्त्रण **अन्तर्राष्ट्रीय ओलम्पिक समिति** करती है।
- इस प्रतियोगिता के ध्वज में प्रतीक के रूप में पाँच चक्र एक-दूसरे से मिले हुए दर्शाए गए हैं, जो विश्व के पाँच महाद्वीपों का प्रतिनिधित्व करने के साथ ही विश्वव्यापी खेल भावना के भी सूचक हैं।
- ओलम्पिक ध्वज पहली बार वर्ष 1920 की 'एण्टवर्प' खेल प्रतियोगिता में फहराया गया।

ओलम्पिक खेल का परिचय

प्रारम्भ	776 ई. पू. (यूनान के ओलम्पिया में)
आधुनिक	1896 (एथेन्स)
आधुनिक शुरुआत	फ्रांस के **पियरे डि कुबर्तिन** के सहयोग से
Motto (आदर्श वाक्य)	Citius, Altius, Fortius (और तेज, और ऊँचा, और शक्तिशाली)
1920	एंटवर्प (बेल्जियम) में ओलम्पिक ध्वज फहराया गया
1928	**ओलम्पिक मशाल** प्रज्वलित करने की परम्परा (एमस्टर्डम, नीदरलैण्ड ओलम्पिक)
1968	**शुभंकर** की परम्परा (मैक्सिको 1968 से शुरू)
1900	पेरिस (फ्रांस) से **महिलाओं की भागीदारी** ओलम्पिक में हुई

- इन पाँच चक्रों का रंग नीला, पीला, काला, हरा तथा लाल होता है। प्रत्येक रंग एक महाद्वीप का प्रतीक होता है। इनमें से नीला चक्र यूरोप, पीला चक्र एशिया, लाल चक्र अमेरिका, काला चक्र अफ्रीका और हरा चक्र ऑस्ट्रेलिया महाद्वीप का प्रतिनिधित्व करता है।
- वर्ष 1916, 1940 और 1944 में विश्वयुद्ध के कारण ओलम्पिक नहीं हुए।
- एक ही ओलम्पिक में सर्वाधिक 8 स्वर्ण पदक जीतने वाले पुरुष खिलाड़ी संयुक्त राज्य अमेरिका के तैराक **माइकल फेल्प्स** थे। (बीजिंग ओलम्पिक)
- वर्ष 2012 के लंदन ओलम्पिक खेलों का शुभंकर **वेनलॉक व मांडेविल्ले** था।
- वर्ष 2016 का ओलम्पिक **रियो डि जेनेरो** (ब्राजील) में तथा वर्ष 2020 के ओलम्पिक टोकियो (जापान) में (वर्ष 2021 में) आयोजित किए गए।
- वर्ष 2024 में ग्रीष्मकालीन ओलम्पिक खेलों का आयोजन पेरिस (फ्रांस) में किया जाएगा।
- **शीतकालीन ओलम्पिक** (प्रारम्भ 1924), जो 16 दिनों तक चलते हैं, में उन्हीं खेलों को शामिल किया जाता है जो कम-से-कम 25 देशों में खेले जाते हों। इनमें केवल 7 खेल (वर्तमान में) शामिल हैं।
- **ग्रीष्मकालीन ओलम्पिक** में सिर्फ वही खेल शामिल किए जाते हैं, जो कम-से-कम 50 देशों में लोकप्रिय हों। इनमें 21 खेल (वर्तमान में) शामिल हैं।
- शीतकालीन ओलम्पिक खेल (2014) सोची, रूस में सम्पन्न हुए। वर्ष 2018 में ये खेल प्योंग चांग (दक्षिण कोरिया) में आयोजित किए गए।
- वर्ष 2026 में शीतकालीन ओलम्पिक खेल मिलान व कोर्टिना (इटली) में आयोजित किए जाएँगे।

राष्ट्रमण्डल खेल

- शुरुआत वर्ष 1930, **हेमिल्टन** (कनाडा)।
- प्रत्येक चार वर्ष बाद इन खेलों का आयोजन होता है। इसमें केवल राष्ट्रमण्डल सदस्य देश ही भाग लेते हैं।
- वर्ष 2010 के राष्ट्रमण्डल खेल का शुभंकर (Mascot) शेरा था और लोगो (Logo) चक्र था, नई दिल्ली (भारत)।
- भारत ने 15 राष्ट्रमण्डल खेलों में भाग लिया है। (भारत ने वर्ष 1930, 1950, 1962, 1986 में भाग नहीं लिया था।)
- राष्ट्रमण्डल खेलों में पदक जीतने वाले प्रथम भारतीय **राशिद अनवर** (कुश्ती, काँस्य) (1934, लन्दन) थे।
- पहली बार वर्ष 1934 में भारत ने इस खेल में शिरकत की थी। क्वींस बेटन रिले की शुरुआत 1958 के कार्डिफ राष्ट्रमण्डल खेल से हुई।
- 22वें राष्ट्रमण्डल खेल, 2022 का आयोजन बर्मिंघम (इंग्लैण्ड) में किया गया। ऑस्ट्रेलिया पदक तालिका में प्रथम स्थान (179 पदक) जबकि इंग्लैण्ड (176 पदक) कनाडा 92 पदक व भारत (61 पदक) क्रमशः दूसरे, तीसरे व चौथे स्थान पर रहे।
- 23वें राष्ट्रमण्डल खेल का आयोजन वर्ष 2026 में ऑस्ट्रेलिया के विक्टोरिया राज्य मे किया जाएगा।

एशियाई खेल

- **शुभारम्भ** 4 मार्च, 1951, नेशनल स्टेडियम, नई दिल्ली (उद्घाटन डॉ. राजेन्द्र प्रसाद, राष्ट्रपति भारत) (कुल 11 देशों के 489 खिलाड़ियों ने भाग लिया)।
- **आदर्श वाक्य** 'एवर ऑनवर्ड, सदा आगे'।
- **प्रतीक** 'छल्ले के साथ उभरता हुआ सूरज'।

- 16वें एशियाई खेल (2010) में चीन के गुआंगझाओ में तथा वर्ष 2014 का एशियाई खेल इंचियोन (दक्षिण कोरिया) में आयोजित हुए। इंचियोन में आयोजित 17वें एशियाई खेलों में प्रथम, द्वितीय स्थान क्रमशः चीन और दक्षिण कोरिया को प्राप्त हुआ, जबकि भारत 57 पदकों के साथ 8वें स्थान पर रहा।
- वर्ष 2026 में एशियाई खेलों का आयोजन नागोया (जापान) में प्रस्तावित है।
- 2018 में एशियाई खेलों का आयोजन इण्डोनेशिया हुआ है।
- वर्ष 2022 में एशियाई खेल होंगझाऊ (चीन) में आयोजित हुए, जिसमें चीन पदक तालिका में प्रथम (383 पदक) तथा जापान (188 पदक), व कोरिया (190 पदक) व भारत (107 पदक) क्रमशः दूसरे, तीसरे व चौथे स्थान पर है।

दक्षेस खेल

दक्षिण एशिया में क्षेत्रीय खिलाड़ियों में सहयोग एवं मैत्री भाव को विकसित करने के उद्देश्य से 'दक्षेस खेल' का शुभारम्भ किया गया।

पहली बार आयोजन	1984
प्रथम आयोजन स्थल	काठमाण्डू (*नेपाल*)
वर्ष 2011 में आयोजित प्रथम दक्षिण एशियाई शीतकालीन खेल	औली (*उत्तराखण्ड*)
भाग लेने वाले देशों की संख्या	7
आयोजित खेलों की संख्या	4

पोलो

- फारस में इस खेल को **पुलु** के नाम से खेला जाता था।
- पोलो का जन्म भारत के **मणिपुर** राज्य में माना जाता है। मध्यकाल में यह 'चौगान' के नाम से खेला जाता था।
- अन्तर्राष्ट्रीय पोलो संघ की स्थापना वर्ष 1983 में हुई तथा इसका मुख्यालय बेवर्ली हिल्स (यूएसए) में है।

हॉकी

- हॉकी का पहला संगठित क्लब 1861 ई. में स्थापित ब्लैकहीथ रग्बी एण्ड हॉकी क्लब (इंगलैण्ड) है।
- हॉकी का पहला विश्वकप वर्ष 1971 में बर्सिलोना (स्पेन) में हुआ।
- अन्तर्राष्ट्रीय हॉकी मैच की अवधि 70 मिनट की होती है।
- महिला हॉकी वर्ल्डकप की शुरुआत वर्ष 1974 में हुई।
- पुरुष एवं महिला विश्व कप हॉकी 2014 हेग (नीदरलैण्ड) में सम्पन्न हुए। पुरुष वर्ग का खिताब ऑस्ट्रेलिया ने नीदरलैण्ड को हराकर जीता तथा महिला वर्ग का खिताब नीदरलैण्ड ने ऑस्ट्रेलिया को हराकर जीता। भारत को नौवाँ स्थान प्राप्त हुआ।
- सिलारू (हिमाचल प्रदेश) में भारत का सबसे ऊँचा हॉकी का स्ट्रोटर्फ (रबड़ मैदान) बनाया गया है।
- भारत ने पहली बार 1975 में हॉकी का विश्व कप जीता।
- वर्ष 2023 में पुरुष हॉकी विश्व कप का आयोजन भारत में किया गया, जिसमें जर्मनी ने बेल्जियम को हराकर खिताब जीता। वर्ष 2026 में पुरुष हॉकी विश्व कप का आयोजन बेल्जियम व नीदरलैण्ड्स में प्रस्तावित है।
- वर्ष 2026 में महिला हॉकी विश्वकप का आयोजन बोल्जियम व नीदरलैण्ड में प्रस्तावित है।

क्रिकेट

- क्रिकेट के खेल का जन्मदाता **इंगलैण्ड** को माना जाता है।
- विश्व का प्रथम क्रिकेट क्लब हैम्बल्डन में 1760 ई. में बना तथा 1787 ई. में मेरिलिबॉन क्रिकेट क्लब बना।
- अन्तर्राष्ट्रीय क्रिकेट परिषद् (ICC) क्रिकेट की सर्वोच्च संस्था है। इसका मुख्यालय **दुबई** में है।
- क्रिकेट का पहला टेस्ट मैच वर्ष 1877 में ऑस्ट्रेलिया और इंग्लैण्ड के बीच मेलबोर्न में खेला गया। पहला अन्तर्राष्ट्रीय एकदिवसीय मैच भी मेलबोर्न में ही हुआ।
- एकदिवसीय क्रिकेट विश्व कप का प्रथम आयोजन इंगलैण्ड (लाड्र्स-1975) में हुआ, जिसमें वेस्टइण्डीज विजेता तथा ऑस्ट्रेलिया उपविजेता रहा।
- भारत ने दो बार (1983 तथा 2011 में) विश्व कप जीता।
- युवराज सिंह को विश्व कप-2011 का बेस्ट प्लेयर ऑफ द टूर्नामेण्ट का खिताब दिया गया।
- विश्व कप 2019 में इंगलेण्ड में आयोजित हुआ। इसमें फाइनल में इंग्लैण्ड ने न्यूजीलैण्ड को हराकर यह खिताब जीता।
- विश्व कप 2023 का आयोजन भारत में किया गया जिसमें फाइनल में ऑस्ट्रेलिया ने भारत को 6 विकेट से हराकर खिताब जीता।
- विश्वकप, 2027 का आयोजन दक्षिण अफ्रीका, जिम्बाब्वे व नामीबिया से प्रस्तावित है।

फुटबॉल

- फुटबॉल का जन्म भी क्रिकेट की भाँति **इंग्लैण्ड** में ही माना जाता है।
- 1857 ई. में इंग्लैण्ड में विश्व का पहला फुटबॉल क्लब 'शेफील्ड फुटबॉल क्लब' का गठन हुआ।
- फेडरेशन इण्टरनेशनल डी फुटबॉल एसोसिएशन (फीफा) की स्थापना **21 मई, 1904** को **पेरिस** (फ्रांस) में हुई।
- महिला विश्वकप फुटबॉल की शुरुआत वर्ष 1991 में चीन में हुई जिसे **यूएसए** ने जीता। फुटबॉल विश्वकप को **जूल्स रिमेट कप** भी कहा जाता है।
- वर्ष 1942 और वर्ष 1946 में फुटबॉल का विश्वकप नहीं हुआ।
- वर्ष 2026 में फीफा फुटबाल कप का अयोजन यूएसए. मौक्सिको व कनाडा में किया जाएगा।

विश्व कप फुटबॉल वर्ष 2014 का आयोजन ब्राजील में हुआ, जिसमें जर्मनी ने अर्जेण्टीना को हराकर खिताब अपने नाम किया तथा वर्ष 2018 का आयोजन रूस और वर्ष 2022 का आयोजन क़तर में हुआ।

लॉन टेनिस

- यह मैदानों (कोर्ट) पर खेला जाता है।
- **ग्रैण्ड स्लैम** के अन्तर्गत ऑस्ट्रेलियाई ओपन, फ्रेंच ओपन, विम्बलडन तथा अमेरिकी ओपन टेनिस चैंपियनशिप आते हैं।
- फ्रेंच ओपन लाल क्ले कोर्ट पर खेला जाता है।
- ऑस्ट्रेलियाई और अमेरिकी ओपन कृत्रिम मैदान (हार्ड कोर्ट) पर खेले जाते हैं।
- विम्बलडन एकमात्र **ग्रैण्डस्लैम** है, जो घास के मैदान पर खेला जाता है।

बास्केटबॉल

- पहली बार बास्केटबॉल 1891 ई. में मैसाच्यूट्स, संयुक्त राज्य अमेरिका में खेला गया।
- बास्केटबॉल में पोल की ऊँचाई 10 फीट होती है। यह एक इण्डोर तथा आउटडोर खेल है, जो पश्चिम देशों में अत्यधिक लोकप्रिय है।

एथलेटिक्स

- इसे 'ट्रेक एण्ड फील्ड एथलेटिक्स' के नाम से भी जाना जाता है।
- प्रथम ओलम्पिक खेल में यह एकमात्र खेल था।
- अन्तर्राष्ट्रीय एथलेटिक्स एमच्योर फेडरेशन (IAAF) की स्थापना 17 देशों ने मिलकर वर्ष 1912 में की थी, जो प्रति चार वर्ष पर विश्व चैम्पियनशिप कराती है। इसका मुख्यालय मोनाको में है।

शतरंज

- 7वीं सदी में प्रारम्भ इस खेल में एक बोर्ड होता है, जिसमें कुल **64 खाने** होते हैं।
- 'द फेडरेशन इंटरनेशनल डे एजेस (FIDE)' इस खेल को नियन्त्रित करती है। विश्व चैम्पियनशिप तय करने के लिए प्रतियोगिता कराती है।

निशानेबाजी

- ओलम्पिक खेलों में निशानेबाजी 1896 ई. से ही शामिल है तथा इसकी पहली विश्व चैम्पियनशिप 1897 ई. में आयोजित की गई थी।
- अन्तर्राष्ट्रीय शूटिंग स्पोर्ट्स फेडरेशन इसकी सर्वोच्च संस्था है, जिसका मुख्यालय **म्यूनिख** (जर्मनी) में है।

बिलियर्ड्स

- इस खेल का विकास इंग्लैंड में 16वीं सदी में हुआ।
- यह दो प्रकार का होता है—8 बॉल बिलियर्ड्स व 9 बॉल बिलियर्ड्स

बैडमिंटन

- बैडमिंटन के आधुनिक रूप का जन्म **ब्लूस्टशायर** के बैडमिंटन हाउस में 1873 में हुआ।
- वर्ष 1934 में सात देशों ने मिलकर अन्तर्राष्ट्रीय बैडमिंटन संघ (आई वी एफ) की स्थापना की, जिसे अब विश्व बैडमिंटन संघ (बीडब्ल्यूएफ) के नाम से जाना जाता है। इसका मुख्यालय **क्वालालंपुर** (मलेशिया) में है।
- भारतीय बैडमिंटन एसोसिएशन की स्थापना वर्ष 1934 में हुई।

खेल परिसर

परिसर	सम्बन्धित खेल
रिंग	स्केटिंग, मुक्केबाजी
पूल	तैराकी
ऐलि	बाउलिंग
फील्ड	पोलो, फुटबॉल, हॉकी
पिच	क्रिकेट, रग्बी
रिंक	कर्लिंग, आइस हॉकी
डायमण्ड	बेसबॉल
कोर्स	गोल्फ
बोर्ड	टेबल टेनिस
मैट	जूडो-कराटे, ताइक्वाण्डो
वेलोड्रम	ट्रैक साइकिलिंग
ट्रैक	एथलेटिक्स
रेंज	निशानेबाजी, तीरन्दाजी
कोर्ट	टेनिस, बैडमिण्टन, नेटबॉल, खो-खो, स्क्वैश, कबड्डी, हैण्डबॉल, वॉलीबॉल

खेलों में एक पक्ष के खिलाड़ियों की संख्या

बास्केटबॉल	5
बैडमिण्टन	1 या 2
कबड्डी	7
रग्बी फुटबॉल	15
क्रिकेट	11
लॉन टेनिस	1 या 2
वॉलीबॉल	6
वाटरपोलो	7
हॉकी	11
टेबल टेनिस	1 या 2
खो-खो	9
बेसबॉल	9
फुटबॉल	11
पोलो	4

देश एवं उनके राष्ट्रीय खेल

देश	राष्ट्रीय खेल
यू एस ए	बेसबॉल
स्पेन	साँड-युद्ध
कनाडा	लेकरोसे (ग्रीष्म), आइस हॉकी (शीत)
भारत	हॉकी
रूस	फुटबॉल, शतरंज
चीन	टेबल टेनिस
ब्राजील	केपोइरा (Capoeira)
फ्रांस	फुटबॉल
इंग्लैण्ड	क्रिकेट
जापान	जूडो
ऑस्ट्रेलिया	क्रिकेट
पाकिस्तान	हॉकी
मलेशिया	बैडमिण्टन
स्कॉटलैंड	रग्बी फुटबॉल
इण्डोनेशिया	बैडमिण्टन

खेलों से सम्बन्धित महत्त्वपूर्ण शब्दावली

क्रिकेट	एल बी डब्ल्यू, सिली प्वॉइन्ट, ऐशेज, मेडेन ओवर, आउट स्विंग, पिच, गुगली, फॉलो-ऑन, ड्राइव, चायनामैन, बाई, लेग-कट, स्टम्प, नो बॉल, हैट्रिक, रन आउट, स्ट्रोक, स्विंग, बॉलर, बैट्समैन, वाइड, थ्रो, स्ट्रोक, कवर, स्लिप, गली, कवर प्वॉइन्ट, हुक, डेड बाल, लॉग आन, थर्ड मेन, हिट विकेट, थ्रो, मिड आन आदि।
शतरंज	चेकमेट, बिशप, गैम्बिट, स्टेलमेट, कैसेलिंग, पौन, फिडे, नाइट, चेक, कैशल, पीसेज, रैक, ग्रैण्डमास्टर आदि।
हॉकी	ड्रिबल, स्टिक, बुली, हैट्रिक, शॉई कॉर्नर, पेनाल्टी, कॉर्नर, स्कूप, कट, साइड लाइन, रैफरी, ट्राई ब्रेकर, कटिंग, सेन्टर फॉरवर्ड, पुश इन, हाफ वाली, फुल बैक आदि।
गोल्फ	कोर्स, होल, पुट, लिंक्स, टी, स्टाइमी, बैफी, कैडी, बोगी, फोरसम, आयरन, पुटिंग, बंकर, लाई, पोस्ट आदि।
घुड़दौड़	पण्टर, हर्डलास, जाकी, डेड हीट, फेंस, स्टैक्स आदि।
पोलो	बण्डर, चकर, मैलेट, हुक, गेलोपिंग, हैडी कैप बंकर, चुक्का, एंगलशाट, एरिस रेल आदि।
तैराकी	फ्री स्टाइल, क्राल, ब्रेस्ट स्ट्रोक, बटरफ्लाई, जेन आदि।
टेनिस	स्मैश, एडवाण्टेज, बैक हैण्ड, फाल्ट, ड्यूस, चाप, सर्विस, लव, चेज, सेट, इन, आउट आदि।
वॉलीबॉल	वॉली, डिगपास, ओवर लैपिंग, बूस्टर, हुक, सर्व लव, फ्लोटर, स्विच, एरियल, रैफ्री, रोटेशन आदि।
भारोत्तोलन	चार्किंग, बारबेल, प्रेस, स्नैच, रिफ्लैट आदि।
कुश्ती	हाफ नेल्सन, स्टिकलर्स, हीव, काशन, क्रैडल, डागफल, एक्टिव, अटैक, हेल्ड आदि।
ट्रैक एण्ड फील्ड	हीट्स, वेकमार्क, फार्टलेक, लिफ्ट फोर्स, हर्डल्स, शाटपुट, स्टार्टर, बैटन आदि।

बास्केटबॉल	ब्लाकिंग, ड्रिवलिंग, जम्प बॉल, हैण्ड बॉल, मल्टीपल थ्रो, पिवट होल्डिंग, फ्री थ्रो, रिंगगार्ड प्वॉइन्ट, पिक, डेड बॉल, पिनोट, लीडपास आदि।
ब्रिज	फिनिश, डायमण्ड, रफ, डमी, रिबोक, नो ट्रम्प, लिटिल स्लैम आदि।
बैडमिण्टन	स्मैश, ड्राप, नेट, गेम, लव, फाल्ट, डबल फाल्ट, डाइव, लेट, ड्यूस, सर्विस ब्रेक, क्रासशाट आदि।
बिलियर्ड्स	पौट, क्यू, जिगर, स्क्रेच, ब्रेक, इन ऑफ, इन बॉक, स्क्रूबेक, स्पॉट स्ट्रोक, हैजर्ड, बोल्टिंग, आदि
बॉक्सिग	हिटिंग बिलो द बेल्ट, गार्ड हैंग आन, जैब, हुक, पंच, नाक आउट, अपर कट, किडनी पंच, राउण्ड रिंग, ब्रेक, बेल, बेल्ट, ब्लो, बाउन्स, राउण्ड आदि।
बेसबॉल	बैटिंग, पिचर, होम, पुट आउट, स्ट्राइक, कैचर, डायमण्ड, हिटर, आउट फील्ड, बेसमैन, होम रन।
फुटबॉल	डायरेक्ट किक, ऑफ साइड, ड्रिबल, पेनाल्टी किक, हैट्रिक, टच लाइन, स्टापर, थ्रो इन, फ्री किक, विंगर, स्वीपर, कार्नर किक।

पुरस्कार एवं सम्मान

राष्ट्रीय पुरस्कार

भारत रत्न

- कला, साहित्य, विज्ञान, खेल तथा विविध क्षेत्रों में उत्कृष्ट योगदान के साथ जनसेवा के लिए यह देश का सर्वोच्च सम्मान है। इसकी स्थापना वर्ष 1954 में की गई थी। वर्ष 1977 में जनता पार्टी सरकार द्वारा भारत रत्न तथा पद्म पुरस्कारों को बन्द कर दिया गया था, किन्तु 1980 में कांग्रेस सरकार ने पुन: शुरू किया।
- यह अलंकरण काँस्य निर्मित पीपल के पत्ते के आकार का होता है। यह $2\frac{1}{16}$ इंच लम्बा, $1\frac{7}{8}$ इंच चौड़ा तथा $\frac{1}{8}$ इंच मोटा होता है। इस अलंकरण के मुख्य भाग पर सूर्य की आकृति अंकित होती है, जिसके नीचे **भारत रत्न** शब्द खुदे होते हैं। इसके पिछले भाग पर राष्ट्रीय चिह्न और इसके नीचे **सत्यमेव जयते** लिखा होता है।
- वर्ष 2019 के लिए भारत रत्न भूपेन हजारिका (मरणोपरान्त), नानाजी देश मुख (मरणोपरान्त) व पूर्व राष्ट्रपति प्रणब मुखर्जी को प्रदान किया गया।
- वर्ष 2024 के लिए भारतरत्न कर्पूरी ठाकुर (मरनोपरान्त) लालकृष्ण आडवाणी, पी.वी. नरसिम्हा राव (मरणोपरान्त), चौ. चरण सिंह (मरणोपरान्त) व एम.एस. स्वामीनाथन (मरणोपरान्त) को प्रदान किया गया।

पद्म पुरस्कार

- भारत रत्न के बाद पद्म पुरस्कार देश का दूसरा सबसे बड़ा सम्मान है। इसकी स्थापना वर्ष 1954 में हुई थी।
- ये पुरस्कार सरकारी कर्मचारियों द्वारा की गई सेवा सहित किसी भी क्षेत्र में की गई उच्च कोटि की विशिष्ट सेवा के लिए प्रदान किए जाते हैं। *पद्म पुरस्कार तीन प्रकार के होते हैं*—पद्म विभूषण, पद्म भूषण एवं पद्मश्री।

वीरता पुरस्कार

परमवीर चक्र वीरता के लिए दिया जाने वाला सर्वोच्च पुरस्कार जो थल सेना, वायु सेना, जल सेना में दुश्मन के सामने बहादुरी के सर्वोत्कृष्ट प्रदर्शन या आत्मबलिदान के लिए दिया जाता है। इसकी शुरुआत वर्ष 1914 में हुई थी।

महावीर चक्र देश का यह द्वितीय सर्वोच्च शौर्य पुरस्कार उस बहादुर सैनिक को प्रदान किया जाता है, जिसने शत्रु के दमन में अद्वितीय पराक्रम प्रदर्शित किया हो।

वीर चक्र शौर्य एवं वीरता का तीसरा सर्वोच्च पुरस्कार उसे प्रदान किया जाता है, जिसने शत्रुओं का सामना अदम्य साहस के साथ करके उसे पीछे धकेला हो अथवा मौत के घाट उतार दिया हो।

अशोक चक्र यह पुरस्कार देश का सर्वोच्च शान्तिकालीन शौर्य पुरस्कार है। यह पुरस्कार भी शौर्य प्रदर्शन में उल्लेखनीय भूमिका निभाने वाले बहादुर कर्मी को प्रदान किया जाता है।

कीर्ति चक्र शौर्य का यह पुरस्कार उस वीर को प्रदान किया जाता है, जिसने शत्रु के मुकाबले में अभूतपूर्व साहस का प्रदर्शन किया हो।

शौर्य चक्र युद्ध की परिस्थितियों में अद्भुत शौर्य प्रदर्शित करने वाले शूरवीरों को यह पुरस्कार प्रदान किया जाता है।

राष्ट्रीय वीरता पुरस्कार

प्रत्येक वर्ष गणतन्त्र दिवस पर देश के बहादुर बच्चों को राष्ट्रीय वीरता पुरस्कार से सम्मानित किया जाता है। इसके अन्तर्गत भारत अवार्ड, गीता चोपड़ा अवार्ड, संजय चोपड़ा अवार्ड, बापू गैधानी अवार्ड भी प्रदान किए जाते हैं।

साहित्य पुरस्कार

अकादमी पुरस्कार साहित्य अकादमी पुरस्कार, ललित कला अकादमी पुरस्कार, संगीत नाटक अकादमी पुरस्कार प्रतिवर्ष प्रदान किए जाते हैं। साहित्य अकादमी, उत्कृष्ट साहित्य के लिए तथा अन्य दो कला व संगीत के क्षेत्र में विशिष्ट कार्य के लिए पुरस्कार देती है।

इकबाल सम्मान मध्य प्रदेश सरकार द्वारा प्रदत्त यह सम्मान उर्दू साहित्य के लिए दिया जाता है।

कबीर सम्मान सर्वाधिक सम्मानित यह पुरस्कार मध्य प्रदेश सरकार द्वारा दिया जाता है। यह पुरस्कार भारतीय भाषा में सामाजिक उत्कृष्ट कविता लेखन के लिए दिया जाता है।

ज्ञानपीठ पुरस्कार यह भारत का सबसे प्रतिष्ठित पुरस्कार है। यह पुरस्कार किसी भी भारतीय को किसी भी भारतीय भाषा में उत्कृष्ट साहित्य रचना के लिए दिया जाता है। ज्ञानपीठ पुरस्कार, भारतीय ज्ञानपीठ संस्था द्वारा प्रायोजित होता है। यह सांस्कृतिक संस्था वर्ष 1949 में शान्ति प्रसाद जैन द्वारा स्थापित की गई थी। वर्ष 2023 का 58वाँ ज्ञानपीठ पुरस्कार उर्दू कवि व लेखक गुलजार व संस्कृत विद्वान जगदगुरु रामभद्राचार्य को दिया गया।

फिल्म एवं कला-संगीत पुरस्कार

दादासाहेब फाल्के पुरस्कार सूचना एवं प्रसारण मन्त्रालय द्वारा दिया जाने वाला यह पुरस्कार भारतीय सिनेमा के विकास में उल्लेखनीय योगदान के लिए वर्ष 1969 से दिया जा रहा है।

तुलसी सम्मान राष्ट्रीय स्तर पर जनजातीय लोककला के विकास में योगदान के लिए यह सम्मान मध्य प्रदेश सरकार द्वारा दिया जाता है।

कालिदास सम्मान रूपंकर कलाओं व रंगकर्म के क्षेत्र में सृजनात्मक श्रेष्ठता हेतु यह पुरस्कार मध्य प्रदेश सरकार द्वारा दिया जाता है।

लता मंगेशकर सम्मान सुगम संगीत के क्षेत्र में उत्कृष्टता के लिए यह सम्मान मध्य प्रदेश सरकार द्वारा दिया जाता है।

राष्ट्रीय फिल्म पुरस्कार यह पुरस्कार भारत सरकार के सूचना तथा प्रसारण मन्त्रालय द्वारा उत्कृष्ट फिल्मों तथा उनसे सम्बद्ध कलाकारों को प्रदान किया जाता है।

खेलों से सम्बन्धित राष्ट्रीय पुरस्कार

पुरस्कार का नाम	विशेष तथ्य
राजीव गाँधी खेल रत्न पुरस्कार	वर्ष 1991-92 में शुरूआत। उत्कृष्ट खिलाड़ी को खेलों में उसकी उपलब्धि हेतु प्रदान किया जाता है। सबसे पहले यह पुरस्कार शतरंज खिलाड़ी विश्वनाथन आनन्द को मिला (वर्ष 1991-92 मे)।
ध्यानचन्द पुरस्कार	वर्ष 2002 में शुरुआत। खेलों में जीवनभर की उपलब्धि के लिए यह पुरस्कार दिया जाता है।
अर्जुन पुरस्कार	वर्ष 1961 में शुरुआत किसी खिलाड़ी को अन्तर्राष्ट्रीय स्तर पर उसके पिछले तीन वर्ष की उपलब्धि पर यह पुरस्कार दिया जाता है।
द्रोणाचार्य पुरस्कार	वर्ष 1985 में शुरुआत। विख्यात खेल प्रशिक्षकों को सम्मानित किया जाता है।

* अगस्त, 2021 में राजीव गाँधी खेल रत्न पुरस्कार का नाम बदलकर मेजर ध्यानचन्द खेल रत्न पुरस्कार कर दिया गया है।

अन्तर्राष्ट्रीय पुरस्कार

नोबेल पुरस्कार

- नोबेल पुरस्कार का प्रारम्भ वर्ष 1901 में डाइनामाइट के आविष्कारक तथा प्रमुख उद्योगपति अल्फ्रेड नोबेल की वसीयत के अनुरूप किया गया।
- 1886 ई. में अल्फ्रेड नोबेल की मृत्यु के बाद उन्होंने अपनी वसीयत में अपने उद्योगों की वार्षिक आय पुरस्कारों के लिए दान कर दी।
- यह पुरस्कार प्रतिवर्ष 10 दिसम्बर को दिए जाते हैं।

नोट वर्ष 1974 के बाद से यह नियम बना दिया गया है कि मरणोपरान्त किसी को नोबेल पुरस्कार नहीं दिया जाएगा।

अन्तर्राष्ट्रीय मलाला अवार्ड

मलाला दिवस के अवसर पर 'यूनाइटेड नेशन्स स्पेशल इनवॉय फॉर ग्लोबल एजुकेशन्स यूथ करेज अवार्ड फॉर एजुकेशन' प्रदान किया गया। प्रथम मलाला अवार्ड मेरठ (उत्तर प्रदेश, भारत) की जरिया सुल्ताना को मिला।

संयुक्त राष्ट्रसंघ

संयुक्त राष्ट्र संघ की स्थापना 'सैन फ्रांसिस्को सम्मेलन' (26 जून, 1945) के प्रस्ताव के आचरण पर 24 अक्टूबर, 1945 को हुई थी।

संयुक्त राष्ट्र का मुख्यालय न्यूयॉर्क (यू एस ए) में है। वर्तमान में इसकी सदस्य संख्या 193 है। नवीनतम सदस्य दक्षिणी सुडान है।

अंग्रेजी, फ्रेंच, चीनी, रूसी, अरबी तथा स्पेनिश इसकी छः आधिकारिक भाषाएँ हैं। प्रारम्भ में इसकी आधिकारिक भाषा अंग्रेजी और फ्रेंच थी।

संयुक्त राष्ट्र संघ के प्रमुख अंग

अंग	विशेष तथ्य
महासभा	यह संयुक्त राष्ट्र का एकमात्र अंग है, जिसमें संघ के सभी सदस्य देशों को सदस्यता प्राप्त है।
सुरक्षा परिषद्	सुरक्षा परिषद् विश्व शान्ति एवं सुरक्षा से सम्बान्धित है। इसमें 5 स्थायी सदस्य (अमेरिका, ब्रिटेन, चीन, फ्रांस तथा रूस) तथा 10 अस्थायी सदस्य होते हैं।
आर्थिक एवं सामाजिक परिषद्	इसमें 54 सदस्य हैं। इसके कार्यों में युद्ध एवं शस्त्र की राजनीति को छोड़कर अन्तर्राष्ट्रीय महत्त्व के विषय आते हैं।
अन्तर्राष्ट्रीय न्यायालय	इस न्यायालय में 15 सदस्य होते हैं। इसका मुख्यालय हेग (नीदरलैण्ड) में है।
न्यास परिषद्	इस परिषद् के माध्यम से संयुक्त राष्ट्र का उन राष्ट्रों के प्रशासन एवं सुरक्षा से सम्बन्धित दायित्व स्पष्ट होता है, जो द्वितीय विश्वयुद्ध के पश्चात् स्वतन्त्र नहीं हो पाए।
सचिवालय	यह संयुक्त राष्ट्र का प्रशासनिक अंग है। इसमें महासचिव होता है, जिसकी नियुक्ति 5 वर्ष के लिए होती है। एंटोनियो गुटेरेस (पुर्तगाल) इसके महासचिव हैं।

भारत की आन्तरिक सुरक्षा व्यवस्था
(अर्द्धसैनिक और नागरिक बल)

नाम	मुख्यालय	स्थापना	प्रमुख
असम राइफल्स (AR)	शिलाँग	1835	महानिदेशक
केन्द्रीय रिजर्व पुलिस (CRPF)	नई दिल्ली	1939	महानिदेशक
भारत-तिब्बत सीमा पुलिस (ITBP)	नई दिल्ली	1962	महानिदेशक
सशस्त्र सीमा बल (SSB)	नई दिल्ली	1963	महानिदेशक
सीमा-सुरक्षा बल (BSF)	नई दिल्ली	1965	महानिदेशक
केन्द्रीय औद्योगिक सुरक्षा बल (CISF)	नई दिल्ली	1969	महानिदेशक
भारतीय तटरक्षक दल	नई दिल्ली	1978	महानिदेशक
राष्ट्रीय सुरक्षा गाड्र्स (NSG)	नई दिल्ली	1984	महानिदेशक

संयुक्त राष्ट्र संघ के विभिन्न अभिकरण एवं अन्य संगठन

संगठन	स्थापना वर्ष	मुख्यालय
अन्तर्राष्ट्रीय श्रम संगठन	1919	जेनेवा (स्विट्जरलैण्ड)
अन्तर्राष्ट्रीय नागरिक उड्डयन संगठन	1944	मॉन्ट्रियल (कनाडा)
संयुक्त राष्ट्र खाद्य एवं कृषि संगठन	1945	रोम (इटली)
अन्तर्राष्ट्रीय पुनर्निर्माण एवं विकास बैंक	1946	वाशिंगटन डी. सी (अमेरिका)
यूनेस्को	1946	पेरिस (फ्रांस)
विश्व स्वास्थ्य संगठन	1948	जेनेवा (स्विट्जरलैण्ड)
विश्व मौसम विभाग संगठन	1950	जेनेवा (स्विट्जरलैण्ड)
अन्तर्राष्ट्रीय परमाणु ऊर्जा अभिकरण	1957	वियना (ऑस्ट्रिया)
संयुक्त राष्ट्र औद्योगिक विकास संगठन	1966	वियना (ऑस्ट्रिया)
व्यापक परमाणु परीक्षण प्रतिबन्ध सन्धि संगठन	1996	वियना (ऑस्ट्रिया)
रासायनिक हथियार निषेध संगठन	1997	द हेग (नीदरलैण्ड)

अन्य प्रमुख अन्तर्राष्ट्रीय संगठन

संगठन	स्थापना वर्ष	मुख्यालय
रेडक्रॉस	1863	जेनेवा (स्विट्जरलैण्ड)
इण्टरपोल	1923	लियॉन्स (फ्रांस)
राष्ट्रमण्डल	1949	लंदन (ब्रिटेन)
उत्तरी अटलाण्टिक सन्धि संगठन (NATO)	1949	ब्रुसेल्स (बेल्जियम)
यूरोपियन संघ	1958	ब्रुसेल्स (बेल्जियम)
गुटनिरपेक्ष आन्दोलन	1961	जकार्ता (इण्डोनेशिया)
आसियान	1967	जकार्ता (इण्डोनेशिया)
एशियाई विकास बैंक	1967	मनीला (फिलीपीन्स)
एशिया-प्रशान्त आर्थिक सहयोग संगठन	1989	सिंगापुर
दक्षिण एशियाई क्षेत्रीय सहयोग संगठन (सार्क)	1985	काठमाण्डू (नेपाल)
शंघाई सहयोग संगठन	2001	बीजिंग
ट्रांस पेसिफिक पार्टनरशिप	2015	आकलैण्ड (न्यूजीलैण्ड)

अभ्यास प्रश्न

1. अशोक स्तम्भ को राष्ट्रीय चिह्न के रूप में भारत सरकार द्वारा कब अपनाया गया था?
(a) 30 मार्च, 1929
(b) 30 दिसम्बर, 1931
(c) 26 जनवरी, 1950
(d) 15 अगस्त, 1947

2. 22 जुलाई, 1944 को तिरंगा को राष्ट्रीय ध्वज के रूप में किसके द्वारा अपनाया गया था?
(a) गवर्नर कौंसिल द्वारा
(b) संविधान सभा द्वारा
(c) मन्त्रिमण्डल द्वारा
(d) वायसराय परिषद् द्वारा

3. 'राष्ट्रगीत वन्दे मातरम्' बंकिम चन्द्र चटर्जी द्वारा किस भाषा में रचित है?
(a) हिन्दी (b) संस्कृत
(c) बांग्ला (d) असमिया

4. 'नेलम्बो न्यूसिफेरा' किसका वैज्ञानिक नाम है?
(a) कमल (b) गुलाब (c) गेंदा (d) चमेली

5. विक्रमी संवत् की शुरुआत कब से मानी जाती है?
(a) 78 ई. (b) 58 ई.
(c) 69 ई. (d) 312 ई.

6. राष्ट्रगान को सर्वप्रथम किस कांग्रेस अधिवेशन में गाया गया था?
(a) 1911 के अधिवेशन में
(b) 1893 के अधिवेशन में
(c) 1916 के अधिवेशन में
(d) 1924 के अधिवेशन में

7. किसका वर्णन 'आनन्दमठ' में मिलता है?
(a) राष्ट्रगान (b) राष्ट्रगीत
(c) राष्ट्रीय पुष्प (d) राष्ट्रीय पशु

8. 'राष्ट्रगीत' की रचना किसने की है?
(a) रवीन्द्रनाथ टैगोर
(b) बंकिमचन्द्र चटर्जी
(c) भूपेन हजारिका
(d) राजा राममोहन राय

9. 'राष्ट्रगीत' सर्वप्रथम किस अधिवेशन में गाया गया था?
(a) 1893 (b) 1896 (c) 1906 (d) 1908

10. भारत का राष्ट्रीय 'पंचांग' किस पर आधारित है?
(a) विक्रम संवत्
(b) दीन-ए-इलाही
(c) शक संवत्
(d) इनमें से कोई नहीं

11. सारनाथ कहाँ पर स्थित है?
(a) उत्तर प्रदेश (b) बिहार
(c) मध्य प्रदेश (d) छत्तीसगढ़

12. शक संवत् की शुरुआत कब से मानी जाती है?
(a) 72 ई. (b) 78 ई. (c) 69 ई. (d) 312 ई.

13. भारत के राष्ट्रीय फल 'आम' का वैज्ञानिक नाम क्या है?
(a) पावो क्रिस्टेटस (b) पैंथरा लिन्नायस
(c) फाइकस बेथालेसिस
(d) मेन्जिफैरा इण्डिका

14. 5 अक्टूबर, 2009 को किस जीव को राष्ट्रीय जलीय जीव का दर्जा प्रदान किया गया?
(a) सार्क (b) डॉल्फिन
(c) झींगा (d) दरियाई घोड़ा

15. भारत का राष्ट्रीय वाक्य 'सत्यमेव जयते' कहाँ से लिया गया है?
(a) जबालोकोपनिषद् (b) कठोपनिषद्
(c) मुण्डकोपनिषद् (d) जयसंहिता

16. भारत का प्रथम लोकसभा अध्यक्ष कौन था?
(a) जी. वी मावलंकर
(b) बी. आर अम्बेडकर
(c) जे. वी. कृपलानी
(d) श्यामा प्रसाद मुखर्जी

17. प्रथम परमवीर चक्र विजेता कौन था?
(a) श्री शंकर कुरुप (b) सोमनाथ शर्मा
(c) राकेश शर्मा (d) मानिक शॉ

18. सुमेलित कीजिए

सूची I	सूची II
A. प्रथम गृहमन्त्री	i. हीरा लाल जे कानिया
B. प्रथम मुख्य चुनाव आयुक्त	ii. के. एम करियप्पा
C. प्रथम थल सेना अध्यक्ष	iii. सुकुमार सेन
D. प्रथम मुख्य न्यायाधीश	iv. वल्लभ भाई पटेल

कूट

	A	B	C	D
(a)	i	ii	iii	iv
(b)	i	iii	ii	iv
(c)	iv	iii	ii	i
(d)	iv	i	ii	iii

19. प्रथम महिला न्यायाधीश
(a) फातिमा बीबी (b) अन्ना चण्डी
(c) जयन्ती पटनायक (d) आरती साहा

20. देश का दूसरा सर्वोच्च सैन्य पुरस्कार है जो सैनिकों को प्रदान किया जाता है।
(a) परमवीर चक्र (b) महावीर चक्र
(c) वीर चक्र (d) अशोक चक्र

21. भारत की प्रथम महिला आई.ए.एस. अधिकारी कौन थी?
(a) किरण बेदी (b) लीला सेठ
(c) अन्ना जॉर्ज
(d) विजयालक्ष्मी पण्डित

22. भारतीय राष्ट्रीय कांग्रेस की प्रथम विदेशी महिला अध्यक्ष कौन थी?
(a) सरोजनी नायडू (b) ऐनी बेसेन्ट
(c) सुचेता कृपलानी (d) मदर टेरेसा

23. ऑस्कर पुरस्कार जीतने वाली प्रथम भारतीय महिला कौन थी?
(a) जयन्ति पटनायक (b) उरसूल पुकुट्टी
(c) कमलजीत सन्धु (d) भानु अथैया

24. सुमेलित कीजिए

सूची I	सूची II
A. राष्ट्रीय महिला आयोग की प्रथम अध्यक्ष	i. आशापूर्णा देवी
B. भारत रत्न से सम्मानित प्रथम महिला	ii. जयन्ति पटनायक
C. ज्ञानपीठ पुरस्कार प्राप्तकर्ता प्रथम महिला	iii. इन्दिरा गाँधी
D. प्रथम भारतीय मिस यूनिवर्स	iv. सुष्मिता सेन

कूट

	A	B	C	D
(a)	i	ii	iii	iv
(b)	ii	iii	i	iv
(c)	iii	i	ii	iv
(d)	iv	iii	ii	i

25. भारत के प्रथम उपग्रह आर्यभट्ट का प्रक्षेपण कब हुआ था?
(a) वर्ष 1970 (b) वर्ष 1975
(c) वर्ष 1980 (d) वर्ष 1985

26. 2001 में भारतीय सेना में शामिल किया जाने वाला तेजस क्या है?
(a) टैंक (b) मिसाइल
(c) युद्धक विमान (d) राडार

27. भारत में प्रथम परमाणु रिएक्टर की स्थापना कहाँ हुई थी?
(a) तारापुर (b) ट्राम्बे
(c) बॉम्बे हाई (d) नागपुर

28. भारत का प्रथम बायोस्फीयर रिजर्व कौन-सा है?
(a) नीलगिरी (b) जिम कॉर्बेट
(c) चिल्का (d) बुलर

29. भारत के प्रथम महिला न्यायालय की स्थापना कहाँ हुई थी?
(a) मालदा (b) तारापुर
(c) नोआखली (d) सहारनपुर

30. 'भारत का पहला डाक-टिकट कहाँ से मुद्रित हुआ था?
(a) मुम्बई (b) कोलकाता
(c) चेन्नई (d) केरल

31. भारत की सबसे बड़ी खारे पानी की स्थलबद्ध झील कौन-सी है?
(a) चिल्का (b) साम्भर (c) बुलर (d) टिहरी

32. भारत का सबसे बड़ा पशु मेला कहाँ लगता है?
(a) पुष्कर (राजस्थान)
(b) कुम्भ (उज्जैन)
(c) सोनपुर (बिहार)
(d) पंचमढ़ी (मध्य प्रदेश)

33. 'ढोला सदिया पुल' भारत का सबसे लम्बा नदी पुल है। यह किस नदी पर बना है?
(a) गंगा (b) गोदावरी
(c) ऋजरेखा (d) लोहित

34. दक्षिण भारत की गंगा कही जाने वाली 'गोदावरी' नदी की लम्बाई कितनी है?
(a) 2525 किमी (b) 1000 किमी
(c) 1465 किमी (d) 2000 किमी

35. भारत के राज्यों में किस राज्य की तटरेखा सबसे लम्बी है?
(a) गुजरात (b) मुम्बई
(c) केरल (d) आन्ध्र प्रदेश

36. भारत का सबसे लम्बा राष्ट्रीय राजमार्ग कौन-सा है?
(a) NH-8 (b) NH-44 (c) NH-7 (d) NH-108

37. वर्ष 2017 में हिन्दी का साहित्य अकादमी पुरस्कार किसे दिया गया?
(a) पदम सचदेव (b) तसलीमा नसरीन
(c) गीत झावेरी (d) रमेश कुन्तल मेघ

38. सुमेलित कीजिए

सूची I	सूची II
A. यामा	i. महादेवी वर्मा
B. मैला आँचल	ii. फणीश्वर नाथ रेणु
C. काली आँधी	iii. कमलेश्वर
D. कामायनी	iv. जयशंकर प्रसाद

कूट

	A	B	C	D
(a)	iv	iii	i	ii
(b)	i	ii	iii	iv
(c)	i	iv	ii	iii
(d)	iv	i	ii	iii

39. उत्तरी ध्रुव पर पहुँचने वाले प्रथम व्यक्ति थे
(a) रॉबर्ट पियरी (b) चार्ल्स सिमोन्यी
(c) यूरीगागरिन (d) आर्थर ऐश

40. ऑस्कर पुरस्कार जीतने वाला प्रथम मुस्लिम अभिनेता कौन है?
(a) महेरशला अली (b) मोहम्मद अली
(c) एम. रहमान (d) हैदर अली

41. माउण्ट एवरेस्ट पर चढ़ने वाली प्रथम महिला जुन्को तबेई किस देश की है?
(a) चीन (b) थाइलैण्ड
(c) मलेशिया (d) जापान

42. विश्व का वह पहला देश कौन-सा था, जिसने मृत्युदण्ड को समाप्त कर दिया?
(a) न्यूजीलैण्ड (b) वेनेजुएला
(c) स्वीडन (d) आयरलैण्ड

43. 'नक्शा' बनाने वाला विश्व का प्रथम देश कौन था?
(a) मेसोपोटामिया (b) सुमेरिया
(c) सिन्धु (d) बेबीलोन

44. राष्ट्रीय खेल दिवस किस दिन मनाया जाता है?
(a) 29 अगस्त (b) 28 अगस्त
(c) 26 जुलाई (d) 5 जुलाई

45. विश्व पर्यावरण दिवस निम्नलिखित में से किस दिन मनाया जाता है?
(a) 5 जून (b) 2 अक्टूबर
(c) 10 नवम्बर (d) 19 नवम्बर

46. विश्व परिवेश दिवस मनाया जाता है
(a) 21 मार्च को (b) 23 मार्च को
(c) 5 जून को (d) 5 अक्टूबर को

47. 'मानव अधिकार दिवस' मनाया जाता है
(a) 20 अक्टूबर को (b) 4 जुलाई को
(c) 8 अगस्त (d) 10 दिसम्बर को

48. सुमेलित कीजिए

तिथि	घटना
A. 24 अक्टूबर	i. मानवाधिकार दिवस
B. 10 दिसम्बर	ii. राष्ट्रकुल दिवस
C. 24 मई	iii. संयुक्त राष्ट्र दिवस
D. 21 सितम्बर	iv. अन्तर्राष्ट्रीय शान्ति दिवस

कूट

	A	B	C	D
(a)	iv	i	ii	iii
(b)	iii	i	ii	iv
(c)	iii	ii	i	iv
(d)	iv	ii	i	iii

49. भारत में प्रतिवर्ष शिक्षक दिवस कब मनाया जाता है?
(a) 5 सितम्बर (b) 2 अक्टूबर
(c) 14 अक्टूबर (d) 20 दिसम्बर

50. नौ-सेना की पूर्वी कमान का मुख्यालय कहाँ स्थित है?
(a) दिल्ली (b) चण्डीमन्दिर
(c) इलाहाबाद (d) विशाखापट्टनम

51. थल सेना के ब्रिगेडियर के समकक्ष नौ सेना में कौन-सा पद होता है?
(a) रियर एडमिरल (b) कॉमोडोर
(c) कैप्टन (d) कमाण्डर

52. वायु सेना के शीर्ष पदाधिकारी को क्या कहते हैं?
(a) जनरल (b) एडमिरल
(c) एयर कॉमोडोर (d) एयर चीफ मार्शल

53. 'ब्लेक कैट' के नाम से किस सुरक्षा संगठन के सदस्यों को जाना जाता है?
(a) भारतीय तटरक्षक बल
(b) राष्ट्रीय सुरक्षा गार्ड्स
(c) सशस्त्र सीमा बल
(d) असम राइफल्स

54. सुमेलित कीजिए

प्रक्षेपास्त्र	किस्म
A. पृथ्वी	i. सतह-से-सतह पर मार करने वाली
B. त्रिशूल	ii. सतह-से-हवा में मार करने वाली
C. सागरिका	iii. टैंक रोधी निर्देशित प्रक्षेपास्त्र
D. नाग	iv. सतह से जल में मार करने वाली

कूट

	A	B	C	D
(a)	i	ii	iv	iii
(b)	ii	iii	i	iv
(c)	i	ii	iii	iv
(d)	iv	iii	ii	i

55. विश्व के सबसे छोटे, हल्के एवं बहुउद्देशीय सुपरसोनिक लड़ाकू विमान का नाम क्या है?
(a) मराज-29K (b) तेजस
(c) निशान्त (d) राफेल

56. 'सुखोई' विमान का निर्माण करने वाली कम्पनी का सम्बन्ध किस देश से है?
(a) जापान (b) अमेरिका
(c) फ्रांस (d) रूस

57. आई एन. एस. विक्रमादित्य को नौसेना में कब शामिल किया गया?
(a) वर्ष 2013 (b) वर्ष 2014
(c) वर्ष 2015 (d) वर्ष 2017

58. भारतीय टैंक 'कर्ण' किन दो टैंकों का मिश्रण है?
(a) अर्जुन और भीम
(b) अर्जुन मार्क II और भीम
(c) अर्जुन और टी -72
(d) टी- 90 और टी-72

59. सुमेलित कीजिए

सूची I	सूची II
A. क्रिकेट	i. पॉट
B. गोल्फ	ii. रणजी
C. फुटबॉल	iii. मोहन बागान
D. बिलियर्ड्स	iv. पुट

कूट

	A	B	C	D
(a)	ii	iv	iii	i
(b)	ii	iv	i	iii
(c)	iv	ii	i	iii
(d)	iii	i	iv	ii

60. सुमेलित कीजिए

सूची I	सूची II
A. रंगास्वामी कप	i. क्रिकेट
B. रिलायन्स कप	ii. नौका दौड़
C. रोवर्स कप	iii. फुटबॉल
D. वेलिंगटन कप	iv. हॉकी गोल्फ

कूट

	A	B	C	D
(a)	i	iii	ii	iv
(b)	iv	i	iii	ii
(c)	ii	i	iii	iv
(d)	2	3	1	5

61. कौन-सी प्रतियोगिता राष्ट्रीय फुटबॉल प्रतियोगिता से सम्बन्धित है?
(a) रणजी ट्रॉफी (b) दिलीप ट्रॉफी
(c) डूरण्ड ट्रॉफी (d) सन्तोष ट्रॉफी

62. 'सिली प्वॉइण्ट' किस खेल से सम्बन्धित है?
(a) क्रिकेट (b) टेनिस
(c) बैडमिण्टन (d) ब्रिज

63. प्रसिद्ध खिलाड़ी पेले किस देश के हैं?
(a) बेल्जियम (b) ब्राजील
(c) पुर्तगाल (d) सेनेगल

64. 'गैम्बिट' शब्द निम्नलिखित में से किस खेल से जुड़ा है?
(a) कैरम (b) ब्रिज
(c) शतरंज (d) बिलियर्ड्स

65. निम्नलिखित में से कौन-सा एक युग्म सही सुमेलित है?
(a) एण्ड्रयू फ्लिण्टॉफ – क्रिकेट
(b) पीट सम्प्रास – फुटबॉल
(c) जुगराज सिंह – गोल्फ
(d) विजय कुमार – तैराकी

66. अमेरिका के कार्ल लुईस किस खेल के नामी खिलाड़ी गिने जाते हैं?
(a) एथलेटिक्स (b) बॉक्सिंग
(c) तैराकी (d) क्रिकेट

67. फुटबॉल में 'लेक पर्ल' के उपनाम से किस खिलाड़ी को जाना जाता है?
(a) रुड गुलिट
(b) ए. डी. नासिमेन्टो
(c) लियोनेल मेसी
(d) क्रिस्टियानो रोनाल्डो

68. निम्नलिखित में से कौन-सा पुरस्कार 'क्रिकेट का ऑस्कर' कहलाता है?
(a) आईसीसी पुरस्कार
(b) विजडन पुरस्कार
(c) सिएट पुरस्कार
(d) सी के नायडू पुरस्कार

69. भारत रत्न अलंकरण सर्वप्रथम किसे प्रदान किया गया?
(a) एस राधाकृष्णन को
(b) सी वी रमन को
(c) सी राजगोपालाचारी को
(d) जवाहरलाल नेहरू को

70. मैग्सेस पुरस्कार विजेता पहले भारतीय कौन थे?
(a) इन्दिरा गाँधी (b) टी एन शेषन
(c) किरन बेदी (d) विनोबा भावे

71. पद्म श्री पुरस्कार पाने वाली पहली भारतीय अभिनेत्री कौन थीं?
(a) स्मिता पाटिल (b) नर्गिस दत्त
(c) मीना कुमारी (d) मधुबाला

72. इन्दिरा गाँधी प्रियदर्शिनी पुरस्कार किस क्षेत्र में योगदान के लिए प्रदान किया जाता है?
(a) पर्यावरण के क्षेत्र में उल्लेखनीय योगदान
(b) राष्ट्रीय एकता, अखण्डता व भाईचारे को बढ़ावा देने के लिए
(c) अत्याचारों के खिलाफ आवाज उठाने एवं संघर्ष करने वाली साहसी महिलाओं को
(d) पत्रकारिता के क्षेत्र में महिलाओं की विशिष्ट उपलब्धि के लिए

73. 'लता मंगेशकर सम्मान' कौन प्रदान करता है?
(a) मध्य प्रदेश सरकार
(b) उत्तर प्रदेश सरकार
(c) भारतीय ज्ञानपीठ
(d) राजस्थान सरकार

74. 'इकबाल सम्मान' कौन प्रदान करता है?
(a) उत्तर प्रदेश सरकार
(b) भारत सरकार
(c) मध्य प्रदेश सरकार
(d) साहित्य अकादमी

75. अर्थशास्त्र में नोबेल पुरस्कार कब आरम्भ किए गए?
(a) 1901 (b) 1921 (c) 1959 (d) 1969

76. मैग्सेस पुरस्कार सर्वप्रथम कब दिए गए?
(a) 1957 (b) 1958
(c) 1960 (d) 1956

77. 'राजीव गाँधी सद्भावना पुरस्कार' कौन प्रदान करता है?
(a) के के बिड़ला फाउण्डेशन
(b) भारत सरकार
(c) राजीव गाँधी फाउण्डेशन (कांग्रेस पार्टी)
(d) भारतीय ज्ञानपीठ

78. संयुक्त राष्ट्र संघ की स्थापना का प्रस्ताव कब प्रस्तुत किया गया?
(a) 24 अक्टूबर, 1945
(b) 24 अक्टूबर, 1950
(c) 20 अक्टूबर, 1940
(d) 30 अक्टूबर, 1950

79. वर्तमान में संयुक्त राष्ट्रसंघ में कितने सदस्य हैं?
(a) 190 (b) 191 (c) 192 (d) 193

80. संयुक्त राष्ट्र संघ का एक मात्र अंग कौन-सा है? जिसमें संघ के सभी सदस्य देशों को सदस्यता प्राप्त है?
(a) सचिवालय
(b) न्यास परिषद्
(c) अन्तर्राष्ट्रीय न्यायालय
(d) महासभा

81. सुरक्षा परिषद् (संयुक्त राष्ट्र संघ का अंग) में अस्थायी सदस्यों की संख्या कितनी होती है?
(a) 5 (b) 10 (c) 15 (d) 20

82. सुमेलित कीजिए

संगठन	स्थापना वर्ष
A. अन्तर्राष्ट्रीय श्रम संगठन	i. 1945
B. यूनेस्को	ii. 1919
C. विश्व स्वास्थ्य संगठन	iii. 1966
D. संयुक्त राष्ट्र औद्योगिक विकास संगठन	iv. 1948

कूट

	A	B	C	D
(a)	i	ii	iii	iv
(b)	ii	iv	i	iii
(c)	ii	i	iv	iii
(d)	i	iii	ii	iv

83. विश्व मौसम विभाग संगठन का मुख्यालय कहाँ स्थित है?
(a) जेनेवा (b) रोम
(c) हेग (d) मान्ट्रियल

84. गुट निरपेक्ष आन्दोलन की शुरुआत कब हुई थी?
(a) 1955 (b) 1961 (c) 1971 (d) 1991

85. यूरोपीयन संघ की स्थापना कब हुई थी?
(a) 1958 (b) 1960 (c) 1965 (d) 1970

उत्तरमाला

1	(c)	2	(b)	3	(b)	4	(a)	5	(b)	6	(a)	7	(b)	8	(b)	9	(b)	10	(c)
11	(a)	12	(b)	13	(d)	14	(b)	15	(c)	16	(a)	17	(b)	18	(c)	19	(b)	20	(b)
21	(c)	22	(b)	23	(d)	24	(c)	25	(b)	26	(c)	27	(b)	28	(a)	29	(a)	30	(b)
31	(b)	32	(c)	33	(d)	34	(c)	35	(a)	36	(b)	37	(d)	38	(b)	39	(a)	40	(a)
41	(d)	42	(b)	43	(b)	44	(a)	45	(a)	46	(d)	47	(d)	48	(b)	49	(a)	50	(d)
51	(b)	52	(d)	53	(b)	54	(a)	55	(b)	56	(d)	57	(b)	58	(c)	59	(a)	60	(b)
61	(d)	62	(a)	63	(b)	64	(c)	65	(a)	66	(a)	67	(a)	68	(a)	69	(a)	70	(d)
71	(b)	72	(b)	73	(a)	74	(c)	75	(d)	76	(b)	77	(c)	78	(a)	79	(d)	80	(d)
81	(b)	82	(c)	83	(a)	84	(b)	85	(a)										

सामाजिक अध्ययन

अध्याय 01

भारतीय इतिहास

पाषाण युग

काल	उपकरण/अवशेष	प्राप्ति स्थल/विशेष
निम्न पुरापाषाण काल	कुल्हाड़ी, शैलाश्रय/गुफाएँ मानव खोपड़ी	सोहन घाटी, पल्लवरम्, मद्रास (प्राप्तकर्ता-राबर्ट ब्रुस फूट) भीमबेटका, (मध्य प्रदेश) हथनौरा, नर्मदा घाटी (भारत से प्राप्त एकमात्र मानव जीवाश्म)
मध्य पुरापाषाण काल	फलक, बेधनी, खुरचनी, छेदनी	सोन घाटी, नर्मदा घाटी, बेलन एवं तुंगभद्रा घाटी
उच्च पुरापाषाण काल	ब्लेड (चकमक उद्योग)	राजस्थान, दक्षिणी उत्तर प्रदेश एवं मध्य भारत (भारत में मानव अस्थि पंजर मध्यपाषाण काल से ही प्राप्त हुए हैं।

हड़प्पा सभ्यता

सभ्यता का विस्तार	सिन्धु क्षेत्र (काँस्ययुगीन सभ्यता)
कालक्रम	C-I 4 के अनुसार (2350 ई.पू. से 1750 ई.पू.)
प्रमुख विशेषता	नगर नियोजन, जल निकासी
महत्त्वपूर्ण सार्वजनिक स्थल	स्नानागार, अन्नागार
निर्माण सामग्री	पक्की ईंट
समाज	मातृसत्तात्मक
धार्मिक विश्वास	मातृदेवी, पशुपति शिव एवं प्रकृति पूजा
धार्मिक चिह्न	स्वास्तिक
मृतक संस्कार की पद्धति	दाह संस्कार, पूर्ण समाधिकरण, आंशिक समाधिकरण
अर्थव्यवस्था	कृषि एवं पशुपालन
व्यापार का माध्यम	वस्तु विनिमय

हड़प्पा सभ्यता प्रमुख स्थल, उत्खननकर्ता, वर्ष, नदी, स्थिति एवं प्राप्त साक्ष्य

प्रमुख स्थल	उत्खननकर्ता	वर्ष	नदी	स्थिति	प्राप्त साक्ष्य
हड़प्पा	दयाराम साहनी	1921	रावी के बाएँ किनारे पर	मोण्टगोमरी (पाकिस्तान)	मुहरों पर एक शृंगी पशु, काँसे की इक्कागाड़ी, अन्नागार, कब्रिस्तान R-37
मोहनजोदड़ो	राखलदास बनर्जी	1922	सिन्धु के दाहिने किनारे पर	लरकाना (पाकिस्तान)	तीन मुख वाले देवता (पशुपति), नर्तकी की काँस्य मूर्ति, विशाल अन्नागार, स्नानागार, सूती वस्त्र
चन्हूदड़ो	एन.जी. मजूमदार	1931	सिन्धु	सिन्ध (पाकिस्तान)	मनके बनाने के कारखाने
कालीबंगा	अमलानन्द घोष	1953	घग्घर (सरस्वती)	श्रीगंगानगर (राजस्थान)	जुते हुए खेत, नक्काशीदार ईंट, अग्निवेदिका, पकी मिट्टी का हल
कोटदीजी	फजल अहमद	1953	सिन्धु	खैरपुर (पाकिस्तान)	पत्थर के बाणाग्र
लोथल	रंगनाथ राव	1957	भोगवा	अहमदाबाद (गुजरात)	बन्दरगाह (डॉकयार्ड), हाथीदाँत का पैमाना, युग्म शवाधान, खिलौना
रंगपुर	रंगनाथ राव	1953-54	मादर	काठियावाड़ (गुजरात)	धान की भूसी, गेहूँ की खेती
रोपड़	यज्ञदत्त शर्मा	1953-56	सतलज	रूपनगर (पंजाब)	मानव के साथ कुत्ते दफनाने का साक्ष्य
बनावली	रवीन्द्र सिंह बिष्ट	1974	सरस्वती नदी	फतेहाबाद (हरियाणा)	मिट्टी से बना हल का खिलौना, जौ

वैदिक काल

वैदिक संस्कृति के संस्थापक	आर्य
आर्यों की जानकारी का स्रोत	ऋग्वेद
प्रमुख नदी	सिन्धु
नदियों में प्रमुख	नदीतमा (सरस्वती)
दसराज्ञ युद्ध	आर्य व अनार्यों के बीच

ऋग्वैदिक प्रमुख देवी-देवता

सरस्वती	नदी देवी (बाद में विद्या की देवी)
पूषन	पशुओं के देवता, वनस्पति के देवता
मित्र	शपथ एवं प्रतिज्ञा के देवता
सूर्य	जीवन देने वाला देवता
सोम	वनस्पति के देवता
अग्नि	देवताओं और मनुष्यों के बीच मध्यस्थ
इन्द्र	युद्ध का देवता

वैदिककालीन प्रमुख नदियाँ

प्राचीन नाम	आधुनिक नाम	प्राचीन नाम	आधुनिक नाम
कुभा	काबुल	सुवस्तु	स्वात
वितस्ता	झेलम	गोमती	गोमल
परुष्णी	रावी	अस्किनी	चेनाब
शतुद्री	सतलज	विपाशा	व्यास
दृषद्वती	घग्घर	सदानीरा	गण्डक

जैन धर्म

जैन परम्परा में 24 तीर्थंकर हुए, जिसमें महावीर स्वामी को जैन धर्म का वास्तविक संस्थापक माना गया।

महावीर स्वामी का जीवन परिचय

जन्म	540 ई. पू.	*जन्मस्थान*	वैशाली के पास कुण्डग्राम में
बचपन का नाम	वर्द्धमान	*पिता*	सिद्धार्थ (ज्ञातृक क्षत्रिय कुल)
माता	त्रिशला (लिच्छवी नरेश चेटक की बहन)	*पत्नी*	यशोदा (कुण्डिन्य गोत्र की कन्या)
पुत्री	प्रियदर्शनी	*संन्यास धारण*	30 वर्ष की अवस्था में (गृहत्याग)
मृत्यु	काल 468 ई.पू., आयु 72 वर्ष	स्थान पावापुरी (नालन्दा) बिहार	

जैन धर्म की शिक्षाएँ

त्रिरत्न	सम्यक दर्शन, सम्यक ज्ञान, सम्यक आचरण
पंच महाव्रत	अहिंसा, सत्य वचन, अस्तेय, अपरिहग्रह एवं ब्रह्मचर्य

जैन संगीतियाँ

सम्मेलन	*वर्ष*	*स्थान*	*अध्यक्ष*	*मुख्य तथ्य*
प्रथम	300 ई.पू.	पाटलिपुत्र	स्थूलभद्र	12 अंगों का संकलन
द्वितीय	512 ई.	वल्लभी	देवार्धि क्षमाश्रवण	12 अंगों तथा 12 उपांगों को लिपिबद्ध किया गया।

बौद्ध धर्म

बौद्ध धर्म का विकास छठी शताब्दी ईसा पूर्व के समकालीन धर्मों में हुआ। बौद्ध धर्म के संस्थापक गौतम बुद्ध थे।

महात्मा बुद्ध का जीवन परिचय

जन्म	563 ई. पू.
जन्मस्थान	लुम्बिनी (कपिलवस्तु, नेपाल)
पिता	शुद्धोधन (शाक्यों के राज्य कपिलवस्तु के शासक)
माता	महामाया देवी
बचपन का नाम	सिद्धार्थ
पालन-पोषण	गौतमी प्रजापति (मौसी)
पत्नी	यशोधरा
पुत्र	राहुल
मृत्यु	483 ई.पू. (कुशीनगर, उत्तर प्रदेश)

बुद्ध के जीवन सम्बन्धी प्रतीक

घटना	*प्रतीक*	*घटना*	*प्रतीक*
जन्म	कमल, साँड	प्रथम उपदेश (धर्मचक्र प्रवर्तन)	पहिया
गृह त्याग (महाभिनिष्क्रमण)	घोड़ा	मृत्यु (महापरिनिर्वाण)	स्तूप
ज्ञान प्राप्ति (निर्वाण)	पीपल वृक्ष (पदचिह्न)		

बौद्ध धर्म की शिक्षाएँ

बौद्ध त्रिरत्न	बुद्ध, धम्म एवं संघ
चार आर्यसत्य	दुख, दुःख समुदाय, दुःख निरोग, गामिनी प्रतिपदा

बौद्ध संगीतियाँ

सम्मेलन	*वर्ष*	*स्थान*	*अध्यक्ष*	*शासनकाल*
प्रथम	483 ई.पू.	राजगृह	महाकस्सप	अजातशत्रु
द्वितीय	383 ई.पू.	वैशाली	सुबुकामी	कालाशोक
तृतीय	250 ई.पू.	पाटलिपुत्र	मोग्गलिपुत्त तिस्स	अशोक
चतुर्थ	72 ई.	कुण्डलवन	वसुमित्र	कनिष्क

महाजनपद काल

16 महाजनपद तथा उनकी राजधानी

महाजनपद	*राजधानी*	*महाजनपद*	*राजधानी*
मगध	राजगृह/पाटलिपुत्र	वत्स	कौशाम्बी
अवन्ति	उज्जयिनी/महिष्मती	कुरु	हस्तिनापुर
वज्जि	वैशाली	मत्स्य	विराटनगर
कोसल	श्रावस्ती/अयोध्या	पांचाल	अहिच्छत्र/काम्पिल्य
काशी	वाराणसी	शूरसेन	मथुरा
अंग	चम्पा	गान्धार	तक्षशिला
मल्ल	कुशीनारा/पावा	कम्बोज	हाटक/राजपुर
चेदि	सोथीवती	अश्मक	पाटन/पोटली

मौर्य साम्राज्य

संस्थापक	चन्द्रगुप्त मौर्य (322 ई.पू.)
राजधानी	पाटलिपुत्र
यूनानी यात्री	मेगस्थनीज (यूनानी राजदूत जिसकी प्रमुख पुस्तक इण्डिका थी)
सुदर्शन झील का निर्माण	चन्द्रगुप्त मौर्य
चन्द्रगुप्त की मृत्यु	श्रवणबेलगोला (298 ई.पू.)
यूनानी लेखों में अमित्रघात	बिन्दुसार (298 ई.पू.)
महान् मौर्य सम्राट	अशोक (273 ई.पू.)
अशोक के लेख पढ़ने वाला	जेम्स प्रिन्सेप (1837 ई.)
अशोक का प्रमुख युद्ध	कलिंग युद्ध (261 ई.पू.)
अशोक का बौद्ध गुरु	उपगुप्त
अशोक के अभिलेखों की लिपि	ब्राह्मी, खरोष्ठी, यूनानी एवं आरामाइक

गुप्त साम्राज्य

प्रमुख शासक	*उपाधियाँ*	*उपलब्धियाँ*
श्रीगुप्त	महाराजा	संस्थापक
चन्द्रगुप्त (319-335 ई.)	महाराजाधिराज	गुप्त संवत का संस्थापक (319-320 ई.)
समुद्रगुप्त (335-375 ई.)	व्याघ्र पराक्रम, सर्वराजोच्छेता	दक्षिण-भारत की विजय, भारत का नेपोलियन
चन्द्रगुप्त II (380-412 ई.)	विक्रमादित्य	साहित्य और कला का स्वर्ण युग
स्कन्दगुप्त (455-667 ई.)	विक्रमादित्य	हुणों पर विजय, अन्तिम शक्तिशाली गुप्त शासक

गुप्तकाल के प्रमुख रचनाकार एवं उनकी रचनाएँ

रचनाकार	*रचना*	*रचनाकार*	*रचना*
विशाखदत्त	मुद्राराक्षस, देवीचन्द्रगुप्तम्	आर्यभट्ट	सूर्य सिद्धान्त
शुद्रक	मृच्छकटिकम	वराहमिहिर	वृहत्संहिता, लघुजातक
दण्डी	दशकुमारचरित्	पालकाप्य	हस्तायुर्वेद
कालिदास	कुमारसम्भवम्	सुबन्धु	स्वप्नवासवदत्ता

तुर्क आक्रमण

प्रथम तुर्क आक्रमणकारी	सुबुक्तगीन (गजनी का शासक)
भारत पर 17 बार आक्रमण करने वाला तथा सोमनाथ मन्दिर को नष्ट करने वाला	महमूद गजनवी (बुतशिकन)
भारत में मुस्लिम वंश की स्थापना	तराईन के दूसरे युद्ध के बाद

दिल्ली सल्तनत

गुलाम वंश (1206-1209 ई.)

शासक	शासनकाल	महत्त्वपूर्ण उपलब्धियाँ
कुतुबुद्दीन ऐबक	1206-1210 ई. (लाहौर)	गुलाम वंश की स्थापना, कुतुबमीनार, अढ़ाई दिन का झोपड़ा का निर्माणकर्ता तथा लाख बख्श के नाम से जाना जाता था।
रजिया सुल्तान	1236-1240 ई.	प्रथम मुस्लिम महिला शासक
गियासुद्दीन बलबन	1266-1287 ई.	दैवीय राजत्व के सिद्धान्त का प्रतिपादक, नौरोजी एवं पाबोस प्रथा को शुरू कराया।

खिलजी वंश (1290-1320 ई.)

शासक	शासन काल	महत्त्वपूर्ण उपलब्धियाँ
जलालुद्दीन फिरोज खिलजी	1290-1296 ई.	खिलजी वंश का संस्थापक
अलाउद्दीन खिलजी (गुरशास्प)	1296-1316 ई.	बाजार नियन्त्रण, नगद वेतन, घोड़ों को दागने की प्रथा, अलाई दरवाजा एवं सीरी का किला निर्माणकर्ता।

तुगलक वंश (1330-1414 ई.)

शासक	शासन काल	महत्त्वपूर्ण उपलब्धियाँ
गियासुद्दीन तुगलक	1320-1325 ई.	तुगलक वंश का संस्थापक (भारत में प्रथम नहर निर्माता)
मुहम्मद बिन तुगलक (जौना खाँ)	1325-1351 ई.	राजधानी परिवर्तन, सांकेतिक मुद्रा का प्रचलन, दीवान-ए-कोही की स्थापना, अफ्रीकी यात्री इब्नबतूता को दिल्ली का काजी बनाना।
फिरोजशाह तुगलक	1351-1388 ई.	नहरों का विस्तार, जौनपुर नगर की स्थापना, अशोक स्तम्भों को दिल्ली में स्थापित करना, दान विभाग, रोजगार कार्यालय स्थापित करना, फलों के बाग लगवाना, ब्राह्मणों पर जजिया कर लगाया।

सैयद वंश (1414-1450 ई.)

शासक	शासन काल	महत्त्वपूर्ण उपलब्धियाँ
खिज्र खाँ	1414-1421 ई.	सैयद वंश का संस्थापक
मुबारक शाह	1421-1434 ई.	रैयत-ए-आला उपाधि

लोदी वंश (1451-1526 ई.)

शासक	शासन काल	महत्त्वपूर्ण उपलब्धियाँ
बहलोल लोदी	1451-1489 ई.	लोदी वंश का संस्थापक
सिकन्दर लोदी	1489-1517 ई.	गज-ए-सिकन्दरी नामक पैमाने का प्रचलन, आगरा शहर की स्थापना, गुलरुखी नाम से कविताएँ लिखना
इब्राहिम लोदी	1517-1526 ई.	पानीपत के युद्ध में बाबर से पराजित।

मुगल साम्राज्य

प्रमुख मुगल शासक

शासक	कार्यकाल	शासक	कार्यकाल
बाबर	1526-1530 ई.	जहाँगीर	1605-1627 ई.
हुमायूँ	1530-1556 ई.	शाहजहाँ	1627-1658 ई.
अकबर	1556-1605 ई.	औरंगजेब	1658-1707 ई.

मुगलकालीन प्रमुख युद्ध

युद्ध	अवधि	युद्ध	अवधि
पानीपत का प्रथम युद्ध	1526 ई.	खानवा का युद्ध	1527 ई.
घाघरा का युद्ध	1529 ई.	चौसा का युद्ध	1539 ई.
कन्नौज/बिलग्राम का युद्ध	1540 ई.	हल्दीघाटी का युद्ध	1576 ई.
गुजरात का युद्ध	1572 ई.		

अकबर के महत्त्वपूर्ण कार्य

कार्य	वर्ष	कार्य	वर्ष
दासप्रथा का अन्त	1562	फतेहपुर सीकरी की स्थापना	1571
तीर्थयात्रा कर समाप्त	1563	इलाही संवत् की शुरुआत	1583
जजिया कर समाप्त	1564	राजधानी लाहौर स्थानान्तरित	1585

मुगल शासकों के मकबरे

शासक	मकबरा	शासक	मकबरा
बाबर	काबुल	जहाँगीर	शाहदरा (लाहौर)
हुमायूँ	दिल्ली	शाहजहाँ	आगरा
अकबर	सिकन्दरा (आगरा)	औरंगजेब	औरंगाबाद (महाराष्ट्र)

सल्तनत एवं मुगलकालीन स्थापत्य

स्मारक	संरक्षक/वास्तुकार
कुतुबमीनार (दिल्ली)	कुतुबुद्दीन ऐबक
कुव्वत-उल-इस्लाम मस्जिद (दिल्ली)	कुतुबुद्दीन ऐबक
अलाई दरवाजा (दिल्ली)	अलाउद्दीन खिलजी
कोटला फिरोजशाह (दिल्ली)	फिरोजशाह तुगलक
हुमायूँ का मकबरा (दिल्ली)	हमीदा बानू बेगम
फतेहपुर सीकरी (आगरा)	अकबर
एतमाउद्दौला का मकबरा (आगरा)	नूरजहाँ
ताजमहल (आगरा)	शाहजहाँ (अहमद लाहौरी)
लाल किला (दिल्ली)	शाहजहाँ (अहमद लाहौरी)
जामा मस्जिद (दिल्ली)	शाहजहाँ
बीबी का मकबरा (औरंगाबाद)	अजय शाह (अत्ता उल्ला)

मुगलकालीन साहित्य

पुस्तक	लेखक
तुजुक-ए-बाबरी (बाबरनामा)	बाबर
हुमायूँनामा	गुलबदन बेगम
अकबरनामा (आइन-ए-अकबरी)	अबुल फजल
तुजुक-ए-जहाँगीरी	जहाँगीर
शाहजहाँनामा	इनायत खाँ
सिर्रे अकबर	दाराशिकोह

मराठा राज्य

मराठा शक्ति का उदय 17वीं शताब्दी में शिवाजी के नेतृत्व में हुआ था।

शिवाजी : महत्त्वपूर्ण तथ्य

जन्म	पुणे जिले के शिवनेरी दुर्ग में (अप्रैल, 1627)
माता-पिता	जीजाबाई, शाहजी भोंसले
संरक्षक	दादा कोण्डदेव
मन्त्रिपरिषद्	अष्टप्रधान
राजस्व कर	सरदेशमुखी एवं चौथ

महत्त्वपूर्ण सन्धियाँ (अंग्रेज-मराठा संघर्ष के दौरान)

सन्धियाँ	वर्ष	सन्धियाँ	वर्ष
सूरत की सन्धि	1775 ई.	सालबाई की सन्धि	1782 ई.
पुरन्दर की सन्धि	1665 ई.	बसीन की सन्धि	1802 ई.

सिख धर्म गुरु और उनके प्रमुख कार्य

समय (गुरु-काल)	गुरु	कार्य
1469-1539 ई.	गुरु नानक देव	सिख धर्म की स्थापना, 'आदिग्रन्थ' की रचना
1539-1552 ई.	गुरु अंगद	गुरुमुखी लिपि के जनक

समय (गुरु-काल)	*गुरु*	*कार्य*
1552-1574 ई.	गुरु अमरदास	धर्म प्रसार हेतु 22 गद्दियों की स्थापना
1574-1581 ई.	गुरु रामदास	अमृतसर की स्थापना (1577 ई.)
1581-1606 ई.	गुरु अर्जुन देव	**श्री हरमन्दिर साहिब** या **स्वर्ण मन्दिर** की नींव रखी, 'गुरु ग्रन्थ साहब' का संकलन
1606-1645 ई.	गुरु हरगोविन्द सिंह	**अकाल तख्त** की स्थापना, सिखों को सैनिक जाति में बदला
1645-1661 ई.	गुरु हरराय	उत्तराधिकार (मुगलों के) युद्ध में भाग
1661-1664 ई.	गुरु हरकिशन	अल्पवयस्क अवस्था में ही मृत्यु
1664-1675 ई.	गुरु तेग बहादुर	इस्लाम कुबूल न करने के कारण औरंगजेब द्वारा सिर कटवा दिया गया।
1675-1708 ई.	गुरु गोविन्द सिंह	**खालसा पन्थ** की स्थापना, अन्तिम गुरु

➔ यूरोपीय कम्पनियों का आगमन

कम्पनी	*समय*	*व्यापारिक केन्द्र*	*कम्पनी*	*समय*	*व्यापारिक केन्द्र*
पुर्तगाली	1498 ई.	कोचीन	डेन	1620 ई.	ट्रैंकोबार
डच	1602 ई.	मसूलीपट्टनम	फ्रांसीसी	1664 ई.	सूरत
अंग्रेज	1608 ई.	सूरत			

➔ 1857 ई. का विद्रोह

1857 ई. के विद्रोह की शुरुआत सिपाही मंगल पाण्डे ने बैरकपुर छावनी से की थी।

विद्रोह केन्द्र	*नेतृत्वकर्ता*	*आन्दोलन का समय*	*विद्रोह को कुचलने वाला ब्रिटिश अधिकारी*
दिल्ली	बहादुरशाह जफर एवं बख्त खाँ	11 मई, 1857	निकोलसन एवं हडसन
लखनऊ	बेगम हजरत महल	4 जून, 1857	कैम्पबेल एवं हेनरी लॉरेन्स
कानपुर	नाना साहब एवं तात्याँ टोपे	5 जून, 1857	कैम्पबेल
झाँसी	रानी लक्ष्मीबाई	4 जून, 1857	ह्यूरोज
इलाहाबाद	लियाकत अली	जून 1857	कर्नल नील
जगदीशपुर	वीर कुँवर सिंह एवं अमर सिंह	12 जून, 1857	विलियम टेलर विसेण्ट आयर
फैजाबाद	मौलवी अहमदुल्ला	जून, 1857	कैम्पबेल
बरेली	खान बहादुर खाँ	जून, 1857	कैम्पबेल

➔ गवर्नर/गवर्नर-जनरल/वायसराय एवं उनके महत्त्वपूर्ण कार्य

प्रमुख गवर्नर	*महत्त्वपूर्ण कार्य*
वारेन हेस्टिंग्स (1772-1785)	बंगाल में द्वैध शासन की समाप्ति, बंगाल का पहला गवर्नर-जनरल
लॉर्ड कार्नवालिस (1786-1793)	सिविल सेवा एवं पुलिस सेवा का जनक, बंगाल में स्थायी बन्दोबस्त लागू
लॉर्ड वेलेजली (1798-1805)	सहायक सन्धि की शुरुआत, कलकत्ता में फोर्ट विलियम कॉलेज की स्थापना
लॉर्ड विलियम बैण्टिंक (1828-1835)	भारत का पहला गवर्नर-जनरल, सती प्रथा को समाप्त किया, ठगी प्रथा का अन्त, शिशु बालिका हत्या पर रोक
लॉर्ड डलहौजी (1848-1856 ई.)	व्यपगत सिद्धान्त (राज्य हड़प नीति), भारत में प्रथम रेलवे लाइन बिछाई गई, चार्ल्स वुड का डिस्पैच, डाक व्यवस्था में सुधार, विधवा पुनर्विवाह विधेयक पारित।
लॉर्ड कैनिंग (1856-1862)	ब्रिटिश शासन के अधीन भारत का प्रथम वायसराय, 1857 का विद्रोह, व्यपगत सिद्धान्त की समाप्ति
लॉर्ड मेयो (1869-1872)	भारत में प्रथम जनगणना, मेयो कॉलेज की स्थापना (अजमेर)
लॉर्ड लिटन (1876-1880)	दिल्ली दरबार का प्रथम आयोजन, वर्नाकुलर प्रेस एक्ट पारित
लॉर्ड रिपन (1880-1884)	प्रथम फैक्ट्री अधिनियम, वर्नाकुलर प्रेस एक्ट की समाप्ति, स्थानीय स्वशासन, हण्टर कमीशन
लॉर्ड कर्जन (1899-1905)	विश्वविद्यालय आयोग का गठन, बंगाल विभाजन
लॉर्ड विलियम बैण्टिंक (1828-1835)	भारत का पहला गवर्नर-जनरल, सती प्रथा को समाप्त किया, ठगी प्रथा का अन्त, शिशु बालिका हत्या पर रोक
लॉर्ड इरविन (1926-1931)	साइमन कमीशन, सविनय अवज्ञा आन्दोलन की शुरुआत, गोलमेज सम्मेलन, गाँधी-इरविन समझौता
लॉर्ड माउण्टबेटन (1947-1948)	स्वतन्त्रता के बाद भारत का प्रथम गवर्नर जनरल (ब्रिटिश, माउण्टबेटन योजना, भारत का विभाजन
सी. राजगोपालाचारी (1948-1950)	प्रथम एवं अन्तिम भारतीय गवर्नर-जनरल

➔ सामाजिक धार्मिक सुधार सम्बन्धित संस्था एवं संगठन

समाज सुधारक	*संस्था/संगठन*
राजा राममोहन राय	ब्रह्म समाज (1828 ई.)
स्वामी दयानन्द सरस्वती	आर्य समाज (1875 ई.)
स्वामी विवेकानन्द	रामकृष्ण मिशन (1897 ई.)
ऐनी बेसेण्ट	थियोसोफिकल सोसाइटी (भारत में)
सर सैयद अहमद खाँ	अलीगढ़ आन्दोलन (1875 ई.)
मिर्जा गुलाम अहमद	अहमदिया आन्दोलन (1889 ई.)

➔ प्रमुख जन एवं जनजातीय आन्दोलन

विद्रोह	*वर्ष*	*विद्रोह का नेतृत्वकर्ता*
फकीर विद्रोह	1776-77	मजनूँ शाह
संन्यासी विद्रोह	1770-80	बंगाल में संन्यासियों द्वारा किया गया विद्रोह था। इन्होंने अंग्रेजी कोठियों एवं खजाने को लूटा था।
रामोसी विद्रोह	1822	चितुर सिंह
सन्थाल विद्रोह	1855-1856	सिद्ध-कान्हू
कूका आन्दोलन	1860-1870	जवाहरमल
मुण्डा विद्रोह	1893-1900	बिरसा मुण्डा
पाइका विद्रोह	1817	जगबंधु विद्याधर

➔ गाँधी युग

गाँधीजी एवं स्वतन्त्रता आन्दोलन के घटनाक्रम/वर्ष

घटनाक्रम	*वर्ष*	*घटनाक्रम*	*वर्ष*
गाँधीजी का भारत आगमन	1915	चम्पारण सत्याग्रह	1917
खेड़ा सत्याग्रह	1918	अहमदाबाद मिल मजदूर आन्दोलन	1918
रौलेट एक्ट	1919	जलियाँवाला बाग नरसंहार	1919
असहयोग आन्दोलन	1920	चौरी-चौरा काण्ड	1922
साइमन कमीशन	1928	सविनय अवज्ञा आन्दोलन	1930
दाण्डी मार्च एवं नमक सत्याग्रह	1930	भारत छोड़ो आन्दोलन	1942
आजाद हिन्द फौज	1942	भारतीय स्वतन्त्रता	1947

➔ स्वाधीनता संग्राम से सम्बन्धित पत्र/पत्रिकाएँ

पुस्तकें/पत्र	*लेखक/सम्पादक*	*पुस्तकें/पत्र*	*लेखक/सम्पादक*
अलहिलाल (पत्र)	मौलाना आजाद	लीडर (पत्र)	मदन मोहन मालवीय
अनहैप्पी इण्डिया	लाला लाजपत राय	स्त्री-पुरुष तुलना	ताराबाई शिंदे
ए नेशन इन द मेकिंग	सुरेन्द्र नाथ बनर्जी	हिन्दुस्तान (पत्र)	मदन मोहन मालवीय
इण्डिया डिवाइडेड	डॉ. राजेन्द्र प्रसाद	इण्डियन स्ट्रगल	सुभाषचन्द्र बोस
हरिजन (पत्र)	महात्मा गाँधी	कॉमन व्हील (पत्र)	ऐनी बेसेण्ट
न्यू इण्डिया	ऐनी बेसेण्ट	केसरी (पत्र)	बाल गंगाधर तिलक
संवाद कौमुदी	राजा राममोहन राय	बॉम्बे क्रॉनिकल	फिरोजशाह मेहता
यंग इण्डिया (पत्र)	महात्मा गाँधी	वन्दे मातरम्	अरविन्दो घोष

कला एवं संस्कृति

धर्म

धर्म भारतीय संस्कृति का एक अभिन्न अंग है। भारत में विभिन्न धर्मों के अनुयायी निवास करते हैं। प्रमुख रूप से भारत में निम्नलिखित धर्म प्रचलित हैं

धर्म	संस्थापक	सम्बन्धित ग्रन्थ
हिन्दू	एकमात्र धर्म जिसका कोई संस्थापक नहीं है। इसे सनातन धर्म भी कहा जाता है।	वेद, उपनिषद्, पुराण, रामायण, महाभारत, भगवद् गीता
बौद्ध	गौतम बुद्ध	सुत्तपिटक, अभिधम्मपिटक, विनयपिटक
जैन	ऋषभदेव (प्रथम तीर्थंकर) 24वें तीर्थंकर महावीर को वास्तविक संस्थापक माना जाता है।	आगम (जैन साहित्य) कल्पसूत्र, परिशिष्ट पर्वन, न्यायावतार
इस्लाम	हजरत मुहम्मद साहब	कुरान शरीफ, हदीस
सिख	गुरुनानक	गुरुग्रन्थ साहिब, जपुजी, सोदरू महला
ईसाई	ईसामसीह	बाइबिल

नृत्य

संगीत नाटक अकादमी द्वारा 8 नृत्यों को शास्त्रीय नृत्य के रूप में मान्यता प्रदान की गई है, जिनका वर्णन निम्नलिखित है

नृत्य/क्षेत्र	नर्तक/नर्तकी
भरतनाट्यम (तमिलनाडु)	अरुण्डेल, यामिनी कृष्णमूर्ति, रुक्मिणी, देवी, मृणालिनी साराभाई
मणिपुरी (मणिपुर)	रीता देवी, सविता मेहता, निर्मला मेहता
कत्थक (उत्तर प्रदेश)	लच्छू महाराज, शम्भू महाराज, नारायण प्रसाद, जयलाल दमयन्ती, भारती गुप्ता।
कथकली (केरल)	रामगोपाल, नारायन मेनन, मृणालिनी साराभाई, शान्ताराव
ओडिसी (ओडिशा)	इन्द्राणी रहमान, कालीचन्द्र, कालीचरण पटनायक
कुचिपुड़ि (आन्ध्र प्रदेश)	वेम्पति सत्यनारायण, यामिनी कृष्णमूर्ति, राधा रेड्डी
मोहिनीअट्टम (केरल)	तारा निडुगाडी, तंकमणि, के. कलाणि अम्मा, रागिनी देवी
सुत्रिया (असम)	गहन चन्द्रा स्वामी, प्रदीप चालीहा, अनन्दा मोहन भगतवी, प्रभात शर्मा

भारत के प्रमुख लोकनृत्य

राज्य	लोकनृत्य
असम	बिहू, खेलगोपाल, कलिगोपाल, बोई साजू, नटपूजा मीट्टू
पंजाब	कीकली, भँगड़ा, गिद्दा
हिमाचल प्रदेश	जद्दा, नाटी, चम्बा, छपेली
हरियाणा	धमाल, खोरिया, फाग, डाहीकल
महाराष्ट्र	लेजिम, तमाशा लावनी, कोली
जम्मू-कश्मीर	दमाली, हिकात, दण्डी नाच, राऊ, लडाखी
राजस्थान	गणगौर, झूमर, घूमर, झूलन लीला
गुजरात	गरबा, डाण्डिया रास, पणिहारी, रासलीला, लास्या, गणपति भजन
बिहार	जट-जाटिन, घुमकड़िया, कीर्तनिया, पंवारियाँ, सोहराई, सामा, चकेवा, जात्रा
उत्तर प्रदेश	डांगा, झींका, छाऊ, लुझरी, झोरा, कजरी, नौटंकी, थाली, जट्टा
केरल	भद्रकली, पायदानी, कुड़ीअट्टम, कालीअट्टम, मोहिनीअट्टम
पश्चिम बंगाल	करणकाठी, गम्भीरा, जलाया, बाउल नृत्य, कथि, जात्रा
नागालैण्ड	कुमीनागा, रेंगमनागा, लिम, चोंग, युद्ध नृत्य, खैवा
मणिपुर	संकीर्तन, लाईहरीबा, थांगटा की तलम, बसन्तराम, राखाल
मिजोरम	चेरोकान, पाखुलिया नृत्य
झारखण्ड	सुआ, पंथी, राउत, कर्मा, फुलकी डोरला, सरहुल, पाइका, नटुआ, छऊ
ओडिशा	अग्नि, डंडानट, पैका, जदूर, मुदारी, आया, सवारी, छाऊ
उत्तराखण्ड	चांचरी/झोड़ा, छपेली, छोलिया, झुमैलो, जागर, कुमायूँ नृत्य
कर्नाटक	यक्षगान, भूतकोला, वीरगास्से, कोडावा
आन्ध्र प्रदेश	घण्टामर्दाला, बतकम्मा, कुम्मी, छड़ी, सिद्धि माधुरी
छत्तीसगढ़	सुआ करमा, रहस, राउत, सरहुल, बार, नाचा, घसिया बाजा, पंथी
तमिलनाडु	कोलट्टम, कुम्मी कारागम
उत्तराखण्ड	जागर, चौफला, छपेली, छोलिया

प्रसिद्ध वाद्य यन्त्र एवं वादक

वाद्य	वादक
बाँसुरी	हरिप्रसाद चौरसिया, रघुनाथ सेठ, पन्नालाल घोष, प्रकाश सक्सेना, देवेन्द्र मुक्तेश्वर, प्रकाश बढ़ेरा, राजेन्द्र प्रसन्ना
वायलिन	बालमुरली कृष्णन, गोविन्दस्वामी पिल्लई,टी.एन. कृष्णन, आर.पी. शास्त्री
सरोद	अली अकबर खाँ, अलाउद्दीन खाँ, अशोक कुमार राय, अमजद अली खाँ
सितार	पं. रविशंकर, उस्ताद विलायत खाँ
शहनाई	बिस्मिल्ला खाँ, शैलेश भागवत, अनन्त लाल, भोलानाथ तमन्ना, हरि सिंह
तबला	अल्लारक्खा, जाकिर हुसैन, लतीफ खाँ, गुदई महाराज, अम्बिका प्रसाद
हारमोनियम	रविन्द्र तलोगांवकर, अप्पा जुलगांवकर, महमूद
वीणा	ब्रह्मस्वरूप सिंह, एस. बालचन्द्रन, असद अली, गोपालकृष्ण
ए. कन्याकुमारी	कर्नाटक वायलिन वादक पद्म श्री, 1215 से सम्मानित वायालिन वीणा एवं नादस्वरम् के मेल वाद्य 'वाद्य लहरी' का सृजन किया।
संतूर	पं. शिवकुमार शर्मा, तरुण भट्टाचार्य
सारंगी	पं. रामनारायण, ध्रुव घोष, अरुण काले, आशिक अली खाँ, वजीर खाँ, रमजान खाँ
गिटार	विश्वमोहन भट्ट, ब्रजभूषण काबरा, केशव तलेगावकर, नतिन मजूमदार

वास्तुकला शैलियाँ

शैली	विशेषता	नमूने
नागर शैली	चतुर्भुजाकार भवन	सूर्य मन्दिर (कोणार्क), जगन्नाथ मन्दिर (पुरी), कन्दरिया महादेव मन्दिर (खजुराहो), दिलवाड़ा जैन मन्दिर (माउण्ट आबू)।
द्रविड़ शैली	गोलाकार भवन	कैलाश मन्दिर (काँची), रथ मन्दिर (मामल्लापुरम), वृहदेश्वर मन्दिर (तंजौर)।
बेसर शैली	आयताकार भवन	कैलाश मन्दिर (एलोरा), दशावतार मन्दिर (देवगढ़ झाँसी)

प्रश्न बैंक

1. सिन्धु सभ्यता सम्बन्धित है
(a) प्रागैतिहासिक युग से
(b) आद्य-ऐतिहासिक युग से
(c) ऐतिहासिक युग से
(d) उत्तर ऐतिहासिक युग से

2. कौन-सी सभ्यता सिन्धु घाटी सभ्यता के समकालीन मानी जाती है?
(a) माया सभ्यता
(b) मेसोपोटामिया सभ्यता
(c) चीन की सभ्यता
(d) बेबीलोन की सभ्यता

3. हड़प्पा नगर की खोज किसने की थी?
(a) दयाराम साहनी
(b) एलेक्जेण्डर कनिघम बिष्ट
(c) रवीन्द्र सिंह बिष्ट
(d) ए.जी. मजूमदार

4. निम्न में से किसकी खेती हड़प्पावासी करते थे?
(a) गेहूँ (b) जौ (c) कपास (d) ये सभी

5. हड़प्पा कालीन स्थल लोथल किस नदी के किनारे उपस्थित था?
(a) सिन्धु (b) घग्घर
(c) भोगवा (d) रावी

6. निम्न में किस स्थान के उत्खनन में ताँबे की मुहरें प्राप्त हुई थीं?
(a) लोथल (b) राखीगढ़ी
(c) कालीबंगा (d) हड़प्पा

7. निम्न स्थानों में किस एक स्थान पर सिन्धु घाटी सभ्यता से सम्बद्ध विख्यात वृषभ मुद्रा प्राप्त हुई थी?
(a) हड़प्पा (b) चन्हूदड़ो
(c) लोथल (d) मोहनजोदड़ो

8. बिना दुर्ग का एकमात्र सिन्धु नगर कौन-सा था?
(a) कालीबंगा (b) हड़प्पा
(c) मोहनजोदड़ो (d) चन्हूदड़ो

9. सिन्धु सभ्यता के निम्नलिखित शहरों में से कौन-सा एक, जल प्रबन्धन के लिए जाना जाता था?
(a) लोथल (b) मोहनजोदड़ो
(c) हड़प्पा (d) धौलावीरा

10. निम्न में से कौन सिन्धु घाटी सभ्यता के प्रमुख धरोहर है?
(a) कुबड़ वाला साड़
(b) पशुपति शिव की मूर्ति
(c) विशाल स्नानागार
(d) ये सभी

11. आरम्भिक वैदिक काल में वर्ण व्यवस्था आधारित थी
(a) शिक्षा पर (b) जन्म पर
(c) व्यवसाय पर (d) प्रतिभा पर

12. निम्न में से किस नदी को ऋग्वेद में मातेतमा, देवीतमा एवं नदीतमा से सम्बोधित किया गया है?
(a) सिन्धु (b) सरस्वती
(c) वितस्ता (d) यमुना

13. निम्न में से कौन-सा वेद कर्म काण्ड प्रधान है?
(a) ऋग्वेद (b) यजुर्वेद
(c) सामवेद (d) अथर्ववेद

14. किस वेद को भारतीय संगीत का मूल कहा जाता है?
(a) ऋग्वेद (b) सामवेद
(c) यजुर्वेद (d) अथर्ववेद

15. किस वेद में सभा और समिति को प्रजापति की दो पुत्रियाँ कहा गया है?
(a) ऋग्वेद (b) सामवेद
(c) यजुर्वेद (d) अथर्ववेद

16. किस वेद में जादुई माया और वशीकरण का वर्णन है?
(a) ऋग्वेद (b) यजुर्वेद
(c) अथर्ववेद (d) सामवेद

17. सत्यमेव जयते किस उपनिषद् से लिया गया है?
(a) तैत्तरीय उपनिषद् (b) सामवेद
(c) छान्दोग्य उपनिषद् (d) मुण्डकोपनिषद्

18. बौद्ध तथा जैन ग्रन्थों में छठी ई. पूर्व की कितनी महाजनपदों का उल्लेख मिलता है?
(a) 10 (b) 12 (c) 16 (d) 18

19. अंग महाजनपद की राजधानी कहाँ थी?
(a) वैशाली (b) चम्पा
(c) श्रावस्ती (d) कौशाम्बी

20. जैन धर्म के प्रथम तीर्थंकर एवं प्रवर्तक कौन थे?
(a) महावीर (b) ऋषभदेव
(c) पार्श्वनाथ (d) सुधर्मन

21. महावीर स्वामी ने अपने उपदेश किस भाषा में दिए थे?
(a) पाली (b) संस्कृत
(c) प्राकृत (d) मगधी

22. भगवान महावीर का प्रथम शिष्य था
(a) जमालि (b) यशोदा
(c) अणोज्मा (d) त्रिशला

23. महावीर के सन्दर्भ में निम्न युग्मों पर विचार करें एवं असत्य युग्म का चयन करें
(a) महावीर का जन्म-कुण्डग्राम (वैशाली)
(b) महावीर के पिता-सिद्धार्थ (ज्ञातृक कुल)
(c) महावीर की माता-त्रिशला
(d) महावीर की पत्नी-यशोधरा

24. जैन धर्म की पहली संगीति (सभा) कहाँ हुई थी?
(a) पाटलिपुत्र (b) वल्लभी
(c) बोधगया (d) पावापुरी

25. बुद्ध का जन्म हुआ था
(a) श्रावस्ती (b) लुम्बिनी
(c) सारनाथ (d) कुशीनगर

26. भगवान बुद्ध ने अपना पहला उपदेश कहाँ दिया था?
(a) कुशीनगर (b) बोधगया
(c) सारनाथ (d) श्रावस्ती

27. पाटलिपुत्र में स्थित चन्द्रगुप्त मौर्य का महल किससे बना था?
(a) ईंटो का (b) पत्थर का
(c) लकड़ी का (d) मिट्टी का

28. मौर्य प्रशासन में राजस्व संग्रह का अधिकारी था
(a) सन्निधाता (b) प्रदेष्टा
(c) युक्त (d) समाहर्ता

29. किस मौर्य शासक को अमित्रघात भी कहा जाता था?
(a) बिन्दुसार (b) बृहद्रथ
(c) शालिशूक (d) अशोक

30. मौर्य साम्राज्य में प्रचलित मुद्रा का क्या नाम था?
(a) पण (b) तोल (c) दीनार (d) काकणी

31. मेगस्थनीज के अनुसार पाटलिपुत्र का नगर एक समिति द्वारा शासित था। इस समिति में कितने सदस्य थे?
(a) दस (b) पन्द्रह (c) तीस (d) चालीस

32. अशोक के अभिलेख और ब्राह्मी लिपि को सर्वप्रथम किसके द्वारा पढ़ा गया?
(a) एलेक्जेण्डर कनिंघम
(b) जेम्स प्रिंसेप
(c) मैक्समूलर
(d) मार्टिमर ह्वीलर

33. अशोक ने किस बौद्ध साधु से प्रभावित होकर बौद्ध धर्म अपनाया?
(a) विष्णुगुप्त (b) उपगुप्त
(c) ब्रह्मगुप्त (d) बृहद्रथ

34. मौर्य वंश के बाद किस शासक वंश का उदय हुआ?
(a) शुग वंश (b) कण्व वंश
(c) सातवाहन वंश (d) शक वंश

35. गुप्त वंश का संस्थापक कौन था?
(a) घटोत्कचगुप्त (b) चन्द्रगुप्त
(c) श्रीगुप्त (d) इनमें से कोई नहीं

36. भारत का नेपोलियन किसे कहा जाता है?
(a) चन्द्रगुप्त मौर्य (b) पुष्यमित्र
(c) कनिष्क (d) समुद्रगुप्त

37. कुमारसम्भव महाकाव्य किस कवि ने लिखा?
(a) बाणभट्ट (b) चन्दबरदाई
(c) कालिदास (d) हरिषेण

38. पर्णदत्त को किसने सौराष्ट्र का प्रान्तपति बनाया था?
(a) चन्द्रगुप्त मौर्य (b) रुद्रदामन
(c) चन्द्रगुप्त द्वितीय (d) स्कन्दगुप्त

39. हर्ष और पुलकेशिन के बीच युद्ध किस स्थान पर हुआ था?
(a) नर्मदा नदी के तट पर
(b) सौराष्ट्र सीमा पर
(c) विन्ध्याचल पर्वत श्रृंखला पर
(d) गोदावरी के तट पर

40. पाल वंश का संस्थापक कौन था?
(a) नन्नुक (b) गोपाल
(c) विजयालय (d) वासुदेव

मध्यकालीन भारत का इतिहास

41. अरबों ने भारत पर आक्रमण कब किया था?
(a) 712 ई. में (b) 825 ई. में
(c) 1025 ई. में (d) 1027 ई. में

42. निम्नलिखित में से कौन महमूद गजनवी के दरबार में रहता था?
(a) अलबरूनी (b) फिरदौसी
(c) उत्बी फारूखी (d) ये सभी

43. तराइन का प्रथम युद्ध किसके-किसके बीच हुआ था?
(a) मोहम्मद गोरी-पृथ्वी राज चौहान
(b) मोहम्मद गोरी-राणा सांगा
(c) मोहम्मद गोरी-राणा कुम्भा
(d) मोहम्मद गोरी-राणा रतन सिंह

44. भारत में तुर्क साम्राज्य राज्य का संस्थापक कौन था?
(a) फिरदौसी (b) महमूद गजनवी
(c) मोहम्मद गोरी (d) बख्तियार काकी

45. लाखबख्श की उपाधि किसे दी गई थी?
(a) मोहम्मद गोरी
(b) कुतुबुद्दीन ऐबक
(c) इल्तुतमिश
(d) ग्यासुद्दीन बलबन

46. अढ़ाई दिन का झोपड़ा का निर्माण करवाया
(a) इल्तुतमिश (b) रजिया सुल्तान
(c) बलबन (d) कुतुबुद्दीन ऐबक

47. इल्तुतमिश द्वारा गठित तुर्कान-ए-चिहलगानी था
(a) घुड़साल के संगठित सवार
(b) चालीस सरदारों का दल
(c) शासन के मुख्य उत्तराधिकारी
(d) व्यापारिक संगठन

48. इक्ता प्रणाली पहली बार लागू की गई थी
(a) इल्तुतमिश द्वारा (b) ऐबक द्वारा
(c) बलबन (d) अकबर द्वारा

49. शम्सी वंश की स्थापना किसके द्वारा की गई?
(a) कुतुबुद्दीन ऐबक (b) मोहम्मद गोरी
(c) इल्तुतमिश (d) बलबन

50. जीतल तथा टंका नामक सिक्के किसने चलवाए?
(a) इल्तुतमिश (b) बलबन
(c) ऐबक (d) अकबर

51. सुल्तान को 'नियामत-ए-खुदाई' किसने कहा?
(a) इल्तुतमिश
(b) कुतुबुद्दीन ऐबक
(c) ग्यासुद्दीन बलबन
(d) अलाउद्दीन खिलजी

52. अपने विरोधियों के प्रति कठोर लौह एवं रक्त की नीति का पालन किया?
(a) अलाउद्दीन खिलजी
(b) ग्यासुद्दीन बलबन
(c) कैकुबाद
(d) इल्तुतमिश

53. प्रसिद्ध फारसी पर्व 'नौरोज' किसने प्रारम्भ किया था?
(a) अलाउद्दीन खिलजी
(b) बलबन
(c) मोहम्मद तुगलक
(d) फिरोज तुगलक

54. 1266 ई. में नासिरुद्दीन महमूद की मृत्यु के बाद कौन शासक बना?
(a) रुकनुद्दीन (b) मोहम्मद मंसूर
(c) बहाउद्दीन (d) कैखुसरव

55. सिकन्दर-ए-सानी की उपाधि धारण करने वाला शासक था
(a) जलालुद्दीन खिलजी
(b) अलाउद्दीन खिलजी
(c) फिरोज तुगलक
(d) शेरशाह सूरी

56. अलाउद्दीन खिलजी ने खम्स में सुल्तान का हिस्सा 1/4 भाग के स्थान पर बढ़ाकर कितना किया?
(a) 2/3 (b) 3/4
(c) 1/3 (d) 3/2

57. अलाउद्दीन खिलजी ने दीवान-ए-मुस्तखराज की स्थापना की, यह सम्बन्धित था
(a) राजस्व विभाग से
(b) खम्स के निर्धारण से
(c) बाजार नियन्त्रण से
(d) इनमें से कोई नहीं

58. सितार और तबले के आविष्कार का श्रेय दिया जाता है
(a) अमीर खुसरो (b) मलिक काफूर
(c) बैजू बावरा (d) तानसेन

59. 'बरीद' तथा 'मुनहियन' सम्बन्धित थे
(a) राजस्व विभाग से (b) सैन्य विभाग से
(c) गुप्तचर विभाग से (d) कृषि विभाग से

60. तुगलक वंश का संस्थापक था
(a) जौना खाँ
(b) फिरोजशाह तुगलक
(c) मोहम्मद तुगलक
(d) ग्यासुद्दीन तुगलक

61. मुहम्मद बिन तुगलक द्वारा उठाए गए कदम, जो असफल रहें
(a) राजधानी परिवर्तन (b) सांकेतिक मुद्रा
(c) खुरासान अभियान (d) ये सभी

62. दीवान-ए-कोही किस विभाग का दूसरा नाम था?
(a) राजस्व विभाग (b) कृषि विभाग
(c) विदेश विभाग (d) गुप्तचर विभाग

63. इब्नबतूता को किसने चीन के दरबार में राजदूत बनाकर भेजा?
(a) मोहम्मद-बिन-तुगलक
(b) फिरोजशाह तुगलक
(c) अलाउद्दीन खिलजी
(d) इनमें से कोई नहीं

64. सर्वप्रथम तोप तथा बन्दूक का प्रयोग करने वाला शासक था
(a) फिरोजशाह तुगलक
(b) इब्राहिम लोदी
(c) हुमायूँ
(d) बाबर

65. खानवा का युद्ध (1527 ई.) में बाबर ने किसके साथ लड़ा था?
(a) मेदिनीराय (b) महमूद लोदी
(c) इब्राहिम लोदी (d) राणा सांगा

66. 'हुमायूँनामा' की रचना किसने की थी?
(a) रोशनआरा (b) नूरजहाँ
(c) जहाँआरा (d) गुलबदन बेगम

67. अकबर का दरबारी इतिहासकार था
(a) फैजी (b) अबुल फजल
(c) बदायूँनी (d) बीरबल

68. राजा मानसिंह किस राज्य से सम्बन्ध रखते थे?
(a) आम्बेर/आमेर (b) कोटा
(c) मारवाड़ (d) मेवाड़

69. सूची I को सूची II से सही सुमेलित करें।

सूची I	सूची II
A. पानीपत का प्रथम युद्ध (1526)	1. बाबर व राणा सांगा
B. खानवा का युद्ध (1527)	2. बाबर व इब्राहिम लोदी
C. चन्देरी का युद्ध (1528)	3. बाबर व मेदिनीराय
D. घाघरा का युद्ध (1529)	4. बाबर व अफगान सेना

कूट

	A B C D		A B C D
(a)	1 2 3 4	(b)	2 1 3 4
(c)	3 1 2 4	(d)	4 2 1 3

70. निम्नलिखित युग्मों में से कौन एक सही सुमेलित नहीं है?
(a) बाबर–चन्देरी का युद्ध
(b) हुमायूँ–चौसा का युद्ध
(c) जहाँगीर–धरमत का युद्ध
(d) शेरशाह–मारवाड़ का युद्ध

71. औरंगजेब ने जजिया कर कब लागू किया था?
(a) 1668 ई. में (b) 1678 ई. में
(c) 1670 ई. में (d) 1679 ई. में

72. किस मुगल शासक को जिन्दा पीर कहा जाता है?
(a) अकबर (b) जहाँगीर
(c) शाहजहाँ (d) औरंगजेब

73. शिवाजी का राज्याभिषेक कहाँ हुआ था?
(a) रायगढ़ (b) कलानौर
(c) रायचूर (d) आगरा

74. शिवाजी के राजनीतिक गुरु एवं संरक्षक कौन थे?
(a) समर्थ रामदास
(b) दादाजी कोण्डदेव
(c) शाहजी भोंसले
(d) इनमें से कोई नहीं

75. शिवाजी सबसे अधिक किससे प्रभावित थे?
(a) मीराबाई से (b) चाँदबीबी से
(c) जीजाबाई से (d) हजरत महल से

76. शिवाजी का अन्तिम सैन्य अभियान था
(a) कर्नाटक अभियान
(b) सलेहर का अभियान
(c) जंजीरा के सिद्दियों के विरुद्ध अभियान
(d) कोण्डाना का अभियान

आधुनिक काल का इतिहास

77. किस मुगल सम्राट के काल में इंग्लिश ईस्ट इण्डिया कम्पनी ने भारत में सर्वप्रथम कारखाना स्थापित किया?
(a) अकबर (b) जहाँगीर
(c) शाहजहाँ (d) औरंगजेब

78. भारत तक समुद्री मार्ग की खोज किसके द्वारा की गई थी?
(a) डचों द्वारा (b) अंग्रेजों द्वारा
(c) पुर्तगालियों द्वारा (d) फ्रांसीसी द्वारा

79. पुर्तगाली उपनिवेश का प्रथम वायसराय भारत में कौन हुआ?
(a) डायज (b) वास्को-डि-गामा
(c) अल्मीडा (d) अल्बुकर्क

80. ब्रिटिश ईस्ट इण्डिया कम्पनी की स्थापना कब हुई थी?
(a) 1715 ई. (b) 1702 ई.
(c) 1665 ई. (d) 1600 ई.

81. भारत में ईस्ट इण्डिया कम्पनी का पहला गवर्नर-जनरल कौन था?
(a) रॉबर्ट क्लाइव
(b) सर जॉन शोर
(c) वारेन हेस्टिंग्स
(d) लॉर्ड कार्नवालिस

82. फ्रांसीसियों का प्राचीनतम कारखाना कहाँ स्थापित हुआ था?
(a) बम्बई (b) पाण्डिचेरी
(c) मद्रास (d) हुगली

83. भारत में पहली मुद्रण मशीन की स्थापना किसने की थी?
(a) पुर्तगालियों ने (b) अंग्रेजों ने
(c) फ्रांसीसियों ने (d) डचों ने

84. किस सन्धि के सम्पन्न होते ही भारत में भी युद्ध समाप्त हो गया?
(a) पाण्डिचेरी सन्धि
(b) सालबाई की सन्धि
(c) एक्स-ला-शैपेल सन्धि
(d) इनमें से कोई नहीं

85. कर्नाटक के दूसरे युद्ध में किसकी हार हुई?
(a) डूप्ले (b) ह्यूरोज
(c) कर्नल नील (d) कैम्पबेल

86. किस युद्ध में अंग्रेजी सेना को आयरकूट ने तथा फ्रांसीसी सेना को लाली ने नेतृत्व प्रदान किया?
(a) वाण्डिवाश युद्ध
(b) प्रथम कर्नाटक युद्ध
(c) प्रथम मैसूर युद्ध
(d) प्लासी का युद्ध

87. हैदरअली कहाँ का एक कुशल शासक था?
(a) बंगाल (b) अहमदनगर
(c) मैसूर (d) बीजापुर

88. हैदरअली की मृत्यु निम्न में से किस युद्ध में हुई थी?
(a) प्रथम आंग्ल-मैसूर युद्ध
(b) द्वितीय आंग्ल-मैसूर युद्ध
(c) तृतीय आंग्ल-मैसूर युद्ध
(d) चतुर्थ आंग्ल मैसूर युद्ध

89. मैसूर के शासक बनने के पश्चात् टीपू सुल्तान ने कौन-सी उपाधि धारण की थी?
(a) सुल्तान (b) पदमशाह
(c) पादशाह (d) अजेय

90. तृतीय आंग्ल-मैसूर युद्ध के समय ब्रिटिश गवर्नर जनरल कौन था?
(a) वारेन हेस्टिंग्स
(b) लॉर्ड कार्नवालिस
(c) लॉर्ड वेलेजली
(d) लॉर्ड डलहौजी

91. निम्नलिखित में से किसने 1857 ई. में अंग्रेजों से संघर्ष किया?
(a) चन्द्रशेखर आजाद
(b) रामप्रसाद बिस्मिल
(c) सआदत खान
(d) माखनलाल चतुर्वेदी

92. 1857 ई. के स्वतन्त्रता संग्राम में किस राजवंश ने अंग्रेजों की सर्वाधिक सहायता की?
(a) ग्वालियर के सिन्धिया
(b) इन्दौर के होल्कर
(c) नागपुर के भोंसले
(d) रामगढ़ के लोधी

93. 1857 ई. के विद्रोह में कानपुर में सैनिकों का नेतृत्व किसने किया था?
(a) कुँवर सिंह
(b) अजी मुल्ला खाँ
(c) नाना साहब
(d) लक्ष्मीबाई

94. 1857 के विद्रोह के बाद मुगल बादशाह बहादुरशाह II को किस स्थान पर निर्वासित जीवन व्यतीत करना पड़ा?
(a) पोर्ट ब्लेयर (b) रंगून
(c) तिब्बत (d) मालदीव

95. 1857 ई. के विद्रोह का बिहार में 15 जुलाई, 1857 से 20 जनवरी, 1858 तक केन्द्र था
(a) रामपुर (b) हमीरपुर
(c) धीरपुर (d) जगदीशपुर

96. 1857 ई. के प्रथम स्वाधीनता संग्राम के स्वतन्त्रता सेनानियों में 'महक परी' का उपनाम दिया गया था
(a) लक्ष्मीबाई को
(b) जीनत महल को
(c) हजरत महल को
(d) इनमें से कोई नहीं

97. वहाबी आन्दोलन का मुख्य केन्द्र था
(a) पटना (b) लखनऊ
(c) मुम्बई (d) दिल्ली

98. बंगाल का विभाजन किस वर्ष हुआ था?
(a) 1905 (b) 1907
(c) 1911 (d) 1913

99. निम्नलिखित में भारतेन्दु हरिश्चन्द्र की रचना है
(a) अमृत बाजार पत्रिका
(b) वन्देमातरम्
(c) भारत-दुर्दशा
(d) मराठा

100. "स्वराज हमारा जन्म सिद्ध अधिकार है" किसके द्वारा कहा गया?
(a) गोपालकृष्ण गोखले
(b) बाल गंगाधर तिलक
(c) लाला लाजपत राय
(d) विपिन चन्द्र पाल

कला एवं संस्कृति

101. तेरहताली ……… का लोकनृत्य है।
(a) छत्तीसगढ़ (b) मध्य प्रदेश
(c) मणिपुर (d) राजस्थान

102. कोंकणी ……… की राजकीय भाषा है।
(a) चण्डीगढ़
(b) महाराष्ट्र
(c) गोवा
(d) दिल्ली

103. खजुराहो समूह का प्रसिद्ध स्मारक किस राज्य में है?
(a) उत्तर प्रदेश (b) मध्य प्रदेश
(c) राजस्थान (d) महाराष्ट्र

104. ओडिसी (ओडिशा) नृत्य का संरक्षक किसे कहा जाता है?
(a) भरतमुनि (b) कलिंग नरेश
(c) वाजिद अली (d) ये सभी

105. ऐसा नृत्य जो स्त्री एवं पुरुष दोनों के द्वारा आयोजित किया जाता है
(a) कुचिपुड़ि (b) ओडिसी
(c) सत्रिया (d) कथकली

106. वह नृत्य जिसमें राधा-कृष्ण की रासलीलाओं का आयोजन किया जाता है
(a) कत्थक
(b) मोहिकनीअट्टम
(c) कथकली
(d) मणिपुरी

107. जल्लीकट्टू ……… के साथ जुड़ा हुआ है।
(a) त्रिचुर (b) कार्तिगाई
(c) ओणम (d) पोंगल

108. सुब्रह्मण्यम भारती एक प्रसिद्ध ……… थे।
(a) मुक्केबाज
(b) तैराक
(c) कवि
(d) चित्रकार

109. भारतीय शास्त्रीय नृत्य को विदेशों में किसने लोकप्रिय बनाया?
(a) रवि शंकर
(b) उदय शंकर
(c) अमजद अली खाँ
(d) हरिप्रसाद चौरसिया

110. 'घूमर' लोकनृत्य है
(a) बिहार का'
(b) राजस्थान का
(c) मध्य प्रदेश का
(d) छत्तीसगढ़ का

उत्तरमाला

1. (b)	2. (b)	3. (a)	4. (d)	5. (c)	6. (d)	7. (d)	8. (d)	9. (d)	10. (d)
11. (c)	12. (b)	13. (b)	14. (b)	15. (d)	16. (c)	17. (d)	18. (c)	19. (b)	20. (b)
21. (c)	22. (a)	23. (d)	24. (a)	25. (b)	26. (c)	27. (c)	28. (d)	29. (a)	30. (a)
31. (c)	32. (b)	33. (b)	34. (a)	35. (c)	36. (d)	37. (c)	38. (d)	39. (a)	40. (b)
41. (a)	42. (d)	43. (a)	44. (c)	45. (b)	46. (d)	47. (b)	48. (a)	49. (c)	50. (a)
51. (c)	52. (b)	53. (b)	54. (c)	55. (b)	56. (d)	57. (a)	58. (a)	59. (c)	60. (d)
61. (d)	62. (b)	63. (a)	64. (d)	65. (d)	66. (d)	67. (b)	68. (a)	69. (b)	70. (c)
71. (d)	72. (d)	73. (a)	74. (b)	75. (c)	76. (a)	77. (b)	78. (c)	79. (c)	80. (d)
81. (c)	82. (b)	83. (a)	84. (c)	85. (a)	86. (a)	87. (c)	88. (b)	89. (c)	90. (b)
91. (c)	92. (a)	93. (c)	94. (b)	95. (d)	96. (c)	97. (a)	98. (a)	99. (c)	100. (b)
101. (d)	102. (c)	103. (b)	104. (b)	105. (c)	106. (d)	107. (d)	108. (c)	109. (b)	110. (b)

अध्याय 02

विश्व एवं भारत का भूगोल

विश्व का भूगोल

सामान्य तथ्य

भूगोल का जनक	हिकेटियस
विश्व ग्लोब का निर्माता	मार्टिन बैहम
विश्व मानचित्र के निर्माता	अनेग्जी मेण्डर
द्रव्य एवं ऊर्जा का सम्मिलित रूप	ब्रह्माण्ड
महाविस्फोट सिद्धान्त के प्रतिपादक	जॉर्ज लैमेण्टेयर
ब्रह्माण्ड उत्पत्ति का सर्वमान्य सिद्धान्त	बिग-बैंग थ्योरी (Big-Bang Theory)
तारों का समूह	मन्दाकिनी
सौरमण्डल का विकास	4.5 अरब वर्ष पूर्व

हमारा सौरमण्डल

ग्रहों के नाम (सूर्य से दूरी के अनुसार)	**विशेष तथ्य**
बुध (Mercury)	सबसे छोटा ग्रह, कोई उपग्रह नहीं।
शुक्र (Venus)	पृथ्वी के सबसे निकट, सबसे चमकीला, सबसे गर्म ग्रह है। इसे **पृथ्वी की बहन, भोर का तारा** व **साँझ का तारा** कहा जाता है। कोई उपग्रह नहीं।
पृथ्वी (Earth)	आकार में पाँचवाँ सबसे बड़ा ग्रह, अक्षीय झुकाव $23\frac{1}{2}°$, उपग्रह-चन्द्रमा (एकमात्र)। इसे **नीला ग्रह** कहा जाता है।
मंगल (Mars)	इसे **लाल ग्रह** कहा जाता है। फोबोस व डीमोस इसके दो बड़े उपग्रह हैं।
बृहस्पति (Jupiter)	सबसे बड़ा व विशाल लाल धब्बे वाला ग्रह है। **ग्यानीमीड** उपग्रह सभी उपग्रहों में सबसे बड़ा उपग्रह है।
शनि (Saturn)	इसके चारों तरफ वलय हैं। वलयों की संख्या 7 है। यह दूसरा सबसे बड़ा ग्रह है। इसके 76 उपग्रह हैं। **टाइटन** सबसे बड़ा ग्रह है। यह सर्वाधिक उपग्रह (82) वाला ग्रह है।
अरुण (Uranus)	इसके चारों तरफ भी वलय (9) हैं। यहाँ सूर्योदय पश्चिम की ओर तथा सूर्यास्त पूरब की ओर होता है। इसे **लेटा हुआ ग्रह** भी कहा जाता है। **टाइटेनिया** इसका सबसे बड़ा उपग्रह है।
वरुण (Neptune)	यह सूर्य से सबसे दूर तथा हरे रंग का उपग्रह है। इसके चारों ओर मीथेन गैस है। **ट्रिटॉन** इसका प्रमुख उपग्रह है।

नोट *24 अगस्त, 2006 को अन्तर्राष्ट्रीय खगोल विज्ञानी संघ (आईएयू) के प्राग सम्मेलन में यम (Pluto) को ग्रहों की श्रेणी से अलग कर बौने ग्रह की श्रेणी में रख दिया गया।*

अक्षांश एवं देशान्तर रेखाओं से सम्बन्धित महत्त्वपूर्ण तथ्य

सबसे बड़ी अक्षांश रेखा	विषुवत रेखा
विषुवत रेखा से $23\frac{1°}{2}$ उत्तरी अक्षांश	कर्क रेखा
विषुवत रेखा से $23\frac{1}{2}$ दक्षिणी अक्षांश	मकर रेखा
उत्तरी व दक्षिणी ध्रुवों को मिलाने वाली रेखा	देशान्तर रेखा
ब्रिटेन के ग्रीनविच से गुजरने वाली रेखा	प्रधान मध्याह्न रेखा
पृथ्वी पर दिन-रात बराबर	21 मार्च व 23 सितम्बर
सूर्य एवं पृथ्वी के बीच चन्द्रमा का आ जाना	सूर्यग्रहण (केवल अमावस्या)
सूर्य एवं चन्द्रमा के बीच पृथ्वी का आ जाना	चन्द्रग्रहण (केवल पूर्णिमा को)
अन्तर्राष्ट्रीय तिथि रेखा	180° देशान्तर
भारत का मानक समय	$82\frac{1°}{2}$ पूर्वी देशान्तर (इलाहाबाद के निकट मिर्जापुर से गुजरती है।)
भारत का मानक समय ग्रीनविच मीन टाइम से	$5\frac{1}{2}$ घण्टा आगे है
भारत में कर्क रेखा गुजरती है	8 राज्यों से (गुजरात, राजस्थान, मध्य प्रदेश, छत्तीसगढ़, झारखण्ड, पश्चिम बंगाल, त्रिपुरा और मिजोरम)

भूकम्प

भूकम्पों का अध्ययन	सिस्मोलॉजी
प्राथमिक (पी) तरंग	यह तीनों माध्यमों ठोस, द्रव एवं गैस से गुजरती है।
द्वितीय (एस) तरंग	केवल ठोस माध्यम से गुजरती है।
सतही (एल) तरंग	यह अत्यधिक विनाशकारी होती है। यह धरातल तक ही सीमित रहती है।
भूकम्पीय तरंगों का मापन	सिस्मोग्राफ नामक यन्त्र से
भूकम्प की तीव्रता का मापन	रिक्टर स्केल पर
भूकम्प का उद्‌भव स्थान	केन्द्र
भूकम्प के केन्द्र के ठीक ऊपर पृथ्वी की सतह पर स्थित बिन्दु	अधिकेन्द्र (Epicenter)

ज्वालामुखी

नाम	**स्थिति/देश**	**विशेष तथ्य**
कोटोपैक्सी	एण्डीज (इक्वेडोर)	विश्व का सबसे ऊँचा ज्वालामुखी पर्वत
ओजोस डेल सलाडो	एण्डीज (अर्जेण्टीना-चिली)	विश्व का सबसे ऊँचाई पर सक्रिय ज्वालामुखी
एकांकागुआ	एण्डीज (अर्जेण्टीना-चिली)	विश्व का सबसे ऊँचाई पर शान्त ज्वालामुखी
स्ट्राम्बोली	भूमध्य सागर (इटली)	इसे भूमध्य सागर का प्रकाश स्तम्भ कहा जाता है। (सक्रिय ज्वालामुखी)
एटना	सिसली (इटली)	सक्रिय ज्वालामुखी
विसूवियस	भूमध्य सागर (इटली)	प्रसुप्त ज्वालामुखी
क्राकोतोआ	सुण्डा जलडमरुमध्य (इण्डोनेशिया)	प्रसुप्त ज्वालामुखी

नाम	स्थिति/देश	विशेष तथ्य
माउण्ट पोपा	म्यांमार	शान्त ज्वालामुखी
किलिमंजारो	अफ्रीका	शान्त ज्वालामुखी
चिम्बोरोजो	दक्षिणी अमेरिका	शान्त ज्वालामुखी
मोनालोवा	हवाई द्वीप (अमेरिका)	विश्व का सबसे बड़ा ज्वालामुखी

चट्टानों का रूपान्तरण

मूल चट्टान	रूपान्तरित चट्टान	मूल चट्टान	रूपान्तरित चट्टान
शैल	स्लेट	बेसाल्ट	एम्फीबोलाइट
चूना पत्थर	संगमरमर	स्लेट	फायलाइट
बलुआ पत्थर	क्वार्ट्जाइट	डोलोमाइट	संगमरमर

विश्व की प्रमुख पर्वत शृंखला

पर्वत शृंखला	स्थिति	सर्वोच्च चोटी
हिमालय	एशिया	माउण्ट एवरेस्ट (विश्व की सबसे ऊँची चोटी)
काराकोरम	एशिया	गॉडविन ऑस्टिन (के 2)
एण्डीज	दक्षिण अमेरिका	एकांकागुआ
अलास्का श्रेणी	अलास्का	माउण्ट मेकिन्ले
आल्पस	मध्यवर्ती यूरोप	माउण्ट ब्लैक
रॉकी	उत्तरी-अमेरिका	माउण्ट एल्बर्ट
एटलस	उत्तर पश्चिमी अफ्रीका	गेवेल टाउष्काल
अरावली	भारत	गुरु शिखर (माउण्ट आबू)
यूराल	एशिया-यूरोप	गोरा नैरोडनाया
ग्रेट डिवाइडिंग रेंज	ऑस्ट्रेलिया	माउण्ट कोसिस्को

वायुमण्डल

पृथ्वी का औसत तापमान	15°C
वायुमण्डल की सबसे निचली परत	क्षोभमण्डल
वायुमण्डल की सबसे ऊपरी परत	बहिर्मण्डल
मौसम सम्बन्धी (वर्षा, तूफान) घटनाएँ	क्षोभमण्डल में
हवाई जहाज की उड़ान	समतापमण्डल में
रेडियो तथा संचार उपग्रह	आयनमण्डल में
ओजोन मण्डल स्थित है	समतापमण्डल में
वायुमण्डलीय दाब मापक यन्त्र	बैरोमीटर
वायुमण्डलीय आर्द्रता की माप	हाइग्रोमीटर
पृथ्वी का सुरक्षा कवच	ओजोन परत
ओजोन परत पृथ्वी की रक्षा करती है	पराबैंगनी किरणों से

वायुमण्डल में गैसों का वितरण

गैस	वितरण	गैस	वितरण
नाइट्रोजन	78.8%	आर्गन	0.93%
ऑक्सीजन	20.44%	कार्बन डाई ऑक्साइड	0.03%

चक्रवात एवं उससे प्रभावित क्षेत्र

चक्रवात	प्रभावित क्षेत्र	चक्रवात	प्रभावित क्षेत्र
टॉरनेडो	अमेरिका	विली-विली	उत्तर-पश्चिमी ऑस्ट्रेलिया
हरिकेन	कैरीबियन द्वीप-समूह	चक्रवात	हिन्द महासागर
टाइफून	चीन सागर एवं जापान सागर		

स्थानीय गर्म हवाएँ

गर्म हवाएँ	स्थान	गर्म हवाएँ	स्थान
बर्ग	दक्षिण अफ्रीका	अयाला	फ्रांस
लू	उत्तर भारत	सोलैनो	दक्षिण-पूर्वी स्पेन
सिमून	ईरान	नार्वेस्टर	न्यूजीलैण्ड
फॉन	स्विट्जरलैण्ड	चिनूक	कनाडा, अमेरिका

स्थानीय शीतल हवाएँ

शीतल हवाएँ	स्थान	शीतल हवाएँ	स्थान	शीतल हवाएँ	स्थान
मिस्ट्रल	स्पेन एवं फ्रांस	पैपागायो	मैक्सिको	नॉर्दर	अमेरिका
बाइज	दक्षिण फ्रांस	नेवाडॉस	इक्वेडोर	पोनेण्टी	दक्षिण अफ्रीका
नॉर्टी	अमेरिका	बोरा	एड्रियाटिक तट	मैस्ट्रेल	उत्तरी इटली
		बुरान	रूस	हबूब	सूडान

जलमण्डल

सबसे बड़ा महासागर	प्रशान्त महासागर
समुद्र की औसत लवणता	35 प्रति हजार
सबसे गहरा गर्त	मेरियाना ट्रेंच (प्रशान्त महासागर)
सबसे बड़ी प्रवाल भित्ति	ग्रेट बेरियर रीफ (ऑस्ट्रेलिया)
सबसे अधिक लवणता	वान झील (तुर्की)
सुण्डा गर्त	हिन्द महासागर
समुद्री गहराई का मापक	फैदम (1 फैदम = 6 फीट)
समान लवणता वाले स्थानों को मिलाने वाली रेखा	आइसोहेलाइन
ज्वार-भाटा की उत्पत्ति का कारण	सूर्य व चन्द्रमा का आकर्षण

विश्व के प्रमुख महासागर

महासागर	विशेष तथ्य
प्रशान्त महासागर	विश्व का सबसे बड़ा, गहरा महासागर है।
अटलाण्टिक महासागर/अन्ध महासागर	विश्व का दूसरा सबसे बड़ा महासागर है।
हिन्द महासागर	विश्व का तीसरा सबसे बड़ा महासागर है।
आर्कटिक महासागर	विश्व का सबसे छोटा महासागर है।

प्रमुख जलसन्धियाँ

जलसन्धि	किन-किन को जोड़ती है	भौगोलिक अवस्थिति
मलक्का	अण्डमान सागर एवं दक्षिण चीन सागर	इण्डोनेशिया-मलेशिया
पाक	मन्नार एवं बंगाल की खाड़ी	भारत-श्रीलंका
बेरिंग	बेरिंग सागर एवं चुकसी सागर	अलास्का-रूस
डेविस	बेफिन की खाड़ी एवं अटलाण्टिक महासागर	ग्रीनलैण्ड -कनाडा
जिब्राल्टर	भूमध्य सागर एवं अटलाण्टिक महासागर	स्पेन-मोरक्को
डोवर	इंग्लिश चैनल एवं उत्तरी सागर	इंग्लैण्ड-फ्रांस
फ्लोरिडा	मैक्सिको की खाड़ी एवं अटलाण्टिक महासागर	संयुक्त राज्य अमेरिका-क्यूबा

विश्व की प्रमुख नदियाँ

नाम	विशेष तथ्य/किनारे बसा शहर
नील	विश्व की सबसे लम्बी नदी, नील नदी का वरदान-मिस्र, आस्वान बाँध
आमेजन	विश्व की सबसे बड़ी नदी (प्रवाह के आधार पर), लम्बाई में दूसरी, दक्षिण अमेरिका की सबसे बड़ी नदी
मिसीसिपी-मिसौरी	उत्तरी अमेरिका की सबसे लम्बी नदी, इसके द्वारा ग्रेट प्लेन का निर्माण
कांगो/जायरे	अफ्रीका की दूसरी सबसे बड़ी, विषुवत रेखा को दो बार काटती है, विश्व के 13% विद्युत उत्पादन की क्षमता
डार्लिंग	ऑस्ट्रेलिया की सबसे बड़ी नदी, इसके किनारे सिडनी शहर स्थित है।
वोल्गा	यूरोप की सबसे लम्बी नदी

विश्व के प्रमुख जलप्रपात

जलप्रपात	देश	जलप्रपात	देश
एंजेल प्रपात (सबसे ऊँचा)	वेनेजुएला	टुगेला प्रपात	दक्षिण अफ्रीका
रिब्बोन प्रपात	यू.एस.ए.	बोयोमा प्रपात (सबसे बड़ा)	कांगो (गणराज्य)
विक्टोरिया जलप्रपात	जिम्बाब्वे व जोम्बिया	नियाग्रा प्रपात	यू.एस.ए. एवं कनाडा
कुकवेनन	वेनेजुएला	डिल्ला	कनाडा
जोग (गरसोजा)	भारत		

प्रमुख झीलें

झील	स्थिति/देश
कैस्पियन सागर (खारे पानी की सबसे बड़ी झील)	रूस तथा ईरान
सुपीरियर झील (मीठे पानी की सबसे बड़ी झील)	कनाडा तथा संयुक्त राज्य अमेरिका
मिशिगन झील	संयुक्त राज्य अमेरिका
टंगानिका झील	जायरे, तंजानिया, जाम्बिया तथा बुरुण्डी
ग्रेट बैरियर झील	कनाडा
बैकाल झील (सबसे गहरी झील)	रूस
मलावी झील (पूर्व नाम-न्यासा झील)	तंजानिया, मलावी तथ मोजाम्बिक
ग्रेट स्लेव झील	कनाडा
ईरी झील	कनाडा तथा संयुक्त राज्य अमेरिका
विनिपेग झील	कनाडा
ओण्टेरियो झील	कनाडा तथा संयुक्त राज्य अमेरिका
लैडोगा झील	रूस
चाड झील	नाइजर, नाइजीरिया, चाड तथा कैमरून

नदियों के किनारे बसे नगर

नगर	नदी	नगर	नदी
बगदाद (इराक)	टाइग्रिस (दजला)	बुडापेस्ट (हंगरी)	डेन्यूब
बर्लिन (जर्मनी)	स्प्री	वाशिंगटन	पोटोमेक
वारसा (पौलैण्ड)	विस्चुला	वियना (ऑस्ट्रिया)	डेन्यूब
अस्वान (मिस्र)	नील	टोकियो (जापान)	अराकावा
रोम (इटली)	टाइबर	शंघाई (चीन)	यांगटिसीक्यांग
लन्दन (इंग्लैण्ड)	टेम्स	रंगून (म्यांमार)	इरावदी
पेरिस (फ्रांस)	सीन	ओटावा (कनाडा)	सेंट लॉरेन्स
मास्को (रूस)	मोस्कवा	क्यूबेक (कनाडा)	सेन्ट लॉरेन्स
कोलोन (जर्मनी)	राइन	स्टालिनग्राड (रूस)	वोल्गा
सिडनी (ऑस्ट्रेलिया)	डार्लिंग	ब्यूनस आयर्स (अर्जेण्टीना)	लाप्लाटा
बोन (जर्मनी)	राइन	चटगाँव (बांग्लादेश)	मैयाणी
हैंकाउ (चीन)	यांगटीसिक्यांग	लिस्बन (पुर्तगाल)	टेगस
बेलग्रेड	डेन्यूब	लाहौर (पाकिस्तान)	रावी
		हैम्बर्ग (जर्मनी)	एल्ब

विश्व के प्रमुख घास के मैदान

घास के मैदान	सम्बन्धित देश
सवाना	अफ्रीका (उष्ण कटिबन्धीय)
कम्पोज	ब्राजील (उष्ण कटिबन्धीय)
लानोस	वेनेजुएला व कोलम्बिया (उष्णकटिबन्धीय)
प्रेयरी	संयुक्त राज्य अमेरिका व कनाडा (शीतोष्ण कटिबन्धीय)
पम्पास	अर्जेण्टीना (शीतोष्ण कटिबन्धीय)
वेल्ड	दक्षिण अफ्रीका (शीतोष्ण कटिबन्धीय)
डाउन्स	ऑस्ट्रेलिया (शीतोष्ण कटिबन्धीय)
स्टेपी	रूस (शीतोष्ण कटिबन्धीय)

विश्व के प्रमुख रेगिस्तान/मरुस्थल

मरुस्थल	विशेष तथ्य
सहारा	विश्व का सबसे बड़ा गर्म मरुस्थल। इसका विस्तार उत्तरी अफ्रीका में है।
गोबी	एशिया का सबसे बड़ा मरुस्थल (शीत), मंगोलिया एवं चीन में विस्तृत है।
टकला माकन	इसका विस्तार सीक्यांग (चीन) में है।
अटाकामा	यह विश्व का सर्वाधिक शुष्क मरुस्थल है।
थार	विश्व का सर्वाधिक जनसंख्या वाला मरुस्थल है।
कालाहारी	इसका विस्तार बोत्सवाना (दक्षिणी अफ्रीका) में है। यह उष्ण मरुस्थल है।

अन्तर्राष्ट्रीय सीमा रेखाएँ

रेखाएँ	सम्बन्धित देश
मैकमोहन रेखा	भारत-चीन के बीच
डूरण्ड रेखा	पाकिस्तान तथा अफगानिस्तान (पूर्व में भारत एवं अफगानिस्तान के बीच)
रेडक्लिफ रेखा	भारत-पाकिस्तान के बीच
हिण्डनबर्ग रेखा	जर्मनी-पोलैण्ड के बीच
मैगीनॉट रेखा	जर्मनी और फ्रांस के बीच
17वीं समानान्तर रेखा	उत्तरी एवं दक्षिणी वियतनाम के बीच
38वीं समानान्तर रेखा	उत्तरी एवं दक्षिणी कोरिया के बीच
49वीं समानान्तर रेखा	संयुक्त राज्य अमेरिका एवं कनाडा के बीच

प्रमुख फसलें एवं उनके उत्पादक देश

फसल	उत्पादक देश	फसल	उत्पादक देश
धान	चीन, भारत	गेहूँ	चीन, भारत, यू.एस.ए.
जौ	रूस, फ्रांस	जई या ओट	रूस, कनाडा, यू.एस.ए.
मक्का	यू.एस.ए., चीन	तिलहन	यू.एस.ए., चीन, भारत
सोयाबीन	यू.एस.ए, ब्राजील	गन्ना	ब्राजील, भारत, चीन
तम्बाकू	चीन, भारत, ब्राजील	प्राकृतिक रबड़	थाईलैण्ड, इण्डोनेशिया

विश्व के प्रमुख खनिज उत्पादक देश

खनिज	उत्पादक
लौह-अयस्क	चीन, ब्राजील, रूस
मैंगनीज	चीन, दक्षिण अफ्रीका, गैबोन
ताँबा	चिली, यू.एस.ए., इण्डोनेशिया
बॉक्साइट	गुयाना, ऑस्ट्रेलिया, चीन, ब्राजील
सोना	दक्षिण अफ्रीका, चीन, यू.एस.ए.
चाँदी	मैक्सिको, पेरु, यू.एस.ए.
टिन	चीन, इण्डोनेशिया, पेरु
सीसा	ऑस्ट्रेलिया, चीन, यू.एस.ए.
जस्ता	चीन, ऑस्ट्रेलिया, कनाडा
हीरा	ऑस्ट्रेलिया, कांगो गणराज्य, बोत्सवाना
पेट्रोलियम	सऊदी अरब, रूस, वेनेजुएला
प्राकृतिक गैस	रूस, यू.एस.ए., कनाडा

भारत का भूगोल

सामान्य तथ्य

भारत का भौगोलिक विस्तार	8°4' से 37°6' उत्तरी अक्षांशों तथा 68°7' से 97°25' पूर्वी देशान्तरों के मध्य
क्षेत्रफल	32, 87, 263 वर्ग किमी
लम्बाई (उत्तर-दक्षिण)	3214 किमी
चौड़ाई (पूर्व-पश्चिम)	2933 किमी
दक्षिणतम बिन्दु	इन्दिरा प्वॉइण्ट (ग्रेट निकोबार द्वीप)
उत्तरतम बिन्दु	इन्दिरा कोल (जम्मू-कश्मीर)
पश्चिमोत्तर बिन्दु	गौरमाता (गुजरात)
पूर्वोत्तम बिन्दु	किबिथू (अरुणाचल प्रदेश)
मुख्य भूमि की दक्षिण सीमा	कन्याकुमारी 8°4' अक्षांश (तमिलनाडु)
सर्वाधिक तटरेखा वाला राज्य व केन्द्रशासित प्रदेश	क्रमशः गुजरात और अण्डमान-निकोबार द्वीप समूह

अन्तर्राष्ट्रीय सीमाओं से सम्बद्ध भारतीय राज्य

देश	सीमा की लम्बाई (किमी में)	सीमा से सम्बद्ध राज्य
बांग्लादेश	4096 (सर्वाधिक)	असम, मेघालय, मिजोरम, त्रिपुरा, पश्चिम बंगाल
चीन	3488	जम्मू-कश्मीर, हिमाचल प्रदेश, उत्तराखण्ड, सिक्किम एवं अरुणाचल प्रदेश
पाकिस्तान	3323	जम्मू-कश्मीर, गुजरात, पंजाब व राजस्थान
नेपाल	1751	उत्तर प्रदेश, बिहार, पश्चिम बंगाल, सिक्किम व उत्तराखण्ड
म्यांमार	1643	अरुणाचल प्रदेश, नागालैण्ड, मिजोरम व मणिपुर
भूटान	699	सिक्किम, असम, पश्चिम बंगाल, अरुणाचल प्रदेश
अफगानिस्तान	106	जम्मू-कश्मीर (पाक अधिकृत)

प्रमुख दर्रे

दर्रे	राज्य	महत्त्वपूर्ण तथ्य
बुर्जिल दर्रा	जम्मू-कश्मीर	श्रीनगर को गिलगिट से जोड़ता है।
बनिहाल दर्रा	जम्मू-कश्मीर	जम्मू को श्रीनगर से जोड़ता है। जवाहर सुरंग इसी में स्थित है।
शिपकीला दर्रा	हिमाचल प्रदेश	शिमला को तिब्बत से जोड़ता है।
जोजिला दर्रा	जम्मू-कश्मीर	श्रीनगर को लेह से जोड़ता है।
लिपुलेख दर्रा	उत्तराखण्ड	कुमायूँ क्षेत्र को तकलाकोट (तिब्बत) से जोड़ता है।
नाथुला दर्रा	सिक्किम	दार्जिलिंग को तिब्बत से जोड़ता है।
बोमडिला दर्रा	अरुणाचल प्रदेश	त्वांग घाटी को तिब्बत से जोड़ता है।
जेलेपला दर्रा	सिक्किम	चुम्बी घाटी को तिब्बत से जोड़ता है।
पालघाट	केरल	यह नीलगिरि तथा अन्नामलाई पहाड़ी के मध्य स्थित है।

भारत की प्रमुख नदियाँ

नदी	उद्गम स्थल	संगम/ मुहाना	लम्बाई (किमी)
गंगा	गंगोत्री के पास गोमुख ग्लेशियर	बंगाल की खाड़ी	2525
ब्रह्मपुत्र	मानसरोवर झील के समीप चेमायुंगडुंग हिमानी	बंगाल की खाड़ी	2900
सतलज	मानसरोवर झील के समीप राकसताल	चिनाब नदी	1450
रावी	काँगड़ा जिले में रोहतांग दर्रे से	चिनाब नदी	720
व्यास	रोहतांग दर्रे से	सतलज नदी	470
झेलम	बेरेनाग (जम्मू-कश्मीर) के समीप शेषनाग झील	चिनाब नदी	725
चिनाब	बारालाचाला दर्रा (लाहौल-स्पीति)	सिन्धु नदी	1180
यमुना	बन्दरपूँछ पर यमुनोत्री हिमानी	प्रयाग (प्रयागराज) में गंगा नदी	1326
चम्बल	मध्य प्रदेश में जनापाव पहाड़ी	यमुना नदी	965
घाघरा	मत्सातुंग हिमानी	गंगा नदी	1080
गण्डक	नेपाल	गंगा नदी	425
कोसी	गोसाईथान चोटी के उत्तर में	गंगा नदी	730
बेतवा	विन्ध्याचल पर्वत	यमुना नदी	480
सोन	अमरकण्टक की पहाड़ियाँ	गंगा नदी	780
कृष्णा	महाबलेश्वर के समीप पश्चिमी घाट पहाड़	बंगाल की खाड़ी	1400
गोदावरी	नासिक जिले (महाराष्ट्र) के त्र्यम्बक गाँव	बंगाल की खाड़ी	1465
कावेरी	कर्नाटक के कुर्ग जिले में ब्रह्मगिरि पहाड़ी	बंगाल की खाड़ी	800
तुंगभद्रा	कर्नाटक में पश्चिम घाट पहाड़	कृष्णा नदी	640
पेन्नार	नन्दीदुर्ग पहाड़ी (कर्नाटक)	बंगाल की खाड़ी	570
महानदी	मध्य प्रदेश के रामपुर जिले में सिहावा से	बंगाल की खाड़ी (कटक के समीप)	857
नर्मदा	विन्ध्याचल पर्वत श्रेणियों में अमरकण्टक	खम्भात की खाड़ी	1312
तापी	बैतूल जिले (म.प्र.) के मुल्ताई नगर से	खम्भात की खाड़ी	724
माही	विन्ध्याचल पर्वत श्रेणी	खम्भात की खाड़ी	585
लूनी	अजमेर जिले में नाग पहाड़ (अरावली पर्वत)	कच्छ की खाड़ी	320
घग्घर	कालका के समीप हिमालय	हनुमानगढ़ (राजस्थान)	494
साबरमती	उदयपुर जिले का दक्षिण पश्चिमी भाग (अरावली पर्वत)	कच्छ का रन क्षेत्र	371

नदियों के किनारे बसे प्रमुख शहर

शहर	नदी	शहर	नदी
हैदराबाद	मूसी	जबलपुर	नर्मदा
आगरा	यमुना	जमशेदपुर	स्वर्णरेखा
अहमदाबाद	साबरमती	कानपुर	गंगा
कटक	महानदी	कोटा	चम्बल
कर्नूल	तुंगभद्रा	कोलकाता	हुगली
दिल्ली	यमुना	लखनऊ	गोमती
गुवाहाटी	ब्रह्मपुत्र	नासिक	गोदावरी
श्रीनगर	झेलम	सूरत	तापी
मैसूर	कावेरी	विजयवाड़ा	कृष्णा

भारत की प्रमुख झीलें

झीलें	स्थिति	महत्त्वपूर्ण तथ्य
वूलर झील	जम्मू-कश्मीर	भारत में मीठे पानी की सबसे बड़ी झील
लोनार झील	महाराष्ट्र	ज्वालामुखी क्रिया से निर्मित (क्रेटर) झील
चिल्का झील	ओडिशा	भारत की सबसे बड़ी लैगून झील
पुलीकट झील, कोलेरू झील	आन्ध्र प्रदेश	लैगून झील
साम्भर झील	राजस्थान	भारत की खारे पानी की सबसे बड़ी झील
अष्टामुड़ी झील	केरल	लैगून झील
पेरियार झील	केरल	कृत्रिम झील
लोकटक झील	मणिपुर	पूर्वोत्तर भारत की सबसे बड़ी (मीठे पानी की) झील

भारत के प्रमुख जलप्रपात

जलप्रपात	नदी	जलप्रपात	नदी
गरसोप्पा/जोग/महात्मा गाँधी जलप्रपात	शरावती नदी	चूलिया जलप्रपात	चम्बल नदी
धुआँधार जलप्रपात	नर्मदा नदी	किलीयूर जलप्रपात	शेवराय पहाड़ी
शिवसमुद्रम जलप्रपात	कावेरी नदी	दूदूमा जलप्रपात	मधकुड नदी
हुण्डरू जलप्रपात	सुवर्णरेखा नदी	वसुधारा जलप्रपात	अलकनन्दा नदी
कपिल धारा जलप्रपात	नर्मदा नदी	पायकारा जलप्रपात	पायकारा नदी
कुंचिकल जलप्रपात (भारत में सबसे ऊँचा)	वाराही नदी		

भारत में आधुनिक उद्योगों की सर्वप्रथम स्थापना

उद्योग	स्थान	स्थापना वर्ष
सूती वस्त्र	फोर्ट ग्लॉस्टर (कोलकाता)	1818
कागज	सेरामपुर (पश्चिम बंगाल)	1832
चीनी	बेतिया (बिहार)	1840
सीमेण्ट	चेन्नई	1854
जूट	रिशरा (पश्चिम बंगाल)	1859
लौह-इस्पात	कुल्टी (पश्चिम बंगाल)	1870
ऊनी वस्त्र	कानपुर	1876
एल्युमीनियम	जेके नगर	1937

भारत में स्थित संयन्त्र तथा सहायक देश

संयन्त्र	सहायक देश	संयन्त्र	सहायक देश
भिलाई (छत्तीसगढ़)	सोवियत संघ (अब रूस)	नाल्को (कोरापुर)	फ्रांस
दुर्गापुर (पश्चिम बंगाल)	ब्रिटेन	हिण्डाल्को (रेणुकोट)	यू.एस.ए.
राउरकेला (ओडिशा)	पश्चिम जर्मनी	इण्डाल्को	कनाडा
बोकारो (झारखण्ड)	सोवियत संघ (अब रूस)	माल्को	इटली

परमाणु ऊर्जा संयन्त्र

संयन्त्र	राज्य	संयन्त्र	राज्य
तारापुर	महाराष्ट्र	कलपक्कम	तमिलनाडु
रावतभाटा	राजस्थान	नरौरा	उत्तर प्रदेश
काकरापारा	गुजरात	कैगा	कर्नाटक
कुडनकुलम	तमिलनाडु		

प्रमुख राष्ट्रीय राजमार्ग (नई संख्या)

राष्ट्रीय राजमार्ग	कहाँ से कहाँ तक
राष्ट्रीय राजमार्ग-1	उरी-बारामूला-श्रीनगर-कारगिल-लेह
राष्ट्रीय राजमार्ग-2	डिब्रूगढ़-कोहिमा-ताइपांग
राष्ट्रीय राजमार्ग-3	अटारी-हमीरपुर-मनाली
राष्ट्रीय राजमार्ग-4	मायाबंदर-पोर्ट ब्लेयर-चिड़ियाटापू
राष्ट्रीय राजमार्ग-5	फिरोजपुर-मोगा-शिमला-शिपकीला
राष्ट्रीय राजमार्ग-6	जोराबात-कानपुई-सेलिंग
राष्ट्रीय राजमार्ग-7	फज्जिलका-बरनाला-पोंटा साहिब-ऋषिकेष-बद्रीनाथ-माना
राष्ट्रीय राजमार्ग-8	करीमगंज-चुराईबारी-अगरतल्ला
राष्ट्रीय राजमार्ग-44	श्रीनगर-लुधियाना-मथुरा-सागर-नागपुर-सलेम-कन्याकुमारी (सबसे लम्बा राष्ट्रीय राजमार्ग, 3745 किमी)

नोट *देश का सबसे छोटा राष्ट्रीय राजमार्ग NH 548 और NH 118 है, जिनकी लम्बाई मात्र 5-5 किमी है।*

राष्ट्रीय जलमार्ग

जलमार्ग	लम्बाई (किमी)	विस्तार	नदी
NW-1	1620	इलाहाबाद से हल्दिया तक	गंगा
NW-2	891	सदिया से धुबरी	ब्रह्मपुत्र
NW-3	205	कोल्लम से कोट्टापुरम	चम्पाकारा नहर एवं उद्योगमण्डल नहर
NW-4	1095	काकीनाडा से पुदुचेरी नहर	कृष्णा-गोदावरी
NW-5	623	तलचरा से धमरा	ब्रह्माणी
NW-6	121	लखीमपुर से भंगा	बराक

भारतीय रेलवे जोन के मुख्यालय

जोन	मुख्यालय
मध्य रेलवे (CR)	मुम्बई वी टी
पूर्वी रेलवे (ER)	कोलकाता
उत्तरी रेलवे (NR)	नई दिल्ली
उत्तर-पूर्वी रेलवे (NER)	गोरखपुर
उत्तर-पूर्वी सीमान्त प्रान्त रेलवे (NEFR)	गुवाहाटी
दक्षिणी रेलवे (SR)	चेन्नई
दक्षिणी-मध्य रेलवे (SCR)	सिकन्दराबाद
दक्षिणी-पूर्वी रेलवे (SER)	कोलकाता
पश्चिमी रेलवे (WR)	मुम्बई, चर्चगेट
पूर्वी-मध्य रेलवे (ECR)	हाजीपुर
उत्तरी-पश्चिमी रेलवे (NWR)	जयपुर
पूर्वी तटवर्ती रेलवे (ECR)	भुवनेश्वर
उत्तरी-मध्य रेलवे (NCR)	प्रयागराज
दक्षिणी-पश्चिमी रेलवे (SWR)	हुबली
पश्चिमी-मध्य रेलवे (ECR)	जबलपुर
दक्षिणी-पूर्व मध्य रेलवे (SECR)	बिलासपुर
कोलकाता मेट्रो (KMR)	कोलकाता
दक्षिण तटीय रेलवे	विशाखापट्टनम

भारत में प्रमुख अन्तर्राष्ट्रीय हवाई अड्डे

इन्दिरा गाँधी अन्तर्राष्ट्रीय हवाई अड्डा	नई दिल्ली
सरदार वल्लभभाई पटेल अन्तर्राष्ट्रीय हवाई अड्डा	अहमदाबाद, गुजरात
लोकप्रिय गोपीनाथ बारदोलोई अन्तर्राष्ट्रीय हवाई अड्डा	गुवाहाटी, असम
नेताजी सुभाषचन्द्र बोस अन्तर्राष्ट्रीय हवाई अड्डा	कोलकाता
डॉ. भीमराव अम्बेडकर अन्तर्राष्ट्रीय हवाई अड्डा	नागपुर, महाराष्ट्र
छत्रपति शिवाजी अन्तर्राष्ट्रीय हवाई अड्डा (सान्ताक्रूज)	मुम्बई, महाराष्ट्र
राजीव गाँधी अन्तर्राष्ट्रीय हवाई अड्डा	हैदराबाद, आन्ध्र प्रदेश
देवी अहिल्याबाई होल्कर अन्तर्राष्ट्रीय हवाई अड्डा	इन्दौर

नोट *सितम्बर 2014 में प्रधानमन्त्री ने सिक्किम में भारत का 100 वाँ तथा सिक्किम के पहले हवाई अड्डे (पोकयोंग हवाई अड्डा) का उद्घाटन किया*

भारत के मुख्य पत्तन (बन्दरगाह)

मुम्बई	प्राकृतिक बन्दरगाह, भारत का सबसे बड़ा बन्दरगाह
काण्डला	गुजरात के कच्छ की खाड़ी में स्थित एक ज्वारीय पत्तन
न्हावाशेवा (जवाहरलाल नेहरू पत्तन)	मुम्बई से दक्षिण सहायक बन्दरगाह के तौर पर निर्मित
कोच्चि	केरल तट के सहारे लैगून पर स्थित एक प्राकृतिक बन्दरगाह
चेन्नई	कृत्रिम बन्दरगाह, पूर्वी तट पर देश का सबसे पुराना बन्दरगाह
विशाखापत्तनम	आन्ध्र प्रदेश के तट पर स्थित देश का सबसे गहरा बन्दरगाह
पारादीप	ओडिशा तट पर स्थित गहरा बन्दरगाह
तूतीकोरिन	तमिलनाडु में दक्षिणी छोर पर स्थित मुख्य रूप से कोयले का निर्यात
पोर्ट ब्लेयर	देश का नवीनतम अधिसूचित प्रमुख बन्दरगाह

प्रमुख बहुद्देश्यीय परियोजना

परियोजना	नदी	सम्बन्धित राज्य
फरक्का	हुगली	पश्चिम बंगाल
भाखड़ा नांगल	सतलुज	पंजाब, हरियाणा, राजस्थान
नागार्जुन	कृष्णा	आन्ध्र प्रदेश
हीराकुड	महानदी	ओडिशा
इन्दिरा गाँधी नहर परियोजना	सतलुज	राजस्थान, पंजाब, हरियाणा
गोविन्द बल्लभ पन्त	रिहन्द	उत्तर प्रदेश
पोंग बाँध	व्यास	हिमाचल प्रदेश
बाणसागर	कंगसावती	मध्य प्रदेश, उत्तर प्रदेश, बिहार
शिवसमुद्रम	कावेरी	कर्नाटक
अलमट्टी बाँध	कृष्णा	आन्ध्र प्रदेश, कर्नाटक एवं महाराष्ट्र

फसलें और उनके प्रमुख उत्पादक क्षेत्र

फसलें	प्रमुख उत्पादक क्षेत्र
सेब	जम्मू-कश्मीर, हिमाचल प्रदेश
सुपारी	केरल, कर्नाटक, असम, मेघालय, महाराष्ट्र, तमिलनाडु
इलायची	कर्नाटक, सिक्किम, केरल, तमिलनाडु
काजू	कर्नाटक, सिक्किम, केरल, तमिलनाडु
संतरा	महाराष्ट्र, कर्नाटक, तमिलनाडु, मेघालय, सिक्किम
काली मिर्च	केरल, कर्नाटक, तमिलनाडु
केसर	जम्मू-कश्मीर

जनगणना 2011	
कुल जनसंख्या (2011)	121,08,54,977
पुरुष	6237 लाख (51.47%)
महिलाएँ	5864 लाख (48.53%)
0-6 आयु वर्ग की जनसंख्या	164478150 (13.6%)
लिंगानुपात	943
जनसंख्या घनत्व (प्रति वर्ग किमी)	382
साक्षरता	73%
दशकीय वृद्धि दर	17.7%

पर्यावरण और पारिस्थितिकी

पर्यावरण

पर्यावरण पृथ्वी के जैविक तथा अजैविक घटकों का सम्मिलित रूप है। पर्यावरण के अवयव एक-दूसरे से जुड़े और परस्पर आश्रित रहते हैं। ये सदैव परिवर्तनशील होते हैं।

- **पर्यावरण के घटक** पर्यावरण के घटकों को तीन भागों में विभाजित किया जाता है। ये हैं (i) जैविक घटक, (ii) अजैविक घटक तथा (iii) ऊर्जा घटक।
- जैविक घटकों के अन्तर्गत पृथ्वी पर स्थित सभी जीवित प्राणी तथा पादप शामिल हैं। अजैविक घटक के अन्तर्गत जल, स्थल, वायु, प्रकाश, ताप आदि आते हैं। ऊर्जा घटक में सौर ऊर्जा सबसे महत्त्वपूर्ण तथा प्रेरक है।
- 'पारिस्थितिकी' शब्द का पहला प्रयोग अर्नेस्ट हेकेल ने 1869 ई. में किया था, जबकि 'पारिस्थितिकी तन्त्र' का पहला प्रयोग ए. जी. टांसले ने वर्ष 1935 में किया था। पारिस्थितिकी तन्त्र के जैविक घटकों को उत्पादक, उपभोक्ता तथा अपघटक तीन वर्गों में बाँटा जाता है।
- **उत्पादक वर्ग** (Producer) इसके अन्तर्गत स्वपोषी हरे पौधे आते हैं, जो प्रकाश-संश्लेषण की क्रिया द्वारा अपना भोजन स्वयं बनाते हैं।
- **उपभोक्ता वर्ग** (Consumer) इसके अन्तर्गत वे जीव आते हैं, जो उत्पादकों पर प्रत्यक्ष तथा अप्रत्यक्ष रूप से निर्भर रहते हैं। उपभोक्ता वर्ग को तीन उपवर्गों में बाँटा जाता है
  - प्राथमिक उपभोक्ता — शाकाहारी जीव — हिरण, खरगोश, गाय आदि।
  - द्वितीयक उपभोक्ता — मांसाहारी जीव — शेर, बाघ, लोमड़ी, चीता आदि।
  - तृतीयक उपभोक्ता — सर्वाहारी जीव — बाज, गिद्ध, मनुष्य, कुत्ता आदि।

अपघटक (Decomposer) इस वर्ग के अन्तर्गत वैसे जीव आते हैं, जो मृत जीवों के अवशेष से अपना जीवन यापन करते हैं। इसमें जीवाणु, कवक आदि आते हैं। ये मृत जीवों को विभिन्न अवयवों में विखण्डित कर देते हैं।

प्रदूषण

पर्यावरण या वातावरण में अपशिष्ट पदार्थों के जमा होने से उसका हानिकारक होना प्रदूषण कहलाता है।

- **प्रदूषक** वे पदार्थ या अवांछनीय उत्पाद जो प्रदूषण के कारण बनते हैं, प्रदूषक कहलाते हैं। प्रदूषक को निम्नीकरणीय तथा अनिम्नीकरणीय प्रदूषक के अन्तर्गत रखा जाता है।
  - **अनिम्नीकरणीय प्रदूषक** (Non-Biodegradable Pollutant) इस प्रकार के प्रदूषक सूक्ष्मजीवों से अपघटित नहीं होते हैं; जैसे-पारा, एल्युमीनियम, DDT, आर्सेनिक आदि।
  - **निम्नीकरणीय प्रदूषक** (Bio-degradabal Pollutant) इस प्रकार के प्रदूषक सूक्ष्म जीवों द्वारा अपघटित हो जाते हैं। वाहित मल, कागज़, कपड़ा, कूड़ा-करकट आदि उसके अन्तर्गत आते हैं।

प्रदूषण के प्रकार

- **वायु प्रदूषण** का प्रमुख कारण जीवाश्म ईंधन का दहन, CFC का उत्सर्जन, उद्योगों से उत्पन्न प्रदूषण, आर्द्र भूमि के कारण उत्पन्न प्रदूषण आदि हैं। वायु प्रदूषण के प्रमुख प्रदूषकों में कार्बन-डाइ ऑक्साइड, कार्बन मोनो ऑक्साइड, सल्फर डाइ ऑक्साइड, नाइट्रोजन ऑक्साइड, मीथेन, CFC आदि शामिल होते हैं।
- वायु प्रदूषण से जीवों को श्वसन तन्त्र की बीमारी, दमा, ब्रोनकाइटिस, आँखों में जलन, अनिद्रा आदि बीमारियाँ होती हैं।
- **जल प्रदूषण** जल में अवांछनीय गैसों, द्रवों तथा ठोसों के मिलने से जल में पारा की अधिकता से मिनिमाता, कैडमियम की अधिकता से इटाई-इटाई, फ्लोराइड की अधिकता से फ्लोरोसिस, नाइट्रेट की अधिकता से ब्लूबेबी सिण्ड्रोम, आर्सेनिक की अधिकता से ब्लैक फुट की बीमारी होती है। जल प्रदूषण के प्रमुख प्रदूषकों में ज्वालामुखी राख, धूल, जंगलों के जैविक कचरे, घरेलू अपशिष्ट, और योगिक अपशिष्ट, तेल रिसाव, कृषि में प्रयुक्त उर्वरक एवं कीटनाशक आदि शामिल होते हैं।
- **ध्वनि प्रदूषण** प्राकृतिक तथा मानवीय कारकों से अधिक मात्रा में ध्वनि का हानिकारक स्तर तक पहुँचना ध्वनि प्रदूषण कहलाता है। ध्वनि प्रदूषकों में बादलों का कड़कना, बिजली के साथ-साथ और योगिक इकाइयों से निकलने वाला शोर, वाहनों के हॉर्न एवं विभिन्न कार्यक्रमों में बड़े पैमाने पर लाउडस्पीकर की प्रबल ध्वनि आदि शामिल होती है। ध्वनि प्रदूषण के कारण उच्च रक्तदाब, माइग्रेन, अनिद्रा, स्मृति विलोपन आदि होता है।
- **रेडियोधर्मी प्रदूषण** रेडियो सक्रिय तत्त्वों के विखण्डन से रेडियोधर्मी प्रदूषण होता है, इससे कैंसर की बीमारी होती है। इसके प्रमुख प्रदूषक रेडियोधर्मी विकिरण हैं जो यूरोनियम, थोरियम व प्लूटोनियम से निकलते हैं।

जैव विविधता

- किसी निश्चित क्षेत्र में पाई जाने वाली जीवों की विविधता को जैव विविधता कहा जाता है।
- जैव विविधता शब्द का सर्वप्रथम प्रयोग वर्ष 1986 में ई. ओ. विल्सन ने किया था।

जैव विविधता संरक्षण

- जैव विविधता का संरक्षण निम्न दो विधियों द्वारा किया जाता है
  (i) **इन सीटू** (In Situ) इन सीटू के अन्तर्गत प्रजातियों, जीवों को उनके मूल स्थान पर ही संरक्षित किया जाता है। इन सीटू संरक्षण के अन्तर्गत राष्ट्रीय उद्यान, वन्य जीव अभयारण्य, जैवमण्डलीय आरक्षित क्षेत्र आदि आते हैं।
  (ii) **एक्स सीटू** (Ex Situ) इसमें प्रजातियों तथा जीवों को उनके मूल स्थान से अलग संरक्षित किया जाता है। इसके अन्तर्गत वनस्पति उद्यान, चिड़ियाघर, संरक्षण स्थल, जीन बैंक आदि विधियाँ आती हैं।

IUCN रेड डाटा बुक

- IUCN का पूरा नाम International Union for Conservation of Nature है। यह दुर्लभ प्रजातियों के संरक्षण का कार्य करता है।
- IUCN ने प्रजातियों का वर्गीकरण पाँच वर्गों में किया है
  (i) विलुप्त प्रजाति (ii) संकटापन्न प्रजाति (iii) सुभेद्य प्रजाति
  (iv) दुर्लभ प्रजाति (v) अतिसंकटापन्न प्रजाति
- IUCN का मुख्यालय स्विट्जरलैण्ड के ग्लैण्ड में है। यह वर्ष 1978 से पौधों तथा वर्ष 1988 से जन्तुओं की रेड डाटा बुक्स का प्रकाशन करता है।

वन्य जीव संरक्षण परियोजनाएँ

प्रोजेक्ट	वर्ष	विशेष तथ्य
हांगुल परियोजना	1970	हांगुल यूरोपियन रेण्डियर प्रजाति वाला हिरण है। भारत में केवल जम्मू एवं कश्मीर में पाया जाता है।
गिर परियोजना	1972	इसे गुजरात सरकार द्वारा प्रारम्भ किया गया। गिर वन में एशियाई शेर पाए जाते हैं।
बाघ परियोजना	1973	इसे बाघों की गिरती संख्या को रोकने के उद्देश्य से प्रारम्भ किया गया था। मध्य प्रदेश को टाइगर राज्य के नाम से जाना जाता है। भारत में 18 बाघ रिजर्व हैं।
गैण्डा परियोजना	1987	इसे गैण्डों के संरक्षण के उद्देश्य से शुरू किया गया। एक सींग वाला गैण्डा असम के काजीरंगा उद्यान एवं मानस अभयारण्य में पाया जाता है।
घड़ियाल प्रजनन परियोजना	1975	इसे ओडिशा के तिकरापाडा नामक स्थान से प्रारम्भ किया गया। (UNDP के सहयोग से)

प्रोजेक्ट	वर्ष	विशेष तथ्य
हाथी परियोजना	1992	भारत सरकार के पर्यावरण, वन एवं जलवायु परिवर्तन मन्त्रालय द्वारा आरम्भ किया गया।
लाल पाण्डा परियोजना	1996	इसे विश्व प्रकृति निधि (WWF) के सहयोग पद्मा- नायडू हिमालयन जन्तु पार्क में प्रारम्भ किया गया।
गिद्ध संरक्षण परियोजना	2006	इसे गिद्धों के संरक्षण और वृद्धि के लिए प्रारम्भ किया गया।
कछुआ संरक्षण परियोजना	2008	इसका प्रारम्भ ओडिशा के भितरकनिका अभयारण्य में किया गया।
हिम तेन्दुआ परियोजना	2009	इस परियोजना के तहत पश्चिम बंगाल के दार्जिलिंग में हिम तेन्दुआ संरक्षण केन्द्र खोला गया है।
ग्रेट इण्डियन बस्टर्ड परियोजना	2014	यह एक बड़े आकार का पक्षी है। यह राजस्थान का राजकीय पक्षी है।

यूनेस्को (UNESCO) द्वारा मान्यता प्राप्त भारतीय जैवमण्डल क्षेत्र

नाम	स्थापना वर्ष	सम्बन्धित राज्य
नीलगिरि	2000	तमिलनाडु, केरल, कर्नाटक
मन्नार की खाड़ी	2001	तमिलनाडु
सुन्दरबन	2001	पश्चिम बंगाल
नन्दा देवी	2004	उत्तराखण्ड
नोक्रेक	2009	मेघालय
पंचमढ़ी	2009	मध्य प्रदेश
सिमलीपाल	2009	ओडिशा
अमरकण्टक (अचनाकमार)	2012	छत्तीसगढ, मध्य प्रदेश
निकोबार	2013	अण्डमान निकोबार द्वीप समूह
अगस्तस्यमाला	2016	केरल-तमिलनाडु
कंचनजंघा नेशनल पार्क	2018	सिक्किम
पन्ना	2020	मध्य प्रदेश

भूमण्डलीय तापन/वैश्विक तापन

- वायुमण्डल के तापमान में वृद्धि होना वैश्विक तापन या ग्लोबल वार्मिंग कहलाता है।
- वैश्विक तापन सम्पूर्ण पृथ्वी की वायुमण्डलीय दशा से सम्बन्धित है। उसमें CO_2, CH_4, SO_2 जलवाष्प, आदि के कारण पृथ्वी द्वारा विकरित की गई दीर्घ तरंगें अवशोषित कर ली जाती हैं, उससे तापमान में वृद्धि हो जाती है।

हरित गृह प्रभाव

- हरित ग्रह प्रभाव एक ऐसी प्रक्रिया है, जिसमें सूर्य की लघु तरंगें दीर्घ तरंगों में परिवर्तित होकर ऊष्मा का संचयन करती हैं।
- जलवाष्प, कार्बन डाइ-ऑक्साइड, मीथेन, ओजोन, नाइट्रस ऑक्साइड आदि हरित गृह गैसें कहलाती हैं, क्योंकि ये ऊष्मा संचयन का काम करती हैं।

अम्ल वर्षा

- वायु में प्रदूषण हो जाने के कारण वर्षा के जल की प्रकृति अम्लीय हो जाती है। इसे ही अम्लीय वर्षा कहा जाता है।
- अम्लीय वर्षा में जल का pH मान 7 से कम हो जाता है।
- सल्फर डाइ-ऑक्साइड, नाइट्रोजन के ऑक्साइड, क्लोरीन, फ्लोरीन, आदि अम्लीय वर्षा के कारक हैं।

ओजोन क्षरण

- पृथ्वी के वायुमण्डल के समतापमण्डल में ओजोन गैस की परत पाई जाती है। यह ऑक्सीजन का अपरूप है।
- यह परत सूर्य से आने वाली पराबैंगनी किरणों को रोकती है तथा पराबैंगनी किरणों के हानिकारक प्रभाव से पृथ्वी की रक्षा करती है।
- पर्यावरणीय प्रदूषण से ओजोन परत का लुप्त होना या कम होना ओजोन क्षरण कहलाता है।
- ओजोन क्षरण के लिए उत्तरदायी है। क्लोरोफ्लोरो कार्बन, कार्बन टैट्राक्लोराइड, मिथाइल ब्रोमाइड, मिथाइल क्लोरोफार्म, हैलोजन आदि।

नोट *16 सितम्बर को प्रत्येक वर्ष ओजोन दिवस के रूप में मनाया जाता है।*

भारत के प्रमुख वन्यजीव अभयारण्य

वन्यजीव अभयारण्य	स्थिति	वन्यजीव अभयारण्य	स्थिति
नोक्रेक	मेघालय	सुल्तानपुर	हरियाणा
पंचमढ़ी	मध्य प्रदेश	परम्बिकुलम	केरल
पेरियार	केरल	दम्फा	मिजोरम
मदुमलाई	तमिलनाडु	इन्दिरा गाँधी	तमिलनाडु
अन्नामलाई	तमिलनाडु	सिमलीपाल	ओडिशा
चिल्का	ओडिशा	अबोहर	पंजाब
तंसा	महाराष्ट्र	केवलादेव	राजस्थान
रणथम्भौर	राजस्थान	कावला	तेलंगाना
पाखाल	तेलंगाना	नागरहोल	कर्नाटक
डेण्डेली	कर्नाटक	भद्रा	कर्नाटक
चन्द्रप्रभा	उत्तर प्रदेश	नल सरोवर	गुजरात
कैमूर	बिहार	हजारीबाग	झारखण्ड
डोल्मा	झारखण्ड	पलामू	झारखण्ड

राष्ट्रीय अभयारण्य तथा उद्यान प्राप्य दुर्लभ प्रजातियाँ/अवस्थिति

राष्ट्रीय उद्यान/अभयारण्य	पाई जाने वाली दुर्लभ प्रजातियाँ
मानस राष्ट्रीय उद्यान (असम)	हाथी, गैण्डा, जंगली भैंसा, गौर, बौना सुअर, गोल्डन लंगूर, सिविट बिल्ली, बाघ, तेन्दुआ, रीछ, घड़ियाल, अजगर एवं बड़ी गिलहरी।
काजीरंगा राष्ट्रीय उद्यान (असम)	एक सींग वाले भारतीय गैण्डों का आश्रय स्थल।
ध्रांगधारा अभयारण्य (गुजरात)	जंगली गधों की लुप्तप्राय प्रजाति घुड़खर।
केबुल-लामजाओ राष्ट्रीय उद्यान (मणिपुर)	भौंह जैसी सींगों वाला हिरण (संघाई हिरण), जल पक्षी।
गिर राष्ट्रीय उद्यान (गुजरात)	एशियाई शेर।
मरु अभयारण्य (राजस्थान)	गोडावन, काला मृग, चिंकारा।
कंचनजंघा राष्ट्रीय उद्यान (सिक्किम)	लाल पाण्डा, हिम तेन्दुआ, बादली तेन्दुआ, थार कस्तूरी, घूरल, सीरो, जंगली गधे आदि।
वेदानथगल जल पक्षी अभयारण्य (तमिलनाडु)	विविध जल पक्षी।
सिमलीपाल राष्ट्रीय उद्यान (ओडिशा)	बाघ, गौर, चीतल, तेन्दुआ, मूषक, हिरण, उड़ने वाली गिलहरी एवं मगरमच्छ।
भितरकनिका अभयारण्य (ओडिशा)	खारे पानी का मगरमच्छ, मॉनिटर छिपकलियाँ, तेन्दुआ, मछलीमार बिल्ली, जल पक्षी एवं रिडले समुद्री कछुआ।
दाचिग्राम राष्ट्रीय उद्यान (जम्मू-कश्मीर)	तेन्दुआ, काला भालू, भूरा भालू, सेराव, कस्तूरी मृग एवं हंगुल।
दुधवा राष्ट्रीय उद्यान (उत्तर प्रदेश)	बाघ, तेन्दुआ, मधु रीछ, साम्भर, दलदली हिरण, चीतल, जंगली मुर्गी एवं तीतर।
केवलादेव घाना राष्ट्रीय उद्यान (राजस्थान)	साइबेरियाई सारस, पनकौआ, धनेश, दर्वीमुख बटेर, टिकारी, बगुला, साम्भर, चीतल, काला मृग एवं सिविट बिल्ली।
पिन वैली नेशनल पार्क (हिमाचल प्रदेश)	हिम चीता, बर्फ का भेड़िया, जंगल बकरी, भूरी लोमड़ी आदि।
जिम कार्बेट नेशनल पार्क (उत्तराखण्ड)	पाण्डा, बाघ, हाथी आदि।

प्रश्न बैंक

विश्व का भूगोल

1. आकाशगंगा को किस आकार में वर्गीकृत किया गया है?
(a) अनियमित (b) अण्डाकार
(c) सर्पिलाकार (d) इनमें से कोई नहीं

2. पृथ्वी का सबसे निकटतम तारा कौन-सा है?
(a) सूर्य (b) सेन्टारस
(c) शनि (d) मंगल

3. निम्न में से कौन-से खगोलीय पिण्ड सौरमण्डल में शामिल होते हैं?
(a) सूर्य (b) उल्का पिण्ड
(c) क्षुद्रग्रह (d) ये सभी

4. आकार के अनुसार सौरमण्डल का सबसे छोटा ग्रह कौन-सा है?
(a) बुध (b) मंगल
(c) पृथ्वी (d) यूरेनस

5. पृथ्वी को सूर्य की एक परिक्रमा पूरी करने में लगभग कितना समय लगता है?
(a) 362 दिन (b) 365 दिन
(c) 366 दिन (d) 355 दिन

6. शनि ग्रह सूर्य की परिक्रमा कितने वर्षों में पूरी करता है?
(a) 686 दिन (b) 29.5 वर्ष
(c) 84 वर्ष (d) 164.8 वर्ष

7. सूर्य के प्रकाश को पृथ्वी तक पहुँचने में कितना समय लगता है?
(a) 5.5 मिनट (b) 6.5 मिनट
(c) 7.15 मिनट (d) 8.16 मिनट

8. निम्न में से किस तिथि को पृथ्वी सूर्य के अत्यधिक निकट होती है?
(a) 3 जनवरी (b) 10 फरवरी
(c) 4 जुलाई (d) 5 अगस्त

9. निम्न में से किस दिन पृथ्वी पर दिन-रात बराबर होते हैं?
(a) 21 मार्च (b) 21 सितम्बर
(c) 21 दिसम्बर (d) 21 जून

10. वसन्त विषुव की स्थिति कब होती है?
(a) 21 मार्च (b) 22 मई
(c) 23 सितम्बर (d) 23 दिसम्बर

11. चन्द्रग्रहण किस तिथि को लगता है?
(a) अमावस्या को (b) पूर्णिमा को
(c) पंचमी को (d) अष्टमी को

12. समुद्री जल का एक निश्चित अन्तराल पर ऊपर उठना तथा गिरना क्या कहलाता है?
(a) ज्वार (b) भाटा
(c) 'a' और 'b' दोनों (d) ज्वारीय तरंग

13. पृथ्वी की आन्तरिक संरचना की भूपर्पटी में कौन-सा तत्त्व पाया जाता है?
(a) सिलिका (b) मैग्नीशियम
(c) निकिल (d) लोहा

14. पृथ्वी के केन्द्र में कौन-सा पदार्थ पाया जाता है?
(a) निकिल (b) ग्रेनाइट
(c) बेसाल्ट (d) चूना-पत्थर

15. निम्न में से कौन-से पृथ्वी के आन्तरिक संरचना के भाग हैं?
(a) भूपर्पटी (b) मेण्टल
(c) क्रोड (d) ये सभी

16. पृथ्वी की रचना में किस तत्त्व की बहुलता है?
(a) सिलिकॉन (b) ऑक्सीजन
(c) एल्युमीनियम (d) लोहा

17. पृथ्वी के कुल भाग के कितने प्रतिशत क्षेत्र पर जल है?
(a) 29% (b) 51%
(c) 71% (d) 78%

18. एण्डीज पर्वतमाला कहाँ अवस्थित है?
(a) दक्षिण अफ्रीका (b) उत्तरी अमेरिका
(c) दक्षिण अमेरिका (d) कनाडा

19. 'माउण्ट इल्बर्ट' किस पर्वत श्रृंखला की सबसे ऊँची चोटी है?
(a) रॉकी (b) आल्पस
(c) एण्डीज (d) काकेशस

20. अफ्रीका की सबसे ऊँची चोटी का क्या नाम है?
(a) एटलस (b) काकेशस
(c) मेटरहॉर्न (d) किलिमंजारो

21. विश्व की दूसरी सबसे ऊँची चोटी कौन-सी है?
(a) एवरेस्ट (b) K-2
(c) कैलाश (d) माउण्ट मैकिले

22. 'माउण्ट मैकिले' कहाँ अवस्थित है?
(a) उत्तर अमेरिका (b) दक्षिण अमेरिका
(c) यूरोप (d) ऑस्ट्रेलिया

23. 'आल्पस' पर्वत की सर्वोच्च चोटी कौन-सी है?
(a) माउण्ट एलब्रस (b) कोस्किशुओ
(c) माउण्ट ब्लैंक (d) माउण्ट इल्बर्ट

24. निम्न में से कौन-सी चोटी ज्वालामुखीय अभिक्रिया के लिए विख्यात है?
(a) काकेशस (b) फ्यूजीयामा
(c) किलिमंजारो (d) K-2

25. 'एकांकागुआ' की चोटी किस पर्वत श्रृंखला में स्थित है?
(a) एण्डीज (b) आल्पस
(c) फ्यूजीयामा (d) काकेशस

26. किलिमंजारो पर्वत चोटी कहाँ अवस्थित है?
(a) केन्या (b) जिम्बाम्बे
(c) तंजानिया (d) सोमालिया

27. 'अनातोलिया का पठार' कहाँ अवस्थित है?
(a) तुर्की (b) अमेरिका
(c) मैक्सिको (d) ईरान

28. निम्न में से कौन-सा गर्त प्रशान्त महासागर में नहीं है?
(a) अल्यूशियन गर्त (b) टोंगा गर्त
(c) मेरियाना गर्त (d) सुण्डा गर्त

29. पाक जलसन्धि किन दो देशों को जोड़ती है?
(a) भारत-चीन (b) भारत-श्रीलंका
(c) भारत-मालदीप (d) भारत-बांग्लादेश

30. 'हड़सन की खाड़ी' किस देश में अवस्थित है?
(a) अमेरिका (b) अर्जेण्टीना
(c) कनाडा (d) इंग्लैण्ड

31. 'अण्डमान सागर तथा चीन सागर' को कौन-सी जलसन्धि जोड़ती है?
(a) मलक्का (b) सुण्डा
(c) होर्मुज (d) डेविस

32. निम्नलिखित में से कौन-सी सबसे लम्बी नदी है?
(a) अमेजन (b) आमूर
(c) कांगो (d) लीना

33. अफ्रीका की कौन-सी नदी मकर रेखा को दो बार काटती है?
(a) जैम्बेजी (b) लिम्पोपो
(c) कांगो (d) नाइजर

34. ग्रेट-साल्ट झील कहाँ स्थित है?
(a) ईरान
(b) यूएसए (संयुक्त राज्य अमेरिका)
(c) तुर्की
(d) भारत

35. विश्व की सबसे गहरी झील कौन-सी है?
(a) बैकाल (b) कैस्पियन सागर
(c) अमेजन (d) कांगो

36. एंजिल जलप्रपात' कहाँ अवस्थित है?
(a) नॉर्वे (b) वेनेजुएला
(c) भारत (d) कनाडा

37. नियाग्रा जलप्रपात कहाँ अवस्थित है?
(a) कनाडा (b) भारत
(c) रूस (d) जर्मनी

38. निम्नलिखित में से कौन-विश्व की सबसे बड़ी पोतवाहक नहर है?
(a) कील नहर (b) पनामा नहर
(c) सू नहर (d) स्वेज नहर

39. 'कील नहर' विश्व के किस देश में अवस्थित है?
(a) संयुक्त राज्य अमेरिका
(b) जर्मनी
(c) रूस
(d) पनामा

40. कौन-सा देश तम्बाकू उत्पादन में विश्व में प्रथम है?
(a) चीन (b) भारत
(c) पाकिस्तान (d) बांग्लादेश

41. विश्व में सबसे अधिक कपास का उत्पादन कहाँ होता है?
(a) भारत (b) मिस्र (c) अमेरिका (d) रूस

42. 'कॉफी का सर्वाधिक उत्पादन' किस देश में होता है?
(a) चीन (b) भारत
(c) ब्राजील (d) श्रीलंका

43. निम्न में से कौन-सा देश मक्का का सर्वाधिक उत्पादन करता है?
(a) अमेरिका (b) ब्राजील
(c) अर्जेण्टीना (d) वियतनाम

44. विश्व में लौह-अयस्क के तीन अग्रणी उत्पादक देश हैं
(a) ऑस्ट्रेलिया, चीन, संयुक्त राज्य अमेरिका
(b) चीन, ऑस्ट्रेलिया, ब्राजील
(c) रूस, संयुक्त राज्य अमेरिका, चीन
(d) संयुक्त राज्य अमेरिका, रूस, यूनाइटेड किंगडम

45. निम्न में से कौन-सा 'टिन' का सर्वाधिक उत्पादक देश है?
(a) चीन (b) इण्डोनेशिया
(c) पेरू (d) ये सभी

46. निम्नलिखित में से कौन-सा देश खनिज तेल का सर्वाधिक उत्पादन करता है?
(a) रूस (b) सऊदी अरब
(c) अमेरिका (d) ईरान

47. 'माओरी' जनजाति का निवास स्थल कहाँ है?
(a) न्यूजीलैण्ड (b) रूस
(c) कांगो बेसिन (d) कनाडा

48. कालाहारी मरुस्थल (बोत्सवाना) में कौन-सी जनजातियाँ पाई जाती है?
(a) खिरगीज (b) जुलू
(c) बुशमैन (d) बद्दू

49. 'बद्दू' जनजाति विश्व के किस देश में पाई जाती है?
(a) स्पेन (b) अरब
(c) दक्षिण अफ्रीका (d) कनाडा

50. निम्न में से कौन-सी जनजाति अर्जेंटीना के पम्पास क्षेत्रों में पाई जाती है?
(a) एस्किमो (b) मसाई
(c) गाउचो (d) बांतू

51. भूमध्यसागर के द्वार के नाम से किसे जाना जाता है?
(a) मुम्बई (b) अरब सागर
(c) जिब्राल्टर (d) क्यूबा

52. 'सूर्योदय' का देश किसे कहा जाता है?
(a) जापान (b) कोरिया
(c) म्यांमार (d) ल्हासा

53. 'पामीर के पठार' को किस नाम से जाना जाता है?
(a) विश्व का रखवाला
(b) संसार की छत
(c) सर्वोच्च छत
(d) छतों की छत

54. 'लैण्ड ऑफ द गोल्डन फ्लीस' किसे कहा गया है?
(a) न्यूजीलैण्ड (b) ऑस्ट्रेलिया
(c) सिंगापुर (d) थाइलैण्ड

55. बेल्जियम को किस नाम से जाना जाता है?
(a) कॉकपिट और बेल्जियम
(b) कॉकपिट ऑफ द वर्ल्ड
(c) कॉकपिट ऑफ यूरोप
(d) सिटी ऑफ गोल्डन गेट

56. 'अन्ध महाद्वीप' किसे कहा गया है?
(a) एशिया (b) अफ्रीका
(c) यूरोप (d) अमेरिका

57. 'लन्दन' किस नदी के किनारे अवस्थित है?
(a) टेम्स (b) टाइबर
(c) पोटोमेक (d) इरावदी

58. फ्रांस की राजधानी पेरिस किस नदी के किनारे अवस्थित है?
(a) टेम्स (b) सीन
(c) टाइबर (d) डेन्यूब

59. 'पाकिस्तान और अफगानिस्तान के मध्य कौन-सी अन्तर्राष्ट्रीय सीमा है?
(a) रेडक्लिफ रेखा (b) डूरण्ड रेखा
(c) मैगीनॉट रेखा (d) हिण्डनबर्ग रेखा

60. '38वीं सामान्तर रेखा' विश्व के किन दो देशों के मध्य अवस्थित है?
(a) जर्मनी एवं फ्रांस के मध्य
(b) जर्मनी एवं पोलैण्ड के मध्य
(c) उत्तरी कोरिया एवं दक्षिण कोरिया के मध्य
(d) अमेरिका और कनाडा के मध्य

भारत का भूगोल

61. 'भारत का पश्चिमोत्तर' बिन्दु कौन-सा है?
(a) इण्डिया प्वॉइण्ट (b) इन्दिरा कॉल
(c) गौरमाता (d) कबुथु

62. भारत का सर्वाधिक तटरेखा वाला राज्य कौन-सा है?
(a) गुजरात (b) आन्ध्र प्रदेश
(c) महाराष्ट्र (d) तमिलनाडु

63. निम्न में से किस देश के साथ भारत की सबसे लम्बी सीमा रेखा लगती है?
(a) चीन (b) पाकिस्तान
(c) बांग्लादेश (d) नेपाल

64. क्षेत्रफल के अनुसार भारत का कौन-सा राज्य सबसे बड़ा है?
(a) मध्य प्रदेश (b) राजस्थान
(c) उत्तर प्रदेश (d) महाराष्ट्र

65. नंगा पर्वत चोटी किस श्रेणी में स्थित है?
(a) जॉस्कर श्रेणी (b) लद्दाख श्रेणी
(c) काराकोरम श्रेणी (d) हिमालय

66. 'माउण्ट एवरेस्ट' की ऊँचाई कितनी है?
(a) 8848 मी (b) 8611 मी
(c) 8172 मी (d) 8078 मी

67. 'नन्दा देवी पर्वत' चोटी भारत के किस राज्य में अवस्थित है?
(a) सिक्किम (b) जम्मू व कश्मीर
(c) उत्तराखण्ड (d) अरुणाचल प्रदेश

68. नर्मदा नदी का उद्‌गम कहाँ स्थित है?
(a) सतपुडा (b) अमरकण्टक
(c) बह्मगिरि (d) बन्दरपूछ

69. निम्नलिखित में कौन-सी एक नदी अरब सागर में मिलती है?
(a) इन्द्रावती (b) गोदावरी
(c) कावेरी (d) नर्मदा

70. भारत की किस नदी को वृद्ध गंगा कहा जाता है?
(a) कृष्णा (b) गोदावरी
(c) कावेरी (d) नर्मदा

71. भारतीय मरुस्थल की एक महत्त्वपूर्ण नदी है
(a) लूनी (b) नर्मदा
(c) कृष्णा (d) व्यास

72. 'चिल्का झील' भारत के किस राज्य में अवस्थित है?
(a) जम्मू-कश्मीर (b) ओडिशा
(c) आन्ध्र प्रदेश (d) महाराष्ट्र

73. पूर्वोत्तर भारत में मीठे पानी की सबसे बड़ी झील कौन-सी है?
(a) लोकटक (b) पुलीकट
(c) वेम्बनाद (d) साम्भर

74. 'जोग जलप्रपात' किस नदी पर अवस्थित है?
(a) कावेरी (b) शरावती
(c) महाना (d) गोकक

75. 'शिवसमुद्रम जलप्रपात' भारत के किस राज्य में है?
(a) ओडिशा (b) कर्नाटक
(c) मध्य प्रदेश (d) झारखण्ड

76. नवीन जलोढ़ मृदा को किस अन्य नाम से जाना जाता है?
(a) खादर (b) बांगर
(c) कल्लर (d) रेगुर

77. 'रेगुर' शब्द किसके लिए प्रयुक्त होता है?
(a) लैटेराइट मृदा (b) डेल्टाइक मृदा
(c) लाल मृदा (d) काली कपास मृदा

78. लैटेराइट मिट्टी मिलती है
(a) उत्तर प्रदेश में (b) हिमाचल प्रदेश में
(c) पंजाब में (d) महाराष्ट्र में

79. अत्यन्त सूक्ष्म कणों वाली मिट्टी कौन-सी है?
(a) दोमट मिट्टी (b) पथरीली मिट्टी
(c) बलुई मिट्टी (d) चिकनी मिट्टी

80. भारत में किस मिट्टी का विस्तार सर्वाधिक क्षेत्रफल पर है?
(a) काली (b) लाल
(c) लैटेराइट (d) जलोढ़

81. मालवा पठार की प्रमुख मिट्टी है
(a) काली (b) जलोढ़
(c) लाल जलोढ़ (d) लैटेराइट

82. गुजरात प्रदेश अधिकांशत: आच्छादित है
(a) काली मिट्टी से
(b) लैटेराइट मिट्टी से
(c) लाल मिट्टी से
(d) मरुस्थलीय मिट्टी से

83. काली मृदा किस फसल की खेती हेतु उपयुक्त होती है?
(a) कपास (b) चाय
(c) धान (d) मक्का

84. किस राज्य में गन्ने का उत्पादन सर्वाधिक किया जाता है?
(a) उत्तर प्रदेश (b) महाराष्ट्र
(c) आन्ध्र प्रदेश (d) तमिलनाडु

85. भारत का कौन-सा राज्य जूट व पटसन की उपज के लिए प्रसिद्ध है?
(a) पश्चिम बंगाल (b) कर्नाटक
(c) तमिलनाडु (d) उत्तर प्रदेश

86. केरल राज्य विश्वभर में निम्न में से किसके संवर्द्धन के लिए जाना जाता है?
(a) रबर (b) गन्ना
(c) गरम मसाले (d) चावल

87. भारत में सर्वोत्तम चाय कहाँ पैदा की जाती है?
(a) जोरहाट (b) नीलगिरि
(c) दार्जिलिंग (d) कूच बिहार

88. केसर की सबसे अधिक मात्रा कहाँ उत्पादित होती है
(a) जम्मू-कश्मीर में (b) पूर्वोत्तर पहाड़ियों में
(c) केरल में (d) गोवा में

89. गुलाबी क्रान्ति किससे सम्बन्धित है?
(a) टमाटर उत्पादन (b) झींगा उत्पादन
(c) मांस उत्पादन (d) खाद्यान्न उत्पादन

90. 'रजत क्रान्ति' का सम्बन्ध किससे है?
(a) मत्स्य उत्पादन से
(b) अण्डा उत्पादन से
(c) टमाटर उत्पादन से
(d) फल उत्पादन से

पर्यावरण एवं पारिस्थितकी

91. जैव विविधता को किसके अन्तर्गत विभाजित किया जाता है?
(a) आनुवांशिक (b) प्रजातीय
(c) पारिस्थितिकी (d) ये सभी

92. निम्न में से कौन जैव विविधता के ह्रास के कारण है?
(a) अति दोहन
(b) प्राकृतिक आपदा
(c) स्थानान्तरित कृषि
(d) ये सभी

93. नागोया प्रोटोकॉल का सम्बन्ध निम्न में से किस एक से है?
(a) आनुवांशिक संरक्षण
(b) वन संरक्षण
(c) अम्ल वर्षा से सम्बन्धित
(d) जैव विविधता से सम्बन्धित

94. भारत में अत्यधिक हॉट स्पॉट क्षेत्र है
(a) पश्चिमी घाट
(b) पूर्वी हिमालय
(c) 'a' और 'b' दोनों
(d) उपरोक्त में से कोई भी नहीं

95. .... एक पर्वत शृंखला के पश्चिमी तट के लगभग समानान्तर पतला है, और दुनिया में जैव विविधता के आठ 'सबसे आकर्षण के केन्द्र' में से एक है, कभी-कभी इसे 'भारत के महान ढलान' भी कहा जाता है।
(a) पूर्वी घाट (b) पश्चिम घाट
(c) हिमालय (d) सतपुड़ा रेंज

96. निम्न में से कौन-सी संरक्षण विधि इन सीटू के अन्तर्गत नहीं आती है?
(a) राष्ट्रीय उद्यान
(b) वन्यजीव अभयारण्य
(c) वनस्पति उद्यान
(d) जैवमण्डलीय आरक्षित क्षेत्र

97. निम्न में कौन-सी संरक्षण विधि एक्स सीटू के अन्तर्गत आती है?
(a) जीन बैंक (b) DNA बैंक
(c) चिड़ियाघर (d) ये सभी

98. IUCN ने प्रजातियों का वर्गीकरण कितने वर्गों में किया है?
(a) तीन वर्ग (b) पाँच वर्ग
(c) सात वर्ग (d) नौ वर्ग

99. IUCN का मुख्यालय कहाँ है?
(a) पेरिस (फ्रांस)
(b) ग्लैण्ड (स्विट्जरलैण्ड)
(c) न्यूयॉर्क (यू.एस.ए.)
(d) वाशिंगटन डी.सी. (यू.एस.ए.)

100. IUCN ने पहली बार रेड डाटा बुक का प्रकाशन कब किया था?
(a) 1978 (b) 1988
(c) 1998 (d) 2008

101. डिब्रू-साइखोवा (Dibru-Saikhowa), नामेरी (Nameri) और औरंग नेशनल पार्क (Orang National Park) ये सभी किस राज्य में स्थित हैं?
(a) आन्ध्र प्रदेश
(b) असम
(c) अरुणाचल प्रदेश
(d) उत्तराखण्ड

उत्तरमाला

1. (c)	2. (a)	3. (d)	4. (a)	5. (b)	6. (b)	7. (d)	8. (a)	9. (a)	10. (a)
11. (b)	12. (c)	13. (a)	14. (a)	15. (d)	16. (b)	17. (c)	18. (c)	19. (a)	20. (d)
21. (b)	22. (a)	23. (c)	24. (b)	25. (a)	26. (c)	27. (a)	28. (c)	29. (b)	30. (c)
31. (a)	32. (a)	33. (b)	34. (b)	35. (a)	36. (b)	37. (a)	38. (d)	39. (b)	40. (a)
41. (c)	42. (c)	43. (a)	44. (b)	45. (d)	46. (d)	47. (a)	48. (c)	49. (b)	50. (c)
51. (c)	52. (a)	53. (b)	54. (b)	55. (c)	56. (b)	57. (a)	58. (b)	59. (b)	60. (c)
61. (c)	62. (a)	63. (c)	64. (b)	65. (d)	66. (a)	67. (c)	68. (b)	69. (d)	70. (b)
71. (a)	72. (b)	73. (a)	74. (b)	75. (b)	76. (a)	77. (d)	78. (d)	79. (d)	80. (d)
81. (a)	82. (a)	83. (a)	84. (a)	85. (a)	86. (a)	87. (c)	88. (a)	89. (b)	90. (b)
91. (d)	92. (d)	93. (d)	94. (c)	95. (b)	96. (c)	97. (d)	98. (b)	99. (b)	100. (a)
101. (b)									

अध्याय 03

भारतीय राजव्यवस्था

भारतीय संविधान का विकास

अधिनियम (ईस्ट इण्डिया कम्पनी के अन्तर्गत पारित एक्ट)	*सम्बन्धित तथ्य*
रेग्यूलेटिंग एक्ट, 1773	इस एक्ट द्वारा बंगाल के गवर्नर को गवर्नर-जनरल कहा जाने लगा, **वॉरेन हेस्टिंग्स** प्रथम गवर्नर-जनरल थे। इसके माध्यम से ईस्ट इण्डिया कम्पनी पर ब्रिटिश संसदीय नियन्त्रण स्थापित हुआ।
पिट्स इण्डिया एक्ट, 1784	कम्पनी की व्यापारिक एवं प्रशासनिक शक्तियों तथा कार्यों का विभाजन, ब्रिटिश क्राउन के स्वामित्व के दावे का पहला वैज्ञानिक दस्तावेज।
चार्टर एक्ट, 1793	कम्पनी के व्यापारिक अधिकार बढ़ा दिए गए, नियन्त्रक मण्डल के सदस्यों को भारतीय राजस्व से वेतन दिया जाने लगा।
चार्टर एक्ट, 1813	कम्पनी के व्यापारिक एकाधिकार समाप्त, अंग्रेजों को व्यापारिक छूट।
चार्टर एक्ट, 1833	बंगाल के गवर्नर को भारत का गवर्नर-जनरल कहा जाने लगा। **लॉर्ड विलियम बैण्टिंक** भारत के प्रथम गवर्नर-जनरल थे।
चार्टर एक्ट, 1853	भारत के लिए 12 सदस्यीय विधान परिषद् की स्थापना।
भारत शासन अधिनियम, 1858 (ब्रिटिश क्राउन के अन्तर्गत पारित एक्ट)	भारत का शासन कम्पनी से लेकर ब्रिटिश क्राउन को हस्तान्तरण, गवर्नर-जनरल का पदनाम बदलकर वायसराय करना। **लॉर्ड कैनिंग** को भारत का प्रथम वायसराय बनाया गया। द्वैध शासन का अन्त।
भारत परिषद् अधिनियम, 1861	गवर्नर-जनरल की कार्यकारिणी परिषद् का विस्तार किया गया, विभागीय प्रणाली का प्रारम्भ।
भारत परिषद् अधिनियम, 1892	निर्वाचन पद्धति प्रारम्भ हुई।
भारत परिषद् अधिनियम, 1909	इसे मार्ले-मिण्टो सुधार भी कहा जाता है। पृथक् निर्वाचन के आधार पर मुस्लिमों के लिए साम्प्रदायिक प्रतिनिधित्व।
भारत शासन अधिनियम, 1919	इसे मॉण्टेग्यू-चेम्सफोर्ड सुधार भी कहा जाता है। प्रान्तों में आंशिक रूप से उत्तरदायी सरकार की स्थापना।
भारत शासन अधिनियम, 1935	प्रान्तों में द्वैध शासन की समाप्ति तथा केन्द्र में प्रारम्भ, लोक सेवा आयोग की स्थापना, संघीय न्यायालय का प्रावधान।
भारतीय स्वतन्त्रता अधिनियम, 1947	भारत और पाकिस्तान दो अलग राज्यों की स्थापना।

संविधान सभा की प्रमुख समितियाँ

समितियाँ	*अध्यक्ष*
प्रारूप	डॉ.बी.आर. अम्बेडकर
कार्य संचालन	के.एम. मुंशी
संघ संविधान, संघ शक्ति	जवाहरलाल नेहरू
मूल अधिकार, अल्पसंख्यक, प्रान्तीय संविधान	सरदार वल्लभभाई पटेल
प्रक्रिया, वार्ता, तदर्थ, झण्डा समिति	डॉ. राजेन्द्र प्रसाद
अल्पसंख्यक उप-समिति	एच.सी. मुखर्जी
सदन समिति	बी. पट्टाभि सीतारमैया
वित्त एवं स्टाफ	डॉ. राजेन्द्र प्रसाद

संविधान के स्रोत

राष्ट्र	*विविध स्रोत*
ब्रिटेन	संसदीय शासन प्रणाली, कानून निर्माण प्रक्रिया, एकल नागरिकता, संसदीय विशेषाधिकार, अखिल भारतीय सेवा प्रणाली, द्विसदनीय व्यवस्था।
यू.एस.ए.	प्रस्तावना, मौलिक अधिकार, न्यायिक पुनर्विलोकन, सर्वोच्च न्यायालय का गठन एवं अधिकार, उप-राष्ट्रपति का पद।
कनाडा	शक्तियों का विभाजन, संघात्मक शासन व्यवस्था एवं अवशिष्ट शक्तियों का केन्द्रीकरण, केन्द्र द्वारा राज्यपाल की नियुक्ति।
ऑस्ट्रेलिया	समवर्ती सूची, दोनों सदनों की संयुक्त बैठक।
जापान	विधि द्वारा स्थापित प्रक्रिया।
सोवियत संघ (रूस)	मौलिक कर्त्तव्य एवं नियोजन प्रणाली, प्रस्तावना में न्याय का आदर्श।
दक्षिण अफ्रीका	संविधान संशोधन प्रणाली, राज्यसभा के सदस्यों का निर्वाचन।
आयरलैण्ड	राज्य के नीति-निदेशक तत्त्व, राष्ट्रपति की निर्वाचन पद्धति, राज्यसभा के सदस्यों का निर्वाचन।
जर्मनी	आपातकालीन उपबन्ध।
फ्रांस	गणतन्त्र प्रणाली, प्रस्तावना में स्वतन्त्रता, समता, बन्धुता के आदर्श।

संविधान के भाग एवं अनुच्छेद

भाग	*अनुच्छेद*	*विवरण*
भाग-1	अनुच्छेद-1 से 4	संघ और उसका राज्य क्षेत्र, नए राज्य का निर्माण
भाग-2	अनुच्छेद-5 से 11	नागरिकता
भाग-3	अनुच्छेद-12 से 35	मौलिक अधिकार
भाग-4	अनुच्छेद-36 से 51	राज्य के नीति-निदेशक सिद्धान्त
भाग-4A	अनुच्छेद-51A	नागरिकों के मौलिक कर्तव्य
भाग-5	अनुच्छेद-52 से 151	संघ सरकार से सम्बन्धित
भाग-6	अनुच्छेद-152 से 237	राज्य सरकार से सम्बन्धित
भाग-7	अनुच्छेद-238	प्रथम अनुच्छेद के भाग 'बी' से जुड़ा है। वर्ष 1956 में 7वें संविधान संशोधन से हटा दिया गया।
भाग-8	अनुच्छेद-239 से 242	केन्द्रशासित प्रदेशों का प्रशासन
भाग-9	अनुच्छेद-243 से 243 O	पंचायतें
भाग-9 A	अनुच्छेद 243 P से 243 ZG	नगरपालिका
भाग-18	अनुच्छेद- 352 से 360	आपात उपबन्ध
भाग-19	अनुच्छेद-361 से 367	प्रकीर्ण विविध

भाग	अनुच्छेद	विवरण
भाग-20	अनुच्छेद-368	संविधान संशोधन
भाग-21	अनुच्छेद- 369 से 392	अस्थायी, परिवर्तित और विशेष कानून
भाग-22	अनुच्छेद- 393 से 395	संक्षिप्त नाम, प्रारम्भ, हिन्दी में प्राधिकृत पाठ और निरसन

मौलिक अधिकार (भारत का मैग्नाकार्टा)

मौलिक अधिकार	सम्बन्धित अनुच्छेद
समानता का अधिकार	अनुच्छेद-14 से 18
स्वतन्त्रता का अधिकार	अनुच्छेद-19 से 22
शोषण के विरुद्ध अधिकार	अनुच्छेद-23 से 24
धार्मिक स्वतन्त्रता का अधिकार	अनुच्छेद- 25 से 28
संस्कृति और शिक्षण सम्बन्धी अधिकार	अनुच्छेद-29 से 30
संवैधानिक उपचारों का अधिकार	अनुच्छेद-32

राष्ट्रपति (संघीय कार्यपालिका का प्रधान)

योग्यता	भारत का प्रथम नागरिक, आयु 35 वर्ष, लोकसभा का सदस्य निर्वाचित होने की योग्यता
निर्वाचन	अप्रत्यक्ष निर्वाचन प्रणाली एवं एकल संक्रमणीय मत पद्धति द्वारा
कार्यकाल	5 वर्ष

प्रधानमन्त्री (केन्द्रीय सरकार का प्रमुख)

योग्यता	संसद सदस्य बनने के योग्य हो, भारत का नागरिक हो, पागल या दिवालिया न हो, आयु 25 वर्ष से कम न हो।
निर्वाचन	प्रत्यक्ष निर्वाचन प्रणाली द्वारा
कार्यकाल	अनिश्चित (लोकसभा में बहुमत रहने तक)
शक्तियाँ	केन्द्रीय मन्त्रिपरिषद् का प्रमुख, संसद सत्र आहूत करने एवं सत्रावसान का परामर्श, सरकारी नीतियों की घोषणा, सत्ताधारी दल का नेता।

संघीय सरकार

राज्यसभा	सम्बन्धित तथ्य
स्थिति	उच्च सदन (स्थायी सदन)
सदस्यों की संख्या	अधिकतम संख्या 250 (वर्तमान में 245 सदस्य)
अध्यक्ष	सभापति, उप-राष्ट्रपति राज्यसभा का पदेन सभापति होता है।
कार्यकाल	6 वर्ष (एक-तिहाई सदस्य प्रति दो वर्ष बाद सेवानिवृत्त होते हैं)
राष्ट्रपति द्वारा मनोनीत सदस्य	12 (साहित्य, कला, विज्ञान एवं समाज सेवा के क्षेत्र से)
आयु सीमा	न्यूनतम 30 वर्ष
राज्यसभा का गठन	पहली बार वर्ष 3 अप्रैल, 1952 में
विशेष शक्तियाँ	अनुच्छेद-249 के अनुसार राज्य सूची पर कानून बनाने का अधिकार, अनुच्छेद-312 के अनुसार अखिल भारतीय सेवाओं का अधिकार

लोकसभा	सम्बन्धित तथ्य
स्थिति	निम्न सदन (निचला)
अध्यक्ष	लोकसभा के चयनित सदस्यों में किसी एक सदस्य का चयन
कार्यकाल	5 वर्ष
सदस्यों की संख्या	552 (वर्तमान में 545 सदस्य)
आयु सीमा	25 वर्ष
शक्तियाँ एवं कार्य	धन विधेयक तथा वित्त विधेयक को प्रस्तावित करना व बजट पेश करना। मन्त्रिपरिषद् लोकसभा के प्रति उत्तरदायी होती है।
विशेष	लोकसभा के प्रथम अध्यक्ष जी.वी. मावलंकर थे।

राज्य कार्यपालिका

पद	सम्बन्धित विशेष तथ्य
राज्यपाल	राज्य का संवैधानिक प्रमुख, न्यूनतम आयु 35 वर्ष, नियुक्ति राष्ट्रपति द्वारा, कार्यकाल 5 वर्ष एवं राष्ट्रपति के प्रसादपर्यन्त अपना पद धारण करेगा, आपात शक्ति, विवेकी शक्तियाँ, न्यायिक शक्तियाँ इत्यादि प्रमुख शक्तियाँ हैं।
मुख्यमन्त्री	राज्य का वास्तविक प्रमुख, विधानसभा का नेता एवं राज्य की जनता का प्रमुख।

न्यायपालिका

न्यायिक व्यवस्था	इकहरी एवं एकीकृत
न्यायिक शक्तियों का सर्वोच्च आधार	सर्वोच्च न्यायालय
सर्वोच्च न्यायालय का गठन	28 जनवरी, 1950 (अनुच्छेद-124 (1) के अन्तर्गत)
न्यायाधीशों की संख्या	1 मुख्य न्यायाधीश एवं 33 अन्य न्यायाधीश
मुख्य न्यायाधीश की नियुक्ति	राष्ट्रपति द्वारा
न्यायाधीशों की पदावधि	65 वर्ष
सर्वोच्च न्यायालय का क्षेत्राधिकार	मूल अधिकारों का संरक्षक, संविधान का अन्तिम व्याख्याकार
उच्च न्यायालयों की संख्या	25 (नवीनतम → तेलंगाना उच्चतम न्यायालय)
अधीनस्थ न्यायालय	जिला एवं सत्र तथा मुंसिफ (प्रत्येक जिले में एक न्यायालय)
न्याय पंचायत	ग्राम स्तर पर कुछ राज्यों में स्थापित की गई।

स्थानीय स्वशासन (पंचायती राज)

स्थानीय स्वशासन	स्थानीय स्तर पर लोगों का शासन, ग्रामीण एवं नगरीय स्तर पर
ग्रामीण क्षेत्र (स्तर)	जिला पंचायत, ब्लॉक पंचायत, ग्राम पंचायत
नगरीय क्षेत्र (स्तर)	नगर निगम, नगर पंचायत, नगरपालिका
पंचायती राज की सिफारिश	बलवन्त राय मेहता समिति
पंचायती राजव्यवस्था की नींव	पण्डित जवाहरलाल नेहरू द्वारा 2 अक्टूबर, 1959 को राजस्थान के नागौर जिले में।
पंचायती राजव्यवस्था की संरचना	त्रिस्तरीय

पंचायती राज से सम्बन्धित समितियाँ

पंचायती समिति का नाम	कार्यकाल	प्रमुख सिफारिशें
बलवन्त राय मेहता समिति	1957-58	स्थानीय स्तर पर लोकतान्त्रिक विकेन्द्रीकरण **त्रिस्तरीय** पंचायती राज की स्थापना (जिला परिषद्, प्रखण्ड समिति, ग्राम पंचायत)
अशोक मेहता समिति	1977-78	**द्विस्तरीय** पंचायती राज की स्थापना (मण्डल पंचायत एवं जिला परिषद्) राजनीतिक दलों का प्रतिनिधित्व चार वर्षीय कार्यकाल
एल.एम. सिंघवी समिति	1986-87	पंचायती राज को **संवैधानिक** दर्जा दिया जाए। न्याय पंचायतों का गठन किया जाए एवं वित्तीय संसाधन उपलब्ध कराए जाएँ।
पी.के. थुंगन समिति	1989	जिला नियोजन में राजनीतिक एवं प्रशासनिक संरचना

संवैधानिक निकाय

निर्वाचन आयोग	स्थायी एवं स्वतन्त्र निकाय, गठन 1950, मुख्य निर्वाचन आयुक्त एवं दो अन्य सहायक निर्वाचन आयुक्त
संघ लोक सेवा आयोग	भारत की केन्द्रीय भर्ती अभिकरण संस्था एवं स्वतन्त्र निकाय, अखिल भारतीय सेवाओं में नियुक्ति हेतु परीक्षाओं का आयोजक
वित्त आयोग	अर्द्धन्यायिक निकाय, राष्ट्रपति द्वारा प्रत्येक पाँचवें वर्ष या आवश्यकतानुसार समय से पूर्व गठन, सलाहकारी संस्था
राष्ट्रीय अनुसूचित जाति आयोग	अनुसूचित जातियों एवं जनजातियों के लिए संवैधानिक निकाय, गठन 1992 में, अनुसूचित जातियों के संवैधानिक संरक्षण से सम्बन्धित मामलों का निरीक्षण एवं परीक्षण, कार्यकाल 3 वर्ष।
अनुसूचित जनजाति के लिए राष्ट्रीय आयोग	गठन 1992, अनुसूचित जातियों से सम्बन्धित सभी मामलों का समन्वय।
भारत का महान्यायवादी	राष्ट्रपति द्वारा नियुक्त देश का सर्वोच्च विधि अधिकारी, सदन की संयुक्त बैठक में भाग लेने का अधिकार।
भारत का महाधिवक्ता	महान्यायवादी का सहायक एवं कानूनी अधिकारी

प्रमुख संविधान संशोधन

प्रथम (1951)	राज्यों के भूमि सुधार कानूनों को नौवीं अनुसूची में रखकर न्यायालयों के अधिकार क्षेत्र से बाहर कर दिया गया।
सातवाँ (1956)	भाषायी आधार पर राज्यों का पुनर्गठन किया गया। राज्यों एवं केन्द्रशासित प्रदेशों में उन्हें विभाजित किया गया।
छब्बीसवाँ (1971)	राजाओं की उपाधियाँ प्रिवीपर्स तथा विशेषाधिकार समाप्त।
इक्तीसवाँ (1973)	लोकसभा की सदस्य संख्या 525 से बढ़ाकर 545 कर दी गई।
बयालीसवाँ (1976)	प्रस्तावना में पन्थनिरपेक्ष, समाजवादी और अखण्डता शब्द जोड़े गए। मौलिक कर्त्तव्यों का समावेश। इसे **लघु संविधान** भी कहते हैं।
चवालीसवाँ (1978)	सम्पत्ति के मौलिक अधिकार को समाप्त किया। सशस्त्र विद्रोह की स्थिति में और मन्त्रिमण्डल की लिखित सलाह पर आपात की घोषणा राष्ट्रपति द्वारा।
इकसठवाँ (1989)	मताधिकार की आयु 21 से घटाकर 18 वर्ष की गई।
उनहत्तरवाँ (1991)	दिल्ली का नाम राष्ट्रीय राजधानी क्षेत्र किया गया तथा विधानसभा की स्थापना की गई।
तिहत्तरवाँ (1992)	पंचायती राज
चौहत्तरवाँ (1992)	नगरपालिका व्यवस्था को संवैधानिक दर्जा दिया गया, संविधान में बारहवीं सूची जोड़ी गई।
छियासीवाँ (2002)	राज्य द्वारा 6 से 14 साल तक के सभी बच्चों को निःशुल्क तथा अनिवार्य शिक्षा उपलब्ध कराने का प्रावधान।
ब्यानवेवाँ (2003)	संविधान की आठवीं अनुसूची में बोडो, डोगरी, मैथिली और सन्थाली भाषा का समावेश।
सौवाँ (100) संशोधन (2015)	बंग्लादेश के साथ लैण्ड बाउण्ड्री एग्रीमेन्ट (एलबीए) पर सहमति
एक सौ एकवाँ (2016)	वस्तु एवं सेवा कर (GST)।
एक सौ दो वाँ संशोधन (2018)	राष्ट्रीय पिछड़ा वर्ग आयोग को संवैधानिक दर्जा
एक सौ तीन वाँ संशोधन (2019)	सामान्य वर्ग के आर्थिक रूप से पिछड़ों को 10% आरक्षण
एक सौ चार वाँ संशोधन (2020)	लोकसभा व राज्यों के विधानमंडलों में SC/ST के आरक्षण की अवधि को 10 वर्ष के लिए बढ़ाया गया।
एक सौ पाँच वाँ संशोधन (2021)	इसके अन्तर्गत सामाजिक व शैक्षिक रूप से पिछड़े वर्गों (SEBC) की पहचान करने व उन्हें अधिसूचित करने हेतु राज्य सरकारों की शक्ति को बहाल किया गया

प्रश्न बैंक

1. संविधान सभा का गठन कब हुआ?
(a) अगस्त, 1946 में (b) जुलाई, 1946 में
(c) जून, 1946 में (d) जुलाई, 1947 में

2. संविधान सभा की प्रथम बैठक कब हुई?
(a) 9 दिसम्बर, 1946 (b) 9 जुलाई, 1946
(c) 9 जून, 1946 (d) 9 अगस्त, 1946

3. संविधान सभा के अस्थायी अध्यक्ष कौन थे?
(a) डॉ. राजेन्द्र प्रसाद
(b) डॉ. सच्चिदानन्द सिन्हा
(c) पण्डित जवाहरलाल नेहरू
(d) डॉ. भीमराव अम्बेडकर

4. संविधान सभा का स्थायी अध्यक्ष किसे चुना गया?
(a) डॉ. सच्चिदानन्द सिन्हा
(b) सरदार वल्लभभाई पटेल
(c) डॉ. राजेन्द्र प्रसाद (d) महात्मा गाँधी

5. संविधान सभा के प्रारूप समिति का अध्यक्ष किसे नियुक्त किया गया?
(a) डॉ. भीमराव अम्बेडकर
(b) सरदार वल्लभभाई पटेल
(c) पंडित जवाहर लाल नेहरू
(d) बी एन राव

6. भारतीय संविधान सभा के संविधान को कब अंगीकृत किया?
(a) 26 जनवरी, 1950 को
(b) 15 अगस्त, 1947 को
(c) 26 नवम्बर, 1950 को
(d) 26 नवम्बर, 1949 को

7. वर्तमान में भारतीय संविधान की अनुसूचियों की संख्या है
(a) 8 (b) 10 (c) 12 (d) 15

8. भारतीय संविधान पूर्ण रूप से कब लागू हुआ?
(a) 26 नवम्बर, 1949 को
(b) 26 जनवरी, 1950 को
(c) 15 अगस्त, 1947 को
(d) 26 जनवरी, 1947 को

9. संविधान की कुंजी किसे कहा जाता है?
(a) संविधान की प्रस्तावना को
(b) संवैधानिक उपचारों को
(c) मौलिक अधिकारों को
(d) इनमें से कोई नहीं

10. शासन की संसदीय प्रणाली किस देश से ली गई है?
(a) यू एस ए से (b) कनाडा से
(c) रूस से (d) ब्रिटेन से

11. भारतीय संविधान में समवर्ती सूची की प्रेरणा कहाँ से ली गई है?
(a) अमेरिका (b) स्विट्जरलैण्ड
(c) ऑस्ट्रेलिया (d) पूर्व सोवियत संघ

12. भारतीय संविधान में आपात उपबन्ध का प्रावधान किस देश के संविधान से लिया गया है?
(a) जर्मनी (b) ऑस्ट्रेलिया
(c) दक्षिण अफ्रीका (d) अमेरिका

13. मौलिक अधिकार का सिद्धान्त कहाँ से प्रेरित है?
(a) कनाडा (b) ब्रिटेन
(c) फ्रांस (d) अमेरिका

14. भारतीय संविधान के अन्तर्गत संघ और राज्यों के बीच शक्तियों का विभाजन किसकी प्रेरणा पर आधारित है?
(a) कनाडा (b) अमेरिका
(c) स्विट्जरलैण्ड (d) आयरलैण्ड

15. अनुच्छेद 5 से 7 तक का सम्बन्ध किससे है?
(a) नागरिकता
(b) मौलिक अधिकार
(c) संघ और राज्य क्षेत्रों से
(d) इनमें से कोई नहीं

16. भारतीय संविधान किस प्रकार की नागरिकता प्रदान करता है?
(a) एकल (b) द्विमात्रिक
(c) 'a' और 'b' दोनों (d) इनमें से कोई नहीं

17. भारतीय संविधान के किस भाग में मौलिक अधिकारों का उल्लेख किया गया है?
(a) भाग-2 (b) भाग-3
(c) भाग-4 (d) भाग-5

18. अनुच्छेद-14 से अनुच्छेद-18 किस मौलिक अधिकार से सम्बन्धित है?
(a) समता का अधिकार
(b) स्वतन्त्रता का अधिकार
(c) धार्मिक स्वतन्त्रता का अधिकार
(d) शोषण के विरुद्ध अधिकार

19. मौलिक कर्त्तव्यों को किस समिति की सिफारिश पर संविधान में समाहित किया गया था?
(a) स्वर्ण सिंह समिति
(b) सरकारिया आयोग
(c) दिनेश गोस्वामी समिति
(d) इनमें से कोई नहीं

20. मौलिक कर्त्तव्यों का उल्लेख किस अनुच्छेद में है?
(a) अनुच्छेद-52 (b) अनुच्छेद-51 A
(c) अनुच्छेद-50 (d) अनुच्छेद-45

21. नीति-निदेशक सिद्धान्तों को संविधान के किस भाग में रखा गया है?
(a) भाग-2 (b) भाग-3 (c) भाग-4 (d) भाग-5

22. अनुच्छेद 36-51 तक संविधान में किन बातों का उल्लेख किया गया है?
(a) नीति-निदेशक सिद्धान्तों का
(b) संघीय कार्यपालिका का
(c) मौलिक कर्त्तव्यों का
(d) उपरोक्त में से कोई नहीं

23. पंचायतों के गठन का उल्लेख किस अनुच्छेद में वर्णित है?
(a) अनुच्छेद-35 (b) अनुच्छेद-38
(c) अनुच्छेद-39 (d) अनुच्छेद-40

24. राष्ट्रपति पद की अवधि कितने वर्षों तक होती है?
(a) 5 वर्ष (b) 6 वर्ष
(c) 7 वर्ष (d) निश्चित नहीं है

25. राष्ट्रपति पद पर नियुक्ति के लिए न्यूनतम आयु सीमा क्या है?
(a) 35 वर्ष (b) 32 वर्ष
(c) 25 वर्ष (d) 30 वर्ष

26. भारत के महान्यायवादी की नियुक्ति कौन करता है?
(a) प्रधानमन्त्री
(b) राष्ट्रपति
(c) उप-राष्ट्रपति
(d) लोकसभा के अध्यक्ष

27. राज्यसभा का पदेन सभापति कौन होता है?
(a) राष्ट्रपति
(b) उप-राष्ट्रपति
(c) प्रधानमन्त्री
(d) राज्यसभा का कोई सदस्य

28. भारत में वित्तीय आपात कितनी बार लगाया गया है?
(a) दो बार (b) तीन बार
(c) एक बार (d) कभी नहीं

29. अनुच्छेद-352 में किस आपात उपबन्ध का उल्लेख है
(a) राष्ट्रीय आपात (b) वित्तीय आपात
(c) राष्ट्रपति शासक (d) ये सभी

30. राष्ट्रीय आपात की उद्घोषणा का आधार क्या हो सकता है?
(a) युद्ध (b) बाह्य आक्रमण
(c) सशस्त्र विद्रोह (d) ये सभी

31. 'वित्तीय आपात' का उल्लेख किस अनुच्छेद में किया गया है?
(a) अनुच्छेद-352 (b) अनुच्छेद-360
(c) अनुच्छेद-356 (d) अनुच्छेद-355

32. भारत में अब तक कितनी बार आपातकाल लागू किया गया है?
(a) एक बार (b) दो बार
(c) तीन बार (d) चार बार

33. किस सभा का अध्यक्ष उसका सदस्य नहीं होता है?
(a) राज्यसभा
(b) लोकसभा
(c) विधानसभा
(d) विधानपरिषद्

34. राज्यसभा के सदस्यों की अधिकतम संख्या कितनी हो सकती है?
(a) 254 (b) 245 (c) 250 (d) 272

35. राष्ट्रपति आंग्ल-भारतीय समुदाय के कितने प्रतिनिधियों को लोकसभा में मनोनीत करता है?
(a) 2 (b) 4 (c) 6 (d) 12

36. धन विधेयक किस सदन में प्रस्तुत किया जाता है?
(a) राज्यसभा
(b) लोकसभा
(c) किसी भी सदन में
(d) दोनों में से कहीं नहीं

37. भारतीय संसद के संयुक्त अधिवेशन की अध्यक्षता कौन करता है?
(a) राज्यसभा का सभापति
(b) लोकसभा अध्यक्ष
(c) राष्ट्रपति
(d) प्रधानमन्त्री

38. राज्यपाल का कार्यकाल होता है।
(a) 5 वर्ष तक
(b) 6 वर्ष तक
(c) राष्ट्रपति के प्रसादपर्यन्त
(d) 60 वर्ष की आयु तक

39. राज्य कार्यपालिका की शक्ति किसमें निहित होती है?
(a) राष्ट्रपति (b) राज्यपाल
(c) मुख्यमन्त्री (d) मन्त्रिपरिषद्

40. मुख्यमंत्री को नियुक्त कौन करता है?
(a) विधानसभा
(b) विधानपरिषद्
(c) राष्ट्रपति
(d) राज्यपाल

41. वह विषय जो संविधान की किसी भी सूची में शामिल नहीं है, उस पर कानून बनाने का अधिकार है
(a) केन्द्र सरकार को
(b) राज्य सरकार को
(c) a एवं b दोनों को
(d) इनमें से कोई नहीं

42. विधानसभा की गणपूर्ति (कोरम) कुल संख्या का कितना हिस्सा है?
(a) 1/4 (b) 1/5 (c) 1/8 (d) 1/10

43. राज्य सरकार को कानूनी मामलों में सलाह देने के लिए अधिकृत है
(a) मुख्य न्यायाधीश
(b) महान्यायवादी
(c) महाधिवक्ता
(d) उच्च न्यायालय के न्यायाधीशों की खण्डपीठ

44. राज्य विधानसभा के सदस्यों की अधिकतम संख्या कितनी होगी?
(a) 500 (b) 600 (c) 545 (d) 650

45. विधानसभा सदस्य निर्वाचिन होने के लिए कितनी न्यूनतम आयु आवश्यक है?
(a) 25 वर्ष (b) 35 वर्ष (c) 30 वर्ष (d) 21 वर्ष

46. विधानपरिषद् का विघटन कितने वर्षों पर होता है?
(a) 5 वर्ष (b) 6 वर्ष
(c) कभी नहीं
(d) प्रत्येक 2 साल पर

47. वर्तमान में (2019) कितने राज्यों में विधानपरिषद् अस्तित्व में है?
(a) 6 (b) 7 (c) 8 (d) 9

48. भारतीय संविधान के किस भाग में संघीय न्यायपालिका का उल्लेख है?
(a) भाग-II (b) भाग-III
(c) भाग-IV (d) भाग-V

49. उच्च न्यायालय के मुख्य न्यायाधीश की नियुक्ति कौन करता है?
(a) राष्ट्रपति
(b) सर्वोच्च न्यायालय का मुख्य न्यायाधीश
(c) राज्य का राज्यपाल
(d) राज्य का मुख्यमन्त्री

50. भारत में संविधान का संरक्षक किसे कहा गया है?
(a) संसद
(b) राष्ट्रपति
(c) सर्वोच्च न्यायालय
(d) इनमें से कोई नहीं

51. सर्वोच्च न्यायालय में न्यायाधीश नियुक्त होने के लिए व्यक्ति को कम-से-कम कितने वर्ष उच्च न्यायालय का एडवोकेट होना चाहिए?
(a) 20 (b) 10 (c) 8 (d) 25

52. उच्च न्यायालय के न्यायाधीशों को शपथ ग्रहण कौन करवाता है?
(a) राष्ट्रपति (b) राज्यपाल
(c) मुख्यमन्त्री
(d) सेवानिवृत्त मुख्य न्यायाधीश

53. उच्च न्यायालय के क्षेत्राधिकार को कम या अधिक करने का अधिकार किसे है?
(a) राष्ट्रपति (b) संसद
(c) राज्यपाल (d) राज्य विधानमण्डल

54. स्थानीय स्वशासन का जनक कहा जाता है
(a) लॉर्ड रिपन (b) लॉर्ड लिटन
(c) लॉर्ड डफरिन (d) लॉर्ड मेयो

55. किस राज्य में पंचायती राजव्यवस्था सर्वप्रथम लागू की गई और कब?
(a) गुजरात, दिसम्बर, 1962 में
(b) राजस्थान, अक्टूबर, 1959 में
(c) महाराष्ट्र, जनवरी, 1964 में
(d) तमिलनाडु, मार्च, 1970 में

56. पंचायती राज संस्थान की अधिकतम आय का स्रोत है
(a) स्थानीय कर (b) क्षेत्रीय निधि
(c) सरकारी अनुदान
(d) संघीय राजस्व में अंश

57. संविधान (74 वाँ) संशोधन अधिनियम किसका उल्लेख करता है?
(a) राष्ट्रीय विकास परिषद् का संघटन
(b) भारत के योजना आयोग की संरचना
(c) नगरपालिका
(d) कावेरी जल प्राधिकरण के कार्य

58. स्थानीय स्वशासन पर किसके नियन्त्रण की व्यवस्था की गई है?
(a) प्रशासकीय नियन्त्रण की
(b) स्थानीय जनता के नियन्त्रण की
(c) न्यायिक नियन्त्रण की
(d) विधायी नियन्त्रण की

59. सिक्किम को पूर्ण राज्य का दर्जा किस संविधान संशोधन के द्वारा प्रदान किया गया था?
(a) 36 वाँ संविधान संशोधन
(b) 39 वाँ संविधान संशोधन
(c) 26 वाँ संविधान संशोधन
(d) 14 वाँ संविधान संशोधन

60. किस संविधान संशोधन को 'लघु संविधान' कहा जाता है?
(a) 44 वाँ संविधान संशोधन
(b) 42 वाँ संविधान संशोधन
(c) 1935 का भारत शासन अधिनियम
(d) 72 वाँ संविधान संशोधन

61. 'पंचायती राज' को संवैधानिक दर्जा किस संविधान संशोधन द्वारा प्रदान किया गया था?
(a) 72 वाँ संविधान संशोधन
(b) 73 वाँ संविधान संशोधन
(c) 74 वाँ संविधान संशोधन
(d) 84 वाँ संविधान संशोधन

62. 91 वाँ संविधान संशोधन का सम्बन्ध किससे है?
(a) दल-बदल व्यवस्था से
(b) नि:शुल्क शिक्षा से
(c) उड़ीया भाषा के संशोधन से
(d) सहकारी समिति से

63. लोकसभा एवं विधानसभा चुनावों में मतदाताओं की आयु 21 वर्ष से घटाकर 18 वर्ष किस संविधान संशोधन द्वारा किया गया था?
(a) 62 वाँ संविधान संशोधन
(b) 92 वाँ संविधान संशोधन
(c) 93 वाँ संविधान संशोधन
(d) 61 वाँ संविधान संशोधन

64. नगरपालिका को संवैधानिक दर्जा किस संविधान संशोधन द्वारा प्रदान किया गया था?
(a) 74 वाँ संविधान संशोधन
(b) 73 वाँ संविधान संशोधन
(c) 86 वाँ संविधान संशोधन
(d) 93 वाँ संविधान संशोधन

65. मन्त्रिपरिषद् की संख्या का निर्धारण किस संविधान संशोधन द्वारा किया गया है?
(a) 92 वाँ संविधान संशोधन
(b) 93 वाँ संविधान संशोधन
(c) 91 वाँ संविधान संशोधन
(d) 96 वाँ संविधान संशोधन

66. 92वाँ संविधान संशोधन द्वारा भारतीय संविधान में किन भाषाओं को शामिल किया गया था?
(a) डोगरी, मैथिली, बोडो तथा सन्थाली
(b) डोगरी, भोजपुरी तथा बोडो
(c) केवल बोडो
(d) संथाली तथा भोजपुरी

67. किस संविधान संशोधन द्वारा 6-14 वर्ष तक के सभी बच्चों को नि:शुल्क तथा अनिवार्य शिक्षा का प्रावधान किया गया था?
(a) 84 वाँ संविधान संशोधन
(b) 86 वाँ संविधान संशोधन
(c) 92 वाँ संविधान संशोधन
(d) 96 वाँ संविधान संशोधन

68. पन्थनिरपेक्षता, समाजवादी एवं अखण्डता शब्द को किस संविधान संशोधन द्वारा जोड़ा गया था?
(a) 42 वाँ (b) 43 वाँ
(c) 44 वाँ (d) 45 वाँ

69. संविधान में सहकारी समितियाँ, शब्द किस संविधान संशोधन द्वारा जोड़ा गया?
(a) 96 वाँ (b) 97 वाँ
(c) 98 वाँ (d) 99 वाँ

70. नगरपालिका को संवैधानिक दर्जा किस संविधान संशोधन द्वारा प्रदान किया गया था?
(a) 74वाँ संविधान संशोधन
(b) 73वाँ संविधान संशोधन
(c) 86वाँ संविधान संशोधन
(d) 93वाँ संविधान संशोधन

उत्तरमाला

1.	(b)	2.	(a)	3.	(b)	4.	(c)	5.	(a)	6.	(d)	7.	(c)	8.	(b)	9.	(a)	10.	(d)
11.	(c)	12.	(a)	13.	(d)	14.	(a)	15.	(a)	16.	(a)	17.	(b)	18.	(a)	19.	(a)	20.	(b)
21.	(c)	22.	(a)	23.	(d)	24.	(a)	25.	(a)	26.	(b)	27.	(b)	28.	(d)	29.	(a)	30.	(d)
31.	(b)	32.	(c)	33.	(a)	34.	(c)	35.	(a)	36.	(b)	37.	(b)	38.	(c)	39.	(b)	40.	(d)
41.	(a)	42.	(d)	43.	(c)	44.	(a)	45.	(a)	46.	(c)	47.	(a)	48.	(d)	49.	(a)	50.	(c)
51.	(b)	52.	(a)	53.	(b)	54.	(a)	55.	(b)	56.	(c)	57.	(c)	58.	(b)	59.	(a)	60.	(b)
61.	(b)	62.	(a)	63.	(d)	64.	(a)	65.	(c)	66.	(a)	67.	(b)	68.	(a)	69.	(b)	70.	(a)

अध्याय 04

भारतीय अर्थव्यवस्था

अर्थव्यवस्था, इसके क्षेत्रक व आर्थिक विकास

अर्थशास्त्र का जनक	एडम स्मिथ
भारतीय अर्थव्यवस्था का स्वरूप	मिश्रित अर्थव्यवस्था
अर्थव्यवस्था के क्षेत्र	प्राथमिक, द्वितीयक एवं तृतीयक क्षेत्र
प्राथमिक क्षेत्र के अन्तर्गत	कृषि, वानिकी, मत्स्यन, खनन
द्वितीयक क्षेत्र के अन्तर्गत	औद्योगिक क्षेत्र, निर्माण, विनिर्माण
तृतीयक क्षेत्र के अन्तर्गत	परिवहन एवं संचार, बैंकिंग, बीमा, व्यापार, सामुदायिक सेवाएँ
आर्थिक संवृद्धि	मात्रात्मक वृद्धि से सम्बन्धित
आर्थिक विकास	मात्रात्मक एवं गुणात्मक दोनों की वृद्धि से सम्बन्धित
आर्थिक संवृद्धि का उपयुक्त मापक	प्रतिव्यक्ति वास्तविक आय
मानव विकास सूचकांक का प्रतिपादन	महबूब-उल-हक
मानव विकास सूचकांक जारी करता है	यूनाइटेड नेशन्स डेवलपमेण्ट प्रोग्राम (UNDP)
मानव विकास सूचकांक के तीन आयाम	ज्ञान, जीवन प्रत्याशा और प्रतिव्यक्ति आय

राष्ट्रीय आय

भारत में सर्वप्रथम राष्ट्रीय आय एवं प्रतिव्यक्ति आय की गणना का प्रयास	दादाभाई नौरोजी (1967-68)
राष्ट्रीय आय समिति का अध्यक्ष	पी.सी. महालनोबिस (1949)
राष्ट्रीय आय का आकलन एवं प्रकाशन	केन्द्रीय सांख्यिकी कार्यालय (स्थापना-1951)
राष्ट्रीय आय लेखांकन का जन्मदाता	साइमन कुजनेट्स
राष्ट्रीय आय लेखा का आधार वर्ष	वर्ष 2011-12 (2015 से)

पंचवर्षीय योजनाएँ

पंचवर्षीय योजनाएँ	*उद्देश्य*
पहली (1951-56) (हैरॉड-डोमर मॉडल)	कृषि क्षेत्र को सर्वोच्च प्राथमिकता
दूसरी (1956-61) (महालनोबिस मॉडल)	समाजवादी समाज की स्थापना, भारी उद्योगों की स्थापना पर विशेष बल
तीसरी (1961-66) (गॉडगिल योजना)	अर्थव्यवस्था को आत्मनिर्भर बनाना तथा स्वतः स्फूर्त अवस्था में पहुँचाना
तीन वार्षिक योजनाएँ (1966-67 से 1968-69)	इसका प्रमुख कारण भारत-पाक युद्ध तथा सूखे की स्थिति
चौथी (1969-74) (अशोक रुद्र मेनल मॉडल)	स्थिरता के साथ आर्थिक विकास एवं आत्मनिर्भरता की प्राप्ति
पाँचवीं (1974-79) (आगत-निर्गत मॉडल)	गरीबी उन्मूलन तथा आत्मनिर्भरता
अनवरत योजना (1978-80) *जनता पार्टी की सरकार द्वारा पाँचवीं पंचवर्षीय योजना को वर्ष 1978 में ही समाप्त करके 1 अप्रैल, 1978 से 31 मार्च, 1980 के लिए अनवत योजना* (Rolling Plan) *प्रारम्भ की गई थी।*	
छठी (1980-85) (आगत-निर्गत मॉडल)	गरीबी उन्मूलन, आर्थिक विकास, आधुनिकीकरण तथा सामाजिक न्याय स्थापित करना
सातवीं (1985-90) (आर्किटेक्चर मॉडल)	दीर्घकालीन विकास युक्तियों पर जोर देते हुए उदारीकरण पर बल
वार्षिक योजना (1990-92) *वर्ष 1991 तक आदेशात्मक योजना थी, किन्तु वर्ष 1991 के पश्चात् भारत में निर्देशात्मक योजना लागू हो गई।*	
आठवीं (1992-97) (जॉन-उल मुलर)	सर्वोच्च प्राथमिकता मानव संसाधन का विकास
नौवीं (1997-2002) (आगत-निर्गत मॉडल)	न्यायपूर्ण वितरण एवं समानता के साथ विकास
दसवीं (2002-07)	अब तक की उपलब्धियों को अक्षुण्ण बनाए रखते हुए आगे विकास करना, विभिन्न क्षेत्रों के विकास के मार्ग में आई बाधाओं को दूर करना
ग्यारहवीं (2007-12)	तीव्रतम एवं समावेशी विकास
बारहवीं (2012-17)	तीव्र धारणीय और अधिक समावेशी विकास

निर्धनता मापन से सम्बन्धित समितियाँ

समिति का नाम	*वर्ष*	*समिति का नाम*	*वर्ष*
दाण्डेकर एवं रथ समिति	1971	वाई.के. अलघ समिति	1979
लकड़ावाला समिति	1989	सुरेश तेन्दुलकर समिति	2004
रंगराजन समिति	2012		

प्रमुख कल्याणकारी योजनाएँ

कार्यक्रम	*वर्ष*	*उद्देश्य*
पीएम श्री योजना	2022	इस योजना का उद्देश्य देश के सभी स्कूलों को अपग्रेड कर उनमें स्मार्ट क्लासेज, आधुनिक खेल सुविधा, नवीनतम शैक्षिक तकनीक व अवसंरचना का विकास करना है।
मुस्कान योजना	2022	इस योजना का उद्देश्य ट्रांसजेण्डर समुदाय व भीख माँगने के कार्य में लगे व्यक्तियों का व्यापक पुर्नवास व आर्थिक सुधार करना है।
प्रधानमंत्री गतिशक्ति योजना	2021	यह एक नेशनल मास्टर प्लान है जिसका उद्देश्य जमीनी स्तर पर काम में तेजी लाना, लागत में कमी करना व बुनियादी अवसंरचना परियोजनाओं को एकीकृत करके उनका कार्यान्वयन सुनिश्चित करना है।
प्रधानमंत्री स्वानिधि योजना	2020	कोविड-19 महामारी चलते आरोपित लॉकडाउन के पश्चात् पथ विक्रेताओं को अपनी आजीविका व रोजगार पुनः प्रारम्भ करने के लिए किफायती दर पर कार्यशील पूँजीगत ऋण सुविधा प्रदान करना है।
प्रधानमंत्री किसान सम्मान निधि योजना (PM-KISAN)	2019	सीमान्त तथा लघु किसानों को प्रत्येक वर्ष न्यूनतम आय (₹ 6000) आरम्भ की गई है।
प्रधानमंत्री श्रमयोगी मानधन योजना	2019	असंगठित क्षेत्र के कामगारों के लिए पेंशन के लिए इस योजना की शुरूआत की गई है।
सोलर चरखा योजना	2018	इस योजना का उद्देश्य ग्रामीण क्षेत्रों में रोजगार उपलब्ध कराना तथा नौकरी तलाशने वालों को एक डिजिटल प्लेटफॉर्म से जोड़ना है।
समग्र शिक्षा योजना	2018	इस योजना के तहत डिजिटल प्रौद्योगिकी, विद्यालय शिक्षा प्रणाली में कौशल विकास एवं पुस्तकालयों में वृद्धि की जाएगी।
गोबरधन योजना	2018	इस योजना का उद्देश्य ठोस, अपशिष्ट और पशुओं के गोबर को खाद व बायोगैस में रूपान्तरण करना है।
राष्ट्रीय पोषण मिशन	2018	इस योजना का उद्देश्य बच्चों, महिलाओं एवं युवा लड़कियों को उचित पोषक तत्त्व उपलब्ध कराना है।
आयुष्मान भारत	2018	इस योजना के तहत 40 करोड़ गरीब परिवारों के लिए सलाना ₹ 5 लाख के स्वास्थ्य बीमा किया जाएगा।

कार्यक्रम	वर्ष	उद्देश्य
प्रधानमन्त्री सहज बिजली हर घर योजना	2017	योजना के तहत 31 मार्च, 2019 तक हर घर में बिजली पहुँचाने का लक्ष्य रखा गया है।
प्रधानमन्त्री मातृत्व वन्दना योजना	2017	महिलाओं को सुरक्षित प्रसव एवं प्रसव पश्चात् मातृत्व लाभ प्रदान करने वाली योजना।
सौभाग्य योजना	2017	हर घर बिजली पहुँचाने के उद्देश्य से शुरू की गई।
प्रधानमन्त्री वय वन्दना योजना	2017	वरिष्ठ नागरिकों के (60 वर्ष या उससे ऊपर आयु वर्ग) पेंशन बीमा योजना।
प्रधानमन्त्री गरीब कल्याण योजना	2016	इसके तहत 50% टेक्स देकर काले धन को सफेद किया जा सकता है। साथ ही काले धन की 25% राशि 4 साल के लिए बैंक में लॉक हो जाएगी।
प्रधानमन्त्री उज्ज्वला योजना	2016	5 करोड़ बी.पी.एल. परिवारों को एल.पी. जी. कनेक्शन प्रदान करन के लिए ₹ 1,600 प्रति परिवार की वित्तीय सहायता सरकार द्वारा।
प्रधानमन्त्री फसल बीमा योजना	2016	यह एक नई कृषि बीमा योजना है, जिसमें फसलों का प्रीमियम इस प्रकार है- खरीफ 2%, रबी 1.5% और वाणिज्यिक 5%।
स्टैण्ड-अप इण्डिया अभियान	2016	इस योजना के तहत बैंकों के द्वारा एस. सी/एस.टी. तथा महिला उद्यमियों को ₹10 लाख से ₹1 करोड़ तक के लोन दिए जाएँगे।
स्टार्ट-अप इण्डिया अभियान	2016	इसका मुख्य उद्देश्य नए उद्योगों को वित्तीय मदद एवं रियायतें उपलब्ध कराकर उद्यमियों को रोजगार सृजन के लिए प्रोत्साहित करना है।
प्रधानमन्त्री कृषि सिंचाई योजना	2015	वर्ष 2020 तक सिंचाई हेतु पानी की क्षमता प्राप्त करना।
बेटी बचाओ बेटी पढ़ाओ	2015	बेटियों की भ्रूण हत्या से सुरक्षा हेतु जागरूकता प्रसारित करने हेतु।
दीन दयाल उपाध्याय ग्राम ज्योति योजना	2015	सभी घरों में निर्बाध विद्युत आपूर्ति सुनिश्चित कराने हेतु ग्रामीण क्षेत्रों में वितरण एवं सम्प्रेषण प्रणाली को सुदृढ़ करने हेतु।
प्रधानमन्त्री जन धन योजना	2014	भारत में वित्तीय समावेशन पर राष्ट्रीय मिशन, इसका उद्देश्य देश में सभी परिवारों को बैंकिंग सुविधाएँ मुहैया कराना है।
स्वच्छ भारत अभियान	2014	महात्मा गाँधी की 150वीं जयन्ती (2019) तक प्रत्येक परिवार को सम्पूर्ण स्वच्छता से कवर करना।
मनरेगा (2 फरवरी, 2006 को राष्ट्रीय रोजगार गारण्टी योजना के रूप में प्रारम्भ)	2 अक्टूबर, 2009	सम्पूर्ण ग्राम रोजगार योजना तथा काम के बदले अनाज योजना को मिलाकर ग्रामीण क्षेत्रों में काम का अधिकार देना।

मुद्रा

मुद्रा	महत्त्वपूर्ण तथ्य
वैधानिक मुद्रा	सरकार या रिजर्व बैंक द्वारा निर्गमित मुद्रा, सभी के लिए भुगतान के रूप में स्वीकार करना अनिवार्य
साख मुद्रा	यह ऐच्छिक मुद्रा है। इसे स्वीकार करने हेतु बाध्य नहीं होता। यह व्यक्ति की साख पर निर्भर करती है।
सन्निकट मुद्रा	बॉण्ड, सरकारी प्रतिभूतियाँ, ऋणपत्र, शेयर इत्यादि।
दुर्लभ मुद्रा	बाजार में आपूर्ति की तुलना में माँग अधिक; जैसे—अमेरिकी डॉलर
सुलभ मुद्रा	बाजार में माँग की अपेक्षा पूर्ति अधिक
हॉट मुद्रा	शीघ्र पलायन करने की प्रवृत्ति (विदेशी मुद्रा-यूरो, डॉलर इत्यादि) लाभ के आधार पर स्थान का स्थानान्तरण
प्लास्टिक मुद्रा	विभिन्न बैंकों, वित्तीय संस्थानों तथा अन्य कम्पनियों द्वारा जारी डेबिट एवं क्रेडिट कार्ड

बैंकिंग

भारत का पहला बैंक	बैंक ऑफ हिन्दुस्तान (1770)
सीमित देयता पर भारतीयों द्वारा संचालित पहला बैंक	अवध कॉमर्शियल बैंक (1881)
पूर्णरूप से भारतीय द्वारा संचालित बैंक	पंजाब नेशनल बैंक (1894)
इम्पीरियल बैंक ऑफ इण्डिया की स्थापना	वर्ष 1921 में बैंक ऑफ बंगाल, बैंक ऑफ बॉम्बे और बैंक ऑफ मद्रास को मिलाकर की गई।
इम्पीरियल बैंक का राष्ट्रीयकरण	1 जुलाई, 1955 को किया गया तथा इसका नाम परिवर्तित कर भारतीय स्टेट बैंक कर दिया गया।
बैंकों का प्रथम बार राष्ट्रीयकरण	14 बैंकों का 19 जुलाई, 1969 को
बैंकों का दूसरी बार राष्ट्रीयकरण	6 बैंकों का 15 अप्रैल, 1980 को

रिजर्व बैंक ऑफ इण्डिया (आर.बी.आई.)

आर.बी.आई. की स्थापना	अधिनियम, 1934 के तहत 1 अप्रैल, 1935 को
आर.बी.आई. का राष्ट्रीयकरण	1 जनवरी, 1949 को
आर.बी.आई. के प्रथम गवर्नर	सर ओसबोर्न स्मिथ
स्वतन्त्रता के समय आर.बी.आई. के गवर्नर	सी.डी. देशमुख (पूर्व प्रधानमन्त्री डॉ. मनमोहन सिंह भी इसके गवर्नर रह चुके हैं)
आर.बी.आई. का मुख्यालय	मुम्बई

केन्द्र व राज्य सरकारों के कर

प्रत्यक्ष कर	अप्रत्यक्ष/परोक्ष कर	प्रत्यक्ष कर	अप्रत्यक्ष/परोक्ष कर
निगम कर	सीमा शुल्क	सम्पदा शुल्क	केन्द्रीय उत्पाद शुल्क
आय कर	सेवा कर	लाभांश कर	बिक्री कर
उपहार कर	व्यय कर	ब्याज कर	
पूँजी लाभ कर			

***वस्तु एवं सेवा कर** सीमा शुल्क को छोड़कर केन्द्रीय एवं राज्य स्तर की सभी वस्तुओं एवं सेवाओं के सन्दर्भ में अप्रत्यक्ष करों को समाप्त करके इनके स्थानों पर एकसाथ वस्तु एवं सेवा कर (Goods and Service Tax, GST) को 1 जुलाई, 2017 से लागू किया गया।*

प्रमुख समितियाँ

समिति	कार्यक्षेत्र
विजय केलकर समिति	आधारभूत संरचना विकास
अरविन्द मायाराम समिति	एफडीआई तथा एफआईआई की परिभाषा
नचिकेत मोर समिति	गैर-बैंकिंग वित्तीय संस्थाओं के बारे में
एम.बी.शाह समिति	काले धन से सम्बन्धित
भगवती समिति	बेरोजगारी
स्वामीनाथन समिति	जनसंख्या नीति
दन्तेवाला समिति	बेरोजगारी के अनुमान
राजा चेलैया समिति	कर सुधार
नरसिम्हन समिति	वित्तीय (बैंकिंग) सुधार
तारापोर समिति	यू.टी.आई. के शेयर सौदों की जाँच

उद्योग

भारत की महारत्न कम्पनियाँ

महारत्न कम्पनियाँ	स्थापना	मुख्यालय
इण्डियन ऑयल कॉर्पोरेशन लिमिटेड (IOCL)	1959	नई दिल्ली
भारत हैवी इलेक्ट्रिकल्स लिमिटेड (BHEL)	1962	नई दिल्ली
तेल एवं प्राकृतिक गैस कॉर्पोरेशन लिमिटेड (ONCE)	1965	देहरादून
स्टील अथॉरिटी ऑफ इण्डिया लिमिटेड (SAIL)	1973	नई दिल्ली
राष्ट्रीय थर्मल पावर कॉर्पोरेशन लिमिटेड (NTPC)	1975	नई दिल्ली
कोल इण्डिया लिमिटेड (CIL)	1975	कोलकाता
भारत पेट्रोलियम कॉर्पोरेशन लिमिटेड (BPCL)	1976	मुम्बई
गैस अथॉरिटी ऑफ इण्डिया लिमिटेड (GAIL)	1984	नई दिल्ली
पॉवर फाइनेन्स कॉर्पोरेशन (PFC)	1986	नई दिल्ली
ग्रामीण विद्युतीकरण निगम लिमिटेड (RECL)	1969	नई दिल्ली

प्रश्न बैंक

1. भारत की अर्थव्यवस्था है
(a) समाजवादी (b) पूँजीवादी
(c) मिश्रित (d) साम्यवादी

2. अर्थव्यवस्था की आर्थिक गतिविधियों को कितने क्षेत्रों में बाँटा गया है?
(a) 2 (b) 3 (c) 4 (d) 5

3. कृषि, वानिकी, मत्स्य तथा खनन किस क्षेत्र के अन्तर्गत आते हैं?
(a) प्राथमिक क्षेत्र (b) द्वितीयक क्षेत्र
(c) तृतीयक क्षेत्र (d) इनमें से कोई नहीं

4. निम्न में से कौन द्वितीय क्षेत्र का भाग है?
(a) लोहा-इस्पात उद्योग (b) विनिर्माण
(c) इलेक्ट्रॉनिक्स (d) ये सभी

5. अर्थव्यवस्था के तृतीयक क्षेत्र में किसे शामिल किया जाता है?
(a) कृषि (b) खनन
(c) लौह-इस्पात (d) सेवा

6. योजना आयोग का गठन कब किया गया था?
(a) वर्ष 1949 में (b) वर्ष 1950 में
(c) वर्ष 1951 में (d) वर्ष 1952 में

7. नीति आयोग का अध्यक्ष कौन होता है?
(a) प्रधानमन्त्री (b) वित्त मन्त्री
(c) वित्त सचिव (d) वाणिज्य मन्त्री

8. नीति आयोग के प्रथम उपाध्यक्ष कौन थे?
(a) राजीव कुमार (b) अरविन्द पंगड़िया
(c) दीपक मोहंती (d) विवेक देवराय

9. राष्ट्रीय विकास परिषद् का गठन कब हुआ था?
(a) वर्ष 1951 में (b) वर्ष 1952 में
(c) वर्ष 1955 में (d) वर्ष 1960 में

10. प्रथम पंचवर्षीय योजना किस मॉडल पर आधारित थी?
(a) महालनोबिस मॉडल (b) गाँधी मॉडल
(c) हैरॉड-डोमर मॉडल (d) नेहरू मॉडल

11. पंचवर्षीय योजना में अवकाश की अवधि कब आई?
(a) 1966-69 (b) 1980-83
(c) 1992-97 (d) 1979-78

12. रोलिंग प्लान किस पंचवर्षीय योजना में बनाया गया था?
(a) पाँचवीं (b) छठीं
(c) सातवीं (d) आठवीं

13. 12वीं पंचवर्षीय योजना का कार्यकाल क्या था?
(a) 1997-2002 (b) 2002-2007
(c) 2007-2012 (d) 2012-2017

14. भारत में सर्वप्रथम राष्ट्रीय आय की गणना किसने की थी?
(a) दादाभाई नौरोजी
(b) पं. जवाहरलाल नेहरू
(c) सुभाषचन्द्र बोस
(d) गोपाल कृष्ण गोखले

15. राष्ट्रीय आय का आकलन कौन करता है?
(a) नीति आयोग
(b) केन्द्रीय सांख्यिकी संगठन
(c) वित्त मन्त्रालय
(d) वाणिज्य मन्त्रालय

16. 'केन्द्रीय सांख्यिकी संगठन' का मुख्यालय कहाँ है?
(a) कलकत्ता (b) दिल्ली
(c) मद्रास (d) हैदराबाद

17. राष्ट्रीय आय की गणना का आधार वर्ष क्या है?
(a) वर्ष 2010-11 (b) वर्ष 2011-12
(c) वर्ष 2013-14 (d) वर्ष 2014-15

18. योजना आयोग द्वारा किस वर्ष अधिकारिक रूप से गरीबी निर्धारण का प्रयास किया गया?
(a) वर्ष 1965 में (b) वर्ष 1966 में
(c) वर्ष 1977 में (d) वर्ष 1980 में

19. भारत में गरीबी का आकलन किस आधार पर किया जाता है?
(a) बुनियादी संरचना
(b) कैलोरी
(c) शिक्षा
(d) स्वास्थ्य

20. सुरेश तेन्दुलकर समिति की रिपोर्ट के अनुसार देश में गरीबी का आँकड़ा कितना है?
(a) 22.5% (b) 25.2% (c) 37.2% (d) 38.4%

21. भारत में कौन-सी बेरोजगारी पाई जाती है?
(a) संरचनात्मक बेरोजगारी
(b) अदृश्य बेरोजगारी
(c) मौसमी बेरोजगारी (d) ये सभी

22. स्वतन्त्रता प्राप्ति के पश्चात् भारत में प्रथम औद्योगिक नीति की घोषणा कब की गई थी?
(a) वर्ष 1947 में (b) वर्ष 1948 में
(c) वर्ष 1949 में (d) वर्ष 1950 में

23. भारत में नई औद्योगिक नीति की घोषणा कब की गई थी?
(a) वर्ष 1985 में (b) वर्ष 1988 में
(c) वर्ष 1991 में (d) वर्ष 1995 में

24. निम्न में से कौन महारत्न कम्पनी नहीं है?
(a) ONGC (b) GAIL
(c) BPCL (d) MTNL

25. राउरकेला (ओडिसा) इस्पात संयन्त्र की स्थापना किसकी सहायता से हुई थी?
(a) रूस (b) जर्मनी
(c) ब्रिटेन (d) फ्रांस

26. भारतीय रिजर्व बैंक ऑफ इण्डिया की स्थापना कब हुई थी?
(a) वर्ष 1934 में
(b) वर्ष 1935 में
(c) वर्ष 1949 में
(d) वर्ष 1950 में

27. 'केन्द्रीय बैंकिंग जाँच समिति' की सिफारिश पर किस बैंक की स्थापना हुई थी?
(a) भारतीय रिजर्व बैंक
(b) भारतीय स्टेट बैंक
(c) इलाहाबाद बैंक
(d) पंजाब नेशनल बैंक

28. भारतीय स्टेट बैंक है
(a) औद्योगिक क्षेत्रक बैंक
(b) सार्वजनिक क्षेत्रक बैंक
(c) निजी बैंक
(d) सहकारी बैंक

29. वर्ष 1980 में कितने बैंकों का राष्ट्रीयकरण हुआ था?
(a) 6 (b) 10 (c) 12 (d) 15

30. भारतीय महिला बैंक का विलय किस बैंक में कर दिया गया है?
(a) भारतीय स्टेट बैंक में
(b) पंजाब नेशनल बैंक में
(c) बैंक ऑफ बड़ौदा में
(d) यूनियन बैंक में

31. भारत का पहला इस्लामिक बैंक स्थापित किया गया
(a) मुम्बई में (b) कोच्चि में
(c) बंगलुरु में (d) हैदराबाद में

32. नाबार्ड बैंक की स्थापना किस पंचवर्षीय योजना के अन्तर्गत की गई थी?
(a) चौथी पंचवर्षीय योजना
(b) पाँचवीं पंचवर्षीय योजना
(c) छठीं पंचवर्षीय योजना
(d) सातवीं पंचवर्षीय योजना

33. राष्ट्रीय आवास बैंक की स्थापना किस वर्ष की गई थी?
(a) वर्ष 1985 में (b) वर्ष 1988 में
(c) वर्ष 1990 में (d) वर्ष 1993 में

34. भारतीय औद्योगिक वित्त निगम लिमिटेड का मुख्यालय स्थित है
(a) लखनऊ
(b) मुम्बई
(c) नई दिल्ली
(d) अहमदाबाद

35. भारतीय बीमा नियामक एवं विकास प्राधिकरण का मुख्यालय स्थित है
(a) नई दिल्ली में (b) चेन्नई में
(c) मुम्बई में (d) हैदराबाद में

36. 'निक्की' किस देश के स्टॉक एक्सचेन्ज का शेयर मूल्य सूचकांक है?
(a) इटली (b) जापान
(c) कोरिया (d) ताइबान

37. मुम्बई का शेयर मूल्य सूचकांक क्या है?
(a) निक्की (b) डो जोन्स
(c) सेंसेक्स (d) सेट

38. निम्न में से कौन केन्द्र सरकार के प्रत्यक्ष कर हैं?
(a) आय कर (b) उपहार कर
(c) पूँजी लाभ कर (d) ये सभी

39. निम्न में से कौन-सा कर प्रत्यक्ष कर नहीं है?
(a) सीमा कर (b) लाभांश कर
(c) ब्याज कर (d) सम्पदा शुल्क

40. निम्न में से कौन-से कर राज्य सरकार के प्रत्यक्ष कर हैं?
(a) भू-राजस्व (b) व्यवसाय कर
(c) रोजगारों पर कर (d) ये सभी

41. भारत में जीएसटी कब से प्रभावी हुआ?
(a) 1 मार्च, 2017 से
(b) 1 अप्रैल, 2017 से
(c) 25 जून, 2017 से
(d) 25 जुलाई, 2017 से

42. निम्न में से कौन-से उत्पाद जीएसटी के कर स्लैब से बाहर हैं?
(a) पेट्रोलियम (b) एल्कोहल
(c) तम्बाकू (d) ये सभी

43. निम्न में से कौन-सी दरें जीएसटी के कर स्लैब की दरों में शामिल हैं?
(a) 5% (b) 8%
(c) 10% (d) 15%

44. भारत का पहला बजट कब प्रस्तुत हुआ था?
(a) वर्ष 1885 में (b) वर्ष 1860 में
(c) वर्ष 1905 में (d) वर्ष 1920 में

45. निम्न में से किसने सबसे अधिक बार बजट पेश किया है?
(a) पं. जवाहरलाल नेहरू
(b) श्रीमति इन्दिरा गाँधी
(c) मोरारजी देसाई
(d) डॉ. मनमोहन सिंह

46. भारत में रेल बजट को आम बजट में कब शामिल किया गया?
(a) वर्ष 2016 में (b) वर्ष 2017 में
(c) वर्ष 2015 में (d) वर्ष 2018 में

47. केन्द्र एवं राज्य सरकार की वित्तीय व्यवस्था का सम्बन्ध है
(a) नीति आयोग (b) वित्त आयोग
(c) प्रतिस्पर्धा आयोग (d) चुनाव आयोग

48. 15वें वित्त आयोग के अध्यक्ष कौन हैं?
(a) एन. के. सिंह (b) के.सी. नियोगी
(c) उर्जित पटेल (d) वाई.वी. रेड्डी

49. औद्योगिक रुग्णता से सम्बन्धित समिति कौन-सी है?
(a) रेखी समिति
(b) गोस्वामी समिति
(c) भूरेलाल समिति
(d) गाइपोरिया समिति

50. 'किरीट पारेख समिति' ने किस क्षेत्र में सुधार हेतु अपनी सिफारिश प्रस्तुत की थी?
(a) फ्यूचर ट्रेडिंग से
(b) पेट्रोलियम पदार्थों से
(c) वित्तीय क्षेत्र में सुधार हेतु
(d) इनमें से कोई नहीं

51. नरसिंहम समिति का सम्बन्ध किस क्षेत्र से है?
(a) बैंकिंग क्षेत्र से (b) बीमा क्षेत्र से
(c) गरीबी से (d) बेरोजगारी क्षेत्र से

52. 'राजा चेलैया समिति' ने किस क्षेत्र में सुधार हेतु सिफारिश की थी?
(a) सड़क सुरक्षा (b) रेलवे सुरक्षा
(c) कर सुधार (d) बीमा क्षेत्र

53. वर्तमान (2019) में महारत्न कम्पनियों की संख्या है
(a) 10 (b) 9 (c) 11 (d) 12

54. मिनी-रत्न योजना का प्रारम्भ कब किया गया था?
(a) 1997 (b) 1996 (c) 1995 (d) 1991

55. राष्ट्रीय कृषक आयोग की स्थापना किसकी अध्यक्षता में हुई?
(a) चौधरी चरण सिंह
(b) अटल बिहारी वाजपेयी
(c) एम. एस. स्वामीनाथन
(d) मनमोहन सिंह

56. विश्व में गेहूँ उत्पादन में भारत का स्थान है?
(a) पहला (b) दूसरा
(c) चौथा (d) छठा

57. 'नीली' क्रान्ति का सम्बन्ध किस क्षेत्र से है?
(a) समुद्री उत्पादों से
(b) पेट्रोलियम से
(c) मछली से
(d) आलू से

उत्तरमाला

1. (c)	2. (b)	3. (a)	4. (d)	5. (d)	6. (b)	7. (a)	8. (b)	9. (b)	10. (c)
11. (a)	12. (b)	13. (d)	14. (a)	15. (b)	16. (b)	17. (b)	18. (c)	19. (b)	20. (c)
21. (d)	22. (b)	23. (c)	24. (d)	25. (b)	26. (b)	27. (a)	28. (b)	29. (a)	30. (a)
31. (b)	32. (c)	33. (b)	34. (c)	35. (d)	36. (b)	37. (c)	38. (d)	39. (a)	40. (d)
41. (b)	42. (d)	43. (a)	44. (b)	45. (c)	46. (b)	47. (b)	48. (a)	49. (b)	50. (b)
51. (a)	52. (c)	53. (d)	54. (a)	55. (c)	56. (b)	57. (c)			